# 대한민국
# 정치 사회
# 지도

| 수도권편 |

# 대한민국 정치 사회 지도

| 수도권편 |

1판1쇄 펴냄 2010년 2월 10일

지은이 | 손낙구

펴낸이 | 박상훈
주간 | 정민용
편집장 | 안중철
책임편집 | 정민용, 최미정
편집 | 성지희, 이진실
디자인 | 디자인커서
제작·영업 | 김재선, 박경춘

펴낸 곳 | 후마니타스(주)
등록 | 2002년 2월 19일 제300-2003-108호
주소 | 서울 마포구 서교동 394-67번지 삼양빌딩 2층(121-893)
편집 | 02-739-9929, 9930   제작·영업 | 02-722-9960   팩스 | 02-733-9910
홈페이지 | www.humanitasbook.co.kr

인쇄 | 표지·본문 인성인쇄 031-932-6966
제본 | 일진제책사 031-908-1406

값 100,000원

ISBN 978-89-6437-108-4  03300

이 도서의 국립중앙도서관 출판시도서목록(CIP)은 e-CIP 홈페이지(http://www.nl.go.kr/ecip)에서
이용하실 수 있습니다. (CIP제어번호 : CIP2010000320)

# 대한민국 정치 사회 지도

## 정치 사회
## 지도

| 수도권편 |

● 손낙구 지음

후마니타스

## 1부
# 이 책은
# 어떤 책인가

## 2부
# 서울시
# 522개 동네의
# 정치 사회 지도

### 1. 서울은 어떤 곳인가

### 2. 동네별 정치 지도 비교 분석

## 3. 동네별 사회 지도

**[ 숫자 100으로 본 서울시 ]**

## 3부 | 경기도 524개 동네의 정치 사회 지도

### 1. 경기도는 어떤 곳인가

### 2. 동네별 정치 지도 비교 분석

## 3. 동네별 사회 지도

### [ 숫자 100으로 본 경기도 ]

# 4부

# 인천시
# 140개 동네의
# 정치 사회 지도

## 1. 인천은 어떤 곳인가

## 2. 동네별 정치 지도 비교 분석

### 3. 동네별 사회 지도

**[ 숫자 100으로 본 인천시 ]**

## 5부
# 수도권의
# 정치 지도와
# 이 책의
# 선거 활용 방법

### 1. 수도권 1,164개 동네의 정치 지도 총괄

### 2. 이 책을 선거에 활용하는 방법 : 강남구를 사례로

## 일러
## 두기

1. '숫자 100'으로 표시된 통계는 백분율로 환산하는 과정에서 소수점 이하 숫자를 반올림했기 때문에 수치의 합이 100과 일치하지 않을 수 있다.

2. 이 책에 등장하는 지도는 엄밀한 축척을 적용한 것이 아니며 2005년 당시 동네의 대략적인 위치를 보여 주려는 목적으로 그린 것이다. 또 행정동을 원칙으로 했으나 일부는 법정동이 포함된 경우도 있다. 따라서 2010년 현재의 동네와 일치하지 않을 수 있다.

3. 이 책에 등장하는 주택 소유자, 무주택자, 유주택 전월세, 다주택자는 다음의 의미로 사용했다.

   주택 소유자 : 현재 자기 집에 살면서 집을 한 채 또는 그 이상 소유한 가구, 어딘가에 집을 소유하고 있으나 셋방에 살거나 친척 집 또는 회사 사택 등에서 무상으로 사는 가구 등 주택을 소유한 모든 가구를 가리킨다.

   무주택자 : 셋방이나 친척 집 등에서 무상으로 사는 가구 중 어디에도 주택을 소유하지 않은 가구. 따라서 셋방이나 친척 집 등에 살지만 어딘가에 주택을 소유한 가구는 포함되지 않는다.

   유(有)주택 전월세 : 현재 셋방에 사는 가구 중 어딘가에 주택을 소유한 가구.

   다주택자 : 집을 두 채 이상 여러 채 소유한 가구로 자가 가구 중 현재 사는 집 외에 주택을 소유한 가구.

4. 주택의 연건평은 주거에 이용되는 전용 부분만 포함한 것으로 아파트 등 공동주택은 전용면적을 기준으로 한다.

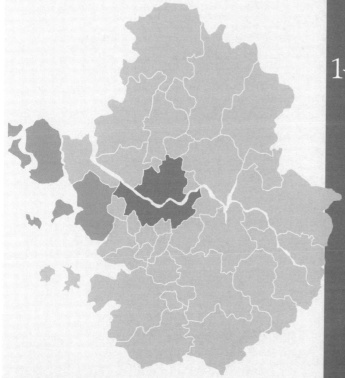

1부 │ 이 책은
　　　 어떤
　　　 책인가

인간으로부터
우주에 이르는 길은
동심원을 통해서
이끌린다

쿠덴호프 칼레르기
Nikolaus von Coudenhove-Kalergi

|
# '우리 동네 백과사전',
# '우리 동네 정치 사회 지도'
|

　　　　　　　　　　　　내가 사는 동네는 대한민국 하고도 서울시 성동구 마장동이다. 나는 오늘도 이곳 마장동에서 가족이라는 돛단배를 타고 인생이라는 바다를 가르며 쉴 새 없이 노를 젓고 있다.

　일본 하토야마 총리가 『나의 정치철학』에서 인용한 쿠덴호프 칼레르기의 '동심원론' 식으로 말하면 인간이 가족을 만들고, 가족이 동네를 만든다. 마장동은 이웃한 또 다른 동네들과 함께 성동구를 만들고, 성동구는 다시 다른 구들과 함께 서울시를 만들어 낸다. 서울시·경기도·인천시 등이 모여 대한민국이라는 나라를 만들고, 나라가 대륙을 만든 뒤 대륙이 지구를 만든다. 그리고 지구가 태양계를 만들어 태양계가 결국 우주를 만들어 낸다. 내가 사는 동네는 나와 가족의 희로애락이 수놓아지는 삶의 터전이자, 나와 가족을 우주와 연결하는 작은 동심원인 것이다.

　우주까지는 아니더라도 한국의 정치경제와 사회, 사람의 삶을 제대로 알려면 동네를 정확히 알아야 한다. 그런데 정작 우리는 동네에 대해서 잘 모른다. 이웃 동네에 대해서도 잘 모른다. 서울에 대한 정보는 비교적 많고 성동구에 대한 정보도 아쉬운 대로 알 수 있지만, 정작 내가 사는 동네, 마장동에 대해서는 기본 정보조차 알 수가 없다. 정보가 홍수처럼 넘치는 세상인데도 말이다.

　이 책은 서울시 522개 동네, 경기도 524개 동네, 인천시 140개 동네 등 수도권 1,186개 동네에 대한 기초 정보를 담고 있다. 이 책에

담긴 동네 정보는 대체로 다음과 같다(일부 정보는 통계의 한계로 시군구까지만 나와 있다). 내가 사는 동네에 어떤 사람이 얼마나 살며 어떤 일을 하며 어떤 모습으로 살고 있을까. 학력과 종교는 어떠하고, 결혼한 사람과 미혼인 사람, 이혼한 사람은 얼마나 될까. 직업은 무엇이고 직장까지 출퇴근하는 데는 얼마나 걸리며 어떤 교통편을 주로 이용할까. 동네에 있는 집은 주로 아파트일까 단독주택일까. 집을 지은지 얼마나 됐으며 주로 어떤 평형이 많을까. 그동안 어떤 집을 부수고 어떤 집을 새로 지었을까.

동네 사람 중 자기 집을 가진 사람이나 셋방 사는 사람은 어느 정도이며, 집을 두 채 이상 여러 채 소유한 다주택자는 얼마나 될까. 또 어딘가에 집을 사놓고 셋방을 떠도는 사람은 몇이나 될까. 이사는 보통 몇 년에 한 번씩 했으며, 전에는 어디에 살았을까. 자동차가 있는 사람과 없는 사람, 주차장이 있는 사람과 없는 사람은 얼마나 될까. (반)지하나 옥탑·비닐집·쪽방 등 적절하지 못한 주거 환경에서 사는 사람은 얼마나 되며, 이들을 위한 공공 임대주택은 몇 채나 있을까. 최근 7년간(2002~2008년) 치른 네 차례 선거에서 우리 동네 사람들은 투표를 얼마나 했으며, 어느 정당을 찍었을까. 아울러 투표를 많이한 사람과 적게 한 사람은 어떻게 다르고, 누가 한나라당을 많이 찍고, 누가 적게 찍었을까. 민주당을 많이 찍은 사람은 누구고, 민주노동당이나 진보신당을 지지한 사람은 어떤 사회적 특성이 있을까.

이런 질문들을 자세히 다루는 이 책은, 한마디로 수도권 1,186개 읍면동을 대상으로 한 '우리 동네 백과사전' 또는 '수도권 정치 사회지도'라 할 수 있다. 시·도나 시·군·구를 넘어 읍·면·동 수준의 동네별 자세한 정보를 담은 책은 처음이다.

# 우리 동네가
# '100명이 사는 마을'이라면

『세계가 만일 100명의 마을이라면』*If the world were a village of 100 people*이라는 책을 보며 감탄한 적이 있다. 전쟁과 기아를 넘어 더불어 평화롭게 함께 사는 세계를 갈망하는 미국의 환경학자 도넬라 메도스*Donella Meadows, 1941~2001* 박사의 메시지도 그랬지만, 무엇보다도 글 속에 살아 있는 숫자의 힘에 놀랐다. 책은 이렇게 시작된다. "지금 세계에는 63억의 사람이 살고 있습니다. 그런데 만일 그것을 100명이 사는 마을로 축소시키면 어떻게 될까요? 100명 중 52명은 여자이고 48명은 남자입니다. 30명은 아이들이고 70명이 어른들입니다. 어른들 가운데 7명은 노인입니다." 모든 숫자를 백분율로 표시하는 방법으로 복잡한 세계를 한눈에 알 수 있도록 한 것이다.

그러나 63억 명이 사는 세계만 복잡한 건 아니다. 대한민국, 서울, 서울 중에서도 내가 살고 있는 구와 동도 복잡하기로 말하면 한없이 복잡하다. '숫자 100'으로 내가 사는 서울과 구, 아니 동을 들여다보면 훨씬 쉽게 감이 잡히지 않을까. 그때부터 그동안 확보한 동네에 관한 모든 정보를 숫자 100으로 환산하기 시작했고 그 결과를 모은 게 이 책이다. 이 책을 보면 '우리 동네 인구가 100명이라면' '우리 동네에 100가구가 산다면' '우리 동네 집이 100채라면' '우리 동네 유권자가 100명이라면' 등에 대한 해답을 최소한 1,186개를 만들 수 있다. 따라서 이 책은 수도권 1,186개 읍면동을 대상으로 한 '숫자 100으로 본 우리 동네 백과사전' 또는 '숫자 100으로 본 우리 동네 정치 사회 지도'라 할 수 있다.

숫자 100으로 본 수도권 동네의 얼굴은 생김새가 다 다르다. 예를 들어 서울은 522개나 되는 작은 동네의 퍼즐 조각이 수놓아진 대한민국의 거대 수도이지만, 퍼즐마다 색도 다르고 모양도 천차만별이다. 일반적으로 서울은 크게 강남과 강북으로 나뉘고, 강남은 마치 별천지의 부자들만 사는 지역으로 알고 있지만, 자세히 들여다보면 강남 안에서도 동네마다 차이가 크다. 한 예로 서울시 강남구에 사는 사람들은 모두 집 걱정이 없을 것이라고 생각하지만, 강남구에 100가구가 산다면 그 중 37가구만 자기 집에서 살고 61가구는 셋방에 살고 있으니 선입견은 금물이다.

똑같이 강남구에 있는 동네이지만 대치1동은 67%가 주택 소유자인 반면, 논현1동은 75%가 무주택자다. 대치1동 가구 중 16%가 집을 두 채 이상 소유한 다주택자인 데 비해 논현1동은 3%에 그친다. 97%가 아파트에 사는 대치1동에 비해 논현1동은 75%가 단독주택에 산다. 1인 가구와 (반)지하에 거주하는 가구도 대치동은 3%와 0%인데 비해, 논현1동은 43%와 13%로 차이가 크다. 대치1동에 사는 19세 이상 인구 가운데 대학 이상 학력자가 92%에 달하지만 논현1동은 53%에 머무른다.

이처럼 같은 강남이라도 동네에 따라서 사는 게 하늘과 땅 차이다. '사회 지도'의 색깔은 '정치 지도'의 색깔도 바꾼다. 2004년 총선 정당명부 비례대표 선거를 기준으로 대치1동은 유권자 중 72%가 투표에 참여해 서울에 있는 동네 중 7번째로 투표율이 높다. 반면 논현1동은 46%밖에 투표에 참여하지 않아 서울에서 투표율이 가장 낮다. 투표율뿐 아니라 어느 정당을 찍었느냐도 확연히 다르다. 대치1동의 정당별 득표율은 한나라당 64%, 민주(＋열린우리)당 28%, 민주노동당 5% 순으로 한나라당이 단연 높다. 반면 논현1동에서 한나라당 지지는 44%에 불과했다. 민주(＋열린우리)당 41%, 민주노동당 11%로 절반 이상이 민주(＋열린우리)당과 민주노동당을 찍었다. 본문에서 다시 살펴보겠지만, 강남 안에서도 민주노동당을 10% 이상 지지한 동네도 여럿 있고, 투표구별로는 20% 이상을 지지한 곳도 있다. 이처럼 기존의 시군구 통계만으로는 사람들의 구체적인 삶의 모습, 그들의 정치적·사회적 집합행동의 특징을 제대로 볼 수 없다.

|
## 동네와 선거 사이에
## '법칙'이 보인다
|

이 책에서는 동네를 살필 때 크게 세 가지 점을 눈여겨봤다. 첫째, 집이 있느냐 없느냐, 집이 있다면 한 채냐 여러 채냐, 아파트에 사느냐 아니냐, 1인 가구나 (반)지하 방 등에 사느냐 아니냐 하는 주택을 둘러싼 사람들의 처지 즉 부동산 재산을 봤다. 어느 계층으로 사느냐가 임금 소득보다 자산 소득에 압도적으로 영향을 받는 곳이 대한민국이기 때문이다. 둘째, 동네에 사는 19세 이상 인구 중 대학 이상 학력자가 얼마나 되느냐 하는 학력 수준을 봤다. 가난해도 공부 열심히 해서 신분 상승할 수 있다는 한국 사회의 오랜 신화가 지금은 어떨까를 살펴보는 것은 흥미롭다. 셋째,

동네 사람 중 종교 인구가 얼마나 되느냐를 봤다. 나중에 살펴보겠지만, 종교가 있는지 없는지, 있다면 어느 종교를 믿는지도 계층적으로 중요하다.

이 세 가지를 본 데는 동네 분석에 사용한 자료의 성격 때문이기도 한데, 자료에 대해서는 뒤에서 설명하겠다. 아무튼 분석 결과 적어도 수도권 동네에서는 부동산-학력-종교가 서로 뗄 수 없는 한 덩어리가 되어 있음을 확인했다. 나아가 그러한 요인이 정치 행위 패턴과도 일정하게 연관되어 있음이 뚜렷하게 나타났다.

먼저 동네별 부동산 자산이 많고 적음에 따라 학력 수준이나 종교 인구 비중이 어떻게 달라지는지 살폈다. 주택 소유자가 많은 동네는 다주택 소유자와 아파트 거주자 비중이 높고 1인 가구와 (반)지하에 사는 가구 비중은 낮은데, 이런 동네일수록 종교 인구 비중도 높고 대학 이상 학력자 비중이 높았다. 반대로 주택을 중심으로 자산 상태가 좋지 않은 가난한 사람이 많이 사는 동네일수록 종교 인구도 적고, 대학 이상 학력자 비중도 낮았다.

이번에는 동네별 학력 수준에 따라 종교 인구나 부동산 재산도 다른지 살폈다. 그 결과 동네에 사는 19세 이상 인구 중 대학 이상 학력자나 대학원 이상 학력자가 많은 동네일수록 대체로 주택 소유자, 다주택자, 아파트 거주자, 종교를 가진 사람이 많았고, (반)지하 방 등에 사는 사람은 적었다. 거꾸로 학력 수준이 낮은 동네는 부동산 재산도 상대적으로 적고 종교 인구도 적었다.

끝으로 동네 사람 중 종교 인구가 많고 적음에 따라 대학 이상 학력자나 부동산 재산도 다른지 봤다. 종교 인구가 상대적으로 많은 동네는 대학 이상 학력자가 뚜렷이 많고, 주택 소유자·다주택자·아파트 거주자도 많았다. 반면 1인 가구나 (반)지하 방 등에 사는 사람은 확실히 비중이 낮다. 주요 종교 중에서는 불교에 비해 개신교와 천주교, 특히 천주교에서 계층적 성격이 뚜렷했다.

물론 동네에 따라서는 예외도 있다. 하지만 예외는 상대적으로 소수에 그쳤고 적어도 수도권에서는 부동산-학력-종교가 같은 길을 걷고 있었다. 부동산이 부를 대표하는 '부동산 계급사회' 대한민국에서 부동산과 학력이 나란히 같은 길을 걷는 건 이상할 게 없다. 그러나 종교의 길도 같다는 건 슬픈 일이다. 가난할수록 절대자의 위로도 받지 못하고 있다는 것인데, 왜 가난한 사람들이 종교적 결속이 낮은지, 특히 왜 천주교가 상대적으로 부유한 사람들의 종교가 되고 있는지는 사회학자들이 본격적으로 연구해 주었으면 좋겠다.

어쨌든 부동산-학력-종교가 한 덩어리가 돼 만들어 낸 동네별 특성에 선거를 더해 봤더니 동네와 선거 사이에 다음과 같은 '법칙'이 대체로 확인되었다.

첫째, 동네별 특성과 투표율의 관계에 관한 법칙이다. 투표율이 높은 동네일수록 집 가진 사람, 집을 두 채 이상 가진 다주택자, 아파트에 사는 사람, 대학 이상 학력자, 종교가 있는 사람이 많이 산다. 대신 1인 가구나 (반)지하에 사는 사람은 적다. 반면에 투표율이 낮은 동네일수록 무주택자, 단독주택 등 비아파트 거주자, 1인 가구, (반)지하 거주자, 종교 없는 사람이 많이 산다. 대신 대학 이상 학력자와 다주택자는 적다. 또 투표율이 높은 동네일수록 한나라당 득표율이 높고, 민주(+열린우리)당 득표율은 낮다. 뿐만 아니라 역의 관계도 성립한다. 집 가진 사람, 다주택자, 대학 이상 학력자, 종교 인구 등이 많은 동네일수록 투표율이 높고, 그 반대의 경우 투표율이 떨어지는 것이다.

둘째, 동네별 특성과 한나라당 득표율의 관계에 관한 법칙이다. 한나라당을 많이 찍은 동네일수록 집 가진 사람, 집을 두 채 이상 가진 다주택자, 아파트에 사는 사람, 대학 이상 학력자, 종교가 있는 사람이 많이 산다. 1인 가구나 (반)지하에 사는 사람은 적게 산다. 한나라당 득표율이 높은 동네일수록 투표율도 높다. 역시 역의 관계도 성립한다.

셋째, 동네별 특성과 민주(＋열린우리)당 득표율의 관계에 관한 법칙이다. 민주(＋열린우리)당 득표율이 높은 동네일수록 무주택자, 단독주택 등 비아파트 거주자, 1인 가구, (반)지하 거주자, 종교 없는 사람이 많이 산다. 대신 대학 이상 학력자와 다주택자는 적게 산다. 또 민주(＋열린우리)당을 많이 찍은 동네일수록 투표장에 가기를 포기하는 사람이 많다. 역의 관계도 성립한다.

넷째, 민주노동당 또는 진보신당은 동네별 특성과 지지율 사이에 뚜렷한 상관관계를 찾기 어렵다. 그 만큼 한국에서 진보 정당은 자신만의 사회적 기반을 갖지 못한 채 흔들리고 있음을 알 수 있다.

도시보다 지방이 투표율이 높다는 '촌고도저'(村高都低)나 도시 사람들이 야당을 많이 찍는다는 '여촌야도'(與村野都)는 우리나라 선거를 설명하는 오래된 개념이었다. 지방 또는 농촌이 투표율이 높고 집권 여당을 많이 찍는 이유에 대해서는, 이승만 정부 시기 토지개혁의 효과를 강조하는 학자도 있었고, 권위주의 정권의 관권 동원을 꼽는 연구자도 있었다. 경우에 따라서는 '막걸리 선거'니 '고무신 선거'니 하는 세태도 곁들여졌다. 도시에서 야당 득표율이 높은 것은 교육의 효과 다시 말하면 학력이 높기 때문이라는 게 중론이었다. 결국 설명하는 방식은 다양하지만 가난하고 학력이 낮은 농촌 사람들이 투표도 많이 하고 권위주의 집권당, 요즘 식으로 말하면 한나라당을 많이 찍는 반면, 상대적으로 부유하고 학력이 높은 도시 사람들은 투표도 잘 안하지만, 찍으면 야당을 많이 찍는다는 얘기다.

하지만 이 책에서 분석한 결과로는 적어도 수도권에서는 이 같은 설명이 더 이상 맞지 않다. 재산이 많을수록, 학력이 높을수록, 종교가 있을수록 그것도 천주교나 개신교 신자일수록, 다시 말해 도시적 특성이 강할수록 투표율이 높고 한나라당을 더 많이 찍으니 말이다.

투표 참가 여부나 정당 지지를 결정하는 요인에 대해서도 새롭게 접근해야 한다. 지금까지 우리나라 선거 연구에서는 주로 지역, 이념, 세대 등의 요인과 함께 2004년 총선 당시 탄핵과 같은 이슈가 주목되었고 계층 또는 계급 투표의 양상은 매우 미약한 것으로 지적돼 왔다. 급기야 서민들이 한나라당을 더 많이 찍는다며, 이들을 '존재를 배반한 의식'의 소유자이자 '계급 배반 투표'를 일삼는 존재로 규정하기까지 했다. 그러면서 한국 정치를 바로잡으려면 계급 배반 투표를 일삼는 이 서민들부터 정신 차려야 한다는 명제가 힘을 발휘해 왔고, 서민의 뜻을 제대로 대변하지 못하는 정치에 대해서는 그만큼의 면죄부가 주어졌다. 그렇다면 한국의 서민들은 정말 '존재를 배반한 의식'의 소유자이자, '계급 배반 투표'를 일삼는 존재인가.

그간 연구는 주로 1천여 명의 표본을 대상으로 한 여론조사 방식이었고, 계층 또는 계급 투표를 살필 때도 개인의 직업이나 소득을 기준으로 삼았다. 이에 비해 이 책의 연구는 모든 가구와 모든 유권자를 대상으로 한 전수조사(全數調査) 자료를 사용했고, 소득이 아닌 주택을 둘러싼 사람들의 처지 즉 자산을 중심으로 계층 투표의 가능성을 살폈다. 그 결과 개인별 직업이나 소득 등을 기준으로 한 계층 분류보다 자산을 기준으로 한 계층 분류를 사용할 경우 계층과 투표 행태 사이의 관계는 거의 일차함수 형태의 높은 상관성을 나타냈다. 특정 정당이 과연 특정 계층을 제대로 대변하고 있는가에 대해서는 논외로 하더라도 국민들은 자신이 가진 재산 정도에 따라 뚜렷하게 계층 투표를 하고 있는 것이다.

물론 이 같은 현상은 수도권 안에서도 인천에 비해 서울과 경기, 특히 서울에서 더 뚜렷한데, 이는 인천에 비해 서울과 경기의 집값이 훨씬 비싸고 집값 상승률도 높기 때문으로 보인다. 즉 서울과 경기에 집을 한 채 또는 그 이상 소유하고 있다는 것이 갖는 정치적 의미는 그야말로 엄청나게 중요한 것이다.

동네와 선거의 관계를 분석하면서 내내 걸렸던 대상은 투표를 포기하는 사람들이었다. 투표율이 낮은 동네는 주로 집 없이 셋방을 떠도는 사람이 많은 곳, 단독·다세대·연립주택 등 비아파트 거주자가 많은 곳, 1인 가구나 (반)지하 거주자가 많은 곳, 집을 여러 채 가진 사람이 적게 사는 곳, 대학 이상 학력자가 적은 곳, 종교가 없는 사람이 많은 곳이다. 물론 이 동네에서 투표에 참가한 사람들은 한나라당보다는 민주당이나 열린우리당, 민주노동당이나 진보신당을 선택한 사람이 많은 점을 볼 때 만약 투표율이 높아진다면 이들 정당을 찍을 가능성이 높은 동네라 할 수 있다. 그렇다면 이들은 왜 투표를 포기하는 걸까. 어떻게 하면 이들의 투표율을 높일 수 있을까.

나라별로는 의무 투표 또는 책임 투표제를 도입해 투표를 국민의 의무로 정한 곳도 있지만, 거꾸로 투표일이 공휴일이 아닌 나라가 대부분이고 선거관리위원회가 투표 참가 캠페인을 우리나라처럼 열심히 벌이는 나라도 드물다. 선관위가 시·군·구마다 별도의 예산과 인원을 갖춘 상시 조직으로 기능하고 있는 것도 세계적으로 드문 일이며, 대법관 출신을 위원장으로 하는 중앙선관위 조직이 있는 경우는 유례가 없다. 선거 관련 제도로만 보면 오늘날과 같이 다수가 투표하지 않는 낮은 투표율 현상은 이해하기 어렵다.

물론 사람에 따라서는 투표를 하는 것이 하루 일당을 포기해야 하는 생존의 문제일 수도 있다. 비정규직 노동자들은 투표 시간도 제대로 보장받지 못하고 있기 때문이다. 따라서 투표 참여율을 높일 수 있도록 지금보다 더 좋은 제도를 도입하고 투표에 참여하기 어려운 사람들이 안심하고 투표할 수 있는 방안도 더 갖춰야 할 것이다. 그러나 이 같은 노력과 함께 놓쳐서는 안 되는 점이 두 가지 있다.

첫째, 부동산 문제가 악화된 탓에 국민들이 이사를 너무 많이 다닌다는 점이다. 전체 국민 기준으로는 55%, 셋방 사는 국민 기준으로는 80%가 한 집에 5년 이상 살지 못하고 있다. 특히 셋방 사는 가구 중 절반 이상은 최소 2년에 한 번씩 이사를 다닌다. 2년에 한 번씩 떠돌며 사는 것 자체가 고역이지만, 투표 참여에도 큰 영향을 미칠 수밖에 없다. 이런 조건에서 현재 살고 있는 동네는 '우리 동네'가 아니라 곧 떠나야 할 곳일 뿐이다. 안정된 동네가 사라지고 정치 문제를 함께 이야기할 동네 사람들이 없는 곳에서 투표율이 오르기는 어렵다. 특히 셋방 사는 사람들 입장에서는 투표장에 가야 할 이유가 더 약할 수밖에 없다.

둘째, 어느 정당도 집 없이 셋방에 살거나, 혼자 살거나, 심지어 (반)지하나 비닐집에 살아야 하는 가난한 사람들을 진정으로 대변하지 못하고 있다. 그러니 결국 이들이 투표를 아예 포기하는 방법으로 자신의 정치적 의사를 표현하고 있는 것 아니냐 하는 점도 생각하지 않을 수 없다. 흔한 말로 '그놈이 그놈인데 뭣 하러 투표를 하냐'는 정서인 것이다. 문제는 계급 배반 투표가 아니라 투표할 이유 자체를 만들어 주지 못하는 정치에 있는 것이다. 이 점은 특히 가난한 사람들이 투표를 할 경우 선택할 가능성이 높은 정당이 이들을 제대로 대변하지 못하고 있다는 아픈 성찰이 필요한 대목이다.

|
## 대한민국의 '핵' 수도권은 어떤 곳인가
|

이 책에서 대한민국 전체가 아니라 수도권만을 다룬 것은 수도권 이외 지역을 아직 분석하지 못했기 때문이다. 수도권 66개 시군구 1,186개 읍면동을 분석하는 데도 1년이 꼬박 걸렸으니, 16개 시도 234개 시군구 3,573개 읍면동을 다 하자면 얼마나 더 걸릴지 몰라 우선 수도권 편으로 묶어 1차 마무리를 한 것이다. 그러나 수도권만 따로 떼어 분석하는 일 자체는 의미가 매우 크다. 왜냐하면 수도권을 들여다보면 한국 사회의 중심 문제를 정확히 알 수 있기 때문이다.

수도권의 면적은 국토의 11.8%에 불과하지만 사회 각 분야의 모든 핵심 기능이 집중돼 대한민국을 움직이는 핵이 된 지 오래다.

2005년 기준으로 수도권 인구는 48%를 넘어서 절반으로 치닫고 있다. 하지만 이미 다른 분야에서는 '절반'을 넘어선 지 오래다.

1백 대 기업 본사의 90% 이상, 5백 대 기업 본사의 80% 이상, 3천 대 기업 본사의 70% 이상이 수도권에 있다. 제조업, 서비스업, 벤처 산업, 의료 기관 등 주요 산업은 최소 절반에서 최대 3분의 2가 수도 권에 집중돼 있다. 특히 금융 산업은 예금과 대출의 3분의 2 이상이 수도권에서 이뤄지고 있다. 수도권은 국가 총생산의 48%를 차지하 며, 2003~2007년 사이에 새로 생긴 일자리의 90% 이상이 수도권이 다.

경제만이 아니라 정치도 그렇다. 중앙 정치를 움직이는 사람은 대 부분 수도권에 살면서 수도권 중심으로 국가를 운영한다. 최근 10년 간 사회간접자본 투자액의 3분의 2가 수도권에 집중된 것은 전 국민 이 낸 세금으로 조성된 국가 재정이 중앙 정치에 의해 어떻게 수도권 에 집중되는지를 보여 준다. 중앙 부처나 공기업 본사도 예외 없이 수도권에 집중돼 있다. 여론을 주도하는 언론사 본사도 마찬가지다. 그나마 대학교의 수도권 집중도가 40%를 밑돌지만, 이른바 30대 명 문대학교 중 61%가 수도권에 있는 데서도 알 수 있듯이 질적으로는 다르지 않다. 수도권 집중 현상이 어제 오늘 일은 아니지만 1990년 대, 특히 외환 위기를 계기로 지방 대도시가 지역 거점의 위상을 잃 어버리면서 더 심해졌다. 그 이전부터 이미 수도권에 살지 않는다는 것은 주류가 아님을 의미하는 것으로 받아들여졌다.

그렇다고 수도권에 사는 2천2백만 명이 모두 주류는 아니다. 오히 려 소수의 부유한 주류와 다수의 가난한 비주류로 극명하게 나뉘는 현상은 수도권 안에서 더 심하다. 수도권에 사는 736만 가구를 100

가구로 친다면 56가구는 자기 집을 소유하고 있고, 44가구는 집이 없는 무주택자다. 비수도권에 비해 집 없는 사람이 8%가 더 많다. 7가구는 집을 두 채 이상 여러 채 소유한 다주택자다. 대한민국에서 집 한 채 가격이 120억 원으로 가장 비싼 초고가 저택도 수도권에 있지만, 가장 싼 9만 원 짜리 농가 주택도 수도권에 있다.

'수도권 100가구' 가운데, 자신 명의의 집이 어딘가에 있지만 셋방에 사는 '유주택 전월세'를 포함해 모두 48가구가 셋방을 떠돌고 있다. 이 가운데 29가구는 전세에, 16가구는 보증금 있는 월세에, 2가구는 보증금 없는 월세에, 1가구는 사글세에 살고 있다. 이렇게 사는 수도권 셋방 가구는 대한민국 셋방 가구의 54%에 해당된다. 또 '수도권 100가구' 가운데 92가구는 지상에 살지만, 7가구는 (반)지하에 살고 1가구는 옥탑방에 산다. 전국에서 (반)지하나 옥탑·비닐집·쪽방 등에 사는 가구의 93%가 수도권에 살고 있다.

수도권 사람들의 학력이나 종교, 직업도 다양하다. 19세 이상 인구 중 45%가 대학 이상 학력자로 비수도권에 비해 9%가 높지만 동네별로 차이가 크다. 종교를 보면 54%가 종교를 갖고 있는데, 전국 평균 종교별 인구가 불교(23%)-개신교(18%)-천주교(11%) 순서인 데 비해 수도권은 불교 신자 비중이 전국 평균보다 7%가 낮은 반면, 개신교 신자가 가장 많고 천주교 신자 비중도 전국 평균에 비해 2%가 높다.

수도권 취업자가 100명이라면 72명은 직장 생활을 하며 봉급을 받아서, 16명은 자영업을 해서, 8명은 누군가를 고용해 사업체를 운영해 먹고산다. 54명은 출퇴근하는 데 30분 이상 걸리며 이 가운데 22명은 1시간도 넘게 걸린다. 수도권은 비수도권에 비해 봉급생활자 비중이 13%나 높고, 출퇴근 시간이 30분 이상인 취업자도 25%나 많다.

1997년 외환 위기 이래 한국 사회는 신자유주의 세계화의 충격을 받아 극심한 양극화로 치달았다. 수도권 사람들도 이 충격을 피할 수 없었다. 아니 수도권에 가해진 충격은 더 컸다. 왜냐하면 엎친 데 덮친 격으로 부동산 광풍이 함께 몰아쳤기 때문이다. 사실, 부동산이야말로 수도권 집중 현상이나 수도권 사람들의 삶을 가장 잘 설명할 수 있는 키워드다.

2008년 주택 공시 가격 기준으로 수도권에 있는 집(주택 이외의 거처 제외)은 모두 592만 채로 전국 주택 수의 약 44%를 차지한다. 그런데 수도권 집값 총액은 1,222조 원으로 전국 집값 총액의 73%에 달한다. 수도권에 있는 집 한 채당 평균 가격도 2억7백만 원으로 비수도권 6천만 원의 3.5배, 가장 싼 전남(2,750만 원)의 7.5배에 달한다. 전남 집 8채, 비수도권 집 4채를 팔아야 수도권에서 집 한 채를 살 수 있는 셈이다.

수도권은 땅값 역시 무척 비싸다. 수도권 면적은 앞에서도 말했듯이 국토의 11.8%에 지나지 않지만 땅값 총액은 1,280조 원으로 전체 국토 가격의 64%에 달한다(2006년 공시지가 기준). 수도권의 평균 땅값은 비수도권 평균 땅값의 13배에 달하고, 가장 싼 전남에 비해서는 평균 27배나 비싸다.

이처럼 수도권의 집값과 땅값이 비싼 이유는 부동산 가격이 전국 어디보다 빠르게 큰 폭으로 올랐기 때문이다. 1999년 1월부터 2009년 12월까지 10년 동안 수도권의 집값은 무려 119%가 뛰었다. 특히 아파트가 많이 올라 167%나 폭등했다(집값 변동에 대한 정부의 공식 통계는 수도권 집값을 1999년 1월부터 집계하고 있다). 같은 기간 동안 전국 평균 70%, 광역시 45%, 부산 27%, 대구 29%, 광주 11%, 대전 43%,

울산 51%가 각각 올랐다. 수도권은 전국 평균의 1.7배, 광역시 평균의 2.6배가 올랐고, 가장 적게 오른 광주광역시에 비해 11배나 오른 것이다.

수도권에서는 어느 누구도 폭등하는 집값 앞에서 자유로울 수 없다. 그러나 부동산 광풍에 대한 이해관계는 집을 소유하고 있느냐 아니냐, 오르는 집이냐 아니냐, 집이 한 채냐 여러 채냐에 따라 극명하게 갈렸다. 부동산 광풍은 부동산 부유층을 더 부자로 만들어 줬고, 수도권 중산층들을 부동산에 매달리게 했다. 벌이는 좀 되지만 집이 없는 사람은 빚을 내서라도 앞 다퉈 아파트를 샀고, 한 채 가진 사람은 한 채 더 사려 했다. 편안히 거주할 집보다 더 많이 오를 아파트를 사려고 최선을 다했다. 집을 산 뒤에는 더 오르기를 학수고대했고 이왕이면 다른 집보다 더 오르길 희망했다. 정치도 여기에 도움이 되기를 바랐다.

하지만 가난한 사람은 이전보다 더 갈 곳이 마땅찮게 됐다. 수도권 단독주택 거주자의 69%가 세입자인 데서 알 수 있듯이 단독주택은 서민들의 보금자리다. 그런데 뉴타운, 재건축, 신도시 등을 동반한 부동산 광풍은 집값과 전월세 가격을 끌어올릴 뿐 아니라 수도권의 집 자체를 바꿔 버렸다. 자산 가치가 낮은 단독주택을 헐고 값이 뛰는 아파트를 지었다. 마찬가지 이유로 소형 주택을 부수고 중대형을 지었다. 그 결과 10년 사이(1995~2005년) 아파트는 45%에서 58%로 늘어난 반면, 단독주택은 32%에서 19%로 비중이 급격히 줄었다. 소형 주택도 17%에서 13%로 줄었다.

이 사이에 오랜 독재 정권이 민주 정부로 바뀌었지만 부동산 광풍으로 삶이 폐허가 된 가난한 사람들에게 독재와 민주는 구별되지 않았다. 왜냐하면 가난한 사람들의 눈높이에서 볼 때 적어도 부동산 정책에서 민주 정부는 새로운 면모를 보여 주지 못했기 때문이다.

부동산 광풍 앞에서 수도권 사람들의 삶은 떠돌이 그 자체다. '수도권 100가구' 중 집 가진 사람의 절반은 5년에 한 번씩, 셋방 사는 사람의 절반은 2년에 한 번씩 이삿짐을 싸며 수도권 사람 3분의 2가 평균 5년에 한 번씩 이사한다. 10년 이상 한 집에 사는 사람은 17가구에 불과하다. 비수도권과 비교해서는 5년마다 이삿짐을 싸는 가구는 19%, 2년마다 이삿짐을 싸는 가구는 9%가 높다.

이처럼 신자유주의 세계화와 함께 수도권에 몰아친 부동산 광풍은 생활과 사고방식, 정치적 견해를 포함한 다양한 분야에서 수도권 사람들을 이전보다 더 극명하게 계층적으로 갈라놓았다. 이 책에 등장하는 수도권 동네들이 부동산-학력-종교가 한 몸이 되어 저마다 뚜렷한 특성의 차이를 보이는 것이나 이것이 선명한 계층 투표 현상으로 이어지는 것도 이 점과 관련이 있을 것이다.

|
이 책에 등장하는
통계에 대해
|

　　　　　이 책은 2008년 11월 도서출판 후마
니타스에서 『부동산 계급사회』를 출간한 직후 개인 블로그 〈손낙구
의 세상 공부〉http://blog.ohmynews.com/balbadak에 부동산에 관한 글을 연재하
면서 구상하게 됐다. "숫자 100으로 본 서울시 동네 구석구석"을 비
롯해 블로그에 연재한 글은 1년여 만에 연인원 1백만 명이 방문하는
분에 넘치는 호응을 얻었다. 물론 이 책은 선거 자료를 새롭게 추가
하고 동네별 상태와 비교 분석하는 등 블로그와 내용면에서 차이가
크다.

　동네와 선거에 관한 자료를 수집하기 시작한 건 2004년 국회에서
심상정 의원 보좌관으로 일할 때로 거슬러 올라간다. 당시 서민의 자
리에서 바라본 부동산 문제의 실상을 연구해 1년에 한 편씩 장문의
보고서를 냈는데, 그 중 하나가 2007년에 발표한 345쪽 분량의 '대한
민국 주택 지도'다. 16개 시도별로 주거 상황을 분석한 것인데, 욕심
같아서는 234개 시군구, 아니 3,573개 읍면동별 주택 지도를 만들어
보고 싶었다. 왜냐하면 동네를 들여다봐야 서민의 삶을 알 수 있고,
서민의 살림살이를 낫게 하려면 무엇을 어떻게 바로잡아야 하는지
정확히 알 수 있기 때문이다. 또 자신이 사는 동네에서 사람들이 어
떻게 살고 있는지를 알게 된다면 사람들의 삶에 정확히 눈을 맞추지
못하는 '운동'과 '정치'를 개선하는 데도 도움이 되지 않을까 싶었다.

　그래서 자료는 항상 3,573개 읍면동별로 모았고 정부 각 기관에

요청할 때도 읍면동별 자료를 만들어 달라고 했다. 하지만 쉬운 일이 아니었다. 다른 부처는 물론이고 통계를 총괄하는 통계청조차도 주로 234개 시군구별로 자료를 분석해 왔기 때문이다. 심지어 통계청 직원들은 읍면동별로 작업을 하자면 컴퓨터로 4시간 이상 추가 작업을 해야 한다며 하소연했다. 그래도 보람은 있었다. (반)지하·옥탑방·판잣집·비닐집·움막 등에 사는 가구 현황을 3,573개 읍면동별로 파악했을 때는 관련 학자는 물론 심지어 서울시 주택국에서도 필자에게 자료를 보내 달라고 요청해 왔다. '중앙 부처와 지자체 간에 협조가 잘 안 된다'는 설명이 이해가 가지 않았지만, 이 자료가 꼭 필요할 것 같아 조건 없이 보내 주었다.

이 책에 등장하는 통계는 대부분 국회에서 일하면서 정부 각 부처에서 제출받거나 국회도서관을 뒤져 얻은 것이다. 이 책에서 가장 많이 등장하는 통계는 통계청의 2005년 인구주택총조사 결과다. 5년마다 전국의 모든 집을 방문해 조사하는 전수조사 결과이기 때문에 주택을 둘러싼 동네 사람들의 처지와 학력 수준과 종교 인구 비중 등을 가장 잘 알 수 있다. 다만 아쉽게도 2010년 조사 결과가 나오기 전에는 2005년이 가장 최근 통계다. 또 취업 등 경제활동, 거주 기간 등 주거 실태, 활동 제약 항목 등은 전수조사가 아니라 표본조사여서 시군구까지만 사용할 수 있어 읍면동별 현황을 알기 어렵다는 아쉬움이 있다.

이 책에서는 서울과 경기도에 한해서 시군구별 다주택 가구 현황이 통계청과 행정자치부(현 행정안전부) 자료 두 가지로 제시되고 있다. 특히 행자부 자료는 2채에서 11채 이상까지 주택 보유 호수별 가구 현황이 나와 있는데, 이는 2005년 당시 행자부에서 서울과 경기도 시군구에 한해서만 조사한 것을 제출받은 것이다. 최저 주거 기준 미달 가구 현황은 국토연구원 자료로 시군구까지만 집계했는데, 최저 주거 기준 항목 중 구조·성능·환경 기준은 자료도 없고 자세한 기준이 없어 빠진 것이므로 실제보다는 축소된 것이다. 공공 임대주택 보유 현황은 건설교통부(현 국토부)에서 제출받은 자료로, 역시 시군구까지만 나와 있다. 거실과 부엌을 포함한 방 3칸 이하에 거주하는 셋방 가구에 대한 통계는 서울시정개발연구원이 2005년 인구주택총조사 결과를 분석한 것으로 서울시 각 구까지만 나와 있다.

2002~2008년 사이 7년간의 선거 관련 통계는 중앙선거관리위원회와 각 시도 선거관리위원회의 자료다. 다만, 서울시와 인천시 선거관리위원회가 각각 『제4회 동시지방선거 결과 총람』을 별도로 제작한 것과 달리, 경기도 선거관리위원회는 집계 자체를 하지 않아 사용할 수 없었다. 경기도 선관위는 책자는 물론 홈페이지 어디에도 이와 관련한 자료를 공개하지 않아 문의했으나 '31개 시군구 선관위에 알아보라'는 답변이 돌아왔다. 이럴 거면 경기도 선거관리위원회를 따로 둘 이유가 무엇인지 화도 났지만, 시간이 너무 걸려 포기할 수밖에 없었다. 이에 따라 경기도 선거 자료 중 2006년 지방선거는 시군구까지만 실었고, 수도권 전체 분석도 2004년 총선 자료만을 사용했다.

상당수의 자료는 엑셀 파일로 구할 수 있었지만 그렇지 못한 자료는 일일이 숫자를 쳐서 다시 백분율로 환산하는 과정을 거쳐야 했다. 이 일을 1년을 하다 보니 눈알이 튀어나올 지경이지만, 무엇보다도 혹시나 의도하지 않은 실수가 있을까 걱정이다. 최대한 확인 과정을 거쳤지만 잘못된 통계가 있을 경우 이는 전적으로 필자의 책임이다.

|
# 2005년에
# 비로소 제 모습 드러낸
# 동네별 특징
|

　　　　　　　　　주택을 둘러싼 사람들의 처지는 다양하고 집값 변동에 대한 이해관계도 서로 다르다. 집값이 오르거나 내릴 때 이해관계는 집을 소유하고 있느냐 아니냐, 몇 채를 갖고 있느냐, 또 집값이 많이 오르는 곳에 있느냐 그렇지 않으냐 등에 따라 다르다. 또 설령 현재 셋방에 살고 있거나 친척집·사택 등에 살고 있다 하더라도 자신 명의의 집을 소유하고 있느냐 아니냐에 따라서도 이해관계가 다르다. 따라서 주택을 둘러싼 사람들의 처지를 좀 더 정확하게 알려면 집주인이냐 셋방에 사느냐 하는 단순 구분법을 벗어나 집주인이라도 집을 몇 채 소유하고 있는지, 셋방 사는 사람이라도 다른 곳에 집을 소유하고 있는 경우와 아예 집이 없는 경우를 구별해 살펴야 한다. 또 (반)지하나 옥탑, 비닐집이나 쪽방 등에 사는 사람은 주택 소유 여부와 상관없이 별도로 구별해야 한다.

　　그러나 2005년 이전까지는 이런 구별이 불가능했다. 왜냐하면 조사 자체가 자기 집에 사느냐, 셋방에 사느냐 하는 식의 단순 질문이었기 때문이다. 그런데 2005년 인구주택총조사에서 이전에는 없던 '타지 주택 소유 여부'와 거주 층을 묻는 항목이 추가됐다. 즉 현재 살고 있는 집이 자기 집이든 셋방이든 상관없이 가구주 또는 배우자 명의로 다른 곳에 주택을 소유하고 있는지와 살고 있는 층이 (반)지하인지 지상인지 옥상(옥탑)인지를 새롭게 조사한 것이다.

그 결과 이전 조사에서는 가려져 있던 주택을 둘러싼 사람들의 처지가 좀 더 자세하게 제 모습을 드러냈다. 우선 집을 두 채 이상 소유한 다주택자의 존재가 드러났는데, 105만 가구로 전체의 7%를 차지했다. 또한 1가구 1주택자는 769만 가구로 전체의 49%였다. 어딘가 자기 집을 갖고 있으나 현재 셋방에 살고 있는 가구는 67만 가구, 친척집이나 회사 사택 등에 사는 가구는 8만 가구로, 모두 75만 가구 전체의 5%가 집을 소유하고 있으면서 다른 곳에 살고 있다. 또 (반)지하에 사는 가구는 68만 가구로 전체의 3%에 해당한다.

　이 책에서 사용하는 주택 소유자, 다주택자, 유주택 전월세, 무주택자, (반)지하 거주자 등의 개념은 이 같은 2005년 인구주택총조사 결과에 근거한 것이다. 이 책에서 주택 소유자는 집을 한 채 가진 사람과 다주택자 그리고 자신 명의의 집을 소유하고 있으나 셋방이나 친척집 또는 회사 사택 등에 사는 사람을 모두 가리킨다. 셋방 사는 사람 중에서 어딘가 자신 명의의 집을 소유한 사람은 무주택자가 아니라 주택 소유자로 분류한 것이다. 반면 무주택자는 셋방이나 친척집·사택 등에 살지만 실제로 집을 소유하지 않은 사람을 말한다.

　한 가지 더 감안할 점은 앞에서 말한 것처럼 전체 국민의 절반 이상이, 셋방 사는 가구의 80%가 최소 5년에 한 번씩 이사를 다닌다는 것이다. 또한 전체 국민의 30%, 셋방 가구의 52%는 2년에 한 번씩 집을 옮긴다. 수도권은 더 심해서 전체의 65%, 셋방 사는 사람의 82%가 5년에 한 번씩 이사를 다닌다. 또 수도권 인구의 35%, 셋방 가구의 54%는 2년에 한 번씩 이사를 다닌다. 단순 셈법으로 말하면 2년이 지나면 셋방 가구의 절반을 포함해 동네 사람의 3분의 1이 바뀌고, 5년이 지나면 셋방 가구의 82%를 포함해 동네 사람의 3분의 2

가 바뀌는 셈이다. 이래 가지고서야 제대로 된 지방자치가 가능할까 하는 생각을 해봤다.

어쨌든 사정이 이러니 2005년에 조사한, 주택을 둘러싼 상태와 학력·종교 등의 통계를 예컨대 5년 앞뒤의 선거 자료와 비교하는 것은 적절하지 않다. 이런 까닭으로 이 책에서는 2004년 총선과 2006년 지방선거 자료만을 동네별 특성과 비교 분석한 것이다. 곧 2010년 인구주택총조사가 시작될 터이니 그 결과가 나온다면 시계열로 동네와 선거의 관계를 분석하는 것도 가능할 것이다.

|
# 책의
# 내용과 구성
|

이 책은 크게 5부로 구성되어 있다.

제1부에서는 이 책이 어떤 책인가를 간략하게 소개했다. 필자가 책을 쓰게 된 동기와, 책에서 다루는 동네와 선거 사이의 '법칙'의 주요 내용, 이 책에 등장하는 통계의 출처와 성격을 밝혔다.

제2부에서는 서울의 정치·사회 지도를 그렸다. 1장 "서울은 어떤 곳인가"에서는 서울에 어떤 사람이 뭘 해서 먹고살며, 집을 둘러싼 처지는 어떻게 다르고, 최근 7년간 선거에서 어떤 정당을 지지했는지 개괄적으로 살펴본다. 2장 "동네별 정치 지도 비교 분석"에서는 서울의 동네별 특성과 2004년 총선, 2006년 지방선거 자료를 연계해 분

석한다. 투표율과 동네별 특성의 상관관계, 한나라당과 민주(+열린우리)당 그리고 민주노동당 등 특정 정당을 많이 찍은 동네의 특성이 어떻게 다른지 따져 본다. 3장 "동네별 사회 지도"에서는 서울시 522개 동네를 25개 구별로 나누어 어떤 특성이 있는지 살펴보고, 최근 7년간 투표 결과를 들여다본다.

제3부에서는 경기도의 정치·사회 지도를 그렸다. 1장 "경기도는 어떤 곳인가"에서는 경기도에 사는 사람들의 면면과 직업, 주택의 소유와 점유 상태, 최근 네 차례 선거의 투표율과 정당별 지지율을 다뤘다. 2장 "동네별 정치 지도 비교 분석"에서는 경기도 읍면동의 동네별 특성과 2004년 총선 자료를 연계해 분석한다. 투표율이 높은 곳과 낮은 곳의 특성, 각 정당별 득표율이 높은 동네와 낮은 동네의 특성을 살펴본다. 3장 "동네별 사회 지도"에서는 경기도 524개 동네를 31개 시군별로 나눠 어떤 특성이 있는지 분석해 보고 동네별 최근 7년간 투표 결과를 살펴본다.

제4부에서는 인천시의 정치·사회 지도를 그렸다. 1장 "인천은 어떤 곳인가"에서는 인천에 어떤 사람이 살며, 직업은 어떠하고 주택을 둘러싼 처지는 어떻게 다른지, 투표 양상은 어땠는지 살펴본다. 2장 "동네별 정치 지도 비교 분석"에서는 투표율 분포와 동네별 특성의 상관관계, 한나라당·민주(+열린우리)당·민주노동당의 득표율이 높은 동네는 어떤 특성이 있는지를 들여다본다. 3장 "동네별 사회 지도"에서는 인천시 140개 동네를 10개 시군으로 나눠 동네에 사는 사람의 학력과 종교, 직업, 주택 소유 여부, 최근 7년간 동네별 투표 결과를 살펴본다.

제5부는 이 책의 총괄에 해당한다. 1장 "수도권 1,164개 동네의 정

치 지도 총괄"에서는 2, 3, 4부에서 각각 따로 다룬 서울, 경기, 인천을 수도권 하나로 묶어 종합 분석한다. 수도권 읍면동 전체를 투표율이 높은 동네와 낮은 동네로 나눠 어떤 특성이 있는지 살펴본다. 또 수도권에서 한나라당·민주(＋열린우리)당·민주노동당을 많이 찍은 동네는 각각 특성이 어떻게 다른지 분석한다. 2장 "이 책을 선거에 활용하는 방법: 강남구를 사례로"에서는 이 책에 담긴 문제의식과 동네-선거 정보를 선거를 분석하거나 준비할 때 어떻게 활용할 수 있는지를 서울시 강남구를 사례로 살펴본다. 구의원과 시의원 등 지방선거, 국회의원 선거에 따라 달라지는 선거구별로 동네를 묶어 동네의 특성과 역대선거 투표 결과를 분석하는 방법을 소개한다.

|
이 책이
나오기까지
|

　　　　　　두께로만 말하면 단행본 중 유례를 찾기 쉽지 않은 이 책을 펴내게 된 데는 책의 가치를 후하게 쳐준 후마니타스가 아니었다면 불가능한 일이었다. 1년 넘게 개인 블로그 운영을 도와준 인터넷 언론 〈오마이뉴스〉, 읍면동별 통계를 내느라 고생한 통계청 공무원들에게도 이 자리를 빌려 감사드린다.

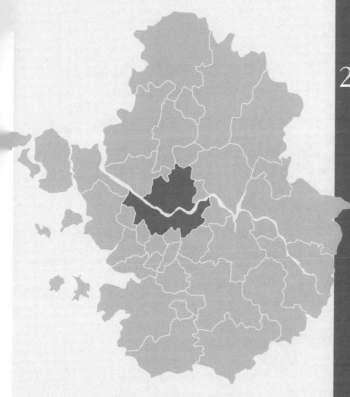

2부 | 서울시
522개
동네의
정치 사회
지도

# 1

# 서울은
# 어떤
# 곳인가

도봉구

노원구

강북구

은평구

성북구

중랑구

서대문구 종로구 동대문구

강서구 마포구 중구 성동구 광진구 강동구

용산구

양천구 영등포구 송파구

동작구

구로구 강남구

금천구 관악구 서초구

서울의 땅 넓이는 국토의 0.6%에 불과하지만 인구수는 전체 인구의
21%에 달한다. 국토 167분의 1에 불과한 좁은 땅에 5분 1이 넘는 인구가
밀집돼 사는 것이다. 그리하여 서울의 인구밀도는 ㎢당 1만6,537명으로
전국 평균의 34배에 달하며, 16개 시도 중 인구밀도가 가장 낮은 강원도
에 비해서는 184배나 된다(2005년 기준). 대한민국의 '핵 중의 핵' 서울은
어떤 곳이고, 서울에 사는 사람은 누구이며 어떻게 살고 있을까.

|

서울에는
어떤 사람이
살까

|

　　　　　　　　서울 시민 982만 명을 100명으로 친
다면 남자 대 여자의 수는 50 대 50으로 균형을 이루고 있다. 99명은
한국인이고 1명은 외국인이다. 외국인 가운데 48%는 국적이 중국(재
중 동포 = 조선족 28%)이며, 미국 10%, 일본 7%, 대만 6% 순으로 많다.

　100명 가운데 23명은 어린이와 청소년이고(19살 미만), 77명은 어
른이다. 어른 가운데 7명은 노인(65세 이상)이다. 전국 평균에 비해 19
세 미만 인구는 3% 낮고 19세 이상 인구는 3% 높아 부산과 함께 전
국에서 어린이와 청소년 인구 비중이 가장 낮다. 평균연령은 35.5세
로 전국 평균(35.6세)을 약간 밑돈다.

　'서울 인구 100명'은 25개 구에 흩어져 산다. 노원·송파구에 6명
씩, 강서·관악·강남·양천·은평·강동·성북구에 5명씩, 중랑·동작·
구로·영등포·동대문·마포·서초·도봉·광진구에  4명씩,  서대문·강
북·성동·금천구에 3명씩, 용산·종로구에 2명씩 살고, 중구에 1명이
산다.

　학력을 보면, 서울에 사는 19세 이상 인구 가운데 절반이 대학 이
상 학력자다(4년제 미만 대학 포함). 이 가운데 5%는 박사과정 이상 1%
를 포함한 대학원 이상 학력자다. 서울의 대학 이상 학력자 비중은
전국 평균(40%)에 비해 10%가 높고, 16개 시도 중에서도 가장 높다.
전국의 19세 이상 인구 중 22%가 서울에 살고 있는데, 전국의 대학

이상 학력자의 27%, 석사과정 이상 학력자의 35%, 박사과정 이상 학력자의 37%가 서울에 살고 있다. 대학 이상 학력자 비중은 서초구(76%), 강남구(74%), 송파구(59%), 동작구(55%), 관악구·양천구·마포구(53%) 순으로 높다.

종교는 어떨까. '서울 인구 100명' 가운데 23명은 개신교, 17명은 불교, 14명은 천주교, 그리고 1명은 그 밖의 다른 종교를 믿는다. 그러나 45명은 종교를 갖고 있지 않다. 전국 평균 종교별 인구가 불교(23%)-개신교(18%)-천주교(11%) 순서인 데 비해 서울은 불교 신자 비중이 전국 평균에 비해 6%가 낮은 반면 개신교 신자가 가장 많고 천주교 신자 비중도 전국 평균에 비해 3%가 높다. 또 전국에 있는 천주교 신자의 27%, 개신교 신자의 26%, 불교 신자의 15%가 서울에 살고 있다.

서울 25개 구 가운데 종교를 가진 사람의 비중이 가장 높은 곳은 서초구(62%)와 강남구(60%)다. 반면 중구·중랑구·금천구는 49%가 종교를 갖고 있지 않다. 개신교는 은평구·서대문구·양천구·강서구·서초구·강동구에서, 불교는 동대문구·종로구·중랑구·성북구·강북구에서, 천주교는 서초구·강남구·송파구에서 신자 비율이 높다.

'서울 인구 100명' 중 35명은 미혼이며, 65명은 결혼했다. 결혼한 사람 가운데 6명은 남편이나 아내가 먼저 사망했고 3명은 이혼했다(15세 이상 기준). 서울의 미혼자 비율은 전국 평균에 비해 5%가 높고 16개 시도 가운데서도 가장 높다. 미혼자가 가장 많은 곳은 관악구와 강남구로 각각 42%와 40%가 미혼이다. 반면 강북구와 서대문구, 구로구는 67%가 결혼한 사람이다. 몸이 불편하거나 정신 장애로 정상적인 활동에 제약을 느끼고 있는 사람은 100명 가운데 4명인데(5세 이상 인구 기준), 이는 16개 시도 중 대전·울산·경기도와 함께 가장 낮은 수준이며 전국 평균에 비해서도 2%가 낮다.

'서울 인구 100명' 가운데 현재 살고 있는 집에 5년 이상 살고 있는 사람은 38명에 불과하고, 62명은 이사 온 지 5년이 채 안 됐다(5세 이상 인구 기준). 그만큼 한 곳에 오래 살지 못하고 이사를 많이 다닌다는 얘긴데, 거주 기간이 5년 미만인 비율은 전국 평균(53%)에 비해 9%가 높고 16개 시도 중에서 경기도에 이어 두 번째로 높다.

이사 온 사람 중 39명은 같은 구에 있는 다른 동에서, 12명은 서울 안의 다른 구에서, 11명은 서울 바깥에서 이사 왔다. 종로구와 중구는 5세 이상 인구 중 각각 49%와 45%가 현재 살고 있는 집에 산 지 5년이 넘었으나, 송파구는 32% 관악구·서초구·강동구는 34%에 머물렀다. 한편 구로구·동작구·관악구·강남구는 14%가 5년 이내에 서울 이외 지역에서 이사 왔으며, 강북구는 7%만 서울 바깥에서 이사 왔다.


|
서울 사람은
뭘 해서
먹고살까
|

2005년 기준으로 서울에 사는 15세 이상 인구 8백만 명 중 4백만 명이 취업자인데 이 같은 취업률은 전국 평균(52%)을 밑도는 것이다. 서울의 취업자가 100명이라면 남자

는 61명, 여자는 39명이다. 57명은 30~40대, 21명은 20대, 16명은 50대이며, 65세 이상 노인도 2명이 일하고 있다. 전국 평균과 비교해 20대는 4%가 높은데, 특히 20대 여성 취업자 비율이 32%로 전국 평균에 비해 8%가 높다. 취업률은 25개 구 가운데 금천구가 53%로 가장 높고 종로구는 48%로 가장 낮다.

'서울 취업자 100명' 가운데 73명은 회사에서 봉급을 받고 일하는 직장인, 즉 노동자다. 16명은 사람을 고용하지 않고 혼자 일하는 자영업자이며, 8명은 누군가를 고용해 사업체를 경영하는 사업주다. 3명은 가족이 운영하는 사업체에서 보수 없이 일하고 있다.

봉급을 받고 일하는 직장인 비중은 관악구가 78%로 가장 높고, 중구는 65%로 가장 낮다. 아무도 고용하지 않고 혼자서 일하는 자영업자는 중구와 동대문구에서 20%로 가장 높고 강남구는 13%로 가장 낮다. 고용원을 둔 사업주는 강남구(15%)와 서초구(14%)에서 가장 높고, 관악구(5%)에서 제일 낮다. 역시 강남구와 서초구는 한국 사회 최상층 거주 지역의 면모를 보여 준다.

서울의 취업자 중 직장인 비중(73%)은 전국 평균보다 8%가 높고 울산(76%)에 이어 인천과 함께 두 번째로 높다. 고용원이 없는 자영업자 비중(16%)은 전국 평균(21%)보다 낮은 것은 물론 16개 시도 중 울산에 이어 두 번째로 낮다.

'서울 취업자 100명'을 직업별로 보면 사무직 21명, 판매직 14명, 전문가 14명, 기술직이나 준전문가 11명순이다. 또 10명은 서비스직, 다른 10명은 기능직, 8명은 단순 노무직, 6명은 장치 기계 조작 및 조립직, 4명은 고위 관리직으로 일하고 있다. 고위 관리직은 서초구·강남구(9%), 전문가는 서초구(25%), 기술직 및 준전문가는 노원구·동작구(13%), 사무직은 마포구·강서구·영등포구·동작구·관악구(23%), 서비스직은 종로구·중구(13%), 판매직은 중구(19%), 농업·임업 및 어업 숙련 종사자는 서초구(2%)에서 각각 비중이 높다. 또 기능직은 중랑구(17%), 장치 기계 조작 및 조립직은 금천구(11%), 단순 노무직은 중랑구와 강북구(11%)에서 각각 비중이 높다.

직업별 전국 평균치에 비해 사무직은 5%, 전문가는 4%, 판매직은 3%, 준전문가는 2%가 각각 높고 16개 시도 중에서 가장 높은 비중을 기록하고 있다. 반면 장치 기계 조작 및 조립 종사자는 전국 평균에 비해 6%가 낮고 16개 시도 중에서도 가장 낮다.

'서울 취업자 100명' 중 60명은 직장으로 출근하는 데 30분 이상 걸리며 그 가운데 23명은 1시간 이상 걸린다. 전국 평균(30분 이상 41% 가운데 1시간 이상 14%)을 크게 웃도는 것은 물론 16개 시도 가운데 통근 시간이 가장 길다. 구별로는 노원구가 1시간 이상 36%를 포함해 30분 이상이 68%로 출근하는 데 걸리는 시간이 가장 길고, 중구는 1시간 이상 10%를 포함해 30분 이상이 40%로 가장 짧다.

'서울 취업자 100명' 중 21명은 걸어서 출근하고 79명은 교통수단을 이용해 출근한다. 79명 가운데 27명은 승용차 또는 승합차(자가용)로, 24명은 전철로, 16명은 시내버스로 출근한다. 또 2명은 통근 버스로, 1명은 택시로, 다른 1명은 자전거로 출근한다. 7명은 전철과 버스 또는 승용차를 갈아타며 출근한다. 걸어서 출근하는 사람은 중구(40%), 전철은 노원구(37%), 시내버스는 서대문구(25%), 자가용은 서초구(39%), 전철과 버스 또는 승용차를 갈아타며 출근하는 사람은 강북구와 도봉구(12%)에서 각각 비중이 높다.

서울의 자가용 통근자 비중은 전국에서 가장 낮고 전철 통근자는 가장 높다. 전국 평균에 비해 자가용을 이용한 출근자 비중은 14%가 낮은 반면 전철 출근자는 17%가 높고, 시내버스와 복합 수단을 이용한 통근자도 각각 4%가 높다.

'서울 취업자 100명' 중 85명은 사무실이나 공장 등에서 일하는 반면 9명은 야외나 거리 또는 운송 수단에서 일한다. 2명은 남의 집에서, 또 다른 2명은 자기 집에서 일한다. 사무실이나 공장 등 사업장에서 일하는 사람은 강남구(91%), 자기 집은 종로구(6%), 야외나 거리 또는 운송 수단에서 일하는 사람은 중랑구(15%)에서 각각 비중이 높다. 전국 평균치와 비교해 보면, 사업장에서 일하는 취업자 비중은 10%가 높아 16개 시도 중에서도 가장 높은 반면 거리나 야외 작업 현장, 운송 수단 등에서 일하는 비중은 전국 평균에 비해 11%가 낮고 16개 시도 중에서도 가장 낮다.

|
서울에서
집 가진 사람과
집 없는 사람
|

서울에 사는 982만 명은 한 가족당 평균 3명씩 331만 가구(일반 가구 기준)를 이뤄 살고 있다. 서울에 사는 가구를 100가구로 친다면 40가구는 식구가 한 명 또는 두 명인 1, 2인 가구이며, 이 가운데 20가구는 나 홀로 사는 1인 가구다. 식구 4명

은 28가구, 3명은 22가구, 5명은 8가구다. 1인 가구는 관악구(33%), 2인 가구는 용산구(24%), 3인 가구는 강북구·도봉구·노원구·은평구(24%), 4인 가구는 양천구(35%), 5인 가구는 양천구(9%)에서 각각 비중이 높다.

서울의 1인 가구 비중(20%)은 전국 평균 수준인데, 연령별로는 20대와 30대에서 각각 29%와 26%를 차지해 전국 평균에 비해 9%와 6%가 높다. 반면 50대는 전국 평균에 비해 2%가 낮은 10%를 기록했고 특히 60세 이상 연령층은 19%로 전국 평균 31%를 크게 밑돌고 16개 시도 중 가장 낮다.

'서울의 100가구' 중 50가구는 자기 집을 소유하고 있고, 나머지 50가구는 집이 없는 무주택자다. 전국 평균과 비교해 주택 소유자는 10%가 적고 무주택자는 10%가 많다. 또한 16개 시도 가운데 주택 소유자 비중은 가장 낮고 무주택자는 가장 높다.

자기 집을 소유한 50가구 중 44가구는 자기 집에서 살고 6가구는 경제 사정이나 자녀 교육, 직장 등의 사정으로 셋방에 살고 있다. 또한 6가구는 집을 두 채 이상 여러 채 소유한 다주택자로, 우리나라 다주택자 중 20%가 서울에 산다.

무주택자 50가구 중 친척집이나 사택 등에서 무상으로 사는 일부를 제외한 48가구는 셋방에 산다. 이들과, 유주택 전월세를 포함해 셋방에 사는 54가구 가운데 33가구는 전세에, 19가구는 보증금 있는 월세에, 2가구는 보증금 없는 월세에, 1가구는 사글세에 살고 있다. 또한 전국의 셋방 가구 중 27%가 서울에 산다.

주택 소유 가구 비중은 도봉구(65%), 노원구(60%), 양천구(60%) 순으로 높고, 무주택 가구는 관악구(62%), 중구(60%), 광진구(58%)

순으로 높다. 또 자기 집에 사는 가구 비중은 도봉구(61%), 노원구(56%), 구로구(53%) 순으로, 셋방 사는 가구는 관악구(64%), 중구(62%), 강남구(61%,) 광진구(61%) 순으로 비중이 높다. 집을 두 채 이상 여러 채 소유한 가구는 서초구(9%), 강남구(8%), 양천구(8%) 순으로, 유주택 전월세 가구는 서초구(11%), 강남구(11%), 송파구(9%), 양천구(8%), 강동구(8%) 순으로 비중이 높다. 또한 보증금 없는 월세 가구는 중구(6%), 보증금 있는 월세 가구는 관악구(26%), 전세 가구는 강동구(39%)에서 비중이 높다.

'서울의 100가구' 중 65가구는 현재 사는 집으로 이사 온 지 5년이 안 되며, 이 가운데 35가구는 2년이 안 된다. 19가구는 5~10년이 됐고, 16가구는 10년이 넘었다. 셋방에 사는 가구의 경우 10년 이상은 6%, 5년 이내는 79%, 이 가운데 2년 이내는 50%로 거주 기간이 더 짧다.

전국 평균치에 비해 5년 이내는 10%가, 2년 이내는 5%가 높고, 경기도에 이어 거주 기간이 가장 짧아 그만큼 자주 이사를 다니는 것으로 나타났다. 10년 이상 한 집에서 살고 있는 가구도 전국 평균에 비해 10%가 낮고 16개 시도 중 경기도와 함께 가장 낮다. 이사 온 지 5년이 안 된 가구는 관악구와 송파구(72%)에서, 2년 이내 가구는 관악구(46%)에서, 5~10년 된 가구는 중구와 노원구(24%)에서, 10년 이상 된 가구는 종로구(23%)에서 각각 비중이 높다.

'서울의 100가구' 중 54가구는 자동차를 소유하고 있고 이 가운데 42가구는 자기 집에 전용 주차장이 있다. 또 8가구는 차를 2대 이상 소유하고 있다. 자동차를 소유한 가구는 서초구(71%)와 송파구(66%)에서, 2대 이상 소유한 가구는 서초구(18%)와 강남구(15%)에서, 전용 주차장이 있는 가구는 서초구(62%)와 강남구(58%)에서 각각 비중이 높다.

자동차를 소유한 가구는 전국 평균과 비교해 7%가 낮고, 2대 이상 소유한 가구도 4%가 낮다. 자기 집에 주차장을 갖고 있는 가구도 전국 평균에 비해 4%가 낮아 그만큼 주차난이 심하다. 서울 평균 자동차 소유 가구 비중이 낮은 것은 셋방 사는 가구 가운데 59%가 자동차가 없기 때문이다. 서울에서 자기 집에 사는 가구의 경우 71%가 자동차를 소유하고 있어 전국 자가 가구 평균에 비해 2%가 높은 반면, 셋방에 사는 가구는 41%만 자동차를 소유하고 있어 전국 전월세 가구 평균에 비해 10%가 낮다.


|
## 서울의
## 집과 집값
|

서울에는 집(주택 이외 거처 포함)이 231만 채가 있다. 서울에 있는 집이 100채라면 절반이 넘는 53채는 아파트여서 '아파트 공화국'의 수도라 할 만하다. 19채는 단독주택, 18채는 다세대주택이며, 6채는 연립주택이다. 오피스텔과 같은 주택 이외의 거처는 3채, 상가 등에 있는 주택은 1채다.

전국 평균과 비교하면 아파트 비중은 1%가 높고 단독주택은 12%가 낮다. 또 다세대주택은 9%, 연립주택은 2%, 주택 이외의 거처는

1%가 각각 높다. 비거주용 건물 내 주택은 1%가 낮다. 서울의 아파트 비중은 6대 광역시도와 경기도에 비해서는 낮은 반면, 경기도를 제외한 8개도에 비해서는 높다. 단독주택 비중은 인천(15%), 경기(18%)에 이어 세 번째로 낮고, 다세대주택은 인천(25%)에 이어 두 번째로 높다.

아파트는 노원구(86%), 강남구(72%), 서초구(55%)에서, 단독주택은 종로구(37%), 용산구(34%), 동대문구(33%)에서 각각 비중이 높다. 또 연립주택은 종로구(12%), 다세대주택은 은평구(47%), 비거주용 건물 내 주택은 중구(3%), 오피스텔은 관악구(8%)에서 각각 비중이 높다.

이처럼 서울에 있는 집 가운데 아파트가 절반이 넘지만 '서울의 100가구' 중 아파트에는 37가구만 사는 반면 단독주택에는 그보다 많은 42가구가 산다. 왜냐하면 아파트에는 보통 한 가구가 사는 데 비해, 단독주택에는 집주인과 셋방 사는 사람 등 여럿이 함께 살 수 있기 때문이다. 특히 서울에서 단독주택에 사는 가구 중 74%는 세입자이고 집주인은 24%에 머물렀다. 단독주택에 세 들어 사는 가구 비중의 전국 평균이 51%인 것과 비교해 보면 서울의 단독주택은 주로 셋방 사는 사람들의 보금자리가 되고 있는 것이다. 반면 아파트 가구 중 세입자는 35%, 집주인은 64%로 전국 평균과 비슷하다.

서울의 100가구 가운데 아파트와 단독주택에 사는 사람을 뺀 나머지 13가구는 다세대주택에, 4가구는 연립주택에, 2가구는 비거주용 건물 내 주택에, 다른 2가구는 주택 이외의 거처에 산다.

단독주택 거주 가구는 광진구(63%)와 중랑구(59%)에서, 아파트 거주 가구는 노원구(80%)와 강남구(54%)에서, 다세대주택 거주 가구는 은평구(35%)와 강북구(20%)에서 각각 비중이 높다. 또 연립주택 거주 가구는 구로구(7%)와 금천구(7%)에서, 비거주용 건물 내 주택 거주 가구는 중구(5%)에서, 오피스텔 거주 가구는 중구(5%)와 관악구(5%)에서 각각 비중이 높다.

서울의 아파트 거주 가구 비중은 제주(19%), 전남(30%), 경북(33%), 충남(34%)에 이어 16개 시도 가운데 5번째로 낮다. 단독주택 거주 가구 비중은 경기도를 제외한 8개 도 지역보다는 낮지만 경기도와 6대 광역시에 견줘서는 대구(48%) 다음으로 높다. 다세대주택 거주 가구 비중은 인천(21%)에 이어 두 번째로, 연립주택 거주 가구 비중은 제주(6%)에 이어 경기·강원도와 함께 두 번째로 높다.

또 서울의 가구당 평균 인원수는 2.9명으로 전국 평균과 같다. 하지만 가구당 평균 사용 방 수는 3.5개(거실과 부엌을 각 방1개로 포함), 가구당 주거 면적은 19평으로 전국 평균(3.6개, 20평)에 밑돌아 서울에 사는 사람이 식구에 비해 상대적으로 좁은 집, 적은 방에 사는 것으로 나타났다.

2005년 기준으로 '서울의 집 100채' 중 45채는 지은 지 10년(1995~2005년 사이 건축)이 안 된 새집이며, 19채는 지은 지 20년이 넘은 낡은 집으로 곧 재개발·재건축될 수 있는 집이다. 10년이 안 된 새집은 구로구(58%)와 성북구(57%)에서, 20년이 넘은 집은 서초구(37%)와 강남구(37%), 용산구(37%)에서 비중이 높다.

지난 10년 사이에 아파트와 다세대주택은 각각 70%와 205% 증가한 반면 단독주택은 21%, 연립주택은 36%, 영업용 건물 내 주택은 49%가 각각 감소했다. 그 결과 전체 주택에서 차지하는 비중도 아파트와 다세대주택이 각각 12%와 10%가 증가한 반면, 단독주택은

13%, 연립주택은 7%, 영업용 건물 내 주택은 2%가 각각 감소했다.

또 같은 기간에 29평 이상 큰 집이 다섯 채 늘 동안 14평 미만의 작은 집은 한 채밖에 늘지 않았다. 2005년 현재 29평 이상은 28채, 19~29평은 34채인 반면, 14~19평은 23채, 14평 미만은 15채다. 29평 이상 넓은 집은 서초구(44%)와 용산구(43%)에서, 14평 미만 좁은 집은 중구(24%)와 노원구(24%)에서 비중이 높다.

결국 뉴타운 재개발로 가난한 사람이 살던 단독주택과 작은 집을 부수고 부자들만 살 수 있는 큰 아파트를 지은 셈이어서, 서울에서 가난한 사람이 살 수 있는 집은 갈수록 줄어들고 있는 것이다.

2005년 기준으로 '서울의 집 100채' 중 29평 이상 중대형은 28채로 전국 평균에 비해 6%가 높다. 또 99평 이상 초대형 주택은 2채로 전국 평균보다 1% 높다. 우리나라에 있는 99평 이상 초대형 주택 중 56%가 서울과 경기도에 있고, 그 중에서도 29%는 서울에 있다. 또 '서울의 집 100채' 중 19~29평은 34채, 14~19평은 23채로 전국 평균에 비해 4%와 5%가 적다. 대신 14평 미만의 소형 주택은 15채로 전국 평균에 비해 3%가 많고 16개 시도 중 인천(18%)에 이어 두 번째로 많다.

2008년 주택 공시 가격 통계 기준으로 서울에 있는 집(주택 이외의 거처 제외)은 모두 233만 채로 전국 주택 수 1,351만 채의 약 17%를 차지한다. 그런데 서울의 집값 총액은 662조 원으로 전국 집값 총액 1,676조 원의 39%에 달한다. 서울에 있는 집 한 채당 가격도 2억 8,400만 원으로 전국 평균 1억2,400만 원의 2.3배에 달하며, 가장 싼 전남(2,750만 원)의 10배가 넘는다. 전남의 집 10채를 팔아야 서울 집 한 채를 살 수 있는 셈이다.

서울의 땅값 역시 무척 비싸다. 서울 면적은 국토의 0.6%에 지나지 않지만 서울의 땅값 총액은 692조 원으로 전체 국토 가격 2,349조 원의 29%에 달한다(2006년 공시지가 기준). 서울의 평균 땅값은 전국 평균 땅값의 12배에 달해 16개 광역시도 가운데 가장 비싸며 가장 싼 전남에 비해서는 평균 74배나 비싸다.

　　이처럼 서울의 집값과 땅값이 비싼 이유는 서울의 부동산 가격이 전국 어디보다 빠르게 큰 폭으로 오르기 때문이다. 최근 5년간(2003년 9월~2008년 9월) 서울의 집값은 전국 평균 22%의 1.9배인 41%가 올라 전국 최고의 상승률을 기록했다. 같은 기간 동안 집값이 떨어진 부산·전남·제주는 물론이고 1.6% 오른 데 그친 대전과 비교하면 26배나 더 오른 셈이다.

　　서울은 집값이 빠르게 많이 올라 비싸니 전월세 임차금도 비싸다. 서울에서 전세 사는 가구의 가구당 평균 전세 보증금은 7,191만 원으로 전국 평균 5,109만 원의 1.4배 수준으로 전국에서 가장 비싸고, 가장 싼 충청북도(2,557만 원)에 비해서는 2.8배에 달한다(2005년 기준).

|
서울에서
땅 밑에 사는
사람
|

　　　　　　'서울에 사는 100가구' 중 2가구는 입식 부엌이 아니거나 아예 부엌이 없이 살고, 2가구는 수세식 화장실이 없이 살며, 또 다른 2가구는 온수 목욕 시설이 없다. 이들 6가구를 비롯해 식구에 비해 방 수가 너무 적거나 지나치게 좁은 집에서 사는 가구를 포함한, 인간다운 품위를 지키기 어려운 최저 주거 기준 미달 가구가 11가구에 달한다. 최저 주거 기준에 미달되는 가구는 중구(20%)와 금천구(18%), 관악구(16%) 순으로 비중이 높고, 서초구(6%), 도봉구(6%), 강남구(7%) 순으로 낮다.

　서울의 최저 주거 기준 미달 가구 비중은 전국 평균에 비해 2%가 낮다. 또 전국의 최저 주거 기준 미달 가구 중 17%가 서울에 산다. 전체 최저 주거 기준 미달 가구의 66%가 시설 기준에 미달된 반면 서울의 최저 주거 기준 미달 가구는 78%가 면적 기준 미달 가구라는 특성이 있다.

　'서울에 사는 100가구' 가운데 88가구는 지상에 살지만, 11가구는 (반)지하에 살고 1가구는 옥탑방에 산다. 지상에 사는 사람의 절반이 자기 집에 살고 절반은 셋방에 사는 데 비해, 지하에 사는 사람 중 자기 집은 11%에 불과하며 87%는 셋방살이를 떠돈다. 옥탑방은 자기 집이 5%, 셋방이 91%에 달한다. (반)지하 방에 사는 가구는 광진구(17%)와 중랑구(17%)에서 비중이 높고, 노원구(3%)와 강남구(6%)

에서 낮다. 한편 서초구와 강남구 가구 중 1%는 판잣집이나 비닐하우스, 움막에서 산다. 또 종로구 가구의 1%와 중구 가구의 3%, 관악구 가구의 0.4%는 쪽방처럼 업소에 딸린, 잠만 자는 방 등에 산다.

서울에서 (반)지하, 옥탑, 비닐집 등에 사는 가구는 전국 평균 4%의 3배에 달하며, 16개 시도 가운데 단연 그 비중이 높다. 또한 전국의 (반)지하 거주 가구의 61%, 옥탑방 거주 가구의 67%, 판잣집·움막·비닐집 거주 가구의 23%, 업소의 잠만 자는 방 등 거주 가구의 21%가 서울에 사는 등 (반)지하 등 적절하지 못한 곳에 사는 가구의 21%가 서울에 산다.

'서울에 사는 100가구' 가운데 거실이나 부엌을 1개의 방으로 쳐서 방 3개 이하에서 셋방살이를 떠도는 가구는 35가구에 달하지만, 이들에게 꼭 필요한 공공 임대주택은 일반 가구 대비 3채밖에 안 된다 (2005년 기준). 따라서 서울에 사는 가난한 사람들을 위해서는 정부와 서울시가 현재의 11배에 달하는 공공 임대주택을 성실하게 공급해야 한다.

거실이나 부엌을 1개의 방으로 쳐서 방 3개 이하에서 셋방살이를 떠도는 가구는 중구(68%)와 종로구(51%), 강남구(50%)에서 비중이 높고, 도봉구(20%), 노원구(24%), 은평구(24%), 양천구(24%)에서 낮다. 일반 가구 수 대비 공공 임대주택은 노원구(11%), 강서구(11%), 중구(8%)에서 비중이 높고, 광진구(0%), 은평구(0.4%), 강동구(0.4%)에서 낮다.

2005년 현재 열악한 주거 조건에 사는 사람들을 위한 공공 임대주택은 전국적으로 35만9천 채가 공급돼 있는데 그 중 32% 11만4천 채가 서울에 있다. 서울의 공공 임대주택은 주택 수 대비 5%, 일반 가구 수 대비 3%로 전국 평균에 비해 2%와 1%가 각각 높다. 또한 무주택 가구 수 대비 공공 임대주택 비중은 7%로 전국 평균 6%보다 1% 높지만, 울산(15%), 광주(12%), 인천(11%), 부산(11%), 대전(10%) 등 주요 광역시에 비해서는 3~8%가 낮다.

|

## 서울 사람들은
## 어느 정당에
## 투표했나

|

정당 지지도를 알 수 있는 최근 네 차례 선거(제3~4회 동시지방선거 광역 의원 비례대표, 17~18대 총선 정당 명부 비례대표)를 기준으로 서울시 유권자 수는 평균 787만 명이며 평균 투표자 수는 4백만 명, 평균 투표율은 51%였다.

전국 유권자 중 22%가 서울에 사는데 투표율은 전국 평균에 비해 1%가 낮고, 전국 투표자 중 서울 투표자 비중은 21%다. 서울은 유권자 비중과 투표자 비중이 16개 시도 가운데 가장 높고, 투표율은 경기도를 제외한 8개 도에 비해서는 낮지만 경기도(49%)와 부산(49%), 대구(49%), 대전(49%), 광주(48%), 인천(46%) 등 주요 광역시에 비해서는 높다.

서울의 네 차례 선거에서 한나라당은 평균 46%를, 민주당(+열린우리당)은 36%를 얻었으며, 민주노동당과 진보신당 평균 득표율의 합계는 9%다. 전국 평균 득표율과 견줘 보면 한나라당과 민주(＋열린우리)당은 서울에서 전국 평균에 비해 각각 2%를 더 얻었다. 반면 서울에서 민주노동당과 진보신당 득표율은 전국 평균에 비해 2%가 낮다.

네 차례 선거 때 서울에서 한나라당이 얻은 표는 평균 181만 표로 전국에서 얻은 818만 표의 22%에 해당하며, 16개 시도에서 얻은 표 중에서 가장 많다. 경기(21%), 경북(10%), 경남(9%), 부산(9%), 대구(7%)가 뒤를 잇고 있다.

민주(＋열린우리)당이 얻은 617만 표 중 서울에서 얻은 표는 평균 144만 표로 23%를 차지하고 있다. 역시 16개 시도 중 가장 많은데 경기(20%), 전남(11%), 전북(9%), 광주(6%) 순으로 이어진다.

민주노동당(＋진보신당)이 서울에서 얻은 표는 평균 37만 표로 전국에서 얻은 196만 표의 19%다. 역시 16개 시도 중 가장 많은데, 경기(18%), 경남(9%), 부산(8%), 전남(6%) 순으로 뒤를 잇는다.

지금까지 몇 가지 정보를 통해 서울은 어떤 곳인지를 대략 살펴보았다. 하지만 서울을 정확히 이해하려면 서울 안으로 들어가서 25개 구와 522개 동네를 들여다봐야 한다. 이제 서울 속으로 들어가 보자.

# 2

# 동네별
# 정치 지도
# 비교 분석

한국의 거대 수도 서울은 5백 개가 넘는 작은 동네로 구성돼 있다. 이들
동네는 같은 하늘 아래에 있지만 특성이 다양하다. 정치에 대한 생각과
행위도 다르다. 투표도 그렇다. 선거권이 있는 사람의 다수가 투표하는
동네가 있는가 하면, 동네 사람 다수가 아예 투표를 포기하는 경우도 있
다. 주로 한나라당을 찍는 동네가 있는가 하면, 민주당이나 진보 정당을
상대적으로 많이 찍은 곳도 있다. '정치' 영역에서 서울의 동네는 얼마나
다르고, 이 차이는 어디서 비롯된 것일까.

|
투표율로 본
서울
518개 동네
|

## 투표를 많이 한 동네와 투표를 포기한 동네

2004년 총선에서 양천구 목6동은 동네 선거권자의 4분의 3이 투표에 참여했는가 하면, 강남구 논현1동은 절반이 넘는 사람들이 투표를 포기했다. 2006년 지방선거에서 송파구 잠실7동은 동네 선거권자의 3분의 2가 투표했는가 하면, 강남구 논현1동은 3분의 2 이상이 투표를 포기했다. 심지어 강남구 안에서도 대치1동과 대치2동은 선거권자의 61%와 62%가 투표했으나, 논현1동과 역삼1동은 각 33%밖에 투표하지 않았다.

서울에 있는 동네 가운데 2004년과 2006년 두 차례 선거에서 평균 투표율이 가장 높은 10곳의 선거권자는 연인원 기준으로 28만 명이다. 평균 투표율이 가장 낮은 10곳의 선거권자도 29만 명으로 비슷하다. 그런데 투표율이 높은 10곳은 평균 67%가 투표에 참여한 반면, 투표율이 낮은 10곳은 44%밖에 참여하지 않았다. 그 결과 실제 투표자 수는 19만 명 대 13만 명으로 6만 명이나 차이가 났다. 투표율이 낮은 동네에 비해 높은 동네에서 6만 표만큼 '민의'가 더 반영된 것이다.

그런데 한나라당은 투표율이 낮은 10곳에 비해 높은 10곳에서 1.3~1.6배의 높은 득표율을 기록한 반면, 민주(＋열린우리)당은 투

표 2_2.1

## 투표율이 가장 높은 10곳과 가장 낮은 10곳 현황

2004년 총선과 2006년 지방선거(단위 : 명)

| | | 투표율이 가장 높은 10곳 | 투표율이 가장 낮은 10곳 |
|---|---|---|---|
| 2004년<br>총선 | 선거인 수 | 138,069 | 142,799 |
| | 평균 투표율 | 73% | 51% |
| | 투표자 수 | 100,300 | 72,586 |
| | 한나라당 | 56,796(57%) | 25,491(35%) |
| | 민주(+열린우리)당 | 31,171(31%) | 34,381(48%) |
| | 민주노동당 | 8,427(8%) | 9,129(13%) |
| 2006년<br>지방선거 | 선거인 수 | 142,902 | 146,926 |
| | 평균 투표율 | 61% | 37% |
| | 투표자 수 | 87,757 | 54,752 |
| | 한나라당 | 66,058(76%) | 31,086(58%) |
| | 민주(+열린우리)당 | 15,426(18%) | 17,261(32%) |
| | 민주노동당 | 5,140(6%) | 5,205(10%) |

표율이 높은 곳에 비해 낮은 10곳에서 1.6~1.8배의 득표율을 기록하고 있다. 민주노동당도 투표율 낮은 곳에서 득표율이 1.6~1.7배 높다. 그 결과 두 차례 선거에서 투표율이 높은 10개 동네의 한나라당 득표수는 12만 표로, 투표율 낮은 10개 동네에서 얻은 6만 표의 두 배에 달한다. 한나라당은 득표율이 높은 곳에서 투표율이 가장 높아 최대의 효과를 거둔 반면, 민주(+열린우리)당과 민주노동당은 그 반대가 된 것이다. 이처럼 투표를 열심히 하는 동네와 그렇지 않은 동네 선거권자의 선택은 그냥 지나치기 어려운 대목이라 할 수 있다.

## 무엇이 다른 걸까

투표에 참여하거나 포기하는 것은 어떤 정당 또는 누구를 선택하느냐 못지않게 중요한 정치 행위다. 투표에 참여하거나 포기하는 것만으로도 선거 결과에 중대한 영향을 미치기 때문이다. 또한 투표율은 정치가 국민의 대표성을 얼마나 확보하고 있느냐를 재는 잣대가 되고 있다.

그렇다면 같은 서울 하늘 아래에서 왜 이 같은 차이가 나타나는 걸까. 불행하게도 여론조사 결과를 비롯해 현재 선거를 분석하는 각종 자료와 통계는 천여 명을 대상으로 한 표본조사이거나, 대부분 전국 또는 광역 단위의 것이다. 또한 좀 더 자세하게 들여다본다 하더라도 234개 시군구 단위 정도이지, 3,573개에 달하는 읍면동 즉 동네의 실상을 살피기는 어렵다.

그런 점에서 통계청의 인구주택총조사 결과는 유일하게 모든 가구를 대상으로 한 전수조사인데다 주요 항목에 대해서는 읍면동별로 집계를 하고 있어 동네를 들여다볼 수 있는 자료다. 조사 항목이 많지 않아 아쉽지만, 그 가운데 주택을 둘러싼 동네 사람들의 처지와 학력 수준 그리고 종교 인구 비중 자료는 모든 선거권자의 투표 여부를 담은 선거관리위원회의 투표 자료와 비교 분석할 경우 동네별 실상을 살필 수 있는 소중한 자료라 하겠다.

투표율이 높은 동네와 투표를 포기하는 사람이 많은 동네는 무엇이 다른 걸까. 먼저 투표율이 가장 높은 10개 동네와 투표율이 가장 낮은 10개 동네를 중심으로 주택을 둘러싼 처지 즉 동네 사람 중 집을 소유하고 있는 가구는 얼마나 되며, 아파트에 사는지 아닌지, 1인 가구나 (반)지하 방 거주 등 주거 빈곤 가구가 얼마나 되는지를 보자.

투표율이 높은 10개 동네 가구 중 84%가 주택을 소유하고 있다. 송파구 잠실7동과 문정2동은 동네 사람 중 90%가 주택을 소유하고 있고, 무주택자는 10%에 불과하다. 10곳 중 무주택자가 가장 많은 강동구 둔촌1동조차도 27%에 그치는 등 무주택자 비중이 평균 16%에 불과하다. 또 송파구 잠실5동·잠실7동·오류동에 사는 가구 중 17%가 집을 두 채 이상 소유하고 있는 것을 비롯해 평균 14%가 다주택자다. 다주택자가 가장 적은 양천구 목6동과 송파구 문정동조차 13%에 달한다.

아파트, 단독주택, 연립·다세대주택 등 어떤 집에 사느냐에서도 공통점이 많다. 투표율이 높은 10개 동네 중 6곳이 100% 아파트 동네인 것을 비롯해 전체의 98%가 아파트에 살고 있다. 아파트 거주자 비중이 가장 낮은 양천구 신정6동도 94%에 달한다. 10개 동네의 1인 가구는 5%에 불과하고 (반)지하 등에 사는 가구도 1%에 그친다.

반면 투표율이 낮은 10개 동네에 사는 사람은 가구 기준으로 74%가 무주택자이고, 집을 소유한 사람은 26%에 불과하다. 역삼1동에 사는 가구의 80%가 무주택자이며, 주택 소유자가 가장 많은 강북구 미아2동도 45%에 그친다. 집을 두 채 이상 소유한 사람은 더 드물다. 용산구 한남2동과 중랑구 면목1동이 4%로 가장 높고 나머지 동네는 2~3%에 머물고 있다.

투표율이 낮은 10곳에 사는 사람 중 아파트 거주자는 5%에 불과하다. 76%가 단독주택에 사는 것을 비롯해 연립·다세대주택 등 비아파트에 95%가 사는 것이다. 17%는 (반)지하나 옥탑·비닐집·쪽방 등에 살고 무려 43%가 나 홀로 사는 1인 가구다.

다음으로 학력 수준을 보자. 투표율이 높은 10개 동네에 사는 19세 이상 인구 중 대학 이상 학력자는 86%에 달한다. 박사과정 이상 5%를 포함한 17%는 대학원 이상 학력자이며, 61%는 4년제 대학 이상 학력을, 7%는 4년제 미만 대학 학력을 보유하고 있다(재학생 포함). 송파구 오륜동에 사는 19세 이상 인구 중에는 무려 92%가 대학 이상 학력자이며 그 중 20%는 대학원 이상 학력 보유자다.

반면 투표율이 낮은 10곳의 대학 이상 학력자 비중은 50%에 머무른다. 박사과정 1%를 포함한 5%가 대학원 이상 학력을, 31%가 4년제 이상 학력을, 14%가 4년제 미만 대학 학력을 보유하고 있다.

종교 인구에서도 차이가 나타난다. 투표율이 높은 10곳에 사는 전체 인구 가운데 64%가 종교를 갖고 있다. 종교별로는 천주교(25%)가 가장 많고, 개신교(24%) 불교(14%) 순이다. 전국 평균으로는 11%, 서울 평균은 14%에 불과한 천주교가 이곳에서는 가장 많은 신자를 갖고 있는 것이다. 반면 투표율이 가장 낮은 10곳에 사는 사람 중에는 49%만 종교를 갖고 있다. 개신교(19%) 인구가 가장 많고, 불교(17%), 천주교(12%) 순이다.

표 2_2.2

# 서울에서 투표율이 가장 높은 10개 동네의 특징

**2004년 총선과 2006년 지방선거(단위 : %)**

| | | 평균 | 송파구 잠실7동 | 송파구 잠실5동 | 송파구 오륜동 | 양천구 목6동 | 양천구 신정6동 | 강남구 대치1동 | 서초구 반포본동 | 강동구 둔촌1동 | 강남구 대치2동 | 송파구 문정2동 |
|---|---|---|---|---|---|---|---|---|---|---|---|---|
| 평균 투표율 | | 67 | 69 | 69 | 68 | 68 | 67 | 67 | 66 | 66 | 66 | 66 |
| 주택 소유 | 주택 소유 | 84 | 90 | 85 | 89 | 81 | 82 | 88 | 78 | 73 | 87 | 90 |
| | 다주택 | 14 | 17 | 17 | 17 | 13 | 14 | 16 | 13 | 11 | 15 | 13 |
| | 무주택 | 16 | 10 | 15 | 11 | 19 | 18 | 12 | 22 | 27 | 13 | 10 |
| 거처 | 아파트 | 98 | 100 | 100 | 100 | 98 | 94 | 97 | 100 | 100 | 100 | 91 |
| | 단독주택 | 0 | 0 | 0 | 0 | 0 | 0 | 1 | 0 | 0 | 0 | 1 |
| | 기타 | 2 | 0 | 0 | 0 | 2 | 6 | 2 | 0 | 0 | 0 | 8 |
| 1인 가구 | | 5 | 7 | 5 | 4 | 7 | 6 | 3 | 7 | 7 | 3 | 7 |
| (반)지하 등 | | 1 | 0 | 0 | 0 | 0 | 0 | 0 | 0 | 0 | 0 | 8 |
| 대학 이상 학력 | 대학 이상 | 86 | 89 | 78 | 92 | 87 | 82 | 92 | 89 | 79 | 89 | 80 |
| | 석사과정 이상 | 12 | 15 | 9 | 14 | 12 | 11 | 16 | 15 | 8 | 13 | 11 |
| | 박사과정 이상 | 5 | 6 | 2 | 6 | 4 | 3 | 8 | 7 | 2 | 5 | 4 |
| 종교 인구 | 계 | 64 | 67 | 66 | 65 | 63 | 60 | 65 | 68 | 63 | 66 | 65 |
| | 불교 | 14 | 16 | 18 | 14 | 13 | 13 | 15 | 12 | 14 | 15 | 15 |
| | 개신교 | 24 | 24 | 25 | 24 | 23 | 24 | 22 | 26 | 26 | 25 | 23 |
| | 천주교 | 25 | 26 | 23 | 26 | 26 | 22 | 27 | 28 | 23 | 26 | 25 |
| 2004년 투표율 득표율 | 투표율 | 73 | 74 | 74 | 73 | 74 | 73 | 72 | 72 | 73 | 71 | 71 |
| | 한나라당 | 57 | 66 | 54 | 62 | 51 | 45 | 64 | 63 | 48 | 63 | 60 |
| | 민주(＋열린우리)당 | 31 | 25 | 34 | 28 | 34 | 39 | 28 | 27 | 36 | 27 | 30 |
| | 민주노동당 | 8 | 5 | 8 | 7 | 11 | 13 | 5 | 8 | 12 | 7 | 6 |
| 2006년 투표율 득표율 | 투표율 | 61 | 65 | 64 | 63 | 62 | 60 | 61 | 61 | 60 | 62 | 60 |
| | 한나라당 | 76 | 82 | 77 | 79 | 71 | 65 | 82 | 78 | 70 | 81 | 79 |
| | 민주(＋열린우리)당 | 18 | 14 | 18 | 16 | 21 | 25 | 14 | 16 | 20 | 15 | 16 |
| | 민주노동당 | 6 | 4 | 5 | 5 | 8 | 9 | 4 | 5 | 10 | 4 | 4 |

표 2_2.3

# 서울에서 투표율이 가장 낮은 10개 동네의 특징

**2004년 총선과 2006년 지방선거(단위 : %)**

| | | 평균 | 강남구 논현1동 | 강남구 역삼1동 | 구로구 가리봉2동 | 관악구 신림5동 | 광진구 화양동 | 중랑구 중화2동 | 영등포구 영등포2동 | 중랑구 면목1동 | 강북구 미아2동 | 용산구 한남2동 |
|---|---|---|---|---|---|---|---|---|---|---|---|---|
| 평균 투표율 | | 44 | 39 | 41 | 45 | 46 | 46 | 46 | 46 | 47 | 47 | 47 |
| 주택 소유 | 주택 소유 | 26 | 25 | 20 | 23 | 21 | 23 | 26 | 26 | 35 | 45 | 34 |
| | 다주택 | 3 | 3 | 3 | 2 | 2 | 3 | 2 | 3 | 4 | 3 | 4 |
| | 무주택 | 74 | 75 | 80 | 77 | 79 | 77 | 74 | 74 | 65 | 55 | 66 |
| 거처 | 아파트 | 5 | 10 | 6 | 0 | 5 | 3 | 0 | 9 | 3 | 0 | 5 |
| | 단독주택 | 76 | 76 | 74 | 95 | 56 | 83 | 88 | 62 | 85 | 70 | 78 |
| | 기타 | 19 | 14 | 20 | 5 | 39 | 14 | 12 | 29 | 12 | 30 | 17 |
| 1인 가구 | | 43 | 48 | 55 | 39 | 53 | 44 | 31 | 52 | 21 | 21 | 35 |
| (반)지하 등 | | 17 | 13 | 10 | 10 | 16 | 24 | 29 | 8 | 28 | 13 | 11 |
| 대학 이상 학력 | 대학 이상 | 50 | 63 | 70 | 23 | 55 | 59 | 25 | 28 | 30 | 26 | 48 |
| | 석사과정 이상 | 4 | 5 | 7 | 1 | 4 | 3 | 1 | 1 | 1 | 1 | 5 |
| | 박사과정 이상 | 1 | 1 | 1 | 0 | 1 | 0 | 0 | 0 | 0 | 0 | 1 |
| 종교 인구 | 계 | 49 | 53 | 49 | 45 | 48 | 44 | 45 | 50 | 47 | 50 | 58 |
| | 불교 | 17 | 17 | 14 | 17 | 15 | 16 | 19 | 21 | 19 | 18 | 20 |
| | 개신교 | 19 | 20 | 21 | 18 | 19 | 17 | 18 | 20 | 16 | 20 | 19 |
| | 천주교 | 12 | 16 | 14 | 9 | 14 | 11 | 7 | 9 | 10 | 11 | 18 |
| 2004년 투표율 득표율 | 투표율 | 51 | 46 | 49 | 51 | 54 | 53 | 51 | 54 | 52 | 53 | 52 |
| | 한나라당 | 32 | 44 | 41 | 30 | 29 | 30 | 33 | 38 | 35 | 30 | 39 |
| | 민주(+열린우리)당 | 48 | 42 | 43 | 53 | 51 | 52 | 52 | 48 | 50 | 51 | 45 |
| | 민주노동당 | 13 | 11 | 13 | 12 | 17 | 15 | 11 | 9 | 12 | 14 | 11 |
| 2006년 투표율 득표율 | 투표율 | 37 | 33 | 33 | 39 | 37 | 39 | 41 | 39 | 41 | 41 | 41 |
| | 한나라당 | 58 | 67 | 64 | 47 | 49 | 54 | 54 | 60 | 57 | 51 | 59 |
| | 민주(+열린우리)당 | 32 | 25 | 26 | 41 | 36 | 33 | 37 | 32 | 33 | 38 | 31 |
| | 민주노동당 | 10 | 8 | 9 | 10 | 14 | 12 | 8 | 6 | 9 | 10 | 9 |

## 서울시 518개 동네의 투표율

이런 일이 20개 동네에서만 일어나는 걸까. 범위를 서울시 모든 동네로 넓혀 보자.

이 글에서 분석 대상으로 삼고 있는 서울 518개 동의 2004년 17대 총선 평균 투표율은 61%로 서울 전체 522개 동네의 실제 평균 투표율과 같다.● 그러나 앞서 살펴봤듯이 동네마다 투표율은 크게 다르다. 2006년 제4회 동시지방선거 평균 투표율은 49%지만(전체 522개 동의 실제 평균 투표율은 50%), 마찬가지로 동네별로 달랐다.●●

그렇다면 투표에 적극 참여한 동네와 다수가 투표를 포기한 동네 간에는 어떤 차이가 있는 걸까. 과연 동네 간 투표율의 차이가 주택을 둘러싼 사람들의 처지가 다르거나 학력과 종교 생활의 차이 등과 연관이 있는 것일까.

이를 알아보기 위해 먼저 서울의 모든 동네를 투표율이 평균 이상으로 높은 동네와 평균 미만으로 낮은 동네로 나눠 보았다. 투표율이 평균 이상인 동네는 2004년과 2006년 각각 244곳과 245곳이며, 평균 미만인 동네는 각각 274곳과 273곳이다. 2004년에 평균 이상으로 투표한 244개 동네 중 2006년에도 평균 이상으로 투표에 참여한 동네는 모두 203곳, 2004년에 평균 미만으로 투표한 274곳 가운데 2006년에도 평균 미만 투표율을 기록한 곳은 232곳이다. 전체 동네의 83~85%에서 비슷한 수준의 투표율을 유지한 것이다.

아울러 서울 전체 동네를 투표율순으로 나열해 다섯 개 묶음으로 나눠 보았다. 한 개 묶음이 103~104개 동네로 구성된 '투표율 5분위'인 셈인데, 투표율이 가장 낮은 묶음이 1분위(하위 20%)이고, 가장 높

● 2005년 당시 서울시 동 수는 522개이나 재개발·재건축, 선거 정보 누락 등으로 성북구 월곡3동과 송파구 잠실1, 2, 3동 등 4개 동은 분석 대상에서 제외했다.

●● 두 차례 선거의 투표율은 62% 대 49%로 차이가 있지만 2004년은 총선이고 2006년은 지방선거라는 점을 감안해야 한다. 역대 선거에서 나타나는 투표율은 대선 > 총선 > 지방선거순인데, 2004년 17대 총선 서울 투표율 61%는 2000년 16대 54%, 2008년 18대 46%와 비교할 때 상당히 높다. 2006년 제4회 지방선거 투표율 역시 1998년 제2회 47%, 2002년 제3회 46%에 비해 가장 높은 투표율이다. 2004년 총선은 당시 노무현 대통령에 대한 탄핵이 국회에서 가결된 뒤 이루어졌다. 반면, 2006년 제4회 동시지방선거는 부동산 가격 폭등 문제 등으로 노무현 정부에 실망한 표심이 표출된 선거로 평가되고 있다. 이 같은 상황이 투표율에도 어느 정도 반영됐을 것으로 보인다.

은 묶음이 5분위(상위 20%)다.[*] 2004년 총선의 경우 1분위에 해당되는 104개 동네는 평균 55%의 투표율을, 5분위에 해당되는 104개 동네는 평균 68%의 투표율을 각각 기록했다. 2006년 지방선거에서는 1분위에서 43%, 5분위에서 56%의 평균 투표율을 각각 보였다.

이제 나눈 묶음을 중심으로 투표를 많이 한 동네와 적게 한 동네 간에 주택을 둘러싼 동네 사람들의 처지와 학력·종교생활 면에서 어떤 차이가 있는지 살펴보자. 또한 역의 관계도 성립하는지 살펴보자.

## 투표율과 주택 소유자

먼저 투표율이 높은 동네에는 무주택자보다 집을 가진 사람이 많이 사는지, 또한 실제로도 주택 소유자가 많이 사는 동네는 투표를 더 열심히 했는지 알아보자.

두 차례 선거에서 평균 이상으로 투표한 동네에 사는 가구 중에는 평균 59~60%가 집을 소유하고 있고, 무주택자는 40~41%에 그쳤다. 반면 투표를 평균보다 적게 한 동네에 사는 가구 중에는 43%만 집을 갖고 있고 57%가 무주택자다(이하 〈표 2_2.4〉~〈표 2_2.7〉 참조).

또 투표를 가장 적게 한 1분위 104개 동네 가구 중 주택 소유자는 37~38%에 불과한 반면, 투표를 가장 많이 한 5분위 104개 동네 가구 중 주택 소유자는 67%에 달한다. 2, 3, 4분위 동네에서도 투표율이 높은 동네일수록 주택 소유자가 더 많이 사는 현상이 뚜렷하다.

실제로 집을 가진 사람이 많은 동네는 투표를 더 많이 했고, 무주택자가 많은 동네는 투표를 적게 했다.

● 이 글에서는 투표율뿐 아니라 주택 소유 가구, 다주택 가구, 아파트 거주 가구, 1인 가구, (반)지하 등 거주 가구, 각 정당 득표율 등 각 분야별로 5분위 통계를 같은 원리로 사용한다.

서울 518개 동네에서 주택 소유 가구 비중이 평균(50%) 이상인 242개 동네의 투표율은 2004년의 경우 64%, 2006년의 경우 51%다. 주택 소유 가구 비중이 평균 미만인 276개 동네의 투표율 59%(2004년)와 46%(2006년)에 비해 평균 5% 이상 투표를 많이 한 것이다.

또 두 차례 선거에서 주택 소유자가 가장 적은 1분위 104개 동네의 투표율은 가장 낮은 반면, 주택 소유자가 가장 많은 5분위 104개 동네의 투표율은 가장 높다. 또 주택 소유 2, 3, 4분위에서도 동네 사람 중 주택 소유자가 많은 동네로 갈수록 투표율이 높고, 반대로 무주택자가 많은 동네로 갈수록 투표율이 떨어진다.


## 투표율과 다주택자

주택 소유자가 많으냐 무주택자가 많으냐뿐 아니라 집을 여러 채 소유한 사람이 많이 사는 동네와 그렇지 않은 동네 간에도 투표율에 차이가 있을까? 통계를 보면 그럴 가능성이 높아 보인다.

두 차례 선거에서 투표를 평균 이상으로 많이 한 동네 가구 가운데 다주택자는 똑같이 8%인 데 비해, 투표를 평균 미만으로 한 동네는 5%에 그쳤다. 또 투표를 가장 적게 한 1분위 동네 가구 중에는 다주택자가 4%에 불과한 데 비해, 투표를 가장 많이 한 5분위 동네에서는 10%로 집을 여러 채 소유한 사람이 훨씬 많이 살고 있다. 2, 3, 4분위 동네에서도 투표를 많이 한 동네로 갈수록 다주택자가 많이 사는 추세는 뚜렷하다.

실제로 다주택자가 많이 사는 동네는 적게 사는 곳보다 투표를 많이 했다. 이 같은 현상은 주택 소유자가 평균 이상으로 많은 동네와 평균 미만인 동네에서 똑같이 확인할 수 있다.

2004년 총선에서 주택 소유자가 평균 이상으로 많은 242개 동네에서 다주택자가 평균(8%)보다 많이 사는 104개 동네는 67%가 투표했지만, 다주택자가 평균에 못 미치는 138개 동네는 62%에 그쳐 5% 차이가 났다. 2006년 지방선거에서도 54%와 49%로 역시 5% 차이가 났다.

또 두 차례 선거에서 모두 다주택자가 가장 적게 사는 1분위에서 투표율이 가장 낮고, 가장 많이 사는 5분위에서 투표율이 가장 높다. 2, 3, 4분위에서도 다주택자가 많이 사는 동네일수록 투표를 더 많이 하는 현상이 뚜렷하다.

주택 소유자가 평균 미만인 동네, 다시 말하면 무주택자가 평균 이상인 276개 동네에서도 다주택자가 평균(4%)보다 많이 사는 124곳은 60%가 투표한 반면, 다주택자가 평균보다 적게 사는 152곳은 58%가 투표했다(2004년 총선). 2006년 지방선거에서도 48%와 45%로 다주택자가 많이 사는 동네의 투표율이 3% 더 높다. 주택 소유 5분위별 투표율에서도 다주택자가 많은 동네로 갈수록 투표를 많이 하는 추세는 똑같이 확인된다.


## 투표율과 아파트 – 단독주택 거주자

투표를 많이 한 동네는 아파트에 사는 사람이 많고, 반대로 단독주택이나 연립·다세대 등에 사는 사람이 많은 동네는 투표를 적게 하는 걸까.

그렇다. 2004년 총선에서 평균 이상으로 투표를 많이 한 244개 동네 가구 중 58%가 아파트에 사는 데 비해, 투표율이 평균에 미치지 못하는 274개 동네는 18%만 아파트에 산다. 2006년 지방선거에서도 투표를 많이 한 동네는 아파트 거주 가구가 61%인 데 비해, 투표를 적게 한 동네는 17%에 그쳤다.

또 두 차례 선거에서 투표를 가장 적게 한 1분위 104개 동네 가구 중 아파트 가구 비중은 10%에 지나지 않은 데 비해, 투표를 가장 많이 한 5분위 104개 동네 가구 중에는 76~77%가 아파트에 살고 있다. 2, 3, 4분위 동네에서도 투표율이 높은 동네로 갈수록 아파트에 사는 사람이 많고, 투표율이 낮은 동네로 갈수록 단독주택 등 아파트 아닌 주택에 사는 사람이 많은 현상이 뚜렷하다.

실제로 아파트에 사는 사람이 많은 동네는 투표를 많이 했고, 단독·연립·다세대주택 등에 사는 사람이 많은 동네는 투표를 적게 했다.

서울 518개 동네에서 평균(37%) 이상으로 아파트에 사는 사람이 많은 204개 동네는 65%가 투표에 참여했다. 반면 아파트 거주자가 평균에 미치지 못하는 다시 말하면 단독·연립·다세대주택 등에 사는 사람이 평균보다 많은 314개 동네는 59%에 그쳐 6% 차이가 났다. 2006년 지방선거에서도 52%와 46%로 투표율이 아파트 거주자가 많은 동네에서 투표율이 6% 더 높다.

또 두 차례 선거에서 모두 아파트 거주 가구가 가장 적은 1분위에서 투표율이 가장 낮고, 아파트에 가장 많은 사람이 사는 5분위에서 투표율이 가장 높다. 2, 3, 4분위에서도 아파트 거주자가 많이 사는 동네일수록 투표를 더 많이 하고, 반대로 단독·연립·다세대주택에 사는 사람이 많은 곳일수록 투표율이 낮은 추세가 어김없이 나타난다.

## 투 표 율 과  1인  가 구 · ( 반 ) 지 하  등  거 주  가 구

투표율과 1인 가구 또는 (반)지하 등 거주 가구 비중과는 어떤 관계가 있을까.

먼저 1인 가구를 보자. 두 차례 선거에서 투표를 평균 이상으로 많이 한 동네 가구 중 1인 가구는 16~17%인 반면, 투표를 평균 미만으로 적게 한 동네에서는 24%에 달했다. 투표를 많이 한 동네에서 나홀로 사는 사람이 훨씬 적은 것이다.

투표를 가장 적게 한 1분위 104개 동네 가구 중 27%가 1인 가구인데 비해, 투표를 가장 많이 한 5분위 104개 동네 가구 중에는 12%에 그치는 점도 두 차례 선거가 똑같다. 2, 3, 4분위 동네에서도 투표율이 높은 동네일수록 1인 가구가 적고, 투표를 잘 하지 않는 동네로 갈수록 1인 가구가 많은 현상이 똑같이 나타난다.

실제로 1인 가구가 많은 동네는 투표를 적게 했고, 1인 가구가 적은 동네일수록 투표율이 높다.

2004년 총선에서 1인 가구 비중이 서울시 평균(20%) 이상인 216개 동네의 투표율은 59%인 데 비해, 1인 가구 비중이 평균 미만인 302개 동네는 4% 높은 63%다. 2006년 지방선거에서도 46%와 50%로 똑같이 4%가 높다.

1인 가구가 가장 적은 1분위 동네에서 투표율이 가장 높고, 가장 많은 5분위 동네에서 투표율이 가장 낮은 점도 같다. 또 2, 3, 4분위 동네에서도 1인 가구가 많은 동네로 갈수록 투표를 잘하지 않고, 1인 가구가 적은 동네일수록 투표를 많이 했다.

투표율과 (반)지하 등 거주 가구 비중의 상관관계는 어떨까. 두 차례 선거에서 평균 이상으로 투표를 많이 한 동네 가구 중 (반)지하나 옥탑·비닐집·쪽방 등에 사는 가구는 7%에 그친다. 반면 투표를 평균 미만으로 한 동네는 16%에 달한다. 투표를 많이 한 동네에서 (반)지하 등 거주자가 드문 것이다.

투표를 가장 적게 한 1분위 104개 동네 가구 중 18%가 (반)지하 등에 사는 데 비해, 투표를 가장 많이 한 5분위 104개 동네 가구 중에는 4%에 그치는 점도 두 차례 선거에서 똑같다. 2, 3, 4분위 동네에서도 투표율이 높은 곳일수록 (반)지하 등 거주 가구가 드물고, 낮을수록 많이 산다.

실제로 (반)지하 등에 사는 사람이 많은 동네는 투표를 적게 했을까. 그렇다. 두 차례 선거에서 (반)지하 거주자가 평균 이상으로 많은 264개 동네는 평균 미만 254동네에 비해 투표율이 5~6% 낮게 나타났다.

또 (반)지하 등 거주자가 가장 적은 1분위 104개 동네에서 투표율이 가장 높고, (반)지하 등 거주자가 많아지는 2, 3, 4분위로 갈수록 투표율이 떨어졌으며, (반)지하 등 거주자가 가장 많은 5분위 104개 동네에서 가장 낮았다.

## 투표율과 대학 이상 학력자

투표율과 학력 수준의 상관관계는 어떨까.

두 차례 선거에서 투표율이 평균 이상을 기록한 244~245개 동네에 사는 19세 이상 인구 중 57~58%가 대학 이상 학력자다. 반면 투표율이 평균 미만인 273~274개 동네는 43~44%에 그친다. 투표를 많이 한 동네에서 학력 수준이 상대적으로 높은 것이다.

투표를 가장 적게 한 1분위 104개 동네의 대학 이상 학력자 비중은 41~43%인 데 비해, 투표를 가장 많이 한 5분위 104개 동네는 65%다. 2, 3, 4분위 동네에서도 투표율이 높은 동네로 갈수록 대학 이상 학력자 비중도 증가하는 추세가 나타난다.

실제로 동네별 학력 수준 차이에 따라 투표율이 달랐던 것으로 나타났다. 두 차례 선거에서 대학 이상 학력자 비중이 평균 이상인 220개 동네의 투표율은 평균 미만 298개 동네에 비해 투표를 4~5% 더 했다.

또 동네에 사는 19세 이상 인구 중 대학 이상 학력자가 가장 적은 1분위 104개 동네에서 투표율이 가장 낮고, 2, 3, 4분위 순으로 학력 수준이 높아짐에 따라 투표율도 증가하다가 대학 이상 학력자가 가장 많은 5분위 104개 동네에서 투표율이 가장 높게 나타났다.


## 투표율과 종교 인구

투표율과 종교 인구의 상관관계를 보자. 두 차례 선거 모두 투표율이 평균 이상인 동네에 사는 전체 인구 중 종교 인구는 57%로, 투표율이 평균 미만인 동네의 53%에 비해 4%가 높다.

투표율이 가장 낮은 1분위 104개 동네의 종교 인구는 52%로 가장 적다. 투표율이 2, 3, 4분위 동네 순서로 높아지는 데 따라 종교 인구도 늘다가, 투표율이 가장 높은 5분위 104개 동네에서 58~59%로 가장 높다. 투표율이 높은 동네로 갈수록 천주교와 개신교 인구 비중은 늘고, 불교 인구 비중은 줄어드는 점도 눈에 띈다.

실제로 동네 사람 중 종교를 가진 사람이 많을수록 투표율이 높았다. 동네 사람 중 종교 인구 비중이 서울시 평균 이상인 223개 동네의 투표율은 두 차례 선거에서 모두 평균 미만 295개 동네에 비해 4%가 높다.

또 종교 인구가 가장 적은 1분위 104개 동네에서 투표율이 가장 낮았는데, 종교 인구가 2, 3, 4분위 순서로 늘수록 투표율이 증가해서, 종교 인구가 가장 많은 5분위 104개 동네에서 투표를 가장 많이 했다.

## 투표율과 득표율

투표율이 높거나 낮은 동네와 정당별 득표율 간에도 상관관계가 있을까.

두 차례 선거에서 모두 동네 사람 중 투표를 많이 한 동네로 갈수록 한나라당 득표율이 올라가고, 반대로 투표를 적게 한 동네로 갈수록 민주(＋열린우리)당의 득표율이 올라갔다.

한나라당은 투표를 평균 미만으로 한 동네에 비해 평균 이상으로 많이 한 동네에서 5~6%를 더 얻었다. 반면 민주(＋열린우리)당은 투표를 평균 이상으로 많이 한 곳에서 오히려 5%를 덜 얻었다.

또 한나라당은 투표를 가장 적게 한 1분위 104개 동네에서 가장 낮은 득표율을 보였는데, 2, 3, 4분위 순서로 투표율이 올라감에 따라 득표율이 증가하다가, 투표를 가장 많이 한 104개 동네에서 최대의 득표율을 올렸다. 반면 민주(＋열린우리)당은 투표율이 가장 높은 5분위에서 표를 가장 적게 얻었으며, 4, 3, 2분위 순서로 투표율이 낮아짐에 따라 득표율이 올라가다가, 투표를 가장 적게 한 1분위 동네에서 가장 높은 득표율을 기록했다.

실제로 한나라당을 많이 찍은 동네는 투표를 많이 했고, 민주(＋열린우리)당을 많이 찍은 동네는 투표를 포기한 사람이 많았다. 두 차례 선거에서 한나라당을 평균 이상으로 지지한 188~189개 동네의 투표율은 평균 미만 지지율을 보인 329~330개 동네에 비해 3~4% 높은 투표율을 기록했다. 반면, 민주(＋열린우리)당을 평균 이상으로 지지한 315~317개 동네는 평균 미만 지지율을 기록한 201~203개 동네에 비해 4% 낮은 투표율을 보였다. 한나라당과 민주(＋열린우리)당 모두 투표율 5분위별 정당 득표율에서도 비슷한 추세가 나타난다.

그러나 투표율과 민주노동당 득표율의 상관관계는 뚜렷하지 않다.

표 2_2.4

# 투표율 분포별 서울시 518개 동네의 특징

**2004년 총선(단위 : %)**

| | | 평균 | | | 5분위 | | | | | | |
|---|---|---|---|---|---|---|---|---|---|---|---|
| | | 계 | 평균 미만 | 평균 이상 | 1분위 | | 2분위 | 3분위 | 4분위 | 5분위 | |
| | | 518개 동네 | 274개 동네 | 244개 동네 | 하위50개 동네 | (하위 20%) | | | | (상위 20%) | 상위50개 동네 |
| 투표율 | | 61 | 58 | 65 | 54 | 55 | 59 | 61 | 64 | 68 | 70 |
| 주택 소유 | 주택 소유 | 50 | 43 | 59 | 35 | 38 | 45 | 48 | 54 | 67 | 74 |
| | 다주택 | 6 | 5 | 8 | 4 | 4 | 5 | 6 | 7 | 10 | 11 |
| | 무주택 | 50 | 57 | 41 | 65 | 62 | 55 | 52 | 46 | 33 | 26 |
| 거처 | 아파트 | 37 | 18 | 58 | 10 | 10 | 20 | 29 | 49 | 77 | 86 |
| | 단독주택 | 42 | 57 | 27 | 69 | 63 | 55 | 47 | 33 | 14 | 8 |
| | 기타 | 21 | 25 | 15 | 21 | 27 | 25 | 24 | 18 | 9 | 6 |
| 1인 가구 | | 20 | 24 | 17 | 30 | 27 | 23 | 21 | 19 | 12 | 10 |
| (반)지하 등 거주 가구 | | 12 | 16 | 7 | 18 | 18 | 16 | 13 | 9 | 4 | 2 |
| 대학 이상 학력 | 대학 이상 | 50 | 43 | 58 | 41 | 41 | 43 | 47 | 54 | 65 | 71 |
| | 석사과정 이상 | 4 | 3 | 6 | 3 | 3 | 3 | 4 | 5 | 7 | 9 |
| | 박사과정 이상 | 1 | 1 | 2 | 1 | 0 | 1 | 1 | 1 | 2 | 3 |
| 종교 인구 | 계 | 55 | 53 | 57 | 51 | 52 | 53 | 54 | 56 | 58 | 59 |
| | 불교 | 17 | 18 | 16 | 18 | 18 | 18 | 17 | 16 | 15 | 15 |
| | 개신교 | 23 | 22 | 24 | 20 | 21 | 22 | 23 | 24 | 24 | 24 |
| | 천주교 | 14 | 12 | 16 | 12 | 12 | 12 | 13 | 15 | 18 | 19 |
| 득표율 | 한나라당 | 37 | 34 | 40 | 35 | 34 | 34 | 35 | 38 | 43 | 46 |
| | 민주(+열린우리)당 | 46 | 48 | 43 | 48 | 49 | 48 | 47 | 45 | 40 | 38 |
| | 민주노동당 | 13 | 13 | 13 | 12 | 12 | 13 | 13 | 13 | 12 | 12 |

표 2_2.5

# 투표율 분포별 서울시 518개 동네의 특징

**2006년 지방선거(단위 : %)**

| | | 평균 | | | 5분위 | | | | | |
|---|---|---|---|---|---|---|---|---|---|---|
| | | 계 | 평균 미만 | 평균 이상 | 1분위 | | 2분위 | 3분위 | 4분위 | 5분위 | |
| | | 518개 동네 | 273개 동네 | 245개 동네 | 하위50개 동네 | (하위 20%) | | | | (상위 20%) | 상위50개 동네 |
| 투표율 | | 49 | 46 | 53 | 41 | 43 | 47 | 49 | 51 | 56 | 58 |
| 주택 소유 | 주택 소유 | 50 | 43 | 60 | 34 | 37 | 46 | 48 | 56 | 67 | 75 |
| | 다주택 | 6 | 5 | 8 | 4 | 4 | 5 | 6 | 7 | 10 | 12 |
| | 무주택 | 50 | 57 | 40 | 66 | 63 | 54 | 52 | 44 | 33 | 25 |
| 거처 | 아파트 | 37 | 17 | 61 | 9 | 10 | 20 | 32 | 55 | 76 | 85 |
| | 단독주택 | 42 | 57 | 24 | 64 | 63 | 54 | 45 | 29 | 14 | 8 |
| | 기타 | 21 | 26 | 15 | 27 | 27 | 26 | 23 | 16 | 10 | 7 |
| 1인 가구 | | 20 | 24 | 16 | 30 | 27 | 22 | 22 | 17 | 12 | 11 |
| (반)지하 등 거주 가구 | | 12 | 16 | 7 | 18 | 18 | 16 | 13 | 8 | 4 | 2 |
| 대학 이상 학력 | 대학 이상 | 50 | 44 | 57 | 44 | 43 | 43 | 48 | 52 | 65 | 74 |
| | 석사과정 이상 | 4 | 3 | 6 | 3 | 3 | 3 | 4 | 5 | 7 | 10 |
| | 박사과정 이상 | 1 | 1 | 2 | 1 | 1 | 1 | 1 | 1 | 2 | 3 |
| 종교 인구 | 계 | 55 | 53 | 57 | 51 | 52 | 53 | 55 | 55 | 59 | 61 |
| | 불교 | 17 | 17 | 16 | 17 | 17 | 17 | 17 | 17 | 15 | 15 |
| | 개신교 | 23 | 22 | 23 | 21 | 21 | 22 | 23 | 23 | 24 | 24 |
| | 천주교 | 14 | 12 | 16 | 12 | 12 | 12 | 13 | 15 | 18 | 21 |
| 득표율 | 한나라당 | 58 | 55 | 60 | 57 | 56 | 55 | 56 | 58 | 64 | 68 |
| | 민주(+열린우리)당 | 31 | 34 | 29 | 33 | 33 | 34 | 33 | 31 | 27 | 23 |
| | 민주노동당 | 10 | 10 | 10 | 10 | 10 | 10 | 10 | 10 | 9 | 8 |

표 2_2.6

# 서울시 동네 특성별 투표율

**2004년 총선(단위 : 개, %)**

| | 읍면동 수(개) | | | 투표율(%) | | 5분위별 투표율(%) | | | | |
|---|---|---|---|---|---|---|---|---|---|---|
| | 계 | 평균 미만 | 평균 이상 | 평균 미만 | 평균 이상 | 1분위 (하위20%) | 2분위 | 3분위 | 4분위 | 5분위 (상위20%) |
| 주택 소유 가구 | 518 | 276 | 242 | 59 | 64 | 57 | 59 | 61 | 63 | 66 |
| 다주택(주택 소유율 평균 이상 동네) | 242 | 138 | 104 | 62 | 67 | 60 | 63 | 64 | 66 | 68 |
| 다주택(주택 소유율 평균 미만 동네) | 276 | 152 | 124 | 58 | 60 | 57 | 57 | 59 | 60 | 61 |
| 아파트 거주 가구 | 518 | 314 | 204 | 59 | 65 | 58 | 59 | 60 | 63 | 67 |
| 1인 가구 | 518 | 302 | 216 | 63 | 59 | 66 | 62 | 60 | 60 | 58 |
| (반)지하 등 가구 | 518 | 264 | 254 | 64 | 59 | 66 | 63 | 61 | 60 | 58 |
| 대학 이상 학력자 | 518 | 298 | 220 | 59 | 64 | 57 | 60 | 61 | 63 | 65 |
| 종교 인구 | 518 | 295 | 223 | 60 | 64 | 58 | 61 | 61 | 63 | 65 |
| 한나라당 득표율 | 518 | 330 | 188 | 60 | 64 | 59 | 60 | 61 | 63 | 65 |
| 민주(+열린우리)당 득표율 | 518 | 201 | 317 | 64 | 60 | 66 | 63 | 61 | 59 | 58 |
| 민주노동당 득표율 | 518 | 265 | 253 | 61 | 62 | 63 | 60 | 61 | 61 | 62 |

표 2_2.7

## 서울시 동네 특성별 투표율

2006년 지방선거(단위 : 개, %)

| | 읍면동 수(개) | | | 투표율(%) | | 5분위별 투표율(%) | | | | |
|---|---|---|---|---|---|---|---|---|---|---|
| | 계 | 평균 미만 | 평균 이상 | 평균 미만 | 평균 이상 | 1분위<br>(하위20%) | 2분위 | 3분위 | 4분위 | 5분위<br>(상위20%) |
| 주택 소유 가구 | 518 | 276 | 242 | 46 | 51 | 44 | 47 | 48 | 50 | 54 |
| 다주택(주택 소유율<br>평균 이상 동네) | 242 | 138 | 104 | 49 | 54 | 48 | 50 | 51 | 53 | 57 |
| 다주택(주택 소유율<br>평균 미만 동네) | 276 | 152 | 124 | 45 | 48 | 44 | 45 | 46 | 47 | 49 |
| 아파트 거주 가구 | 518 | 314 | 204 | 46 | 52 | 45 | 46 | 47 | 51 | 54 |
| 1인 가구 | 518 | 302 | 216 | 50 | 46 | 53 | 50 | 48 | 47 | 45 |
| (반)지하 등 가구 | 518 | 264 | 254 | 52 | 46 | 54 | 51 | 48 | 47 | 45 |
| 대학 이상 학력자 | 518 | 298 | 220 | 47 | 51 | 46 | 47 | 48 | 50 | 52 |
| 종교 인구 | 518 | 295 | 223 | 47 | 51 | 46 | 48 | 48 | 50 | 53 |
| 한나라당 득표율 | 518 | 329 | 189 | 48 | 51 | 47 | 47 | 48 | 49 | 52 |
| 민주(+열린우리)당<br>득표율 | 518 | 203 | 315 | 51 | 47 | 52 | 50 | 48 | 47 | 47 |
| 민주노동당 득표율 | 518 | 270 | 248 | 49 | 49 | 51 | 47 | 48 | 49 | 49 |

|
서울에서
한나라당을 많이 찍은
동네의 특징
|

2004년과 2006년 두 차례 (정당 지지)
선거 때 한나라당은 서울에서 각각 37%와 58%를 얻었다. 동네별 한
나라당 득표율을 보면 2004년 총선 때는 최저 24%에서 최고 70%까
지, 2006년 지방선거에서는 최저 40%에서 최고 85%까지 얻었다.

두 차례 선거에서 서울 518개 동네 가운데 한나라당에 평균 이상
의 지지를 보낸 동네 수는 각각 188곳과 189곳으로 비슷했는데, 두
차례 선거에서 이들 동네의 지지율은 평균 44%와 65%로 한나라당
지지율을 끌어올리는 데 결정적인 구실을 했다. 두 차례 선거에서 모
두 한나라당에 서울시 평균 지지율 이상의 지지를 보낸 동네는 153
곳으로 각 선거에서 평균 이상 득표율을 기록한 동네의 81%에 해당
된다.

그렇다면 한나라당 지지도가 상대적으로 높은 동네들은 어떤 특징
이 있을까. 먼저 두 차례 선거에서 한나라당 득표율이 가장 높았던
10개 동네는 어디이며 어떤 특성이 있는지 살펴보자.

2006년 지방선거 때 강남구 압구정1동에서 투표에 참여한 7,682
명 가운데 6천5백 명(85%)이 한나라당을 찍었다. 민주(＋열린우리)
당을 찍은 사람은 9백 명(12%), 민주노동당을 찍은 사람은 216명
(3%)에 지나지 않았다. 두 차례 선거에서 한나라당 득표율이 가장 높
은 10개 동네 중 6곳이 강남구에 있는 동네이며, 송파구 3곳, 서초구

1곳 등 모두 강남3구에 자리 잡은 곳들이다. 이들 동네에서 한나라당은 두 차례 선거 평균 73%의 압도적인 득표율을 기록했다. 투표에 참여한 사람의 4분의 3이 찍은 것이다.

한나라당을 가장 많이 찍은 10개 동네는 어떤 특성이 있을까. 우선 동네 사람의 82%가 집을 소유하고 있고, 무주택자는 18%에 불과하다. 무주택자가 가장 많은 청담1동에서조차 30%만 집이 없고 70%는 주택 소유자다. 다주택자도 많다. 도곡2동과 잠실7동, 오륜동에서 동네 사람 중 17%가 집을 두 채 이상 여러 채 소유한 것을 비롯해 10개 동네 평균 14%가 다주택자다. 또 동네 사람의 90%가 아파트에 산다. 4곳은 아예 100%가 아파트에 살고 있고, 두 곳은 90% 이상이, 세 곳은 80% 이상이, 나머지 두 곳도 70% 이상이 아파트에 산다. 반면 10개 동네에서 단독주택에 사는 사람은 4%에 불과하다.

1인 가구는 9%에 불과하다. 또 (반)지하 등에 사는 가구는 청담1동과 압구정1동·2동, 도곡2동에 소수가 있을 뿐 나머지 동네는 아예 없으며, 전체 평균 2%에 머물고 있다.

대학 이상 학력자와 종교 인구 비중은 매우 높다. 10개 동네에 사는 19세 이상 인구 중 88%가 대학 이상 학력자이며, 그 중 20%는 대학원 이상 학력을 보유하고 있다. 종교 인구 비중 역시 매우 높아서 평균 65%가 종교를 갖고 있다. 특히 천주교 신자가 많아서 불교는 물론 개신교까지 제치고 최대 신자 수를 기록했다.

10곳에서 나타나는 이 같은 특성은 한나라당을 상대적으로 많이 찍은 동네에서도 비슷하게 나타날까. 대상을 서울시 518개 동네 전체로 넓혀 살펴보자.

**표 2_2.8**

## 서울에서 한나라당 득표율이 가장 높은 10개 동네의 특징

2004년 총선과 2006년 지방선거(단위 : %)

| | | 평균 | 강남구 압구정1동 | 강남구 압구정2동 | 강남구 도곡2동 | 송파구 잠실7동 | 강남구 대치1동 | 강남구 대치2동 | 강남구 청담1동 | 서초구 반포본동 | 송파구 오륜동 | 송파구 문정2동 |
|---|---|---|---|---|---|---|---|---|---|---|---|---|
| 평균 득표율 | | 73 | 78 | 76 | 75 | 74 | 73 | 72 | 71 | 70 | 70 | 70 |
| 주택 소유 | 주택 소유 | 82 | 73 | 74 | 78 | 90 | 88 | 87 | 70 | 78 | 89 | 90 |
| | 다주택 | 14 | 12 | 14 | 17 | 17 | 16 | 15 | 11 | 13 | 17 | 13 |
| | 무주택 | 18 | 27 | 26 | 22 | 10 | 12 | 13 | 30 | 22 | 11 | 10 |
| 거처 | 아파트 | 90 | 75 | 88 | 85 | 100 | 97 | 100 | 71 | 100 | 100 | 91 |
| | 단독주택 | 4 | 14 | 7 | 4 | 0 | 1 | 0 | 15 | 0 | 0 | 1 |
| | 기타 | 6 | 11 | 5 | 11 | 0 | 2 | 0 | 14 | 0 | 0 | 8 |
| 1인 가구 | | 9 | 14 | 19 | 14 | 7 | 3 | 3 | 15 | 7 | 4 | 7 |
| (반)지하 등 | | 2 | 3 | 2 | 1 | 0 | 0 | 0 | 4 | 0 | 0 | 8 |
| 대학 이상 학력 | 대학 이상 | 88 | 88 | 86 | 89 | 89 | 92 | 89 | 81 | 89 | 92 | 80 |
| | 석사과정 이상 | 14 | 16 | 15 | 15 | 15 | 16 | 13 | 11 | 15 | 14 | 11 |
| | 박사과정 이상 | 6 | 9 | 7 | 7 | 6 | 8 | 5 | 5 | 7 | 6 | 4 |
| 종교 인구 | 계 | 65 | 67 | 65 | 64 | 67 | 65 | 66 | 63 | 68 | 65 | 65 |
| | 불교 | 15 | 13 | 15 | 14 | 16 | 15 | 15 | 15 | 12 | 14 | 15 |
| | 개신교 | 24 | 27 | 24 | 22 | 24 | 22 | 25 | 24 | 26 | 24 | 23 |
| | 천주교 | 26 | 26 | 25 | 26 | 26 | 27 | 26 | 23 | 28 | 26 | 25 |
| 2004년 투표율 득표율 | 투표율 | 69 | 65 | 61 | 67 | 74 | 72 | 71 | 63 | 72 | 73 | 71 |
| | 한나라당 | 64 | 70 | 68 | 67 | 66 | 64 | 63 | 61 | 63 | 62 | 60 |
| | 민주(+열린우리)당 | 27 | 22 | 25 | 25 | 25 | 28 | 27 | 29 | 27 | 28 | 30 |
| | 민주노동당 | 6 | 4 | 4 | 6 | 5 | 5 | 7 | 7 | 8 | 7 | 6 |
| 2006년 투표율 득표율 | 투표율 | 59 | 57 | 53 | 58 | 65 | 61 | 62 | 52 | 61 | 63 | 60 |
| | 한나라당 | 81 | 85 | 84 | 83 | 82 | 82 | 81 | 80 | 78 | 79 | 79 |
| | 민주(+열린우리)당 | 14 | 12 | 12 | 13 | 14 | 14 | 15 | 16 | 16 | 16 | 16 |
| | 민주노동당 | 4 | 3 | 3 | 4 | 4 | 4 | 4 | 4 | 5 | 5 | 4 |

# 한나라당 득표율과 주택 소유자

한나라당을 많이 찍은 동네에는 주택 소유자가 많고, 적게 찍은 동네
엔 무주택자가 많이 산다. 두 차례 선거에서 한나라당을 평균 이상으
로 지지한 188~189개 동네에 사는 가구 중 58%가 주택을 소유하고
있고, 무주택자는 42%에 그친다. 반면 한나라당을 평균보다 적게 지
지한 329~330개 동네에 사는 가구 중 주택 소유자는 46~47%에 그치
고 대신 무주택자가 53~54%에 달한다(〈표 2_2.9〉~〈표 2_2.12〉 참조).

   한나라당을 가장 적게 지지한 1분위 104개 동네 가구 중 주택 소
유자는 42~43%에 불과하다. 2, 3, 4분위 순서로 한나라당을 많이 찍
은 동네로 갈수록 주택 소유자가 늘어나고, 가장 많이 찍은 5분위
104개 동네 가주 중에는 60%로 주택 소유자가 가장 많다.

   실제로 집 가진 사람이 많은 동네에서는 한나라당을 많이 찍었다.
반대로 무주택자가 많이 사는 동네일수록 한나라당을 덜 찍었다. 두
차례 선거에서 주택 소유자가 서울시 평균(50%) 이상인 242개 동네
는 무주택자가 평균 이상으로 많은 276개 동네에 비해 한나라당을
5~6% 더 찍었다. 또 주택 소유자가 가장 적은, 다시 말해 무주택자가
가장 많은 1분위 104개 동네에서 한나라당 표가 가장 적게 나왔다.
그러나 2, 3, 4분위 순서로 동네 사람 중 집 가진 사람이 많은 동네로
갈수록 한나라당 표가 점점 더 많이 나왔고, 주택 소유자가 가장 많
이 사는 5분위 104개 동네에서 한나라당 표가 가장 많이 나왔다.

   이처럼 서울에서 한나라당을 많이 찍은 동네의 첫 번째 특징은 동
네 사람 가운데 집 가진 사람이 많다는 것이다. 또 집 가진 사람이 많
은 동네일수록 한나라당을 많이 찍었고, 집 없는 사람이 많은 동네일

수록 한나라당을 적게 찍었다.


## 한나라당 득표율과 다주택자

한나라당을 많이 찍은 동네일수록 주택 소유자가 많을 뿐 아니라, 집을 여러 채 가진 사람도 많다. 두 차례 선거에서 한나라당을 평균 이상으로 지지한 동네 가구 중 다주택자는 8%로 평균 지지율에 못 미치는 동네에 비해 3%가 높다. 또 한나라당을 가장 적게 찍은 1분위 104개 동네에는 다주택자가 4%밖에 살지 않는 데 비해, 가장 많이 찍은 5분위 104개 동네는 두 배가 넘는 9%가 산다. 또 2, 3, 4분위 순서로 한나라당 지지율이 높은 동네로 갈수록 다주택자도 늘어난다.

실제로 집을 여러 채 가진 사람이 많은 동네일수록 한나라당을 많이 찍었다. 주택을 소유한 가구 비율이 서울시 평균 이상인 동네는 242곳이며, 이들 동네마다 평균 8%의 다주택자가 산다. 그런데 다주택자가 평균(8%) 이상인 104개 동네에서 한나라당 득표율은 다주택자 평균 미만 138개 동네에 비해 9%가 높다. 다주택자가 제일 적게 사는 1분위에서 한나라당 득표율이 가장 낮고, 제일 많이 사는 5분위에서 가장 높다. 다주택자 비중 2, 3, 4분위 순서대로 한나라당 득표율도 올라간다.

무주택자가 평균 이상으로 많은 276개 동네에서도 마찬가지다. 다주택자가 평균(4%)보다 많은 124개에서 한나라당의 득표율은 다주택자 평균 미만 152개 동네에 비해 2~3% 높다. 다주택자 5분위 추세 역시 같다.

이처럼 서울에서 한나라당을 많이 찍은 동네의 두 번째 특징은 동네 사람 가운데 집을 여러 채 소유한 사람이 많다는 것이다. 또 다주택자가 많은 동네일수록 한나라당을 많이 찍었고, 다주택자가 드물수록 한나라당을 적게 찍었다.

## 한 나 라 당  득 표 율 과  아 파 트  거 주 자

한나라당을 많이 찍은 동네일수록 아파트에 사는 사람이 많다. 두 차례 선거에서 한나라당을 평균 이상으로 찍은 동네는 50~53%가 아파트에 산다. 반면 한나라당 득표율이 평균에 못 미치는 동네에서 아파트 거주 가구는 29~30%에 불과하다. 또한 한나라당을 제일 적게 찍은 1분위 104개 동네는 아파트 거주자가 가장 적다. 그러나 2, 3, 4분위 순서로 한나라당 득표율이 올라갈수록 아파트 거주자가 늘어나고, 한나라당을 제일 많이 찍은 5분위 104개 동네에서 아파트에 사는 사람이 가장 많다.

실제로 아파트에 사는 사람이 많은 동네일수록 한나라당 표가 쏟아진 반면, 단독주택이나 연립·다세대주택 등에 사는 사람이 많은 곳일수록 한나라당을 적게 찍었다. 두 차례 선거에서 아파트 거주자가 서울시 평균(37%) 이상으로 많은 204개 동네에서 한나라당 득표율은 평균 미만 314개 동네에 비해 6%가 높았다.

또한 두 차례 선거 모두 아파트 거주자가 가장 적은 1분위 104개 동네에서 한나라당 표가 가장 적게 나왔다. 하지만 2, 3, 4분위 순서로 아파트 거주자가 늘어날수록 한나라당 표도 더 많이 나왔고, 아파트 거주자가 가장 많은 5분위 104개 동네에서 한나라당 득표율도 가장 높았다.

한나라당을 많이 찍은 동네일수록 아파트에 많이 산다. 거꾸로 아파트에 사는 사람이 많을수록 한나라당을 많이 찍고, 단독주택이나 연립·다세대주택 등에 사는 사람이 많을수록 한나라당을 적게 찍는다. 이것이 세 번째 특징이다.


## 한 나 라 당 득 표 율 과 1인 가 구 · ( 반 )지 하 등 거 주 가 구

한나라당 득표율이 높은 동네에는 1인 가구가 적게 산다. 두 차례 선거에서 한나라당이 평균 이상으로 표를 얻은 188~189개 동네 가구 중 1인 가구는 18%로, 한나라당 지지도가 평균 미만인 329~330개 동네 21~22%에 비해 3~4%가 낮다. 또한 한나라당 지지도가 가장 낮은 1분위 104개 동네의 1인 가구 비중이 25%로 가장 높고, 지지율이 2, 3, 4분위 순서로 올라갈수록 1인 가구 비중은 낮아진다. 그리고 한나라당 지지도가 가장 높은 5분위 104개 동네에서 18~19%로 가장 낮다.

실제로 동네에 1인 가구가 많을수록 한나라당을 적게 찍고, 1인 가구가 드문 동네일수록 많이 찍었다. 한나라당은 동네 가구 중 1인 가구가 서울시 평균(20%)에 미치지 못한 302개 동네에 비해 평균 이상인 216개 동네에서 3%를 덜 얻었다. 또한 동네 가구 중 1인 가구가 가장 적은 1분위 104곳에서 가장 많은 표를 얻었다. 하지만 1인 가구 비중이 2, 3, 4분위 순으로 증가할수록 한나라당 표가 줄었고, 1인 가구가 가장 높은 5분위 104개 동네에서 한나라당 지지도가 가장 낮았다.

한나라당 득표율이 높은 곳일수록 (반)지하, 옥탑·비닐집·쪽방 등에 사는 사람이 드물다. 두 차례 선거에서 한나라당이 평균 이상으로 표를 얻은 동네 가구 중 (반)지하 등에 사는 사람은 8~9%인 반면, 한나라당 지지도가 평균 미만인 동네에는 14%가 산다. 또 한나라당 지지도가 가장 낮은 1분위 104개 동네에는 15~16% 가구가 (반)지하 등에 사는 반면, 지지도가 가장 높은 5분위 104개 동네에는 7%밖에 살지 않는다. 한나라당 지지율이 2, 3, 4분위 순으로 올라갈수록 (반)지하 등에 사는 사람도 줄어든다.

실제로 (반)지하 등에 사는 사람이 적은 동네에서 한나라당 표가 많이 나왔다. 한나라당은 동네 가구 중 (반)지하 등에 사는 사람이 서울시 평균(12%) 이상인 254개 동네에 비해 평균에 미치지 못하는 264개 동네에서 5~6%를 더 얻었다. 또한 (반)지하 등에 사는 가구가 가장 적은 1분위 104개 동네에서 가장 많은 표를 얻었다. 그러나 2, 3, 4분위 순으로 (반)지하 등 거주자가 늘어날수록 한나라당 표는 줄었고, (반)지하 등에 가장 많은 사람이 사는 5분위 104개 동네에서 한나라당 표는 가장 적게 나왔다.

한나라당을 많이 찍은 동네의 네 번째 특징은 1인 가구나 (반)지하 등에 사는 사람이 드물다는 것이다. 또 1인 가구나 (반)지하 등에 사는 사람이 드물수록 한나라당 득표율이 높고, 많을수록 낮다.

## 한나라당 득표율과 대학 이상 학력자

한나라당 득표율과 학력 수준은 어느 정도 상관관계가 있을까. 두 차례 선거에서 한나라당이 평균 이상으로 표를 얻은 188~189개 동네에 사는 19세 이상 인구 중 대학 이상 학력자는 60~62%다. 반면 득표율 평균 미만 329~330개 동네는 44~45%로 훨씬 낮다.

한나라당 득표율이 가장 낮은 1분위 104개 동네의 대학 이상 학력자는 43%로 가장 낮고, 득표율이 2, 3, 4분위로 올라감에 따라 학력 수준도 높아져 득표율이 가장 높은 5분위 104개 동네에서 69%로 가장 높다. 다만 1분위 동네 안에서 득표율이 가장 낮은 하위 50개 동네는 대학 이상 학력자 비중이 1분위 평균에 비해 2~3% 높게 나타난다.

거꾸로 동네별 대학 이상 학력자 비중 분포에 따라 한나라당 득표율은 어떤 변화를 보일까. 19세 이상 인구 중 대학 이상 학력자 비율이 서울시 평균(50%)보다 높은 220개 동네에서 한나라당이 얻은 표는 평균 미만 298개 동네에 비해 6~7% 높다. 또 대학 이상 학력자 비율이 가장 낮은 1분위에서 득표율이 가장 낮고, 학력 수준이 2, 3, 4분위 순으로 높아짐에 따라 득표율이 오르다가 대학 이상 학력자 비율이 가장 높은 5분위에서 가장 높은 득표율을 기록했다.

한나라당이 표를 많이 얻은 동네일수록 대학 이상 학력자가 많다. 이것이 다섯 번째 특징이다. 또한 대학 이상 학력자가 많을수록 한나라당을 많이 찍고, 적을수록 적게 찍었다.

## 한나라당 득표율과 종교 인구

두 차례 선거에서 평균 이상으로 표를 많이 얻은 동네의 종교 인구는 58%로 평균 미만 동네에 비해 5%가 높다. 또 한나라당 지지도가 평균 이상인 동네의 종교별 인구 비중이 개신교-천주교-불교인 반면, 한나라당 지지도가 평균보다 떨어지는 동네는 개신교-불교-천주교인 점은 두 차례 선거 모두 같았다. 한나라당 지지도가 가장 낮은 1분위의 종교 인구는 52%로 가장 낮고, 지지도가 가장 높은 5분위는 60%로 가장 높다. 지지도가 2, 3, 4분위 순서로 올라갈수록 종교 인구도 늘어났다.

실제로 종교 인구가 많은 동네일수록 한나라당을 많이 찍었다. 동네 전체 인구 중 종교 인구가 차지하는 비율이 서울시 평균(55%) 이상인 223개 동네에서 한나라당의 득표율은 종교 인구 평균 미만 295개 동네에 비해 7~8% 높다. 또한 종교 인구 비율이 가장 낮은 1분위에서 한나라당 득표율은 가장 낮고, 5분위에서 가장 높다. 종교 인구가 2, 3, 4분위 순으로 높아짐에 따라 한나라당 득표율도 증가했다.

한나라당을 많이 찍은 동네일수록 종교 인구가 많다는 게 여섯 번째 특징이다. 또 종교 인구가 많은 동네일수록 한나라당 득표율이 높고, 적은 동네일수록 득표율이 낮다.


## 한나라당 득표율과 투표율

한나라당을 많이 찍은 동네일수록 투표에 적극 참여한다. 두 차례 선거에서 한나라당이 평균 이상으로 표를 얻은 동네는 평균 미만 득표율을 기록한 동네에 비해 3~4%가 투표를 더 했다. 또한 득표율이 가장 낮은 1분위에서 투표율이 가장 낮고, 2, 3, 4분위 순으로 득표율이 오를수록 투표율이 오르다가 표를 가장 많이 얻은 5분위에서 투표를 가장 많이 했다.

실제로 투표율이 높은 동네에서 한나라당을 많이 찍었다. 두 차례 선거에서 한나라당은 투표율이 평균 이상인 244~245개 동네에서 평균 미만인 273~274개 동네에 비해 5~6%를 더 얻었다. 또한 투표율이 낮은 1분위 동네에서 상대적으로 득표율이 낮았다. 2, 3, 4분위 순서로 투표율이 올라갈수록 한나라당을 찍은 사람이 늘어나 투표율이 가장 높은 5분위에서 가장 많이 찍었다. 다만 2006년 지방선거의 경우 1분위 득표율이 2분위에 비해 1%가 높다.

득표율이 높은 동네일수록 투표장에 열심히 간다. 이것이 한나라당을 많이 찍은 동네의 일곱 번째 특징이다. 또 투표율이 높은 동네일수록 한나라당을 많이 찍고, 투표를 포기하는 동네일수록 한나라당을 적게 찍는다.

표 2_2.9

# 한나라당 득표율 분포별 서울시 518개 동네의 특징

**2004년 총선(단위 : %)**

| | | 평균 | | | 5분위 | | | | | |
|---|---|---|---|---|---|---|---|---|---|---|
| | | 계 | 평균 미만 | 평균 이상 | 1분위 | | 2분위 | 3분위 | 4분위 | 5분위 | |
| | | 518개 동네 | 330개 동네 | 188개 동네 | 하위50개 동네 | (하위 20%) | | | | (상위 20%) | 상위50개 동네 |
| 주택 소유 | 주택 소유 | 50 | 47 | 58 | 38 | 42 | 46 | 51 | 54 | 60 | 67 |
| | 다주택 | 6 | 5 | 8 | 4 | 4 | 5 | 6 | 7 | 9 | 11 |
| | 무주택 | 50 | 53 | 42 | 62 | 58 | 54 | 49 | 46 | 40 | 33 |
| 거처 | 아파트 | 37 | 29 | 53 | 13 | 19 | 29 | 35 | 47 | 58 | 69 |
| | 단독주택 | 42 | 49 | 30 | 61 | 56 | 48 | 44 | 35 | 26 | 17 |
| | 기타 | 21 | 22 | 17 | 26 | 25 | 23 | 21 | 18 | 16 | 14 |
| 1인 가구 | | 20 | 21 | 18 | 30 | 25 | 20 | 19 | 18 | 19 | 17 |
| (반)지하 등 거주 가구 | | 12 | 14 | 8 | 17 | 16 | 14 | 13 | 9 | 7 | 5 |
| 대학 이상 학력 | 대학 이상 | 50 | 44 | 62 | 45 | 43 | 43 | 46 | 52 | 69 | 79 |
| | 석사과정 이상 | 4 | 3 | 7 | 3 | 3 | 3 | 3 | 4 | 9 | 11 |
| | 박사과정 이상 | 1 | 1 | 2 | 1 | 1 | 1 | 1 | 1 | 3 | 4 |
| 종교 인구 | 계 | 55 | 53 | 58 | 51 | 52 | 53 | 54 | 56 | 60 | 63 |
| | 불교 | 17 | 17 | 16 | 16 | 17 | 17 | 18 | 17 | 16 | 15 |
| | 개신교 | 23 | 22 | 24 | 22 | 22 | 22 | 22 | 24 | 24 | 24 |
| | 천주교 | 14 | 13 | 17 | 12 | 12 | 12 | 13 | 14 | 19 | 23 |
| 2004년 투표율 득표율 | 투표율 | 61 | 60 | 64 | 59 | 59 | 60 | 61 | 63 | 65 | 66 |
| | 한나라당 | 37 | 33 | 44 | 29 | 30 | 33 | 36 | 38 | 49 | 55 |
| | 민주(+열린우리)당 | 46 | 48 | 40 | 52 | 51 | 49 | 47 | 44 | 37 | 33 |
| | 민주노동당 | 13 | 14 | 11 | 15 | 14 | 13 | 13 | 13 | 10 | 9 |
| 2006년 투표율 득표율 | 투표율 | 49 | 47 | 52 | 46 | 46 | 47 | 48 | 50 | 52 | 54 |
| | 한나라당 | 58 | 54 | 64 | 48 | 50 | 54 | 56 | 58 | 69 | 74 |
| | 민주(+열린우리)당 | 31 | 34 | 26 | 38 | 37 | 34 | 32 | 31 | 23 | 19 |
| | 민주노동당 | 10 | 11 | 9 | 13 | 12 | 10 | 10 | 10 | 7 | 6 |

표 2_2.10

# 한나라당 득표율 분포별 서울시 518개 동네의 특징

**2006년 지방선거(단위 : %)**

| | | 평균 | | | 5분위 | | | | | |
|---|---|---|---|---|---|---|---|---|---|---|
| | | 계 | 평균 미만 | 평균 이상 | 1분위 | | 2분위 | 3분위 | 4분위 | 5분위 | |
| | | 518개 동네 | 329개 동네 | 189개 동네 | 하위50개 동네 | (하위 20%) | | | | (상위 20%) | 상위50개 동네 |
| 주택 소유 | 주택 소유 | 50 | 46 | 58 | 38 | 43 | 47 | 50 | 54 | 60 | 64 |
| | 다주택 | 6 | 5 | 8 | 4 | 4 | 5 | 6 | 7 | 9 | 10 |
| | 무주택 | 50 | 54 | 42 | 62 | 57 | 53 | 50 | 46 | 40 | 36 |
| 거처 | 아파트 | 37 | 30 | 50 | 21 | 23 | 28 | 37 | 39 | 58 | 66 |
| | 단독주택 | 42 | 48 | 32 | 58 | 54 | 49 | 43 | 39 | 26 | 20 |
| | 기타 | 21 | 22 | 18 | 21 | 23 | 23 | 20 | 22 | 16 | 14 |
| 1인 가구 | | 20 | 22 | 18 | 31 | 25 | 21 | 20 | 18 | 18 | 19 |
| (반)지하 등 거주 가구 | | 12 | 14 | 9 | 15 | 15 | 14 | 12 | 11 | 7 | 6 |
| 대학 이상 학력 | 대학 이상 | 50 | 45 | 60 | 46 | 43 | 43 | 47 | 49 | 69 | 79 |
| | 석사과정 이상 | 4 | 3 | 6 | 3 | 3 | 3 | 4 | 4 | 9 | 11 |
| | 박사과정 이상 | 1 | 1 | 2 | 1 | 1 | 1 | 1 | 1 | 3 | 4 |
| 종교 인구 | 계 | 55 | 53 | 58 | 51 | 52 | 53 | 53 | 55 | 60 | 63 |
| | 불교 | 17 | 17 | 16 | 17 | 17 | 17 | 17 | 17 | 16 | 15 |
| | 개신교 | 23 | 22 | 24 | 22 | 22 | 22 | 22 | 23 | 24 | 24 |
| | 천주교 | 14 | 13 | 17 | 12 | 12 | 12 | 13 | 14 | 19 | 23 |
| 2004년 투표율 득표율 | 투표율 | 61 | 60 | 63 | 60 | 60 | 60 | 61 | 62 | 65 | 65 |
| | 한나라당 | 37 | 33 | 43 | 29 | 30 | 33 | 35 | 37 | 48 | 55 |
| | 민주(+열린우리)당 | 46 | 48 | 41 | 51 | 51 | 49 | 47 | 45 | 38 | 33 |
| | 민주노동당 | 13 | 14 | 11 | 15 | 14 | 13 | 13 | 13 | 10 | 8 |
| 2006년 투표율 득표율 | 투표율 | 49 | 48 | 51 | 47 | 47 | 47 | 48 | 49 | 52 | 53 |
| | 한나라당 | 58 | 53 | 65 | 47 | 50 | 54 | 56 | 59 | 69 | 75 |
| | 민주(+열린우리)당 | 31 | 35 | 26 | 39 | 38 | 35 | 32 | 30 | 23 | 19 |
| | 민주노동당 | 10 | 11 | 8 | 13 | 12 | 10 | 11 | 10 | 7 | 6 |

표 2_2.11

# 서울시 동네 특성별 한나라당 득표율

**2004년 총선(단위 : 개, %)**

| | 읍면동 수(개) | | | 득표율(%) | | 5분위별 득표율(%) | | | | |
|---|---|---|---|---|---|---|---|---|---|---|
| | 계 | 평균 미만 | 평균 이상 | 평균 미만 | 평균 이상 | 1분위 (하위20%) | 2분위 | 3분위 | 4분위 | 5분위 (상위20%) |
| 주택 소유 가구 | 518 | 276 | 242 | 34 | 40 | 33 | 36 | 35 | 37 | 44 |
| 다주택(주택 소유 평균 이상 동네) | 242 | 138 | 104 | 36 | 45 | 34 | 36 | 39 | 39 | 51 |
| 다주택(주택 소유 평균 미만 동네) | 276 | 152 | 124 | 33 | 36 | 32 | 33 | 34 | 35 | 37 |
| 아파트 거주 가구 | 518 | 314 | 204 | 34 | 40 | 33 | 34 | 36 | 38 | 43 |
| 1인 가구 | 518 | 302 | 216 | 38 | 35 | 41 | 37 | 36 | 35 | 35 |
| (반)지하 등 거주 가구 | 518 | 264 | 254 | 40 | 34 | 43 | 39 | 37 | 34 | 33 |
| 대학 이상 학력자 | 518 | 298 | 220 | 34 | 41 | 33 | 34 | 35 | 36 | 46 |
| 종교 인구 | 518 | 295 | 223 | 34 | 41 | 33 | 34 | 35 | 36 | 47 |
| 투표율 | 518 | 274 | 244 | 34 | 40 | 34 | 34 | 35 | 38 | 43 |

표 2_2.12

# 서울시 동네 특성별 한나라당 득표율

**2006년 지방선거(단위 : 개, %)**

| | 읍면동 수(개) | | | 득표율(%) | | 5분위별 득표율(%) | | | | |
|---|---|---|---|---|---|---|---|---|---|---|
| | 계 | 평균 미만 | 평균 이상 | 평균 미만 | 평균 이상 | 1분위 (하위20%) | 2분위 | 3분위 | 4분위 | 5분위 (상위20%) |
| 주택 소유 가구 | 518 | 276 | 242 | 55 | 60 | 54 | 56 | 55 | 57 | 64 |
| 다주택(주택 소유 평균 이상 동네) | 242 | 138 | 104 | 56 | 65 | 54 | 56 | 59 | 60 | 71 |
| 다주택(주택 소유 평균 미만 동네) | 276 | 152 | 124 | 54 | 56 | 53 | 54 | 55 | 55 | 58 |
| 아파트 거주 가구 | 518 | 314 | 204 | 55 | 61 | 54 | 54 | 57 | 59 | 62 |
| 1인 가구 | 518 | 302 | 216 | 59 | 56 | 61 | 57 | 57 | 56 | 56 |
| (반)지하 등 거주 가구 | 518 | 264 | 254 | 60 | 55 | 62 | 59 | 57 | 55 | 54 |
| 대학 이상 학력자 | 518 | 298 | 220 | 55 | 61 | 54 | 55 | 55 | 57 | 66 |
| 종교 인구 | 518 | 295 | 223 | 54 | 62 | 53 | 54 | 56 | 57 | 68 |
| 투표율 | 518 | 273 | 245 | 55 | 60 | 56 | 55 | 56 | 58 | 64 |

|
서울에서
민주(＋열린우리)당을 많이 찍은
동네의 특징
|

　　　　　2004년과 2006년 두 차례 (정당 지지)
선거 때 열린우리당과 민주당이 서울에서 얻은 표를 합치면 각각 평
균 46%와 31%다. 동네별 득표율을 보면 2004년 총선 때는 최저
22%에서 최고 62%까지, 2006년 지방선거에서는 최저 12%에서 최
고 50%까지 얻었다.

　두 차례 선거에서 서울 518개 동네 가운데 민주(＋열린우리)당에
평균 이상의 지지를 보낸 동네 수는 각각 317곳과 315곳으로 비슷했
는데, 이들 동네의 지지율은 평균 49%와 35%로 지지율을 끌어올리
는 데 큰 구실을 했다. 두 차례 선거에서 모두 민주(＋열린우리)당에
서울시 평균 지지율 이상의 지지를 보낸 동네는 278곳으로 이는 각
선거에서 평균 이상 득표율을 기록한 동네의 88%에 해당된다.

　그렇다면 민주(열린우리)당 지지도가 상대적으로 높은 동네들은
어떤 특징이 있을까. 먼저 두 차례 선거에서 민주당과 열린우리당이
표를 가장 많이 얻은 10개 동네를 보자. 2004년 총선에서 종로구 창
신2동에서 투표에 참여한 5,563명 중 3,405명(62%)이 열린우리당과
민주당을 찍었다. 한나라당을 찍은 사람은 1,009명(24%), 민주노동
당은 581명(11%)에 머물렀다. 창신2동은 2006년 지방선거에서도
50%가 민주(＋열린우리)당을 찍어 두 차례 연속으로 서울에서 민주
(＋열린우리)당에 가장 높은 득표율을 안겨 주었다.

두 차례 선거에서 민주(+열린우리)당을 가장 많이 찍은 10개 동네 중 1~3위는 종로구에, 4~6위는 관악구에 있는 동네이고, 구로구 2곳, 성북구와 영등포구 각 1곳 등 모두 비강남권이다. 이들 동네에서 민주(+열린우리)당은 2004년 총선 55%, 2006년 지방선거 43% 등 평균 49%를 얻었다.

## 서울에서 민주(+열린우리)당 득표율이 가장 높은 10개 동네

민주(+열린우리)당 득표율이 가장 높은 10개 동네는 어떤 특성이 있을까.

먼저 동네 사람의 37%만 집을 소유하고 있고, 63%는 무주택자라는 특징이 있다. 가리봉1동에서 22%만 집이 있고 78%가 무주택자인 것을 비롯해 8개 동네에서 60% 이상이 집 없는 사람들이다. 또 집을 소유한 사람 자체가 적을 뿐 아니라 다주택자도 평균 4%로 보기가 드문 동네다.

아파트에 사는 사람도 11%에 그치고 67%가 단독주택에 살며 22%는 연립·다세대주택에 사는 등 대부분 비아파트 주택에 산다. 동네 사람 중 97~98%가 단독·연립·다세대주택에 사는 봉천8동과 가리봉1동, 대림2동을 비롯해 7개 동네에서 90% 이상이 아파트가 아닌 주택에 살고 있다.

동네 가구의 절반이 1인 가구인 가리봉1동을 비롯해 10개 동네의 1인 가구는 평균 28%에 달한다. (반)지하 등에 사는 가구는 평균

표 2_2.13

## 서울에서 민주(＋열린우리)당 득표율이 가장 높은 10개 동네의 특징

**2004년 총선과 2006년 지방선거(단위 : %)**

| | | 평균 | 종로구 창신2동 | 종로구 창신1동 | 종로구 숭인1동 | 관악구 봉천10동 | 관악구 봉천8동 | 관악구 신림6동 | 성북구 월곡1동 | 구로구 가리봉1동 | 구로구 구로4동 | 영등포구 대림2동 |
|---|---|---|---|---|---|---|---|---|---|---|---|---|
| 평균 득표율 | | 49 | 56 | 49 | 49 | 49 | 48 | 48 | 48 | 48 | 47 | 47 |
| 주택 소유 | 주택 소유 | 37 | 40 | 36 | 38 | 35 | 34 | 39 | 46 | 22 | 52 | 30 |
| | 다주택 | 4 | 3 | 5 | 7 | 3 | 3 | 4 | 4 | 3 | 4 | 4 |
| | 무주택 | 63 | 60 | 64 | 62 | 65 | 66 | 61 | 54 | 78 | 48 | 70 |
| 거처 | 아파트 | 11 | 7 | 31 | 9 | 6 | 2 | 7 | 21 | 2 | 34 | 3 |
| | 단독주택 | 67 | 65 | 57 | 76 | 61 | 82 | 83 | 71 | 83 | 4 | 83 |
| | 기타 | 22 | 28 | 12 | 15 | 33 | 16 | 10 | 8 | 15 | 62 | 14 |
| 1인 가구 | | 28 | 23 | 37 | 25 | 30 | 28 | 26 | 22 | 50 | 18 | 25 |
| (반)지하 등 | | 15 | 6 | 6 | 11 | 17 | 21 | 21 | 15 | 9 | 2 | 26 |
| 대학 이상 학력 | 대학 이상 | 33 | 25 | 28 | 31 | 43 | 41 | 35 | 28 | 24 | 36 | 34 |
| | 석사과정 이상 | 2 | 1 | 1 | 2 | 3 | 2 | 2 | 2 | 1 | 2 | 1 |
| | 박사과정 이상 | 0 | 0 | 0 | 0 | 1 | 0 | 0 | 0 | 0 | 0 | 0 |
| 종교 인구 | 계 | 50 | 46 | 46 | 50 | 50 | 54 | 56 | 52 | 51 | 47 | 44 |
| | 불교 | 18 | 19 | 16 | 23 | 17 | 17 | 21 | 21 | 13 | 17 | 15 |
| | 개신교 | 21 | 19 | 20 | 18 | 22 | 26 | 21 | 18 | 25 | 19 | 20 |
| | 천주교 | 10 | 8 | 10 | 9 | 9 | 10 | 12 | 12 | 12 | 11 | 8 |
| 2004년 투표율 득표율 | 투표율 | 58 | 60 | 57 | 55 | 59 | 58 | 61 | 58 | 53 | 62 | 56 |
| | 한나라당 | 27 | 24 | 30 | 30 | 26 | 26 | 27 | 31 | 29 | 26 | 28 |
| | 민주(＋열린우리)당 | 55 | 62 | 56 | 57 | 54 | 54 | 54 | 54 | 54 | 53 | 55 |
| | 민주노동당 | 13 | 11 | 10 | 10 | 15 | 15 | 15 | 11 | 12 | 16 | 12 |
| 2006년 투표율 득표율 | 투표율 | 47 | 51 | 49 | 47 | 45 | 47 | 53 | 50 | 42 | 47 | 42 |
| | 한나라당 | 45 | 39 | 46 | 49 | 43 | 44 | 44 | 48 | 47 | 43 | 49 |
| | 민주(＋열린우리)당 | 43 | 50 | 43 | 41 | 43 | 42 | 42 | 42 | 42 | 41 | 39 |
| | 민주노동당 | 11 | 9 | 9 | 9 | 13 | 12 | 12 | 9 | 9 | 13 | 10 |

15%에 달하고 대림2동·봉천8동·신림6동에선 20%가 넘었다.

대학 이상 학력자와 종교 인구 비중은 상대적으로 낮다. 10개 동네에 사는 19세 이상 인구 중 대학 이상 학력자는 33%인데, 이 가운데 4년제 이상 대학은 18%, 대학원 이상은 2%이고 나머지는 4년제 미만이다. 10개 동네에 사는 전체 인구 중 종교를 가진 사람은 50%이고, 신자 수는 개신교(21%)-불교(18%)-천주교(10%) 순이다.

한나라당을 가장 많이 찍은 10곳과 비교해 볼 때 주택을 둘러싼 동네 사람들의 처지와 학력, 종교 인구 면에서 나름대로 뚜렷한 특징이 드러나는 것이다. 그렇다면 서울시 모든 동네로 범위를 넓혀 민주(+열린우리)당을 상대적으로 많이 찍은 동네에서 나타나는 특징을 살펴보자.


## 민주(+열린우리)당 득표율과 주택 소유자

두 차례 선거에서 민주(+열린우리)당을 평균 이상으로 찍은 315~317개 동네에 사는 가구 중 무주택자는 54~55%인 반면, 평균 미만으로 찍은 201~203개 동네는 42%다. 또 득표율이 가장 낮은 1분위 104개 동네에서 무주택자가 가장 적고, 2, 3, 4분위순으로 득표율이 올라갈수록 무주택자가 늘어나 5분위 104개 동네에서 가장 많았다. 다만 2006년 선거에서는 4분위에 비해 3분위가 1% 높은 예외가 나타났다(이하 〈표 2_2.14〉~〈표 2_2.17〉 참조).

실제로 무주택자가 많이 사는 동네에서 민주(+열린우리)당을 많이 찍었을까. 민주(+열린우리)당은 두 차례 선거에서 주택 소유자가 평균 미만인 다시 말하면 무주택자가 평균 이상으로 많은 276개 동네에서 무주택자 평균 미만 242개 동네에 비해 5%를 더 얻었다. 또한 무주택자가 가장 많이 사는 1분위 104개 동네에서 가장 많은 표를 얻은 반면, 가장 적게 사는 5분위 104개 동네에서 가장 적은 표를 얻는 등 무주택자가 많은 동네로 갈수록 득표율이 높았다. 다만 2004년 총선의 경우 2분위에 비해 3분위에서 1% 더 득표하는 예외도 나타났다.

득표율이 높은 동네일수록 무주택자가 많고, 낮은 곳일수록 주택 소유자가 많다. 이것이 민주(+열린우리)당을 많이 찍은 동네의 첫 번째 특징이다. 또 무주택자가 많은 동네일수록 민주(+열린우리)당을 많이 찍었다.


## 민주(+열린우리)당 득표율과 다주택자

민주(+열린우리)당을 많이 찍은 동네일수록 무주택자가 많을 뿐 아니라, 주택 소유자 중에서 다주택자도 드물다. 두 차례 선거에서 민주(+열린우리)당 득표율이 평균 미만인 동네 가구 중 다주택자는 8%인 데 비해, 평균 이상인 동네는 5%로 훨씬 적다. 또한 민주(+열린우리)당을 가장 적게 찍은 1분위 104개 동네 가구 중에는 9~10%가 다주택자지만, 2, 3, 4분위로 득표율이 올라갈수록 다주택자 비중이 줄어들어 가장 많이 찍은 5분위 104개 동네는 4%에 불과하다.

실제로 다주택자가 많은 동네에서 민주(+열린우리)당 득표율이 낮고, 다주택자가 적게 사는 곳에서 높다. 주택을 소유한 가구가 서울시 평균 이상인 동네는 242곳이며, 이들 동네마다 평균 8%의 다주택자가 산다. 그런데 다주택자가 평균(8%) 미만인 138개 동네의 민주(+열린우리)당 득표율은 다주택자 평균 이상 104개 동네에 비해 6%가 높다. 또 다주택자가 가장 적게 사는 1분위에서 득표율이 가장 높고, 다주택자 비율이 2, 3, 4분위 순서대로 늘어날수록 낮아져 가장 많이 사는 5분위에서 득표율이 가장 낮다. 무주택자가 평균 이상으로 많은 276개 동네에서도 마찬가지다. 다주택자가 평균(4%) 미만인 152개 동네의 득표율이 평균 이상 124개에 비해 2% 높다. 다주택자 5분위 추세도 같다.

득표율이 높은 동네일수록 다주택자가 적다. 이것이 서울에서 민주(+열린우리)당을 많이 찍은 동네의 두 번째 특징이다. 또 다주택자가 적은 동네일수록 득표율이 높고, 많은 동네일수록 낮다.


## 민주(+열린우리)당 득표율과 비아파트 거주자

민주(+열린우리)당을 많이 찍은 동네일수록 단독주택을 비롯한 아파트 아닌 주택에 사는 사람이 많다. 두 차례 선거에서 민주(+열린우리)당을 평균 이상으로 찍은 동네의 단독주택 등 비아파트 거주 가구는 84%에 달하고, 아파트 거주 가구는 26%에 불과하다. 반면 민주(+열린우리)당 득표율이 평균에 미치지 못하는 동네는 44~46%만 비아파트에 살고 54~56%는 아파트에 산다. 또한 민주(+열린우리)당 득표율이 가장 낮은 1분위에서 비아파트 거주 가구가 가장 적고, 득표율이 높은 2, 3, 4분위 동네로 갈수록 늘어나다가 득표율이 가장 높은 5분위에서 단독주택 등에 사는 가구가 가장 많다.

실제로 단독·연립·다세대 등 아파트 아닌 주택에 사는 사람이 많을수록 민주(+열린우리)당을 많이 찍었다. 반대로 아파트 거주자가 많을수록 적게 찍었다. 민주(+열린우리)당은 두 차례 선거 때 모두 아파트에 평균 이상으로 사는 204개 동네에 비해 아파트 거주 가구가 평균에 못 미치는 314개 동네에서 5% 더 얻었다. 또한 아파트 거주자가 가장 적은 1분위에서 표를 가장 많이 얻었고, 아파트 거주자가 늘어나는 2, 3, 4분위 동네로 갈수록 득표율이 떨어져 5분위에서 가장 적은 표를 얻었다. 단독주택 등 아파트가 아닌 주택에 사는 사람이 많은 동네로 갈수록 민주(+열린우리)당을 많이 찍은 것이다.

민주(+열린우리)당을 많이 찍은 동네의 세 번째 특징은 단독주택 등 아파트 아닌 주택에 사는 사람이 많은 동네라는 점이다. 또 아파트 아닌 단독·연립·다세대주택 등 비아파트에 사는 사람이 많은 동네일수록 민주(+열린우리)당을 많이 찍었다.


## 민주(+열린우리)당 득표율과
## 1인 가구·(반)지하 등 거주 가구


민주(+열린우리)당을 많이 찍은 동네에는 나 홀로 사는 1인 가구도 많다. 두 차례 선거에서 민주(+열린우리)당이 평균 이상으로 표를 얻은 315~317개 동네 가구 중 1인 가구는 22%로, 득표율이 평균 미만인 201~203개 동네의 18%에 비해 4%가 많다. 또한 득표율이 가장 낮은 1분위 104개 동네의 1인 가구 비중이 17~18%로 가장 낮고, 지지율이 2, 3, 4분위 순서로 올라갈수록 1인 가구 비중이 올라가다가 득표율이 가장 높은 5분위 104개 동네에서 23~24%로 가장 높다.

실제로 동네에 1인 가구가 많을수록 민주(+열린우리)당을 많이 찍고, 1인 가구가 드문 동네일수록 적게 찍었다. 민주(+열린우리)당은 동네 가구 중 1인 가구가 서울시 평균(20%)에 미치지 못한 302개 동네에 비해 평균 이상인 216개 동네에서 2%를 더 얻었다. 또한 동네 가구 중 1인 가구가 가장 적은 1분위 104곳에서 표를 가장 적게 얻었고, 1인 가구가 가장 많은 5분위 104곳에서 상대적으로 많이 얻었다. 다만 2, 3, 4분위 간 표 차이가 크지 않거나, 2004년의 경우 4분위의 득표율이 5분위에 비해 1% 높았다.

민주(+열린우리)당 득표율이 높은 곳일수록 (반)지하·옥탑·비닐집·쪽방 등에 사는 사람이 많다. 두 차례 선거에서 민주(+열린우리)당이 평균 미만으로 표를 얻은 동네 가구 중 (반)지하 등에 사는 사람은 7~8%인 반면, 평균 이상으로 표를 얻은 동네에는 15%에 달했다. 또한 민주(+열린우리)당 득표율이 가장 낮은 1분위 104개 동네에는 6~7% 가구가 (반)지하 등에 사는 반면, 가장 높은 5분위 104개 동네에는 16~17%가 산다. 득표율이 2, 3, 4분위 순으로 올라갈수록 (반)지하 등에 사는 사람도 늘어난다.

실제로 (반)지하 등에 사는 사람이 많은 동네에서 민주(+열린우리)당 표가 많이 나왔다. 민주(+열린우리)당은 동네 가구 중 (반)지하 등에 사는 사람이 서울시 평균(12%) 미만인 264개 동네에 비해 평균 이상인 254개 동네에서 5%를 더 얻었다. 또한 (반)지하 등에 사는 가구가 가장 적은 1분위 104개 동네에서 가장 적은 표를 얻었고, 2, 3, 4분위 순으로 (반)지하 등 거주자가 늘어날수록 표가 늘었으며, (반)지하 등에 가장 많은 사람이 사는 5분위 104개 동네에서 가장 높은 득표율을 기록했다.

　민주(＋열린우리)당을 많이 찍은 동네의 네 번째 특징은 1인 가구나 (반)지하 등에 사는 사람이 상대적으로 많다는 것이다. 또 1인 가구나 (반)지하 등에 사는 사람이 많을수록 득표율이 높고, 적을수록 낮다.


## 민주(＋열린우리)당 득표율과 대학 이상 학력자

민주(＋열린우리)당을 많이 찍은 동네일수록 대학 이상 학력자가 적게 산다. 두 차례 선거에서 민주(＋열린우리)당이 평균 이상으로 표를 얻은 315~317개 동네에 사는 19세 이상 인구 중 대학 이상 학력자는 43%다. 반면 득표율 평균 미만 201~203개 동네는 61%로 훨씬 높다. 민주(＋열린우리)당 득표율이 가장 낮은 1분위 104개 동네에서 대학 이상 학력자 비중이 가장 높고, 득표율이 2, 3, 4분위로 올라감에 따라 학력 수준은 낮아져 득표율이 가장 높은 5분위 104개 동네에서 가장 낮다.

　거꾸로 동네별 대학 이상 학력자 비중이 낮을수록 민주(＋열린우리)당을 많이 찍었다. 19세 이상 인구 중 대학 이상 학력자 비율이 서울시 평균(50%)보다 낮은 298개 동네에서 민주(＋열린우리)당이 얻은 표는 평균 미만 220개 동네에 비해 6% 높다. 또 대학 이상 학력자 비율이 가장 낮은 1분위에서 득표율이 가장 높고, 학력 수준이 2, 3, 4분위 순으로 높아짐에 따라 득표율이 떨어지다가 대학 이상 학력자 비율이 가장 높은 5분위에서 가장 낮은 득표율을 기록했다.

민주(＋열린우리)당이 표를 많이 얻은 동네일수록 대학 이상 학력자가 적다. 이것이 다섯 번째 특징이다. 또 대학 이상 학력자가 적을수록 민주(＋열린우리)당을 많이 찍고, 많을수록 적게 찍었다.

## 민주(＋열린우리)당 득표율과 종교 인구

　　두 차례 선거에서 민주(＋열린우리)당이 평균 이상으로 표를 많이 얻은 동네의 종교 인구는 53%로 평균 미만 동네에 비해 5%가 낮다. 또 득표율이 평균 이상인 동네의 종교별 인구 비중이 개신교-불교-천주교인 반면, 평균보다 떨어지는 동네는 개신교-천주교-불교인 점은 두 차례 선거가 같았다. 민주(＋열린우리)당 득표율이 가장 낮은 1분위의 종교 인구는 60%로 가장 높고, 2, 3, 4분위 순서로 득표율이 올라갈수록 종교 인구도 줄어들다가 5분위에서는 51%로 종교 인구 비중이 가장 낮았다.

　　실제로 종교 인구가 적은 동네일수록 민주(＋열린우리)당을 많이 찍었다. 동네 전체 인구 중 종교 인구가 차지하는 비율이 서울시 평균(55%) 미만인 295개 동네에서 민주(＋열린우리)당의 득표율은 종교 인구 평균 미만 223개 동네에 비해 5~6% 높다. 또한 종교 인구 비율이 가장 낮은 1분위에서 득표율은 가장 높고, 5분위에서 가장 낮다. 종교 인구가 2, 3, 4분위 순으로 높아짐에 따라 득표율도 감소했다.

　　민주(＋열린우리)당을 많이 찍은 동네일수록 종교 인구가 적다는 게 여섯 번째 특징이다. 또 종교 인구가 많은 동네일수록 민주(＋열린우리)당 득표율이 낮고, 적은 동네일수록 득표율이 높다.

## 민주(+열린우리)당 득표율과 투표율

민주(+열린우리)당을 많이 찍은 동네일수록 상대적으로 많은 사람이 투표를 포기했다. 두 차례 선거에서 민주(+열린우리)당이 평균 이상으로 표를 얻은 동네는 평균 미만 득표율을 기록한 동네에 비해 투표율이 4%가 낮다. 또한 득표율이 가장 낮은 1분위에서 투표율이 가장 높고, 2, 3, 4분위 순으로 득표율이 오를수록 투표율이 떨어지다가 표를 가장 많이 얻은 5분위에서 동네 사람 중 투표를 포기한 사람이 가장 많았다.

실제로 투표율이 낮은 동네에서 민주(+열린우리)당을 많이 찍었다. 두 차례 선거에서 민주(+열린우리)당은 투표율이 평균 이상인 244~245개 동네에 비해 평균 미만인 273~274개 동네에서 5%를 더 얻었다. 또한 투표율이 낮은 1분위에서 상대적으로 민주(+열린우리)당을 많이 찍었다. 그러나 2, 3, 4분위 순서로 투표율이 올라갈수록 민주(+열린우리)당을 적게 찍었으며, 투표율이 가장 높은 5분위에서 가장 적게 찍었다. 다만 2006년 지방선거의 경우 1분위 득표율이 2분위에 비해 1%가 낮다.

득표율이 높은 동네일수록 투표를 포기하는 사람이 많다. 이것이 민주(+열린우리)당을 많이 찍은 동네의 일곱 번째 특징이다. 또 투표율이 낮은 동네일수록 민주(+열린우리)당을 많이 찍고, 투표율이 높은 동네일수록 적게 찍는다.

표 2_2.14

# 민주(+열린우리)당 득표율 분포별 서울시 518개 동네의 특징

**2004년 총선(단위 : %)**

| | | 평균 계 | 평균 미만 | 평균 이상 | 5분위 1분위 | | 2분위 | 3분위 | 4분위 | 5분위 | |
|---|---|---|---|---|---|---|---|---|---|---|---|
| | | 518개 동네 | 201개 동네 | 317개 동네 | 하위50개 동네 | (하위 20%) | | | | (상위 20%) | 상위50개 동네 |
| 주택 소유 | 주택 소유 | 50 | 58 | 46 | 68 | 63 | 53 | 50 | 43 | 43 | 40 |
| | 다주택 | 6 | 8 | 5 | 11 | 10 | 7 | 6 | 5 | 4 | 4 |
| | 무주택 | 50 | 42 | 54 | 32 | 37 | 47 | 50 | 57 | 57 | 60 |
| 거처 | 아파트 | 37 | 56 | 26 | 72 | 65 | 45 | 35 | 23 | 19 | 15 |
| | 단독주택 | 42 | 28 | 51 | 16 | 21 | 36 | 44 | 54 | 55 | 61 |
| | 기타 | 21 | 16 | 23 | 12 | 14 | 19 | 21 | 23 | 26 | 24 |
| 1인 가구 | | 20 | 18 | 22 | 16 | 17 | 20 | 21 | 21 | 23 | 24 |
| (반)지하 등 거주 가구 | | 12 | 7 | 15 | 4 | 6 | 9 | 12 | 16 | 17 | 18 |
| 대학 이상 학력 | 대학 이상 | 50 | 61 | 43 | 79 | 71 | 51 | 48 | 42 | 40 | 38 |
| | 석사과정 이상 | 4 | 6 | 3 | 11 | 9 | 4 | 4 | 3 | 2 | 2 |
| | 박사과정 이상 | 1 | 2 | 1 | 4 | 3 | 1 | 1 | 1 | 0 | 0 |
| 종교 인구 | 계 | 55 | 58 | 53 | 63 | 60 | 56 | 54 | 53 | 51 | 50 |
| | 불교 | 17 | 16 | 17 | 15 | 15 | 17 | 17 | 18 | 17 | 17 |
| | 개신교 | 23 | 24 | 22 | 24 | 24 | 24 | 22 | 22 | 22 | 21 |
| | 천주교 | 14 | 17 | 12 | 23 | 20 | 14 | 13 | 12 | 12 | 11 |
| 2004년 투표율 득표율 | 투표율 | 61 | 64 | 60 | 66 | 66 | 63 | 61 | 59 | 58 | 58 |
| | 한나라당 | 37 | 43 | 33 | 54 | 48 | 38 | 35 | 33 | 31 | 30 |
| | 민주(+열린우리)당 | 46 | 41 | 49 | 33 | 37 | 44 | 47 | 49 | 52 | 53 |
| | 민주노동당 | 13 | 12 | 13 | 9 | 11 | 13 | 13 | 13 | 13 | 13 |
| 2006년 투표율 득표율 | 투표율 | 49 | 52 | 47 | 55 | 53 | 50 | 49 | 47 | 46 | 46 |
| | 한나라당 | 58 | 63 | 54 | 74 | 68 | 58 | 56 | 54 | 51 | 50 |
| | 민주(+열린우리)당 | 31 | 27 | 35 | 19 | 23 | 30 | 33 | 34 | 37 | 38 |
| | 민주노동당 | 10 | 9 | 11 | 6 | 8 | 10 | 11 | 10 | 11 | 10 |

표 2_2.15

# 민주(+열린우리)당 득표율 분포별 서울시 518개 동네의 특징

**2006년 지방선거(단위 : %)**

| | | 평균 | | | 5분위 | | | | | | |
|---|---|---|---|---|---|---|---|---|---|---|---|
| | | 계 | 평균 미만 | 평균 이상 | 1분위 | | 2분위 | 3분위 | 4분위 | 5분위 | |
| | | 518개 동네 | 203개 동네 | 315개 동네 | 하위50개 동네 | (하위 20%) | | | | (상위 20%) | 상위50개 동네 |
| 주택 소유 | 주택 소유 | 50 | 58 | 45 | 66 | 60 | 56 | 46 | 47 | 42 | 40 |
| | 다주택 | 6 | 8 | 5 | 11 | 9 | 7 | 5 | 5 | 4 | 4 |
| | 무주택 | 50 | 42 | 55 | 34 | 40 | 44 | 54 | 53 | 58 | 60 |
| 거처 | 아파트 | 37 | 54 | 26 | 69 | 58 | 48 | 31 | 27 | 18 | 19 |
| | 단독주택 | 42 | 29 | 51 | 17 | 25 | 33 | 49 | 47 | 59 | 59 |
| | 기타 | 21 | 17 | 23 | 14 | 17 | 19 | 20 | 26 | 23 | 22 |
| 1인 가구 | | 20 | 18 | 22 | 17 | 18 | 18 | 22 | 21 | 24 | 25 |
| (반)지하 등 거주 가구 | | 12 | 8 | 15 | 5 | 7 | 9 | 14 | 14 | 16 | 15 |
| 대학 이상 학력 | 대학 이상 | 50 | 61 | 43 | 79 | 69 | 52 | 46 | 43 | 40 | 38 |
| | 석사과정 이상 | 4 | 6 | 3 | 11 | 8 | 4 | 3 | 3 | 3 | 3 |
| | 박사과정 이상 | 1 | 2 | 1 | 4 | 3 | 1 | 1 | 1 | 0 | 0 |
| 종교 인구 | 계 | 55 | 58 | 53 | 63 | 60 | 55 | 53 | 53 | 51 | 51 |
| | 불교 | 17 | 16 | 17 | 15 | 16 | 17 | 18 | 17 | 17 | 17 |
| | 개신교 | 23 | 24 | 22 | 24 | 24 | 23 | 22 | 23 | 21 | 21 |
| | 천주교 | 14 | 17 | 12 | 23 | 19 | 14 | 13 | 12 | 12 | 12 |
| 2004년 투표율 득표율 | 투표율 | 61 | 64 | 60 | 66 | 65 | 63 | 61 | 60 | 59 | 59 |
| | 한나라당 | 37 | 43 | 33 | 54 | 48 | 37 | 35 | 33 | 31 | 30 |
| | 민주(+열린우리)당 | 46 | 41 | 49 | 33 | 38 | 45 | 47 | 49 | 51 | 52 |
| | 민주노동당 | 13 | 12 | 13 | 9 | 10 | 13 | 13 | 13 | 13 | 13 |
| 2006년 투표율 득표율 | 투표율 | 49 | 51 | 47 | 54 | 52 | 50 | 48 | 47 | 47 | 48 |
| | 한나라당 | 58 | 64 | 53 | 74 | 69 | 58 | 56 | 53 | 50 | 48 |
| | 민주(+열린우리)당 | 31 | 26 | 35 | 19 | 23 | 30 | 33 | 35 | 38 | 40 |
| | 민주노동당 | 10 | 9 | 11 | 6 | 8 | 11 | 10 | 11 | 11 | 11 |

**표 2_2.16**

# 서울시 동네 특성별 민주(+열린우리)당 득표율

2004년 총선(단위 : 개, %)

| | 읍면동 수(개) | | | 득표율(%) | | 5분위별 득표율(%) | | | | |
|---|---|---|---|---|---|---|---|---|---|---|
| | 계 | 평균 미만 | 평균 이상 | 평균 미만 | 평균 이상 | 1분위 (하위20%) | 2분위 | 3분위 | 4분위 | 5분위 (상위20%) |
| 주택 소유 가구 | 518 | 276 | 242 | 48 | 43 | 49 | 47 | 48 | 46 | 40 |
| 다주택(주택 소유 평균 이상 동네) | 242 | 138 | 104 | 46 | 40 | 48 | 46 | 44 | 44 | 35 |
| 다주택(주택 소유 평균 미만 동네) | 276 | 152 | 124 | 49 | 47 | 50 | 49 | 48 | 48 | 46 |
| 아파트 거주 가구 | 518 | 314 | 204 | 48 | 43 | 49 | 48 | 47 | 45 | 41 |
| 1인 가구 | 518 | 302 | 216 | 45 | 47 | 42 | 46 | 47 | 48 | 47 |
| (반)지하 등 거주 가구 | 518 | 264 | 254 | 43 | 48 | 41 | 44 | 46 | 48 | 50 |
| 대학 이상 학력자 | 518 | 298 | 220 | 48 | 42 | 50 | 48 | 47 | 46 | 39 |
| 종교 인구 | 518 | 295 | 223 | 48 | 43 | 50 | 48 | 47 | 46 | 38 |
| 투표율 | 518 | 274 | 244 | 48 | 43 | 49 | 48 | 47 | 45 | 40 |

**표 2_2.17**

# 서울시 동네 특성별 민주(+열린우리)당 득표율

2006년 지방선거(단위 : 개, %)

| | 읍면동 수(개) | | | 득표율(%) | | 5분위별 득표율(%) | | | | |
|---|---|---|---|---|---|---|---|---|---|---|
| | 계 | 평균 미만 | 평균 이상 | 평균 미만 | 평균 이상 | 1분위 (하위20%) | 2분위 | 3분위 | 4분위 | 5분위 (상위20%) |
| 주택 소유 가구 | 518 | 276 | 242 | 34 | 29 | 34 | 33 | 33 | 32 | 26 |
| 다주택(주택 소유 평균 이상 동네) | 242 | 138 | 104 | 32 | 26 | 34 | 32 | 30 | 29 | 21 |
| 다주택(주택 소유 평균 미만 동네) | 276 | 152 | 124 | 35 | 33 | 35 | 35 | 34 | 33 | 31 |
| 아파트 거주 가구 | 518 | 314 | 204 | 34 | 29 | 35 | 34 | 33 | 30 | 27 |
| 1인 가구 | 518 | 302 | 216 | 31 | 33 | 28 | 32 | 33 | 33 | 33 |
| (반)지하 등 거주 가구 | 518 | 264 | 254 | 29 | 34 | 27 | 30 | 31 | 34 | 35 |
| 대학 이상 학력자 | 518 | 298 | 220 | 34 | 28 | 36 | 34 | 33 | 31 | 24 |
| 종교 인구 | 518 | 295 | 223 | 34 | 28 | 35 | 34 | 33 | 32 | 24 |
| 투표율 | 518 | 273 | 245 | 34 | 29 | 33 | 34 | 33 | 31 | 27 |

|

서울에서
민주노동당을 많이 찍은
동네의 특징

|

　　　　　　　2004년과 2006년 두 차례 선거 때 민
주노동당은 서울에서 각각 13%와 10%를 얻었다. 동네별 민주노동
당 득표율을 보면 2004년 총선 때는 최저 4%에서 최고 23%까지,
2006년 지방선거에서는 최저 3%에서 최고 20%까지 얻었다.

　두 차례 선거에서 서울 518개 동네 가운데 민주노동당에 평균 이
상의 지지를 보낸 동네 수는 2004년 253곳, 2006년 248곳이다. 이들
동네의 평균 지지율은 2004년 14%와 2006년 12%로 민주노동당 평
균 지지율보다 1~2% 높았다. 두 차례 선거에서 모두 민주노동당에
평균 이상의 지지를 보낸 동네는 2백 곳으로 각 선거에서 평균 이상
득표율을 기록한 동네의 79~81%에 해당된다. 민주노동당 지지도가
상대적으로 높은 동네 10곳은 어디일까.

　먼저 두 차례 선거에서 득표율이 가장 높았던 10개 동네를 보자.
2004년 총선 때 관악구 신림9동에서 투표한 1만2,105명 가운데
2,724명(23%)이 민주노동당을 지지했다. 신림9동은 2006년 지방선
거에서도 20%의 지지를 몰아주어 연속으로 서울에서 민주노동당에
가장 높은 지지를 보냈다. 관악구는 두 차례 선거에서 민주노동당을
가장 많이 찍은 동네 10곳 중 1~5위를 휩쓰는 등 7곳이 포함됐고, 노
원구는 2곳, 종로구는 1곳이 포함됐다. 물론 모두 비강남권이며, 대
학과 고시촌이 몰려 있는 지역이 여러 곳 포함돼 있기도 하다. 이곳

에서 민주노동당은 2004년 19%, 2006년 17% 등 평균 18%를 얻었다.

그렇다면 민주노동당을 가장 많이 찍은 10곳은 어떤 특성이 있을까. 먼저 동네 사람 중 35%만 집을 소유하고 있고, 65%는 무주택자다. 신림9동 81%를 비롯해 봉천4동(75%), 명륜3가동(74%), 신림2동(72%), 봉천7동(71%) 등 5곳은 70% 이상이 무주택자다. 이처럼 주택 소유자가 적게 살 뿐 아니라, 다주택자도 평균 4%로 비중이 낮다.

사실상 100% 아파트 동네인 노원구 상계7동과 상계8동을 제외하고는 대부분 단독·연립·다세대주택에 살고 있어 10개 동네에서 아파트에 사는 가구는 평균 26%에 그치고 55%는 단독주택에, 19%는 연립·다세대주택 등에 산다.

10개 동네 가구 중 무려 43%가 1인 가구다. 신림9동에 사는 가구 중 1인 가구는 72%에 달하며, 신림2동과 봉천4동 그리고 명륜3가동은 절반 이상이 1인 가구다. (반)지하 등에 사는 가구는 평균 12%로 서울시 평균 수준이다.

대학 이상 학력자 비중은 평균 64%로 높은 수준이다. 신림9동(79%)과 봉천7동(76%)은 70%가 넘고, 신림2동(66%) 등 5곳은 60% 이상이다. 종교 인구는 53%로 서울시 평균에 비해 2%가 낮다.

이제 범위를 서울시 전역으로 넓혀 10개 동네에서 나타나는 특징이 그대로 나타나는지 보자.

표 2_2.18

# 서울에서 민주노동당 득표율이 가장 높은 10개 동네의 특징

**2004년 총선과 2006년 지방선거(단위 : %)**

| | | 평균 | 관악구 신림9동 | 관악구 신림2동 | 관악구 봉천7동 | 관악구 신림본동 | 관악구 봉천4동 | 종로구 명륜3가동 | 노원구 상계8동 | 관악구 봉천11동 | 관악구 봉천6동 | 노원구 상계7동 |
|---|---|---|---|---|---|---|---|---|---|---|---|---|
| 평균 득표율 | | 18 | 21 | 20 | 19 | 18 | 17 | 17 | 17 | 17 | 17 | 16 |
| 주택 소유 | 주택 소유 | 35 | 19 | 28 | 29 | 35 | 25 | 26 | 60 | 46 | 35 | 59 |
| | 다주택 | 4 | 2 | 3 | 3 | 3 | 3 | 3 | 6 | 5 | 3 | 6 |
| | 무주택 | 65 | 81 | 72 | 71 | 65 | 75 | 74 | 40 | 54 | 65 | 41 |
| 거처 | 아파트 | 26 | 11 | 13 | 16 | 6 | 8 | 1 | 100 | 11 | 23 | 99 |
| | 단독주택 | 55 | 79 | 75 | 67 | 64 | 41 | 88 | 0 | 51 | 60 | 0 |
| | 기타 | 19 | 10 | 12 | 17 | 30 | 51 | 11 | 0 | 38 | 17 | 1 |
| 1인 가구 | | 43 | 72 | 54 | 44 | 35 | 53 | 50 | 10 | 29 | 35 | 23 |
| (반)지하 등 | | 12 | 14 | 13 | 13 | 17 | 13 | 19 | 0 | 18 | 13 | 0 |
| 대학 이상 학력 | 대학 이상 | 64 | 79 | 66 | 76 | 55 | 63 | 65 | 62 | 55 | 58 | 63 |
| | 석사과정 이상 | 5 | 5 | 5 | 10 | 4 | 6 | 4 | 4 | 5 | 6 | 5 |
| | 박사과정 이상 | 1 | 1 | 1 | 4 | 1 | 2 | 1 | 1 | 1 | 1 | 1 |
| 종교 인구 | 계 | 53 | 52 | 54 | 48 | 53 | 53 | 51 | 52 | 55 | 53 | 54 |
| | 불교 | 15 | 17 | 16 | 13 | 15 | 15 | 18 | 13 | 16 | 16 | 14 |
| | 개신교 | 23 | 20 | 22 | 22 | 23 | 26 | 18 | 23 | 27 | 23 | 24 |
| | 천주교 | 14 | 14 | 15 | 12 | 15 | 11 | 14 | 15 | 12 | 13 | 14 |
| 2004년 투표율 득표율 | 투표율 | 63 | 65 | 64 | 62 | 59 | 59 | 65 | 68 | 62 | 60 | 66 |
| | 한나라당 | 29 | 27 | 30 | 27 | 27 | 26 | 29 | 31 | 28 | 28 | 36 |
| | 민주(+열린우리)당 | 48 | 47 | 46 | 48 | 50 | 51 | 47 | 46 | 50 | 50 | 42 |
| | 민주노동당 | 19 | 23 | 20 | 20 | 19 | 18 | 20 | 18 | 17 | 18 | 18 |
| 2006년 투표율 득표율 | 투표율 | 48 | 49 | 49 | 48 | 44 | 44 | 51 | 54 | 48 | 46 | 51 |
| | 한나라당 | 47 | 44 | 46 | 45 | 45 | 44 | 44 | 49 | 46 | 46 | 56 |
| | 민주(+열린우리)당 | 36 | 35 | 33 | 36 | 37 | 38 | 41 | 35 | 37 | 38 | 29 |
| | 민주노동당 | 17 | 20 | 19 | 19 | 17 | 16 | 14 | 15 | 16 | 15 | 15 |

## 민주노동당 득표율과 주택 소유자

동네별 민주노동당 득표율과 주택 소유자 비중은 어떤 연관이 있을까. 2004년 총선에서 민주노동당을 평균 이상으로 지지한 동네와 평균 미만으로 지지한 동네에 사는 가구 중 주택 소유자는 50%로 같다. 2006년 지방 선거에서는 평균 미만 지지 동네에서 1% 높다. 두 차례 모두 민주노동당을 가장 적게 찍은 1분위 104개 동네 가구 중 주택 소유자는 56%로 가장 높고, 득표율이 가장 높은 5분위에서 48~49%로 가장 낮다. 하지만 2~4분위에서는 엇갈린다(이하 〈표 2_2.19〉~〈표 2_2.22〉 참조).

그렇다면 주택 소유자 분포별 민주노동당 지지율은 어떨까. 2004년 총선에서 민주노동당은 주택 소유자가 평균 이상인 동네에서 12%를 얻어 평균 미만인 동네에 비해 1% 적게 얻었다. 2006년 지방 선거에서는 같은 10%를 얻었다. 또 2004년에서는 주택 소유자 5분위별 득표율이 1, 3, 4분위에서 각각 13%, 2분위와 5분위에서 각 12%를 기록함으로써 뚜렷한 상관관계를 보이지 않았다. 2006년 지방선거에서는 주택 소유자가 가장 적은 1분위에서 11%로 득표율이 가장 높고 2, 3, 4분위에서는 1% 낮은 10%를 유지하다가 주택 소유자가 가장 많은 5분위에서 9%로 득표율이 가장 낮았다.

이처럼 다른 당에 비교해서는 상관관계가 뚜렷하지 않지만, 민주노동당 득표율이 가장 높은 동네에서는 무주택자가 가장 많고, 가장 낮은 동네에서는 주택 소유자가 가장 많은 추세는 어느 정도 확인된다.

## 민주노동당 득표율과 다주택자

두 차례 선거에서 민주노동당을 평균 이상으로 찍은 동네에 비해 평균 미만으로 찍은 동네의 다주택자 비중이 1% 더 높다. 또 민주노동당을 가장 적게 찍은 1분위 104개 동네에서 다주택자 비중이 8%로 가장 높고, 득표율이 좀 더 높은 2분위 104개 동네에서는 5~6%로 다주택자 비중이 낮아진다. 다만 득표율이 더 올라가는 3, 4, 5분위에서도 다주택자 비중은 6%로 변화가 없다. 민주노동당을 가장 적게 찍은 동네에는 나머지 동네에 비해 다주택자들이 상대적으로 많이 사는 것이다.

실제로 주택 소유자 비중이 서울시 평균 이상인 242개 동네 안에서 다주택자가 많이 사는 곳에서 민주노동당을 적게 찍는 현상을 확인할 수 있다. 두 차례 선거 모두 다주택자가 평균 이상으로 많은 104개 동네 득표율이 다주택자 평균 미만 동네에 비해 1~2% 낮다. 또 다주택자가 가장 적은 1분위에 비해 다주택자가 가장 많은 5분위의 민주노동당 지지율이 3~4%나 낮다. 다만 다주택자 2, 3, 4분위별 득표율은 의미 있는 변화가 나타나지 않는다.

무주택자가 평균 이상으로 많은 276개 동네 안에서도 다주택자 비중이 평균 이상인 곳과 미만인 곳은 득표율에 차이가 없다. 하지만 다주택자가 가장 적은 1분위에 비해 가장 높은 5분위에서 득표율이 낮은 현상은 같다.

이처럼 다주택자 비중과 민주노동당 득표율의 상관관계 역시 다른 당과 비교해서는 선명하지 않지만, 다주택자가 가장 많은 동네와 가장 적은 동네 간에 득표율 차이는 확인된다.

## 민주노동당 득표율과 아파트 거주자

두 차례 선거에서 민주노동당을 평균 이상으로 지지한 동네는 평균 미만으로 지지한 동네에 비해 아파트 거주자 비중이 3~5% 더 높다. 또 지지율이 낮은 2, 3분위 가구 중 아파트 거주자는 27~30% 수준인데 비해, 지지율이 높은 4, 5분위에서는 38~41%로 아파트에 사는 사람이 더 많은 것으로 나타났다. 그러나 지지율이 가장 낮은 1분위에서는 아파트 거주자가 48~49%로 가장 높다.

그렇다면 실제로 어떤 주택에 사느냐에 따라 동네별 민주노동당 득표율의 변화 양상이 나타날까. 2004년 총선에서는 아파트 거주자 비중이 평균 미만인 동네의 득표율이 평균 이상인 동네에 비해 1% 높았다. 또 1~4분위에 비해 아파트 거주자가 가장 많은 5분위에서 득표율이 1% 낮았다. 아파트 거주자가 적은 곳에서 표를 약간 더 얻은 것이다. 그러나 2006년 지방선거에서는 아파트 거주자 분포에 따른 득표율 변화를 확인할 수 없다.

이처럼 민주노동당 득표율과 아파트 거주자 비중의 상관관계 역시 뚜렷하지 않다.


## 민주노동당 득표율과 1인 가구·(반)지하 등 거주 가구

두 차례 선거에서 민주노동당을 평균 이상으로 지지한 동네는 평균 미만 지지를 보낸 동네에 비해 1인 가구 비중이 1% 더 높다. 또 1인 가구 비중은 지지율이 낮은 1, 2분위에서 20%였으나, 지지율이 올라가는 3, 4분위에서는 18~19%로 떨어진 뒤 지지율이 가장 높은 5분위에서 24~25%로 급증한다.

실제로 1인 가구 분포에 따라 동네별 득표율에 차이가 있을까. 두 차례 선거 모두 1인 가구 비중이 평균 이상인 동네와 평균 미만인 동네의 민주노동당 득표율은 똑같다. 1~4분위의 득표율도 의미 있는 차이가 나타나지 않는다. 다만 1인 가구가 가장 많은 5분위에서 득표율이 다소 올라가는 공통점이 나타난다. 이처럼 1인 가구가 몰려 사는 곳에서 득표율이 다소 높다는 점은 대체로 확인되지만, 민주노동당 득표율과 1인 가구 비중의 상관관계는 명확하지 않다.

두 차례 선거에서 민주노동당을 평균 이상으로 지지한 동네는 평균 미만 지지를 보낸 동네에 비해 (반)지하 등에 사는 가구 비중이 1~2% 더 낮다. 5분위별로는 득표율이 가장 낮은 1분위에서 (반)지하 등 거주자가 9%로 가장 낮고, 2분위와 3분위에서 13~15%로 급증했다가, 득표율이 높은 4분위와 5분위에서 11~12%로 감소한다. 민주노동당을 아예 가장 적게 찍은 동네에는 (반)지하 등 거주자도 드물고, 나머지 동네에서는 득표율이 상대적으로 높은 곳에 (반)지하 등 거주자가 적게 사는 것이다.

실제로 (반)지하 등 거주자의 분포에 따라 동네별 득표율에 차이가 있을까. 2004년 총선에서 (반)지하 등 거주자 비중이 평균 미만인 동네의 득표율은 평균 이상인 동네에 비해 1%가 낮다. 반면 5분위별로는 (반)지하 등 거주자 비중이 낮은 1분위와 2분위에 비해 (반)지하 등 거주자 비중이 높은 3~5분위에서 득표율이 1% 더 높다. 2006년 지방선거에서는 아무런 차이가 나타나지 않는다. (반)지하 등에 사는 사람이 많고 적음에 따라 득표율이 변하지 않거나 서로 엇갈리고 있는 것이다.

## 민주노동당 득표율과 대학 이상 학력자

두 차례 선거에서 민주노동당을 평균 이상으로 지지한 동네에 사는
19세 이상 인구 중 대학 이상 학력자 비율은 평균 미만 지지를 보낸
동네에 비해 3%가 낮다. 5분위별로는 득표율이 가장 낮은 1분위에서
대학 이상 학력자 비중이 63%로 가장 높고, 2분위와 3분위에서 45%
로 급감했다가, 득표율이 높은 4분위와 5분위에서 46~53%로 증가한
다. 민주노동당을 아예 가장 적게 찍은 동네는 학력이 가장 높지만,
나머지 동네에서는 득표율이 상대적으로 낮은 동네에서 대학 이상
학력자가 적고 높은 곳에서 좀 더 많은 것이다.

실제로 대학 이상 학력자 분포에 따라 동네별 득표율에 차이가 있
을까. 두 차례 선거 모두 대학 이상 학력자 평균 이상 동네와 평균 미
만 동네의 민주노동당 득표율은 똑같다. 5분위별로는 학력이 가장 높
은 5분위에서 득표율이 가장 낮고, 2~4분위에 비해 학력이 가장 낮
은 1분위의 득표율이 더 낮다. 2, 3, 4분위 안에서는 학력이 높아지는
3, 4분위에서 득표율이 약간 높다.

이처럼 민주노동당과 동네별 학력 수준 간 상관관계는 다른 당에
비해 뚜렷하게 나타나지 않는다. 다만 대체로 학력이 아주 높거나 아
주 낮은 동네에서 득표율은 낮지만, 나머지 동네에서는 대학 이상 학
력자가 많은 곳에서 득표율이 상대적으로 높다.

## 민주노동당 득표율과 종교 인구

두 차례 선거에서 민주노동당을 평균 이상으로 지지한 동네에 사는
전체 인구 중에서 종교 인구 비율은 평균 미만의 지지를 보낸 동네에
비해 2~3% 낮다. 또 민주노동당을 가장 적게 찍은 1분위 104개 동네
에 사는 종교 인구는 59%로 가장 높고, 2분위에서 54%로 뚝 떨어져
4분위까지 변화가 없다가, 민주노동당을 가장 많이 찍은 5분위 104
개 동네는 53%로 가장 낮았다. 민주노동당을 아예 적게 찍은 동네는
종교인이 가장 많은 가운데, 나머지 동네 안에서는 민주노동당 득표
율이 가장 높은 곳에 종교인이 상대적으로 적게 사는 것이다.

　실제로 종교 인구 분포에 따라 동네별 득표율에 차이가 있을까. 두
차례 선거에서 종교 인구가 평균 미만인 동네의 민주노동당 득표율
이 평균 이상인 동네에 비해 1~2% 더 높았다. 또 종교 인구가 가장
많은 5분위에서 민주노동당을 가장 적게 찍었다. 다만 1~4분위의 득
표율 추세는 엇갈렸다.

　이처럼 동네 사람 중 종교 인구가 압도적으로 많은 곳에서 민주노
동당 득표율이 가장 낮다는 점은 확인할 수 있지만, 전반적인 상관관
계는 뚜렷하지 않다.

## 민주노동당 득표율과 투표율

두 차례 선거에서 민주노동당 득표율 평균 이상인 곳과 미만인 곳의
투표율 차이는 없거나 1%에 그쳤다. 민주노동당 표가 가장 적게 나

온 1분위에서 투표율이 가장 높고 2분위에서는 뚝 떨어진 뒤 3, 4, 5분위로 갈수록 회복되는 추세다. 그러나 득표율이 가장 높은 5분위 투표율은 1분위에 비해 1~2%가 낮다. 득표율이 아주 낮은 곳에서 투표율이 가장 높고, 나머지 동네에서는 득표율 높은 곳에서 투표율도 약간 높은 것이다.

실제로 투표율 분포에 따라 동네별 득표율에 차이가 있을까. 두 차례 선거에서 투표율 평균 이상 동네와 평균 미만 동네의 민주노동당 득표율은 똑같다. 또 투표를 가장 많이 한 5분위에서 민주노동당을 가장 적게 찍었다는 점도 같다. 그러나 1~4분위 안에서는 득표율에 의미 있는 차이가 나타나지 않는다.

이처럼 민주노동당 표가 적게 나온 동네에서 투표를 많이 했고, 실제로 투표를 아예 많이 한 동네에서는 민주노동당을 가장 적게 찍었다는 점은 확인되지만 전체적인 상관관계는 뚜렷하지 않다.

**표 2_2.19**

# 민주노동당 득표율 분포별 서울시 518개 동네의 특징

**2004년 총선(단위 : %)**

| | | 평균 | | | 5분위 | | | | | | |
|---|---|---|---|---|---|---|---|---|---|---|---|
| | | 계 | 평균 미만 | 평균 이상 | 1분위 | | 2분위 | 3분위 | 4분위 | 5분위 | |
| | | 518개 동네 | 265개 동네 | 253개 동네 | 하위50개 동네 | (하위20%) | | | | (상위20%) | 상위50개 동네 |
| 주택 소유 | 주택 소유 | 50 | 50 | 50 | 65 | 56 | 47 | 50 | 52 | 49 | 43 |
| | 다주택 | 6 | 7 | 6 | 11 | 8 | 6 | 6 | 6 | 6 | 5 |
| | 무주택 | 50 | 50 | 50 | 35 | 44 | 53 | 50 | 48 | 51 | 57 |
| 거처 | 아파트 | 37 | 35 | 38 | 62 | 48 | 29 | 30 | 38 | 41 | 34 |
| | 단독주택 | 42 | 44 | 41 | 23 | 35 | 48 | 48 | 40 | 41 | 47 |
| | 기타 | 21 | 21 | 21 | 15 | 17 | 23 | 22 | 22 | 18 | 19 |
| 1인 가구 | | 20 | 20 | 21 | 18 | 20 | 20 | 19 | 18 | 24 | 32 |
| (반)지하 등 거주 가구 | | 12 | 13 | 12 | 6 | 9 | 15 | 13 | 11 | 11 | 11 |
| 대학 이상 학력 | 대학 이상 | 50 | 52 | 49 | 75 | 63 | 45 | 45 | 47 | 53 | 59 |
| | 석사과정 이상 | 4 | 5 | 4 | 11 | 8 | 3 | 3 | 3 | 4 | 5 |
| | 박사과정 이상 | 1 | 1 | 1 | 4 | 3 | 1 | 1 | 1 | 1 | 1 |
| 종교 인구 | 계 | 55 | 56 | 54 | 62 | 59 | 54 | 54 | 54 | 53 | 53 |
| | 불교 | 17 | 17 | 17 | 16 | 17 | 17 | 17 | 17 | 16 | 16 |
| | 개신교 | 23 | 23 | 23 | 24 | 23 | 23 | 23 | 23 | 23 | 23 |
| | 천주교 | 14 | 15 | 13 | 22 | 19 | 13 | 13 | 13 | 14 | 14 |
| 2004년 투표율 득표율 | 투표율 | 61 | 61 | 62 | 65 | 63 | 60 | 61 | 61 | 62 | 62 |
| | 한나라당 | 37 | 40 | 34 | 55 | 48 | 37 | 36 | 35 | 33 | 32 |
| | 민주(+열린우리)당 | 46 | 44 | 47 | 34 | 39 | 47 | 47 | 47 | 47 | 47 |
| | 민주노동당 | 13 | 11 | 14 | 8 | 9 | 12 | 13 | 14 | 16 | 17 |
| 2006년 투표율 득표율 | 투표율 | 49 | 49 | 49 | 54 | 51 | 48 | 48 | 49 | 49 | 48 |
| | 한나라당 | 58 | 61 | 54 | 74 | 68 | 58 | 56 | 55 | 53 | 51 |
| | 민주(+열린우리)당 | 31 | 29 | 33 | 20 | 24 | 32 | 33 | 33 | 34 | 34 |
| | 민주노동당 | 10 | 9 | 11 | 6 | 7 | 9 | 10 | 11 | 12 | 14 |

**표 2_2.20**

# 민주노동당 득표율 분포별 서울시 518개 동네의 특징

**2006년 지방선거(단위 : %)**

| | | 평균 | | | 5분위 | | | | | | |
| --- | --- | --- | --- | --- | --- | --- | --- | --- | --- | --- | --- |
| | | 계 | 평균 미만 | 평균 이상 | 1분위 | | 2분위 | 3분위 | 4분위 | 5분위 | |
| | | 518개 동네 | 270개 동네 | 248개 동네 | 하위50개 동네 | (하위20%) | | | | (상위20%) | 상위50개 동네 |
| 주택 소유 | 주택 소유 | 50 | 51 | 50 | 64 | 56 | 46 | 51 | 52 | 48 | 47 |
| | 다주택 | 6 | 7 | 6 | 10 | 8 | 5 | 6 | 6 | 6 | 5 |
| | 무주택 | 50 | 49 | 50 | 36 | 44 | 54 | 49 | 48 | 52 | 53 |
| 거처 | 아파트 | 37 | 34 | 39 | 66 | 49 | 27 | 28 | 41 | 41 | 43 |
| | 단독주택 | 42 | 44 | 41 | 21 | 35 | 50 | 48 | 38 | 41 | 39 |
| | 기타 | 21 | 22 | 20 | 13 | 16 | 23 | 24 | 21 | 18 | 18 |
| 1인 가구 | | 20 | 20 | 21 | 18 | 20 | 20 | 18 | 18 | 25 | 27 |
| (반)지하 등 거주 가구 | | 12 | 13 | 11 | 6 | 9 | 15 | 14 | 12 | 11 | 10 |
| 대학 이상 학력 | 대학 이상 | 50 | 52 | 49 | 75 | 63 | 45 | 45 | 46 | 53 | 56 |
| | 석사과정 이상 | 4 | 5 | 4 | 11 | 8 | 4 | 3 | 3 | 4 | 5 |
| | 박사과정 이상 | 1 | 1 | 1 | 4 | 3 | 1 | 1 | 1 | 1 | 1 |
| 종교 인구 | 계 | 55 | 56 | 53 | 62 | 59 | 54 | 54 | 54 | 53 | 53 |
| | 불교 | 17 | 17 | 17 | 16 | 17 | 17 | 17 | 17 | 16 | 16 |
| | 개신교 | 23 | 23 | 23 | 24 | 23 | 23 | 23 | 23 | 22 | 23 |
| | 천주교 | 14 | 15 | 13 | 22 | 18 | 13 | 13 | 13 | 14 | 14 |
| 2004총선 투표율 득표율 | 투표율 | 61 | 61 | 62 | 65 | 63 | 60 | 61 | 61 | 62 | 63 |
| | 한나라당 | 37 | 40 | 34 | 55 | 48 | 36 | 35 | 35 | 33 | 32 |
| | 민주(+열린우리)당 | 46 | 44 | 47 | 34 | 39 | 47 | 47 | 47 | 47 | 47 |
| | 민주노동당 | 13 | 11 | 14 | 8 | 9 | 12 | 13 | 13 | 15 | 16 |
| 2006 지방선거 투표율 득표율 | 투표율 | 49 | 49 | 49 | 54 | 51 | 47 | 48 | 49 | 49 | 49 |
| | 한나라당 | 58 | 61 | 54 | 74 | 68 | 57 | 56 | 55 | 53 | 51 |
| | 민주(+열린우리)당 | 31 | 29 | 33 | 20 | 24 | 33 | 33 | 33 | 33 | 34 |
| | 민주노동당 | 10 | 8 | 12 | 6 | 7 | 9 | 10 | 11 | 13 | 14 |

표 2_2.21

# 서울시 동네 특성별 민주노동당 득표율

2004년 총선(단위 : 개, %)

| | 읍면동 수(개) | | | 득표율(%) | | 5분위별 득표율(%) | | | | |
|---|---|---|---|---|---|---|---|---|---|---|
| | 계 | 평균 미만 | 평균 이상 | 평균 미만 | 평균 이상 | 1분위 (하위20%) | 2분위 | 3분위 | 4분위 | 5분위 (상위20%) |
| 주택 소유 가구 | 518 | 276 | 242 | 13 | 12 | 13 | 12 | 13 | 13 | 12 |
| 다주택(주택 소유 평균 이상 동네) | 242 | 138 | 104 | 13 | 11 | 13 | 13 | 13 | 13 | 10 |
| 다주택(주택 소유 평균 미만 동네) | 276 | 152 | 124 | 13 | 13 | 13 | 13 | 13 | 13 | 12 |
| 아파트 거주 가구 | 518 | 314 | 204 | 13 | 12 | 13 | 13 | 13 | 13 | 12 |
| 1인 가구 | 518 | 302 | 216 | 13 | 13 | 12 | 13 | 13 | 13 | 14 |
| (반)지하 등 거주 가구 | 518 | 264 | 254 | 12 | 13 | 12 | 12 | 13 | 13 | 13 |
| 대학 이상 학력자 | 518 | 298 | 220 | 13 | 13 | 12 | 13 | 13 | 14 | 11 |
| 종교 인구 | 518 | 295 | 223 | 13 | 12 | 13 | 14 | 13 | 13 | 10 |
| 투표율 | 518 | 274 | 244 | 13 | 13 | 12 | 13 | 13 | 13 | 12 |

표 2_2.22

# 서울시 동네 특성별 민주노동당 득표율

2006년 지방선거(단위 : 개, %)

| | 읍면동 수(개) | | | 득표율(%) | | 5분위별 득표율(%) | | | | |
|---|---|---|---|---|---|---|---|---|---|---|
| | 계 | 평균 미만 | 평균 이상 | 평균 미만 | 평균 이상 | 1분위 (하위20%) | 2분위 | 3분위 | 4분위 | 5분위 (상위20%) |
| 주택 소유 가구 | 518 | 276 | 242 | 10 | 10 | 11 | 10 | 10 | 10 | 9 |
| 다주택(주택 소유 평균 이상 동네) | 242 | 138 | 104 | 10 | 9 | 11 | 11 | 10 | 10 | 7 |
| 다주택(주택 소유 평균 미만 동네) | 276 | 152 | 124 | 10 | 10 | 11 | 11 | 10 | 10 | 10 |
| 아파트 거주 가구 | 518 | 314 | 204 | 10 | 10 | 10 | 10 | 10 | 10 | 10 |
| 1인 가구 | 518 | 302 | 216 | 10 | 10 | 10 | 10 | 10 | 10 | 11 |
| (반)지하 등 거주 가구 | 518 | 264 | 254 | 10 | 10 | 10 | 10 | 10 | 10 | 10 |
| 대학 이상 학력자 | 518 | 298 | 220 | 10 | 10 | 9 | 10 | 11 | 11 | 9 |
| 종교 인구 | 518 | 295 | 223 | 11 | 9 | 10 | 11 | 11 | 10 | 8 |
| 투표율 | 518 | 273 | 245 | 10 | 10 | 10 | 10 | 10 | 10 | 9 |

# 3

# 동네별
# 사회 지도

서울은 다 다르다. 흔히 서울이 강남과 강북으로 나뉜다고 하지만 강남
속에도 '강북'이 있고 강북 안에도 '강남'이 있다. 동네 속으로 들어가 보면
얼마나 다른지 알 수 있다. 내가 사는 동네는 어떤 곳일까. 어떤 사람이 어
떤 집에서 어떻게 살고 있을까. 뭘 해서 먹고살며, 직장을 어떻게 오가고
출퇴근에는 시간이 얼마나 걸릴까. 우리 동네 사람들은 선거 때 투표를
얼마나 하며 주로 어느 정당을 찍을까.

## 서울시 강남구 26개 동네

강남은 1980년대 이후 서울은 물론 대한민국의 중심 마을로 떠올랐고, 여기에는 '부동산'이 지렛대가 되었다. 2005년 기준으로 26개 동네에 있는 주택 13만 채와 오피스텔 5천 채 등 거처 13만9천 곳에 약 51만 명이 사는 '강남 마을'을 숫자 100으로 들여다보면 어떤 모습일까?

## 숫자 100으로 본 강남구

강남에 사는 사람은 서울에 사는 평균인에 비해 고학력이며 사업주이거나 전문직과 준전문직에 종사하는 사람이 상대적으로 많고, 자가용을 두 대 이상 가진 사람도 훨씬 많다. 주택 가운데 아파트 비중이 월등히 높고, 20년이 넘은 주택도 많은 편이다.

집을 여러 채 소유한 다주택자가 가장 많지만 셋방 사는 가구 비중도 서울에서 상위권을 달리고 있으며, 어딘가 자기 명의의 집이 있지만 강남에서 셋방 사는 사람도 상대적으로 많다는 특징이 있다.

강남 안에는 크고 값비싼 아파트도 많지만 (반)지하나 비닐집에 사는 극빈층도 상당수에 이른다. 나 홀로 사는 가구 비중도 서울시 평

그림 2_3.1

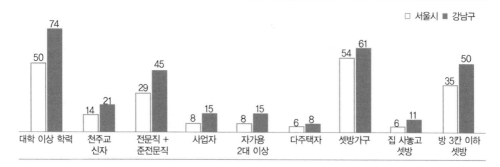

서울시와 강남구 주요 지수 평균 비교

(단위 : %)

☐ 서울시 ■ 강남구

균보다 높고, 강남 사람 절반이 소형 공공 임대주택을 공급받아야 할 대상으로 나타났다. 이는 집값과 전월세 값이 비싼 탓에 상대적으로 열악한 주거 현실을 감내하고 사는 사람이 많다는 것으로 읽힌다.

한편 강남은 최근 7년 동안 선거 때마다 한나라당에 최소 50%에서 최고 72%까지 지지를 몰아주었다. 하지만 동네에 따라서는 한나라당의 득표율 격차가 최고 31%, 민주(＋열린우리)당의 득표율 격차가 최고 24%에 달하는 등 차이가 있다. 강남구에 있는 모든 동네를 부자 동네, 한나라당 몰표 동네라고만 보는 것은 자칫 편견일 수도 있다는 것이다.

## 강남 인구가 100명이라면 :
## 74명이 대학 이상 학력자, 60명이 종교 인구

위에서도 말했지만, 서울시 강남구에 사는 사람은 51만 명에 달한다(이하 2005년 기준). 강남 인구가 100명이라면 남자 대 여자의 수는 48 대 52로 여성이 더 많다. 외국인 비중은 0.4%를 차지하고 있다. 22명은 어린이와 청소년이고(19살 이하), 78명은 어른이다. 어른 가운데 6명은 노인(65세 이상)이다.

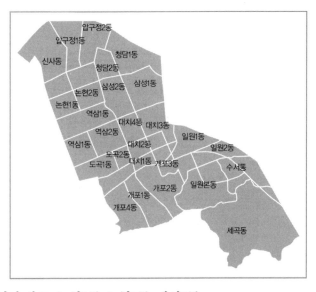

지역적으로는 역삼1동에 7명이 살고, 논현1동·논현2동·대치2동·도곡2동·개포1동에는 5명씩, 신사동·청담1동·삼성2동·대치1동·대치4동·역삼2동·도곡1동·개포2동·개포4동·일원본동·일원1동·일원2동·수서동에는 4명씩, 압구정1동·삼성1동·대치3동·개포3동에는 3명씩, 압구정2동·청담2동에는 2명씩 살며, 세곡동에는 1명이 산다.

종교 현황은 매우 흥미롭다. 23명은 개신교, 21명은 천주교, 15명은 불교를 믿는다. 그러나 38명은 종교가 없다. 종교인이 가장 많은 동네는 압구정1동으로 동네 사람의 67%가 종교를 갖고 있다. 반면 논현1동은 동네 사람의 47%가 종교가 없다. 개신교는 압구정1동(27%)에서, 천주교는 대치1동(27%)에서, 불교는 세곡동(23%)에서 신자 비율이 높다.

표 2_3.1

# 서울시 강남구 성별·종교별·학력별 인구

(단위 : 명, %)

| 행정구역 | 남녀/외국인 | | | | 종교 인구 | | | | | | | 대학 이상 학력 인구 | | | | | | |
|---|---|---|---|---|---|---|---|---|---|---|---|---|---|---|---|---|---|---|
| | 총인구 | 남자 | 여자 | 외국인 | 인구수(내국인) | 종교 있음 | | | | | 종교없음 | 19세 이상 인구 | 계 | 4년제 미만 | | 4년제 이상 | | 대학원 이상 |
| | | | | | | 계 | 불교 | 개신교 | 천주교 | 기타 | | | | 계 | 재학 | 계 | 재학 | |
| 강남구 | 510,221 | 48 | 52 | 0 | 508,108 | 60 | 15 | 23 | 21 | 1 | 38 | 396,878 | 74 | 11 | 2 | 50 | 9 | 12 |
| 개포1동 | 23,566 | 49 | 51 | 0 | 23,529 | 61 | 15 | 24 | 21 | 1 | 38 | 17,532 | 68 | 11 | 2 | 48 | 10 | 9 |
| 개포2동 | 19,626 | 48 | 52 | 0 | 19,554 | 59 | 14 | 24 | 21 | 1 | 39 | 14,487 | 68 | 10 | 2 | 51 | 13 | 7 |
| 개포3동 | 16,901 | 50 | 50 | 0 | 16,841 | 57 | 15 | 21 | 20 | 1 | 42 | 11,575 | 83 | 9 | 1 | 63 | 9 | 12 |
| 개포4동 | 22,684 | 49 | 51 | 0 | 22,639 | 57 | 17 | 24 | 16 | 1 | 43 | 16,821 | 64 | 14 | 2 | 43 | 7 | 8 |
| 논현1동 | 25,922 | 46 | 54 | 0 | 25,812 | 53 | 17 | 20 | 16 | 1 | 47 | 22,534 | 63 | 17 | 2 | 40 | 6 | 6 |
| 논현2동 | 22,981 | 47 | 53 | 1 | 22,859 | 59 | 17 | 23 | 19 | 1 | 41 | 19,187 | 72 | 14 | 2 | 47 | 7 | 10 |
| 대치1동 | 21,361 | 50 | 50 | 0 | 21,336 | 65 | 15 | 22 | 27 | 1 | 35 | 14,638 | 92 | 6 | 1 | 62 | 12 | 24 |
| 대치2동 | 25,010 | 50 | 50 | 0 | 24,976 | 66 | 15 | 25 | 26 | 1 | 33 | 17,574 | 89 | 6 | 1 | 66 | 13 | 18 |
| 대치3동 | 16,634 | 51 | 49 | 1 | 16,545 | 65 | 16 | 24 | 24 | 1 | 34 | 12,287 | 81 | 10 | 2 | 58 | 11 | 13 |
| 대치4동 | 21,509 | 47 | 53 | 0 | 21,363 | 54 | 15 | 20 | 19 | 1 | 45 | 17,274 | 73 | 10 | 2 | 50 | 7 | 8 |
| 도곡1동 | 19,797 | 49 | 51 | 0 | 19,745 | 63 | 15 | 24 | 23 | 1 | 37 | 14,987 | 82 | 10 | 2 | 56 | 10 | 16 |
| 도곡2동 | 23,172 | 49 | 51 | 0 | 23,026 | 64 | 14 | 22 | 26 | 1 | 33 | 17,783 | 89 | 9 | 2 | 57 | 10 | 22 |
| 삼성1동 | 13,177 | 52 | 48 | 1 | 13,061 | 63 | 19 | 22 | 22 | 1 | 34 | 10,287 | 79 | 10 | 2 | 53 | 10 | 16 |
| 삼성2동 | 20,786 | 49 | 51 | 0 | 20,619 | 58 | 15 | 23 | 19 | 1 | 40 | 16,543 | 78 | 13 | 2 | 53 | 8 | 12 |
| 세곡동 | 5,483 | 51 | 49 | 0 | 5,471 | 64 | 23 | 19 | 21 | 1 | 36 | 4,478 | 46 | 11 | 2 | 29 | 6 | 5 |
| 수서동 | 18,978 | 47 | 53 | 0 | 18,962 | 59 | 12 | 31 | 15 | 1 | 40 | 15,956 | 48 | 13 | 3 | 30 | 6 | 6 |
| 신사동 | 19,723 | 47 | 53 | 0 | 19,634 | 64 | 15 | 26 | 22 | 1 | 34 | 15,705 | 78 | 10 | 2 | 53 | 8 | 16 |
| 압구정1동 | 16,009 | 49 | 51 | 0 | 15,959 | 67 | 13 | 27 | 26 | 1 | 30 | 12,519 | 88 | 9 | 2 | 54 | 8 | 25 |
| 압구정2동 | 11,238 | 47 | 53 | 1 | 11,173 | 65 | 15 | 24 | 25 | 1 | 33 | 9,043 | 86 | 9 | 2 | 55 | 7 | 21 |
| 역삼1동 | 33,730 | 46 | 54 | 1 | 33,484 | 49 | 14 | 21 | 14 | 1 | 43 | 29,832 | 70 | 15 | 2 | 48 | 7 | 8 |
| 역삼2동 | 20,198 | 47 | 53 | 1 | 20,088 | 59 | 16 | 22 | 20 | 1 | 39 | 16,528 | 73 | 14 | 2 | 49 | 7 | 11 |
| 일원1동 | 19,091 | 49 | 51 | 0 | 19,062 | 62 | 16 | 31 | 15 | 1 | 38 | 14,738 | 51 | 13 | 3 | 34 | 8 | 4 |
| 일원2동 | 19,594 | 49 | 51 | 0 | 19,554 | 61 | 15 | 26 | 19 | 1 | 38 | 14,785 | 64 | 10 | 2 | 45 | 8 | 9 |
| 일원본동 | 22,778 | 49 | 51 | 0 | 22,748 | 62 | 15 | 22 | 24 | 1 | 37 | 16,017 | 81 | 9 | 2 | 58 | 11 | 15 |
| 청담1동 | 18,793 | 49 | 51 | 1 | 18,651 | 63 | 15 | 24 | 23 | 1 | 34 | 14,542 | 81 | 9 | 2 | 56 | 10 | 16 |
| 청담2동 | 11,480 | 47 | 53 | 1 | 11,417 | 59 | 13 | 22 | 23 | 1 | 40 | 9,226 | 71 | 14 | 2 | 46 | 8 | 10 |

종교 인구 비중은 압구정1동에서 가장 높고, 논현1동에서 가장 낮다. 불교는 세곡동, 개신교는 압구정1동, 천주교는 대치1동에서 신자 수 비중이 높다. 대학 이상 학력자는 대치1동에서 가장 높고, 세곡동에서 가장 낮다.

학력 수준도 대단하다. 74명이 대학 이상의 학력을 가지고 있는데 11명은 대학에 재학 중이고 12명은 석사과정 이상을 공부했다(19세 이상 기준). 대학 이상 학력자 비중이 가장 높은 동네는 대치1동으로 19세 이상 인구 가운데 무려 92%가 대학 이상 학력자이며, 이 가운데 22%는 대학원 이상의 학력을 갖고 있다.

40명은 미혼이며, 60명은 결혼했다. 결혼한 사람 가운데 5명은 남편이나 아내가 먼저 사망했고 2명은 이혼했다(15세 이상 기준). 100명 가운데 3명은 몸이 불편하거나 정신 장애로 정상적인 활동에 제약을 느끼고 있다.

거주 기간을 보면, 36명은 현재 살고 있는 집에 산 지 5년이 넘었으나 64명은 5년 이내에 새로 이사 왔다(5살 이상 기준). 이사 온 사람 중 38명은 강남구 안의 다른 동에서, 11명은 서울 안의 다른 구에서, 14명은 서울 바깥에서 이사 왔다.


## 강남구에 사는 취업자가 100명이라면 :
## 70명은 봉급쟁이

강남구에 사는 15세 이상 인구 43만 명 가운데 취업해 직장에 다니는 사람은 21만 명이다. 강남구 취업자가 100명이라면 55명은 30~40대, 23명은 20대이며, 50대는 16명이다. 65세 이상 노인도 2명이 일하고 있다.

70명은 회사에서 봉급을 받고 일하는 직장인이다. 13명은 고용한 사람 없이 혼자서 일하는 자영업자이며, 15명은 누군가를 고용해 사업체를 경영하는 사업주다. 2명은 가족이 운영하는 사업체에서 보수 없이 일하고 있다.

직업은 전문가가 24명, 사무직이 22명, 기술직이나 준전문가 12명, 서비스직 11명, 판매직 10명이다. 또 9명은 고위 관리직, 4명은 단순 노무직, 또 다른 4명은 기능직, 2명은 장치 기계 조작 및 조립직으로 일하고 있다.

직장으로 출근하는 데 30분 이상 걸리는 사람은 51명으로, 그 가운데 18명은 1시간 이상 걸린다. 21명은 걸어서 출근하고 79명은 교통수단을 이용해 출근한다. 79명 가운데 38명은 승용차 또는 승합차로, 16명은 전철로, 15명은 시내버스로, 2명은 통근 버스로, 1명은 택시로 출근한다. 5명은 전철과 버스 또는 승용차를 갈아타며 출근한다.

91명은 사무실이나 공장 등에서 일하는 반면, 4명은 야외나 거리 또는 운송 수단에서 일한다. 2명은 남의 집에서, 또 다른 2명은 자기 집에서 일한다.


## 강남에 100가구가 산다면 :
## 61가구는 셋방 떠돌고, 8가구는 집 두 채 이상

강남에 사는 가구는 19만 가구다(일반 가구 기준). 강남에 사는 가구를 100가구로 친다면 47가구는 식구가 한 명 또는 두 명인 1, 2인 가구이며, 이 가운데 27가구는 나 홀로 사는 1인 가구다. 식구 4명은 26가구, 3명은 20가구, 5명은 6가구다.

나 홀로 사는 1인 가구 비중이 가장 높은 동네는 역삼1동으로 무려

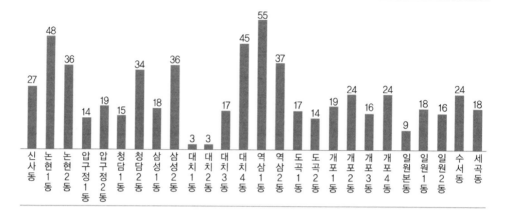

**그림 2_3.2**

# 서울시 강남구 동네별 1인 가구

(단위 : %)

신사동 27 / 논현1동 48 / 논현2동 36 / 압구정1동 14 / 압구정2동 19 / 청담1동 15 / 청담2동 34 / 삼성1동 18 / 삼성2동 36 / 대치1동 3 / 대치2동 3 / 대치3동 17 / 대치4동 45 / 역삼1동 55 / 역삼2동 37 / 도곡1동 17 / 도곡2동 14 / 개포1동 19 / 개포2동 24 / 개포3동 16 / 개포4동 24 / 일원본동 9 / 일원1동 18 / 일원2동 16 / 수서동 24 / 세곡동 18

55%를 차지하고 있다. 논현1동(48%), 대치4동(45%)도 40% 이상이 1인 가구다. 반면 대치1동과 2동은 3%에 불과하다.

37가구는 자신이 소유한 집에서 살고, 61가구는 셋방에 살며, 2가구는 직장의 사택이나 친척집 등에서 무상으로 살고 있다.

자기 집에 사는 가구 중 8가구는 현재 살고 있는 집 외에 최소 한 채에서 여러 채를 소유한 다주택자들이다.

셋방 사는 가구 가운데 33가구는 전세에, 25가구는 보증금 있는 월세에, 2가구는 보증금 없는 월세에 살고 있다. 셋방 사는 가구 중 11가구는 어딘가에 자신 명의의 집을 소유하고 있으나 경제 사정이나 자녀 교육, 직장 등의 사정으로 셋방에 살고 있다.

67가구는 현재 사는 집으로 이사 온 지 5년이 안 되며, 이 가운데 42가구는 2년이 안 된다. 15가구는 5~10년이 됐고, 18가구는 10년

표 2_3.2

## 서울시 강남구의 다주택자

(단위 : 가구, 호)

| 구분 | | | 가구 수 | 주택 수 | 평균 주택 수 |
|---|---|---|---|---|---|
| 일반 가구 | | | 186,020 | – | – |
| 자가 가구 | | | 69,529 | – | – |
| 다주택 가구 | 통계청 | | 14,008 | – | – |
| | 행자부 | 계 | 15,167 | 45,889 | 3 |
| | | 2채 | 11,259 | 22,518 | 2 |
| | | 3채 | 1,650 | 4,950 | 3 |
| | | 4채 | 464 | 1,856 | 4 |
| | | 5채 | 301 | 1,505 | 5 |
| | | 6~10채 | 962 | 7,406 | 8 |
| | | 11채 이상 | 531 | 7,654 | 14 |

이 넘었다.

64가구는 자동차를 소유하고 있고 이 가운데 58가구는 자기 집에 전용 주차장이 있다. 자동차 소유 가구 중에서 15가구는 차를 2대 이상 소유하고 있다.

**집 많은 사람, 집 없는 사람 :
대치1동 88% 주택 소유, 역삼1동 80% 무주택**

'강남에 사는 100가구' 중 주택 소유자는 49가구, 무주택자는 51가구로 무주택자가 더 많다. 부자 동네로 알려져 있지만 속을 들여다보면 집 없는 사람이 더 많은 것이다. 강남 26개 동 가운데 주택 소유자가 더 많은 곳은 12곳, 무주택자가 더 많은 곳은 12곳이며, 2곳은 주택

표 2_3.3

# 서울시 강남구 주택의 점유·소유 형태별 가구

(단위 : 가구, %)

| 행정구역 | 전체 가구 | 자기 집에 거주 | | | 셋방에 거주 | | | 무상으로 거주 | | 주택 소유 | 무주택 |
|---|---|---|---|---|---|---|---|---|---|---|---|
| | | 계 | 집 한 채 | 집 여러 채 | 계 | 집 없음 | 집 있음 | 집 없음 | 집 있음 | | |
| 강남구 | 186,020 | 37 | 30 | 8 | 61 | 50 | 11 | 1 | 0 | 49 | 51 |
| 개포1동 | 7,883 | 47 | 40 | 8 | 51 | 35 | 15 | 2 | 0 | 63 | 37 |
| 개포2동 | 6,857 | 32 | 27 | 5 | 67 | 49 | 18 | 1 | 0 | 50 | 50 |
| 개포3동 | 5,356 | 30 | 23 | 7 | 69 | 53 | 16 | 0 | 0 | 47 | 53 |
| 개포4동 | 8,077 | 33 | 28 | 5 | 66 | 57 | 9 | 1 | 0 | 42 | 58 |
| 논현1동 | 12,514 | 19 | 16 | 3 | 80 | 75 | 5 | 1 | 0 | 25 | 75 |
| 논현2동 | 9,296 | 31 | 24 | 7 | 67 | 60 | 7 | 1 | 0 | 39 | 61 |
| 대치1동 | 5,815 | 64 | 48 | 16 | 35 | 11 | 24 | 0 | 0 | 88 | 12 |
| 대치2동 | 6,896 | 61 | 47 | 15 | 38 | 12 | 26 | 0 | 0 | 87 | 13 |
| 대치3동 | 5,241 | 46 | 35 | 11 | 52 | 36 | 16 | 2 | 0 | 62 | 38 |
| 대치4동 | 9,375 | 17 | 14 | 3 | 82 | 73 | 9 | 1 | 0 | 26 | 74 |
| 도곡1동 | 6,406 | 55 | 43 | 12 | 45 | 31 | 13 | 1 | 0 | 68 | 32 |
| 도곡2동 | 7,580 | 62 | 45 | 17 | 36 | 21 | 16 | 1 | 1 | 78 | 22 |
| 삼성1동 | 4,291 | 52 | 41 | 11 | 46 | 33 | 13 | 2 | 1 | 65 | 35 |
| 삼성2동 | 8,478 | 31 | 25 | 6 | 67 | 58 | 10 | 1 | 0 | 41 | 59 |
| 세곡동 | 1,792 | 38 | 33 | 6 | 58 | 53 | 5 | 3 | 1 | 44 | 56 |
| 수서동 | 7,350 | 22 | 18 | 4 | 78 | 72 | 6 | 0 | 0 | 28 | 72 |
| 신사동 | 7,412 | 41 | 34 | 7 | 56 | 47 | 9 | 3 | 0 | 50 | 50 |
| 압구정1동 | 5,200 | 60 | 49 | 12 | 38 | 25 | 13 | 2 | 0 | 73 | 27 |
| 압구정2동 | 4,022 | 61 | 47 | 14 | 37 | 24 | 13 | 2 | 1 | 74 | 26 |
| 역삼1동 | 17,688 | 14 | 12 | 3 | 82 | 77 | 5 | 4 | 0 | 20 | 80 |
| 역삼2동 | 8,336 | 31 | 24 | 6 | 67 | 55 | 13 | 2 | 0 | 44 | 56 |
| 일원1동 | 6,406 | 18 | 14 | 4 | 81 | 74 | 8 | 1 | 0 | 26 | 74 |
| 일원2동 | 6,562 | 39 | 32 | 7 | 61 | 49 | 12 | 0 | 0 | 51 | 49 |
| 일원본동 | 6,694 | 62 | 51 | 11 | 37 | 23 | 13 | 1 | 0 | 76 | 24 |
| 청담1동 | 6,006 | 60 | 49 | 11 | 39 | 29 | 9 | 1 | 0 | 70 | 30 |
| 청담2동 | 4,487 | 34 | 28 | 7 | 64 | 55 | 9 | 1 | 0 | 43 | 57 |

주택 소유자는 대치1동, 다주택 소유자는 도곡2동에서 비중이 가장 높다. 역삼1동은 무주택 가구 비중이 가장 높고, 대치2동엔 어딘가에 집이 있는데 셋방 사는 가구가 많다.

소유자와 무주택자가 비슷하다. 대치1동 88%, 대치2동 87%를 비롯해 7곳은 동네 가구의 70% 이상이 주택 소유자다. 반면 역삼1동의 80%를 비롯해 5곳은 동네 가구의 70% 이상이 무주택자다.

26개 동네 가운데 10곳은 집을 두 채 이상 소유한 다주택 가구가 10% 이상이다. 다주택자 비중은 도곡2동(17%)-대치1동(16%)-대치2동(15%) 순으로 높다. 반면 대치4동과 역삼1동 각 3%를 비롯해 16개 동네는 10% 미만이다.

한편 강남구는 어딘가 자기 명의의 집이 있지만 강남에서 셋방을 얻어 살고 있는 가구가 11%로 서울시 평균(6%)보다 많다는 특징이 있다. 26개 동네 가운데 15개 동네에서 셋방 사는 가구 중에서 어딘가에 집을 소유하고 있는 가구 비중이 10% 이상이다. 특히 대치1동과 2동에서는 셋방 사는 사람 넷 가운데 하나는 자기 명의의 집이 있지만 강남에서 셋방을 얻어 살고 있다.

이들 '유주택 전월세' 가구와 '무주택 전월세' 가구를 합쳐 강남에서 셋방을 떠도는 가구는 61%로, 26개 동 가운데 17개 동네에서 셋방 사는 가구가 절반이 넘는다. 특히 논현1동·대치4동·역삼1동·일원1동은 자기 집에 사는 가구가 10~20%에 불과하고, 80% 이상이 셋방에 살고 있다.

셋방에 사는 가구 중 유주택 전월세 11%를 제외한 무주택 전월세 가구는 강남구 전체 가구의 50%에 달하는데, 특히 역삼1동(77%), 논현1동(75%), 대치4동(74%), 일원1동(73%), 수서동(72%)은 동네 가구의 열 중 일곱 이상이 집 없이 셋방 사는 사람들이다. 집 없이 셋방을 떠도는 가구가 절반이 넘는 곳은 모두 12곳이다. 거의 '강남 속의 강북'이라 할 수 있을 만큼 사회 지표가 열악하다.

표 2_3.4

# 서울시 강남구 거처의 종류별·연건평별·건축년도별 주택

**(단위 : 호, 가구, %)**

| 행정구역 | 거처의 종류별 거처와 가구 | | | | | | | | | | | | | |
|---|---|---|---|---|---|---|---|---|---|---|---|---|---|---|
| | 계 | | 단독주택 | | 아파트 | | 연립주택 | | 다세대주택 | | 비거주용 건물 내 주택 | | 주택 이외의 거처 | |
| | 거처 | 가구 | 거처 | 가구 | 거처 | 가구 | 거처 | 가구 | 거처 | 가구 | 거처 | 가구 | 거처 | 가구 |
| 강남구 | 138,750 | 186,170 | 7 | 29 | 72 | 54 | 3 | 3 | 11 | 8 | 1 | 2 | 5 | 4 |
| 개포1동 | 7,815 | 7,883 | 0 | 1 | 85 | 84 | 0 | 0 | 0 | 0 | 0 | 0 | 15 | 15 |
| 개포2동 | 6,650 | 6,860 | 1 | 3 | 86 | 84 | 0 | 0 | 3 | 3 | 1 | 1 | 9 | 9 |
| 개포3동 | 5,116 | 5,356 | 0 | 0 | 100 | 100 | 0 | 0 | 0 | 0 | 0 | 0 | 0 | 0 |
| 개포4동 | 6,318 | 8,081 | 5 | 21 | 48 | 38 | 4 | 3 | 37 | 29 | 4 | 8 | 3 | 2 |
| 논현1동 | 4,133 | 12,517 | 34 | 76 | 29 | 10 | 11 | 4 | 20 | 7 | 4 | 3 | 2 | 1 |
| 논현2동 | 5,133 | 9,315 | 18 | 53 | 43 | 24 | 5 | 3 | 29 | 16 | 4 | 4 | 2 | 1 |
| 대치1동 | 5,768 | 5,816 | 0 | 1 | 97 | 97 | 1 | 1 | 1 | 1 | 0 | 0 | 0 | 0 |
| 대치2동 | 6,892 | 6,897 | 0 | 0 | 100 | 100 | 0 | 0 | 0 | 0 | 0 | 0 | 0 | 0 |
| 대치3동 | 4,223 | 5,254 | 5 | 20 | 64 | 52 | 12 | 11 | 16 | 14 | 1 | 2 | 1 | 1 |
| 대치4동 | 5,859 | 9,423 | 10 | 42 | 28 | 17 | 2 | 1 | 45 | 29 | 2 | 3 | 13 | 8 |
| 도곡1동 | 5,464 | 6,407 | 3 | 15 | 83 | 71 | 5 | 4 | 5 | 4 | 1 | 2 | 3 | 3 |
| 도곡2동 | 7,202 | 7,580 | 1 | 4 | 89 | 85 | 1 | 1 | 2 | 2 | 1 | 2 | 6 | 6 |
| 삼성1동 | 3,605 | 4,294 | 8 | 21 | 65 | 55 | 13 | 11 | 11 | 9 | 1 | 3 | 2 | 2 |
| 삼성2동 | 6,170 | 8,484 | 8 | 32 | 55 | 40 | 2 | 1 | 32 | 24 | 1 | 2 | 2 | 1 |
| 세곡동 | 946 | 1,793 | 60 | 79 | 0 | 0 | 0 | 0 | 0 | 0 | 0 | 0 | 39 | 21 |
| 수서동 | 7,286 | 7,350 | 1 | 2 | 91 | 90 | 0 | 0 | 0 | 0 | 0 | 0 | 8 | 8 |
| 신사동 | 4,448 | 7,415 | 12 | 46 | 76 | 46 | 1 | 0 | 7 | 4 | 3 | 4 | 0 | 0 |
| 압구정1동 | 4,640 | 5,204 | 4 | 14 | 84 | 75 | 5 | 5 | 6 | 5 | 2 | 2 | 0 | 0 |
| 압구정2동 | 3,841 | 4,029 | 3 | 7 | 92 | 88 | 0 | 0 | 2 | 2 | 2 | 2 | 0 | 0 |
| 역삼1동 | 6,233 | 17,708 | 30 | 74 | 18 | 6 | 11 | 4 | 16 | 6 | 3 | 2 | 22 | 8 |
| 역삼2동 | 5,762 | 8,338 | 7 | 35 | 48 | 33 | 4 | 3 | 24 | 17 | 1 | 1 | 17 | 12 |
| 일원1동 | 4,323 | 6,407 | 14 | 41 | 69 | 46 | 0 | 0 | 15 | 10 | 2 | 2 | 1 | 1 |
| 일원2동 | 6,560 | 6,562 | 0 | 0 | 96 | 96 | 0 | 0 | 0 | 0 | 0 | 0 | 4 | 4 |
| 일원본동 | 6,404 | 6,696 | 1 | 6 | 94 | 90 | 4 | 4 | 0 | 0 | 0 | 0 | 0 | 0 |
| 청담1동 | 5,314 | 6,007 | 5 | 15 | 81 | 71 | 9 | 8 | 4 | 4 | 1 | 2 | 0 | 0 |
| 청담2동 | 2,645 | 4,494 | 14 | 48 | 50 | 30 | 10 | 6 | 18 | 11 | 3 | 3 | 4 | 3 |

| 연건평별 주택 | | | | | 건축년도별 주택 | | | |
|---|---|---|---|---|---|---|---|---|
| 총 주택 수 | 14평 미만 | 14~19평 | 19~29평 | 29평 이상 | 총 주택 수 | 1995~2005년 | 1985~1994년 | 1985년 이전 |
| 131,383 | 19 | 16 | 27 | 37 | 131,383 | 31 | 31 | 37 |
| 6,664 | 30 | 44 | 4 | 21 | 6,664 | 0 | 4 | 96 |
| 6,034 | 72 | 7 | 17 | 4 | 6,034 | 1 | 11 | 87 |
| 5,116 | 14 | 48 | 38 | 0 | 5,116 | 0 | 32 | 68 |
| 6,151 | 33 | 26 | 22 | 20 | 6,151 | 26 | 42 | 32 |
| 4,065 | 5 | 18 | 14 | 64 | 4,065 | 62 | 27 | 11 |
| 5,045 | 5 | 10 | 19 | 66 | 5,045 | 62 | 22 | 17 |
| 5,768 | 0 | 5 | 15 | 80 | 5,768 | 32 | 10 | 58 |
| 6,891 | 0 | 0 | 73 | 27 | 6,891 | 0 | 2 | 98 |
| 4,172 | 6 | 18 | 28 | 48 | 4,172 | 31 | 23 | 45 |
| 5,094 | 32 | 21 | 16 | 31 | 5,094 | 90 | 7 | 3 |
| 5,299 | 3 | 8 | 46 | 43 | 5,299 | 44 | 37 | 19 |
| 6,779 | 2 | 12 | 21 | 65 | 6,779 | 69 | 24 | 7 |
| 3,537 | 2 | 6 | 45 | 47 | 3,537 | 50 | 25 | 26 |
| 6,070 | 22 | 23 | 24 | 32 | 6,070 | 82 | 5 | 13 |
| 573 | 1 | 1 | 9 | 90 | 573 | 14 | 55 | 31 |
| 6,734 | 72 | 13 | 7 | 8 | 6,734 | 1 | 99 | 0 |
| 4,433 | 2 | 2 | 16 | 80 | 4,433 | 18 | 27 | 55 |
| 4,640 | 2 | 2 | 33 | 63 | 4,640 | 13 | 8 | 80 |
| 3,836 | 2 | 8 | 44 | 47 | 3,836 | 14 | 3 | 83 |
| 4,891 | 7 | 19 | 16 | 59 | 4,891 | 66 | 24 | 10 |
| 4,801 | 14 | 9 | 36 | 41 | 4,801 | 53 | 8 | 39 |
| 4,283 | 41 | 33 | 9 | 16 | 4,283 | 4 | 95 | 1 |
| 6,273 | 46 | 22 | 29 | 3 | 6,273 | 3 | 82 | 15 |
| 6,402 | 16 | 19 | 44 | 21 | 6,402 | 11 | 89 | 0 |
| 5,304 | 7 | 5 | 41 | 47 | 5,304 | 38 | 19 | 43 |
| 2,528 | 8 | 13 | 38 | 42 | 2,528 | 66 | 26 | 8 |

개포3동과 대치2동에 사는 사람은
100% 아파트에 살고,
논현1동과 역삼1동에 사는 사람은
4분의 3이 단독주택에 산다.

# 강남에 있는 집이 100채라면 :
## 72채는 아파트

강남에는 집(주택과 주택 이외의 거처)이 14만 채가 있다. 강남에 있는 집이 100채라면 4분의 3에 가까운 72채는 아파트다. 다세대주택은 11채, 단독주택은 7채, 연립주택은 3채다. 오피스텔과 비닐집·판잣집·움막 등 주택 이외의 거처가 5채, 상가 등에 있는 주택이 1채다.

대치2동과 개포3동은 100% 아파트 동네다. 26개 동네 중 19곳에서 거처 중 절반 이상이 아파트로 나타났다. 반면 세곡동은 거처의 60%가 단독주택이다. 세곡동 거처의 39%는 주택 이외의 거처인데 비닐하우스나 판잣집으로 보인다. 역삼1동과 2동 역시 주택 이외의 거처가 20% 안팎인데 이는 오피스텔로 보인다. 개포1동에 있는 15%의 주택 이외의 거처 역시 비닐하우스로 보인다. 한편 대치4동과 개포4동, 삼성2동은 거처의 30% 이상이 다세대주택이다.

강남 100가구 가운데 54가구는 아파트에, 29가구는 단독주택에, 11가구는 연립·다세대주택에, 3가구는 오피스텔에, 2가구는 비거주용 건물 내 주택에, 1가구는 비닐집·판잣집·움막에 산다. 집 100채 중 72채가 아파트지만 100가구 중 54가구만 아파트에 사는 이유는, 단독주택에는 보통 셋방을 포함해 3~4가구가 사는 반면 아파트에는 한 가구만 살기 때문이다. 10년 사이에 단독주택이 줄고 아파트는 늘어 4분의 3에 육박하지만, 단독주택에 사는 가구는 21가구에서 29가구로 늘었다.

대치2동과 개포3동 사람들이 모두 아파트에 사는 등 15개 동네에서 아파트 거주 가구가 절반이 넘었다. 반면 세곡동·논현1동·역삼1동은 동네 사람의 70% 이상이 단독주택에 산다. 대치4동과 개포4

동·삼성2동에서는 20% 이상이 다세대주택에 산다. 세곡동 사람의 21%, 개포1동의 15%, 역삼2동의 12%는 주택 이외의 거처에 산다.

32채는 지은 지 10년(1995~2005년)이 안 된 새집이며, 37채는 지은 지 20년이 넘은 낡은 집으로 곧 재개발·재건축될 수 있는 집이다. 대치2동과 개포1동에 있는 주택 가운데 90%는 지은 지 20년이 넘었다. 개포2동과 압구정1동과 2동 역시 80% 이상이 20년 넘은 집이다. 반면 대치4동과 삼성2동·청담2동, 논현1동과 2동에 있는 집은 대부분 지은 지 10년이 안 된 새집이다.

지난 10년 동안 단독주택과 연립주택은 20%와 44%가 줄어든 반면, 아파트와 다세대주택은 10%와 227%가 늘었다. 29평 이상 큰 집이 4채 늘어날 동안 14~19평은 한 채 늘었을 뿐이며, 14평 미만의 작은 집은 오히려 1채가 줄었다. 현재 29평 이상은 37채, 19~29평은 27채인 반면, 14~19평은 16채, 14평 미만은 19채다.

세곡동과 신사동, 대치1동에 있는 집의 80% 이상이 29평 이상이다. 반면 개포2동과 수서동에 있는 주택의 70% 이상이 14평 미만이다.


## 강남에서 지하 방과 비닐집에 사는 사람

강남에 사는 100가구 중 7가구는 식구에 비해 집이 너무 좁거나 방수가 너무 적은 집에 사는 등 인간다운 품위를 지키기 어려운 최저 주거 기준 미달 가구다.

강남에 사는 100가구 가운데 93가구는 지상에 살지만, 7가구는 (반)지하에 살고 있다. 세곡동에 사는 가구의 35%가 지하 방에 사는

표 2_3.5

# 서울시 강남구 (반)지하 등 거주 가구

(단위 : 가구, %)

| | (반)지하 | | 옥탑 | 판잣집·움막·비닐집 | | 기타 |
|---|---|---|---|---|---|---|
| | 가구 | 비중 | 가구 | 가구 | 비중 | 가구 |
| 강남구 | 12,020 | 6 | 378 | 2,271 | 1 | 103 |
| 개포1동 | 23 | – | – | 1,154 | 15 | – |
| 개포2동 | 130 | 2 | 1 | 614 | 9 | 7 |
| 개포3동 | – | – | – | – | – | – |
| 개포4동 | 827 | 10 | 29 | 129 | 2 | – |
| 논현1동 | 1,624 | 13 | 33 | – | – | 2 |
| 논현2동 | 873 | 9 | 33 | – | – | 3 |
| 대치1동 | 22 | – | 1 | – | – | – |
| 대치2동 | – | – | – | – | – | – |
| 대치3동 | 445 | 8 | 11 | – | – | 22 |
| 대치4동 | 917 | 10 | 27 | – | – | – |
| 도곡1동 | 207 | 3 | 17 | – | – | 50 |
| 도곡2동 | 89 | 1 | 2 | – | – | 3 |
| 삼성1동 | 268 | 6 | 5 | – | – | 3 |
| 삼성2동 | 612 | 7 | 17 | – | – | 3 |
| 세곡동 | 630 | 35 | 30 | 372 | 21 | – |
| 수서동 | 52 | 1 | – | – | – | – |
| 신사동 | 672 | 9 | 22 | – | – | 1 |
| 압구정1동 | 124 | 2 | 9 | – | – | – |
| 압구정2동 | 66 | 2 | 3 | – | – | 5 |
| 역삼1동 | 1,752 | 10 | 67 | – | – | 2 |
| 역삼2동 | 647 | 8 | 8 | – | – | 1 |
| 일원1동 | 1,226 | 19 | 34 | – | – | – |
| 일원2동 | – | – | – | – | – | – |
| 일원본동 | 76 | 1 | 5 | – | – | – |
| 청담1동 | 210 | 3 | 6 | – | – | – |
| 청담2동 | 528 | 12 | 18 | – | – | 1 |

세곡동은 전국에서 (반)지하에 사는 가구 비중이 가장 높고, 개포1동과 개포2동은 비닐집 등에 사는 가구 수가 가장 많다.

것을 비롯해 일원1동 19%, 논현1동 13% 청담2동 12%, 대치4동·역삼1동·개포4동 각 10% 등 지하 방 거주 가구 비중이 10% 이상인 곳은 26개 동 중 7곳이다. 가구 수는 역삼1동, 논현1동, 일원1동 순으로 많다. 세곡동은 경기도 과천시 문원동과 함께 전국에서 지하 방 거주 가구 비율이 가장 높은 동네다. 한편 세곡동과 개포1동, 2동은 각각 거주 가구의 20%와 15%, 9%가 비닐집·판잣집·움막에 산다. 개포1동, 2동은 전국에서 비닐집·판잣집·움막 거주 가구 수가 가장 많은 동네다. 강남 안에도 양극화는 심각하다.

거실이나 부엌을 각각 1개의 방으로 쳐서 방 3개 이하에서 셋방살이를 떠도는 가구는 50가구에 달하지만, 이들에게 꼭 필요한 공공 임대주택은 6채밖에 안 된다. 따라서 강남구에 사는 가난한 사람들을 위해서는 중앙정부와 지자체가 앞장서서 현재의 8배에 달하는 공공임대주택을 성실하게 공급해야 한다.


## 강남 유권자가 100명이라면

정당 지지도를 알 수 있는 최근 네 차례 선거(제3~4회 동시지방선거, 제17~18대 총선)를 기준으로 강남구 유권자는 대략 40만~44만 명이며, 평균 투표율은 50%였다.

강남구 유권자가 100명이라면 2002년 지방선거에서는 62명이 한나라당을, 28명이 새천년민주당을, 5명이 민주노동당을, 2명이 자민련을 각각 찍었다. 2004년 총선에서는 52명은 한나라당을, 29명은 열린우리당을, 9명은 민주노동당을, 6명은 새천년민주당을, 2명은 자민련을 지지했다. 2006년 지방선거에서는 72명이 한나라당을 찍었고, 14명은 열린우리당을, 6명은 민주노동당을, 다른 6명은 민주당을 각각 찍었다. 2008년 총선에서는 51명이 한나라당을, 17명이 통합민주당을, 13명이 친박연대를, 5명이 자유선진당을, 4명이 진보신당을, 다른 4명은 창조한국당을, 2명은 민주노동당을 각각 지지했다.

이 네 차례 선거에서 동네별 투표율은 대치1동과 2동이 번갈아가며 가장 높았고, 개포3동·일원본동·도곡2동도 상대적으로 높았다. 반면에 논현1동은 항상 투표율이 가장 낮았고, 역삼1동·대치4동·논현2동도 상대적으로 가장 낮은 동네에 속했다.

정당별 득표율은 네 차례 모두 한나라당이 가장 높았다. 하지만 동네별로는 차이가 상당히 컸다.

한나라당 득표율은 항상 압구정1동과 2동에서 가장 높았고, 도곡2동과 대치1동·대치2동이 뒤를 이었다. 반면 수서동은 네 차례 선거 중 세 차례나 한나라당 득표율이 가장 낮았고, 일원1동·일원2동·개포3동에서도 득표율이 상대적으로 가장 낮았다.

그림에서 보듯이 2004년 총선 때 압구정1동과 수서동의 한나라당 득표율은 각각 70%와 39%로 무려 31% 차이가 났다. 두 동네의 한나라당 득표율 격차는 최소 15%(2002년)에서 최대 31%(2008년)까지 벌어졌다.

반면 민주(+열린우리)당 득표율은 네 차례 가운데 세 차례에 걸쳐 수서동에서 가장 높았고, 일원1동·일원2동·역삼1동·개포3동에서도 상대적으로 높았다. 반면 압구정1동에서는 항상 득표율이 가장 낮았고, 도곡2동·압구정2동·대치2동·대치1동에서도 상대적으로 낮았다. 그림에서 보듯이 2004년 총선에서 수서동과 압구정1동의 민주(+열린우리)당 득표율은 각각 46%와 22%로 22%나 차이가 났다.

두 동네의 민주(＋열린우리)당 득표율 격차는 최소 13%(2008년)에서 최대 24%(2004년)까지 벌어졌다.

민주노동당과 진보신당 득표율은 대체로 개포3동·개포4동·일원1동·일원2동 등에서 상대적으로 높다.

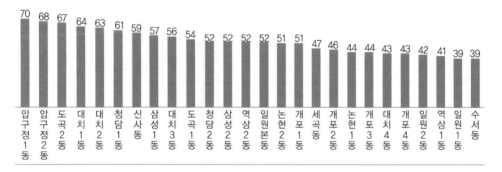

**그림 2_3.3**

## 서울시 강남구 동네별 한나라당 득표율

**2004년 총선(단위 : %)**

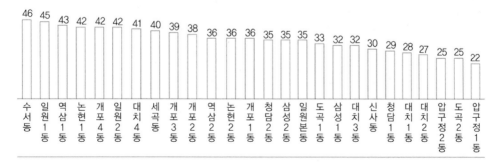

**그림 2_3.4**

## 서울시 강남구 동네별 민주(＋열린우리)당 득표율

**2004년 총선(단위 : %)**

# 표 2_3.6

## 서울시 강남구 역대 선거 투표율과 정당 지지율

2002~2008년(단위 : 명, %)

| 행정구역 | 2002년 지방선거 | | | | | | | 2004년 총선 | | | | | | | |
|---|---|---|---|---|---|---|---|---|---|---|---|---|---|---|---|
| | 선거인 수 | 투표율 | 한나라당 | 새천년민주당 | 자민련 | 민주노동당 | 기타정당 | 선거인 수 | 투표율 | 한나라당 | 새천년민주당 | 열린우리당 | 자민련 | 민주노동당 | 기타 |
| 강남구 | 405,494 | 46 | 62 | 28 | 2 | 5 | 3 | 400,374 | 62 | 52 | 6 | 29 | 2 | 9 | 2 |
| 개포1동 | 16,351 | 51 | 64 | 27 | 2 | 5 | 2 | 16,512 | 67 | 51 | 7 | 29 | 2 | 10 | 2 |
| 개포2동 | 13,713 | 45 | 57 | 32 | 2 | 6 | 3 | 13,978 | 63 | 46 | 7 | 31 | 2 | 12 | 2 |
| 개포3동 | 11,491 | 54 | 55 | 33 | 2 | 7 | 2 | 10,988 | 71 | 44 | 8 | 31 | 1 | 13 | 2 |
| 개포4동 | 16,713 | 38 | 59 | 32 | 2 | 5 | 3 | 17,109 | 58 | 43 | 6 | 36 | 2 | 11 | 2 |
| 논현1동 | 21,252 | 31 | 59 | 32 | 2 | 5 | 2 | 22,064 | 46 | 44 | 6 | 36 | 2 | 11 | 2 |
| 논현2동 | 16,918 | 40 | 64 | 27 | 2 | 5 | 2 | 18,312 | 55 | 51 | 6 | 30 | 2 | 10 | 2 |
| 대치1동 | 15,395 | 53 | 71 | 22 | 1 | 3 | 2 | 13,328 | 72 | 64 | 7 | 21 | 2 | 5 | 1 |
| 대치2동 | 19,234 | 56 | 72 | 22 | 2 | 3 | 2 | 19,088 | 71 | 63 | 7 | 20 | 2 | 7 | 2 |
| 대치3동 | 12,614 | 48 | 65 | 27 | 2 | 4 | 2 | 12,488 | 66 | 56 | 7 | 25 | 2 | 8 | 2 |
| 대치4동 | 11,990 | 36 | 57 | 33 | 2 | 6 | 2 | 14,161 | 54 | 43 | 6 | 35 | 2 | 11 | 2 |
| 도곡1동 | 15,696 | 49 | 64 | 27 | 1 | 5 | 2 | 14,912 | 67 | 54 | 6 | 27 | 1 | 9 | 2 |
| 도곡2동 | 12,258 | 45 | 69 | 24 | 2 | 4 | 2 | 16,455 | 67 | 67 | 5 | 20 | 2 | 6 | 1 |
| 삼성1동 | 10,310 | 44 | 67 | 25 | 2 | 4 | 2 | 9,901 | 61 | 57 | 6 | 26 | 2 | 7 | 2 |
| 삼성2동 | 20,202 | 41 | 62 | 29 | 2 | 5 | 2 | 16,014 | 56 | 52 | 6 | 29 | 2 | 10 | 2 |
| 세곡동 | 4,960 | 54 | 60 | 29 | 2 | 6 | 3 | 4,757 | 60 | 47 | 7 | 33 | 2 | 9 | 3 |
| 수서동 | 15,185 | 46 | 51 | 37 | 3 | 6 | 3 | 15,697 | 60 | 39 | 7 | 39 | 2 | 10 | 3 |
| 신사동 | 17,614 | 43 | 68 | 24 | 2 | 4 | 3 | 17,065 | 60 | 59 | 5 | 25 | 1 | 7 | 2 |
| 압구정1동 | 14,101 | 50 | 76 | 18 | 1 | 2 | 2 | 13,528 | 65 | 70 | 5 | 17 | 2 | 4 | 2 |
| 압구정2동 | 10,320 | 46 | 76 | 19 | 1 | 2 | 2 | 9,881 | 61 | 68 | 5 | 20 | 2 | 4 | 1 |
| 역삼1동 | 25,490 | 33 | 56 | 33 | 2 | 6 | 2 | 27,367 | 49 | 41 | 6 | 37 | 1 | 13 | 2 |
| 역삼2동 | 22,791 | 42 | 62 | 29 | 2 | 5 | 2 | 16,330 | 58 | 52 | 6 | 30 | 2 | 9 | 2 |
| 일원1동 | 15,442 | 44 | 54 | 35 | 2 | 5 | 3 | 15,296 | 60 | 39 | 8 | 37 | 2 | 12 | 3 |
| 일원2동 | 14,793 | 50 | 56 | 33 | 2 | 6 | 3 | 14,836 | 65 | 42 | 8 | 34 | 2 | 12 | 3 |
| 일원본동 | 15,953 | 52 | 64 | 27 | 2 | 5 | 3 | 16,289 | 70 | 52 | 7 | 28 | 1 | 10 | 2 |
| 청담1동 | 15,335 | 45 | 70 | 23 | 1 | 3 | 2 | 14,936 | 63 | 61 | 5 | 24 | 2 | 7 | 2 |
| 청담2동 | 9,826 | 39 | 64 | 27 | 2 | 4 | 3 | 9,902 | 56 | 52 | 7 | 28 | 2 | 9 | 2 |

| 2006년 지방선거 | | | | | | | 2008년 총선 | | | | | | | | | |
|---|---|---|---|---|---|---|---|---|---|---|---|---|---|---|---|---|
| 선거인 수 | 투표율 | 열린우리당 | 한나라당 | 민주당 | 민주노동당 | 기타정당 | 선거인 수 | 투표율 | 통합민주당 | 한나라당 | 자유선진당 | 민주노동당 | 창조한국당 | 친박연대 | 진보신당 | 기타정당 |
| 433,889 | 50 | 14 | 72 | 6 | 6 | 1 | 444,494 | 42 | 17 | 51 | 5 | 2 | 4 | 13 | 4 | 3 |
| 16,530 | 56 | 13 | 73 | 7 | 7 | 1 | 16,635 | 47 | 17 | 50 | 6 | 3 | 4 | 14 | 4 | 3 |
| 14,410 | 50 | 16 | 69 | 7 | 8 | 1 | 14,847 | 43 | 19 | 47 | 6 | 3 | 4 | 13 | 5 | 4 |
| 11,456 | 58 | 18 | 63 | 8 | 11 | 1 | 11,685 | 51 | 26 | 37 | 7 | 4 | 5 | 12 | 8 | 3 |
| 17,895 | 45 | 18 | 65 | 7 | 9 | 1 | 18,279 | 38 | 21 | 45 | 5 | 4 | 5 | 13 | 5 | 3 |
| 23,667 | 33 | 18 | 67 | 7 | 8 | 1 | 23,524 | 26 | 21 | 49 | 4 | 2 | 4 | 13 | 4 | 4 |
| 20,082 | 42 | 13 | 74 | 6 | 6 | 1 | 20,037 | 34 | 17 | 52 | 5 | 2 | 4 | 14 | 3 | 3 |
| 15,397 | 61 | 9 | 82 | 5 | 4 | 0 | 17,650 | 51 | 14 | 56 | 6 | 1 | 3 | 15 | 4 | 2 |
| 19,193 | 62 | 9 | 81 | 6 | 4 | 0 | 19,487 | 49 | 13 | 57 | 6 | 1 | 3 | 14 | 4 | 2 |
| 13,053 | 53 | 11 | 77 | 5 | 5 | 0 | 13,510 | 44 | 16 | 52 | 6 | 2 | 3 | 14 | 5 | 3 |
| 16,990 | 40 | 17 | 68 | 6 | 8 | 1 | 17,424 | 33 | 19 | 46 | 6 | 3 | 5 | 13 | 5 | 4 |
| 16,201 | 54 | 13 | 74 | 5 | 7 | 1 | 17,535 | 46 | 17 | 51 | 5 | 2 | 4 | 14 | 4 | 3 |
| 24,715 | 58 | 8 | 83 | 4 | 4 | 1 | 26,006 | 48 | 11 | 60 | 5 | 1 | 3 | 15 | 3 | 2 |
| 11,397 | 51 | 10 | 79 | 6 | 4 | 1 | 12,123 | 40 | 15 | 54 | 4 | 1 | 3 | 17 | 3 | 2 |
| 17,860 | 44 | 14 | 72 | 6 | 7 | 0 | 20,433 | 38 | 17 | 50 | 5 | 2 | 4 | 15 | 4 | 2 |
| 4,499 | 50 | 17 | 69 | 7 | 5 | 2 | 4,287 | 47 | 19 | 51 | 4 | 2 | 4 | 13 | 3 | 4 |
| 15,690 | 49 | 24 | 57 | 9 | 9 | 2 | 15,198 | 45 | 25 | 42 | 6 | 4 | 4 | 10 | 4 | 5 |
| 16,968 | 49 | 11 | 78 | 6 | 5 | 0 | 16,564 | 40 | 14 | 58 | 5 | 1 | 3 | 13 | 3 | 3 |
| 13,546 | 57 | 8 | 85 | 4 | 3 | 0 | 13,320 | 46 | 10 | 64 | 5 | 1 | 2 | 14 | 2 | 2 |
| 9,859 | 53 | 8 | 84 | 4 | 3 | 0 | 9,711 | 43 | 10 | 64 | 5 | 1 | 2 | 14 | 2 | 2 |
| 30,335 | 33 | 20 | 64 | 7 | 9 | 1 | 31,242 | 28 | 22 | 45 | 5 | 3 | 5 | 12 | 4 | 2 |
| 22,129 | 46 | 14 | 73 | 6 | 7 | 1 | 25,141 | 40 | 18 | 52 | 5 | 2 | 4 | 13 | 4 | 2 |
| 15,306 | 49 | 21 | 59 | 9 | 9 | 1 | 15,451 | 44 | 23 | 39 | 7 | 5 | 5 | 11 | 4 | 6 |
| 15,503 | 54 | 19 | 63 | 8 | 9 | 1 | 15,319 | 49 | 24 | 42 | 6 | 4 | 4 | 12 | 5 | 3 |
| 16,789 | 59 | 14 | 71 | 7 | 8 | 1 | 17,011 | 49 | 19 | 47 | 6 | 2 | 4 | 13 | 4 | 2 |
| 15,527 | 52 | 11 | 80 | 5 | 4 | 0 | 14,126 | 44 | 14 | 58 | 4 | 1 | 3 | 15 | 3 | 2 |
| 9,890 | 44 | 13 | 75 | 6 | 5 | 1 | 10,181 | 38 | 17 | 52 | 5 | 1 | 4 | 14 | 3 | 4 |

투표율은 대치1동과 2동에서 가장 높았다. 한나라당은 압구정1동과 2동에서, 민주(+열린우리)당은 수서동과 개포3동에서 득표율이 높았다.

## 숫자 100으로 본 서울시 강동구 21개 동네

강동구에는 2005년 현재 21개 동에 있는 주택 9만 채와 오피스텔 2천 채 등 거처 9만3천 곳에 44만5천 명이 살고 있다.

서울시 강동구가 100명이 사는 마을이라면 어떤 모습일까?

## 숫자 100으로 본 강동구

강동구에 사는 사람은 서울에 사는 평균인과 학력은 비슷한 데 비해 종교 인구는 약간 많다. 봉급쟁이는 서울시 평균보다 조금 낮은 반면 자영업자는 약간 많다. 직업별 분포는 비슷하고 직장인의 출퇴근 시간은 서울시 평균보다 약간 짧다. 자동차 보유 가구는 평균보다 많고 2대 이상 소유한 가구도 좀 더 많다.

거주 기간 2년 또는 5년 이내인 가구가 더 많아 이사를 더 많이 다니고 있으며, 집 없이 셋방 사는 가구도 더 많다. 단독주택에 사는 가구와 아파트에 사는 가구는 서울시 평균보다 많은 반면 다세대주택 등에 사는 가구는 좀 더 적다.

나 홀로 사는 1인 가구는 서울시 평균보다 낮지만, (반)지하 등에

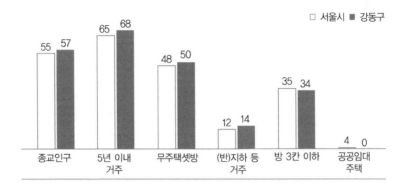

**그림 2_3.5**

## 서울시와 강동구 주요 지수 평균 비교

(단위 : %)

□ 서울시 ■ 강동구

| | 종교인구 | 5년 이내 거주 | 무주택셋방 | (반)지하 등 거주 | 방 3칸 이하 | 공공임대 주택 |
|---|---|---|---|---|---|---|
| 서울시 | 55 | 65 | 48 | 12 | 35 | 4 |
| 강동구 | 57 | 68 | 50 | 14 | 34 | 0 |

사는 가구는 서울시 평균보다 많다. 전체 가구의 3분의 1 이상이 부엌과 거실을 포함한 방 3칸 이하 방에 사는 셋방 가구다. 그러나 공공임대주택은 전체 가구 수 대비 0.4%에 불과하다.

2002~2008년 사이 네 차례 선거에서 강동구는 어떤 정당을 지지했을까? 강동구는 2004년에 민주(＋열린우리)당에 46%의 지지를 보냈는가 하면, 2006년에는 한나라당에 61% 지지를 몰아주며 여야를 번갈아 지지했다. 그러나 같은 선거라도 동네에 따라 한나라당 득표율 격차가 최고 17%, 민주(＋열린우리)당 득표율 격차가 최고 16%까지 벌어지는 등 차이가 있다.

## 강동구 인구가 <u>100명</u>이라면 :
## 대학 이상 학력자 <u>49명</u>, 종교 인구 <u>57명</u>

강동구 인구 44만5천 명을 100명으로 친다면 남자 대 여자의 수는 50 대 50으로 균형을 이루고 있다. 25명은 어린이와 청소년이고(19살 미만), 75명은 어른이다. 어른 가운데 6명은 노인(65세 이상)이다.

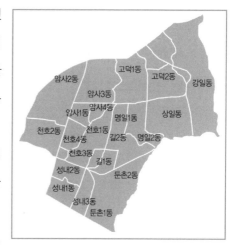

지역적으로는 천호1동과 상일동에 7명씩 살고, 상일동·명일1동·천호3동·성내2동·둔촌2동·길2동에 6명씩 산다. 성내3동·길1동·암사1동·고덕1동·천호4동·성내1동·둔촌1동·고덕동에 5명씩 살고, 명일2동·암사2동에 4명씩 산다. 천호2동에는 3명이 살고, 암사3동과 암사4동에 2명씩 산다(강일동에 사는 인구는 너무 적어 0.3명으로 집계됨).

종교를 보면 25명은 개신교, 16명은 불교, 15명은 천주교 신자다. 43명은 종교를 갖고 있지 않다. 명일2동은 동네 사람 중 69%가 종교인인 반면, 천호4동은 54%가 종교를 갖고 있지 않다. 개신교는 명일1동과 2동에서, 천주교는 명일2동과 둔촌1동에서, 불교는 강일동과 천호1동에서 신자 수가 많았다.

학력은 어떨까. 49명이 대학 이상의 학력을 가지고 있는데 이 중 10명은 대학에 재학 중이고 4명은 석사과정 이상의 공부를 하였다(19세 이상 기준). 대학 이상 학력자 비중이 가장 높은 곳은 둔촌1동으로 19세 이상 인구의 79%가 대학 이상 학력자다.

표 2_3.7

# 서울시 강동구 성별·종교별·학력별 인구

(단위 : 명, %)

| 행정구역 | 남녀/외국인 | | | | 종교 인구 | | | | | | | 대학 이상 학력 인구 | | | | | | |
|---|---|---|---|---|---|---|---|---|---|---|---|---|---|---|---|---|---|---|
| | 총인구 | 남자 | 여자 | 외국인 | 인구수 (내국인) | 종교 있음 | | | | | 종교 없음 | 19세 이상 인구 | 계 | 4년제 미만 | | 4년제 이상 | | 대학원 이상 |
| | | | | | | 계 | 불교 | 개신교 | 천주교 | 기타 | | | | 계 | 재학 | 계 | 재학 | |
| 강동구 | 445,339 | 50 | 50 | 0 | 444,258 | 57 | 16 | 25 | 15 | 1 | 43 | 334,643 | 49 | 13 | 3 | 32 | 7 | 4 |
| 강일동 | 1,226 | 56 | 44 | 0 | 1,221 | 57 | 22 | 24 | 10 | 1 | 43 | 1,052 | 27 | 13 | 3 | 12 | 3 | 3 |
| 고덕1동 | 21,573 | 51 | 49 | 0 | 21,550 | 61 | 14 | 28 | 18 | 1 | 39 | 14,854 | 55 | 11 | 2 | 39 | 8 | 4 |
| 고덕2동 | 20,067 | 51 | 49 | 0 | 20,046 | 57 | 13 | 27 | 16 | 1 | 43 | 14,457 | 44 | 12 | 2 | 29 | 7 | 3 |
| 길1동 | 23,638 | 50 | 50 | 0 | 23,595 | 54 | 17 | 24 | 12 | 1 | 46 | 18,499 | 45 | 15 | 3 | 27 | 6 | 3 |
| 길2동 | 26,585 | 49 | 51 | 0 | 26,531 | 62 | 16 | 28 | 17 | 1 | 38 | 19,625 | 54 | 13 | 3 | 36 | 8 | 5 |
| 둔촌1동 | 20,625 | 52 | 48 | 0 | 20,616 | 63 | 14 | 26 | 23 | 1 | 37 | 14,051 | 79 | 11 | 2 | 58 | 12 | 10 |
| 둔촌2동 | 27,173 | 49 | 51 | 0 | 27,133 | 59 | 17 | 25 | 16 | 1 | 41 | 20,161 | 53 | 13 | 3 | 36 | 8 | 5 |
| 명일1동 | 28,806 | 50 | 50 | 0 | 28,762 | 66 | 13 | 35 | 17 | 1 | 34 | 20,886 | 62 | 11 | 2 | 45 | 10 | 6 |
| 명일2동 | 18,537 | 51 | 49 | 0 | 18,517 | 69 | 14 | 31 | 23 | 1 | 31 | 13,428 | 75 | 11 | 3 | 55 | 14 | 9 |
| 상일동 | 29,644 | 51 | 49 | 0 | 29,604 | 60 | 13 | 29 | 17 | 1 | 39 | 21,110 | 57 | 13 | 3 | 39 | 9 | 5 |
| 성내1동 | 20,977 | 50 | 50 | 0 | 20,926 | 56 | 16 | 25 | 14 | 1 | 43 | 15,762 | 57 | 14 | 3 | 37 | 7 | 6 |
| 성내2동 | 27,811 | 49 | 51 | 1 | 27,598 | 52 | 18 | 23 | 10 | 1 | 48 | 22,109 | 42 | 14 | 3 | 25 | 5 | 3 |
| 성내3동 | 24,032 | 49 | 51 | 0 | 23,970 | 56 | 16 | 26 | 13 | 1 | 43 | 18,544 | 48 | 15 | 3 | 30 | 6 | 4 |
| 암사1동 | 23,534 | 50 | 50 | 0 | 23,463 | 52 | 17 | 22 | 12 | 1 | 48 | 18,316 | 35 | 14 | 3 | 19 | 5 | 2 |
| 암사2동 | 16,238 | 49 | 51 | 0 | 16,221 | 54 | 16 | 22 | 15 | 1 | 46 | 11,963 | 55 | 11 | 2 | 38 | 6 | 6 |
| 암사3동 | 8,118 | 50 | 50 | 0 | 8,111 | 58 | 17 | 25 | 16 | 1 | 41 | 5,911 | 52 | 12 | 2 | 35 | 7 | 5 |
| 암사4동 | 10,359 | 50 | 50 | 0 | 10,334 | 53 | 17 | 24 | 11 | 1 | 46 | 7,928 | 34 | 12 | 2 | 20 | 5 | 2 |
| 천호1동 | 32,513 | 50 | 50 | 0 | 32,445 | 56 | 18 | 25 | 12 | 1 | 43 | 25,158 | 38 | 13 | 3 | 23 | 6 | 2 |
| 천호2동 | 14,759 | 50 | 50 | 1 | 14,643 | 50 | 19 | 19 | 12 | 1 | 50 | 11,711 | 37 | 14 | 3 | 21 | 4 | 2 |
| 천호3동 | 27,869 | 49 | 51 | 0 | 27,795 | 52 | 17 | 20 | 13 | 1 | 48 | 22,595 | 39 | 14 | 2 | 23 | 5 | 3 |
| 천호4동 | 21,255 | 50 | 50 | 0 | 21,177 | 46 | 17 | 19 | 10 | 1 | 54 | 16,523 | 32 | 12 | 3 | 19 | 4 | 2 |

종교 인구 비중은 명일2동에서 가장 높고 천호4동에서 가장 낮다. 불교는 강일동, 개신교는 명일1동, 천주교는 둔촌1동과 명일2동에서 비중이 높다. 대학 이상 학력자는 둔촌1동에서 가장 높고, 강일동에서 가장 낮다.

34명은 미혼이며, 66명은 결혼했다. 결혼한 사람 가운데 5명은 남편이나 아내가 먼저 사망했고 3명은 이혼했다(15세 이상 기준). 3명은 몸이 불편하거나 정신 장애로 정상적인 활동에 제약을 느끼고 있다.

거주 기간을 보면, 강동구 인구 100명 가운데 34명은 현재 살고 있는 집에 산 지 5년이 넘었으나 66명은 5년 이내에 새로 이사 왔다(5살 이상 기준). 이사 온 사람 중 47명은 강동구 안의 다른 동에서, 9명은 서울 안의 다른 구에서, 10명은 서울 바깥에서 이사 왔다. 강동구는 송파구와 함께 구내 다른 동에서 이사 온 사람 비중이 가장 높다.


## 강동구에 사는 취업자가 100명이라면 : 72명은 봉급쟁이, 17명은 자영업자

강동구에 사는 15세 이상 인구 36만1천 명 가운데 취업해 직장에 다니는 사람(취업자)은 17만9천 명이다. 강동구 취업자가 100명이라면 58명은 30~40대, 20명은 20대이며, 17명은 50대다. 65세 이상 노인 1명도 일하고 있다.

72명은 회사에서 봉급을 받고 일하는 직장인이다. 17명은 고용한 사람 없이 혼자서 일하는 자영업자이며, 8명은 누군가를 고용해 사업체를 경영하는 사업주다. 3명은 가족이 운영하는 사업체에서 보수 없이 일하고 있다.

직업은 사무직 21명, 판매직 14명, 전문가 13명, 기술직 및 준전문가 각 12명, 서비스직과 기능직 각 10명이다. 또 8명은 단순 노무직, 6명은 장치 기계 조작 및 조립직, 4명은 고위 관리직으로 각각 일하고 있다.

직장으로 출근하는 데 58명은 30분 이상 걸리며 그 가운데 22명은 1시간 이상 걸린다. 22명은 걸어서 출근하고 78명은 교통수단을 이용해 출근한다. 78명 가운데 32명은 자가용으로, 27명은 전철로, 10명은 시내버스로 출근한다. 2명은 통근 버스로, 1명은 자전거로, 다른 1명은 택시로 출근하며 4명은 전철과 버스 또는 승용차를 갈아타며 출근한다.

86명은 사무실이나 공장 등에서 일하는 반면, 10명은 야외나 거리 또는 운송 수단에서 일한다. 2명은 자기 집에서, 2명은 남의 집에서 일한다.

## 강동구에 100가구가 산다면 : 58가구는 셋방

강동구에는 14만2,900가구가 산다(일반 가구 기준). 강동구에 사는 가구를 100가구로 친다면 35가구는 식구가 한 명 또는 두 명인 1, 2인 가구이며, 이 가운데 17가구는 나 홀로 사는 1인 가구다. 식구 4명은 32가구, 3명은 23가구, 5명은 8가구다.

나 홀로 사는 1인 가구 비중은 천호2동과 3동에서 29%로 가장 높았고, 명일2동과 둔촌1동에서는 5~7%로 가장 낮게 나타났다.

41가구는 자신이 소유한 집에서 살고, 58가구는 셋방에 살며, 1가구는 직장의 사택이나 친척집 등에서 무상으로 살고 있다. 자기 집에 사는 가구 중 6가구는 현재 살고 있는 집 외에 최소 한 채에서 여러 채를 소유한 다주택자들이다.

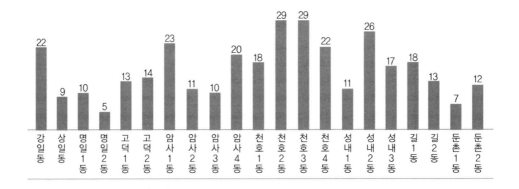

그림 2_3.6

## 서울시 강동구 동네별 1인 가구

(단위 : %)

셋방 사는 가구 가운데 39가구는 전세에, 18가구는 보증금 있는 월세에, 1가구는 보증금 없는 월세 또는 사글세에 살고 있다. 셋방 사는 가구 중 8가구는 어딘가에 자신 명의의 집을 소유하고 있으나 경제 사정이나 자녀 교육, 직장 등의 사정으로 셋방에 살고 있다.

현재 사는 집으로 이사 온 지 5년이 안 되는 가구는 68가구이며, 이 가운데 36가구는 2년이 안 된다. 19가구는 5~10년이 됐고, 12가구는 10년이 넘었다.

61가구는 자동차를 소유하고 있고 이 가운데 48가구는 자기 집에 전용 주차장이 있다. 자동차 소유 가구 중 9가구는 차를 2대 이상 소유하고 있다.

표 2_3.8

## 서울시 강동구의 다주택자

(단위 : 가구, 호)

| 구분 | | | 가구 수 | 주택 수 | 평균 주택 수 |
|---|---|---|---|---|---|
| 일반 가구 | | | 142,929 | – | – |
| 자가 가구 | | | 58,561 | – | – |
| 다주택 가구 | 통계청 | | 8,770 | – | – |
| | 행자부 | 계 | 6,961 | 17,940 | 3 |
| | | 2채 | 5,658 | 11,316 | 2 |
| | | 3채 | 579 | 1,737 | 3 |
| | | 4채 | 175 | 700 | 4 |
| | | 5채 | 133 | 665 | 5 |
| | | 6~10채 | 345 | 2,463 | 7 |
| | | 11채 이상 | 71 | 1,059 | 15 |

## 집 많은 사람, 집 없는 사람 :
## 명일2동 80% 주택 소유, 천호2동 71% 무주택

강동구 21개 동네 중 12곳은 주택 소유자가 더 많고, 9곳은 무주택자가 더 많다. 명일2동 80%, 둔촌1동 73%를 비롯해 명일1동·암사2동·암사3동·성내1동·둔촌2동·상일동은 동네 가구의 60% 이상이 주택 소유자다. 반면 무주택자 비중을 보면, 천호2동 71%, 천호4동 67%를 비롯해 천호3동·성내2동·암사1동·암사4동·고덕2동·강일동은 동네 가구의 60% 이상이 무주택자다.

21개 동네 가운데 명일2동 15%, 둔촌1동 11%, 암사3동 10% 등 세 동네는 다주택자 비중이 10% 이상이다. 반면 천호3동 2%, 천호2동·천호4동·암사1동 3% 등 6개 동네는 5% 미만이다.

표 2_3.9

# 서울시 강동구 주택의 점유·소유 형태별 가구

(단위 : 가구, %)

| 행정구역 | 전체 가구 | 자기 집에 거주 | | | 셋방에 거주 | | | 무상으로 거주 | | 주택 소유 | 무주택 |
|---|---|---|---|---|---|---|---|---|---|---|---|
| | | 계 | 집 한 채 | 집 여러 채 | 계 | 집 없음 | 집 있음 | 집 없음 | 집 있음 | | |
| 강동구 | 142,929 | 41 | 35 | 6 | 58 | 50 | 8 | 1 | 0 | 49 | 51 |
| 강일동 | 415 | 30 | 25 | 6 | 56 | 49 | 7 | 12 | 1 | 39 | 61 |
| 고덕1동 | 6,508 | 33 | 27 | 6 | 66 | 53 | 13 | 1 | 0 | 47 | 53 |
| 고덕2동 | 6,331 | 28 | 24 | 4 | 71 | 60 | 10 | 1 | 0 | 39 | 61 |
| 길1동 | 7,564 | 46 | 40 | 6 | 53 | 48 | 5 | 1 | 0 | 51 | 49 |
| 길2동 | 8,243 | 48 | 41 | 7 | 51 | 45 | 7 | 1 | 0 | 55 | 45 |
| 둔촌1동 | 5,856 | 49 | 38 | 11 | 51 | 26 | 24 | 0 | 0 | 73 | 27 |
| 둔촌2동 | 8,196 | 52 | 43 | 9 | 47 | 38 | 9 | 1 | 0 | 61 | 39 |
| 명일1동 | 8,465 | 56 | 47 | 9 | 43 | 32 | 12 | 1 | 0 | 67 | 33 |
| 명일2동 | 5,094 | 67 | 52 | 15 | 32 | 20 | 12 | 1 | 0 | 80 | 20 |
| 상일동 | 8,719 | 45 | 38 | 8 | 54 | 40 | 14 | 1 | 0 | 60 | 40 |
| 성내1동 | 6,417 | 52 | 44 | 8 | 47 | 37 | 9 | 1 | 0 | 61 | 39 |
| 성내2동 | 10,131 | 29 | 24 | 4 | 70 | 65 | 5 | 1 | 0 | 34 | 66 |
| 성내3동 | 7,809 | 38 | 33 | 5 | 61 | 55 | 6 | 1 | 0 | 44 | 56 |
| 암사1동 | 8,240 | 30 | 27 | 3 | 69 | 64 | 4 | 1 | 0 | 34 | 66 |
| 암사2동 | 5,001 | 56 | 47 | 9 | 43 | 33 | 10 | 1 | 0 | 67 | 33 |
| 암사3동 | 2,400 | 60 | 50 | 10 | 39 | 32 | 7 | 1 | 0 | 67 | 33 |
| 암사4동 | 3,540 | 31 | 27 | 4 | 68 | 64 | 4 | 1 | 0 | 35 | 65 |
| 천호1동 | 10,636 | 38 | 33 | 5 | 61 | 57 | 5 | 1 | 0 | 42 | 58 |
| 천호2동 | 5,478 | 25 | 22 | 3 | 73 | 69 | 4 | 1 | 0 | 29 | 71 |
| 천호3동 | 10,550 | 31 | 29 | 2 | 68 | 65 | 3 | 1 | 0 | 34 | 66 |
| 천호4동 | 7,336 | 29 | 27 | 3 | 70 | 66 | 4 | 1 | 0 | 33 | 67 |

명일2동 가구의 80%는 주택을 소유하고 있는 데 비해 천호3동 가구의 71%는 무주택자다. 명일2동은 다주택 소유자가 가장 많고, 둔촌1동은 어딘가에 집이 있지만 셋방에 사는 가구가 가장 많다.

강동구 21개 동네 중 7개 동네에서는 가구의 10% 이상이 어딘가에 자기 명의의 집을 사놓고 셋방에 사는 유주택 전월세 가구다. 특히 둔촌1동은 가구의 24%가 여기에 해당한다.

주택 소유자 중 이들 유주택 전월세 가구를 제외하고 자신이 소유한 집에서 사는 가구가 절반이 넘는 곳은 명일2동 67%를 비롯해 5개 동네에 그친다. 나머지 16개 동네는 유주택 전월세를 포함한 셋방에 사는 가구가 절반이 넘는데 천호2동·고덕2동·천호4동·성내2동은 70% 이상이 셋방에 산다.

셋방 가구 중 유주택 전월세를 제외하고 집 없이 셋방에 사는 가구 기준으로는 10개 동네에서 50% 이상을 기록하고 있다. 특히 천호2동은 69%, 천호4동 66%, 천호3동 65%, 암사1동·암사4동 64%, 고덕2동 60% 등 6개 동네는 60% 이상이 어디에도 자기 집이 없이 셋방을 떠도는 사람들이다.


## 강동구에 있는 집이 100채라면 :
## 62채는 아파트

강동구에는 집(주택과 주택 이외의 거처, 빈집 제외)이 9만3천 채가 있다. 강동구에 있는 집이 100채라면 62채는 아파트고 15채는 단독주택, 13채는 다세대주택, 5채는 연립주택이다. 또 1채는 상가 내 거처 등 비거주용 건물 내 주택이고, 3채는 오피스텔을 비롯한 주택 이외의 거처다.

동네에 있는 거처 전부가 아파트인 둔촌1동을 비롯해 모두 10개

표 2_3.10

# 서울시 강동구 거처의 종류별·연건평별·건축년도별 주택

(단위 : 호, 가구, %)

| 행정구역 | 계 | | 단독주택 | | 아파트 | | 연립주택 | | 다세대주택 | | 비거주용 건물 내 주택 | | 주택 이외의 거처 | |
|---|---|---|---|---|---|---|---|---|---|---|---|---|---|---|
| | 거처 | 가구 | 거처 | 가구 | 거처 | 가구 | 거처 | 가구 | 거처 | 가구 | 거처 | 가구 | 거처 | 가구 |
| 강동구 | 93,019 | 143,036 | 15 | 43 | 62 | 41 | 5 | 3 | 13 | 9 | 1 | 2 | 3 | 2 |
| 강일동 | 314 | 416 | 68 | 75 | 0 | 0 | 0 | 0 | 0 | 0 | 4 | 3 | 29 | 22 |
| 고덕1동 | 5,184 | 6,510 | 7 | 25 | 87 | 69 | 0 | 0 | 6 | 5 | 1 | 1 | 0 | 0 |
| 고덕2동 | 3,729 | 6,333 | 17 | 51 | 74 | 43 | 0 | 0 | 8 | 5 | 0 | 0 | 1 | 1 |
| 길1동 | 5,222 | 7,578 | 10 | 35 | 50 | 34 | 11 | 8 | 22 | 15 | 2 | 4 | 6 | 4 |
| 길2동 | 5,483 | 8,245 | 11 | 38 | 72 | 48 | 5 | 4 | 9 | 6 | 2 | 4 | 0 | 0 |
| 둔촌1동 | 5,849 | 5,856 | 0 | 0 | 100 | 100 | 0 | 0 | 0 | 0 | 0 | 0 | 0 | 0 |
| 둔촌2동 | 5,769 | 8,204 | 12 | 37 | 65 | 46 | 6 | 4 | 14 | 10 | 1 | 2 | 0 | 0 |
| 명일1동 | 7,180 | 8,470 | 5 | 18 | 86 | 73 | 1 | 1 | 7 | 6 | 1 | 2 | 0 | 0 |
| 명일2동 | 4,487 | 5,095 | 3 | 14 | 93 | 82 | 0 | 0 | 2 | 2 | 1 | 1 | 0 | 0 |
| 상일동 | 7,528 | 8,721 | 5 | 17 | 82 | 71 | 8 | 7 | 4 | 3 | 0 | 1 | 1 | 1 |
| 성내1동 | 5,160 | 6,424 | 5 | 21 | 54 | 43 | 9 | 8 | 27 | 22 | 3 | 5 | 1 | 1 |
| 성내2동 | 4,331 | 10,143 | 38 | 73 | 34 | 15 | 6 | 3 | 20 | 8 | 2 | 2 | 1 | 0 |
| 성내3동 | 4,658 | 7,827 | 17 | 50 | 41 | 24 | 9 | 6 | 29 | 17 | 2 | 2 | 1 | 1 |
| 암사1동 | 3,434 | 8,242 | 34 | 70 | 17 | 7 | 6 | 3 | 36 | 15 | 3 | 3 | 3 | 1 |
| 암사2동 | 4,063 | 5,002 | 8 | 24 | 85 | 69 | 3 | 3 | 2 | 2 | 1 | 1 | 0 | 0 |
| 암사3동 | 1,971 | 2,403 | 12 | 26 | 75 | 62 | 2 | 2 | 10 | 8 | 1 | 2 | 1 | 0 |
| 암사4동 | 1,409 | 3,540 | 42 | 76 | 17 | 7 | 9 | 4 | 29 | 12 | 2 | 2 | 0 | 0 |
| 천호1동 | 5,525 | 10,648 | 28 | 62 | 43 | 22 | 9 | 5 | 20 | 10 | 1 | 1 | 0 | 0 |
| 천호2동 | 2,656 | 5,484 | 36 | 68 | 9 | 5 | 8 | 4 | 25 | 12 | 1 | 1 | 20 | 10 |
| 천호3동 | 5,877 | 10,550 | 26 | 57 | 45 | 25 | 5 | 3 | 7 | 4 | 1 | 2 | 16 | 9 |
| 천호4동 | 3,190 | 7,345 | 36 | 70 | 30 | 13 | 2 | 1 | 25 | 11 | 2 | 3 | 4 | 2 |

| 연건평별 주택 | | | | | 건축년도별 주택 | | | |
|---|---|---|---|---|---|---|---|---|
| 총 주택 수 | 14평 미만 | 14~19평 | 19~29평 | 29평 이상 | 총 주택 수 | 1995~ 2005년 | 1985~ 1994년 | 1985년 이전 |
| 90,525 | 9 | 27 | 39 | 25 | 90,525 | 39 | 28 | 33 |
| 223 | 29 | 13 | 21 | 38 | 223 | 17 | 9 | 74 |
| 5,181 | 35 | 38 | 19 | 9 | 5,181 | 17 | 22 | 61 |
| 3,683 | 16 | 61 | 5 | 18 | 3,683 | 1 | 29 | 70 |
| 4,910 | 5 | 19 | 54 | 22 | 4,910 | 59 | 36 | 5 |
| 5,472 | 8 | 22 | 40 | 31 | 5,472 | 37 | 18 | 45 |
| 5,840 | 2 | 26 | 72 | 0 | 5,840 | 0 | 0 | 100 |
| 5,754 | 4 | 20 | 51 | 25 | 5,754 | 54 | 26 | 20 |
| 7,176 | 12 | 24 | 43 | 20 | 7,176 | 25 | 9 | 66 |
| 4,470 | 0 | 2 | 56 | 42 | 4,470 | 1 | 99 | 0 |
| 7,471 | 8 | 53 | 28 | 11 | 7,471 | 4 | 20 | 76 |
| 5,108 | 5 | 31 | 45 | 20 | 5,108 | 70 | 18 | 13 |
| 4,309 | 14 | 16 | 31 | 39 | 4,309 | 46 | 43 | 12 |
| 4,592 | 6 | 19 | 38 | 37 | 4,592 | 77 | 16 | 8 |
| 3,322 | 4 | 16 | 36 | 43 | 3,322 | 50 | 39 | 11 |
| 4,043 | 1 | 41 | 43 | 15 | 4,043 | 88 | 9 | 3 |
| 1,960 | 5 | 20 | 50 | 25 | 1,960 | 78 | 14 | 8 |
| 1,409 | 5 | 13 | 36 | 45 | 1,409 | 50 | 40 | 10 |
| 5,512 | 8 | 20 | 39 | 33 | 5,512 | 48 | 42 | 10 |
| 2,128 | 11 | 23 | 23 | 43 | 2,128 | 40 | 43 | 17 |
| 4,912 | 11 | 21 | 30 | 39 | 4,912 | 54 | 37 | 9 |
| 3,050 | 5 | 25 | 30 | 40 | 3,050 | 54 | 33 | 13 |

둔촌1동에 사는 사람은 100%가 아파트에 살고, 강일동과 암사4동 가구의 4분의 3 이상이 단독주택에 산다. 강일동 가구의 22%는 주택 이외의 거처에 산다.

동네에서 절반 이상이 아파트로 나타났다. 반면 강일동 거처의 68%는 단독주택이고, 암사1동 거처의 36%는 다세대주택이며, 강일동과 천호2동은 20% 이상이 주택 이외의 거처다.

강동구 100가구 가운데 43가구는 단독주택에, 41가구는 아파트에 산다. 9가구는 다세대주택에, 3가구는 연립주택에 산다. 또 2가구는 비거주용 건물 내 주택에, 다른 2가구는 오피스텔 등 주택 이외의 거처에 산다.

둔촌1동에 사는 사람은 모두 아파트에 산다. 명일2동은 82%가, 명일1동·상일동은 70% 이상이, 고덕1동·암사2동·암사3동에서는 60% 이상이 아파트에 산다.

반면 암사4동·강일동·암사1동·천호4동·성내2동에 사는 사람의 70% 이상이 단독주택에 산다. 천호1동과 2동 그리고 3동은 60% 이상이, 고덕2동과 성내3동은 50% 이상이 단독주택에 산다.

성내1동에 사는 사람의 22%, 성내3동의 17%, 길1동과 암사1동의 15%는 다세대주택에 산다. 강일동에 사는 사람의 22%, 천호2동의 10%, 천호3동의 9%는 주택 이외의 거처에 산다.

지난 10년 동안 아파트와 다세대주택은 35%와 306%가 늘어난 반면, 단독주택은 10%, 연립주택은 56%가 줄었다. 이에 따라 전체 주택(주택 이외의 거처 제외)에서 차지하는 비중도 아파트는 58%에서 64%로, 다세대주택은 4%에서 14%로 증가했다. 반면 단독주택은 21%에서 16%로, 연립주택은 14%에서 5%로 줄었다.

크기별로는 29평 이상이 25채, 19~29평이 39채, 14~19평이 27채이며, 14평 미만은 9채가 있다. 암사1동과 4동, 명일2동, 천호2동과 4동에 있는 주택의 40% 이상이 29평 이상 넓은 집이다. 반면 고덕1

동과 강일동은 주택의 35%와 29%가 14평 미만이다.

　39채는 지은 지 10년(1995~2005년)이 안 된 새집이며, 지은 지 20년이 넘은 낡은 집은 33채로 조만간 재개발·재건축 대상 주택이 될 전망이다. 2005년 기준으로 둔촌동에 있는 집은 모두 지은 지 20년이 넘었다. 상일동과 강일동, 고덕2동 주택의 70% 이상, 고덕1동과 명일1동 주택의 60% 이상, 길2동 주택의 45%도 20년이 넘었다. 반면 암사2동 주택의 88%, 암사3동·성내1동·성내3동 주택의 70% 이상이 지은 지 10년이 채 안 된 새집이다.

## 강동구에서 지하 방에 사는 사람 :
## 암사1동·4동, 천호4동, 성내2동
## 20% 이상 (반)지하에 거주

강동구에 사는 14만2,900가구를 100가구로 친다면 그 중 9가구는 식구에 비해 집이 너무 좁거나 시설이 제대로 갖춰지지 않아 인간다운 품위를 지키기 어려운 최저 주거 기준 미달 가구다.

　또 100가구 가운데 86가구는 지상에 살지만, 13가구는 (반)지하에 살고, 1가구는 옥탑방에 산다. 암사4동에 사는 사람의 25%는 (반)지하 방에 산다. 암사1동·성내2동·천호4동에서도 동네 사람의 20% 이상이 (반)지하 방에 산다. 또 고덕2동·천호1동·천호2동·천호3동·성내3동·길2동·둔촌2동·길1동에서도 10%가 넘었다. 둔촌1동을 제외한 나머지 8개 동네도 1~9%가 (반)지하 방에 산다. 강일동에 사는 사람의 22%는 판잣집·비닐집·움막에서 산다.

표 2_3.11

# 서울시 강동구 (반)지하 등 거주 가구

(단위 : 가구, %)

| 행정구역 | (반)지하 | | 옥탑 | | 판잣집·움막·비닐집 | | 기타 |
|---|---|---|---|---|---|---|---|
| | 가구 | 비중 | 가구 | 비중 | 가구 | 비중 | 가구 |
| 강동구 | 18,824 | 13 | 985 | 1 | 215 | – | 74 |
| 강일동 | 3 | 1 | 2 | – | 92 | 22 | – |
| 고덕1동 | 617 | 9 | 46 | 1 | – | – | – |
| 고덕2동 | 1,218 | 19 | 48 | 1 | 43 | – | 3 |
| 길1동 | 754 | 10 | 50 | 1 | – | – | – |
| 길2동 | 937 | 11 | 52 | 1 | 10 | – | – |
| 둔촌1동 | – | – | – | – | 5 | – | 5 |
| 둔촌2동 | 910 | 11 | 64 | 1 | 13 | – | 3 |
| 명일1동 | 404 | 5 | 19 | – | – | – | – |
| 명일2동 | 229 | 4 | 23 | – | 3 | – | 2 |
| 상일동 | 407 | 5 | 22 | – | 47 | 1 | 26 |
| 성내1동 | 498 | 8 | 43 | 1 | – | – | – |
| 성내2동 | 2,258 | 22 | 166 | 2 | – | – | 1 |
| 성내3동 | 921 | 12 | 56 | 1 | – | – | – |
| 암사1동 | 1,973 | 24 | 50 | 1 | – | – | 2 |
| 암사2동 | 395 | 8 | 19 | – | 1 | – | – |
| 암사3동 | 212 | 9 | 6 | – | – | – | 1 |
| 암사4동 | 872 | 25 | 24 | 1 | – | – | – |
| 천호1동 | 2,065 | 19 | 71 | 1 | – | – | – |
| 천호2동 | 977 | 18 | 65 | 1 | – | – | 1 |
| 천호3동 | 1,637 | 16 | 90 | 1 | 1 | – | 29 |
| 천호4동 | 1,537 | 21 | 69 | 1 | – | – | 1 |

암사4동 가구의 25%는 (반)지하에 살고 강일동 가구의 22%는 비닐집 등에 산다.

강동구 100가구 가운데 거실이나 부엌을 각각 1개의 방으로 쳐서 방 3개 이하에서 셋방살이를 떠도는 가구는 34가구에 달하지만, 가구 수 대비 공공 임대주택은 전체 가구 수 대비 1채가 채 안 된다. 좁디좁은 집에서 셋방살이를 떠도는 서민들의 고달픔을 풀려면 공공 임대주택을 성실하게 늘려 가야 하는 것이다.

## 강동구 유권자가 100명이라면

정당 지지도를 알 수 있는 최근 네 차례 선거(제3~4회 동시지방선거, 17~18대 총선)를 기준으로 강동구의 선거권자는 35만~36만 명이며, 평균 투표율은 50%다.

강동구 유권자가 100명이라면 2002년 제3회 동시지방선거에서는 55명이 한나라당을 찍었고, 35명은 새천년민주당, 5명은 민주노동당, 2명은 자민련, 3명은 나머지 정당을 각각 지지했다. 2004년 총선에서는 38명이 열린우리당을, 37명은 한나라당을 각각 지지했으며, 12명은 민주노동당을, 8명은 새천년민주당을, 2명은 자민련을 각각 찍었다.

2006년 동시지방선거에서는 61명이 한나라당을 선택한 가운데, 20명은 열린우리당을, 9명은 민주노동당을, 다른 9명은 민주당을, 1명은 국민중심당을 지지했다. 2008년 총선에서는 40명이 한나라당을 찍었고 26명은 통합민주당을, 11명은 친박연대를, 5명은 자유선진당을, 4명은 진보신당을, 다른 4명은 민주노동당을 찍었으며, 또 다른 4명은 창조한국당을 각각 지지했다.

이 네 차례 선거에서 동네별 투표율은 항상 둔촌1동에서 가장 높았다. 명일2동과 명일1동, 상일동과 암사2동에서도 상대적으로 투표를 많이 했다. 반면 암사1동은 항상 투표율이 낮았다. 천호3동과 천호2동, 천호1동과 천호4동에서도 상대적으로 투표율이 낮았다. 둔촌1동과 암사1동의 투표율 격차는 최소 17%에서 최고 18%였다.

한나라당 득표율은 명일2동과 둔촌1동에서 항상 가장 높았다. 또 명일1동·둔촌2동·상일동에서도 상대적으로 높았다. 반면 천호4동과 천호2동, 암사1동과 천호3동에서 한나라당 득표율은 대체로 가장 낮았다. 명일2동과 천호2동에서 한나라당 득표율 격차는 최소 14%에서 최고 17%까지 벌어졌다.

이 네 차례 선거에서 민주(＋열린우리)당 득표율은 천호4동에서 가장 높았다. 천호2동과 천호3동, 성내2동도 항상 상위권을 유지했다. 반면 명일2동과 둔촌1동은 가장 낮았고, 명일1동과 상일동, 둔촌2동도 하위권을 맴돌았다. 천호4동과 둔촌1동의 득표율 격차는 최소 10%에서 최고 16%까지 벌어졌다.

민주노동당과 진보신당의 득표율은 암사2동과 고덕1동에서 상대적으로 높았다.

그림 2_3.7

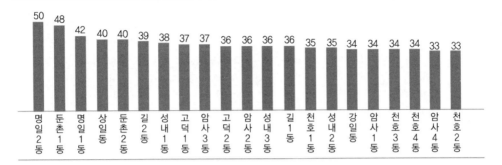

서울시 강동구 동네별 한나라당 득표율

2004년 총선(단위 : %)

그림 2_3.8

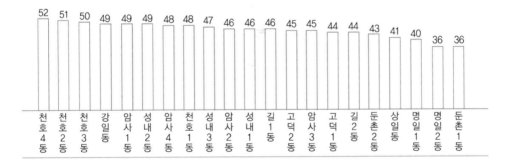

서울시 강동구 동네별 민주(＋열린우리)당 득표율

2004년 총선(단위 : %)

표 2_3.12

# 서울시 강동구 역대 선거 투표율과 정당 지지율

2002~2008년(단위 : 명, %)

| 행정구역 | 2002년 지방선거 | | | | | | | 2004년 총선 | | | | | | | |
|---|---|---|---|---|---|---|---|---|---|---|---|---|---|---|---|
| | 선거인 수 | 투표율 | 한나라당 | 새천년민주당 | 자민련 | 민주노동당 | 기타정당 | 선거인 수 | 투표율 | 한나라당 | 새천년민주당 | 열린우리당 | 자민련 | 민주노동당 | 기타정당 |
| 강동구 | 352,701 | 44 | 55 | 35 | 2 | 5 | 3 | 353,627 | 63 | 37 | 8 | 38 | 2 | 12 | 3 |
| 강일동 | 3,879 | 42 | 52 | 38 | 3 | 4 | 3 | 4,356 | 58 | 34 | 9 | 41 | 2 | 11 | 4 |
| 고덕1동 | 16,813 | 44 | 56 | 34 | 2 | 6 | 2 | 16,509 | 66 | 37 | 7 | 37 | 2 | 15 | 3 |
| 고덕2동 | 15,189 | 44 | 55 | 34 | 2 | 6 | 3 | 14,905 | 64 | 36 | 7 | 38 | 2 | 14 | 3 |
| 길1동 | 15,662 | 42 | 52 | 38 | 2 | 5 | 2 | 16,466 | 61 | 36 | 8 | 39 | 2 | 13 | 2 |
| 길2동 | 18,423 | 44 | 57 | 34 | 2 | 5 | 2 | 19,656 | 65 | 39 | 7 | 37 | 2 | 13 | 3 |
| 둔촌1동 | 14,556 | 55 | 63 | 27 | 2 | 6 | 3 | 14,637 | 73 | 48 | 7 | 29 | 2 | 12 | 2 |
| 둔촌2동 | 20,665 | 44 | 59 | 31 | 2 | 6 | 2 | 21,307 | 63 | 40 | 8 | 35 | 2 | 12 | 3 |
| 명일1동 | 20,560 | 50 | 60 | 30 | 2 | 5 | 3 | 20,716 | 68 | 42 | 7 | 33 | 2 | 12 | 4 |
| 명일2동 | 13,713 | 53 | 67 | 26 | 2 | 3 | 2 | 13,598 | 72 | 50 | 7 | 29 | 2 | 9 | 3 |
| 상일동 | 21,774 | 48 | 58 | 31 | 2 | 6 | 3 | 21,657 | 68 | 40 | 6 | 35 | 2 | 14 | 2 |
| 성내1동 | 14,672 | 46 | 57 | 34 | 2 | 5 | 2 | 16,090 | 65 | 38 | 8 | 38 | 2 | 12 | 2 |
| 성내2동 | 20,829 | 39 | 52 | 38 | 3 | 5 | 2 | 21,377 | 57 | 35 | 9 | 40 | 2 | 12 | 2 |
| 성내3동 | 16,811 | 41 | 54 | 37 | 2 | 5 | 2 | 17,781 | 59 | 36 | 9 | 38 | 2 | 12 | 3 |
| 암사1동 | 17,396 | 37 | 51 | 38 | 3 | 5 | 2 | 18,234 | 56 | 34 | 8 | 41 | 2 | 13 | 3 |
| 암사2동 | 12,511 | 47 | 54 | 36 | 2 | 6 | 2 | 12,314 | 67 | 36 | 7 | 38 | 2 | 15 | 2 |
| 암사3동 | 10,379 | 43 | 54 | 36 | 2 | 6 | 2 | 8,788 | 60 | 37 | 7 | 37 | 2 | 14 | 2 |
| 암사4동 | 11,826 | 40 | 52 | 37 | 3 | 6 | 2 | 8,413 | 54 | 33 | 8 | 41 | 2 | 14 | 3 |
| 천호1동 | 24,661 | 38 | 54 | 36 | 3 | 5 | 2 | 25,482 | 57 | 35 | 9 | 40 | 2 | 12 | 3 |
| 천호2동 | 12,805 | 38 | 51 | 39 | 2 | 5 | 2 | 11,774 | 56 | 33 | 10 | 41 | 2 | 12 | 2 |
| 천호3동 | 22,917 | 37 | 52 | 40 | 2 | 4 | 2 | 22,909 | 55 | 34 | 10 | 40 | 2 | 12 | 2 |
| 천호4동 | 17,015 | 39 | 50 | 40 | 3 | 5 | 3 | 17,164 | 57 | 34 | 11 | 41 | 2 | 11 | 2 |

| 2006년 지방선거 | | | | | | | 2008년 총선 | | | | | | | | | |
|---|---|---|---|---|---|---|---|---|---|---|---|---|---|---|---|---|
| 선거인 수 | 투표율 | 열린우리당 | 한나라당 | 민주당 | 민주노동당 | 기타정당 | 선거인 수 | 투표율 | 통합민주당 | 한나라당 | 자유선진당 | 민주노동당 | 창조한국당 | 친박연대 | 진보신당 | 기타정당 |
| 356,774 | 49 | 20 | 61 | 9 | 9 | 1 | 363,743 | 44 | 26 | 40 | 5 | 4 | 4 | 11 | 4 | 6 |
| 1,000 | 47 | 18 | 59 | 14 | 6 | 2 | 455 | 38 | 23 | 44 | 7 | 1 | 5 | 10 | 4 | 7 |
| 14,899 | 51 | 20 | 62 | 9 | 9 | 1 | 15,311 | 46 | 26 | 37 | 7 | 3 | 4 | 11 | 5 | 8 |
| 15,350 | 49 | 18 | 62 | 9 | 9 | 1 | 15,204 | 43 | 24 | 39 | 7 | 3 | 4 | 12 | 4 | 6 |
| 19,058 | 44 | 20 | 60 | 10 | 9 | 1 | 19,933 | 40 | 27 | 39 | 7 | 3 | 4 | 11 | 4 | 5 |
| 20,628 | 48 | 19 | 63 | 8 | 9 | 1 | 21,115 | 43 | 24 | 38 | 6 | 3 | 4 | 12 | 4 | 8 |
| 15,004 | 60 | 13 | 70 | 7 | 10 | 1 | 15,213 | 53 | 22 | 47 | 4 | 3 | 4 | 12 | 4 | 3 |
| 20,904 | 50 | 19 | 63 | 8 | 10 | 1 | 21,194 | 46 | 25 | 42 | 4 | 4 | 4 | 11 | 3 | 5 |
| 21,665 | 55 | 18 | 65 | 8 | 8 | 1 | 21,856 | 48 | 20 | 38 | 5 | 2 | 4 | 11 | 4 | 14 |
| 14,201 | 58 | 15 | 71 | 7 | 6 | 1 | 14,516 | 51 | 18 | 44 | 6 | 2 | 4 | 13 | 4 | 10 |
| 21,999 | 54 | 17 | 65 | 8 | 9 | 1 | 21,947 | 46 | 23 | 40 | 6 | 2 | 4 | 12 | 5 | 6 |
| 16,435 | 50 | 20 | 61 | 9 | 10 | 1 | 16,485 | 45 | 27 | 41 | 5 | 4 | 5 | 12 | 4 | 3 |
| 22,221 | 44 | 21 | 57 | 12 | 9 | 1 | 22,591 | 40 | 30 | 40 | 4 | 4 | 4 | 11 | 3 | 3 |
| 19,556 | 45 | 20 | 58 | 11 | 9 | 1 | 19,775 | 42 | 29 | 39 | 4 | 4 | 5 | 11 | 3 | 5 |
| 18,801 | 42 | 21 | 57 | 12 | 9 | 1 | 18,783 | 36 | 29 | 39 | 6 | 3 | 4 | 11 | 3 | 5 |
| 12,231 | 53 | 20 | 60 | 9 | 10 | 1 | 12,190 | 45 | 27 | 37 | 5 | 3 | 5 | 12 | 5 | 4 |
| 6,263 | 55 | 19 | 64 | 8 | 8 | 1 | 6,296 | 46 | 23 | 42 | 5 | 2 | 4 | 12 | 5 | 6 |
| 8,496 | 42 | 21 | 60 | 10 | 8 | 1 | 12,351 | 43 | 25 | 40 | 6 | 3 | 4 | 12 | 4 | 6 |
| 25,761 | 43 | 19 | 59 | 12 | 8 | 1 | 26,028 | 40 | 28 | 39 | 4 | 4 | 4 | 11 | 3 | 7 |
| 12,205 | 44 | 20 | 56 | 12 | 10 | 2 | 12,894 | 38 | 31 | 40 | 4 | 5 | 4 | 10 | 3 | 4 |
| 23,690 | 42 | 20 | 58 | 12 | 9 | 1 | 24,350 | 38 | 30 | 39 | 4 | 4 | 4 | 11 | 3 | 5 |
| 17,549 | 44 | 20 | 57 | 13 | 9 | 1 | 17,714 | 39 | 32 | 39 | 4 | 5 | 4 | 10 | 3 | 4 |

투표율은 둔촌1동에서 가장 높았다. 한나라당은 명일2동에서, 민주(+열린우리)당은 천호4동에서 상대적으로 득표율이 높았다.

강북구에는 2005년 현재 17개 동에 있는 주택 7만6,800채와 오피스텔 4백 채 등 거처
7만7,300곳에 33만9천 명이 살고 있다.
서울시 강북구가 100명이 사는 마을이라면 어떤 모습일까?

## 숫자 100으로 본 강북구

강북구에 사는 사람은 서울시 평균인에 비해 대학 이상 학력자나 종
교 인구 비중이 낮고 종교 중에는 불교 신자 비중이 더 높다. 자영업
자 비중이 약간 높고 사업주 비중은 낮다. 직업별로는 서울시 평균에
비해 고위 관리직과 전문직은 더 적은 반면 기능직과 장치 기계 조작,
단순 노무직은 좀 더 많고, 통근 시간도 길다.

　1인 가구 비중은 상대적으로 낮은 반면 2~3인 가구와 6인 이상 가
구 비중은 높다. 서울시 평균과 마찬가지로 절반이 무주택자인데, 거
주 기간은 상대적으로 긴 편이다. 아파트 비중은 31%로 상대적으로
낮은 반면 다세대주택은 20%로 더 많고, 소형 주택도 가장 많은 구에
속한다. (반)지하 등에 사는 가구도 서울시 평균 이상으로 많다.

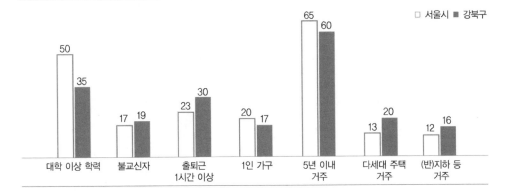

**그림 2_3.9**

# 서울시와 강북구 주요 지수 평균 비교

(단위 : %)

□ 서울시 ■ 강북구

| 대학 이상 학력 | 불교신자 | 출퇴근 1시간 이상 | 1인 가구 | 5년 이내 거주 | 다세대 주택 거주 | (반)지하 등 거주 |
|---|---|---|---|---|---|---|
| 50 / 35 | 17 / 19 | 23 / 30 | 20 / 17 | 65 / 60 | 13 / 20 | 12 / 16 |

최근 7년간(2002~2008년) 강북구에서 한나라당은 32~52%를, 민주 (＋열린우리)당은 32~50%를, 민주노동당＋진보신당은 7~13%를 각각 얻었다. 하지만 동네별로는 차이가 컸다.


**강북구 인구가 100명이라면 :**

**종교 인구 53%, 대학 이상 학력자 35%**


강북구 인구 33만9천 명을 100명으로 친다면 남자 대 여자의 수는 49 대 51로 여자가 약간 많다. 22명은 어린이와 청소년이고(19살 미만), 78명은 어른이다. 어른 가운데 9명은 노인(65세 이상)이다.

지역적으로는 미아6.7동에는 9명이 산다. 미아3동·수유1동·수유2동·수유3동·번3동엔 7명씩 살고, 번1동·번2동·수유4동엔 6명씩 산다. 미아4동·미아8동·미아9동·수유5동·수유6동엔 5명씩 살고, 미아1동·미아2동·미아5동엔 4명씩 산다.

종교를 보면 22명은 개신교, 19명은 불교, 12명은 천주교 신자다. 46명은 종교를 갖고 있지 않다. 동네 사람 중 종교 인구 비중은 수유4동이 59%로 가장 높았고, 미아5동은 동네 사람의 52%가 종교를 갖고 있지 않은 것으로 나타났다. 개신교는 수유6동에서 불교와 천주교는 수유4동에서 신자 비율이 가장 높다.

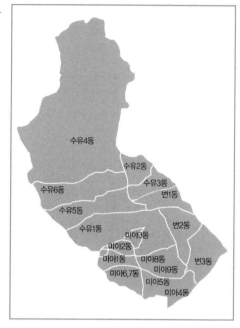

학력은 어떨까. 35명이 대학 이상의 학력을 갖고 있는데, 이 중 8명은 대학에 재학 중이고 2명은 석사과정 이상의 공부를 하였다(19세 이상 기준). 대학 이상 학력자 비중은 미아6,7동이 45%로 가장 높았다.

33명은 미혼이며, 67명은 결혼했다. 결혼한 사람 가운데 7명은 남편이나 아내가 먼저 사망했고 4명은 이혼했다(15세 이상 기준). 5명은 몸이 불편하거나 정신 장애로 정상적인 활동에 제약을 느끼고 있다.

거주 기간을 보면, 42명은 현재 살고 있는 집에 산 지 5년이 넘었으나 58명은 5년 이내에 새로 이사 왔다(5살 이상 기준). 이사 온 사람 중 36명은 강북구 안의 다른 동에서, 15명은 서울 안의 다른 구에서, 7명은 서울 바깥에서 이사 왔다.

표 2_3.13

# 서울시 강북구 성별·종교별·학력별 인구

(단위 : 명, %)

| 행정구역 | 남녀/외국인 | | | | 종교 인구 | | | | | | | 대학 이상 학력 인구 | | | | | | |
|---|---|---|---|---|---|---|---|---|---|---|---|---|---|---|---|---|---|---|
| | 총인구 | 남자 | 여자 | 외국인 | 인구수 (내국인) | 종교 있음 | | | | | 종교 없음 | 19세 이상 인구 | 계 | 4년제 미만 | | 4년제 이상 | | 대학원 이상 |
| | | | | | | 계 | 불교 | 개신교 | 천주교 | 기타 | | | | 계 | 재학 | 계 | 재학 | |
| 강북구 | 339,147 | 49 | 51 | 0 | 338,422 | 53 | 19 | 22 | 12 | 1 | 46 | 264,738 | 35 | 12 | 3 | 21 | 5 | 2 |
| 미아1동 | 14,988 | 51 | 49 | 0 | 14,954 | 53 | 17 | 24 | 10 | 1 | 47 | 11,505 | 37 | 12 | 3 | 22 | 5 | 3 |
| 미아2동 | 14,029 | 51 | 49 | 0 | 13,994 | 50 | 18 | 20 | 11 | 1 | 49 | 10,989 | 26 | 12 | 3 | 13 | 3 | 2 |
| 미아3동 | 23,690 | 50 | 50 | 0 | 23,618 | 52 | 19 | 23 | 10 | 1 | 48 | 18,863 | 33 | 12 | 2 | 19 | 5 | 2 |
| 미아4동 | 18,247 | 49 | 51 | 0 | 18,200 | 50 | 20 | 19 | 10 | 1 | 49 | 14,421 | 36 | 12 | 2 | 22 | 5 | 2 |
| 미아5동 | 15,059 | 50 | 50 | 0 | 15,021 | 48 | 20 | 18 | 10 | 1 | 52 | 11,780 | 30 | 12 | 3 | 16 | 4 | 2 |
| 미아6.7동 | 31,862 | 50 | 50 | 0 | 31,821 | 52 | 16 | 23 | 12 | 1 | 46 | 23,441 | 45 | 11 | 2 | 29 | 5 | 5 |
| 미아8동 | 16,170 | 50 | 50 | 0 | 16,110 | 51 | 19 | 20 | 11 | 1 | 49 | 12,849 | 28 | 11 | 3 | 15 | 4 | 1 |
| 미아9동 | 17,618 | 49 | 51 | 0 | 17,598 | 53 | 19 | 22 | 11 | 1 | 45 | 13,885 | 33 | 13 | 3 | 17 | 4 | 2 |
| 번1동 | 20,291 | 48 | 52 | 0 | 20,227 | 51 | 20 | 20 | 10 | 1 | 48 | 16,057 | 33 | 12 | 2 | 19 | 4 | 2 |
| 번2동 | 21,439 | 50 | 50 | 0 | 21,396 | 51 | 17 | 23 | 11 | 1 | 48 | 16,601 | 31 | 12 | 3 | 17 | 4 | 2 |
| 번3동 | 22,914 | 48 | 52 | 0 | 22,880 | 54 | 16 | 24 | 13 | 1 | 46 | 18,036 | 32 | 12 | 2 | 17 | 4 | 2 |
| 수유1동 | 22,821 | 50 | 50 | 0 | 22,788 | 55 | 21 | 20 | 12 | 1 | 42 | 17,622 | 31 | 12 | 3 | 18 | 4 | 2 |
| 수유2동 | 23,028 | 49 | 51 | 0 | 22,994 | 59 | 19 | 24 | 15 | 1 | 41 | 18,041 | 42 | 10 | 2 | 28 | 6 | 4 |
| 수유3동 | 23,145 | 49 | 51 | 0 | 23,099 | 53 | 20 | 19 | 12 | 1 | 47 | 18,797 | 35 | 13 | 3 | 19 | 4 | 2 |
| 수유4동 | 20,814 | 50 | 50 | 0 | 20,782 | 59 | 22 | 20 | 16 | 1 | 39 | 16,304 | 42 | 12 | 2 | 27 | 6 | 4 |
| 수유5동 | 17,628 | 49 | 51 | 0 | 17,563 | 58 | 21 | 22 | 14 | 1 | 41 | 13,764 | 36 | 13 | 2 | 20 | 4 | 2 |
| 수유6동 | 15,404 | 49 | 51 | 0 | 15,377 | 57 | 19 | 26 | 11 | 1 | 43 | 11,783 | 40 | 11 | 2 | 26 | 5 | 3 |

수유2동과 4동은 종교 인구 비중이 가장 높고, 미아5동은 가장 낮다. 불교는 수유4동, 개신교는 수유6동, 천주교는 수유4동에 신자 수가 많다. 대학 이상 학력자 비중은 미아6.7동에서 가장 높고 미아2동에서 가장 낮다.

# 강북구에 사는 취업자가 100명이라면 :
# 출퇴근 1시간 이상이 31명

강북구에 사는 15세 이상 인구 27만9천 명 가운데 취업해 직장에 다니는 사람(취업자)은 13만7천 명이다. 강북구의 취업자가 100명이라면 55명은 30~40대, 21명은 20대이며, 17명은 50대다. 65세 이상 노인 3명도 일하고 있다.

회사에서 봉급을 받고 일하는 직장인은 73명이다. 17명은 고용한 사람 없이 혼자서 일하는 자영업자이며, 6명은 누군가를 고용해 사업체를 경영하는 사업주다. 4명은 가족이 운영하는 사업체에서 보수 없이 일하고 있다.

직업은 사무직이 18명, 판매직과 기능직이 각 15명, 서비스직이 12명이다. 단순 노무직은 11명 전문가는 10명이며, 기술직 및 준전문가는 9명이다. 또 7명은 장치 기계 조작 및 조립직, 3명은 고위 관리직으로 일하고 있다. 강북구는 서울에서 기능직 비율이 가장 높고, 단순 노무직 비율도 중랑구와 함께 가장 높다.

직장으로 출근하는 데 30분 이상 걸리는 사람은 66명으로, 그 가운데 31명은 1시간 이상 걸린다. 20명은 걸어서 출근하고 80명은 교통수단을 이용해 출근한다. 80명 가운데 22명은 시내버스로, 21명은 전철로, 20명은 자가용으로, 1명은 통근 버스로, 다른 1명은 자전거로 출근한다. 12명은 전철과 버스 또는 승용차를 갈아타며 출근한다. 강북구는 출퇴근 시간이 1시간 이상 걸리는 취업자 비중이 노원구, 도봉구에 이어 세 번째로 높다.

82명은 사무실이나 공장 등에서 일하는 반면, 13명은 야외나 거리 또는 운송 수단에서 일한다. 2명은 자기 집에서, 3명은 남의 집에서 일한다.


## 강북구에 100가구가 산다면 : 52가구 셋방에

강북구에는 11만2,700가구가 산다(일반 가구 기준). 강북구에 사는 가구를 100가구로 친다면 38가구는 식구가 한 명 또는 두 명인 1, 2인 가구이며, 이 가운데 17가구는 나 홀로 사는 1인 가구다. 식구 4명은 27가구, 3명은 24가구, 5명은 8가구다. 1인 가구 비중이 20%가 넘는 곳은 번1동 28%를 비롯해 7개 동네였다.

46가구는 자신이 소유한 집에서 살고, 52가구는 셋방에 살며, 2가구는 직장의 사택이나 친척집 등에서 무상으로 살고 있다. 자기 집에 사는 가구 중 5가구는 현재 살고 있는 집 외에 최소 한 채에서 여러 채를 소유한 다주택자들이다.

셋방 사는 가구 가운데 32가구는 전세에, 18가구는 보증금 있는 월세에, 1가구는 보증금 없는 월세 또는 사글세에 살고 있다. 셋방 사는 가구 중 3가구는 어딘가에 자신 명의의 집을 소유하고 있으나 경제 사정이나 자녀 교육, 직장 등의 사정으로 셋방에 살고 있다.

60가구는 현재 사는 집으로 이사 온 지 5년이 안 되며, 이 가운데 29가구는 2년이 안 된다. 19가구는 5~10년이 됐고, 21가구는 10년이 넘었다. 강북구는 서울에서 10년 이상 거주자 비중이 가장 높은 반면, 이사 온 지 2년이 채 안 되는 사람의 비중은 중구, 노원구와 함

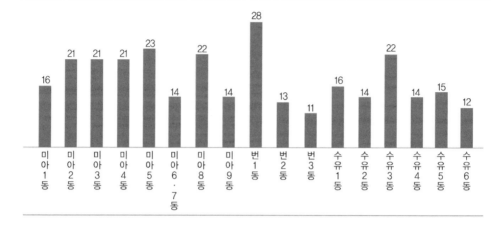

그림 2_3.10

## 서울시 강북구 동네별 1인 가구

(단위 : %)

께 가장 낮은 곳에 속한다.

45가구는 자동차를 소유하고 있고 이 가운데 29가구는 자기 집에 전용 주차장이 있다. 자동차 소유 가구 중 4가구는 차를 2대 이상 소유하고 있다.


**집 많은 사람, 집 없는 사람 :**
**수유4동·6동 63% 주택 소유, 번1동 63% 무주택**

강북구에 사는 가구의 절반은 주택 소유자고 절반은 무주택자이지만, 동네별로는 차이가 있다. 17개 동네 가운데 7곳은 주택 소유자가

표 2_3.14

# 서울시 강북구의 다주택자

(단위 : 가구, 호)

| 구분 | | | 가구 수 | 주택 수 | 평균 주택 수 |
|---|---|---|---|---|---|
| 일반 가구 | | | 112,719 | – | – |
| 자가 가구 | | | 52,516 | – | – |
| 다주택 가구 | 통계청 | | 5,495 | – | – |
| | 행자부 | 계 | 3,468 | 8,745 | 3 |
| | | 2채 | 2,837 | 5,674 | 2 |
| | | 3채 | 326 | 978 | 3 |
| | | 4채 | 105 | 420 | 4 |
| | | 5채 | 46 | 230 | 5 |
| | | 6~10채 | 116 | 843 | 7 |
| | | 11채 이상 | 38 | 600 | 16 |

더 많다. 수유4동과 수유6동 가구의 63%가 주택 소유자인 것을 비롯해 미아9동 60%, 번2동 56%, 수유5동 55%, 수유1동 53%도 주택 소유자다. 반면 번1동 가구의 63%, 미아5동 가구의 62%를 비롯해 10개 동네에서는 무주택자가 절반이 넘었다.

강북구에 사는 가구 중 평균 5%가 집을 두 채 이상 소유한 다주택자인데, 수유2동과 4동 가구의 8%를 기록했을 뿐 10% 이상인 동네는 없다. 번1동·미아2동·미아5동은 3%로 가장 낮다.

강북구에 사는 주택 소유자 50% 중 3%는 자기 집이 있지만 경제 사정이나 자녀 교육, 직장 등의 사정으로 셋방에 살고 47%는 자기 집에 산다. 자기 집에 사는 가구가 50%가 넘는 곳은 수유6동 60%를 비롯해 7개 동네다.

강북구에 사는 가구 중 유주택 전월세 가구 3%를 포함해 52%가

표 2_3.15

# 서울시 강북구 주택의 점유·소유 형태별 가구

(단위 : 가구, %)

| 행정구역 | 전체 가구 | 자기 집에 거주 | | | 셋방에 거주 | | | 무상으로 거주 | | 주택 소유 | 무주택 |
|---|---|---|---|---|---|---|---|---|---|---|---|
| | | 계 | 집 한 채 | 집 여러 채 | 계 | 집 없음 | 집 있음 | 집 없음 | 집 있음 | | |
| 강북구 | 112,719 | 47 | 42 | 5 | 52 | 48 | 3 | 1 | 0 | 50 | 50 |
| 미아1동 | 4,911 | 41 | 36 | 5 | 58 | 54 | 4 | 1 | 0 | 45 | 55 |
| 미아2동 | 4,809 | 42 | 40 | 3 | 55 | 53 | 3 | 2 | 0 | 45 | 55 |
| 미아3동 | 8,128 | 46 | 42 | 4 | 52 | 49 | 3 | 2 | 0 | 49 | 51 |
| 미아4동 | 6,217 | 41 | 35 | 6 | 57 | 53 | 4 | 2 | 0 | 45 | 55 |
| 미아5동 | 5,309 | 34 | 31 | 3 | 64 | 60 | 4 | 1 | 0 | 38 | 62 |
| 미아6.7동 | 10,126 | 41 | 35 | 7 | 57 | 51 | 6 | 1 | 0 | 48 | 52 |
| 미아8동 | 5,670 | 39 | 35 | 4 | 59 | 56 | 3 | 2 | 0 | 43 | 57 |
| 미아9동 | 5,512 | 58 | 53 | 5 | 41 | 39 | 2 | 1 | 0 | 60 | 40 |
| 번1동 | 7,589 | 35 | 32 | 3 | 64 | 61 | 2 | 2 | 0 | 37 | 63 |
| 번2동 | 6,917 | 54 | 49 | 4 | 44 | 42 | 2 | 2 | 0 | 56 | 44 |
| 번3동 | 7,298 | 45 | 40 | 4 | 55 | 52 | 2 | 0 | 0 | 47 | 53 |
| 수유1동 | 7,341 | 50 | 47 | 4 | 48 | 46 | 2 | 1 | 0 | 53 | 47 |
| 수유2동 | 7,426 | 57 | 49 | 8 | 42 | 37 | 5 | 1 | 0 | 61 | 39 |
| 수유3동 | 8,178 | 41 | 38 | 4 | 57 | 54 | 3 | 2 | 0 | 44 | 56 |
| 수유4동 | 6,639 | 59 | 51 | 8 | 39 | 35 | 4 | 2 | 0 | 63 | 37 |
| 수유5동 | 5,794 | 52 | 47 | 5 | 46 | 43 | 3 | 2 | 0 | 55 | 45 |
| 수유6동 | 4,855 | 60 | 54 | 6 | 38 | 35 | 3 | 1 | 0 | 63 | 37 |

수유4동과 6동은 가구의 63%가 주택 소유자인 반면 번1동은 63%가 무주택자다. 수유2동과 4동은 다주택 소유자가 가장 많고, 미아6.7동은 어딘가에 집이 있지만 셋방에 사는 가구가 가장 많다.

셋방에 살고 있다. 번1동과 미아5동 64%를 포함해 10개 동네에서 셋방 사는 가구가 절반이 넘었다.

셋방 사는 가구 중 유주택 전월세를 제외하고 어디에도 집이 없이 셋방을 떠도는 가구는 48%인데, 번1동 61%, 미아5동 60%를 비롯해 미아8동(56%), 미아1동·수유3동(54%) 등 9개 동네에서 50%가 넘었다.

미아6.7동에 사는 가구의 6%, 수유2동 가구의 5%는 어딘가 자신 명의의 집을 소유하고 있지만 경제 사정이나 자녀 교육, 직장 문제 등의 사정으로 남의 집을 떠도는 유주택 전월세가구다. 나머지 동네에서도 2~4%의 가구가 유주택 전월세 가구다.


## 강북구에 있는 집이 100채라면 :
## 아파트 32채, 단독주택 31채, 다세대주택 28채

강북구에는 집(주택과 주택 이외의 거처, 빈집 제외)이 7만7,300채가 있다. 강북구에 있는 집이 100채라면 32채는 아파트고, 31채는 단독주택, 28채는 다세대주택이다. 7채는 연립주택, 1채는 상가 내 거처 등 비거주용 건물 내 주택이고, 1채는 오피스텔을 비롯한 주택 이외의 거처다.

미아5동과 8동에서 사람이 살 수 있는 거처의 65%는 단독주택이다. 미아2동과 번1동, 수유3동에서도 단독주택이 절반을 넘어섰다. 반면 번3동 거처의 94%는 아파트이며, 미아1동 역시 58%가 아파트다. 미아9동 거처의 64%는 다세대주택이다. 번5동, 수유1동·수유4

표 2_3.16

# 서울시 강북구 거처의 종류별·연건평별·건축년도별 주택

**(단위 : 호, 가구, %)**

| 행정구역 | 계 | | 단독주택 | | 아파트 | | 연립주택 | | 다세대주택 | | 비거주용 건물 내 주택 | | 주택 이외의 거처 | | |
|---|---|---|---|---|---|---|---|---|---|---|---|---|---|---|---|
| | 거처 | 가구 | 거처 | 가구 | 거처 | 가구 | 거처 | 가구 | 거처 | 가구 | 거처 | 가구 | 거처 | 가구 | |
| 강북구 | 77,307 | 112,772 | 31 | 51 | 32 | 22 | 7 | 5 | 28 | 20 | 1 | 1 | 1 | 1 | |
| 미아1동 | 3,435 | 4,912 | 31 | 51 | 58 | 40 | 5 | 4 | 5 | 4 | 0 | 1 | 0 | 0 | |
| 미아2동 | 2,887 | 4,810 | 53 | 70 | 0 | 0 | 16 | 10 | 30 | 18 | 1 | 2 | 0 | 0 | |
| 미아3동 | 4,766 | 8,139 | 37 | 62 | 12 | 7 | 10 | 6 | 40 | 23 | 2 | 2 | 0 | 1 | |
| 미아4동 | 3,481 | 6,219 | 41 | 66 | 35 | 20 | 8 | 5 | 12 | 6 | 2 | 2 | 1 | 1 | |
| 미아5동 | 2,655 | 5,309 | 65 | 81 | 8 | 4 | 2 | 1 | 23 | 12 | 2 | 2 | 0 | 0 | |
| 미아6,7동 | 9,330 | 10,128 | 14 | 20 | 75 | 69 | 2 | 2 | 9 | 9 | 0 | 0 | 0 | 0 | |
| 미아8동 | 2,734 | 5,670 | 65 | 81 | 4 | 2 | 2 | 1 | 26 | 12 | 3 | 3 | 0 | 0 | |
| 미아9동 | 3,953 | 5,516 | 31 | 50 | 0 | 0 | 5 | 3 | 64 | 46 | 0 | 1 | 0 | 0 | |
| 번1동 | 3,446 | 7,590 | 59 | 80 | 11 | 5 | 9 | 4 | 13 | 6 | 2 | 2 | 5 | 3 | |
| 번2동 | 6,316 | 6,919 | 6 | 13 | 41 | 37 | 3 | 3 | 50 | 45 | 0 | 1 | 0 | 0 | |
| 번3동 | 7,158 | 7,298 | 1 | 3 | 94 | 92 | 1 | 1 | 3 | 3 | 0 | 1 | 0 | 0 | |
| 수유1동 | 4,879 | 7,349 | 40 | 59 | 3 | 2 | 10 | 7 | 45 | 30 | 1 | 1 | 1 | 0 | |
| 수유2동 | 5,431 | 7,428 | 24 | 44 | 43 | 31 | 4 | 3 | 27 | 20 | 2 | 2 | 0 | 0 | |
| 수유3동 | 4,295 | 8,190 | 52 | 74 | 1 | 0 | 16 | 9 | 26 | 14 | 3 | 2 | 3 | 1 | |
| 수유4동 | 5,077 | 6,643 | 30 | 46 | 14 | 11 | 15 | 12 | 39 | 30 | 1 | 1 | 1 | 1 | |
| 수유5동 | 3,715 | 5,797 | 39 | 60 | 2 | 1 | 12 | 8 | 45 | 29 | 2 | 2 | 0 | 0 | |
| 수유6동 | 3,749 | 4,855 | 25 | 41 | 15 | 12 | 16 | 14 | 43 | 34 | 0 | 0 | 0 | 0 | |

| 연건평별 주택 | | | | | 건축년도별 주택 | | | |
|---|---|---|---|---|---|---|---|---|
| 총 주택 수 | 14평<br>미만 | 14~19평 | 19~29평 | 29평<br>이상 | 총 주택 수 | 1995~<br>2005년 | 1985~<br>1994년 | 1985년<br>이전 |
| 76,840 | 21 | 24 | 31 | 25 | 76,840 | 42 | 42 | 17 |
| 3,431 | 19 | 26 | 29 | 26 | 3,431 | 68 | 16 | 16 |
| 2,884 | 16 | 26 | 36 | 22 | 2,884 | 42 | 28 | 30 |
| 4,754 | 18 | 24 | 29 | 29 | 4,754 | 35 | 50 | 15 |
| 3,437 | 5 | 18 | 36 | 41 | 3,437 | 52 | 26 | 22 |
| 2,654 | 15 | 25 | 21 | 39 | 2,654 | 31 | 36 | 33 |
| 9,327 | 30 | 22 | 33 | 15 | 9,327 | 79 | 12 | 9 |
| 2,733 | 6 | 22 | 27 | 45 | 2,733 | 35 | 31 | 34 |
| 3,948 | 18 | 25 | 35 | 22 | 3,948 | 27 | 52 | 21 |
| 3,267 | 4 | 23 | 27 | 46 | 3,267 | 40 | 38 | 22 |
| 6,312 | 45 | 33 | 16 | 5 | 6,312 | 16 | 81 | 2 |
| 7,154 | 51 | 21 | 26 | 2 | 7,154 | 32 | 68 | 1 |
| 4,851 | 15 | 29 | 28 | 28 | 4,851 | 40 | 36 | 24 |
| 5,429 | 12 | 20 | 37 | 31 | 5,429 | 32 | 55 | 13 |
| 4,185 | 7 | 19 | 30 | 44 | 4,185 | 45 | 33 | 22 |
| 5,018 | 8 | 21 | 45 | 26 | 5,018 | 47 | 31 | 22 |
| 3,711 | 10 | 27 | 32 | 31 | 3,711 | 38 | 38 | 24 |
| 3,745 | 21 | 19 | 39 | 21 | 3,745 | 20 | 63 | 17 |

미아5동과 8동은 가구의 81%가 단독주택에 사는 데 비해 번3동은 92%가 아파트에 산다. 미아9동과 번2동은 절반 가까운 가구가 다세대주택에 산다.

동·수유5동·수유6동, 미아3동에서도 거처 중 다세대주택 비중이 가장 높다.

강북구 100가구 가운데 51가구는 단독주택에, 22가구는 아파트에, 20가구는 다세대주택에, 5가구는 연립주택에 산다. 또 1가구는 비거주용 건물 내 주택에, 다른 1가구는 오피스텔 등 주택 이외의 거처에 산다.

번3동에 사는 사람의 92%는 아파트에 살고 단독주택과 다세대주택에 사는 사람은 각각 3%에 그치고 있다. 미아6.7동 역시 69%가 아파트에 산다. 이 밖에 미아1동 가구의 40%, 번2동 가구의 31%도 아파트에 산다.

반면 다른 동네에서는 단독주택에 사는 사람이 훨씬 많다. 미아5동과 8동에 사는 사람 중 81%는 단독주택에 산다. 번1동 80%, 수유3동 74%, 미아2동 70%, 미아4동 66%, 미아3동 62%, 수유5동 60% 등 12개 동네에서 절반 이상이 단독주택에 살고 있다. 한편 다세대주택에 사는 사람이 많은 동네도 있다. 번2동과 미아9동에 사람 사람의 45~46%는 다세대주택에 산다. 수유1동과 4동, 6동에서도 30% 이상이 다세대주택에 산다.

지난 10년 동안 아파트와 다세대주택은 134%와 114%가 늘어난 반면, 단독주택은 24%가 줄었다. 이에 따라 전체 주택(주택 이외의 거처 제외)에서 차지하는 비중도 아파트는 18%에서 32%로, 다세대주택은 17%에서 29%로 증가했다. 반면 단독주택은 52%에서 31%로, 연립주택은 10%에서 7%로 줄었다.

크기별로는 29평 이상이 25채, 19~29평이 31채, 14~19평이 23채이며, 14평 미만은 21채가 있다. 미아4동과 8동, 번1동과 수유3동에 있는 주택의 40% 이상이 29평이 넘는다. 반면 번2동에 있는 집의 45%는 14평 미만이다.

42채는 지은 지 10년(1995~2005년)이 안 된 새집이며, 지은 지 20년이 넘은 낡은 집은 17채로 조만간 재개발·재건축 대상 주택이 될 전망이다. 미아2동과 8동은 주택의 30% 이상이 지은 지 20년이 넘었다. 반면 미아1동과 6.7동 주택의 70% 정도는 지은 지 10년이 채 안 됐다.


## 강북구에서 지하 방에 사는 사람 : 미아3동·미아5동·미아8동, 번1동, 수유3동 (반)지하 20% 이상

강북구에 사는 11만2,700가구를 100가구로 친다면 그 중 12가구는 식구에 비해 집이 너무 좁거나 시설이 제대로 갖춰지지 않아 인간다운 품위를 지키기 어려운 최저 주거 기준 미달 가구다.

또 100가구 가운데 84가구는 지상에 살지만, 15가구는 (반)지하에 살고, 1가구는 옥탑방에 산다. 강북구는 광진구와 중랑구에 이어 서울 자치구 중 (반)지하에 사는 가구 비중이 세 번째로 높은 곳이다.

미아3동·번1동·미아5동·미아8동·수유3동 등 5개 동네에 사는 사람의 20% 이상이 (반)지하에 산다. 미아4동과 9동, 수유1동과 5동 그리고 6동에서도 (반)지하 방에 사는 사람 비중이 15%가 넘는다. 번3동과 미아6.7동을 제외한 15개 동네 전역에서 (반)지하 방 거주 가구 비율이 10%가 넘었다.

표 2_3.17

# 서울시 강북구 (반)지하 등 거주 가구

(단위 : 가구, %)

| 행정구역 | (반)지하 | | 옥탑 | | 기타 |
|---|---|---|---|---|---|
| | 가구 | 비중 | 가구 | 비중 | 가구 |
| 강북구 | 16,599 | 15 | 1,015 | 1 | 47 |
| 미아1동 | 569 | 12 | 47 | 1 | – |
| 미아2동 | 592 | 12 | 39 | 1 | 2 |
| 미아3동 | 1,670 | 21 | 94 | 1 | – |
| 미아4동 | 1,100 | 18 | 127 | 2 | 1 |
| 미아5동 | 1,049 | 20 | 143 | 3 | – |
| 미아6.7동 | 335 | 3 | 42 | 0 | 1 |
| 미아8동 | 1,158 | 20 | 99 | 2 | 1 |
| 미아9동 | 1,001 | 18 | 31 | 1 | 1 |
| 번1동 | 1,604 | 21 | 135 | 2 | – |
| 번2동 | 1,059 | 15 | 12 | 0 | 2 |
| 번3동 | 61 | 1 | 9 | 0 | 4 |
| 수유1동 | 1,234 | 17 | 52 | 1 | 3 |
| 수유2동 | 983 | 13 | 39 | 1 | – |
| 수유3동 | 1,608 | 20 | 69 | 1 | 1 |
| 수유4동 | 840 | 13 | 23 | 0 | 13 |
| 수유5동 | 1,003 | 17 | 36 | 1 | 6 |
| 수유6동 | 733 | 15 | 18 | 0 | 12 |

미아3동, 미아5동, 미아8동, 번1동, 수유3동은 가구의 20% 이상이 (반)지하에 산다.

강북구 100가구 가운데 거실이나 부엌을 각각 1개의 방으로 쳐서 방 3개 이하에서 셋방살이를 떠도는 가구는 30가구에 달하지만, 공공 임대주택은 6채에 그친다. 강북구는 가구 수 대비 공공 임대주택 비중이 노원·강서구에 이어 세 번째로 높은 편이지만, 현재의 5배 수준의 공공 임대주택이 필요하기 때문에 아직 많이 부족한 셈이다.

## 강북구 유권자가 100명이라면

정당 지지도를 알 수 있는 최근 네 차례 선거(제3~4회 동시지방선거, 17~18대 총선)를 기준으로 강북구의 선거권자는 27만~28만 명이며, 평균 투표율은 49%다.

강북구 유권자가 100명이라면 2002년 제3회 동시지방선거에서는 47명이 한나라당을 찍었고, 41명은 새천년민주당, 7명은 민주노동당, 3명은 자민련, 2명은 나머지 정당을 각각 지지했다. 2004년 총선에서는 39명이 열린우리당을, 32명은 한나라당을 각각 지지했으며, 13명은 민주노동당을, 11명은 새천년민주당을, 2명은 자민련을 각각 찍었다.

2006년 동시지방선거에서는 52명이 한나라당을 선택한 가운데, 22명은 열린우리당을, 15명은 민주당을, 11명은 민주노동당을 지지했다. 2008년 총선에서는 38명이 한나라당을 찍었고 32명이 통합민주당을, 9명은 친박연대를, 5명은 진보신당을 지지했으며 민주노동당·자유선진당·창조한국당을 찍은 사람은 각각 4명이었다.

이 네 차례 선거에서 동네별 투표율은 미아6.7동에서 가장 높았다.

번3동·수유2동·미아1동·미아4동·수유6동도 항상 상위권에 들었다. 반면 미아2동·번1동·수유3동·미아9동·수유1동·수유5동은 항상 가장 낮은 동네에 들었다. 미아6.7동과 미아2동의 투표율은 최소 7%에서 최대 10%까지 차이가 났다.

동네별 한나라당 득표율을 보면 수유4동에서 항상 가장 높았다. 그 다음은 수유2동, 수유6동이었다. 반면 미아5동·번3동·미아1동에서 가장 낮았다. 네 차례 선거에서 수유4동과 미아5동의 한나라당 득표율은 최소 8%에서 최대 15%까지 벌어졌다.

이 네 차례 선거에서 동네별 민주(＋열린우리)당 득표율은 미아5동에서 가장 높았고, 미아8동·번3동·미아1동에서도 상대적으로 꾸준히 높았다. 반면 항상 수유4동에서 가장 낮았고 수유2동과 수유6동도 최하위권을 떠나지 않았다. 네 차례 선거에서 미아5동과 수유4동의 민주(＋열린우리)당 득표율은 최소 9%에서 최대 12%까지 벌어졌다.

민주노동당과 진보신당 득표율은 미아6.7동과 미아1동에서 상대적으로 높았다.

그림 2_3.11

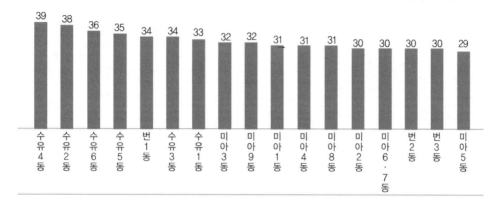

서울시 강북구 동네별 한나라당 득표율

2004년 총선(단위 : %)

그림 2_3.12

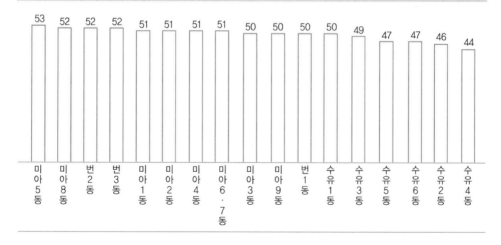

서울시 강북구 민주(＋열린우리)당 득표율

2004년 총선(단위 : %)

표 2_3.18

# 서울시 강북구 역대 선거 투표율과 정당 지지율

2002~2008년(단위 : 명, %)

| 행정구역 | 2002년 지방선거 | | | | | | | 2004년 총선 | | | | | | | |
| --- | --- | --- | --- | --- | --- | --- | --- | --- | --- | --- | --- | --- | --- | --- | --- |
| | 선거인 수 | 투표율 | 한나라당 | 새천년민주당 | 자민련 | 민주노동당 | 기타정당 | 선거인 수 | 투표율 | 한나라당 | 새천년민주당 | 열린우리당 | 자민련 | 민주노동당 | 기타정당 |
| 강북구 | 272,559 | 44 | 47 | 41 | 3 | 7 | 2 | 281,387 | 59 | 32 | 11 | 39 | 2 | 13 | 3 |
| 미아1동 | 7,710 | 45 | 41 | 47 | 3 | 7 | 2 | 11,600 | 60 | 31 | 11 | 40 | 2 | 14 | 2 |
| 미아2동 | 13,363 | 40 | 45 | 41 | 3 | 9 | 2 | 13,268 | 53 | 30 | 12 | 39 | 2 | 14 | 3 |
| 미아3동 | 19,892 | 41 | 46 | 41 | 3 | 8 | 2 | 19,384 | 59 | 32 | 11 | 39 | 2 | 14 | 2 |
| 미아4동 | 12,041 | 44 | 41 | 47 | 3 | 7 | 2 | 14,793 | 59 | 31 | 13 | 39 | 2 | 14 | 3 |
| 미아5동 | 13,910 | 43 | 42 | 45 | 4 | 8 | 2 | 12,525 | 59 | 29 | 13 | 40 | 2 | 14 | 2 |
| 미아6.7동 | 17,024 | 47 | 44 | 41 | 3 | 8 | 3 | 22,347 | 63 | 30 | 10 | 40 | 2 | 15 | 3 |
| 미아8동 | 13,487 | 43 | 45 | 42 | 4 | 8 | 2 | 13,402 | 58 | 31 | 13 | 39 | 2 | 13 | 3 |
| 미아9동 | 14,343 | 40 | 45 | 42 | 2 | 9 | 2 | 14,646 | 58 | 32 | 11 | 39 | 2 | 14 | 2 |
| 번1동 | 16,642 | 40 | 50 | 39 | 3 | 6 | 2 | 16,359 | 55 | 34 | 9 | 40 | 2 | 12 | 2 |
| 번2동 | 17,722 | 43 | 45 | 44 | 3 | 6 | 2 | 17,315 | 58 | 30 | 11 | 41 | 2 | 14 | 3 |
| 번3동 | 19,001 | 44 | 44 | 43 | 4 | 7 | 2 | 18,295 | 61 | 30 | 11 | 41 | 2 | 13 | 2 |
| 수유1동 | 18,457 | 41 | 49 | 41 | 3 | 5 | 2 | 18,447 | 55 | 33 | 12 | 38 | 2 | 12 | 2 |
| 수유2동 | 19,178 | 44 | 56 | 34 | 3 | 5 | 2 | 18,915 | 61 | 38 | 9 | 37 | 2 | 11 | 2 |
| 수유3동 | 20,187 | 40 | 50 | 40 | 3 | 5 | 2 | 19,628 | 55 | 34 | 10 | 39 | 3 | 12 | 2 |
| 수유4동 | 16,648 | 45 | 57 | 33 | 3 | 5 | 3 | 17,059 | 59 | 39 | 8 | 37 | 2 | 12 | 2 |
| 수유5동 | 14,221 | 42 | 51 | 38 | 3 | 6 | 2 | 14,569 | 58 | 35 | 10 | 37 | 3 | 13 | 3 |
| 수유6동 | 12,464 | 45 | 54 | 35 | 3 | 6 | 3 | 12,514 | 60 | 36 | 9 | 38 | 2 | 13 | 3 |

| 2006년 지방선거 | | | | | | | 2008년 총선 | | | | | | | | | |
|---|---|---|---|---|---|---|---|---|---|---|---|---|---|---|---|---|
| 선거인 수 | 투표율 | 열린 우리당 | 한나라 당 | 민주당 | 민주 노동당 | 기타 정당 | 선거인 수 | 투표율 | 통합 민주당 | 한나라 당 | 자유 선진당 | 민주 노동당 | 창조 한국당 | 친박 연대 | 진보 신당 | 기타 정당 |
| 280,448 | 48 | 22 | 52 | 15 | 11 | 1 | 276,757 | 43 | 32 | 38 | 4 | 4 | 4 | 9 | 5 | 3 |
| 11,856 | 49 | 23 | 49 | 15 | 12 | 1 | 11,844 | 44 | 33 | 35 | 4 | 4 | 4 | 9 | 8 | 3 |
| 11,875 | 41 | 19 | 51 | 19 | 10 | 1 | 13,817 | 38 | 33 | 37 | 4 | 4 | 3 | 8 | 6 | 4 |
| 19,695 | 46 | 22 | 51 | 15 | 11 | 1 | 19,888 | 42 | 33 | 35 | 5 | 4 | 4 | 9 | 7 | 4 |
| 14,934 | 50 | 23 | 50 | 15 | 10 | 1 | 14,575 | 44 | 35 | 36 | 5 | 4 | 3 | 9 | 5 | 3 |
| 12,508 | 46 | 22 | 48 | 18 | 11 | 1 | 13,462 | 40 | 37 | 35 | 4 | 4 | 3 | 8 | 6 | 3 |
| 24,520 | 50 | 23 | 49 | 13 | 13 | 1 | 18,133 | 48 | 30 | 36 | 4 | 4 | 4 | 9 | 6 | 3 |
| 13,336 | 46 | 21 | 50 | 18 | 10 | 1 | 13,468 | 42 | 35 | 34 | 5 | 4 | 3 | 9 | 6 | 3 |
| 14,615 | 46 | 24 | 50 | 14 | 11 | 1 | 14,764 | 39 | 34 | 35 | 4 | 4 | 4 | 10 | 6 | 3 |
| 16,271 | 43 | 19 | 54 | 15 | 10 | 1 | 16,021 | 37 | 32 | 40 | 4 | 4 | 5 | 9 | 3 | 3 |
| 16,989 | 46 | 23 | 50 | 15 | 11 | 1 | 16,873 | 41 | 35 | 38 | 4 | 4 | 5 | 8 | 3 | 3 |
| 18,181 | 50 | 25 | 49 | 15 | 10 | 1 | 17,744 | 47 | 35 | 36 | 4 | 5 | 4 | 8 | 6 | 3 |
| 18,129 | 46 | 20 | 52 | 17 | 9 | 1 | 18,479 | 39 | 33 | 39 | 4 | 4 | 5 | 9 | 3 | 3 |
| 18,661 | 49 | 19 | 58 | 12 | 10 | 1 | 18,721 | 46 | 29 | 43 | 4 | 3 | 6 | 9 | 3 | 4 |
| 19,498 | 43 | 19 | 54 | 15 | 10 | 1 | 19,785 | 40 | 32 | 41 | 4 | 3 | 5 | 9 | 3 | 3 |
| 17,379 | 48 | 18 | 60 | 12 | 10 | 1 | 17,458 | 43 | 28 | 43 | 4 | 3 | 6 | 10 | 4 | 3 |
| 14,501 | 48 | 20 | 54 | 15 | 10 | 2 | 14,797 | 39 | 31 | 40 | 4 | 3 | 5 | 10 | 3 | 3 |
| 12,348 | 48 | 19 | 56 | 14 | 10 | 1 | 12,275 | 43 | 29 | 42 | 4 | 4 | 6 | 9 | 3 | 3 |

투표율은 미아6,7동에서 높았다. 한나라당은 수유4동에서, 민주(+열린우리)당은 미아5동에서 득표율이 높았다.

# 숫자 100으로 본 서울시 강서구 22개 동네

강서구에는 2005년 현재 22개 동에 있는 주택 13만4,800채와 오피스텔 5천3백 채 등 거처 14만 곳에 53만9천 명이 살고 있다.

서울시 강서구가 100명이 사는 마을이라면 어떤 모습일까?

## 숫자 100으로 본 강서구

강서구에 사는 사람은 서울시 평균에 비해 대학 이상 학력자 비중은 조금 낮고 종교 인구는 비슷하다. 봉급쟁이 비중은 더 높은 반면 자영업자와 사업자 비중은 낮고, 사무직, 장치 기계 조립 조작, 기술직 및 준전문가를 직업으로 삼은 사람이 상대적으로 많다.

44%가 아파트에 사는 가운데 주택 소유자는 53%로 서울시 평균보다 높지만, 5년 이내 거주 가구는 67%로 거주 기간은 더 짧고 30%가 부엌과 거실을 포함한 방 3칸 이상 셋방에 산다. 공공 임대주택은 전체 가구의 11%로 노원구와 함께 가장 높다.

최근 7년간 강서구에서 한나라당은 35~56%를, 민주(＋열린우리)당은 29~46%를, 민주노동당＋진보신당은 6~13%를 각각 얻었다. 하

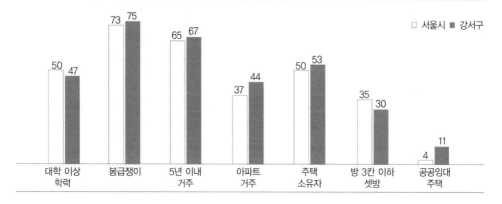

**그림 2_3.13**

## 서울시와 강서구 주요 지수 평균 비교

(단위 : %)

□ 서울시 ■ 강서구

지만 동네별로는 차이가 컸다.


**강서구 인구가 100명이라면 :**
**47%가 대학 이상 학력자, 55%가 종교 인구**


강서구 인구 53만9천 명을 100명으로 친다면 남자 대 여자의 수는 49대 51로 여자가 약간 많다. 24명은 어린이와 청소년이고(19살 미만), 76명은 어른이다. 어른 가운데 7명은 노인(65세 이상)이다.

지역적으로는 등촌3동과 염창동에는 7명씩, 화곡본동과 방화1동에는 6명씩, 방화2동·방화3동·화곡3동·화곡7동·화곡8동에는 5명씩 산다. 화곡1동·2동·4동·6동과 가양1동·2동·3동, 등촌1동·2동 그리고 공항동에 4명씩 살고, 발산1동과 2동, 화곡5동에는 3명씩 산다.

종교를 보면, 25명은 개신교, 15명은 불교, 14명은 천주교 신자다. 45명은 종교가 없다. 발산1동은 인구의 61%가 종교를 가진 반면, 공항동은 49%가 종교를 갖지 않았다. 개신교는 발산1동과 화곡3동에서, 불교는 화곡4동과 방화2동에서, 천주교는 발산2동과 염창동에서 신자 비율이 높다.

학력은 어떨까. 47명이 대학 이상의 학력을 갖고 있는데, 이 중에서 9명은 대학에 재학 중이고 4명은 석사과정 이상의 공부를 하였다(19세 이상 기준). 염창동은 19세 이상 인구 중 63%가 대학 이상 학력자로 그 비중이 가장 높다.

34명은 미혼이며 66명은 결혼했다. 결혼한 사람 가운데 6명은 남편이나 아내가 먼저 사망했고 4명은 이혼했다(15세 이상 기준). 4명은 몸이 불편하거나 정신 장애로 정상적인 활동에 제약을 느끼고 있다.

거주 기간을 보면, 35명은 현재 살고 있는 집에 산 지 5년이 넘었으나 65명은 5년 이내에 새로 이사 왔다(5살 이상 기준). 이사 온 사람 중 40명은 강서구 안의 다른 동에서, 13명은 서울 안의 다른 구에서, 12명은 서울 바깥에서 이사 왔다.

표 2_3.19

# 서울시 강서구 성별·종교별·학력별 인구

(단위 : 명, %)

| 행정구역 | 남녀/외국인 | | | | 종교 인구 | | | | | | | 대학 이상 학력 인구 | | | | | | |
|---|---|---|---|---|---|---|---|---|---|---|---|---|---|---|---|---|---|---|
| | 총인구 | 남자 | 여자 | 외국인 | 인구수 (내국인) | 종교 있음 | | | | | 종교 없음 | 19세 이상 인구 | 계 | 4년제 미만 | | 4년제 이상 | | 대학원 이상 |
| | | | | | | 계 | 불교 | 개신교 | 천주교 | 기타 | | | | 계 | 재학 | 계 | 재학 | |
| 강서구 | 538,997 | 49 | 51 | 0 | 537,701 | 55 | 15 | 25 | 14 | 1 | 45 | 408,444 | 47 | 14 | 3 | 30 | 6 | 4 |
| 가양1동 | 20,230 | 51 | 49 | 0 | 20,140 | 54 | 14 | 24 | 15 | 1 | 45 | 14,699 | 56 | 14 | 3 | 36 | 7 | 5 |
| 가양2동 | 19,792 | 48 | 52 | 0 | 19,771 | 57 | 14 | 31 | 12 | 1 | 42 | 15,640 | 42 | 14 | 3 | 25 | 6 | 3 |
| 가양3동 | 20,581 | 49 | 51 | 0 | 20,547 | 52 | 13 | 24 | 14 | 1 | 47 | 15,857 | 39 | 13 | 3 | 23 | 4 | 3 |
| 공항동 | 22,204 | 51 | 49 | 0 | 22,152 | 51 | 16 | 21 | 12 | 1 | 49 | 17,705 | 38 | 15 | 3 | 21 | 4 | 2 |
| 등촌1동 | 19,865 | 50 | 50 | 1 | 19,763 | 55 | 15 | 24 | 15 | 1 | 45 | 14,761 | 56 | 15 | 2 | 38 | 6 | 5 |
| 등촌2동 | 22,252 | 50 | 50 | 0 | 22,210 | 55 | 15 | 25 | 15 | 1 | 44 | 16,560 | 54 | 12 | 2 | 38 | 8 | 5 |
| 등촌3동 | 38,606 | 48 | 52 | 0 | 38,544 | 57 | 13 | 27 | 15 | 1 | 43 | 28,158 | 46 | 12 | 3 | 30 | 6 | 4 |
| 발산1동 | 13,999 | 49 | 51 | 0 | 13,973 | 61 | 15 | 30 | 15 | 1 | 39 | 9,748 | 48 | 14 | 3 | 31 | 7 | 3 |
| 발산2동 | 17,146 | 48 | 52 | 0 | 17,062 | 57 | 14 | 25 | 17 | 1 | 41 | 12,170 | 61 | 12 | 2 | 43 | 8 | 6 |
| 방화1동 | 31,911 | 50 | 50 | 0 | 31,870 | 53 | 16 | 25 | 12 | 1 | 47 | 24,025 | 45 | 14 | 3 | 28 | 6 | 3 |
| 방화2동 | 26,318 | 49 | 51 | 0 | 26,189 | 55 | 18 | 26 | 10 | 1 | 45 | 20,499 | 38 | 13 | 3 | 23 | 5 | 2 |
| 방화3동 | 29,006 | 48 | 52 | 0 | 28,956 | 54 | 14 | 26 | 13 | 1 | 46 | 22,376 | 49 | 11 | 2 | 33 | 5 | 4 |
| 염창동 | 37,401 | 50 | 50 | 0 | 37,334 | 55 | 15 | 24 | 16 | 1 | 44 | 26,349 | 63 | 12 | 2 | 44 | 7 | 6 |
| 화곡1동 | 22,851 | 50 | 50 | 0 | 22,739 | 54 | 17 | 23 | 13 | 1 | 46 | 18,508 | 43 | 13 | 2 | 27 | 6 | 2 |
| 화곡2동 | 20,309 | 49 | 51 | 0 | 20,279 | 55 | 15 | 25 | 13 | 1 | 44 | 15,299 | 40 | 15 | 3 | 23 | 5 | 2 |
| 화곡3동 | 24,385 | 49 | 51 | 0 | 24,342 | 60 | 15 | 28 | 16 | 1 | 40 | 18,722 | 56 | 12 | 2 | 39 | 6 | 5 |
| 화곡4동 | 22,507 | 49 | 51 | 0 | 22,471 | 55 | 18 | 24 | 12 | 1 | 44 | 17,380 | 39 | 14 | 3 | 23 | 5 | 2 |
| 화곡5동 | 16,499 | 49 | 51 | 0 | 16,460 | 57 | 15 | 27 | 15 | 1 | 43 | 12,776 | 52 | 15 | 3 | 34 | 7 | 3 |
| 화곡6동 | 23,352 | 49 | 51 | 0 | 23,301 | 58 | 16 | 27 | 14 | 1 | 42 | 17,769 | 54 | 15 | 2 | 34 | 7 | 5 |
| 화곡7동 | 28,456 | 49 | 51 | 0 | 28,407 | 53 | 15 | 25 | 12 | 1 | 47 | 22,002 | 42 | 15 | 3 | 25 | 5 | 2 |
| 화곡8동 | 27,027 | 49 | 51 | 0 | 26,939 | 53 | 15 | 25 | 12 | 1 | 47 | 21,269 | 43 | 15 | 3 | 26 | 5 | 2 |
| 화곡본동 | 34,300 | 49 | 51 | 0 | 34,252 | 54 | 15 | 26 | 13 | 1 | 46 | 26,172 | 45 | 15 | 3 | 27 | 5 | 3 |

발산1동은 61%가 종교가 있는 반면 공항동은 49%가 종교가 없다. 불교는 방화2동과 화곡4동, 개신교는 발산1동, 천주교는 발산2동에 신자 수가 많다. 대학 이상 학력자 비중은 염창동에서 가장 높고, 공항동과 방화2동에서 가장 낮다.

## 강서구에 사는 취업자가 100명이라면 :
## 75명은 봉급쟁이

강서구에 사는 15세 이상 인구 43만6천 명 가운데 취업해 직장에 다니는 사람(취업자)은 22만1천 명이다. 강서구 취업자가 100명이라면 57명은 30~40대, 21명은 20대이며, 16명은 50대다. 65세 이상 노인 2명도 일하고 있다.

75명은 회사에서 봉급을 받고 일하는 직장인이다. 15명은 고용한 사람 없이 혼자서 일하는 자영업자이며, 7명은 누군가를 고용해 사업체를 경영하는 사업주다. 3명은 가족이 운영하는 사업체에서 보수 없이 일하고 있다.

직업은 사무직 23명, 판매직 13명, 전문가와 기술직 및 준전문가 각 12명, 서비스직 11명, 기능직 10명이다. 또 8명은 단순 노무직, 다른 8명은 장치 기계 조작 및 조립직, 4명은 고위 관리직으로 일하고 있다. 강서구는 서울에서 서비스직 비중이 가장 높은 5개구에 속한다.

출근하는 데 걸리는 시간은 62명이 30분 이상 걸리며, 그 가운데 27명은 1시간 이상 걸린다. 17명은 걸어서 출근하고, 83명은 교통수단을 이용해 출근한다. 83명 가운데 33명은 자가용으로, 19명은 전철로, 18명은 시내버스로 출근한다. 2명은 통근 버스로, 1명은 고속·시외버스로, 다른 1명은 자전거로 출근하며, 7명은 전철과 버스 또는 승용차를 갈아타며 출근한다. 서울 25개 구 가운데 강서구는 직장인 중 걸어서 출근하는 비중은 3번째로 높다.

84명은 사무실이나 공장 등에서 일하는 반면, 11명은 야외나 거리 또는 운송 수단에서 일한다. 2명은 자기 집에서, 2명은 남의 집에서 일한다.


## 강서구에 100가구가 산다면 :
## 67가구가 이사 온 지 5년 이내

강서구에는 17만8천 가구가 산다(일반 가구 기준). 강서구에 사는 가구를 100가구로 친다면 38가구는 식구가 한 명 또는 두 명인 1, 2인 가구이며, 이 가운데 18가구는 나 홀로 사는 1인 가구다. 식구 4명은 30가구, 3명은 23가구, 5명은 8가구다. 공항동 가구의 29%가 1인 가구인 데 비해 염창동은 7%에 머물렀다.

47가구는 자신이 소유한 집에서 살고, 51가구는 셋방에 살며, 2가구는 직장의 사택이나 친척집 등에서 무상으로 살고 있다. 자기 집에 사는 가구 중 6가구는 현재 살고 있는 집 외에 최소 한 채에서 여러 채를 소유한 다주택자들이다.

셋방 사는 가구 가운데 28가구는 전세에, 22가구는 보증금 있는 월세에, 1가구는 보증금 없는 월세 또는 사글세에 살고 있다. 셋방 사는 가구 중 5가구는 어딘가에 자신 명의의 집을 소유하고 있으나 경제 사정이나 자녀 교육, 직장 등의 사정으로 셋방에 살고 있다.

67가구는 현재 사는 집으로 이사 온 지 5년이 안 되며, 이 가운데 36가구는 2년이 안 된다. 15가구는 5~10년이 됐고, 18가구는 10년이 넘었다.

60가구는 자동차를 소유하고 있고 이 가운데 50가구는 자기 집에 전용 주차장이 있다. 자동차 소유 가구 중 8가구는 차를 2대 이상 소

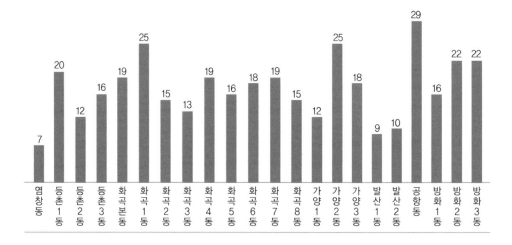

그림 2_3.14

# 서울시 강서구 동네별 1인 가구

(단위 : %)

유하고 있다.


## 집 많은 사람, 집 없는 사람 :
## 염창동 78% 주택 소유, 가양2동 74% 무주택

강서구에 사는 가구 중 53%는 주택을 소유하고 있는 반면, 47%는 무
주택자다. 22개 동네 중 14개 동네에서는 주택 소유자가 더 많은 반
면, 8개 동네에서는 무주택자가 더 많다. 염창동 78%, 발산2동 73%,
가양1동 71%를 비롯해 8개 동네에서는 60% 이상이 주택 소유자다.
반면 가양2동 가구의 74%가 무주택자인 것을 비롯해 가양3동 69%,

표 2_3.20

## 서울시 강서구의 다주택자

(단위 : 가구, 호)

| | | | 가구 수 | 주택 수 | 평균 주택 수 |
|---|---|---|---|---|---|
| 일반 가구 | | | 178,045 | - | - |
| 자가 가구 | | | 84,159 | - | - |
| 다주택 가구 | 통계청 | | 11,279 | - | - |
| | 행자부 | 계 | 6,799 | 17,677 | 3 |
| | | 2채 | 5,672 | 11,344 | 2 |
| | | 3채 | 549 | 1,647 | 3 |
| | | 4채 | 157 | 628 | 4 |
| | | 5채 | 95 | 475 | 5 |
| | | 6~10채 | 242 | 1,771 | 7 |
| | | 11채 이상 | 84 | 1,812 | 22 |

공항동 68% 등촌3동 63% 등 4개 동네에서는 무주택자가 60% 이상이다.

강서구에 사는 가구 중 6%는 집을 두 채 이상 가진 다주택자다. 발산2동 15%, 화곡3동 11%를 포함해 5개 동네는 10% 이상이 다주택자다. 반면 가양3동과 화곡2동 등 4개 동네는 5% 미만이다.

강서구에 사는 주택 소유자 53% 중 5%는 어딘가 자신 명의의 집이 있지만 사정이 있어 셋방에 사는 유주택 전월세 가구인데, 화곡5동과 발산2동에서는 11%에 달한다.

유주택 전월세 5%를 제외한 47%는 자기 집에 산다. 염창동에 사는 가구 중 71%가 자기 집에 사는데 모두 11개 동네에서 자기 집에 사는 가구가 50% 이상이다.

강서구에 사는 가구 중 유주택 전월세를 포함해 51%가 셋방에 산다. 가양2동 76%, 가양3동 72%, 공항동 70%를 비롯해 11개 동네에

표 2_3.21

# 서울시 강서구 주택의 점유·소유 형태별 가구

(단위 : 가구, %)

| 행정구역 | 전체 가구 | 자기 집에 거주 | | | 셋방에 거주 | | | 무상으로 거주 | | 주택 소유 | 무주택 |
|---|---|---|---|---|---|---|---|---|---|---|---|
| | | 계 | 집 한 채 | 집 여러 채 | 계 | 집 없음 | 집 있음 | 집 없음 | 집 있음 | | |
| 강서구 | 178,045 | 47 | 41 | 6 | 51 | 46 | 5 | 1 | 0 | 53 | 47 |
| 가양1동 | 6,077 | 62 | 53 | 9 | 34 | 26 | 7 | 3 | 1 | 71 | 29 |
| 가양2동 | 7,376 | 23 | 19 | 4 | 76 | 74 | 3 | 0 | 0 | 26 | 74 |
| 가양3동 | 7,284 | 28 | 25 | 3 | 72 | 68 | 3 | 0 | 0 | 31 | 69 |
| 공항동 | 8,466 | 27 | 24 | 4 | 70 | 65 | 4 | 3 | 0 | 32 | 68 |
| 등촌1동 | 6,633 | 54 | 45 | 9 | 45 | 38 | 7 | 1 | 0 | 61 | 39 |
| 등촌2동 | 6,879 | 58 | 48 | 10 | 41 | 34 | 6 | 1 | 0 | 65 | 35 |
| 등촌3동 | 13,144 | 33 | 29 | 4 | 67 | 62 | 4 | 0 | 0 | 37 | 63 |
| 발산1동 | 3,988 | 52 | 42 | 10 | 46 | 37 | 9 | 1 | 0 | 62 | 38 |
| 발산2동 | 5,047 | 62 | 47 | 15 | 37 | 26 | 11 | 1 | 0 | 73 | 27 |
| 방화1동 | 10,176 | 47 | 40 | 7 | 51 | 44 | 7 | 1 | 0 | 55 | 45 |
| 방화2동 | 9,171 | 40 | 35 | 5 | 59 | 54 | 5 | 1 | 0 | 45 | 55 |
| 방화3동 | 10,403 | 42 | 36 | 5 | 58 | 52 | 5 | 1 | 0 | 47 | 53 |
| 염창동 | 10,971 | 71 | 61 | 10 | 28 | 22 | 7 | 1 | 0 | 78 | 22 |
| 화곡1동 | 8,098 | 46 | 41 | 5 | 51 | 48 | 3 | 3 | 0 | 49 | 51 |
| 화곡2동 | 6,529 | 48 | 45 | 3 | 50 | 47 | 3 | 2 | 0 | 51 | 49 |
| 화곡3동 | 7,414 | 57 | 46 | 11 | 42 | 34 | 7 | 1 | 0 | 65 | 35 |
| 화곡4동 | 7,531 | 44 | 40 | 4 | 55 | 52 | 3 | 1 | 0 | 47 | 53 |
| 화곡5동 | 5,379 | 43 | 36 | 7 | 56 | 46 | 11 | 1 | 0 | 53 | 47 |
| 화곡6동 | 7,632 | 50 | 43 | 7 | 44 | 39 | 4 | 5 | 1 | 56 | 44 |
| 화곡7동 | 9,488 | 51 | 46 | 5 | 48 | 45 | 3 | 1 | 0 | 54 | 46 |
| 화곡8동 | 8,822 | 57 | 51 | 5 | 42 | 39 | 3 | 1 | 0 | 60 | 40 |
| 화곡본동 | 11,537 | 54 | 50 | 5 | 44 | 41 | 3 | 1 | 0 | 58 | 42 |

염창동은 가구의 78%가 집을 소유한 반면 가양2동은 74%가 무주택자다. 발산2동엔 다주택 소유자가 가장 많고, 어딘가에 집을 사놓고 셋방에 사는 가구도 가장 많다.

서 셋방 사는 가구가 절반을 넘어섰다. 이 가운데 집이 아예 없이 셋방에 사는 가구는 46%다. 가양2동 74%, 가양3동 68%, 공항동 65% 등 7개 동네에서 무주택 전월세 가구가 절반 이상을 기록하고 있다.

## 강서구에 집이 100채가 있다면 : 56채는 아파트, 23채는 다세대주택

강서구에는 집(주택과 주택 이외의 거처, 빈집 제외)이 14만4백 채가 있다. 강서구에 있는 집이 100채라면 56채는 아파트고, 23채는 다세대주택, 11채는 단독주택이다. 6채는 연립주택, 1채는 상가 내 거처 등 비거주용 건물 내 주택이고, 4채는 오피스텔을 비롯한 주택 이외의 거처다.

가양3동의 거처는 모두 아파트다. 등촌3동·염창동·가양1동·방화3동 역시 거처의 85~97%가 아파트이며, 모두 10개 동네에서 거처의 절반 이상이 아파트로 나타났다. 반면 공항동은 60%가 단독주택이다. 또 화곡본동과 화곡2동·화곡7동·화곡8동은 거처의 60~73%가 다세대주택이다. 등촌1동은 21%가 주택 이외의 거처다.

강서구 100가구 가운데 44가구는 아파트에 29가구는 단독주택에, 18가구는 다세대주택에, 5가구는 연립주택에 산다. 또 1가구는 비거주용 건물 내 주택에, 3가구는 오피스텔 등 주택 이외의 거처에 산다.

가양3동에 사는 사람은 모두 아파트에 산다. 등촌3동과 가양2동 사람의 90% 이상, 염창동·방화3동·가양1동 사람의 80% 이상도 아파트에 산다.

**표 2_3.22**

## 서울시 강서구 거처의 종류별·연건평별·건축년도별 주택

(단위 : 호, 가구, %)

| 행정구역 | 거처의 종류별 거처와 가구 | | | | | | | | | | | | | |
|---|---|---|---|---|---|---|---|---|---|---|---|---|---|---|
| | 계 | | 단독주택 | | 아파트 | | 연립주택 | | 다세대주택 | | 비거주용 건물 내 주택 | | 주택 이외의 거처 | |
| | 거처 | 가구 | 거처 | 가구 | 거처 | 가구 | 거처 | 가구 | 거처 | 가구 | 거처 | 가구 | 거처 | 가구 |
| 강서구 | 140,368 | 178,150 | 11 | 29 | 56 | 44 | 6 | 5 | 23 | 18 | 1 | 1 | 4 | 3 |
| 가양1동 | 5,708 | 6,085 | 3 | 8 | 86 | 81 | 6 | 5 | 4 | 4 | 1 | 1 | 0 | 0 |
| 가양2동 | 7,376 | 7,378 | 0 | 0 | 91 | 91 | 0 | 0 | 0 | 0 | 0 | 0 | 9 | 9 |
| 가양3동 | 7,272 | 7,286 | 0 | 0 | 100 | 100 | 0 | 0 | 0 | 0 | 0 | 0 | 0 | 0 |
| 공항동 | 3,391 | 8,473 | 60 | 83 | 9 | 4 | 12 | 5 | 17 | 7 | 2 | 1 | 1 | 0 |
| 등촌1동 | 5,950 | 6,634 | 5 | 14 | 57 | 51 | 8 | 8 | 8 | 7 | 1 | 1 | 21 | 19 |
| 등촌2동 | 5,169 | 6,880 | 13 | 33 | 47 | 36 | 10 | 9 | 28 | 21 | 1 | 1 | 0 | 0 |
| 등촌3동 | 13,106 | 13,148 | 0 | 0 | 97 | 97 | 0 | 0 | 0 | 0 | 0 | 0 | 2 | 2 |
| 발산1동 | 3,016 | 3,996 | 12 | 31 | 28 | 21 | 12 | 9 | 45 | 35 | 3 | 4 | 1 | 1 |
| 발산2동 | 4,433 | 5,047 | 5 | 16 | 75 | 66 | 1 | 1 | 18 | 16 | 1 | 1 | 1 | 1 |
| 방화1동 | 7,229 | 10,179 | 16 | 39 | 61 | 43 | 13 | 9 | 8 | 6 | 2 | 2 | 0 | 0 |
| 방화2동 | 6,612 | 9,179 | 21 | 42 | 50 | 36 | 13 | 9 | 7 | 5 | 2 | 2 | 6 | 5 |
| 방화3동 | 10,047 | 10,405 | 1 | 4 | 85 | 83 | 2 | 2 | 2 | 2 | 0 | 0 | 9 | 9 |
| 염창동 | 10,548 | 10,971 | 2 | 5 | 88 | 85 | 6 | 5 | 3 | 3 | 1 | 1 | 1 | 1 |
| 화곡1동 | 5,361 | 8,105 | 16 | 41 | 30 | 20 | 3 | 2 | 39 | 27 | 2 | 3 | 9 | 7 |
| 화곡2동 | 3,914 | 6,534 | 27 | 56 | 5 | 3 | 2 | 1 | 65 | 39 | 1 | 1 | 0 | 0 |
| 화곡3동 | 5,536 | 7,429 | 12 | 34 | 57 | 43 | 3 | 2 | 25 | 19 | 1 | 1 | 2 | 1 |
| 화곡4동 | 4,179 | 7,534 | 30 | 59 | 12 | 7 | 19 | 11 | 36 | 20 | 3 | 3 | 0 | 0 |
| 화곡5동 | 4,036 | 5,386 | 13 | 33 | 45 | 34 | 9 | 7 | 30 | 22 | 1 | 1 | 2 | 2 |
| 화곡6동 | 5,696 | 7,641 | 14 | 34 | 39 | 29 | 11 | 9 | 35 | 26 | 1 | 1 | 1 | 1 |
| 화곡7동 | 6,433 | 9,490 | 19 | 44 | 13 | 9 | 1 | 0 | 60 | 41 | 2 | 2 | 5 | 3 |
| 화곡8동 | 6,305 | 8,825 | 17 | 40 | 8 | 6 | 1 | 1 | 73 | 52 | 1 | 1 | 0 | 0 |
| 화곡본동 | 9,051 | 11,545 | 13 | 30 | 4 | 3 | 8 | 6 | 66 | 52 | 1 | 2 | 9 | 7 |

190

<table>
<thead>
<tr><th colspan="5">연건평별 주택</th><th colspan="4">건축년도별 주택</th></tr>
<tr><th>총 주택 수</th><th>14평 미만</th><th>14~19평</th><th>19~29평</th><th>29평 이상</th><th>총 주택 수</th><th>1995~2005년</th><th>1985~1994년</th><th>1985년 이전</th></tr>
</thead>
<tbody>
<tr><td>134,823</td><td>23</td><td>26</td><td>33</td><td>18</td><td>134,823</td><td>52</td><td>40</td><td>8</td></tr>
<tr><td>5,693</td><td>21</td><td>27</td><td>36</td><td>16</td><td>5,693</td><td>27</td><td>67</td><td>6</td></tr>
<tr><td>6,736</td><td>77</td><td>7</td><td>6</td><td>10</td><td>6,736</td><td>2</td><td>98</td><td>0</td></tr>
<tr><td>7,272</td><td>61</td><td>32</td><td>6</td><td>0</td><td>7,272</td><td>13</td><td>87</td><td>0</td></tr>
<tr><td>3,374</td><td>6</td><td>14</td><td>27</td><td>53</td><td>3,374</td><td>43</td><td>32</td><td>25</td></tr>
<tr><td>4,693</td><td>7</td><td>33</td><td>51</td><td>9</td><td>4,693</td><td>69</td><td>24</td><td>7</td></tr>
<tr><td>5,160</td><td>5</td><td>21</td><td>43</td><td>31</td><td>5,160</td><td>70</td><td>21</td><td>9</td></tr>
<tr><td>12,820</td><td>59</td><td>21</td><td>13</td><td>7</td><td>12,820</td><td>56</td><td>44</td><td>0</td></tr>
<tr><td>2,993</td><td>9</td><td>23</td><td>52</td><td>16</td><td>2,993</td><td>66</td><td>20</td><td>14</td></tr>
<tr><td>4,407</td><td>4</td><td>20</td><td>55</td><td>20</td><td>4,407</td><td>88</td><td>9</td><td>4</td></tr>
<tr><td>7,200</td><td>5</td><td>22</td><td>57</td><td>16</td><td>7,200</td><td>61</td><td>24</td><td>15</td></tr>
<tr><td>6,183</td><td>24</td><td>28</td><td>28</td><td>20</td><td>6,183</td><td>33</td><td>47</td><td>21</td></tr>
<tr><td>9,135</td><td>50</td><td>20</td><td>15</td><td>14</td><td>9,135</td><td>15</td><td>85</td><td>0</td></tr>
<tr><td>10,492</td><td>4</td><td>26</td><td>59</td><td>11</td><td>10,492</td><td>72</td><td>23</td><td>5</td></tr>
<tr><td>4,852</td><td>13</td><td>18</td><td>41</td><td>28</td><td>4,852</td><td>56</td><td>37</td><td>7</td></tr>
<tr><td>3,909</td><td>5</td><td>42</td><td>26</td><td>27</td><td>3,909</td><td>65</td><td>28</td><td>7</td></tr>
<tr><td>5,436</td><td>5</td><td>18</td><td>34</td><td>43</td><td>5,436</td><td>82</td><td>12</td><td>5</td></tr>
<tr><td>4,176</td><td>6</td><td>21</td><td>38</td><td>34</td><td>4,176</td><td>57</td><td>30</td><td>13</td></tr>
<tr><td>3,958</td><td>6</td><td>46</td><td>32</td><td>16</td><td>3,958</td><td>34</td><td>18</td><td>48</td></tr>
<tr><td>5,661</td><td>8</td><td>24</td><td>35</td><td>33</td><td>5,661</td><td>61</td><td>30</td><td>8</td></tr>
<tr><td>6,110</td><td>9</td><td>38</td><td>36</td><td>17</td><td>6,110</td><td>60</td><td>32</td><td>9</td></tr>
<tr><td>6,291</td><td>8</td><td>30</td><td>47</td><td>15</td><td>6,291</td><td>65</td><td>29</td><td>6</td></tr>
<tr><td>8,272</td><td>18</td><td>38</td><td>31</td><td>13</td><td>8,272</td><td>67</td><td>25</td><td>8</td></tr>
</tbody>
</table>

가양3동에 사는 사람은 모두 아파트에 사는 반면 공항동은 가구의 83%가 단독주택에 산다. 화곡본동과 화곡8동은 절반 이상이 다세대주택에 살며, 등촌1동 가구의 19%는 주택 이외의 거처에 산다.

반면 공항3동에 사는 사람의 83%는 단독주택에 살고 7%는 다세대주택에, 5%는 연립주택에 살며 아파트에 사는 사람은 4%에 머물고 있다.

화곡본동과 화곡8동에 사는 사람 중에는 52%가 다세대주택에 산다. 등촌1동에 사는 사람의 19%와 가양2동·방화3동 9%는 오피스텔을 비롯한 주택 이외의 거처에 산다.

지난 10년 동안 아파트와 다세대주택은 58%와 282%가 늘어난 반면, 단독주택은 23%, 연립주택은 44%가 줄었다. 이에 따라 전체 주택(주택 이외의 거처 제외)에서 차지하는 비중도 아파트는 53%에서 58%로, 다세대주택은 9%에서 24%로 증가했다. 반면 단독주택은 21%에서 11%로, 연립주택은 15%에서 6%로 줄었다.

크기별로는 29평 이상이 18채, 19~29평이 33채, 14~19평이 26채이며, 14평 미만은 23채가 있다. 공항동 주택의 절반 이상, 화곡3동 주택의 40% 이상은 29평 이상이다. 반면, 가양2동과 3동, 등촌3동과 방화3동은 주택의 50~77%가 14평 미만이다.

52채는 지은 지 10년(1995~2005년)이 안 된 새집이며, 지은 지 20년이 넘은 낡은 집은 8채로 조만간 재개발·재건축 대상 주택이 될 전망이다. 강서구는 지은 지 10년이 안 되는 새집의 비중이 구로·성북·성동구에 이어 4번째로 높고, 20년이 넘은 낡은 집 비중이 노원·도봉·양천구에 4번째로 낮다.

화곡5동 주택의 48%, 공항동 주택의 25%, 방화2동 주택의 21%가 지은 지 20년이 넘었다. 나머지 동네는 20년 넘은 낡은 집이 아예 없거나 20% 미만이다. 반면 발산2동 주택의 88%를 비롯한 15개 동네의 주택은 지은 지 10년이 안 된 새집이 절반이 넘는다.

## 강서구에서 지하 방에 사는 사람 :
## 화곡2동과 4동은 <u>19%</u>가 (반)지하 등에 거주

강서구에 사는 17만8천 가구를 100가구로 친다면 그 중 8가구는 식구에 비해 집이 너무 좁거나 시설이 제대로 갖춰지지 않아 인간다운 품위를 지키기 어려운 최저 주거 기준 미달 가구다.

또 100가구 가운데 90가구는 지상에 살지만, 9가구는 (반)지하에 살고, 1가구는 옥탑방에 산다. 화곡2동·화곡4동에 사는 사람의 19%는 (반)지하 방에 산다. 화곡7동·공항동 가구의 18%, 화곡8동 가구의 17%, 화곡1동의 15%, 화곡본동의 14%도 (반)지하에 산다. 이 밖에도 등촌2동·화곡5동·화곡6동·발산1동 등 모두 12개 동네에서 (반)지하 방 거주 가구 비중이 10%가 넘었다. 한편 공항동 가구의 3%, 화곡1동·화곡4동·화곡7동·방화1동·방화2동 가구의 2%는 옥탑방에 산다.

강서구 100가구 가운데 거실이나 부엌을 각각 1개의 방으로 쳐서 방 3개 이하에서 셋방살이를 떠도는 가구는 30가구에 달하지만, 공공 임대주택은 11채에 그친다. 강서구는 공공 임대주택 비중이 노원구에 이어 두 번째로 높지만, 집 때문에 사는 게 피곤한 서민들의 어려움을 완전히 해결하려면 공공 임대주택을 현재의 3배 수준으로 늘려 나가야 하는 것이다.

표 2_3.23

# 서울시 강서구 (반)지하 등 거주 가구

(단위 : 가구, %)

| 행정구역 | (반)지하 | | 옥탑 | | 기타 |
|---|---|---|---|---|---|
| | 가구 | 비중 | 가구 | 비중 | 가구 |
| 강서구 | 16,715 | 9 | 1,495 | 1 | 95 |
| 가양1동 | 99 | 2 | 10 | 0 | 13 |
| 가양2동 | 1 | 0 | – | 0 | – |
| 가양3동 | – | 0 | – | 0 | – |
| 공항동 | 1,561 | 18 | 241 | 3 | 7 |
| 등촌1동 | 308 | 5 | 26 | 0 | – |
| 등촌2동 | 829 | 12 | 35 | 1 | 11 |
| 등촌3동 | 2 | 0 | – | 0 | 2 |
| 발산1동 | 495 | 12 | 18 | 0 | 3 |
| 발산2동 | 277 | 5 | 16 | 0 | 1 |
| 방화1동 | 910 | 9 | 161 | 2 | 4 |
| 방화2동 | 848 | 9 | 184 | 2 | 3 |
| 방화3동 | 120 | 1 | 10 | 0 | 5 |
| 염창동 | 189 | 2 | 7 | 0 | 1 |
| 화곡1동 | 1,217 | 15 | 134 | 2 | 1 |
| 화곡2동 | 1,217 | 19 | 92 | 1 | – |
| 화곡3동 | 840 | 11 | 84 | 1 | – |
| 화곡4동 | 1,461 | 19 | 114 | 2 | 2 |
| 화곡5동 | 637 | 12 | 17 | 0 | – |
| 화곡6동 | 900 | 12 | 55 | 1 | – |
| 화곡7동 | 1,693 | 18 | 145 | 2 | – |
| 화곡8동 | 1,521 | 17 | 87 | 1 | 11 |
| 화곡본동 | 1,590 | 14 | 59 | 1 | 31 |

화곡2동, 화곡4동, 화곡7동, 공항동 가구의 18 ~ 19%가 (반)지하에 산다.

# 강서구 유권자가 100명이라면

정당 지지도를 알 수 있는 최근 네 차례 선거(제3~4회 동시지방선거, 17~18대 총선)를 기준으로 강서구의 선거권자는 38만~44만 명이며, 평균 투표율은 50%다.

강서구 유권자가 100명이라면 2002년 제3회 동시지방선거에서는 52명이 한나라당을 찍었고, 37명은 새천년민주당, 6명은 민주노동당, 2명은 자민련, 3명은 나머지 정당을 각각 지지했다.

2004년 총선에서는 39명이 열린우리당을, 35명은 한나라당을 각각 지지했으며, 13명은 민주노동당을, 8명은 새천년민주당을, 2명은 자민련을 각각 찍었다.

2006년 동시지방선거에서는 56명이 한나라당을 선택한 가운데, 22명은 열린우리당을, 11명은 민주노동당을, 10명은 민주당을, 1명은 기타 정당을 지지했다.

2008년 총선에서는 39명이 한나라당을 찍었고 29명은 통합민주당을, 10명은 친박연대를, 5명은 창조한국당을, 다른 5명은 자유선진당을 찍었다. 진보신당과 민주노동당은 각 4명씩 지지했다.

네 차례 선거에서 동네별 투표율은 염창동·등촌3동·발산2동·가양1동 등에서 가장 높았다. 반면 공항동·화곡본동·화곡1동·화곡4동 등에서 가장 낮았다. 염창동과 공항동의 투표율 격차는 최소 9%에서 최대 12%까지 벌어졌다.

한나라당 득표율은 등촌2동·화곡3동·발산2동·방화1동에서 주로 높게 나타났다. 반면 화곡8동·7동·화곡2동·화곡본동에서 낮았다. 등촌2동과 화곡8동에서 한나라당 득표율 격차는 최소 7%에서 최대

12%까지 벌어졌다.

　민주(＋열린우리)당 득표율은 화곡1동과 화곡2동에서 가장 높았고, 화곡8동과 화곡7동도 상대적으로 높았다. 반면 등촌2동과 발산2동, 화곡3동과 염창동에서 가장 낮았다. 화곡2동과 가양1동의 민주(＋열린우리)당 득표율 격차는 4~10% 사이다.

　민주노동당과 진보신당 득표율은 화곡본동과 염창동 등에서 상대적으로 높았다.

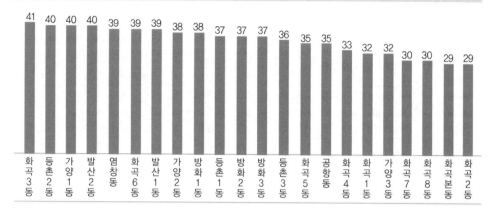

**그림 2_3.15**

# 서울시 강서구 동네별 한나라당 득표율

2004년 총선(단위 : %)

| 화곡3동 | 등촌2동 | 가양1동 | 발산2동 | 염창동 | 화곡6동 | 발산1동 | 가양2동 | 방화1동 | 등촌1동 | 방화2동 | 방화3동 | 등촌3동 | 화곡5동 | 공항동 | 화곡4동 | 화곡1동 | 가양3동 | 화곡7동 | 화곡8동 | 화곡본동 | 화곡2동 |
|---|---|---|---|---|---|---|---|---|---|---|---|---|---|---|---|---|---|---|---|---|---|
| 41 | 40 | 40 | 40 | 39 | 39 | 39 | 38 | 38 | 37 | 37 | 37 | 36 | 35 | 35 | 33 | 32 | 32 | 30 | 30 | 29 | 29 |

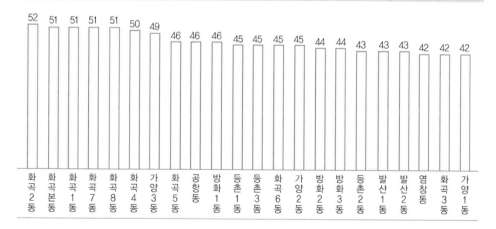

**그림 2_3.16**

# 서울시 강서구 동네별 민주(+열린우리)당 득표율

2004년 총선(단위 : %)

| 화곡2동 | 화곡본동 | 화곡1동 | 화곡7동 | 화곡8동 | 화곡4동 | 가양3동 | 화곡5동 | 공항동 | 방화1동 | 등촌1동 | 등촌3동 | 화곡6동 | 가양2동 | 방화2동 | 방화3동 | 등촌2동 | 발산1동 | 발산2동 | 염창동 | 화곡3동 | 가양1동 |
|---|---|---|---|---|---|---|---|---|---|---|---|---|---|---|---|---|---|---|---|---|---|
| 52 | 51 | 51 | 51 | 51 | 50 | 49 | 46 | 46 | 46 | 45 | 45 | 45 | 45 | 44 | 44 | 43 | 43 | 43 | 42 | 42 | 42 |

표 2_3.24

# 서울시 강서구 역대 선거 투표율과 정당 지지율

2002~2008년(단위 : 명, %)

| 행정구역 | 2002년 지방선거 | | | | | | | 2004년 총선 | | | | | | | |
|---|---|---|---|---|---|---|---|---|---|---|---|---|---|---|
| | 선거인 수 | 투표율 | 한나라당 | 새천년민주당 | 자민련 | 민주노동당 | 기타정당 | 선거인 수 | 투표율 | 한나라당 | 새천년민주당 | 열린우리당 | 자민련 | 민주노동당 | 기타정당 |
| 강서구 | 381,647 | 44 | 52 | 37 | 2 | 6 | 3 | 405,394 | 61 | 35 | 8 | 39 | 2 | 13 | 3 |
| 가양1동 | 14,500 | 45 | 57 | 34 | 2 | 6 | 2 | 13,857 | 66 | 40 | 8 | 34 | 2 | 13 | 2 |
| 가양2동 | 15,149 | 47 | 51 | 37 | 3 | 6 | 3 | 15,391 | 62 | 38 | 8 | 37 | 2 | 12 | 3 |
| 가양3동 | 16,125 | 46 | 48 | 40 | 3 | 7 | 3 | 15,880 | 63 | 32 | 8 | 41 | 2 | 14 | 3 |
| 공항동 | 16,927 | 38 | 55 | 35 | 2 | 5 | 2 | 17,694 | 55 | 35 | 7 | 39 | 2 | 14 | 2 |
| 등촌1동 | 11,929 | 46 | 55 | 35 | 2 | 6 | 2 | 13,429 | 65 | 37 | 8 | 37 | 2 | 14 | 2 |
| 등촌2동 | 11,507 | 41 | 57 | 33 | 2 | 5 | 2 | 14,789 | 63 | 40 | 8 | 35 | 3 | 12 | 2 |
| 등촌3동 | 27,352 | 48 | 54 | 36 | 2 | 6 | 2 | 27,847 | 65 | 36 | 8 | 37 | 2 | 14 | 3 |
| 발산1동 | 10,566 | 47 | 57 | 33 | 3 | 5 | 2 | 10,143 | 62 | 39 | 9 | 34 | 3 | 12 | 3 |
| 발산2동 | 7,278 | 44 | 55 | 35 | 2 | 5 | 2 | 6,933 | 65 | 40 | 8 | 35 | 2 | 12 | 2 |
| 방화1동 | 18,314 | 43 | 58 | 33 | 2 | 5 | 2 | 20,895 | 60 | 38 | 7 | 39 | 2 | 13 | 2 |
| 방화2동 | 19,015 | 41 | 55 | 34 | 3 | 5 | 2 | 20,517 | 60 | 37 | 7 | 38 | 2 | 14 | 3 |
| 방화3동 | 22,064 | 46 | 54 | 35 | 2 | 6 | 3 | 22,522 | 63 | 37 | 7 | 37 | 2 | 15 | 3 |
| 염창동 | 24,386 | 47 | 56 | 33 | 2 | 7 | 2 | 23,181 | 67 | 39 | 7 | 35 | 2 | 14 | 2 |
| 화곡1동 | 16,729 | 39 | 49 | 41 | 2 | 5 | 2 | 17,455 | 56 | 32 | 10 | 41 | 3 | 12 | 2 |
| 화곡2동 | 14,438 | 38 | 48 | 39 | 3 | 6 | 4 | 15,271 | 56 | 29 | 9 | 43 | 3 | 13 | 3 |
| 화곡3동 | 11,453 | 44 | 54 | 36 | 3 | 6 | 2 | 18,336 | 65 | 41 | 9 | 33 | 2 | 13 | 3 |
| 화곡4동 | 16,592 | 40 | 51 | 39 | 2 | 5 | 3 | 17,333 | 55 | 33 | 9 | 41 | 2 | 12 | 3 |
| 화곡5동 | 17,948 | 42 | 55 | 35 | 2 | 6 | 2 | 17,715 | 61 | 35 | 8 | 37 | 2 | 15 | 3 |
| 화곡6동 | 13,748 | 42 | 54 | 36 | 2 | 6 | 2 | 16,236 | 60 | 39 | 9 | 35 | 2 | 11 | 3 |
| 화곡7동 | 21,440 | 39 | 48 | 41 | 2 | 6 | 3 | 22,390 | 57 | 30 | 9 | 42 | 2 | 14 | 3 |
| 화곡8동 | 20,057 | 39 | 49 | 40 | 3 | 6 | 3 | 21,363 | 57 | 30 | 9 | 42 | 3 | 14 | 2 |
| 화곡본동 | 24,193 | 36 | 50 | 40 | 2 | 6 | 3 | 26,339 | 56 | 29 | 8 | 43 | 2 | 15 | 3 |

| 2006년 지방선거 | | | | | | | 2008년 총선 | | | | | | | | | |
|---|---|---|---|---|---|---|---|---|---|---|---|---|---|---|---|---|
| 선거인 수 | 투표율 | 열린우리당 | 한나라당 | 민주당 | 민주노동당 | 기타정당 | 선거인 수 | 투표율 | 통합민주당 | 한나라당 | 자유선진당 | 민주노동당 | 창조한국당 | 친박연대 | 진보신당 | 기타정당 |
| 430,027 | 49 | 22 | 56 | 10 | 11 | 1 | 443,974 | 45 | 29 | 39 | 5 | 4 | 5 | 10 | 4 | 4 |
| 15,295 | 53 | 19 | 59 | 10 | 11 | 1 | 16,272 | 47 | 27 | 40 | 6 | 3 | 5 | 12 | 4 | 3 |
| 15,797 | 49 | 23 | 56 | 11 | 10 | 1 | 15,734 | 46 | 29 | 40 | 6 | 3 | 5 | 9 | 3 | 6 |
| 15,953 | 50 | 24 | 53 | 11 | 11 | 2 | 15,786 | 47 | 31 | 37 | 5 | 4 | 5 | 9 | 4 | 5 |
| 18,051 | 42 | 22 | 58 | 9 | 10 | 1 | 17,981 | 37 | 28 | 42 | 5 | 3 | 4 | 11 | 3 | 4 |
| 15,320 | 50 | 22 | 57 | 9 | 11 | 1 | 15,853 | 44 | 28 | 38 | 6 | 3 | 5 | 11 | 4 | 5 |
| 17,117 | 51 | 18 | 63 | 9 | 9 | 1 | 17,235 | 46 | 25 | 42 | 6 | 3 | 5 | 11 | 3 | 4 |
| 29,258 | 53 | 23 | 54 | 10 | 11 | 2 | 29,026 | 47 | 30 | 39 | 5 | 4 | 5 | 10 | 4 | 5 |
| 10,382 | 52 | 19 | 59 | 11 | 10 | 1 | 17,320 | 46 | 30 | 37 | 5 | 5 | 5 | 10 | 4 | 4 |
| 13,276 | 55 | 18 | 62 | 9 | 11 | 1 | 13,841 | 49 | 25 | 43 | 6 | 4 | 5 | 11 | 4 | 4 |
| 23,524 | 47 | 20 | 59 | 9 | 11 | 1 | 23,479 | 42 | 26 | 42 | 6 | 3 | 4 | 10 | 4 | 5 |
| 21,093 | 47 | 20 | 60 | 8 | 10 | 1 | 21,144 | 42 | 26 | 42 | 6 | 4 | 4 | 10 | 3 | 5 |
| 22,876 | 50 | 22 | 57 | 8 | 12 | 1 | 22,503 | 45 | 28 | 38 | 6 | 5 | 5 | 11 | 4 | 5 |
| 28,345 | 54 | 20 | 59 | 9 | 12 | 1 | 29,726 | 48 | 27 | 38 | 5 | 3 | 6 | 12 | 5 | 3 |
| 18,153 | 42 | 22 | 54 | 13 | 10 | 1 | 17,787 | 40 | 33 | 37 | 5 | 4 | 4 | 10 | 3 | 4 |
| 15,421 | 44 | 24 | 52 | 14 | 10 | 1 | 15,779 | 40 | 31 | 37 | 5 | 4 | 4 | 10 | 3 | 5 |
| 19,246 | 53 | 18 | 62 | 10 | 10 | 1 | 18,739 | 48 | 25 | 43 | 5 | 4 | 5 | 11 | 3 | 4 |
| 17,674 | 43 | 22 | 55 | 11 | 10 | 1 | 17,858 | 40 | 31 | 39 | 6 | 4 | 4 | 9 | 3 | 4 |
| 13,658 | 47 | 21 | 56 | 10 | 11 | 1 | 18,871 | 47 | 28 | 39 | 5 | 4 | 5 | 10 | 4 | 4 |
| 18,483 | 49 | 20 | 60 | 9 | 10 | 1 | 19,044 | 44 | 26 | 43 | 5 | 3 | 4 | 12 | 3 | 4 |
| 22,668 | 44 | 23 | 52 | 12 | 12 | 1 | 22,592 | 40 | 32 | 36 | 5 | 5 | 4 | 10 | 3 | 4 |
| 21,619 | 45 | 24 | 51 | 12 | 11 | 1 | 21,784 | 41 | 33 | 35 | 5 | 4 | 5 | 10 | 3 | 5 |
| 27,080 | 42 | 25 | 52 | 10 | 13 | 1 | 27,197 | 38 | 31 | 37 | 5 | 5 | 5 | 9 | 4 | 4 |

투표율은 염창동, 화곡3동, 발산2동, 방화1동에서 높았다. 한나라당은 화곡본동과 2동, 7동, 8동에서 민주(+열린우리)당은 화곡1동과 2동에서 득표율이 높았다.

## 숫자 100으로 본 서울시 관악구 27개 동네

관악구에는 2005년 현재 27개 동에 있는 주택 10만2천 채와 오피스텔 9천 채 등 거처 11만1천 곳에 53만 명이 살고 있다.

서울시 관악구가 100명이 사는 마을이라면 어떤 모습일까?

## 숫자 100으로 본 관악구

관악구에 사는 사람은 서울시 평균인에 비해 19세 이상 인구가 상대적으로 많고 그 가운데 대학 이상 학력자 비중도 약간 높으며, 결혼하지 않은 사람 비중은 훨씬 높다.

서울에서 취업자 가운데 봉급쟁이 비중이 가장 높은 구지만, 출퇴근에 30분 이상 시간을 소비하는 사람도 가장 많다. 무주택자와 셋방 사는 가구가 가장 많으며, 나 홀로 사는 가구가 가장 많은 구이다. 또 전체의 72%가 한 집에 5년 이상 살지 못하고 46%는 채 2년을 살지 못하는 등 서울에서 가장 이사를 자주 다니는 곳이 관악구다.

또 자동차 보유 가구가 가장 적고, 16%는 (반)지하 등에 살며, 44%가 거실과 부엌을 포함해 방 3칸 이하 셋방에 살고 있다.

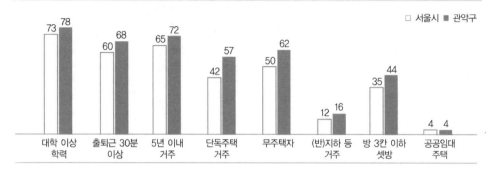

그림 2_3.17

## 서울시와 관악구 주요 지수 평균 비교

(단위 : %)

☐ 서울시　■ 관악구

- 대학 이상 학력: 73 / 78
- 출퇴근 30분 이상: 60 / 68
- 5년 이내 거주: 65 / 72
- 단독주택 거주: 42 / 57
- 무주택자: 50 / 62
- (반)지하 등 거주: 12 / 16
- 방 3칸 이하 셋방: 35 / 44
- 공공임대 주택: 4 / 4

　　최근 7년간 관악구에서 한나라당은 34~55%를, 민주(＋열린우리)당은 32~47%를, 민주노동당＋진보신당은 7~14%를 각각 얻었다. 그러나 동네별로는 차이가 컸다.


## 관악구 인구가 100명이라면 :
## 42명이 미혼

관악구 인구 53만 명을 100명으로 친다면 남자 대 여자의 수는 51 대 49로 남자가 약간 많다. 신림9동은 남녀 성비가 63 대 37로 극심하게 불균형을 이루고 있으며, 신림2동도 56 대 44로 남자가 훨씬 많다. 100명 중 1명은 외국인이며, 국적별로는 중국이 69%(재중 동포＝조선족 43%), 미국 5%, 일본 4% 순이다. 동네 사람 중 외국인이 가장 많은 곳은 봉천7동과 신림8동으로 3%에 이른다. 20명은 어린이와 청소년이고(19살 미만), 80명은 어른이다. 어른 가운데 7명은 노인(65세 이상)이다.

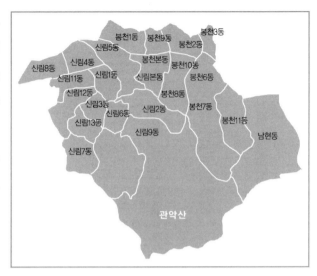

지역적으로는 관악구 인구 100명 가운데 6명이 봉천6동에 산다. 신림본동·신림2동·신림4동·신림6동·봉천1동·봉천11동에 5명씩, 신림1동·신림8동·신림10동·신림12동·봉천5동·봉천7동·봉천9동에   4명씩 산다.  신림3동·신림5동·신림11동·신림13동·봉천본동·봉천2동·봉천3동·봉천4동·봉천8동·봉천10동·남현동에 3명씩, 신림6동엔 2명이 살고 신림7동엔 1명이 산다.

종교를 보자. 23명은 개신교, 16명은 불교, 13명은 천주교 신자다. 47명은 종교를 갖고 있지 않다. 남현동은 동네 사람 중 62%가 종교를 가진 반면, 봉천7동은 52%가 종교를 갖지 않았다. 봉천11동은 개신교, 신림6동은 불교, 신림11동은 천주교 신자 비율이 높다.

학력은 어떨까. 대학 이상의 학력을 가진 사람은 53명으로 이 가운데 10명은 대학에 재학 중이고 5명은 석사과정 이상의 공부를 하였다(19세 이상 기준). 인근에 대학이 있는 신림9동과 봉천7동에서 대학 이상 학력자 비율이 79%와 76%로 가장 높다. 봉천7동은 재학생이 28%에 이르며 대학원 이상 비율도 15%에 달한다.

42명은 미혼이며, 58명은 결혼했다. 결혼한 사람 가운데 5명은 남

# 표 2_3.25

## 서울시 관악구 성별·종교별·학력별 인구

(단위 : 명, %)

| 행정구역 | 남녀/외국인 | | | | 종교 인구 | | | | | | | 대학 이상 학력 인구 | | | | | | |
|---|---|---|---|---|---|---|---|---|---|---|---|---|---|---|---|---|---|---|
| | 총인구 | 남자 | 여자 | 외국인 | 인구수 (내국인) | 종교 있음 | | | | | 종교 없음 | 19세 이상 인구 | 계 | 4년제 미만 | | 4년제 이상 | | 대학원 이상 |
| | | | | | | 계 | 불교 | 개신교 | 천주교 | 기타 | | | | 계 | 재학 | 계 | 재학 | |
| 관악구 | 530,833 | 51 | 49 | 1 | 527,690 | 53 | 16 | 23 | 13 | 1 | 47 | 424,501 | 53 | 13 | 2 | 35 | 8 | 5 |
| 남현동 | 17,702 | 49 | 51 | 0 | 17,645 | 62 | 19 | 26 | 17 | 1 | 37 | 14,332 | 66 | 14 | 3 | 42 | 9 | 10 |
| 봉천1동 | 26,773 | 50 | 50 | 0 | 26,737 | 53 | 16 | 24 | 13 | 1 | 46 | 20,902 | 47 | 14 | 3 | 29 | 5 | 4 |
| 봉천2동 | 14,256 | 50 | 50 | 0 | 14,242 | 56 | 16 | 22 | 17 | 1 | 43 | 11,227 | 51 | 10 | 2 | 34 | 6 | 7 |
| 봉천3동 | 17,499 | 49 | 51 | 0 | 17,470 | 54 | 15 | 23 | 15 | 1 | 45 | 13,587 | 60 | 10 | 2 | 41 | 7 | 9 |
| 봉천4동 | 17,171 | 50 | 50 | 1 | 16,973 | 53 | 16 | 26 | 11 | 1 | 47 | 14,350 | 63 | 14 | 3 | 41 | 12 | 8 |
| 봉천5동 | 21,289 | 50 | 50 | 0 | 21,265 | 55 | 16 | 24 | 15 | 1 | 45 | 16,019 | 54 | 9 | 3 | 37 | 6 | 7 |
| 봉천6동 | 30,095 | 49 | 51 | 0 | 29,997 | 53 | 16 | 23 | 13 | 1 | 47 | 24,849 | 58 | 13 | 2 | 38 | 7 | 7 |
| 봉천7동 | 19,962 | 54 | 46 | 3 | 19,274 | 48 | 13 | 22 | 12 | 1 | 52 | 15,504 | 76 | 10 | 2 | 52 | 26 | 15 |
| 봉천8동 | 16,414 | 50 | 50 | 2 | 16,098 | 54 | 17 | 26 | 10 | 0 | 46 | 13,199 | 41 | 14 | 3 | 24 | 5 | 3 |
| 봉천9동 | 20,008 | 51 | 49 | 0 | 19,993 | 54 | 16 | 23 | 14 | 1 | 46 | 15,283 | 48 | 12 | 2 | 30 | 5 | 5 |
| 봉천10동 | 13,612 | 49 | 51 | 0 | 13,551 | 50 | 17 | 22 | 9 | 1 | 49 | 11,010 | 43 | 13 | 2 | 26 | 6 | 4 |
| 봉천11동 | 28,459 | 50 | 50 | 0 | 28,358 | 55 | 16 | 27 | 12 | 0 | 44 | 22,617 | 55 | 12 | 2 | 36 | 7 | 6 |
| 봉천본동 | 16,937 | 50 | 50 | 1 | 16,841 | 51 | 16 | 21 | 13 | 1 | 49 | 13,454 | 52 | 13 | 2 | 34 | 6 | 5 |
| 신림1동 | 21,329 | 49 | 51 | 1 | 21,201 | 53 | 16 | 26 | 11 | 1 | 46 | 17,103 | 46 | 14 | 3 | 28 | 6 | 3 |
| 신림2동 | 26,905 | 56 | 44 | 0 | 26,841 | 54 | 16 | 22 | 15 | 1 | 46 | 22,874 | 66 | 11 | 2 | 49 | 16 | 7 |
| 신림3동 | 17,564 | 51 | 49 | 0 | 17,537 | 53 | 17 | 23 | 12 | 1 | 47 | 13,416 | 35 | 12 | 3 | 21 | 7 | 2 |
| 신림4동 | 26,670 | 49 | 51 | 1 | 26,359 | 47 | 15 | 22 | 10 | 1 | 52 | 20,487 | 44 | 15 | 2 | 26 | 5 | 3 |
| 신림5동 | 17,045 | 49 | 51 | 1 | 16,956 | 48 | 15 | 19 | 14 | 1 | 51 | 14,766 | 55 | 16 | 2 | 35 | 6 | 4 |
| 신림6동 | 10,020 | 51 | 49 | 0 | 10,012 | 56 | 21 | 21 | 12 | 2 | 44 | 8,046 | 35 | 11 | 2 | 22 | 5 | 2 |
| 신림7동 | 6,450 | 50 | 50 | 0 | 6,426 | 54 | 18 | 24 | 12 | 1 | 45 | 5,027 | 28 | 12 | 2 | 15 | 4 | 1 |
| 신림8동 | 19,820 | 50 | 50 | 3 | 19,307 | 50 | 16 | 22 | 10 | 1 | 49 | 15,623 | 42 | 13 | 2 | 26 | 5 | 3 |
| 신림9동 | 28,586 | 63 | 37 | 0 | 28,505 | 52 | 17 | 20 | 14 | 1 | 48 | 25,167 | 79 | 10 | 3 | 63 | 16 | 6 |
| 신림10동 | 21,144 | 50 | 50 | 0 | 21,125 | 57 | 16 | 24 | 16 | 1 | 43 | 16,380 | 42 | 12 | 2 | 26 | 6 | 4 |
| 신림11동 | 15,199 | 50 | 50 | 0 | 15,168 | 55 | 17 | 19 | 18 | 0 | 45 | 11,872 | 50 | 11 | 2 | 34 | 8 | 4 |
| 신림12동 | 20,306 | 51 | 49 | 0 | 20,274 | 52 | 16 | 23 | 12 | 1 | 46 | 15,411 | 36 | 14 | 3 | 20 | 5 | 2 |
| 신림13동 | 15,391 | 51 | 49 | 0 | 15,358 | 54 | 17 | 24 | 13 | 1 | 46 | 11,704 | 36 | 14 | 3 | 19 | 5 | 2 |
| 신림본동 | 24,227 | 50 | 50 | 0 | 24,177 | 53 | 15 | 23 | 15 | 1 | 47 | 20,292 | 55 | 16 | 3 | 35 | 6 | 5 |

봉천7동과 신림8동에 사는 사람의 3%는 외국인이다. 남현동은 62%가 종교가 있는 반면 봉천7동은 52%가 종교가 없다.

대학 이상 학력자 비중은 신림9동에서 가장 높고 신림7동에서 가장 낮다.

편이나 아내가 먼저 사망했고 3명은 이혼했다(15세 이상 기준). 3명은 몸이 불편하거나 정신 장애로 정상적인 활동에 제약을 느끼고 있다.

거주 기간을 보면, 34명은 현재 살고 있는 집에 산 지 5년이 넘었으나 66명은 5년 이내에 새로 이사 왔다(5살 이상 기준). 이사 온 사람 중 41명은 관악구 안의 다른 동에서, 11명은 서울 안의 다른 구에서, 다른 14명은 서울 바깥에서 이사 왔다.


## 관악구에 사는 취업자가 100명이라면 : 78명은 봉급쟁이

관악구에 사는 15세 이상 인구 44만5천 명 가운데 취업해 직장에 다니는 사람(취업자)은 22만3천 명이다. 관악구 취업자가 100명이라면 52명은 30~40대, 27명은 20대이며, 15명은 50대다. 65세 이상 노인 2명도 일하고 있다. 관악구는 서울시 안에서 취업자 중 20대 비중이 가장 높은 반면, 30대 비중이 가장 낮다.

78명은 회사에서 봉급을 받고 일하는 직장인이다. 14명은 고용한 사람 없이 혼자서 일하는 자영업자이며, 5명은 누군가를 고용해 사업체를 경영하는 사업주다. 3명은 가족이 운영하는 사업체에서 보수 없이 일하고 있다. 관악구는 서울시 25개 구 가운데 직장인 즉 임금근로자 비중이 가장 높고, 사업자 비중은 가장 낮다.

직업은 사무직 23명, 전문가 15명, 판매직과 기술직 및 준전문가 각 12명, 서비스직과 기능직 각 10명이다. 또 9명은 단순 노무직, 5명은 장치 기계 조작 및 조립직, 3명은 고위 관리직으로 각각 일하고 있다.

직장으로 출근하는 데 30분 이상 걸리는 사람은 68명으로, 그 가운데 24명은 1시간 이상 걸린다. 18명은 걸어서 출근하고 82명은 교통수단을 이용해 출근한다. 82명 가운데 32명은 전철로, 21명은 자가용으로, 15명은 시내버스로 출근한다. 2명은 통근 버스로, 1명은 고속·시외버스로 출근하며, 10명은 전철과 버스 또는 승용차를 갈아타며 출근한다.

85명은 사무실이나 공장 등에서 일하는 반면, 10명은 야외나 거리 또는 운송 수단에서 일한다. 2명은 자기 집에서, 3명은 남의 집에서 일한다.


## 관악구에 100가구가 산다면 :
## 64가구가 셋방에 살고, 33가구가 나 홀로 가구

관악구에는 20만2,800가구가 산다(일반 가구 기준). 관악구에 사는 가구를 100가구로 친다면 53가구는 식구가 한 명 또는 두 명인 1, 2인 가구이며, 이 가운데 33가구는 나 홀로 사는 1인 가구다. 식구 4명은 21가구, 3명은 19가구, 5명은 6가구다.

관악구는 서울시 25개 구 가운데 1인 가구 비중이 가장 높은 곳이다. 인근에 대학이 있고 고시촌이 몰려 있는 신림9동에 사는 가구 중 1인 가구는 무려 72%에 달한다. 신림2동과 5동, 봉천4동도 절반이 넘는 등 모두 20곳에서 동네 가구의 20% 이상이 1인 가구다. 반면 봉천2동과 5동, 9동, 신림10동은 15%를 밑돈다.

35가구는 자신이 소유한 집에서 살고, 64가구는 셋방에 살며, 1가

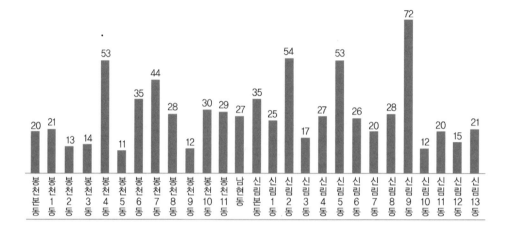

그림 2_3.18

# 서울시 관악구 동네별 1인 가구

(단위 : %)

구는 직장의 사택이나 친척집 등에서 무상으로 살고 있다. 자기 집에 사는 가구 중 4가구는 현재 살고 있는 집 외에 최소 한 채에서 여러 채를 소유한 다주택자들이다.

셋방 사는 가구 가운데 34가구는 전세에, 26가구는 보증금 있는 월세에, 5가구는 보증금 없는 월세 또는 사글세에 살고 있다. 셋방 사는 가구 중 4가구는 어딘가에 자신 명의의 집을 소유하고 있으나 경제 사정이나 자녀 교육, 직장 등의 사정으로 셋방에 살고 있다. 관악구는 서울 시내 25개 구 가운데 셋방 사는 가구 비중이 가장 높고, 그중에서도 월세 사는 비중이 가장 높은 곳이다.

관악구 100가구 가운데 72가구는 현재 사는 집으로 이사 온 지 5년이 안 되며, 이 가운데 46가구는 2년이 안 된다. 15가구는 5~10년

표 2_3.26

## 서울시 관악구의 다주택자

(단위 : 가구, 호)

| 구분 | | | 가구 수 | 주택 수 | 평균 주택 수 |
|---|---|---|---|---|---|
| 일반 가구 | | | 202,788 | – | – |
| 자가 가구 | | | 70,048 | – | – |
| 다주택 가구 | 통계청 | | 8,346 | – | – |
| | 행자부 | 계 | 5,288 | 13,974 | 3 |
| | | 2채 | 4,235 | 8,470 | 2 |
| | | 3채 | 455 | 1,365 | 3 |
| | | 4채 | 158 | 632 | 4 |
| | | 5채 | 87 | 435 | 5 |
| | | 6~10채 | 281 | 1,991 | 7 |
| | | 11채 이상 | 72 | 1,081 | 15 |

이 됐고, 12가구는 10년이 넘었다. 관악구는 서울에서 이사 온 지 2년이 채 안 되는 가구 비중이 가장 높다.

41가구는 자동차를 소유하고 있고 이 가운데 30가구는 자기 집에 전용 주차장이 있다. 자동차 소유 가구 중 4가구는 차를 2대 이상 소유하고 있다.

**집 많은 사람, 집 없는 사람 :**
**봉천3동 59% 주택 소유, 신림9동 81% 무주택**

관악구에 사는 가구 중 38%만 집을 소유하고 있고, 62%는 무주택자다. 27개 동네 가운데 7개 동네는 주택 소유자가 더 많다. 봉천3동

표 2_3.27

# 서울시 관악구 주택의 점유·소유 형태별 가구

(단위 : 가구, %)

| 행정구역 | 전체 가구 | 자기 집에 거주 | | | 셋방에 거주 | | | 무상으로 거주 | | 주택 소유 | 무주택 |
|---|---|---|---|---|---|---|---|---|---|---|---|
| | | 계 | 집 한 채 | 집 여러 채 | 계 | 집 없음 | 집 있음 | 집 없음 | 집 있음 | | |
| 관악구 | 202,788 | 35 | 30 | 4 | 64 | 60 | 4 | 1 | 0 | 38 | 62 |
| 남현동 | 6,376 | 37 | 31 | 5 | 56 | 50 | 6 | 6 | 2 | 44 | 56 |
| 봉천1동 | 9,037 | 44 | 39 | 5 | 55 | 51 | 4 | 1 | 0 | 48 | 52 |
| 봉천2동 | 4,650 | 48 | 43 | 6 | 51 | 46 | 4 | 1 | 0 | 53 | 47 |
| 봉천3동 | 5,829 | 53 | 45 | 8 | 46 | 39 | 7 | 1 | 0 | 59 | 41 |
| 봉천4동 | 8,379 | 21 | 19 | 3 | 78 | 74 | 4 | 1 | 0 | 25 | 75 |
| 봉천5동 | 6,676 | 48 | 40 | 8 | 52 | 46 | 6 | 0 | 0 | 54 | 46 |
| 봉천6동 | 12,225 | 32 | 28 | 3 | 67 | 64 | 4 | 1 | 0 | 35 | 65 |
| 봉천7동 | 6,945 | 25 | 21 | 3 | 74 | 70 | 4 | 1 | 0 | 29 | 71 |
| 봉천8동 | 6,094 | 32 | 28 | 3 | 67 | 64 | 2 | 1 | 0 | 34 | 66 |
| 봉천9동 | 6,381 | 50 | 45 | 5 | 49 | 44 | 5 | 1 | 0 | 55 | 45 |
| 봉천10동 | 5,172 | 31 | 28 | 3 | 68 | 64 | 3 | 1 | 0 | 35 | 65 |
| 봉천11동 | 10,600 | 42 | 37 | 5 | 56 | 52 | 4 | 2 | 0 | 46 | 54 |
| 봉천본동 | 5,839 | 42 | 36 | 6 | 57 | 51 | 6 | 1 | 0 | 48 | 52 |
| 신림1동 | 7,844 | 32 | 28 | 4 | 67 | 63 | 4 | 1 | 0 | 36 | 64 |
| 신림2동 | 12,896 | 25 | 22 | 3 | 74 | 71 | 3 | 1 | 0 | 28 | 72 |
| 신림3동 | 5,711 | 47 | 43 | 3 | 52 | 50 | 2 | 1 | 0 | 49 | 51 |
| 신림4동 | 9,859 | 27 | 24 | 3 | 72 | 69 | 3 | 1 | 0 | 30 | 70 |
| 신림5동 | 8,585 | 18 | 15 | 2 | 81 | 78 | 3 | 1 | 0 | 21 | 79 |
| 신림6동 | 3,639 | 36 | 33 | 4 | 63 | 60 | 3 | 1 | 0 | 39 | 61 |
| 신림7동 | 2,181 | 40 | 37 | 2 | 58 | 57 | 1 | 2 | 0 | 41 | 59 |
| 신림8동 | 7,274 | 34 | 30 | 4 | 65 | 61 | 4 | 1 | 0 | 38 | 62 |
| 신림9동 | 17,267 | 17 | 15 | 2 | 82 | 80 | 2 | 0 | 0 | 19 | 81 |
| 신림10동 | 6,603 | 47 | 41 | 6 | 49 | 45 | 4 | 1 | 3 | 54 | 46 |
| 신림11동 | 5,051 | 50 | 40 | 10 | 49 | 44 | 5 | 1 | 0 | 55 | 45 |
| 신림12동 | 6,423 | 49 | 44 | 5 | 49 | 45 | 3 | 2 | 0 | 52 | 48 |
| 신림13동 | 5,301 | 39 | 34 | 4 | 60 | 57 | 3 | 2 | 0 | 42 | 58 |
| 신림본동 | 9,951 | 33 | 30 | 3 | 66 | 64 | 2 | 1 | 0 | 35 | 65 |

봉천3동 가구의 59%가 집이 있는 반면 신림9동 가구의 81%가 무주택자다. 신림11동에 다주택 소유자가 가장 많고, 봉천3동 가구의 7%는 어딘가에 집을 사놓고 셋방에 산다.

59%를 비롯해 봉천9동과 신림11동 55%, 봉천5동과 신림10동 54%, 봉천2동 53%, 신림12동 52% 순이다. 반면 20개 동네는 무주택자가 더 많다. 신림9동 81%를 비롯해 신림5동 79%, 봉천4동 75%, 신림5동 72%, 봉천7동 71%, 신림4동 70% 등 13곳은 동네 가구의 60% 이상이 무주택자다.

관악구에 사는 주택 소유자 38% 중 4%는 어딘가 자기 명의의 집을 소유하고 있지만 사정상 셋방에 살고 있다. 이들을 제외한 35%는 자기 집에 산다(계산상 1% 차이가 나는 것은 반올림 때문이다). 자기 집에 사는 가구가 50% 이상인 동네는 봉천3동(53%), 봉천9동(50%), 신림11동(50%) 3곳밖에 없다.

관악구에 사는 가구 중 64%는 셋방에 산다. 신림9동 82%, 신림5동 81%, 봉천4동 78%, 봉천7동과 신림2동 74%, 신림4동 72%를 비롯해 14개 동네는 60% 이상이 셋방에 산다.

셋방에 사는 가구 중 어딘가 자기 명의의 집을 소유한 4%를 제외한 60%는 어디에도 집이 없이 셋방을 떠도는 무주택 셋방 가구다. 신림9동 80%, 신림5동 78%, 봉천4동 74%, 신림2동 71%, 봉천7동 70% 등 20개 동네에서 무주택 셋방 가구가 절반 이상이다.


## 관악구에 있는 집이 100채라면 :
## 39채는 아파트, 24채는 단독주택, 20채는 다세대주택

관악구에는 집(주택과 주택 이외의 거처, 빈집 제외)이 11만1천 채가 있다. 관악구에 있는 집이 100채라면 39채는 아파트고 24채는 단독주

표 2_3.28

# 서울시 관악구 거처의 종류별·연건평별·건축년도별 주택

(단위 : 호, 가구, %)

| 행정구역 | 거처의 종류별 거처와 가구 | | | | | | | | | | | | | |
|---|---|---|---|---|---|---|---|---|---|---|---|---|---|
| | 계 | | 단독주택 | | 아파트 | | 연립주택 | | 다세대주택 | | 비거주용 건물 내 주택 | | 주택 이외의 거처 | |
| | 거처 | 가구 | 거처 | 가구 | 거처 | 가구 | 거처 | 가구 | 거처 | 가구 | 거처 | 가구 | 거처 | 가구 |
| 관악구 | 111,379 | 202,906 | 24 | 57 | 39 | 21 | 7 | 4 | 20 | 11 | 1 | 2 | 8 | 5 |
| 남현동 | 4,275 | 6,382 | 15 | 42 | 33 | 22 | 12 | 8 | 23 | 15 | 1 | 1 | 16 | 11 |
| 봉천1동 | 5,380 | 9,044 | 29 | 57 | 25 | 15 | 11 | 7 | 30 | 18 | 1 | 1 | 5 | 3 |
| 봉천2동 | 3,861 | 4,652 | 11 | 26 | 75 | 62 | 3 | 3 | 10 | 9 | 0 | 0 | 0 | 0 |
| 봉천3동 | 4,956 | 5,829 | 11 | 24 | 83 | 71 | 2 | 2 | 2 | 2 | 1 | 1 | 0 | 0 |
| 봉천4동 | 5,471 | 8,387 | 14 | 41 | 12 | 8 | 9 | 6 | 7 | 5 | 1 | 2 | 58 | 39 |
| 봉천5동 | 6,381 | 6,677 | 3 | 7 | 86 | 82 | 6 | 6 | 4 | 4 | 0 | 0 | 0 | 0 |
| 봉천6동 | 6,243 | 12,228 | 24 | 60 | 44 | 23 | 5 | 3 | 20 | 10 | 1 | 2 | 5 | 2 |
| 봉천7동 | 2,959 | 6,962 | 27 | 67 | 36 | 16 | 21 | 9 | 8 | 3 | 2 | 3 | 6 | 2 |
| 봉천8동 | 2,842 | 6,096 | 64 | 82 | 5 | 2 | 6 | 3 | 21 | 10 | 1 | 1 | 4 | 2 |
| 봉천9동 | 5,321 | 6,385 | 9 | 24 | 60 | 50 | 2 | 2 | 29 | 24 | 0 | 0 | 0 | 0 |
| 봉천10동 | 3,019 | 5,179 | 36 | 61 | 11 | 6 | 3 | 2 | 29 | 17 | 2 | 3 | 19 | 12 |
| 봉천11동 | 6,109 | 10,600 | 17 | 51 | 19 | 11 | 7 | 4 | 53 | 31 | 1 | 1 | 3 | 2 |
| 봉천본동 | 4,161 | 5,841 | 19 | 41 | 61 | 44 | 5 | 4 | 7 | 5 | 2 | 3 | 4 | 3 |
| 신림13동 | 2,544 | 5,303 | 40 | 71 | 31 | 15 | 5 | 2 | 22 | 10 | 2 | 1 | 0 | 0 |
| 신림1동 | 3,349 | 7,845 | 46 | 76 | 19 | 8 | 1 | 1 | 31 | 13 | 2 | 1 | 0 | 0 |
| 신림2동 | 4,365 | 12,913 | 31 | 75 | 38 | 13 | 8 | 3 | 22 | 8 | 1 | 1 | 1 | 0 |
| 신림3동 | 3,281 | 5,712 | 26 | 57 | 0 | 0 | 12 | 7 | 61 | 35 | 1 | 1 | 0 | 0 |
| 신림4동 | 3,247 | 9,859 | 57 | 84 | 7 | 2 | 2 | 1 | 27 | 9 | 4 | 3 | 4 | 1 |
| 신림5동 | 4,705 | 8,588 | 24 | 56 | 8 | 5 | 1 | 0 | 9 | 5 | 2 | 3 | 55 | 30 |
| 신림6동 | 1,928 | 3,643 | 70 | 83 | 14 | 7 | 5 | 3 | 10 | 5 | 1 | 2 | 0 | 0 |
| 신림7동 | 1,034 | 2,181 | 51 | 75 | 0 | 0 | 14 | 7 | 30 | 15 | 1 | 1 | 4 | 3 |
| 신림8동 | 3,976 | 7,276 | 26 | 56 | 45 | 25 | 5 | 3 | 12 | 7 | 4 | 5 | 9 | 5 |
| 신림9동 | 3,990 | 17,287 | 36 | 79 | 49 | 11 | 8 | 2 | 5 | 1 | 2 | 2 | 1 | 4 |
| 신림10동 | 5,878 | 6,604 | 12 | 21 | 75 | 67 | 7 | 6 | 5 | 5 | 1 | 1 | 0 | 0 |
| 신림11동 | 3,508 | 5,052 | 19 | 43 | 60 | 42 | 9 | 6 | 3 | 2 | 2 | 2 | 7 | 5 |
| 신림12동 | 3,949 | 6,423 | 22 | 51 | 28 | 17 | 9 | 6 | 37 | 23 | 2 | 1 | 2 | 2 |
| 신림본동 | 4,647 | 9,958 | 25 | 64 | 13 | 6 | 22 | 10 | 36 | 17 | 1 | 1 | 3 | 2 |

| 연건평별 주택 | | | | | 건축년도별 주택 | | | |
|---|---|---|---|---|---|---|---|---|
| 총 주택 수 | 14평 미만 | 14~19평 | 19~29평 | 29평 이상 | 총 주택 수 | 1995~2005년 | 1985~1994년 | 1985년 이전 |
| 102,060 | 14 | 23 | 32 | 31 | 102,060 | 53 | 32 | 15 |
| 3,580 | 6 | 20 | 36 | 38 | 3,580 | 57 | 28 | 15 |
| 5,136 | 5 | 20 | 44 | 31 | 5,136 | 53 | 30 | 17 |
| 3,850 | 26 | 23 | 30 | 20 | 3,850 | 78 | 11 | 11 |
| 4,955 | 10 | 34 | 32 | 23 | 4,955 | 52 | 41 | 7 |
| 2,299 | 6 | 22 | 32 | 39 | 2,299 | 54 | 29 | 17 |
| 6,379 | 31 | 22 | 28 | 19 | 6,379 | 88 | 8 | 5 |
| 5,954 | 17 | 21 | 29 | 32 | 5,954 | 63 | 21 | 15 |
| 2,796 | 12 | 23 | 25 | 40 | 2,796 | 55 | 24 | 21 |
| 2,737 | 16 | 20 | 25 | 40 | 2,737 | 27 | 29 | 44 |
| 5,320 | 21 | 20 | 39 | 19 | 5,320 | 71 | 21 | 8 |
| 2,447 | 15 | 21 | 31 | 33 | 2,447 | 44 | 30 | 25 |
| 5,916 | 5 | 33 | 42 | 20 | 5,916 | 54 | 36 | 10 |
| 3,983 | 19 | 24 | 30 | 26 | 3,983 | 79 | 10 | 11 |
| 2,541 | 13 | 26 | 24 | 37 | 2,541 | 32 | 49 | 19 |
| 3,335 | 14 | 16 | 24 | 46 | 3,335 | 18 | 70 | 11 |
| 4,329 | 12 | 22 | 22 | 43 | 4,329 | 21 | 66 | 13 |
| 3,280 | 20 | 31 | 23 | 26 | 3,280 | 40 | 47 | 13 |
| 3,132 | 2 | 12 | 22 | 64 | 3,132 | 47 | 42 | 11 |
| 2,111 | 9 | 13 | 27 | 52 | 2,111 | 43 | 40 | 17 |
| 1,925 | 25 | 14 | 30 | 31 | 1,925 | 27 | 27 | 46 |
| 997 | 5 | 26 | 34 | 35 | 997 | 28 | 44 | 28 |
| 3,638 | 3 | 29 | 30 | 38 | 3,638 | 35 | 21 | 44 |
| 3,948 | 1 | 16 | 45 | 39 | 3,948 | 34 | 53 | 13 |
| 5,870 | 36 | 20 | 32 | 13 | 5,870 | 70 | 21 | 10 |
| 3,251 | 9 | 18 | 37 | 36 | 3,251 | 59 | 14 | 26 |
| 3,864 | 9 | 35 | 32 | 24 | 3,864 | 49 | 38 | 13 |
| 4,487 | 12 | 20 | 36 | 32 | 4,487 | 45 | 44 | 11 |

신림4동은 가구의 84%가

단독주택에 사는 데 비해

봉천5동은 82%가 아파트에 산다.

봉천11동과 신림3동 가구의 30%

이상이 다세대주택에 살고,

봉천4동과 신림5동 가구의 30%

이상이 주택 이외의 거처에 산다.

택, 20채는 다세대주택, 7채는 연립주택이다. 또 1채는 상가 내 거처 등 비거주용 건물 내 주택이고, 8채는 오피스텔을 비롯한 주택 이외의 거처다.

봉천본동·봉천2동·봉천3동·봉천5동·봉천9동, 신림10동과 11동은 거처의 대부분이 아파트다. 봉천8동과 신림4동·신림6동·신림7동은 단독주택이 절반을 넘는다. 신림3동과 봉천11동은 다세대주택이 절반이 넘고, 봉천4동과 신림5동은 주택 이외의 거처가 절반을 넘는다. 봉천7동과 신림본동에는 연립주택도 20% 이상을 차지하고 있다.

관악구 100가구 가운데 57가구는 단독주택에, 21가구는 아파트에 산다. 11가구는 다세대주택에, 4가구는 연립주택에 산다. 또 2가구는 비거주용 건물 내 주택에, 5가구는 오피스텔 등 주택 이외의 거처에 산다.

봉천2동 거주 가구의 82%는 아파트에 살고 7%는 단독주택에 산다. 봉천3동(71%), 신림10동(67%), 봉천2동(62%), 봉천9동(50%)에서도 절반 이상이 아파트에 산다.

반면 신림4동의 84%, 신림6동의 83%, 봉천8동의 82%는 단독주택에 살고, 2~7%만 단독주택에 산다. 또 신림1동·신림2동·신림7동·신림9동·신림13동은 동네 사람의 70% 이상이, 봉천6동·봉천7동·봉천10동·신림본동은 60% 이상이 단독주택에 사는 등 모두 18개 동네에서 절반 이상이 단독주택에 살고 있다.

신림3동 가구의 35%, 봉천11동의 31%, 봉천9동의 24%, 신림12동의 23%는 다세대주택에 산다. 봉천4동 가구의 39%, 신림5동의 30%는 오피스텔 등 주택 이외의 거처에 산다.

지난 10년 동안 아파트와 다세대주택은 225%와 99%가 늘어난 반면, 단독주택은 30%, 연립주택은 24%가 줄었다. 이에 따라 전체 주택(주택 이외의 거처 제외)에서 차지하는 비중도 아파트는 17%에서 42%로, 다세대주택은 15%에서 22%로 증가했다. 반면 단독주택은 51%에서 27%로, 연립주택은 14%에서 8%로 줄었다.

크기별로는 29평 이상이 31채, 19~29평이 32채, 14~19평이 23채이며, 14평 미만은 14채가 있다. 신림4동은 29평 이상 주택이 64%를 차지하고 있다. 봉천7동과 8동, 신림1동에서도 40% 이상이다. 반면 신림10동에는 14평 미만 주택이 36%를 차지하고 있다.

53채는 지은 지 10년(1995~2005년)이 안 된 새집이며, 지은 지 20년이 넘은 낡은 집은 15채로 조만간 재개발·재건축 대상 주택이 될 전망이다. 신림6동과 8동, 봉천8동 주택 중 20년이 넘은 집은 40% 이상을 차지한다. 반면 봉천5동 주택의 88%를 비롯해 13개 동네에서 10년 이내 새집이 절반을 넘었다.


**관악구에서 지하 방에 사는 사람 :**
**신림1동·3동·4동·7동·12동·13동, 봉천8동**
**(반)지하 가구 20% 이상**


관악구에 사는 20만2,800가구를 100가구로 친다면 그 중 16가구는 식구에 비해 집이 너무 좁거나 시설이 제대로 갖춰지지 않아 인간다운 품위를 지키기 어려운 최저 주거 기준 미달 가구다.

또 100가구 가운데 85가구는 지상에 살지만, 14가구는 (반)지하에 살고, 1가구는 옥탑방에 산다. 신림1동과 신림4동에 사는 사람의

표 2_3.29

# 서울시 관악구 (반)지하 등 거주 가구

(단위 : 가구, %)

| 행정구역 | (반)지하 | | 옥탑 | | 판잣집·움막·비닐집 | | 기타 | |
|---|---|---|---|---|---|---|---|---|
| | 가구 | 비중 | 가구 | 비중 | 가구 | 비중 | 가구 | 비중 |
| 관악구 | 29,210 | 14 | 2,132 | 1 | 196 | – | 821 | – |
| 남현동 | 819 | 13 | 46 | 1 | 20 | – | 3 | – |
| 봉천1동 | 1,552 | 17 | 103 | 1 | – | – | 2 | – |
| 봉천2동 | 288 | 6 | 11 | – | – | – | – | – |
| 봉천3동 | 381 | 7 | 26 | – | – | – | – | – |
| 봉천4동 | 937 | 11 | 76 | 1 | – | – | 47 | 1 |
| 봉천5동 | 238 | 4 | 4 | – | – | – | 1 | – |
| 봉천6동 | 1,461 | 12 | 141 | 1 | – | – | – | – |
| 봉천7동 | 811 | 12 | 62 | 1 | – | – | 1 | – |
| 봉천8동 | 1,211 | 20 | 84 | 1 | – | – | – | – |
| 봉천9동 | 610 | 10 | 36 | 1 | – | – | – | – |
| 봉천10동 | 810 | 16 | 72 | 1 | – | – | 3 | – |
| 봉천11동 | 1,775 | 17 | 95 | 1 | – | – | 45 | – |
| 봉천본동 | 436 | 7 | 52 | 1 | – | – | 2 | – |
| 신림1동 | 2,096 | 27 | 136 | 2 | – | – | 2 | – |
| 신림2동 | 1,567 | 12 | 118 | 1 | – | – | 12 | – |
| 신림3동 | 1,408 | 25 | 48 | 1 | – | – | – | – |
| 신림4동 | 2,653 | 27 | 176 | 2 | – | – | 1 | – |
| 신림5동 | 1,229 | 14 | 120 | 1 | – | – | – | – |
| 신림6동 | 689 | 19 | 63 | 2 | – | – | 2 | – |
| 신림7동 | 495 | 23 | 37 | 2 | 70 | 3 | – | – |
| 신림8동 | 1,128 | 16 | 86 | 1 | – | – | – | – |
| 신림9동 | 1,530 | 9 | 165 | 1 | 1 | – | 696 | 4 |
| 신림10동 | 341 | 5 | 33 | – | 4 | – | 3 | – |
| 신림11동 | 579 | 11 | 33 | 1 | – | – | – | – |
| 신림12동 | 1,254 | 20 | 51 | 1 | 98 | 2 | 1 | – |
| 신림13동 | 1,343 | 25 | 100 | 2 | 3 | – | – | – |
| 신림본동 | 1,569 | 16 | 158 | 2 | – | – | – | – |

신림1동, 3동, 4동, 7동, 12동, 13동과 봉천8동 가구의 20% 이상이 (반)지하에 산다. 신림7동 가구의 3%, 신림9동 가구의 4%는 쪽방 등에 산다.

214

27%는 (반)지하 방에 산다. 두 곳을 포함해 신림3동·신림7동·신림12동·신림13동·봉천8동 등 7개 동네에서 (반)지하 방에 사는 가구 비율이 20%가 넘었고, 21개 동네에서 10%가 넘었다. 나머지 7개 동네도 4~9%가 (반)지하 방에 산다. 신림본동·신림1동·신림4동·신림6동·신림7동·신림13동에 사는 사람의 2%는 옥탑방에 살고, 봉천2동·봉천3동·봉천5동·신림10동을 제외한 나머지 17개 동네에서도 1% 가구가 옥탑방에 산다.

신림7동에 사는 사람의 3%, 신림12동의 2%는 판잣집·비닐집·움막에서 산다. 한편 신림9동에 사는 사람의 4%, 봉천4동의 1%는 쪽방이라 불리는 업소의 잠만 자는 방이나 공사 현장의 임시 막사 등에서 산다.

관악구 100가구 가운데 거실이나 부엌을 각각 1개의 방으로 쳐서 방 3개 이하에서 셋방살이를 떠도는 가구는 44가구에 달하지만, 가구 수 대비 공공 임대주택은 4채에 그친다. 좁디좁은 집에서 셋방살이를 떠도는 서민들의 고달픔을 풀려면 공공 임대주택을 현재의 11배 수준으로 늘려야 하는 것이다.


## 관악구 유권자가 100명이라면

정당 지지도를 알 수 있는 최근 네 차례 선거(제3~4회 동시지방선거, 제17~18대 총선)를 기준으로 관악구 유권자 수는 대략 41만~44만 명이며 평균 투표율은 50%였다.

관악구 유권자가 100명이라면 2002년 지방선거에서는 44명이 한나라당을, 42명이 새천년민주당을, 9명이 민주노동당을, 3명이 자민련을 각각 지지했다.

2004년 총선에서는 40명이 열린우리당을, 29명이 한나라당을, 16명이 민주노동당을, 10명이 새천년민주당을, 2명이 자민련을 찍었다.

2006년 지방선거에서는 48명이 한나라당을, 22명이 열린우리당을, 15명이 민주당을, 14명이 민주노동당을 지지했다.

2008년 총선에서는 34명이 한나라당을, 다른 34명은 통합민주당을, 9명은 친박연대를 찍었다. 또한 7명은 진보신당을, 5명은 창조한국당을, 4명은 민주노동당을, 다른 4명은 자유선진당을 찍었다.

이 네 차례 선거에서 동네별 투표율은 봉천3동이 가장 높았다. 봉천5동·봉천2동·신림10동도 투표율 상위권을 지켰다. 반면 신림5동은 가장 투표율이 낮았고, 신림본동·신림4동·신림3동도 상대적으로 낮았다. 봉천3동과 신림5동의 투표율 격차는 최소 14%에서 최대 20%까지 벌어졌다.

한나라당 득표율은 신림11동에서 항상 가장 높았다. 남현동·신림8동·신림13동·봉천3동에서도 상대적으로 높았다. 반면 봉천10동에서 가장 낮았고, 신림9동·봉천8동·봉천4동·신림6동에서도 상대적으로 낮았다. 신림11동과 봉천10동의 한나라당 득표율 격차는 9%에서 14%까지 벌어졌다.

이 네 차례 선거에서 민주(+열린우리)당 득표율은 봉천10동에서 가장 높았다. 봉천8동·신림6동·봉천9동에서도 상대적으로 높았다. 반면 신림11동에서 가장 낮았고, 신림2동과 남현동, 신림9동도 상대적으로 낮았다. 봉천10동과 신림11동의 득표율 격차는 최소 8~12% 사이이다.

민주노동당과 진보신당은 신림9동과 신림2동에서 상대적으로 높았다.

그림 2_3.19

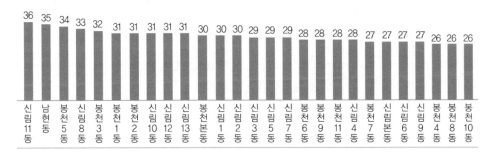

서울시 관악구 동네별 한나라당 득표율

2004년 총선(단위 : %)

그림 2_3.20

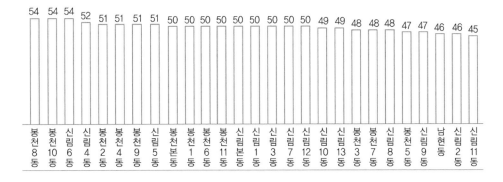

서울시 관악구 동네별 민주(＋열린우리)당 득표율

2004년 총선(단위 : %)

표2_3.30

# 서울시 관악구 역대 선거 투표율과 정당 지지율

2002~2008년(단위 : 명, %)

| 행정구역 | 2002년 지방선거 | | | | | | | 2004년 총선 | | | | | | | |
|---|---|---|---|---|---|---|---|---|---|---|---|---|---|---|---|
| | 선거인 수 | 투표율 | 한나라당 | 새천년민주당 | 자민련 | 민주노동당 | 기타정당 | 선거인 수 | 투표율 | 한나라당 | 새천년민주당 | 열린우리당 | 자민련 | 민주노동당 | 기타정당 |
| 관악구 | 409,461 | 45 | 44 | 42 | 3 | 9 | 3 | 417,760 | 61 | 29 | 10 | 40 | 2 | 16 | 2 |
| 남현동 | 13,014 | 47 | 49 | 38 | 3 | 7 | 3 | 12,885 | 62 | 35 | 8 | 38 | 2 | 15 | 2 |
| 봉천1동 | 20,781 | 44 | 46 | 41 | 3 | 7 | 3 | 21,272 | 60 | 31 | 9 | 41 | 3 | 14 | 2 |
| 봉천2동 | 10,246 | 49 | 45 | 43 | 3 | 7 | 2 | 9,957 | 64 | 31 | 11 | 40 | 2 | 14 | 2 |
| 봉천3동 | 9,184 | 54 | 50 | 39 | 2 | 8 | 2 | 12,433 | 68 | 32 | 10 | 39 | 2 | 15 | 2 |
| 봉천4동 | 13,714 | 45 | 43 | 42 | 2 | 10 | 3 | 13,614 | 59 | 26 | 10 | 42 | 2 | 18 | 2 |
| 봉천5동 | 15,856 | 50 | 46 | 41 | 2 | 8 | 3 | 16,360 | 66 | 34 | 9 | 38 | 2 | 15 | 3 |
| 봉천6동 | 24,251 | 43 | 42 | 43 | 3 | 9 | 3 | 24,607 | 60 | 28 | 9 | 41 | 2 | 18 | 2 |
| 봉천7동 | 12,964 | 46 | 42 | 41 | 3 | 12 | 3 | 13,439 | 62 | 27 | 8 | 40 | 2 | 20 | 2 |
| 봉천8동 | 13,692 | 45 | 40 | 48 | 3 | 7 | 3 | 13,412 | 58 | 26 | 11 | 44 | 2 | 15 | 2 |
| 봉천9동 | 8,247 | 40 | 41 | 48 | 2 | 7 | 1 | 12,857 | 62 | 28 | 9 | 42 | 3 | 15 | 2 |
| 봉천10동 | 11,911 | 43 | 39 | 49 | 3 | 7 | 2 | 11,634 | 59 | 26 | 13 | 42 | 2 | 15 | 2 |
| 봉천11동 | 22,364 | 43 | 43 | 42 | 3 | 9 | 3 | 22,456 | 62 | 28 | 9 | 41 | 2 | 17 | 3 |
| 봉천본동 | 13,788 | 49 | 44 | 43 | 3 | 8 | 2 | 13,905 | 64 | 30 | 10 | 40 | 3 | 15 | 2 |
| 신림1동 | 17,646 | 41 | 46 | 40 | 3 | 9 | 3 | 17,278 | 59 | 30 | 10 | 40 | 3 | 15 | 3 |
| 신림2동 | 20,616 | 44 | 44 | 37 | 2 | 13 | 3 | 21,025 | 64 | 30 | 9 | 37 | 2 | 20 | 2 |
| 신림3동 | 14,310 | 39 | 46 | 42 | 3 | 7 | 2 | 14,059 | 57 | 29 | 10 | 40 | 3 | 15 | 3 |
| 신림4동 | 21,401 | 39 | 45 | 43 | 3 | 6 | 2 | 21,054 | 58 | 28 | 10 | 42 | 2 | 15 | 2 |
| 신림5동 | 13,298 | 38 | 46 | 43 | 2 | 7 | 2 | 13,969 | 54 | 29 | 9 | 41 | 2 | 17 | 2 |
| 신림6동 | 8,479 | 47 | 40 | 46 | 2 | 9 | 2 | 8,776 | 61 | 27 | 13 | 41 | 2 | 15 | 3 |
| 신림7동 | 7,305 | 46 | 41 | 44 | 4 | 8 | 3 | 5,945 | 57 | 29 | 11 | 39 | 3 | 14 | 4 |
| 신림8동 | 15,908 | 41 | 48 | 42 | 3 | 5 | 2 | 16,247 | 58 | 33 | 10 | 38 | 3 | 13 | 3 |
| 신림9동 | 19,217 | 46 | 41 | 38 | 2 | 15 | 4 | 18,637 | 65 | 27 | 8 | 38 | 2 | 23 | 2 |
| 신림10동 | 17,054 | 49 | 44 | 40 | 3 | 9 | 3 | 16,495 | 64 | 31 | 12 | 37 | 2 | 15 | 3 |
| 신림11동 | 8,102 | 44 | 51 | 37 | 3 | 6 | 3 | 8,040 | 56 | 36 | 11 | 34 | 3 | 13 | 2 |
| 신림12동 | 15,612 | 44 | 46 | 43 | 3 | 6 | 2 | 15,669 | 60 | 31 | 11 | 39 | 3 | 13 | 3 |
| 신림13동 | 11,736 | 41 | 47 | 41 | 4 | 6 | 2 | 12,287 | 57 | 31 | 10 | 39 | 4 | 14 | 3 |
| 신림본동 | 19,383 | 36 | 43 | 43 | 2 | 11 | 2 | 20,273 | 59 | 27 | 9 | 41 | 2 | 19 | 2 |

| 2006년 지방선거 | | | | | | | 2008년 총선 | | | | | | | | | |
|---|---|---|---|---|---|---|---|---|---|---|---|---|---|---|---|---|
| 선거인 수 | 투표율 | 열린우리당 | 한나라당 | 민주당 | 민주노동당 | 기타정당 | 선거인 수 | 투표율 | 통합민주당 | 한나라당 | 자유선진당 | 민주노동당 | 창조한국당 | 친박연대 | 진보신당 | 기타정당 |
| 431,791 | 49 | 22 | 48 | 15 | 14 | 1 | 441,081 | 45 | 34 | 34 | 4 | 4 | 5 | 9 | 7 | 3 |
| 14,534 | 49 | 21 | 54 | 13 | 12 | 1 | 14,905 | 45 | 30 | 38 | 4 | 3 | 6 | 10 | 5 | 4 |
| 21,509 | 47 | 22 | 51 | 14 | 13 | 1 | 21,655 | 43 | 33 | 36 | 4 | 4 | 5 | 10 | 5 | 4 |
| 11,303 | 54 | 23 | 48 | 15 | 13 | 1 | 11,075 | 52 | 35 | 35 | 4 | 3 | 5 | 9 | 6 | 4 |
| 13,789 | 57 | 21 | 50 | 14 | 14 | 1 | 13,821 | 53 | 33 | 35 | 4 | 4 | 5 | 9 | 7 | 3 |
| 14,211 | 44 | 22 | 44 | 16 | 16 | 1 | 15,292 | 39 | 35 | 30 | 4 | 4 | 6 | 8 | 8 | 4 |
| 16,487 | 53 | 21 | 51 | 15 | 12 | 1 | 16,232 | 52 | 34 | 36 | 4 | 3 | 5 | 9 | 6 | 3 |
| 25,459 | 46 | 22 | 46 | 16 | 15 | 1 | 25,456 | 42 | 35 | 32 | 5 | 4 | 6 | 8 | 7 | 4 |
| 14,067 | 48 | 21 | 45 | 14 | 19 | 1 | 14,912 | 43 | 33 | 31 | 4 | 5 | 6 | 8 | 10 | 4 |
| 13,426 | 47 | 20 | 44 | 22 | 12 | 2 | 13,079 | 43 | 37 | 33 | 4 | 4 | 4 | 8 | 5 | 5 |
| 15,530 | 51 | 22 | 46 | 16 | 15 | 1 | 15,536 | 47 | 37 | 34 | 4 | 4 | 4 | 9 | 5 | 4 |
| 11,928 | 45 | 23 | 43 | 20 | 13 | 1 | 12,106 | 43 | 40 | 31 | 4 | 4 | 5 | 8 | 5 | 3 |
| 23,217 | 48 | 22 | 46 | 15 | 16 | 1 | 23,390 | 44 | 33 | 34 | 4 | 4 | 5 | 8 | 7 | 4 |
| 13,812 | 50 | 21 | 48 | 16 | 14 | 1 | 13,885 | 47 | 35 | 34 | 4 | 4 | 4 | 9 | 6 | 3 |
| 16,911 | 46 | 21 | 49 | 14 | 15 | 1 | 17,183 | 40 | 32 | 35 | 4 | 4 | 5 | 9 | 6 | 4 |
| 21,274 | 49 | 21 | 46 | 12 | 19 | 1 | 21,304 | 44 | 32 | 30 | 5 | 4 | 6 | 9 | 12 | 3 |
| 13,670 | 46 | 21 | 51 | 16 | 10 | 2 | 13,809 | 42 | 36 | 35 | 5 | 4 | 4 | 9 | 5 | 3 |
| 20,768 | 44 | 22 | 49 | 15 | 13 | 1 | 20,973 | 39 | 36 | 33 | 5 | 4 | 5 | 9 | 5 | 3 |
| 14,803 | 37 | 22 | 49 | 14 | 14 | 1 | 14,908 | 33 | 33 | 34 | 4 | 5 | 6 | 8 | 6 | 3 |
| 8,691 | 53 | 24 | 44 | 18 | 12 | 2 | 8,731 | 48 | 40 | 33 | 4 | 4 | 4 | 7 | 6 | 3 |
| 5,261 | 50 | 22 | 47 | 19 | 11 | 2 | 13,733 | 48 | 31 | 37 | 4 | 4 | 5 | 9 | 8 | 3 |
| 16,339 | 45 | 21 | 53 | 15 | 11 | 1 | 15,150 | 43 | 32 | 37 | 5 | 4 | 4 | 11 | 4 | 3 |
| 19,365 | 49 | 24 | 44 | 11 | 20 | 1 | 19,728 | 45 | 31 | 29 | 5 | 5 | 6 | 8 | 14 | 3 |
| 16,857 | 53 | 21 | 48 | 16 | 12 | 2 | 16,652 | 49 | 35 | 33 | 4 | 4 | 5 | 9 | 7 | 3 |
| 12,193 | 51 | 18 | 57 | 13 | 10 | 1 | 12,106 | 47 | 29 | 40 | 5 | 3 | 4 | 11 | 5 | 3 |
| 15,699 | 49 | 22 | 52 | 15 | 10 | 1 | 15,847 | 44 | 34 | 38 | 5 | 4 | 4 | 9 | 4 | 3 |
| 12,150 | 48 | 21 | 51 | 16 | 10 | 1 | 11,915 | 42 | 33 | 39 | 5 | 3 | 4 | 8 | 5 | 3 |
| 20,465 | 44 | 24 | 45 | 13 | 17 | 1 | 20,798 | 39 | 33 | 33 | 5 | 5 | 5 | 9 | 7 | 4 |

투표율은 봉천3동이 가장 높았다. 한나라당은 신림11동, 민주(+열린우리)당은 봉천10동에서 득표율이 높았다.

# 서울시 광진구 16개 동네

2005년 현재 서울시 광진구에는 16개 동에 있는 주택 6만3천4백 채와 오피스텔 1천4백 채 등 거처 6만5천 곳에 36만7천 명이 살고 있다.

서울시 광진구가 100명이 사는 마을이라면 어떤 모습일까?

## 숫자 100으로 본 광진구

광진구에 사는 사람은 서울시 평균인과 학력 수준은 비슷하고 종교 인구 비중은 조금 낮으며, 결혼하지 않은 사람 비율도 더 높다. 봉급쟁이 비중은 약간 높고 자영업자나 사업주 비중은 조금 낮다. 직업별로는 기술직 및 준전문가, 서비스직, 기능직, 장치 기계 조작 및 조립직으로 일하는 사람이 상대적으로 많고 출퇴근에 걸리는 시간은 서울시 평균보다 짧다.

광진구에는 단독주택 거주자, 무주택자, (반)지하 등 거주자, 부엌과 거실을 포함한 방 3칸 이하 거주자가 눈에 띄게 많지만 서민이 살수 있는 소형 주택은 적고 공공 임대주택은 한 채도 없다. 1인 가구도 서울시 평균에 비해 높고 거주 기간도 짧아 이사를 더 자주 다닌다.

그림 2_3.21

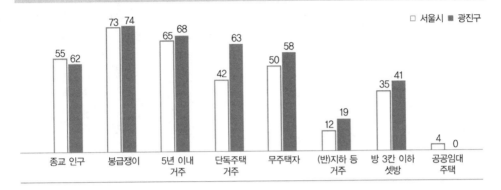

서울시와 광진구 주요 지수 평균 비교

(단위 : %)

□ 서울시　■ 광진구

최근 7년간 광진구에서 한나라당은 34~55%를, 민주(＋열린우리)당은 30~49%를, 민주노동당과 진보신당은 6~13%를 득표했는데 동네마다 득표율의 차이가 뚜렷하게 나타났다.

## 광진구 인구가 100명이라면 :
## 50명이 대학 이상 학력자, 52명은 종교 인구

서울시 광진구에 사는 사람은 36만7천 명으로, 광진구 인구가 100명이라면 남자 대 여자의 수는 49 대 51로 여자가 약간 많다. 100명 중 1명은 외국인이다. 외국인 중 59%는 국적이 중국(재중 동포＝조선족 37%)이며, 일본 7%, 미국과 몽골 각 6% 순으로 많다. 외국인 비중이 가장 높은 곳은 노유1동으로 동네 사람의 3%가 외국인이다. 광진구 인구 중 23명은 어린이와 청소년이고(19살 미만), 77명은 어른이다. 어른 가운데 6명은 노인(65세 이상)이다.

지역적으로는 광장동과 중곡4동에 9명씩, 자양2동과 3동·구의3동에 8명씩, 구의2동·화양동·자양1동에 7명씩 산다. 구의1동·중곡2동과 3동·군자동에는 6명씩 살고, 중곡1동엔 5명이 산다. 노유1동과 2동·능동에는 3명씩 산다.

종교를 보면 20명은 개신교, 18명은 불교, 12명은 천주교를 믿는다. 48명은 종교를 갖고 있지 않다. 광장동은 동네 사람의 60%가 종교인인 반면, 노유1동은 56%가 종교를 갖고 있지 않다. 개신교와 천주교는 광장동에서, 불교는 구의2동에서 신자 비율이 높다.

학력은 어떨까. 대학 이상의 학력을 가진 사람은 50명으로, 이 가운데 9명은 대학에 재학 중이고 5명은 석사과정 이상의 공부를 하였다(19세 이상 기준). 대학 이상 학력자 비중은 광장동이 가장 높아 78%에 달하는데, 이 가운데 대학원 이상 학력자는 14%다.

38명은 미혼이며, 62명은 결혼했다. 결혼한 사람 가운데 5명은 남편이나 아내가 먼저 사망했고 3명은 이혼했다(15세 이상 기준). 3명은 몸이 불편하거나 정신 장애로 정상적인 활동에 제약을 느끼고 있다.

거주 기간을 보면, 36명은 현재 살고 있는 집에 산 지 5년이 넘었으나 64명은 5년 이내에 새로 이사 왔다(5살 이상 기준). 이사 온 사람 중 38명은 광진구 안의 다른 동에서, 14명은 서울 안의 다른 구에서, 12명은 서울 바깥에서 이사 왔다.

**표 2_3.31**

# 서울시 광진구 성별·종교별·학력별 인구

(단위 : 명, %)

| 행정구역 | 남녀/외국인 | | | | 종교 인구 | | | | | | | 대학 이상 학력 인구 | | | | | | |
|---|---|---|---|---|---|---|---|---|---|---|---|---|---|---|---|---|---|---|
| | 총인구 | 남자 | 여자 | 외국인 | 인구수 (내국인) | 종교 있음 | | | | | 종교 없음 | 19세 이상 인구 | 계 | 4년제 미만 | | 4년제 이상 | | 대학원 이상 |
| | | | | | | 계 | 불교 | 개신교 | 천주교 | 기타 | | | | 계 | 재학 | 계 | 재학 | |
| 광진구 | 366,746 | 49 | 51 | 1 | 364,407 | 52 | 18 | 20 | 12 | 1 | 48 | 280,828 | 50 | 13 | 2 | 32 | 7 | 5 |
| 광장동 | 33,083 | 49 | 51 | 0 | 32,973 | 60 | 15 | 26 | 18 | 1 | 40 | 22,665 | 78 | 9 | 1 | 56 | 9 | 14 |
| 구의1동 | 23,155 | 48 | 52 | 0 | 23,046 | 49 | 18 | 18 | 12 | 1 | 50 | 18,604 | 51 | 16 | 3 | 31 | 6 | 4 |
| 구의2동 | 25,612 | 49 | 51 | 1 | 25,404 | 56 | 20 | 23 | 12 | 1 | 44 | 19,584 | 43 | 13 | 2 | 26 | 6 | 3 |
| 구의3동 | 28,574 | 49 | 51 | 0 | 28,473 | 55 | 17 | 21 | 17 | 1 | 44 | 21,733 | 67 | 10 | 2 | 47 | 9 | 10 |
| 군자동 | 21,891 | 50 | 50 | 1 | 21,723 | 49 | 19 | 19 | 10 | 1 | 51 | 17,303 | 45 | 13 | 2 | 28 | 10 | 3 |
| 노유1동 | 12,102 | 49 | 51 | 3 | 11,749 | 44 | 18 | 15 | 10 | 1 | 56 | 9,695 | 38 | 16 | 3 | 20 | 6 | 2 |
| 노유2동 | 12,390 | 51 | 49 | 2 | 12,153 | 47 | 19 | 14 | 13 | 1 | 53 | 9,580 | 38 | 13 | 3 | 22 | 5 | 3 |
| 능동 | 10,752 | 49 | 51 | 1 | 10,690 | 51 | 19 | 20 | 11 | 1 | 49 | 8,798 | 51 | 14 | 2 | 33 | 7 | 5 |
| 자양1동 | 24,569 | 49 | 51 | 1 | 24,406 | 49 | 17 | 22 | 9 | 1 | 51 | 19,426 | 44 | 15 | 3 | 26 | 6 | 3 |
| 자양2동 | 28,755 | 50 | 50 | 0 | 28,714 | 54 | 18 | 22 | 13 | 1 | 45 | 21,746 | 48 | 12 | 2 | 32 | 7 | 4 |
| 자양3동 | 29,655 | 50 | 50 | 1 | 29,492 | 51 | 17 | 19 | 14 | 1 | 49 | 21,698 | 54 | 13 | 3 | 35 | 8 | 6 |
| 중곡1동 | 17,063 | 50 | 50 | 1 | 16,962 | 49 | 19 | 18 | 10 | 1 | 51 | 13,387 | 41 | 14 | 3 | 25 | 5 | 2 |
| 중곡2동 | 22,006 | 49 | 51 | 1 | 21,928 | 51 | 19 | 20 | 11 | 2 | 48 | 16,608 | 40 | 15 | 3 | 23 | 5 | 2 |
| 중곡3동 | 20,186 | 50 | 50 | 0 | 20,098 | 49 | 17 | 19 | 11 | 1 | 51 | 15,480 | 35 | 12 | 3 | 21 | 5 | 2 |
| 중곡4동 | 31,924 | 49 | 51 | 1 | 31,853 | 54 | 18 | 22 | 11 | 3 | 46 | 23,841 | 41 | 13 | 3 | 25 | 6 | 3 |
| 화양동 | 25,029 | 49 | 51 | 1 | 24,743 | 44 | 16 | 17 | 11 | 1 | 55 | 20,680 | 59 | 16 | 3 | 40 | 18 | 3 |

노유1동에 사는 사람의 3%는 외국인이다. 광장동 사람의 60%가 종교를 갖고 있고 개신교와 천주교 신자 비중도 광진구에서 가장 높았다. 반면 노유1동 인구의 56%는 종교가 없다. 대학 이상 학력자 비중은 광장동에서 가장 높고, 중곡3동에서 가장 낮다.

# 광진구에 사는 취업자가 100명이라면 :
# 74명이 봉급쟁이

광진구에 사는 15세 이상 인구 29만9천 명 가운데 취업해 직장에 다니는 사람(취업자)은 15만3천 명이다. 광진구 취업자가 100명이라면 56명은 30~40대, 25명은 20대이며, 50대는 14명이다. 65세 이상 노인 2명도 일하고 있다.

74명은 회사에서 봉급을 받고 일하는 직장인이다. 15명은 고용한 사람 없이 혼자서 일하는 자영업자이며, 7명은 누군가를 고용해 사업체를 경영하는 사업주다. 4명은 가족이 운영하는 사업체에서 보수 없이 일하고 있다.

직업은 사무직이 21명, 판매직 14명, 전문가 14명, 기술직 및 준전문가 12명, 기능직과 서비스직 각 11명이다. 또 7명은 단순 노무직, 6명은 장치 기계 조작 및 조립직, 4명은 고위 관리직으로 일하고 있다.

출근하는 데 걸리는 시간을 보면, 60명이 30분 이상 걸리며 그 가운데 16명은 1시간 이상 걸린다. 23명은 걸어서 출근하고 77명은 교통수단을 이용해 출근한다. 77명 가운데 34명은 전철로, 22명은 자가용으로, 10명은 시내버스로, 2명은 통근 버스로, 1명은 고속·시외버스로 출근한다. 4명은 전철과 버스 또는 승용차를 갈아타며 출근한다. 광진구는 노원구(37명)에 이어 전철을 이용해 통근하는 취업자 비중이 서울에서 두 번째로 높다.

광진구에 사는 직장인 100명 가운데 87명은 사무실이나 공장 등에서 일하는 반면, 10명은 야외나 거리 또는 운송 수단에서 일한다. 2명은 자기 집에서, 2명은 남의 집에서 일한다.

# 광진구에 100가구가 산다면 :
# 61가구가 셋방살이

광진구에는 12만5,800가구가 산다(일반 가구 기준). 광진구에 사는 가구를 100가구로 친다면 43가구는 식구가 한 명 또는 두 명인 1, 2인 가구이며, 이 가운데 22가구는 나 홀로 사는 1인 가구다. 식구 4명은 27가구, 3명은 21가구, 5명은 7가구다.

나 홀로 사는 1인 가구 비중을 보면, 화양동 거주 가구의 44%가 1인 가구이며, 노유1동·군자동·능동도 30% 이상이다. 반면 광장동은 8%도 유일하게 10% 이내에 머물고 있다.

38가구는 자신이 소유한 집에서 살고, 61가구는 셋방에 살며, 1가구는 직장의 사택이나 친척집 등에서 무상으로 살고 있다. 자기 집에 사는 가구 중 5가구는 현재 살고 있는 집 외에 최소 한 채에서 여러 채를 소유한 다주택자들이다.

광진구는 관악구, 중구에 이어 강남구와 함께 서울에서 셋방 사는 가구 비율이 3번째로 높은데, 셋방 사는 가구 가운데 37가구는 전세에, 22가구는 보증금 있는 월세에, 2가구는 보증금 없는 월세 또는 사글세에 살고 있다. 셋방 사는 가구 중 5가구는 어딘가에 자신 명의의 집을 소유하고 있으나 경제 사정이나 자녀 교육, 직장 등의 사정으로 셋방에 살고 있다.

68가구는 현재 사는 집으로 이사 온 지 5년이 안 되며, 이 가운데 37가구는 2년이 안 된다. 18가구는 5~10년이 됐고, 14가구는 10년이 넘었다. 광진구는 거주 기간이 5년이 안 되는 가구 비중이 관악구와 송파구에 이어 강동구·서초구·마포구와 함께 3번째로 높고, 2년

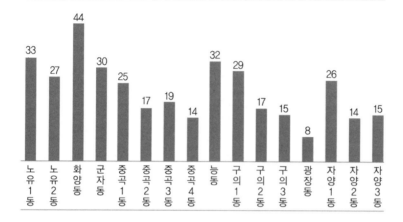

**그림 2_3.22**

## 서울시 광진구 동네별 1인 가구

(단위 : %)

| 노유1동 | 노유2동 | 화양동 | 군자동 | 중곡1동 | 중곡2동 | 중곡3동 | 중곡4동 | 능동 | 구의1동 | 구의2동 | 구의3동 | 광장동 | 자양1동 | 자양2동 | 자양3동 |
|---|---|---|---|---|---|---|---|---|---|---|---|---|---|---|---|
| 33 | 27 | 44 | 30 | 25 | 17 | 19 | 14 | 32 | 29 | 17 | 15 | 8 | 26 | 14 | 15 |

이 안 되는 비중도 6번째로 높다.

49가구는 자동차를 소유하고 있고 이 가운데 35가구는 자기 집에 전용 주차장이 있다. 자동차 소유 가구 중 6가구는 차를 2대 이상 소유하고 있다.

**집 많은 사람, 집 없는 사람 :**
**광장동 _78%_ 주택 소유, 화양동 _77%_ 무주택**

광진구에 사는 100가구 중 주택 소유자는 42가구, 무주택자는 58가구다. 16개 동네 가운데 3개 동네만 주택 소유자가 더 많고 13개 동

**표 2_3.32**

## 서울시 광진구의 다주택자

(단위 : 가구, 호)

| 구분 | | | 가구 수 | 주택 수 | 평균 주택 수 |
|---|---|---|---|---|---|
| 일반 가구 | | | 125,845 | – | – |
| 자가 가구 | | | 47,083 | – | – |
| 다주택 가구 | 통계청 | | 6,050 | – | – |
| | 행자부 | 계 | 4,608 | 12,987 | 3 |
| | | 2채 | 3,580 | 7,160 | 2 |
| | | 3채 | 413 | 1,239 | 3 |
| | | 4채 | 159 | 636 | 4 |
| | | 5채 | 87 | 435 | 5 |
| | | 6~10채 | 291 | 2,094 | 7 |
| | | 11채 이상 | 78 | 1,423 | 18 |

네는 무주택자가 더 많다. 광장동에 사는 가구 중 78%는 주택 소유자다. 구의3동 가구의 62%, 자양3동 가구의 59%는 주택 소유자다. 반면 화양동 77%, 노유1동 76%, 능동 71%를 비롯해 10개 동네는 동네 가구의 60% 이상이 무주택자다.

광진구 가구의 5%는 집을 두 채 이상 소유한 다주택자다. 동네별로는 광장동 11%, 구의3동 9%, 자양3동 7% 순으로 다주택자 비중이 높다. 반면 노유1동은 2%로 가장 낮고, 화양동·능동 등 7개 동네는 3%에 그친다.

광진구 주택 소유자 58가구 중 5가구는 어딘가 자신 명의의 집이 있지만 사정이 있어 셋방에 사는 유주택 전월세 가구로, 광장동(11%)과 구의3동(8%), 자양3동(6%) 순으로 비중이 높다.

유주택 전월세 가구를 제외한 55가구는 자기 집에 사는데, 광장동

표 2_3.33

# 서울시 광진구 주택의 점유·소유 형태별 가구

(단위 : 가구, %)

| 행정구역 | 전체 가구 (일반 가구) | 자기 집에 거주 | | | 셋방에 거주 | | | 무상으로 거주 | | 주택 소유 | 무주택 |
|---|---|---|---|---|---|---|---|---|---|---|---|
| | | 계 | 집 한 채 | 집 여러 채 | 계 | 집 없음 | 집 있음 | 집 없음 | 집 있음 | | |
| 광진구 | 125,845 | 37 | 33 | 5 | 61 | 56 | 5 | 1 | 0 | 42 | 58 |
| 광장동 | 9,556 | 66 | 55 | 11 | 32 | 21 | 11 | 1 | 0 | 78 | 22 |
| 구의1동 | 8,937 | 28 | 24 | 3 | 71 | 66 | 5 | 1 | 0 | 33 | 67 |
| 구의2동 | 8,346 | 44 | 40 | 4 | 54 | 50 | 4 | 2 | 0 | 49 | 51 |
| 구의3동 | 9,329 | 53 | 45 | 9 | 45 | 37 | 8 | 1 | 0 | 62 | 38 |
| 군자동 | 8,277 | 29 | 26 | 4 | 69 | 66 | 3 | 2 | 0 | 33 | 67 |
| 노유1동 | 4,717 | 21 | 19 | 2 | 78 | 75 | 2 | 1 | 0 | 24 | 76 |
| 노유2동 | 4,437 | 33 | 28 | 5 | 66 | 63 | 3 | 1 | 0 | 36 | 64 |
| 능동 | 4,181 | 25 | 22 | 3 | 73 | 69 | 4 | 1 | 0 | 29 | 71 |
| 자양1동 | 8,914 | 28 | 25 | 3 | 71 | 67 | 4 | 1 | 0 | 32 | 68 |
| 자양2동 | 9,039 | 43 | 37 | 6 | 56 | 51 | 5 | 1 | 0 | 48 | 52 |
| 자양3동 | 9,342 | 53 | 46 | 7 | 46 | 40 | 6 | 1 | 0 | 59 | 41 |
| 중곡1동 | 6,120 | 29 | 27 | 3 | 69 | 66 | 3 | 1 | 0 | 33 | 67 |
| 중곡2동 | 7,261 | 33 | 30 | 3 | 66 | 62 | 3 | 1 | 0 | 36 | 64 |
| 중곡3동 | 6,616 | 32 | 29 | 3 | 67 | 63 | 4 | 2 | 0 | 36 | 64 |
| 중곡4동 | 10,109 | 40 | 35 | 4 | 58 | 54 | 4 | 2 | 0 | 44 | 56 |
| 화양동 | 10,664 | 19 | 17 | 3 | 80 | 76 | 3 | 1 | 0 | 23 | 77 |

광장동 가구의 78%가 집을 소유한 반면 화양동 가구의 77%는 무주택자다. 광장동은 다주택 소유자와 어딘가에 집을 사 놓고 셋방 사는 가구 비중이 가장 높다.

과 구의3동 그리고 자양3동에서 비중이 높다.

한편 유주택 전월세를 포함한 61가구가 셋방에 사는데 화양동은 가구의 80%가 셋방에 살고 노유1동·능동·구의1동·자양1동에서도 70% 이상이 셋방 가구다. 16개 동네 중 13개 동네에서 셋방 사는 가구 비중이 50%가 넘고 이 중 10개 동네는 60%가 넘는다.

셋방 사는 가구 중 유주택 전월세를 제외한 56가구는 집이 아예 없는 무주택 전월세 가구다. 무주택 전월세 가구는 화양동(76%), 노유1동(75%), 능동(69%) 순으로 비중이 높다.


## 광진구에 있는 집이 100채라면 :
## 아파트 37채, 단독주택 31채, 다세대주택 22채

광진구에는 집(주택과 주택 이외의 거처)이 6만5천 채가 있다. 광진구에 있는 집이 100채라면 37채는 아파트고, 31채는 단독주택, 22채는 다세대주택이다. 6채는 연립주택, 2채는 비거주용 건물 내 주택, 2채는 오피스텔이다.

광장동·자양3동·구의3동·자양2동에서는 아파트가 절반에서 88%를 차지하는 데 비해, 노유1동·능동·군자동·화양동·중곡1동·중곡2동·중곡3동 등에서는 단독주택이 절반 이상이다. 한편 구의2동은 다세대주택이 절반이 넘고, 중곡1~4동과 구의1동·자양1동·군자동에서도 23~44%를 차지하고 있다. 또한 구의2동에서는 연립주택이, 화양동과 구의1동에서는 주택 이외의 거처가 10% 이상을 기록하고 있다.

광진구 100가구 가운데 63가구는 단독주택에, 19가구는 아파트

표 2_3.34

# 서울시 광진구 거처의 종류별·연건평별·건축년도별 주택

(단위 : 호, 가구, %)

| 행정구역 | 거처의 종류별 거처와 가구 | | | | | | | | | | | | | |
|---|---|---|---|---|---|---|---|---|---|---|---|---|---|---|
| | 계 | | 단독주택 | | 아파트 | | 연립주택 | | 다세대주택 | | 비거주용 건물 내 주택 | | 주택 이외의 거처 | |
| | 거처 | 가구 | 거처 | 가구 | 거처 | 가구 | 거처 | 가구 | 거처 | 가구 | 거처 | 가구 | 거처 | 가구 |
| 광진구 | 65,005 | 126,042 | 31 | 63 | 37 | 19 | 6 | 3 | 22 | 11 | 2 | 2 | 2 | 1 |
| 광장동 | 9,030 | 9,563 | 3 | 8 | 88 | 84 | 4 | 4 | 4 | 3 | 0 | 1 | 1 | 1 |
| 구의1동 | 3,756 | 8,948 | 39 | 73 | 4 | 2 | 4 | 2 | 39 | 16 | 3 | 2 | 12 | 5 |
| 구의2동 | 4,734 | 8,354 | 30 | 59 | 1 | 1 | 14 | 8 | 51 | 29 | 3 | 3 | 0 | 0 |
| 구의3동 | 7,299 | 9,334 | 7 | 27 | 69 | 54 | 6 | 5 | 15 | 11 | 0 | 1 | 2 | 2 |
| 군자동 | 3,130 | 8,293 | 55 | 82 | 15 | 6 | 5 | 2 | 23 | 9 | 3 | 2 | 0 | 0 |
| 노유1동 | 1,418 | 4,736 | 66 | 88 | 2 | 1 | 13 | 4 | 14 | 4 | 4 | 2 | 1 | 0 |
| 노유2동 | 1,992 | 4,437 | 42 | 73 | 45 | 20 | 9 | 4 | 3 | 1 | 1 | 1 | 0 | 0 |
| 능동 | 1,437 | 4,185 | 66 | 87 | 0 | 0 | 1 | 0 | 27 | 10 | 4 | 2 | 3 | 1 |
| 자양1동 | 3,504 | 8,923 | 47 | 78 | 10 | 4 | 6 | 2 | 31 | 12 | 2 | 2 | 4 | 2 |
| 자양2동 | 5,102 | 9,042 | 24 | 57 | 50 | 28 | 7 | 4 | 17 | 10 | 1 | 1 | 1 | 0 |
| 자양3동 | 6,717 | 9,346 | 12 | 35 | 77 | 55 | 6 | 5 | 3 | 2 | 1 | 2 | 0 | 0 |
| 중곡1동 | 2,502 | 6,128 | 54 | 80 | 2 | 1 | 3 | 1 | 35 | 14 | 4 | 3 | 2 | 1 |
| 중곡2동 | 3,096 | 7,275 | 53 | 79 | 3 | 1 | 3 | 1 | 35 | 15 | 3 | 2 | 2 | 1 |
| 중곡3동 | 2,818 | 6,627 | 54 | 78 | 15 | 6 | 2 | 1 | 25 | 10 | 4 | 3 | 1 | 1 |
| 중곡4동 | 5,221 | 10,119 | 38 | 67 | 6 | 3 | 11 | 6 | 44 | 22 | 2 | 2 | 1 | 0 |
| 화양동 | 3,249 | 10,732 | 53 | 83 | 10 | 3 | 5 | 2 | 12 | 4 | 6 | 4 | 14 | 4 |

| 연건평별 주택 | | | | | 건축년도별 주택 | | | |
|---|---|---|---|---|---|---|---|---|
| 총 주택 수 | 14평 미만 | 14~19평 | 19~29평 | 29평 이상 | 총 주택 수 | 1995~ 2005년 | 1985~ 1994년 | 1985년 이전 |
| 63,417 | 4 | 18 | 40 | 38 | 63,417 | 50 | 34 | 15 |
| 8,963 | 2 | 20 | 60 | 19 | 8,963 | 47 | 44 | 8 |
| 3,318 | 11 | 17 | 25 | 47 | 3,318 | 51 | 33 | 16 |
| 4,724 | 6 | 20 | 39 | 35 | 4,724 | 59 | 21 | 20 |
| 7,118 | 3 | 18 | 57 | 22 | 7,118 | 74 | 22 | 3 |
| 3,115 | 5 | 17 | 27 | 52 | 3,115 | 45 | 36 | 19 |
| 1,400 | 11 | 10 | 15 | 64 | 1,400 | 28 | 47 | 26 |
| 1,990 | 2 | 8 | 52 | 37 | 1,990 | 17 | 58 | 25 |
| 1,401 | 4 | 8 | 18 | 69 | 1,401 | 47 | 26 | 27 |
| 3,353 | 6 | 20 | 23 | 51 | 3,353 | 40 | 41 | 19 |
| 5,070 | 3 | 18 | 42 | 37 | 5,070 | 56 | 25 | 19 |
| 6,713 | 1 | 29 | 51 | 19 | 6,713 | 55 | 36 | 9 |
| 2,458 | 9 | 10 | 25 | 56 | 2,458 | 48 | 33 | 20 |
| 3,025 | 6 | 12 | 26 | 56 | 3,025 | 52 | 33 | 16 |
| 2,778 | 5 | 20 | 25 | 50 | 2,778 | 35 | 39 | 26 |
| 5,190 | 5 | 20 | 32 | 43 | 5,190 | 53 | 30 | 17 |
| 2,801 | 5 | 9 | 20 | 66 | 2,801 | 34 | 42 | 25 |

노유1동은 가구의 88%가 단독주택에 사는 데 비해, 광장동은 84%가 아파트에 산다. 구의2동 가구의 29%는 다세대주택에, 구의1동 가구의 5%는 주택 이외의 거처에 산다.

에, 11가구는 다세대주택에, 3가구는 연립주택에 산다. 또 2가구는 비거주용 건물 내 주택에, 1가구는 오피스텔 등 주택 이외의 거처에 산다. 광진구는 단독주택 거주 가구 비중이 서울에서 가장 높다. 아파트는 37채이고 단독주택은 31채인데도 63가구가 단독주택에 사는 이유는 아파트에는 보통 1가구가 사는 반면 단독주택엔 셋방 가구를 포함해 여러 가구가 살고 있기 때문이다. 노유1동(88%)과 능동(87%), 화양동(83%), 군자동(82%), 중곡1동(80%) 가구의 80% 이상이 단독주택에 산다. 16개 동 가운데 13개 동이 단독주택 거주 가구 비율이 50%가 넘는다.

반면 광장동은 주민의 84%가 아파트에 살고 단독주택 거주 가구는 8%, 연립주택과 다세대주택은 4%와 3%에 그쳤다. 자양3동과 구의3동도 아파트 거주 가구 비율이 50%가 넘었다. 그러나 16개 동 가운데 11개 동이 아파트 거주 비율이 1~6%에 그쳤다. 구의2동과 중공4동은 다세대주택 거주 비율이 29%와 22%로 상대적으로 높았다. 구의1동은 주택 이외의 거처에 5%가 살고 있다.

지난 10년 동안 다세대주택과 아파트는 432%와 105%가 늘어난 반면, 연립주택은 34% 단독주택은 9%가 줄었다. 이에 따라 전체 주택(주택 이외의 거처 제외)에서 차지하는 비중도 아파트는 26%에서 38%로, 다세대주택은 6%에서 22%로 증가했다. 반면 단독주택은 50%에서 32%로, 연립주택은 14%에서 6%로 줄었다.

크기별로는 29평 이상의 주택이 38채인 반면, 19~29평은 40채, 14~19평 18채이며, 14평 미만은 4채가 있다. 광진구는 29평 이상 중대형 주택 비중이 서초구와 용산구에 이어 3번째로 높다. 특히 능동과 화양동·노유1동·중곡1~3동·자양1동 등 7개 동네 주택 절반 이상이 29평 이상이다.

50채는 지은 지 10년(1995~2005년)이 안 된 새집이며, 15채는 지은 지 20년이 넘은 낡은 집으로 곧 재개발·재건축될 수 있는 집이다. 구의3동을 비롯해 7곳에서 지은 지 10년이 안 된 집이 절반을 넘었으며, 능동과 노유1동·중곡3동 등 7곳에서는 20년이 넘은 집이 20%를 넘었다.


**광진구에서 지하 방에 사는 사람 :**
**노유1동·화양동·군자동·중곡1동·중곡2동·중곡3동·**
**능동·구의1동·자양1동 20% 이상이 (반)지하에 거주**


광진구에 사는 12만5,800가구를 100가구로 친다면 그 중 9가구는 식구에 비해 집이 너무 좁거나 시설이 제대로 갖춰지지 않아 인간다운 품위를 지키기 어려운 최저 주거 기준 미달 가구다.

또 100가구 가운데 81가구는 지상에 살지만, 17가구는 (반)지하에, 2가구는 옥탑방에 살고 있다. 광진구는 중랑구에 함께 서울에서 (반)지하 거주 가구 비중이 가장 높다. 능동(25%), 노유1동(24%), 중곡동(24%), 중곡2동(23%) 등 네 곳에 사는 가구 넷 중 하나꼴로 (반)지하 방에 산다. 또 군자동(22%), 중곡1동(22%), 자양1동(21%), 구의1동(20%) 등 또 다른 네 동네 가구 다섯 중 하나꼴로 (반)지하 방에 산다. 광진구 16개 동네 가운데 광장동(2%)와 구의3동(8%)를 제외한 14곳이 모두 (반)지하 거주 비중이 10% 이상이다. 또 노유1동 가구의 4%는 노유2동·화양동·군자동 가구의 3%는 옥탑방에 산다.

표 2_3.35

# 서울시 광진구 (반)지하 등 거주 가구

(단위 : 가구, %)

| 행정구역 | 전체 가구 | (반)지하방 | | 옥탑방 | | 기타 |
|---|---|---|---|---|---|---|
| | | 가구 | 비중 | 가구 | 비중 | 가구 |
| 광진구 | 125,845 | 21,911 | 17 | 2,133 | 2 | 14 |
| 광장동 | 9,556 | 223 | 2 | 11 | 0 | – |
| 구의1동 | 8,937 | 1,800 | 20 | 182 | 2 | 2 |
| 구의2동 | 8,346 | 1,461 | 18 | 93 | 1 | 2 |
| 구의3동 | 9,329 | 725 | 8 | 54 | 1 | 2 |
| 군자동 | 8,277 | 1,784 | 22 | 237 | 3 | – |
| 노유1동 | 4,717 | 1,126 | 24 | 181 | 4 | – |
| 노유2동 | 4,437 | 795 | 18 | 148 | 3 | – |
| 능동 | 4,181 | 1,025 | 25 | 65 | 2 | – |
| 자양1동 | 8,914 | 1,850 | 21 | 162 | 2 | – |
| 자양2동 | 9,039 | 1,411 | 16 | 90 | 1 | – |
| 자양3동 | 9,342 | 1,017 | 11 | 107 | 1 | – |
| 중곡1동 | 6,120 | 1,352 | 22 | 112 | 2 | – |
| 중곡2동 | 7,261 | 1,667 | 23 | 87 | 1 | 6 |
| 중곡3동 | 6,616 | 1,573 | 24 | 131 | 2 | – |
| 중곡4동 | 10,109 | 1,910 | 19 | 106 | 1 | 1 |
| 화양동 | 10,664 | 2,192 | 21 | 367 | 3 | 1 |

능동을 비롯해 9곳에서 동네 가구 20% 이상이 (반)지하에 살고 있다.

광진구 100가구 가운데 거실이나 부엌을 각각 1개의 방으로 쳐서 방 3개 이하에서 셋방살이를 떠도는 가구는 41가구에 달하지만, 이들에게 꼭 필요한 공공 임대주택은 전무한 실정이다. 따라서 공공 임대주택이 필요한 51가구 중 단 한 가구만 입주해 있는 것이다. 광진구에 사는 가난한 사람들을 위해서는 중앙정부와 지자체가 대량의 공공 임대주택을 성실하게 공급해야 한다.

## 광진구 유권자가 100명이라면

정당 지지도를 물었던 최근 네 차례 선거(제3~4회 동시지방선거, 제17~18대 총선)를 기준으로 광진구 유권자는 대략 29만~30만 명이며, 평균 투표율은 49%이다.

광진구 유권자가 100명이라면 2002년 지방선거에서는 51명이 한나라당을, 38명이 새천년민주당을, 6명이 민주노동당을, 2명이 자민련을 각각 지지했다. 2004년 총선에서는 39명이 열린우리당을, 34명이 한나라당을, 13명이 민주노동당을, 10명이 새천년민주당을, 2명이 자민련을 찍었다.

2006년 지방선거에서는 55명이 한나라당을, 22명이 열린우리당을, 11명이 민주당을, 10명이 민주노동당을 각각 지지했다. 2008년 총선에서는 39명이 한나라당을, 30명이 통합민주당을, 11명이 친박연대를 찍었다. 또 5명은 자유선진당을, 4명은 민주노동당을, 다른 4명은 창조한국당을, 3명은 진보신당을 찍었다.

네 차례 선거에서 동네별 투표율은 광장동·구의3동·자양3동에서 가장 높았으며, 반면 화양동·노유1동·군자동 등에서 가장 낮았다. 광장동과 화양동의 투표율 격차는 최소 12%에서 최대 17%까지 벌어졌다.

한나라당 득표율은 항상 광장동에서 가장 높고 능동·구의3동·자양3동도 상대적으로 높았다. 반면 노유1동·노유2동·화양동·자양1동에서는 상대적으로 가장 낮았다. 노유1동과 광장동의 한나라당 득표율 격차는 최소 15%에서 최대 18%까지 벌어졌다.

민주(＋열린우리)당 득표율은 노유1동·노유2동·자양1동에서 가장 높았다. 반면 광장동·구의3동·능동·자양3동에서 가장 낮았다. 노유1동과 광장동의 득표율 격차는 최소 12%에서 최대 18%까지 벌어졌다.

민주노동당과 진보신당은 화양동과 자양1동에서 상대적으로 득표율이 높았다.

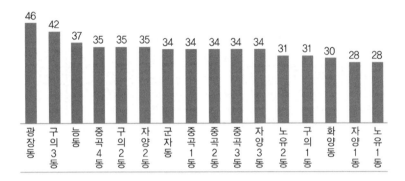

**그림 2_3.23**

## 서울시 광진구 동네별 한나라당 득표율

2004년 총선(단위 : %)

46 광장동
42 구의3동
37 능동
35 중곡4동
35 구의2동
35 자양2동
34 군자동
34 중곡1동
34 중곡2동
34 중곡3동
34 자양3동
31 노유2동
31 구의1동
30 화양동
28 자양1동
28 노유1동

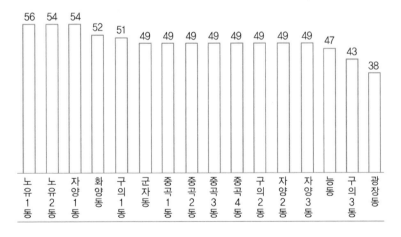

**그림 2_3.24**

## 서울시 광진구 동네별 민주(＋열린우리)당 득표율

2004년 총선(단위 : %)

56 노유1동
54 노유2동
54 자양1동
52 화양동
51 구의1동
49 군자동
49 중곡1동
49 중곡2동
49 중곡3동
49 중곡4동
49 구의2동
49 자양2동
49 자양3동
47 능동
43 구의3동
38 광장동

**표 2_3.36**

# 서울시 광진구 역대 선거 투표율과 정당 지지율

2002~2008년(단위 : 명, %)

| 행정구역 | 2002년 지방선거 | | | | | | | 2004년 총선 | | | | | | | |
|---|---|---|---|---|---|---|---|---|---|---|---|---|---|---|---|
| | 선거인 수 | 투표율 | 한나라당 | 새천년민주당 | 자민련 | 민주노동당 | 기타정당 | 선거인 수 | 투표율 | 한나라당 | 새천년민주당 | 열린우리당 | 자민련 | 민주노동당 | 기타정당 |
| 광진구 | 288,387 | 44 | 51 | 38 | 2 | 6 | 2 | 291,768 | 61 | 34 | 10 | 39 | 2 | 13 | 2 |
| 광장동 | 22,891 | 51 | 62 | 28 | 2 | 6 | 3 | 23,301 | 70 | 46 | 6 | 32 | 2 | 12 | 2 |
| 구의1동 | 18,168 | 41 | 49 | 40 | 2 | 6 | 2 | 18,375 | 59 | 31 | 9 | 42 | 2 | 14 | 2 |
| 구의2동 | 19,101 | 45 | 53 | 37 | 3 | 5 | 2 | 20,042 | 61 | 35 | 8 | 40 | 2 | 12 | 2 |
| 구의3동 | 21,291 | 47 | 57 | 33 | 2 | 6 | 2 | 22,060 | 67 | 42 | 9 | 34 | 2 | 12 | 2 |
| 군자동 | 17,772 | 41 | 50 | 40 | 2 | 5 | 3 | 17,636 | 56 | 34 | 9 | 40 | 2 | 13 | 2 |
| 노유1동 | 10,116 | 39 | 44 | 46 | 2 | 5 | 2 | 9,740 | 55 | 28 | 15 | 41 | 2 | 12 | 2 |
| 노유2동 | 12,339 | 45 | 46 | 44 | 2 | 5 | 2 | 10,736 | 60 | 31 | 15 | 39 | 2 | 12 | 1 |
| 능동 | 8,785 | 42 | 55 | 36 | 2 | 6 | 2 | 8,738 | 61 | 37 | 7 | 40 | 2 | 13 | 2 |
| 자양1동 | 19,756 | 41 | 45 | 44 | 3 | 6 | 2 | 19,820 | 60 | 28 | 13 | 41 | 2 | 14 | 2 |
| 자양2동 | 22,268 | 41 | 53 | 38 | 2 | 5 | 2 | 22,325 | 62 | 35 | 11 | 38 | 2 | 13 | 2 |
| 자양3동 | 21,572 | 45 | 50 | 40 | 2 | 5 | 3 | 22,524 | 64 | 34 | 11 | 38 | 2 | 14 | 2 |
| 중곡1동 | 13,115 | 42 | 53 | 37 | 2 | 5 | 3 | 13,581 | 59 | 34 | 9 | 40 | 2 | 10 | 5 |
| 중곡2동 | 16,619 | 41 | 53 | 37 | 2 | 5 | 2 | 17,299 | 60 | 34 | 8 | 41 | 2 | 12 | 2 |
| 중곡3동 | 15,592 | 44 | 51 | 39 | 3 | 5 | 2 | 15,726 | 58 | 34 | 9 | 41 | 2 | 13 | 2 |
| 중곡4동 | 23,631 | 43 | 52 | 38 | 3 | 5 | 2 | 24,820 | 60 | 35 | 8 | 41 | 2 | 12 | 2 |
| 화양동 | 19,084 | 37 | 49 | 40 | 2 | 7 | 2 | 18,734 | 53 | 30 | 9 | 42 | 1 | 15 | 2 |

238

| 2006년 지방선거 | | | | | | | 행정구역 | 2008년 총선 | | | | | | | | | |
|---|---|---|---|---|---|---|---|---|---|---|---|---|---|---|---|---|---|
| 선거인 수 | 투표율 | 열린우리당 | 한나라당 | 민주당 | 민주노동당 | 기타정당 | | 선거인 수 | 투표율 | 통합민주당 | 한나라당 | 자유선진당 | 민주노동당 | 창조한국당 | 친박연대 | 진보신당 | 기타정당 |
| 293,308 | 48 | 22 | 55 | 11 | 10 | 1 | 광진구 | 298,666 | 44 | 30 | 39 | 5 | 4 | 4 | 11 | 3 | 4 |
| 23,829 | 56 | 19 | 65 | 6 | 9 | 1 | 광장동 | 24,750 | 48 | 22 | 45 | 5 | 2 | 5 | 13 | 5 | 3 |
| 18,916 | 43 | 24 | 54 | 10 | 10 | 1 | 구의1동 | 19,044 | 40 | 34 | 35 | 4 | 5 | 4 | 10 | 4 | 3 |
| 20,566 | 48 | 23 | 55 | 10 | 10 | 1 | 구의2동 | 20,618 | 42 | 28 | 39 | 5 | 4 | 4 | 11 | 3 | 6 |
| 22,856 | 52 | 20 | 63 | 8 | 9 | 1 | 구의3동 | 23,374 | 48 | 27 | 42 | 4 | 3 | 5 | 12 | 4 | 3 |
| 17,301 | 44 | 22 | 53 | 13 | 10 | 1 | 군자동 | 17,532 | 39 | 30 | 38 | 5 | 5 | 4 | 11 | 3 | 4 |
| 9,576 | 42 | 20 | 50 | 17 | 11 | 1 | 능동 | 8,777 | 40 | 27 | 39 | 5 | 4 | 5 | 11 | 4 | 4 |
| 9,993 | 49 | 21 | 50 | 19 | 9 | 1 | 자양1동 | 19,725 | 43 | 37 | 34 | 4 | 6 | 4 | 10 | 3 | 3 |
| 8,790 | 45 | 23 | 54 | 9 | 12 | 1 | 자양2동 | 22,728 | 45 | 33 | 37 | 4 | 4 | 5 | 10 | 3 | 3 |
| 19,887 | 44 | 23 | 52 | 13 | 10 | 2 | 자양3동 | 23,590 | 51 | 30 | 39 | 5 | 3 | 4 | 11 | 4 | 4 |
| 22,613 | 47 | 21 | 55 | 13 | 9 | 1 | 자양4동 | 23,115 | 41 | 36 | 36 | 4 | 4 | 4 | 10 | 2 | 3 |
| 23,137 | 52 | 20 | 55 | 12 | 11 | 1 | 중곡1동 | 13,736 | 40 | 31 | 37 | 6 | 4 | 4 | 11 | 3 | 3 |
| 13,508 | 46 | 22 | 54 | 14 | 10 | 1 | 중곡2동 | 17,669 | 40 | 30 | 39 | 5 | 4 | 4 | 12 | 3 | 4 |
| 17,497 | 45 | 23 | 55 | 12 | 10 | 1 | 중곡3동 | 15,567 | 40 | 31 | 38 | 6 | 3 | 4 | 11 | 3 | 5 |
| 15,606 | 46 | 24 | 54 | 12 | 9 | 1 | 중곡4동 | 24,639 | 43 | 29 | 38 | 5 | 3 | 4 | 11 | 3 | 6 |
| 24,923 | 48 | 23 | 54 | 13 | 9 | 1 | 화양동 | 18,461 | 36 | 32 | 36 | 4 | 5 | 5 | 10 | 4 | 3 |
| 18,426 | 39 | 22 | 54 | 11 | 12 | 1 | | | | | | | | | | | |

광장동, 구의3동, 자양3동은 투표율이 상대적으로 높았다. 한나라당은 광장동, 능동, 구의3동 등에서 득표율이 높았다. 민주 (+열린우리)당은 노유1동과 2동, 자양1동에서 상대적으로 득표율이 높았다.

숫자
**100**
으로
본 **서울시 구로구** 19개 동네

구로구에는 2005년 현재 19개 동에 있는 주택 9만3천7백 채와 오피스텔 3천4백 채 등

거처 9만7천 곳에 40만6천 명이 살고 있다.

서울시 구로구가 100명이 사는 마을이라면 어떤 모습일까?

## 숫자 100으로 본 구로구

구로구에 사는 사람은 서울시 평균인에 비해 대학 이상 학력 인구와 종교 인구 비중은 낮고 결혼한 사람 비중은 더 높다. 취업자 중 봉급자 비중이 높고 직업별로는 기술직 및 준전문가와 장치 기계 조작 및 조립직이 상대적으로 많은데, 출퇴근에 걸리는 시간은 서울시 평균에 비해 긴 편이다.

서울시 평균에 비해 주택 소유자, 다주택자, 아파트 거주자, 자동차 보유 가구는 더 많고 1인 가구와 소형 주택은 적다. 가구의 7%가 (반)지하 등에 살며, 29%가 거실과 부엌을 포함해 방 3칸 이하의 셋방에 사는데 이들을 위한 공공 임대주택은 1%에 불과하다.

최근 7년간 구로구에서 한나라당은 34~55%를, 민주(＋열린우리)

그림 2_3.25

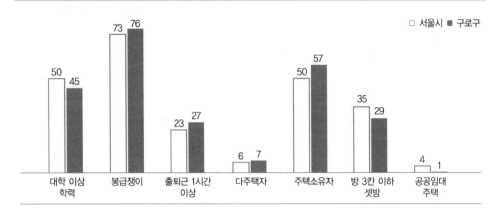

서울시와 구로구 주요 지수 평균 비교

(단위 : %)

☐ 서울시 ■ 구로구

당은 32~39%를, 민주노동당+진보신당은 7~14%를 각각 득표했다. 하지만 동네마다 정당별 득표율은 차이가 컸다.

## 구로구 인구가 100명이라면 : 대학 이상 학력자 45명, 종교 인구 52명

구로구 인구 40만6천 명을 100명으로 친다면 남자 대 여자의 수는 50 대 50으로 균형을 이루고 있다. 100명 중 1명은 외국인으로 국적별로는 84%가 중국(재중 동포＝조선족 65%)이다. 가리봉1동과 2동에 사는 사람의 7%와 8%, 구로6동과 구로본동에 사는 사람의 5%와 3%는 외국인이다. 23명은 어린이와 청소년이고(19살 미만), 77명은 어른

이다. 어른 가운데 7명은
노인(65세 이상)이다.

   지역적으로는 개봉2동·
신도림동·구로5동에 8명
씩, 오류2동과 고척2동엔
7명씩 살고 고척1동엔 6
명이 산다. 구로본동·구로
1동·구로3동·개봉본동·
개봉3동·수궁동·오류1동엔 5명씩 살고, 개봉1동·구로2동·구로4동
엔 4명씩 산다. 구로6동과 가리봉 1동엔 3명씩 살고 가리봉2동엔 1
명이 산다.

   종교를 보면, 21명은 개신교, 16명은 불교, 14명은 천주교 신자다.
47명은 종교를 갖고 있지 않다. 수궁동에 사는 사람의 60%가 종교를
가진 반면, 가리봉2동 사람의 55%는 종교가 없다. 개신교는 오류2
동, 불교는 구로2동, 천주교는 고척2동에서 신자 비율이 높다.

   학력은 어떨까. 대학 이상의 학력을 가진 사람은 45명으로, 이 가
운데 9명은 대학에 재학 중이고 3명은 석사과정 이상의 공부를 하였
다(19세 이상 기준). 19세 이상 동네 사람 중 대학 이상 학력자가 가장
많은 곳은 신도림동과 구로1동으로 63%를 차지하고 있다.

   33명은 미혼이며, 67명은 결혼했다. 결혼한 사람 가운데 5명은 남
편이나 아내가 먼저 사망했고 3명은 이혼했다(15세 이상 기준). 3명은
몸이 불편하거나 정신 장애로 정상적인 활동에 제약을 느끼고 있다.

   거주 기간을 보면, 36명은 현재 살고 있는 집에 산 지 5년이 넘었
으나 64명은 5년 이내에 새로 이사 왔다(5살 이상 기준). 이사 온 사람

**표 2_3.37**

## 서울시 구로구 성별·종교별·학력별 인구

(단위 : 명, %)

| 행정구역 | 남녀/외국인 | | | | 종교 인구 | | | | | | | 대학 이상 학력 인구 | | | | | | |
|---|---|---|---|---|---|---|---|---|---|---|---|---|---|---|---|---|---|---|
| | 총인구 | 남자 | 여자 | 외국인 | 인구수 (내국인) | 종교 있음 | | | | | 종교 없음 | 19세 이상 인구 | 계 | 4년제 미만 | | 4년제 이상 | | 대학원 이상 |
| | | | | | | 계 | 불교 | 개신교 | 천주교 | 기타 | | | | 계 | 재학 | 계 | 재학 | |
| 구로구 | 406,299 | 50 | 50 | 1 | 402,093 | 52 | 16 | 21 | 14 | 1 | 47 | 310,218 | 45 | 14 | 3 | 27 | 6 | 3 |
| 가리봉1동 | 10,899 | 56 | 44 | 7 | 10,164 | 51 | 13 | 25 | 12 | 1 | 49 | 8,457 | 24 | 12 | 3 | 10 | 2 | 1 |
| 가리봉2동 | 5,063 | 54 | 46 | 8 | 4,634 | 45 | 17 | 18 | 9 | 1 | 55 | 3,746 | 23 | 11 | 2 | 11 | 2 | 1 |
| 개봉1동 | 17,481 | 51 | 49 | 0 | 17,442 | 53 | 17 | 22 | 13 | 1 | 47 | 13,248 | 37 | 14 | 3 | 21 | 5 | 2 |
| 개봉2동 | 34,115 | 49 | 51 | 0 | 34,057 | 55 | 16 | 23 | 15 | 1 | 45 | 26,628 | 51 | 15 | 3 | 32 | 7 | 4 |
| 개봉3동 | 22,083 | 50 | 50 | 0 | 22,045 | 54 | 17 | 22 | 13 | 1 | 45 | 16,810 | 42 | 16 | 3 | 23 | 5 | 2 |
| 개봉본동 | 20,628 | 50 | 50 | 0 | 20,546 | 50 | 16 | 21 | 12 | 1 | 50 | 15,887 | 46 | 15 | 3 | 28 | 6 | 3 |
| 고척1동 | 26,006 | 51 | 49 | 1 | 25,809 | 54 | 17 | 21 | 15 | 0 | 45 | 19,666 | 46 | 15 | 3 | 27 | 6 | 3 |
| 고척2동 | 27,833 | 51 | 49 | 0 | 27,772 | 51 | 15 | 8 | 27 | 1 | 48 | 20,666 | 38 | 14 | 3 | 21 | 5 | 2 |
| 구로1동 | 21,874 | 50 | 50 | 0 | 21,853 | 55 | 14 | 24 | 15 | 1 | 45 | 15,864 | 65 | 14 | 3 | 46 | 9 | 5 |
| 구로2동 | 16,814 | 50 | 50 | 2 | 16,552 | 48 | 20 | 19 | 8 | 1 | 50 | 13,170 | 27 | 12 | 2 | 14 | 3 | 1 |
| 구로3동 | 22,158 | 51 | 49 | 1 | 21,955 | 49 | 16 | 19 | 14 | 1 | 51 | 17,454 | 45 | 14 | 2 | 27 | 5 | 4 |
| 구로4동 | 14,338 | 50 | 50 | 0 | 14,305 | 47 | 17 | 19 | 11 | 1 | 52 | 11,278 | 36 | 15 | 3 | 18 | 3 | 3 |
| 구로5동 | 30,539 | 51 | 49 | 2 | 29,938 | 51 | 16 | 21 | 13 | 1 | 49 | 23,391 | 52 | 14 | 2 | 33 | 6 | 5 |
| 구로6동 | 13,712 | 50 | 50 | 5 | 13,048 | 47 | 16 | 20 | 10 | 1 | 53 | 10,400 | 40 | 13 | 2 | 24 | 3 | 2 |
| 구로본동 | 19,461 | 51 | 49 | 3 | 18,924 | 49 | 18 | 16 | 12 | 3 | 51 | 14,962 | 37 | 15 | 3 | 19 | 4 | 2 |
| 수궁동 | 22,049 | 51 | 49 | 0 | 22,015 | 60 | 16 | 28 | 15 | 1 | 40 | 16,764 | 39 | 14 | 3 | 23 | 5 | 2 |
| 신도림동 | 33,570 | 50 | 50 | 0 | 33,497 | 52 | 16 | 20 | 15 | 1 | 48 | 25,333 | 65 | 11 | 2 | 46 | 8 | 8 |
| 오류1동 | 18,971 | 50 | 50 | 0 | 18,934 | 55 | 16 | 27 | 12 | 1 | 45 | 14,715 | 43 | 13 | 3 | 25 | 6 | 3 |
| 오류2동 | 28,705 | 50 | 50 | 0 | 28,603 | 57 | 16 | 29 | 12 | 1 | 43 | 21,779 | 45 | 15 | 3 | 26 | 5 | 4 |

가리봉2동에 사는 사람의 8%는 외국인이다. 종교 인구 비중은 수궁동에서 가장 높고 가리봉2동에서 가장 낮다. 대학 이상 학력자 비중은 신도림동과 구로1동에서 가장 높고 구로2동에서 가장 낮다.

중 39명은 구로구 안의 다른 동에서, 11명은 서울 안의 다른 구에서, 14명은 서울 바깥에서 이사 왔다.


## 구로구에 사는 취업자가 100명이라면 : 76명은 봉급쟁이

구로구에 사는 15세 이상 인구 32만7,600명 가운데 취업해 직장에 다니는 사람(취업자)은 16만9천3백 명이다. 구로구 취업자가 100명이라면 56명은 30~40대, 22명은 20대이며, 16명은 50대다. 65세 이상 노인 2명도 일하고 있다.

76명은 회사에서 봉급을 받고 일하는 직장인이다. 14명은 고용한 사람 없이 혼자서 일하는 자영업자이며, 7명은 누군가를 고용해 사업체를 경영하는 사업주다. 3명은 가족이 운영하는 사업체에서 보수 없이 일하고 있다.

직업은 사무직 22명, 판매직 13명, 전문가와 기술직 및 준전문가 각 12명, 기능직 11명, 서비스직 10명이다. 9명은 장치 기계 조작 및 조립직, 8명은 단순 노무직, 3명은 고위 관리직으로 일하고 있다.

출근하는 데 30분 이상 걸리는 사람은 65명이며, 이 가운데 28명은 1시간 이상 걸린다. 18명은 걸어서 출근하고 82명은 교통수단을 이용해 출근한다. 82명 가운데 29명은 전철로, 28명은 자가용으로, 14명은 시내버스로 출근한다. 2명은 통근 버스로, 1명은 자전거로 출근하며 10명은 전철과 버스 또는 승용차를 갈아타며 출근한다.

86명은 사무실이나 공장 등에서 일하는 반면, 10명은 야외나 거리 또는 운송 수단에서 일한다. 2명은 자기 집에서, 3명은 남의 집에서 일한다.

## 구로구에 100가구가 산다면 :
## 46가구가 셋방살이

구로구에는 13만3천 가구가 산다(일반 가구 기준). 구로구에 사는 가구를 100가구로 친다면 38가구는 식구가 한 명 또는 두 명인 1, 2인 가구이며, 이 가운데 18가구는 나 홀로 사는 1인 가구다. 식구 4명은 29가구, 3명은 23가구, 5명은 8가구다.

나 홀로 사는 1인 가구 비중을 보면, 가리봉1동 거주 가구의 50%, 가리봉2동 가구의 39%가 1인 가구다. 반면 신도림동·구로1동·개봉2동은 10% 미만이다.

53가구는 자신이 소유한 집에서 살고, 46가구는 셋방에 살며, 1가구는 직장의 사택이나 친척집 등에서 무상으로 살고 있다. 자기 집에 사는 가구 중 7가구는 현재 살고 있는 집 외에 최소 한 채에서 여러 채를 소유한 다주택자들이다.

셋방 사는 가구 가운데 30가구는 전세에, 14가구는 보증금 있는 월세에, 2가구는 보증금 없는 월세 또는 사글세에 살고 있다. 셋방 사는 가구 중 4가구는 어딘가에 자신 명의의 집을 소유하고 있으나 경제 사정이나 자녀 교육, 직장 등의 사정으로 셋방에 살고 있다.

66가구는 현재 사는 집으로 이사 온 지 5년이 안 되며, 이 가운데 32가구는 2년이 안 된다. 20가구는 5~10년이 됐고, 14가구는 10년이 넘었다.

그림 2_3.26

# 서울시 구로구 동네별 1인 가구

(단위 : %)

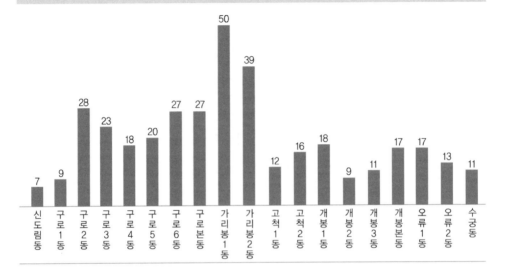

58가구는 자동차를 소유하고 있고 이 가운데 45가구는 자기 집에 전용 주차장이 있다. 자동차 소유 가구 중 8가구는 차를 2대 이상 소유하고 있다.

**집 많은 사람, 집 없는 사람 :**

**구로1동·신도림동 <u>79%</u> 주택 소유,**

**가리봉1동·2동 <u>77~78%</u> 무주택**

구로구에 사는 100가구 중 주택 소유자는 57가구, 무주택자는 43가

표 2_3.38

# 서울시 구로구의 다주택자

(단위 : 가구, 호)

| 구분 | | | 가구 수 | 주택 수 | 평균 주택 수 |
|---|---|---|---|---|---|
| 일반 가구 | | | 132,705 | - | - |
| 자가 가구 | | | 69,930 | - | - |
| 다주택 가구 | 통계청 | | 9,101 | - | - |
| | 행자부 | 계 | 6,634 | 16,507 | 3 |
| | | 2채 | 5,408 | 10,816 | 2 |
| | | 3채 | 588 | 1,764 | 3 |
| | | 4채 | 240 | 960 | 4 |
| | | 5채 | 151 | 755 | 5 |
| | | 6~10채 | 199 | 1,455 | 7 |
| | | 11채 이상 | 48 | 757 | 16 |

구다. 19개 동네 가운데 13개 동네는 주택 소유자가 더 많고 5개 동네는 무주택자가 더 많으며 1개 동네는 주택 소유자와 무주택자가 절반씩 차지하고 있다. 신도림동과 구로1동에 사는 가구의 79%, 개봉2동 가구의 74%, 고척1동 가구의 69%는 주택 소유자다. 반면 가리봉1동 가구의 78%, 가리봉2동 가구의 77%, 구로2동 가구의 68%는 무주택자다.

구로구 가구의 7%는 집을 두 채 이상 소유한 다주택자다. 동네별로는 신도림동 11%, 구로1동 10%, 고척1동과 오류2동 9% 순으로 다주택자 비중이 높다. 반면 가리봉2동은 2%로 가장 낮고, 가리봉1동은 3%, 구로본동·구로2동·구로4동은 4%에 그친다.

구로구 주택 소유자 57가구 중 4가구는 어딘가 자신 명의의 집이 있지만 사정이 있어 셋방에 사는 유주택 전월세 가구로, 신도림동·구

표 2_3.39

# 서울시 구로구 주택의 점유·소유 형태별 가구

**(단위 : 가구, %)**

| 행정구역 | 전체 가구 | 자기 집에 거주 | | | 셋방에 거주 | | | 무상으로 거주 | | 주택 소유 | 무주택 |
|---|---|---|---|---|---|---|---|---|---|---|---|
| | | 계 | 집 한 채 | 집 여러 채 | 계 | 집 없음 | 집 있음 | 집 없음 | 집 있음 | | |
| 구로구 | 132,705 | 53 | 46 | 7 | 46 | 42 | 4 | 1 | 0 | 57 | 43 |
| 가리봉1동 | 4,743 | 19 | 16 | 3 | 79 | 77 | 2 | 1 | 0 | 22 | 78 |
| 가리봉2동 | 1,983 | 20 | 18 | 2 | 78 | 76 | 3 | 1 | 0 | 23 | 77 |
| 개봉1동 | 5,692 | 48 | 43 | 6 | 51 | 47 | 3 | 1 | 0 | 52 | 48 |
| 개봉2동 | 10,184 | 69 | 60 | 9 | 30 | 25 | 4 | 1 | 0 | 74 | 26 |
| 개봉3동 | 6,789 | 58 | 52 | 6 | 41 | 38 | 3 | 1 | 0 | 61 | 39 |
| 개봉본동 | 6,723 | 54 | 46 | 8 | 45 | 40 | 5 | 1 | 0 | 59 | 41 |
| 고척1동 | 7,958 | 64 | 55 | 9 | 34 | 30 | 4 | 2 | 0 | 69 | 31 |
| 고척2동 | 8,891 | 47 | 43 | 4 | 52 | 48 | 3 | 1 | 0 | 50 | 50 |
| 구로1동 | 6,530 | 72 | 61 | 10 | 28 | 21 | 7 | 1 | 0 | 79 | 21 |
| 구로2동 | 6,242 | 28 | 24 | 4 | 69 | 66 | 4 | 2 | 0 | 32 | 68 |
| 구로3동 | 7,727 | 52 | 46 | 6 | 47 | 43 | 4 | 1 | 0 | 56 | 44 |
| 구로4동 | 4,984 | 49 | 44 | 4 | 50 | 47 | 3 | 1 | 0 | 52 | 48 |
| 구로5동 | 10,315 | 48 | 41 | 7 | 50 | 45 | 5 | 1 | 0 | 53 | 47 |
| 구로6동 | 4,865 | 38 | 33 | 5 | 60 | 56 | 4 | 1 | 0 | 43 | 57 |
| 구로본동 | 6,999 | 36 | 31 | 4 | 63 | 59 | 4 | 1 | 0 | 40 | 60 |
| 수궁동 | 6,938 | 58 | 51 | 7 | 40 | 34 | 6 | 2 | 0 | 64 | 36 |
| 신도림동 | 9,976 | 72 | 61 | 11 | 28 | 21 | 7 | 0 | 0 | 79 | 21 |
| 오류1동 | 6,076 | 53 | 47 | 6 | 45 | 43 | 3 | 1 | 0 | 56 | 44 |
| 오류2동 | 9,090 | 59 | 50 | 9 | 40 | 35 | 5 | 2 | 0 | 64 | 36 |

신도림동과 구로1동 가구의 79%가 주택을 소유하고 있는 반면, 가리봉1동은 78%가 집이 없다. 신도림동은 다주택 소유자와 어딘가에 집을 사놓고 셋방 사는 가구 비중이 가장 높다.

로1동(7%), 수궁동(6%) 순으로 비중이 높다.

주택 소유자 중 유주택 전월세 가구를 제외한 53가구는 자기 집에 사는데, 신도림동과 구로1동, 고척1동에서 비중이 높다. 한편 유주택 전월세를 포함한 46가구가 셋방에 사는데 가리봉1동 79%, 가리봉2동 78%, 구로2동 69% 순으로 셋방 가구가 많다. 셋방 사는 가구 중 유주택 전월세를 제외한 42가구는 집이 아예 없는 무주택 전월세 가구다. 동네 가구 중 무주택 전월세 가구는 가리봉1동(77%), 가리봉2동(76%), 구로2동(66%) 순으로 많다.


## 구로구에 있는 집이 100채라면 :
## 54채는 아파트, 16채는 다세대주택

구로구에는 집(주택과 주택 이외의 거처, 빈집 제외)이 9만7천 채가 있다. 구로구에 있는 집이 100채라면 54채는 아파트이고, 16채는 다세대주택, 15채는 단독주택이다. 9채는 연립주택, 1채는 상가 내 거처 등 비거주용 건물 내 주택이고, 4채는 오피스텔을 비롯한 주택 이외의 거처다.

신도림동과 구로1동은 거처의 90% 이상이 아파트이며, 고척1동, 구로5동과 6동, 개봉2동과 본동, 오류1동도 아파트가 절반이 넘는 아파트 동네다. 반면 가리봉2동과 구로2동, 가리봉1동은 단독주택이 대다수를 차지하며, 구로4동은 다세대주택이, 수궁동은 연립주택이 거처의 대부분을 차지하고 있다.

구로구 100가구 가운데 40가구는 아파트에, 37가구는 단독주택

표 2_3.40

# 서울시 구로구 거처의 종류별·연건평별·건축년도별 주택

(단위 : 호, 가구, %)

| 행정구역 | 거처의 종류별 거처와 가구 | | | | | | | | | | | | | |
|---|---|---|---|---|---|---|---|---|---|---|---|---|---|---|
| | 계 | | 단독주택 | | 아파트 | | 연립주택 | | 다세대주택 | | 비거주용 건물 내 주택 | | 주택 이외의 거처 | |
| | 거처 | 가구 | 거처 | 가구 | 거처 | 가구 | 거처 | 가구 | 거처 | 가구 | 거처 | 가구 | 거처 | 가구 |
| 구로구 | 97,168 | 132,740 | 15 | 37 | 54 | 40 | 9 | 7 | 16 | 12 | 1 | 2 | 4 | 3 |
| 가리봉1동 | 1,456 | 4,747 | 55 | 83 | 8 | 2 | 8 | 3 | 23 | 7 | 2 | 4 | 3 | 1 |
| 가리봉2동 | 554 | 1,983 | 84 | 95 | 0 | 0 | 5 | 1 | 8 | 2 | 3 | 1 | 0 | 0 |
| 개봉1동 | 3,363 | 5,694 | 28 | 57 | 31 | 19 | 7 | 4 | 33 | 19 | 1 | 1 | 0 | 0 |
| 개봉2동 | 8,643 | 10,185 | 8 | 21 | 66 | 56 | 1 | 1 | 24 | 20 | 1 | 1 | 1 | 0 |
| 개봉3동 | 4,969 | 6,789 | 19 | 40 | 41 | 30 | 3 | 2 | 36 | 26 | 2 | 2 | 0 | 0 |
| 개봉본동 | 4,580 | 6,725 | 18 | 43 | 61 | 41 | 7 | 5 | 13 | 9 | 1 | 2 | 0 | 0 |
| 고척1동 | 6,575 | 7,959 | 10 | 24 | 78 | 65 | 3 | 2 | 7 | 6 | 1 | 2 | 1 | 1 |
| 고척2동 | 5,241 | 8,893 | 29 | 58 | 47 | 28 | 6 | 4 | 16 | 9 | 1 | 1 | 0 | 0 |
| 구로1동 | 6,530 | 6,530 | 0 | 0 | 93 | 93 | 0 | 0 | 0 | 0 | 0 | 0 | 7 | 7 |
| 구로2동 | 2,342 | 6,243 | 72 | 89 | 2 | 1 | 6 | 2 | 16 | 6 | 2 | 1 | 2 | 1 |
| 구로3동 | 6,883 | 7,733 | 4 | 11 | 44 | 40 | 2 | 2 | 37 | 33 | 1 | 4 | 12 | 11 |
| 구로4동 | 4,842 | 4,984 | 2 | 4 | 35 | 34 | 2 | 2 | 61 | 59 | 1 | 2 | 0 | 0 |
| 구로5동 | 7,358 | 10,320 | 15 | 39 | 66 | 47 | 2 | 1 | 3 | 2 | 1 | 2 | 12 | 9 |
| 구로6동 | 2,652 | 4,866 | 24 | 56 | 64 | 35 | 6 | 3 | 1 | 0 | 2 | 4 | 3 | 2 |
| 구로본동 | 3,632 | 7,002 | 38 | 68 | 40 | 21 | 1 | 1 | 6 | 3 | 1 | 1 | 13 | 7 |
| 수궁동 | 6,052 | 6,940 | 8 | 19 | 2 | 2 | 66 | 58 | 23 | 20 | 1 | 1 | 0 | 0 |
| 신도림동 | 9,444 | 9,976 | 4 | 9 | 93 | 88 | 1 | 1 | 0 | 0 | 1 | 1 | 1 | 1 |
| 오류1동 | 4,485 | 6,079 | 19 | 40 | 54 | 40 | 7 | 5 | 14 | 10 | 1 | 1 | 5 | 4 |
| 오류2동 | 7,567 | 9,092 | 16 | 29 | 44 | 36 | 32 | 27 | 6 | 5 | 0 | 1 | 2 | 2 |

| 연건평별 주택 | | | | | 건축년도별 주택 | | | |
|---|---|---|---|---|---|---|---|---|
| 총 주택 수 | 14평 미만 | 14~19평 | 19~29평 | 29평 이상 | 총 주택 수 | 1995~ 2005년 | 1985~ 1994년 | 1985년 이전 |
| 93,720 | 8 | 29 | 43 | 21 | 93,720 | 58 | 31 | 11 |
| 1,407 | 11 | 23 | 18 | 48 | 1,407 | 26 | 31 | 43 |
| 553 | 2 | 9 | 16 | 74 | 553 | 26 | 48 | 26 |
| 3,354 | 12 | 29 | 26 | 32 | 3,354 | 36 | 52 | 12 |
| 8,599 | 2 | 25 | 48 | 26 | 8,599 | 85 | 10 | 5 |
| 4,967 | 4 | 30 | 46 | 19 | 4,967 | 63 | 24 | 13 |
| 4,578 | 2 | 34 | 35 | 29 | 4,578 | 73 | 15 | 13 |
| 6,486 | 7 | 21 | 63 | 9 | 6,486 | 46 | 38 | 16 |
| 5,240 | 3 | 28 | 35 | 34 | 5,240 | 58 | 28 | 14 |
| 6,086 | 10 | 20 | 65 | 4 | 6,086 | 16 | 84 | 0 |
| 2,291 | 7 | 21 | 22 | 50 | 2,291 | 34 | 37 | 29 |
| 6,061 | 13 | 38 | 38 | 11 | 6,061 | 76 | 21 | 4 |
| 4,841 | 26 | 54 | 18 | 2 | 4,841 | 83 | 15 | 2 |
| 6,451 | 4 | 21 | 47 | 29 | 6,451 | 68 | 26 | 7 |
| 2,572 | 7 | 19 | 48 | 26 | 2,572 | 15 | 69 | 16 |
| 3,176 | 3 | 18 | 43 | 35 | 3,176 | 47 | 28 | 25 |
| 6,051 | 23 | 42 | 28 | 7 | 6,051 | 31 | 52 | 17 |
| 9,310 | 2 | 25 | 51 | 22 | 9,310 | 80 | 17 | 4 |
| 4,260 | 9 | 22 | 36 | 33 | 4,260 | 76 | 12 | 12 |
| 7,437 | 6 | 35 | 46 | 12 | 7,437 | 52 | 34 | 14 |

가리봉2동은 가구의 95%가
단독주택에 사는 데 비해
구로1동은 93%가 아파트에 산다.
구로4동 가구의 59%는
다세대주택에, 구로3동 가구의
11%는 주택 이외의 거처에 산다.

에, 12가구는 다세대주택에, 7가구는 연립주택에 산다. 또 2가구는 비거주용 건물 내 주택에, 3가구는 오피스텔 등 주택 이외의 거처에 산다.

구로1동 거주 가구의 93%는 아파트에 살고 나머지 7%는 오피스텔 등 주택 이외의 거처에 산다. 단독·연립·다세대주택에 사는 사람은 없다. 신도림동의 88%, 고척1동의 65%, 개봉2동의 56% 가구도 아파트에 산다.

반면 가리봉 2동 가구의 95%는 단독주택에 살고 아파트에 사는 사람은 없다. 구로2동의 89%, 가리봉1동의 83%, 구로본동의 68%도 단독주택에 산다.

구로4동에 사는 사람의 59%는 다세대주택에 살고 34%는 아파트에 산다. 구로3동 가구의 11%, 구로5동 9%, 구로본동과 구로1동의 7% 가구는 오피스텔 등 주택 이외의 거처에 산다.

지난 10년 동안 아파트와 다세대주택은 176%와 485%가 늘어난 반면, 단독주택은 22%, 연립주택은 17%가 줄었다. 이에 따라 전체 주택(주택 이외의 거처 제외)에서 차지하는 비중도 아파트는 36%에서 56%로, 다세대주택은 5%에서 7%로 증가했다. 반면 단독주택은 36%에서 16%로, 연립주택은 20%에서 10%로 줄었다.

크기별로는 29평 이상이 21채, 19~29평이 42채, 14~19평이 29채이며, 14평 미만은 8채가 있다. 가리봉2동은 주택의 74%는 29평 이상으로 넓은 집이 가장 많다.

58채는 지은 지 10년(1995~2005년)이 안 된 새집이며, 지은 지 20년이 넘은 낡은 집은 11채로 조만간 재개발·재건축 대상 주택이 될 전망이다. 구로구는 지은 지 10년이 안 되는 새집의 비중이 서울시

252

안에서 가장 높다. 가리봉1동 주택의 43%, 구로본동과 3동, 가리봉2동 주택의 20% 이상은 20년이 넘은 낡은 집이다. 반면 개봉2동 주택의 85%를 비롯해 10개 동네에서 10년 이내 지은 새집이 절반을 넘었다.


## 구로구에서 지하 방에 사는 사람 :
## 개봉1·3·본동, 고척2동 10% 이상 지하 방 거주

구로구에 사는 13만3천 가구를 100가구로 친다면 그 중 12가구는 식구에 비해 집이 너무 좁거나 시설이 제대로 갖춰지지 않아 인간다운 품위를 지키기 어려운 최저 주거 기준 미달 가구다.

또 100가구 가운데 92가구는 지상에 살지만, 7가구는 (반)지하에 살고, 1가구는 옥탑방에 산다. 개봉1동에 사는 사람의 14%, 고척2동의 13%, 개봉3동의 12%, 개봉본동의 11%는 (반)지하 방에 산다. 또 구로2동의 9%, 구로본동과 수궁동의 8%, 구로5동과 가리봉1동 그리고 오류1동의 7%도 (반)지하 방에 산다. 신도림동과 구로1동을 제외한 나머지 동네도 2~6% 가구가 (반)지하 방에 산다. 한편 구로6동과 가리봉2동 가구의 4%, 구로본동의 3%, 구로5동·가리봉1동·의 2%는 옥탑방에 산다.

구로구 100가구 가운데 거실이나 부엌을 각각 1개의 방으로 쳐서 방 3개 이하에서 셋방살이를 떠도는 가구는 29가구에 달하지만, 가구 수 대비 공공 임대주택은 1채에 그친다. 셋방살이가 고달픈 서민들의 눈물을 닦기 위해서는 공공 임대주택을 현재의 29배 수준으로 늘려 나가야 하는 것이다.

표 2_3.41

## 서울시 구로구 (반)지하 등 거주 가구

(단위 : 가구, %)

| 행정구역 | (반)지하 | | 옥탑 | | 기타 |
|---|---|---|---|---|---|
| | 가구 | 비중 | 가구 | 비중 | 가구 |
| 구로구 | 8,622 | 7 | 1,481 | 1 | 27 |
| 가리봉1동 | 333 | 7 | 77 | 2 | – |
| 가리봉2동 | 108 | 5 | 87 | 4 | – |
| 개봉1동 | 782 | 14 | 59 | 1 | – |
| 개봉2동 | 642 | 6 | 55 | 1 | – |
| 개봉3동 | 831 | 12 | 34 | 1 | 2 |
| 개봉본동 | 755 | 11 | 29 | 0 | 1 |
| 고척1동 | 283 | 4 | 26 | 0 | 1 |
| 고척2동 | 1,149 | 13 | 47 | 1 | – |
| 구로1동 | 2 | 0 | – | 0 | – |
| 구로2동 | 541 | 9 | 260 | 4 | 1 |
| 구로3동 | 240 | 3 | 33 | 0 | – |
| 구로4동 | 73 | 1 | 11 | 0 | – |
| 구로5동 | 696 | 7 | 178 | 2 | 3 |
| 구로6동 | 78 | 2 | 200 | 4 | 2 |
| 구로본동 | 555 | 8 | 230 | 3 | 1 |
| 수궁동 | 568 | 8 | 17 | 0 | 1 |
| 신도림동 | 49 | 0 | 31 | 0 | 1 |
| 오류1동 | 415 | 7 | 35 | 1 | 1 |
| 오류2동 | 522 | 6 | 72 | 1 | 13 |

개봉1동, 개봉3동, 개봉본동, 고척2동은 가구의 10% 이상이 (반)지하에 산다.

# 구로구 유권자가 100명이라면

정당 지지도를 알 수 있는 최근 네 차례 선거(제3~4회 동시지방선거, 제 17~18대 총선)를 기준으로 구로구 유권자는 대략 31만~33만 명이며, 평균 투표율은 52%였다.

구로구 유권자가 100명이라면 2002년 지방선거에서는 51명이 한 나라당을, 37명이 새천년민주당을, 7명이 민주노동당을, 3명이 자민 련을 각각 찍었다. 2004년 총선에서는 39명이 열린우리당을, 34명은 한나라당을, 14명은 민주노동당을, 8명은 새천년민주당을, 3명은 자 민련을 지지했다.

2006년 지방선거에서는 55명이 한나라당을 찍었고, 23명은 열린 우리당을, 12명은 민주노동당을, 10명은 민주당을 각각 찍었다. 2008년 총선에서는 37명이 한나라당을, 32명이 통합민주당을, 10명 이 친박연대를, 5명이 자유선진당을 지지했다. 또 4명이 민주노동당 을, 다른 4명은 창조한국당을, 3명은 진보신당을 각각 지지했다.

네 차례 선거에서 동네별 투표율은 신도림동·구로1동·개봉2동· 고척1동에서 상대적으로 가장 높았다. 반면 가리봉2동·구로2동·가 리봉1동·구로본동에서 가장 낮았다. 신도림동과 가리봉2동의 투표 율 격차는 최소 12%에서 최대 21%까지 벌어졌다.

한나라당 득표율은 항상 신도림동·고척1동·개봉2동·오류1동에서 상대적으로 높았다. 반면 구로4동·구로3동·구로6동·가리봉1동에서 는 항상 가장 낮았다. 신도림동과 구로4동의 한나라당 득표율 격차는 최소 10%에서 최대 16%까지 벌어졌다.

민주(＋열린우리)당 득표율은 가리봉1동·구로4동·가리봉2동·구

로6동에서 항상 가장 높았다. 반면 신도림동·수궁동·고척1동·구로1
동에서 가장 낮았다. 가리봉1동과 신도림동의 득표율 격차는 최소
9%에서 최대 14%까지 벌어졌다.

　민주노동당과 진보신당은 구로1동과 3동에서 상대적으로 높았다.

그림 2_3.27

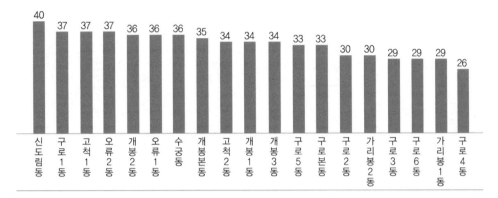

서울시 구로구 동네별 한나라당 득표율

2004년 총선(단위 : %)

그림 2_3.28

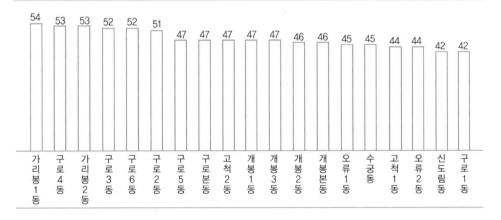

서울시 구로구 동네별 민주(＋열린우리)당 득표율

2004년 총선(단위 : %)

표 2_3.42

# 서울시 구로구 역대 선거 투표율과 정당 지지율

2002~2008년(단위 : 명, %)

| 행정구역 | 2002년 지방선거 | | | | | | | 2004년 총선 | | | | | | | |
| --- | --- | --- | --- | --- | --- | --- | --- | --- | --- | --- | --- | --- | --- | --- | --- |
| | 선거인 수 | 투표율 | 한나라당 | 새천년민주당 | 자민련 | 민주노동당 | 기타정당 | 선거인 수 | 투표율 | 한나라당 | 새천년민주당 | 열린우리당 | 자민련 | 민주노동당 | 기타정당 |
| 구로구 | 310,210 | 46 | 51 | 37 | 3 | 7 | 2 | 315,195 | 64 | 34 | 8 | 39 | 3 | 14 | 3 |
| 가리봉1동 | 8,811 | 40 | 42 | 46 | 3 | 7 | 2 | 8,300 | 53 | 29 | 9 | 45 | 2 | 12 | 3 |
| 가리봉2동 | 4,440 | 39 | 46 | 42 | 3 | 7 | 2 | 4,207 | 51 | 30 | 9 | 44 | 3 | 12 | 3 |
| 개봉1동 | 13,047 | 44 | 53 | 37 | 3 | 5 | 2 | 13,213 | 61 | 34 | 9 | 38 | 4 | 12 | 3 |
| 개봉2동 | 25,653 | 47 | 54 | 35 | 3 | 6 | 2 | 26,652 | 66 | 36 | 8 | 38 | 3 | 13 | 3 |
| 개봉3동 | 17,004 | 43 | 54 | 36 | 3 | 5 | 2 | 16,992 | 61 | 34 | 8 | 39 | 3 | 13 | 3 |
| 개봉본동 | 15,926 | 48 | 55 | 34 | 3 | 6 | 2 | 16,190 | 63 | 35 | 9 | 37 | 3 | 14 | 2 |
| 고척1동 | 17,078 | 46 | 56 | 34 | 3 | 6 | 2 | 18,983 | 64 | 37 | 8 | 36 | 3 | 14 | 2 |
| 고척2동 | 22,760 | 44 | 53 | 36 | 3 | 6 | 2 | 21,816 | 61 | 34 | 8 | 39 | 3 | 13 | 3 |
| 구로1동 | 15,278 | 51 | 56 | 33 | 2 | 7 | 2 | 14,694 | 72 | 37 | 7 | 36 | 2 | 17 | 2 |
| 구로2동 | 14,847 | 37 | 46 | 44 | 3 | 6 | 2 | 14,242 | 56 | 30 | 8 | 43 | 3 | 13 | 2 |
| 구로3동 | 14,637 | 41 | 43 | 43 | 3 | 8 | 3 | 13,571 | 61 | 29 | 8 | 44 | 2 | 15 | 2 |
| 구로4동 | 12,515 | 43 | 41 | 45 | 3 | 10 | 2 | 12,279 | 62 | 26 | 8 | 45 | 2 | 16 | 2 |
| 구로5동 | 22,569 | 45 | 51 | 37 | 2 | 7 | 3 | 22,681 | 64 | 33 | 7 | 40 | 2 | 14 | 2 |
| 구로6동 | 10,877 | 42 | 44 | 44 | 2 | 8 | 2 | 10,387 | 61 | 29 | 9 | 43 | 2 | 14 | 2 |
| 구로본동 | 14,614 | 41 | 48 | 40 | 3 | 7 | 2 | 14,357 | 59 | 33 | 7 | 40 | 3 | 14 | 3 |
| 수궁동 | 17,554 | 46 | 53 | 36 | 3 | 6 | 2 | 17,619 | 64 | 36 | 6 | 38 | 2 | 14 | 2 |
| 신도림동 | 21,244 | 51 | 55 | 33 | 2 | 7 | 3 | 24,505 | 72 | 40 | 7 | 35 | 2 | 14 | 2 |
| 오류1동 | 14,779 | 47 | 53 | 36 | 3 | 6 | 2 | 14,884 | 63 | 36 | 8 | 37 | 3 | 13 | 3 |
| 오류2동 | 18,725 | 47 | 55 | 35 | 3 | 5 | 2 | 21,786 | 63 | 37 | 8 | 37 | 3 | 13 | 3 |

| 2006년 지방선거 | | | | | | | 2008년 총선 | | | | | | | | | |
|---|---|---|---|---|---|---|---|---|---|---|---|---|---|---|---|---|
| 선거인 수 | 투표율 | 열린우리당 | 한나라당 | 민주당 | 민주노동당 | 기타정당 | 선거인 수 | 투표율 | 통합민주당 | 한나라당 | 자유선진당 | 민주노동당 | 창조한국당 | 친박연대 | 진보신당 | 기타정당 |
| 327,895 | 50 | 23 | 55 | 10 | 12 | 1 | 333,902 | 48 | 32 | 37 | 5 | 4 | 4 | 10 | 3 | 4 |
| 9,030 | 42 | 27 | 47 | 15 | 9 | 2 | 9,014 | 40 | 39 | 37 | 4 | 4 | 3 | 9 | 2 | 3 |
| 4,367 | 39 | 27 | 47 | 15 | 10 | 2 | 4,201 | 37 | 41 | 33 | 5 | 5 | 3 | 8 | 2 | 3 |
| 13,381 | 46 | 22 | 56 | 10 | 10 | 1 | 13,373 | 46 | 33 | 39 | 5 | 3 | 4 | 10 | 2 | 4 |
| 27,148 | 52 | 21 | 58 | 10 | 10 | 1 | 28,483 | 51 | 31 | 39 | 5 | 3 | 4 | 11 | 3 | 4 |
| 17,688 | 47 | 21 | 58 | 9 | 11 | 1 | 17,476 | 45 | 31 | 39 | 5 | 3 | 4 | 11 | 3 | 4 |
| 16,111 | 48 | 20 | 58 | 10 | 11 | 1 | 16,150 | 48 | 32 | 38 | 5 | 3 | 4 | 11 | 3 | 3 |
| 20,258 | 51 | 21 | 59 | 9 | 11 | 1 | 20,100 | 48 | 30 | 40 | 5 | 3 | 4 | 11 | 3 | 3 |
| 22,080 | 47 | 21 | 56 | 9 | 12 | 1 | 21,691 | 46 | 33 | 38 | 5 | 3 | 4 | 10 | 3 | 4 |
| 15,976 | 56 | 23 | 54 | 7 | 15 | 1 | 17,174 | 53 | 32 | 37 | 5 | 5 | 5 | 9 | 5 | 2 |
| 13,763 | 40 | 24 | 50 | 13 | 12 | 1 | 13,533 | 40 | 39 | 33 | 5 | 6 | 3 | 9 | 2 | 2 |
| 17,599 | 50 | 24 | 47 | 14 | 14 | 1 | 20,739 | 43 | 37 | 31 | 5 | 6 | 6 | 8 | 5 | 2 |
| 11,848 | 47 | 28 | 43 | 14 | 13 | 2 | 11,703 | 45 | 40 | 30 | 4 | 6 | 3 | 9 | 3 | 4 |
| 23,798 | 49 | 23 | 53 | 10 | 13 | 1 | 24,997 | 47 | 33 | 36 | 5 | 5 | 4 | 10 | 4 | 3 |
| 10,448 | 46 | 24 | 46 | 16 | 13 | 1 | 10,152 | 43 | 37 | 32 | 5 | 6 | 5 | 9 | 4 | 3 |
| 15,014 | 45 | 24 | 53 | 10 | 12 | 1 | 14,677 | 44 | 34 | 35 | 6 | 5 | 4 | 9 | 3 | 3 |
| 16,931 | 51 | 21 | 60 | 7 | 11 | 1 | 16,984 | 48 | 27 | 36 | 5 | 3 | 4 | 10 | 3 | 12 |
| 25,978 | 57 | 20 | 59 | 8 | 12 | 1 | 27,603 | 54 | 30 | 40 | 5 | 4 | 5 | 10 | 4 | 2 |
| 15,720 | 50 | 21 | 60 | 9 | 9 | 1 | 16,540 | 47 | 28 | 38 | 5 | 3 | 5 | 10 | 3 | 9 |
| 24,016 | 50 | 22 | 58 | 8 | 11 | 1 | 23,358 | 49 | 29 | 36 | 9 | 3 | 4 | 10 | 4 | 4 |

투표율은 구로1동에서 상대적으로 높았다. 한나라당 득표율은 신도림동, 구로1동, 오류1동과 2동, 고척1동에서 높았다. 민주 (+열린우리)당 득표율은 가리봉1동과 2동에서 높았다.

## 숫자 100으로 본 서울시 금천구 12개 동네

금천구에는 2005년 현재 12개 동에 있는 주택 4만8,800채와 오피스텔 7백 채 등 거처 4만9,600곳에 25만2천 명이 살고 있다.

서울시 금천구가 100명이 사는 마을이라면 어떤 모습일까?

## 숫자 100으로 본 금천구

금천구에 사는 사람은 서울시 평균인에 비해 대학 이상 학력 인구와 종교 인구 비중이 낮다. 취업자 중 봉급쟁이 특히 기능직, 장치 기계 조작 및 조립직, 단순 노무직으로 일하는 사람이 상대적으로 많은데, 출퇴근하는 데 1시간 이상 걸리는 직장인이 많다.

무주택자, 단독주택 거주자가 상대적으로 많고 자동차를 소유한 사람은 비교적 적다. 가구의 12%가 (반)지하에 살고, 부엌과 거실을 포함한 방 3칸 이하 셋방 가구가 42%에 달하지만 공공 임대주택은 2%에 불과하다.

최근 7년간 금천구에서 한나라당은 31~52%를, 민주(＋열린우리)

260

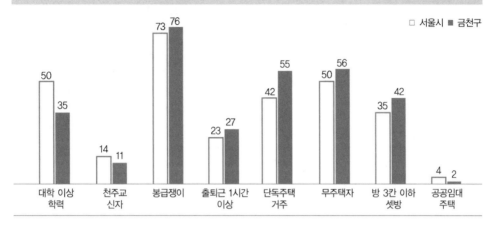

**그림 2_3.29**

## 서울시와 금천구 주요 지수 평균 비교

(단위 : %)

☐ 서울시  ■ 금천구

| | 대학 이상 학력 | 천주교 신자 | 봉급쟁이 | 출퇴근 1시간 이상 | 단독주택 거주 | 무주택자 | 방 3칸 이하 셋방 | 공공임대 주택 |
| --- | --- | --- | --- | --- | --- | --- | --- | --- |
| 서울시 | 50 | 14 | 73 | 23 | 42 | 50 | 35 | 4 |
| 금천구 | 35 | 11 | 76 | 27 | 55 | 56 | 42 | 2 |

당은 32~49%를, 민주노동당과 진보신당은 7~14%를 득표했는데 동네별로는 차이가 나타나고 있다.

### 금천구 인구가 100명이라면 :
### 대학 이상 학력자 35명, 종교 인구 50명

금천구 인구 25만2천 명을 100명으로 친다면 남자 대 여자의 수는 51대 49로 남자가 약간 많다. 100명 중 1명은 외국인으로 국적별로는 72%가 중국(재중 동포 = 조선족 49%)이다. 동네 사람 중 외국인이 많은 곳은 가산동과 독산본동으로 각각 5%와 4%를 차지하고 있다. 가산동은 남녀 성비도 54 대 46으로 약간 불균형을 이루고 있다. 23명은 어린이와 청소년이고(19살 미만), 77명은 어른이다. 어른 가운데 7명은 노인(65세 이상)이다.

지역적으로는 독산1동에는 12명이, 시흥4동에는 11명이 산다. 시흥2동·독산2동엔 10명씩 살고, 시흥5동엔 9명이 산다. 시흥본동·독산4동·가산동엔 8명씩 살고 시흥1동엔 7명이 산다. 또 독산본동과 독산3동엔 6명씩 살고 시흥3동에는 5명이 산다.

종교를 보면, 21명은 개신교, 18명은 불교, 11명은 천주교 신자다. 49명은 종교를 갖고 있지 않다. 시흥1동과 2동은 동네 사람 중 55%가 종교를 가진 반면, 독산본동 인구의 55%는 종교가 없다. 개신교와 천주교는 시흥1동에서, 불교는 시흥본동에서 신자 비율이 높다.

학력은 어떨까. 대학 이상의 학력을 가진 사람은 35명이며, 이 가운데 8명은 대학에 재학 중이고 2명은 석사과정 이상의 공부를 하였다(19세 이상 기준). 대학 이상 학력자 비중이 높은 곳은 시흥1동과 2동으로 19세 이상 인구 중 51%를 차지한다.

34명은 미혼이며, 66명은 결혼했다. 결혼한 사람 가운데 6명은 남편이나 아내가 먼저 사망했고 4명은 이혼했다(15세 이상 기준). 4명은 몸이 불편하거나 정신 장애로 정상적인 활동에 제약을 느끼고 있다.

거주 기간을 보면, 37명은 현재 살고 있는 집에 산 지 5년이 넘었으나 63명은 5년 이내에 새로 이사 왔다(5살 이상 기준). 이사 온 사람 중 41명은 금천구 안의 다른 동에서, 9명은 서울 안의 다른 구에서, 12명은 서울 바깥에서 이사 왔다.

**표 2_3.43**

# 서울시 금천구 성별·종교별·학력별 인구

(단위 : 명, %)

| 행정구역 | 남녀/외국인 | | | | 종교 인구 | | | | | | | 대학 이상 학력 인구 | | | | | | |
|---|---|---|---|---|---|---|---|---|---|---|---|---|---|---|---|---|---|---|
| | 총인구 | 남자 | 여자 | 외국인 | 인구수(내국인) | 종교 있음 | | | | | 종교 없음 | 19세 이상 인구 | 계 | 4년제 미만 | | 4년제 이상 | | 대학원 이상 |
| | | | | | | 계 | 불교 | 개신교 | 천주교 | 기타 | | | | 계 | 재학 | 계 | 재학 | |
| 금천구 | 252,446 | 51 | 49 | 1 | 249,375 | 50 | 18 | 21 | 11 | 1 | 49 | 190,785 | 35 | 13 | 3 | 20 | 5 | 2 |
| 가산동 | 19,517 | 54 | 46 | 5 | 18,569 | 45 | 17 | 16 | 11 | 1 | 54 | 14,997 | 33 | 14 | 3 | 17 | 4 | 2 |
| 독산1동 | 31,297 | 51 | 49 | 2 | 30,584 | 51 | 16 | 23 | 11 | 1 | 48 | 23,825 | 39 | 13 | 2 | 23 | 5 | 3 |
| 독산2동 | 24,384 | 50 | 50 | 1 | 24,213 | 48 | 18 | 19 | 11 | 1 | 50 | 18,113 | 30 | 13 | 3 | 16 | 4 | 1 |
| 독산3동 | 15,753 | 50 | 50 | 0 | 15,676 | 48 | 17 | 22 | 8 | 1 | 49 | 11,966 | 31 | 12 | 3 | 17 | 4 | 2 |
| 독산4동 | 20,122 | 50 | 50 | 1 | 19,945 | 44 | 16 | 17 | 10 | 1 | 54 | 15,299 | 30 | 13 | 3 | 16 | 4 | 1 |
| 독산본동 | 15,112 | 51 | 49 | 4 | 14,538 | 44 | 18 | 16 | 10 | 1 | 55 | 11,379 | 29 | 11 | 3 | 16 | 4 | 2 |
| 시흥1동 | 16,447 | 51 | 49 | 0 | 16,414 | 55 | 15 | 26 | 14 | 1 | 44 | 12,238 | 51 | 15 | 2 | 32 | 7 | 4 |
| 시흥2동 | 26,261 | 50 | 50 | 0 | 26,247 | 55 | 17 | 25 | 12 | 1 | 44 | 19,364 | 51 | 12 | 2 | 34 | 7 | 5 |
| 시흥3동 | 13,714 | 50 | 50 | 0 | 13,673 | 54 | 20 | 20 | 13 | 1 | 46 | 10,492 | 35 | 13 | 3 | 20 | 5 | 2 |
| 시흥4동 | 26,623 | 50 | 50 | 0 | 26,551 | 54 | 18 | 25 | 10 | 1 | 46 | 19,978 | 33 | 13 | 3 | 19 | 5 | 2 |
| 시흥5동 | 22,654 | 50 | 50 | 0 | 22,613 | 53 | 20 | 21 | 11 | 2 | 47 | 17,177 | 31 | 14 | 3 | 16 | 4 | 2 |
| 시흥본동 | 20,562 | 50 | 50 | 1 | 20,352 | 51 | 22 | 16 | 12 | 1 | 48 | 15,957 | 28 | 13 | 3 | 14 | 4 | 1 |

## 금천구에 사는 취업자가 100명이라면 : 76명은 봉급쟁이

금천구에 사는 15세 이상 인구 20만2천 명 가운데 취업해 직장에 다니는 사람(취업자)은 10만7천 명이다. 금천구 취업자가 100명이라면 58명은 30~40대, 21명은 20대이며, 15명은 50대다. 65세 이상 노인 2명도 일하고 있다.

76명은 회사에서 봉급을 받고 일하는 직장인이다. 16명은 고용한 사람 없이 혼자서 일하는 자영업자이며, 6명은 누군가를 고용해 사업체를 경영하는 사업주다. 3명은 가족이 운영하는 사업체에서 보수 없이 일하고 있다.

직업은 사무직 19명, 기능직 14명, 판매직 13명, 장치 기계 조작 및 조립직 11명, 단순 노무직 10명이다. 또 9명은 기술직 및 준전문가, 8명은 전문가, 3명은 고위 관리직으로 각각 일하고 있다. 금천구는 직업 중 장치 기계 조작 및 조립직 비중이 서울에서 가장 높고, 기능직과 단순 노무직 비중은 세 번째로 높다. 반면 전문가와 기술직 및 준전문가 비중은 가장 낮다.

직장으로 출근하는 데 30분 이상 걸리는 사람은 58명으로, 그 가운데 27명은 1시간 이상 걸린다. 26명은 걸어서 출근하고 74명은 교통수단을 이용해 출근한다. 74명 가운데 25명은 시내버스로, 24명은 자가용으로, 10명은 전철로 출근한다. 2명은 통근 버스로, 9명은 전철과 버스 또는 승용차를 갈아타며 출근한다.

82명은 사무실이나 공장 등에서 일하는 반면, 13명은 야외나 거리 또는 운송 수단에서 일한다. 2명은 자기 집에서, 3명은 남의 집에서 일한다.


## 금천구에 100가구가 산다면 :
## 58가구는 셋방살이

금천구에는 8만5천 가구가 산다(일반 가구 기준). 금천구에 사는 가구를 100가구로 친다면 40가구는 식구가 한 명 또는 두 명인 1, 2인 가구이며, 이 가운데 21가구는 나 홀로 사는 1인 가구다. 식구 4명은 28

그림 2_3.30

# 서울시 금천구 동네별 1인 가구

(단위 : %)

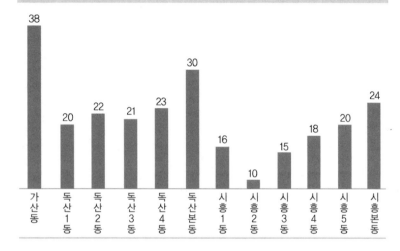

가구, 3명은 22가구, 5명은 7가구다.

　나 홀로 사는 1인 가구 비중을 보면 가산동과 독산본동에 사는 가구의 38%와 30%가 1인 가구다. 반면 시흥2동은 10%, 시흥1동은 16%에 머물고 있다.

　40가구는 자신이 소유한 집에서 살고, 58가구는 셋방에 살며, 2가구는 직장의 사택이나 친척집 등에서 무상으로 살고 있다. 자기 집에 사는 가구 중 5가구는 현재 살고 있는 집 외에 최소 한 채에서 여러 채를 소유한 다주택자들이다.

　셋방 사는 가구 가운데 32가구는 전세에, 24가구는 보증금 있는 월세에, 2가구는 보증금 없는 월세 또는 사글세에 살고 있다. 셋방 사는 가구 중 3가구는 어딘가에 자신 명의의 집을 소유하고 있으나 경

표 2_3.44

## 서울시 금천구의 다주택자

(단위 : 가구, 호)

| 구분 | | | 가구 수 | 주택 수 | 평균 주택 수 |
|---|---|---|---|---|---|
| 일반 가구 | | | 85,171 | – | – |
| 자가 가구 | | | 34,501 | – | – |
| 다주택 가구 | 통계청 | | 4,268 | – | – |
| | 행자부 | 계 | 2,813 | 6,904 | 3 |
| | | 2채 | 2,401 | 4,802 | 2 |
| | | 3채 | 216 | 648 | 3 |
| | | 4채 | 52 | 208 | 4 |
| | | 5채 | 36 | 180 | 5 |
| | | 6~10채 | 78 | 569 | 7 |
| | | 11채 이상 | 30 | 497 | 17 |

제 사정이나 자녀 교육, 직장 등의 사정으로 셋방에 살고 있다.

66가구는 현재 사는 집으로 이사 온 지 5년이 안 되며, 이 가운데 32가구는 2년이 안 된다. 21가구는 5~10년이 됐고, 13가구는 10년이 넘었다.

48가구는 자동차를 소유하고 있고 이 가운데 34가구는 자기 집에 전용 주차장이 있다. 자동차 소유 가구 중 5가구는 차를 2대 이상 소유하고 있다.

## 집 많은 사람, 집 없는 사람 :
## 시흥3동 64% 주택 소유, 독산본동 67% 무주택

금천구에 사는 100가구 중 44가구는 주택 소유자이고, 56가구는 무

**표 2_3.45**

## 서울시 금천구 주택의 점유·소유 형태별 가구

(단위 : 가구, %)

| 행정구역 | 전체 가구 | 자기 집에 거주 | | | 셋방에 거주 | | | 무상으로 거주 | | 주택 소유 | 무주택 |
|---|---|---|---|---|---|---|---|---|---|---|---|
| | | 계 | 집 한 채 | 집 여러 채 | 계 | 집 없음 | 집 있음 | 집 없음 | 집 있음 | | |
| 금천구 | 85,171 | 41 | 35 | 5 | 58 | 54 | 3 | 2 | 0 | 44 | 56 |
| 가산동 | 7,486 | 37 | 32 | 5 | 61 | 59 | 2 | 1 | 0 | 39 | 61 |
| 독산1동 | 10,199 | 44 | 38 | 6 | 52 | 48 | 3 | 4 | 1 | 48 | 52 |
| 독산2동 | 8,344 | 33 | 30 | 3 | 66 | 63 | 3 | 1 | 0 | 35 | 65 |
| 독산3동 | 5,430 | 35 | 31 | 4 | 63 | 60 | 3 | 2 | 0 | 38 | 62 |
| 독산4동 | 7,001 | 34 | 31 | 3 | 64 | 62 | 2 | 2 | 0 | 36 | 64 |
| 독산본동 | 5,536 | 30 | 27 | 4 | 68 | 65 | 3 | 2 | 0 | 33 | 67 |
| 시흥1동 | 5,363 | 51 | 44 | 7 | 46 | 38 | 8 | 2 | 1 | 60 | 40 |
| 시흥2동 | 7,921 | 56 | 46 | 10 | 43 | 38 | 5 | 0 | 0 | 62 | 38 |
| 시흥3동 | 4,295 | 59 | 51 | 8 | 40 | 35 | 5 | 1 | 0 | 64 | 36 |
| 시흥4동 | 8,741 | 43 | 38 | 5 | 56 | 52 | 4 | 1 | 0 | 47 | 53 |
| 시흥5동 | 7,588 | 36 | 32 | 4 | 62 | 59 | 3 | 1 | 0 | 40 | 60 |
| 시흥본동 | 7,267 | 31 | 28 | 3 | 68 | 65 | 2 | 1 | 0 | 33 | 67 |

주택자다. 12개 동네 가운데 3개 동네만 주택 소유자가 더 많고 9개 동네는 무주택자가 더 많다. 시흥3동 가구의 64%, 시흥2동 가구의 62%, 시흥1동 가구의 60%는 주택 소유자다. 반면 독산본동과 시흥본동 가구의 67%, 독산2동 가구의 65%, 독산4동 가구의 64%, 독산3동 가구의 62%, 가산동 가구의 61%, 시흥5동 가구의 60%는 무주택자다.

금천구 가구의 5%는 집을 두 채 이상 소유한 다주택자다. 동네별로는 시흥2동 10%, 시흥3동 8%, 시흥1동 7% 순이다. 반면 독산2동과 4동, 시흥본동은 3%로 가장 낮고, 독산본동과 시흥5동은 4%에 그친다.

금천구 주택 소유자 44가구 중 3가구는 어딘가 자신 명의의 집이 있지만 사정이 있어 셋방에 사는 유주택 전월세 가구로, 독산1동 (4%)에서 비중이 높다.

주택 소유자 중 유주택 전월세 가구를 제외한 41가구는 자기 집에 사는데, 시흥3동, 시흥2동, 시흥1동 순으로 비중이 높다.

한편, 유주택 전월세를 포함한 58가구가 셋방에 사는데 시흥본동과 독산본동(68%), 독산2동(66%), 독산4동(64%) 순으로 비중이 높다. 셋방 사는 가구 중 유주택 전월세를 제외한 54가구는 집이 아예 없는 무주택 전월세 가구다. 동네 가구 중 무주택 전월세는 시흥본동과 독산본동, 독산2동, 독산4동 순으로 비중이 높다.


## 금천구에 있는 집이 100채라면 :
## 50채는 아파트, 24채는 단독주택

금천구에는 집(주택과 주택 이외의 거처, 빈집 제외)이 4만 9,600채가 있다. 금천구에 있는 집이 100채라면 50채는 아파트고, 24채는 단독주택, 12채는 다세대주택, 11채는 연립주택이다. 1채는 상가 내 거처 등 비거주용 건물 내 주택이고, 2채는 오피스텔을 비롯한 주택 이외의 거처다.

시흥1동과 2동, 독산2동과 가산동은 거처 가운데 최저 54%에서 96%가 아파트다. 반면 시흥본동은 65%가 단독주택이다. 독산2동은 단독주택이 51%, 다세대주택이 33%를 차지하고 있다. 시흥3동은 연립주택이 69%에 달하며 다세대주택도 18%다. 독산본동은 거처의

9%가 주택 이외의 거처다.

금천구 100가구 가운데 55가구는 단독주택에, 29가구는 아파트에 산다. 7가구는 다세대주택에, 다른 7가구는 연립주택에 산다. 또 1가구는 비거주용 건물 내 주택에, 다른 1가구는 오피스텔 등 주택 이외의 거처에 산다.

시흥2동 거주 가구의 92%는 아파트에 살고 나머지 6%는 단독주택에 산다. 시흥1동과 독산1동 거주 가구 중에서도 각각 80%와 62%가 아파트에 산다. 반면 시흥본동과 독산2동 거주 가구의 86%와 80%는 단독주택에 살고 아파트에는 1%만 산다. 독산4동·시흥5동·독산본동·독산3동도 단독주택 거주 가구 비중이 70% 이상이며, 시흥4동과 가산동에서도 60% 이상이 단독주택에 산다. 한편 시흥3동에서는 59%가 연립주택에 살고 21%는 단독주택에, 15%는 다세대주택에 산다. 독산본동에서는 4%가 주택 이외의 거처에 산다.

지난 10년 동안 아파트와 다세대주택은 148%와 1,020%가 늘어난 반면, 단독주택은 11%, 연립주택은 28%가 줄었다. 이에 따라 전체 주택(주택 이외의 거처 제외)에서 차지하는 비중도 아파트는 30%에서 50%로, 다세대주택은 2%에서 13%로 증가했다. 반면 단독주택은 40%에서 24%로, 연립주택은 24%에서 12%로 줄었다.

크기별로는 29평 이상이 30채, 19~29평이 33채, 14~19평이 23채이며, 14평 미만은 14채가 있다. 시흥본동 주택의 63%, 독산2동 주택의 54%는 29평 이상이며, 시흥1동 주택의 32%는 14평 미만이다.

50채는 지은 지 10년(1995~2005년)이 안 된 새집이며, 지은 지 20년이 넘은 낡은 집은 22채로 조만간 재개발·재건축 대상 주택이 될 전망이다. 시흥1동 주택의 75%, 독산본동 주택의 35%는 지은 지 20

표 2_3.46

## 서울시 금천구 거처의 종류별·연건평별·건축년도별 주택

(단위 : 호, 가구, %)

| 행정구역 | 거처의 종류별 거처와 가구 | | | | | | | | | | | | | |
|---|---|---|---|---|---|---|---|---|---|---|---|---|---|---|
| | 계 | | 단독주택 | | 아파트 | | 연립주택 | | 다세대주택 | | 비거주용 건물 내 주택 | | 주택 이외의 거처 | |
| | 거처 | 가구 | 거처 | 가구 | 거처 | 가구 | 거처 | 가구 | 거처 | 가구 | 거처 | 가구 | 거처 | 가구 |
| 금천구 | 49,628 | 85,207 | 24 | 55 | 50 | 29 | 11 | 7 | 12 | 7 | 1 | 1 | 2 | 1 |
| 가산동 | 3,822 | 7,489 | 25 | 62 | 54 | 28 | 5 | 3 | 10 | 5 | 1 | 1 | 4 | 2 |
| 독산1동 | 7,579 | 10,206 | 9 | 31 | 83 | 62 | 3 | 2 | 2 | 2 | 1 | 1 | 2 | 2 |
| 독산2동 | 3,323 | 8,350 | 51 | 80 | 3 | 1 | 10 | 4 | 33 | 13 | 2 | 1 | 1 | 0 |
| 독산3동 | 2,500 | 5,430 | 38 | 71 | 19 | 9 | 19 | 9 | 22 | 10 | 1 | 1 | 2 | 1 |
| 독산4동 | 2,922 | 7,002 | 42 | 75 | 15 | 6 | 12 | 5 | 29 | 12 | 2 | 1 | 0 | 0 |
| 독산본동 | 2,419 | 5,536 | 35 | 71 | 35 | 15 | 5 | 2 | 13 | 6 | 3 | 1 | 9 | 4 |
| 시흥1동 | 4,947 | 5,371 | 4 | 11 | 87 | 80 | 4 | 3 | 2 | 2 | 1 | 1 | 3 | 3 |
| 시흥2동 | 7,600 | 7,925 | 2 | 6 | 96 | 92 | 1 | 1 | 0 | 0 | 0 | 0 | 0 | 0 |
| 시흥3동 | 3,578 | 4,296 | 7 | 21 | 5 | 4 | 69 | 59 | 18 | 15 | 1 | 1 | 0 | 0 |
| 시흥4동 | 4,591 | 8,741 | 32 | 64 | 29 | 15 | 13 | 7 | 24 | 13 | 0 | 0 | 0 | 0 |
| 시흥5동 | 3,605 | 7,591 | 41 | 72 | 34 | 16 | 7 | 3 | 15 | 7 | 2 | 1 | 1 | 0 |
| 시흥본동 | 2,742 | 7,270 | 65 | 86 | 3 | 1 | 15 | 6 | 15 | 6 | 3 | 1 | 0 | 0 |

년이 넘었고, 시흥2동 주택의 97%, 가산동 주택의 65%는 10년이 안

됐다. 독산3동·독산4동·시흥4동에서도 주택의 절반 이상이 10년이

안 된 새집이다.

**금천구에서 지하 방에 사는 사람 :**

**독산2동·시흥5동은 20% 이상이 (반)지하 거주**

금천구에 사는 8만5천 가구를 100가구로 친다면 그 중 18가구는 식

| 연건평별 주택 | | | | | 건축년도별 주택 | | | |
|---|---|---|---|---|---|---|---|---|
| 총 주택 수 | 14평<br>미만 | 14~19평 | 19~29평 | 29평<br>이상 | 총 주택 수 | 1995~<br>2005년 | 1985~<br>1994년 | 1985년<br>이전 |
| 48,837 | 14 | 24 | 33 | 30 | 48,837 | 50 | 29 | 22 |
| 3,686 | 3 | 33 | 32 | 32 | 3,686 | 65 | 17 | 18 |
| 7,450 | 23 | 25 | 39 | 13 | 7,450 | 42 | 48 | 10 |
| 3,290 | 1 | 14 | 32 | 54 | 3,290 | 39 | 38 | 23 |
| 2,460 | 5 | 17 | 30 | 48 | 2,460 | 56 | 25 | 19 |
| 2,922 | 2 | 19 | 36 | 44 | 2,922 | 54 | 28 | 18 |
| 2,200 | 2 | 12 | 45 | 41 | 2,200 | 44 | 21 | 35 |
| 4,775 | 32 | 34 | 31 | 3 | 4,775 | 14 | 11 | 75 |
| 7,595 | 24 | 21 | 31 | 25 | 7,595 | 97 | 2 | 1 |
| 3,561 | 18 | 36 | 35 | 11 | 3,561 | 34 | 39 | 26 |
| 4,580 | 6 | 25 | 32 | 37 | 4,580 | 54 | 32 | 14 |
| 3,582 | 10 | 21 | 30 | 39 | 3,582 | 25 | 54 | 20 |
| 2,736 | 2 | 13 | 22 | 63 | 2,736 | 32 | 41 | 27 |

독산2동은 가구의 80%가 단독주택에 사는 데 비해 시흥2동은 92%가 아파트에 산다. 시흥3동의 59%가 연립주택에 산다.

구에 비해 집이 너무 좁거나 시설이 제대로 갖춰지지 않아 인간다운 품위를 지키기 어려운 최저 주거 기준 미달 가구다.

또 100가구 가운데 87가구는 지상에 살지만, 12가구는 (반)지하에 살고, 1가구는 옥탑방에 산다. 시흥5동에 사는 사람의 23%, 독산2동에 사는 사람의 21%는 (반)지하 방에 산다. 독산4동(18%), 독산3동(17%), 시흥본동(17%), 독산본동(14%), 시흥4동(13%) 등 7개 동네에서 (반)지하 방에 사는 가구 비율이 10%가 넘었다. 나머지 동네도 1~8%가 (반)지하 방에 산다. 한편 가산동의 2%, 독산1동·독산4동·독산본동·시흥5동의 1%는 옥탑방에 산다.

표 2_3.47

## 서울시 금천구 (반)지하 등 거주 가구

(단위 : 가구, %)

| 행정구역 | (반)지하 | | 옥탑 | | 기타 |
|---|---|---|---|---|---|
| | 가구 | 비중 | 가구 | 비중 | 가구 |
| 금천구 | 10,339 | 12 | 474 | 1 | 66 |
| 가산동 | 454 | 6 | 121 | 2 | – |
| 독산1동 | 453 | 4 | 76 | 1 | 41 |
| 독산2동 | 1,755 | 21 | 36 | 0 | 1 |
| 독산3동 | 923 | 17 | 24 | 0 | 3 |
| 독산4동 | 1,262 | 18 | 47 | 1 | – |
| 독산본동 | 779 | 14 | 29 | 1 | 1 |
| 시흥1동 | 167 | 3 | 4 | 0 | 2 |
| 시흥2동 | 111 | 1 | 6 | 0 | 1 |
| 시흥3동 | 339 | 8 | 7 | 0 | 14 |
| 시흥4동 | 1,129 | 13 | 42 | 0 | 1 |
| 시흥5동 | 1,719 | 23 | 50 | 1 | 1 |
| 시흥본동 | 1,248 | 17 | 32 | 0 | 1 |

금천구 100가구 가운데 거실이나 부엌을 각각 1개의 방으로 쳐서 방 3개 이하에서 셋방살이를 떠도는 가구는 42가구에 달하지만, 가구 수 대비 공공 임대주택은 2채에 그친다. 셋방살이가 고달픈 서민들의 힘겨움을 해결하려면 공공 임대주택을 현재의 21배 수준으로 늘려나가야 하는 것이다.

## 금천구 유권자가 100명이라면

정당 지지도를 알 수 있는 최근 네 차례 선거(제3~4회 동시지방선거,

17~18대 총선)를 기준으로 금천구의 선거권자는 19만~20만 명이며, 평균 투표율은 50%다.

금천구 유권자가 100명이라면 2002년 제3회 동시지방선거에서는 48명이 한나라당을 찍었고, 39명은 새천년민주당, 7명은 민주노동당, 3명은 자민련, 다른 2명은 나머지 정당을 각각 지지했다.

2004년 총선에서는 40명이 열린우리당을, 31명이 한나라당을 지지했으며, 14명은 민주노동당을, 9명은 새천년민주당을, 3명은 자민련을 각각 찍었다.

2006년 동시지방선거에서는 52명이 한나라당을 선택한 가운데, 23명은 열린우리당을, 13명은 민주당을, 11명은 민주당을 각각 지지했다.

2008년 총선에서는 36명이 한나라당을 찍었고, 32명이 통합민주당을, 9명은 친박연대를, 7명은 자유선진당을, 5명은 민주노동당을, 4명은 창조한국당을, 3명은 진보신당을 각각 지지했다.

네 차례 선거에서 동네별 투표율은 항상 시흥2동·시흥3동·시흥1동에서 가장 높았다. 반면 독산3동·독산4동·독산2동에서 항상 가장 낮았다. 시흥2동과 독산3동의 투표율 격차는 최소 10%에서 최고 13%까지 벌어졌다.

한나라당 득표율은 항상 시흥1동·시흥3동·시흥2동에서 가장 높았다. 반면 독산4동·독산2동·가산동에서 항상 낮았다. 시흥1동과 독산4동의 한나라당 득표율 격차는 최소 10%에서 최고 14%까지 벌어졌다.

민주(＋열린우리)당 득표율은 독산4동·독산본동·독산2동·가산동에서 상대적으로 높았다. 반면 시흥3동·시흥1동·시흥2동에서 항상 가장 낮았다. 독산4동과 시흥3동의 득표율 격차는 최소 5%에서 최대 8% 사이다.

민주노동당과 진보신당은 시흥1동과 시흥2동에서 상대적으로 득표율이 높았다.

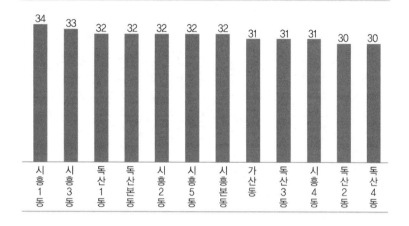

**그림 2_3.31**

# 서울시 금천구 동네별 한나라당 득표율

2004년 총선(단위 : %)

| 시흥1동 | 시흥3동 | 독산1동 | 독산본동 | 시흥2동 | 시흥5동 | 시흥본동 | 가산동 | 독산3동 | 시흥4동 | 독산2동 | 독산4동 |
|---|---|---|---|---|---|---|---|---|---|---|---|
| 34 | 33 | 32 | 32 | 32 | 32 | 32 | 31 | 31 | 31 | 30 | 30 |

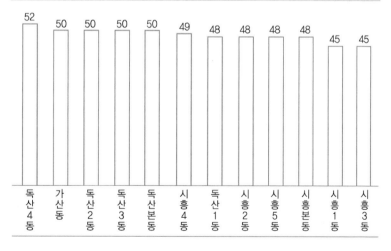

**그림 2_3.32**

# 서울시 금천구 동네별 민주(+열린우리)당 득표율

2004년 총선(단위 : %)

| 독산4동 | 가산동 | 독산2동 | 독산3동 | 독산본동 | 시흥4동 | 독산1동 | 시흥2동 | 시흥5동 | 시흥본동 | 시흥1동 | 시흥3동 |
|---|---|---|---|---|---|---|---|---|---|---|---|
| 52 | 50 | 50 | 50 | 50 | 49 | 48 | 48 | 48 | 48 | 45 | 45 |

표 2_3.48

# 서울시 금천구 역대 선거 투표율과 정당 지지율

2002~2008년(단위 : 명, %)

| 행정구역 | 2002년 지방선거 | | | | | | | 2004년 총선 | | | | | | | | |
|---|---|---|---|---|---|---|---|---|---|---|---|---|---|---|---|
| | 선거인 수 | 투표율 | 한나라당 | 새천년민주당 | 자민련 | 민주노동당 | 기타정당 | | 선거인 수 | 투표율 | 한나라당 | 새천년민주당 | 열린우리당 | 자민련 | 민주노동당 | 기타정당 |
| 금천구 | 190,719 | 45 | 48 | 39 | 3 | 7 | 2 | | 197,115 | 60 | 31 | 9 | 40 | 3 | 14 | 3 |
| 가산동 | 15,817 | 42 | 49 | 40 | 3 | 6 | 2 | | 15,480 | 56 | 31 | 12 | 38 | 3 | 13 | 2 |
| 독산1동 | 23,654 | 45 | 48 | 39 | 3 | 7 | 2 | | 22,866 | 60 | 32 | 9 | 40 | 3 | 13 | 3 |
| 독산2동 | 19,265 | 41 | 48 | 40 | 3 | 7 | 2 | | 18,921 | 57 | 30 | 9 | 41 | 3 | 14 | 2 |
| 독산3동 | 12,145 | 36 | 50 | 40 | 3 | 6 | 2 | | 11,808 | 56 | 31 | 10 | 40 | 3 | 14 | 3 |
| 독산4동 | 15,103 | 41 | 45 | 43 | 3 | 6 | 2 | | 15,395 | 55 | 30 | 11 | 41 | 3 | 13 | 2 |
| 독산본동 | 11,278 | 46 | 45 | 42 | 3 | 7 | 2 | | 11,462 | 56 | 32 | 12 | 38 | 3 | 13 | 3 |
| 시흥1동 | 11,883 | 48 | 55 | 33 | 3 | 7 | 2 | | 11,788 | 65 | 34 | 7 | 38 | 2 | 16 | 3 |
| 시흥2동 | 8,653 | 56 | 50 | 37 | 3 | 7 | 3 | | 18,653 | 69 | 32 | 8 | 39 | 2 | 15 | 3 |
| 시흥3동 | 10,461 | 48 | 52 | 35 | 3 | 7 | 3 | | 11,068 | 62 | 33 | 8 | 37 | 3 | 16 | 3 |
| 시흥4동 | 21,416 | 44 | 49 | 38 | 4 | 7 | 2 | | 20,544 | 59 | 31 | 9 | 39 | 3 | 14 | 3 |
| 시흥5동 | 18,955 | 46 | 48 | 38 | 4 | 7 | 3 | | 17,560 | 59 | 32 | 9 | 39 | 3 | 14 | 3 |
| 시흥본동 | 17,639 | 41 | 50 | 38 | 4 | 6 | 2 | | 17,080 | 55 | 32 | 9 | 39 | 3 | 14 | 3 |

| 2006년 지방선거 | | | | | | | 행정구역 | 2008년 총선 | | | | | | | | | |
|---|---|---|---|---|---|---|---|---|---|---|---|---|---|---|---|---|---|
| 선거인 수 | 투표율 | 열린 우리당 | 한나 라당 | 민주당 | 민주 노동당 | 기타 정당 | | 선거인 수 | 투표율 | 통합 민주당 | 한나라 당 | 자유선 진당 | 민주 노동당 | 창조 한국당 | 친박 연대 | 진보 신당 | 기타 정당 |
| 199,986 | 49 | 23 | 52 | 13 | 11 | 1 | 금천구 | 196,593 | 44 | 32 | 36 | 7 | 5 | 4 | 9 | 3 | 4 |
| 15,675 | 46 | 21 | 52 | 15 | 10 | 2 | 가산동 | 15,487 | 43 | 35 | 35 | 7 | 4 | 4 | 9 | 3 | 3 |
| 24,348 | 49 | 22 | 53 | 13 | 11 | 2 | 독산1동 | 24,276 | 44 | 32 | 36 | 7 | 5 | 4 | 10 | 3 | 4 |
| 18,673 | 45 | 25 | 50 | 13 | 11 | 1 | 독산2동 | 18,805 | 40 | 35 | 34 | 7 | 5 | 4 | 9 | 2 | 4 |
| 12,154 | 44 | 22 | 53 | 13 | 10 | 1 | 독산3동 | 23,504 | 38 | 33 | 36 | 7 | 5 | 4 | 10 | 3 | 3 |
| 15,580 | 43 | 23 | 51 | 15 | 10 | 1 | 독산4동 | 15,645 | 40 | 35 | 34 | 8 | 5 | 3 | 9 | 3 | 3 |
| 11,279 | 47 | 21 | 49 | 19 | 10 | 1 | 시흥1동 | 25,482 | 42 | 31 | 36 | 7 | 5 | 3 | 10 | 3 | 5 |
| 12,456 | 51 | 21 | 55 | 10 | 12 | 1 | 시흥2동 | 19,373 | 51 | 30 | 37 | 6 | 5 | 5 | 10 | 4 | 4 |
| 19,447 | 57 | 23 | 53 | 11 | 12 | 1 | 시흥3동 | 10,600 | 47 | 27 | 40 | 6 | 5 | 4 | 11 | 3 | 4 |
| 11,075 | 53 | 21 | 55 | 11 | 11 | 2 | 시흥4동 | 20,005 | 43 | 31 | 36 | 7 | 5 | 4 | 9 | 3 | 5 |
| 21,073 | 48 | 21 | 53 | 12 | 12 | 1 | 시흥5동 | 19,981 | 44 | 31 | 38 | 6 | 5 | 4 | 9 | 3 | 4 |
| 17,807 | 49 | 23 | 51 | 13 | 12 | 1 | | | | | | | | | | | |
| 16,521 | 43 | 21 | 54 | 13 | 10 | 2 | | | | | | | | | | | |

투표율은 시흥2동과 3동, 1동에서 가장 높았다. 한나라당 득표율은 시흥1동과 3동, 2동에서 높았다. 민주(+열린우리)당은 독산4동, 독산본동, 독산2동 등에서 상대적으로 득표율이 높았다.

숫자
**100**
으로
본 **서울시 노원구** 24개 동네

---

2005년 현재 서울시 노원구에는 24개 동에 있는 주택 17만4,800채와 오피스텔 1천2백
채 등 거처 17만6천 곳에 60만4천 명이 살고 있다.
서울시 노원구가 100명이 사는 마을이라면 어떤 모습일까?

---

## 숫자 **100**으로 본 노원구

서울시 25개 구 가운데 인구가 가장 많다. 대학 이상 학력자와 종교
인구 비중이 서울시 평균인과 비슷하고, 결혼한 사람은 더 많다. 취
업자 중 봉급쟁이, 특히 기술직 및 준전문가나 사무직으로 일하는 사
람이 약간 많은데, 서울에서 출퇴근 하는 데 1시간 이상 걸리는 직장
인들이 가장 많은 곳이다.

서울에서 1인 가구가 가장 적은 대신 4인 가구가 가장 많다. 100가
구 중 80가구가 아파트에 살고 68가구가 자기 집을 소유하고 있으며,
61가구가 자동차를 소유하고 있다. 다주택자도 서울시 평균보다 많
지만 14평 미만 소형 주택도 가장 많다. 공공 임대주택이 서울시 25
개 구 가운데 가장 많지만, 아직도 24가구는 거실과 부엌을 포함한

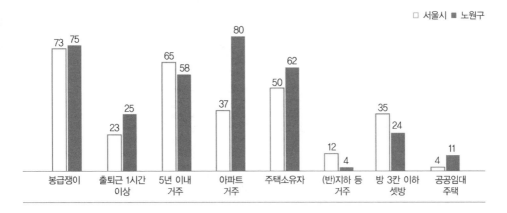

그림 2_3.33

## 서울시와 노원구 주요 지수 평균 비교

(단위 : %)

□ 서울시 ■ 노원구

| | 서울시 | 노원구 |
|---|---|---|
| 봉급쟁이 | 73 | 75 |
| 출퇴근 1시간 이상 | 23 | 25 |
| 5년 이내 거주 | 65 | 58 |
| 아파트 거주 | 37 | 80 |
| 주택소유자 | 50 | 62 |
| (반)지하 등 거주 | 12 | 4 |
| 방 3칸 이하 셋방 | 35 | 24 |
| 공공임대 주택 | 4 | 11 |

방 3칸 이하 셋방에 살고 있다.

최근 7년간 노원구에서 한나라당은 35~55%를, 민주(＋열린우리) 당은 28~46%를, 민주노동당과 진보신당은 7~15%를 얻었는데 동네 별로는 차이가 나타나고 있다.

**노원구 인구가 100명이라면 :**
**대학 이상 학력자 50명, 종교 인구 54명**

서울시 노원구에 사는 사람은 60만4천 명으로, 노원구 인구가 100명 이라면 남자 대 여자의 수는 49 대 51로 여자가 약간 많다. 노원구는 앞에서도 말했듯이, 서울 25개 자치구 가운데 인구가 가장 많다. 27

명은 어린이와 청소년이고(19살 미만), 73명은 어른이다. 어른 가운데 7명은 노인(65세 이상)이다.

지역적으로는 노원구에 사는 100명 가운데, 8명이 공릉2동에 살며, 상계1동에 7명이 산다. 중계본동과 1동·상계8동·하계1동·월계3동에는 5명씩 산다. 상계2동·상계3동·상계5동·상계6동·상계9동·상계10동과 하계2동·중계3동·중계4동·월계2동·공릉3동에는 4명씩 산다. 상계4동·상계7동, 중계2동·공릉1동·월계1동·월계4동에 3명씩 살고 상계4동에 2명이 산다.

종교를 보면, 23명은 개신교, 16명은 불교, 14명은 천주교를 믿는다. 46명은 종교를 갖고 있지 않다. 중계본동은 동네 사람의 59%가 종교를 갖고 있는 반면, 공릉3동은 50%가 종교를 갖고 있지 않다. 개신교는 중계3동에서, 불교는 상계4동에서, 천주교는 중계본동에서 신자 비율이 높다.

학력은 어떨까. 50명이 대학 이상의 학력을 가지고 있는데 9명은 대학에 재학 중이고 4명은 석사과정 이상의 공부를 하였다(19세 이상 기준). 대학 이상 학력자 비율이 가장 높은 곳은 상계7동으로 19세 이상 동네 인구 가운데 63%에 이른다.

32명은 미혼이며, 68명은 결혼했다. 결혼한 사람 가운데 7명은 남편이나 아내가 먼저 사망했고 4명은 이혼했다(15세 이상 기준). 노원구

표 2_3.49

# 서울시 노원구 성별·종교별·학력별 인구

(단위 : 명, %)

| 행정구역 | 남녀/외국인 | | | | 종교 인구 | | | | | | | 대학 이상 학력 인구 | | | | | | |
|---|---|---|---|---|---|---|---|---|---|---|---|---|---|---|---|---|---|---|
| | 총인구 | 남자 | 여자 | 외국인 | 인구수 (내국인) | 종교 있음 | | | | | 종교 없음 | 19세 이상 인구 | 계 | 4년제 미만 | | 4년제 이상 | | 대학원 이상 |
| | | | | | | 계 | 불교 | 개신교 | 천주교 | 기타 | | | | 계 | 재학 | 계 | 재학 | |
| 노원구 | 604,161 | 49 | 51 | 0 | 603,238 | 54 | 16 | 23 | 14 | 1 | 46 | 443,385 | 50 | 12 | 2 | 33 | 7 | 4 |
| 공릉1동 | 18,511 | 50 | 50 | 0 | 18,455 | 51 | 20 | 18 | 13 | 1 | 49 | 14,666 | 42 | 15 | 4 | 24 | 8 | 3 |
| 공릉2동 | 48,041 | 50 | 50 | 0 | 47,856 | 56 | 16 | 26 | 14 | 1 | 44 | 34,329 | 59 | 12 | 3 | 40 | 11 | 7 |
| 공릉3동 | 21,977 | 48 | 52 | 0 | 21,963 | 50 | 15 | 22 | 12 | 1 | 50 | 16,613 | 47 | 13 | 3 | 30 | 7 | 4 |
| 상계1동 | 41,557 | 50 | 50 | 0 | 41,501 | 53 | 17 | 21 | 15 | 1 | 47 | 30,767 | 49 | 12 | 3 | 33 | 8 | 4 |
| 상계2동 | 22,338 | 50 | 50 | 0 | 22,306 | 54 | 17 | 23 | 13 | 1 | 46 | 16,810 | 48 | 12 | 3 | 33 | 8 | 4 |
| 상계3동 | 25,355 | 50 | 50 | 0 | 25,314 | 52 | 18 | 21 | 12 | 1 | 48 | 19,451 | 39 | 11 | 2 | 25 | 5 | 3 |
| 상계4동 | 14,928 | 51 | 49 | 0 | 14,901 | 51 | 23 | 17 | 10 | 1 | 49 | 11,892 | 25 | 11 | 2 | 13 | 3 | 1 |
| 상계5동 | 24,738 | 49 | 51 | 0 | 24,704 | 53 | 18 | 24 | 11 | 1 | 47 | 18,603 | 41 | 13 | 2 | 25 | 5 | 3 |
| 상계6동 | 21,540 | 48 | 52 | 0 | 21,515 | 55 | 14 | 24 | 16 | 1 | 45 | 15,435 | 60 | 13 | 2 | 42 | 7 | 5 |
| 상계7동 | 16,682 | 47 | 53 | 0 | 16,646 | 54 | 14 | 24 | 14 | 1 | 46 | 12,229 | 63 | 14 | 2 | 42 | 6 | 6 |
| 상계8동 | 28,531 | 50 | 50 | 0 | 28,509 | 52 | 13 | 23 | 15 | 1 | 48 | 19,673 | 62 | 14 | 2 | 44 | 6 | 5 |
| 상계9동 | 25,632 | 49 | 51 | 0 | 25,608 | 55 | 15 | 24 | 16 | 1 | 45 | 18,318 | 58 | 13 | 2 | 40 | 5 | 5 |
| 상계10동 | 21,184 | 47 | 53 | 0 | 21,149 | 52 | 14 | 22 | 15 | 1 | 48 | 15,585 | 62 | 16 | 3 | 41 | 7 | 5 |
| 월계1동 | 17,054 | 51 | 49 | 0 | 17,015 | 53 | 17 | 25 | 11 | 1 | 47 | 13,257 | 51 | 13 | 3 | 34 | 9 | 4 |
| 월계2동 | 24,911 | 49 | 51 | 0 | 24,880 | 54 | 16 | 26 | 12 | 1 | 46 | 19,086 | 34 | 13 | 3 | 19 | 4 | 2 |
| 월계3동 | 27,655 | 50 | 50 | 0 | 27,630 | 53 | 16 | 23 | 14 | 1 | 47 | 20,584 | 55 | 14 | 2 | 37 | 6 | 2 |
| 월계4동 | 20,331 | 50 | 50 | 0 | 20,292 | 54 | 16 | 26 | 11 | 1 | 46 | 16,397 | 36 | 14 | 2 | 20 | 6 | 2 |
| 중계1동 | 30,599 | 50 | 50 | 0 | 30,542 | 55 | 14 | 23 | 17 | 1 | 45 | 19,700 | 62 | 10 | 2 | 46 | 7 | 7 |
| 중계2동 | 17,828 | 49 | 51 | 0 | 17,819 | 52 | 16 | 22 | 14 | 1 | 48 | 12,553 | 58 | 12 | 2 | 41 | 6 | 5 |
| 중계3동 | 25,043 | 47 | 53 | 0 | 25,024 | 55 | 16 | 27 | 11 | 1 | 45 | 19,695 | 33 | 11 | 2 | 20 | 5 | 2 |
| 중계4동 | 23,124 | 48 | 52 | 0 | 23,087 | 56 | 17 | 21 | 17 | 1 | 44 | 17,248 | 44 | 11 | 2 | 30 | 6 | 4 |
| 중계본동 | 28,947 | 50 | 50 | 0 | 28,921 | 59 | 16 | 22 | 19 | 1 | 41 | 19,400 | 58 | 10 | 2 | 40 | 7 | 7 |
| 하계1동 | 31,125 | 49 | 51 | 0 | 31,086 | 55 | 16 | 24 | 14 | 1 | 45 | 22,491 | 52 | 11 | 2 | 35 | 7 | 6 |
| 하계2동 | 26,530 | 49 | 51 | 0 | 26,515 | 53 | 16 | 23 | 14 | 1 | 47 | 18,603 | 57 | 13 | 2 | 39 | 7 | 5 |

중계본동에 사는 사람의 59%가 종교가 있는 반면 공릉3동 사람의 절반이 종교가 없다. 불교는 상계4동, 개신교는 중계3동, 천주교는 중계본동에서 신자 비중이 높다. 대학 이상 학력자 비중은 상계7동에서 가장 높고 월계2동에서 가장 낮다.

는 미혼 가구 비중이 서울시 25개 자치구 가운데 가장 낮다. 5명은 몸이 불편하거나 정신 장애로 정상적인 활동에 제약을 느끼고 있다.

거주 기간을 보면, 43명은 현재 살고 있는 집에 산 지 5년이 넘었으나 57명은 5년 이내에 새로 이사 왔다(5살 이상 기준). 이사 온 사람 중 36명은 노원구 안의 다른 동에서, 12명은 서울 안의 다른 구에서, 9명은 서울 바깥에서 이사 왔다. 노원구는 5년 이상 한 집에 사는 인구 비중이 종구로(49%), 중구(45%)에 이어 세 번째로 높다.

## 노원구에 사는 취업자가 100명이라면 : 75명은 봉급쟁이

노원구에 사는 15세 이상 인구 47만9천 명 가운데 취업해 직장에 다니는 사람(취업자)은 15만3천 명이다. 노원구 취업자가 100명이라면 62명은 30~40대, 18명은 20대이며, 50대는 15명이다. 65세 이상 노인 2명도 일하고 있다. 노원구는 취업자 중 30~40대 비중이 서울시에서 가장 높다.

75명은 회사에서 봉급을 받고 일하는 직장인이다. 15명은 고용한 사람 없이 혼자서 일하는 자영업자이며, 8명은 누군가를 고용해 사업체를 경영하는 사업주다. 2명은 가족이 운영하는 사업체에서 보수 없이 일하고 있다.

직업은 사무직이 22명, 전문가 14명, 판매직과 기술직 및 준전문가 각 13명, 서비스직과 기능직 각 9명이다. 또 7명은 단순 노무직, 6명은 장치 기계 조작 및 조립직, 4명은 고위 관리직으로 일하고 있다.

직장으로 출근하는 데 30분 이상 걸리는 사람은 68명으로, 그 가운데 36명은 1시간 이상 걸린다. 15명은 걸어서, 85명은 교통수단을 이용해 출근한다. 85명 가운데 37명은 전철로, 27명은 자가용으로, 8명은 시내버스로, 2명은 통근 버스로, 1명은 자전거로 출근한다. 7명은 전철과 버스 또는 승용차를 갈아타며 출근한다. 노원구는 통근 시간이 1시간 이상 걸리는 취업자 비중이 서울에서 가장 높다.

87명은 사무실이나 공장 등에서 일하는 반면, 9명은 야외나 거리 또는 운송 수단에서 일한다. 2명은 자기 집에서, 2명은 남의 집에서 일한다.

## 노원구에 100가구가 산다면 :
## 43가구는 셋방살이

노원구에는 19만1,300가구가 산다(일반 가구 기준). 노원구에 사는 가구를 100가구로 친다면 32가구는 식구가 한 명 또는 두 명인 1, 2인 가구이며, 이 가운데 13가구는 나 홀로 사는 1인 가구다. 식구 4명은 33가구, 3명은 24가구, 5명은 8가구다. 노원구는 서울시 자치구 가운데 1인 가구 비중이 가장 낮고 3인과 4인 가구 비중은 도봉구와 함께 가장 높다.

나 홀로 사는 1인 가구 비중을 보면, 상계7동과 월계4동은 20%가 넘는 반면 나머지 동네는 그 미만이며 특히 중계본동과 하계2동은 10% 미만이다.

56가구는 자신이 소유한 집에서 살고, 43가구는 셋방에 살며, 1가

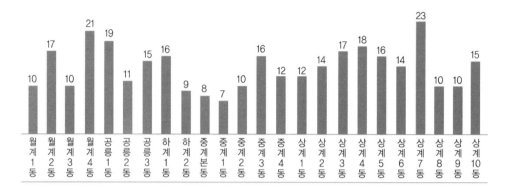

그림 2_3.34

## 서울시 노원구 동네별 1인 가구

(단위 : %)

구는 직장의 사택이나 친척집 등에서 무상으로 살고 있다. 자기 집에 사는 가구 중 7가구는 현재 살고 있는 집 외에 최소 한 채에서 여러 채를 소유한 다주택자들이다. 노원구는 자기 집에 사는 가구 비중이 서울에서 도봉구에 이어 두 번째로 높다.

셋방 사는 가구 가운데 26가구는 전세에, 17가구는 보증금 있는 월세에, 1가구는 보증금 없는 월세 또는 사글세에 살고 있다. 셋방 사는 가구 중 5가구는 어딘가에 자신 명의의 집을 소유하고 있으나 경제 사정이나 자녀 교육, 직장 등의 사정으로 셋방에 살고 있다.

58가구는 현재 사는 집으로 이사 온 지 5년이 안 되며, 이 가운데 29가구는 2년이 안 된다. 24가구는 5~10년이 됐고, 19가구는 10년이 넘었다. 노원구는 거주 기간 5년 이상 가구 비중이 종로구에 이어 가장 높고 10년 이상은 종로구·중구·강북구에 이어 은평구와 함께 3번째로 높다.

표 2_3.50

# 서울시 노원구의 다주택자

(단위 : 가구, 호)

| 구분 | | | 가구 수 | 주택 수 | 평균 주택 수 |
|---|---|---|---|---|---|
| 일반 가구 | | | 191,342 | – | – |
| 자가 가구 | | | 107,789 | – | – |
| 다주택 가구 | 통계청 | | 13,753 | – | – |
| | 행자부 | 계 | 10,867 | 25,447 | 2 |
| | | 2채 | 9,382 | 18,764 | 2 |
| | | 3채 | 866 | 2,598 | 3 |
| | | 4채 | 246 | 984 | 4 |
| | | 5채 | 110 | 550 | 5 |
| | | 6~10채 | 203 | 1,452 | 7 |
| | | 11채 이상 | 60 | 1,099 | 18 |

61가구는 자동차를 소유하고 있고 이 가운데 57가구는 자기 집에 전용 주차장이 있다. 자동차 소유 가구 중 7가구는 차를 2대 이상 소유하고 있다. 자동차 보유 가구 비중은 서초·송파·양천·강남·강동에 이어 6번째로 높고 전용 주차장 보유 가구 비중은 서초, 강남에 이어 3번째로 높다.

## 집 많은 사람, 집 없는 사람 :
## 중계2동 78% 주택 소유, 중계3동 71% 무주택

노원구에 사는 100가구 중 62가구는 주택 소유자이고, 38가구는 무주택자다. 24개 동네 가운데 19동네는 주택 소유자가 더 많고 4개 동네는 무주택자가 더 많으며, 한 개 동네는 절반씩 차지하고 있다. 주택 소유자가 많은 동네는 중계2동(78%), 중계1동(77%), 중계본동(76%), 월계3동(76%), 상계9동(75%), 월계1동(71%) 순인데 15개 동네에서 60%가 넘었다. 반면 중계3동의 71%가 무주택자이며 월계4동은 61%, 월계2동은 52%, 공릉1동은 51%가 무주택자다.

노원구 가구의 7%는 집을 두 채 이상 소유한 다주택자다. 동네별로는 중계본동(12%), 중계1동(11%), 중계2동·월계1동·월계3동(10%) 순으로 비중이 높다. 반면 월계4동은 4%로 가장 낮고 월계2동과 공릉1동도 5%에 그친다.

노원구 주택 소유자 62가구 중 5가구는 어딘가 자신 명의의 집이 있지만 사정이 있어 셋방에 사는 유주택 전월세 가구로, 중계본동과 1동, 월계3동과 공릉2동에서 비중이 높다.

주택 소유자 중 유주택 전월세 가구를 제외한 56가구는 자기 집에 사는데 중계2동·중계1동·중계본동·월계3동 순으로 비중이 높다.

한편 유주택 전월세를 포함한 43가구가 셋방에 사는데, 중계3동과 월계4동·공릉1동·상계3동·상계4동 순으로 비중이 높다. 셋방 사는 가구 중 유주택 전월세를 제외한 38가구는 집이 아예 없는 무주택 전월세 가구다. 동네 가구 중 무주택 전월세는 중계3동·월계4동·월계2동 순으로 비중이 높다.

**표 2_3.51**

## 서울시 노원구 주택의 점유·소유 형태별 가구

(단위 : 가구, %)

| 행정구역 | 전체 가구 | 자기 집에 거주 | | | 셋방에 거주 | | | 무상으로 거주 | | 주택 소유 | 무주택 |
|---|---|---|---|---|---|---|---|---|---|---|---|
| | | 계 | 집 한 채 | 집 여러 채 | 계 | 집 없음 | 집 있음 | 집 없음 | 집 있음 | | |
| 노원구 | 191,342 | 56 | 49 | 7 | 43 | 38 | 5 | 1 | 0 | 62 | 38 |
| 공릉1동 | 6,161 | 45 | 40 | 5 | 54 | 50 | 3 | 1 | 0 | 49 | 51 |
| 공릉2동 | 14,072 | 59 | 50 | 9 | 40 | 33 | 7 | 1 | 0 | 66 | 34 |
| 공릉3동 | 7,260 | 58 | 52 | 6 | 42 | 38 | 4 | 0 | 0 | 62 | 38 |
| 상계1동 | 12,493 | 64 | 57 | 7 | 35 | 31 | 4 | 1 | 0 | 69 | 31 |
| 상계2동 | 6,867 | 57 | 49 | 8 | 42 | 37 | 6 | 1 | 0 | 63 | 37 |
| 상계3동 | 8,439 | 47 | 41 | 6 | 52 | 48 | 4 | 1 | 0 | 51 | 49 |
| 상계4동 | 4,991 | 47 | 44 | 3 | 51 | 49 | 3 | 1 | 0 | 50 | 50 |
| 상계5동 | 8,100 | 53 | 48 | 6 | 46 | 42 | 4 | 1 | 0 | 57 | 43 |
| 상계6동 | 6,957 | 63 | 55 | 8 | 36 | 30 | 6 | 1 | 0 | 69 | 31 |
| 상계7동 | 6,080 | 53 | 47 | 6 | 46 | 40 | 6 | 1 | 0 | 59 | 41 |
| 상계8동 | 8,887 | 55 | 49 | 6 | 45 | 39 | 6 | 0 | 0 | 60 | 40 |
| 상계9동 | 8,099 | 69 | 62 | 8 | 30 | 24 | 6 | 1 | 0 | 75 | 25 |
| 상계10동 | 7,054 | 60 | 53 | 7 | 39 | 32 | 7 | 1 | 0 | 67 | 33 |
| 월계1동 | 5,084 | 66 | 55 | 10 | 33 | 27 | 5 | 2 | 0 | 71 | 29 |
| 월계2동 | 8,577 | 46 | 41 | 5 | 53 | 51 | 2 | 1 | 0 | 48 | 52 |
| 월계3동 | 8,675 | 68 | 59 | 10 | 31 | 24 | 7 | 1 | 0 | 76 | 24 |
| 월계4동 | 7,212 | 36 | 33 | 4 | 63 | 60 | 3 | 1 | 0 | 39 | 61 |
| 중계1동 | 8,642 | 69 | 58 | 11 | 31 | 22 | 8 | 0 | 0 | 77 | 23 |
| 중계2동 | 5,494 | 72 | 62 | 10 | 27 | 21 | 6 | 1 | 0 | 78 | 22 |
| 중계3동 | 8,563 | 26 | 24 | 3 | 73 | 71 | 2 | 0 | 0 | 29 | 71 |
| 중계4동 | 7,293 | 57 | 50 | 7 | 42 | 37 | 5 | 1 | 0 | 62 | 38 |
| 중계본동 | 8,185 | 68 | 56 | 12 | 31 | 24 | 8 | 1 | 0 | 76 | 24 |
| 하계1동 | 10,140 | 49 | 41 | 8 | 50 | 44 | 6 | 1 | 0 | 55 | 45 |
| 하계2동 | 8,017 | 62 | 53 | 8 | 38 | 31 | 6 | 0 | 0 | 68 | 32 |

중계2동은 가구의 78%가 집을 소유한 반면, 중계3동의 71%가 무주택자다. 중계본동 가구의 12%는 집을 두 채 이상 갖고 있고, 8%는 어딘가에 집을 사놓고 셋방에 살고 있다.

## 노원구에 있는 집이 100채라면 :
## 86채는 아파트

노원구에는 집(주택과 주택 이외의 거처)이 17만6천 채가 있다. 노원구에 있는 집이 100채라면 86채는 아파트고, 5채는 단독주택, 또 다른 5채는 다세대주택이다. 3채는 연립주택, 1채는 오피스텔이다.

상계7동·8동·9동·10동과 월계3동, 하계2동에서 사람이 사는 거처가 모두 아파트인 것을 비롯해 20개 동 가운데 무려 14개 동에서 최소 59% 이상 100%까지 아파트가 절대다수를 차지하고 있다. 단독주택의 상계4동과 공릉1동에서, 다세대주택은 상계4동·공릉1동·상계5동에서 거처의 최소 20%에서 39%를 차지하고 있을 뿐이다.

노원구 100가구 가운데 80가구는 아파트에, 12가구는 단독주택에, 4가구는 다세대주택에, 2가구는 연립주택에 산다. 또한 1가구는 비거주용 건물 내 주택에, 1가구는 오피스텔 등 주택 이외의 거처에 산다. 노원구는 거처 중 아파트 비중과 아파트 거주 가구 비중이 서울에서 단연 최고다. 한마디로 아파트로 이뤄진 곳이다.

상계4동은 52%가 단독주택에, 30%가 다세대주택에 살고 아파트는 5%에 머물고 있다. 그러나 이 경우는 아주 예다. 공릉1동(20%), 상계5동(42%), 월계4동(49%)을 제외한 20개 동네가 모두 아파트 거주 가구 비율이 50% 이상이다.

월계3동, 하계2동, 상계8동·9동·10동 주민은 아예 모두 아파트에 산다. 월계2동, 중계1동·2동·3동·4동, 상계6동·7동은 90% 이상이, 공릉3동·하계1동은 80% 이상이, 월계1동·공릉2동·중계본동·상계1동은 70% 이상이 아파트에 산다.

지난 10년 동안 다세대주택과 아파트는 228%와 37%가 늘어난 반면, 연립주택은 44% 단독주택은 29%가 줄었다. 이에 따라 전체 주택(주택 이외의 거처 제외)에서 차지하는 비중도 아파트는 82%에서 87%로, 다세대주택은 2%에서 5%로 증가했다. 반면 단독주택은 9%에서 5%로, 연립주택은 6%에서 3%로 줄었다.

크기별로는 29평 이상의 주택이 10채인 반면, 19~29평은 30채, 14~19평 35채이며, 14평 미만은 24채가 있다. 노원구는 29평 이상 중대형 주택 비중은 가장 낮은 반면, 14평 미만 소형 평수 비중은 가장 높다. 아파트로 이뤄진 곳이지만 주로 서민 아파트가 많은 셈이다. 29평 이상 큰 아파트는 공릉1동에서 39%, 중계본동에서 29%로 가장 많이 분포되어 있다. 반면 14평 미만 주택은 중계3동 64%, 월계2동 53%, 월계4동 47%, 중계4동 44%, 상계7동 38%, 공릉3동 35% 등 골고루 분포돼 있다.

36채는 지은 지 10년(1995~2005년)이 안 된 새집이며, 지은 지 20년이 넘는 낡은 집은 5채에 불과해 대다수가 지은 지 10년에서 20년 사이로 나타났다. 월계4동 주택의 74%를 비롯해 9개 동네에서 절반 이상의 주택이 지은 지 10년이 안 된다. 또 상계7동·8동·9동·10동과 중계2동·3동 아파트는 모두 1985~1994년 사이 즉 2005년 기준으로 지은 지 10년에서 20년 사이다. 지은 지 20년이 넘는 집은 월계1동과 상계4동에서만 30%가 넘는다.

표 2_3.52

# 서울시 노원구 거처의 종류별·연건평별·건축년도별 주택

**(단위 : 호, 가구, %)**

| 행정구역 | 거처의 종류별 거처와 가구 | | | | | | | | | | | | | |
|---|---|---|---|---|---|---|---|---|---|---|---|---|---|---|
| | 계 | | 단독주택 | | 아파트 | | 연립주택 | | 다세대주택 | | 비거주용 건물 내 주택 | | 주택 이외의 거처 | |
| | 거처 | 가구 | 거처 | 가구 | 거처 | 가구 | 거처 | 가구 | 거처 | 가구 | 거처 | 가구 | 거처 | 가구 |
| 노원구 | 176,118 | 191,457 | 5 | 12 | 86 | 80 | 3 | 2 | 5 | 4 | 0 | 1 | 1 | 1 |
| 공릉1동 | 3,794 | 6,162 | 26 | 52 | 32 | 20 | 14 | 9 | 25 | 16 | 2 | 3 | 1 | 1 |
| 공릉2동 | 12,609 | 14,092 | 5 | 15 | 86 | 77 | 4 | 4 | 4 | 3 | 1 | 1 | 0 | 0 |
| 공릉3동 | 7,062 | 7,261 | 1 | 4 | 91 | 89 | 4 | 4 | 3 | 3 | 0 | 0 | 1 | 1 |
| 상계1동 | 11,478 | 12,503 | 5 | 12 | 82 | 75 | 4 | 4 | 5 | 5 | 1 | 1 | 3 | 3 |
| 상계2동 | 5,185 | 6,875 | 15 | 34 | 69 | 52 | 4 | 3 | 9 | 7 | 2 | 3 | 1 | 1 |
| 상계3동 | 6,525 | 8,440 | 16 | 35 | 73 | 56 | 3 | 2 | 7 | 5 | 1 | 1 | 0 | 0 |
| 상계4동 | 3,798 | 4,992 | 38 | 52 | 6 | 5 | 15 | 11 | 39 | 30 | 1 | 2 | 0 | 0 |
| 상계5동 | 5,724 | 8,100 | 15 | 39 | 59 | 42 | 4 | 3 | 20 | 14 | 2 | 2 | 0 | 0 |
| 상계6동 | 6,924 | 6,959 | 0 | 0 | 99 | 99 | 0 | 0 | 0 | 0 | 0 | 0 | 0 | 1 |
| 상계7동 | 6,025 | 6,081 | 0 | 0 | 100 | 99 | 0 | 0 | 0 | 0 | 0 | 1 | 0 | 0 |
| 상계8동 | 8,889 | 8,890 | 0 | 0 | 100 | 100 | 0 | 0 | 0 | 0 | 0 | 0 | 0 | 0 |
| 상계9동 | 8,089 | 8,099 | 0 | 0 | 100 | 100 | 0 | 0 | 0 | 0 | 0 | 0 | 0 | 0 |
| 상계10동 | 7,055 | 7,055 | 0 | 0 | 100 | 100 | 0 | 0 | 0 | 0 | 0 | 0 | 0 | 0 |
| 월계1동 | 4,515 | 5,105 | 9 | 18 | 79 | 70 | 6 | 6 | 5 | 4 | 1 | 2 | 0 | 0 |
| 월계2동 | 8,470 | 8,577 | 1 | 1 | 97 | 95 | 2 | 3 | 1 | 1 | 0 | 0 | 0 | 0 |
| 월계3동 | 8,671 | 8,675 | 0 | 0 | 100 | 100 | 0 | 0 | 0 | 0 | 0 | 0 | 0 | 0 |
| 월계4동 | 5,973 | 7,225 | 14 | 29 | 59 | 49 | 7 | 6 | 16 | 14 | 0 | 1 | 3 | 2 |
| 중계1동 | 8,636 | 8,665 | 0 | 0 | 99 | 98 | 0 | 0 | 0 | 0 | 0 | 0 | 1 | 2 |
| 중계2동 | 5,489 | 5,495 | 0 | 0 | 96 | 96 | 0 | 0 | 0 | 0 | 0 | 0 | 4 | 4 |
| 중계3동 | 8,557 | 8,564 | 0 | 0 | 99 | 99 | 1 | 1 | 0 | 0 | 0 | 0 | 1 | 1 |
| 중계4동 | 7,040 | 7,296 | 2 | 6 | 93 | 90 | 3 | 3 | 1 | 1 | 0 | 1 | 0 | 0 |
| 중계본동 | 7,883 | 8,187 | 12 | 14 | 76 | 73 | 1 | 1 | 10 | 10 | 1 | 2 | 0 | 0 |
| 하계1동 | 9,720 | 10,142 | 2 | 6 | 91 | 87 | 4 | 4 | 2 | 2 | 0 | 0 | 0 | 0 |
| 하계2동 | 8,007 | 8,017 | 0 | 0 | 100 | 100 | 0 | 0 | 0 | 0 | 0 | 0 | 0 | 0 |

| 연건평별 주택 | | | | | 건축년도별 주택 | | | |
|---|---|---|---|---|---|---|---|---|
| 총 주택 수 | 14평 미만 | 14~19평 | 19~29평 | 29평 이상 | 총 주택 수 | 1995~ 2005년 | 1985~ 1994년 | 1985년 이전 |
| 174,826 | 24 | 35 | 30 | 10 | 174,826 | 36 | 60 | 5 |
| 3,741 | 6 | 16 | 39 | 39 | 3,741 | 63 | 18 | 19 |
| 12,587 | 7 | 37 | 41 | 15 | 12,587 | 72 | 17 | 11 |
| 7,001 | 35 | 24 | 29 | 12 | 7,001 | 47 | 51 | 2 |
| 11,105 | 16 | 33 | 39 | 13 | 11,105 | 71 | 26 | 3 |
| 5,129 | 4 | 27 | 50 | 19 | 5,129 | 71 | 23 | 6 |
| 6,502 | 20 | 33 | 30 | 16 | 6,502 | 68 | 24 | 7 |
| 3,790 | 21 | 27 | 36 | 16 | 3,790 | 52 | 18 | 30 |
| 5,714 | 19 | 33 | 36 | 12 | 5,714 | 20 | 77 | 3 |
| 6,890 | 23 | 45 | 32 | 0 | 6,890 | 0 | 100 | 0 |
| 6,024 | 38 | 47 | 14 | 1 | 6,024 | 0 | 100 | 0 |
| 8,887 | 12 | 73 | 16 | 0 | 8,887 | 0 | 100 | 0 |
| 8,089 | 16 | 50 | 34 | 0 | 8,089 | 0 | 100 | 0 |
| 7,054 | 19 | 52 | 23 | 6 | 7,054 | 0 | 100 | 0 |
| 4,505 | 3 | 37 | 46 | 13 | 4,505 | 53 | 16 | 31 |
| 8,470 | 53 | 28 | 14 | 5 | 8,470 | 46 | 53 | 1 |
| 8,671 | 8 | 63 | 19 | 10 | 8,671 | 42 | 58 | 0 |
| 5,799 | 47 | 21 | 20 | 12 | 5,799 | 72 | 15 | 13 |
| 8,520 | 19 | 26 | 43 | 12 | 8,520 | 60 | 40 | 0 |
| 5,283 | 22 | 51 | 21 | 5 | 5,283 | 0 | 100 | 0 |
| 8,484 | 64 | 26 | 9 | 0 | 8,484 | 0 | 100 | 0 |
| 7,011 | 44 | 19 | 32 | 5 | 7,011 | 37 | 62 | 1 |
| 7,878 | 19 | 19 | 33 | 29 | 7,878 | 32 | 56 | 11 |
| 9,685 | 42 | 12 | 31 | 14 | 9,685 | 24 | 75 | 1 |
| 8,007 | 18 | 36 | 37 | 9 | 8,007 | 29 | 71 | 0 |

상계8동 등 5개 동네 사람은 100%가 아파트에 산다. 반면 공릉1동과 상계4동 가구의 절반 이상이 단독주택에 산다. 상계4동은 30%가 다세대주택에, 중계2동의 4%가 주택 이외의 거처에 산다.

## 노원구에서 지하 방에 사는 사람 :
## 상계2동·3동·4동·5동, 공릉1동
## 10% 이상 (반)지하 거주

노원구에 사는 19만1,300가구를 100가구로 친다면 그 중 8가구는 식구에 비해 집이 너무 좁거나 시설이 제대로 갖춰지지 않아 인간다운 품위를 지키기 어려운 최저 주거 기준 미달 가구다.

또 100가구 가운데 96가구는 지상에 살지만, 3가구는 (반)지하에 살고 있다. 절대다수의 주택이 아파트이기 때문에 (반)지하 거주 가구 비중은 서울에서 가장 낮다. 그런데 동네에 따라서는 (반)지하 거주 가구 비중이 높은 곳도 있다. 공릉1동은 동네 주민의 13%가 (반)지하 방에 산다. 상계5동(12%), 상계3동(11%), 상계4동(11%), 상계2동(10%)은 동네 사람의 10% 이상이 (반)지하 방에 산다. 월계4동 주민의 9%도 (반)지하 방에 산다. 월계1동(5%), 공릉2동(4%), 상계1동(4%), 공릉3동(2%), 중계본동(2%), 하계1동(1%), 중계4동(1%) 가운데서도 1~5%가 (반)지하에 산다.

노원구에 사는 전체 가구가 100가구라면 공공 임대주택은 11가구로 서울 자치구 가운데 가장 높다. 그러나 노원구 100가구 가운데 거실이나 부엌을 각각 1개의 방으로 쳐서 방 3개 이하에서 셋방살이를 떠도는 가구는 24가구에 달하고 있어, 현재보다 배 이상 더 많은 공공 임대주택이 필요한 상황이다.

표 2_3.53

# 서울시 노원구 (반)지하 등 거주 가구

(단위 : 가구, %)

| 행정구역 | (반)지하 | | 옥탑 | 기타 |
|---|---|---|---|---|
| | 가구 | 비중 | 가구 | 가구 |
| 노원구 | 6,292 | 3 | 517 | 72 |
| 공릉1동 | 791 | 13 | 36 | – |
| 공릉2동 | 561 | 4 | 20 | 4 |
| 공릉3동 | 116 | 2 | 5 | – |
| 상계1동 | 468 | 4 | 32 | 2 |
| 상계2동 | 660 | 10 | 71 | 5 |
| 상계3동 | 894 | 11 | 60 | – |
| 상계4동 | 554 | 11 | 76 | 7 |
| 상계5동 | 982 | 12 | 131 | 4 |
| 상계6동 | 3 | 0 | – | 31 |
| 상계7동 | – | 0 | – | – |
| 상계8동 | – | 0 | – | – |
| 상계9동 | – | 0 | – | – |
| 상계10동 | – | 0 | – | 1 |
| 월계1동 | 247 | 5 | 25 | – |
| 월계2동 | 56 | 1 | – | – |
| 월계3동 | – | 0 | – | – |
| 월계4동 | 637 | 9 | 46 | 4 |
| 중계1동 | 3 | 0 | – | – |
| 중계2동 | – | 0 | – | – |
| 중계3동 | – | 0 | – | – |
| 중계4동 | 83 | 1 | 5 | – |
| 중계본동 | 149 | 2 | 3 | 5 |
| 하계1동 | 88 | 1 | 7 | 9 |
| 하계2동 | – | 0 | – | – |

공릉1동 등 5개 동네에서 가구의 10% 이상이 (반)지하에 살고 있다.

# 노원구 유권자가 100명이라면

정당 지지도를 알 수 있는 최근 네 차례 선거(제3~4회 동시지방선거, 제17~18대 총선)를 기준으로 노원구의 선거권자는 46만~47만 명이며, 평균 투표율은 54%다.

노원구 유권자가 100명이라면 2002년 제3회 동시지방선거에서는 51명이 한나라당을 찍었고, 37명은 새천년민주당, 7명은 민주노동당, 2명은 자민련, 다른 3명은 나머지 정당을 각각 지지했다. 2004년 총선에서는 38명이 열린우리당을, 35명은 한나라당을 각각 지지했으며, 15명은 민주노동당을, 8명은 새천년민주당을, 2명은 자민련을 각각 찍었다.

2006년 동시지방선거에서는 55명이 한나라당을 선택한 가운데, 23명은 열린우리당을, 12명은 민주노동당을, 9명은 민주당을 지지했다. 2008년 총선에서는 39명이 한나라당을 찍었고, 28명이 통합민주당을, 11명은 친박연대를, 6명은 진보신당을 지지했다. 또 4명은 민주노동당을, 다른 4명은 창조한국당을, 또 다른 4명은 자유선진당을 찍었다.

네 차례 선거의 동네별 투표율은 월계3동·중계1동·상계8동·상계9동에서 가장 높았다. 반면 공릉1동·월계4동·월계2동·상계5동에서 상대적으로 가장 낮았다. 월계3동과 공릉1동의 투표율 격차는 최소 12%에서 최대 15%까지 벌어졌다.

한나라당 득표율은 하계1동과 중계1동·중계본동·월계1동에서 가장 높았다. 반면 상계8동·월계2동·중계3동·월계4동·중계4동에서 가장 낮았다. 하계1동과 상계8동의 한나라당 득표율은 최소 7%에서 최대 11% 차이가 났다.

민주(+열린우리)당 득표율은 상계4동·월계2동·중계3동·공릉3

동 등에서 상대적으로 높았다. 반면 하계1동과 상계10동·하계2동·월계1동에서는 상대적으로 낮았다. 상계4동과 하계1동의 득표율 격차는 최소 2%에서 최대 13% 사이이다.

민주노동당과 진보신당 득표율은 상계8동과 상계9동·상계10동에서 상대적으로 높았다.

**그림 2_3.35**

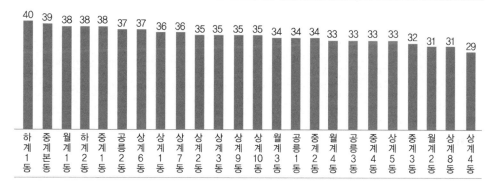

서울시 노원구 동네별 한나라당 득표율

2004년 총선(단위 : %)

**그림 2_3.36**

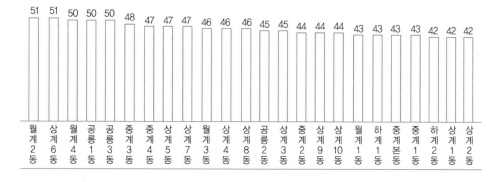

서울시 노원구 동네별 민주(+열린우리)당 득표율

2004년 총선(단위 : %)

표 2_3.54

# 서울시 노원구 역대 선거 투표율과 정당 지지율

2002~2008년(단위 : 명, %)

| 행정구역 | 2002년 지방선거 | | | | | | | 2004년 총선 | | | | | | | |
| | 선거인수 | 투표율 | 한나라당 | 새천년민주당 | 자민련 | 민주노동당 | 기타정당 | 선거인수 | 투표율 | 한나라당 | 새천년민주당 | 열린우리당 | 자민련 | 민주노동당 | 기타정당 |
|---|---|---|---|---|---|---|---|---|---|---|---|---|---|---|---|
| 노원구 | 460,769 | 46 | 51 | 37 | 2 | 7 | 3 | 458,063 | 65 | 35 | 8 | 38 | 2 | 15 | 3 |
| 공릉1동 | 13,985 | 36 | 52 | 39 | 2 | 5 | 2 | 14,910 | 58 | 34 | 10 | 40 | 2 | 12 | 2 |
| 공릉2동 | 32,508 | 45 | 55 | 34 | 2 | 7 | 3 | 32,470 | 66 | 37 | 8 | 37 | 2 | 14 | 2 |
| 공릉3동 | 15,906 | 44 | 50 | 40 | 2 | 6 | 2 | 16,899 | 64 | 33 | 10 | 40 | 2 | 13 | 2 |
| 상계1동 | 29,230 | 42 | 52 | 36 | 2 | 7 | 2 | 30,857 | 61 | 36 | 8 | 37 | 2 | 14 | 3 |
| 상계2동 | 14,695 | 41 | 51 | 38 | 3 | 7 | 2 | 16,255 | 60 | 35 | 9 | 37 | 2 | 13 | 3 |
| 상계3동 | 20,490 | 43 | 50 | 37 | 3 | 8 | 2 | 20,435 | 61 | 35 | 8 | 39 | 2 | 14 | 3 |
| 상계4동 | 13,281 | 40 | 44 | 41 | 4 | 8 | 2 | 12,875 | 54 | 29 | 9 | 42 | 2 | 14 | 3 |
| 상계5동 | 19,587 | 41 | 50 | 37 | 3 | 7 | 3 | 19,350 | 59 | 33 | 8 | 39 | 2 | 15 | 3 |
| 상계6동 | 15,729 | 48 | 56 | 33 | 2 | 7 | 2 | 15,638 | 68 | 37 | 6 | 36 | 2 | 17 | 3 |
| 상계7동 | 12,188 | 46 | 53 | 33 | 2 | 9 | 3 | 12,068 | 66 | 36 | 6 | 36 | 1 | 18 | 3 |
| 상계8동 | 19,900 | 48 | 49 | 38 | 2 | 8 | 2 | 19,282 | 68 | 31 | 7 | 39 | 2 | 18 | 2 |
| 상계9동 | 18,640 | 49 | 53 | 34 | 2 | 8 | 2 | 18,277 | 67 | 35 | 7 | 37 | 2 | 17 | 3 |
| 상계10동 | 15,902 | 46 | 53 | 34 | 2 | 8 | 2 | 15,609 | 66 | 35 | 7 | 37 | 2 | 17 | 3 |
| 월계1동 | 13,783 | 46 | 55 | 35 | 2 | 6 | 2 | 13,181 | 66 | 38 | 8 | 35 | 2 | 14 | 2 |
| 월계2동 | 21,579 | 42 | 49 | 40 | 2 | 7 | 2 | 19,009 | 61 | 31 | 11 | 40 | 2 | 13 | 3 |
| 월계3동 | 20,690 | 51 | 51 | 38 | 2 | 7 | 3 | 20,582 | 70 | 34 | 8 | 38 | 2 | 15 | 2 |
| 월계4동 | 16,868 | 41 | 48 | 40 | 3 | 6 | 3 | 15,650 | 57 | 33 | 11 | 39 | 2 | 12 | 3 |
| 중계1동 | 20,593 | 47 | 56 | 33 | 2 | 7 | 2 | 20,055 | 69 | 38 | 7 | 36 | 2 | 15 | 3 |
| 중계2동 | 12,662 | 48 | 51 | 35 | 2 | 9 | 3 | 12,430 | 67 | 34 | 6 | 38 | 2 | 18 | 3 |
| 중계3동 | 20,498 | 44 | 49 | 38 | 2 | 7 | 3 | 20,025 | 62 | 32 | 8 | 40 | 2 | 14 | 4 |
| 중계4동 | 17,146 | 44 | 48 | 39 | 2 | 8 | 3 | 17,608 | 63 | 33 | 8 | 39 | 2 | 15 | 3 |
| 중계본동 | 19,933 | 47 | 53 | 35 | 2 | 7 | 2 | 19,553 | 66 | 39 | 8 | 35 | 2 | 14 | 3 |
| 하계1동 | 23,218 | 45 | 56 | 32 | 2 | 7 | 3 | 23,127 | 64 | 40 | 7 | 36 | 2 | 13 | 3 |
| 하계2동 | 18,986 | 46 | 54 | 33 | 2 | 8 | 2 | 18,732 | 67 | 38 | 7 | 35 | 2 | 15 | 3 |

| 2006년 지방선거 | | | | | | | 행정구역 | 2008년 총선 | | | | | | | | | |
|---|---|---|---|---|---|---|---|---|---|---|---|---|---|---|---|---|---|
| 선거인 수 | 투표율 | 열린우리당 | 한나라당 | 민주당 | 민주노동당 | 기타정당 | | 선거인 수 | 투표율 | 통합민주당 | 한나라당 | 자유선진당 | 민주노동당 | 창조한국당 | 친박연대 | 진보신당 | 기타정당 |
| 465,546 | 52 | 23 | 55 | 9 | 12 | 1 | 노원구 | 467,417 | 51 | 28 | 39 | 4 | 4 | 4 | 11 | 6 | 4 |
| 15,494 | 42 | 21 | 56 | 11 | 10 | 1 | 공릉1.3동 | 32,530 | 45 | 29 | 37 | 4 | 4 | 4 | 15 | 4 | 4 |
| 34,369 | 51 | 21 | 57 | 9 | 13 | 1 | 공릉2동 | 34,273 | 50 | 27 | 38 | 4 | 3 | 5 | 14 | 6 | 3 |
| 17,058 | 51 | 21 | 52 | 13 | 12 | 2 | 상계1동 | 30,830 | 49 | 26 | 39 | 4 | 3 | 4 | 11 | 9 | 4 |
| 30,931 | 49 | 20 | 57 | 11 | 11 | 1 | 상계2동 | 17,524 | 47 | 26 | 40 | 4 | 3 | 3 | 11 | 7 | 6 |
| 17,451 | 47 | 20 | 59 | 11 | 9 | 1 | 상계3.4동 | 33,073 | 46 | 28 | 38 | 4 | 4 | 3 | 10 | 9 | 4 |
| 20,166 | 49 | 22 | 56 | 10 | 11 | 1 | 상계5동 | 19,193 | 48 | 27 | 39 | 3 | 4 | 3 | 11 | 8 | 5 |
| 12,536 | 43 | 23 | 52 | 13 | 11 | 2 | 상계6.7동 | 28,076 | 50 | 29 | 39 | 4 | 6 | 5 | 10 | 6 | 3 |
| 19,096 | 47 | 22 | 56 | 10 | 10 | 1 | 상계8동 | 18,954 | 56 | 30 | 32 | 4 | 4 | 5 | 9 | 12 | 3 |
| 15,706 | 53 | 23 | 55 | 8 | 13 | 1 | 상계9동 | 18,614 | 55 | 26 | 37 | 4 | 4 | 5 | 10 | 11 | 4 |
| 12,225 | 51 | 22 | 56 | 7 | 15 | 1 | 상계10동 | 15,918 | 52 | 25 | 39 | 4 | 4 | 5 | 9 | 10 | 4 |
| 19,021 | 54 | 26 | 49 | 10 | 15 | 1 | 월계1동 | 14,505 | 50 | 26 | 40 | 3 | 5 | 4 | 15 | 4 | 4 |
| 18,534 | 53 | 23 | 56 | 8 | 12 | 1 | 월계2동 | 21,565 | 46 | 30 | 38 | 4 | 3 | 4 | 14 | 4 | 4 |
| 15,715 | 53 | 22 | 56 | 8 | 13 | 1 | 월계3동 | 20,636 | 53 | 28 | 38 | 4 | 3 | 5 | 13 | 6 | 3 |
| 14,350 | 54 | 20 | 58 | 10 | 11 | 1 | 월계4동 | 16,826 | 44 | 31 | 38 | 4 | 3 | 3 | 13 | 4 | 4 |
| 19,508 | 46 | 25 | 53 | 10 | 10 | 1 | 중계1동 | 20,591 | 55 | 30 | 40 | 4 | 5 | 4 | 10 | 5 | 3 |
| 20,645 | 54 | 22 | 53 | 10 | 12 | 1 | 중계2동 | 13,272 | 51 | 31 | 39 | 3 | 5 | 5 | 9 | 5 | 3 |
| 16,681 | 46 | 24 | 53 | 10 | 10 | 2 | 중계3동 | 19,369 | 49 | 33 | 39 | 4 | 5 | 3 | 7 | 3 | 5 |
| 20,410 | 56 | 21 | 59 | 8 | 11 | 1 | 중계4동 | 17,878 | 51 | 31 | 39 | 3 | 6 | 4 | 8 | 4 | 4 |
| 13,057 | 51 | 24 | 54 | 7 | 14 | 1 | 중계본동 | 20,946 | 52 | 28 | 42 | 3 | 5 | 4 | 10 | 4 | 4 |
| 19,670 | 48 | 26 | 52 | 10 | 10 | 1 | 하계1동 | 23,195 | 51 | 28 | 42 | 4 | 5 | 3 | 10 | 4 | 4 |
| 18,006 | 51 | 24 | 53 | 11 | 11 | 1 | 하계2동 | 19,016 | 52 | 29 | 40 | 4 | 5 | 4 | 10 | 5 | 3 |
| 20,639 | 53 | 21 | 58 | 9 | 11 | 1 | | | | | | | | | | | |
| 23,022 | 52 | 21 | 60 | 7 | 11 | 1 | | | | | | | | | | | |
| 18,971 | 53 | 21 | 57 | 9 | 12 | 1 | | | | | | | | | | | |

투표율은 월계3동, 중계1동, 상계8동, 상계9동에서 상대적으로 높았다. 한나라당 득표율은 하계1동, 중계1동, 중계본동, 월계1동에서 높았다. 민주(+열린우리)당 득표율은 상계4동, 월계2동, 중계3동, 공릉3동에서 상대적으로 높았다.

숫자
**100**
으로
본 **서울시** 도봉구 15개 동네

2005년 현재 서울시 도봉구에는 15개 동에 있는 주택 9만2,400채와 오피스텔 9백채 등 거처 9만3천 곳에 36만9천 명이 살고 있다.

서울시 도봉구가 100명이 사는 마을이라면 어떤 모습일까?

## 숫자 100으로 본 도봉구

도봉구에 사는 사람은 서울시 평균인에 비해 대학 이상 학력자와 종교 인구 비중이 조금 낮고 결혼한 사람 비중은 높다. 직업별로는 판매직과 기능직, 장치 기계 조작 및 조립직으로 일하는 사람이 서울시 평균보다 많고 1시간 이상 출퇴근하는 사람이 서울에서 노원구 다음으로 많다.

집을 가진 사람 비중이 서울에서 가장 높고 다주택자도 많은 편이며 아파트 거주자도 평균 이상이다. 14평 미만 소형과 29평 이상 대형 주택은 적은 편인데, 19~29평 사이 주택 비중이 서울시에서 가장 높다.

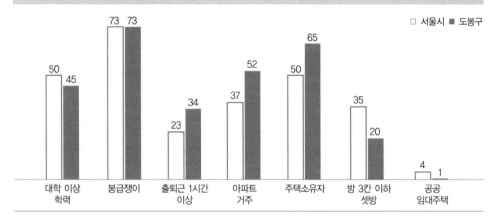

**그림 2_3.37**

## 서울시와 도봉구 주요 지수 평균 비교

(단위 : %)

□ 서울시　■ 도봉구

- 대학 이상 학력: 50 / 45
- 봉급쟁이: 73 / 73
- 출퇴근 1시간 이상: 23 / 34
- 아파트 거주: 37 / 52
- 주택소유자: 50 / 65
- 방 3칸 이하 셋방: 35 / 20
- 공공 임대주택: 4 / 1

100가구 중에서 9가구는 (반)지하에 살고, 20가구는 거실과 부엌을 포함한 방 3칸 이하 셋방에서 살고 있다. 하지만 공공 임대주택은 전체 인구 대비 1%에 불과해 매우 부족한 실정이다.

최근 7년간 도봉구에서 한나라당은 36~51%를, 민주(＋열린우리)당은 30~46%를, 민주노동당과 진보신당은 7~14%를 얻었는데 동네별로는 차이가 나타나고 있다.

**도봉구 인구가 100명이라면 :**
**대학 이상 학력자 45명, 종교 인구 54명**

서울시 도봉구에 사는 사람은 36만9천 명으로, 도봉구 인구가 100명

이라면 남자 대 여자의 수는 49 대 51로 여자가
약간 많다. 25명은 어린이와 청소년이고(19살 미
만), 75명은 어른이다. 어른 가운데 8명은 노인
(65세 이상)이다.

동네별 분포를 살펴보면, 도봉2동·방학1동·
창4동에는 9명씩 산다. 창1동·2동·5동에는 8명
씩 살고, 도봉1동·2동에는 7명씩 산다. 쌍문1
동·2동·4동에는 6명씩, 방학3동·쌍문3동·창3
동에는 5명씩 살고 방학4동에 4명이 산다.

종교를 보면 21명은 개신교, 18명은 불교, 14
명은 천주교를 믿는다. 46명은 종교를 갖고 있
지 않다. 쌍문1동과 방학4동은 동네 사람 중
60%가 종교를 믿는 반면, 창2동과 3동은 절반이 종교가 없는 사람이
다. 개신교는 방학3동에서, 불교는 도봉1동에서, 천주교는 방학4동
에서 신자 비율이 높다.

학력은 어떨까. 45명이 대학 이상의 학력을 가지고 있는데, 9명은
대학에 재학 중이고 4명은 석사과정 이상의 공부를 하였다(19세 이상
기준). 방학4동은 19세 이상 인구 중 대학 이상 학력자가 67%로 가장
많다.

32명은 미혼이며, 68명은 결혼했다. 결혼한 사람 가운데 6명은 남
편이나 아내가 먼저 사망했고 3명은 이혼했다(15세 이상 기준). 도봉구
는 노원·양천구와 함께 미혼 가구 비중이 서울시 25개 자치구 가운
데 가장 낮다. 3명은 몸이 불편하거나 정신 장애로 정상적인 활동에
제약을 느끼고 있다.

**표 2_3.55**

# 서울시 도봉구 성별·종교별·학력별 인구

(단위 : 명, %)

| 행정구역 | 남녀/외국인 | | | | 종교 인구 | | | | | | | 대학 이상 학력 인구 | | | | | | |
|---|---|---|---|---|---|---|---|---|---|---|---|---|---|---|---|---|---|---|
| | 총인구 | 남자 | 여자 | 외국인 | 인구수(내국인) | 종교 있음 | | | | | 종교 없음 | 19세 이상 인구 | 계 | 4년제 미만 | | 4년제 이상 | | 대학원 이상 |
| | | | | | | 계 | 불교 | 개신교 | 천주교 | 기타 | | | | 계 | 재학 | 계 | 재학 | |
| 도봉구 | 368,716 | 49 | 51 | 0 | 367,998 | 54 | 18 | 21 | 14 | 1 | 46 | 276,725 | 45 | 13 | 3 | 29 | 6 | 4 |
| 도봉1동 | 25,379 | 50 | 50 | 0 | 25,337 | 55 | 22 | 19 | 12 | 1 | 45 | 20,258 | 32 | 13 | 3 | 18 | 4 | 2 |
| 도봉2동 | 32,795 | 50 | 50 | 0 | 32,753 | 53 | 18 | 21 | 13 | 1 | 47 | 25,586 | 45 | 13 | 3 | 28 | 6 | 3 |
| 방학1동 | 32,460 | 50 | 50 | 0 | 32,373 | 53 | 19 | 20 | 12 | 1 | 47 | 24,734 | 42 | 13 | 3 | 26 | 6 | 4 |
| 방학2동 | 24,347 | 50 | 50 | 1 | 24,203 | 54 | 20 | 23 | 10 | 1 | 46 | 18,145 | 30 | 11 | 3 | 17 | 5 | 1 |
| 방학3동 | 19,906 | 49 | 51 | 0 | 19,882 | 58 | 17 | 25 | 15 | 1 | 42 | 14,290 | 53 | 11 | 2 | 38 | 8 | 4 |
| 방학4동 | 13,002 | 50 | 50 | 0 | 12,993 | 60 | 18 | 21 | 20 | 1 | 40 | 8,840 | 67 | 13 | 3 | 48 | 10 | 7 |
| 쌍문1동 | 23,121 | 49 | 51 | 0 | 23,095 | 60 | 21 | 23 | 15 | 1 | 40 | 17,772 | 43 | 12 | 3 | 28 | 10 | 3 |
| 쌍문2동 | 20,968 | 49 | 51 | 0 | 20,941 | 54 | 18 | 23 | 12 | 1 | 46 | 15,862 | 41 | 12 | 3 | 25 | 6 | 3 |
| 쌍문3동 | 18,565 | 48 | 52 | 0 | 18,522 | 54 | 20 | 22 | 10 | 2 | 46 | 14,428 | 41 | 15 | 3 | 24 | 5 | 2 |
| 쌍문4동 | 22,103 | 49 | 51 | 0 | 22,070 | 58 | 17 | 24 | 16 | 1 | 42 | 15,700 | 59 | 13 | 3 | 40 | 9 | 5 |
| 창1동 | 29,835 | 49 | 51 | 0 | 29,794 | 52 | 16 | 21 | 14 | 1 | 48 | 22,372 | 52 | 14 | 3 | 34 | 6 | 4 |
| 창2동 | 30,204 | 49 | 51 | 0 | 30,136 | 50 | 17 | 20 | 12 | 1 | 50 | 22,680 | 38 | 13 | 3 | 22 | 5 | 3 |
| 창3동 | 16,674 | 50 | 50 | 0 | 16,617 | 50 | 17 | 20 | 12 | 1 | 50 | 12,470 | 31 | 12 | 3 | 17 | 4 | 2 |
| 창4동 | 31,425 | 49 | 51 | 0 | 31,400 | 53 | 15 | 21 | 16 | 1 | 47 | 22,626 | 62 | 11 | 2 | 44 | 8 | 6 |
| 창5동 | 27,932 | 49 | 51 | 0 | 27,882 | 51 | 16 | 19 | 16 | 1 | 49 | 20,962 | 54 | 12 | 3 | 37 | 8 | 5 |

쌍문1동 사람의 60%가 종교 인구인 반면 창2동과 3동 사람의 절반은 종교가 없다. 불교는 도봉1동, 개신교는 방학3동, 천주교는 방학4동에서 신자 비중이 높다. 대학 이상 학력자 비중은 방학4동에서 가장 높고 방학2동에서 가장 낮다.

거주 기간을 보면, 38명은 현재 살고 있는 집에 산 지 5년이 넘었으나 62명은 5년 이내에 새로 이사 왔다(5살 이상 기준). 이사 온 사람 중 38명은 도봉구 안의 다른 동에서, 15명은 서울 안의 다른 구에서, 8명은 서울 바깥에서 이사 왔다.


## 도봉구에 사는 취업자가 100명이라면 :
## 출퇴근 1시간 이상이 34명

도봉구에 사는 15세 이상 인구 29만6,700명 가운데 취업해 직장에 다니는 사람(취업자)은 14만4,600명이다. 도봉구 취업자가 100명이라면 60명은 30~40대, 18명은 20대이며, 50대는 16명이다. 65세 이상 노인 2명도 일하고 있다. 도봉구는 취업자 중 30~40대 비중이 노원·양천에 이어 세 번째로 높다.

73명은 회사에서 봉급을 받고 일하는 직장인이다. 16명은 고용한 사람 없이 혼자서 일하는 자영업자이며, 8명은 누군가를 고용해 사업체를 경영하는 사업주다. 3명은 가족이 운영하는 사업체에서 보수 없이 일하고 있다.

직업은 사무직이 21명, 판매직 15명, 전문가 12명, 기능직과 기술직 및 준전문가가 각 11명, 서비스직 10명이다. 또 8명은 단순 노무직, 7명은 장치 기계 조작 및 조립직, 4명은 고위 관리직으로 일하고 있다.

직장으로 출근하는 데 30분 이상 걸리는 사람은 66명으로, 그 가운데 34명은 1시간 이상 걸린다. 17명은 걸어서 출근하고 83명은 교통수단을 이용해 출근한다. 83명 가운데 28명은 전철로, 25명은 자가용으로, 14명은 시내버스로, 1명은 통근 버스로, 다른 1명은 택시로, 또 다른 1명은 자전거로 출근한다. 12명은 전철과 버스 또는 승용차를 갈아타며 출근한다. 도봉구는 노원구에 이어 통근 시간이 1시간 이상 걸리는 취업자 비중이 서울에서 두 번째로 높다.

85명은 사무실이나 공장 등에서 일하는 반면, 11명은 야외나 거리 또는 운송 수단에서 일한다. 2명은 자기 집에서, 2명은 남의 집에서 일한다.


## 도봉구에 100가구가 산다면 :
## 38가구는 셋방살이


도봉구에는 11만 6,500가구가 산다(일반 가구 기준). 도봉구에 사는 가구를 100가구로 친다면 33가구는 식구가 한 명 또는 두 명인 1, 2인 가구이며, 이 가운데 14가구는 나 홀로 사는 1인 가구다. 식구 4명은 33가구, 3명은 24가구, 5명은 8가구다. 도봉구는 노원구에 이어 서울시 자치구 가운데 1인 가구 비중은 가장 낮고 3인과 4인 가구 비중은 노원구와 함께 가장 높다.

나 홀로 사는 1인 가구 비중을 보면, 방학4동은 5%로 가장 낮지만, 가장 높은 방학1동과 창2동도 17%에 머물고 있다.

61가구는 자신이 소유한 집에서 살고, 38가구는 셋방에 살며, 1가구는 직장의 사택이나 친척집 등에서 무상으로 살고 있다. 자기 집에 사는 가구 중 7가구는 현재 살고 있는 집 외에 최소 한 채에서 여러

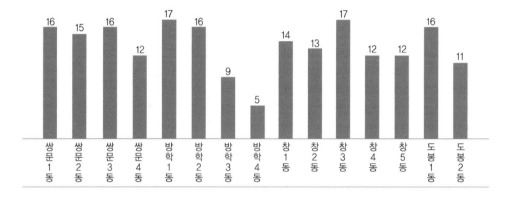

**그림 2_3.38**

## 서울시 도봉구 동네별 1인 가구

(단위 : %)

| 쌍문1동 | 쌍문2동 | 쌍문3동 | 쌍문4동 | 방학1동 | 방학2동 | 방학3동 | 방학4동 | 창1동 | 창2동 | 창3동 | 창4동 | 창5동 | 도봉1동 | 도봉2동 |
|---|---|---|---|---|---|---|---|---|---|---|---|---|---|---|
| 16 | 15 | 16 | 12 | 17 | 16 | 9 | 5 | 14 | 13 | 17 | 12 | 12 | 16 | 11 |

채를 소유한 다주택자들이다. 도봉구는 자기 집에 사는 가구 비중이 서울에서 가장 높다.

셋방 사는 가구 가운데 26가구는 전세에, 11가구는 보증금 있는 월세에, 1가구는 보증금 없는 월세 또는 사글세에 살고 있다. 셋방 사는 가구 중 4가구는 어딘가에 자신 명의의 집을 소유하고 있으나 경제 사정이나 자녀 교육, 직장 등의 사정으로 셋방에 살고 있다.

63가구는 현재 사는 집으로 이사 온 지 5년이 안 되며, 이 가운데 30가구는 2년이 안 된다. 21가구는 5~10년이 됐고, 16가구는 10년이 넘었다.

59가구는 자동차를 소유하고 있고 이 가운데 50가구는 자기 집에 전용 주차장이 있다. 자동차 소유 가구 중 6가구는 차를 2대 이상 소유하고 있다.

표 2_3.56

## 서울시 도봉구의 다주택자

(단위 : 가구, 호)

| 구분 | | | 가구 수 | 주택 수 | 평균 주택 수 |
|---|---|---|---|---|---|
| 일반 가구 | | | 116,492 | – | – |
| 자가 가구 | | | 70,448 | – | – |
| 다주택 가구 | 통계청 | | 8,552 | – | – |
| | 행자부 | 계 | 6,312 | 14,965 | 2 |
| | | 2채 | 5,396 | 10,792 | 2 |
| | | 3채 | 534 | 1,602 | 3 |
| | | 4채 | 169 | 676 | 4 |
| | | 5채 | 58 | 290 | 5 |
| | | 6~10채 | 110 | 805 | 7 |
| | | 11채 이상 | 45 | 800 | 18 |

**집 많은 사람, 집 없는 사람 :**

**방학4동 88% 주택 소유, 방학2동·창3동 54% 무주택**

도봉구에 사는 100가구 중 65가구는 주택 소유자이고, 35가구는 무주택자다. 15개 동네 가운데 13개 동네는 주택 소유자가 더 많고 2개 동네는 무주택자가 더 많다. 주택 소유자가 많은 동네는 방학4동 (88%), 방학3동(82%), 쌍문4동(80%) 순이며 창4동과 창5동, 창1동도 70% 이상이 주택 소유자다. 이들 동네를 포함해 10개 동네에서 주택 소유자가 60% 이상을 기록하고 있다. 반면 방학2동과 창3동에 사는 가구 중 54%가 무주택자다.

도봉구 가구의 7%는 집을 두 채 이상 소유한 다주택자다. 동네별로는 방학4동(13%), 창5동(11%), 방학3동(10%) 순이다. 반면 방학2

표 2_3.57

## 서울시 도봉구 주택의 점유·소유 형태별 가구

(단위 : 가구, %)

| 행정구역 | 전체 가구 | 자기 집에 거주 | | | 셋방에 거주 | | | 무상으로 거주 | | 주택 소유 | 무주택 |
|---|---|---|---|---|---|---|---|---|---|---|---|
| | | 계 | 집 한 채 | 집 여러 채 | 계 | 집 없음 | 집 있음 | 집 없음 | 집 있음 | | |
| 도봉구 | 116,492 | 60 | 53 | 7 | 38 | 34 | 4 | 1 | 0 | 65 | 35 |
| 도봉1동 | 8,364 | 51 | 46 | 5 | 46 | 44 | 3 | 2 | 0 | 54 | 46 |
| 도봉2동 | 10,174 | 60 | 53 | 8 | 38 | 34 | 5 | 1 | 0 | 65 | 35 |
| 방학1동 | 10,583 | 52 | 44 | 9 | 47 | 44 | 3 | 1 | 0 | 55 | 45 |
| 방학2동 | 7,880 | 43 | 40 | 3 | 55 | 53 | 2 | 2 | 0 | 46 | 54 |
| 방학3동 | 6,007 | 77 | 67 | 10 | 22 | 17 | 5 | 1 | 0 | 82 | 18 |
| 방학4동 | 3,568 | 84 | 71 | 13 | 15 | 11 | 5 | 1 | 0 | 88 | 12 |
| 쌍문1동 | 7,136 | 59 | 52 | 7 | 39 | 37 | 2 | 2 | 0 | 61 | 39 |
| 쌍문2동 | 6,852 | 56 | 50 | 6 | 42 | 38 | 4 | 1 | 0 | 61 | 39 |
| 쌍문3동 | 6,118 | 53 | 50 | 3 | 46 | 43 | 3 | 1 | 0 | 56 | 44 |
| 쌍문4동 | 6,646 | 75 | 66 | 9 | 24 | 19 | 5 | 0 | 0 | 80 | 20 |
| 창1동 | 9,681 | 65 | 59 | 7 | 34 | 29 | 5 | 1 | 0 | 70 | 30 |
| 창2동 | 9,476 | 58 | 51 | 7 | 41 | 39 | 3 | 1 | 0 | 60 | 40 |
| 창3동 | 5,518 | 43 | 39 | 4 | 56 | 53 | 3 | 1 | 0 | 46 | 54 |
| 창4동 | 9,809 | 73 | 64 | 9 | 26 | 20 | 5 | 1 | 0 | 78 | 22 |
| 창5동 | 8,680 | 68 | 57 | 11 | 31 | 25 | 6 | 1 | 0 | 74 | 26 |

방학4동 가구의 88%가 집을 소유한 반면, 방학3동과 창3동 가구의 54%는 무주택자다. 또 방학4동 가구의 13%는 집을 두 채 이상 소유하고 있다.

동은 3%, 창3동은 4%, 도봉1동은 5%로 가장 낮다.

　도봉구 주택 소유자 65가구 중 4가구는 어딘가 자신 명의의 집이 있지만 사정이 있어 셋방에 사는 유주택 전월세 가구로, 창5동(6%)에서 가장 비중이 높다.

　주택 소유자 중 유주택 전월세 가구를 제외한 60가구는 자기 집에 사는데 방학4동(84%)를 비롯해 방학3동(77%), 쌍문4동(75%) 순으로 비중이 높다.

　한편 유주택 전월세를 포함한 38가구가 셋방에 사는데 방학2동과 창3동에서 56%로 가장 비중이 높다. 유주택 전월세를 제외한 34가구는 집이 아예 없는 무주택 전월세 가구인데, 역시 방학2동과 창3동에서 53%로 가장 비중이 높다.


## 도봉구에 있는 집이 100채라면 :
## 65채는 아파트


도봉구에는 집(주택과 주택 이외의 거처)이 9만3천 채가 있다. 도봉구에 있는 집이 100채라면 65채는 아파트고, 15채는 다세대주택, 12채는 단독주택이다. 7채는 연립주택, 1채는 상가 내 거처 등 비거주용 건물 내 주택이고, 1채는 오피스텔이다.

　창4동, 방학3동과 4동, 쌍문4동, 도봉2동, 창1동과 5동은 사람 사는 거처의 80~99%가 아파트인 아파트 동네다. 쌍문2동과 방학1동도 절반 이상이 아파트다. 반면 방학2동과 도봉1동, 쌍문1동과 3동은 단독주택과 다세대주택이 절반 이상 최고 78%를 차지하고 있다.

**표 2_3.58**

# 서울시 도봉구 거처의 종류별·연건평별·건축년도별 주택

(단위 : 호, 가구, %)

| 행정구역 | 거처의 종류별 거처와 가구 | | | | | | | | | | | | | |
|---|---|---|---|---|---|---|---|---|---|---|---|---|---|---|
| | 계 | | 단독주택 | | 아파트 | | 연립주택 | | 다세대주택 | | 비거주용 건물 내 주택 | | 주택 이외의 거처 | |
| | 거처 | 가구 | 거처 | 가구 | 거처 | 가구 | 거처 | 가구 | 거처 | 가구 | 거처 | 가구 | 거처 | 가구 |
| 도봉구 | 93,388 | 116,527 | 12 | 29 | 65 | 52 | 7 | 6 | 15 | 12 | 1 | 1 | 1 | 1 |
| 도봉1동 | 5,645 | 8,366 | 26 | 48 | 18 | 12 | 14 | 10 | 41 | 27 | 2 | 2 | 1 | 0 |
| 도봉2동 | 9,151 | 10,175 | 7 | 16 | 91 | 82 | 0 | 0 | 2 | 2 | 0 | 1 | 0 | 0 |
| 방학1동 | 6,868 | 10,585 | 19 | 46 | 54 | 35 | 11 | 8 | 12 | 8 | 1 | 1 | 2 | 1 |
| 방학2동 | 4,477 | 7,881 | 31 | 58 | 1 | 1 | 19 | 12 | 47 | 27 | 2 | 2 | 0 | 0 |
| 방학3동 | 5,977 | 6,008 | 0 | 1 | 96 | 95 | 2 | 2 | 2 | 2 | 0 | 0 | 0 | 0 |
| 방학4동 | 3,541 | 3,569 | 1 | 2 | 94 | 94 | 1 | 1 | 3 | 3 | 0 | 0 | 0 | 0 |
| 쌍문1동 | 5,333 | 7,149 | 25 | 43 | 25 | 19 | 15 | 12 | 34 | 25 | 1 | 1 | 0 | 0 |
| 쌍문2동 | 5,094 | 6,852 | 18 | 39 | 51 | 38 | 10 | 8 | 20 | 15 | 1 | 1 | 0 | 0 |
| 쌍문3동 | 4,117 | 6,120 | 25 | 49 | 38 | 26 | 3 | 2 | 33 | 23 | 1 | 1 | 0 | 0 |
| 쌍문4동 | 6,475 | 6,646 | 2 | 5 | 92 | 90 | 3 | 3 | 2 | 2 | 0 | 0 | 0 | 0 |
| 창1동 | 8,544 | 9,683 | 6 | 17 | 82 | 73 | 4 | 4 | 5 | 5 | 0 | 0 | 2 | 2 |
| 창2동 | 7,243 | 9,479 | 13 | 33 | 39 | 30 | 15 | 11 | 28 | 21 | 1 | 1 | 5 | 4 |
| 창3동 | 3,033 | 5,518 | 47 | 71 | 31 | 17 | 12 | 7 | 9 | 5 | 0 | 0 | 0 | 0 |
| 창4동 | 9,758 | 9,811 | 0 | 0 | 99 | 99 | 0 | 0 | 0 | 0 | 0 | 0 | 0 | 0 |
| 창5동 | 8,132 | 8,685 | 3 | 8 | 80 | 75 | 1 | 1 | 13 | 12 | 1 | 1 | 2 | 2 |

| 연건평별 주택 | | | | | 건축년도별 주택 | | | |
|---|---|---|---|---|---|---|---|---|
| 총 주택 수 | 14평 미만 | 14~19평 | 19~29평 | 29평 이상 | 총 주택 수 | 1995~ 2005년 | 1985~ 1994년 | 1985년 이전 |
| 92,446 | 13 | 25 | 45 | 17 | 92,446 | 43 | 51 | 6 |
| 5,616 | 13 | 27 | 43 | 17 | 5,616 | 35 | 49 | 16 |
| 9,148 | 12 | 23 | 57 | 8 | 9,148 | 80 | 16 | 4 |
| 6,729 | 3 | 14 | 42 | 41 | 6,729 | 71 | 25 | 5 |
| 4,471 | 16 | 31 | 23 | 30 | 4,471 | 33 | 50 | 16 |
| 5,973 | 10 | 31 | 52 | 7 | 5,973 | 24 | 76 | 0 |
| 3,540 | 2 | 8 | 82 | 7 | 3,540 | 11 | 88 | 1 |
| 5,320 | 13 | 24 | 46 | 17 | 5,320 | 33 | 46 | 20 |
| 5,088 | 16 | 33 | 37 | 14 | 5,088 | 32 | 60 | 8 |
| 4,116 | 6 | 31 | 41 | 22 | 4,116 | 42 | 45 | 13 |
| 6,475 | 15 | 12 | 70 | 2 | 6,475 | 14 | 83 | 3 |
| 8,396 | 18 | 27 | 45 | 10 | 8,396 | 16 | 82 | 2 |
| 6,868 | 14 | 26 | 40 | 21 | 6,868 | 65 | 30 | 6 |
| 3,030 | 9 | 34 | 26 | 30 | 3,030 | 52 | 26 | 22 |
| 9,740 | 20 | 26 | 40 | 15 | 9,740 | 46 | 54 | 0 |
| 7,936 | 14 | 31 | 34 | 22 | 7,936 | 53 | 45 | 2 |

창4동 가구의 99%는 아파트에 살고 있다. 반면 방학2동은 58%는 단독주택에, 27%는 다세대주택에 산다. 또 창2동은 4%가 주택 이외의 거처에 산다.

도봉구 100가구 가운데 52가구는 아파트에, 29가구는 단독주택에, 12가구는 다세대주택에, 6가구는 연립주택에 산다. 또 1가구는 비거주용 건물 내 주택에, 1가구는 오피스텔 등 주택 이외의 거처에 산다.

창4동에 사는 사람은 사실상 모두 아파트에 산다. 방학3동과 4동, 쌍문4동 주민의 90% 이상, 도봉2동과 창5동 창1동 거주자의 70% 이상이 모두 아파트에 산다. 반면 창3동 사람의 70% 이상은 단독주택에 산다. 방학2동 거주자의 58%, 쌍문3동 49%, 도봉1동 48%, 방학1동 46%도 단독주택에 산다. 또한 도봉1동·방학1동·쌍문1동·쌍문3동·창2동에서는 20% 이상이 다세대주택에 살고 있다.

지난 10년 동안 다세대주택과 아파트는 191%와 59%가 늘어난 반면, 연립주택은 28% 단독주택은 16%가 줄었다. 이에 따라 전체 주택(주택 이외의 거처 제외)에서 차지하는 비중도 아파트는 58%에서 66%로, 다세대주택은 7%에서 15%로 증가했다. 반면 단독주택은 20%에서 12%로, 연립주택은 13%에서 7%로 줄었다.

크기별로는 29평 이상의 주택이 17채인 반면, 19~29평은 45채, 14~19평 25채이며, 14평 미만은 13채가 있다. 도봉구는 29평 이상 중대형 주택 비중이 노원구에 이어 서울에서 두 번째로 낮은 반면, 19~25평 미만 평수 비중은 가장 높다. 방학1동은 29평 이상이 41%, 방학2동과 창3동은 30%를 차지하고 있다. 창4동은 14평 미만 주택이 20%로 가장 많다.

43채는 지은 지 10년(1995~2005년)이 안 된 새집이며, 지은 지 20년이 넘은 낡은 집은 6채에 불과해 절반 이상이 지은 지 10년에서 20년 사이로 나타났다. 창2동과 쌍문1동은 20년 넘은 집이 20% 정도로 가장 많고, 도봉2동과 방학1동은 10년 이내 새집이 70~80%를 차지하고 있다.


## 도봉구에서 지하 방에 사는 사람 :
## 방학2동 20%가 (반)지하 거주


도봉구에 사는 11만6,500가구를 100가구로 친다면 그 중 6가구는 식구에 비해 집이 너무 좁거나 시설이 제대로 갖춰지지 않아 인간다운 품위를 지키기 어려운 최저 주거 기준 미달 가구다.

또 100가구 가운데 90가구는 지상에 살지만, 9가구는 (반)지하에 살고, 1가구는 옥탑방에 산다. 방학2동에 사는 사람의 20%는 (반)지하 방에 산다. 창3동과 도봉1동 거주 가구의 17%, 쌍문3동 거주 가구의 16%, 방학1동과 쌍문1동 거주 가구의 14%도 (반)지하에 산다. 쌍문2동(13%), 창2동(10%)도 (반)지하 거주 비율이 10%가 넘는다. 아파트 거주 비중이 절대적으로 높은 방학4동과 창4동을 제외한 6개 동네에서도 (반)지하 거주 비중이 2~9%로 나타났다.

도봉구 100가구 가운데 거실이나 부엌을 각각 1개의 방으로 쳐서 방 3개 이하에서 셋방살이를 떠도는 가구는 20가구에 달하지만, 공공 임대주택은 1채에 불과하다. 중앙정부와 지방정부가 열악한 주거 상황에 놓인 부동산 서민들의 고통을 해결하려면 공공 임대주택을 비롯한 더 많은 주거 복지 정책을 펴야 하는 이유다.

표 2_3.59

## 서울시 도봉구 (반)지하 등 거주 가구

(단위 : 가구, %)

| 행정구역 | (반)지하 | | 옥탑 | 기타 |
|---|---|---|---|---|
| | 가구 | 비중 | 가구 | 가구 |
| 도봉구 | 10,609 | 9 | 695 | 68 |
| 도봉1동 | 1,418 | 17 | 65 | 24 |
| 도봉2동 | 345 | 3 | 28 | 1 |
| 방학1동 | 1,465 | 14 | 159 | 5 |
| 방학2동 | 1,585 | 20 | 88 | 13 |
| 방학3동 | 43 | 1 | 4 | 4 |
| 방학4동 | 2 | 0 | – | 1 |
| 쌍문1동 | 986 | 14 | 24 | 2 |
| 쌍문2동 | 876 | 13 | 52 | 2 |
| 쌍문3동 | 979 | 16 | 47 | – |
| 쌍문4동 | 136 | 2 | 1 | – |
| 창1동 | 476 | 5 | 48 | 13 |
| 창2동 | 949 | 10 | 73 | – |
| 창3동 | 944 | 17 | 88 | 3 |
| 창4동 | 20 | 0 | – | – |
| 창5동 | 385 | 4 | 18 | – |

방학2동에 사는 가구 중 5분의 1은 (반)지하에 산다. 또 창3동과 도봉1동 등 다른 7곳에서도 10% 이상이 (반)지하에 살고 있다.

# 도봉구 유권자가 100명이라면

정당 지지도를 물었던 최근 네 차례 선거(제3~4회 동시지방선거, 제17~18대 총선)를 기준으로 도봉구 유권자는 대략 27만~29만 명이며, 평균 투표율은 51%이다.

도봉구 유권자가 100명이라면 2002년 지방선거에서는 47명이 한나라당을, 41명이 새천년민주당을, 7명이 민주노동당을, 3명이 자민련을 각각 지지했다. 2004년 총선에서는 38명이 열린우리당을, 36명이 한나라당을, 14명이 민주노동당을, 8명이 새천년민주당을, 3명이 자민련을 찍었다.

2006년 지방선거에서는 56명이 한나라당을, 23명이 열린우리당을, 10명이 민주노동당을, 다른 10명은 민주당을 각각 지지했다. 2008년 총선에서는 41명이 한나라당을, 30명이 통합민주당을, 10명이 친박연대를 찍었다. 진보신당과 민주노동당, 창조한국당과 자유선진당을 각 4명이 찍었다.

동네별 투표율은 방학4동·창4동·쌍문4동·방학3동에서 상대적으로 높았다. 반면 방학2동·창3동·방학1동·쌍문2동에서는 상대적으로 낮았다. 방학4동과 방학2동의 투표율 격차는 최소 14%에서 최대 18%까지 벌어졌다.

한나라당 득표율은 방학4동과 쌍문4동·방학3동·창4동에서 상대적으로 높았다. 반면 창3동·방학2동·도봉2동·쌍문3동에서 낮았다. 방학4동과 창3동의 한나라당 득표율 격차는 최소 8%에서 최대 12% 사이이다.

민주(＋열린우리)당 득표율은 창3동·방학2동·쌍문3동·창2동에서 상대적으로 높았다. 반면 방학4동·쌍문4동·방학3동·창4동에서 상대적으로 낮았다. 창3동과 방학4동의 득표율 격차는 최소 8%에서 최대 12% 사이다.

민주노동당과 진보신당 득표율은 창1동과 창4동에서 상대적으로 높았다.

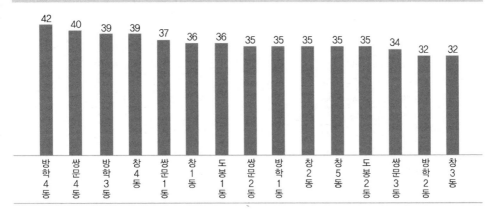

**그림 2_3.39**

# 서울시 도봉구 동네별 한나라당 득표율

2004년 총선(단위 : %)

| 방학4동 | 쌍문4동 | 방학3동 | 창4동 | 쌍문1동 | 창1동 | 도봉1동 | 쌍문2동 | 방학1동 | 창2동 | 창5동 | 도봉2동 | 쌍문3동 | 방학2동 | 창3동 |
|---|---|---|---|---|---|---|---|---|---|---|---|---|---|---|
| 42 | 40 | 39 | 39 | 37 | 36 | 36 | 35 | 35 | 35 | 35 | 35 | 34 | 32 | 32 |

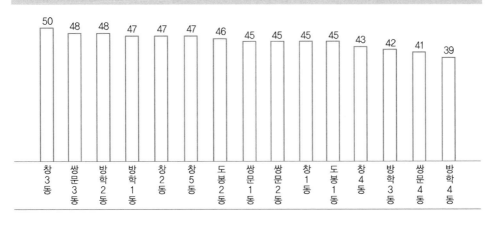

**그림 2_3.40**

# 서울시 도봉구 동네별 민주(＋열린우리)당 득표율

2004년 총선(단위 : %)

| 창3동 | 쌍문3동 | 방학2동 | 방학1동 | 창2동 | 창5동 | 도봉2동 | 쌍문1동 | 쌍문2동 | 창1동 | 도봉1동 | 창4동 | 방학3동 | 쌍문4동 | 방학4동 |
|---|---|---|---|---|---|---|---|---|---|---|---|---|---|---|
| 50 | 48 | 48 | 47 | 47 | 47 | 46 | 45 | 45 | 45 | 45 | 43 | 42 | 41 | 39 |

표 2_3.60

# 서울시 도봉구 역대 선거 투표율과 정당 지지율

2002~2008년(단위 : 명, %)

| 행정구역 | 2002년 지방선거 | | | | | | | 2004년 총선 | | | | | | | |
|---|---|---|---|---|---|---|---|---|---|---|---|---|---|---|---|
| | 선거인 수 | 투표율 | 한나라당 | 새천년민주당 | 자민련 | 민주노동당 | 기타정당 | 선거인 수 | 투표율 | 한나라당 | 새천년민주당 | 열린우리당 | 자민련 | 민주노동당 | 기타정당 |
| 도봉구 | 272,559 | 44 | 47 | 41 | 3 | 7 | 2 | 278,907 | 62 | 36 | 8 | 38 | 3 | 14 | 2 |
| 도봉1동 | 21,700 | 45 | 54 | 34 | 3 | 6 | 3 | 22,031 | 57 | 36 | 8 | 38 | 3 | 12 | 3 |
| 도봉2동 | 23,249 | 47 | 49 | 39 | 3 | 6 | 3 | 24,569 | 63 | 35 | 8 | 38 | 3 | 14 | 2 |
| 방학1동 | 20,618 | 41 | 48 | 41 | 3 | 6 | 3 | 24,129 | 58 | 35 | 9 | 38 | 3 | 12 | 2 |
| 방학2동 | 19,433 | 42 | 49 | 39 | 3 | 6 | 3 | 19,147 | 53 | 32 | 8 | 40 | 4 | 13 | 3 |
| 방학3동 | 13,627 | 48 | 56 | 32 | 2 | 7 | 3 | 13,634 | 66 | 39 | 7 | 35 | 3 | 14 | 2 |
| 방학4동 | 8,732 | 56 | 60 | 29 | 2 | 7 | 3 | 8,735 | 71 | 42 | 7 | 32 | 3 | 15 | 2 |
| 쌍문1동 | 17,680 | 45 | 54 | 35 | 3 | 6 | 2 | 17,473 | 58 | 37 | 7 | 38 | 2 | 13 | 3 |
| 쌍문2동 | 16,146 | 42 | 51 | 39 | 3 | 5 | 2 | 16,147 | 59 | 35 | 7 | 38 | 3 | 14 | 2 |
| 쌍문3동 | 13,483 | 43 | 52 | 38 | 2 | 5 | 3 | 14,629 | 59 | 34 | 7 | 41 | 2 | 13 | 2 |
| 쌍문4동 | 15,295 | 49 | 60 | 30 | 2 | 6 | 2 | 15,080 | 66 | 40 | 7 | 34 | 2 | 14 | 2 |
| 창1동 | 22,561 | 47 | 54 | 35 | 2 | 7 | 3 | 22,449 | 65 | 36 | 7 | 38 | 2 | 15 | 2 |
| 창2동 | 18,882 | 41 | 51 | 39 | 2 | 5 | 2 | 22,802 | 60 | 35 | 8 | 39 | 2 | 14 | 2 |
| 창3동 | 12,978 | 43 | 48 | 41 | 3 | 6 | 2 | 12,661 | 56 | 32 | 9 | 41 | 2 | 13 | 3 |
| 창4동 | 22,662 | 51 | 55 | 34 | 2 | 7 | 3 | 22,843 | 69 | 39 | 7 | 36 | 2 | 15 | 2 |
| 창5동 | 13,922 | 43 | 51 | 37 | 2 | 7 | 2 | 15,498 | 62 | 35 | 8 | 39 | 2 | 15 | 2 |

| 2006년 지방선거 | | | | | | | 2008년 총선 | | | | | | | | | |
|---|---|---|---|---|---|---|---|---|---|---|---|---|---|---|---|---|
| 선거인 수 | 투표율 | 열린 우리당 | 한나라 당 | 민주당 | 민주노 동당 | 기타 정당 | 선거인 수 | 투표율 | 통합 민주당 | 한나라 당 | 자유 선진당 | 민주 노동당 | 창조 한국당 | 친박연 대 | 진보신 당 | 기타 정당 |
| 291,852 | 51 | 23 | 56 | 10 | 10 | 1 | 293,667 | 48 | 30 | 41 | 4 | 4 | 4 | 10 | 4 | 3 |
| 21,622 | 48 | 21 | 58 | 11 | 10 | 1 | 21,217 | 44 | 29 | 44 | 4 | 3 | 3 | 10 | 3 | 3 |
| 26,308 | 52 | 22 | 54 | 12 | 11 | 1 | 26,261 | 49 | 32 | 39 | 4 | 3 | 4 | 10 | 4 | 3 |
| 25,545 | 46 | 21 | 57 | 12 | 9 | 1 | 25,663 | 44 | 30 | 43 | 4 | 3 | 4 | 10 | 3 | 3 |
| 18,934 | 43 | 23 | 54 | 13 | 9 | 1 | 19,066 | 41 | 31 | 39 | 4 | 3 | 4 | 11 | 3 | 4 |
| 14,466 | 51 | 21 | 58 | 10 | 10 | 1 | 24,125 | 50 | 29 | 42 | 4 | 3 | 5 | 10 | 5 | 3 |
| 9,227 | 57 | 20 | 61 | 8 | 10 | 1 | | | | | | | | | | |
| 17,751 | 48 | 21 | 57 | 12 | 10 | 1 | 18,379 | 44 | 29 | 43 | 4 | 4 | 4 | 9 | 3 | 3 |
| 16,557 | 47 | 23 | 57 | 10 | 9 | 1 | 16,749 | 44 | 30 | 41 | 4 | 4 | 4 | 10 | 3 | 4 |
| 14,600 | 47 | 24 | 54 | 11 | 10 | 1 | 15,027 | 45 | 32 | 40 | 4 | 5 | 4 | 9 | 3 | 2 |
| 16,115 | 54 | 20 | 60 | 8 | 10 | 1 | 16,286 | 50 | 27 | 43 | 4 | 3 | 5 | 11 | 4 | 3 |
| 22,313 | 52 | 23 | 55 | 9 | 12 | 1 | 22,418 | 50 | 30 | 38 | 4 | 5 | 5 | 10 | 4 | 3 |
| 24,093 | 47 | 23 | 56 | 11 | 9 | 1 | 24,413 | 45 | 32 | 41 | 4 | 5 | 4 | 9 | 3 | 3 |
| 12,920 | 45 | 24 | 53 | 12 | 11 | 1 | 12,912 | 43 | 34 | 39 | 4 | 4 | 4 | 8 | 3 | 4 |
| 22,902 | 56 | 22 | 58 | 8 | 11 | 1 | 23,128 | 53 | 28 | 40 | 5 | 4 | 5 | 10 | 5 | 3 |
| 21,376 | 52 | 22 | 58 | 9 | 11 | 1 | 22,061 | 49 | 30 | 42 | 4 | 4 | 4 | 10 | 4 | 3 |

방학4동, 창4동, 쌍문4동, 방학3동에서는 상대적으로 투표율이 높았다. 한나라당 득표율은 방학4동, 쌍문4동, 방학3동, 창4 동에서 높았다. 민주(+열린우리)당 득표율은 창3동, 방학2동, 쌍문3동, 창2동에서 높았다.

숫자 **100** 으로 본 **서울시 동대문구** 26개 동네

동대문구에는 2005년 현재 26개 동에 있는 주택 7만8,400채와 오피스텔 2천6백 채 등 거처 8만1,300곳에 37만3천 명이 살고 있다.

서울시 동대문구가 100명이 사는 마을이라면 어떤 모습일까?

## 숫자 100으로 본 동대문구

동대문구에 사는 사람은 서울시 평균인에 비해 대학 이상 학력자와 종교 인구 비중이 낮은데, 불교 인구 비중은 서울에서 가장 높다. 취업자 중 자영업자 비중이 매우 높고 직업별로도 판매직, 기능직, 단순 노무직 비중이 높다.

동대문구에는 무주택자, 단독주택 거주자, 1인 가구, 자동차 없는 가구가 상대적으로 많다. 100가구 중 14가구는 (반)지하에 살고 40가구는 거실과 부엌을 포함해서 방 3칸 이하의 셋방에 살고 있다. 그러나 공공 임대주택 거주자는 3가구에 그친다.

지난 7년 동안 동대문구에서 한나라당은 37~57%를 민주(＋열린

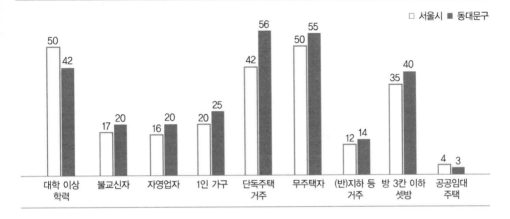

그림 2_3.41

## 서울시와 동대문구 주요 지수 평균 비교

(단위 : %)

☐ 서울시 ■ 동대문구

| 대학 이상 학력 | 불교신자 | 자영업자 | 1인 가구 | 단독주택 거주 | 무주택자 | (반)지하 등 거주 | 방 3칸 이하 셋방 | 공공임대 주택 |
|---|---|---|---|---|---|---|---|---|
| 50 42 | 17 20 | 16 20 | 20 25 | 42 56 | 50 55 | 12 14 | 35 40 | 4 3 |

우리)당은 29~47%를 민주노동당＋진보신당은 5~12%를 얻었는데, 동네별로는 차이가 컸다.


**동대문구 인구가 100명이라면 :**

**대학 이상 학력자 42명, 종교 인구 52명**


서울시 동대문구에 사는 사람은 37만3천 명으로, 동대문구 인구가 100명이라면 남자 대 여자의 수는 50 대 50으로 균형을 이루고 있다. 100명 중 1명은 외국인이다. 외국인 중 47%는 중국(재중 동포＝조선족 19%)이고, 일본 9%, 필리핀 8%, 몽골과 베트남 각 7% 순이다. 21명 은 어린이와 청소년이고(19살 미만), 79명은 어른이다. 어른 가운데 9

명은 노인(65세 이상)이다.

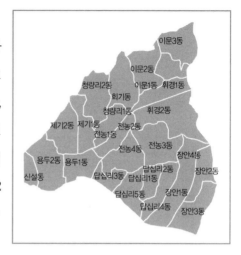

지역적으로는, 휘경2동에 7명이 살고 이문 2동과 3동, 전농3동에는 6명씩 산다. 장안1 동·휘경1동에는 5명씩 살고 장안3동과 4동, 전농1동과 4동, 답십리 2동과 4동, 청량리1 동·이문1동·제기2동에는 4명씩 산다. 답십 리1동과 5동, 용두1동과 2동, 제기1동·장안2 동·회기동·용두1동에 3명씩 살고, 신설동· 답십리3동·전농2동에는 2명씩 산다.

종교를 보면, 20명은 불교를, 19명은 개신교를, 12명은 천주교를 믿는다. 48명은 종교를 갖고 있지 않다. 장안4동과 휘경2동에서는 동 네 사람의 55%가 종교를 갖고 있는 반면, 용두1동과 전농4동 등 네 동네는 52%가 종교를 갖지 않았다. 불교는 용두1동과 전농2동에서, 개신교는 회기동과 휘경2동에서, 천주교는 제기2동과 이문2동에서 신자 비율이 높았다.

학력은 어떨까. 42명이 대학 이상의 학력을 가지고 있는데, 이 중 11명은 대학에 재학 중이고 4명은 석사과정 이상의 공부를 하였다 (19세 이상 기준). 대학 이상 학력자 비중이 가장 높은 곳은 인근에 대 학이 있는 회기동으로 19세 이상 동네 인구의 67%였는데, 24%는 대 학 재학생이다. 이문2동 역시 재학생 28%를 비롯해 대학 이상 학력 자가 64%로 두 번째로 높다.

37명은 미혼이며, 63명은 결혼했다. 결혼한 사람 가운데 7명은 남 편이나 아내가 먼저 사망했고 3명은 이혼했다(15세 이상 기준). 4명은 몸이 불편하거나 정신 장애로 정상적인 활동에 제약을 느끼고 있다.

표 2_3.61

# 서울시 동대문구 성별·종교별·학력별 인구

(단위 : 명, %)

| 행정구역 | 남녀/외국인 | | | | 종교 인구 | | | | | | | 대학 이상 학력 인구 | | | | | | |
|---|---|---|---|---|---|---|---|---|---|---|---|---|---|---|---|---|---|---|
| | 총인구 | 남자 | 여자 | 외국인 | 인구수(내국인) | 종교 있음 | | | | | 종교 없음 | 19세 이상 인구 | 계 | 4년제 미만 | | 4년제 이상 | | 대학원 이상 |
| | | | | | | 계 | 불교 | 개신교 | 천주교 | 기타 | | | | 계 | 재학 | 계 | 재학 | |
| 동대문구 | 373,232 | 50 | 50 | 1 | 371,024 | 52 | 20 | 19 | 12 | | 48 | 292,925 | 42 | 12 | 3 | 26 | 8 | 4 |
| 답십리1동 | 11,120 | 50 | 50 | 0 | 11,091 | 49 | 21 | 17 | 10 | 1 | 51 | 8,615 | 28 | 12 | 3 | 14 | 4 | 2 |
| 답십리2동 | 15,736 | 50 | 50 | 0 | 15,716 | 50 | 18 | 20 | 11 | 1 | 49 | 11,969 | 39 | 11 | 2 | 24 | 5 | 3 |
| 답십리3동 | 7,616 | 51 | 49 | 0 | 7,595 | 51 | 21 | 21 | 8 | 1 | 49 | 5,943 | 38 | 15 | 3 | 20 | 4 | 3 |
| 답십리4동 | 15,104 | 50 | 50 | 0 | 15,059 | 50 | 19 | 17 | 13 | 1 | 50 | 11,435 | 35 | 11 | 2 | 22 | 5 | 2 |
| 답십리5동 | 9,674 | 51 | 49 | 0 | 9,629 | 47 | 20 | 17 | 9 | 1 | 52 | 7,702 | 34 | 14 | 2 | 18 | 4 | 2 |
| 신설동 | 7,994 | 51 | 49 | 0 | 7,933 | 51 | 21 | 21 | 9 | 1 | 47 | 6,340 | 39 | 12 | 2 | 24 | 6 | 3 |
| 용두1동 | 11,459 | 52 | 48 | 1 | 11,369 | 48 | 23 | 13 | 10 | 1 | 52 | 9,562 | 25 | 12 | 2 | 12 | 3 | 1 |
| 용두2동 | 10,019 | 51 | 49 | 1 | 9,904 | 53 | 22 | 19 | 11 | 1 | 47 | 8,067 | 42 | 13 | 3 | 25 | 8 | 4 |
| 이문1동 | 14,125 | 49 | 51 | 1 | 14,025 | 50 | 19 | 19 | 12 | 1 | 50 | 11,487 | 44 | 14 | 3 | 26 | 9 | 4 |
| 이문2동 | 20,791 | 49 | 51 | 2 | 20,476 | 53 | 16 | 21 | 15 | 1 | 47 | 16,443 | 64 | 12 | 3 | 45 | 25 | 7 |
| 이문3동 | 23,567 | 49 | 51 | 0 | 23,507 | 51 | 18 | 21 | 11 | 1 | 49 | 17,935 | 46 | 13 | 3 | 29 | 6 | 5 |
| 장안1동 | 17,923 | 51 | 49 | 1 | 17,736 | 48 | 20 | 16 | 11 | 1 | 52 | 14,125 | 34 | 13 | 3 | 18 | 5 | 2 |
| 장안2동 | 12,640 | 51 | 49 | 1 | 12,583 | 54 | 19 | 21 | 12 | 1 | 46 | 9,655 | 47 | 15 | 3 | 28 | 6 | 4 |
| 장안3동 | 16,609 | 50 | 50 | 1 | 16,581 | 52 | 19 | 18 | 14 | 0 | 48 | 12,677 | 42 | 12 | 3 | 32 | 7 | 4 |
| 장안4동 | 15,026 | 50 | 50 | 1 | 14,904 | 55 | 22 | 18 | 14 | 1 | 45 | 11,613 | 35 | 13 | 3 | 20 | 5 | 2 |
| 전농1동 | 13,767 | 50 | 50 | 0 | 13,703 | 51 | 20 | 18 | 11 | 2 | 49 | 10,789 | 29 | 12 | 3 | 15 | 4 | 1 |
| 전농2동 | 6,689 | 53 | 47 | 0 | 6,663 | 54 | 23 | 19 | 11 | 1 | 46 | 5,551 | 42 | 11 | 3 | 29 | 15 | 2 |
| 전농3동 | 21,039 | 49 | 51 | 0 | 21,016 | 53 | 19 | 18 | 13 | 1 | 47 | 15,860 | 42 | 12 | 3 | 27 | 6 | 4 |
| 전농4동 | 13,098 | 50 | 50 | 1 | 13,027 | 48 | 21 | 15 | 12 | 1 | 52 | 10,261 | 30 | 13 | 3 | 17 | 5 | 2 |
| 제기1동 | 13,036 | 50 | 50 | 1 | 12,963 | 52 | 23 | 16 | 12 | 1 | 47 | 10,400 | 37 | 11 | 3 | 22 | 6 | 4 |
| 제기2동 | 16,366 | 52 | 48 | 1 | 16,262 | 54 | 20 | 18 | 15 | 1 | 46 | 13,127 | 50 | 13 | 3 | 32 | 12 | 5 |
| 청량리1동 | 14,883 | 50 | 50 | 0 | 14,861 | 52 | 20 | 22 | 10 | 1 | 48 | 11,900 | 42 | 10 | 2 | 27 | 6 | 5 |
| 청량리2동 | 9,926 | 49 | 51 | 0 | 9,885 | 51 | 19 | 14 | 12 | 2 | 49 | 8,075 | 31 | 11 | 2 | 17 | 4 | 3 |
| 회기동 | 12,606 | 49 | 51 | 2 | 12,416 | 54 | 16 | 23 | 14 | 1 | 46 | 10,184 | 67 | 11 | 2 | 48 | 24 | 8 |
| 휘경1동 | 17,608 | 49 | 51 | 1 | 17,417 | 51 | 19 | 19 | 12 | 2 | 48 | 14,221 | 47 | 14 | 3 | 29 | 10 | 4 |
| 휘경2동 | 24,811 | 50 | 50 | 0 | 24,703 | 55 | 18 | 23 | 13 | 1 | 44 | 18,989 | 50 | 13 | 3 | 32 | 10 | 5 |

회기동과 이문2동에 사는 사람의 2%는 외국인이다. 장안4동과 휘경2동에 사는 사람의 55%는 종교가 있는 반면, 용두1동과 전농4동의 52%는 종교가 없다. 대학 이상 학력자 비중은 회기동에서 가장 높고 용두1동에서 가장 낮다.

거주 기간을 보면, 39명은 현재 살고 있는 집에 산 지 5년이 넘었으나 61명은 5년 이내에 새로 이사 왔다(5살 이상 기준). 이사 온 사람 중 39명은 동대문구 안의 다른 동에서, 12명은 서울 안의 다른 구에서, 10명은 서울 바깥에서 이사 왔다.


## 동대문구에 사는 취업자가 100명이라면 :
## 70명은 봉급쟁이, 20명은 자영업자

동대문구에 사는 15세 이상 인구 31만 명 가운데 취업해 직장에 다니는 사람(취업자)은 15만2,200명이다. 동대문구 취업자가 100명이라면 55명은 30~40대, 22명은 20대이며, 16명은 50대다. 65세 이상 노인 3명도 일하고 있다.

70명은 회사에서 봉급을 받고 일하는 직장인이다. 20명은 고용한 사람 없이 혼자서 일하는 자영업자이며, 6명은 누군가를 고용해 사업체를 경영하는 사업주다. 4명은 가족이 운영하는 사업체에서 보수 없이 일하고 있다.

직업은 사무직이 20명, 판매직이 18명, 기능직이 13명, 서비스직이 12명이다. 또 단순 노무직·전문직·기술직 및 준전문가가 각 10명, 장치 기계 조작 및 조립직이 6명, 고위 관리직은 2명이다. 동대문구는 서울에서 판매직 비율이 중구에 이어 두 번째로 높다.

직장으로 출근하는 데 30분 이상 걸리는 사람은 56명이며, 그 가운데 19명은 1시간 이상 걸린다. 28명은 걸어서 출근하고 72명은 교통수단을 이용해 출근한다. 72명 가운데 24명은 전철로, 18명은 자가용으로, 16명은 시내버스로, 2명은 자전거로, 1명은 통근 버스로, 다른 1명은 택시로 출근한다. 8명은 전철과 버스 또는 승용차를 갈아타며 출근한다. 동대문구는 강북구에 이어 전철로 출퇴근하는 취업자 비중이 가장 높다.

84명은 사무실이나 공장 등에서 일하는 반면, 10명은 야외나 거리 또는 운송 수단에서 일한다. 3명은 자기 집에서, 3명은 남의 집에서 일한다.


## 동대문구에 100가구가 산다면 :
## 57가구는 셋방살이


동대문구에는 13만1천 가구가 산다(일반 가구 기준). 동대문구에 사는 가구를 100가구로 친다면 46가구는 식구가 한 명 또는 두 명인 1, 2인 가구이며, 이 가운데 25가구는 나 홀로 사는 1인 가구다. 식구 4명은 24가구, 3명은 20가구, 5명은 8가구다.

나 홀로 사는 1인 가구 비중을 보면, 회기동과 이문1동 가구 중 41%를 비롯해 모두 17개 동네에서 1인 가구 비중이 20%가 넘었다. 반면 장안3동은 10%로 가장 낮았다.

41가구는 자신이 소유한 집에서 살고, 57가구는 셋방에 살며, 2가구는 직장의 사택이나 친척집 등에서 무상으로 살고 있다. 자기 집에 사는 가구 중 5가구는 현재 살고 있는 집 외에 최소 한 채에서 여러 채를 소유한 다주택자들이다.

셋방 사는 가구 가운데 34가구는 전세에, 20가구는 보증금 있는

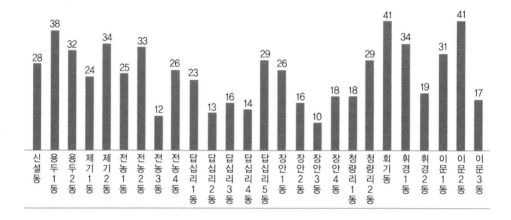

**그림 2_3.42**

## 서울시 동대문구 동네별 1인 가구

(단위 : %)

신설동 28 / 용두1동 38 / 용두2동 32 / 제기1동 24 / 제기2동 34 / 전농1동 25 / 전농2동 33 / 전농3동 12 / 전농4동 26 / 답십리1동 23 / 답십리2동 13 / 답십리3동 16 / 답십리4동 14 / 답십리5동 29 / 장안1동 26 / 장안2동 16 / 장안3동 10 / 장안4동 18 / 청량리1동 18 / 청량리2동 29 / 회기동 41 / 휘경1동 34 / 휘경2동 19 / 이문1동 31 / 이문2동 41 / 이문3동 17

월세에, 3가구는 보증금 없는 월세 또는 사글세에 살고 있다. 셋방 사는 가구 중 4가구는 어딘가에 자신 명의의 집을 소유하고 있으나 경제 사정이나 자녀 교육, 직장 등의 사정으로 셋방에 살고 있다.

64가구는 현재 사는 집으로 이사 온 지 5년이 안 되며, 이 가운데 34가구는 2년이 안 된다. 19가구는 5~10년이 됐고, 17가구는 10년이 넘었다.

43가구는 자동차를 소유하고 있고 이 가운데 30가구는 자기 집에 전용 주차장이 있다. 자동차 소유 가구 중 5가구는 차를 2대 이상 소유하고 있다.

표 2_3.62

## 서울시 동대문구의 다주택자

(단위 : 가구, 호)

| 구분 | | | 가구 수 | 주택 수 | 평균 주택 수 |
|---|---|---|---|---|---|
| 일반 가구 | | | 131,213 | – | – |
| 자가 가구 | | | 53,705 | – | – |
| 다주택 가구 | 통계청 | | 7,021 | – | – |
| | 행자부 | 계 | 4,334 | 10,877 | 3 |
| | | 2채 | 3,499 | 6,998 | 2 |
| | | 3채 | 454 | 1,362 | 3 |
| | | 4채 | 132 | 528 | 4 |
| | | 5채 | 70 | 350 | 5 |
| | | 6~10채 | 138 | 1,015 | 7 |
| | | 11채 이상 | 41 | 624 | 18 |

## 집 많은 사람, 집 없는 사람 :
## 장안3동 72% 주택 소유, 용두1동 73% 무주택

동대문구에 사는 100가구 중 45가구는 주택 소유자이고, 55가구는 무주택자다. 26개 동네 가운데 9개 동네는 주택 소유자가 더 많고 17개 동네는 무주택자가 더 많다. 주택 소유자는 장안3동(72%), 장안2동(63%), 전농3동(58%), 답십리2동·답십리3동·답십리4동·이문3동(56%) 순으로 많다. 반면 무주택자는 용두1동(73%), 전농4동(69%), 이문2동(68%), 답십리1동·답십리5동(66%) 순으로 많다. 이들 동네를 포함해 12개 동네에서 무주택자가 60% 이상을 차지한다.

동대문구 가구의 5%는 집을 두 채 이상 소유한 다주택자다. 동네별로는 장안3동(12%), 장안2동(9%), 청량리1동(8%) 순이다. 반면

표 2_3.63

# 서울시 동대문구 주택의 점유·소유 형태별 가구

(단위 : %)

| | 전체 가구 | 자기 집에 거주 | | | 셋방에 거주 | | | 무상으로 거주 | | 주택 소유 | 무주택 |
|---|---|---|---|---|---|---|---|---|---|---|---|
| | | 계 | 집 한 채 | 집 여러 채 | 계 | 집 없음 | 집 있음 | 집 없음 | 집 있음 | | |
| 동대문구 | 131,213 | 41 | 36 | 5 | 57 | 54 | 4 | 2 | 0 | 45 | 55 |
| 답십리1동 | 3,873 | 31 | 28 | 3 | 68 | 65 | 3 | 1 | 0 | 34 | 66 |
| 답십리2동 | 4,957 | 52 | 45 | 7 | 47 | 43 | 4 | 1 | 0 | 56 | 44 |
| 답십리3동 | 2,450 | 52 | 45 | 7 | 46 | 42 | 4 | 2 | 0 | 56 | 44 |
| 답십리4동 | 4,809 | 54 | 49 | 5 | 45 | 43 | 2 | 1 | 0 | 56 | 44 |
| 답십리5동 | 3,611 | 31 | 26 | 4 | 68 | 65 | 3 | 1 | 0 | 34 | 66 |
| 신설동 | 2,883 | 42 | 36 | 6 | 55 | 51 | 4 | 3 | 0 | 46 | 54 |
| 용두1동 | 4,637 | 25 | 23 | 2 | 72 | 70 | 2 | 3 | 0 | 27 | 73 |
| 용두2동 | 3,745 | 34 | 29 | 5 | 64 | 60 | 4 | 2 | 0 | 38 | 62 |
| 이문1동 | 5,506 | 32 | 29 | 4 | 66 | 62 | 4 | 1 | 0 | 36 | 64 |
| 이문2동 | 8,413 | 28 | 24 | 4 | 70 | 67 | 3 | 1 | 0 | 32 | 68 |
| 이문3동 | 7,713 | 51 | 44 | 7 | 48 | 43 | 4 | 1 | 0 | 56 | 44 |
| 장안1동 | 6,228 | 38 | 34 | 5 | 60 | 56 | 4 | 1 | 0 | 43 | 57 |
| 장안2동 | 3,990 | 56 | 47 | 9 | 42 | 36 | 6 | 1 | 0 | 63 | 37 |
| 장안3동 | 4,847 | 66 | 53 | 12 | 33 | 27 | 7 | 1 | 0 | 72 | 28 |
| 장안4동 | 4,911 | 46 | 41 | 5 | 53 | 50 | 3 | 1 | 0 | 49 | 51 |
| 전농1동 | 4,900 | 33 | 30 | 3 | 65 | 61 | 4 | 1 | 0 | 37 | 63 |
| 전농2동 | 2,526 | 33 | 30 | 3 | 65 | 62 | 3 | 2 | 0 | 36 | 64 |
| 전농3동 | 6,577 | 55 | 49 | 7 | 43 | 40 | 3 | 1 | 0 | 58 | 42 |
| 전농4동 | 4,795 | 28 | 26 | 3 | 70 | 68 | 2 | 1 | 0 | 31 | 69 |
| 제기1동 | 4,659 | 36 | 32 | 4 | 62 | 58 | 5 | 1 | 0 | 41 | 59 |
| 제기2동 | 6,257 | 40 | 35 | 6 | 58 | 54 | 3 | 2 | 0 | 44 | 56 |
| 청량리1동 | 4,928 | 49 | 41 | 8 | 50 | 46 | 4 | 1 | 0 | 53 | 47 |
| 청량리2동 | 3,794 | 37 | 34 | 3 | 61 | 58 | 2 | 2 | 0 | 40 | 60 |
| 회기동 | 5,103 | 30 | 25 | 5 | 67 | 63 | 4 | 2 | 1 | 35 | 65 |
| 휘경1동 | 6,884 | 34 | 30 | 4 | 64 | 61 | 3 | 2 | 0 | 37 | 63 |
| 휘경2동 | 8,217 | 46 | 40 | 6 | 51 | 47 | 4 | 2 | 0 | 51 | 49 |

장안3동 가구의 72%가 집을 소유하고 있고 12%는 두 채 이상 갖고 있다. 반면 용두1동 가구의 73%는 무주택자다. 장안3동 가구 중 7%는 어딘가에 집을 사놓고 셋방에 산다.

용두1동은 2%, 전농1동·전농2동·전농4동·답십리1동·청량리2동은 3%에 그쳤다.

동대문구 주택 소유자 45가구 중 4가구는 어딘가 자신 명의의 집이 있지만 사정이 있어 셋방에 사는 유주택 전월세 가구로, 장안3동 (7%)과 장안2동(6%)에서 가장 비중이 높다.

주택 소유자 중 유주택 전월세 가구를 제외한 41가구는 자기 집에 사는데 장안3동(66%)과 장안2동(56%), 전농3동(55%)에서 가장 비중이 높다.

한편 유주택 전월세를 포함한 57가구가 셋방에 사는데 용두1동 72%를 비롯해 전농4동과 이문2동 70%, 답십리1동과 답십리5동 68% 순으로 높다. 유주택 전월세를 제외한 54가구는 집이 아예 없는 무주택 전월세 가구인데, 용두2동(70%), 전농4동(68%), 이문2동 (67%) 순으로 비중이 높다.

## 동대문구에 있는 집이 100채라면 :
## 47채는 아파트, 33채는 단독주택

동대문구에는 집(주택과 주택 이외의 거처, 빈집 제외)이 8만1천 채가 있다. 동대문구에 있는 집이 100채라면 47채는 아파트고, 33채는 단독주택, 8채는 다세대주택이다. 7채는 연립주택, 2채는 상가 내 거처 등 비거주용 건물 내 주택이고, 4채는 오피스텔을 비롯한 주택 이외의 거처다.

답십리2동과 청량리1동, 전농3동과 장안2동·3동, 이문3동, 답십

표 2_3.64

# 서울시 동대문구 거처의 종류별·연건평별·건축년도별 주택

(단위 : 호, 가구, %)

| 행정구역 | 거처의 종류별 거처와 가구 | | | | | | | | | | | | | |
|---|---|---|---|---|---|---|---|---|---|---|---|---|---|---|
| | 계 | | 단독주택 | | 아파트 | | 연립주택 | | 다세대주택 | | 비거주용 건물 내 주택 | | 주택 이외의 거처 | |
| | 거처 | 가구 | 거처 | 가구 | 거처 | 가구 | 거처 | 가구 | 거처 | 가구 | 거처 | 가구 | 거처 | 가구 |
| 동대문구 | 81,305 | 131,388 | 33 | 56 | 47 | 29 | 7 | 4 | 8 | 5 | 2 | 3 | 4 | 3 |
| 답십리1동 | 1,721 | 3,873 | 63 | 83 | 24 | 11 | 5 | 2 | 6 | 3 | 2 | 1 | 0 | 0 |
| 답십리2동 | 3,840 | 4,957 | 14 | 33 | 82 | 63 | 1 | 1 | 3 | 3 | 1 | 1 | 0 | 0 |
| 답십리3동 | 1,726 | 2,453 | 28 | 47 | 63 | 45 | 4 | 3 | 1 | 0 | 3 | 4 | 0 | 0 |
| 답십리4동 | 3,851 | 4,809 | 19 | 34 | 72 | 57 | 4 | 3 | 4 | 3 | 1 | 2 | 0 | 0 |
| 답십리5동 | 1,735 | 3,613 | 58 | 79 | 21 | 10 | 1 | 0 | 2 | 1 | 1 | 0 | 17 | 9 |
| 신설동 | 1,938 | 2,899 | 38 | 52 | 39 | 26 | 2 | 2 | 1 | 1 | 6 | 8 | 14 | 11 |
| 용두1동 | 1,954 | 4,644 | 88 | 93 | 0 | 0 | 8 | 3 | 2 | 1 | 1 | 2 | 1 | 1 |
| 용두2동 | 2,105 | 3,759 | 52 | 70 | 5 | 3 | 6 | 3 | 15 | 9 | 6 | 6 | 17 | 9 |
| 이문1동 | 2,883 | 5,508 | 53 | 73 | 24 | 13 | 4 | 2 | 18 | 10 | 0 | 0 | 0 | 1 |
| 이문2동 | 4,430 | 8,433 | 41 | 67 | 23 | 12 | 6 | 3 | 21 | 12 | 1 | 1 | 9 | 5 |
| 이문3동 | 5,636 | 7,714 | 20 | 41 | 77 | 56 | 0 | 0 | 0 | 0 | 1 | 1 | 1 | 1 |
| 장안1동 | 3,658 | 6,230 | 24 | 48 | 22 | 13 | 31 | 20 | 3 | 1 | 4 | 5 | 16 | 12 |
| 장안2동 | 3,182 | 3,993 | 7 | 19 | 71 | 56 | 16 | 15 | 1 | 1 | 3 | 5 | 3 | 3 |
| 장안3동 | 4,253 | 4,847 | 6 | 15 | 77 | 68 | 15 | 15 | 0 | 0 | 1 | 1 | 1 | 1 |
| 장안4동 | 2,932 | 4,912 | 28 | 51 | 32 | 19 | 27 | 18 | 6 | 4 | 4 | 7 | 4 | 2 |
| 전농1동 | 2,701 | 4,902 | 50 | 71 | 28 | 15 | 3 | 2 | 16 | 9 | 2 | 2 | 0 | 0 |
| 전농2동 | 1,229 | 2,541 | 58 | 74 | 0 | 0 | 6 | 3 | 29 | 14 | 5 | 6 | 1 | 3 |
| 전농3동 | 5,642 | 6,582 | 18 | 29 | 78 | 67 | 1 | 1 | 2 | 2 | 0 | 1 | 0 | 0 |
| 전농4동 | 1,918 | 4,797 | 83 | 92 | 0 | 0 | 2 | 1 | 14 | 6 | 1 | 1 | 0 | 0 |
| 제기1동 | 3,157 | 4,663 | 47 | 63 | 42 | 29 | 0 | 0 | 10 | 7 | 1 | 1 | 1 | 1 |
| 제기2동 | 3,859 | 6,274 | 33 | 55 | 39 | 24 | 5 | 3 | 13 | 8 | 3 | 5 | 7 | 5 |
| 청량리1동 | 3,724 | 4,933 | 13 | 31 | 78 | 59 | 0 | 0 | 7 | 6 | 2 | 4 | 0 | 0 |
| 청량리2동 | 2,074 | 3,796 | 54 | 71 | 27 | 15 | 3 | 2 | 14 | 9 | 2 | 2 | 0 | 1 |
| 회기동 | 2,273 | 5,133 | 41 | 71 | 38 | 17 | 2 | 1 | 12 | 6 | 5 | 4 | 3 | 1 |
| 휘경1동 | 3,638 | 6,897 | 41 | 68 | 37 | 19 | 4 | 2 | 8 | 5 | 1 | 1 | 9 | 5 |
| 휘경2동 | 5,246 | 8,226 | 26 | 51 | 54 | 35 | 10 | 6 | 10 | 6 | 1 | 1 | 0 | 0 |

| 연건평별 주택 | | | | | 건축년도별 주택 | | | |
|---|---|---|---|---|---|---|---|---|
| 총 주택 수 | 14평 미만 | 14~19평 | 19~29평 | 29평 이상 | 총 주택 수 | 1995~ 2005년 | 1985~ 1994년 | 1985년 이전 |
| 78,376 | 12 | 19 | 34 | 34 | 78,376 | 51 | 24 | 25 |
| 1,721 | 15 | 18 | 23 | 44 | 1,721 | 38 | 36 | 26 |
| 3,840 | 19 | 25 | 33 | 23 | 3,840 | 73 | 22 | 5 |
| 1,718 | 8 | 14 | 45 | 32 | 1,718 | 5 | 33 | 62 |
| 3,846 | 25 | 19 | 36 | 20 | 3,846 | 64 | 24 | 13 |
| 1,446 | 9 | 9 | 26 | 56 | 1,446 | 23 | 39 | 38 |
| 1,676 | 12 | 31 | 34 | 23 | 1,676 | 16 | 63 | 22 |
| 1,936 | 19 | 15 | 25 | 41 | 1,936 | 10 | 19 | 71 |
| 1,757 | 15 | 16 | 24 | 45 | 1,757 | 47 | 21 | 32 |
| 2,875 | 16 | 29 | 21 | 35 | 2,875 | 46 | 32 | 22 |
| 4,049 | 17 | 15 | 26 | 42 | 4,049 | 43 | 34 | 24 |
| 5,566 | 12 | 27 | 35 | 26 | 5,566 | 82 | 10 | 9 |
| 3,060 | 2 | 9 | 35 | 55 | 3,060 | 38 | 25 | 37 |
| 3,102 | 1 | 6 | 64 | 28 | 3,102 | 74 | 7 | 20 |
| 4,204 | 1 | 21 | 53 | 25 | 4,204 | 79 | 4 | 18 |
| 2,824 | 2 | 12 | 39 | 47 | 2,824 | 25 | 21 | 55 |
| 2,694 | 24 | 22 | 21 | 33 | 2,694 | 48 | 26 | 27 |
| 1,213 | 10 | 20 | 31 | 39 | 1,213 | 31 | 41 | 29 |
| 5,642 | 19 | 25 | 30 | 26 | 5,642 | 61 | 28 | 12 |
| 1,915 | 11 | 15 | 23 | 51 | 1,915 | 24 | 42 | 34 |
| 3,137 | 18 | 27 | 30 | 25 | 3,137 | 55 | 12 | 33 |
| 3,602 | 8 | 14 | 43 | 36 | 3,602 | 56 | 18 | 26 |
| 3,719 | 19 | 11 | 36 | 34 | 3,719 | 49 | 19 | 32 |
| 2,072 | 7 | 30 | 31 | 32 | 2,072 | 38 | 13 | 48 |
| 2,199 | 6 | 15 | 40 | 39 | 2,199 | 25 | 55 | 20 |
| 3,322 | 10 | 23 | 28 | 39 | 3,322 | 55 | 28 | 17 |
| 5,241 | 10 | 19 | 37 | 34 | 5,241 | 60 | 23 | 17 |

용두1동은 93%가 단독주택에 산다. 반면 장안3동은 68%가 아파트에 산다. 장안1동은 12%가 주택 이외의 거처에 산다.

리3동·4동, 휘경2동은 아파트가 압도적으로 많다. 반면 용두1동과 전농4동, 답십리1동과 5동, 전농2동과 청량리2동, 이문1동은 단독주택이 훨씬 많다. 또 장안1동과 4동은 연립주택이 27~31%를, 전농2동과 이문2동은 다세대주택이 21~29%를, 장안1동에서는 주택 이외의 거처가 16%를 차지하고 있다.

동대문구 100가구 가운데 56가구는 단독주택에, 29가구는 아파트에, 5가구는 다세대주택에, 4가구는 연립주택에 산다. 또 3가구는 비거주용 건물 내 주택에, 다른 3가구는 오피스텔 등 주택 이외의 거처에 산다.

용두1동과 전농4동에 사는 사람의 90% 이상이 단독주택에 살고, 나머지 일부가 연립이나 다세대주택 등에 산다. 동대문구 26개 동네 가운데 18개 동네에서 절반 이상이 단독주택에 살고 있다.

반면 장안3동에 사는 사람의 68%, 전농3동에 사는 사람의 67%, 답십리2동에 사람의 63%는 아파트에 산다. 아파트 거주 가구 비중이 절반이 넘는 곳은 동대문구 26개 동네 가운데 7곳이다. 장안1동에 사는 사람의 20%는 연립주택에 살고, 12%는 오피스텔 등 주택 이외의 거처에 산다. 신설동 가구의 11%는 오피스텔 등 주택 이외의 거처에 살고 8%는 상가 등 비거주용 건물 내 주택에 산다. 전농2동 가구의 14%는 다세대주택에 산다.

지난 10년 동안 아파트와 다세대주택은 193%와 337%가 늘어난 반면, 연립주택은 33%, 단독주택은 19%가 줄었다. 이에 따라 전체 주택(주택 이외의 거처 제외)에서 차지하는 비중도 아파트는 22%에서 49%로, 다세대주택은 2%에서 8%로 증가했다. 반면 단독주택은 56%에서 34%로, 연립주택은 13%에서 7%로 줄었다.

크기별로는 29평 이상과 19~29평이 각 34채, 14~19평이 19채이며, 14평 미만은 12채가 있다. 답십리5동과 장안1동, 전농5동은 주택의 절반 이상이 29평 이상이며, 답십리4동과 전농1동은 14명 미만 주택이 24~25%에 이른다.

51채는 지은 지 10년(1995~2005년)이 안 된 새집이며, 지은 지 20년이 넘은 낡은 집은 25채로 조만간 재개발·재건축 대상 주택이 될 전망이다. 용두1동과 답십리3동, 장안4동은 주택의 절반 이상이 20년 넘은 집인 반면, 이문3동·장안2동·장안3동·답십리3동·답십리5동·휘경1동·휘경2동·전농3동·제기1동·제기2동 등은 절반 이상이 지은 지 10년이 안 된 집이다.


## 동대문구에서 지하 방에 사는 사람 :
## 답십리1동·전농4동 <u>20%</u> 이상 (반)지하 거주

동대문구에 사는 13만1천 가구를 100가구로 친다면 그 중 15가구는 식구에 비해 집이 너무 좁거나 시설이 제대로 갖춰지지 않아 인간다운 품위를 지키기 어려운 최저 주거 기준 미달 가구다.

또 100가구 가운데 86가구는 지상에 살지만, 12가구는 (반)지하에 살고, 2가구는 옥탑방에 산다. 전농4동과 답십리1동에 사는 사람의 20% 이상이 (반)지하 방에 산다. 답십리5동과 이문1동에 사는 사람의 19%, 전농1동과 휘경1동 사람의 16%도 (반)지하 방에 산다. 동대문구 26개 동 가운데 절반에 달하는 13개 동네에서 (반)지하 방 거주 비율이 절반이 넘는다. 또 전농4동과 답십리1동 사람의 5%는 옥탑방

표 2_3.65

# 서울시 동대문구 (반)지하 등 거주 가구

(단위 : 가구, %)

| 행정구역 | (반)지하 | | 옥탑 | | 기타 |
|---|---|---|---|---|---|
| | 가구 | 비중 | 가구 | 비중 | 가구 |
| 동대문구 | 15,099 | 12 | 3,128 | 2 | 302 |
| 답십리1동 | 851 | 22 | 191 | 5 | – |
| 답십리2동 | 391 | 8 | 67 | 1 | – |
| 답십리3동 | 192 | 8 | 27 | 1 | 8 |
| 답십리4동 | 329 | 7 | 62 | 1 | 6 |
| 답십리5동 | 696 | 19 | 122 | 3 | 16 |
| 신설동 | 126 | 4 | 51 | 2 | 3 |
| 용두1동 | 366 | 8 | 181 | 4 | – |
| 용두2동 | 315 | 8 | 80 | 2 | 1 |
| 이문1동 | 1,055 | 19 | 281 | 5 | – |
| 이문2동 | 1,265 | 15 | 257 | 3 | 2 |
| 이문3동 | 816 | 11 | 137 | 2 | – |
| 장안1동 | 768 | 12 | 193 | 3 | 175 |
| 장안2동 | 319 | 8 | 44 | 1 | – |
| 장안3동 | 232 | 5 | 36 | 1 | – |
| 장안4동 | 644 | 13 | 95 | 2 | – |
| 전농1동 | 771 | 16 | 128 | 3 | – |
| 전농2동 | 375 | 15 | 49 | 2 | 53 |
| 전농3동 | 271 | 4 | 32 | 0 | – |
| 전농4동 | 1,125 | 23 | 225 | 5 | 20 |
| 제기1동 | 225 | 5 | 46 | 1 | – |
| 제기2동 | 372 | 6 | 103 | 2 | 12 |
| 청량리1동 | 396 | 8 | 68 | 1 | – |
| 청량리2동 | 320 | 8 | 42 | 1 | – |
| 회기동 | 608 | 12 | 143 | 3 | – |
| 휘경1동 | 1,123 | 16 | 302 | 4 | 5 |
| 휘경2동 | 1,148 | 14 | 166 | 2 | 1 |

전농4동과 답십리1동은 가구의 20% 이상이 (반)지하에 산다. 답십리5동과 이문1동 19%를 비롯해 다른 11개 동네에서도 10% 이상이 (반)지하에 산다.

에 산다.

동대문구 100가구 가운데 거실이나 부엌을 각각 1개의 방으로 쳐서 방 3개 이하에서 셋방살이를 떠도는 가구는 40가구에 달하지만, 공공 임대주택은 3채에 불과하다. 중앙정부와 지방정부가 열악한 주거 상황에 놓인 부동산 서민들의 고통을 해결하려면 공공 임대주택을 비롯한 더 많은 주거 복지 정책을 펴야 하는 이유다.


## 동대문구 유권자가 100명이라면

정당 지지도를 알 수 있는 최근 네 차례 선거(제3~4회 동시지방선거, 제17~18대 총선)를 기준으로 동대문구 유권자 수는 대략 29만~31만 명이며 평균 투표율은 52%였다.

동대문구 유권자가 100명이라면 2002년 지방선거에서는 52명이 한나라당을, 38명이 새천년민주당을, 5명이 민주노동당을, 2명이 자민련을 각각 지지했다.

2004년 총선에서는 38명이 열린우리당을, 37명이 한나라당을, 12명이 민주노동당을, 9명이 새천년민주당을, 2명이 자민련을 찍었다.

2006년 지방선거에서는 57명이 한나라당을, 22명이 열린우리당을, 11명이 민주당을, 9명이 민주노동당을 지지했다.

2008년 총선에서는 41명이 한나라당을, 29명이 통합민주당을, 11명이 친박연대를 찍었다. 또한 4명은 민주노동당을, 다른 4명은 창조한국당을 또 다른 4명은 자유선진당을, 3명은 진보신당을 찍었다.

네 차례 선거에서 동네별 투표율은 청량리1동·답십리2동·전농3

동·답십리4동에서 가장 높았다. 반면 이문1동·용두1동·답십리1동·이문2동에서 가장 낮았다. 청량리1동과 이문1동의 투표율 격차는 최소 6%에서 최대 10% 사이다.

한나라당 득표율은 네 차례 선거 모두 청량리1동에서 가장 높았고 전농2동·청량리2동·회기동·제기1동에서도 상대적으로 높았다. 반면 이문1동에서 항상 가장 낮았고 답십리1동·전농1동·답십리5동·용두1동에서도 상대적으로 낮았다. 청량리1동과 이문1동의 한나라당 득표율 격차는 최소 10%에서 최대 13%까지 벌어졌다.

민주(＋열린우리)당 득표율은 답십리1동·용두1동·전농1동·답십리5동에서 상대적으로 높았다. 반면 청량리1동·회기동·전농2동·이문2동·청량리2동에서 상대적으로 낮았다. 답십리1동과 청량리1동의 득표율 격차는 최소 9%에서 최대 12% 사이다.

민주노동당＋진보신당 득표율은 이문2동과 회기동에서 상대적으로 높았다.

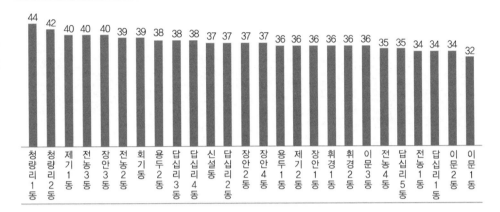

**그림 2_3.43**

## 서울시 동대문구 동네별 한나라당 득표율

2004년 총선(단위 : %)

44 청량리1동
42 청량리2동
40 제기1동
40 전농3동
40 장안3동
39 전농2동
39 회기동
38 용두2동
38 답십리3동
38 답십리4동
37 신설동
37 답십리2동
37 장안2동
37 장안4동
36 용두1동
36 제기2동
36 장안1동
36 휘경1동
36 휘경2동
36 이문3동
35 전농4동
35 답십리5동
34 전농1동
34 답십리1동
34 이문2동
32 이문1동

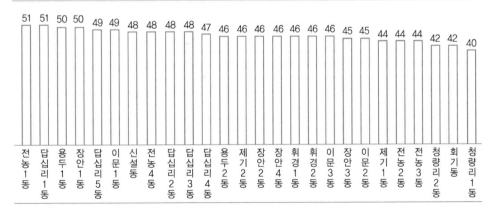

**그림 2_3.44**

## 서울시 동대문구 동네별 민주(＋열린우리)당 득표율

2004년 총선(단위 : %)

51 전농1동
51 답십리1동
50 용두1동
50 장안1동
49 답십리5동
49 이문1동
48 신설동
48 전농4동
48 답십리2동
48 답십리3동
47 답십리4동
46 용두2동
46 제기2동
46 장안2동
46 장안4동
46 휘경1동
46 휘경2동
46 이문3동
45 장안3동
45 이문2동
44 제기1동
44 전농2동
44 전농3동
42 청량리2동
42 회기동
40 청량리1동

표 2_3.66

# 서울시 동대문구 역대 선거 투표율과 정당 지지율

2002~2008년(단위 : 명, %)

| 행정구역 | 2002년 지방선거 | | | | | | | 2004년 총선 | | | | | | | |
|---|---|---|---|---|---|---|---|---|---|---|---|---|---|---|---|
| | 선거인 수 | 투표율 | 한나라당 | 새천년민주당 | 자민련 | 민주노동당 | 기타정당 | 선거인 수 | 투표율 | 한나라당 | 새천년민주당 | 열린우리당 | 자민련 | 민주노동당 | 기타정당 |
| 동대문구 | 293,982 | 48 | 52 | 38 | 2 | 5 | 2 | 298,000 | 63 | 37 | 9 | 38 | 2 | 12 | 2 |
| 답십리1동 | 9,012 | 45 | 48 | 43 | 2 | 5 | 1 | 8,968 | 60 | 34 | 10 | 40 | 2 | 11 | 2 |
| 답십리2동 | 12,277 | 50 | 51 | 40 | 2 | 5 | 2 | 12,267 | 67 | 37 | 10 | 39 | 2 | 11 | 2 |
| 답십리3동 | 6,145 | 52 | 54 | 37 | 2 | 4 | 2 | 6,072 | 65 | 38 | 11 | 37 | 2 | 11 | 2 |
| 답십리4동 | 11,480 | 51 | 54 | 37 | 2 | 4 | 2 | 11,419 | 66 | 38 | 10 | 38 | 2 | 11 | 2 |
| 답십리5동 | 8,522 | 46 | 49 | 42 | 2 | 4 | 3 | 7,776 | 61 | 35 | 12 | 37 | 2 | 12 | 2 |
| 신설동 | 6,803 | 47 | 50 | 41 | 2 | 4 | 2 | 6,809 | 57 | 37 | 10 | 37 | 2 | 10 | 2 |
| 용두1동 | 11,001 | 44 | 49 | 41 | 3 | 5 | 2 | 10,318 | 56 | 36 | 11 | 39 | 2 | 10 | 2 |
| 용두2동 | 8,165 | 48 | 52 | 39 | 2 | 4 | 2 | 8,053 | 59 | 38 | 9 | 37 | 2 | 12 | 3 |
| 이문1동 | 11,542 | 43 | 47 | 42 | 2 | 6 | 3 | 12,225 | 59 | 32 | 8 | 41 | 2 | 15 | 2 |
| 이문2동 | 14,622 | 44 | 50 | 37 | 2 | 8 | 3 | 14,413 | 60 | 34 | 7 | 38 | 2 | 17 | 3 |
| 이문3동 | 14,756 | 46 | 50 | 39 | 3 | 6 | 2 | 17,972 | 64 | 36 | 8 | 39 | 2 | 14 | 2 |
| 장안1동 | 13,807 | 47 | 52 | 41 | 2 | 3 | 2 | 13,563 | 59 | 36 | 12 | 39 | 2 | 10 | 2 |
| 장안2동 | 8,750 | 44 | 54 | 38 | 2 | 4 | 2 | 5,664 | 57 | 37 | 10 | 37 | 3 | 11 | 3 |
| 장안3동 | 7,354 | 45 | 51 | 40 | 3 | 4 | 2 | 12,124 | 66 | 40 | 9 | 36 | 2 | 11 | 2 |
| 장안4동 | 12,261 | 47 | 55 | 37 | 2 | 4 | 2 | 12,180 | 64 | 37 | 9 | 36 | 3 | 12 | 2 |
| 전농1동 | 11,579 | 46 | 50 | 41 | 2 | 5 | 2 | 11,047 | 60 | 34 | 10 | 40 | 2 | 11 | 2 |
| 전농2동 | 5,732 | 49 | 57 | 33 | 3 | 5 | 3 | 5,907 | 60 | 39 | 8 | 36 | 2 | 12 | 3 |
| 전농3동 | 17,039 | 48 | 56 | 35 | 2 | 5 | 2 | 16,878 | 67 | 40 | 9 | 35 | 2 | 12 | 2 |
| 전농4동 | 11,135 | 50 | 52 | 38 | 2 | 5 | 2 | 10,664 | 61 | 35 | 9 | 39 | 2 | 12 | 2 |
| 제기1동 | 11,990 | 44 | 54 | 35 | 2 | 6 | 3 | 11,496 | 60 | 40 | 8 | 36 | 2 | 12 | 2 |
| 제기2동 | 10,462 | 43 | 53 | 35 | 2 | 7 | 2 | 12,129 | 62 | 36 | 8 | 38 | 3 | 13 | 2 |
| 청량리1동 | 12,434 | 50 | 60 | 31 | 2 | 5 | 2 | 12,214 | 65 | 44 | 7 | 33 | 2 | 11 | 3 |
| 청량리2동 | 8,490 | 46 | 54 | 36 | 3 | 5 | 2 | 8,672 | 59 | 42 | 7 | 35 | 2 | 12 | 2 |
| 회기동 | 9,232 | 47 | 58 | 31 | 2 | 7 | 2 | 9,386 | 61 | 39 | 5 | 36 | 2 | 15 | 3 |
| 휘경1동 | 13,534 | 43 | 51 | 38 | 3 | 6 | 2 | 14,463 | 60 | 36 | 7 | 39 | 2 | 15 | 2 |
| 휘경2동 | 19,494 | 46 | 52 | 36 | 2 | 7 | 3 | 18,815 | 64 | 36 | 8 | 38 | 2 | 14 | 2 |

| 2006년 지방선거 | | | | | | | 2008년 총선 | | | | | | | | | |
| 선거인 수 | 투표율 | 열린우리당 | 한나라당 | 민주당 | 민주노동당 | 기타정당 | 선거인 수 | 투표율 | 통합민주당 | 한나라당 | 자유선진당 | 민주노동당 | 창조한국당 | 친박연대 | 진보신당 | 기타정당 |
|---|---|---|---|---|---|---|---|---|---|---|---|---|---|---|---|---|
| 305,097 | 50 | 22 | 57 | 11 | 9 | 1 | 303,788 | 46 | 29 | 41 | 4 | 4 | 4 | 11 | 3 | 4 |
| 8,687 | 46 | 23 | 54 | 14 | 9 | 1 | 8,622 | 41 | 33 | 38 | 4 | 3 | 3 | 11 | 2 | 5 |
| 12,202 | 53 | 21 | 55 | 13 | 10 | 1 | 12,017 | 50 | 32 | 40 | 4 | 4 | 4 | 10 | 3 | 3 |
| 5,883 | 52 | 20 | 58 | 14 | 8 | 1 | 3,944 | 47 | 31 | 43 | 4 | 3 | 4 | 11 | 2 | 3 |
| 11,394 | 52 | 21 | 56 | 12 | 9 | 1 | 11,940 | 48 | 31 | 39 | 4 | 4 | 3 | 12 | 3 | 4 |
| 7,834 | 45 | 20 | 53 | 17 | 9 | 1 | 8,436 | 42 | 33 | 39 | 4 | 3 | 4 | 10 | 2 | 4 |
| 6,991 | 48 | 18 | 58 | 15 | 8 | 1 | 7,144 | 42 | 28 | 45 | 4 | 3 | 4 | 10 | 3 | 3 |
| 9,542 | 45 | 23 | 52 | 16 | 7 | 2 | 7,426 | 43 | 32 | 41 | 3 | 4 | 4 | 12 | 2 | 3 |
| 8,563 | 48 | 21 | 58 | 11 | 9 | 1 | 8,525 | 42 | 29 | 43 | 4 | 4 | 4 | 10 | 3 | 4 |
| 11,600 | 44 | 24 | 53 | 11 | 11 | 1 | 11,574 | 43 | 30 | 37 | 4 | 6 | 5 | 11 | 4 | 4 |
| 15,490 | 47 | 21 | 56 | 10 | 13 | 1 | 15,470 | 43 | 24 | 41 | 4 | 5 | 6 | 11 | 5 | 4 |
| 17,731 | 52 | 21 | 57 | 11 | 10 | 1 | 18,199 | 48 | 29 | 40 | 4 | 5 | 5 | 11 | 3 | 4 |
| 14,687 | 46 | 21 | 57 | 13 | 8 | 1 | 14,815 | 42 | 33 | 39 | 4 | 4 | 4 | 11 | 2 | 4 |
| 10,782 | 52 | 20 | 60 | 11 | 9 | 1 | 13,210 | 46 | 29 | 38 | 4 | 3 | 5 | 12 | 3 | 5 |
| 13,135 | 53 | 18 | 62 | 11 | 8 | 1 | 13,911 | 48 | 29 | 41 | 5 | 3 | 4 | 11 | 3 | 4 |
| 11,947 | 49 | 18 | 59 | 13 | 8 | 1 | 11,781 | 45 | 30 | 40 | 4 | 3 | 4 | 12 | 2 | 4 |
| 11,705 | 48 | 23 | 54 | 13 | 9 | 2 | 11,752 | 43 | 35 | 37 | 4 | 3 | 3 | 11 | 3 | 3 |
| 5,899 | 47 | 19 | 60 | 9 | 10 | 1 | 5,930 | 43 | 26 | 44 | 3 | 4 | 4 | 11 | 3 | 5 |
| 16,517 | 54 | 21 | 60 | 9 | 9 | 1 | 14,836 | 49 | 29 | 41 | 4 | 3 | 4 | 12 | 3 | 4 |
| 10,465 | 51 | 22 | 55 | 10 | 11 | 1 | 10,457 | 45 | 32 | 38 | 4 | 4 | 4 | 11 | 3 | 4 |
| 11,337 | 48 | 21 | 60 | 10 | 8 | 1 | 11,270 | 45 | 27 | 43 | 3 | 4 | 4 | 12 | 3 | 3 |
| 13,394 | 48 | 23 | 56 | 10 | 10 | 2 | 13,068 | 45 | 28 | 41 | 4 | 5 | 4 | 10 | 4 | 4 |
| 12,149 | 54 | 19 | 64 | 9 | 7 | 1 | 11,951 | 52 | 23 | 47 | 4 | 4 | 4 | 13 | 3 | 3 |
| 8,674 | 50 | 23 | 59 | 9 | 7 | 1 | 8,738 | 47 | 27 | 45 | 4 | 4 | 3 | 12 | 2 | 3 |
| 9,468 | 47 | 21 | 57 | 8 | 13 | 1 | 9,387 | 43 | 23 | 44 | 3 | 5 | 6 | 10 | 5 | 3 |
| 14,044 | 48 | 21 | 56 | 10 | 11 | 1 | 14,305 | 44 | 26 | 41 | 4 | 6 | 4 | 12 | 3 | 3 |
| 18,924 | 51 | 21 | 57 | 11 | 11 | 1 | 19,811 | 47 | 29 | 39 | 4 | 5 | 4 | 11 | 4 | 4 |

투표율은 청량리1동, 답십리2동, 전농3동, 답십리4동에서 높았다. 한나라당 득표율은 청량리1동에서 가장 높았다. 민주(+열린우리)당 득표율은 답십리1동, 용두1동, 전농1동, 답십리5동에서 상대적으로 높았다.

## 숫자 100으로 본 서울시 동작구 20개 동네

동작구에는 2005년 현재 20개 동에 있는 주택 8만7천4백채와 오피스텔 4백 채 등 거처 8만8천 곳에 41만 명이 살고 있다.

서울시 동작구가 100명이 사는 마을이라면 어떤 모습일까?

## 숫 자  1 0 0 으 로  본  동 작 구

동작구에 사는 19세 이상 인구 100명 중 대학 이상 학력자는 44명으로 서울 25개 구 중 서초구·강남구·송파구에 이어 네 번째로 많다. 종교 인구는 서울시 평균과 비슷한 56%이며, 미혼자 비율은 높은 편이다.

취업자 100명 중 봉급자 비중은 75%로 높은 편이며 특히 전문가, 기술직 및 준전문가, 사무직으로 일하는 사람이 많다. 출퇴근 시간이 1시간 이상 걸리는 직장인 비중은 그리 높지 않지만 30분 이상 걸리는 직장인 비중은 상당히 높다.

주택 소유자는 50%로 서울시 평균 수준인데 단독주택 거주자가 많고 소형 주택은 서울시 평균에 비해 적으며 자가용 보유 가구도 적

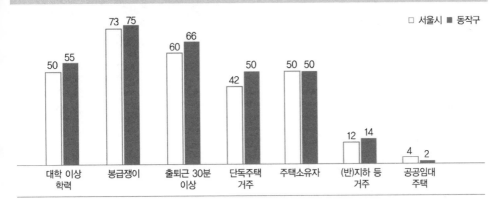

그림 2_3.45

## 서울시와 동작구 주요 지수 평균 비교

(단위 : %)

□ 서울시　■ 동작구

| 대학 이상 학력 | 봉급쟁이 | 출퇴근 30분 이상 | 단독주택 거주 | 주택소유자 | (반)지하 등 거주 | 공공임대 주택 |
|---|---|---|---|---|---|---|
| 50 / 55 | 73 / 75 | 60 / 66 | 42 / 50 | 50 / 50 | 12 / 14 | 4 / 2 |

은 편이다. 가구의 14%는 (반)지하나 옥탑방에 살고, 34%는 부엌과 거실을 포함해 방 3칸 이하 셋방에 산다. 그러나 공공 임대주택은 전체 가구의 2%에 불과하다.

최근 7년간 동작구에서 한나라당은 34~54%를, 민주(＋열린우리)당은 33~47%를, 민주노동당＋진보신당은 6~14%를 각각 얻었다. 하지만 동네별로는 차이가 컸다.

## 동작구 인구가 100명이라면 : 대학 이상 학력자 55명, 종교 인구 56명

동작구 인구 41만 명을 100명으로 친다면 남자 대 여자의 수는 50 대 50으로 균형을 이루고 있다. 21명은 어린이와 청소년이고(19살 미만),

79명은 어른이다. 어른 가운데 8명은 노인(65세 이상)이다.

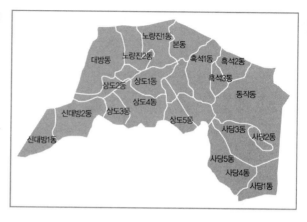

지역적으로는 대방동에 9명, 상도4동·노량진1동·사당3동에 7명씩, 신대방1동·사당1동·상도3동에 6명씩 산다. 상도1동·상도2동·상도5동·신대방2동·동작동·노량진2동엔 5명씩 살고, 흑석1동·사당5동엔 4명씩 산다. 본동·사당2동·사당4동·흑석2동엔 3명씩 살고 흑석3동엔 2명이 산다.

종교를 보면, 24명은 개신교, 16명은 불교, 15명은 천주교 신자다. 43명은 종교를 갖고 있지 않다.

학력은 어떨까. 55명이 대학 이상의 학력을 가지고 있는데 이 중 6명은 석사과정 이상의 공부를 하였다(19세 이상 기준). 사당2동은 19세 이상 인구 중 대학 이상 학력 인구가 76%로 가장 높다.

38명은 미혼이며, 62명은 결혼했다. 결혼한 사람 가운데 6명은 남편이나 아내가 먼저 사망했고 2명은 이혼했다(15세 이상 기준). 4명은 몸이 불편하거나 정신 장애로 정상적인 활동에 제약을 느끼고 있다.

거주 기간을 보면, 37명은 현재 살고 있는 집에 산 지 5년이 넘었으나 63명은 5년 이내에 새로 이사 왔다(5살 이상 기준). 이사 온 사람 중 35명은 동작구 안의 다른 동에서, 14명은 서울 안의 다른 구에서, 다른 14명은 서울 바깥에서 이사 왔다.

표 2_3.67

# 서울시 동작구 성별·종교별·학력별 인구

(단위 : 명, %)

| 행정구역 | 남녀/외국인 | | | | 종교 인구 | | | | | | | 대학 이상 학력 인구 | | | | | | |
| | 총인구 | 남자 | 여자 | 외국인 | 인구수 (내국인) | 종교 있음 | | | | | 종교 없음 | 19세 이상 인구 | 계 | 4년제 미만 | | 4년제 이상 | | 대학원 이상 |
| | | | | | | 계 | 불교 | 개신교 | 천주교 | 기타 | | | | 계 | 재학 | 계 | 재학 | |
|---|---|---|---|---|---|---|---|---|---|---|---|---|---|---|---|---|---|---|
| 동작구 | 409,519 | 50 | 50 | 0 | 407,644 | 56 | 16 | 24 | 15 | 1 | 43 | 322,118 | 55 | 13 | 2 | 37 | 8 | 6 |
| 노량진1동 | 29,924 | 53 | 47 | 0 | 29,853 | 54 | 15 | 24 | 14 | 1 | 45 | 24,291 | 67 | 14 | 3 | 48 | 10 | 5 |
| 노량진2동 | 18,496 | 51 | 49 | 1 | 18,323 | 53 | 17 | 24 | 11 | 1 | 47 | 14,902 | 47 | 14 | 3 | 30 | 7 | 2 |
| 대방동 | 37,068 | 50 | 50 | 0 | 37,004 | 57 | 16 | 23 | 17 | 1 | 42 | 27,762 | 58 | 12 | 2 | 39 | 9 | 7 |
| 동작동 | 18,606 | 49 | 51 | 0 | 18,514 | 57 | 17 | 25 | 15 | 1 | 42 | 14,917 | 51 | 11 | 2 | 34 | 6 | 6 |
| 본동 | 14,304 | 50 | 50 | 0 | 14,259 | 55 | 16 | 23 | 16 | 1 | 45 | 11,121 | 54 | 12 | 2 | 36 | 6 | 6 |
| 사당1동 | 23,882 | 48 | 52 | 0 | 23,805 | 56 | 18 | 23 | 15 | 1 | 44 | 19,910 | 56 | 13 | 2 | 35 | 8 | 5 |
| 사당2동 | 12,513 | 48 | 52 | 0 | 12,488 | 60 | 15 | 25 | 19 | 1 | 40 | 10,085 | 76 | 7 | 1 | 56 | 10 | 13 |
| 사당3동 | 28,957 | 49 | 51 | 0 | 28,838 | 58 | 16 | 26 | 15 | 1 | 41 | 23,013 | 58 | 12 | 2 | 39 | 9 | 7 |
| 사당4동 | 13,599 | 49 | 51 | 1 | 13,528 | 56 | 16 | 25 | 14 | 1 | 44 | 10,852 | 47 | 12 | 2 | 31 | 6 | 4 |
| 사당5동 | 15,739 | 49 | 51 | 0 | 15,724 | 57 | 16 | 28 | 12 | 1 | 42 | 12,116 | 56 | 14 | 2 | 36 | 7 | 6 |
| 상도1동 | 18,432 | 50 | 50 | 0 | 18,378 | 57 | 15 | 27 | 14 | 1 | 43 | 14,393 | 57 | 13 | 3 | 37 | 9 | 7 |
| 상도2동 | 21,438 | 49 | 51 | 0 | 21,358 | 57 | 18 | 24 | 14 | 1 | 43 | 17,154 | 50 | 12 | 2 | 33 | 6 | 5 |
| 상도3동 | 22,708 | 49 | 51 | 0 | 22,666 | 54 | 16 | 25 | 12 | 1 | 44 | 17,847 | 44 | 16 | 3 | 25 | 5 | 3 |
| 상도4동 | 30,530 | 50 | 50 | 0 | 30,461 | 57 | 17 | 25 | 13 | 1 | 42 | 23,419 | 43 | 15 | 2 | 25 | 5 | 3 |
| 상도5동 | 18,444 | 51 | 49 | 0 | 18,370 | 59 | 16 | 26 | 16 | 1 | 41 | 14,739 | 67 | 11 | 2 | 46 | 14 | 9 |
| 신대방1동 | 24,883 | 50 | 50 | 2 | 24,323 | 56 | 17 | 23 | 15 | 1 | 44 | 18,394 | 56 | 13 | 2 | 37 | 6 | 7 |
| 신대방2동 | 21,205 | 49 | 51 | 0 | 21,187 | 56 | 16 | 24 | 16 | 1 | 43 | 16,358 | 57 | 14 | 2 | 36 | 6 | 7 |
| 흑석1동 | 16,595 | 52 | 48 | 1 | 16,484 | 55 | 18 | 21 | 15 | 1 | 44 | 13,273 | 62 | 11 | 2 | 46 | 21 | 5 |
| 흑석2동 | 12,411 | 48 | 52 | 1 | 12,325 | 59 | 18 | 24 | 16 | 1 | 40 | 9,773 | 57 | 11 | 2 | 38 | 7 | 8 |
| 흑석3동 | 9,785 | 49 | 51 | 0 | 9,756 | 54 | 19 | 20 | 14 | 1 | 46 | 7,799 | 41 | 11 | 2 | 27 | 7 | 3 |

신대방1동에 사는 사람의 2%는 외국인이다. 사당2동은 60%가 종교를 갖고 있는 반면 노량진2동은 47%가 종교 없이 산다. 대학 이상 학력자 비중은 사당2동에서 가장 높고 흑석3동에서 가장 낮다.

## 동작구에 사는 취업자가 100명이라면 :
## 75명은 봉급쟁이

동작구에 사는 15세 이상 인구 34만 명 가운데 취업해 직장에 다니는 사람(취업자)은 16만5천 명이다. 동작구 취업자가 100명이라면 55명은 30~40대, 23명은 20대이며, 15명은 50대다. 65세 이상 노인 2명도 일하고 있다.

75명은 회사에서 봉급을 받고 일하는 직장인이다. 14명은 고용한 사람 없이 혼자서 일하는 자영업자이며, 8명은 누군가를 고용해 사업체를 경영하는 사업주다. 3명은 가족이 운영하는 사업체에서 보수 없이 일하고 있다.

직업은 사무직 23명, 전문가 16명, 판매직과 기술직 및 준전문가 각 13명, 서비스직 10명이다. 또 8명은 기능직, 7명은 단순 노무직, 5명은 장치 기계 조작 및 조립직, 4명은 고위 관리직으로 각각 일하고 있다.

직장으로 출근하는 데 30분 이상 걸리는 사람은 67명으로, 그 가운데 20명은 1시간 이상 걸린다. 16명은 걸어서 출근하고 84명은 교통수단을 이용해 출근한다. 84명 가운데 26명은 자가용으로, 다른 26명은 전철로, 19명은 시내버스로 출근한다. 2명은 통근 버스로 출근한다. 9명은 전철과 버스 또는 승용차를 갈아타며 출근한다.

88명은 사무실이나 공장 등에서 일하는 반면, 7명은 야외나 거리 또는 운송 수단에서 일한다. 2명은 자기 집에서, 2명은 남의 집에서 일한다.

## 동작구에 100가구가 산다면 :
## 54가구는 셋방살이

동작구에는 13만6,900가구가 산다(일반 가구 기준). 동작구에 사는 가구를 100가구로 친다면 43가구는 식구가 한 명 또는 두 명인 1, 2인 가구이며, 이 가운데 21가구는 나 홀로 사는 1인 가구다. 식구 4명은 26가구, 3명은 22가구, 5명은 7가구다.

44가구는 자신이 소유한 집에서 살고, 54가구는 셋방에 살며, 2가구는 직장의 사택이나 친척집 등에서 무상으로 살고 있다. 자기 집에 사는 가구 중 6가구는 현재 살고 있는 집 외에 최소 한 채에서 여러 채를 소유한 다주택자들이다.

셋방 사는 가구 가운데 35가구는 전세에, 17가구는 보증금 있는 월세에, 2가구는 보증금 없는 월세 또는 사글세에 살고 있다. 셋방 사는 가구 중 5가구는 어딘가에 자신 명의의 집을 소유하고 있으나 경제 사정이나 자녀 교육, 직장 등의 사정으로 셋방에 살고 있다.

65가구는 현재 사는 집으로 이사 온 지 5년이 안 되며, 이 가운데 36가구는 2년이 안 된다. 18가구는 5~10년이 됐고, 17가구는 10년이 넘었다.

52가구는 자동차를 소유하고 있고 이 가운데 40가구는 자기 집에 전용 주차장이 있다. 자동차 소유 가구 중 7가구는 차를 2대 이상 소유하고 있다.

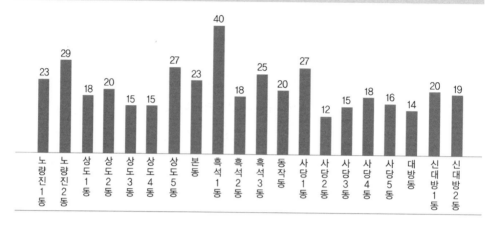

**그림 2_3.46**

## 서울시 동작구 동네별 1인 가구

(단위 : %)

노량진1동 23
노량진2동 29
상도1동 18
상도2동 20
상도3동 15
상도4동 15
상도5동 27
본동 23
흑석1동 40
흑석2동 18
흑석3동 25
동작동 20
사당1동 27
사당2동 12
사당3동 15
사당4동 18
사당5동 16
대방동 14
신대방1동 20
신대방2동 19

**집 많은 사람, 집 없는 사람 :**

**사당2동 73% 주택 소유, 노량진2동 68% 무주택**

동작구에 사는 100가구 중 50가구는 주택 소유자이고, 50가구는 무주택자다. 19개 동네 가운데 10개 동네는 주택 소유자가 더 많고 9개 동네는 무주택자가 더 많으며 한 개 동네는 50 대 50으로 비슷하다. 동네별 주택 소유자는 사당2동 73%를 비롯해 사당3동 59%, 신대방1동 57%, 상도3동 56% 순으로 높다. 반면 무주택자는 노량진2동 68%를 비롯해 흑석1동 65%, 흑석3동과 사당1동 63% 순으로 높다.

동작구 가구의 6%는 집을 두 채 이상 소유한 다주택자다. 동네별로는 사당2동 13%를 비롯해 사당3동·사당5동 9%, 흑석2동·상도5동·신대방1동 8% 순이다. 반면 노량진2동 3%를 비롯해 흑석1동과

표 2_3.68

## 서울시 동작구의 다주택자

(단위 : 가구, 호)

| 구분 | | | 가구 수 | 주택 수 | 평균 주택 수 |
|---|---|---|---|---|---|
| 일반 가구 | | | 136,863 | – | – |
| 자가 가구 | | | 61,083 | – | – |
| 다주택 가구 | 통계청 | | 8,824 | – | – |
| | 행자부 | 계 | 5,400 | 13,558 | 3 |
| | | 2채 | 4,835 | 9,670 | 2 |
| | | 3채 | 1 | 1 | 3 |
| | | 4채 | 156 | 624 | 4 |
| | | 5채 | 103 | 515 | 5 |
| | | 6~10채 | 238 | 1,737 | 7 |
| | | 11채 이상 | 67 | 1,011 | 15 |

흑석3동, 사당1동은 4%에 그쳤다.

동작구 주택 소유자 50가구 중 5가구는 어딘가 자신 명의의 집이 있지만 사정이 있어 셋방에 사는 유주택 전월세 가구로, 사당2동 (11%)과 사당3동(8%)에서 가장 비중이 높다.

주택 소유자 중 유주택 전월세 가구를 제외한 45가구는 자기 집에 사는데, 사당2동(62%)과 대방동·신대방1동(52%)에서 가장 비중이 높다.

한편 유주택 전월세를 포함한 54가구가 셋방에 사는데 노량진2동 71%를 비롯해 흑석1동(67%), 사당1동(66%), 흑석3동(65%) 순으로 높다. 유주택 전월세를 제외한 49가구는 집이 아예 없는 무주택 전월 세 가구인데 노량진2동(67%), 흑석1동(63%), 사당1동(62%), 흑석3 동(61%) 순이다.

표 2_3.69

## 서울시 동작구 주택의 점유·소유 형태별 가구

(단위 : 가구, %)

| 행정구역 | 전체 가구 | 자기 집에 거주 | | | 셋방에 거주 | | | 무상으로 거주 | | 주택 소유 | 무주택 |
|---|---|---|---|---|---|---|---|---|---|---|---|
| | | 계 | 집 한 채 | 집 여러 채 | 계 | 집 없음 | 집 있음 | 집 없음 | 집 있음 | | |
| 동작구 | 136,863 | 45 | 38 | 6 | 54 | 49 | 5 | 1 | 0 | 50 | 50 |
| 노량진1동 | 7,998 | 44 | 38 | 6 | 55 | 50 | 5 | 1 | 0 | 49 | 51 |
| 노량진2동 | 6,779 | 27 | 24 | 3 | 71 | 67 | 4 | 2 | 0 | 32 | 68 |
| 대방동 | 11,630 | 52 | 46 | 6 | 46 | 41 | 6 | 1 | 0 | 58 | 42 |
| 동작동 | 6,552 | 40 | 33 | 7 | 58 | 52 | 6 | 2 | 0 | 46 | 54 |
| 본동 | 4,864 | 44 | 36 | 7 | 55 | 49 | 6 | 1 | 0 | 50 | 50 |
| 사당1동 | 8,948 | 33 | 29 | 4 | 66 | 62 | 4 | 1 | 0 | 37 | 63 |
| 사당2동 | 4,092 | 62 | 50 | 13 | 36 | 26 | 11 | 1 | 0 | 73 | 27 |
| 사당3동 | 9,335 | 51 | 42 | 9 | 47 | 39 | 8 | 1 | 0 | 59 | 41 |
| 사당4동 | 4,617 | 40 | 34 | 6 | 59 | 55 | 4 | 1 | 0 | 44 | 56 |
| 사당5동 | 5,224 | 46 | 36 | 9 | 53 | 47 | 5 | 1 | 0 | 51 | 49 |
| 상도1동 | 6,064 | 48 | 42 | 7 | 51 | 45 | 5 | 1 | 0 | 54 | 46 |
| 상도2동 | 7,408 | 42 | 36 | 6 | 56 | 52 | 5 | 1 | 0 | 47 | 53 |
| 상도3동 | 7,212 | 52 | 47 | 5 | 47 | 43 | 4 | 1 | 0 | 56 | 44 |
| 상도4동 | 9,875 | 47 | 42 | 5 | 51 | 48 | 3 | 2 | 0 | 51 | 49 |
| 상도5동 | 6,646 | 47 | 40 | 8 | 52 | 47 | 5 | 1 | 0 | 53 | 47 |
| 신대방1동 | 8,152 | 52 | 44 | 8 | 47 | 42 | 5 | 1 | 0 | 57 | 43 |
| 신대방2동 | 6,975 | 49 | 41 | 7 | 46 | 42 | 4 | 4 | 1 | 54 | 46 |
| 흑석1동 | 6,739 | 31 | 27 | 4 | 67 | 63 | 4 | 2 | 0 | 35 | 65 |
| 흑석2동 | 4,180 | 47 | 40 | 8 | 51 | 45 | 6 | 1 | 0 | 53 | 47 |
| 흑석3동 | 3,573 | 33 | 28 | 4 | 65 | 61 | 4 | 2 | 0 | 37 | 63 |

사당2동은 73%가 집을 소유하고 있고 13%는 두 채 이상 갖고 있다. 반면 노량진2동에 사는 가구의 68%는 무주택자다. 사당2동 가구 중 11%는 어딘가에 집을 사놓고 셋방에 산다.

## 동작구에 있는 집이 100채라면 :
## 47채는 아파트, 25채는 단독주택, 20채는 다세대주택

동작구에는 집(주택과 주택 이외의 거처, 빈집 제외)이 8만8천 채가 있다. 동작구에 있는 집이 100채라면 47채는 아파트고 25채는 단독주택, 20채는 다세대주택, 7채는 연립주택이다. 또 1채는 상가 내 거처 등 비거주용 건물 내 주택이고, 1채는 오피스텔을 비롯한 주택 이외의 거처다.

동작구 100가구 가운데 50가구는 단독주택에, 30가구는 아파트에 산다. 13가구는 다세대주택에, 4가구는 연립주택에 산다. 또 1가구는 비거주용 건물 내 주택에, 다른 1가구는 오피스텔 등 주택 이외의 거처에 산다.

사당2동 거주 가구의 87%는 아파트에 살고 11%는 단독주택에 산다. 대방동·노량진1동·신대방1동·본동에서도 절반 정도가 아파트에 산다.

반면 노량진2동에 사는 사람의 81%는 단독주택에 살고, 10%는 다세대주택에, 4%는 연립주택에 살며, 2%만 아파트에 산다. 또 흑석3동(78%), 흑석1동(74%), 사당1동(74%)에서 70% 이상이 단독주택에 사는 등 모두 10개 동네에서 동네 사람의 절반 이상이 단독주택에 살고 있다.

상도3동(29%), 상도4동(27%), 상도1동(21%), 사당4동(25%), 사당1동(20%)에서는 동네 사람의 20% 이상이 다세대주택에 산다. 상도1동 가구의 85%는 연립주택에, 상도5동의 4%는 상가 등 비거주용 건물 내 주택에, 노량진1동과 본동의 3%는 오피스텔 등 주택 이외의

## 표 2_3.70
# 서울시 동작구 거처의 종류별·연건평별·건축년도별 주택

(단위 : 호, 가구, %)

| 행정구역 | 거처의 종류별 거처와 가구 | | | | | | | | | | | | | | |
|---|---|---|---|---|---|---|---|---|---|---|---|---|---|---|---|
| | 계 | | 단독주택 | | 아파트 | | 연립주택 | | 다세대주택 | | 비거주용 건물 내 주택 | | 주택 이외의 거처 | |
| | 거처 | 가구 | 거처 | 가구 | 거처 | 가구 | 거처 | 가구 | 거처 | 가구 | 거처 | 가구 | 거처 | 가구 |
| 동작구 | 88,058 | 137,153 | 25 | 50 | 47 | 30 | 7 | 4 | 20 | 13 | 1 | 1 | 1 | 1 |
| 노량진1동 | 5,922 | 8,145 | 13 | 35 | 70 | 51 | 7 | 5 | 6 | 4 | 1 | 1 | 3 | 3 |
| 노량진2동 | 2,830 | 6,813 | 58 | 81 | 4 | 2 | 9 | 4 | 24 | 10 | 4 | 2 | 1 | 1 |
| 대방동 | 9,150 | 11,640 | 14 | 32 | 65 | 51 | 8 | 6 | 11 | 9 | 1 | 1 | 1 | 1 |
| 동작동 | 3,843 | 6,552 | 30 | 57 | 44 | 26 | 10 | 7 | 15 | 9 | 1 | 1 | 0 | 0 |
| 본동 | 3,260 | 4,876 | 20 | 43 | 75 | 50 | 2 | 2 | 2 | 1 | 1 | 1 | 1 | 3 |
| 사당1동 | 3,937 | 8,953 | 41 | 74 | 3 | 2 | 7 | 3 | 46 | 20 | 2 | 1 | 1 | 0 |
| 사당2동 | 3,776 | 4,092 | 5 | 11 | 94 | 87 | 0 | 0 | 0 | 0 | 1 | 1 | 0 | 0 |
| 사당3동 | 6,685 | 9,341 | 16 | 39 | 59 | 42 | 4 | 3 | 20 | 15 | 1 | 1 | 1 | 1 |
| 사당4동 | 2,565 | 4,617 | 35 | 62 | 13 | 7 | 5 | 4 | 44 | 25 | 2 | 2 | 0 | 0 |
| 사당5동 | 3,490 | 5,229 | 22 | 48 | 47 | 31 | 8 | 6 | 21 | 14 | 1 | 1 | 1 | 1 |
| 상도1동 | 4,502 | 6,071 | 17 | 38 | 42 | 31 | 11 | 8 | 29 | 21 | 1 | 1 | 0 | 0 |
| 상도2동 | 4,802 | 7,421 | 31 | 54 | 42 | 27 | 3 | 3 | 21 | 13 | 2 | 2 | 1 | 1 |
| 상도3동 | 4,662 | 7,221 | 31 | 55 | 12 | 8 | 11 | 7 | 45 | 29 | 1 | 1 | 0 | 0 |
| 상도4동 | 6,138 | 9,880 | 36 | 59 | 10 | 6 | 10 | 7 | 43 | 27 | 1 | 1 | 0 | 0 |
| 상도5동 | 4,618 | 6,654 | 15 | 37 | 66 | 46 | 2 | 1 | 15 | 10 | 1 | 4 | 1 | 2 |
| 신대방1동 | 5,354 | 8,155 | 16 | 45 | 75 | 50 | 1 | 1 | 6 | 4 | 1 | 1 | 0 | 0 |
| 신대방2동 | 4,687 | 6,981 | 20 | 45 | 54 | 36 | 11 | 7 | 14 | 9 | 1 | 2 | 0 | 0 |
| 흑석1동 | 3,148 | 6,756 | 46 | 74 | 21 | 10 | 14 | 7 | 17 | 8 | 1 | 1 | 0 | 0 |
| 흑석2동 | 2,774 | 4,181 | 25 | 47 | 61 | 40 | 3 | 2 | 11 | 10 | 1 | 1 | 0 | 0 |
| 흑석3동 | 1,915 | 3,575 | 58 | 78 | 20 | 11 | 4 | 2 | 17 | 9 | 0 | 0 | 0 | 0 |

| 연건평별 주택 | | | | | 건축년도별 주택 | | | |
|---|---|---|---|---|---|---|---|---|
| 총 주택 수 | 14평 미만 | 14~19평 | 19~29평 | 29평 이상 | 총 주택 수 | 1995~ 2005년 | 1985~ 1994년 | 1985년 이전 |
| 87,388 | 10 | 19 | 38 | 33 | 87,388 | 47 | 39 | 15 |
| 5,748 | 19 | 10 | 44 | 26 | 5,748 | 80 | 13 | 7 |
| 2,797 | 12 | 16 | 25 | 47 | 2,797 | 20 | 49 | 31 |
| 9,029 | 12 | 24 | 44 | 20 | 9,029 | 41 | 51 | 8 |
| 3,843 | 7 | 24 | 30 | 38 | 3,843 | 33 | 50 | 16 |
| 3,242 | 7 | 23 | 40 | 30 | 3,242 | 51 | 40 | 8 |
| 3,895 | 7 | 13 | 36 | 44 | 3,895 | 44 | 42 | 14 |
| 3,775 | 1 | 33 | 23 | 42 | 3,775 | 5 | 93 | 2 |
| 6,637 | 8 | 20 | 40 | 32 | 6,637 | 40 | 44 | 16 |
| 2,565 | 15 | 23 | 30 | 31 | 2,565 | 42 | 37 | 21 |
| 3,440 | 9 | 36 | 29 | 26 | 3,440 | 49 | 33 | 18 |
| 4,495 | 16 | 15 | 41 | 27 | 4,495 | 70 | 20 | 9 |
| 4,734 | 15 | 15 | 37 | 33 | 4,734 | 52 | 20 | 28 |
| 4,654 | 7 | 16 | 46 | 31 | 4,654 | 56 | 29 | 16 |
| 6,133 | 8 | 22 | 39 | 31 | 6,133 | 38 | 36 | 26 |
| 4,558 | 9 | 18 | 44 | 30 | 4,558 | 57 | 32 | 11 |
| 5,346 | 1 | 15 | 49 | 35 | 5,346 | 57 | 38 | 5 |
| 4,677 | 5 | 14 | 33 | 48 | 4,677 | 73 | 16 | 11 |
| 3,135 | 11 | 20 | 29 | 40 | 3,135 | 44 | 32 | 24 |
| 2,773 | 4 | 5 | 39 | 52 | 2,773 | 5 | 84 | 11 |
| 1,912 | 20 | 22 | 23 | 35 | 1,912 | 34 | 34 | 32 |

노량진2동의 81%가 단독주택에 산다. 반면 사당2동은 87%가 아파트에 산다. 상도3동과 4동은 30% 가까운 가구가 다세대주택에 산다.

거처에 산다.

지난 10년 동안 아파트와 다세대주택은 93%와 270%가 늘어난 반면, 단독주택은 19%, 연립주택은 38%가 줄었다. 이에 따라 전체 주택(주택 이외의 거처 제외)에서 차지하는 비중도 아파트는 33%에서 47%로, 다세대주택은 7%에서 20%로 증가했다. 반면 단독주택은 42%에서 25%로, 연립주택은 15%에서 7%로 줄었다.

크기별로는 29평 이상이 33채, 19~29평이 38채, 14~19평이 19채이며, 14평 미만은 10채가 있다.

47채는 지은 지 10년(1995~2005년)이 안 된 새집이며, 지은 지 20년이 넘은 낡은 집은 15채로 조만간 재개발·재건축 대상 주택이 될 전망이다.


**동작구에서 지하 방에 사는 사람 :
사당1동과 4동은 <u>21%</u>가 (반)지하 거주**


동작구에 사는 13만6,900가구를 100가구로 친다면 그 중 11가구는 식구에 비해 집이 너무 좁거나 시설이 제대로 갖춰지지 않아 인간다운 품위를 지키기 어려운 최저 주거 기준 미달 가구다.

또한 100가구 가운데 86가구는 지상에 살지만, 12가구는 (반)지하에 살고, 2가구는 옥탑방에 산다. 사당1동과 사당4동에 사는 사람의 21%는 (반)지하 방에 산다. 두 곳을 포함해 노량진2동(19%), 상도4동(18%), 상도3동(15%), 흑석2동(15%) 등 13개 동네에서 (반)지하 방에 사는 가구 비율이 10%가 넘었다. 나머지 동네도 1~8%가 (반)

표 2_3.71

# 서울시 동작구 (반)지하 등 거주 가구

(단위 : 가구, %)

| 행정구역 | (반)지하 | | 옥탑 | | 판잣집·움막·비닐집 | | 기타 | |
|---|---|---|---|---|---|---|---|---|
| | 가구 | 비중 | 가구 | 비중 | 가구 | 비중 | 가구 | 비중 |
| 동작구 | 16,734 | 12 | 2,087 | 2 | 22 | – | 306 | – |
| 노량진1동 | 607 | 8 | 127 | 2 | – | – | 69 | 1 |
| 노량진2동 | 1,319 | 19 | 304 | 4 | 1 | – | 12 | – |
| 대방동 | 777 | 7 | 85 | 1 | 2 | – | 7 | – |
| 동작동 | 901 | 14 | 113 | 2 | – | – | – | – |
| 본동 | 266 | 5 | 89 | 2 | 1 | – | 136 | 3 |
| 사당1동 | 1,843 | 21 | 195 | 2 | – | – | – | – |
| 사당2동 | 44 | 1 | 12 | – | – | – | – | – |
| 사당3동 | 1,153 | 12 | 112 | 1 | – | – | 2 | – |
| 사당4동 | 972 | 21 | 59 | 1 | – | – | – | – |
| 사당5동 | 735 | 14 | 44 | 1 | 1 | – | – | – |
| 상도1동 | 514 | 8 | 35 | 1 | 1 | – | – | – |
| 상도2동 | 929 | 13 | 108 | 1 | 3 | – | 3 | – |
| 상도3동 | 1,128 | 16 | 58 | 1 | – | – | – | – |
| 상도4동 | 1,773 | 18 | 127 | 1 | 1 | – | – | – |
| 상도5동 | 410 | 6 | 30 | – | 8 | – | 68 | 1 |
| 신대방1동 | 835 | 10 | 115 | 1 | – | – | 1 | – |
| 신대방2동 | 779 | 11 | 54 | 1 | 4 | – | 1 | – |
| 흑석1동 | 779 | 12 | 197 | 3 | – | – | 4 | – |
| 흑석2동 | 627 | 15 | 60 | 1 | – | – | – | – |
| 흑석3동 | 343 | 10 | 163 | 5 | – | – | 3 | – |

사당1동과 4동 가구의 21%는 (반)지하에 산다. 노량진2동 19%를 비롯해 다른 12개 동네에서도 10% 이상이 (반)지하에 산다.

지하 방에 산다.

흑석3동 가구의 5%, 노량진2동의 4%, 흑석1동의 3%는 옥탑방에 산다. 상도5동과 사당2동을 제외한 나머지 동네도 1~2%가 옥탑방에 산다.

한편 본동에 사는 사람의 3%는, 노량진1동과 상도5동의 1%는 쪽 방과 같은 업소의 잠만 자는 방이나 건설 현장의 임시 막사 등에 산다.

동작구 100가구 가운데 거실이나 부엌을 각각 1개의 방으로 쳐서 방 3개 이하에서 셋방살이를 떠도는 가구는 34가구에 달하지만, 가 구 수 대비 공공 임대주택은 2채에 그친다. 좁디좁은 집에서 셋방살 이를 떠도는 서민들의 고달픔을 풀려면 공공 임대주택을 현재의 17 배 수준으로 늘려야 하는 것이다.

．

## 동작구 유권자가 100명이라면

정당 지지도를 알 수 있는 최근 네 차례 선거(제3~4회 동시지방선거, 제 17~18대 총선)를 기준으로 동작구 유권자 수는 대략 31만~33만 명이 며 평균 투표율은 54%였다.

동작구 유권자가 100명이라면 2002년 지방선거에서는 50명이 한 나라당을, 39명이 새천년민주당을, 6명이 민주노동당을, 2명이 자민 련을 각각 지지했다.

2004년 총선에서는 38명이 열린우리당을, 34명이 한나라당을, 14 명이 민주노동당을, 9명이 새천년민주당을, 2명이 자민련을 찍었다.

2006년 지방선거에서는 54명이 한나라당을, 22명이 열린우리당을, 12명이 민주당을, 11명이 민주노동당을 지지했다.

2008년 총선에서는 38명이 한나라당을, 33명이 통합민주당을, 10명이 친박연대를 찍었다. 또한 5명은 진보신당을, 4명은 창조한국당을, 다른 4명은 자유선진당을, 3명은 민주노동당을 찍었다.

동네별 투표율은 네 차례 선거에서 모두 사당2동이 가장 높았다. 사당3동·노량진1동·본동·사당5동도 상대적으로 높은 투표율을 기록했다. 반면 노량진2동·상도4동·상도2동·상도3동·사당1동은 투표율이 상대적으로 가장 낮았다. 사당2동과 노량진2동의 투표율은 최소 9%에서 최대 10%의 차이가 나타났다.

한나라당 득표율은 사당2동과 신대방1동에서 가장 높았다. 상도2동·대방동·상도1동도 상대적으로 득표율이 높았다. 반면 사당4동에서는 항상 가장 낮았고 사당1동·사당5동·흑석2동도 상대적으로 낮았다. 신대방1동과 사당4동의 득표율 격차는 최소 5%에서 최대 15%까지 벌어졌다.

민주(+열린우리)당 득표율은 사당4동에서 가장 높았다. 사당1동·사당5동·동작동·사당3동에서도 상대적으로 높았다. 신대방1동에서는 가장 낮았고 상도2동·대방동·사당2동에서도 상대적으로 낮았다. 사당4동과 신대방1동의 득표율은 최소 10%에서 최대 15%까지 차이가 났다.

민주노동당+진보신당 득표율은 흑석1동에서 상대적으로 높았다. 2002년 지방선거 때 흑석1동에서 7%를, 얻었고, 2004년 총선 역시 흑석1동에서 16%를 얻어 두 차례 선거의 동작구 평균 득표율에 비해 1~2% 높았다. 2006년 지방선거에서는 흑석3동에서 13%를 얻었고 흑석1동에서도 상도1동·상도5동·신대방1동과 함께 두 번째로 높은 득표율을 기록했다. 2008년 총선에서는 사당1동과 5동, 상도1동, 흑석동에서 민주노동당+진보신당의 득표율 합계가 9%로 상대적으로 높았다.

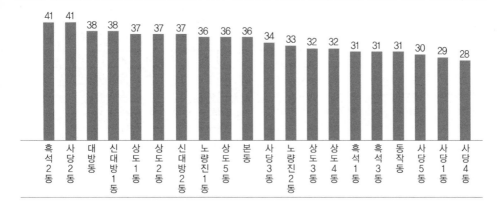

**그림 2_3.47**

## 서울시 동작구 동네별 한나라당 득표율

2004년 총선(단위 : %)

| 흑석2동 | 사당2동 | 대방동 | 신대방1동 | 상도1동 | 상도2동 | 신대방2동 | 노량진1동 | 상도5동 | 본동 | 사당3동 | 노량진2동 | 상도3동 | 상도4동 | 흑석1동 | 흑석3동 | 동작동 | 사당5동 | 사당1동 | 사당4동 |
|---|---|---|---|---|---|---|---|---|---|---|---|---|---|---|---|---|---|---|---|
| 41 | 41 | 38 | 38 | 37 | 37 | 37 | 36 | 36 | 36 | 34 | 33 | 32 | 32 | 31 | 31 | 31 | 30 | 29 | 28 |

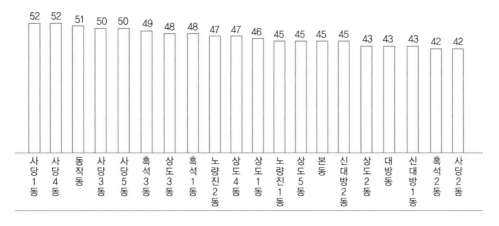

**그림 2_3.48**

## 서울시 동작구 동네별 민주(＋열린우리)당 득표율

2004년 총선(단위 : %)

| 사당1동 | 사당4동 | 동작동 | 사당3동 | 사당5동 | 흑석3동 | 상도3동 | 흑석1동 | 노량진2동 | 상도4동 | 상도1동 | 노량진1동 | 상도5동 | 본동 | 신대방2동 | 상도2동 | 대방동 | 신대방1동 | 흑석2동 | 사당2동 |
|---|---|---|---|---|---|---|---|---|---|---|---|---|---|---|---|---|---|---|---|
| 52 | 52 | 51 | 50 | 50 | 49 | 48 | 48 | 47 | 47 | 46 | 45 | 45 | 45 | 45 | 43 | 43 | 43 | 42 | 42 |

표 2_3.72

# 서울시 동작구 역대 선거 투표율과 정당 지지율

2002~2008년(단위 : 명, %)

| 행정구역 | 2002년 지방선거 | | | | | | | 2004년 총선 | | | | | | | |
|---|---|---|---|---|---|---|---|---|---|---|---|---|---|---|---|
| | 선거인 수 | 투표율 | 한나라당 | 새천년민주당 | 자민련 | 민주노동당 | 기타정당 | 선거인 수 | 투표율 | 한나라당 | 새천년민주당 | 열린우리당 | 자민련 | 민주노동당 | 기타정당 |
| 동작구 | 310,691 | 46 | 50 | 39 | 2 | 6 | 3 | 321,397 | 64 | 34 | 9 | 38 | 2 | 14 | 3 |
| 노량진1동 | 19,534 | 48 | 52 | 38 | 2 | 6 | 2 | 18,541 | 66 | 36 | 8 | 37 | 3 | 13 | 3 |
| 노량진2동 | 15,338 | 44 | 48 | 40 | 3 | 6 | 2 | 14,835 | 61 | 33 | 8 | 39 | 3 | 14 | 3 |
| 대방동 | 26,463 | 47 | 55 | 35 | 2 | 6 | 2 | 28,203 | 65 | 38 | 8 | 36 | 2 | 13 | 3 |
| 동작동 | 16,002 | 43 | 45 | 44 | 2 | 6 | 2 | 15,666 | 62 | 31 | 11 | 40 | 2 | 13 | 3 |
| 본동 | 9,025 | 52 | 51 | 39 | 3 | 5 | 2 | 8,705 | 65 | 36 | 9 | 36 | 3 | 13 | 3 |
| 사당1동 | 19,510 | 42 | 45 | 44 | 2 | 6 | 3 | 19,603 | 62 | 29 | 9 | 43 | 2 | 14 | 2 |
| 사당2동 | 10,568 | 53 | 54 | 35 | 2 | 6 | 3 | 10,339 | 70 | 41 | 8 | 34 | 2 | 13 | 2 |
| 사당3동 | 19,310 | 45 | 45 | 45 | 2 | 6 | 2 | 22,385 | 65 | 34 | 11 | 39 | 2 | 12 | 3 |
| 사당4동 | 11,692 | 43 | 42 | 48 | 3 | 5 | 3 | 11,838 | 62 | 28 | 11 | 42 | 2 | 14 | 3 |
| 사당5동 | 12,091 | 46 | 45 | 44 | 2 | 6 | 3 | 12,248 | 64 | 30 | 10 | 41 | 2 | 15 | 3 |
| 상도1동 | 10,835 | 44 | 53 | 37 | 2 | 6 | 3 | 12,753 | 63 | 37 | 8 | 38 | 2 | 13 | 2 |
| 상도2동 | 17,089 | 43 | 55 | 35 | 3 | 5 | 2 | 17,409 | 61 | 37 | 7 | 36 | 3 | 13 | 3 |
| 상도3동 | 16,340 | 44 | 48 | 42 | 2 | 5 | 2 | 17,720 | 62 | 32 | 9 | 39 | 3 | 14 | 4 |
| 상도4동 | 23,169 | 42 | 50 | 40 | 2 | 5 | 2 | 23,663 | 61 | 32 | 8 | 39 | 3 | 14 | 4 |
| 상도5동 | 12,521 | 46 | 55 | 34 | 2 | 6 | 2 | 12,988 | 63 | 36 | 8 | 37 | 2 | 14 | 2 |
| 신대방1동 | 16,714 | 45 | 57 | 33 | 2 | 6 | 2 | 18,770 | 65 | 38 | 8 | 35 | 2 | 14 | 3 |
| 신대방2동 | 16,022 | 47 | 53 | 37 | 2 | 6 | 2 | 16,880 | 63 | 37 | 8 | 36 | 3 | 13 | 3 |
| 흑석1동 | 11,600 | 43 | 50 | 37 | 3 | 7 | 3 | 12,703 | 61 | 31 | 8 | 40 | 2 | 16 | 3 |
| 흑석2동 | 11,066 | 48 | 56 | 34 | 3 | 5 | 2 | 10,606 | 64 | 41 | 8 | 35 | 2 | 13 | 2 |
| 흑석3동 | 8,898 | 45 | 47 | 41 | 3 | 6 | 2 | 8,436 | 61 | 31 | 9 | 40 | 3 | 15 | 2 |

| 2006년 지방선거 | | | | | | | 행정구역 | 2008년 총선 | | | | | | | | | |
|---|---|---|---|---|---|---|---|---|---|---|---|---|---|---|---|---|---|
| 거인 수 | 투표율 | 열린우리당 | 한나라당 | 민주당 | 민주노동당 | 기타정당 | | 선거인 수 | 투표율 | 통합민주당 | 한나라당 | 자유선진당 | 민주노동당 | 창조한국당 | 친박연대 | 진보신당 | 기타정당 |
| 8,129 | 51 | 22 | 54 | 12 | 11 | 1 | 동작구 | 327,717 | 53 | 33 | 38 | 4 | 3 | 4 | 10 | 5 | 3 |
| 7,849 | 54 | 23 | 54 | 11 | 10 | 1 | 노량진1동 | 17,063 | 53 | 32 | 37 | 4 | 3 | 5 | 12 | 5 | 3 |
| 4,495 | 46 | 22 | 53 | 14 | 11 | 1 | 노량진2동 | 14,163 | 44 | 32 | 35 | 4 | 3 | 4 | 13 | 4 | 4 |
| 9,214 | 52 | 21 | 57 | 11 | 10 | 1 | 대방동 | 29,391 | 50 | 29 | 38 | 4 | 3 | 5 | 12 | 5 | 3 |
| 5,647 | 48 | 21 | 51 | 16 | 11 | 1 | 동작동 | 15,557 | 58 | 38 | 36 | 4 | 3 | 4 | 7 | 4 | 3 |
| 0,977 | 52 | 21 | 58 | 10 | 11 | 1 | 본동 | 10,904 | 49 | 30 | 39 | 4 | 3 | 4 | 11 | 5 | 3 |
| 9,700 | 45 | 24 | 49 | 15 | 11 | 1 | 사당1동 | 19,491 | 54 | 39 | 35 | 4 | 4 | 4 | 7 | 5 | 3 |
| 0,316 | 56 | 21 | 58 | 10 | 11 | 1 | 사당2동 | 10,278 | 63 | 32 | 40 | 4 | 2 | 4 | 9 | 6 | 2 |
| 22,797 | 53 | 22 | 53 | 15 | 9 | 1 | 사당3동 | 22,114 | 60 | 36 | 38 | 4 | 3 | 4 | 8 | 4 | 3 |
| 11,230 | 48 | 22 | 48 | 18 | 10 | 1 | 사당4동 | 11,306 | 58 | 39 | 35 | 4 | 4 | 4 | 7 | 4 | 4 |
| 12,635 | 49 | 24 | 48 | 16 | 11 | 1 | 사당5동 | 12,330 | 58 | 38 | 36 | 3 | 4 | 4 | 7 | 5 | 4 |
| 14,810 | 50 | 22 | 55 | 11 | 12 | 1 | 상도1동 | 31,416 | 54 | 30 | 40 | 4 | 3 | 5 | 9 | 5 | 3 |
| 17,736 | 48 | 20 | 58 | 11 | 9 | 1 | 상도2동 | 19,505 | 48 | 30 | 38 | 4 | 3 | 5 | 13 | 4 | 4 |
| 18,436 | 48 | 21 | 52 | 16 | 10 | 1 | 상도3동 | 19,156 | 47 | 33 | 35 | 4 | 3 | 4 | 12 | 4 | 4 |
| 23,927 | 47 | 22 | 54 | 13 | 10 | 1 | 상도4동 | 23,544 | 46 | 32 | 34 | 4 | 3 | 4 | 14 | 5 | 5 |
| 14,868 | 52 | 21 | 58 | 10 | 12 | 0 | 신대방1동 | 20,273 | 51 | 29 | 40 | 4 | 3 | 4 | 12 | 5 | 3 |
| 18,763 | 53 | 20 | 58 | 10 | 12 | 1 | 신대방2동 | 16,012 | 47 | 31 | 37 | 4 | 3 | 5 | 12 | 5 | 4 |
| 16,878 | 50 | 22 | 55 | 11 | 11 | 1 | 흑석동 | 29,474 | 52 | 31 | 41 | 4 | 4 | 3 | 9 | 5 | 3 |
| 13,010 | 47 | 22 | 54 | 10 | 12 | 1 | | | | | | | | | | | |
| 10,275 | 53 | 19 | 62 | 9 | 9 | 1 | | | | | | | | | | | |
| 8,104 | 49 | 22 | 52 | 11 | 13 | 2 | | | | | | | | | | | |

네 차례 선거에서 투표율은 사당2동이 가장 높았다. 한나라당 득표율은 사당2동과 신대방1동에서 높았다. 민주(+열린우리)당은 사당4동에서 득표율이 가장 높았다.

# 숫자 100으로 본 서울시 마포구 24개 동네

2005년 현재 서울시 마포구에는 24개 동에 있는 주택 8만9천 채와 오피스텔 4천 채 등 거처 9만3천 곳에 37만3천 명이 살고 있다.

서울시 마포구가 100명이 사는 마을이라면 어떤 모습일까?

## 숫자 <u>100으로</u> 본 마포구

마포구에 사는 사람은 서울시 평균인에 비해 대학 이상 학력자 비중은 조금 높고 종교 인구 비중은 약간 낮다. 직업별로는 전문가, 기술직 및 준전문가, 사무직이 많고 출퇴근 시간은 짧은 편이다.

무주택자와 1인 가구가 상대적으로 많고 거주 기간이 짧아 이사도 자주 다니는 편이다. 서울시 평균에 비해 단독주택과 다세대주택 거주자가 상대적으로 많고 자동차를 보유한 가구는 적다. 가구의 12%는 (반)지하 등에, 37%는 부엌과 거실을 포함해 방 3칸 이하 셋방에 산다. 공공 임대주택은 4% 수준이다.

최근 7년간 마포구에서 한나라당은 29~51%를, 민주(+열린우리)

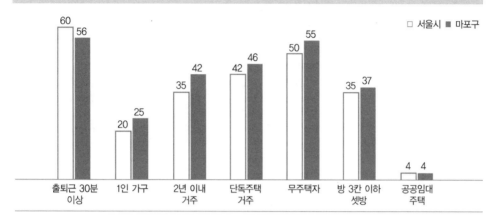

그림 2_3.49

## 서울시와 마포구 주요 지수 평균 비교

(단위 : %)

□ 서울시　■ 마포구

| 출퇴근 30분 이상 | 1인 가구 | 2년 이내 거주 | 단독주택 거주 | 무주택자 | 방 3칸 이하 셋방 | 공공임대 주택 |
|---|---|---|---|---|---|---|
| 60 / 56 | 20 / 25 | 35 / 42 | 42 / 46 | 50 / 55 | 35 / 37 | 4 / 4 |

당은 29~46%를, 민주노동당＋진보신당은 6~14%를 각각 얻었다. 하지만 동네별로는 상당히 양상이 달랐다.

**마포구 인구가 100명이라면 :**
**대학 이상 학력자 53명, 종교 인구 54명**

서울시 마포구에 사는 사람은 37만3천 명으로, 마포구 인구가 100명이라면 남자 대 여자의 수는 49 대 51로 여자가 약간 많다. 100명 중 1명은 외국인인데, 국적별로는 중국 35%(재중 동포＝조선족 13%), 대만 23%, 미국 11%, 일본 10% 순이다. 21명은 어린이와 청소년이고(19살 미만), 79명은 어른이다. 어른 가운데 8명은 노인(65세 이상)이다.

지역적으로는 성산2동에 10명, 망원1동·합정동·염리동에 6명씩, 망원2동·연남동·성산1동·신수동·서교동 5명씩, 상암동·대흥동·아현1동에 4명씩 산다. 도화2동·상수

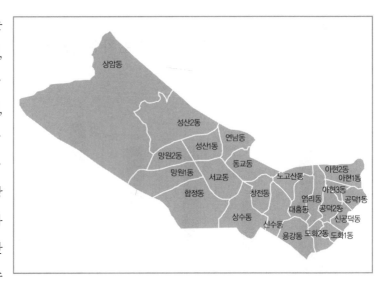

동·공덕1동과 2동·동교동·창전동·용강동·신공덕동·노고산동·도화1동엔 3명씩 살고, 아현2동과 3동엔 2명씩 산다(현재는 일부 동의 통폐합으로 동수와 이름이 달라졌다).

종교를 보면 23명은 개신교, 17명은 불교, 14명은 천주교를 믿는다. 46명은 종교를 갖고 있지 않다. 도화1동은 동네 사람 가운데 59%가 종교를 가진 반면, 공덕1동 인구의 51%는 종교가 없다. 연남동은 개신교, 불교는 아현2동, 도화2동은 천주교 신자 비율이 높다.

학력은 어떨까. 53명이 대학 이상의 학력을 가지고 있는데 9명은 대학에 재학 중이고 6명은 석사과정 이상의 공부를 하였다(19세 이상 기준). 동교동은 70%가 대학 이상 학력자로 가장 높다.

37명은 미혼이며, 63명은 결혼했다. 결혼한 사람 가운데 6명은 남편이나 아내가 먼저 사망했고 3명은 이혼했다(15세 이상 기준). 4명은 몸이 불편하거나 정신 장애로 정상적인 활동에 제약을 느끼고 있다.

거주 기간을 보면, 35명은 현재 살고 있는 집에 산 지 5년이 넘었

**표 2_3.73**

# 서울시 마포구 성별·종교별·학력별 인구

(단위 : 명, %)

| 행정구역 | 남녀/외국인 | | | | 종교 인구 | | | | | | | 대학 이상 학력 인구 | | | | | | |
|---|---|---|---|---|---|---|---|---|---|---|---|---|---|---|---|---|---|---|
| | 총인구 | 남자 | 여자 | 외국인 | 인구수 (내국인) | 종교 있음 | | | | | 종교 없음 | 19세 이상 인구 | 계 | 4년제 미만 | | 4년제 이상 | | 대학원 이상 |
| | | | | | | 계 | 불교 | 개신교 | 천주교 | 기타 | | | | 계 | 재학 | 계 | 재학 | |
| 마포구 | 373,057 | 49 | 51 | 1 | 370,790 | 54 | 17 | 23 | 14 | 1 | 46 | 292,180 | 53 | 12 | 2 | 34 | 7 | 6 |
| 공덕1동 | 12,669 | 49 | 51 | 0 | 12,629 | 49 | 18 | 19 | 10 | 1 | 51 | 9,835 | 40 | 12 | 2 | 24 | 4 | 4 |
| 공덕2동 | 11,097 | 49 | 51 | 1 | 11,023 | 54 | 17 | 22 | 12 | 3 | 46 | 8,775 | 59 | 10 | 2 | 41 | 7 | 8 |
| 노고산동 | 9,970 | 47 | 53 | 2 | 9,731 | 54 | 17 | 25 | 12 | 1 | 45 | 8,361 | 58 | 14 | 3 | 39 | 18 | 5 |
| 대흥동 | 14,405 | 49 | 51 | 1 | 14,314 | 55 | 17 | 23 | 14 | 1 | 45 | 11,212 | 51 | 13 | 3 | 32 | 7 | 6 |
| 도화1동 | 9,542 | 48 | 52 | 1 | 9,486 | 59 | 18 | 23 | 17 | 1 | 41 | 7,325 | 64 | 10 | 2 | 43 | 6 | 11 |
| 도화2동 | 12,760 | 48 | 52 | 1 | 12,679 | 58 | 17 | 21 | 19 | 1 | 40 | 10,006 | 64 | 12 | 2 | 41 | 6 | 10 |
| 동교동 | 12,231 | 45 | 55 | 1 | 12,102 | 51 | 16 | 20 | 15 | 1 | 49 | 10,204 | 70 | 12 | 2 | 50 | 13 | 8 |
| 망원1동 | 23,813 | 49 | 51 | 0 | 23,744 | 53 | 16 | 24 | 11 | 1 | 47 | 18,318 | 43 | 14 | 2 | 26 | 5 | 3 |
| 망원2동 | 20,415 | 49 | 51 | 0 | 20,356 | 53 | 16 | 23 | 13 | 1 | 47 | 15,431 | 45 | 12 | 2 | 29 | 5 | 3 |
| 상수동 | 12,710 | 49 | 51 | 1 | 12,635 | 51 | 16 | 21 | 15 | 0 | 48 | 10,118 | 64 | 12 | 2 | 44 | 15 | 8 |
| 상암동 | 14,682 | 50 | 50 | 1 | 14,664 | 55 | 14 | 26 | 14 | 1 | 45 | 11,048 | 52 | 12 | 2 | 34 | 5 | 6 |
| 서교동 | 18,083 | 48 | 52 | 0 | 18,016 | 51 | 15 | 21 | 14 | 1 | 49 | 15,143 | 66 | 13 | 2 | 46 | 9 | 7 |
| 성산1동 | 19,341 | 49 | 51 | 0 | 19,278 | 55 | 17 | 23 | 13 | 1 | 45 | 15,147 | 51 | 12 | 2 | 34 | 6 | 5 |
| 성산2동 | 38,423 | 49 | 51 | 0 | 38,349 | 54 | 16 | 23 | 14 | 1 | 46 | 28,557 | 53 | 12 | 2 | 34 | 5 | 6 |
| 신공덕동 | 10,344 | 49 | 51 | 0 | 10,293 | 53 | 18 | 21 | 14 | 1 | 46 | 8,028 | 53 | 9 | 2 | 36 | 7 | 8 |
| 신수동 | 19,093 | 50 | 50 | 0 | 19,031 | 57 | 17 | 23 | 17 | 1 | 43 | 14,997 | 54 | 12 | 2 | 36 | 9 | 6 |
| 아현1동 | 13,161 | 50 | 50 | 0 | 13,104 | 55 | 19 | 22 | 13 | 1 | 45 | 10,528 | 35 | 12 | 2 | 20 | 3 | 3 |
| 아현2동 | 8,741 | 48 | 52 | 1 | 8,657 | 53 | 21 | 19 | 11 | 1 | 47 | 7,145 | 32 | 14 | 3 | 16 | 4 | 2 |
| 아현3동 | 7,944 | 48 | 52 | 1 | 7,887 | 52 | 19 | 23 | 9 | 1 | 47 | 6,238 | 37 | 13 | 2 | 22 | 4 | 3 |
| 연남동 | 19,580 | 48 | 52 | 2 | 19,118 | 55 | 16 | 26 | 12 | 1 | 44 | 15,422 | 55 | 12 | 2 | 37 | 6 | 6 |
| 염리동 | 20,882 | 48 | 52 | 1 | 20,747 | 52 | 17 | 23 | 11 | 1 | 46 | 16,498 | 47 | 13 | 2 | 29 | 5 | 5 |
| 용강동 | 10,788 | 49 | 51 | 1 | 10,714 | 54 | 20 | 20 | 14 | 1 | 46 | 8,454 | 59 | 13 | 2 | 38 | 5 | 8 |
| 창전동 | 11,427 | 49 | 51 | 1 | 11,351 | 57 | 17 | 22 | 17 | 1 | 43 | 8,817 | 65 | 13 | 2 | 42 | 11 | 10 |
| 합정동 | 20,956 | 48 | 52 | 0 | 20,882 | 54 | 17 | 22 | 14 | 1 | 46 | 16,573 | 51 | 14 | 2 | 33 | 6 | 5 |

노고산동과 연남동에 사는 사람의 2%는 외국인이다. 도화1동은 59%가 종교 인구인 반면 공덕1동은 51%가 종교 없이 산다. 대학 이상 학력자 비중은 동교동에서 가장 높고 아현2동에서 가장 낮다.

으나 65명은 5년 이내에 새로 이사 왔다(5살 이상 기준). 이사 온 사람 중 39명은 마포구 안의 다른 동에서, 12명은 서울 안의 다른 구에서, 12명은 서울 바깥에서 이사 왔다.

# 마포구에 사는 취업자가 100명이라면 :
# 73명은 봉급쟁이

마포구에 사는 15세 이상 인구 30만7,700명 가운데 취업해 직장에 다니는 사람(취업자)은 15만6,200명이다. 마포구 취업자가 100명이라면 57명은 30~40대, 24명은 20대이며, 50대는 16명이다. 65세 이상 노인 2명도 일하고 있다. 마포구는 취업자 중 20대 비중이 관악구(27%), 광진구(25%)에 이어 서울시 자치구 중 세 번째로 높다.

73명은 회사에서 봉급을 받고 일하는 직장인이다. 16명은 고용한 사람 없이 혼자서 일하는 자영업자이며, 8명은 누군가를 고용해 사업체를 경영하는 사업주다. 3명은 가족이 운영하는 사업체에서 보수 없이 일하고 있다.

직업은 사무직이 23명, 전문가 15명, 판매직과 기술직 및 준전문가가 각 12명, 서비스직 10명이다. 또 9명은 기능직, 8명은 단순 노무직, 5명은 장치 기계 조작 및 조립직, 4명은 고위 관리직으로 일하고 있다.

직장으로 출근하는 데 30분 이상 걸리는 사람은 57명으로, 그 가운데 19명은 1시간 이상 걸린다. 21명은 걸어서 출근하고 79명은 교통수단을 이용해 출근한다. 79명 가운데 26명은 전철로, 25명은 자가용으로, 16명은 시내버스로, 1명은 통근 버스로, 다른 1명은 택시로, 또 다른 1명은 자전거로 출근한다. 8명은 전철과 버스 또는 승용차를 갈아타며 출근한다. 마포구는 성북구와 함께 서울 25개 자치구 중에서 시내버스를 이용해 출퇴근하는 취업자 비중이 가장 높다.

85명은 사무실이나 공장 등에서 일하는 반면, 9명은 야외나 거리 또는 운송 수단에서 일한다. 2명은 자기 집에서, 3명은 남의 집에서 일한다.


## 마포구에 100가구가 산다면 :
## 58가구는 셋방살이

마포구에는 13만5천 가구가 산다(일반 가구 기준). 마포구에 사는 가구를 100가구로 친다면 47가구는 식구가 한 명 또는 두 명인 1, 2인 가구이며, 이 가운데 25가구는 나 홀로 사는 1인 가구다. 식구 4명은 23가구, 3명은 21가구, 5명은 6가구다.

나 홀로 사는 1인 가구 비중을 보면, 노고산동에 사는 가구 중 51%가 1인 가구다. 동교동과 서교동은 40% 이상, 상수동과 창전동, 아현1동은 30% 이상이다. 반면 성산2동과 망원2동, 도화1동과 상암동은 15% 미만이다.

40가구는 자신이 소유한 집에서 살고, 58가구는 셋방에 살며, 2가구는 직장의 사택이나 친척집 등에서 무상으로 살고 있다. 자기 집에 사는 가구 중 6가구는 현재 살고 있는 집 외에 최소 한 채에서 여러 채를 소유한 다주택자들이다.

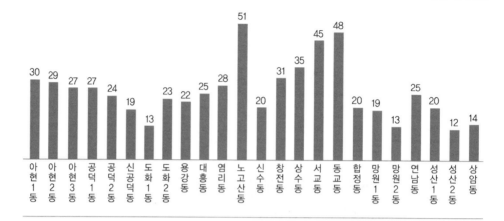

**그림 2_3.50**

# 서울시 마포구 동네별 1인 가구

(단위 : %)

아현1동 30 / 아현2동 29 / 아현3동 27 / 공덕1동 27 / 공덕2동 24 / 신공덕동 19 / 도화1동 13 / 도화2동 23 / 용강동 22 / 대흥동 25 / 염리동 28 / 노고산동 51 / 신수동 20 / 창전동 31 / 상수동 35 / 서교동 45 / 동교동 48 / 합정동 20 / 망원1동 19 / 망원2동 13 / 연남동 25 / 성산1동 20 / 성산2동 12 / 상암동 14

셋방 사는 가구 가운데 36가구는 전세에, 20가구는 보증금 있는 월세에, 2가구는 보증금 없는 월세 또는 사글세에 살고 있다. 셋방 사는 가구 중 5가구는 어딘가에 자신 명의의 집을 소유하고 있으나 경제 사정이나 자녀 교육, 직장 등의 사정으로 셋방에 살고 있다.

68가구는 현재 사는 집으로 이사 온 지 5년이 안 되며, 이 가운데 42가구는 2년이 안 된다. 15가구는 5~10년이 됐고, 16가구는 10년이 넘었다. 마포구는 관악구(46%)에 이어 강남구·송파구와 함께 2년 미만 거주 가구 비중이 가장 높다.

50가구는 자동차를 소유하고 있고 이 가운데 36가구는 자기 집에 전용 주차장이 있다. 자동차 소유 가구 중 6가구는 차를 2대 이상 소유하고 있다.

표 2_3.74

## 서울시 마포구의 다주택자

(단위 : 가구, 호)

| 구분 | | | 가구 수 | 주택 수 | 평균 주택 수 |
|---|---|---|---|---|---|
| 일반 가구 | | | 135,042 | – | – |
| 자가 가구 | | | 53,830 | – | – |
| 다주택 가구 | 통계청 | | 7,672 | – | – |
| | 행자부 | 계 | 5,329 | 14,691 | 3 |
| | | 2채 | 4,207 | 8,414 | 2 |
| | | 3채 | 494 | 1,482 | 3 |
| | | 4채 | 176 | 704 | 4 |
| | | 5채 | 97 | 485 | 5 |
| | | 6~10채 | 262 | 1,912 | 7 |
| | | 11채 이상 | 93 | 1,694 | 18 |

## 집 많은 사람, 집 없는 사람 :
## 도화1동 67% 주택 소유, 노고산동 79% 무주택

마포구에 사는 100가구 중 45가구는 주택 소유자이고, 55가구는 무주택자다. 24개 동네 가운데 8개 동네는 주택 소유자가 더 많고 16개 동네는 무주택자가 더 많다. 주택 소유자는 도화1동 67%를 비롯해 망원2동 58%, 도화2동 55%, 용강동 54% 순으로 높다. 반면 무주택자는 노고산동 79%를 비롯해 동교동 73%, 서교동과 아현3동 67% 순으로 높고 모두 8개 동네에서 가구의 60% 이상이 무주택자다.

마포구 가구의 6%는 집을 두 채 이상 소유한 다주택자다. 동네별로는 도화1동 11%를 비롯해 도화2동과 공덕2동 9%, 용강동 8% 순이다. 반면 아현2동·아현3동·노고산동·동교동은 3%에 그쳤다.

표 2_3.75

# 서울시 마포구 주택의 점유·소유 형태별 가구

(단위 : 가구, %)

| 행정구역 | 전체 가구 | 자기 집에 거주 | | | 셋방에 거주 | | | 무상으로 거주 | | 주택 소유 | 무주택 |
|---|---|---|---|---|---|---|---|---|---|---|---|
| | | 계 | 집 한 채 | 집 여러 채 | 계 | 집 없음 | 집 있음 | 집 없음 | 집 있음 | | |
| 마포구 | 135,042 | 40 | 34 | 6 | 58 | 53 | 5 | 2 | 0 | 45 | 55 |
| 공덕1동 | 4,679 | 33 | 29 | 4 | 65 | 60 | 5 | 2 | 0 | 38 | 62 |
| 공덕2동 | 4,089 | 44 | 35 | 9 | 54 | 45 | 9 | 1 | 0 | 53 | 47 |
| 노고산동 | 4,708 | 17 | 15 | 3 | 80 | 76 | 4 | 2 | 0 | 21 | 79 |
| 대흥동 | 5,222 | 35 | 31 | 4 | 63 | 59 | 5 | 2 | 0 | 40 | 60 |
| 도화1동 | 3,090 | 58 | 48 | 11 | 40 | 32 | 8 | 1 | 0 | 67 | 33 |
| 도화2동 | 4,564 | 47 | 39 | 9 | 51 | 43 | 7 | 1 | 1 | 55 | 45 |
| 동교동 | 5,753 | 22 | 19 | 3 | 76 | 72 | 4 | 2 | 0 | 27 | 73 |
| 망원1동 | 8,019 | 44 | 38 | 5 | 55 | 50 | 5 | 1 | 0 | 49 | 51 |
| 망원2동 | 6,501 | 54 | 47 | 7 | 45 | 41 | 4 | 1 | 0 | 58 | 42 |
| 상수동 | 4,979 | 36 | 30 | 5 | 62 | 57 | 5 | 2 | 0 | 41 | 59 |
| 상암동 | 4,742 | 40 | 34 | 6 | 58 | 51 | 8 | 1 | 0 | 48 | 52 |
| 서교동 | 8,153 | 29 | 25 | 4 | 69 | 66 | 3 | 2 | 0 | 33 | 67 |
| 성산1동 | 6,576 | 47 | 40 | 6 | 51 | 46 | 6 | 2 | 0 | 53 | 47 |
| 성산2동 | 12,400 | 46 | 38 | 7 | 53 | 46 | 8 | 1 | 0 | 53 | 47 |
| 신공덕동 | 3,550 | 41 | 35 | 6 | 57 | 50 | 7 | 2 | 0 | 48 | 52 |
| 신수동 | 6,422 | 47 | 40 | 6 | 52 | 47 | 5 | 1 | 0 | 51 | 49 |
| 아현1동 | 4,973 | 42 | 36 | 6 | 56 | 51 | 5 | 2 | 0 | 47 | 53 |
| 아현2동 | 3,320 | 32 | 29 | 3 | 66 | 63 | 3 | 2 | 0 | 35 | 65 |
| 아현3동 | 2,957 | 28 | 24 | 3 | 69 | 64 | 5 | 3 | 0 | 33 | 67 |
| 연남동 | 7,062 | 40 | 34 | 6 | 58 | 53 | 5 | 2 | 0 | 45 | 55 |
| 염리동 | 7,912 | 35 | 30 | 5 | 64 | 59 | 4 | 1 | 0 | 39 | 61 |
| 용강동 | 3,860 | 46 | 37 | 8 | 52 | 45 | 8 | 2 | 0 | 54 | 46 |
| 창전동 | 4,298 | 42 | 36 | 6 | 56 | 52 | 4 | 1 | 0 | 47 | 53 |
| 합정동 | 7,213 | 44 | 40 | 4 | 54 | 51 | 3 | 2 | 0 | 48 | 52 |

도화1동은 가구의 67%가 집을 소유하고 있고 11%는 두 채 이상 갖고 있다. 반면 노고산동은 79%가 무주택자다. 공덕2동 가구의 9%는 어딘가에 집을 사놓고 셋방에 산다.

마포구 주택 소유자 45가구 중 5가구는 어딘가 자신 명의의 집이 있지만 사정이 있어 셋방에 사는 유주택 전월세 가구로, 공덕2동 (9%), 도화1동과 용강동(8%) 순으로 높다.

주택 소유자 중 유주택 전월세 가구를 제외한 40가구는 자기 집에 사는데, 자가 거주 가구 비율은 도화1동(58%)과 망원2동(54%)에서 만 절반이 넘고 있다.

한편 유주택 전월세를 포함한 58가구가 셋방에 사는데 노고산동 거주 가구의 80%, 동교동 거주 가구의 76%는 셋방에 산다. 또 서교 동, 아현2동과 3동, 공덕1동·염리동·대흥동·상수동 거주 가구의 62~69%도 셋방에 산다.

유주택 전월세를 제외한 53가구는 집이 아예 없는 무주택 전월세 가구인데, 노고산동 가구의 76%, 동교동 가구의 72%는 어디에도 자 기 집이 없이 셋방을 떠도는 사람들이다. 또 서교동(66%), 아현3동 (63%), 공덕1동(60%), 염리동(60%)를 포함해 17개 동네에서 무주 택 전월세 가구 비율이 절반을 넘겼다.


## 마포구에 있는 집이 100채라면 :
## 43채는 아파트, 23채는 단독주택, 22채는 다세대주택

마포구에는 집(주택과 주택 이외의 거처)이 9만3천 채가 있다. 마포구 에 있는 집이 100채라면 43채는 아파트고, 23채는 단독주택, 22채는 다세대주택이다. 7채는 연립주택, 4채는 상가 내 거처 등 비거주용 건물 내 주택이고, 또 다른 4채는 오피스텔이다.

**표 2_3.76**

# 서울시 마포구 거처의 종류별·연건평별·건축년도별 주택

(단위 : 호, 가구, %)

| 행정구역 | 거처의 종류별 거처와 가구 | | | | | | | | | | | | | |
|---|---|---|---|---|---|---|---|---|---|---|---|---|---|---|
| | 계 | | 단독주택 | | 아파트 | | 연립주택 | | 다세대주택 | | 비거주용 건물 내 주택 | | 주택 이외의 거처 | |
| | 거처 | 가구 | 거처 | 가구 | 거처 | 가구 | 거처 | 가구 | 거처 | 가구 | 거처 | 가구 | 거처 | 가구 |
| 마포구 | 93,038 | 135,187 | 23 | 46 | 43 | 30 | 7 | 5 | 22 | 15 | 2 | 2 | 4 | 3 |
| 공덕1동 | 2,519 | 4,682 | 46 | 70 | 36 | 19 | 1 | 1 | 10 | 5 | 1 | 2 | 6 | 3 |
| 공덕2동 | 3,374 | 4,089 | 16 | 28 | 68 | 56 | 4 | 3 | 7 | 6 | 1 | 4 | 5 | 4 |
| 노고산동 | 2,157 | 4,732 | 53 | 77 | 24 | 11 | 0 | 0 | 4 | 2 | 3 | 2 | 16 | 8 |
| 대흥동 | 3,513 | 5,226 | 30 | 52 | 59 | 40 | 1 | 1 | 6 | 4 | 1 | 2 | 3 | 2 |
| 도화1동 | 2,581 | 3,091 | 11 | 25 | 87 | 73 | 0 | 0 | 1 | 1 | 1 | 1 | 0 | 0 |
| 도화2동 | 4,155 | 4,564 | 6 | 15 | 87 | 79 | 0 | 0 | 1 | 1 | 0 | 0 | 5 | 5 |
| 동교동 | 2,707 | 5,772 | 37 | 68 | 8 | 4 | 5 | 3 | 17 | 8 | 6 | 5 | 27 | 13 |
| 망원1동 | 5,027 | 8,022 | 27 | 54 | 19 | 12 | 10 | 6 | 42 | 27 | 2 | 2 | 0 | 0 |
| 망원2동 | 5,155 | 6,503 | 12 | 29 | 37 | 30 | 21 | 16 | 29 | 23 | 1 | 2 | 0 | 0 |
| 상수동 | 3,323 | 4,987 | 23 | 48 | 29 | 19 | 11 | 7 | 21 | 14 | 2 | 1 | 14 | 10 |
| 상암동 | 3,877 | 4,745 | 18 | 33 | 82 | 67 | 0 | 0 | 0 | 0 | 0 | 0 | 0 | 0 |
| 서교동 | 4,408 | 8,158 | 29 | 58 | 5 | 3 | 5 | 3 | 44 | 24 | 6 | 7 | 11 | 6 |
| 성산1동 | 4,507 | 6,580 | 23 | 47 | 5 | 3 | 7 | 5 | 56 | 38 | 2 | 2 | 7 | 5 |
| 성산2동 | 11,107 | 12,401 | 5 | 15 | 77 | 69 | 3 | 2 | 13 | 12 | 0 | 1 | 2 | 1 |
| 신공덕동 | 2,832 | 3,551 | 22 | 37 | 75 | 60 | 2 | 1 | 1 | 1 | 0 | 1 | 0 | 0 |
| 신수동 | 4,402 | 6,461 | 24 | 47 | 50 | 34 | 4 | 3 | 20 | 14 | 1 | 2 | 0 | 0 |
| 아현1동 | 4,045 | 4,974 | 22 | 33 | 9 | 7 | 13 | 11 | 45 | 38 | 1 | 2 | 10 | 9 |
| 아현2동 | 2,246 | 3,320 | 30 | 49 | 0 | 0 | 52 | 36 | 15 | 11 | 2 | 3 | 0 | 1 |
| 아현3동 | 1,644 | 2,957 | 60 | 77 | 10 | 6 | 8 | 5 | 20 | 12 | 1 | 1 | 0 | 0 |
| 연남동 | 4,071 | 7,072 | 39 | 64 | 19 | 11 | 6 | 4 | 35 | 20 | 1 | 1 | 0 | 0 |
| 염리동 | 4,692 | 7,914 | 36 | 61 | 44 | 26 | 7 | 4 | 10 | 6 | 0 | 0 | 4 | 3 |
| 용강동 | 3,089 | 3,862 | 14 | 30 | 64 | 51 | 4 | 4 | 16 | 13 | 0 | 1 | 2 | 1 |
| 창전동 | 2,851 | 4,304 | 14 | 42 | 69 | 46 | 2 | 1 | 14 | 9 | 1 | 1 | 0 | 0 |
| 합정동 | 4,756 | 7,220 | 23 | 48 | 10 | 7 | 7 | 4 | 55 | 36 | 3 | 3 | 2 | 1 |

| 연건평별 주택 | | | | | 건축년도별 주택 | | | |
|---|---|---|---|---|---|---|---|---|
| 총 주택 수 | 14평 미만 | 14~19평 | 19~29평 | 29평 이상 | 총 주택 수 | 1995~ 2005년 | 1985~ 1994년 | 1985년 이전 |
| 89,094 | 18 | 26 | 31 | 25 | 89,094 | 51 | 31 | 18 |
| 2,376 | 16 | 19 | 29 | 36 | 2,376 | 65 | 14 | 21 |
| 3,217 | 16 | 29 | 40 | 16 | 3,217 | 57 | 30 | 13 |
| 1,804 | 15 | 38 | 17 | 30 | 1,804 | 44 | 27 | 29 |
| 3,414 | 24 | 18 | 31 | 27 | 3,414 | 73 | 14 | 14 |
| 2,579 | 2 | 13 | 45 | 40 | 2,579 | 70 | 20 | 9 |
| 3,930 | 25 | 11 | 36 | 28 | 3,930 | 59 | 33 | 9 |
| 1,970 | 12 | 15 | 22 | 52 | 1,970 | 44 | 37 | 18 |
| 5,024 | 19 | 23 | 31 | 26 | 5,024 | 43 | 42 | 15 |
| 5,155 | 20 | 23 | 40 | 17 | 5,155 | 53 | 30 | 17 |
| 2,852 | 21 | 18 | 29 | 32 | 2,852 | 53 | 30 | 17 |
| 3,870 | 10 | 32 | 42 | 15 | 3,870 | 88 | 2 | 10 |
| 3,939 | 16 | 17 | 28 | 39 | 3,939 | 53 | 27 | 20 |
| 4,186 | 10 | 22 | 36 | 32 | 4,186 | 49 | 36 | 15 |
| 10,926 | 23 | 44 | 23 | 10 | 10,926 | 30 | 66 | 4 |
| 2,828 | 24 | 24 | 26 | 26 | 2,828 | 79 | 9 | 12 |
| 4,382 | 7 | 26 | 39 | 28 | 4,382 | 60 | 24 | 16 |
| 3,631 | 35 | 37 | 21 | 7 | 3,631 | 12 | 50 | 38 |
| 2,245 | 29 | 37 | 22 | 11 | 2,245 | 5 | 16 | 80 |
| 1,642 | 23 | 23 | 17 | 37 | 1,642 | 21 | 34 | 46 |
| 4,071 | 13 | 16 | 27 | 43 | 4,071 | 51 | 28 | 21 |
| 4,515 | 15 | 29 | 23 | 33 | 4,515 | 56 | 16 | 29 |
| 3,040 | 8 | 37 | 31 | 25 | 3,040 | 68 | 12 | 20 |
| 2,846 | 14 | 19 | 50 | 18 | 2,846 | 80 | 14 | 6 |
| 4,652 | 23 | 22 | 28 | 27 | 4,652 | 37 | 46 | 17 |

노고산동과 아현3동 가구의 77%는 단독주택에 산다. 반면 도화2동은 79%가 아파트에 산다. 성산1동과 합정동은 3분의 1 이상이 다세대주택에 살고, 동교동과 상수동은 10% 이상이 주택 이외의 거처에 산다.

도화1동과 2동, 상암동과 성산2동·신공덕동·공덕2동·창전동·용강동·대흥동은 아파트가 절대다수다. 아현3동과 노고산동은 단독주택이, 성산1동과 합정동은 다세대주택이 절반 이상이다. 동교동은 주택 이외의 거처가 27%, 망원2동은 연립주택이 21%를 차지하고 있다.

마포구 100가구 가운데 46가구는 단독주택에, 30가구는 아파트에, 15가구는 다세대주택에, 5가구는 연립주택에 산다. 또 2가구는 비거주용 건물 내 주택에, 3가구는 오피스텔 등 주택 이외의 거처에 산다.

도화1동(73%)과 도화2동(79%)은 동네 사람의 70% 이상이, 성산2동(69%)과 상암동(67%), 신공덕동(60%)은 60% 이상이 아파트에 살고, 공덕2동(56%)과 용강동(51%)도 절반 이상이 아파트에 산다.

반면 아현3동(77%)과 공덕1동(70%), 노고산동(77%)은 동네 사람의 70% 이상이 단독주택에 산다. 동교동(68%), 염리동(61%), 연남동(64%)은 60% 이상이, 서교동(58%), 망원1동(54%), 대흥동(52%)은 50% 이상이 단독주택에 산다.

한편 아현1동(38%), 성산1동(38%), 합정동(36%)은 동네 사람의 30% 이상이 다세대주택에 산다. 또 동교동 사람의 13%, 상수동 사람의 10%는 오피스텔에 산다.

지난 10년 동안 아파트와 다세대주택은 202%와 137%가 늘어난 반면, 연립주택은 50% 단독주택은 27%가 줄었다. 이에 따라 전체 주택(주택 이외의 거처 제외)에서 차지하는 비중도 아파트는 20%에서 45%로, 다세대주택은 13%에서 23%로 증가했다. 반면 단독주택은 44%에서 24%로, 연립주택은 19%에서 7%로 줄었다.

크기별로는 29평 이상의 주택이 25채인 반면, 19~29평은 31채,

14~19평 26채이며, 14평 미만은 18채가 있다. 연남동과 도화1동에 있는 주택의 40% 이상이 29평 이상이다. 반면 아현1동 주택의 35%는 14평 미만이다.

51채는 지은 지 10년(1995~2005년)이 안 된 새집이며, 지은 지 20년이 넘은 낡은 집은 18채로 조만간 재개발·재건축 대상 주택이 될 전망이다. 아현2동 주택의 80%, 아현3동 주택의 46%, 아현1동 주택의 38%는 지은 지 20년이 넘었지만, 나머지 동에서는 낡은 집이 30% 이하다. 반면에 상암동 주택의 88%, 창전동 주택의 80%를 비롯해 15개 동네에서 지은 지 10년 안 된 집이 절반을 넘었다.


## 마포구에서 지하 방에 사는 사람 :
## 합정동, 망원1동, 아현1동·2동·3동, 연남동, 성산1동
## <u>15%</u> 이상 (반)지하 거주

마포구에 사는 13만 1천 가구를 100가구로 친다면 그 중 12가구는 식구에 비해 집이 너무 좁거나 시설이 제대로 갖춰지지 않아 인간다운 품위를 지키기 어려운 최저 주거 기준 미달 가구다.

또 100가구 가운데 88가구는 지상에 살지만, 11가구는 (반)지하에 살고, 1가구는 옥탑방에 산다. 합정동에 사는 사람의 18%, 망원1동에 사는 사람의 17%는 (반)지하 방에 산다. 연남동과 성산1동 그리고 아현1동, 2동, 3동에 사는 사람의 15%도 (반)지하에 산다.

상수동(13%), 서교동(13%), 염리동(12%), 동교동(11%), 노고산동(11%), 신수동(10%), 공덕1동(10%), 망원2동(2%) 등 15개 동네

표 2_3.77

# 서울시 마포구 (반)지하 등 거주 가구

(단위 : 가구, %)

| 행정구역 | (반)지하 | | 옥탑 | | 기타 |
|---|---|---|---|---|---|
| | 가구 | 비중 | 가구 | 비중 | 가구 |
| 마포구 | 14,221 | 11 | 1,773 | 1 | 98 |
| 공덕1동 | 463 | 10 | 163 | 3 | – |
| 공덕2동 | 250 | 6 | 77 | 2 | 4 |
| 노고산동 | 525 | 11 | 184 | 4 | – |
| 대흥동 | 404 | 8 | 90 | 2 | 2 |
| 도화1동 | 149 | 5 | 20 | 1 | 1 |
| 도화2동 | 64 | 1 | 7 | – | – |
| 동교동 | 657 | 11 | 58 | 1 | – |
| 망원1동 | 1,394 | 17 | 128 | 2 | 2 |
| 망원2동 | 675 | 10 | 45 | 1 | – |
| 상수동 | 642 | 13 | 45 | 1 | 20 |
| 상암동 | 64 | 1 | 12 | – | 4 |
| 서교동 | 1,033 | 13 | 56 | 1 | 1 |
| 성산1동 | 979 | 15 | 57 | 1 | – |
| 성산2동 | 685 | 6 | 22 | – | – |
| 신공덕동 | 193 | 5 | 24 | 1 | – |
| 신수동 | 611 | 10 | 53 | 1 | 1 |
| 아현1동 | 769 | 15 | 47 | 1 | 16 |
| 아현2동 | 492 | 15 | 68 | 2 | 39 |
| 아현3동 | 455 | 15 | 102 | 3 | 2 |
| 연남동 | 1,094 | 15 | 95 | 1 | – |
| 염리동 | 927 | 12 | 293 | 4 | 5 |
| 용강동 | 187 | 5 | 11 | – | – |
| 창전동 | 237 | 6 | 24 | 1 | – |
| 합정동 | 1,272 | 18 | 92 | 1 | 1 |

망원1동과 합정동 등 15개 동네에서 가구의 10% 이상이 (반)지하에 살고 있다.

에서 (반)지하 방 거주 가구 비율이 10%가 넘었다. 또 염리동과 노고산동 거주 가구의 4%는 옥탑방에 산다.

마포구 100가구 가운데 거실이나 부엌을 각각 1개의 방으로 쳐서 방 3개 이하에서 셋방살이를 떠도는 가구는 39가구에 달하지만, 공공 임대주택은 4채에 불과하다. 중앙정부와 지방정부가 열악한 주거 상황에 놓인 부동산 서민들의 고통을 해결하려면 공공 임대주택을 비롯한 더 많은 주거 복지 정책을 펴야 한다.


## 마포구 유권자가 100명이라면

정당 지지도를 알 수 있는 최근 네 차례 선거(제3~4회 동시지방선거, 제17~18대 총선)를 기준으로 마포구 유권자 수는 대략 28만~32만 명이며 평균 투표율은 51%였다.

마포구 유권자가 100명이라면 2002년 지방선거에서는 51명이 한나라당을, 38명이 새천년민주당을, 6명이 민주노동당을, 2명이 자민련을 각각 지지했다. 2004년 총선에서는 38명이 열린우리당을, 35명이 한나라당을, 14명이 민주노동당을, 8명이 새천년민주당을, 2명이 자민련을 찍었다.

2006년 지방선거에서는 55명이 한나라당을, 23명이 열린우리당을, 11명이 민주노동당을, 10명이 민주당을 지지했다. 2008년 총선에서는 38명이 한나라당을, 29명이 통합민주당을, 11명이 친박연대를 찍었다. 또한 6명은 진보신당을, 5명은 창조한국당을, 4명은 민주노동당을, 다른 4명은 자유선진당을 찍었다.

동네별 투표율은 상암동·도화1동·도화2동에서 상대적으로 높았다. 반면 서교동·노고산동·공덕1동·동교동에서 가장 낮았다. 역대 선거에서 상암동과 서교동의 투표율 격차는 최소 4%에서 최대 21%까지 벌어졌다.

한나라당 득표율은 도화2동과 도화1동에서 가장 높았고, 망원1동과 성산2동에서 가장 낮았다. 역대 선거에서 도화2동과 망원1동의 한나라당 득표율은 최소 12%에서 최대 14%까지 벌어졌다.

민주(+열린우리)당 득표율은 망원1동·아현1동·망원2동에서 가장 높았다. 반면 도화2동·도화1동·서교동에서 상대적으로 낮았다. 망원1동과 도화2동의 득표율 격차는 최소 8%에서 최대 11% 사이이다.

민주노동당+진보신당 득표율은 서교동과 동교동에서 상대적으로 높았다.

그림 2_3.51

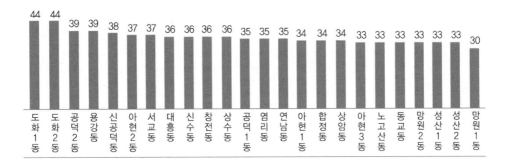

# 서울시 마포구 동네별 한나라당 득표율

2004년 총선(단위 : %)

그림 2_3.52

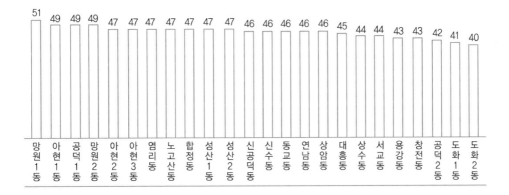

# 서울시 마포구 동네별 민주(+열린우리)당 득표율

2004년 총선(단위 : %)

표 2_3.78

# 서울시 마포구 역대 선거 투표율과 정당 지지율

2002~2008년(단위 : 명, %)

| 행정구역 | 2002년 지방선거 | | | | | | | 2004년 총선 | | | | | | | |
|---|---|---|---|---|---|---|---|---|---|---|---|---|---|---|---|
| | 선거인 수 | 투표율 | 한나라당 | 새천년민주당 | 자민련 | 민주노동당 | 기타정당 | 선거인 수 | 투표율 | 한나라당 | 새천년민주당 | 열린우리당 | 자민련 | 민주노동당 | 기타정당 |
| 마포구 | 289,743 | 47 | 51 | 38 | 2 | 6 | 3 | 298,654 | 62 | 35 | 8 | 38 | 2 | 14 | 3 |
| 공덕1동 | 8,139 | 46 | 50 | 40 | 2 | 5 | 2 | 10,018 | 58 | 35 | 9 | 40 | 2 | 12 | 2 |
| 공덕2동 | 8,797 | 44 | 55 | 35 | 2 | 6 | 2 | 7,339 | 64 | 39 | 8 | 34 | 2 | 14 | 3 |
| 노고산동 | 7,879 | 43 | 47 | 41 | 2 | 7 | 4 | 7,617 | 53 | 33 | 10 | 37 | 1 | 16 | 2 |
| 대흥동 | 12,316 | 47 | 53 | 36 | 2 | 7 | 2 | 12,023 | 63 | 36 | 8 | 37 | 2 | 13 | 3 |
| 도화1동 | 7,929 | 53 | 58 | 33 | 2 | 5 | 2 | 7,629 | 69 | 44 | 8 | 33 | 2 | 12 | 2 |
| 도화2동 | 9,749 | 51 | 60 | 31 | 2 | 5 | 3 | 9,397 | 67 | 44 | 7 | 33 | 2 | 12 | 3 |
| 동교동 | 10,625 | 40 | 52 | 35 | 2 | 8 | 3 | 10,717 | 58 | 33 | 7 | 39 | 2 | 18 | 2 |
| 망원1동 | 17,974 | 44 | 48 | 42 | 2 | 6 | 2 | 19,129 | 60 | 30 | 9 | 42 | 2 | 14 | 2 |
| 망원2동 | 14,076 | 51 | 48 | 41 | 3 | 5 | 3 | 14,482 | 61 | 33 | 9 | 40 | 2 | 13 | 3 |
| 상수동 | 10,065 | 43 | 54 | 34 | 3 | 6 | 3 | 10,062 | 60 | 36 | 7 | 38 | 2 | 15 | 3 |
| 상암동 | 4,729 | 61 | 52 | 36 | 3 | 5 | 3 | 8,070 | 64 | 34 | 7 | 39 | 2 | 15 | 4 |
| 서교동 | 14,926 | 40 | 55 | 32 | 2 | 7 | 3 | 15,001 | 60 | 37 | 7 | 37 | 2 | 16 | 2 |
| 성산1동 | 14,510 | 45 | 50 | 39 | 3 | 6 | 3 | 15,129 | 61 | 33 | 8 | 39 | 2 | 15 | 3 |
| 성산2동 | 28,384 | 46 | 49 | 39 | 3 | 6 | 3 | 29,860 | 64 | 33 | 8 | 39 | 2 | 16 | 3 |
| 신공덕동 | 8,587 | 50 | 55 | 36 | 2 | 5 | 2 | 8,808 | 65 | 38 | 8 | 37 | 2 | 12 | 2 |
| 신수동 | 14,226 | 46 | 53 | 37 | 3 | 5 | 3 | 14,690 | 63 | 36 | 8 | 37 | 3 | 13 | 3 |
| 아현1동 | 11,692 | 46 | 47 | 43 | 2 | 5 | 2 | 11,201 | 58 | 34 | 10 | 39 | 2 | 12 | 3 |
| 아현2동 | 8,253 | 45 | 52 | 40 | 2 | 4 | 2 | 7,798 | 57 | 37 | 9 | 38 | 2 | 8 | 6 |
| 아현3동 | 7,159 | 45 | 52 | 38 | 2 | 6 | 2 | 7,134 | 59 | 33 | 8 | 39 | 2 | 15 | 3 |
| 연남동 | 14,236 | 44 | 52 | 37 | 2 | 6 | 3 | 15,692 | 62 | 35 | 7 | 39 | 2 | 15 | 2 |
| 염리동 | 15,892 | 43 | 51 | 37 | 2 | 6 | 3 | 16,717 | 59 | 35 | 8 | 39 | 2 | 14 | 3 |
| 용강동 | 7,734 | 50 | 55 | 35 | 2 | 5 | 3 | 8,695 | 65 | 39 | 9 | 34 | 2 | 14 | 2 |
| 창전동 | 9,297 | 45 | 51 | 38 | 3 | 6 | 2 | 8,565 | 63 | 36 | 7 | 36 | 3 | 16 | 2 |
| 합정동 | 16,861 | 44 | 52 | 37 | 2 | 6 | 2 | 17,038 | 62 | 34 | 7 | 39 | 2 | 15 | 3 |

| 2006년 지방선거 | | | | | | | 행정구역 | 2008년 총선 | | | | | | | | | |
|---|---|---|---|---|---|---|---|---|---|---|---|---|---|---|---|---|---|
| 선거인 수 | 투표율 | 열린우리당 | 한나라당 | 민주당 | 민주노동당 | 기타정당 | | 선거인 수 | 투표율 | 통합민주당 | 한나라당 | 자유선진당 | 민주노동당 | 창조한국당 | 친박연대 | 진보신당 | 기타정당 |
| 312,630 | 49 | 23 | 55 | 10 | 11 | 1 | 마포구 | 317,518 | 45 | 29 | 38 | 4 | 4 | 5 | 11 | 6 | 4 |
| 10,108 | 46 | 23 | 54 | 14 | 8 | 1 | 공덕동 | 31,110 | 43 | 32 | 38 | 5 | 4 | 4 | 9 | 4 | 4 |
| 10,493 | 52 | 21 | 58 | 10 | 10 | 1 | 대흥동 | 13,890 | 38 | 33 | 34 | 4 | 6 | 5 | 9 | 5 | 4 |
| 8,017 | 41 | 24 | 50 | 12 | 12 | 2 | 도화동 | 18,324 | 52 | 27 | 43 | 5 | 4 | 4 | 10 | 4 | 3 |
| 11,845 | 51 | 22 | 55 | 10 | 12 | 1 | 망원1동 | 19,036 | 44 | 31 | 35 | 4 | 4 | 5 | 12 | 5 | 4 |
| 7,519 | 57 | 19 | 62 | 9 | 9 | 1 | 망원2동 | 16,384 | 44 | 30 | 36 | 4 | 4 | 5 | 11 | 5 | 5 |
| 10,726 | 52 | 19 | 64 | 9 | 8 | 1 | 상암동 | 15,058 | 50 | 28 | 39 | 4 | 3 | 5 | 11 | 7 | 4 |
| 11,051 | 42 | 23 | 52 | 11 | 13 | 2 | 서강동 | 20,367 | 43 | 26 | 38 | 4 | 4 | 5 | 12 | 8 | 3 |
| 19,272 | 48 | 23 | 50 | 13 | 12 | 1 | 서교동 | 25,578 | 38 | 25 | 39 | 4 | 3 | 6 | 11 | 9 | 3 |
| 16,257 | 50 | 23 | 52 | 13 | 11 | 1 | 성산1동 | 15,722 | 43 | 28 | 37 | 4 | 4 | 5 | 12 | 6 | 4 |
| 10,145 | 47 | 20 | 56 | 10 | 13 | 1 | 성산2동 | 30,684 | 47 | 30 | 36 | 4 | 3 | 5 | 10 | 7 | 4 |
| 12,486 | 55 | 23 | 56 | 8 | 12 | 1 | 신수동 | 17,467 | 47 | 30 | 39 | 4 | 4 | 5 | 11 | 5 | 3 |
| 15,180 | 44 | 21 | 56 | 10 | 14 | 1 | 아현동 | 23,269 | 43 | 29 | 40 | 4 | 4 | 4 | 11 | 4 | 3 |
| 15,531 | 46 | 23 | 54 | 11 | 12 | 1 | 연남동 | 16,082 | 43 | 28 | 38 | 4 | 3 | 5 | 11 | 6 | 4 |
| 30,125 | 52 | 24 | 52 | 9 | 13 | 1 | 염리동 | 15,341 | 43 | 31 | 37 | 4 | 6 | 5 | 9 | 4 | 5 |
| 8,789 | 52 | 23 | 56 | 9 | 10 | 2 | 용강동 | 17,217 | 49 | 28 | 40 | 5 | 4 | 5 | 10 | 5 | 4 |
| 15,426 | 51 | 20 | 57 | 12 | 10 | 1 | 합정동 | 17,152 | 43 | 28 | 37 | 4 | 3 | 5 | 13 | 6 | 4 |
| 11,089 | 47 | 24 | 53 | 13 | 8 | 1 | | | | | | | | | | | |
| 7,687 | 43 | 20 | 59 | 11 | 9 | 2 | | | | | | | | | | | |
| 6,748 | 46 | 24 | 53 | 12 | 10 | 2 | | | | | | | | | | | |
| 16,076 | 47 | 22 | 57 | 10 | 11 | 1 | | | | | | | | | | | |
| 16,737 | 47 | 21 | 55 | 11 | 12 | 1 | | | | | | | | | | | |
| 9,465 | 51 | 19 | 59 | 12 | 10 | 1 | | | | | | | | | | | |
| 8,978 | 47 | 21 | 56 | 8 | 13 | 1 | | | | | | | | | | | |
| 17,177 | 47 | 25 | 54 | 9 | 12 | 1 | | | | | | | | | | | |

투표율은 상암동, 도화1동, 도화2동에서 상대적으로 높았다. 한나라당 득표율도 상암동, 도화1동, 도화2동에서 높았다. 민주 (+열린우리)당은 망원1동, 아현1동, 망원2동에서 득표율이 높았다.

숫자
100
으로
본 **서울시 서대문구** 21개 동네

서대문구에는 2005년 현재 21개 동에 있는 주택 7만8,100채와 오피스텔 1천7백 채 등
거처 약 8만 곳에 34만4천 명이 살고 있다.
서울시 서대문구가 100명이 사는 마을이라면 어떤 모습일까?

## 숫자 100으로 본 서대문구

서대문구에 사는 사람들은 학력과 종교 면에서 서울시 평균인과 비
슷하고 미혼자와 자영업자는 약간 많다. 직업별로는 서비스직과 판
매직이 많은 편이며, 출퇴근에 걸리는 시간도 길지 않은 편이다.

단독주택 거주자와 1인 가구가 많고 주택 소유자와 무주택자가 반
반씩 섞여 살며, 자동차 보유 가구는 서울시 평균보다 적다. 가구의
12%는 (반)지하 등에 살고 32%는 거실과 부엌을 포함한 방 3칸 이
하 셋방에 살지만, 공공 임대주택은 2%로 매우 부족하다.

최근 7년간 서대문구에서 한나라당은 35~55%를, 민주(＋열린우
리)당은 30~47%를, 민주노동당＋진보신당은 6~14%를 얻었다. 그

그림 2_3.53

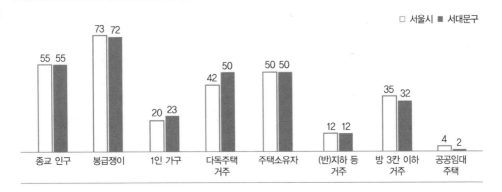

서울시와 서대문구 주요 지수 평균 비교

(단위 : %)

□ 서울시　■ 서대문구

러나 동네별로는 차이가 크게 나타났다.

## 서대문구 인구가 100명이라면 :
## 대학 이상 학력자 49명, 종교 인구 55명

서대문구 인구 34만4천 명을 100명으로 친다면 남자 대 여자의 수는 49 대 51로 여자가 약간 많다. 100명 중 1명은 외국인으로, 국적별로는 대만 28%, 중국 27%(재중 동포＝조선족 7%), 미국 17%, 일본 10% 순이다. 동네 사람 중 외국인이 가장 많은 곳은 대신동과 연희3동으로 각각 5%와 4%다. 22명은 어린이와 청소년이고(19살 미만), 78명은 어른이다. 어른 가운데 9명은 노인(65세 이상)이다.

　지역적으로는 북가좌2동과 남가좌2동에 9명씩 살고 홍은3동에 8

명, 홍제3동에 6명이 산다. 연희3동·천연동·홍은2동·북가좌1동·홍제4동에는 5명씩, 남가좌1동·홍제1동·북아현3동·연희1동·홍제2동·창천동에 4명씩, 연희2동·홍은1동·북아현1동·북아현2동에 3명씩, 그리고 대신동과 충정로동에 2명씩 산다.

종교를 보면 25명은 개신교, 16명은 불교, 13명은 천주교 신자다. 44명은 종교를 갖고 있지 않다. 홍은3동의 동네 사람 중 59%가 신자인 반면, 북아현2동의 52%는 종교가 없다. 개신교는 충정로동에서, 불교는 홍은2동·홍은3동·남가좌1동에서, 천주교는 홍은1동에서 신자 비율이 높았다.

학력은 어떨까. 49명이 대학 이상의 학력을 가지고 있는데 이 중 10명은 대학에 재학 중이고 5명은 석사과정 이상의 공부를 하였다(19세 이상 기준). 대학 이상 학력자 비중은 대신동과 연희3동에서 78%로 가장 높다.

37명은 미혼이며, 63명은 결혼했다. 결혼한 사람 가운데 7명은 남편이나 아내가 먼저 사망했고 3명은 이혼했다(15세 이상 기준). 4명은 몸이 불편하거나 정신 장애로 정상적인 활동에 제약을 느끼고 있다.

거주 기간을 보면, 42명은 현재 살고 있는 집에 산 지 5년이 넘었으나 58명은 5년 이내에 새로 이사 왔다(5살 이상 기준). 이사 온 사람 중 34명은 서대문구 안의 다른 동에서, 13명은 서울 안의 다른 구에서, 10명은 서울 바깥에서 이사 왔다.

**표 2_3.79**

## 서울시 서대문구 성별·종교별·학력별 인구

(단위 : 명, %)

| 행정구역 | 남녀/외국인 | | | | 종교 인구 | | | | | | | 대학 이상 학력 인구 | | | | | | |
|---|---|---|---|---|---|---|---|---|---|---|---|---|---|---|---|---|---|---|
| | 총인구 | 남자 | 여자 | 외국인 | 인구수 (내국인) | 종교 있음 | | | | | 종교 없음 | 19세 이상 인구 | 계 | 4년제 미만 | | 4년제 이상 | | 대학원 이상 |
| | | | | | | 계 | 불교 | 개신교 | 천주교 | 기타 | | | | 계 | 재학 | 계 | 재학 | |
| 서대문구 | 343,593 | 49 | 51 | 1 | 340,327 | 55 | 16 | 25 | 13 | 1 | 44 | 266,064 | 49 | 12 | 2 | 31 | 8 | 5 |
| 남가좌1동 | 15,343 | 49 | 51 | 0 | 15,307 | 52 | 18 | 22 | 11 | 1 | 48 | 12,463 | 30 | 11 | 3 | 17 | 4 | 2 |
| 남가좌2동 | 31,456 | 49 | 51 | 0 | 31,360 | 54 | 14 | 26 | 12 | 1 | 44 | 23,894 | 45 | 13 | 3 | 29 | 7 | 4 |
| 대신동 | 8,456 | 41 | 59 | 5 | 8,021 | 57 | 16 | 25 | 15 | 1 | 43 | 6,639 | 78 | 9 | 3 | 54 | 27 | 14 |
| 북가좌1동 | 18,337 | 50 | 50 | 0 | 18,308 | 53 | 16 | 25 | 11 | 1 | 47 | 14,301 | 40 | 12 | 2 | 25 | 5 | 3 |
| 북가좌2동 | 31,778 | 50 | 50 | 0 | 31,718 | 55 | 16 | 25 | 12 | 1 | 45 | 24,435 | 39 | 14 | 3 | 23 | 5 | 3 |
| 북아현1동 | 9,851 | 48 | 52 | 0 | 9,806 | 55 | 16 | 25 | 13 | 1 | 44 | 8,020 | 44 | 14 | 2 | 27 | 6 | 3 |
| 북아현2동 | 9,702 | 47 | 53 | 1 | 9,634 | 48 | 15 | 21 | 11 | 1 | 52 | 7,541 | 43 | 13 | 2 | 26 | 7 | 4 |
| 북아현3동 | 14,652 | 48 | 52 | 1 | 14,573 | 55 | 16 | 28 | 11 | 1 | 45 | 11,472 | 46 | 12 | 2 | 30 | 11 | 4 |
| 연희1동 | 14,127 | 49 | 51 | 2 | 13,903 | 58 | 17 | 27 | 14 | 1 | 41 | 11,209 | 49 | 12 | 2 | 31 | 7 | 6 |
| 연희2동 | 10,664 | 49 | 51 | 3 | 10,370 | 59 | 17 | 28 | 14 | 1 | 41 | 8,137 | 46 | 13 | 3 | 28 | 6 | 5 |
| 연희3동 | 18,837 | 51 | 49 | 4 | 18,009 | 58 | 14 | 26 | 17 | 1 | 42 | 14,208 | 78 | 10 | 3 | 56 | 26 | 11 |
| 창천동 | 12,415 | 47 | 53 | 2 | 12,113 | 52 | 15 | 23 | 14 | 1 | 48 | 10,423 | 70 | 15 | 4 | 48 | 21 | 7 |
| 천연동 | 18,554 | 49 | 51 | 0 | 18,498 | 55 | 16 | 26 | 12 | 1 | 45 | 14,155 | 51 | 11 | 2 | 33 | 7 | 7 |
| 충정로동 | 8,262 | 50 | 50 | 2 | 8,085 | 59 | 17 | 31 | 11 | 1 | 38 | 6,543 | 51 | 12 | 3 | 33 | 8 | 6 |
| 홍은1동 | 10,210 | 49 | 51 | 0 | 10,180 | 56 | 17 | 22 | 16 | 1 | 44 | 7,654 | 53 | 9 | 2 | 37 | 6 | 7 |
| 홍은2동 | 18,482 | 49 | 51 | 0 | 18,459 | 55 | 18 | 25 | 12 | 1 | 44 | 14,180 | 38 | 13 | 3 | 22 | 5 | 3 |
| 홍은3동 | 28,084 | 49 | 51 | 1 | 27,828 | 59 | 18 | 26 | 15 | 1 | 41 | 21,400 | 52 | 13 | 3 | 33 | 7 | 6 |
| 홍제1동 | 15,256 | 48 | 52 | 0 | 15,187 | 57 | 17 | 27 | 11 | 1 | 42 | 11,886 | 48 | 13 | 2 | 31 | 6 | 5 |
| 홍제2동 | 12,562 | 49 | 51 | 0 | 12,524 | 54 | 16 | 23 | 15 | 1 | 45 | 9,580 | 55 | 11 | 2 | 36 | 5 | 6 |
| 홍제3동 | 20,531 | 49 | 51 | 0 | 20,461 | 55 | 16 | 25 | 12 | 2 | 45 | 15,860 | 43 | 13 | 3 | 26 | 5 | 4 |
| 홍제4동 | 16,034 | 49 | 51 | 0 | 15,983 | 56 | 17 | 23 | 15 | 1 | 44 | 12,064 | 56 | 14 | 3 | 35 | 5 | 8 |

대신동에 사는 사람의 5%는 외국인이다. 홍은3동에 사는 사람의 59%가 종교가 있는 반면, 북아현2동은 52%가 종교 없이 산다. 대학 이상 학력자 비중은 대신동과 연희3동에서 가장 높고 남가좌1동에서 가장 낮다.

# 서대문구에 사는 취업자가 100명이라면 :
## 72명은 봉급쟁이

서대문구에 사는 15세 이상 인구 28만3천 명 가운데 취업해 직장에
·다니는 사람(취업자)은 13만9천 명이다. 서대문구 취업자가 100명이
라면 56명은 30~40대, 22명은 20대이며, 15명은 50대다. 65세 이상
노인 3명도 일하고 있다.

72명은 회사에서 봉급을 받고 일하는 직장인이다. 17명은 고용한
사람 없이 혼자서 일하는 자영업자이며, 7명은 누군가를 고용해 사업
체를 경영하는 사업주다. 4명은 가족이 운영하는 사업체에서 보수 없
이 일하고 있다.

직업은 사무직 21명, 판매직 15명, 전문가 14명, 서비스직 11명,
기술직 및 준전문가 11명, 기능직 10명순이다. 또 8명은 단순 노무
직, 5명은 장치 기계 조작 및 조립직, 4명은 고위 관리직으로 일하고
있다.

직장으로 출근하는 데 30분 이상 걸리는 사람은 60명으로, 그 가
운데 22명은 1시간 이상 걸린다. 20명은 걸어서 출근하고 80명은 교
통수단을 이용해 출근한다. 80명 가운데 26명은 자가용으로, 25명은
시내버스로, 17명은 전철로, 1명은 통근 버스, 다른 1명은 택시를 이
용한다. 8명은 전철과 버스 또는 승용차를 갈아타며 출근한다.

85명은 사무실이나 공장 등에서 일하는 반면, 9명은 야외나 거리
또는 운송 수단에서 일한다. 3명은 자기 집에서, 2명은 남의 집에서
일한다.

## 서대문구에 100가구가 산다면 :
## 53가구는 셋방살이

서대문구에는 11만7,900가구가 산다(일반 가구 기준). 서대문구에 사는 가구를 100가구로 친다면 45가구는 식구가 한 명 또는 두 명인 1, 2인 가구이며, 이 가운데 23가구는 나 홀로 사는 1인 가구다. 식구 4명은 25가구, 3명은 21가구, 5명은 7가구다.

나 홀로 사는 1인 가구 비중을 보면, 창천동 가구의 50%, 대신동과 연희3동도 40% 이상이 1인 가구다. 반면 홍제1동과 홍은1동은 12%에 그친다.

45가구는 자신이 소유한 집에서 살고, 53가구는 셋방에 살며, 2가구는 직장의 사택이나 친척집 등에서 무상으로 살고 있다. 자기 집에 사는 가구 중 6가구는 현재 살고 있는 집 외에 최소 한 채에서 여러 채를 소유한 다주택자들이다.

셋방 사는 가구 가운데 34가구는 전세에, 17가구는 보증금 있는 월세에, 2가구는 보증금 없는 월세 또는 사글세에 살고 있다. 셋방 사는 가구 중 5가구는 어딘가에 자신 명의의 집을 소유하고 있으나 경제 사정이나 자녀 교육, 직장 등의 사정으로 셋방에 살고 있다.

61가구는 현재 사는 집으로 이사 온 지 5년이 안 되며, 이 가운데 31가구는 2년이 안 된다. 20가구는 5~10년이 됐고, 18가구는 10년이 넘었다.

50가구는 자동차를 소유하고 있고 이 가운데 35가구는 자기 집에 전용 주차장이 있다. 자동차 소유 가구 중 6가구는 차를 2대 이상 소유하고 있다.

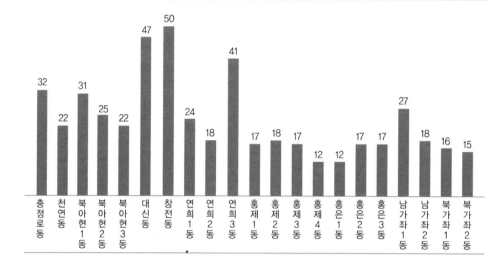

**그림 2_3.54**

## 서울시 서대문구 동네별 1인 가구

(단위 : %)

충정로동 32 / 천연동 22 / 북아현1동 31 / 북아현2동 25 / 북아현3동 22 / 대신동 47 / 창전동 50 / 연희1동 24 / 연희2동 18 / 연희3동 41 / 홍제1동 17 / 홍제2동 18 / 홍제3동 17 / 홍제4동 12 / 홍은1동 12 / 홍은2동 17 / 홍은3동 17 / 남가좌1동 27 / 남가좌2동 18 / 북가좌1동 16 / 북가좌2동 15

**집 많은 사람, 집 없는 사람 :**

**홍은1동 69% 주택 소유, 창천동 76% 무주택**

서대문구에 사는 100가구 중 50가구는 주택 소유자이고 50가구는 무주택자다. 21개 동네 가운데 10개 동네는 주택 소유자가 더 많고 9개 동네는 무주택자가 더 많다. 나머지 2개 동네는 50 대 50으로 비슷하다. 주택 소유자는 홍은1동 69%를 비롯해 홍은3동 62%, 홍제4동 60%, 홍제1동과 홍제2동 59% 순으로 높다. 반면 무주택자는 창천동 76%를 비롯해 남가좌1동 66%, 북아현1동 65%, 대신동 63% 순으로 높다.

표 2_3.80

# 서울시 서대문구의 다주택자

(단위 : 가구, 호)

| 구분 | | | 가구 수 | 주택 수 | 평균 주택 수 |
|---|---|---|---|---|---|
| 일반 가구 | | | 117,866 | – | – |
| 자가 가구 | | | 52,775 | – | – |
| 다주택 가구 | 통계청 | | 7,327 | – | – |
| | 행자부 | 계 | 4,685 | 12,685 | 3 |
| | | 2채 | 3,676 | 7,352 | 2 |
| | | 3채 | 435 | 1,305 | 3 |
| | | 4채 | 178 | 712 | 4 |
| | | 5채 | 82 | 410 | 5 |
| | | 6~10채 | 232 | 1,720 | 7 |
| | | 11채 이상 | 82 | 1,186 | 15 |

서대문구 가구의 6%는 집을 두 채 이상 소유한 다주택자다. 동네별로는 홍은1동 11%를 비롯해 홍제2동 9%, 천연동·홍제1동·홍제4동·홍은3동 각 8% 순이다.

서대문구 주택 소유자 50가구 중 5가구는 어딘가 자신 명의의 집이 있지만 사정이 있어 셋방에 사는 유주택 전월세 가구로, 충정로동과 홍제2동에서 7%로 가장 높다.

주택 소유자 중 유주택 전월세 가구를 제외한 45가구는 자기 집에 사는데, 자가 거주 가구 비율은 홍은1동(64%)과 홍은3동(58%), 홍제1동·홍제4동(54%)에서 가장 높다.

한편 유주택 전월세를 포함한 53가구가 셋방에 사는데 셋방 사는 가구 비중은 창천동 78%, 북아현1동·남가좌1동 각 67%, 대신동 66% 순으로 높다.

표 2_3.81

# 서울시 서대문구 주택의 점유·소유 형태별 가구

(단위 : 가구, %)

| 행정구역 | 전체 가구 | 자기 집에 거주 | | | 셋방에 거주 | | | 무상으로 거주 | | 주택 소유 | 무주택 |
|---|---|---|---|---|---|---|---|---|---|---|---|
| | | 계 | 집 한 채 | 집 여러 채 | 계 | 집 없음 | 집 있음 | 집 없음 | 집 있음 | | |
| 서대문구 | 117,866 | 45 | 39 | 6 | 53 | 49 | 5 | 2 | 0 | 50 | 50 |
| 남가좌1동 | 5,738 | 31 | 26 | 4 | 67 | 64 | 4 | 2 | 0 | 34 | 66 |
| 남가좌2동 | 10,506 | 44 | 38 | 6 | 53 | 49 | 4 | 2 | 0 | 49 | 51 |
| 대신동 | 3,193 | 32 | 25 | 7 | 66 | 61 | 5 | 2 | 0 | 37 | 63 |
| 북가좌1동 | 6,047 | 47 | 41 | 5 | 52 | 48 | 5 | 1 | 0 | 51 | 49 |
| 북가좌2동 | 10,242 | 51 | 46 | 6 | 47 | 43 | 4 | 1 | 0 | 56 | 44 |
| 북아현1동 | 3,904 | 30 | 26 | 4 | 67 | 63 | 4 | 3 | 0 | 35 | 65 |
| 북아현2동 | 3,615 | 35 | 31 | 4 | 64 | 60 | 4 | 1 | 0 | 39 | 61 |
| 북아현3동 | 4,922 | 41 | 37 | 4 | 57 | 54 | 3 | 2 | 0 | 45 | 55 |
| 연희1동 | 4,963 | 46 | 40 | 6 | 51 | 46 | 5 | 3 | 0 | 52 | 48 |
| 연희2동 | 3,463 | 51 | 45 | 6 | 47 | 42 | 5 | 2 | 0 | 56 | 44 |
| 연희3동 | 6,908 | 39 | 34 | 5 | 60 | 56 | 4 | 1 | 0 | 43 | 57 |
| 창천동 | 5,372 | 20 | 18 | 3 | 78 | 75 | 3 | 1 | 0 | 24 | 76 |
| 천연동 | 6,346 | 42 | 35 | 8 | 56 | 48 | 8 | 1 | 0 | 50 | 50 |
| 충정로동 | 2,946 | 35 | 29 | 6 | 60 | 53 | 7 | 3 | 1 | 43 | 57 |
| 홍은1동 | 3,184 | 64 | 53 | 11 | 35 | 29 | 5 | 1 | 0 | 69 | 31 |
| 홍은2동 | 6,060 | 46 | 40 | 6 | 51 | 48 | 3 | 2 | 0 | 50 | 50 |
| 홍은3동 | 9,152 | 58 | 49 | 8 | 40 | 36 | 4 | 2 | 0 | 62 | 38 |
| 홍제1동 | 5,020 | 54 | 46 | 8 | 44 | 39 | 5 | 2 | 0 | 59 | 41 |
| 홍제2동 | 4,279 | 52 | 43 | 9 | 46 | 39 | 7 | 2 | 0 | 59 | 41 |
| 홍제3동 | 6,826 | 50 | 43 | 6 | 48 | 44 | 4 | 2 | 0 | 54 | 46 |
| 홍제4동 | 5,180 | 54 | 46 | 8 | 45 | 39 | 6 | 1 | 0 | 60 | 40 |

홍은1동 가구의 69%는 집을 소유하고 있고 11%는 두 채 이상 갖고 있다. 반면 창천동 가구의 76%는 무주택자다. 홍제2동 가구의 7%는 어딘가에 집을 사놓고 셋방에 산다.

유주택 전월세를 제외한 49가구는 집이 아예 없는 무주택 전월세 가구인데, 창천동(75%), 남가좌1동(64%), 북아현1동(63%), 대신동(61%) 순으로 높다.


**서대문구에 있는 집이 100채라면 :**
**37채는 아파트, 27채는 단독주택, 25채는 다세대주택**

서대문구에는 집(주택과 주택 이외의 거처, 빈집 제외)이 8만 채가 있다. 서대문구에 있는 집이 100채라면 37채는 아파트고, 27채는 단독주택, 25채는 다세대주택이다. 7채는 연립주택, 1채는 상가 내 거처 등 비거주용 건물 내 주택이고, 2채는 오피스텔을 비롯한 주택 이외의 거처다.

홍제4동·홍은1동·천연동·홍제2동은 아파트가 많다. 반면 남가좌1동과 북아현3동은 단독주택이 절반이 넘는다. 북가좌2동은 절반 이상이 다세대주택이며, 홍은3동·연희2동·창천동·홍제1동은 30% 이상이다. 창천동 거처 중 24%는 주택 이외의 거처다.

서대문구 100가구 가운데 50가구는 단독주택에, 25가구는 아파트에, 17가구는 다세대주택에, 5가구는 연립주택에 산다. 또 2가구는 비거주용 건물 내 주택에, 다른 2가구는 오피스텔 등 주택 이외의 거처에 산다.

홍제4동에 사는 사람의 73%는 아파트에 살고, 19%는 단독주택에, 6%는 다세대주택에 산다. 이 밖에 홍은1동 69%, 천연동 53%, 홍제2동 46% 등 동네 세 곳도 아파트 거주 가구 비중이 높다.

표 2_3.82

# 서울시 서대문구 거처의 종류별·연건평별·건축년도별 주택

(단위 : 호, 가구, %)

| 행정구역 | 거처의 종류별 거처와 가구 | | | | | | | | | | | | | |
|---|---|---|---|---|---|---|---|---|---|---|---|---|---|
| | 계 | | 단독주택 | | 아파트 | | 연립주택 | | 다세대주택 | | 비거주용 건물 내 주택 | | 주택 이외의 거처 | |
| | 거처 | 가구 | 거처 | 가구 | 거처 | 가구 | 거처 | 가구 | 거처 | 가구 | 거처 | 가구 | 거처 | 가구 |
| 서대문구 | 79,996 | 118,179 | 27 | 50 | 37 | 25 | 7 | 5 | 25 | 17 | 1 | 2 | 2 | 2 |
| 남가좌1동 | 2,680 | 5,743 | 59 | 79 | 15 | 7 | 8 | 4 | 14 | 6 | 4 | 4 | 0 | 0 |
| 남가좌2동 | 7,011 | 10,520 | 30 | 52 | 42 | 28 | 3 | 2 | 23 | 16 | 1 | 2 | 0 | 0 |
| 대신동 | 2,205 | 3,263 | 23 | 46 | 38 | 26 | 0 | 0 | 18 | 12 | 5 | 5 | 15 | 10 |
| 북가좌1동 | 4,040 | 6,047 | 29 | 52 | 31 | 20 | 6 | 4 | 33 | 22 | 1 | 1 | 0 | 0 |
| 북가좌2동 | 7,147 | 10,242 | 25 | 46 | 13 | 9 | 5 | 4 | 56 | 39 | 1 | 2 | 0 | 0 |
| 북아현1동 | 1,822 | 3,911 | 50 | 75 | 25 | 12 | 3 | 1 | 21 | 10 | 2 | 1 | 0 | 0 |
| 북아현2동 | 1,952 | 3,616 | 41 | 67 | 48 | 26 | 1 | 1 | 9 | 5 | 1 | 1 | 0 | 0 |
| 북아현3동 | 2,812 | 4,931 | 57 | 75 | 4 | 2 | 10 | 6 | 29 | 16 | 0 | 0 | 0 | 0 |
| 연희1동 | 3,476 | 4,963 | 37 | 55 | 19 | 13 | 6 | 4 | 31 | 22 | 2 | 2 | 5 | 3 |
| 연희2동 | 2,601 | 3,465 | 28 | 44 | 24 | 18 | 7 | 5 | 35 | 27 | 2 | 2 | 5 | 3 |
| 연희3동 | 4,019 | 6,967 | 20 | 53 | 36 | 21 | 17 | 10 | 19 | 11 | 1 | 1 | 7 | 4 |
| 창천동 | 2,764 | 5,460 | 30 | 60 | 4 | 2 | 6 | 3 | 32 | 16 | 4 | 6 | 24 | 12 |
| 천연동 | 4,700 | 6,354 | 21 | 41 | 71 | 53 | 2 | 2 | 5 | 4 | 0 | 0 | 0 | 0 |
| 충정로동 | 2,215 | 2,965 | 29 | 45 | 34 | 26 | 8 | 6 | 20 | 15 | 3 | 4 | 6 | 5 |
| 홍은1동 | 2,892 | 3,184 | 8 | 16 | 75 | 69 | 2 | 2 | 14 | 13 | 1 | 1 | 0 | 0 |
| 홍은2동 | 3,849 | 6,062 | 46 | 65 | 33 | 21 | 6 | 4 | 15 | 9 | 1 | 1 | 0 | 0 |
| 홍은3동 | 7,187 | 9,169 | 20 | 36 | 25 | 20 | 14 | 11 | 39 | 31 | 1 | 1 | 1 | 1 |
| 홍제1동 | 3,919 | 5,023 | 14 | 31 | 39 | 30 | 13 | 11 | 31 | 24 | 2 | 3 | 0 | 0 |
| 홍제2동 | 3,309 | 4,281 | 17 | 35 | 59 | 46 | 12 | 9 | 12 | 10 | 0 | 0 | 0 | 0 |
| 홍제3동 | 4,877 | 6,831 | 28 | 47 | 45 | 32 | 8 | 6 | 18 | 13 | 2 | 2 | 0 | 0 |
| 홍제4동 | 4,519 | 5,182 | 7 | 19 | 84 | 73 | 1 | 1 | 7 | 6 | 0 | 1 | 0 | 0 |

| 연건평별 주택 | | | | | 건축년도별 주택 | | | |
| --- | --- | --- | --- | --- | --- | --- | --- | --- |
| 총 주택 수 | 14평 미만 | 14~19평 | 19~29평 | 29평 이상 | 총 주택 수 | 1995~2005년 | 1985~1994년 | 1985년 이전 |
| 78,141 | 13 | 23 | 34 | 29 | 78,141 | 46 | 32 | 22 |
| 2,672 | 19 | 14 | 22 | 45 | 2,672 | 28 | 36 | 35 |
| 6,976 | 17 | 25 | 26 | 32 | 6,976 | 55 | 26 | 18 |
| 1,871 | 18 | 21 | 34 | 27 | 1,871 | 30 | 56 | 14 |
| 4,040 | 10 | 19 | 40 | 30 | 4,040 | 32 | 49 | 18 |
| 7,136 | 12 | 22 | 39 | 26 | 7,136 | 55 | 28 | 17 |
| 1,816 | 18 | 18 | 23 | 42 | 1,816 | 32 | 32 | 35 |
| 1,952 | 7 | 57 | 11 | 25 | 1,952 | 63 | 27 | 11 |
| 2,805 | 12 | 14 | 33 | 41 | 2,805 | 38 | 31 | 31 |
| 3,311 | 10 | 27 | 27 | 37 | 3,311 | 41 | 22 | 37 |
| 2,482 | 9 | 37 | 24 | 31 | 2,482 | 24 | 32 | 45 |
| 3,752 | 7 | 16 | 40 | 38 | 3,752 | 55 | 33 | 11 |
| 2,096 | 21 | 17 | 20 | 42 | 2,096 | 49 | 32 | 19 |
| 4,688 | 18 | 21 | 35 | 26 | 4,688 | 76 | 9 | 15 |
| 2,074 | 21 | 21 | 29 | 28 | 2,074 | 37 | 21 | 42 |
| 2,891 | 7 | 29 | 36 | 27 | 2,891 | 54 | 22 | 24 |
| 3,843 | 9 | 22 | 39 | 30 | 3,843 | 31 | 45 | 23 |
| 7,132 | 10 | 22 | 42 | 26 | 7,132 | 35 | 44 | 20 |
| 3,910 | 9 | 22 | 44 | 25 | 3,910 | 33 | 41 | 26 |
| 3,308 | 12 | 31 | 30 | 28 | 3,308 | 39 | 53 | 8 |
| 4,868 | 15 | 23 | 41 | 21 | 4,868 | 52 | 23 | 24 |
| 4,518 | 18 | 22 | 43 | 17 | 4,518 | 65 | 24 | 10 |

남가좌1동은 가구의 79%가

단독주택에 사는 데 비해

홍제4동은 73%가 아파트에 산다.

북가좌2동은 39%가

다세대주택에, 창천동은 12%가

주택 이외의 거처에 산다.

그러나 다른 동네 18곳은 단독주택에 사는 사람이 훨씬 많다. 남가좌1동에 사는 사람의 79%는 단독주택에 살고 아파트에는 7%만 살며, 6%는 다세대주택에, 4%는 연립주택에 산다. 북아현1동과 북아현3동 각 75%, 북아현 2동 67%, 홍은2동 65%, 창천동 60% 등 모두 11개 동네에서 동네 사람 절반 이상이 단독주택에 살고 있다.

북가좌2동에 사는 사람의 39%, 홍은3동 31%, 연희2동 27%, 홍제1동 24% 등 6개 동네에서는 동네 사람의 20% 이상이 다세대주택에 산다. 창천동 주민의 12%, 대신동 주민의 10%는 오피스텔 등 주택 이외의 거처에 산다.

지난 10년 동안 아파트와 다세대주택은 91%와 122%가 늘어난 반면, 단독주택은 17%, 연립주택은 15%가 줄었다. 이에 따라 전체 주택(주택 이외의 거처 제외)에서 차지하는 비중도 아파트는 26%에서 38%로, 다세대주택은 15%에서 26%로 증가했다. 반면 단독주택은 44%에서 28%로, 연립주택은 11%에서 7%로 줄었다.

크기별로는 29평 이상이 29채, 19~29평이 34채, 14~19평이 23채이며, 14평 미만은 13채가 있다. 남가좌1동과 북아현1동 주택의 40% 이상이 29평이 넘고, 충정로동과 창천동 주택의 21%는 14평 미만이다.

46채는 지은 지 10년(1995~2005년)이 안 된 새집이며, 지은 지 20년이 넘는 낡은 집은 22채로 조만간 재개발·재건축 대상이 될 전망이다. 연희2동과 충정로동 주택의 40% 이상은 지은 지 20년이 넘었고, 천연동·홍제4동·북아현2동 주택의 60% 이상이 10년이 안 됐다.

## 서대문구에서 지하 방에 사는 사람 :
## 남가좌1동 20%가 (반)지하에 거주

서대문구에 사는 11만7,900가구를 100가구로 친다면 그 중 11가구는 식구에 비해 집이 너무 좁거나 시설이 제대로 갖춰지지 않아 인간다운 품위를 지키기 어려운 최저 주거 기준 미달 가구다.

또 100가구 가운데 88가구는 지상에 살지만, 11가구는 (반)지하에 살고, 1가구는 옥탑방에 산다. 남가좌1동에 사는 사람의 20%는 (반)지하 방에 산다. 북가좌1동과 2동 각 14%, 남가좌2동 13%, 북아현3동과 연희2동 각 12%, 북아현2동과 연희1동·홍제1동·홍은3동 각 11% 등 모두 13개 동네에서 (반)지하 방 거주 가구 비율이 10%가 넘었다.

서대문구 100가구 가운데 거실이나 부엌을 각각 1개의 방으로 쳐서 방 3개 이하에서 셋방살이를 떠도는 가구는 32가구에 달하지만, 공공 임대주택은 2채에 그친다. 집 때문에 사는 게 피곤한 서민들의 어려움을 해결하려면 공공 임대주택을 현재의 16배 수준으로 늘려야 한다.


## 서대문구 유권자가 100명이라면

정당 지지도를 알 수 있는 최근 네 차례 선거(제3~4회 동시지방선거, 제17~18대 총선)를 기준으로 서대문구의 선거권자는 27만~28만 명이며, 평균 투표율은 52%다.

표 2_3.83

# 서울시 서대문구 (반)지하 등 거주 가구

(단위 : 가구, %)

| 행정구역 | (반)지하 | | 옥탑 | | 기타 |
|---|---|---|---|---|---|
| | 가구 | 비중 | 가구 | 비중 | 가구 |
| 서대문구 | 12,615 | 11 | 1,379 | 1 | 41 |
| 남가좌1동 | 1,174 | 20 | 108 | 2 | 2 |
| 남가좌2동 | 1,370 | 13 | 71 | 1 | – |
| 대신동 | 132 | 4 | 26 | 1 | 1 |
| 북가좌1동 | 876 | 14 | 60 | 1 | – |
| 북가좌2동 | 1,462 | 14 | 48 | 0 | – |
| 북아현1동 | 526 | 13 | 129 | 3 | 1 |
| 북아현2동 | 383 | 11 | 100 | 3 | – |
| 북아현3동 | 597 | 12 | 104 | 2 | 1 |
| 연희1동 | 523 | 11 | 52 | 1 | – |
| 연희2동 | 403 | 12 | 9 | 0 | – |
| 연희3동 | 572 | 8 | 53 | 1 | – |
| 창천동 | 440 | 8 | 41 | 1 | 5 |
| 천연동 | 425 | 7 | 116 | 2 | 3 |
| 충정로동 | 141 | 5 | 33 | 1 | 4 |
| 홍은1동 | 173 | 5 | 15 | 0 | – |
| 홍은2동 | 606 | 10 | 127 | 2 | 5 |
| 홍은3동 | 1,031 | 11 | 32 | 0 | 2 |
| 홍제1동 | 534 | 11 | 45 | 1 | 14 |
| 홍제2동 | 350 | 8 | 68 | 2 | 1 |
| 홍제3동 | 704 | 10 | 114 | 2 | 2 |
| 홍제4동 | 193 | 4 | 28 | 1 | – |

남가좌1동 가구의 20%를 비롯해 13개 동네에서 가구의 10% 이상이 (반)지하에 살고 있다.

서대문구 유권자가 100명이라면 2002년 제3회 동시지방선거에서는 49명이 한나라당을 찍었고, 39명은 새천년민주당, 6명은 민주노동당, 2명은 자민련, 3명은 나머지 정당을 지지했다. 2004년 총선에서는 39명이 열린우리당을, 35명은 한나라당을 지지했으며, 14명은 민주노동당을, 8명은 새천년민주당을, 2명은 자민련을 각각 찍었다.

2006년 동시지방선거에서는 55명이 한나라당을 선택한 가운데, 24명은 열린우리당을, 9명은 민주노동당을, 다른 9명은 민주당을, 1명은 기타 정당을 지지했다. 2008년 총선에서는 39명이 한나라당을 찍었고 30명이 통합민주당을, 10명은 친박연대를, 5명은 창조한국당을 찍었다. 진보신당과 민주노동당, 자유선진당은 각 4명씩 지지했다.

동네별 투표율은 홍은1동·홍제4동·천연동·홍제2동에서 상대적으로 가장 높았다. 반면 창천동·남가좌1동·북가좌1동·북가좌2동에서 가장 낮았다. 네 차례 선거에서 홍은1동과 창천동의 투표율 차이는 최소 8%에서 최대 14%까지 났다.

한나라당 득표율은 대신동, 연희1동·연희3동·홍은3동에서 가장 높았다. 반면 남가좌1동·홍제2동·북아현2동·홍은2동에서 가장 낮았다. 대신동과 남가좌1동의 득표율 격차는 최소 7%에서 최대 13%까지 벌어졌다.

민주(＋열린우리)당 득표율은 남가좌1동·홍은2동·북아현1동·북가좌2동에서 가장 높았다. 반면 대신동·연희3동·홍은1동·연희1동에서 가장 낮았다. 네 차례 선거에서 남가좌1동과 대신동의 득표율 격차는 최소 10%에서 최대 14%까지 벌어졌다.

민주노동당＋진보신당 득표율은 연희3동과 창천동에서 상대적으로 높았다. 2002년 지방선거에서는 북아현2동에서 10%를 얻어 서대문구 평균 득표율 6%를 크게 웃돌았다. 2004년 총선에서는 연희3동과 창천동에서 각 17%를 얻어 평균 득표율 14%를 웃돌았다. 2006년 지방선거에서는 대신동에서 13%를 얻었고 연희3동과 창천동, 홍제2동에서도 12%를 얻었다. 2008년 총선에서는 민주노동당＋진보신당 득표율 합계가 연희3동에서 11%로 가장 높았고 창천동과 대신동이 각 10%로 뒤를 이었다.

그림 2_3.55

# 서울시 서대문구 동네별 한나라당 득표율

2004년 총선(단위 : %)

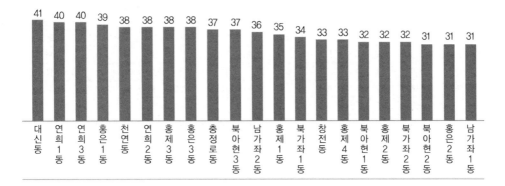

그림 2_3.56

# 서울시 서대문구 동네별 민주(＋열린우리)당 득표율

2004년 총선(단위 : %)

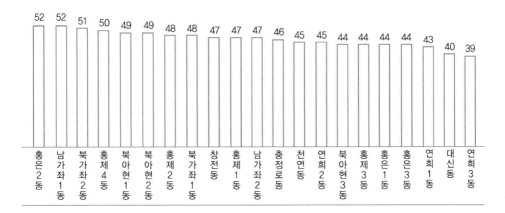

표 2_3.84

# 서울시 서대문구 역대 선거 투표율과 정당 지지율

2002~2008년(단위 : 명, %)

| 행정구역 | 2002년 지방선거 | | | | | | | 2004년 총선 | | | | | | | |
|---|---|---|---|---|---|---|---|---|---|---|---|---|---|---|---|
| | 선거인 수 | 투표율 | 한나라당 | 새천년민주당 | 자민련 | 민주노동당 | 기타정당 | 선거인 수 | 투표율 | 한나라당 | 새천년민주당 | 열린우리당 | 자민련 | 민주노동당 | 기타정당 |
| 서대문구 | 278,561 | 47 | 49 | 39 | 2 | 6 | 3 | 274,126 | 63 | 35 | 8 | 39 | 2 | 14 | 2 |
| 남가좌1동 | 14,202 | 41 | 43 | 45 | 3 | 6 | 3 | 12,586 | 58 | 31 | 10 | 42 | 2 | 12 | 3 |
| 남가좌2동 | 24,992 | 42 | 52 | 38 | 2 | 5 | 3 | 24,344 | 62 | 36 | 7 | 39 | 2 | 13 | 3 |
| 대신동 | 6,503 | 45 | 56 | 31 | 2 | 8 | 3 | 6,341 | 61 | 41 | 5 | 35 | 1 | 15 | 2 |
| 북가좌1동 | 14,871 | 43 | 47 | 42 | 2 | 5 | 3 | 14,708 | 61 | 34 | 8 | 40 | 2 | 13 | 3 |
| 북가좌2동 | 24,294 | 41 | 48 | 42 | 2 | 5 | 3 | 25,006 | 61 | 32 | 9 | 42 | 2 | 13 | 3 |
| 북아현1동 | 8,141 | 46 | 47 | 41 | 2 | 7 | 3 | 7,866 | 61 | 32 | 8 | 42 | 2 | 14 | 2 |
| 북아현2동 | 8,009 | 46 | 46 | 40 | 2 | 10 | 2 | 7,707 | 61 | 31 | 6 | 43 | 2 | 16 | 3 |
| 북아현3동 | 11,520 | 49 | 51 | 37 | 2 | 6 | 3 | 11,775 | 61 | 37 | 7 | 38 | 2 | 14 | 2 |
| 연희1동 | 11,838 | 46 | 55 | 34 | 2 | 6 | 4 | 11,462 | 62 | 40 | 7 | 36 | 2 | 13 | 3 |
| 연희2동 | 8,669 | 48 | 52 | 36 | 2 | 5 | 4 | 8,443 | 65 | 38 | 7 | 38 | 2 | 12 | 3 |
| 연희3동 | 12,168 | 44 | 55 | 31 | 2 | 8 | 4 | 12,471 | 64 | 40 | 5 | 34 | 2 | 17 | 2 |
| 창천동 | 9,006 | 40 | 50 | 37 | 2 | 8 | 3 | 9,134 | 58 | 33 | 6 | 41 | 1 | 17 | 2 |
| 천연동 | 15,185 | 52 | 50 | 38 | 2 | 7 | 3 | 14,513 | 65 | 38 | 8 | 37 | 2 | 13 | 2 |
| 충정로동 | 6,700 | 51 | 49 | 41 | 3 | 5 | 2 | 6,455 | 62 | 37 | 8 | 38 | 2 | 12 | 4 |
| 홍은1동 | 8,148 | 54 | 53 | 34 | 3 | 7 | 4 | 7,959 | 68 | 39 | 8 | 36 | 2 | 13 | 2 |
| 홍은2동 | 15,203 | 45 | 44 | 44 | 2 | 6 | 4 | 15,269 | 61 | 31 | 9 | 43 | 2 | 13 | 2 |
| 홍은3동 | 21,198 | 45 | 54 | 35 | 2 | 5 | 3 | 21,765 | 62 | 38 | 8 | 37 | 2 | 14 | 2 |
| 홍제1동 | 12,223 | 50 | 51 | 38 | 2 | 5 | 3 | 12,117 | 65 | 35 | 7 | 40 | 2 | 13 | 2 |
| 홍제2동 | 10,274 | 51 | 46 | 41 | 2 | 7 | 4 | 9,883 | 66 | 32 | 8 | 40 | 2 | 16 | 2 |
| 홍제3동 | 16,947 | 47 | 47 | 42 | 2 | 5 | 3 | 16,393 | 64 | 33 | 8 | 41 | 2 | 13 | 2 |
| 홍제4동 | 12,586 | 51 | 53 | 36 | 2 | 6 | 3 | 12,172 | 68 | 38 | 8 | 36 | 2 | 14 | 2 |

| 2006년 지방선거 | | | | | | | 2008년 총선 | | | | | | | | | |
| --- | --- | --- | --- | --- | --- | --- | --- | --- | --- | --- | --- | --- | --- | --- | --- | --- |
| 선거인 수 | 투표율 | 열린우리당 | 한나라당 | 민주당 | 민주노동당 | 기타정당 | 선거인 수 | 투표율 | 통합민주당 | 한나라당 | 자유선진당 | 민주노동당 | 창조한국당 | 친박연대 | 진보신당 | 기타정당 |
| 277,490 | 50 | 24 | 55 | 10 | 10 | 1 | 277,932 | 46 | 30 | 39 | 4 | 4 | 5 | 10 | 4 | 4 |
| 13,921 | 45 | 25 | 51 | 13 | 10 | 1 | 14,039 | 42 | 35 | 34 | 4 | 6 | 4 | 9 | 3 | 4 |
| 24,098 | 48 | 23 | 57 | 10 | 10 | 1 | 23,806 | 42 | 29 | 40 | 5 | 4 | 5 | 10 | 4 | 4 |
| 6,265 | 47 | 20 | 59 | 7 | 13 | 1 | 6,066 | 42 | 25 | 41 | 4 | 3 | 6 | 11 | 7 | 3 |
| 15,103 | 45 | 23 | 56 | 10 | 10 | 1 | 15,108 | 39 | 30 | 38 | 5 | 5 | 5 | 9 | 4 | 5 |
| 25,620 | 46 | 24 | 54 | 12 | 10 | 1 | 25,686 | 43 | 31 | 38 | 4 | 5 | 4 | 10 | 3 | 4 |
| 7,767 | 48 | 25 | 53 | 12 | 9 | 1 | 8,031 | 44 | 34 | 39 | 5 | 4 | 3 | 8 | 4 | 4 |
| 7,678 | 49 | 25 | 53 | 9 | 11 | 2 | 7,720 | 45 | 35 | 35 | 4 | 4 | 5 | 9 | 5 | 4 |
| 11,572 | 49 | 23 | 57 | 9 | 9 | 2 | 11,782 | 46 | 29 | 41 | 4 | 3 | 4 | 10 | 4 | 5 |
| 11,767 | 50 | 21 | 60 | 8 | 10 | 1 | 11,240 | 47 | 30 | 41 | 4 | 3 | 4 | 10 | 4 | 4 |
| 8,685 | 52 | 23 | 58 | 10 | 9 | 1 | 8,561 | 49 | 32 | 39 | 5 | 3 | 4 | 11 | 4 | 3 |
| 13,024 | 49 | 22 | 59 | 6 | 12 | 1 | 13,187 | 46 | 26 | 40 | 4 | 3 | 6 | 10 | 8 | 3 |
| 9,280 | 42 | 25 | 54 | 8 | 12 | 1 | 9,404 | 37 | 30 | 37 | 4 | 7 | | 10 | 6 | 3 |
| 14,903 | 53 | 24 | 56 | 9 | 10 | 1 | 14,971 | 51 | 31 | 38 | 4 | 3 | 4 | 10 | 6 | 4 |
| 6,902 | 48 | 22 | 57 | 11 | 9 | 1 | | | | | | | | | | |
| 7,901 | 56 | 23 | 56 | 9 | 11 | 1 | 7,976 | 50 | 26 | 42 | 4 | 5 | 4 | 11 | 4 | 3 |
| 15,040 | 49 | 25 | 52 | 12 | 10 | 1 | 14,647 | 46 | 30 | 42 | 4 | 5 | 4 | 8 | 3 | 4 |
| 21,831 | 48 | 23 | 59 | 8 | 10 | 1 | 22,389 | 43 | 27 | 41 | 4 | 4 | 5 | 11 | 4 | 4 |
| 12,280 | 51 | 23 | 56 | 10 | 10 | 1 | 12,411 | 50 | 32 | 38 | 4 | 3 | 5 | 10 | 4 | 4 |
| 10,025 | 52 | 24 | 51 | 12 | 12 | 1 | 10,072 | 51 | 34 | 36 | 3 | 5 | | 9 | 6 | 3 |
| 16,199 | 51 | 25 | 53 | 11 | 11 | 1 | 16,526 | 47 | 32 | 39 | 4 | 5 | 4 | 9 | 4 | 3 |
| 12,213 | 55 | 21 | 58 | 10 | 10 | 1 | 12,607 | 55 | 32 | 39 | 4 | 3 | 4 | 10 | 5 | 2 |

투표율은 홍은1동, 홍제4동, 천연동, 홍제2동에서 상대적으로 높았다. 한나라당 득표율은 대신동, 연희1동과 3동, 홍은3동에서 높았다. 민주(+열린우리)당 득표율은 남가좌1동, 홍은2동, 북아현1동, 북가좌2동에서 높았다.

# 숫자 100으로 본 서울시 서초구 18개 동네

서울시 서초구에는 2005년 기준으로 18개 동에 주택 9만3천 채와 오피스텔 2천 채 등 거처 9만6천 곳이 있으며 약 37만 명이 살고 있다.

서울시 서초구가 100명이 사는 마을이라면 어떤 모습일까?

## 숫자 100으로 본 서초구

서초구에 사는 사람은 서울시 평균인에 비해 고학력이며 사업주와 고위 관리직, 전문가로 일하는 사람이 상대적으로 많고, 자가용을 소유한 가구나 2대 이상 가진 가구도 월등히 많다. 종교 인구도 많고 특히 천주교 신자 수가 많다.

절반 이상이 아파트에 살고 소형 주택도 적으며 다주택자는 서울에서 가장 많지만, 절반 이상이 셋방에 살고 있는데, 특히 어딘가 집이 있지만 셋방에 사는 가구가 많다. 또 주택의 37%는 지은 지 20년이 넘었고, 가구의 8%는 (반)지하 방에 살며, 1%는 비닐집 등에 살고 있다. 또 가구의 34%는 거실과 부엌을 포함해 방 3칸 이하에 살고 있지만 공공 임대주택은 2%로 매우 낮다.

그림 2_3.57

## 서울시와 서초구 주요 지수 평균 비교

(단위 : %)

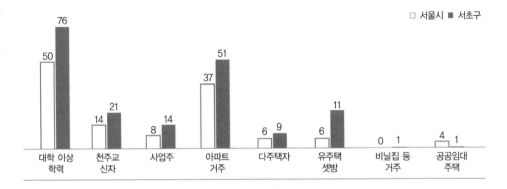

□ 서울시 ■ 서초구

| | 서울시 | 서초구 |
|---|---|---|
| 대학 이상 학력 | 50 | 76 |
| 천주교 신자 | 14 | 21 |
| 사업주 | 8 | 14 |
| 아파트 거주 | 37 | 51 |
| 다주택자 | 6 | 9 |
| 유주택 셋방 | 6 | 11 |
| 비닐집 등 거주 | 0 | 1 |
| 공공임대 주택 | 4 | 1 |

지난 7년간 선거에서 서초구는 한나라당 최소 49%에서 최대 70% 까지 표를 몰아주었다. 반면 민주(＋열린우리)당은 19~38%, 민주노동당＋진보신당은 5~9%를 얻는 데 그쳤다. 하지만 이 같은 정당 득표율은 동네마다 상당한 차이가 나타났다.

## 서초구 인구가 100명이라면 :
## 대학 이상 학력자 76명, 종교 인구 62명

서울시 서초구에 사는 사람은 37만 명에 달한다(이하 2005년 기준). 서초구 인구가 100명이라면 남자 대 여자의 수는 49 대 51로 여성이 더 많다. 외국인은 1명이다. 22명은 어린이와 청소년이고(19살 이하),

78명은 어른이다. 어른 가운데 6명은 노인(65세 이상)이다.

지역적으로는 잠원동에 9명이 살고, 방배2동에는 8명이 산다. 서초3동·서초4동·양재1동에 7명씩, 반포1동·반포3동·방배3동·방배4동·양재2동에 6명씩, 서초1동·서초2동·반포4동에 5명씩, 반포2동·방배본동·방배1동에 4명씩 살고, 반포동에 3명, 내곡동에 2명이 산다.

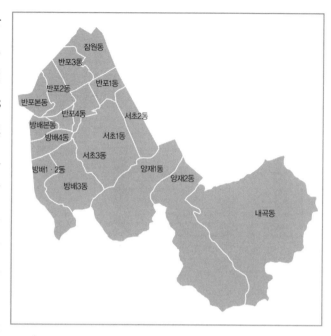

종교를 보면 25명은 개신교, 21명은 천주교, 15명은 불교를 믿는다. 그러나 37명은 종교를 갖고 있지 않다. 동네 사람 중 종교 인구가 가장 많은 곳은 반포본동과 2동으로 각각 68%와 69%에 달했다. 반면 양재2동과 반포1동은 45%와 42%가 종교를 갖지 않았다. 개신교는 방배본동과 4동에서, 천주교는 반포2동과 반포본동에서, 불교는 내곡동과 양재2동에서 각각 신자 수가 많았다.

학력은 어떨까. 76명이 대학 이상의 학력을 가지고 있는데 11명은 대학에 재학 중이고 14명은 석사과정 이상의 공부를 하였다(19세 이상 기준). 대학 이상 학력자 비중이 가장 높은 곳은 서초4동으로 19세 이상 인구 중 무려 90%에 달했고, 이 중 22%는 대학원 이상 학력자였다.

표 2_3.85

# 서울시 서초구 성별·종교별·학력별 인구

(단위 : 명, %)

| 행정구역 | 남녀/외국인 | | | | 종교 인구 | | | | | | | | 대학 이상 학력 인구 | | | | | | |
|---|---|---|---|---|---|---|---|---|---|---|---|---|---|---|---|---|---|---|---|
| | 총인구 | 남자 | 여자 | 외국인 | 인구수 (내국인) | 종교 있음 | | | | | 종교 없음 | 19세 이상 인구 | 계 | 4년제 미만 | | 4년제 이상 | | 대학원 이상 |
| | | | | | | 계 | 불교 | 개신교 | 천주교 | 기타 | | | | 계 | 재학 | 계 | 재학 | |
| 서초구 | 372,795 | 49 | 51 | 1 | 370,850 | 62 | 15 | 25 | 21 | 1 | 37 | 288,444 | 76 | 11 | 2 | 50 | 9 | 14 |
| 내곡동 | 6,221 | 52 | 48 | 1 | 6,170 | 66 | 23 | 26 | 16 | | 34 | 4,988 | 44 | 12 | 3 | 26 | 6 | 5 |
| 반포1동 | 22,091 | 47 | 53 | 0 | 22,009 | 54 | 15 | 20 | 19 | 1 | 42 | 18,066 | 71 | 15 | 2 | 46 | 8 | 10 |
| 반포2동 | 13,854 | 48 | 52 | 0 | 13,837 | 69 | 12 | 26 | 31 | 1 | 31 | 10,160 | 89 | 9 | 2 | 60 | 11 | 20 |
| 반포3동 | 22,549 | 48 | 52 | 0 | 22,469 | 63 | 14 | 23 | 25 | 1 | 37 | 16,703 | 86 | 9 | 1 | 57 | 8 | 20 |
| 반포4동 | 18,769 | 49 | 51 | 2 | 18,341 | 66 | 15 | 27 | 23 | 1 | 33 | 14,026 | 83 | 8 | 2 | 56 | 10 | 19 |
| 반포본동 | 12,292 | 48 | 52 | 0 | 12,269 | 68 | 12 | 26 | 28 | 1 | 32 | 8,992 | 89 | 7 | 1 | 60 | 9 | 23 |
| 방배1동 | 16,273 | 49 | 51 | 1 | 16,179 | 64 | 17 | 27 | 19 | 1 | 36 | 13,033 | 69 | 14 | 3 | 44 | 9 | 11 |
| 방배2동 | 29,416 | 49 | 51 | 0 | 29,344 | 62 | 15 | 28 | 17 | 1 | 38 | 23,036 | 63 | 14 | 3 | 41 | 9 | 7 |
| 방배3동 | 23,531 | 50 | 50 | 0 | 23,456 | 65 | 14 | 25 | 24 | 1 | 35 | 18,297 | 77 | 12 | 2 | 49 | 11 | 16 |
| 방배4동 | 22,618 | 48 | 52 | 0 | 22,392 | 62 | 16 | 29 | 17 | 1 | 37 | 17,315 | 70 | 14 | 2 | 48 | 8 | 12 |
| 방배본동 | 16,195 | 48 | 52 | 1 | 16,112 | 63 | 15 | 29 | 17 | 1 | 37 | 12,244 | 74 | 9 | 2 | 49 | 8 | 15 |
| 서초1동 | 17,703 | 49 | 51 | 1 | 17,579 | 61 | 15 | 24 | 21 | 1 | 39 | 13,907 | 80 | 12 | 2 | 55 | 14 | 14 |
| 서초2동 | 20,106 | 49 | 51 | 0 | 20,018 | 63 | 15 | 26 | 22 | 1 | 37 | 15,590 | 85 | 9 | 2 | 59 | 10 | 17 |
| 서초3동 | 24,343 | 50 | 50 | 0 | 24,155 | 63 | 15 | 24 | 22 | 1 | 37 | 19,426 | 76 | 13 | 2 | 48 | 10 | 15 |
| 서초4동 | 25,382 | 50 | 50 | 0 | 25,271 | 65 | 14 | 25 | 24 | 2 | 35 | 19,065 | 90 | 7 | 1 | 61 | 10 | 22 |
| 양재1동 | 25,624 | 49 | 51 | 0 | 25,539 | 62 | 16 | 27 | 18 | 1 | 37 | 20,411 | 63 | 12 | 3 | 40 | 7 | 11 |
| 양재2동 | 21,782 | 50 | 50 | 0 | 21,730 | 54 | 18 | 20 | 16 | 1 | 45 | 17,201 | 59 | 15 | 2 | 39 | 6 | 5 |
| 잠원동 | 34,046 | 48 | 52 | 0 | 33,980 | 61 | 15 | 22 | 23 | 1 | 39 | 25,984 | 84 | 9 | 2 | 57 | 9 | 18 |

반포4동에 사는 사람의 2%는 외국인이다. 반포2동 인구의 69%가 종교가 있는 반면 양재2동 인구의 45%는 종교가 없다.

대학 이상 학력자 비중은 서초4동에서 가장 높고 내곡동에서 가장 낮다.

37명은 미혼이며, 63명은 결혼했다. 결혼한 사람 가운데 4명은 남편이나 아내가 먼저 사망했고 2명은 이혼했다(15세 이상 기준). 3명은 몸이 불편하거나 정신 장애로 정상적인 활동에 제약을 느끼고 있다.

거주 기간을 보면, 34명은 현재 살고 있는 집에 산 지 5년이 넘었으나 66명은 5년 이내에 새로 이사 왔다(5살 이상 기준). 이사 온 사람 중 37명은 서초구 안의 다른 동에서, 14명은 서울 안의 다른 구에서, 13명은 서울 바깥에서 이사 왔다.

## 서초구에 사는 취업자가 100명이라면 : 70명은 봉급쟁이, 14명은 사업주

서초구에 사는 15세 이상 인구 31만 명 가운데 취업해 직장에 다니는 사람은 15만 명이다. 서초구 취업자가 100명이라면 55명은 30~40대, 21명은 20대이며, 50대는 17명이다. 65세 이상 노인도 2명이 일하고 있다.

70명은 회사에서 봉급을 받고 일하는 직장인이다. 14명은 고용한 사람 없이 혼자서 일하는 자영업자이며, 또 다른 14명은 누군가를 고용해 사업체를 경영하는 사업주다. 3명은 가족이 운영하는 사업체에서 보수 없이 일하고 있다.

직업은 전문가가 25명, 사무직이 22명, 기술직이나 준전문가 13명, 서비스직 7명, 판매직 10명이다. 또 9명은 고위 관리직, 4명은 기능직, 3명은 단순 노무직, 2명은 장치 기계 조작 및 조립직으로 일하고 있다.

직장으로 출근하는 데 30분 이상 걸리는 사람은 58명으로, 그 가운데 15명은 1시간 이상 걸린다. 18명은 걸어서 출근하고 82명은 교통수단을 이용해 출근한다. 82명 가운데 39명은 승용차 또는 승합차로, 18명은 전철로, 15명은 시내버스로 출근한다. 2명은 통근 버스로, 1명은 고속·시외버스로, 다른 1명은 택시로 출근한다. 6명은 전철과 버스 또는 승용차를 갈아타며 출근한다.

91명은 사무실이나 공장 등에서 일하는 반면, 3명은 야외나 거리 또는 운송 수단에서 일한다. 2명은 남의 집에서, 또 다른 4명은 자기 집에서 일한다.


## 서초구에 100가구가 산다면 : 52가구는 셋방살이

서초구에는 13만 가구가 산다(일반 가구 기준). 서초구에 사는 가구를 100가구로 친다면 39가구는 식구가 한 명 또는 두 명인 1, 2인 가구이며, 이 가운데 19가구는 나 홀로 사는 1인 가구다. 식구 4명은 29가구, 3명은 22가구, 5명은 8가구다.

나 홀로 사는 1인 가구 비중이 가장 높은 곳은 반포1동으로 동네 가구 중 41%가 1인 가구다. 양재동(30%)과 서초1동(25%) 역시 1인 가구 비중이 높다. 반면 반포본동과 반포2동은 각 7%로 가장 낮다.

46가구는 자신이 소유한 집에서 살고, 52가구는 셋방에 살며, 2가구는 직장의 사택이나 친척집 등에서 무상으로 살고 있다. 자기 집에 사는 가구 중 9가구는 현재 살고 있는 집 외에 최소 한 채에서 여러

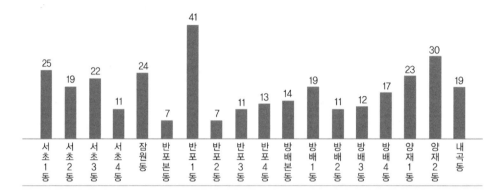

**그림 2_3.58**

## 서울시 서초구 동네별 1인 가구

(단위 : %)

| 서초1동 | 서초2동 | 서초3동 | 서초4동 | 잠원동 | 반포본동 | 반포1동 | 반포2동 | 반포3동 | 반포4동 | 방배본동 | 방배1동 | 방배2동 | 방배3동 | 방배4동 | 양재1동 | 양재2동 | 내곡동 |
|---|---|---|---|---|---|---|---|---|---|---|---|---|---|---|---|---|---|
| 25 | 19 | 22 | 11 | 24 | 7 | 41 | 7 | 11 | 13 | 14 | 19 | 11 | 12 | 17 | 23 | 30 | 19 |

채를 소유한 다주택자들이다.

셋방 사는 가구 가운데 33가구는 전세에, 17가구는 보증금 있는 월세에, 2가구는 보증금 없는 월세에 살고 있다. 셋방 사는 가구 중 11가구는 어딘가에 자신 명의의 집을 소유하고 있으나 경제 사정이나 자녀 교육, 직장 등의 사정으로 셋방에 살고 있다.

68가구는 현재 사는 집으로 이사 온 지 5년이 안 되며, 이 가운데 39가구는 2년이 안 된다. 16가구는 5~10년이 됐고, 15가구는 10년이 넘었다.

71가구는 자동차를 소유하고 있고 이 가운데 62가구는 자기 집에 전용 주차장이 있다. 자동차 소유 가구 중 18가구는 차를 2대 이상 소유하고 있다.

표 2_3.86

# 서울시 서초구의 다주택자

(단위 : 가구, 호)

| 구분 | | | 가구 수 | 주택 수 | 평균 주택 수 |
|---|---|---|---|---|---|
| 일반 가구 | | | 124,933 | – | – |
| 자가 가구 | | | 57,720 | – | – |
| 다주택 가구 | 통계청 | | 11,012 | – | – |
| | 행자부 | 계 | 7,653 | 23,183 | 3 |
| | | 2채 | 5,585 | 11,170 | 2 |
| | | 3채 | 850 | 2,550 | 3 |
| | | 4채 | 292 | 1,168 | 4 |
| | | 5채 | 182 | 910 | 5 |
| | | 6~10채 | 528 | 3,938 | 7 |
| | | 11채 이상 | 216 | 3,447 | 16 |

## 집 많은 사람, 집 없는 사람 :
## 반포2동 80% 주택 소유, 반포1동 66% 무주택

서초구에 사는 100가구 중 58가구는 주택 소유자이고 42가구는 무주택자다. 18개 동네 가운데 12개 동네는 주택 소유자가 더 많고 6개 동네는 무주택자가 더 많다. 주택 소유자는 반포2동 80%를 비롯해 서초4동 79%, 반포본동 78%, 반포3동 75% 순으로 높고, 9개 동네에서 60% 이상을 기록하고 있다. 반면 무주택자는 반포1동 66%를 비롯해 양재2동 64%, 내곡동 60%, 방배2동 56%, 방배1동 54%, 양재1동 53% 순으로 높다.

서초구 가구의 9%는 집을 두 채 이상 소유한 다주택자다. 동네별로는 반포본동 13%를 비롯해 서초4동·반포2동·반포4동 각 12% 순

표 2_3.87

# 서울시 서초구 주택의 점유·소유 형태별 가구

(단위 : 가구, %)

| 행정구역 | 전체 가구 | 자기 집에 거주 | | | 셋방에 거주 | | | 무상으로 거주 | | 주택 소유 | 무주택 |
|---|---|---|---|---|---|---|---|---|---|---|---|
| | | 계 | 집 한 채 | 집 여러 채 | 계 | 집 없음 | 집 있음 | 집 없음 | 집 있음 | | |
| 서초구 | 124,933 | 46 | 37 | 9 | 52 | 41 | 11 | 2 | 0 | 58 | 42 |
| 내곡동 | 1,999 | 33 | 27 | 6 | 56 | 51 | 5 | 9 | 2 | 40 | 60 |
| 반포1동 | 9,598 | 25 | 20 | 5 | 73 | 65 | 8 | 2 | 0 | 34 | 66 |
| 반포2동 | 4,094 | 60 | 48 | 12 | 38 | 19 | 19 | 1 | 0 | 80 | 20 |
| 반포3동 | 7,198 | 59 | 48 | 11 | 40 | 24 | 16 | 1 | 0 | 75 | 25 |
| 반포4동 | 5,830 | 59 | 47 | 12 | 39 | 28 | 11 | 1 | 0 | 71 | 29 |
| 반포본동 | 3,625 | 53 | 40 | 13 | 46 | 21 | 25 | 1 | 1 | 78 | 22 |
| 방배1동 | 5,432 | 36 | 29 | 7 | 60 | 51 | 10 | 3 | 0 | 46 | 54 |
| 방배2동 | 9,095 | 33 | 27 | 7 | 64 | 54 | 10 | 2 | 0 | 44 | 56 |
| 방배3동 | 7,294 | 58 | 51 | 7 | 40 | 32 | 8 | 1 | 0 | 67 | 33 |
| 방배4동 | 7,389 | 45 | 36 | 10 | 53 | 42 | 11 | 1 | 0 | 57 | 43 |
| 방배본동 | 5,127 | 48 | 37 | 11 | 50 | 38 | 12 | 1 | 0 | 61 | 39 |
| 서초1동 | 5,943 | 45 | 35 | 10 | 53 | 44 | 9 | 1 | 0 | 55 | 45 |
| 서초2동 | 6,788 | 54 | 43 | 10 | 45 | 32 | 13 | 1 | 0 | 67 | 33 |
| 서초3동 | 8,240 | 49 | 40 | 9 | 48 | 38 | 9 | 2 | 1 | 59 | 41 |
| 서초4동 | 7,789 | 64 | 51 | 12 | 35 | 20 | 15 | 1 | 0 | 79 | 21 |
| 양재1동 | 9,100 | 38 | 32 | 7 | 59 | 51 | 8 | 2 | 0 | 47 | 53 |
| 양재2동 | 8,208 | 32 | 28 | 4 | 67 | 62 | 5 | 1 | 0 | 36 | 64 |
| 잠원동 | 12,184 | 50 | 40 | 10 | 49 | 38 | 10 | 1 | 0 | 61 | 39 |

반포2동은 가구의 80%가 집을 소유하고 있는 반면, 반포1동의 66%가 무주택자다. 반포본동 가구의 13%는 집을 두 채 이상 갖고 있고, 25%는 어딘가에 집을 사놓고 셋방에 산다.

으로 높고, 10개 동네에서 10% 이상이 다주택자다. 반면 양재2동은 4%로 가장 낮고 반포1동은 5%, 내곡동은 6%에 그친다.

서초구 주택 소유자 58가구 중 11가구는 어딘가 자신 명의의 집이 있지만 사정이 있어 셋방에 사는 유주택 전월세 가구다. 반포본동에서는 무려 25%가 유주택 전월세 가구인데 모두 11개 동네에서 10% 이상을 기록했다.

주택 소유자 중 유주택 전월세 가구를 제외한 46가구는 자기 집에 사는데, 자가 거주 가구 비율은 서초4동 64%, 반포2동 60%, 반포3동과 반포4동 59% 순으로 높고, 모두 8개 동네에서 50% 이상을 기록했다.

한편 유주택 전월세를 포함한 52가구가 셋방에 사는데, 셋방 사는 가구 비중은 반포1동 73%, 양재2동 67%, 방배2동 64%, 방배1동 60% 순으로 높고, 모두 8개 동네에서 절반 이상이 셋방에 살고 있다.

유주택 전월세를 제외한 41가구는 집이 아예 없는 무주택 전월세 가구다. 반포1동 가구의 65%, 양재2동 가구의 62%가 무주택 전월세 가구이며, 모두 6개 동네에서 절반 이상이 무주택 전월세 가구로 나타났다.


## 서초구에 있는 집이 100채라면 :
## 66채는 아파트

서초구에는 집(주택과 주택 이외의 거처)이 9만6천 채가 있다. 서초구에 있는 집이 100채라면 3분의 2에 달하는 66채는 아파트다. 다세대주

표 2_3.88

# 서울시 서초구 거처의 종류별·연건평별·건축년도별 주택

(단위 : 호, 가구, %)

| 행정구역 | 거처의 종류별 거처와 가구 | | | | | | | | | | | | | | |
| | 계 | | 단독주택 | | 아파트 | | 연립주택 | | 다세대주택 | | 비거주용 건물 내 주택 | | 주택 이외의 거처 | |
| | 거처 | 가구 | 거처 | 가구 | 거처 | 가구 | 거처 | 가구 | 거처 | 가구 | 거처 | 가구 | 거처 | 가구 |
|---|---|---|---|---|---|---|---|---|---|---|---|---|---|---|
| 서초구 | 96,211 | 125,023 | 9 | 28 | 66 | 51 | 7 | 5 | 13 | 10 | 1 | 2 | 3 | 3 |
| 내곡동 | 1,218 | 2,001 | 61 | 76 | 6 | 4 | 0 | 0 | 0 | 0 | 0 | 0 | 32 | 20 |
| 반포1동 | 4,672 | 9,600 | 14 | 57 | 65 | 32 | 4 | 2 | 17 | 8 | 1 | 2 | 0 | 0 |
| 반포2동 | 4,074 | 4,094 | 0 | 0 | 100 | 100 | 0 | 0 | 0 | 0 | 0 | 0 | 0 | 0 |
| 반포3동 | 7,193 | 7,198 | 0 | 0 | 98 | 98 | 0 | 0 | 0 | 0 | 0 | 0 | 2 | 2 |
| 반포4동 | 5,216 | 5,837 | 3 | 13 | 62 | 55 | 17 | 16 | 17 | 15 | 1 | 1 | 0 | 0 |
| 반포본동 | 3,610 | 3,625 | 0 | 0 | 100 | 100 | 0 | 0 | 0 | 0 | 0 | 0 | 0 | 0 |
| 방배1동 | 3,269 | 5,437 | 24 | 52 | 29 | 17 | 15 | 9 | 29 | 17 | 3 | 4 | 0 | 1 |
| 방배2동 | 4,916 | 9,102 | 36 | 64 | 23 | 12 | 9 | 6 | 29 | 16 | 2 | 1 | 2 | 1 |
| 방배3동 | 6,424 | 7,297 | 6 | 16 | 63 | 56 | 7 | 6 | 20 | 18 | 1 | 1 | 3 | 3 |
| 방배4동 | 5,263 | 7,396 | 18 | 40 | 41 | 29 | 11 | 8 | 27 | 19 | 3 | 4 | 0 | 0 |
| 방배본동 | 3,461 | 5,127 | 14 | 39 | 64 | 43 | 5 | 3 | 15 | 10 | 2 | 4 | 1 | 0 |
| 서초1동 | 4,548 | 5,967 | 12 | 31 | 66 | 50 | 12 | 9 | 7 | 5 | 2 | 3 | 1 | 1 |
| 서초2동 | 6,153 | 6,790 | 3 | 11 | 80 | 72 | 1 | 1 | 3 | 2 | 1 | 2 | 14 | 12 |
| 서초3동 | 6,529 | 8,249 | 8 | 25 | 51 | 40 | 15 | 13 | 17 | 14 | 2 | 3 | 7 | 6 |
| 서초4동 | 7,553 | 7,789 | 0 | 2 | 96 | 93 | 1 | 1 | 1 | 1 | 0 | 0 | 2 | 2 |
| 양재1동 | 6,961 | 9,103 | 8 | 27 | 53 | 41 | 12 | 9 | 19 | 15 | 2 | 3 | 6 | 6 |
| 양재2동 | 4,673 | 8,216 | 12 | 43 | 7 | 4 | 15 | 9 | 50 | 29 | 7 | 10 | 9 | 5 |
| 잠원동 | 10,478 | 12,195 | 3 | 16 | 94 | 81 | 1 | 1 | 2 | 2 | 0 | 1 | 0 | 1 |

| 연건평별 주택 | | | | | 건축년도별 주택 | | | |
|---|---|---|---|---|---|---|---|---|
| 총 주택 수 | 14평 미만 | 14~19평 | 19~29평 | 29평 이상 | 총 주택 수 | 1995~ 2005년 | 1985~ 1994년 | 1985년 이전 |
| 93,010 | 7 | 11 | 38 | 44 | 93,010 | 37 | 27 | 37 |
| 829 | 1 | 10 | 18 | 71 | 829 | 17 | 10 | 72 |
| 4,672 | 7 | 15 | 40 | 38 | 4,672 | 28 | 15 | 57 |
| 4,073 | 0 | 20 | 39 | 41 | 4,073 | 7 | 0 | 93 |
| 7,083 | 3 | 14 | 61 | 23 | 7,083 | 25 | 1 | 73 |
| 5,212 | 2 | 9 | 50 | 40 | 5,212 | 32 | 63 | 5 |
| 3,610 | 0 | 0 | 41 | 59 | 3,610 | 0 | 0 | 100 |
| 3,265 | 8 | 11 | 29 | 52 | 3,265 | 57 | 20 | 23 |
| 4,834 | 7 | 10 | 31 | 52 | 4,834 | 35 | 44 | 21 |
| 6,218 | 7 | 11 | 31 | 51 | 6,218 | 32 | 41 | 27 |
| 5,249 | 6 | 14 | 24 | 56 | 5,249 | 73 | 14 | 13 |
| 3,440 | 3 | 4 | 25 | 67 | 3,440 | 43 | 11 | 46 |
| 4,484 | 7 | 14 | 30 | 49 | 4,484 | 68 | 24 | 8 |
| 5,319 | 1 | 10 | 48 | 41 | 5,319 | 27 | 6 | 67 |
| 6,060 | 6 | 9 | 24 | 60 | 6,060 | 73 | 19 | 8 |
| 7,401 | 0 | 1 | 48 | 51 | 7,401 | 29 | 41 | 30 |
| 6,564 | 22 | 17 | 33 | 28 | 6,564 | 30 | 67 | 4 |
| 4,269 | 14 | 20 | 34 | 33 | 4,269 | 57 | 40 | 2 |
| 10,428 | 19 | 12 | 37 | 31 | 10,428 | 25 | 24 | 50 |

반포본동과 반포2동에 사는 사람은 100% 아파트에 산다. 반면 내곡동은 76%가 단독주택에 살고 20%는 주택 이외의 거처에 산다. 양재2동은 29%가 다세대주택에 산다.

택은 13채, 단독주택은 9채, 연립주택은 7채다. 오피스텔 2채, 비닐
집·판잣집·움막 1채, 상가 등에 있는 주택이 1채다.

반포본동과 2동에 있는 집은 모두 아파트다. 서초4동·잠원동·반
포3동에서 90% 이상이 아파트인 것을 비롯해 18개 동 가운데 13곳
에서 아파트 비중이 절반을 넘었다. 반면 내곡동은 거처 중 61%가 단
독주택이고 20%는 주택 이외의 거처이며, 양재2동은 절반이 다세대
주택이다.

서초구 100가구 가운데 51가구는 아파트에, 28가구는 단독주택
에, 15가구는 연립주택과 다세대주택에, 2가구는 오피스텔에, 또 다
른 2가구는 상가 등 비거주용 건물 내 주택에, 1가구는 비닐집·판잣
집·움막에 산다.

반포본동과 2동 사람 모두가 아파트에 사는 것을 비롯해 9개 동네
에서 절반 이상이 아파트에 산다. 반면 내곡동 사람의 76% 등 4개 동
네에서는 절반 이상이 단독주택에 산다. 양재2동 사람의 29%는 다세
대주택에, 반포4동 사람의 16%는 연립주택에. 내곡동 사람의 20%는
주택 이외의 거처에 산다.

지난 10년 동안 아파트와 다세대주택은 25%와 204%가 늘어난 반
면, 단독주택과 연립주택은 17%와 45%가 줄었다. 29평 이상 큰 집
은 8채, 19~29평은 3채가 늘 동안 14평 미만의 작은 집은 한 채 느는
데 그쳤으며, 14~19평은 오히려 한 채가 줄었다. 현재 29평 이상은
44채, 19~29평은 38채인 반면, 14~19평은 11채, 14평 미만은 7채다

내곡동에 있는 주택의 71%, 방배본동에 있는 주택의 67%, 서초3
동에 있는 주택의 60%는 29평 이상 큰 집이다. 9개 동네에서 주택의
절반 이상이 29평이 넘었고, 서초4동과 반포본동과 2동은 14평 미만

410

의 좁은 집이 아예 없다. 반면 양재1동에 있는 주택의 22%는 14평 미만이다.

37채는 지은 지 10년(1995~2005년)이 안 된 새집이며, 또 다른 37채는 지은 지 20년이 넘은 낡은 집으로 곧 재개발·재건축될 수 있는 집이다. 2005년 기준으로 반포본동에 있는 주택은 모두 지은 지 20년이 넘은 낡은 집이다. 반포2동 주택의 93%, 내곡동 주택의 72%, 서초2동 주택의 67%도 20년이 넘었다. 반면 서초3동과 방배4동 주택의 73%는 지은 지 10년이 안 된 집이다.


**서초구에서 지하 방과 비닐집에 사는 사람 :**
**방배2동·내곡동 20% 이상 (반)지하 등 거주,**
**양재1동·내곡동 5% 이상 비닐집에 거주**


서초구에 사는 100가구 중 6가구는 식구에 비해 집이 너무 좁거나 부엌, 화장실, 목욕 시설 등이 제대로 갖춰지지 않은 집에서 살고 있어 인간다운 품위를 지키기 어려운 최저 주거 기준 미달 가구다.

또 서초구에 사는 100가구 가운데 92가구는 지상에 살지만, 8가구는 (반)지하에 살고 있다. 방배2동에 사는 가구의 23%가 지하 방에 사는 것을 비롯해 내곡동(19%), 방배1동(16%), 양재2동(14%), 반포1동(11%), 방배4동(10%) 등 지하 방 거주 가구 비중이 10% 이상인 곳은 18개 동 중 6곳이다. 지하 가구 수는 방배2동·양재2동·반포1동·방배1동·방배4동·양재1동 순으로 많다.

한편 내곡동과 양재1동에 사는 가구의 17%와 5%는 비닐집·판잣

표 2_3.89

# 서울시 서초구 (반)지하 등 거주 가구

(단위 : 가구, %)

| 행정구역 | (반)지하 | | 옥탑 | 판잣집·움막·비닐집 | | 기타 | |
|---|---|---|---|---|---|---|---|
| | 가구 | 비중 | 가구 | 가구 | 비중 | 가구 | 비중 |
| 서초구 | 9,852 | 8 | 266 | 1,165 | 1 | 91 | – |
| 내곡동 | 372 | 19 | 6 | 331 | 7 | 74 | 4 |
| 반포1동 | 1,086 | 11 | 48 | – | – | – | – |
| 반포2동 | 3 | 0 | – | – | – | – | – |
| 반포3동 | 1 | 0 | – | – | – | – | – |
| 반포4동 | 175 | 3 | 1 | – | – | 2 | – |
| 반포본동 | 3 | 0 | – | – | – | – | – |
| 방배1동 | 867 | 16 | 8 | – | – | – | – |
| 방배2동 | 2,122 | 23 | 46 | 84 | 1 | – | – |
| 방배3동 | 653 | 9 | 8 | 119 | 2 | 2 | – |
| 방배4동 | 702 | 10 | 15 | – | – | 1 | – |
| 방배본동 | 435 | 8 | 11 | – | – | – | – |
| 서초1동 | 431 | 7 | 7 | – | – | 2 | – |
| 서초2동 | 172 | 3 | 2 | – | – | – | – |
| 서초3동 | 656 | 8 | 23 | 37 | – | – | – |
| 서초4동 | 62 | 1 | 2 | – | – | 5 | – |
| 양재1동 | 695 | 8 | 26 | 459 | 5 | 2 | – |
| 양재2동 | 1,145 | 14 | 54 | 113 | 1 | 3 | – |
| 잠원동 | 272 | 2 | 9 | 22 | – | – | – |

방배2동 23%, 내곡동 19%를 비롯해 6개 동네에서 가구의 10% 이상이 (반)지하에 살고 있다.

집·움막에 살고 있다. 방배3동 가구의 2%와 방배2동 및 양재2동 가구의 1%도 비닐집·판잣집·움막에 산다.

서초구 100가구 가운데 거실이나 부엌을 각각 1개의 방으로 쳐서 방 3개 이하에서 셋방살이를 떠도는 가구는 34가구에 달하지만, 이들에게 꼭 필요한 공공 임대주택은 1채밖에 안 된다. 따라서 서초구에 사는 가난한 사람들을 위해서는 중앙정부와 지자체가 앞장서서 현재의 34배에 달하는 공공 임대주택을 성실하게 공급해야 한다.

## 서초구 유권자가 100명이라면

정당 지지도를 알 수 있는 최근 네 차례 선거(제3~4회 동시지방선거, 제17~18대 총선)를 기준으로 서초구의 선거권자는 30만~32만 명이며, 평균 투표율은 53%다.

서초구 유권자가 100명이라면 2002년 제3회 동시지방선거에서는 61명이 한나라당을 찍었고, 29명은 새천년민주당, 5명은 민주노동당, 2명은 자민련, 다른 2명은 나머지 정당을 각각 지지했다. 2004년 총선에서는 49명이 한나라당을, 31명이 열린우리당을 지지했으며, 9명은 민주노동당을, 7명은 새천년민주당을, 2명은 자민련을 각각 찍었다.

2006년 동시지방선거에서는 70명이 한나라당을 선택한 가운데, 15명은 열린우리당을, 7명은 민주노동당을 다른 7명은 민주당을 각각 지지했다. 2008년 총선에서는 49명이 한나라당을 찍었고, 19명이 통합민주당을, 13명은 친박연대를, 5명은 자유선진당을, 4명은 진보신당을, 다른 4명은 창조한국당을 찍었으며, 2명은 민주노동당을 지지했다.

동네별 투표율은 반포본동·반포2동·서초4동·서초2동에서 항상 가장 높았다. 반면 반포1동·양재2동·방배1동·잠원동에서 가장 낮았다. 반포본동과 반포1동의 투표율 격차는 최소 15%에서 최대 21%까지 벌어졌다.

한나라당 득표율은 반포본동·서초4동·반포2동·반포3동에서 항상 가장 높았다. 반면 양재2동·방배2동·방배1동·방배4동에서 항상 가장 낮았다. 반포본동과 양재2동의 한나라당 득표율은 최소 14%에서 최대 27%까지 벌어졌다.

민주(＋열린우리)당 득표율은 방배2동·양재2동·방배1동·방배4동에서 가장 높았다. 반면 반포본동·서초4동·반포2동·반포3동에서 가장 낮았다. 양재2동과 반포본동의 득표율 차이는 최소 13%에서 최대 21%까지 벌어졌다.

민주노동당＋진보신당 득표율은 양재2동과 양재1동에서 상대적으로 높았다.

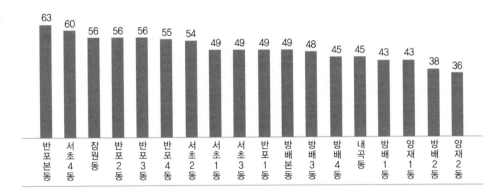

**그림 2_3.59**

# 서울시 서초구 동네별 한나라당 득표율

2004년 총선(단위 : %)

| 63 | 60 | 56 | 56 | 56 | 55 | 54 | 49 | 49 | 49 | 49 | 48 | 45 | 45 | 43 | 43 | 38 | 36 |

반포본동 / 서초4동 / 잠원동 / 반포2동 / 반포3동 / 반포4동 / 서초2동 / 서초1동 / 서초3동 / 반포1동 / 방배본동 / 방배3동 / 방배4동 / 내곡동 / 방배1동 / 양재1동 / 방배2동 / 양재2동

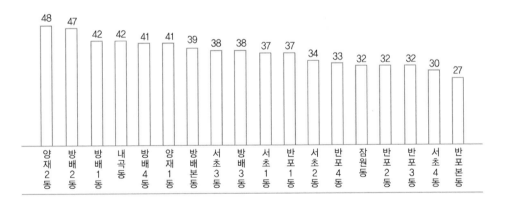

**그림 2_3.60**

# 서울시 서초구 동네별 민주(+열린우리)당 득표율

2004년 총선(단위 : %)

| 48 | 47 | 42 | 42 | 41 | 41 | 39 | 38 | 38 | 37 | 37 | 34 | 33 | 32 | 32 | 32 | 30 | 27 |

양재2동 / 방배2동 / 방배1동 / 내곡동 / 방배4동 / 양재1동 / 방배본동 / 서초3동 / 방배3동 / 서초1동 / 반포1동 / 서초2동 / 반포4동 / 잠원동 / 반포2동 / 반포3동 / 서초4동 / 반포본동

표 2_3.90

# 서울시 서초구 역대 선거 투표율과 정당 지지율

2002~2008년(단위 : 명, %)

| 행정구역 | 2002년 지방선거 | | | | | | | 2004년 총선 | | | | | | | |
|---|---|---|---|---|---|---|---|---|---|---|---|---|---|---|---|
| | 선거인 수 | 투표율 | 한나라당 | 새천년민주당 | 자민련 | 민주노동당 | 기타정당 | 선거인 수 | 투표율 | 한나라당 | 새천년민주당 | 열린우리당 | 자민련 | 민주노동당 | 기타정당 |
| 서초구 | 298,380 | 48 | 61 | 29 | 2 | 5 | 2 | 303,515 | 65 | 49 | 7 | 31 | 2 | 9 | 2 |
| 내곡동 | 6,260 | 53 | 65 | 26 | 3 | 4 | 2 | 5,911 | 60 | 45 | 6 | 37 | 2 | 8 | 3 |
| 반포1동 | 21,238 | 40 | 62 | 28 | 2 | 6 | 3 | 22,020 | 55 | 49 | 6 | 31 | 2 | 11 | 2 |
| 반포2동 | 14,506 | 53 | 66 | 25 | 2 | 4 | 2 | 14,470 | 70 | 56 | 6 | 25 | 1 | 9 | 2 |
| 반포3동 | 17,597 | 49 | 66 | 26 | 2 | 4 | 2 | 17,764 | 67 | 56 | 6 | 26 | 2 | 9 | 2 |
| 반포4동 | 13,560 | 48 | 67 | 25 | 2 | 4 | 2 | 13,926 | 65 | 55 | 6 | 27 | 2 | 9 | 2 |
| 반포본동 | 10,301 | 55 | 71 | 22 | 2 | 4 | 2 | 9,747 | 72 | 63 | 6 | 21 | 1 | 8 | 2 |
| 방배1동 | 12,546 | 44 | 53 | 36 | 3 | 6 | 2 | 13,270 | 62 | 43 | 7 | 35 | 2 | 10 | 2 |
| 방배2동 | 23,091 | 47 | 52 | 38 | 3 | 5 | 2 | 23,467 | 64 | 38 | 8 | 38 | 2 | 11 | 2 |
| 방배3동 | 17,024 | 47 | 61 | 29 | 2 | 5 | 3 | 16,457 | 66 | 48 | 8 | 31 | 2 | 9 | 2 |
| 방배4동 | 16,611 | 46 | 56 | 34 | 3 | 4 | 2 | 17,111 | 64 | 45 | 8 | 34 | 2 | 9 | 2 |
| 방배본동 | 13,559 | 46 | 58 | 33 | 3 | 4 | 2 | 12,435 | 64 | 49 | 7 | 32 | 2 | 7 | 2 |
| 서초1동 | 12,662 | 46 | 62 | 29 | 2 | 5 | 2 | 13,114 | 63 | 49 | 6 | 31 | 2 | 10 | 2 |
| 서초2동 | 15,026 | 51 | 67 | 25 | 2 | 5 | 2 | 15,541 | 69 | 54 | 6 | 28 | 2 | 8 | 2 |
| 서초3동 | 18,201 | 44 | 58 | 32 | 3 | 5 | 2 | 18,487 | 63 | 49 | 6 | 30 | 2 | 9 | 2 |
| 서초4동 | 17,543 | 52 | 69 | 23 | 2 | 4 | 2 | 18,172 | 70 | 60 | 6 | 23 | 2 | 7 | 2 |
| 양재1동 | 20,657 | 45 | 61 | 29 | 2 | 5 | 2 | 21,190 | 62 | 43 | 6 | 35 | 2 | 11 | 2 |
| 양재2동 | 17,238 | 37 | 53 | 36 | 3 | 6 | 3 | 17,815 | 56 | 36 | 6 | 42 | 2 | 12 | 2 |
| 잠원동 | 24,360 | 46 | 66 | 25 | 2 | 5 | 2 | 25,992 | 63 | 56 | 5 | 27 | 2 | 9 | 2 |

| 2006년 지방선거 | | | | | | | 2008년 총선 | | | | | | | | | |
|---|---|---|---|---|---|---|---|---|---|---|---|---|---|---|---|---|
| 선거인 수 | 투표율 | 열린우리당 | 한나라당 | 민주당 | 민주노동당 | 기타정당 | 선거인 수 | 투표율 | 통합민주당 | 한나라당 | 자유선진당 | 민주노동당 | 창조한국당 | 친박연대 | 진보신당 | 기타정당 |
| 316,852 | 52 | 15 | 70 | 7 | 7 | 1 | 320,775 | 46 | 19 | 49 | 5 | 2 | 4 | 13 | 4 | 3 |
| 5,716 | 50 | 17 | 67 | 7 | 7 | 1 | 5,492 | 47 | 19 | 48 | 4 | 3 | 4 | 13 | 2 | 5 |
| 17,869 | 40 | 15 | 71 | 7 | 7 | 1 | 15,544 | 32 | 19 | 48 | 5 | 3 | 4 | 13 | 4 | 3 |
| 10,481 | 59 | 11 | 77 | 6 | 6 | 0 | 9,836 | 50 | 16 | 52 | 6 | 2 | 4 | 14 | 4 | 2 |
| 18,251 | 54 | 12 | 75 | 6 | 6 | 0 | 17,994 | 46 | 17 | 53 | 5 | 1 | 4 | 13 | 4 | 3 |
| 15,161 | 53 | 14 | 72 | 6 | 7 | 1 | 15,786 | 45 | 17 | 51 | 5 | 2 | 4 | 13 | 5 | 3 |
| 9,685 | 61 | 11 | 78 | 5 | 5 | 0 | 9,724 | 51 | 14 | 55 | 6 | 1 | 4 | 15 | 4 | 2 |
| 13,981 | 49 | 17 | 64 | 9 | 9 | 1 | 13,390 | 43 | 22 | 45 | 5 | 2 | 5 | 13 | 4 | 3 |
| 23,775 | 49 | 20 | 59 | 11 | 9 | 1 | 23,931 | 45 | 26 | 42 | 5 | 3 | 4 | 11 | 3 | 5 |
| 19,784 | 54 | 14 | 70 | 8 | 7 | 1 | 20,140 | 48 | 20 | 48 | 5 | 2 | 4 | 14 | 4 | 3 |
| 19,208 | 50 | 18 | 65 | 9 | 8 | 1 | 19,755 | 44 | 23 | 45 | 6 | 2 | 4 | 14 | 4 | 4 |
| 13,734 | 52 | 15 | 70 | 8 | 6 | 0 | 15,652 | 46 | 20 | 50 | 5 | 2 | 4 | 14 | 3 | 3 |
| 14,831 | 51 | 15 | 70 | 7 | 7 | 1 | 16,379 | 44 | 19 | 49 | 5 | 2 | 5 | 13 | 4 | 3 |
| 17,481 | 56 | 13 | 74 | 6 | 6 | 1 | 17,861 | 49 | 16 | 53 | 5 | 2 | 4 | 14 | 3 | 3 |
| 22,903 | 51 | 14 | 71 | 8 | 6 | 1 | 23,921 | 46 | 18 | 49 | 5 | 2 | 4 | 14 | 3 | 3 |
| 19,953 | 58 | 11 | 78 | 6 | 4 | 1 | 21,036 | 50 | 15 | 56 | 5 | 1 | 3 | 14 | 3 | 3 |
| 21,871 | 50 | 18 | 63 | 8 | 9 | 1 | 21,905 | 45 | 21 | 45 | 5 | 4 | 5 | 12 | 5 | 4 |
| 18,173 | 43 | 21 | 59 | 8 | 11 | 1 | 18,672 | 39 | 24 | 41 | 5 | 5 | 5 | 12 | 5 | 4 |
| 28,019 | 50 | 13 | 74 | 6 | 6 | 0 | 28,531 | 42 | 17 | 52 | 5 | 2 | 4 | 13 | 5 | 3 |

투표율은 반포본동과 2동, 서초4동과 2동에서 높았다. 한나라당 득표율은 반포본동과 2동, 3동, 서초4동에서 높았다. 민주(+열린우리)당 득표율은 방배1동·2동·4동, 양재2동에서 높았다.

# 숫자 **100** 으로 본 서울시 성동구 20개 동네

2005년 현재 서울시 성동구에는 20개 동에 있는 주택 7만3천 채와 오피스텔 2천 채 등 거처 7만6천 곳에 33만 명이 살고 있다.

서울시 성동구가 100명이 사는 마을이라면 어떤 모습일까?

## 숫자 100으로 본 성동구

성동구에 사는 사람은 서울시 평균인에 비해 대학 이상 학력자나 종교 인구이 낮고 판매직과 기능직, 장치 기계 조작 및 조립직이나 단순 노무직에 종사하는 사람이 상대적으로 많다. 출퇴근 시간은 짧은 편이다.

아파트 거주자는 서울시 평균 수준인 데 비해 무주택자나 셋방에 사는 사람은 훨씬 많고 자동차를 소유한 사람은 적다. 가구의 10%는 (반)지하 방에 살고 41%는 거실과 부엌을 포함해 방 3칸 이하 셋방에 산다. 공공 임대주택은 5%로 서울시 평균을 웃돌지만, 필요한 가구 수에 비해서는 매우 낮은 편이다.

최근 7년간 성동구에서 한나라당은 35~55%를, 민주(+열린우리)

418

그림 2_3.61

# 서울시와 성동구 주요 지수 평균 비교

(단위 : %)

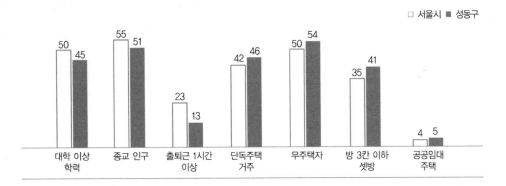

□ 서울시  ■ 성동구

| | 대학 이상 학력 | 종교 인구 | 출퇴근 1시간 이상 | 단독주택 거주 | 무주택자 | 방 3칸 이하 셋방 | 공공임대 주택 |
|---|---|---|---|---|---|---|---|
| 서울시 | 50 | 55 | 23 | 42 | 50 | 35 | 4 |
| 성동구 | 45 | 51 | 13 | 46 | 54 | 41 | 5 |

당은 32~49%를, 민주노동당+진보신당은 7~12%를 얻었다. 하지만 동네별 정당 득표율은 차이가 컸다.

## 성동구 인구가 100명이라면 :
## 대학 이상 학력자 45명, 종교 인구 51명

서울시 성동구에 사는 사람은 33만 명으로, 성동구 인구가 100명이라면 남자 대 여자의 수는 50 대 50으로 균형을 이루고 있다. 100명 중 1명은 외국인이다. 외국인 중 35%는 국적이 중국(재중 동포＝조선족 18%)이며, 필리핀 14%, 몽골과 베트남 각 11% 순이다. 성동구 인구 중 22명은 어린이와 청소년이고(19살 미만), 78명은 어른이다. 어른 가운데 8명은 노인(65세 이상)이다.

지역적으로는 행당2동에 8명, 마장동에 7명이 산다. 성수1가1동과 2동, 성수2가1동·왕십리2동에 6명씩, 금호1가·옥수2동·행당1동·응봉동·용답동·금호3가동에 5명씩, 금호4가·사근동·송정동·왕십리1동·성수2가3동·금호2가동에 4명씩 살고, 옥수1동과 도선동에 3명씩 산다.

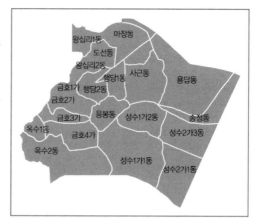

종교를 보면, 20명은 개신교, 18명은 불교, 12명은 천주교를 믿는다. 48명은 종교를 갖고 있지 않다. 종교 인구 비중이 가장 높은 곳은 옥수2동(61%), 종교 없는 인구 비중이 가장 높은 동네는 용답동(56%)이다. 개신교는 행당1동과 옥수2동에서, 불교는 도선동과 왕십리1동·2동에서, 천주교는 옥수2동과 행당2동에서 신자 비율이 높다.

학력은 어떨까. 45명이 대학 이상의 학력을 가지고 있는데 8명은 대학에 재학 중이고 5명은 석사과정 이상의 공부를 하였다(19살 이상 기준). 대학 이상 학력 인구 비중이 가장 높은 동네는 옥수2동으로 19세 이상 인구 가운데 71%가 대학 이상 학력이며 대학원 이상 학력자도 15%를 차지했다. 한양대학교 인근에 있는 사근동 역시 63%가 대학 이상 학력자이며, 이 중 36%가 현재 대학에 재학 중인 인구였다.

35명은 미혼이며, 65명은 결혼했다. 결혼한 사람 가운데 6명은 남편이나 아내가 먼저 사망했고 3명은 이혼했다(15세 이상 기준). 3명은 몸이 불편하거나 정신 장애로 정상적인 활동에 제약을 느끼고 있다.

거주 기간을 보면, 39명은 현재 살고 있는 집에 산 지 5년이 넘었으나 61명은 5년 이내에 새로 이사 왔다(5살 이상 기준). 이사 온 사람

표 2_3.91

# 서울시 성동구 성별·종교별·학력별 인구

(단위 : 명, %)

| 행정구역 | 남녀/외국인 | | | | 종교 인구 | | | | | | | 대학 이상 학력 인구 | | | | | | |
|---|---|---|---|---|---|---|---|---|---|---|---|---|---|---|---|---|---|---|
| | 총인구 | 남자 | 여자 | 외국인 | 인구수 (내국인) | 종교 있음 | | | | | 종교 없음 | 19세 이상 인구 | 계 | 4년제 미만 | | 4년제 이상 | | 대학원 이상 |
| | | | | | | 계 | 불교 | 개신교 | 천주교 | 기타 | | | | 계 | 재학 | 계 | 재학 | |
| 성동구 | 327,566 | 50 | 50 | 1 | 324,986 | 51 | 18 | 20 | 12 | 1 | 48 | 253,087 | 45 | 12 | 2 | 28 | 7 | 5 |
| 금호1가동 | 17,854 | 49 | 51 | 0 | 17,816 | 52 | 17 | 21 | 13 | 1 | 48 | 13,826 | 46 | 12 | 3 | 29 | 5 | 5 |
| 금호2가동 | 11,815 | 49 | 51 | 0 | 11,797 | 49 | 18 | 18 | 12 | 1 | 51 | 9,169 | 32 | 14 | 3 | 16 | 4 | 1 |
| 금호3가동 | 15,744 | 48 | 52 | 0 | 15,689 | 53 | 18 | 21 | 13 | 1 | 46 | 12,391 | 46 | 12 | 2 | 29 | 5 | 5 |
| 금호4가동 | 13,584 | 49 | 51 | 0 | 13,526 | 53 | 18 | 22 | 12 | 1 | 45 | 10,687 | 46 | 10 | 2 | 31 | 5 | 5 |
| 도선동 | 8,536 | 50 | 50 | 0 | 8,509 | 53 | 25 | 13 | 14 | 1 | 44 | 6,901 | 32 | 16 | 4 | 14 | 4 | 2 |
| 마장동 | 23,819 | 50 | 50 | 1 | 23,564 | 50 | 19 | 17 | 13 | 1 | 49 | 18,111 | 43 | 12 | 3 | 28 | 6 | 4 |
| 사근동 | 13,479 | 58 | 42 | 2 | 13,275 | 48 | 19 | 17 | 11 | 1 | 52 | 10,729 | 63 | 11 | 4 | 47 | 32 | 5 |
| 성수1가1동 | 19,787 | 52 | 48 | 1 | 19,597 | 48 | 17 | 18 | 13 | 1 | 52 | 14,517 | 43 | 14 | 3 | 26 | 5 | 4 |
| 성수1가2동 | 19,464 | 51 | 49 | 1 | 19,336 | 50 | 18 | 17 | 14 | 1 | 50 | 15,190 | 50 | 14 | 3 | 31 | 7 | 5 |
| 성수2가1동 | 19,392 | 51 | 49 | 2 | 19,067 | 49 | 19 | 20 | 8 | 1 | 51 | 14,631 | 32 | 12 | 2 | 18 | 4 | 2 |
| 성수2가3동 | 12,452 | 50 | 50 | 2 | 12,263 | 54 | 19 | 22 | 12 | 1 | 46 | 9,935 | 52 | 11 | 2 | 35 | 7 | 5 |
| 송정동 | 13,080 | 51 | 49 | 2 | 12,841 | 49 | 19 | 20 | 10 | 1 | 51 | 9,968 | 33 | 14 | 3 | 17 | 4 | 2 |
| 옥수1동 | 10,834 | 51 | 49 | 0 | 10,791 | 52 | 17 | 21 | 13 | 1 | 48 | 8,594 | 32 | 15 | 3 | 16 | 4 | 2 |
| 옥수2동 | 17,641 | 48 | 52 | 1 | 17,515 | 61 | 18 | 23 | 19 | 1 | 38 | 13,831 | 71 | 10 | 2 | 46 | 7 | 15 |
| 왕십리1동 | 12,948 | 50 | 50 | 1 | 12,799 | 47 | 20 | 16 | 9 | 1 | 53 | 10,108 | 31 | 12 | 3 | 17 | 5 | 2 |
| 왕십리2동 | 18,342 | 49 | 51 | 1 | 18,223 | 52 | 20 | 19 | 12 | 1 | 47 | 14,057 | 41 | 13 | 3 | 24 | 5 | 4 |
| 용답동 | 17,127 | 51 | 49 | 1 | 16,891 | 44 | 19 | 16 | 7 | 1 | 56 | 13,323 | 29 | 13 | 3 | 15 | 4 | 1 |
| 응봉동 | 17,147 | 49 | 51 | 0 | 17,129 | 57 | 18 | 24 | 14 | 1 | 43 | 12,985 | 58 | 11 | 2 | 39 | 6 | 8 |
| 행당1동 | 17,522 | 49 | 51 | 1 | 17,413 | 53 | 18 | 23 | 12 | 1 | 46 | 13,810 | 50 | 11 | 2 | 33 | 6 | 6 |
| 행당2동 | 26,999 | 49 | 51 | 0 | 26,945 | 53 | 15 | 22 | 15 | 1 | 46 | 20,324 | 55 | 8 | 2 | 39 | 6 | 8 |

사근동, 성수2가1동, 성수2가3동, 송정동에 사는 사람 중 각 2%는 외국인이다. 옥수2동은 61%가 종교가 있는 반면, 용답동은 56%가 종교 없이 산다. 대학 이상 학력자 비중은 옥수2동에서 가장 높고 용답동에서 가장 낮다.

중 36명은 성동구 안의 다른 동에서, 15명은 서울 안의 다른 구에서, 10명은 서울 바깥에서 이사 왔다.


## 성동구에 사는 취업자가 <u>100명</u>이라면 :
## <u>72명</u>은 봉급쟁이

성동구에 사는 15세 이상 인구 27만 명 가운데 취업해 직장에 다니는 사람(취업자)은 14만 명이다. 성동구 취업자가 100명이라면 58명은 30~40대, 21명은 20대이며, 50대는 14명이다. 65세 이상 노인도 2명이 일하고 있다.

72명은 회사에서 봉급을 받고 일하는 직장인이다. 15명은 고용한 사람 없이 혼자서 일하는 자영업자이며, 9명은 누군가를 고용해 사업체를 경영하는 사업주다. 4명은 가족이 운영하는 사업체에서 보수 없이 일하고 있다.

직업은 사무직이 21명, 판매직 15명, 전문가와 기능직 각 12명, 기술직이나 준전문가 10명, 서비스직 10명이다. 또한 9명은 단순 노무직, 7명은 장치 기계 조작 및 조립직, 4명은 고위 관리직으로 일하고 있다.

직장으로 출근하는 데 30분 이상 걸리는 사람은 54명으로, 그 가운데 13명은 1시간 이상 걸린다. 26명은 걸어서 출근하고 74명은 교통수단을 이용해 출근한다. 74명 가운데 31명은 전철로, 23명은 자가용으로, 10명은 시내버스로, 1명은 통근 버스로, 다른 1명은 택시로, 또 다른 1명은 자전거로 출근한다. 4명은 전철과 버스 또는 승용차를 갈아타며 출근한다.

88명은 사무실이나 공장 등에서 일하는 반면, 7명은 야외나 거리 또는 운송 수단에서 일한다. 2명은 자기 집에서, 3명은 남의 집에서 일한다.


## 성동구에 100가구가 산다면 : 58가구는 셋방살이

성동구에는 11만 가구가 산다(일반 가구 기준). 성동구에 사는 가구를 100가구로 친다면 43가구는 식구가 한 명 또는 두 명인 1, 2인 가구이며, 이 가운데 21가구는 나 홀로 사는 1인 가구다. 식구 4명은 26가구, 3명은 22가구, 5명은 7가구다.

나 홀로 사는 1인 가구 비중을 보면, 20개 동네 가운데 12곳이 20%를 넘겼다. 1인 가구 비중이 가장 높은 곳은 사근동으로 38%에 달하며, 송정동(29%)과 도선동·용답동(27%)이 뒤를 잇고 있다. 반면 행당2동(11%), 응봉동(12%), 마장동(14%)은 15%를 밑돌았다.

40가구는 자신이 소유한 집에서 살고, 58가구는 셋방에 살며, 2가구는 직장의 사택이나 친척집 등에서 무상으로 살고 있다. 자기 집에 사는 가구 중 5가구는 현재 살고 있는 집 외에 최소 한 채에서 여러 채를 소유한 다주택자들이다.

셋방 사는 가구 가운데 38가구는 전세에, 19가구는 보증금 있는 월세에, 2가구는 보증금 없는 월세에 살고 있다. 셋방 사는 가구 중 5가구는 어딘가에 자신 명의의 집을 소유하고 있으나 경제 사정이나

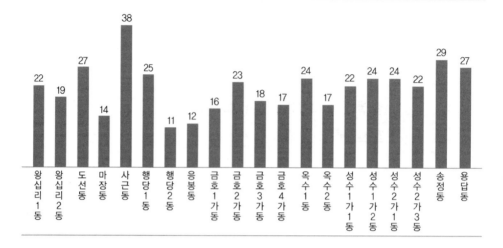

그림 2_3.62

## 서울시 성동구 동네별 1인 가구

(단위 : %)

막대 그래프:

- 왕십리1동: 22
- 왕십리2동: 19
- 도선동: 27
- 마장동: 14
- 사근동: 38
- 행당1동: 25
- 행당2동: 11
- 응봉동: 12
- 금호1가동: 16
- 금호2가동: 23
- 금호3가동: 18
- 금호4가동: 17
- 옥수1동: 24
- 옥수2동: 17
- 성수1가1동: 22
- 성수1가2동: 24
- 성수2가1동: 24
- 성수2가3동: 22
- 송정동: 29
- 용답동: 27

자녀 교육, 직장 등의 사정으로 셋방에 살고 있다.

63가구는 현재 사는 집으로 이사 온 지 5년이 안 되며, 이 가운데 32가구는 2년이 안 된다. 22가구는 5~10년이 됐고, 15가구는 10년이 넘었다.

51가구는 자동차를 소유하고 있으며, 이 가운데 38가구는 자기 집에 전용 주차장이 있다. 자동차 소유 가구 중 6가구는 차를 2대 이상 소유하고 있다.

표 2_3.92

## 서울시 성동구의 다주택자

(단위 : 가구, 호)

| 구분 | | | 가구 수 | 주택 수 | 평균 주택 수 |
|---|---|---|---|---|---|
| 일반 가구 | | | 111,485 | – | – |
| 자가 가구 | | | 44,943 | – | – |
| 다주택 가구 | 통계청 | | 6,097 | – | – |
| | 행자부 | 계 | 4,975 | 12,737 | 3 |
| | | 2채 | 3,905 | 7,810 | 2 |
| | | 3채 | 574 | 1,722 | 3 |
| | | 4채 | 179 | 716 | 4 |
| | | 5채 | 103 | 515 | 5 |
| | | 6~10채 | 163 | 1,183 | 7 |
| | | 11채 이상 | 51 | 791 | 16 |

## 집 많은 사람, 집 없는 사람 :
## 응봉동 73% 주택 소유, 옥수1동 79% 무주택

성동구에 사는 100가구 중 46가구는 주택 소유자이고, 54가구는 무주택자다. 24개 동네 가운데 6개 동네는 주택 소유자가 더 많고 16개 동네는 무주택자가 더 많다. 주택 소유자는 응봉동 73%를 비롯해 옥수2동 64%, 마장동과 행당2동 56% 순이다. 반면 무주택자는 옥수1동 79%를 비롯해 도선동 73%, 용답동 70%, 사근동 68%, 금호2가동 67% 순으로 높고 7개 동네에서 60% 이상이 무주택자다.

성동구 가구의 5%는 집을 두 채 이상 소유한 다주택자다. 동네별로는 응봉동 11%, 옥수2동 10%, 성수2가3동 9% 순으로 높다. 반면 사근동과 용답동은 2%, 송정동·도선동·금호2가동·옥수1동은 3%에

표 2_3.93

# 서울시 성동구 주택의 점유·소유 형태별 가구

(단위 : 가구, %)

| 행정구역 | 전체 가구 (일반 가구) | 자기 집에 거주 | | | 셋방에 거주 | | | 무상으로 거주 | | 주택 소유 | 무주택 |
|---|---|---|---|---|---|---|---|---|---|---|---|
| | | 계 | 집 한 채 | 집 여러 채 | 계 | 집 없음 | 집 있음 | 집 없음 | 집 있음 | | |
| 성동구 | 111,485 | 40 | 35 | 5 | 58 | 53 | 5 | 1 | 0 | 46 | 54 |
| 금호1가동 | 5,933 | 43 | 37 | 5 | 56 | 52 | 4 | 1 | 0 | 47 | 53 |
| 금호2가동 | 4,172 | 29 | 26 | 3 | 69 | 66 | 3 | 1 | 0 | 33 | 67 |
| 금호3가동 | 5,388 | 48 | 42 | 5 | 51 | 46 | 4 | 2 | 0 | 52 | 48 |
| 금호4가동 | 4,626 | 41 | 35 | 6 | 58 | 52 | 6 | 1 | 0 | 47 | 53 |
| 도선동 | 3,125 | 23 | 20 | 3 | 75 | 72 | 3 | 1 | 0 | 27 | 73 |
| 마장동 | 7,562 | 52 | 45 | 6 | 47 | 42 | 4 | 1 | 0 | 56 | 44 |
| 사근동 | 4,433 | 31 | 28 | 2 | 67 | 65 | 2 | 2 | 0 | 32 | 68 |
| 성수1가1동 | 6,697 | 37 | 33 | 4 | 61 | 56 | 5 | 1 | 0 | 43 | 57 |
| 성수1가2동 | 6,968 | 39 | 34 | 5 | 60 | 56 | 4 | 1 | 0 | 43 | 57 |
| 성수2가1동 | 6,769 | 35 | 30 | 4 | 63 | 59 | 5 | 2 | 0 | 40 | 60 |
| 성수2가3동 | 4,144 | 45 | 37 | 9 | 52 | 45 | 7 | 2 | 0 | 53 | 47 |
| 송정동 | 4,839 | 30 | 27 | 3 | 69 | 65 | 4 | 1 | 0 | 34 | 66 |
| 옥수1동 | 3,863 | 17 | 14 | 3 | 82 | 77 | 4 | 1 | 0 | 21 | 79 |
| 옥수2동 | 6,085 | 55 | 45 | 10 | 44 | 35 | 9 | 1 | 0 | 64 | 36 |
| 왕십리1동 | 4,402 | 35 | 30 | 5 | 63 | 58 | 6 | 1 | 0 | 41 | 59 |
| 왕십리2동 | 6,165 | 42 | 37 | 4 | 57 | 52 | 5 | 1 | 0 | 47 | 53 |
| 용답동 | 6,075 | 26 | 24 | 2 | 71 | 68 | 3 | 2 | 0 | 30 | 70 |
| 응봉동 | 5,446 | 67 | 56 | 11 | 33 | 26 | 7 | 1 | 0 | 73 | 27 |
| 행당1동 | 6,265 | 38 | 32 | 6 | 61 | 55 | 6 | 1 | 0 | 44 | 56 |
| 행당2동 | 8,528 | 49 | 41 | 8 | 50 | 43 | 7 | 0 | 0 | 56 | 44 |

응봉동은 가구의 73%가 집을 소유하고 있고 11%는 두 채 이상 갖고 있다. 반면 옥수1동은 79%가 무주택자다. 옥수2동 가구의 9%는 어딘가에 집을 사놓고 셋방에 산다.

그친다.

　성동구 주택 소유자 46가구 중 5가구는 어딘가 자신 명의의 집이 있지만 사정이 있어 셋방에 사는 유주택 전월세 가구로, 옥수2동 (9%)과 행당2동·성수2가3동(7%)에서 비중이 가장 높다.

　주택 소유자 중 유주택 전월세 가구를 제외한 40가구는 자기 집에 사는데 응봉동이 67%로 가장 높고, 옥수2동 55%, 마장동 52% 순이다. 그러나 이들 세 동네를 제외한 17개 동네는 절반을 넘지 못한다.

　유주택 전월세를 포함한 58가구가 셋방에 사는데 옥수1동 82%, 도선동 75%, 용답동 71%, 송정동과 금호2가동 69% 순으로 높다. 모두 11개 동네에서 셋방 사는 가구 비율이 60% 이상이다.

　유주택 전월세를 제외한 53가구는 집이 아예 없는 무주택 전월세 가구인데, 옥수1동 77%, 도선동 72%, 용답동 68%, 송정동 65% 순으로 비중이 높다. 모두 14개 동네에서 무주택 전월세 가구 비율이 절반을 넘기고 있다.


## 성동구에 있는 집이 100채라면 :
## 56채는 아파트, 22채는 단독주택

성동구에는 집(주택과 주택 이외의 거처)이 7만6천 채가 있다. 성동구에 있는 집이 100채라면 56채는 아파트이고, 22채는 단독주택, 14채는 다세대주택, 4채는 연립주택이다. 또 상가 등 비거주용 건물 내 주택은 1채, 오피스텔 등 주택 이외의 거처는 3채다. 서울시 평균에 비해 아파트와 단독주택 비율이 각각 3%가 높다.

표 2_3.94

# 서울시 성동구 거처의 종류별·연건평별·건축년도별 주택

(단위 : 호, 가구, %)

| 행정구역 | 계 | | 거처의 종류별 거처와 가구 | | | | | | | | | | | | |
|---|---|---|---|---|---|---|---|---|---|---|---|---|---|---|---|
| | | | 단독주택 | | 아파트 | | 연립주택 | | 다세대주택 | | 비거주용 건물 내 주택 | | 주택 이외의 거처 | |
| | 거처 | 가구 | 거처 | 가구 | 거처 | 가구 | 거처 | 가구 | 거처 | 가구 | 거처 | 가구 | 거처 | 가구 |
| 성동구 | 75,678 | 111,636 | 22 | 46 | 56 | 38 | 4 | 3 | 14 | 10 | 1 | 2 | 3 | 2 |
| 금호1가동 | 5,471 | 5,935 | 6 | 13 | 62 | 57 | 0 | 0 | 30 | 28 | 1 | 1 | 1 | 1 |
| 금호2가동 | 2,719 | 4,175 | 34 | 55 | 2 | 1 | 6 | 4 | 57 | 37 | 1 | 2 | 0 | 0 |
| 금호3가동 | 3,851 | 5,388 | 25 | 46 | 47 | 34 | 4 | 3 | 24 | 17 | 0 | 0 | 0 | 0 |
| 금호4가동 | 3,649 | 4,628 | 17 | 33 | 54 | 43 | 2 | 2 | 24 | 20 | 1 | 2 | 1 | 1 |
| 도선동 | 1,708 | 3,129 | 47 | 70 | 38 | 21 | 4 | 2 | 2 | 1 | 3 | 3 | 7 | 4 |
| 마장동 | 5,421 | 7,563 | 26 | 46 | 63 | 46 | 6 | 5 | 2 | 1 | 1 | 1 | 1 | 1 |
| 사근동 | 1,950 | 4,530 | 48 | 74 | 24 | 10 | 3 | 2 | 17 | 7 | 4 | 5 | 4 | 2 |
| 성수1가1동 | 4,134 | 6,698 | 21 | 50 | 58 | 36 | 10 | 7 | 4 | 2 | 1 | 1 | 7 | 4 |
| 성수1가2동 | 4,181 | 6,973 | 22 | 51 | 55 | 33 | 6 | 4 | 3 | 2 | 2 | 2 | 12 | 8 |
| 성수2가1동 | 3,383 | 6,771 | 34 | 63 | 34 | 17 | 19 | 12 | 8 | 4 | 5 | 4 | 0 | 0 |
| 성수2가3동 | 2,868 | 4,154 | 14 | 37 | 64 | 44 | 4 | 3 | 3 | 2 | 4 | 5 | 12 | 8 |
| 송정동 | 1,914 | 4,842 | 54 | 81 | 26 | 10 | 11 | 5 | 4 | 2 | 1 | 1 | 3 | 1 |
| 옥수1동 | 2,576 | 3,863 | 31 | 54 | 0 | 0 | 0 | 0 | 67 | 45 | 1 | 1 | 0 | 0 |
| 옥수2동 | 5,717 | 6,088 | 3 | 8 | 90 | 84 | 2 | 2 | 2 | 2 | 1 | 1 | 3 | 3 |
| 왕십리1동 | 2,510 | 4,406 | 53 | 73 | 32 | 18 | 0 | 0 | 7 | 4 | 1 | 1 | 6 | 4 |
| 왕십리2동 | 4,192 | 6,168 | 22 | 46 | 70 | 47 | 0 | 0 | 4 | 2 | 1 | 2 | 3 | 2 |
| 용답동 | 2,164 | 6,081 | 72 | 89 | 10 | 3 | 8 | 3 | 4 | 1 | 2 | 1 | 4 | 1 |
| 응봉동 | 5,192 | 5,447 | 3 | 7 | 73 | 70 | 1 | 1 | 23 | 22 | 0 | 0 | 0 | 0 |
| 행당1동 | 4,123 | 6,269 | 24 | 50 | 55 | 36 | 2 | 1 | 15 | 10 | 1 | 1 | 4 | 3 |
| 행당2동 | 7,955 | 8,528 | 4 | 10 | 88 | 82 | 0 | 0 | 8 | 7 | 0 | 0 | 0 | 0 |

428

| 연건평별 주택 | | | | | 건축년도별 주택 | | | |
|---|---|---|---|---|---|---|---|---|
| 총 주택 수 | 14평 미만 | 14~19평 | 19~29평 | 29평 이상 | 총 주택 수 | 1995~ 2005년 | 1985~ 1994년 | 1985년 이전 |
| 73,378 | 14 | 23 | 35 | 28 | 73,378 | 53 | 30 | 17 |
| 5,428 | 33 | 25 | 26 | 16 | 5,428 | 79 | 20 | 2 |
| 2,706 | 31 | 29 | 21 | 19 | 2,706 | 19 | 59 | 22 |
| 3,850 | 12 | 30 | 30 | 28 | 3,850 | 33 | 54 | 14 |
| 3,620 | 21 | 29 | 31 | 19 | 3,620 | 60 | 22 | 18 |
| 1,585 | 35 | 9 | 23 | 33 | 1,585 | 48 | 25 | 28 |
| 5,350 | 6 | 24 | 44 | 26 | 5,350 | 56 | 25 | 18 |
| 1,878 | 10 | 17 | 37 | 36 | 1,878 | 33 | 41 | 25 |
| 3,854 | 3 | 23 | 53 | 21 | 3,854 | 41 | 35 | 25 |
| 3,666 | 2 | 27 | 43 | 28 | 3,666 | 60 | 24 | 16 |
| 3,378 | 7 | 22 | 43 | 28 | 3,378 | 27 | 43 | 30 |
| 2,535 | 2 | 13 | 38 | 47 | 2,535 | 78 | 11 | 12 |
| 1,851 | 2 | 17 | 27 | 54 | 1,851 | 36 | 26 | 38 |
| 2,576 | 31 | 30 | 23 | 16 | 2,576 | 3 | 29 | 68 |
| 5,525 | 13 | 13 | 38 | 36 | 5,525 | 59 | 30 | 11 |
| 2,350 | 10 | 13 | 31 | 46 | 2,350 | 48 | 24 | 27 |
| 4,055 | 12 | 21 | 33 | 34 | 4,055 | 59 | 33 | 8 |
| 2,077 | 2 | 13 | 18 | 67 | 2,077 | 20 | 40 | 40 |
| 5,191 | 5 | 30 | 45 | 19 | 5,191 | 50 | 48 | 2 |
| 3,949 | 13 | 22 | 38 | 28 | 3,949 | 67 | 23 | 9 |
| 7,954 | 24 | 27 | 29 | 19 | 7,954 | 82 | 14 | 3 |

용답동 가구의 89%는 단독주택에 사는 데 비해 옥수2동은 84%가 아파트에 산다. 옥수1동은 절반 가까이가 다세대주택에 살고, 성수1가2동과 성수2가3동 가구의 8%가 주택 이외의 거처에 산다.

11개 동네에서 거처 가운데 아파트 비중이 절반이 넘는데 옥수2동 (90%), 행당2동(88%), 응봉동(73%), 왕십리2동(70%), 성수2가3동 (64%), 마장동(63%) 순으로 높았다. 반면 용답동에 있는 거처 중 72%는 단독주택으로, 옥수1동의 거처 중 67%는 다세대주택으로 나타났다.

성동구 100가구 가운데 46가구는 단독주택에, 38가구는 아파트에, 10가구는 다세대주택에, 3가구는 연립주택에 산다. 또 2가구는 비거주용 건물 내 주택에, 2가구는 오피스텔 등 주택 이외의 거처에 산다.

옥수2동·행당2동·응봉동은 동네 가구의 70% 이상이 아파트에 산다. 반면 용답동·송정동·사근동·왕십리1동·도선동은 70% 이상이 단독주택에 산다. 옥수1동과 금호2가동은 37~45%가 다세대주택에, 성수1가2동과 성수2가3동의 8%가 주택 이외의 거처에 각각 살고 있다.

지난 10년 동안 아파트와 다세대주택은 273%와 308%가 늘어난 반면, 단독주택과 연립주택은 26%와 40%가 줄었다. 이에 따라 전체 주택(주택 이외의 거처 제외)에서 차지하는 비중도 아파트는 26%에서 57%로, 다세대주택은 6%에서 15%로 증가했다. 그러나 단독주택은 52%에서 23%로 연립주택은 11%에서 4%로 감소했다.

크기별로는 29평 이상의 주택이 28채인 반면, 19~29평은 23채, 14~19평 23채이며, 14평 미만은 14채에 머무르고 있다. 용답동 주택 중 67%, 송정동 주택의 54%는 29평 이상이다. 왕십리1동과 성수2가3동 주택의 46~47%도 29평 이상이다. 반면 도선동·금호1가동·금호2가동·옥수1동 주택의 30% 이상이 14평 미만이다.

53채는 지은 지 10년(1995~2005년)이 안 된 새집이며, 17채는 지은 지 20년이 넘은 낡은 집으로 곧 재개발·재건축될 수 있는 집이다. 행당2동·금호1가동·성수2가3동·행당1동·금호4가동·성수1가2동 주택의 70% 이상이 지은 지 10년이 채 안 된다. 반면 옥수1동 주택의 68%는 지은 지 20년이 넘었다. 용답동·송정동·성수2가1동 주택의 30% 이상, 도선동·왕십리1동·사근동·성수1가1동·금호3가동 주택의 20% 이상도 지은 지 20년이 넘었다.

## 성동구에서 지하 방에 사는 사람 :
## 송정동 23%가 (반)지하에 거주

성동구에 사는 11만 가구를 100가구로 친다면 그 중 13가구는 식구에 비해 집이 너무 좁거나 시설이 제대로 갖춰지지 않아 인간다운 품위를 지키기 어려운 최저 주거 기준 미달 가구다.

또 100가구 가운데 88가구는 지상에 살지만, 10가구는 (반)지하에, 2가구는 옥탑방에 살고 있다. 성동구민 열 명 중 한 명꼴로 지하 방에 사는 셈이다.

송정동에 사는 가구의 23%는 지하 방에, 4%는 옥탑방에 산다. 용답동은 지하 방 18%, 옥탑방 4%, 옥수1동은 지하 방 17% 옥탑방 9%에 달한다. 성수2가1동은 지하 방 17% 옥탑방 2%다. 금호2가동·행동1동·성수1가1동·왕십리1동·성수1가2동·사근동도 지하 방 거주 비율이 10%가 넘는다. 나머지 동네의 지하 방 거주 비율은 2~9%를 기록하고 있다. 지하 방은 성수2가1동·송정동·용답동·성수1가1동·성수1가2동 순으로, 옥탑방은 옥수1동·용답동·송정동·왕십리2동·

표 2_3.95

# 서울시 성동구 (반)지하 등 거주 가구

(단위 : 가구, %)

| 동네 | (반)지하 | | 옥탑 | | 판잣집·움막·비닐집 | 기타 |
|---|---|---|---|---|---|---|
| | 가구 | 비중 | 가구 | 비중 | 가구 | 가구 |
| 성동구 | 11,474 | 10 | 2,035 | 2 | 24 | 60 |
| 금호1가동 | 478 | 8 | 21 | 0 | – | – |
| 금호2가동 | 594 | 14 | 33 | 1 | – | 8 |
| 금호3가동 | 499 | 9 | 54 | 1 | – | 1 |
| 금호4가동 | 396 | 9 | 83 | 2 | – | – |
| 도선동 | 211 | 7 | 90 | 3 | – | – |
| 마장동 | 362 | 5 | 97 | 1 | – | – |
| 사근동 | 485 | 11 | 62 | 1 | 2 | – |
| 성수1가1동 | 893 | 13 | 119 | 2 | – | 1 |
| 성수1가2동 | 807 | 12 | 127 | 2 | – | – |
| 성수2가1동 | 1,128 | 17 | 127 | 2 | – | – |
| 성수2가3동 | 256 | 6 | 75 | 2 | 1 | 39 |
| 송정동 | 1,094 | 23 | 172 | 4 | – | – |
| 옥수1동 | 674 | 17 | 352 | 9 | – | – |
| 옥수2동 | 114 | 2 | 8 | 0 | – | 2 |
| 왕십리1동 | 527 | 12 | 87 | 2 | – | 1 |
| 왕십리2동 | 579 | 9 | 140 | 2 | 2 | 6 |
| 용답동 | 1,081 | 18 | 245 | 4 | 18 | – |
| 응봉동 | 292 | 5 | 5 | 0 | 1 | – |
| 행당1동 | 786 | 13 | 98 | 2 | – | – |
| 행당2동 | 218 | 3 | 40 | 0 | – | 2 |

송정동 23%를 비롯해 10개 동네에서 가구의 10% 이상이 (반)지하에 산다. 옥수1동은 9%가 옥탑에 산다.

성수2가1동·성수1가2동·성수1가1동 순으로 각각 거주 가구 수가 많다.

성동구 100가구 가운데 거실이나 부엌을 각각 1개의 방으로 쳐서 방 3개 이하에서 셋방살이를 떠도는 가구는 41가구에 달하지만, 이들에게 꼭 필요한 공공 임대주택은 전체 가구 대비 1채밖에 안 된다. 따라서 공공 임대주택이 필요한 41가구 중 단 한 가구만 입주해 있는 것이다. 성동구에 사는 가난한 사람들을 위해서는 중앙정부와 지자체가 대량의 공공 임대주택을 성실하게 공급해야 한다.


## 성동구 유권자가 100명이라면

정당 지지도를 알 수 있는 최근 네 차례 선거(제3~4회 동시지방선거, 제17~18대 총선)를 기준으로 성동구 유권자 수는 대략 26만~27만 명이며 평균 투표율은 51%였다.

성동구 유권자가 100명이라면 2002년 지방선거에서는 49명이 한나라당을, 40명이 새천년민주당을, 7명이 민주노동당을, 2명이 자민련을 각각 지지했다. 2004년 총선에서는 39명이 열린우리당을, 35명이 한나라당을, 12명이 민주노동당을, 10명이 새천년민주당을, 2명이 자민련을 찍었다. 2006년 지방선거에서는 55명이 한나라당을, 21명이 열린우리당을, 12명이 민주당을, 10명이 민주노동당을 지지했다. 2008년 총선에서는 41명이 한나라당을, 32명이 통합민주당을, 9명이 친박연대를 찍었다. 또한 4명은 민주노동당을 다른 4명은 창조한국당을 또 다른 4명은 자유선진당을, 3명은 진보신당을 찍었다.

역대 선거에서 동네별 투표율은 행당2동·마장동·금호3가동·성수

2가3동에서 상대적으로 가장 높았다. 반면 송정동·성수2가1동·옥수1동에서 가장 낮았다. 행당2동과 송정동의 투표율 격차는 최소 9%에서 최대 11%다.

한나라당 득표율은 옥수2동·응봉동·행당2동·성수2가3동에서 상대적으로 가장 높았다. 반면 용답동·옥수1동·송정동·사근동에서 가장 낮았다. 옥수2동과 용답동의 한나라당 득표율 격차는 최소 8%에서 최대 17%까지 벌어졌다.

민주(＋열린우리)당 득표율은 옥수1동·용답동·송정동·왕십리2동에서 상대적으로 가장 높았다. 반면 옥수2동·응봉동·행당2동·성수2가3동에서 가장 낮았다. 옥수1동과 옥수2동의 득표율 격차는 최소 12%에서 최대 17%까지 벌어졌다.

민주노동당＋진보신당 득표율은 성수1가2동과 사근동, 성수1가1동에서 상대적으로 높았다.

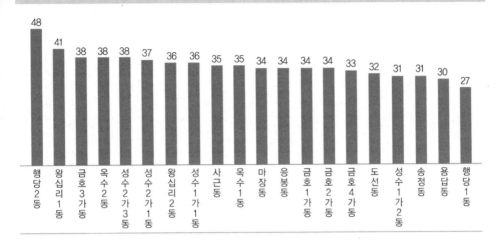

**그림 2_3.63**

## 서울시 성동구 동네별 한나라당 득표율

2004년 총선(단위 : %)

| 동네 | 득표율 |
|------|--------|
| 행당2동 | 48 |
| 왕십리1동 | 41 |
| 금호3가동 | 38 |
| 옥수2동 | 38 |
| 성수2가3동 | 38 |
| 성수2가1동 | 37 |
| 왕십리2동 | 36 |
| 성수1가1동 | 36 |
| 사근동 | 35 |
| 옥수1동 | 35 |
| 마장동 | 34 |
| 응봉동 | 34 |
| 금호1가동 | 34 |
| 금호2가동 | 34 |
| 금호4가동 | 33 |
| 도선동 | 32 |
| 성수1가2동 | 31 |
| 송정동 | 31 |
| 용답동 | 30 |
| 행당1동 | 27 |

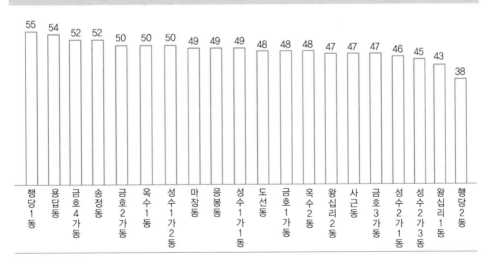

**그림 2_3.64**

## 서울시 성동구 동네별 민주(＋열린우리)당 득표율

2004년 총선(단위 : %)

| 동네 | 득표율 |
|------|--------|
| 행당1동 | 55 |
| 용답동 | 54 |
| 금호4가동 | 52 |
| 송정동 | 52 |
| 금호2가동 | 50 |
| 옥수1동 | 50 |
| 성수1가2동 | 50 |
| 마장동 | 49 |
| 응봉동 | 49 |
| 성수1가1동 | 49 |
| 도선동 | 48 |
| 금호1가동 | 48 |
| 옥수2동 | 48 |
| 왕십리2동 | 47 |
| 사근동 | 47 |
| 금호3가동 | 47 |
| 성수2가1동 | 46 |
| 성수2가3동 | 45 |
| 왕십리1동 | 43 |
| 행당2동 | 38 |

표 2_3.96

# 서울시 성동구 역대 선거 투표율과 정당 지지율

2002~2008년(단위 : 명, %)

| 행정구역 | 2002년 지방선거 | | | | | | | 2004년 총선 | | | | | | | |
|---|---|---|---|---|---|---|---|---|---|---|---|---|---|---|---|
| | 선거인 수 | 투표율 | 한나라당 | 새천년민주당 | 자민련 | 민주노동당 | 기타 | 선거인 수 | 투표율 | 한나라당 | 새천년민주당 | 열린우리당 | 자민련 | 민주노동당 | 기타 |
| 성동구 | 259,275 | 47 | 49 | 40 | 2 | 7 | 2 | 262,021 | 62 | 35 | 10 | 39 | 2 | 12 | 2 |
| 금호1가동 | 14,269 | 46 | 52 | 38 | 2 | 6 | 2 | 15,296 | 63 | 34 | 9 | 39 | 2 | 14 | 2 |
| 금호2가동 | 9,748 | 43 | 50 | 37 | 3 | 8 | 2 | 15,820 | 56 | 34 | 12 | 38 | 2 | 12 | 2 |
| 금호3가동 | 12,050 | 46 | 49 | 39 | 2 | 8 | 2 | 9,875 | 64 | 38 | 10 | 37 | 2 | 11 | 2 |
| 금호4가동 | 12,518 | 46 | 49 | 40 | 2 | 8 | 2 | 11,111 | 59 | 33 | 10 | 42 | 2 | 10 | 2 |
| 도선동 | 7,703 | 54 | 52 | 39 | 2 | 4 | 2 | 9,850 | 58 | 32 | 10 | 38 | 3 | 13 | 4 |
| 마장동 | 17,794 | 47 | 50 | 41 | 2 | 5 | 2 | 11,749 | 63 | 34 | 10 | 39 | 2 | 12 | 3 |
| 사근동 | 9,212 | 47 | 46 | 42 | 2 | 8 | 2 | 11,235 | 62 | 35 | 10 | 38 | 2 | 12 | 3 |
| 성수1가1동 | 15,082 | 43 | 49 | 38 | 3 | 8 | 2 | 17,470 | 64 | 36 | 10 | 39 | 2 | 11 | 2 |
| 성수1가2동 | 14,878 | 46 | 50 | 39 | 2 | 7 | 2 | 9,088 | 62 | 31 | 8 | 42 | 2 | 15 | 2 |
| 성수2가1동 | 16,363 | 41 | 49 | 40 | 3 | 7 | 2 | 14,455 | 62 | 37 | 9 | 37 | 2 | 13 | 2 |
| 성수2가3동 | 6,774 | 47 | 49 | 40 | 2 | 7 | 2 | 20,640 | 67 | 38 | 8 | 38 | 2 | 13 | 2 |
| 송정동 | 10,983 | 40 | 46 | 44 | 2 | 6 | 2 | 10,630 | 55 | 31 | 10 | 42 | 2 | 13 | 3 |
| 옥수1동 | 10,161 | 46 | 41 | 46 | 3 | 7 | 3 | 12,834 | 58 | 35 | 11 | 39 | 2 | 12 | 2 |
| 옥수2동 | 13,440 | 48 | 61 | 29 | 1 | 6 | 2 | 7,124 | 59 | 38 | 11 | 37 | 2 | 11 | 2 |
| 왕십리1동 | 10,851 | 47 | 50 | 42 | 2 | 5 | 2 | 13,237 | 64 | 41 | 8 | 35 | 2 | 12 | 2 |
| 왕십리2동 | 13,154 | 46 | 49 | 41 | 3 | 5 | 2 | 14,082 | 63 | 36 | 10 | 37 | 1 | 13 | 3 |
| 용답동 | 14,372 | 46 | 44 | 45 | 3 | 6 | 2 | 13,811 | 59 | 30 | 10 | 44 | 2 | 12 | 2 |
| 응봉동 | 12,436 | 49 | 57 | 33 | 2 | 6 | 2 | 15,353 | 60 | 34 | 10 | 39 | 2 | 13 | 2 |
| 행당1동 | 11,391 | 47 | 51 | 40 | 2 | 5 | 2 | 9,561 | 56 | 27 | 12 | 43 | 2 | 12 | 3 |
| 행당2동 | 20,864 | 49 | 52 | 37 | 2 | 6 | 3 | 13,603 | 64 | 48 | 7 | 31 | 1 | 11 | 2 |

| 2006년 지방선거 | | | | | | | 2008년 총선 | | | | | | | | | |
|---|---|---|---|---|---|---|---|---|---|---|---|---|---|---|---|---|
| 선거인 수 | 투표율 | 열린우리당 | 한나라당 | 민주당 | 민주노동당 | 기타 | 선거인 수 | 투표율 | 통합민주당 | 한나라당 | 자유선진당 | 민주노동당 | 창조한국당 | 친박연대 | 진보신당 | 기타 |
| 266,956 | 49 | 21 | 55 | 12 | 10 | 1 | 265,667 | 47 | 32 | 41 | 4 | 4 | 4 | 9 | 3 | 3 |
| 14,472 | 51 | 22 | 55 | 13 | 9 | 1 | 14,426 | 46 | 33 | 40 | 4 | 4 | 4 | 9 | 3 | 3 |
| 9,783 | 48 | 22 | 54 | 14 | 9 | 1 | 9,665 | 44 | 36 | 37 | 4 | 4 | 4 | 8 | 3 | 4 |
| 12,959 | 53 | 21 | 54 | 15 | 9 | 1 | 12,813 | 48 | 35 | 39 | 4 | 3 | 4 | 8 | 3 | 3 |
| 11,135 | 50 | 20 | 55 | 15 | 9 | 1 | 12,849 | 43 | 32 | 41 | 4 | 3 | 4 | 9 | 4 | 2 |
| 6,983 | 50 | 19 | 56 | 14 | 9 | 1 | 7,827 | 46 | 33 | 42 | 4 | 3 | 3 | 9 | 2 | 3 |
| 19,379 | 51 | 21 | 55 | 14 | 10 | 1 | 19,999 | 50 | 33 | 41 | 4 | 3 | 4 | 9 | 3 | 3 |
| 9,109 | 47 | 22 | 51 | 14 | 12 | 1 | 9,187 | 45 | 34 | 40 | 3 | 4 | 6 | 7 | 3 | 3 |
| 14,721 | 46 | 21 | 57 | 10 | 11 | 1 | 14,118 | 44 | 30 | 43 | 3 | 5 | 5 | 8 | 4 | 3 |
| 15,840 | 49 | 22 | 56 | 10 | 11 | 1 | 15,674 | 45 | 30 | 41 | 4 | 4 | 5 | 9 | 3 | 2 |
| 15,529 | 44 | 19 | 57 | 12 | 10 | 1 | 15,712 | 41 | 32 | 43 | 3 | 5 | 4 | 9 | 2 | 3 |
| 10,239 | 50 | 19 | 61 | 10 | 9 | 0 | 9,879 | 47 | 28 | 44 | 3 | 3 | 4 | 11 | 3 | 3 |
| 10,065 | 43 | 22 | 53 | 14 | 10 | 1 | 9,586 | 41 | 34 | 40 | 4 | 4 | 4 | 9 | 2 | 3 |
| 9,298 | 45 | 25 | 49 | 16 | 9 | 1 | 9,085 | 41 | 39 | 36 | 3 | 4 | 3 | 8 | 3 | 4 |
| 14,188 | 52 | 18 | 66 | 7 | 8 | 1 | 14,077 | 46 | 23 | 48 | 5 | 3 | 4 | 11 | 4 | 3 |
| 11,323 | 46 | 24 | 53 | 13 | 9 | 1 | 10,880 | 43 | 35 | 41 | 4 | 3 | 3 | 8 | 3 | 4 |
| 14,556 | 48 | 21 | 51 | 15 | 12 | 1 | 14,455 | 46 | 36 | 39 | 4 | 3 | 5 | 8 | 3 | 2 |
| 13,531 | 47 | 22 | 50 | 17 | 10 | 1 | 13,696 | 45 | 38 | 37 | 4 | 4 | 3 | 9 | 2 | 3 |
| 13,393 | 51 | 18 | 62 | 9 | 10 | 1 | 13,335 | 48 | 28 | 45 | 4 | 3 | 4 | 10 | 3 | 3 |
| 14,451 | 47 | 19 | 55 | 13 | 12 | 1 | 14,491 | 46 | 31 | 42 | 4 | 3 | 4 | 9 | 3 | 3 |
| 21,188 | 52 | 20 | 56 | 10 | 13 | 1 | 19,750 | 52 | 32 | 41 | 4 | 3 | 5 | 9 | 4 | 2 |

투표율은 행동2동, 마장동, 금호3가동, 성수2가3동에서 높았다. 한나라당 득표율은 옥수2동, 응봉동, 행당2동, 성수2가3동에서 높았다. 민주(+열린우리)당은 옥수1동, 용답동, 송정동, 왕십리2동에서 높았다.

# 숫자 100으로 본 서울시 성북구 30개 동네

성북구에는 2005년 현재 30개 동에 있는 주택 10만9백 채와 오피스텔 7백 채 등 거처 10만1,900곳에 44만2천 명이 살고 있다.

서울시 성북구가 100명이 사는 마을이라면 어떤 모습일까?

## 숫자 100으로 본 성북구

성북구에 사는 사람은 서울시 평균인에 비해 대학 이상 학력자나 종교 인구 비중은 낮고 자영업자, 판매직과 기능직, 장치 기계 조작 및 조립직, 단순 노무직이 상대적으로 많으며 출퇴근 시간도 긴 편이다.

무주택자, 1인 가구는 서울시 평균에 비해 낮고 거주 기간도 긴 편이며, 단독주택 거주자가 많고 소형 주택은 적은 편이다. 가구의 10%는 (반)지하에 살며 30%는 거실과 부엌을 포함한 방 3칸 이하 셋방에 살고 있으나 공공 임대주택은 3%로 크게 부족하다.

최근 7년간 성북구에서 한나라당은 35~54%를, 민주(+열린우리)당은 24~48%를, 민주노동당+진보신당은 5~13%를 얻었다. 그러나 동네별 정당 득표율은 차이가 컸다.

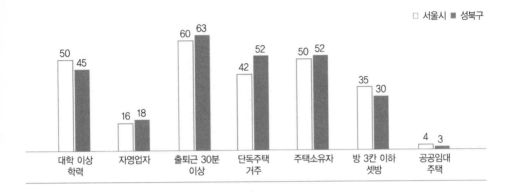

**그림 2_3.65**

## 서울시와 성북구 주요 지수 평균 비교

(단위 : %)

□ 서울시 ■ 성북구

- 대학 이상 학력: 50 / 45
- 자영업자: 16 / 18
- 출퇴근 30분 이상: 60 / 63
- 단독주택 거주: 42 / 52
- 주택소유자: 50 / 52
- 방 3칸 이하 셋방: 35 / 30
- 공공임대 주택: 4 / 3

## 성북구 인구가 100명이라면 :
## 대학 이상 학력자 45명, 종교 인구 54명

서울시 성북구에 사는 사람은 44만2천 명으로, 성북구 인구가 100명이라면 남자 대 여자의 수는 50 대 50으로 균형을 이루고 있다. 다만 동선1동은 남녀 성비가 43 대 57로, 안암동은 53 대 47로 다소 불균형을 보인다. 22명은 어린이와 청소년이고(19살 미만), 78명은 어른이다. 어른 가운데 9명은 노인(65세 이상)이다.

지역적으로는 석관1동과 장위1동 6명씩, 장위2동·정릉2동·정릉4동·종암1동에는 5명씩, 정릉1동·정릉3동·안암동·종암2동·길음2동·길음3동·돈암1동·돈암2동·보문동·장위3동에는 4명씩, 월곡1동·석관2동·삼선2동·상월곡동에는 3명씩 산다. 또 동소문동·삼성1동·길

음1동·월곡2동·월곡4
동·동선1동·동선2동·
성북1동·성북2동에는
2명씩 산다.

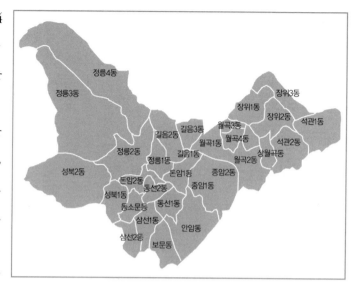

종교를 보면 20명은
개신교, 19명은 불교,
13명은 천주교 신자다.
45명은 종교를 갖고 있
지 않다. 성북2동과 월
곡3동은 66%가 종교

를 가진 반면, 길음2동·종암2동 등 4곳은 49%가 종교를 갖지 않았
다. 개신교는 동선2동, 불교는 월곡3동, 천주교는 성북2동과 동소문
동에서 신자 비율이 높다.

학력은 어떨까. 35명이 대학 이상의 학력을 가지고 있는데 이 중
11명은 대학에 재학 중이고 4명은 석사과정 이상의 공부를 하였다
(19세 이상 기준). 안암동에 사는 19세 이상 인구 중 65%가 대학 이상
학력자인데, 재학 중인 사람은 30%다.

35명은 미혼이며, 65명은 결혼했다. 결혼한 사람 가운데 7명은 남
편이나 아내가 먼저 사망했고 3명은 이혼했다(15세 이상 기준). 4명은
몸이 불편하거나 정신 장애로 정상적인 활동에 제약을 느끼고 있다.

거주 기간을 보면, 38명은 현재 살고 있는 집에 산 지 5년이 넘었
으나 62명은 5년 이내에 새로 이사 왔다(5살 이상 기준). 이사 온 사람
중 39명은 성북구 안의 다른 동에서, 13명은 서울 안의 다른 구에서,
9명은 서울 바깥에서 이사 왔다.

표 2_3.97

# 서울시 성북구 성별·종교별·학력별 인구

(단위 : 명, %)

| 행정구역 | 남녀/외국인 | | | | 종교 인구 | | | | | | | 대학 이상 학력 인구 | | | | | | |
|---|---|---|---|---|---|---|---|---|---|---|---|---|---|---|---|---|---|---|
| | 총인구 | 남자 | 여자 | 외국인 | 인구수(내국인) | 종교 있음 | | | | | 종교 없음 | 19세 이상 인구 | 계 | 4년제 미만 | | 4년제 이상 | | 대학원 이상 |
| | | | | | | 계 | 불교 | 개신교 | 천주교 | 기타 | | | | 계 | 재학 | 계 | 재학 | |
| 성북구 | 442,426 | 50 | 50 | 0 | 440,254 | 54 | 19 | 20 | 13 | 1 | 45 | 342,665 | 45 | 12 | 3 | 28 | 8 | 4 |
| 길음1동 | 9,796 | 49 | 51 | 0 | 9,769 | 53 | 19 | 18 | 14 | 2 | 46 | 7,720 | 46 | 11 | 2 | 30 | 7 | 5 |
| 길음2동 | 17,270 | 49 | 51 | 0 | 17,250 | 51 | 16 | 22 | 13 | 1 | 49 | 13,030 | 55 | 11 | 2 | 38 | 6 | 6 |
| 길음3동 | 17,614 | 49 | 51 | 0 | 17,585 | 53 | 19 | 20 | 12 | 1 | 46 | 13,853 | 40 | 13 | 3 | 24 | 5 | 3 |
| 돈암1동 | 17,606 | 49 | 51 | 0 | 17,577 | 54 | 19 | 21 | 13 | 1 | 46 | 13,470 | 50 | 10 | 2 | 34 | 7 | 6 |
| 돈암2동 | 16,046 | 49 | 51 | 0 | 16,032 | 57 | 17 | 22 | 17 | 1 | 43 | 11,810 | 63 | 11 | 2 | 43 | 7 | 9 |
| 동선1동 | 7,227 | 43 | 57 | 1 | 7,185 | 49 | 16 | 19 | 13 | 1 | 48 | 5,962 | 60 | 13 | 4 | 42 | 17 | 5 |
| 동선2동 | 8,013 | 47 | 53 | 0 | 7,974 | 56 | 21 | 24 | 11 | 1 | 42 | 6,383 | 49 | 12 | 2 | 31 | 6 | 5 |
| 동소문동 | 10,872 | 49 | 51 | 0 | 10,842 | 59 | 17 | 21 | 20 | 1 | 40 | 8,233 | 66 | 12 | 2 | 42 | 8 | 12 |
| 보문동 | 16,675 | 49 | 51 | 1 | 16,528 | 51 | 23 | 19 | 8 | 1 | 48 | 12,907 | 37 | 11 | 2 | 23 | 5 | 3 |
| 삼선1동 | 10,617 | 49 | 51 | 0 | 10,597 | 53 | 20 | 20 | 12 | 1 | 47 | 8,522 | 40 | 13 | 4 | 24 | 7 | 3 |
| 삼선2동 | 11,269 | 48 | 52 | 0 | 11,236 | 54 | 20 | 18 | 14 | 1 | 45 | 8,837 | 46 | 12 | 2 | 30 | 7 | 5 |
| 상월곡동 | 11,235 | 49 | 51 | 0 | 11,204 | 53 | 18 | 22 | 12 | 1 | 45 | 8,694 | 44 | 14 | 3 | 25 | 6 | 4 |
| 석관1동 | 27,050 | 50 | 50 | 0 | 26,968 | 50 | 18 | 21 | 11 | 1 | 48 | 20,886 | 40 | 12 | 3 | 25 | 6 | 3 |
| 석관2동 | 11,769 | 49 | 51 | 1 | 11,681 | 51 | 18 | 20 | 12 | 1 | 49 | 9,289 | 34 | 10 | 2 | 22 | 8 | 2 |
| 성북1동 | 7,339 | 49 | 51 | 1 | 7,267 | 64 | 20 | 24 | 19 | 1 | 35 | 5,808 | 53 | 12 | 2 | 36 | 7 | 7 |
| 성북2동 | 7,228 | 49 | 51 | 4 | 6,908 | 66 | 22 | 21 | 20 | 3 | 34 | 5,629 | 51 | 10 | 2 | 31 | 5 | 10 |
| 안암동 | 18,564 | 53 | 47 | 1 | 18,314 | 53 | 19 | 20 | 14 | 1 | 46 | 14,520 | 65 | 13 | 4 | 45 | 26 | 7 |
| 월곡1동 | 14,361 | 49 | 51 | 0 | 14,304 | 52 | 21 | 18 | 12 | 1 | 47 | 11,366 | 28 | 11 | 3 | 15 | 4 | 2 |
| 월곡2동 | 7,496 | 49 | 51 | 1 | 7,433 | 54 | 22 | 18 | 13 | 1 | 46 | 5,911 | 39 | 11 | 3 | 24 | 9 | 4 |
| 월곡3동 | 233 | 55 | 45 | 0 | 233 | 66 | 30 | 23 | 8 | 4 | 34 | 195 | 30 | 15 | 5 | 12 | 8 | 3 |
| 월곡4동 | 9,714 | 49 | 51 | 0 | 9,702 | 51 | 16 | 22 | 12 | 1 | 49 | 7,292 | 49 | 11 | 2 | 33 | 7 | 5 |
| 장위1동 | 26,302 | 50 | 50 | 0 | 26,267 | 53 | 20 | 21 | 11 | 1 | 46 | 20,216 | 32 | 12 | 3 | 17 | 4 | 2 |
| 장위2동 | 22,830 | 50 | 50 | 1 | 22,706 | 52 | 20 | 20 | 11 | 1 | 48 | 17,716 | 30 | 13 | 3 | 16 | 4 | 2 |
| 장위3동 | 15,937 | 51 | 49 | 1 | 15,841 | 52 | 21 | 20 | 10 | 1 | 46 | 12,681 | 29 | 13 | 3 | 16 | 5 | 2 |
| 정릉1동 | 19,072 | 49 | 51 | 0 | 19,049 | 56 | 20 | 19 | 15 | 2 | 44 | 14,644 | 47 | 11 | 2 | 32 | 7 | 5 |
| 정릉2동 | 20,429 | 49 | 51 | 0 | 20,394 | 58 | 20 | 23 | 14 | 1 | 41 | 15,791 | 46 | 12 | 2 | 30 | 6 | 4 |
| 정릉3동 | 19,448 | 51 | 49 | 1 | 19,315 | 58 | 19 | 23 | 14 | 1 | 41 | 14,945 | 12 | 12 | 3 | 34 | 16 | 4 |
| 정릉4동 | 22,583 | 49 | 51 | 0 | 22,505 | 58 | 19 | 21 | 17 | 1 | 42 | 17,351 | 48 | 12 | 3 | 29 | 5 | 4 |
| 종암1동 | 20,007 | 51 | 49 | 0 | 19,943 | 53 | 19 | 20 | 14 | 1 | 45 | 15,314 | 50 | 11 | 3 | 34 | 10 | 5 |
| 종암2동 | 17,824 | 50 | 50 | 1 | 17,645 | 51 | 21 | 19 | 10 | 1 | 49 | 13,690 | 36 | 11 | 3 | 23 | 5 | 3 |

## 성북구에 사는 취업자가 100명이라면 :
## 70명은 봉급쟁이, 18명은 자영업자

성북구에 사는 15세 이상 인구 36만3천 명 가운데 취업해 직장에 다니는 사람(취업자)은 17만7천 명이다. 성북구 취업자가 100명이라면 57명은 30~40대, 22명은 20대이며, 16명은 50대다. 65세 이상 노인 3명도 일하고 있다.

70명은 회사에서 봉급을 받고 일하는 직장인이다. 18명은 고용한 사람 없이 혼자서 일하는 자영업자이며, 7명은 누군가를 고용해 사업체를 경영하는 사업주다. 4명은 가족이 운영하는 사업체에서 보수 없이 일하고 있다.

직업은 사무직이 20명, 판매직이 16명, 기능직이 14명, 전문가가 12명이다. 또 서비스직과 기술직 및 준전문가가 각 10명, 단순 노무직 9명, 장치 기계 조작 및 조립직 6명, 고위 관리직 3명순이다.

직장으로 출근하는 데 30분 이상 걸리는 사람은 63명으로, 그 가운데 24명은 1시간 이상 걸린다. 21명은 걸어서 출근하고 79명은 교통수단을 이용해 출근한다. 79명 가운데 23명은 자가용으로, 21명은 전철로, 20명은 시내버스로, 1명은 통근 버스로, 다른 1명은 자전거로 출근한다. 10명은 전철과 버스 또는 승용차를 갈아타며 출근한다. 성북구는 마포구와 함께 서울 시내에서 시내버스를 이용해 출퇴근하는 비율이 가장 높다. 반면 전철로 출퇴근하는 비율은 가장 낮다.

83명은 사무실이나 공장 등에서 일하는 반면, 12명은 야외나 거리 또는 운송 수단에서 일한다. 3명은 자기 집에서, 4명은 남의 집에서 일한다.

# 성북구에 100가구가 산다면 :
# 50가구는 셋방살이

성북구에는 14만7천 가구가 산다(일반 가구 기준). 성북구에 사는 가구를 100가구로 친다면 40가구는 식구가 한 명 또는 두 명인 1, 2인 가구이며, 이 가운데 19가구는 나 홀로 사는 1인 가구다. 식구 4명은 27가구, 3명은 23가구, 5명은 8가구다.

나 홀로 사는 1인 가구 비중을 보면, 동선1동 거주 가구의 47%, 안암동 가구의 38%가 1인 가구인 반면, 돈암2동과 월곡4동의 9%에 머물렀다.

48가구는 자신이 소유한 집에서 살고, 50가구는 셋방에 살며, 2가구는 직장의 사택이나 친척집 등에서 무상으로 살고 있다. 자기 집에 사는 가구 중 6가구는 현재 살고 있는 집 외에 최소 한 채에서 여러 채를 소유한 다주택자들이다.

셋방 사는 가구 가운데 33가구는 전세에, 15가구는 보증금 있는 월세에, 2가구는 보증금 없는 월세 또는 사글세에 살고 있다. 셋방 사는 가구 중 4가구는 어딘가에 자신 명의의 집을 소유하고 있으나 경제 사정이나 자녀 교육, 직장 등의 사정으로 셋방에 살고 있다.

62가구는 현재 사는 집으로 이사 온 지 5년이 안 되며, 이 가운데 32가구는 2년이 안 된다. 20가구는 5~10년이 됐고, 18가구는 10년이 넘었다.

50가구는 자동차를 소유하고 있고 이 가운데 35가구는 자기 집에 전용 주차장이 있다. 자동차 소유 가구 중 5가구는 차를 2대 이상 소유하고 있다.

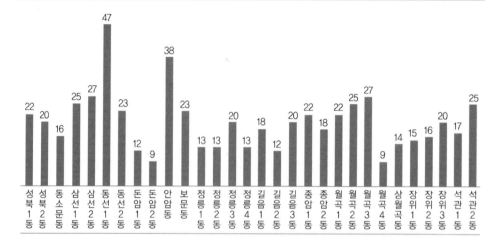

**그림 2_3.66**

## 서울시 성북구 동네별 1인 가구

(단위 : %)

동네별 값: 성북1동 22, 성북2동 20, 동소문동 16, 삼선1동 25, 삼선2동 27, 동선1동 47, 동선2동 23, 돈암1동 12, 돈암2동 9, 안암동 38, 보문동 23, 정릉1동 13, 정릉2동 13, 정릉3동 20, 정릉4동 13, 길음1동 18, 길음2동 12, 길음3동 20, 종암1동 22, 종암2동 18, 월곡1동 22, 월곡2동 25, 월곡3동 27, 월곡4동 9, 상월곡동 14, 장위1동 15, 장위2동 16, 장위3동 20, 석관1동 17, 석관2동 25

## 집 많은 사람, 집 없는 사람 :
## 돈암2동 71% 주택 소유, 동선1동 73% 무주택

성북구에 사는 100가구 중 52가구는 주택 소유자이고, 48가구는 무주택자다. 30개 동네 가운데 15개 동네는 주택 소유자가 더 많고 15개 동네는 무주택자가 더 많다. 주택 소유자는 돈암2동 71%를 비롯해 동소문동과 월곡4동 69%, 정릉2동 66%, 정릉4동 65%, 길음2동 64%, 정릉1동 62%, 길음1동 61% 순으로 높다. 반면 무주택자는 동선1동 73%를 비롯해 월곡3동 70%, 삼선1동·안암동·석관2동 64%, 월곡2동 59%, 보문동 58%, 장위3동 57%, 삼선2동 56% 순이다.

성북구 가구의 6%는 집을 두 채 이상 소유한 다주택자다. 동네별

표 2_3.98

## 서울시 성북구의 다주택자

(단위 : 가구, 호)

| 구분 | | | 가구 수 | 주택 수 | 평균 주택 수 |
|---|---|---|---|---|---|
| 일반 가구 | | | 146,894 | – | – |
| 자가 가구 | | | 70,161 | – | – |
| 다주택 가구 | 통계청 | | 8,471 | – | – |
| | 행자부 | 계 | 5,162 | 13,182 | 3 |
| | | 2채 | 4,134 | 8,268 | 2 |
| | | 3채 | 527 | 1,581 | 3 |
| | | 4채 | 188 | 752 | 4 |
| | | 5채 | 87 | 435 | 5 |
| | | 6~10채 | 162 | 1,191 | 7 |
| | | 11채 이상 | 64 | 955 | 18 |

로는 돈암2동 11%를 비롯해 길음1동과 월곡4동 10%, 돈암1동 9%, 정릉2동과 정릉4동 8% 순으로 높다. 반면 동선1동 2%를 비롯해 안암동·보문동·종암2동·석관2동은 3%에 그친다.

성북구 주택 소유자 52가구 중 4가구는 어딘가 자신 명의의 집이 있지만 사정이 있어 셋방에 사는 유주택 전월세 가구로 길음1동 (11%), 돈암2동(7%), 정릉2동(6%) 순으로 높다.

주택 소유자 중 유주택 전월세 가구를 제외한 48가구는 자기 집에 사는데 월곡4동이 64%로 가장 높고, 돈암2동 63%, 동소문동 62%, 정릉2동·정릉4동· 60% 순으로 높다. 이들 동네를 포함해 모두 12개 동네에서 자기 집에 사는 가구가 절반을 넘었다.

또 유주택 전월세를 포함한 50가구가 셋방에 사는데 동선1동 74%, 삼선1동·안암동·석관2동 66% 순으로 높고 모두 17개 동네에

표 2_3.99

# 서울시 성북구 주택의 점유·소유 형태별 가구

(단위 : 가구, %)

| 행정구역 | 전체 가구 | 자기 집에 거주 | | | 셋방에 거주 | | | 무상으로 거주 | | 주택 소유 | 무주택 |
|---|---|---|---|---|---|---|---|---|---|---|---|
| | | 계 | 집 한 채 | 여러 채 | 계 | 집 없음 | 집 있음 | 집 없음 | 집 있음 | | |
| 성북구 | 146,894 | 48 | 42 | 6 | 50 | 46 | 4 | 2 | 0 | 52 | 48 |
| 길음1동 | 3,272 | 50 | 40 | 10 | 49 | 38 | 11 | 1 | 0 | 61 | 39 |
| 길음2동 | 5,435 | 59 | 53 | 7 | 40 | 35 | 5 | 1 | 0 | 64 | 36 |
| 길음3동 | 6,096 | 42 | 36 | 6 | 56 | 52 | 4 | 2 | 0 | 46 | 54 |
| 돈암1동 | 5,634 | 54 | 45 | 9 | 45 | 40 | 5 | 1 | 0 | 59 | 41 |
| 돈암2동 | 4,950 | 63 | 53 | 11 | 36 | 29 | 7 | 1 | 0 | 71 | 29 |
| 동선1동 | 3,113 | 24 | 22 | 2 | 74 | 72 | 3 | 2 | 0 | 27 | 73 |
| 동선2동 | 2,854 | 43 | 38 | 5 | 55 | 50 | 5 | 2 | 0 | 48 | 52 |
| 동소문동 | 3,483 | 62 | 51 | 11 | 36 | 30 | 6 | 1 | 0 | 69 | 31 |
| 보문동 | 5,792 | 39 | 36 | 3 | 58 | 56 | 2 | 2 | 0 | 42 | 58 |
| 삼선1동 | 3,859 | 33 | 29 | 4 | 66 | 62 | 4 | 2 | 0 | 36 | 64 |
| 삼선2동 | 4,104 | 40 | 36 | 4 | 58 | 55 | 3 | 2 | 0 | 44 | 56 |
| 상월곡동 | 3,574 | 49 | 44 | 5 | 50 | 46 | 5 | 1 | 0 | 53 | 47 |
| 석관1동 | 8,850 | 50 | 44 | 6 | 49 | 45 | 4 | 1 | 0 | 54 | 46 |
| 석관2동 | 4,153 | 33 | 30 | 3 | 66 | 63 | 3 | 1 | 0 | 36 | 64 |
| 성북1동 | 2,523 | 45 | 38 | 7 | 51 | 45 | 6 | 3 | 0 | 51 | 49 |
| 성북2동 | 2,352 | 59 | 55 | 4 | 35 | 33 | 2 | 5 | 0 | 61 | 39 |
| 안암동 | 6,818 | 32 | 30 | 3 | 66 | 63 | 3 | 1 | 0 | 36 | 64 |
| 월곡1동 | 4,995 | 43 | 39 | 4 | 54 | 52 | 3 | 2 | 0 | 46 | 54 |
| 월곡2동 | 2,563 | 37 | 33 | 4 | 59 | 56 | 3 | 3 | 0 | 41 | 59 |
| 월곡3동 | 78 | 30 | 30 | 0 | 64 | 64 | 0 | 6 | 0 | 30 | 70 |
| 월곡4동 | 2,900 | 64 | 54 | 10 | 36 | 31 | 5 | 0 | 0 | 69 | 31 |
| 장위1동 | 8,306 | 48 | 44 | 5 | 50 | 47 | 3 | 1 | 0 | 52 | 48 |
| 장위2동 | 7,434 | 44 | 40 | 4 | 55 | 51 | 3 | 1 | 0 | 47 | 53 |
| 장위3동 | 5,400 | 40 | 36 | 4 | 58 | 55 | 3 | 2 | 0 | 43 | 57 |
| 정릉1동 | 6,001 | 57 | 50 | 7 | 42 | 37 | 5 | 1 | 0 | 62 | 38 |
| 정릉2동 | 6,453 | 60 | 52 | 8 | 39 | 33 | 6 | 1 | 0 | 66 | 34 |
| 정릉3동 | 6,005 | 46 | 41 | 5 | 44 | 41 | 3 | 9 | 0 | 49 | 51 |
| 정릉4동 | 7,220 | 60 | 52 | 8 | 38 | 33 | 5 | 2 | 0 | 65 | 35 |
| 종암1동 | 6,782 | 52 | 45 | 7 | 47 | 42 | 5 | 1 | 0 | 57 | 43 |
| 종암2동 | 5,895 | 45 | 41 | 3 | 54 | 52 | 2 | 1 | 0 | 47 | 53 |

서 50% 이상을 기록했다.

　유주택 전월세를 제외한 46가구는 집이 아예 없는 무주택 전월세 가구인데 동선1동 72%, 월곡3동 64%, 안암동 63%, 삼선1동 62% 순으로 비중이 높다. 모두 14개 동네에서 무주택 전월세 가구 비율이 절반을 넘기고 있다.


## 성북구에 있는 집이 100채라면 :
## 43채는 아파트, 32채는 단독주택

성북구에는 집(주택과 주택 이외의 거처, 빈집 제외)이 10만1,900채가 있다. 성북구에 있는 집이 100채라면 43채는 아파트고, 32채는 단독주택, 15채는 다세대주택이다. 7채는 연립주택, 1채는 상가 내 거처 등 비거주용 건물 내 주택이고, 1채는 오피스텔을 비롯한 주택 이외의 거처다.

　월곡4동과 돈암2동은 거처의 90% 이상이 아파트다. 두 곳을 포함해 돈암1동·동소문동·길음2동 등 10개 동네에서 아파트 비중이 절반을 넘었다. 반면 월곡3동과 삼선1동은 거처의 80% 이상이 단독주택이며 두 곳을 포함해 성북2동·장위3동·동선1동 등 10개 동네는 거처의 절반 이상이 단독주택이다. 성북1동과 장위1동을 비롯해 장위2동·정릉2동·길음3동·삼선2동에서는 다세대주택이 30% 이상을 차지했다. 정릉2동과 3동에서는 연립주택이 20%가 넘었다.

표 2_3.100

# 서울시 성북구 거처의 종류별·연건평별·건축년도별 주택

(단위 : 호, 가구, %)

| 행정구역 | 거처의 종류별 거처와 가구 | | | | | | | | | | | | | |
|---|---|---|---|---|---|---|---|---|---|---|---|---|---|
| | 계 | | 단독주택 | | 아파트 | | 연립주택 | | 다세대주택 | | 비거주용 건물 내 주택 | | 주택 이외의 거처 | |
| | 거처 | 가구 | 거처 | 가구 | 거처 | 가구 | 거처 | 가구 | 거처 | 가구 | 거처 | 가구 | 거처 | 가구 |
| 성북구 | 101,872 | 147,117 | 32 | 52 | 43 | 30 | 7 | 5 | 15 | 11 | 1 | 2 | 1 | 1 |
| 길음1동 | 2,712 | 3,274 | 20 | 31 | 66 | 55 | 0 | 0 | 11 | 10 | 2 | 4 | 0 | 0 |
| 길음2동 | 4,947 | 5,435 | 9 | 17 | 81 | 74 | 6 | 6 | 3 | 3 | 0 | 0 | 0 | 0 |
| 길음3동 | 4,790 | 6,097 | 25 | 40 | 34 | 27 | 7 | 6 | 33 | 26 | 1 | 1 | 0 | 0 |
| 돈암1동 | 5,352 | 5,636 | 5 | 9 | 87 | 83 | 2 | 2 | 6 | 5 | 0 | 0 | 1 | 1 |
| 돈암2동 | 4,827 | 4,953 | 4 | 6 | 92 | 89 | 4 | 4 | 1 | 1 | 0 | 0 | 0 | 0 |
| 동선1동 | 1,235 | 3,125 | 64 | 81 | 0 | 0 | 7 | 3 | 14 | 6 | 5 | 5 | 11 | 5 |
| 동선2동 | 1,723 | 2,858 | 43 | 65 | 22 | 13 | 8 | 5 | 20 | 12 | 2 | 2 | 5 | 3 |
| 동소문동 | 2,913 | 3,487 | 13 | 26 | 75 | 63 | 3 | 3 | 6 | 6 | 1 | 1 | 1 | 1 |
| 보문동 | 3,181 | 5,796 | 58 | 76 | 21 | 12 | 3 | 2 | 13 | 7 | 4 | 3 | 1 | 0 |
| 삼선1동 | 1,772 | 3,864 | 82 | 92 | 0 | 0 | 1 | 0 | 16 | 8 | 1 | 0 | 0 | 0 |
| 삼선2동 | 2,473 | 4,109 | 37 | 61 | 19 | 11 | 2 | 1 | 38 | 23 | 2 | 2 | 3 | 2 |
| 상월곡동 | 2,690 | 3,576 | 24 | 42 | 64 | 48 | 3 | 2 | 7 | 5 | 2 | 3 | 1 | 1 |
| 석관1동 | 5,445 | 8,853 | 41 | 63 | 52 | 32 | 1 | 1 | 4 | 2 | 1 | 1 | 1 | 0 |
| 석관2동 | 2,425 | 4,155 | 64 | 78 | 0 | 0 | 1 | 0 | 28 | 17 | 4 | 3 | 3 | 2 |
| 성북1동 | 1,890 | 2,529 | 41 | 55 | 1 | 1 | 12 | 9 | 43 | 33 | 2 | 2 | 2 | 2 |
| 성북2동 | 1,824 | 2,360 | 75 | 80 | 5 | 4 | 9 | 7 | 11 | 8 | 0 | 0 | 0 | 0 |
| 안암동 | 3,295 | 6,894 | 46 | 72 | 31 | 15 | 5 | 2 | 12 | 6 | 2 | 2 | 4 | 3 |
| 월곡1동 | 2,791 | 4,997 | 52 | 71 | 38 | 21 | 5 | 3 | 3 | 2 | 2 | 2 | 1 | 1 |
| 월곡2동 | 1,305 | 2,573 | 51 | 70 | 28 | 14 | 13 | 8 | 2 | 1 | 5 | 6 | 1 | 0 |
| 월곡3동 | 56 | 78 | 89 | 81 | 0 | 0 | 0 | 0 | 0 | 0 | 11 | 19 | 0 | 0 |
| 월곡4동 | 2,782 | 2,900 | 3 | 7 | 95 | 91 | 2 | 1 | 0 | 0 | 0 | 0 | 0 | 0 |
| 장위1동 | 5,196 | 8,306 | 42 | 63 | 1 | 0 | 14 | 9 | 41 | 26 | 1 | 1 | 0 | 0 |
| 장위2동 | 4,097 | 7,436 | 54 | 74 | 4 | 2 | 5 | 3 | 32 | 18 | 4 | 3 | 1 | 1 |
| 장위3동 | 2,846 | 5,403 | 72 | 85 | 0 | 0 | 13 | 7 | 11 | 6 | 3 | 2 | 0 | 0 |
| 정릉1동 | 4,726 | 6,005 | 22 | 38 | 66 | 52 | 1 | 1 | 11 | 8 | 1 | 1 | 0 | 0 |
| 정릉2동 | 5,320 | 6,458 | 25 | 37 | 28 | 23 | 13 | 11 | 33 | 27 | 1 | 1 | 0 | 0 |
| 정릉3동 | 4,303 | 6,041 | 40 | 56 | 14 | 10 | 26 | 20 | 16 | 11 | 1 | 1 | 3 | 2 |
| 정릉4동 | 6,478 | 7,227 | 11 | 20 | 55 | 50 | 20 | 18 | 12 | 11 | 2 | 2 | 0 | 0 |
| 종암1동 | 4,723 | 6,794 | 24 | 46 | 58 | 40 | 7 | 5 | 10 | 7 | 1 | 1 | 0 | 1 |
| 종암2동 | 3,755 | 5,898 | 41 | 61 | 48 | 31 | 2 | 1 | 6 | 4 | 2 | 3 | 0 | 0 |

| 연건평별 주택 | | | | | 건축년도별 주택 | | | |
|---|---|---|---|---|---|---|---|---|
| 총 주택 수 | 14평 미만 | 14~19평 | 19~29평 | 29평 이상 | 총 주택 수 | 1995~ 2005년 | 1985~ 1994년 | 1985년 이전 |
| 100,901 | 12 | 24 | 34 | 30 | 100,901 | 57 | 21 | 21 |
| 2,709 | 12 | 38 | 29 | 21 | 2,709 | 45 | 39 | 16 |
| 4,947 | 12 | 7 | 44 | 37 | 4,947 | 85 | 5 | 9 |
| 4,787 | 26 | 26 | 30 | 19 | 4,787 | 52 | 34 | 14 |
| 5,314 | 27 | 18 | 38 | 17 | 5,314 | 74 | 18 | 9 |
| 4,826 | 13 | 26 | 36 | 26 | 4,826 | 90 | 7 | 3 |
| 1,104 | 10 | 18 | 22 | 50 | 1,104 | 39 | 29 | 32 |
| 1,634 | 6 | 19 | 33 | 41 | 1,634 | 50 | 25 | 25 |
| 2,887 | 5 | 12 | 36 | 47 | 2,887 | 85 | 4 | 11 |
| 3,160 | 13 | 20 | 34 | 34 | 3,160 | 43 | 27 | 30 |
| 1,772 | 14 | 17 | 27 | 43 | 1,772 | 26 | 36 | 38 |
| 2,411 | 15 | 20 | 29 | 36 | 2,411 | 65 | 18 | 16 |
| 2,660 | 12 | 28 | 30 | 30 | 2,660 | 75 | 14 | 11 |
| 5,406 | 1 | 29 | 37 | 32 | 5,406 | 60 | 20 | 20 |
| 2,341 | 18 | 31 | 23 | 28 | 2,341 | 18 | 43 | 39 |
| 1,852 | 14 | 19 | 35 | 33 | 1,852 | 43 | 26 | 30 |
| 1,821 | 13 | 16 | 21 | 49 | 1,821 | 22 | 27 | 51 |
| 3,158 | 7 | 18 | 34 | 41 | 3,158 | 39 | 27 | 34 |
| 2,777 | 10 | 28 | 30 | 33 | 2,777 | 52 | 21 | 27 |
| 1,298 | 4 | 16 | 46 | 34 | 1,298 | 44 | 32 | 23 |
| 56 | 16 | 30 | 30 | 23 | 56 | 4 | 9 | 88 |
| 2,782 | 18 | 23 | 39 | 20 | 2,782 | 97 | 1 | 2 |
| 5,173 | 11 | 31 | 25 | 32 | 5,173 | 41 | 30 | 29 |
| 4,049 | 4 | 24 | 29 | 43 | 4,049 | 38 | 31 | 31 |
| 2,842 | 6 | 16 | 35 | 43 | 2,842 | 20 | 30 | 50 |
| 4,724 | 4 | 34 | 38 | 24 | 4,724 | 75 | 14 | 11 |
| 5,313 | 7 | 26 | 48 | 19 | 5,313 | 55 | 27 | 18 |
| 4,169 | 10 | 25 | 36 | 28 | 4,169 | 27 | 36 | 37 |
| 6,472 | 13 | 28 | 33 | 26 | 6,472 | 72 | 15 | 14 |
| 4,710 | 5 | 31 | 41 | 23 | 4,710 | 68 | 12 | 20 |
| 3,747 | 17 | 23 | 28 | 32 | 3,747 | 60 | 13 | 27 |

삼선1동은 가구의 92%가 단독주택에 사는 데 비해 월곡4동은 91%가 아파트에 산다. 정능2동은 27%가 다세대주택에, 정능3동은 20%가 연립주택에 산다.

성북구 100가구 가운데 52가구는 단독주택에, 30가구는 아파트에, 11가구는 다세대주택에, 5가구는 연립주택에 산다. 또 2가구는 비거주용 건물 내 주택에, 1가구는 오피스텔 등 주택 이외의 거처에 산다.

삼선1동에 사는 사람의 92%는 단독주택에 살고 8%는 다세대주택에 산다. 아파트나 연립주택 등에 사는 사람은 아예 없다. 장위3동·동선1동·월곡3동·성북2동 사람의 80% 이상, 석관2동·보문동·안암동·장위2동·월곡1동·월곡2동 사람의 70% 이상도 단독주택에 산다.

반면 월곡4동 사람의 91%는 아파트에 살고 7%만 단독주택에 산다. 돈암1동과 2동 사람의 80% 이상, 길음2동 사람의 70% 이상, 동소문동 사람의 60%도 아파트에 산다.

한편 정릉2동 사람의 27%와 길음3동·장위1동 사람의 26%는 다세대주택에 살고, 정릉3동 사람의 20%는 연립주택에 산다. 또 월곡3동 사람의 19%는 상가 등 비거주용 건물 내 주택에, 동선1동 사람의 5%는 오피스텔 등 주택 이외의 거처에 산다.

지난 10년 동안 아파트와 다세대주택은 427%와 246%가 늘어난 반면, 단독주택은 40%, 연립주택은 6%가 줄었다. 이에 따라 전체 주택(주택 이외의 거처 제외)에서 차지하는 비중도 아파트는 11%에서 43%로, 다세대주택은 6%에서 15%로 증가했다. 반면 단독주택은 69%에서 33%로, 연립주택은 9%에서 7%로 줄었다.

크기별로는 29평 이상이 30채, 19~29평이 각 34채, 14~19평이 24채이며, 14평 미만은 12채가 있다. 동선1동 주택의 절반은 29평 이상인 반면, 길음3동 주택의 26%는 14평 미만이다.

57채는 지은 지 10년(1995~2005년)이 안 된 새집이며, 지은 지 20년이 넘은 낡은 집은 21채로 조만간 재개발·재건축 대상 주택이 될 전망이다. 월곡3동 주택의 88%, 성북2동과 장위3동 주택의 절반 이상이 지은 지 20년이 넘었다. 반면 15개 동네에서는 절반 이상의 주택이 10년이 안 된 새집이다.


## 성북구에서 지하 방에 사는 사람 : 석관2동 21%가 (반)지하에 거주


성북구에 사는 14만7천 가구를 100가구로 친다면 그 중 13가구는 식구에 비해 집이 너무 좁거나 시설이 제대로 갖춰지지 않아 인간다운 품위를 지키기 어려운 최저 주거 기준 미달 가구다.

또 100가구 가운데 89가구는 지상에 살지만, 10가구는 (반)지하에 살고, 1가구는 옥탑방에 산다. 석관2동에 사는 사람의 21%는 (반)지하 방에 산다. 장위1동·2동·3동과 월곡2동에 사는 사람의 17~19%도 (반)지하 방에 산다. 성북구 30개 동 가운데 절반에 달하는 15개 동네에서 (반)지하 방 거주 비율이 10%가 넘는다.

성북구 100가구 가운데 거실이나 부엌을 각각 1개의 방으로 쳐서 방 3개 이하에서 셋방살이를 떠도는 가구는 30가구에 달하지만, 공공 임대주택은 3채에 불과하다. 중앙정부와 지방정부가 열악한 주거 상황에 놓인 부동산 서민들의 고통을 해결하려면 현재의 10배 수준에 달하는 공공 임대주택을 공급하는 등 주거 복지 정책을 적극 펼쳐야 한다.

**표 2_3.101**

# 서울시 성북구 (반)지하 등 거주 가구

(단위 : 가구, %)

| 행정구역 | (반)지하 | | 옥탑 | | 기타 |
|---|---|---|---|---|---|
| | 가구 | 비중 | 가구 | 비중 | 가구 |
| 성북구 | 14,933 | 10 | 1,527 | 1 | 129 |
| 길음1동 | 202 | 6 | 27 | 1 | 1 |
| 길음2동 | 154 | 3 | 16 | 0 | – |
| 길음3동 | 811 | 13 | 101 | 2 | 3 |
| 돈암1동 | 144 | 3 | 15 | 0 | 1 |
| 돈암2동 | 54 | 1 | – | 0 | – |
| 동선1동 | 306 | 10 | 39 | 1 | 17 |
| 동선2동 | 274 | 10 | 49 | 2 | 3 |
| 동소문동 | 74 | 2 | 8 | 0 | 3 |
| 보문동 | 712 | 12 | 114 | 2 | – |
| 삼선1동 | 494 | 13 | 104 | 3 | – |
| 삼선2동 | 408 | 10 | 68 | 2 | – |
| 상월곡동 | 286 | 8 | 29 | 1 | 2 |
| 석관1동 | 1,202 | 14 | 154 | 2 | – |
| 석관2동 | 860 | 21 | 67 | 2 | – |
| 성북1동 | 244 | 10 | 19 | 1 | – |
| 성북2동 | 96 | 4 | 14 | 1 | 10 |
| 안암동 | 715 | 10 | 95 | 1 | 1 |
| 월곡1동 | 623 | 12 | 123 | 2 | 6 |
| 월곡2동 | 431 | 17 | 50 | 2 | – |
| 월곡3동 | 3 | 4 | – | 0 | – |
| 월곡4동 | 26 | 1 | 3 | 0 | – |
| 장위1동 | 1,430 | 17 | 67 | 1 | 3 |
| 장위2동 | 1,401 | 19 | 69 | 1 | – |
| 장위3동 | 980 | 18 | 77 | 1 | 2 |
| 정릉1동 | 465 | 8 | 36 | 1 | – |
| 정릉2동 | 588 | 9 | 27 | 0 | 4 |
| 정릉3동 | 556 | 9 | 33 | 1 | 17 |
| 정릉4동 | 379 | 5 | 20 | 0 | 4 |
| 종암1동 | 481 | 7 | 16 | 0 | 52 |
| 종암2동 | 534 | 9 | 87 | 1 | – |

## 성북구 유권자가 100명이라면

정당 지지도를 알 수 있는 최근 네 차례 선거(제3~4회 동시지방선거, 제17~18대 총선)를 기준으로 성북구의 선거권자는 29만~38만 명 사이였으며, 평균 투표율은 51%다.

성북구 유권자가 100명이라면 2002년 제3회 동시지방선거에서는 52명이 한나라당을 찍었고, 38명은 새천년민주당, 5명은 민주노동당, 2명은 자민련, 2명은 나머지 정당을 각각 지지했다.

2004년 총선에서는 39명이 열린우리당을, 35명은 한나라당을 각각 지지했으며, 13명은 민주노동당을, 9명은 새천년민주당을, 2명은 자민련을 각각 찍었다.

2006년 동시지방선거에서는 54명이 한나라당을 선택한 가운데, 23명은 열린우리당을, 11명은 민주노동당을, 다른 11명은 민주당을 지지했다.

2008년 총선에서는 40명이 한나라당을 찍었고 28명이 통합민주당을, 10명은 친박연대를, 5명은 진보신당을, 다른 5명은 창조한국당을 찍었다. 또 4명은 민주노동당을 다른 4명은 자유선진당을 지지했다.

네 차례 선거에서 동네별 투표율은 동소문동·월곡4동·돈암1동·돈암2동에서 상대적으로 가장 높았다. 반면 장위1동·장위2동·장위3동·석관2동·월곡3동에서 가장 낮았다. 동소문동과 장위1동의 투표율은 최소 9%에서 최대 12%까지 벌어졌다.

한나라당 득표율은 성북2동·동소문동·성북1동·돈암2동에서 상대적으로 가장 높았다. 반면 월곡1동·월곡4동·길음2동·월곡3동에서 상대적으로 가장 낮았다. 성북2동과 월곡1동의 득표율 격차는 최소

15%에서 최대 18%까지 벌어졌다.

　민주(＋열린우리)당 득표율은 월곡1동·월곡4동·길음2동·장위1동·월곡3동에서 상대적으로 높았다. 반면 돈암2동·성북2동·동소문동·성북1동에서 상대적으로 낮았다. 월곡1동과 돈암2동의 득표율 격차는 최소 9%에서 최대 18%까지 벌어졌다.

　민주노동당＋진보신당 득표율은 안암동과 동선1동에서 상대적으로 높았다.

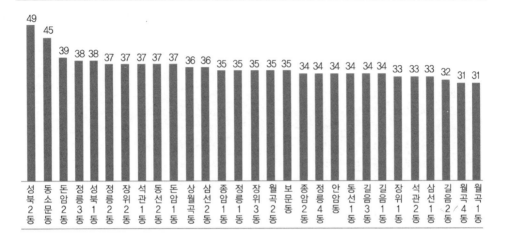

**그림 2_3.67**

# 서울시 성북구 동네별 한나라당 득표율

2004년 총선(단위 : %)

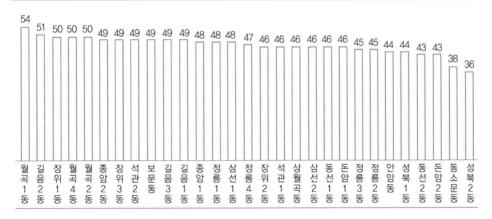

**그림 2_3.68**

# 서울시 성북구 동네별 민주(＋열린우리)당 득표율

2004년 총선(단위 : %)

표 2_3.102

# 서울시 성북구 역대 선거 투표율과 정당 지지율

2002~2008년(단위 : 명, %)

| 행정구역 | 2002년 지방선거 | | | | | | | 2004년 총선 | | | | | | | |
|---|---|---|---|---|---|---|---|---|---|---|---|---|---|---|---|
| | 선거인 수 | 투표율 | 한나라당 | 새천년민주당 | 자민련 | 민주노동당 | 기타정당 | 선거인 수 | 투표율 | 한나라당 | 새천년민주당 | 열린우리당 | 자민련 | 민주노동당 | 기타정당 |
| 성북구 | 293,982 | 48 | 52 | 38 | 2 | 5 | 2 | 351,787 | 61 | 35 | 9 | 39 | 2 | 13 | 2 |
| 길음1동 | 7,642 | 49 | 47 | 41 | 4 | 6 | 3 | 8,382 | 62 | 34 | 10 | 39 | 2 | 13 | 2 |
| 길음2동 | 6,054 | 48 | 43 | 44 | 4 | 6 | 3 | 4,904 | 59 | 32 | 10 | 41 | 2 | 12 | 2 |
| 길음3동 | 14,278 | 47 | 46 | 41 | 3 | 6 | 3 | 14,686 | 59 | 34 | 9 | 41 | 2 | 13 | 3 |
| 돈암1동 | 12,633 | 46 | 50 | 38 | 3 | 6 | 3 | 13,571 | 64 | 37 | 8 | 37 | 2 | 13 | 2 |
| 돈암2동 | 8,854 | 50 | 55 | 31 | 2 | 8 | 4 | 8,368 | 65 | 39 | 7 | 36 | 2 | 13 | 2 |
| 동선1동 | 5,888 | 46 | 52 | 35 | 3 | 9 | 2 | 5,949 | 61 | 34 | 8 | 38 | 2 | 15 | 3 |
| 동선2동 | 6,122 | 46 | 53 | 34 | 3 | 8 | 2 | 6,741 | 62 | 37 | 8 | 36 | 2 | 15 | 3 |
| 동소문동 | 8,896 | 52 | 59 | 27 | 3 | 8 | 2 | 8,918 | 67 | 45 | 7 | 31 | 2 | 13 | 2 |
| 보문동 | 13,130 | 43 | 50 | 37 | 3 | 8 | 2 | 13,714 | 58 | 35 | 9 | 40 | 2 | 13 | 2 |
| 삼선1동 | 9,559 | 44 | 46 | 40 | 3 | 9 | 2 | 9,435 | 59 | 33 | 11 | 38 | 2 | 14 | 2 |
| 삼선2동 | 11,983 | 44 | 52 | 34 | 3 | 8 | 2 | 9,622 | 57 | 36 | 7 | 39 | 2 | 14 | 2 |
| 상월곡동 | 5,414 | 45 | 46 | 41 | 3 | 6 | 2 | 8,756 | 63 | 36 | 8 | 38 | 2 | 14 | 2 |
| 석관1동 | 22,417 | 46 | 51 | 38 | 3 | 6 | 2 | 21,858 | 59 | 37 | 9 | 37 | 2 | 12 | 2 |
| 석관2동 | 10,305 | 42 | 49 | 40 | 4 | 5 | 2 | 9,876 | 57 | 33 | 8 | 41 | 2 | 13 | 3 |
| 성북1동 | 5,798 | 43 | 55 | 33 | 3 | 7 | 2 | 6,037 | 62 | 38 | 7 | 37 | 2 | 14 | 2 |
| 성북2동 | 6,730 | 49 | 59 | 31 | 2 | 6 | 2 | 6,416 | 62 | 49 | 7 | 29 | 2 | 10 | 2 |
| 안암동 | 13,576 | 43 | 51 | 34 | 3 | 9 | 2 | 12,925 | 60 | 34 | 6 | 37 | 2 | 18 | 2 |
| 월곡1동 | 12,558 | 47 | 41 | 49 | 3 | 5 | 2 | 12,231 | 58 | 31 | 12 | 42 | 2 | 11 | 2 |
| 월곡2동 | 7,428 | 45 | 47 | 43 | 3 | 4 | 2 | 7,421 | 57 | 35 | 10 | 40 | 2 | 11 | 2 |
| 월곡3동 | 5,097 | 38 | 33 | 56 | 4 | 5 | 2 | 1,600 | 48 | 24 | 11 | 47 | 3 | 12 | 3 |
| 월곡4동 | 926 | 41 | 32 | 54 | 4 | 8 | 3 | 6,948 | 68 | 31 | 10 | 40 | 2 | 15 | 3 |
| 장위1동 | 20,269 | 40 | 49 | 40 | 3 | 5 | 2 | 20,609 | 56 | 33 | 9 | 41 | 2 | 12 | 2 |
| 장위2동 | 18,419 | 43 | 52 | 37 | 4 | 6 | 2 | 18,243 | 56 | 37 | 9 | 38 | 2 | 11 | 3 |
| 장위3동 | 15,159 | 41 | 50 | 38 | 4 | 5 | 2 | 13,784 | 56 | 35 | 10 | 39 | 2 | 12 | 2 |
| 정릉1동 | 16,554 | 49 | 50 | 38 | 3 | 5 | 2 | 16,146 | 63 | 35 | 9 | 39 | 2 | 13 | 2 |
| 정릉2동 | 13,947 | 43 | 53 | 36 | 4 | 5 | 2 | 15,037 | 60 | 37 | 8 | 38 | 3 | 13 | 3 |
| 정릉3동 | 15,603 | 48 | 54 | 34 | 3 | 5 | 2 | 15,093 | 59 | 37 | 8 | 38 | 2 | 12 | 3 |
| 정릉4동 | 14,246 | 45 | 50 | 38 | 3 | 6 | 2 | 17,771 | 62 | 34 | 8 | 39 | 2 | 14 | 2 |
| 종암1동 | 12,589 | 46 | 50 | 38 | 3 | 6 | 3 | 13,637 | 62 | 35 | 9 | 39 | 2 | 14 | 2 |
| 종암2동 | 15,101 | 47 | 48 | 40 | 3 | 5 | 3 | 14,830 | 61 | 34 | 10 | 39 | 2 | 13 | 2 |

| 행정구역 | 2006년 지방선거 | | | | | | | 행정구역 | 2008년 총선 | | | | | | | | | |
|---|---|---|---|---|---|---|---|---|---|---|---|---|---|---|---|---|---|---|
| | 선거인 수 | 투표율 | 열린우리당 | 한나라당 | 민주당 | 민주노동당 | 기타정당 | | 선거인 수 | 투표율 | 통합민주당 | 한나라당 | 자유선진당 | 민주노동당 | 창조한국당 | 친박연대 | 진보신당 | 기타정당 |
| 성북구 | 369,617 | 50 | 23 | 54 | 11 | 11 | 1 | 성북구 | 375,377 | 44 | 28 | 40 | 4 | 4 | 5 | 10 | 5 | 4 |
| 길음1동 | 8,105 | 51 | 22 | 54 | 13 | 11 | 1 | 길음1동 | 21,204 | 47 | 30 | 40 | 4 | 4 | 5 | 9 | 6 | 3 |
| 길음2동 | 14,004 | 50 | 23 | 54 | 11 | 12 | 1 | 길음2동 | 16,686 | 41 | 29 | 40 | 4 | 3 | 4 | 10 | 5 | 4 |
| 길음3동 | 14,706 | 48 | 22 | 53 | 12 | 12 | 1 | 돈암1동 | 13,925 | 48 | 26 | 41 | 5 | 3 | 5 | 10 | 5 | 4 |
| 돈암1동 | 13,760 | 54 | 23 | 56 | 10 | 10 | 1 | 돈암2동 | 18,255 | 48 | 25 | 43 | 5 | 4 | 5 | 10 | 5 | 2 |
| 돈암2동 | 12,796 | 52 | 21 | 57 | 8 | 12 | 1 | 동선동 | 12,587 | 41 | 26 | 41 | 5 | 5 | 5 | 10 | 5 | 4 |
| 동선1동 | 6,097 | 47 | 25 | 52 | 9 | 13 | 1 | 보문동 | 13,967 | 41 | 31 | 39 | 5 | 4 | 4 | 11 | 3 | 3 |
| 동선2동 | 6,809 | 49 | 21 | 58 | 9 | 11 | 1 | 삼선동 | 22,022 | 41 | 30 | 39 | 4 | 5 | 5 | 9 | 4 | 3 |
| 동소문동 | 8,502 | 54 | 18 | 62 | 9 | 11 | 1 | 석관동 | 29,889 | 41 | 29 | 40 | 5 | 3 | 4 | 11 | 4 | 5 |
| 보문동 | 14,008 | 47 | 21 | 55 | 13 | 11 | 1 | 성북동 | 15,268 | 43 | 25 | 43 | 5 | 4 | 4 | 11 | 5 | 3 |
| 삼선1동 | 9,366 | 45 | 23 | 51 | 14 | 11 | 1 | 안암동 | 14,341 | 39 | 26 | 40 | 4 | 5 | 6 | 9 | 6 | 4 |
| 삼선2동 | 9,437 | 47 | 20 | 57 | 10 | 12 | 1 | 월곡1동 | 20,993 | 46 | 34 | 35 | 4 | 4 | 4 | 9 | 5 | 5 |
| 상월곡동 | 8,878 | 49 | 23 | 55 | 10 | 12 | 1 | 월곡2동 | 16,898 | 45 | 27 | 39 | 4 | 5 | 5 | 11 | 5 | 5 |
| 석관1동 | 21,872 | 48 | 20 | 56 | 12 | 10 | 1 | 장위1동 | 21,577 | 40 | 29 | 40 | 4 | 4 | 4 | 9 | 4 | 5 |
| 석관2동 | 9,473 | 44 | 22 | 53 | 12 | 11 | 2 | 장위2동 | 19,304 | 41 | 27 | 40 | 4 | 4 | 4 | 10 | 3 | 9 |
| 성북1동 | 6,093 | 50 | 22 | 55 | 11 | 11 | 1 | 장위3동 | 15,088 | 41 | 28 | 40 | 4 | 4 | 4 | 11 | 4 | 5 |
| 성북2동 | 6,188 | 53 | 19 | 63 | 9 | 9 | 1 | 정릉1동 | 14,302 | 46 | 29 | 39 | 5 | 4 | 5 | 10 | 4 | 3 |
| 안암동 | 14,249 | 46 | 21 | 54 | 10 | 14 | 1 | 정릉2동 | 18,874 | 43 | 27 | 41 | 4 | 4 | 5 | 11 | 4 | 3 |
| 월곡1동 | 12,072 | 50 | 27 | 48 | 15 | 9 | 1 | 정릉3동 | 15,214 | 42 | 27 | 41 | 5 | 5 | 5 | 10 | 3 | 4 |
| 월곡2동 | 6,043 | 47 | 25 | 53 | 11 | 10 | 1 | 정릉4동 | 20,654 | 45 | 30 | 39 | 4 | 4 | 5 | 10 | 5 | 3 |
| 월곡4동 | 7,096 | 57 | 25 | 50 | 12 | 12 | 1 | 종암동 | 27,903 | 46 | 29 | 39 | 4 | 4 | 5 | 10 | 6 | 4 |
| 장위1동 | 21,409 | 45 | 23 | 55 | 12 | 9 | 1 | | | | | | | | | | | |
| 장위2동 | 18,906 | 45 | 20 | 58 | 12 | 9 | 1 | | | | | | | | | | | |
| 장위3동 | 13,489 | 46 | 21 | 57 | 12 | 9 | 1 | | | | | | | | | | | |
| 정릉1동 | 15,533 | 51 | 21 | 55 | 11 | 12 | 1 | | | | | | | | | | | |
| 정릉2동 | 18,432 | 49 | 22 | 57 | 9 | 12 | 1 | | | | | | | | | | | |
| 정릉3동 | 15,053 | 48 | 23 | 57 | 8 | 11 | 1 | | | | | | | | | | | |
| 정릉4동 | 18,489 | 49 | 23 | 53 | 11 | 12 | 1 | | | | | | | | | | | |
| 종암1동 | 16,732 | 52 | 22 | 54 | 11 | 12 | 1 | | | | | | | | | | | |
| 종암2동 | 14,312 | 50 | 23 | 52 | 14 | 10 | 1 | | | | | | | | | | | |

숫자
100
으로
본 **서울시 송파구** 28개 동네

---

2005년 기준으로 서울시 송파구 28개 동에는 주택 13만5천 채, 오피스텔 1천5백 채 등
거처 13만6,800곳에 약 58만 명이 살고 있다.

서울시 송파구가 100명이 사는 마을이라면 어떤 모습일까?

---

## 숫자 100으로 본 송파구

송파구에 사는 사람은 서울시 평균인에 비해 상대적으로 고학력이고
직업별로는 전문가와 기술직 및 준전문가, 판매직이 많은 편이며, 자
동차 소유자도 많은 편이다.

그러나 주택 소유자는 서울시 평균보다 불과 1% 많고, 어딘가에
집을 사놓고 사정상 송파구에서 셋방 사는 사람이 많아 전체 가구의
56%가 셋방을 떠돌며, 거주 기간이 짧아 서울에서 이사를 가장 많이
다니는 구에 속한다.

다세대주택에 사는 가구가 상대적으로 많고 가구의 13%는 (반)지
하에, 34%는 부엌과 거실을 포함한 방 3칸 이하 셋방에 살고 있지만
공공 임대주택은 1%에 불과해 최하위 수준이다.

그림 2_3.69

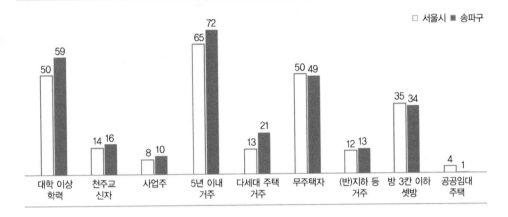

서울시와 송파구 주요 지수 평균 비교

(단위 : %)

□ 서울시  ■ 송파구

최근 7년간 송파구에서 한나라당은 40~63%를, 민주(＋열린우리)당은 25~44%를, 민주노동당＋진보신당은 5~11%를 얻었다. 하지만 동네별로는 차이가 컸다.

## 송파구 인구가 100명이라면 :
## 대학 이상 학력자 59명, 종교 인구 57명

서울시 송파구에 사는 사람은 58만 명에 달한다. 송파구 인구가 100명이라면 남자 대 여자의 수는 49 대 51로 여성이 더 많다. 외국인의 비중은 0.3%를 차지하고 있다. 24명은 어린이와 청소년이고(19살 이하), 76명은 어른이다. 어른 가운데 6명은 노인(65세 이상)이다.

지역적으로는 오금동·삼전동·석촌동·가락2동·잠실본동에 6명씩, 풍납2동·거여2동·가락본동·송파1동은 5명씩, 방이2동·마천2동·문정1동·송파4동·풍납1동·오륜동은 4명씩, 가락1동·장지동·마천1동·문정2동·방이1동·거여1동·잠실6동은 3명씩, 잠실3동·4동·7동은 각 2명씩 살고, 잠실1동은 1명이 산다(한편 2005년 당시 잠실 1, 2동에 대한 인구 정보는 극소수를 제

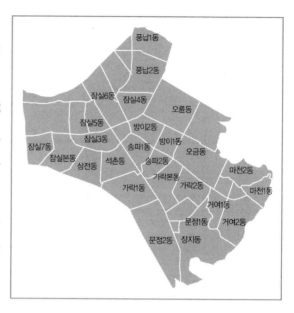

외하고는 누락돼 있는데, 당시 재건축 중이었기 때문으로 보인다).

종교를 보면 24명은 개신교, 16명은 천주교, 다른 16명은 불교를 믿는다. 42명은 종교를 갖고 있지 않다. 동네 사람 중 종교인이 가장 많은 동네는 잠실2동과 7동으로 각각 67%가 종교 인구로 나타났다. 반면 풍납1동·석촌동·삼전동은 46%가 종교를 갖고 있지 않았다. 개신교는 장지동, 천주교는 오륜동과 잠실7동, 불교는 잠실2동에서 신자 비율이 높다.

학력은 어떨까. 59명이 대학 이상의 학력을 가지고 있는데 10명은 대학에 재학 중이고 7명은 석사과정 이상의 공부를 하였다(19세 이상 기준). 대학 이상 학력자 비중이 가장 높은 곳은 잠실1동으로 19세 이상 동네 사람 중 무려 95%가 대학 이상 학력자이며, 이 가운데 70%는 현재 재학 중인 것으로 나타났다.

35명은 미혼이며, 65명은 결혼했다. 결혼한 사람 가운데 5명은 남

표 2_3.103

# 서울시 송파구 성별·종교별·학력별 인구

(단위 : 명, %)

| 행정구역 | 남녀/외국인 | | | | 종교 인구 | | | | | | | 대학 이상 학력 인구 | | | | | | |
|---|---|---|---|---|---|---|---|---|---|---|---|---|---|---|---|---|---|---|
| | 총인구 | 남자 | 여자 | 외국인 | 인구수(내국인) | 종교 있음 | | | | | 종교없음 | 19세 이상 인구 | 계 | 4년제 미만 | | 4년제 이상 | | 대학원 이상 |
| | | | | | | 계 | 불교 | 개신교 | 천주교 | 기타 | | | | 계 | 재학 | 계 | 재학 | |
| 송파구 | 579,040 | 49 | 51 | 0 | 577,362 | 57 | 16 | 24 | 16 | 1 | 42 | 436,089 | 59 | 13 | 2 | 40 | 8 | 7 |
| 가락1동 | 19,810 | 49 | 51 | 0 | 19,780 | 57 | 15 | 26 | 14 | 1 | 42 | 14,567 | 55 | 13 | 2 | 38 | 7 | 4 |
| 가락2동 | 32,397 | 50 | 50 | 0 | 32,334 | 58 | 15 | 24 | 19 | 1 | 42 | 22,616 | 66 | 13 | 3 | 45 | 8 | 8 |
| 가락본동 | 27,128 | 50 | 50 | 0 | 27,052 | 57 | 16 | 22 | 17 | 2 | 43 | 20,067 | 62 | 13 | 2 | 43 | 9 | 7 |
| 거여1동 | 16,383 | 50 | 50 | 0 | 16,343 | 55 | 18 | 22 | 14 | 1 | 45 | 11,948 | 46 | 16 | 3 | 26 | 6 | 4 |
| 거여2동 | 29,750 | 51 | 49 | 0 | 29,680 | 53 | 17 | 23 | 13 | 1 | 45 | 22,038 | 45 | 14 | 3 | 27 | 5 | 4 |
| 마천1동 | 18,722 | 51 | 49 | 0 | 18,676 | 54 | 18 | 22 | 14 | 1 | 45 | 14,447 | 32 | 13 | 3 | 17 | 4 | 2 |
| 마천2동 | 23,684 | 51 | 49 | 0 | 23,621 | 54 | 18 | 22 | 14 | 1 | 45 | 17,711 | 32 | 13 | 3 | 17 | 4 | 2 |
| 문정1동 | 22,642 | 50 | 50 | 0 | 22,583 | 59 | 17 | 23 | 18 | 1 | 40 | 16,652 | 63 | 11 | 3 | 44 | 10 | 8 |
| 문정2동 | 16,632 | 50 | 50 | 0 | 16,606 | 65 | 15 | 23 | 25 | 1 | 35 | 13,015 | 80 | 9 | 2 | 55 | 11 | 16 |
| 방이1동 | 16,566 | 50 | 50 | 0 | 16,545 | 58 | 16 | 25 | 16 | 1 | 40 | 12,091 | 65 | 13 | 3 | 45 | 9 | 9 |
| 방이2동 | 24,677 | 49 | 51 | 0 | 24,588 | 55 | 17 | 25 | 11 | 1 | 45 | 19,120 | 53 | 15 | 2 | 33 | 6 | 4 |
| 삼전동 | 35,869 | 48 | 52 | 0 | 35,751 | 54 | 16 | 24 | 13 | 1 | 46 | 28,130 | 54 | 16 | 2 | 34 | 6 | 4 |
| 석촌동 | 35,561 | 49 | 51 | 1 | 35,370 | 52 | 17 | 22 | 12 | 1 | 46 | 27,950 | 55 | 15 | 2 | 35 | 6 | 4 |
| 송파1동 | 26,684 | 49 | 51 | 0 | 26,592 | 57 | 17 | 22 | 16 | 1 | 43 | 20,708 | 58 | 16 | 3 | 36 | 7 | 6 |
| 송파2동 | 22,357 | 49 | 51 | 0 | 22,324 | 63 | 15 | 24 | 23 | 1 | 37 | 16,191 | 70 | 9 | 2 | 51 | 10 | 10 |
| 오금동 | 37,294 | 49 | 51 | 0 | 37,219 | 58 | 15 | 25 | 17 | 1 | 41 | 27,353 | 60 | 11 | 2 | 41 | 9 | 7 |
| 오륜동 | 20,501 | 49 | 51 | 0 | 20,493 | 65 | 14 | 24 | 26 | 1 | 35 | 14,122 | 92 | 6 | 1 | 66 | 15 | 20 |
| 잠실1동 | 152 | 96 | 4 | 0 | 152 | 61 | 10 | 25 | 25 | 1 | 39 | 111 | 95 | 20 | 15 | 70 | 55 | 5 |
| 잠실2동 | 15 | 100 | 0 | 0 | 15 | 67 | 33 | 13 | 20 | 0 | 33 | 15 | 93 | 47 | 13 | 47 | 33 | 0 |
| 잠실3동 | 3,007 | 47 | 53 | 1 | 2,985 | 61 | 14 | 21 | 25 | 1 | 32 | 2,549 | 91 | 11 | 2 | 62 | 13 | 18 |
| 잠실4동 | 8,853 | 49 | 51 | 0 | 8,830 | 64 | 16 | 26 | 21 | 1 | 35 | 7,050 | 77 | 7 | 1 | 58 | 10 | 12 |
| 잠실5동 | 13,748 | 49 | 51 | 0 | 13,708 | 66 | 18 | 25 | 23 | 0 | 33 | 10,916 | 78 | 8 | 1 | 58 | 14 | 11 |
| 잠실6동 | 14,568 | 48 | 52 | 0 | 14,539 | 63 | 16 | 24 | 22 | 1 | 37 | 11,181 | 81 | 10 | 2 | 57 | 11 | 14 |
| 잠실7동 | 10,579 | 48 | 52 | 0 | 10,564 | 67 | 16 | 24 | 26 | 1 | 33 | 7,962 | 89 | 6 | 1 | 63 | 11 | 21 |
| 잠실본동 | 31,169 | 47 | 53 | 0 | 31,044 | 55 | 15 | 23 | 16 | 1 | 44 | 24,709 | 59 | 16 | 3 | 38 | 7 | 5 |
| 장지동 | 19,238 | 50 | 50 | 0 | 19,182 | 57 | 15 | 28 | 14 | 1 | 42 | 14,002 | 51 | 13 | 2 | 34 | 6 | 4 |
| 풍납1동 | 21,269 | 49 | 51 | 1 | 21,099 | 52 | 18 | 23 | 11 | 1 | 46 | 16,359 | 42 | 13 | 3 | 26 | 5 | 3 |
| 풍납2동 | 29,785 | 48 | 52 | 0 | 29,687 | 56 | 16 | 25 | 15 | 1 | 43 | 22,509 | 62 | 11 | 2 | 44 | 7 | 7 |

편이나 아내가 먼저 사망했고 3명은 이혼했다(15세 이상 기준). 3명은 몸이 불편하거나 정신 장애로 정상적인 활동에 제약을 느끼고 있다.

거주 기간을 보면, 32명은 현재 살고 있는 집에 산 지 5년이 넘었으나 68명은 5년 이내에 새로 이사 왔다(5살 이상 기준). 이사 온 사람 중 47명은 송파구 안의 다른 동에서, 10명은 서울 안의 다른 구에서, 11명은 서울 바깥에서 이사 왔다.


## 송파구에 사는 취업자가 100명이라면 :
## 72명은 봉급쟁이

송파구에 사는 15세 이상 인구 47만 명 가운데 취업해 직장에 다니는 사람은 24만 명이다. 송파구 취업자가 100명이라면 57명은 30~40대, 21명은 20대이며, 50대는 16명이다. 65세 이상 노인도 1명이 일하고 있다.

72명은 회사에서 봉급을 받고 일하는 직장인이다. 15명은 고용한 사람 없이 혼자서 일하는 자영업자이며, 10명은 누군가를 고용해 사업체를 경영하는 사업주다. 3명은 가족이 운영하는 사업체에서 보수 없이 일하고 있다.

직업은 사무직이 21명, 전문가가 16명, 판매직 15명, 기술직이나 준전문가 12명, 서비스직 10명이다. 또 8명은 기능직, 6명은 단순 노무직, 5명은 고위 관리직, 4명은 장치 기계 조작 및 조립직으로 일하고 있다.

직장으로 출근하는 데 30분 이상 걸리는 사람은 55명으로, 그 가운데 19명은 1시간 이상 걸린다. 20명은 걸어서 출근하고 80명은 교통수단을 이용해 출근한다. 80명 가운데 35명은 승용차 또는 승합차로, 18명은 전철로, 15명은 시내버스로 출근한다. 2명은 통근 버스로, 1명은 택시로, 1명은 자전거로 출근하며, 7명은 전철과 버스 또는 승용차를 갈아타며 출근한다.

87명은 사무실이나 공장 등에서 일하는 반면, 8명은 야외나 거리 또는 운송 수단에서 일한다. 2명은 남의 집에서, 또 다른 2명은 자기 집에서 일한다.


## 송파구에 100가구가 산다면 :
## 56가구가 셋방살이

송파구에는 19만 가구가 산다(일반 가구 기준). 송파구에 사는 가구를 100가구로 친다면 36가구는 식구가 한 명 또는 두 명인 1, 2인 가구이며, 이 가운데 17가구는 나 홀로 사는 1인 가구다. 식구 4명은 32가구, 3명은 23가구, 5명은 8가구다.

나 홀로 사는 사람이 가장 많은 곳은 잠실본동으로 전체 가구의 30%가 1인 가구였으며, 잠실3동과 삼전동·석촌동·방이2동·풍납1동도 20% 이상이 1인 가구다. 반면 오륜동과 잠실5~7동, 문정2동, 송파2동은 1인 가구 비중이 10% 이내였다.

42가구는 자신이 소유한 집에서 살고, 56가구는 셋방에 살며, 1가구는 직장의 사택이나 친척집 등에서 무상으로 살고 있다. 자기 집에 사는 가구 중 7가구는 현재 살고 있는 집 외에 최소 한 채에서 여러

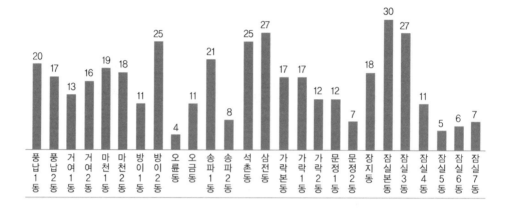

그림 2_3.70

## 서울시 송파구 동네별 1인 가구

(단위 : %)

채를 소유한 다주택자들이다.

셋방 사는 가구 가운데 38가구는 전세에, 18가구는 보증금 있는 월세에, 1가구는 보증금 없는 월세에 살고 있다. 셋방 사는 가구 중 9가구는 어딘가에 자신 명의의 집을 소유하고 있으나 경제 사정이나 자녀 교육, 직장 등의 사정으로 셋방에 살고 있다.

72가구는 현재 사는 집으로 이사 온 지 5년이 안 되며, 이 가운데 42가구는 2년이 안 된다. 16가구는 5~10년이 됐고, 13가구는 10년이 넘었다.

66가구는 자동차를 소유하고 있고 이 가운데 54가구는 자기 집에 전용 주차장이 있다. 자동차 소유 가구 중 12가구는 차를 2대 이상 소유하고 있다.

표 2_3.104

## 서울시 송파구의 다주택자

(단위 : 가구, 호)

| 구분 | | | 가구 수 | 주택 수 | 평균 주택 수 |
|---|---|---|---|---|---|
| 일반 가구 | | | 187,000 | – | – |
| 자가 가구 | | | 79,096 | – | – |
| 다주택 가구 | 통계청 | | 13,584 | – | – |
| | 행자부 | 계 | 12,015 | 38,389 | 3 |
| | | 2채 | 8,699 | 17,398 | 2 |
| | | 3채 | 1,107 | 3,321 | 3 |
| | | 4채 | 354 | 1,416 | 4 |
| | | 5채 | 224 | 1,120 | 5 |
| | | 6~10채 | 1,278 | 10,047 | 8 |
| | | 11채 이상 | 353 | 5,087 | 14 |

## 집 많은 사람, 집 없는 사람 :
## 잠실 7 동 · 문정 2 동  90%  주택 소유,
## 삼전동 · 잠실본동  71%  무주택

송파구에 사는 100가구 중 51가구는 주택 소유자이고 49가구는 무주택자다. 2005년 당시 재건축 중이던 잠실1동과 2동을 제외한 26개 동네 가운데 14곳은 주택 소유자가 더 많고, 12곳은 무주택자가 더 많다. 주택 소유자는 잠실7동과 문정동 90%, 오륜동 89%, 잠실5동과 잠실6동 85%를 비롯해 10개 동네에서 60% 이상을 기록했다. 반면 무주택자는 삼전동과 잠실본동 71%를 비롯해 석촌동 67%, 마천1동 64%, 거여2동과 방이2동 62%, 송파1동 61%, 풍납1동 60% 등 8개 동네에서 60% 이상을 기록했다.

표 2_3.105

# 서울시 송파구 주택의 점유·소유 형태별 가구

(단위 : 가구, %)

| 행정구역 | 전체 가구 | 자기 집에 거주 | | | 셋방에 거주 | | | 무상으로 거주 | | 주택 소유 | 무주택 |
|---|---|---|---|---|---|---|---|---|---|---|---|
| | | 계 | 집 한 채 | 집 여러 채 | 계 | 집 없음 | 집 있음 | 집 없음 | 집 있음 | | |
| 송파구 | 187,000 | 42 | 35 | 7 | 56 | 48 | 9 | 1 | 0 | 51 | 49 |
| 가락1동 | 6,667 | 28 | 24 | 5 | 71 | 54 | 17 | 1 | 0 | 45 | 55 |
| 가락2동 | 9,677 | 55 | 45 | 10 | 44 | 36 | 9 | 1 | 0 | 63 | 37 |
| 가락본동 | 8,644 | 49 | 42 | 7 | 50 | 43 | 7 | 1 | 0 | 56 | 44 |
| 거여1동 | 4,958 | 43 | 38 | 5 | 49 | 44 | 5 | 7 | 1 | 49 | 51 |
| 거여2동 | 9,583 | 32 | 28 | 4 | 67 | 61 | 6 | 1 | 0 | 38 | 62 |
| 마천1동 | 6,139 | 30 | 27 | 3 | 69 | 63 | 6 | 1 | 0 | 36 | 64 |
| 마천2동 | 7,664 | 38 | 34 | 4 | 60 | 56 | 4 | 1 | 0 | 43 | 57 |
| 문정1동 | 6,692 | 50 | 40 | 10 | 49 | 40 | 9 | 1 | 0 | 59 | 41 |
| 문정2동 | 4,889 | 80 | 67 | 13 | 20 | 10 | 10 | 0 | 0 | 90 | 10 |
| 방이1동 | 4,879 | 52 | 43 | 8 | 47 | 37 | 10 | 1 | 0 | 62 | 38 |
| 방이2동 | 8,712 | 32 | 27 | 4 | 67 | 61 | 6 | 1 | 0 | 38 | 62 |
| 삼전동 | 13,355 | 22 | 18 | 4 | 77 | 70 | 7 | 1 | 0 | 29 | 71 |
| 석촌동 | 12,883 | 26 | 22 | 4 | 73 | 66 | 6 | 1 | 0 | 33 | 67 |
| 송파1동 | 9,191 | 33 | 27 | 6 | 66 | 60 | 6 | 1 | 0 | 39 | 61 |
| 송파2동 | 6,496 | 60 | 46 | 14 | 39 | 29 | 11 | 1 | 0 | 71 | 29 |
| 오금동 | 11,207 | 53 | 46 | 7 | 46 | 38 | 8 | 1 | 0 | 61 | 39 |
| 오륜동 | 5,498 | 73 | 57 | 17 | 26 | 10 | 15 | 0 | 0 | 89 | 11 |
| 잠실3동 | 1,120 | 57 | 41 | 16 | 42 | 29 | 13 | 1 | 0 | 70 | 30 |
| 잠실4동 | 2,821 | 62 | 47 | 15 | 37 | 21 | 16 | 1 | 0 | 78 | 22 |
| 잠실5동 | 3,915 | 60 | 43 | 17 | 39 | 14 | 25 | 1 | 0 | 85 | 15 |
| 잠실6동 | 4,210 | 69 | 51 | 18 | 30 | 15 | 15 | 1 | 0 | 85 | 15 |
| 잠실7동 | 3,163 | 79 | 62 | 17 | 21 | 9 | 11 | 0 | 0 | 90 | 10 |
| 잠실본동 | 11,661 | 21 | 17 | 3 | 78 | 70 | 8 | 1 | 0 | 29 | 71 |
| 장지동 | 6,315 | 39 | 34 | 5 | 59 | 51 | 8 | 2 | 0 | 47 | 53 |
| 풍납1동 | 7,196 | 36 | 32 | 4 | 62 | 58 | 4 | 1 | 0 | 40 | 60 |
| 풍납2동 | 9,465 | 47 | 40 | 7 | 52 | 45 | 7 | 1 | 0 | 55 | 45 |

문정2동과 잠실7동은 가구의 90%가 집을 소유하고 있다. 잠실6동 가구의 18%는 두 채 이상 갖고 있다. 반면 삼전동과 잠실본동은 71%가 무주택자다. 잠실5동 가구의 25%는 어딘가에 집을 사놓고 셋방에 산다.

송파구 가구의 7%는 집을 두 채 이상 소유한 다주택자다. 잠실6동 18%, 오륜동·잠실5동·잠실7동 17%, 잠실3동 16%, 잠실4동 15%를 비롯해 26개 동 가운데 10개 동에서 다주택자 비율이 10%가 넘었다. 반면 마천1동과 잠실본동 3%를 비롯해 8개 동네는 5% 미만에 그쳤다.

송파구 주택 소유자 51가구 중 9가구는 어딘가 자신 명의의 집이 있지만 사정이 있어 셋방에 사는 유주택 전월세 가구로 잠실5동 25%, 가락1동 17%, 잠실4동 16%, 오륜동과 잠실6동 15%를 비롯해 10개 동네에서 10% 이상을 기록했다.

주택 소유자 중 유주택 전월세 가구를 제외한 42가구는 자기 집에 사는데, 자가 점유 가구 비율은 문정2동 80%, 잠실7동 79%, 오륜동 73%순으로 높다. 모두 12개 동네에서 절반 이상이 자기 집에 살고 있다.

또 유주택 전월세를 포함한 56가구가 셋방에 사는데, 잠실본동 78%, 삼전동 77%, 가락1동 71% 순으로 높고 모두 13개 동네에서 가구의 절반 이상이 셋방에 살고 있다.

유주택 전월세를 제외한 48가구는 집이 아예 없는 무주택 전월세 가구인데 삼전동과 잠실본동 70%, 석촌동 66%, 마천1동 63%를 비롯해 모두 11개 동네에서 절반 이상이 무주택 전월세 가구로 나타났다.


**송파구에 있는 집이 100채라면 :**
**55채는 아파트, 28채는 다세대주택**


송파구에는 집(주택과 주택 이외의 거처)이 13만7천 채가 있다. 송파구

표 2_3.106

# 서울시 송파구 거처의 종류별·연건평별·건축년도별 주택

**(단위 : 호, 가구, %)**

| 행정구역 | 거처의 종류별 거처와 가구 | | | | | | | | | | | | | |
|---|---|---|---|---|---|---|---|---|---|---|---|---|---|
| | 계 | | 단독주택 | | 아파트 | | 연립주택 | | 다세대주택 | | 비거주용 건물 내 주택 | | 주택 이외의 거처 | |
| | 거처 | 가구 | 거처 | 가구 | 거처 | 가구 | 거처 | 가구 | 거처 | 가구 | 거처 | 가구 | 거처 | 가구 |
| 송파구 | 136,780 | 187,214 | 10 | 33 | 55 | 41 | 4 | 3 | 28 | 21 | 1 | 2 | 2 | 1 |
| 가락1동 | 6,652 | 6,668 | 0 | 0 | 100 | 100 | 0 | 0 | 0 | 0 | 0 | 0 | 0 | 0 |
| 가락2동 | 7,382 | 9,682 | 7 | 28 | 72 | 55 | 3 | 2 | 16 | 13 | 1 | 2 | 1 | 1 |
| 가락본동 | 6,443 | 8,657 | 9 | 30 | 67 | 50 | 4 | 3 | 15 | 11 | 2 | 2 | 4 | 3 |
| 거여1동 | 3,154 | 4,965 | 18 | 47 | 54 | 34 | 14 | 9 | 14 | 9 | 1 | 1 | 0 | 0 |
| 거여2동 | 7,277 | 9,592 | 17 | 36 | 69 | 52 | 4 | 3 | 9 | 7 | 1 | 1 | 1 | 1 |
| 마천1동 | 2,943 | 6,152 | 40 | 70 | 10 | 5 | 0 | 0 | 48 | 23 | 2 | 2 | 0 | 0 |
| 마천2동 | 4,302 | 7,673 | 24 | 55 | 26 | 14 | 11 | 7 | 36 | 20 | 3 | 4 | 0 | 0 |
| 문정1동 | 5,003 | 6,704 | 8 | 30 | 60 | 45 | 4 | 3 | 25 | 19 | 1 | 3 | 1 | 1 |
| 문정2동 | 4,867 | 4,891 | 0 | 1 | 91 | 91 | 0 | 0 | 0 | 0 | 0 | 0 | 8 | 8 |
| 방이1동 | 3,889 | 4,881 | 7 | 24 | 51 | 40 | 9 | 7 | 31 | 25 | 2 | 3 | 0 | 0 |
| 방이2동 | 6,041 | 8,727 | 10 | 35 | 11 | 8 | 7 | 5 | 62 | 43 | 2 | 4 | 7 | 5 |
| 삼전동 | 8,204 | 13,377 | 10 | 44 | 2 | 1 | 2 | 1 | 84 | 52 | 1 | 2 | 0 | 0 |
| 석촌동 | 8,234 | 12,905 | 11 | 41 | 7 | 4 | 3 | 2 | 76 | 49 | 2 | 2 | 2 | 1 |
| 송파1동 | 5,894 | 9,202 | 13 | 42 | 18 | 12 | 5 | 2 | 62 | 40 | 2 | 3 | 1 | 1 |
| 송파2동 | 5,548 | 6,508 | 4 | 17 | 80 | 68 | 3 | 2 | 12 | 11 | 1 | 1 | 0 | 0 |
| 오금동 | 8,702 | 11,214 | 7 | 26 | 56 | 44 | 7 | 5 | 26 | 20 | 2 | 3 | 1 | 1 |
| 오륜동 | 5,498 | 5,504 | 0 | 0 | 100 | 100 | 0 | 0 | 0 | 0 | 0 | 0 | 0 | 0 |
| 잠실3동 | 1,120 | 1,120 | 0 | 0 | 66 | 66 | 0 | 0 | 0 | 0 | 0 | 0 | 34 | 34 |
| 잠실4동 | 2,816 | 2,821 | 0 | 0 | 100 | 100 | 0 | 0 | 0 | 0 | 0 | 0 | 0 | 0 |
| 잠실5동 | 3,893 | 3,915 | 0 | 0 | 100 | 100 | 0 | 0 | 0 | 0 | 0 | 0 | 0 | 0 |
| 잠실6동 | 4,204 | 4,212 | 0 | 0 | 100 | 100 | 0 | 0 | 0 | 0 | 0 | 0 | 0 | 0 |
| 잠실7동 | 3,159 | 3,163 | 0 | 0 | 100 | 100 | 0 | 0 | 0 | 0 | 0 | 0 | 0 | 0 |
| 잠실본동 | 6,718 | 11,685 | 13 | 48 | 15 | 9 | 2 | 1 | 65 | 38 | 2 | 4 | 1 | 1 |
| 장지동 | 4,729 | 6,318 | 9 | 29 | 52 | 39 | 10 | 8 | 27 | 20 | 2 | 3 | 0 | 0 |
| 풍납1동 | 3,429 | 7,199 | 36 | 69 | 45 | 22 | 7 | 4 | 10 | 5 | 1 | 1 | 0 | 0 |
| 풍납2동 | 6,678 | 9,478 | 11 | 37 | 73 | 51 | 7 | 5 | 9 | 6 | 0 | 0 | 0 | 0 |

| 연건평별 주택 | | | | | 건축년도별 주택 | | | |
|---|---|---|---|---|---|---|---|---|
| 총 주택 수 | 14평 미만 | 14~19평 | 19~29평 | 29평 이상 | 총 주택 수 | 1995~2005년 | 1985~1994년 | 1985년 이전 |
| 134,676 | 15 | 23 | 33 | 29 | 134,676 | 41 | 37 | 21 |
| 6,652 | 45 | 52 | 3 | 0 | 6,652 | 3 | 0 | 97 |
| 7,332 | 3 | 27 | 43 | 26 | 7,332 | 46 | 42 | 12 |
| 6,202 | 6 | 28 | 38 | 28 | 6,202 | 53 | 46 | 0 |
| 3,152 | 6 | 21 | 52 | 22 | 3,152 | 30 | 68 | 2 |
| 7,225 | 26 | 41 | 16 | 16 | 7,225 | 66 | 21 | 13 |
| 2,937 | 13 | 30 | 25 | 32 | 2,937 | 45 | 38 | 17 |
| 4,295 | 11 | 28 | 33 | 28 | 4,295 | 43 | 48 | 9 |
| 4,964 | 8 | 16 | 31 | 45 | 4,964 | 68 | 22 | 10 |
| 4,471 | 0 | 0 | 33 | 67 | 4,471 | 0 | 100 | 0 |
| 3,887 | 9 | 12 | 47 | 32 | 3,887 | 39 | 59 | 2 |
| 5,615 | 22 | 28 | 30 | 20 | 5,615 | 60 | 37 | 3 |
| 8,186 | 35 | 27 | 21 | 17 | 8,186 | 78 | 20 | 2 |
| 8,064 | 26 | 28 | 28 | 19 | 8,064 | 75 | 23 | 2 |
| 5,844 | 19 | 25 | 29 | 28 | 5,844 | 63 | 23 | 13 |
| 5,540 | 5 | 15 | 41 | 39 | 5,540 | 31 | 25 | 44 |
| 8,590 | 8 | 20 | 37 | 36 | 8,590 | 27 | 60 | 13 |
| 5,493 | 0 | 0 | 36 | 64 | 5,493 | 0 | 100 | 0 |
| 736 | 0 | 0 | 6 | 94 | 736 | 100 | 0 | 0 |
| 2,815 | 0 | 44 | 31 | 25 | 2,815 | 0 | 0 | 100 |
| 3,893 | 0 | 0 | 100 | 0 | 3,893 | 0 | 0 | 100 |
| 4,203 | 5 | 5 | 49 | 40 | 4,203 | 6 | 11 | 83 |
| 3,159 | 0 | 0 | 13 | 87 | 3,159 | 0 | 42 | 58 |
| 6,623 | 27 | 22 | 27 | 23 | 6,623 | 69 | 20 | 11 |
| 4,706 | 28 | 26 | 26 | 19 | 4,706 | 21 | 77 | 2 |
| 3,426 | 2 | 19 | 43 | 37 | 3,426 | 46 | 41 | 13 |
| 6,666 | 10 | 25 | 41 | 24 | 6,666 | 53 | 35 | 12 |

오륜동 등 6개 동네는 100% 아파트 동네다. 반면 마천1동은 70%가 단독주택에 산다. 삼전동 가구의 52%는 다세대주택에 살고 잠실3동 가구의 34%는 주택 이외의 거처에 산다.

에 있는 집이 100채라면 55채는 아파트다. 다세대주택은 28채, 단독주택은 10채, 연립주택은 4채, 상가 등에 있는 주택 1채, 오피스텔 등 주택 이외의 거처 2채다.

오륜동과 가락1동 그리고 잠실4~7동이 100% 아파트 동네인 것을 비롯해 18개 동네에서 거처의 절반 이상이 아파트로 나타났다. 반면 마천1동과 풍납1동은 거처의 40%와 36%가 단독주택이다. 삼전동은 84%가 다세대주택이며, 석촌동과 잠실본동 그리고 방이2동과 송파1동은 60% 이상이 다세대주택이다. 잠실3동은 거처의 34%가 주택 이외의 거처이다.

송파구 100가구 가운데 41가구는 아파트에, 33가구는 단독주택에, 21가구는 다세대주택에, 3가구는 연립주택에, 2가구는 상가 등 비거주용 건물 내 주택에, 1가구는 오피스텔에 산다.

동네 사람이 모두 아파트에 사는 오륜동 등 6개 동네를 비롯해 12개 동네에서 절반 이상이 아파트에 살고 있다. 반면 풍납1동은 69%가 단독주택에 살고, 삼전동은 52%가 다세대주택에 살며, 잠실3동의 34%가 주택 이외의 거처에 산다.

지난 10년 동안 연립주택과 단독주택은 각각 62%와 11%가 줄었다. 아파트도 3%가 줄었으나 다세대주택은 무려 485%가 늘어, 전체 주택에서 차지하는 비중도 6%에서 29%로 크게 늘었다. 지난 10년 동안 29평 이상 큰 집이 한 채 느는 동안, 19~29평은 3채, 14~19평은 2채꼴로 늘었으나, 14평 미만의 작은 집은 오히려 1.5채 꼴이 줄었다.

현재 29평 이상은 30채, 19~29평은 33채인 반면, 14~19평은 23채, 14평 미만은 15채다. 잠실3동 주택의 94%와 잠실7동 주택의

87%, 문정2동 주택의 67%가 29평 이상 대형 평형이다. 반면 가락1동엔 29평 이상 주택이 아예 없고 대신 45%가 14평 미만이다. 잠실5동 주택은 모두 19~29평 사이다.

42채는 지은 지 10년(1995~2005년)이 안 된 새집이며, 또 다른 21채는 지은 지 20년이 넘은 낡은 집으로 곧 재개발·재건축될 수 있는 집이다.

2005년 기준으로 잠실4동과 5동에 있는 주택은 모두 지은 지 20년이 넘었다. 가락1동 97%, 잠실6동 83%, 잠실7동 58%, 송파2동 44%도 20년이 넘은 집이다. 반면 잠실3동 주택은 모두 지은 지 10년이 안 된 새집이다. 삼전동 78%, 석촌동 75%, 잠실본동 69%, 문정1동 68%, 거여2동 66%, 송파1동 63%, 방이2동 60%도 10년이 안 됐다.


## 송파구에서 지하 방에 사는 사람 : 마천1동·풍납1동·마천2동 20% 이상 (반)지하 거주

송파구에 사는 100가구 중 8가구는 식구에 비해 집이 너무 좁거나 방 수가 너무 적은 집에서 살고 있어 인간다운 품위를 지키기 어려운 최저 주거 기준 미달 가구다.

또 송파구에 사는 100가구 가운데 88가구는 지상에 살지만, 12가구는 (반)지하에 살고 있다. 마천1동 24%, 풍납1동 23%, 마천2동 22% 등 세 동네에서 지하 방에 사는 가구 비율이 20%를 넘었다. 동네 사람 네다섯 사람 중 한 명꼴로 지하 방에 사는 셈이다. 이외에도 거여1동(17%), 방이2동(17%), 삼전동(16%), 장지동(16%) 등 모두

표 2_3.107

# 서울시 송파구 (반)지하 등 거주 가구

(단위 : 가구, %)

| 행정구역 | (반)지하 | | 옥탑 | 판잣집·움막·비닐집 | | 기타 |
|---|---|---|---|---|---|---|
| | 가구 | 비중 | 가구 | 가구 | 비중 | 가구 |
| 송파구 | 22,130 | 12 | 1,335 | 423 | – | 16 |
| 가락1동 | – | – | – | – | – | – |
| 가락2동 | 1,106 | 11 | 90 | – | – | 2 |
| 가락본동 | 722 | 8 | 84 | – | – | – |
| 거여1동 | 849 | 17 | 66 | – | – | – |
| 거여2동 | 883 | 9 | 69 | 2 | – | 3 |
| 마천1동 | 1,446 | 24 | 99 | – | – | 1 |
| 마천2동 | 1,663 | 22 | 117 | – | – | – |
| 문정1동 | 711 | 11 | 38 | – | – | 2 |
| 문정2동 | 2 | – | – | 399 | 8 | – |
| 방이1동 | 465 | 10 | 39 | – | – | – |
| 방이2동 | 1,524 | 17 | 54 | – | – | – |
| 삼전동 | 2,136 | 16 | 120 | – | – | 3 |
| 석촌동 | 1,913 | 15 | 106 | – | – | 1 |
| 송파1동 | 1,511 | 16 | 62 | – | – | – |
| 송파2동 | 467 | 7 | 20 | – | – | – |
| 오금동 | 1,285 | 11 | 75 | 22 | | |
| 오륜동 | – | – | – | – | – | – |
| 잠실3동 | – | – | – | – | – | 1 |
| 잠실4동 | 1 | – | 1 | – | – | 1 |
| 잠실5동 | – | – | – | – | – | – |
| 잠실6동 | – | – | – | – | – | 1 |
| 잠실7동 | – | – | – | – | – | – |
| 잠실본동 | 1,748 | 15 | 96 | – | – | 1 |
| 장지동 | 1,011 | 16 | 49 | – | – | – |
| 풍납1동 | 1,659 | 23 | 93 | – | – | – |
| 풍납2동 | 1,028 | 11 | 57 | – | – | – |

마천1동과 2동, 풍납1동은 20% 이상이 (반)지하에 산다. 거여1동 17%를 비롯해 다른 12개 동네도 10% 이상이 (반)지하에 산다.

15개 동네에서 지하 방 거주 가구 비중이 10%가 넘었다. 지하 가구 수는 삼전동·석촌동·잠실본동·풍납1동·방이2동 순으로 많다.

송파구 100가구 가운데 거실이나 부엌을 각각 1개의 방으로 쳐서 방 3개 이하에서 셋방살이를 떠도는 가구는 34가구에 달하지만, 이들에게 꼭 필요한 공공 임대주택은 1채밖에 안 된다. 따라서 송파구에 사는 가난한 사람들을 위해서는 중앙정부와 지자체가 앞장서서 현재의 34배에 달하는 공공 임대주택을 성실하게 공급해야 한다.


## 송파구 유권자가 100명이라면

정당 지지도를 알 수 있는 최근 네 차례 선거(제3~4회 동시지방선거, 제17~18대 총선)를 기준으로 송파구 유권자는 대략 46만~49만 명이며, 평균 투표율은 51%였다.

송파구 유권자가 100명이라면 2002년 지방선거에서는 55명이 한나라당을 찍은 가운데, 35명이 새천년민주당을, 5명이 민주노동당을, 2명이 자민련을 각각 찍었다. 2004년 총선에서는 40명은 한나라당을, 36명은 열린우리당을, 11명은 민주노동당을, 8명은 새천년민주당을, 2명은 자민련을 지지했다.

2006년 지방선거에서는 63명이 한나라당을 찍었고, 19명은 열린우리당을, 9명은 민주노동당을, 다른 9명은 민주당을 각각 찍었다. 2008년 총선에서는 43명이 한나라당을, 26명이 통합민주당을, 12명이 친박연대를, 5명이 자유선진당을, 다른 5명은 창조한국당을, 3명은 진보신당을, 다른 3명은 민주노동당을 각각 지지했다.

네 차례 선거에서 동네별 투표율은 잠실7동·잠실5동·오륜동·문정2동에서 가장 높았다. 반면 삼전동·잠실본동·석촌동·방이2동에서 가장 낮았다. 잠실7동과 삼전동의 투표율 격차는 최소 18%에서 최대 24%까지 벌어졌다.

한나라당 득표율은 잠실7동·오륜동·문정2동·잠실5동에서 가장 높았다. 반면 마천1동·석촌동·마천2동·거여2동에서 가장 낮았다. 잠실7동과 마천1동의 한나라당 득표율 격차는 최소 21%에서 최대 36%까지 벌어졌다.

민주(+열린우리)당 득표율은 마천1동·마천2동·석촌동·거여2동에서 가장 높았다. 반면 잠실7동·오륜동·문정2동·잠실5동에서 가장 낮았다. 마천1동과 잠실7동의 득표율 격차는 최소 21%에서 최대 30%까지 벌어졌다(표의 새천년민주당+열린우리당 득표율 단순 합계와 그래프의 득표율이 다른 것은 합계 득표율의 반올림 때문이다).

민주노동당+진보신당 득표율은 가락1동·풍납1동·거여2동·석촌동에서 상대적으로 높았다.

**그림 2_3.71**

# 서울시 송파구 동네별 한나라당 득표율

2004년 총선(단위 : %)

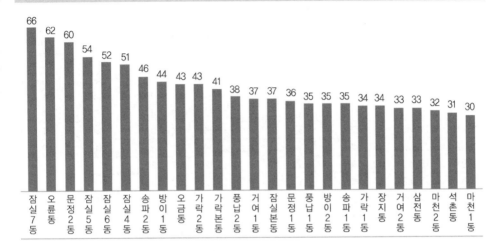

**그림 2_3.72**

# 서울시 송파구 동네별 민주(＋열린우리)당 득표율

2004년 총선(단위 : %)

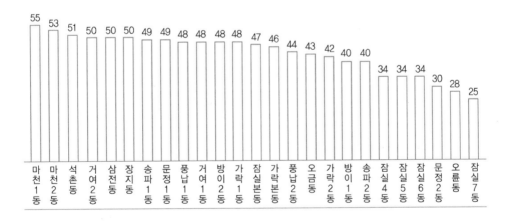

표 2_3.108

# 서울시 송파구 역대 선거 투표율과 정당 지지율

2002~2008년(단위 : 명, %)

| 행정구역 | 2002년 지방선거 | | | | | | | 2004년 총선 | | | | | | | |
|---|---|---|---|---|---|---|---|---|---|---|---|---|---|---|---|
| | 선거인 수 | 투표율 | 한나라당 | 새천년민주당 | 자민련 | 민주노동당 | 기타정당 | 선거인 수 | 투표율 | 한나라당 | 새천년민주당 | 열린우리당 | 자민련 | 민주노동당 | 기타정당 |
| 송파구 | 478,923 | 45 | 55 | 35 | 2 | 5 | 2 | 457,391 | 63 | 40 | 8 | 36 | 2 | 11 | 2 |
| 가락1동 | 14,852 | 44 | 47 | 41 | 1 | 7 | 2 | 14,530 | 66 | 34 | 9 | 39 | 2 | 14 | 2 |
| 가락2동 | 24,323 | 47 | 58 | 32 | 2 | 5 | 3 | 24,832 | 67 | 43 | 8 | 34 | 2 | 11 | 2 |
| 가락본동 | 19,505 | 43 | 56 | 36 | 2 | 4 | 3 | 19,536 | 63 | 41 | 9 | 36 | 2 | 10 | 2 |
| 거여1동 | 11,840 | 45 | 52 | 38 | 3 | 5 | 3 | 12,261 | 64 | 37 | 10 | 39 | 2 | 11 | 2 |
| 거여2동 | 22,872 | 44 | 48 | 40 | 3 | 6 | 3 | 22,988 | 61 | 33 | 9 | 41 | 2 | 12 | 3 |
| 마천1동 | 15,423 | 40 | 46 | 44 | 3 | 5 | 3 | 15,425 | 57 | 30 | 11 | 43 | 2 | 11 | 3 |
| 마천2동 | 17,752 | 42 | 48 | 42 | 3 | 5 | 3 | 18,226 | 59 | 32 | 11 | 42 | 2 | 11 | 3 |
| 문정1동 | 11,682 | 42 | 53 | 38 | 2 | 5 | 3 | 12,096 | 62 | 36 | 9 | 40 | 2 | 11 | 2 |
| 문정2동 | 13,663 | 56 | 70 | 24 | 2 | 3 | 2 | 13,622 | 71 | 60 | 7 | 23 | 2 | 6 | 2 |
| 방이1동 | 11,657 | 48 | 60 | 30 | 3 | 5 | 3 | 11,787 | 65 | 44 | 7 | 33 | 2 | 11 | 3 |
| 방이2동 | 17,818 | 38 | 52 | 38 | 2 | 5 | 2 | 19,230 | 57 | 35 | 8 | 40 | 2 | 13 | 3 |
| 삼전동 | 23,388 | 36 | 52 | 39 | 2 | 5 | 2 | 26,089 | 56 | 33 | 8 | 42 | 2 | 13 | 2 |
| 석촌동 | 23,843 | 37 | 47 | 44 | 2 | 5 | 2 | 25,961 | 57 | 31 | 8 | 43 | 2 | 13 | 2 |
| 송파1동 | 18,926 | 40 | 49 | 42 | 2 | 5 | 2 | 20,206 | 61 | 35 | 9 | 40 | 2 | 12 | 3 |
| 송파2동 | 16,299 | 52 | 61 | 31 | 2 | 4 | 2 | 16,795 | 69 | 46 | 8 | 32 | 2 | 10 | 2 |
| 오금동 | 27,350 | 44 | 58 | 32 | 2 | 5 | 2 | 28,411 | 63 | 43 | 8 | 34 | 2 | 10 | 2 |
| 오륜동 | 14,881 | 56 | 73 | 20 | 1 | 3 | 2 | 15,087 | 73 | 62 | 6 | 22 | 1 | 7 | 2 |
| 잠실1동 | 10,532 | 39 | 52 | 37 | 2 | 6 | 3 | – | – | – | – | – | – | – | – |
| 잠실2동 | 9,520 | 44 | 55 | 35 | 2 | 6 | 2 | – | – | – | – | – | – | – | – |
| 잠실3동 | 12,449 | 46 | 56 | 33 | 2 | 6 | 2 | 11,042 | 58 | 37 | 7 | 38 | 2 | 14 | 2 |
| 잠실4동 | 21,156 | 47 | 58 | 32 | 2 | 6 | 2 | 9,320 | 67 | 51 | 6 | 28 | 2 | 11 | 2 |
| 잠실5동 | 11,253 | 58 | 65 | 27 | 2 | 4 | 2 | 11,209 | 74 | 54 | 7 | 27 | 2 | 8 | 1 |
| 잠실6동 | 11,641 | 54 | 66 | 26 | 2 | 4 | 2 | 11,726 | 71 | 52 | 7 | 28 | 2 | 9 | 2 |
| 잠실7동 | 8,590 | 58 | 73 | 20 | 1 | 3 | 2 | 8,413 | 74 | 66 | 6 | 19 | 2 | 5 | 2 |
| 잠실본동 | 21,544 | 37 | 54 | 37 | 2 | 5 | 2 | 23,336 | 57 | 37 | 7 | 40 | 2 | 12 | 2 |
| 장지동 | 14,120 | 40 | 53 | 39 | 2 | 5 | 2 | 14,890 | 60 | 34 | 9 | 41 | 2 | 12 | 2 |
| 풍납1동 | 17,131 | 41 | 52 | 39 | 3 | 5 | 2 | 16,636 | 58 | 35 | 8 | 40 | 2 | 13 | 2 |
| 풍납2동 | 23,422 | 42 | 56 | 34 | 2 | 5 | 2 | 22,644 | 63 | 38 | 7 | 36 | 2 | 13 | 2 |

| 행정구역 | 2006년 지방선거 | | | | | | | 2008년 총선 | | | | | | | | | |
|---|---|---|---|---|---|---|---|---|---|---|---|---|---|---|---|---|---|
| | 선거인 수 | 투표율 | 열린우리당 | 한나라당 | 민주당 | 민주노동당 | 기타정당 | 선거인 수 | 투표율 | 통합민주당 | 한나라당 | 자유선진당 | 민주노동당 | 창조한국당 | 친박연대 | 진보신당 | 기타정당 |
| 송파구 | 467,011 | 51 | 19 | 63 | 9 | 9 | 1 | 491,127 | 44 | 26 | 43 | 5 | 3 | 5 | 12 | 3 | 3 |
| 가락1동 | 15,063 | 51 | 19 | 60 | 10 | 10 | 1 | 14,913 | 42 | 28 | 39 | 5 | 3 | 5 | 12 | 4 | 4 |
| 가락2동 | 23,899 | 54 | 18 | 65 | 8 | 8 | 0 | 26,053 | 49 | 26 | 44 | 5 | 3 | 5 | 10 | 4 | 3 |
| 가락본동 | 21,368 | 48 | 19 | 64 | 9 | 8 | 1 | 22,697 | 43 | 29 | 42 | 5 | 3 | 4 | 10 | 3 | 3 |
| 거여1동 | 12,268 | 51 | 21 | 58 | 11 | 9 | 1 | 12,151 | 47 | 29 | 40 | 6 | 4 | 4 | 10 | 2 | 4 |
| 거여2동 | 22,979 | 51 | 24 | 53 | 11 | 11 | 1 | 23,269 | 46 | 31 | 37 | 5 | 4 | 4 | 10 | 3 | 4 |
| 마천1동 | 15,346 | 46 | 26 | 51 | 13 | 10 | 1 | 15,489 | 42 | 35 | 36 | 5 | 5 | 4 | 8 | 2 | 5 |
| 마천2동 | 18,283 | 47 | 24 | 53 | 13 | 9 | 1 | 18,222 | 42 | 34 | 37 | 5 | 4 | 4 | 10 | 2 | 5 |
| 문정1동 | 17,381 | 52 | 18 | 64 | 10 | 7 | 1 | 17,858 | 47 | 27 | 44 | 5 | 2 | 5 | 12 | 3 | 3 |
| 문정2동 | 13,625 | 60 | 10 | 79 | 6 | 4 | 1 | 13,488 | 52 | 17 | 53 | 5 | 1 | 3 | 15 | 3 | 2 |
| 방이1동 | 12,686 | 53 | 17 | 66 | 8 | 8 | 1 | 13,047 | 43 | 25 | 42 | 5 | 2 | 5 | 14 | 4 | 4 |
| 방이2동 | 20,733 | 41 | 23 | 58 | 10 | 8 | 1 | 20,863 | 35 | 29 | 39 | 5 | 2 | 5 | 12 | 3 | 4 |
| 삼전동 | 28,192 | 41 | 23 | 55 | 10 | 11 | 1 | 27,989 | 35 | 30 | 37 | 5 | 3 | 6 | 11 | 4 | 4 |
| 석촌동 | 28,575 | 42 | 23 | 54 | 11 | 12 | 1 | 28,972 | 35 | 32 | 36 | 5 | 3 | 5 | 12 | 4 | 3 |
| 송파1동 | 21,607 | 45 | 23 | 57 | 10 | 10 | 1 | 22,111 | 38 | 30 | 38 | 4 | 3 | 5 | 12 | 4 | 4 |
| 송파2동 | 16,968 | 57 | 16 | 68 | 8 | 8 | 1 | 17,224 | 46 | 24 | 45 | 5 | 2 | 5 | 13 | 4 | 3 |
| 오금동 | 29,749 | 50 | 19 | 65 | 8 | 8 | 1 | 29,994 | 45 | 26 | 43 | 5 | 3 | 5 | 11 | 3 | 4 |
| 오륜동 | 14,922 | 63 | 11 | 79 | 5 | 5 | 0 | 15,189 | 51 | 16 | 54 | 5 | 1 | 4 | 14 | 4 | 2 |
| 잠실3동 | – | – | – | – | – | – | – | 17,385 | 51 | 17 | 54 | 5 | 1 | 4 | 14 | 4 | 2 |
| 잠실4동 | 7,312 | 62 | 12 | 74 | 7 | 8 | 0 | 7,272 | 53 | 17 | 53 | 5 | 1 | 4 | 14 | 3 | 2 |
| 잠실5동 | 11,462 | 64 | 10 | 77 | 7 | 6 | 1 | 11,266 | 53 | 16 | 55 | 5 | 1 | 4 | 13 | 3 | 2 |
| 잠실6동 | 12,559 | 59 | 12 | 75 | 7 | 6 | 1 | 13,365 | 47 | 19 | 51 | 4 | 1 | 4 | 15 | 3 | 2 |
| 잠실7동 | 8,419 | 65 | 9 | 82 | 5 | 4 | 0 | 8,256 | 55 | 14 | 57 | 5 | 1 | 3 | 15 | 3 | 2 |
| 잠실본동 | 25,876 | 42 | 21 | 60 | 9 | 9 | 1 | 25,800 | 35 | 28 | 40 | 5 | 2 | 5 | 12 | 4 | 4 |
| 장지동 | 15,177 | 46 | 21 | 57 | 10 | 11 | 1 | 19,324 | 43 | 32 | 36 | 5 | 4 | 4 | 10 | 4 | 4 |
| 풍납1동 | 16,808 | 45 | 21 | 56 | 11 | 11 | 1 | 16,382 | 39 | 31 | 39 | 4 | 4 | 4 | 11 | 4 | 3 |
| 풍납2동 | 22,922 | 50 | 19 | 60 | 9 | 11 | 1 | 23,223 | 40 | 26 | 40 | 5 | 3 | 5 | 12 | 4 | 3 |

**투표율**은 잠실5동과 7동, 오륜동, 문정2동에서 높았다. **한나라당** 득표율도 잠실5동과 7동, 오륜동, 문정2동에서 높았다. **민주(+열린우리)당** 득표율은 마천1동과 2동, 석촌동, 거여2동에서 높았다.

양천구에는 2005년 현재 20개 동에 있는 주택 11만7,400채와 오피스텔 3천7백
채 등 거처 약 12만 곳에 47만4천 명이 살고 있다.
서울시 양천구가 100명이 사는 마을이라면 어떤 모습일까?

## 숫자 100으로 본 양천구

양천구에 사는 사람은 서울시 평균인에 비해 대학 이상 학력자 비중
은 약간 높고 종교 인구는 비슷하다. 결혼한 사람이 상대적으로 많고
1인 가구는 적다. 고위 관리직, 전문가, 기술직 및 준전문가, 사무직
에 종사하는 사람이 많은 편이며, 출퇴근 거리가 1시간 이상인 사람
이 많다.

아파트에 사는 사람, 집을 소유한 사람, 어딘가에 집을 사놓고 셋
방에 사는 사람, 자동차를 가진 사람이 상대적으로 많고 거주 기간도
긴 편이다. 주택 크기는 서울시 평균 수준이지만 지은 지 20년이 넘
은 집은 7%로 매우 드물다. 하지만 가구의 10%는 (반)지하에 살고
있고 24%는 거실과 부엌을 포함해 방 3칸 이하의 셋방에 살지만 이

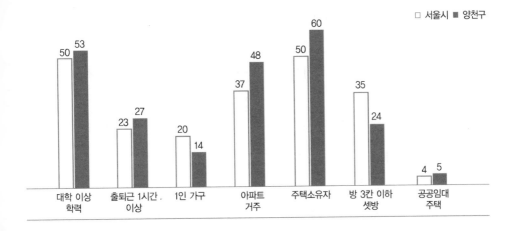

그림 2_3.73

## 서울시와 양천구 주요 지수 평균 비교

(단위 : %)

□ 서울시　■ 양천구

| 대학 이상 학력 | 출퇴근 1시간 이상 | 1인 가구 | 아파트 거주 | 주택소유자 | 방 3칸 이하 셋방 | 공공임대 주택 |
|---|---|---|---|---|---|---|
| 50  53 | 23  27 | 20  14 | 37  48 | 50  60 | 35  24 | 4  5 |

들을 위한 공공 임대주택은 5%에 그친다.

최근 7년간 양천구에서 한나라당은 37~57%를, 민주(＋열린우리)당은 28~46%를, 민주노동당＋진보신당은 6~12%를 얻었다. 그러나 동네별로는 차이가 컸다.

## 양천구 인구가 100명이라면 :
## 대학 이상 학력자 53명, 종교 인구 56명

양천구 인구 47만4천 명을 100명으로 친다면 남자 대 여자의 수는 50 대 50으로 균형을 이루고 있다. 27명은 어린이와 청소년이고(19살 미만), 73명은 어른이다. 어른 가운데 6명은 노인(65세 이상)이다.

지역적으로는 신정3동에 10명이, 신정7동에 7명이 산다. 목1동·목2동·목4동·신정6동·신월7동에 각각 6명씩, 신월1동·신월2동·신정1동·목3동·목5동·목6동엔 각각 5명씩 산다. 신정4동·신정5동·신월3동에 4명씩, 신월4동·5동·6동에 3명씩 산다.

종교를 보면 25명은 개신교, 15명은 불교, 또 다른 15명은 천주교 신자다. 43명은 종교를 갖고 있지 않다. 동네 사람 중 종교인 비중은 목6동이 63%로 가장 높았고, 신월3동은 종교가 없는 사람 비중이 50%로 가장 높았다. 개신교는 신월5동에서, 천주교는 목6동에서, 불교는 목2동 등에서 신자 비중이 가장 높았다.

학력은 어떨까. 53명이 대학 이상의 학력을 가지고 있는데 이 중 9명은 대학에 재학 중이고 6명은 석사과정 이상의 공부를 하였다(19세 이상 기준). 대학 이상 학력자 비중이 가장 높은 곳은 목5동과 목6동으로 19세 이상 인구 중 87%를 차지했다.

32명은 미혼이며, 68명은 결혼했다. 결혼한 사람 가운데 5명은 남편이나 아내가 먼저 사망했고 3명은 이혼했다(15세 이상 기준). 3명은 몸이 불편하거나 정신 장애로 정상적인 활동에 제약을 느끼고 있다.

거주 기간을 보면, 37명은 현재 살고 있는 집에 산 지 5년이 넘었으나 63명은 5년 이내에 새로 이사 왔다(5살 이상 기준). 이사 온 사람 중 39명은 양천구 안의 다른 동에서, 11명은 서울 안의 다른 구에서, 11명은 서울 바깥에서 이사 왔다.

표 2_3.109

# 서울시 양천구 성별·종교별·학력별 인구

(단위 : 명, %)

| 행정구역 | 남녀/외국인 | | | | 종교 인구 | | | | | | | 대학 이상 학력 인구 | | | | | | |
| --- | --- | --- | --- | --- | --- | --- | --- | --- | --- | --- | --- | --- | --- | --- | --- | --- | --- | --- |
| | 총인구 | 남자 | 여자 | 외국인 | 인구수 (내국인) | 종교 있음 | | | | | 종교 없음 | 19세 이상 인구 | 계 | 4년제 미만 | | 4년제 이상 | | 대학원 이상 |
| | | | | | | 계 | 불교 | 개신교 | 천주교 | 기타 | | | | 계 | 재학 | 계 | 재학 | |
| 양천구 | 474,247 | 50 | 50 | 0 | 472,751 | 56 | 15 | 25 | 15 | 1 | 43 | 345,714 | 53 | 12 | 2 | 35 | 7 | 6 |
| 목1동 | 26,789 | 50 | 50 | 0 | 26,741 | 58 | 14 | 25 | 18 | 1 | 41 | 18,842 | 73 | 8 | 2 | 55 | 9 | 11 |
| 목2동 | 28,822 | 50 | 50 | 0 | 28,746 | 57 | 16 | 27 | 13 | 1 | 41 | 21,409 | 50 | 14 | 2 | 31 | 7 | 4 |
| 목3동 | 21,750 | 49 | 51 | 0 | 21,716 | 57 | 15 | 26 | 15 | 1 | 42 | 16,597 | 50 | 13 | 2 | 34 | 7 | 4 |
| 목4동 | 26,655 | 50 | 50 | 0 | 26,615 | 58 | 16 | 28 | 14 | 1 | 41 | 19,038 | 52 | 15 | 3 | 33 | 6 | 5 |
| 목5동 | 22,023 | 50 | 50 | 0 | 21,979 | 61 | 14 | 22 | 25 | 1 | 38 | 14,966 | 87 | 8 | 2 | 63 | 10 | 17 |
| 목6동 | 22,781 | 50 | 50 | 0 | 22,769 | 63 | 13 | 23 | 26 | 1 | 37 | 15,143 | 87 | 7 | 1 | 64 | 11 | 16 |
| 신월1동 | 24,793 | 51 | 49 | 0 | 24,734 | 52 | 15 | 23 | 12 | 1 | 46 | 18,661 | 32 | 13 | 3 | 18 | 5 | 1 |
| 신월2동 | 22,012 | 50 | 50 | 0 | 21,994 | 54 | 16 | 25 | 12 | 1 | 45 | 16,967 | 38 | 14 | 3 | 22 | 6 | 2 |
| 신월3동 | 17,904 | 50 | 50 | 0 | 17,868 | 50 | 15 | 25 | 9 | 1 | 50 | 13,557 | 30 | 13 | 3 | 15 | 4 | 1 |
| 신월4동 | 16,313 | 50 | 50 | 0 | 16,279 | 53 | 15 | 26 | 12 | 1 | 47 | 12,419 | 37 | 13 | 3 | 23 | 6 | 2 |
| 신월5동 | 14,913 | 51 | 49 | 0 | 14,858 | 55 | 14 | 29 | 11 | 1 | 44 | 11,318 | 40 | 13 | 3 | 25 | 6 | 2 |
| 신월6동 | 14,877 | 50 | 50 | 0 | 14,834 | 52 | 15 | 26 | 10 | 1 | 48 | 11,208 | 36 | 14 | 3 | 21 | 5 | 2 |
| 신월7동 | 26,501 | 50 | 50 | 0 | 26,438 | 54 | 15 | 27 | 11 | 1 | 45 | 19,622 | 37 | 14 | 3 | 21 | 5 | 2 |
| 신정1동 | 23,773 | 50 | 50 | 0 | 23,664 | 55 | 13 | 23 | 18 | 1 | 44 | 16,706 | 63 | 10 | 2 | 43 | 8 | 10 |
| 신정2동 | 22,362 | 50 | 50 | 0 | 22,288 | 59 | 16 | 25 | 17 | 1 | 40 | 15,577 | 61 | 11 | 2 | 42 | 8 | 8 |
| 신정3동 | 46,619 | 49 | 51 | 0 | 46,538 | 51 | 13 | 24 | 13 | 1 | 47 | 33,933 | 48 | 14 | 2 | 30 | 5 | 4 |
| 신정4동 | 17,401 | 49 | 51 | 0 | 17,338 | 53 | 15 | 24 | 13 | 1 | 45 | 13,578 | 43 | 15 | 3 | 26 | 6 | 3 |
| 신정5동 | 18,499 | 50 | 50 | 0 | 18,437 | 52 | 15 | 24 | 12 | 1 | 47 | 14,700 | 44 | 15 | 3 | 27 | 6 | 3 |
| 신정6동 | 26,816 | 50 | 50 | 2 | 26,304 | 60 | 13 | 24 | 22 | 1 | 40 | 17,906 | 82 | 8 | 1 | 60 | 10 | 14 |
| 신정7동 | 32,644 | 50 | 50 | 0 | 32,611 | 59 | 14 | 26 | 19 | 1 | 41 | 23,567 | 55 | 12 | 3 | 37 | 7 | 6 |

신정6동 거주자의 2%는 외국인이다. 목6동은 63%가 종교 인구인 반면 신월3동은 절반에 그친다. 대학 이상 학력자 비중은 목5동과 6동에서 가장 높고 신월1동에서 가장 낮다.

# 양천구에 사는 취업자가 100명이라면 :
## 72명은 봉급쟁이

양천구에 사는 15세 이상 인구 37만4천 명 가운데 취업해 직장에 다니는 사람(취업자)은 18만5천 명이다. 양천구 취업자가 100명이라면 61명은 30~40대, 18명은 20대이며, 17명은 50대다. 65세 이상 노인 2명도 일하고 있다. 양천구는 취업자 중 30~40대 비중이 서울에서 노원구에 이어 두 번째로 높고, 50대 비중은 서초구·강동구·강북구와 함께 가장 높고, 20대 비중은 도봉구·노원구와 함께 가장 낮다.

72명은 회사에서 봉급을 받고 일하는 직장인이다. 15명은 고용한 사람 없이 혼자서 일하는 자영업자이며, 10명은 누군가를 고용해 사업체를 경영하는 사업주다. 3명은 가족이 운영하는 사업체에서 보수 없이 일하고 있다.

직업은 사무직 22명, 전문가 15명, 기술직 및 준전문가와 판매직 각 12명이다. 또 9명은 서비스직, 다른 9명은 기능직이며, 7명은 장치 기계 조작 및 조립직, 다른 7명은 단순 노무직, 6명은 고위 관리직으로 일하고 있다. 양천구는 서울에서 고위 관리직 비중이 강남·서초구에 이어 세 번째로 높다.

직장으로 출근하는 데 30분 이상 걸리는 사람은 63명으로, 그 가운데 27명은 1시간 이상 걸린다. 17명은 걸어서 출근하고 83명은 교통수단을 이용해 출근한다. 83명 가운데 38명은 자가용으로, 16명은 전철로, 15명은 시내버스로 출근한다. 2명은 통근 버스로, 1명은 자전거로 출근하며, 8명은 전철과 버스 또는 승용차를 갈아타며 출근한다. 양천구는 서울에서 자가용으로 출근하는 직장인 비중이 가장 높다.

85명은 사무실이나 공장 등에서 일하는 반면, 10명은 야외나 거리 또는 운송 수단에서 일한다. 2명은 자기 집에서, 2명은 남의 집에서 일한다.

## 양천구에 100가구가 산다면 : 47가구는 셋방살이

양천구에는 14만8,200가구가 산다(일반 가구 기준). 양천구에 사는 가구를 100가구로 친다면 32가구는 식구가 한 명 또는 두 명인 1, 2인 가구이며, 이 가운데 14가구는 나 홀로 사는 1인 가구다. 식구 4명은 35가구, 3명은 24가구, 5명은 9가구다. 양천구는 서울에서 4인 가구 비중이 가장 높고, 1인 가구 비중은 도봉구와 함께 노원구 다음으로 낮다.

나 홀로 사는 1인 가구 비중은 신월3동에서 24%로 가장 높았고, 신정6동에서 6%로 가장 낮았다.

52가구는 자신이 소유한 집에서 살고, 47가구는 셋방에 살며, 1가구는 직장의 사택이나 친척집 등에서 무상으로 살고 있다. 자기 집에 사는 가구 중 8가구는 현재 살고 있는 집 외에 최소 한 채에서 여러 채를 소유한 다주택자들이다. 양천구는 서울에서 다주택자 비중이 강남구와 함께 서초구 다음으로 높다.

셋방 사는 가구 가운데 31가구는 전세에, 15가구는 보증금 있는 월세에, 1가구는 보증금 없는 월세 또는 사글세에 살고 있다. 셋방 사는 가구 중 8가구는 어딘가에 자신 명의의 집을 소유하고 있으나 경

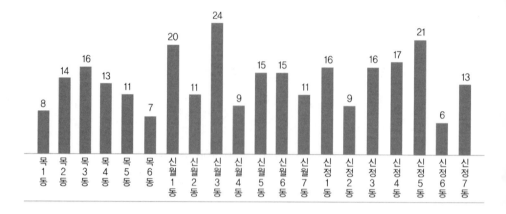

**그림 2_3.74**

## 서울시 양천구 동네별 1인 가구

(단위 : %)

| 목1동 | 목2동 | 목3동 | 목4동 | 목5동 | 목6동 | 신월1동 | 신월2동 | 신월3동 | 신월4동 | 신월5동 | 신월6동 | 신월7동 | 신정1동 | 신정2동 | 신정3동 | 신정4동 | 신정5동 | 신정6동 | 신정7동 |
|---|---|---|---|---|---|---|---|---|---|---|---|---|---|---|---|---|---|---|---|
| 8 | 14 | 16 | 13 | 11 | 7 | 20 | 11 | 24 | 9 | 15 | 15 | 11 | 16 | 9 | 16 | 17 | 21 | 6 | 13 |

제 사정이나 자녀 교육, 직장 등의 사정으로 셋방에 살고 있다.

64가구는 현재 사는 집으로 이사 온 지 5년이 안 되며, 이 가운데 32가구는 2년이 안 된다. 21가구는 5~10년이 됐고, 15가구는 10년이 넘었다.

66가구는 자동차를 소유하고 있고 이 가운데 53가구는 자기 집에 전용 주차장이 있다. 자동차 소유 가구 중 12가구는 차를 2대 이상 소유하고 있다. 양천구는 자동차 소유 가구 비중이 송파구와 함께 강남구 다음으로 높다.

표 2_3.110

## 서울시 양천구의 다주택자

(단위 : 가구, 호)

| 구분 | | 가구 수 | 주택 수 | 평균 주택 수 |
|---|---|---|---|---|
| 일반 가구 | | 148,261 | – | – |
| 자가 가구 | | 76,916 | – | – |
| 다주택 가구 | 통계청 | 11,686 | – | – |
| | 행자부 계 | 8,484 | 21,403 | 3 |
| | 2채 | 7,016 | 14,032 | 2 |
| | 3채 | 751 | 2,253 | 3 |
| | 4채 | 209 | 836 | 4 |
| | 5채 | 138 | 690 | 5 |
| | 6~10채 | 290 | 2,078 | 7 |
| | 11채 이상 | 80 | 1,514 | 19 |

## 집 많은 사람, 집 없는 사람 :
## 신정6동 82% 주택 소유, 신월3동 62% 무주택

양천구에 사는 100가구 중 60가구는 주택 소유자이고, 40가구는 무
주택자다. 20개 동네 가운데 14개 동네는 주택 소유자가 더 많고 6개
동네는 무주택자가 더 많다. 주택 소유자는 신정6동 82%, 목5동·목6
동 81%, 목2동·신월4동·신월7동 72%를 비롯해 9개 동네에서 60%
이상을 기록하고 있다. 반면 무주택자는 신월3동 62%, 신정7동 54%,
신월1동·신정4동 53%, 신정3동·신정5동 51% 순이다.

양천구 가구의 8%는 집을 두 채 이상 소유한 다주택자다. 동네별
로는 신정6동 14%를 비롯해 목5동·목6동 13%, 목2동·신정2동 11%
순으로 높다. 반면 신월3동 3%, 신월1동·신정5동 5% 순으로 낮다.

**표 2_3.111**

# 서울시 양천구 주택의 점유·소유 형태별 가구

(단위 : 가구, %)

| 행정구역 | 전체 가구 | 자기 집에 거주 | | | 셋방에 거주 | | | 무상으로 거주 | | 주택 소유 | 무주택 |
|---|---|---|---|---|---|---|---|---|---|---|---|
| | | 계 | 집 한 채 | 집 여러 채 | 계 | 집 없음 | 집 있음 | 집 없음 | 집 있음 | | |
| 양천구 | 148,261 | 52 | 44 | 8 | 47 | 39 | 8 | 1 | 0 | 60 | 40 |
| 목1동 | 7,975 | 59 | 48 | 11 | 40 | 27 | 13 | 1 | 0 | 72 | 28 |
| 목2동 | 8,970 | 53 | 47 | 6 | 45 | 39 | 6 | 2 | 0 | 59 | 41 |
| 목3동 | 7,044 | 47 | 40 | 7 | 52 | 46 | 5 | 1 | 0 | 52 | 48 |
| 목4동 | 8,152 | 51 | 43 | 8 | 47 | 39 | 8 | 1 | 0 | 60 | 40 |
| 목5동 | 6,491 | 66 | 53 | 13 | 34 | 19 | 15 | 0 | 0 | 81 | 19 |
| 목6동 | 6,521 | 63 | 50 | 13 | 36 | 18 | 18 | 1 | 0 | 81 | 19 |
| 신월1동 | 8,344 | 41 | 36 | 5 | 57 | 51 | 5 | 2 | 0 | 47 | 53 |
| 신월2동 | 6,705 | 63 | 58 | 6 | 36 | 32 | 3 | 1 | 0 | 67 | 33 |
| 신월3동 | 6,353 | 35 | 32 | 3 | 60 | 58 | 2 | 4 | 1 | 38 | 62 |
| 신월4동 | 4,825 | 67 | 57 | 9 | 32 | 27 | 6 | 1 | 0 | 72 | 28 |
| 신월5동 | 4,709 | 50 | 44 | 6 | 47 | 42 | 5 | 2 | 1 | 55 | 45 |
| 신월6동 | 4,772 | 51 | 43 | 8 | 47 | 42 | 5 | 1 | 0 | 56 | 44 |
| 신월7동 | 8,323 | 66 | 60 | 7 | 31 | 26 | 5 | 2 | 0 | 72 | 28 |
| 신정1동 | 7,413 | 50 | 41 | 9 | 49 | 40 | 9 | 1 | 0 | 59 | 41 |
| 신정2동 | 6,436 | 56 | 45 | 11 | 43 | 34 | 10 | 1 | 0 | 65 | 35 |
| 신정3동 | 15,282 | 43 | 37 | 6 | 56 | 50 | 6 | 1 | 0 | 49 | 51 |
| 신정4동 | 5,698 | 41 | 36 | 6 | 57 | 52 | 5 | 1 | 0 | 47 | 53 |
| 신정5동 | 6,305 | 44 | 39 | 5 | 55 | 50 | 5 | 1 | 0 | 49 | 51 |
| 신정6동 | 7,605 | 69 | 54 | 14 | 31 | 18 | 13 | 0 | 0 | 82 | 18 |
| 신정7동 | 10,338 | 38 | 31 | 7 | 61 | 54 | 7 | 1 | 0 | 46 | 54 |

신정6동 가구의 82%는 집을 소유하고 있고 14%는 두 채 이상 갖고 있다. 반면 신월3동은 62%가 무주택자다. 목6동 가구의 18%는 어딘가에 집을 사놓고 셋방에 산다.

양천구 주택 소유자 60가구 중 8가구는 어딘가 자신 명의의 집이 있지만 사정이 있어 셋방에 사는 유주택 전월세 가구로 목6동 18%, 목5동 15%, 목1동·신정6동 13%, 신정2동 10% 순으로 높다.

주택 소유자 중 유주택 전월세 가구를 제외한 52가구는 자기 집에 사는데 신정6동이 69%로 가장 높고, 신월4동 67%, 목5동·신월7동 66% 순이다. 이들 동네를 포함해 모두 6개 동네에서 자가 점유 가구가 60% 이상이다.

유주택 전월세를 포함한 47가구가 셋방에 사는데 신정7동 61%, 신월3동 60%, 신월1동·신정4동 57% 순으로 높다.

유주택 전월세를 제외한 39가구는 집이 아예 없는 무주택 전월세 가구인데, 신월3동 58%, 신정7동 54%, 신정4동 52%, 신월1동 51%, 신정3동·신정5동 50% 순으로 높다.


**양천구에 있는 집이 100채라면 :**
**60채는 아파트, 19채는 다세대주택**


양천구에는 집(주택과 주택 이외의 거처, 빈집 제외)이 11만 7,400채가 있다. 양천구에 있는 집이 100채라면 60채는 아파트고, 19채는 다세대주택, 11채는 단독주택이다. 6채는 연립주택, 1채는 상가 내 거처 등 비거주용 건물 내 주택이고, 3채는 오피스텔을 비롯한 주택 이외의 거처다.

목5동과 6동, 신정6동과 7동에 있는 거처 90% 이상이 아파트인 반면 신정4동과 7동은 각각 거처의 57%와 49%가 다세대주택이다. 신

표 2_3.112

# 서울시 양천구 거처의 종류별·연건평별·건축년도별 주택

(단위 : 호, 가구, %)

| 행정구역 | 거처의 종류별 거처와 가구 | | | | | | | | | | | | | |
| --- | --- | --- | --- | --- | --- | --- | --- | --- | --- | --- | --- | --- | --- | --- |
| | 계 | | 단독주택 | | 아파트 | | 연립주택 | | 다세대주택 | | 비거주용 건물 내 주택 | | 주택 이외의 거처 | |
| | 거처 | 가구 | 거처 | 가구 | 거처 | 가구 | 거처 | 가구 | 거처 | 가구 | 거처 | 가구 | 거처 | 가구 |
| 양천구 | 117,442 | 148,317 | 11 | 28 | 60 | 48 | 6 | 5 | 19 | 15 | 1 | 1 | 3 | 3 |
| 목1동 | 7,684 | 7,977 | 2 | 5 | 77 | 74 | 2 | 2 | 1 | 1 | 1 | 1 | 17 | 17 |
| 목2동 | 6,435 | 8,972 | 16 | 39 | 32 | 23 | 19 | 14 | 31 | 22 | 1 | 1 | 0 | 0 |
| 목3동 | 4,545 | 7,051 | 21 | 49 | 32 | 20 | 2 | 1 | 42 | 27 | 1 | 1 | 2 | 1 |
| 목4동 | 5,786 | 8,153 | 16 | 40 | 44 | 32 | 7 | 5 | 31 | 22 | 1 | 1 | 1 | 1 |
| 목5동 | 6,480 | 6,491 | 0 | 0 | 91 | 91 | 0 | 0 | 0 | 0 | 0 | 0 | 9 | 9 |
| 목6동 | 6,509 | 6,521 | 0 | 0 | 97 | 98 | 0 | 0 | 0 | 0 | 0 | 0 | 2 | 2 |
| 신월1동 | 4,685 | 8,345 | 30 | 60 | 23 | 13 | 8 | 5 | 34 | 19 | 2 | 1 | 3 | 2 |
| 신월2동 | 5,765 | 6,708 | 7 | 18 | 37 | 32 | 29 | 26 | 26 | 23 | 1 | 1 | 0 | 0 |
| 신월3동 | 3,125 | 6,356 | 41 | 70 | 15 | 7 | 5 | 3 | 38 | 19 | 1 | 1 | 0 | 0 |
| 신월4동 | 4,255 | 4,825 | 7 | 16 | 51 | 45 | 23 | 21 | 19 | 17 | 1 | 1 | 0 | 0 |
| 신월5동 | 3,141 | 4,711 | 19 | 45 | 17 | 11 | 23 | 16 | 39 | 26 | 1 | 1 | 1 | 0 |
| 신월6동 | 3,749 | 4,772 | 26 | 41 | 39 | 31 | 19 | 15 | 16 | 13 | 1 | 1 | 0 | 0 |
| 신월7동 | 8,136 | 8,325 | 1 | 2 | 39 | 38 | 2 | 2 | 57 | 56 | 1 | 2 | 0 | 0 |
| 신정1동 | 5,236 | 7,417 | 15 | 39 | 81 | 57 | 0 | 0 | 3 | 2 | 1 | 1 | 0 | 0 |
| 신정2동 | 5,789 | 6,437 | 5 | 14 | 88 | 80 | 1 | 1 | 4 | 3 | 1 | 2 | 0 | 0 |
| 신정3동 | 11,388 | 15,284 | 12 | 35 | 74 | 55 | 1 | 1 | 10 | 7 | 0 | 0 | 3 | 2 |
| 신정4동 | 3,288 | 5,710 | 26 | 57 | 14 | 8 | 7 | 4 | 49 | 28 | 2 | 1 | 2 | 1 |
| 신정5동 | 3,766 | 6,317 | 22 | 53 | 23 | 14 | 11 | 7 | 39 | 23 | 3 | 2 | 3 | 2 |
| 신정6동 | 7,597 | 7,605 | 0 | 0 | 94 | 94 | 0 | 0 | 0 | 0 | 0 | 0 | 6 | 6 |
| 신정7동 | 10,083 | 10,340 | 2 | 4 | 93 | 91 | 0 | 0 | 1 | 1 | 0 | 1 | 4 | 4 |

| 연건평별 주택 | | | | | 건축년도별 주택 | | | |
|---|---|---|---|---|---|---|---|---|
| 총 주택 수 | 14평 미만 | 14~19평 | 19~29평 | 29평 이상 | 총 주택 수 | 1995~ 2005년 | 1985~ 1994년 | 1985년 이전 |
| 113,643 | 15 | 23 | 34 | 28 | 113,643 | 43 | 49 | 7 |
| 6,352 | 10 | 24 | 39 | 27 | 6,352 | 51 | 49 | 1 |
| 6,410 | 5 | 18 | 47 | 30 | 6,410 | 49 | 41 | 10 |
| 4,447 | 5 | 26 | 38 | 31 | 4,447 | 64 | 26 | 11 |
| 5,727 | 8 | 15 | 50 | 27 | 5,727 | 68 | 24 | 8 |
| 5,913 | 0 | 10 | 25 | 65 | 5,913 | 19 | 81 | 0 |
| 6,349 | 0 | 14 | 39 | 46 | 6,349 | 0 | 100 | 0 |
| 4,558 | 11 | 23 | 30 | 36 | 4,558 | 47 | 41 | 12 |
| 5,752 | 19 | 23 | 40 | 18 | 5,752 | 37 | 37 | 26 |
| 3,114 | 27 | 24 | 16 | 34 | 3,114 | 19 | 63 | 17 |
| 4,255 | 12 | 25 | 51 | 12 | 4,255 | 60 | 19 | 22 |
| 3,121 | 14 | 37 | 31 | 18 | 3,121 | 45 | 29 | 26 |
| 3,739 | 25 | 21 | 41 | 13 | 3,739 | 34 | 43 | 24 |
| 8,135 | 59 | 33 | 6 | 2 | 8,135 | 4 | 96 | 0 |
| 5,233 | 1 | 17 | 27 | 55 | 5,233 | 6 | 90 | 4 |
| 5,788 | 20 | 4 | 55 | 21 | 5,788 | 75 | 23 | 2 |
| 11,065 | 11 | 45 | 24 | 19 | 11,065 | 84 | 12 | 4 |
| 3,207 | 8 | 27 | 35 | 30 | 3,207 | 60 | 30 | 10 |
| 3,669 | 10 | 20 | 38 | 33 | 3,669 | 55 | 32 | 13 |
| 7,110 | 0 | 16 | 33 | 50 | 7,110 | 7 | 93 | 0 |
| 9,699 | 38 | 19 | 33 | 10 | 9,699 | 63 | 36 | 1 |

목6동은 가구의 98%가 아파트에 사는 반면 신월3동은 70%가 단독주택에 산다. 신월7동 가구의 56%는 다세대주택에, 목1동 가구의 17%는 주택 이외의 거처에 산다.

월2동·4동·5동은 20% 이상이 연립주택이며, 신월3동 거처의 41%가 단독주택이다.

양천구 100가구 가운데 48가구는 아파트에 29가구는 단독주택에, 15가구는 다세대주택에, 5가구는 연립주택에 산다. 또 1가구는 비거주용 건물 내 주택에, 3가구는 오피스텔 등 주택 이외의 거처에 산다.

목6동에 사는 사람의 98%는 아파트에 살고, 나머지 2%는 오피스텔 등 주택 이외의 거처에 산다. 신정6동에 사는 사람의 94%도 아파트에 살며, 나머지 6%는 오피스텔 등 주택 이외의 거처에 산다. 단독·다세대·연립주택에 사는 사람은 없다. 목5동과 신정7동 91%, 신정2동 80%, 목1동 74%, 신정1동 57%, 신정3동 54% 가구도 아파트에 산다.

반면 신월3동에 사는 사람의 70%는 단독주택에 살고, 19%는 다세대주택에, 7%는 아파트에 산다. 신월1동 60%, 신정4동 57%, 신정5동 53% 가구도 단독주택에 산다.

한편 신월7동에 사는 사람의 56%는 다세대주택에 살고, 38%는 아파트에 산다. 신정4동 28%, 목3동 27%, 신월5동 26% 등 8개 동네에서 다세대주택 거주 비중이 20%가 넘었다. 신월2동 가구의 26%, 신월4동 가구의 21%는 연립주택에 산다. 목1동 가구의 17%는 오피스텔 등 주택 이외의 거처에서 산다.

지난 10년 동안 아파트와 다세대주택은 86%와 103%가 늘어난 반면, 단독주택은 14%, 연립주택은 57%가 줄었다. 이에 따라 전체 주택(주택 이외의 거처 제외)에서 차지하는 비중도 아파트는 46%에서 62%로, 다세대주택은 13%에서 19%로 증가했다. 반면 단독주택은 17%에서 11%로, 연립주택은 21%에서 7%로 줄었다.

크기별로는 29평 이상이 28채, 19~29평이 34채, 14~19평이 23채이며, 14평 미만은 15채가 있다. 목5동과 신정1동·6동에 있는 주택 절반 이상이 29평이 넘는 반면, 신월7동 주택의 59%는 14평 미만이다.

43채는 지은 지 10년(1995~2005년)이 안 된 새집이며, 지은 지 20년이 넘은 낡은 집은 7채로 조만간 재개발·재건축 대상 주택이 될 전망이다. 양천구는 20년이 넘은 낡은 집 비중이 노원구·도봉구에 이어 3번째로 낮다.

신월2동과 5동 등 4개 동네에서만 지은 지 20년 넘은 주택이 20% 이상을 기록했다. 반면에 신정3동 주택의 84%가 지은 지 10년이 채 안 된 것을 비롯해 9개 동네 주택의 절반 이상이 새집이다.


## 양천구에서 지하 방에 사는 사람 : 신월3동 25%가 (반)지하에 거주

양천구에 사는 14만8,200가구를 100가구로 친다면 그 중 7가구는 식구에 비해 집이 너무 좁거나 시설이 제대로 갖춰지지 않아 인간다운 품위를 지키기 어려운 최저 주거 기준 미달 가구다.

또 100가구 가운데 89가구는 지상에 살지만, 10가구는 (반)지하에 살고, 1가구는 옥탑방에 산다. 신월3동에 사는 사람의 25%는 (반)지하 방에 산다. 신월1동 19%, 신정5동 18%, 신월5동 17%, 신정4동 16%, 목2동과 3동 15%, 신월7동 14%, 목4동·신월6동 13%, 신정1동과 3동 각 11% 등 12개 동네에서 (반)지하 방 거주 가구 비중이

**표 2_3.113**

# 서울시 양천구 (반)지하 등 거주 가구

(단위 : 가구, %)

| 행정구역 | (반)지하 | | 옥탑 | | 기타 |
|---|---|---|---|---|---|
| | 가구 | 비중 | 가구 | 비중 | 가구 |
| 양천구 | 15,035 | 10 | 1,891 | 1 | 24 |
| 목1동 | 82 | 1 | 19 | 0 | 1 |
| 목2동 | 1,343 | 15 | 31 | 0 | 1 |
| 목3동 | 1,074 | 15 | 63 | 1 | 1 |
| 목4동 | 1,043 | 13 | 100 | 1 | 2 |
| 목5동 | – | 0 | – | 0 | – |
| 목6동 | – | 0 | – | 0 | – |
| 신월1동 | 1,612 | 19 | 247 | 3 | 1 |
| 신월2동 | 634 | 9 | 21 | 0 | 2 |
| 신월3동 | 1,579 | 25 | 358 | 6 | – |
| 신월4동 | 306 | 6 | 14 | 0 | – |
| 신월5동 | 801 | 17 | 86 | 2 | 1 |
| 신월6동 | 598 | 13 | 57 | 1 | – |
| 신월7동 | 1,188 | 14 | 14 | 0 | – |
| 신정1동 | 832 | 11 | 259 | 3 | – |
| 신정2동 | 206 | 3 | 67 | 1 | 2 |
| 신정3동 | 1,622 | 11 | 338 | 2 | 13 |
| 신정4동 | 921 | 16 | 97 | 2 | – |
| 신정5동 | 1,138 | 18 | 109 | 2 | – |
| 신정6동 | – | 0 | – | 0 | – |
| 신정7동 | 56 | 1 | 11 | 0 | – |

신월3동에 사는 가구의 4분의 1이 (반)지하에 산다. 신월1동 19%를 비롯해 다른 11개 동네에서도 10% 이상이 (반)지하에 산다.

10%가 넘었다. 한편 신월3동 가구의 6%, 신월1동과 신정1동 가구의 각 3%는 옥탑방에 살고 있다.

양천구 100가구 가운데 거실이나 부엌을 각각 1개의 방으로 쳐서 방 3개 이하에서 셋방살이를 떠도는 가구는 24가구에 달하지만, 공공 임대주택은 5채에 그친다. 집 때문에 사는 게 피곤한 서민들의 어려움을 해결하려면 공공 임대주택을 현재의 5배 수준으로 늘려야 하는 것이다.


## 양천구 유권자가 <u>100명</u>이라면

정당 지지도를 알 수 있는 최근 네 차례 선거(제3~4회 동시지방선거, 제17~18대 총선)를 기준으로 양천구의 선거권자는 35만~38만 명이며, 평균 투표율은 52%다.

양천구 유권자가 100명이라면 2002년 제3회 동시지방선거에서는 52명이 한나라당을 찍었고, 37명은 새천년민주당, 6명은 민주노동당, 2명은 자민련, 다른 3명은 나머지 정당을 지지했다. 2004년 총선에서는 38명이 열린우리당을, 37명은 한나라당을 지지했으며, 12명은 민주노동당을, 8명은 새천년민주당을, 2명은 자민련을 찍었다.

2006년 동시지방선거에서는 57명이 한나라당을 선택한 가운데, 22명은 열린우리당을, 10명은 민주노동당을, 다른 10명은 민주당을, 1명은 국민중심당을 지지했다. 2008년 총선에서는 39명이 한나라당을 찍었고 28명이 통합민주당을, 10명은 친박연대를, 7명은 자유선진당을, 4명은 진보신당을, 다른 4명은 창조한국당을 찍었으며, 3명은 민주노동당을 지지했다.

네 차례 선거에서 동네별 투표율은 목6동·신정6동·목5동·목1동에서 가장 높았다. 반면 신월3동·신월1동·목3동·신정5동에서 가장 낮았다. 목6동과 신월3동의 득표율 격차는 최소 15%에서 최대 22%까지 벌어졌다.

한나라당 득표율은 목5동·목6동·신정6동·목1동에서 항상 가장 높았다. 반면 신월3동·신정4동·신정5동·신월1동에서 가장 낮았다. 목5동과 신월3동의 한나라당 득표율 격차는 최소 8%에서 최대 24%까지 벌어졌다.

민주(＋열린우리)당 득표율은 신월3동·신월1동·신월4동·신월6동에서 항상 가장 높았다. 반면 목6동·목5동·신정6동·신정1동에서 가장 낮았다. 신월3동과 목6동의 득표율 격차는 최소 14%에서 최대 20%까지 벌어졌다.

민주노동당＋진보신당 득표율은 신정3동과 신정5동에서 상대적으로 높았다.

그림 2_3.75

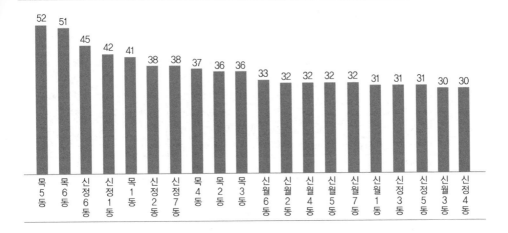

서울시 양천구 동네별 한나라당 득표율

2004년 총선(단위 : %)

그림 2_3.76

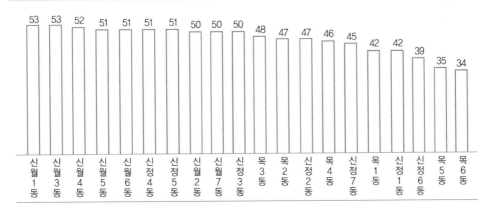

서울시 양천구 동네별 민주(＋열린우리)당 득표율

2004년 총선(단위 : %)

표 2_3.114

# 서울시 양천구 역대 선거 투표율과 정당 지지율

2002~2008년(단위 : 명, %)

| 행정구역 | 2002년 지방선거 | | | | | | | 2004년 총선 | | | | | | | |
|---|---|---|---|---|---|---|---|---|---|---|---|---|---|---|---|
| | 선거인 수 | 투표율 | 한나라당 | 새천년민주당 | 자민련 | 민주노동당 | 기타정당 | 선거인 수 | 투표율 | 한나라당 | 새천년민주당 | 열린우리당 | 자민련 | 민주노동당 | 기타정당 |
| 양천구 | 346,434 | 46 | 52 | 37 | 2 | 6 | 3 | 353,003 | 64 | 37 | 8 | 38 | 2 | 12 | 2 |
| 목1동 | 16,049 | 51 | 58 | 32 | 2 | 6 | 2 | 17,782 | 69 | 41 | 8 | 34 | 2 | 12 | 2 |
| 목2동 | 22,113 | 43 | 54 | 36 | 2 | 5 | 2 | 21,814 | 62 | 36 | 7 | 40 | 2 | 12 | 3 |
| 목3동 | 14,403 | 41 | 53 | 38 | 2 | 5 | 2 | 15,068 | 58 | 36 | 8 | 40 | 2 | 12 | 2 |
| 목4동 | 15,831 | 41 | 54 | 37 | 2 | 5 | 2 | 18,845 | 60 | 37 | 7 | 39 | 2 | 13 | 3 |
| 목5동 | 15,321 | 55 | 67 | 25 | 1 | 5 | 2 | 15,382 | 72 | 52 | 6 | 29 | 2 | 9 | 2 |
| 목6동 | 15,763 | 57 | 66 | 24 | 1 | 5 | 3 | 15,538 | 74 | 51 | 6 | 28 | 2 | 11 | 2 |
| 신월1동 | 19,047 | 39 | 45 | 45 | 3 | 5 | 2 | 18,541 | 55 | 31 | 11 | 42 | 2 | 12 | 2 |
| 신월2동 | 18,305 | 42 | 48 | 41 | 3 | 6 | 2 | 17,301 | 61 | 32 | 10 | 40 | 3 | 11 | 2 |
| 신월3동 | 15,376 | 36 | 46 | 44 | 3 | 5 | 2 | 14,621 | 52 | 30 | 10 | 43 | 3 | 11 | 2 |
| 신월4동 | 12,824 | 45 | 47 | 44 | 3 | 4 | 2 | 11,488 | 62 | 32 | 11 | 40 | 2 | 11 | 2 |
| 신월5동 | 11,465 | 42 | 49 | 39 | 3 | 6 | 3 | 11,490 | 58 | 32 | 9 | 42 | 2 | 12 | 2 |
| 신월6동 | 10,733 | 45 | 48 | 41 | 3 | 6 | 2 | 11,281 | 60 | 33 | 11 | 40 | 2 | 11 | 3 |
| 신월7동 | 20,888 | 45 | 48 | 41 | 3 | 5 | 3 | 20,388 | 63 | 32 | 10 | 41 | 2 | 13 | 3 |
| 신정1동 | 18,259 | 49 | 58 | 32 | 2 | 5 | 2 | 17,658 | 67 | 42 | 7 | 35 | 2 | 12 | 3 |
| 신정2동 | 13,240 | 50 | 54 | 36 | 3 | 5 | 2 | 14,861 | 68 | 38 | 8 | 38 | 2 | 11 | 3 |
| 신정3동 | 31,205 | 40 | 48 | 41 | 2 | 7 | 2 | 32,678 | 61 | 31 | 9 | 42 | 2 | 14 | 3 |
| 신정4동 | 12,795 | 44 | 48 | 41 | 3 | 5 | 2 | 13,309 | 61 | 30 | 10 | 41 | 3 | 13 | 3 |
| 신정5동 | 13,880 | 42 | 47 | 41 | 3 | 7 | 2 | 14,859 | 59 | 31 | 10 | 41 | 2 | 14 | 2 |
| 신정6동 | 16,738 | 55 | 60 | 29 | 1 | 6 | 3 | 17,400 | 73 | 45 | 7 | 32 | 2 | 13 | 2 |
| 신정7동 | 23,489 | 46 | 55 | 35 | 2 | 6 | 2 | 24,038 | 66 | 38 | 7 | 37 | 2 | 13 | 2 |

| 2006년 지방선거 | | | | | | | 2008년 총선 | | | | | | | | | |
|---|---|---|---|---|---|---|---|---|---|---|---|---|---|---|---|---|
| 선거인 수 | 투표율 | 열린우리당 | 한나라당 | 민주당 | 민주노동당 | 기타정당 | 선거인 수 | 투표율 | 통합민주당 | 한나라당 | 자유선진당 | 민주노동당 | 창조한국당 | 친박연대 | 진보신당 | 기타정당 |
| 374,034 | 52 | 22 | 57 | 10 | 10 | 1 | 378,915 | 46 | 28 | 39 | 7 | 3 | 4 | 10 | 4 | 4 |
| 19,841 | 55 | 19 | 63 | 8 | 10 | 1 | 22,167 | 48 | 25 | 41 | 8 | 3 | 4 | 12 | 5 | 3 |
| 22,716 | 49 | 22 | 58 | 9 | 9 | 1 | 23,929 | 43 | 27 | 39 | 8 | 3 | 5 | 10 | 4 | 4 |
| 17,910 | 47 | 21 | 59 | 10 | 8 | 2 | 18,257 | 41 | 26 | 40 | 8 | 3 | 5 | 11 | 3 | 3 |
| 20,605 | 49 | 23 | 59 | 9 | 9 | 1 | 20,910 | 42 | 27 | 37 | 8 | 3 | 4 | 11 | 4 | 5 |
| 15,899 | 59 | 15 | 72 | 5 | 7 | 1 | 15,191 | 51 | 21 | 46 | 8 | 2 | 4 | 13 | 5 | 2 |
| 16,139 | 62 | 15 | 71 | 5 | 8 | 1 | 17,363 | 52 | 20 | 45 | 9 | 2 | 5 | 12 | 5 | 2 |
| 19,255 | 43 | 24 | 54 | 13 | 8 | 1 | 19,310 | 38 | 34 | 36 | 5 | 4 | 4 | 9 | 2 | 6 |
| 18,601 | 47 | 22 | 54 | 13 | 9 | 1 | 18,950 | 43 | 34 | 37 | 5 | 3 | 4 | 9 | 3 | 4 |
| 13,896 | 45 | 27 | 48 | 13 | 9 | 3 | 14,169 | 37 | 34 | 38 | 4 | 3 | 4 | 10 | 2 | 5 |
| 13,181 | 53 | 22 | 53 | 13 | 10 | 1 | 14,189 | 46 | 33 | 38 | 5 | 4 | 4 | 10 | 3 | 5 |
| 11,507 | 49 | 24 | 53 | 12 | 10 | 1 | 11,432 | 41 | 32 | 37 | 5 | 3 | 4 | 11 | 3 | 5 |
| 12,223 | 47 | 24 | 55 | 11 | 9 | 1 | 11,977 | 41 | 34 | 38 | 4 | 3 | 4 | 9 | 2 | 5 |
| 19,994 | 52 | 24 | 52 | 12 | 11 | 1 | 20,042 | 44 | 33 | 36 | 5 | 4 | 4 | 10 | 3 | 6 |
| 17,535 | 54 | 19 | 62 | 8 | 10 | 1 | 17,470 | 49 | 23 | 40 | 9 | 3 | 4 | 12 | 5 | 3 |
| 16,285 | 54 | 21 | 59 | 9 | 9 | 1 | 16,401 | 49 | 29 | 37 | 9 | 3 | 5 | 10 | 4 | 4 |
| 37,266 | 47 | 25 | 53 | 9 | 12 | 1 | 36,979 | 42 | 32 | 36 | 5 | 4 | 4 | 10 | 3 | 6 |
| 14,008 | 47 | 24 | 51 | 13 | 10 | 2 | 14,025 | 43 | 34 | 36 | 5 | 4 | 4 | 10 | 3 | 4 |
| 15,155 | 46 | 23 | 52 | 13 | 11 | 2 | 15,014 | 42 | 32 | 36 | 5 | 4 | 5 | 10 | 4 | 4 |
| 19,056 | 60 | 18 | 65 | 7 | 9 | 1 | 19,154 | 53 | 23 | 43 | 8 | 3 | 4 | 12 | 5 | 2 |
| 24,278 | 54 | 22 | 57 | 9 | 11 | 1 | 24,593 | 49 | 27 | 38 | 8 | 3 | 5 | 10 | 5 | 4 |

투표율은 목1동, 목5동, 목6동, 신정6동에서 높았다. 한나라당 득표율도 목1동, 목5동, 목6동, 신정6동에서 높았다. 민주(+열린우리)당 득표율은 신월1동과 3동, 4동과 6동에서 높았다.

# 숫자 100으로 본 서울시 영등포구 22개 동네

영등포구에는 2005년 현재 22개 동에 있는 주택 8만3,700채와 오피스텔 5천5백 채 등

거처 8만9,400곳에 39만8천 명이 살고 있다.

서울시 영등포구가 100명이 사는 마을이라면 어떤 모습일까?

## 숫자 100으로 본 영등포구

영등포구에 사는 사람은 서울시 평균 수준의 학력에 종교 인구는 적은 편이다. 봉급생활자와 기술직 및 준전문가, 사무직, 서비스직에 종사하는 사람이 많고 출퇴근 시간은 짧은 편이다.

주택 소유자, 1인 가구, 거주 기간은 서울시 평균 수준이며 아파트 거주자는 약간 많은 편이다. 가구의 10%는 (반)지하에 살고, 40%는 부엌과 거실을 포함한 방 3칸 이하 셋방에 살고 있다. 그러나 소형 주택은 서울시 평균의 절반 수준이며 공공 임대주택은 1%에 불과하다.

최근 7년 동안 영등포구에서 한나라당은 36~57%를, 민주(＋열린우리)당은 29~47%를, 민주노동당＋진보신당은 6~12%를 얻었다. 하지만 동네별 정당 득표율은 차이가 컸다.

498

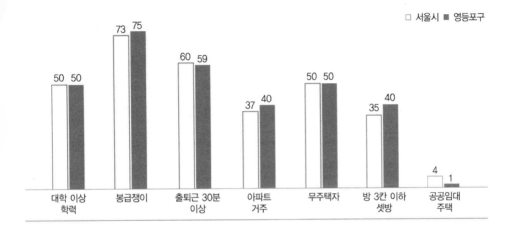

**그림 2_3.77**

## 서울시와 영등포구 주요 지수 평균 비교

(단위 : %)

☐ 서울시  ■ 영등포구

| 지수 | 서울시 | 영등포구 |
|---|---|---|
| 대학 이상 학력 | 50 | 50 |
| 봉급쟁이 | 73 | 75 |
| 출퇴근 30분 이상 | 60 | 59 |
| 아파트 거주 | 37 | 40 |
| 무주택자 | 50 | 50 |
| 방 3칸 이하 셋방 | 35 | 40 |
| 공공임대 주택 | 4 | 1 |

**영등포구 인구가 <u>100명</u>이라면 :**

**대학 이상 학력자 <u>50명</u>, 종교 인구 <u>53명</u>**

영등포구 인구 39만8천 명을 100명으로 친다면 남자 대 여자의 수는 50 대 50으로 균형을 이루고 있다. 한편 영등포2동은 특이하게도 남녀 성비가 62 대 38로 극심한 불균형을 이루고 있다. 100명 중 1명은 외국인으로 국적별로는 89%가 중국(재중 동포 = 조선족 71%)이다. 동네 사람 중 외국인이 가장 많은 곳은 대림2동으로 10%에 이르며 도림1동과 신길2동도 3%를 기록하고 있다. 22명은 어린이와 청소년이고 (19살 미만), 78명은 어른이다. 어른 가운데 8명은 노인(65세 이상)이다.

지역적으로는 당산2동과 대림3동에 8명씩 살고, 여의도동엔 7명이 산다. 신길6동·대림2동·신길1동엔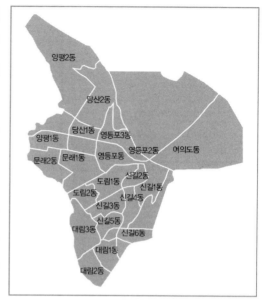
6명씩 살고, 양평2동·신길3동·신길7
동·당산1동·대림1동엔 5명씩 산다. 신
길5동·영등포1동·문래1동·양평1동·
문래2동엔 4명씩, 신길2동·신길4동·도
림2동·영등포3동엔 3명씩 산다. 도림1
동엔 2명, 영등포2동엔 1명이 산다.

　종교를 보면 22명은 개신교, 16명은
불교, 14명은 천주교 신자다. 46명은
종교를 갖고 있지 않다. 여의도동에 사
는 사람의 67%가 종교를 가진 반면, 대
림2동의 56%는 종교가 없다. 개신교와 천주교는 여의도동에서, 불교
는 신길2동에서 신자 비율이 높다.

　학력은 어떨까. 50명이 대학 이상의 학력을 가지고 있는데 이 중 8
명은 대학에 재학 중이고 6명은 석사과정 이상의 공부를 하였다(19세
이상 기준). 대학 이상 학력자 비중이 가장 높은 곳은 여의도동으로
87%에 이르며, 이 중 20%는 대학원 이상의 학력자다.

　34명은 미혼이며, 66명은 결혼했다. 결혼한 사람 가운데 6명은 남
편이나 아내가 먼저 사망했고 3명은 이혼했다(15세 이상 기준). 4명은
몸이 불편하거나 정신 장애로 정상적인 활동에 제약을 느끼고 있다.

　거주 기간을 보면, 37명은 현재 살고 있는 집에 산 지 5년이 넘었
으나 63명은 5년 이내에 새로 이사 왔다(5살 이상 기준). 이사 온 사람
중 36명은 영등포구 안의 다른 동에서, 13명은 서울 안의 다른 구에
서, 다른 13명은 서울 바깥에서 이사 왔다.

표 2_3.115

# 서울시 영등포구 성별·종교별·학력별 인구

(단위 : 명, %)

| 행정구역 | 남녀/외국인 | | | | 종교 인구 | | | | | | | 대학 이상 학력 인구 | | | | | | |
|---|---|---|---|---|---|---|---|---|---|---|---|---|---|---|---|---|---|---|
| | 총인구 | 남자 | 여자 | 외국인 | 인구수 (내국인) | 계 | 불교 | 개신교 | 천주교 | 기타 | 종교 없음 | 19세 이상 인구 | 계 | 4년제 미만 | | 4년제 이상 | | 대학원 이상 |
| | | | | | | | | | | | | | | 계 | 재학 | 계 | 재학 | |
| 영등포구 | 398,251 | 50 | 50 | 1 | 392,507 | 53 | 16 | 22 | 14 | 1 | 46 | 306,918 | 50 | 13 | 2 | 32 | 6 | 6 |
| 당산1동 | 20,079 | 50 | 50 | 0 | 20,017 | 54 | 16 | 21 | 15 | 1 | 46 | 16,291 | 54 | 13 | 2 | 36 | 6 | 6 |
| 당산2동 | 31,799 | 49 | 51 | 0 | 31,684 | 54 | 16 | 21 | 16 | 1 | 46 | 24,528 | 66 | 12 | 2 | 45 | 7 | 9 |
| 대림1동 | 18,313 | 50 | 50 | 1 | 18,110 | 48 | 17 | 19 | 11 | 1 | 52 | 14,049 | 34 | 16 | 3 | 17 | 4 | 2 |
| 대림2동 | 22,681 | 51 | 49 | 10 | 20,427 | 44 | 15 | 20 | 8 | 1 | 56 | 16,277 | 34 | 15 | 2 | 18 | 4 | 1 |
| 대림3동 | 30,524 | 50 | 50 | 2 | 29,982 | 49 | 16 | 20 | 12 | 1 | 50 | 22,890 | 47 | 13 | 2 | 30 | 6 | 4 |
| 도림1동 | 8,136 | 51 | 49 | 3 | 7,926 | 50 | 20 | 15 | 14 | 1 | 49 | 6,298 | 31 | 15 | 3 | 15 | 4 | 1 |
| 도림2동 | 12,714 | 51 | 49 | 2 | 12,418 | 49 | 15 | 19 | 13 | 2 | 51 | 10,120 | 41 | 15 | 2 | 23 | 4 | 3 |
| 문래1동 | 14,709 | 50 | 50 | 0 | 14,660 | 59 | 17 | 23 | 18 | 1 | 41 | 11,675 | 69 | 10 | 2 | 50 | 9 | 9 |
| 문래2동 | 14,092 | 50 | 50 | 0 | 14,058 | 52 | 14 | 22 | 15 | 1 | 47 | 10,834 | 62 | 12 | 2 | 45 | 6 | 6 |
| 신길1동 | 22,157 | 50 | 50 | 1 | 21,997 | 50 | 17 | 19 | 13 | 1 | 47 | 17,871 | 43 | 12 | 2 | 25 | 6 | 3 |
| 신길2동 | 11,008 | 50 | 50 | 3 | 10,695 | 49 | 21 | 17 | 10 | 1 | 51 | 8,807 | 38 | 15 | 3 | 21 | 5 | 2 |
| 신길3동 | 20,350 | 50 | 50 | 1 | 20,176 | 53 | 18 | 22 | 11 | 1 | 47 | 15,532 | 35 | 13 | 3 | 21 | 5 | 2 |
| 신길4동 | 13,720 | 50 | 50 | 1 | 13,632 | 52 | 20 | 20 | 11 | 1 | 48 | 10,598 | 35 | 12 | 2 | 21 | 5 | 3 |
| 신길5동 | 17,547 | 50 | 50 | 2 | 17,276 | 52 | 17 | 23 | 12 | 1 | 47 | 13,499 | 34 | 14 | 3 | 18 | 4 | 2 |
| 신길6동 | 25,109 | 50 | 50 | 1 | 24,894 | 51 | 15 | 23 | 13 | 1 | 47 | 19,368 | 45 | 12 | 2 | 29 | 6 | 3 |
| 신길7동 | 20,272 | 50 | 50 | 1 | 20,113 | 60 | 17 | 26 | 16 | 0 | 40 | 14,984 | 57 | 12 | 2 | 36 | 6 | 9 |
| 양평1동 | 14,625 | 51 | 49 | 1 | 14,506 | 52 | 17 | 22 | 12 | 1 | 47 | 11,596 | 51 | 13 | 3 | 33 | 5 | 5 |
| 양평2동 | 20,822 | 50 | 50 | 0 | 20,741 | 53 | 15 | 24 | 12 | 1 | 47 | 15,407 | 59 | 11 | 2 | 41 | 6 | 7 |
| 여의도동 | 27,370 | 49 | 51 | 0 | 27,261 | 67 | 13 | 29 | 24 | 1 | 31 | 21,088 | 87 | 7 | 1 | 60 | 8 | 20 |
| 영등포1동 | 16,203 | 51 | 49 | 1 | 16,037 | 51 | 16 | 18 | 17 | 1 | 49 | 12,019 | 55 | 13 | 2 | 36 | 5 | 6 |
| 영등포2동 | 4,658 | 62 | 38 | 1 | 4,600 | 50 | 21 | 20 | 9 | 1 | 44 | 4,154 | 28 | 12 | 2 | 14 | 2 | 2 |
| 영등포3동 | 11,363 | 51 | 49 | 1 | 11,297 | 56 | 19 | 22 | 14 | 1 | 44 | 9,033 | 51 | 14 | 2 | 32 | 5 | 5 |

대림2동에 사는 사람의 10%는 외국인이다. 여의도동은 67%가 종교가 있는 반면 대림2동은 56%가 종교 없이 산다. 대학 이상 학력자 비중은 여의도동에서 가장 높고 영등포2동에서 가장 낮다.

# 영등포구에 사는 취업자가 100명이라면 :
# 75명은 봉급쟁이

영등포구에 사는 15세 이상 인구 32만3천 명 가운데 취업해 직장에 다니는 사람(취업자)은 16만6천 명이다. 영등포구 취업자가 100명이라면 57명은 30~40대, 22명은 20대이며, 15명은 50대다. 65세 이상 노인 2명도 일하고 있다.

75명은 회사에서 봉급을 받고 일하는 직장인이다. 14명은 고용한 사람 없이 혼자서 일하는 자영업자이며, 8명은 누군가를 고용해 사업체를 경영하는 사업주다. 3명은 가족이 운영하는 사업체에서 보수 없이 일하고 있다.

직업은 사무직 23명, 전문가와 판매직 각 13명, 기술직 및 준전문가 12명, 서비스직 11명이다. 또 9명은 기능직, 8명은 단순 노무직, 6명은 장치 기계 조작 및 조립직, 4명은 고위 관리직으로 각각 일하고 있다.

직장으로 출근하는 데 30분 이상 걸리는 사람은 58명으로, 그 가운데 19명은 1시간 이상 걸린다. 21명은 걸어서 출근하고 79명은 교통수단을 이용해 출근한다. 79명 가운데 26명은 자가용으로, 다른 26명은 전철로, 15명은 시내버스로 출근한다. 1명은 통근 버스로, 다른 1명은 택시로, 또 다른 1명은 자전거로 출근하며 7명은 전철과 버스 또는 승용차를 갈아타며 출근한다.

87명은 사무실이나 공장 등에서 일하는 반면, 9명은 야외나 거리 또는 운송 수단에서 일한다. 2명은 자기 집에서, 2명은 남의 집에서 일한다.

## 영등포구에 100가구가 산다면 :
## 54가구가 셋방살이

영등포구에는 13만5,600가구가 산다(일반 가구 기준). 영등포구에 사는 가구를 100가구로 친다면 43가구는 식구가 한 명 또는 두 명인 1, 2인 가구이며, 이 가운데 21가구는 나 홀로 사는 1인 가구다. 식구 4명은 27가구, 3명은 22가구, 5명은 7가구다.

　나 홀로 사는 1인 가구 비중을 보면, 영등포2동에 사는 가구 중 52%이며, 신길1동과 도림2동도 30%가 넘는다. 반면 문래1동은 9%에 그치며 여의도동과 양평2동도 13%에 머문다.

　44가구는 자신이 소유한 집에서 살고, 54가구는 셋방에 살며, 2가구는 직장의 사택이나 친척집 등에서 무상으로 살고 있다. 자기 집에 사는 가구 중 6가구는 현재 살고 있는 집 외에 최소 한 채에서 여러 채를 소유한 다주택자들이다.

　셋방 사는 가구 가운데 35가구는 전세에, 17가구는 보증금 있는 월세에, 2가구는 보증금 없는 월세 또는 사글세에 살고 있다. 셋방 사는 가구 중 5가구는 어딘가에 자신 명의의 집을 소유하고 있으나 경제 사정이나 자녀 교육, 직장 등의 사정으로 셋방에 살고 있다.

　65가구는 현재 사는 집으로 이사 온 지 5년이 안 되며, 이 가운데 36가구는 2년이 안 된다. 19가구는 5~10년이 됐고, 16가구는 10년이 넘었다.

　53가구는 자동차를 소유하고 있고 이 가운데 40가구는 자기 집에 전용 주차장이 있다. 자동차 소유 가구 중 7가구는 차를 2대 이상 소유하고 있다.

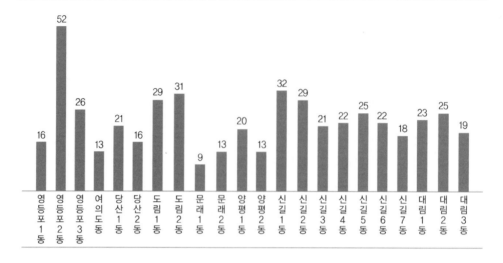

**그림 2_3.78**

## 서울시 영등포구 동네별 1인 가구

(단위 : %)

영등포1동 16 / 영등포2동 52 / 영등포3동 26 / 여의도동 13 / 당산1동 21 / 당산2동 16 / 도림1동 29 / 도림2동 31 / 문래1동 9 / 문래2동 13 / 양평1동 20 / 양평2동 13 / 신길1동 32 / 신길2동 29 / 신길3동 21 / 신길4동 22 / 신길5동 25 / 신길6동 22 / 신길7동 18 / 대림1동 23 / 대림2동 25 / 대림3동 19

## 집 많은 사람, 집 없는 사람 :
## 문래1동 81% 주택 소유, 영등포2동 74% 무주택

영등포구에 사는 100가구 중 50가구는 주택 소유자이고, 50가구는 무주택자다. 22개 동네 가운데 9개 동네는 주택 소유자가 더 많고 13개 동네는 무주택자가 더 많다. 주택 소유자는 문래1동 81%를 비롯해 여의도동 78%, 문래2동 72%, 당산2동·양평2동 69% 순으로 높다. 반면 무주택자는 영등포2동 74%를 비롯해 도림1동 70%, 신길1동 69%, 신길4동 66%, 대림1동 64% 순으로 높다.

영등포구 가구의 6%는 집을 두 채 이상 소유한 다주택자다. 동네

표 2_3.116

## 서울시 영등포구의 다주택자

(단위 : 가구, 호)

| 구분 | | | 가구 수 | 주택 수 | 평균 주택 수 |
|---|---|---|---|---|---|
| 일반 가구 | | | 135,609 | – | – |
| 자가 가구 | | | 59,491 | – | – |
| 다주택 가구 | 통계청 | | 8,675 | – | – |
| | 행자부 | 계 | 6,787 | 16,916 | 3 |
| | | 2채 | 5,624 | 11,248 | 2 |
| | | 3채 | 625 | 1,875 | 3 |
| | | 4채 | 196 | 784 | 4 |
| | | 5채 | 87 | 435 | 5 |
| | | 6~10채 | 188 | 1,381 | 7 |
| | | 11채 이상 | 67 | 1,193 | 18 |

별로는 문래1동 17%를 비롯해 여의도동 14%, 당산2동·문래2동·양평2동 10% 순으로 높다. 반면 영등포2동·도림1동·신길1동·대림1동은 3%로 가장 낮다.

영등포구 주택 소유자 50가구 중 5가구는 어딘가 자신 명의의 집이 있지만 사정이 있어 셋방에 사는 유주택 전월세 가구로 여의도동 13%, 문래1동 9%, 당산2동 8% 순으로 높다.

주택 소유자 중 유주택 전월세 가구를 제외한 44가구는 자기 집에 사는데 문래1동 72%, 문래2동 67%, 여의도동 64%, 당산2동 61% 순이다.

유주택 전월세를 포함한 54가구가 셋방에 사는데 영등포2동 74%, 대림2동 73%, 도림1동 72%, 신길1동·신길4동 69% 순으로 높다.

유주택 전월세를 제외한 49가구는 집이 아예 없는 무주택 전월세

표 2_3.117

# 서울시 영등포구 주택의 점유·소유 형태별 가구

(단위 : 가구, %)

| 행정구역 | 전체 가구 | 자기 집에 거주 | | | 셋방에 거주 | | | 무상으로 거주 | | 주택 소유 | 무주택 |
|---|---|---|---|---|---|---|---|---|---|---|---|
| | | 계 | 집 한 채 | 집 여러 채 | 계 | 집 없음 | 집 있음 | 집 없음 | 집 있음 | | |
| 영등포구 | 135,609 | 44 | 37 | 6 | 54 | 49 | 5 | 2 | 0 | 50 | 50 |
| 당산1동 | 6,887 | 46 | 38 | 7 | 53 | 47 | 6 | 1 | 0 | 52 | 48 |
| 당산2동 | 10,391 | 61 | 51 | 10 | 38 | 30 | 8 | 1 | 0 | 69 | 31 |
| 대림1동 | 6,319 | 34 | 31 | 3 | 65 | 62 | 2 | 1 | 0 | 36 | 64 |
| 대림2동 | 7,551 | 26 | 23 | 4 | 73 | 69 | 3 | 1 | 0 | 30 | 70 |
| 대림3동 | 10,172 | 45 | 41 | 5 | 54 | 50 | 3 | 1 | 0 | 49 | 51 |
| 도림1동 | 2,996 | 27 | 24 | 3 | 72 | 69 | 2 | 1 | 0 | 30 | 70 |
| 도림2동 | 4,884 | 33 | 30 | 4 | 65 | 62 | 3 | 2 | 0 | 37 | 63 |
| 문래1동 | 4,477 | 72 | 56 | 17 | 27 | 18 | 9 | 1 | 0 | 81 | 19 |
| 문래2동 | 4,547 | 67 | 57 | 10 | 32 | 27 | 5 | 1 | 0 | 72 | 28 |
| 신길1동 | 8,486 | 28 | 25 | 3 | 69 | 66 | 3 | 3 | 0 | 31 | 69 |
| 신길2동 | 4,098 | 36 | 31 | 4 | 63 | 60 | 3 | 1 | 0 | 39 | 61 |
| 신길3동 | 6,953 | 35 | 31 | 4 | 63 | 60 | 3 | 1 | 0 | 39 | 61 |
| 신길4동 | 4,759 | 30 | 25 | 4 | 69 | 65 | 4 | 1 | 0 | 34 | 66 |
| 신길5동 | 6,214 | 31 | 27 | 4 | 67 | 64 | 3 | 2 | 0 | 34 | 66 |
| 신길6동 | 8,743 | 41 | 36 | 5 | 58 | 52 | 6 | 2 | 0 | 46 | 54 |
| 신길7동 | 6,559 | 33 | 29 | 4 | 49 | 45 | 4 | 14 | 4 | 41 | 59 |
| 양평1동 | 5,090 | 50 | 45 | 6 | 48 | 42 | 6 | 1 | 0 | 57 | 43 |
| 양평2동 | 6,577 | 63 | 53 | 10 | 36 | 30 | 6 | 1 | 0 | 69 | 31 |
| 여의도동 | 8,991 | 64 | 49 | 14 | 35 | 22 | 13 | 1 | 1 | 78 | 22 |
| 영등포1동 | 5,070 | 51 | 44 | 7 | 48 | 42 | 6 | 1 | 0 | 57 | 43 |
| 영등포2동 | 1,782 | 23 | 20 | 3 | 74 | 71 | 3 | 3 | 0 | 26 | 74 |
| 영등포3동 | 4,063 | 46 | 38 | 8 | 52 | 45 | 6 | 2 | 0 | 52 | 48 |

문래1동 가구의 81%가 집을 소유하고 있고 17%는 두 채 이상 갖고 있다. 반면 영등포2동은 74%가 무주택자다. 여의도동 가구의 13%는 어딘가에 집을 사놓고 셋방에 산다.

가구인데, 영등포2동 71%, 도림1동·대림2동 69%, 신길4동 65% 순으로 높다.


## 영등포구에 있는 집이 100채라면 :
## 61채는 아파트, 23채는 단독주택

영등포구에는 집(주택과 주택 이외의 거처, 빈집 제외)이 8만9,400채가 있다. 영등포구에 있는 집이 100채라면 61채는 아파트고 23채는 단독주택, 5채는 다세대주택, 3채는 연립주택이다. 또 1채는 상가 내 거처 등 비거주용 건물 내 주택이고, 6채는 오피스텔을 비롯한 주택 이외의 거처다.

여의도동에 있는 거처 96%가 아파트인 것을 비롯해 12개 동네가 거처 절반 이상이 아파트인 아파트촌이다. 반면 도림1동 거처의 83%는 단독주택이며, 이를 포함해 6개 동네는 단독주택이 절반이 넘는다. 반면 신길2동은 단독주택과 다세대주택이 76%를 차지하고 있으며, 대림2동은 20% 이상이 연립주택이고, 영등포2동과 도림2동은 20% 이상이 주택 이외의 거처다.

영등포구 100가구 가운데 48가구는 단독주택에, 40가구는 아파트에 산다. 3가구는 다세대주택에, 2가구는 연립주택에 산다. 또 2가구는 비거주용 건물 내 주택에, 4가구는 오피스텔 등 주택 이외의 거처에 산다.

여의도동 거주 가구의 96%는 아파트에 살고 나머지 4%는 오피스텔 등 주택 이외의 거처에 산다. 이 밖에도 문래1동(79%), 문래2동

표 2_3.118

# 서울시 영등포구 거처의 종류별·연건평별·건축년도별 주택

**(단위 : 호, 가구, %)**

| 행정구역 | 거처의 종류별 거처와 가구 | | | | | | | | | | | | | |
|---|---|---|---|---|---|---|---|---|---|---|---|---|---|---|
| | 계 | | 단독주택 | | 아파트 | | 연립주택 | | 다세대주택 | | 비거주용 건물 내 주택 | | 주택 이외의 거처 | |
| | 거처 | 가구 | 거처 | 가구 | 거처 | 가구 | 거처 | 가구 | 거처 | 가구 | 거처 | 가구 | 거처 | 가구 |
| 영등포구 | 89,397 | 135,716 | 23 | 48 | 61 | 40 | 3 | 2 | 5 | 3 | 1 | 2 | 6 | 5 |
| 당산1동 | 5,002 | 6,891 | 19 | 39 | 68 | 49 | 2 | 2 | 1 | 1 | 3 | 4 | 7 | 5 |
| 당산2동 | 9,220 | 10,399 | 6 | 16 | 83 | 74 | 1 | 1 | 2 | 2 | 1 | 1 | 6 | 6 |
| 대림1동 | 2,740 | 6,322 | 52 | 78 | 26 | 11 | 13 | 6 | 6 | 3 | 4 | 2 | 0 | 0 |
| 대림2동 | 2,890 | 7,552 | 59 | 83 | 8 | 3 | 20 | 8 | 8 | 3 | 2 | 1 | 4 | 2 |
| 대림3동 | 6,140 | 10,172 | 22 | 51 | 62 | 37 | 3 | 2 | 10 | 6 | 2 | 3 | 1 | 1 |
| 도림1동 | 1,033 | 2,998 | 83 | 93 | 0 | 0 | 5 | 2 | 11 | 4 | 1 | 0 | 1 | 1 |
| 도림2동 | 2,725 | 4,885 | 33 | 61 | 25 | 14 | 0 | 0 | 15 | 8 | 1 | 1 | 27 | 15 |
| 문래1동 | 4,328 | 4,481 | 3 | 5 | 82 | 79 | 1 | 1 | 0 | 0 | 1 | 1 | 13 | 13 |
| 문래2동 | 4,489 | 4,549 | 2 | 3 | 78 | 77 | 0 | 0 | 0 | 0 | 1 | 1 | 19 | 19 |
| 신길1동 | 3,758 | 8,495 | 54 | 79 | 22 | 10 | 4 | 2 | 8 | 4 | 1 | 1 | 10 | 5 |
| 신길2동 | 2,063 | 4,100 | 42 | 70 | 23 | 12 | 0 | 0 | 34 | 17 | 2 | 2 | 0 | 0 |
| 신길3동 | 3,273 | 6,956 | 52 | 77 | 42 | 20 | 1 | 1 | 3 | 1 | 2 | 2 | 0 | 0 |
| 신길4동 | 2,455 | 4,760 | 37 | 67 | 47 | 24 | 8 | 4 | 6 | 3 | 1 | 1 | 0 | 0 |
| 신길5동 | 2,622 | 6,219 | 61 | 83 | 11 | 5 | 7 | 3 | 19 | 8 | 2 | 1 | 0 | 0 |
| 신길6동 | 5,301 | 8,748 | 30 | 57 | 59 | 36 | 5 | 3 | 5 | 3 | 1 | 1 | 0 | 0 |
| 신길7동 | 4,346 | 6,562 | 23 | 48 | 66 | 44 | 3 | 2 | 7 | 5 | 2 | 2 | 0 | 0 |
| 양평1동 | 4,294 | 5,093 | 16 | 28 | 60 | 51 | 3 | 3 | 1 | 1 | 2 | 3 | 17 | 15 |
| 양평2동 | 5,664 | 6,577 | 7 | 19 | 83 | 71 | 4 | 4 | 2 | 2 | 1 | 1 | 2 | 2 |
| 여의도동 | 8,972 | 8,992 | 0 | 0 | 96 | 96 | 0 | 0 | 0 | 0 | 0 | 0 | 4 | 4 |
| 영등포1동 | 3,827 | 5,082 | 13 | 34 | 78 | 59 | 1 | 1 | 7 | 5 | 0 | 0 | 1 | 1 |
| 영등포2동 | 1,093 | 1,814 | 45 | 62 | 16 | 9 | 2 | 1 | 4 | 2 | 4 | 3 | 29 | 22 |
| 영등포3동 | 3,162 | 4,069 | 23 | 36 | 56 | 44 | 1 | 1 | 4 | 3 | 1 | 2 | 14 | 15 |

| 연건평별 주택 | | | | | 건축년도별 주택 | | | |
|---|---|---|---|---|---|---|---|---|
| 총 주택 수 | 14평 미만 | 14~19평 | 19~29평 | 29평 이상 | 총 주택 수 | 1995~2005년 | 1985~1994년 | 1985년 이전 |
| 83,660 | 8 | 19 | 40 | 33 | 83,660 | 46 | 27 | 27 |
| 4,668 | 13 | 17 | 44 | 26 | 4,668 | 41 | 35 | 23 |
| 8,623 | 4 | 21 | 44 | 30 | 8,623 | 70 | 11 | 19 |
| 2,739 | 6 | 18 | 25 | 51 | 2,739 | 44 | 29 | 27 |
| 2,772 | 3 | 12 | 24 | 60 | 2,772 | 36 | 43 | 21 |
| 6,070 | 7 | 20 | 47 | 27 | 6,070 | 38 | 57 | 5 |
| 1,026 | 5 | 13 | 15 | 67 | 1,026 | 19 | 59 | 23 |
| 2,001 | 14 | 20 | 31 | 35 | 2,001 | 60 | 26 | 13 |
| 3,748 | 2 | 20 | 38 | 40 | 3,748 | 67 | 10 | 22 |
| 3,652 | 7 | 20 | 64 | 9 | 3,652 | 43 | 44 | 13 |
| 3,368 | 9 | 16 | 25 | 50 | 3,368 | 36 | 36 | 29 |
| 2,062 | 12 | 16 | 47 | 26 | 2,062 | 36 | 48 | 16 |
| 3,267 | 3 | 20 | 34 | 43 | 3,267 | 14 | 70 | 16 |
| 2,453 | 19 | 14 | 22 | 45 | 2,453 | 53 | 18 | 29 |
| 2,614 | 12 | 12 | 28 | 48 | 2,614 | 25 | 45 | 30 |
| 5,291 | 16 | 19 | 41 | 24 | 5,291 | 22 | 42 | 36 |
| 4,342 | 6 | 17 | 58 | 20 | 4,342 | 63 | 16 | 21 |
| 3,556 | 14 | 39 | 35 | 12 | 3,556 | 48 | 23 | 29 |
| 5,533 | 3 | 30 | 58 | 9 | 5,533 | 72 | 20 | 7 |
| 8,598 | 3 | 11 | 26 | 60 | 8,598 | 12 | 1 | 87 |
| 3,791 | 4 | 19 | 67 | 10 | 3,791 | 85 | 8 | 7 |
| 775 | 25 | 23 | 28 | 24 | 775 | 25 | 9 | 66 |
| 2,711 | 7 | 22 | 35 | 37 | 2,711 | 75 | 7 | 18 |

여의도동 가구의 96%는 아파트에 산다. 반면 도림1동은 93%가 단독주택에 산다. 영등포2동은 22%가 주택 이외의 거처에 산다.

(77%), 당산2동(74%), 양평2동(71%)에서도 동네 사람의 70% 이상
이 아파트에 살고, 양평1동도 절반이 넘는 사람이 아파트에 산다.

반면 도림1동에 사는 사람의 93%는 단독주택에 살고 4%는 다세
대주택에, 2%는 연립주택에, 1%는 주택 이외의 거처에 산다. 신길5
동(83%), 대림2동(83%), 대림1동(78%), 신길3동(77%), 신길2동
(70%) 등 12개 동네에서 절반 넘는 사람이 단독주택에 산다.

신길2동 사람의 17%는 다세대주택에, 대림2동 사람의 8%는 연립
주택에 산다. 또 영등포2동에 사는 사람의 22%를 비롯해 문래2동의
19%, 영등포3동·도림2동·양평1동의 15%, 문래1동의 13%는 오피스
텔을 비롯한 주택 이외의 거처에 산다.

지난 10년 동안 아파트와 다세대주택은 87%와 357%가 늘어난 반
면, 단독주택은 15%, 연립주택은 16%가 줄었다. 이에 따라 전체 주
택(주택 이외의 거처 제외)에서 차지하는 비중도 아파트는 48%에서
65%로, 다세대주택은 2%에서 6%로 증가했다. 반면 단독주택은
40%에서 24%로, 연립주택은 6%에서 3%로 줄었다.

크기별로는 29평 이상이 33채, 19~29평이 40채, 14~19평이 19채
이며, 14평 미만은 8채가 있다. 도림1동·여의도동·대림2동·대림1
동·신길1동은 절반 이상이 29평 이상 대형 평형이다. 반면 영등포2
동은 25%가 14평 미만이다.

46채는 지은 지 10년(1995~2005년)이 안 된 새집이며, 지은 지 20
년이 넘은 낡은 집은 27채로 조만간 재개발·재건축 대상 주택이 될
전망이다. 여의도동 주택의 87%, 영등포2동 주택의 66%는 20년이
넘었다. 반면 영등포1동 주택의 85%, 영등포3동·당산2동·양평2동
주택의 70% 이상은 10년이 안 됐다.

## 영등포구에서 지하 방에 사는 사람 :
## 신길5동·대림2동 23%가 (반)지하에 거주

영등포구에 사는 13만5,600가구를 100가구로 친다면 그 중 13가구는 식구에 비해 집이 너무 좁거나 시설이 제대로 갖춰지지 않아 인간다운 품위를 지키기 어려운 최저 주거 기준 미달 가구다.

또 100가구 가운데 88가구는 지상에 살지만, 10가구는 (반)지하에 살고, 2가구는 옥탑방에 산다. 신길5동과 대림2동에 사는 사람의 23%는 (반)지하 방에 산다. 두 곳을 포함해, 신길4동(19%), 도림1동(18%), 신길1동·신길2동·신길3동·대림1동(각 16%) 등 11개 동네에서 (반)지하 방에 사는 가구 비율이 10%나 넘었다. 여의도동과 문래1·문래2동을 제외한 나머지 동네도 2~6%가 (반)지하 방에 산다. 한편 신길3동 5%, 신길2동·신길4동·신길5동의 각 4%는 옥탑방에 산다. 또 영등포2동과 영등포3동 가구의 4%는 판잣집·비닐집·움막·쪽방 등에 산다.

영등포구 100가구 가운데 거실이나 부엌을 각각 1개의 방으로 쳐서 방 3개 이하에서 셋방살이를 떠도는 가구는 40가구에 달하지만, 가구 수 대비 공공 임대주택은 1채에 그친다. 좁디좁은 집에서 셋방살이를 떠도는 서민들의 고달픔을 풀려면 공공 임대주택을 현재의 40배 수준으로 늘려야 하는 것이다.

표 2_3.119

## 서울시 영등포구 (반)지하 등 거주 가구

(단위 : 가구, %)

| 사는 곳 | (반)지하 | | 옥탑 | | 판잣집·움막·비닐집 | | 기타 | |
|---|---|---|---|---|---|---|---|---|
| | 가구 | 비중 | 가구 | 비중 | 가구 | 비중 | 가구 | 비중 |
| 영등포구 | 12,996 | 10 | 2,719 | 2 | 49 | – | 369 | – |
| 당산1동 | 240 | 3 | 117 | 2 | 1 | – | 30 | – |
| 당산2동 | 225 | 2 | 53 | 1 | – | – | 1 | – |
| 대림1동 | 983 | 16 | 137 | 2 | – | – | – | – |
| 대림2동 | 1,736 | 23 | 213 | 3 | 1 | – | 1 | – |
| 대림3동 | 1,183 | 12 | 202 | 2 | – | – | – | – |
| 도림1동 | 533 | 18 | 98 | 3 | 1 | – | 4 | – |
| 도림2동 | 215 | 4 | 145 | 3 | – | – | 4 | – |
| 문래1동 | 5 | – | 4 | – | – | – | 28 | 1 |
| 문래2동 | – | – | 1 | – | 35 | 1 | 1 | – |
| 신길1동 | 1,353 | 16 | 294 | 3 | 1 | – | 27 | – |
| 신길2동 | 666 | 16 | 145 | 4 | – | – | – | – |
| 신길3동 | 1,096 | 16 | 343 | 5 | – | – | 1 | – |
| 신길4동 | 915 | 19 | 174 | 4 | – | – | 1 | – |
| 신길5동 | 1,399 | 23 | 277 | 4 | 4 | – | – | – |
| 신길6동 | 999 | 11 | 151 | 2 | – | – | 1 | – |
| 신길7동 | 713 | 11 | 104 | 2 | – | – | 2 | – |
| 양평1동 | 106 | 2 | 82 | 2 | – | – | 3 | – |
| 양평2동 | 202 | 3 | 41 | 1 | – | – | 25 | – |
| 여의도동 | – | 0 | – | – | – | – | – | – |
| 영등포1동 | 302 | 6 | 88 | 2 | – | – | 10 | – |
| 영등포2동 | 35 | 2 | 23 | 1 | 6 | – | 74 | 4 |
| 영등포3동 | 90 | 2 | 27 | 1 | – | – | 156 | 4 |

신길5동과 대림2동 가구의 23%는 (반)지하에 산다. 신길4동 19%를 비롯해 다른 9개 동네에서도 10% 이상이 (반)지하에 산다. 또 영등포2동과 3동은 4%가 쪽방 등에 산다.

## 영등포구 유권자가 <u>100명</u>이라면

정당 지지도를 알 수 있는 최근 네 차례 선거(제3~4회 동시지방선거, 제17~18대 총선)를 기준으로 영등포구 유권자 수는 대략 31만~33만 명이며 평균 투표율은 51%였다.

영등포구 유권자가 100명이라면 2002년 지방선거에서는 51명이 한나라당을, 37명이 새천년민주당을, 6명이 민주노동당을, 3명이 자민련을 각각 지지했다. 2004년 총선에서는 38명이 열린우리당을, 36명이 한나라당을, 12명이 민주노동당을, 9명이 새천년민주당을, 3명이 자민련을 찍었다.

2006년 지방선거에서는 57명이 한나라당을, 22명이 열린우리당을, 10명이 민주당을, 9명이 민주노동당을 지지했다. 2008년 총선에서는 39명이 한나라당을, 29명이 통합민주당을, 12명이 친박연대를 찍었다. 또한 5명은 창조한국당을, 다른 5명은 자유선진당을, 4명은 진보신당을, 다른 4명은 민주노동당을 찍었다.

네 차례 선거의 동네별 투표율은 문래1동·문래2동·당산2동·양평2동에서 가장 높았다. 반면 영등포2동·대림2동·신길5동·도림1동에서 가장 낮았다. 문래1동과 영등포2동의 투표율 격차는 최소 10%에서 최대 18%까지 벌어졌다.

한나라당 득표율은 여의도동·문래1동·영등포3동·당산2동에서 가장 높았다. 반면 도림2동·대림2동·신길5동·영등포1동에서 가장 낮았다. 여의도동과 대림2동의 한나라당 득표율 격차는 최소 18%에서 최대 31%까지 벌어졌다.

민주(＋열린우리)당 득표율은 대림2동·도림2동·신길5동·영등포

1동에서 가장 높았다. 반면 여의도동·문래1동·당산2동·영등포3동에서 가장 낮았다. 대림2동과 여의도동의 득표율 격차는 최소 20%에서 최대 26%까지 벌어졌다.

민주노동당＋진보신당 득표율은 영등포1동과 양평2동에서 상대적으로 높았다.

그림 2_3.79

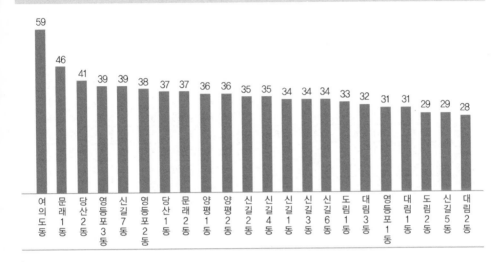

서울시 영등포구 동네별 한나라당 득표율

2004년 총선(단위 : %)

그림 2_3.80

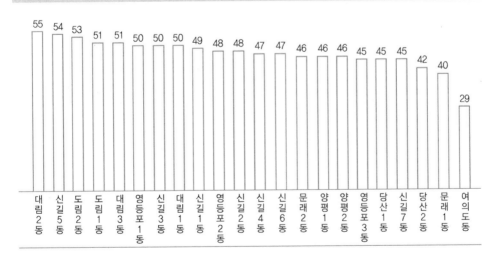

서울시 영등포구 동네별 민주(＋열린우리)당 득표율

2004년 총선(단위 : %)

표 2_3.120

# 서울시 영등포구 역대 선거 투표율과 정당 지지율

2002~2008년(단위 : 명, %)

| 행정구역 | 2002년 지방선거 | | | | | | | 2004년 총선 | | | | | | | |
|---|---|---|---|---|---|---|---|---|---|---|---|---|---|---|---|
| | 선거인 수 | 투표율 | 한나라당 | 새천년민주당 | 자민련 | 민주노동당 | 기타정당 | 선거인 수 | 투표율 | 한나라당 | 새천년민주당 | 열린우리당 | 자민련 | 민주노동당 | 기타정당 |
| 영등포구 | 307,394 | 46 | 51 | 37 | 3 | 6 | 3 | 312,684 | 63 | 36 | 9 | 38 | 3 | 12 | 2 |
| 당산1동 | 15,378 | 45 | 53 | 34 | 3 | 7 | 3 | 16,296 | 63 | 37 | 8 | 37 | 3 | 12 | 2 |
| 당산2동 | 18,371 | 50 | 55 | 33 | 3 | 6 | 3 | 23,412 | 70 | 41 | 8 | 35 | 2 | 13 | 2 |
| 대림1동 | 15,383 | 43 | 47 | 41 | 4 | 5 | 2 | 14,736 | 58 | 31 | 10 | 41 | 4 | 12 | 3 |
| 대림2동 | 17,324 | 40 | 42 | 47 | 3 | 6 | 3 | 16,081 | 56 | 28 | 12 | 43 | 3 | 12 | 2 |
| 대림3동 | 24,717 | 45 | 47 | 41 | 3 | 6 | 2 | 23,950 | 62 | 32 | 10 | 41 | 2 | 13 | 2 |
| 도림1동 | 6,995 | 41 | 47 | 39 | 4 | 7 | 3 | 6,597 | 56 | 33 | 10 | 40 | 3 | 11 | 2 |
| 도림2동 | 9,475 | 48 | 43 | 42 | 4 | 7 | 3 | 9,448 | 60 | 29 | 10 | 43 | 3 | 13 | 2 |
| 문래1동 | 8,897 | 52 | 61 | 29 | 2 | 6 | 2 | 10,882 | 71 | 46 | 8 | 32 | 2 | 10 | 2 |
| 문래2동 | 10,114 | 51 | 54 | 36 | 3 | 6 | 2 | 9,807 | 70 | 37 | 9 | 37 | 2 | 13 | 2 |
| 신길1동 | 18,760 | 44 | 50 | 38 | 4 | 6 | 3 | 17,689 | 58 | 34 | 9 | 40 | 3 | 12 | 2 |
| 신길2동 | 9,284 | 42 | 51 | 36 | 4 | 6 | 2 | 8,885 | 60 | 35 | 10 | 38 | 3 | 12 | 2 |
| 신길3동 | 16,728 | 42 | 49 | 39 | 4 | 6 | 2 | 16,331 | 60 | 34 | 10 | 40 | 3 | 11 | 2 |
| 신길4동 | 11,665 | 44 | 48 | 40 | 3 | 6 | 3 | 11,431 | 58 | 35 | 9 | 38 | 3 | 13 | 3 |
| 신길5동 | 14,982 | 41 | 45 | 45 | 3 | 5 | 2 | 14,463 | 56 | 29 | 10 | 44 | 3 | 12 | 2 |
| 신길6동 | 19,970 | 43 | 52 | 37 | 3 | 6 | 2 | 18,246 | 60 | 34 | 9 | 38 | 3 | 14 | 3 |
| 신길7동 | 14,260 | 43 | 53 | 37 | 3 | 5 | 2 | 15,364 | 63 | 39 | 8 | 37 | 2 | 12 | 2 |
| 양평1동 | 11,332 | 46 | 53 | 36 | 2 | 6 | 2 | 10,679 | 64 | 36 | 8 | 38 | 2 | 12 | 2 |
| 양평2동 | 15,749 | 50 | 54 | 35 | 2 | 6 | 3 | 15,618 | 69 | 36 | 8 | 38 | 2 | 15 | 2 |
| 여의도동 | 21,445 | 51 | 72 | 21 | 2 | 4 | 2 | 22,128 | 67 | 59 | 6 | 23 | 2 | 7 | 3 |
| 영등포1동 | 7,739 | 45 | 44 | 43 | 3 | 8 | 2 | 11,275 | 67 | 31 | 9 | 41 | 2 | 14 | 2 |
| 영등포2동 | 4,706 | 42 | 51 | 38 | 5 | 4 | 3 | 4,651 | 54 | 38 | 11 | 36 | 3 | 9 | 2 |
| 영등포3동 | 7,537 | 51 | 55 | 34 | 4 | 5 | 3 | 7,689 | 65 | 39 | 8 | 37 | 3 | 10 | 3 |

| 2006년 지방선거 | | | | | | | 2008년 총선 | | | | | | | | | |
|---|---|---|---|---|---|---|---|---|---|---|---|---|---|---|---|---|
| 선거인 수 | 투표율 | 열린우리당 | 한나라당 | 민주당 | 민주노동당 | 기타정당 | 선거인 수 | 투표율 | 통합민주당 | 한나라당 | 자유선진당 | 민주노동당 | 창조한국당 | 친박연대 | 진보신당 | 기타정당 |
| 325,010 | 50 | 22 | 57 | 10 | 9 | 1 | 326,350 | 46 | 29 | 39 | 5 | 4 | 5 | 12 | 4 | 3 |
| 16,955 | 49 | 22 | 57 | 9 | 10 | 2 | 16,902 | 47 | 30 | 37 | 5 | 4 | 5 | 11 | 4 | 3 |
| 25,454 | 55 | 20 | 61 | 9 | 9 | 1 | 25,507 | 50 | 27 | 40 | 5 | 4 | 5 | 12 | 5 | 3 |
| 15,096 | 44 | 23 | 52 | 14 | 10 | 1 | 14,742 | 39 | 33 | 36 | 5 | 4 | 4 | 11 | 3 | 5 |
| 15,686 | 42 | 24 | 49 | 15 | 10 | 2 | 15,601 | 39 | 36 | 36 | 5 | 3 | 4 | 10 | 3 | 4 |
| 23,908 | 49 | 25 | 50 | 13 | 11 | 2 | 23,962 | 42 | 33 | 35 | 5 | 3 | 5 | 12 | 4 | 4 |
| 6,443 | 44 | 24 | 56 | 11 | 7 | 1 | 6,383 | 40 | 32 | 37 | 5 | 5 | 4 | 12 | 2 | 3 |
| 10,188 | 49 | 26 | 48 | 16 | 9 | 1 | 11,455 | 43 | 35 | 33 | 4 | 5 | 5 | 11 | 4 | 3 |
| 12,169 | 57 | 18 | 65 | 8 | 8 | 1 | 12,342 | 54 | 25 | 44 | 5 | 3 | 4 | 13 | 4 | 3 |
| 11,291 | 55 | 25 | 54 | 10 | 11 | 1 | 11,637 | 53 | 31 | 35 | 5 | 4 | 6 | 11 | 5 | 3 |
| 17,370 | 46 | 23 | 56 | 10 | 9 | 1 | 17,210 | 40 | 30 | 37 | 6 | 3 | 5 | 11 | 3 | 4 |
| 8,813 | 48 | 22 | 58 | 11 | 8 | 2 | 8,729 | 43 | 30 | 37 | 4 | 5 | 4 | 13 | 2 | 4 |
| 16,352 | 47 | 22 | 58 | 12 | 8 | 1 | 15,977 | 43 | 30 | 38 | 5 | 4 | 5 | 11 | 3 | 4 |
| 11,103 | 48 | 22 | 56 | 12 | 9 | 1 | 11,147 | 42 | 32 | 36 | 5 | 4 | 4 | 12 | 3 | 4 |
| 14,122 | 44 | 27 | 51 | 11 | 10 | 2 | 13,932 | 39 | 34 | 34 | 6 | 4 | 5 | 11 | 2 | 5 |
| 19,761 | 47 | 22 | 56 | 10 | 11 | 1 | 19,482 | 42 | 29 | 37 | 6 | 4 | 5 | 12 | 4 | 4 |
| 15,119 | 51 | 21 | 60 | 9 | 9 | 1 | 15,057 | 44 | 26 | 40 | 5 | 3 | 5 | 13 | 4 | 4 |
| 12,732 | 50 | 23 | 57 | 8 | 11 | 1 | 13,355 | 47 | 29 | 38 | 5 | 4 | 5 | 12 | 5 | 3 |
| 16,060 | 55 | 24 | 56 | 8 | 11 | 1 | 16,112 | 50 | 30 | 38 | 5 | 4 | 5 | 11 | 4 | 2 |
| 23,730 | 55 | 12 | 77 | 5 | 5 | 1 | 24,474 | 47 | 16 | 54 | 5 | 1 | 4 | 14 | 4 | 3 |
| 12,013 | 51 | 26 | 52 | 11 | 10 | 1 | 11,926 | 49 | 33 | 35 | 4 | 5 | 5 | 11 | 4 | 4 |
| 4,919 | 39 | 20 | 60 | 12 | 6 | 2 | 5,637 | 37 | 32 | 37 | 5 | 4 | 2 | 15 | 2 | 4 |
| 9,669 | 52 | 20 | 62 | 8 | 8 | 1 | 9,496 | 48 | 26 | 41 | 5 | 4 | 4 | 13 | 3 | 4 |

투표율은 문래1동과 2동, 당산2동, 양평2동에서 높았다. 한나라당 득표율은 여의도동, 문래1동, 영등포3동, 당산2동에서 높았다. 민주(+열린우리)당 득표율은 대림2동, 도림2동, 신길5동, 영등포1동에서 높았다.

숫자
**100**
으로
본 **서울시 용산구** 20개 동네

2005년 현재 서울시 용산구 20개 동에 있는 집 5만 채, 오피스텔 1천 채 등 거처 5만1천 여 곳에 22만 명이 살고 있다.

서울시 용산구가 100명이 사는 마을이라면 어떤 모습일까?

## 숫자 <u>100으로</u> 본 용산구

용산구에 사는 사람은 서울시 평균인과 학력 수준이 비슷하고 종교 인구는 약간 더 많다. 평균에 비해 봉급쟁이는 적고 자영업자와 사업주는 더 많은데 고위 관리직, 서비스직, 판매직에 종사하는 사람이 많으며 출퇴근 시간은 더 짧다.

단독주택 거주자, 무주택자, 1인 가구가 많고 거주 기간은 긴 편이며, 자동차를 가진 사람은 더 적다. 가구의 10%는 (반)지하에 살고 39%는 거실과 부엌을 포함한 방 3칸 이하 셋방에 사는데, 이들을 위한 소형 주택도 적고 공공 임대주택도 1%로 매우 부족하다.

최근 7년 동안 용산구에서 한나라당은 41~59%, 민주(＋열린우리) 당은 25~43%를, 민주노동당＋진보신당은 6~11%를 얻었다. 그러나

518

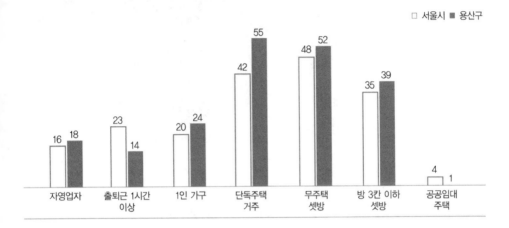

그림 2_3.81

## 서울시와 용산구 주요 지수 평균 비교

(단위 : %)

☐ 서울시 ■ 용산구

| 자영업자 | 출퇴근 1시간 이상 | 1인 가구 | 단독주택 거주 | 무주택 셋방 | 방 3칸 이하 셋방 | 공공임대 주택 |
|---|---|---|---|---|---|---|
| 16 18 | 23 14 | 20 24 | 42 55 | 48 52 | 35 39 | 4 1 |

동네별로는 차이가 컸다.


**용산구 인구가 100명이라면 :**

**대학 이상 학력자 50명, 종교 인구 57명**


서울시 용산구에 사는 사람은 22만 명에 달한다. 용산구 인구가 100명이라면 남자 대 여자의 수는 49 대 51로 여성이 더 많다. 100명 중 3명은 외국인으로 서울 시내 25개 구 가운데 외국인 비중이 가장 높다. 이태원1동과 2동, 한남1동과 2동, 용산2가동과 이촌1동은 동네 사람 가운데 6~8%가 외국인이다. 20명은 어린이와 청소년이고(19살 미만), 80명은 어른이다. 어른 가운데 10명은 노인(65세 이상)이다.

지역적으로는 이촌1동에 12명이 살며 보광동·후암동 8명씩, 청파1동·원효로2동에 7명씩, 용산2가동·한남1동·용문동에 6명씩, 이태원2동·효창동·서빙고동에 5명씩, 이촌2동·한남2동·청파2동에 4명씩, 이태원1동·남영동·원효로1동에 3명씩, 한강로1동과 3동에 각 2명씩 살고, 한강로2동에 1명이 산다.

종교를 보면 24명은 개신교, 17명은 불교, 15명은 천주교를 믿는다. 41명은 종교를 갖고 있지 않다. 종교인은 한강로2동과 이촌1동에서 가장 많은데, 두 곳은 동네 사람의 65%가 종교를 갖고 있다. 반면 남영동은 동네 사람 중 49%가 종교가 없다. 개신교와 천주교는 이촌1동에서, 불교는 한강로2동에서 신자 비중이 높다.

학력은 어떨까. 50명이 대학 이상의 학력을 가지고 있는데, 8명은 대학에 재학 중이고 7명은 석사과정 이상의 공부를 하였다(19살 이상 기준). 대학 이상 학력자 비중이 가장 높은 곳은 이촌1동으로 19세 이상 인구 중 83%에 달하며, 22%는 대학원 이상 학력자다. 청파2동은 대학 이상 학력자가 67%이고, 이 중 25%는 대학에 재학 중이다.

35명은 미혼이며, 65명은 결혼했다. 결혼한 사람 가운데 7명은 남편이나 아내가 먼저 사망했고 3명은 이혼했다(15세 이상 기준). 4명은 몸이 불편하거나 정신 장애로 정상적인 활동에 제약을 느끼고 있다.

거주 기간을 보면, 41명은 현재 살고 있는 집에 산 지 5년이 넘었

**표 2_3.121**

# 서울시 용산구 성별·종교별·학력별 인구

(단위 : 명, %)

| 행정구역 | 남녀/외국인 | | | | 종교 인구 | | | | | | | 대학 이상 학력 인구 | | | | | | |
|---|---|---|---|---|---|---|---|---|---|---|---|---|---|---|---|---|---|---|
| | 총인구 | 남자 | 여자 | 외국인 | 인구수(내국인) | 종교 있음 | | | | | 종교 없음 | 19이상인구(내국인) | 계 | 4년제 미만 | | 4년제 이상 | | 대학원 이상 |
| | | | | | | 계 | 불교 | 개신교 | 천주교 | 기타 | | | | 계 | 재학 | 계 | 재학 | |
| 용산구 | 217,708 | 49 | 51 | 3 | 211,109 | 57 | 17 | 24 | 15 | 1 | 41 | 168,197 | 50 | 12 | 2 | 31 | 6 | 7 |
| 남영동 | 6,424 | 55 | 45 | 1 | 6,328 | 50 | 14 | 22 | 13 | 1 | 49 | 5,417 | 39 | 11 | 1 | 25 | 5 | 3 |
| 보광동 | 17,905 | 48 | 52 | 2 | 17,510 | 54 | 21 | 21 | 12 | 1 | 46 | 14,267 | 36 | 13 | 2 | 20 | 4 | 2 |
| 서빙고동 | 9,966 | 49 | 51 | 2 | 9,765 | 60 | 15 | 27 | 17 | 1 | 40 | 7,647 | 61 | 12 | 2 | 37 | 4 | 13 |
| 용문동 | 12,728 | 49 | 51 | 0 | 12,669 | 57 | 18 | 23 | 15 | 1 | 43 | 9,851 | 49 | 10 | 2 | 33 | 6 | 6 |
| 용산2가동 | 13,285 | 50 | 50 | 6 | 12,526 | 57 | 16 | 29 | 12 | 1 | 42 | 10,035 | 36 | 13 | 3 | 20 | 4 | 3 |
| 원효로1동 | 5,933 | 49 | 51 | 1 | 5,877 | 58 | 20 | 22 | 13 | 2 | 41 | 4,831 | 44 | 15 | 3 | 25 | 4 | 4 |
| 원효로2동 | 15,080 | 48 | 52 | 0 | 15,009 | 56 | 16 | 22 | 17 | 1 | 43 | 11,400 | 54 | 12 | 2 | 35 | 5 | 7 |
| 이촌1동 | 25,996 | 49 | 51 | 6 | 24,356 | 65 | 12 | 28 | 24 | 1 | 31 | 18,053 | 83 | 9 | 1 | 52 | 6 | 22 |
| 이촌2동 | 9,229 | 49 | 51 | 1 | 9,153 | 59 | 15 | 26 | 17 | 1 | 41 | 7,371 | 54 | 13 | 2 | 35 | 6 | 6 |
| 이태원1동 | 7,304 | 48 | 52 | 8 | 6,751 | 61 | 23 | 21 | 15 | 1 | 39 | 5,602 | 44 | 13 | 2 | 25 | 4 | 6 |
| 이태원2동 | 10,366 | 48 | 52 | 7 | 9,659 | 60 | 20 | 21 | 18 | 1 | 39 | 7,925 | 41 | 14 | 2 | 24 | 4 | 3 |
| 청파1동 | 16,087 | 49 | 51 | 1 | 15,991 | 50 | 18 | 24 | 7 | 1 | 47 | 12,237 | 37 | 11 | 3 | 23 | 8 | 2 |
| 청파2동 | 7,672 | 41 | 59 | 1 | 7,632 | 57 | 15 | 26 | 16 | 1 | 42 | 6,381 | 67 | 11 | 2 | 50 | 23 | 6 |
| 한강로1동 | 3,822 | 51 | 49 | 2 | 3,761 | 58 | 19 | 24 | 15 | 1 | 42 | 3,204 | 38 | 11 | 2 | 24 | 5 | 3 |
| 한강로2동 | 2,780 | 50 | 50 | 2 | 2,723 | 65 | 24 | 19 | 13 | 8 | 35 | 2,361 | 47 | 12 | 1 | 29 | 5 | 6 |
| 한강로3동 | 4,676 | 51 | 49 | 3 | 4,537 | 63 | 23 | 25 | 11 | 5 | 36 | 3,815 | 39 | 9 | 2 | 25 | 4 | 5 |
| 한남1동 | 12,934 | 50 | 50 | 6 | 12,199 | 54 | 17 | 20 | 16 | 1 | 39 | 10,250 | 59 | 14 | 4 | 37 | 12 | 8 |
| 한남2동 | 8,126 | 49 | 51 | 7 | 7,577 | 58 | 20 | 19 | 18 | 1 | 42 | 6,409 | 48 | 14 | 2 | 28 | 7 | 6 |
| 효창동 | 10,077 | 49 | 51 | 1 | 10,014 | 57 | 18 | 24 | 13 | 1 | 43 | 7,769 | 46 | 13 | 2 | 29 | 5 | 4 |
| 후암동 | 17,318 | 49 | 51 | 1 | 17,072 | 56 | 14 | 27 | 15 | 1 | 43 | 13,372 | 41 | 12 | 2 | 25 | 5 | 4 |

이태원1동 거주자의 8%는 외국인이다. 한강로2동과 이촌1동은 65%가 종교가 있는 반면 남영동은 49%가 종교 없이 산다. 대학 이상 학력자 비중은 이촌1동에서 가장 높고 보광동에서 가장 낮다.

으나 59명은 5년 이내에 새로 이사 왔다(5살 이상 기준). 이사 온 사람 중 36명은 용산구 안의 다른 동에서, 11명은 서울 안의 다른 구에서, 또 다른 11명은 서울 바깥에서 이사 왔다.

## 용산구에 사는 취업자가 100명이라면

용산구에 사는 15세 이상 인구 18만 명 가운데 취업해 직장에 다니는 사람(취업자)은 9만 명이다. 용산구 취업자가 100명이라면 55명은 30~40대, 21명은 20대이며, 50대는 15명이다. 65세 이상 노인도 4명이 일하고 있다. 취업자 중 65세 이상 노인 비율이 중구와 함께 서울에서 가장 높다.

69명은 회사에서 봉급을 받고 일하는 직장인이다. 18명은 고용한 사람 없이 혼자서 일하는 자영업자이며, 10명은 누군가를 고용해 사업체를 경영하는 사업주다. 3명은 가족이 운영하는 사업체에서 보수 없이 일하고 있다.

직업은 사무직이 20명, 판매직 16명, 전문가가 14명, 서비스직 12명, 기술직이나 준전문가 10명, 기능직 9명이다. 8명은 단순 노무직, 5명은 장치 기계 조작 및 조립직, 또 다른 5명은 고위 관리직으로 일하고 있다.

직장으로 출근하는 데 30분 이상 걸리는 사람은 53명으로, 그 가운데 14명은 1시간 이상 걸린다. 24명은 걸어서 출근하고 76명은 교통수단을 이용해 출근한다. 76명 가운데 28명은 자가용으로, 21명은 시내버스로, 16명은 전철로, 1명은 통근 버스로, 다른 1명은 택시로 출근한다. 7명은 전철과 버스 또는 승용차를 갈아타며 출근한다. 전철과 버스 또는 승용차를 갈아타며 출근하는 비율이 서울에서 가장 높다.

85명은 사무실이나 공장 등에서 일하는 반면, 7명은 야외나 거리 또는 운송 수단에서 일한다. 4명은 자기 집에서, 3명은 남의 집에서 일한다.


## 용산구에 100가구가 산다면 :
## 58가구는 셋방살이

용산구에는 7만6천 가구가 산다(일반 가구 기준). 용산구에 사는 가구를 100가구로 친다면 48가구는 식구가 한 명 또는 두 명인 1, 2인 가구이며, 이 가운데 24가구는 나 홀로 사는 1인 가구다. 식구 4명은 23가구, 3명은 21가구, 5명은 6가구다.

1인 가구 비중이 가장 높은 곳은 남영동으로 49%에 달하며, 한강로2동(43%), 청파2동(37%)이 그 뒤를 잇는다. 반면 이촌1동과 원효로2동은 각각 11%와 15%로 가장 낮다.

40가구는 자신이 소유한 집에서 살고, 58가구는 셋방에 살며, 2가구는 직장의 사택이나 친척집 등에서 무상으로 살고 있다. 자기 집에 사는 가구 중 6가구는 현재 살고 있는 집 외에 최소 한 채에서 여러 채를 소유한 다주택자들이다.

셋방 사는 가구 가운데 36가구는 전세에, 19가구는 보증금 있는 월세에, 3가구는 보증금 없는 월세에 살고 있다. 셋방 사는 가구 중 6

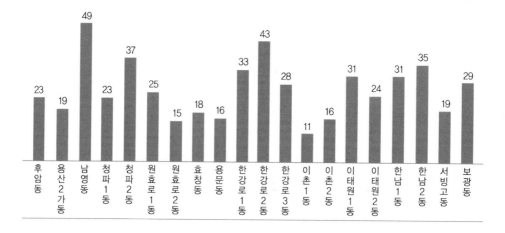

그림 2_3.82

## 서울시 용산구 동네별 1인 가구

(단위 : %)

가구는 어딘가에 자신 명의의 집을 소유하고 있으나 경제 사정이나 자녀 교육, 직장 등의 사정으로 셋방에 살고 있다.

60가구는 현재 사는 집으로 이사 온 지 5년이 안 되며, 이 가운데 34가구는 2년이 안 된다. 20가구는 5~10년이 됐고, 20가구는 10년이 넘었다.

50가구는 자동차를 소유하고 있고 이 가운데 34가구는 자기 집에 전용 주차장이 있다. 자동차 소유 가구 중 7가구는 차를 2대 이상 소유하고 있다.

표 2_3.122

## 서울시 용산구의 다주택자

(단위 : 가구, 호)

| 구분 | | | 가구 수 | 주택 수 | 평균 주택 수 |
|---|---|---|---|---|---|
| 일반 가구 | | | 76,125 | – | – |
| 자가 가구 | | | 30,065 | – | – |
| 다주택 가구 | 통계청 | | 4,666 | – | – |
| | 행자부 | 계 | 4,618 | 12,678 | 3 |
| | | 2채 | 3,475 | 6,950 | 2 |
| | | 3채 | 530 | 1,590 | 3 |
| | | 4채 | 240 | 960 | 4 |
| | | 5채 | 113 | 565 | 5 |
| | | 6~10채 | 190 | 1,409 | 7 |
| | | 11채 이상 | 70 | 1,204 | 17 |

## 집 많은 사람, 집 없는 사람 :
## 이촌1동 75% 주택 소유, 남영동 74% 무주택

용산구에 사는 100가구 중 46가구는 주택 소유자이고, 54가구는 무주택자다. 20개 동네 가운데 6개 동네는 주택 소유자가 더 많고 14개 동네는 무주택자가 더 많다. 주택 소유자는 이촌1동 75%를 비롯해 이촌2동 65%, 원효로2동 56%, 용문동 53%, 효창동과 서빙고동 각 51% 순이다. 반면 무주택자는 남영동 74%를 비롯해, 보광동 67%, 한남2동 66%, 한강로1동 65%, 청파2동 64%, 한남1동 63% 순으로 높다.

용산구 가구의 6%는 집을 두 채 이상 소유한 다주택자다. 동네별로는 이촌1동 11%, 용문동 9%, 원효로2동·이촌2동·이태원1동 8%

# 서울시 용산구 주택의 점유·소유 형태별 가구

(단위 : 가구, %)

| 행정구역 | 전체 가구 (일반 가구) | 자기 집에 거주 | | | 셋방에 거주 | | | 무상으로 거주 | | 주택 소유 | 무주택 |
|---|---|---|---|---|---|---|---|---|---|---|---|
| | | 계 | 집 한 채 | 집 여러 채 | 계 | 집 없음 | 집 있음 | 집 없음 | 집 있음 | | |
| 용산구 | 76,125 | 39 | 33 | 6 | 58 | 52 | 6 | 2 | 0 | 46 | 54 |
| 남영동 | 2,864 | 21 | 18 | 4 | 77 | 73 | 4 | 2 | 0 | 26 | 74 |
| 보광동 | 6,866 | 26 | 22 | 4 | 72 | 65 | 7 | 2 | 0 | 33 | 67 |
| 서빙고동 | 3,451 | 44 | 36 | 7 | 52 | 45 | 7 | 3 | 1 | 51 | 49 |
| 용문동 | 4,248 | 45 | 36 | 9 | 53 | 46 | 7 | 2 | 0 | 53 | 47 |
| 용산2가동 | 4,336 | 35 | 30 | 5 | 60 | 54 | 6 | 4 | 1 | 42 | 58 |
| 원효로1동 | 2,120 | 34 | 31 | 3 | 63 | 58 | 5 | 3 | 0 | 39 | 61 |
| 원효로2동 | 4,978 | 49 | 41 | 8 | 50 | 43 | 7 | 1 | 0 | 56 | 44 |
| 이촌1동 | 7,876 | 62 | 51 | 11 | 37 | 25 | 13 | 1 | 0 | 75 | 25 |
| 이촌2동 | 3,145 | 54 | 46 | 8 | 45 | 34 | 10 | 1 | 0 | 65 | 35 |
| 이태원1동 | 2,687 | 36 | 28 | 8 | 61 | 56 | 5 | 3 | 0 | 41 | 59 |
| 이태원2동 | 3,593 | 41 | 35 | 5 | 57 | 52 | 5 | 2 | 0 | 45 | 55 |
| 청파1동 | 5,461 | 37 | 33 | 4 | 61 | 57 | 4 | 2 | 0 | 41 | 59 |
| 청파2동 | 2,635 | 31 | 26 | 5 | 66 | 62 | 4 | 2 | 0 | 36 | 64 |
| 한강로1동 | 1,517 | 29 | 24 | 5 | 67 | 60 | 6 | 4 | 0 | 35 | 65 |
| 한강로2동 | 1,217 | 32 | 28 | 4 | 65 | 59 | 6 | 3 | 0 | 38 | 62 |
| 한강로3동 | 1,738 | 37 | 33 | 4 | 58 | 54 | 4 | 4 | 1 | 42 | 58 |
| 한남1동 | 4,935 | 31 | 25 | 6 | 66 | 60 | 6 | 2 | 0 | 37 | 63 |
| 한남2동 | 3,178 | 30 | 26 | 4 | 67 | 64 | 3 | 2 | 0 | 34 | 66 |
| 효창동 | 3,316 | 45 | 38 | 7 | 53 | 47 | 6 | 2 | 0 | 51 | 49 |
| 후암동 | 5,964 | 38 | 34 | 4 | 59 | 56 | 3 | 3 | 0 | 42 | 58 |

이촌1동 가구의 75%는 집을 소유하고 있고 11%는 두 채 이상 갖고 있다. 반면 남영동은 74%가 무주택자다. 이촌1동 가구의 13%는 어딘가에 집을 사놓고 셋방에 산다.

순으로 높다. 반면 원효로1동은 3%로 가장 낮고 남영동·청파1동·한강로2동·한강로3동·보광동은 4%에 그쳤다.

용산구 주택 소유자 46가구 중 6가구는 어딘가 자신 명의의 집이 있지만 사정이 있어 셋방에 사는 유주택 전월세 가구로, 이촌1동 (13%)과 이촌2동(10%)에서 비중이 가장 높다.

주택 소유자 중 유주택 전월세 가구를 제외한 39가구는 자기 집에 사는데, 이촌1동 (62%)과 이촌2동(54%)에서 비중이 가장 높다. 그러나 이들 두 동네를 제외한 18개 동네는 절반을 넘지 못한다.

유주택 전월세를 포함한 58가구가 셋방에 사는데 남영동 77%, 보광동 72%, 한강로1동과 한남2동 각 67%, 청파2동과 한남1동 각 66% 순으로 높다. 모두 11개 동네에서 셋방 사는 가구 비율이 60% 이상이다.

유주택 전월세를 제외한 52가구는 집이 아예 없는 무주택 전월세 가구인데, 남영동 73%, 보광동 65%, 한남2동 64%, 청파2동 62% 순으로 비중이 높다. 모두 14개 동네에서 무주택 전월세 가구 비율이 절반을 넘기고 있다.


## 용산구에 있는 집이 100채라면 :
## 아파트 42채, 단독주택 34채

용산구에는 집(주택과 주택 이외의 거처)이 5만1천 채가 있다. 용산구에 있는 집이 100채라면 42채는 아파트이고 34채는 단독주택, 16채는 다세대주택, 5채는 연립주택이다. 또 상가 등 비거주용 건물 내 주택

표 2_3.124

# 서울시 용산구 거처의 종류별·연건평별·건축년도별 주택

(단위 : 호, 가구, %)

| 행정구역 | 계 | | 거처의 종류별 거처와 가구 | | | | | | | | | | | | |
|---|---|---|---|---|---|---|---|---|---|---|---|---|---|---|
| | | | 단독주택 | | 아파트 | | 연립주택 | | 다세대주택 | | 비거주용 건물 내 주택 | | 주택 이외의 거처 | |
| | 거처 | 가구 | 거처 | 가구 | 거처 | 가구 | 거처 | 가구 | 거처 | 가구 | 거처 | 가구 | 거처 | 가구 |
| 용산구 | 51,138 | 76,327 | 34 | 55 | 42 | 28 | 5 | 4 | 16 | 11 | 1 | 1 | 2 | 2 |
| 남영동 | 1,370 | 2,890 | 45 | 69 | 4 | 2 | 1 | 1 | 29 | 14 | 4 | 5 | 16 | 10 |
| 보광동 | 3,395 | 6,867 | 60 | 80 | 14 | 7 | 3 | 2 | 21 | 11 | 1 | 1 | 0 | 0 |
| 서빙고동 | 2,593 | 3,451 | 24 | 43 | 50 | 38 | 8 | 6 | 18 | 13 | 0 | 1 | 0 | 0 |
| 용문동 | 3,182 | 4,249 | 24 | 42 | 62 | 47 | 2 | 2 | 12 | 9 | 0 | 0 | 0 | 1 |
| 용산2가동 | 2,560 | 4,336 | 47 | 67 | 10 | 6 | 1 | 1 | 40 | 24 | 2 | 1 | 0 | 1 |
| 원효로1동 | 1,202 | 2,128 | 60 | 77 | 5 | 3 | 4 | 3 | 15 | 8 | 3 | 2 | 13 | 7 |
| 원효로2동 | 3,965 | 4,983 | 16 | 32 | 75 | 60 | 3 | 2 | 6 | 5 | 1 | 1 | 0 | 0 |
| 이촌1동 | 7,867 | 7,877 | 0 | 0 | 100 | 100 | 0 | 0 | 0 | 0 | 0 | 0 | 0 | 0 |
| 이촌2동 | 3,127 | 3,145 | 2 | 3 | 85 | 85 | 9 | 9 | 3 | 3 | 0 | 0 | 0 | 0 |
| 이태원1동 | 1,542 | 2,689 | 62 | 77 | 28 | 16 | 3 | 2 | 5 | 3 | 2 | 2 | 0 | 0 |
| 이태원2동 | 1,972 | 3,594 | 68 | 82 | 19 | 10 | 4 | 2 | 9 | 5 | 0 | 0 | 0 | 0 |
| 청파1동 | 3,365 | 5,479 | 40 | 62 | 0 | 0 | 10 | 6 | 43 | 27 | 2 | 2 | 5 | 3 |
| 청파2동 | 1,215 | 2,739 | 60 | 82 | 4 | 2 | 11 | 5 | 20 | 9 | 2 | 1 | 2 | 1 |
| 한강로1동 | 1,047 | 1,520 | 49 | 62 | 30 | 21 | 3 | 3 | 4 | 3 | 9 | 8 | 5 | 4 |
| 한강로2동 | 984 | 1,222 | 43 | 53 | 22 | 18 | 3 | 2 | 1 | 1 | 4 | 4 | 27 | 22 |
| 한강로3동 | 1,248 | 1,739 | 60 | 70 | 19 | 13 | 4 | 3 | 4 | 3 | 4 | 4 | 10 | 7 |
| 한남1동 | 3,054 | 4,946 | 35 | 59 | 41 | 25 | 8 | 5 | 16 | 10 | 0 | 1 | 0 | 0 |
| 한남2동 | 1,576 | 3,179 | 56 | 78 | 11 | 5 | 19 | 9 | 13 | 7 | 1 | 1 | 0 | 0 |
| 효창동 | 2,139 | 3,323 | 35 | 57 | 22 | 14 | 16 | 11 | 23 | 15 | 3 | 3 | 0 | 0 |
| 후암동 | 3,735 | 5,971 | 46 | 65 | 9 | 6 | 4 | 3 | 38 | 24 | 0 | 0 | 3 | 2 |

| 연건평별 주택 | | | | | 건축년도별 주택 | | | |
|---|---|---|---|---|---|---|---|---|
| 총 주택 수 | 14평 미만 | 14~19평 | 19~29평 | 29평 이상 | 총 주택 수 | 1995~ 2005년 | 1985~ 1994년 | 1985년 이전 |
| 49,952 | 10 | 20 | 27 | 43 | 49,952 | 41 | 22 | 37 |
| 1,144 | 17 | 17 | 28 | 38 | 1,144 | 42 | 10 | 48 |
| 3,394 | 14 | 15 | 28 | 42 | 3,394 | 22 | 46 | 32 |
| 2,593 | 6 | 11 | 17 | 66 | 2,593 | 14 | 34 | 52 |
| 3,179 | 21 | 20 | 30 | 29 | 3,179 | 75 | 8 | 17 |
| 2,552 | 15 | 26 | 21 | 38 | 2,552 | 29 | 40 | 31 |
| 1,049 | 10 | 18 | 29 | 43 | 1,049 | 23 | 31 | 46 |
| 3,956 | 11 | 27 | 31 | 30 | 3,956 | 64 | 9 | 27 |
| 7,856 | 0 | 18 | 21 | 61 | 7,856 | 61 | 0 | 39 |
| 3,127 | 9 | 47 | 35 | 9 | 3,127 | 42 | 21 | 37 |
| 1,539 | 5 | 8 | 13 | 74 | 1,539 | 17 | 26 | 56 |
| 1,972 | 7 | 15 | 22 | 56 | 1,972 | 20 | 47 | 33 |
| 3,192 | 21 | 23 | 28 | 29 | 3,192 | 38 | 35 | 27 |
| 1,185 | 7 | 12 | 23 | 58 | 1,185 | 36 | 36 | 28 |
| 990 | 15 | 21 | 33 | 31 | 990 | 20 | 8 | 71 |
| 719 | 26 | 14 | 15 | 45 | 719 | 32 | 11 | 57 |
| 1,123 | 19 | 23 | 29 | 29 | 1,123 | 18 | 13 | 69 |
| 3,049 | 10 | 19 | 21 | 50 | 3,049 | 44 | 21 | 34 |
| 1,576 | 3 | 13 | 28 | 56 | 1,576 | 29 | 20 | 50 |
| 2,138 | 10 | 14 | 43 | 33 | 2,138 | 35 | 37 | 28 |
| 3,619 | 9 | 20 | 35 | 36 | 3,619 | 37 | 24 | 39 |

이촌1동에 사는 사람은 100% 아파트에 산다. 반면 청파2동과 이태원2동은 82%가 단독주택에 산다. 청파1동은 27%가 다세대주택에, 한강로2동은 22%가 주택 이외의 거처에 산다.

은 1채, 오피스텔 등 주택 이외의 거처는 2채다. 다른 구에 비해 아파트 비중이 낮은 반면 단독주택 비중은 종로구에 이어 두 번째로 높다.

사람이 살 수 있는 거처는 모두 아파트인 이촌1동을 비롯해 모두 5개 동네에서 아파트 비중이 50%가 넘었고, 이태원2동(68%) 등 7개 동네에서는 단독주택이 절반이 넘었다. 반면 청파1동에서는 거처의 43%가 다세대주택이고, 한강로2가는 27%가 주택 이외의 거처이며, 한남2동은 19%가 연립주택이다.

용산구 100가구 가운데 55가구는 단독주택에, 28가구는 아파트에, 11가구는 다세대주택에, 4가구는 연립주택에 산다. 또 1가구는 비거주용 건물 내 주택에 2가구는 오피스텔 등 주택 이외의 거처에 산다.

이태원2동에 사는 사람의 82%를 비롯해 16개 동네에서 절반 이상이 단독주택에 살고 있다. 반면 이촌1동의 100%, 이촌2동의 85%, 원효로2동의 60% 주민은 아파트에 살고 있다. 청파1동·후암동·용산2가동은 20% 이상이 다세대주택에 살고 한강로2가동은 22%가 주택 이외의 거처에 산다.

지난 10년 동안 아파트와 다세대주택은 92%와 366%가 늘어난 반면, 단독주택과 연립주택은 19%와 36%가 줄었다. 이에 따라 전체 주택에서 차지하는 비중도 아파트는 28%에서 43%로, 다세대주택은 4%에서 16%로 증가했다. 그러나 단독주택은 53%에서 34%로 연립주택은 10%에서 5%로 감소했다.

크기별로는 29평 이상의 주택이 43채에 달하는 반면, 19~29평은 27채, 14~19평 20채이며, 14평 미만은 11채에 머무르고 있다. 이태원1동에 있는 주택 중 74%는 29평 이상이며, 이촌1동 아파트의 61%

도 29평 이상 대형이다. 반면 한강로2동·용운동·청파1동에 있는 집은 20% 이상이 14평 미만이다.

41채는 지은 지 10년(1995~2005년)이 안 된 새집이며, 37채는 지은 지 20년이 넘은 낡은 집으로 곧 재개발·재건축될 수 있는 집이다. 한강로3동 등 5개 동네에서 절반 이상의 주택이 지은 지 20년이 넘었다. 반면 용운동 등 세 곳 주택의 60% 이상은 지은 지 10년이 채 되지 않았다.


**용산구에서 지하 방에 사는 사람 :**
**용산2가동 21%가 (반)지하에 거주**

용산구에 사는 100가구 중 12가구는 식구에 비해 집이 너무 좁거나 시설이 제대로 갖춰지지 않아 인간다운 품위를 지키기 어려운 최저 주거 기준 미달 가구다.

또 용산구에 사는 100가구 가운데 89가구는 지상에 살지만, 10가구는 (반)지하에, 1가구는 옥탑방에 살고 있다. 용산구민 열 명 가운데 한 명꼴로 지하 방에 사는 셈이다. 용산2가동과 보광동은 동네 가구 다섯 중 하나꼴로 지하 방에 산다. 이외에도 이태원2동(15%), 청파1동(14%), 효창동(13%) 등 지하 방 거주 가구 비율 10%가 넘는 곳이 9개 동네에 달한다. 지하 방에 사는 가구가 많은 동네는 보광동·용산2가동·청파1동·후암동·이태원2동 순으로 많은데, 이들 5개 동네 지하 방 가구 수가 용산구 20개 동 거주 지하 방 가구 수의 57%를 차지하고 있다.

**표 2_3.125**

# 서울시 용산구 (반)지하 등 거주 가구

(단위 : 가구, %)

| 행정구역 | (반)지하 | | 옥탑 | | 기타 |
|---|---|---|---|---|---|
| | 가구 | 비중 | 가구 | 비중 | 가구 |
| 용산구 | 7,357 | 10 | 710 | 1 | 118 |
| 남영동 | 135 | 5 | 47 | 2 | 56 |
| 보광동 | 1,294 | 19 | 59 | 1 | 1 |
| 서빙고동 | 323 | 9 | 38 | 1 | – |
| 용문동 | 242 | 6 | 41 | 1 | 1 |
| 용산2가동 | 899 | 21 | 77 | 2 | 5 |
| 원효로1동 | 243 | 11 | 19 | 1 | – |
| 원효로2동 | 294 | 6 | 23 | 0 | 1 |
| 이촌1동 | 4 | 0 | 2 | 0 | 11 |
| 이촌2동 | 82 | 3 | 12 | 0 | – |
| 이태원1동 | 208 | 8 | 18 | 1 | 1 |
| 이태원2동 | 546 | 15 | 28 | 1 | – |
| 청파1동 | 773 | 14 | 79 | 1 | 1 |
| 청파2동 | 295 | 11 | 44 | 2 | 5 |
| 한강로1동 | 48 | 3 | 7 | 0 | 1 |
| 한강로2동 | 27 | 2 | 2 | 0 | 22 |
| 한강로3동 | 90 | 5 | 15 | 1 | 1 |
| 한남1동 | 427 | 9 | 56 | 1 | 4 |
| 한남2동 | 320 | 10 | 39 | 1 | – |
| 효창동 | 418 | 13 | 41 | 1 | – |
| 후암동 | 689 | 12 | 63 | 1 | 8 |

용산2가동 가구의 21%는 (반)지하에 산다. 또 보광동 19%를 비롯해 다른 8개 동네에서도 10% 이상이 (반)지하에 산다.

용산구 100가구 가운데 거실이나 부엌을 각각 1개의 방으로 쳐서 방 3개 이하에서 셋방살이를 떠도는 가구는 39가구에 달하지만, 이들에게 꼭 필요한 공공 임대주택은 전체 가구 대비 1채밖에 안 된다. 따라서 용산구에 사는 가난한 사람들을 위해서는 중앙정부와 지자체가 대량의 공공 임대주택을 성실하게 공급해야 한다.

## 용산구 유권자가 100명이라면

정당 지지도를 알 수 있는 최근 네 차례 선거(제3~4회 동시지방선거, 제17~18대 총선)를 기준으로 용산구의 선거권자는 18만~19만 명이며, 평균 투표율은 51%다.

용산구 유권자가 100명이라면 2002년 제3회 동시지방선거에서는 54명이 한나라당을 찍었고, 35명은 새천년민주당, 6명은 민주노동당, 3명은 자민련, 다른 2명은 나머지 정당을 각각 지지했다. 2004년 총선에서는 41명이 한나라당을, 35명이 열린우리당을 지지했으며, 11명은 민주노동당을, 8명은 새천년민주당을, 2명은 자민련을 각각 찍었다.

2006년 동시지방선거에서는 43명이 한나라당을 선택한 가운데, 20명은 열린우리당을, 10명은 민주당을, 9명은 민주노동당을 각각 지지했다. 2008년 총선에서는 43명이 한나라당을 찍었고, 25명이 통합민주당을, 11명은 친박연대를, 5명은 자유선진당을, 4명은 민주노동당을, 다른 4명은 창조한국당을 찍었으며, 3명은 진보신당을 지지했다.

동네별 투표율은 이촌2동·이촌1동·용문동·서빙고동에서 가장 높았다. 반면 한남2동·이태원1동·청파1동·보광동에서 가장 낮았다. 이촌2동과 한남2동의 투표율 격차는 최소 16%에서 최대 18%였다.

한나라당 득표율은 이촌1동·서빙고동·이태원1동·이태원2동에서 가장 높았다. 반면 청파1동·남영동·원효로1동·청파2동에서 가장 낮았다. 이촌1동과 청파1동의 한나라당 득표율 격차는 최소 15%에서 최대 26%까지 벌어졌다.

민주(＋열린우리)당 득표율은 남영동·청파1동·후암동·원효로1동에서 가장 높았다. 반면 이촌1동·서빙고동·이태원1동·이태원2동에서 가장 낮았다. 남영동과 이촌1동의 득표율 격차는 최소 17%에서 최대 21%까지 벌어졌다.

민주노동당＋진보신당 득표율은 청파2동과 원효로 1동에서 상대적으로 높았다.

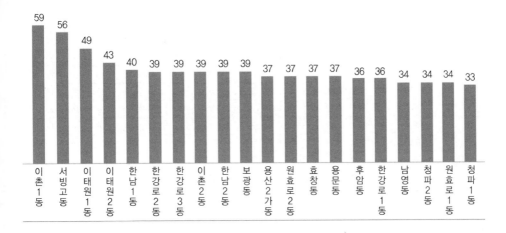

**그림 2_3.83**

## 서울시 용산구 동네별 한나라당 득표율

2004년 총선(단위 : %)

59 이촌1동
56 서빙고동
49 이태원1동
43 이태원2동
40 한남1동
39 한강로2동
39 한강로3동
39 이촌2동
39 한남2동
39 보광동
37 용산2가동
37 원효로2동
37 효창동
37 용문동
36 후암동
36 한강로1동
34 남영동
34 청파2동
34 원효로1동
33 청파1동

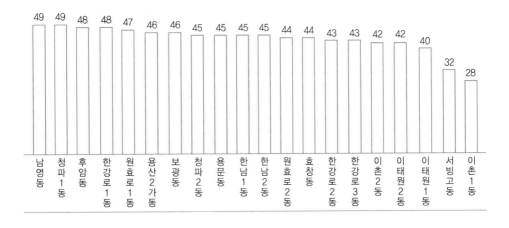

**그림 2_3.84**

## 서울시 용산구 동네별 민주(＋열린우리)당 득표율

2004년 총선(단위 : %)

49 남영동
49 청파1동
48 후암동
48 한강로1동
47 원효로1동
46 용산2가동
46 보광동
45 청파2동
45 용문동
45 한남1동
45 한남2동
44 원효로2동
44 효창동
43 한강로2동
43 한강로3동
42 이촌2동
42 이태원2동
40 이태원1동
32 서빙고동
28 이촌1동

표 2_3.126

# 서울시 용산구 역대 선거 투표율과 정당 지지율

2002~2008년(단위 : 명, %)

| 행정구역 | 2002년 지방선거 | | | | | | | 2004년 총선 | | | | | | | |
|---|---|---|---|---|---|---|---|---|---|---|---|---|---|---|---|
| | 선거인 수 | 투표율 | 한나라당 | 새천년민주당 | 자민련 | 민주노동당 | 기타정당 | 선거인 수 | 투표율 | 한나라당 | 새천년민주당 | 열린우리당 | 자민련 | 민주노동당 | 기타정당 |
| 용산구 | 186,438 | 48 | 54 | 35 | 3 | 6 | 2 | 182,403 | 61 | 41 | 8 | 35 | 2 | 11 | 2 |
| 남영동 | 5,648 | 46 | 50 | 40 | 3 | 5 | 3 | 5,877 | 58 | 34 | 10 | 39 | 3 | 12 | 2 |
| 보광동 | 15,575 | 44 | 54 | 36 | 3 | 5 | 2 | 15,018 | 55 | 39 | 9 | 36 | 2 | 11 | 2 |
| 서빙고동 | 9,286 | 51 | 66 | 27 | 1 | 4 | 2 | 8,395 | 65 | 56 | 6 | 26 | 2 | 8 | 2 |
| 용문동 | 9,692 | 51 | 51 | 37 | 3 | 7 | 2 | 9,999 | 65 | 37 | 9 | 36 | 2 | 13 | 3 |
| 용산2가동 | 10,943 | 43 | 54 | 37 | 2 | 5 | 2 | 10,554 | 60 | 37 | 9 | 37 | 2 | 12 | 2 |
| 원효로1동 | 5,567 | 51 | 50 | 38 | 3 | 7 | 2 | 5,236 | 63 | 34 | 9 | 37 | 2 | 15 | 3 |
| 원효로2동 | 12,042 | 49 | 52 | 36 | 2 | 7 | 2 | 11,517 | 65 | 37 | 8 | 36 | 2 | 14 | 3 |
| 이촌1동 | 17,052 | 50 | 69 | 22 | 2 | 5 | 2 | 18,819 | 68 | 59 | 5 | 23 | 2 | 8 | 2 |
| 이촌2동 | 7,579 | 55 | 54 | 35 | 2 | 7 | 2 | 7,248 | 69 | 39 | 8 | 34 | 3 | 13 | 4 |
| 이태원1동 | 6,958 | 42 | 63 | 30 | 2 | 3 | 2 | 6,960 | 54 | 49 | 7 | 33 | 2 | 7 | 2 |
| 이태원2동 | 9,689 | 51 | 57 | 32 | 3 | 6 | 2 | 9,056 | 60 | 43 | 8 | 34 | 2 | 11 | 2 |
| 청파1동 | 13,295 | 41 | 47 | 43 | 3 | 6 | 2 | 12,617 | 57 | 33 | 9 | 40 | 3 | 12 | 3 |
| 청파2동 | 6,644 | 42 | 54 | 34 | 3 | 8 | 2 | 6,211 | 60 | 34 | 7 | 38 | 3 | 16 | 2 |
| 한강로1동 | 3,573 | 54 | 50 | 39 | 3 | 6 | 3 | 3,247 | 60 | 36 | 11 | 37 | 3 | 10 | 3 |
| 한강로2동 | 4,563 | 49 | 52 | 37 | 3 | 6 | 3 | 4,002 | 57 | 39 | 11 | 31 | 3 | 12 | 3 |
| 한강로3동 | 4,571 | 55 | 52 | 36 | 4 | 6 | 2 | 4,227 | 63 | 39 | 10 | 33 | 4 | 10 | 4 |
| 한남1동 | 9,973 | 45 | 51 | 37 | 3 | 7 | 2 | 10,360 | 56 | 40 | 9 | 35 | 2 | 11 | 2 |
| 한남2동 | 7,473 | 39 | 56 | 35 | 3 | 5 | 2 | 7,110 | 52 | 39 | 7 | 39 | 2 | 11 | 2 |
| 효창동 | 8,064 | 48 | 54 | 35 | 3 | 7 | 2 | 7,911 | 63 | 37 | 7 | 37 | 3 | 13 | 3 |
| 후암동 | 14,770 | 45 | 49 | 40 | 2 | 6 | 2 | 14,589 | 57 | 36 | 10 | 38 | 2 | 12 | 3 |

| 2006년 지방선거 | | | | | | | 2008년 총선 | | | | | | | | | |
|---|---|---|---|---|---|---|---|---|---|---|---|---|---|---|---|---|
| 선거인 수 | 투표율 | 열린우리당 | 한나라당 | 민주당 | 민주노동당 | 기타정당 | 선거인 수 | 투표율 | 통합민주당 | 한나라당 | 자유선진당 | 민주노동당 | 창조한국당 | 친박연대 | 진보신당 | 기타정당 |
| 187,461 | 51 | 20 | 59 | 10 | 9 | 1 | 192,033 | 43 | 25 | 43 | 6 | 4 | 4 | 11 | 3 | 4 |
| 6,314 | 47 | 25 | 52 | 11 | 11 | 1 | 6,455 | 40 | 32 | 37 | 6 | 4 | 4 | 10 | 3 | 4 |
| 15,053 | 46 | 20 | 58 | 12 | 8 | 1 | 15,173 | 38 | 27 | 44 | 5 | 5 | 3 | 10 | 3 | 3 |
| 8,556 | 55 | 14 | 72 | 7 | 6 | 1 | 8,864 | 46 | 17 | 53 | 6 | 2 | 3 | 13 | 2 | 4 |
| 10,259 | 55 | 22 | 53 | 13 | 10 | 1 | 9,882 | 47 | 30 | 39 | 5 | 5 | 5 | 10 | 4 | 4 |
| 10,581 | 52 | 21 | 55 | 14 | 10 | 1 | 10,656 | 43 | 26 | 43 | 5 | 5 | 4 | 9 | 4 | 4 |
| 5,235 | 53 | 23 | 53 | 13 | 11 | 1 | 5,103 | 44 | 29 | 37 | 6 | 5 | 5 | 10 | 3 | 6 |
| 12,183 | 55 | 21 | 57 | 11 | 10 | 1 | 12,337 | 45 | 27 | 39 | 6 | 4 | 5 | 11 | 5 | 4 |
| 19,520 | 58 | 12 | 76 | 5 | 6 | 1 | 19,699 | 49 | 15 | 54 | 6 | 2 | 3 | 13 | 4 | 3 |
| 7,754 | 59 | 21 | 58 | 11 | 9 | 1 | 8,421 | 50 | 26 | 39 | 5 | 4 | 4 | 12 | 4 | 5 |
| 7,092 | 45 | 17 | 67 | 8 | 6 | 1 | 7,185 | 36 | 20 | 51 | 5 | 2 | 3 | 13 | 2 | 3 |
| 9,109 | 52 | 20 | 61 | 9 | 9 | 2 | 9,329 | 42 | 24 | 46 | 5 | 4 | 4 | 11 | 3 | 4 |
| 12,685 | 46 | 24 | 51 | 12 | 10 | 2 | 12,498 | 38 | 29 | 39 | 5 | 4 | 4 | 9 | 3 | 6 |
| 6,387 | 47 | 23 | 53 | 10 | 13 | 1 | 6,271 | 39 | 26 | 37 | 6 | 5 | 6 | 8 | 4 | 8 |
| 4,689 | 51 | 22 | 55 | 12 | 9 | 1 | 5,644 | 43 | 27 | 43 | 5 | 3 | 5 | 11 | 4 | 3 |
| 3,516 | 45 | 19 | 57 | 14 | 8 | 1 | 3,653 | 39 | 30 | 38 | 6 | 5 | 3 | 11 | 4 | 4 |
| 4,483 | 52 | 18 | 61 | 11 | 8 | 1 | 5,814 | 45 | 24 | 45 | 6 | 4 | 4 | 10 | 2 | 5 |
| 10,495 | 47 | 21 | 59 | 10 | 9 | 1 | 10,865 | 37 | 25 | 44 | 5 | 4 | 4 | 11 | 3 | 4 |
| 7,430 | 41 | 23 | 59 | 8 | 9 | 1 | 7,701 | 33 | 25 | 44 | 5 | 4 | 4 | 11 | 3 | 3 |
| 8,244 | 50 | 20 | 57 | 11 | 10 | 1 | 8,137 | 44 | 27 | 39 | 6 | 5 | 4 | 11 | 3 | 5 |
| 14,956 | 46 | 20 | 55 | 15 | 10 | 1 | 15,678 | 40 | 29 | 39 | 6 | 5 | 4 | 10 | 3 | 4 |

투표율은 이촌1동과 2동, 용문동, 서빙고동에서 높았다. 한나라당 득표율은 이촌1동, 서빙고동, 이태원1동과 2동에서 높았다. 민주(+열린우리)당 득표율은 남영동, 청파1동, 후암동, 원효로1동에서 높았다.

숫자
100
으로
본 서울시 은평구 20개 동네

2005년 현재 서울시 은평구에는 20개 동에 있는 주택 10만5천 채와 오피스텔 1천6백
채 등 거처 10만7천 곳에 약 45만 명이 살고 있다.
서울시 은평구가 100명이 사는 마을이라면 어떤 모습일까?

## 숫자 100으로 본 은평구

은평구에 사는 사람은 서울시 평균인에 비해 대학 이상 학력자 비중
은 낮고 종교 인구는 비슷하다. 자영업자와 서비스직, 판매직, 기능
직, 장치 기계 조작 및 조립직, 단순 노무직 종사자가 상대적으로 많
고 출퇴근 시간은 긴 편이다.

　서울에서 다세대주택에 사는 사람이 가장 많은 구로 주택 소유자
는 평균보다 많고 1인 가구는 적고 거주 기간은 긴 편이다. 가구의
16%는 (반)지하 등에 살고 24%는 거실과 부엌을 포함해 방 3칸 이
하 셋방에 살지만 공공 임대주택은 0.4%에 불과해 매우 부족하다.

　최근 7년간 은평구에서 한나라당은 34~54%를, 민주(＋열린우리)

그림 2_3.85

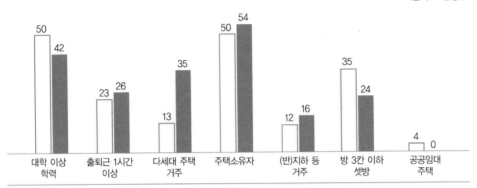

서울시와 은평구 주요 지수 평균 비교

(단위 : %)

□ 서울시  ■ 은평구

당은 27~50%를, 민주노동당＋진보신당은 5~13%를 각각 얻었지만
동네별로는 큰 차이가 있다.

## 은평구 인구가 100명이라면 :
## 대학 이상 학력자 42명, 종교 인구 55명

서울시 은평구에 사는 사람은 45만 명에 달한다(이하 2005년 기준). 은
평구 인구가 100명이라면 남자 대 여자의 수는 49 대 51로 여성이 더
많다. 외국인의 비중은 0.2%를 차지하고 있다. 23명은 어린이와 청
소년이고(19살 미만), 77명은 어른이다. 어른 가운데 8명은 노인(65세

이상)이다.

지역적으로는 녹번동에 8명이 살고 구산동·응암1동·대조동에 7명씩, 불광1동·신사1동·갈현1동·갈현2동에 6명씩, 신사2동·불광3동·수색동·증산동에 5명씩, 역촌2동·불광2동·응암2동·응암3동에 4명씩 살며, 진관외동에 2명, 진관내동에 1명이 산다.

종교를 보면 25명은 개신교, 17명은 불교, 13명은 천주교를 믿는다. 44명은 종교를 갖고 있지 않다. 동네 사람 중 종교 인구 비율은 진관내동·진관외

동·역촌2동 순으로 높고 녹번동·대조동·증산동 순으로 낮다. 개신교는 역촌2동·응암2동·응암4동·신사1동에서, 불교는 진관외동·진관내동·불광2동에서, 천주교는 구산동·응암1동·신사2동에서 각각 상대적으로 비중이 높다.

학력은 어떨까. 42명이 대학 이상의 학력을 가지고 있는데, 7명은 대학에 재학 중이고 3명은 석사과정 이상의 공부를 하였다(19세 이상 기준). 대학 학력 이상 인구 비중은 갈현2동·불광1동·신사1동 순으로 높다.

33명은 미혼이며, 67명은 결혼했다. 결혼한 사람 가운데 7명은 남편이나 아내가 먼저 사망했고 4명은 이혼했다(15세 이상 기준). 5명은 몸이 불편하거나 정신 장애로 정상적인 활동에 제약을 느끼고 있다.

거주 기간을 보면, 40명은 현재 살고 있는 집에 산 지 5년이 넘었

**표 2_3.127**

# 서울시 은평구 성별·종교별·학력별 인구

(단위 : 명, %)

| 행정구역 | 남녀/외국인 | | | | 종교 인구 | | | | | | | 대학 이상 학력 인구 | | | | | | |
|---|---|---|---|---|---|---|---|---|---|---|---|---|---|---|---|---|---|---|
| | 총인구 | 남자 | 여자 | 외국인 | 인구수 (내국인) | 종교 있음 | | | | | 종교 없음 | 19세 이상 인구 | 계 | 4년제 미만 | | 4년제 이상 | | 대학원 이상 |
| | | | | | | 계 | 불교 | 개신교 | 천주교 | 기타 | | | | 계 | 재학 | 계 | 재학 | |
| 은평구 | 447,611 | 49 | 51 | 0 | 446,550 | 55 | 17 | 25 | 13 | 1 | 44 | 343,423 | 42 | 13 | 2 | 26 | 5 | 3 |
| 갈현1동 | 25,088 | 50 | 50 | 0 | 25,034 | 57 | 17 | 26 | 13 | 1 | 43 | 19,089 | 44 | 13 | 3 | 28 | 6 | 3 |
| 갈현2동 | 26,037 | 49 | 51 | 1 | 25,874 | 58 | 18 | 26 | 13 | 1 | 42 | 19,567 | 48 | 14 | 3 | 31 | 6 | 4 |
| 구산동 | 30,530 | 52 | 48 | 0 | 30,482 | 59 | 17 | 26 | 15 | 1 | 41 | 23,329 | 44 | 12 | 2 | 28 | 6 | 4 |
| 녹번동 | 34,339 | 49 | 51 | 0 | 34,216 | 52 | 17 | 23 | 11 | 1 | 47 | 27,000 | 44 | 12 | 2 | 29 | 5 | 4 |
| 대조동 | 29,636 | 48 | 52 | 0 | 29,580 | 52 | 18 | 23 | 11 | 1 | 48 | 22,900 | 42 | 13 | 2 | 25 | 5 | 3 |
| 불광1동 | 28,409 | 49 | 51 | 0 | 28,348 | 55 | 18 | 23 | 13 | 1 | 44 | 21,725 | 47 | 12 | 2 | 30 | 6 | 4 |
| 불광2동 | 19,457 | 49 | 51 | 0 | 19,417 | 56 | 20 | 22 | 12 | 1 | 44 | 15,192 | 41 | 15 | 2 | 23 | 5 | 3 |
| 불광3동 | 21,816 | 49 | 51 | 0 | 21,773 | 55 | 19 | 22 | 13 | 1 | 45 | 16,743 | 38 | 14 | 2 | 22 | 5 | 2 |
| 수색동 | 20,526 | 50 | 50 | 0 | 20,474 | 53 | 17 | 22 | 14 | 1 | 47 | 15,818 | 38 | 13 | 3 | 22 | 5 | 3 |
| 신사1동 | 26,126 | 49 | 51 | 0 | 26,086 | 56 | 15 | 27 | 14 | 1 | 44 | 19,739 | 47 | 12 | 3 | 31 | 6 | 4 |
| 신사2동 | 23,223 | 50 | 50 | 0 | 23,175 | 56 | 14 | 26 | 15 | 1 | 44 | 17,442 | 45 | 12 | 2 | 29 | 6 | 4 |
| 역촌1동 | 23,309 | 48 | 52 | 0 | 23,275 | 54 | 16 | 26 | 12 | 1 | 45 | 17,815 | 43 | 14 | 2 | 26 | 4 | 3 |
| 역촌2동 | 19,774 | 49 | 51 | 0 | 19,742 | 59 | 16 | 30 | 13 | 1 | 41 | 14,715 | 45 | 12 | 2 | 30 | 5 | 3 |
| 응암1동 | 29,803 | 49 | 51 | 0 | 29,700 | 55 | 15 | 24 | 15 | 1 | 45 | 22,475 | 44 | 13 | 2 | 28 | 5 | 3 |
| 응암2동 | 18,427 | 50 | 50 | 0 | 18,406 | 56 | 16 | 27 | 12 | 1 | 45 | 14,376 | 37 | 13 | 2 | 21 | 4 | 2 |
| 응암3동 | 19,428 | 49 | 51 | 0 | 19,384 | 53 | 16 | 23 | 11 | 1 | 47 | 14,967 | 34 | 13 | 2 | 20 | 4 | 2 |
| 응암4동 | 17,066 | 49 | 51 | 0 | 17,024 | 56 | 16 | 27 | 12 | 2 | 43 | 13,098 | 35 | 13 | 3 | 20 | 4 | 2 |
| 증산동 | 20,230 | 50 | 50 | 0 | 20,201 | 54 | 15 | 26 | 12 | 1 | 46 | 15,575 | 44 | 13 | 2 | 27 | 6 | 3 |
| 진관내동 | 6,002 | 51 | 49 | 0 | 5,994 | 61 | 24 | 23 | 13 | 1 | 39 | 4,972 | 31 | 11 | 3 | 19 | 5 | 2 |
| 진관외동 | 8,385 | 51 | 49 | 0 | 8,365 | 60 | 26 | 23 | 10 | 1 | 40 | 6,886 | 36 | 9 | 2 | 24 | 5 | 3 |

진관내동에 사는 사람 중 61%가 종교가 있는 반면 대조동 사람 48%는 종교 없이 산다. 불교는 진관외동, 개신교는 역촌2동, 천주교는 구산동 등에서 신자 비중이 높다. 대학 이상 학력자 비중은 갈현2동에서 가장 높고 진관내동에서 가장 낮다.

으나 60명은 5년 이내에 새로 이사 왔다(5살 이상 기준). 이사 온 사람 중 42명은 은평구 안의 다른 동에서, 8명은 서울 안의 다른 구에서, 9명은 서울 바깥에서 이사 왔다.

## 은평구에 사는 취업자가 100명이라면 : 72명은 봉급쟁이, 18명은 자영업자

은평구에 사는 15세 이상 인구 36만 명 가운데 취업해 직장에 다니는 사람은 18만 명이다. 은평구 취업자가 100명이라면 57명은 30~40대, 20명은 20대이며, 50대는 16명이다. 65세 이상 노인도 2명이 일하고 있다.

72명은 회사에서 봉급을 받고 일하는 직장인이다. 18명은 고용한 사람 없이 혼자서 일하는 자영업자이며, 7명은 누군가를 고용해 사업체를 경영하는 사업주다. 3명은 가족이 운영하는 사업체에서 보수 없이 일하고 있다.

직업은 사무직이 20명, 판매직 16명, 서비스직과 기능직 각 12명 전문가가 11명, 기술직이나 준전문가 11명이다. 9명은 단순 노무직, 7명은 장치 기계 조작 및 조립직, 3명은 고위 관리직으로 일하고 있다.

직장으로 출근하는 데 30분 이상 걸리는 사람은 65명으로, 그 가운데 26명은 1시간 이상 걸린다. 20명은 걸어서 출근하고 80명은 교통수단을 이용해 출근한다. 80명 가운데 28명은 전철로, 24명은 자가용으로, 16명은 시내버스로, 1명은 통근 버스로, 다른 1명은 자전거로 출근한다. 7명은 전철과 버스 또는 승용차를 갈아타며 출근한다.

82명은 사무실이나 공장 등에서 일하는 반면, 12명은 야외나 거리 또는 운송 수단에서 일한다. 3명은 남의 집에서, 2명은 자기 집에서 일한다.


## 은평구에 100가구가 산다면 : 48가구는 셋방살이

은평구에는 14만5천 가구가 산다(일반 가구 기준). 은평구에 사는 가구를 100가구로 친다면 37가구는 식구가 한 명 또는 두 명인 1, 2인 가구이며, 이 가운데 16가구는 나 홀로 사는 1인 가구다. 식구 4명은 28가구, 3명은 24가구, 5명은 8가구다.

나 홀로 사는 1인 가구 비중을 보면, 20개 동네 가운데 5곳에서 20%가 넘었다. 가장 높은 곳은 진관내동으로 동네 사람의 27%가 1인 가구, 진관외동·응암1동은 각 21%, 녹번동·응암3동은 각 20%로 나타났다. 구산동·신사1동·신사2동·증산동은 상대적으로 낮았다.

50가구는 자신이 소유한 집에서 살고, 48가구는 셋방에 살며, 2가구는 직장의 사택이나 친척집 등에서 무상으로 살고 있다. 자기 집에 사는 가구 중 6가구는 현재 살고 있는 집 외에 최소 한 채에서 여러 채를 소유한 다주택자들이다.

셋방 사는 가구 가운데 35가구는 전세에, 12가구는 보증금 있는 월세에, 1가구는 보증금 없는 월세에 살고 있다. 셋방 사는 가구 중 4가구는 어딘가에 자신 명의의 집을 소유하고 있으나 경제 사정이나

그림 2_3.86

## 서울시 은평구 동네별 1인 가구

(단위 : %)

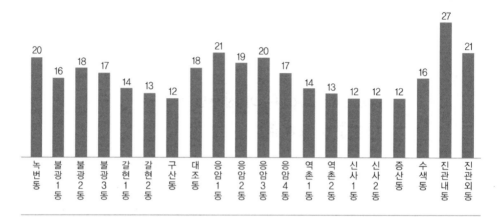

자녀 교육, 직장 등의 사정으로 셋방에 살고 있다.

　63가구는 현재 사는 집으로 이사 온 지 5년이 안 되며, 이 가운데 31가구는 2년이 안 된다. 18가구는 5~10년이 됐고, 19가구는 10년이 넘었다.

　53가구는 자동차를 소유하고 있고 이 가운데 35가구는 자기 집에 전용 주차장이 있다. 자동차 소유 가구 중 5가구는 차를 2대 이상 소유하고 있다.

표 2_3.128

## 서울시 은평구의 다주택자

(단위 : 가구, 호)

| 구분 | | | 가구 | 주택 수 | 평균 주택 수 |
|---|---|---|---|---|---|
| 일반 가구 | | | 145,477 | – | – |
| 자가 가구 | | | 72,677 | – | – |
| 다주택 가구 | 통계청 | | 8,381 | – | – |
| | 행자부 | 계 | 4,111 | 11,417 | 3 |
| | | 2채 | 3,128 | 6,256 | 2 |
| | | 3채 | 403 | 1,209 | 3 |
| | | 4채 | 176 | 704 | 4 |
| | | 5채 | 127 | 635 | 5 |
| | | 6~10채 | 227 | 1,662 | 7 |
| | | 11채 이상 | 50 | 951 | 19 |

## 집 많은 사람, 집 없는 사람 :
## 신사1동 67% 주택 소유, 불광3동 55% 무주택

은평구에 사는 100가구 중 54가구는 주택 소유자이고, 46가구는 무주택자다. 20개 동네 가운데 12개 동네는 주택 소유자가 더 많고 7개 동네는 무주택자가 더 많다. 한 개 동네는 주택 소유자와 무주택자가 50 대 50으로 비슷하다. 주택 소유자는 신사1동 67%를 비롯해 구산동 66%, 증산동 62%, 신사2동 61%, 갈현2동과 역촌2동 각 60% 순이다. 반면 무주택자는 불광3동 55%를 비롯해 응암3동·응암4동 각 53%, 응암2동·대조동·진관내동 52%, 불광2동 51% 순으로 높다.

은평구 가구의 6%는 집을 두 채 이상 소유한 다주택자다. 동네별로는 구산동과 신사1동이 각각 8%로 가장 높고, 불광3동·대조동·응

표 2_3.129

# 서울시 은평구 주택의 점유·소유 형태별 가구

(단위 : 가구, %)

| 행정구역 | 전체 가구 | 자기 집에 거주 | | | 셋방에 거주 | | | 무상으로 거주 | | 주택 소유 | 무주택 |
|---|---|---|---|---|---|---|---|---|---|---|---|
| | | 계 | 집 한 채 | 집 여러 채 | 계 | 집 없음 | 집 있음 | 집 없음 | 집 있음 | | |
| 은평구 | 145,477 | 50 | 44 | 6 | 48 | 44 | 4 | 2 | 0 | 54 | 46 |
| 갈현1동 | 7,918 | 49 | 42 | 6 | 49 | 45 | 5 | 2 | 0 | 54 | 46 |
| 갈현2동 | 8,056 | 56 | 49 | 7 | 43 | 39 | 4 | 1 | 0 | 60 | 40 |
| 구산동 | 8,842 | 61 | 53 | 8 | 38 | 33 | 5 | 1 | 0 | 66 | 34 |
| 녹번동 | 11,885 | 46 | 41 | 6 | 52 | 47 | 4 | 2 | 0 | 51 | 49 |
| 대조동 | 9,989 | 44 | 40 | 4 | 54 | 51 | 3 | 2 | 0 | 48 | 52 |
| 불광1동 | 9,431 | 48 | 42 | 7 | 50 | 45 | 6 | 1 | 0 | 54 | 46 |
| 불광2동 | 6,490 | 45 | 39 | 6 | 53 | 49 | 4 | 1 | 0 | 49 | 51 |
| 불광3동 | 7,273 | 42 | 38 | 4 | 57 | 54 | 3 | 1 | 0 | 45 | 55 |
| 수색동 | 6,719 | 46 | 41 | 5 | 52 | 48 | 4 | 2 | 0 | 51 | 49 |
| 신사1동 | 8,135 | 62 | 55 | 8 | 36 | 32 | 4 | 1 | 0 | 67 | 33 |
| 신사2동 | 7,258 | 57 | 50 | 7 | 42 | 38 | 4 | 1 | 0 | 61 | 39 |
| 역촌1동 | 7,499 | 53 | 48 | 5 | 45 | 42 | 3 | 2 | 0 | 56 | 44 |
| 역촌2동 | 6,205 | 56 | 50 | 6 | 42 | 39 | 4 | 2 | 0 | 60 | 40 |
| 응암1동 | 10,013 | 46 | 40 | 5 | 53 | 49 | 4 | 1 | 0 | 50 | 50 |
| 응암2동 | 6,144 | 45 | 41 | 4 | 52 | 50 | 3 | 2 | 0 | 48 | 52 |
| 응암3동 | 6,707 | 44 | 41 | 4 | 53 | 52 | 2 | 2 | 0 | 47 | 53 |
| 응암4동 | 5,732 | 43 | 38 | 5 | 55 | 51 | 4 | 2 | 0 | 47 | 53 |
| 증산동 | 6,303 | 57 | 49 | 7 | 41 | 36 | 5 | 1 | 0 | 62 | 38 |
| 진관내동 | 2,116 | 45 | 41 | 4 | 52 | 49 | 3 | 3 | 0 | 48 | 52 |
| 진관외동 | 2,762 | 51 | 45 | 6 | 46 | 43 | 3 | 3 | 0 | 54 | 46 |

신사1동은 가구의 67%가 집을 소유하고 있고 8%는 두 채 이상 갖고 있다. 반면 불광3동은 55%가 무주택자다. 불광1동 가구의 6%는 어딘가에 집을 사놓고 셋방에 산다.

암2동·응암3동·진관내동은 각각 4%로 가장 낮다.

은평구 주택 소유자 54가구 중 4가구는 어딘가 자신 명의의 집이 있지만 사정이 있어 셋방에 사는 유주택 전월세 가구로, 불광1동(6%)과 갈현1동·구산동·증산동(5%)에서 비중이 가장 높다.

주택 소유자 중 유주택 전월세 가구를 제외한 50가구는 자기 집에 사는데, 신사1동(62%)을 비롯해 구산동(61%), 신사1동과 신사2동(각 57%)에서 비중이 가장 높다.

유주택 전월세를 포함한 48가구가 셋방에 사는데, 불광3동 57%, 응암4동 55%, 대조동 54% 순으로 높다.

유주택 전월세를 제외한 44가구는 집이 아예 없는 무주택 전월세 가구인데, 불광3동 54%, 대조동·응암4동(51%) 순으로 비중이 높다.


## 은평구에 있는 집이 100채라면 :
## 다세대주택 47채, 단독주택 24채


은평구에는 집(주택과 주택 이외의 거처)이 10만7천 채가 있다. 은평구에 있는 집이 100채라면 47채는 다세대주택이다. 단독주택은 24채, 아파트는 18채, 연립주택은 8채, 상가 등에 있는 주택 1채, 오피스텔 등 주택 이외의 거처 2채다. 다른 곳에 비해 다세대주택이 전체의 절반에 육박한다.

2005년 당시 진관내동이 거처의 94%가 다세대주택인 것을 제외하고는 은평구 20개 동 가운데 18개 동에서 다세대주택 비중이 30%가 넘었고, 10곳은 50%가 넘었다. 역촌1동에 있는 거처의 70%는 다

표 2_3.130

# 서울시 은평구 거처의 종류별·연건평별·건축년도별 주택

(단위 : 호, 가구, %)

| 행정구역 | 거처의 종류별 거처와 가구 | | | | | | | | | | | | | |
|---|---|---|---|---|---|---|---|---|---|---|---|---|---|
| | 계 | | 단독주택 | | 아파트 | | 연립주택 | | 다세대주택 | | 비거주용 건물 내 주택 | | 주택 이외의 거처 | |
| | 거처 | 가구 | 거처 | 가구 | 거처 | 가구 | 거처 | 가구 | 거처 | 가구 | 거처 | 가구 | 거처 | 가구 |
| 은평구 | 107,016 | 145,592 | 24 | 43 | 18 | 13 | 8 | 6 | 47 | 35 | 1 | 1 | 2 | 1 |
| 갈현1동 | 5,739 | 7,921 | 29 | 47 | 12 | 9 | 7 | 6 | 50 | 36 | 2 | 2 | 0 | 0 |
| 갈현2동 | 6,223 | 8,065 | 23 | 40 | 18 | 14 | 8 | 7 | 47 | 36 | 1 | 1 | 2 | 2 |
| 구산동 | 7,122 | 8,856 | 17 | 32 | 27 | 22 | 8 | 6 | 46 | 37 | 1 | 1 | 1 | 2 |
| 녹번동 | 8,485 | 11,893 | 23 | 45 | 14 | 10 | 8 | 6 | 51 | 36 | 1 | 1 | 2 | 1 |
| 대조동 | 6,683 | 10,002 | 28 | 51 | 6 | 4 | 3 | 2 | 58 | 39 | 2 | 2 | 2 | 1 |
| 불광1동 | 8,030 | 9,432 | 14 | 26 | 33 | 28 | 9 | 8 | 43 | 37 | 1 | 1 | 0 | 0 |
| 불광2동 | 4,232 | 6,493 | 30 | 53 | 8 | 5 | 8 | 6 | 53 | 35 | 1 | 1 | 0 | 0 |
| 불광3동 | 4,451 | 7,283 | 35 | 59 | 3 | 2 | 5 | 3 | 55 | 34 | 1 | 1 | 1 | 1 |
| 수색동 | 5,136 | 6,722 | 21 | 39 | 39 | 30 | 8 | 6 | 30 | 23 | 1 | 1 | 0 | 0 |
| 신사1동 | 6,778 | 8,139 | 15 | 27 | 30 | 25 | 11 | 9 | 43 | 36 | 1 | 1 | 1 | 1 |
| 신사2동 | 5,452 | 7,262 | 24 | 42 | 39 | 29 | 8 | 6 | 28 | 21 | 1 | 1 | 0 | 0 |
| 역촌1동 | 5,470 | 7,503 | 23 | 43 | 3 | 3 | 2 | 1 | 70 | 51 | 2 | 2 | 0 | 0 |
| 역촌2동 | 4,762 | 6,208 | 21 | 38 | 8 | 6 | 17 | 13 | 52 | 40 | 1 | 2 | 1 | 0 |
| 응암1동 | 7,497 | 10,025 | 18 | 38 | 15 | 11 | 7 | 5 | 49 | 37 | 1 | 1 | 11 | 8 |
| 응암2동 | 4,712 | 6,147 | 20 | 38 | 6 | 4 | 17 | 13 | 56 | 43 | 1 | 1 | 1 | 0 |
| 응암3동 | 4,410 | 6,711 | 26 | 50 | 6 | 4 | 7 | 4 | 57 | 37 | 1 | 2 | 3 | 2 |
| 응암4동 | 3,571 | 5,734 | 27 | 54 | 15 | 9 | 1 | 1 | 52 | 32 | 3 | 3 | 2 | 1 |
| 증산동 | 5,001 | 6,309 | 18 | 34 | 30 | 24 | 13 | 10 | 38 | 30 | 1 | 1 | 0 | 0 |
| 진관내동 | 1,307 | 2,119 | 94 | 95 | 0 | 0 | 0 | 0 | 1 | 0 | 2 | 3 | 3 | 2 |
| 진관외동 | 1,955 | 2,768 | 93 | 95 | 0 | 0 | 2 | 1 | 2 | 1 | 2 | 2 | 2 | 2 |

548

| 연건평별 주택 | | | | | 건축년도별 주택 | | | |
|---|---|---|---|---|---|---|---|---|
| 총 주택 수 | 14평 미만 | 14~19평 | 19~29평 | 29평 이상 | 총 주택 수 | 1995~ 2005년 | 1985~ 1994년 | 1985년 이전 |
| 105,134 | 15 | 25 | 36 | 23 | 105,134 | 40 | 41 | 19 |
| 5,731 | 15 | 20 | 38 | 27 | 5,731 | 44 | 34 | 22 |
| 6,071 | 12 | 23 | 36 | 29 | 6,071 | 54 | 32 | 14 |
| 7,016 | 11 | 17 | 45 | 27 | 7,016 | 56 | 34 | 11 |
| 8,317 | 18 | 27 | 29 | 26 | 8,317 | 36 | 49 | 14 |
| 6,554 | 17 | 28 | 31 | 25 | 6,554 | 44 | 42 | 14 |
| 8,015 | 18 | 26 | 41 | 15 | 8,015 | 30 | 58 | 12 |
| 4,226 | 18 | 22 | 30 | 30 | 4,226 | 36 | 44 | 20 |
| 4,399 | 17 | 21 | 35 | 28 | 4,399 | 37 | 44 | 20 |
| 5,132 | 21 | 27 | 33 | 20 | 5,132 | 50 | 33 | 18 |
| 6,733 | 10 | 30 | 45 | 15 | 6,733 | 46 | 40 | 14 |
| 5,431 | 8 | 19 | 56 | 16 | 5,431 | 31 | 52 | 17 |
| 5,465 | 15 | 27 | 37 | 21 | 5,465 | 54 | 34 | 12 |
| 4,735 | 11 | 32 | 34 | 24 | 4,735 | 44 | 31 | 24 |
| 6,670 | 16 | 33 | 32 | 20 | 6,670 | 46 | 42 | 12 |
| 4,682 | 21 | 34 | 30 | 15 | 4,682 | 21 | 41 | 38 |
| 4,291 | 24 | 27 | 26 | 23 | 4,291 | 29 | 43 | 27 |
| 3,497 | 21 | 26 | 26 | 27 | 3,497 | 21 | 67 | 11 |
| 4,989 | 10 | 23 | 42 | 24 | 4,989 | 51 | 33 | 16 |
| 1,263 | 7 | 13 | 48 | 33 | 1,263 | 12 | 10 | 78 |
| 1,917 | 9 | 25 | 35 | 31 | 1,917 | 11 | 9 | 80 |

반면 진관내동과 진관외동은 95%가 단독주택에 산다(2005년 기준). 아파트 거주 비중은 수색동이 높지만 30%에 그친다. 역촌1동은 절반이 다세대주택에 살고, 응암1동은 8%가 주택 이외의 거처에 산다.

세대주택이다. 아파트는 신사2동, 수색동, 불광1동 순으로 많았으나 모두 40%를 밑돌았다.

은평구 100가구 가운데 43가구는 단독주택에, 35가구는 다세대주택에, 13가구는 아파트에, 6가구는 연립주택에, 1가구는 상가 등 비거주용 건물 내 주택에, 또다른 1가구는 오피스텔 등 주택 이외의 거처에 산다. 78%가 단독주택과 다세대주택에 사는 것이다.

진관내동 95%를 비롯해 불광3동·응암4동·불광2동·응암3동에서 동네 사람의 절반 이상이 단독주택에 살고 있다. 역촌1동 51%를 비롯해 17개 동네에서 30% 이상이 다세대주택에 산다. 아파트에 사는 사람 비중은 수색동이 30%로 가장 높았다.

지난 10년 동안 아파트와 다세대주택은 167%와 102% 늘어난 반면, 단독주택과 연립주택은 21%와 27%가 줄었다. 전체 주택에서 차지하는 비중은 다세대주택 31%에서 48%로, 아파트 9%에서 18%로 각각 증가했으나, 단독주택은 41%에서 25%로, 연립주택은 15%에서 8%로 감소했다.

크기별로는 29평 이상 23채, 19~29평 36채, 14~19평 26채, 14평 미만 15채다. 진관내동과 불광2동 주택은 30% 이상이 29평 이상이며, 응암3동은 24%가 14평 미만이다.

41채는 지은 지 10년(1995~2005년)이 안 된 새집이며, 19채는 지은 지 20년이 넘은 낡은 집으로 곧 재개발·재건축될 수 있는 집이다. 구산동·역촌1동·갈현2동·증산동·수색동은 주택의 절반 이상이 지은 지 10년 안 된다. 반면 진관내동은 주택의 78%가 지은 지 20년이 넘은 낡은 집이며, 응암2동도 38%가 20년 이상이 된 집이다.

## 은평구에서 지하 방에 사는 사람 :
## 불광 2동·불광 3동·응암 3동·응암 4동
## 20% 이상 (반)지하에 거주

은평구에 사는 100가구 중 8가구는 식구에 비해 집이 너무 좁거나 시설이 제대로 갖춰지지 않아 인간다운 품위를 지키기 어려운 최저 주거 기준 미달 가구다.

또 은평구에 사는 100가구 가운데 84가구는 지상에 살지만, 15가구는 (반)지하에, 1가구는 옥탑방에 살고 있다. 응암3동·4동, 불광2동·3동 등 네 동네에서 지하 방에 사는 가구 비율이 20%가 넘었다. 동네 사람 네다섯 사람 중 한 명꼴로 지하 방에 사는 셈이다. 이외에도 대조동(19%), 응암2동(18%), 녹번동(16%) 등 모두 17개 동네에서 지하 방 거주 가구 비중이 10%가 넘었다. 지하 가구 수는 녹번동·대조동·불광3동·응암3동·응암1동 순으로 많다.

은평구 100가구 가운데 거실이나 부엌을 각각 1개의 방으로 쳐서 방 3개 이하에서 셋방살이를 떠도는 가구는 24가구에 달하지만, 이들에게 꼭 필요한 공공 임대주택은 전체 가구 대비 0.4%밖에 안 된다. 따라서 은평구에 사는 가난한 사람들을 위해서는 중앙정부와 지자체가 대량의 공공 임대주택을 성실하게 공급해야 한다.

## 은평구 유권자가 100명이라면

정당 지지도를 물었던 최근 네 차례 선거(제3~4회 동시지방선거, 제

표 2_3.131

## 서울시 은평구 (반)지하 등 거주 가구

(단위: 가구, %)

| 행정구역 | (반)지하 | | 옥탑 | | 판잣집 등 기타 | |
|---|---|---|---|---|---|---|
| | 가구 | 비중 | 가구 | 비중 | 가구 | 비중 |
| 은평구 | 21,773 | 15 | 821 | 1 | 279 | – |
| 갈현1동 | 1,226 | 15 | 34 | – | 5 | – |
| 갈현2동 | 1,063 | 13 | 24 | – | 2 | – |
| 구산동 | 1,033 | 12 | 18 | – | 148 | 2 |
| 녹번동 | 1,957 | 16 | 101 | 1 | 6 | – |
| 대조동 | 1,869 | 19 | 112 | 1 | 1 | – |
| 불광1동 | 1,241 | 13 | 62 | 1 | 14 | – |
| 불광2동 | 1,318 | 20 | 48 | 1 | 2 | – |
| 불광3동 | 1,533 | 21 | 65 | 1 | 1 | – |
| 수색동 | 761 | 11 | 16 | – | 2 | – |
| 신사1동 | 771 | 9 | 14 | – | 1 | – |
| 신사2동 | 988 | 14 | 46 | 1 | – | – |
| 역촌1동 | 1,134 | 15 | 39 | 1 | – | – |
| 역촌2동 | 816 | 13 | 17 | – | – | – |
| 응암1동 | 1,394 | 14 | 55 | 1 | 1 | – |
| 응암2동 | 1,123 | 18 | 25 | – | – | – |
| 응암3동 | 1,478 | 22 | 69 | 1 | 5 | – |
| 응암4동 | 1,212 | 21 | 49 | 1 | – | – |
| 증산동 | 702 | 11 | 18 | – | 10 | – |
| 진관내동 | 51 | 2 | 5 | – | 45 | 2 |
| 진관외동 | 103 | 4 | 4 | – | 36 | 1 |

응암3동과 4동, 불광2동과 3동은 동네 가구의 20% 이상이 (반)지하에 산다. 다른 13개 동네에서도 10% 이상이 (반)지하에 산다.

17~18대 총선)를 기준으로 은평구 유권자는 대략 35만~37만 명이며, 평균 투표율은 50%이다.

은평구 유권자가 100명이라면 2002년 지방선거에서는 50명이 한나라당을, 39명이 새천년민주당을, 5명이 민주노동당을, 2명이 자민련을 지지했다. 2004년 총선에서는 40명이 열린우리당을, 34명이 한나라당을, 12명이 민주노동당을, 8명이 새천년민주당을, 2명이 자민련을 찍었다. 2006년 지방선거에서는 54명이 한나라당을, 24명이 열린우리당을, 11명이 민주당을, 10명이 민주노동당을 지지했다. 2008년 총선에서는 38명이 한나라당을, 27명이 통합민주당을, 11명이 창조한국당을 찍었다. 또한 9명은 친박연대를, 4명은 민주노동당을, 다른 4명은 자유선진당을, 3명은 진보신당을 찍었다.

동네별 투표율은 불광1동·갈현2동·진관내동·불광2동에서 가장 높았다. 반면 응암2동·녹번동·응암1동·응암3동에서 가장 낮았다. 불광1동과 응암2동의 투표율 격차는 최소 4%에서 최대 18%까지 벌어졌다.

한나라당 득표율은 진관내동·진관외동·갈현2동·구산동에서 가장 높았다. 반면 응암4동·응암3동·응암1동·역촌1동에서 가장 낮았다. 진관내동과 응암4동의 한나라당 득표율 격차는 최소 10%에서 최대 12% 사이다.

민주(＋열린우리)당 득표율은 응암4동·응암3동·응암1동·응암2동에서 가장 높았다. 반면 진관내동·진관외동·갈현2동·구산동에서 가장 낮았다. 응암4동과 진관내동의 득표율 격차는 최소 10%에서 최대 19%까지 벌어졌다.

민주노동당＋진보신당 득표율은 녹번동과 대조동, 응암1동에서 상대적으로 높았다.

민주노동당+진보신당 득표율은 녹번동과 대조동, 응암1동에서 상대적으로 높았다. 2002년 지방선거에서는 갈현1동, 녹번동, 대조동, 불광1동, 불광3동, 신사1동, 응암1동에서 똑같이 6%를 기록했다. 2004년 총선에서는 갈현2동, 녹번동, 대조동, 불광3동, 응암1동에서 각각 14%를 얻었다. 2006년 지방선거에서는 녹번동에서 11%로 득표율이 가장 높았다. 2008년 총선에서는 증산동에서 민주노동당+진보신당 득표율을 합쳐 8%를 얻어 가장 높았다.

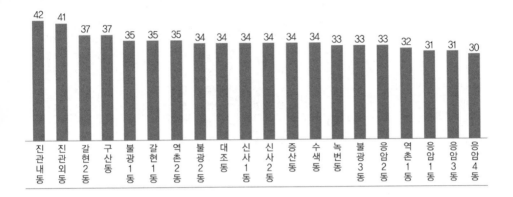

**그림 2_3.87**

# 서울시 은평구 동네별 한나라당 득표율

2004년 총선(단위 : %)

| 진관내동 | 진관외동 | 갈현2동 | 구산동 | 불광1동 | 갈현1동 | 역촌2동 | 불광2동 | 대조동 | 신사1동 | 신사2동 | 증산동 | 수색동 | 녹번동 | 불광3동 | 응암2동 | 역촌1동 | 응암1동 | 응암3동 | 응암4동 |
|---|---|---|---|---|---|---|---|---|---|---|---|---|---|---|---|---|---|---|---|
| 42 | 41 | 37 | 37 | 35 | 35 | 35 | 34 | 34 | 34 | 34 | 34 | 34 | 33 | 33 | 33 | 32 | 31 | 31 | 30 |

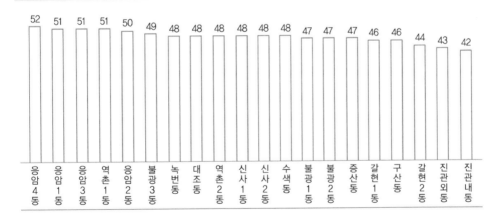

**그림 2_3.88**

# 서울시 은평구 동네별 민주(+열린우리)당 득표율

2004년 총선(단위 : %)

| 응암4동 | 응암1동 | 응암3동 | 역촌1동 | 응암2동 | 불광3동 | 녹번동 | 대조동 | 역촌2동 | 신사1동 | 신사2동 | 수색동 | 불광1동 | 불광2동 | 증산동 | 갈현1동 | 구산동 | 갈현2동 | 진관외동 | 진관내동 |
|---|---|---|---|---|---|---|---|---|---|---|---|---|---|---|---|---|---|---|---|
| 52 | 51 | 51 | 51 | 50 | 49 | 48 | 48 | 48 | 48 | 48 | 48 | 47 | 47 | 47 | 46 | 46 | 44 | 43 | 42 |

**표 2_3.132**

# 서울시 은평구 역대 선거 투표율과 정당 지지율

2002~2008년(단위 : 명, %)

| 행정구역 | 2002년 지방선거 | | | | | | | 2004년 총선 | | | | | | | |
|---|---|---|---|---|---|---|---|---|---|---|---|---|---|---|---|
| | 선거인 수 | 투표율 | 한나라당 | 새천년민주당 | 자민련 | 민주노동당 | 기타 | 선거인 수 | 투표율 | 한나라당 | 새천년민주당 | 열린우리당 | 자민련 | 민주노동당 | 기타정당 |
| 은평구 | 350,617 | 43 | 50 | 39 | 2 | 5 | 3 | 361,993 | 60 | 34 | 8 | 40 | 2 | 13 | 3 |
| 갈현1동 | 19,508 | 42 | 51 | 38 | 2 | 6 | 3 | 19,989 | 60 | 35 | 7 | 40 | 2 | 13 | 3 |
| 갈현2동 | 18,174 | 43 | 56 | 34 | 2 | 5 | 3 | 19,563 | 61 | 37 | 7 | 37 | 3 | 14 | 2 |
| 구산동 | 19,395 | 42 | 55 | 36 | 2 | 5 | 3 | 21,270 | 59 | 37 | 7 | 39 | 2 | 12 | 3 |
| 녹번동 | 27,358 | 39 | 49 | 40 | 2 | 6 | 2 | 27,817 | 58 | 33 | 8 | 40 | 2 | 14 | 3 |
| 대조동 | 23,007 | 41 | 51 | 39 | 2 | 6 | 2 | 24,066 | 58 | 34 | 8 | 40 | 2 | 14 | 2 |
| 불광1동 | 23,080 | 45 | 52 | 38 | 2 | 6 | 2 | 22,589 | 62 | 35 | 8 | 39 | 2 | 13 | 2 |
| 불광2동 | 15,331 | 43 | 51 | 38 | 2 | 5 | 2 | 15,366 | 60 | 34 | 7 | 39 | 3 | 14 | 2 |
| 불광3동 | 17,378 | 39 | 49 | 39 | 3 | 6 | 3 | 17,220 | 57 | 33 | 8 | 40 | 2 | 13 | 3 |
| 수색동 | 15,777 | 44 | 50 | 39 | 3 | 5 | 3 | 16,591 | 59 | 34 | 9 | 40 | 2 | 13 | 3 |
| 신사1동 | 17,808 | 43 | 51 | 38 | 2 | 6 | 2 | 19,872 | 60 | 34 | 8 | 40 | 2 | 13 | 3 |
| 신사2동 | 16,793 | 41 | 51 | 39 | 2 | 5 | 2 | 17,068 | 59 | 34 | 8 | 40 | 2 | 12 | 3 |
| 역촌1동 | 16,656 | 41 | 50 | 40 | 2 | 5 | 2 | 17,993 | 60 | 32 | 8 | 42 | 2 | 13 | 2 |
| 역촌2동 | 14,068 | 44 | 53 | 38 | 2 | 4 | 3 | 14,890 | 61 | 35 | 8 | 40 | 2 | 12 | 3 |
| 응암1동 | 21,532 | 41 | 48 | 42 | 2 | 6 | 2 | 22,109 | 58 | 31 | 8 | 43 | 2 | 14 | 3 |
| 응암2동 | 14,313 | 39 | 51 | 41 | 2 | 4 | 2 | 14,819 | 57 | 33 | 9 | 41 | 2 | 12 | 3 |
| 응암3동 | 15,591 | 40 | 46 | 44 | 2 | 5 | 2 | 15,201 | 57 | 31 | 10 | 41 | 2 | 12 | 3 |
| 응암4동 | 14,833 | 43 | 46 | 44 | 2 | 5 | 2 | 14,422 | 57 | 30 | 10 | 42 | 2 | 11 | 4 |
| 증산동 | 15,070 | 41 | 53 | 38 | 2 | 5 | 2 | 15,434 | 62 | 34 | 8 | 40 | 2 | 13 | 3 |
| 진관내동 | 7,922 | 47 | 58 | 33 | 2 | 4 | 3 | 8,429 | 61 | 42 | 7 | 35 | 2 | 10 | 3 |
| 진관외동 | 8,466 | 46 | 57 | 33 | 3 | 4 | 3 | 8,956 | 62 | 41 | 8 | 35 | 2 | 10 | 3 |

| 2006년 지방선거 | | | | | | | 2008년 총선 | | | | | | | | | |
|---|---|---|---|---|---|---|---|---|---|---|---|---|---|---|---|---|
| 선거인 수 | 투표율 | 열린우리당 | 한나라당 | 민주당 | 민주노동당 | 기타정당 | 선거인 수 | 투표율 | 통합민주당 | 한나라당 | 자유선진당 | 민주노동당 | 창조한국당 | 친박연대 | 진보신당 | 기타정당 |
| 367,295 | 47 | 24 | 54 | 11 | 10 | 1 | 359,447 | 47 | 27 | 38 | 4 | 4 | 11 | 9 | 3 | 4 |
| 20,449 | 46 | 23 | 56 | 10 | 10 | 1 | 20,924 | 51 | 22 | 40 | 4 | 4 | 16 | 8 | 3 | 3 |
| 20,746 | 47 | 21 | 59 | 9 | 10 | 1 | 21,201 | 52 | 23 | 39 | 4 | 4 | 14 | 9 | 3 | 4 |
| 23,846 | 47 | 21 | 58 | 10 | 10 | 1 | 24,898 | 50 | 23 | 41 | 4 | 4 | 14 | 8 | 3 | 3 |
| 28,127 | 44 | 23 | 55 | 11 | 11 | 1 | 28,640 | 41 | 29 | 37 | 5 | 4 | 7 | 10 | 3 | 4 |
| 24,308 | 45 | 23 | 55 | 11 | 10 | 1 | 24,774 | 49 | 25 | 37 | 4 | 4 | 16 | 8 | 3 | 4 |
| 23,008 | 49 | 24 | 55 | 11 | 10 | 1 | 19,617 | 55 | 24 | 40 | 4 | 3 | 15 | 7 | 4 | 3 |
| 15,977 | 47 | 22 | 54 | 13 | 10 | 1 | 15,329 | 51 | 24 | 39 | 3 | 4 | 16 | 8 | 3 | 4 |
| 17,702 | 46 | 22 | 54 | 13 | 10 | 2 | 18,334 | 49 | 24 | 39 | 4 | 4 | 15 | 7 | 3 | 4 |
| 16,729 | 48 | 23 | 56 | 11 | 9 | 1 | 16,471 | 44 | 29 | 40 | 5 | 4 | 5 | 9 | 3 | 4 |
| 20,402 | 47 | 23 | 54 | 12 | 10 | 1 | 21,254 | 44 | 31 | 35 | 5 | 4 | 7 | 11 | 3 | 4 |
| 18,080 | 46 | 24 | 54 | 12 | 9 | 1 | 18,652 | 41 | 31 | 36 | 4 | 3 | 6 | 11 | 3 | 4 |
| 18,791 | 44 | 25 | 54 | 11 | 10 | 1 | 19,378 | 49 | 25 | 37 | 4 | 4 | 15 | 8 | 3 | 4 |
| 15,982 | 47 | 23 | 54 | 12 | 9 | 1 | 16,129 | 49 | 26 | 37 | 4 | 4 | 14 | 8 | 3 | 4 |
| 23,355 | 44 | 24 | 54 | 11 | 10 | 1 | 25,006 | 40 | 31 | 36 | 5 | 4 | 7 | 10 | 3 | 4 |
| 15,001 | 45 | 23 | 56 | 12 | 9 | 1 | 13,217 | 37 | 32 | 38 | 4 | 3 | 5 | 11 | 2 | 4 |
| 15,640 | 46 | 24 | 51 | 14 | 9 | 1 | 15,964 | 41 | 33 | 36 | 5 | 4 | 5 | 10 | 3 | 4 |
| 13,828 | 46 | 23 | 51 | 16 | 9 | 1 | 13,940 | 42 | 34 | 36 | 5 | 4 | 5 | 10 | 3 | 5 |
| 16,627 | 48 | 23 | 56 | 10 | 10 | 1 | 17,030 | 45 | 29 | 38 | 4 | 4 | 6 | 10 | 4 | 4 |
| 5,520 | 46 | 19 | 61 | 9 | 8 | 2 | 1,703 | 48 | 15 | 44 | 5 | 3 | 16 | 9 | 4 | 2 |
| 4,915 | 47 | 18 | 62 | 11 | 7 | 3 | | | | | | | | | | |

* 주: 진관내동과 진관외동은 2007년 진관동으로 통합됨.

투표율은 불광1동과 2동, 갈현2동, 진관내동에서 높았다. 한나라당 득표율은 진관내동, 진관외동, 갈현2동, 구산동에서 높았다. 민주(+열린우리)당 득표율은 응암1동과 2동, 3동과 4동에서 높았다.

# 서울시 종로구 19개 동네

2005년 현재 서울시 종로구에는 19개 동에 있는 주택 3만7천 채와 오피스텔 1천 채 등

거처 3만8천 곳에 16만 명이 살고 있다.

서울시 종로구가 100명이 사는 마을이라면 어떤 모습일까?


## 숫자 100으로 본 종로구


종로구에 사는 사람은 서울시 평균인에 비해 대학 이상 학력자와 종교인 비중이 1% 높은데 특히 불교 인구 비중이 높다. 평균에 비해 봉급생활자는 적은 반면, 자영업자와 사업자 비중이 높은데 직업별로는 고위 관리자, 서비스직, 판매직, 기능직 종사자가 많다. 출퇴근 시간은 짧은 편이다.

평균에 비해 1인 가구와 무주택자는 많은 편이고, 자동차 소유자는 적은 편이며, 특히 단독주택 거주자가 많고 거주 기간은 긴 편이다. 가구의 11%가 (반)지하에 살고 51%는 거실과 부엌을 포함해 방 3칸 이하에 살지만 이들을 위한 공공 임대주택은 1%로 매우 부족한 실정이다.

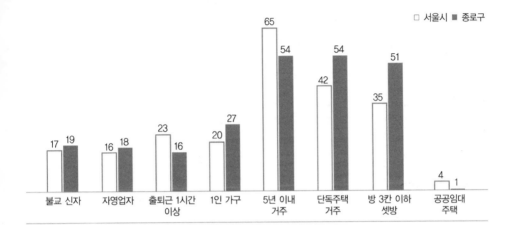

그림 2_3.89

## 서울시와 종로구 주요 지수 평균 비교

(단위 : %)

□ 서울시　■ 종로구

| 불교 신자 | 자영업자 | 출퇴근 1시간 이상 | 1인 가구 | 5년 이내 거주 | 단독주택 거주 | 방 3칸 이하 셋방 | 공공임대 주택 |
|---|---|---|---|---|---|---|---|
| 17 19 | 16 18 | 23 16 | 20 27 | 65 54 | 42 54 | 35 51 | 4 1 |

　　최근 7년간 종로구에서 한나라당은 39~55%를, 민주(＋열린우리)당은 32~46%를, 민주노동당＋진보신당은 6~12%를 각각 얻었다. 하지만 동네별로는 차이가 컸다.


## 종로구 인구가 100명이라면 :
## 대학 이상 학력자 51명, 종교 인구 56명


　서울시 종로구에 사는 사람은 16만 명으로, 종로구 인구가 100명이라면 남자 대 여자의 수는 50 대 50으로 균형을 이루고 있다. 100명중 1명은 외국인이다. 외국인 중 33%는 국적이 중국(재중 동포＝조선족 12%)이며, 미국 12%, 일본 7% 순으로 많다. 동네 사람 중 외국인이 가장 많은 곳은 종로1.2.3.4가동과 이화동으로 각각 7%와 3%가 외국인이다. 종로구 인구 중 21명은 어린이와 청소년이고(19살 미만), 79명은 어른이다. 어른 가운데 10명은 노인(65세 이상)이다.

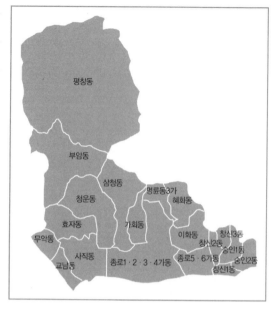

지역적으로는 평창동에 11명이 살고 혜화동에 8명이 산다. 창신2동·효자동·부암동·이화동에 7명씩, 교남동에 6명, 창신3동·숭인2동·명륜3가동·사직동에 5명씩, 창신1동·숭인1동·무악동·종로5.6가동·가회동에 4명씩, 종로1.2.3.4가동·청운동에 3명씩 살고, 삼청동에 2명이 산다.

종교를 보면 22명은 개신교, 19명은 불교, 14명은 천주교를 믿는다. 42명은 종교를 갖고 있지 않다. 종교 인구 비중이 가장 높은 곳은 평창동으로 동네 사람 중 68%를 차지한다. 반면 창신1동은 동네 사람 중 54%가 종교가 없다. 개신교는 평창동에서, 불교는 삼청동에서, 천주교는 청운동 등 네 곳에서 신자 수가 많다.

학력은 어떨까. 51명이 대학 이상의 학력을 가지고 있는데, 11명은 대학에 재학 중이며, 7명은 대학원 이상 학력자다(19세 이상 기준). 평창동은 19세 이상 인구 중 73%가 대학 이상 학력자이며, 65%가 대학 이상 학력자인 명륜3가동은 그 가운데 33%가 2005년 현재 대학에 다니고 있는 학생이다.

**표 2_3.133**

# 서울시 종로구 성별·종교별·학력별 인구

(단위 : 명, %)

| 행정구역 | 남녀/외국인 | | | | 종교 인구 | | | | | | | 대학 이상 학력 인구 | | | | | | |
|---|---|---|---|---|---|---|---|---|---|---|---|---|---|---|---|---|---|---|
| | 총인구 | 남자 | 여자 | 외국인 | 인구수 (내국인) | 종교 있음 | | | | | 종교 없음 | 19세 이상 인구 | 계 | 4년제 미만 | | 4년제 이상 | | 대학원 이상 |
| | | | | | | 계 | 불교 | 개신교 | 천주교 | 기타 | | | | 계 | 재학 | 계 | 재학 | |
| 종로구 | 156,018 | 50 | 50 | 1 | 154,043 | 56 | 19 | 22 | 14 | 1 | 42 | 122,011 | 51 | 11 | 2 | 32 | 9 | 7 |
| 가회동 | 5,572 | 49 | 51 | 1 | 5,503 | 58 | 20 | 18 | 19 | 1 | 40 | 4,378 | 50 | 13 | 2 | 31 | 5 | 7 |
| 교남동 | 8,748 | 48 | 52 | 0 | 8,711 | 54 | 20 | 24 | 10 | 1 | 44 | 7,108 | 44 | 13 | 2 | 27 | 5 | 4 |
| 명륜3가동 | 7,230 | 56 | 44 | 2 | 7,075 | 51 | 18 | 18 | 14 | 1 | 47 | 5,967 | 65 | 10 | 3 | 50 | 30 | 5 |
| 무악동 | 6,005 | 49 | 51 | 0 | 5,986 | 57 | 20 | 24 | 13 | 0 | 40 | 4,557 | 52 | 11 | 2 | 32 | 7 | 10 |
| 부암동 | 10,415 | 49 | 51 | 0 | 10,379 | 64 | 21 | 24 | 17 | 1 | 36 | 7,930 | 60 | 11 | 2 | 40 | 9 | 9 |
| 사직동 | 7,222 | 49 | 51 | 1 | 7,138 | 59 | 18 | 25 | 16 | 1 | 40 | 5,900 | 61 | 12 | 2 | 37 | 6 | 12 |
| 삼청동 | 3,667 | 49 | 51 | 1 | 3,615 | 60 | 26 | 19 | 15 | 1 | 40 | 2,969 | 55 | 10 | 2 | 37 | 6 | 9 |
| 숭인1동 | 6,484 | 50 | 50 | 1 | 6,425 | 50 | 23 | 18 | 9 | 1 | 50 | 4,995 | 31 | 12 | 3 | 17 | 4 | 2 |
| 숭인2동 | 7,693 | 51 | 49 | 1 | 7,631 | 46 | 19 | 17 | 9 | 1 | 48 | 6,285 | 32 | 12 | 2 | 18 | 4 | 2 |
| 이화동 | 10,364 | 48 | 52 | 3 | 10,064 | 53 | 16 | 20 | 15 | 1 | 46 | 8,223 | 55 | 11 | 2 | 37 | 14 | 7 |
| 종로1.2.3.4가동 | 4,982 | 57 | 43 | 7 | 4,656 | 52 | 23 | 17 | 10 | 1 | 46 | 4,240 | 40 | 13 | 3 | 24 | 5 | 3 |
| 종로5.6가동 | 5,836 | 52 | 48 | 1 | 5,749 | 51 | 21 | 17 | 12 | 1 | 49 | 4,542 | 31 | 11 | 3 | 18 | 6 | 2 |
| 창신1동 | 6,728 | 52 | 48 | 2 | 6,614 | 46 | 16 | 20 | 10 | 1 | 54 | 5,300 | 28 | 9 | 2 | 18 | 5 | 1 |
| 창신2동 | 11,452 | 50 | 50 | 2 | 11,230 | 46 | 19 | 19 | 8 | 1 | 48 | 8,734 | 25 | 13 | 4 | 11 | 3 | 1 |
| 창신3동 | 8,468 | 50 | 50 | 1 | 8,425 | 51 | 18 | 22 | 11 | 1 | 47 | 6,310 | 40 | 12 | 2 | 25 | 5 | 4 |
| 청운동 | 4,350 | 52 | 48 | 1 | 4,322 | 64 | 18 | 26 | 19 | 1 | 36 | 3,092 | 66 | 10 | 1 | 41 | 7 | 15 |
| 평창동 | 17,625 | 48 | 52 | 1 | 17,498 | 68 | 19 | 29 | 19 | 1 | 31 | 13,398 | 73 | 10 | 2 | 47 | 8 | 16 |
| 혜화동 | 11,931 | 50 | 50 | 1 | 11,829 | 58 | 16 | 22 | 19 | 1 | 40 | 9,479 | 69 | 10 | 2 | 49 | 17 | 10 |
| 효자동 | 11,246 | 48 | 52 | 0 | 11,193 | 61 | 22 | 24 | 14 | 1 | 37 | 8,604 | 52 | 11 | 2 | 34 | 7 | 7 |

종로1.2.3.4가동에 사는 사람의 7%는 외국인이다. 평창동은 인구의 68%가 종교가 있는 반면, 창신1동은 54%가 종교 없이 산다. 대학 이상 학력자 비중은 평창동에서 가장 높고 숭인1동에서 가장 낮다.

38명은 미혼이며, 62명은 결혼했다. 결혼한 사람 가운데 7명은 남편이나 아내가 먼저 사망했고 3명은 이혼했다(15세 이상 기준). 5명은 몸이 불편하거나 정신 장애로 정상적인 활동에 제약을 느끼고 있다.

거주 기간을 보면, 49명은 현재 살고 있는 집에 산 지 5년이 넘었으나 51명은 5년 이내에 새로 이사 왔다(5살 이상 기준). 이사 온 사람 중 30명은 종로구 안의 다른 동에서, 8명은 서울 안의 다른 구에서, 12명은 서울 바깥에서 이사 왔다. 종로구는 서울 25개 구 가운데 5년 동안 같은 집에 사는 비율이 가장 높고(서울시 평균 38%), 다른 동이나 구에서 이사 온 비율은 가장 낮다.


## 종로구에 사는 취업자가 100명이라면 : 봉급쟁이 67명, 자영업자 18명, 사업주 10명

종로구에 사는 15세 이상 인구 13만 명 가운데 취업해 직장에 다니는 사람(취업자)은 6만3천 명이다. 종로구 취업자가 100명이라면 55명은 30~40대, 19명은 20대이며, 50대는 16명이다. 65세 이상 노인은 4명, 19세 미만 청소년은 1명이다.

67명은 회사에서 봉급을 받고 일하는 직장인이다. 18명은 아무도 고용하지 않고 혼자서 일하는 자영업자이며, 10명은 누군가를 고용해 사업체를 경영하는 사업주다. 5명은 가족이 운영하는 사업체에서 보수 없이 일하고 있다.

직업은 사무직이 17명, 판매직 15명, 전문가가 14명, 서비스직과 기능직이 각 13명, 기술직이나 준전문가 9명, 단순 노무직 8명이다.

또한 5명은 고위 관리직, 4명은 장치 기계 조작 및 조립직으로 일하고 있다.

직장으로 출근하는 데 30분 이상 걸리는 사람은 51명으로, 그 가운데 17명은 1시간 이상 걸린다. 32명은 걸어서 출근하고 68명은 교통수단을 이용해 출근한다. 68명 가운데 22명은 자가용으로, 20명은 시내버스로, 16명은 전철로, 1명은 통근 버스로 출근한다. 5명은 전철과 버스 또는 승용차를 갈아타며 출근한다. 자가용으로 출근하는 비율이 서울 25개 구 가운데서 양천구에 이어 영등포구와 함께 2번째로 높다.

84명은 사무실이나 공장 등에서 일하는 반면, 7명은 야외나 거리 또는 운송 수단에서 일한다. 6명은 자기 집에서, 3명은 남의 집에서 일한다.


## 종로구에 100가구가 산다면 :
## 53가구는 셋방살이

종로구에는 5만5천 가구가 산다(일반 가구 기준). 종로구에 사는 가구를 100가구로 친다면 48가구는 식구가 한 명 또는 두 명인 1, 2인 가구이며, 이 가운데 27가구는 나 홀로 사는 1인 가구다. 식구 4명은 23가구, 3명은 19가구, 5명은 7가구다.

종로구는 1인 가구 비율이 서울에서 3번째로 높다. 종로1.2.3.4가동에 사는 가구 중 58%는 나 홀로 사는 1인 가구다. 명륜3동가 가구의 50%, 창신1동 가구의 37%도 혼자 산다. 반면 무악동과 창신3동

그림 2_3.90

# 서울시 종로구 동네별 1인 가구

(단위 : %)

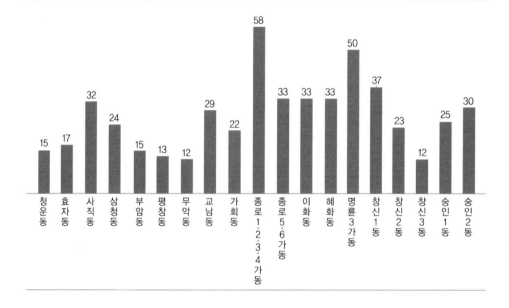

은 1인 가구 비중이 12%로 제일 낮다.

44가구는 자신이 소유한 집에서 살고, 53가구는 셋방에 살며, 4가구는 직장의 사택이나 친척집 등에서 무상으로 살고 있다. 자기 집에 사는 가구 중 7가구는 현재 살고 있는 집 외에 최소 한 채에서 여러 채를 소유한 다주택자들이다.

셋방 사는 가구 가운데 31가구는 전세에, 17가구는 보증금 있는 월세에, 4가구는 보증금 없는 월세 또는 사글세에 살고 있다. 셋방 사는 가구 중 5가구는 어딘가에 자신 명의의 집을 소유하고 있으나 경

표 2_3.134

## 서울시 종로구의 다주택자

(단위 : 가구, 호)

| 구분 | | | 가구 | 주택 수 | 평균 주택 수 |
|---|---|---|---|---|---|
| 일반 가구 | | | 54,534 | – | – |
| 자가 가구 | | | 23,830 | – | – |
| 다주택 가구 | 통계청 | | 3,891 | – | – |
| | 행자부 | 계 | 3,513 | 10,501 | 3 |
| | | 2채 | 2,354 | 4,708 | 2 |
| | | 3채 | 437 | 1,311 | 3 |
| | | 4채 | 240 | 960 | 4 |
| | | 5채 | 210 | 1,050 | 5 |
| | | 6~10채 | 213 | 1,590 | 7 |
| | | 11채 이상 | 59 | 882 | 15 |

제 사정이나 자녀 교육, 직장 등의 사정으로 셋방에 살고 있다.

54가구는 현재 사는 집으로 이사 온 지 5년이 안 되며, 이 가운데 31가구는 2년이 안 된다. 23가구는 5~10년이 됐고, 23가구는 10년이 넘었다. 서울 25개 구 가운데 5년 이내 거주 가구 비중이 가장 낮고, 10년 이상 거주 가구 비중은 가장 높다.

43가구는 자동차를 소유하고 있고 이 가운데 29가구는 자기 집에 전용 주차장이 있다. 자동차 소유 가구 중 6가구는 차를 2대 이상 소유하고 있다.

## 집 많은 사람, 집 없는 사람 :
## 평창동 76% 주택 소유, 명륜3가동 74% 무주택

종로구에 사는 100가구 중 49가구는 주택 소유자이고, 51가구는 무주택자다. 19개 동네 가운데 9개 동네는 주택 소유자가 더 많고 10개 동네는 무주택자가 더 많다. 주택 소유자는 평창동 76%를 비롯해 부암동 68%, 창신3동 63%, 청운동 61%, 삼청동 58%, 효자동 57% 순이다. 반면 무주택자는 명륜3가동 74%를 비롯해 종로1.2.3.4가동과 종로5.6가동 각 65%, 창신1동 64%, 숭인1동 62%, 이화동과 창신2동 60% 순으로 높다.

　종로구 가구의 7%는 집을 두 채 이상 소유한 다주택자다. 동네별로는 평창동 13%를 비롯해 청운동과 부암동 각 12%, 효자동과 무악동 각 9% 순으로 높다. 반면 종로5.6가동·명륜3가동·창신2동은 3%로 가장 낮다.

　종로구 주택 소유자 49가구 중 5가구는 어딘가 자신 명의의 집이 있지만 사정이 있어 셋방에 사는 유주택 전월세 가구로 청운동(8%), 효자동과 사직동(각 7%)에서 가장 높다.

　주택 소유자 중 유주택 전월세 가구를 제외한 44가구는 자기 집에 사는데 평창동(67%), 부암동(61%), 창신3동(58%) 순으로 비중이 높다.

　유주택 전월세를 포함한 53가구가 셋방에 사는데 명륜3가동(74%), 종로5.6가동(65%), 숭인1동(64%) 순으로 높다.

　유주택 전월세를 제외한 48가구는 집이 아예 없는 무주택 전월세 가구인데, 명륜3가동(72%), 종로5.6가동(61%), 숭인1동(60%) 순으로 높다.

표 2_3.135

## 서울시 종로구 주택의 점유·소유 형태별 가구

(단위 : 가구, %)

| 행정구역 | 전체 가구 (일반 가구) | 자기 집에 거주 | | | 셋방에 거주 | | | 무상으로 거주 | | 주택 소유 | 무주택 |
|---|---|---|---|---|---|---|---|---|---|---|---|
| | | 계 | 집 한 채 | 집 여러 채 | 계 | 집 없음 | 집 있음 | 집 없음 | 집 있음 | | |
| 종로구 | 54,534 | 44 | 37 | 7 | 53 | 48 | 5 | 3 | 1 | 49 | 51 |
| 가회동 | 1,912 | 50 | 42 | 8 | 46 | 41 | 6 | 3 | 0 | 56 | 44 |
| 교남동 | 3,301 | 35 | 30 | 5 | 62 | 57 | 6 | 2 | 0 | 41 | 59 |
| 명륜3가동 | 3,272 | 24 | 22 | 3 | 74 | 72 | 2 | 2 | 0 | 26 | 74 |
| 무악동 | 1,926 | 45 | 36 | 9 | 52 | 45 | 7 | 2 | 0 | 53 | 47 |
| 부암동 | 3,244 | 61 | 49 | 12 | 35 | 29 | 6 | 3 | 1 | 68 | 32 |
| 사직동 | 2,733 | 46 | 38 | 8 | 51 | 45 | 7 | 2 | 1 | 53 | 47 |
| 삼청동 | 1,268 | 51 | 42 | 9 | 42 | 36 | 6 | 6 | 1 | 58 | 42 |
| 숭인1동 | 2,311 | 34 | 28 | 7 | 64 | 60 | 4 | 2 | 0 | 38 | 62 |
| 숭인2동 | 2,765 | 41 | 36 | 5 | 56 | 51 | 4 | 3 | 0 | 46 | 54 |
| 이화동 | 3,648 | 36 | 31 | 5 | 62 | 58 | 4 | 2 | 0 | 40 | 60 |
| 종로1.2.3.4가동 | 2,163 | 30 | 25 | 5 | 63 | 59 | 4 | 6 | 1 | 35 | 65 |
| 종로5.6가동 | 2,213 | 31 | 28 | 3 | 65 | 61 | 4 | 4 | 0 | 35 | 65 |
| 창신1동 | 2,663 | 32 | 26 | 5 | 66 | 62 | 4 | 2 | 0 | 36 | 64 |
| 창신2동 | 3,861 | 38 | 35 | 3 | 59 | 57 | 2 | 2 | 0 | 40 | 60 |
| 창신3동 | 2,585 | 58 | 50 | 8 | 40 | 35 | 5 | 2 | 0 | 63 | 37 |
| 청운동 | 1,303 | 50 | 38 | 12 | 44 | 36 | 8 | 3 | 3 | 61 | 39 |
| 평창동 | 5,387 | 67 | 54 | 13 | 29 | 21 | 8 | 3 | 1 | 76 | 24 |
| 혜화동 | 4,301 | 40 | 33 | 7 | 56 | 52 | 5 | 3 | 0 | 46 | 54 |
| 효자동 | 3,678 | 49 | 40 | 9 | 45 | 38 | 7 | 5 | 1 | 57 | 43 |

평창동은 가구의 76%가 집을 소유하고 있고 13%는 두 채 이상 갖고 있다. 반면 명륜3가동은 74%가 무주택자다. 청운동과 평창동 가구의 7%는 어딘가에 집을 사놓고 셋방에 산다.

## 종로구에 있는 집이 100채라면 :
## 37채는 단독주택, 24채는 다세대주택, 20채는 아파트

종로구에는 집(주택과 주택 이외의 거처)이 3만8천 채가 있다. 종로구에 있는 집이 100채라면 37채는 단독주택이고 24채는 다세대주택, 20채는 아파트다. 12채는 연립주택, 3채는 오피스텔, 2채는 비거주용 건물 내 주택이다. 서울에서 단독주택 비중이 가장 높고, 아파트 비중은 은평구에 이어 두 번째로 낮다.

삼청동에서 사람이 사는 거처 중 89%는 단독주택이다. 명륜3가동, 종로5.6가동, 숭인1동, 가회동 역시 단독주택 비중이 최소 52%에서 81%에 이른다. 이화동과 교남동에서는 거처의 절반 이상이 다세대주택이며 9개 동네에서 다세대주택 비중이 20%가 넘는다. 대부분의 동네에서 아파트는 소수지만 무악동·창신3동·창신1동은 아파트가 절대적으로 많다. 반면 종로1.2.3.4가동에서는 주택 이외의 거처가, 종로5.6가동에서는 비거주용 주택이 상대적으로 많다.

종로구 100가구 가운데 54가구는 단독주택에, 17가구는 다세대주택에, 14가구는 아파트에, 8가구는 연립주택에 산다. 또 4가구는 오피스텔 등 주택 이외의 거처에 2가구는 비거주용 건물 내 주택에 산다.

지난 10년 동안 다세대주택과 아파트는 932%와 18%가 늘어난 반면, 단독주택은 29%, 영업용 건물 내 주택은 61%가 줄었다. 이에 따라 전체 주택(주택 이외의 거처 제외)에서 차지하는 비중도 다세대주택은 3%에서 25%로, 아파트는 19%에서 21%로 증가했다. 반면 단독주택은 59%에서 39%로, 영업용 건물 내 주택은 7%에서 3%로 줄었다.

크기별로는 29평 이상의 주택이 36채인 반면, 19~29평은 32채,

14~19평 19채이며, 14평 미만은 14채에 머무르고 있다. 평창동과 청운동·사직동·명륜3가동은 29평 이상 주택이 절반이 넘는다. 반면 무악동과 이화동에서는 14평 미만 주택이 다른 곳에 비해 많다.

45채는 지은 지 10년(1995~2005년)이 안 된 새집이며, 30채는 지은 지 20년이 넘은 낡은 집으로 곧 재개발·재건축될 수 있는 집이다. 종로1.2.3.4가동과 삼청동, 종로5.6가동에서는 20년이 넘은 집이 절반 이상이다. 반면 무악동 주택 85%를 비롯해 8개 동네에서 절반 이상의 주택이 지은 지 10년이 채 안 됐다.

## 종로구에서 지하 방·쪽방에 사는 사람 : 명륜3가동·교남동 10% 이상 (반)지하에 거주

종로구에 사는 5만5천 가구를 100가구로 친다면 그 중 15가구는 식구에 비해 집이 너무 좁거나 시설이 제대로 갖춰지지 않아 인간다운 품위를 지키기 어려운 최저 주거 기준 미달 가구다.

또 100가구 가운데 93가구는 지상에 살지만, 6가구는 (반)지하에, 1가구는 옥탑방에 살고 있다. 명륜3가동 거주 가구의 12%, 교남동 거주 가구의 11%, 이화동 거주 가구의 9%는 (반)지하 방에 산다. 종로1.2.3.4가동을 제외한 나머지 동네도 2~8% 가구가 (반)지하에 산다. 종로1.2.3.4가동 거주 가구의 10%, 종로5.6가동 거주 가구의 7%, 명륜3가동 거주 가구의 5%는 업소의 잠만 자는 방 등에 산다. 이 동네에 밀집된 쪽방 거주 가구들로 보인다.

종로구 100가구 가운데 거실이나 부엌을 각각 1개의 방으로 쳐서

표 2_3.136

# 서울시 종로구 거처의 종류별·연건평별·건축년도별 주택

(단위 : 호, 가구, %)

| 행정구역 | 거처의 종류별 거처와 가구 | | | | | | | | | | | | | |
|---|---|---|---|---|---|---|---|---|---|---|---|---|---|---|
| | 계 | | 단독주택 | | 아파트 | | 연립주택 | | 다세대주택 | | 비거주용 건물 내 주택 | | 주택 이외의 거처 | |
| | 거처 | 가구 | 거처 | 가구 | 거처 | 가구 | 거처 | 가구 | 거처 | 가구 | 거처 | 가구 | 거처 | 가구 |
| 종로구 | 38,319 | 54,695 | 37 | 54 | 20 | 14 | 12 | 8 | 24 | 17 | 2 | 2 | 4 | 4 |
| 가회동 | 1,466 | 1,914 | 52 | 63 | 0 | 0 | 2 | 1 | 45 | 34 | 1 | 1 | 0 | 0 |
| 교남동 | 2,199 | 3,313 | 40 | 60 | 5 | 3 | 1 | 1 | 52 | 35 | 1 | 1 | 1 | 0 |
| 명륜3가동 | 1,083 | 3,284 | 81 | 88 | 2 | 1 | 4 | 1 | 12 | 5 | 1 | 0 | 1 | 5 |
| 무악동 | 1,789 | 1,927 | 7 | 13 | 83 | 77 | 4 | 4 | 1 | 0 | 5 | 5 | 0 | 0 |
| 부암동 | 2,791 | 3,254 | 37 | 45 | 3 | 3 | 32 | 28 | 24 | 21 | 1 | 1 | 3 | 2 |
| 사직동 | 2,307 | 2,739 | 35 | 45 | 26 | 22 | 1 | 1 | 17 | 15 | 2 | 2 | 19 | 16 |
| 삼청동 | 901 | 1,270 | 89 | 91 | 4 | 3 | 0 | 0 | 4 | 3 | 4 | 3 | 0 | 0 |
| 숭인1동 | 1,221 | 2,311 | 57 | 76 | 17 | 9 | 2 | 1 | 6 | 3 | 2 | 2 | 16 | 9 |
| 숭인2동 | 2,054 | 2,780 | 25 | 43 | 13 | 9 | 6 | 5 | 41 | 31 | 2 | 3 | 12 | 9 |
| 이화동 | 2,475 | 3,653 | 34 | 53 | 3 | 2 | 4 | 3 | 53 | 36 | 2 | 2 | 4 | 4 |
| 종로1,2,3,4가동 | 1,390 | 2,186 | 45 | 54 | 25 | 16 | 0 | 0 | 0 | 0 | 12 | 10 | 18 | 20 |
| 종로5,6가동 | 1,151 | 2,214 | 70 | 71 | 0 | 0 | 0 | 0 | 1 | 1 | 15 | 12 | 14 | 17 |
| 창신1동 | 1,584 | 2,673 | 33 | 57 | 53 | 31 | 1 | 1 | 6 | 4 | 5 | 5 | 2 | 2 |
| 창신2동 | 2,287 | 3,862 | 42 | 65 | 13 | 7 | 3 | 2 | 42 | 25 | 1 | 1 | 0 | 0 |
| 창신3동 | 2,012 | 2,585 | 15 | 34 | 82 | 64 | 1 | 0 | 1 | 1 | 0 | 0 | 0 | 1 |
| 청운동 | 1,110 | 1,308 | 27 | 37 | 7 | 6 | 19 | 16 | 46 | 39 | 1 | 1 | 0 | 0 |
| 평창동 | 4,892 | 5,406 | 29 | 36 | 10 | 9 | 47 | 43 | 12 | 11 | 1 | 1 | 0 | 0 |
| 혜화동 | 2,654 | 4,336 | 34 | 59 | 25 | 15 | 12 | 7 | 25 | 16 | 2 | 2 | 1 | 1 |
| 효자동 | 2,953 | 3,680 | 38 | 50 | 15 | 12 | 6 | 5 | 41 | 33 | 1 | 1 | 0 | 0 |

| 연건평별 주택 | | | | 건축년도별 주택 | | |
|---|---|---|---|---|---|---|
| 총 주택 수 | 14평 미만 | 14~19평 | 19~29평 | 29평 이상 | 1995~ 2005년 | 1985~ 1994년 | 1985년 이전 |
| 36,748 | 14 | 19 | 32 | 36 | 45 | 24 | 30 |
| 1,463 | 14 | 30 | 31 | 25 | 60 | 7 | 33 |
| 2,188 | 22 | 28 | 28 | 22 | 56 | 17 | 28 |
| 1,074 | 8 | 17 | 25 | 50 | 33 | 26 | 41 |
| 1,788 | 32 | 4 | 40 | 24 | 85 | 2 | 13 |
| 2,718 | 5 | 15 | 31 | 49 | 29 | 37 | 33 |
| 1,871 | 11 | 16 | 22 | 51 | 45 | 15 | 39 |
| 899 | 10 | 17 | 28 | 44 | 28 | 10 | 62 |
| 1,031 | 11 | 18 | 24 | 47 | 39 | 29 | 32 |
| 1,807 | 16 | 28 | 34 | 22 | 59 | 11 | 30 |
| 2,375 | 28 | 23 | 26 | 23 | 59 | 21 | 20 |
| 1,135 | 22 | 23 | 34 | 21 | 26 | 9 | 64 |
| 988 | 20 | 18 | 25 | 37 | 17 | 30 | 53 |
| 1,557 | 22 | 30 | 29 | 19 | 44 | 9 | 47 |
| 2,285 | 13 | 19 | 38 | 30 | 56 | 17 | 27 |
| 2,002 | 5 | 20 | 51 | 24 | 7 | 80 | 12 |
| 1,108 | 8 | 14 | 27 | 51 | 58 | 24 | 18 |
| 4,876 | 6 | 8 | 27 | 59 | 40 | 40 | 21 |
| 2,631 | 10 | 15 | 41 | 35 | 50 | 34 | 16 |
| 2,952 | 10 | 31 | 34 | 24 | 49 | 6 | 44 |

삼청동 가구의 91%는 단독주택에 사는 반면 무악동은 77%가 아파트에 산다. 청운동은 39%가 다세대주택에 산다.

표 2_3.137

## 서울시 종로구 (반)지하 등 거주 가구

(단위 : 가구, %)

| 행정구역 | (반)지하 | | 옥탑 | | 판잣집·움막·비닐집 | 기타 | |
|---|---|---|---|---|---|---|---|
| | 가구 | 비중 | 가구 | 비중 | 가구 | 가구 | 비중 |
| 종로구 | 3,437 | 6 | 511 | 1 | 37 | 648 | 1 |
| 가회동 | 133 | 7 | 7 | – | – | 2 | – |
| 교남동 | 359 | 11 | 38 | 1 | – | 2 | – |
| 명륜3가동 | 397 | 12 | 59 | 2 | – | 150 | 5 |
| 무악동 | 31 | 2 | 4 | – | – | 2 | – |
| 부암동 | 204 | 6 | 16 | – | 11 | 2 | – |
| 사직동 | 99 | 4 | 9 | – | – | 2 | – |
| 삼청동 | 58 | 5 | 7 | 1 | 1 | – | – |
| 숭인1동 | 189 | 8 | 54 | 2 | 1 | 20 | 1 |
| 숭인2동 | 184 | 7 | 33 | 1 | 3 | 10 | – |
| 이화동 | 330 | 9 | 29 | 1 | – | 61 | 2 |
| 종로1.2.3.4가동 | 6 | – | 20 | 1 | 8 | 206 | 10 |
| 종로5.6가동 | 92 | 4 | 56 | 3 | – | 148 | 7 |
| 창신1동 | 79 | 3 | 49 | 2 | – | 34 | 1 |
| 창신2동 | 187 | 5 | 51 | 1 | – | – | – |
| 창신3동 | 110 | 4 | 9 | – | 9 | 6 | – |
| 청운동 | 93 | 7 | 1 | – | – | – | – |
| 평창동 | 251 | 5 | 10 | – | 4 | 2 | – |
| 혜화동 | 362 | 8 | 42 | 1 | – | – | – |
| 효자동 | 273 | 7 | 17 | – | – | 1 | – |

명륜3가동과 교남동은 가구의 10% 이상이 (반)지하에 산다.

방 3개 이하에서 셋방살이를 떠도는 가구는 51가구에 달하지만, 이들에게 꼭 필요한 공공 임대주택은 전체 가구 대비 1채밖에 안 된다. 따라서 공공 임대주택이 필요한 51가구 중 단 한 가구만 입주해 있는 것이다. 종로구에 사는 가난한 사람들을 위해서는 중앙정부와 지자체가 대량의 공공 임대주택을 성실하게 공급해야 한다.

## 종로구 유권자가 <u>100명</u>이라면

정당 지지도를 알 수 있는 최근 네 차례 선거(제3~4회 동시지방선거, 제17~18대 총선)를 기준으로 종로구 유권자는 대략 13만~14만 명이며, 평균 투표율은 55%였다.

종로구 유권자가 100명이라면 2002년 지방선거에서는 51명이 한나라당을, 37명이 새천년민주당을, 6명이 민주노동당을, 3명이 자민련을 각각 찍었다. 2004년 총선에서는 39명이 한나라당을, 36명이 열린우리당을, 12명이 민주노동당을, 10명이 새천년민주당을, 2명이 자민련을 지지했다.

2006년 지방선거에서는 55명이 한나라당을 찍었고, 21명은 열린우리당을, 13명은 민주당을, 9명은 민주노동당을 각각 찍었다. 2008년 총선에서는 41명이 한나라당을, 32명이 통합민주당을, 8명이 친박연대를, 5명이 자유선진당을, 4명이 진보신당을, 다른 4명은 창조한국당을, 3명은 민주노동당을 각각 지지했다.

동네별 투표율은 청운동·삼청동·효자동·사직동에서 높았다. 반면 숭인1동·창신1동·숭인2동·이화동에서 가장 낮았다. 청운동과 숭인

1동의 투표율 격차는 최소 12%에서 최대 15%까지 벌어졌다.

한나라당 득표율은 평창동·부암동·삼청동·가회동에서 가장 높았다. 반면 창신2동·창신1동·명륜3가동·숭인1동에서 가장 낮았다. 평창동과 창신2동의 한나라당 득표율 격차는 최소 13%에서 최대 30%까지 벌어졌다.

민주(＋열린우리)당 득표율은 창신2동·창신1동·숭인1동·창신3동에서 가장 높았다. 반면 평창동·부암동·삼청동·가회동에서 가장 낮았다. 창신2동과 평창동의 득표율 격차는 최소 25%에서 최대 31%까지 벌어졌다.

민주노동당＋진보신당 득표율은 명륜3가동과 혜화동에서 상대적으로 높았다.

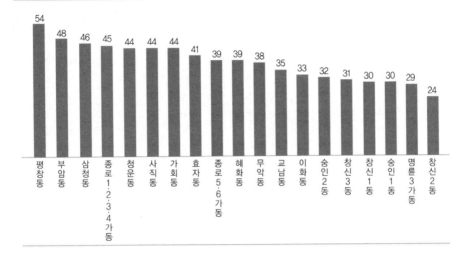

**그림 2_3.91**

## 서울시 종로구 동네별 한나라당 득표율

2004년 총선(단위 : %)

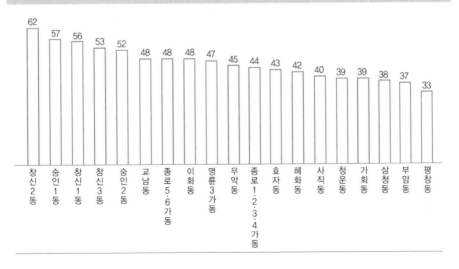

**그림 2_3.92**

## 서울시 종로구 동네별 민주(＋열린우리)당 득표율

2004년 총선(단위 : %)

표 2_3.138

# 서울시 종로구 역대 선거 투표율과 정당 지지율

2002~2008년(단위 : 명, %)

| 행정구역 | 2002년 지방선거 | | | | | | | 2004년 총선 | | | | | | | |
|---|---|---|---|---|---|---|---|---|---|---|---|---|---|---|---|
| | 선거인 수 | 투표율 | 한나라당 | 새천년민주당 | 자민련 | 민주노동당 | 기타정당 | 선거인 수 | 투표율 | 한나라당 | 새천년민주당 | 열린우리당 | 자민련 | 민주노동당 | 기타정당 |
| 종로구 | 141,157 | 51 | 51 | 37 | 3 | 6 | 3 | 137,653 | 64 | 39 | 10 | 36 | 2 | 12 | 2 |
| 가회동 | 5,420 | 53 | 57 | 31 | 4 | 5 | 3 | 5,113 | 68 | 44 | 7 | 32 | 2 | 13 | 2 |
| 교남동 | 7,532 | 49 | 49 | 38 | 4 | 5 | 4 | 7,268 | 61 | 35 | 10 | 37 | 3 | 12 | 2 |
| 명륜3가동 | 5,994 | 44 | 46 | 39 | 2 | 8 | 5 | 5,896 | 65 | 29 | 8 | 38 | 2 | 20 | 2 |
| 무악동 | 6,687 | 53 | 51 | 38 | 2 | 6 | 3 | 6,327 | 65 | 38 | 10 | 36 | 2 | 13 | 2 |
| 부암동 | 9,539 | 51 | 62 | 27 | 3 | 5 | 3 | 9,462 | 65 | 48 | 6 | 32 | 2 | 11 | 2 |
| 사직동 | 6,735 | 57 | 52 | 35 | 3 | 6 | 3 | 6,143 | 66 | 44 | 10 | 30 | 3 | 11 | 3 |
| 삼청동 | 3,948 | 56 | 58 | 29 | 3 | 6 | 3 | 3,627 | 67 | 46 | 7 | 31 | 2 | 11 | 2 |
| 숭인1동 | 5,617 | 51 | 40 | 45 | 6 | 5 | 3 | 5,534 | 55 | 30 | 14 | 43 | 2 | 10 | 2 |
| 숭인2동 | 7,243 | 49 | 45 | 44 | 3 | 5 | 3 | 7,135 | 58 | 32 | 13 | 40 | 2 | 11 | 2 |
| 이화동 | 8,105 | 45 | 49 | 38 | 3 | 7 | 4 | 8,015 | 61 | 33 | 8 | 40 | 2 | 16 | 2 |
| 종로1,2,3,4가동 | 6,218 | 53 | 56 | 34 | 3 | 4 | 3 | 5,935 | 58 | 45 | 12 | 31 | 3 | 7 | 2 |
| 종로5,6가동 | 5,794 | 54 | 49 | 41 | 3 | 4 | 3 | 5,428 | 62 | 39 | 10 | 38 | 2 | 9 | 2 |
| 창신1동 | 6,613 | 44 | 40 | 49 | 3 | 5 | 3 | 6,476 | 57 | 30 | 15 | 41 | 2 | 10 | 2 |
| 창신2동 | 9,513 | 48 | 33 | 55 | 3 | 5 | 3 | 9,333 | 60 | 24 | 18 | 44 | 2 | 11 | 2 |
| 창신3동 | 6,527 | 52 | 43 | 45 | 3 | 5 | 4 | 6,595 | 67 | 31 | 13 | 40 | 2 | 12 | 2 |
| 청운동 | 3,898 | 55 | 57 | 31 | 3 | 7 | 3 | 3,641 | 69 | 44 | 8 | 31 | 3 | 13 | 1 |
| 평창동 | 14,711 | 48 | 66 | 24 | 2 | 5 | 2 | 14,617 | 66 | 54 | 6 | 28 | 2 | 9 | 2 |
| 혜화동 | 9,090 | 50 | 55 | 33 | 2 | 8 | 3 | 9,301 | 67 | 39 | 7 | 35 | 2 | 16 | 2 |
| 효자동 | 9,115 | 53 | 54 | 35 | 2 | 6 | 3 | 9,078 | 68 | 41 | 8 | 36 | 2 | 12 | 2 |

| 2006년 지방선거 | | | | | | | 2008년 총선 | | | | | | | | | |
|---|---|---|---|---|---|---|---|---|---|---|---|---|---|---|---|---|
| 선거인 수 | 투표율 | 열린우리당 | 한나라당 | 민주당 | 민주노동당 | 기타정당 | 선거인 수 | 투표율 | 통합민주당 | 한나라당 | 자유선진당 | 민주노동당 | 창조한국당 | 친박연대 | 진보신당 | 기타정당 |
| 134,603 | 53 | 21 | 55 | 13 | 9 | 1 | 135,727 | 52 | 32 | 41 | 5 | 3 | 4 | 8 | 4 | 3 |
| 4,917 | 56 | 18 | 64 | 9 | 8 | 1 | 4,691 | 56 | 29 | 45 | 6 | 3 | 4 | 7 | 5 | 2 |
| 7,712 | 49 | 20 | 53 | 18 | 8 | 1 | 7,416 | 49 | 33 | 38 | 6 | 4 | 4 | 7 | 3 | 4 |
| 5,758 | 51 | 25 | 44 | 16 | 14 | 1 | 5,742 | 49 | 35 | 36 | 6 | 4 | 6 | 5 | 7 | 2 |
| 4,772 | 57 | 20 | 56 | 14 | 9 | 1 | 5,738 | 56 | 33 | 40 | 5 | 3 | 4 | 9 | 4 | 3 |
| 8,986 | 53 | 19 | 65 | 8 | 8 | 1 | 8,953 | 53 | 26 | 45 | 6 | 3 | 4 | 9 | 5 | 3 |
| 6,847 | 56 | 18 | 62 | 11 | 8 | 1 | 7,609 | 54 | 28 | 43 | 5 | 2 | 4 | 10 | 4 | 3 |
| 3,366 | 57 | 17 | 63 | 10 | 10 | 1 | 3,158 | 57 | 26 | 46 | 6 | 2 | 3 | 9 | 4 | 2 |
| 5,310 | 47 | 22 | 49 | 19 | 9 | 2 | 5,063 | 44 | 39 | 39 | 5 | 2 | 3 | 6 | 3 | 3 |
| 6,739 | 47 | 23 | 49 | 19 | 9 | 1 | 6,682 | 46 | 39 | 37 | 4 | 3 | 3 | 8 | 3 | 3 |
| 7,862 | 48 | 24 | 51 | 12 | 12 | 1 | 7,806 | 46 | 35 | 37 | 5 | 4 | 5 | 7 | 5 | 3 |
| 5,657 | 50 | 18 | 63 | 13 | 6 | 1 | 6,338 | 48 | 30 | 45 | 5 | 2 | 3 | 10 | 3 | 3 |
| 5,443 | 50 | 25 | 54 | 14 | 7 | 1 | 5,302 | 49 | 37 | 40 | 5 | 2 | 3 | 7 | 2 | 3 |
| 5,728 | 49 | 24 | 46 | 19 | 9 | 2 | 5,804 | 47 | 41 | 37 | 6 | 3 | 3 | 7 | 3 | 3 |
| 9,293 | 51 | 26 | 39 | 24 | 9 | 1 | 9,459 | 47 | 47 | 33 | 5 | 3 | 2 | 5 | 3 | 3 |
| 6,615 | 54 | 22 | 48 | 18 | 11 | 1 | 6,671 | 55 | 40 | 36 | 4 | 4 | 4 | 7 | 3 | 3 |
| 3,384 | 59 | 20 | 59 | 11 | 9 | 1 | 3,335 | 58 | 29 | 40 | 6 | 3 | 4 | 12 | 4 | 3 |
| 15,054 | 54 | 16 | 69 | 7 | 7 | 1 | 14,732 | 55 | 22 | 48 | 6 | 2 | 4 | 10 | 4 | 5 |
| 9,506 | 54 | 20 | 55 | 11 | 12 | 1 | 9,798 | 51 | 29 | 39 | 6 | 3 | 5 | 9 | 6 | 2 |
| 9,262 | 56 | 21 | 56 | 13 | 9 | 1 | 9,280 | 56 | 33 | 39 | 6 | 3 | 4 | 8 | 4 | 2 |

투표율은 청운동, 삼청동, 효자동, 사직동에서 높았다. 한나라당 득표율은 평창동, 부암동, 삼청동, 가회동에서 높았다. 민주(+열린우리)당 득표율은 창신1동·2동·3동과 숭인1동에서 높았다.

숫자
100
으로
본 서울시 중구 15개 동네

2005년 현재 서울시 중구에는 15개 동에 있는 주택 3만8백 채와 오피스텔 6백 채 등
거처 3만1,500곳에 12만8천 명이 살고 있다.
서울시 중구가 100명이 사는 마을이라면 어떤 모습일까?

## 숫자 100으로 본 중구

중구에 사는 사람은 서울시 평균인에 비해 대학 이상 학력자와 종교
인구 비중이 낮다. 자영업자 비중이 서울에서 가장 높고, 서비스직과 판
매직 종사자는 눈에 띄게 많으며, 출퇴근 시간은 서울에서 가장 짧다.

　1인 가구, 단독주택 거주자, 자동차 소유자가 상대적으로 많고 무
주택자와 셋방 사는 가구도 관악구에 이어 두 번째로 많다. 가구의
68%가 부엌과 거실을 포함해 방 3칸 이하의 셋방에 살지만 이들을
위한 공공 임대주택은 8%에 머무르고 있다.

그림 2_3.93

# 서울시와 중구 주요 지수 평균 비교

(단위 : %)

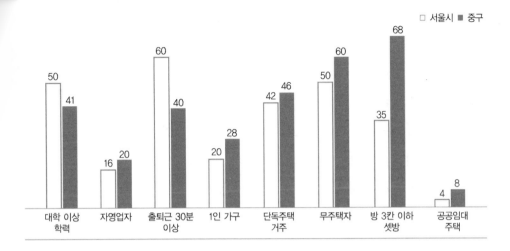

□ 서울시　■ 중구

| | 대학 이상 학력 | 자영업자 | 출퇴근 30분 이상 | 1인 가구 | 단독주택 거주 | 무주택자 | 방 3칸 이하 셋방 | 공공임대 주택 |
|---|---|---|---|---|---|---|---|---|
| 서울시 | 50 | 16 | 60 | 20 | 42 | 50 | 35 | 4 |
| 중구 | 41 | 20 | 40 | 28 | 46 | 60 | 68 | 8 |

　　최근 7년간 중구에서 한나라당은 38~56%를, 민주(＋열린우리)당은 28~48%를, 민주노동당＋진보신당은 5~10%를 각각 얻었지만 동네별 득표율은 차이가 컸다.


## 중구 인구가 100명이라면 :
## 대학 이상 학력자 41명, 종교 인구 50명


　　서울시 중구에 사는 사람은 12만8천 명으로, 중구 인구가 100명이라면 남자 대 여자의 수는 50 대 50으로 균형을 이루고 있다. 100명 중

1명은 외국인이다. 외국인 중 37%는 국적이 중국(재중 동포＝조선족 24%)이며, 미국 11%, 대만 9%, 일본 8% 순으로 많다. 소공동은 인구의 15%가 외국인이다. 중구 인구 중 20명은 어린이와 청소년이고(19살 미만), 80명은 어른이다. 어른 가운데 10명은 노인(65세 이상)이다.

지역적으로는 신당3동 15명, 신당2동 13명, 신당 4동 12명, 중림동 10명 등 네 개 동에 절반이 산다. 신당6동 9명, 신당5동 8명, 신당1동에 7명이 살며, 황학동과 장충동에 5명씩, 광희동과 회현동에 4명씩 산다. 필동에 3명, 명동에 2명이 살며 을지로동과 소공동에 1명씩 산다.

종교를 보면 19명은 불교, 18명은 개신교, 12명은 천주교를 믿는다. 49명은 종교를 갖고 있지 않다. 을지로동은 인구의 64%가 종교인인 반면, 광희동은 60%가 종교를 갖고 있지 않다. 개신교는 소공동에서, 불교는 황학동에서, 천주교는 신당3동에서 신자 비중이 높았다.

학력은 어떨까. 41명이 대학 이상의 학력을 가지고 있는데 8명은 대학에 재학 중이다. 대학 졸업자 중 4명은 석사과정 이상의 공부를 하였다(19살 이상 기준). 대학 이상 학력자 비중은 장충동에서 가장 높아 19세 이상 인구의 63%를 차지했는데, 이 가운데 26%는 대학에 재학 중이다.

36명은 미혼이며, 64명은 결혼했다. 결혼한 사람 가운데 8명은 남편이나 아내가 먼저 사망했고 4명은 이혼했다(15세 이상 기준). 6명은 몸이 불편하거나 정신 장애로 정상적인 활동에 제약을 느끼고 있다.

**표 2_3.139**

# 서울시 중구 성별·종교별·학력별 인구

(단위 : 명, %)

| 행정구역 | 남녀/외국인 | | | | 종교 인구 | | | | | | | 대학 이상 학력 인구 | | | | | | |
|---|---|---|---|---|---|---|---|---|---|---|---|---|---|---|---|---|---|---|
| | 총인구 | 남자 | 여자 | 외국인 | 인구수 (내국인) | 종교 있음 | | | | | 종교 없음 | 19세 이상 인구 | 계 | 4년제 미만 | | 4년제 이상 | | 대학원 이상 |
| | | | | | | 계 | 불교 | 개신교 | 천주교 | 기타 | | | | 계 | 재학 | 계 | 재학 | |
| 중구 | 128,443 | 50 | 50 | 1 | 126,679 | 50 | 18 | 19 | 12 | 1 | 49 | 101,533 | 41 | 12 | 2 | 25 | 6 | 4 |
| 광희동 | 5,242 | 52 | 48 | 3 | 5,096 | 40 | 13 | 14 | 12 | 1 | 60 | 4,165 | 37 | 12 | 2 | 23 | 7 | 2 |
| 명동 | 3,005 | 50 | 50 | 5 | 2,855 | 49 | 16 | 17 | 15 | 1 | 43 | 2,414 | 49 | 17 | 4 | 29 | 9 | 3 |
| 소공동 | 811 | 53 | 47 | 15 | 689 | 48 | 15 | 26 | 7 | 0 | 46 | 633 | 34 | 17 | 2 | 14 | 3 | 3 |
| 신당1동 | 8,716 | 51 | 49 | 3 | 8,441 | 43 | 18 | 15 | 9 | 1 | 52 | 6,701 | 31 | 11 | 2 | 18 | 5 | 2 |
| 신당2동 | 16,329 | 49 | 51 | 1 | 16,198 | 52 | 18 | 20 | 14 | 1 | 48 | 12,994 | 42 | 14 | 2 | 25 | 6 | 3 |
| 신당3동 | 19,877 | 49 | 51 | 1 | 19,701 | 57 | 16 | 24 | 17 | 1 | 43 | 15,790 | 53 | 12 | 2 | 33 | 5 | 9 |
| 신당4동 | 16,045 | 48 | 52 | 0 | 16,000 | 52 | 17 | 20 | 14 | 1 | 48 | 12,275 | 48 | 12 | 2 | 30 | 5 | 6 |
| 신당5동 | 10,782 | 50 | 50 | 1 | 10,634 | 46 | 22 | 16 | 7 | 1 | 54 | 8,507 | 27 | 11 | 3 | 14 | 3 | 1 |
| 신당6동 | 11,041 | 48 | 52 | 1 | 10,968 | 52 | 22 | 18 | 11 | 1 | 48 | 8,426 | 40 | 15 | 3 | 22 | 5 | 3 |
| 을지로동 | 1,091 | 62 | 38 | 4 | 1,052 | 64 | 19 | 25 | 11 | 8 | 36 | 966 | 36 | 13 | 2 | 19 | 2 | 5 |
| 장충동 | 5,942 | 51 | 49 | 1 | 5,857 | 50 | 17 | 21 | 11 | 1 | 50 | 4,807 | 63 | 11 | 2 | 47 | 24 | 5 |
| 중림동 | 12,837 | 50 | 50 | 1 | 12,759 | 51 | 16 | 22 | 13 | 1 | 48 | 10,151 | 40 | 11 | 2 | 25 | 5 | 4 |
| 필동 | 4,484 | 53 | 47 | 2 | 4,407 | 57 | 20 | 22 | 14 | 1 | 42 | 3,585 | 47 | 18 | 5 | 26 | 7 | 3 |
| 황학동 | 7,047 | 52 | 48 | 1 | 6,959 | 44 | 23 | 12 | 9 | 1 | 56 | 5,736 | 26 | 10 | 2 | 14 | 4 | 1 |
| 회현동 | 5,194 | 56 | 44 | 3 | 5,063 | 47 | 15 | 22 | 9 | 1 | 44 | 4,383 | 27 | 10 | 2 | 16 | 3 | 1 |

소공동에 사는 사람 중 15%는 외국인이다. 을지로동에 사는 사람 중 64%가 종교가 있는 반면 광희동은 60%가 종교 없이 산다. 대학 이상 학력자 비중은 장충동에서 가장 높고 황학동에서 가장 낮다.

거주 기간을 보면, 45명은 현재 살고 있는 집에 산 지 5년이 넘었으나 55명은 5년 이내에 새로 이사 왔다(5살 이상 기준). 이사 온 사람 중 32명은 중구 안의 다른 동에서, 11명은 서울 안의 다른 구에서, 또 다른 11명은 서울 바깥에서 이사 왔다.

## 중구에 사는 취업자가 100명이라면 : 65명은 봉급쟁이, 20명은 자영업자

중구에 사는 15세 이상 인구 10만7천 명 가운데 취업해 직장에 다니는 사람(취업자)은 5만6천 명이다. 중구 취업자가 100명이라면 56명은 30~40대, 21명은 20대이며, 50대는 15명이다. 65세 이상 노인은 4명, 19세 미만 청소년은 1명이다.

65명은 회사에서 봉급을 받고 일하는 직장인이다. 20명은 고용한 사람 없이 혼자서 일하는 자영업자이며, 9명은 누군가를 고용해 사업체를 경영하는 사업주다. 6명은 가족이 운영하는 사업체에서 보수 없이 일하고 있다. 중구는 동대문구와 함께 서울에서 자영업자 비중이 가장 높은 구다.

직업은 판매직이 19명, 사무직 18명, 서비스직과 기능직이 각 13명, 전문가가 10명, 기술직이나 준전문가 8명, 단순 노무직 8명이다. 또한 5명은 장치 기계 조작 및 조립직, 4명은 고위 관리직으로 일하고 있다. 중구는 서울시 안에서 판매직 비율이 가장 높고, 서비스직도 종로구와 함께 가장 높다.

직장으로 출근하는 데 30분 이상 걸리는 사람은 40명으로, 그 가운데 10명은 1시간 이상 걸린다. 40명은 걸어서 출근하고, 60명은 교통수단을 이용해 출근한다. 60명 가운데 25명은 전철로, 18명은 자가용으로, 9명은 시내버스로, 1명은 통근 버스로, 다른 1명은 택시로 출근한다. 4명은 전철과 버스 또는 승용차를 갈아타며 출근한다.

86명은 사무실이나 공장 등에서 일하는 반면, 8명은 야외나 거리 또는 운송 수단에서 일한다. 4명은 자기 집에서, 3명은 남의 집에서 일한다.


## 중구에 100가구가 산다면 :
## 62가구는 셋방살이


중구에는 4만6,600가구가 산다(일반 가구 기준). 중구에 사는 가구를 100가구로 친다면 49가구는 식구가 한 명 또는 두 명인 1, 2인 가구이며, 이 가운데 28가구는 나 홀로 사는 1인 가구다. 식구 4명은 21가구, 3명은 20가구, 5명은 8가구다. 1인 가구 비율이 서울에서 관악구에 이어 2번째로 높다.

나 홀로 사는 1인 가구 비중을 보면, 을지로동에 사는 가구 가운데 무려 74%가 1인 가구다. 회현동 61%, 명동 49%, 장충동 43%, 광희동 41% 순으로 1인 가구 비중이 높다. 신당6동과 신당4동은 1인 가구 비중이 가장 낮은데 15%와 17%가 1인 가구다.

35가구는 자신이 소유한 집에서 살고, 62가구는 셋방에 살며, 3가구는 직장의 사택이나 친척집 등에서 무상으로 살고 있다.

자기 집에 사는 가구 중 5가구는 현재 살고 있는 집 외에 최소 한

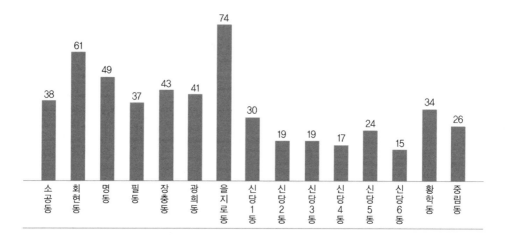

그림 2_3.94

## 서울시 중구 동네별 1인 가구

(단위 : %)

채에서 여러 채를 소유한 다주택자들이다.

중구는 관악구에 이어 서울에서 셋방 사는 가구 비율이 가장 높은데, 셋방 사는 가구 가운데 34가구는 전세에, 22가구는 보증금 있는 월세에, 6가구는 보증금 없는 월세 또는 사글세에 살고 있다. 셋방 사는 가구 중 5가구는 어딘가에 자신 명의의 집을 소유하고 있으나 경제 사정이나 자녀 교육, 직장 등의 사정으로 셋방에 살고 있다.

58가구는 현재 사는 집으로 이사 온 지 5년이 안 되며, 이 가운데 29가구는 2년이 안 된다. 24가구는 5~10년이 됐고, 18가구는 10년이 넘었다. 중구는 강북구·노원구와 함께 2년 이내 거주 가구 비중이 서울 25개 구 가운데 가장 낮다.

40가구는 자동차를 소유하고 있고 이 가운데 28가구는 자기 집에

표 2_3.140

## 서울시 중구의 다주택자

(단위 : 가구, 호)

| 구분 | | | 가구 수 | 주택 수 | 평균 주택 수 |
|---|---|---|---|---|---|
| 일반 가구 | | | 46,625 | - | - |
| 자가 가구 | | | 16,395 | - | - |
| 다주택 가구 | 통계청 | | 2,154 | - | - |
| | 행자부 | 계 | 1,970 | 6,150 | 3 |
| | | 2채 | 1,422 | 2,844 | 2 |
| | | 3채 | 235 | 705 | 3 |
| | | 4채 | 66 | 264 | 4 |
| | | 5채 | 65 | 325 | 5 |
| | | 6~10채 | 116 | 899 | 8 |
| | | 11채 이상 | 66 | 1,113 | 17 |

전용 주차장이 있다. 자동차 소유 가구 중 4가구는 차를 2대 이상 소유하고 있다.

## 집 많은 사람, 집 없는 사람 :
## 신당6동 53% 주택 소유, 회현동 82% 무주택

중구에 사는 100가구 중 40가구는 주택 소유자이고, 60가구는 무주택자다. 15개 동네 가운데 1개 동네만 주택 소유자가 더 많고 14개 동네는 무주택자가 더 많다. 주택 소유자는 신당6동에서 53%를 기록해 유일하게 절반이 넘었고, 신당2동(49%), 신당4동(48%), 신당3동(46%), 을지로동(45%) 순으로 높았다. 반면 무주택자는 회현동 82%

를 비롯해 소공동과 명동(각 76%), 황학동(71%) 장충동(70%) 순으로 높았고 모두 8개 동네에서 60% 이상을 기록했다.

중구 가구의 5%는 집을 두 채 이상 소유한 다주택자다. 동네별로는 필동과 신당6동에서 8%를, 신당3동에서 6%를 기록했다. 반면 회현동·명동·황학동은 2%로 가장 낮았다.

중구 주택 소유자 40가구 중 5가구는 어딘가 자신 명의의 집이 있지만 사정이 있어 셋방에 사는 유주택 전월세 가구로 을지로동은 무려 23%가 유주택 전월세 가구다.

유주택 전월세 가구를 제외한 35가구는 자기 집에 사는데 신당6동(47%), 신당2동(46%), 신당4동(44%) 순으로 비중이 높다. 그러나 자가 점유율이 50%를 넘긴 동네는 없다.

유주택 전월세를 포함한 62가구가 셋방에 사는데 회현동 78%, 황학동 73%, 장충동 71%, 명동과 신당1동 각 69%, 을지로동 68% 순으로 높다.

유주택 전월세를 제외한 57가구는 집이 아예 없는 무주택 전월세 가구인데, 회현동 75%, 장충동과 황학동 각 69%, 신당1동 66%, 신당5동 64% 순으로 높다. 20개 동네 중 모두 18개 동네에서 무주택 전월세 가구 비중이 절반이 넘는다.

표 2_3.141

# 서울시 중구 주택의 점유·소유 형태별 가구

(단위 : 가구, %)

| 행정구역 | 전체 가구 (일반 가구) | 자기 집에 거주 | | | 셋방에 거주 | | | 무상으로 거주 | | 주택 소유 | 무주택 |
|---|---|---|---|---|---|---|---|---|---|---|---|
| | | 계 | 집 한 채 | 집 여러 채 | 계 | 집 없음 | 집 있음 | 집 없음 | 집 있음 | | |
| 중구 | 46,625 | 35 | 31 | 5 | 62 | 57 | 5 | 3 | 0 | 40 | 60 |
| 광희동 | 2,044 | 34 | 31 | 3 | 62 | 60 | 2 | 4 | 0 | 36 | 64 |
| 명동 | 1,163 | 16 | 14 | 2 | 69 | 63 | 6 | 13 | 1 | 24 | 76 |
| 소공동 | 312 | 19 | 15 | 4 | 63 | 58 | 5 | 18 | 1 | 24 | 76 |
| 신당1동 | 3,157 | 27 | 22 | 4 | 69 | 66 | 4 | 4 | 0 | 31 | 69 |
| 신당2동 | 5,593 | 46 | 41 | 4 | 52 | 49 | 3 | 2 | 0 | 49 | 51 |
| 신당3동 | 6,862 | 38 | 32 | 6 | 61 | 53 | 8 | 1 | 0 | 46 | 54 |
| 신당4동 | 5,403 | 44 | 38 | 5 | 55 | 51 | 5 | 1 | 0 | 48 | 52 |
| 신당5동 | 3,783 | 31 | 28 | 3 | 67 | 64 | 3 | 2 | 0 | 34 | 66 |
| 신당6동 | 3,489 | 47 | 39 | 8 | 51 | 45 | 6 | 2 | 0 | 53 | 47 |
| 을지로동 | 671 | 22 | 19 | 3 | 68 | 45 | 23 | 10 | 0 | 45 | 55 |
| 장충동 | 2,435 | 28 | 24 | 3 | 71 | 69 | 2 | 1 | 0 | 30 | 70 |
| 중림동 | 4,604 | 38 | 32 | 6 | 60 | 55 | 4 | 2 | 0 | 43 | 57 |
| 필동 | 1,737 | 39 | 31 | 8 | 57 | 53 | 4 | 4 | 0 | 43 | 57 |
| 황학동 | 2,691 | 26 | 23 | 2 | 73 | 69 | 3 | 2 | 0 | 29 | 71 |
| 회현동 | 2,681 | 14 | 12 | 2 | 78 | 75 | 3 | 7 | 1 | 18 | 82 |

신당6동은 가구의 53%가 집을 소유하고 있고 8%는 두 채 이상 갖고 있다. 반면 회현동은 82%가 무주택자다. 소공동 가구의 18%는 어딘가에 집을 사놓고 셋방에 산다.

## 중구에 있는 집이 100채라면 :
## 43채는 아파트, 29채는 단독주택

중구에는 집(주택과 주택 이외의 거처)이 3만1,500채가 있다. 중구에 있는 집이 100채라면 43채는 아파트고, 29채는 단독주택, 17채는 다세대주택이다. 6채는 연립주택, 3채는 비거주용 건물 내 주택, 2채는 오피스텔이다.

신당3동과 4동에 사람이 사는 거처의 80% 이상은 아파트다. 신당6동과 회현동도 아파트가 절반 이상이다. 반면 명동은 80% 이상이 단독주택이며 황학동과 신당1동·5동 역시 단독주택 비중이 절대적이다. 반면 장충동과 신당2동은 57%가 다세대주택이며, 을지로동은 24%가 주택 이외의 거처다.

중구 100가구 가운데 46가구는 단독주택에, 29가구는 아파트에, 12가구는 다세대주택에, 4가구는 연립주택에 산다. 또 5가구는 비거주용 건물 내 주택에, 또 다른 5가구는 업소의 잠만 자는 방과 오피스텔 등 주택 이외의 거처에 산다.

지난 10년 동안 다세대주택과 아파트는 341%와 280%가 늘어난 반면, 단독주택은 29%, 영업용 건물 내 주택은 63%가 줄었다. 이에 따라 전체 주택(주택 이외의 거처 제외)에서 차지하는 비중도 아파트는 16%에서 44%로, 다세대주택은 5%에서 17%로 크게 증가했다. 반면 단독주택은 58%에서 30%로, 영업용 건물 내 주택은 12%에서 3%로, 연립주택은 9%에서 6%로 줄었다.

크기별로는 29평 이상의 주택이 27채인 반면, 19~29평은 29채, 14~19평 20채이며, 14평 미만은 24채가 있다. 황학동·신당1동·명동은 40% 이상이 29평 이상인 반면, 을지로동과 장충동은 14평 미만 주택이 60%와 45%에 달한다.

55채는 지은 지 10년(1995~2005년)이 안 된 새집이며, 25채는 지은 지 20년이 넘은 낡은 집으로 곧 재개발·재건축될 수 있는 집이다. 회현동·을지로동·광희동은 80% 이상이 지은 지 20년이 넘은 집인 반면, 신당3동과 4동은 80% 이상이 지은 지 10년이 안 된 집이다.


## 중구에서 지하 방에 사는 사람 : 장충동, 신당1동·2동·5동, 중림동 10% 이상 (반)지하에 거주


중구에 사는 4만6,600가구를 100가구로 친다면 그 중 20가구는 식구에 비해 집이 너무 좁거나 시설이 제대로 갖춰지지 않아 인간다운 품위를 지키기 어려운 최저 주거 기준 미달 가구다. 중구는 서울에서 최저 주거 기준 미달 가구 비중이 가장 높다.

또 100가구 가운데 92가구는 지상에 살지만, 7가구는 (반)지하에, 2가구는 옥탑방에 살고 있다. 신당2동 12%, 장충동과 신당5동 11%, 신당1동과 중림동 10% 등 5개 동의 (반)지하 방 거주 가구 비율이 15%가 넘는다. 명동에 사는 가구 중 무려 42%와 회현동에 사는 가구 중 30%가 업소의 잠만 자는 방 즉 쪽방 등에 거주하고 있다. 소공동 9%, 신당1동 3%, 을지로동 1% 등도 쪽방 거주자다. 신당5동 거주자의 5%는 옥탑방에 산다. 명동과 회현동에 전국 3,573개 읍면동 가운데 쪽방 거주 가구 비율이 가장 높다.

표 2_3.142

## 서울시 중구 거처의 종류별·연건평별·건축년도별 주택

**(단위 : 호, 가구, %)**

| 행정구역 | 거처의 종류별 거처와 가구 | | | | | | | | | | | | | |
| --- | --- | --- | --- | --- | --- | --- | --- | --- | --- | --- | --- | --- | --- | --- |
| | 계 | | 단독주택 | | 아파트 | | 연립주택 | | 다세대주택 | | 비거주용 건물 내 주택 | | 주택 이외의 거처 | |
| | 거처 | 가구 | 거처 | 가구 | 거처 | 가구 | 거처 | 가구 | 거처 | 가구 | 거처 | 가구 | 거처 | 가구 |
| 중구 | 31,523 | 46,675 | 29 | 46 | 43 | 29 | 6 | 4 | 17 | 12 | 3 | 5 | 2 | 5 |
| 광희동 | 1,381 | 2,047 | 44 | 53 | 36 | 24 | 0 | 0 | 1 | 1 | 5 | 12 | 14 | 10 |
| 명동 | 371 | 1,165 | 83 | 54 | 0 | 0 | 0 | 0 | 2 | 1 | 8 | 3 | 7 | 43 |
| 소공동 | 152 | 314 | 53 | 51 | 21 | 10 | 0 | 0 | 0 | 0 | 24 | 29 | 2 | 9 |
| 신당1동 | 1,470 | 3,161 | 77 | 83 | 12 | 5 | 0 | 0 | 5 | 2 | 6 | 6 | 0 | 3 |
| 신당2동 | 3,858 | 5,595 | 28 | 49 | 0 | 0 | 12 | 9 | 57 | 39 | 2 | 3 | 1 | 1 |
| 신당3동 | 6,107 | 6,864 | 4 | 13 | 83 | 74 | 9 | 8 | 3 | 3 | 1 | 2 | 0 | 0 |
| 신당4동 | 4,575 | 5,403 | 12 | 24 | 82 | 70 | 0 | 0 | 4 | 3 | 1 | 2 | 1 | 1 |
| 신당5동 | 1,765 | 3,788 | 69 | 85 | 15 | 7 | 8 | 4 | 5 | 3 | 2 | 2 | 0 | 0 |
| 신당6동 | 2,251 | 3,492 | 33 | 53 | 52 | 34 | 4 | 3 | 6 | 4 | 4 | 6 | 0 | 0 |
| 을지로동 | 557 | 673 | 17 | 23 | 7 | 6 | 0 | 0 | 10 | 8 | 41 | 41 | 24 | 21 |
| 장충동 | 2,060 | 2,454 | 20 | 31 | 3 | 2 | 19 | 16 | 57 | 48 | 2 | 4 | 0 | 0 |
| 중림동 | 3,426 | 4,604 | 19 | 34 | 43 | 32 | 5 | 4 | 31 | 24 | 2 | 4 | 0 | 2 |
| 필동 | 1,023 | 1,741 | 54 | 65 | 25 | 15 | 8 | 5 | 8 | 5 | 5 | 10 | 0 | 0 |
| 황학동 | 1,419 | 2,691 | 78 | 84 | 3 | 1 | 1 | 1 | 3 | 2 | 2 | 5 | 14 | 7 |
| 회현동 | 1,108 | 2,683 | 33 | 39 | 50 | 21 | 0 | 0 | 5 | 2 | 9 | 7 | 3 | 30 |

| 연건평별 주택 | | | | | 건축년도별 주택 | | | |
|---|---|---|---|---|---|---|---|---|
| 총 주택 수 | 14평 미만 | 14~19평 | 19~29평 | 29평 이상 | 총 주택 수 | 1995~2005년 | 1985~1994년 | 1985년 이전 |
| 30,810 | 24 | 20 | 29 | 27 | 30,810 | 55 | 19 | 26 |
| 1,185 | 22 | 25 | 17 | 36 | 1,185 | 8 | 11 | 81 |
| 346 | 15 | 15 | 29 | 41 | 346 | 22 | 20 | 58 |
| 149 | 22 | 30 | 28 | 20 | 149 | 15 | 6 | 79 |
| 1,463 | 21 | 12 | 23 | 43 | 1,463 | 17 | 36 | 47 |
| 3,814 | 8 | 33 | 32 | 27 | 3,814 | 58 | 25 | 17 |
| 6,105 | 33 | 18 | 28 | 20 | 6,105 | 88 | 7 | 5 |
| 4,526 | 27 | 21 | 30 | 22 | 4,526 | 89 | 6 | 5 |
| 1,759 | 19 | 18 | 25 | 38 | 1,759 | 36 | 28 | 37 |
| 2,248 | 9 | 11 | 43 | 38 | 2,248 | 28 | 56 | 16 |
| 424 | 60 | 16 | 18 | 7 | 424 | 10 | 7 | 83 |
| 2,059 | 45 | 17 | 21 | 18 | 2,059 | 75 | 12 | 14 |
| 3,413 | 24 | 25 | 33 | 18 | 3,413 | 46 | 27 | 27 |
| 1,018 | 11 | 22 | 27 | 39 | 1,018 | 25 | 18 | 57 |
| 1,223 | 10 | 18 | 25 | 47 | 1,223 | 22 | 21 | 57 |
| 1,078 | 42 | 9 | 29 | 21 | 1,078 | 8 | 5 | 87 |

신당5동은 가구의 85%가 단독주택에 사는 반면 신당3동의 74%가 아파트에 산다. 장충동은 48%가 다세대주택에 살고 을지로동은 41%가 상가 등 비거주용 건물 안에 있는 집에 산다. 명동과 회현동은 43%와 30% 가구가 주택 이외의 거처에 산다.

표 2_3.143

# 서울시 중구 (반)지하 등 거주 가구

(단위 : 가구, %)

| 행정구역 | 전체 가구 | (반)지하 | | 옥탑 | | 판잣집·움막·비닐집 | 기타 | |
|---|---|---|---|---|---|---|---|---|
| | | 가구 | 비중 | 가구 | 비중 | 가구 | 가구 | 비중 |
| 중구 | 46,625 | 3,051 | 7 | 784 | 2 | 1 | 1,441 | 3 |
| 광희동 | 2,044 | 52 | 3 | 11 | 1 | – | – | – |
| 명동 | 1,163 | 54 | 5 | 22 | 2 | 1 | 488 | 42 |
| 소공동 | 312 | 1 | 0 | 3 | 1 | – | 27 | 9 |
| 신당1동 | 3,157 | 300 | 10 | 94 | 3 | – | 84 | 3 |
| 신당2동 | 5,593 | 693 | 12 | 48 | 1 | – | 1 | – |
| 신당3동 | 6,862 | 201 | 3 | 19 | 0 | – | – | – |
| 신당4동 | 5,403 | 174 | 3 | 25 | 0 | – | – | – |
| 신당5동 | 3,783 | 406 | 11 | 188 | 5 | – | 1 | – |
| 신당6동 | 3,489 | 264 | 8 | 73 | 2 | – | – | – |
| 을지로동 | 671 | 9 | 1 | 21 | 3 | – | 13 | 2 |
| 장충동 | 2,435 | 262 | 11 | 27 | 1 | – | – | – |
| 중림동 | 4,604 | 483 | 10 | 84 | 2 | – | 23 | – |
| 필동 | 1,737 | 80 | 5 | 12 | 1 | – | – | – |
| 황학동 | 2,691 | 30 | 1 | 81 | 3 | – | 1 | – |
| 회현동 | 2,681 | 42 | 2 | 76 | 3 | – | 803 | 30 |

신당2동, 장충동, 신당5동 등 5개 동네에서 가구의 10% 이상이 (반)지하에 살고 있다.

중구 100가구 가운데 거실이나 부엌을 각각 1개의 방으로 쳐서 방 3개 이하에서 셋방살이를 떠도는 가구는 68가구에 달하지만, 이들에게 꼭 필요한 공공 임대주택은 전체 가구 대비 8채에 그치고 있다. 따라서 공공 임대주택이 필요한 51가구 중 단 한 가구만 입주해 있는 것이다. 중구에 사는 가난한 사람들을 위해서는 중앙정부와 지자체가 대량의 공공 임대주택을 성실하게 공급해야 한다.

## 중구 유권자가 100명이라면

정당 지지도를 알 수 있는 최근 네 차례 선거(제3~4회 동시지방선거, 제17~18대 총선)를 기준으로 중구의 선거권자는 대략 10만~11만 명이며, 평균 투표율은 53%다.

중구 유권자가 100명이라면 2002년 제3회 동시지방선거에서는 50명이 한나라당을 찍었고, 41명은 새천년민주당, 5명은 민주노동당, 2명은 자민련, 2명은 나머지 정당을 지지했다. 2004년 총선에서는 38명이 한나라당을, 37명은 열린우리당을 지지했으며, 11명은 새천년민주당을, 10명은 민주노동당을, 2명은 자민련을 찍었다.

2006년 동시지방선거에서는 56명이 한나라당을 선택한 가운데, 25명은 열린우리당을, 10명은 민주당을, 8명은 민주노동당을 지지했다. 2008년 총선에서는 41명이 한나라당을 찍었고 28명이 통합민주당을, 9명은 자유선진당을, 다른 9명은 친박연대를, 4명은 민주노동당을, 다른 4명은 창조한국당을 각각 지지했고, 3명은 진보신당을 지지했다.

동네별 투표율은 신당4동·신당6동·중림동·소공동에서 가장 높았다. 반면 장충동·신당2동·회현동·신당5동에서 가장 낮았다. 신당4동과 장충동의 투표율 격차는 최소 3%에서 최대 12% 사이다.

한나라당 득표율은 을지로동·소공동·광희동·필동에서 높았다. 반면 중림동·황학동·신당5동·신당2동에서 낮았다. 을지로동과 중림동의 한나라당 득표율 격차는 최소 11%에서 최대 17%까지 벌어졌다.

민주(+열린우리)당 득표율은 황학동·신당5동·중림동·신당2동에서 높았다. 반면 을지로동·소공동·신당3동·광희동에서 낮았다. 황학동과 을지로동의 득표율 격차는 최소 8%에서 최대 16% 사이다.

민주노동당+진보신당 득표율은 장충동과 신당3동에서 상대적으로 높았다.

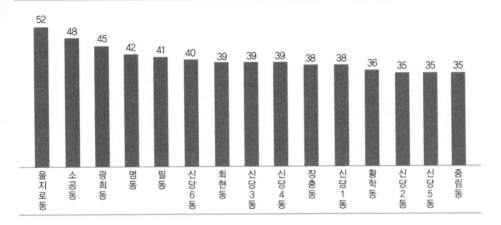

그림 2_3.95

# 서울시 중구 동네별 한나라당 득표율

2004년 총선(단위 : %)

을지로동 52 / 소공동 48 / 광희동 45 / 명동 42 / 필동 41 / 신당6동 40 / 회현동 39 / 신당3동 39 / 신당4동 39 / 장충동 38 / 신당1동 38 / 황학동 36 / 신당2동 35 / 신당5동 35 / 중림동 35

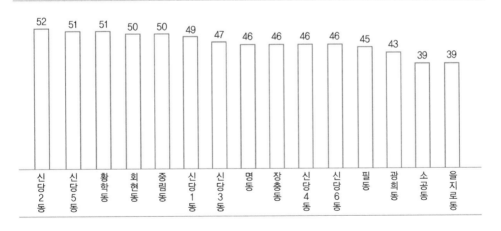

그림 2_3.96

# 서울시 중구 동네별 민주(＋열린우리)당 득표율

2004년 총선(단위 : %)

신당2동 52 / 신당5동 51 / 황학동 51 / 회현동 50 / 중림동 50 / 신당1동 49 / 신당3동 47 / 명동 46 / 장충동 46 / 신당4동 46 / 신당6동 46 / 필동 45 / 광희동 43 / 소공동 39 / 을지로동 39

표 2_3.144

# 서울시 중구 역대 선거 투표율과 정당 지지율

2002~2008년(단위 : 명, %)

| 행정구역 | 2002년 지방선거 | | | | | | | 2004년 총선 | | | | | | | |
|---|---|---|---|---|---|---|---|---|---|---|---|---|---|---|---|
| | 선거인 수 | 투표율 | 한나라당 | 새천년민주당 | 자민련 | 민주노동당 | 기타정당 | 선거인 수 | 투표율 | 한나라당 | 새천년민주당 | 열린우리당 | 자민련 | 민주노동당 | 기타정당 |
| 중구 | 110,996 | 51 | 50 | 41 | 2 | 5 | 2 | 106,012 | 62 | 38 | 11 | 37 | 2 | 10 | 2 |
| 광희동 | 4,837 | 53 | 56 | 36 | 2 | 4 | 2 | 4,194 | 59 | 45 | 13 | 30 | 3 | 8 | 1 |
| 명동 | 3,058 | 57 | 54 | 39 | 2 | 3 | 2 | 2,863 | 60 | 42 | 10 | 36 | 3 | 7 | 2 |
| 소공동 | 1,010 | 55 | 52 | 39 | 2 | 5 | 2 | 846 | 64 | 48 | 8 | 31 | 1 | 10 | 2 |
| 신당1동 | 7,196 | 52 | 49 | 43 | 2 | 4 | 2 | 6,873 | 58 | 38 | 13 | 36 | 2 | 8 | 2 |
| 신당2동 | 13,017 | 45 | 49 | 41 | 2 | 5 | 2 | 13,145 | 59 | 35 | 11 | 40 | 1 | 10 | 2 |
| 신당3동 | 15,295 | 50 | 51 | 39 | 2 | 5 | 2 | 15,513 | 64 | 39 | 10 | 37 | 2 | 10 | 2 |
| 신당4동 | 12,727 | 51 | 51 | 39 | 2 | 5 | 2 | 12,662 | 66 | 39 | 10 | 37 | 2 | 11 | 2 |
| 신당5동 | 9,421 | 49 | 50 | 43 | 2 | 4 | 2 | 8,840 | 58 | 35 | 12 | 39 | 2 | 9 | 2 |
| 신당6동 | 9,200 | 51 | 53 | 39 | 2 | 4 | 2 | 8,316 | 64 | 40 | 12 | 35 | 2 | 10 | 2 |
| 을지로동 | 1,580 | 53 | 59 | 36 | 2 | 2 | 1 | 1,500 | 60 | 52 | 11 | 27 | 2 | 6 | 2 |
| 장충동 | 5,111 | 48 | 49 | 40 | 2 | 6 | 3 | 4,914 | 59 | 38 | 9 | 37 | 2 | 13 | 2 |
| 중림동 | 10,399 | 51 | 48 | 43 | 2 | 5 | 2 | 9,878 | 63 | 35 | 12 | 38 | 2 | 10 | 2 |
| 필동 | 4,283 | 53 | 53 | 39 | 3 | 5 | 2 | 4,075 | 62 | 41 | 12 | 33 | 3 | 9 | 2 |
| 황학동 | 6,816 | 52 | 47 | 44 | 2 | 4 | 2 | 6,153 | 59 | 36 | 15 | 36 | 2 | 9 | 2 |
| 회현동 | 4,900 | 53 | 48 | 42 | 3 | 5 | 2 | 4,357 | 57 | 39 | 14 | 36 | 1 | 7 | 3 |

| 2006년 지방선거 | | | | | | | 2008년 총선 | | | | | | | | | |
|---|---|---|---|---|---|---|---|---|---|---|---|---|---|---|---|---|
| 선거인 수 | 투표율 | 열린우리당 | 한나라당 | 민주당 | 민주노동당 | 기타정당 | 선거인 수 | 투표율 | 통합민주당 | 한나라당 | 자유선진당 | 민주노동당 | 창조한국당 | 친박연대 | 진보신당 | 기타정당 |
| 107,164 | 52 | 25 | 56 | 10 | 8 | 1 | 106,880 | 48 | 28 | 41 | 9 | 4 | 4 | 9 | 3 | 3 |
| 4,241 | 49 | 22 | 60 | 10 | 6 | 1 | 4,263 | 44 | 27 | 44 | 8 | 2 | 3 | 11 | 2 | 3 |
| 2,717 | 52 | 23 | 59 | 8 | 8 | 1 | 2,518 | 46 | 25 | 39 | 15 | 4 | 3 | 9 | 2 | 2 |
| 738 | 54 | 23 | 60 | 7 | 9 | 2 | 877 | 43 | 19 | 52 | 5 | 2 | 6 | 8 | 6 | 1 |
| 6,788 | 51 | 23 | 56 | 12 | 6 | 2 | 6,694 | 43 | 29 | 43 | 9 | 4 | 3 | 8 | 2 | 3 |
| 13,420 | 47 | 27 | 54 | 9 | 9 | 1 | 13,470 | 45 | 30 | 39 | 9 | 4 | 3 | 8 | 3 | 4 |
| 15,941 | 51 | 15 | 63 | 10 | 11 | 1 | 16,022 | 50 | 27 | 41 | 9 | 4 | 4 | 9 | 3 | 4 |
| 12,652 | 54 | 34 | 51 | 7 | 6 | 1 | 12,624 | 54 | 27 | 41 | 8 | 4 | 4 | 9 | 4 | 4 |
| 8,675 | 51 | 27 | 53 | 12 | 6 | 2 | 8,508 | 45 | 32 | 39 | 9 | 4 | 3 | 8 | 2 | 3 |
| 9,515 | 54 | 22 | 59 | 10 | 8 | 1 | 9,840 | 50 | 27 | 42 | 9 | 4 | 4 | 9 | 2 | 3 |
| 1,594 | 49 | 17 | 69 | 8 | 5 | 2 | 1,643 | 46 | 23 | 52 | 6 | 1 | 2 | 11 | 1 | 3 |
| 4,916 | 46 | 24 | 56 | 9 | 10 | 1 | 4,895 | 42 | 28 | 38 | 9 | 4 | 6 | 9 | 3 | 3 |
| 10,220 | 54 | 24 | 52 | 15 | 8 | 2 | 10,328 | 49 | 30 | 37 | 9 | 4 | 4 | 9 | 3 | 3 |
| 3,954 | 52 | 24 | 60 | 8 | 5 | 1 | 3,919 | 46 | 25 | 44 | 9 | 3 | 4 | 9 | 2 | 5 |
| 6,014 | 52 | 26 | 51 | 15 | 7 | 1 | 5,753 | 47 | 33 | 40 | 8 | 4 | 3 | 7 | 2 | 3 |
| 4,147 | 47 | 23 | 58 | 11 | 6 | 2 | 3,945 | 44 | 29 | 44 | 9 | 2 | 3 | 9 | 2 | 3 |

**투표율**은 신당4동과 6동, 중림동, 소공동에서 높았다. 한나라당 득표율은 을지로동, 소공동, 광희동, 필동에서 높았다. 민주(+열린우리)당 득표율은 황학동, 신당5동, 중림동, 신당2동에서 높았다.

## 숫자 100으로 본 서울시 중랑구 20개 동네

1988년 동대문구에서 분리된 서울시 중랑구에는 2005년 현재 20개 동에 있는 주택 7만8,400채와 오피스텔 9백 채 등 거처 7만9,200곳에 41만4천 명이 살고 있다. 서울시 중랑구가 100명이 사는 마을이라면 어떤 모습일까?


## 숫자 <u>100으로</u> 본 중랑구


중랑구에 사는 사람은 서울시 평균인에 비해 대학 이상 학력자와 종교 인구 비중이 낮고 특히 천주교 신자 비중이 낮다. 자영업자 비중이 상대적으로 높고 직업별로는 기능직, 판매직, 서비스직, 장치 기계 조작 및 조립직, 단순 노무직에 종사하는 사람이 많으며 1시간 이상 거리로 출퇴근하는 사람이 많다.

무주택자와 셋방 거주자, 자동차가 없는 사람이 많은 편이며 특히 단독주택 거주자와 (반)지하 등에 사는 사람이 많다. 가구의 35%는 거실과 부엌을 포함한 방 3칸 이하 셋방에 살지만 이들을 위한 공공 임대주택은 3%로 크게 부족한 실정이다.

최근 7년간 중랑구에서 한나라당은 36~57%를, 민주(+열린우리)

그림 2_3.97

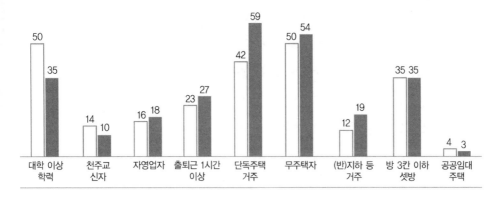

서울시와 중랑구 주요 지수 평균 비교

(단위 : %)

☐ 서울시 ■ 중랑구

당은 28~48%를, 민주노동당＋진보신당은 6~12%를 각각 얻었다. 하지만 동네별로는 차이가 컸다.

**중랑구 인구가 100명이라면 :**

**대학 이상 학력자 35명, 종교 인구 51명**

서울시 중랑구에 사는 사람은 41만4천 명으로, 중랑구 인구가 100명이라면 남자 대 여자의 수는 50 대 50으로 균형을 이루고 있다. 24명은 어린이와 청소년(19살 미만)이고, 76명은 어른이다. 어른 가운데 7명은 노인(65세 이상)이다.

지역적으로는 묵1동에 8명, 면목2동·신내1동·신내2동에 7명씩,

면목4동·면목7동·상봉1동에 6명씩 산다. 중화1
동·면목1동·묵2동·망우1동·망우3동·상봉2동에
5명씩, 중화2동·면목3동·면목5동·면목6동엔 4명
씩 산다. 중화3동과 8동엔 3명씩 살고 망우2동에
는 2명이 산다(2008년 면목1동과 면목6동이 면목본동
으로, 면목3동과 면목8동이 면목3·8동으로, 중화2동과 중
화3동이 중화2동으로, 망우1동과 망우2동이 망우본동으
로 통합되었다).

종교를 보면 20명은 개신교, 19명은 불교, 10명
은 천주교를 믿는다. 49명은 종교를 갖고 있지 않다. 묵1동은 동네 사
람의 55%가 종교인인 데 비해, 중화2동은 55%가 종교가 없다. 개신
교는 상봉1동·묵1동 등에서 불교는 망우2동과 면목6동에서, 천주교
는 묵1동·2동과 신내1동·2동에서 신자 비율이 높았다.

학력은 어떨까. 35명이 대학 이상의 학력을 가지고 있는데 8명은
대학에 재학 중이고 2명은 석사과정 이상의 공부를 하였다(19세 이상
기준). 묵1동은 19세 이상 인구의 47%가 대학 이상 학력자로 가장 높
게 나타났다.

34명은 미혼이며, 66명은 결혼했다. 결혼한 사람 가운데 6명은 남
편이나 아내가 먼저 사망했고 4명은 이혼했다(15세 이상 기준). 5명은
몸이 불편하거나 정신 장애로 정상적인 활동에 제약을 느끼고 있다.

거주 기간을 보면, 41명은 현재 살고 있는 집에 산 지 5년이 넘었
으나 59명은 5년 이내에 새로 이사 왔다(5살 이상 기준). 이사 온 사람
중 40명은 중랑구 안의 다른 동에서, 11명은 서울 안의 다른 구에서,
8명은 서울 바깥에서 이사 왔다.

**표 2_3.145**

## 서울시 중랑구 성별·종교별·학력별 인구

(단위 : 명, %)

| 행정구역 | 남녀/외국인 | | | | 종교 인구 | | | | | | | 대학 이상 학력 인구 | | | | | | |
|---|---|---|---|---|---|---|---|---|---|---|---|---|---|---|---|---|---|---|
| | 총인구 | 남자 | 여자 | 외국인 | 인구수 (내국인) | 종교 있음 | | | | | 종교 없음 | 19세 이상 인구 | 계 | 4년제 미만 | | 4년제 이상 | | 대학원 이상 |
| | | | | | | 계 | 불교 | 개신교 | 천주교 | 기타 | | | | 계 | 재학 | 계 | 재학 | |
| 중랑구 | 413,760 | 50 | 50 | 0 | 412,380 | 51 | 19 | 20 | 10 | 1 | 49 | 315,224 | 35 | 13 | 3 | 20 | 5 | 2 |
| 망우1동 | 19,975 | 50 | 50 | 0 | 19,916 | 54 | 18 | 24 | 11 | | 45 | 15,055 | 30 | 13 | 3 | 15 | 5 | 2 |
| 망우2동 | 9,412 | 49 | 51 | 0 | 9,389 | 51 | 22 | 19 | 10 | 1 | 49 | 7,397 | 28 | 12 | 3 | 15 | 4 | 1 |
| 망우3동 | 19,660 | 49 | 51 | 0 | 19,593 | 51 | 19 | 21 | 9 | 2 | 49 | 14,711 | 28 | 11 | 2 | 15 | 4 | 1 |
| 면목1동 | 21,688 | 50 | 50 | 0 | 21,591 | 47 | 19 | 16 | 10 | 1 | 53 | 16,740 | 30 | 13 | 3 | 16 | 4 | 1 |
| 면목2동 | 28,517 | 49 | 51 | 0 | 28,404 | 50 | 19 | 20 | 9 | 1 | 50 | 21,372 | 31 | 12 | 3 | 17 | 4 | 2 |
| 면목3동 | 17,253 | 49 | 51 | 0 | 17,202 | 48 | 19 | 20 | 8 | 1 | 52 | 13,595 | 34 | 14 | 3 | 19 | 4 | 2 |
| 면목4동 | 22,829 | 48 | 52 | 1 | 22,712 | 50 | 18 | 19 | 11 | 2 | 50 | 17,817 | 33 | 14 | 2 | 18 | 4 | 2 |
| 면목5동 | 14,505 | 50 | 50 | 0 | 14,444 | 49 | 22 | 16 | 10 | 1 | 51 | 10,989 | 29 | 12 | 3 | 16 | 4 | 1 |
| 면목6동 | 15,294 | 50 | 50 | 1 | 15,215 | 48 | 19 | 18 | 9 | 1 | 50 | 11,795 | 30 | 13 | 3 | 16 | 4 | 1 |
| 면목7동 | 25,808 | 50 | 50 | 0 | 25,722 | 52 | 21 | 19 | 11 | | 48 | 19,855 | 37 | 15 | 3 | 22 | 6 | 3 |
| 면목8동 | 12,618 | 49 | 51 | 0 | 12,569 | 51 | 18 | 21 | 11 | | 48 | 9,628 | 35 | 14 | 4 | 19 | 5 | 2 |
| 묵1동 | 33,939 | 49 | 51 | 0 | 33,905 | 55 | 18 | 24 | 12 | 1 | 45 | 25,805 | 47 | 13 | 3 | 29 | 7 | 5 |
| 묵2동 | 20,540 | 50 | 50 | 0 | 20,493 | 51 | 20 | 19 | 12 | 1 | 48 | 15,832 | 37 | 13 | 3 | 21 | 5 | 2 |
| 상봉1동 | 24,205 | 50 | 50 | 0 | 24,145 | 54 | 18 | 24 | 11 | | 46 | 17,455 | 39 | 11 | 3 | 25 | 6 | 2 |
| 상봉2동 | 18,421 | 50 | 50 | 0 | 18,340 | 47 | 19 | 17 | 11 | 1 | 53 | 14,932 | 33 | 13 | 3 | 19 | 4 | 2 |
| 신내1동 | 28,145 | 50 | 50 | 0 | 28,089 | 54 | 20 | 22 | 12 | 1 | 45 | 20,974 | 42 | 12 | 3 | 27 | 7 | 3 |
| 신내2동 | 26,940 | 49 | 51 | 0 | 26,882 | 53 | 16 | 24 | 12 | 1 | 47 | 19,670 | 46 | 12 | 2 | 30 | 6 | 4 |
| 중화1동 | 21,827 | 50 | 50 | 0 | 21,772 | 49 | 18 | 21 | 9 | 1 | 50 | 16,415 | 38 | 13 | 3 | 23 | 5 | 3 |
| 중화2동 | 18,010 | 51 | 49 | 1 | 17,885 | 45 | 19 | 18 | 7 | 1 | 55 | 14,125 | 25 | 12 | 3 | 12 | 3 | 1 |
| 중화3동 | 14,174 | 50 | 50 | 0 | 14,112 | 47 | 18 | 19 | 9 | 1 | 53 | 11,062 | 31 | 14 | 3 | 16 | 4 | 1 |

묵1동은 인구의 55%가 종교가 있는 반면 중화2동은 55%가 종교 없이 산다. 불교는 면목5동, 개신교는 상봉1동, 천주교는 묵1동 등에서 신자 비중이 높다. 대학 이상 학력자 비중은 묵1동에서 가장 높고, 중화2동에서 가장 낮다.

# 중랑구에 사는 취업자가 100명이라면 :
# 72명은 봉급쟁이, 18명은 자영업자

중랑구에 사는 15세 이상 인구 33만6천 명 가운데 취업해 직장에 다니는 사람(취업자)은 17만4,500명이다. 중랑구 취업자가 100명이라면 57명은 30~40대, 21명은 20대이며, 16명은 50대다. 65세 이상 노인 2명도 일하고 있다.

72명은 회사에서 봉급을 받고 일하는 직장인이다. 18명은 고용한 사람 없이 혼자서 일하는 자영업자이며, 6명은 누군가를 고용해 사업체를 경영하는 사업주다. 4명은 가족이 운영하는 사업체에서 보수 없이 일하고 있다.

직업은 사무직이 18명, 기능직이 17명, 판매직이 15명, 서비스직이 11명, 단순 전문직이 11명이다. 또 9명은 전문가, 또 다른 9명은 기술직 및 준전문가, 8명은 장치 기계 조작 및 조립직, 2명은 고위 관리직으로 일하고 있다. 중랑구는 취업자 중 기능직과 단순 노무직의 비율이 가장 높다.

직장으로 출근하는 데 30분 이상 걸리는 사람은 61명으로, 그 가운데 27명은 1시간 이상 걸린다. 24명은 걸어서 출근하고 76명은 교통수단을 이용해 출근한다. 76명 가운데 23명은 전철로, 22명은 자가용으로, 16명은 시내버스로, 1명은 통근 버스로, 다른 1명은 자전거로 출근한다. 9명은 전철과 버스 또는 승용차를 갈아타며 출근한다.

79명은 사무실이나 공장 등에서 일하는 반면, 15명은 야외나 거리 또는 운송 수단에서 일한다. 2명은 자기 집에서, 3명은 남의 집에서 일한다. 중랑구는 취업자 중 사업장에서 일하는 비중이 가장 낮고, 야외나 거리 또는 운송 수단에서 일하는 비중은 가장 높다.


## 중랑구에 100가구가 산다면 : 56가구는 셋방살이

중랑구에는 13만8천 가구가 산다(일반 가구 기준). 중랑구에 사는 가구를 100가구로 친다면 49가구는 식구가 한 명 또는 두 명인 1, 2인 가구이며, 이 가운데 19가구는 나 홀로 사는 1인 가구다. 식구 4명은 28가구, 3명은 23가구, 5명은 8가구다.

나 홀로 사는 1인 가구 비중을 보면, 중화2동 가구의 31%가 1인 가구인 것을 비롯해 10개 동네에서 20% 이상을 기록한 반면, 신내1동은 9%에 그쳤다.

43가구는 자신이 소유한 집에서 살고, 56가구는 셋방에 살며, 2가구는 직장의 사택이나 친척집 등에서 무상으로 살고 있다. 자기 집에 사는 가구 중 5가구는 현재 살고 있는 집 외에 최소 한 채에서 여러 채를 소유한 다주택자들이다.

셋방 사는 가구 가운데 33가구는 전세에, 21가구는 보증금 있는 월세에, 2가구는 보증금 없는 월세 또는 사글세에 살고 있다. 셋방 사는 가구 중 3가구는 어딘가에 자신 명의의 집을 소유하고 있으나 경제 사정이나 자녀 교육, 직장 등의 사정으로 셋방에 살고 있다.

62가구는 현재 사는 집으로 이사 온 지 5년이 안 되며, 이 가운데 32가구는 2년이 안 된다. 22가구는 5~10년이 됐고, 16가구는 10년

그림 2_3.98

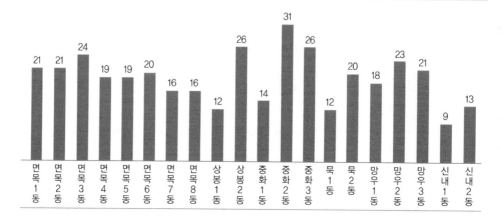

서울시 중랑구 동네별 1인 가구

(단위 : %)

이 넘었다.

48가구는 자동차를 소유하고 있고, 이 가운데 31가구는 자기 집에 전용 주차장이 있다. 자동차 소유 가구 중 5가구는 차를 2대 이상 소유하고 있다.

**집 많은 사람, 집 없는 사람 :**
**신내1동 72% 주택 소유, 중화2동 74% 무주택**

중랑구에 사는 100가구 중 46가구는 주택 소유자이고, 54가구는 무주택자다. 20개 동네 가운데 6개 동네는 주택 소유자가 더 많고 14개

표 2_3.146

## 서울시 중랑구의 다주택자

(단위 : 가구, 호)

| 구분 | | | 가구 수 | 주택 수 | 평균 주택 수 |
|---|---|---|---|---|---|
| 일반 가구 | | | 137,907 | – | – |
| 자가 가구 | | | 58,597 | – | – |
| 다주택 가구 | 통계청 | | 6,538 | – | – |
| | 행자부 | 계 | 4,069 | 9,810 | 2 |
| | | 2채 | 3,421 | 6,842 | 2 |
| | | 3채 | 337 | 1,011 | 3 |
| | | 4채 | 116 | 464 | 4 |
| | | 5채 | 52 | 260 | 5 |
| | | 6~10채 | 109 | 750 | 7 |
| | | 11채 이상 | 34 | 483 | 14 |

동네는 무주택자가 더 많다. 주택 소유자는 신내1동 72%를 비롯해 묵1동 63%, 신내2동 61%, 상봉1동과 중화1동 각 56%, 면목7동 51% 순으로 높다. 반면 무주택자는 중화2동 74%를 비롯해 망우3동과 중화3동 각 66%, 면목1동 65%, 면목4동·면목6동·상봉2동·63%, 면목3동과 망우2동 각 61% 순으로 높다.

중랑구 가구의 5%는 집을 두 채 이상 소유한 다주택자다. 동네별로는 상봉1동과 묵1동에서 7%로 가장 높고, 중화2동에서 2%로 가장 낮았다.

중랑구 주택 소유자 46가구 중 3가구는 어딘가 자신 명의의 집이 있지만 사정이 있어 셋방에 사는 유주택 전월세 가구로 묵1동과 묵2동에서 5%로 비중이 가장 높았다.

유주택 전월세 가구를 제외한 42가구는 자기 집에 사는데 신내1동

표 2_3.147

# 서울시 중랑구 주택의 점유·소유 형태별 가구

(단위 : 가구, %)

| 행정구역 | 전체 가구 | 자기 집에 거주 | | | 셋방에 거주 | | | 무상으로 거주 | | 주택 소유 | 무주택 |
|---|---|---|---|---|---|---|---|---|---|---|---|
| | | 계 | 집 한 채 | 여러 채 | 계 | 집 없음 | 집 있음 | 집 없음 | 집 있음 | | |
| 중랑구 | 137,907 | 42 | 38 | 5 | 56 | 53 | 3 | 1 | 0 | 46 | 54 |
| 망우1동 | 6,589 | 37 | 34 | 3 | 60 | 56 | 4 | 2 | 0 | 42 | 58 |
| 망우2동 | 3,285 | 35 | 30 | 4 | 64 | 60 | 4 | 1 | 0 | 39 | 61 |
| 망우3동 | 6,756 | 31 | 27 | 4 | 67 | 64 | 3 | 2 | 0 | 34 | 66 |
| 면목1동 | 7,463 | 31 | 28 | 4 | 67 | 64 | 3 | 1 | 0 | 35 | 65 |
| 면목2동 | 9,780 | 39 | 35 | 4 | 60 | 57 | 3 | 1 | 0 | 42 | 58 |
| 면목3동 | 6,270 | 35 | 30 | 4 | 64 | 60 | 4 | 1 | 0 | 39 | 61 |
| 면목4동 | 7,586 | 34 | 30 | 4 | 64 | 61 | 3 | 1 | 0 | 37 | 63 |
| 면목5동 | 4,854 | 38 | 35 | 3 | 60 | 58 | 2 | 2 | 0 | 41 | 59 |
| 면목6동 | 5,214 | 34 | 31 | 3 | 64 | 61 | 3 | 2 | 0 | 37 | 63 |
| 면목7동 | 8,383 | 47 | 42 | 5 | 51 | 47 | 4 | 1 | 0 | 51 | 49 |
| 면목8동 | 4,055 | 47 | 43 | 4 | 52 | 49 | 2 | 1 | 0 | 49 | 51 |
| 묵1동 | 10,532 | 58 | 51 | 7 | 40 | 36 | 5 | 1 | 0 | 63 | 37 |
| 묵2동 | 6,994 | 40 | 34 | 6 | 58 | 54 | 5 | 1 | 0 | 45 | 55 |
| 상봉1동 | 7,442 | 52 | 45 | 7 | 47 | 43 | 4 | 1 | 0 | 56 | 44 |
| 상봉2동 | 6,863 | 34 | 30 | 4 | 64 | 61 | 3 | 2 | 0 | 37 | 63 |
| 신내1동 | 8,154 | 69 | 62 | 6 | 30 | 27 | 3 | 1 | 0 | 72 | 28 |
| 신내2동 | 8,625 | 57 | 51 | 6 | 43 | 39 | 4 | 0 | 0 | 61 | 39 |
| 중화1동 | 6,905 | 52 | 46 | 6 | 46 | 42 | 4 | 2 | 0 | 56 | 44 |
| 중화2동 | 7,019 | 25 | 22 | 2 | 74 | 72 | 2 | 2 | 0 | 26 | 74 |
| 중화3동 | 5,138 | 31 | 28 | 3 | 68 | 65 | 3 | 1 | 0 | 34 | 66 |

신내1동은 가구의 72%가 집을 소유하고 있다. 또 상봉1동은 7%가 집을 두 채 이상 갖고 있다. 반면 중화2동은 74%가 무주택자다. 또 묵1동과 2동 가구의 5%는 어딘가에 집을 사놓고 셋방에 산다.

69%, 묵1동 58%, 신내2동 57%, 중화1동 52% 순이다.

유주택 전월세를 포함한 56가구가 셋방에 사는데 중화2동 74%, 중화3동 68%, 망우3동 67% 순이다.

유주택 전월세를 제외한 53가구는 집이 아예 없는 무주택 전월세 가구인데, 중화2동 72%, 중화3동 65%, 망우3동 64% 순이다.


## 중랑구에 있는 집이 100채라면 :
## 47채는 아파트, 31채는 단독주택

중랑구에는 집(주택과 주택 이외의 거처, 빈집 제외)이 7만9천 채가 있다. 중랑구에 있는 집이 100채라면 47채는 아파트고, 31채는 단독주택, 11채는 다세대주택이다. 8채는 연립주택, 2채는 상가 내 거처 등 비거주용 건물 내 주택이고, 1채는 오피스텔이다.

신내1동·신내2동·상봉1동·묵1동·면목2동·면목4동·면목7동, 중화1동에서는 아파트가 훨씬 많은 반면, 면목1동·3동·5동·6동, 중화2동·3동, 망우2동·3동에서는 단독주택 비중이 높다. 또한 면목5동·면목8동·중화2동은 20% 이상의 거처가 연립주택이며, 면목6동·중화1동·망우2동·상봉2동은 20% 이상이 다세대주택이다. 또 상봉2동은 12%가 주택 이외의 거처다.

중랑구 100가구 가운데 59가구는 단독주택에, 27가구는 아파트에, 6가구는 다세대주택에, 5가구는 연립주택에 산다. 또 2가구는 비거주용 건물 내 주택에, 1가구는 오피스텔 등 주택 이외의 거처에 산다.

표 2_3.148

# 서울시 중랑구 거처의 종류별·연건평별·건축년도별 주택

(단위 : 호, 가구, %)

| 행정구역 | 거처의 종류별 거처와 가구 | | | | | | | | | | | | | |
|---|---|---|---|---|---|---|---|---|---|---|---|---|---|---|
| | 계 | | 단독주택 | | 아파트 | | 연립주택 | | 다세대주택 | | 비거주용 건물 내 주택 | | 주택 이외의 거처 | |
| | 거처 | 가구 | 거처 | 가구 | 거처 | 가구 | 거처 | 가구 | 거처 | 가구 | 거처 | 가구 | 거처 | 가구 |
| 중랑구 | 79,238 | 137,979 | 31 | 59 | 47 | 27 | 8 | 5 | 11 | 6 | 2 | 2 | 1 | 1 |
| 망우1동 | 3,278 | 6,591 | 42 | 69 | 35 | 17 | 11 | 6 | 9 | 4 | 3 | 3 | 0 | 0 |
| 망우2동 | 1,440 | 3,287 | 56 | 79 | 13 | 6 | 3 | 1 | 22 | 10 | 4 | 3 | 1 | 1 |
| 망우3동 | 2,497 | 6,757 | 69 | 87 | 1 | 0 | 12 | 5 | 15 | 6 | 3 | 3 | 0 | 0 |
| 면목1동 | 2,861 | 7,465 | 65 | 85 | 8 | 3 | 5 | 2 | 18 | 7 | 4 | 3 | 0 | 0 |
| 면목2동 | 5,012 | 9,781 | 37 | 66 | 42 | 21 | 3 | 3 | 13 | 7 | 2 | 3 | 0 | 0 |
| 면목3동 | 2,766 | 6,271 | 54 | 78 | 35 | 15 | 4 | 2 | 5 | 2 | 2 | 2 | 0 | 0 |
| 면목4동 | 4,388 | 7,614 | 33 | 61 | 49 | 28 | 10 | 6 | 7 | 4 | 1 | 1 | 0 | 0 |
| 면목5동 | 2,295 | 4,855 | 55 | 77 | 7 | 3 | 24 | 12 | 12 | 6 | 3 | 2 | 0 | 0 |
| 면목6동 | 2,199 | 5,217 | 59 | 82 | 3 | 1 | 8 | 3 | 27 | 11 | 2 | 1 | 2 | 1 |
| 면목7동 | 4,982 | 8,387 | 33 | 58 | 45 | 27 | 10 | 6 | 9 | 6 | 2 | 3 | 0 | 1 |
| 면목8동 | 2,382 | 4,059 | 29 | 55 | 37 | 22 | 21 | 14 | 10 | 6 | 2 | 2 | 1 | 0 |
| 묵1동 | 7,895 | 10,537 | 15 | 34 | 59 | 44 | 8 | 6 | 17 | 13 | 1 | 2 | 1 | 0 |
| 묵2동 | 3,536 | 6,994 | 39 | 64 | 39 | 20 | 8 | 4 | 9 | 4 | 6 | 7 | 0 | 0 |
| 상봉1동 | 5,807 | 7,442 | 15 | 32 | 73 | 57 | 7 | 6 | 5 | 4 | 1 | 1 | 0 | 0 |
| 상봉2동 | 3,378 | 6,867 | 42 | 70 | 18 | 9 | 4 | 2 | 20 | 10 | 3 | 2 | 12 | 7 |
| 신내1동 | 6,982 | 8,157 | 11 | 23 | 82 | 70 | 5 | 5 | 2 | 2 | 0 | 1 | 0 | 0 |
| 신내2동 | 8,610 | 8,626 | 0 | 0 | 97 | 97 | 0 | 0 | 0 | 0 | 0 | 0 | 3 | 3 |
| 중화1동 | 4,541 | 6,908 | 20 | 45 | 42 | 28 | 14 | 10 | 23 | 15 | 2 | 2 | 0 | 0 |
| 중화2동 | 2,342 | 7,021 | 68 | 88 | 0 | 0 | 21 | 7 | 9 | 3 | 2 | 2 | 0 | 0 |
| 중화3동 | 2,047 | 5,143 | 57 | 82 | 15 | 6 | 12 | 5 | 13 | 5 | 3 | 2 | 0 | 0 |

| 연건평별 주택 | | | | 건축년도별 주택 | | | |
|---|---|---|---|---|---|---|---|
| 총 주택 수 | 14평 미만 | 14~19평 | 19~29평 | 29평 이상 | 총 주택 수 | 1995~ 2005년 | 1985~ 1994년 | 1985년 이전 |
| 78,361 | 12 | 21 | 35 | 33 | 78,361 | 51 | 33 | 16 |
| 3,267 | 9 | 23 | 32 | 36 | 3,267 | 33 | 45 | 22 |
| 1,419 | 1 | 13 | 35 | 51 | 1,419 | 42 | 34 | 24 |
| 2,497 | 4 | 10 | 23 | 64 | 2,497 | 31 | 43 | 27 |
| 2,859 | 3 | 12 | 28 | 57 | 2,859 | 36 | 42 | 22 |
| 5,008 | 10 | 22 | 32 | 36 | 5,008 | 31 | 54 | 15 |
| 2,764 | 12 | 16 | 24 | 48 | 2,764 | 22 | 62 | 15 |
| 4,384 | 24 | 21 | 21 | 34 | 4,384 | 36 | 46 | 18 |
| 2,294 | 4 | 15 | 32 | 48 | 2,294 | 35 | 25 | 40 |
| 2,149 | 4 | 14 | 26 | 56 | 2,149 | 29 | 48 | 23 |
| 4,965 | 6 | 18 | 46 | 30 | 4,965 | 43 | 41 | 16 |
| 2,366 | 6 | 13 | 54 | 27 | 2,366 | 29 | 52 | 19 |
| 7,851 | 8 | 26 | 31 | 35 | 7,851 | 76 | 12 | 12 |
| 3,534 | 3 | 17 | 41 | 38 | 3,534 | 49 | 21 | 30 |
| 5,802 | 19 | 13 | 56 | 12 | 5,802 | 64 | 27 | 9 |
| 2,962 | 5 | 15 | 35 | 45 | 2,962 | 45 | 37 | 18 |
| 6,975 | 3 | 36 | 44 | 17 | 6,975 | 67 | 29 | 4 |
| 8,350 | 39 | 27 | 23 | 10 | 8,350 | 89 | 10 | 0 |
| 4,539 | 6 | 30 | 45 | 19 | 4,539 | 62 | 25 | 13 |
| 2,335 | 15 | 11 | 12 | 62 | 2,335 | 19 | 52 | 29 |
| 2,041 | 5 | 20 | 27 | 48 | 2,041 | 34 | 38 | 28 |

중화2동과 면목1동은 가구의 90% 가까이가 단독주택에 산다. 반면 신내1동과 2동은 대부분 아파트에 산다. 상봉2동은 가구의 7%가 주택 이외의 거처에 산다.

중화2동과 3동, 면목1동과 6동, 망우3동에 사는 사람의 80% 이상이 단독주택에 살고, 나머지 일부가 아파트나 다세대주택 등에 산다. 중랑구 20개 동네 가운데 15개 동네에서 절반 이상이 단독주택에 살고 있다.

반면 신내2동에 사는 사람의 97%가 아파트에 살고 나머지는 오피스텔 등 주택 이외의 거처에 산다. 이 동네에는 절대 다수가 아파트이고, 연립주택과 다세대주택은 아예 존재하지 않는다. 신내1동 거주 가구의 70%는 아파트에 살고, 23%는 단독주택에, 5%는 연립주택에 산다. 상봉1동 가구의 57%도 아파트에 산다. 하지만 아파트 거주 가구 비중이 절반이 넘는 곳은 이들 3곳에 그치고 있다. 중화2동과 망우3동 등 거처의 절대다수가 단독주택인 동네는 아파트 자체가 거의 존재하지 않거나 미미한 수치에 그치고 있다.

중화1동·묵1동·면목6동 등 5개 동네에서는 10% 이상이 다세대주택에 산다. 면목8동과 5동, 중화1동에서는 10% 이상이 연립주택에 산다. 묵2동의 7%가 상가 등 비거주용 건물 내 주택에, 상봉2동에서는 7%가 주택 이외의 거처에 산다.

지난 10년 동안 아파트와 다세대주택은 203%와 326%가 늘어난 반면, 연립주택은 33% 단독주택은 5%가 줄었다. 이에 따라 전체 주택(주택 이외의 거처 제외)에서 차지하는 비중도 아파트는 23%에서 48%로, 다세대주택은 4%에서 11%로 증가했다. 반면 단독주택은 50%에서 31%로, 연립주택은 19%에서 8%로 줄었다.

크기별로는 29평 이상의 주택이 33채인 반면, 19~29평은 34채, 14~19평 21채이며, 14평 미만은 12채가 있다. 망우3동과 중화2동, 면목6동에는 29평 이상 넓은 집이 절반 이상인 반면, 신내2동은 14

평 미만 주택이 39%에 달한다.

51채는 지은 지 10년(1995~2005년)이 안 된 새집이며, 지은 지 20년이 넘은 낡은 집은 16채로 조만간 재개발·재건축 대상 주택이 될 전망이다. 신내1동·신내2동·묵1동·상봉1동·중화1동에는 지은 지 10년이 안 된 집이 절반이 넘는다. 반면 면목 5동과 묵2동은 30~40%가 20년이 넘은 집이다.


## 중랑구에서 지하 방에 사는 사람 : 면목1동·3동·6동, 상봉2동, 중화2동·3동, 묵2동, 망우1동·2동·3동 20% 이상 (반)지하에 거주

중랑구에 사는 13만8천 가구를 100가구로 친다면 그 중 11가구는 식구에 비해 집이 너무 좁거나 시설이 제대로 갖춰지지 않아 인간다운 품위를 지키기 어려운 최저 주거 기준 미달 가구다.

또 100가구 가운데 82가구는 지상에 살지만, 17가구는 (반)지하에 살고, 1가구는 옥탑방에 산다. 중랑구는 광진구와 함께 서울시 자치구 중 (반)지하에 사는 가구 비중이 가장 높다.

면목1동·3동·6동과 중화2동·3동, 망우1동·2동·3동, 상봉2동과 묵2동 등 10개 동네에서 지하 방 거주 가구 비율이 20%를 넘었다. 또 나머지 7개 동도 11~19%를 기록했으며, 10%를 밑도는 동네는 3곳에 불과하다.

중랑구 100가구 가운데 거실이나 부엌을 각각 1개의 방으로 쳐서 방 3개 이하에서 셋방살이를 떠도는 가구는 35가구에 달하지만, 공

표 2_3.149

## 서울시 중랑구 (반)지하 등 거주 가구

(단위 : 가구, %)

| 행정구역 | (반)지하 | | 옥탑 | | 기타 |
|---|---|---|---|---|---|
| | 가구 | 비중 | 가구 | 비중 | 가구 |
| 중랑구 | 23,579 | 17 | 1,827 | 1 | 126 |
| 망우1동 | 1,306 | 20 | 74 | 1 | 16 |
| 망우2동 | 693 | 21 | 39 | 1 | 1 |
| 망우3동 | 1,780 | 26 | 94 | 1 | – |
| 면목1동 | 1,925 | 26 | 158 | 2 | – |
| 면목2동 | 1,768 | 18 | 179 | 2 | 1 |
| 면목3동 | 1,456 | 23 | 168 | 3 | 1 |
| 면목4동 | 1,288 | 17 | 81 | 1 | – |
| 면목5동 | 915 | 19 | 83 | 2 | 2 |
| 면목6동 | 1,290 | 25 | 59 | 1 | 4 |
| 면목7동 | 1,429 | 17 | 141 | 2 | 30 |
| 면목8동 | 733 | 18 | 41 | 1 | 15 |
| 묵1동 | 1,119 | 11 | 44 | – | 7 |
| 묵2동 | 1,416 | 20 | 88 | 1 | 2 |
| 상봉1동 | 669 | 9 | 59 | 1 | 17 |
| 상봉2동 | 1,345 | 20 | 102 | 1 | 25 |
| 신내1동 | 432 | 5 | 26 | – | 3 |
| 신내2동 | 1 | – | – | – | – |
| 중화1동 | 1,003 | 15 | 70 | 1 | – |
| 중화2동 | 1,790 | 26 | 229 | 3 | 1 |
| 중화3동 | 1,221 | 24 | 92 | 2 | 1 |

면목1동과 3동, 6동 등 10개 동네에서 20% 이상이 (반)지하에 살고 있다.

공 임대주택은 3채에 불과하다. 중앙정부와 지방정부가 열악한 주거 상황에 놓인 부동산 서민들의 고통을 해결하려면 공공 임대주택을 비롯한 더 많은 주거 복지 정책을 펴야 한다.


## 중랑구 유권자가 <u>100명</u>이라면

정당 지지도를 알 수 있는 최근 네 차례 선거(제3~4회 동시지방선거, 제17~18대 총선)를 기준으로 중랑구의 선거권자는 33만~34만 명이며, 평균 투표율은 48%다.

중랑구 유권자가 100명이라면 2002년 제3회 동시지방선거에서는 52명이 한나라당을 찍었고, 38명은 새천년민주당, 6명은 민주노동당, 2명은 자민련, 다른 2명은 나머지 정당을 지지했다. 2004년 총선에서는 40명이 열린우리당을, 36명은 한나라당을 지지했으며, 12명은 민주노동당을, 8명은 새천년민주당을, 2명은 자민련을 찍었다.

2006년 동시지방선거에서는 57명이 한나라당을 선택한 가운데, 22명은 열린우리당을, 11명은 민주당을, 10명은 민주노동당을 지지했다. 2008년 총선에서는 40명이 한나라당을 찍었고 28명이 통합민주당을, 12명은 친박연대를, 5명은 민주노동당을, 4명은 자유선진당을, 다른 4명은 창조한국당을, 3명은 진보신당을 지지했다.

동네별 투표율은 신내2동·신내1동·묵1동에서 상대적으로 높았다. 반면 중화2동·면목1동·상봉2동·면목4동에서 낮았다. 신내2동과 중화2동의 투표율 격차는 최소 3%에서 최대 13% 사이이다.

한나라당 득표율은 망우1동·망우2동·묵1동·신내1동에서 상대적

으로 높았다. 반면 중화2동·면목5동·면목4동·면목2동에서 상대적
으로 낮았다. 망우1동과 중화2동의 한나라당 득표율 격차는 최소 8%
에서 최대 11% 사이다.

민주(＋열린우리)당 득표율은 중화2동·면목5동·면목2동·면목4
동에서 상대적으로 높았다. 반면 망우1동·묵1동·망우2동·신내1동
에서 상대적으로 낮았다. 중화2동과 망우1동의 득표율 격차는 최소
9%에서 최대 11% 사이다.

민주노동당＋진보신당 득표율은 신내2동과 상봉1동에서 상대적
으로 높았다.

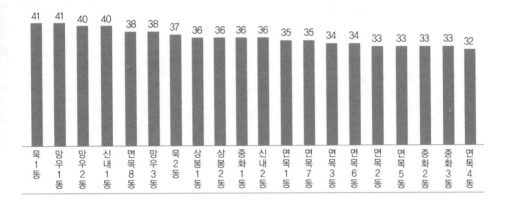

**그림 2_3.99**

# 서울시 중랑구 동네별 한나라당 득표율

2004년 총선(단위 : %)

| 묵1동 | 망우1동 | 망우2동 | 신내1동 | 면목8동 | 망우3동 | 묵2동 | 상봉1동 | 상봉2동 | 중화1동 | 신내2동 | 면목1동 | 면목7동 | 면목3동 | 면목6동 | 면목2동 | 면목5동 | 중화2동 | 중화3동 | 면목4동 |
|---|---|---|---|---|---|---|---|---|---|---|---|---|---|---|---|---|---|---|---|
| 41 | 41 | 40 | 40 | 38 | 38 | 37 | 36 | 36 | 36 | 36 | 35 | 35 | 34 | 34 | 33 | 33 | 33 | 33 | 32 |

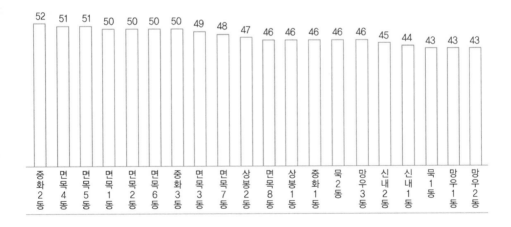

**그림 2_3.100**

# 서울시 중랑구 동네별 민주(＋열린우리)당 득표율

2004년 총선(단위 : %)

| 중화2동 | 면목4동 | 면목5동 | 면목1동 | 면목2동 | 면목6동 | 중화3동 | 면목3동 | 면목7동 | 상봉2동 | 면목8동 | 상봉1동 | 중화1동 | 묵2동 | 망우3동 | 신내2동 | 신내1동 | 묵1동 | 망우1동 | 망우2동 |
|---|---|---|---|---|---|---|---|---|---|---|---|---|---|---|---|---|---|---|---|
| 52 | 51 | 51 | 50 | 50 | 50 | 50 | 49 | 48 | 47 | 46 | 46 | 46 | 46 | 46 | 45 | 44 | 43 | 43 | 43 |

표 2_3.150

# 서울시 중랑구 역대 선거 투표율과 정당 지지율

| 행정구역 | 2002년 지방선거 | | | | | | | 2004년 총선 | | | | | | | |
|---|---|---|---|---|---|---|---|---|---|---|---|---|---|---|---|
| | 선거인 수 | 투표율 | 한나라당 | 새천년민주당 | 자민련 | 민주노동당 | 기타정당 | 선거인 수 | 투표율 | 한나라당 | 새천년민주당 | 열린우리당 | 자민련 | 민주노동당 | 기타정당 |
| 중랑구 | 328,660 | 43 | 52 | 38 | 3 | 6 | 2 | 330,121 | 58 | 36 | 8 | 40 | 2 | 12 | 2 |
| 망우1동 | 18,560 | 41 | 57 | 32 | 4 | 5 | 2 | 16,541 | 56 | 41 | 6 | 36 | 3 | 11 | 3 |
| 망우2동 | 7,908 | 40 | 57 | 34 | 3 | 4 | 2 | 7,844 | 53 | 40 | 6 | 37 | 3 | 11 | 3 |
| 망우3동 | 15,484 | 41 | 54 | 36 | 2 | 5 | 2 | 15,335 | 53 | 38 | 7 | 39 | 2 | 11 | 2 |
| 면목1동 | 17,216 | 36 | 51 | 37 | 3 | 6 | 2 | 16,756 | 52 | 35 | 8 | 42 | 2 | 12 | 2 |
| 면목2동 | 21,995 | 39 | 49 | 41 | 3 | 6 | 2 | 22,179 | 54 | 33 | 8 | 42 | 2 | 12 | 2 |
| 면목3동 | 14,661 | 41 | 52 | 38 | 2 | 5 | 3 | 14,385 | 57 | 34 | 8 | 41 | 2 | 13 | 2 |
| 면목4동 | 18,806 | 37 | 50 | 40 | 3 | 5 | 2 | 18,933 | 54 | 32 | 8 | 43 | 3 | 12 | 2 |
| 면목5동 | 11,743 | 43 | 48 | 41 | 3 | 6 | 2 | 11,610 | 56 | 33 | 8 | 43 | 3 | 11 | 2 |
| 면목6동 | 12,435 | 39 | 51 | 38 | 3 | 6 | 2 | 12,109 | 55 | 34 | 8 | 42 | 3 | 12 | 2 |
| 면목7동 | 20,512 | 43 | 53 | 38 | 2 | 5 | 2 | 20,502 | 58 | 35 | 8 | 40 | 2 | 12 | 2 |
| 면목8동 | 10,091 | 41 | 54 | 35 | 3 | 6 | 2 | 9,730 | 56 | 38 | 8 | 38 | 2 | 12 | 2 |
| 묵1동 | 23,232 | 49 | 57 | 33 | 2 | 5 | 2 | 25,045 | 62 | 41 | 7 | 36 | 2 | 12 | 2 |
| 묵2동 | 14,925 | 42 | 51 | 38 | 3 | 6 | 2 | 16,254 | 57 | 37 | 8 | 38 | 2 | 12 | 3 |
| 상봉1동 | 16,498 | 43 | 51 | 37 | 3 | 6 | 3 | 17,531 | 61 | 36 | 8 | 38 | 3 | 13 | 2 |
| 상봉2동 | 13,820 | 40 | 54 | 37 | 3 | 5 | 2 | 15,088 | 54 | 36 | 8 | 40 | 3 | 11 | 2 |
| 신내1동 | 20,813 | 46 | 56 | 35 | 2 | 5 | 2 | 20,620 | 63 | 40 | 7 | 37 | 2 | 12 | 2 |
| 신내2동 | 19,421 | 49 | 52 | 37 | 2 | 6 | 3 | 19,461 | 64 | 36 | 7 | 38 | 2 | 14 | 3 |
| 중화1동 | 16,073 | 43 | 53 | 37 | 3 | 6 | 2 | 16,256 | 60 | 36 | 8 | 38 | 2 | 13 | 2 |
| 중화2동 | 15,316 | 37 | 46 | 43 | 3 | 5 | 2 | 14,673 | 51 | 33 | 9 | 43 | 2 | 11 | 2 |
| 중화3동 | 11,444 | 41 | 49 | 40 | 3 | 5 | 2 | 11,296 | 54 | 33 | 9 | 42 | 2 | 11 | 3 |

| 2006년 지방선거 | | | | | | | 행정구역 | 2008년 총선 | | | | | | | | | |
|---|---|---|---|---|---|---|---|---|---|---|---|---|---|---|---|---|---|
| 선거인 수 | 투표율 | 열린우리당 | 한나라당 | 민주당 | 민주노동당 | 기타정당 | | 선거인 수 | 투표율 | 통합민주당 | 한나라당 | 자유선진당 | 민주노동당 | 창조한국당 | 친박연대 | 진보신당 | 기타정당 |
| 332,783 | 47 | 22 | 57 | 11 | 10 | 1 | 중랑구 | 338,808 | 43 | 28 | 40 | 4 | 5 | 4 | 12 | 3 | 5 |
| 16,450 | 46 | 18 | 65 | 9 | 7 | 1 | 망우3동 | 15,539 | 39 | 27 | 41 | 4 | 4 | 4 | 14 | 3 | 5 |
| 7,820 | 43 | 19 | 62 | 10 | 8 | 1 | 망우본동 | 26,003 | 41 | 24 | 44 | 4 | 4 | 4 | 12 | 2 | 5 |
| 15,276 | 43 | 21 | 58 | 10 | 9 | 1 | 면목2동 | 21,998 | 40 | 30 | 37 | 3 | 4 | 3 | 14 | 3 | 5 |
| 16,863 | 41 | 23 | 57 | 11 | 9 | 1 | 면목3·8동 | 24,451 | 42 | 29 | 39 | 3 | 4 | 4 | 14 | 3 | 5 |
| 22,071 | 42 | 23 | 55 | 12 | 8 | 1 | 면목4동 | 19,150 | 41 | 28 | 37 | 4 | 4 | 5 | 14 | 3 | 6 |
| 14,020 | 45 | 24 | 55 | 10 | 11 | 1 | 면목5동 | 11,580 | 41 | 31 | 38 | 4 | 4 | 4 | 12 | 2 | 5 |
| 18,294 | 41 | 23 | 55 | 10 | 11 | 1 | 면목7동 | 21,300 | 44 | 28 | 39 | 4 | 4 | 4 | 13 | 3 | 5 |
| 11,629 | 44 | 25 | 54 | 13 | 8 | 1 | 면목본동 | 29,660 | 41 | 29 | 38 | 3 | 5 | 4 | 14 | 2 | 5 |
| 12,078 | 43 | 22 | 56 | 12 | 9 | 1 | 묵1동 | 26,680 | 45 | 27 | 40 | 5 | 5 | 4 | 11 | 4 | 4 |
| 20,883 | 45 | 22 | 58 | 10 | 9 | 1 | 묵2동 | 16,004 | 42 | 28 | 40 | 5 | 5 | 4 | 11 | 3 | 4 |
| 10,085 | 44 | 20 | 59 | 11 | 9 | 1 | 상봉1동 | 19,292 | 46 | 28 | 38 | 5 | 6 | 4 | 10 | 3 | 4 |
| 26,389 | 50 | 19 | 59 | 10 | 10 | 1 | 상봉2동 | 15,560 | 39 | 27 | 40 | 4 | 4 | 4 | 15 | 2 | 4 |
| 16,195 | 47 | 20 | 59 | 11 | 10 | 1 | 신내1동 | 22,095 | 47 | 25 | 43 | 5 | 4 | 5 | 12 | 3 | 4 |
| 18,849 | 50 | 21 | 56 | 11 | 11 | 1 | 신내2동 | 19,649 | 48 | 28 | 38 | 5 | 5 | 5 | 10 | 4 | 4 |
| 15,382 | 42 | 21 | 60 | 11 | 9 | 1 | 중화1동 | 17,076 | 43 | 29 | 39 | 5 | 4 | 4 | 11 | 3 | 4 |
| 21,531 | 51 | 18 | 61 | 11 | 9 | 1 | 중화2동 | 26,179 | 38 | 31 | 39 | 5 | 5 | 4 | 10 | 2 | 5 |
| 19,665 | 52 | 21 | 55 | 10 | 13 | 1 | | | | | | | | | | | |
| 16,767 | 48 | 21 | 58 | 11 | 10 | 1 | | | | | | | | | | | |
| 14,241 | 41 | 23 | 54 | 13 | 8 | 1 | | | | | | | | | | | |
| 11,240 | 44 | 21 | 57 | 12 | 9 | 1 | | | | | | | | | | | |

투표율은 신내1동과 2동, 묵1동에서 높았다. 한나라당 득표율은 망우1동과 2동, 묵1동, 신내1동에서 높았다. 민주(+열린우리)당 득표율은 면목2·4·5동과 중화2동에서 높았다.

3부 | 경기도
524개
동네의
정치 사회
지도

# 1

## 경기도는
## 어떤
## 곳인가

경기도의 땅 넓이는 국토의 10% 수준이지만 인구는 전체의 22%로 광역시도 가운데 가장 많다. 인구밀도는 ㎢당 1,028명으로 7번째로 높다(2005년 기준). 지리적으로 수도 서울을 에워싸며 인천과 함께 수도권의 가장 큰 '동심원'을 이루는 곳이다. 하지만 '경기도 100가구' 중 66가구는 5년에 한 번씩, 그 중 36가구는 2년에 한 번씩 이삿짐을 쌀 정도로 전국 광역시도 중 이사를 가장 많이 다니는 곳이기도 하다. 경기도는 어떤 곳이며, 어떤 사람이 어떻게 뭘 해서 먹고살까.

|
경기도에는
어떤 사람이
살까
|

경기도의 땅 넓이는 국토의 10%에 해당하며, 인구수는 전체 인구의 22%에 달한다. 16개 시도 가운데 면적은 경상북도, 강원도, 전라남도에 이어 네 번째로 넓고, 인구수는 가장 많다. 또한 인구밀도는 ㎢당 1,028명으로 7번째로 높다(2005년 기준).

경기도민 1,042만 명을 100명으로 친다면 남자 대 여자의 수는 50 대 50으로 균형을 이루고 있다. 99명은 한국인이고 1명은 외국인이다. 외국인 중 35%는 국적이 중국(재중 동포＝조선족 26%)이며, 필리핀 9%, 베트남 8%, 인도네시아와 태국 각 7% 순으로 많다.

28명은 어린이와 청소년(19살 이하)이고, 72명은 어른이다. 어른 가운데 7명은 노인(65세 이상)이다. 전국 평균에 비해 19세 미만 인구는 2% 높고 19세 이상 인구는 2%가 낮다. 평균연령은 33.8세로 전국 평균(35.6세)에 비해 낮다.

지역적으로 보면, '경기도 인구 100명'은 31개 시군에 흩어져 산다. 수원시에는 10명이 살고 성남시에는 9명이 산다. 고양시와 부천시에는 8명씩, 용인시와 안산시에는 7명씩 살고, 안양시에는 6명이 산다. 남양주시·의정부시·시흥시·평택시에 4명씩, 광명시·화성시·군포시에 3명씩, 파주시·광주시·김포시·이천시·구리시·안성시에 2명씩 살고, 양주시·의왕시·포천시·오산시·하남시·여주군·동두천시·양평균·과천시에 1명씩 산다(가평군과 연천군 인구는 1% 미만이다).

학력은 어떨까. 경기도에 사는 19세 이상 인구 가운데 42%가 대학 이상 학력자다(4년제 미만 대학 포함). 이 가운데 4%는 대학원 이상 학력자이고, 이 중 1%는 박사과정 이상 학력자다. 경기도의 대학 이상 학력자 비중은 전국 평균(40%)에 비해 2%가 높고, 전국의 대학 이상 학력자의 22%, 석사과정 이상 학력자의 24%, 박사과정 이상 학력자의 20%가 경기도에 살고 있다. 대학 이상 학력자 비중은 과천시(67%), 용인시(57%), 고양시(53%), 성남시·군포시(51%) 순으로 높다.

종교를 보자. '경기도 인구 100명' 가운데 22명은 개신교, 17명은 불교, 12명은 천주교, 그리고 1명은 그 밖의 다른 종교를 믿는다. 그러나 48명은 종교를 갖고 있지 않다. 전국 평균 종교별 인구가 불교(23%)-개신교(18%)-천주교(11%) 순서인 데 비해, 경기도는 불교 신자 비중이 전국 평균에 비해 6%가 낮은 반면 개신교 신자가 가장 많고 천주교 신자 비중도 전국 평균에 비해 1%가 높다. 경기도 31개 시군 가운데 종교를 가진 사람 비중은 과천시(64%), 의왕시·용인시(57%), 고양시·안양시(55%) 순으로 높고, 포천시(45%), 연천군·시흥시·오산시(47%), 동두천시·안산시(48%) 순으로 낮다. 개신교는 고양시와 광명시에서, 불교는 가평군과 양평군에서, 천주교는 과천시와 용인시에서 신자 비율이 높다.

'경기도 인구 100명' 중 29명은 미혼이며, 71명은 결혼했다. 결혼한 사람 가운데 6명은 남편이나 아내가 먼저 사망했고 3명은 이혼했다(15세 이상 기준). 경기도의 미혼자 비율은 전국 평균(30%)에 비해 1%가 낮다. 미혼자가 가장 많은 곳은 수원시와 성남시로 각 32%가 미혼이다. 반면 연천군과 양평군은 79%가 결혼한 사람이다.

4명은 몸이 불편하거나 정신 장애로 정상적인 활동에 제약을 느끼고 있는데(5세 이상 인구 기준), 이는 16개 시도 중 서울·대전·울산과 함께 가장 낮은 수준이며, 전국 평균(6%)에 비해서도 2%가 낮다.

거주 기간을 보면, '경기도 인구 100명' 가운데 현재 살고 있는 집에 5년 이상 살고 있는 사람은 36명에 불과하고, 64명은 이사 온 지 5년이 채 안 됐다(5세 이상 인구 기준). 거주 기간 5년 미만 비율은 전국 평균(53%)에 비해 10%가 높고 16개 시도 중에서 가장 높다. 이사 온 사람 중 33명은 같은 구에 있는 다른 동네에서, 12명은 경기도 안의 다른 시군에서, 19명은 경기도 바깥에서 이사 왔다. 연천군과 가평군의 5세 이상 인구 중 각각 67%와 63%가 현재 살고 있는 집에 산 지 5년이 넘었으나, 용인시와 안산시는 21%와 27%에 그쳤다. 한편 용인시와 김포시는 각각 29%와 26%가 경기도 바깥에서 이사 온 데 비해, 동두천시와 연천군은 8%에 그쳤다.

|
## 경기도 사람은
## 뭘 해서
## 먹고살까
|

경기도 사람들은 어떻게 먹고살까. 2005년 기준으로 경기도에 사는 15세 이상 인구 8백만 명 중 53%인 420만 명이 취업자인데, 이 같은 취업률은 전국 평균(52%)을 약간

웃도는 것이다. 경기도 취업자가 100명이라면 남자는 64명, 여자는 36명이다. 62명은 30~40대, 18명은 20대, 13명은 50대이며, 65세 이상 노인도 3명이 일하고 있다. 전국 평균과 비교해서는 30~40대 취업률이 5%가 높다. 31개 시군 가운데는 양평군이 63%로 가장 높고 과천시가 49%로 취업률이 가장 낮다.

'경기도 취업자 100명' 중 71명은 회사에서 봉급을 받고 일하는 직장인 즉 노동자다. 17명은 고용한 사람 없이 혼자서 일하는 자영업자이며, 8명은 누군가를 고용해 사업체를 경영하는 사업주다. 5명은 가족이 운영하는 사업체에서 보수 없이 일하고 있다.

봉급을 받고 일하는 직장인 비중은 오산시(78%)와 수원시·군포시(77%)에서 가장 높고, 양평군(40%)과 연천군(42%)에서 가장 낮다. 아무도 고용하지 않고 혼자서 일하는 자영업자는 양평군(35%)에서 가장 높고 군포시(12%)에서 가장 낮다. 고용원을 둔 사업주는 과천시(11%)에서 가장 높고, 연천군(4%)에서 가장 낮다.

경기도 취업자 중 직장인 비중(71%)은 전국 평균보다 6%가 높고 울산(76%), 서울·인천(73%)에 이어 대전과 함께 네 번째로 높다. 고용원이 없는 자영업자 비중(17%)은 전국 평균(21%)보다 낮은 것은 물론 16개 시도 중 울산과 서울에 이어 대전과 함께 세 번째로 낮다.

'경기도 취업자 100명'을 직업별로 보면 사무직 19명, 장치 기계 조작 및 조립직 13명, 판매직 11명순으로 많다. 또한 전문가와 기능직, 기술공 및 준전문가는 각각 10명이며 서비스직은 9명, 단순 노무직은 7명이다. 또 4명은 고위 관리직으로 일하고 다른 4명은 농림 어업에 종사한다. 사무직은 과천시(27%)에서, 장치 기계 조작 및 조립직은 평택시(23%)에서, 판매직은 구리시와 의정부시(15%)에서 각각 비중이 높다. 또 전문가는 과천시(21%), 기능직은 하남시·남양주시·동두천시(13%), 기술공 및 준전문가는 용인시(14%)에서 각각 비중이 높다. 직업별 전국 평균치에 비해 사무직은 3%, 기술공 및 준전문가와 장치 기계 조작 및 조립직은 각각 1%가 높다. 반면 농림 어업은 6%, 서비스직과 단순 노무직은 각각 1%가 낮다.

'경기도 취업자 100명' 중 49명은 직장으로 출근하는 데 30분 이상 걸리며 그 가운데 21명은 1시간 이상 걸린다. 전국 평균(30분 이상 41% 가운데 1시간 이상 14%)을 크게 웃돌고, 서울·인천·부산에 이어 네 번째로 길다. 과천시는 63%가, 의정부시는 61%가 출근하는 데 30분 이상 걸려 가장 긴데, 의정부시는 1시간 이상 걸리는 사람이 32%로 가장 많다. 반면 여주군은 1시간 이상 3%를 포함해 14%만 30분 이상으로 가장 적다.

'경기도 취업자 100명' 중 19명은 걸어서 출근하고 81명은 교통수단을 이용해 출근한다. 81명 가운데 46명은 승용차 또는 승합차(자가용)로, 14명은 시내버스로, 7명은 전철로 출근한다. 또 5명은 통근 버스로, 1명은 고속·시외버스로, 다른 1명은 자전거로 출근하며 4명은 전철과 버스 또는 승용차를 갈아타며 출근한다. 걸어서 출근하는 사람은 양평군(49%), 자가용은 용인시(58%) 시내버스는 하남시(22%), 전철은 과천시(21%), 통근 버스는 오산시(19%), 전철과 버스 또는 승용차를 갈아타며 출근하는 사람은 구리시(9%)에서 비중이 높다. 전국 평균에 비해 자가용을 이용한 출근자 비중은 5%가 높고, 걸어서 출근하는 사람은 5%가 낮다.

'경기도 취업자 100명' 중 82명은 사무실이나 공장 등에서 일하는 반면 14명은 야외나 거리 또는 운송 수단에서 일한다. 2명은 남의 집에서, 또 다른 2명은 자기 집에서 일한다. 사무실이나 공장 등 사업장에서 일하는 사람은 과천시(90%), 야외나 거리 또는 운송 수단에서 일하는 사람은 연천군(38%)에서 각각 비중이 높다. 사업장에서 일하는 취업자 비중은 전국 평균치보다 7%가 높고 16개 시도 중에서도 울산과 함께 서울에 이어 두 번째로 높은 반면, 거리나 야외 작업 현장, 운송 수단 등에서 일하는 비중은 전국 평균에 비해 6%가 낮고 16개 시도 중에서도 네 번째로 낮다.

|
# 경기도에서
# 집 가진 사람과
# 집 없는 사람
|

경기도에 사는 1,042만 명은 한 가족당 평균 3명씩 333만 가구(일반 가구 기준)를 이뤄 살고 있다. 경기도에 사는 가구를 100가구로 친다면, 36가구는 식구가 한 명 또는 두 명인 1, 2인 가구이며, 이 가운데 17가구는 나 홀로 사는 1인 가구다. 식구 4명은 31가구, 3명은 22가구, 5명 이상은 11가구다. 1인 가구는 시흥시와 안성시(22%)에서, 2인 가구는 양평군(32%)에서 비중이 높다. 경기도의 1인 가구 비중은 전국 평균에 비해 3%가 낮다.

'경기도의 100가구' 중 59가구는 자기 집을 소유하고 있고, 나머지 41가구는 집이 없는 무주택자다. 전국 평균과 비교해 주택 소유자는

1%가 적고 무주택자는 1%가 많다.

자기 집을 소유한 59가구 중 5가구는 경제 사정이나 자녀 교육, 직장 등의 사정으로 셋방에 살고 있다. 또 7가구는 집을 두 채 이상 여러 채 소유한 다주택자로, 우리나라 다주택자 중 23%가 경기도에 산다.

무주택자 41가구 중 친척집이나 사택 등에서 무상으로 사는 2가구를 제외한 39가구는 셋방에 산다. 이들과, '유주택 전월세'를 포함해 셋방에 사는 44가구 가운데 27가구는 전세에, 15가구는 보증금 있는 월세에, 2가구는 보증금 없는 월세에, 1가구는 사글세에 살고 있다. 또한 전국의 셋방 가구 중 22%가 경기도에 산다.

주택 소유 가구 비중은 연천군(75%), 양평군(74%), 가평군(72%) 순서로, 무주택 가구는 안산시(54%), 하남시(52%), 성남시(51%) 순서로 높다. 집을 두 채 이상 여러 채 소유한 가구는 용인시(10%), 안양시(9%), 고양시·남양주시(8%) 순으로, 유주택 전월세 가구는 과천시(16%), 용인시(8%), 고양시(7%) 순으로 각각 높다. 또 전세는 과천시(43%)에서, 보증금 있는 월세는 동두천시(34%)에서, 보증금 없는 월세와 사글세는 안성시(8%)에서 각각 비중이 높다.

'경기도 100가구' 중 66가구는 현재 사는 집으로 이사 온 지 5년이 안 되며, 이 가운데 36가구는 2년이 안 된다. 18가구는 5~10년이 됐고, 16가구는 10년이 넘었다. 셋방에 사는 가구의 경우 10년 이상은 4%, 5년 이내는 85%, 이 가운데 2년 이내는 57%로 거주 기간이 더 짧다.

전국 평균치에 비해 5년 이내는 11%가, 2년 이내는 6%가 높은 것은 물론 16개 시도 가운데 거주 기간이 가장 짧아 전국에서 이사를 가장 많이 다니는 것으로 나타났다. 10년 이상 한 집에서 살고 있는 가구도 전국 평균에 비해 10%가 낮아 16개 시도 중 서울과 함께 가장 낮다. 경기도 용인시는 이사 온 지 2년이 안 된 46%를 포함해 80% 가구가 현재 사는 집에 이사 온 지 5년이 안 돼 거주 기간이 가장 짧다. 또 5~10년 된 가구는 동두천시(23%)에서, 10년 이상 된 가구는 연천군(54%)에서 각각 비중이 가장 높다.

'경기도 100가구' 중 69가구는 자동차를 소유하고 있고 이 가운데 55가구는 자기 집에 전용 주차장이 있다. 또 14가구는 차를 2대 이상 소유하고 있다. 자동차를 소유한 가구는 용인시(81%)와 광주시(78%)에서, 2대 이상 소유한 가구는 용인시(23%)와 김포시·광주시(21%)에서, 전용 주차장이 있는 가구는 용인시(73%)와 김포시(70%)에서 각각 비중이 높다.

전국 평균과 비교하면, 자동차를 소유한 가구는 8%가 높고, 2대 이상 소유한 가구도 2%가 높다. 또한 자기 집에 주차장을 갖고 있는 가구도 전국 평균에 비해 9%가 높다. 한편 경기도에서 자기 집에 사는 가구의 경우 78%가 자동차를 소유하고 있어, 전국 자가 가구 평균에 비해 9%가 높고, 셋방에 사는 가구는 59%가 자동차를 소유하고 있어 전국 전월세 가구 평균에 비해 8%가 높다.

|
경기도의
집과 집값
|

경기도에는 집(주택 이외 거처 포함)이 268만 채가 있다. 경기도에 있는 집이 100채라면 61채는 아파트다. 또 18채는 단독주택, 11채는 다세대주택이며, 5채는 연립주택이다. 오피스텔과 같은 주택 이외의 거처는 3채, 상가 등에 있는 주택은 1채다.

전국 평균과 비교하면 아파트 비중은 9%가 높고 단독주택은 13%가 낮다. 또 다세대주택은 2%, 연립주택은 1%, 주택 이외의 거처는 1%가 각각 많다. 비거주용 건물 내 주택은 1%가 적다. 경기도의 아파트 비중은 16개 시도 중 광주(74%)와 대전·울산(64%)에 이어 네 번째로 높고, 인천(15%)에 이어 두 번째로 낮다. 다세대주택은 인천(25%), 서울(18%), 제주(12%)에 이어 네 번째로 높다.

아파트는 용인시(77%), 오산시(74%), 고양시(72%)에서, 단독주택은 양평군(75%), 연천군(69%), 가평군(64%)에서 각각 비중이 높다. 또 다세대주택은 부천시(29%), 광명시(26%), 안산시(18%)에서, 연립주택은 남양주시(12%), 안산시·연천군(10%)에서 각각 비중이 높다.

이처럼 아파트 비중이 61%에 달하지만 '경기도 100가구' 중 아파트에는 49가구만 사는 반면, 단독주택에는 그보다 많은 34가구가 산다. 아파트에는 보통 한 가구가 사는 데 비해, 단독주택에는 집주인과 셋방 사는 사람 등 여럿이 함께 살 수 있기 때문이다. 서울과 마찬가지로 경기도에서도 단독주택에는 주로 세입자가 살고 있다. 단독주택에 사는 가구 중 63%는 세입자이고 집주인은 33%에 머물렀다. 단독주택 셋방 비중의 전국 평균이 51%인 것과 비교해 보면 매우 높다. 반면 아파트 가구 중 세입자는 32%, 집주인은 66%로 전국 평균에 가깝다.

아파트와 단독주택에 사는 사람을 뺀 나머지 9가구는 다세대주택에, 4가구는 연립주택에, 2가구는 주택 이외의 거처에, 1가구는 비거주용 건물 내 주택에 산다.

아파트 거주 가구는 용인시(69%), 군포시(67%), 남양주시(62%)에서, 단독주택 거주 가구는 양평군(77%), 연천군(70%), 가평군(66%)에서 각각 비중이 높다. 또 다세대주택은 부천시(23%)와 광명시(22%)에서, 연립주택은 남양주시(11%)에서, 오피스텔 등 주택 이외의 거처는 고양시(8%)에서 각각 거주 가구 비중이 높다. 경기도의 아파트 거주 가구 비중은 16개 시도 가운데 광주(57%)와 울산(50%)에 이어 대전과 함께 세 번째로 높다. 단독주택 거주 가구 비중은 인천(27%)에 이어 두 번째로 낮다.

경기도의 가구당 평균 인원수는 3명으로 전국 평균(2.9명)에 비해 많고, 가구당 평균 사용 방 수는 3.6개로 전국 평균과 같다. 또 가구당 주거 면적은 20.6평으로 전국 평균(20평)을 웃돌고 충남(21.3평) 전북(20.7평)에 이어 대전과 함께 세 번째로 넓다.

2005년 기준으로 '경기도의 집 100채' 중 55채는 지은 지 10년 (1995~2005년 사이 건축)이 안 된 새집이며, 10채는 지은 지 20년이 넘은 낡은 집으로 곧 재개발·재건축될 수 있는 집이다. 10년이 안 된 새집은 광주시(83%)와 용인시(82%)에서, 20년 넘은 집은 과천시

(81%)와 연천군(30%)에서 비중이 높다.

10년(1995~2005년) 사이에 경기도에서 아파트와 다세대주택이 각각 133%와 237% 증가한 반면, 단독주택은 2%, 연립주택은 27%, 영업용 건물 내 주택은 38%가 각각 감소했다. 그 결과 전체 주택에서 차지하는 비중도 아파트와 다세대주택이 각각 17%와 6%가 증가한 반면, 단독주택은 13%, 연립주택은 7%, 영업용 건물 내 주택은 2%가 각각 감소했다.

2005년 연건평 기준으로 '경기도의 집 100채' 중 29평 이상 중대형이 23채로 전국 평균에 비해 2%가 높다. 그 중 99평 이상 초대형 주택 비중은 1채로 전국 평균과 같은데, 우리나라에 있는 99평 이상 초대형 주택 중 56%가 서울과 경기도에 있고, 그 가운데에서도 27%는 서울에 있다. 또 19~29평은 37채, 14~19평은 29채로 전국 평균과 비슷하다. 14평 미만은 10채로 전국 평균보다 2% 낮다. 29평 이상 넓은 집은 양평군(38%), 성남시(36%), 용인시(35%)에서, 14평 미만 좁은 집은 군포시(23%), 광명시(22%), 부천시(20%)에서 비중이 높다.

2008년 주택 공시가격 통계 기준으로 경기도에 있는 집(주택 이외의 거처 제외)은 모두 283만 채로 전국 주택 수 1,351만 채의 약 21%를 차지한다. 그런데 경기도 집값 총액은 480조 원으로 전국 집값 총액 1,676조 원의 29%를 차지한다. 경기도 집 한 채당 가격도 1억 6,900만 원으로 전국 평균 1억2,400만 원의 1.4배에 달하며, 16개 시도 가운데 서울에 이어 가장 비싸다.

경기도의 땅값 역시 무척 비싸다. 면적은 국토의 10.2%이지만 경기도 땅값 총액은 689조 원으로 전체 국토 가격 2,349조 원의 29%에 달한다(2006년 공시지가 기준). 이처럼 집값과 땅값이 비싼 이유는 경기도의 부동산 가격이 빠르게 큰 폭으로 오르기 때문이다. 최근 5년간 (2003년 9월~2008년 9월) 경기도의 집값은 전국 평균 22%의 1.8배인 39%가 올라 서울에 이어 전국 최고의 상승률을 기록했다.

경기도의 집값이 빠르게 많이 올라 비싸니 전월세 임차금도 비싸다. 경기도에서 전세 사는 가구의 가구당 평균 전세 보증금은 5,404만 원으로 전국 평균 5,109만 원보다 비싸고, 16개 시도 중 서울 (7,191만 원)에 이어 두 번째로 비싸다.

|
경기도에서
땅 밑에
사는 사람
|

'경기도에 사는 100가구' 중 8가구는 식구에 비해 방 수가 너무 적거나 지나치게 좁고 화장실이나 온수 목욕 시설이 갖춰지지 않은 집에서 사는 까닭에 인간다운 품위를 지키기 어려운 최저 주거 기준 미달 가구다. 최저 주거 기준에 미달되는 가구는 중구 가평군·양평군(19%)과 연천군(18%)에서 가장 높고, 안산시·고양시·용인시(5%)에서 가장 낮다.

경기도의 최저 주거 기준 미달 가구 비중은 전국 평균에 비해 5%가 낮다. 또 전체 최저 주거 기준 미달 가구의 66%가 시설 기준에 미달된 반면, 경기도의 최저 주거 기준 미달 가구는 59%가 면적 기준 미달 가구인 특성이 있다.

'경기도에 사는 100가구' 가운데 95가구는 지상에 살지만, 5가구는 (반)지하에 산다. (반)지하 방에 사는 가구는 과천시(14%)와 성남시(12%), 하남시·광명시(9%), 구리시(8%)에서 비중이 높다. 한편 과천시 가구의 3%와 하남시 가구의 2%는 판잣집이나 비닐하우스, 움막에서 산다.

경기도에서 (반)지하·옥탑방·비닐집 등에 사는 가구는 전국 평균 4%보다 2%가 많고, 16개 시도 가운데 서울에 이어 인천과 함께 두 번째로 비중이 높다. 또한 전국의 (반)지하 거주 가구의 27%, 옥탑방 거주 가구의 20%, 판잣집·움막·비닐집 거주 가구의 48%, 업소의 잠만 자는 방 등에 거주하는 가구의 28%가 경기도에 사는 등 적절하지 못한 곳에 사는 가구의 27%가 경기도에 산다.

하지만 이들에게 꼭 필요한 공공임대주택은 일반 가구 대비 2채밖에 되지 않는다. 가구 수 대비 공공임대주택은 동두천시·군포시·파주시·포천시에서 높게 나타나지만 4%에 불과하고, 과천시·시흥시·하남시·안성시·광주시·양주시·여주군·연천군·양평군에는 아예 존재하지 않는다(2005년 기준). 2005년 현재 열악한 주거 조건에 사는 사람들을 위한 공공임대주택은 전국적으로 35만9천 채가 공급돼 있는데 그 중 5만1,470채(14%)가 경기도에 있다.

|

경기도 사람들은
어느 정당에
투표했나

|

　　　　　　　　　　정당 지지도를 알 수 있는 최근 네 차
례 선거(제3~4회 동시지방선거, 제17~18대 총선)를 기준으로 경기도 유권
자 수는 평균 758만 명이며 평균 투표자 수는 368만 명, 평균 투표율
은 49%였다. 전국 유권자 중 21%가 경기도에 사는데 투표율은 전국
평균에 비해 3%가 낮아서 전국 투표자 중 경기도 투표자 비중은
20%다. 경기도는 유권자 비중과 투표자 비중이 16개 시도 가운데 서
울에 이어 두 번째로 높고, 투표율은 부산·대구·대전과 함께 인천·
광주에 이어 세 번째로 낮다.

　경기도의 네 차례 선거에서 한나라당은 평균 47%를, 민주(＋열린
우리)당은 34%를 얻었으며, 민주노동당과 진보신당 평균 득표율의
합계는 10%다. 전국 평균 득표율과 견줘 보면 한나라당은 전국 평균
에 비해 3%를 더 얻었다. 반면 민주(＋열린우리)당은 전국 평균과 같
고 민주노동당과 진보신당 득표율은 전국 평균에 비해 1%가 낮다.

　네 차례 선거 때 경기도에서 한나라당이 얻은 표는 평균 169만 표
로 전국에서 얻은 818만 표의 21%에 해당하며, 16개 시도에서 얻은
표 중에서 서울에 이어 두 번째로 많다. 경북(10%), 경남(9%), 부산
(9%), 대구(7%)가 그 뒤를 잇고 있다.

　민주(＋열린우리)당이 얻은 617만 표 중 경기도에서 얻은 표는 평
균 124만 표로 20%를 차지하고 있다. 역시 16개 시도 중 서울에 이

어 가장 많은데, 전남(11%), 전북(9%), 광주(6%) 순으로 이어진다.

민주노동당(＋진보신당)이 경기도에서 얻는 표는 평균 36만 표로 전국에서 얻은 196만 표의 18%다. 역시 16개 시도 중 서울에 이어 두 번째인데, 경남(9%), 부산(8%), 전남(6%) 순으로 그 뒤를 잇는다.

지금까지 몇 가지 정보를 통해 경기도는 어떤 곳인지를 대략 살펴보았다. 하지만 경기도를 정확히 이해하려면 경기도 안으로 들어가서 524개 동네를 들여다봐야 한다. 이제 경기도 속으로 들어가 보자.

# 2

# 동네별
# 정치 지도
# 비교 분석

경기도 정치 지도는 서울을 많이 닮았다. 투표를 열심히 하는 동네를 들여다보면 주택을 소유한 사람이 많다. 집을 두 채 이상 가진 사람이 많은 곳은 투표를 더 잘 한다. 학력 수준도 높은 편이고 종교를 가진 사람 특히 천주교 신자가 많다. 이런 동네일수록 한나라당을 많이 찍는다. 반대의 특성이 강한 동네는 투표를 포기하는 사람이 많고, 민주(+열린우리)당 득표율이 상대적으로 높다. 그런데 서울과 다른 점도 여럿 보인다.

|
# 투표율로 본
# 경기도
# 507개 동네
|

전국 광역시도 가운데서 인구가 가장
많은 경기도는 2005년 기준으로 읍면동 524개로 구성돼 있다. 그런
데 행정 개편 등으로 2004년 총선 당시와 일치되지 않은 곳이 17곳
으로 나타났다. 따라서 이 글에서는 분석 가능한 507곳을 대상으로
삼았다.

한편 2006년 실시된 제4회 동시지방선거 결과는 경기도선관위원
회가 이를 공개하지 않아 다루지 못했다. 서울시와 인천시선거관리
위원회가 각각 『제4회 동시지방선거 결과 총람』이라는 책자를 제작
해 읍면동별 투표 결과를 공개한 것과는 달리, 경기도선거관리위원
회는 책자는 물론 홈페이지 등 어디에도 이와 관련한 자료를 공개하
지 않았다.

분석 대상 507개 읍면동은 전체 524곳과 비교해 투표율과 아파트
거주 가구 비율 그리고 대학 이상 학력자 비중이 평균 1% 낮고, 아파
트와 단독주택을 제외한 기타 거처 거주 비율과 한나라당 득표율이
평균 1% 높은 것을 제외하고는 일치한다.

표 3_2.1

# 경기도 524개 읍면동과 분석 대상 507개 동 비교

(단위 : %)

| | | 평균 | |
|---|---|---|---|
| | | 경기도(524개 읍면동) | 분석 대상(507개 읍면동) |
| 투표율 | | 60 | 59 |
| 주택 소유 | 주택 소유 | 59 | 59 |
| | 다주택 | 7 | 7 |
| | 무주택 | 41 | 41 |
| 거처 | 아파트 | 49 | 48 |
| | 단독주택 | 34 | 34 |
| | 기타 | 17 | 18 |
| 1인 가구 | | 17 | 17 |
| (반)지하 등 | | 6 | 6 |
| 대학 이상 학력 | 대학 이상 | 42 | 41 |
| | 석사과정 이상 | 3 | 3 |
| | 박사과정 이상 | 1 | 1 |
| 종교 인구 | 계 | 52 | 52 |
| | 불교 | 17 | 17 |
| | 개신교 | 22 | 22 |
| | 천주교 | 12 | 12 |
| 득표율 | 한나라당 | 35 | 36 |
| | 열린우리당 | 40 | 40 |
| | 민주당 | 6 | 6 |
| | 민주노동당 | 14 | 14 |

※ 분석에서 제외된 읍면동 : 가평군 청평면, 고양시 일산동구 중산동, 고양시 일산동구 정발산동, 고양시 일산서구 주엽2동, 남양주시 금곡동, 성남시 분당구 금곡2동, 안산시 상록구 이동, 용인시 기흥구 구갈동, 용인시 기흥구 마북동, 용인시 기흥구 보정동, 용인시 기흥구 상갈동, 용인시 수지구 상현1동, 용인시 수지구 상현2동, 용인시 기흥구 서농동, 용인시 기흥구 신갈동, 용인시 수지구 신봉동, 용인시 기흥구 어정동

# 투표를 많이 한 동네와 투표를 포기한 동네

이 글에서 분석 대상으로 삼고 있는 507개 동의 2004년 17대 총선 평균 투표율은 59%이지만 동네별로는 차이가 크다. 투표율이 가장 높은 연천군 중면은 선거권자 222명 가운데 172명이 투표해 가장 높은 77%를 기록했다. 반면 시흥시 정왕본동은 선거권자 1만5,545명 중 4,943명이 투표해 32%로 가장 낮았다. 평균 투표율(59%) 이상인 읍면동은 226곳으로, 선거권자 322만 명 가운데 208만 명이 참가해 평균 65%를 기록했다. 평균 투표율에 못 미치는 읍면동 281곳의 선거권자는 383만 명으로 더 많으나 투표에는 207만 명만 참가해 54%에 머물렀다.

그렇다면 투표율이 상대적으로 높은 동네와 그렇지 않은 동네는 각각 어떤 특성이 있을까. 먼저 투표율이 가장 높은 10개 읍면동을 살펴보자. 투표율이 가장 높은 10곳을 추려 보면 연천군 3곳, 안양시 동안구 2곳과 성남시 분당구, 과천시, 파주시, 고양시 일산동구, 군포시 각 1곳으로 동네별로 최소 72%에서 77%까지 참여해 평균 73%의 높은 투표율을 기록했다. 한편 투표율이 가장 낮은 10곳은 안산시 4곳, 수원시와 시흥시 각 2곳, 포천시·부천시 각 1곳으로 최소 32%에서 최대 48%까지 투표에 참여해 평균 44%에 머물렀다(이하 〈표 3_2.2〉와 〈표 3_2.3〉 참조).

투표율이 높은 상위 10곳과 낮은 하위 10곳은 우선 주거 생활에서 차이가 두드러졌다. 상위 10곳 가구 중 81%가 집을 소유한 반면, 하위 10곳의 주택 소유자는 29%에 그치고 71%가 무주택자다. 상위 10곳에서 다주택자 비중은 14%에 달하는 반면, 하위 10곳은 3%에 불과하다. 투표율이 가장 높은 동네는 집 가진 사람이 많고 여러 채 가진 사람이 많은 데 비해, 투표율이 가장 낮은 곳은 집 없는 사람이 많고 다주택자가 보기 드문 동네인 셈이다.

투표율이 높은 10개 동네에 사는 가구 중 89%가 아파트에 살고 단독주택에는 8%가 사는 데 비해, 투표율이 낮은 10곳은 72%가 단독주택에 살고 12%만 아파트에 산다. 투표율이 높은 10곳의 1인 가구와 (반)지하 등 거주 가구 비중이 각각 7%와 1%에 그친 반면, 투표율이 낮은 10곳은 35%와 7%에 달한다는 점도 비교된다.

대학 이상 학력자와 종교 인구 비중은 어떨까. 투표율이 높은 10곳에 사는 19세 이상 인구 중 대학 이상 학력자 비중은 72%에 달하는 데 비해, 투표율이 낮은 10곳은 28%로 차이가 컸다. 석사와 박사과정 이상 인구 비중도 투표율이 높은 곳의 9%와 3%에 비해 투표율이 낮은 곳은 1%와 0%로 상당히 낮았다.

투표율이 가장 높은 10곳에 사는 내국인 중 종교를 가진 사람은 60%인 데 비해, 투표율이 낮은 10곳은 43%로 나타났다. 종교별로는 투표율이 높은 동네가 개신교(25%)-천주교(20%)-불교(15%) 순서인 반면, 투표율이 낮은 동네는 개신교(18%)-불교(15%)-천주교(9%) 순서다. 투표율이 높은 동네가 종교 인구, 특히 천주교 신자 비중이 다른 곳에 비해 높은 반면, 투표율이 낮은 동네는 종교 인구가 상대적으로 적은 가운데 불교 인구 비중이 상대적으로 높다.

그렇다면 투표율이 가장 높은 10곳과 가장 낮은 10곳에서 나타나는 동네 특성이 경기도 507개 읍면동 전역에서도 똑같이 나타나는 걸까? 또 집을 가진 사람이 많은 동네는 투표를 많이 하고, 무주택자가 많이 사는 동네는 투표를 적게 하는 식의 역의 관계도 성립하는 걸까. 하나씩 살펴보자.

## 투표율과 주택 소유자

투표를 많이 한 동네일수록 주택 소유자가 많을까. 그렇다. 평균 (59%) 이상으로 투표에 참여한 226개 동네에는 139만 가구가 사는데, 이 가운데 67%가 주택을 소유하고 있고, 무주택자는 33%에 그친다. 반면 평균 투표율에 못 미치는 281개 동네에는 178만 가구가 사는데 이 중 주택 소유자는 52%에 그쳐 경기도 평균(59%)을 밑돌고 무주택자는 48%로 상대적으로 높다(이하 〈표 3_2.2〉와 〈표 3_2.3〉 참조).

또한 투표를 가장 적게 한 1분위 102개 동네에서 주택 소유자 비중이 46%로 가장 낮고, 2, 3, 4분위 순으로 투표를 많이 한 동네일수록 높아져 투표를 가장 많이 한 5분위 102개 동네에서 71%로 가장 높다.●

실제로 주택 소유자가 많이 사는 동네는 투표를 많이 했고, 무주택자가 많이 사는 동네는 적게 했을까. 그렇다. 경기도 507개 동네 중 주택 소유자가 평균(59%) 이상인 303개 동네 선거권자 413만 명 가운데 2004년 총선 투표에 참가한 사람은 254만 명으로 평균 투표율이 65%이다. 반면 평균 주택 소유 비율 미만인 204개 동네 선거권자 수는 414만 명으로 오히려 더 많지만 투표 참여자는 236만 명에 그쳐 평균 투표율은 55%에 머물렀다.

또 주택 소유자가 가장 적은 1분위 102개 동네에서 투표율이 53%로 가장 낮고, 2, 3, 4분위 순으로 주택 소유자가 많이 사는 동네로 갈수록 투표율이 높아지며, 주택 소유자가 가장 많이 사는 5분위 102개 동네에서 투표율이 66%로 가장 높다.

경기도에서 투표를 가장 많이 한 동네일수록 집을 소유한 사람이

● 각 분야별 5분위 통계는 서울시 분석 때와 같은 방식으로 사용한다.

표 3_2.2

# 경기도에서 투표율이 가장 높은 10개 동네의 특징

**2004년 총선(단위 : %)**

| | | 계 | 연천군 | 연천군 | 안양시 동안구 | 성남시 분당구 | 과천시 | 파주시 | 안양시 동안구 | 연천군 | 고양시 일산동구 | 군포시 |
|---|---|---|---|---|---|---|---|---|---|---|---|---|
| | | | 중면 | 장남면 | 귀인동 | 수내2동 | 중앙동 | 군내면 | 범계동 | 왕징면 | 마두2동 | 궁내동 |
| 주택 소유 | 주택 소유 | 81 | 89 | 94 | 84 | 86 | 66 | 93 | 74 | 87 | 83 | 86 |
| | 다주택 | 14 | 13 | 7 | 17 | 16 | 10 | 25 | 13 | 8 | 14 | 14 |
| | 무주택 | 19 | 11 | 6 | 16 | 14 | 34 | 7 | 26 | 13 | 17 | 14 |
| 거처 | 아파트 | 89 | 0 | 0 | 84 | 100 | 55 | 0 | 95 | 0 | 100 | 100 |
| | 단독주택 | 8 | 93 | 98 | 16 | 0 | 29 | 93 | 0 | 100 | 0 | 0 |
| | 기타 | 3 | 7 | 2 | 0 | 0 | 16 | 7 | 5 | 0 | 0 | 0 |
| 1인 가구 | | 7 | 20 | 23 | 4 | 3 | 10 | 8 | 12 | 21 | 8 | 5 |
| (반)지하 등 | | 1 | 4 | 1 | 1 | 0 | 11 | 0 | 0 | 0 | 0 | 0 |
| 대학 이상 학력 | 대학 이상 | 72 | 25 | 9 | 77 | 85 | 75 | 24 | 74 | 13 | 73 | 68 |
| | 석사과정 이상 | 9 | 1 | 0 | 9 | 13 | 11 | 1 | 8 | 1 | 9 | 7 |
| | 박사과정 이상 | 3 | 0 | 0 | 3 | 4 | 4 | 0 | 2 | 0 | 3 | 2 |
| 종교 인구 | 계 | 60 | 53 | 42 | 61 | 62 | 68 | 53 | 58 | 43 | 61 | 58 |
| | 불교 | 15 | 12 | 19 | 15 | 13 | 15 | 27 | 16 | 26 | 14 | 13 |
| | 개신교 | 25 | 9 | 13 | 24 | 26 | 30 | 18 | 22 | 11 | 27 | 25 |
| | 천주교 | 20 | 28 | 9 | 21 | 22 | 23 | 6 | 19 | 5 | 19 | 19 |
| 투표율 득표율 | 투표율 | 73 | 77 | 75 | 74 | 73 | 73 | 73 | 73 | 72 | 72 | 72 |
| | 한나라당 | 46 | 24 | 42 | 47 | 55 | 45 | 46 | 45 | 42 | 47 | 41 |
| | 민주(+열린우리)당 | 38 | 48 | 38 | 39 | 33 | 37 | 39 | 39 | 38 | 38 | 39 |
| | 민주노동당 | 12 | 10 | 10 | 11 | 8 | 15 | 7 | 12 | 11 | 11 | 16 |

표 3_2.3

# 경기도에서 투표율이 가장 낮은 10개 동네의 특징

**2004년 총선(단위 : %)**

| | | 계 | 시흥시 | 안산시 단원구 | 시흥시 | 안산시 단원구 | 안산시 단원구 | 포천시 | 부천시 원미구 | 수원시 권선구 | 안산시 상록구 | 수원시 권선구 |
|---|---|---|---|---|---|---|---|---|---|---|---|---|
| | | | 정왕본동 | 선부2동 | 정왕1동 | 와동 | 원곡본동 | 선단동 | 심곡2동 | 세류3동 | 부곡동 | 세류2동 |
| 주택 소유 | 주택 소유 | 29 | 7 | 25 | 27 | 29 | 25 | 46 | 34 | 43 | 36 | 40 |
| | 다주택 | 3 | 0 | 3 | 2 | 2 | 3 | 4 | 3 | 4 | 4 | 4 |
| | 무주택 | 71 | 93 | 75 | 73 | 71 | 75 | 54 | 66 | 57 | 64 | 60 |
| 거처 | 아파트 | 12 | 0 | 17 | 31 | 0 | 17 | 10 | 7 | 13 | 0 | 13 |
| | 단독주택 | 72 | 98 | 73 | 64 | 75 | 80 | 47 | 46 | 69 | 72 | 70 |
| | 기타 | 16 | 2 | 10 | 5 | 25 | 3 | 43 | 47 | 18 | 28 | 17 |
| 1인 가구 | | 35 | 56 | 34 | 46 | 24 | 44 | 26 | 40 | 22 | 19 | 23 |
| (반)지하 등 | | 7 | 1 | 16 | 1 | 14 | 4 | 1 | 5 | 10 | 12 | 11 |
| 대학 이상 학력 | 대학 이상 | 28 | 30 | 21 | 33 | 23 | 26 | 26 | 38 | 30 | 26 | 28 |
| | 석사과정 이상 | 1 | 1 | 1 | 1 | 1 | 1 | 1 | 1 | 1 | 1 | 1 |
| | 박사과정 이상 | 0 | 0 | 0 | 0 | 0 | 0 | 0 | 0 | 0 | 0 | 0 |
| 종교 인구 | 계 | 43 | 36 | 40 | 37 | 44 | 40 | 41 | 47 | 47 | 48 | 51 |
| | 불교 | 15 | 12 | 13 | 11 | 13 | 14 | 19 | 16 | 20 | 14 | 22 |
| | 개신교 | 18 | 15 | 19 | 18 | 22 | 17 | 12 | 19 | 17 | 23 | 18 |
| | 천주교 | 9 | 8 | 7 | 8 | 8 | 8 | 8 | 12 | 10 | 11 | 9 |
| 투표율 득표율 | 투표율 | 44 | 32 | 43 | 43 | 44 | 45 | 47 | 47 | 48 | 48 | 48 |
| | 한나라당 | 30 | 27 | 28 | 26 | 25 | 35 | 31 | 31 | 39 | 26 | 35 |
| | 민주(+열린우리)당 | 51 | 53 | 51 | 55 | 56 | 48 | 51 | 51 | 44 | 54 | 47 |
| | 민주노동당 | 14 | 15 | 15 | 15 | 14 | 12 | 11 | 14 | 12 | 14 | 13 |

많이 살고, 투표를 포기한 사람이 많은 동네일수록 무주택자가 많이 산다. 또 주택 소유자가 많은 동네일수록 투표를 많이 하고, 무주택 자가 많이 살수록 투표를 포기하는 사람이 많다.


## 투 표 율 과 다 주 택 자

투표율이 높은 동네일수록 집을 여러 채 소유한 사람이 더 많이 살까. 그렇다. 경기도에서 투표를 평균 이상으로 많이 한 동네 가구 중 다 주택자는 9%로, 투표율이 평균에 미치지 못하는 동네의 5%보다 훨 씬 많다. 또 투표율이 가장 낮은 1분위 102개 동네 가구 중 다주택자 는 4%에 불과하지만, 투표를 가장 많이 한 5분위 102개 동네는 10% 에 달한다. 2, 3, 4분위 순으로 투표율이 높은 동네로 갈수록 다주택 자도 많이 산다.

실제로 주택 소유자가 많이 사는 동네 안에서도 집을 여러 채 소유 한 사람이 많이 사는 동네일수록 투표를 더 많이 할까. 그렇다. 경기 도에서 주택 소유자가 평균 이상으로 많은 303개 동네에는 다주택자 가 평균 7% 살고 있다. 그런데 303곳 가운데 다주택자가 평균(7%) 이상 사는 205곳의 투표율은 63%로 평균 미만 98곳에 비해 6%가 높 다. 또 다주택자가 가장 적게 사는 1분위의 투표율은 56%로 가장 낮 고, 2, 3, 4분위 순으로 다주택자가 많이 사는 동네로 갈수록 투표율 이 증가해 다주택자가 가장 많이 사는 5분위에서 67%로 가장 높다.

무주택자가 평균 이상으로 사는 동네 안에서도 다주택자가 많으냐 적으냐에 따라 투표율이 다르다. 경기도에서 무주택자가 평균 이상으로 많은 204개 동네에 사는 다주택자는 평균 5%다. 그런데 204개 동네 가운데 다주택자가 평균(5%) 이상 사는 89곳의 투표율은 58%로, 평균 미만 115곳에 비해 5%가 높다. 또 다주택자가 가장 적게 사는 1분위의 투표율이 51%로 가장 낮고, 다주택자가 가장 많은 5분위는 59%로 가장 높다. 2, 3, 4분위 동네에서도 다주택자가 많은 동네로 갈수록 투표율이 높아진다.

## 투 표 율 과  아 파 트  거 주 자

투표율이 높은 동네일수록 아파트 동네일 가능성이 높을까. 그렇다. 경기도에서 투표를 평균 이상으로 많이 한 226개 동네 가구 중 아파트에 사는 사람은 68%에 달한다. 반면 평균 미만 투표율을 기록한 281개 동네 가구 중 아파트 거주자는 33%에 그치고 67%는 단독주택·다세대주택·연립주택 등에 산다. 또 투표율이 가장 낮은 1분위 102개 동네에서 아파트 거주자는 24%에 불과한 반면, 투표율이 높은 2, 3, 4분위로 갈수록 아파트 거주자가 늘어나 투표를 가장 많이 한 5분위 102개 동네 가구 중 81%가 아파트에 산다.

실제로 아파트 거주자가 많은 동네는 투표를 많이 했을까. 그렇다. 경기도에서 아파트 거주자가 평균(49%) 이상인 191개 동네의 투표율은 62%로 아파트 거주자 평균 미만 316개 동네에 비해 7%가 높다. 또 동네 가구 중 아파트 거주자가 가장 많은 5분위 102개 동네의 투표율이 64%로 가장 높고, 아파트 거주자 비중이 4, 3, 2분위 순으로 낮아질수록 투표율도 60%, 56%, 54% 순으로 낮아진다. 다만 아파트 거주자가 가장 적은 1분위의 투표율이 2분위에 비해 1% 높아 단독주택·연립주택·다세대주택 거주자가 가장 많은 동네에서도 상대적으로 투표율이 약간 상승하고 있다.


## 투표율과 1인 가구·(반)지하 등 거주 가구

투표를 많이 한 동네에는 1인 가구가 드물고, 적게 한 동네에는 1인 가구가 많을까. 그렇다. 경기도에서 투표를 평균 이상으로 많이 한 226개 동네 가구 중 1인 가구는 14%인 반면 평균 미만 투표율을 기록한 281개 동네의 1인 가구는 20%에 달한다. 또 투표율이 가장 높은 5분위 102개 동네에서 1인 가구 비중이 12%로 가장 낮고, 투표율이 4, 3, 2분위 순으로 낮아짐에 따라 1인 가구 비중도 늘어 투표율이 가장 낮은 1분위 102개 동네에서 1인 가구 비중이 23%로 가장 높다.

실제로 1인 가구가 많은 동네일수록 투표를 적게 했을까. 그렇다. 경기도에서 1인 가구가 평균(17%) 이상으로 많은 268개 동네의 투표율은 56%로 평균 미만 239개 동네에 비해 5%나 낮다. 또 투표율은 1인 가구가 가장 많이 사는 5분위 102개 동네에서 54%로 가장 낮고, 1인 가구가 적은 1분위 102개 동네에서 64%로 가장 높다. 2, 3, 4분위 동네 역시 1인 가구가 적을수록 투표율이 높다.

투표율이 높은 동네일수록 (반)지하, 옥탑·비닐집·쪽방 등에 사는 사람이 드물까. 그렇다. 경기도에서 투표율이 평균에 못 미치는 281개 동네 가구 중에 8%가 (반)지하 등에 사는 반면, 평균 이상으로 많이 한 226개 동네 가구 중에는 3%에 그쳤다. 또 투표율이 가장 높은

5분위 102개 동네에서 (반)지하 등에 사는 가구는 2%로 가장 적은 반면, 투표율이 가장 낮은 1분위 102개 동네는 9%에 달했다. 2, 3, 4분위 동네 역시 투표율이 높은 동네로 갈수록 (반)지하 등에 사는 사람이 줄어든다.

실제로 (반)지하 등에 사는 사람이 많은 동네일수록 투표를 적게 했을까. 그렇다. 경기도에서 (반)지하 등에 사는 가구가 평균(6%) 이상인 172개 동네의 투표율은 56%로, 평균 미만 335개 동네에 비해 5%가 낮다. 또 (반)지하 등에 사는 사람이 가장 적은 1분위에서는 투표율이 62%에 달하지만, (반)지하 등에 사는 사람이 2, 3, 4분위 순으로 늘어날수록 투표율이 내려갔고, (반)지하 등에 사는 사람이 가장 많은 5분위의 투표율은 55%로 가장 낮다.

이처럼 경기도 507개 읍면동 가운데 1인 가구나 (반)지하 등에 사는 사람이 많은 곳일수록 투표를 잘하지 않는 것으로 나타났다.


## 투표율과 대학 이상 학력자

투표를 많이 한 동네에는 대학 이상 학력자가 상대적으로 많이 살까. 그렇다. 경기도에서 투표를 평균 이상으로 많이 한 226개 동네에 사는 19세 이상 인구 중 대학 이상 학력자는 52%인 반면, 투표율이 평균에 못 미치는 281개 동네는 32%에 머무른다. 또 투표율이 가장 높은 5분위 102개 동네에 사는 19세 이상 인구 중 대학 이상 학력자는 61%로 가장 높고, 투표율이 4, 3, 2분위 순으로 낮은 동네로 갈수록 대학 이상 학력자도 줄어들며, 투표율이 가장 낮은 1분위 102개 동네에서 30%로 가장 낮다.

실제로 대학 이상 학력자가 많이 사는 동네에서 투표를 많이 할까. 대체로 그렇다. 경기도에서 대학 이상 학력자가 평균(41%) 이상으로 사는 169개 동네의 투표율은 64%로, 평균 미만인 338개 동네에 비해 9%가 높다. 또 대학 이상 학력자가 가장 많은 5분위 104개 동네의 투표율은 66%로 가장 높고, 4, 3, 2분위 순으로 학력 수준이 낮아짐에 따라 투표율도 60%, 55%, 53% 순으로 떨어진다. 다만, 대학 이상 학력자 비중이 가장 낮은 1분위 102개 동네의 투표율은 56%로 2분위와 3분위에 비해서도 높게 나타났다. 이는 대체로 투표율과 학력 수준이 비례하지만 학력 수준이 극히 낮은 동네에서는 오히려 투표를 상대적으로 많이 한다는 것을 보여 주는 것으로 판단된다.


## 투표율과 종교 인구

투표를 많이 하는 동네일수록 종교 인구도 많을까. 그렇다. 경기도에서 평균 이상으로 투표에 참여한 동네에 사는 인구 중 종교인은 54%로 투표율이 평균 미만인 동네에 비해 4%가 많다. 또 투표를 가장 적게 한 1분위 동네에서 종교 인구도 48%로 가장 적고, 투표율이 2, 3, 4분위 순으로 높아짐에 따라 종교 인구도 늘어나며, 투표율이 가장 높은 5분위에서 종교 인구도 55%로 가장 많다.

실제로 종교 인구가 많은 동네일수록 투표를 많이 하고, 적은 동네일수록 투표를 포기하는 사람이 많을까. 그렇다. 경기도에서 종교 인구가 평균(52%) 이상인 268개 동네의 투표율은 62%인 데 비해, 평균 미만인 239개 동네는 56%로 6%가 낮다. 또 종교 인구가 가장 적은 1분위에서 투표율도 54%로 가장 낮고, 종교 인구가 2, 3, 4분위 순으로 많은 동네로 갈수록 투표율도 증가했으며, 종교 인구가 가장 많은 5분위에서 투표율도 65%로 가장 높다.

## 투표율과 득표율

경기도에서도 서울처럼 투표를 많이 한 동네로 갈수록 한나라당 표가 쏟아지고, 민주(＋열린우리)당 득표율은 낮아질까. 그렇다. 한나라당은 투표를 평균 이상으로 한 226개 동네에서 38%를 얻은 반면, 평균 미만인 동네에서는 34%에 그쳤다. 반면 투표를 평균 미만으로 한 281개 동네에서 48%를 득표한 민주(＋열린우리)당은, 투표율이 평균 이상인 동네에서는 4%가 낮은 44% 득표에 그쳤다.

또 한나라당은 투표율이 가장 낮은 1분위에서 가장 낮은 32%를 득표했으나, 투표율이 높아지는 2, 3, 4분위 동네로 갈수록 34%, 35%, 36%로 득표율이 증가하다가, 투표율이 가장 높은 5분위에서 39%로 가장 높은 득표율을 보였다. 반면 민주(＋열린우리)당은 투표율이 가장 낮은 1분위에서 49%를 얻었으나 2, 3, 4분위로 투표율이 오를수록 득표율이 떨어져 투표를 가장 많이 한 5분위에서 43%로 가장 낮은 득표율을 보였다.

실제로 한나라당을 많이 찍은 동네는 투표를 많이 했고, 민주(＋열린우리)당을 많이 찍은 동네는 투표를 포기하는 사람이 많았다. 경기도에서 한나라당을 평균(36%) 이상으로 지지한 268개 동네의 투표율은 61%로 평균 미만인 239개 동네에 비해 4%가 높다. 또 한나라당 득표율이 가장 낮은 1분위 투표율은 55%였으나, 2, 3, 4분위 순으로 한나라당 득표율이 높은 동네로 갈수록 투표율도 올라갔으며, 한나라당 득표율이 가장 높은 5분위의 투표율은 64%로 가장 높다.

반면 민주(+열린우리)당을 평균(46%) 이상으로 지지한 231개 동네의 투표율은 56%로 평균 미만인 동네 62%에 비해 6%가 낮다. 또 득표율이 가장 낮은 1분위의 투표율은 64%에 달하지만, 2, 3, 4분위 순으로 득표율이 올라갈수록 투표율이 떨어졌으며, 득표율이 가장 높은 5분위의 투표율은 54%로 가장 낮다.

민주노동당 득표율과 투표율의 상관관계는 서울과 마찬가지로 뚜렷하지 않다.

**표 3_2.4**

# 2004년 총선 투표율 분포별 경기도 507개 동네의 특징

(단위 : %)

| | | 평균 | | | 5분위 | | | | | | |
| --- | --- | --- | --- | --- | --- | --- | --- | --- | --- | --- | --- |
| | | 계 | 평균 미만 | 평균 이상 | 1분위 | | 2분위 | 3분위 | 4분위 | 5분위 | |
| | | 507개 동네 | 281개 동네 | 226개 동네 | 하위 50개 동네 | (하위 20%) | | | | (상위 20%) | 상위 50개 동네 |
| 투표율 | | 59 | 54 | 65 | 49 | 51 | 55 | 58 | 62 | 68 | 70 |
| 주택 소유 | 주택 소유 | 59 | 52 | 67 | 40 | 46 | 55 | 59 | 65 | 71 | 74 |
| | 다주택 | 7 | 5 | 9 | 4 | 4 | 6 | 7 | 8 | 10 | 11 |
| | 무주택 | 41 | 48 | 33 | 60 | 54 | 45 | 41 | 35 | 29 | 26 |
| 거처 | 아파트 | 48 | 33 | 68 | 16 | 24 | 37 | 46 | 58 | 81 | 85 |
| | 단독주택 | 34 | 45 | 21 | 61 | 53 | 40 | 36 | 27 | 12 | 9 |
| | 기타 | 18 | 22 | 11 | 23 | 23 | 23 | 18 | 15 | 7 | 6 |
| 1인 가구 | | 17 | 20 | 14 | 26 | 23 | 17 | 17 | 15 | 12 | 10 |
| (반)지하 등 | | 6 | 8 | 3 | 10 | 9 | 7 | 5 | 4 | 2 | 2 |
| 대학 이상 학력 | 대학 이상 | 41 | 32 | 52 | 28 | 30 | 32 | 37 | 45 | 61 | 66 |
| | 석사과정 이상 | 3 | 2 | 4 | 1 | 1 | 2 | 2 | 3 | 6 | 7 |
| | 박사과정 이상 | 1 | 0 | 1 | 0 | 0 | 0 | 0 | 1 | 1 | 2 |
| 종교 인구 | 계 | 52 | 50 | 54 | 47 | 48 | 50 | 51 | 53 | 55 | 56 |
| | 불교 | 17 | 18 | 16 | 17 | 18 | 18 | 18 | 16 | 15 | 14 |
| | 개신교 | 22 | 20 | 23 | 19 | 20 | 20 | 21 | 23 | 24 | 24 |
| | 천주교 | 12 | 11 | 14 | 10 | 10 | 11 | 11 | 13 | 16 | 17 |
| 득표율 | 한나라당 | 36 | 34 | 38 | 31 | 32 | 34 | 35 | 36 | 39 | 41 |
| | 민주(+열린우리)당 | 46 | 48 | 44 | 51 | 49 | 47 | 46 | 45 | 43 | 42 |
| | 민주노동당 | 14 | 13 | 14 | 14 | 14 | 13 | 13 | 14 | 14 | 14 |

**표 3_2.5**

## 경기도 동네 특성별 2004년 총선 투표율

(단위 : 개, %)

| | 읍면동 수(개) | | | 투표율(%) | | 5분위별 투표율(%) | | | | |
|---|---|---|---|---|---|---|---|---|---|---|
| | 계 | 평균 미만 | 평균 이상 | 평균 미만 | 평균 이상 | 1분위 (하위20%) | 2분위 | 3분위 | 4분위 | 5분위 (상위20%) |
| 주택 소유 가구 | 507 | 204 | 303 | 55 | 65 | 53 | 57 | 60 | 61 | 66 |
| 다주택 가구 (주택 소유 평균 이상 동네) | 303 | 98 | 205 | 57 | 63 | 56 | 58 | 61 | 64 | 67 |
| 다주택 가구 (주택 소유 평균 미만 동네) | 204 | 115 | 89 | 53 | 58 | 51 | 53 | 55 | 57 | 59 |
| 아파트 거주 가구 | 507 | 316 | 191 | 55 | 62 | 55 | 54 | 56 | 60 | 64 |
| 1인 가구 | 507 | 239 | 268 | 61 | 56 | 64 | 59 | 57 | 57 | 54 |
| (반)지하 등 가구 | 507 | 335 | 172 | 61 | 56 | 62 | 61 | 60 | 57 | 55 |
| 대학 이상 학력자 | 507 | 338 | 169 | 55 | 64 | 56 | 53 | 55 | 60 | 66 |
| 종교 인구 | 507 | 239 | 268 | 56 | 62 | 54 | 58 | 58 | 61 | 65 |
| 한나라당 득표율 | 507 | 239 | 268 | 57 | 61 | 55 | 59 | 60 | 60 | 64 |
| 민주(+열린우리)당 득표율 | 507 | 276 | 231 | 62 | 56 | 64 | 62 | 60 | 58 | 54 |
| 민주노동당 득표율 | 507 | 303 | 204 | 58 | 60 | 60 | 59 | 57 | 59 | 60 |

# 경기도에서 한나라당을
## 많이 찍은
## 동네의 특징

2004년 총선 때 한나라당은 경기도에서 36%를 얻었다. 그러나 동네별 한나라당 지지율은 최대 58%에서 최소 24%까지 천차만별이었다. 경기도 분석 대상 507개 동네 가운데 한나라당에 평균 이상으로 지지를 보낸 동네는 268곳으로 득표율은 41%에 달해 경기도에서 한나라당 지지율을 끌어올리는 데 큰 구실을 했다. 반면 지지율이 평균에 미치지 못한 동네는 239곳으로 득표율은 32%에 머물렀다.

그렇다면 경기도에서 한나라당 지지도가 상대적으로 높은 동네들은 어떤 특징이 있는지 살펴보자. 먼저 한나라당 득표율이 가장 높았던 10개 동네는 어디일까. 2004년 경기도 총선에서 한나라당을 가장 많이 찍은 10개 동네는 성남시 분당구 4곳, 양평군 3곳, 여주군·용인시·광주시 각 1곳이다. 이들 동네에서 투표에 참여한 6만259명 가운데 3만2,399명(54%)이 한나라당을 찍었다. 민주(+열린우리)당은 2만309표(34%), 민주노동당은 5,007표(8%)를 얻는 데 그쳤다.

한나라당을 많이 찍은 10개 동네는 어떤 특징이 있을까. 10개 동네에 사는 3만5천 가구 중 76%가 주택을 소유하고 있고, 무주택자는 24%에 그친다. 용인시 수지구 성복동 88%, 성남시 분당구 이매2동 87%, 분당구 수내2동 86%를 비롯해 6개 동네는 80% 이상이 주택을 소유하고 있다.

표 3_2.6

# 경기도에서 한나라당 득표율이 가장 높은 10개 동네의 특징

**2004년 총선(단위 : %)**

| | | 계 | 여주군 | 양평군 | 용인시 수지구 | 성남시 분당구 | 성남시 분당구 | 광주시 | 성남시 분당구 | 양평군 | 양평군 | 성남시 분당구 |
|---|---|---|---|---|---|---|---|---|---|---|---|---|
| | | | 금사면 | 강상면 | 성복동 | 수내2동 | 이매2동 | 남종면 | 수내1동 | 강하면 | 개군면 | 서현1동 |
| 평균 득표율 | | 54 | 58 | 56 | 56 | 55 | 55 | 54 | 53 | 53 | 52 | 52 |
| 주택 소유 | 주택 소유 | 76 | 84 | 78 | 88 | 86 | 87 | 79 | 63 | 83 | 85 | 65 |
| | 다주택 | 13 | 12 | 10 | 25 | 16 | 13 | 10 | 9 | 15 | 5 | 9 |
| | 무주택 | 24 | 16 | 22 | 12 | 14 | 13 | 21 | 37 | 17 | 15 | 35 |
| 거처 | 아파트 | 71 | 0 | 0 | 96 | 100 | 100 | 0 | 71 | 0 | 0 | 73 |
| | 단독주택 | 16 | 96 | 90 | 3 | 0 | 0 | 88 | 0 | 92 | 91 | 6 |
| | 기타 | 13 | 4 | 10 | 1 | 0 | 0 | 2 | 29 | 8 | 9 | 21 |
| 1인 가구 | | 15 | 24 | 18 | 5 | 3 | 3 | 18 | 25 | 19 | 19 | 19 |
| (반)지하 등 | | 1 | 2 | 2 | 0 | 0 | 0 | 2 | 0 | 3 | 3 | 1 |
| 대학 이상 학력 | 대학 이상 | 73 | 17 | 23 | 81 | 85 | 80 | 23 | 81 | 28 | 17 | 81 |
| | 석사과정 이상 | 10 | 1 | 2 | 10 | 13 | 9 | 2 | 12 | 3 | 1 | 11 |
| | 박사과정 이상 | 3 | 0 | 1 | 3 | 4 | 3 | 1 | 4 | 0 | 0 | 4 |
| 종교 인구 | 계 | 61 | 57 | 53 | 68 | 62 | 63 | 57 | 61 | 54 | 51 | 60 |
| | 불교 | 16 | 30 | 25 | 17 | 13 | 14 | 22 | 14 | 24 | 23 | 14 |
| | 개신교 | 25 | 20 | 16 | 29 | 26 | 28 | 27 | 23 | 21 | 20 | 24 |
| | 천주교 | 20 | 6 | 10 | 21 | 22 | 20 | 6 | 23 | 8 | 5 | 21 |
| 투표율 득표율 | 투표율 | 69 | 62 | 63 | 69 | 73 | 71 | 69 | 68 | 65 | 69 | 68 |
| | 한나라당 | 54 | 58 | 56 | 56 | 55 | 55 | 54 | 53 | 53 | 52 | 52 |
| | 민주(+열린우리)당 | 34 | 31 | 34 | 32 | 33 | 33 | 35 | 35 | 35 | 36 | 35 |
| | 민주노동당 | 8 | 6 | 7 | 8 | 8 | 8 | 7 | 9 | 7 | 7 | 9 |

동네 사람 중 대다수가 주택을 소유하고 있을 뿐 아니라 두 채 이상 소유한 사람도 평균 13%로 매우 많다. 심지어 성복동의 다주택자 비율은 25%로 동네 사람 넷 중 한 명꼴로 집을 두 채 이상 여러 채를 소유하고 있다.

또 10개 동네에 사는 사람의 평균 71%가 아파트에 사는데, 동네별로는 5곳은 주로 아파트에 나머지 5곳은 주로 단독주택에 산다. 분당구 수내2동과 이매2동은 100% 아파트 동네이며, 용인시 수지구 성복동과 분당구 서현1동·수내1동도 주로 아파트에 산다. 나머지 동네에서는 주로 단독주택에서 살고 있다.

동네 가구 중 1인 가구는 15%를 차지하고 있어 경기도 평균(17%)에 비해 약간 낮은 반면, (반)지하 등에 사는 가구는 1%에 머무르고 있어 비중이 매우 낮다.

10개 동네에 사는 19세 이상 인구 중 대학 이상 학력자는 73%로 매우 높다. 전체 인구 중 종교 인구는 61%로 높은 편인데, 종교별로는 개신교(25%)-천주교(20%)-불교(16%) 순으로 신자 수가 많다. 상대적으로 천주교 신자 비중이 높은 것이다.

이제 경기도 전역으로 범위를 넓혀 한나라당을 상대적으로 많이 찍은 동네는 어떤 특징이 있는지 보자.


## 한나라당 득표율과 주택 소유자

한나라당을 많은 찍은 동네일수록 주택 소유자가 많고, 적게 찍은 동네일수록 무주택자가 많이 산다. 경기도에서 한나라당을 평균 이상으로 지지한 268개 동네에 사는 가구 중 63%가 주택을 소유하고 있다. 반면 한나라당을 평균보다 적게 지지한 239개 동네에 사는 가구 중 주택 소유자는 56%에 그친다(이하 〈표 3_2.7〉과 〈표 3_2.8〉 참조).

한나라당을 가장 적게 지지한 1분위 102개 동네 가구 중 주택 소유자는 49%로 가장 낮고, 2, 3, 4분위 순서로 한나라당을 많이 찍은 동네로 갈수록 주택 소유자가 늘어나며, 가장 많이 찍은 5분위 102개 동네 가주 중에는 주택 소유자가 67%로 가장 많다.

실제로 집 가진 사람이 많은 동네에서는 한나라당을 많이 찍고, 무주택자가 많이 사는 동네일수록 한나라당을 덜 찍었다. 주택 소유자가 경기도 평균(59%) 이상인 303개 동네는 무주택자가 평균 이상으로 많은 204개 동네에 비해 한나라당을 6% 더 찍었다. 또 주택 소유자가 가장 적은, 다시 말해 무주택자가 가장 많은 1분위 102개 동네에서 한나라당 표가 가장 적게 나왔다(32%). 그러나 2, 3, 4분위 순서로 동네 사람 중 집 가진 사람이 많은 동네로 갈수록 한나라당 표가 34%, 36%, 37%로 점점 더 많이 나왔고, 주택 소유자가 가장 많이 사는 5분위 102개 동네에서 39%로 가장 많이 나왔다.

서울과 마찬가지로 경기도에서도 한나라당을 많이 찍은 동네에는 집 가진 사람이 많이 산다. 또 집 가진 사람이 많은 동네일수록 한나라당을 많이 찍었고, 집 없는 사람이 많은 동네일수록 한나라당을 적게 찍었다.

## 한나라당 득표율과 다주택자

한나라당을 많이 찍은 동네일수록 주택 소유자가 많을 뿐 아니라, 집을 여러 채 가진 사람이 많이 산다. 2004년 경기도 총선에서 한나라당을 평균 이상으로 지지한 동네 가구 중 다주택자는 8%로 평균 지지율에 못 미치는 동네에 비해 2%가 높다. 또 한나라당을 가장 적게 찍은 1분위 102개 동네에는 다주택자가 5%밖에 살지 않는 데 비해, 득표율이 2, 3, 4분위로 올라갈수록 다주택자도 늘었으며, 한나라당 득표율이 가장 높은 5분위 102개 동네에서는 9%로 다주택자가 가장 많이 살았다.

실제로 집을 여러 채 가진 사람이 많은 동네일수록 한나라당을 많이 찍었다. 주택을 소유한 가구가 경기도 평균 이상인 동네는 303곳이며, 이들 동네마다 평균 7%의 다주택자가 산다. 그런데 다주택자가 평균(7%) 이상인 205개 동네에서 한나라당 득표율은 다주택자 평균 미만 98개 동네에 비해 3%가 높다. 다주택자가 제일 적게 사는 1분위에서 한나라당 득표율이 35%로 가장 낮고, 제일 많이 사는 5분위에서 40%로 가장 높다. 다주택자 비중이 2, 3, 4분위 순으로 올라갈수록 한나라당 득표율도 올라간다.

주택 소유자가 평균 미만인, 다시 말해 무주택자가 평균 이상으로 많은 204개 동네에서도 마찬가지다. 다주택자가 평균(5%)보다 많은 89개 동네에서 한나라당의 득표율은, 다주택자가 평균 미만인 115개 동네에 비해 3% 높다. 다주택자 5분위 추세 역시 같다.

경기도에서 한나라당을 많이 찍은 동네에는 다른 곳에 비해 집을 여러 채 소유한 사람이 많이 산다. 또 다주택자가 많은 동네일수록 한나라당을 많이 찍었고, 다주택자가 드물수록 한나라당을 적게 찍었다.


## 한나라당 득표율과 아파트 거주자

한나라당을 많이 찍은 동네일수록 아파트에 사는 사람이 많을까. 반드시 그렇지는 않다. 한나라당을 평균 이상으로 찍은 동네는 51%가 아파트에 살고 있어, 득표율이 평균에 못 미치는 동네에 비해 5%가 높다.

또 한나라당을 제일 적게 찍은 1분위 102개 동네의 아파트 거주자는 37%로 가장 낮고, 가장 많이 찍은 5분위 102개 동네는 44%로 이보다 높다. 그러나 5분위에 비해 한나라당을 덜 찍은 2~4분위 동네에서 아파트 거주자는 54%, 56%, 51%로 훨씬 높다.

실제로 아파트 거주자가 경기도 평균에 못 미치는 316개 동네와 평균 이상인 191개 동네의 한나라당 지지율은 불과 1% 차이다. 또 아파트 거주자가 가장 적은 1분위나 가장 많은 5분위, 그리고 4분위에서 한나라당은 똑같이 36%를 얻었다. 2, 3분위 득표율 역시 34%로 같다.

이처럼 서울과는 달리 경기도 507개 동네별 한나라당 득표율은 아파트 거주자가 많고 적은 것과 뚜렷한 상관관계를 보여 주지 않고 있다.


## 한나라당 득표율과 1인 가구 · (반)지하 등 거주 가구

경기도 동네별 한나라당 득표율과 1인 가구의 비중은 어떤 관계일까.

한나라당이 평균 이상으로 표를 얻은 268개 동네 가구 중 1인 가구는 16%로, 한나라당 지지도가 평균 미만인 239개 동네에 비해 2%가 낮다.

또 한나라당 지지도가 가장 낮은 1분위 102개 동네의 1인 가구 비중이 20%로 가장 높은 반면, 지지도가 가장 높은 5분위 102개 동네는 17%에 그치고 있다. 그러나 2, 3, 4분위 동네의 1인 가구 비중은 16%로 5분위보다 더 낮다. 한나라당을 가장 적게 찍은 동네에 1인 가구가 많이 사는 것으로 나타나지만, 나머지 동네에서 상관관계는 미약한 것이다.

1인 가구 비중에 따른 동네별 득표율을 봐도 그렇다. 1인 가구가 경기도 평균(17%) 이상인 동네와 미만인 동네의 한나라당 득표율은 불과 1% 차이다. 또 1인 가구가 가장 많은 5분위에서 득표율이 34%로 가장 낮게 나타나지만, 1~4분위의 득표율은 엇갈리고 있다. 이처럼 한나라당을 가장 적게 찍은 동네에 1인 가구가 가장 많이 살고, 그 역도 성립하지만 나머지 동네에서 상관관계는 뚜렷하지 않은 것이다.

동네별 한나라당 득표율과 (반)지하, 옥탑·비닐집·쪽방 등에 사는 사람이 많고 적은 것은 어떤 연관이 있을까. 한나라당이 평균 이상으로 표를 얻은 268개 동네 가구 중 (반)지하 등 거주 가구는 4%로, 한나라당 지지도가 평균 미만인 239개 동네에 비해 3%가 낮다. 또 한나라당 지지도가 가장 낮은 1분위 102개 동네에는 10%가 (반)지하 등에 사는 반면, 지지도가 가장 높은 5분위 102개 동네에는 4%밖에 살지 않는다. 다만 2분위는 5%, 2분위와 4분위는 4%다.

(반)지하 등 거주자가 경기도 평균(6%) 이상인 172개 동네의 한나라당 득표율은 33%로 평균 미만 335개 동네에 비해 4%가 낮다. 또 동네 가구 중 (반)지하 등 거주 가구가 가장 많은 5분위 102개 동네

에서 한나라당 득표율이 32%로 가장 낮고, (반)지하 등 거주 가구 비율이 4, 3, 2분위 순으로 낮아질수록 득표율도 35%, 37%, 39%로 올라간다. 다만, (반)지하 가구가 가장 많은 1분위의 한나라당 득표율이 36%로 2, 3분위보다 낮게 나타나고 있다.

이처럼 동네별 한나라당 득표율과 (반)지하 등 거주 가구가 많고 적은 것과는 어느 정도 상관관계가 나타나고 있지만, 예외도 상당수 포함돼 있다.


## 한 나 라 당  득 표 율 과  대 학  이 상  학 력 자

경기도에서 동네별 한나라당 득표율과 학력 수준은 어느 정도 상관관계가 있을까. 한나라당이 평균 이상으로 표를 얻은 268개 동네에 사는 19세 이상 인구 중 대학 이상 학력자는 44%로, 득표율 평균 미만인 239개 동네에 비해 5%가 높다.

또 한나라당 지지도가 가장 낮은 1분위 102개 동네의 대학 이상 학력자는 35%로 가장 낮고, 2, 3, 4분위 순으로 투표율이 높은 동네로 갈수록 대학 이상 학력자 비중도 올라가며, 지지도가 가장 높은 5분위 102개 동네에서 50%로 가장 높다.

실제로 대학 이상 학력자 비중이 경기도 평균(41%) 이상인 169개 동네에서 한나라당은 37%를 얻어, 평균 미만 338개 동네에 비해 3%를 더 얻었다. 또 19세 이상 동네 인구 중 대학 이상 학력자가 가장 많은 5분위의 득표율이 38%인 반면, 4분위는 34%, 3분위와 2분위는 각 33%로 학력이 낮아질수록 득표율도 떨어진다. 다만, 대학 이상 학력자 비중이 가장 낮은 1분위 102개 동네에서 39%의 높은 득표율을 기록함으로써 학력 수준이 가장 낮은 동네에서 한나라당 지지도가 매우 높은 것으로 나타나있다.

이처럼 한나라당은 대체로 대학 이상 학력자가 많은 동네에서 더 많은 표를 얻는 가운데, 대학 이상 학력자가 가장 적은 동네에서도 높은 득표력을 보여 주고 있다.

## 한 나 라 당  득 표 율 과  종 교  인 구

경기도에서 한나라당을 많이 찍은 동네일수록 종교 인구가 많을까. 대체로 그렇다. 한나라당을 평균 이상으로 지지한 268개 동네에 사는 인구 중 종교 인구는 54%로, 한나라당을 평균보다 적게 지지한 239개 동네에 비해 4%가 높다. 또 한나라당을 가장 적게 지지한 1분위 102개 동네의 종교 인구는 48%로 가장 낮은 반면, 가장 많이 찍은 5분위 102개 동네는 57%로 가장 높다. 2, 3분위는 52%, 4분위는 53%다.

실제로 동네 인구 중 종교 인구가 경기도 평균(52%)보다 많은 268개 동네에서 한나라당은 38%를 얻어 평균 미만인 239개 동네보다 5%를 더 얻었다.

또 한나라당은 종교 인구가 가장 적은 1분위에서 가장 낮은 32%를 얻었지만, 2, 3, 4분위 순서로 종교 인구가 많은 동네로 갈수록 득표율이 34%, 35%, 37%로 올라갔고, 종교 인구가 가장 많은 5분위에서 가장 높은 42%를 얻었다.

## 한나라당 득표율과 투표율

한나라당을 많이 찍은 동네일수록 투표에 적극 참여한다. 한나라당을 평균 이상으로 지지한 268개 동네의 투표율은 61%로, 한나라당을 평균보다 적게 지지한 239개 동네에 비해 4%가 높다.

또 한나라당을 가장 적게 지지한 1분위 102개 동네의 투표율은 55%로 가장 낮은 반면, 득표율이 높은 2, 3, 4분위 동네로 갈수록 투표율도 59%, 60%, 60%로 올라갔으며, 득표율이 가장 높은 5분위 102개 동네에서 64%로 가장 높다.

실제로 투표율이 높은 동네에서 한나라당을 많이 찍었다. 한나라당은 투표율이 경기도 평균(59%) 이상인 226개 동네에서 38%를 얻어 투표율 평균 미만 281개 동네에 비해 4%를 더 얻었다. 또 투표율이 낮은 1분위 동네에서 가장 낮은 32%를 얻은 반면, 2, 3, 4분위 순서로 투표율이 올라갈수록 득표율도 34%, 35%, 36%로 증가했으며, 투표율이 가장 높은 5분위에서 가장 높은 39%를 얻었다.

표 3_2.7

# 한나라당 득표율 분포별 경기도 507개 동네의 특징

**2004년 총선(단위 : %)**

| | | 평균 | | | 5분위 | | | | | | |
|---|---|---|---|---|---|---|---|---|---|---|---|
| | | 계 | 평균 미만 | 평균 이상 | 1분위 | | 2분위 | 3분위 | 4분위 | 5분위 | |
| | | 507개 동네 | 239개 동네 | 268개 동네 | 하위 50개 동네 | (하위 20%) | | | | (상위 20%) | 상위 50개 동네 |
| 득표율 | | 36 | 32 | 41 | 27 | 29 | 33 | 36 | 40 | 47 | 36 |
| 주택 소유 | 주택 소유 | 59 | 56 | 63 | 44 | 49 | 61 | 62 | 61 | 67 | 59 |
| | 다주택 | 7 | 6 | 8 | 4 | 5 | 7 | 8 | 8 | 9 | 7 |
| | 무주택 | 41 | 44 | 37 | 56 | 51 | 39 | 38 | 39 | 33 | 41 |
| 거처 | 아파트 | 48 | 46 | 51 | 28 | 37 | 54 | 56 | 51 | 44 | 48 |
| | 단독주택 | 34 | 33 | 35 | 49 | 40 | 27 | 30 | 37 | 41 | 34 |
| | 기타 | 18 | 21 | 14 | 23 | 23 | 19 | 14 | 12 | 15 | 18 |
| 1인 가구 | | 17 | 18 | 16 | 22 | 20 | 16 | 16 | 16 | 17 | 17 |
| (반)지하 등 | | 6 | 7 | 4 | 12 | 10 | 5 | 4 | 4 | 4 | 6 |
| 대학 이상 학력 | 대학 이상 | 41 | 39 | 44 | 33 | 35 | 41 | 41 | 43 | 50 | 41 |
| | 석사과정 이상 | 3 | 2 | 4 | 1 | 2 | 3 | 3 | 3 | 5 | 3 |
| | 박사과정 이상 | 1 | 0 | 1 | 0 | 0 | 0 | 0 | 1 | 1 | 1 |
| 종교 인구 | 계 | 52 | 50 | 54 | 47 | 48 | 52 | 52 | 53 | 57 | 52 |
| | 불교 | 17 | 16 | 18 | 15 | 15 | 16 | 18 | 18 | 18 | 17 |
| | 개신교 | 22 | 22 | 22 | 21 | 21 | 22 | 22 | 21 | 23 | 22 |
| | 천주교 | 12 | 12 | 13 | 10 | 10 | 12 | 13 | 13 | 15 | 12 |
| 투표율 득표율 | 투표율 | 59 | 57 | 61 | 52 | 55 | 59 | 60 | 60 | 64 | 59 |
| | 한나라당 | 36 | 32 | 41 | 27 | 29 | 33 | 36 | 40 | 47 | 49 |
| | 민주(+열린우리)당 | 46 | 48 | 43 | 52 | 51 | 47 | 46 | 43 | 39 | 37 |
| | 민주노동당 | 14 | 15 | 12 | 16 | 15 | 15 | 14 | 13 | 10 | 10 |

표 3_2.8

# 경기도 동네 특성별 한나라당 득표율

| | 읍면동 수(개) | | | 득표율(%) | | 5분위별 득표율(%) | | | | |
|---|---|---|---|---|---|---|---|---|---|---|
| | 계 | 평균 미만 | 평균 이상 | 평균 미만 | 평균 이상 | 1분위 (하위20%) | 2분위 | 3분위 | 4분위 | 5분위 (상위20%) |
| 주택 소유 가구 | 507 | 204 | 303 | 33 | 39 | 32 | 34 | 36 | 37 | 39 |
| 다주택 (주택 소유 평균 이상 동네) | 303 | 98 | 205 | 35 | 38 | 35 | 36 | 36 | 37 | 40 |
| 다주택 (주택 소유 평균 미만 동네) | 204 | 115 | 89 | 32 | 35 | 29 | 33 | 34 | 35 | 35 |
| 아파트 거주 가구 | 507 | 316 | 191 | 35 | 36 | 36 | 34 | 34 | 36 | 36 |
| 1인 가구 | 507 | 239 | 268 | 36 | 35 | 37 | 35 | 35 | 36 | 34 |
| (반)지하 등 거주 가구 | 507 | 335 | 172 | 37 | 33 | 36 | 39 | 37 | 35 | 32 |
| 대학 이상 학력자 | 507 | 338 | 169 | 34 | 37 | 39 | 33 | 33 | 34 | 38 |
| 종교 인구 | 507 | 239 | 268 | 33 | 38 | 32 | 34 | 35 | 37 | 42 |
| 투표율 | 507 | 281 | 226 | 34 | 38 | 32 | 34 | 35 | 36 | 39 |

|

# 경기도에서 민주(＋열린우리)당을
# 많이 찍은
# 동네의 특징

|

2004년 총선 때 민주(＋열린우리)당은 경기도에서 46%를 얻었다. 그러나 동네별 지지율은 최대 56%에서 최소 31%까지 다양했다. 경기도 분석 대상 507개 동네 가운데 민주(＋열린우리)당에 평균 이상으로 지지를 보낸 동네는 231곳으로 득표율은 49%에 달해 경기도에서 민주(＋열린우리)당 지지율을 끌어올리는 기관차가 됐다. 반면 득표율이 평균에 미치지 못한 동네는 276곳으로 42%에 머물렀다.

그렇다면 경기도에서 민주(＋열린우리)당 지지도가 상대적으로 높은 동네들은 어떤 특징이 있을까. 먼저 득표율이 가장 높았던 10개 동네는 어디이며 어떤 특징이 있는지 보자.

2004년 경기도 총선에서 민주(＋열린우리)당을 가장 많이 찍은 10개 동네는 성남시 수정구 4곳, 안산시 3곳, 부천시 2곳, 시흥시 1곳이다. 이들 동네에서 투표에 참여한 9만7,623명 가운데 5만2,855명(55%)이 민주(＋열린우리)당을 찍었다. 한나라당은 2만5,109표(26%), 민주노동당은 1만3,805표(14%)를 얻었다.

경기도에서 민주(＋열린우리)당을 많이 찍은 10개 동네는 어떤 특징이 있을까. 10개 동네에 사는 10만 가구 중 주택 소유자는 36%에 불과하고 64%가 무주택자다. 이 중 안산시 상록구 본오1동 76%, 성남시 수정구 신흥1동 75%, 시흥시 정왕1동 73%를 비롯해 5곳은

표 3_2.9

## 경기도에서 민주(+열린우리)당 득표율이 높은 10개 동네의 특징

| | | 평균 | 안산시 단원구 | 안산시 상록구 | 성남시 수정구 | 성남시 수정구 | 시흥시 | 안산시 상록구 | 성남시 수정구 | 부천시 원미구 | 부천시 오정구 | 성남시 수정구 |
|---|---|---|---|---|---|---|---|---|---|---|---|---|
| | | | 와동 | 본오1동 | 태평2동 | 태평4동 | 정왕1동 | 부곡동 | 신흥1동 | 도당동 | 고강본동 | 태평3동 |
| 득표율 | | 55 | 56 | 55 | 55 | 55 | 55 | 54 | 54 | 54 | 54 | 54 |
| 주택 소유 | 주택 소유 | 36 | 29 | 24 | 34 | 39 | 27 | 36 | 25 | 58 | 66 | 28 |
| | 다주택 | 3 | 2 | 2 | 3 | 3 | 2 | 4 | 2 | 6 | 6 | 3 |
| | 무주택 | 64 | 71 | 76 | 66 | 61 | 73 | 64 | 75 | 42 | 34 | 72 |
| 거처 | 아파트 | 10 | 0 | 0 | 7 | 9 | 31 | 0 | 0 | 18 | 22 | 1 |
| | 단독주택 | 64 | 75 | 72 | 76 | 76 | 64 | 72 | 94 | 36 | 11 | 89 |
| | 기타 | 26 | 25 | 28 | 17 | 15 | 5 | 28 | 6 | 46 | 67 | 10 |
| 1인 가구 | | 25 | 24 | 25 | 21 | 17 | 46 | 19 | 29 | 18 | 15 | 24 |
| (반)지하 등 | | 15 | 14 | 14 | 25 | 24 | 1 | 12 | 32 | 7 | 16 | 30 |
| 대학 이상 학력 | 대학 이상 | 28 | 23 | 29 | 30 | 28 | 33 | 26 | 27 | 25 | 29 | 30 |
| | 석사과정 이상 | 1 | 1 | 1 | 1 | 1 | 1 | 1 | 1 | 1 | 1 | 1 |
| | 박사과정 이상 | 0 | 0 | 0 | 0 | 0 | 0 | 0 | 0 | 0 | 0 | 0 |
| 종교 인구 | 계 | 46 | 44 | 51 | 47 | 47 | 37 | 48 | 43 | 46 | 49 | 45 |
| | 불교 | 15 | 13 | 14 | 19 | 16 | 11 | 14 | 18 | 16 | 14 | 18 |
| | 개신교 | 21 | 22 | 26 | 18 | 21 | 18 | 23 | 17 | 21 | 25 | 19 |
| | 천주교 | 9 | 8 | 11 | 9 | 9 | 8 | 11 | 6 | 8 | 9 | 8 |
| 투표율 득표율 | 투표율 | 49 | 44 | 49 | 54 | 53 | 43 | 48 | 49 | 51 | 52 | 53 |
| | 한나라당 | 26 | 25 | 26 | 25 | 25 | 26 | 26 | 26 | 28 | 27 | 26 |
| | 민주(+열린우리)당 | 55 | 56 | 55 | 55 | 55 | 55 | 54 | 54 | 54 | 54 | 54 |
| | 민주노동당 | 14 | 14 | 14 | 15 | 16 | 15 | 14 | 15 | 13 | 13 | 15 |

70% 이상이 무주택자다. 동네 사람 중 대다수가 무주택자일 뿐만 아니라, 주택 소유자 중에도 두 채 이상 가진 다주택자는 평균 3%로 드문 동네다.

또한 10개 동네에 사는 사람의 평균 64%가 단독주택에 살고, 26%가 연립·다세대주택에 사는 등 90%가 아파트가 아닌 주택에 산다. 아파트에 사는 가구는 평균 10%에 불과하다. 동네 가구 중 1인 가구는 25%를 차지하고 있어 경기도 평균(17%)에 비해 높고, (반)지하 등에 사는 가구는 15%로 경기도 평균(6%)의 2.5배에 달한다.

10개 동네에 사는 19세 이상 인구 중 대학 이상 학력자는 28%로 매우 낮다. 전체 인구 중 종교 인구는 46%로 낮은 편이며, 종교별로는 개신교(21%)-불교(15%)-천주교(9%) 순으로 신자 수가 많다.

이처럼 서울과 마찬가지로 경기도에서 민주(+열린우리)당을 가장 많이 찍은 10개 동네는 한나라당 득표율이 높은 10곳과 비교해 볼 때 주택을 둘러싼 동네 사람들의 처지와 학력, 종교 인구 면에서 나름대로 뚜렷한 특징이 드러나고 있다. 이제 경기도 507개 읍면동 전역으로 범위를 넓혀서 민주(+열린우리)당을 상대적으로 많이 찍은 동네에서 나타나는 특징을 살펴보자.


## 민주(+열린우리)당 득표율과 주택 소유자

민주(+열린우리)당을 많이 찍은 동네에는 무주택자가 많이 살고, 적게 찍은 동네에는 주택 소유자가 많이 살까. 그렇다. 2004년 경기도 총선에서 민주(+열린우리)당을 평균(46%) 이상으로 찍은 231개 동네에 사는 가구 중 무주택자는 45%로, 평균 미만인 276개 동네에 비해 9%가 높다. 또 득표율이 가장 낮은 1분위 102개 동네에서 무주택자가 33%로 가장 적고, 득표율이 2, 3, 4분위 순으로 올라갈수록 무주택자도 35%, 39%, 42%로 늘었으며, 득표율이 가장 높은 5분위 102개 동네에서 50%로 가장 많았다(이하 〈표 3_2.10〉과 〈표 3_2.11〉 참조).

실제로 무주택자가 많이 사는 동네에서 민주(+열린우리)당을 많이 찍었다. 주택 소유자가 경기도 평균(59%) 미만, 다시 말해 무주택자가 평균 이상으로 많은 204개 동네의 민주(+열린우리)당 득표율은 48%로, 무주택자 평균 미만인 303개 동네에 비해 5%가 높다. 또 무주택자가 가장 적은 5분위에서 득표율이 43%로 가장 낮았지만, 4, 3, 2분위 순으로 무주택자가 많이 사는 동네로 갈수록 민주(+열린우리)당 표가 늘었으며, 무주택자가 가장 많이 사는 1분위에서 가장 높은 49%의 득표율을 기록했다.

서울과 마찬가지로 경기도에서도 민주(+열린우리)당을 많이 찍은 동네에는 무주택자가 많다. 또 무주택자가 많은 동네일수록 민주(+열린우리)당을 많이 찍었고, 주택 소유자가 많은 동네일수록 적게 찍었다.


## 민주(+열린우리)당 득표율과 다주택자

민주(+열린우리)당을 많이 찍은 동네일수록 무주택자가 많을 뿐 아니라, 주택 소유자 중에도 집을 여러 채 가진 사람이 드물다.

2004년 경기도 총선에서 민주(+열린우리)당을 평균 이상으로 지지한 동네 가구 중 다주택자는 6%로 평균 지지율에 못 미치는 동네에 비해 2%가 낮다. 또 민주(＋열린우리)당을 가장 적게 찍은 1분위 102개 동네에는 다주택자가 9% 사는 데 비해, 득표율이 2, 3, 4분위로 올라갈수록 다주택자도 8%, 7%, 7%로 줄어들어, 득표율이 가장 높은 5분위 102개 동네에서는 5%로 다주택자가 가장 적었다.

실제로 집을 여러 채 가진 사람이 적은 동네일수록 민주(＋열린우리)당을 많이 찍었다. 무주택자가 평균 이상으로 많은 204개 동네 안에서도 다주택자가 평균(5%)보다 적은 115개 동네의 민주(＋열린우리)당 득표율은 49%로 평균 이상 89개 동네에 비해 3% 높다. 다주택자가 가장 적은 1분위에서 51%로 득표율이 가장 높고, 2분위와 3분위는 각 48%이며, 다주택자가 가장 많은 4분위와 5분위에서 46%로 득표율이 가장 낮다.

무주택자가 평균보다 적은 303개 동네 안에서도 다주택자가 평균(7%) 미만인 98개 동네에서 민주(＋열린우리)당 득표율은 47%로 평균 이상 동네에 비해 3%가 높다. 또 다주택자가 제일 적게 사는 1분위에서 득표율이 47%로 가장 높고, 제일 많이 사는 5분위에서 42%로 가장 낮다. 다주택자 비중이 2, 3, 4분위 순으로 올라갈수록 득표율도 46%, 45%, 44%로 떨어진다.

경기도에서 민주(＋열린우리)당을 많이 찍은 동네에는 집을 여러 채 소유한 사람이 드물다. 또 다주택자가 드문 동네일수록 민주(＋열린우리)당을 많이 찍었고, 다주택자가 많을수록 적게 찍었다.

## 민주(+열린우리)당 득표율과 아파트 거주자

아파트 거주자 혹은 단독주택 등 거주자 비중과 민주(+열린우리)당 득표율과는 어떤 연관이 있을까. 2004년 경기도 총선에서 민주(+열린우리)당을 평균 이상으로 지지한 동네 가구 중 아파트 거주자는 44%, 단독·연립·다세대주택 등 거주자는 56%다. 반면 지지도가 평균 미만인 276개 동네 가구 중 아파트 거주자는 53%, 단독·연립·다세대주택 등 거주자는 47%다. 지지도가 높은 동네에서 단독·연립·다세대주택 등 거주자가 9% 많은 것이다.

또 민주(+열린우리)당 득표율이 가장 높은 5분위에서 단독·연립·다세대주택 등에 사는 가구가 67%로 가장 많고, 4, 3, 2분위로 득표율이 떨어질수록 단독주택 등 거주자 비율도 49%, 45%, 43%로 떨어졌다. 그러나 득표율이 가장 낮은 1분위에서는 오히려 단독주택 등에 사는 가구 비율이 49%로 증가했다.

단독주택 등에 거주하는 사람이 경기도 평균(52%) 이상인 316개 동네의 민주(+열린우리)당 득표율은 47%로 평균 미만인 191개 동네에 비해 2% 높다. 또 아파트 거주자가 많은 5분위와 4분위의 지지율이 45%인 데 비해, 3분위는 47%, 2분위는 48%로 아파트 거주자가 줄고 단독주택 등 거주자가 늘수록 지지율이 올라갔다. 그러나 단독주택 거주자가 가장 많은 1분위의 지지율은 46%로 더 낮았다.

이처럼 민주(+열린우리)당 득표율은 대체로 아파트 거주자보다 단독주택 등에 사는 사람이 많은 곳에서 높게 나타나지만, 단독주택이 가장 밀집된 동네에서는 낮게 나타나고 있다.

## 민주(＋열린우리)당 득표율과
## 1인 가구·(반)지하 등 거주 가구

경기도 동네별 민주(＋열린우리)당 득표율과 1인 가구의 비중은 어떤 관계일까. 2004년 경기도 총선에서 민주(＋열린우리)당을 평균 (46%) 이상으로 찍은 231개 동네에 사는 가구 중 1인 가구는 18%로, 평균 미만 276개 동네에 비해 2%가 높다. 또 득표율이 가장 높은 5분위에서 1인 가구 비중이 20%로 가장 높다. 그러나 1~4분위 안에서 1인 가구 비중은 엇갈리고 있어 상관관계는 미약한 것으로 보인다.

실제 1인 가구 비중에 따른 동네별 득표율을 봐도 상관관계는 뚜렷하지 않다. 1인 가구가 경기도 평균(17%) 이상인 동네와 미만인 동네의 민주(＋열린우리)당 득표율은 46%로 차이가 없다. 또 1인 가구 비중이 가장 낮은 1분위에서 득표율이 44%로 가장 낮고, 1인 가구 비중이 높은 5분위는 47%로 득표율이 높다. 그러나 1인 가구 비중이 낮은 2분위 득표율도 47%에 달하고 있어 연관성을 찾기는 여의치 않다.

이처럼 민주(＋열린우리)당 득표율이 높은 곳에 1인 가구가 많이 살고, 1인 가구가 덜 사는 곳에서 득표율이 낮다는 사실은 확인되지만 전체적인 연관성은 분명하지 않다.

동네별 민주(＋열린우리)당 득표율과 (반)지하·옥탑·비닐집·쪽방 등에 사는 사람이 많고 적은 것은 어떤 연관이 있을까. 2004년 경기도 총선에서 민주(＋열린우리)당을 평균(46%) 이상으로 찍은 동네에 사는 가구 중 (반)지하 등에 사는 가구는 7%로, 평균 미만인 276개 동네에 비해 3%가 높다. 또한 지지도가 가장 낮은 1분위 102개 동네에는 3%가 (반)지하 등에 사는 반면, 득표율이 2, 3, 4분위로 올라감에 따라 (반)지하 등 거주 가구도 4%, 4%, 6%로 올라 지지도가 가장 높은 5분위 102개 동네에서 10%로 가장 높다.

(반)지하 등 거주자가 경기도 평균(6%) 이상인 172개 동네의 민주(+열린우리)당 득표율은 48%로, 평균 미만 335개 동네에 비해 3%가 높다. 또 동네 가구 중 (반)지하 등 거주 가구가 가장 많은 5분위 102개 동네에서 민주(+열린우리)당은 49%로 가장 높고, (반)지하 등 거주 가구 비율이 4, 3, 2분위 순으로 낮아질수록 득표율도 47%, 45%, 44%로 떨어진다. 다만 (반)지하 등 거주 가구 비율이 가장 낮은 1분위의 득표율은 45%로 조금 올라간다.

이처럼 동네별 민주(+열린우리)당 득표율이 높은 곳에 (반)지하 등 거주 가구가 많다. 또 (반)지하 등에 사는 가구가 많을수록 득표율이 높고, 적을수록 대체로 낮다.


## 민주(+열린우리)당 득표율과 대학 이상 학력자

동네별 민주(+열린우리)당 득표율과 학력 수준은 어느 정도 상관관계가 있을까. 2004년 경기도 총선에서 민주(+열린우리)당을 평균(46%) 이상으로 찍은 231개 동네에 사는 19세 이상 인구 중 대학 이상 학력자는 37%로, 평균 미만 276개 동네에 비해 8%가 낮다. 또한 득표율이 가장 높은 5분위 102개 동네의 대학 이상 학력자는 33%로 가장 낮고, 4, 3, 2분위 순으로 득표율이 낮은 동네로 갈수록 대학 이상 학력자 비중도 올라가며, 득표율이 가장 낮은 1분위 102개 동네에서 51%로 가장 높다.

실제로 대학 이상 학력자 비중이 경기도 평균(41%) 미만인 338개 동네에서 민주(+열린우리)당은 47%를 얻어 평균 이상인 169개 동네에 비해 3%를 더 얻었다. 또 19세 이상 동네 인구 중 대학 이상 학력자가 가장 많은 5분위의 득표율이 43%로 가장 낮은 반면, 4분위는 47%, 3분위와 2분위는 각 48%로 학력이 낮아질수록 득표율이 올라간다. 다만, 대학 이상 학력자 비중이 가장 낮은 1분위 102개 동네의 득표율은 44%로 떨어진다. 이 점은 학력 수준이 가장 낮은 동네에서 한나라당 지지도가 높은 것과 비교된다.

이처럼 민주(+열린우리)당은 대체로 대학 이상 학력자가 많은 동네보다는 적은 동네에서 더 많은 표를 얻고, 실제로 대학 이상 학력자가 적은 동네에서 많이 찍었다. 다만 대학 이상 학력자가 가장 적은 동네에서는 득표율이 떨어졌다.


## 민주(+열린우리)당 득표율과 종교 인구

경기도에서 동네별 민주(+열린우리)당 득표율과 종교 인구의 상관관계는 어떨까. 2004년 경기도 총선에서 민주(+열린우리)당을 평균(46%) 이상으로 찍은 231개 동네 인구 중 종교 인구는 50%로, 평균 미만 276개 동네에 비해 4%가 낮다. 또한 민주(+열린우리)당 득표율이 가장 높은 5분위 102개 동네의 종교 인구는 48%로 가장 적은 반면, 가장 낮은 1분위 102개 동네는 56%로 가장 높다. 또 득표율이 4, 3, 2분위 순서로 낮아질수록 종교 인구는 51%, 52%, 53%로 늘어난다.

실제로 동네 인구 중 종교 인구가 경기도 평균(52%)보다 적은 239 개 동네에서 민주(＋열린우리)당 득표율은 48%로, 종교 인구 평균 이상 268개 동네에 비해 4%가 높다.

또 종교 인구가 가장 적은 1분위에서 득표율이 49%로 가장 높은 반면, 2, 3, 4분위 순으로 종교 인구가 늘어남에 따라 득표율은 47%, 46%, 45%로 떨어지며, 종교 인구가 가장 많은 5분위에서 득표율이 41%로 가장 낮다.

이처럼 민주(＋열린우리)당 득표율이 높을수록 종교 인구가 적고, 낮을수록 많다. 또 종교 인구가 적을수록 득표율이 높고, 많을수록 낮다.


## 민주(＋열린우리)당 득표율과 투표율

민주(＋열린우리)당을 많이 찍은 동네일수록 투표를 포기하는 사람 이 많다. 민주(＋열린우리)당을 평균(46%) 이상으로 찍은 231개 동 네의 투표율은 56%로, 평균 미만 276개 동네에 비해 6%가 낮다.

민주(＋열린우리)당을 가장 높게 지지한 5분위 102개 동네의 투표 율은 54%로 가장 낮은 반면, 득표율이 높은 4, 3, 2분위 동네로 갈수 록 투표율도 58%, 60%, 62%로 올라갔으며, 득표율이 가장 낮은 1분 위 102개 동네에서 64%로 가장 높다.

실제로 투표율이 낮은 동네에서 민주(＋열린우리)당을 많이 찍었 다. 민주(＋열린우리)당은 투표율이 경기도 평균(59%) 미만인 281

개 동네에서 48%를 얻어 투표율 평균 이상 226개 동네에 비해 4%를 더 얻었다.

또한 투표율이 낮은 1분위 동네에서 가장 높은 49%를 얻은 반면, 2, 3, 4분위 순서로 투표율이 올라갈수록 득표율이 47%, 46%, 45%로 떨어졌으며, 투표율이 가장 높은 5분위에서 가장 낮은 43%를 얻었다.

이처럼 민주(＋열린우리)당 득표율이 높을수록 투표율이 낮고, 득표율이 낮을수록 투표율이 높다. 또한 투표율이 높은 곳일수록 득표율이 낮고, 투표율이 낮은 곳일수록 득표율이 높다.

표 3_2.10
# 민주(+열린우리)당 득표율 분포별 경기도 507개 동네의 특징

**2004년 총선(단위 : %)**

| | | 평균 | | | 5분위 | | | | | | |
|---|---|---|---|---|---|---|---|---|---|---|---|
| | | 계 | 평균 미만 | 평균 이상 | 1분위 | | 2분위 | 3분위 | 4분위 | 5분위 | |
| | | 507개 동네 | 276개 동네 | 231개 동네 | 하위 50개 동네 | (하위 20%) | | | | (상위 20%) | 상위 50개 동네 |
| 득표율 | | 46 | 42 | 49 | 37 | 39 | 43 | 45 | 48 | 52 | 53 |
| 주택 소유 | 주택 소유 | 59 | 64 | 55 | 72 | 67 | 65 | 61 | 58 | 50 | 46 |
| | 다주택 | 7 | 8 | 6 | 10 | 9 | 8 | 7 | 7 | 5 | 4 |
| | 무주택 | 41 | 36 | 45 | 28 | 33 | 35 | 39 | 42 | 50 | 54 |
| 거처 | 아파트 | 48 | 53 | 44 | 54 | 51 | 57 | 55 | 51 | 33 | 24 |
| | 단독주택 | 34 | 34 | 35 | 34 | 36 | 32 | 31 | 31 | 41 | 47 |
| | 기타 | 18 | 13 | 11 | 12 | 13 | 11 | 14 | 18 | 26 | 29 |
| 1인 가구 | | 17 | 16 | 18 | 15 | 16 | 15 | 17 | 16 | 20 | 22 |
| (반)지하 등 | | 6 | 4 | 7 | 3 | 3 | 4 | 4 | 6 | 10 | 12 |
| 대학 이상 학력 | 대학 이상 | 41 | 45 | 37 | 56 | 51 | 44 | 43 | 39 | 33 | 32 |
| | 석사과정 이상 | 3 | 4 | 2 | 6 | 5 | 3 | 3 | 2 | 1 | 1 |
| | 박사과정 이상 | 1 | 1 | 0 | 2 | 1 | 1 | 1 | 0 | 0 | 0 |
| 종교 인구 | 계 | 52 | 54 | 50 | 58 | 56 | 53 | 52 | 51 | 48 | 47 |
| | 불교 | 17 | 18 | 16 | 17 | 17 | 18 | 17 | 17 | 16 | 15 |
| | 개신교 | 22 | 22 | 22 | 23 | 23 | 21 | 22 | 22 | 21 | 21 |
| | 천주교 | 12 | 14 | 11 | 16 | 15 | 13 | 12 | 12 | 11 | 10 |
| 투표율 득표율 | 투표율 | 59 | 62 | 56 | 66 | 64 | 62 | 60 | 58 | 54 | 52 |
| | 한나라당 | 36 | 40 | 32 | 48 | 45 | 39 | 36 | 34 | 29 | 28 |
| | 민주(+열린우리)당 | 46 | 42 | 49 | 37 | 39 | 43 | 45 | 48 | 52 | 53 |
| | 민주노동당 | 14 | 13 | 14 | 11 | 12 | 14 | 14 | 14 | 14 | 14 |

표 3_2.11

# 경기도 동네 특성별 민주(+열린우리)당 득표율

**2004년 총선(단위 : 개, %)**

| | 읍면동 수(개) | | | 득표율(%) | | 5분위별 득표율(%) | | | | |
|---|---|---|---|---|---|---|---|---|---|---|
| | 계 | 평균 미만 | 평균 이상 | 평균 미만 | 평균 이상 | 1분위 (하위20%) | 2분위 | 3분위 | 4분위 | 5분위 (상위20%) |
| 주택 소유 가구 | 507 | 204 | 303 | 48 | 43 | 49 | 47 | 45 | 45 | 43 |
| 다주택 (주택 소유 평균 이상 동네) | 303 | 98 | 205 | 47 | 44 | 47 | 46 | 45 | 44 | 42 |
| 다주택 (주택 소유 평균 미만 동네) | 204 | 115 | 89 | 49 | 46 | 51 | 48 | 48 | 46 | 46 |
| 아파트 거주 가구 | 507 | 316 | 191 | 47 | 45 | 46 | 48 | 47 | 45 | 45 |
| 1인 가구 | 507 | 239 | 268 | 46 | 46 | 44 | 47 | 46 | 46 | 47 |
| (반)지하 등 거주 가구 | 507 | 335 | 172 | 45 | 48 | 45 | 44 | 45 | 47 | 49 |
| 대학 이상 학력자 | 507 | 338 | 169 | 47 | 44 | 44 | 48 | 48 | 47 | 43 |
| 종교 인구 | 507 | 239 | 268 | 48 | 44 | 49 | 47 | 46 | 45 | 41 |
| 투표율 | 507 | 281 | 226 | 48 | 44 | 49 | 47 | 46 | 45 | 43 |

|
경기도에서 민주노동당을
많이 찍은
동네의 특징
|

        2004년 총선 때 민주노동당은 경기도에서 14%를 얻었다. 그러나 동네별 지지율은 최대 27%에서 최소 6%까지 다양했다. 경기도 분석 대상 507개 동네 가운데 민주노동당에 평균 이상으로 지지를 보낸 동네는 204개 동네이며, 득표율이 16%에 달해 경기도에서 민주노동당 지지율을 끌어올리는 데 큰 구실을 했다. 반면 득표율이 평균에 미치지 못한 동네는 303곳으로 12%에 그쳤다.

   그렇다면 경기도에서 민주노동당 지지도가 상대적으로 높은 동네들은 어떤 특징이 있을까. 먼저 득표율이 가장 높았던 10개 동네는 어디이며 어떤 특징이 있는지 살펴보자.

   2004년 경기도 총선에서 민주노동당을 가장 많이 찍은 10개 동네는 평택시 4곳, 군포시 2곳, 화성시·수원시·안양시·과천시 각 1곳이다. 이들 동네에서 투표에 참여한 9만6명 가운데 1만9,341명이 민주노동당을 찍어 평균 22%의 득표율을 기록했다.

   경기도에서 민주노동당을 많이 찍은 10개 동네는 어떤 특징이 있을까. 10개 동네에 사는 7만 가구 중 주택 소유자는 60%로 경기도 평균(59%)을 약간 웃돈다. 이 가운데 평택시 고덕면(77%)과 군포시 오금동(76%)은 동네 가구 중 주택을 소유한 사람이 70%가 넘는다. 그러나 평택시 포승면(47%), 수원시 장원구 율천동(47%), 과천시 갈현

**표 3_2.12**

## 경기도에서 민주노동당 득표율이 가장 높은 10개 동네의 특징

2004년 총선(단위 : %)

| | | 계 | 화성시 | 평택시 | 평택시 | 평택시 | 수원시 장안구 | 평택시 | 안양시 동안구 | 군포시 | 군포시 | 과천시 |
| --- | --- | --- | --- | --- | --- | --- | --- | --- | --- | --- | --- | --- |
| | | | 우정읍 | 안중읍 | 포승면 | 세교동 | 율천동 | 고덕면 | 달안동 | 수리동 | 오금동 | 갈현동 |
| 득표율 | | 22 | 27 | 27 | 23 | 21 | 20 | 20 | 20 | 20 | 20 | 20 |
| 주택 소유 | 주택 소유 | 60 | 64 | 62 | 47 | 55 | 47 | 77 | 60 | 65 | 76 | 48 |
| | 다주택 | 7 | 5 | 8 | 4 | 6 | 6 | 7 | 6 | 9 | 9 | 5 |
| | 무주택 | 40 | 36 | 38 | 53 | 45 | 53 | 23 | 40 | 35 | 24 | 52 |
| 거처 | 아파트 | 66 | 18 | 74 | 39 | 70 | 45 | 36 | 98 | 100 | 100 | 82 |
| | 단독주택 | 27 | 60 | 19 | 56 | 19 | 47 | 53 | 0 | 0 | 0 | 11 |
| | 기타 | 7 | 22 | 7 | 5 | 11 | 8 | 11 | 2 | 0 | 0 | 7 |
| 1인 가구 | | 18 | 18 | 14 | 23 | 10 | 29 | 12 | 22 | 12 | 9 | 33 |
| (반)지하 등 | | 2 | 2 | 1 | 0 | 1 | 10 | 1 | 0 | 0 | 0 | 5 |
| 대학 이상 학력 | 대학 이상 | 44 | 17 | 31 | 29 | 37 | 60 | 25 | 63 | 57 | 61 | 67 |
| | 석사과정 이상 | 3 | 1 | 1 | 1 | 2 | 5 | 1 | 5 | 5 | 5 | 9 |
| | 박사과정 이상 | 1 | 0 | 0 | 0 | 0 | 1 | 0 | 1 | 1 | 1 | 2 |
| 종교 인구 | 계 | 51 | 53 | 47 | 50 | 49 | 51 | 52 | 50 | 56 | 53 | 57 |
| | 불교 | 16 | 19 | 16 | 19 | 17 | 14 | 19 | 13 | 14 | 14 | 14 |
| | 개신교 | 22 | 19 | 21 | 21 | 19 | 21 | 17 | 25 | 26 | 26 | 25 |
| | 천주교 | 13 | 14 | 10 | 10 | 12 | 15 | 14 | 12 | 15 | 13 | 17 |
| 투표율 득표율 | 투표율 | 61 | 52 | 54 | 55 | 60 | 61 | 55 | 65 | 69 | 71 | 68 |
| | 한나라당 | 31 | 32 | 29 | 31 | 30 | 29 | 31 | 28 | 33 | 32 | 34 |
| | 민주(+열린우리)당 | 43 | 35 | 40 | 41 | 44 | 47 | 44 | 49 | 43 | 44 | 43 |
| | 민주노동당 | 22 | 27 | 27 | 23 | 21 | 20 | 20 | 20 | 20 | 20 | 20 |

동(48%)은 주택 소유자가 절반이 안 되고 오히려 무주택자가 많다. 집을 두 채 이상 가진 가구는 평균 7%로 경기도 평균과 같다.

또 10개 동네에 사는 사람의 평균 66%가 아파트에 산다. 100% 아파트 동네인 군포시 수리동과 오금동을 비롯해 6곳에서 동네 가구의 70% 이상이 아파트 거주자다. 반면에 화성시 우정읍은 82%, 평택시 고덕면 64% 등 4곳은 절반 이상이 단독·연립·다세대주택 등에 산다. 동네 가구 중 1인 가구는 18%로 경기도 평균(17%)을 약간 웃돌고, (반)지하 등에 사는 가구는 2%로 경기도 평균(6%)에 훨씬 못 미친다.

10개 동네에 사는 19세 이상 인구 중 대학 이상 학력자는 44%로 경기도 평균(41%)보다 높다. 전체 인구 중 종교 인구는 51%로 낮은 편이며, 종교별로는 개신교(22%)-불교(16%)-천주교(13%) 순으로 신자 수가 많다.

이제 경기도 507개 읍면동 전역으로 범위를 넓혀서 민주(+열린우리)당을 상대적으로 많이 찍은 동네에서 나타나는 특징을 살펴보자.


## 민주노동당 득표율과 주택 소유자

경기도에서 민주노동당의 동네별 득표율 분포와 주택 소유자 비중 사이에는 상관관계가 있을까. 먼저 민주노동당 득표율 분포별로 주택 소유자 비중이 어떻게 변화하는지 살펴보자. 2004년 경기도 총선에서 민주노동당을 평균(14%) 이상으로 지지한 204개 동네에 사는 가구 중 주택 소유자는 58%로, 평균 미만인 303개 동네에 비해 2%가 낮다(이하 〈표 3_2.13〉과 〈표 3_2.14〉 참조).

또 득표율이 가장 낮은 1분위와 2분위 동네의 주택 소유자 비중은 각각 67%와 62%인 데 비해, 득표율이 낮아지는 3분위와 4분위는 모두 56%로 더 낮다. 그러나 득표율이 가장 낮은 5분위에서는 다시 59%로 증가한다.

거꾸로 주택 소유자 분포별로 동네별 민주노동당 득표율을 보자. 민주노동당은 주택 소유자가 경기도 평균(59%) 미만인 204개 동네에서 14%를 얻어 평균 이상 303개 동네에 비해 1%를 더 얻었다. 한편 주택 소유자가 적은 1, 2, 3분위의 득표율은 같은 14%인 데 비해, 주택 소유자가 많은 4, 5분위는 같은 13%다.

이처럼 주택 소유자가 적고 무주택자가 많은 동네에서 민주노동당 득표율이 상대적으로 높은 추세는 나타나지만, 5분위별 주택 소유율과 득표율이 엇갈리는 데서 알 수 있듯이 다른 당에 비해 상관관계가 뚜렷하지는 않다.


## 민주노동당 득표율과 다주택자

민주노동당 득표율과 다주택자 비중은 어떤 연관이 있을까. 2004년 경기도 총선에서 민주노동당의 득표율이 평균 이상인 동네와 평균 미만인 동네의 다주택자 비중은 똑같이 7%로 경기도 평균과 같다. 그런데 득표율 5분위별 비중을 보면 민주노동당을 적게 찍은 1, 2분위 동네는 8%가 다주택자인 데 비해, 지지도가 높은 4, 5분위 동네는 7%로 득표율이 높을수록 다주택자가 적게 산다. 다만 3분위는 6%로 4, 5분위보다 낮다.

실제 다주택자 비중별 민주노동당 득표율 분포는 어땠을까. 먼저 주택 소유자가 평균 이상으로 많은 303개 동네 안에서 다주택자가 평균(7%) 이상인 205개 동네의 민주노동당 득표율은 평균 미만 98개 동네에 비해 1%가 높다. 또 주택 소유자가 평균 미만인 204개 동네 안에서도, 다주택자가 평균(5%) 이상인 89개 동네 득표율이 15%로 1% 더 높다. 다주택자가 많은 곳에서 오히려 표가 더 나온 것이다. 또 다주택자 비중 5분위별 득표율 분포도 엇갈리지만 다주택자가 가장 적은 1분위에 비해 가장 많은 5분위에서 득표율이 1% 높다.

이처럼 경기도에서 민주노동당 득표율과 다주택자 비중은 동네별로 서로 엇갈리고 있어 상관관계를 찾기 쉽지 않다.


## 민주노동당 득표율과 아파트 거주자

아파트 거주자 혹은 단독주택 등의 거주자가 많은가와 민주노동당 득표율과는 어떤 연관이 있을까. 2004년 경기도 총선에서 민주노동당을 평균 이상으로 지지한 동네 가구 중 아파트 거주자는 56%로 지지도 평균 미만인 동네에 비해 16%가 높다. 또한 민주노동당 득표율이 가장 낮은 1분위 동네의 아파트 거주자는 24%인 데 비해, 2분위와 3분위는 42~43%, 4분위는 52%, 득표율이 가장 높은 5분위는 61%다. 대체로 득표율이 높을수록 아파트 거주자가 많은 것이다.

실제로 동네 가구 중 아파트 거주자가 평균 이상인 동네에서 민주노동당은 평균 미만인 동네에 비해 1%를 더 얻었다. 또 아파트 거주자가 가장 적은 1분위에서 12%를 얻은 반면, 2분위와 3분위에서

13%를, 4분위에서 14%를, 아파트 거주자가 가장 많은 5분위에서 15%를 얻었다.

이처럼 경기도에서 민주노동당 득표율은 대체로 아파트 거주자가 많을수록 높고, 또한 아파트 거주자가 많은 동네일수록 실제로 더 지지를 보낸 것으로 나타났다.


## 민주노동당 득표율과 1인 가구·(반)지하 등 거주 가구

경기도 동네별 민주노동당 득표율과 1인 가구의 비중은 어떤 관계일까. 2004년 경기도 총선에서 민주노동당을 평균 이상으로 찍은 동네와 평균 미만으로 찍은 동네의 1인 가구 비중은 차이 없이 경기도 평균인 17%와 같다. 또 득표율 5분위별 1인 가구 분포도 엇갈리고 있어 연관성을 찾기 어렵다.

실제 민주노동당은 1인 가구가 평균 미만인 239개 동네에서 14%를 얻어 평균 이상인 동네에 비해 1%를 더 얻었지만, 1인 가구 5분위별 득표율 분포는 엇갈리고 있다. 이처럼 경기도에서 민주노동당 득표율과 1인 가구 비중의 연관성은 미약하다.

(반)지하, 옥탑·비닐집·쪽방 등에 사는 사람이 많고 적은 것과는 어떤 연관이 보일까. 득표율이 평균 이상인 동네나 평균 미만인 동네의 (반)지하 등에 사는 가구는 차이가 없이 경기도 평균 6%와 같다. 득표율 5분위별 (반)지하 역시 분포는 1분위에서 3%, 2분위 5%, 3분위 7%, 4분위와 5분위 각 6%로 연관성을 찾기 어렵다.

거꾸로 (반)지하 등 거주자가 경기도 평균(6%) 이상인 172개 동네와 평균 미만인 335개 동네의 민주노동당 득표율도 14%로 차이가 없다. (반)지하 등 거주 가구 비중별 5분위별 득표율 분포도 1분위 15%, 2분위와 3분위 13%, 4분위와 5분위 14%로 연관성을 읽기 어렵다.

이처럼 경기도에서 민주노동당 득표율과 (반)지하 등 거주 가구 분포의 연관 관계는 찾기 어렵다.


## 민주노동당 득표율과 대학 이상 학력자

동네별 민주노동당 득표율과 학력 수준은 어느 정도 상관관계가 있을까. 2004년 경기도 총선에서 민주노동당을 평균 이상으로 찍은 204개 동네에 사는 19세 이상 인구 중 대학 이상 학력자는 44%로, 평균 미만인 303개 동네에 비해 6%가 높다.

또 득표율이 가장 낮은 1분위 동네의 대학 이상 학력자는 35%로 가장 낮고, 2분위와 3분위는 38~39%, 득표율이 가장 높은 4분위와 5분위는 43~46%로 득표율이 올라갈수록 대학 이상 학력자 비중도 올라간다.

실제로 대학 이상 학력자 비중이 경기도 평균(41%) 이상인 169개 동네에서 민주노동당은 14%를 얻어 평균 미만인 동네에 비해 1%를 더 얻었다. 또한 학력자 비중이 가장 낮은 1분위에서 11%를 얻은 반면, 2분위에서 13%, 3~5분위에서 14%를 얻었다.

이처럼 민주노동당은 대체로 대학 이상 학력자가 상대적으로 많은 동네에서 득표율이 약간 높은 것으로 나타났고, 실제로 대학 이상 학

력자가 아주 적은 곳보다는 어느 정도 비중을 차지하는 곳에서 좀 더
지지를 얻었다.


## 민주노동당 득표율과 종교 인구

경기도에서 동네별 민주노동당 득표율과 종교 인구의 상관관계는 어
떨까.

2004년 경기도 총선에서 민주노동당을 평균 이상으로 찍은 204개
동네 인구 중 종교 인구는 51%로, 평균 미만인 303개 동네에 비해
2%가 낮다. 또한 민주노동당 득표율이 가장 낮은 1분위와 2분위의
종교 인구는 54%로 3분위 52%는 물론 득표율이 가장 높은 4분위와
5분위 51%에 비해서도 가장 많다.

실제로 동네 인구 중 종교 인구가 경기도 평균(52%)보다 적은 239
개 동네에서 민주노동당 득표율은 14%로 종교 인구 평균 이상 268
개 동네에 비해 1%가 높다. 또 종교 인구가 가장 많은 5분위의 득표
율은 12%로 1~4분위 14%에 비해 가장 낮았다.

이처럼 민주노동당 득표율이 높은 동네에는 상대적으로 종교 인구
가 적고, 종교 인구가 많은 동네에서는 표가 적게 나온다. 다만 다른
당처럼 종교 인구 비중이 변하는 데 따라 득표율도 미세하게 변하는
정도의 연관성이 나타나지는 않는다.

## 민주노동당 득표율과 투표율

민주노동당 득표율과 투표율은 어떤 관련이 있을까. 민주노동당을 평균 이상으로 찍은 204개 동네의 투표율은 60%로, 평균 미만인 동네에 비해 2%가 높다. 하지만 득표율 5분위별 투표율 분포에서는 연관성을 찾기 어렵다.

실제로 민주노동당은 투표율이 경기도 평균(59%) 이상인 226개 동네에서, 평균 미만인 동네에 비해 1%를 더 얻었지만, 투표율 5분위별 득표율 분포에서는 연관성이 잘 나타나지 않는다.

표 3_2.13

## 민주노동당 득표율 분포별 경기도 507개 동네의 특징

**2004년 총선(단위 : %)**

| | | 평균 | | | 5분위 | | | | | | |
|---|---|---|---|---|---|---|---|---|---|---|---|
| | | 계 | 평균 미만 | 평균 이상 | 1분위 | | 2분위 | 3분위 | 4분위 | 5분위 | |
| | | 507개 동네 | 303개 동네 | 204개 동네 | 하위 50개 동네 | (하위20%) | | | | (상위 20%) | 상위 50개 동네 |
| 득표율 | | 14 | 12 | 16 | 8 | 9 | 11 | 13 | 14 | 17 | 17 |
| 주택 소유 | 주택 소유 | 59 | 60 | 58 | 75 | 67 | 62 | 56 | 56 | 59 | 60 |
| | 다주택 | 7 | 7 | 7 | 9 | 8 | 8 | 6 | 7 | 7 | 7 |
| | 무주택 | 41 | 40 | 42 | 25 | 33 | 38 | 44 | 44 | 41 | 40 |
| 거처 | 아파트 | 48 | 40 | 56 | 17 | 24 | 43 | 42 | 52 | 61 | 62 |
| | 단독주택 | 34 | 40 | 29 | 72 | 60 | 39 | 35 | 31 | 27 | 26 |
| | 기타 | 18 | 20 | 15 | 11 | 16 | 21 | 23 | 17 | 12 | 12 |
| 1인 가구 | | 17 | 17 | 17 | 19 | 19 | 15 | 18 | 18 | 16 | 16 |
| (반)지하 등 | | 6 | 6 | 6 | 2 | 3 | 5 | 7 | 6 | 6 | 6 |
| 대학 이상 학력 | 대학 이상 | 41 | 38 | 44 | 29 | 35 | 39 | 38 | 43 | 46 | 47 |
| | 석사과정 이상 | 3 | 3 | 3 | 3 | 3 | 3 | 2 | 3 | 3 | 3 |
| | 박사과정 이상 | 1 | 1 | 1 | 1 | 1 | 1 | 0 | 0 | 1 | 1 |
| 종교 인구 | 계 | 52 | 53 | 51 | 54 | 54 | 54 | 52 | 51 | 51 | 51 |
| | 불교 | 17 | 18 | 16 | 22 | 20 | 19 | 17 | 16 | 15 | 15 |
| | 개신교 | 22 | 21 | 22 | 20 | 20 | 21 | 22 | 22 | 22 | 22 |
| | 천주교 | 12 | 12 | 12 | 11 | 13 | 13 | 12 | 12 | 13 | 13 |
| 투표율 득표율 | 투표율 | 59 | 58 | 60 | 61 | 60 | 59 | 57 | 59 | 60 | 60 |
| | 한나라당 | 36 | 39 | 33 | 47 | 45 | 40 | 35 | 34 | 32 | 31 |
| | 민주(+열린우리)당 | 46 | 45 | 47 | 40 | 41 | 44 | 47 | 47 | 46 | 46 |
| | 민주노동당 | 14 | 12 | 16 | 8 | 9 | 11 | 13 | 14 | 17 | 18 |

표 3_2.14

# 경기도 동네 특성별 민주노동당 득표율

2004년 총선(단위 : 개, %)

| | 읍면동 수(개) | | | 득표율(%) | | 5분위별 득표율(%) | | | | |
|---|---|---|---|---|---|---|---|---|---|---|
| | 계 | 평균 미만 | 평균 이상 | 평균 미만 | 평균 이상 | 1분위 (하위20%) | 2분위 | 3분위 | 4분위 | 5분위 (상위20%) |
| 주택 소유 가구 | 507 | 204 | 303 | 14 | 13 | 14 | 14 | 14 | 13 | 13 |
| 다주택 (주택 소유 평균 이상 동네) | 303 | 98 | 205 | 13 | 14 | 12 | 13 | 14 | 14 | 13 |
| 다주택 (주택 소유 평균 미만 동네) | 204 | 115 | 89 | 14 | 15 | 14 | 14 | 13 | 14 | 15 |
| 아파트 거주 가구 | 507 | 316 | 191 | 13 | 14 | 12 | 13 | 13 | 14 | 15 |
| 1인 가구 | 507 | 239 | 268 | 14 | 13 | 14 | 14 | 13 | 13 | 14 |
| (반)지하 등 거주 가구 | 507 | 335 | 172 | 14 | 14 | 15 | 13 | 13 | 14 | 14 |
| 대학 이상 학력자 | 507 | 338 | 169 | 13 | 14 | 11 | 13 | 14 | 14 | 14 |
| 종교 인구 | 507 | 239 | 268 | 14 | 13 | 14 | 14 | 14 | 14 | 12 |
| 투표율 | 507 | 281 | 226 | 13 | 14 | 14 | 13 | 13 | 14 | 14 |

# 3

# 동네별
# 사회 지도

용인시 수지구 성복동과 시흥시 정왕본동의 사회 지도를 보자. 성복동은 가구의 88%가 집이 있고 이 중 25%는 두 채 이상 갖고 있으며, 96%가 아파트에 산다. 반면 정왕본동은 93%가 무주택자이고 98%가 단독주택에 산다. 19세 이상 인구의 81%가 대학 이상 학력자인 성복동에 비해 정왕본동은 30%에 머문다. 성복동은 68%가 종교를 갖고 있고 그 중 21%가 천주교 신자인 반면, 정왕본동은 67%가 종교 없이 산다. 대비되는 사회 지도는 정치 지도로 이어진다. 2004년 총선에서 성복동은 69%가 투표해 56%가 한나라당을 찍은 반면, 정왕본동은 68%가 투표를 포기했으며 투표자 중에는 54%가 민주(+열린우리)당을, 15%가 민주노동당을 찍었다.

숫자 100 으로 본 **경기도 가평군** 6개 동네

가평군에는 2005년 현재 6개 읍면에 1만5,500개의 거처가 있고,
여기에 1만6,800가구 5만 명이 살고 있다.
경기도 가평군이 100명이 사는 마을이라면 어떤 모습일까?

## 숫자 <u>100으로</u> 본 가평군

가평군에 사는 사람은 경기도 평균인에 비해 대학 이상 학력자 비중
은 낮고 종교 인구 비중은 비슷하며, 불교 신자 비중이 높다. 자영업
자, 서비스직, 농림 어업 종사자, 단순 노무직이 상대적으로 많다.

　1인 가구, 주택 소유자, 단독주택 거주자가 상대적으로 많고 거주
기간은 긴 편이다. 가구의 19%가 최저 주거 기준에 미달되지만 공공
임대주택은 2% 수준이다.

　최근 7년 동안 가평군에서 한나라당은 44~64%를, 민주(＋열린우
리)당은 21~42%를, 민주노동당＋진보신당은 5~9%를 얻었다. 그러
나 동네별로는 차이가 있었다.

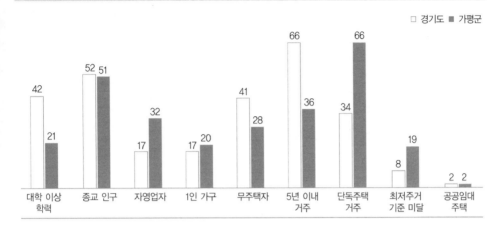

**그림 3_3.1**

## 경기도와 가평군의 주요 지수 평균 비교

(단위 : %)

□ 경기도  ■ 가평군

| | 대학 이상 학력 | 종교 인구 | 자영업자 | 1인 가구 | 무주택자 | 5년 이내 거주 | 단독주택 거주 | 최저주거 기준 미달 | 공공임대 주택 |
|---|---|---|---|---|---|---|---|---|---|
| 경기도 | 42 | 52 | 17 | 17 | 41 | 66 | 34 | 8 | 2 |
| 가평군 | 21 | 51 | 32 | 20 | 28 | 36 | 66 | 19 | 2 |

## 가평군 인구가 <u>100명</u>이라면 :
## 대학 이상 학력자 <u>21명</u>, 종교 인구 <u>51명</u>

경기도 가평군에 사는 사람은 2005년 현재 4만9,581명으로, 가평군 인구가 100명이라면 남자 대 여자의 수는 50 대 50으로 균형을 이루고 있다. 청평면과 하면은 51 대 49로 남자가 더 많고, 설악면은 47 대 53으로 북면은 49 대 51로 여자가 더 많다. 가평군 인구 100명 중 99명은 내국인이고 1명은 외국인인데 설악면에 집중돼 있다. 설악면 인구 중 7%가 외국인이며 국적별로는 일본이 71%로 압도적으로 많다. 22명은 어린이와 청소년(19세 미만)이고, 78명은 어른이다. 어른 가운데 18명은 노인(65세 이상)이다.

지역적으로는 가평군에 사는 100명 중 34명은 가평읍에, 21명은 청평면에 산다. 또 17명은 하면에, 13명은 설악면에, 9명은 상면에, 6명은 북면에 산다.

종교를 보면, 51명이 종교를 갖고 있다. 22명은 불교, 17명은 개신교, 12명은 천주교 신자다. 불교는 북면에서, 개신교는 청평면에서, 천주교는 하면에서 각각 신자 비율이 높다.

학력은 어떨까. 8명은 초등학교에, 4명은 중학교에, 3명은 고등학교에 다니고 있으며, 17명은 대학에 재학 중이거나 대학 이상의 학력을 가지고 있다(6세 이상 인구 기준). 또 가평군에 사는 19세 이상 인구 가운데 21%가 대학 이상 학력자다. 가평읍은 23%가 대학 이상 학력자로 비중이 가장 높다.

23명은 미혼이며 77명은 결혼했다. 결혼한 사람 가운데 12명은 배우자와 사별했고, 3명은 이혼했다(15세 이상 인구 기준). 13명은 몸이 불편하거나 정신 장애로 정상적인 활동에 제약을 느끼고 있다.

거주 기간을 보면, 63명은 현재 살고 있는 집에 산 지 5년이 넘었으나, 37명은 5년 이내에 새로 이사 왔다(5세 이상 인구 기준). 이사 온 사람 중 17명은 가평군의 다른 동에서, 8명은 경기도의 다른 시군에서, 12명은 경기도 밖에서 이사 왔다.

표 3_3.1

# 경기도 가평군 성별·종교별·학력별 인구

(단위 : 명, %)

| 행정구역 | 남녀/외국인 | | | | 종교 인구 | | | | | | | 대학 이상 학력 인구 | | | | | | |
|---|---|---|---|---|---|---|---|---|---|---|---|---|---|---|---|---|---|---|
| | 총인구 | 남자 | 여자 | 외국인 | 인구(내국인) | 종교 있음 | | | | | 종교 없음 | 19세 이상 인구 | 계 | 4년제 미만 | | 4년제 이상 | | 대학원 이상 |
| | | | | | | 계 | 불교 | 개신교 | 천주교 | 기타 | | | | 계 | 재학 | 계 | 재학 | |
| 가평군 | 49,581 | 50 | 50 | 1 | 49,059 | 51 | 22 | 17 | 12 | 1 | 49 | 38,297 | 21 | 8 | 2 | 11 | 2 | 2 |
| 가평읍 | 16,623 | 50 | 50 | 0 | 16,613 | 48 | 24 | 14 | 9 | 1 | 52 | 12,422 | 23 | 9 | 2 | 13 | 3 | 1 |
| 북면 | 3,082 | 49 | 51 | 0 | 3,069 | 52 | 27 | 20 | 3 | 1 | 48 | 2,608 | 17 | 5 | 1 | 10 | 1 | 2 |
| 상면 | 4,557 | 50 | 50 | 0 | 4,547 | 50 | 26 | 14 | 10 | 1 | 49 | 3,720 | 18 | 9 | 2 | 8 | 1 | 1 |
| 설악면 | 6,271 | 47 | 53 | 7 | 5,834 | 46 | 19 | 19 | 7 | 0 | 54 | 4,665 | 21 | 8 | 1 | 11 | 2 | 2 |
| 청평면 | 10,567 | 51 | 49 | 0 | 10,528 | 52 | 20 | 21 | 10 | 1 | 48 | 8,143 | 22 | 9 | 2 | 12 | 2 | 1 |
| 하면 | 8,481 | 51 | 49 | 0 | 8,468 | 59 | 16 | 13 | 29 | 1 | 41 | 6,739 | 19 | 9 | 2 | 9 | 2 | 2 |

## 가평군 취업자가 100명이라면 : 46명은 봉급쟁이, 32명은 자영업자

가평군에 사는 15세 이상 인구 4만 명 가운데 취업해 직장에 다니는 사람(취업자)은 54%, 2만2천 명이다. 가평군 취업자가 100명이라면 49명은 30~40대, 11명은 20대이며, 19명은 50대다. 65세 이상 노인도 11명이 일하고 있다.

회사에서 봉급을 받고 일하는 직장인은 46명이다. 32명은 고용한 사람 없이 혼자서 일하는 자영업자이며, 5명은 누군가를 고용해 사업체를 경영하는 사업주다. 17명은 가족이 운영하는 사업체에서 보수 없이 일하고 있다.

직업별로는 농림 어업 종사자가 25명으로 가장 많다. 18명은 서비스직, 10명은 사무직, 9명은 판매직, 다른 9명은 단순 노무직으로 일한다. 7명은 장치 기계 조작 및 조립직, 다른 7명은 기능직, 5명은 기술공 및 준전문가로 일한다. 또한 4명은 전문가로, 2명은 고위 관리직으로 일한다.

직장으로 출근하는 데 30분 이상 걸리는 사람은 15명이며, 그 가운데 7명은 1시간 이상 걸린다. 41명은 걸어서 출근하고, 59명은 교통수단을 이용해 출근한다. 51명 가운데 40명은 자가용으로, 6명은 통근 버스로, 4명은 시내버스로 출퇴근한다. 1명은 시외(고속)버스로, 2명은 자전거로, 또 다른 1명은 여러 교통수단을 갈아타며 출퇴근한다.

사무실이나 공장 등에서 일하는 사람은 65명, 야외나 거리 또는 운송 수단에서 일하는 사람은 25명이다. 8명은 자기 집에서, 1명은 남의 집에서 일한다.


## 가평군에 100가구가 산다면 :
## 25가구는 셋방살이

가평군에는 1만7천 가구가 산다(일반 가구 기준). 가평군에 사는 가구를 100가구로 친다면, 51가구는 식구가 한 명 또는 두 명인 1, 2인 가구이며, 이 가운데 20가구는 나 홀로 사는 1인 가구다. 식구 4명은 19가구, 3명은 19가구, 5명 이상은 11가구다.

동네별 1인 가구 비중을 보면 북면이 26%로 가장 높고, 청평면·설악면 각 23%, 상면 22%, 가평읍 21% 순이다. 하면은 16%로 가장 낮다.

67가구는 자신이 소유한 집에서 살고, 25가구는 셋방에 살며, 9가

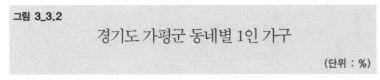

**그림 3_3.2**

## 경기도 가평군 동네별 1인 가구

(단위 : %)

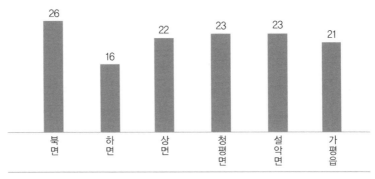

| 북면 | 하면 | 상면 | 청평면 | 설악면 | 가평읍 |
|------|------|------|--------|--------|--------|
| 26 | 16 | 22 | 23 | 23 | 21 |

구는 직장의 사택이나 친척집 등에서 무상으로 살고 있다. 자기 집에 사는 가구 중 8가구는 현재 살고 있는 집 외에 최소 한 채에서 여러 채를 소유한 다주택자들이다.

셋방에 사는 가구 가운데 13가구는 전세에, 8가구는 보증금 있는 월세에, 2가구는 보증금 없는 월세에 살고 있고, 2가구는 사글세에 산다. 셋방 사는 가구 중 3가구는 어딘가에 자신 명의의 집을 소유하고 있으나 경제 사정이나 자녀 교육, 직장 등의 사정으로 셋방에 살고 있다.

36가구는 현재 사는 집으로 이사 온 지 5년이 안 되며, 이 가운데 20가구는 2년이 안 된다. 20가구는 5~10년이 됐고, 44가구는 10년이 넘었다.

64가구는 자동차를 소유하고 있고 이 가운데 51가구는 자기 집에 전용 주차장이 있다. 자동차 소유 가구 중 12가구는 차를 2대 이상

표 3_3.2

## 경기도 가평군의 다주택자

(단위 : 가구, 호)

| 구분 | | | 가구 수 | 주택 수 | 평균 주택 수 |
|---|---|---|---|---|---|
| 일반 가구 | | | 16,754 | – | – |
| 자가 가구 | | | 11,146 | – | – |
| 다주택 가구 | 통계청 | | 1,283 | – | – |
| | 행자부 | 계 | 819 | 1,931 | 2 |
| | | 2채 | 709 | 1,418 | 2 |
| | | 3채 | 66 | 198 | 3 |
| | | 4채 | 14 | 56 | 4 |
| | | 5채 | 10 | 50 | 5 |
| | | 6~10채 | 14 | 104 | 7 |
| | | 11채 이상 | 6 | 105 | 18 |

소유하고 있다.


**집 많은 사람, 집 없는 사람 :**
**북면·상면·설악면 80% 이상 주택 소유**


가평군에 사는 100가구 중 72가구는 주택 소유자이며 28가구는 무주택자다. 6개 동네 모두 무주택자보다 주택 소유자가 더 많다. 북면 가구의 86%는 주택 소유자이며, 상면(85%)과 설악면(80%)도 80% 이상이 주택 소유자다. 무주택자는 청평면(36%), 하면(32%), 가평읍(31%) 순으로 많다.

　가평군 100가구 중 8가구는 다주택자다. 북면 가구의 14%, 설악면

표 3_3.3

# 경기도 가평군 주택의 점유·소유 형태별 가구

(단위 : 가구, %)

| 행정구역 | 전체 가구 | 자기 집에 거주 | | | 셋방에 거주 | | | 무상으로 거주 | | 주택 소유 | 무주택 |
| --- | --- | --- | --- | --- | --- | --- | --- | --- | --- | --- | --- |
| | | 계 | 집 한 채 | 여러 채 | 계 | 집 없음 | 집 있음 | 집 없음 | 집 있음 | | |
| 가평군 | 16,754 | 67 | 59 | 8 | 25 | 21 | 3 | 7 | 2 | 72 | 28 |
| 가평읍 | 5,798 | 63 | 57 | 7 | 31 | 27 | 4 | 5 | 1 | 69 | 31 |
| 북면 | 1,224 | 80 | 67 | 14 | 7 | 6 | 1 | 8 | 5 | 86 | 14 |
| 상면 | 1,581 | 83 | 77 | 6 | 13 | 12 | 1 | 3 | 1 | 85 | 15 |
| 설악면 | 2,088 | 76 | 67 | 9 | 16 | 13 | 2 | 7 | 2 | 80 | 20 |
| 청평면 | 3,824 | 57 | 50 | 7 | 34 | 29 | 6 | 7 | 2 | 64 | 36 |
| 하면 | 2,239 | 62 | 55 | 7 | 20 | 17 | 2 | 15 | 3 | 68 | 32 |

가구의 9%는 집을 두 채 이상 소유한 다주택자다.

가평군 100가구 중 3가구는 어딘가에 집을 소유하고 있지만 현재 셋방에 사는 유주택 전월세 가구다. 유주택 전월세 가구는 청평면(6%)에서 가장 비중이 높다.

한편 가평군 100가구 중 9가구는 직장의 사택이나 친척집 등에서 무상으로 살고 있는데 이 가운데 7가구는 무주택자고 2가구는 주택 소유자다. 무상 가구는 하면에서 18%로 가장 비중이 높은데 이 중 15%는 무주택자이고 3%는 주택 소유자다.

주택 소유자 72가구 중 유주택 전월세와 유주택 무상 가구를 제외한 67가구는 자기 집에 살고 있는데 상면(83%)과 하면(80%)에서 가장 비중이 높고, 6개 동네 모두에서 가구의 절반 이상이 자기 집에 살고 있다. 한편 셋방 가구와 무주택 전월세 가구 비율은 청평면에서 가장 높았다.

# 가평군에 있는 집이 100채라면 :
# 64채는 단독주택, 14채는 아파트

가평군에는 집(주택과 주택 이외의 거처)이 1만5,533채가 있다. 가평군에 있는 집이 100채라면 64채는 단독주택이고, 14채는 아파트다. 9채는 연립주택이며, 8채는 다세대주택이며, 4채는 비거주용 건물 내 주택, 2채는 주택 이외의 거처다.

상면은 92%, 북면과 설악면은 80% 이상, 하면은 62%, 청평면과 가평읍은 절반 이상이 단독주택이다. 6개 읍면 모두 단독주택이 절반이 넘는 것이다. 아파트는 가평읍(23%), 청평면(16%), 하면(14%) 순으로 많다. 연립주택은 청평면(18%)에서, 다세대주택은 가평읍(14%)에서 상대적으로 많다.

사람이 사는 곳을 기준으로 보면 가평군 가구의 66%는 단독주택에, 13%는 아파트에 산다. 연립주택과 다세대주택에는 8%가 살고, 비거주용 건물 내 주택에는 5%, 주택 이외의 거처에는 2%가 산다.

동네별로는 상면 92%를 비롯해 6곳 모두에서 절반 이상이 단독주택에 산다. 아파트에 사는 가구는 가평읍(21%), 청평면(14%), 하면(13%) 순으로 많다. 연립주택은 청평면(16%)에서, 다세대주택은 가평읍(13%)에서 거주 가구 비중이 높다. 또 비거주용 건물 내 주택은 하면(7%)에서, 주택 이외의 거처는 설악면(3%)에서 가주 가구 비중이 높다.

가평군 주택(주택 이외의 거처 제외)을 크기별로 보면, 29평 이상의 주택은 28채, 19~29평은 44채, 14~19평은 19채이며, 14평 미만은 8채다. 상면에서는 37%가 29평 이상이고, 가평읍에서는 22%가 14평 미만이다.

2005년 기준으로 39채는 지은 지 10년(1995~2005년 사이 건축)이 안 된 새집이며, 34채는 1985년에서 1994년 사이에 지었고, 20년이 넘은 주택은 27채다. 10년이 안 된 새집은 설악면에서 51%로 가장 많고, 20년이 넘은 집은 상면에서 36%로 가장 많다.

1995년부터 2005년까지 10년 동안 가평군 주택 수(주택 이외의 거처 제외)는 1만3,300채에서 1만5,300채로 14%인 1천9백 채가 늘었다. 단독주택은 5백 채(5%)가 늘었고 아파트는 1천 채(97%)가 늘었다. 다세대주택은 1천1백 채(918%)가 늘었다. 반면 연립주택은 5백 채(29%)가 줄었다. 이에 따라 전체 주택(주택 이외의 거처 제외)에서 차지하는 비중은 단독주택은 71%에서 65%로, 연립주택은 14%에서 9%로 줄어든 반면, 아파트는 8%에서 14%로, 다세대주택은 1%에서 8%로 증가했다.


## 가평군 100가구 중 19가구는 최저 주거 기준에 미달

가평군에 사는 1만7천 가구를 100가구로 친다면, 그 중 19가구는 식구에 비해 집이 너무 좁거나 시설이 제대로 갖춰지지 않아 인간다운 품위를 지키기 어려운 최저 주거 기준 미달 가구다. 또한 1만7천 가구 중 48가구는 (반)지하에, 16가구는 옥탑방에, 65가구는 판잣집·움막·비닐집에, 121가구(1%)는 업소의 잠만 자는 방 등에 살고 있다.

이런 상황에서 2005년 현재 가평군에 공급된 공공임대주택은 355채로 전체 가구의 2% 수준이다. 이조차도 주공(현 한국토지주택공사)이

**표 3_3.4**

## 경기도 가평군 거처의 종류별·연건평별·건축년도별 주택

(단위 : 호, 가구, %)

| 행정구역 | 거처의 종류별 거처와 가구 | | | | | | | | | | | | | |
|---|---|---|---|---|---|---|---|---|---|---|---|---|---|---|
| | 계 | | 단독주택 | | 아파트 | | 연립주택 | | 다세대주택 | | 비거주용 건물 내 주택 | | 주택 이외의 거처 | |
| | 거처 | 가구 | 거처 | 가구 | 거처 | 가구 | 거처 | 가구 | 거처 | 가구 | 거처 | 가구 | 거처 | 가구 |
| 가평군 | 15,533 | 16,794 | 64 | 66 | 14 | 13 | 9 | 8 | 8 | 8 | 4 | 5 | 2 | 2 |
| 가평읍 | 5,359 | 5,804 | 50 | 53 | 23 | 21 | 9 | 8 | 14 | 13 | 3 | 4 | 1 | 1 |
| 북면 | 1,204 | 1,225 | 89 | 88 | 3 | 3 | 0 | 0 | 2 | 2 | 4 | 5 | 2 | 2 |
| 상면 | 1,527 | 1,585 | 92 | 92 | 1 | 1 | 2 | 2 | 0 | 0 | 4 | 4 | 1 | 1 |
| 설악면 | 2,003 | 2,099 | 84 | 84 | 0 | 0 | 4 | 4 | 5 | 5 | 3 | 4 | 3 | 3 |
| 청평면 | 3,372 | 3,831 | 53 | 58 | 16 | 14 | 18 | 16 | 5 | 5 | 5 | 5 | 2 | 2 |
| 하면 | 2,068 | 2,250 | 62 | 64 | 14 | 13 | 6 | 6 | 10 | 9 | 6 | 7 | 2 | 2 |

공급한 50년 임대주택이 전부로, 경기도나 가평군이 공급한 공공임
대주택은 단 한 채도 없다.


## 가평군 유권자가 100명이라면

정당 지지도를 알 수 있는 최근 네 차례 선거(제3~4회 동시지방선거, 제
17~18대 총선)를 기준으로 가평군 유권자는 대략 4만2천~4만5천 명
이며, 평균 투표율은 63%였다.

가평군 유권자가 100명이라면 2002년 지방선거에서는 57명이 한
나라당을, 21명이 새천년민주당을, 8명이 자민련을, 다른 8명이 민주
노동당을 찍었다. 2004년 총선에서는 44명은 한나라당을, 37명은 열

| 총 주택 수 | 연건평별 주택 | | | | 건축년도별 주택 | | |
|---|---|---|---|---|---|---|---|
| | 14평 미만 | 14~19평 | 19~29평 | 29평 이상 | 1995~2005년 | 1985~1994년 | 1985년 이전 |
| 15,267 | 8 | 19 | 44 | 28 | 39 | 34 | 27 |
| 5,310 | 10 | 22 | 46 | 22 | 33 | 40 | 27 |
| 1,185 | 13 | 16 | 41 | 31 | 48 | 21 | 31 |
| 1,516 | 7 | 15 | 41 | 37 | 40 | 23 | 36 |
| 1,941 | 6 | 16 | 44 | 35 | 51 | 21 | 27 |
| 3,290 | 7 | 21 | 43 | 29 | 41 | 36 | 22 |
| 2,025 | 7 | 20 | 45 | 28 | 29 | 44 | 27 |

린우리당을, 9명은 민주노동당을, 5명은 새천년민주당을, 2명은 자민련을 지지했다.

2006년 지방선거에서는 64명이 한나라당을 찍었고, 21명은 열린우리당을, 7명은 민주노동당을, 4명은 민주당을 찍었다. 2008년 총선에서는 47명이 한나라당을, 24명이 통합민주당을, 10명이 친박연대를, 4명이 민주노동당을, 3명이 자유선진당을, 다른 3명이 창조한국당을, 1명이 진보신당을 지지했다.

투표율은 북면에서 상대적으로 가장 높았고, 외서면과 하면에서 가장 낮았다. 북면과 외서면의 투표율 격차는 최소 10%에서 최대 13%까지 벌어졌다.

한나라당 득표율은 2002년에는 가평읍에서, 2004년에는 상면과 설악면에서, 2008년에는 상면과 북면, 청평면에서 상대적으로 높았

표 3_3.5

## 경기도 가평군 (반)지하 등 거주 가구

(단위 : 가구, %)

| 행정구역 | 전체 가구 | (반)지하 | 옥탑방 | 판잣집·움막·비닐집 | 기타 | |
|---|---|---|---|---|---|---|
| | | 가구 | 가구 | 가구 | 가구 | 비중 |
| 가평군 | 16,754 | 48 | 16 | 65 | 121 | 1 |
| 가평읍 | 5,798 | 11 | 3 | 11 | 32 | 1 |
| 북면 | 1,224 | – | – | 6 | 12 | 1 |
| 상면 | 1,581 | 1 | 1 | 4 | 3 | 0 |
| 설악면 | 2,088 | 1 | – | 18 | 30 | 1 |
| 청평면 | 3,824 | 32 | 6 | 20 | 16 | 0 |
| 하면 | 2,239 | 3 | 6 | 6 | 28 | 1 |

다. 반면 2002년과 2004년에는 하면에서, 2008년에는 가평읍에서 득표율이 가장 낮았다.

민주(+열린우리)당 득표율은 2002년과 2004년에는 하면에서, 2008년에는 가평읍에서 득표율이 가장 높았다. 반면 설악면에서는 항상 득표율이 가장 낮았다.

민주노동당+진보신당 득표율은 가평읍에서 상대적으로 가장 높았다.

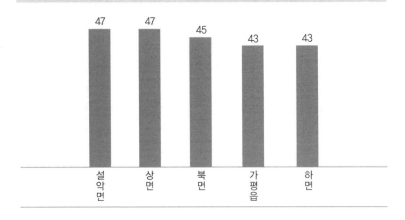

그림 3_3.3

경기도 가평군 동네별 한나라당 득표율

2004년 총선(단위 : %)

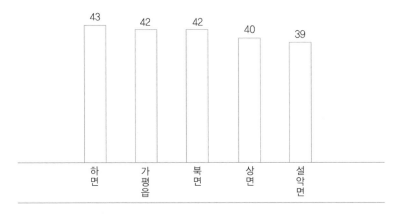

그림 3_3.4

경기도 가평군 동네별 민주(＋열린우리)당 득표율

2004년 총선(단위 : %)

**표 3_3.6**

# 경기도 가평군 역대 선거 투표율과 정당 지지율

2002~2008년(단위 : 명, %)

| 행정구역 | 2002년 지방선거 | | | | | | | 2004년 총선 | | | | | | | |
|---|---|---|---|---|---|---|---|---|---|---|---|---|---|---|---|
| | 선거인 수 | 투표율 | 한나라당 | 새천년민주당 | 자민련 | 민주노동당 | 기타정당 | 선거인 수 | 투표율 | 한나라당 | 새천년민주당 | 열린우리당 | 자민련 | 민주노동당 | 기타정당 |
| 가평군 | 42,387 | 68 | 57 | 21 | 8 | 8 | 6 | 42,270 | 62 | 44 | 5 | 37 | 2 | 9 | 3 |
| 가평읍 | 13,437 | 68 | 61 | 20 | 5 | 9 | 5 | 13,614 | 62 | 43 | 5 | 38 | 1 | 10 | 3 |
| 북면 | 2,982 | 74 | 57 | 19 | 7 | 9 | 9 | 2,842 | 68 | 45 | 5 | 36 | 1 | 9 | 4 |
| 상면 | 3,973 | 74 | 54 | 21 | 13 | 7 | 5 | 3,945 | 65 | 47 | 6 | 35 | 2 | 8 | 3 |
| 설악면 | 4,831 | 70 | 57 | 19 | 9 | 7 | 7 | 4,940 | 64 | 47 | 6 | 33 | 2 | 8 | 4 |
| 외서면 | 9,189 | 61 | 57 | 21 | 9 | 7 | 6 | 9,046 | 58 | 45 | 5 | 36 | 2 | 10 | 3 |
| 하면 | 5,871 | 69 | 53 | 23 | 12 | 7 | 5 | 6,585 | 57 | 43 | 6 | 37 | 2 | 8 | 4 |

| 행정구역 | 2006년 지방선거 | | | | | | |
|---|---|---|---|---|---|---|---|
| | 선거인 수 | 투표율 | 열린우리당 | 한나라당 | 민주당 | 민주노동당 | 기타 정당 |
| 가평군 | 43,630 | 68 | 21 | 64 | 4 | 7 | 3 |

| 행정구역 | 2008년 총선 | | | | | | | | | |
|---|---|---|---|---|---|---|---|---|---|---|
| | 선거인 수 | 투표율 | 통합민주당 | 한나라당 | 자유선진당 | 민주노동당 | 창조한국당 | 친박연대 | 진보신당 | 기타 정당 |
| 가평군 | 44,961 | 55 | 24 | 47 | 3 | 4 | 3 | 10 | 1 | 8 |
| 가평읍 | 14,156 | 54 | 27 | 44 | 4 | 4 | 4 | 11 | 1 | 6 |
| 북면 | 2,999 | 59 | 26 | 49 | 4 | 3 | 2 | 8 | 1 | 7 |
| 상면 | 4,066 | 55 | 24 | 49 | 4 | 3 | 3 | 10 | 1 | 5 |
| 설악면 | 5,473 | 55 | 19 | 45 | 2 | 3 | 2 | 9 | 1 | 20 |
| 청평면 | 9,813 | 50 | 21 | 49 | 3 | 4 | 3 | 11 | 1 | 8 |
| 하면 | 6,082 | 50 | 23 | 46 | 3 | 4 | 3 | 14 | 1 | 5 |

# 경기도 고양시 38개 동네

고양시에는 2005년 현재 덕양구, 일산동구, 일산서구 등 등 3개 구 38개 동에
23만6천여 개의 거처가 있고, 여기에 27만7천여 가구 87만여 명이 살고 있다.
경기도 고양시가 100명이 사는 마을이라면 어떤 모습일까?

## 숫자 100으로 본 고양시

고양시에 사는 사람은 경기도 평균인에 비해 상대적으로 고학력이며
종교 인구도 더 많다. 사업주와 전문가, 사무직, 판매직이 상대적으로
많고 출퇴근 시간은 긴 편이다.

주택 소유자, 아파트 거주자, 자동차 보유자가 상대적으로 많고 거
주 기간은 긴 편이다. 가구의 3%는 (반)지하에, 1%는 비닐집 등에 살
며 5%는 최저 주거 기준 미달 가구다. 하지만 공공임대주택은 1%에
머물고 있다.

지난 7년간 고양시에서 한나라당은 37~60%를, 민주(＋열린우리)
당은 27~44%를, 민주노동당＋진보신당은 5~14%를 각각 얻었다. 하

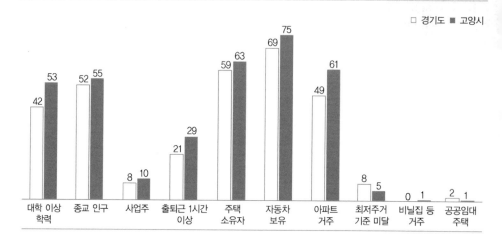

**그림 3_3.5**

# 경기도와 고양시의 주요 지수 평균 비교

(단위 : %)

□ 경기도 ■ 고양시

- 대학 이상 학력: 경기도 42, 고양시 53
- 종교 인구: 경기도 52, 고양시 55
- 사업주: 경기도 8, 고양시 10
- 출퇴근 1시간 이상: 경기도 21, 고양시 29
- 주택 소유자: 경기도 59, 고양시 63
- 자동차 보유: 경기도 69, 고양시 75
- 아파트 거주: 경기도 49, 고양시 61
- 최저주거 기준 미달: 경기도 8, 고양시 5
- 비닐집 등 거주: 경기도 0, 고양시 1
- 공공임대 주택: 경기도 2, 고양시 1

지만 동네별로는 차이가 컸다.

## 고양시 인구가 100명이라면 :
## 대학 이상 학력자 53명, 종교 인구 55명

경기도 고양시에 사는 사람은 2005년 현재 86만6,846명으로, 고양시 인구가 100명이라면 남자 대 여자의 수는 49 대 51로 여성이 더 많다. 구별로는 덕양구는 남녀가 균형 상태인 반면, 일산동구와 서구는 49 대 51로 여자가 더 많다. 29명은 어린이와 청소년(19세 미만)이고, 71명은 어른이다. 어른 가운데 8명은 노인(65세 이상)이다.

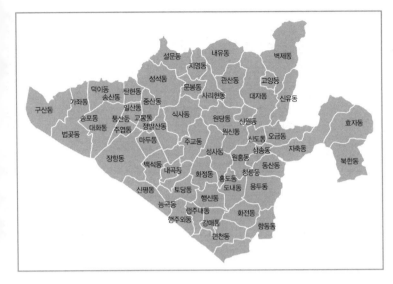

지역적으로는, 고양시에 사는 100명 중 43명은 덕양구에, 25명은 일산동구에, 32명은 일산서구에 사는데 이들은 다시 38개 동에 흩어져 산다. 백석동에는 6명이 살고, 화정1동·행신3동·탄현동에는 5명씩 산다. 화정2동·주엽1동·주엽2동·대화동에는 4명씩 살고, 고양동·관산동·행주동·중산동·정발산동·마두1동·장항2동·일산1동·일산2동에는 3명씩 산다. 또 주교동·성사1동·성사2동·능곡동·풍산동·마두2동·고봉동·송포동·송산동에는 2명씩 살고. 홍도동·효자동·신도동·창릉동·화전동·식사동에는 1명씩 산다(원신동·대덕동·장항1동 거주 인구 비율은 1% 미만이다).

종교를 보면, 55명이 종교를 갖고 있다. 25명은 개신교, 15명은 불교, 14명은 천주교 신자다. 덕양구는 개신교-불교-천주교 순으로 신자가 많은 반면, 일산동구와 서구는 개신교-천주교-불교 순이다. 개신교는 일산동구 풍산동과 덕양구 행신1동에서, 불교는 덕양구 효자동과 창릉동 등에서, 천주교는 일산동구 마두1동과 서구 주엽1동에서 신자 비율이 높다.

학력은 어떨까. 6세 이상 인구를 기준으로 11명은 초등학교에, 6명은 중학교에, 4명은 고등학교에 다니고 있으며, 40명은 대학에 재

표 3_3.7

# 경기도 고양시 성별·종교별·학력별 인구

(단위 : 명, %)

| 행정구역 | 남녀/외국인 | | | | 종교 인구 | | | | | | | 대학 이상 학력 인구 | | | | | | |
|---|---|---|---|---|---|---|---|---|---|---|---|---|---|---|---|---|---|---|
| | 총인구 | 남자 | 여자 | 외국인 | 인구(내국인) | 계 | 종교 있음 | | | | 종교없음 | 19세 이상 인구 | 계 | 4년제 미만 | | 4년제 이상 | | 대학원 이상 |
| | | | | | | | 불교 | 개신교 | 천주교 | 기타 | | | | 계 | 재학 | 계 | 재학 | |
| 고양시 | 866,846 | 49 | 51 | 0 | 864,402 | 55 | 15 | 25 | 14 | 1 | 44 | 610,503 | 53 | 12 | 2 | 36 | 5 | 5 |
| 덕양구 | 376,628 | 50 | 50 | 0 | 375,812 | 54 | 17 | 24 | 13 | 1 | 46 | 271,357 | 45 | 12 | 2 | 29 | 4 | 4 |
| 고양동 | 22,762 | 50 | 50 | 0 | 22,702 | 55 | 20 | 23 | 11 | 1 | 44 | 16,817 | 35 | 13 | 2 | 19 | 3 | 3 |
| 관산동 | 25,716 | 50 | 50 | 0 | 25,679 | 52 | 21 | 21 | 9 | 1 | 47 | 19,243 | 28 | 11 | 2 | 16 | 3 | 1 |
| 능곡동 | 19,313 | 50 | 50 | 0 | 19,254 | 55 | 16 | 27 | 11 | 1 | 45 | 14,096 | 43 | 12 | 2 | 27 | 4 | 4 |
| 대덕동 | 4,122 | 53 | 47 | 0 | 4,112 | 60 | 23 | 25 | 11 | 1 | 39 | 3,187 | 42 | 10 | 2 | 19 | 4 | 13 |
| 성사1동 | 21,549 | 49 | 51 | 0 | 21,484 | 52 | 15 | 22 | 14 | 1 | 47 | 15,997 | 37 | 14 | 2 | 22 | 3 | 2 |
| 성사2동 | 13,491 | 49 | 51 | 0 | 13,479 | 55 | 17 | 25 | 12 | 1 | 45 | 9,806 | 51 | 13 | 2 | 34 | 5 | 4 |
| 신도동 | 8,739 | 52 | 48 | 0 | 8,718 | 57 | 27 | 21 | 9 | 1 | 42 | 7,067 | 27 | 9 | 2 | 16 | 4 | 2 |
| 원신동 | 3,988 | 54 | 46 | 1 | 3,941 | 54 | 26 | 18 | 9 | 1 | 45 | 3,143 | 33 | 15 | 8 | 16 | 4 | 1 |
| 주교동 | 19,513 | 50 | 50 | 0 | 19,474 | 50 | 16 | 17 | 16 | 1 | 50 | 14,038 | 31 | 12 | 2 | 17 | 3 | 1 |
| 창릉동 | 6,213 | 53 | 47 | 0 | 6,188 | 57 | 27 | 21 | 9 | 1 | 40 | 5,023 | 31 | 13 | 3 | 16 | 3 | 2 |
| 행신1동 | 25,370 | 50 | 50 | 0 | 25,336 | 54 | 14 | 28 | 11 | 1 | 45 | 17,652 | 49 | 13 | 2 | 32 | 5 | 4 |
| 행신2동 | 39,344 | 49 | 51 | 0 | 39,308 | 53 | 14 | 26 | 13 | 0 | 47 | 26,934 | 55 | 12 | 1 | 39 | 5 | 5 |
| 행신3동 | 39,204 | 49 | 51 | 0 | 39,148 | 54 | 13 | 26 | 14 | 1 | 46 | 26,804 | 54 | 12 | 1 | 36 | 4 | 5 |
| 행주동 | 23,503 | 50 | 50 | 0 | 23,423 | 50 | 15 | 22 | 12 | 1 | 47 | 17,702 | 35 | 13 | 2 | 19 | 3 | 2 |
| 화전동 | 8,954 | 55 | 45 | 1 | 8,881 | 56 | 22 | 25 | 7 | 1 | 44 | 7,026 | 31 | 10 | 3 | 18 | 3 | 3 |
| 화정1동 | 44,899 | 49 | 51 | 0 | 44,825 | 55 | 14 | 24 | 15 | 1 | 45 | 31,887 | 63 | 13 | 2 | 43 | 6 | 7 |
| 화정2동 | 37,830 | 49 | 51 | 0 | 37,795 | 53 | 14 | 23 | 15 | 1 | 47 | 25,202 | 64 | 11 | 1 | 47 | 4 | 6 |
| 효자동 | 7,127 | 52 | 48 | 0 | 7,103 | 60 | 29 | 20 | 10 | 1 | 40 | 5,707 | 28 | 12 | 3 | 14 | 3 | 2 |
| 흥도동 | 4,991 | 52 | 48 | 1 | 4,962 | 56 | 26 | 20 | 8 | 1 | 44 | 4,026 | 25 | 10 | 2 | 13 | 3 | 2 |
| 일산동구 | 214,648 | 49 | 51 | 0 | 213,790 | 57 | 15 | 26 | 16 | 1 | 42 | 152,135 | 59 | 11 | 2 | 41 | 5 | 6 |
| 고봉동 | 13,197 | 51 | 49 | 1 | 13,109 | 56 | 21 | 25 | 9 | 1 | 43 | 9,936 | 38 | 10 | 2 | 20 | 4 | 2 |
| 마두1동 | 28,053 | 49 | 51 | 0 | 28,020 | 61 | 14 | 26 | 20 | 1 | 39 | 18,634 | 69 | 9 | 1 | 51 | 7 | 9 |
| 마두2동 | 18,283 | 48 | 52 | 0 | 18,253 | 61 | 14 | 27 | 19 | 1 | 39 | 12,361 | 73 | 8 | 1 | 53 | 6 | 12 |
| 백석동 | 48,048 | 49 | 51 | 0 | 47,924 | 55 | 14 | 25 | 15 | 1 | 45 | 34,792 | 57 | 13 | 2 | 39 | 6 | 5 |
| 식사동 | 7,055 | 51 | 49 | 2 | 6,908 | 56 | 18 | 25 | 12 | 1 | 43 | 4,941 | 43 | 11 | 2 | 28 | 5 | 4 |
| 장항1동 | 3,030 | 56 | 44 | 3 | 2,939 | 54 | 19 | 26 | 9 | 1 | 44 | 2,331 | 33 | 10 | 3 | 21 | 8 | 2 |
| 장항2동 | 24,988 | 49 | 51 | 0 | 24,894 | 54 | 14 | 22 | 18 | 1 | 44 | 19,678 | 74 | 12 | 2 | 51 | 5 | 10 |
| 정발산동 | 29,044 | 48 | 52 | 0 | 28,954 | 58 | 15 | 25 | 17 | 1 | 42 | 20,085 | 57 | 12 | 2 | 39 | 5 | 6 |

| 행정구역 | 남녀/외국인 | | | | 종교 인구 | | | | | | | 대학 이상 학력 인구 | | | | | | |
|---|---|---|---|---|---|---|---|---|---|---|---|---|---|---|---|---|---|---|
| | 총인구 | 남자 | 여자 | 외국인 | 인구(내국인) | 종교 있음 | | | | | 종교 없음 | 19세 이상 인구 | 계 | 4년제 미만 | | 4년제 이상 | | 대학원 이상 |
| | | | | | | 계 | 불교 | 개신교 | 천주교 | 기타 | | | | 계 | 재학 | 계 | 재학 | |
| 동산동 | 28,766 | 49 | 51 | 0 | 28,658 | 56 | 14 | 27 | 15 | 1 | 44 | 19,582 | 54 | 10 | 1 | 40 | 5 | 5 |
| 풍산동 | 14,184 | 50 | 50 | 0 | 14,131 | 58 | 14 | 31 | 12 | 1 | 42 | 9,795 | 54 | 12 | 2 | 37 | 5 | 5 |
| 일산서구 | 275,570 | 49 | 51 | 0 | 274,800 | 55 | 14 | 25 | 16 | 1 | 44 | 187,011 | 58 | 11 | 2 | 41 | 5 | 6 |
| 대화동 | 35,197 | 49 | 51 | 0 | 35,085 | 56 | 13 | 26 | 15 | 1 | 44 | 24,535 | 58 | 13 | 2 | 40 | 6 | 5 |
| 송산동 | 20,570 | 49 | 50 | 1 | 20,432 | 53 | 16 | 25 | 12 | 1 | 47 | 14,686 | 48 | 10 | 1 | 34 | 4 | 4 |
| 송포동 | 16,663 | 49 | 51 | 0 | 16,641 | 57 | 14 | 28 | 14 | 0 | 43 | 11,176 | 64 | 10 | 1 | 47 | 5 | 7 |
| 일산1동 | 29,637 | 49 | 51 | 0 | 29,530 | 55 | 15 | 25 | 14 | 1 | 45 | 20,307 | 50 | 13 | 2 | 33 | 5 | 4 |
| 일산2동 | 22,819 | 50 | 50 | 1 | 22,575 | 50 | 16 | 22 | 12 | 1 | 49 | 16,159 | 45 | 11 | 2 | 31 | 5 | 3 |
| 일산3동 | 40,983 | 49 | 51 | 0 | 40,961 | 57 | 13 | 25 | 18 | 1 | 43 | 26,049 | 69 | 10 | 2 | 51 | 6 | 8 |
| 주엽1동 | 32,940 | 49 | 51 | 0 | 32,900 | 57 | 13 | 25 | 19 | 1 | 42 | 22,654 | 67 | 10 | 2 | 50 | 5 | 8 |
| 주엽2동 | 34,452 | 48 | 52 | 0 | 34,405 | 57 | 13 | 27 | 17 | 1 | 42 | 23,586 | 63 | 10 | 1 | 46 | 5 | 7 |
| 탄현동 | 42,309 | 49 | 51 | 0 | 42,271 | 54 | 13 | 25 | 15 | 1 | 45 | 27,859 | 54 | 14 | 2 | 36 | 5 | 4 |

학 중이거나 대학 이상의 학력을 가지고 있다. 또 19세 이상 인구만을 기준으로 해서는 고양시에 사는 사람 중 53%가 대학 이상 학력자로, 덕양구는 45%인 데 비해 일산동구와 서구는 각각 59%와 58%가 대학 이상 학력자다. 특히 일산동구 마두2동과 장항2동에서는 19세 이상 동네 주민의 각각 73%와 74%가 대학 이상 학력자다.

27명은 미혼이며 73명은 결혼했다. 결혼한 사람 가운데 6명은 배우자와 사별했고, 3명은 이혼했다(15세 이상 인구 기준). 4명은 몸이 불편하거나 정신 장애로 정상적인 활동에 제약을 느끼고 있다.

거주 기간을 보면, 35명은 현재 살고 있는 집에 산 지 5년이 넘었으나, 65명은 5년 이내에 새로 이사 왔다(5세 이상 인구 기준). 이사 온 사람 중 36명은 고양시의 다른 동에서, 6명은 경기도의 다른 시군에서, 22명은 경기도 밖에서 이사 왔다.

## 고양시 취업자가 100명이라면 :
## 69명은 봉급쟁이, 10명은 사업주

고양시에 사는 15세 이상 인구 66만 명 가운데 취업해 직장에 다니는 사람(취업자)은 51%, 33만 명이다. 고양시 취업자가 100명이라면 68명은 30~40대, 15명은 20대이며, 12명은 50대다. 65세 이상 노인도 2명이 일하고 있다. 고양시는 경기도 시군 가운데 30~40대 취업자 비중이 과천시에 이어 두 번째로 높다.

회사에서 봉급을 받고 일하는 직장인은 69명이다. 17명은 고용한 사람 없이 혼자서 일하는 자영업자이며, 10명은 누군가를 고용해 사업체를 경영하는 사업주다. 4명은 가족이 운영하는 사업체에서 보수 없이 일하고 있다.

직업별로는 사무직이 22명으로 가장 많고, 전문가는 14명, 판매직과 기술직이나 준전문가는 각 12명이다. 9명은 서비스직, 8명은 기능직, 7명은 장치 기계 조작 및 조립직이다. 또 6명은 단순 노무직, 5명은 고위 관리직으로 일하고, 3명은 농림 어업에 종사하고 있다.

직장으로 출근하는 데 30분 이상 걸리는 사람은 57명이며, 그 가운데 29명은 1시간 이상 걸린다. 고양시는 경기도 시군 중 의정부시에 이어 1시간 이상 통근자 비중이 두 번째로 높다. 16명은 걸어서 출근하고 84명은 교통수단을 이용해 출근한다. 84명 가운데 47명은 자가용으로, 17명은 시내버스로, 8명은 전철로 출퇴근한다. 2명은 통근 버스를, 1명은 자전거를 이용하며, 5명은 버스와 전철 또는 승용차를 갈아타며 출근한다.

사무실이나 공장 등에서 일하는 사람은 84명, 야외나 거리 또는 운

송 수단에서 일하는 사람은 11명이다. 2명은 자기 집에서, 다른 2명
은 남의 집에서 일한다.


## 고양시에 100가구가 산다면 :
## 42가구는 셋방살이


고양시에는 27만6천 가구가 산다(일반 가구 기준). 고양시에 사는 가구
를 100가구로 친다면, 34가구는 식구가 한 명 또는 두 명인 1, 2인 가
구이며, 이 가운데 16가구는 나 홀로 사는 1인 가구다. 식구 4명은 33
가구, 3명은 22가구, 5명 이상은 11가구다. 구별 1인 가구 비중은 일
산동구 19%, 덕양구 18%, 일산서구 11% 순이다.

　38개 동 가운데는 장항2동이 41%로 가장 높고, 화전동은 31%, 행
주동은 28%, 홍도동은 26%, 성사1동·효자동·창릉동 각 25% 순이
다. 모두 11개 동네에서 1인 가구 비중이 20%가 넘었다. 반면 일산3
동과 송포동·일산1동·마두2동·풍산동 등 7곳은 10% 이내다.

　56가구는 자신이 소유한 집에서 살고, 42가구는 셋방에 살며, 2가
구는 직장의 사택이나 친척집 등에서 무상으로 살고 있다. 자기 집에
사는 가구 중 8가구는 현재 살고 있는 집 외에 최소 한 채에서 여러
채를 소유한 다주택자들이다.

　셋방 사는 가구 가운데 27가구는 전세에, 13가구는 보증금 있는
월세에, 1가구는 보증금 없는 월세에, 1가구는 사글세에 살고 있다.
셋방 사는 가구 중 7가구는 어딘가에 자신 명의의 집을 소유하고 있
으나 경제 사정이나 자녀 교육, 직장 등의 사정으로 셋방에 살고 있다.

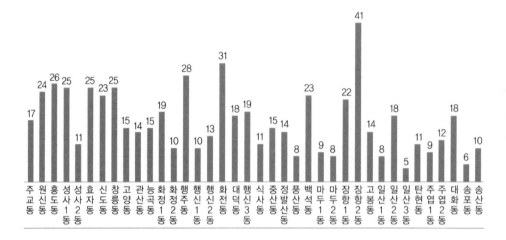

**그림 3_3.6**

## 경기도 고양시 동네별 1인 가구

(단위 : %)

68가구는 현재 사는 집으로 이사 온 지 5년이 안 되며, 이 가운데 36가구는 2년이 안 된다. 19가구는 5~10년이 됐고, 13가구는 10년이 넘었다.

75가구는 자동차를 소유하고 있고 이 가운데 65가구는 자기 집에 전용 주차장이 있다. 자동차 소유 가구 중 15가구는 차를 2대 이상 소유하고 있다.

표 3_3.8

## 경기도 고양시의 다주택자

(단위 : 가구, 호)

| 구분 | | | 가구 수 | 주택 수 | 평균 주택 수 |
|---|---|---|---|---|---|
| 일반 가구 | | | 276,394 | - | - |
| 자가 가구 | | | 154,205 | - | - |
| 다주택 가구 | 통계청 | | 21,910 | - | - |
| | 행자부 | 계 | 14,698 | 34,809 | 2 |
| | | 2채 | 12,687 | 25,374 | 2 |
| | | 3채 | 1,191 | 3,573 | 3 |
| | | 4채 | 293 | 1,172 | 4 |
| | | 5채 | 162 | 810 | 5 |
| | | 6~10채 | 257 | 1,853 | 7 |
| | | 11채 이상 | 108 | 2,027 | 19 |

## 집 많은 사람, 집 없는 사람 :
## 마두2동 83% 주택 소유, 화전동 61% 무주택

고양시에 사는 100가구 중 63가구는 주택 소유자이고 37가구는 무
주택자다. 덕양구는 주택 소유자 60%, 무주택자 40%, 일산동구는 주
택 소유자 59%, 무주택자 41%로 6 대 4 비율이다. 반면 일산서구는
주택 소유자 71%, 무주택자 29%로 주택 소유자가 훨씬 많다.

고양시 100가구 중 8가구는 집을 두 채 이상 소유한 다주택자다.
다주택자 역시 덕양구 7%, 일산동구 8%, 일산서구 9%로 일산서구에
서 가장 높다.

38개 동네 가운데 26개 동은 주택 소유자가 더 많고 10개 동은 무
주택자가 더 많으며, 대화동은 집 있는 사람과 집 없는 사람 숫자가

표 3_3.9

# 경기도 고양시 주택의 점유·소유 형태별 가구

(단위 : 가구, %)

| | 전체 가구 | 자기 집에 거주 | | | 셋방에 거주 | | | 무상으로 거주 | | 주택 소유 | 무주택 |
|---|---|---|---|---|---|---|---|---|---|---|---|
| | | 계 | 집 한 채 | 여러 채 | 계 | 집 없음 | 집 있음 | 집 없음 | 집 있음 | | |
| 고양시 | 276,394 | 56 | 48 | 8 | 42 | 35 | 7 | 2 | 0 | 63 | 37 |
| 덕양구 | 122,875 | 53 | 47 | 7 | 43 | 38 | 6 | 3 | 0 | 60 | 40 |
| 고양동 | 7,289 | 56 | 48 | 8 | 39 | 34 | 5 | 4 | 1 | 62 | 38 |
| 관산동 | 8,042 | 62 | 56 | 6 | 35 | 32 | 4 | 2 | 0 | 66 | 34 |
| 능곡동 | 6,094 | 55 | 46 | 9 | 43 | 36 | 6 | 2 | 0 | 62 | 38 |
| 대덕동 | 1,335 | 32 | 30 | 2 | 34 | 32 | 2 | 25 | 9 | 43 | 57 |
| 성사1동 | 7,929 | 35 | 31 | 4 | 63 | 56 | 7 | 1 | 0 | 43 | 57 |
| 성사2동 | 4,168 | 69 | 58 | 11 | 30 | 24 | 6 | 1 | 0 | 75 | 25 |
| 신도동 | 3,024 | 40 | 35 | 5 | 56 | 53 | 3 | 3 | 0 | 44 | 56 |
| 원신동 | 1,261 | 37 | 33 | 4 | 45 | 43 | 2 | 15 | 3 | 42 | 58 |
| 주교동 | 6,360 | 54 | 48 | 6 | 44 | 39 | 5 | 2 | 0 | 58 | 42 |
| 창릉동 | 2,165 | 38 | 32 | 6 | 47 | 44 | 3 | 13 | 2 | 43 | 57 |
| 행신1동 | 7,578 | 57 | 50 | 7 | 42 | 37 | 5 | 1 | 0 | 62 | 38 |
| 행신2동 | 12,308 | 61 | 53 | 8 | 38 | 31 | 7 | 1 | 0 | 68 | 32 |
| 행신3동 | 12,949 | 55 | 48 | 7 | 44 | 38 | 7 | 1 | 0 | 62 | 38 |
| 행주동 | 8,612 | 40 | 37 | 4 | 57 | 52 | 5 | 3 | 0 | 45 | 55 |
| 화전동 | 3,233 | 34 | 30 | 5 | 52 | 50 | 2 | 11 | 2 | 39 | 61 |
| 화정1동 | 14,682 | 56 | 48 | 8 | 43 | 37 | 6 | 1 | 0 | 62 | 38 |
| 화정2동 | 11,557 | 68 | 59 | 8 | 32 | 24 | 8 | 1 | 0 | 76 | 24 |
| 효자동 | 2,538 | 33 | 26 | 6 | 54 | 49 | 5 | 11 | 2 | 40 | 60 |
| 흥도동 | 1,751 | 46 | 40 | 6 | 46 | 41 | 4 | 7 | 1 | 52 | 48 |
| 일산동구 | 70,324 | 51 | 43 | 8 | 47 | 39 | 8 | 2 | 0 | 59 | 41 |
| 고봉동 | 3,955 | 62 | 53 | 9 | 33 | 29 | 4 | 4 | 1 | 67 | 33 |
| 마두1동 | 8,018 | 64 | 52 | 12 | 35 | 26 | 9 | 1 | 0 | 73 | 27 |
| 마두2동 | 5,343 | 72 | 58 | 14 | 27 | 17 | 10 | 1 | 0 | 83 | 17 |
| 백석동 | 16,977 | 43 | 37 | 6 | 56 | 48 | 8 | 1 | 0 | 51 | 49 |
| 식사동 | 2,052 | 63 | 52 | 11 | 32 | 27 | 5 | 4 | 1 | 69 | 31 |
| 장항1동 | 906 | 42 | 37 | 6 | 47 | 43 | 4 | 10 | 1 | 48 | 52 |
| 장항2동 | 10,932 | 35 | 28 | 7 | 64 | 54 | 11 | 1 | 0 | 46 | 54 |
| 정발산동 | 9,045 | 38 | 31 | 7 | 61 | 53 | 8 | 1 | 0 | 46 | 54 |
| 중산동 | 8,978 | 62 | 53 | 9 | 34 | 28 | 6 | 3 | 0 | 69 | 31 |

| | 전체 가구 | 자기 집에 거주 | | | 셋방에 거주 | | | 무상 | | 주택 소유 | 무주택 |
|---|---|---|---|---|---|---|---|---|---|---|---|
| | | 계 | 집 한 채 | 여러 채 | 계 | 집 없음 | 집 있음 | 집 없음 | 집 있음 | | |
| 풍산동 | 4,118 | 68 | 57 | 11 | 29 | 23 | 6 | 3 | 0 | 74 | 26 |
| 일산서구 | 83,195 | 63 | 54 | 9 | 36 | 28 | 7 | 1 | 0 | 71 | 29 |
| 대화동 | 11,368 | 40 | 33 | 7 | 58 | 49 | 10 | 1 | 0 | 50 | 50 |
| 송산동 | 6,271 | 66 | 56 | 9 | 32 | 27 | 5 | 2 | 0 | 71 | 29 |
| 송포동 | 4,764 | 73 | 60 | 13 | 25 | 16 | 8 | 2 | 1 | 82 | 18 |
| 일산1동 | 8,697 | 68 | 59 | 10 | 31 | 25 | 6 | 1 | 0 | 74 | 26 |
| 일산2동 | 7,363 | 55 | 47 | 8 | 44 | 38 | 6 | 1 | 0 | 61 | 39 |
| 일산3동 | 11,456 | 75 | 64 | 11 | 25 | 14 | 10 | 0 | 0 | 85 | 15 |
| 주엽1동 | 9,979 | 71 | 61 | 10 | 28 | 20 | 8 | 1 | 0 | 79 | 21 |
| 주엽2동 | 10,818 | 59 | 50 | 9 | 40 | 33 | 7 | 1 | 0 | 67 | 33 |
| 탄현동 | 12,479 | 66 | 59 | 7 | 33 | 28 | 5 | 1 | 0 | 72 | 28 |

비슷하다. 일산3동에 사는 가구 중 85%가 주택 소유자인데, 75%는 자기 집에서 살고, 10%는 어딘가에 자신 명의의 집이 있지만 현재 셋방에 살고 있다. 마두2동과 송포동에 사는 가구 중에도 80% 이상이 주택 소유자다. 또 이들 세 곳을 포함해 11개 동에서 주택 소유자가 70% 이상이며 23개 동에서 60% 이상이다. 또한 마두2동 14%, 송포동 13%, 마두1동 12%를 비롯해 9곳에서 동네 가구의 10% 이상이 집을 두 채 이상 여러 채 소유한 다주택자다.

무주택자가 가장 많은 곳은 화전동으로 39%만 집을 갖고 있고 61%는 집 없이 셋방을 떠돌거나 친척집 등에서 무상으로 살고 있다. 효자동 역시 60%가 무주택자이며 원신동·성사1동·창릉동·대덕동 순으로 무주택자가 많다. 한편 대덕동 34%, 원신동 18%, 창릉동 15% 등 6개 동네에서 친척집이나 직장의 사택 등에서 무상으로 사는 가구 비중이 10%가 넘었다. 또 장항2동 11%를 비롯해 4곳에서 유주택 전월세 가구 비중이 10%가 넘었다.

# 고양시에 있는 집이 100채라면 :
## 72채는 아파트

고양시에는 집(주택과 주택 이외의 거처)이 23만6천 채가 있다. 고양시에 있는 집이 100채라면 72채는 아파트이고 10채는 단독주택, 5채는 다세대주택, 다른 5채는 연립주택이다. 또 상가 등 비거주용 건물 내 주택은 1채, 오피스텔 등 주택 이외의 거처는 8채다.

일산서구는 아파트 89%, 단독주택 5%, 연립주택 3%, 주택 이외의 거처 2%, 다세대주택 1%로 거처의 대다수가 아파트다. 일산동구는 아파트가 59%로 가장 많지만 오피스텔을 비롯한 주택 이외의 거처가 22%에 달하며, 12%는 단독주택, 6%는 연립주택 등이다. 덕양구는 아파트가 66%, 단독주택 12%, 다세대주택 11%, 연립주택 6%, 주택 외의 거처 4% 등이다.

동네 거처의 100%가 아파트인 마두2동과 일산3동, 99%가 아파트인 주엽1동과 2동을 비롯해 13개 동네에서는 거처의 90% 이상이 아파트다. 이들 동네를 포함해 22개 동에서 아파트 비중이 절반이 넘었다. 반면 아파트가 한 채도 없는 장항1동에서는 거처의 82%가 단독주택이다. 이 밖에 화전동·신도동·효자동·창릉동·원신동·홍도동 등 모두 7개 동네에서 거처의 60% 이상이 단독주택으로 나타났다. 한편 장항2동에서는 거처의 68%가 오피스텔을 비롯한 주택 이외의 거처다. 관산동에서는 거처의 48%가 다세대주택이며, 정발산동 거처의 45%는 연립주택이다.

사람이 사는 곳을 기준으로 보면 61%는 아파트에, 23%는 단독주택에, 5%는 다세대주택에 산다. 또 7%는 주택 이외의 거처에, 4%는 연립주택에, 1%는 비거주용 건물 내 주택에 산다. 20개 동네에서는 절반 이상이 아파트에 살고 있다. 100% 아파트 동네인 일산3동과 마두2동을 비롯해 7곳에서는 동네 가구의 90%가 아파트에 산다. 동네 가구의 87%가 단독주택에 사는 화전동과 장항1동을 비롯해 10개 동네에서는 절반 이상이 단독주택에 산다. 또 장항2동 가구의 68%는 오피스텔 등 주택 이외 거처에, 관산동 가구의 46%는 다세대주택에, 정발산동 가구의 22%는 연립주택에 산다.

고양시 주택(주택 이외의 거처 제외)을 크기별로 보면 29평 이상의 주택이 25채, 19~29평은 38채, 14~19평 28채이며, 14평 미만은 9채다. 장항1동과 정발산동에 있는 주택 중 70% 정도가 29평 이상인 반면, 화정2동·성사1동·주교동·일산1동에서는 10% 이내에 머물렀다.

2005년 기준으로 58채가 지은 지 10년(1995~2005년 사이 건축)이 안 된 새집이며, 5채는 지은 지 20년이 넘은 낡은 집이다. 화정1동과 2동은 주택의 100%가 지은 지 10년이 안 됐다. 반면 신도동과 화전동은 주택의 70% 정도가 20년 이상 된 집이다.

1995년부터 2005년까지 10년 동안 고양시 주택 수(주택 이외의 거처 제외)는 12만3천 채에서 21만8천 채로 9만5천 채(78%)가 늘었다. 이 사이 아파트는 8만7천 채(107%), 다세대주택은 9천 채(240%), 단독주택은 5천 채(24%)가 늘었다. 반면 연립주택은 5천 채가 줄어 30% 감소했다. 이에 따라 전체 주택(주택 이외의 거처 제외)에서 차지하는 비중은 1995년 67%이던 아파트가 2005년 78%로, 3%이던 다세대주택이 6%로 증가한 반면, 15%이던 단독주택은 11%로 13%이던 연립주택은 5%로 각각 감소했다.

**표 3_3.10**

## 경기도 고양시 거처의 종류별·연건평별·건축년도별 주택

(단위 : 호, 가구, %)

| 행정구역 | 거처의 종류별 거처와 가구 | | | | | | | | | | | | | |
|---|---|---|---|---|---|---|---|---|---|---|---|---|---|---|
| | 계 | | 단독주택 | | 아파트 | | 연립주택 | | 다세대주택 | | 비거주용 건물 내 주택 | | 주택 이외의 거처 | |
| | 거처 | 가구 | 거처 | 가구 | 거처 | 가구 | 거처 | 가구 | 거처 | 가구 | 거처 | 가구 | 거처 | 가구 |
| 고양시 | 236,077 | 276,570 | 10 | 23 | 72 | 61 | 5 | 4 | 5 | 5 | 1 | 1 | 8 | 7 |
| 덕양구 | 101,820 | 122,968 | 12 | 26 | 66 | 55 | 6 | 5 | 11 | 9 | 1 | 1 | 4 | 4 |
| 고양동 | 6,493 | 7,299 | 15 | 24 | 46 | 41 | 8 | 7 | 27 | 24 | 1 | 1 | 3 | 3 |
| 관산동 | 7,768 | 8,054 | 14 | 17 | 31 | 29 | 3 | 3 | 48 | 46 | 2 | 2 | 3 | 3 |
| 능곡동 | 5,084 | 6,095 | 14 | 27 | 61 | 51 | 7 | 6 | 14 | 11 | 1 | 1 | 3 | 3 |
| 대덕동 | 1,044 | 1,335 | 49 | 59 | 40 | 31 | 2 | 1 | 5 | 4 | 1 | 0 | 4 | 5 |
| 성사1동 | 6,447 | 7,935 | 4 | 21 | 60 | 49 | 20 | 17 | 13 | 11 | 2 | 3 | 1 | 1 |
| 성사2동 | 3,831 | 4,168 | 1 | 9 | 98 | 91 | 0 | 0 | 0 | 0 | 0 | 0 | 0 | 0 |
| 신도동 | 1,835 | 3,027 | 76 | 84 | 0 | 0 | 0 | 0 | 0 | 0 | 1 | 1 | 23 | 16 |
| 원신동 | 866 | 1,267 | 63 | 74 | 13 | 9 | 1 | 1 | 1 | 1 | 1 | 1 | 20 | 15 |
| 주교동 | 5,558 | 6,363 | 6 | 15 | 37 | 32 | 17 | 17 | 37 | 32 | 1 | 2 | 2 | 1 |
| 창릉동 | 1,428 | 2,167 | 66 | 76 | 13 | 8 | 2 | 1 | 0 | 0 | 2 | 1 | 18 | 13 |
| 행신1동 | 7,100 | 7,578 | 3 | 9 | 90 | 85 | 3 | 3 | 4 | 4 | 0 | 0 | 0 | 0 |
| 행신2동 | 11,184 | 12,310 | 3 | 12 | 93 | 84 | 0 | 0 | 0 | 0 | 0 | 0 | 4 | 4 |
| 행신3동 | 10,012 | 12,951 | 3 | 25 | 85 | 66 | 4 | 3 | 8 | 6 | 0 | 0 | 0 | 0 |
| 행주동 | 5,515 | 8,621 | 13 | 43 | 30 | 19 | 28 | 18 | 25 | 16 | 3 | 3 | 2 | 1 |
| 화전동 | 2,005 | 3,247 | 79 | 87 | 13 | 8 | 3 | 2 | 0 | 0 | 2 | 1 | 3 | 2 |
| 화정1동 | 11,341 | 14,690 | 4 | 26 | 92 | 71 | 0 | 0 | 0 | 0 | 0 | 0 | 3 | 3 |
| 화정2동 | 11,540 | 11,565 | 0 | 0 | 92 | 92 | 0 | 0 | 0 | 0 | 0 | 0 | 8 | 8 |
| 효자동 | 1,542 | 2,542 | 68 | 75 | 12 | 8 | 0 | 0 | 0 | 0 | 0 | 0 | 19 | 16 |
| 흥도동 | 1,227 | 1,754 | 62 | 70 | 0 | 0 | 0 | 0 | 0 | 0 | 2 | 1 | 36 | 29 |
| 일산동구 | 58,682 | 70,372 | 12 | 27 | 59 | 49 | 6 | 5 | 1 | 1 | 1 | 1 | 22 | 18 |
| 고봉동 | 3,559 | 3,968 | 49 | 54 | 41 | 37 | 1 | 1 | 1 | 1 | 2 | 2 | 7 | 6 |
| 마두1동 | 6,647 | 8,024 | 13 | 28 | 74 | 61 | 14 | 11 | 0 | 0 | 0 | 0 | 0 | 0 |
| 마두2동 | 5,341 | 5,346 | 0 | 0 | 100 | 100 | 0 | 0 | 0 | 0 | 0 | 0 | 0 | 0 |
| 백석동 | 13,938 | 16,988 | 8 | 24 | 57 | 47 | 3 | 3 | 0 | 0 | 0 | 0 | 32 | 26 |
| 식사동 | 1,816 | 2,054 | 17 | 25 | 58 | 52 | 9 | 8 | 7 | 6 | 3 | 4 | 5 | 5 |
| 장항1동 | 540 | 914 | 82 | 87 | 0 | 0 | 0 | 0 | 0 | 0 | 7 | 6 | 10 | 7 |
| 장항2동 | 10,908 | 10,934 | 0 | 0 | 32 | 32 | 0 | 0 | 0 | 0 | 0 | 0 | 68 | 68 |
| 정발산동 | 4,410 | 9,046 | 49 | 75 | 0 | 0 | 45 | 22 | 0 | 0 | 0 | 0 | 6 | 3 |

718

| | 연건평별 주택 | | | | 건축년도별 주택 | | |
|---|---|---|---|---|---|---|---|
| 총 주택 수 | 14평 미만 | 14~19평 | 19~29평 | 29평 이상 | 1995~ 2005년 | 1985~ 1994년 | 1985년 이전 |
| 217,891 | 9 | 28 | 38 | 25 | 58 | 37 | 5 |
| 97,621 | 11 | 36 | 34 | 19 | 61 | 30 | 9 |
| 6,327 | 15 | 32 | 39 | 13 | 62 | 30 | 8 |
| 7,552 | 23 | 30 | 39 | 8 | 57 | 35 | 7 |
| 4,923 | 11 | 18 | 52 | 19 | 64 | 24 | 11 |
| 999 | 8 | 37 | 24 | 31 | 13 | 29 | 58 |
| 6,391 | 28 | 41 | 26 | 5 | 9 | 85 | 6 |
| 3,828 | 7 | 45 | 29 | 20 | 1 | 99 | 0 |
| 1,412 | 2 | 11 | 41 | 45 | 16 | 12 | 72 |
| 692 | 4 | 26 | 31 | 40 | 19 | 33 | 48 |
| 5,470 | 25 | 38 | 30 | 7 | 31 | 63 | 6 |
| 1,174 | 4 | 25 | 31 | 40 | 21 | 19 | 60 |
| 7,100 | 13 | 47 | 21 | 19 | 83 | 15 | 1 |
| 10,746 | 10 | 40 | 29 | 21 | 56 | 43 | 0 |
| 10,001 | 10 | 38 | 30 | 22 | 88 | 10 | 2 |
| 5,424 | 15 | 28 | 40 | 17 | 34 | 51 | 15 |
| 1,938 | 7 | 27 | 34 | 33 | 18 | 15 | 67 |
| 10,972 | 0 | 37 | 24 | 39 | 100 | 0 | 0 |
| 10,637 | 0 | 47 | 51 | 2 | 100 | 0 | 0 |
| 1,252 | 7 | 23 | 27 | 43 | 23 | 23 | 54 |
| 783 | 6 | 9 | 32 | 53 | 28 | 21 | 50 |
| 46,021 | 8 | 20 | 35 | 37 | 52 | 46 | 2 |
| 3,322 | 13 | 5 | 46 | 36 | 67 | 20 | 13 |
| 6,643 | 5 | 8 | 25 | 61 | 41 | 59 | 0 |
| 5,338 | 12 | 11 | 36 | 42 | 0 | 100 | 0 |
| 9,454 | 15 | 34 | 38 | 13 | 25 | 75 | 0 |
| 1,721 | 8 | 7 | 51 | 34 | 77 | 15 | 8 |
| 484 | 4 | 3 | 21 | 72 | 53 | 42 | 5 |
| 3,516 | 0 | 23 | 39 | 38 | 11 | 89 | 0 |
| 4,127 | 0 | 10 | 21 | 69 | 95 | 5 | 0 |

| 행정구역 | 거처의 종류별 거처와 가구 | | | | | | | | | | | | | |
|---|---|---|---|---|---|---|---|---|---|---|---|---|---|---|
| | 계 | | 단독주택 | | 아파트 | | 연립주택 | | 다세대주택 | | 비거주용 건물 내 주택 | | 주택 이외의 거처 | |
| | 거처 | 가구 | 거처 | 가구 | 거처 | 가구 | 거처 | 가구 | 거처 | 가구 | 거처 | 가구 | 거처 | 가구 |
| 중산동 | 7,663 | 8,979 | 4 | 17 | 91 | 78 | 0 | 0 | 4 | 3 | 1 | 1 | 1 | 0 |
| 풍산동 | 3,860 | 4,119 | 9 | 14 | 86 | 81 | 0 | 0 | 2 | 2 | 1 | 1 | 2 | 2 |
| 일산서구 | 75,575 | 83,230 | 5 | 14 | 89 | 81 | 3 | 3 | 1 | 1 | 0 | 0 | 2 | 2 |
| 대화동 | 7,175 | 11,384 | 20 | 49 | 49 | 31 | 22 | 14 | 0 | 0 | 0 | 0 | 9 | 6 |
| 송산동 | 5,600 | 6,271 | 24 | 31 | 74 | 66 | 0 | 0 | 0 | 0 | 1 | 1 | 1 | 1 |
| 송포동 | 4,597 | 4,766 | 8 | 11 | 91 | 88 | 0 | 0 | 0 | 0 | 0 | 0 | 1 | 1 |
| 일산1동 | 8,391 | 8,697 | 2 | 5 | 94 | 91 | 3 | 3 | 1 | 1 | 0 | 0 | 0 | 0 |
| 일산2동 | 6,135 | 7,365 | 6 | 20 | 77 | 64 | 7 | 6 | 6 | 5 | 1 | 2 | 3 | 2 |
| 일산3동 | 11,448 | 11,456 | 0 | 0 | 100 | 100 | 0 | 0 | 0 | 0 | 0 | 0 | 0 | 0 |
| 주엽1동 | 9,953 | 9,983 | 0 | 0 | 99 | 99 | 0 | 0 | 0 | 0 | 0 | 0 | 1 | 1 |
| 주엽2동 | 10,817 | 10,821 | 0 | 0 | 99 | 99 | 0 | 0 | 0 | 0 | 0 | 0 | 1 | 1 |
| 탄현동 | 11,459 | 12,487 | 2 | 10 | 97 | 89 | 0 | 0 | 0 | 0 | 0 | 0 | 1 | 1 |

# 고양시에서 지하 방에 사는 사람 :
# 흥도동 가구 27%가 비닐집 등에 거주

고양시에 사는 27만6천 가구를 100가구로 친다면, 그 중 5가구는 식구에 비해 집이 너무 좁거나 시설이 제대로 갖춰지지 않아 인간다운 품위를 지키기 어려운 최저 주거 기준 미달 가구다.

또 100가구 가운데 97가구는 지상에 살지만, 3가구는 (반)지하에 살고 있다. 구별로는 일산서구 1%, 일산동구 2%, 덕양구 5%다. 동별로는 행주동에서 11%로 가장 높고, 관산동과 주교동 각 8%, 성사1동과 행신3동 각 7%, 능곡동 6% 순이다. 특히 덕양구 가구의 2%가 판잣집·움막·비닐집에 살고 있는데 흥도동(27%), 효자동(16%), 신도동(15%), 원신동(14%), 창릉동(13%) 일대에 집중돼 있다.

| 총 주택 수 | 연건평별 주택 | | | | 건축년도별 주택 | | |
|---|---|---|---|---|---|---|---|
| | 14평 미만 | 14~19평 | 19~29평 | 29평 이상 | 1995~ 2005년 | 1985~ 1994년 | 1985년 이전 |
| 7,624 | 5 | 39 | 23 | 33 | 92 | 4 | 4 |
| 3,792 | 4 | 15 | 61 | 19 | 95 | 3 | 2 |
| 74,249 | 6 | 23 | 45 | 25 | 59 | 40 | 1 |
| 6,513 | 3 | 27 | 38 | 32 | 92 | 8 | 0 |
| 5,534 | 4 | 5 | 47 | 44 | 85 | 12 | 3 |
| 4,553 | 0 | 2 | 70 | 28 | 96 | 2 | 1 |
| 8,389 | 7 | 26 | 58 | 9 | 85 | 13 | 2 |
| 5,970 | 8 | 21 | 54 | 17 | 71 | 24 | 4 |
| 11,447 | 2 | 22 | 51 | 25 | 47 | 53 | 0 |
| 9,813 | 10 | 23 | 40 | 27 | 1 | 99 | 0 |
| 10,740 | 20 | 25 | 27 | 28 | 33 | 67 | 0 |
| 11,290 | 0 | 35 | 41 | 23 | 73 | 27 | 0 |

그러나 2005년 현재 고양시에 공급된 공공임대주택은 전체 가구 수 대비 1%에 불과하다. 이조차도 모두 중앙정부 산하인 주공이 공급한 것으로 지방자치단체는 무주택 서민을 위한 공공임대주택을 단한 채도 공급하지 않았다.


## 고양시 유권자가 100명이라면

정당 지지도를 알 수 있는 최근 네 차례 선거(제3~4회 동시지방선거, 제17~18대 총선)를 기준으로 고양시 유권자는 대략 56만~65만 명이며, 평균 투표율은 46%였다.

고양시 유권자가 100명이라면 2002년 지방선거에서는 56명이 한

**표 3_3.11**

## 경기도 고양시 (반)지하 등 거주 가구

(단위 : 가구, %)

| 행정구역 | 전체 가구 | (반)지하 | | 옥탑방 | 판잣집·움막·비닐집 | | 기타 |
| | | 가구 | 비중 | 가구 | 가구 | 비중 | 가구 |
|---|---|---|---|---|---|---|---|
| 고양시 | 276,394 | 8,230 | 3 | 524 | 3,244 | 1 | 264 |
| 덕양구 | 122,875 | 5,747 | 5 | 198 | 2,753 | 2 | 120 |
| 고양동 | 7,289 | 244 | 3 | 2 | 159 | 2 | 7 |
| 관산동 | 8,042 | 631 | 8 | 6 | 197 | 2 | 17 |
| 능곡동 | 6,094 | 355 | 6 | 7 | 148 | 2 | 19 |
| 대덕동 | 1,335 | 23 | 2 | 1 | 60 | 4 | 4 |
| 성사1동 | 7,929 | 593 | 7 | 16 | 48 | 1 | 4 |
| 성사2동 | 4,168 | 68 | 2 | 12 | 3 | 0 | – |
| 신도동 | 3,024 | 142 | 5 | 13 | 460 | 15 | 6 |
| 원신동 | 1,261 | 32 | 3 | 2 | 179 | 14 | 3 |
| 주교동 | 6,360 | 518 | 8 | 11 | 86 | 1 | 3 |
| 창릉동 | 2,165 | 50 | 2 | 2 | 277 | 13 | 8 |
| 행신1동 | 7,578 | 201 | 3 | 10 | – | – | – |
| 행신2동 | 12,308 | 230 | 2 | 23 | 14 | 0 | 5 |
| 행신3동 | 12,949 | 866 | 7 | 25 | 7 | 0 | 4 |
| 행주동 | 8,612 | 957 | 11 | 25 | 84 | 1 | 5 |
| 화전동 | 3,233 | 23 | 1 | – | 66 | 2 | 1 |
| 화정1동 | 14,682 | 720 | 5 | 30 | 41 | 0 | – |
| 화정2동 | 11,557 | 5 | 0 | 1 | 46 | 0 | 4 |
| 효자동 | 2,538 | 62 | 2 | 8 | 406 | 16 | 2 |
| 흥도동 | 1,751 | 27 | 2 | 4 | 472 | 27 | 28 |
| 일산동구 | 70,324 | 1,408 | 2 | 224 | 400 | 1 | 86 |
| 고봉동 | 3,955 | 27 | 1 | 1 | 201 | 5 | 40 |
| 마두1동 | 8,018 | 166 | 2 | 13 | – | – | – |
| 마두2동 | 5,343 | – | – | – | – | – | – |
| 백석동 | 16,977 | 425 | 3 | 50 | – | – | 1 |
| 식사동 | 2,052 | 53 | 3 | 3 | 73 | 4 | 35 |
| 장항1동 | 906 | 31 | 3 | 11 | 56 | 6 | 5 |
| 장항2동 | 10,932 | 4 | 0 | – | – | – | – |
| 정발산동 | 9,045 | 360 | 4 | 97 | – | – | – |
| 중산동 | 8,978 | 297 | 3 | 43 | 3 | 0 | 2 |

| 행정구역 | 전체 가구 | (반)지하 | | 옥탑방 | 판잣집·움막·비닐집 | | 기타 |
|---|---|---|---|---|---|---|---|
| | | 가구 | 비중 | 가구 | 가구 | 비중 | 가구 |
| 풍산동 | 4,118 | 45 | 1 | 6 | 67 | 2 | 3 |
| 일산서구 | 83,195 | 1,075 | 1 | 102 | 91 | 0 | 58 |
| 대화동 | 11,368 | 456 | 4 | 68 | – | – | 5 |
| 송산동 | 6,271 | 46 | 1 | 6 | 40 | 1 | 28 |
| 송포동 | 4,764 | 9 | 0 | 3 | 35 | 1 | 14 |
| 일산1동 | 8,697 | 66 | 1 | 1 | 1 | 0 | 2 |
| 일산2동 | 7,363 | 286 | 4 | 8 | 1 | 0 | 7 |
| 일산3동 | 11,456 | 3 | 0 | | | – | 1 |
| 주엽1동 | 9,979 | 1 | 0 | – | – | – | – |
| 주엽2동 | 10,818 | 5 | 0 | 1 | – | – | – |
| 탄현동 | 12,479 | 203 | 2 | 15 | 14 | 0 | 1 |

나라당을, 32명이 새천년민주당을, 5명이 민주노동당을, 3명이 자민 련을 찍었다. 2004년 총선에서는 38명은 한나라당을, 37명은 열린우 리당을, 14명은 민주노동당을, 6명은 새천년민주당을, 2명은 자민련 을 지지했다.

2006년 지방선거에서는 60명이 한나라당을 찍었고, 22명은 열린 우리당을, 10명은 민주노동당을, 6명은 민주당을 찍었다. 2008년 총 선에서는 42명이 한나라당을, 27명이 통합민주당을, 10명이 친박연 대를, 6명이 진보신당을, 4명이 민주노동당을, 다른 4명이 자유선진 당을, 또 다른 4명이 창조한국당을 지지했다.

투표율은 상대적으로 마두2동·창릉동·성사2동에서 가장 높았다. 반면 행주동·고봉동·장항1동에서 상대적으로 낮았다. 마두2동과 행 주동의 투표율 격차는 최소 14%에서 최대 20%까지 벌어졌다.

한나라당 득표율은 마두2동·장항1동·홍도동에서 상대적으로 높 았다. 반면 성사1동·식사동·화정2동에서 상대적으로 낮았다. 마두2

동과 성사1동의 한나라당 득표율 격차는 최소 15%에서 최대 16%까지 벌어졌다.

민주(＋열린우리)당 득표율은 식사동·고양동·행신3동에서 상대적으로 높았다. 반면 마두2동·홍도동·장항2동에서 상대적으로 낮았다. 식사동과 마두2동의 득표율 격차는 최소 3%에서 최대 13% 사이다.

민주노동당＋진보신당 득표율은 성사1동과 화정2동에서 상대적으로 높았다.

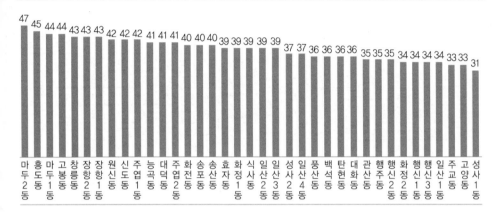

그림 3_3.7

# 경기도 고양시 동네별 한나라당 득표율

2004년 총선(단위 : %)

마두2동 47 / 흥도동 45 / 마두1동 44 / 고봉동 44 / 창릉동 43 / 장항2동 43 / 장항1동 43 / 원신동 42 / 신도동 42 / 주교1동 42 / 능곡동 41 / 대덕동 41 / 주엽2동 41 / 화전동 40 / 송포동 40 / 송산동 40 / 효자동 39 / 화정1동 39 / 식사동 39 / 일산2동 39 / 일산3동 39 / 성사2동 37 / 일산4동 37 / 풍산동 36 / 백석동 36 / 탄현동 36 / 대화동 36 / 관산동 35 / 행주동 35 / 행신2동 35 / 화정2동 34 / 행신1동 34 / 행신3동 34 / 일산1동 34 / 주교동 33 / 고양동 33 / 성사1동 31

그림 3_3.8

# 경기도 고양시 동네별 민주(＋열린우리)당 득표율

2004년 총선(단위 : %)

고양동 49 / 주교동 47 / 성사1동 47 / 행주동 47 / 행신1동 47 / 효자동 46 / 관산동 46 / 화정2동 46 / 화전동 46 / 행신3동 46 / 풍산동 46 / 일산1동 46 / 행신2동 45 / 대덕동 45 / 식사동 45 / 백석동 45 / 일산2동 45 / 장항1동 44 / 원신동 44 / 창릉동 44 / 탄현동 44 / 대화동 44 / 송산동 43 / 일산2동 42 / 성사2동 42 / 신도동 42 / 능곡동 42 / 화정1동 42 / 일산3동 42 / 송포동 42 / 마두1동 41 / 주엽1동 41 / 고봉동 41 / 주엽2동 41 / 흥도동 40 / 장항2동 39 / 마두2동 38

**표 3_3.12**

## 경기도 고양시 역대 선거 투표율과 정당 지지율

2002~2008년(단위 : 명, %)

| 행정구역 | 2002년 지방선거 | | | | | | 행정구역 | 2004년 총선 | | | | | | |
|---|---|---|---|---|---|---|---|---|---|---|---|---|---|---|
| | 선거인 수 | 투표율 | 한나라당 | 새천년민주당 | 자민련 | 민주노동당 | 기타정당 | | 선거인 수 | 투표율 | 한나라당 | 새천년민주당 | 열린우리당 | 자민련 | 민주노동당 | 기타정당 |
| 고양시 | 560,967 | 42 | 56 | 32 | 3 | 5 | 4 | 고양시 | 606,374 | 63 | 37 | 6 | 38 | 2 | 14 | 2 |
| 덕양구 | 262,667 | 42 | 54 | 33 | 3 | 5 | 4 | 덕양구 | 273,238 | 61 | 36 | 6 | 39 | 2 | 15 | 3 |
| 고양동 | 14,434 | 45 | 53 | 33 | 4 | 5 | 5 | 고양동 | 14,444 | 55 | 33 | 7 | 42 | 2 | 14 | 3 |
| 관산동 | 14,684 | 37 | 56 | 31 | 4 | 5 | 4 | 관산동 | 18,714 | 53 | 35 | 6 | 40 | 2 | 15 | 3 |
| 능곡동 | 9,900 | 38 | 54 | 32 | 4 | 5 | 4 | 능곡동 | 12,356 | 57 | 41 | 6 | 36 | 2 | 13 | 3 |
| 대덕동 | 3,715 | 45 | 57 | 32 | 4 | 3 | 4 | 대덕동 | 3,648 | 60 | 41 | 6 | 39 | 1 | 9 | 3 |
| 성사1동 | 15,842 | 39 | 50 | 35 | 3 | 7 | 4 | 성사1동 | 16,008 | 57 | 31 | 6 | 41 | 1 | 17 | 3 |
| 성사2동 | 9,970 | 47 | 58 | 31 | 2 | 5 | 3 | 성사2동 | 9,957 | 65 | 37 | 6 | 36 | 2 | 16 | 3 |
| 신도동 | 7,265 | 45 | 59 | 30 | 3 | 4 | 4 | 신도동 | 7,356 | 58 | 42 | 6 | 36 | 2 | 10 | 3 |
| 원신동 | 3,133 | 39 | 57 | 30 | 6 | 4 | 3 | 원신동 | 3,146 | 58 | 42 | 6 | 38 | 2 | 10 | 3 |
| 주교동 | 12,749 | 40 | 52 | 33 | 5 | 6 | 4 | 주교동 | 13,344 | 54 | 33 | 6 | 41 | 2 | 14 | 3 |
| 창릉동 | 5,296 | 57 | 55 | 33 | 3 | 5 | 4 | 창릉동 | 5,622 | 56 | 43 | 9 | 36 | 3 | 8 | 3 |
| 행신1동 | 45,232 | 39 | 54 | 35 | 2 | 5 | 4 | 행신1동 | 16,090 | 64 | 34 | 6 | 40 | 2 | 15 | 3 |
| 행신2동 | 26,625 | 41 | 56 | 32 | 2 | 6 | 4 | 행신2동 | 27,716 | 65 | 35 | 6 | 39 | 1 | 16 | 2 |
| 행주동 | 15,294 | 35 | 55 | 33 | 3 | 5 | 4 | 행신3동 | 27,826 | 64 | 34 | 6 | 40 | 1 | 16 | 3 |
| 화전동 | 7,877 | 42 | 58 | 32 | 4 | 4 | 3 | 행주동 | 17,774 | 52 | 35 | 6 | 41 | 1 | 14 | 3 |
| 화정1동 | 31,797 | 41 | 58 | 30 | 2 | 5 | 5 | 화전동 | 7,569 | 55 | 40 | 7 | 39 | 2 | 8 | 3 |
| 화정2동 | 23,734 | 43 | 53 | 34 | 2 | 5 | 5 | 화정1동 | 31,928 | 64 | 39 | 6 | 36 | 1 | 15 | 2 |
| 효자동 | 5,755 | 46 | 56 | 33 | 5 | 4 | 3 | 화정2동 | 24,339 | 69 | 34 | 7 | 39 | 1 | 17 | 2 |
| 흥도동 | 4,321 | 40 | 56 | 31 | 6 | 4 | 3 | 효자동 | 5,736 | 54 | 39 | 8 | 38 | 2 | 10 | 3 |
| 일산구 | 298,300 | 42 | 58 | 31 | 2 | 5 | 4 | 흥도동 | 4,292 | 56 | 45 | 6 | 35 | 2 | 10 | 3 |
| 고봉동 | 7,852 | 36 | 60 | 29 | 4 | 4 | 2 | 일산구 | 333,136 | 65 | 39 | 6 | 37 | 1 | 14 | 2 |
| 대화동 | 23,622 | 40 | 54 | 33 | 2 | 6 | 5 | 고봉동 | 8,461 | 53 | 44 | 6 | 35 | 2 | 11 | 2 |
| 마두1동 | 19,511 | 45 | 63 | 27 | 2 | 4 | 4 | 대화동 | 24,497 | 62 | 36 | 5 | 39 | 1 | 16 | 2 |
| 마두2동 | 13,245 | 49 | 66 | 25 | 2 | 4 | 4 | 마두1동 | 19,114 | 70 | 44 | 6 | 35 | 1 | 12 | 2 |
| 백석동 | 27,680 | 40 | 55 | 33 | 3 | 6 | 4 | 마두2동 | 12,727 | 72 | 47 | 5 | 33 | 2 | 11 | 2 |
| 송산동 | 8,769 | 34 | 58 | 31 | 3 | 4 | 4 | 백석동 | 30,710 | 64 | 36 | 6 | 39 | 1 | 15 | 2 |
| 송포동 | 1,990 | 37 | 59 | 28 | 4 | 4 | 5 | 송산동 | 12,505 | 57 | 40 | 6 | 38 | 2 | 12 | 3 |
| 식사동 | 3,626 | 42 | 48 | 38 | 5 | 5 | 4 | 송포동 | 11,613 | 68 | 40 | 5 | 37 | 1 | 14 | 2 |
| 일산1동 | 40,082 | 36 | 56 | 32 | 3 | 5 | 3 | 식사동 | 6,122 | 60 | 39 | 7 | 39 | 2 | 11 | 2 |

726

| 행정구역 | 2002년 지방선거 | | | | | | | 행정구역 | 2004년 총선 | | | | | | | |
|---|---|---|---|---|---|---|---|---|---|---|---|---|---|---|---|---|
| | 선거인 수 | 투표율 | 한나라당 | 새천년민주당 | 자민련 | 민주노동당 | 기타정당 | | 선거인 수 | 투표율 | 한나라당 | 새천년민주당 | 열린우리당 | 자민련 | 민주노동당 | 기타정당 |
| 일산2동 | 29,229 | 37 | 57 | 31 | 2 | 5 | 4 | 일산1동 | 17,507 | 61 | 34 | 6 | 40 | 1 | 15 | 2 |
| 일산3동 | 27,100 | 46 | 59 | 30 | 2 | 5 | 5 | 일산2동 | 32,924 | 60 | 39 | 5 | 37 | 1 | 14 | 3 |
| 일산4동 | 20,458 | 39 | 54 | 34 | 2 | 5 | 5 | 일산3동 | 26,957 | 71 | 39 | 6 | 36 | 1 | 16 | 2 |
| 장항1동 | 2,822 | 33 | 61 | 29 | 3 | 4 | 3 | 일산4동 | 20,936 | 61 | 37 | 6 | 39 | 1 | 14 | 2 |
| 장항2동 | 10,347 | 45 | 64 | 27 | 2 | 4 | 4 | 장항1동 | 2,781 | 58 | 43 | 5 | 40 | 2 | 8 | 3 |
| 주엽1동 | 23,329 | 45 | 61 | 29 | 2 | 5 | 4 | 장항2동 | 14,914 | 62 | 43 | 5 | 34 | 1 | 15 | 2 |
| 주엽2동 | 24,916 | 45 | 59 | 30 | 2 | 5 | 4 | 주엽1동 | 22,943 | 70 | 42 | 6 | 35 | 1 | 14 | 2 |
| 풍산동 | 8,635 | 44 | 54 | 35 | 3 | 5 | 4 | 주엽2동 | 24,205 | 70 | 41 | 6 | 36 | 2 | 14 | 2 |
| | | | | | | | | 탄현동 | 27,263 | 62 | 36 | 5 | 39 | 2 | 16 | 2 |
| | | | | | | | | 풍산동 | 10,316 | 64 | 36 | 7 | 40 | 1 | 14 | 3 |

| 행정구역 | 2006년 지방선거 | | | | | | |
|---|---|---|---|---|---|---|---|
| | 선거인 수 | 투표율 | 열린우리당 | 한나라당 | 민주당 | 민주노동당 | 기타 정당 |
| 고양시 | 651,799 | 46 | 22 | 60 | 6 | 10 | 1 |
| 덕양구 | 287,230 | 45 | 23 | 59 | 7 | 11 | 1 |
| 일산동구 | 162,750 | 45 | 21 | 62 | 6 | 10 | 1 |
| 일산서구 | 201,819 | 47 | 22 | 61 | 6 | 10 | 1 |

| 행정구역 | 2008년 총선 | | | | | | | | |
|---|---|---|---|---|---|---|---|---|---|
| | 선거인 수 | 투표율 | 통합민주당 | 한나라당 | 자유선진당 | 민주노동당 | 창조한국당 | 친박연대 | 진보신당 | 기타 정당 |
| 고양시 | 679,318 | 46 | 27 | 42 | 4 | 4 | 4 | 10 | 6 | 3 |
| 덕양구 | 283,612 | 45 | 26 | 40 | 5 | 4 | 4 | 10 | 7 | 4 |
| 고양동 | 21,021 | 40 | 23 | 42 | 5 | 4 | 4 | 11 | 8 | 4 |
| 관산동 | 20,612 | 41 | 21 | 42 | 5 | 4 | 4 | 12 | 8 | 4 |
| 능곡동 | 15,182 | 42 | 27 | 44 | 4 | 5 | 4 | 10 | 3 | 4 |
| 대덕동 | 3,606 | 45 | 23 | 52 | 3 | 3 | 4 | 9 | 2 | 4 |
| 성사1동 | 12,994 | 41 | 24 | 40 | 5 | 3 | 4 | 8 | 10 | 5 |
| 성사2동 | 10,134 | 51 | 23 | 40 | 6 | 3 | 4 | 10 | 11 | 3 |
| 신도동 | 5,266 | 45 | 25 | 46 | 5 | 4 | 4 | 11 | 3 | 4 |
| 원신동 | 1,807 | 41 | 17 | 48 | 6 | 2 | 3 | 14 | 6 | 5 |
| 주교동 | 15,488 | 39 | 23 | 40 | 5 | 4 | 3 | 10 | 9 | 5 |
| 창릉동 | 4,284 | 44 | 23 | 53 | 3 | 2 | 3 | 10 | 2 | 3 |
| 행신1동 | 17,900 | 48 | 29 | 38 | 4 | 5 | 5 | 9 | 5 | 4 |
| 행신2동 | 27,723 | 47 | 29 | 39 | 4 | 5 | 5 | 9 | 6 | 4 |
| 행신3동 | 27,461 | 47 | 30 | 37 | 4 | 5 | 5 | 9 | 6 | 4 |
| 행주동 | 18,663 | 36 | 28 | 41 | 4 | 4 | 4 | 9 | 4 | 5 |

| 행정구역 | 2008년 총선 | | | | | | | | | |
|---|---|---|---|---|---|---|---|---|---|---|
| | 선거인 수 | 투표율 | 통합민주당 | 한나라당 | 자유선진당 | 민주노동당 | 창조한국당 | 친박연대 | 진보신당 | 기타 정당 |
| 화전동 | 7,916 | 42 | 28 | 44 | 4 | 4 | 3 | 11 | 2 | 5 |
| 화정1동 | 32,523 | 47 | 23 | 40 | 5 | 3 | 4 | 10 | 11 | 4 |
| 화정2동 | 25,782 | 51 | 26 | 35 | 5 | 3 | 5 | 9 | 13 | 3 |
| 효자동 | 6,561 | 41 | 26 | 47 | 3 | 3 | 4 | 10 | 2 | 4 |
| 흥도동 | 3,496 | 41 | 17 | 54 | 5 | 2 | 4 | 10 | 5 | 3 |
| 일산동구 | 190,339 | 46 | 27 | 43 | 4 | 3 | 5 | 11 | 5 | 3 |
| 고봉동 | 11,277 | 40 | 23 | 49 | 3 | 3 | 4 | 11 | 3 | 3 |
| 마두1동 | 19,785 | 50 | 26 | 46 | 4 | 3 | 4 | 11 | 5 | 2 |
| 마두2동 | 12,834 | 54 | 23 | 47 | 4 | 2 | 4 | 12 | 5 | 2 |
| 백석1동 | 21,262 | 45 | 29 | 40 | 4 | 4 | 5 | 11 | 5 | 3 |
| 백석2동 | 16,889 | 40 | 28 | 41 | 4 | 3 | 5 | 10 | 6 | 3 |
| 식사동 | 5,118 | 47 | 26 | 47 | 3 | 2 | 3 | 11 | 3 | 4 |
| 장항1동 | 2,714 | 45 | 21 | 55 | 3 | 2 | 2 | 12 | 1 | 3 |
| 장항2동 | 19,742 | 38 | 24 | 44 | 4 | 3 | 5 | 11 | 7 | 2 |
| 정발산동 | 21,500 | 42 | 27 | 43 | 4 | 3 | 5 | 10 | 5 | 4 |
| 중산동 | 29,532 | 45 | 28 | 41 | 3 | 4 | 5 | 10 | 5 | 4 |
| 풍산동 | 25,918 | 47 | 30 | 40 | 3 | 3 | 5 | 10 | 5 | 3 |
| 일산서구 | 205,367 | 47 | 28 | 43 | 5 | 3 | 4 | 10 | 5 | 3 |
| 대화동 | 25,799 | 43 | 28 | 42 | 5 | 3 | 5 | 9 | 5 | 3 |
| 송산동 | 20,973 | 45 | 28 | 45 | 4 | 2 | 4 | 9 | 4 | 3 |
| 송포동 | 12,379 | 49 | 25 | 47 | 5 | 3 | 4 | 10 | 4 | 3 |
| 일산1동 | 21,483 | 42 | 30 | 41 | 5 | 3 | 4 | 9 | 4 | 3 |
| 일산2동 | 16,924 | 42 | 29 | 44 | 4 | 3 | 4 | 9 | 4 | 3 |
| 일산3동 | 27,498 | 51 | 30 | 40 | 5 | 3 | 5 | 10 | 6 | 2 |
| 주엽1동 | 23,126 | 49 | 28 | 44 | 5 | 3 | 4 | 10 | 5 | 2 |
| 주엽2동 | 24,733 | 49 | 27 | 44 | 5 | 2 | 4 | 10 | 5 | 3 |
| 탄현동 | 28,673 | 44 | 29 | 42 | 5 | 3 | 5 | 10 | 4 | 3 |

# 경기도 과천시 6개 동네

과천시에는 2005년 현재 6개 동에 1만3천 개의 거처가 있고,

여기에 1만8천 가구 5만7천 명이 살고 있다.

경기도 과천시가 100명이 사는 마을이라면 어떤 모습일까?

## 숫자 100으로 본 과천시

과천시에 사는 사람은 경기도 평균인에 비해 고학력이며 종교 인구도 더 많은데, 특히 천주교 신자 비중이 높다. 사업주, 고위 관리직, 전문가, 기술공 및 준전문가, 사무직, 기능직 비중이 높은 편이며 출퇴근 시간은 긴 편이다.

셋방에 사는 가구가 많고 아파트에 사는 사람도 많은 편이지만, 소형 주택은 드물고 지은 지 20년이 넘은 집(2005년 기준)이 81%에 달한다. 유주택 전월세 가구는 무려 16%로 경기도 최고 수준이다. 가구의 14%가 (반)지하에 살고 3%는 비닐집 등에 살지만 이들을 위한 공공임대주택은 아예 존재하지 않는다.

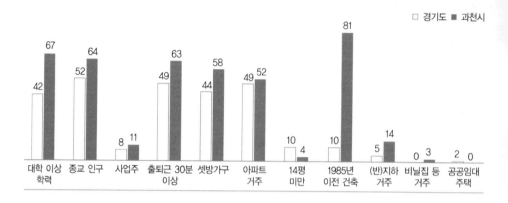

그림 3_3.9

경기도와 과천시의 주요 지수 평균 비교

(단위 : %)

□ 경기도 ■ 과천시

| | 경기도 | 과천시 |
|---|---|---|
| 대학 이상 학력 | 42 | 67 |
| 종교 인구 | 52 | 64 |
| 사업주 | 8 | 11 |
| 출퇴근 30분 이상 | 49 | 63 |
| 셋방가구 | 44 | 58 |
| 아파트 거주 | 49 | 52 |
| 14평 미만 | 10 | 4 |
| 1985년 이전 건축 | 10 | 81 |
| (반)지하 거주 | 5 | 14 |
| 비닐집 등 거주 | 0 | 3 |
| 공공임대 주택 | 2 | 0 |

　　지난 7년 동안 과천에서 한나라당은 39~62%를, 민주(＋열린우리)당은 22~44%를, 민주노동당＋진보신당은 6~16%를 각각 얻었다. 하지만 동네별로는 차이가 컸다.

**과천시 인구가 100명이라면 :**
**대학 이상 학력자 67명, 종교 인구 64명**

경기도 과천시에 사는 사람은 2005년 현재 5만6,711명으로, 과천시 인구가 100명이라면 남자 대 여자의 수는 50 대 50으로 균형을 이루고 있다. 동네별로는 과천동만 52 대 48로 남자가 많고 나머지 5곳은 모두 49 대 51로 여자가 더 많다. 30명은 어린이와 청소년(19세 미만)

이고, 70명은 어른이다. 어른 가운데 8명은 노인(65세 이상)이다.

지역적으로는, 과천시 인구 100명 중 28명은 별양동에 살고, 26명은 부림동에 사는 등 두 곳에 절반 이상이 산다. 또 중앙동에 15명, 과천동에 13명, 문원동에 11명, 갈현동에 8명이 산다.

종교를 보면, 64명이 종교를 갖고 있다. 30명은 개신교, 18명은 천주교, 15명은 불교 신자다. 개신교는 문원동에서, 천주교는 중앙동에서, 불교는 과천동에서 각각 신자 비율이 높다.

학력은 어떨까. 12명은 초등학교에, 6명은 중학교에, 5명은 고등학교에 다니고 있으며, 50명은 대학에 재학 중이거나 대학 이상의 학력을 가지고 있다(6세 이상 인구 기준). 또 과천에 사는 19세 이상 인구 가운데 67%가 대학 이상 학력자로 이 중 11%는 대학원 이상의 학력자다. 중앙동과 별양동은 각각 75%가 대학 이상 학력자로 학력이 가장 높다.

28명은 미혼이며 72명은 결혼했다. 결혼한 사람 가운데 6명은 배우자와 사별했고, 2명은 이혼했다(15세 이상 인구 기준). 4명은 몸이 불편하거나 정신 장애로 정상적인 활동에 제약을 느끼고 있다.

거주 기간을 보면, 35명은 현재 살고 있는 집에 산 지 5년이 넘었으나, 65명은 5년 이내에 새로 이사 왔다(5세 이상 인구 기준). 이사 온 사람 중 35명은 과천시의 다른 동에서, 8명은 경기도의 다른 시군에서, 21명은 경기도 밖에서 이사 왔다.

표 3_3.13

# 경기도 과천시 성별·종교별·학력별 인구

(단위 : 명, %)

| 행정구역 | 남녀/외국인 | | | | 종교 인구 | | | | | | | 대학 이상 학력 인구 | | | | | | |
|---|---|---|---|---|---|---|---|---|---|---|---|---|---|---|---|---|---|---|
| | 총인구 | 남자 | 여자 | 외국인 | 인구(내국인) | 계 | 종교 있음 | | | | 종교 없음 | 19세 이상 인구 | 계 | 4년제 미만 | | 4년제 이상 | | 대학원 이상 |
| | | | | | | | 불교 | 개신교 | 천주교 | 기타 | | | | 계 | 재학 | 계 | 재학 | |
| 과천시 | 56,711 | 50 | 50 | 0 | 56,587 | 64 | 15 | 30 | 18 | 1 | 35 | 39,709 | 67 | 9 | 1 | 48 | 7 | 11 |
| 갈현동 | 4,313 | 49 | 51 | 0 | 4,301 | 57 | 14 | 25 | 17 | 1 | 41 | 3,079 | 67 | 10 | 1 | 45 | 5 | 11 |
| 과천동 | 7,430 | 52 | 48 | 1 | 7,382 | 60 | 19 | 26 | 14 | 1 | 39 | 5,988 | 51 | 12 | 2 | 32 | 6 | 6 |
| 문원동 | 6,341 | 49 | 51 | 0 | 6,329 | 71 | 13 | 45 | 12 | 1 | 28 | 4,642 | 48 | 11 | 2 | 32 | 7 | 5 |
| 별양동 | 15,655 | 49 | 51 | 0 | 15,635 | 64 | 14 | 28 | 21 | 1 | 35 | 10,507 | 75 | 7 | 1 | 57 | 8 | 11 |
| 부림동 | 14,530 | 49 | 51 | 0 | 14,512 | 62 | 14 | 30 | 18 | 1 | 37 | 9,650 | 74 | 9 | 1 | 54 | 6 | 12 |
| 중앙동 | 8,442 | 49 | 51 | 0 | 8,428 | 68 | 15 | 30 | 23 | 1 | 31 | 5,843 | 75 | 8 | 2 | 52 | 8 | 15 |

# 과천시 취업자가 100명이라면 :
# 73명은 봉급쟁이, 11명은 사업주

과천시에 사는 15세 이상 인구 4만3천 명 가운데 취업해 직장에 다니는 사람(취업자)은 49%, 2만1천 명이다. 과천시 취업자가 100명이라면 69명은 30~40대, 12명은 20대이며, 14명은 50대다. 65세 이상 노인도 2명이 일하고 있다. 과천시는 경기도 31개 시군 가운데 취업자 중 30~40대 비중이 가장 높다.

회사에서 봉급을 받고 일하는 직장인은 73명이다. 12명은 고용한 사람 없이 혼자서 일하는 자영업자이며, 11명은 누군가를 고용해 사업체를 경영하는 사업주다. 3명은 가족이 운영하는 사업체에서 보수 없이 일하고 있다. 과천시는 경기도 31개 시군 가운데 고용원을 둔 사업자 비중이 가장 높고, 자영업자 비중은 군포시와 함께 가장 낮다.

직업별로는 사무직이 27명으로 가장 많고, 21명은 전문가, 13명은 기술직 및 준전문가로 일하고 있다. 9명은 판매직, 8명은 고위 관리직, 7명은 서비스직, 6명은 단순 노무직이다. 또 5명은 기능직, 3명은 장치 기계 조작 및 조립직, 2명은 농림 어업에 종사하고 있다. 과천시는 경기도 31개 시군 가운데 고위 관리직, 전문가, 사무직 비중이 가장 높고, 서비스직, 기능직, 장치 기계 조작 및 조립직 비중은 가장 낮다.

직장으로 출근하는 데 30분 이상 걸리는 사람은 63명이며, 그 가운데 23명은 1시간 이상 걸린다. 과천시는 경기도 31개 시군 가운데 취업자 중 통근 시간이 30분 이상 걸리는 비중이 가장 높다. 18명은 걸어서 출근하고 82명은 교통수단을 이용해 출근한다. 82명 가운데 41명은 자가용으로, 21명은 전철로, 11명은 시내버스로 출퇴근한다. 3명은 통근 버스를, 1명은 자전거를 이용하며, 4명은 버스와 전철 또는 승용차를 갈아타며 출근한다. 과천은 경기도 31개 시군 가운데 전철을 이용한 통근자 비중이 가장 높다.

사무실이나 공장 등에서 일하는 사람은 90명이며, 야외나 거리 또는 운송 수단에서 일하는 사람은 6명이다. 2명은 자기 집에서, 다른 2명은 남의 집에서 일한다.


## 과천시에 100가구가 산다면 :
## 58가구는 셋방살이

과천시에는 1만7,652가구가 산다(일반 가구 기준). 과천에 사는 가구를 100가구로 친다면, 32가구는 식구가 한 명 또는 두 명인 1, 2인 가구

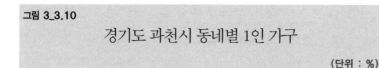

**그림 3_3.10**

## 경기도 과천시 동네별 1인 가구

(단위 : %)

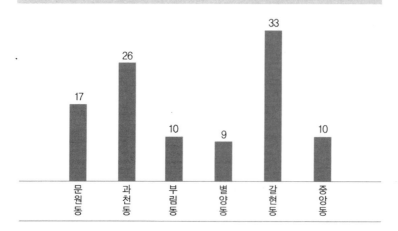

이며, 이 가운데 16가구는 나 홀로 사는 1인 가구다. 식구 4명은 35가구, 3명은 22가구, 5명 이상은 11가구다.

동별로는 갈현동에서 33%로 1인 가구 비중이 가장 높고, 과천동 26%, 문원동 17%, 부림동과 중앙동 각 10% 순이다. 반면 별양동은 9%로 가장 낮다.

39가구는 자신이 소유한 집에서 살고, 58가구는 셋방에 살며, 2가구는 직장의 사택이나 친척집 등에서 무상으로 살고 있다. 자기 집에 사는 가구 중 8가구는 현재 살고 있는 집 외에 최소 한 채에서 여러 채를 소유한 다주택자들이다.

셋방 사는 가구 가운데 43가구는 전세에, 13가구는 보증금 있는 월세에, 1가구는 보증금 없는 월세에, 2가구는 사글세에 살고 있다.

**표 3_3.14**

## 경기도 과천시의 다주택자

(단위 : 가구, 호)

| 구분 | | | 가구 수 | 주택 수 | 평균 주택 수 |
|---|---|---|---|---|---|
| 일반 가구 | | | 17,652 | – | – |
| 자가 가구 | | | 6,915 | – | – |
| 다주택 가구 | 통계청 | | 1,478 | – | – |
| | 행자부 | 계 | 1,284 | 3,267 | 3 |
| | | 2채 | 1,043 | 2,086 | 2 |
| | | 3채 | 127 | 381 | 3 |
| | | 4채 | 34 | 136 | 4 |
| | | 5채 | 20 | 100 | 5 |
| | | 6~10채 | 44 | 322 | 7 |
| | | 11채 이상 | 16 | 242 | 15 |

셋방 사는 가구 중 16가구는 어딘가에 자신 명의의 집을 소유하고 있으나 경제 사정이나 자녀 교육, 직장 등의 사정으로 셋방에 살고 있다. 과천시는 경기도 31개 시군 가운데 유주택 전월세 가구 비중이 가장 높다.

65가구는 현재 사는 집으로 이사 온 지 5년이 안 되며, 이 가운데 36가구는 2년이 안 된다. 19가구는 5~10년이 됐고, 16가구는 10년이 넘었다.

75가구는 자동차를 소유하고 있고 이 가운데 56가구는 자기 집에 전용 주차장이 있다. 자동차 소유 가구 중 14가구는 차를 2대 이상 소유하고 있다.

표 3_3.15

## 경기도 과천시 주택의 점유·소유 형태별 가구

(단위 : 가구, %)

| 행정구역 | 전체 가구 | 자기 집에 거주 | | | 셋방에 거주 | | | 무상으로 거주 | | 주택 소유 | 무주택 |
|---|---|---|---|---|---|---|---|---|---|---|---|
| | | 계 | 집 한 채 | 여러 채 | 계 | 집 없음 | 집 있음 | 집 없음 | 집 있음 | | |
| 과천시 | 17,652 | 39 | 31 | 8 | 58 | 42 | 16 | 2 | 0 | 56 | 44 |
| 갈현동 | 1,647 | 26 | 21 | 5 | 70 | 49 | 21 | 2 | 1 | 48 | 52 |
| 과천동 | 2,632 | 24 | 20 | 4 | 71 | 62 | 10 | 4 | 1 | 35 | 65 |
| 문원동 | 1,991 | 27 | 22 | 5 | 68 | 61 | 7 | 4 | 0 | 35 | 65 |
| 별양동 | 4,587 | 49 | 38 | 11 | 50 | 31 | 19 | 1 | 0 | 68 | 32 |
| 부림동 | 4,379 | 44 | 34 | 10 | 55 | 36 | 18 | 1 | 0 | 62 | 38 |
| 중앙동 | 2,416 | 48 | 38 | 10 | 49 | 31 | 18 | 3 | 1 | 66 | 34 |

# 집 많은 사람, 집 없는 사람 :
## 별양동 68% 주택 소유, 과천동·문원동 65% 무주택

과천시에 사는 100가구 중 56가구는 주택 소유자이고 44가구는 무주택자다. 6개 동네 중 3곳은 주택 소유자가 더 많고 3곳은 무주택자가 더 많다. 별양동에 사는 가구의 68%, 중앙동 가구의 66%, 부림동 가구의 62%는 주택 소유자다. 반면 과천동과 문원동 가구의 65%, 갈현동 가구의 52%는 무주택자다.

과천시 100가구 중 8가구는 집을 두 채 이상 여러 채 소유한 다주택자다. 별양동 가구의 11%, 중앙동과 부림동 가구의 10%가 다주택자다. 반면 무주택자가 많은 과천동·문원동·갈현동에서 다주택자 비중은 4~5%에 그친다.

과천시 100가구 중 16가구는 어딘가에 자신 명의의 집을 소유하고 있지만 사정상 셋방에 사는 유주택 전월세 가구다. 갈현동에 사는 가구 중 무려 21%가 유주택 전월세 가구다. 별양동 가구의 19%, 중앙동과 부림동 가구의 18%도 유주택 전월세 가구다. 반면 문원동과 과천동에서 유주택 전월세 가구 비중은 7%와 10% 수준에 머문다.

주택 소유자 중 유주택 전월세 가구를 제외한 39가구는 자기 집에 사는데, 별양동과 중앙동에서 각각 49%와 48%로 가장 높지만 모두 절반 미만이다.

유주택 전월세를 포함해 모두 58가구가 셋방에 사는데, 과천동 (71%)과 갈현동(70%)에서 비중이 가장 높다. 42가구는 집이 없이 셋방에 사는데 과천동(62%)과 문원동(61%)에서 비중이 가장 높다.


## 과천시에 있는 집이 100채라면 :
## 71채는 아파트

과천시에는 집(주택과 주택 이외의 거처)이 1만2,822채가 있다. 과천시에 있는 집이 100채라면 71채는 아파트이고, 15채는 단독주택, 6채는 연립주택, 3채는 다세대주택이다. 또 4채는 주택 이외의 거처인데 대부분 판잣집이나 움막, 비닐집이다.

부림동에 있는 거처의 90%가 아파트다. 갈현동과 별양동은 86~87%가 아파트이며, 중앙동 거처의 69%도 아파트다. 반면 아파트가 아예 없는 문원동은 거처의 80%가 단독주택이다. 또 과천동은 거처의 38%는 단독주택, 31%는 판잣집·움막·비닐집과 같은 주택 이외의 거처이며, 17%는 다세대주택이다.

**표 3_3.16**

## 경기도 과천시 거처의 종류별·연건평별·건축년도별 주택

(단위 : 호, 가구, %)

| 행정구역 | 거처의 종류별 거처와 가구 | | | | | | | | | | | | | |
|---|---|---|---|---|---|---|---|---|---|---|---|---|---|---|
| | 계 | | 단독주택 | | 아파트 | | 연립주택 | | 다세대주택 | | 비거주용 건물 내 주택 | | 주택 이외의 거처 | |
| | 거처 | 가구 | 거처 | 가구 | 거처 | 가구 | 거처 | 가구 | 거처 | 가구 | 거처 | 가구 | 거처 | 가구 |
| 과천시 | 12,822 | 17,666 | 15 | 38 | 71 | 52 | 6 | 4 | 3 | 3 | 0 | 0 | 4 | 3 |
| 갈현동 | 1,565 | 1,649 | 7 | 11 | 86 | 82 | 3 | 3 | 0 | 0 | 1 | 1 | 3 | 3 |
| 과천동 | 1,423 | 2,633 | 38 | 65 | 6 | 3 | 7 | 4 | 17 | 10 | 1 | 1 | 31 | 17 |
| 문원동 | 745 | 1,995 | 80 | 93 | 0 | 0 | 0 | 0 | 12 | 5 | 0 | 0 | 7 | 3 |
| 별양동 | 3,710 | 4,589 | 6 | 24 | 87 | 71 | 5 | 4 | 1 | 1 | 0 | 0 | 0 | 0 |
| 부림동 | 3,469 | 4,379 | 6 | 26 | 90 | 72 | 2 | 2 | 1 | 1 | 0 | 0 | 0 | 0 |
| 중앙동 | 1,910 | 2,421 | 11 | 29 | 69 | 55 | 18 | 14 | 1 | 1 | 1 | 1 | 0 | 0 |

사람이 사는 곳을 기준으로 보면 과천에 사는 가구의 52%는 아파트에, 38%는 단독주택에, 4%는 연립주택에, 3%는 다세대주택에, 다른 3%는 주택 이외의 거처에 산다. 갈현동에 사는 가구의 82%가 아파트에 살고, 부림동과 별양동에서도 가구의 70% 이상이 아파트에 산다. 중앙동 역시 절반 이상이 아파트에 산다. 반면 문원동은 93%가 단독주택에 산다. 또 과천동은 65%가 단독주택에 살고, 17%는 주택 이외의 거처에, 10%는 다세대주택에 산다.

과천시 주택(주택 이외의 거처 제외)을 크기별로 보면 29평 이상의 주택은 26채, 19~29평은 37채, 14~19평 33채이며, 14평 미만은 4채다. 단독주택이 많은 문원동과 과천동은 79%와 56%가 29평 이상이다. 반면 아파트가 대부분인 갈현동은 31%가 14평 미만 소형 주택이다.

2005년 기준으로 27채는 지은 지 10년(1995~2005년 사이 건축)이 안

| | 연건평별 주택 | | | | 건축년도별 주택 | | |
|---|---|---|---|---|---|---|---|
| 총 주택 수 | 14평 미만 | 14~19평 | 19~29평 | 29평 이상 | 1995~ 2005년 | 1985~ 1994년 | 1985년 이전 |
| 12,265 | 4 | 33 | 37 | 26 | 8 | 11 | 81 |
| 1,514 | 31 | 57 | 5 | 6 | 5 | 4 | 91 |
| 976 | 2 | 26 | 16 | 56 | 39 | 47 | 15 |
| 693 | 1 | 2 | 18 | 79 | 39 | 16 | 45 |
| 3,708 | 0 | 34 | 38 | 28 | 3 | 4 | 93 |
| 3,469 | 0 | 36 | 57 | 7 | 1 | 6 | 93 |
| 1,905 | 0 | 21 | 41 | 38 | 5 | 19 | 76 |

된 새집이 8채인 반면, 81채는 지은 지 20년이 넘었다. 아파트가 많은 갈현동·별양동·부림동은 90% 이상이 지은 지 20년이 넘었고, 중앙동도 76%가 20년이 넘었다. 반면 문원동과 과천동은 주택의 39%가 10년이 안 됐다.

1995년부터 2005년까지 10년 동안 과천시 주택 수(주택 이외의 거처 제외)는 1만7천 채에서 1만2천 채로 3천 채(22%)가 줄었다. 아파트는 4천 채(29%) 가까이 줄어든 반면, 단독주택은 2%, 연립주택은 20%, 다세대주택은 29%가 늘었다. 이에 따라 전체 주택(주택 이외의 거처 제외)에서 차지하는 비중도 아파트는 82%에서 75%로 감소한 반면, 단독주택은 12%에서 15%로, 연립주택은 4%에서 6%로, 다세대주택은 2%에서 4%로 증가했다.

## 과천시에서 지하 방에 사는 사람 :
## 문원동 가구의 35%가 (반)지하에 거주

과천시에 사는 1만7천여 가구를 100가구로 친다면, 그 중 5가구는 식구에 비해 집이 너무 좁거나 시설이 제대로 갖춰지지 않아 인간다운 품위를 지키기 어려운 최저 주거 기준 미달 가구다.

또 100가구 가운데 83가구는 지상에 살지만, 14가구는 (반)지하에 3가구는 판잣집·움막·비닐집에 살고 있다. (반)지하에 사는 가구 비중이 가장 높은 곳은 문원동으로 무려 35%에 달하며, 과천동 16%, 부림동 12%, 중앙동과 별양동 11% 순으로 높다. 또 과천동에 사는 가구의 17%는 판잣집·움막·비닐집에서 지낸다. 갈현동 가구의 3%, 문원동 가구의 2%도 판잣집·움막·비닐집에 산다. 이 밖에 과천시 1만7천여 가구 가운데 옥탑방에 67가구가, 업소의 잠만 자는 방 등에 21가구가 사는 것으로 나타났다. 그러나 2005년 현재 과천시에 공급된 공공임대주택은 단 한 채도 없다.


## 과천시 유권자가 100명이라면

정당 지지도를 알 수 있는 최근 네 차례 선거(제3~4회 동시지방선거, 제17~18대 총선)를 기준으로 과천시 유권자는 대략 4만4천~4만9천 명이며, 평균 투표율은 60%였다.

과천시 유권자가 100명이라면 2002년 지방선거에서는 56명이 한나라당을, 32명이 새천년민주당을, 6명이 민주노동당을, 2명이 자민

표 3_3.17

## 경기도 과천시 (반)지하 등 거주 가구

(단위 : 가구, %)

| 행정구역 | 전체 가구 | (반)지하 | | 옥탑방 | 판잣집·움막·비닐집 | | 기타 |
| --- | --- | --- | --- | --- | --- | --- | --- |
| | | 가구 | 비중 | | 가구 | 비중 | 가구 |
| 과천시 | 17,652 | 2,404 | 14 | 67 | 541 | 3 | 21 |
| 갈현동 | 1,647 | 25 | 2 | 1 | 46 | 3 | 5 |
| 과천동 | 2,632 | 413 | 16 | 40 | 457 | 17 | 2 |
| 문원동 | 1,991 | 688 | 35 | 17 | 36 | 2 | 14 |
| 별양동 | 4,587 | 488 | 11 | 1 | – | – | – |
| 부림동 | 4,379 | 519 | 12 | 5 | – | – | – |
| 중앙동 | 2,416 | 271 | 11 | 3 | 2 | – | – |

련을 찍었다. 2004년 총선에서는 39명은 한나라당을, 35명은 열린우리당을, 16명은 민주노동당을, 6명은 새천년민주당을, 2명은 자민련을 지지했다.

2006년 지방선거에서는 62명이 한나라당을 찍었고, 22명은 열린우리당을, 11명은 민주노동당을, 5명은 민주당을 찍었다. 2008년 총선에서는 43명이 한나라당을, 22명이 통합민주당을, 11명이 친박연대를, 8명이 진보신당을, 4명이 자유선진당을, 다른 4명이 창조한국당을, 3명이 민주노동당을 지지했다.

동네별 투표율은 상대적으로 중앙동에서 높고 과천동에서 가장 낮았다. 중앙동과 과천동의 투표율 격차는 최소 8%에서 최대 11%까지 벌어졌다.

한나라당 득표율은 상대적으로 중앙동 과천동에서 높고 갈현동과 부림동에서는 낮았다.

민주(＋열린우리)당 득표율은 갈현동에서 상대적으로 높고, 중앙동에서는 낮았다. 투표율 격차는 최소 3%에서 최대 6% 사이다.

　　민주노동당＋진보신당 득표율은 부림동과 갈현동에서 상대적으로 높았다.

**그림 3_3.11**

# 경기도 과천시 동네별 한나라당 득표율

2004년 총선(단위 : %)

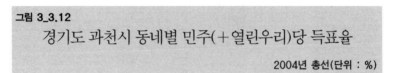

| 중앙동 | 별양동 | 과천동 | 부림동 | 문원동 | 갈현동 |
|---|---|---|---|---|---|
| 45 | 41 | 41 | 39 | 37 | 34 |

**그림 3_3.12**

# 경기도 과천시 동네별 민주(＋열린우리)당 득표율

2004년 총선(단위 : %)

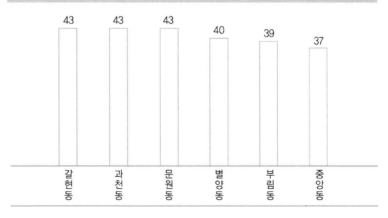

| 갈현동 | 과천동 | 문원동 | 별양동 | 부림동 | 중앙동 |
|---|---|---|---|---|---|
| 43 | 43 | 43 | 40 | 39 | 37 |

표 3_3.18

## 경기도 과천시 역대 선거 투표율과 정당 지지율

2002~2008년(단위 : 명, %)

| 행정구역 | 2002년 지방선거 | | | | | | | 2004년 총선 | | | | | | | |
|---|---|---|---|---|---|---|---|---|---|---|---|---|---|---|---|
| | 선거인 수 | 투표율 | 한나라당 | 새천년민주당 | 자민련 | 민주노동당 | 기타정당 | 선거인 수 | 투표율 | 한나라당 | 새천년민주당 | 열린우리당 | 자민련 | 민주노동당 | 기타정당 |
| 과천시 | 48,892 | 57 | 56 | 32 | 2 | 6 | 3 | 48,892 | 70 | 39 | 6 | 35 | 2 | 16 | 2 |
| 갈현동 | 8,920 | 53 | 53 | 35 | 2 | 7 | 3 | 8,703 | 68 | 34 | 6 | 37 | 1 | 20 | 2 |
| 과천동 | 6,104 | 52 | 57 | 35 | 2 | 4 | 3 | 6,045 | 62 | 41 | 5 | 38 | 2 | 12 | 2 |
| 문원동 | 4,409 | 61 | 56 | 32 | 3 | 6 | 3 | 4,782 | 67 | 37 | 4 | 39 | 2 | 15 | 2 |
| 별양동 | 11,371 | 57 | 57 | 32 | 2 | 6 | 4 | 11,344 | 71 | 41 | 6 | 34 | 2 | 15 | 2 |
| 부림동 | 10,021 | 55 | 55 | 31 | 2 | 8 | 4 | 9,919 | 71 | 39 | 6 | 34 | 2 | 18 | 2 |
| 중앙동 | 7,133 | 60 | 59 | 29 | 2 | 6 | 3 | 7,077 | 73 | 45 | 6 | 31 | 2 | 15 | 2 |

| 행정구역 | 2006년 지방선거 | | | | | |
|---|---|---|---|---|---|---|
| | 선거인 수 | 투표율 | 열린우리당 | 한나라당 | 민주당 | 민주노동당 | 기타정당 |
| 과천시 | 43,524 | 59 | 22 | 62 | 5 | 11 | 1 |

| 행정구역 | 2008년 총선 | | | | | | | | | |
|---|---|---|---|---|---|---|---|---|---|---|
| | 선거인 수 | 투표율 | 통합민주당 | 한나라당 | 자유선진당 | 민주노동당 | 창조한국당 | 친박연대 | 진보신당 | 기타정당 |
| 과천시 | 45,915 | 52 | 22 | 43 | 5 | 3 | 5 | 11 | 8 | 3 |
| 갈현동 | 3,573 | 52 | 23 | 44 | 6 | 3 | 6 | 10 | 7 | 2 |
| 과천동 | 6,267 | 45 | 20 | 46 | 3 | 4 | 5 | 12 | 5 | 3 |
| 문원동 | 5,264 | 52 | 21 | 44 | 4 | 5 | 5 | 11 | 7 | 4 |
| 별양동 | 11,609 | 51 | 24 | 41 | 5 | 3 | 5 | 12 | 8 | 3 |
| 부림동 | 10,451 | 53 | 22 | 39 | 5 | 3 | 5 | 11 | 11 | 3 |
| 중앙동 | 7,842 | 56 | 20 | 44 | 5 | 2 | 5 | 12 | 8 | 4 |

# 경기도 광명시 18개 동네

광명시에는 2005년 현재 18개 동에 8만6천 개의 거처가 있고,

여기에 10만3천 가구 32만 명이 살고 있다.

경기도 광명시가 100명이 사는 마을이라면 어떤 모습일까?

## 숫자 100으로 본 광명시

광명시에 사는 사람은 경기도 평균인과 학력 수준과 종교 인구 비중이 비슷하다. 봉급생활자, 사무직, 판매직, 기능직, 기술공 및 준전문가 비중이 상대적으로 높고 출퇴근 시간은 긴 편이다.

경기도 평균에 비해 주택 소유자는 약간 많고, 1인 가구는 조금 적은 편이며, 거주 기간은 긴 편이다. 아파트 거주자는 평균 수준이나 다세대 거주자가 평균에 비해 많은 편이다. 가구의 9%는 (반)지하에 살고 있으며, 이들 일부를 포함한 9%는 최저 주거 기준에 미달되지만 공공임대주택의 3%로 매우 부족하다.

지난 7년간 광명시에서 한나라당은 31~53%를, 민주(＋열린우리)

그림 3_3.13

## 경기도와 광명시의 주요 지수 평균 비교

(단위 : %)

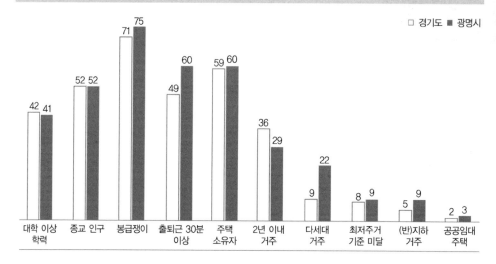

□ 경기도  ■ 광명시

당은 32~50%를, 민주노동당＋진보신당은 5~14%를 각각 얻었다. 그
러나 동네별 정당 득표율은 차이가 컸다.

**광명시 인구가 100명이라면 :**

**대학 이상 학력자 41명, 종교 인구 52명**

경기도 광명시에 사는 사람은 2005년 현재 32만268명으로, 광명시
인구가 100명이라면 남자 대 여자의 수는 50 대 50으로 균형을 이루
고 있다. 다만 동네별로는 하안1동과 하안3동에서 남녀 비율이 47 대

53과 48 대 52로 불균형 상태를 보이는 등 차이가 있다. 27명은 어린이와 청소년(19세 미만)이고, 73명은 어른이다. 어른 가운데 7명은 노인(65세 이상)이다.

지역적으로는 광명시에 사는 100명 중 11명은 철산3동에 살고, 9명은 광명7동에 산다. 하안1동과 3동에는 8명씩 살고, 소하2동에는 7명이 살며, 광명4동·철산2동·하안2동에는 6명씩 산다. 또 광명1동·광명6동·하안4동에는 4명씩 살고, 소하1동에는 3명이 살며 학온동에는 1명이 산다.

종교를 보면, 52명이 종교를 갖고 있다. 25명은 개신교, 15명은 불교, 11명은 천주교 신자다. 개신교는 광명5동에서, 불교는 소하1동에서, 천주교는 철산3동에서 각각 신자 비율이 높다.

학력은 어떨까. 9명은 초등학교에, 5명은 중학교에, 4명은 고등학교에 다니고 있으며, 32명은 대학에 재학 중이거나 대학 이상의 학력을 가지고 있다(6세 이상 인구 기준). 또 광명에 사는 19세 이상 인구 가운데 41%가 대학 이상 학력자다. 철산3동과 하안4동은 각각 57%와 56%가 대학 이상 학력자로 비중이 가장 높다.

31명은 미혼이며 69명은 결혼했다. 결혼한 사람 가운데 6명은 배우자와 사별했고, 3명은 이혼했다(15세 이상 인구 기준). 5명은 몸이 불편하거나 정신 장애로 정상적인 활동에 제약을 느끼고 있다.

거주 기간을 보면, 40명은 현재 살고 있는 집에 산 지 5년이 넘었으나, 60명은 5년 이내에 새로 이사 왔다(5세 이상 인구 기준). 이사 온

표 3_3.19

## 경기도 광명시 성별·종교별·학력별 인구

(단위 : 명, %)

| 행정구역 | 남녀/외국인 | | | | 종교 인구 | | | | | | | 대학 이상 학력 인구 | | | | | | |
|---|---|---|---|---|---|---|---|---|---|---|---|---|---|---|---|---|---|---|
| | 총인구 | 남자 | 여자 | 외국인 | 인구(내국인) | 종교 있음 | | | | | 종교 없음 | 19세 이상 인구 | 계 | 4년제 미만 | | 4년제 이상 | | 대학원 이상 |
| | | | | | | 계 | 불교 | 개신교 | 천주교 | 기타 | | | | 계 | 재학 | 계 | 재학 | |
| 광명시 | 320,268 | 50 | 50 | 0 | 319,452 | 52 | 15 | 25 | 11 | 1 | 48 | 233,891 | 41 | 14 | 3 | 24 | 5 | 2 |
| 광명1동 | 16,896 | 50 | 50 | 0 | 16,859 | 54 | 17 | 24 | 10 | 3 | 46 | 12,859 | 32 | 14 | 3 | 17 | 4 | 1 |
| 광명2동 | 13,668 | 50 | 50 | 1 | 13,586 | 50 | 17 | 23 | 8 | 1 | 49 | 10,342 | 30 | 14 | 3 | 16 | 4 | 1 |
| 광명3동 | 13,180 | 49 | 51 | 1 | 13,064 | 50 | 18 | 22 | 9 | 1 | 49 | 10,059 | 31 | 14 | 3 | 17 | 4 | 1 |
| 광명4동 | 17,999 | 49 | 51 | 0 | 17,953 | 51 | 15 | 24 | 10 | 1 | 49 | 13,912 | 37 | 15 | 3 | 20 | 6 | 2 |
| 광명5동 | 13,937 | 50 | 50 | 0 | 13,883 | 53 | 16 | 28 | 9 | 1 | 46 | 10,527 | 32 | 15 | 3 | 15 | 4 | 1 |
| 광명6동 | 15,221 | 51 | 49 | 0 | 15,184 | 51 | 16 | 24 | 10 | 1 | 49 | 11,435 | 29 | 14 | 3 | 14 | 4 | 1 |
| 광명7동 | 27,683 | 51 | 49 | 0 | 27,639 | 52 | 16 | 24 | 11 | 1 | 48 | 20,264 | 34 | 15 | 3 | 18 | 5 | 2 |
| 소하1동 | 9,672 | 51 | 49 | 0 | 9,642 | 56 | 20 | 20 | 14 | 1 | 44 | 7,450 | 36 | 13 | 3 | 21 | 6 | 2 |
| 소하2동 | 22,466 | 52 | 48 | 0 | 22,442 | 54 | 19 | 24 | 9 | 1 | 46 | 16,595 | 30 | 14 | 3 | 14 | 4 | 2 |
| 철산1동 | 11,981 | 50 | 50 | 0 | 11,956 | 54 | 16 | 24 | 14 | 1 | 46 | 8,388 | 49 | 14 | 2 | 31 | 7 | 3 |
| 철산2동 | 20,091 | 50 | 50 | 0 | 20,045 | 51 | 13 | 28 | 9 | 1 | 49 | 14,275 | 41 | 12 | 2 | 27 | 5 | 2 |
| 철산3동 | 35,069 | 49 | 51 | 0 | 34,989 | 54 | 15 | 23 | 16 | 1 | 45 | 25,120 | 57 | 12 | 2 | 40 | 8 | 5 |
| 철산4동 | 13,187 | 50 | 50 | 0 | 13,137 | 53 | 16 | 25 | 11 | 1 | 47 | 9,765 | 42 | 16 | 3 | 24 | 5 | 2 |
| 하안1동 | 25,232 | 47 | 53 | 0 | 25,181 | 52 | 14 | 25 | 13 | 1 | 47 | 18,553 | 46 | 17 | 2 | 27 | 5 | 2 |
| 하안2동 | 18,555 | 49 | 51 | 0 | 18,515 | 47 | 12 | 24 | 10 | 1 | 53 | 13,091 | 50 | 14 | 2 | 33 | 4 | 3 |
| 하안3동 | 26,355 | 48 | 52 | 0 | 26,320 | 53 | 13 | 27 | 11 | 1 | 47 | 19,002 | 46 | 13 | 2 | 30 | 5 | 3 |
| 하안4동 | 16,856 | 49 | 51 | 0 | 16,848 | 48 | 12 | 25 | 10 | 0 | 52 | 10,427 | 56 | 13 | 1 | 39 | 5 | 4 |
| 학온동 | 2,220 | 51 | 49 | 0 | 2,209 | 52 | 23 | 21 | 7 | 1 | 47 | 1,827 | 24 | 11 | 4 | 11 | 4 | 1 |

사람 중 36명은 광명시의 다른 동에서, 5명은 경기도의 다른 시군에서, 18명은 경기도 밖에서 이사 왔다.

## 광명시 취업자가 <u>100명</u>이라면 :
## <u>75명</u>은 봉급쟁이

광명시에 사는 15세 이상 인구 25만여 명 가운데 취업해 직장에 다니는 사람(취업자)은 50%, 12만7천 명이다. 광명시 취업자가 100명이라면 62명은 30~40대, 19명은 20대이며, 14명은 50대다. 65세 이상 노인도 2명이 일하고 있다.

회사에서 봉급을 받고 일하는 직장인은 75명이다. 16명은 고용한 사람 없이 혼자서 일하는 자영업자이며, 6명은 누군가를 고용해 사업체를 경영하는 사업주다. 3명은 가족이 운영하는 사업체에서 보수 없이 일하고 있다.

직업별로는 사무직이 22명으로 가장 많고, 12명은 판매직이며, 다른 12명은 장치 기계 조작 및 조립직으로 일한다. 11명은 기능직, 다른 11명은 기술직이나 준전문가로 일하고, 10명은 전문가이며, 7명은 단순 노무직이다. 또 4명은 고위 관리직이고 1명은 농림 어업에 종사하고 있다.

직장으로 출근하는 데 30분 이상 걸리는 사람은 60명이며, 그 가운데 28명은 1시간 이상 걸린다. 광명시는 경기도 31개 시군 가운데 취업자 중 통근 시간이 30분 이상 걸리는 비중이 세 번째로 높다. 19명은 걸어서 출근하고, 81명은 교통수단을 이용해 출근한다. 81명 가운데 33명은 자가용으로, 18명은 시내버스로, 다른 18명은 전철로 출퇴근한다. 2명은 통근 버스를, 1명은 자전거를 이용하며, 6명은 버스와 전철 또는 승용차를 갈아타며 출근한다.

사무실이나 공장 등에서 일하는 사람은 85명이며, 야외나 거리 또

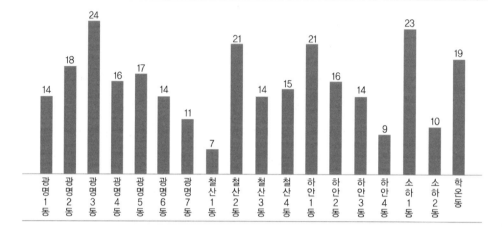

그림 3_3.14

경기도 광명시 동네별 1인 가구

(단위 : %)

는 운송 수단에서 일하는 사람은 11명이다. 2명은 자기 집에서, 다른
2명은 남의 집에서 일한다.


## 광명시에 100가구가 산다면 :
## 45가구는 셋방살이

광명시에는 10만2,700가구가 산다(일반 가구 기준). 광명에 사는 가구
를 100가구로 친다면, 36가구는 식구가 한 명 또는 두 명인 1, 2인 가
구이며, 이 가운데 16가구는 나 홀로 사는 1인 가구다. 식구 4명은 31
가구, 3명은 23가구, 5명 이상은 11가구다.

표 3_3.20

# 경기도 광명시의 다주택자

(단위 : 가구, 호)

| 구분 | | | 가구 수 | 주택 수 | 평균 주택 수 |
|---|---|---|---|---|---|
| 일반 가구 | | | 102,724 | – | – |
| 자가 가구 | | | 55,401 | – | – |
| 다주택 가구 | 통계청 | | 7,387 | – | – |
| | 행자부 | 계 | 5,532 | 12,635 | 3 |
| | | 2채 | 4,860 | 9,720 | 2 |
| | | 3채 | 415 | 1,245 | 3 |
| | | 4채 | 100 | 400 | 4 |
| | | 5채 | 43 | 215 | 5 |
| | | 6~10채 | 83 | 613 | 7 |
| | | 11채 이상 | 31 | 442 | 14 |

1인 가구 비중은, 광명3동에서 24%로 가장 높고, 소하1동 23%, 철산2동과 하안1동 21% 순으로 높다. 반면 철산1동과 하안4동은 10% 이내다.

54가구는 자신이 소유한 집에서 살고, 45가구는 셋방에 살며, 1가구는 직장의 사택이나 친척집 등에서 무상으로 살고 있다. 자기 집에 사는 가구 중 7가구는 현재 살고 있는 집 외에 최소 한 채에서 여러 채를 소유한 다주택자들이다.

셋방 사는 가구 가운데 29가구는 전세에, 14가구는 보증금 있는 월세에, 1가구는 보증금 없는 월세에 살고 있다. 셋방 사는 가구 중 5가구는 어딘가에 자신 명의의 집을 소유하고 있으나 경제 사정이나 자녀 교육, 직장 등의 사정으로 셋방에 살고 있다.

62가구는 현재 사는 집으로 이사 온 지 5년이 안 되며, 이 가운데

29가구는 2년이 안 된다. 18가구는 5~10년이 됐고, 20가구는 10년이 넘었다.

60가구는 자동차를 소유하고 있고 이 가운데 46가구는 자기 집에 전용 주차장이 있다. 자동차 소유 가구 중 6가구는 차를 2대 이상 소유하고 있다.


## 집 많은 사람, 집 없는 사람 :
## 철산1동 <u>78%</u> 주택 소유, 철산2동 <u>57%</u> 무주택

광명시에 사는 100가구 중 60가구는 주택 소유자이며 40가구는 무주택자다. 18개 동네 중 14곳은 주택 소유자가 더 많고 나머지 4곳은 무주택자가 더 많다. 철산1동에 사는 가구의 78%는 집을 소유하고 있고, 하안4동과 광명7동도 75%와 72%가 주택 소유자다. 이 밖에 광명1동·철산3동·하안2동·소하2동·광명4동·소하1동·광명2동·광명6동은 60% 이상이 주택 소유자다. 반면 철산2동과 철산4동 가구의 57%, 하안1동 가구의 55%, 광명3동 가구의 52%는 무주택자다.

광명시 100가구 중 7가구는 집을 두 채 이상 여러 채 소유한 다주택자다. 철산1동·철산3동·하안4동에 사는 가구의 10~12%가 다주택자인 반면, 학온동은 3%, 광명3동은 4%, 광명5동·광명6동·철산2동·하안1동은 각 5%만 다주택자다.

광명시 100가구 중 5가구는 어딘가에 자신 명의의 집이 있지만 현재 셋방에 살고 있다. 유주택 전월세 가구 비중은 철산2동과 철산3동에서 9%로 가장 높다. 광명시 주택 소유자 가운데 유주택 전월세를

**표 3_3.21**

## 경기도 광명시 주택의 점유·소유 형태별 가구

(단위 : 가구, %)

| | 전체 가구 | 자기 집에 거주 | | | 셋방에 거주 | | | 무상으로 거주 | | 주택 소유 | 무주택 |
|---|---|---|---|---|---|---|---|---|---|---|---|
| | | 계 | 집 한 채 | 여러 채 | 계 | 집 없음 | 집 있음 | 집 없음 | 집 있음 | | |
| 광명시 | 102,724 | 54 | 47 | 7 | 45 | 39 | 5 | 1 | 0 | 60 | 40 |
| 광명1동 | 5,361 | 63 | 58 | 6 | 35 | 32 | 3 | 1 | 0 | 67 | 33 |
| 광명2동 | 4,483 | 57 | 51 | 6 | 42 | 39 | 3 | 1 | 0 | 60 | 40 |
| 광명3동 | 4,663 | 44 | 40 | 4 | 55 | 51 | 4 | 1 | 0 | 48 | 52 |
| 광명4동 | 5,868 | 56 | 49 | 8 | 43 | 39 | 4 | 1 | 0 | 61 | 39 |
| 광명5동 | 4,554 | 52 | 47 | 5 | 47 | 44 | 3 | 1 | 0 | 55 | 45 |
| 광명6동 | 4,827 | 56 | 51 | 5 | 42 | 38 | 4 | 2 | 0 | 60 | 40 |
| 광명7동 | 8,232 | 67 | 59 | 8 | 32 | 27 | 4 | 1 | 0 | 72 | 28 |
| 소하1동 | 3,223 | 56 | 47 | 9 | 42 | 38 | 5 | 2 | 0 | 61 | 39 |
| 소하2동 | 6,591 | 58 | 52 | 7 | 39 | 35 | 5 | 2 | 0 | 63 | 37 |
| 철산1동 | 3,440 | 71 | 60 | 12 | 28 | 22 | 6 | 1 | 0 | 78 | 22 |
| 철산2동 | 6,852 | 34 | 29 | 5 | 65 | 56 | 9 | 1 | 0 | 43 | 57 |
| 철산3동 | 11,003 | 56 | 45 | 11 | 43 | 33 | 9 | 1 | 0 | 66 | 34 |
| 철산4동 | 4,342 | 38 | 31 | 6 | 61 | 56 | 5 | 1 | 0 | 43 | 57 |
| 하안1동 | 8,707 | 37 | 32 | 5 | 62 | 54 | 7 | 1 | 0 | 45 | 55 |
| 하안2동 | 6,331 | 62 | 55 | 7 | 37 | 33 | 5 | 1 | 0 | 66 | 34 |
| 하안3동 | 8,658 | 52 | 44 | 8 | 47 | 43 | 5 | 1 | 0 | 57 | 43 |
| 하안4동 | 4,869 | 68 | 59 | 10 | 31 | 24 | 7 | 1 | 0 | 75 | 25 |
| 학온동 | 720 | 50 | 47 | 3 | 38 | 35 | 2 | 11 | 1 | 54 | 46 |

제외한 54%는 자기 집에 살고 있다. 자가 점유 가구 비중은 철산1동(71%), 하안4동(68%), 광명7동(67%) 순으로 높다.

유주택 전월세를 포함한 45가구는 셋방에 살고 있다. 셋방에 사는 가구 비중은 철산2동(65%), 하안1동(62%), 철산4동(61%) 순으로 높다. 광명시 100가구 중 39가구는 집이 아예 없이 셋방을 떠도는 무주택 셋방 가구인데 철산2동과 철산4동에서 56%로 가장 높다.

표 3_3.22

# 경기도 광명시 거처의 종류별·연건평별·건축년도별 주택

(단위 : 호, 가구, %)

| 행정구역 | 계 | | 거처의 종류별 거처와 가구 | | | | | | | | | | | |
|---|---|---|---|---|---|---|---|---|---|---|---|---|---|---|
| | | | 단독주택 | | 아파트 | | 연립주택 | | 다세대주택 | | 비거주용 건물 내 주택 | | 주택 이외의 거처 | |
| | 거처 | 가구 | 거처 | 가구 | 거처 | 가구 | 거처 | 가구 | 거처 | 가구 | 거처 | 가구 | 거처 | 가구 |
| 광명시 | 85,795 | 102,748 | 9 | 23 | 59 | 49 | 5 | 4 | 26 | 22 | 1 | 1 | 1 | 1 |
| 광명1동 | 4,426 | 5,361 | 8 | 24 | 0 | 0 | 4 | 3 | 87 | 72 | 1 | 1 | 0 | 0 |
| 광명2동 | 3,359 | 4,483 | 11 | 31 | 0 | 0 | 4 | 3 | 82 | 62 | 2 | 3 | 1 | 1 |
| 광명3동 | 2,678 | 4,663 | 25 | 54 | 0 | 0 | 1 | 0 | 68 | 39 | 4 | 5 | 2 | 2 |
| 광명4동 | 4,525 | 5,869 | 10 | 29 | 36 | 28 | 10 | 8 | 43 | 33 | 1 | 1 | 0 | 2 |
| 광명5동 | 3,077 | 4,555 | 20 | 46 | 0 | 0 | 8 | 6 | 69 | 47 | 1 | 1 | 2 | 1 |
| 광명6동 | 3,834 | 4,827 | 15 | 31 | 12 | 9 | 28 | 23 | 42 | 33 | 2 | 2 | 2 | 2 |
| 광명7동 | 6,970 | 8,239 | 8 | 22 | 31 | 26 | 16 | 13 | 44 | 38 | 1 | 1 | 0 | 0 |
| 소하1동 | 2,425 | 3,223 | 41 | 55 | 53 | 40 | 2 | 2 | 0 | 0 | 1 | 1 | 1 | 1 |
| 소하2동 | 5,629 | 6,594 | 13 | 24 | 27 | 23 | 4 | 4 | 55 | 47 | 1 | 2 | 0 | 0 |
| 철산1동 | 3,301 | 3,441 | 2 | 6 | 77 | 74 | 2 | 2 | 18 | 17 | 0 | 0 | 0 | 0 |
| 철산2동 | 4,282 | 6,853 | 13 | 45 | 68 | 42 | 5 | 3 | 13 | 8 | 1 | 1 | 0 | 0 |
| 철산3동 | 10,582 | 11,006 | 1 | 5 | 94 | 90 | 0 | 0 | 3 | 3 | 0 | 0 | 2 | 2 |
| 철산4동 | 3,559 | 4,343 | 7 | 23 | 66 | 54 | 14 | 12 | 12 | 10 | 0 | 1 | 0 | 0 |
| 하안1동 | 6,787 | 8,708 | 7 | 26 | 92 | 72 | 1 | 0 | 0 | 0 | 0 | 1 | 0 | 1 |
| 하안2동 | 6,320 | 6,331 | 0 | 0 | 100 | 100 | 0 | 0 | 0 | 0 | 0 | 0 | 0 | 0 |
| 하안3동 | 8,659 | 8,659 | 0 | 0 | 100 | 100 | 0 | 0 | 0 | 0 | 0 | 0 | 0 | 0 |
| 하안4동 | 4,873 | 4,873 | 0 | 0 | 100 | 100 | 0 | 0 | 0 | 0 | 0 | 0 | 0 | 0 |
| 학온동 | 509 | 720 | 90 | 93 | 0 | 0 | 0 | 0 | 0 | 0 | 1 | 1 | 9 | 7 |

## 광명시에 있는 집이 100채라면 :
## 59채는 아파트, 26채는 다세대주택

광명시에는 집(주택과 주택 이외의 거처)이 8만5,795채가 있다. 광명시에 있는 집이 100채라면 59채는 아파트이고 26채는 다세대주택, 9채

| 총 주택 수 | 연건평별 주택 | | | | 건축년도별 주택 | | |
|---|---|---|---|---|---|---|---|
| | 14평 미만 | 14~19평 | 19~29평 | 29평 이상 | 1995~2005년 | 1985~1994년 | 1985년 이전 |
| 85,241 | 22 | 42 | 28 | 8 | 27 | 59 | 14 |
| 4,426 | 12 | 52 | 29 | 7 | 40 | 44 | 16 |
| 3,337 | 16 | 63 | 11 | 10 | 42 | 48 | 9 |
| 2,628 | 14 | 44 | 22 | 21 | 47 | 42 | 11 |
| 4,513 | 9 | 44 | 37 | 10 | 72 | 21 | 7 |
| 3,028 | 11 | 38 | 32 | 19 | 54 | 30 | 16 |
| 3,757 | 8 | 42 | 32 | 19 | 44 | 21 | 35 |
| 6,948 | 11 | 31 | 43 | 15 | 52 | 39 | 10 |
| 2,390 | 18 | 20 | 39 | 22 | 56 | 7 | 37 |
| 5,603 | 10 | 53 | 31 | 6 | 20 | 68 | 12 |
| 3,300 | 15 | 21 | 61 | 3 | 62 | 36 | 2 |
| 4,281 | 21 | 56 | 11 | 13 | 5 | 93 | 2 |
| 10,381 | 26 | 16 | 54 | 4 | 2 | 71 | 26 |
| 3,557 | 24 | 45 | 20 | 11 | 73 | 13 | 14 |
| 6,780 | 45 | 36 | 12 | 6 | 10 | 44 | 46 |
| 6,320 | 40 | 56 | 4 | 0 | 0 | 100 | 0 |
| 8,658 | 34 | 48 | 17 | 0 | 0 | 100 | 0 |
| 4,869 | 14 | 73 | 13 | 0 | 0 | 100 | 0 |
| 465 | 5 | 7 | 24 | 63 | 41 | 17 | 41 |

는 단독주택이다. 또 5채는 연립주택이고, 상가 등 비거주용 건물 내 주택과 주택 이외의 거처는 각 1채다.

하안2동과 3동, 4동에 있는 거처의 100%가 아파트다. 또 철산3동과 하안1동은 거처의 90% 이상이 아파트다. 18개 동 가운데 9개 동에서 아파트가 절반을 넘었다. 반면 광명1동과 2동 거처의 80% 이상이 다세대주택인 것을 비롯해 5개 동에서 거처의 절반 이상이 다세대주택으로 나타났다. 한편 학온동은 거처의 90%가 단독주택이다.

사람이 사는 곳을 기준으로 보면 광명시 가구의 49%는 아파트에, 23%는 단독주택에, 22%는 다세대주택에 산다. 연립주택에는 4%가 살고, 비거주용 건물 내 주택과 주택 이외의 거처에는 각각 1%가 산다. 하안2동·3동·4동 가구의 100%가 아파트에 사는 등 7개 동네에서 절반 이상의 가구가 아파트에 산다. 학온동 가구의 93%가 단독주택에 살고, 소하1동과 광명3동에서도 절반 이상이 단독주택에 산다. 광명1동과 2동 가구의 72%와 62%는 다세대주택에 산다.

광명시 주택(주택 이외의 거처 제외)을 크기별로 보면 29평 이상의 주택은 8채, 19~29평은 28채, 14~19평 42채이며, 14평 미만은 22채다. 100% 아파트 동네인 하안2동·3동·4동에는 29평 이상 아파트는 아예 없고 80% 이상이 19평이 채 안 되는 소형 아파트다. 반면 단독주택 동네인 학온동에서는 29평 이상 주택이 63%를 차지했고, 14평 미만 주택은 5%에 머물렀다.

2005년 기준으로 27채는 지은 지 10년(1995~2005년 사이 건축)이 안 된 새집이다. 광명4동·5동·7동, 철산1동·소하1동에서는 절반 이상이 10년이 채 안 된 집인 반면, 광명6동·하안1동·소하1동·학온동에서는 30% 이상의 주택이 지은 지 20년이 넘었다.

1995년부터 2005년까지 10년 동안 광명시 주택 수(주택 이외의 거처 제외)는 7만4천 채에서 8만5천 채로 1만1,500채(16%)가 늘었다. 그런데 다세대주택과 아파트는 1만6천 채와 6천 채가 늘어 각각 277%와 14%가 증가했다. 반면 단독주택은 2천 채, 연립주택은 8천 채가 줄어 각각 24%와 65%가 감소했다. 이에 따라 전체 주택(주택 이외의 거처 제외)에서 차지하는 비중도 다세대주택은 8%에서 26%로 증가한 반면, 연립주택은 17%에서 5%로, 단독주택은 13%에서 9%로, 아파트는 61%에서 60%로 감소했다.


## 광명시에서 지하 방에 사는 사람 :
## 광명2동과 3동 22%가 (반)지하에 거주


광명시에 사는 10만3천 가구를 100가구로 친다면, 그 중 9가구는 식구에 비해 집이 너무 좁거나 시설이 제대로 갖춰지지 않아 인간다운 품위를 지키기 어려운 최저 주거 기준 미달 가구다.

또 100가구 가운데 91가구는 지상에 살지만, 9가구는 (반)지하에, 1가구는 옥탑방 살고 있다. (반)지하에 사는 가구 비중이 가장 높은 곳은 광명2동과 3동으로 무려 22%가 (반)지하에 산다. 또 광명5동 19%, 광명1동 18%, 철산2동 17%, 광명4동 15% 등 9개 동네에서 가구의 10% 이상이 (반)지하에 산다. 이 밖에 광명시 10만3천 가구 가운데 옥탑방에 329가구가, 판잣집·움막·비닐집에 209가구가, 업소의 잠만 자는 방 등에 251가구가 사는 것으로 나타났다.

한편 2005년 현재 광명시에 공급된 공공임대주택은 오래 전에 지은 영구임대주택 3,292채가 전부로 전체 가구 수 대비 3% 수준이다. 이조차도 모두 중앙정부인 주공이 공급한 것으로 광명시는 무주택 서민을 위한 공공임대주택을 단 한 채도 공급하지 않았다.

표 3_3.23

## 경기도 광명시 (반)지하 등 거주 가구

(단위 : 가구, %)

| 행정구역 | 전체 가구 | 지하 | | 옥탑방 | 판잣집·움막·비닐집 | 기타 |
|---|---|---|---|---|---|---|
| | | 가구 | 비중 | 가구 | 가구 | 가구 |
| 광명시 | 102,724 | 9,486 | 9 | 329 | 209 | 251 |
| 광명1동 | 5,361 | 956 | 18 | 15 | – | – |
| 광명2동 | 4,483 | 968 | 22 | 19 | – | 12 |
| 광명3동 | 4,663 | 1,022 | 22 | 47 | – | 51 |
| 광명4동 | 5,868 | 883 | 15 | 10 | – | 98 |
| 광명5동 | 4,554 | 851 | 19 | 23 | 31 | 3 |
| 광명6동 | 4,827 | 583 | 12 | 19 | 36 | 30 |
| 광명7동 | 8,232 | 1,089 | 13 | 19 | 16 | – |
| 소하1동 | 3,223 | 27 | 1 | 3 | 21 | 13 |
| 소하2동 | 6,591 | 843 | 13 | 18 | 13 | 13 |
| 철산1동 | 3,440 | 162 | 5 | 2 | – | – |
| 철산2동 | 6,852 | 1,137 | 17 | 78 | – | – |
| 철산3동 | 11,003 | 186 | 2 | 6 | – | 24 |
| 철산4동 | 4,342 | 383 | 9 | 13 | – | 4 |
| 하안1동 | 8,707 | 378 | 4 | 54 | 47 | 1 |
| 하안2동 | 6,331 | 2 | 0 | – | – | – |
| 하안3동 | 8,658 | – | – | – | – | 1 |
| 하안4동 | 4,869 | – | – | – | – | – |
| 학온동 | 720 | 16 | 2 | 3 | 45 | 1 |

## 광명시 유권자가 100명이라면

정당 지지도를 알 수 있는 최근 네 차례 선거(제3~4회 동시지방선거, 제17~18대 총선)를 기준으로 광명시 유권자는 대략 24만 명이며, 평균 투표율은 51%였다.

 광명시 유권자가 100명이라면 2002년 지방선거에서는 52명이 한나라당을, 38명이 새천년민주당을, 5명이 민주노동당을, 3명이 자민련을 찍었다. 2004년 총선에서는 42명은 열린우리당을, 31명은 한나라당을, 14명은 민주노동당을, 8명은 새천년민주당을, 3명은 자민련을 지지했다.

2006년 지방선거에서는 53명이 한나라당을 찍었고, 23명은 열린우리당을, 11명은 민주노동당을, 다른 11명은 민주당을 찍었다. 2008년 총선에서는 37명이 한나라당을, 32명이 통합민주당을, 9명이 친박연대를, 5명이 민주노동당을, 다른 5명이 자유선진당을, 4명이 창조한국당을, 3명이 진보신당을 지지했다.

동네별 투표율은 철산3동·하안4동·학온동에서 상대적으로 높았다. 반면 광명3동·광명6동·하안1동에서 상대적으로 낮았다. 철산3동과 광명3동의 투표율 격차는 최소 14%에서 17%까지 벌어졌다.

한나라당 득표율은 학온동·철산3동·철산1동에서 상대적으로 높았다. 반면 하안2동·철산4동·하안4동에서 상대적으로 낮았다. 학온동과 하안2동의 한나라당 득표율 격차는 최소 19% 최대 24%까지 벌어졌다.

민주(＋열린우리)당 득표율은 철산4동·광명2동·광명1동에서 상대적으로 높았다. 반면 학온동·철산3동·소하2동에서 상대적으로 낮았다. 철산4동과 학온동의 득표율 격차는 최소 15% 최대 22%까지 벌어졌다.

민주노동당＋진보신당 득표율은 하안2동과 소하2동에서 상대적으로 높았다.

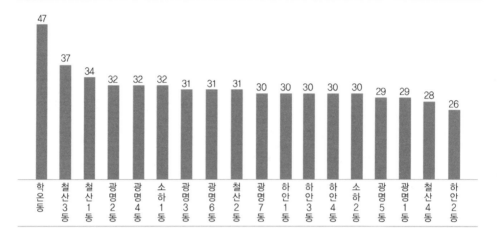

**그림 3_3.15**

## 경기도 광명시 동네별 한나라당 득표율

2004년 총선(단위 : %)

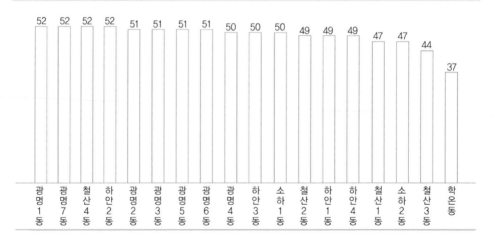

**그림 3_3.16**

## 경기도 광명시 동네별 민주(+열린우리)당 득표율

2004년 총선(단위 : %)

표 3_3.24

# 경기도 광명시 역대 선거 투표율과 정당 지지율

2002~2008년(단위 : 명, %)

| 행정구역 | 2002년 지방선거 | | | | | | | 2004년 총선 | | | | | | | |
|---|---|---|---|---|---|---|---|---|---|---|---|---|---|---|---|
| | 선거인 수 | 투표율 | 한나라당 | 새천년민주당 | 자민련 | 민주노동당 | 기타정당 | 선거인 수 | 투표율 | 한나라당 | 새천년민주당 | 열린우리당 | 자민련 | 민주노동당 | 기타정당 |
| 광명시 | 240,120 | 46 | 52 | 38 | 3 | 5 | 2 | 243,267 | 62 | 31 | 8 | 42 | 3 | 14 | 3 |
| 광명1동 | 11,771 | 41 | 49 | 41 | 3 | 5 | 2 | 12,732 | 57 | 29 | 8 | 44 | 3 | 13 | 3 |
| 광명2동 | 10,240 | 43 | 49 | 42 | 3 | 4 | 2 | 10,431 | 56 | 32 | 10 | 41 | 2 | 12 | 3 |
| 광명3동 | 10,400 | 37 | 52 | 38 | 4 | 4 | 2 | 10,492 | 53 | 31 | 10 | 41 | 3 | 12 | 3 |
| 광명4동 | 13,548 | 44 | 53 | 38 | 3 | 5 | 2 | 14,017 | 61 | 32 | 9 | 40 | 3 | 13 | 3 |
| 광명5동 | 11,678 | 41 | 46 | 43 | 4 | 5 | 3 | 10,774 | 56 | 29 | 9 | 43 | 3 | 13 | 3 |
| 광명6동 | 11,942 | 44 | 53 | 37 | 4 | 4 | 2 | 11,814 | 56 | 31 | 9 | 42 | 4 | 10 | 4 |
| 광명7동 | 20,083 | 41 | 49 | 41 | 4 | 4 | 2 | 20,404 | 57 | 30 | 9 | 43 | 3 | 12 | 3 |
| 소하1동 | 7,318 | 55 | 50 | 37 | 4 | 5 | 3 | 8,391 | 62 | 32 | 8 | 42 | 3 | 12 | 3 |
| 소하2동 | 16,730 | 46 | 52 | 35 | 3 | 9 | 2 | 17,154 | 62 | 30 | 7 | 40 | 3 | 17 | 3 |
| 철산1동 | 8,680 | 50 | 55 | 35 | 3 | 4 | 2 | 7,968 | 65 | 34 | 8 | 39 | 3 | 14 | 3 |
| 철산2동 | 14,446 | 43 | 51 | 38 | 3 | 6 | 2 | 14,555 | 60 | 31 | 8 | 41 | 2 | 14 | 3 |
| 철산3동 | 24,939 | 51 | 59 | 32 | 3 | 5 | 2 | 25,398 | 69 | 37 | 6 | 38 | 3 | 15 | 2 |
| 철산4동 | 9,477 | 44 | 45 | 44 | 3 | 6 | 3 | 10,341 | 60 | 28 | 9 | 44 | 3 | 14 | 3 |
| 하안1동 | 18,154 | 41 | 53 | 36 | 3 | 6 | 2 | 18,073 | 61 | 30 | 7 | 42 | 3 | 16 | 3 |
| 하안2동 | 13,110 | 42 | 50 | 39 | 2 | 6 | 2 | 13,105 | 66 | 26 | 7 | 45 | 2 | 18 | 3 |
| 하안3동 | 18,995 | 46 | 52 | 37 | 3 | 5 | 3 | 19,143 | 66 | 30 | 7 | 43 | 2 | 15 | 3 |
| 하안4동 | 10,510 | 47 | 53 | 37 | 3 | 5 | 2 | 10,463 | 70 | 30 | 7 | 41 | 2 | 17 | 2 |
| 학온동 | 2,776 | 56 | 69 | 22 | 3 | 4 | 2 | 2,535 | 62 | 47 | 5 | 32 | 3 | 11 | 3 |

| 행정구역 | 2006년 지방선거 | | | | | | |
|---|---|---|---|---|---|---|---|
| | 선거인 수 | 투표율 | 열린우리당 | 한나라당 | 민주당 | 민주노동당 | 기타 정당 |
| 광명시 | 239,187 | 47 | 23 | 53 | 11 | 11 | 2 |

| 행정구역 | 2008년 총선 | | | | | | | | | |
|---|---|---|---|---|---|---|---|---|---|---|
| | 선거인 수 | 투표율 | 통합민주당 | 한나라당 | 자유선진당 | 민주노동당 | 창조한국당 | 친박연대 | 진보신당 | 기타 정당 |
| 광명시 | 236,672 | 47 | 32 | 37 | 5 | 5 | 4 | 9 | 3 | 4 |
| 광명1동 | 13,200 | 42 | 35 | 34 | 5 | 4 | 4 | 9 | 2 | 7 |
| 광명2동 | 10,549 | 41 | 36 | 36 | 6 | 4 | 3 | 9 | 2 | 5 |
| 광명3동 | 10,439 | 38 | 34 | 36 | 6 | 3 | 3 | 9 | 3 | 6 |
| 광명4동 | 13,921 | 46 | 33 | 36 | 7 | 4 | 4 | 9 | 3 | 4 |
| 광명5동 | 13,416 | 42 | 32 | 36 | 7 | 4 | 4 | 8 | 3 | 5 |
| 광명6동 | 9,635 | 42 | 33 | 38 | 6 | 3 | 4 | 8 | 2 | 6 |
| 광명7동 | 21,275 | 42 | 34 | 36 | 5 | 4 | 4 | 8 | 2 | 5 |
| 소하1동 | 7,828 | 50 | 29 | 40 | 4 | 5 | 4 | 10 | 3 | 4 |
| 소하2동 | 16,515 | 45 | 30 | 38 | 5 | 8 | 4 | 9 | 2 | 5 |
| 철산1동 | 10,668 | 48 | 32 | 36 | 5 | 4 | 6 | 8 | 4 | 4 |
| 철산2동 | 14,573 | 42 | 34 | 34 | 6 | 5 | 5 | 9 | 4 | 5 |
| 철산3동 | 20,722 | 55 | 28 | 40 | 5 | 5 | 5 | 11 | 4 | 3 |
| 철산4동 | 12,572 | 46 | 34 | 33 | 5 | 6 | 5 | 8 | 4 | 4 |
| 하안1동 | 11,860 | 46 | 32 | 37 | 4 | 6 | 5 | 8 | 4 | 4 |
| 하안2동 | 13,095 | 47 | 33 | 33 | 4 | 8 | 6 | 9 | 4 | 3 |
| 하안3동 | 19,160 | 49 | 32 | 36 | 5 | 6 | 5 | 9 | 4 | 4 |
| 하안4동 | 10,667 | 50 | 33 | 33 | 5 | 6 | 6 | 9 | 5 | 3 |
| 학온동 | 2,175 | 51 | 19 | 57 | 3 | 3 | 3 | 12 | 2 | 2 |

762

# 경기도 광주시 10개 동네

광주시에는 2005년 현재 10개 읍면동에 5만4천 개의 거처가 있고,

여기에 6만3천 가구 20만6천 명이 살고 있다.

경기도 광주시가 100명이 사는 마을이라면 어떤 모습일까?

## 숫자 <u>100으로</u> 본 광주시

광주시에 사는 사람은 경기도 평균인에 비해 대학 이상 학력자 비중
은 낮고 종교 인구는 비슷하다. 자영업자, 고위 관리직, 농림 어업, 기
능직, 장치 기계 조작 및 조립직이 상대적으로 많고 출퇴근 시간은
짧은 편이다.

　1인 가구와 셋방 사는 가구는 적은 편이고, 거주 기간은 짧은 편이
며 다세대 거주자가 많고 소형 주택은 적은 편인데, 주택의 83%가 지
은 지 10년(1995~2005년 사이 건축)이 안 된 새집이다. 가구의 2%는
(반)지하에 살고 8%는 최저 주거 기준에 미달되는데 공공 임대주택
은 아예 공급되지 않았다(2005년 기준).

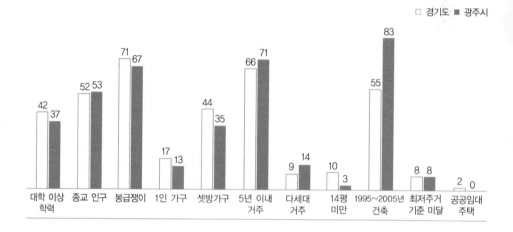

**그림 3_3.17**

경기도와 광주시의 주요 지수 평균 비교

(단위 : %)

□ 경기도  ■ 광주시

| | 대학 이상 학력 | 종교 인구 | 봉급쟁이 | 1인 가구 | 셋방가구 | 5년 이내 거주 | 다세대 거주 | 14평 미만 | 1995~2005년 건축 | 최저주거 기준 미달 | 공공임대 주택 |
|---|---|---|---|---|---|---|---|---|---|---|---|
| 경기도 | 42 | 52 | 71 | 17 | 44 | 66 | 9 | 10 | 55 | 8 | 2 |
| 광주시 | 37 | 53 | 67 | 13 | 35 | 71 | 14 | 3 | 83 | 8 | 0 |

최근 7년간 광주시에서 한나라당은 38~62%를, 민주(＋열린우리)당은 23~47%를, 민주노동당＋진보신당은 5~11%를 각각 얻었다. 하지만 동네별로는 차이가 컸다.


**광주시 인구가 100명이라면 :**
**대학 이상 학력자 37명, 종교 인구 53명**


경기도 광주시에 사는 사람은 2005년 현재 20만6,304명으로, 광주시 인구가 100명이라면 남자 대 여자의 수는 51 대 49로 남자가 더 많다. 동네별로는 남종면(49 대 51)과 송정동(50 대 50)을 제외한 모든 곳

에서 51 대 49로 남자가 더 많다. 100명 중 99명은 내국인이고 1명은 외국인이며 실촌읍과 도척면(각 2%)에서 비중이 높다. 국적별로는 중국(20%, 재중 동포＝조선족 11%), 필리핀(16%), 베트남(15%), 태국(9%) 순이다. 27명은 어린이와 청소년(19세 미만)이고, 73명은 어른이다. 어른 가운데 8명은 노인(65세 이상)이다.

지역적으로는 광주시에 사는 100명 중 24명은 오포읍에 살고 경안동과 송정동에 각각 15명이 산다. 초월읍과 광남동에 14명씩, 실촌읍에 10명이 산다. 또 퇴촌면에 4명, 도척면에 3명, 남종면과 중부면에 각각 1명씩 산다.

종교를 보면, 53명이 종교를 갖고 있다. 22명은 개신교, 19명은 불교, 12명은 천주교 신자다. 개신교는 초월읍에서, 불교는 중부면에서, 천주교는 도척면에서 각각 신자 비율이 높다.

학력은 어떨까. 10명은 초등학교에, 4명은 중학교에, 다른 3명은 고등학교에 다니고 있으며, 29명은 대학에 재학 중이거나 대학 이상의 학력을 가지고 있다(6세 이상 인구 기준). 또 광주시에 사는 19세 이상 인구 가운데 37%가 대학 이상 학력자다. 광남동은 42%가 대학 이상 학력자로 비중이 가장 높다.

27명은 미혼이며 73명은 결혼했다. 결혼한 사람 가운데 6명은 배우자와 사별했으며, 3명은 이혼했다(15세 이상 인구 기준). 4명은 몸이 불편하거나 정신 장애로 정상적인 활동에 제약을 느끼고 있다.

거주 기간을 보면, 30명은 현재 살고 있는 집에 산 지 5년이 넘었

**표 3_3.25**

# 경기도 광주시 성별·종교별·학력별 인구

(단위 : 명, %)

| 행정구역 | 남녀/외국인 | | | | 종교 인구 | | | | | | | 대학 이상 학력 인구 | | | | | | |
|---|---|---|---|---|---|---|---|---|---|---|---|---|---|---|---|---|---|---|
| | 총인구 | 남자 | 여자 | 외국인 | 인구(내국인) | 종교 있음 | | | | | 종교없음 | 19세 이상 인구 | 계 | 4년제 미만 | | 4년제 이상 | | 대학원 이상 |
| | | | | | | 계 | 불교 | 개신교 | 천주교 | 기타 | | | | 계 | 재학 | 계 | 재학 | |
| 광주시 | 206,304 | 51 | 49 | 1 | 204,266 | 53 | 19 | 22 | 12 | 1 | 46 | 148,442 | 37 | 13 | 3 | 21 | 4 | 3 |
| 경안동 | 31,480 | 51 | 49 | 1 | 31,251 | 49 | 19 | 19 | 11 | 1 | 50 | 22,110 | 31 | 14 | 3 | 16 | 4 | 2 |
| 광남동 | 28,383 | 51 | 49 | 1 | 28,089 | 52 | 18 | 22 | 11 | 1 | 48 | 20,326 | 42 | 15 | 2 | 24 | 4 | 3 |
| 실촌읍 | 21,183 | 51 | 49 | 2 | 20,745 | 51 | 19 | 20 | 11 | 1 | 49 | 15,121 | 31 | 14 | 3 | 16 | 3 | 2 |
| 오포읍 | 48,586 | 51 | 49 | 1 | 48,099 | 55 | 17 | 25 | 12 | 1 | 44 | 35,085 | 45 | 13 | 2 | 28 | 5 | 4 |
| 초월읍 | 28,702 | 51 | 49 | 1 | 28,361 | 53 | 18 | 21 | 13 | 1 | 43 | 20,134 | 37 | 15 | 3 | 20 | 4 | 2 |
| 남종면 | 1,473 | 49 | 51 | 0 | 1,467 | 57 | 22 | 27 | 6 | 2 | 43 | 1,231 | 23 | 6 | 2 | 13 | 2 | 3 |
| 도척면 | 6,428 | 51 | 49 | 2 | 6,307 | 60 | 23 | 17 | 19 | 1 | 40 | 4,842 | 26 | 11 | 3 | 12 | 3 | 2 |
| 중부면 | 2,197 | 51 | 49 | 0 | 2,197 | 63 | 35 | 15 | 8 | 5 | 37 | 1,785 | 26 | 11 | 3 | 13 | 3 | 2 |
| 퇴촌면 | 7,492 | 51 | 49 | 0 | 7,470 | 58 | 24 | 19 | 14 | 1 | 42 | 5,823 | 32 | 10 | 2 | 19 | 3 | 3 |
| 송정동 | 30,380 | 50 | 50 | 0 | 30,280 | 53 | 20 | 22 | 10 | 1 | 47 | 21,985 | 35 | 14 | 3 | 19 | 4 | 2 |

으나, 70명은 5년 이내에 새로 이사 왔다(5세 이상 인구 기준). 이사 온 사람 중 21명은 광주시의 다른 동에서, 26명은 경기도의 다른 시군에서, 다른 22명은 경기도 밖에서 이사 왔다.


## 광주시 취업자가 100명이라면 :
## 67명은 봉급쟁이, 19명은 자영업자

광주시에 사는 15세 이상 인구 15만8천여 명 가운데 취업해 직장에 다니는 사람(취업자)은 55%, 8만7천 명이다. 광주시 취업자가 100명이라면 61명은 30~40대, 18명은 20대이며, 14명은 50대다. 65세 이상 노인도 4명이 일하고 있다.

회사에서 봉급을 받고 일하는 직장인은 67명이다. 19명은 고용한 사람 없이 혼자서 일하는 자영업자이며, 8명은 누군가를 고용해 사업체를 경영하는 사업주다. 6명은 가족이 운영하는 사업체에서 보수 없이 일하고 있다.

직업별로는 사무직이 19명으로 가장 많고, 장치 기계 조작 및 조립직 14명, 기능직 11명, 판매직 10명순으로 많다. 또 9명은 서비스직으로, 8명은 전문가로, 다른 8명은 기술공 및 준전문가, 7명은 단순 노무직으로 일한다. 5명은 고위 관리직, 5명은 농림 어업에 종사한다.

직장으로 출근하는 데 30분 이상 걸리는 사람은 45명이며, 그 가운데 18명은 1시간 이상 걸린다. 17명은 걸어서 출근하고 83명은 교통수단을 이용해 출근한다. 83명 가운데 57명은 자가용으로, 15명은 시내버스로, 5명은 통근 버스로 출퇴근한다. 1명은 시외(고속)버스로, 3명은 버스와 전철 또는 승용차를 갈아타며 출근한다.

사무실이나 공장 등에서 일하는 사람은 80명이며, 야외나 거리 또는 운송 수단에서 일하는 사람은 13명이다. 3명은 자기 집에서, 2명은 남의 집에서 일한다.


## 광주시에 100가구가 산다면 : 35가구는 셋방살이

광주시에는 6만3천 가구가 산다(일반 가구 기준). 광주시에 사는 가구

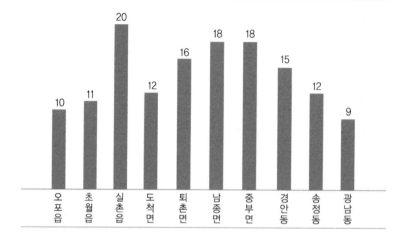

그림 3_3.18

경기도 광주시 동네별 1인 가구

(단위 : %)

| 10 | 11 | 20 | 12 | 16 | 18 | 18 | 15 | 12 | 9 |

오포읍 · 초월읍 · 실촌읍 · 도척면 · 퇴촌면 · 남종면 · 중부면 · 경안동 · 송정동 · 광남동

를 100가구로 친다면, 33가구는 식구가 한 명 또는 두 명인 1, 2인 가구이며, 이 가운데 13가구는 나 홀로 사는 1인 가구다. 식구 4명은 31가구, 3명은 23가구, 5명 이상은 13가구다.

동네별 1인 가구 비중을 보면 실촌면에서 20%로 가장 높고, 남종면과 중부면(각 18%), 퇴촌면(16%), 경안동(15%) 순이다. 반면 광남동(9%)은 10% 미만이다.

61가구는 자신이 소유한 집에서 살고, 35가구는 셋방에 살며, 3가구는 직장의 사택이나 친척집 등에서 무상으로 살고 있다. 자기 집에 사는 가구 중 8가구는 현재 살고 있는 집 외에 최소 한 채에서 여러 채를 소유한 다주택자들이다.

셋방 사는 가구 가운데 23가구는 전세에, 10가구는 보증금 있는

표 3_3.26

## 경기도 광주시의 다주택자

(단위 : 가구, 호)

| 구분 | | | 가구 수 | 주택 수 | 평균 주택 수 |
|---|---|---|---|---|---|
| 일반 가구 | | | 62,560 | − | − |
| 자가 가구 | | | 38,425 | − | − |
| 다주택 가구 | 통계청 | | 4,938 | − | − |
| | 행자부 | 계 | 2,779 | 7,057 | 3 |
| | | 2채 | 2,322 | 4,644 | 2 |
| | | 3채 | 235 | 705 | 3 |
| | | 4채 | 66 | 264 | 4 |
| | | 5채 | 44 | 220 | 5 |
| | | 6~10채 | 75 | 581 | 8 |
| | | 11채 이상 | 37 | 643 | 17 |

월세에, 1가구는 보증금 없는 월세에 살고 있고, 1가구는 사글세에 산다. 셋방 사는 가구 중 5가구는 어딘가에 자신 명의의 집을 소유하고 있으나 경제 사정이나 자녀 교육, 직장 등의 사정으로 셋방에 살고 있다.

71가구는 현재 사는 집으로 이사 온 지 5년이 안 되며, 이 가운데 34가구는 2년이 안 된다. 16가구는 5~10년이 됐고, 13가구는 10년이 넘었다. 광주시는 경기도 31개 시군 가운데 현재 사는 집으로 이사 온 지 5년이 안 된 가구 비중이 용인시(80%), 안산시(76%)에 이어 시흥시와 함께 세 번째로 높다.

78가구는 자동차를 소유하고 있고 이 가운데 68가구는 자기 집에 전용 주차장이 있다. 자동차 소유 가구 중 21가구는 차를 2대 이상 소유하고 있다.

표 3_3.27

## 경기도 광주시 주택의 점유·소유 형태별 가구

(단위 : 가구, %)

| 행정구역 | 전체 가구 | 자기 집에 거주 | | | 셋방에 거주 | | | 무상으로 거주 | | 주택 소유 | 무주택 |
|---|---|---|---|---|---|---|---|---|---|---|---|
| | | 계 | 집 한 채 | 여러 채 | 계 | 집 없음 | 집 있음 | 집 없음 | 집 있음 | | |
| 광주시 | 62,560 | 61 | 54 | 8 | 35 | 30 | 5 | 3 | 0 | 67 | 33 |
| 실촌읍 | 6,762 | 56 | 49 | 7 | 39 | 34 | 5 | 4 | 1 | 62 | 38 |
| 오포읍 | 14,452 | 66 | 57 | 9 | 31 | 26 | 5 | 3 | 0 | 72 | 28 |
| 초월읍 | 8,392 | 63 | 55 | 8 | 32 | 27 | 5 | 4 | 1 | 69 | 31 |
| 남종면 | 515 | 75 | 64 | 10 | 13 | 10 | 3 | 11 | 1 | 79 | 21 |
| 도척면 | 1,912 | 67 | 59 | 7 | 26 | 24 | 3 | 6 | 1 | 70 | 30 |
| 중부면 | 695 | 69 | 60 | 9 | 21 | 17 | 4 | 10 | 1 | 74 | 26 |
| 퇴촌면 | 2,422 | 70 | 59 | 11 | 24 | 20 | 4 | 5 | 1 | 75 | 25 |
| 경안동 | 9,855 | 47 | 42 | 5 | 51 | 48 | 3 | 1 | 0 | 51 | 49 |
| 광남동 | 8,311 | 68 | 59 | 9 | 29 | 24 | 5 | 3 | 0 | 74 | 26 |
| 송정동 | 9,244 | 61 | 54 | 8 | 35 | 31 | 4 | 3 | 0 | 66 | 34 |

## 집 많은 사람, 집 없는 사람 :
## 남종면 79% 주택 소유, 경안동 49% 무주택

광주시에 사는 100가구 중 67가구는 주택 소유자이고 33가구는 무주택자다. 10개 동네 모두 무주택자보다 주택 소유자가 더 많고, 남종면·퇴촌면·광남동·중부면·오포읍·도척면은 70% 이상이 주택 소유자다. 경안동은 주택 소유자 51%, 무주택자 49%로 무주택자가 가장 많다.

광주시 100가구 중 8가구는 집을 두 채 이상 여러 채 소유한 다주택자다. 퇴촌면 가구의 11%, 남종면 가구의 10%는 다주택자다.

광주시 100가구 중 5가구는 어딘가에 자신 명의의 집이 있지만 현재 셋방에 살고 있다. 오포읍·초월읍·실촌읍·광남동에 사는 가구의 5%는 이 같은 유주택 전월세 가구다. 주택 소유자 중 유주택 전월세를 제외한 61가구는 자기 집에서 살고 있는데, 남종면(75%)과 퇴촌면(70%)에서 비중이 가장 높다. 또 유주택 전월세를 포함한 셋방 가구는 35가구로 경안동(51%)에서 가장 비중이 높다. 무주택 셋방 가구 또한 경안동(48%)에서 비중이 가장 높다. 한편 남종면 가구의 12%, 중부면 가구의 11%는 직장의 사택이나 친척집 등에서 무상으로 살고 있는데 이들 중 11%와 10%는 무주택자다.

## 광주시에 있는 집이 100채라면 :
## 49채는 아파트, 23채는 단독주택

광주시에는 집(주택과 주택 이외의 거처)이 5만3,827채가 있다. 광주시에 있는 집이 100채라면 49채는 아파트이고 23채는 단독주택이다. 16채는 다세대주택이며, 8채는 연립주택이다. 비거주용 건물 내 주택은 2채, 주택 이외의 거처는 1채다.

초월읍에 있는 거처의 65%가 아파트다. 광남동(56%), 송정동(55%), 오포읍(54%), 실촌읍(49%)도 아파트가 거처의 절반이 넘거나 절반에 육박한다. 반면 중부면 거처의 96%, 남종면 88%, 도척면 72%는 단독주택이다. 퇴촌면 거처의 50%는 다세대주택이고 47%는 단독주택이다. 연립주택은 경안동(15%)에서 비중이 높다.

사람이 사는 곳을 기준으로 보면 광주시 가구의 42%는 아파트에, 34%는 단독주택에, 14%는 다세대주택에 산다. 또 7%는 연립주택에,

표 3_3.28

## 경기도 광주시 거처의 종류별·연건평별·건축년도별 주택

(단위 : 호, 가구, %)

| 행정구역 | 거처의 종류별 거처와 가구 | | | | | | | | | | | | | |
|---|---|---|---|---|---|---|---|---|---|---|---|---|---|---|
| | 계 | | 단독주택 | | 아파트 | | 연립주택 | | 다세대주택 | | 비거주용 건물 내 주택 | | 주택 이외의 거처 | |
| | 거처 | 가구 | 거처 | 가구 | 거처 | 가구 | 거처 | 가구 | 거처 | 가구 | 거처 | 가구 | 거처 | 가구 |
| 광주시 | 53,827 | 62,678 | 23 | 34 | 49 | 42 | 8 | 7 | 16 | 14 | 2 | 2 | 1 | 1 |
| 실촌읍 | 5,949 | 6,809 | 32 | 39 | 49 | 43 | 4 | 4 | 10 | 8 | 4 | 4 | 2 | 1 |
| 오포읍 | 13,238 | 14,477 | 14 | 21 | 54 | 49 | 12 | 11 | 18 | 16 | 2 | 2 | 1 | 1 |
| 초월읍 | 7,748 | 8,407 | 21 | 27 | 65 | 60 | 6 | 5 | 4 | 4 | 2 | 2 | 2 | 2 |
| 남종면 | 498 | 515 | 88 | 88 | 0 | 0 | 0 | 0 | 5 | 5 | 5 | 5 | 2 | 2 |
| 도척면 | 1,724 | 1,915 | 72 | 74 | 7 | 6 | 14 | 13 | 1 | 1 | 5 | 5 | 2 | 1 |
| 중부면 | 602 | 697 | 96 | 96 | 0 | 0 | 0 | 0 | 0 | 0 | 0 | 1 | 4 | 3 |
| 퇴촌면 | 2,270 | 2,428 | 47 | 50 | 0 | 0 | 0 | 0 | 50 | 47 | 1 | 1 | 2 | 2 |
| 경안동 | 6,490 | 9,861 | 26 | 51 | 43 | 28 | 15 | 10 | 14 | 9 | 2 | 2 | 0 | 0 |
| 광남동 | 7,799 | 8,319 | 12 | 16 | 56 | 53 | 6 | 6 | 23 | 22 | 1 | 2 | 1 | 1 |
| 송정동 | 7,509 | 9,250 | 18 | 33 | 55 | 45 | 3 | 3 | 21 | 17 | 1 | 1 | 1 | 1 |

2%는 비거주용 건물 내 주택에 1%는 주택 이외의 거처에 산다.

중부면 96%, 남종면 88%, 도척면 74% 등 단독주택이 많은 동네 가구는 대부분 단독주택에 산다. 경안동과 퇴촌면도 절반이 단독주택에 산다. 아파트가 많은 초월읍은 가구의 60%가, 광남동(53%), 오포읍(49%)은 절반 정도가 아파트에 산다. 다세대주택은 퇴촌면(47%)에서, 연립주택은 도척면(13%)에서 거주 가구 비중이 상대적으로 높다.

광주시 주택(주택 이외의 거처 제외)을 크기별로 보면 29평 이상의 주택은 29채, 19~29평은 55채, 14~19평은 13채이며, 14평 미만은 3채다. 중부면에는 29평 이상 주택이 절반이 넘었고, 실촌읍에서는 14평

| 연건평별 주택 | | | | | 건축년도별 주택 | | |
|---|---|---|---|---|---|---|---|
| 총 주택 수 | 14평 미만 | 14~19평 | 19~29평 | 29평 이상 | 1995~ 2005년 | 1985~ 1994년 | 1985년 이전 |
| 53,104 | 3 | 13 | 55 | 29 | 83 | 11 | 7 |
| 5,852 | 12 | 22 | 38 | 29 | 78 | 12 | 10 |
| 13,067 | 2 | 8 | 67 | 24 | 91 | 6 | 3 |
| 7,575 | 2 | 6 | 68 | 25 | 86 | 8 | 6 |
| 487 | 11 | 15 | 32 | 41 | 46 | 13 | 41 |
| 1,698 | 4 | 8 | 41 | 48 | 64 | 20 | 15 |
| 578 | 5 | 10 | 29 | 56 | 36 | 22 | 42 |
| 2,234 | 3 | 6 | 59 | 31 | 72 | 15 | 13 |
| 6,470 | 2 | 20 | 44 | 35 | 67 | 24 | 9 |
| 7,692 | 1 | 14 | 61 | 24 | 92 | 5 | 3 |
| 7,451 | 2 | 23 | 42 | 33 | 85 | 9 | 5 |

미만이 12%를 기록했다.

2005년 기준으로 83채는 지은 지 10년(1995~2005년 사이 건축)이 안된 새집이며, 11채는 1985년에서 1994년 사이에 지었고, 20년이 넘은 주택은 7채에 그쳤다. 광남동과 오포읍은 전체 주택의 90% 이상이 새집이고, 중부면과 남종면은 40% 이상의 주택이 지은 지 20년 넘었다.

## 광주시에서 지하 방에 사는 사람 :
## 경안동 9% (반)지하에 거주

광주시에 사는 6만3천 가구를 100가구로 친다면, 그 중 8가구는 식구에 비해 집이 너무 좁거나 시설이 제대로 갖춰지지 않아 인간다운 품위를 지키기 어려운 최저 주거 기준 미달 가구다.

또 100가구 가운데 98가구는 지상에 살지만, 2가구는 (반)지하에 살고 있다. (반)지하에 사는 가구 비중은 경안동(9%)과 송정동(4%)에서 가장 높고 오포읍·퇴촌면·중부면도 평균 1%가 (반)지하에 산다. 이 밖에 광주시 6만3천 가구 가운데 옥탑방에 79가구가, 판잣집·움막·비닐집에 285가구가, 업소의 잠만 자는 방 등에 369가구가 사는 것으로 나타났다. 이런 상황에서 2005년 현재 광주시에 공급된 공공임대주택은 단 한 채도 없다.


## 광주시 유권자가 100명이라면

정당 지지도를 알 수 있는 최근 네 차례 선거(제3~4회 동시지방선거, 제17~18대 총선)를 기준으로 광주시 유권자는 대략 11만~17만 명이며, 평균 투표율은 50%였다.

광주시 유권자가 100명이라면 2002년 지방선거에서는 56명이 한나라당을, 33명이 새천년민주당을, 5명이 민주노동당을, 3명이 자민련을 찍었다. 2004년 총선에서는 40명은 열린우리당을, 38명은 한나라당을, 11명은 민주노동당을, 7명은 새천년민주당을, 2명은 자민련

표 3_3.29

## 경기도 광주시 (반)지하 등 거주 가구

(단위 : 가구, %)

| 행정구역 | 전체 가구 | (반)지하 | | 옥탑방 | 판잣집·움막·비닐집 | 기타 |
|---|---|---|---|---|---|---|
| | | 가구 | 비중 | 가구 | 가구 | 가구 |
| 광주시 | 62,560 | 1,447 | 2 | 79 | 285 | 369 |
| 실촌읍 | 6,762 | 33 | – | 6 | 36 | 55 |
| 초월읍 | 8,392 | 29 | – | 8 | 76 | 88 |
| 남종면 | 515 | 1 | – | – | 2 | 8 |
| 도척면 | 1,912 | 8 | – | 2 | 10 | 14 |
| 오포읍 | 14,452 | 107 | 1 | 12 | 55 | 84 |
| 중부면 | 695 | 10 | 1 | 1 | 18 | 5 |
| 퇴촌면 | 2,422 | 21 | 1 | 2 | 11 | 14 |
| 경안동 | 9,855 | 855 | 9 | 31 | 5 | 11 |
| 광남동 | 8,311 | 26 | – | 5 | 49 | 58 |
| 송정동 | 9,244 | 357 | 4 | 12 | 23 | 32 |

을 지지했다.

2006년 지방선거에서는 62명이 한나라당을 찍었고, 21명은 열린 우리당을, 9명은 민주당을, 8명은 민주노동당을 찍었다. 2008년 총선에서는 46명이 한나라당을, 23명이 통합민주당을, 12명이 친박연대를, 6명이 자유선진당을, 4명이 창조한국당을, 3명이 민주노동당을, 다른 2명이 진보신당을 지지했다.

동네별 투표율은 남종면과 중부면에서 상대적으로 높았다. 반면 경안동과 오포읍에서 상대적으로 낮았다. 남종면과 경안동의 투표율 격차는 최소 20%에서 최대 32%까지 벌어졌다.

한나라당 득표율은 상대적으로 남종면과 퇴촌면에서 높았다. 반면 광남동과 경안동에서 상대적으로 낮았다. 남종면과 광남동의 한나라당 득표율 격차는 최소 13%에서 최대 20%까지 벌어졌다.

민주(+열린우리)당 득표율은 상대적으로 경안동과 광남동에서 높았다. 반면 남종면과 중부면에서 상대적으로 낮았다. 경안동과 남종면의 득표율 격차는 최소 13%에서 최대 20%까지 벌어졌다.

민주노동당+진보신당 득표율은 상대적으로 광남동과 송정동에서 높았다.

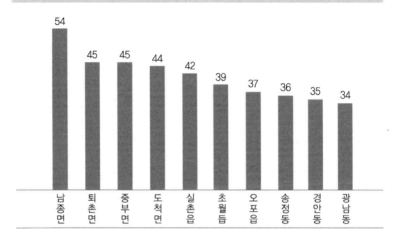

**그림 3_3.19**

경기도 광주시 동네별 한나라당 득표율

2004년 총선(단위 : %)

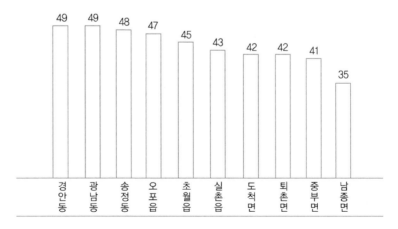

**그림 3_3.20**

경기도 광주시 동네별 민주(＋열린우리)당 득표율

2004년 총선(단위 : %)

**표 3_3.30**

## 경기도 광주시 역대 선거 투표율과 정당 지지율

2002~2008년(단위 : 명, %)

| 행정구역 | 2002년 지방선거 | | | | | | | 2004년 총선 | | | | | | | |
|---|---|---|---|---|---|---|---|---|---|---|---|---|---|---|---|
| | 선거인 수 | 투표율 | 한나라당 | 새천년민주당 | 자민련 | 민주노동당 | 기타정당 | 선거인 수 | 투표율 | 한나라당 | 새천년민주당 | 열린우리당 | 자민련 | 민주노동당 | 기타 정당 |
| 광주시 | 114,600 | 53 | 56 | 33 | 3 | 5 | 4 | 141,745 | 60 | 38 | 7 | 40 | 2 | 11 | 3 |
| 오포읍 | 26,167 | 46 | 58 | 33 | 3 | 4 | 3 | 33,678 | 58 | 37 | 6 | 41 | 2 | 11 | 2 |
| 남종면 | 1,548 | 80 | 64 | 27 | 2 | 4 | 3 | 1,535 | 69 | 54 | 7 | 29 | 1 | 7 | 2 |
| 도척면 | 5,132 | 67 | 58 | 29 | 4 | 5 | 4 | 5,195 | 62 | 44 | 6 | 36 | 2 | 9 | 3 |
| 실촌면 | 13,527 | 52 | 58 | 31 | 3 | 4 | 4 | 14,862 | 62 | 42 | 5 | 38 | 1 | 11 | 2 |
| 중부면 | 2,004 | 74 | 58 | 30 | 3 | 5 | 5 | 2,013 | 68 | 45 | 11 | 31 | 2 | 9 | 3 |
| 초월면 | 12,179 | 53 | 56 | 33 | 3 | 5 | 4 | 15,507 | 58 | 39 | 7 | 38 | 2 | 11 | 3 |
| 퇴촌면 | 5,204 | 63 | 60 | 28 | 4 | 4 | 4 | 6,114 | 58 | 45 | 6 | 36 | 2 | 9 | 3 |
| 경안동 | 17,492 | 48 | 53 | 33 | 3 | 5 | 5 | 21,826 | 56 | 35 | 8 | 41 | 2 | 11 | 3 |
| 광남동 | 13,481 | 51 | 51 | 38 | 3 | 5 | 3 | 18,190 | 58 | 34 | 7 | 42 | 2 | 13 | 3 |
| 송정동 | 15,115 | 54 | 55 | 32 | 3 | 5 | 5 | 19,296 | 60 | 36 | 8 | 40 | 2 | 12 | 3 |

| 행정구역 | 2006년 지방선거 | | | | | |
|---|---|---|---|---|---|---|
| | 선거인 수 | 투표율 | 열린우리당 | 한나라당 | 민주당 | 민주노동당 | 기타 정당 |
| 광주시 | 161,569 | 45 | 21 | 62 | 9 | 8 | 1 |

| 행정구역 | 2008년 총선 | | | | | | | | |
|---|---|---|---|---|---|---|---|---|---|
| | 선거인 수 | 투표율 | 통합민주당 | 한나라당 | 자유선진당 | 민주노동당 | 창조한국당 | 친박연대 | 진보신당 | 기타 정당 |
| 광주시 | 173,590 | 40 | 23 | 46 | 6 | 3 | 4 | 12 | 2 | 5 |
| 실촌읍 | 16,863 | 37 | 20 | 48 | 6 | 3 | 3 | 12 | 2 | 6 |
| 오포읍 | 38,695 | 39 | 23 | 46 | 5 | 3 | 4 | 12 | 2 | 5 |
| 초월읍 | 24,835 | 39 | 23 | 46 | 5 | 3 | 4 | 11 | 2 | 5 |
| 남종면 | 1,557 | 56 | 13 | 56 | 6 | 2 | 3 | 14 | 1 | 4 |
| 도척면 | 6,349 | 42 | 19 | 52 | 5 | 4 | 3 | 11 | 2 | 5 |
| 중부면 | 2,135 | 52 | 16 | 55 | 6 | 3 | 2 | 12 | 3 | 4 |
| 퇴촌면 | 7,488 | 42 | 19 | 50 | 5 | 3 | 3 | 14 | 3 | 3 |
| 경안동 | 24,515 | 36 | 25 | 43 | 7 | 3 | 4 | 12 | 2 | 5 |
| 광남동 | 23,187 | 39 | 24 | 43 | 5 | 3 | 4 | 12 | 3 | 5 |
| 송정동 | 24,644 | 38 | 24 | 43 | 6 | 4 | 4 | 12 | 2 | 6 |

# 경기도 구리시 8개 동네

구리시에는 2005년 현재 8개 동에 4만4천 개의 거처가 있고,

여기에 5만9천 가구 18만7천 명이 살고 있다.

경기도 구리시가 100명이 사는 마을이라면 어떤 모습일까?

## 숫자 100으로 본 구리시

구리시에 사는 사람은 경기도 평균인에 비해 대학 이상 학력자와 종교 인구 비중이 조금 낮다. 봉급쟁이 비중은 평균보다 약간 낮은 반면 사업자 비중은 조금 높고, 직업별로는 서비스직과 판매직, 기능직이 많은데 출퇴근 시간도 긴 편이다.

무주택자와 아파트 거주자가 평균보다 많고 소형 주택은 적으며, 가구의 8%는 (반)지하에 살고 10%는 최저 주거 기준에 미달되지만 공공임대주택은 공급된 적이 없다(2005년 기준).

최근 7년간 구리시에서 한나라당은 35~58%를, 민주(+열린우리)당은 28~46%를, 민주노동당+진보신당은 6~14%를 각각 얻었다. 하

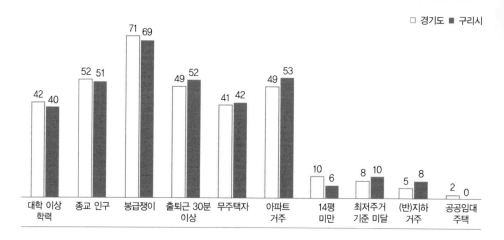

그림 3_3.21

## 경기도와 구리시의 주요 지수 평균 비교

(단위 : %)

□ 경기도　■ 구리시

| 지수 | 경기도 | 구리시 |
|------|--------|--------|
| 대학 이상 학력 | 42 | 40 |
| 종교 인구 | 52 | 51 |
| 봉급쟁이 | 71 | 69 |
| 출퇴근 30분 이상 | 49 | 52 |
| 무주택자 | 41 | 42 |
| 아파트 거주 | 49 | 53 |
| 14평 미만 | 10 | 6 |
| 최저주거 기준 미달 | 8 | 10 |
| (반)지하 거주 | 5 | 8 |
| 공공임대 주택 | 2 | 0 |

지만 동네별로는 차이가 컸다.

**구리시 인구가 100명이라면 :**
**대학 이상 학력자 40명, 종교 인구 51명**

경기도 구리시에 사는 사람은 2005년 현재 18만7,414명으로, 구리시 인구가 100명이라면 남자 대 여자의 수는 50 대 50으로 균형을 이루고 있다. 동네별로는 인창동·교문1동·수택1동·수택3동은 남녀가 균형을 이루고 있으나, 갈매동은 52 대 48로 남자가 많고 동구동·교문2동·수택2동은 49 대 51로 여자가 더 많다. 또 갈매동에 사는 사람

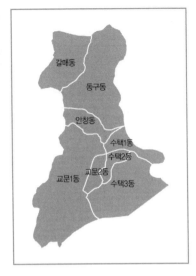

중 2%는 외국인이다. 28명은 어린이와 청소년(19세 미만)이고, 72명은 어른이다. 어른 가운데 6명은 노인(65세 이상)이다.

지역적으로는 구리시에 사는 100명 중 22명은 동구동에 살고, 수택2동에는 15명이 산다. 인창동과 교문2동에 14명씩, 수택1동과 수택3동에 13명씩 살며, 8명은 교문1동에, 1명은 갈매동에 산다.

종교를 보면, 51명이 종교를 갖고 있다. 21명은 개신교, 18명은 불교, 11명은 천주교 신자다. 개신교는 인창동과 교문1동에서, 불교는 갈매동에서, 천주교는 교문2동에서 각각 신자 비율이 높다.

학력은 어떨까. 10명은 초등학교에, 5명은 중학교에, 4명은 고등학교에 다니고 있으며, 31명은 대학에 재학 중이거나 대학 이상의 학력을 가지고 있다(6세 이상 인구 기준). 또 구리에 사는 19세 이상 인구 가운데 40%가 대학 이상 학력자인데, 수택3동과 교문2동은 각 54%와 52%로 그 비중이 가장 높다.

29명은 미혼이며 71명은 결혼했다. 결혼한 사람 가운데 6명은 배우자와 사별했고, 4명은 이혼했다(15세 이상 인구 기준). 3명은 몸이 불편하거나 정신 장애로 정상적인 활동에 제약을 느끼고 있다.

거주 기간을 보면, 33명은 현재 살고 있는 집에 산 지 5년이 넘었으나, 67명은 5년 이내에 새로 이사 왔다(5세 이상 인구 기준). 이사 온 사람 중 34명은 구리시의 다른 동에서, 11명은 경기도의 다른 시군에서, 22명은 경기도 밖에서 이사 왔다.

표 3_3.31

# 경기도 구리시 성별·종교별·학력별 인구

(단위 : 명, %)

| 행정구역 | 남녀/외국인 | | | | 종교 인구 | | | | | | | 대학 이상 학력 인구 | | | | | | |
|---|---|---|---|---|---|---|---|---|---|---|---|---|---|---|---|---|---|---|
| | 총인구 | 남자 | 여자 | 외국인 | 인구 (내국인) | 계 | 종교 있음 | | | | 종교 없음 | 19세 이상 인구 | 계 | 4년제 미만 | | 4년제 이상 | | 대학원 이상 |
| | | | | | | | 불교 | 개신교 | 천주교 | 기타 | | | | 계 | 재학 | 계 | 재학 | |
| 구리시 | 187,414 | 50 | 50 | 0 | 186,954 | 51 | 18 | 21 | 11 | 1 | 49 | 133,758 | 40 | 12 | 2 | 25 | 5 | 3 |
| 갈매동 | 2,765 | 52 | 48 | 2 | 2,709 | 54 | 25 | 17 | 12 | 1 | 46 | 2,195 | 22 | 11 | 3 | 10 | 3 | 1 |
| 교문1동 | 15,759 | 50 | 50 | 0 | 15,684 | 53 | 22 | 23 | 8 | 1 | 46 | 11,914 | 29 | 12 | 3 | 16 | 4 | 1 |
| 교문2동 | 25,834 | 49 | 51 | 0 | 25,783 | 55 | 18 | 22 | 14 | 1 | 45 | 17,835 | 52 | 11 | 2 | 36 | 6 | 4 |
| 동구동 | 40,298 | 49 | 51 | 0 | 40,249 | 50 | 18 | 21 | 11 | 1 | 50 | 27,434 | 45 | 12 | 2 | 30 | 4 | 3 |
| 수택1동 | 24,295 | 50 | 50 | 0 | 24,227 | 48 | 19 | 18 | 11 | 1 | 51 | 18,037 | 31 | 12 | 3 | 17 | 4 | 2 |
| 수택2동 | 27,496 | 49 | 51 | 0 | 27,441 | 49 | 19 | 17 | 13 | 1 | 50 | 20,182 | 28 | 12 | 3 | 15 | 4 | 1 |
| 수택3동 | 25,170 | 50 | 50 | 0 | 25,103 | 50 | 16 | 22 | 12 | 0 | 49 | 17,766 | 54 | 12 | 2 | 37 | 5 | 5 |
| 인창동 | 25,797 | 50 | 50 | 0 | 25,758 | 50 | 18 | 23 | 8 | 1 | 49 | 18,395 | 42 | 14 | 3 | 25 | 5 | 3 |

# 구리시 취업자가 100명이라면 :
# 69명은 봉급쟁이

구리시에 사는 15세 이상 인구 14만4천 명 가운데 취업해 직장에 다니는 사람(취업자)은 52%, 7만4천 명이다. 구리시 취업자가 100명이라면 64명은 30~40대, 17명은 20대이며, 13명은 50대다. 65세 이상 노인도 2명이 일하고 있다.

회사에서 봉급을 받고 일하는 직장인은 69명이다. 17명은 고용한 사람 없이 혼자서 일하는 자영업자이며, 9명은 누군가를 고용해 사업체를 경영하는 사업주다. 4명은 가족이 운영하는 사업체에서 보수 없이 일하고 있다.

직업별로는 사무직이 19명으로 가장 많고, 15명은 판매직, 12명은 기능직이다. 10명은 전문가로, 다른 10명은 기술직 및 준전문가로, 또 다른 10명은 서비스직으로 일하고 있다. 8명은 장치 기계 조작 및 조립직으로 일하고, 7명은 단순 노무직으로 일한다. 또 4명은 고위 관리직으로 일하며, 2명은 농림 어업에 종사하고 있다. 구리시는 의정부시와 함께 경기도 31개 시군 가운데 판매직 비율이 가장 높다.

직장으로 출근하는 데 30분 이상 걸리는 사람은 52명이며, 그 가운데 22명은 1시간 이상 걸린다. 22명은 걸어서 출근하고, 78명은 교통수단을 이용해 출근한다. 78명 가운데 43명은 자가용으로, 20명은 시내버스로, 1명은 통근 버스로, 1명은 전철로 출퇴근한다. 또 1명은 자전거를 이용하며, 9명은 버스와 전철 또는 승용차를 갈아타며 출근한다. 구리시는 경기도 31개 시군 가운데 버스와 전철 또는 승용차를 갈아타며 출근하는 통근자 비중이 가장 높다.

사무실이나 공장 등에서 일하는 사람은 82명이며, 야외나 거리 또는 운송 수단에서 일하는 사람은 14명이다. 2명은 자기 집에서, 다른 2명은 남의 집에서 일한다.


## 구리시에 100가구가 산다면 : 47가구는 셋방살이

구리시에는 5만8,940가구가 산다(일반 가구 기준). 구리에 사는 가구를 100가구로 친다면, 33가구는 식구가 한 명 또는 두 명인 1, 2인 가구이며, 이 가운데 15가구는 나 홀로 사는 1인 가구다. 식구 4명은 34가

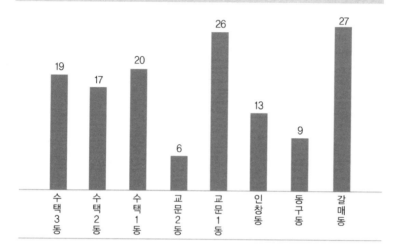

**그림 3_3.22**

## 경기도 구리시 동네별 1인 가구

(단위 : %)

구, 3명은 22가구, 5명 이상은 12가구다.

동별로는 갈매동에서 27%로 1인 가구 비중이 가장 높고, 교문1동 26%, 수택1동 20%, 수택3동 19%, 수택2동 17%, 인창동 13% 순이다. 반면 교문2동과 동구동은 10%에 못 미친다.

52가구는 자신이 소유한 집에서 살고, 47가구는 셋방에 살며, 1가구는 직장의 사택이나 친척집 등에서 무상으로 살고 있다. 자기 집에 사는 가구 중 7가구는 현재 살고 있는 집 외에 최소 한 채에서 여러 채를 소유한 다주택자들이다.

셋방 사는 가구 가운데 31가구는 전세에, 15가구는 보증금 있는 월세에, 1가구는 보증금 없는 월세에 살고 있다. 셋방 사는 가구 중 6

표 3_3.32

## 경기도 구리시의 다주택자

(단위 : 가구, 호)

| 구분 | | | 가구 수 | 주택 수 | 평균 주택 수 |
|---|---|---|---|---|---|
| 일반 가구 | | | 58,940 | – | – |
| 자가 가구 | | | 30,400 | – | – |
| 다주택 가구 | 통계청 | | 4,095 | – | – |
| | 행자부 | 계 | 2,491 | 5,867 | 2 |
| | | 2채 | 2,183 | 4,366 | 2 |
| | | 3채 | 159 | 477 | 3 |
| | | 4채 | 50 | 200 | 4 |
| | | 5채 | 25 | 125 | 5 |
| | | 6~10채 | 61 | 444 | 7 |
| | | 11채 이상 | 13 | 255 | 20 |

가구는 어딘가에 자신 명의의 집을 소유하고 있으나 경제 사정이나 자녀 교육, 직장 등의 사정으로 셋방에 살고 있다.

69가구는 현재 사는 집으로 이사 온 지 5년이 안 되며, 이 가운데 33가구는 2년이 안 된다. 19가구는 5~10년이 됐고, 12가구는 10년이 넘었다.

69가구는 자동차를 소유하고 있고 이 가운데 55가구는 자기 집에 전용 주차장이 있다. 자동차 소유 가구 중 11가구는 차를 2대 이상 소유하고 있다.

표 3_3.33

# 경기도 구리시 주택의 점유·소유 형태별 가구

(단위 : 가구, %)

| 행정구역 | 전체 가구 | 자기 집에 거주 | | | 셋방에 거주 | | | 무상으로 거주 | | 주택 소유 | 무주택 |
|---|---|---|---|---|---|---|---|---|---|---|---|
| | | 계 | 집 한 채 | 여러 채 | 계 | 집 없음 | 집 있음 | 집 없음 | 집 있음 | | |
| 구리시 | 58,940 | 52 | 45 | 7 | 47 | 41 | 6 | 1 | 0 | 58 | 42 |
| 갈매동 | 970 | 35 | 32 | 3 | 57 | 56 | 1 | 8 | 0 | 36 | 64 |
| 교문1동 | 5,528 | 27 | 24 | 3 | 70 | 65 | 4 | 3 | 0 | 32 | 68 |
| 교문2동 | 7,348 | 64 | 53 | 11 | 36 | 27 | 8 | 0 | 0 | 72 | 28 |
| 동구동 | 11,849 | 65 | 57 | 9 | 34 | 27 | 7 | 1 | 0 | 72 | 28 |
| 수택1동 | 8,175 | 39 | 35 | 4 | 59 | 55 | 5 | 1 | 0 | 44 | 56 |
| 수택2동 | 8,935 | 43 | 39 | 4 | 56 | 52 | 3 | 1 | 0 | 46 | 54 |
| 수택3동 | 8,336 | 54 | 47 | 8 | 44 | 37 | 7 | 1 | 0 | 61 | 39 |
| 인창동 | 7,799 | 59 | 50 | 9 | 38 | 33 | 6 | 3 | 1 | 65 | 35 |

## 집 많은 사람, 집 없는 사람 :
## 교문2동 72% 주택 소유, 교문1동 68% 무주택

구리시에 사는 100가구 중 58가구는 주택 소유자이고 42가구는 무주택자다. 8개 동네 중 4곳은 주택 소유자가 더 많고 4곳은 무주택자가 더 많다. 동구동과 교문2동에 사는 가구의 72%, 인창동 가구의 65%, 수택3동 가구의 61%는 주택 소유자다. 반면 교문1동에 사는 가구의 68%, 갈매동 가구의 64%, 수택1동 가구의 56%, 수택2동의 54%는 무주택자다.

구리시 100가구 중 7가구는 집을 두 채 이상 여러 채 소유한 다주택자다. 주택 소유자가 많은 교문2동은 11%, 동구동과 인창동은 각각 9%가 다주택자인 반면, 무주택자가 많은 교문1동과 갈매동에서 다주택자 비중은 3%에 그친다.

구리시 100가구 중 6가구는 어딘가에 자신 명의의 집을 소유하고 있으나 경제 사정이나 자녀 교육, 직장 등의 사정으로 셋방에 사는 유주택 전월세 가구다. 교문2동에 사는 가구 중 8%, 동구동과 수택3동 가구의 7%는 유주택 전월세 가구다. 주택 소유자 중 유주택 전월세를 제외한 52가구는 자기 집에 사는데, 동구동(65%)과 교문2동(64%)에서 비중이 높다. 반면 유주택 전월세를 포함한 47가구는 셋방에 사는데 교문1동(70%)과 수택1동(59%)에 상대적으로 셋방 가구가 많다. 집이 아예 없이 셋방에 사는 가구는 47가구인데 교문1동에서 65%로 가장 높고, 갈매동과 수택1동·수택2동에서도 절반이 넘었다.


## 구리시에 있는 집이 100채라면 :
## 70채는 아파트

구리시에는 집(주택과 주택 이외의 거처)이 4만4천 채가 있다. 구리시에 있는 집이 100채라면 70채는 아파트고 14채는 단독주택, 8채는 연립주택, 6채는 다세대주택이다. 또 1채는 비거주용 건물 내 주택, 다른 1채는 오피스텔 등 주택 이외의 거처다.

교문2동·수택3동·동구동은 거처의 90% 이상이 아파트다. 수택1동과 수택2동은 각각 46%와 35%가 아파트다. 반면 갈매동에 있는 거처 중 90%가 단독주택이며 교문1동도 74%가 단독주택이다. 한편 연립주택은 수택1동과 수택2동에서 각 19%와 29%를, 다세대주택

표 3_3.34

# 경기도 구리시 거처의 종류별·연건평별·건축년도별 주택

(단위 : 호, 가구, %)

| 행정구역 | 거처의 종류별 거처와 가구 | | | | | | | | | | | | | |
| --- | --- | --- | --- | --- | --- | --- | --- | --- | --- | --- | --- | --- | --- | --- |
| | 계 | | 단독주택 | | 아파트 | | 연립주택 | | 다세대주택 | | 비거주용 건물 내 주택 | | 주택 이외의 거처 | |
| | 거처 | 가구 | 거처 | 가구 | 거처 | 가구 | 거처 | 가구 | 거처 | 가구 | 거처 | 가구 | 거처 | 가구 |
| 구리시 | 43,918 | 58,969 | 14 | 34 | 70 | 53 | 8 | 7 | 6 | 5 | 1 | 1 | 1 | 1 |
| 갈매동 | 521 | 971 | 90 | 94 | 0 | 0 | 0 | 0 | 0 | 0 | 2 | 1 | 8 | 5 |
| 교문1동 | 2,255 | 5,535 | 74 | 89 | 4 | 2 | 5 | 2 | 8 | 3 | 3 | 2 | 6 | 2 |
| 교문2동 | 6,425 | 7,351 | 4 | 16 | 94 | 82 | 2 | 2 | 0 | 0 | 0 | 0 | 0 | 0 |
| 동구동 | 10,979 | 11,852 | 4 | 11 | 91 | 85 | 2 | 2 | 2 | 2 | 0 | 0 | 0 | 0 |
| 수택1동 | 5,015 | 8,184 | 20 | 49 | 46 | 28 | 19 | 13 | 13 | 8 | 2 | 2 | 0 | 0 |
| 수택2동 | 5,565 | 8,936 | 21 | 47 | 35 | 22 | 29 | 21 | 14 | 9 | 2 | 1 | 0 | 0 |
| 수택3동 | 6,482 | 8,340 | 6 | 26 | 92 | 71 | 2 | 2 | 0 | 0 | 0 | 0 | 0 | 0 |
| 인창동 | 6,676 | 7,800 | 9 | 21 | 70 | 60 | 6 | 6 | 12 | 10 | 1 | 1 | 2 | 2 |

역시 수택1동과 수택2동에서 각각 13%와 14%를 기록했다.

사람이 사는 곳을 기준으로 보면 구리시에 사는 가구의 53%는 아파트에, 34%는 단독주택에, 7%는 연립주택에, 5%는 다세대주택에 산다. 나머지 2%는 비거주용 건물 내 주택과 주택 이외의 거처에 산다. 아파트 동네인 동구동과 교문2동은 80% 이상이 아파트에 산다. 수택3동 가구의 71%, 인창동 가구의 60%도 아파트에 산다. 반면 갈매동 가구의 94%, 교문1동 가구의 89%는 단독주택에 산다. 수택1동과 수택2동 가구의 절반 가까이도 단독주택에 산다. 또 수택2동 가구의 21%는 연립주택에, 인창동 가구의 10%는 다세대주택에 산다.

구리시 주택(주택 이외의 거처 제외)을 크기별로 보면 29평 이상의 주택은 21채, 19~29평은 41채, 14~19평은 31채이며, 14평 미만은 6채

| | 연건평별 주택 | | | | 건축년도별 주택 | | |
|---|---|---|---|---|---|---|---|
| 총 주택 수 | 14평 미만 | 14~19평 | 19~29평 | 29평 이상 | 1995~ 2005년 | 1985~ 1994년 | 1985년 이전 |
| 43,549 | 6 | 31 | 41 | 21 | 60 | 32 | 8 |
| 478 | 5 | 10 | 37 | 48 | 22 | 20 | 58 |
| 2,117 | 7 | 16 | 22 | 54 | 32 | 35 | 33 |
| 6,425 | 0 | 18 | 55 | 28 | 21 | 79 | 0 |
| 10,963 | 6 | 39 | 37 | 18 | 89 | 9 | 2 |
| 5,005 | 11 | 34 | 35 | 21 | 45 | 37 | 18 |
| 5,563 | 9 | 31 | 38 | 22 | 43 | 42 | 15 |
| 6,473 | 5 | 38 | 39 | 18 | 82 | 16 | 2 |
| 6,525 | 8 | 31 | 50 | 12 | 67 | 25 | 8 |

다. 29평 이상 주택은 단독주택이 많은 갈매동과 교문1동에서 비중이 높다.

2005년 기준으로 60채는 지은 지 10년(1995~2005년 사이 건축)이 안 된 새집이며, 지은 지 20년이 넘은 집은 8채에 그쳤다. 동구동·수택3동·인창동에는 새집이, 갈매동과 교문1동에는 오래된 집이 상대적으로 많다.

1995년부터 2005년까지 10년 동안 구리시 주택 수(주택 이외의 거처 제외)는 2만3천 채에서 4만4천 채로 2만1천 채(86%)가 늘었다. 이 기간 동안 아파트는 2만1천 채(225%)가 늘어난 반면, 다세대주택은 4% 증가하는 데 그쳤고 단독주택은 12%, 연립주택은 4%가 줄었다. 이에 따라 전체 주택(주택 이외의 거처 제외)에서 차지하는 비중도 아파

표 3_3.35

## 경기도 구리시 (반)지하 등 거주 가구

(단위 : 가구, %)

| 행정구역 | 전체 가구 | (반)지하 | | 옥탑방 | 판잣집·움막·비닐집 | 기타 |
|---|---|---|---|---|---|---|
| | | 가구 | 비중 | 가구 | 가구 | 가구 |
| 구리시 | 58,940 | 4,450 | 8 | 571 | 78 | 54 |
| 갈매동 | 970 | 34 | 4 | 1 | 47 | 3 |
| 교문1동 | 5,528 | 1,000 | 18 | 186 | 3 | 1 |
| 교문2동 | 7,348 | 250 | 3 | 40 | – | – |
| 동구동 | 11,849 | 183 | 2 | 20 | 11 | 4 |
| 수택1동 | 8,175 | 964 | 12 | 195 | 2 | – |
| 수택2동 | 8,935 | 1,178 | 13 | 102 | – | 38 |
| 수택3동 | 8,336 | 475 | 6 | 6 | 12 | – |
| 인창동 | 7,799 | 366 | 5 | 21 | 3 | 8 |

트는 41%에서 71%로 증가한 반면, 단독주택은 29%에서 14%로, 연립주택은 16%에서 8%로, 다세대주택은 11%에서 6%로 감소했다.


**구리시에서 지하 방에 사는 사람 :**
**교문1동 18%가 (반)지하에 거주**


구리시에 사는 5만9천 가구를 100가구로 친다면, 그 중 10가구는 식구에 비해 집이 너무 좁거나 시설이 제대로 갖춰지지 않아 인간다운 품위를 지키기 어려운 최저 주거 기준 미달 가구다.

또 100가구 가운데 91가구는 지상에 살지만, 8가구는 (반)지하에 1가구는 옥탑방에 살고 있다. (반)지하에 사는 가구 비중이 가장 높은 곳은 교문1동으로 18%에 달하며, 수택2동 13%, 수택1동 12% 순으로 높다. 이 밖에 구리시 5만9천여 가구 가운데 옥탑방에 571가구가, 판잣집·움막·비닐집 등에 78가구가, 업소의 잠만 자는 방 등에 54가구가 사는 것으로 나타났다. 그러나 2005년 현재 구리시에 공급된 공공임대주택은 단 한 채도 없다.

## 구리시 유권자가 100명이라면

정당 지지도를 알 수 있는 최근 네 차례 선거(제3~4회 동시지방선거, 제17~18대 총선)를 기준으로 구리시 유권자는 대략 13만~15만 명이며, 평균 투표율은 50%였다.

구리시 유권자가 100명이라면 2002년 지방선거에서는 55명이 한나라당을, 34명이 새천년민주당을, 6명이 민주노동당을, 3명이 자민련을 찍었다. 2004년 총선에서는 39명은 열린우리당을, 35명은 한나라당을, 14명은 민주노동당을, 7명은 새천년민주당을, 2명은 자민련을 지지했다.

2006년 지방선거에서는 58명이 한나라당을 찍었고, 24명은 열린우리당을, 10명이 민주노동당을, 6명이 민주당을 찍었다. 2008년 총선에서는 42명이 한나라당을, 28명이 통합민주당을, 10명이 친박연대를, 4명이 진보신당을, 다른 4명이 자유선진당을, 또 다른 4명이 창조한국당을, 3명이 민주노동당을 지지했다.

동네별 투표율은 교문2동·수택3동·동구동에서 상대적으로 높았다. 반면 교문1동·수택1동·수택2동에서 상대적으로 낮았다. 교문2동과 교문1동의 투표율 격차는 최소 11%에서 최대 13%까지 벌어졌다.

한나라당 득표율은 갈매동과 교문1동에서 상대적으로 높았다. 반면 수택2동과 인창동에서 상대적으로 낮았다. 갈매동과 수택2동의 한나라당 득표율 격차는 최소 14%에서 최대 15%까지 벌어졌다.

민주(＋열린우리)당 득표율은 수택2동과 인창동에서 상대적으로 높았다. 반면 갈매동과 교문1동에서 상대적으로 낮았다. 수택2동과 갈매동의 득표율 격차는 최소 11%에서 최대 15%까지 벌어졌다.

민주노동당＋진보신당 득표율은 수택3동과 동구동에서 상대적으로 높았다.

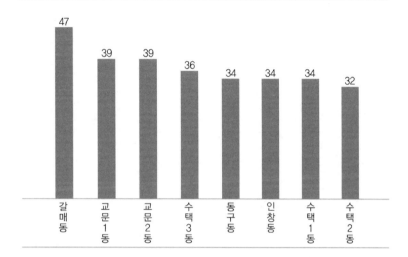

**그림 3_3.23**

# 경기도 구리시 동네별 한나라당 득표율

**2004년 총선(단위 : %)**

| 갈매동 | 교문1동 | 교문2동 | 수택3동 | 동구동 | 인창동 | 수택1동 | 수택2동 |
|---|---|---|---|---|---|---|---|
| 47 | 39 | 39 | 36 | 34 | 34 | 34 | 32 |

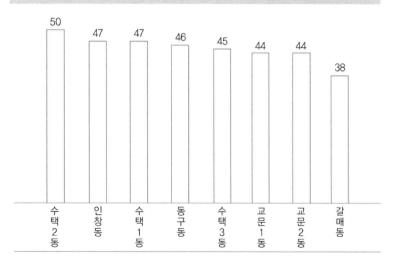

**그림 3_3.24**

# 경기도 구리시 동네별 민주(＋열린우리)당 득표율

**2004년 총선(단위 : %)**

| 수택2동 | 인창동 | 수택1동 | 동구동 | 수택3동 | 교문1동 | 교문2동 | 갈매동 |
|---|---|---|---|---|---|---|---|
| 50 | 47 | 47 | 46 | 45 | 44 | 44 | 38 |

표 3_3.36

# 경기도 구리시 역대 선거 투표율과 정당 지지율

2002~2008년(단위 : 명, %)

| 행정구역 | 2002년 지방선거 | | | | | | | 2004년 총선 | | | | | | | |
| --- | --- | --- | --- | --- | --- | --- | --- | --- | --- | --- | --- | --- | --- | --- | --- |
| | 선거인 수 | 투표율 | 한나라당 | 새천년민주당 | 자민련 | 민주노동당 | 기타정당 | 선거인 수 | 투표율 | 한나라당 | 새천년민주당 | 열린우리당 | 자민련 | 민주노동당 | 기타 정당 |
| 구리시 | 130,366 | 43 | 55 | 34 | 3 | 6 | 2 | 136,469 | 61 | 35 | 7 | 39 | 2 | 14 | 2 |
| 갈매동 | 2,737 | 43 | 66 | 23 | 4 | 5 | 2 | 2,712 | 59 | 47 | 7 | 32 | 3 | 10 | 2 |
| 교문1동 | 12,474 | 37 | 60 | 31 | 3 | 4 | 2 | 12,469 | 54 | 39 | 7 | 38 | 2 | 12 | 2 |
| 교문2동 | 17,849 | 48 | 58 | 33 | 2 | 5 | 2 | 17,774 | 67 | 39 | 7 | 37 | 2 | 14 | 2 |
| 동구동 | 24,658 | 44 | 57 | 33 | 3 | 6 | 2 | 26,974 | 66 | 34 | 8 | 39 | 2 | 16 | 2 |
| 수택1동 | 15,852 | 37 | 57 | 33 | 3 | 5 | 2 | 17,958 | 54 | 34 | 8 | 40 | 2 | 14 | 3 |
| 수택2동 | 21,418 | 37 | 52 | 38 | 3 | 6 | 2 | 21,523 | 56 | 32 | 8 | 42 | 2 | 13 | 3 |
| 수택3동 | 15,407 | 47 | 55 | 34 | 2 | 7 | 2 | 17,445 | 63 | 36 | 7 | 38 | 1 | 15 | 2 |
| 인창동 | 17,080 | 43 | 53 | 36 | 3 | 5 | 2 | 16,450 | 60 | 34 | 7 | 40 | 2 | 14 | 3 |

| 행정구역 | 2006년 지방선거 | | | | | |
| --- | --- | --- | --- | --- | --- | --- |
| | 선거인 수 | 투표율 | 열린우리당 | 한나라당 | 민주당 | 민주노동당 | 기타 정당 |
| 구리시 | 140,385 | 49 | 24 | 58 | 6 | 10 | 1 |

| 행정구역 | 2008년 총선 | | | | | | | | |
| --- | --- | --- | --- | --- | --- | --- | --- | --- | --- |
| | 선거인 수 | 투표율 | 통합민주당 | 한나라당 | 자유선진당 | 민주노동당 | 창조한국당 | 친박연대 | 진보신당 | 기타 정당 |
| 구리시 | 145,964 | 47 | 28 | 42 | 4 | 3 | 4 | 10 | 4 | 5 |
| 갈매동 | 2,519 | 50 | 21 | 54 | 3 | 2 | 3 | 12 | 2 | 4 |
| 교문1동 | 12,905 | 39 | 26 | 43 | 3 | 3 | 3 | 11 | 3 | 7 |
| 교문2동 | 18,276 | 52 | 27 | 42 | 4 | 3 | 4 | 11 | 4 | 5 |
| 동구동 | 30,831 | 50 | 28 | 42 | 4 | 3 | 4 | 11 | 4 | 4 |
| 수택1동 | 19,243 | 41 | 28 | 42 | 4 | 3 | 3 | 11 | 4 | 6 |
| 수택2동 | 22,510 | 42 | 30 | 39 | 4 | 3 | 3 | 10 | 3 | 7 |
| 수택3동 | 17,643 | 44 | 27 | 42 | 5 | 3 | 5 | 10 | 5 | 3 |
| 인창동 | 19,165 | 46 | 30 | 40 | 4 | 4 | 4 | 10 | 3 | 5 |

# 경기도 군포시 11개 동네

군포시에는 2005년 현재 11개 동에 7만2천 개의 거처가 있고,

여기에 8만5천 가구 27만 명이 살고 있다.

경기도 군포시가 100명이 사는 마을이라면 어떤 모습일까?

## 숫자 100으로 본 군포시

군포시에 사는 사람은 경기도 평균인에 비해 고학력이며 종교 인구 비중도 높다. 봉급생활자가 상대적으로 많고 출퇴근 시간은 긴 편인 데, 직업별로는 사무직과 전문가가 특히 많다.

아파트 거주자가 많고 셋방 가구는 상대적으로 적은데 소형 주택이 많은 게 특징이다. 가구의 4%는 (반)지하에 살고, 6%는 최저 주거 기준 미달 가구이며 공공임대주택은 4%다.

최근 7년간 군포시에서 한나라당은 33~55%를, 민주(＋열린우리)당은 30~45%를, 민주노동당＋진보신당은 6~17%를 각각 얻었다. 하지만 동네별 정당 득표율은 차이가 컸다.

그림 3_3.25

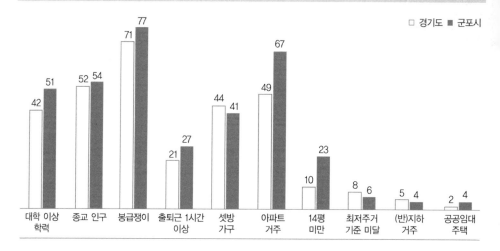

# 경기도와 군포시의 주요 지수 평균 비교

(단위 : %)

□ 경기도  ■ 군포시

- 대학 이상 학력: 경기도 42, 군포시 51
- 종교 인구: 경기도 52, 군포시 54
- 봉급쟁이: 경기도 71, 군포시 77
- 출퇴근 1시간 이상: 경기도 21, 군포시 27
- 셋방 가구: 경기도 44, 군포시 41
- 아파트 거주: 경기도 49, 군포시 67
- 14평 미만: 경기도 10, 군포시 23
- 최저주거기준 미달: 경기도 8, 군포시 6
- (반)지하 거주: 경기도 5, 군포시 4
- 공공임대 주택: 경기도 2, 군포시 4

## 군포시 인구가 100명이라면 :
## 대학 이상 학력자 51명, 종교 인구 54명

경기도 군포시에 사는 사람은 2005년 현재 27만42명으로, 군포시 인구가 100명이라면 남자 대 여자의 수는 50 대 50으로 균형을 이루고 있다. 동별로는 군포1동·금정동·대야동은 남자가 더 많고, 산본2동과 재궁동·수리동·광정동은 여자가 더 많다. 또 군포1동 인구의 2%, 산본1동 인구의 1%는 외국인이다. 29명은 어린이와 청소년(19세 미만)이고, 71명은 어른이다. 어른 가운데 6명은 노인(65세 이상)이다.

지역적으로는, 군포시에 사는 100명 중 14명은 군포2동에 살고,

12명은 군포1동에, 11명은 광정동에 산다. 산본2동과 오금동에 10명씩, 산본1동과 재궁동·궁내동에 9명씩 살고 금정동과 수리동에 8명씩, 대야동에 2명이 산다.

종교를 보면, 54명이 종교를 갖고 있다. 24명은 개신교, 15명은 불교, 13명은 천주교 신자다. 개신교는 대야동에서, 불교는 군포1동과 대야동에서, 천주교는 궁내동에서 각각 신자 비율이 높다.

학력은 어떨까. 10명은 초등학교에, 5명은 중학교에, 다른 4명은 고등학교에 다니고 있으며, 39명은 대학에 재학 중이거나 대학 이상의 학력을 가지고 있다(6세 이상 인구 기준). 또 군포시에 사는 19세 이상 인구 가운데 51%가 대학 이상 학력자다. 궁내동은 68%가 대학 이상 학력자로 비중이 가장 높다.

29명은 미혼이며 71명은 결혼했다. 결혼한 사람 가운데 5명은 배우자와 사별했고, 3명은 이혼했다(15세 이상 인구 기준). 3명은 몸이 불편하거나 정신 장애로 정상적인 활동에 제약을 느끼고 있다.

거주 기간을 보면, 38명은 현재 살고 있는 집에 산 지 5년이 넘었으나, 62명은 5년 이내에 새로 이사 왔다(5세 이상 인구 기준). 이사 온 사람 중 31명은 군포시의 다른 동에서, 15명은 경기도의 다른 시군에서, 다른 15명은 경기도 밖에서 이사 왔다.

표 3_3.37

## 경기도 군포시 성별·종교별·학력별 인구

(단위 : 명, %)

| 행정구역 | 남녀/외국인 | | | | 종교 인구 | | | | | | | 대학 이상 학력 인구 | | | | | | |
|---|---|---|---|---|---|---|---|---|---|---|---|---|---|---|---|---|---|---|
| | 총인구 | 남자 | 여자 | 외국인 | 인구 (내국인) | 종교 있음 | | | | | 종교 없음 | 19세 이상 인구 | 계 | 4년제 미만 | | 4년제 이상 | | 대학원 이상 |
| | | | | | | 계 | 불교 | 개신교 | 천주교 | 기타 | | | | 계 | 재학 | 계 | 재학 | |
| 군포시 | 270,042 | 50 | 50 | 0 | 268,917 | 54 | 15 | 24 | 13 | 1 | 45 | 192,063 | 51 | 13 | 2 | 33 | 6 | 5 |
| 광정동 | 29,020 | 49 | 51 | 0 | 28,934 | 57 | 14 | 24 | 18 | 1 | 42 | 20,369 | 62 | 13 | 2 | 41 | 6 | 8 |
| 군포1동 | 32,066 | 52 | 48 | 2 | 31,537 | 52 | 18 | 23 | 11 | 1 | 46 | 23,388 | 39 | 14 | 3 | 22 | 6 | 3 |
| 군포2동 | 36,763 | 50 | 50 | 0 | 36,612 | 52 | 16 | 24 | 12 | 1 | 47 | 25,171 | 46 | 13 | 2 | 29 | 6 | 3 |
| 궁내동 | 23,550 | 50 | 50 | 0 | 23,534 | 58 | 13 | 25 | 19 | 1 | 42 | 15,630 | 68 | 12 | 2 | 47 | 6 | 9 |
| 금정동 | 20,746 | 52 | 48 | 0 | 20,654 | 49 | 17 | 22 | 10 | 1 | 49 | 15,827 | 37 | 14 | 4 | 21 | 6 | 2 |
| 대야동 | 4,789 | 51 | 49 | 0 | 4,778 | 56 | 18 | 28 | 9 | 1 | 44 | 3,598 | 36 | 12 | 3 | 20 | 5 | 3 |
| 산본1동 | 23,391 | 50 | 50 | 1 | 23,256 | 50 | 16 | 24 | 10 | 1 | 47 | 17,755 | 40 | 16 | 4 | 22 | 6 | 2 |
| 산본2동 | 26,268 | 49 | 51 | 0 | 26,230 | 56 | 14 | 27 | 15 | 1 | 43 | 18,214 | 54 | 14 | 2 | 36 | 7 | 4 |
| 수리동 | 21,655 | 49 | 51 | 0 | 21,639 | 56 | 14 | 26 | 15 | 1 | 43 | 15,256 | 57 | 13 | 2 | 38 | 5 | 6 |
| 오금동 | 27,029 | 50 | 50 | 0 | 27,018 | 53 | 14 | 26 | 13 | 1 | 47 | 18,703 | 61 | 13 | 2 | 42 | 6 | 6 |
| 재궁동 | 24,765 | 49 | 51 | 0 | 24,725 | 54 | 15 | 25 | 14 | 1 | 45 | 18,152 | 53 | 12 | 2 | 36 | 6 | 5 |

## 군포시 취업자가 100명이라면 :
## 77명은 봉급쟁이

군포시에 사는 15세 이상 인구 20만7천여 명 가운데 취업해 직장에 다니는 사람(취업자)은 51%, 10만6천 명이다. 군포시 취업자가 100명 이라면 66명은 30~40대, 18명은 20대이며, 12명은 50대다. 65세 이상 노인도 1명이 일하고 있다.

회사에서 봉급을 받고 일하는 직장인은 77명이다. 12명은 고용한 사람 없이 혼자서 일하는 자영업자이며, 8명은 누군가를 고용해 사업 체를 경영하는 사업주다. 3명은 가족이 운영하는 사업체에서 보수 없이 일하고 있다. 군포시는 경기도 31개 시군 가운데 오산시에 이어 직장인(임금노동자) 비율이 가장 높고 자영업자 비중은 과천시와 함께 가장 낮은 곳이다.

직업별로는 사무직이 24명으로 가장 많고, 전문가 14명, 장치 기계 조작 및 조립직 13명, 기술직 및 준전문가 12명순으로 많다. 또 기능직은 9명, 서비스직과 판매직이 각각 8명이며, 단순 노무직은 6명이다. 또 5명은 고위 관리직으로 일하고 1명은 농림 어업에 종사하고 있다.

직장으로 출근하는 데 30분 이상 걸리는 사람은 58명이며, 그 가운데 27명은 1시간 이상 걸린다. 16명은 걸어서 출근하고, 84명은 교통수단을 이용해 출근한다. 84명 가운데 43명은 자가용으로, 19명은 전철로, 12명은 시내버스로 출퇴근한다. 또 3명은 통근 버스를 이용하며 4명은 버스와 전철 또는 승용차를 갈아타며 출근한다.

사무실이나 공장 등에서 일하는 사람은 86명이며, 야외나 거리 또는 운송 수단에서 일하는 사람은 10명이다. 1명은 자기 집에서, 2명은 남의 집에서 일한다.


## 군포시에 100가구가 산다면 :
## 41가구는 셋방살이

군포시에는 8만5천 가구가 산다(일반 가구 기준). 군포시에 사는 가구를 100가구로 친다면, 32가구는 식구가 한 명 또는 두 명인 1, 2인 가구이며, 이 가운데 14가구는 나 홀로 사는 1인 가구다. 식구 4명은 35

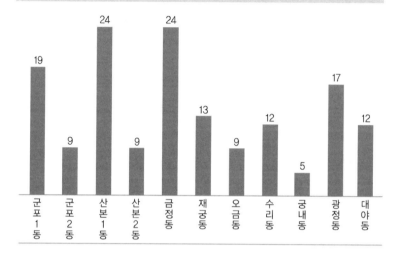

**그림 3_3.26**

## 경기도 군포시 동네별 1인 가구

(단위 : %)

가구, 3명은 23가구, 5명 이상은 10가구다.

　동네별 1인 가구 비중을 보면 금정동과 산본1동에서 24%로 가장 높고, 군포1동(19%), 광정동(17%) 순으로 높다. 반면 궁내동(5%)과 군포2동·산본2동·오금동(각 9%)은 10% 미만이다.

　57가구는 자신이 소유한 집에서 살고, 41가구는 셋방에 살며, 1가구는 직장의 사택이나 친척집 등에서 무상으로 살고 있다. 자기 집에 사는 가구 중 8가구는 현재 살고 있는 집 외에 최소 한 채에서 여러 채를 소유한 다주택자들이다.

　셋방 사는 가구 가운데 27가구는 전세에, 13가구는 보증금 있는 월세에, 1가구는 보증금 없는 월세에 살고 있다. 셋방 사는 가구 중 6

표 3_3.38

## 경기도 군포시의 다주택자

(단위 : 가구, 호)

| 구분 | | | 가구 수 | 주택 수 | 평균 주택 수 |
|---|---|---|---|---|---|
| 일반 가구 | | | 85,278 | – | – |
| 자가 가구 | | | 48,836 | – | – |
| 다주택 가구 | 통계청 | | 6,954 | – | – |
| | 행자부 | 계 | 4,593 | 10,864 | 2 |
| | | 2채 | 3,962 | 7,924 | 2 |
| | | 3채 | 376 | 1,128 | 3 |
| | | 4채 | 83 | 332 | 4 |
| | | 5채 | 37 | 185 | 5 |
| | | 6~10채 | 101 | 738 | 7 |
| | | 11채 이상 | 34 | 557 | 16 |

가구는 어딘가에 자신 명의의 집을 소유하고 있으나 경제 사정이나 자녀 교육, 직장 등의 사정으로 셋방에 살고 있다.

64가구는 현재 사는 집으로 이사 온 지 5년이 안 되며, 이 가운데 33가구는 2년이 안 된다. 20가구는 5~10년이 됐고, 16가구는 10년이 넘었다.

71가구는 자동차를 소유하고 있고 이 가운데 59가구는 자기 집에 전용 주차장이 있다. 자동차 소유 가구 중 12가구는 차를 2대 이상 소유하고 있다.

**표 3_3.39**

## 경기도 군포시 주택의 점유·소유 형태별 가구

(단위 : 가구, %)

| 행정구역 | 전체 가구 | 자기 집에 거주 | | | 셋방에 거주 | | | 무상으로 거주 | | 주택 소유 | 무주택 |
|---|---|---|---|---|---|---|---|---|---|---|---|
| | | 계 | 집 한 채 | 여러 채 | 계 | 집 없음 | 집 있음 | 집 없음 | 집 있음 | | |
| 군포시 | 85,278 | 57 | 49 | 8 | 41 | 35 | 6 | 1 | 0 | 64 | 36 |
| 광정동 | 9,336 | 57 | 48 | 9 | 42 | 34 | 8 | 1 | 0 | 64 | 36 |
| 군포1동 | 10,394 | 48 | 42 | 6 | 50 | 45 | 5 | 2 | 0 | 53 | 47 |
| 군포2동 | 10,531 | 70 | 60 | 10 | 29 | 24 | 5 | 1 | 0 | 76 | 24 |
| 궁내동 | 6,705 | 79 | 64 | 14 | 21 | 14 | 7 | 0 | 0 | 86 | 14 |
| 금정동 | 7,069 | 42 | 37 | 5 | 56 | 52 | 4 | 2 | 0 | 46 | 54 |
| 대야동 | 1,477 | 64 | 55 | 8 | 32 | 27 | 6 | 4 | 0 | 70 | 30 |
| 산본1동 | 8,383 | 31 | 26 | 4 | 67 | 63 | 5 | 2 | 0 | 36 | 64 |
| 산본2동 | 7,897 | 61 | 52 | 9 | 38 | 29 | 9 | 1 | 0 | 70 | 30 |
| 수리동 | 6,970 | 59 | 50 | 9 | 39 | 33 | 6 | 2 | 0 | 65 | 35 |
| 오금동 | 8,425 | 70 | 61 | 9 | 29 | 23 | 6 | 1 | 0 | 76 | 24 |
| 재궁동 | 8,091 | 57 | 50 | 7 | 42 | 35 | 7 | 1 | 0 | 65 | 35 |

## 집 많은 사람, 집 없는 사람 :
## 궁내동 86% 주택 소유, 산본1동 64% 무주택

군포시에 사는 100가구 중 64가구는 주택 소유자이고 36가구는 무주택자다. 12개 동네 중 10곳은 주택 소유자가 더 많고 2곳은 무주택자가 더 많다. 궁내동 가구의 86%를 비롯해 군포2동과 오금동·산본2동은 70% 이상이 주택 소유자다. 재궁동·수리동·광정동은 60% 이상이, 군포1동은 절반 이상이 주택 소유자다. 산본1동에 사는 가구의 64%가 무주택자이고 주택 소유자는 36%다. 금정동 가구 중에도 54%가 무주택 가구이며 주택 소유자는 46%에 머문다.

군포시 100가구 중 8가구는 집을 두 채 이상 여러 채 소유한 다주택자다. 궁내동에 사는 가구의 14%, 군포2동 가구의 10%는 집을 두 채 이상 소유한 다주택자다. 오금동·수리동·광정동 가구의 9%도 다주택자다. 반면 산본1동은 4%, 금정동은 5%, 군포1동은 6%에 그쳤다.

군포시 100가구 중 6가구는 어딘가에 자신 명의의 집이 있지만 현재 셋방에 살고 있다. 유주택 전월세 가구는 산본2동(9%), 광정동(8%)에서 비중이 높다. 주택 소유자 중 유주택 전월세를 제외한 57가구는 자기 집에 살고 있는데 궁내동(79%), 오금동(70%)에서 비중이 높다.

또 전월세 유주택을 포함한 41가구가 셋방에 사는데, 산본1동(67%), 금정동(56%)에서 비중이 높다. 35가구는 무주택 전월세 가구인데 산본1동(63%)과 금정동(52%)에서 비중이 높다. 한편 대야동에 사는 가구 중 4%는 직장의 사택이나 친척집 등에서 무상으로 살고 있는데 이들은 모두 무주택자다.


## 군포시에 있는 집이 100채라면 :
## 79채는 아파트

군포시에는 집(주택과 주택 이외의 거처)이 7만2채가 있다. 군포시에 있는 집이 100채라면 79채는 아파트이고, 10채는 다세대주택이며, 5채는 단독주택이다. 3채는 연립주택, 다른 1채는 상가 등 비거주용 건물 내 주택, 2채는 오피스텔 등 주택 이외의 거처다.

오금동·수리동·궁내동 거처 100%가 아파트이며, 광정동은 90%,

**표 3_3.40**

## 경기도 군포시 거처의 종류별·연건평별·건축년도별 주택

(단위 : 호, 가구, %)

| 행정구역 | 거처의 종류별 거처와 가구 | | | | | | | | | | | | | |
| | 계 | | 단독주택 | | 아파트 | | 연립주택 | | 다세대주택 | | 비거주용 건물 내 주택 | | 주택 이외의 거처 | |
| | 거처 | 가구 | 거처 | 가구 | 거처 | 가구 | 거처 | 가구 | 거처 | 가구 | 거처 | 가구 | 거처 | 가구 |
|---|---|---|---|---|---|---|---|---|---|---|---|---|---|---|
| 군포시 | 71,745 | 85,308 | 5 | 20 | 79 | 67 | 3 | 2 | 10 | 9 | 1 | 1 | 2 | 1 |
| 광정동 | 8,694 | 9,339 | 1 | 6 | 90 | 84 | 0 | 0 | 1 | 1 | 0 | 1 | 8 | 7 |
| 군포1동 | 6,786 | 10,403 | 16 | 44 | 43 | 28 | 8 | 5 | 31 | 20 | 2 | 3 | 1 | 1 |
| 군포2동 | 9,218 | 10,539 | 5 | 16 | 81 | 71 | 1 | 1 | 11 | 10 | 1 | 1 | 2 | 2 |
| 궁내동 | 6,705 | 6,706 | 0 | 0 | 100 | 100 | 0 | 0 | 0 | 0 | 0 | 0 | 0 | 0 |
| 금정동 | 4,204 | 7,071 | 18 | 48 | 26 | 16 | 10 | 6 | 42 | 25 | 2 | 4 | 2 | 1 |
| 대야동 | 1,399 | 1,480 | 18 | 22 | 36 | 34 | 0 | 0 | 43 | 41 | 2 | 2 | 1 | 1 |
| 산본1동 | 5,077 | 8,386 | 18 | 49 | 55 | 33 | 3 | 2 | 22 | 13 | 2 | 2 | 0 | 0 |
| 산본2동 | 7,102 | 7,898 | 3 | 13 | 89 | 80 | 7 | 6 | 0 | 0 | 0 | 0 | 1 | 1 |
| 수리동 | 6,964 | 6,970 | 0 | 0 | 100 | 100 | 0 | 0 | 0 | 0 | 0 | 0 | 0 | 0 |
| 오금동 | 8,415 | 8,425 | 0 | 0 | 100 | 100 | 0 | 0 | 0 | 0 | 0 | 0 | 0 | 0 |
| 재궁동 | 7,181 | 8,091 | 3 | 13 | 83 | 74 | 3 | 2 | 11 | 10 | 0 | 1 | 0 | 0 |

산본2동·재궁동·군포2동은 80% 이상이 아파트다. 반면 대야동과 금정동 거처의 40% 이상은 다세대주택이며, 군포1동 거처의 30% 이상, 산본1동 거처의 20% 이상도 다세대주택이다. 단독주택은 금정동·산본1동·대야동·군포1동에서 10% 이상을 기록하는 데 그치고 있다. 한편 광정동은 거처의 8%가 주택 이외의 거처다.

사람이 사는 곳을 기준으로 보면 군포시 가구의 67%는 아파트에, 20%는 단독주택에, 9%는 다세대주택에 산다. 또 2%는 연립주택에, 다른 1%는 비거주용 건물 내 주택에, 다른 1%는 주택 이외의 거처에 산다.

| | 연건평별 주택 | | | | 건축년도별 주택 | | |
|---|---|---|---|---|---|---|---|
| 총 주택 수 | 14평 미만 | 14~19평 | 19~29평 | 29평 이상 | 1995~ 2005년 | 1985~ 1994년 | 1985년 이전 |
| 70,627 | 23 | 33 | 22 | 22 | 37 | 61 | 2 |
| 8,023 | 20 | 27 | 18 | 34 | 34 | 66 | 0 |
| 6,714 | 11 | 20 | 45 | 25 | 56 | 37 | 7 |
| 9,038 | 3 | 38 | 43 | 16 | 83 | 15 | 2 |
| 6,705 | 10 | 32 | 12 | 46 | 14 | 86 | 0 |
| 4,117 | 20 | 24 | 37 | 19 | 38 | 53 | 9 |
| 1,390 | 22 | 34 | 35 | 10 | 43 | 50 | 7 |
| 5,069 | 37 | 28 | 18 | 17 | 57 | 39 | 4 |
| 7,029 | 9 | 51 | 21 | 19 | 27 | 72 | 0 |
| 6,960 | 48 | 23 | 1 | 27 | 25 | 75 | 0 |
| 8,415 | 30 | 53 | 8 | 9 | 29 | 71 | 0 |
| 7,167 | 45 | 27 | 13 | 15 | 6 | 94 | 0 |

100% 아파트 동네인 오금동·수리동·궁내동은 주민 모두가 아파트에 살며, 광정동과 산본2동은 80% 이상, 군포2동과 재궁동은 70% 이상이 아파트에 산다. 산본1동·금정동·군포1동은 40% 이상이 단독주택에 살고, 대야동은 40% 이상이 다세대주택에 산다. 광정동은 7%가 주택 이외의 거처에 산다.

군포시 주택(주택 이외의 거처 제외)을 크기별로 보면 29평 이상의 주택은 22채, 19~29평은 22채, 14~19평은 33채이며, 14평 미만은 23채다. 궁내동과 수리동에 있는 주택은 100%가 아파트지만 궁내동 주택의 46%가 29평 이상 중대형 아파트인 데 비해, 수리동은 48%가

14평 미만의 소형 아파트다.

2005년 기준으로 37채는 지은 지 10년(1995~2005년 사이 건축)이 안 된 새집이며, 61채는 1985년에서 1994년 사이에 지었고, 20년이 넘 은 주택은 2채에 그쳤다. 군포2동은 주택의 83%가 새집이며, 지은 지 20년 넘은 주택은 대야동과 군포1동에서 7%로 가장 높게 나타났다.

1995년부터 2005년까지 10년 동안 군포시 주택 수(주택 이외의 거 처 제외)는 5만1천 채에서 7만6백 채로 1만9천 채(37%)가 늘었다. 이 기간 동안 아파트는 1만6천 채 다세대주택은 4천6백 채가 늘어 각각 40%와 162%가 늘었다. 반면 단독주택은 4백 채, 연립주택은 1천2백 채 줄어 각각 9%와 33%가 감소했다. 이에 따라 전체 주택(주택 이외의 거처 제외)에서 차지하는 비중도 아파트는 79%에서 81%로, 다세대주 택은 6%에서 11%로 증가한 반면, 단독주택은 8%에서 6%로, 연립주 택은 6%에서 3%로 감소했다.


**군포시에서 지하 방에 사는 사람 :**
**금정동 가구의 11%는 (반)지하에 거주**


군포시에 사는 8만5천 가구를 100가구로 친다면, 그 중 6가구는 식 구에 비해 집이 너무 좁거나 시설이 제대로 갖춰지지 않아 인간다운 품위를 지키기 어려운 최저 주거 기준 미달 가구다.

또 100가구 가운데 96가구는 지상에 살지만, 4가구는 (반)지하에 살고 있다. (반)지하에 사는 가구 비중은 금정동(11%)에서 가장 높 고, 군포1동·산본1동(9%), 대야동(6%), 군포2동·재궁동(4%), 산본2

표 3_3.41

## 경기도 군포시 (반)지하 등 거주 가구

(단위 : 가구, %)

| 행정구역 | 전체 가구 | (반)지하 | | 옥탑방 | 판잣집·움막·비닐집 | 기타 |
| --- | --- | --- | --- | --- | --- | --- |
| | | 가구 | 비중 | 가구 | 가구 | 가구 |
| 군포시 | 85,278 | 3,589 | 4 | 273 | 8 | 27 |
| 광정동 | 9,336 | 118 | 1 | 1 | – | 3 |
| 군포1동 | 10,394 | 902 | 9 | 52 | 2 | – |
| 군포2동 | 10,531 | 407 | 4 | 22 | 2 | 1 |
| 궁내동 | 6,705 | 1 | – | – | – | – |
| 금정동 | 7,069 | 786 | 11 | 40 | – | 8 |
| 대야동 | 1,477 | 85 | 6 | | 3 | 4 |
| 산본1동 | 8,383 | 768 | 9 | 140 | – | 4 |
| 산본2동 | 7,897 | 159 | 2 | 9 | – | 1 |
| 수리동 | 6,970 | – | – | – | 1 | 3 |
| 오금동 | 8,425 | – | – | – | – | – |
| 재궁동 | 8,091 | 363 | 4 | 9 | | 3 |

동(2%), 광정동(1%)이 뒤를 잇는다. 이 밖에 군포시 8만5천 가구 가운데 옥탑방에 273가구가, 판잣집·움막·비닐집에 8가구가, 업소의 잠만 자는 방 등에 27가구가 사는 것으로 나타났다.

이런 상황에서 2005년 현재 군포시에 공급된 공공임대주택은 3,431채로 전체 가구 대비 4%에 머물고 있다. 이조차도 중앙정부 산하 주공이 오래 전에 지은 영구임대주택이 전부로 경기도와 군포시가 무주택 서민을 위해 공급한 공공임대주택은 단 한 채도 없다.

## 군포시 유권자가 100명이라면

정당 지지도를 알 수 있는 최근 네 차례 선거(제3~4회 동시지방선거, 제17~18대 총선)를 기준으로 군포시 유권자는 대략 19만~20만 명이며, 평균 투표율은 53%였다.

군포시 유권자가 100명이라면 2002년 지방선거에서는 53명이 한나라당을, 35명이 새천년민주당을, 6명이 민주노동당을, 4명이 자민련을 찍었다. 2004년 총선에서는 39명은 열린우리당을, 33명은 한나라당을, 17명은 민주노동당을, 6명은 새천년민주당을, 2명은 자민련을 지지했다.

2006년 지방선거에서는 53명이 한나라당을 찍었고, 24명은 열린우리당을, 12명은 민주노동당을, 7명은 민주당을 찍었다. 2008년 총선에서는 38명이 한나라당을, 30명이 통합민주당을, 10명이 친박연대를, 6명이 창조한국당을, 5명이 자유선진당을, 4명이 진보신당을, 다른 4명이 민주노동당을 지지했다.

동네별 투표율은 궁내동·수리동·오금동에서 상대적으로 높았다. 반면 금정동·군포1동·산본1동에서 상대적으로 낮았다. 궁내동과 금정동의 투표율 격차는 최소 13%에서 최대 18%까지 벌어졌다.

한나라당 득표율은 궁내동과 광정동에서 상대적으로 높았다. 반면 금정동과 산본1동에서 상대적으로 낮았다. 궁내동과 금정동의 한나라당 득표율 격차는 최소 12%에서 최대 14%까지 벌어졌다.

민주(+열린우리)당 득표율은 금정동과 산본1동에서 상대적으로 높았다. 반면 궁내동과 광정동에서는 상대적으로 낮았다. 금정동과 궁내동의 득표율 격차는 최소 4%에서 최대 10%까지 벌어졌다.

민주노동당＋진보신당 득표율은 수리동과 오금동에서 상대적으로 높았다.

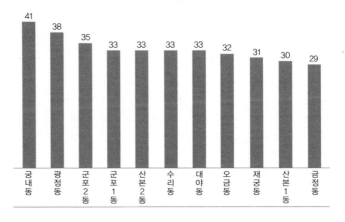

**그림 3_3.27**

## 경기도 군포시 동네별 한나라당 득표율

2004년 총선(단위 : %)

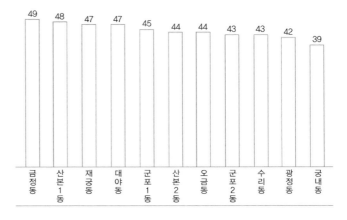

**그림 3_3.28**

## 경기도 군포시 동네별 민주(＋열린우리)당 득표율

2004년 총선(단위 : %)

표 3_3.42

# 경기도 군포시 역대 선거 투표율과 정당 지지율

2002~2008년(단위 : 명, %)

| 행정구역 | 2002년 지방선거 | | | | | | | 2004년 총선 | | | | | | | |
|---|---|---|---|---|---|---|---|---|---|---|---|---|---|---|---|
| | 선거인 수 | 투표율 | 한나라당 | 새천년민주당 | 자민련 | 민주노동당 | 기타 정당 | 선거인 수 | 투표율 | 한나라당 | 새천년민주당 | 열린우리당 | 자민련 | 민주노동당 | 기타 정당 |
| 군포시 | 186,262 | 47 | 53 | 35 | 4 | 6 | 3 | 192,874 | 65 | 33 | 6 | 39 | 2 | 17 | 3 |
| 광정동 | 20,146 | 52 | 56 | 33 | 3 | 5 | 3 | 20,215 | 69 | 38 | 6 | 36 | 2 | 16 | 3 |
| 군포1동 | 18,479 | 36 | 52 | 36 | 4 | 6 | 2 | 20,902 | 53 | 33 | 7 | 39 | 3 | 15 | 4 |
| 군포2동 | 18,989 | 46 | 55 | 33 | 4 | 6 | 2 | 23,314 | 64 | 35 | 6 | 38 | 2 | 17 | 3 |
| 궁내동 | 16,013 | 53 | 61 | 30 | 3 | 5 | 2 | 15,838 | 72 | 41 | 5 | 34 | 2 | 16 | 2 |
| 금정동 | 14,913 | 36 | 49 | 39 | 5 | 5 | 2 | 15,776 | 53 | 29 | 7 | 42 | 3 | 15 | 4 |
| 대야동 | 3,817 | 49 | 53 | 34 | 3 | 5 | 6 | 3,810 | 65 | 33 | 6 | 42 | 2 | 14 | 3 |
| 산본1동 | 17,575 | 39 | 49 | 39 | 4 | 6 | 3 | 17,249 | 57 | 30 | 7 | 41 | 2 | 17 | 3 |
| 산본2동 | 19,186 | 49 | 54 | 34 | 3 | 6 | 2 | 18,198 | 68 | 33 | 6 | 38 | 2 | 18 | 3 |
| 수리동 | 15,887 | 53 | 50 | 35 | 3 | 9 | 3 | 15,711 | 69 | 33 | 5 | 38 | 2 | 20 | 2 |
| 오금동 | 19,128 | 52 | 52 | 36 | 3 | 7 | 2 | 18,896 | 71 | 32 | 6 | 39 | 2 | 20 | 2 |
| 재궁동 | 18,305 | 43 | 52 | 36 | 3 | 6 | 3 | 18,275 | 64 | 31 | 6 | 41 | 2 | 18 | 3 |

| 행정구역 | 2006년 지방선거 | | | | | | |
|---|---|---|---|---|---|---|---|
| | 선거인 수 | 투표율 | 열린우리당 | 한나라당 | 민주당 | 민주노동당 | 기타 정당 |
| 군포시 | 203,276 | 51 | 25 | 55 | 7 | 12 | 1 |

| 행정구역 | 2008년 총선 | | | | | | | | | |
|---|---|---|---|---|---|---|---|---|---|---|
| | 선거인 수 | 투표율 | 통합민주당 | 한나라당 | 자유선진당 | 민주노동당 | 창조한국당 | 친박연대 | 진보신당 | 기타 정당 |
| 군포시 | 204,940 | 48 | 30 | 38 | 5 | 4 | 6 | 10 | 4 | 4 |
| 광정동 | 20,889 | 51 | 27 | 40 | 6 | 3 | 6 | 9 | 4 | 3 |
| 군포1동 | 26,108 | 41 | 29 | 40 | 5 | 4 | 5 | 10 | 3 | 4 |
| 군포2동 | 27,557 | 49 | 30 | 39 | 5 | 4 | 5 | 11 | 3 | 3 |
| 궁내동 | 16,240 | 54 | 28 | 40 | 5 | 3 | 6 | 11 | 5 | 3 |
| 금정동 | 16,431 | 38 | 32 | 36 | 5 | 4 | 5 | 10 | 3 | 5 |
| 대야동 | 5,265 | 51 | 31 | 39 | 5 | 4 | 5 | 8 | 3 | 5 |
| 산본1동 | 17,996 | 41 | 30 | 37 | 5 | 5 | 5 | 11 | 3 | 4 |
| 산본2동 | 16,418 | 51 | 30 | 38 | 5 | 4 | 5 | 10 | 4 | 4 |
| 수리동 | 15,764 | 51 | 29 | 37 | 5 | 5 | 6 | 9 | 5 | 3 |
| 오금동 | 19,345 | 50 | 32 | 34 | 5 | 4 | 6 | 10 | 6 | 3 |
| 재궁동 | 18,704 | 45 | 31 | 37 | 4 | 4 | 6 | 9 | 4 | 4 |

# 경기도 김포시 10개 동네

김포시에는 2005년 현재 10개 읍면동에 5만5천 개의 거처가 있고,

여기에 5만9천 가구 19만6천 명이 살고 있다.

경기도 김포시가 100명이 사는 마을이라면 어떤 모습일까?

## 숫자 <u>100</u>으로 본 김포시

김포시에 사는 사람은 경기도 평균인에 비해 대학 이상 학력자 비중은 조금 낮고 종교 인구 비중은 약간 높다. 자영업자, 농림 어업 종사자, 사무직이 특히 많고 출퇴근 시간은 짧은 편이다.

주택 소유자, 아파트 거주자가 많고 1인 가구는 적다. 가구의 1%는 (반)지하에 살고 7%는 최저 주거 기준에 미달되며 공공임대주택은 3% 수준이다.

최근 7년간 김포시에서 한나라당은 38~63%를, 민주(＋열린우리)당은 22~45%를, 민주노동당＋진보신당은 5~12%를 각각 얻었다. 하지만 동네별 정당 득표율은 차이가 컸다.

그림 3_3.29

# 경기도와 김포시의 주요 지수 평균 비교

(단위 : %)

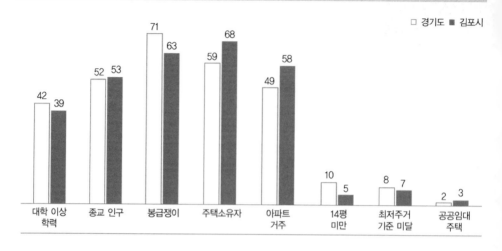

□ 경기도 ■ 김포시

| | 대학 이상 학력 | 종교 인구 | 봉급쟁이 | 주택소유자 | 아파트 거주 | 14평 미만 | 최저주거 기준 미달 | 공공임대 주택 |
|---|---|---|---|---|---|---|---|---|
| 경기도 | 42 | 52 | 71 | 59 | 49 | 10 | 8 | 2 |
| 김포시 | 39 | 53 | 63 | 68 | 58 | 5 | 7 | 3 |

## 김포시 인구가 100명이라면 :
## 대학 이상 학력자 39명, 종교 인구 53명

경기도 김포시에 사는 사람은 2005년 현재 19만5,776명으로, 김포시 인구가 100명이라면 남자 대 여자의 수는 51 대 49로 남자가 더 많다. 동별로는 대곶면(57 대 43)과 양촌면(54 대 46)에서 남자가 훨씬 많은 것으로 나타났다. 대곶면 인구 가운데 8%는 외국인이며, 양촌면도 5%가 외국인이다. 김포시 전체 인구 중에는 2%가 외국인이다. 국적별로는 베트남(17%), 중국(17%, 재중 동포＝조선족 7%), 태국(11%), 인도네시아(10%) 순이다. 28명은 어린이와 청소년(19세 미만)이고, 72명은 어른이다. 어른 가운데 9명은 노인(65세 이상)이다.

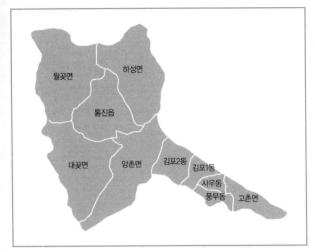

지역적으로는, 김포시에 사는 100명 중 23명은 김포1동에 살고 19명은 풍무동에 산다. 통진읍·김포2동·사우동에는 11명씩 산다. 7명은 양촌면에, 6명은 고촌면에, 5명은 대곶면에 산다. 또 4명은 하성면에, 3명은 월곶면에 산다.

종교를 보면, 53명이 종교를 갖고 있다. 22명은 개신교, 17명은 불교, 13명은 천주교 신자다. 개신교는 고촌면과 김포2동에서, 불교는 월곶면에서, 천주교는 양촌면에서 각각 신자 비율이 높다.

학력은 어떨까. 11명은 초등학교에, 5명은 중학교에, 다른 4명은 고등학교에 다니고 있으며, 30명은 대학에 재학 중이거나 대학 이상의 학력을 가지고 있다(6세 이상 인구 기준). 또 김포시에 사는 19세 이상 인구 가운데 39%가 대학 이상 학력자다. 풍무동은 53%가 대학 이상 학력자로 비중이 가장 높다.

26명은 미혼이며 74명은 결혼했다. 결혼한 사람 가운데 7명은 배우자와 사별했고, 2명은 이혼했다(15세 이상 인구 기준). 6명은 몸이 불편하거나 정신 장애로 정상적인 활동에 제약을 느끼고 있다.

거주 기간을 보면, 38명은 현재 살고 있는 집에 산 지 5년이 넘었으나, 62명은 5년 이내에 새로 이사 왔다(5세 이상 인구 기준). 이사 온 사람 중 28명은 김포시의 다른 동에서, 8명은 경기도의 다른 시군에서, 다른 26명은 경기도 밖에서 이사 왔다.

표 3_3.43

## 경기도 김포시 성별·종교별·학력별 인구

(단위 : 명, %)

| 행정구역 | 남녀/외국인 | | | | 종교 인구 | | | | | | | 대학 이상 학력 인구 | | | | | | |
|---|---|---|---|---|---|---|---|---|---|---|---|---|---|---|---|---|---|---|
| | 총인구 | 남자 | 여자 | 외국인 | 인구 (내국인) | 종교 있음 | | | | | 종교 없음 | 19세 이상 인구 | 계 | 4년제 미만 | | 4년제 이상 | | 대학 이상 |
| | | | | | | 계 | 불교 | 개신교 | 천주교 | 기타 | | | | 계 | 재학 | 계 | 재학 | |
| 김포시 | 195,776 | 51 | 49 | 2 | 192,716 | 53 | 17 | 22 | 13 | 1 | 46 | 138,680 | 39 | 13 | 2 | 23 | 4 | 3 |
| 통진읍 | 21,180 | 52 | 48 | 3 | 20,611 | 50 | 17 | 19 | 13 | 1 | 50 | 14,989 | 26 | 12 | 3 | 12 | 3 | 2 |
| 고촌면 | 11,817 | 50 | 50 | 0 | 11,779 | 56 | 17 | 25 | 13 | 1 | 43 | 9,196 | 38 | 11 | 2 | 24 | 5 | 3 |
| 대곶면 | 9,790 | 57 | 43 | 8 | 8,963 | 49 | 20 | 15 | 12 | 3 | 50 | 7,117 | 18 | 9 | 2 | 9 | 2 | 1 |
| 양촌면 | 13,505 | 54 | 46 | 5 | 12,833 | 52 | 17 | 18 | 16 | 1 | 45 | 10,120 | 23 | 11 | 3 | 11 | 4 | 1 |
| 월곶면 | 5,434 | 52 | 48 | 2 | 5,305 | 53 | 21 | 20 | 11 | 1 | 46 | 4,393 | 21 | 11 | 3 | 9 | 2 | 1 |
| 하성면 | 8,116 | 52 | 48 | 3 | 7,913 | 47 | 20 | 17 | 8 | 2 | 53 | 6,201 | 19 | 9 | 2 | 9 | 1 | |
| 김포1동 | 44,986 | 50 | 50 | 0 | 44,824 | 53 | 15 | 23 | 15 | 1 | 46 | 30,428 | 43 | 14 | 2 | 25 | 3 | 3 |
| 김포2동 | 21,407 | 49 | 51 | 1 | 21,180 | 57 | 18 | 25 | 13 | 1 | 42 | 14,930 | 49 | 11 | 1 | 33 | 4 | 5 |
| 사우동 | 21,683 | 50 | 50 | 0 | 21,601 | 50 | 15 | 22 | 12 | 1 | 49 | 15,104 | 41 | 15 | 2 | 24 | 4 | 3 |
| 풍무동 | 37,858 | 50 | 50 | 0 | 37,707 | 55 | 17 | 24 | 14 | 1 | 42 | 26,202 | 53 | 14 | 2 | 35 | 4 | 4 |

# 김포시 취업자가 100명이라면 :
# 63명은 봉급쟁이, 20명은 자영업자

김포시에 사는 15세 이상 인구 14만7천여 명 가운데 취업해 직장에
다니는 사람(취업자)은 53%, 7만7천 명이다. 김포시 취업자가 100명
이라면 62명은 30~40대, 15명은 20대이며, 14명은 50대다. 65세 이
상 노인도 5명이 일하고 있다.

회사에서 봉급을 받고 일하는 직장인은 63명이다. 20명은 고용한
사람 없이 혼자서 일하는 자영업자이며, 10명은 누군가를 고용해 사
업체를 경영하는 사업주다. 8명은 가족이 운영하는 사업체에서 보수

없이 일하고 있다.

직업별로는 사무직이 20명으로 가장 많고, 장치 기계 조작 및 조립 직 14명, 판매직과 기술직 및 준전문가 각 10명순으로 많다. 또 9명은 기능직, 다른 9명은 농림 어업에 종사하며, 8명은 전문가로, 다른 8명은 서비스직으로 일한다. 또 6명은 단순 노무직으로, 5명은 고위 관리직으로 일하고 있다.

직장으로 출근하는 데 30분 이상 걸리는 사람은 45명이며, 그 가운데 20명은 1시간 이상 걸린다. 21명은 걸어서 출근하고 79명은 교통수단을 이용해 출근한다. 79명 가운데 55명은 자가용으로, 13명은 시내버스로, 4명은 통근 버스로 출퇴근한다. 1명은 택시를 이용해서, 다른 1명은 자전거로, 4명은 버스와 전철 또는 승용차를 갈아타며 출근한다.

사무실이나 공장 등에서 일하는 사람은 80명이며, 야외나 거리 또는 운송 수단에서 일하는 사람은 15명이다. 3명은 자기 집에서, 1명은 남의 집에서 일한다.


## 김포시에 100가구가 산다면 :
## 35가구는 셋방살이

김포시에는 5만9천 가구가 산다(일반 가구 기준). 김포시에 사는 가구를 100가구로 친다면, 33가구는 식구가 한 명 또는 두 명인 1, 2인 가구이며, 이 가운데 13가구는 나 홀로 사는 1인 가구다. 식구 4명은 32가구, 3명은 22가구, 5명 이상은 14가구다.

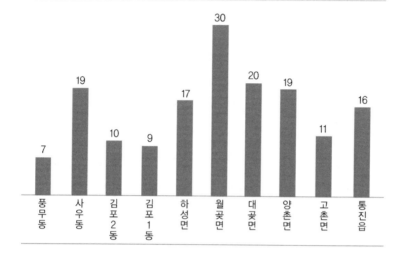

그림 3_3.30

경기도 김포시 동네별 1인 가구

(단위 : %)

동네별 1인 가구 비중을 보면 월곶면에서 30%로 가장 높고, 대곶면(20%), 사우동과 양촌면(각 19%), 하성면(17%) 순으로 높다. 반면 풍무동(7%)과 김포1동(9%)은 10% 미만이다.

62가구는 자신이 소유한 집에서 살고, 35가구는 셋방에 살며, 4가구는 직장의 사택이나 친척집 등에서 무상으로 살고 있다. 자기 집에 사는 가구 중 8가구는 현재 살고 있는 집 외에 최소 한 채에서 여러 채를 소유한 다주택자들이다.

셋방 사는 가구 가운데 22가구는 전세에, 11가구는 보증금 있는 월세에, 1가구는 보증금 없는 월세에 살고 있고, 1가구는 사글세에 산다. 셋방 사는 가구 중 6가구는 어딘가에 자신 명의의 집을 소유하

표 3_3.44

## 경기도 김포시의 다주택자

(단위 : 가구, 호)

| 구분 | | | 가구 수 | 주택 수 | 평균 주택 수 |
|---|---|---|---|---|---|
| 일반 가구 | | | 59,249 | - | - |
| 자가 가구 | | | 36,643 | - | - |
| 다주택 가구 | 통계청 | | 4,875 | - | - |
| | 행자부 | 계 | 4,038 | 10,826 | 3 |
| | | 2채 | 3,518 | 7,036 | 2 |
| | | 3채 | 327 | 981 | 3 |
| | | 4채 | 63 | 252 | 4 |
| | | 5채 | 32 | 160 | 5 |
| | | 6~10채 | 68 | 497 | 7 |
| | | 11채 이상 | 30 | 1,900 | 63 |

고 있으나 경제 사정이나 자녀 교육, 직장 등의 사정으로 셋방에 살고 있다.

62가구는 현재 사는 집으로 이사 온 지 5년이 안 되며, 이 가운데 26가구는 2년이 안 된다. 19가구는 5~10년이 됐고, 29가구는 10년이 넘었다.

76가구는 자동차를 소유하고 있고, 이 가운데 70가구는 자기 집에 전용 주차장이 있다. 자동차 소유 가구 중 21가구는 차를 2대 이상 소유하고 있다.

표 3_3.45

## 경기도 김포시 주택의 점유·소유 형태별 가구

(단위 : 가구, %)

| 행정구역 | 전체 가구 | 자기 집에 거주 | | | 셋방에 거주 | | | 무상으로 거주 | | 주택 소유 | 무주택 |
|---|---|---|---|---|---|---|---|---|---|---|---|
| | | 계 | 집 한 채 | 여러 채 | 계 | 집 없음 | 집 있음 | 집 없음 | 집 있음 | | |
| 김포시 | 59,249 | 62 | 54 | 8 | 35 | 29 | 6 | 3 | 1 | 68 | 32 |
| 통진읍 | 6,628 | 44 | 39 | 4 | 52 | 48 | 4 | 3 | 1 | 49 | 51 |
| 고촌면 | 3,580 | 68 | 60 | 8 | 28 | 23 | 5 | 3 | 1 | 73 | 27 |
| 대곶면 | 2,971 | 64 | 58 | 6 | 22 | 19 | 3 | 11 | 2 | 69 | 31 |
| 양촌면 | 4,185 | 54 | 49 | 5 | 40 | 38 | 2 | 5 | 0 | 57 | 43 |
| 월곶면 | 1,993 | 66 | 62 | 4 | 28 | 25 | 3 | 6 | 1 | 69 | 31 |
| 하성면 | 2,601 | 70 | 62 | 9 | 23 | 20 | 3 | 5 | 1 | 75 | 25 |
| 김포1동 | 13,189 | 67 | 59 | 8 | 30 | 24 | 6 | 2 | 0 | 73 | 27 |
| 김포2동 | 6,235 | 61 | 49 | 12 | 36 | 27 | 9 | 2 | 0 | 71 | 29 |
| 사우동 | 7,134 | 52 | 46 | 6 | 46 | 39 | 7 | 2 | 0 | 60 | 40 |
| 풍무동 | 10,733 | 71 | 59 | 12 | 28 | 20 | 7 | 1 | 0 | 79 | 21 |

## 집 많은 사람, 집 없는 사람 :
## 풍무동 79% 주택 소유, 통진읍 51% 무주택

김포시에 사는 100가구 중 68가구는 주택 소유자이고 32가구는 무주택자다. 10개 동네 중 통진읍을 제외한 9곳은 무주택자보다 주택소유자가 더 많다. 풍무동은 동네 가구 중 79%가 주택 소유자이며, 하성면(75%), 고촌면·김포1동(73%), 김포2동(71%) 순으로 높다. 반면 통진읍의 경우는 51%가 무주택자, 49%가 주택 소유자다.

김포시 100가구 중 8가구는 집을 2채 이상 여러 채 소유한 다주택자다. 김포2동과 풍무동에 사는 가구의 12%는 집을 두 채 이상 소유한 다주택자다.

김포시 100가구 중 6가구는 어딘가에 자신 명의의 집이 있지만 현재 셋방에 살고 있는데, 김포2동에서 9%로 가장 비중이 높다. 유주택 전월세를 제외한 62가구는 자기 집에 살고 있고 풍무동(71%)과 하성면(70%)에서 비중이 가장 높다.

유주택 전월세를 포함한 35가구는 셋방에 사는데 사우동(46%)과 양촌면(40%)에서 비중이 높다. 무주택 전월세 가구는 29가구인데 역시 사우동(39%)과 양촌면(38%)에서 비중이 높다. 한편 대곶면에 사는 가구 중 13%는 직장의 사택이나 친척집 등에서 무상으로 살고 있는데 이들 중 11%는 무주택자다.


## 김포시에 있는 집이 100채라면 :
## 62채는 아파트, 24채는 단독주택

김포시에는 집(주택과 주택 이외의 거처)이 5만4,845채가 있다. 김포시에 있는 집이 100채라면 62채는 아파트이고 24채는 단독주택이다. 6채는 연립주택, 5채는 다세대주택이며, 비거주용 건물 내 주택과 주택 이외의 거처가 각 2채다.

풍무동은 거처의 92%가 아파트다. 김포1동과 김포2동 역시 80% 이상이 아파트이고, 사우동도 67%가 아파트다. 반면 월곶면 거처의 85%는 단독주택이다. 하성면과 대곶면 거처의 70% 이상, 양촌면 거처의 50% 이상도 단독주택이다. 연립주택은 통진면(16%)과 고촌면(15%)에서, 다세대주택은 대곶면(12%)과 하성면(11%)에서, 주택 이외의 거처는 대곶면(7%)에서 상대적으로 비중이 높다.

표 3_3.46

## 경기도 김포시 거처의 종류별·연건평별·건축년도별 주택

(단위 : 호, 가구, %)

| 행정구역 | 거처의 종류별 거처와 가구 | | | | | | | | | | | | | |
| --- | --- | --- | --- | --- | --- | --- | --- | --- | --- | --- | --- | --- | --- | --- |
| | 계 | | 단독주택 | | 아파트 | | 연립주택 | | 다세대주택 | | 비거주용 건물 내 주택 | | 주택 이외의 거처 | |
| | 거처 | 가구 | 거처 | 가구 | 거처 | 가구 | 거처 | 가구 | 거처 | 가구 | 거처 | 가구 | 거처 | 가구 |
| 김포시 | 54,845 | 59,364 | 24 | 29 | 62 | 58 | 6 | 6 | 5 | 4 | 2 | 2 | 2 | 2 |
| 통진읍 | 6,094 | 6,644 | 32 | 37 | 43 | 39 | 16 | 15 | 5 | 4 | 3 | 4 | 1 | 1 |
| 고촌면 | 3,258 | 3,582 | 31 | 37 | 48 | 44 | 15 | 14 | 3 | 3 | 1 | 1 | 1 | 1 |
| 대곶면 | 2,640 | 2,987 | 71 | 73 | 0 | 0 | 5 | 4 | 12 | 11 | 6 | 6 | 7 | 7 |
| 양촌면 | 3,931 | 4,190 | 55 | 57 | 26 | 24 | 13 | 12 | 2 | 2 | 3 | 3 | 2 | 2 |
| 월곶면 | 1,806 | 1,999 | 85 | 86 | 0 | 0 | 5 | 5 | 5 | 5 | 2 | 2 | 2 | 2 |
| 하성면 | 2,393 | 2,612 | 75 | 76 | 0 | 0 | 9 | 8 | 11 | 10 | 4 | 4 | 2 | 2 |
| 김포1동 | 12,416 | 13,194 | 8 | 13 | 86 | 81 | 2 | 2 | 4 | 4 | 1 | 1 | 0 | 0 |
| 김포2동 | 5,802 | 6,275 | 14 | 20 | 82 | 76 | 1 | 1 | 0 | 0 | 2 | 2 | 1 | 1 |
| 사우동 | 5,913 | 7,138 | 10 | 25 | 67 | 56 | 10 | 9 | 6 | 5 | 1 | 1 | 5 | 4 |
| 풍무동 | 10,592 | 10,743 | 2 | 3 | 92 | 91 | 1 | 1 | 4 | 4 | 0 | 0 | 0 | 0 |

사람이 사는 곳을 기준으로 보면 김포시 가구의 58%는 아파트에, 29%는 단독주택에, 6%는 연립주택에 산다. 또 4%는 다세대주택에 살고, 비거주용 건물 내 주택과 주택 이외의 거처에는 각 2%가 산다.

아파트가 많은 풍무동은 주민의 91%가 아파트에 살고, 김포1동 (81%), 김포2동(76%), 사우동(56%) 순으로 아파트 거주 가구 비중 이 높다. 반면 월곶면은 86%가 단독주택에 살며, 하성면(76%), 대곶 면(73%), 양촌면(57%) 순으로 단독주택 거주 가구 비중이 높다. 연 립주택에는 고촌면(14%)과 양촌면(12%)에서, 다세대주택에는 대곶 면(11%)과 하성면(10%)에서 상대적으로 많이 거주한다. 한편 대곶 면 가구의 7%는 주택 이외의 거처에, 6%는 비거주용 건물 내 주택에

| 총 주택 수 | 연건평별 주택 | | | | 건축년도별 주택 | | |
|---|---|---|---|---|---|---|---|
| | 14평 미만 | 14~19평 | 19~29평 | 29평 이상 | 1995~2005년 | 1985~1994년 | 1985년 이전 |
| 53,998 | 5 | 23 | 39 | 33 | 74 | 15 | 11 |
| 6,011 | 16 | 26 | 39 | 19 | 66 | 19 | 15 |
| 3,225 | 6 | 13 | 48 | 33 | 53 | 30 | 18 |
| 2,467 | 5 | 12 | 45 | 38 | 52 | 22 | 26 |
| 3,848 | 10 | 18 | 40 | 32 | 53 | 20 | 27 |
| 1,768 | 7 | 15 | 39 | 39 | 42 | 21 | 37 |
| 2,353 | 3 | 16 | 37 | 44 | 50 | 26 | 24 |
| 12,401 | 4 | 31 | 42 | 22 | 84 | 11 | 5 |
| 5,742 | 1 | 14 | 33 | 53 | 86 | 8 | 6 |
| 5,608 | 5 | 45 | 38 | 12 | 72 | 20 | 7 |
| 10,575 | 2 | 17 | 33 | 48 | 93 | 7 | 1 |

산다.

김포시 주택(주택 이외의 거처 제외)을 크기별로 보면 29평 이상의 주택은 33채, 19~29평은 39채, 14~19평은 23채이며, 14평 미만은 5채다. 아파트가 대부분인 풍무동 주택의 48%는 29평 이상 중대형이다. 14평 미만 주택은 통진읍(16%)에 상대적으로 많다.

2005년 기준으로 74채는 지은 지 10년(1995~2005년 사이 건축)이 안 된 새집이며, 15채는 1985년에서 1994년 사이에 지었고, 20년이 넘은 주택은 11채에 그쳤다.

풍무동은 주택의 93%가 새집으로 나타났고, 지은 지 20년 넘은 주택은 월곶면(37%)에서 가장 높게 나타났다.

## 김포시에서 지하 방에 사는 사람 :
## 사우동 가구의 3% (반)지하에 거주

김포시에 사는 5만9천 가구를 100가구로 친다면, 그 중 7가구는 식구에 비해 집이 너무 좁거나 시설이 제대로 갖춰지지 않아 인간다운 품위를 지키기 어려운 최저 주거 기준 미달 가구다.

또 100가구 가운데 99가구는 지상에 살지만, 1가구는 (반)지하에 살고 있다. 또 쪽방으로 보이는 업소의 잠만 자는 방 등에도 1가구가 산다. (반)지하에 사는 가구 비중은 사우동(3%)과 고촌면(2%)에서 높고, 김포2동을 제외한 나머지 동네도 평균 1%가 (반)지하에 산다. 이 밖에 김포시 5만9천 가구 가운데 옥탑방에 50가구가, 판잣집·움막·비닐집에 157가구가, 업소의 잠만 자는 방 등에 406가구(1%)가 사는 것으로 나타났다.

이런 상황에서 2005년 현재 김포시에 공급된 공공임대주택은 1,688채로 전체 가구 대비 3%에 머물고 있다. 이조차도 모두 중앙정부 산하 주공이 공급한 국민임대주택으로 경기도와 김포시가 무주택 서민을 위해 공급한 공공임대주택은 단 한 채도 없다.


## 김포시 유권자가 100명이라면

정당 지지도를 알 수 있는 최근 네 차례 선거(제3~4회 동시지방선거, 제17~18대 총선)를 기준으로 김포시 유권자는 대략 13만~15만 명이며, 평균 투표율은 51%였다.

표 3_3.47

## 경기도 김포시 (반)지하 등 거주 가구

(단위 : 가구, %)

| 행정구역 | 전체 가구 | (반)지하 | | 옥탑방 | 판잣집·움막·비닐집 | 기타 | |
|---|---|---|---|---|---|---|---|
| | | 가구 | 비중 | 가구 | 가구 | 가구 | 비중 |
| 김포시 | 59,249 | 601 | 1 | 50 | 157 | 406 | 1 |
| 고촌면 | 3,580 | 59 | 2 | 3 | 30 | 2 | 0 |
| 김포1동 | 13,189 | 90 | 1 | 16 | 3 | 5 | 0 |
| 김포2동 | 6,235 | 31 | – | 2 | 17 | 52 | 1 |
| 대곶면 | 2,971 | 37 | 1 | 7 | 14 | 173 | 6 |
| 사우동 | 7,134 | 179 | 3 | 9 | 20 | 3 | 0 |
| 양촌면 | 4,185 | 54 | 1 | 5 | 34 | 43 | 1 |
| 월곶면 | 1,993 | 22 | 1 | – | 10 | 31 | 2 |
| 통진읍 | 6,628 | 42 | 1 | 4 | 21 | 58 | 1 |
| 풍무동 | 10,733 | 67 | 1 | 3 | – | 10 | 0 |
| 하성면 | 2,601 | 20 | 1 | 1 | 8 | 29 | 1 |

김포시 유권자가 100명이라면 2002년 지방선거에서는 58명이 한나라당을, 31명이 새천년민주당을, 5명이 민주노동당을, 3명이 자민련을 찍었다. 2004년 총선에서는 40명은 열린우리당을, 38명은 한나라당을, 12명은 민주노동당을, 5명은 새천년민주당을, 2명은 자민련을 지지했다.

2006년 지방선거에서는 63명이 한나라당을 찍었고, 22명은 열린우리당을, 8명은 민주노동당을, 6명은 민주당을 찍었다. 2008년 총선에서는 46명이 한나라당을, 22명이 통합민주당을, 13명이 친박연대를, 5명이 자유선진당을, 4명이 창조한국당을, 3명이 민주노동당을, 다른 3명이 진보신당을 지지했다.

동네별 투표율은 풍무동과 월곶면에서 상대적으로 높았다. 반면 김포3동·양촌면·사우동에서 상대적으로 낮았다.

한나라당 득표율은 대곶면과 고촌면에서 상대적으로 높았다. 반면 사우동과 통진면에서 상대적으로 낮았다. 대곶면과 사우동의 득표율 격차는 최소 9%에서 최대 14%까지 벌어졌다.

민주(＋열린우리)당 득표율은 사우동과 김포1동에서 상대적으로 높았다. 반면 양촌면과 대곶면에서 상대적으로 낮았다. 사우동과 양촌면의 득표율 격차는 5~6% 사이다.

민주노동당＋진보신당 득표율은 월곶면과 사우동에서 상대적으로 높았다.

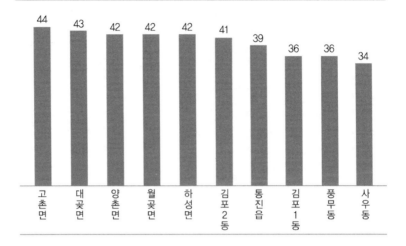

**그림 3_3.31**

## 경기도 김포시 동네별 한나라당 득표율

2004년 총선(단위 : %)

고촌면 44 / 대곶면 43 / 양촌면 42 / 월곶면 42 / 하성면 42 / 김포2동 41 / 통진읍 39 / 김포1동 36 / 풍무동 36 / 사우동 34

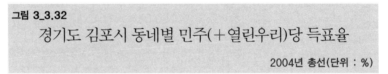

**그림 3_3.32**

## 경기도 김포시 동네별 민주(＋열린우리)당 득표율

2004년 총선(단위 : %)

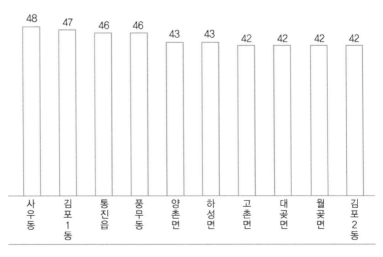

사우동 48 / 김포1동 47 / 통진읍 46 / 풍무동 46 / 양촌면 43 / 하성면 43 / 고촌면 42 / 대곶면 42 / 월곶면 42 / 김포2동 42

표 3_3.48

# 경기도 김포시 역대 선거 투표율과 정당 지지율

2002~2008년(단위 : 명, %)

| 행정구역 | 2002년 지방선거 | | | | | | | 2004년 총선 | | | | | | | |
|---|---|---|---|---|---|---|---|---|---|---|---|---|---|---|---|
| | 선거인 수 | 투표율 | 한나라당 | 새천년민주당 | 자민련 | 민주노동당 | 기타정당 | 선거인 수 | 투표율 | 한나라당 | 새천년민주당 | 열린우리당 | 자민련 | 민주노동당 | 기타정당 |
| 김포시 | 131,037 | 47 | 58 | 31 | 3 | 5 | 3 | 147,876 | 62 | 38 | 5 | 40 | 2 | 12 | 3 |
| 고촌면 | 9,529 | 49 | 62 | 29 | 3 | 4 | 2 | 10,488 | 63 | 44 | 5 | 37 | 2 | 10 | 3 |
| 김포1동 | 31,362 | 44 | 58 | 34 | 2 | 4 | 2 | 31,772 | 64 | 36 | 5 | 41 | 2 | 13 | 2 |
| 김포2동 | 14,493 | 47 | 61 | 30 | 3 | 4 | 2 | 15,323 | 64 | 41 | 5 | 37 | 2 | 11 | 3 |
| 김포3동 | 30,322 | 39 | 58 | 33 | 3 | 5 | 2 | 15,187 | 59 | 34 | 5 | 43 | 2 | 14 | 3 |
| 대곶면 | 7,620 | 55 | 60 | 26 | 5 | 6 | 4 | 7,793 | 57 | 43 | 4 | 39 | 2 | 9 | 3 |
| 양촌면 | 10,030 | 53 | 60 | 25 | 5 | 6 | 4 | 12,254 | 55 | 42 | 5 | 38 | 2 | 9 | 4 |
| 월곶면 | 4,660 | 66 | 57 | 28 | 4 | 7 | 4 | 4,803 | 57 | 42 | 4 | 38 | 2 | 10 | 4 |
| 통진면 | 13,479 | 45 | 56 | 32 | 4 | 5 | 3 | 15,282 | 57 | 39 | 4 | 42 | 2 | 10 | 4 |
| 풍무동 | | | | | | | | 24,531 | 65 | 36 | 6 | 41 | 2 | 13 | 2 |
| 하성면 | 7,017 | 57 | 58 | 28 | 4 | 7 | 4 | 7,192 | 59 | 42 | 4 | 39 | 2 | 9 | 4 |

| 행정구역 | 2006년 지방선거 | | | | | |
|---|---|---|---|---|---|---|
| | 선거인 수 | 투표율 | 열린우리당 | 한나라당 | 민주당 | 민주노동당 | 기타 정당 |
| 김포시 | 152,704 | 50 | 22 | 63 | 6 | 8 | 1 |

| 행정구역 | 2008년 총선 | | | | | | | | |
|---|---|---|---|---|---|---|---|---|---|
| | 선거인 수 | 투표율 | 통합민주당 | 한나라당 | 자유선진당 | 민주노동당 | 창조한국당 | 친박연대 | 진보신당 | 기타 정당 |
| 김포시 | 153,364 | 45 | 22 | 46 | 5 | 3 | 4 | 13 | 3 | 4 |
| 고촌면 | 11,792 | 43 | 21 | 48 | 5 | 3 | 4 | 13 | 3 | 4 |
| 김포1동 | 32,669 | 44 | 25 | 42 | 5 | 3 | 4 | 13 | 3 | 4 |
| 김포2동 | 14,130 | 45 | 21 | 47 | 4 | 3 | 4 | 14 | 3 | 4 |
| 대곶면 | 8,486 | 42 | 18 | 55 | 4 | 3 | 3 | 13 | 1 | 3 |
| 사우동 | 16,656 | 41 | 25 | 41 | 5 | 4 | 4 | 13 | 3 | 5 |
| 양촌면 | 10,845 | 42 | 19 | 50 | 5 | 3 | 3 | 13 | 1 | 6 |
| 월곶면 | 5,120 | 43 | 18 | 49 | 5 | 3 | 3 | 15 | 2 | 4 |
| 통진읍 | 17,191 | 41 | 20 | 47 | 5 | 4 | 3 | 16 | 2 | 3 |
| 풍무동 | 26,079 | 47 | 24 | 44 | 5 | 3 | 4 | 13 | 3 | 4 |
| 하성면 | 7,641 | 45 | 20 | 49 | 5 | 4 | 3 | 13 | 1 | 5 |

# 경기도 남양주시 15개 동네

남양주시에는 2005년 현재 15개 읍면동에 12만 개의 거처가 있고,

여기에 13만 가구 42만6천 명이 살고 있다.

경기도 남양주시가 100명이 사는 마을이라면 어떤 모습일까?

## 숫자 100으로 본 남양주시

남양주시에 사는 사람은 경기도 평균인에 비해 고학력이며 종교 인구도 많다. 자영업자가 상대적으로 많고 직업별로는 판매직과 기능직, 단순 노무직이 많고 출퇴근 시간은 긴 편이다.

주택 소유자가 평균보다 많고 아파트 거주자가 많지만 소형 주택은 상대적으로 적다. 가구의 1%는 비닐집 등에 살고, 8%는 최저 주거 기준에 미달되지만, 이들을 위한 공공임대주택은 1%로 매우 부족하다.

최근 7년간 남양주에서 한나라당은 36~60%를, 민주(＋열린우리)당은 28~47%를, 민주노동당＋진보신당은 5~12%를 각각 얻었다. 하

그림 3_3.33

# 경기도와 남양주시의 주요 지수 평균 비교

(단위 : %)

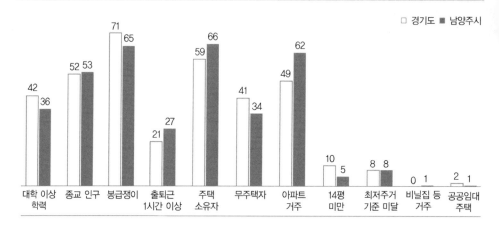

□ 경기도　■ 남양주시

지만 동네별 정당 득표율은 차이가 컸다.


**남양주시 인구가 100명이라면 :**
**대학 이상 학력자 36명, 종교 인구 53명**


경기도 남양주시에 사는 사람은 2005년 현재 42만6,087명으로, 남양
주시 인구가 100명이라면 남자 대 여자의 수는 50 대 50으로 균형을
이루고 있다. 동네별로는 양정동·진정읍·별내면·수동면에서는 남자
가, 도농동에서는 여자가 더 많다. 28명은 어린이와 청소년(19세 미만)
이고, 72명은 어른이다. 어른 가운데 8명은 노인(65세 이상)이다.

지역적으로는, 남양주시에 사는 100명 중 15명은 화도읍에, 14명은 와부읍에 살고 진접읍과 오남읍에 각 10명이 사는 등 절반 정도가 이들 4개 읍에 산다. 또 도농동에 9명, 평내동에 8명이, 진건읍과 별내면에 각 7명이 산다. 퇴계원면에 6명, 호평동과 금곡동에 5명씩, 수동면과 지금동에 2명씩, 조안면과 양정동에 1명씩 산다.

종교를 보면, 53명이 종교를 갖고 있다. 24명은 개신교, 19명은 불교, 11명은 천주교 신자다. 개신교는 수동면에서, 불교는 조안면에서, 천주교는 금곡동에서, 각각 신자 비율이 높다.

학력은 어떨까. 11명은 초등학교에, 5명은 중학교에, 4명은 고등학교에 다니고 있으며, 28명은 대학에 재학 중이거나 대학 이상의 학력을 가지고 있다(6세 이상 인구 기준). 또 남양주에 사는 19세 이상 인구 가운데 36%가 대학 이상 학력자로, 동별로는 49%가 대학 이상 학력자인 도농동이 가장 높다.

26명은 미혼이며 74명은 결혼했다. 결혼한 사람 가운데 7명은 배우자와 사별했고, 3명은 이혼했다(15세 이상 인구 기준). 4명은 몸이 불편하거나 정신 장애로 정상적인 활동에 제약을 느끼고 있다.

거주 기간을 보면, 35명은 현재 살고 있는 집에 산 지 5년이 넘었으나, 65명은 5년 이내에 새로 이사 왔다(5세 이상 인구 기준). 이사 온

표 3_3.49

## 경기도 남양주시 성별·종교별·학력별 인구

(단위 : 명, %)

| 행정구역 | 남녀/외국인 | | | | 종교 인구 | | | | | | | 대학 이상 학력 인구 | | | | | | |
|---|---|---|---|---|---|---|---|---|---|---|---|---|---|---|---|---|---|---|
| | 총인구 | 남자 | 여자 | 외국인 | 인구 (내국인) | 계 | 종교 있음 | | | | 종교 없음 | 19세 이상 인구 | 계 | 4년제 미만 | | 4년제 이상 | | 대학원 이상 |
| | | | | | | | 불교 | 개신교 | 천주교 | 기타 | | | | 계 | 재학 | 계 | 재학 | |
| 남양주시 | 426,087 | 50 | 50 | 0 | 424,446 | 53 | 19 | 24 | 11 | 1 | 45 | 303,649 | 36 | 11 | 2 | 22 | 4 | 3 |
| 오남읍 | 42,207 | 50 | 50 | 0 | 42,146 | 55 | 18 | 24 | 12 | 1 | 44 | 28,679 | 32 | 10 | 2 | 20 | 3 | 2 |
| 와부읍 | 59,947 | 50 | 50 | 0 | 59,815 | 53 | 18 | 24 | 11 | 1 | 46 | 42,742 | 47 | 12 | 2 | 30 | 4 | 4 |
| 진건읍 | 28,362 | 50 | 50 | 0 | 28,303 | 52 | 19 | 24 | 8 | 1 | 47 | 19,944 | 28 | 10 | 2 | 16 | 4 | 2 |
| 진접읍 | 42,578 | 51 | 49 | 0 | 42,393 | 52 | 24 | 20 | 8 | 1 | 48 | 30,250 | 25 | 10 | 2 | 13 | 3 | 1 |
| 화도읍 | 63,426 | 50 | 50 | 1 | 62,737 | 53 | 19 | 22 | 11 | 1 | 47 | 44,395 | 29 | 10 | 2 | 17 | 3 | 2 |
| 별내면 | 28,136 | 51 | 49 | 0 | 28,003 | 55 | 18 | 24 | 12 | 1 | 42 | 20,862 | 38 | 12 | 2 | 22 | 4 | 3 |
| 수동면 | 7,368 | 51 | 49 | 0 | 7,333 | 54 | 17 | 30 | 6 | 1 | 46 | 5,671 | 21 | 7 | 2 | 12 | 2 | 2 |
| 조안면 | 3,275 | 50 | 50 | 0 | 3,268 | 58 | 28 | 16 | 12 | 1 | 42 | 2,681 | 29 | 12 | 3 | 14 | 4 | 3 |
| 퇴계원면 | 25,317 | 50 | 50 | 0 | 25,288 | 54 | 19 | 23 | 12 | 1 | 44 | 18,108 | 33 | 11 | 3 | 20 | 5 | 2 |
| 금곡동 | 22,062 | 50 | 50 | 0 | 22,036 | 52 | 19 | 19 | 13 | 1 | 47 | 16,175 | 30 | 12 | 3 | 16 | 4 | 1 |
| 도농동 | 36,803 | 49 | 51 | 0 | 36,731 | 55 | 17 | 26 | 11 | 1 | 44 | 27,119 | 49 | 10 | 2 | 34 | 7 | 5 |
| 양정동 | 5,335 | 53 | 47 | 1 | 5,306 | 57 | 23 | 27 | 6 | 1 | 43 | 4,179 | 30 | 11 | 2 | 17 | 4 | 2 |
| 지금동 | 8,780 | 50 | 50 | 1 | 8,734 | 52 | 21 | 21 | 10 | 0 | 46 | 6,647 | 26 | 12 | 4 | 12 | 4 | 1 |
| 평내동 | 32,457 | 50 | 50 | 0 | 32,365 | 51 | 14 | 26 | 11 | 1 | 46 | 22,393 | 42 | 14 | 2 | 25 | 4 | 3 |
| 호평동 | 20,034 | 50 | 50 | 0 | 19,988 | 53 | 15 | 26 | 12 | 0 | 47 | 13,804 | 47 | 15 | 2 | 28 | 3 | 3 |

사람 중 30명은 남양주시의 다른 읍면동에서, 10명은 경기도의 다른 시군에서, 24명은 경기도 밖에서 이사 왔다.

## 남양주시 취업자가 100명이라면 :
## 63명은 봉급쟁이, 20명은 자영업자

남양주시에 사는 15세 이상 인구 32만2천 명 가운데 취업해 직장에 다니는 사람(취업자)은 51%, 16만5천 명이다. 남양주시 취업자가 100명이라면 65명은 30~40대, 15명은 20대이며, 13명은 50대다. 65세 이상 노인도 2명이 일하고 있다.

회사에서 봉급을 받고 일하는 직장인은 65명이다. 20명은 고용한 사람 없이 혼자서 일하는 자영업자이며, 9명은 누군가를 고용해 사업체를 경영하는 사업주다. 5명은 가족이 운영하는 사업체에서 보수 없이 일하고 있다.

직업별로는 사무직이 17명으로 가장 많고, 14명은 판매직, 13명은 기능직이다. 10명은 기술직 및 준전문가로, 다른 10명은 서비스직으로, 또 다른 10명은 장치 기계 조작 및 조립직으로 일하고 있다. 9명은 전문가로, 8명은 단순 노무직으로, 4명은 고위 관리직으로 일하고 또 다른 4명은 농림 어업에 종사하고 있다.

직장으로 출근하는 데 30분 이상 걸리는 사람은 54명이며 그 가운데 27명은 1시간 이상 걸린다. 17명은 걸어서 출근하고, 83명은 교통수단을 이용해 출근한다. 83명 가운데 50명은 자가용으로, 20명은 시내버스로, 2명은 통근 버스로 출퇴근하며, 6명은 버스와 전철 또는 승용차를 갈아타며 출근한다.

사무실이나 공장 등에서 일하는 사람은 79명이며, 야외나 거리 또는 운송 수단에서 일하는 사람은 16명이다. 2명은 자기 집에서, 다른 2명은 남의 집에서 일한다.

그림 3_3.34

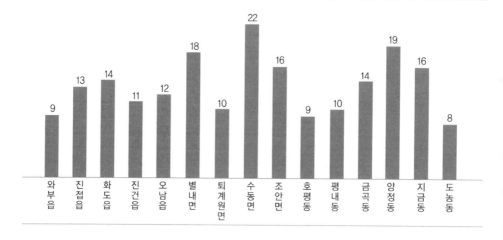

경기도 남양주시 동네별 1인 가구

(단위 : %)

## 남양주시에 100가구가 산다면 :
## 37가구는 셋방살이

남양주시에는 12만9,947가구가 산다(일반 가구 기준). 남양주에 사는 가구를 100가구로 친다면, 31가구는 식구가 한 명 또는 두 명인 1, 2인 가구이며, 이 가운데 12가구는 나 홀로 사는 1인 가구다. 식구 4명은 33가구, 3명은 23가구, 5명 이상은 13가구다.

동네별 1인 가구 비중을 보면 수동면에서 22%로 가장 높고, 양정동 19%, 별내면 18%, 조안면과 지금동 각 16% 순이다. 반면 도농동과 와부읍, 호평동은 10% 이내다.

60가구는 자신이 소유한 집에서 살고, 37가구는 셋방에 살며, 2가

표 3_3.50

## 경기도 남양주시의 다주택자

(단위 : 가구, 호)

| 구분 | | | 가구 수 | 주택 수 | 평균 주택 수 |
|---|---|---|---|---|---|
| 일반 가구 | | | 129,947 | – | – |
| 자가 가구 | | | 77,454 | – | – |
| 다주택 가구 | 통계청 | | 10,755 | – | – |
| | 행자부 | 계 | 5,740 | 13,239 | 2 |
| | | 2채 | 5,035 | 10,070 | 2 |
| | | 3채 | 407 | 1,221 | 3 |
| | | 4채 | 126 | 504 | 4 |
| | | 5채 | 44 | 220 | 5 |
| | | 6~10채 | 95 | 678 | 7 |
| | | 11채 이상 | 33 | 546 | 17 |

구는 직장의 사택이나 친척집 등에서 무상으로 살고 있다. 자기 집에 사는 가구 중 8가구는 현재 살고 있는 집 외에 최소 한 채에서 여러 채를 소유한 다주택자들이다.

셋방 사는 가구 가운데 25가구는 전세에, 11가구는 보증금 있는 월세에, 1가구는 보증금 없는 월세에, 1가구는 사글세에 살고 있다. 셋방 사는 가구 중 5가구는 어딘가에 자신 명의의 집을 소유하고 있으나 경제 사정이나 자녀 교육, 직장 등의 사정으로 셋방에 살고 있다.

66가구는 현재 사는 집으로 이사 온 지 5년이 안 되며, 이 가운데 34가구는 2년이 안 된다. 21가구는 5~10년이 됐고, 12가구는 10년이 넘었다.

73가구는 자동차를 소유하고 있고 이 가운데 66가구는 자기 집에 전용 주차장이 있다. 자동차 소유 가구 중 15가구는 차를 2대 이상 소유하고 있다.

표 3_3.51

## 경기도 남양주시 주택의 점유·소유 형태별 가구

(단위 : 가구, %)

| 행정구역 | 전체 가구 | 자기 집에 거주 | | | 셋방에 거주 | | | 무상으로 거주 | | 주택 소유 | 무주택 |
|---|---|---|---|---|---|---|---|---|---|---|---|
| | | 계 | 집 한 채 | 여러 채 | 계 | 집 없음 | 집 있음 | 집 없음 | 집 있음 | | |
| 남양주시 | 129,947 | 60 | 51 | 8 | 37 | 32 | 5 | 2 | 0 | 66 | 34 |
| 오남읍 | 13,065 | 64 | 56 | 8 | 34 | 29 | 5 | 2 | 0 | 70 | 30 |
| 와부읍 | 17,984 | 62 | 52 | 10 | 35 | 28 | 7 | 3 | 0 | 70 | 30 |
| 진건읍 | 8,481 | 67 | 59 | 7 | 31 | 27 | 4 | 2 | 0 | 71 | 29 |
| 진접읍 | 13,171 | 62 | 55 | 7 | 34 | 30 | 4 | 3 | 0 | 67 | 33 |
| 화도읍 | 19,601 | 58 | 53 | 6 | 39 | 35 | 4 | 2 | 0 | 63 | 37 |
| 별내면 | 9,089 | 46 | 40 | 6 | 49 | 44 | 4 | 4 | 1 | 52 | 48 |
| 수동면 | 2,022 | 67 | 58 | 9 | 27 | 23 | 4 | 5 | 1 | 72 | 28 |
| 조안면 | 1,021 | 77 | 61 | 16 | 15 | 14 | 1 | 6 | 2 | 80 | 20 |
| 퇴계원면 | 7,474 | 66 | 60 | 6 | 32 | 28 | 3 | 2 | 0 | 70 | 30 |
| 금곡동 | 6,941 | 60 | 53 | 7 | 37 | 33 | 4 | 2 | 0 | 65 | 35 |
| 도농동 | 10,498 | 64 | 49 | 15 | 34 | 26 | 8 | 1 | 0 | 72 | 28 |
| 양정동 | 1,699 | 37 | 34 | 3 | 45 | 42 | 3 | 13 | 4 | 45 | 55 |
| 지금동 | 2,776 | 44 | 39 | 5 | 52 | 48 | 4 | 4 | 0 | 48 | 52 |
| 평내동 | 10,014 | 53 | 43 | 10 | 46 | 38 | 8 | 1 | 0 | 61 | 39 |
| 호평동 | 6,111 | 55 | 42 | 12 | 44 | 35 | 9 | 1 | 0 | 64 | 36 |

## 집 많은 사람, 집 없는 사람 :
## 조안면 80% 주택 소유, 양정동 55% 무주택

남양주시에 사는 100가구 중 66가구는 주택 소유자이고 34가구는 무주택자다. 15개 동네 중 13곳은 주택 소유자가 더 많고 2곳은 무주택자가 더 많다. 조안면에 사는 가구의 80%, 수동면과 도농동 각 72%, 와부읍·오남읍·퇴계원면 각 70%는 주택을 소유하고 있다. 별내면 52%를 제외한 나머지 동네는 60% 이상이 주택 소유자다. 반면 양정동에 사는 가구의 55%, 지금동 가구의 52%는 무주택자다.

남양주시 100가구 중 8가구는 집을 두 채 이상 여러 채 소유한 다주택자다. 조안면에 사는 가구의 16%와 도농동 가구의 15%, 호평동·와부읍·평내동 가구의 10%도 다주택자다. 반면 양정동과 지금동에서는 다주택자 비중이 3%와 5%에 그친다.

남양주시 100가구 중 5가구는 어딘가에 자신 명의의 집을 소유하고 있으나 경제 사정이나 자녀 교육, 직장 등의 사정으로 셋방에 사는 유주택 전월세 가구다. 호평동은 9%, 평내동과 도농동은 8%가 유주택 전월세 가구인 반면 조안면은 1%에 머문다. 유주택 전월세를 제외한 60가구는 자기 집에 사는데 조안면(77%)과 진건읍(67%)에서 비중이 가장 높다.

유주택 전월세를 포함한 37가구는 셋방에 사는데 지금동(52%)과 별내면(49%)에서 가장 비중이 높다. 무주택 전월세 가구는 32가구인데 역시 지금동(48%)과 별내면(44%)에서 비중이 높다.


## 남양주시에 있는 집이 100채라면 :
## 67채는 아파트

남양주시에는 집(주택과 주택 이외의 거처)이 12만48채가 있다. 남양주시에 있는 집이 100채라면 67채는 아파트고, 13채는 단독주택, 12채는 연립주택, 6채는 다세대주택이다. 또 1채는 비거주용 건물 내 주택이며, 다른 1채는 판잣집이나 비닐집, 움막과 같은 주택 이외의 거처다.

**표 3_3.52**

# 경기도 남양주시 거처의 종류별·연건평별·건축년도별 주택

(단위 : 호, 가구, %)

| 행정구역 | 거처의 종류별 거처와 가구 | | | | | | | | | | | | | |
| | 계 | | 단독주택 | | 아파트 | | 연립주택 | | 다세대주택 | | 비거주용 건물 내 주택 | | 주택 이외의 거처 | |
| | 거처 | 가구 | 거처 | 가구 | 거처 | 가구 | 거처 | 가구 | 거처 | 가구 | 거처 | 가구 | 거처 | 가구 |
|---|---|---|---|---|---|---|---|---|---|---|---|---|---|---|
| 남양주시 | 120,048 | 130,011 | 13 | 19 | 67 | 62 | 12 | 11 | 6 | 6 | 1 | 1 | 1 | 1 |
| 오남읍 | 12,841 | 13,067 | 4 | 5 | 91 | 89 | 2 | 2 | 2 | 2 | 1 | 1 | 0 | 0 |
| 와부읍 | 16,982 | 17,989 | 9 | 14 | 77 | 73 | 3 | 3 | 9 | 9 | 1 | 1 | 1 | 1 |
| 진건읍 | 7,949 | 8,484 | 17 | 22 | 55 | 52 | 15 | 14 | 10 | 9 | 1 | 1 | 3 | 3 |
| 진접읍 | 12,173 | 13,183 | 16 | 22 | 56 | 52 | 21 | 19 | 4 | 3 | 2 | 2 | 2 | 2 |
| 화도읍 | 18,191 | 19,609 | 13 | 19 | 51 | 48 | 25 | 23 | 9 | 8 | 1 | 2 | 0 | 0 |
| 별내면 | 7,641 | 9,095 | 23 | 33 | 69 | 59 | 1 | 1 | 1 | 0 | 1 | 1 | 6 | 5 |
| 수동면 | 1,897 | 2,043 | 72 | 72 | 5 | 5 | 18 | 16 | 0 | 0 | 4 | 4 | 2 | 4 |
| 조안면 | 954 | 1,022 | 92 | 92 | 0 | 0 | 0 | 0 | 1 | 0 | 4 | 4 | 3 | 3 |
| 퇴계원면 | 6,912 | 7,476 | 8 | 15 | 54 | 50 | 30 | 28 | 7 | 6 | 1 | 1 | 0 | 0 |
| 금곡동 | 6,217 | 6,943 | 8 | 16 | 47 | 42 | 31 | 29 | 12 | 11 | 1 | 1 | 0 | 0 |
| 도농동 | 9,426 | 10,499 | 5 | 13 | 77 | 70 | 4 | 4 | 13 | 12 | 0 | 1 | 0 | 0 |
| 양정동 | 1,076 | 1,699 | 70 | 80 | 16 | 10 | 2 | 1 | 0 | 0 | 1 | 1 | 11 | 8 |
| 지금동 | 1,901 | 2,776 | 43 | 59 | 5 | 3 | 29 | 21 | 18 | 12 | 2 | 2 | 3 | 2 |
| 평내동 | 9,851 | 10,014 | 2 | 4 | 96 | 95 | 1 | 1 | 0 | 0 | 0 | 0 | 0 | 0 |
| 호평동 | 6,037 | 6,112 | 3 | 4 | 96 | 95 | 1 | 1 | 0 | 0 | 0 | 0 | 0 | 0 |

　호평동과 평내동은 거처의 96%가 아파트다. 오남읍 거처의 91%, 도농동과 와부읍 거처의 77%도 아파트다. 반면 조안면에 있는 거처의 92%, 수동면 거처의 72%, 양정동 거처의 70%는 단독주택이다.

　사람이 사는 곳을 기준으로 보면 남양주에 사는 가구의 62%는 아파트에, 19%는 단독주택에, 11%는 연립주택에, 6%는 다세대주택에 산다. 아파트 동네인 호평동과 평내동에 사는 가구의 95%는 아파트에 살고, 단독주택이 많은 조안면은 가구의 92%가 단독주택에 산다.

| 총 주택 수 | 연건평별 주택 | | | | 건축년도별 주택 | | |
|---|---|---|---|---|---|---|---|
| | 14평 미만 | 14~19평 | 19~29평 | 29평 이상 | 1995~2005년 | 1985~1994년 | 1985년 이전 |
| 118,628 | 5 | 34 | 43 | 18 | 69 | 25 | 7 |
| 12,784 | 2 | 46 | 44 | 7 | 73 | 26 | 1 |
| 16,838 | 4 | 34 | 40 | 22 | 80 | 14 | 7 |
| 7,741 | 12 | 31 | 45 | 12 | 55 | 37 | 8 |
| 11,987 | 4 | 37 | 47 | 12 | 54 | 38 | 8 |
| 18,141 | 6 | 39 | 40 | 15 | 74 | 21 | 5 |
| 7,194 | 2 | 40 | 36 | 21 | 80 | 9 | 11 |
| 1,858 | 4 | 16 | 30 | 50 | 57 | 23 | 19 |
| 921 | 3 | 12 | 30 | 55 | 44 | 21 | 34 |
| 6,900 | 4 | 38 | 47 | 12 | 45 | 49 | 6 |
| 6,191 | 7 | 40 | 37 | 16 | 37 | 54 | 9 |
| 9,397 | 3 | 13 | 28 | 55 | 84 | 10 | 6 |
| 963 | 3 | 18 | 35 | 44 | 28 | 25 | 47 |
| 1,847 | 6 | 38 | 24 | 32 | 17 | 49 | 34 |
| 9,844 | 11 | 33 | 49 | 7 | 76 | 23 | 1 |
| 6,022 | 0 | 16 | 80 | 4 | 95 | 1 | 4 |

남양주시 주택(주택 이외의 거처 제외)을 크기별로 보면 29평 이상의 주택은 18채, 19~29평은 43채, 14~19평은 34채이며, 14평 미만은 5채다. 단독주택이 많은 수동면과 조안면에서 절반 이상의 주택이 29평 이상으로 나타났고, 거의 77%가 아파트인 도농동에서도 55%가 29평 이상이다. 반면 진건읍과 평내동은 주택의 10% 이상이 14평 미만 소형 주택이다.

2005년 기준으로 69채는 지은 지 10년(1995~2005년 사이 건축)이 안

된 새집인 반면, 지은 지 20년이 넘은 낡은 주택은 7채에 그쳤다. 호평동 주택의 95%는 10년이 안 된 새집이며, 도농동·별내면·와부읍·화도읍·오남읍·평내동에서도 70% 이상이 새집이다. 반면 양정동 주택의 절반, 지금동과 조안면 주택의 3분 1 이상은 지은 지 20년이 넘었다.

1995년부터 2005년까지 10년 동안 남양주시 주택 수(주택 이외의 거처 제외)는 5만7천 채에서 11만9천 채로 6만8천 채(136%)가 늘었다. 특히 아파트는 6만4천 채(392%)가 늘었고, 다세대주택도 5천 채(172%)가 늘었다. 반면 연립주택은 9% 느는 데 그쳤고 단독주택의 5%가 줄었다. 이에 따라 전체 주택(주택 이외의 거처 제외)에서 차지하는 비중도 아파트는 32%에서 67%로 증가한 반면, 단독주택은 32%에서 13%로 연립주택은 26%에서 12%로 감소했다.


**남양주시에서 지하 방에 사는 사람 :**
**지금동 가구의 9% (반)지하에 거주**


남양주시에 사는 1만3천 가구를 100가구로 친다면, 그 중 8가구는 식구에 비해 집이 너무 좁거나 시설이 제대로 갖춰지지 않아 인간다운 품위를 지키기 어려운 최저 주거 기준 미달 가구다.

또한 1가구는 (반)지하에, 다른 1가구는 판잣집·움막·비닐집에 살고 있다. 동네별 (반)지하 거주 가구를 보면 지금동 9%, 양정동 7%, 도농동과 퇴계원면 각 4%, 금곡동 3% 순이며, 와부읍과 별내면 가구의 1%도 (반)지하에 산다. 또 양정동 가구의 7%는 판잣집이나 움막

표 3_3.53

## 경기도 남양주시 (반)지하 등 거주 가구

(단위 : 가구, %)

| 행정구역 | 전체 가구 | (반)지하 | | 옥탑방 | 판잣집·움막·비닐집 | | 기타 |
|---|---|---|---|---|---|---|---|
| | | 가구 | 비중 | 가구 | 가구 | 비중 | 가구 |
| 남양주시 | 129,947 | 1,836 | 1 | 144 | 1,030 | 1 | 206 |
| 오남읍 | 13,065 | 15 | 0 | 7 | 11 | 0 | 33 |
| 와부읍 | 17,984 | 190 | 1 | 18 | 113 | 1 | 44 |
| 진건읍 | 8,481 | 125 | 1 | 6 | 205 | 2 | 4 |
| 진접읍 | 13,171 | 49 | 0 | 11 | 135 | 1 | 36 |
| 화도읍 | 19,601 | 51 | 0 | 30 | 23 | 0 | 22 |
| 별내면 | 9,089 | 71 | 1 | 4 | 262 | 3 | 12 |
| 수동면 | 2,022 | 8 | 0 | ? | 15 | 1 | 5 |
| 조안면 | 1,021 | 3 | 0 | – | 20 | 2 | 13 |
| 퇴계원면 | 7,474 | 286 | 4 | 4 | 7 | 0 | 6 |
| 금곡동 | 6,941 | 236 | 3 | 19 | 31 | 0 | 3 |
| 도농동 | 10,498 | 407 | 4 | 26 | 29 | 0 | 1 |
| 양정동 | 1,699 | 123 | 7 | 8 | 117 | 7 | 12 |
| 지금동 | 2,776 | 255 | 9 | 10 | 52 | 2 | 5 |
| 평내동 | 10,014 | 16 | 0 | 1 | 2 | 0 | 3 |
| 호평동 | 6,111 | 1 | 0 | – | 8 | 0 | 7 |

또는 비닐집에 산다. 별내면 3%, 진건읍·조안면·지금동 가구의 2%와 와부읍·진접읍·수동면 가구의 1%도 판잣집·움막·비닐집에 살고 있다. 이 밖에 남양주시 1만3천 가구 가운데 옥탑방에 144가구가, 업소의 잠만 자는 방 등에 206가구가 사는 것으로 나타났다.

그러나 2005년 현재 남양주시에 공급된 공공임대주택은 국민임대주택 984채로 전체 가구 대비 1%에 불과하며, 이조차도 모두 중앙정부 산하 주공 소유로 경기도나 남양주시가 공급한 공공임대주택은 단 한 채도 없다.

# 남양주시 유권자가 100명이라면

정당 지지도를 알 수 있는 최근 네 차례 선거(제3~4회 동시지방선거, 제17~18대 총선)를 기준으로 남양주시 유권자는 대략 27만~36만 명이며, 평균 투표율은 47%였다.

남양주시 유권자가 100명이라면 2002년 지방선거에서는 55명이 한나라당을, 32명이 새천년민주당을, 5명이 민주노동당을, 4명이 자민련을 찍었다. 2004년 총선에서는 41명은 열린우리당을, 36명은 한나라당을, 12명은 민주노동당을, 6명은 새천년민주당을, 2명은 자민련을 지지했다.

2006년 지방선거에서는 60명이 한나라당을 찍었고, 21명은 열린우리당을, 11명은 민주노동당을, 7명은 민주당을 찍었다. 2008년 총선에서는 42명이 한나라당을, 28명이 통합민주당을, 11명이 친박연대를, 4명이 자유선진당을, 다른 4명이 창조한국당을, 또 다른 4명이 민주노동당을, 3명이 진보신당을 지지했다.

동네별 투표율은 조안면과 와부읍에서 가장 높았다. 반면 지금동과 오남읍, 화도읍에서 상대적으로 낮았다.

한나라당 득표율은 조안면과 도농동에서 상대적으로 높았다. 반면 호평동과 오남읍에서 상대적으로 낮았다. 조안면과 호평동의 득표율 격차는 9~15% 사이다.

민주(+열린우리)당 득표율은 호평동·오남읍에서 상대적으로 높았다. 반면 도농동·조안면수동면에서 상대적으로 낮았다. 호평동과 도농동의 득표율 격차는 1~7% 사이다. 민주노동당+진보신당 득표율은 호평동·와부읍·별내면에서 상대적으로 높았다.

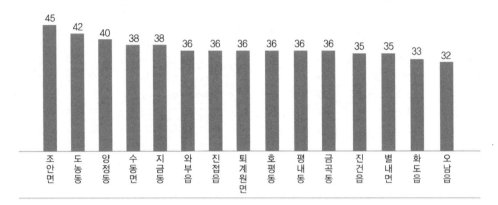

**그림 3_3.35**

# 경기도 남양주시 동네별 한나라당 득표율

2004년 총선(단위 : %)

| 조안면 | 도농동 | 양정동 | 수동면 | 지금동 | 와부읍 | 진접읍 | 퇴계원면 | 호평동 | 평내동 | 금곡동 | 진건읍 | 별내면 | 화도읍 | 오남읍 |
|---|---|---|---|---|---|---|---|---|---|---|---|---|---|---|
| 45 | 42 | 40 | 38 | 38 | 36 | 36 | 36 | 36 | 36 | 36 | 35 | 35 | 33 | 32 |

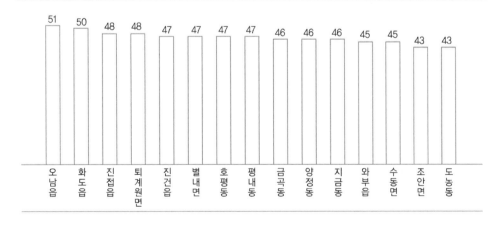

**그림 3_3.36**

# 경기도 남양주시 동네별 민주(＋열린우리)당 득표율

2004년 총선(단위 : %)

| 오남읍 | 화도읍 | 진접읍 | 퇴계원면 | 진건읍 | 별내면 | 호평동 | 평내동 | 금곡동 | 양정동 | 지금동 | 와부읍 | 수동면 | 조안면 | 도농동 |
|---|---|---|---|---|---|---|---|---|---|---|---|---|---|---|
| 51 | 50 | 48 | 48 | 47 | 47 | 47 | 47 | 46 | 46 | 46 | 45 | 45 | 43 | 43 |

표 3_3.54

# 경기도 남양주시 역대 선거 투표율과 정당 지지율

2002~2008년(단위 : 명, %)

| 행정구역 | 2002년 지방선거 | | | | | | | 2004년 총선 | | | | | | | |
|---|---|---|---|---|---|---|---|---|---|---|---|---|---|---|---|
| | 선거인 수 | 투표율 | 한나라당 | 새천년민주당 | 자민련 | 민주노동당 | 기타정당 | 선거인 수 | 투표율 | 한나라당 | 새천년민주당 | 열린우리당 | 자민련 | 민주노동당 | 기타정당 |
| 남양주시 | 267,359 | 43 | 55 | 32 | 4 | 5 | 4 | 288,781 | 58 | 36 | 6 | 41 | 2 | 12 | 3 |
| 금곡동 | 16,357 | 42 | 57 | 29 | 5 | 5 | 4 | 16,715 | 56 | 36 | 7 | 39 | 2 | 14 | 3 |
| 도농동 | 21,779 | 45 | 59 | 30 | 3 | 5 | 3 | 25,129 | 62 | 42 | 6 | 37 | 2 | 11 | 2 |
| 오남읍 | 21,479 | 38 | 52 | 36 | 3 | 5 | 4 | 24,385 | 53 | 32 | 5 | 46 | 1 | 13 | 3 |
| 와부읍 | 36,322 | 46 | 59 | 30 | 3 | 5 | 4 | 42,090 | 63 | 36 | 6 | 39 | 2 | 14 | 3 |
| 진건읍 | 21,441 | 37 | 56 | 32 | 4 | 5 | 3 | 21,891 | 55 | 35 | 5 | 41 | 2 | 12 | 4 |
| 진접읍 | 30,598 | 43 | 54 | 34 | 4 | 5 | 3 | 31,735 | 55 | 36 | 5 | 42 | 2 | 12 | 3 |
| 화도읍 | 42,572 | 36 | 54 | 32 | 4 | 5 | 3 | 46,950 | 53 | 33 | 8 | 42 | 2 | 13 | 3 |
| 별내면 | 17,768 | 46 | 55 | 33 | 4 | 5 | 3 | 21,084 | 60 | 35 | 6 | 41 | 2 | 14 | 3 |
| 수동면 | 5,068 | 48 | 52 | 30 | 4 | 5 | 9 | 5,639 | 57 | 38 | 10 | 36 | 2 | 10 | 5 |
| 조안면 | 2,894 | 74 | 59 | 28 | 4 | 4 | 5 | 2,961 | 60 | 45 | 7 | 36 | 1 | 7 | 4 |
| 퇴계원면 | 18,016 | 42 | 54 | 35 | 3 | 5 | 3 | 18,582 | 57 | 36 | 6 | 42 | 2 | 13 | 3 |
| 양정동 | 4,725 | 43 | 59 | 28 | 4 | 3 | 6 | 4,997 | 55 | 40 | 8 | 38 | 2 | 9 | 3 |
| 지금동 | 8,736 | 51 | 54 | 30 | 4 | 6 | 6 | 7,948 | 51 | 38 | 7 | 39 | 2 | 11 | 3 |
| 평내동 | 11,078 | 42 | 54 | 31 | 4 | 6 | 4 | 9,811 | 57 | 36 | 7 | 40 | 2 | 13 | 3 |
| 호평동 | 2,926 | 48 | 48 | 37 | 3 | 7 | 4 | 2,603 | 58 | 36 | 8 | 39 | 2 | 12 | 3 |

| 행정구역 | 2006년 지방선거 | | | | | | |
|---|---|---|---|---|---|---|---|
| | 선거인 수 | 투표율 | 열린우리당 | 한나라당 | 민주당 | 민주노동당 | 기타 정당 |
| 남양주시 | 336,528 | 44 | 21 | 60 | 7 | 11 | 1 |

| 행정구역 | 2008년 총선 | | | | | | | | |
|---|---|---|---|---|---|---|---|---|---|
| | 선거인 수 | 투표율 | 통합민주당 | 한나라당 | 자유선진당 | 민주노동당 | 창조한국당 | 친박연대 | 진보신당 | 기타 정당 |
| 남양주시 | 364,272 | 44 | 28 | 42 | 4 | 4 | 4 | 11 | 3 | 4 |
| 오남읍 | 33,518 | 38 | 31 | 40 | 4 | 4 | 4 | 9 | 3 | 5 |
| 와부읍 | 51,453 | 49 | 25 | 43 | 3 | 3 | 4 | 14 | 4 | 3 |
| 진건읍 | 22,239 | 41 | 27 | 43 | 4 | 4 | 4 | 11 | 2 | 4 |
| 진접읍 | 35,410 | 42 | 32 | 39 | 5 | 4 | 4 | 11 | 2 | 3 |
| 화도읍 | 56,107 | 39 | 30 | 42 | 3 | 3 | 4 | 11 | 2 | 5 |
| 별내면 | 18,906 | 45 | 28 | 37 | 4 | 10 | 5 | 10 | 3 | 4 |
| 수동면 | 6,195 | 43 | 22 | 51 | 3 | 2 | 3 | 12 | 2 | 5 |
| 조안면 | 3,188 | 51 | 21 | 55 | 4 | 2 | 3 | 11 | 1 | 3 |
| 퇴계원면 | 22,093 | 44 | 30 | 40 | 4 | 3 | 4 | 11 | 3 | 3 |
| 금곡동 | 17,529 | 41 | 27 | 43 | 3 | 4 | 4 | 12 | 2 | 5 |
| 도농동 | 28,484 | 47 | 24 | 45 | 5 | 3 | 5 | 11 | 3 | 4 |
| 양정동 | 5,115 | 44 | 24 | 46 | 4 | 2 | 3 | 15 | 1 | 5 |
| 지금동 | 7,357 | 39 | 26 | 45 | 3 | 3 | 3 | 12 | 2 | 6 |
| 평내동 | 27,884 | 44 | 31 | 38 | 3 | 4 | 5 | 10 | 4 | 5 |
| 호평동 | 21,920 | 45 | 30 | 40 | 3 | 4 | 5 | 10 | 5 | 4 |

## 숫자 100으로 본 경기도 동두천시 7개 동네

동두천시에는 2005년 현재 7개 동에 2만4천 개의 거처가 있고,
여기에 2만7천 가구 8만 명이 살고 있다.
경기도 동두천시가 100명이 사는 마을이라면 어떤 모습일까?

## 숫자 100으로 본 동두천시

동두천시에 사는 사람은 경기도 평균인에 비해 대학 이상 학력자와
종교 인구 비중이 낮다. 자영업자 비중이 상대적으로 높고 직업별로
는 서비스직, 농림 어업, 기능직, 장치 기계 조작 및 조립직, 단순 노
무직 비중이 높고 출퇴근 시간은 짧은 편이다.

　무주택자와 1인 가구 비중이 높고 자동차를 소유한 가구는 적으며
아파트 거주자도 상대적으로 적다. 가구의 9%는 최저 주거 기준에
미달되지만 공공임대주택은 4% 수준에 머물고 있다.

　최근 7년간 동두천시에서 한나라당은 40~60%의 높은 득표율을

844

그림 3_3.37

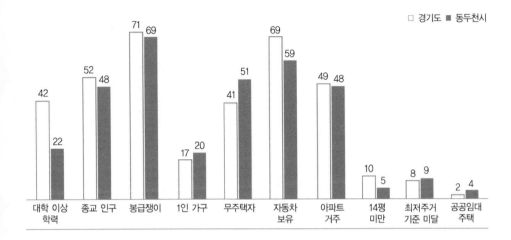

경기도와 동두천시의 주요 지수 평균 비교

(단위 : %)

□ 경기도　■ 동두천시

| | 경기도 | 동두천시 |
|---|---|---|
| 대학 이상 학력 | 42 | 22 |
| 종교 인구 | 52 | 48 |
| 봉급쟁이 | 71 | 69 |
| 1인 가구 | 17 | 20 |
| 무주택자 | 41 | 51 |
| 자동차 보유 | 69 | 59 |
| 아파트 거주 | 49 | 48 |
| 14평 미만 | 10 | 5 |
| 최저주거 기준 미달 | 8 | 9 |
| 공공임대 주택 | 2 | 4 |

올렸고 민주(＋열린우리)당은 29~44%를, 민주노동당＋진보신당은 5~11%를 각각 얻었다. 하지만 동네별 정당 득표율은 차이가 컸다.


## 동두천시 인구가 100명이라면 :
## 대학 이상 학력자 22명, 종교 인구 48명

경기도 동두천시에 사는 사람은 2005년 현재 8만277명으로, 동두천시 인구가 100명이라면 남자 대 여자의 수는 50 대 50으로 균형을 이루고 있다. 하지만 동별로는 균형 상태인 생연2동을 제외하고는 보산동·중앙동·불현동은 여자가 51~53%, 생연1동·상패동·소유동은 남자가 51~53%를 차지하는 불균형 상태를 보이고 있다.

100명 가운데 98명은 내국인이고 2명은 외국인이다. 외국인은 국적별로 필리핀(31%)과 미국(20%)이 절반이 넘는다. 26명은 어린이와 청소년(19세 미만)이고, 74명은 어른이다. 어른 가운데 11명은 노인(65세 이상)이다.

지역적으로는, 동두천시에 사는 100명 중 절반은 불현동에 살고, 소요동과 생연2동에 11명씩 산다. 생연1동·중앙동·상패동에 8명씩, 보산동에 4명이 산다.

종교를 보면, 48명이 종교를 갖고 있다. 20명은 개신교, 19명은 불교, 8명은 천주교 신자다. 개신교는 소요동에서, 불교는 중앙동·보산동·상패동에서, 천주교는 보산동에서 각각 신자 비율이 높다.

학력은 어떨까. 9명은 초등학교에, 4명은 중학교에, 4명은 고등학교에 다니고 있으며, 18명은 대학에 재학 중이거나 대학 이상의 학력을 가지고 있다(6세 이상 인구 기준). 또 동두천에 사는 19세 이상 인구 가운데 22%가 대학 이상 학력자다. 불현동은 26%가 대학 이상 학력자로 비중이 가장 높다.

26명은 미혼이며 74명은 결혼했다. 결혼한 사람 가운데 9명은 배우자와 사별했고, 5명은 이혼했다(15세 이상 인구 기준). 7명은 몸이 불편하거나 정신 장애로 정상적인 활동에 제약을 느끼고 있다.

거주 기간을 보면, 51명은 현재 살고 있는 집에 산 지 5년이 넘었으나, 49명은 5년 이내에 새로 이사 왔다(5세 이상 인구 기준). 이사 온

표 3_3.55

## 경기도 동두천시 성별·종교별·학력별 인구

(단위 : 명, %)

| 행정구역 | 남녀/외국인 | | | | 종교 인구 | | | | | | | 대학 이상 학력 인구 | | | | | | |
|---|---|---|---|---|---|---|---|---|---|---|---|---|---|---|---|---|---|---|
| | 총인구 | 남자 | 여자 | 외국인 | 인구 (내국인) | 계 | 종교 있음 | | | | 종교 없음 | 19세 이상 인구 | 계 | 4년제 미만 | | 4년제 이상 | | 대학원 이상 |
| | | | | | | | 불교 | 개신교 | 천주교 | 기타 | | | | 계 | 재학 | 계 | 재학 | |
| 동두천시 | 80,277 | 50 | 50 | 2 | 78,897 | 48 | 19 | 20 | 8 | 1 | 52 | 58,561 | 22 | 10 | 2 | 11 | 3 | 1 |
| 보산동 | 3,450 | 47 | 53 | 11 | 3,081 | 51 | 23 | 16 | 12 | 1 | 48 | 2,402 | 16 | 9 | 2 | 7 | 2 | 1 |
| 불현동 | 39,969 | 49 | 51 | 1 | 39,736 | 47 | 17 | 21 | 8 | 1 | 52 | 28,160 | 26 | 11 | 2 | 13 | 3 | 1 |
| 상패동 | 6,323 | 52 | 48 | 2 | 6,224 | 49 | 23 | 16 | 8 | 1 | 51 | 4,870 | 18 | 9 | 2 | 8 | 2 | 1 |
| 생연1동 | 6,714 | 51 | 49 | 1 | 6,640 | 50 | 20 | 20 | 9 | 1 | 50 | 4,981 | 19 | 9 | 3 | 9 | 4 | 1 |
| 생연2동 | 8,583 | 50 | 50 | 0 | 8,549 | 47 | 20 | 17 | 9 | 1 | 52 | 6,571 | 23 | 10 | 2 | 12 | 3 | 1 |
| 소요동 | 9,207 | 53 | 47 | 4 | 8,798 | 48 | 18 | 23 | 5 | 1 | 51 | 6,857 | 15 | 8 | 2 | 7 | 2 | 0 |
| 중앙동 | 6,031 | 48 | 52 | 3 | 5,869 | 47 | 23 | 12 | 11 | 1 | 53 | 4,720 | 17 | 8 | 2 | 8 | 3 | 1 |

사람 중 28명은 동두천시의 다른 동에서, 13명은 경기도의 다른 시군에서, 8명은 경기도 밖에서 이사 왔다.


## 동두천시 취업자가 100명이라면 : 69명은 봉급쟁이

동두천시에 사는 15세 이상 인구 6만2천여 명 가운데 취업해 직장에 다니는 사람(취업자)은 53%, 3만2,600여 명이다. 동두천시 취업자가 100명이라면 59명은 30~40대, 17명은 20대이며, 15명은 50대다. 65세 이상 노인도 4명이 일하고 있다.

회사에서 봉급을 받고 일하는 직장인은 69명이다. 18명은 고용한 사람 없이 혼자서 일하는 자영업자이며, 6명은 누군가를 고용해 사업체를 경영하는 사업주다. 7명은 가족이 운영하는 사업체에서 보수 없이 일하고 있다.

직업별로는 장치 기계 조작 및 조립직이 15명으로 가장 많고, 사무직이 14명, 서비스직과 기능직 각 13명순이다. 또 11명은 판매직, 다른 11명은 단순 노무직이다. 6명은 기술직이나 준전문가로 일하고, 다른 6명은 전문가로 일한다. 5명은 농림 어업에 종사하고, 3명은 고위 관리직으로 일한다.

직장으로 출근하는 데 30분 이상 걸리는 사람은 35명이며, 그 가운데 14명은 1시간 이상 걸린다. 24명은 걸어서 출근하고, 76명은 교통수단을 이용해 출근한다. 76명 가운데 43명은 자가용으로, 13명은 시내버스로, 6명은 통근 버스로 출퇴근한다. 또 2명은 고속버스나 시외버스를, 1명은 전철을, 다른 1명은 자전거를 이용하며, 2명은 버스와 전철 또는 승용차를 갈아타며 출근한다.

사무실이나 공장 등에서 일하는 사람은 75명이며, 야외나 거리 또는 운송 수단에서 일하는 사람은 20명이다. 2명은 자기 집에서, 다른 2명은 남의 집에서 일한다.


**동두천시에 100가구가 산다면 :**
**53가구는 셋방살이**


동두천시에는 2만7천 가구가 산다(일반 가구 기준). 동두천시에 사는 가구를 100가구로 친다면, 44가구는 식구가 한 명 또는 두 명인 1, 2

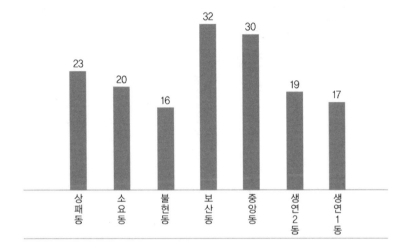

**그림 3_3.38**

# 경기도 동두천시 동네별 1인 가구

(단위 : %)

상패동 23
소요동 20
불현동 16
보산동 32
중앙동 30
생연2동 19
생연1동 17

인 가구이며, 이 가운데 20가구는 나 홀로 사는 1인 가구다. 식구 4명
은 24가구, 3명은 23가구, 5명 이상은 11가구다.

동네별로는 보산동에서 32%로 1인 가구 비중이 가장 높고, 중앙
동(30%), 상패동(23%), 소요동(20%) 순이다.

44가구는 자신이 소유한 집에서 살고, 53가구는 셋방에 살며, 3가
구는 직장의 사택이나 친척집 등에서 무상으로 살고 있다. 자기 집에
사는 가구 중 5가구는 현재 살고 있는 집 외에 최소 한 채에서 여러
채를 소유한 다주택자들이다.

셋방 사는 가구 가운데 14가구는 전세에, 34가구는 보증금 있는
월세에, 3가구는 보증금 없는 월세에, 1가구는 사글세에 살고 있다.

표 3_3.56

## 경기도 동두천시의 다주택자

(단위 : 가구, 호)

| 구분 | | | 가구 수 | 주택 수 | 평균 주택 수 |
|---|---|---|---|---|---|
| 일반 가구 | | | 26,897 | – | – |
| 자가 가구 | | | 11,752 | – | – |
| 다주택 가구 | 통계청 | | 1,386 | – | – |
| | 행자부 | 계 | 809 | 1,856 | 2 |
| | | 2채 | 693 | 1,386 | 2 |
| | | 3채 | 73 | 219 | 3 |
| | | 4채 | 22 | 88 | 4 |
| | | 5채 | 7 | 35 | 5 |
| | | 6~10채 | 11 | 74 | 7 |
| | | 11채 이상 | 3 | 54 | 18 |

동두천시는 경기도 31개 시군 가운데 보증금 있는 월세 가구 비중이 가장 높다. 셋방 사는 가구 중 5가구는 어딘가에 자신 명의의 집을 소유하고 있으나 경제 사정이나 자녀 교육, 직장 등의 사정으로 셋방에 살고 있다.

52가구는 현재 사는 집으로 이사 온 지 5년이 안 되며, 이 가운데 33가구는 2년이 안 된다. 23가구는 5~10년이 됐고, 25가구는 10년이 넘었다.

59가구는 자동차를 소유하고 있고 이 가운데 46가구는 자기 집에 전용 주차장이 있다. 자동차 소유 가구 중 9가구는 차를 2대 이상 소유하고 있다.

## 집 많은 사람, 집 없는 사람 :
## 생연1동 <u>67%</u> 주택 소유, 불현동 <u>59%</u> 무주택

동두천시에 사는 100가구 중 49가구는 주택 소유자이고 51가구는 무주택자다. 7개 동네 중 5곳은 주택 소유자가 더 많고 나머지 2곳은 무주택자가 더 많다. 생연1동·상패동·소요동 가구의 60% 이상이 주택 소유자다. 반면 불현동에 사는 가구 중 41%만 주택 소유자이며 59%는 무주택자다. 보산동과 중앙동도 무주택자가 절반 이상이다.

동두천시 100가구 중 5가구는 집을 두 채 이상 여러 채 소유한 다주택자인데, 보산동과 소요동에 사는 가구의 6%가 다주택자다. 동두천시 100가구 중 5가구는 어딘가에 자신 명의의 집이 있지만 현재 셋방에 살고 있는 유주택 전월세 가구인데, 생연2동 가구의 9%가 유주택 전월세 가구로 가장 비중이 높다. 주택 소유자 중 유주택 전월세를 제외한 44가구는 자기 집에 살고 있는데, 생연1동(63%)과 상패동(60%)에서 그 비중이 가장 높다.

유주택 전월세를 포함한 53가구는 셋방에 사는데, 불현동(64%)에서 셋방 가구 비중이 가장 높다. 무주택 전월세 가구는 모두 47가구인데 역시 불현동(57%)에서 비중이 높다. 한편 소요동과 상패동에 사는 가구 중 6~7%는 직장의 사택이나 친척집 등에서 무상으로 살고 있는데 가운데, 이 중 6%는 어딘가에 자신 명의의 집이 있다.

표 3_3.57

## 경기도 동두천시 주택의 점유·소유 형태별 가구

(단위 : 가구, %)

| 행정구역 | 전체 가구 | 자기 집에 거주 | | | 셋방에 거주 | | | 무상으로 거주 | | 주택 소유 | 무주택 |
|---|---|---|---|---|---|---|---|---|---|---|---|
| | | 계 | 집 한 채 | 여러 채 | 계 | 집 없음 | 집 있음 | 집 없음 | 집 있음 | | |
| 동두천시 | 26,897 | 44 | 39 | 5 | 53 | 47 | 5 | 3 | 0 | 49 | 51 |
| 보산동 | 1,240 | 41 | 35 | 6 | 53 | 50 | 2 | 5 | 0 | 44 | 56 |
| 불현동 | 13,195 | 34 | 30 | 5 | 64 | 57 | 6 | 2 | 0 | 41 | 59 |
| 상패동 | 2,217 | 60 | 55 | 5 | 33 | 30 | 3 | 6 | 0 | 63 | 37 |
| 생연1동 | 2,158 | 63 | 58 | 5 | 35 | 31 | 4 | 2 | 0 | 67 | 33 |
| 생연2동 | 2,971 | 44 | 38 | 5 | 53 | 44 | 9 | 3 | 0 | 53 | 47 |
| 소요동 | 2,823 | 58 | 52 | 6 | 34 | 31 | 3 | 6 | 1 | 62 | 38 |
| 중앙동 | 2,293 | 47 | 42 | 5 | 48 | 45 | 3 | 5 | 0 | 50 | 50 |

## 동두천시에 있는 집이 100채라면 :
## 53채는 아파트, 26채는 단독주택

동두천시에는 집(주택과 주택 이외의 거처)이 2만4,315채가 있다. 동두천시에 있는 집이 100채라면 53채는 아파트이고 26채는 단독주택이며, 9채는 다세대주택이며, 다른 9채는 연립주택이다. 또 2채는 상가 등 비거주용 건물 내 주택, 1채는 주택 이외의 거처다.

전체 거처의 절반이 몰려있는 불현동은 76%가 아파트다. 생연2동에 있는 거처의 57%도 아파트다. 반면 중앙동(76%), 보산동(53%), 소요동(53%)은 절반 이상의 거처가 단독주택이다. 한편 전체 주택의 53%가 단독주택인 소요동은 나머지 주택 중 25%는 다세대주택, 15%는 연립주택, 4%는 주택 이외의 거처, 3%는 비거주용 건물 내 주택이며 아파트는 없다.

사람이 사는 곳을 기준으로 보면 동두천시 가구의 48%는 아파트에, 33%는 단독주택에, 8%는 다세대주택에, 다른 8%는 연립주택에 산다. 비거주용 건물 내 주택과 주택 이외의 거처에는 각각 2%와 1%가 산다.

아파트가 많은 불현동과 생연2동은 가구의 74%와 53%가 아파트에 산다. 반면 단독주택이 많은 중앙동은 가구의 81%가 단독주택에 산다. 보산동과 소요동의 60% 이상의 가구가 단독주택에 산다. 소요동 가구의 21%는 다세대주택에, 12%는 연립주택에 산다.

동두천시 주택(주택 이외의 거처 제외)을 크기별로 보면 29평 이상의 주택은 15채, 19~29평은 38채, 14~19평 41채이며, 14평 미만은 5채다. 주택 수가 가장 많은 불현동은 9%만 29평 이상이며 소형 주택도 4%에 머물렀다. 반면 중앙동과 보산동은 38~39%가 29평 이상 큰 집이다. 14평 미만 소형 주택은 생연1동에서 11%로 가장 높게 나타났다.

2005년 기준으로 55채는 지은 지 10년(1995~2005년 사이 건축)이 안 된 새집이며, 17채는 지은 지 20년이 넘었다. 불현동에 있는 주택의 68%가 지은 지 10년(1995~2005년 사이 건축)이 안 된 새집인 반면, 중앙동에 있는 주택의 절반이 20년이 지난 낡은 집이다.

1995년부터 2005년까지 10년 동안 동두천시 주택 수(주택 이외의 거처 제외)는 1만5천 채에서 2만4천 채로 8만7백 채(57%)가 늘었다. 이 기간 동안 아파트는 9천 채, 다세대주택은 1천7백 채가 늘어 각각 263%와 327%가 늘었다. 반면 단독주택은 1천2백 채, 연립주택은 3백 채가 줄어 각각 16%와 12%가 감소했다. 이에 따라 전체 주택(주택 이외의 거처 제외)에서 차지하는 비중도 아파트는 23%에서 54%로, 다세대주택은 3%에서 9%로 증가한 반면, 단독주택은 49%에서 26%

표 3_3.58

## 경기도 동두천시 거처의 종류별·연건평별·건축년도별 주택

(단위 : 호, 가구, %)

| 행정구역 | 거처의 종류별 거처와 가구 | | | | | | | | | | | | | |
| | 계 | | 단독주택 | | 아파트 | | 연립주택 | | 다세대주택 | | 비거주용 건물 내 주택 | | 주택 이외의 거처 | |
| | 거처 | 가구 | 거처 | 가구 | 거처 | 가구 | 거처 | 가구 | 거처 | 가구 | 거처 | 가구 | 거처 | 가구 |
|---|---|---|---|---|---|---|---|---|---|---|---|---|---|---|
| 동두천시 | 24,315 | 26,927 | 26 | 33 | 53 | 48 | 9 | 8 | 9 | 8 | 2 | 2 | 1 | 1 |
| 보산동 | 920 | 1,241 | 53 | 66 | 23 | 17 | 17 | 13 | 5 | 4 | 1 | 1 | 0 | 0 |
| 불현동 | 12,760 | 13,200 | 10 | 13 | 76 | 74 | 6 | 6 | 7 | 7 | 1 | 1 | 0 | 0 |
| 상패동 | 1,962 | 2,218 | 41 | 48 | 34 | 30 | 10 | 9 | 12 | 11 | 2 | 1 | 1 | 1 |
| 생연1동 | 1,840 | 2,160 | 34 | 44 | 39 | 33 | 10 | 8 | 17 | 14 | 1 | 1 | 0 | 0 |
| 생연2동 | 2,811 | 2,973 | 24 | 28 | 57 | 54 | 13 | 12 | 2 | 2 | 3 | 3 | 1 | 1 |
| 소요동 | 2,401 | 2,841 | 53 | 60 | 0 | 0 | 15 | 12 | 25 | 21 | 3 | 3 | 4 | 4 |
| 중앙동 | 1,621 | 2,294 | 76 | 81 | 0 | 0 | 13 | 9 | 2 | 1 | 8 | 8 | 2 | 1 |

로, 연립주택은 16%에서 9%로 감소했다.


**동두천시에서 지하 방에 사는 사람 :**
**상패동 가구의 2% (반)지하에 거주**


동두천시에 사는 12만 가구를 100가구로 친다면, 그 중 9가구는 식구에 비해 집이 너무 좁거나 시설이 제대로 갖춰지지 않아 인간다운 품위를 지키기 어려운 최저 주거 기준 미달 가구다.

또한 100가구 가운데 99가구는 지상에 살지만, 1가구는 (반)지하에 살고 있다. (반)지하에 사는 가구 비중은 상패동(2%)에서 가장 높다. 이 밖에 동두천시 2만7천 가구 가운데 옥탑방에 26가구가, 판잣

| 총 주택 수 | 연건평별 주택 | | | | 건축년도별 주택 | | |
|---|---|---|---|---|---|---|---|
| | 14평 미만 | 14~19평 | 19~29평 | 29평 이상 | 1995~ 2005년 | 1985~ 1994년 | 1985년 이전 |
| 24,113 | 5 | 41 | 38 | 15 | 55 | 29 | 17 |
| 917 | 5 | 26 | 31 | 38 | 25 | 47 | 28 |
| 12,730 | 4 | 50 | 37 | 9 | 68 | 25 | 7 |
| 1,940 | 7 | 40 | 32 | 21 | 46 | 35 | 20 |
| 1,838 | 11 | 42 | 33 | 14 | 40 | 35 | 25 |
| 2,793 | 7 | 39 | 45 | 9 | 43 | 33 | 24 |
| 2,299 | 4 | 21 | 47 | 28 | 44 | 33 | 23 |
| 1,596 | 7 | 14 | 40 | 39 | 27 | 23 | 50 |

집·움막·비닐집에 29가구가, 업소의 잠만 자는 방 등에 117가구가 사는 것으로 나타났다.

한편 2005년 현재 동두천시에 공급된 공공임대주택은 1,018채로 전체 가구 수 대비 4% 수준에 그친다. 공공임대주택은 모두 중앙정부 산하 주공이 공급한 국민임대주택으로, 경기도나 동두천시는 무주택 서민을 위한 공공임대주택을 단 한 채도 공급하지 않았다.

## 동두천시 유권자가 100명이라면

정당 지지도를 알 수 있는 최근 네 차례 선거(제3~4회 동시지방선거, 제17~18대 총선)를 기준으로 동두천시 유권자는 대략 5만4천~6만9천

표 3_3.59

## 경기도 동두천시 (반)지하 등 거주 가구

(단위 : 가구, %)

| 행정구역 | 전체 가구 | 지하 | | 옥탑방 | 판잣집·움막·비닐집 | 기타 |
|---|---|---|---|---|---|---|
| | | 가구 | 비중 | 가구 | 가구 | 가구 |
| 동두천시 | 26,897 | 220 | 1 | 26 | 29 | 117 |
| 보산동 | 1,240 | 16 | 1 | - | - | 2 |
| 불현동 | 13,195 | 89 | 1 | 5 | 4 | 24 |
| 상패동 | 2,217 | 41 | 2 | 1 | 13 | 10 |
| 생연1동 | 2,158 | 15 | 1 | 1 | - | - |
| 생연2동 | 2,971 | 13 | - | 2 | 2 | 3 |
| 소요동 | 2,823 | 41 | 1 | 10 | 9 | 75 |
| 중앙동 | 2,293 | 5 | | 7 | 1 | 3 |

명이며, 평균 투표율은 52%였다.

동두천시 유권자가 100명이라면 2002년 지방선거에서는 60명이 한나라당을, 30명이 새천년민주당을, 5명이 민주노동당을, 3명이 자민련을 찍었다. 2004년 총선에서는 40명은 한나라당을, 39명은 열린우리당을, 11명은 민주노동당을, 5명은 새천년민주당을, 1명은 자민련을 지지했다.

2006년 지방선거에서는 60명이 한나라당을 찍었고, 26명은 열린우리당을, 7명은 민주노동당을, 5명은 민주당을 찍었다. 2008년 총선에서는 48명이 한나라당을, 29명이 통합민주당을, 10명이 친박연대를, 3명이 민주노동당을, 다른 3명이 자유선진당을, 또 다른 3명이 창조한국당을, 2명이 진보신당을 지지했다.

동네별 투표율은 생연2동과 상패동에서 상대적으로 높다. 반면 보산동과 송내동에서 상대적으로 낮다.

한나라당 득표율은 중앙동과 생연1동에서 상대적으로 높았다. 반면 상패동과 송내동에서 상대적으로 낮았다. 중앙동과 생연1동의 득표율 격차는 5~12% 사이다.

민주(+열린우리)당 득표율은 보산동·상패동에서 상대적으로 높았다. 반면 중앙동과 소요동에서 상대적으로 낮았다. 보산동과 중앙동의 득표율 격차는 3~6% 사이다.

민주노동당+진보신당 득표율은 불현동과 생연2동에서 상대적으로 높았다.

그림 3_3.39

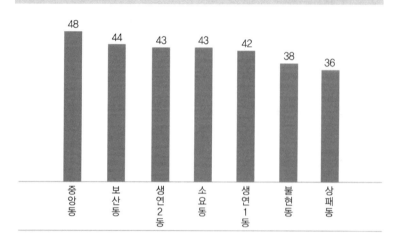

경기도 동두천시 동네별 한나라당 득표율

2004년 총선(단위 : %)

그림 3_3.40

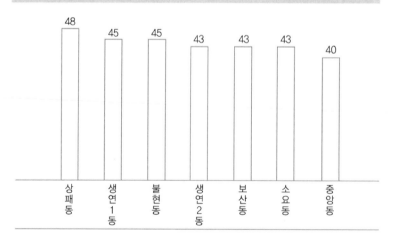

경기도 동두천시 동네별 민주(＋열린우리)당 득표율

2004년 총선(단위 : %)

# 표 3_3.60 경기도 동두천시 역대 선거 투표율과 정당 지지율

2002~2008년(단위 : 명, %)

| 행정구역 | 2002년 지방선거 | | | | | | | 2004년 총선 | | | | | | | |
|---|---|---|---|---|---|---|---|---|---|---|---|---|---|---|---|
| | 선거인 수 | 투표율 | 한나라당 | 새천년민주당 | 자민련 | 민주노동당 | 기타정당 | 선거인 수 | 투표율 | 한나라당 | 새천년민주당 | 열린우리당 | 자민련 | 민주노동당 | 기타정당 |
| 동두천시 | 54,122 | 55 | 60 | 30 | 3 | 5 | 2 | 55,724 | 57 | 40 | 5 | 39 | 1 | 11 | 3 |
| 보산동 | 3,642 | 47 | 61 | 33 | 1 | 3 | 1 | 3,084 | 54 | 44 | 5 | 38 | 2 | 8 | 3 |
| 불현동 | 18,187 | 51 | 59 | 30 | 3 | 6 | 2 | 21,319 | 56 | 38 | 5 | 40 | 1 | 13 | 2 |
| 상패동 | 5,831 | 54 | 57 | 32 | 3 | 5 | 2 | 5,531 | 57 | 36 | 7 | 41 | 2 | 11 | 3 |
| 생연1동 | 5,684 | 56 | 62 | 28 | 3 | 5 | 2 | 5,363 | 58 | 42 | 5 | 40 | 1 | 11 | 2 |
| 생연2동 | 5,921 | 58 | 61 | 29 | 3 | 5 | 2 | 5,912 | 59 | 43 | 6 | 38 | 1 | 10 | 3 |
| 소요동 | 7,667 | 58 | 60 | 29 | 4 | 4 | 3 | 7,591 | 56 | 43 | 6 | 37 | 1 | 9 | 3 |
| 중앙동 | 6,090 | 53 | 65 | 27 | 3 | 4 | 2 | 5,803 | 57 | 48 | 5 | 35 | 2 | 9 | 2 |

| 행정구역 | 2006년 지방선거 | | | | | | |
|---|---|---|---|---|---|---|---|
| | 선거인 수 | 투표율 | 열린우리당 | 한나라당 | 민주당 | 민주노동당 | 기타 정당 |
| 동두천시 | 63,655 | 52 | 26 | 60 | 5 | 7 | 1 |

| 행정구역 | 2008년 총선 | | | | | | | | | |
|---|---|---|---|---|---|---|---|---|---|---|
| | 선거인 수 | 투표율 | 통합민주당 | 한나라당 | 자유선진당 | 민주노동당 | 창조한국당 | 친박연대 | 진보신당 | 기타 정당 |
| 동두천시 | 68,655 | 44 | 29 | 48 | 3 | 3 | 3 | 10 | 2 | 3 |
| 보산동 | 2,498 | 45 | 30 | 51 | 3 | 2 | 1 | 10 | 1 | 3 |
| 불현동 | 15,795 | 42 | 30 | 46 | 3 | 3 | 3 | 10 | 2 | 3 |
| 상패동 | 5,187 | 46 | 30 | 47 | 2 | 3 | 3 | 10 | 1 | 3 |
| 생연1동 | 4,977 | 44 | 27 | 52 | 3 | 3 | 2 | 9 | 1 | 3 |
| 생연2동 | 9,857 | 44 | 31 | 46 | 2 | 3 | 3 | 9 | 2 | 3 |
| 소요동 | 6,948 | 45 | 28 | 51 | 3 | 3 | 2 | 10 | 1 | 3 |
| 송내동 | 16,695 | 39 | 28 | 46 | 3 | 4 | 4 | 10 | 3 | 3 |
| 중앙동 | 5,302 | 43 | 26 | 52 | 3 | 3 | 2 | 10 | 1 | 4 |

숫자 **100**으로 본 **경기도 부천시** 37개 동네

부천시에는 2005년 현재 원미구, 소사구, 오정구의 3개 구 37개 동에 21만 개의 거처가 있고, 여기에 27만 가구 84만 명이 살고 있다.
경기도 부천시가 100명이 사는 마을이라면 어떤 모습일까?

## 숫자 <u>100으로</u> 본 부천시

부천시에 사는 사람은 경기도 평균인에 비해 대학 이상 학력자와 종교 인구 비중이 약간 낮다. 봉급생활자가 상대적으로 많고 직업별로는 사무직, 판매직, 서비스직, 기능직이 많으며 출퇴근 시간은 긴 편이다.

무주택자와 자동차 보유자가 경기도 평균에 비해 적고 다세대 거주자가 많다. 가구의 6%는 (반)지하에 살고 9%는 최저 주거 기준에 미달되는데, 이들을 위한 공공임대주택은 1%로 매우 적다.

최근 7년간 부천시에서 한나라당은 32~56%를, 민주(＋열린우리)당은 30~49%를, 민주노동당＋진보신당은 5~14%를 각각 얻었다. 하

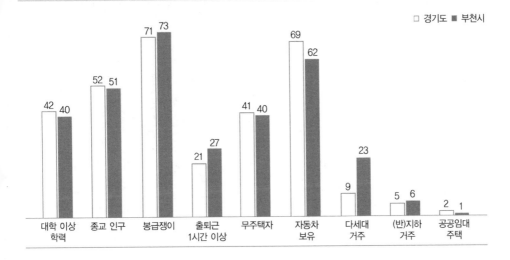

그림 3_3.41

## 경기도와 부천시의 주요 지수 평균 비교

(단위 : %)

☐ 경기도　■ 부천시

- 대학 이상 학력: 42 / 40
- 종교 인구: 52 / 51
- 봉급쟁이: 71 / 73
- 출퇴근 1시간 이상: 21 / 27
- 무주택자: 41 / 40
- 자동차 보유: 69 / 62
- 다세대 거주: 9 / 23
- (반)지하 거주: 5 / 6
- 공공임대 주택: 2 / 1

지만 동네별로는 차이가 컸다.


**부천시 인구가 100명이라면 :**
**대학 이상 학력자 40명, 종교 인구 51명**


경기도 부천시에 사는 사람은 2005년 현재 83만8,801명으로, 부천시 인구가 100명이라면 남자 대 여자의 수는 50 대 50으로 균형을 이루고 있다. 100명 중 99명은 내국인이며 1명은 외국인이다. 외국인의 국적은 33%가 중국(재중 동포＝조선족 17%)이며 필리핀 15%, 베트남

13%, 태국 6%, 인도네시아 5% 순인데, 소사구에 사는 외국인 중에는 55%가 중국(재중 동포 35%) 국적이다. 28명은 어린이와 청소년(19세 미만)이고, 72명은 어른이다. 어른 가운데 6명은 노인(65세 이상)이다.

지역적으로는 원미구 52명, 소사구 26명, 오정구 22명으로 나뉘어 사는데, 이들은 다시 37개 동에 흩어져 산다. 중1동·상2동·상3동·소사본3동·성곡동에 4명씩 살고, 도당동·중2동·중3동·중4동·상동·상1동·범박동·괴안동·역곡3동·송내1동·송내2동·원종1동·원종2동·신흥동에 3명씩 산다. 또 심곡1동·심곡2동·심곡3동·원미1동·원미2동·역곡1동·역곡2동·춘의동·약대동·중동·심곡본1동·심곡본동·소사본1동·고강1동·오정동에 2명씩 살고, 소사동과 소사본2동에 1명씩 산다.

종교를 보면, 51명이 종교를 갖고 있다. 23명은 개신교, 14명은 불교, 13명은 천주교 신자다. 개신교는 괴안동에서, 불교는 심곡1동에서, 천주교는 오정동에서 신자 비중이 높다.

학력은 어떨까. 10명은 초등학교, 5명은 중학교, 또 다른 5명은 고등학교에 재학 중이며 31명은 대학에 재학 중이거나 대학 이상의 학력을 가지고 있다(6세 이상 인구 기준). 또 부천에 사는 19세 이상 인구 중 40%가 대학 이상 학력자다. 원미구는 44%, 소사구는 47% 오정구

표 3_3.61

# 경기도 부천시 성별·종교별·학력별 인구

(단위 : 명, %)

| 행정구역 | 남녀/외국인 | | | | 종교 인구 | | | | | | | 대학 이상 학력 인구 | | | | | | |
|---|---|---|---|---|---|---|---|---|---|---|---|---|---|---|---|---|---|---|
| | 총인구 | 남자 | 여자 | 외국인 | 인구 (내국인) | 종교 있음 | | | | | 종교 없음 | 19세 이상 인구 | 계 | 4년제 미만 | | 4년제 이상 | | 대학원 이상 |
| | | | | | | 계 | 불교 | 개신교 | 천주교 | 기타 | | | | 계 | 재학 | 계 | 재학 | |
| 부천시 | 838,801 | 50 | 50 | 1 | 833,931 | 51 | 14 | 23 | 13 | 1 | 49 | 604,313 | 40 | 13 | 3 | 24 | 6 | 2 |
| 원미구 | 435,638 | 50 | 50 | 1 | 433,046 | 50 | 14 | 22 | 13 | 1 | 49 | 311,815 | 44 | 13 | 3 | 28 | 6 | 3 |
| 도당동 | 27,005 | 52 | 48 | 3 | 26,193 | 46 | 16 | 21 | 8 | 1 | 53 | 18,662 | 25 | 12 | 3 | 12 | 4 | 1 |
| 상1동 | 28,574 | 50 | 50 | 0 | 28,536 | 49 | 12 | 23 | 14 | 0 | 51 | 20,536 | 57 | 14 | 3 | 39 | 8 | 5 |
| 상2동 | 30,985 | 50 | 50 | 0 | 30,947 | 50 | 12 | 22 | 15 | 1 | 49 | 20,178 | 59 | 13 | 2 | 40 | 6 | 6 |
| 상3동 | 32,845 | 50 | 50 | 0 | 32,813 | 51 | 13 | 21 | 16 | 1 | 49 | 21,253 | 60 | 14 | 2 | 41 | 7 | 5 |
| 상동 | 22,410 | 50 | 50 | 0 | 22,314 | 54 | 14 | 24 | 15 | 1 | 45 | 16,348 | 53 | 12 | 3 | 37 | 9 | 5 |
| 소사동 | 11,610 | 50 | 50 | 1 | 11,511 | 52 | 15 | 21 | 15 | 1 | 48 | 9,343 | 36 | 15 | 3 | 19 | 6 | 2 |
| 심곡1동 | 14,125 | 50 | 50 | 1 | 14,044 | 47 | 18 | 19 | 9 | 0 | 53 | 11,021 | 32 | 15 | 3 | 16 | 4 | 1 |
| 심곡2동 | 15,560 | 49 | 51 | 1 | 15,439 | 47 | 16 | 19 | 12 | 1 | 53 | 12,836 | 38 | 17 | 3 | 19 | 4 | 2 |
| 심곡3동 | 15,137 | 50 | 50 | 0 | 15,090 | 49 | 16 | 22 | 11 | 0 | 50 | 11,325 | 30 | 13 | 3 | 16 | 5 | 1 |
| 역대동 | 17,782 | 52 | 48 | 1 | 17,554 | 49 | 15 | 22 | 11 | 1 | 50 | 12,501 | 30 | 13 | 3 | 16 | 5 | 1 |
| 역곡1동 | 17,882 | 50 | 50 | 0 | 17,800 | 52 | 14 | 24 | 13 | 1 | 47 | 13,072 | 43 | 16 | 3 | 25 | 5 | 2 |
| 역곡2동 | 16,302 | 49 | 51 | 0 | 16,211 | 52 | 12 | 23 | 16 | 1 | 47 | 12,130 | 44 | 13 | 2 | 29 | 10 | 2 |
| 원미1동 | 20,344 | 51 | 49 | 1 | 20,166 | 50 | 16 | 22 | 11 | 1 | 49 | 14,756 | 31 | 13 | 3 | 16 | 5 | 1 |
| 원미2동 | 16,703 | 50 | 50 | 0 | 16,628 | 51 | 16 | 21 | 13 | 1 | 48 | 12,301 | 31 | 14 | 3 | 16 | 5 | 1 |
| 중1동 | 37,336 | 49 | 51 | 0 | 37,223 | 49 | 13 | 21 | 15 | 1 | 50 | 26,580 | 56 | 14 | 2 | 37 | 7 | 4 |
| 중2동 | 27,674 | 49 | 51 | 0 | 27,665 | 54 | 15 | 23 | 16 | 1 | 46 | 19,614 | 56 | 11 | 2 | 41 | 10 | 5 |
| 중3동 | 25,704 | 49 | 51 | 0 | 25,663 | 50 | 13 | 22 | 14 | 1 | 50 | 17,828 | 44 | 13 | 3 | 28 | 6 | 3 |
| 중4동 | 24,452 | 49 | 51 | 0 | 24,384 | 49 | 14 | 22 | 12 | 0 | 50 | 17,050 | 47 | 14 | 2 | 30 | 6 | 3 |
| 중동 | 17,828 | 51 | 49 | 0 | 17,777 | 50 | 15 | 22 | 13 | 1 | 49 | 13,003 | 34 | 13 | 4 | 20 | 7 | 1 |
| 춘의동 | 15,380 | 51 | 49 | 2 | 15,088 | 51 | 17 | 24 | 9 | 1 | 47 | 11,478 | 27 | 12 | 4 | 13 | 5 | 1 |
| 소사구 | 218,503 | 50 | 50 | 0 | 217,700 | 52 | 15 | 25 | 12 | 1 | 47 | 161,629 | 41 | 14 | 3 | 24 | 6 | 2 |
| 괴안동 | 24,159 | 50 | 50 | 0 | 24,124 | 54 | 13 | 27 | 14 | 1 | 45 | 17,377 | 42 | 15 | 3 | 25 | 6 | 2 |
| 범박동 | 22,160 | 50 | 50 | 0 | 22,070 | 54 | 14 | 26 | 14 | 0 | 45 | 15,614 | 52 | 11 | 2 | 36 | 8 | 4 |
| 소사본1동 | 16,551 | 51 | 49 | 1 | 16,434 | 49 | 16 | 21 | 12 | 1 | 49 | 12,332 | 30 | 14 | 3 | 15 | 5 | 1 |
| 소사본2동 | 10,996 | 50 | 50 | 1 | 10,918 | 53 | 16 | 26 | 10 | 1 | 46 | 8,638 | 38 | 13 | 2 | 22 | 9 | 3 |
| 소사본3동 | 31,422 | 50 | 50 | 0 | 31,328 | 53 | 15 | 24 | 13 | 0 | 47 | 22,277 | 41 | 13 | 3 | 25 | 7 | 2 |
| 송내1동 | 23,751 | 51 | 49 | 0 | 23,704 | 52 | 14 | 26 | 11 | 1 | 47 | 17,954 | 46 | 13 | 3 | 29 | 8 | 3 |
| 송내2동 | 24,896 | 50 | 50 | 0 | 24,832 | 52 | 14 | 25 | 14 | 1 | 48 | 18,085 | 41 | 14 | 3 | 24 | 6 | 2 |

| 행정구역 | 남녀/외국인 | | | | 종교 인구 | | | | | | | 대학 이상 학력 인구 | | | | | | |
|---|---|---|---|---|---|---|---|---|---|---|---|---|---|---|---|---|---|---|
| | 총인구 | 남자 | 여자 | 외국인 | 인구 (내국인) | 종교 있음 | | | | | 종교 없음 | 19세 이상 인구 | 계 | 4년제 미만 | | 4년제 이상 | | 대학원 이상 |
| | | | | | | 계 | 불교 | 개신교 | 천주교 | 기타 | | | | 계 | 재학 | 계 | 재학 | |
| 심곡본1동 | 19,095 | 50 | 50 | 0 | 19,047 | 52 | 16 | 23 | 12 | 1 | 46 | 14,522 | 32 | 14 | 3 | 17 | 4 | 2 |
| 심곡본동 | 20,589 | 49 | 51 | 1 | 20,436 | 54 | 16 | 24 | 13 | 1 | 45 | 15,945 | 40 | 14 | 3 | 24 | 5 | 2 |
| 역곡3동 | 24,884 | 49 | 51 | 0 | 24,807 | 51 | 14 | 26 | 10 | 1 | 49 | 18,885 | 40 | 14 | 2 | 23 | 5 | 2 |
| 오정구 | 184,660 | 50 | 50 | 1 | 183,185 | 50 | 14 | 22 | 13 | 1 | 49 | 130,869 | 29 | 12 | 3 | 15 | 4 | 1 |
| 고강1동 | 17,402 | 50 | 50 | 0 | 17,360 | 52 | 14 | 26 | 10 | 1 | 47 | 12,408 | 31 | 12 | 2 | 18 | 4 | 1 |
| 고강본동 | 35,969 | 49 | 51 | 0 | 35,927 | 49 | 14 | 25 | 9 | 1 | 50 | 25,700 | 29 | 12 | 2 | 16 | 3 | 1 |
| 성곡동 | 36,574 | 50 | 50 | 0 | 36,504 | 51 | 15 | 23 | 13 | 1 | 48 | 25,840 | 29 | 12 | 2 | 16 | 4 | 1 |
| 신흥동 | 22,038 | 53 | 47 | 5 | 20,975 | 43 | 15 | 19 | 9 | 1 | 54 | 15,559 | 23 | 13 | 3 | 9 | 3 | 1 |
| 오정동 | 18,645 | 52 | 48 | 1 | 18,467 | 51 | 15 | 4 | 32 | 1 | 48 | 13,511 | 28 | 13 | 4 | 14 | 4 | 1 |
| 원종1동 | 26,845 | 51 | 49 | 0 | 26,798 | 50 | 14 | 25 | 11 | 1 | 49 | 19,305 | 31 | 13 | 3 | 17 | 5 | 1 |
| 원종2동 | 27,187 | 49 | 51 | 0 | 27,154 | 50 | 13 | 24 | 12 | 1 | 49 | 18,546 | 30 | 13 | 2 | 16 | 4 | 1 |

는 29%가 대학 이상 학력자인데, 원미구 상3동은 19세 이상 인구 중 60%가 대학 이상 학력자로 학력이 가장 높다.

32명은 미혼이며 78명은 결혼했다. 결혼한 사람 가운데 6명은 배우자와 사별했고, 4명은 이혼했다(15세 이상 인구 기준). 미혼 인구 비율은 원미구(33%), 소사구(32%), 오정구(30%) 순으로 높다. 3명은 몸이 불편하거나 정신 장애로 정상적인 활동에 제약을 느끼고 있다.

거주 기간을 보면, 36명은 현재 살고 있는 집에 산 지 5년이 넘었으나, 64명은 5년 이내에 새로 이사 왔다(5세 이상 인구 기준). 이사 온 사람 중 39명은 부천 시내에서, 5명은 경기도의 다른 시군에서, 20명은 경기도 밖에서 이사 왔다.

## 부천시에 사는 취업자가 100명이라면 :
## 73명은 봉급쟁이

부천시에 사는 15세 이상 인구 65만3천 명 가운데 취업해 직장에 다니는 사람(취업자)은 51%, 33만6천 명이다. 부천시 취업자가 100명이라면 63명은 30~40대, 20명은 20대이며, 14명은 50대다. 65세 이상 노인도 1명이 일하고 있다.

회사에서 봉급을 받고 일하는 직장인은 73명이다. 15명은 고용한 사람 없이 혼자서 일하는 자영업자이며, 8명은 누군가를 고용해 사업체를 경영하는 사업주다. 4명은 가족이 운영하는 사업체에서 보수 없이 일하고 있다.

직업별로는 사무직이 20명으로 가장 많고, 장치 기계 조작 및 조립직 15명, 기능직과 판매직 각 12명순이다. 또 10명은 전문가, 다른 10명은 기술직이나 준전문가이며, 9명은 서비스직, 7명은 단순 노무직, 4명은 고위 관리직으로 일하고 있다.

직장으로 출근하는 데 30분 이상 걸리는 사람은 56명이며, 그 가운데 27명은 1시간 이상 걸린다. 20명은 걸어서 출근하고 80명은 교통수단을 이용해 출근한다. 80명 가운데 40명은 자가용을, 14명은 시내버스를, 다른 14명은 전철을 이용한다. 2명은 통근 버스로, 1명은 자전거로 출퇴근하며, 5명은 버스와 전철 또는 승용차를 갈아타며 출근한다.

사무실이나 공장 등에서 일하는 사람은 85명이며, 야외나 거리 또는 운송 수단에서 일하는 사람은 11명이다. 2명은 자기 집에서, 다른 2명은 남의 집에서 일한다.

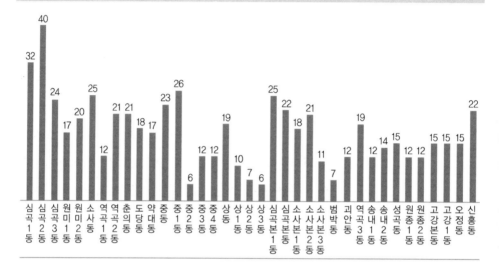

그림 3_3.42

## 경기도 부천시 동네별 1인 가구

(단위 : %)

부천시에 100가구가 산다면 :
43가구는 셋방살이

부천시에는 27만 가구가 산다(일반 가구 기준). 부천에 사는 가구를
100가구로 친다면, 35가구는 식구가 한 명 또는 두 명인 1, 2인 가구
이며, 이 가운데 17가구는 나 홀로 사는 1인 가구다. 식구 4명은 33가
구, 3명은 23가구, 5명 이상은 10가구다.

1인 가구 비중은 원미구(18%), 소사구(16%), 오정구(15%)로 나타
났는데, 동별로는 심곡2동이 40%로 가장 많고 심곡1동이 32%로 뒤
를 잇고 있다. 두 곳을 포함해 중1동·심곡본1동·소사동 등 13개 동

표 3_3.62

## 경기도 부천시의 다주택자

(단위 : 가구, 호)

| 구분 | | | 가구 수 | 주택 수 | 평균 주택 수 |
|---|---|---|---|---|---|
| 일반 가구 | | | 269,509 | – | – |
| 자가 가구 | | | 148,755 | – | – |
| 다주택 가구 | 통계청 | | 17,665 | – | – |
| | 행자부 | 계 | 12,140 | 28,632 | 2 |
| | | 2채 | 10,598 | 21,196 | 2 |
| | | 3채 | 860 | 2,580 | 3 |
| | | 4채 | 227 | 908 | 4 |
| | | 5채 | 117 | 585 | 5 |
| | | 6~10채 | 233 | 1,717 | 7 |
| | | 11채 이상 | 105 | 1,646 | 16 |

네에서 1인 가구 비중이 20% 이상이다. 반면 중2동·상3동·범박동은 10% 이내다.

부천시 100가구 가운데 55가구는 자신이 소유한 집에서 살고, 43가구는 셋방에 살며, 1가구는 직장의 사택이나 친척집 등에서 무상으로 살고 있다. 자기 집에 사는 가구 중 7가구는 현재 살고 있는 집 외에 최소 한 채에서 여러 채를 소유한 다주택자들이다.

셋방 사는 가구 가운데 28가구는 전세에, 14가구는 보증금 있는 월세에, 1가구는 보증금 없는 월세에 살고 있다. 셋방 사는 가구 중 4가구는 어딘가에 자신 명의의 집을 소유하고 있으나 경제 사정이나 자녀 교육, 직장 등의 사정으로 셋방에 살고 있다.

67가구는 현재 사는 집으로 이사 온 지 5년이 안 되며, 이 가운데 32가구는 2년이 안 된다. 17가구는 5~10년이 됐고, 16가구는 10년

표 3_3.63

# 경기도 부천시 주택의 점유·소유 형태별 가구

(단위 : 가구, %)

| | 전체 가구 | 자기 집에 거주 | | | 셋방에 거주 | | | 무상으로 거주 | | 주택 소유 | 무주택 |
|---|---|---|---|---|---|---|---|---|---|---|---|
| | | 계 | 집 한 채 | 집 여러 채 | 계 | 집 없음 | 집 있음 | 집 없음 | 집 있음 | | |
| 부천시 | 269,509 | 55 | 49 | 7 | 43 | 39 | 4 | 1 | 0 | 60 | 40 |
| 원미구 | 140,639 | 53 | 46 | 7 | 46 | 41 | 5 | 1 | 0 | 58 | 42 |
| 도당동 | 8,419 | 54 | 49 | 6 | 44 | 41 | 3 | 1 | 0 | 58 | 42 |
| 상1동 | 8,858 | 71 | 63 | 9 | 28 | 22 | 6 | 1 | 0 | 77 | 23 |
| 상2동 | 8,930 | 56 | 47 | 9 | 44 | 38 | 5 | 0 | 0 | 61 | 39 |
| 상3동 | 9,148 | 79 | 64 | 14 | 21 | 14 | 7 | 0 | 0 | 85 | 15 |
| 상동 | 7,091 | 44 | 35 | 9 | 55 | 49 | 6 | 1 | 0 | 50 | 50 |
| 소사동 | 4,240 | 39 | 34 | 5 | 60 | 56 | 4 | 1 | 0 | 43 | 57 |
| 심곡1동 | 5,435 | 37 | 33 | 3 | 63 | 59 | 3 | 1 | 0 | 40 | 60 |
| 심곡2동 | 6,810 | 31 | 28 | 3 | 68 | 65 | 3 | 1 | 0 | 34 | 66 |
| 심곡3동 | 5,392 | 33 | 30 | 3 | 66 | 62 | 4 | 1 | 0 | 37 | 63 |
| 약대동 | 5,620 | 45 | 39 | 6 | 53 | 47 | 6 | 2 | 0 | 51 | 49 |
| 역곡1동 | 5,543 | 64 | 55 | 9 | 35 | 29 | 5 | 2 | 0 | 69 | 31 |
| 역곡2동 | 5,508 | 52 | 47 | 5 | 46 | 41 | 4 | 2 | 0 | 57 | 43 |
| 원미1동 | 6,425 | 50 | 45 | 4 | 49 | 46 | 3 | 1 | 0 | 53 | 47 |
| 원미2동 | 5,512 | 44 | 40 | 4 | 55 | 52 | 3 | 1 | 0 | 47 | 53 |
| 중1동 | 13,025 | 57 | 49 | 8 | 42 | 36 | 7 | 1 | 0 | 64 | 36 |
| 중2동 | 7,672 | 71 | 59 | 12 | 28 | 22 | 6 | 0 | 0 | 77 | 23 |
| 중3동 | 7,931 | 59 | 53 | 6 | 40 | 35 | 5 | 0 | 0 | 65 | 35 |
| 중4동 | 7,784 | 61 | 53 | 8 | 39 | 33 | 5 | 1 | 0 | 66 | 34 |
| 중동 | 6,109 | 32 | 29 | 3 | 66 | 62 | 4 | 1 | 0 | 36 | 64 |
| 춘의동 | 5,187 | 36 | 33 | 3 | 62 | 60 | 2 | 2 | 0 | 38 | 62 |
| 소사구 | 70,324 | 56 | 50 | 6 | 42 | 38 | 4 | 2 | 0 | 60 | 40 |
| 괴안동 | 7,512 | 66 | 60 | 6 | 32 | 28 | 4 | 2 | 0 | 71 | 29 |
| 범박동 | 6,279 | 78 | 61 | 16 | 21 | 16 | 5 | 1 | 0 | 83 | 17 |
| 소사본1동 | 5,401 | 43 | 40 | 3 | 55 | 53 | 2 | 2 | 0 | 45 | 55 |
| 소사본2동 | 3,728 | 48 | 44 | 4 | 49 | 47 | 2 | 2 | 0 | 51 | 49 |
| 소사본3동 | 9,377 | 60 | 52 | 8 | 39 | 35 | 4 | 1 | 0 | 64 | 36 |
| 송내1동 | 7,380 | 61 | 56 | 6 | 37 | 33 | 4 | 2 | 0 | 66 | 34 |
| 송내2동 | 7,975 | 59 | 54 | 6 | 37 | 35 | 3 | 3 | 1 | 63 | 37 |
| 심곡본1동 | 6,929 | 37 | 33 | 4 | 60 | 57 | 3 | 3 | 0 | 40 | 60 |

| | 전체 가구 | 자기 집에 거주 | | | 셋방에 거주 | | | 무상 | | 주택 소유 | 무주택 |
|---|---|---|---|---|---|---|---|---|---|---|---|
| | | 계 | 집 한 채 | 집 여러 채 | 계 | 집 없음 | 집 있음 | 집 없음 | 집 있음 | | |
| 심곡본동 | 7,217 | 46 | 41 | 5 | 52 | 49 | 3 | 2 | 0 | 49 | 51 |
| 역곡3동 | 8,526 | 56 | 50 | 6 | 42 | 37 | 5 | 2 | 0 | 61 | 39 |
| 오정구 | 58,546 | 60 | 54 | 6 | 38 | 35 | 4 | 2 | 0 | 64 | 36 |
| 고강1동 | 5,650 | 64 | 58 | 5 | 33 | 30 | 3 | 3 | 0 | 67 | 33 |
| 고강본동 | 11,686 | 63 | 57 | 6 | 35 | 32 | 3 | 2 | 0 | 66 | 34 |
| 성곡동 | 11,628 | 55 | 49 | 6 | 43 | 39 | 4 | 2 | 0 | 59 | 41 |
| 신흥동 | 7,111 | 48 | 44 | 4 | 49 | 47 | 3 | 3 | 0 | 51 | 49 |
| 오정동 | 5,703 | 60 | 54 | 6 | 38 | 35 | 3 | 2 | 0 | 63 | 37 |
| 원종1동 | 8,242 | 66 | 58 | 7 | 32 | 28 | 4 | 2 | 0 | 70 | 30 |
| 원종2동 | 8,526 | 63 | 57 | 6 | 36 | 30 | 5 | 1 | 0 | 68 | 32 |

이 넘었다.

62가구는 자동차를 소유하고 있고 이 가운데 47가구는 자기 집에 전용 주차장이 있다. 자동차 소유 가구 중 10가구는 차를 2대 이상 소유하고 있다.


**집 많은 사람, 집 없는 사람 :
상3동 85% 주택 소유, 중동 64% 무주택**


부천시에 사는 100가구 중 60가구는 주택 소유자이고 40가구는 무주택자다. 37개 동네 가운데 26개 동네는 주택 소유자가 더 많고, 10개 동네는 무주택자가 더 많으며, 1개 동네는 주택 소유자와 무주택자가 비슷하다. 주택 소유자 비중이 가장 높은 곳은 상3동(85%), 범박동(83%), 중2동(77%), 상1동(77%), 괴안동(71%), 원종1동(70%)

순이다. 무주택 가구 비중은 심곡2동(66%), 중동(64%), 심곡3동(63%), 춘의동(62%), 심곡1동(60%), 심곡본1동(60%) 순으로 높다.

부천시에 사는 100가구 중 7가구는 집을 두 채 이상 여러 채 소유한 다주택자다. 상3동과 중2동은 14%와 12%의 가구가 집을 두 채 이상 소유한 다주택자다.

부천시 100가구 중 4가구는 어딘가에 주택을 소유하고 있지만 셋방에 사는 유주택 전월세 가구다. 상3동과 중1동은 7% 가구가 유주택 전월세 가구로 비중이 가장 높다.

주택 소유자 중 유주택 전월세 가구를 제외한 55%는 자신이 소유한 집에 산다. 상3동(79%), 범박동(78%), 중2동과 상1동(71%), 역곡1동(64%)에서 자가 점유 가구 비율이 가장 높다.

유주택 전월세를 포함한 43가구는 셋방에 사는데 심곡2동(68%), 중동(66%), 심곡3동(66%), 심곡2동(63%), 소사동(60%)에서 셋방 가구 비율이 가장 높다. 무주택 전월세 가구는 모두 39가구로 심곡2동(65%), 중동(62%), 심곡3동(62%), 심곡1동(59%), 심곡본1동(57%), 소사동(56%) 순으로 높다.


**부천시에 있는 집이 100채라면 :**
**52채는 아파트, 23채는 다세대주택**

2005년 기준으로 부천시에는 집(주택과 주택 이외의 거처)이 21만659만 채가 있다. 부천시에 있는 집이 100채라면 52채는 아파트이고 29채는 다세대주택, 11채는 단독주택, 4채는 연립주택이다. 또 상가 등 비거주용 건물 내 주택은 1채, 오피스텔 등 주택 이외의 거처는 4채다. 원미구와 소사구는 아파트가 각각 62%와 53%인 반면 오정구는 다세대주택이 63%다.

37개 동네 중 13곳에서 거처의 절반 이상이 아파트로 나타났다. 중4동·중3동·상1동·상3동·범박동 등 5곳은 아파트 비중이 90% 이상이며, 중2동과 상2동은 80% 이상, 소사본2동 등 3곳은 70% 이상이 아파트다. 반면 8곳에서는 거처의 절반 이상이 다세대주택이다. 고강1동(74%), 고강본동(71%)을 비롯해 신흥동(66%), 원종1동(64%), 성곡동(62%) 등 5곳은 거처의 60% 이상이 다세대주택이다. 한편 단독주택은 심곡3동(44%), 중동(41%), 소사본1동(41%) 순으로 비중이 높다.

어떤 거처에 사느냐를 기준으로 보면, 부천시 27만 가구의 40%는 아파트에, 29%는 단독주택에, 23%는 다세대주택에 산다. 연립주택과 주택 이외의 거처에는 각 3%가 살고 2%는 비거주용 건물 내 주택에 산다. 아파트가 거처의 절반이 넘는데도 가구의 40%만이 아파트에 사는 이유는 단독주택에는 여러 가구가 사는 반면, 아파트에는 보통 1가구만 살기 때문이다.

원미구에 사는 가구의 절반 가까이(48%)가 아파트에 사는 반면, 오정구 가구의 절반 이상(54%)이 다세대주택에 산다. 소사구는 39%는 아파트에 살고, 36%는 단독주택에 산다. 또 원미구에 사는 가구의 5%, 소사구 가구의 1%는 오피스텔에 살고 있다.

37개 동 가운데 11곳은 아파트 거주 가구가 절반이 넘고, 10곳은 단독주택 거주 가구가 절반이 넘는다. 4곳은 절반 이상이 다세대주택에 산다. 중4동·상1동·상3동은 동네 가구의 90% 이상이 아파트에

표 3_3.64

# 경기도 부천시 거처의 종류별·연건평별·건축년도별 주택

(단위 : 호, 가구, %)

| 행정구역 | 거처의 종류별 거처와 가구 | | | | | | | | | | | | | |
|---|---|---|---|---|---|---|---|---|---|---|---|---|---|
| | 계 | | 단독주택 | | 아파트 | | 연립주택 | | 다세대주택 | | 비거주용 건물 내 주택 | | 주택 이외의 거처 | |
| | 거처 | 가구 | 거처 | 가구 | 거처 | 가구 | 거처 | 가구 | 거처 | 가구 | 거처 | 가구 | 거처 | 가구 |
| 부천시 | 210,659 | 269,578 | 11 | 29 | 52 | 40 | 4 | 3 | 29 | 23 | 1 | 2 | 4 | 3 |
| 원미구 | 108,831 | 140,666 | 11 | 30 | 62 | 48 | 4 | 3 | 16 | 12 | 1 | 1 | 6 | 5 |
| 도당동 | 6,167 | 8,425 | 13 | 36 | 24 | 18 | 4 | 3 | 56 | 41 | 2 | 2 | 0 | 0 |
| 상1동 | 8,858 | 8,858 | 0 | 0 | 94 | 94 | 0 | 0 | 0 | 0 | 0 | 0 | 6 | 6 |
| 상2동 | 8,166 | 8,930 | 5 | 13 | 87 | 79 | 3 | 2 | 0 | 0 | 0 | 0 | 6 | 5 |
| 상3동 | 8,877 | 9,149 | 2 | 4 | 94 | 91 | 0 | 0 | 0 | 0 | 0 | 0 | 5 | 4 |
| 상동 | 4,349 | 7,092 | 24 | 53 | 48 | 30 | 3 | 2 | 13 | 8 | 1 | 1 | 10 | 6 |
| 소사동 | 2,255 | 4,247 | 36 | 65 | 6 | 3 | 7 | 3 | 49 | 26 | 2 | 2 | 0 | 0 |
| 심곡1동 | 2,860 | 5,435 | 31 | 60 | 6 | 3 | 19 | 10 | 38 | 20 | 4 | 4 | 1 | 2 |
| 심곡2동 | 3,918 | 6,811 | 20 | 46 | 13 | 7 | 6 | 4 | 41 | 24 | 6 | 9 | 14 | 10 |
| 심곡3동 | 2,373 | 5,392 | 44 | 75 | 0 | 0 | 18 | 8 | 35 | 15 | 3 | 2 | 0 | 0 |
| 약대동 | 3,916 | 5,620 | 18 | 42 | 51 | 36 | 0 | 0 | 29 | 20 | 1 | 1 | 0 | 0 |
| 역곡1동 | 4,664 | 5,545 | 8 | 21 | 49 | 42 | 4 | 3 | 37 | 31 | 2 | 3 | 0 | 0 |
| 역곡2동 | 4,199 | 5,513 | 10 | 30 | 32 | 24 | 13 | 10 | 43 | 33 | 1 | 1 | 2 | 1 |
| 원미1동 | 4,170 | 6,425 | 22 | 48 | 25 | 16 | 10 | 7 | 40 | 26 | 3 | 3 | 0 | 0 |
| 원미2동 | 3,287 | 5,513 | 30 | 58 | 28 | 17 | 22 | 13 | 19 | 11 | 1 | 1 | 0 | 0 |
| 중1동 | 12,978 | 13,026 | 0 | 0 | 71 | 70 | 0 | 0 | 0 | 0 | 0 | 0 | 29 | 29 |
| 중2동 | 6,621 | 7,673 | 6 | 19 | 89 | 77 | 0 | 0 | 0 | 0 | 0 | 0 | 5 | 4 |
| 중3동 | 7,251 | 7,932 | 4 | 12 | 95 | 87 | 0 | 0 | 0 | 0 | 0 | 0 | 1 | 1 |
| 중4동 | 7,782 | 7,784 | 0 | 0 | 98 | 98 | 0 | 0 | 0 | 0 | 0 | 0 | 2 | 2 |
| 중동 | 2,703 | 6,109 | 41 | 73 | 21 | 9 | 2 | 1 | 33 | 15 | 3 | 2 | 0 | 0 |
| 춘의동 | 3,437 | 5,187 | 25 | 50 | 47 | 31 | 0 | 0 | 25 | 17 | 2 | 2 | 0 | 0 |
| 소사구 | 51,991 | 70,341 | 15 | 36 | 53 | 39 | 6 | 5 | 23 | 17 | 1 | 2 | 1 | 1 |
| 괴안동 | 6,615 | 7,513 | 5 | 15 | 70 | 62 | 3 | 3 | 21 | 19 | 1 | 1 | 0 | 0 |
| 범박동 | 6,013 | 6,279 | 8 | 12 | 90 | 86 | 2 | 2 | 0 | 0 | 0 | 0 | 0 | 0 |
| 소사본1동 | 2,915 | 5,401 | 41 | 67 | 6 | 3 | 6 | 3 | 45 | 24 | 2 | 1 | 0 | 0 |
| 소사본2동 | 2,567 | 3,730 | 23 | 44 | 20 | 14 | 11 | 8 | 39 | 27 | 3 | 3 | 5 | 5 |
| 소사본3동 | 6,832 | 9,378 | 19 | 41 | 72 | 53 | 1 | 1 | 7 | 5 | 1 | 1 | 0 | 0 |
| 송내1동 | 6,224 | 7,384 | 7 | 19 | 64 | 54 | 10 | 9 | 17 | 14 | 1 | 3 | 0 | 1 |
| 송내2동 | 6,263 | 7,975 | 11 | 29 | 58 | 45 | 7 | 5 | 24 | 19 | 1 | 1 | 0 | 1 |

| | 연건평별 주택 | | | | 건축년도별 주택 | | |
|---|---|---|---|---|---|---|---|
| 총 주택 수 | 14평 미만 | 14~19평 | 19~29평 | 29평 이상 | 1995~ 2005년 | 1985~ 1994년 | 1985년 이전 |
| 203,164 | 20 | 31 | 31 | 18 | 45 | 42 | 14 |
| 101,983 | 18 | 29 | 31 | 22 | 49 | 40 | 11 |
| 6,160 | 24 | 37 | 27 | 12 | 32 | 51 | 17 |
| 8,315 | 9 | 48 | 43 | 0 | 11 | 89 | 0 |
| 7,703 | 4 | 41 | 31 | 24 | 100 | 0 | 0 |
| 8,476 | 0 | 12 | 61 | 27 | 100 | 0 | 0 |
| 3,893 | 6 | 10 | 8 | 75 | 16 | 75 | 9 |
| 2,253 | 17 | 27 | 27 | 29 | 47 | 26 | 27 |
| 2,840 | 21 | 24 | 27 | 28 | 47 | 17 | 36 |
| 3,378 | 20 | 28 | 27 | 25 | 66 | 16 | 19 |
| 2,373 | 12 | 24 | 22 | 42 | 39 | 36 | 25 |
| 3,911 | 12 | 37 | 37 | 15 | 35 | 21 | 44 |
| 4,652 | 16 | 31 | 40 | 13 | 70 | 17 | 13 |
| 4,134 | 34 | 37 | 20 | 10 | 45 | 24 | 31 |
| 4,169 | 14 | 29 | 34 | 24 | 60 | 18 | 23 |
| 3,284 | 12 | 25 | 30 | 32 | 48 | 17 | 35 |
| 9,179 | 20 | 16 | 59 | 5 | 39 | 61 | 0 |
| 6,316 | 3 | 17 | 31 | 49 | 11 | 89 | 0 |
| 7,188 | 40 | 39 | 1 | 20 | 48 | 52 | 0 |
| 7,626 | 46 | 34 | 4 | 15 | 60 | 40 | 0 |
| 2,700 | 11 | 34 | 17 | 38 | 22 | 54 | 24 |
| 3,433 | 35 | 15 | 29 | 21 | 39 | 43 | 18 |
| 51,416 | 12 | 31 | 38 | 20 | 48 | 30 | 22 |
| 6,612 | 18 | 40 | 35 | 8 | 21 | 67 | 11 |
| 6,004 | 4 | 9 | 55 | 32 | 91 | 0 | 9 |
| 2,914 | 14 | 19 | 27 | 40 | 44 | 26 | 29 |
| 2,438 | 15 | 30 | 36 | 19 | 45 | 31 | 24 |
| 6,828 | 7 | 21 | 47 | 26 | 65 | 10 | 25 |
| 6,187 | 8 | 37 | 41 | 14 | 43 | 45 | 13 |
| 6,238 | 13 | 41 | 37 | 9 | 42 | 28 | 30 |

| 행정구역 | 거처의 종류별 거처와 가구 | | | | | | | | | | | | | |
|---|---|---|---|---|---|---|---|---|---|---|---|---|---|---|
| | 계 | | 단독주택 | | 아파트 | | 연립주택 | | 다세대주택 | | 비거주용<br>건물 내 주택 | | 주택 이외의<br>거처 | |
| | 거처 수 | 가구 수 | 거처 | 가구 | 거처 | 가구 | 거처 | 가구 | 거처 | 가구 | 거처 | 가구 | 거처 | 가구 |
| 심곡본1동 | 3,427 | 6,931 | 31 | 64 | 16 | 8 | 10 | 5 | 38 | 19 | 3 | 3 | 2 | 1 |
| 심곡본동 | 4,395 | 7,221 | 24 | 51 | 31 | 19 | 10 | 6 | 30 | 18 | 3 | 4 | 2 | 1 |
| 역곡3동 | 6,740 | 8,529 | 9 | 27 | 37 | 29 | 9 | 8 | 41 | 32 | 1 | 1 | 3 | 3 |
| 오정구 | 49,837 | 58,571 | 7 | 20 | 27 | 23 | 1 | 1 | 63 | 54 | 1 | 2 | 0 | 0 |
| 고강1동 | 5,152 | 5,650 | 4 | 12 | 20 | 18 | 0 | 0 | 74 | 68 | 1 | 2 | 0 | 0 |
| 고강본동 | 10,656 | 11,688 | 3 | 11 | 24 | 22 | 1 | 1 | 71 | 65 | 1 | 2 | 0 | 0 |
| 성곡동 | 8,872 | 11,633 | 14 | 34 | 22 | 17 | 1 | 1 | 62 | 48 | 1 | 1 | 0 | 0 |
| 신흥동 | 4,595 | 7,124 | 19 | 46 | 8 | 5 | 2 | 2 | 66 | 43 | 3 | 4 | 0 | 0 |
| 오정동 | 4,744 | 5,705 | 12 | 26 | 32 | 26 | 4 | 3 | 52 | 43 | 1 | 1 | 0 | 0 |
| 원종1동 | 7,630 | 8,244 | 3 | 10 | 31 | 29 | 0 | 0 | 64 | 59 | 1 | 1 | 0 | 0 |
| 원종2동 | 8,188 | 8,527 | 1 | 4 | 43 | 42 | 2 | 2 | 53 | 51 | 1 | 2 | 0 | 0 |

산다. 심곡3동과 중동은 70% 이상 가구가 단독주택에 산다. 고강1동과 고강본동은 동네 가구의 60% 이상이 다세대주택에 산다. 한편 중1동은 29%가 오피스텔 등 주택 이외의 거처에, 원미2동은 13%가 연립주택에, 심곡2동은 가구의 9%가 비거주용 건물 내 주택에 산다.

부천시 주택(주택 이외의 거처 제외)을 크기별로 보면, 29평 이상의 주택이 18채, 19~29평은 31채, 14~19평 31채이며, 14평 미만은 20채다. 원미구와 소사구 주택의 22%와 20%가 29평 이상인 반면, 오정구는 8%에 그친다. 반면 오정구 주택의 34%가 14평 미만의 소형주택인 반면, 원미구와 소사구는 18%와 12%에 머무른다.

2005년 기준으로 45채는 지은 지 10년(1995~2005년 사이 건축)이 안된 새집이며, 14채는 지은 지 20년이 넘은 낡은 집으로 곧 재개발·재건축될 수 있는 집이다. 원미구와 소사구는 40% 이상이 새집인 반면

| 연건평별 주택 | | | | | 건축년도별 주택 | | |
|---|---|---|---|---|---|---|---|
| 총 주택 수 | 14평 미만 | 14~19평 | 19~29평 | 29평 이상 | 1995~ 2005년 | 1985~ 1994년 | 1985년 이전 |
| 3,372 | 16 | 27 | 27 | 30 | 31 | 43 | 25 |
| 4,316 | 9 | 28 | 37 | 26 | 34 | 28 | 38 |
| 6,507 | 18 | 45 | 27 | 9 | 47 | 26 | 26 |
| 49,765 | 34 | 35 | 23 | 8 | 33 | 57 | 10 |
| 5,149 | 36 | 39 | 22 | 4 | 36 | 58 | 6 |
| 10,646 | 43 | 38 | 16 | 3 | 28 | 68 | 4 |
| 8,866 | 32 | 32 | 22 | 14 | 30 | 57 | 14 |
| 4,582 | 7 | 30 | 35 | 27 | 48 | 34 | 18 |
| 4,732 | 23 | 35 | 33 | 8 | 46 | 37 | 17 |
| 7,602 | 32 | 33 | 31 | 4 | 39 | 50 | 10 |
| 8,188 | 43 | 40 | 15 | 2 | 19 | 75 | 6 |

오정구는 33%에 머무른다.

1995년부터 2005년까지 10년 동안 부천시 주택 수(주택 이외의 거처 제외)는 14만 채에서 20만 채로 6만 채(43%)가 늘었다. 그런데 아파트와 다세대주택은 각각 3만8천 채와 4만1천 채가 늘어 각각 53%와 205%가 증가했다. 반면 단독주택은 1만2천 채, 연립주택은 14%와 61%가 감소했다. 이에 따라 전체 주택(주택 이외의 거처 제외)에서 차지하는 비중도 아파트는 50%에서 53%로, 다세대주택은 14%에서 30%로 증가했다. 그러나 단독주택은 19%에서 11%로 연립주택은 14%에서 4%로 감소했다.

# 부천시에서 지하 방에 사는 사람

## : 심곡3동·중동·심곡본1동·성곡동·원종1동·원종2동· 고강본동·고강1동  10%  이상  (반)지하에 거주

부천에 사는 27만 가구를 100가구로 친다면, 그 중 9가구는 식구 수에 비해 집이 너무 좁거나 시설이 제대로 갖춰지지 않아 인간다운 품위를 지키기 어려운 최저 주거 기준 미달 가구다.

또 100가구 가운데 94가구는 지상에 살지만, 6가구는 (반)지하에 산다. 오정구에 사는 가구의 11%, 소사구 가구의 5%, 원미구 가구의 4%가 (반)지하에 산다. (반)지하 거주 가구 비중은 고강본동(16%), 성곡동(14%), 심곡3동(14%), 고강1동(12%) 순으로 높고, 37개 동네 가운데 8곳에서 10% 이상을 기록하고 있다. 또 부천시에는 (반)지하 거주 1만5,776가구 외에도 1,189가구는 옥탑방에, 70가구는 판잣집·움막·비닐집에, 285가구는 업소의 잠만 자는 방 등에 살고 있다.

이처럼 인간이 살기에는 적절하지 못한 곳에서 사는 가구가 2만5천 가구에 달하지만, 2005년 현재 부천시에 있는 공공임대주택은 3,493채로 극히 미미한 실정이다. 또 부천에 있는 공공임대주택 중 82%가 모두 중앙정부 산하 주공이 오래 전에 지은 영구임대주택이고 나머지도 주공이 공급한 국민임대주택으로, 경기도 부천시 자체적으로 공급한 공공임대주택은 한 채도 없다.

표 3_3.65

# 경기도 부천시 (반)지하 등 거주 가구

(단위 : 가구, %)

| 행정구역 | 전체 가구 | (반)지하 | | 옥탑방 | 판잣집·움막·비닐집 | 기타 |
|---|---|---|---|---|---|---|
| | | 가구 | 비중 | 가구 | 가구 | 가구 |
| 부천시 | 269,509 | 15,776 | 6 | 1,189 | 70 | 285 |
| 원미구 | 140,639 | 5,463 | 4 | 617 | 23 | 220 |
| 도당동 | 8,419 | 538 | 6 | 33 | – | 7 |
| 상1동 | 8,858 | 2 | 0 | – | – | 1 |
| 상2동 | 8,930 | 1 | 0 | – | – | 72 |
| 상3동 | 9,148 | 2 | 0 | 1 | – | – |
| 상동 | 7,091 | 460 | 6 | 52 | – | – |
| 소사동 | 4,240 | 375 | 9 | 33 | – | – |
| 심곡1동 | 5,435 | 387 | 7 | 35 | 1 | 1 |
| 심곡2동 | 6,810 | 207 | 3 | 45 | 3 | 94 |
| 심곡3동 | 5,392 | 762 | 14 | 54 | – | – |
| 약대동 | 5,620 | 285 | 5 | 32 | 2 | 19 |
| 역곡1동 | 5,543 | 366 | 7 | 18 | 12 | 3 |
| 역곡2동 | 5,508 | 419 | 8 | 33 | 1 | 15 |
| 원미1동 | 6,425 | 341 | 5 | 15 | 1 | – |
| 원미2동 | 5,512 | 362 | 7 | 47 | 1 | 1 |
| 중1동 | 13,025 | – | – | – | – | – |
| 중2동 | 7,672 | 26 | 0 | 97 | – | 3 |
| 중3동 | 7,931 | 3 | 0 | 26 | – | – |
| 중4동 | 7,784 | – | – | – | – | – |
| 중동 | 6,109 | 667 | 11 | 79 | 1 | 2 |
| 춘의동 | 5,187 | 260 | 5 | 17 | 1 | 2 |
| 소사구 | 70,324 | 3,587 | 5 | 414 | 29 | 44 |
| 괴안동 | 7,512 | 263 | 4 | 41 | 2 | – |
| 범박동 | 6,279 | 21 | 0 | – | 6 | 8 |
| 소사본1동 | 5,401 | 440 | 8 | 27 | – | 1 |
| 소사본2동 | 3,728 | 202 | 5 | 10 | – | 7 |
| 소사본3동 | 9,377 | 331 | 4 | 32 | 3 | 2 |
| 송내1동 | 7,380 | 220 | 3 | 4 | – | – |
| 송내2동 | 7,975 | 357 | 4 | 56 | – | 25 |
| 심곡본1동 | 6,929 | 677 | 10 | 125 | – | – |

| 행정구역 | 전체 가구 | (반)지하 | | 옥탑방 | 판잣집·움막·비닐집 | 기타 |
|---|---|---|---|---|---|---|
| | | 가구 | 비중 | 가구 | 가구 | 가구 |
| 심곡본동 | 7,217 | 573 | 8 | 77 | 7 | – |
| 역곡3동 | 8,526 | 503 | 6 | 42 | 11 | 1 |
| 오정구 | 58,546 | 6,726 | 11 | 158 | 18 | 21 |
| 고강1동 | 5,650 | 702 | 12 | 6 | 2 | 1 |
| 고강본동 | 11,686 | 1,838 | 16 | 20 | 3 | 7 |
| 성곡동 | 11,628 | 1,676 | 14 | 29 | 2 | – |
| 신흥동 | 7,111 | 367 | 5 | 60 | – | 9 |
| 오정동 | 5,703 | 407 | 7 | 7 | 5 | 4 |
| 원종1동 | 8,242 | 823 | 10 | 20 | 6 | – |
| 원종2동 | 8,526 | 913 | 11 | 16 | – | – |

## 부천시 유권자가 100명이라면

정당 지지도를 알 수 있는 최근 네 차례 선거(제3~4회 동시지방선거, 제 17~18대 총선)를 기준으로 부천시 유권자는 대략 55만~65만 명이며, 평균 투표율은 46%였다.

부천시 유권자가 100명이라면 2002년 지방선거에서는 51명이 한나라당, 38명이 새천년민주당을, 5명이 민주노동당을, 3명이 자민련을 찍었다. 2004년 총선에서는 42명은 열린우리당을, 32명은 한나라당을, 14명은 민주노동당을, 7명은 새천년민주당을, 2명은 자민련을 지지했다.

2006년 지방선거에서는 56명이 한나라당을 찍었고, 23명은 열린우리당을, 11명은 민주노동당을, 8명은 민주당을 찍었다. 2008년 총선에서는 37명이 한나라당을, 30명이 통합민주당을, 11명이 친박연대를, 5명이 자유선진당을, 다른 5명이 창조한국당을, 또 다른 5명이 민주노동당을, 3명이 진보신당을 지지했다.

동네별 투표율은 범박동·상3동·중2동에서 상대적으로 높았다. 반면 심곡2동과 고강본동 등에서 상대적으로 낮았다.

한나라당 득표율은 중2동과 소사본2동에서 상대적으로 높았다. 반면 고강본동과 도당동에서 상대적으로 낮았다. 중2동과 고강본동의 득표율 격차는 14% 사이다.

민주(＋열린우리)당 득표율은 고강1동과 원종2동에서 상대적으로 높았다. 반면 중2동과 소사본동에서 상대적으로 낮았다. 고강1동과 중2동의 득표율 격차는 10~13% 사이다.

민주노동당＋진보신당 득표율은 상1동과 약대동에서 상대적으로 높았다.

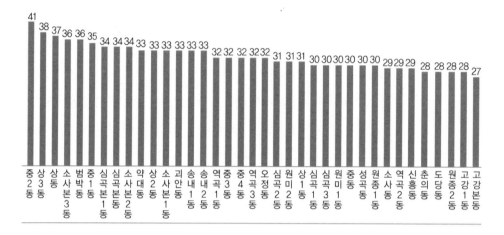

**그림 3_3.43**

## 경기도 부천시 동네별 한나라당 득표율

2004년 총선(단위 : %)

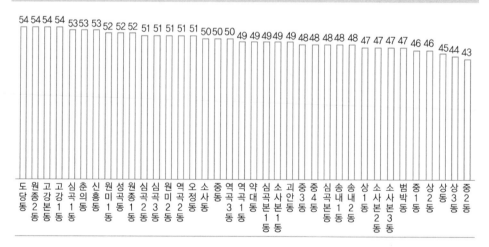

**그림 3_3.44**

## 경기도 부천시 동네별 민주(＋열린우리)당 득표율

2004년 총선(단위 : %)

표 3_3.66

# 경기도 부천시 역대 선거 투표율과 정당 지지율

2002~2008년(단위 : 명, %)

| 행정구역 | 2002년 지방선거 | | | | | | | 2004년 총선 | | | | | | | |
|---|---|---|---|---|---|---|---|---|---|---|---|---|---|---|---|
| | 선거인 수 | 투표율 | 한나라당 | 새천년민주당 | 자민련 | 민주노동당 | 기타정당 | 선거인 수 | 투표율 | 한나라당 | 새천년민주당 | 열린우리당 | 자민련 | 민주노동당 | 기타정당 |
| 부천시 | 552,401 | 39 | 51 | 38 | 3 | 5 | 2 | 604,439 | 59 | 32 | 7 | 42 | 2 | 14 | 3 |
| 원미구 | 275,354 | 41 | 51 | 38 | 3 | 6 | 2 | 312,985 | 60 | 32 | 7 | 42 | 2 | 14 | 2 |
| 도당동 | 18,342 | 34 | 45 | 43 | 4 | 5 | 3 | 18,656 | 51 | 28 | 8 | 46 | 2 | 13 | 2 |
| 상1동 | 25,092 | 46 | 54 | 35 | 3 | 6 | 2 | 19,997 | 68 | 31 | 6 | 41 | 2 | 18 | 2 |
| 상2동 | – | – | – | – | – | – | – | 19,046 | 66 | 33 | 7 | 39 | 2 | 17 | 2 |
| 상3동 | – | – | – | – | – | – | – | 19,404 | 71 | 38 | 7 | 37 | 2 | 14 | 2 |
| 상동 | 15,745 | 39 | 58 | 34 | 3 | 4 | 2 | 15,975 | 60 | 37 | 7 | 39 | 2 | 13 | 2 |
| 소사동 | 9,132 | 35 | 51 | 38 | 4 | 5 | 2 | 9,298 | 52 | 29 | 7 | 43 | 3 | 16 | 3 |
| 심곡1동 | 10,402 | 33 | 50 | 39 | 3 | 6 | 2 | 11,159 | 49 | 30 | 8 | 44 | 2 | 13 | 2 |
| 심곡2동 | 11,547 | 33 | 49 | 39 | 4 | 5 | 2 | 12,806 | 47 | 31 | 8 | 44 | 2 | 14 | 2 |
| 심곡3동 | 10,688 | 39 | 51 | 38 | 4 | 6 | 2 | 10,854 | 51 | 30 | 7 | 43 | 3 | 13 | 3 |
| 약대동 | 12,245 | 42 | 49 | 38 | 4 | 7 | 2 | 12,635 | 55 | 33 | 8 | 41 | 2 | 13 | 2 |
| 역곡1동 | 11,404 | 39 | 52 | 38 | 3 | 4 | 2 | 11,275 | 59 | 32 | 8 | 41 | 2 | 15 | 2 |
| 역곡2동 | 12,637 | 38 | 49 | 40 | 3 | 5 | 2 | 12,053 | 59 | 29 | 7 | 44 | 2 | 15 | 3 |
| 원미1동 | 14,097 | 33 | 51 | 39 | 3 | 5 | 2 | 15,118 | 52 | 30 | 8 | 44 | 2 | 14 | 3 |
| 원미2동 | 12,597 | 40 | 47 | 41 | 4 | 5 | 2 | 12,609 | 55 | 31 | 8 | 43 | 2 | 13 | 2 |
| 중1동 | 21,203 | 44 | 57 | 33 | 3 | 5 | 2 | 22,019 | 67 | 35 | 7 | 39 | 2 | 14 | 2 |
| 중2동 | 18,892 | 46 | 59 | 31 | 3 | 5 | 2 | 18,936 | 67 | 41 | 7 | 36 | 2 | 12 | 2 |
| 중3동 | 17,960 | 42 | 50 | 39 | 3 | 7 | 2 | 17,830 | 64 | 32 | 7 | 41 | 2 | 15 | 3 |
| 중4동 | 16,886 | 42 | 53 | 36 | 3 | 7 | 2 | 16,782 | 65 | 32 | 7 | 41 | 2 | 15 | 2 |
| 중동 | 17,991 | 35 | 50 | 40 | 3 | 5 | 2 | 17,621 | 54 | 30 | 6 | 44 | 2 | 15 | 3 |
| 춘의동 | 11,948 | 38 | 45 | 43 | 4 | 5 | 3 | 11,068 | 52 | 28 | 9 | 43 | 3 | 13 | 4 |
| 소사구 | 144,482 | 40 | 53 | 37 | 3 | 5 | 2 | 157,411 | 61 | 34 | 7 | 42 | 2 | 13 | 2 |
| 괴안동 | 17,108 | 40 | 54 | 36 | 3 | 5 | 2 | 16,371 | 63 | 33 | 7 | 42 | 2 | 13 | 2 |
| 범박동 | 3,061 | 41 | 49 | 42 | 3 | 4 | 2 | 12,712 | 70 | 36 | 8 | 40 | 2 | 12 | 2 |
| 소사본1동 | 11,701 | 39 | 52 | 37 | 4 | 5 | 2 | 12,184 | 56 | 33 | 8 | 41 | 3 | 13 | 2 |
| 소사본2동 | 7,914 | 36 | 54 | 35 | 4 | 6 | 2 | 8,394 | 56 | 34 | 6 | 41 | 2 | 14 | 2 |
| 소사본3동 | 19,669 | 42 | 55 | 35 | 3 | 4 | 2 | 19,783 | 63 | 36 | 8 | 40 | 3 | 12 | 2 |
| 송내1동 | 16,722 | 43 | 53 | 35 | 3 | 5 | 3 | 17,279 | 64 | 33 | 7 | 41 | 2 | 14 | 2 |
| 송내2동 | 16,673 | 38 | 53 | 35 | 3 | 6 | 2 | 17,147 | 59 | 33 | 7 | 41 | 2 | 14 | 3 |
| 심곡본1동 | 14,858 | 36 | 52 | 38 | 3 | 4 | 2 | 14,936 | 54 | 34 | 7 | 42 | 2 | 12 | 3 |

| 행정구역 | 2002년 지방선거 | | | | | | | 2004년 총선 | | | | | | | |
|---|---|---|---|---|---|---|---|---|---|---|---|---|---|---|---|
| | 선거인 수 | 투표율 | 한나라당 | 새천년민주당 | 자민련 | 민주노동당 | 기타정당 | 선거인 수 | 투표율 | 한나라당 | 새천년민주당 | 열린우리당 | 자민련 | 민주노동당 | 기타정당 |
| 심곡본동 | 15,625 | 37 | 57 | 33 | 3 | 5 | 2 | 15,893 | 57 | 34 | 7 | 41 | 2 | 13 | 2 |
| 역곡3동 | 17,732 | 37 | 53 | 37 | 3 | 5 | 2 | 18,800 | 60 | 32 | 7 | 43 | 2 | 14 | 2 |
| 오정구 | 132,565 | 35 | 48 | 41 | 3 | 5 | 2 | 134,043 | 54 | 28 | 8 | 45 | 2 | 13 | 3 |
| 고강1동 | 12,332 | 31 | 47 | 44 | 3 | 4 | 2 | 12,863 | 54 | 28 | 8 | 46 | 2 | 13 | 3 |
| 고강본동 | 25,000 | 30 | 46 | 43 | 3 | 5 | 3 | 25,521 | 52 | 27 | 8 | 46 | 2 | 13 | 4 |
| 성곡동 | 26,467 | 34 | 49 | 41 | 3 | 5 | 2 | 26,206 | 55 | 30 | 8 | 44 | 2 | 13 | 3 |
| 신흥동 | 16,075 | 33 | 47 | 40 | 4 | 6 | 3 | 16,265 | 49 | 29 | 10 | 44 | 2 | 13 | 3 |
| 오정동 | 14,578 | 41 | 52 | 36 | 4 | 5 | 2 | 13,665 | 56 | 32 | 11 | 40 | 2 | 12 | 3 |
| 원종1동 | 17,096 | 34 | 52 | 38 | 3 | 5 | 2 | 17,985 | 53 | 30 | 8 | 45 | 2 | 13 | 3 |
| 원종2동 | 18,542 | 33 | 49 | 42 | 3 | 5 | 2 | 18,876 | 56 | 28 | 8 | 46 | 2 | 14 | 3 |

| 행정구역 | 2006년 지방선거 | | | | | |
|---|---|---|---|---|---|---|
| | 선거인 수 | 투표율 | 열린우리당 | 한나라당 | 민주당 | 민주노동당 | 기타 정당 |
| 부천시 | 634,823 | 43 | 23 | 56 | 8 | 11 | 2 |
| 소사구 | 170,625 | 46 | 22 | 58 | 8 | 11 | 2 |
| 오정구 | 137,195 | 39 | 25 | 52 | 12 | 10 | 2 |
| 원미구 | 327,003 | 44 | 24 | 57 | 7 | 11 | 1 |

| 행정구역 | 2008년 총선 | | | | | | | | |
|---|---|---|---|---|---|---|---|---|---|
| | 선거인 수 | 투표율 | 통합민주당 | 한나라당 | 자유선진당 | 민주노동당 | 창조한국당 | 친박연대 | 진보신당 | 기타 정당 |
| 부천시 | 654,747 | 42 | 30 | 37 | 5 | 5 | 5 | 10 | 3 | 5 |
| 원미구 | 333,760 | 42 | 28 | 37 | 5 | 5 | 6 | 11 | 3 | 4 |
| 도당동 | 19,274 | 35 | 32 | 35 | 6 | 4 | 5 | 10 | 2 | 6 |
| 상1동 | 20,950 | 45 | 30 | 31 | 5 | 7 | 6 | 11 | 5 | 4 |
| 상2동 | 21,411 | 46 | 29 | 35 | 4 | 6 | 6 | 11 | 5 | 4 |
| 상3동 | 22,474 | 48 | 26 | 40 | 5 | 5 | 5 | 12 | 4 | 3 |
| 상동 | 16,578 | 42 | 26 | 40 | 5 | 5 | 5 | 12 | 6 | 5 |
| 소사동 | 9,309 | 35 | 27 | 36 | 7 | 4 | 6 | 10 | 3 | 6 |
| 심곡1동 | 11,523 | 34 | 30 | 35 | 7 | 5 | 5 | 10 | 2 | 5 |
| 심곡2동 | 13,849 | 32 | 29 | 36 | 7 | 4 | 6 | 10 | 3 | 5 |
| 심곡3동 | 11,827 | 34 | 29 | 38 | 7 | 4 | 5 | 10 | 2 | 5 |
| 약대동 | 11,391 | 38 | 28 | 39 | 4 | 5 | 4 | 11 | 2 | 6 |
| 역곡1동 | 14,945 | 43 | 29 | 36 | 5 | 4 | 7 | 10 | 3 | 5 |
| 역곡2동 | 14,038 | 42 | 29 | 35 | 6 | 4 | 8 | 9 | 4 | 6 |
| 원미1동 | 15,520 | 37 | 29 | 37 | 6 | 5 | 7 | 10 | 2 | 5 |
| 원미2동 | 12,659 | 39 | 28 | 37 | 7 | 4 | 6 | 10 | 2 | 5 |
| 중1동 | 25,897 | 43 | 28 | 37 | 5 | 5 | 6 | 12 | 4 | 3 |

| 행정구역 | 2008년 총선 | | | | | | | | | |
|---|---|---|---|---|---|---|---|---|---|---|
| | 선거인 수 | 투표율 | 통합민주당 | 한나라당 | 자유선진당 | 민주노동당 | 창조한국당 | 친박연대 | 진보신당 | 기타 정당 |
| 중2동 | 22,908 | 47 | 24 | 42 | 5 | 4 | 5 | 13 | 3 | 4 |
| 중3동 | 18,368 | 43 | 29 | 36 | 5 | 6 | 5 | 10 | 3 | 5 |
| 중4동 | 17,201 | 44 | 29 | 36 | 5 | 7 | 5 | 12 | 4 | 4 |
| 중동 | 13,199 | 37 | 27 | 37 | 5 | 6 | 5 | 11 | 2 | 5 |
| 춘의동 | 12,801 | 36 | 28 | 37 | 7 | 4 | 5 | 10 | 3 | 6 |
| 소사구 | 175,130 | 43 | 29 | 38 | 6 | 6 | 5 | 9 | 3 | 5 |
| 괴안동 | 17,985 | 43 | 29 | 39 | 5 | 6 | 5 | 9 | 3 | 4 |
| 범박동 | 15,965 | 50 | 29 | 39 | 6 | 4 | 5 | 10 | 3 | 3 |
| 소사본1동 | 12,632 | 39 | 29 | 40 | 5 | 6 | 4 | 9 | 2 | 5 |
| 소사본2동 | 8,714 | 38 | 26 | 43 | 6 | 5 | 5 | 8 | 3 | 5 |
| 소사본3동 | 27,158 | 45 | 29 | 37 | 6 | 5 | 5 | 10 | 3 | 5 |
| 송내1동 | 18,609 | 44 | 30 | 35 | 6 | 6 | 5 | 9 | 3 | 5 |
| 송내2동 | 18,467 | 42 | 28 | 36 | 8 | 6 | 4 | 10 | 3 | 5 |
| 심곡본1동 | 15,890 | 38 | 30 | 36 | 7 | 5 | 5 | 10 | 3 | 5 |
| 심곡본동 | 16,289 | 39 | 28 | 39 | 8 | 5 | 4 | 9 | 3 | 4 |
| 역곡3동 | 19,850 | 41 | 30 | 38 | 5 | 6 | 5 | 8 | 3 | 5 |
| 오정구 | 145,857 | 41 | 34 | 37 | 4 | 4 | 4 | 9 | 2 | 5 |
| 고강1동 | 13,067 | 39 | 35 | 38 | 4 | 4 | 4 | 9 | 2 | 5 |
| 고강본동 | 26,246 | 38 | 35 | 36 | 4 | 4 | 4 | 8 | 3 | 6 |
| 성곡동 | 31,496 | 42 | 35 | 34 | 4 | 4 | 5 | 9 | 3 | 5 |
| 신흥동 | 16,418 | 35 | 33 | 37 | 5 | 4 | 3 | 10 | 2 | 5 |
| 오정동 | 17,068 | 43 | 30 | 40 | 3 | 5 | 5 | 9 | 3 | 5 |
| 원종1동 | 20,028 | 38 | 34 | 38 | 4 | 4 | 4 | 9 | 2 | 5 |
| 원종2동 | 18,884 | 40 | 35 | 36 | 4 | 5 | 4 | 8 | 2 | 6 |

## 숫자 100으로 본 경기도 성남시 45개 동네

성남시에는 2005년 현재 분당구, 수정구, 중원구 등 등 3개 구 45개 동에 21만여 개의 거처가 있고, 여기에 31만여 가구 93만여 명이 살고 있다.

경기도 성남시가 100명이 사는 마을이라면 어떤 모습일까?

## 숫자 100으로 본 성남시

성남시에 사는 사람은 경기도 평균인에 비해 고학력이며 종교 인구 비중은 비슷하다. 봉급생활자 비중이 높은데 직업별로는 전문가, 준전문가, 사무직, 판매직, 단순 노무직이 많은 편이며 출퇴근 시간은 긴 편이다.

무주택자와 단독주택 거주자가 상대적으로 많고, 가구의 12%는 (반)지하에 살며, 11%는 최저 주거 기준 미달 가구다. 하지만 이들을 위한 공공임대주택은 2%로 매우 낮은 편이다.

최근 7년간 성남시에서 한나라당은 36~58%를, 민주(＋열린우리)

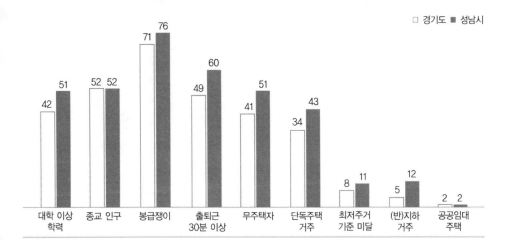

**그림 3_3.45**

## 경기도와 성남시의 주요 지수 평균 비교

(단위 : %)

☐ 경기도 ■ 성남시

| 지수 | 경기도 | 성남시 |
|---|---|---|
| 대학 이상 학력 | 42 | 51 |
| 종교 인구 | 52 | 52 |
| 봉급쟁이 | 71 | 76 |
| 출퇴근 30분 이상 | 49 | 60 |
| 무주택자 | 41 | 51 |
| 단독주택 거주 | 34 | 43 |
| 최저주거 기준 미달 | 8 | 11 |
| (반)지하 거주 | 5 | 12 |
| 공공임대 주택 | 2 | 2 |

당은 27~46%를, 민주노동당＋진보신당은 5~13%를 각각 얻었다. 하지만 동네별로는 차이가 컸다.


## 성남시 인구가 100명이라면 :
## 대학 이상 학력자 51명, 종교 인구 52명

경기도 성남시에 사는 사람은 2005년 현재 93만4,984명으로, 성남시 인구가 100명이라면 남자 대 여자의 수는 50 대 50으로 균형을 이루고 있다. 구별로는 중원구는 남녀 균형인 반면 분당구는 49 대 51로 여자가, 수정구는 51 대 49로 남자가 각각 더 많다. 26명은 어린이와 청소년(19세 미만)이고, 74명은 어른이다. 어른 가운데 7명은 노인(65세 이상)이다.

지역적으로는, 성남시에 사는 100명 중 27명은 수정구에, 28명은 중원구에, 45명은 분당구에 나뉘어 사는데 이들은 다시 45개 동에 흩어져 산다. 정자1동에 5명이 살고　신흥2동·은행2동·상대원1동·서현1동·야탑3동에 4명씩 산다. 성남동·중동·금광1동·금광2동·분당동·이매1동·금곡1동에 3명씩, 신흥1동·태평1동·태평2동·태평3동·태평4동·수진1동·수진2동·단대동·산성동·은행1동·상대원2동·상대원3동·하대원동·수내3동·수내1동·정자2동·정자3동·서현2동·이매2동·야합2동·금곡2동에 2명씩 살고, 신흥3동·양지동·복정동·수내2동에 1명씩 산다(신촌동·고등동·시흥동·운중동 거주 인구 비율은 1% 미만이다).

종교를 보면, 52명이 종교를 갖고 있다. 22명은 개신교, 16명은 불교, 14명은 천주교 신자다. 수정구와 중원구는 개신교-불교-천주교 순으로 신자가 많은 반면, 분당구는 개신교-천주교-불교 순이다. 개신교는 분당구 판교동에서, 불교는 수정구 고등동에서, 천주교는 분당구 수내1동에서 신자 비율이 높다.

학력은 어떨까. 100명 가운데 9명은 초등학교에, 5명은 중학교에,

표 3_3.67

# 경기도 성남시 성별·종교별·학력별 인구

(단위 : 명, %)

| 행정구역 | 남녀/외국인 | | | | 종교 인구 | | | | | | | 대학 이상 학력자 | | | | | | |
|---|---|---|---|---|---|---|---|---|---|---|---|---|---|---|---|---|---|---|
| | 총인구 | 남자 | 여자 | 외국인 | 인구 (내국인) | 종교 있음 | | | | | 종교 없음 | 19세 이상 인구 | 대학 이상 | 4년제 미만 | | 4년제 이상 | | 대학원 이상 |
| | | | | | | 계 | 불교 | 개신교 | 천주교 | 기타 | | | | 계 | 재학 | 계 | 재학 | |
| 성남시 | 934,984 | 50 | 50 | 0 | 931,019 | 52 | 16 | 22 | 14 | 1 | 48 | 691,767 | 51 | 12 | 2 | 32 | 5 | 6 |
| 수정구 | 255,482 | 51 | 49 | 1 | 254,015 | 47 | 18 | 19 | 9 | 1 | 52 | 195,348 | 35 | 14 | 3 | 19 | 4 | 2 |
| 고등동 | 2,667 | 52 | 48 | 0 | 2,658 | 61 | 25 | 25 | 11 | 0 | 39 | 2,101 | 33 | 9 | 3 | 21 | 5 | 3 |
| 단대동 | 19,925 | 50 | 50 | 0 | 19,902 | 48 | 17 | 21 | 9 | 1 | 52 | 14,899 | 37 | 15 | 3 | 20 | 5 | 2 |
| 복정동 | 13,526 | 53 | 47 | 1 | 13,413 | 48 | 15 | 21 | 11 | 1 | 51 | 11,129 | 64 | 20 | 3 | 38 | 5 | 6 |
| 산성동 | 17,026 | 51 | 49 | 0 | 17,007 | 46 | 16 | 18 | 11 | 1 | 54 | 13,001 | 31 | 14 | 3 | 16 | 4 | 1 |
| 수진1동 | 19,753 | 50 | 50 | 1 | 19,557 | 45 | 18 | 16 | 9 | 1 | 54 | 15,415 | 26 | 13 | 3 | 12 | 3 | 1 |
| 수진2동 | 22,172 | 51 | 49 | 2 | 21,786 | 47 | 18 | 18 | 9 | 1 | 53 | 16,973 | 36 | 15 | 3 | 19 | 5 | 2 |
| 시흥동 | 2,977 | 52 | 48 | 0 | 2,963 | 61 | 21 | 24 | 14 | 1 | 39 | 2,396 | 45 | 14 | 3 | 26 | 6 | 5 |
| 신촌동 | 4,212 | 57 | 43 | 0 | 4,209 | 64 | 19 | 28 | 16 | 1 | 36 | 3,121 | 52 | 17 | 3 | 29 | 5 | 6 |
| 신흥1동 | 17,822 | 50 | 50 | 1 | 17,645 | 43 | 18 | 17 | 6 | 1 | 57 | 14,132 | 27 | 13 | 3 | 13 | 3 | 1 |
| 신흥2동 | 32,764 | 50 | 50 | 1 | 32,691 | 48 | 17 | 20 | 10 | 1 | 52 | 24,332 | 41 | 13 | 2 | 25 | 5 | 3 |
| 신흥3동 | 13,267 | 49 | 51 | 0 | 13,222 | 43 | 19 | 15 | 9 | 1 | 56 | 10,468 | 27 | 14 | 3 | 12 | 3 | 1 |
| 양지동 | 11,581 | 50 | 50 | 0 | 11,576 | 49 | 18 | 22 | 9 | 1 | 51 | 8,622 | 34 | 18 | 5 | 16 | 4 | 1 |
| 태평1동 | 19,557 | 50 | 50 | 1 | 19,352 | 47 | 19 | 18 | 9 | 1 | 51 | 15,634 | 37 | 14 | 3 | 21 | 6 | 2 |
| 태평2동 | 22,369 | 50 | 50 | 0 | 22,282 | 47 | 19 | 18 | 9 | 1 | 52 | 16,442 | 30 | 14 | 3 | 15 | 4 | 1 |
| 태평3동 | 17,638 | 51 | 49 | 0 | 17,567 | 45 | 18 | 19 | 8 | 1 | 55 | 13,343 | 30 | 14 | 3 | 15 | 4 | 1 |
| 태평4동 | 18,226 | 50 | 50 | 0 | 18,185 | 47 | 16 | 21 | 9 | 1 | 53 | 13,340 | 30 | 14 | 3 | 13 | 3 | 1 |
| 중원구 | 261,286 | 50 | 50 | 0 | 260,034 | 45 | 17 | 18 | 9 | 1 | 54 | 195,376 | 31 | 14 | 3 | 15 | 4 | 1 |
| 금광1동 | 27,217 | 50 | 50 | 1 | 27,024 | 44 | 16 | 21 | 7 | 1 | 56 | 20,181 | 29 | 15 | 4 | 13 | 4 | 1 |
| 금광2동 | 28,597 | 50 | 50 | 0 | 28,505 | 45 | 16 | 18 | 11 | 1 | 55 | 21,573 | 34 | 16 | 4 | 16 | 4 | 1 |
| 상대원1동 | 34,384 | 52 | 48 | 1 | 34,122 | 45 | 16 | 17 | 10 | 1 | 55 | 25,409 | 30 | 14 | 3 | 15 | 4 | 1 |
| 상대원2동 | 19,587 | 51 | 49 | 1 | 19,466 | 45 | 19 | 20 | 6 | 1 | 54 | 14,617 | 23 | 12 | 3 | 10 | 3 | 1 |
| 상대원3동 | 17,883 | 51 | 49 | 0 | 17,810 | 42 | 16 | 16 | 9 | 1 | 58 | 13,273 | 23 | 11 | 3 | 11 | 3 | 0 |
| 성남동 | 29,767 | 50 | 50 | 0 | 29,620 | 47 | 19 | 17 | 10 | 1 | 53 | 23,361 | 35 | 15 | 3 | 18 | 5 | 1 |
| 은행1동 | 14,547 | 50 | 50 | 0 | 14,527 | 47 | 15 | 18 | 13 | 0 | 53 | 10,517 | 36 | 11 | 2 | 23 | 6 | 2 |
| 은행2동 | 41,629 | 50 | 50 | 0 | 41,481 | 47 | 16 | 21 | 9 | 1 | 53 | 30,374 | 34 | 16 | 4 | 17 | 3 | 2 |
| 중동 | 25,190 | 50 | 50 | 0 | 25,080 | 43 | 18 | 16 | 8 | 1 | 57 | 19,788 | 26 | 13 | 3 | 11 | 3 | 1 |
| 하대원동 | 22,485 | 51 | 49 | 0 | 22,399 | 49 | 18 | 19 | 11 | 1 | 51 | 16,283 | 36 | 14 | 4 | 20 | 7 | 2 |
| 분당구 | 418,216 | 49 | 51 | 0 | 416,970 | 59 | 14 | 25 | 19 | 1 | 41 | 301,043 | 74 | 10 | 2 | 52 | 7 | 12 |

| 행정구역 | 남녀/외국인 | | | | 종교 인구 | | | | | | | 대학 이상 학력자 | | | | | | |
|---|---|---|---|---|---|---|---|---|---|---|---|---|---|---|---|---|---|---|
| | 총인구 | 남자 | 여자 | 외국인 | 인구 (내국인) | 계 | 종교 있음 | | | | 종교 없음 | 19세 이상 인구 | 대학 이상 | 4년제 미만 | | 4년제 이상 | | 대학 이상 |
| | | | | | | | 불교 | 개신교 | 천주교 | 기타 | | | | 계 | 재학 | 계 | 재학 | |
| 구미동 | 35,330 | 50 | 50 | 0 | 35,244 | 59 | 13 | 27 | 18 | 1 | 41 | 25,387 | 72 | 9 | 1 | 52 | 6 | 11 |
| 금곡1동 | 30,533 | 49 | 51 | 0 | 30,460 | 58 | 13 | 25 | 19 | 1 | 42 | 22,881 | 71 | 11 | 2 | 49 | 7 | 11 |
| 금곡2동 | 19,304 | 49 | 51 | 0 | 19,256 | 57 | 14 | 23 | 19 | 1 | 43 | 13,513 | 75 | 11 | 1 | 53 | 5 | 12 |
| 분당동 | 29,572 | 49 | 51 | 0 | 29,487 | 60 | 14 | 26 | 20 | 1 | 39 | 20,827 | 75 | 10 | 1 | 54 | 7 | 11 |
| 서현1동 | 32,785 | 49 | 51 | 0 | 32,641 | 60 | 14 | 24 | 21 | 1 | 40 | 23,546 | 81 | 11 | 1 | 55 | 7 | 15 |
| 서현2동 | 19,976 | 50 | 50 | 0 | 19,951 | 61 | 15 | 24 | 21 | 1 | 39 | 13,665 | 76 | 10 | 2 | 54 | 8 | 12 |
| 수내1동 | 17,893 | 49 | 51 | 0 | 17,836 | 61 | 14 | 23 | 23 | 1 | 39 | 13,452 | 81 | 8 | 1 | 57 | 7 | 16 |
| 수내2동 | 11,459 | 49 | 51 | 0 | 11,446 | 62 | 13 | 26 | 22 | 0 | 38 | 7,734 | 85 | 5 | 1 | 63 | 8 | 17 |
| 수내3동 | 15,728 | 49 | 51 | 0 | 15,699 | 60 | 13 | 26 | 20 | 1 | 39 | 10,571 | 76 | 12 | 2 | 52 | 7 | 12 |
| 야탑1동 | 19,753 | 50 | 50 | 0 | 19,718 | 58 | 15 | 24 | 19 | 1 | 41 | 14,785 | 71 | 15 | 3 | 46 | 8 | 10 |
| 야탑2동 | 18,738 | 49 | 51 | 0 | 18,672 | 59 | 14 | 26 | 18 | 1 | 41 | 14,137 | 75 | 8 | 1 | 57 | 9 | 11 |
| 야탑3동 | 34,250 | 50 | 50 | 0 | 34,129 | 53 | 13 | 23 | 16 | 1 | 47 | 24,486 | 60 | 14 | 2 | 40 | 6 | 7 |
| 운중동 | 1,907 | 50 | 50 | 4 | 1,823 | 55 | 21 | 23 | 10 | 1 | 45 | 1,498 | 45 | 9 | 1 | 28 | 8 | 8 |
| 이매1동 | 28,713 | 50 | 50 | 0 | 28,663 | 60 | 15 | 24 | 20 | 1 | 40 | 20,419 | 77 | 11 | 2 | 53 | 8 | 12 |
| 이매2동 | 15,428 | 49 | 51 | 0 | 15,401 | 63 | 14 | 28 | 20 | 1 | 37 | 10,973 | 80 | 8 | 1 | 60 | 9 | 12 |
| 정자1동 | 48,294 | 50 | 50 | 0 | 48,066 | 59 | 14 | 26 | 19 | 1 | 40 | 35,738 | 80 | 9 | 1 | 57 | 7 | 14 |
| 정자2동 | 20,288 | 48 | 52 | 0 | 20,261 | 57 | 13 | 25 | 18 | 1 | 43 | 14,801 | 64 | 10 | 2 | 45 | 5 | 9 |
| 정자3동 | 17,670 | 49 | 51 | 0 | 17,645 | 60 | 14 | 29 | 18 | 0 | 39 | 12,168 | 77 | 8 | 1 | 57 | 6 | 12 |
| 판교동 | 595 | 55 | 45 | 4 | 572 | 65 | 23 | 34 | 9 | 0 | 34 | 462 | 39 | 7 | 2 | 24 | 7 | 8 |

4명은 고등학교에 다니고 있으며, 40명은 대학에 재학 중이거나 대학 이상의 학력을 가지고 있다(6세 이상 인구 기준). 또 성남에 사는 19세 이상 인구 중 51%가 대학 이상 학력자다. 수정구는 35% 중원구는 31%인 데 비해 분당구는 19세 이상 인구 중 74%가 대학 이상 학력자다. 분당구 수내2동에 사는 19세 이상 인구 중 85%가 대학 이상 학력자다. 수내1동·서현1동·정자1동·이매2동도 80% 이상이다.

32명은 미혼이며 78명은 결혼했다. 결혼한 사람 가운데 6명은 배우자와 사별했고, 3명은 이혼했다(15세 이상 인구 기준). 수정구와 중원구는 미혼자 비율이 34%인 반면, 분당구는 29%로 낮다. 4명은 몸이 불편하거나 정신 장애로 정상적인 활동에 제약을 느끼고 있다.

거주 기간을 보면, 37명은 현재 살고 있는 집에 산 지 5년이 넘었으나, 63명은 5년 이내에 새로 이사 왔다(5세 이상 인구 기준). 이사 온 사람 중 39명은 성남시의 다른 동에서, 6명은 경기도의 다른 시군에서, 17명은 경기도 밖에서 이사 왔다.

## 성남시 취업자가 <u>100명</u>이라면 : <u>76명</u>은 봉급쟁이

성남시에 사는 15세 이상 인구 74만 명 가운데 취업해 직장에 다니는 사람(취업자)은 52%, 38만 명이다. 성남시 취업자가 100명이라면 61명은 30~40대, 20명은 20대이며, 14명은 50대다. 65세 이상 노인도 2명이 일하고 있다.

회사에서 봉급을 받고 일하는 직장인은 76명이다. 13명은 고용한 사람 없이 혼자서 일하는 자영업자이며, 8명은 누군가를 고용해 사업체를 경영하는 사업주다. 3명은 가족이 운영하는 사업체에서 보수 없이 일하고 있다.

직업별로는 사무직이 20명으로 가장 많고, 전문가는 14명, 판매직은 12명, 기술직이나 준전문가는 11명이다. 10명은 단순 노무직, 9명은 서비스직, 8명은 장치 기계 조작 및 조립직이다. 또 5명은 고위 관리직으로 일하고, 1명은 농림 어업에 종사하고 있다.

직장으로 출근하는 데 30분 이상 걸리는 사람은 60명이며, 그 가

그림 3_3.46

# 경기도 성남시 동네별 1인 가구

(단위 : %)

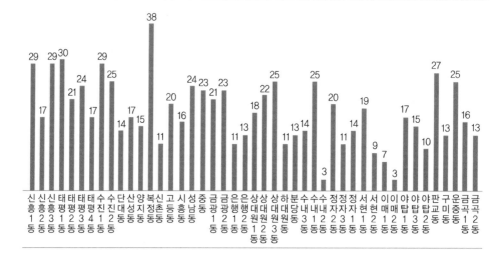

운데 24명은 1시간 이상 걸린다. 17명은 걸어서 출근하고 83명은 교통수단을 이용해 출근한다. 83명 가운데 39명은 자가용으로, 22명은 시내버스로, 12명은 전철로 출퇴근한다. 3명은 통근 버스를, 1명은 시외·고속버스를 이용하며, 4명은 버스와 전철 또는 승용차를 갈아타며 출근한다.

사무실이나 공장 등에서 일하는 사람은 84명이며, 야외나 거리 또는 운송 수단에서 일하는 사람은 11명이다. 2명은 자기 집에서, 다른 2명은 남의 집에서 일한다.

표 3_3.68

## 경기도 성남시의 다주택자

(단위 : %)

| 구분 | | | 가구 수 | 주택 수 | 평균 주택 수 |
|---|---|---|---|---|---|
| 일반 가구 | | | 307,491 | – | – |
| 자가 가구 | | | 133,215 | – | – |
| 다주택 가구 | 통계청 | | 18,523 | – | – |
| | 행자부 | 계 | 15,087 | 36,995 | 2 |
| | | 2채 | 12,666 | 25,332 | 2 |
| | | 3채 | 1,349 | 4,047 | 3 |
| | | 4채 | 353 | 1,412 | 4 |
| | | 5채 | 174 | 870 | 5 |
| | | 6~10채 | 390 | 2,838 | 7 |
| | | 11채 이상 | 155 | 2,496 | 16 |

## 성남시에 100가구가 산다면 :
## 55가구는 셋방살이

성남시에는 30만7천 가구가 산다(일반 가구 기준). 성남에 사는 가구를 100가구로 친다면, 38가구는 식구가 한 명 또는 두 명인 1, 2인 가구이며, 이 가운데 18가구는 나 홀로 사는 1인 가구다. 식구 4명은 30가구, 3명은 22가구, 5명 이상은 10가구다.

구별 1인 가구 비중은 수정구(23%), 중원구(19%), 분당구(14%) 순이다. 45개 동 가운데는 복정동이 38%로 가장 높고, 태평1동은 30%, 신흥1동·신흥3동·수진1동은 29%다. 모두 19개 동네에서 1인 가구 비중이 20%가 넘었다. 반면 수내2동·이매1동·이매2동·서현2동은 10% 이내다.

43가구는 자신이 소유한 집에서 살고, 55가구는 셋방에 살며, 2가구는 직장의 사택이나 친척집 등에서 무상으로 살고 있다. 자기 집에 사는 가구 중 6가구는 현재 살고 있는 집 외에 최소 한 채에서 여러 채를 소유한 다주택자들이다.

셋방 사는 가구 가운데 36가구는 전세에, 17가구는 보증금 있는 월세에, 1가구는 보증금 없는 월세에 살고 있다. 셋방 사는 가구 중 6가구는 어딘가에 자신 명의의 집을 소유하고 있으나 경제 사정이나 자녀 교육, 직장 등의 사정으로 셋방에 살고 있다.

66가구는 현재 사는 집으로 이사 온 지 5년이 안 되며, 이 가운데 36가구는 2년이 안 된다. 17가구는 5~10년이 됐고, 17가구는 10년이 넘었다.

63가구는 자동차를 소유하고 있고 이 가운데 46가구는 자기 집에 전용 주차장이 있다. 자동차 소유 가구 중 14가구는 차를 2대 이상 소유하고 있다.


**집 많은 사람, 집 없는 사람 :**
**이매2동 87% 주택 소유, 복정동 83% 무주택**


성남시에 사는 100가구 중 49가구는 주택 소유자이고 51가구는 무주택자다. 성남시 3개 구 가운데 수정구는 주택 소유자 34%, 무주택자 65%이며, 중원구는 주택 소유자 43%, 무주택자 57%로 무주택자가 훨씬 많다. 반면에 분당구는 주택 소유자 64%, 무주택자 36%로 주택 소유자가 더 많다. 45개 동네 가운데 23개 동은 주택 소유자가 더 많고 20개 동은 무주택자가 더 많으며, 정자2동과 신흥2동은 집 있는 가구와 집 없는 가구가 비슷하다. 주택 소유자는 이매2동(87%), 수내2동(86%), 야탑2동(77%), 이매1동(73%) 순으로 비중이 높다. 반면 무주택자가 가장 많은 곳은 복정동으로 17%만 집을 갖고 있고 83%는 집 없이 셋방을 떠돌거나 친척집 등에서 무상으로 살고 있다. 수진1동과 신흥1동도 24~25% 가구만 집이 있고 75~76%는 무주택 가구다.

성남시 100가구 중 8가구는 집을 두 채 이상 여러 채 소유한 다주택자다. 다주택자 역시 수정구와 중원구는 4%인 데 비해 분당구는 9%로 두 배가 넘는다. 다주택자 비중 역시 수내2동 16%, 야탑2동 14%, 이매2동 13%로 분당구에 있는 이들 세 동네에서 가장 높다. 반면 복정동 1%를 비롯해 수진1동과 신흥1동 2%로 수정구에 있는 이들 세 동네가 가장 낮다. 중원구 상대원3동 역시 다주택자 비중이 2%에 머물고 있다.

성남시 100가구 중 6가구는 어딘가에 자신 명의의 집이 있지만 현재 셋방에 사는 유주택 전월세 가구다. 유주택 전월세 가구는 수내2동·서현1동·수내1동·이매1동·야탑2동에서 10%가 넘었다. 반면 중동·수진1동·신흥1동은 2%에 머물렀다. 유주택 전월세를 제외한 43가구는 자신이 소유한 집에서 산다. 이매2동(79%), 수내2동(74%), 야탑2동(68%), 은행1동(63%), 서현2동(62%) 순으로 자가 점유율이 높다.

유주택 전월세를 포함한 55가구는 셋방에 산다. 셋방 사는 가구 비율은 복정동(85%), 신흥1동(75%), 수진1동(75%), 상대원3동(74%) 순으로 높고 9개 동에서 70%가 넘은 것을 포함해 16개 동네에서

표 3_3.69

# 경기도 성남시 주택의 점유·소유 형태별 가구

(단위 : 가구, %)

| | 일반 | 자기 집에 거주 | | | 셋방에 거주 | | | 무상으로 거주 | | 주택 소유 | 무주택 |
|---|---|---|---|---|---|---|---|---|---|---|---|
| | | 계 | 집 한 채 | 여러 채 | 계 | 집 없음 | 집 있음 | 집 없음 | 집 있음 | | |
| 성남시 | 307,491 | 43 | 37 | 6 | 55 | 49 | 6 | 2 | 0 | 49 | 51 |
| 수정구 | 89,930 | 31 | 27 | 4 | 66 | 62 | 4 | 3 | 0 | 35 | 65 |
| 고등동 | 859 | 39 | 33 | 6 | 56 | 51 | 5 | 4 | 0 | 45 | 55 |
| 단대동 | 6,416 | 48 | 43 | 5 | 50 | 46 | 5 | 1 | 0 | 53 | 47 |
| 복정동 | 5,970 | 8 | 7 | 1 | 85 | 77 | 8 | 5 | 1 | 17 | 83 |
| 산성동 | 5,670 | 35 | 32 | 3 | 63 | 60 | 3 | 2 | 0 | 38 | 62 |
| 수진1동 | 7,603 | 22 | 19 | 2 | 76 | 73 | 2 | 3 | 0 | 24 | 76 |
| 수진2동 | 7,813 | 34 | 29 | 5 | 63 | 59 | 4 | 3 | 0 | 38 | 62 |
| 시흥동 | 898 | 48 | 37 | 10 | 38 | 33 | 5 | 10 | 3 | 56 | 44 |
| 신촌동 | 1,139 | 19 | 16 | 3 | 27 | 24 | 3 | 42 | 12 | 34 | 66 |
| 신흥1동 | 6,903 | 22 | 20 | 2 | 76 | 73 | 2 | 2 | 0 | 25 | 75 |
| 신흥2동 | 10,649 | 41 | 35 | 6 | 57 | 51 | 6 | 2 | 0 | 47 | 53 |
| 신흥3동 | 5,022 | 26 | 23 | 3 | 72 | 69 | 3 | 2 | 0 | 29 | 71 |
| 양지동 | 3,701 | 46 | 41 | 4 | 53 | 49 | 4 | 1 | 0 | 50 | 50 |
| 태평1동 | 7,390 | 26 | 23 | 3 | 72 | 69 | 3 | 2 | 0 | 30 | 70 |
| 태평2동 | 7,632 | 31 | 28 | 3 | 66 | 63 | 3 | 3 | 0 | 34 | 66 |
| 태평3동 | 6,290 | 25 | 22 | 3 | 73 | 70 | 3 | 2 | 0 | 28 | 72 |
| 태평4동 | 5,975 | 36 | 32 | 3 | 62 | 59 | 3 | 2 | 0 | 39 | 61 |
| 중원구 | 80,284 | 37 | 34 | 4 | 61 | 57 | 3 | 2 | 0 | 41 | 59 |
| 금광1동 | 9,345 | 28 | 25 | 3 | 71 | 67 | 4 | 1 | 0 | 32 | 68 |
| 금광2동 | 9,962 | 33 | 30 | 3 | 65 | 62 | 3 | 1 | 0 | 37 | 63 |
| 상대원1동 | 11,055 | 50 | 45 | 5 | 48 | 45 | 3 | 2 | 0 | 53 | 47 |
| 상대원2동 | 6,772 | 27 | 25 | 3 | 71 | 68 | 3 | 2 | 0 | 30 | 70 |
| 상대원3동 | 6,388 | 25 | 23 | 2 | 74 | 71 | 3 | 2 | 0 | 28 | 72 |
| 성남동 | 10,225 | 34 | 31 | 3 | 64 | 60 | 4 | 2 | 0 | 39 | 61 |
| 은행1동 | 4,321 | 63 | 56 | 7 | 35 | 31 | 4 | 2 | 0 | 67 | 33 |
| 은행2동 | 13,202 | 48 | 43 | 5 | 51 | 47 | 4 | 1 | 0 | 52 | 48 |
| 중동 | 9,014 | 30 | 27 | 3 | 68 | 66 | 2 | 2 | 0 | 33 | 67 |
| 하대원동 | 137,277 | 55 | 46 | 9 | 43 | 35 | 9 | 1 | 0 | 64 | 36 |
| 분당구 | 6,555 | 57 | 49 | 8 | 41 | 36 | 5 | 1 | 0 | 62 | 38 |
| 구미동 | 11,031 | 52 | 43 | 9 | 47 | 39 | 8 | 1 | 0 | 60 | 40 |

| | 일반 | 자기 집에 거주 | | | 셋방에 거주 | | | 무상 | | 주택 소유 | 무주택 |
|---|---|---|---|---|---|---|---|---|---|---|---|
| | | 계 | 집 한 채 | 여러 채 | 계 | 집 없음 | 집 있음 | 집 없음 | 집 있음 | | |
| 금곡1동 | 10,058 | 51 | 42 | 9 | 48 | 40 | 8 | 1 | 0 | 59 | 41 |
| 금곡2동 | 5,958 | 57 | 49 | 8 | 42 | 32 | 9 | 1 | 0 | 67 | 33 |
| 분당동 | 9,095 | 52 | 43 | 9 | 47 | 39 | 8 | 1 | 0 | 60 | 40 |
| 서현1동 | 10,591 | 54 | 45 | 9 | 44 | 33 | 11 | 2 | 1 | 65 | 35 |
| 서현2동 | 5,870 | 63 | 54 | 8 | 36 | 27 | 9 | 1 | 0 | 72 | 28 |
| 수내1동 | 6,326 | 53 | 44 | 9 | 46 | 36 | 10 | 1 | 0 | 63 | 37 |
| 수내2동 | 3,041 | 74 | 58 | 16 | 25 | 14 | 11 | 1 | 0 | 86 | 14 |
| 수내3동 | 4,823 | 45 | 37 | 9 | 53 | 44 | 9 | 1 | 0 | 55 | 45 |
| 야탑1동 | 6,191 | 56 | 47 | 8 | 43 | 35 | 8 | 1 | 0 | 64 | 36 |
| 야탑2동 | 5,628 | 68 | 54 | 14 | 31 | 22 | 10 | 1 | 0 | 77 | 23 |
| 야탑3동 | 10,963 | 44 | 39 | 5 | 53 | 46 | 7 | 2 | 0 | 52 | 48 |
| 운중동 | 596 | 44 | 34 | 10 | 47 | 40 | 7 | 8 | 1 | 52 | 48 |
| 이매1동 | 8,189 | 62 | 52 | 9 | 33 | 22 | 10 | 4 | 1 | 73 | 27 |
| 이매2동 | 4,132 | 78 | 66 | 13 | 21 | 13 | 8 | 0 | 0 | 87 | 13 |
| 정자1동 | 15,498 | 57 | 46 | 11 | 42 | 33 | 9 | 1 | 0 | 67 | 33 |
| 정자2동 | 7,150 | 44 | 39 | 5 | 55 | 49 | 6 | 1 | 0 | 50 | 50 |
| 정자3동 | 5,385 | 52 | 43 | 10 | 47 | 36 | 10 | 1 | 0 | 63 | 37 |
| 판교동 | 197 | 23 | 19 | 4 | 23 | 20 | 3 | 54 | 1 | 26 | 74 |

60%가 넘었다.

무주택 셋방 가구는 모두 49가구인데 복정동(77%), 수진1동(73%), 상대원3동(71%), 태평3동(70%)에서 비율이 높았다. 한편 신촌동과 판교동에는 가구의 절반 이상이 직장의 사택이나 친척집에서 무상으로 사는 가구인데 각각 42%와 54%가 무주택자다.

## 성남시에 있는 집이 100채라면 :
## 56채는 아파트, 18채는 단독주택

성남시에는 집(주택과 주택 이외의 거처)이 21만 채가 있다. 성남시에 있는 집이 100채라면 56채는 아파트이고 18채는 단독주택, 14채는 다세대주택, 4채는 연립주택이다. 또 상가 등 비거주용 건물 내 주택은 1채, 오피스텔 등 주택 이외의 거처는 6채다.

분당구는 아파트 80%, 주택 이외의 거처 10%, 연립주택 6%, 단독주택 3%로 거처의 대다수가 아파트다. 반면 수정구는 단독주택 49%, 아파트 24%, 다세대주택 21%, 연립주택 3%로 단독주택이 많다. 또 중원구는 단독주택과 아파트가 각 27%를 차지한 가운데 다세대주택이 40%로 가장 많다.

동네 거처의 100%가 아파트인 정자2동·이매2동·수내2동을 비롯해 90% 이상인 야탑2동·정자3동·이매1동·서현2동 등 21개 동네에서 거처 절반 이상이 아파트다. 반면에 사실상 아파트가 없는 신흥3동·고등동·시흥동·상대원3동·판교동·운중동을 비롯해 13곳에서 아파트 비율이 10% 미만이다.

단독주택은 신흥1동에서 92%에 달하고, 수진1동·상대원2동·고등동에서 80% 이상을 차지하는 등 모두 17개 동네에서 절반을 넘었다. 수내1동·수내2동·정자2동·이매2동·야합2동에서는 단독주택이 사실상 존재하지 않는 등 18개 동에서 단독주택 비중이 10% 미만이다.

한편 야탑3동 거처의 24%, 분당동 거처의 21%는 연립주택이며, 판교동 거처의 30%, 수내1동 거처의 29%, 시흥동 거처의 24%는 주택 이외의 거처다.

사람이 사는 곳을 기준으로 보면, 성남시 가구 중 43%는 단독주택에, 38%는 아파트에, 10%는 다세대주택에 산다. 또 4%는 주택 이외의 거처에, 3%는 연립주택에, 1%는 비거주용 건물 내 주택에 산다. 수진1동과 신흥1동 94%, 상대원2동 93%, 복정동 92%를 비롯해 22개 동네에서 단독주택 거주 가구 비중이 절반을 넘었다. 반면 정자2동·이매2동·수매2동 100%를 비롯해 17개 동네에서는 동네 가구의 절반 이상이 아파트에 산다.

한편 은행2동 64%, 은행1동 58%를 비롯해 6개 동네에서는 다세대 가구 거주 비중이 20%가 넘었고, 윤중동과 야탑3동은 20% 이상이 연립주택에 산다. 수내1동과 판교동의 20% 이상이 주택 이외의 거처에 산다.

1995년부터 2005년까지 10년간 성남시 주택 수(주택 이외의 거처 제외)는 16만 채에서 20만 채로 24%가 늘었다. 이 기간 동안 가장 많이 늘어난 것은 다세대주택으로 1만5천 채(107%)가 증가했다. 또 아파트와 연립주택은 22%가 증가한 반면 단독주택은 1% 증가하는 데 그쳤다. 이에 따라 전체 주택에서 차지하는 비중도 다세대주택은 9%에서 15%로 증가한 데 비해 아파트는 61%에서 60%로, 단독주택은 24%에서 19%로 감소했다.

크기별로는 29평 이상이 36채, 19~29평 30채, 14~19평 21채이며, 14평 미만은 12채다. 한편 45개 동 가운데 16곳에서 29평 이상 중대형 주택이 절반이 넘은 반면, 31곳에서 14평 미만 주택이 10% 미만을 기록해 가난한 서민들이 살 수 있는 저렴한 소형 주택이 부족한 것으로 나타났다.

건축년도별로는 36채가 지은 지 10년(1995~2005년 사이 건축)이 안

표 3_3.70

# 경기도 성남시 거처의 종류별·연건평별·건축년도별 주택

(단위 : 호, 가구, %)

| 행정구역 | 거처의 종류별 거처와 가구 | | | | | | | | | | | | | |
|---|---|---|---|---|---|---|---|---|---|---|---|---|---|---|
| | 계 | | 단독주택 | | 아파트 | | 연립주택 | | 다세대주택 | | 비거주용 건물<br>내 주택 | | 주택 이외의<br>거처 | |
| | 거처 | 가구 | 거처 | 가구 | 거처 | 가구 | 거처 | 가구 | 거처 | 가구 | 거처 | 가구 | 거처 | 가구 |
| 성남시 | 209,963 | 307,662 | 18 | 43 | 56 | 38 | 4 | 3 | 14 | 10 | 1 | 1 | 6 | 4 |
| 수정구 | 41,885 | 89,982 | 49 | 75 | 24 | 11 | 3 | 2 | 21 | 10 | 1 | 1 | 2 | 1 |
| 고등동 | 469 | 860 | 83 | 89 | 0 | 0 | 0 | 0 | 0 | 0 | 4 | 3 | 13 | 8 |
| 단대동 | 4,650 | 6,417 | 18 | 40 | 37 | 27 | 3 | 3 | 40 | 29 | 2 | 2 | 0 | 0 |
| 복정동 | 1,196 | 5,977 | 62 | 92 | 28 | 6 | 0 | 0 | 4 | 1 | 3 | 1 | 4 | 1 |
| 산성동 | 2,794 | 5,672 | 59 | 80 | 2 | 1 | 1 | 0 | 38 | 18 | 1 | 1 | 0 | 0 |
| 수진1동 | 2,570 | 7,605 | 89 | 94 | 3 | 1 | 0 | 0 | 5 | 2 | 2 | 3 | 0 | 0 |
| 수진2동 | 3,753 | 7,814 | 38 | 68 | 40 | 19 | 2 | 1 | 17 | 8 | 2 | 2 | 2 | 1 |
| 시흥동 | 610 | 899 | 63 | 74 | 0 | 0 | 0 | 0 | 11 | 7 | 2 | 2 | 24 | 17 |
| 신촌동 | 860 | 1,141 | 30 | 47 | 69 | 52 | 0 | 0 | 0 | 0 | 0 | 0 | 0 | 0 |
| 신흥1동 | 2,338 | 6,907 | 92 | 94 | 1 | 0 | 1 | 0 | 3 | 1 | 1 | 1 | 2 | 4 |
| 신흥2동 | 6,913 | 10,659 | 26 | 52 | 58 | 38 | 4 | 2 | 8 | 5 | 0 | 0 | 4 | 2 |
| 신흥3동 | 1,920 | 5,028 | 75 | 88 | 0 | 0 | 3 | 1 | 18 | 7 | 3 | 2 | 2 | 2 |
| 양지동 | 2,264 | 3,701 | 23 | 51 | 18 | 11 | 12 | 7 | 47 | 29 | 1 | 1 | 0 | 1 |
| 태평1동 | 2,777 | 7,398 | 61 | 83 | 3 | 1 | 10 | 4 | 23 | 9 | 2 | 2 | 2 | 1 |
| 태평2동 | 3,539 | 7,634 | 51 | 76 | 14 | 7 | 3 | 1 | 28 | 13 | 2 | 2 | 2 | 1 |
| 태평3동 | 2,209 | 6,294 | 70 | 89 | 3 | 1 | 6 | 2 | 19 | 6 | 2 | 1 | 0 | 0 |
| 태평4동 | 3,023 | 5,976 | 54 | 76 | 18 | 9 | 2 | 1 | 25 | 12 | 1 | 1 | 0 | 0 |
| 중원구 | 51,138 | 86,923 | 27 | 56 | 27 | 16 | 1 | 1 | 40 | 24 | 2 | 2 | 1 | 1 |
| 금광1동 | 4,163 | 9,348 | 50 | 77 | 29 | 13 | 0 | 0 | 15 | 7 | 2 | 2 | 3 | 2 |
| 금광2동 | 4,572 | 9,964 | 36 | 68 | 14 | 7 | 0 | 0 | 48 | 22 | 2 | 4 | 0 | 0 |
| 상대원1동 | 7,510 | 11,072 | 15 | 42 | 56 | 38 | 4 | 3 | 24 | 16 | 1 | 1 | 0 | 0 |
| 상대원2동 | 2,700 | 6,773 | 84 | 93 | 1 | 0 | 2 | 1 | 10 | 4 | 2 | 1 | 1 | 0 |
| 상대원3동 | 2,273 | 6,394 | 73 | 89 | 0 | 0 | 4 | 1 | 22 | 8 | 0 | 2 | 0 | 0 |
| 성남동 | 5,414 | 10,257 | 27 | 58 | 20 | 11 | 1 | 1 | 39 | 20 | 4 | 5 | 9 | 5 |
| 은행1동 | 3,905 | 4,323 | 4 | 13 | 32 | 29 | 0 | 0 | 64 | 58 | 0 | 0 | 0 | 0 |
| 은행2동 | 11,458 | 13,211 | 5 | 17 | 21 | 18 | 0 | 0 | 74 | 64 | 1 | 1 | 0 | 0 |
| 중동 | 4,185 | 9,020 | 59 | 80 | 8 | 4 | 2 | 1 | 23 | 11 | 8 | 4 | 0 | 0 |
| 하대원동 | 4,958 | 6,561 | 13 | 33 | 57 | 43 | 1 | 1 | 27 | 20 | 2 | 3 | 0 | 0 |
| 분당구 | 116,940 | 130,757 | 3 | 13 | 80 | 72 | 6 | 6 | 1 | 0 | 0 | 0 | 10 | 9 |

| 총 주택 수 | 연건평별 주택 | | | | 건축년도별 주택 | | |
|---|---|---|---|---|---|---|---|
| | 14평<br>미만 | 14~<br>19평 | 19~<br>29평 | 29평<br>이상 | 1995~<br>2005년 | 1985~<br>1994년 | 1985년<br>이전 |
| 197,185 | 12 | 21 | 30 | 36 | 36 | 59 | 5 |
| 41,064 | 9 | 16 | 35 | 41 | 31 | 54 | 15 |
| 406 | 5 | 11 | 28 | 56 | 24 | 23 | 53 |
| 4,635 | 28 | 21 | 34 | 17 | 34 | 51 | 15 |
| 1,148 | 5 | 25 | 10 | 60 | 56 | 10 | 33 |
| 2,792 | 11 | 15 | 38 | 37 | 39 | 45 | 16 |
| 2,563 | 3 | 4 | 20 | 74 | 21 | 62 | 17 |
| 3,682 | 3 | 15 | 42 | 41 | 60 | 32 | 8 |
| 461 | 5 | 9 | 24 | 63 | 47 | 16 | 36 |
| 858 | 0 | 44 | 31 | 24 | 37 | 27 | 36 |
| 2,298 | 4 | 6 | 16 | 74 | 21 | 63 | 16 |
| 6,663 | 3 | 17 | 60 | 21 | 11 | 83 | 6 |
| 1,879 | 7 | 9 | 25 | 59 | 27 | 51 | 22 |
| 2,260 | 9 | 24 | 41 | 27 | 45 | 31 | 24 |
| 2,735 | 9 | 10 | 35 | 46 | 30 | 58 | 13 |
| 3,454 | 7 | 26 | 30 | 38 | 28 | 59 | 13 |
| 2,209 | 3 | 7 | 28 | 62 | 31 | 54 | 15 |
| 3,021 | 18 | 14 | 21 | 47 | 23 | 64 | 13 |
| 50,427 | 12 | 32 | 30 | 26 | 34 | 59 | 7 |
| 4,018 | 5 | 35 | 17 | 43 | 18 | 67 | 15 |
| 4,569 | 21 | 21 | 21 | 37 | 27 | 67 | 7 |
| 7,503 | 12 | 48 | 25 | 15 | 30 | 66 | 4 |
| 2,669 | 3 | 5 | 29 | 63 | 20 | 63 | 17 |
| 2,273 | 2 | 7 | 27 | 64 | 29 | 55 | 16 |
| 4,908 | 9 | 12 | 46 | 33 | 54 | 38 | 8 |
| 3,905 | 17 | 38 | 42 | 4 | 24 | 76 | 0 |
| 11,450 | 21 | 47 | 28 | 5 | 31 | 68 | 1 |
| 4,183 | 10 | 31 | 14 | 45 | 22 | 55 | 23 |
| 4,949 | 6 | 26 | 48 | 21 | 72 | 24 | 4 |
| 105,694 | 13 | 18 | 29 | 40 | 39 | 61 | 0 |

| 행정구역 | 거처의 종류별 거처와 가구 | | | | | | | | | | | | | |
|---|---|---|---|---|---|---|---|---|---|---|---|---|---|---|
| | 계 | | 단독주택 | | 아파트 | | 연립주택 | | 다세대주택 | | 비거주용 건물 내 주택 | | 주택 이외의 거처 | |
| | 거처 | 가구 | 거처 | 가구 | 거처 | 가구 | 거처 | 가구 | 거처 | 가구 | 거처 | 가구 | 거처 | 가구 |
| 구미동 | 10,710 | 11,035 | 1 | 4 | 81 | 78 | 9 | 9 | 0 | 0 | 0 | 0 | 9 | 8 |
| 금곡1동 | 10,036 | 10,062 | 1 | 1 | 76 | 75 | 5 | 5 | 1 | 1 | 0 | 0 | 18 | 18 |
| 금곡2동 | 5,523 | 5,960 | 4 | 11 | 67 | 63 | 17 | 16 | 1 | 1 | 0 | 0 | 12 | 11 |
| 분당동 | 6,308 | 9,096 | 9 | 36 | 70 | 49 | 21 | 15 | 0 | 0 | 0 | 0 | 0 | 0 |
| 서현1동 | 10,089 | 10,596 | 2 | 6 | 77 | 73 | 2 | 2 | 2 | 2 | 0 | 0 | 18 | 17 |
| 서현2동 | 5,141 | 5,870 | 3 | 15 | 90 | 79 | 7 | 6 | 0 | 0 | 0 | 0 | 0 | 0 |
| 수내1동 | 6,306 | 6,327 | 0 | 0 | 71 | 71 | 0 | 0 | 0 | 0 | 0 | 0 | 29 | 29 |
| 수내2동 | 3,015 | 3,041 | 0 | 0 | 100 | 100 | 0 | 0 | 0 | 0 | 0 | 0 | 0 | 0 |
| 수내3동 | 2,953 | 4,825 | 12 | 46 | 88 | 54 | 0 | 0 | 0 | 0 | 0 | 0 | 0 | 0 |
| 야탑1동 | 5,549 | 6,193 | 3 | 13 | 83 | 74 | 0 | 0 | 0 | 0 | 0 | 0 | 14 | 12 |
| 야탑2동 | 5,485 | 5,629 | 0 | 1 | 93 | 92 | 2 | 2 | 0 | 0 | 0 | 0 | 4 | 4 |
| 야탑3동 | 9,236 | 10,970 | 4 | 19 | 64 | 54 | 24 | 20 | 0 | 0 | 0 | 0 | 7 | 6 |
| 운중동 | 435 | 598 | 58 | 69 | 0 | 0 | 34 | 25 | 0 | 0 | 3 | 3 | 5 | 4 |
| 이매1동 | 7,471 | 8,191 | 2 | 10 | 91 | 84 | 3 | 3 | 4 | 3 | 0 | 0 | 0 | 0 |
| 이매2동 | 4,122 | 4,132 | 0 | 0 | 100 | 100 | 0 | 0 | 0 | 0 | 0 | 0 | 0 | 0 |
| 정자1동 | 13,355 | 15,499 | 5 | 18 | 75 | 65 | 1 | 1 | 0 | 0 | 0 | 0 | 19 | 16 |
| 정자2동 | 7,070 | 7,150 | 0 | 0 | 100 | 100 | 0 | 0 | 0 | 0 | 0 | 0 | 0 | 0 |
| 정자3동 | 3,988 | 5,385 | 8 | 31 | 92 | 69 | 0 | 0 | 0 | 0 | 0 | 0 | 0 | 0 |
| 판교동 | 148 | 198 | 69 | 76 | 0 | 0 | 0 | 0 | 0 | 0 | 1 | 2 | 30 | 22 |

된 새집인 데 비해, 1985년 이전에 지은 집은 5채에 머물렀다. 분당구는 판교동과 운중동을 제외하고는 1985년 이전에 지은 집이 없는데 비해, 수정구는 고등동·신촌동·시흥동·복정동에서 지은 지 20년 넘은 집이 30% 이상 차지했다.

| | 연건평별 주택 | | | | 건축년도별 주택 | | |
|---|---|---|---|---|---|---|---|
| 총 주택 수 | 14평 미만 | 14~ 19평 | 19~ 29평 | 29평 이상 | 1995~ 2005년 | 1985~ 1994년 | 1985년 이전 |
| 9,788 | 23 | 27 | 22 | 29 | 100 | 0 | 0 |
| 8,238 | 29 | 15 | 25 | 30 | 74 | 26 | 1 |
| 4,887 | 0 | 37 | 35 | 28 | 97 | 2 | 1 |
| 6,308 | 0 | 11 | 47 | 42 | 21 | 79 | 0 |
| 8,301 | 8 | 11 | 39 | 42 | 7 | 92 | 0 |
| 5,141 | 0 | 20 | 41 | 39 | 10 | 90 | 0 |
| 4,448 | 21 | 13 | 16 | 51 | 2 | 98 | 0 |
| 3,015 | 0 | 6 | 16 | 78 | 0 | 100 | 0 |
| 2,953 | 0 | 12 | 31 | 57 | 12 | 88 | 0 |
| 4,779 | 6 | 15 | 55 | 24 | 8 | 91 | 0 |
| 5,243 | 13 | 8 | 20 | 58 | 3 | 97 | 0 |
| 8,571 | 25 | 46 | 21 | 8 | 44 | 56 | 0 |
| 415 | 7 | 12 | 37 | 44 | 62 | 5 | 34 |
| 7,469 | 0 | 15 | 45 | 40 | 17 | 83 | 0 |
| 4,122 | 3 | 5 | 21 | 71 | 9 | 91 | 0 |
| 10,854 | 0 | 11 | 25 | 63 | 73 | 27 | 0 |
| 7,070 | 63 | 12 | 11 | 14 | 2 | 98 | 0 |
| 3,988 | 0 | 22 | 33 | 44 | 92 | 8 | 0 |
| 104 | 1 | 3 | 16 | 80 | 30 | 11 | 60 |

성남시에서 지하 방에 사는 사람 :

신흥1동·2동·3동, 태평1동·2동·3동·4동, 수진1동,

산성동, 중동, 금광1동·2동, 상대원2동·3동

<u>20%</u> 이상 (반)지하 거주

　성남시에 사는 30만7천 가구를 100가구로 친다면, 그 중 11가구는 식구에 비해 집이 너무 좁거나 시설이 제대로 갖춰지지 않아 인간다운 품위를 지키기 어려운 최저 주거 기준 미달 가구다.

표 3_3.71

## 경기도 성남시 (반)지하 등 거주 가구

(단위 : 가구, %)

| 행정구역 | 일반 가구 | (반)지하 | | 옥탑방 | 판잣집·움막·비닐집 | 기타 |
|---|---|---|---|---|---|---|
| | | 가구 | 비중 | 가구 | 가구 | 가구 |
| 성남시 | 307,491 | 38,118 | 12 | 3,400 | 397 | 307 |
| 수정구 | 89,930 | 18,793 | 21 | 2,217 | 288 | 231 |
| 고등동 | 859 | 101 | 12 | 4 | 70 | – |
| 단대동 | 6,416 | 852 | 13 | 39 | 11 | 4 |
| 복정동 | 5,970 | 895 | 15 | 64 | 43 | 2 |
| 산성동 | 5,670 | 1,375 | 24 | 104 | – | – |
| 수진1동 | 7,603 | 2,113 | 28 | 344 | – | 1 |
| 수진2동 | 7,813 | 1,519 | 19 | 495 | 7 | – |
| 시흥동 | 898 | 79 | 9 | – | 153 | 1 |
| 신촌동 | 1,139 | 52 | 5 | 3 | 1 | – |
| 신흥1동 | 6,903 | 1,834 | 27 | 210 | – | 143 |
| 신흥2동 | 10,649 | 1,579 | 15 | 185 | 1 | 1 |
| 신흥3동 | 5,022 | 1,170 | 23 | 108 | – | 6 |
| 양지동 | 3,701 | 654 | 18 | 27 | 1 | 31 |
| 태평1동 | 7,390 | 1,696 | 23 | 307 | – | 42 |
| 태평2동 | 7,632 | 1,796 | 24 | 97 | – | – |
| 태평3동 | 6,290 | 1,749 | 28 | 139 | – | – |
| 태평4동 | 5,975 | 1,329 | 22 | 91 | 1 | – |
| 중원구 | 86,839 | 15,970 | 18 | 702 | 17 | 25 |
| 금광1동 | 9,345 | 2,154 | 23 | 107 | – | 3 |
| 금광2동 | 9,962 | 2,094 | 21 | 93 | – | 1 |
| 상대원1동 | 11,055 | 1,419 | 13 | 44 | 1 | 1 |
| 상대원2동 | 6,772 | 1,551 | 23 | 64 | – | – |
| 상대원3동 | 6,388 | 1,698 | 27 | 38 | – | – |
| 성남동 | 10,225 | 1,416 | 14 | 126 | 2 | 14 |
| 은행1동 | 4,321 | 619 | 14 | 17 | – | – |
| 은행2동 | 13,202 | 2,217 | 17 | 30 | 10 | 1 |
| 중동 | 9,014 | 2,130 | 24 | 169 | – | 1 |
| 하대원동 | 6,555 | 672 | 10 | 14 | 4 | 4 |
| 분당구 | 130,722 | 3,355 | 3 | 481 | 92 | 51 |
| 구미동 | 11,031 | 58 | 1 | 10 | 6 | – |

| 행정구역 | 일반 가구 | (반)지하 | | 옥탑방 | 판잣집·움막·비닐집 | 기타 |
|---|---|---|---|---|---|---|
| | | 가구 | 비중 | 가구 | 가구 | 가구 |
| 금곡1동 | 10,058 | 85 | 1 | – | – | 1 |
| 금곡2동 | 5,958 | 60 | 1 | 21 | 18 | 1 |
| 분당동 | 9,095 | 770 | 8 | 158 | – | – |
| 서현1동 | 10,591 | 132 | 1 | 2 | 4 | – |
| 서현2동 | 5,870 | 207 | 4 | 19 | – | – |
| 수내1동 | 6,326 | 2 | 0 | – | – | – |
| 수내2동 | 3,041 | – | – | – | – | – |
| 수내3동 | 4,823 | 570 | 12 | 82 | – | – |
| 야탑1동 | 6,191 | 83 | 1 | 20 | – | 3 |
| 야탑2동 | 5,628 | 14 | 0 | 1 | – | – |
| 야탑3동 | 10,963 | 346 | 3 | 38 | 4 | 43 |
| 운중동 | 596 | 21 | 4 | – | 20 | – |
| 이매1동 | 8,189 | 236 | 3 | 6 | – | – |
| 이매2동 | 4,132 | – | – | – | – | – |
| 정자1동 | 15,498 | 346 | 2 | 76 | – | – |
| 정자2동 | 7,150 | – | – | – | – | – |
| 정자3동 | 5,385 | 416 | 8 | 48 | – | – |
| 판교동 | 197 | 9 | 5 | – | 40 | 3 |

또 100가구 가운데 87가구는 지상에 살지만, 12가구는 (반)지하에, 1가구는 옥상에 살고 있다. 성남 시민 8명 중 한 명꼴로 지하 방에 사는 셈이다. (반)지하에 사는 가구는 분당구에서는 3%에 머문 반면, 수정구와 중원구에서는 각각 21%와 18%로 매우 높게 나타났다. 태평3동과 수진1동에 사는 가구 중 28%가 (반)지하에 산다. 또 상대원3동·신흥1동 27%, 산성동·태평2동·중동 24%, 신흥3동·태평1동·금광1동 23% 등 13개 동에서 20% 이상의 가구가 (반)지하에 살고 있다. 또 옥탑방에는 모두 3천4백 가구가, 판잣집·움막·비닐집에는 397가구가, 업소의 잠만 자는 방 등엔 307가구가 살고 있다.

그러나 2005년 현재 성남시에 공급된 공공임대주택은 영구임대주택 3,910채, 50년 임대주택 1,489채 등 5,399채가 전부로 전체 가구수 대비 2%에 불과하다. 이조차도 모두 중앙정부 산하 주공이 공급한 것으로 지방자치단체는 무주택 서민을 위한 공공임대주택을 단 한 채도 공급하지 않았다.

## 성남시 유권자가 100명이라면

정당 지지도를 알 수 있는 최근 네 차례 선거(제3~4회 동시지방선거, 제17~18대 총선)를 기준으로 수원시 유권자는 대략 67만~74만 명이며, 평균 투표율은 48%였다.

수원시 유권자가 100명이라면 2002년 지방선거에서는 54명이 한나라당을, 35명이 새천년민주당을, 5명이 민주노동당을, 3명이 자민련을 찍었다. 2004년 총선에서는 39명은 열린우리당을, 36명은 한나라당을, 13명은 민주노동당을, 7명은 새천년민주당을, 2명은 자민련을 지지했다.

2006년 지방선거에서는 58명이 한나라당을 찍었고, 20명은 열린우리당을, 11명은 민주노동당을, 9명은 민주당을 찍었다. 2008년 총선에서는 41명이 한나라당을, 27명이 통합민주당을, 11명이 친박연대를, 6명이 민주노동당을, 5명이 자유선진당을, 4명이 창조한국당을, 3명이 진보신당을 지지했다.

동네별 투표율은 수내2동·이매2동·판교동·고등동 등에서 상대적으로 높았다. 반면 상대원3동·상대원2동·신흥1동 등에서 상대적으로 낮았다.

한나라당 득표율은 수내2동과 이매2동에서 상대적으로 높았다. 반면 은행2동과 상대원3동에서 상대적으로 낮았다. 수내2동과 은행2동의 득표율 격차는 최소 19%에서 최대 31%까지 벌어졌다.

민주(＋열린우리)당 득표율은 태평2동·태평4동·신흥1동에서 상대적으로 높았다. 반면, 이매2동과 수내2동에서 상대적으로 낮았다. 태평2동과 이매2동의 득표율 격차는 최소 15%에서 최대 21%까지 벌어졌다.

민주노동당＋진보신당 득표율은 상대원3동과 태평3동 등에서 상대적으로 높았다.

그림 3_3.47

# 경기도 성남시 동네별 한나라당 득표율

2004년 총선(단위 : %)

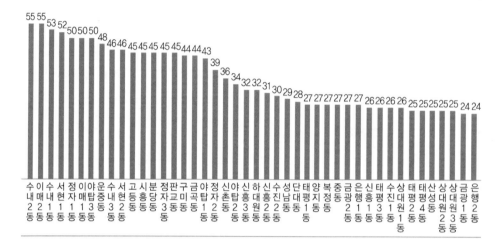

그림 3_3.48

# 경기도 성남시 동네별 민주(＋열린우리)당 득표율

2004년 총선(단위 : %)

표 3_3.72

# 경기도 성남시 역대 선거 투표율과 정당 지지율

2002~2008년(단위 : 명, %)

| 행정구역 | 2002년 지방선거 | | | | | | | 2004년 총선 | | | | | | | |
|---|---|---|---|---|---|---|---|---|---|---|---|---|---|---|---|
| | 선거인 수 | 투표율 | 한나라당 | 새천년민주당 | 자민련 | 민주노동당 | 기타정당 | 선거인 수 | 투표율 | 한나라당 | 새천년민주당 | 열린우리당 | 자민련 | 민주노동당 | 기타정당 |
| 성남시 | 673,050 | 43 | 54 | 35 | 3 | 5 | 2 | 708,115 | 60 | 36 | 7 | 39 | 2 | 13 | 3 |
| 수정구 | 192,566 | 41 | 46 | 41 | 4 | 7 | 3 | 199,098 | 55 | 28 | 8 | 44 | 2 | 15 | 3 |
| 고등동 | 2,307 | 56 | 62 | 26 | 4 | 5 | 3 | 2,264 | 62 | 45 | 5 | 36 | 1 | 10 | 3 |
| 단대동 | 14,984 | 38 | 49 | 39 | 4 | 7 | 2 | 15,026 | 55 | 28 | 8 | 42 | 2 | 16 | 3 |
| 복정동 | 5,200 | 33 | 53 | 35 | 3 | 7 | 2 | 8,500 | 57 | 27 | 4 | 49 | 2 | 17 | 2 |
| 산성동 | 13,752 | 37 | 41 | 42 | 4 | 10 | 3 | 13,738 | 53 | 25 | 9 | 45 | 2 | 16 | 4 |
| 수진1동 | 15,552 | 36 | 44 | 45 | 4 | 6 | 3 | 15,385 | 50 | 26 | 9 | 45 | 2 | 15 | 3 |
| 수진2동 | 14,431 | 43 | 49 | 40 | 3 | 6 | 2 | 15,847 | 56 | 30 | 10 | 43 | 2 | 14 | 2 |
| 시흥동 | 2,500 | 53 | 59 | 30 | 3 | 5 | 3 | 2,728 | 60 | 45 | 6 | 35 | 2 | 9 | 3 |
| 신촌동 | 2,900 | 53 | 56 | 30 | 4 | 5 | 4 | 2,928 | 64 | 36 | 5 | 41 | 2 | 12 | 3 |
| 신흥1동 | 14,165 | 36 | 44 | 45 | 3 | 6 | 2 | 14,204 | 49 | 26 | 10 | 44 | 2 | 15 | 3 |
| 신흥2동 | 24,030 | 39 | 51 | 38 | 3 | 6 | 2 | 24,277 | 56 | 31 | 8 | 42 | 2 | 15 | 3 |
| 신흥3동 | 10,731 | 41 | 50 | 40 | 4 | 5 | 2 | 10,902 | 49 | 32 | 9 | 41 | 2 | 13 | 3 |
| 양지동 | 8,162 | 40 | 46 | 41 | 4 | 7 | 2 | 8,589 | 55 | 27 | 7 | 46 | 2 | 15 | 3 |
| 태평1동 | 15,048 | 38 | 46 | 40 | 4 | 8 | 2 | 15,411 | 53 | 27 | 8 | 46 | 2 | 15 | 2 |
| 태평2동 | 16,675 | 40 | 42 | 43 | 4 | 8 | 3 | 16,997 | 54 | 25 | 9 | 46 | 2 | 15 | 3 |
| 태평3동 | 13,726 | 39 | 43 | 40 | 4 | 10 | 3 | 13,435 | 53 | 26 | 9 | 45 | 2 | 15 | 3 |
| 태평4동 | 14,168 | 43 | 42 | 42 | 4 | 9 | 3 | 14,234 | 53 | 25 | 9 | 46 | 2 | 16 | 3 |
| 중원구 | 199,094 | 38 | 46 | 41 | 3 | 7 | 2 | 203,254 | 54 | 26 | 9 | 43 | 2 | 16 | 4 |
| 금광1동 | 20,782 | 33 | 46 | 43 | 4 | 6 | 2 | 20,765 | 51 | 24 | 8 | 44 | 2 | 17 | 4 |
| 금광2동 | 23,298 | 35 | 49 | 40 | 3 | 6 | 2 | 22,219 | 53 | 27 | 8 | 43 | 2 | 17 | 4 |
| 상대원1동 | 25,158 | 40 | 46 | 40 | 3 | 8 | 2 | 25,556 | 54 | 26 | 9 | 42 | 2 | 17 | 4 |
| 상대원2동 | 15,599 | 33 | 45 | 41 | 4 | 8 | 2 | 15,366 | 51 | 25 | 9 | 42 | 2 | 18 | 4 |
| 상대원3동 | 13,642 | 35 | 42 | 42 | 4 | 10 | 2 | 13,798 | 49 | 25 | 9 | 42 | 2 | 18 | 4 |
| 성남동 | 21,322 | 38 | 49 | 39 | 3 | 6 | 2 | 22,384 | 52 | 29 | 9 | 43 | 2 | 14 | 3 |
| 은행1동 | 10,751 | 44 | 48 | 40 | 3 | 6 | 2 | 10,759 | 57 | 27 | 8 | 43 | 2 | 17 | 3 |
| 은행2동 | 30,420 | 36 | 45 | 43 | 3 | 7 | 2 | 31,293 | 54 | 24 | 8 | 45 | 2 | 17 | 4 |
| 중동 | 20,680 | 37 | 47 | 42 | 3 | 5 | 2 | 20,312 | 50 | 27 | 9 | 42 | 2 | 15 | 4 |
| 하대원동 | 12,980 | 42 | 50 | 38 | 3 | 6 | 2 | 15,745 | 60 | 32 | 8 | 40 | 2 | 14 | 3 |
| 분당구 | 281,390 | 48 | 64 | 28 | 2 | 4 | 2 | 305,763 | 68 | 46 | 6 | 34 | 2 | 11 | 2 |
| 구미동 | 25,132 | 46 | 65 | 28 | 2 | 4 | 2 | 25,939 | 68 | 44 | 5 | 35 | 1 | 12 | 2 |

| 행정구역 | 2002년 지방선거 | | | | | | | 2004년 총선 | | | | | | | |
|---|---|---|---|---|---|---|---|---|---|---|---|---|---|---|---|
| | 선거인 수 | 투표율 | 한나라당 | 새천년민주당 | 자민련 | 민주노동당 | 기타정당 | 선거인 수 | 투표율 | 한나라당 | 새천년민주당 | 열린우리당 | 자민련 | 민주노동당 | 기타정당 |
| 금곡동 | 31,965 | 46 | 63 | 30 | 2 | 4 | 2 | 35,763 | 66 | 44 | 5 | 36 | 1 | 12 | 2 |
| 분당동 | 20,953 | 43 | 66 | 27 | 2 | 4 | 2 | 21,608 | 66 | 45 | 5 | 36 | 2 | 11 | 2 |
| 서현1동 | 21,012 | 48 | 69 | 25 | 2 | 3 | 2 | 22,325 | 68 | 52 | 6 | 29 | 2 | 9 | 1 |
| 서현2동 | 14,759 | 46 | 65 | 28 | 1 | 4 | 2 | 15,029 | 68 | 46 | 6 | 33 | 2 | 12 | 2 |
| 수내1동 | 12,245 | 50 | 69 | 25 | 2 | 3 | 2 | 12,674 | 68 | 53 | 6 | 29 | 2 | 9 | 2 |
| 수내2동 | 8,062 | 53 | 70 | 25 | 2 | 2 | 2 | 8,080 | 73 | 55 | 6 | 27 | 1 | 8 | 2 |
| 수내3동 | 10,644 | 49 | 65 | 27 | 2 | 4 | 2 | 10,795 | 68 | 46 | 5 | 34 | 1 | 11 | 2 |
| 야탑1동 | 12,731 | 47 | 62 | 31 | 2 | 4 | 2 | 14,774 | 67 | 43 | 6 | 35 | 2 | 12 | 2 |
| 야탑2동 | 14,402 | 52 | 67 | 26 | 2 | 3 | 2 | 14,391 | 71 | 50 | 6 | 30 | 2 | 10 | 2 |
| 야탑3동 | 22,114 | 43 | 54 | 37 | 3 | 5 | 2 | 24,497 | 63 | 34 | 6 | 41 | 1 | 15 | 3 |
| 운중동 | 1,799 | 56 | 63 | 28 | 3 | 4 | 3 | 1,994 | 62 | 48 | 5 | 33 | 2 | 9 | 2 |
| 이매1동 | 18,282 | 50 | 68 | 25 | 2 | 3 | 2 | 20,611 | 69 | 50 | 6 | 31 | 2 | 10 | 2 |
| 이매2동 | 11,494 | 51 | 70 | 24 | 2 | 3 | 2 | 11,585 | 71 | 55 | 6 | 28 | 2 | 8 | 2 |
| 정자1동 | 18,728 | 45 | 64 | 28 | 2 | 4 | 2 | 27,068 | 67 | 50 | 6 | 31 | 2 | 10 | 2 |
| 정자2동 | 15,158 | 46 | 59 | 30 | 2 | 6 | 3 | 15,110 | 66 | 39 | 6 | 38 | 2 | 14 | 2 |
| 정자3동 | 12,516 | 46 | 66 | 27 | 1 | 4 | 2 | 12,959 | 67 | 45 | 5 | 35 | 1 | 13 | 2 |
| 판교동 | 3,602 | 60 | 59 | 32 | 3 | 3 | 3 | 3,565 | 60 | 45 | 5 | 38 | 2 | 7 | 4 |

| 행정구역 | 2006년 지방선거 | | | | | |
|---|---|---|---|---|---|---|
| | 선거인 수 | 투표율 | 열린우리당 | 한나라당 | 민주당 | 민주노동당 | 기타 정당 |
| 성남시 | 744,287 | 45 | 20 | 58 | 9 | 11 | 1 |
| 수정구 | 206,678 | 41 | 24 | 48 | 12 | 14 | 2 |
| 중원구 | 207,205 | 40 | 23 | 48 | 13 | 15 | 1 |
| 분당구 | 330,404 | 50 | 17 | 68 | 6 | 8 | 1 |

| 행정구역 | 2008년 총선 | | | | | | | | |
|---|---|---|---|---|---|---|---|---|---|
| | 선거인 수 | 투표율 | 통합민주당 | 한나라당 | 자유선진당 | 민주노동당 | 창조한국당 | 친박연대 | 진보신당 | 기타 정당 |
| 성남시 | 729,766 | 42 | 27 | 41 | 5 | 6 | 4 | 11 | 3 | 3 |
| 수정구 | 201,315 | 39 | 32 | 36 | 5 | 8 | 4 | 10 | 2 | 4 |
| 고등동 | 2,196 | 50 | 20 | 52 | 5 | 3 | 3 | 12 | 0 | 5 |
| 단대동 | 13,672 | 38 | 30 | 37 | 5 | 8 | 4 | 10 | 3 | 4 |
| 복정동 | 12,734 | 35 | 28 | 34 | 4 | 8 | 8 | 9 | 5 | 3 |
| 산성동 | 13,393 | 38 | 33 | 33 | 5 | 9 | 3 | 9 | 2 | 5 |
| 수진1동 | 14,677 | 34 | 33 | 34 | 6 | 9 | 3 | 10 | 2 | 4 |
| 수진2동 | 16,920 | 40 | 33 | 35 | 6 | 7 | 3 | 10 | 2 | 3 |
| 시흥동 | 2,619 | 47 | 21 | 54 | 4 | 3 | 2 | 11 | 2 | 4 |
| 신촌동 | 2,888 | 46 | 18 | 51 | 4 | 4 | 5 | 13 | 2 | 4 |

| 행정구역 | 2008년 총선 | | | | | | | | | |
|---|---|---|---|---|---|---|---|---|---|---|
| | 선거인 수 | 투표율 | 통합민주당 | 한나라당 | 자유선진당 | 민주노동당 | 창조한국당 | 친박연대 | 진보신당 | 기타 정당 |
| 신흥1동 | 14,063 | 33 | 33 | 34 | 5 | 8 | 4 | 10 | 2 | 4 |
| 신흥2동 | 25,195 | 40 | 32 | 35 | 5 | 7 | 4 | 10 | 3 | 3 |
| 신흥3동 | 10,422 | 34 | 32 | 37 | 6 | 6 | 3 | 11 | 2 | 3 |
| 양지동 | 8,857 | 39 | 36 | 34 | 4 | 8 | 4 | 9 | 2 | 4 |
| 태평1동 | 16,249 | 37 | 33 | 35 | 5 | 7 | 4 | 10 | 2 | 4 |
| 태평2동 | 16,322 | 38 | 35 | 33 | 5 | 8 | 3 | 8 | 2 | 4 |
| 태평3동 | 13,937 | 37 | 34 | 35 | 5 | 8 | 4 | 9 | 2 | 4 |
| 태평4동 | 13,494 | 38 | 35 | 32 | 5 | 9 | 3 | 9 | 2 | 5 |
| 중원구 | 206,957 | 39 | 31 | 36 | 4 | 10 | 3 | 10 | 2 | 4 |
| 금광1동 | 19,768 | 36 | 32 | 34 | 3 | 11 | 3 | 9 | 2 | 5 |
| 금광2동 | 24,420 | 37 | 31 | 36 | 3 | 9 | 4 | 11 | 2 | 4 |
| 도촌동 | 4,432 | 39 | 30 | 36 | 3 | 8 | 4 | 12 | 3 | 5 |
| 상대원1동 | 25,228 | 39 | 30 | 35 | 4 | 11 | 4 | 10 | 2 | 5 |
| 상대원2동 | 15,157 | 36 | 32 | 37 | 3 | 11 | 3 | 9 | 2 | 4 |
| 상대원3동 | 13,596 | 34 | 34 | 33 | 3 | 13 | 2 | 10 | 2 | 4 |
| 성남동 | 26,118 | 37 | 32 | 37 | 4 | 7 | 4 | 10 | 2 | 4 |
| 은행1동 | 10,270 | 41 | 32 | 35 | 3 | 10 | 4 | 9 | 2 | 4 |
| 은행2동 | 29,022 | 39 | 32 | 37 | 3 | 9 | 3 | 9 | 3 | 4 |
| 중동 | 17,329 | 34 | 32 | 36 | 4 | 10 | 3 | 10 | 2 | 3 |
| 하대원동 | 17,707 | 45 | 31 | 38 | 4 | 8 | 3 | 10 | 2 | 4 |
| 분당구 | 321,494 | 46 | 21 | 47 | 5 | 2 | 5 | 13 | 4 | 3 |
| 구미동 | 26,361 | 45 | 22 | 46 | 5 | 3 | 5 | 12 | 4 | 3 |
| 금곡1동 | 23,250 | 46 | 22 | 45 | 5 | 3 | 5 | 13 | 4 | 3 |
| 금곡2동 | 14,265 | 44 | 22 | 43 | 5 | 2 | 5 | 13 | 5 | 3 |
| 분당동 | 21,796 | 44 | 22 | 45 | 5 | 2 | 5 | 14 | 5 | 3 |
| 서현1동 | 24,483 | 44 | 19 | 51 | 5 | 2 | 4 | 13 | 4 | 2 |
| 서현2동 | 15,074 | 46 | 23 | 46 | 4 | 2 | 5 | 12 | 4 | 3 |
| 수내1동 | 13,811 | 45 | 19 | 50 | 5 | 2 | 4 | 14 | 4 | 2 |
| 수내2동 | 7,930 | 53 | 17 | 53 | 5 | 1 | 4 | 14 | 3 | 2 |
| 수내3동 | 11,301 | 43 | 21 | 47 | 5 | 2 | 5 | 13 | 4 | 3 |
| 야탑1동 | 15,200 | 44 | 24 | 43 | 5 | 3 | 5 | 13 | 3 | 3 |
| 야탑2동 | 14,674 | 49 | 21 | 48 | 5 | 2 | 4 | 14 | 3 | 3 |
| 야탑3동 | 26,116 | 42 | 30 | 36 | 4 | 4 | 6 | 11 | 5 | 4 |
| 운중동 | 1,483 | 44 | 21 | 51 | 4 | 2 | 3 | 13 | 4 | 3 |
| 이매1동 | 21,408 | 47 | 20 | 48 | 5 | 2 | 5 | 14 | 4 | 3 |

| 행정구역 | 2008년 총선 | | | | | | | | | |
|---|---|---|---|---|---|---|---|---|---|---|
| | 선거인 수 | 투표율 | 통합민주당 | 한나라당 | 자유선진당 | 민주노동당 | 창조한국당 | 친박연대 | 진보신당 | 기타 정당 |
| 이매2동 | 11,585 | 50 | 18 | 52 | 5 | 1 | 4 | 14 | 3 | 3 |
| 정자1동 | 38,912 | 43 | 17 | 51 | 5 | 2 | 4 | 15 | 4 | 3 |
| 정자2동 | 14,832 | 46 | 24 | 42 | 5 | 4 | 5 | 11 | 5 | 4 |
| 정자3동 | 12,817 | 44 | 20 | 45 | 5 | 3 | 6 | 14 | 5 | 2 |
| 판교동 | 239 | 52 | 21 | 56 | 2 | 2 | 2 | 14 | 1 | 2 |

# 경기도 수원시 42개 동네

수원시에는 2005년 현재 장안구·권선구·팔달구·영통구 등 4개 구 42개 동에 24만여 개의 거처가 있고, 여기에 34만여 가구 104만여 명이 살고 있다.
경기도 수원시가 100명이 사는 마을이라면 어떤 모습일까?

## 숫자 100으로 본 수원시

수원시에 사는 사람은 경기도 평균인에 비해 학력 수준이 높고 종교 인구 비중은 약간 낮다. 봉급쟁이 비중이 높고 자영업자나 사업주 비중은 낮은데 직업별로는 전문가, 기술공 및 준전문가, 사무직, 서비스직이 많다. 출퇴근 시간은 긴 편이다.

무주택자와 단독주택 거주자, 1인 가구가 평균보다 많으며 가구의 6%는 (반)지하에 산다. 또 6%는 최저 주거 기준 미달이다. 그러나 이들을 위한 공공임대주택은 1%로 매우 부족하다.

최근 7년간 수원시에서 한나라당은 35~59%를, 민주(＋열린우리)

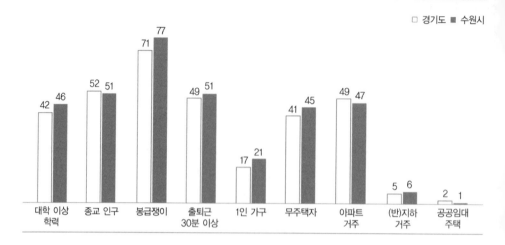

**그림 3_3.49**

## 경기도와 수원시의 주요 지수 평균 비교

(단위 : %)

□ 경기도 ■ 수원시

| 항목 | 경기도 | 수원시 |
|---|---|---|
| 대학 이상 학력 | 42 | 46 |
| 종교 인구 | 52 | 51 |
| 봉급쟁이 | 71 | 77 |
| 출퇴근 30분 이상 | 49 | 51 |
| 1인 가구 | 17 | 21 |
| 무주택자 | 41 | 45 |
| 아파트 거주 | 49 | 47 |
| (반)지하 거주 | 5 | 6 |
| 공공임대 주택 | 2 | 1 |

당은 26~45%를, 민주노동당＋진보신당은 6~15%를 각각 얻었다. 그
러나 동네별 정당 득표율은 차이가 컸다.


**수원시 인구가 100명이라면 :**
**대학 이상 학력자 46명, 종교 인구 51명**


경기도 수원시에 사는 사람은 2005년 현재 104만4,113명으로, 수원
시 인구가 100명이라면 남자 대 여자의 수는 50 대 50으로 균형을 이
루고 있다. 구별로는 장안구·권선구는 남녀가 균형을 이루고 있는 반
면 팔달구는 49 대 51로 여자가, 영통구는 51 대 49로 남자가 각각

더 많다. 29명은 어린이와 청소년(19세 미만)이고, 71명은 어른이다. 어른 가운데 5명은 노인(65세 이상)이다.

지역적으로는, 장안구에 27명, 권선구 28명, 팔달구 21명, 영통구 24명 등 4개 구에 나뉘어 사는데 이들은 다시 42개 동에 흩어져 산다. 정자3동·영통1동·영통2동에 5명씩 살고 율천동·금호동·인계동·태장동에 4명씩 산다. 정자2동·조원1동·세류2동·평동·구운동·권선2동·고등동·화서2동·매탄동·매탄4동에 3명씩, 파장동·정자1동·영화동·연무동·조원2동·세류3동·권선1동·곡선동·지동·우만1동·우만2동·고등동·화서1동·매탄2동·원천동에 2명씩 산다. 세류1동·입북동·신안동·매교동·매산동·매탄1동에 1명씩 산다. 팔달동·남향동·이의동은 1% 미만이 살고 있다.

종교를 보면, 51명이 종교를 갖고 있다. 20명은 개신교, 18명은 불교, 13명은 천주교 신자다. 장안구·권선구·영통구는 개신교-불교-천주교 순인 반면, 팔달구는 불교-개신교-천주교 순으로 신자가 많다.

학력은 어떨까. 10명은 초등학교, 5명은 중학교, 4명은 고등학교에 재학 중이며 35명은 대학에 재학 중이거나 대학 이상의 학력을 가지고 있다(6세 이상 인구 기준). 또 수원에 사는 19세 이상 인구 중 46%가 대학 이상 학력자다. 권선구와 팔달구는 40%, 장안구는 46%인 데 비

표 3_3.73

# 경기도 수원시 성별·종교별·학력별 인구

(단위 : 명, %)

| 행정구역 | 남녀/외국인 | | | | 종교 인구 | | | | | | 종교없음 | 대학 이상 학력 인구 | | | | | | |
|---|---|---|---|---|---|---|---|---|---|---|---|---|---|---|---|---|---|---|
| | 총인구 | 남자 | 여자 | 외국인 | 인구수(내국인) | 종교 있음 | | | | | | 19세 이상 인구 | 대학 이상 | 4년제 미만 | | 4년제 이상 | | 대학원 이상 |
| | | | | | | 계 | 불교 | 개신교 | 천주교 | 기타 | | | | 계 | 재학 | 계 | 재학 | |
| 수원시 | 1,044,113 | 50 | 50 | 0 | 1,039,233 | 51 | 18 | 20 | 13 | 1 | 49 | 739,014 | 46 | 13 | 2 | 29 | 7 | 4 |
| 장안구 | 286,249 | 50 | 50 | 0 | 285,401 | 52 | 18 | 20 | 13 | 1 | 48 | 202,191 | 46 | 13 | 2 | 30 | 7 | 4 |
| 송죽동 | 18,969 | 50 | 50 | 0 | 18,935 | 53 | 18 | 25 | 9 | 1 | 47 | 13,597 | 37 | 14 | 3 | 20 | 5 | 2 |
| 연무동 | 25,100 | 50 | 50 | 0 | 25,005 | 51 | 20 | 17 | 13 | 1 | 49 | 19,120 | 34 | 12 | 3 | 20 | 9 | 2 |
| 영화동 | 23,008 | 49 | 51 | 1 | 22,840 | 52 | 23 | 17 | 11 | 1 | 48 | 18,077 | 35 | 13 | 3 | 19 | 5 | 2 |
| 율천동 | 37,823 | 54 | 46 | 1 | 37,591 | 51 | 14 | 21 | 15 | 1 | 49 | 27,169 | 60 | 13 | 2 | 40 | 17 | 7 |
| 정자1동 | 23,325 | 50 | 50 | 0 | 23,297 | 52 | 18 | 21 | 13 | 1 | 48 | 16,653 | 45 | 14 | 3 | 28 | 6 | 3 |
| 정자2동 | 33,715 | 50 | 50 | 0 | 33,641 | 52 | 17 | 21 | 13 | 1 | 48 | 23,096 | 45 | 14 | 2 | 29 | 5 | 3 |
| 정자3동 | 47,910 | 50 | 50 | 0 | 47,827 | 51 | 15 | 21 | 14 | 1 | 49 | 30,274 | 62 | 14 | 2 | 42 | 6 | 7 |
| 조원1동 | 34,076 | 50 | 50 | 0 | 34,038 | 53 | 19 | 20 | 14 | 1 | 47 | 24,218 | 40 | 14 | 3 | 24 | 5 | 3 |
| 조원2동 | 19,587 | 49 | 51 | 0 | 19,569 | 53 | 17 | 20 | 15 | 1 | 47 | 13,053 | 60 | 10 | 1 | 43 | 6 | 8 |
| 파장동 | 22,736 | 51 | 49 | 0 | 22,658 | 51 | 19 | 21 | 11 | 1 | 49 | 16,934 | 35 | 13 | 3 | 20 | 5 | 2 |
| 권선구 | 291,446 | 50 | 50 | 0 | 290,546 | 51 | 18 | 20 | 12 | 1 | 49 | 205,344 | 40 | 13 | 2 | 24 | 5 | 3 |
| 곡선동 | 22,857 | 52 | 48 | 0 | 22,806 | 48 | 16 | 18 | 14 | 0 | 52 | 15,494 | 54 | 15 | 2 | 34 | 5 | 5 |
| 구운동 | 28,588 | 51 | 49 | 0 | 28,531 | 52 | 17 | 20 | 14 | 0 | 47 | 20,175 | 45 | 14 | 2 | 28 | 6 | 4 |
| 권선1동 | 25,428 | 51 | 49 | 0 | 25,368 | 49 | 18 | 19 | 11 | 1 | 51 | 18,489 | 41 | 14 | 3 | 24 | 7 | 4 |
| 권선2동 | 32,742 | 50 | 50 | 0 | 32,712 | 52 | 17 | 22 | 12 | 1 | 48 | 21,481 | 49 | 13 | 2 | 32 | 7 | 4 |
| 금호동 | 38,464 | 50 | 50 | 0 | 38,438 | 55 | 16 | 24 | 14 | 1 | 45 | 24,727 | 49 | 14 | 2 | 31 | 5 | 5 |
| 서둔동 | 35,510 | 50 | 50 | 0 | 35,385 | 53 | 19 | 24 | 10 | 1 | 47 | 25,682 | 34 | 13 | 2 | 18 | 4 | 3 |
| 세류1동 | 11,204 | 50 | 50 | 1 | 11,041 | 50 | 20 | 16 | 11 | 3 | 49 | 8,841 | 31 | 13 | 3 | 17 | 6 | 1 |
| 세류2동 | 28,446 | 50 | 50 | 1 | 28,284 | 51 | 22 | 18 | 9 | 2 | 49 | 21,556 | 28 | 13 | 3 | 14 | 4 | 1 |
| 세류3동 | 25,887 | 50 | 50 | 0 | 25,812 | 47 | 20 | 17 | 10 | 1 | 52 | 19,408 | 30 | 12 | 2 | 16 | 5 | 1 |
| 입북동 | 11,110 | 50 | 50 | 0 | 11,067 | 54 | 16 | 26 | 11 | 0 | 46 | 7,341 | 48 | 14 | 2 | 30 | 4 | 4 |
| 평동 | 31,210 | 51 | 49 | 0 | 31,102 | 51 | 18 | 19 | 13 | 1 | 49 | 22,150 | 34 | 14 | 3 | 18 | 5 | 2 |
| 팔달구 | 216,331 | 49 | 51 | 1 | 214,913 | 52 | 20 | 19 | 12 | 1 | 47 | 162,620 | 40 | 13 | 2 | 24 | 6 | 3 |
| 고등동 | 24,743 | 49 | 51 | 1 | 24,380 | 53 | 21 | 18 | 13 | 1 | 47 | 19,325 | 32 | 13 | 3 | 18 | 5 | 2 |
| 남향동 | 4,743 | 49 | 51 | 2 | 4,644 | 50 | 26 | 14 | 7 | 2 | 50 | 3,788 | 25 | 10 | 2 | 14 | 4 | 1 |
| 매교동 | 10,351 | 50 | 50 | 1 | 10,246 | 50 | 23 | 16 | 11 | 1 | 49 | 8,310 | 31 | 12 | 2 | 17 | 4 | 2 |
| 매산동 | 12,405 | 47 | 53 | 1 | 12,278 | 49 | 20 | 17 | 11 | 1 | 50 | 9,908 | 44 | 15 | 3 | 26 | 7 | 3 |
| 신안동 | 6,196 | 49 | 51 | 1 | 6,154 | 55 | 28 | 15 | 11 | 2 | 45 | 5,063 | 29 | 11 | 2 | 16 | 4 | 2 |

914

| 행정구역 | 남녀/외국인 | | | | 종교 인구 | | | | | | | 종교 없음 | 대학 이상 학력 인구 | | | | | | |
|---|---|---|---|---|---|---|---|---|---|---|---|---|---|---|---|---|---|---|---|
| | 총인구 | 남자 | 여자 | 외국인 | 인구수 (내국인) | 종교 있음 | | | | | | | 19세 이상 인구 | 대학 이상 | 4년제 미만 | | 4년제 이상 | | 대학원 이상 |
| | | | | | | 계 | 불교 | 개신교 | 천주교 | 기타 | | | | | 계 | 재학 | 계 | 재학 | |
| 만1동 | 26,017 | 50 | 50 | 0 | 25,962 | 52 | 19 | 22 | 10 | 1 | 47 | 19,495 | 35 | 13 | 2 | 20 | 6 | 2 |
| 만2동 | 19,807 | 51 | 49 | 0 | 19,763 | 53 | 16 | 23 | 13 | 1 | 46 | 14,091 | 65 | 10 | 1 | 46 | 13 | 8 |
| 계동 | 39,283 | 50 | 50 | 0 | 39,096 | 51 | 20 | 18 | 12 | 1 | 48 | 29,767 | 40 | 14 | 3 | 23 | 5 | 3 |
| 동 | 17,451 | 49 | 51 | 1 | 17,214 | 52 | 24 | 16 | 11 | 1 | 48 | 13,656 | 28 | 13 | 3 | 14 | 4 | 1 |
| 달동 | 3,062 | 49 | 51 | | 3,029 | 55 | 29 | 11 | 13 | 1 | 45 | 2,558 | 34 | 13 | 3 | 19 | 4 | 2 |
| 서1동 | 23,568 | 49 | 51 | | 23,470 | 52 | 17 | 19 | 15 | 1 | 46 | 17,360 | 35 | 13 | 3 | 20 | 6 | 2 |
| 서2동 | 28,705 | 50 | 50 | 0 | 28,677 | 52 | 15 | 21 | 15 | 1 | 48 | 19,299 | 54 | 14 | 2 | 35 | 6 | 6 |
| 영통구 | 250,087 | 51 | 49 | 1 | 248,373 | 50 | 16 | 20 | 14 | 1 | 50 | 168,859 | 59 | 13 | 2 | 38 | 8 | 7 |
| 매탄1동 | 15,559 | 50 | 50 | 0 | 15,500 | 52 | 17 | 20 | 14 | 1 | 48 | 11,331 | 48 | 15 | 3 | 30 | 7 | 3 |
| 매탄2동 | 17,015 | 50 | 50 | 0 | 16,967 | 51 | 18 | 18 | 15 | 1 | 49 | 12,105 | 42 | 13 | 2 | 25 | 6 | 4 |
| 매탄3동 | 29,385 | 50 | 50 | 1 | 29,017 | 51 | 16 | 20 | 14 | 1 | 49 | 19,973 | 52 | 13 | 2 | 33 | 6 | 6 |
| 매탄4동 | 27,881 | 50 | 50 | 0 | 27,826 | 49 | 15 | 21 | 12 | 1 | 51 | 19,079 | 45 | 13 | 2 | 28 | 6 | 4 |
| 영통1동 | 47,142 | 52 | 48 | 1 | 46,813 | 50 | 15 | 19 | 15 | 0 | 50 | 31,112 | 72 | 12 | 1 | 49 | 11 | 11 |
| 영통2동 | 50,645 | 51 | 49 | 1 | 50,185 | 49 | 15 | 19 | 15 | 1 | 51 | 31,429 | 68 | 12 | 1 | 45 | 5 | 11 |
| 원천동 | 22,087 | 54 | 46 | 1 | 21,834 | 48 | 15 | 20 | 12 | 1 | 52 | 16,176 | 65 | 14 | 2 | 45 | 21 | 7 |
| 이의동 | 3,350 | 58 | 42 | 0 | 3,328 | 53 | 26 | 17 | 10 | 1 | 47 | 2,733 | 38 | 10 | 2 | 27 | 19 | 1 |
| 태장동 | 37,023 | 50 | 50 | 0 | 36,903 | 52 | 16 | 21 | 14 | 1 | 48 | 24,921 | 57 | 13 | 2 | 37 | 6 | 8 |

해 영통구는 59%가 대학 이상 학력자다. 영통1동에 사는 19세 이상 인구 중 72%가 대학 이상 학력자다. 영통2동·원천동·우만2동·정자 3동·조원2동·율천동도 60% 이상이다.

32명은 미혼이며 78명은 결혼했다. 결혼한 사람 가운데 5명은 배우자와 사별했고, 3명은 이혼했다(15세 이상 인구 기준). 미혼자 비중이 가장 높은 곳은 영통구 원천동으로 15세 이상 인구 중 49%가 미혼이다. 반면 권선구 입북동은 79%가 결혼하고 21%만 미혼이어서 결혼한 사람 비중이 가장 높다. 3명은 몸이 불편하거나 정신 장애로 정상적인 활동에 제약을 느끼고 있다.

거주 기간을 보면, 35명은 현재 살고 있는 집에 산 지 5년이 넘었으나, 65명은 5년 이내에 새로 이사 왔다(5세 이상 인구 기준). 이사 온 사람 중 40명은 수원 시내에서, 10명은 경기도의 다른 시군에서, 14명은 경기도 밖에서 이사 왔다.


## 수원시에 사는 직업인이 100명이라면 :
## 77명은 봉급쟁이

수원시에 사는 15세 이상 인구 80만 명 가운데 취업해 직장에 다니는 사람(취업자)은 53%, 42만 명이다. 수원시 취업자가 100명이라면 63명은 30~40대, 22명은 20대이며, 11명은 50대다. 65세 이상 노인도 1명이 일하고 있다.

회사에서 봉급을 받고 일하는 직장인은 77명이다. 13명은 고용한 사람 없이 혼자서 일하는 자영업자이며, 7명은 누군가를 고용해 사업체를 경영하는 사업주다. 3명은 가족이 운영하는 사업체에서 보수 없이 일하고 있다.

직업별로는 사무직이 20명으로 가장 많고, 전문가·기술직이나 준전문가, 장치 기계 조작 및 조립직이 각 13명으로 뒤를 잇고 있다. 10명은 서비스직, 또 다른 10명은 판매직이며, 7명은 단순 노무직이다. 또 4명은 고위 관리직으로 일하고, 1명은 농림 어업에 종사하고 있다.

직장으로 출근하는 데 30분 이상 걸리는 사람은 51명이며, 그 가운데 20명은 1시간 이상 걸린다. 19명은 걸어서 출근하고 81명은 교통수단을 이용해 출근한다. 81명 가운데 47명은 자가용으로, 15명은 시내버스로, 9명은 통근 버스로 출퇴근한다. 3명은 전철을 이용하며 1명은 택시로, 또 다른 1명은 자전거로, 2명은 버스와 전철 또는 승용차를 갈아타며 출근한다.

　사무실이나 공장 등에서 일하는 사람은 85명이며, 야외나 거리 또는 운송 수단에서 일하는 사람은 11명이다. 2명은 자기 집에서, 다른 2명은 남의 집에서 일한다.


## 수원시에 100가구가 산다면 :
## 48가구는 셋방살이

수원시에는 34만 가구가 산다(일반 가구 기준). 수원에 사는 가구를 100가구로 친다면, 38가구는 식구가 한 명 또는 두 명인 1, 2인 가구이며, 이 가운데 21가구는 나 홀로 사는 1인 가구다. 식구 4명은 32가구, 3명은 22가구, 5명 이상은 10가구다.

　구별 1인 가구 비중은 팔달구 26%, 영통구 21%, 장안구 19%, 권선구 18% 순이다. 42개 동 가운데는 팔달동이 42%로 가장 높고, 매산동(35%), 원천동(35%), 곡선동(32%), 남향동(30%)에서도 30%가 넘는다. 모두 26개 동네에서 1인 가구 비중이 20%가 넘었다. 반면 조원2동·입북동·금호동·권선2동은 10% 이내다.

　수원시 100가구 가운데 50가구는 자신이 소유한 집에서 살고, 48가구는 셋방에 살며, 2가구는 직장의 사택이나 친척집 등에서 무상으로 살고 있다. 자기 집에 사는 가구 중 7가구는 현재 살고 있는 집 외에 최소 한 채에서 여러 채를 소유한 다주택자들이다.

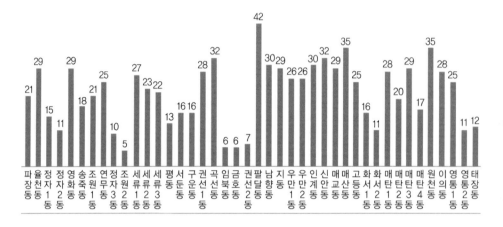

그림 3_3.50

## 경기도 수원시 동네별 1인 가구

(단위 : %)

셋방 사는 가구 가운데 29가구는 전세에, 17가구는 보증금 있는 월세에, 2가구는 보증금 없는 월세에 살고 있다. 셋방 사는 가구 중 5가구는 어딘가에 자신 명의의 집을 소유하고 있으나 경제 사정이나 자녀 교육, 직장 등의 사정으로 셋방에 살고 있다.

69가구는 현재 사는 집으로 이사 온 지 5년이 안 되며, 이 가운데 37가구는 2년이 안 된다. 20가구는 5~10년이 됐고, 11가구는 10년이 넘었다.

68가구는 자동차를 소유하고 있으며, 이 가운데 49가구는 자기 집에 전용 주차장이 있다. 자동차 소유 가구 중 13가구는 차를 2대 이상 소유하고 있다.

표 3_3.74

## 경기도 수원시의 다주택자

(단위 : 가구, 호)

| 구분 | | | 가구 수 | 주택 수 | 평균 주택 수 |
|---|---|---|---|---|---|
| 일반 가구 | | | 343,659 | – | – |
| 자가 가구 | | | 170,804 | – | – |
| 다주택 가구 | 통계청 | | 24,164 | – | – |
| | 행자부 | 계 | 191,990 | 213,099 | 1 |
| | | 2채 | 14,045 | 28,090 | 2 |
| | | 3채 | 1,101 | 3,303 | 3 |
| | | 4채 | 239 | 956 | 4 |
| | | 5채 | 115 | 575 | 5 |
| | | 6~10채 | 211 | 1,515 | 7 |
| | | 11채 이상 | 135 | 2,516 | 19 |

## 집 많은 사람, 집 없는 사람 :
## 조원2동 88% 주택 소유, 우만1동 65% 무주택

수원시에 사는 100가구 중 55가구는 주택 소유자이고 45가구는 무주택자다. 4개 구 가운데 장안구·권선구·영통구는 주택 소유자 58% 무주택자 42%로 주택 소유자가 많은 반면, 팔달구는 무주택자가 54%로 주택 소유자(46%)보다 많다. 다주택자 비중 역시 영통구는 8%, 장안구·권선구는 7%인 데 비해 팔달구는 6%로 낮다.

　42개 동네 가운데 22개 동네는 주택 소유자가 더 많고 19개 동네는 무주택자가 더 많으며, 한 곳은 주택 소유자와 무주택자가 비슷하다. 주택 소유자 비중이 가장 높은 곳은 장안구 조원2동(88%)이며 금호동(82%) 입북동(81%), 정자3동(76%), 영통2동(75%), 화서2동

표 3_3.75

# 경기도 수원시 주택의 점유·소유 형태별 가구

(단위 : 가구, %)

| | 일반 가구 | 자기 집에 거주 | | | 셋방에 거주 | | | 무상으로 거주 | | 주택 소유 | 무주택 |
|---|---|---|---|---|---|---|---|---|---|---|---|
| | | 계 | 집 한 채 | 여러 채 | 계 | 집 없음 | 집 있음 | 집 없음 | 집 있음 | | |
| 수원시 | 343,659 | 50 | 43 | 7 | 48 | 43 | 5 | 2 | 0 | 55 | 45 |
| 장안구 | 92,694 | 52 | 45 | 7 | 45 | 40 | 5 | 2 | 0 | 58 | 42 |
| 송죽동 | 6,139 | 46 | 41 | 5 | 51 | 46 | 5 | 2 | 0 | 52 | 48 |
| 연무동 | 8,758 | 47 | 43 | 4 | 51 | 48 | 3 | 2 | 0 | 50 | 50 |
| 영화동 | 8,663 | 37 | 32 | 5 | 61 | 57 | 4 | 2 | 0 | 41 | 59 |
| 율천동 | 13,075 | 42 | 36 | 6 | 57 | 52 | 5 | 1 | 0 | 47 | 53 |
| 정자1동 | 7,411 | 59 | 51 | 8 | 38 | 32 | 6 | 2 | 0 | 66 | 34 |
| 정자2동 | 10,323 | 58 | 50 | 8 | 40 | 34 | 6 | 2 | 0 | 64 | 36 |
| 정자3동 | 13,799 | 69 | 58 | 11 | 31 | 24 | 7 | 0 | 0 | 76 | 24 |
| 조원1동 | 11,412 | 48 | 42 | 6 | 45 | 41 | 4 | 5 | 0 | 53 | 47 |
| 조원2동 | 5,451 | 80 | 66 | 14 | 19 | 12 | 7 | 1 | 0 | 88 | 12 |
| 파장동 | 7,663 | 43 | 38 | 5 | 53 | 48 | 5 | 2 | 1 | 51 | 49 |
| 권선구 | 93,513 | 52 | 45 | 7 | 46 | 41 | 5 | 2 | 0 | 58 | 42 |
| 곡선동 | 8,267 | 47 | 39 | 8 | 52 | 47 | 5 | 1 | 0 | 52 | 48 |
| 구운동 | 8,938 | 52 | 45 | 7 | 46 | 40 | 6 | 1 | 0 | 59 | 41 |
| 권선1동 | 9,011 | 36 | 31 | 5 | 62 | 56 | 6 | 1 | 0 | 42 | 58 |
| 권선2동 | 9,467 | 65 | 56 | 9 | 28 | 22 | 6 | 5 | 2 | 73 | 27 |
| 금호동 | 10,874 | 76 | 65 | 11 | 23 | 17 | 6 | 1 | 0 | 82 | 18 |
| 서둔동 | 11,281 | 54 | 48 | 6 | 43 | 39 | 4 | 2 | 0 | 59 | 41 |
| 세류1동 | 4,097 | 34 | 29 | 5 | 65 | 61 | 4 | 2 | 0 | 37 | 63 |
| 세류2동 | 10,102 | 35 | 31 | 4 | 62 | 58 | 4 | 3 | 1 | 40 | 60 |
| 세류3동 | 8,959 | 39 | 35 | 4 | 58 | 55 | 3 | 2 | 0 | 43 | 57 |
| 입북동 | 3,165 | 76 | 63 | 13 | 23 | 18 | 5 | 1 | 0 | 81 | 19 |
| 평동 | 9,352 | 60 | 53 | 7 | 37 | 34 | 3 | 2 | 0 | 64 | 36 |
| 팔달구 | 77,256 | 42 | 36 | 6 | 56 | 52 | 4 | 2 | 0 | 46 | 54 |
| 고등동 | 8,916 | 38 | 33 | 5 | 60 | 56 | 4 | 2 | 0 | 42 | 58 |
| 남향동 | 1,728 | 37 | 32 | 5 | 59 | 57 | 2 | 3 | 0 | 40 | 60 |
| 매교동 | 3,948 | 39 | 34 | 5 | 58 | 55 | 3 | 4 | 0 | 41 | 59 |
| 매산동 | 4,895 | 37 | 32 | 5 | 61 | 57 | 3 | 2 | 0 | 41 | 59 |
| 신안동 | 2,411 | 34 | 31 | 3 | 63 | 60 | 3 | 2 | 0 | 38 | 62 |
| 우만1동 | 9,644 | 30 | 27 | 3 | 68 | 64 | 4 | 1 | 0 | 35 | 65 |

| | 일반 가구 | 자기 집에 거주 | | | 셋방에 거주 | | | 무상 | | 주택 소유 | 무주택 |
|---|---|---|---|---|---|---|---|---|---|---|---|
| | | 계 | 집 한 채 | 여러 채 | 계 | 집 없음 | 집 있음 | 집 없음 | 집 있음 | | |
| 우만2동 | 6,971 | 50 | 39 | 11 | 48 | 41 | 7 | 1 | 0 | 58 | 42 |
| 인계동 | 14,761 | 38 | 33 | 5 | 60 | 56 | 4 | 2 | 0 | 42 | 58 |
| 지동 | 6,453 | 37 | 34 | 3 | 60 | 58 | 2 | 3 | 0 | 39 | 61 |
| 팔달동 | 1,275 | 32 | 27 | 5 | 62 | 58 | 4 | 5 | 0 | 37 | 63 |
| 화서1동 | 7,677 | 43 | 37 | 6 | 55 | 50 | 5 | 2 | 0 | 48 | 52 |
| 화서2동 | 8,577 | 67 | 57 | 10 | 33 | 26 | 7 | 0 | 0 | 74 | 26 |
| 영통구 | 80,196 | 51 | 43 | 8 | 47 | 40 | 7 | 1 | 0 | 58 | 42 |
| 매탄1동 | 5,525 | 37 | 30 | 7 | 61 | 52 | 9 | 1 | 0 | 47 | 53 |
| 매탄2동 | 5,647 | 42 | 37 | 5 | 56 | 51 | 5 | 1 | 0 | 48 | 52 |
| 매탄3동 | 10,016 | 40 | 33 | 7 | 59 | 54 | 5 | 1 | 0 | 45 | 55 |
| 매탄4동 | 8,997 | 52 | 44 | 8 | 48 | 41 | 7 | 1 | 0 | 59 | 41 |
| 영통1동 | 15,705 | 48 | 40 | 8 | 51 | 42 | 9 | 1 | 0 | 58 | 42 |
| 영통2동 | 14,945 | 65 | 55 | 10 | 34 | 25 | 9 | 1 | 0 | 75 | 25 |
| 원천동 | 7,739 | 39 | 35 | 4 | 59 | 54 | 5 | 1 | 0 | 44 | 56 |
| 이의동 | 1,064 | 45 | 39 | 6 | 45 | 41 | 4 | 8 | 2 | 51 | 49 |
| 태장동 | 10,558 | 66 | 55 | 11 | 32 | 26 | 6 | 2 | 0 | 72 | 28 |

(74%)이 뒤를 잇는다. 무주택자가 가장 많은 곳은 팔달구 우만1동으로 65%에 달하며, 세류1동(63%), 팔달동(63%), 신안동(62%), 세류2동(60%), 매교동(59%), 매산동(59%)이 뒤를 잇는다.

수원시 100가구 중 7가구는 집을 두 채 이상 여러 채 소유한 다주택자다. 다주택자는 조원2동(14%), 입북동(13%), 정자3동(11%), 금호동(11%), 태장동(11%), 화서2동(10%), 영통2동(10%) 순으로 많다.

수원시 100가구 중 5가구는 어딘가 자신 명의로 집을 소유하고서 셋방에 사는 유주택 전월세 가구로, 이의동(8%), 권선2동(5%), 조원1동(5%)에서 비중이 높다.

주택 소유자 중 유주택 전월세 가구를 제외한 43가구는 자신이 소유한 집에서 사는데 조원2동(80%), 입북동(76%), 금호동(76%) 순으로 비중이 높다.

유주택 전월세를 포함한 48가구는 셋방에 산다. 20개 동네에서는 주택 소유 여부와 상관없이 가구의 절반 이상이 셋방에 살고 있는데, 우만1동 64%에 이어 세류1동(61%), 신안동(60%), 세류2동·팔달동·지동(58%) 순으로 셋방 가구 비율이 높다. 무주택 셋방 가구는 모두 43가구로 우만1동(64%), 세류1동(61%), 신안동(60%) 순으로 높다.

## 수원시에 있는 집이 100채라면 :
## 66채는 아파트

수원시에는 집(주택과 주택 이외의 거처)이 24만 채가 있다. 수원시에 있는 집이 100채라면 66채는 아파트이고 17채는 단독주택, 11채는 다세대주택, 4채는 연립주택이다. 또 상가 등 비거주용 건물 내 주택은 1채, 오피스텔 등 주택 이외의 거처는 2채다. 경기도 평균에 비해 아파트는 5%가 높고, 단독주택은 1%가 낮다.

4개 구 가운데 아파트가 가장 많은 곳은 영통구로 89%에 달하며 단독주택은 7%에 머물렀다. 반면 팔달구는 아파트가 49%에 그치고 단독주택이 27%를 차지하고 있다. 권선구와 장안구는 아파트가 61~62%, 단독주택이 16~18%다.

42개 동네 중 24곳에서 거처의 절반 이상이 아파트로 나타났다. 영통구 영통2동 99%, 장안구 정자3동과 조원2동 98% 등 9개 동네는 거처의 90% 이상이 아파트인 아파트촌이다. 반면 5개 동네는 아파트 비중이 10%에 미치지 못하는 등 15곳에서 30% 이내였다.

팔달구 팔달동과 신안동, 영통구 이의동은 아파트가 한 채도 없다. 이의동 85%, 신안동 74%는 단독주택이다. 팔달동 거처의 45%는 단독주택이며 23%는 다세대주택, 11%는 비거주용 건물 내 주택이다. 이 밖에도 남향동 75%, 세류1동 69%, 지동 68%, 매교동 56% 등 모두 6개 동네에서 거처의 절반 이상이 단독주택으로 나타났다.

한편 장안구 송죽동 거처의 49%, 권선구 서둔동 거처의 43%는 다세대주택이다. 11개 동네에서 다세대주택 비중이 20%가 넘었다. 또 영통구 매탄2동 거처의 23%는 연립주택이며, 권선구 권선1동 거처의 20%는 주택 이외의 거처다.

사람이 사는 거처를 기준으로 보면 수원시 34만 가구의 47%는 아파트에, 40%는 단독주택에 산다. 또 다세대주택에는 8%가, 연립주택에는 3%가 살며 비거주용 건물 내 주택과 주택 이외의 거처에 각 1%가 산다. 아파트가 거처의 3분의 2에 달하는데도 절반 미만의 가구만 사는 이유는 단독주택에는 여러 가구가 사는 반면 아파트에는 보통 1가구만 살기 때문이다.

영통구 가구의 68%는 아파트에 사는 반면, 장안구는 45%, 권선구는 43%, 팔달구는 32%가 아파트에 산다. 또 팔달구 51%, 권선구 41%, 장안구 39%의 가구가 단독주택에 사는 데 비해, 영통구에서 단독주택에 사는 가구는 9%에 그친다.

42개 동 가운데 18곳에서 아파트 거주 가구가 절반을 넘었다. 조원2동·영통2동·권선2동에 사는 가구의 90% 이상이 아파트에 살고 정자3동·입북동·금호동·화서2동에서도 80% 이상이 아파트에 산다.

표 3_3.76

# 경기도 수원시 거처의 종류별·연건평별·건축년도별 주택

(단위 : 호, 가구, %)

| 행정구역 | 거처의 종류별 거처와 가구 | | | | | | | | | | | | | |
| --- | --- | --- | --- | --- | --- | --- | --- | --- | --- | --- | --- | --- | --- | --- |
| | 계 | | 단독주택 | | 아파트 | | 연립주택 | | 다세대주택 | | 비거주용 건물 내 주택 | | 주택 이외의 거처 | |
| | 거처 | 가구 | 거처 | 가구 | 거처 | 가구 | 거처 | 가구 | 거처 | 가구 | 거처 | 가구 | 거처 | 가구 |
| 수원시 | 243,585 | 343,928 | 17 | 40 | 66 | 47 | 4 | 3 | 11 | 8 | 1 | 1 | 2 | 1 |
| 장안구 | 66,243 | 92,784 | 16 | 39 | 62 | 45 | 4 | 3 | 15 | 11 | 1 | 1 | 1 | 1 |
| 송죽동 | 3,892 | 6,143 | 24 | 51 | 19 | 12 | 6 | 3 | 49 | 31 | 2 | 2 | 0 | 0 |
| 연무동 | 5,478 | 8,773 | 37 | 61 | 27 | 17 | 11 | 7 | 24 | 15 | 1 | 1 | 0 | 0 |
| 영화동 | 4,393 | 8,674 | 43 | 69 | 15 | 8 | 5 | 3 | 31 | 16 | 4 | 4 | 2 | 2 |
| 율천동 | 8,043 | 13,102 | 14 | 47 | 74 | 45 | 2 | 1 | 8 | 5 | 1 | 1 | 2 | 1 |
| 정자1동 | 6,251 | 7,417 | 10 | 24 | 75 | 63 | 6 | 5 | 9 | 8 | 1 | 1 | 0 | 0 |
| 정자2동 | 8,144 | 10,326 | 13 | 31 | 66 | 52 | 10 | 8 | 10 | 8 | 1 | 1 | 0 | 0 |
| 정자3동 | 12,244 | 13,809 | 2 | 13 | 98 | 87 | 0 | 0 | 0 | 0 | 0 | 0 | 0 | 0 |
| 조원1동 | 7,702 | 11,415 | 19 | 45 | 50 | 34 | 4 | 3 | 26 | 17 | 1 | 1 | 0 | 0 |
| 조원2동 | 5,433 | 5,454 | 1 | 1 | 98 | 97 | 0 | 0 | 0 | 0 | 0 | 0 | 2 | 2 |
| 파장동 | 4,663 | 7,671 | 28 | 54 | 30 | 18 | 4 | 2 | 34 | 21 | 4 | 4 | 0 | 1 |
| 권선구 | 66,401 | 93,550 | 18 | 41 | 61 | 43 | 4 | 3 | 13 | 9 | 1 | 1 | 2 | 2 |
| 곡선동 | 5,142 | 8,269 | 7 | 42 | 90 | 56 | 0 | 0 | 1 | 1 | 0 | 1 | 2 | 1 |
| 구운동 | 5,817 | 8,941 | 16 | 45 | 71 | 46 | 0 | 0 | 12 | 8 | 1 | 1 | 0 | 0 |
| 권선1동 | 5,452 | 9,014 | 19 | 49 | 46 | 28 | 3 | 2 | 9 | 5 | 3 | 4 | 20 | 12 |
| 권선2동 | 9,033 | 9,467 | 2 | 6 | 94 | 90 | 2 | 2 | 1 | 1 | 0 | 1 | 0 | 0 |
| 금호동 | 10,679 | 10,875 | 3 | 4 | 85 | 83 | 2 | 2 | 10 | 10 | 1 | 1 | 0 | 0 |
| 서둔동 | 8,106 | 11,285 | 23 | 43 | 22 | 16 | 11 | 8 | 43 | 31 | 1 | 2 | 0 | 0 |
| 세류1동 | 1,878 | 4,101 | 69 | 85 | 1 | 0 | 11 | 5 | 18 | 8 | 1 | 1 | 0 | 0 |
| 세류2동 | 5,218 | 10,106 | 42 | 70 | 25 | 13 | 9 | 5 | 20 | 10 | 2 | 2 | 2 | 1 |
| 세류3동 | 4,666 | 8,970 | 42 | 69 | 26 | 13 | 9 | 5 | 21 | 11 | 2 | 1 | 0 | 0 |
| 입북동 | 3,131 | 3,166 | 6 | 7 | 85 | 84 | 0 | 0 | 8 | 8 | 0 | 0 | 0 | 0 |
| 평동 | 7,279 | 9,356 | 23 | 39 | 65 | 51 | 5 | 4 | 5 | 4 | 1 | 2 | 0 | 0 |
| 팔달구 | 49,760 | 77,297 | 27 | 51 | 49 | 32 | 3 | 2 | 14 | 9 | 2 | 3 | 5 | 3 |
| 고등동 | 5,022 | 8,919 | 43 | 66 | 17 | 10 | 8 | 4 | 30 | 17 | 1 | 2 | 1 | 1 |
| 남향동 | 926 | 1,729 | 75 | 85 | 4 | 2 | 10 | 5 | 7 | 4 | 5 | 4 | 0 | 0 |
| 매교동 | 2,097 | 3,951 | 56 | 74 | 23 | 12 | 9 | 5 | 8 | 4 | 4 | 4 | 0 | 0 |
| 매산동 | 3,349 | 4,897 | 20 | 38 | 43 | 30 | 2 | 1 | 23 | 16 | 6 | 10 | 5 | 5 |
| 신안동 | 1,186 | 2,412 | 74 | 87 | 0 | 0 | 4 | 2 | 19 | 10 | 2 | 2 | 0 | 0 |

| 총 주택 수 | 연건평별 주택 | | | | 건축년도별 주택 | | |
|---|---|---|---|---|---|---|---|
| | 14평 미만 | 14- 19평 | 19- 29평 | 29평 이상 | 1995~ 2005년 | 1985~ 1994년 | 1985년 이전 |
| 238,890 | 7 | 35 | 34 | 24 | 58 | 32 | 10 |
| 65,829 | 8 | 36 | 34 | 22 | 57 | 32 | 11 |
| 3,885 | 18 | 28 | 29 | 25 | 23 | 66 | 11 |
| 5,466 | 11 | 33 | 30 | 27 | 19 | 47 | 34 |
| 4,317 | 14 | 21 | 30 | 35 | 37 | 33 | 31 |
| 7,899 | 9 | 30 | 46 | 16 | 74 | 20 | 6 |
| 6,243 | 14 | 33 | 41 | 12 | 15 | 79 | 6 |
| 8,113 | 8 | 53 | 22 | 17 | 60 | 24 | 16 |
| 12,212 | 0 | 44 | 29 | 27 | 100 | 0 | 0 |
| 7,699 | 11 | 32 | 39 | 18 | 50 | 39 | 11 |
| 5,350 | 0 | 31 | 44 | 26 | 100 | 0 | 0 |
| 4,645 | 12 | 32 | 31 | 25 | 21 | 59 | 20 |
| 65,034 | 5 | 32 | 40 | 24 | 58 | 32 | 10 |
| 5,026 | 1 | 22 | 49 | 28 | 100 | 0 | 0 |
| 5,811 | 2 | 15 | 54 | 29 | 40 | 59 | 1 |
| 4,385 | 6 | 33 | 21 | 40 | 55 | 43 | 3 |
| 9,008 | 5 | 47 | 31 | 16 | 44 | 53 | 4 |
| 10,674 | 6 | 37 | 44 | 13 | 79 | 20 | 1 |
| 8,095 | 3 | 31 | 44 | 23 | 59 | 26 | 14 |
| 1,877 | 12 | 26 | 19 | 44 | 26 | 29 | 46 |
| 5,125 | 10 | 32 | 22 | 36 | 20 | 55 | 25 |
| 4,638 | 5 | 26 | 32 | 37 | 36 | 36 | 29 |
| 3,125 | 4 | 37 | 55 | 4 | 83 | 13 | 4 |
| 7,270 | 4 | 31 | 48 | 17 | 74 | 14 | 12 |
| 47,422 | 13 | 28 | 30 | 29 | 43 | 36 | 21 |
| 4,983 | 13 | 25 | 32 | 30 | 24 | 44 | 32 |
| 923 | 8 | 19 | 33 | 40 | 23 | 21 | 57 |
| 2,089 | 3 | 15 | 44 | 39 | 29 | 23 | 48 |
| 3,166 | 19 | 21 | 27 | 33 | 70 | 12 | 18 |
| 1,183 | 5 | 17 | 27 | 51 | 23 | 31 | 46 |

| 행정구역 | 거처의 종류별 거처와 가구 | | | | | | | | | | | | | |
| --- | --- | --- | --- | --- | --- | --- | --- | --- | --- | --- | --- | --- | --- | --- |
| | 계 | | 단독주택 | | 아파트 | | 연립주택 | | 다세대주택 | | 비거주용 건물 내 주택 | | 주택 이외의 거처 | |
| | 거처 | 가구 | 거처 | 가구 | 거처 | 가구 | 거처 | 가구 | 거처 | 가구 | 거처 | 가구 | 거처 | 가구 |
| 우만1동 | 5,747 | 9,648 | 22 | 53 | 54 | 32 | 1 | 0 | 22 | 13 | 1 | 1 | 0 | 0 |
| 우만2동 | 5,624 | 6,978 | 3 | 18 | 86 | 70 | 0 | 0 | 6 | 5 | 1 | 4 | 4 | 4 |
| 인계동 | 10,207 | 14,773 | 19 | 43 | 51 | 36 | 1 | 1 | 9 | 6 | 2 | 2 | 17 | 12 |
| 지동 | 3,117 | 6,455 | 68 | 84 | 11 | 5 | 3 | 1 | 17 | 8 | 2 | 2 | 0 | 0 |
| 팔달동 | 690 | 1,277 | 45 | 56 | 0 | 0 | 10 | 5 | 23 | 13 | 11 | 19 | 10 | 7 |
| 화서1동 | 4,354 | 7,681 | 40 | 66 | 27 | 15 | 12 | 7 | 19 | 11 | 1 | 1 | 0 | 0 |
| 화서2동 | 7,441 | 8,577 | 5 | 17 | 92 | 80 | 0 | 0 | 2 | 2 | 0 | 0 | 0 | 0 |
| 영통구 | 61,181 | 80,297 | 7 | 29 | 89 | 68 | 2 | 2 | 1 | 1 | 0 | 0 | 1 | 1 |
| 매탄1동 | 3,578 | 5,530 | 11 | 42 | 79 | 51 | 8 | 5 | 2 | 1 | 1 | 1 | 0 | 0 |
| 매탄2동 | 3,109 | 5,650 | 21 | 56 | 55 | 30 | 23 | 13 | 1 | 0 | 1 | 1 | 0 | 0 |
| 매탄3동 | 6,247 | 10,025 | 10 | 43 | 88 | 55 | 2 | 1 | 0 | 0 | 0 | 0 | 0 | 0 |
| 매탄4동 | 6,823 | 9,000 | 8 | 30 | 91 | 69 | 1 | 1 | 0 | 0 | 0 | 0 | 0 | 0 |
| 영통1동 | 11,955 | 15,723 | 4 | 27 | 94 | 72 | 0 | 0 | 0 | 0 | 0 | 0 | 2 | 2 |
| 영통2동 | 14,461 | 14,948 | 1 | 4 | 99 | 96 | 0 | 0 | 0 | 0 | 0 | 0 | 1 | 1 |
| 원천동 | 5,241 | 7,777 | 9 | 38 | 84 | 56 | 1 | 1 | 3 | 2 | 1 | 1 | 3 | 2 |
| 이의동 | 658 | 1,067 | 85 | 89 | 0 | 0 | 0 | 0 | 0 | 0 | 5 | 4 | 10 | 7 |
| 태장동 | 9,109 | 10,577 | 3 | 16 | 90 | 77 | 0 | 0 | 7 | 6 | 0 | 0 | 0 | 0 |

반면 이의동·신안동·세류1동·남향동·지동 가구의 80% 이상을 비롯해 17개 동네에서는 단독주택 거주자가 절반이 넘었다. 또 송죽동과 서둔동 가구의 31%는 다세대주택에 살고 있다.

1995년부터 2005년까지 10년 동안 수원시 주택 수(주택 이외의 거처 제외)는 13만 채에서 23만9천 채로 83%가 늘었다. 그러나 아파트와 다세대주택은 174%와 379%가 증가한 데 비해 단독주택과 연립주택은 2%와 58%가 줄었다. 이에 따라 전체 주택(주택 이외의 거처 제외)에서 차지하는 비중도 아파트는 45%에서 67%로, 다세대주택은 4%에서 11%로 증가했다. 그러나 단독주택은 32%에서 17%로 연립

| 연건평별 주택 | | | | | 건축년도별 주택 | | |
|---|---|---|---|---|---|---|---|
| 총 주택 수 | 14평 미만 | 14~ 19평 | 19~ 29평 | 29평 이상 | 1995~ 2005년 | 1985~ 1994년 | 1985년 이전 |
| 5,744 | 41 | 26 | 11 | 23 | 8 | 91 | 1 |
| 5,372 | 9 | 26 | 39 | 26 | 56 | 43 | 1 |
| 8,439 | 8 | 37 | 29 | 25 | 39 | 28 | 34 |
| 3,114 | 8 | 20 | 29 | 43 | 28 | 33 | 39 |
| 620 | 8 | 25 | 17 | 50 | 12 | 31 | 57 |
| 4,348 | 13 | 13 | 37 | 37 | 27 | 47 | 25 |
| 7,441 | 2 | 47 | 36 | 15 | 92 | 4 | 4 |
| 60,605 | 4 | 42 | 32 | 22 | 71 | 28 | 2 |
| 3,575 | 1 | 41 | 43 | 15 | 13 | 83 | 3 |
| 3,106 | 0 | 25 | 27 | 47 | 14 | 85 | 1 |
| 6,236 | 7 | 16 | 57 | 20 | 71 | 28 | 1 |
| 6,821 | 6 | 53 | 33 | 9 | 11 | 88 | 0 |
| 11,719 | 0 | 59 | 21 | 20 | 100 | 0 | 0 |
| 14,370 | 1 | 57 | 21 | 21 | 100 | 0 | 0 |
| 5,089 | 18 | 54 | 21 | 8 | 47 | 45 | 8 |
| 593 | 4 | 9 | 35 | 53 | 25 | 18 | 58 |
| 9,096 | 3 | 10 | 47 | 39 | 89 | 10 | 1 |

주택은 16%에서 4%로 감소했다.

크기별로는 29평 이상의 주택이 24채인 반면, 19~29평은 34채, 14~19평 35채이며, 14평 미만은 7채에 머무르고 있다. 영통구 이의동과 팔달구 신안동 주택의 절반 이상이 29평 이상 큰 집인 반면, 팔달구 우만1동 주택의 41%는 14평 미만의 소형 주택이다.

58채는 지은 지 10년(1995~2005년 사이 건축)이 안 된 새집이며, 10채는 지은 지 20년이 넘은 낡은 집으로 곧 재개발·재건축될 수 있는 집이다. 장안구 정자3동·조원2동, 권선구 곡선동, 영통구 영통1동·영통2동 주택은 모두 지은 지 10년(1995~2005년 사이 건축)이 안 된 반

면, 영통구 이의동, 팔달구 팔달동·남항동 주택의 절반 이상은 지은
지 20년이 넘었다.


**수원시에서 지하 방에 사는 사람 :**
**파장동·송죽동·조원 1 동·세류 1 동·세류 2 동·세류 3 동·**
**우만 1 동·고등동·화서 1 동·매탄 2 동**
**<u>10%</u> 이상 (반)지하에 거주**


　수원에 사는 34만 가구를 100가구로 친다면, 그 중 6가구는 식구
수에 비해 집이 너무 좁거나 시설이 제대로 갖춰지지 않아 인간다운
품위를 지키기 어려운 최저 주거 기준 미달 가구다.

　또한 100가구 가운데 94가구는 지상에 살지만, 6가구는 (반)지하
에 산다. 구별로는 장안구와 팔달구 7%, 권선구 6%, 영통구 6%의 가
구가 (반)지하에 산다. 장안구 송죽동, 권선구 세류1동, 팔달구 우만1
동에 사는 가구의 13%가 (반)지하에 사는 것을 비롯해, 42개 동 가운
데 10동에서 (반)지하 거주 가구 비중이 10% 이상을 기록했다. 이처
럼 수원시에는 (반)지하 거주 2만1,381가구 외에도 518가구는 옥탑
방에, 134가구는 판잣집·움막·비닐집에, 378가구는 업소의 잠만 자
는 방 등에 살고 있다.

　이처럼 인간이 살기에는 적절하지 못한 곳에서 사는 가구가 2만이
넘는 가운데, 2005년 현재 수원시에 있는 공공임대주택은 3,747채로
전체 가구 대비 1%에 불과한 것으로 나타났다. 이조차도 영구임대주
택 1,213채와 국민임대주택 2,534채 등 주택공사가 소유한 것이 전

**표 3_3.77**

# 경기도 수원시 (반)지하 등 거주 가구

(단위 : 가구, %)

| 행정구역 | (반)지하 | | 옥탑방 | 판잣집·움막·비닐집 | 기타 |
|---|---|---|---|---|---|
| | 가구 | 비중 | 가구 | 가구 | 가구 |
| 수원시 | 21,381 | 6 | 518 | 134 | 378 |
| 장안구 | 6,398 | 7 | 195 | 13 | 114 |
| 송죽동 | 793 | 13 | 9 | - | - |
| 연무동 | 778 | 9 | 20 | 1 | 2 |
| 영화동 | 713 | 8 | 20 | 2 | 3 |
| 율천동 | 1,183 | 9 | 61 | 3 | 4 |
| 정자1동 | 325 | 4 | 4 | - | 1 |
| 정자2동 | 580 | 6 | 8 | - | 4 |
| 정자3동 | 58 | 0 | 34 | - | - |
| 조원1동 | 1,114 | 10 | 31 | 2 | - |
| 조원2동 | | 0 | - | 3 | - |
| 파장동 | 854 | 11 | 8 | 2 | 100 |
| 권선구 | 5,675 | 6 | 127 | 48 | 50 |
| 곡선동 | 497 | 6 | 8 | 3 | 18 |
| 구운동 | 579 | 6 | 8 | 1 | 2 |
| 권선1동 | 702 | 8 | 14 | - | 2 |
| 권선2동 | 26 | 0 | - | 31 | 9 |
| 금호동 | 233 | 2 | 3 | 6 | 1 |
| 서둔동 | 803 | 7 | 11 | 1 | 5 |
| 세류1동 | 513 | 13 | 16 | - | 1 |
| 세류2동 | 1,080 | 11 | 28 | 1 | 2 |
| 세류3동 | 891 | 10 | 30 | - | 5 |
| 입북동 | 24 | 1 | | 5 | |
| 평동 | 327 | 3 | 9 | | 5 |
| 팔달구 | 5,782 | 7 | 112 | 8 | 185 |
| 고등동 | 1,017 | 11 | 13 | - | 74 |
| 남향동 | 84 | 5 | 4 | - | 3 |
| 매교동 | 231 | 6 | 9 | - | 1 |
| 매산동 | 138 | 3 | 11 | | 65 |
| 신안동 | 136 | 6 | 6 | - | - |
| 우만1동 | 1,295 | 13 | 18 | - | - |

| 행정구역 | (반)지하 | | 옥탑방 | 판잣집·움막·비닐집 | 기타 |
|---|---|---|---|---|---|
| | 가구 | 비중 | 가구 | 가구 | 가구 |
| 우만2동 | 190 | 3 | 4 | – | 1 |
| 인계동 | 864 | 6 | 27 | – | 33 |
| 지동 | 594 | 9 | 6 | – | 1 |
| 팔달동 | 81 | 6 | 1 | – | 7 |
| 화서1동 | 912 | 12 | 9 | 8 | – |
| 화서2동 | 240 | 3 | 4 | – | – |
| 영통구 | 3,526 | 4 | 84 | 65 | 29 |
| 매탄1동 | 312 | 6 | 10 | – | |
| 매탄2동 | 555 | 10 | 13 | – | 1 |
| 매탄3동 | 857 | 9 | 22 | 2 | 7 |
| 매탄4동 | 520 | 6 | 9 | | – |
| 영통1동 | 621 | 4 | 20 | 1 | – |
| 영통2동 | 73 | 0 | 1 | – | – |
| 원천동 | 305 | 4 | 4 | 2 | |
| 이의동 | 3 | 0 | | 60 | 16 |
| 태장동 | 280 | 3 | 5 | – | 5 |

부여서 수원시 자체적으로 확보한 공공임대주택은 한 채도 없다.


## 수원시 유권자가 100명이라면

정당 지지도를 알 수 있는 최근 네 차례 선거(제3~4회 동시지방선거, 제
17~18대 총선)를 기준으로 수원시 유권자는 대략 68만~83만 명이며,
평균 투표율은 47%였다.

수원시 유권자가 100명이라면 2002년 지방선거에서는 58명이 한
나라당을, 29명이 새천년민주당을, 6명이 민주노동당을, 4명이 자민

련을 찍었다. 2004년 총선에서는 40명은 열린우리당을, 35명은 한나라당을, 14명은 민주노동당을, 6명은 새천년민주당을, 2명은 자민련을 지지했다.

2006년 지방선거에서는 59명이 한나라당을 찍었고, 22명은 열린우리당을, 13명은 민주노동당을, 6명은 민주당을 찍었다. 2008년 총선에서는 39명이 한나라당을, 26명이 통합민주당을, 12명이 친박연대를, 5명이 민주노동당을, 다른 5명은 자유선진당을, 또 다른 5명은 창조한국당을, 3명은 진보신당을 지지했다.

동네별 투표율은 입북동·정자3동·조원2동에서 상대적으로 높았다. 반면 우만1동·세류3동·인계동에서 상대적으로 낮았다.

한나라당 득표율은 팔달동·이의동·신안동에서 상대적으로 높았다. 반면 율천동·원천동·우만1동에서 상대적으로 낮았다. 팔달동과 율천동의 득표율 격차는 14~22% 사이다.

민주(+열린우리)당 득표율은 우만1동·원천동·서둔동에서 상대적으로 높았다. 반면 팔달동·이의동·조원2동에서 상대적으로 낮았다. 우만1동과 팔달동의 득표율 격차는 14~15%다.

민주노동당+진보신당 득표율은 율천동과 정자3동에서 상대적으로 높았다.

그림 3_3.51

# 경기도 수원시 동네별 한나라당 득표율

2004년 총선(단위 : %)

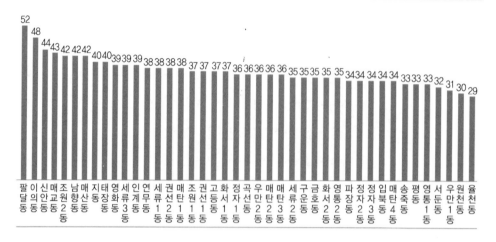

그림 3_3.52

# 경기도 수원시 동네별 민주(＋열린우리)당 득표율

2004년 총선(단위 : %)

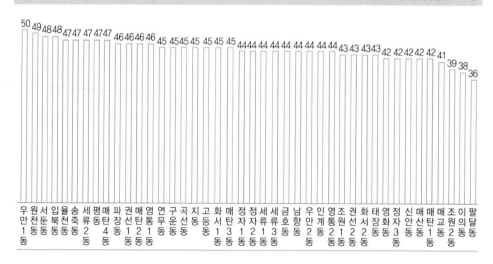

**표 3_3.78**

# 경기도 수원시 역대 선거 투표율과 정당 지지율

2002~2008년(단위 : 명, %)

| 행정구역 | 2002년 지방선거 | | | | | | | 행정구역 | 2004년 총선 | | | | | | | |
| | 선거인 수 | 투표율 | 한나라당 | 새천년민주당 | 자민련 | 민주노동당 | 기타정당 | | 선거인 수 | 투표율 | 한나라당 | 새천년민주당 | 열린우리당 | 자민련 | 민주노동당 | 기타정당 |
|---|---|---|---|---|---|---|---|---|---|---|---|---|---|---|---|---|
| 수원시 | 683,901 | 41 | 58 | 29 | 4 | 6 | 3 | 수원시 | 720,317 | 60 | 35 | 5 | 40 | 2 | 15 | 2 |
| 장안구 | 233,829 | 42 | 57 | 29 | 4 | 6 | 3 | 장안구 | 199,510 | 62 | 35 | 5 | 39 | 2 | 16 | 2 |
| 송죽동 | 13,005 | 38 | 55 | 31 | 5 | 7 | 3 | 송죽동 | 13,669 | 56 | 33 | 5 | 42 | 3 | 15 | 2 |
| 신안동 | 4,984 | 49 | 63 | 25 | 5 | 4 | 4 | 연무동 | 18,661 | 55 | 38 | 5 | 40 | 2 | 13 | 2 |
| 연무동 | 19,606 | 41 | 60 | 27 | 5 | 5 | 4 | 영화동 | 17,010 | 55 | 39 | 5 | 37 | 2 | 13 | 2 |
| 영화동 | 16,298 | 41 | 62 | 25 | 5 | 5 | 3 | 율천동 | 24,901 | 61 | 29 | 5 | 42 | 1 | 20 | 2 |
| 율천동 | 29,104 | 41 | 52 | 32 | 3 | 10 | 3 | 정자1동 | 16,806 | 61 | 36 | 5 | 38 | 2 | 16 | 3 |
| 정자1동 | 34,850 | 43 | 59 | 29 | 3 | 6 | 3 | 정자2동 | 22,603 | 62 | 34 | 5 | 39 | 2 | 18 | 2 |
| 정자2동 | 22,221 | 39 | 57 | 29 | 4 | 7 | 3 | 정자3동 | 29,566 | 71 | 34 | 5 | 37 | 2 | 19 | 2 |
| 조원동 | 33,877 | 45 | 61 | 27 | 4 | 5 | 3 | 조원1동 | 22,811 | 60 | 37 | 5 | 38 | 2 | 15 | 3 |
| 파장동 | 17,720 | 41 | 55 | 31 | 5 | 6 | 4 | 조원2동 | 12,516 | 71 | 42 | 5 | 34 | 2 | 15 | 2 |
| 화서1동 | 18,778 | 34 | 60 | 28 | 4 | 5 | 3 | 파장동 | 16,570 | 56 | 34 | 6 | 40 | 2 | 15 | 3 |
| 화서2동 | 18,655 | 45 | 56 | 30 | 4 | 8 | 2 | | | | | | | | | |
| 권선구 | 225,950 | 41 | 57 | 29 | 4 | 6 | 3 | 권선구 | 198,572 | 57 | 35 | 5 | 41 | 2 | 14 | 2 |
| 고등동 | 18,112 | 36 | 58 | 28 | 4 | 6 | 4 | 곡선동 | 12,828 | 63 | 36 | 5 | 40 | 1 | 16 | 2 |
| 곡선동 | 33,301 | 45 | 59 | 29 | 4 | 7 | 3 | 구운동 | 18,913 | 58 | 35 | 5 | 39 | 2 | 15 | 3 |
| 구운동 | 42,126 | 43 | 58 | 28 | 3 | 7 | 3 | 권선1동 | 17,193 | 55 | 37 | 5 | 41 | 2 | 13 | 2 |
| 권선동 | 16,743 | 38 | 58 | 30 | 5 | 5 | 2 | 권선2동 | 21,968 | 63 | 38 | 5 | 38 | 2 | 15 | 2 |
| 매교동 | 8,348 | 41 | 65 | 23 | 4 | 4 | 3 | 금호동 | 24,384 | 66 | 35 | 5 | 40 | 2 | 17 | 2 |
| 매산동 | 8,672 | 45 | 62 | 26 | 4 | 5 | 3 | 서둔동 | 23,076 | 53 | 32 | 6 | 43 | 2 | 15 | 2 |
| 서둔동 | 18,238 | 39 | 55 | 30 | 4 | 8 | 3 | 세류1동 | 8,386 | 51 | 38 | 5 | 40 | 3 | 12 | 2 |
| 세류1동 | 8,399 | 39 | 60 | 26 | 5 | 5 | 3 | 세류2동 | 21,165 | 48 | 35 | 5 | 42 | 2 | 13 | 2 |
| 세류2동 | 21,544 | 34 | 56 | 31 | 5 | 5 | 3 | 세류3동 | 18,886 | 48 | 39 | 5 | 39 | 2 | 12 | 2 |
| 세류3동 | 18,089 | 35 | 59 | 29 | 5 | 4 | 3 | 입북동 | 5,025 | 64 | 34 | 5 | 43 | 2 | 14 | 3 |
| 입북동 | 5,425 | 57 | 54 | 32 | 4 | 6 | 3 | 평동 | 22,196 | 56 | 33 | 5 | 42 | 2 | 15 | 2 |
| 평동 | 22,231 | 36 | 56 | 31 | 4 | 6 | 3 | | | | | | | | | |
| 팔달구 | 224,122 | 39 | 59 | 30 | 3 | 5 | 3 | 팔달구 | 161,109 | 57 | 37 | 5 | 40 | 2 | 13 | 2 |
| 남향동 | 4,272 | 49 | 61 | 26 | 4 | 5 | 4 | 고등동 | 18,508 | 52 | 37 | 6 | 39 | 3 | 13 | 3 |
| 매탄1동 | 13,289 | 41 | 61 | 27 | 3 | 6 | 3 | 남향동 | 3,993 | 59 | 42 | 5 | 39 | 2 | 9 | 2 |
| 매탄2동 | 11,707 | 40 | 60 | 29 | 3 | 5 | 3 | 매교동 | 8,421 | 53 | 43 | 4 | 37 | 2 | 11 | 2 |
| 매탄3동 | 29,739 | 39 | 60 | 29 | 3 | 5 | 2 | 매산동 | 9,043 | 58 | 42 | 5 | 37 | 2 | 12 | 2 |

| 행정구역 | 2002년 지방선거 | | | | | | | 행정구역 | 2004년 총선 | | | | | | | |
|---|---|---|---|---|---|---|---|---|---|---|---|---|---|---|---|---|
| | 선거인 수 | 투표율 | 한나라당 | 새천년민주당 | 자민련 | 민주노동당 | 기타정당 | | 선거인 수 | 투표율 | 한나라당 | 새천년민주당 | 열린우리당 | 자민련 | 민주노동당 | 기타정당 |
| 매탄4동 | 18,142 | 36 | 59 | 31 | 3 | 5 | 2 | 신안동 | 5,338 | 56 | 44 | 4 | 38 | 2 | 10 | 2 |
| 영통1동 | 28,446 | 38 | 58 | 31 | 2 | 6 | 3 | 우만1동 | 19,690 | 52 | 31 | 6 | 44 | 2 | 14 | 3 |
| 영통2동 | 30,420 | 39 | 61 | 29 | 2 | 5 | 2 | 우만2동 | 8,559 | 64 | 36 | 4 | 40 | 1 | 16 | 2 |
| 우만1동 | 18,087 | 33 | 53 | 34 | 4 | 5 | 4 | 인계동 | 28,393 | 53 | 39 | 4 | 39 | 2 | 13 | 2 |
| 우만2동 | 7,367 | 41 | 61 | 28 | 2 | 5 | 3 | 지동 | 14,060 | 52 | 40 | 5 | 40 | 2 | 11 | 2 |
| 원천동 | 12,276 | 34 | 57 | 32 | 3 | 6 | 3 | 팔달동 | 2,934 | 56 | 52 | 4 | 31 | 2 | 10 | 2 |
| 이의동 | 2,169 | 44 | 65 | 22 | 4 | 4 | 5 | 화서1동 | 18,607 | 53 | 37 | 5 | 40 | 2 | 13 | 3 |
| 인계동 | 27,128 | 37 | 62 | 26 | 4 | 5 | 3 | 화서2동 | 20,091 | 67 | 35 | 6 | 38 | 2 | 17 | 2 |
| 지동 | 14,055 | 39 | 59 | 28 | 5 | 4 | 4 | 영통구 | 161,126 | 63 | 35 | 5 | 41 | 2 | 16 | 2 |
| 팔달동 | 3,003 | 45 | 71 | 20 | 4 | 3 | 3 | 매탄1동 | 10,629 | 61 | 38 | 4 | 38 | 2 | 16 | 2 |
| | | | | | | | | 매탄2동 | 11,947 | 58 | 36 | 5 | 40 | 2 | 14 | 3 |
| | | | | | | | | 매탄3동 | 20,162 | 60 | 36 | 5 | 40 | 2 | 16 | 2 |
| | | | | | | | | 매탄4동 | 18,515 | 59 | 34 | 5 | 42 | 2 | 16 | 2 |
| | | | | | | | | 영통1동 | 28,686 | 67 | 33 | 4 | 42 | 1 | 18 | 2 |
| | | | | | | | | 영통2동 | 31,523 | 69 | 35 | 4 | 40 | 1 | 18 | 2 |
| | | | | | | | | 원천동 | 13,421 | 57 | 30 | 4 | 45 | 2 | 18 | 2 |
| | | | | | | | | 이의동 | 2,563 | 57 | 48 | 4 | 33 | 2 | 9 | 3 |
| | | | | | | | | 태장동 | 20,601 | 63 | 40 | 5 | 38 | 2 | 14 | 2 |

| 행정구역 | 2006년 지방선거 | | | | | | |
|---|---|---|---|---|---|---|---|
| | 선거인 수 | 투표율 | 열린우리당 | 한나라당 | 민주당 | 민주노동당 | 기타 정당 |
| 수원시 | 763,586 | 46 | 22 | 59 | 5 | 13 | 1 |
| 권선구 | 217,455 | 45 | 22 | 59 | 5 | 13 | 1 |
| 영통구 | 173,454 | 47 | 23 | 59 | 4 | 13 | 1 |
| 장안구 | 206,015 | 48 | 21 | 58 | 6 | 13 | 1 |
| 팔달구 | 166,662 | 43 | 21 | 61 | 6 | 11 | 1 |

934

| 행정구역 | 2008년 총선 | | | | | | | | | |
|---|---|---|---|---|---|---|---|---|---|---|
| | 선거인 수 | 투표율 | 통합민주당 | 한나라당 | 자유선진당 | 민주노동당 | 창조한국당 | 친박연대 | 진보신당 | 기타 정당 |
| 수원시 | 784,248 | 42 | 26 | 39 | 5 | 5 | 5 | 12 | 3 | 4 |
| 장안구 | 210,021 | 43 | 26 | 39 | 5 | 5 | 6 | 13 | 4 | 4 |
| 송죽동 | 15,285 | 39 | 26 | 39 | 5 | 4 | 6 | 13 | 3 | 4 |
| 연무동 | 19,143 | 38 | 22 | 45 | 5 | 4 | 4 | 15 | 2 | 4 |
| 영화동 | 18,104 | 37 | 23 | 42 | 6 | 3 | 5 | 16 | 2 | 4 |
| 율천동 | 25,265 | 43 | 28 | 35 | 5 | 6 | 7 | 10 | 5 | 4 |
| 정자1동 | 18,726 | 41 | 26 | 39 | 6 | 4 | 6 | 12 | 3 | 4 |
| 정자2동 | 23,969 | 43 | 27 | 37 | 5 | 5 | 5 | 12 | 4 | 5 |
| 정자3동 | 31,064 | 48 | 27 | 35 | 5 | 6 | 7 | 12 | 5 | 3 |
| 조원1동 | 24,461 | 41 | 25 | 40 | 5 | 4 | 5 | 15 | 3 | 4 |
| 조원2동 | 13,077 | 51 | 25 | 40 | 6 | 3 | 5 | 14 | 4 | 2 |
| 파장동 | 16,865 | 39 | 28 | 40 | 5 | 4 | 5 | 12 | 3 | 4 |
| 권선구 | 228,869 | 40 | 27 | 37 | 6 | 6 | 5 | 13 | 3 | 4 |
| 곡선동 | 21,661 | 35 | 27 | 36 | 5 | 5 | 6 | 13 | 4 | 3 |
| 구운동 | 21,042 | 41 | 27 | 36 | 6 | 6 | 5 | 13 | 3 | 4 |
| 권선1동 | 17,616 | 36 | 27 | 37 | 6 | 4 | 4 | 14 | 3 | 5 |
| 권선2동 | 20,650 | 44 | 26 | 38 | 6 | 5 | 5 | 14 | 3 | 4 |
| 금호동 | 24,987 | 47 | 27 | 37 | 5 | 6 | 5 | 12 | 4 | 3 |
| 서둔동 | 31,184 | 38 | 29 | 34 | 7 | 7 | 5 | 12 | 3 | 4 |
| 세류1동 | 9,054 | 37 | 25 | 39 | 6 | 5 | 4 | 16 | 2 | 3 |
| 세류2동 | 21,279 | 34 | 25 | 39 | 6 | 5 | 4 | 15 | 2 | 4 |
| 세류3동 | 20,345 | 32 | 26 | 40 | 6 | 5 | 3 | 16 | 2 | 4 |
| 입북동 | 8,109 | 47 | 28 | 35 | 5 | 6 | 6 | 11 | 5 | 4 |
| 평동 | 28,534 | 41 | 27 | 37 | 6 | 6 | 4 | 13 | 3 | 4 |
| 팔달구 | 169,205 | 38 | 24 | 42 | 5 | 4 | 5 | 13 | 3 | 4 |
| 고등동 | 20,036 | 35 | 24 | 41 | 6 | 4 | 5 | 13 | 2 | 4 |
| 매교동 | 9,458 | 36 | 21 | 47 | 5 | 4 | 4 | 15 | 2 | 3 |
| 매산동 | 10,377 | 38 | 24 | 41 | 6 | 4 | 5 | 15 | 3 | 3 |
| 우만1동 | 19,879 | 35 | 27 | 39 | 5 | 4 | 5 | 12 | 3 | 5 |
| 우만2동 | 14,430 | 44 | 24 | 41 | 5 | 4 | 6 | 13 | 4 | 3 |
| 인계동 | 28,717 | 31 | 23 | 43 | 4 | 4 | 4 | 15 | 3 | 4 |
| 지동 | 14,350 | 36 | 22 | 46 | 5 | 4 | 4 | 13 | 2 | 3 |
| 행궁동 | 12,107 | 38 | 19 | 48 | 6 | 3 | 4 | 15 | 2 | 3 |
| 화서1동 | 17,504 | 35 | 24 | 41 | 6 | 4 | 4 | 14 | 2 | 5 |
| 화서2동 | 19,292 | 48 | 28 | 35 | 5 | 5 | 6 | 13 | 5 | 3 |
| 영통구 | 176,153 | 47 | 28 | 40 | 5 | 4 | 6 | 10 | 4 | 3 |

| 행정구역 | 2008년 총선 | | | | | | | | | |
|---|---|---|---|---|---|---|---|---|---|---|
| | 선거인 수 | 투표율 | 통합민주당 | 한나라당 | 자유선진당 | 민주노동당 | 창조한국당 | 친박연대 | 진보신당 | 기타 정당 |
| 매탄1동 | 16,332 | 47 | 27 | 41 | 5 | 4 | 6 | 11 | 3 | 3 |
| 매탄2동 | 12,708 | 42 | 28 | 40 | 6 | 3 | 4 | 11 | 3 | 4 |
| 매탄3동 | 20,538 | 44 | 29 | 39 | 5 | 4 | 6 | 11 | 3 | 3 |
| 매탄4동 | 19,696 | 42 | 29 | 39 | 5 | 4 | 5 | 11 | 4 | 3 |
| 영통1동 | 30,844 | 48 | 29 | 39 | 4 | 4 | 6 | 10 | 5 | 2 |
| 영통2동 | 32,998 | 50 | 29 | 40 | 5 | 4 | 6 | 10 | 4 | 3 |
| 원천동 | 14,268 | 39 | 29 | 38 | 4 | 6 | 6 | 9 | 4 | 3 |
| 태장동 | 25,523 | 47 | 27 | 44 | 5 | 3 | 5 | 11 | 3 | 2 |

시흥시에는 2005년 현재 14개 동에 9만9천 개의 거처가 있고,

여기에 12만9천 가구 39만 명이 살고 있다.

경기도 시흥시가 100명이 사는 마을이라면 어떤 모습일까?

## 숫자 100으로 본 시흥시

시흥시에 사는 사람은 경기도 평균인에 비해 대학 이상 학력자와 종교 인구 비중이 낮다. 직업별로는 장치 기계 조작 및 조립직과 사무직, 고위 관리자가 많으며 출퇴근 시간은 짧은 편이다.

무주택자와 1인 가구, 아파트 거주자가 많고 주택의 79%는 최근 10년 사이에 지은 새집(2005년 기준)이다. 가구의 2%는 (반)지하에 살고 6%는 최저 주거 기준 미달 가구지만, 이들을 위한 공공임대주택은 공급된 적이 없다.

최근 7년간 시흥시에서 한나라당은 30~53%를, 민주(＋열린우리)당은 32~54%를, 민주노동당＋진보신당은 6~14%를 각각 얻었다. 하

그림 3_3.53

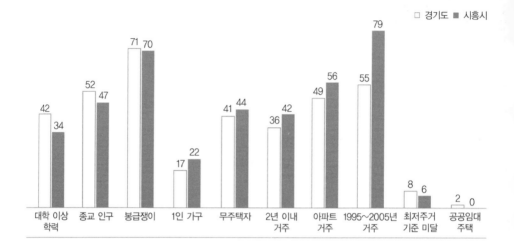

경기도와 시흥시의 주요 지수 평균 비교

(단위 : %)

□ 경기도  ■ 시흥시

대학 이상 학력: 42 / 34
종교 인구: 52 / 47
봉급쟁이: 71 / 70
1인 가구: 17 / 22
무주택자: 41 / 44
2년 이내 거주: 36 / 42
아파트 거주: 49 / 56
1995~2005년 거주: 55 / 79
최저주거 기준 미달: 8 / 6
공공임대 주택: 2 / 0

지만 동네별로는 차이가 컸다.


**시흥시 인구가 100명이라면 :**

**대학 이상 학력자 34명, 종교 인구 47명**


경기도 시흥시에 사는 사람은 2005년 현재 38만9,638명으로, 시흥시 인구가 100명이라면 남자 대 여자의 수는 52 대 48로 남자가 더 많다. 동별로는 정왕1동과 정왕본동에서 남녀 비율이 각각 59 대 41과 58 대 42로 가장 큰 격차를 보이고 있다. 또 정왕3동과 과림동은 54

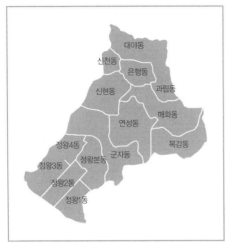

대 46을, 정왕2동은 52 대 48을, 대야동·신천동·신현동·매화동·군자동은 51 대 49를 각각 기록한 반면, 은행동·목감동·연성동·정왕4동은 50 대 50로 균형을 이루고 있다.

100명 중 99명은 내국인이며 1명은 외국인이다. 외국인을 국적별로 보면 중국이 29%(재중동포＝조선족 15%)로 가장 많고 베트남(15%), 인도네시아(13%), 필리핀(7%) 순이다. 동별 인구 중 외국인 비중은 정왕1동이 6%로 가장 높고 과림동(4%), 정왕본동과 정왕3동(각 3%), 정왕2동(2%), 신천동과 신현동(각 1%) 순이다. 31명은 어린이와 청소년(19세 미만)이고, 69명은 어른이다. 어른 가운데 5명은 노인(65세 이상)이다.

지역적으로는, 시흥시에 사는 100명 중 12명은 연성동에 살고, 11명은 신천동에 살며, 군자동·정왕1동·정왕2동에 10명씩 산다. 대야동에는 9명, 은행동에 8명, 정왕3동·정왕4동에 7명씩 산다. 또 정왕본동에 6명이 살며, 신현동·매화동에 3명씩 산다(과림동에 0.48%의 인구가 산다).

종교를 보면, 47명이 종교를 갖고 있다. 22명은 개신교, 13명은 불교, 11명은 천주교 신자다. 개신교는 과림동에서, 불교는 목감동에서, 천주교는 매화동에서 각각 신자 비율이 높다.

학력은 어떨까. 12명은 초등학교에, 5명은 중학교에, 다른 4명은 고등학교에 다니고 있으며, 25명은 대학에 재학 중이거나 대학 이상의 학력을 가지고 있다(6세 이상 인구 기준). 또 시흥시에 사는 19세 이상 인구 가운데 34%가 대학 이상 학력자다. 정왕4동은 19세 이상 인

표 3_3.79

## 경기도 시흥시 성별·종교별·학력별 인구

(단위 : 명, %)

| 행정구역 | 남녀/외국인 | | | | 종교 인구 | | | | | | | 대학 이상 학력 인구 | | | | | | |
|---|---|---|---|---|---|---|---|---|---|---|---|---|---|---|---|---|---|---|
| | 총인구 | 남자 | 여자 | 외국인 | 인구 (내국인) | 종교 있음 | | | | | 종교 없음 | 19세 이상 인구 | 계 | 4년제 미만 | | 4년제 이상 | | 대학원 이상 |
| | | | | | | 계 | 불교 | 개신교 | 천주교 | 기타 | | | | 계 | 재학 | 계 | 재학 | |
| 시흥시 | 389,638 | 52 | 48 | 1 | 384,304 | 47 | 13 | 22 | 11 | 1 | 52 | 264,408 | 34 | 14 | 2 | 18 | 3 | 1 |
| 과림동 | 1,882 | 54 | 46 | 4 | 1,813 | 60 | 14 | 37 | 7 | 2 | 39 | 1,425 | 27 | 12 | 4 | 14 | 5 | 1 |
| 군자동 | 38,115 | 51 | 49 | 0 | 38,018 | 48 | 16 | 23 | 9 | 1 | 51 | 27,156 | 30 | 13 | 2 | 16 | 3 | 1 |
| 대야동 | 36,300 | 51 | 49 | 0 | 36,165 | 52 | 14 | 25 | 12 | 0 | 48 | 25,002 | 34 | 13 | 3 | 19 | 5 | 2 |
| 매화동 | 13,524 | 51 | 49 | 0 | 13,479 | 55 | 15 | 24 | 15 | 1 | 45 | 9,343 | 29 | 11 | 2 | 17 | 4 | 1 |
| 목감동 | 11,846 | 50 | 50 | 0 | 11,803 | 54 | 18 | 24 | 11 | 1 | 46 | 8,487 | 28 | 12 | 3 | 14 | 4 | 1 |
| 신천동 | 42,607 | 51 | 49 | 1 | 42,381 | 49 | 14 | 23 | 11 | 1 | 50 | 29,036 | 25 | 12 | 3 | 12 | 3 | 1 |
| 신현동 | 12,046 | 51 | 49 | 1 | 11,927 | 51 | 13 | 24 | 14 | 1 | 48 | 8,399 | 28 | 12 | 2 | 15 | 4 | 1 |
| 연성동 | 45,734 | 50 | 50 | 0 | 45,686 | 49 | 13 | 25 | 10 | 1 | 50 | 28,556 | 41 | 15 | 2 | 24 | 3 | 2 |
| 은행동 | 32,175 | 50 | 50 | 0 | 32,078 | 51 | 13 | 23 | 14 | 1 | 48 | 20,819 | 37 | 15 | 3 | 21 | 4 | 2 |
| 정왕1동 | 39,856 | 59 | 41 | 6 | 37,641 | 37 | 11 | 18 | 8 | 0 | 61 | 28,579 | 33 | 15 | 2 | 16 | 4 | 1 |
| 정왕2동 | 38,471 | 52 | 48 | 2 | 37,811 | 47 | 12 | 22 | 12 | 1 | 52 | 24,389 | 39 | 17 | 2 | 21 | 3 | 2 |
| 정왕3동 | 26,723 | 54 | 46 | 3 | 25,843 | 46 | 13 | 21 | 11 | 1 | 50 | 17,548 | 35 | 15 | 2 | 19 | 3 | 2 |
| 정왕4동 | 25,793 | 50 | 50 | 0 | 25,752 | 46 | 12 | 21 | 13 | 1 | 53 | 16,044 | 43 | 15 | 2 | 26 | 3 | 2 |
| 정왕본동 | 24,566 | 58 | 42 | 3 | 23,907 | 36 | 12 | 15 | 8 | 1 | 63 | 19,625 | 30 | 16 | 2 | 13 | 2 | 1 |

구 중 43%가 대학 이상 학력자로 비중이 가장 높다.

29명은 미혼이며 71명은 결혼했다. 결혼한 사람 가운데 5명은 배우자와 사별했고, 3명은 이혼했다(15세 이상 인구 기준). 3명은 몸이 불편하거나 정신 장애로 정상적인 활동에 제약을 느끼고 있다.

거주 기간을 보면, 34명은 현재 살고 있는 집에 산 지 5년이 넘었으나, 66명은 5년 이내에 새로 이사 왔다(5세 이상 인구 기준). 이사 온 사람 중 28명은 시흥시의 다른 동에서, 17명은 경기도의 다른 시군에서, 21명은 경기도 밖에서 이사 왔다.

## 시흥시 취업자가 100명이라면 :
## 70명은 봉급쟁이

시흥시에 사는 15세 이상 인구 28만4천여 명 가운데 취업해 직장에 다니는 사람(취업자)은 57%, 16만1,500여 명이다. 시흥시 취업자가 100명이라면 68명은 30~40대, 19명은 20대이며, 9명은 50대다. 65세 이상 노인도 1명이 일하고 있다.

회사에서 봉급을 받고 일하는 직장인은 70명이다. 17명은 고용한 사람 없이 혼자서 일하는 자영업자이며, 8명은 누군가를 고용해 사업체를 경영하는 사업주다. 4명은 가족이 운영하는 사업체에서 보수 없이 일하고 있다.

직업별로는 사무직과 장치 기계 조작 및 조립직이 각각 20명으로 가장 많고, 판매직과 기능직 그리고 기술직 및 준전문가가 각 10명으로 뒤를 잇는다. 또 9명은 서비스업, 8명은 단순 노무직, 6명은 전문가로 일하고 있다. 또 5명은 고위 관리직으로 일하고 2명은 농림 어업에 종사하고 있다.

직장으로 출근하는 데 30분 이상 걸리는 사람은 42명이며, 그 가운데 16명은 1시간 이상 걸린다. 17명은 걸어서 출근하고 83명은 교통수단을 이용해 출근한다. 83명 가운데 58명은 자가용으로, 10명은 시내버스로, 6명은 통근 버스로 출퇴근한다. 또 3명은 전철로, 1명은 자전거를 이용하며, 3명은 버스와 전철 또는 승용차를 갈아타며 출근한다. 경기도 31개 시군 가운데 시흥시는 용인시와 함께 자가용을 이용한 출퇴근자 비율이 가장 높다.

사무실이나 공장 등에서 일하는 사람은 84명이며, 야외나 거리 또

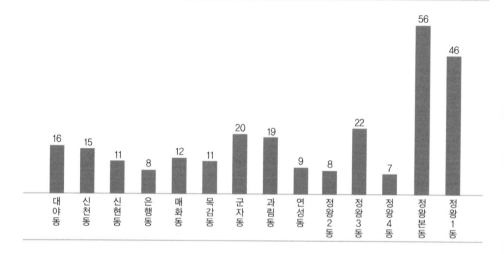

**그림 3_3.54**

## 경기도 시흥시 동네별 1인 가구

(단위 : %)

대야동 16
신천동 15
신현동 11
은행동 8
매화동 12
목감동 11
군자동 20
과림동 19
연성동 9
정왕2동 8
정왕3동 22
정왕4동 7
정왕본동 56
정왕1동 46

는 운송 수단에서 일하는 사람은 12명이다. 2명은 자기 집에서, 다른
1명은 남의 집에서 일한다.


## 시흥시에 100가구가 산다면 :
## 46가구는 셋방살이


시흥시에는 12만9천 가구가 산다(일반 가구 기준). 시흥시에 사는 가구
를 100가구로 친다면, 40가구는 식구가 한 명 또는 두 명인 1, 2인 가
구이며, 이 가운데 22가구는 나 홀로 사는 1인 가구다. 식구 4명은 31

**표 3_3.80**

## 경기도 시흥시의 다주택자

(단위 : 가구, 호)

| 구분 | | | 가구 수 | 주택 수 | 평균 주택 수 |
|---|---|---|---|---|---|
| 일반 가구 | | | 128,753 | – | – |
| 자가 가구 | | | 66,398 | – | – |
| 다주택 가구 | 통계청 | | 8,012 | – | – |
| | 행자부 | 계 | 5,747 | 13,323 | 2 |
| | | 2채 | 5,005 | 10,010 | 2 |
| | | 3채 | 456 | 1,368 | 3 |
| | | 4채 | 109 | 436 | 4 |
| | | 5채 | 44 | 220 | 5 |
| | | 6~10채 | 99 | 727 | 7 |
| | | 11채 이상 | 34 | 562 | 17 |

가구, 3명은 19가구, 5명 이상은 10가구다. 시흥시는 안성시와 함께 경기도 31개 시군 가운데 1인 가구 비중이 가장 높다.

동네별 1인 가구 비중을 보면, 정왕본동에서 56%로 가장 높고, 정왕1동도 46%에 이른다. 정왕3동(22%)과 군자동(20%)도 20% 이상이지만, 정왕4동(7%), 정왕2동(8%), 은행동(8%), 연성동(9%)은 10% 미만이다.

52가구는 자신이 소유한 집에서 살고, 46가구는 셋방에 살며, 2가구는 직장의 사택이나 친척집 등에서 무상으로 살고 있다. 자기 집에 사는 가구 중 6가구는 현재 살고 있는 집 외에 최소 한 채에서 여러 채를 소유한 다주택자들이다.

셋방 사는 가구 가운데 24가구는 전세에, 17가구는 보증금 있는 월세에, 4가구는 보증금 없는 월세에 산다.

셋방 사는 가구 중 5가구는 어딘가에 자신 명의의 집을 소유하고 있으나 경제 사정이나 자녀 교육, 직장 등의 사정으로 셋방에 살고 있다.

71가구는 현재 사는 집으로 이사 온 지 5년이 안 되며, 이 가운데 42가구는 2년이 안 된다. 22가구는 5~10년이 됐고, 7가구는 10년이 넘었다.

73가구는 자동차를 소유하고 있고 이 가운데 55가구는 자기 집에 전용 주차장이 있다. 자동차 소유 가구 중 15가구는 차를 2대 이상 소유하고 있다.


## 집 많은 사람, 집 없는 사람 :
## 정왕4동 80% 주택 소유, 정왕본동 93% 무주택

시흥시에 사는 100가구 중 56가구는 주택 소유자이고 46가구는 무주택자다. 14개 동네 중 12곳은 주택 소유자가 더 많고 2곳은 무주택자가 더 많다. 동네별로는 정왕4동 가구의 80%를 비롯해 은행동·매화동·신현동·연성동·목감동·정왕2동은 70% 이상이 주택 소유자다. 대야동·군자동·과림동·신천동도 주택 소유 가구가 60% 이상이며 정왕3동은 54%에 이른다. 반면 정왕본동에 사는 가구의 93%가 무주택자이고 주택 소유자는 7%에 불과하다. 정왕1동 가구 중에도 73%가 무주택 가구이며 주택 소유자는 27%에 머문다.

시흥시 100가구 중 6가구는 다주택자다. 정왕4동과 연성동 가구의 10%는 집을 두 채 이상 소유한 다주택자다. 은행동과 목감동 가구의

표 3_3.81

# 경기도 시흥시 주택의 점유·소유 형태별 가구

(단위 : 가구, %)

| 행정구역 | 전체 가구 | 자기 집에 거주 | | | 셋방에 거주 | | | 무상으로 거주 | | 주택 소유 | 무주택 |
|---|---|---|---|---|---|---|---|---|---|---|---|
| | | 계 | 집 한 채 | 여러 채 | 계 | 집 없음 | 집 있음 | 집 없음 | 집 있음 | | |
| 시흥시 | 128,753 | 52 | 45 | 6 | 46 | 41 | 5 | 2 | 0 | 56 | 44 |
| 과림동 | 558 | 56 | 49 | 8 | 30 | 27 | 4 | 12 | 1 | 61 | 39 |
| 군자동 | 12,876 | 58 | 51 | 7 | 40 | 35 | 5 | 2 | 0 | 63 | 37 |
| 대야동 | 11,436 | 59 | 53 | 6 | 40 | 36 | 4 | 1 | 0 | 63 | 37 |
| 매화동 | 4,096 | 70 | 63 | 7 | 27 | 23 | 4 | 3 | 0 | 74 | 26 |
| 목감동 | 3,583 | 68 | 59 | 9 | 28 | 23 | 4 | 4 | 1 | 73 | 27 |
| 신천동 | 13,293 | 56 | 50 | 5 | 42 | 38 | 4 | 2 | 0 | 60 | 40 |
| 신현동 | 3,701 | 70 | 63 | 7 | 26 | 23 | 3 | 3 | 0 | 74 | 26 |
| 연성동 | 13,244 | 67 | 57 | 10 | 31 | 25 | 6 | 1 | 0 | 74 | 26 |
| 은행동 | 9,218 | 74 | 64 | 9 | 25 | 20 | 5 | 1 | 0 | 78 | 22 |
| 정왕1동 | 16,671 | 23 | 21 | 2 | 72 | 69 | 4 | 4 | 0 | 27 | 73 |
| 정왕2동 | 11,064 | 65 | 58 | 7 | 33 | 27 | 6 | 2 | 0 | 71 | 29 |
| 정왕3동 | 8,448 | 47 | 41 | 6 | 47 | 41 | 6 | 5 | 1 | 54 | 46 |
| 정왕4동 | 7,284 | 73 | 63 | 10 | 25 | 19 | 6 | 2 | 1 | 80 | 20 |
| 정왕본동 | 13,281 | 4 | 3 | 0 | 94 | 91 | 3 | 2 | 0 | 7 | 93 |

9%도 다주택자다. 반면 정왕본동은 전체 1만3,281가구 중 다주택자가 65가구로 0.5%에 미치지 못하고 정왕1동 역시 2%에 머문다.

시흥시 100가구 중 5가구는 어딘가에 자신 명의의 집이 있지만 현재는 셋방에 사는 유주택 전월세 가구로 연성동, 정왕2~4동에서 6%로 비중이 가장 높다. 주택 소유자 중 유주택 전월세를 제외한 52가구는 자신이 소유한 집에서 산다. 동네별로는 은행동(74%), 정왕4동(73%), 신현동과 매화동(각 70%)에서 자가 점유 가구 비율이 높다.

유주택 전월세를 포함한 46가구는 셋방에 산다. 셋방 가구는 정왕

표 3_3.82

## 경기도 시흥시 거처의 종류별·연건평별·건축년도별 주택

(단위 : 호, 가구, %)

| 행정구역 | 거처의 종류별 거처와 가구 | | | | | | | | | | | | | |
|---|---|---|---|---|---|---|---|---|---|---|---|---|---|---|
| | 계 | | 단독주택 | | 아파트 | | 연립주택 | | 다세대주택 | | 비거주용 건물 내 주택 | | 주택 이외의 거처 | |
| | 거처 | 가구 | 거처 | 가구 | 거처 | 가구 | 거처 | 가구 | 거처 | 가구 | 거처 | 가구 | 거처 | 가구 |
| 시흥시 | 98,967 | 128,910 | 8 | 29 | 72 | 56 | 1 | 1 | 16 | 12 | 1 | 1 | 2 | 2 |
| 과림동 | 435 | 559 | 56 | 62 | 5 | 4 | 0 | 0 | 0 | 0 | 17 | 15 | 23 | 19 |
| 군자동 | 12,590 | 12,879 | 4 | 6 | 66 | 64 | 0 | 0 | 29 | 29 | 1 | 1 | 1 | 1 |
| 대야동 | 9,313 | 11,439 | 12 | 28 | 65 | 53 | 0 | 0 | 19 | 15 | 1 | 1 | 2 | 2 |
| 매화동 | 3,996 | 4,101 | 7 | 9 | 57 | 56 | 5 | 5 | 26 | 25 | 1 | 2 | 3 | 3 |
| 목감동 | 3,455 | 3,587 | 11 | 14 | 56 | 54 | 7 | 7 | 22 | 21 | 1 | 1 | 4 | 3 |
| 신천동 | 10,622 | 13,298 | 11 | 27 | 33 | 26 | 1 | 1 | 53 | 42 | 2 | 3 | 0 | 1 |
| 신현동 | 3,607 | 3,702 | 12 | 13 | 69 | 67 | 0 | 0 | 18 | 18 | 1 | 1 | 1 | 1 |
| 연성동 | 12,240 | 13,246 | 3 | 10 | 95 | 88 | 0 | 0 | 0 | 0 | 1 | 1 | 1 | 1 |
| 은행동 | 8,844 | 9,221 | 4 | 8 | 80 | 77 | 3 | 3 | 12 | 12 | 0 | 0 | 0 | 0 |
| 정왕1동 | 7,136 | 16,733 | 16 | 64 | 73 | 31 | 0 | 0 | 0 | 0 | 0 | 0 | 10 | 4 |
| 정왕2동 | 10,849 | 11,096 | 0 | 2 | 97 | 95 | 1 | 1 | 0 | 0 | 0 | 0 | 2 | 2 |
| 정왕3동 | 6,976 | 8,478 | 3 | 20 | 75 | 62 | 0 | 0 | 13 | 11 | 1 | 1 | 8 | 6 |
| 정왕4동 | 7,275 | 7,288 | 0 | 0 | 100 | 100 | 0 | 0 | 0 | 0 | 0 | 0 | 0 | 0 |
| 정왕본동 | 1,629 | 13,283 | 92 | 98 | 0 | 0 | 0 | 0 | 0 | 0 | 7 | 1 | 1 | 0 |

본동(94%)과 정왕1동(72%)에서 비율이 높다. 무주택 셋방은 모두 41가구인데 역시 정왕본동(91%)과 정왕1동(69%)에서 비중이 높다. 한편 과림동에 사는 가구 중 13%는 직장의 사택이나 친척집 등에서 무상으로 살고 있는데 이들 중 12%는 모두 무주택자다.

| 연건평별 주택 | | | | | 건축년도별 주택 | | |
|---|---|---|---|---|---|---|---|
| 총 주택 수 | 14평 미만 | 14~19평 | 19~29평 | 29평 이상 | 1995~ 2005년 | 1985~ 1994년 | 1985년 이전 |
| 96,647 | 11 | 42 | 34 | 13 | 79 | 20 | 2 |
| 337 | 6 | 7 | 30 | 57 | 53 | 20 | 27 |
| 12,497 | 26 | 30 | 38 | 6 | 82 | 16 | 2 |
| 9,084 | 23 | 32 | 24 | 20 | 60 | 38 | 2 |
| 3,867 | 12 | 44 | 34 | 9 | 50 | 46 | 4 |
| 3,333 | 11 | 43 | 39 | 7 | 37 | 60 | 3 |
| 10,569 | 20 | 44 | 26 | 10 | 56 | 40 | 4 |
| 3,578 | 12 | 54 | 28 | 6 | 27 | 68 | 6 |
| 12,168 | 3 | 48 | 34 | 15 | 99 | 0 | 0 |
| 8,824 | 9 | 40 | 41 | 9 | 73 | 26 | 1 |
| 6,406 | 2 | 54 | 26 | 18 | 100 | 0 | 0 |
| 10,652 | 2 | 58 | 33 | 6 | 96 | 4 | 0 |
| 6,452 | 4 | 37 | 51 | 8 | 100 | 0 | 0 |
| 7,275 | 5 | 44 | 37 | 14 | 100 | 0 | 0 |
| 1,605 | 2 | 2 | 5 | 92 | 84 | 10 | 6 |

## 시흥시에 있는 집이 100채라면 : 72채는 아파트

시흥시에는 집(주택과 주택 이외의 거처)이 9만8,967채가 있다. 시흥시에 있는 집이 100채라면 72채는 아파트이고 16채는 다세대주택이며, 8채는 단독주택이다. 1채는 연립주택, 다른 1채는 상가 등 비거주용 건물 내 주택, 2채는 오피스텔 등 주택 이외의 거처다.

정왕4동은 거처 7,275채 모두가 아파트다. 정왕2동과 영성동도 90% 이상이 아파트며, 은행동 80%, 정왕3동 75%, 정왕1동 73% 등 11개 동네에서 아파트 비중이 절반 이상이다. 반면 정왕본동 거처의 92%, 과림동 거처의 56%는 단독주택이다. 신천동은 거처의 53%가 다세대주택이며, 군자동·매화동·목감동 또한 20% 이상이 다세대주택이다. 과림동은 거처의 23%가 주택 이외의 거처고 17%는 비거주용 건물 내 주택이다.

사람이 사는 곳을 기준으로 보면 시흥시 가구의 56%는 아파트에, 29%는 단독주택에, 12%는 다세대주택에 산다. 1%는 연립주택에 다른 1%는 비거주용 건물 내 주택에, 2%는 주택 이외의 거처에 산다.

정왕4동 가구 100%와 정왕2동 가구 95%가 아파트에 산다. 또 연성동 88%, 은행동 77% 등 모두 10개 동네에서 가구의 절반 이상이 아파트에 산다. 반면 정왕본동 가구의 92%, 정왕1동 가구의 64%, 과림동 가구의 62%는 단독주택에 산다. 또 신천동 가구의 42%를 비롯해 다세대주택이 많은 군자동·매화동·목감동에서도 20% 이상이 다세대주택에 산다. 과림동은 가구의 19%는 주택 이외의 거처에, 15%는 비거주용 건물 내 주택에 산다.

시흥시 주택(주택 이외의 거처 제외)을 크기별로 보면, 29평 이상의 주택은 13채, 19~29평은 34채, 14~19평은 42채이며, 14평 미만은 11채다. 29평 이상 대형 주택은 단독주택이 많은 정왕본동과 과림동에서, 14평 미만의 소형 주택은 군자동·대야동·신천동에서 상대적으로 많이 분포돼 있다.

2005년 기준으로 79채는 지은 지 10년(1995~2005년 사이 건축)이 안 된 새집이며, 2채는 지은 지 20년이 넘었다. 중앙동 주택의 80% 이상, 대원동·세마동·초평동 주택의 70% 이상, 남촌동 주택의 60%가 10년 이내에 지은 새집이다.

1995년부터 2005년까지 10년 동안 시흥시 주택 수(주택 이외의 거처 제외)는 2만8천 채에서 9만7천 채로 6만8천 채(243%)가 늘었다. 이 기간 동안 아파트는 5만7천 채, 다세대주택은 1만4천 채가 늘어 각각 377%와 694%가 늘었다. 반면 단독주택은 9백 채인 13% 느는데 그쳤고, 연립주택은 2천1백 채가 줄어 73%가 감소했다. 이에 따라 전체 주택(주택 이외의 거처 제외)에서 차지하는 비중도 아파트는 53%에서 74%로, 다세대주택은 7%에서 16%로 증가한 반면, 단독주택은 24%에서 8%로, 연립주택은 12%에서 1%로 감소했다.


## 시흥시에서 지하 방에 사는 사람 :
## 신천동 가구의 8%가 (반)지하에 거주

시흥시에 사는 12만9천 가구를 100가구로 친다면, 그 중 6가구는 식구에 비해 집이 너무 좁거나 시설이 제대로 갖춰지지 않아 인간다운 품위를 지키기 어려운 최저 주거 기준 미달 가구다.

또 100가구 가운데 98가구는 지상에 살지만, 2가구는 (반)지하에 살고 있다. (반)지하에 사는 가구 비중은 신천동(8%)에서 가장 높고, 군자동(5%), 대야동·목감동(4%), 은행동·매화동·과림동(3%), 신현동(2%)이 뒤를 잇는다. 이 밖에 시흥시 12만9천 가구 가운데 옥탑방에 571가구가, 판잣집·움막·비닐집에 78가구가, 업소의 잠만 자는 방 등에 54가구가 사는 것으로 나타났다. 이런 상황에서 2005년 현

표 3_3.83

## 경기도 시흥시 (반)지하 등 거주 가구

(단위 : 가구, %)

| 행정구역 | 전체 가구 | (반)지하 | | 옥탑방 | 판잣집·움막·비닐집 | 기타 |
|---|---|---|---|---|---|---|
| | | 가구 | 비중 | 가구 | 가구 | 가구 |
| 시흥시 | 128,753 | 2,825 | 2 | 187 | 367 | 375 |
| 과림동 | 558 | 18 | 3 | 4 | 95 | 10 |
| 군자동 | 12,876 | 610 | 5 | 4 | 26 | 17 |
| 대야동 | 11,436 | 438 | 4 | 41 | 55 | 9 |
| 매화동 | 4,096 | 116 | 3 | 1 | 24 | 3 |
| 목감동 | 3,583 | 137 | 4 | 1 | 95 | 24 |
| 신천동 | 13,293 | 1,111 | 8 | 65 | 23 | 49 |
| 신현동 | 3,701 | 89 | 2 | 2 | 10 | 18 |
| 연성동 | 13,244 | 8 | – | 8 | 22 | 17 |
| 은행동 | 9,218 | 253 | 3 | 6 | 10 | 8 |
| 정왕1동 | 16,671 | – | – | 35 | – | 99 |
| 정왕2동 | 11,064 | 15 | – | 1 | – | 50 |
| 정왕3동 | 8,448 | 15 | – | 5 | – | 27 |
| 정왕4동 | 7,284 | – | – | – | – | – |
| 정왕본동 | 13,281 | 15 | – | 14 | 7 | 44 |

재 시흥시에 무주택 서민을 위한 공공임대주택은 단 한 채도 없다.

## 시흥시 유권자가 100명이라면

정당 지지도를 알 수 있는 최근 네 차례 선거(제3~4회 동시지방선거, 제17~18대 총선)를 기준으로 시흥시 유권자는 대략 23만~28만 명이며, 평균 투표율은 43%였다.

시흥시 유권자가 100명이라면 2002년 지방선거에서는 51명이 한나라당을, 36명이 새천년민주당을, 6명이 민주노동당을, 5명이 자민련을 찍었다. 2004년 총선에서는 45명은 열린우리당을, 30명은 한나라당을, 14명은 민주노동당을, 6명은 새천년민주당을, 2명은 자민련을 지지했다.

2006년 지방선거에서는 53명이 한나라당을 찍었고, 24명은 열린우리당을, 12명은 민주노동당을, 9명은 민주당을 찍었다. 2008년 총선에서는 38명이 한나라당을, 32명이 통합민주당을, 9명이 친박연대를, 5명이 민주노동당을, 4명이 자유선진당을, 다른 4명이 창조한국당을, 3명이 진보신당을 지지했다.

동네별 투표율은 과림동·목감동·은행동·신현동에서 상대적으로 높다. 반면 정왕본동·정왕1동·군자동은 상대적으로 낮다.

한나라당 득표율은 과림동·목감동·신현동에서 상대적으로 높다. 반면 정왕1동·정왕본동·정왕4동에서 상대적으로 낮았다. 과림동과 정왕4동의 득표율 격차는 최소 17%에서 최대 21%까지 벌어졌다.

민주(＋열린우리)당 득표율은 정왕1동·정왕4동·신천동에서 상대적으로 높다. 반면 과림동·신현동에서 상대적으로 낮았다. 과림동의 득표율 격차는 최소 5%에서 최대 17%까지 벌어졌다.

민주노동당＋진보신당 득표율은 신현동·연성동·정왕본동에서 상대적으로 높았다.

그림 3_3.55

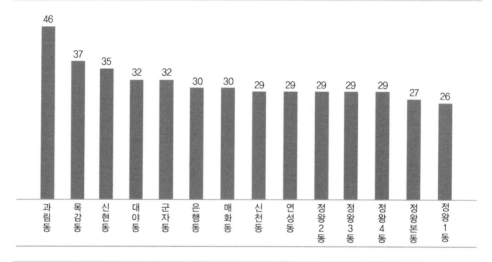

경기도 시흥시 동네별 한나라당 득표율

2004년 총선(단위 : %)

그림 3_3.56

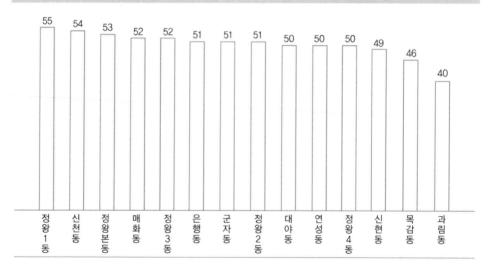

경기도 시흥시 동네별 민주(＋열린우리)당 득표율

2004년 총선(단위 : %)

표 3_3.84

# 경기도 시흥시 역대 선거 투표율과 정당 지지율

2002~2008년(단위 : 명, %)

| 행정구역 | 2002년 지방선거 | | | | | | 2004년 총선 | | | | | | | |
|---|---|---|---|---|---|---|---|---|---|---|---|---|---|---|
| | 선거인 수 | 투표율 | 한나라당 | 새천년민주당 | 자민련 | 민주노동당 | 기타정당 | 선거인 수 | 투표율 | 한나라당 | 새천년민주당 | 열린우리당 | 자민련 | 민주노동당 | 기타정당 |
| 시흥시 | 226,255 | 38 | 51 | 36 | 5 | 6 | 3 | 250,493 | 55 | 30 | 6 | 45 | 2 | 14 | 3 |
| 과림동 | 2,200 | 48 | 59 | 32 | 4 | 3 | 2 | 2,182 | 63 | 46 | 8 | 32 | 2 | 8 | 3 |
| 군자동 | 18,096 | 32 | 51 | 36 | 5 | 5 | 3 | 22,493 | 49 | 32 | 5 | 46 | 2 | 12 | 3 |
| 대야동 | 24,603 | 38 | 52 | 35 | 5 | 5 | 2 | 25,342 | 58 | 32 | 7 | 42 | 2 | 14 | 3 |
| 매화동 | 9,392 | 40 | 49 | 37 | 5 | 6 | 2 | 9,489 | 59 | 30 | 7 | 45 | 2 | 13 | 3 |
| 목감동 | 8,409 | 49 | 58 | 28 | 6 | 5 | 3 | 8,904 | 59 | 37 | 6 | 40 | 2 | 12 | 3 |
| 신천동 | 28,164 | 36 | 47 | 38 | 6 | 5 | 3 | 29,280 | 53 | 29 | 8 | 46 | 2 | 12 | 3 |
| 신현동 | 8,890 | 46 | 54 | 33 | 4 | 6 | 3 | 8,937 | 59 | 35 | 7 | 42 | 2 | 12 | 3 |
| 연성동 | 23,275 | 44 | 53 | 34 | 4 | 6 | 2 | 26,541 | 63 | 29 | 6 | 45 | 2 | 16 | 2 |
| 은행동 | 17,947 | 43 | 47 | 37 | 6 | 6 | 4 | 18,592 | 62 | 30 | 7 | 44 | 2 | 14 | 3 |
| 정왕1동 | 29,943 | 25 | 48 | 39 | 5 | 6 | 2 | 23,707 | 43 | 26 | 5 | 50 | 2 | 15 | 3 |
| 정왕2동 | 22,826 | 34 | 50 | 37 | 5 | 6 | 3 | 23,917 | 56 | 29 | 5 | 47 | 2 | 15 | 3 |
| 정왕3동 | 13,658 | 38 | 52 | 36 | 4 | 5 | 3 | 15,300 | 54 | 29 | 5 | 47 | 2 | 14 | 3 |
| 정왕4동 | 15,348 | 40 | 51 | 37 | 4 | 6 | 2 | 16,072 | 61 | 29 | 5 | 45 | 2 | 16 | 3 |
| 정왕본동 | | | | | | | | 15,545 | 32 | 27 | 5 | 49 | 2 | 15 | 3 |

| 행정구역 | 2006년 지방선거 | | | | | | |
| --- | --- | --- | --- | --- | --- | --- | --- |
| | 선거인 수 | 투표율 | 열린우리당 | 한나라당 | 민주당 | 민주노동당 | 기타 정당 |
| 시흥시 | 271,413 | 40 | 24 | 53 | 9 | 12 | 1 |

| 행정구역 | 2008년 총선 | | | | | | | | |
| --- | --- | --- | --- | --- | --- | --- | --- | --- | --- |
| | 선거인 수 | 투표율 | 통합민주당 | 한나라당 | 자유선진당 | 민주노동당 | 창조한국당 | 친박연대 | 진보신당 | 기타 정당 |
| 시흥시 | 277,569 | 39 | 32 | 38 | 4 | 5 | 4 | 9 | 3 | 5 |
| 과림동 | 2,219 | 48 | 19 | 55 | 4 | 3 | 3 | 10 | 1 | 5 |
| 군자동 | 29,955 | 36 | 30 | 39 | 4 | 5 | 5 | 10 | 2 | 4 |
| 대야동 | 26,624 | 43 | 31 | 39 | 4 | 4 | 4 | 9 | 3 | 6 |
| 매화동 | 9,895 | 44 | 30 | 42 | 4 | 4 | 4 | 8 | 2 | 5 |
| 목감동 | 9,691 | 43 | 30 | 41 | 5 | 4 | 3 | 11 | 2 | 4 |
| 신천동 | 30,544 | 38 | 35 | 36 | 5 | 4 | 3 | 9 | 2 | 7 |
| 신현동 | 9,138 | 45 | 29 | 44 | 4 | 3 | 3 | 10 | 2 | 5 |
| 연성동 | 29,779 | 45 | 33 | 36 | 4 | 5 | 6 | 9 | 3 | 4 |
| 은행동 | 21,641 | 46 | 34 | 36 | 4 | 4 | 5 | 9 | 3 | 5 |
| 정왕1동 | 25,488 | 27 | 34 | 35 | 5 | 6 | 5 | 9 | 3 | 4 |
| 정왕2동 | 24,643 | 39 | 35 | 35 | 4 | 6 | 4 | 9 | 3 | 3 |
| 정왕3동 | 17,787 | 36 | 35 | 35 | 4 | 5 | 4 | 9 | 4 | 4 |
| 정왕4동 | 16,270 | 44 | 36 | 34 | 5 | 5 | 5 | 9 | 3 | 4 |
| 정왕본동 | 19,251 | 18 | 30 | 36 | 4 | 7 | 4 | 10 | 3 | 6 |

# 숫자 **100**으로 본 경기도 안산시 24개 동네

안산시에는 2005년 현재 상록구와 단원구 등 2개 구 24개 동에 14만 개의 거처가 있고,

여기에 22만 가구 68만 명이 살고 있다.

경기도 안산시가 100명이 사는 마을이라면 어떤 모습일까?

## 숫자 100으로 본 안산시

안산시에 사는 사람은 경기도 평균인에 비해 대학 이상 학력자와 종교 인구 비중이 낮다. 봉급생활자 비중이 상대적으로 높은데, 장치 기계 조작 및 조립직과 기능직에 종사하는 사람이 특히 많다.

셋방에 사는 가구와 1인 가구, 단독주택 거주자가 상대적으로 많고 거주 기간이 짧아 이사를 자주 다닌다. 가구의 7%는 (반)지하에 살고 5%는 최저 주거 기준 미달 가구인데, 공공임대주택은 1%로 매우 부족한 실정이다.

최근 7년간 안산에서 한나라당은 30~53%를, 민주(＋열린우리)당은 30~52%를, 민주노동당＋진보신당은 7~14%를 각각 얻었다. 하지

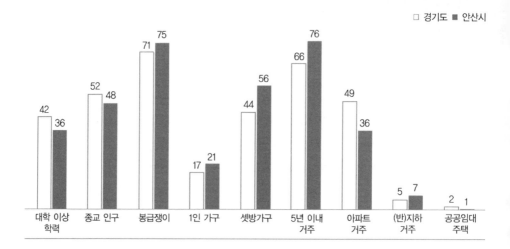

**그림 3_3.57**

## 경기도와 안산시의 주요 지수 평균 비교

(단위 : %)

□ 경기도  ■ 안산시

| 구분 | 대학 이상 학력 | 종교 인구 | 봉급쟁이 | 1인 가구 | 셋방가구 | 5년 이내 거주 | 아파트 거주 | (반)지하 거주 | 공공임대 주택 |
|---|---|---|---|---|---|---|---|---|---|
| 경기도 | 42 | 52 | 71 | 17 | 44 | 66 | 49 | 5 | 2 |
| 안산시 | 36 | 48 | 75 | 21 | 56 | 76 | 36 | 7 | 1 |

만 동네별로는 차이가 컸다.

**안산시 인구가 100명이라면 :**

**대학 이상 학력자 36명, 종교 인구 48명**

경기도 안산시에 사는 사람은 2005년 현재 68만1,590명으로, 안산시
인구가 100명이라면 남자 대 여자의 수는 51 대 49로 남자가 약간 많
다. 상록구의 남녀 비율은 51 대 49인 반면 단원구는 52 대 48이다.
100명 중 98명은 내국인이며 2명은 외국인인데, 외국인은 주로 단원

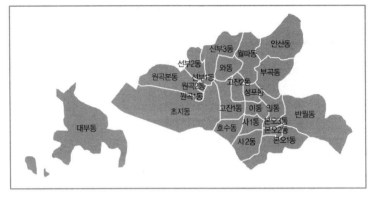

구 원곡본동과 원곡1동, 초지동 일대에 몰려 산다. 외국인의 58%가 중국 국적(재중 동포 = 조선족 24%)이며, 인도네시아 10%, 필리핀과 베트남 각 6% 순으로 뒤를 잇고 있다. 31명은 어린이와 청소년(19세 미만)이고, 69명은 어른이다. 어른 가운데 5명은 노인(65세 이상)이다.

지역적으로는 상록구에 52명, 단원구에 48명이 사는데 이들은 다시 24개 동에 흩어져 산다. 초지동에 8명이 살고 사1동·월피동·와동에 7명씩 산다. 본오1동·선부3동·호수동에 6명씩, 사2동·본오2동·성포동에 5명씩, 일동·본오3동·이동·고잔1동·고잔2동·원곡본동·선부2동에 4명씩 산다. 부곡동과 선부1동에 3명씩 살고 반월동과 원곡동에 2명씩 살며, 안산동·원곡2동·대부동에 1명씩 산다.

종교를 보면, 48명이 종교를 갖고 있다. 23명은 개신교, 14명은 불교, 11명은 천주교 신자다. 개신교는 사2동·본오1동·고잔2동에서, 불교는 원곡1동에서, 천주교는 대부동에서 신자 비중이 높다.

학력은 어떨까. 11명은 초등학교, 5명은 중학교, 또 다른 5명은 고등학교에 재학 중이며 27명은 대학에 재학 중이거나 대학 이상의 학력을 가지고 있다(6세 이상 인구 기준). 또 안산시에 사는 19세 이상 인구 기준으로는 36%가 대학 이상 학력자다. 상록구는 38%, 단원구는 33%가 대학 이상 학력자인데, 단원구 호수동은 19세 이상 인구 중 51%가 대학 이상 학력자로 가장 학력이 높다.

**표 3_3.85**

# 경기도 안산시 성별·종교별·학력별 인구

(단위 : 명, %)

| 행정구역 | 남녀/외국인 | | | | 종교 인구 | | | | | | | 대학 이상 학력 인구 | | | | | | |
|---|---|---|---|---|---|---|---|---|---|---|---|---|---|---|---|---|---|---|
| | 총인구 | 남자 | 여자 | 외국인 | 인구 (내국인) | 종교 있음 | | | | | 종교 없음 | 19세 이상 인구 | 계 | 4년제 미만 | | 4년제 이상 | | 대학원 이상 |
| | | | | | | 계 | 불교 | 개신교 | 천주교 | 기타 | | | | 계 | 재학 | 계 | 재학 | |
| 안산시 | 681,590 | 51 | 49 | 2 | 669,839 | 48 | 14 | 23 | 11 | 1 | 52 | 465,256 | 36 | 14 | 3 | 20 | 5 | 2 |
| 상록구 | 354,964 | 51 | 49 | 0 | 353,758 | 50 | 14 | 24 | 11 | 1 | 50 | 244,690 | 38 | 14 | 2 | 22 | 5 | 2 |
| 반월동 | 14,077 | 51 | 49 | 0 | 14,038 | 54 | 17 | 22 | 14 | 1 | 46 | 10,356 | 31 | 14 | 3 | 15 | 4 | 2 |
| 본오1동 | 41,051 | 51 | 49 | 0 | 40,911 | 51 | 14 | 26 | 11 | 1 | 49 | 27,536 | 29 | 13 | 2 | 15 | 3 | 1 |
| 본오2동 | 33,173 | 49 | 51 | 0 | 33,057 | 51 | 14 | 24 | 13 | 1 | 49 | 22,522 | 41 | 14 | 2 | 24 | 4 | 3 |
| 본오3동 | 25,305 | 49 | 51 | 0 | 25,256 | 49 | 13 | 24 | 11 | 1 | 51 | 18,146 | 45 | 15 | 2 | 27 | 5 | 3 |
| 부곡동 | 21,512 | 51 | 49 | 0 | 21,433 | 48 | 14 | 23 | 11 | 1 | 51 | 14,505 | 26 | 13 | 2 | 13 | 3 | 1 |
| 사1동 | 48,360 | 52 | 48 | 1 | 48,110 | 47 | 13 | 23 | 10 | 1 | 52 | 34,096 | 47 | 13 | 2 | 31 | 12 | 3 |
| 사2동 | 35,185 | 51 | 49 | 0 | 35,054 | 53 | 14 | 26 | 12 | 1 | 47 | 23,256 | 41 | 13 | 2 | 25 | 5 | 4 |
| 성포동 | 31,106 | 50 | 50 | 0 | 31,072 | 53 | 14 | 26 | 13 | 1 | 47 | 20,709 | 48 | 13 | 2 | 32 | 7 | 3 |
| 안산동 | 8,488 | 51 | 49 | 0 | 8,458 | 52 | 18 | 23 | 9 | 1 | 48 | 6,190 | 26 | 13 | 2 | 12 | 4 | 1 |
| 월피동 | 44,753 | 50 | 50 | 0 | 44,659 | 49 | 14 | 25 | 10 | 1 | 50 | 29,537 | 34 | 14 | 3 | 18 | 4 | 1 |
| 이동 | 26,806 | 51 | 49 | 1 | 26,611 | 46 | 13 | 22 | 10 | 1 | 53 | 20,095 | 41 | 16 | 2 | 22 | 4 | 2 |
| 일동 | 25,148 | 51 | 49 | 0 | 25,099 | 49 | 15 | 23 | 10 | 1 | 50 | 17,742 | 31 | 15 | 3 | 15 | 3 | 1 |
| 단원구 | 326,626 | 52 | 48 | 3 | 316,081 | 46 | 14 | 21 | 11 | 1 | 54 | 220,566 | 33 | 14 | 3 | 18 | 4 | 2 |
| 고잔1동 | 25,512 | 51 | 49 | 0 | 25,420 | 49 | 14 | 23 | 11 | 1 | 51 | 18,093 | 32 | 15 | 4 | 15 | 5 | 1 |
| 고잔2동 | 26,130 | 50 | 50 | 0 | 26,078 | 52 | 12 | 26 | 13 | 1 | 48 | 18,108 | 48 | 19 | 5 | 27 | 6 | 2 |
| 대부동 | 5,448 | 51 | 49 | 0 | 5,438 | 59 | 19 | 24 | 16 | 0 | 41 | 4,254 | 16 | 7 | 2 | 8 | 2 | 1 |
| 선부1동 | 20,963 | 52 | 48 | 1 | 20,841 | 44 | 14 | 18 | 11 | 1 | 56 | 14,660 | 27 | 14 | 3 | 12 | 4 | 1 |
| 선부2동 | 26,477 | 53 | 47 | 2 | 26,017 | 40 | 13 | 19 | 7 | 0 | 59 | 18,456 | 21 | 11 | 2 | 9 | 2 | 1 |
| 선부3동 | 38,064 | 51 | 49 | 0 | 37,895 | 43 | 14 | 19 | 9 | 1 | 57 | 25,334 | 28 | 14 | 3 | 13 | 4 | 1 |
| 와동 | 45,383 | 52 | 48 | 0 | 45,240 | 44 | 13 | 22 | 8 | 1 | 56 | 30,995 | 23 | 12 | 2 | 10 | 3 | 1 |
| 원곡1동 | 12,365 | 54 | 46 | 9 | 11,234 | 49 | 21 | 19 | 9 | 1 | 51 | 8,783 | 22 | 13 | 4 | 9 | 3 | 1 |
| 원곡2동 | 5,856 | 50 | 50 | 0 | 5,833 | 44 | 15 | 18 | 10 | 1 | 56 | 4,035 | 37 | 15 | 4 | 20 | 4 | 2 |
| 원곡본동 | 26,434 | 60 | 40 | 21 | 20,813 | 40 | 14 | 17 | 8 | 1 | 60 | 16,589 | 26 | 12 | 2 | 13 | 3 | 1 |
| 초지동 | 51,537 | 53 | 47 | 5 | 48,870 | 48 | 13 | 21 | 12 | 1 | 52 | 33,796 | 41 | 14 | 2 | 25 | 4 | 2 |
| 호수동 | 42,457 | 50 | 50 | 0 | 42,402 | 49 | 14 | 22 | 12 | 1 | 51 | 27,463 | 51 | 15 | 2 | 32 | 6 | 4 |

31명은 미혼이며 79명은 결혼했다. 결혼한 사람 가운데 5명은 배우자와 사별했고, 4명은 이혼했다(15세 이상 인구 기준). 상록구는 15세 이상 인구 중 미혼이 30%인 반면 소사구는 32%다. 3명은 몸이 불편하거나 정신 장애로 정상적인 활동에 제약을 느끼고 있다.

거주 기간을 보면, 27명은 현재 살고 있는 집에 산 지 5년이 넘었으나, 73명은 5년 이내에 새로 이사 왔다(5세 이상 인구 기준). 이사 온 사람 중 44명은 안산 시내에서, 12명은 경기도의 다른 시군에서, 16명은 경기도 밖에서 이사 왔다. 안산시는 경기도 31개 시군 가운데 현재 사는 집에서 5년 이상 살고 있는 인구 비중이 용인시에 이어 두 번째로 낮아 그만큼 이사를 많이 다니는 것으로 나타났다.


## 안산시에 사는 취업자가 100명이라면 : 75명은 봉급쟁이

안산시에 사는 15세 이상 인구 50만5천 명 가운데 취업해 직장에 다니는 사람(취업자)은 54%, 27만3천 명이다. 안산시 취업자가 100명이라면 66명은 30~40대, 20명은 20대이며, 11명은 50대다. 65세 이상 노인도 1명이 일하고 있다.

회사에서 봉급을 받고 일하는 직장인은 75명이다. 15명은 고용한 사람 없이 혼자서 일하는 자영업자이며, 7명은 누군가를 고용해 사업체를 경영하는 사업주다. 3명은 가족이 운영하는 사업체에서 보수 없이 일하고 있다.

직업별로는 장치 기계 조작 및 조립직이 21명으로 가장 많고, 사무직 18명, 기능직 12명순이다. 또 기술직이나 준전문가와 판매직이 각 10명씩이며, 9명은 서비스직, 7명은 단순 노무직, 4명은 고위 관리직, 1명은 농림 어업에 종사하고 있다.

직장으로 출근하는 데 30분 이상 걸리는 사람은 50명이며, 그 가운데 16명은 1시간 이상 걸린다. 15명은 걸어서 출근하고 85명은 교통수단을 이용해 출근한다. 85명 가운데 51명은 자가용을, 11명은 시내버스를, 다른 11명은 통근 버스를 이용한다. 6명은 전철로, 1명은 택시로, 1명은 자전거로 출퇴근하며, 2명은 버스와 전철 또는 승용차를 갈아타며 출근한다.

사무실이나 공장 등에서 일하는 사람은 84명이며, 야외나 거리 또는 운송 수단에서 일하는 사람은 12명이다. 1명은 자기 집에서, 다른 2명은 남의 집에서 일한다.


## 안산시에 100가구가 산다면 :
## 56가구는 셋방살이

안산시에는 22만 가구가 산다(일반 가구 기준). 안산시에 사는 가구를 100가구로 친다면, 39가구는 식구가 한 명 또는 두 명인 1, 2인 가구이며, 이 가운데 21가구는 나 홀로 사는 1인 가구다. 식구 4명은 31가구, 3명은 20가구, 5명 이상은 10가구다.

1인 가구 비중은 상록구와 단원구도 평균 21%로 같은데 동별로는 원곡본동이 44%로 압도적으로 높다. 뒤를 이어 선부2동 34%, 이동 32%, 사1동 30% 순이며 11곳에서 20%가 넘었다. 반면 원곡2동·성포동·호수동은 10% 이내에 그쳤다.

42가구는 자신이 소유한 집에서 살고, 56가구는 셋방에 살며, 2가구는 직장의 사택이나 친척집 등에서 무상으로 살고 있다. 상록구는 39%는 자기 집에, 58%는 셋방에 사는 반면, 단원구는 44%는 자기 집에, 53%는 셋방에 산다. 자기 집에 사는 가구 중 5가구는 현재 살고 있는 집 외에 최소 한 채에서 여러 채를 소유한 다주택자들이다.

셋방 사는 가구 가운데 33가구는 전세에, 21가구는 보증금 있는 월세에, 2가구는 보증금 없는 월세에 살고 있다. 셋방 사는 가구 중 4가구는 어딘가에 자신 명의의 집을 소유하고 있으나 경제 사정이나 자녀 교육, 직장 등의 사정으로 셋방에 살고 있다.

76가구는 현재 사는 집으로 이사 온 지 5년이 안 되며, 이 가운데 41가구는 2년이 안 된다. 15가구는 5~10년이 됐고, 9가구는 10년이 넘었다. 안산시는 경기도 31개 시군 가운데 현재 사는 집으로 이사 온 지 5년이 안 되는 가구 비중이 가장 높다.

67가구는 자동차를 소유하고 있고, 이 가운데 42가구는 자기 집에 전용 주차장이 있다. 자동차 소유 가구 중 12가구는 차를 2대 이상 소유하고 있다.


**집 많은 사람, 집 없는 사람 :**
**호수동 84% 주택 소유, 이동 78% 무주택**

안산시에 사는 100가구 중 46가구는 주택 소유자이고 54가구는 무주택자다. 상록구는 주택 소유자 44%, 무주택자 56%인 반면, 단원구

그림 3_3.58

# 경기도 안산시 동네별 1인 가구

(단위 : %)

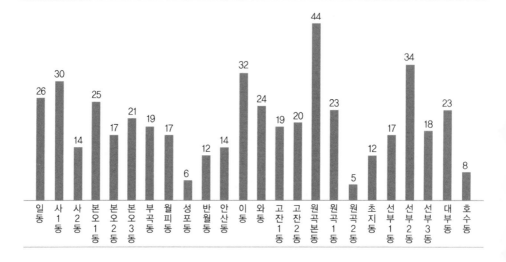

는 주택 소유자 49%, 무주택자 51%다. 24개 동네 가운데 14개 동네는 주택 소유자가 더 많고 10개 동네는 무주택자가 더 많다.

주택 소유자 비중이 가장 높은 곳은 호수동과 성포동으로, 각각 동네 가구의 84%와 83%가 주택 소유자다. 또 원곡2동·대부동·반월동·안산동도 70% 이상이며, 나머지 8개 동은 50% 이상을 기록하고 있다. 무주택 가구 비중이 가장 높은 곳은 이동으로 78%에 달한다. 또 본오1동·원곡본동·선부2동·와동·일동에 사는 가구 중에서도 70% 이상이 무주택자다. 부곡동과 사1동은 60% 이상이, 본오3동·월피동·본오2동은 50% 이상이 무주택자다.

안산시 100가구 중 5가구는 집을 두 채 이상 여러 채 소유한 다주

**표 3_3.86**

## 경기도 안산시의 다주택자

(단위 : 가구, 호)

| 구분 | | | 가구 수 | 주택 수 | 평균 주택 수 |
|---|---|---|---|---|---|
| 일반 가구 | | | 223,743 | – | – |
| 자가 가구 | | | 93,082 | – | – |
| 다주택 가구 | 통계청 | | 11,682 | – | – |
| | 행자부 | 계 | 9,150 | 27,913 | 3 |
| | | 2채 | 7,383 | 14,766 | 2 |
| | | 3채 | 705 | 2,115 | 3 |
| | | 4채 | 167 | 668 | 4 |
| | | 5채 | 92 | 460 | 5 |
| | | 6~10채 | 291 | 2,316 | 8 |
| | | 11채 이상 | 512 | 7,588 | 15 |

택자다. 원곡2동은 동네 가구의 20%가 집을 두 채 이상 소유한 다주택자이며, 호수동 가구의 13%, 성포동 가구의 11%도 다주택자다.

안산시 100가구 중 4가구는 어딘가 주택을 소유하고 있으면서 셋방에 사는 가구다. 원곡2동 가구의 9%, 고잔2동 가구의 7%는 유주택 전월세 가구다. 주택 소유자 중 유주택 전월세를 제외한 42가구는 자신이 소유한 집에서 산다. 호수동 가구의 79%, 대부동 가구의 72%, 반월동과 안산동 가구의 68%는 자기 집에 산다.

유주택 전월세를 포함한 56가구는 셋방에 산다. 이동(82%), 본오1동(79%), 선부2동(77%), 원곡본동(75%), 와동(73%), 일동(72%) 순으로 셋방 가구가 많다. 무주택 전월세 가구는 모두 52가구인데 이동(77%), 본오1동(75%), 선부2동(73%), 원곡본동(72%), 와동(69%), 일동(67%) 순으로 비율이 높다.

**표 3_3.87**

# 경기도 안산시 주택의 점유·소유 형태별 가구

(단위 : 가구, %)

| | 전체 가구 | 자기 집에 거주 | | | 셋방에 거주 | | | 무상으로 거주 | | 주택 소유 | 무주택 |
|---|---|---|---|---|---|---|---|---|---|---|---|
| | | 계 | 집 한 채 | 여러 채 | 계 | 집 없음 | 집 있음 | 집 없음 | 집 있음 | | |
| 안산시 | 223,743 | 42 | 36 | 5 | 56 | 52 | 4 | 2 | 0 | 46 | 54 |
| 상록구 | 118,253 | 39 | 35 | 5 | 58 | 54 | 4 | 2 | 0 | 44 | 56 |
| 반월동 | 4,352 | 68 | 60 | 8 | 30 | 26 | 4 | 2 | 0 | 72 | 28 |
| 본오1동 | 14,181 | 20 | 17 | 2 | 79 | 75 | 4 | 1 | 0 | 24 | 76 |
| 본오2동 | 10,539 | 47 | 41 | 6 | 52 | 49 | 4 | 1 | 0 | 50 | 50 |
| 본오3동 | 8,800 | 39 | 34 | 6 | 60 | 55 | 5 | 1 | 0 | 44 | 56 |
| 부곡동 | 7,026 | 32 | 28 | 4 | 66 | 61 | 4 | 2 | 0 | 36 | 64 |
| 사1동 | 17,398 | 34 | 30 | 4 | 62 | 58 | 4 | 4 | 0 | 38 | 62 |
| 사2동 | 10,667 | 53 | 46 | 7 | 43 | 40 | 3 | 4 | 1 | 56 | 44 |
| 성포동 | 8,862 | 78 | 67 | 11 | 20 | 15 | 5 | 2 | 0 | 83 | 17 |
| 안산동 | 2,646 | 68 | 61 | 6 | 29 | 26 | 3 | 3 | 0 | 72 | 28 |
| 월피동 | 14,342 | 41 | 38 | 3 | 57 | 54 | 2 | 2 | 0 | 44 | 56 |
| 이동 | 10,543 | 17 | 14 | 3 | 82 | 77 | 5 | 1 | 0 | 22 | 78 |
| 일동 | 8,897 | 25 | 22 | 3 | 72 | 67 | 5 | 2 | 0 | 30 | 70 |
| 단원구 | 105,490 | 44 | 38 | 6 | 53 | 49 | 4 | 2 | 0 | 49 | 51 |
| 고잔1동 | 8,251 | 48 | 43 | 5 | 49 | 44 | 5 | 2 | 0 | 54 | 46 |
| 고잔2동 | 8,576 | 49 | 42 | 7 | 48 | 41 | 7 | 3 | 0 | 56 | 44 |
| 대부동 | 1,933 | 72 | 65 | 8 | 19 | 16 | 3 | 7 | 1 | 77 | 23 |
| 선부1동 | 6,951 | 48 | 44 | 5 | 43 | 39 | 4 | 8 | 1 | 53 | 47 |
| 선부2동 | 10,272 | 21 | 18 | 3 | 77 | 73 | 4 | 2 | 0 | 25 | 75 |
| 선부3동 | 12,233 | 48 | 43 | 4 | 51 | 48 | 3 | 1 | 0 | 51 | 49 |
| 와동 | 15,674 | 25 | 23 | 2 | 73 | 69 | 4 | 1 | 0 | 29 | 71 |
| 원곡1동 | 3,920 | 49 | 45 | 4 | 49 | 46 | 3 | 1 | 0 | 52 | 48 |
| 원곡2동 | 1,645 | 69 | 49 | 20 | 27 | 18 | 9 | 3 | 1 | 79 | 21 |
| 원곡본동 | 9,100 | 23 | 20 | 3 | 75 | 72 | 3 | 3 | 0 | 25 | 75 |
| 초지동 | 15,008 | 47 | 40 | 7 | 50 | 45 | 5 | 2 | 0 | 53 | 47 |
| 호수동 | 11,927 | 79 | 66 | 13 | 20 | 15 | 5 | 0 | 0 | 84 | 16 |

## 안산시에 있는 집이 100채라면 :
## 57채는 아파트, 18채는 다세대주택

2005년 기준으로 안산시에는 집(주택과 주택 이외의 거처)이 14만3,706 채가 있다. 안산시에 있는 집이 100채라면 57채는 아파트이고 18채는 다세대주택, 12채는 단독주택, 10채는 연립주택이다. 또 상가 등 비거주용 건물 내 주택은 1채, 오피스텔 등 주택 이외의 거처는 3채다. 상록구는 아파트가 51%인 반면 단원구는 62%다.

24개 동네 중 12곳에서 거처의 절반 이상이 아파트로 나타났다. 원곡2동 99%를 비롯해 성포동·호수동은 거처의 90% 이상이 아파트다. 초지동·선부3동·선부1동은 80% 이상, 본오3동·고장2동·사2동은 70% 이상이 아파트다. 본오1동 67%, 일동과 안산동 각 65%, 부곡동 61%, 이동 50% 등 5개 동네에서는 다세대주택이 절반을 넘었다. 반면 원곡1동 거처의 92%, 고잔1동 거처의 79%는 다세대주택이며, 대부동에서는 거처의 86%가 단독주택이다. 고잔2동과 고잔1동 거처의 10% 이상이 오피스텔을 비롯한 주택 이외의 거처다.

어떤 거처에 사느냐를 기준으로 보면 안산시 22만 가구의 43%는 단독주택에, 36%는 아파트에, 11%는 다세대주택에, 6%는 연립주택에 산다. 비거주용 건물 내 주택에 1%가, 주택 이외의 거처에 2%가 산다. 아파트가 거처의 절반이 넘는데도 단독주택에 사는 가구가 더 많은 것은 단독주택에는 여러 가구가 사는 반면 아파트에는 보통 1가구만 살기 때문이다.

상록구에서는 50%가 단독주택에, 30%가 아파트에 살고, 단원구에서는 36%가 단독주택에, 44%가 아파트에 산다. 또 상록구에서는

표 3_3.88

# 경기도 안산시 거처의 종류별·연건평별·건축년도별 주택

(단위 : 호, 가구, %)

| 행정구역 | 거처의 종류별 거처와 가구 | | | | | | | | | | | | | |
|---|---|---|---|---|---|---|---|---|---|---|---|---|---|---|
| | 계 | | 단독주택 | | 아파트 | | 연립주택 | | 다세대주택 | | 비거주용 건물 내 주택 | | 주택 이외의 거처 | |
| | 거처 | 가구 | 거처 | 가구 | 거처 | 가구 | 거처 | 가구 | 거처 | 가구 | 거처 | 가구 | 거처 | 가구 |
| 안산시 | 143,706 | 223,991 | 12 | 43 | 57 | 36 | 10 | 6 | 18 | 11 | 1 | 1 | 3 | 2 |
| 상록구 | 69,248 | 118,343 | 15 | 50 | 51 | 30 | 2 | 1 | 30 | 18 | 1 | 1 | 1 | 1 |
| 반월동 | 4,144 | 4,353 | 11 | 15 | 46 | 44 | 16 | 15 | 26 | 24 | 1 | 1 | 1 | 1 |
| 본오1동 | 5,672 | 14,191 | 30 | 72 | 0 | 0 | 0 | 0 | 67 | 27 | 1 | 1 | 0 | 0 |
| 본오2동 | 6,701 | 10,545 | 9 | 42 | 64 | 41 | 0 | 0 | 27 | 17 | 0 | 0 | 0 | 0 |
| 본오3동 | 5,353 | 8,800 | 9 | 44 | 76 | 46 | 1 | 0 | 10 | 6 | 0 | 0 | 4 | 2 |
| 부곡동 | 3,090 | 7,032 | 37 | 72 | 0 | 0 | 0 | 0 | 61 | 27 | 1 | 1 | 0 | 0 |
| 사1동 | 8,996 | 17,429 | 16 | 56 | 60 | 31 | 0 | 0 | 22 | 11 | 1 | 1 | 1 | 0 |
| 사2동 | 7,684 | 10,673 | 9 | 34 | 70 | 50 | 0 | 0 | 20 | 15 | 1 | 1 | 0 | 0 |
| 성포동 | 8,858 | 8,866 | 0 | 0 | 96 | 96 | 4 | 4 | 0 | 0 | 0 | 0 | 0 | 0 |
| 안산동 | 2,394 | 2,647 | 14 | 22 | 15 | 14 | 2 | 2 | 65 | 59 | 2 | 2 | 1 | 1 |
| 월피동 | 8,305 | 14,346 | 14 | 50 | 54 | 31 | 3 | 2 | 27 | 16 | 0 | 0 | 2 | 1 |
| 이동 | 4,417 | 10,557 | 27 | 69 | 16 | 7 | 0 | 0 | 50 | 21 | 1 | 0 | 7 | 3 |
| 일동 | 3,634 | 8,904 | 34 | 73 | 0 | 0 | 0 | 0 | 65 | 26 | 1 | 0 | 0 | 0 |
| 단원구 | 74,458 | 105,648 | 10 | 36 | 62 | 44 | 17 | 12 | 6 | 4 | 1 | 1 | 4 | 3 |
| 고잔1동 | 6,631 | 8,257 | 4 | 23 | 0 | 0 | 79 | 64 | 6 | 5 | 0 | 0 | 11 | 8 |
| 고잔2동 | 7,773 | 8,598 | 2 | 11 | 75 | 68 | 9 | 8 | 0 | 0 | 0 | 0 | 14 | 13 |
| 대부동 | 1,784 | 1,941 | 86 | 87 | 0 | 0 | 1 | 1 | 3 | 3 | 5 | 5 | 4 | 4 |
| 선부1동 | 6,939 | 6,953 | 0 | 0 | 83 | 83 | 13 | 13 | 0 | 0 | 0 | 0 | 4 | 4 |
| 선부2동 | 3,822 | 10,281 | 29 | 73 | 44 | 17 | 0 | 0 | 24 | 9 | 2 | 1 | 0 | 0 |
| 선부3동 | 8,087 | 12,240 | 10 | 40 | 84 | 56 | 0 | 0 | 6 | 4 | 0 | 0 | 0 | 0 |
| 와동 | 5,664 | 15,678 | 30 | 75 | 0 | 0 | 26 | 9 | 43 | 15 | 1 | 1 | 0 | 0 |
| 원곡1동 | 3,063 | 3,923 | 7 | 27 | 1 | 1 | 92 | 72 | 0 | 0 | 0 | 0 | 0 | 0 |
| 원곡2동 | 1,642 | 1,648 | 0 | 0 | 99 | 99 | 0 | 0 | 0 | 0 | 0 | 0 | 1 | 1 |
| 원곡본동 | 3,078 | 9,143 | 42 | 80 | 49 | 17 | 0 | 0 | 4 | 1 | 3 | 1 | 2 | 1 |
| 초지동 | 14,350 | 15,055 | 1 | 6 | 85 | 81 | 12 | 12 | 0 | 0 | 1 | 1 | 0 | 0 |
| 호수동 | 11,625 | 11,931 | 1 | 2 | 92 | 90 | 0 | 0 | 0 | 0 | 1 | 1 | 6 | 6 |

| | 연건평별 주택 | | | | 건축년도별 주택 | | |
|---|---|---|---|---|---|---|---|
| 총 주택 수 | 14평 미만 | 14~19평 | 19~29평 | 29평 이상 | 1995~ 2005년 | 1985~ 1994년 | 1985년 이전 |
| 139,862 | 15 | 23 | 41 | 21 | 49 | 47 | 4 |
| 68,396 | 13 | 22 | 41 | 24 | 51 | 48 | 1 |
| 4,122 | 10 | 30 | 44 | 15 | 43 | 49 | 8 |
| 5,663 | 22 | 16 | 30 | 32 | 71 | 28 | 1 |
| 6,701 | 13 | 10 | 50 | 26 | 30 | 70 | 0 |
| 5,136 | 12 | 29 | 36 | 23 | 24 | 75 | 0 |
| 3,081 | 4 | 8 | 52 | 35 | 69 | 28 | 2 |
| 8,913 | 8 | 28 | 31 | 32 | 94 | 6 | 0 |
| 7,682 | 15 | 12 | 43 | 30 | 26 | 74 | 0 |
| 8,841 | 6 | 32 | 54 | 7 | 22 | 78 | 0 |
| 2,363 | 15 | 29 | 45 | 11 | 55 | 34 | 11 |
| 8,164 | 11 | 33 | 37 | 19 | 43 | 56 | 1 |
| 4,100 | 33 | 10 | 19 | 37 | 88 | 12 | 0 |
| 3,630 | 13 | 9 | 45 | 32 | 79 | 17 | 4 |
| 71,466 | 16 | 25 | 41 | 18 | 47 | 46 | 7 |
| 5,934 | 7 | 44 | 42 | 7 | 11 | 89 | 0 |
| 6,646 | 7 | 30 | 61 | 2 | 1 | 85 | 14 |
| 1,712 | 6 | 9 | 34 | 51 | 50 | 18 | 31 |
| 6,680 | 55 | 43 | 1 | 0 | 0 | 82 | 18 |
| 3,819 | 33 | 21 | 15 | 31 | 36 | 60 | 3 |
| 8,086 | 31 | 23 | 29 | 17 | 10 | 89 | 0 |
| 5,660 | 7 | 16 | 48 | 30 | 58 | 40 | 2 |
| 3,062 | 1 | 22 | 58 | 19 | 3 | 72 | 24 |
| 1,627 | 0 | 26 | 68 | 6 | 100 | 0 | 0 |
| 3,012 | 3 | 17 | 31 | 49 | 72 | 21 | 7 |
| 14,338 | 19 | 33 | 34 | 15 | 81 | 10 | 10 |
| 10,890 | 0 | 2 | 71 | 27 | 100 | 0 | 0 |

18%가 다세대주택에, 1%가 연립주택에 살고, 단원구에서는 12%가 연립주택에, 4%가 다세대주택에 산다.

24개 동네 가운데 10곳에서 단독주택에 사는 가구 비중이 절반을 넘었다. 대부동과 원곡본동 가구의 80% 이상, 와동·일동·선부2동·본오1동·부곡동 가구의 70% 이상, 이동 가구의 69%, 사1동과 월피동 가구의 50% 이상이 단독주택에 산다.

또 8개 동네에서는 절반 이상이 아파트에 사는데, 원곡2동 99%를 비롯해 성포동과 호수동에서는 아파트 거주자가 90%를 넘었다. 선부1동과 초지동은 87% 이상, 고잔2동의 68%, 선부3동과 사2동은 50% 이상이 아파트에 산다.

또 원곡1동 가구의 72%와 고잔1동 가구의 64%는 연립주택에 살고 있고, 안산동 가구의 59%는 다세대주택에 산다. 한편 고잔2동 가구 중 13%는 오피스텔을 비롯한 주택 이외의 거처에 산다.

안산시 주택(주택 이외의 거처 제외)을 크기별로 보면 29평 이상의 주택이 21채, 19~29평은 41채, 14~19평은 23채이며, 14평 미만은 15채다. 대부동과 원곡본동에 있는 주택 중 절반 안팎이 29평 이상인 반면, 선부1동은 절반 이상이 14평 미만 주택이다.

2005년 기준으로 49채는 지은 지 10년(1995~2005년 사이 건축)이 안 된 새집이며, 4채는 지은 지 20년이 넘은 낡은 집이다. 원곡2동과 호수동은 주택의 100%가 지은 지 10년(1995~2005년 사이 건축)이 안 됐다. 반면 대부동은 주택의 31%가 20년 이상 된 집이다.

1995년부터 2005년까지 10년 동안 안산시 주택 수(주택 이외의 거처 제외)는 8만4천 채에서 14만 채로 66%인 5만6천 채가 늘었다. 그런데 아파트와 다세대주택은 각각 3만 채와 2만5천 채가 늘어 각각

58%와 6,895%가 증가했다. 반면 단독주택은 14%인 2천 채 느는 데 그쳤고, 연립주택은 8%인 1천3백 채가 감소했다. 이에 따라 1995년 당시 전체 주택(주택 이외의 거처 제외)에서 차지하는 비중이 아예 없던 다세대주택이 18%를 점하게 됐으며, 연립주택은 18%에서 10%로, 단독주택은 19%에서 13%로 감소했으며, 아파트 비중도 61%에서 58%로 줄었다.

## 안산시에서 지하 방에 사는 사람 : 본오1동·부곡동·와동·선부2동 가구의 10% 이상 (반)지하에 거주

안산에 사는 22만 가구를 100가구로 친다면, 그 중 5가구는 식구 수에 비해 집이 너무 좁거나 시설이 제대로 갖춰지지 않아 인간다운 품위를 지키기 어려운 최저 주거 기준 미달 가구다.

또 100가구 가운데 93가구는 지상에 살지만, 7가구는 (반)지하에 산다. 상록구 가구의 8%, 단원구 가구의 5%가 (반)지하에 산다. (반)지하 거주 가구 비중은 선부2동(15%), 본오1동(14%), 와동(13%), 부곡동(12%), 일동(12%) 순으로 높다. 또 안산시 거주 22만 가구 중에는 (반)지하 거주 1만4,789가구 외에도 752가구는 옥탑방에, 75가구는 판잣집·움막·비닐집에, 82가구는 업소의 잠만 자는 방 등에 살고 있다.

이처럼 인간이 살기에는 적절하지 못한 곳에서 사는 가구가 1만4천여 가구에 달하지만, 2005년 현재 안산시에 있는 공공임대주택은

표 3_3.89

# 경기도 안산시 (반)지하 등 거주 가구

(단위 : 가구, %)

| 행정구역 | 전체 가구 | 지하 | | 옥탑방 | 판잣집·움막·비닐집 | 기타 |
|---|---|---|---|---|---|---|
| | | 가구 | 비중 | 가구 | 가구 | 가구 |
| 안산시 | 223,743 | 14,789 | 7 | 752 | 75 | 82 |
| 상록구 | 118,253 | 9,531 | 8 | 528 | 43 | 26 |
| 반월동 | 4,352 | 215 | 5 | 5 | 11 | 2 |
| 본오1동 | 14,181 | 1,957 | 14 | 87 | 2 | 2 |
| 본오2동 | 10,539 | 953 | 9 | 46 | – | – |
| 본오3동 | 8,800 | 734 | 8 | 53 | – | – |
| 부곡동 | 7,026 | 817 | 12 | 31 | 7 | 2 |
| 사1동 | 17,398 | 1,011 | 6 | 66 | 4 | 5 |
| 사2동 | 10,667 | 351 | 3 | 32 | – | – |
| 성포동 | 8,862 | – | – | – | – | – |
| 안산동 | 2,646 | 236 | 9 | 2 | 17 | 14 |
| 월피동 | 14,342 | 1,257 | 9 | 71 | 1 | 1 |
| 이동 | 10,543 | 962 | 9 | 75 | – | – |
| 일동 | 8,897 | 1,038 | 12 | 60 | 1 | – |
| 단원구 | 105,490 | 5,258 | 5 | 224 | 32 | 56 |
| 고잔1동 | 8,251 | 323 | 4 | 15 | 2 | – |
| 고잔2동 | 8,576 | 143 | 2 | 7 | – | – |
| 대부동 | 1,933 | 4 | 0 | 2 | 17 | 52 |
| 선부1동 | 6,951 | 16 | 0 | – | – | – |
| 선부2동 | 10,272 | 1,537 | 15 | 61 | – | 1 |
| 선부3동 | 12,233 | 704 | 6 | 21 | – | – |
| 와동 | 15,674 | 2,113 | 13 | 88 | – | 2 |
| 원곡1동 | 3,920 | 104 | 3 | 8 | – | – |
| 원곡2동 | 1,645 | – | – | – | – | – |
| 원곡본동 | 9,100 | 296 | 3 | 22 | 13 | 1 |
| 초지동 | 15,008 | 18 | 0 | – | – | – |
| 호수동 | 11,927 | – | – | – | – | – |

3,128채로 전체 가구 수 대비 1%로 극히 미미한 실정이다. 안산에 있는 공공임대주택 중 2,051채는 국민임대주택이며, 588채는 영구임대주택이고, 489채는 50년 임대주택인데 모두 중앙정부 산하 주공이 공급한 것으로, 안산시나 경기도가 자체적으로 공급한 공공임대주택은 한 채도 없다.

## 안산시 유권자가 100명이라면

정당 지지도를 알 수 있는 최근 네 차례 선거(제3~4회 동시지방선거, 제17~18대 총선)를 기준으로 안산시 유권자는 대략 41만~51만 명이며, 평균 투표율은 43%였다.

안산시 유권자가 100명이라면 2002년 지방선거에서는 50명이 한나라당을, 36명이 새천년민주당을, 7명이 민주노동당을, 4명이 자민련을 찍었다. 2004년 총선에서는 44명이 열린우리당을, 30명이 한나라당을, 14명이 민주노동당을, 8명이 새천년민주당을, 2명이 자민련을 지지했다.

2006년 지방선거에서는 53명이 한나라당을 찍었고, 23명은 열린우리당을, 14명은 민주노동당을, 9명은 민주당을 찍었다. 2008년 총선에서는 37명이 한나라당을, 30명이 통합민주당을, 12명이 친박연대를, 6명이 민주노동당을, 4명이 자유선진당을, 다른 4명이 창조한국당을, 3명이 진보신당을 지지했다.

동네별 투표율은 성포동·호수동·대부동에서 상대적으로 높았다. 반면 와동·본오1동·선부2동에서 상대적으로 낮았다.

한나라당 득표율은 대부동·성포동·원곡본동에서 상대적으로 높았다. 반면 와동·부곡동·본외동에서 상대적으로 낮았다. 대부동과 와동의 득표율 격차는 최소 18%에서 최대 30%까지 벌어졌다.

민주(+열린우리)당 득표율은 와동·본외동·일동에서 상대적으로 높았다. 반면 대부동·원곡2동·호수동에서 상대적으로 낮았다. 와동과 대부동의 득표율 격차는 최소 16%에서 최대 17%까지 벌어졌다.

민주노동당+진보신당 득표율은 선부1동과 선부2동에서 상대적으로 높았다.

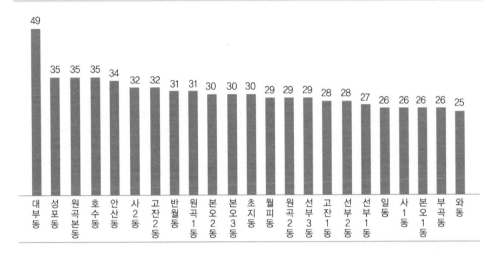

**그림 3_3.59**

## 경기도 안산시 동네별 한나라당 득표율

2004년 총선(단위 : %)

49 대부동
35 성포동
35 원곡본동
35 호수동
34 안산동
32 사2동
32 고잔2동
31 반월동
31 원곡1동
30 본오2동
30 본오3동
30 초지동
29 월피동
29 원곡2동
29 선부3동
28 고잔1동
28 선부2동
27 선부1동
26 일동
26 사1동
26 본오1동
26 부곡동
25 와동

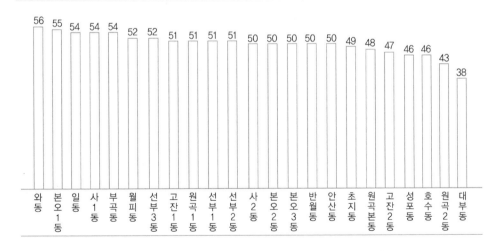

**그림 3_3.60**

## 경기도 안산시 동네별 민주(＋열린우리)당 득표율

2004년 총선(단위 : %)

56 와동
55 본오1동
54 일동
54 사1동
54 부곡동
52 월피동
52 선부3동
51 고잔1동
51 원곡1동
51 선부1동
51 선부2동
50 사2동
50 본오2동
50 본오3동
50 반월동
50 안산동
49 초지동
48 원곡본동
47 고잔2동
46 성포동
46 호수동
43 원곡2동
38 대부동

표 3_3.90

# 경기도 안산시 역대 선거 투표율과 정당 지지율

2002~2008년(단위 : 명, %)

### 2002년 지방선거

| 행정구역 | 선거인 수 | 투표율 | 한나라당 | 새천년민주당 | 자민련 | 민주노동당 | 기타정당 |
|---|---|---|---|---|---|---|---|
| 안산시 | 407,062 | 37 | 50 | 36 | 4 | 7 | 3 |
| 고잔1동 | 34,201 | 42 | 51 | 36 | 4 | 7 | 2 |
| 고잔2동 | 16,638 | 41 | 55 | 33 | 4 | 7 | 2 |
| 대부동 | 4,649 | 58 | 62 | 24 | 5 | 6 | 4 |
| 반월동 | 10,307 | 46 | 51 | 36 | 5 | 6 | 2 |
| 본오1동 | 24,264 | 29 | 47 | 39 | 4 | 7 | 3 |
| 본오2동 | 21,067 | 37 | 53 | 35 | 3 | 6 | 2 |
| 본오3동 | 17,041 | 35 | 52 | 35 | 3 | 7 | 3 |
| 부곡동 | 13,305 | 32 | 48 | 41 | 4 | 6 | 2 |
| 사1동 | 23,527 | 35 | 46 | 39 | 4 | 9 | 3 |
| 사2동 | 20,954 | 41 | 54 | 34 | 4 | 7 | 2 |
| 선부1동 | 14,323 | 38 | 44 | 38 | 4 | 12 | 3 |
| 선부2동 | 17,874 | 30 | 46 | 37 | 5 | 10 | 2 |
| 선부3동 | 25,118 | 32 | 48 | 38 | 4 | 9 | 2 |
| 성포동 | 20,380 | 45 | 57 | 31 | 4 | 6 | 2 |
| 안산동 | 4,720 | 49 | 57 | 31 | 4 | 5 | 2 |
| 외동 | 29,123 | 25 | 44 | 40 | 4 | 8 | 3 |
| 원곡1동 | 9,388 | 39 | 48 | 37 | 5 | 7 | 3 |
| 원곡2동 | 3,708 | 30 | 43 | 42 | 4 | 8 | 2 |
| 원곡본동 | 13,541 | 31 | 57 | 30 | 4 | 7 | 2 |
| 월피동 | 27,577 | 34 | 53 | 35 | 4 | 6 | 3 |
| 일동 | 29,968 | 30 | 48 | 38 | 4 | 6 | 3 |
| 초지동 | 19,211 | 38 | 50 | 35 | 4 | 7 | 3 |

### 2004년 총선

| 행정구역 | 선거인 수 | 투표율 | 한나라당 | 새천년민주당 | 열린우리당 | 자민련 | 민주노동당 | 기타정당 |
|---|---|---|---|---|---|---|---|---|
| 안산시 | 448,005 | 55 | 30 | 8 | 44 | 2 | 14 | 3 |
| 상록구 | 236,731 | 55 | 29 | 8 | 44 | 2 | 14 | 3 |
| 반월동 | 10,857 | 56 | 31 | 9 | 41 | 2 | 14 | 3 |
| 본오1동 | 27,017 | 49 | 26 | 8 | 47 | 2 | 14 | 4 |
| 본오2동 | 22,081 | 59 | 30 | 8 | 42 | 2 | 15 | 3 |
| 본오3동 | 17,355 | 58 | 30 | 8 | 42 | 2 | 16 | 2 |
| 부곡동 | 14,500 | 48 | 26 | 8 | 47 | 2 | 14 | 3 |
| 사1동 | 27,009 | 53 | 26 | 8 | 46 | 2 | 15 | 3 |
| 사2동 | 22,606 | 58 | 32 | 8 | 41 | 2 | 13 | 3 |
| 성포동 | 20,397 | 66 | 35 | 7 | 39 | 2 | 14 | 3 |
| 안산동 | 5,941 | 55 | 34 | 7 | 43 | 2 | 10 | 4 |
| 월피동 | 29,149 | 54 | 29 | 7 | 45 | 2 | 14 | 3 |
| 일동 | 35,628 | 49 | 26 | 7 | 46 | 2 | 16 | 3 |
| 단원구 | 211,274 | 54 | 30 | 7 | 43 | 2 | 15 | 3 |
| 고잔1동 | 17,095 | 55 | 28 | 7 | 43 | 2 | 16 | 3 |
| 고잔2동 | 16,848 | 61 | 32 | 7 | 41 | 2 | 16 | 2 |
| 대부동 | 5,055 | 52 | 49 | 6 | 33 | 2 | 7 | 4 |
| 선부1동 | 14,122 | 56 | 27 | 7 | 43 | 2 | 17 | 4 |
| 선부2동 | 18,163 | 43 | 28 | 7 | 44 | 2 | 15 | 3 |
| 선부3동 | 25,722 | 53 | 29 | 8 | 44 | 2 | 15 | 3 |
| 와동 | 31,231 | 44 | 25 | 7 | 49 | 2 | 14 | 3 |
| 원곡1동 | 9,059 | 53 | 31 | 8 | 42 | 3 | 12 | 3 |
| 원곡2동 | 63 | 57 | 29 | 9 | 34 | 6 | 14 | 9 |
| 원곡본동 | 14,004 | 45 | 35 | 7 | 41 | 2 | 12 | 3 |
| 초지동 | 28,980 | 57 | 30 | 7 | 42 | 2 | 16 | 3 |
| 호수동 | 26,886 | 66 | 35 | 8 | 39 | 2 | 15 | 2 |

| 행정구역 | 2006년 지방선거 | | | | | | |
|---|---|---|---|---|---|---|---|
| | 선거인 수 | 투표율 | 열린우리당 | 한나라당 | 민주당 | 민주노동당 | 기타 정당 |
| 안산시 | 484,417 | 41 | 23 | 53 | 9 | 14 | 1 |
| 상록구 | 253,921 | 40 | 23 | 53 | 9 | 14 | 2 |
| 단원구 | 230,496 | 41 | 23 | 53 | 9 | 13 | 1 |

| 행정구역 | 2008년 총선 | | | | | | | | |
|---|---|---|---|---|---|---|---|---|---|
| | 선거인 수 | 투표율 | 통합민주당 | 한나라당 | 자유선진당 | 민주노동당 | 창조한국당 | 친박연대 | 진보신당 | 기타 정당 |
| 안산시 | 508,058 | 40 | 30 | 37 | 4 | 6 | 4 | 12 | 3 | 4 |
| 상록구 | 267,886 | 40 | 28 | 36 | 4 | 6 | 5 | 13 | 3 | 5 |
| 반월동 | 15,841 | 43 | 27 | 38 | 5 | 5 | 5 | 10 | 3 | 7 |
| 본오1동 | 28,780 | 31 | 30 | 35 | 4 | 7 | 5 | 10 | 3 | 7 |
| 본오2동 | 23,278 | 40 | 30 | 36 | 4 | 6 | 5 | 11 | 3 | 5 |
| 본오3동 | 18,315 | 40 | 28 | 37 | 5 | 6 | 5 | 11 | 3 | 4 |
| 부곡동 | 14,883 | 36 | 28 | 34 | 4 | 5 | 4 | 17 | 2 | 5 |
| 사1동 | 25,912 | 36 | 32 | 32 | 4 | 7 | 5 | 10 | 3 | 5 |
| 사2동 | 24,022 | 41 | 28 | 38 | 4 | 6 | 5 | 11 | 3 | 5 |
| 사3동 | 13,726 | 46 | 26 | 41 | 5 | 4 | 5 | 12 | 4 | 3 |
| 성포동 | 21,140 | 50 | 25 | 36 | 4 | 5 | 5 | 17 | 4 | 3 |
| 안산동 | 6,864 | 42 | 22 | 39 | 4 | 4 | 4 | 20 | 2 | 5 |
| 월피동 | 31,419 | 40 | 27 | 34 | 4 | 5 | 4 | 18 | 3 | 5 |
| 이동 | 21,069 | 35 | 30 | 34 | 4 | 5 | 5 | 14 | 3 | 5 |
| 일동 | 17,951 | 35 | 29 | 32 | 4 | 5 | 4 | 17 | 3 | 5 |
| 단원구 | 240,172 | 40 | 31 | 38 | 4 | 6 | 4 | 10 | 2 | 4 |
| 고잔1동 | 17,686 | 39 | 33 | 37 | 4 | 6 | 4 | 9 | 2 | 4 |
| 고잔2동 | 17,968 | 42 | 29 | 40 | 5 | 5 | 5 | 10 | 3 | 3 |
| 대부동 | 5,600 | 49 | 18 | 64 | 3 | 2 | 2 | 8 | 1 | 4 |
| 선부1동 | 14,171 | 39 | 34 | 33 | 4 | 9 | 4 | 10 | 2 | 4 |
| 선부2동 | 19,527 | 32 | 34 | 34 | 4 | 7 | 3 | 9 | 2 | 5 |
| 선부3동 | 24,955 | 37 | 34 | 36 | 4 | 7 | 4 | 10 | 2 | 3 |
| 와동 | 32,731 | 30 | 35 | 34 | 3 | 7 | 4 | 9 | 2 | 5 |
| 원곡1동 | 8,763 | 39 | 33 | 38 | 5 | 5 | 3 | 10 | 2 | 5 |
| 원곡2동 | 11,803 | 44 | 32 | 36 | 5 | 7 | 5 | 10 | 3 | 3 |
| 원곡본동 | 18,051 | 33 | 29 | 39 | 4 | 6 | 4 | 11 | 3 | 4 |
| 초지동 | 34,932 | 41 | 31 | 38 | 4 | 5 | 5 | 9 | 3 | 4 |
| 호수동 | 29,504 | 48 | 29 | 40 | 5 | 4 | 5 | 12 | 3 | 2 |

숫자 100 으로 본 **경기도 안성시** 15개 동네

---

안성시에는 2005년 현재 15개 읍면동에 4만7천 개의 거처가 있고,

여기에 5만4천 가구 16만 명이 살고 있다.

경기도 안성시가 100명이 사는 마을이라면 어떤 모습일까?

---

## 숫자 <u>100</u>으로 본 안성시

안성시에 사는 사람은 경기도 평균인에 비해 대학 이상 학력자와 종
교 인구 비중이 낮다. 자영업자가 많은데 직업별로는 농림 어업과 장
치 기계 조작 및 조립직 종사자가 많다.

무주택자는 평균보다 적지만 1인 가구는 많고 단독주택 거주자가
많다. 가구의 10%는 최저 주거 기준 미달 가구지만 이들을 위한 공공
임대주택은 공급되지 않고 있다(2005년 기준).

최근 7년간 안성시에서 한나라당은 35~57%를, 민주(＋열린우리)
당은 16~46%를, 민주노동당＋진보신당은 6~14%를 각각 얻었다. 하
지만 동네별로는 차이가 컸다.

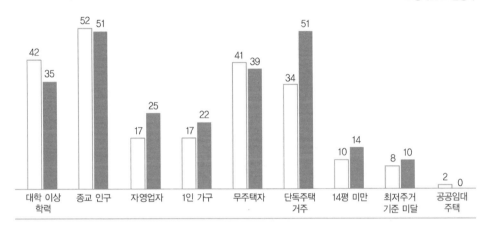

그림 3_3.61

## 경기도와 안성시의 주요 지수 평균 비교

(단위 : %)

□ 경기도 ■ 안성시

| 대학 이상 학력 | 종교 인구 | 자영업자 | 1인 가구 | 무주택자 | 단독주택 거주 | 14평 미만 | 최저주거 기준 미달 | 공공임대 주택 |
|---|---|---|---|---|---|---|---|---|
| 42 / 35 | 52 / 51 | 17 / 25 | 17 / 22 | 41 / 39 | 34 / 51 | 10 / 14 | 8 / 10 | 2 / 0 |

## 안성시 인구가 100명이라면 :

## 대학 이상 학력자 35명, 종교 인구 51명

경기도 안성시에 사는 사람은 2005년 현재 15만9,198명으로, 안성시
인구가 100명이라면 남자 대 여자의 수는 51 대 49로 남자가 더 많
다. 동네별로는 대덕면에서 55 대 45로 남녀 수 차이가 가장 크다.
100명 중 99명은 내국인이며 1명은 외국인이다. 국적별로는 중국
39%(재중 동포 = 조선족 9%), 필리핀 12%, 태국과 인도네시아 각 10%,
베트남 7% 순으로 많고, 동별로는 서운면과 미양면이 각 4%로 외국
인 비중이 가장 높다. 26명은 어린이와 청소년(19세 미만)이고, 74명

은 어른이다. 어른 가운데
12명은 노인(65세 이상)이다.

지역적으로는 안성시에
사는 100명 중 25명은 공도
읍에, 14명은 안성3동에, 9
명은 대덕면에 사는 등 절
반 가까이가 이들 세 동네
에 산다. 안성1동과 2동에 8
명씩, 금광면·일죽면·죽산

면에 5명씩, 미양면에 4명이 산다. 또 보개면·양성면·원곡면·삼죽면
에 3명씩, 서운면에 2명, 고삼면에 1명이 산다.

종교를 보면, 51명이 종교를 갖고 있다. 21명은 불교, 15명은 개신
교, 14명은 천주교 신자다. 불교는 서운면에서, 개신교는 고삼면에
서, 천주교는 양성면·원곡면에서 각각 신자 비율이 높다.

학력은 어떨까. 9명은 초등학교에, 4명은 중학교에, 다른 4명은 고
등학교에 다니고 있으며, 28명은 대학에 재학 중이거나 대학 이상의
학력을 가지고 있다(6세 이상 인구 기준). 또 안성시에 사는 19세 이상
인구 가운데 35%가 대학 이상 학력자다. 대덕면은 19세 이상 인구
중 58%가 대학 이상 학력자로 비중이 가장 높다.

30명은 미혼이며 70명은 결혼했다. 결혼한 사람 가운데 8명은 배
우자와 사별했고, 3명은 이혼했다(15세 이상 인구 기준). 4명은 몸이 불
편하거나 정신 장애로 정상적인 활동에 제약을 느끼고 있다.

거주 기간을 보면, 50명은 현재 살고 있는 집에 산 지 5년이 넘었
으나, 50명은 5년 이내에 새로 이사 왔다(5세 이상 인구 기준). 이사 온

**표 3_3.91**

# 경기도 안성시 성별·종교별·학력별 인구

(단위 : 명, %)

| 행정구역 | 남녀/외국인 | | | | 종교 인구 | | | | | | | 대학 이상 학력 인구 | | | | | | |
|---|---|---|---|---|---|---|---|---|---|---|---|---|---|---|---|---|---|---|
| | 총인구 | 남자 | 여자 | 외국인 | 인구(내국인) | 종교 있음 | | | | | 종교 없음 | 19세 이상 인구 | 계 | 4년제 미만 | | 4년제 이상 | | 대학원 이상 |
| | | | | | | 계 | 불교 | 개신교 | 천주교 | 기타 | | | | 계 | 재학 | 계 | 재학 | |
| 안성시 | 159,198 | 51 | 49 | 1 | 157,632 | 51 | 21 | 15 | 14 | 1 | 48 | 116,997 | 35 | 12 | 3 | 21 | 8 | 2 |
| 공도읍 | 39,686 | 50 | 50 | 1 | 39,446 | 49 | 17 | 19 | 13 | 1 | 50 | 27,657 | 42 | 16 | 2 | 23 | 4 | 3 |
| 고삼면 | 1,997 | 48 | 52 | 1 | 1,969 | 58 | 26 | 23 | 8 | 1 | 42 | 1,622 | 24 | 9 | 2 | 13 | 5 | 1 |
| 금광면 | 8,554 | 50 | 50 | 1 | 8,505 | 50 | 18 | 15 | 15 | 1 | 50 | 6,232 | 30 | 12 | 2 | 17 | 3 | 2 |
| 대덕면 | 14,337 | 55 | 45 | 1 | 14,175 | 43 | 18 | 12 | 12 | 1 | 56 | 11,442 | 58 | 10 | 3 | 46 | 37 | 2 |
| 미양면 | 6,942 | 53 | 47 | 4 | 6,655 | 51 | 23 | 13 | 15 | 1 | 48 | 5,335 | 20 | 9 | 2 | 10 | 3 | 1 |
| 보개면 | 5,566 | 50 | 50 | 1 | 5,537 | 57 | 27 | 15 | 14 | 1 | 43 | 4,484 | 19 | 6 | 1 | 12 | 3 | 1 |
| 삼죽면 | 4,734 | 50 | 50 | 1 | 4,671 | 48 | 21 | 16 | 10 | 1 | 47 | 3,563 | 42 | 31 | 25 | 10 | 2 | 1 |
| 서운면 | 3,928 | 51 | 49 | 4 | 3,776 | 55 | 32 | 15 | 7 | 1 | 45 | 3,060 | 22 | 8 | 2 | 12 | 4 | 1 |
| 양성면 | 5,001 | 49 | 51 | 2 | 4,914 | 66 | 22 | 15 | 27 | 3 | 34 | 4,072 | 20 | 10 | 2 | 9 | 3 | 1 |
| 원곡면 | 4,662 | 50 | 50 | 1 | 4,617 | 54 | 23 | 3 | 27 | 1 | 46 | 3,585 | 20 | 9 | 2 | 15 | 3 | 1 |
| 일죽면 | 8,096 | 50 | 50 | 1 | 8,032 | 53 | 30 | 9 | 13 | 1 | 47 | 6,282 | 20 | 9 | 2 | 10 | 3 | 1 |
| 죽산면 | 7,652 | 52 | 48 | 1 | 7,577 | 53 | 27 | 14 | 12 | 1 | 47 | 5,831 | 28 | 16 | 3 | 11 | 3 | 1 |
| 안성1동 | 13,098 | 50 | 50 | 0 | 13,055 | 56 | 21 | 15 | 18 | 2 | 43 | 9,549 | 32 | 10 | 2 | 19 | 5 | 3 |
| 안성2동 | 12,070 | 51 | 49 | 0 | 12,024 | 48 | 22 | 12 | 13 | 1 | 49 | 8,814 | 27 | 9 | 2 | 17 | 7 | 1 |
| 안성3동 | 22,875 | 51 | 49 | 1 | 22,679 | 51 | 21 | 13 | 16 | 0 | 49 | 15,469 | 40 | 12 | 2 | 25 | 8 | 3 |

사람 중 21명은 안성시의 다른 동에서, 13명은 경기도의 다른 시군에서, 다른 15명은 경기도 밖에서 이사 왔다.

## 안성시 취업자가 100명이라면 :
## 59명은 봉급쟁이, 25명은 자영업자

안성시에 사는 15세 이상 인구 12만6천 명 가운데 취업해 직장에 다니는 사람(취업자)은 55%, 6만9천 명이다. 안성시 취업자가 100명이라면 54명은 30~40대, 17명은 20대이며, 15명은 50대다. 65세 이상 노인도 8명이 일하고 있다.

회사에서 봉급을 받고 일하는 직장인은 59명이다. 25명은 고용한 사람 없이 혼자서 일하는 자영업자이며, 6명은 누군가를 고용해 사업체를 경영하는 사업주다. 10명은 가족이 운영하는 사업체에서 보수 없이 일하고 있다.

직업별로는 농림 어업이 21명으로 가장 많고, 장치 기계 조작 및 조립직 18명, 사무직 14명순이다. 8명은 서비스직으로, 다른 8명은 기능직으로 일한다. 또 전문가, 기술공 및 준전문가, 판매직, 단순 노무직은 각각 7명씩이며, 2명은 고위 관리직으로 일하고 있다.

직장으로 출근하는 데 30분 이상 걸리는 사람은 22명이며, 그 가운데 5명은 1시간 이상 걸린다. 26명은 걸어서 출근하고, 74명은 교통수단을 이용해 출근한다. 74명 가운데 52명은 자가용으로, 9명은 통근 버스로, 6명은 시내버스로 출퇴근한다. 또 1명은 자전거를, 다른 1명은 고속(시외)버스를 이용한다.

사무실이나 공장 등에서 일하는 사람은 70명이며, 야외나 거리 또는 운송 수단에서 일하는 사람은 25명이다. 4명은 자기 집에서, 2명은 남의 집에서 일한다.

## 안성시에 100가구가 산다면 :
## 39가구는 셋방살이

안성시에는 5만4천 가구가 산다(일반 가구 기준). 안성시에 사는 가구를 100가구로 친다면, 45가구는 식구가 한 명 또는 두 명인 1, 2인 가구이며, 이 가운데 22가구는 나 홀로 사는 1인 가구다. 식구 4명은 23가구, 3명은 20가구, 5명 이상은 11가구다. 안성시는 경기도 31개 시군 가운데 시흥시와 함께 1인 가구 비중이 가장 높다.

동네별 1인 가구 비중을 보면 대덕면이 무려 58%로 가장 높고, 삼죽면 35%, 서운면과 안성2동 각 18% 순이다. 1인 가구 비중이 가장 낮은 안성1동도 15%에 이른다.

56가구는 자신이 소유한 집에서 살고, 39가구는 셋방에 살며, 5가구는 직장의 사택이나 친척집 등에서 무상으로 살고 있다. 자기 집에 사는 가구 중 5가구는 현재 살고 있는 집 외에 최소 한 채에서 여러 채를 소유한 다주택자들이다.

셋방 사는 가구 가운데 17가구는 전세에, 13가구는 보증금 있는 월세에, 6가구는 보증금 없는 월세에, 2가구는 사글세에 살고 있고, 4가구는 사택이나 친척 집 등에서 무상으로 산다. 셋방 사는 가구 중 4가구는 어딘가에 자신 명의의 집을 소유하고 있으나 경제 사정이나 자녀 교육, 직장 등의 사정으로 셋방에 살고 있다.

54가구는 현재 사는 집으로 이사 온 지 5년이 안 되며, 이 가운데 33가구는 2년이 안 된다. 15가구는 5~10년이 됐고, 30가구는 10년이 넘었다.

67가구는 자동차를 소유하고 있고 이 가운데 58가구는 자기 집에

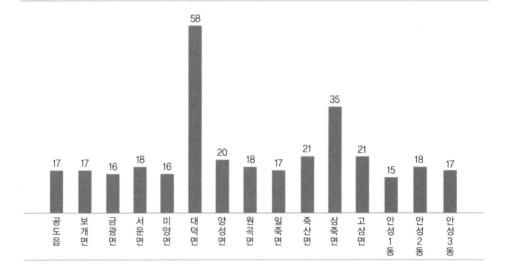

**그림 3_3.62**

## 경기도 안성시 동네별 1인 가구

(단위 : %)

전용 주차장이 있다. 자동차 소유 가구 중 17가구는 차를 2대 이상 소유하고 있다.


**집 많은 사람, 집 없는 사람:**

**서운면·보개면 87% 주택 소유, 대덕면 74% 무주택**


안성시에 사는 100가구 중 61가구는 주택 소유자이고 39가구는 무주택자다. 15개 동네 가운데 대덕면을 제외한 14곳 전부에서 무주택자보다 주택 소유자가 더 많은 것으로 나타났다. 보개면과 서운면

표 3_3.92

## 경기도 안성시의 다주택자

(단위 : 가구, 호)

| 구분 | | | 가구 수 | 주택 수 | 평균 주택 수 |
|---|---|---|---|---|---|
| 일반 가구 | | | 53,554 | – | – |
| 자가 가구 | | | 30,276 | – | – |
| 다주택 가구 | 통계청 | | 2,893 | – | – |
| | 행자부 | 계 | 1,904 | 4,415 | 2 |
| | | 2채 | 1,667 | 3,334 | 2 |
| | | 3채 | 149 | 447 | 3 |
| | | 4채 | 30 | 120 | 4 |
| | | 5채 | 11 | 55 | 5 |
| | | 6~10채 | 33 | 255 | 8 |
| | | 11채 이상 | 14 | 204 | 15 |

은 동네 가구의 87%가 주택을 소유하고 있다. 고삼면과 양성면도 86%와 85%가 주택 소유자다. 또 원곡면(75%)과 금광면(72%) 등 5곳은 70% 이상이, 안성2동(67%) 등 3곳은 60% 이상이 주택 소유자다. 삼죽면과 공도읍도 절반 이상이 주택 소유자다. 반면 대덕면은 주택 소유자가 26%에 머문 데 비해 74%는 무주택자다.

안성시 100가구 중 5가구는 집을 두 채 이상 여러 채 소유한 다주택자다. 고삼면 가구의 10%, 안성3동 가구의 9%, 보개면과 안성1동 가구의 7%는 다주택자다. 반면, 대덕면은 1%, 미양면은 3%에 그친다.

안성시 100가구 중 4가구는 어딘가에 자신 명의의 집이 있지만 현재 셋방에 살고 있는 유주택 전월세 가구다. 공도읍 가구의 7%, 안성3동 가구의 5%는 유주택 전월세 가구다. 주택 소유자 중 유주택 전월세를 제외한 57가구는 자신이 소유한 집에서 산다. 서운면 85%, 고

표 3_3.93

## 경기도 안성시 주택의 점유·소유 형태별 가구

(단위 : 가구, %)

| 행정구역 | 전체 가구 | 자기 집에 거주 | | | 셋방에 거주 | | | 무상으로 거주 | | 주택 소유 | 무주택 |
|---|---|---|---|---|---|---|---|---|---|---|---|
| | | 계 | 집 한 채 | 여러 채 | 계 | 집 없음 | 집 있음 | 집 없음 | 집 있음 | | |
| 안성시 | 53,554 | 57 | 51 | 5 | 39 | 35 | 4 | 4 | 1 | 61 | 39 |
| 공도읍 | 13,075 | 47 | 42 | 5 | 50 | 43 | 7 | 3 | 0 | 54 | 46 |
| 고삼면 | 670 | 84 | 74 | 10 | 10 | 9 | 1 | 5 | 0 | 86 | 14 |
| 금광면 | 2,868 | 71 | 65 | 5 | 26 | 22 | 4 | 2 | 1 | 75 | 25 |
| 대덕면 | 6,542 | 21 | 20 | 1 | 75 | 70 | 4 | 4 | 0 | 26 | 74 |
| 미양면 | 2,114 | 69 | 65 | 3 | 26 | 25 | 1 | 5 | 1 | 70 | 30 |
| 보개면 | 1,794 | 84 | 77 | 7 | 10 | 8 | 1 | 5 | 1 | 87 | 13 |
| 삼죽면 | 1,594 | 57 | 52 | 5 | 38 | 37 | 1 | 4 | 0 | 59 | 41 |
| 서운면 | 1,242 | 85 | 81 | 4 | 8 | 7 | 1 | 6 | 1 | 87 | 13 |
| 양성면 | 1,503 | 82 | 77 | 5 | 11 | 9 | 2 | 6 | 1 | 85 | 15 |
| 원곡면 | 1,488 | 73 | 67 | 6 | 21 | 18 | 3 | 5 | 1 | 78 | 22 |
| 일죽면 | 2,792 | 67 | 62 | 5 | 26 | 23 | 4 | 6 | 1 | 72 | 28 |
| 죽산면 | 2,529 | 62 | 57 | 5 | 33 | 30 | 3 | 4 | 1 | 65 | 35 |
| 안성1동 | 4,073 | 67 | 60 | 7 | 28 | 25 | 3 | 4 | 1 | 71 | 29 |
| 안성2동 | 4,003 | 63 | 58 | 5 | 34 | 30 | 4 | 3 | 0 | 67 | 33 |
| 안성3동 | 7,267 | 58 | 49 | 9 | 38 | 33 | 5 | 3 | 1 | 64 | 36 |

삼면 84%, 보개면 84%, 양성면 82% 순으로 자가 점유 가구가 많다.

유주택 전월세를 포함한 39가구는 셋방에 사는데 대덕면에서 75%로 가장 높고, 무주택 전월세 가구도 대덕면에서 70%로 가장 높다. 한편 서운면과 양성면, 일죽면에 사는 가구의 7%는 직장의 사택이나 친척집 등에서 무상으로 살고 있는데 이들 중 6%는 무주택자다.

## 안성시에 있는 집이 100채라면 :
## 47채는 아파트, 44채는 단독주택

2005년 기준으로 안성시에는 집(주택과 주택 이외의 거처)이 4만6,519 채가 있다. 안성시에 있는 집이 100채라면 47채는 아파트이고, 44채는 단독주택이며, 5채는 연립주택이다. 다세대주택, 상가 등 비거주용 건물 내 주택, 오피스텔을 비롯한 주택 이외의 거처는 각 1채씩이다.

서운면·고삼면·삼죽면·보개면·양상면은 거처의 90% 이상이 단독주택이다. 미양면·일죽면·주간면은 70% 이상이, 원곡면은 69%, 대덕면은 51%가 단독주택이다. 반면 공도읍은 79%가 아파트다. 안성3동의 67%, 안성2동은 59%, 금광면은 56%가 아파트다. 연립주택은 대덕면에서, 다세대주택은 죽산면에서 다른 동네에 비해 상대적으로 비중이 높다.

사람이 사는 곳을 기준으로 보면 안성시 가구의 51%는 단독주택에, 41%는 아파트에, 4%는 연립주택에 산다. 다세대주택과 비거주용 건물 내 주택에는 1%가 살고, 주택 이외의 거처에는 2%가 산다.

거처의 대부분이 단독주택인 서운면·고삼면·삼죽면·보개면·양상면은 90% 이상이 단독주택에 사는 등 모두 11개 동에서 가구의 절반 이상이 단독주택에 산다. 반면 아파트 동네인 공도읍은 78%가 아파트에 살고, 금광면·안성3동·안성2동에서도 절반 이상이 아파트에 산다. 한편 대덕면은 가구의 12%가 주택 이외의 거처에, 안성1동은 9%가 연립주택에, 죽산면에서는 5%가 다세대주택에 산다.

안성시 주택(주택 이외의 거처 제외)을 크기별로 보면 29평 이상의 주택은 20채, 19~29평은 34채, 14~19평은 32채이며, 14평 미만은 14

표 3_3.94

## 경기도 안성시 거처의 종류별·연건평별·건축년도별 주택

(단위 : 호, 가구, %)

| 행정구역 | 거처의 종류별 거처와 가구 | | | | | | | | | | | | | |
| --- | --- | --- | --- | --- | --- | --- | --- | --- | --- | --- | --- | --- | --- | --- |
| | 계 | | 단독주택 | | 아파트 | | 연립주택 | | 다세대주택 | | 비거주용 건물 내 주택 | | 주택 이외의 거처 | |
| | 거처 | 가구 | 거처 | 가구 | 거처 | 가구 | 거처 | 가구 | 거처 | 가구 | 거처 | 가구 | 거처 | 가구 |
| 안성시 | 46,519 | 53,731 | 44 | 51 | 47 | 41 | 5 | 4 | 1 | 1 | 1 | 1 | 1 | 2 |
| 공도읍 | 12,877 | 13,124 | 15 | 16 | 79 | 78 | 3 | 3 | 1 | 1 | 0 | 0 | 1 | 1 |
| 고삼면 | 653 | 672 | 97 | 96 | 0 | 0 | 0 | 0 | 0 | 0 | 2 | 2 | 2 | 1 |
| 금광면 | 2,863 | 2,876 | 43 | 43 | 56 | 56 | 0 | 0 | 0 | 0 | 0 | 1 | 0 | 0 |
| 대덕면 | 3,081 | 6,555 | 51 | 68 | 24 | 11 | 14 | 7 | 3 | 1 | 1 | 1 | 7 | 12 |
| 미양면 | 2,073 | 2,129 | 77 | 78 | 20 | 20 | 1 | 1 | 0 | 0 | 1 | 1 | 1 | 1 |
| 보개면 | 1,792 | 1,802 | 92 | 92 | 6 | 6 | 0 | 0 | 0 | 0 | 1 | 1 | 1 | 1 |
| 삼죽면 | 1,083 | 1,607 | 95 | 97 | 0 | 0 | 1 | 1 | 1 | 1 | 1 | 1 | 1 | 1 |
| 서운면 | 1,202 | 1,247 | 97 | 97 | 0 | 0 | 0 | 0 | 1 | 1 | 2 | 2 | 1 | 1 |
| 양성면 | 1,457 | 1,517 | 90 | 90 | 0 | 0 | 6 | 5 | 0 | 0 | 3 | 3 | 1 | 1 |
| 원곡면 | 1,440 | 1,497 | 69 | 70 | 28 | 27 | 0 | 0 | 0 | 0 | 2 | 1 | 2 | 2 |
| 일죽면 | 2,677 | 2,796 | 75 | 76 | 16 | 15 | 3 | 3 | 2 | 2 | 3 | 3 | 1 | 1 |
| 죽산면 | 2,330 | 2,545 | 70 | 72 | 21 | 19 | 2 | 1 | 5 | 5 | 2 | 2 | 1 | 1 |
| 안성1동 | 3,434 | 4,081 | 46 | 54 | 38 | 32 | 10 | 9 | 3 | 3 | 3 | 3 | 0 | 0 |
| 안성2동 | 3,613 | 4,005 | 32 | 38 | 59 | 53 | 4 | 4 | 1 | 1 | 3 | 3 | 0 | 0 |
| 안성3동 | 5,944 | 7,278 | 20 | 34 | 67 | 55 | 9 | 8 | 1 | 1 | 2 | 2 | 0 | 0 |

채다. 29평 이상 주택은 마장면과 양성면에서, 14평 미만의 소형 주택은 금광면에서 상대적으로 비중이 높다.

2005년 기준으로 56채는 지은 지 10년(1995~2005년 사이 건축)이 안 된 새집이며, 18채는 지은 지 20년이 넘었다. 공도읍은 주택의 86%가 10년 이내에 지은 새집인 반면, 삼죽면은 주택의 36%가 지은 지 20년이 넘었다.

| 총 주택 수 | 연건평별 주택 | | | | 건축년도별 주택 | | |
|---|---|---|---|---|---|---|---|
| | 14평 미만 | 14~19평 | 19~29평 | 29평 이상 | 1995~ 2005년 | 1985~ 1994년 | 1985년 이전 |
| 45,996 | 14 | 32 | 34 | 20 | 56 | 26 | 18 |
| 12,764 | 16 | 51 | 25 | 7 | 86 | 7 | 7 |
| 643 | 6 | 14 | 44 | 36 | 43 | 37 | 21 |
| 2,860 | 23 | 41 | 21 | 15 | 74 | 12 | 14 |
| 2,862 | 18 | 22 | 30 | 30 | 64 | 18 | 18 |
| 2,049 | 3 | 30 | 40 | 27 | 51 | 22 | 27 |
| 1,777 | 7 | 19 | 41 | 33 | 40 | 25 | 34 |
| 1,067 | 4 | 17 | 43 | 36 | 41 | 23 | 36 |
| 1,192 | 5 | 11 | 45 | 39 | 34 | 32 | 34 |
| 1,438 | 4 | 11 | 45 | 40 | 36 | 31 | 34 |
| 1,416 | 3 | 38 | 28 | 31 | 60 | 19 | 22 |
| 2,647 | 3 | 10 | 58 | 29 | 50 | 27 | 23 |
| 2,313 | 6 | 15 | 49 | 30 | 45 | 24 | 31 |
| 3,431 | 3 | 22 | 41 | 34 | 12 | 59 | 29 |
| 3,606 | 50 | 16 | 20 | 14 | 31 | 51 | 18 |
| 5,931 | 7 | 37 | 43 | 13 | 45 | 44 | 11 |

## 안성시 100가구 중 10가구가 최저 주거 기준에 미달

안성시에 사는 5만4천 가구 중 10%인 5천6백 가구는 식구에 비해 집이 너무 좁거나 시설이 제대로 갖춰지지 않아 인간다운 품위를 지키기 어려운 최저 주거 기준 미달 가구다.

또 163가구는 (반)지하에, 20가구는 옥탑방에, 73가구는 판잣집·움막·비닐집에, 79가구는 업소의 잠만 자는 방 등에 산다. 반지하 거

표 3_3.95

## 경기도 안성시 (반)지하 등 거주 가구

(단위 : 가구)

| 행정구역 | 전체 가구 | (반)지하 | 옥탑 | 판잣집·움막·비닐집 | 기타 |
|---|---|---|---|---|---|
| | | 가구 | 가구 | 가구 | 가구 |
| 안성시 | 53,554 | 163 | 20 | 73 | 79 |
| 공도읍 | 13,075 | 17 | 1 | 5 | 2 |
| 고삼면 | 670 | – | – | 4 | 3 |
| 금광면 | 2,868 | – | – | – | 1 |
| 대덕면 | 6,542 | 66 | 9 | 11 | 7 |
| 미양면 | 2,114 | – | – | 7 | 10 |
| 보개면 | 1,794 | – | – | 3 | 7 |
| 삼죽면 | 1,594 | 27 | 3 | 1 | 5 |
| 서운면 | 1,242 | 1 | – | 3 | 3 |
| 양성면 | 1,503 | 3 | 1 | 2 | 5 |
| 원곡면 | 1,488 | – | – | 3 | 13 |
| 일죽면 | 2,792 | – | 1 | 13 | 16 |
| 죽산면 | 2,529 | 3 | – | 8 | 2 |
| 안성1동 | 4,073 | 10 | – | 1 | – |
| 안성2동 | 4,003 | 9 | – | 2 | 3 |
| 안성3동 | 7,267 | 27 | 5 | 10 | 2 |

주 가구는 대덕면, 삼죽면, 안성3동 순으로 많다. 한편 2005년 현재 안성시에 공급된 공공임대주택은 단 한 채도 없는 실정이다.

## 안 성 시  유 권 자 가  1 0 0 명 이 라 면

정당 지지도를 알 수 있는 최근 네 차례 선거(제3~4회 동시지방선거, 제 17~18대 총선)를 기준으로 안성시 유권자는 대략 10만~13만 명이며,

평균 투표율은 53%였다.

안성시 유권자가 100명이라면 2002년 지방선거에서는 55명이 한나라당을, 31명이 새천년민주당을, 6명이 민주노동당을, 4명이 자민련을 찍었다. 2004년 총선에서는 41명은 열린우리당을, 35명은 한나라당을, 14명은 민주노동당을, 5명은 새천년민주당을, 2명은 자민련을 지지했다.

2006년 지방선거에서는 57명이 한나라당을 찍었고, 24명은 열린우리당을, 13명은 민주노동당을, 3명은 민주당을 찍었다. 2008년 총선에서는 42명이 한나라당을, 16명이 통합민주당을, 13명이 친박연대를, 13명이 자유선진당을, 6명이 민주노동당을, 4명이 창조한국당을, 2명이 진보신당을 지지했다.

동네별 투표율은 고삼면·서운면·보개면에서 상대적으로 높았다. 반면 대덕면·공도읍·안성2동에서 상대적으로 낮았다.

한나라당 득표율은 서운면과 일죽면에서 상대적으로 높았다. 반면 공도읍과 삼죽면에서 상대적으로 낮았다. 일죽면과 삼죽면의 득표율 격차는 6~16% 사이다.

민주(＋열린우리)당 득표율은 공도읍과 미양면에서 상대적으로 높았다. 반면 서운면과 안성1동에서 상대적으로 낮았다. 공도읍과 안성1동의 득표율 격차는 4~12% 사이다.

민주노동당＋진보신당 득표율은 공도읍과 안성3동에서 상대적으로 높았다.

**그림 3_3.63**

# 경기도 안성시 동네별 한나라당 득표율

2004년 총선(단위 : %)

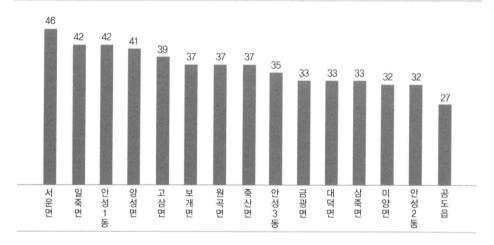

**그림 3_3.64**

# 경기도 안성시 동네별 민주(＋열린우리)당 득표율

2004년 총선(단위 : %)

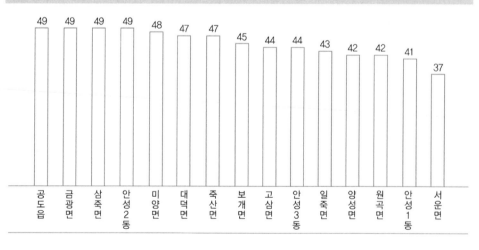

표 3_3.96

# 경기도 안성시 역대 선거 투표율과 정당 지지율

2002~2008년(단위 : 명, %)

| 행정구역 | 2002년 지방선거 | | | | | | | 2004년 총선 | | | | | | | |
|---|---|---|---|---|---|---|---|---|---|---|---|---|---|---|---|
| | 선거인 수 | 투표율 | 한나라당 | 새천년민주당 | 자민련 | 민주노동당 | 기타정당 | 선거인 수 | 투표율 | 한나라당 | 새천년민주당 | 열린우리당 | 자민련 | 민주노동당 | 기타정당 |
| 안성시 | 104,852 | 55 | 55 | 31 | 4 | 6 | 3 | 111,888 | 59 | 35 | 5 | 41 | 2 | 14 | 3 |
| 공도읍 | 18,947 | 42 | 51 | 31 | 5 | 10 | 4 | 23,324 | 54 | 27 | 4 | 46 | 2 | 19 | 3 |
| 고삼면 | 1,718 | 80 | 53 | 31 | 5 | 7 | 4 | 1,684 | 69 | 39 | 4 | 40 | 2 | 11 | 3 |
| 금광면 | 5,932 | 57 | 50 | 32 | 5 | 7 | 6 | 6,364 | 60 | 33 | 4 | 45 | 2 | 12 | 4 |
| 대덕면 | 5,425 | 57 | 53 | 32 | 4 | 7 | 3 | 6,019 | 53 | 33 | 4 | 42 | 3 | 13 | 4 |
| 미양면 | 5,674 | 45 | 51 | 37 | 4 | 5 | 3 | 5,694 | 58 | 32 | 9 | 38 | 2 | 15 | 4 |
| 보개면 | 4,835 | 74 | 55 | 31 | 4 | 6 | 4 | 4,859 | 64 | 37 | 5 | 40 | 2 | 11 | 4 |
| 삼죽면 | 3,005 | 67 | 49 | 32 | 7 | 7 | 5 | 2,834 | 63 | 33 | 5 | 43 | 3 | 11 | 4 |
| 서운면 | 3,383 | 68 | 55 | 29 | 6 | 7 | 4 | 3,451 | 65 | 46 | 4 | 34 | 3 | 10 | 3 |
| 양성면 | 4,409 | 64 | 59 | 27 | 4 | 5 | 4 | 4,438 | 62 | 41 | 5 | 37 | 2 | 11 | 3 |
| 원곡면 | 2,858 | 53 | 60 | 27 | 5 | 6 | 3 | 3,376 | 60 | 37 | 4 | 38 | 3 | 14 | 4 |
| 일죽면 | 6,304 | 47 | 65 | 27 | 3 | 3 | 2 | 7,036 | 58 | 42 | 5 | 39 | 2 | 9 | 3 |
| 죽산면 | 5,590 | 61 | 56 | 30 | 6 | 5 | 2 | 5,787 | 57 | 37 | 5 | 42 | 3 | 10 | 3 |
| 안성1동 | 10,307 | 58 | 62 | 27 | 3 | 5 | 2 | 10,183 | 62 | 42 | 4 | 37 | 2 | 12 | 3 |
| 안성2동 | 9,552 | 47 | 54 | 35 | 3 | 5 | 3 | 9,450 | 56 | 32 | 5 | 44 | 2 | 13 | 4 |
| 안성3동 | 14,789 | 54 | 56 | 29 | 4 | 8 | 3 | 14,900 | 62 | 35 | 5 | 39 | 2 | 16 | 3 |

| 행정구역 | 2006년 지방선거 | | | | | | |
|---|---|---|---|---|---|---|---|
| | 선거인 수 | 투표율 | 열린우리당 | 한나라당 | 민주당 | 민주노동당 | 기타 정당 |
| 안성시 | 119,170 | 54 | 24 | 57 | 3 | 13 | 3 |

| 행정구역 | 2008년 총선 | | | | | | | | |
|---|---|---|---|---|---|---|---|---|---|
| | 선거인 수 | 투표율 | 통합민주당 | 한나라당 | 자유선진당 | 민주노동당 | 창조한국당 | 친박연대 | 진보신당 | 기타 정당 |
| 안성시 | 126,303 | 42 | 16 | 42 | 13 | 6 | 4 | 13 | 2 | 5 |
| 공도읍 | 29,578 | 35 | 19 | 38 | 9 | 8 | 5 | 12 | 3 | 6 |
| 고삼면 | 1,800 | 53 | 16 | 46 | 10 | 7 | 1 | 13 | 2 | 5 |
| 금광면 | 6,412 | 41 | 16 | 41 | 13 | 5 | 4 | 12 | 3 | 6 |
| 대덕면 | 8,590 | 32 | 15 | 41 | 12 | 5 | 4 | 13 | 2 | 7 |
| 미양면 | 5,748 | 46 | 15 | 37 | 22 | 6 | 3 | 11 | 2 | 4 |
| 보개면 | 5,254 | 46 | 15 | 43 | 14 | 4 | 3 | 13 | 1 | 7 |
| 삼죽면 | 2,966 | 47 | 16 | 43 | 13 | 5 | 3 | 13 | 1 | 5 |
| 서운면 | 3,402 | 49 | 12 | 44 | 17 | 5 | 3 | 14 | 2 | 4 |
| 양성면 | 4,529 | 49 | 14 | 48 | 12 | 4 | 3 | 14 | 1 | 4 |
| 원곡면 | 3,878 | 43 | 15 | 48 | 9 | 4 | 4 | 12 | 2 | 6 |
| 일죽면 | 6,953 | 41 | 14 | 49 | 9 | 4 | 3 | 16 | 2 | 3 |
| 죽산면 | 6,152 | 41 | 15 | 46 | 11 | 4 | 3 | 15 | 2 | 6 |
| 안성1동 | 10,317 | 45 | 13 | 42 | 15 | 4 | 4 | 15 | 2 | 4 |
| 안성2동 | 11,707 | 38 | 15 | 40 | 15 | 6 | 4 | 14 | 2 | 5 |
| 안성3동 | 16,637 | 43 | 16 | 39 | 13 | 6 | 4 | 16 | 3 | 4 |

# 경기도 안양시 31개 동네

안양시에는 2005년 현재 만안구와 동안구 등 2개 구 31개 동에 15만6천 개의 거처가
있고, 여기에 19만 가구 61만 명이 살고 있다.
경기도 안양시가 100명이 사는 마을이라면 어떤 모습일까?

## 숫자 100으로 본 안양시

안양시에 사는 사람은 경기도 평균인에 비해 고학력이며 종교 인구
도 많다. 봉급쟁이가 많고 출퇴근 시간도 긴 편인데, 직업별로는 전
문가와 사무직 기술공 및 준전문가가 많다.

주택 소유자와 다주택자, 아파트 거주자가 평균보다 많다. 그러나
가구의 7%는 (반)지하에 살고 7%는 최저 주거 기준에 미달된 상태
로 사는 것도 안양시의 얼굴이다. 공공임대주택은 2005년 현재 공급
되지 않고 있다.

최근 7년간 안양시에서 한나라당은 35~58%를, 민주(＋열린우리)
당은 29~46%를, 민주노동당＋진보신당은 5~14%를 각각 얻었다. 하

그림 3_3.65

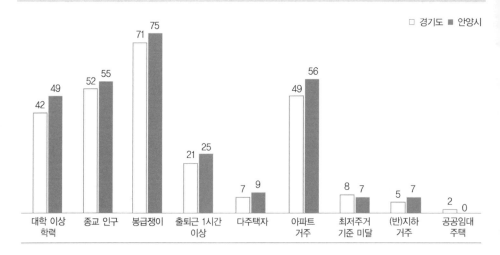

경기도와 안양시의 주요 지수 평균 비교

(단위 : %)

□ 경기도 ■ 안양시

| | 대학 이상 학력 | 종교 인구 | 봉급쟁이 | 출퇴근 1시간 이상 | 다주택자 | 아파트 거주 | 최저주거 기준 미달 | (반)지하 거주 | 공공임대 주택 |
|---|---|---|---|---|---|---|---|---|---|
| 경기도 | 42 | 52 | 71 | 21 | 7 | 49 | 8 | 5 | 2 |
| 안양시 | 49 | 55 | 75 | 25 | 9 | 56 | 7 | 7 | 0 |

지만 동네별로는 차이가 컸다.


**안양시 인구가 100명이라면 :**

**대학 이상 학력자 49명, 종교 인구 55명**


경기도 안양시에 사는 사람은 2005년 현재 61만2,423명으로, 안양시 인구가 100명이라면 남자 대 여자의 수는 50 대 50으로 균형을 이루고 있다. 28명은 어린이와 청소년(19세 미만)이고, 72명은 어른이다. 어른 가운데 6명은 노인(65세 이상)이다. 만안구는 어린이와 청소년이

25%인 데 비해 동안구는 29%로 좀 더 많다.

　지역적으로는 만안구에 43명, 동안구에 57명으로 나뉘어 사는데 이들은 다시 31개 동에 흩어져 산다. 석수2동에 6명, 관양1동과 호계2동에 5명씩 살며, 안양2동·박달2동·비산1동·비산3동·부림동·평안동·호계3동에 4명씩 산다. 안양1동·안양3동·안양6동·안양7동·안양9동·석수1동·박달1동·부흥동·관양2동·평촌동·귀인동·호계1동·범계동에 3명씩 살고, 안양5동·안양8동·석수3동·달안동·신촌동·갈산동에 2명씩 산다. 또 안양4동과 비산2동에 1명씩 산다.

　종교를 보면, 55명이 종교를 갖고 있다. 24명은 개신교, 17명은 불교, 14명은 천주교 신자다. 개신교는 비산2동과 관양1동에서, 불교는 안양4동에서, 천주교는 갈산동에서 신자 비중이 높다.

　학력은 어떨까. 10명은 초등학교, 5명은 중학교, 또 다른 5명은 고등학교에 재학 중이며 38명은 대학에 재학 중이거나 대학 이상의 학력을 가지고 있다(6세 이상 인구 기준). 또 안양에 사는 19세 이상 인구 중 49%가 대학 이상 학력자다. 만안구는 39%가, 동안구는 57%가 대학 이상 학력자인데, 동안구 귀인동에 사는 19세 이상 인구 중 77%가 대학 이상 학력자로 가장 학력이 높다.

　31명은 미혼이며 79명은 결혼했다. 결혼한 사람 가운데 6명은 배

표 3_3.97

# 경기도 안양시 성별·종교별·학력별 인구

(단위 : 명, %)

| 행정구역 | 남녀/외국인 | | | | 종교 인구 | | | | | | | 대학 이상 학력 인구 | | | | | | |
|---|---|---|---|---|---|---|---|---|---|---|---|---|---|---|---|---|---|---|
| | 총인구 | 남자 | 여자 | 외국인 | 인구 (내국인) | 계 | 종교 있음 | | | | 종교 없음 | 19세 이상 인구 | 계 | 4년제 미만 | | 4년제 이상 | | 대학원 이상 |
| | | | | | | | 불교 | 개신교 | 천주교 | 기타 | | | | 계 | 재학 | 계 | 재학 | |
| 안양시 | 612,423 | 50 | 50 | 0 | 609,886 | 55 | 17 | 24 | 14 | 1 | 45 | 441,891 | 49 | 13 | 3 | 32 | 6 | 4 |
| 만안구 | 263,445 | 50 | 50 | 0 | 262,286 | 53 | 18 | 23 | 12 | 1 | 47 | 195,859 | 39 | 14 | 3 | 23 | 6 | 2 |
| 박달1동 | 17,598 | 50 | 50 | 1 | 17,502 | 51 | 20 | 20 | 10 | 1 | 49 | 13,305 | 30 | 13 | 3 | 16 | 5 | 1 |
| 박달2동 | 24,130 | 51 | 49 | 0 | 24,070 | 54 | 17 | 21 | 15 | 1 | 46 | 16,634 | 48 | 14 | 3 | 31 | 7 | 3 |
| 석수1동 | 19,660 | 50 | 50 | 0 | 19,631 | 57 | 19 | 24 | 14 | 0 | 43 | 14,706 | 50 | 14 | 3 | 32 | 7 | 4 |
| 석수2동 | 34,939 | 50 | 50 | 0 | 34,834 | 52 | 16 | 22 | 13 | 1 | 47 | 25,634 | 42 | 13 | 2 | 27 | 5 | 3 |
| 석수3동 | 15,036 | 51 | 49 | 0 | 15,023 | 51 | 14 | 25 | 11 | 0 | 49 | 10,562 | 30 | 14 | 3 | 15 | 4 | 1 |
| 안양1동 | 18,968 | 50 | 50 | 0 | 18,920 | 52 | 15 | 24 | 12 | 1 | 48 | 13,764 | 54 | 14 | 3 | 35 | 7 | 5 |
| 안양2동 | 25,109 | 50 | 50 | 1 | 24,893 | 53 | 19 | 22 | 11 | 1 | 47 | 18,817 | 36 | 12 | 3 | 21 | 5 | 2 |
| 안양3동 | 19,805 | 50 | 50 | 1 | 19,686 | 53 | 20 | 20 | 12 | 1 | 47 | 14,842 | 38 | 15 | 4 | 21 | 6 | 2 |
| 안양4동 | 6,273 | 50 | 50 | 1 | 6,239 | 57 | 21 | 24 | 12 | 0 | 43 | 5,014 | 35 | 13 | 3 | 19 | 5 | 2 |
| 안양5동 | 14,244 | 50 | 50 | 0 | 14,182 | 55 | 20 | 22 | 12 | 1 | 45 | 11,148 | 35 | 13 | 3 | 20 | 6 | 2 |
| 안양6동 | 18,630 | 50 | 50 | 0 | 18,555 | 53 | 19 | 21 | 13 | 1 | 47 | 14,804 | 35 | 14 | 3 | 18 | 5 | 2 |
| 안양7동 | 17,077 | 51 | 49 | 1 | 16,839 | 49 | 17 | 21 | 10 | 1 | 51 | 12,687 | 30 | 14 | 3 | 15 | 4 | 1 |
| 안양8동 | 13,640 | 50 | 50 | 0 | 13,598 | 53 | 15 | 26 | 10 | 1 | 47 | 10,482 | 39 | 14 | 3 | 22 | 7 | 3 |
| 안양9동 | 18,336 | 50 | 50 | 0 | 18,314 | 56 | 18 | 25 | 13 | 1 | 44 | 13,460 | 38 | 13 | 3 | 23 | 6 | 2 |
| 동안구 | 348,978 | 50 | 50 | 0 | 347,600 | 56 | 16 | 25 | 15 | 1 | 44 | 246,032 | 57 | 13 | 2 | 38 | 7 | 6 |
| 갈산동 | 12,327 | 49 | 51 | 0 | 12,294 | 62 | 15 | 25 | 22 | 1 | 38 | 8,880 | 71 | 10 | 1 | 50 | 9 | 10 |
| 관양1동 | 29,874 | 50 | 50 | 0 | 29,821 | 58 | 17 | 27 | 13 | 1 | 42 | 21,827 | 42 | 14 | 3 | 25 | 6 | 3 |
| 관양2동 | 17,543 | 50 | 50 | 1 | 17,351 | 55 | 17 | 25 | 13 | 1 | 45 | 13,543 | 49 | 13 | 2 | 31 | 5 | 4 |
| 귀인동 | 17,927 | 49 | 51 | 0 | 17,893 | 61 | 15 | 24 | 21 | 1 | 39 | 11,547 | 77 | 9 | 1 | 56 | 8 | 12 |
| 달안동 | 14,042 | 48 | 52 | 0 | 14,010 | 50 | 13 | 25 | 12 | 1 | 50 | 10,355 | 63 | 13 | 2 | 44 | 5 | 6 |
| 범계동 | 17,888 | 50 | 50 | 3 | 17,427 | 58 | 16 | 22 | 19 | 1 | 42 | 12,218 | 74 | 9 | 1 | 55 | 8 | 11 |
| 부림동 | 25,648 | 50 | 50 | 0 | 25,622 | 50 | 12 | 25 | 13 | 1 | 50 | 17,990 | 63 | 15 | 2 | 42 | 5 | 7 |
| 부흥동 | 20,271 | 49 | 51 | 0 | 20,252 | 54 | 14 | 24 | 15 | 0 | 46 | 14,180 | 61 | 12 | 2 | 43 | 8 | 7 |
| 비산1동 | 27,198 | 50 | 50 | 0 | 27,166 | 56 | 16 | 26 | 14 | 1 | 44 | 19,284 | 57 | 12 | 3 | 40 | 8 | 5 |
| 비산2동 | 8,925 | 49 | 51 | 0 | 8,905 | 59 | 19 | 27 | 13 | 1 | 41 | 6,489 | 51 | 14 | 3 | 32 | 8 | 4 |
| 비산3동 | 26,581 | 50 | 50 | 0 | 26,541 | 59 | 16 | 24 | 18 | 1 | 41 | 18,972 | 46 | 15 | 3 | 28 | 6 | 3 |
| 신촌동 | 15,071 | 50 | 50 | 0 | 15,003 | 59 | 15 | 26 | 17 | 1 | 41 | 10,115 | 63 | 11 | 2 | 46 | 9 | 6 |
| 평안동 | 27,013 | 50 | 50 | 0 | 26,993 | 56 | 15 | 24 | 17 | 0 | 44 | 17,640 | 69 | 11 | 1 | 50 | 6 | 9 |

996

| 행정구역 | 남녀/외국인 | | | | 종교 인구 | | | | | | 대학 이상 학력 인구 | | | | | | |
|---|---|---|---|---|---|---|---|---|---|---|---|---|---|---|---|---|---|
| | 총인구 | 남자 | 여자 | 외국인 | 인구 (내국인) | 종교 있음 | | | | | 종교 없음 | 19세 이상 인구 | 계 | 4년제 미만 | | 4년제 이상 | | 대학원 이상 |
| | | | | | | 계 | 불교 | 개신교 | 천주교 | 기타 | | | | 계 | 재학 | 계 | 재학 | |
| 평촌동 | 16,885 | 51 | 49 | 0 | 16,858 | 56 | 15 | 26 | 14 | 1 | 44 | 11,309 | 65 | 14 | 3 | 45 | 7 | 7 |
| 호계1동 | 18,681 | 50 | 50 | 1 | 18,556 | 53 | 18 | 25 | 10 | 0 | 46 | 13,879 | 37 | 14 | 3 | 22 | 6 | 2 |
| 호계2동 | 27,970 | 50 | 50 | 0 | 27,880 | 56 | 17 | 25 | 15 | 0 | 43 | 20,108 | 52 | 15 | 3 | 32 | 7 | 5 |
| 호계3동 | 25,134 | 50 | 50 | 0 | 25,028 | 55 | 16 | 25 | 14 | 0 | 44 | 17,696 | 51 | 13 | 3 | 33 | 7 | 4 |

우자와 사별했고, 3명은 이혼했다(15세 이상 인구 기준). 만안구는 33%가 미혼인 반면 동안구는 30%가 미혼이다. 3명은 몸이 불편하거나 정신 장애로 정상적인 활동에 제약을 느끼고 있다.

거주 기간을 보면, 33명은 현재 살고 있는 집에 산 지 5년이 넘었으나, 67명은 5년 이내에 새로 이사 왔다(5세 이상 인구 기준). 이사 온 사람 중 38명은 안양 시내에서, 12명은 경기도의 다른 시군에서, 16명은 경기도 밖에서 이사 왔다.

## 안양시에 사는 직업인이 100명이라면 : 75명은 봉급쟁이

안양시에 사는 15세 이상 인구 47만7천 명 가운데 취업해 직장에 다니는 사람(취업자)은 51%, 24만2천 명이다. 안양시 취업자가 100명이라면 63명은 30~40대, 18명은 20대이며, 14명은 50대다. 65세 이상 노인도 2명이 일하고 있다.

회사에서 봉급을 받고 일하는 직장인은 75명이다. 13명은 고용한 사람 없이 혼자서 일하는 자영업자이며, 8명은 누군가를 고용해 사업체를 경영하는 사업주다. 4명은 가족이 운영하는 사업체에서 보수 없이 일하고 있다.

직업별로는 사무직이 22명으로 가장 많고, 전문가 13명, 기술직이나 준전문가 12명순이다. 판매직과 장치 기계 조작 및 조립직은 각 11명, 기능직은 10명, 서비스직은 9명이다. 또 7명은 단순 노무직, 5명은 고위 관리직으로 일하고 있다.

직장으로 출근하는 데 30분 이상 걸리는 사람은 56명이며, 그 가운데 25명은 1시간 이상 걸린다. 17명은 걸어서 출근하고 83명은 교통수단을 이용해 출근한다. 83명 가운데 41명은 자가용으로, 19명은 시내버스로, 12명은 전철을 이용한다. 3명은 통근 버스를 이용하며, 1명은 시외 또는 고속버스로, 또 다른 1명은 자전거로 출퇴근하며, 5명은 버스와 전철 또는 승용차를 갈아타며 출근한다.

사무실이나 공장 등에서 일하는 사람은 86명이며, 야외나 거리 또는 운송 수단에서 일하는 사람은 10명이다. 1명은 자기 집에서, 다른 2명은 남의 집에서 일한다.


## 안양시에 100가구가 산다면 :
## 42가구는 셋방살이

안양시에는 19만 가구가 산다(일반 가구 기준). 안양에 사는 가구를 100가구로 친다면, 32가구는 식구가 한 명 또는 두 명인 1, 2인 가구이며, 이 가운데 14가구는 나 홀로 사는 1인 가구다. 식구 4명은 34가구, 3명은 23가구, 5명 이상은 11가구다.

1인 가구 비중은 만안구 17%, 동안구 12%로 나타났는데, 동별로는 안양6동 28%, 안양4동 27%, 안양5동 26% 등 9개 동네는 20%가 넘는 반면, 귀인동(4%), 신촌동(5%), 평촌동과 박달2동(각 6%) 등 8개 동네는 10% 이내다.

56가구는 자신이 소유한 집에서 살고, 42가구는 셋방에 살며, 1가구는 직장의 사택이나 친척집 등에서 무상으로 살고 있다. 자기 집에 사는 가구 중 9가구는 현재 살고 있는 집 외에 최소 한 채에서 여러 채를 소유한 다주택자들이다.

셋방 사는 가구 가운데 29가구는 전세에, 12가구는 보증금 있는 월세에, 1가구는 보증금 없는 월세에 살고 있다. 셋방 사는 가구 중 6가구는 어딘가에 자신 명의의 집을 소유하고 있으나 경제 사정이나 자녀 교육, 직장 등의 사정으로 셋방에 살고 있다.

69가구는 현재 사는 집으로 이사 온 지 5년이 안 되며, 이 가운데 37가구는 2년이 안 된다. 17가구는 5~10년이 됐고, 15가구는 10년이 넘었다.

68가구는 자동차를 소유하고 있고, 이 가운데 51가구는 자기 집에 전용 주차장이 있다. 자동차 소유 가구 중 11가구는 차를 2대 이상 소유하고 있다.

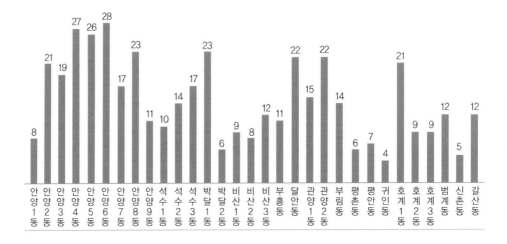

**그림 3_3.66**

## 경기도 안양시 동네별 1인 가구

(단위 : %)

안양1동 8 / 안양2동 21 / 안양3동 19 / 안양4동 27 / 안양5동 26 / 안양6동 28 / 안양7동 17 / 안양8동 23 / 안양9동 11 / 석수1동 10 / 석수2동 14 / 석수3동 17 / 박달1동 23 / 박달2동 6 / 비산1동 9 / 비산2동 8 / 비산3동 12 / 부흥동 11 / 달안동 22 / 관양1동 15 / 관양2동 22 / 부림동 14 / 평촌동 6 / 평안동 7 / 귀인동 4 / 호계1동 21 / 호계2동 9 / 호계3동 9 / 범계동 12 / 신촌동 5 / 갈산동 12

## 집 많은 사람, 집 없는 사람 :
## 귀인동 84% 주택 소유, 안양5동 60% 무주택

안양시에 사는 100가구 중 63가구는 주택 소유자이고 37가구는 무
주택자다. 만안구는 주택 소유자가 56%, 무주택자가 44%인 반면 동
안구는 주택 소유자가 69%, 무주택자가 31%다. 31개 동네 가운데
22개 동네는 주택 소유자가 더 많고 9개 동네는 무주택자가 더 많다.

주택 소유자 비중이 가장 높은 곳은 동안구 귀인동이다. 귀인동에
사는 가구의 84%가 내 집을 소유하고 있는데, 이 중 73%는 자신이
소유한 집에서 살고, 11%는 셋방에 사는 유주택 전월세 가구다. 평안
동과 신촌동도 주택 소유자가 81%를 기록하고 있다. 무주택자가 가

표 3_3.98

## 경기도 안양시의 다주택자

(단위 : 가구, 호)

| 구분 | | 가구 수 | 주택 수 | 평균 주택 수 |
|---|---|---|---|---|
| 일반 가구 | | 191,614 | – | – |
| 자가 가구 | | 108,082 | – | – |
| 다주택 가구 | 통계청 | 16,461 | – | – |
| | 행자부 계 | 11,787 | 27,381 | 2 |
| | 2채 | 10,237 | 20,474 | 2 |
| | 3채 | 944 | 2,832 | 3 |
| | 4채 | 214 | 856 | 4 |
| | 5채 | 100 | 500 | 5 |
| | 6~10채 | 211 | 1,555 | 7 |
| | 11채 이상 | 81 | 1,164 | 14 |

장 많은 곳은 만안구 안양5동으로 60%에 달하며, 다주택자 비중도 4%로 가장 낮은 동네 중 하나다. 박달1동·안양4동·안양6동은 각각 무주택자 56%로 뒤를 잇고 있다.

안양시 100가구 중 9가구는 다주택자다. 귀인동과 비산1동은 집을 두 채 이상 여러 채 소유한 가구가 각각 17%와 14%로 가장 높고, 모두 14개 동네에서 10% 이상을 기록하고 있다.

안양시 100가구 중 6가구는 현재 셋방에 살고 있지만 어딘가 본인 명의의 집을 소유한 유주택 전월세 가구다. 만안구 귀인동과 범계동은 현재 셋방에 살고 있지만 어딘가 본인 명의의 집을 소유한 유주택 전월세 가구가 11%를 차지해 그 비율이 가장 높았다. 반면 만안구 안양2동·3동·5동·6동은 유주택 전월세 가구가 3%에 그쳤다. 유주택 전월세를 제외한 56가구는 자신이 소유한 집에서 사는데 신촌동

**표 3_3.99**

# 경기도 안양시 주택의 점유·소유 형태별 가구

(단위 : 가구, %)

| 행정구역 | 전체 가구 | 자기 집에 거주 | | | 셋방에 거주 | | | 무상으로 거주 | | 주택 소유 | 무주택 |
|---|---|---|---|---|---|---|---|---|---|---|---|
| | | 계 | 집 한 채 | 집 여러 채 | 계 | 집 없음 | 집 있음 | 집 없음 | 집 있음 | | |
| 안양시 | 191,614 | 56 | 48 | 9 | 42 | 36 | 6 | 1 | 0 | 63 | 37 |
| 만안구 | 85,059 | 51 | 44 | 7 | 48 | 43 | 5 | 2 | 0 | 56 | 44 |
| 박달1동 | 6,102 | 37 | 33 | 4 | 61 | 57 | 4 | 1 | 0 | 41 | 59 |
| 박달2동 | 6,698 | 72 | 62 | 10 | 27 | 21 | 6 | 1 | 0 | 78 | 22 |
| 석수1동 | 5,919 | 62 | 51 | 11 | 36 | 29 | 7 | 1 | 0 | 70 | 30 |
| 석수2동 | 10,983 | 55 | 47 | 8 | 43 | 37 | 6 | 1 | 0 | 62 | 38 |
| 석수3동 | 4,881 | 42 | 36 | 5 | 57 | 51 | 6 | 2 | 0 | 48 | 52 |
| 안양1동 | 5,545 | 65 | 52 | 13 | 34 | 25 | 9 | 1 | 0 | 74 | 26 |
| 안양2동 | 8,452 | 46 | 41 | 5 | 52 | 49 | 3 | 2 | 0 | 49 | 51 |
| 안양3동 | 6,498 | 53 | 47 | 7 | 46 | 43 | 3 | 1 | 0 | 56 | 44 |
| 안양4동 | 2,273 | 39 | 33 | 6 | 58 | 53 | 5 | 2 | 0 | 44 | 56 |
| 안양5동 | 5,110 | 37 | 33 | 4 | 61 | 58 | 3 | 1 | 0 | 40 | 60 |
| 안양6동 | 6,849 | 41 | 37 | 4 | 57 | 54 | 3 | 2 | 0 | 44 | 56 |
| 안양7동 | 5,519 | 43 | 38 | 4 | 50 | 45 | 5 | 6 | 1 | 48 | 52 |
| 안양8동 | 4,696 | 41 | 36 | 5 | 57 | 53 | 5 | 1 | 0 | 46 | 54 |
| 안양9동 | 5,534 | 60 | 52 | 9 | 38 | 33 | 4 | 2 | 0 | 65 | 35 |
| 동안구 | 106,555 | 61 | 51 | 10 | 38 | 30 | 8 | 1 | 0 | 69 | 31 |
| 갈산동 | 3,673 | 59 | 48 | 11 | 40 | 33 | 7 | 1 | 0 | 66 | 34 |
| 관양1동 | 9,406 | 54 | 46 | 7 | 45 | 40 | 5 | 1 | 0 | 59 | 41 |
| 관양2동 | 6,021 | 44 | 38 | 6 | 54 | 45 | 8 | 2 | 0 | 53 | 47 |
| 귀인동 | 4,828 | 73 | 56 | 17 | 26 | 16 | 11 | 0 | 0 | 84 | 16 |
| 달안동 | 5,280 | 52 | 46 | 6 | 47 | 39 | 8 | 1 | 0 | 60 | 40 |
| 범계동 | 5,348 | 63 | 50 | 13 | 36 | 25 | 11 | 1 | 0 | 74 | 26 |
| 부림동 | 8,418 | 62 | 55 | 7 | 37 | 29 | 8 | 1 | 0 | 70 | 30 |
| 부흥동 | 6,178 | 66 | 56 | 10 | 33 | 26 | 7 | 1 | 0 | 74 | 26 |
| 비산1동 | 8,035 | 63 | 49 | 14 | 36 | 30 | 7 | 1 | 0 | 70 | 30 |
| 비산2동 | 2,631 | 62 | 50 | 12 | 35 | 26 | 10 | 2 | 0 | 72 | 28 |
| 비산3동 | 8,132 | 60 | 53 | 7 | 38 | 33 | 5 | 2 | 0 | 65 | 35 |
| 신촌동 | 4,215 | 74 | 63 | 11 | 26 | 18 | 8 | 0 | - | 81 | 19 |
| 평안동 | 7,920 | 71 | 60 | 11 | 29 | 18 | 10 | 0 | 0 | 81 | 19 |
| 평촌동 | 4,701 | 68 | 57 | 11 | 31 | 21 | 10 | 1 | 0 | 78 | 22 |

| 행정구역 | 전체 가구 | 자기 집에 거주 | | | 셋방에 거주 | | | 무상 | | 주택 소유 | 무주택 |
|---|---|---|---|---|---|---|---|---|---|---|---|
| | | 계 | 집 한 채 | 집 여러 채 | 계 | 집 없음 | 집 있음 | 집 없음 | 집 있음 | | |
| 호계1동 | 6,181 | 40 | 35 | 5 | 57 | 52 | 6 | 2 | 0 | 46 | 54 |
| 호계2동 | 8,271 | 63 | 52 | 11 | 36 | 28 | 7 | 1 | 0 | 71 | 29 |
| 호계3동 | 7,317 | 69 | 56 | 13 | 29 | 23 | 6 | 2 | 0 | 75 | 25 |

(74%), 귀인동(73%), 박달2동(72%), 평안동(71%)에서 비중이 가장 높았다.

유주택 전월세를 포함한 셋방 가구는 모두 42가구인데 안양5동과 박달1동에서 61%로 가장 높았다. 무주택 전월세 가구 역시 안양5동과 박달1동에서 가장 비중이 높았다.

## 안양시에 있는 집이 100채라면 :
## 69채는 아파트

안양시에는 집(주택과 주택 이외의 거처)이 15만5,961채가 있다. 안양시에 있는 집이 100채라면 69채는 아파트이고 15채는 다세대주택, 9채는 단독주택, 5채는 연립주택이다. 또 상가 등 비거주용 건물 내 주택과 오피스텔 등 주택 이외의 거처는 각각 1채다. 만안구는 아파트가 54%인 반면 동안구는 79%로 훨씬 많다.

31개 동네 중 19곳에서 거처의 절반 이상이 아파트로 나타났다. 부흥동과 평안동에 있는 거처의 100%가 아파트인 것을 비롯해 신촌동·안양1동·귀인동·범계동 등 10개 동네에서 거처 중 90% 이상이

표 3_3.100

# 경기도 안양시 거처의 종류별·연건평별·건축년도별 주택

(단위 : 호, 가구, %)

| 행정구역 | 거처의 종류별 거처와 가구 | | | | | | | | | | | | | |
|---|---|---|---|---|---|---|---|---|---|---|---|---|---|---|
| | 계 | | 단독주택 | | 아파트 | | 연립주택 | | 다세대주택 | | 비거주용 건물 내 주택 | | 주택 이외의 거처 | |
| | 거처 | 가구 | 거처 | 가구 | 거처 | 가구 | 거처 | 가구 | 거처 | 가구 | 거처 | 가구 | 거처 | 가구 |
| 안양시 | 155,961 | 191,758 | 9 | 25 | 69 | 56 | 5 | 4 | 15 | 12 | 1 | 1 | 1 | 1 |
| 만안구 | 61,375 | 85,128 | 15 | 38 | 54 | 39 | 9 | 6 | 20 | 14 | 1 | 2 | 1 | 1 |
| 박달1동 | 3,018 | 6,104 | 33 | 65 | 29 | 14 | 12 | 6 | 22 | 11 | 4 | 3 | 0 | 0 |
| 박달2동 | 6,375 | 6,701 | 3 | 8 | 86 | 82 | 1 | 1 | 9 | 9 | 0 | 0 | 0 | 0 |
| 석수1동 | 5,506 | 5,924 | 7 | 13 | 79 | 74 | 5 | 5 | 8 | 7 | 1 | 1 | 0 | 0 |
| 석수2동 | 8,388 | 10,988 | 10 | 31 | 62 | 47 | 10 | 8 | 17 | 13 | 1 | 1 | 0 | 0 |
| 석수3동 | 4,057 | 4,883 | 4 | 19 | 30 | 25 | 1 | 1 | 64 | 53 | 1 | 2 | 0 | 0 |
| 안양1동 | 5,433 | 5,555 | 2 | 3 | 95 | 93 | 1 | 1 | 0 | 0 | 2 | 3 | 1 | 1 |
| 안양2동 | 5,260 | 8,456 | 23 | 51 | 43 | 27 | 8 | 5 | 22 | 14 | 2 | 2 | 2 | 1 |
| 안양3동 | 4,293 | 6,503 | 17 | 44 | 48 | 31 | 3 | 2 | 31 | 21 | 2 | 2 | 0 | 0 |
| 안양4동 | 1,197 | 2,281 | 38 | 66 | 37 | 19 | 8 | 4 | 11 | 6 | 4 | 4 | 2 | 1 |
| 안양5동 | 2,589 | 5,115 | 37 | 67 | 22 | 11 | 10 | 5 | 29 | 15 | 2 | 2 | 0 | 0 |
| 안양6동 | 3,864 | 6,852 | 25 | 54 | 23 | 13 | 15 | 9 | 31 | 17 | 2 | 3 | 3 | 3 |
| 안양7동 | 4,320 | 5,529 | 17 | 34 | 40 | 31 | 34 | 27 | 9 | 7 | 1 | 1 | 0 | 0 |
| 안양8동 | 2,662 | 4,703 | 29 | 59 | 13 | 7 | 19 | 11 | 37 | 21 | 2 | 2 | 1 | 1 |
| 안양9동 | 4,413 | 5,534 | 16 | 32 | 65 | 52 | 5 | 4 | 14 | 11 | 0 | 1 | 0 | 0 |
| 동안구 | 94,586 | 106,630 | 5 | 15 | 79 | 70 | 2 | 2 | 12 | 11 | 1 | 1 | 2 | 2 |
| 갈산동 | 2,576 | 3,675 | 10 | 37 | 90 | 63 | 0 | 0 | 0 | 0 | 0 | 0 | 0 | 0 |
| 관양1동 | 7,155 | 9,410 | 11 | 31 | 24 | 18 | 2 | 2 | 60 | 46 | 2 | 2 | 1 | 1 |
| 관양2동 | 4,187 | 6,034 | 15 | 40 | 51 | 35 | 1 | 1 | 27 | 19 | 2 | 3 | 4 | 3 |
| 귀인동 | 4,302 | 4,830 | 5 | 16 | 95 | 84 | 0 | 0 | 0 | 0 | 0 | 0 | 0 | 0 |
| 달안동 | 5,279 | 5,280 | 0 | 0 | 98 | 98 | 0 | 0 | 0 | 0 | 0 | 0 | 2 | 2 |
| 범계동 | 5,287 | 5,358 | 0 | 0 | 95 | 95 | 0 | 0 | 0 | 0 | 0 | 0 | 5 | 5 |
| 부림동 | 8,427 | 8,428 | 0 | 0 | 90 | 90 | 0 | 0 | 0 | 0 | 0 | 0 | 10 | 10 |
| 부흥동 | 6,167 | 6,178 | 0 | 0 | 100 | 100 | 0 | 0 | 0 | 0 | 0 | 0 | 0 | 0 |
| 비산1동 | 7,320 | 8,038 | 4 | 13 | 85 | 77 | 3 | 2 | 8 | 7 | 0 | 1 | 0 | 0 |
| 비산2동 | 2,477 | 2,633 | 3 | 7 | 86 | 81 | 6 | 6 | 3 | 3 | 2 | 3 | 0 | 0 |
| 비산3동 | 6,979 | 8,136 | 7 | 19 | 46 | 39 | 0 | 0 | 47 | 40 | 1 | 1 | 0 | 0 |
| 신촌동 | 3,840 | 4,215 | 4 | 12 | 96 | 88 | 0 | 0 | 0 | 0 | 0 | 0 | 0 | 0 |
| 평안동 | 7,914 | 7,921 | 0 | 0 | 100 | 100 | 0 | 0 | 0 | 0 | 0 | 0 | 0 | 0 |

| 연건평별 주택 | | | | 건축년도별 주택 | | |
|---|---|---|---|---|---|---|
| 총 주택 수 | 14평 미만 | 14~19평 | 19~29평 | 29평 이상 | 1995~ 2005년 | 1985~ 1994년 | 1985년 이전 |
| 154,045 | 16 | 28 | 38 | 18 | 36 | 50 | 14 |
| 61,000 | 13 | 28 | 41 | 18 | 42 | 36 | 23 |
| 3,015 | 7 | 29 | 31 | 33 | 38 | 36 | 26 |
| 6,362 | 4 | 27 | 57 | 12 | 53 | 42 | 5 |
| 5,501 | 8 | 36 | 41 | 15 | 71 | 11 | 18 |
| 8,383 | 11 | 29 | 46 | 14 | 48 | 30 | 22 |
| 4,053 | 65 | 27 | 3 | 5 | 2 | 97 | 1 |
| 5,374 | 3 | 28 | 64 | 5 | 60 | 7 | 33 |
| 5,180 | 14 | 22 | 40 | 25 | 26 | 42 | 32 |
| 4,288 | 10 | 25 | 43 | 22 | 50 | 43 | 7 |
| 1,177 | 5 | 13 | 54 | 28 | 32 | 42 | 26 |
| 2,579 | 8 | 22 | 34 | 37 | 46 | 30 | 24 |
| 3,731 | 14 | 14 | 30 | 41 | 38 | 40 | 22 |
| 4,307 | 20 | 43 | 28 | 10 | 7 | 24 | 69 |
| 2,637 | 13 | 29 | 27 | 30 | 32 | 40 | 28 |
| 4,413 | 6 | 34 | 48 | 13 | 44 | 44 | 12 |
| 93,045 | 18 | 28 | 37 | 17 | 32 | 59 | 9 |
| 2,576 | 0 | 0 | 12 | 88 | 9 | 91 | 0 |
| 7,084 | 36 | 14 | 30 | 21 | 14 | 80 | 6 |
| 4,034 | 17 | 29 | 37 | 18 | 49 | 38 | 13 |
| 4,300 | 0 | 4 | 20 | 75 | 26 | 74 | 0 |
| 5,189 | 73 | 19 | 8 | 0 | 0 | 100 | 0 |
| 5,015 | 20 | 31 | 0 | 49 | 0 | 100 | 0 |
| 7,606 | 26 | 56 | 17 | 0 | 39 | 61 | 0 |
| 6,148 | 26 | 23 | 51 | 0 | 0 | 100 | 0 |
| 7,311 | 8 | 32 | 38 | 22 | 83 | 8 | 10 |
| 2,469 | 5 | 23 | 62 | 10 | 39 | 15 | 45 |
| 6,973 | 21 | 25 | 38 | 16 | 21 | 62 | 17 |
| 3,840 | 0 | 23 | 73 | 4 | 3 | 97 | 0 |
| 7,913 | 9 | 44 | 46 | 0 | 9 | 91 | 0 |

| 행정구역 | 거처의 종류별 거처와 가구 | | | | | | | | | | | | | |
|---|---|---|---|---|---|---|---|---|---|---|---|---|---|---|
| | 계 | | 단독주택 | | 아파트 | | 연립주택 | | 다세대주택 | | 비거주용 건물 내 주택 | | 주택 이외의 거처 | |
| | 거처 | 가구 | 거처 | 가구 | 거처 | 가구 | 거처 | 가구 | 거처 | 가구 | 거처 | 가구 | 거처 | 가구 |
| 평촌동 | 4,556 | 4,703 | 1 | 3 | 93 | 90 | 3 | 3 | 2 | 2 | 1 | 1 | 0 | 0 |
| 호계1동 | 3,930 | 6,183 | 20 | 48 | 44 | 28 | 16 | 10 | 17 | 11 | 3 | 3 | 0 | 0 |
| 호계2동 | 7,350 | 8,282 | 6 | 16 | 74 | 65 | 4 | 4 | 14 | 13 | 1 | 1 | 0 | 1 |
| 호계3동 | 6,840 | 7,326 | 2 | 8 | 84 | 79 | 6 | 5 | 6 | 6 | 1 | 2 | 1 | 1 |

아파트다. 반면 안양8동은 아파트 비중이 13%로 유일하게 20%를 밑돌았다.

한편 석수3동과 관양1동에 있는 거처의 60% 이상이 다세대주택인 것을 비롯해 11개 동네에서 다세대주택 비중이 20%를 넘었다. 안양4동과 5동, 박달1동 거처의 30% 이상이 단독주택인 것을 비롯해 7개 동네에서 단독주택 비중이 20%를 넘었다. 또 안양7동은 거처의 34%가 연립주택이며, 부림동 거처의 10%는 주택 이외의 거처다.

어떤 집에 사느냐를 기준으로 보면 안양시 19만 가구의 56%는 아파트에, 25%는 단독주택에 산다. 또 다세대주택에는 12%가, 연립주택에는 4%가 살며 비거주용 건물 내 주택과 주택 이외의 거처에 각 1%가 산다. 아파트가 거처의 3분의 2를 초과하는데도 가구 56%만 아파트에 사는 이유는, 단독주택에는 여러 가구가 사는 반면 아파트에는 보통 1가구만 살기 때문이다.

만안구는 아파트에 39%, 단독주택에 38%가 살고 동안구는 아파트에 70%, 단독주택에 15%가 산다. 31개 동 가운데 17곳에서 아파트 거주 가구가 절반을 넘었다. 부흥동과 평안동 가구의 100%가 아파트에 사는 것을 비롯해, 7개 동네에 사는 가구의 90% 이상이 아파

| | 연건평별 주택 | | | | 건축년도별 주택 | | |
|---|---|---|---|---|---|---|---|
| 총 주택 수 | 14평 미만 | 14~19평 | 19~29평 | 29평 이상 | 1995~2005년 | 1985~1994년 | 1985년 이전 |
| 4,553 | 6 | 18 | 75 | 1 | 90 | 6 | 4 |
| 3,927 | 20 | 40 | 19 | 21 | 14 | 29 | 57 |
| 7,315 | 9 | 25 | 54 | 12 | 56 | 32 | 12 |
| 6,792 | 6 | 32 | 46 | 16 | 70 | 17 | 13 |

트에 산다. 반면 안양4동과 5동, 박달1동 등 6개 동네에서는 절반 이
상이 단독주택에 산다.

한편 석수3동 가구의 53%, 관양1동 가구의 46%, 비산3동 가구의
40%는 다세대주택에 산다. 또 안양7동 가구의 27%는 연립주택에 살
고, 부림동 가구의 10%는 주택 이외의 거처에 산다.

1995년부터 2005년까지 10년 동안 안양시 주택 수(주택 이외의 거
처 제외)는 12만2천 채에서 15만4천 채로 26%가 늘었다. 그런데 아파
트와 다세대주택은 45%와 159%가 증가한 데 비해 단독주택과 연립
주택은 13%와 63%가 줄었다. 이에 따라 전체 주택(주택 이외의 거처
제외)에서 차지하는 비중도 아파트는 61%에서 70%로, 다세대주택은
8%에서 15%로 증가했다. 그러나 단독주택은 13%에서 9%로 연립주
택은 16%에서 5%로 감소했다.

크기별로는 29평 이상의 주택이 18채, 19~29평은 38채, 14~19평
28채이며, 14평 미만은 16채다. 갈산동 주택의 88%, 귀인동 주택의
75%가 29평 이상인 반면, 달안동 주택의 73%, 석수3동 주택의 65%
는 14평 미만으로 동네별 차이가 크다.

2005년 기준으로 36채는 지은 지 10년(1995~2005년 사이 건축)이 안

된 새집이며, 14채는 지은 지 20년이 넘은 낡은 집으로 곧 재개발·재건축될 수 있는 집이다. 석수1동과 호계3동 주택의 70% 이상이 10년 이내 새집인 데 비해, 안양7동 주택의 69%는 지은 지 20년이 넘었다.


**안양시에서 지하 방에 사는 사람 :**
**안양2~6동·8동, 석수2동·3동, 박달1동, 비산3동,**
**관양1동·2동, 호계1동  10% 이상 (반)지하 거주**


안양에 사는 19만 가구를 100가구로 친다면, 그 중 7가구는 식구 수에 비해 집이 너무 좁거나 시설이 제대로 갖춰지지 않아 인간다운 품위를 지키기 어려운 최저 주거 기준 미달 가구다.

또 100가구 가운데 93가구는 지상에 살지만, 7가구는 (반)지하에 산다. 만안구에 사는 가구의 10%가 (반)지하에 사는 데 비해, 동안구 는 5%가 (반)지하에 산다. (반)지하 거주 가구 비중은 박달1동(18%), 관양1동(17%), 안양8동(16%), 석수3동(15%) 순으로 높고, 31개 동 네 중 14곳에서 가구의 10% 이상이 (반)지하에 살고 있다. 또 안양시 에는 (반)지하 거주 1만3,972가구 외에도 897가구는 옥탑방에, 62가 구는 판잣집·움막·비닐집에, 127가구는 업소의 잠만 자는 방 등에 살고 있다.

이처럼 인간이 살기에는 적절하지 못한 곳에서 사는 가구가 1만4 천 가구에 달하지만, 2005년 현재 안양시에 있는 공공임대주택은 489채로 극히 미미한 실정이다. 안양에 있는 공공임대주택은 모두 대한주택공사가 오래 전에 지은 영구임대주택으로, 안양시 자체적으

표 3_3.101

# 경기도 안양시 (반)지하 등 거주 가구

(단위 : 가구, %)

| 행정구역 | 전체 가구 | (반)지하 | | 옥탑방 | 판잣집·움막·비닐집 | 기타 |
|---|---|---|---|---|---|---|
| | | 가구 | 비중 | 가구 | 가구 | 가구 |
| 안양시 | 191,614 | 13,972 | 7 | 897 | 62 | 127 |
| 만안구 | 85,059 | 8,716 | 10 | 608 | 28 | 50 |
| 박달1동 | 6,102 | 1,096 | 18 | 96 | 1 | – |
| 박달2동 | 6,698 | 176 | 3 | 16 | 9 | 1 |
| 석수1동 | 5,919 | 213 | 4 | 9 | 2 | – |
| 석수2동 | 10,983 | 1,128 | 10 | 60 | 1 | – |
| 석수3동 | 4,881 | 750 | 15 | 31 | 2 | – |
| 안양1동 | 5,545 | 13 | 0 | 11 | – | 35 |
| 안양2동 | 8,452 | 1,182 | 14 | 65 | – | 2 |
| 안양3동 | 6,498 | 928 | 14 | 38 | – | – |
| 안양4동 | 2,273 | 264 | 12 | 31 | – | 3 |
| 안양5동 | 5,110 | 683 | 13 | 65 | 1 | 5 |
| 안양6동 | 6,849 | 869 | 13 | 60 | – | – |
| 안양7동 | 5,519 | 293 | 5 | 19 | – | 2 |
| 안양8동 | 4,696 | 756 | 16 | 55 | 12 | 2 |
| 안양9동 | 5,534 | 365 | 7 | 52 | – | – |
| 동안구 | 106,555 | 5,256 | 5 | 289 | 34 | 77 |
| 갈산동 | 3,673 | 227 | 6 | 24 | – | – |
| 관양1동 | 9,406 | 1,623 | 17 | 37 | 13 | 3 |
| 관양2동 | 6,021 | 778 | 13 | 90 | 15 | 3 |
| 귀인동 | 4,828 | 16 | 0 | 44 | – | – |
| 달안동 | 5,280 | 1 | 0 | – | – | 2 |
| 범계동 | 5,348 | – | – | 1 | – | – |
| 부림동 | 8,418 | – | – | – | – | – |
| 부흥동 | 6,178 | – | – | – | – | – |
| 비산1동 | 8,035 | 275 | 3 | 20 | – | 6 |
| 비산2동 | 2,631 | 33 | 1 | 1 | 1 | 5 |
| 비산3동 | 8,132 | 992 | 12 | 14 | 1 | – |
| 신촌동 | 4,215 | 37 | 1 | 7 | – | – |
| 평안동 | 7,920 | – | – | – | – | – |
| 평촌동 | 4,701 | 40 | 1 | 2 | – | 1 |

| 행정구역 | 전체 가구 | (반)지하 | | 옥탑방 | 판잣집·움막·비닐집 | 기타 |
|---|---|---|---|---|---|---|
| | | 가구 | 비중 | 가구 | 가구 | 가구 |
| 호계1동 | 6,181 | 620 | 10 | 29 | – | – |
| 호계2동 | 8,271 | 445 | 5 | 16 | – | 55 |
| 호계3동 | 7,317 | 169 | 2 | 4 | 4 | 2 |

로 공급한 공공임대주택은 한 채도 없다.


## 안양시 유권자가 100명이라면

정당 지지도를 알 수 있는 최근 네 차례 선거(제3~4회 동시지방선거, 제17~18대 총선)를 기준으로 의정부시 유권자는 대략 41만~47만 명이며, 평균 투표율은 52%였다.

안양시 유권자가 100명이라면 2002년 지방선거에서는 56명이 한나라당을, 34명이 새천년민주당을, 5명이 민주노동당을, 3명이 자민련을 찍었다. 2004년 총선에서는 40명이 열린우리당을, 35명이 한나라당을, 14명이 민주노동당을, 6명이 새천년민주당을, 2명이 자민련을 지지했다.

2006년 지방선거에서는 58명이 한나라당을 찍었고, 23명은 열린우리당을, 11명은 민주노동당을, 7명은 민주당을 찍었다. 2008년 총선에서는 39명이 한나라당을, 29명이 통합민주당을, 11명이 친박연대를, 6명이 자유선진당을, 5명이 창조한국당을, 4명이 민주노동당을, 3명이 진보신당을 지지했다.

동네별 투표율은 귀인동·평촌동·범계동에서 상대적으로 높았다. 반면 안양8동·박달1동·안양7동에서는 상대적으로 낮았다.

한나라당 득표율은 귀인동·갈산동·범계동에서 상대적으로 높았다. 반면 석수3동·달안동·비산1동에서 상대적으로 낮았다. 귀인동과 석수3동의 득표율 격차는 최소 12%에서 최대 21%까지 벌어졌다.

민주(+열린우리)당 득표율은 석수3동·달안동·부림동에서 상대적으로 높았다. 반면 귀인동·갈산동·범계동에서 상대적으로 낮았다. 석수3동과 귀인동의 득표율 격차는 12~15% 사이다.

민주노동당+진보신당 득표율은 달안동과 부림동에서 상대적으로 높았다.

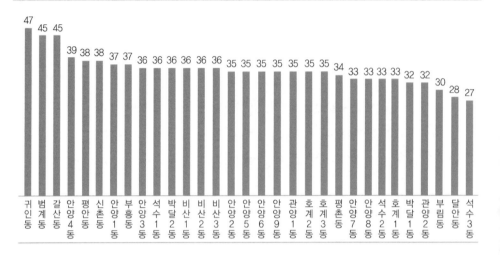

**그림 3_3.67**

## 경기도 안양시 동네별 한나라당 득표율

2004년 총선(단위 : %)

47 귀인동
45 범계동
45 갈산동
39 안양4동
38 평안동
38 신촌동
37 안양1동
37 부흥동
36 안양3동
36 석수1동
36 박달2동
36 비산1동
36 비산2동
36 비산3동
35 안양2동
35 안양5동
35 안양6동
35 안양9동
35 관양1동
35 호계2동
35 호계3동
34 평촌동
33 안양7동
33 안양8동
33 석수2동
33 호계1동
32 박달1동
32 관양2동
30 부림동
28 달안동
27 석수3동

**그림 3_3.68**

## 경기도 안양시 동네별 민주(＋열린우리)당 득표율

2004년 총선(단위 : %)

52 석수3동
49 달안동
49 호계1동
48 박달1동
48 관양2동
47 안양5동
47 안양7동
47 안양8동
47 관양1동
47 부림동
47 평촌동
47 호계3동
46 안양6동
46 안양9동
46 석수2동
46 호계2동
45 안양2동
45 안양3동
45 석수1동
45 비산3동
44 박달2동
44 비산1동
44 비산2동
44 평안동
43 안양1동
43 안양4동
43 부흥동
43 신촌동
39 귀인동
39 범계동
39 갈산동

표 3_3.102

## 경기도 안양시 역대 선거 투표율과 정당 지지율

2002~2008년(단위 : 명, %)

| 행정구역 | 2002년 지방선거 | | | | | | | 2004년 총선 | | | | | | | |
|---|---|---|---|---|---|---|---|---|---|---|---|---|---|---|---|
| | 선거인 수 | 투표율 | 한나라당 | 새천년민주당 | 자민련 | 민주노동당 | 기타정당 | 선거인 수 | 투표율 | 한나라당 | 새천년민주당 | 열린우리당 | 자민련 | 민주노동당 | 기타정당 |
| 안양시 | 415,996 | 44 | 56 | 34 | 3 | 5 | 2 | 440,380 | 64 | 35 | 6 | 40 | 2 | 14 | 3 |
| 만안구 | 191,427 | 41 | 54 | 35 | 4 | 5 | 2 | 195,214 | 59 | 34 | 5 | 41 | 3 | 14 | 3 |
| 박달1동 | 14,241 | 39 | 52 | 35 | 5 | 5 | 3 | 13,428 | 52 | 32 | 6 | 42 | 3 | 14 | 3 |
| 박달2동 | 16,177 | 45 | 55 | 34 | 4 | 5 | 2 | 15,583 | 66 | 36 | 6 | 39 | 3 | 14 | 3 |
| 석수1동 | 6,993 | 44 | 54 | 34 | 4 | 6 | 3 | 14,216 | 66 | 36 | 6 | 39 | 3 | 14 | 3 |
| 석수2동 | 25,868 | 39 | 55 | 35 | 4 | 4 | 2 | 25,631 | 61 | 33 | 5 | 41 | 3 | 15 | 2 |
| 석수3동 | 11,218 | 37 | 48 | 39 | 4 | 6 | 3 | 10,732 | 57 | 27 | 6 | 46 | 3 | 16 | 3 |
| 안양1동 | 11,461 | 45 | 58 | 32 | 3 | 5 | 2 | 11,328 | 67 | 37 | 6 | 38 | 2 | 15 | 2 |
| 안양2동 | 19,108 | 37 | 56 | 32 | 5 | 4 | 2 | 19,090 | 55 | 35 | 6 | 40 | 3 | 13 | 3 |
| 안양3동 | 14,461 | 40 | 57 | 33 | 4 | 4 | 2 | 14,678 | 56 | 36 | 6 | 40 | 3 | 13 | 3 |
| 안양4동 | 6,049 | 49 | 58 | 32 | 4 | 4 | 2 | 5,186 | 61 | 39 | 5 | 38 | 4 | 10 | 3 |
| 안양5동 | 11,394 | 38 | 57 | 32 | 5 | 4 | 2 | 10,903 | 53 | 35 | 6 | 41 | 3 | 12 | 3 |
| 안양6동 | 13,521 | 36 | 56 | 33 | 4 | 5 | 2 | 13,951 | 55 | 35 | 6 | 40 | 3 | 13 | 3 |
| 안양7동 | 13,215 | 39 | 51 | 37 | 5 | 5 | 2 | 12,551 | 53 | 33 | 6 | 42 | 3 | 13 | 3 |
| 안양8동 | 10,616 | 34 | 55 | 35 | 4 | 4 | 2 | 10,175 | 54 | 33 | 5 | 43 | 3 | 13 | 4 |
| 안양9동 | 12,853 | 42 | 56 | 33 | 4 | 5 | 2 | 13,226 | 60 | 35 | 6 | 41 | 2 | 14 | 3 |
| 동안구 | 224,569 | 46 | 57 | 33 | 3 | 5 | 2 | 245,166 | 67 | 36 | 6 | 39 | 2 | 14 | 2 |
| 갈산동 | 9,163 | 49 | 66 | 27 | 2 | 3 | 2 | 8,986 | 70 | 45 | 6 | 34 | 2 | 11 | 2 |
| 관양1동 | 22,397 | 41 | 56 | 34 | 3 | 4 | 2 | 21,866 | 60 | 35 | 6 | 41 | 2 | 13 | 3 |
| 관양2동 | 13,922 | 45 | 53 | 37 | 3 | 5 | 2 | 13,455 | 61 | 32 | 7 | 41 | 2 | 16 | 2 |
| 귀인동 | 10,112 | 53 | 69 | 24 | 2 | 3 | 2 | 11,928 | 74 | 47 | 6 | 33 | 2 | 11 | 2 |
| 달안동 | 10,278 | 40 | 50 | 39 | 3 | 7 | 2 | 10,133 | 65 | 28 | 5 | 43 | 1 | 20 | 2 |
| 범계동 | 12,287 | 53 | 64 | 27 | 2 | 4 | 2 | 11,879 | 73 | 45 | 6 | 33 | 2 | 12 | 2 |
| 부림동 | 16,984 | 43 | 52 | 37 | 3 | 6 | 2 | 17,564 | 68 | 30 | 6 | 42 | 2 | 19 | 2 |
| 부흥동 | 14,510 | 48 | 59 | 31 | 3 | 4 | 2 | 14,224 | 69 | 37 | 6 | 37 | 2 | 15 | 2 |
| 비산1동 | 6,528 | 52 | 49 | 38 | 4 | 6 | 3 | 17,422 | 68 | 36 | 6 | 37 | 2 | 15 | 3 |
| 비산2동 | 7,985 | 46 | 61 | 29 | 4 | 4 | 3 | 8,197 | 66 | 36 | 6 | 37 | 3 | 14 | 3 |
| 비산3동 | 18,656 | 44 | 59 | 32 | 4 | 4 | 3 | 18,735 | 64 | 36 | 5 | 40 | 3 | 14 | 3 |
| 신촌동 | 10,229 | 50 | 60 | 31 | 2 | 4 | 2 | 10,052 | 71 | 38 | 6 | 37 | 2 | 14 | 2 |
| 평안동 | 18,460 | 46 | 59 | 32 | 2 | 5 | 2 | 18,015 | 71 | 38 | 6 | 38 | 2 | 15 | 2 |
| 평촌동 | 9,064 | 53 | 54 | 35 | 3 | 6 | 3 | 8,978 | 70 | 34 | 6 | 41 | 2 | 15 | 2 |

| 행정구역 | 2002년 지방선거 | | | | | | | 2004년 총선 | | | | | | | |
|---|---|---|---|---|---|---|---|---|---|---|---|---|---|---|---|
| | 선거인 수 | 투표율 | 한나라당 | 새천년민주당 | 자민련 | 민주노동당 | 기타정당 | 선거인 수 | 투표율 | 한나라당 | 새천년민주당 | 열린우리당 | 자민련 | 민주노동당 | 기타정당 |
| 호계1동 | 13,950 | 40 | 55 | 35 | 3 | 4 | 2 | 13,831 | 58 | 33 | 6 | 43 | 3 | 13 | 3 |
| 호계2동 | 16,587 | 38 | 59 | 32 | 2 | 5 | 2 | 18,365 | 64 | 35 | 6 | 40 | 2 | 15 | 3 |
| 호계3동 | 8,663 | 41 | 53 | 36 | 4 | 5 | 2 | 15,941 | 65 | 35 | 7 | 40 | 3 | 14 | 2 |

| 행정구역 | 2006년 지방선거 | | | | | | |
|---|---|---|---|---|---|---|---|
| | 선거인 수 | 투표율 | 열린우리당 | 한나라당 | 민주당 | 민주노동당 | 기타 정당 |
| 안양시 | 464,009 | 50 | 23 | 58 | 7 | 11 | 1 |

| 행정구역 | 2008년 총선 | | | | | | | | | |
|---|---|---|---|---|---|---|---|---|---|---|
| | 선거인 수 | 투표율 | 통합민주당 | 한나라당 | 자유선진당 | 민주노동당 | 창조한국당 | 친박연대 | 진보신당 | 기타 정당 |
| 안양시 | 468,484 | 48 | 29 | 39 | 6 | 4 | 5 | 11 | 3 | 3 |
| 만안구 | 205,122 | 46 | 30 | 38 | 6 | 5 | 5 | 10 | 3 | 4 |
| 박달1동 | 14,071 | 41 | 31 | 37 | 6 | 6 | 4 | 10 | 2 | 4 |
| 박달2동 | 16,970 | 51 | 29 | 38 | 6 | 6 | 5 | 10 | 3 | 3 |
| 석수1동 | 14,727 | 51 | 28 | 39 | 6 | 5 | 5 | 11 | 3 | 3 |
| 석수2동 | 25,193 | 48 | 30 | 36 | 6 | 5 | 5 | 10 | 3 | 3 |
| 석수3동 | 8,220 | 40 | 35 | 33 | 5 | 6 | 4 | 8 | 3 | 5 |
| 안양1동 | 13,975 | 52 | 29 | 38 | 6 | 5 | 5 | 11 | 4 | 3 |
| 안양2동 | 19,624 | 42 | 29 | 39 | 6 | 6 | 4 | 10 | 2 | 4 |
| 안양3동 | 15,611 | 42 | 30 | 38 | 6 | 4 | 4 | 10 | 2 | 4 |
| 안양4동 | 6,066 | 48 | 30 | 40 | 6 | 5 | 4 | 10 | 2 | 4 |
| 안양5동 | 12,312 | 42 | 29 | 40 | 7 | 5 | 4 | 10 | 2 | 3 |
| 안양6동 | 15,706 | 41 | 30 | 39 | 6 | 5 | 5 | 10 | 2 | 3 |
| 안양7동 | 13,223 | 40 | 31 | 37 | 5 | 4 | 4 | 11 | 2 | 6 |
| 안양8동 | 10,672 | 39 | 31 | 38 | 6 | 5 | 5 | 9 | 2 | 4 |
| 안양9동 | 14,788 | 46 | 29 | 37 | 6 | 6 | 5 | 10 | 3 | 4 |
| 동안구 | 263,362 | 49 | 29 | 39 | 5 | 3 | 5 | 11 | 4 | 3 |
| 갈산동 | 9,200 | 52 | 21 | 46 | 5 | 2 | 4 | 14 | 4 | 3 |
| 관양1동 | 22,006 | 46 | 31 | 39 | 5 | 3 | 5 | 10 | 3 | 4 |
| 관양2동 | 13,882 | 45 | 31 | 37 | 5 | 3 | 4 | 11 | 4 | 3 |
| 귀인동 | 12,312 | 54 | 23 | 45 | 5 | 2 | 4 | 14 | 4 | 2 |
| 달안동 | 10,500 | 47 | 33 | 32 | 5 | 4 | 7 | 10 | 6 | 3 |
| 범계동 | 12,528 | 52 | 25 | 44 | 5 | 2 | 5 | 12 | 5 | 2 |
| 부림동 | 20,138 | 47 | 34 | 33 | 5 | 4 | 6 | 10 | 6 | 2 |
| 부흥동 | 14,523 | 52 | 31 | 36 | 6 | 4 | 5 | 11 | 5 | 3 |
| 비산1동 | 20,231 | 53 | 29 | 41 | 5 | 3 | 4 | 11 | 4 | 3 |
| 비산2동 | 7,950 | 51 | 28 | 41 | 5 | 3 | 5 | 11 | 3 | 3 |

| 행정구역 | 2008년 총선 | | | | | | | | |
|---|---|---|---|---|---|---|---|---|---|
| | 선거인 수 | 투표율 | 통합민주당 | 한나라당 | 자유선진당 | 민주노동당 | 창조한국당 | 친박연대 | 진보신당 | 기타 정당 |
| 비산3동 | 20,104 | 46 | 29 | 41 | 6 | 3 | 5 | 11 | 3 | 3 |
| 신촌동 | 10,563 | 52 | 28 | 39 | 5 | 3 | 5 | 13 | 4 | 3 |
| 평안동 | 18,638 | 50 | 30 | 38 | 5 | 3 | 6 | 11 | 5 | 2 |
| 평촌동 | 11,264 | 50 | 29 | 37 | 6 | 3 | 6 | 11 | 5 | 2 |
| 호계1동 | 14,192 | 41 | 30 | 39 | 5 | 3 | 5 | 11 | 2 | 4 |
| 호계2동 | 21,645 | 45 | 28 | 38 | 5 | 4 | 6 | 12 | 4 | 4 |
| 호계3동 | 18,325 | 46 | 27 | 41 | 5 | 3 | 5 | 13 | 3 | 3 |

# 숫자 100으로 본 경기도 양주시 11개 동네

양주시에는 2005년 현재 11개 읍면동에 4만3천 개의 거처가 있고,

여기에 4만6천 가구 15만2천 명이 살고 있다.

경기도 양주시가 100명이 사는 마을이라면 어떤 모습일까?

## 숫자 100으로 본 양주시

양주시에 사는 사람은 경기도 평균인에 비해 대학 이상 학력자와 종교 인구 비중이 낮다. 자영업자가 상대적으로 많고 서비스직, 농림어업, 기능직, 장치 기계 조작 및 조립직, 단순 노무직에 종사하는 사람이 많다. 출퇴근 시간은 짧은 편이다.

무주택자와 아파트 거주자가 많은 반면, 소형 주택은 적고 가구의 1%는 비닐집에 살며 8%는 최저 주거 기준 미달 가구다. 그러나 이들을 위한 공공임대주택은 공급되지 않고 있다(2005년 기준).

최근 7년간 양주시에서 한나라당은 36~59%, 민주(＋열린우리)당은 27~49%, 민주노동당＋진보신당은 5~11%를 각각 얻었다. 하지만

그림 3_3.69

# 경기도와 양주시의 주요 지수 평균 비교

(단위 : %)

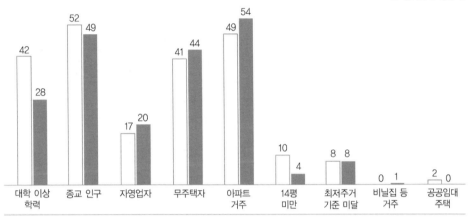

동네별 정당 득표율은 차이가 컸다.


**양주시 인구가 100명이라면 :**
**대학 이상 학력자 28명, 종교 인구 49명**


경기도 양주시에 사는 사람은 2005년 현재 15만2,007명으로, 양주시 인구가 100명이라면 남자 대 여자의 수는 51 대 49로 남자가 더 많다. 동네별로는 은현면에서(56 대 44)과 남면(54 대 46)에서 여자에 비해 남자가 가장 많은데, 은현면 인구의 8%와 남면 인구의 6%가 외국인이다. 양주시 전체 인구 중에는 1%가 외국인인데 국적별로는 태국(15%), 필리핀(12%), 중국(10%, 재중 동포 = 조선족 6%) 순이다. 28명은 어린이와 청소년(19세 미만)이고, 72명은 어른이다. 어른 가운데 9명은 노인(65세 이상)이다.

지역적으로는 양주시에 사는 100명 중 백석읍·회천2동·회천3동(각 16명)과 양주2동(14명) 네 곳에 62명이 산다. 또 광적면과 장흥면에 7명씩, 은현면·남면·양주1동·회천1동·회천4동에 5명씩 산다.

종교를 보면, 49명이 종교를 갖고 있다. 21명은 불교, 19명은 개신교, 9명은 천주교 신자다. 불교는 장흥면에서, 개신교는 양주2동에서, 천주교는 회천4동에서 각각 신자 비율이 높다.

학력은 어떨까. 10명은 초등학교에, 5명은 중학교에, 다른 3명은 고등학교에 다니고 있으며, 22명은 대학에 재학 중이거나 대학 이상의 학력을 가지고 있다(6세 이상 인구 기준). 또 양주시에 사는 19세 이상 인구 가운데 28%가 대학 이상 학력자다. 양주2동과 회천3동은 19세 이상 인구 중 37%가 대학 이상 학력자로 비중이 가장 높다.

25명은 미혼이며 75명은 결혼했다. 결혼한 사람 가운데 7명은 배우자와 사별했고, 3명은 이혼했다(15세 이상 인구 기준). 6명은 몸이 불편하거나 정신 장애로 정상적인 활동에 제약을 느끼고 있다.

거주 기간을 보면, 32명은 현재 살고 있는 집에 산 지 5년이 넘었으나, 68명은 5년 이내에 새로 이사 왔다(5세 이상 인구 기준). 이사 온 사람 중 22명은 양주시의 다른 동에서, 23명은 경기도의 다른 시군에

표 3_3.103

## 경기도 양주시 성별·종교별·학력별 인구

(단위 : 명, %)

| 행정구역 | 남녀/외국인 | | | | 종교 인구 | | | | | | | 대학 이상 학력 인구 | | | | | | |
|---|---|---|---|---|---|---|---|---|---|---|---|---|---|---|---|---|---|---|
| | 총인구 | 남자 | 여자 | 외국인 | 인구(내국인) | 종교 있음 | | | | | 종교 없음 | 19세 이상 인구 | 계 | 4년제 미만 | | 4년제 이상 | | 대학원 이상 |
| | | | | | | 계 | 불교 | 개신교 | 천주교 | 기타 | | | | 계 | 재학 | 계 | 재학 | |
| 양주시 | 152,007 | 51 | 49 | 1 | 149,931 | 49 | 21 | 19 | 9 | 1 | 49 | 108,261 | 28 | 12 | 2 | 15 | 3 | 2 |
| 백석읍 | 24,781 | 51 | 49 | 0 | 24,690 | 51 | 22 | 20 | 8 | 1 | 47 | 17,531 | 28 | 12 | 2 | 14 | 3 | 2 |
| 광적면 | 9,972 | 52 | 48 | 1 | 9,867 | 46 | 23 | 14 | 8 | 1 | 52 | 7,385 | 18 | 9 | 3 | 8 | 3 | 1 |
| 남면 | 7,628 | 54 | 46 | 6 | 7,196 | 47 | 23 | 16 | 6 | 2 | 53 | 5,559 | 18 | 9 | 3 | 7 | 2 | 1 |
| 은현면 | 7,348 | 56 | 44 | 8 | 6,772 | 46 | 24 | 14 | 6 | 1 | 54 | 5,339 | 17 | 10 | 3 | 6 | 2 | 1 |
| 장흥면 | 10,509 | 50 | 50 | 0 | 10,487 | 55 | 26 | 20 | 8 | 1 | 38 | 8,363 | 33 | 12 | 2 | 19 | 4 | 3 |
| 양주1동 | 7,431 | 51 | 49 | 1 | 7,333 | 52 | 22 | 21 | 8 | 1 | 48 | 5,735 | 24 | 10 | 3 | 12 | 3 | 1 |
| 양주2동 | 21,586 | 50 | 50 | 1 | 21,474 | 52 | 18 | 23 | 10 | 1 | 48 | 15,279 | 37 | 13 | 2 | 22 | 3 | 2 |
| 회천1동 | 7,379 | 52 | 48 | 2 | 7,216 | 48 | 22 | 14 | 10 | 2 | 48 | 5,371 | 22 | 10 | 3 | 11 | 4 | 1 |
| 회천2동 | 24,051 | 51 | 49 | 1 | 23,882 | 45 | 20 | 16 | 9 | 1 | 54 | 16,635 | 24 | 11 | 3 | 11 | 3 | 1 |
| 회천3동 | 23,656 | 50 | 50 | 0 | 23,623 | 49 | 17 | 21 | 10 | 0 | 49 | 15,634 | 37 | 15 | 2 | 20 | 3 | 3 |
| 회천4동 | 7,666 | 53 | 47 | 4 | 7,391 | 55 | 21 | 21 | 11 | 1 | 45 | 5,430 | 26 | 9 | 2 | 14 | 3 | 2 |

서, 다른 22명은 경기도 밖에서 이사 왔다.


## 양주시 취업자가 100명이라면 :
## 65명은 봉급쟁이, 20명은 자영업자


양주시에 사는 15세 이상 인구 11만4천여 명 가운데 취업해 직장에 다니는 사람(취업자)은 54%, 6만2천 명이다. 양주시 취업자가 100명이라면 63명은 30~40대, 16명은 20대이며, 13명은 50대다. 65세 이상 노인도 4명이 일하고 있다.

회사에서 봉급을 받고 일하는 직장인은 65명이다. 20명은 고용한 사람 없이 혼자서 일하는 자영업자이며, 6명은 누군가를 고용해 사업체를 경영하는 사업주다. 8명은 가족이 운영하는 사업체에서 보수 없이 일하고 있다.

직업별로는 16명은 사무직, 다른 16명은 장치 기계 조작 및 조립직으로 가장 많다. 12명은 서비스직, 11명은 기능직, 10명은 판매직으로 일한다. 또 8명은 단순 노무직, 다른 8명은 농림 어업에 종사한다. 6명은 전문가로, 다른 6명은 기술공 및 준전문가로 일하고, 4명은 고위 관리직으로 일한다.

직장으로 출근하는 데 30분 이상 걸리는 사람은 41명이며, 그 가운데 20명은 1시간 이상 걸린다. 22명은 걸어서 출근하고, 78명은 교통수단을 이용해 출근한다. 78명 가운데 48명은 자가용으로, 13명은 시내버스로, 3명은 통근 버스로 출퇴근한다. 1명은 시외(고속)버스로, 2명은 전철로, 1명은 자전거로 출퇴근하며, 6명은 버스와 전철 또는 승용차를 갈아타며 출퇴근한다.

사무실이나 공장 등에서 일하는 사람은 76명이며, 야외나 거리 또는 운송 수단에서 일하는 사람은 17명이다. 5명은 자기 집에서, 1명은 남의 집에서 일한다.


**양주시에 100가구가 산다면 :**
**44가구는 셋방살이**


양주시에는 4만6천 가구가 산다(일반 가구 기준). 양주시에 사는 가구

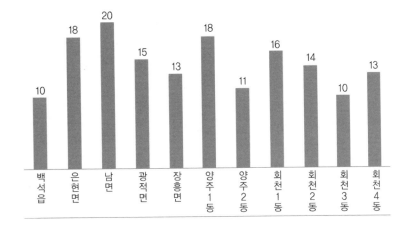

**그림 3_3.70**

## 경기도 양주시 동네별 1인 가구

(단위 : %)

백석읍 10 | 은현면 18 | 남면 20 | 광적면 15 | 장흥면 13 | 양주1동 18 | 양주2동 11 | 회천1동 16 | 회천2동 14 | 회천3동 10 | 회천4동 13

를 100가구로 친다면, 34가구는 식구가 한 명 또는 두 명인 1, 2인 가구이며, 이 가운데 13가구는 나 홀로 사는 1인 가구다. 식구 4명은 30가구, 3명은 23가구, 5명 이상은 13가구다.

동네별 1인 가구 비중을 보면 남면에서 20%로 가장 높고, 은현면과 양주1동 각 18%, 회천1동 16%, 광적면 15% 순이다. 백석읍과 회천3동은 10%로 가장 낮다.

50가구는 자신이 소유한 집에서 살고, 44가구는 셋방에 살며, 6가구는 직장의 사택이나 친척집 등에서 무상으로 살고 있다. 자기 집에 사는 가구 중 7가구는 현재 살고 있는 집 외에 최소 한 채에서 여러 채를 소유한 다주택자들이다.

셋방 사는 가구 가운데 21가구는 전세에, 20가구는 보증금 있는

**표 3_3.104**

## 경기도 양주시의 다주택자

(단위 : 가구, 호)

| 구분 | | | 가구 수 | 주택 수 | 평균 주택 수 |
|---|---|---|---|---|---|
| 일반 가구 | | | 46,291 | – | – |
| 자가 가구 | | | 23,320 | – | – |
| 다주택 가구 | 통계청 | | 3,012 | – | – |
| | 행자부 | 계 | 1,399 | 3,332 | 2 |
| | | 2채 | 1,221 | 2,442 | 2 |
| | | 3채 | 108 | 324 | 3 |
| | | 4채 | 20 | 80 | 4 |
| | | 5채 | 11 | 55 | 5 |
| | | 6~10채 | 22 | 183 | 8 |
| | | 11채 이상 | 17 | 248 | 15 |

월세에, 2가구는 보증금 없는 월세에 살고 있고, 1가구는 사글세에 산다.

셋방 사는 가구 중 5가구는 어딘가에 자신 명의의 집을 소유하고 있으나 경제 사정이나 자녀 교육, 직장 등의 사정으로 셋방에 살고 있다.

68가구는 현재 사는 집으로 이사 온 지 5년이 안 되며, 이 가운데 35가구는 2년이 안 된다. 12가구는 5~10년이 됐고, 20가구는 10년이 넘었다.

73가구는 자동차를 소유하고 있고 이 가운데 62가구는 자기 집에 전용 주차장이 있다. 자동차 소유 가구 중 14가구는 차를 2대 이상 소유하고 있다.

표 3_3.105

# 경기도 양주시 주택의 점유·소유 형태별 가구

(단위 : 가구, %)

| 행정구역 | 전체 가구 | 자기 집에 거주 | | | 셋방에 거주 | | | 무상으로 거주 | | 주택 소유 | 무주택 |
|---|---|---|---|---|---|---|---|---|---|---|---|
| | | 계 | 집 한 채 | 여러 채 | 계 | 집 없음 | 집 있음 | 집 없음 | 집 있음 | | |
| 양주시 | 46,291 | 50 | 44 | 7 | 44 | 38 | 5 | 5 | 1 | 56 | 44 |
| 백석읍 | 7,407 | 62 | 54 | 8 | 33 | 27 | 5 | 5 | 1 | 68 | 32 |
| 광적면 | 3,106 | 65 | 58 | 7 | 27 | 24 | 4 | 7 | 1 | 69 | 31 |
| 남면 | 2,367 | 63 | 55 | 7 | 24 | 22 | 2 | 12 | 1 | 66 | 34 |
| 은현면 | 2,162 | 61 | 54 | 8 | 25 | 22 | 3 | 12 | 2 | 66 | 34 |
| 장흥면 | 2,988 | 65 | 54 | 11 | 30 | 25 | 5 | 4 | 1 | 71 | 29 |
| 양주1동 | 2,366 | 56 | 51 | 5 | 38 | 36 | 2 | 5 | 0 | 59 | 41 |
| 양주2동 | 6,690 | 62 | 51 | 11 | 36 | 29 | 7 | 2 | 0 | 69 | 31 |
| 회천1동 | 2,258 | 57 | 51 | 6 | 36 | 33 | 3 | 6 | 1 | 61 | 39 |
| 회천2동 | 7,545 | 40 | 36 | 3 | 58 | 52 | 6 | 2 | 0 | 46 | 54 |
| 회천3동 | 7,119 | 22 | 19 | 3 | 71 | 65 | 7 | 6 | 1 | 30 | 70 |
| 회천4동 | 2,283 | 30 | 26 | 5 | 58 | 54 | 4 | 10 | 2 | 37 | 63 |

## 집 많은 사람, 집 없는 사람 :
## 장흥면 71% 주택 소유, 회천3동 70% 무주택

양주시에 사는 100가구 중 56가구는 주택 소유자이고 46가구는 무주택자다. 11개 동네 중 8곳은 주택 소유자가 더 많고, 3곳은 무주택자가 더 많다. 장흥면 가구의 71%는 주택 소유자다. 광적면·양주2동·백석읍·은현면·남면·회천1동도 60% 이상이 주택 소유자다. 반면 회천3동 가구의 70%는 무주택자다. 회천4동 가구의 63%, 회천2동 가구의 54%도 무주택자다.

양주시 100가구 중 7가구는 집을 두 채 이상 여러 채 소유한 다주택자다. 장흥면과 양주2동 가구의 11%는 다주택자다.

양주시 100가구 중 5가구는 어딘가에 자신 명의의 집이 있지만 현재 셋방에 살고 있는 유주택 전월세 가구다. 양주1동과 회천3동 가구의 7%는 유주택 전월세 가구다.

주택 소유자 중 유주택 전월세 가구를 제외한 50가구는 자신이 소유한 집에서 산다. 장흥면(65%)과 광적면(65%), 남면(63%)에서 자가 점유 가구 비중이 높다.

유주택 전월세를 포함한 44가구는 셋방에 사는데, 회천3동(71%), 회천4동(58%), 회천2동(58%)에서 비중이 높다. 무주택 전월세 가구는 모두 38가구로 역시 회천3동(65%)과 회천4동(54%)에서 비중이 높다. 한편 은현면 가구의 14%, 남면 가구의 13%는 직장의 사택이나 친척집 등에서 무상으로 살고 있는데 이들 중 각 12%는 무주택자다.


# 양주시에 있는 집이 100채라면 :
# 58채는 아파트, 28채는 단독주택

양주시에는 집(주택과 주택 이외의 거처)이 4만2,973채가 있다. 양주시에 있는 집이 100채라면 58채는 아파트이고 28채는 단독주택이다. 연립주택과 다세대주택은 각 5채씩, 비거주용 건물 내 주택과 주택 이외의 거처는 각 2채다.

회천3동에 있는 거처의 96%, 양주2동 거처의 87%는 아파트다. 두 곳을 포함해 백석읍 63%, 회천2동 57% 등 모두 4곳에서 아파트가 절반이 넘었다. 반면 은현면 76%, 남면 71% 등 70%가 넘는 두 곳을 포함해 광적면(57%), 양주1동(52%) 등 네 곳은 단독주택이 절반을 넘었다. 또 연립주택은 회천2동(19%)에서 다세대주택은 양주1동(16%)에서 상대적으로 비중이 높았다. 또 은현면은 비거주용 건물 내 주택이, 장흥면은 주택 이외의 거처가 각각 7%를 기록했다.

사람이 사는 곳을 기준으로 보면 양주시 가구의 54%는 아파트에, 33%는 단독주택에 산다. 연립주택과 다세대주택에는 각 5%씩, 비거주용 건물 내 주택과 주택 이외의 거처에는 각 2%씩 산다.

아파트가 많은 회천3동과 양주2동은 각각 가구의 91%와 86%가 아파트에 산다. 백석읍과 회천2동도 61%와 51%가 아파트에 산다. 반면 은현면 가구의 78%, 남면 가구의 74%는 단독주택에 산다. 광적면과 양주1동 가구의 61%, 장흥면과 회천1동 가구의 49%도 단독주택에 산다. 양주1동 가구의 13%는 연립주택에, 양주1동 가구의 13%는 다세대주택에 산다. 또 은현면과 장흥면 가구의 7%는 비거주용 건물 내 주택과 주택 이외의 거처에 산다.

양주시 주택(주택 이외의 거처 제외)을 크기별로 보면 29평 이상의 주택은 19채, 19~29평은 43채, 14~19평은 35채이며, 14평 미만은 4채다. 장흥면에는 44%가 29평 이상이고, 광적면에서는 주택의 10%가 14평 미만이다.

2005년 기준으로 71채는 지은 지 10년(1995~2005년 사이 건축)이 안 된 새집이며, 19채는 1985년에서 1994년 사이에 지었고, 20년이 넘은 주택은 9채에 그쳤다. 회천3동과 양주2동은 전체 주택의 90% 이상이 새집이고, 남면·양주1동·은현면은 20% 이상의 주택이 지은 지 20년 넘었다.

표 3_3.106

# 경기도 양주시 거처의 종류별·연건평별·건축년도별 주택

(단위 : 호, 가구, %)

| 행정구역 | 거처의 종류별 거처와 가구 | | | | | | | | | | | | | | |
| | 계 | | 단독주택 | | 아파트 | | 연립주택 | | 다세대주택 | | 비거주용 건물 내 주택 | | 주택 이외의 거처 | |
| | 거처 | 가구 | 거처 | 가구 | 거처 | 가구 | 거처 | 가구 | 거처 | 가구 | 거처 | 가구 | 거처 | 가구 |
|---|---|---|---|---|---|---|---|---|---|---|---|---|---|---|
| 양주시 | 42,973 | 46,358 | 28 | 33 | 58 | 54 | 5 | 5 | 5 | 5 | 2 | 2 | 2 | 2 |
| 백석읍 | 7,167 | 7,410 | 21 | 23 | 63 | 61 | 4 | 4 | 10 | 10 | 1 | 1 | 1 | 1 |
| 은현면 | 1,935 | 2,177 | 76 | 78 | 5 | 4 | 3 | 2 | 3 | 3 | 7 | 7 | 6 | 6 |
| 남면 | 2,141 | 2,382 | 71 | 74 | 8 | 7 | 6 | 6 | 5 | 4 | 6 | 6 | 4 | 3 |
| 광적면 | 2,811 | 3,114 | 57 | 61 | 26 | 23 | 4 | 4 | 7 | 7 | 3 | 3 | 3 | 3 |
| 장흥면 | 2,836 | 2,996 | 46 | 49 | 42 | 39 | 4 | 4 | 0 | 0 | 2 | 2 | 7 | 7 |
| 양주1동 | 1,915 | 2,370 | 52 | 61 | 25 | 20 | 1 | 1 | 16 | 13 | 4 | 4 | 2 | 2 |
| 양주2동 | 6,613 | 6,696 | 11 | 12 | 87 | 86 | 1 | 1 | 0 | 0 | 1 | 1 | 0 | 0 |
| 회천1동 | 1,941 | 2,260 | 41 | 49 | 38 | 33 | 13 | 11 | 3 | 3 | 4 | 3 | 1 | 1 |
| 회천2동 | 6,771 | 7,547 | 11 | 20 | 57 | 51 | 19 | 17 | 12 | 11 | 1 | 1 | 0 | 0 |
| 회천3동 | 6,739 | 7,119 | 4 | 9 | 96 | 91 | 0 | 0 | 0 | 0 | 0 | 0 | 0 | 0 |
| 회천4동 | 2,104 | 2,287 | 45 | 48 | 46 | 42 | 0 | 0 | 0 | 0 | 5 | 5 | 5 | 5 |

## 양주시에서 지하 방에 사는 사람 :
## 장흥면 가구의 5%가 비닐집에 거주

양주시에 사는 4만3천 가구를 100가구로 친다면, 그 중 8가구는 식구에 비해 집이 너무 좁거나 시설이 제대로 갖춰지지 않아 인간다운 품위를 지키기 어려운 최저 주거 기준 미달 가구다.

또 100가구 가운데 1가구는 (반)지하에 살고, 다른 1가구는 판잣집·움막·비닐집에, 다른 1가구는 업소의 잠만 자는 방 등에 살고 있다. (반)지하에 사는 가구 비중은 회천2동(2%)에서, 판잣집·움막·비

| 총 주택 수 | 연건평별 주택 | | | | 건축년도별 주택 | | |
|---|---|---|---|---|---|---|---|
| | 14평 미만 | 14~19평 | 19~29평 | 29평 이상 | 1995~ 2005년 | 1985~ 1994년 | 1985년 이전 |
| 42,197 | 4 | 35 | 43 | 19 | 71 | 19 | 9 |
| 7,079 | 2 | 41 | 41 | 16 | 81 | 13 | 6 |
| 1,819 | 7 | 15 | 39 | 39 | 44 | 32 | 24 |
| 2,062 | 6 | 23 | 37 | 34 | 39 | 32 | 29 |
| 2,725 | 10 | 27 | 35 | 29 | 62 | 20 | 18 |
| 2,639 | 3 | 15 | 38 | 44 | 64 | 19 | 16 |
| 1,869 | 5 | 19 | 45 | 31 | 40 | 32 | 28 |
| 6,588 | 1 | 33 | 55 | 11 | 92 | 5 | 3 |
| 1,930 | 4 | 27 | 48 | 22 | 19 | 63 | 18 |
| 6,746 | 8 | 40 | 45 | 8 | 60 | 35 | 5 |
| 6,731 | 0 | 58 | 32 | 9 | 99 | 1 | 1 |
| 2,009 | 3 | 9 | 64 | 25 | 75 | 16 | 9 |

닐집 거주 가구는 장흥면(5%)에서, 업소의 잠만 자는 방 거주 가구는 은현면·남면·회천4동(각 3%)에서 비중이 가장 높다. 이런 상황에서 2005년 현재 양주시에 공급된 공공임대주택은 단 한 채도 없다.

## 양주시 유권자가 100명이라면

정당 지지도를 알 수 있는 최근 네 차례 선거(제3~4회 동시지방선거, 제17~18대 총선)를 기준으로 양주시 유권자는 대략 9만~13만 명이며,

**표 3_3.107**

## 경기도 양주시 (반)지하 등 거주 가구

(단위 : 가구, %)

| 행정구역 | 전체 가구 | (반)지하 | | 옥탑방 | 판잣집·움막·비닐집 | | 기타 | |
|---|---|---|---|---|---|---|---|---|
| | | 가구 | 비중 | 가구 | 가구 | 비중 | 가구 | 비중 |
| 양주시 | 46,291 | 264 | 1 | 41 | 326 | 1 | 410 | 1 |
| 백석읍 | 7,407 | 12 | - | | 27 | - | 52 | 1 |
| 광적면 | 3,106 | 15 | - | 5 | 31 | 1 | 50 | 2 |
| 남면 | 2,367 | 10 | - | 3 | 13 | 1 | 60 | 3 |
| 은현면 | 2,162 | 9 | - | 2 | 49 | 2 | 64 | 3 |
| 장흥면 | 2,988 | 14 | - | 1 | 142 | 5 | 47 | 2 |
| 양주1동 | 2,366 | 35 | 1 | 5 | 21 | 1 | 24 | 1 |
| 양주2동 | 6,690 | 6 | - | 1 | 8 | - | 10 | 0 |
| 회천1동 | 2,258 | 16 | 1 | 8 | | - | 7 | 0 |
| 회천2동 | 7,545 | 132 | 2 | 4 | 9 | - | 15 | 0 |
| 회천3동 | 7,119 | 12 | - | 9 | | | 7 | 0 |
| 회천4동 | 2,283 | 3 | - | 3 | 26 | 1 | 74 | 3 |

평균 투표율은 50%였다.

양주시 유권자가 100명이라면 2002년 지방선거에서는 55명이 한나라당을, 34명이 새천년민주당을, 5명이 민주노동당을, 3명이 자민련을 찍었다. 2004년 총선에서는 43명은 열린우리당을, 36명은 한나라당을, 11명은 민주노동당을, 6명은 새천년민주당을, 2명은 자민련을 지지했다.

2006년 지방선거에서는 59명이 한나라당을 찍었고, 23명은 열린우리당을, 9명은 민주노동당을, 6명은 민주당을 찍었다. 2008년 총선에서는 46명이 한나라당을, 27명이 통합민주당을, 10명이 친박연대를, 4명이 창조한국당을, 3명이 민주노동당을, 다른 3명이 자유선진당을, 2명이 진보신당을 지지했다.

동네별 투표율은 남면·은현면·장흥면에서 상대적으로 높았다. 반면 회천2동·회천4동·회천1동에서 상대적으로 낮았다.

한나라당 득표율은 은현면·장흥면·남면에서 상대적으로 높았다. 반면 회천3동·회천2동·회천읍에서 상대적으로 낮았다. 장흥면과 회천3동의 득표율 격차는 10~12% 사이다.

민주(＋열린우리)당 득표율은 회천2동·회천3동에서 상대적으로 높았다. 반면 장흥면·양주1동에서 상대적으로 낮았다. 회천2동과 장흥면의 득표율 격차는 8~9% 사이다.

민주노동당＋진보신당 득표율은 회천3동과 양주2동에서 상대적으로 높았다.

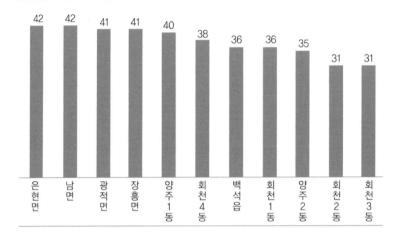

**그림 3_3.71**

## 경기도 양주시 동네별 한나라당 득표율

2004년 총선(단위 : %)

은현면 42
남면 42
광적면 41
장흥면 41
양주1동 40
회천4동 38
백석읍 36
회천1동 36
양주2동 35
회천2동 31
회천3동 31

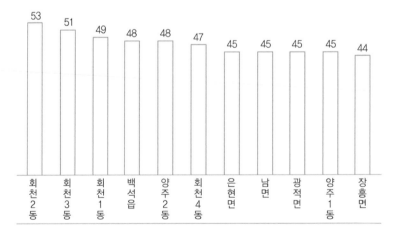

**그림 3_3.72**

## 경기도 양주시 동네별 민주(+열린우리)당 득표율

2004년 총선(단위 : %)

회천2동 53
회천3동 51
회천1동 49
백석읍 48
양주2동 48
회천4동 47
은현면 45
남면 45
광적면 45
양주1동 45
장흥면 44

**표 3_3.108**

# 경기도 양주시 역대 선거 투표율과 정당 지지율

2002~2008년(단위 : 명, %)

| 행정구역 | 2002년 지방선거 | | | | | | | 행정구역 | 2004년 총선 | | | | | | | |
|---|---|---|---|---|---|---|---|---|---|---|---|---|---|---|---|---|
| | 선거인수 | 투표율 | 한나라당 | 새천년민주당 | 자민련 | 민주노동당 | 기타정당 | | 선거인 수 | 투표율 | 한나라당 | 새천년민주당 | 열린우리당 | 자민련 | 민주노동당 | 기타정당 |
| 양주군 | 98,797 | 50 | 55 | 34 | 3 | 5 | 3 | 양주시 | 106,866 | 57 | 36 | 6 | 43 | 2 | 11 | 3 |
| 회천읍 | 37,549 | 44 | 52 | 37 | 4 | 5 | 3 | 백석읍 | 17,091 | 54 | 36 | 5 | 43 | 2 | 11 | 3 |
| 양주읍 | 15,388 | 49 | 55 | 34 | 3 | 5 | 3 | 은현면 | 6,220 | 57 | 42 | 5 | 40 | 1 | 9 | 3 |
| 백석읍 | 15,792 | 45 | 56 | 34 | 3 | 5 | 3 | 남면 | 6,052 | 59 | 42 | 4 | 41 | 2 | 9 | 3 |
| 은현면 | 6,210 | 58 | 57 | 29 | 4 | 5 | 4 | 광적면 | 7,764 | 56 | 41 | 5 | 40 | 1 | 9 | 3 |
| 남면 | 6,273 | 59 | 55 | 32 | 4 | 5 | 4 | 장흥면 | 8,155 | 59 | 41 | 5 | 39 | 2 | 11 | 3 |
| 광적면 | 7,713 | 57 | 62 | 28 | 3 | 4 | 3 | 양주1동 | 6,480 | 56 | 40 | 6 | 40 | 2 | 11 | 3 |
| 장흥면 | 7,761 | 55 | 60 | 31 | 3 | 4 | 2 | 양주2동 | 9,757 | 57 | 35 | 6 | 43 | 1 | 12 | 3 |
| | | | | | | | | 회천1동 | 5,911 | 54 | 36 | 6 | 44 | 2 | 10 | 3 |
| | | | | | | | | 회천2동 | 16,934 | 51 | 31 | 7 | 46 | 2 | 12 | 2 |
| | | | | | | | | 회천3동 | 15,215 | 59 | 31 | 6 | 45 | 2 | 14 | 3 |
| | | | | | | | | 회천4동 | 4,758 | 55 | 38 | 5 | 42 | 2 | 11 | 3 |

| 행정구역 | 2006년 지방선거 | | | | | | |
|---|---|---|---|---|---|---|---|
| | 선거인 수 | 투표율 | 열린우리당 | 한나라당 | 민주당 | 민주노동당 | 기타 정당 |
| 양주시 | 121,097 | 50 | 23 | 59 | 6 | 9 | 2 |

| 행정구역 | 2008년 총선 | | | | | | | | | |
|---|---|---|---|---|---|---|---|---|---|---|
| | 선거인 수 | 투표율 | 통합민주당 | 한나라당 | 자유선진당 | 민주노동당 | 창조한국당 | 친박연대 | 진보신당 | 기타 정당 |
| 양주시 | 134,119 | 43 | 27 | 46 | 3 | 4 | 4 | 10 | 2 | 4 |
| 백석읍 | 19,690 | 42 | 26 | 49 | 3 | 3 | 3 | 11 | 2 | 4 |
| 양주1동 | 6,289 | 48 | 23 | 52 | 3 | 3 | 3 | 10 | 1 | 3 |
| 양주2동 | 21,061 | 42 | 27 | 43 | 4 | 4 | 5 | 10 | 3 | 4 |
| 광적면 | 9,261 | 43 | 27 | 51 | 3 | 3 | 2 | 10 | 1 | 2 |
| 남면 | 6,193 | 47 | 25 | 51 | 3 | 3 | 3 | 11 | 1 | 3 |
| 은현면 | 6,104 | 47 | 26 | 52 | 3 | 3 | 2 | 11 | 1 | 2 |
| 장흥면 | 8,542 | 45 | 23 | 53 | 4 | 2 | 4 | 11 | 1 | 3 |
| 회천1동 | 5,929 | 42 | 27 | 47 | 3 | 4 | 2 | 10 | 1 | 5 |
| 회천2동 | 22,330 | 38 | 31 | 42 | 3 | 4 | 4 | 10 | 2 | 4 |
| 회천3동 | 19,764 | 43 | 30 | 40 | 3 | 5 | 4 | 10 | 3 | 4 |
| 회천4동 | 6,120 | 38 | 30 | 45 | 4 | 4 | 3 | 9 | 2 | 4 |

## 숫자 100으로 본 경기도 양평군 12개 동네

양평군에는 2005년 현재 12개 읍면에 2만4천 개의 거처가 있고,
여기에 2만7천 가구 7만5천 명이 살고 있다.
경기도 양평군이 100명이 사는 마을이라면 어떤 모습일까?

## 숫자 100으로 본 양평군

양평군에 사는 사람은 경기도 평균인에 비해 대학 이상 학력자 비중
은 낮고 종교 인구 비중이 높다. 자영업자 비중이 높고, 직업별로는
농림 어업에 종사하는 사람 비중이 압도적이며 단순 노무자도 많은
편이다. 주택 소유자와 1인 가구는 평균에 비해 많고 자동차 보유자
는 적으며 단독주택 거주자가 많다. 가구의 19%가 최저 주거 기준 미
달 가구이지만 이들을 위한 공공임대주택은 공급되지 못하고 있다
(2005년 기준).

　　최근 7년간 양평군에서 한나라당은 48~68%의 압도적인 득표를
거뒀다. 민주(＋열린우리)당은 15~39%를, 민주노동당＋진보신당은

그림 3_3.73

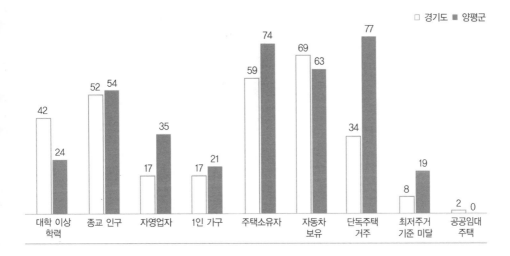

경기도와 양평군의 주요 지수 평균 비교

(단위 : %)

□ 경기도 ■ 양평군

6~9%를 각각 얻었다. 하지만 동네별로는 차이가 나타났다.


**양평군 인구가 100명이라면 :**

**대학 이상 학력자 24명, 종교 인구 54명**


경기도 양평군에 사는 사람은 2005년 현재 7만5,314명으로, 양평군 인구가 100명이라면 남자 대 여자의 수는 50 대 50으로 균형을 이루고 있다. 양서면·단월면·개군면은 51 대 49로 남자가 더 많고, 강하면·옥천면·서종면은 49 대 51로 청운면·지제면은 48 대 52로 여자가 더 많다. 22명은 어린이와 청소년(19세 미만)이고, 78명은 어른이다. 어른 가운데 19명은 노인(65세 이상)이다.

지역적으로는 양평군에 사는 100명 중 29명은 양평읍에, 14명은 용문면에, 10명은 하면에 산다. 또 옥천면과 지제면에 7명씩, 서종면·양동면에 6명씩, 강상면·개군면에 5명씩, 강하면·단월면·청운면에는 4명씩 산다.

종교를 보면, 54명이 종교를 갖고 있다. 22명은 불교, 20명은 개신교, 11명은 천주교 신자다. 불교는 양동면에서, 개신교는 지제면과 단월면에서, 천주교는 서종면에서 각각 신자 비율이 높다.

학력은 어떨까. 8명은 초등학교에, 4명은 중학교에, 다른 4명은 고등학교에 다니고 있으며, 20명은 대학에 재학 중이거나 대학 이상의 학력을 가지고 있다(6세 이상 인구 기준). 또 양평군에 사는 19세 이상 인구 가운데 24%가 대학 이상 학력자다. 서종면은 34%가 대학 이상 학력자로 비중이 가장 높다.

21명은 미혼이며 79명은 결혼했다. 결혼한 사람 가운데 12명은 배우자와 사별했고, 3명은 이혼했다(15세 이상 인구 기준). 12명은 몸이 불편하거나 정신 장애로 정상적인 활동에 제약을 느끼고 있다.

거주 기간을 보면, 58명은 현재 살고 있는 집에 산 지 5년이 넘었으나, 42명은 5년 이내에 새로 이사 왔다(5세 이상 인구 기준). 이사 온

표 3_3.109

# 경기도 양평군 성별·종교별·학력별 인구

(단위 : 명, %)

| 행정구역 | 남녀/외국인 | | | | 종교 인구 | | | | | | | 대학 이상 학력 인구 | | | | | | |
|---|---|---|---|---|---|---|---|---|---|---|---|---|---|---|---|---|---|---|
| | 총인구 | 남자 | 여자 | 외국인 | 인구(내국인) | 종교 있음 | | | | | | 종교없음 | 19세 이상 인구 | 계 | 4년제 미만 | | 4년제 이상 | | 대학원 이상 |
| | | | | | | 계 | 불교 | 개신교 | 천주교 | 기타 | | | | | 계 | 재학 | 계 | 재학 | |
| 양평군 | 75,314 | 50 | 50 | 0 | 75,057 | 54 | 22 | 20 | 11 | 1 | 46 | 58,371 | 24 | 8 | 2 | 14 | 3 | 2 |
| 양평읍 | 21,494 | 50 | 50 | 0 | 21,464 | 54 | 22 | 18 | 13 | 1 | 46 | 15,511 | 28 | 11 | 2 | 15 | 3 | 2 |
| 강상면 | 3,810 | 50 | 50 | 0 | 3,795 | 53 | 25 | 16 | 10 | 1 | 47 | 2,987 | 23 | 7 | 1 | 14 | 3 | 2 |
| 강하면 | 2,805 | 49 | 51 | 1 | 2,790 | 54 | 24 | 21 | 8 | 1 | 46 | 2,264 | 28 | 7 | 2 | 18 | 3 | 3 |
| 개군면 | 3,667 | 51 | 49 | 0 | 3,656 | 51 | 23 | 20 | 5 | 2 | 49 | 2,965 | 17 | 7 | 2 | 8 | 2 | 1 |
| 단월면 | 2,813 | 51 | 49 | 0 | 2,808 | 51 | 17 | 23 | 8 | 3 | 47 | 2,369 | 15 | 5 | 2 | 10 | 1 | 1 |
| 서종면 | 4,551 | 49 | 51 | 0 | 4,535 | 60 | 21 | 21 | 15 | 2 | 40 | 3,717 | 34 | 10 | 2 | 20 | 2 | 4 |
| 양동면 | 4,220 | 50 | 50 | 0 | 4,199 | 58 | 26 | 20 | 11 | 1 | 42 | 3,551 | 15 | 6 | 1 | 8 | 1 | 1 |
| 양서면 | 7,767 | 51 | 49 | 1 | 7,709 | 51 | 19 | 21 | 10 | 1 | 49 | 5,793 | 30 | 8 | 2 | 19 | 3 | 3 |
| 옥천면 | 5,006 | 49 | 51 | 1 | 4,962 | 53 | 25 | 19 | 9 | 1 | 47 | 3,913 | 32 | 9 | 2 | 20 | 7 | 3 |
| 용문면 | 10,586 | 50 | 50 | 0 | 10,573 | 56 | 20 | 20 | 14 | 2 | 44 | 8,210 | 20 | 6 | 1 | 12 | 2 | 2 |
| 지제면 | 5,333 | 48 | 52 | 0 | 5,318 | 55 | 24 | 23 | 8 | 2 | 45 | 4,329 | 14 | 6 | 2 | 7 | 1 | 1 |
| 청운면 | 3,262 | 48 | 52 | 0 | 3,248 | 53 | 21 | 21 | 9 | 2 | 47 | 2,762 | 12 | 6 | 2 | 5 | 1 | 1 |

사람 중 21명은 양평군의 다른 동에서, 7명은 경기도의 다른 시군에서, 13명은 경기도 밖에서 이사 왔다.

## 양평군 취업자가 100명이라면 :
## 40명은 봉급쟁이, 35명은 자영업자

양평군에 사는 15세 이상 인구 6만2천 명 가운데 취업해 직장에 다니는 사람(취업자)은 63%, 3만9천 명이다. 양평군 취업자가 100명이라면 45명은 30~40대, 9명은 20대이며, 20명은 50대다. 65세 이상 노인도 18명이 일하고 있다.

회사에서 봉급을 받고 일하는 직장인은 40명이다. 35명은 고용한 사람 없이 혼자서 일하는 자영업자이며, 5명은 누군가를 고용해 사업체를 경영하는 사업주다. 19명은 가족이 운영하는 사업체에서 보수 없이 일하고 있다.

직업별로는 농림 어업 종사자가 38명으로 가장 많다. 11명은 서비스직, 10명은 단순 노무직, 8명은 사무직으로 일한다. 6명은 기술공 및 준전문가로, 다른 6명은 판매직으로, 또 다른 6명은 기능직으로 일한다. 5명은 전문가로, 다른 5명은 장치 기계 조작 및 조립직으로, 2명은 고위 관리직으로 일한다.

직장으로 출근하는 데 30분 이상 걸리는 사람은 17명이며, 그 가운데 8명은 1시간 이상 걸린다. 49명은 걸어서 일터를 오가고 51명은 교통수단을 이용해 출근한다. 51명 가운데 37명은 자가용으로, 3명은 시내버스로, 2명은 통근 버스로 출퇴근한다. 1명은 시외(고속) 버스로, 다른 1명은 자전거로, 또 다른 1명은 여러 교통수단을 갈아타며 출퇴근한다.

사무실이나 공장 등에서 일하는 사람은 43명이며, 야외나 거리 또는 운송 수단에서 일하는 사람은 51명이다. 5명은 자기 집에서, 1명은 남의 집에서 일한다.

## 양평군에 100가구가 산다면 :
## 23가구는 셋방살이

양평군에는 2만7천 가구가 산다(일반 가구 기준). 양평군에 사는 가구를 100가구로 친다면, 55가구는 식구가 한 명 또는 두 명인 1, 2인 가구이며, 이 가운데 21가구는 나 홀로 사는 1인 가구다. 식구 3명은 18가구, 4명은 17가구, 5명 이상은 11가구다.

동네별 1인 가구 비중을 보면 서종면이 28%로 가장 높고, 청운면 26%, 양동면 25%, 지제면 23%, 단월면 22% 순이다. 양서면은 17%로 가장 낮다.

양평군에 사는 100가구 가운데, 71가구는 자신이 소유한 집에서 살고, 23가구는 셋방에 살며, 6가구는 직장의 사택이나 친척집 등에서 무상으로 살고 있다. 자기 집에 사는 가구 중 9가구는 현재 살고 있는 집 외에 최소 한 채에서 여러 채를 소유한 다주택자들이다.

셋방 사는 가구 가운데 12가구는 전세에, 8가구는 보증금 있는 월세에, 2가구는 보증금 없는 월세에 살고 있고, 1가구는 사글세에 산다. 셋방 사는 가구 중 3가구는 어딘가에 자신 명의의 집을 소유하고 있으나 경제 사정이나 자녀 교육, 직장 등의 사정으로 셋방에 살고 있다.

40가구는 현재 사는 집으로 이사 온 지 5년이 안 되며, 이 가운데 22가구는 2년이 안 된다. 18가구는 5~10년이 됐고, 52가구는 10년이 넘었다.

63가구는 자동차를 소유하고 있고, 이 가운데 52가구는 자기 집에 전용 주차장이 있다. 자동차 소유 가구 중 18가구는 차를 2대 이상

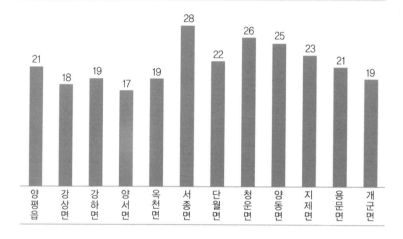

**그림 3_3.74**

## 경기도 양평군 동네별 1인 가구

(단위 : %)

| 양평읍 | 강상면 | 강하면 | 양서면 | 옥천면 | 서종면 | 단월면 | 청운면 | 양동면 | 지제면 | 용문면 | 개군면 |
|---|---|---|---|---|---|---|---|---|---|---|---|
| 21 | 18 | 19 | 17 | 19 | 28 | 22 | 26 | 25 | 23 | 21 | 19 |

소유하고 있다.

## 집 많은 사람, 집 없는 사람 :
## 양동면 89% 주택 소유, 서종면 16% 다주택

양평군에 사는 100가구 중 74가구는 주택 소유자이고 26가구는 무주택자다. 12개 동네는 모두 무주택자보다 주택 소유자가 더 많다. 양동면 가구의 89%를 비롯해 단월면(88%), 지제면(87%), 청운면(86%), 개군면(85%), 강하면(83%)은 80% 이상이 주택 소유자다. 무주택자는 양평읍(41%), 옥천면(27%), 용문면(26%) 순으로 많다.

표 3_3.110

## 경기도 양평군의 다주택자

(단위 : 가구, 호)

| 구분 | | | 가구 수 | 주택 수 | 평균 주택 수 |
|---|---|---|---|---|---|
| 일반 가구 | | | 26,496 | – | – |
| 자가 가구 | | | 18,680 | – | – |
| 다주택 가구 | 통계청 | | 2,455 | – | – |
| | 행자부 | 계 | 1,562 | 3,852 | 2 |
| | | 2채 | 1,319 | 2,638 | 2 |
| | | 3채 | 131 | 393 | 3 |
| | | 4채 | 30 | 120 | 4 |
| | | 5채 | 24 | 120 | 5 |
| | | 6~10채 | 40 | 290 | 7 |
| | | 11채 이상 | 18 | 291 | 16 |

양평군 100가구 중 9가구는 다주택자다. 서종면 가구의 16%, 강하면 가구의 15%는 집을 두 채 이상 소유한 다주택자다.

양평군 100가구 중 3가구는 유주택 전월세 가구다. 서종면 가구의 5%는 어딘가에 자신 명의의 집이 있지만 현재 셋방에 살고 있다. 주택 소유자 중 유주택 전월세를 제외한 71가구는 자기 집에서 사는데 단월면(87%), 양동면(87%), 지제면(85%) 순으로 비중이 높다.

유주택 전월세를 포함해 23가구는 셋방에 살며, 이 중 20가구는 무주택 전월세 가구다. 한편 옥천면 가구의 8%는 직장의 사택이나 친척집 등에서 무상으로 살고 있는데, 이 가운데 7%는 무주택자다.

표 3_3.111

## 경기도 양평군 주택의 점유·소유 형태별 가구

(단위 : 가구, %)

| 행정구역 | 전체 가구 | 자기 집에 거주 | | | 셋방에 거주 | | | 무상으로 거주 | | 주택 소유 | 무주택 |
|---|---|---|---|---|---|---|---|---|---|---|---|
| | | 계 | 집 한 채 | 여러 채 | 계 | 집 없음 | 집 있음 | 집 없음 | 집 있음 | | |
| 양평군 | 26,496 | 71 | 61 | 9 | 23 | 20 | 3 | 5 | 1 | 74 | 26 |
| 양평읍 | 7,267 | 55 | 48 | 7 | 40 | 36 | 4 | 5 | 1 | 59 | 41 |
| 강상면 | 1,312 | 75 | 65 | 10 | 19 | 17 | 2 | 5 | 1 | 78 | 22 |
| 강하면 | 1,007 | 80 | 66 | 15 | 14 | 12 | 2 | 5 | 1 | 83 | 17 |
| 개군면 | 1,329 | 82 | 77 | 5 | 12 | 11 | 1 | 5 | 1 | 85 | 15 |
| 단월면 | 969 | 87 | 80 | 7 | 8 | 7 | 1 | 5 | 1 | 88 | 12 |
| 서종면 | 1,799 | 72 | 57 | 16 | 21 | 16 | 5 | 5 | 1 | 78 | 22 |
| 양동면 | 1,648 | 87 | 78 | 8 | 7 | 6 | 1 | 5 | 1 | 89 | 11 |
| 양서면 | 2,479 | 71 | 59 | 11 | 22 | 18 | 4 | 6 | 1 | 76 | 24 |
| 옥천면 | 1,668 | 69 | 58 | 11 | 23 | 20 | 3 | 7 | 1 | 73 | 27 |
| 용문면 | 3,736 | 69 | 59 | 10 | 24 | 21 | 3 | 6 | 1 | 74 | 26 |
| 지제면 | 2,015 | 85 | 78 | 7 | 10 | 9 | 1 | 5 | 1 | 87 | 13 |
| 청운면 | 1,267 | 84 | 74 | 9 | 10 | 9 | 1 | 5 | 1 | 86 | 14 |

# 양평군에 있는 집이 100채라면 :
## 75채는 단독주택

양평군에는 집(주택과 주택 이외의 거처)이 2만3,915채가 있다. 양평군에 있는 집이 100채라면 75채는 단독주택이고, 11채는 아파트다. 5채는 연립주택, 4채는 다세대주택, 3채는 비거주용 건물 내 주택이며, 2채는 주택 이외의 거처다.

단월면과 양동면 94%를 비롯해 강하면과 지제면(92%), 서종면·청운면·개군면(91%)은 거처의 90% 이상이 단독주택이다. 단독주택은 양평읍을 제외한 모든 동네에서 60% 이상을 기록하고 있다. 양평읍은 47%가 단독주택, 31%가 아파트다. 이 밖에 아파트는 양서면에서 14%, 용문면에서 9%, 옥천면에서 4%, 지제면에서 2%를 기록하고 있다. 연립주택은 양서면(12%)에서, 다세대주택은 양평읍(10%)에서 상대적으로 비중이 높다.

사람이 사는 곳을 기준으로 보면 양평군 가구의 77%는 단독주택에, 10%는 아파트에 산다. 연립주택에는 5%, 다세대주택에는 3%가 산다. 비거주용 건물 내 주택에는 4%, 주택 이외의 거처에는 2%가 산다.

동네별로는 단월면과 양동면 94%를 비롯해 8곳에서 90% 이상이 단독주택에 살고, 12곳 모두에서 절반 이상이 단독주택에 산다. 아파트에 사는 가구는 양평읍(26%), 양서면(14%), 용문면(8%) 순이다. 연립주택은 양서면(12%)에서, 다세대주택은 양평읍(9%)에서 거주 가구 비중이 높다. 또 비거주용 건물 내 주택은 용문면(6%)에서 거주 가구 비중이 높다.

양평군 주택(주택 이외의 거처 제외)을 크기별로 보면, 29평 이상의 주택은 38채, 19~29평은 39채, 14~19평은 17채이며, 14평 미만은 7채다. 서종면에서는 57%가 29평 이상이고, 양평읍에서는 9%가 14평 미만이다.

2005년 기준으로 58채는 지은 지 10년(1995~2005년 사이 건축)이 안 된 새집이며, 32채는 1985년에서 1994년 사이에 지었고, 20년이 넘은 주택은 10채다. 10년이 안 된 새집은 서종면에서 76%로 가장 많고, 20년이 넘은 집은 강하면과 청운면에서 16%로 가장 많다.

1995년부터 2005년까지 10년 동안 양평군 주택 수(주택 이외의 거처 제외)는 1만9천 채에서 2만3천 채로 22% 4천 채가 늘었다. 단독주

표 3_3.112

## 경기도 양평군 거처의 종류별·연건평별·건축년도별 주택

(단위 : 호, 가구, %)

| 행정구역 | 거처의 종류별 거처와 가구 | | | | | | | | | | | | | |
|---|---|---|---|---|---|---|---|---|---|---|---|---|---|---|
| | 계 | | 단독주택 | | 아파트 | | 연립주택 | | 다세대주택 | | 비거주용 건물 내 주택 | | 주택 이외의 거처 | |
| | 거처 | 가구 | 거처 | 가구 | 거처 | 가구 | 거처 | 가구 | 거처 | 가구 | 거처 | 가구 | 거처 | 가구 |
| 양평군 | 23,915 | 26,557 | 75 | 77 | 11 | 10 | 5 | 5 | 4 | 3 | 3 | 4 | 2 | 2 |
| 양평읍 | 5,965 | 7,276 | 47 | 55 | 31 | 26 | 7 | 6 | 10 | 9 | 3 | 4 | 1 | 1 |
| 강상면 | 1,197 | 1,312 | 89 | 90 | 0 | 0 | 6 | 6 | 1 | 1 | 2 | 2 | 2 | 2 |
| 강하면 | 974 | 1,009 | 92 | 92 | 0 | 0 | 0 | 0 | 3 | 3 | 2 | 2 | 3 | 3 |
| 개군면 | 1,255 | 1,331 | 91 | 91 | 0 | 0 | 2 | 2 | 0 | 0 | 4 | 4 | 3 | 3 |
| 단월면 | 954 | 978 | 94 | 94 | 0 | 0 | 0 | 0 | 1 | 1 | 2 | 3 | 3 | 3 |
| 서종면 | 1,679 | 1,800 | 91 | 91 | 0 | 0 | 1 | 1 | 1 | 1 | 5 | 5 | 2 | 2 |
| 양동면 | 1,573 | 1,654 | 94 | 94 | 0 | 0 | 2 | 2 | 0 | 0 | 1 | 2 | 2 | 2 |
| 양서면 | 2,329 | 2,487 | 66 | 68 | 14 | 14 | 12 | 12 | 1 | 1 | 4 | 4 | 2 | 1 |
| 옥천면 | 1,489 | 1,672 | 84 | 85 | 4 | 3 | 3 | 3 | 4 | 4 | 3 | 3 | 1 | 2 |
| 용문면 | 3,309 | 3,746 | 74 | 76 | 9 | 8 | 8 | 7 | 2 | 2 | 5 | 6 | 2 | 2 |
| 지제면 | 1,964 | 2,021 | 92 | 92 | 2 | 2 | 1 | 1 | 2 | 2 | 1 | 1 | 2 | 2 |
| 청운면 | 1,227 | 1,271 | 91 | 92 | 0 | 0 | 1 | 1 | 2 | 2 | 3 | 3 | 3 | 3 |

택은 1천9백 채 12%가 늘었고 아파트는 1천5백 채 135%가 늘었다. 다세대주택은 8백 채 1,204%가 늘었다. 반면 연립주택은 35채 3%가 늘었다. 이에 따라 전체 주택(주택 이외의 거처 제외)에서 차지하는 비중은 단독주택은 88%에서 77%로, 연립주택은 6%에서 5%로 준 반면, 아파트는 6%에서 11%로, 다세대주택은 0%에서 4%로 증가했다.

| 총 주택 수 | 연건평별 주택 | | | | 건축년도별 주택 | | |
|---|---|---|---|---|---|---|---|
| | 14평 미만 | 14~19평 | 19~29평 | 29평 이상 | 1995~ 2005년 | 1985~ 1994년 | 1985년 이전 |
| 23,482 | 7 | 17 | 39 | 38 | 58 | 32 | 10 |
| 5,914 | 9 | 26 | 39 | 26 | 54 | 38 | 7 |
| 1,178 | 4 | 10 | 36 | 50 | 63 | 28 | 9 |
| 948 | 5 | 11 | 31 | 53 | 61 | 23 | 16 |
| 1,217 | 6 | 12 | 46 | 36 | 50 | 39 | 11 |
| 924 | 8 | 10 | 43 | 39 | 64 | 27 | 9 |
| 1,646 | 6 | 9 | 29 | 57 | 76 | 20 | 4 |
| 1,537 | 5 | 14 | 45 | 36 | 57 | 28 | 14 |
| 2,292 | 5 | 18 | 36 | 42 | 59 | 29 | 12 |
| 1,467 | 7 | 14 | 30 | 49 | 65 | 24 | 11 |
| 3,238 | 6 | 13 | 42 | 39 | 58 | 30 | 11 |
| 1,930 | 5 | 16 | 47 | 32 | 49 | 43 | 8 |
| 1,191 | 7 | 18 | 39 | 36 | 55 | 28 | 16 |

## 양평군 100가구 중 19가구가 최저 주거 기준에 미달

양평군에 사는 2만7천 가구를 100가구로 친다면, 그 중 19가구는 식구에 비해 집이 너무 좁거나 시설이 제대로 갖춰지지 않아 인간다운 품위를 지키기 어려운 최저 주거 기준 미달 가구다.

또 2만7천 가구 중 99가구는 (반)지하에, 22가구는 옥탑방에, 109가구는 판잣집·움막·비닐집에, 251가구(1%)는 업소의 잠만 자는 방 등에 살고 있다. 이런 상황에서 2005년 현재 양평군에 공급된 공공임대주택은 단 한 채도 없다.

표 3_3.113

## 경기도 양평군 (반)지하 등 거주 가구

(단위 : 가구, %)

| 행정구역 | 전체 가구 | (반)지하 | 옥탑방 | 판잣집·움막·비닐집 | 기타 | |
|---|---|---|---|---|---|---|
| | | 가구 | 가구 | 가구 | 가구 | 비중 |
| 양평군 | 26,496 | 99 | 22 | 109 | 251 | 1 |
| 강상면 | 1,312 | 11 | 0 | 3 | 14 | 1 |
| 강하면 | 1,007 | 1 | 1 | 1 | 25 | 2 |
| 개군면 | 1,329 | 1 | 0 | 8 | 25 | 2 |
| 단월면 | 969 | 0 | 0 | 8 | 12 | 1 |
| 서종면 | 1,799 | 0 | 0 | 12 | 23 | 1 |
| 양동면 | 1,648 | 4 | 0 | 6 | 26 | 2 |
| 양서면 | 2,479 | 6 | 1 | 10 | 11 | 0 |
| 양평읍 | 7,267 | 60 | 14 | 7 | 35 | 0 |
| 옥천면 | 1,668 | 2 | 3 | 4 | 10 | 1 |
| 용문면 | 3,736 | 13 | 1 | 25 | 34 | 1 |
| 지제면 | 2,015 | 0 | 2 | 14 | 15 | 1 |
| 청운면 | 1,267 | 1 | 0 | 11 | 21 | 2 |

## 양평군 유권자가 100명이라면

정당 지지도를 알 수 있는 최근 네 차례 선거(제3~4회 동시지방선거, 제17~18대 총선)를 기준으로 양평군 유권자는 대략 4만2천~4만5천 명이며, 평균 투표율은 63%였다.

양평군 유권자가 100명이라면 2002년 지방선거에서는 65명이 한나라당을, 18명이 새천년민주당을, 5명이 자민련을, 다른 5명이 민주노동당을 찍었다. 2004년 총선에서는 48명은 한나라당을, 35명은 열린우리당을, 9명은 민주노동당을, 4명은 새천년민주당을, 1명은 자민련을 지지했다.

2006년 지방선거에서는 68명이 한나라당을 찍었고, 18명은 열린우리당을, 8명은 민주노동당을, 4명은 민주당을 찍었다. 2008년 총선에서는 57명이 한나라당을, 15명이 통합민주당을, 12명이 친박연대를, 3명이 민주노동당을, 다른 3명이 자유선진당을, 또 다른 3명이 창조한국당을, 2명이 진보신당을 지지했다.

동네별 투표율은 단월면·지제면·개군면·청운면에서 상대적으로 높았다. 반면 양평읍·강상면·용문면·양서면에서 상대적으로 낮았다.

한나라당 득표율은 강상면·양평읍·강하면에서 상대적으로 높았다. 반면 양동면·옥천면·단월면에서 상대적으로 낮았다. 양평읍과 옥천면의 득표율 격차는 1~14% 사이다.

민주(+열린우리)당 득표율은 옥천면·양동면에서 상대적으로 높았다. 반면 강상면·강하면에서 상대적으로 낮았다. 옥천면과 강상면의 득표율 격차는 3~10% 사이다.

민주노동당+진보신당 득표율은 양서면·양평읍·강하면에서 상대적으로 높았다.

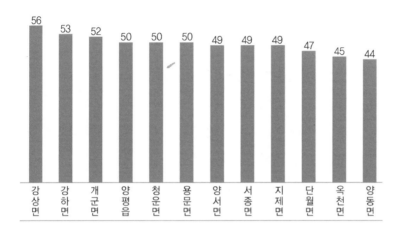

**그림 3_3.75**

경기도 양평군 동네별 한나라당 득표율

2004년 총선(단위 : %)

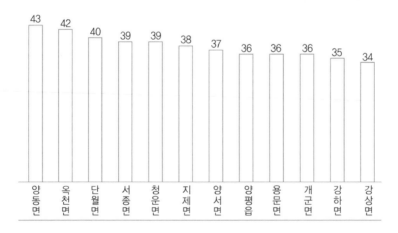

**그림 3_3.76**

경기도 양평군 동네별 민주(+열린우리)당 득표율

2004년 총선(단위 : %)

표 3_3.114

# 경기도 양평군 역대 선거 투표율과 정당 지지율

2002~2008년(단위 : 명, %)

| 행정구역 | 2002년 지방선거 | | | | | | | 2004년 총선 | | | | | | | |
|---|---|---|---|---|---|---|---|---|---|---|---|---|---|---|---|
| | 선거인 수 | 투표율 | 한나라당 | 새천년민주당 | 자민련 | 민주노동당 | 기타정당 | 선거인 수 | 투표율 | 한나라당 | 새천년민주당 | 열린우리당 | 자민련 | 민주노동당 | 기타정당 |
| 양평군 | 62,722 | 64 | 65 | 18 | 5 | 5 | 7 | 64,872 | 64 | 48 | 4 | 35 | 1 | 9 | 3 |
| 양평읍 | 14,943 | 56 | 71 | 16 | 4 | 4 | 6 | 15,698 | 60 | 50 | 3 | 33 | 1 | 11 | 2 |
| 강상면 | 3,150 | 59 | 68 | 15 | 5 | 4 | 8 | 3,402 | 63 | 56 | 4 | 30 | 1 | 7 | 2 |
| 강하면 | 2,557 | 68 | 68 | 16 | 5 | 4 | 7 | 2,697 | 65 | 53 | 5 | 31 | 2 | 7 | 3 |
| 개군면 | 3,328 | 69 | 65 | 18 | 4 | 4 | 8 | 3,313 | 69 | 52 | 3 | 33 | 1 | 7 | 3 |
| 단월면 | 2,427 | 70 | 60 | 20 | 5 | 6 | 9 | 2,513 | 70 | 47 | 4 | 35 | 2 | 9 | 3 |
| 서종면 | 3,815 | 63 | 65 | 19 | 4 | 5 | 7 | 4,163 | 65 | 49 | 4 | 35 | 1 | 8 | 3 |
| 양동면 | 4,048 | 68 | 60 | 17 | 7 | 6 | 10 | 3,938 | 64 | 44 | 4 | 39 | 1 | 7 | 4 |
| 양서면 | 6,347 | 65 | 65 | 18 | 5 | 6 | 7 | 6,542 | 61 | 49 | 4 | 34 | 1 | 9 | 3 |
| 옥천면 | 4,041 | 65 | 57 | 20 | 6 | 6 | 11 | 4,129 | 64 | 45 | 4 | 39 | 1 | 8 | 3 |
| 용문면 | 8,682 | 63 | 64 | 20 | 6 | 5 | 5 | 8,681 | 61 | 50 | 3 | 33 | 1 | 9 | 3 |
| 지제면 | 4,898 | 69 | 62 | 18 | 6 | 5 | 9 | 4,733 | 64 | 49 | 4 | 34 | 1 | 7 | 4 |
| 청운면 | 3,024 | 65 | 64 | 16 | 6 | 5 | 9 | 3,000 | 67 | 50 | 4 | 35 | 2 | 6 | 3 |

| 행정구역 | 2006년 지방선거 | | | | | | |
|---|---|---|---|---|---|---|---|
| | 선거인 수 | 투표율 | 열린우리당 | 한나라당 | 민주당 | 민주노동당 | 기타 정당 |
| 양평군 | 68,290 | 63 | 18 | 68 | 4 | 8 | 3 |

| 행정구역 | 2008년 총선 | | | | | | | | | |
|---|---|---|---|---|---|---|---|---|---|---|
| | 선거인 수 | 투표율 | 통합민주당 | 한나라당 | 자유선진당 | 민주노동당 | 창조한국당 | 친박연대 | 진보신당 | 기타 정당 |
| 양평군 | 71,224 | 49 | 15 | 57 | 3 | 3 | 3 | 12 | 2 | 4 |
| 양평읍 | 18,209 | 42 | 15 | 55 | 3 | 3 | 4 | 13 | 2 | 4 |
| 강상면 | 3,910 | 49 | 14 | 60 | 4 | 2 | 2 | 12 | 2 | 5 |
| 강하면 | 3,087 | 49 | 12 | 64 | 3 | 3 | 3 | 10 | 3 | 4 |
| 개군면 | 3,478 | 55 | 13 | 63 | 4 | 3 | 2 | 10 | 1 | 4 |
| 단월면 | 2,591 | 58 | 15 | 54 | 4 | 3 | 3 | 14 | 2 | 5 |
| 서종면 | 5,165 | 47 | 15 | 59 | 2 | 2 | 3 | 11 | 3 | 5 |
| 양동면 | 3,851 | 56 | 15 | 56 | 4 | 4 | 2 | 14 | 1 | 5 |
| 양서면 | 7,353 | 45 | 16 | 59 | 3 | 3 | 2 | 10 | 2 | 5 |
| 옥천면 | 4,787 | 48 | 17 | 54 | 3 | 3 | 3 | 13 | 2 | 4 |
| 용문면 | 9,294 | 49 | 15 | 55 | 3 | 3 | 3 | 13 | 2 | 5 |
| 지평면 | 4,775 | 53 | 14 | 58 | 4 | 3 | 3 | 12 | 1 | 3 |
| 청운면 | 2,963 | 56 | 17 | 60 | 5 | 2 | 2 | 10 | 1 | 3 |

숫자 100으로 본 **경기도** 여주군 10개 동네

여주군에는 2005년 현재 10개 읍면에 3만 개의 거처가 있고,

여기에 3만3천 가구 9만9천 명이 살고 있다.

경기도 여주군이 100명이 사는 마을이라면 어떤 모습일까?

## 숫자 100으로 본 여주군

여주군에 사는 사람은 경기도 평균인에 비해 대학 이상 학력자와 종
교 인구 비중이 낮다. 자영업자와 농림 어업 종사자 비중이 압도적으
로 높다. 무주택자와 단독주택 거주자가 많고 1인 가구 비중도 높은
편이다.

가구의 15%가 최저 주거 기준 미달이지만 공공임대주택은 없는
상태다(2005년 기준).

최근 7년간 여주군에서 한나라당은 44~66%의 압도적인 득표를
거뒀다. 민주(＋열린우리)당은 13~40%를, 민주노동당＋진보신당은
4~11%를 얻었다. 하지만 동네별로는 차이가 있다.

그림 3_3.77

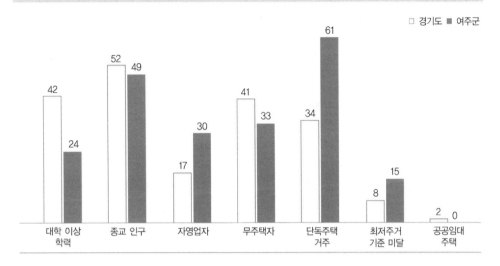

## 경기도와 여주군의 주요 지수 평균 비교

(단위 : %)

□ 경기도 ■ 여주군

대학 이상 학력 : 42 / 24
종교 인구 : 52 / 49
자영업자 : 17 / 30
무주택자 : 41 / 33
단독주택 거주 : 34 / 61
최저주거 기준 미달 : 8 / 15
공공임대 주택 : 2 / 0

**여주군 인구가 100명이라면 :**

**대학 이상 학력자 24명, 종교 인구 49명**

경기도 여주군에 사는 사람은 2005년 현재 9만8,905명으로, 여주군 인구가 100명이라면 남자 대 여자의 수는 50 대 50으로 균형을 이루고 있다. 동네별로는 가남면과 흥천면에서 51 대 49로 남자가 더 많고, 여주읍 등 4곳은 여자가 더 많다. 또 산북면은 전체 인구 중 2%가 외국인이다. 25명은 어린이와 청소년(19세 미만)이고, 75명은 어른이다. 어른 가운데 14명은 노인(65세 이상)이다.

지역적으로는, 여주군에 사는 100명 중 38명은 여주읍에, 17명은 가남면에, 13명은 북내면에 사는 등 세 곳에 3분의 2 이상이 산다. 능서면과 대신면에는 7명씩, 정동면과 홍천면에 5명씩 산다. 또 강천면에 4명, 금사면에 3명, 산북면에 2명이 산다.

종교를 보면, 49명이 종교를 갖고 있다. 21명은 불교, 17명은 개신교, 9명은 천주교 신자다. 불교는 금사면에서, 개신교는 산북면에서, 천주교는 강천면에서 각각 신자 비율이 높다.

학력은 어떨까. 9명은 초등학교에, 4명은 중학교에, 다른 4명은 고등학교에 다니고 있으며, 20명은 대학에 재학 중이거나 대학 이상의 학력을 가지고 있다(6세 이상 인구 기준). 또 여주군에 사는 19세 이상 인구 가운데 24%가 대학 이상 학력자다. 여주읍은 19세 이상 인구의 33%가 대학 이상 학력자로 비중이 가장 높다.

25명은 미혼이며 75명은 결혼했다. 결혼한 사람 가운데 10명은 배우자와 사별했고, 3명은 이혼했다(15세 이상 인구 기준). 9명은 몸이 불편하거나 정신 장애로 정상적인 활동에 제약을 느끼고 있다.

거주 기간을 보면, 58명은 현재 살고 있는 집에 산 지 5년이 넘었으나, 42명은 5년 이내에 새로 이사 왔다(5세 이상 인구 기준). 이사 온 사람 중 23명은 여주군의 다른 동에서, 8명은 경기도의 다른 시군에서, 다른 10명은 경기도 밖에서 이사 왔다.

표 3_3.115

# 경기도 여주군 성별·종교별·학력별 인구

(단위 : 명, %)

| 행정구역 | 남녀/외국인 | | | | 종교 인구 | | | | | | | 대학 이상 학력 인구 | | | | | | |
|---|---|---|---|---|---|---|---|---|---|---|---|---|---|---|---|---|---|---|
| | 총인구 | 남자 | 여자 | 외국인 | 인구(내국인) | 종교 있음 | | | | | 종교없음 | 19세 이상 인구 | 계 | 4년제 미만 | | 4년제 이상 | | 대학원이상 |
| | | | | | | 계 | 불교 | 개신교 | 천주교 | 기타 | | | | 계 | 재학 | 계 | 재학 | |
| 여주군 | 98,905 | 50 | 50 | 0 | 98,441 | 49 | 21 | 17 | 9 | 2 | 49 | 73,766 | 24 | 12 | 4 | 11 | 2 | 2 |
| 여주읍 | 38,043 | 49 | 51 | 0 | 37,956 | 48 | 20 | 17 | 10 | 1 | 50 | 26,339 | 33 | 17 | 6 | 14 | 3 | 2 |
| 가남면 | 16,346 | 51 | 49 | 1 | 16,234 | 46 | 18 | 18 | 9 | 1 | 50 | 12,352 | 26 | 11 | 2 | 13 | 2 | 2 |
| 강천면 | 4,014 | 48 | 52 | 0 | 3,999 | 68 | 20 | 14 | 11 | 23 | 32 | 3,400 | 19 | 9 | 2 | 9 | 1 | 2 |
| 금사면 | 2,729 | 50 | 50 | 1 | 2,714 | 57 | 30 | 20 | 6 | 1 | 42 | 2,197 | 17 | 7 | 2 | 9 | 2 | 1 |
| 능서면 | 6,580 | 49 | 51 | 1 | 6,525 | 53 | 21 | 16 | 10 | 5 | 46 | 5,171 | 17 | 10 | 3 | 6 | 2 | 1 |
| 대신면 | 7,211 | 49 | 51 | 0 | 7,181 | 48 | 25 | 16 | 6 | 1 | 52 | 5,783 | 16 | 9 | 3 | 6 | 1 | 1 |
| 북내면 | 12,465 | 50 | 50 | 0 | 12,410 | 49 | 24 | 14 | 10 | 1 | 49 | 9,420 | 19 | 9 | 2 | 9 | 2 | 1 |
| 산북면 | 2,095 | 50 | 50 | 2 | 2,058 | 57 | 21 | 25 | 9 | 1 | 42 | 1,647 | 23 | 8 | 2 | 13 | 2 | 3 |
| 점동면 | 4,679 | 50 | 50 | 1 | 4,654 | 49 | 19 | 18 | 11 | 1 | 50 | 3,628 | 15 | 7 | 2 | 7 | 2 | 1 |
| 흥천면 | 4,743 | 51 | 49 | 1 | 4,710 | 45 | 23 | 17 | 4 | 1 | 54 | 3,829 | 16 | 8 | 2 | 7 | 2 | 1 |

## 여주군 취업자가 100명이라면 :
## 50명은 직장인, 30명은 자영업자

　여주군에 사는 15세 이상 인구 7만8천여 명 가운데 취업해 직장에 다니는 사람(취업자)은 58%, 5만6천 명이다. 여주군 취업자가 100명이라면 51명은 30~40대, 13명은 20대이며, 17명은 50대다. 65세 이상 노인도 11명이 일하고 있다.

　회사에서 봉급을 받고 일하는 직장인은 50명이다. 30명은 고용한 사람 없이 혼자서 일하는 자영업자이며, 5명은 누군가를 고용해 사업체를 경영하는 사업주다. 16명은 가족이 운영하는 사업체에서 보수 없이 일하고 있다.

직업별로는 농림 어업 종사자가 30명으로 가장 많다. 11명은 사무직, 다른 11명은 서비스직, 또 다른 11명은 장치 기계 조작 및 조립직으로 일한다. 9명은 기능직, 8명은 판매직으로, 다른 8명은 단순 노무직으로 일한다. 5명은 전문가, 다른 5명은 기술공 및 준전문가로, 2명은 고위 관리직으로 일한다.

직장으로 출근하는 데 30분 이상 걸리는 사람은 14명이며, 그 가운데 3명은 1시간 이상 걸린다. 40명은 걸어서 출근하고, 60명은 교통수단을 이용해 출근한다. 60명 가운데 43명은 자가용으로, 5명은 통근 버스로, 4명은 시내버스로 출퇴근한다. 1명은 전철로, 다른 1명은 자전거로, 또 다른 1명은 여러 교통수단을 갈아타며 출퇴근한다.

사무실이나 공장 등에서 일하는 사람은 59명이며, 야외나 거리 또는 운송 수단에서 일하는 사람은 31명이다. 8명은 자기 집에서, 2명은 남의 집에서 일한다.


## 여주군에 100가구가 산다면 :
## 32가구는 셋방살이

여주군에는 3만2천 가구가 산다(일반 가구 기준). 여주군에 사는 가구를 100가구로 친다면, 47가구는 식구가 한 명 또는 두 명인 1, 2인 가구이며, 이 가운데 19가구는 나 홀로 사는 1인 가구다. 식구 4명은 21가구, 3명은 20가구, 5명 이상은 12가구다.

동네별 1인 가구 비중을 보면, 금사면과 강천면에서 24%로 가장

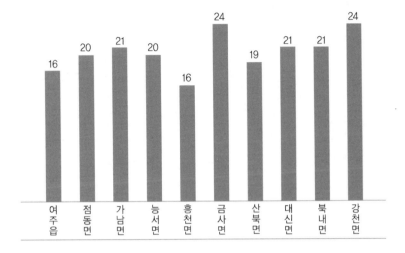

**그림 3_3.78**

## 경기도 여주군 동네별 1인 가구

(단위 : %)

| 여주읍 | 점동면 | 가남면 | 능서면 | 흥천면 | 금사면 | 산북면 | 대신면 | 북내면 | 강천면 |
|---|---|---|---|---|---|---|---|---|---|
| 16 | 20 | 21 | 20 | 16 | 24 | 19 | 21 | 21 | 24 |

높고, 가남면·대신면·북내면 각 21%, 정동면·능서면 각 20% 순이다. 여주읍과 흥천면은 16%로 가장 낮다.

63가구는 자신이 소유한 집에서 살고, 32가구는 셋방에 살며, 5가구는 직장의 사택이나 친척집 등에서 무상으로 살고 있다. 자기 집에 사는 가구 중 6가구는 현재 살고 있는 집 외에 최소 한 채에서 여러 채를 소유한 다주택자들이다.

셋방 사는 가구 가운데 13가구는 전세에, 16가구는 보증금 있는 월세에, 2가구는 보증금 없는 월세에 살고 있고, 1가구는 사글세에 산다. 셋방 사는 가구 중 3가구는 어딘가에 자신 명의의 집을 소유하고 있으나 경제 사정이나 자녀 교육, 직장 등의 사정으로 셋방에 살고 있다.

표 3_3.116

## 경기도 여주군의 다주택자

(단위 : 가구, 호)

| 구분 | | | 가구 수 | 주택 수 | 평균 주택 수 |
|---|---|---|---|---|---|
| 일반 가구 | | | 32,451 | – | – |
| 자가 가구 | | | 20,326 | – | – |
| 다주택 가구 | 통계청 | | 1,863 | – | – |
| | 행자부 | 계 | 822 | 1,870 | 2 |
| | | 2채 | 728 | 1,456 | 2 |
| | | 3채 | 60 | 180 | 3 |
| | | 4채 | 9 | 36 | 4 |
| | | 5채 | 7 | 35 | 5 |
| | | 6~10채 | 15 | 119 | 8 |
| | | 11채 이상 | 3 | 44 | 15 |

43가구는 현재 사는 집으로 이사 온 지 5년이 안 되며, 이 가운데 21가구는 2년이 안 된다. 18가구는 5~10년이 됐고, 39가구는 10년이 넘었다.

68가구는 자동차를 소유하고 있고 이 가운데 58가구는 자기 집에 전용 주차장이 있다. 자동차 소유 가구 중 18가구는 차를 2대 이상 소유하고 있다.

**집 많은 사람, 집 없는 사람 :**
**흥천면 90% 주택 소유, 금사면 12% 다주택**

여주군에 사는 100가구 중 67가구는 주택 소유자이고 33가구는 무

표 3_3.117

# 경기도 여주군 주택의 점유·소유 형태별 가구

(단위 : 가구, %)

| 행정구역 | 전체 가구 | 자기 집에 거주 | | | 셋방에 거주 | | | 무상으로 거주 | | 주택 소유 | 무주택 |
|---|---|---|---|---|---|---|---|---|---|---|---|
| | | 계 | 집 한 채 | 여러 채 | 계 | 집 없음 | 집 있음 | 집 없음 | 집 있음 | | |
| 여주군 | 32,451 | 63 | 57 | 6 | 32 | 29 | 3 | 4 | 1 | 67 | 33 |
| 여주읍 | 11,989 | 53 | 47 | 6 | 43 | 39 | 4 | 3 | 1 | 58 | 42 |
| 가남면 | 5,389 | 46 | 42 | 4 | 47 | 41 | 6 | 6 | 2 | 53 | 47 |
| 강천면 | 1,102 | 82 | 74 | 8 | 8 | 7 | 1 | 8 | 1 | 85 | 15 |
| 금사면 | 1,005 | 79 | 67 | 12 | 13 | 10 | 3 | 6 | 1 | 84 | 16 |
| 능서면 | 2,157 | 82 | 76 | 6 | 12 | 11 | 2 | 5 | 1 | 84 | 16 |
| 대신면 | 2,524 | 85 | 80 | 5 | 10 | 9 | 1 | 4 | 1 | 87 | 13 |
| 북내면 | 4,357 | 61 | 56 | 5 | 35 | 32 | 3 | 4 | 0 | 64 | 36 |
| 산북면 | 732 | 71 | 61 | 11 | 20 | 18 | 2 | 6 | 2 | 76 | 24 |
| 점동면 | 1,587 | 81 | 74 | 7 | 12 | 11 | 1 | 6 | 1 | 83 | 17 |
| 흥천면 | 1,609 | 88 | 82 | 6 | 8 | 6 | 1 | 4 | 0 | 90 | 10 |

주택자다. 14개 동네 모두 무주택자보다 주택 소유자가 더 많다. 흥천면 가구의 90%는 주택 소유자이며, 점동면·능서면·금사면·대신면·강천면도 가구의 80% 이상이 주택 소유자다. 무주택자는 가남면에서 47%로 가장 많고, 여주읍 42%, 북내면 36% 순으로 많다.

여주군 100가구 중 6가구는 다주택자다. 금사면 가구의 12%, 산북면 가구의 11%는 집을 두 채 이상 소유한 다주택자다.

여주군 100가구 중 3가구는 유주택 전월세 가구다. 가남면 가구의 6%는 어딘가에 자신 명의의 집이 있지만 현재 셋방에 살고 있다. 주택 소유자 중 유주택 전월세를 제외한 63가구는 자기 집에서 사는데, 흥천면(88%), 대신면(85%), 능서면(82%), 강천면(82%)에서 자가 점유 가구 비율이 높다.

표 3_3.118

## 경기도 여주군 거처의 종류별·연건평별·건축년도별 주택

(단위 : 호, 가구, %)

| 행정구역 | 거처의 종류별 거처와 가구 | | | | | | | | | | | | | |
| --- | --- | --- | --- | --- | --- | --- | --- | --- | --- | --- | --- | --- | --- | --- |
| | 계 | | 단독주택 | | 아파트 | | 연립주택 | | 다세대주택 | | 비거주용 건물 내 주택 | | 주택 이외의 거처 | |
| | 거처 | 가구 | 거처 | 가구 | 거처 | 가구 | 거처 | 가구 | 거처 | 가구 | 거처 | 가구 | 거처 | 가구 |
| 여주군 | 29,875 | 32,542 | 58 | 61 | 31 | 28 | 5 | 4 | 2 | 2 | 2 | 3 | 2 | 2 |
| 여주읍 | 10,314 | 12,005 | 32 | 41 | 53 | 46 | 8 | 7 | 2 | 2 | 3 | 3 | 1 | 1 |
| 가남면 | 5,085 | 5,414 | 49 | 52 | 46 | 43 | 3 | 3 | 0 | 0 | 1 | 1 | 1 | 1 |
| 강천면 | 1,085 | 1,112 | 95 | 95 | 0 | 0 | 0 | 0 | 1 | 1 | 1 | 1 | 3 | 3 |
| 금사면 | 941 | 1,009 | 96 | 96 | 0 | 0 | 0 | 0 | 2 | 1 | 1 | 1 | 2 | 2 |
| 능서면 | 2,044 | 2,169 | 89 | 89 | 1 | 1 | 2 | 2 | 2 | 2 | 2 | 3 | 3 | 3 |
| 대신면 | 2,475 | 2,533 | 91 | 91 | 2 | 2 | 4 | 4 | 0 | 0 | 1 | 1 | 2 | 2 |
| 북내면 | 4,156 | 4,362 | 51 | 52 | 32 | 31 | 6 | 6 | 6 | 6 | 4 | 4 | 1 | 1 |
| 산북면 | 688 | 732 | 90 | 90 | 0 | 0 | 4 | 4 | 0 | 0 | 3 | 3 | 4 | 4 |
| 점동면 | 1,523 | 1,595 | 91 | 90 | 0 | 0 | 0 | 0 | 4 | 4 | 3 | 4 | 2 | 2 |
| 흥천면 | 1,564 | 1,611 | 96 | 96 | 0 | 0 | 0 | 0 | 1 | 1 | 1 | 1 | 2 | 3 |

유주택 전월세를 포함해 32가구는 셋방에 사는데 이 가운데 29가구는 무주택 전월세 가구다. 한편 강천면 가구의 9%는 직장의 사택이나 친척집 등에서 무상으로 살고 있는데 이들 중 8%는 무주택자다.

## 여주군에 있는 집이 100채라면 :
## 58채는 단독주택, 31채는 아파트

여주군에는 집(주택과 주택 이외의 거처)이 2만9,875채가 있다. 여주군

| 연건평별 주택 | | | | | 건축년도별 주택 | | |
|---|---|---|---|---|---|---|---|
| 총 주택 수 | 14평<br>미만 | 14~19평 | 19~29평 | 29평<br>이상 | 1995~<br>2005년 | 1985~<br>1994년 | 1985년<br>이전 |
| 29,410 | 8 | 26 | 41 | 24 | 50 | 27 | 23 |
| 10,176 | 3 | 35 | 44 | 19 | 55 | 29 | 16 |
| 5,055 | 12 | 36 | 33 | 19 | 62 | 21 | 17 |
| 1,056 | 8 | 16 | 47 | 30 | 40 | 23 | 37 |
| 923 | 5 | 13 | 41 | 42 | 47 | 24 | 29 |
| 1,979 | 5 | 16 | 46 | 34 | 39 | 33 | 28 |
| 2,424 | 7 | 15 | 48 | 30 | 37 | 24 | 39 |
| 4,123 | 21 | 25 | 33 | 21 | 48 | 29 | 24 |
| 663 | 7 | 11 | 35 | 48 | 52 | 17 | 31 |
| 1,486 | 5 | 13 | 47 | 35 | 44 | 32 | 24 |
| 1,525 | 3 | 12 | 49 | 36 | 42 | 27 | 31 |

에 있는 집이 100채라면 58채는 단독주택이고, 31채는 아파트다. 5채는 연립주택이며, 다세대주택과 비거주용 건물 내 주택 그리고 주택 이외의 거처는 각 2채다.

홍천면과 금사면 거처의 96%를 비롯해 강천면·점동면·대신면·산북면 거처의 90% 이상이 단독주택이다. 아파트는 여주읍(53%), 가남면(43%), 북내면(31%)에서 상대적으로 많이 분포돼 있다.

사람이 사는 곳을 기준으로 보면, 여주군 가구의 61%는 단독주택에, 28%는 아파트에 산다. 연립주택에 4%, 비거주용 건물 내 주택에 3%가 살고, 다세대주택과 주택 이외의 거처에 각각 2%가 산다.

여주읍 가구의 46%, 가남면 가구의 43%, 북내면 가구의 31%는 아파트에 산다. 그러나 홍천면과 금사면 가구의 96%를 비롯해 나머지 동네 사람들은 대부분 단독주택에 산다. 연립주택과 다세대주택에 사는 가구는 북내면에서 상대적으로 많은데 각각 6% 수준이다.

여주군 주택(주택 이외의 거처 제외)을 크기별로 보면 29평 이상의 주택은 24채, 19~29평은 41채, 14~19평은 26채이며, 14평 미만은 8채다. 산북면에서는 48%가 29평 이상이고, 북내면에서는 21%가 14평 미만이다.

여주군에 있는 집 100채 가운데 2005년 기준으로 50채는 지은 지 10년(1995~2005년 사이 건축)이 안 된 새집이며, 27채는 1985년에서 1994년 사이에 지었고, 20년이 넘은 주택은 23채다. 10년이 안 된 새집은 가남면에서 62%로 가장 많고, 20년이 넘은 집은 대신면에서 39%로 가장 많다.

1995년부터 2005년까지 10년 동안 여주군 주택 수(주택 이외의 거처 제외)는 2만2천 채에서 2만9천 채로 31% 7천 채가 늘었다. 그런데 아파트와 다세대주택은 각각 7천6백 채와 3백 채가 늘어 각각 451%와 116%가 증가했다. 반면 단독주택은 4백 채, 연립주택은 3백 채가 줄어 각각 2%와 18%가 감소했다. 이에 따라 전체 주택(주택 이외의 거처 제외)에서 차지하는 비중도 아파트는 7%에서 31%로, 다세대주택은 1%에서 2%로 증가한 반면, 단독주택은 79%에서 59%로, 연립주택은 8%에서 5%로 감소했다.

표 3_3.119

## 경기도 여주군 (반)지하 등 거주 가구

(단위 : 가구, %)

| 행정구역 | 전체 가구 | (반)지하 | 옥탑방 | 판잣집·움막·비닐집 | | 기타 | |
|---|---|---|---|---|---|---|---|
| | | 가구 | 가구 | 가구 | 비중 | 가구 | 비중 |
| 여주군 | 32,451 | 67 | 31 | 157 | – | 126 | – |
| 여주읍 | 11,989 | 34 | 19 | 9 | – | 11 | – |
| 가남면 | 5,389 | 7 | 1 | 9 | – | 6 | – |
| 강천면 | 1,102 | 1 | – | 4 | – | 18 | 2 |
| 금사면 | 1,005 | 4 | 2 | 9 | 1 | 6 | 1 |
| 능서면 | 2,157 | 7 | 5 | 27 | 1 | 25 | 1 |
| 대신면 | 2,524 | 4 | 2 | 16 | 1 | 22 | 1 |
| 북내면 | 4,357 | 8 | 2 | 16 | – | 12 | – |
| 산북면 | 732 | – | – | 13 | 2 | 9 | 1 |
| 점동면 | 1,587 | 1 | – | 20 | 1 | 11 | 1 |
| 흥천면 | 1,609 | 1 | – | 34 | 2 | 6 | – |

## 여주군 100가구 중 15가구가 최저 주거 기준에 미달

여주군에 사는 3만2천 가구를 100가구로 친다면, 그 중 15가구는 식구에 비해 집이 너무 좁거나 시설이 제대로 갖춰지지 않아 인간다운 품위를 지키기 어려운 최저 주거 기준 미달 가구다.

또 3만2천 가구 중 67가구는 (반)지하에, 31가구는 옥탑방에, 157가구는 판잣집·움막·비닐집에, 126가구는 업소의 잠만 자는 방 등에 살고 있다. 이런 상황에서 2005년 현재 여주군에 공급된 공공임대주택은 단 한 채도 없다.

# 여주군 유권자가 100명이라면

정당 지지도를 알 수 있는 최근 네 차례 선거(제3~4회 동시지방선거, 제 17~18대 총선)를 기준으로 여주군 유권자는 대략 7만6천~8만2천 명이며, 평균 투표율은 53%였다.

여주군 유권자가 100명이라면 2002년 지방선거에서는 62명이 한나라당을, 26명이 새천년민주당을, 4명이 민주노동당을, 다른 4명이 자민련을 찍었다. 2004년 총선에서는 44명은 한나라당을, 36명은 열린우리당을, 11명은 민주노동당을, 4명은 새천년민주당을, 1명은 자민련을 지지했다.

2006년 지방선거에서는 63명이 한나라당을 찍었고, 21명은 열린우리당을, 10명은 민주노동당을, 3명은 민주당을 찍었다. 2008년 총선에서는 50명이 한나라당을, 19명이 통합민주당을, 22명이 친박연대를, 5명이 민주노동당을, 4명이 자유선진당을, 3명이 창조한국당을, 2명이 진보신당을 지지했다.

동네별 투표율은 산북면·강천면·점동면에서 상대적으로 높았다. 반면 북내면·가남면·여주읍에서 상대적으로 낮았다.

한나라당 득표율은 강천면과 금사면에서 상대적으로 높았다. 반면 가남면과 여주읍에서 상대적으로 낮았다. 강천면과 가남면의 득표율 격차는 12~21% 사이다.

민주(+열린우리)당 득표율은 가남면과 여주읍에서 상대적으로 높았다. 반면 강천면과 금사면에서 상대적으로 낮았다. 가남면과 강천면의 득표율 격차는 3~10% 사이다.

민주노동당+진보신당 득표율은 여주읍에서 상대적으로 높았다.

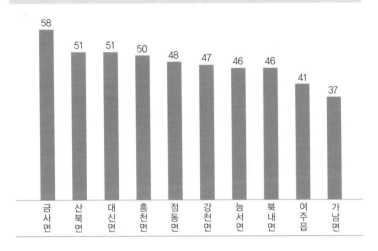

**그림 3_3.79**

경기도 여주군 동네별 한나라당 득표율

2004년 총선(단위 : %)

| 금사면 | 산북면 | 대신면 | 흥천면 | 점동면 | 강천면 | 능서면 | 북내면 | 여주읍 | 가남면 |
|---|---|---|---|---|---|---|---|---|---|
| 58 | 51 | 51 | 50 | 48 | 47 | 46 | 46 | 41 | 37 |

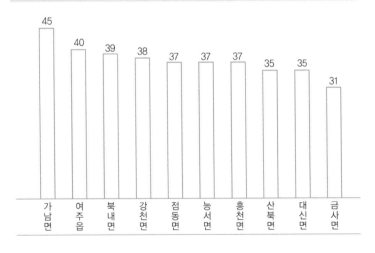

**그림 3_3.80**

경기도 여주군 동네별 민주(+열린우리)당 득표율

2004년 총선(단위 : %)

| 가남면 | 여주읍 | 북내면 | 강천면 | 점동면 | 능서면 | 흥천면 | 산북면 | 대신면 | 금사면 |
|---|---|---|---|---|---|---|---|---|---|
| 45 | 40 | 39 | 38 | 37 | 37 | 37 | 35 | 35 | 31 |

**표 3_3.120**

# 경기도 여주군 역대 선거 투표율과 정당 지지율

2002~2008년(단위 : 명, %)

## 2002년 지방선거

| 행정구역 | 선거인 수 | 투표율 | 한나라당 | 새천년민주당 | 자민련 | 민주노동당 | 기타정당 |
|---|---|---|---|---|---|---|---|
| 여주군 | 76,295 | 53 | 62 | 26 | 4 | 4 | 3 |
| 여주읍 | 25,161 | 46 | 62 | 27 | 4 | 5 | 2 |
| 가남면 | 11,567 | 48 | 58 | 28 | 5 | 5 | 4 |
| 능서면 | 5,498 | 60 | 63 | 24 | 4 | 5 | 4 |
| 흥천면 | 4,328 | 61 | 64 | 26 | 3 | 4 | 3 |
| 금사면 | 2,334 | 71 | 63 | 23 | 5 | 4 | 5 |
| 산북면 | 1,808 | 79 | 64 | 25 | 4 | 4 | 3 |
| 대신면 | 6,505 | 48 | 67 | 24 | 4 | 3 | 3 |
| 북내면 | 10,581 | 44 | 64 | 25 | 4 | 4 | 3 |
| 강천면 | 2,859 | 71 | 70 | 18 | 5 | 4 | 3 |

## 2004년 총선

| 행정구역 | 선거인 수 | 투표율 | 한나라당 | 새천년민주당 | 열린우리당 | 자민련 | 민주노동당 | 기타정당 |
|---|---|---|---|---|---|---|---|---|
| 여주군 | 77,092 | 59 | 44 | 4 | 36 | 1 | 11 | 4 |
| 여주읍 | 26,039 | 58 | 41 | 4 | 36 | 1 | 14 | 3 |
| 점동면 | 3,940 | 60 | 48 | 3 | 34 | 1 | 8 | 5 |
| 가남면 | 11,929 | 55 | 37 | 4 | 42 | 1 | 12 | 4 |
| 능서면 | 5,434 | 61 | 46 | 4 | 33 | 1 | 12 | 4 |
| 흥천면 | 4,273 | 61 | 50 | 4 | 32 | 1 | 9 | 4 |
| 금사면 | 2,325 | 62 | 58 | 3 | 28 | 2 | 6 | 3 |
| 산북면 | 1,873 | 62 | 51 | 4 | 31 | 2 | 8 | 4 |
| 대신면 | 6,310 | 59 | 51 | 4 | 31 | 2 | 9 | 3 |
| 북내면 | 10,273 | 56 | 46 | 4 | 36 | 1 | 10 | 4 |
| 강천면 | 2,857 | 66 | 47 | 3 | 35 | 2 | 10 | 3 |

## 2006년 지방선거

| 행정구역 | 선거인 수 | 투표율 | 열린우리당 | 한나라당 | 민주당 | 민주노동당 | 기타 정당 |
|---|---|---|---|---|---|---|---|
| 여주군 | 79,881 | 52 | 21 | 63 | 3 | 10 | 3 |

## 2008년 총선

| 행정구역 | 선거인 수 | 투표율 | 통합민주당 | 한나라당 | 자유선진당 | 민주노동당 | 창조한국당 | 친박연대 | 진보신당 | 기타 정당 |
|---|---|---|---|---|---|---|---|---|---|---|
| 여주군 | 82,472 | 49 | 13 | 45 | 4 | 5 | 3 | 22 | 2 | 5 |
| 여주읍 | 36,326 | 45 | 14 | 43 | 4 | 5 | 4 | 22 | 2 | 5 |
| 가남면 | 12,119 | 43 | 15 | 44 | 4 | 5 | 3 | 21 | 2 | 6 |
| 강천면 | 3,007 | 57 | 12 | 43 | 6 | 5 | 5 | 22 | 2 | 4 |
| 금사면 | 2,445 | 54 | 10 | 56 | 3 | 3 | 3 | 18 | 1 | 6 |
| 능서면 | 5,535 | 52 | 13 | 45 | 3 | 5 | 2 | 24 | 1 | 6 |
| 대신면 | 6,545 | 50 | 11 | 50 | 3 | 4 | 2 | 24 | 1 | 5 |
| 북내면 | 4,295 | 51 | 12 | 47 | 4 | 4 | 3 | 23 | 1 | 6 |
| 산북면 | 2,009 | 52 | 13 | 51 | 5 | 4 | 2 | 21 | 1 | 3 |
| 점동면 | 3,917 | 58 | 13 | 55 | 4 | 4 | 2 | 17 | 1 | 4 |
| 흥천면 | 4,423 | 52 | 11 | 45 | 4 | 5 | 3 | 25 | 1 | 5 |

# 경기도 연천군 10개 동네

연천군에는 2005년 현재 10개 읍면에 1만3,600개의 거처가 있고,

여기에 1만4,400가구 4만2천 명이 살고 있다.

경기도 연천군이 100명이 사는 마을이라면 어떤 모습일까?

## 숫자 100으로 본 연천군

연천군에 사는 사람은 경기도 평균인에 비해 대학 이상 학력자와 종교 인구 비중이 낮다. 자영업자가 많고 농림 어업 종사자가 압도적으로 큰 비중을 차지하고 있다. 주택 소유자와 1인 가구, 단독주택 거주자가 평균보다 많으며 가구의 18%는 최저 주거 기준에 미달된 채 살고 있다. 그러나 이들을 위한 공공임대주택은 공급되지 못하고 있다 (2005년 기준).

최근 7년간 연천군에서 한나라당은 35~59%를, 민주(＋열린우리)당은 22~45%를, 민주노동당＋진보신당은 6~9%를 각각 얻었다. 하지만 동네별 정당 득표율은 차이가 났다.

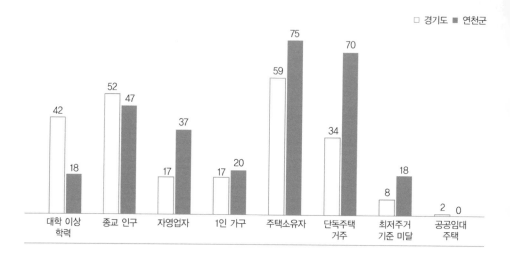

**그림 3_3.81**

## 경기도와 연천군의 주요 지수 평균 비교

(단위 : %)

□ 경기도 ■ 연천군

| 대학 이상 학력 | 종교 인구 | 자영업자 | 1인 가구 | 주택소유자 | 단독주택 거주 | 최저주거 기준 미달 | 공공임대 주택 |
|---|---|---|---|---|---|---|---|
| 42 / 18 | 52 / 47 | 17 / 37 | 17 / 20 | 59 / 75 | 34 / 70 | 8 / 18 | 2 / 0 |

**연천군 인구가 100명이라면 :**

**대학 이상 학력자 18명, 종교 인구 47명**

경기도 연천군에 사는 사람은 2005년 현재 4만1,561명으로, 연천군 인구가 100명이라면 남자 대 여자의 수는 51 대 49로 남자가 더 많다. 동네별로는 중면에서 53 대 47로 여자에 비해 남자가 가장 많다. 연천군 인구 100명 중 99명은 내국인이고 1명은 외국인이다. 동네별로는 청산면에서 인구 중 3%가 외국인으로 가장 많다. 23명은 어린이와 청소년(19세 미만)이고, 77명은 어른이다. 어른 가운데 18명은 노인(65세 이상)이다.

지역적으로는 연천군에 사는 100명 중 42명은 전곡읍에 산다. 또 연천읍에 16명, 청산면에 10명, 신서면에 9명, 군남면에 8명이 산다. 백학면에 6명, 미산면에 4명, 왕징면에 3명이 살고 중면과 장남면에 1명씩 산다.

종교를 보면, 47명이 종교를 갖고 있다. 21명은 불교, 17명은 개신교, 8명은 천주교 신자다. 불교는 왕징면에서, 개신교는 청산면에서, 천주교는 중면에서 각각 신자 비율이 높다.

학력은 어떨까. 8명은 초등학교에, 4명은 중학교에, 다른 4명은 고등학교에 다니고 있으며, 15명은 대학에 재학 중이거나 대학 이상의 학력을 가지고 있다(6세 이상 인구 기준). 또 연천군에 사는 19세 이상 인구 가운데 18%가 대학 이상 학력자다. 중면은 19세 이상 인구의 25%가 대학 이상 학력자로 비중이 가장 높다.

21명은 미혼이며 79명은 결혼했다. 결혼한 사람 가운데 12명은 배우자와 사별했고, 3명은 이혼했다(15세 이상 인구 기준). 8명은 몸이 불편하거나 정신 장애로 정상적인 활동에 제약을 느끼고 있다.

거주 기간을 보면, 67명은 현재 살고 있는 집에 산 지 5년이 넘었으나, 33명은 5년 이내에 새로 이사 왔다(5세 이상 인구 기준). 이사 온 사람 중 18명은 연천군의 다른 동에서, 7명은 경기도의 다른 시군에서, 8명은 경기도 밖에서 이사 왔다.

표 3_3.121

## 경기도 연천군 성별·종교별·학력별 인구

(단위 : 명, %)

| 행정구역 | 남녀/외국인 | | | | 종교 인구 | | | | | | | 대학 이상 학력 인구 | | | | | | |
|---|---|---|---|---|---|---|---|---|---|---|---|---|---|---|---|---|---|---|
| | 총인구 | 남자 | 여자 | 외국인 | 인구(내국인) | 종교 있음 | | | | | | 종교 없음 | 19세 이상 인구 | 계 | 4년제 미만 | | 4년제 이상 | | 대학원 이상 |
| | | | | | | 계 | 불교 | 개신교 | 천주교 | 기타 | | | | | 계 | 재학 | 계 | 재학 | |
| 연천군 | 41,561 | 51 | 49 | 1 | 41,300 | 47 | 21 | 17 | 8 | 1 | 53 | 31,903 | 18 | 8 | 2 | 9 | 2 | 1 |
| 연천읍 | 6,797 | 51 | 49 | 0 | 6,788 | 43 | 19 | 12 | 11 | 1 | 56 | 5,309 | 17 | 8 | 2 | 8 | 2 | 1 |
| 전곡읍 | 17,306 | 51 | 49 | 1 | 17,206 | 49 | 22 | 18 | 8 | 1 | 51 | 12,565 | 23 | 10 | 2 | 11 | 2 | 2 |
| 군남면 | 3,232 | 49 | 51 | 0 | 3,232 | 47 | 24 | 14 | 8 | 1 | 53 | 2,649 | 12 | 6 | 2 | 4 | 1 | 1 |
| 미산면 | 1,609 | 51 | 49 | 1 | 1,600 | 38 | 20 | 14 | 2 | 2 | 61 | 1,321 | 11 | 5 | 1 | 4 | 1 | 1 |
| 백학면 | 2,617 | 51 | 49 | 0 | 2,616 | 40 | 18 | 14 | 6 | 2 | 60 | 2,100 | 10 | 6 | 2 | 4 | 1 | 1 |
| 신서면 | 3,687 | 51 | 49 | 0 | 3,678 | 49 | 23 | 19 | 6 | 1 | 50 | 2,937 | 19 | 7 | 2 | 10 | 2 | 1 |
| 왕징면 | 1,148 | 51 | 49 | 0 | 1,144 | 43 | 26 | 11 | 5 | 1 | 57 | 955 | 13 | 7 | 2 | 6 | 1 | 1 |
| 장남면 | 601 | 49 | 51 | 0 | 600 | 42 | 19 | 13 | 9 | 1 | 58 | 500 | 9 | 6 | 1 | 3 | 1 | 0 |
| 중면 | 234 | 53 | 47 | 0 | 234 | 53 | 12 | 9 | 28 | 4 | 47 | 180 | 25 | 14 | 1 | 10 | 1 | 1 |
| 청산면 | 4,330 | 51 | 49 | 3 | 4,202 | 53 | 18 | 26 | 8 | 1 | 47 | 3,387 | 19 | 8 | 2 | 9 | 2 | 2 |

## 연천군 취업자가 100명이라면 :
## 42명은 봉급쟁이, 37명은 자영업자

연천군에 사는 15세 이상 인구 3만3천여 명 가운데 취업해 직장에 다니는 사람(취업자)은 54%, 1만8천 명이다. 연천군 취업자가 100명이라면 49명은 30~40대, 10명은 20대이며, 19명은 50대다. 65세 이상 노인도 14명이 일하고 있다.

회사에서 봉급을 받고 일하는 직장인은 42명이다. 37명은 고용한 사람 없이 혼자서 일하는 자영업자이며, 4명은 누군가를 고용해 사업체를 경영하는 사업주다. 17명은 가족이 운영하는 사업체에서 보수 없이 일하고 있다.

직업별로는 농림 어업 종사자가 35명으로 가장 많다. 11명은 서비스직, 8명은 사무직, 다른 8명은 장치 기계 조작 및 조립직으로 일한다. 7명은 기능직, 다른 7명은 단순 노무직으로, 또 다른 7명은 판매직으로 일한다. 4명은 전문가로, 다른 4명은 기술공 및 준전문가로, 1명은 고위 관리직으로 일한다.

직장으로 출근하는 데 30분 이상 걸리는 사람은 21명이며, 그 가운데 5명은 1시간 이상 걸린다. 31명은 걸어서 출근하고, 69명은 교통수단을 이용해 출근한다. 69명 가운데 40명은 자가용으로, 4명은 통근 버스로, 다른 4명은 시내버스로 출퇴근한다. 1명은 시외(고속)버스로, 2명은 기차로, 1명은 자전거로, 또 다른 1명은 여러 교통수단을 갈아타며 출퇴근한다. 16명은 기타 수단을 이용한다.

사무실이나 공장 등에서 일하는 사람은 51명이며, 야외나 거리 또는 운송 수단에서 일하는 사람은 38명이다. 9명은 자기 집에서, 1명은 남의 집에서 일한다.


## 연천군에 100가구가 산다면 : 19가구는 셋방살이

연천군에는 1만4천 가구가 산다(일반 가구 기준). 연천군에 사는 가구를 100가구로 친다면, 52가구는 식구가 한 명 또는 두 명인 1, 2인 가구이며, 이 가운데 20가구는 나 홀로 사는 1인 가구다. 식구 4명은 20가구, 3명은 18가구, 5명 이상은 11가구다.

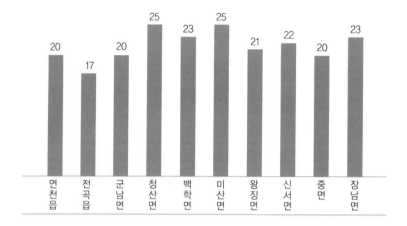

그림 3_3.82

# 경기도 연천군 동네별 1인 가구

(단위 : %)

연천읍 20 · 전곡읍 17 · 군남면 20 · 청산면 25 · 백학면 23 · 미산면 25 · 왕징면 21 · 신서면 22 · 중면 20 · 장남면 23

동네별 1인 가구 비중을 보면 청산면과 미산면에서 25%로 가장 높고, 백학면·장남면 각 23%, 신서면 22%, 왕징면 21% 순이다. 전곡읍은 17%로 가장 낮다.

70가구는 자신이 소유한 집에서 살고, 19가구는 셋방에 살며, 10가구는 직장의 사택이나 친척집 등에서 무상으로 살고 있다. 자기 집에 사는 가구 중 8가구는 현재 살고 있는 집 외에 최소 한 채에서 여러 채를 소유한 다주택자들이다.

셋방 사는 가구 가운데 10가구는 전세에, 6가구는 보증금 있는 월세에, 2가구는 보증금 없는 월세에 살고 있고, 1가구는 사글세에 산다. 셋방 사는 가구 중 3가구는 어딘가에 자신 명의의 집을 소유하고 있으나 경제 사정이나 자녀 교육, 직장 등의 사정으로 셋방에 살고

표 3_3.122

## 경기도 연천군의 다주택자

(단위 : 가구, 호)

| 구분 | | | 가구 수 | 주택 수 | 평균 주택 수 |
|---|---|---|---|---|---|
| 일반 가구 | | | 14,364 | - | - |
| 자가 가구 | | | 10,117 | - | - |
| 다주택 가구 | 통계청 | | 1,081 | - | - |
| | 행자부 | 계 | 660 | 1,425 | 2 |
| | | 2채 | 586 | 1,172 | 2 |
| | | 3채 | 56 | 168 | 3 |
| | | 4채 | 10 | 40 | 4 |
| | | 5채 | 5 | 25 | 5 |
| | | 6~10채 | 3 | 20 | 7 |
| | | 11채 이상 | 0 | 0 | 0 |

있다.

29가구는 현재 사는 집으로 이사 온 지 5년이 안 되며, 이 가운데 15가구는 2년이 안 된다. 16가구는 5~10년이 됐고, 55가구는 10년이 넘었다.

59가구는 자동차를 소유하고 있으며, 이 가운데 48가구는 자기 집에 전용 주차장이 있다. 자동차 소유 가구 중 14가구는 차를 2대 이상 소유하고 있다.

## 집 많은 사람, 집 없는 사람 :
### 백학면·장남면 94% 주택 소유, 중면 13% 다주택

연천군에 사는 100가구 중 75가구는 주택 소유자이고 25가구는 무

표 3_3.123

# 경기도 연천군 주택의 점유·소유 형태별 가구

(단위 : 가구, %)

| 행정구역 | 전체 가구 | 자기 집에 거주 | | | 셋방에 거주 | | | 무상으로 거주 | | 주택 소유 | 무주택 |
|---|---|---|---|---|---|---|---|---|---|---|---|
| | | 계 | 집 한 채 | 여러 채 | 계 | 집 없음 | 집 있음 | 집 없음 | 집 있음 | | |
| 연천군 | 14,364 | 70 | 63 | 8 | 19 | 16 | 3 | 9 | 1 | 75 | 25 |
| 연천읍 | 2,356 | 75 | 68 | 7 | 16 | 14 | 2 | 8 | 1 | 78 | 22 |
| 전곡읍 | 5,600 | 58 | 51 | 7 | 28 | 24 | 4 | 12 | 2 | 64 | 36 |
| 군남면 | 1,147 | 88 | 82 | 6 | 9 | 7 | 2 | 3 | 1 | 90 | 10 |
| 미산면 | 628 | 87 | 78 | 9 | 7 | 5 | 2 | 5 | 1 | 90 | 10 |
| 백학면 | 970 | 93 | 82 | 11 | 5 | 4 | 1 | 2 | 1 | 94 | 6 |
| 신서면 | 1,346 | 71 | 63 | 8 | 14 | 12 | 2 | 13 | 2 | 75 | 25 |
| 왕징면 | 440 | 86 | 78 | 8 | 8 | 7 | 1 | 6 | - | 87 | 13 |
| 장남면 | 228 | 94 | 86 | 7 | 0 | 0 | - | 5 | 0 | 94 | 6 |
| 중면 | 80 | 83 | 70 | 13 | 4 | 3 | 1 | 9 | 5 | 89 | 11 |
| 청산면 | 1,569 | 65 | 58 | 7 | 23 | 20 | 3 | 10 | 2 | 70 | 30 |

주택자다. 10개 동네는 모두 무주택자보다 주택 소유자가 더 많다. 백학면과 장남면 가구의 94%는 주택 소유자이며, 군남면과 미산면은 90% 이상, 중면과 왕징면은 80% 이상이 주택 소유자다. 무주택 가구는 전곡읍(36%)과 청산면(30%), 신서면(25%) 순으로 많다.

연천군 100가구 중 8가구는 다주택자다. 중면 가구의 13%, 백학면 가구의 11%는 집을 두 채 이상 소유한 다주택자다.

연천군 100가구 중 3가구는 유주택 전월세 가구다. 전곡읍 가구의 4%는 어딘가에 자신 명의의 집이 있지만 현재 셋방에 살고 있다. 주택 소유자 중 유주택 전월세를 제외한 70가구는 자기 집에 사는데 장남면(94%), 백학면(93%), 군남면(88%) 순으로 비중이 높다.

유주택 전월세를 포함한 19가구는 셋방에 살며, 이 가운데 16가구는 무주택 전월세 가구다. 한편 신서면 가구의 15%, 전곡읍과 중면 가구의 14%는 직장의 사택이나 친척집 등에서 무상으로 살고 있다. 이 가운데 신서면 13%, 전곡읍 12%, 중면 9% 가구는 무주택자다.


## 연천군에 있는 집이 100채라면 :
## 69채는 단독주택

연천군에는 집(주택과 주택 이외의 거처)이 1만3,593채가 있다. 연천군에 있는 집이 100채라면 69채는 단독주택이고, 18채는 아파트다. 10채는 연립주택이며, 다세대주택과 비거주용 건물 내 주택 그리고 주택 이외의 거처는 각 1채다.

왕징면 거처의 100%가 단독주택인 것을 비롯해 장남면·백학면·군남면·미산면·중면은 90% 이상, 청산면과 신서면은 80% 이상이 단독주택이다. 아파트는 전곡읍 36%, 연천읍 11%, 청산면과 신서면에서 각 10%를 차지하고 있다. 연립주택은 전곡읍(20%)에서 가장 비중이 높다. 다세대주택은 청산면(3%)에서, 주택 이외의 거처는 미산면·중면(4%)에서 상대적으로 비중이 높다.

사람이 사는 곳을 기준으로 보면 연천군 가구의 70%는 단독주택에, 17%는 아파트에 산다. 연립주택에 9%가 살고, 다세대주택과 비거주용 건물 내 주택, 주택 이외의 거처에는 각각 1%가 산다. 동네별로는 전곡읍(43%)를 제외하고 왕징면 100%를 비롯해 모든 동네에서 가구의 70% 이상이 단독주택에 산다. 전곡읍은 단독주택에 43%, 아파트에 33%, 연립주택에 19%가 산다.

표 3_3.124

## 경기도 연천군 거처의 종류별·연건평별·건축년도별 주택

(단위 : 호, 가구, %)

| 행정구역 | 거처의 종류별 거처와 가구 | | | | | | | | | | | | | |
| --- | --- | --- | --- | --- | --- | --- | --- | --- | --- | --- | --- | --- | --- | --- |
| | 계 | | 단독주택 | | 아파트 | | 연립주택 | | 다세대주택 | | 비거주용 건물 내 주택 | | 주택 이외의 거처 | |
| | 거처 | 가구 | 거처 | 가구 | 거처 | 가구 | 거처 | 가구 | 거처 | 가구 | 거처 | 가구 | 거처 | 가구 |
| 연천군 | 13,593 | 14,388 | 69 | 70 | 18 | 17 | 10 | 9 | 1 | 1 | 1 | 1 | 1 | 1 |
| 연천읍 | 2,262 | 2,361 | 77 | 77 | 11 | 11 | 9 | 9 | 0 | 0 | 1 | 1 | 1 | 1 |
| 전곡읍 | 5,158 | 5,611 | 39 | 43 | 36 | 33 | 20 | 19 | 2 | 2 | 2 | 2 | 1 | 1 |
| 군남면 | 1,136 | 1,149 | 97 | 97 | 2 | 2 | 0 | 0 | 0 | 0 | 0 | 0 | 0 | 0 |
| 미산면 | 621 | 628 | 95 | 95 | 0 | 0 | 0 | 0 | 0 | 0 | 1 | 1 | 4 | 4 |
| 백학면 | 953 | 970 | 97 | 97 | 0 | 0 | 0 | 0 | 0 | 0 | 1 | 1 | 2 | 2 |
| 신서면 | 1,277 | 1,348 | 84 | 85 | 10 | 9 | 2 | 2 | 0 | 0 | 1 | 1 | 2 | 2 |
| 왕징면 | 436 | 440 | 100 | 100 | 0 | 0 | 0 | 0 | 0 | 0 | 0 | 0 | 0 | 0 |
| 장남면 | 226 | 228 | 98 | 98 | 0 | 0 | 0 | 0 | 0 | 0 | 1 | 1 | 1 | 1 |
| 중면 | 80 | 80 | 93 | 93 | 0 | 0 | 0 | 0 | 0 | 0 | 4 | 4 | 4 | 4 |
| 청산면 | 1,444 | 1,573 | 82 | 84 | 10 | 10 | 1 | 1 | 3 | 3 | 2 | 2 | 1 | 1 |

연천군 주택(주택 이외의 거처 제외)을 크기별로 보면 29평 이상의 주택은 21채, 19~29평은 50채, 14~19평은 22채이며, 14평 미만은 7채다. 백학면과 미산면에서는 32%가 29평 이상이고, 중면에서는 29%가 14평 미만이다.

2005년 기준으로 37채는 지은 지 10년(1995~2005년 사이 건축)이 안 된 새집이며, 33채는 1985년에서 1994년 사이에 지었고, 20년이 넘은 주택은 30채다. 10년이 안 된 새집은 미산면에서 48%로 가장 많고, 20년이 넘은 집은 장남면에서 53%로 가장 많다.

1995년부터 2005년까지 10년 동안 연천군 주택 수(주택 이외의 거처 제외)는 1만3,900채에서 1만3,400채로 4%, 5백 채가 줄었다. 단독

| | 연건평별 주택 | | | | 건축년도별 주택 | | |
|---|---|---|---|---|---|---|---|
| 총 주택 수 | 14평 미만 | 14~19평 | 19~29평 | 29평 이상 | 1995~ 2005년 | 1985~ 1994년 | 1985년 이전 |
| 13,413 | 7 | 22 | 50 | 21 | 37 | 33 | 30 |
| 2,234 | 8 | 27 | 46 | 19 | 47 | 23 | 30 |
| 5,101 | 6 | 25 | 50 | 18 | 32 | 45 | 23 |
| 1,131 | 4 | 14 | 56 | 26 | 41 | 30 | 29 |
| 599 | 7 | 16 | 46 | 32 | 48 | 21 | 31 |
| 932 | 6 | 12 | 50 | 32 | 46 | 26 | 28 |
| 1,252 | 7 | 25 | 51 | 17 | 31 | 37 | 32 |
| 434 | 13 | 13 | 56 | 18 | 32 | 17 | 51 |
| 224 | 5 | 16 | 59 | 20 | 32 | 15 | 53 |
| 77 | 4 | 29 | 45 | 22 | 32 | 43 | 25 |
| 1,429 | 8 | 19 | 48 | 25 | 37 | 23 | 40 |

주택은 7백 채, 7%가 줄었고 비거주용 건물 내 주택도 8백 채가 줄었다. 반면 아파트는 9백 채, 56%가 늘었고, 다세대주택과 연립주택은 각각 70채와 40채가 늘었다. 이에 따라 전체 주택(주택 이외의 거처 제외)에서 차지하는 비중은 단독주택은 72%에서 70%로 감소한 반면, 아파트는 11%에서 18%로, 연립주택은 9%에서 10%로 증가했다.

## 연천군 100가구 중 18가구가 최저 주거 기준에 미달

연천군에 사는 1만4천 가구를 100가구로 친다면, 그 중 18가구는 식구에 비해 집이 너무 좁거나 시설이 제대로 갖춰지지 않아 인간다운 품위를 지키기 어려운 최저 주거 기준 미달 가구다.

(반)지하 등에 거주하는 가구는 미미해서 백분율이 아닌 실제 가구 기준으로 살펴보겠다. 연천군에 사는 1만4천 가구 중 48가구는 (반)지하에, 5가구는 옥탑방에, 48가구는 판잣집·움막·비닐집에, 99가구는 업소의 잠만 자는 방 등에 살고 있다. 이런 상황에서 2005년 현재 연천군에 공급된 공공임대주택은 단 한 채도 없다.

## 연천군 유권자가 100명이라면

정당 지지도를 알 수 있는 최근 네 차례 선거(제3~4회 동시지방선거, 제17~18대 총선)를 기준으로 연천군 유권자는 대략 3만7천~3만9천 명이며, 평균 투표율은 61%였다.

연천군 유권자가 100명이라면 2002년 지방선거에서는 51명이 한나라당을, 27명이 새천년민주당을, 10명이 자민련을, 6명이 민주노동당을 찍었다. 2004년 총선에서는 40명은 열린우리당을, 35명은 한나라당을, 9명은 민주노동당을, 8명은 새천년민주당을, 2명은 자민련을 지지했다.

2006년 지방선거에서는 59명이 한나라당을 찍었고, 25명은 열린우리당을, 7명은 민주노동당을, 6명은 민주당을 찍었다. 2008년 총

표 3_3.125

## 경기도 연천군 (반)지하 등 거주 가구

(단위 : 가구, %)

| 행정구역 | 전체 가구 | (반)지하 | | 옥탑방 | 판잣집·움막·비닐집 | 기타 | |
|---|---|---|---|---|---|---|---|
| | | 가구 | 비중 | 가구 | 가구 | 가구 | 비중 |
| 연천군 | 14,364 | 48 | – | 5 | 48 | 99 | 1 |
| 연천읍 | 2,356 | – | – | – | 11 | 10 | – |
| 전곡읍 | 5,600 | 36 | 1 | 4 | 11 | 30 | 1 |
| 군남면 | 1,147 | 2 | – | – | – | 3 | – |
| 미산면 | 628 | – | – | – | 3 | 19 | 3 |
| 백학면 | 970 | 1 | – | – | 8 | 13 | 1 |
| 신서면 | 1,346 | 1 | – | 1 | 8 | 14 | 1 |
| 왕징면 | 440 | – | – | – | – | 2 | – |
| 장남면 | 228 | 1 | – | – | – | 2 | 1 |
| 중면 | 80 | – | – | – | – | 3 | 4 |
| 청산면 | 1,569 | 7 | – | – | 7 | 3 | – |

선에서는 48명이 한나라당을, 22명이 통합민주당을, 12명이 친박연대를, 4명이 민주노동당을, 3명이 자유선진당을, 다른 3명이 창조한국당을, 1명이 진보신당을 지지했다.

동네별 투표율은 중면과 장남면에서 상대적으로 높았다. 반면 전곡읍과 청산면에서 상대적으로 낮았다.

한나라당 득표율은 청산면에서 가장 높고 중면에서 상대적으로 낮은데, 득표율 격차는 최대 18%다.

민주(＋열린우리)당 득표율은 중면에서 가장 높고 장남면에서 상대적으로 낮은데, 득표율 격차는 4~10% 사이다.

민주노동당＋진보신당 득표율은 군남면과 왕징면, 중면 등에서 상대적으로 높았다.

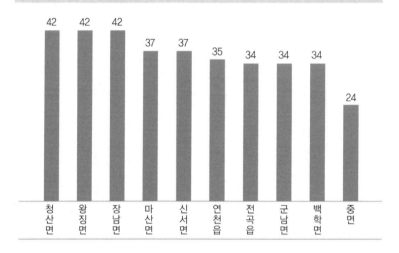

**그림 3_3.83**

## 경기도 연천군 동네별 한나라당 득표율

2004년 총선(단위 : %)

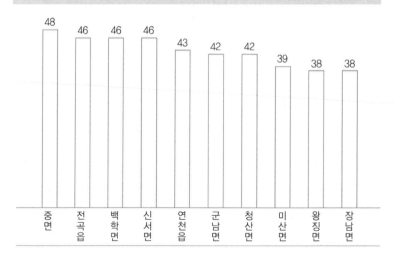

**그림 3_3.84**

## 경기도 연천군 동네별 민주(＋열린우리)당 득표율

2004년 총선(단위 : %)

1076

표 3_3.126

# 경기도 연천군 역대 선거 투표율과 정당 지지율

2002~2008년(단위 : 명, %)

| 행정구역 | 2002년 지방선거 | | | | | | | 2004년 총선 | | | | | | | |
|---|---|---|---|---|---|---|---|---|---|---|---|---|---|---|---|
| | 선거인 수 | 투표율 | 한나라당 | 새천년민주당 | 자민련 | 민주노동당 | 기타정당 | 선거인 수 | 투표율 | 한나라당 | 새천년민주당 | 열린우리당 | 자민련 | 민주노동당 | 기타정당 |
| 연천군 | 38,309 | 66 | 51 | 27 | 10 | 6 | 5 | 38,504 | 62 | 35 | 5 | 40 | 8 | 9 | 4 |
| 연천읍 | 6,174 | 70 | 50 | 26 | 13 | 6 | 5 | 6,350 | 65 | 35 | 5 | 39 | 8 | 9 | 4 |
| 전곡읍 | 13,969 | 57 | 52 | 28 | 8 | 6 | 5 | 14,224 | 57 | 34 | 5 | 41 | 8 | 10 | 3 |
| 군남면 | 3,584 | 71 | 47 | 26 | 13 | 8 | 6 | 3,478 | 63 | 34 | 6 | 37 | 11 | 8 | 5 |
| 미산면 | 1,564 | 70 | 53 | 25 | 10 | 8 | 5 | 1,507 | 67 | 37 | 3 | 35 | 10 | 10 | 4 |
| 백학면 | 2,430 | 76 | 52 | 28 | 9 | 5 | 6 | 2,406 | 62 | 34 | 6 | 41 | 7 | 9 | 4 |
| 신서면 | 3,531 | 71 | 47 | 29 | 11 | 6 | 7 | 3,369 | 62 | 37 | 4 | 42 | 7 | 7 | 3 |
| 왕징면 | 1,174 | 80 | 51 | 25 | 10 | 8 | 6 | 1,109 | 72 | 42 | 4 | 34 | 6 | 11 | 3 |
| 장남면 | 590 | 78 | 52 | 20 | 16 | 7 | 5 | 573 | 75 | 42 | 3 | 35 | 5 | 10 | 4 |
| 중면 | 193 | 82 | 46 | 30 | 16 | 5 | 3 | 222 | 77 | 24 | 3 | 45 | 14 | 10 | 4 |
| 청산면 | 4,048 | 62 | 53 | 27 | 10 | 4 | 5 | 4,079 | 58 | 42 | 6 | 36 | 6 | 7 | 4 |

| 행정구역 | 2006년 지방선거 | | | | | |
|---|---|---|---|---|---|---|
| | 선거인 수 | 투표율 | 열린우리당 | 한나라당 | 민주당 | 민주노동당 | 기타 정당 |
| 연천군 | 36,970 | 62 | 25 | 59 | 6 | 7 | 3 |

| 행정구역 | 2008년 총선 | | | | | | | | |
|---|---|---|---|---|---|---|---|---|---|
| | 선거인 수 | 투표율 | 통합민주당 | 한나라당 | 자유선진당 | 민주노동당 | 창조한국당 | 친박연대 | 진보신당 | 기타 정당 |
| 연천군 | 36,617 | 52 | 22 | 48 | 3 | 4 | 3 | 12 | 2 | 7 |
| 연천읍 | 5,795 | 54 | 23 | 46 | 4 | 3 | 2 | 13 | 2 | 7 |
| 전곡읍 | 14,154 | 45 | 22 | 46 | 4 | 3 | 4 | 13 | 2 | 6 |
| 군남면 | 3,050 | 54 | 20 | 52 | 3 | 3 | 2 | 11 | 2 | 7 |
| 미산면 | 1,497 | 57 | 19 | 51 | 3 | 6 | 1 | 9 | 1 | 9 |
| 백학면 | 2,344 | 59 | 18 | 50 | 3 | 3 | 2 | 12 | 1 | 11 |
| 신서면 | 3,038 | 55 | 25 | 47 | 3 | 2 | 2 | 12 | 2 | 7 |
| 왕징면 | 1,083 | 59 | 23 | 44 | 3 | 5 | 2 | 12 | 2 | 8 |
| 장남면 | 558 | 69 | 19 | 48 | 2 | 5 | 4 | 11 | 1 | 9 |
| 중면 | 223 | 68 | 23 | 53 | 1 | 4 | 4 | 5 | 3 | 6 |
| 청산면 | 3,677 | 47 | 20 | 53 | 3 | 3 | 2 | 12 | 1 | 6 |

# 경기도 오산시 6개 동네

숫자 100으로 본

오산시에는 2005년 현재 6개 동에 3만4천 개의 거처가 있고,
여기에 4만3천 가구 13만3천 명이 살고 있다.
경기도 오산시가 100명이 사는 마을이라면 어떤 모습일까?

## 숫자 100으로 본 오산시

오산시에 사는 사람은 경기도 평균인에 비해 대학 이상 학력자와 종
교 인구 비중이 낮다. 봉급생활자 비중이 상대적으로 높고 장치 기계
조작 및 조립직, 기능직이 많다. 셋방에 사는 가구와 1인 가구, 아파
트 거주자가 상대적으로 많으며 거주 기간이 짧아 이사를 자주 다닌다.

가구의 8%가 최저 주거 기준에 미달되지만 이들을 위한 공공임대
주택은 1%로 매우 부족하다.

최근 7년간 오산시에서 한나라당은 32~56%를, 민주(+열린우리)
당은 28~47%를, 민주노동당+진보신당은 6~16%를 각각 얻었다. 하
지만 동네별로는 차이가 컸다.

그림 3_3.85

# 경기도와 오산시의 주요 지수 평균 비교

(단위 : %)

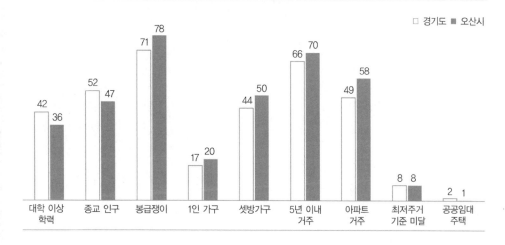

□ 경기도 ■ 오산시

오산시 인구가 <u>100명</u>이라면 :

대학 이상 학력자 <u>36명</u>, 종교 인구 <u>47명</u>

경기도 오산시에 사는 사람은 2005년 현재 13만2,532명으로, 오산시 인구가 100명이라면 남자 대 여자의 수는 50 대 50으로 균형을 이루고 있다. 동별로는 중앙동과 신장동은 균형 상태이고, 세마동은 53 대 47로 남자가 훨씬 많으며 대원동과 초평동 역시 51 대 49로 남자가 많다. 반면 남촌동은 49 대 51로 여자가 더 많다.

100명 중 99명은 내국인이고 1명은 외국인인데 국적별로는 중국이 48%(재중 동포 = 조선족 24%)로 가장 많고, 미국 8%, 우즈베키스탄 6%, 베트남 5% 순이다. 동별로는 세마동 인구의 2%, 중앙동·남촌동·초평동 인구의 1%가 외국인이다. 30명은 어린이와 청소년(19세 미만)이고, 70명은 어른이다. 어른 가운데 8명은 노인(65세 이상)이다.

지역적으로는, 오산시에 사는 100명 중 32명은 대원동에 살고 23명은 중앙동에 사는 등 절반 이상이 두 동네에 산다. 16명

은 신장동에, 14명은 남촌동에, 10명은 초평동에 살며 4명은 세마동에 산다.

학력은 어떨까. 11명은 초등학교에, 4명은 중학교에, 다른 4명은 고등학교에 다니고 있으며, 28명은 대학에 재학 중이거나 대학 이상의 학력을 가지고 있다(6세 이상 인구 기준). 또 오산시에 사는 19세 이상 인구 가운데 36%가 대학 이상 학력자다. 세마동은 19세 이상 인구의 49%가 대학 이상 학력자로 비중이 가장 높다.

종교를 보면, 47명이 종교를 갖고 있다. 18명은 불교, 다른 18명은 개신교, 9명은 천주교 신자다. 불교는 신장동에서, 개신교는 세마동에서, 천주교는 중앙동에서 각각 신자 비율이 높다.

31명은 미혼이며 79명은 결혼했다. 결혼한 사람 가운데 5명은 배우자와 사별했고, 3명은 이혼했다(15세 이상 인구 기준). 3명은 몸이 불편하거나 정신 장애로 정상적인 활동에 제약을 느끼고 있다.

표 3_3.127

## 경기도 오산시 성별·종교별·학력별 인구

(단위 : 명, %)

| 행정구역 | 남녀/외국인 | | | | 종교 인구 | | | | | | | 대학 이상 학력 인구 | | | | | | |
|---|---|---|---|---|---|---|---|---|---|---|---|---|---|---|---|---|---|---|
| | 총인구 | 남자 | 여자 | 외국인 | 인구 (내국인) | 종교 있음 | | | | | 종교 없음 | 19세 이상 인구 | 계 | 4년제 미만 | | 4년제 이상 | | 대학원 이상 |
| | | | | | | 계 | 불교 | 개신교 | 천주교 | 기타 | | | | 계 | 재학 | 계 | 재학 | |
| 오산시 | 132,532 | 50 | 50 | 1 | 131,792 | 47 | 18 | 18 | 9 | 1 | 52 | 92,361 | 36 | 15 | 2 | 19 | 4 | 2 |
| 남촌동 | 18,880 | 49 | 51 | 1 | 18,709 | 40 | 16 | 13 | 10 | 1 | 57 | 14,150 | 31 | 16 | 2 | 14 | 2 | 1 |
| 대원동 | 42,356 | 51 | 49 | 0 | 42,183 | 48 | 18 | 19 | 9 | 2 | 52 | 28,985 | 36 | 15 | 2 | 19 | 3 | 2 |
| 세마동 | 5,199 | 53 | 47 | 2 | 5,119 | 56 | 18 | 26 | 10 | 2 | 44 | 3,890 | 49 | 12 | 3 | 35 | 21 | 2 |
| 신장동 | 21,722 | 50 | 50 | 0 | 21,664 | 50 | 21 | 21 | 7 | 1 | 50 | 15,409 | 31 | 13 | 2 | 16 | 4 | 2 |
| 중앙동 | 30,527 | 50 | 50 | 1 | 30,358 | 47 | 19 | 17 | 11 | 1 | 52 | 20,506 | 43 | 15 | 2 | 25 | 3 | 3 |
| 초평동 | 13,848 | 51 | 49 | 1 | 13,759 | 42 | 17 | 16 | 9 | 1 | 57 | 9,421 | 28 | 14 | 2 | 13 | 2 | 1 |

34명은 현재 살고 있는 집에 산 지 5년이 넘었으나, 66명은 5년 이내에 새로 이사 왔다(5세 이상 인구 기준). 이사 온 사람 중 26명은 오산시의 다른 동에서, 20명은 경기도의 다른 시군에서, 19명은 경기도 밖에서 이사 왔다.

## 오산시 취업자가 100명이라면 :
## 78명은 봉급쟁이

오산시에 사는 15세 이상 인구 9만9천여 명 가운데 취업해 직장에 다니는 사람(취업자)은 58%, 5만7,600여 명이다. 오산시 취업자가 100명이라면 60명은 30~40대, 25명은 20대이며, 9명은 50대다. 65세 이상 노인도 2명이 일하고 있다.

회사에서 봉급을 받고 일하는 직장인은 78명이다. 13명은 고용한 사람 없이 혼자서 일하는 자영업자이며, 6명은 누군가를 고용해 사업체를 경영하는 사업주다. 4명은 가족이 운영하는 사업체에서 보수 없이 일하고 있다. 오산시는 경기도 31개 시군 가운데 취업자 중 직장인 즉 임금노동자 비중이 가장 높고, 자영업자 비중은 군포시에 이어 두 번째로 낮은 곳 중 한 곳이다.

직업별로는 장치 기계 조작 및 조립직이 26명으로 가장 많고, 사무직 19명, 기능직 11명, 기술직이나 준전문가 10명순이다. 또 8명은 서비스업에, 7명은 전문가로, 다른 7명은 판매직에 종사하고 있다. 6명은 단순 노무직으로, 3명은 고위 관리직으로 일하고 있고, 다른 3명은 농림 어업에 종사하고 있다. 오산시는 경기도 31개 시군 가운데 취업자 중 장치 기계 조작 및 조립직 종사자 규모가 가장 높다.

직장으로 출근하는 데 30분 이상 걸리는 사람은 34명이며, 그 가운데 9명은 1시간 이상 걸린다. 14명은 걸어서 출근하고 86명은 교통수단을 이용해 출근한다. 86명 가운데 52명은 자가용으로, 19명은 통근 버스로, 8명은 시내버스로 출퇴근한다. 또 1명은 고속버스나 시외버스를, 1명은 전철을, 다른 1명은 자전거를 이용하며, 3명은 버스와 전철 또는 승용차를 갈아타며 출근한다. 오산시는 경기도 시군 가운데 통근 버스를 이용한 출퇴근자 비율이 가장 높다.

사무실이나 공장 등에서 일하는 사람은 85명이며, 야외나 거리 또는 운송 수단에서 일하는 사람은 11명이다. 2명은 자기 집에서, 다른 1명은 남의 집에서 일한다.

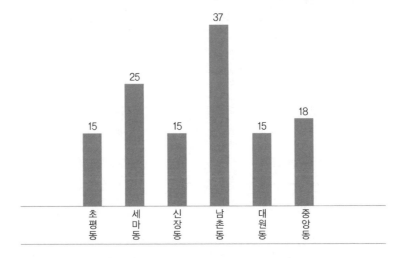

그림 3_3.86

## 경기도 오산시 동네별 1인 가구

(단위 : %)

초평동 15
세마동 25
신장동 15
남촌동 37
대원동 15
중앙동 18

## 오산시에 100가구가 산다면 :
## 50가구는 셋방살이

오산시에는 4만3천 가구가 산다(일반 가구 기준). 오산시에 사는 가구
를 100가구로 친다면, 39가구는 식구가 한 명 또는 두 명인 1, 2인 가
구이며, 이 가운데 20가구는 나 홀로 사는 1인 가구다. 식구 4명은 30
가구, 3명은 21가구, 5명 이상은 10가구다.

　동네별 1인 가구 비중을 보면 남촌동에서 37%로 가장 높고, 세마
동(25%), 중앙동(18%), 초평동·신장동·대원동(각 15%)이 뒤를 잇
는다.

표 3_3.128

## 경기도 오산시의 다주택자

(단위 : 가구, 호)

| 구분 | | | 가구 수 | 주택 수 | 평균 주택 수 |
|---|---|---|---|---|---|
| 일반 가구 | | | 43,166 | – | – |
| 자가 가구 | | | 20,018 | – | – |
| 다주택 가구 | 통계청 | | 2,552 | – | – |
| | 행자부 | 계 | 1,666 | 3,878 | 2 |
| | | 2채 | 1,451 | 2,902 | 2 |
| | | 3채 | 134 | 402 | 3 |
| | | 4채 | 28 | 112 | 4 |
| | | 5채 | 15 | 75 | 5 |
| | | 6~10채 | 26 | 187 | 7 |
| | | 11채 이상 | 12 | 200 | 17 |

46가구는 자신이 소유한 집에서 살고, 50가구는 셋방에 살며, 3가구는 직장의 사택이나 친척집 등에서 무상으로 살고 있다. 자기 집에 사는 가구 중 6가구는 현재 살고 있는 집 외에 최소 한 채에서 여러 채를 소유한 다주택자들이다.

셋방 사는 가구 가운데 26가구는 전세에, 22가구는 보증금 있는 월세에, 2가구는 보증금 없는 월세에 살고 있다. 셋방 사는 가구 중 5가구는 어딘가에 자신 명의의 집을 소유하고 있으나 경제 사정이나 자녀 교육, 직장 등의 사정으로 셋방에 살고 있다.

70가구는 현재 사는 집으로 이사 온 지 5년이 안 되며, 이 가운데 41가구는 2년이 안 된다. 18가구는 5~10년이 됐고, 11가구는 10년이 넘었다.

71가구는 자동차를 소유하고 있고 이 가운데 58가구는 자기 집에

표 3_3.129

## 경기도 오산시 주택의 점유·소유 형태별 가구

(단위 : 가구, %)

| 행정구역 | 전체 가구 | 자기 집에 거주 | | | 셋방에 거주 | | | 무상으로 거주 | | 주택 소유 | 무주택 |
|---|---|---|---|---|---|---|---|---|---|---|---|
| | | 계 | 집 한 채 | 여러 채 | 계 | 집 없음 | 집 있음 | 집 없음 | 집 있음 | | |
| 오산시 | 43,166 | 46 | 40 | 6 | 50 | 45 | 5 | 3 | 0 | 52 | 48 |
| 남촌동 | 7,420 | 26 | 22 | 4 | 64 | 59 | 5 | 9 | 0 | 32 | 68 |
| 대원동 | 13,136 | 56 | 50 | 7 | 42 | 37 | 5 | 2 | 0 | 61 | 39 |
| 세마동 | 1,639 | 31 | 27 | 4 | 65 | 60 | 5 | 4 | 0 | 36 | 64 |
| 신장동 | 6,967 | 56 | 49 | 7 | 42 | 37 | 5 | 2 | 0 | 61 | 39 |
| 중앙동 | 9,687 | 38 | 32 | 6 | 59 | 53 | 6 | 2 | 0 | 45 | 55 |
| 초평동 | 4,317 | 59 | 53 | 6 | 39 | 35 | 3 | 2 | 0 | 63 | 37 |

전용 주차장이 있다. 자동차 소유 가구 중 13가구는 차를 2대 이상 소유하고 있다.


**집 많은 사람, 집 없는 사람 :**
**초평동 63% 주택 소유, 남촌동 68% 무주택**


오산시에 사는 100가구 중 52가구는 주택 소유자이고 48가구는 무주택자다. 7개 동네 중 3곳은 주택 소유자가 더 많고 3곳은 무주택자가 더 많다. 초평동·대원동·신장동 가구의 60% 이상이 주택 소유자다. 반면 남촌동에 사는 가구 중에는 32%만 주택 소유자이며 68%는 무주택자다. 세마동 가구의 64%, 중앙동 가구의 55%도 무주택자다.

오산시 100가구 중 6가구는 다주택자다. 대원동과 신장동 가구의

**표 3_3.130**

## 경기도 오산시 거처의 종류별·연건평별·건축년도별 주택

(단위 : 호, 가구, %)

| 행정구역 | 거처의 종류별 거처와 가구 | | | | | | | | | | | | | |
| --- | --- | --- | --- | --- | --- | --- | --- | --- | --- | --- | --- | --- | --- | --- |
| | 계 | | 단독주택 | | 아파트 | | 연립주택 | | 다세대주택 | | 비거주용 건물 내 주택 | | 주택 이외의 거처 | |
| | 거처 | 가구 | 거처 | 가구 | 거처 | 가구 | 거처 | 가구 | 거처 | 가구 | 거처 | 가구 | 거처 | 가구 |
| 오산시 | 34,058 | 43,313 | 14 | 31 | 74 | 58 | 6 | 5 | 4 | 3 | 1 | 2 | 1 | 1 |
| 남촌동 | 2,935 | 7,457 | 32 | 72 | 47 | 18 | 10 | 4 | 10 | 4 | 1 | 1 | 0 | 0 |
| 대원동 | 12,091 | 13,171 | 9 | 16 | 80 | 74 | 7 | 6 | 2 | 1 | 1 | 1 | 2 | 2 |
| 세마동 | 1,288 | 1,646 | 44 | 56 | 46 | 36 | 0 | 0 | 5 | 4 | 4 | 3 | 2 | 1 |
| 신장동 | 5,782 | 6,983 | 12 | 27 | 68 | 56 | 9 | 7 | 10 | 9 | 1 | 1 | 0 | 0 |
| 중앙동 | 7,828 | 9,730 | 12 | 27 | 80 | 65 | 4 | 3 | 2 | 2 | 2 | 3 | 1 | 1 |
| 초평동 | 4,134 | 4,326 | 11 | 15 | 83 | 79 | 5 | 5 | 1 | 1 | 0 | 0 | 0 | 0 |

7%가 집을 두 채 이상 여러 채 소유한 다주택자다.

오산시 100가구 중 5가구는 유주택 전월세 가구다. 중앙동 가구의 6%는 어딘가에 자신 명의의 집이 있지만 현재 셋방에 살고 있다. 주택 소유자 중 유주택 전월세를 제외한 46가구는 자기 집에 사는데 초평동(59%)과 대원동·신장동(각 56%)에서 비율이 높다.

유주택 전월세를 포함한 50가구는 셋방에 살고 이 가운데 45가구는 무주택 전월세 가구다. 한편 소요동과 남촌동에 사는 가구 중 9%는 직장의 사택이나 친척집 등에서 무상으로 살고 있는데 이들 역시 모두 무주택자다.

| 총 주택 수 | 연건평별 주택 | | | | 건축년도별 주택 | | |
|---|---|---|---|---|---|---|---|
| | 14평 미만 | 14~19평 | 19~29평 | 29평 이상 | 1995~2005년 | 1985~1994년 | 1985년 이전 |
| 33,758 | 8 | 42 | 38 | 12 | 68 | 23 | 9 |
| 2,921 | 4 | 18 | 58 | 20 | 63 | 23 | 14 |
| 11,905 | 8 | 51 | 33 | 8 | 75 | 16 | 9 |
| 1,267 | 7 | 6 | 64 | 23 | 74 | 9 | 17 |
| 5,772 | 14 | 44 | 33 | 8 | 35 | 57 | 8 |
| 7,773 | 1 | 39 | 40 | 20 | 81 | 9 | 10 |
| 4,120 | 12 | 48 | 32 | 8 | 71 | 23 | 6 |

## 오산시에 있는 집이 100채라면 :
## 74채는 아파트

오산시에는 집(주택과 주택 이외의 거처)이 3만4,058채가 있다. 오산시에 있는 집이 100채라면 74채는 아파트이고 14채는 단독주택이며, 6채는 연립주택, 4채는 다세대주택이다. 또 1채는 상가 등 비거주용 건물 내 주택, 다른 1채는 주택 이외의 거처다.

초평동·중앙동·대원동에 있는 거처의 80% 이상이 아파트고 신장동도 68%가 아파트다. 반면 세마동은 거처의 56%가 단독주택이고 아파트는 46%다. 남촌동은 아파트가 47%, 단독주택은 32%다. 남촌동은 거처의 10%가 연립주택이고, 다른 10%는 다세대주택이며, 신장동도 다세대주택이 10%, 연립주택이 9%를 차지한다.

사람이 사는 곳을 기준으로 보면 오산시 가구의 58%는 아파트에, 31%는 단독주택에, 5%는 연립주택에, 3%는 다세대주택에 산다. 비거주용 건물 내 주택에는 2%, 주택 이외의 거처에는 1%가 산다.

아파트가 많은 초평동과 대원동은 70% 이상이 아파트에 살고, 중앙동은 65% 신장동은 56%가 아파트에 산다. 반면 남촌동은 72%가 단독주택에 살고, 세마동은 56%가 단독주택에, 36%는 아파트에 산다.

오산시 주택(주택 이외의 거처 제외)을 크기별로 보면 29평 이상의 주택은 12채, 19~29평은 38채, 14~19평은 42채이며, 14평 미만은 8채다. 세마동·중앙동·남촌동에서는 29평 이상이 20% 이상을 차지하고 있고, 신장동과 초평동에서는 14평 미만 소형 주택이 10% 이상을 차지한다.

2005년을 기준으로 68채는 지은 지 10년(1995~2005년 사이 건축)이 안 된 새집이며, 9채는 지은 지 20년이 넘었다. 중앙동 주택의 80% 이상, 대원동·세마동·초평동 주택의 70% 이상, 남촌동 주택의 60%가 10년 이내에 지은 새집이다.

1995년부터 2005년까지 10년 동안 오산시 주택 수(주택 이외의 거처 제외)는 1만4천 채에서 3만4천 채로 138%, 2만 채가 늘었다. 이 기간 동안 아파트는 2만 채, 다세대주택은 1천 채가 늘어 각각 445%와 548%가 늘었다. 반면 단독주택은 51채, 연립주택은 1천6백 채가 줄어 각각 1%와 43%가 감소했다. 이에 따라 전체 주택(주택 이외의 거처 제외)에서 차지하는 비중도 아파트는 33%에서 75%로, 다세대주택은 1%에서 4%로 증가한 반면, 단독주택은 34%에서 14%로, 연립주택은 26%에서 6%로 감소했다.

**표 3_3.131**

## 경기도 오산시 (반)지하 등 거주 가구

(단위 : 가구, %)

| 행정구역 | 전체 가구 | (반)지하 | | 옥탑방 | 판잣집·움막·비닐집 | 기타 |
|---|---|---|---|---|---|---|
| | | 가구 | 비중 | 가구 | 가구 | 가구 |
| 오산시 | 43,166 | 797 | 2 | 39 | 27 | 29 |
| 남촌동 | 7,420 | 296 | 4 | 4 | 4 | 3 |
| 대원동 | 13,136 | 60 | – | 10 | 1 | 2 |
| 세마동 | 1,639 | 26 | 2 | 1 | 14 | 4 |
| 신장동 | 6,967 | 151 | 2 | 12 | 7 | 1 |
| 중앙동 | 9,687 | 229 | 2 | 12 | – | 8 |
| 초평동 | 4,317 | 35 | 1 | – | 1 | 11 |

## 오산시 100가구 중 8가구는 최저 주거 기준에 미달

오산시에 사는 4만3천 가구를 100가구로 친다면, 그 중 8가구는 식구에 비해 집이 너무 좁거나 시설이 제대로 갖춰지지 않아 인간다운 품위를 지키기 어려운 최저 주거 기준 미달 가구다.

또 100가구 가운데 98가구는 지상에 살지만, 2가구는 (반)지하에 살고 있다. (반)지하에 사는 가구 비중은 남촌동(4%)에서 가장 높고, 중앙동·신장동·세마동(각 2%)이 뒤를 잇는다. 이 밖에 오산시 4만3천 가구 가운데 옥탑방에 396가구가, 판잣집·움막·비닐집에 27가구가, 업소의 잠만 자는 방 등에 29가구가 사는 것으로 나타났다.

한편 2005년 현재 오산시에 공급된 공공임대주택은 571채로 전체 가구 수 대비 1% 수준에 그친다. 공공임대주택은 모두 중앙정부 산하 주공이 공급한 철거민용 50년 임대주택으로, 경기도나 오산시는 무주택 서민을 위한 공공임대주택을 단 한 채도 공급하지 않았다.


## 오산시 유권자가 100명이라면


정당 지지도를 알 수 있는 최근 네 차례 선거(제3~4회 동시지방선거, 제17~18대 총선)를 기준으로 오산시 유권자는 대략 8만~11만 명이며, 평균 투표율은 49%였다.

오산시 유권자가 100명이라면 2002년 지방선거에서는 50명이 한나라당을, 29명이 새천년민주당을, 12명이 자민련을, 6명이 민주노동당을 찍었다. 2004년 총선에서는 43명은 열린우리당을, 32명은 한나라당을, 15명은 민주노동당을, 4명은 새천년민주당을, 2명은 자민련을 지지했다.

2006년 지방선거에서는 60명이 한나라당을 찍었고, 21명은 열린우리당을, 11명은 민주노동당을, 7명은 민주당을 찍었다. 2008년 총선에서는 42명이 한나라당을, 28명이 통합민주당을, 11명이 친박연대를, 4명이 자유선진당을, 다른 4명이 창조한국당을, 또 다른 4명이 민주노동당을, 3명이 진보신당을 지지했다.

동네별 투표율은 세마동·중앙동·신장동에서 상대적으로 높았다. 반면 초평동과 남촌동에서 상대적으로 낮았다.

한나라당 득표율은 세마동에서 가장 높고 초평동에서 상대적으로 낮은데, 득표율 격차는 7~16% 사이다.

민주(+열린우리)당 득표율은 초평동에서 가장 높고 세마동에서 가장 낮은데, 득표율 격차는 10~11% 사이다.

민주노동당＋진보신당 득표율은 대원동과 남촌동·중앙동에서 상대적으로 높았다.

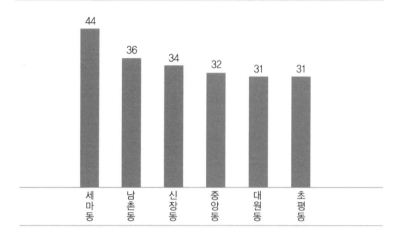

**그림 3_3.87**

## 경기도 오산시 동네별 한나라당 득표율

2004년 총선(단위 : %)

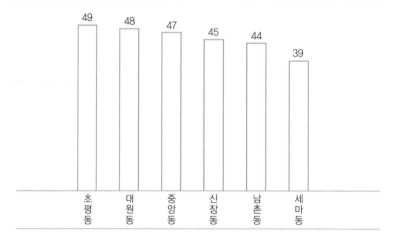

**그림 3_3.88**

## 경기도 오산시 동네별 민주(＋열린우리)당 득표율

2004년 총선(단위 : %)

**표 3_3.132**

## 경기도 오산시 역대 선거 투표율과 정당 지지율

2002~2008년(단위 : 명, %)

| 행정구역 | 2002년 지방선거 | | | | | | | 2004년 총선 | | | | | | | |
|---|---|---|---|---|---|---|---|---|---|---|---|---|---|---|---|
| | 선거인 수 | 투표율 | 한나라당 | 새천년민주당 | 자민련 | 민주노동당 | 기타정당 | 선거인 수 | 투표율 | 한나라당 | 새천년민주당 | 열린우리당 | 자민련 | 민주노동당 | 기타정당 |
| 오산시 | 77,816 | 48 | 50 | 29 | 12 | 6 | 3 | 82,237 | 56 | 32 | 4 | 43 | 2 | 15 | 3 |
| 남촌동 | 4,881 | 59 | 49 | 26 | 15 | 7 | 3 | 6,334 | 49 | 36 | 5 | 40 | 3 | 13 | 4 |
| 대원동 | 26,973 | 44 | 51 | 29 | 11 | 7 | 3 | 27,544 | 55 | 31 | 4 | 44 | 2 | 16 | 3 |
| 세마동 | 2,201 | 71 | 56 | 23 | 11 | 5 | 5 | 2,601 | 56 | 44 | 2 | 37 | 3 | 11 | 3 |
| 신장동 | 13,622 | 53 | 48 | 27 | 15 | 7 | 3 | 13,970 | 57 | 34 | 4 | 41 | 3 | 14 | 4 |
| 중앙동 | 19,517 | 45 | 50 | 29 | 12 | 6 | 3 | 20,380 | 57 | 32 | 4 | 43 | 2 | 16 | 3 |
| 초평동 | 9,249 | 39 | 49 | 33 | 10 | 6 | 3 | 9,863 | 51 | 31 | 4 | 45 | 2 | 15 | 3 |

| 행정구역 | 2006년 지방선거 | | | | | | |
|---|---|---|---|---|---|---|---|
| | 선거인 수 | 투표율 | 열린우리당 | 한나라당 | 민주당 | 민주노동당 | 기타 정당 |
| 오산시 | 94,380 | 49 | 24 | 56 | 6 | 11 | 3 |

| 행정구역 | 2008년 총선 | | | | | | | | | |
|---|---|---|---|---|---|---|---|---|---|---|
| | 선거인 수 | 투표율 | 통합민주당 | 한나라당 | 자유선진당 | 민주노동당 | 창조한국당 | 친박연대 | 진보신당 | 기타 정당 |
| 오산시 | 105,500 | 43 | 28 | 37 | 9 | 6 | 4 | 10 | 2 | 4 |
| 남촌동 | 16,092 | 29 | 29 | 36 | 9 | 6 | 5 | 9 | 3 | 4 |
| 대원동 | 37,388 | 44 | 29 | 35 | 9 | 6 | 4 | 10 | 3 | 4 |
| 세마동 | 3,776 | 43 | 20 | 52 | 5 | 4 | 4 | 9 | 2 | 4 |
| 신장동 | 15,901 | 47 | 26 | 38 | 9 | 6 | 4 | 10 | 2 | 5 |
| 중앙동 | 20,160 | 45 | 28 | 37 | 8 | 5 | 4 | 11 | 3 | 3 |
| 초평동 | 10,598 | 39 | 31 | 36 | 8 | 6 | 4 | 9 | 2 | 4 |

## 숫자 100으로 본 경기도 용인시 29개 동네

용인시에는 2005년 현재 처인구, 기흥구, 수지구 등 3개 구 29개 읍면동에 18만9천 개의 거처가 있고, 여기에 21만1천 가구 69만 명이 살고 있다.

경기도 용인시가 100명이 사는 마을이라면 어떤 모습일까?

## 숫자 100으로 본 용인시

용인시에 사는 사람은 경기도 평균인에 비해 고학력이며 종교 인구 비중도 높다. 봉급생활자 비중이 상대적으로 높고 직업별로는 고위 관리직, 전문가, 기술공 및 준전문가, 사무직 비중이 높다. 출퇴근 시간은 긴 편이며 자동차 2대 이상 소유자가 많다.

주택 소유자, 다주택자, 아파트 거주자가 많고 거주 기간이 짧아 이사도 잦은 편이다. 가구의 2%는 (반)지하에 살고 5%는 최저 주거 기준 미달 가구인데, 공공임대주택은 2%로 부족한 편이다.

최근 7년간 용인시에서 한나라당은 41~64%를 얻었고, 민주(+열린우리)당은 22~43%를, 민주노동당+진보신당은 5~12%를 얻었다.

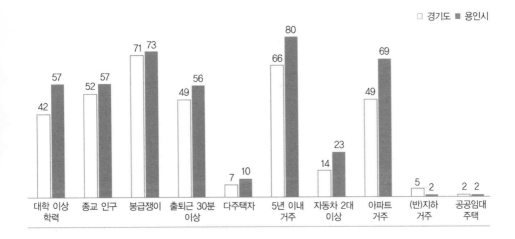

그림 3_3.89

# 경기도와 용인시의 주요 지수 평균 비교

(단위 : %)

□ 경기도  ■ 용인시

| | 경기도 | 용인시 |
|---|---|---|
| 대학 이상 학력 | 42 | 57 |
| 종교 인구 | 52 | 57 |
| 봉급쟁이 | 71 | 73 |
| 출퇴근 30분 이상 | 49 | 56 |
| 다주택자 | 7 | 10 |
| 5년 이내 거주 | 66 | 80 |
| 자동차 2대 이상 | 14 | 23 |
| 아파트 거주 | 49 | 69 |
| (반)지하 거주 | 5 | 2 |
| 공공임대 주택 | 2 | 2 |

하지만 동네별로는 차이가 컸다.


**용인시 인구가 100명이라면 :**

**대학 이상 학력자 57명, 종교 인구 57명**


경기도 용인시에 사는 사람은 2005년 현재 68만9,691명으로, 용인시 인구가 100명이라면 남자 대 여자의 수는 50 대 50으로 균형을 이루고 있다. 구별로는 처인구는 51 대 49로 남자가, 기흥구와 수지구는 49 대 51로 여자가 더 많다. 동네 중에서는 서농동이 38 대 62로 여자가 월등하게 많다. 또 처인구 인구 중 1%는 외국인인데 동네별로는 남사면이 인구 중 3%가 외국인으로 가장 많다. 28명은 어린이와 청소년(19살 미만)이고, 72명은 어른이다. 어른 가운데 7명은 노인(65세 이상)이다.

지역적으로는, 용인시에 사는 100명 중 39명은 수지구에, 33명은 기흥구에, 28명

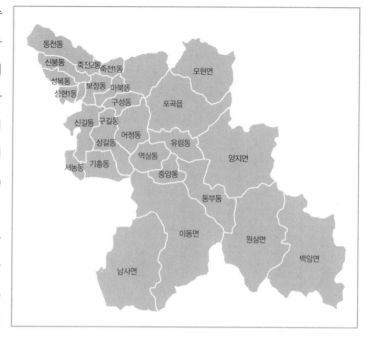

은 처인구에 나뉘어 사는데 이들은 다시 29개 동네에 흩어져 산다. 죽전1동에는 8명이 살고 신갈동에는 7명이 산다. 유림동·상갈동·풍덕천1동·풍덕천2동·상현2동에 5명씩, 포곡읍·역삼동·구갈동·마북동·보정동·상현1동에 4명씩, 모현면·중앙동·구성동·어정동·신봉동·죽전2동·동천동·성복동에 3명씩 산다. 또 이동면·양지면·동부동·서농동에 2명씩, 남사면·원삼면·백암면·기흥동에는 1명씩 산다.

종교를 보면, 57명이 종교를 갖고 있다. 24명은 개신교, 17명은 불교, 15명은 천주교 신자다. 수지구는 동네 인구 중 60%, 기흥구는 56%, 처인구는 53%가 종교를 갖고 있다. 수지구와 기흥구는 개신교 신자가 많은 반면, 처인구는 불교 신자가 많다. 개신교는 상현1동에서, 불교는 원삼면에서, 천주교는 성복동에서 신자 비율이 높다.

학력은 어떨까. 6세 이상 인구를 기준으로 11명은 초등학교에, 4

표 3_3.133

# 경기도 용인시 성별·종교별·학력별 인구

(단위 : 명, %)

| 행정구역 | 남녀/외국인 | | | 종교 인구 | | | | | | 대학 이상 학력 인구 | | | | | | |
| | 총인구 | 남자 | 여자 | 외국인 | 인구 (내국인) | 계 | 종교 있음 | | | | 종교 없음 | 19세 이상 인구 | 계 | 4년제 미만 | | 4년제 이상 | | 대학원 이상 |
| | | | | | | | 불교 | 개신교 | 천주교 | 기타 | | | | 계 | 재학 | 계 | 재학 | |
|---|---|---|---|---|---|---|---|---|---|---|---|---|---|---|---|---|---|---|
| 용인시 | 689,691 | 50 | 50 | 0 | 686,842 | 57 | 17 | 24 | 15 | 1 | 42 | 493,087 | 57 | 11 | 2 | 39 | 6 | 7 |
| 처인구 | 191,762 | 51 | 49 | 1 | 190,252 | 53 | 22 | 18 | 12 | 1 | 46 | 137,173 | 34 | 13 | 3 | 19 | 6 | 2 |
| 포곡읍 | 27,183 | 51 | 49 | 0 | 27,105 | 49 | 21 | 16 | 11 | 1 | 49 | 18,952 | 31 | 14 | 3 | 15 | 3 | 2 |
| 남사면 | 6,652 | 52 | 48 | 3 | 6,473 | 58 | 21 | 28 | 7 | 2 | 42 | 5,103 | 23 | 10 | 2 | 12 | 3 | 1 |
| 모현면 | 20,476 | 52 | 48 | 1 | 20,302 | 51 | 20 | 21 | 9 | 1 | 49 | 14,637 | 34 | 11 | 3 | 21 | 8 | 2 |
| 백암면 | 9,245 | 52 | 48 | 1 | 9,130 | 55 | 29 | 15 | 10 | 1 | 39 | 7,354 | 20 | 9 | 2 | 10 | 3 | 2 |
| 양지면 | 13,172 | 52 | 48 | 1 | 12,981 | 61 | 24 | 19 | 17 | 1 | 38 | 9,586 | 31 | 12 | 3 | 16 | 3 | 3 |
| 원삼면 | 6,722 | 52 | 48 | 2 | 6,603 | 60 | 31 | 14 | 12 | 3 | 39 | 5,162 | 24 | 10 | 3 | 12 | 3 | 2 |
| 이동면 | 15,420 | 48 | 52 | 1 | 15,233 | 54 | 18 | 18 | 17 | 1 | 45 | 11,521 | 29 | 12 | 2 | 15 | 3 | 2 |
| 동부동 | 12,341 | 50 | 50 | 1 | 12,244 | 52 | 25 | 18 | 9 | 1 | 47 | 9,025 | 33 | 14 | 3 | 17 | 4 | 2 |
| 역삼동 | 26,104 | 51 | 49 | 0 | 26,037 | 51 | 22 | 15 | 13 | 1 | 48 | 18,178 | 45 | 13 | 2 | 28 | 10 | 3 |
| 유림동 | 32,172 | 51 | 49 | 0 | 32,076 | 50 | 19 | 21 | 9 | 1 | 48 | 21,550 | 36 | 13 | 2 | 21 | 3 | 2 |
| 중앙동 | 22,275 | 52 | 48 | 1 | 22,068 | 54 | 24 | 17 | 12 | 1 | 44 | 16,105 | 42 | 12 | 3 | 27 | 13 | 3 |
| 기흥구 | 230,538 | 49 | 51 | 0 | 229,748 | 56 | 16 | 25 | 15 | 1 | 43 | 165,866 | 59 | 11 | 2 | 41 | 7 | 7 |
| 구갈동 | 24,968 | 50 | 50 | 1 | 24,818 | 51 | 17 | 22 | 11 | 1 | 47 | 17,580 | 55 | 13 | 2 | 36 | 7 | 5 |
| 구성동 | 22,437 | 51 | 49 | 0 | 22,405 | 62 | 16 | 28 | 17 | 1 | 38 | 16,719 | 67 | 11 | 2 | 47 | 8 | 8 |
| 기흥동 | 9,632 | 57 | 43 | 0 | 9,609 | 52 | 16 | 21 | 14 | 1 | 45 | 7,249 | 50 | 15 | 4 | 30 | 10 | 4 |
| 마북동 | 27,980 | 50 | 50 | 0 | 27,922 | 62 | 15 | 27 | 19 | 1 | 37 | 20,398 | 68 | 10 | 1 | 49 | 5 | 9 |
| 보정동 | 24,265 | 49 | 51 | 0 | 24,237 | 64 | 15 | 31 | 18 | 1 | 36 | 18,138 | 76 | 7 | 1 | 57 | 6 | 12 |
| 상갈동 | 37,314 | 50 | 50 | 0 | 37,204 | 55 | 16 | 23 | 15 | 1 | 44 | 26,347 | 59 | 12 | 1 | 40 | 4 | 8 |
| 서농동 | 14,319 | 38 | 62 | 1 | 14,204 | 51 | 16 | 20 | 14 | 1 | 47 | 9,818 | 58 | 11 | 3 | 41 | 23 | 5 |
| 신갈동 | 45,591 | 50 | 50 | 1 | 45,349 | 53 | 17 | 23 | 13 | 1 | 47 | 32,016 | 50 | 13 | 2 | 32 | 4 | 5 |
| 어정동 | 24,032 | 49 | 51 | 0 | 24,000 | 55 | 17 | 25 | 12 | 1 | 43 | 17,601 | 49 | 12 | 1 | 32 | 3 | 4 |
| 수지구 | 267,391 | 49 | 51 | 0 | 266,842 | 60 | 14 | 28 | 17 | 1 | 39 | 190,048 | 72 | 10 | 1 | 53 | 6 | 10 |
| 동천동 | 18,539 | 50 | 50 | 0 | 18,470 | 58 | 15 | 26 | 16 | 0 | 42 | 13,358 | 65 | 11 | 2 | 46 | 6 | 8 |
| 상현1동 | 28,358 | 50 | 50 | 0 | 28,317 | 64 | 15 | 32 | 17 | 1 | 34 | 20,749 | 74 | 8 | 1 | 55 | 7 | 10 |
| 상현2동 | 31,813 | 49 | 51 | 0 | 31,788 | 59 | 14 | 26 | 18 | 1 | 39 | 22,621 | 72 | 9 | 1 | 53 | 6 | 9 |
| 성복동 | 19,012 | 49 | 51 | 0 | 18,970 | 68 | 17 | 29 | 21 | 1 | 29 | 15,548 | 81 | 6 | 1 | 61 | 7 | 14 |
| 신봉동 | 23,377 | 49 | 51 | 0 | 23,336 | 63 | 15 | 28 | 20 | 1 | 36 | 16,675 | 78 | 10 | 1 | 56 | 6 | 12 |
| 죽전1동 | 53,562 | 49 | 51 | 0 | 53,491 | 59 | 13 | 29 | 16 | 1 | 40 | 37,399 | 74 | 9 | 1 | 55 | 6 | 10 |

| 행정구역 | 남녀/외국인 | | | | 종교 인구 | | | | | | | 대학 이상 학력 인구 | | | | | | |
|---|---|---|---|---|---|---|---|---|---|---|---|---|---|---|---|---|---|---|
| | 총인구 | 남자 | 여자 | 외국인 | 인구<br>(내국인) | 종교 있음 | | | | | 종교<br>없음 | 19세 이상<br>인구 | 계 | 4년제 미만 | | 4년제 이상 | | 대학원<br>이상 |
| | | | | | | 계 | 불교 | 개신교 | 천주교 | 기타 | | | | 계 | 재학 | 계 | 재학 | |
| 죽전2동 | 19,365 | 49 | 51 | 0 | 19,306 | 57 | 13 | 26 | 17 | 1 | 42 | 14,097 | 73 | 11 | 1 | 52 | 5 | 10 |
| 풍덕천1동 | 35,479 | 50 | 50 | 0 | 35,392 | 54 | 14 | 25 | 15 | 1 | 45 | 24,515 | 61 | 12 | 1 | 43 | 5 | 6 |
| 풍덕천2동 | 37,886 | 50 | 50 | 0 | 37,772 | 58 | 13 | 28 | 16 | 1 | 42 | 25,086 | 73 | 9 | 1 | 54 | 4 | 10 |

명은 중학교에, 3명은 고등학교에 다니고 있으며, 45명은 대학에 재학 중이거나 대학 이상의 학력을 가지고 있다. 또한 19세 이상 인구만을 기준으로 해서는 용인시에 사는 사람 중 57%가 대학 이상 학력자로, 수지구는 72%, 기흥구는 59%가 대학 이상 학력자인 데 비해, 처인구는 34%다. 수지구 성복동은 19세 이상 인구의 81%가 대학 이상 학력자로 학력이 가장 높다.

27명은 미혼이며 73명은 결혼했다. 결혼한 사람 가운데 5명은 배우자와 사별했고, 2명은 이혼했다(15세 이상 인구 기준). 4명은 몸이 불편하거나 정신 장애로 정상적인 활동에 제약을 느끼고 있다.

거주 기간을 보면, 21명은 현재 살고 있는 집에 산 지 5년이 넘었으나, 79명은 5년 이내에 새로 이사 왔다(5세 이상 인구 기준). 이사 온 사람 중 24명은 용인시의 다른 동에서, 25명은 경기도의 다른 시군에서, 29명은 경기도 밖에서 이사 왔다. 용인시는 경기도 31개 시군 중에서 현재 살고 있는 집에서 5년 이상 살고 있는 인구 비중이 가장 낮고, 경기도 바깥에서 이사 온 인구 비중은 가장 높다.

## 용인시 취업자가 100명이라면 :
## 73명은 봉급쟁이

용인시에 사는 15세 이상 인구 52만 명 가운데 취업해 직장에 다니는 사람(취업자)은 51%, 27만 명이다. 용인시 취업자가 100명이라면 648명은 30~40대, 18명은 20대이며, 12명은 50대다. 65세 이상 노인도 2명이 일하고 있다.

회사에서 봉급을 받고 일하는 직장인은 73명이다. 14명은 고용한 사람 없이 혼자서 일하는 자영업자이며, 10명은 누군가를 고용해 사업체를 경영하는 사업주다. 4명은 가족이 운영하는 사업체에서 보수 없이 일하고 있다.

직업별로는 사무직이 22명으로 가장 많고, 전문가 15명, 기술직이나 준전문가 14명, 장치 기계 조작 및 조립직은 11명이다. 9명은 판매직, 8명은 서비스직, 7명은 기능직으로 일한다. 또 6명은 고위 관리직으로, 5명은 단순 노무직으로 일하고, 3명은 농림 어업에 종사하고 있다.

직장으로 출근하는 데 30분 이상 걸리는 사람은 56명이며, 그 가운데 28명은 1시간 이상 걸린다. 14명은 걸어서 출근하고 86명은 교통수단을 이용해 출근한다. 86명 가운데 58명은 자가용으로, 13명은 시내버스로, 7명은 통근 버스로 출퇴근한다. 2명은 전철을 이용하고 1명은 고속(시외)버스로 출퇴근하며, 4명은 버스와 전철 또는 승용차를 갈아타며 출근한다.

사무실이나 공장 등에서 일하는 사람은 86명이며, 야외나 거리 또는 운송 수단에서 일하는 사람은 9명이다. 2명은 자기 집에서, 다른 2

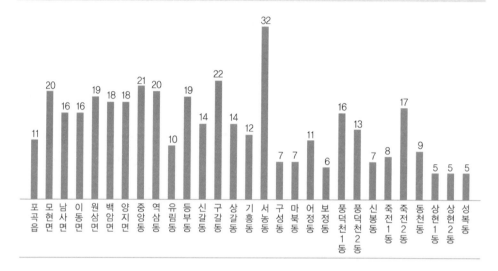

**그림 3_3.90**

## 경기도 용인시 동네별 1인 가구

(단위 : %)

| 포곡읍 | 모현면 | 남사면 | 이동면 | 원삼면 | 백암면 | 양지면 | 중앙동 | 역삼동 | 유림동 | 동부동 | 신갈동 | 구갈동 | 상갈동 | 기흥동 | 서농동 | 구성동 | 마북동 | 어정동 | 보정동 | 풍덕천1동 | 풍덕천2동 | 신봉동 | 죽전1동 | 죽전2동 | 동천동 | 상현1동 | 상현2동 | 성복동 |
|---|---|---|---|---|---|---|---|---|---|---|---|---|---|---|---|---|---|---|---|---|---|---|---|---|---|---|---|---|
| 11 | 20 | 16 | 16 | 19 | 18 | 18 | 21 | 20 | 10 | 19 | 14 | 22 | 14 | 12 | 32 | 7 | 7 | 11 | 6 | 16 | 13 | 7 | 8 | 17 | 9 | 5 | 5 | 5 |

명은 남의 집에서 일한다.


## 용인시에 100가구가 산다면 :
## 39가구는 셋방살이


용인시에는 21만1천 가구가 산다(일반 가구 기준). 용인시에 사는 가구를 100가구로 친다면, 33가구는 식구가 한 명 또는 두 명인 1, 2인 가구이며, 이 가운데 13가구는 나 홀로 사는 1인 가구다. 식구 4명은 33가구, 3명은 23가구, 5명 이상은 11가구다. 구별 1인 가구 비중은 처

표 3_3.134

## 경기도 용인시의 다주택자

(단위 : 가구, 호)

| 구분 | | | 가구 수 | 주택 수 | 평균 주택 수 |
|---|---|---|---|---|---|
| 일반 가구 | | | 210,689 | - | - |
| 자가 가구 | | | 124,251 | - | - |
| 다주택 가구 | 통계청 | | 21,842 | - | - |
| | 행자부 | 계 | 16,264 | 38,669 | 2 |
| | | 2채 | 13,938 | 27,876 | 2 |
| | | 3채 | 1,398 | 4,194 | 3 |
| | | 4채 | 287 | 1,148 | 4 |
| | | 5채 | 151 | 755 | 5 |
| | | 6~10채 | 357 | 2,559 | 7 |
| | | 11채 이상 | 133 | 2,137 | 16 |

인구 16%, 기흥구 13%, 수지구 10% 순이다.

28개 동 가운데는 서농동이 32%로 가장 높고, 구갈동 22%, 중앙동 21%, 모현면 20% 순이다. 반면 상현1동과 상현2동·성북동(각 5%) 등 8곳은 10% 이내다.

59가구는 자신이 소유한 집에서 살고, 39가구는 셋방에 살며, 2가구는 직장의 사택이나 친척집 등에서 무상으로 살고 있다. 자기 집에 사는 가구 중 10가구는 현재 살고 있는 집 외에 최소 한 채에서 여러 채를 소유한 다주택자들이다. 용인시는 경기도 31개 시군 가운데 다주택자 비중이 가장 높다.

셋방 사는 가구 가운데 27가구는 전세에, 10가구는 보증금 있는 월세에, 1가구는 보증금 없는 월세에, 1가구는 사글세에 살고 있다. 셋방 사는 가구 중 2가구는 어딘가에 자신 명의의 집을 소유하고 있으나 경제 사정이나 자녀 교육, 직장 등의 사정으로 셋방에 살고 있다.

80가구는 현재 사는 집으로 이사 온 지 5년이 안 되며, 이 가운데 46가구는 2년이 안 된다. 12가구는 5~10년이 됐고, 9가구는 10년이 넘었다. 용인시는 경기도 31개 시군 가운데 현재 사는 집으로 이사 온 지 5년이 안 된 가구 비중이 가장 높고, 2년이 안 된 가구 비중도 가장 높다. 반대로 5년 이상 또는 10년 이상 살고 있는 가구 비중은 가장 낮다.

81가구는 자동차를 소유하고 있고 이 가운데 73가구는 자기 집에 전용 주차장이 있다. 자동차 소유 가구 중 23가구는 차를 2대 이상 소유하고 있다. 용인시는 경기도 31개 시군 가운데 자동차 소유 가구와 2대 이상 소유 가구, 자가 주차장 보유 가구 비중이 가장 높다.


## 집 많은 사람, 집 없는 사람 :
## 성복동 88% 주택 소유, 25% 다주택

용인시에 사는 100가구 중 68가구는 주택 소유자이고 32가구는 무주택자다. 구별 주택 소유 가구는 수지구 69%, 기흥구 66%, 처인구 62% 순이다. 29개 동네 가운데 28개 동은 주택 소유자가 더 많고 중앙동 한 곳만 무주택자(51%)가 더 많다.

주택 소유자 비중이 가장 높은 곳은 성복동으로 88%에 달하며, 상현2동·남사면·신봉동도 80%가 넘는다. 또 보정동(79%)과 원상면·구성동(76%) 등 7곳은 70% 이상이 주택 소유자이고, 유림동·풍덕천

표 3_3.135

## 경기도 용인시 주택의 점유·소유 형태별 가구

(단위 : 가구, %)

| | 전체 가구 | 자기 집에 거주 | | | 셋방에 거주 | | | 무상으로 거주 | | 주택 소유 | 무주택 |
|---|---|---|---|---|---|---|---|---|---|---|---|
| | | 계 | 집 한 채 | 여러 채 | 계 | 집 없음 | 집 있음 | 집 없음 | 집 있음 | | |
| 용인시 | 210,689 | 59 | 49 | 10 | 39 | 31 | 8 | 2 | 0 | 68 | 32 |
| 처인구 | 59,412 | 58 | 51 | 6 | 38 | 34 | 4 | 4 | 1 | 62 | 38 |
| 포곡읍 | 8,143 | 63 | 58 | 5 | 33 | 29 | 4 | 4 | 0 | 67 | 33 |
| 남사면 | 1,973 | 78 | 71 | 7 | 14 | 13 | 2 | 7 | 1 | 81 | 19 |
| 모현면 | 6,483 | 56 | 49 | 7 | 40 | 35 | 4 | 4 | 0 | 61 | 39 |
| 백암면 | 2,770 | 72 | 66 | 6 | 20 | 19 | 1 | 7 | 1 | 74 | 26 |
| 양지면 | 3,996 | 59 | 52 | 8 | 33 | 29 | 4 | 6 | 1 | 65 | 35 |
| 원삼면 | 2,191 | 74 | 69 | 5 | 18 | 17 | 1 | 7 | 1 | 76 | 24 |
| 이동면 | 4,530 | 59 | 52 | 7 | 36 | 31 | 5 | 4 | 0 | 65 | 35 |
| 동부동 | 3,982 | 50 | 43 | 6 | 48 | 44 | 4 | 2 | 0 | 54 | 46 |
| 역삼동 | 8,537 | 47 | 41 | 7 | 48 | 43 | 5 | 3 | 1 | 54 | 46 |
| 유림동 | 9,626 | 63 | 56 | 7 | 33 | 28 | 5 | 3 | 1 | 69 | 31 |
| 중앙동 | 7,181 | 44 | 38 | 6 | 53 | 49 | 4 | 3 | 1 | 49 | 51 |
| 기흥구 | 69,197 | 57 | 46 | 11 | 41 | 32 | 9 | 2 | 0 | 66 | 34 |
| 구갈동 | 8,392 | 44 | 36 | 8 | 53 | 46 | 7 | 2 | 0 | 52 | 48 |
| 구성동 | 6,552 | 66 | 50 | 16 | 31 | 22 | 9 | 2 | 0 | 76 | 24 |
| 기흥동 | 2,656 | 65 | 55 | 10 | 30 | 23 | 7 | 5 | 1 | 72 | 28 |
| 마북동 | 8,390 | 65 | 51 | 14 | 33 | 23 | 9 | 2 | 1 | 75 | 25 |
| 보정동 | 7,399 | 66 | 49 | 17 | 32 | 20 | 13 | 1 | 0 | 79 | 21 |
| 상갈동 | 11,830 | 57 | 46 | 11 | 41 | 32 | 9 | 1 | 0 | 67 | 33 |
| 서농동 | 2,878 | 46 | 35 | 11 | 52 | 46 | 5 | 2 | 0 | 52 | 48 |
| 신갈동 | 14,501 | 53 | 45 | 8 | 45 | 37 | 8 | 2 | 0 | 61 | 39 |
| 어정동 | 6,599 | 56 | 46 | 10 | 42 | 35 | 7 | 1 | 0 | 63 | 37 |
| 수지구 | 82,080 | 61 | 49 | 12 | 38 | 27 | 11 | 1 | 0 | 72 | 28 |
| 동천동 | 5,658 | 63 | 52 | 10 | 36 | 26 | 9 | 1 | 0 | 72 | 28 |
| 상현1동 | 8,131 | 71 | 54 | 17 | 28 | 18 | 10 | 1 | 0 | 81 | 19 |
| 상현2동 | 9,254 | 72 | 60 | 13 | 27 | 17 | 10 | 0 | 0 | 82 | 18 |
| 성복동 | 5,847 | 78 | 53 | 25 | 21 | 11 | 10 | 1 | 0 | 88 | 12 |
| 신봉동 | 7,205 | 70 | 53 | 17 | 29 | 19 | 10 | 1 | 0 | 81 | 19 |
| 죽전1동 | 16,305 | 54 | 43 | 11 | 45 | 32 | 13 | 0 | 0 | 67 | 33 |
| 죽전2동 | 6,445 | 53 | 44 | 8 | 47 | 36 | 10 | 1 | 0 | 63 | 37 |

| | 전체 가구 | 자기 집에 거주 | | | 셋방에 거주 | | | 무상 | | 주택 소유 | 무주택 |
|---|---|---|---|---|---|---|---|---|---|---|---|
| | | 계 | 집 한 채 | 여러 채 | 계 | 집 없음 | 집 있음 | 집 없음 | 집 있음 | | |
| 풍덕천1동 | 11,513 | 53 | 45 | 8 | 47 | 38 | 8 | 1 | 0 | 61 | 39 |
| 풍덕천2동 | 11,722 | 56 | 46 | 9 | 44 | 31 | 13 | 1 | 0 | 69 | 31 |

2동(69%) 등 12곳은 60% 이상이며, 역삼동·동부동(54%) 등 4곳은 50% 이상이다.

용인시 100가구 중 10가구는 다주택자다. 집을 두 채 이상 여러 채 소유한 다주택자 역시 수지구 12%, 기흥구 11%, 처인구 6% 순이다. 성복동에 사는 가구 중 무려 25%는 집을 두 채 이상 여러 채 소유한 다주택자다. 또 보정동·신봉동·상현1동 등 세 곳은 17%가, 구성동은 16%가, 마북동은 14%가 다주택 가구다. 용인시 29개 동네 중 13 곳에서 동네 가구의 10% 이상이 다주택자이며, 수지구과 기흥구는 각각 두 곳을 뺀 모든 동네에서 10% 이상을 기록했다.

용인시 100가구 중 8가구는 유주택 전월세 가구다. 풍덕천2동·죽전1동·보정동 가구의 13%는 어딘가에 자신 명의의 집을 소유하고도 직장이나 교육 문제 등의 사정으로 셋방을 사는 가구다. 신봉동·죽전2동·동천동·상현1동·상현2동·성복동 역시 10%가 유주택 전월세 가구다. 수지구는 두 곳을 제외한 모든 동네에서 유주택 전월세 가구가 10%가 넘었다. 주택 소유자 중 유주택 전월세를 제외한 59가구는 자기 집에 사는데 성복동(78%), 남사면(78%), 원삼면(74%), 백암면(72%), 상현2동(74%), 상현1동(71%), 신봉동(70%) 등에서 자가 점유 비율이 높았다.

유주택 전월세를 포함한 39가구는 셋방에 살고 있다. 주택 소유 여부에 상관없이 동네 가구 중 셋방 사는 가구가 가장 많은 곳은 중앙동과 구갈동으로 53%에 달하며, 서농동 52%, 풍덕천1동·죽전2동(47%) 순이다. 31가구는 무주택 전월세 가구인데 중앙동(49%), 서농동(46%), 동부동(44%)에서 비중이 높았다. 한편 남사면·원삼면·백암면 등 세 곳은 동네 가구의 8%가 친척집이나 직장의 사택이나 등에서 무상으로 살고 있는데 이들 중 7%는 무주택 가구다.

## 용인시에 있는 집이 <u>100채</u>라면 : <u>77채</u>는 아파트

용인시에는 집(주택과 주택 이외의 거처)이 18만9천 채가 있다. 용인시에 있는 집이 100채라면 77채는 아파트이고 11채는 단독주택, 5채는 다세대주택, 다른 5채는 연립주택이다. 또 상가 등 비거주용 건물 내 주택과 주택 이외의 거처는 각 1채씩이다.

구별로는 수지구와 기흥구가 각각 거처의 96%와 87%가 아파트인 반면, 처인구는 아파트는 37%에 머물고 단독주택(31%)과 다세대주택(16%), 연립주택(13%) 비중이 상대적으로 높다.

동네별로는 29곳 중 21곳에서 아파트 비중이 절반을 넘는다. 100% 아파트 동네인 상현2동을 포함해 죽전1동·상현1동(98%), 보정동·풍덕천2동·성복동(97%), 죽전2동(96%) 등 12곳은 90% 이상이 아파트다. 반면 원삼면(87%)과 백암면(82%), 남사면(81%)은 80% 이상이 단독주택이며, 양지면도 절반이 넘는다. 이 밖에 이동면(43%), 모현면(32%) 등 면 지역에서 단독주택 비중이 상대적으로 높

표 3_3.136

# 경기도 용인시 거처의 종류별·연건평별·건축년도별 주택

(단위 : 호, 가구, %)

| 행정구역 | 거처의 종류별 거처와 가구 | | | | | | | | | | | | | |
|---|---|---|---|---|---|---|---|---|---|---|---|---|---|---|
| | 계 | | 단독주택 | | 아파트 | | 연립주택 | | 다세대주택 | | 비거주용 건물 내 주택 | | 주택 이외의 거처 | |
| | 거처 | 가구 | 거처 | 가구 | 거처 | 가구 | 거처 | 가구 | 거처 | 가구 | 거처 | 가구 | 거처 | 가구 |
| 용인시 | 189,066 | 211,017 | 11 | 20 | 77 | 69 | 5 | 5 | 5 | 5 | 1 | 1 | 1 | 1 |
| 처인구 | 51,248 | 59,594 | 31 | 40 | 37 | 31 | 13 | 11 | 16 | 14 | 2 | 2 | 2 | 2 |
| 포곡읍 | 7,626 | 8,154 | 20 | 25 | 35 | 33 | 9 | 9 | 34 | 32 | 1 | 1 | 1 | 1 |
| 남사면 | 1,908 | 1,996 | 81 | 82 | 0 | 0 | 9 | 8 | 2 | 2 | 3 | 3 | 5 | 5 |
| 모현면 | 5,445 | 6,496 | 32 | 40 | 22 | 18 | 20 | 17 | 21 | 18 | 2 | 2 | 3 | 4 |
| 백암면 | 2,540 | 2,790 | 82 | 83 | 6 | 6 | 6 | 6 | 1 | 1 | 2 | 3 | 2 | 2 |
| 양지면 | 3,323 | 4,020 | 53 | 60 | 4 | 3 | 16 | 13 | 19 | 16 | 6 | 6 | 2 | 2 |
| 원삼면 | 2,020 | 2,201 | 87 | 88 | 2 | 2 | 7 | 6 | 0 | 0 | 2 | 2 | 2 | 2 |
| 이동면 | 4,097 | 4,567 | 43 | 48 | 33 | 29 | 14 | 13 | 7 | 6 | 2 | 2 | 1 | 1 |
| 동부동 | 3,362 | 3,992 | 27 | 38 | 48 | 40 | 13 | 11 | 10 | 8 | 2 | 2 | 1 | 1 |
| 역삼동 | 6,557 | 8,545 | 14 | 33 | 59 | 46 | 10 | 8 | 13 | 10 | 1 | 1 | 2 | 2 |
| 유림동 | 9,042 | 9,635 | 8 | 13 | 53 | 50 | 20 | 19 | 18 | 17 | 1 | 1 | 0 | 0 |
| 중앙동 | 5,328 | 7,198 | 19 | 38 | 54 | 40 | 9 | 6 | 14 | 10 | 4 | 4 | 1 | 1 |
| 기흥구 | 61,158 | 69,325 | 5 | 16 | 87 | 77 | 4 | 3 | 3 | 2 | 1 | 1 | 0 | 0 |
| 구갈동 | 6,015 | 8,402 | 5 | 32 | 84 | 60 | 7 | 5 | 3 | 2 | 1 | 1 | 0 | 0 |
| 구성동 | 6,372 | 6,553 | 3 | 6 | 90 | 87 | 3 | 3 | 4 | 4 | 0 | 1 | 0 | 0 |
| 기흥동 | 2,537 | 2,682 | 14 | 18 | 66 | 62 | 3 | 3 | 15 | 15 | 1 | 1 | 1 | 1 |
| 마북동 | 8,204 | 8,396 | 2 | 4 | 93 | 91 | 3 | 3 | 1 | 1 | 0 | 1 | 0 | 0 |
| 보정동 | 7,351 | 7,399 | 2 | 2 | 97 | 97 | 1 | 1 | 0 | 0 | 0 | 0 | 0 | 0 |
| 상갈동 | 10,198 | 11,843 | 5 | 18 | 93 | 80 | 1 | 1 | 0 | 0 | 0 | 1 | 0 | 0 |
| 서농동 | 1,764 | 2,915 | 13 | 46 | 80 | 49 | 0 | 0 | 3 | 2 | 1 | 2 | 2 | 2 |
| 신갈동 | 12,185 | 14,517 | 9 | 23 | 77 | 65 | 8 | 7 | 4 | 3 | 1 | 1 | 1 | 1 |
| 어정동 | 6,532 | 6,618 | 6 | 7 | 90 | 89 | 3 | 3 | 1 | 1 | 1 | 1 | 0 | 0 |
| 수지구 | 76,660 | 82,098 | 2 | 9 | 96 | 90 | 1 | 1 | 0 | 0 | 0 | 0 | 0 | 0 |
| 동천동 | 5,363 | 5,665 | 9 | 14 | 87 | 82 | 1 | 1 | 1 | 1 | 1 | 1 | 1 | 1 |
| 상현1동 | 8,087 | 8,132 | 2 | 2 | 98 | 97 | 0 | 0 | 0 | 0 | 0 | 0 | 1 | 1 |
| 상현2동 | 9,253 | 9,257 | 0 | 0 | 100 | 100 | 0 | 0 | 0 | 0 | 0 | 0 | 0 | 0 |
| 성복동 | 5,795 | 5,847 | 3 | 3 | 97 | 96 | 0 | 0 | 0 | 0 | 0 | 0 | 0 | 0 |
| 신봉동 | 7,200 | 7,206 | 3 | 3 | 94 | 94 | 3 | 3 | 0 | 0 | 0 | 0 | 0 | 0 |
| 죽전1동 | 16,143 | 16,306 | 0 | 1 | 98 | 97 | 1 | 1 | 1 | 1 | 0 | 0 | 0 | 0 |

| 총 주택 수 | 연건평별 주택 | | | | 건축년도별 주택 | | |
| | 14평 미만 | 14~19평 | 19~29평 | 29평 이상 | 1995~ 2005년 | 1985~ 1994년 | 1985년 이전 |
|---|---|---|---|---|---|---|---|
| 187,699 | 3 | 23 | 39 | 35 | 82 | 14 | 4 |
| 50,419 | 6 | 27 | 45 | 22 | 60 | 27 | 13 |
| 7,544 | 3 | 31 | 42 | 23 | 68 | 22 | 10 |
| 1,808 | 6 | 11 | 46 | 37 | 42 | 28 | 30 |
| 5,264 | 3 | 15 | 59 | 24 | 66 | 26 | 8 |
| 2,481 | 4 | 12 | 47 | 37 | 40 | 36 | 25 |
| 3,254 | 4 | 15 | 39 | 42 | 52 | 31 | 17 |
| 1,979 | 5 | 11 | 42 | 42 | 39 | 25 | 35 |
| 4,057 | 7 | 20 | 50 | 22 | 53 | 32 | 15 |
| 3,336 | 13 | 27 | 38 | 22 | 61 | 29 | 10 |
| 6,398 | 6 | 33 | 46 | 15 | 62 | 30 | 8 |
| 9,025 | 5 | 43 | 44 | 8 | 75 | 21 | 4 |
| 5,273 | 13 | 28 | 36 | 22 | 46 | 34 | 21 |
| 60,878 | 3 | 18 | 44 | 35 | 88 | 10 | 2 |
| 5,988 | 0 | 29 | 43 | 28 | 57 | 42 | 0 |
| 6,366 | 1 | 8 | 44 | 48 | 95 | 4 | 2 |
| 2,515 | 1 | 23 | 60 | 16 | 72 | 21 | 7 |
| 8,181 | 1 | 12 | 44 | 43 | 95 | 4 | 1 |
| 7,333 | 0 | 1 | 41 | 57 | 99 | 1 | 1 |
| 10,170 | 2 | 19 | 38 | 41 | 97 | 2 | 2 |
| 1,722 | 1 | 2 | 49 | 49 | 93 | 4 | 3 |
| 12,085 | 6 | 32 | 46 | 17 | 79 | 18 | 3 |
| 6,518 | 10 | 21 | 43 | 26 | 96 | 3 | 1 |
| 76,402 | 1 | 24 | 33 | 43 | 92 | 8 | 0 |
| 5,299 | 1 | 18 | 62 | 18 | 97 | 1 | 1 |
| 8,041 | 0 | 7 | 28 | 65 | 98 | 1 | 0 |
| 9,251 | 0 | 12 | 38 | 50 | 100 | 0 | 0 |
| 5,784 | 0 | 0 | 3 | 97 | 99 | 0 | 0 |
| 7,198 | 3 | 9 | 30 | 57 | 100 | 0 | 0 |
| 16,139 | 2 | 25 | 41 | 32 | 99 | 1 | 0 |

| 행정구역 | 거처의 종류별 거처와 가구 | | | | | | | | | | | | | |
|---|---|---|---|---|---|---|---|---|---|---|---|---|---|---|
| | 계 | | 단독주택 | | 아파트 | | 연립주택 | | 다세대주택 | | 비거주용 건물 내 주택 | | 주택 이외의 거처 | |
| | 거처 | 가구 | 거처 | 가구 | 거처 | 가구 | 거처 | 가구 | 거처 | 가구 | 거처 | 가구 | 거처 | 가구 |
| 죽전2동 | 5,270 | 6,448 | 2 | 20 | 96 | 78 | 0 | 0 | 2 | 2 | 0 | 0 | 0 | 0 |
| 풍덕천1동 | 9,124 | 11,515 | 5 | 25 | 91 | 72 | 3 | 2 | 0 | 0 | 0 | 1 | 0 | 0 |
| 풍덕천2동 | 10,425 | 11,722 | 2 | 13 | 97 | 86 | 0 | 0 | 0 | 0 | 0 | 0 | 1 | 1 |

다. 다세대주택은 포곡읍(34%), 양지면(19%), 유림동(18%)에서, 연립주택은 모현면·유림동(20%)과 양지면(16%)에서 상대적으로 비중이 높다.

사람이 사는 곳을 기준으로 보면 69%는 아파트에, 20%는 단독주택에, 5%는 다세대주택에, 다른 5%는 연립주택에 산다. 비거주용 건물 내 주택과 주택 이외의 거처에 각 1%의 가구가 산다. 구별로는 아파트가 많은 수지구와 기흥구 거주 가구의 90%와 77%가 아파트에 사는 반면, 처인구는 40%가 단독주택에 살고 31%가 아파트에, 14%는 다세대주택에, 11%는 연립주택에 산다.

동네별로 보면 100% 아파트 동네인 상현2동을 비롯해 7곳에서 동네 가구의 90% 이상이 아파트에 사는 등 모두 18개 동네에서 가구의 절반 이상이 아파트에 살고 있다. 반면 단독주택이 많은 원삼면과 백암면, 남사면은 80% 이상이 단독주택에 살고 양지면(60%)을 포함해 4곳에서 절반 이상이 단독주택에 산다. 다세대주택 거주 가구는 포곡읍(32%)에서, 연립주택 거주 가구는 유림동(19%)에서 비중이 가장 높다.

용인시 주택(주택 이외의 거처 제외)을 크기별로 보면 29평 이상의 주택이 35채, 19~29평은 39채, 14~19평 23채이며, 14평 미만은 3채다.

| 연건평별 주택 | | | | | 건축년도별 주택 | | |
|---|---|---|---|---|---|---|---|
| 총 주택 수 | 14평 미만 | 14~19평 | 19~29평 | 29평 이상 | 1995~ 2005년 | 1985~ 1994년 | 1985년 이전 |
| 5,266 | 0 | 33 | 42 | 24 | 98 | 1 | 0 |
| 9,121 | 1 | 60 | 16 | 24 | 39 | 61 | 0 |
| 10,303 | 0 | 34 | 31 | 35 | 100 | 0 | 0 |

29평 이상 주택 비중은 수지구(43%), 기흥구(35%), 처인구(22%) 순으로 높고, 14평 미만 주택은 처인구(6%), 기흥구(3%), 수지구(1%) 순으로 높다. 동네별로는 성복동에서 29평 이상 중대형 주택 비중이 97%로 가장 높았고, 14평 미만 주택은 동부동과 중앙동에서 13%로 가장 높았다.

2005년 기준으로 82채가 지은 지 10년(1995~2005년 사이 건축)이 안된 새집이며, 4채는 지은 지 20년이 넘은 낡은 집이다. 10년 이내에 지은 새집 비중은 수지구(92%), 기흥구(88%), 처인구(60%) 순으로, 20년 이상 낡은 집 비중은 처인구(13%), 기흥구(2%), 수지구(0%) 순으로 높다. 동네별로는 풍덕천2동·신봉동·상현2동 주택의 100%가 지은 지 10년(1995~2005년 사이 건축)이 안 된 집이다. 반면 원삼면과 백암면은 주택의 35%가 지은 지 20년이 넘었다.


## 용인시 100가구 중 5가구는 최저 주거 기준에 미달

용인시에 사는 21만1천 가구를 100가구로 친다면, 그 중 5가구는 식구에 비해 집이 너무 좁거나 시설이 제대로 갖춰지지 않아 인간다운 품위를 지키기 어려운 최저 주거 기준 미달 가구다.

또 100가구 가운데 98가구는 지상에 살지만, 2가구는 (반)지하에 살고 있다. 구별로는 처인구 가구의 3%, 기흥구 가구의 2%, 수지구 가구의 1%가 (반)지하에 살고 있다. 동네별로는 구갈동(5%)에서 (반)지하 거주 가구 비중이 가장 높고, 중앙동·역삼동·죽전2동(각 4%)과 포곡읍·모현면·양지면·유림동·신갈동·풍덕천1동(각 3%)이 뒤를 잇는다. 한편 용인시 21만1천 가구 가운데 (반)지하에 3,822가 구가 사는 것을 비롯해 옥탑방에는 235가구, 판잣집·움막·비닐집에 는 610가구가, 업소의 잠만 자는 방 등에 264가구가 살고 있다.

한편 2005년 현재 용인시에 공급된 공공임대주택은 국민임대주택 2,982채, 50년 임대주택 495채 등 3,477채가 전부로 전체 가구 수 대 비 2%에 불과하다. 이조차도 모두 중앙정부 산하 주공이 공급한 것 으로 지방자치단체는 무주택 서민을 위한 공공임대주택을 단 한 채 도 공급하지 않았다.


## 용인시 유권자가 100명이라면

정당 지지도를 알 수 있는 최근 네 차례 선거(제3~4회 동시지방선거, 제 17~18대 총선)를 기준으로 용인시 유권자는 대략 34만~59만 명이며, 평균 투표율은 50%였다.

용인시 유권자가 100명이라면 2002년 지방선거에서는 59명이 한 나라당을, 31명이 새천년민주당을, 5명이 민주노동당을, 3명이 자민 련을 찍었다. 2004년 총선에서는 41명은 한나라당을, 38명은 열린우

표 3_3.137

# 경기도 용인시 (반)지하 등 거주 가구

(단위 : 가구, %)

| 행정구역 | 전체 가구 | (반)지하 | | 옥탑방 | 판잣집·움막·비닐집 | 기타 |
|---|---|---|---|---|---|---|
| | | 가구 | 비중 | 가구 | 가구 | 가구 |
| 용인시 | 210,689 | 3,822 | 2 | 235 | 610 | 264 |
| 처인구 | 59,412 | 1,594 | 3 | 43 | 390 | 209 |
| 포곡읍 | 8,143 | 273 | 3 | 6 | 58 | 16 |
| 남사면 | 1,973 | 15 | 1 | 1 | 74 | 13 |
| 모현면 | 6,483 | 187 | 3 | 7 | 107 | 101 |
| 백암면 | 2,770 | 6 | 0 | 2 | 29 | 14 |
| 양지면 | 3,996 | 103 | 3 | 2 | 30 | 29 |
| 원삼면 | 2,191 | 6 | 0 | | 28 | 7 |
| 이동면 | 4,530 | 78 | 2 | 1 | 16 | 9 |
| 동부동 | 3,982 | 70 | 2 | 2 | 23 | 6 |
| 역삼동 | 8,537 | 305 | 4 | 1 | 11 | 7 |
| 유림동 | 9,626 | 268 | 3 | 2 | 10 | 5 |
| 중앙동 | 7,181 | 283 | 4 | 19 | 4 | 2 |
| 기흥구 | 69,197 | 1,262 | 2 | 82 | 106 | 37 |
| 구갈동 | 8,392 | 397 | 5 | 26 | | |
| 구성동 | 6,552 | 57 | 1 | 4 | 2 | 4 |
| 기흥동 | 2,656 | 48 | 2 | | 12 | 1 |
| 미북동 | 8,390 | 36 | 0 | 4 | 9 | 3 |
| 보정동 | 7,399 | 1 | 0 | | 17 | 1 |
| 상갈동 | 11,830 | 271 | 2 | 12 | 24 | 3 |
| 서농동 | 2,878 | 56 | 2 | 4 | 4 | 4 |
| 신갈동 | 14,501 | 385 | 3 | 26 | 30 | 18 |
| 어정동 | 6,599 | 11 | 0 | 6 | 8 | 3 |
| 수지구 | 82,080 | 966 | 1 | 110 | 114 | 18 |
| 동천동 | 5,658 | 13 | 0 | 1 | 53 | 5 |
| 상현1동 | 8,131 | 1 | 0 | 1 | 49 | 2 |
| 상현2동 | 9,254 | | | | | |
| 성복동 | 5,847 | 1 | 0 | | 7 | 6 |
| 신봉동 | 7,205 | | | | | 2 |
| 죽전1동 | 16,305 | 30 | 0 | | 2 | 1 |
| 죽전2동 | 6,445 | 271 | 4 | 6 | 3 | |

| 행정구역 | 전체 가구 | (반)지하 | | 옥탑방 | 판잣집·움막·비닐집 | 기타 |
|---|---|---|---|---|---|---|
| | | 가구 | 비중 | 가구 | 가구 | 가구 |
| 풍덕천1동 | 11,513 | 379 | 3 | 72 | | 1 |
| 풍덕천2동 | 11,722 | 271 | 2 | 30 | | 1 |

리당을, 12명은 민주노동당을, 5명은 새천년민주당을, 2명은 자민련을 지지했다.

2006년 지방선거에서는 64명이 한나라당을 찍었고, 22명은 열린우리당을, 9명은 민주노동당을, 4명은 민주당을 찍었다. 2008년 총선에서는 43명이 한나라당을, 23명이 통합민주당을, 15명이 친박연대를, 5명이 창조한국당을, 4명이 자유선진당을, 다른 4명이 민주노동당을, 3명이 진보신당을 지지했다.

동네별 투표율은 남사면·성복동·원삼면 등에서 상대적으로 높았다. 반면 풍덕천1동·포곡면·서농동 등에서 상대적으로 낮았다.

한나라당 득표율은 성복동과 상현동에서 상대적으로 높았다. 반면 유림동과 구갈동에서 상대적으로 낮았다. 성복동과 유림동의 득표율 격차는 21~25% 사이다.

민주(+열린우리)당 득표율은 포곡읍(면)과 이동면에서 상대적으로 높았다. 반면 성복동과 상현동에서 상대적으로 낮았다. 포곡읍(면)과 성복동의 득표율 격차는 15~19% 사이다.

민주노동당+진보신당 득표율은 기흥읍과 역삼동·구갈동에서 상대적으로 높았다.

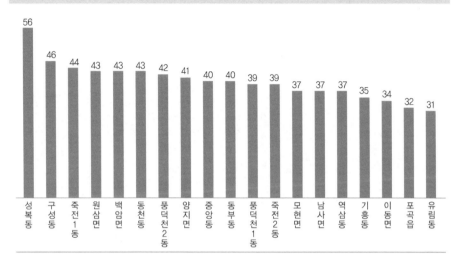

그림 3_3.91

## 경기도 용인시 동네별 한나라당 득표율

2004년 총선(단위 : %)

성복동 56, 구성동 46, 죽전1동 44, 원삼면 43, 백암면 43, 동천동 43, 풍덕천2동 42, 양지면 41, 중앙동 40, 동부동 40, 풍덕천1동 39, 죽전2동 39, 모현면 37, 남사면 37, 역삼동 37, 기흥동 35, 이동면 34, 포곡읍 32, 유림동 31

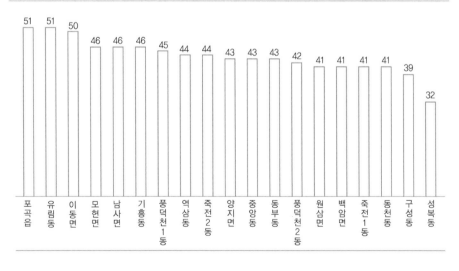

그림 3_3.92

## 경기도 용인시 동네별 민주(+열린우리)당 득표율

2004년 총선(단위 : %)

포곡읍 51, 유림동 51, 이동면 50, 모현면 46, 남사면 46, 기흥동 46, 풍덕천1동 45, 역삼동 44, 죽전2동 44, 양지면 43, 중앙동 43, 동부동 43, 풍덕천2동 42, 원삼면 41, 백암면 41, 죽전1동 41, 동천동 41, 구성동 39, 성복동 32

표 3_3.138

# 경기도 용인시 역대 선거 투표율과 정당 지지율

2002~2008년(단위 : 명, %)

| 행정구역 | 2002년 지방선거 | | | | | | | 2004년 총선 | | | | | | | |
|---|---|---|---|---|---|---|---|---|---|---|---|---|---|---|---|
| | 선거인 수 | 투표율 | 한나라당 | 새천년민주당 | 자민련 | 민주노동당 | 기타정당 | 선거인 수 | 투표율 | 한나라당 | 새천년민주당 | 열린우리당 | 자민련 | 민주노동당 | 기타정당 |
| 용인시 | 335,187 | 46 | 59 | 31 | 3 | 5 | 2 | 420,597 | 62 | 41 | 5 | 38 | 2 | 12 | 3 |
| 구성읍 | 35,625 | 47 | 63 | 29 | 2 | 4 | 2 | 55,767 | 66 | 46 | 5 | 34 | 2 | 11 | 2 |
| 기흥읍 | 57,140 | 39 | 56 | 32 | 3 | 7 | 2 | 74,304 | 59 | 35 | 5 | 41 | 2 | 14 | 3 |
| 남사면 | 5,448 | 70 | 53 | 31 | 6 | 6 | 4 | 5,584 | 61 | 37 | 4 | 42 | 2 | 11 | 4 |
| 백암면 | 7,465 | 63 | 55 | 33 | 4 | 5 | 3 | 7,521 | 57 | 43 | 5 | 36 | 2 | 10 | 4 |
| 양지면 | 9,238 | 61 | 59 | 28 | 4 | 5 | 4 | 9,759 | 54 | 41 | 4 | 39 | 2 | 10 | 4 |
| 원삼면 | 5,604 | 53 | 59 | 32 | 4 | 4 | 4 | 5,688 | 57 | 43 | 5 | 37 | 2 | 10 | 4 |
| 이동면 | 9,558 | 58 | 55 | 32 | 4 | 6 | 3 | 9,590 | 56 | 34 | 4 | 45 | 2 | 10 | 4 |
| 포곡면 | 18,893 | 44 | 53 | 35 | 3 | 5 | 3 | 20,052 | 51 | 32 | 5 | 47 | 1 | 12 | 3 |
| 동부동 | 8,137 | 54 | 57 | 30 | 5 | 5 | 3 | 8,268 | 53 | 40 | 4 | 39 | 2 | 12 | 3 |
| 동천동 | 7,312 | 46 | 59 | 31 | 3 | 4 | 2 | 11,505 | 64 | 43 | 5 | 36 | 2 | 12 | 2 |
| 모현면 | 13,446 | 46 | 56 | 33 | 4 | 5 | 3 | 13,796 | 53 | 37 | 6 | 41 | 2 | 11 | 3 |
| 상현동 | 32,804 | 44 | 69 | 25 | 2 | 3 | 2 | 36,376 | 67 | 49 | 5 | 33 | 2 | 9 | 2 |
| 성복동 | – | – | – | – | – | – | – | 19,810 | 69 | 56 | 6 | 27 | 2 | 8 | 2 |
| 역삼동 | 14,767 | 43 | 57 | 31 | 4 | 6 | 3 | 15,879 | 54 | 37 | 4 | 40 | 2 | 14 | 3 |
| 유림동 | 17,430 | 39 | 52 | 36 | 4 | 5 | 3 | 19,735 | 53 | 31 | 5 | 46 | 2 | 13 | 3 |
| 죽전1동 | 12,272 | 44 | 64 | 28 | 2 | 4 | 2 | 14,727 | 67 | 44 | 5 | 35 | 2 | 11 | 2 |
| 죽전2동 | 11,613 | 46 | 62 | 30 | 2 | 4 | 2 | 12,232 | 66 | 39 | 7 | 37 | 2 | 13 | 2 |
| 중앙동 | 15,441 | 45 | 58 | 30 | 4 | 5 | 2 | 15,561 | 54 | 40 | 5 | 39 | 2 | 12 | 3 |
| 풍덕천1동 | 25,199 | 39 | 60 | 32 | 2 | 5 | 2 | 24,626 | 63 | 39 | 5 | 39 | 1 | 13 | 2 |
| 풍덕천2동 | 21,563 | 45 | 61 | 30 | 1 | 5 | 2 | 31,062 | 67 | 42 | 5 | 37 | 1 | 12 | 2 |

| 행정구역 | 2006년 지방선거 | | | | | |
|---|---|---|---|---|---|---|
| | 선거인 수 | 투표율 | 열린우리당 | 한나라당 | 민주당 | 민주노동당 | 기타 정당 |
| 용인시 | 518,432 | 48 | 22 | 64 | 4 | 9 | 1 |
| 기흥구 | 175,478 | 48 | 22 | 63 | 5 | 9 | 1 |
| 수지구 | 196,871 | 49 | 19 | 68 | 4 | 8 | 1 |
| 처인구 | 146,083 | 46 | 25 | 61 | 5 | 8 | 1 |

| 행정구역 | 2008년 총선 | | | | | | | | |
|---|---|---|---|---|---|---|---|---|---|
| | 선거인 수 | 투표율 | 통합민주당 | 한나라당 | 자유선진당 | 민주노동당 | 창조한국당 | 친박연대 | 진보신당 | 기타 정당 |
| 용인시 | 586,424 | 45 | 23 | 43 | 4 | 4 | 5 | 15 | 3 | 4 |
| 처인구 | 152,093 | 44 | 25 | 41 | 3 | 4 | 4 | 18 | 2 | 4 |
| 포곡읍 | 23,028 | 38 | 28 | 39 | 3 | 4 | 4 | 15 | 2 | 5 |
| 남사면 | 5,917 | 50 | 25 | 45 | 3 | 4 | 2 | 15 | 1 | 4 |
| 모현면 | 16,663 | 39 | 25 | 45 | 3 | 3 | 4 | 15 | 2 | 3 |
| 백암면 | 7,446 | 49 | 23 | 43 | 4 | 3 | 2 | 20 | 1 | 4 |
| 양지면 | 10,676 | 45 | 23 | 42 | 3 | 3 | 4 | 19 | 2 | 4 |
| 원삼면 | 6,039 | 59 | 16 | 39 | 3 | 4 | 3 | 30 | 2 | 4 |
| 이동면 | 12,117 | 45 | 29 | 41 | 3 | 3 | 4 | 13 | 1 | 5 |
| 동부동 | 10,766 | 44 | 24 | 41 | 3 | 4 | 3 | 19 | 2 | 4 |
| 역삼동 | 17,846 | 42 | 26 | 38 | 3 | 4 | 4 | 19 | 3 | 4 |
| 유림동 | 22,347 | 39 | 28 | 37 | 3 | 4 | 4 | 17 | 3 | 4 |
| 중앙동 | 16,174 | 43 | 25 | 40 | 4 | 4 | 3 | 19 | 2 | 4 |
| 수지구 | 214,394 | 49 | 20 | 47 | 4 | 3 | 5 | 14 | 4 | 3 |
| 동천동 | 17,796 | 48 | 21 | 44 | 4 | 3 | 5 | 14 | 5 | 3 |
| 상현1동 | 23,230 | 51 | 18 | 50 | 4 | 2 | 4 | 15 | 4 | 3 |
| 상현2동 | 23,427 | 51 | 21 | 47 | 4 | 2 | 4 | 14 | 4 | 3 |
| 성복동 | 19,020 | 53 | 13 | 58 | 4 | 1 | 3 | 16 | 2 | 2 |
| 신봉동 | 18,897 | 50 | 17 | 52 | 4 | 2 | 5 | 14 | 3 | 2 |
| 죽전1동 | 40,748 | 46 | 22 | 44 | 4 | 3 | 5 | 13 | 5 | 4 |
| 죽전2동 | 15,006 | 43 | 25 | 41 | 4 | 3 | 6 | 13 | 5 | 3 |
| 풍덕천1동 | 26,067 | 44 | 24 | 41 | 4 | 4 | 6 | 13 | 4 | 4 |
| 풍덕천2동 | 27,228 | 50 | 21 | 45 | 4 | 3 | 5 | 13 | 5 | 3 |
| 기흥구 | 219,937 | 43 | 23 | 41 | 4 | 5 | 5 | 13 | 4 | 4 |
| 구갈동 | 18,988 | 39 | 26 | 36 | 4 | 7 | 5 | 15 | 4 | 4 |
| 구성동 | 17,127 | 46 | 21 | 46 | 4 | 3 | 4 | 14 | 3 | 4 |
| 기흥동 | 9,755 | 36 | 24 | 38 | 4 | 6 | 6 | 13 | 3 | 5 |
| 동백동 | 39,817 | 42 | 27 | 37 | 4 | 5 | 6 | 13 | 5 | 3 |
| 마북동 | 21,173 | 47 | 20 | 47 | 4 | 3 | 4 | 15 | 3 | 4 |
| 보정동 | 23,511 | 47 | 19 | 49 | 4 | 2 | 4 | 14 | 4 | 2 |
| 상갈동 | 29,688 | 43 | 24 | 40 | 4 | 5 | 6 | 13 | 4 | 4 |
| 상하동 | 13,665 | 40 | 25 | 41 | 4 | 6 | 5 | 14 | 3 | 3 |
| 서농동 | 7,836 | 26 | 23 | 42 | 3 | 4 | 6 | 14 | 4 | 4 |
| 신갈동 | 34,872 | 41 | 25 | 39 | 4 | 6 | 5 | 13 | 4 | 4 |

숫자
**100**
으로
본 **경기도** 의왕시 6개 동네

의왕시에는 2005년 현재 6개 동에 3만8천 개의 거처가 있고,
여기에 4만4천 가구 14만 명이 살고 있다.
경기도 의왕시가 100명이 사는 마을이라면 어떤 모습일까?

## 숫자 100으로 본 의왕시

의왕시에 사는 사람은 경기도 평균인에 비해 대학 이상 학력자와 종
교 인구 비중이 높다. 봉급생활자가 상대적으로 많고 직업별로는 고
위 관리직, 전문가, 기술공 및 준전문가, 사무직 비중이 높다. 출퇴근
시간은 긴 편이다.

주택 소유자와 다주택자, 아파트 거주자가 많고 가구의 5%는 (반)
지하에, 1%는 비닐집 등에 살며 7%는 최저 주거 기준 미달 가구다.
하지만 공공임대주택은 3% 수준으로 매우 부족하다.

그림 3_3.93

# 경기도와 의왕시의 주요 지수 평균 비교

(단위 : %)

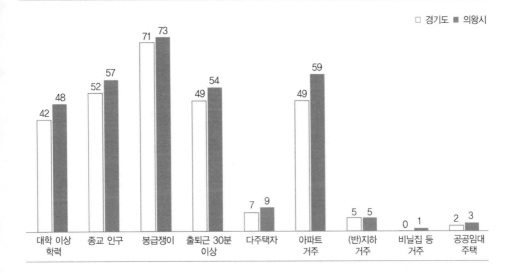

□ 경기도  ■ 의왕시

최근 7년간 의왕시에서 한나라당은 34~58%를, 민주(+열린우리) 당은 30~46%를, 민주노동당+진보신당은 6~15%를 각각 얻었다. 하지만 동네별로는 차이가 크다.

## 의왕시 인구가 100명이라면 :
## 대학 이상 학력자 48명, 종교 인구 57명

경기도 의왕시에 사는 사람은 2005년 현재 14만3,987명으로, 의왕시 인구가 100명이라면 남자 대 여자의 수는 50 대 50으로 균형을 이루고 있다. 동별로는 고천동과 청계동은 남자가, 내손2동은 여자가 더 많다. 고천동 인구의 1%가 외국인이다. 28명은 어린이와 청소년(19세 미만)이고, 72명은 어른이다. 어른 가운데 7명은 노인(65세 이상)이다.

지역적으로는, 의왕시에 사는 100명 중 20명은 내손1동, 16명은 내손2동에 살고, 부곡동과 고천동에 11명씩 산다. 또 10명은 청계동에, 8명은 오전동에 산다.

종교를 보면, 57명이 종교를 갖고 있다. 27명은 개신교, 16명은 불교, 14명은 천주교 신자다. 개신교는 내손2동에서 불교와 천주교는 청계동에서 각각 신자 비율이 높다.

학력은 어떨까. 10명은 초등학교에, 5명은 중학교에, 다른 5명은 고등학교에 다니고 있으며, 37명은 대학에 재학 중이거나 대학 이상의 학력을 가지고 있다(6세 이상 인구 기준). 또 의왕시에 사는 19세 이상 인구 가운데 48%가 대학 이상 학력자다. 내손1동은 19세 이상 인구 중 61%가 대학 이상 학력자로 비중이 가장 높다.

30명은 미혼이며 70명은 결혼했다. 결혼한 사람 가운데 6명은 배우자와 사별했고, 3명은 이혼했다(15세 이상 인구 기준). 4명은 몸이 불편하거나 정신 장애로 정상적인 활동에 제약을 느끼고 있다.

거주 기간을 보면, 32명은 현재 살고 있는 집에 산 지 5년이 넘었으나, 68명은 5년 이내에 새로 이사 왔다(5세 이상 인구 기준). 이사 온 사람 중 26명은 의왕시의 다른 동에서, 25명은 경기도의 다른 시군에서, 16명은 경기도 밖에서 이사 왔다.

표 3_3.139

# 경기도 의왕시 성별·종교별·학력별 인구

(단위 : 명, %)

| 행정구역 | 남녀/외국인 | | | | 종교 인구 | | | | | | | 대학 이상 학력 인구 | | | | | | |
|---|---|---|---|---|---|---|---|---|---|---|---|---|---|---|---|---|---|---|
| | 총인구 | 남자 | 여자 | 외국인 | 인구(내국인) | 종교 있음 | | | | | 종교 없음 | 19세 이상 인구 | 계 | 4년제 미만 | | 4년제 이상 | | 대학원 이상 |
| | | | | | | 계 | 불교 | 개신교 | 천주교 | 기타 | | | | 계 | 재학 | 계 | 재학 | |
| 의왕시 | 143,987 | 50 | 50 | 0 | 143,568 | 57 | 16 | 27 | 14 | 1 | 42 | 103,155 | 48 | 13 | 3 | 31 | 6 | 4 |
| 고천동 | 15,607 | 51 | 49 | 1 | 15,493 | 54 | 18 | 23 | 13 | 0 | 39 | 11,493 | 43 | 11 | 2 | 29 | 6 | 3 |
| 내손1동 | 29,382 | 50 | 50 | 0 | 29,324 | 57 | 14 | 28 | 14 | 1 | 42 | 20,596 | 61 | 13 | 3 | 42 | 6 | 6 |
| 내손2동 | 22,054 | 49 | 51 | 0 | 22,008 | 61 | 15 | 33 | 13 | 1 | 38 | 15,574 | 47 | 12 | 2 | 31 | 7 | 4 |
| 부곡동 | 27,982 | 50 | 50 | 0 | 27,942 | 54 | 15 | 25 | 13 | 1 | 45 | 20,279 | 37 | 15 | 4 | 20 | 5 | 2 |
| 오전동 | 43,756 | 50 | 50 | 0 | 43,612 | 55 | 16 | 25 | 14 | 0 | 44 | 31,166 | 49 | 14 | 3 | 31 | 7 | 4 |
| 청계동 | 5,206 | 51 | 49 | 0 | 5,189 | 65 | 21 | 26 | 17 | 1 | 34 | 4,047 | 51 | 12 | 3 | 34 | 8 | 6 |

## 의왕시 취업자가 100명이라면 :
## 73명은 봉급쟁이

의왕시에 사는 15세 이상 인구 11만1천여 명 가운데 취업해 직장에 다니는 사람(취업자)은 50%, 5만6천 명이다. 의왕시 취업자가 100명이라면 65명은 30~40대, 16명은 20대이며, 14명은 50대다. 65세 이상 노인도 2명이 일하고 있다.

회사에서 봉급을 받고 일하는 직장인은 73명이다. 15명은 고용한 사람 없이 혼자서 일하는 자영업자이며, 8명은 누군가를 고용해 사업체를 경영하는 사업주다. 4명은 가족이 운영하는 사업체에서 보수 없이 일하고 있다.

직업별로는 사무직이 22명으로 가장 많고, 12명은 기술직 및 준전문가, 다른 12명은 장치 기계 조작 및 조립직이다. 11명은 판매직으로, 다른 11명은 전문가로 일하고, 10명은 기능직, 9명은 서비스직, 7명은 단순 노무직으로 일한다. 또 5명은 고위 관리직으로 일하고, 3명은 농림 어업에 종사하고 있다.

직장으로 출근하는 데 30분 이상 걸리는 사람은 54명이며, 그 가운데 23명은 1시간 이상 걸린다. 18명은 걸어서 출근하고 82명은 교통수단을 이용해 출근한다. 82명 가운데 47명은 자가용으로, 16명은 시내버스로, 8명은 전철로 출퇴근한다. 또 3명은 통근 버스를, 1명은 자전거를 이용하며, 5명은 버스와 전철 또는 승용차를 갈아타며 출근한다.

사무실이나 공장 등에서 일하는 사람은 84명이며, 야외나 거리 또는 운송 수단에서 일하는 사람은 13명이다. 2명은 자기 집에서, 다른 2명은 남의 집에서 일한다.


## 의왕시에 100가구가 산다면 :
## 42가구는 셋방살이

의왕시에는 4만4천 가구가 산다(일반 가구 기준). 의왕시에 사는 가구를 100가구로 친다면, 31가구는 식구가 한 명 또는 두 명인 1, 2인 가구이며, 이 가운데 13가구는 나 홀로 사는 1인 가구다. 식구 4명은 34가구, 3명은 23가구, 5명 이상은 12가구다. 의왕시는 남양주시에 이어 용인시·김포시·양주시와 함께 경기도 31개 시군 가운데 1인 가구 비중이 두 번째로 낮다.

동네별 1인 가구 비중을 보면 내손1동에서 20%로 가장 높고, 오전

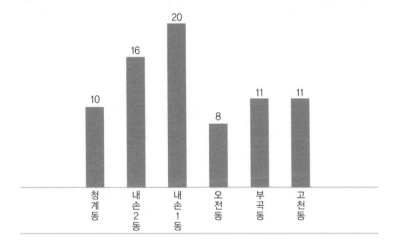

그림 3_3.94

## 경기도 의왕시 동네별 1인 가구

(단위 : %)

동에서 8%로 가장 낮다.

55가구는 자신이 소유한 집에서 살고, 42가구는 셋방에 살며, 2가구는 직장의 사택이나 친척집 등에서 무상으로 살고 있다. 자기 집에 사는 가구 중 9가구는 현재 살고 있는 집 외에 최소 한 채에서 여러 채를 소유한 다주택자들이다.

셋방 사는 가구 가운데 29가구는 전세에, 12가구는 보증금 있는 월세에, 1가구는 보증금 없는 월세에 살고 있다. 셋방 사는 가구 중 7가구는 어딘가에 자신 명의의 집을 소유하고 있으나 경제 사정이나 자녀 교육, 직장 등의 사정으로 셋방에 살고 있다.

68가구는 현재 사는 집으로 이사 온 지 5년이 안 되며, 이 가운데

표 3_3.140

## 경기도 의왕시의 다주택자

(단위 : 가구, 호)

| 구분 | | | 가구 수 | 주택 수 | 평균 주택 수 |
|---|---|---|---|---|---|
| 일반 가구 | | | 43,668 | – | – |
| 자가 가구 | | | 24,183 | – | – |
| 다주택 가구 | 통계청 | | 3,928 | – | – |
| | 행자부 | 계 | 2,533 | 5,871 | 2 |
| | | 2채 | 2,244 | 4,488 | 2 |
| | | 3채 | 159 | 477 | 3 |
| | | 4채 | 38 | 152 | 4 |
| | | 5채 | 26 | 130 | 5 |
| | | 6~10채 | 47 | 335 | 7 |
| | | 11채 이상 | 19 | 289 | 15 |

32가구는 2년이 안 된다. 19가구는 5~10년이 됐고, 13가구는 10년이 넘었다.

73가구는 자동차를 소유하고 있고 이 가운데 58가구는 자기 집에 전용 주차장이 있다. 자동차 소유 가구 중 13가구는 차를 2대 이상 소유하고 있다.

**집 많은 사람, 집 없는 사람 :**
**고천동·오전동 75% 주택 소유, 청계동 13% 다주택**

의왕시에 사는 100가구 중 63가구는 주택 소유자이고 37가구는 무주택자다. 6개 동네 중 5곳은 주택 소유자가 더 많고 1곳은 무주택자

표 3_3.141

## 경기도 의왕시 주택의 점유·소유 형태별 가구

(단위 : 가구, %)

| 행정구역 | 전체 가구 | 자기 집에 거주 | | | 셋방에 거주 | | | 무상으로 거주 | | 주택 소유 | 무주택 |
|---|---|---|---|---|---|---|---|---|---|---|---|
| | | 계 | 집 한 채 | 여러 채 | 계 | 집 없음 | 집 있음 | 집 없음 | 집 있음 | | |
| 의왕시 | 43,668 | 55 | 46 | 9 | 42 | 35 | 7 | 2 | 0 | 63 | 37 |
| 고천동 | 4,049 | 70 | 58 | 12 | 27 | 22 | 4 | 3 | 0 | 75 | 25 |
| 내손1동 | 9,790 | 44 | 36 | 8 | 55 | 45 | 10 | 1 | 0 | 54 | 46 |
| 내손2동 | 7,117 | 32 | 26 | 6 | 66 | 55 | 12 | 2 | 0 | 44 | 56 |
| 부곡동 | 8,487 | 60 | 53 | 8 | 36 | 31 | 5 | 3 | 0 | 66 | 34 |
| 오전동 | 12,727 | 68 | 58 | 11 | 30 | 24 | 6 | 1 | 0 | 75 | 25 |
| 청계동 | 1,498 | 61 | 48 | 13 | 29 | 22 | 7 | 8 | 3 | 70 | 30 |

가 더 많다. 고천동과 오전동 가구의 75%, 청계동 가구의 70%는 주택 소유자다. 또 부곡동은 66%, 내손1동은 54%가 주택 소유자다. 반면 내손2동은 56%가 무주택자다.

의왕시 100가구 중 9가구는 다주택자다. 청계동 가구의 13%, 고천동 가구의 12%, 오전동 가구의 11%는 집을 두 채 이상 여러 채 소유한 다주택자다.

의왕시 100가구 중 7가구는 유주택 전월세 가구다. 내손2동 가구의 12%, 내손1동 가구의 10%는 어딘가에 자신 명의의 집이 있지만 현재 셋방에 살고 있다. 주택 소유자 중 유주택 전월세를 제외한 55가구는 자기 집에 사는데 고천동(70%), 오전동(68%), 청계동(61%) 순으로 비중이 높다.

유주택 전월세를 포함한 42가구는 셋방에 사는데 내손2동(66%), 내손1동(55%) 순으로 셋방 가구가 많고, 무주택 전월세 가구 역시

표 3_3.142

## 경기도 의왕시 거처의 종류별·연건평별·건축년도별 주택

(단위 : 호, 가구, %)

| 행정구역 | 거처의 종류별 거처와 가구 | | | | | | | | | | | | | |
|---|---|---|---|---|---|---|---|---|---|---|---|---|---|---|
| | 계 | | 단독주택 | | 아파트 | | 연립주택 | | 다세대주택 | | 비거주용 건물 내 주택 | | 주택 이외의 거처 | |
| | 거처 | 가구 | 거처 | 가구 | 거처 | 가구 | 거처 | 가구 | 거처 | 가구 | 거처 | 가구 | 거처 | 가구 |
| 의왕시 | 37,881 | 43,703 | 8 | 20 | 68 | 59 | 8 | 7 | 13 | 12 | 1 | 1 | 3 | 2 |
| 고천동 | 3,505 | 4,061 | 12 | 24 | 75 | 65 | 5 | 4 | 6 | 5 | 2 | 2 | 1 | 1 |
| 내손1동 | 8,913 | 9,792 | 1 | 10 | 87 | 80 | 1 | 1 | 2 | 2 | 0 | 0 | 8 | 7 |
| 내손2동 | 4,878 | 7,117 | 15 | 41 | 0 | 0 | 35 | 24 | 49 | 34 | 1 | 1 | 0 | 0 |
| 부곡동 | 7,778 | 8,493 | 10 | 17 | 60 | 55 | 6 | 6 | 23 | 21 | 1 | 1 | 0 | 0 |
| 오전동 | 11,453 | 12,734 | 5 | 14 | 87 | 78 | 3 | 3 | 5 | 4 | 0 | 0 | 0 | 0 |
| 청계동 | 1,354 | 1,506 | 27 | 33 | 53 | 47 | 0 | 0 | 0 | 0 | 3 | 3 | 17 | 16 |

내손2동(55%)에서 가장 많다. 한편 청계동에 사는 가구 중 11%는 직장의 사택이나 친척집 등에서 무상으로 살고 있는데 이들 중 8%는 무주택자다.

## 의왕시에 있는 집이 100채라면 :
## 68채는 아파트

의왕시에는 집(주택과 주택 이외의 거처)이 3만7,881채가 있다. 의왕시에 있는 집이 100채라면 68채는 아파트이고 13채는 다세대주택이며, 8채는 연립주택, 다른 8채는 단독주택이다. 또 1채는 상가 등 비거주용 건물 내 주택, 3채는 주택 이외의 거처다.

| 총 주택 수 | 연건평별 주택 | | | | 건축년도별 주택 | | |
|---|---|---|---|---|---|---|---|
| | 14평<br>미만 | 14~19평 | 19~29평 | 29평<br>이상 | 1995~<br>2005년 | 1985~<br>1994년 | 1985년<br>이전 |
| 36,890 | 16 | 28 | 44 | 11 | 46 | 40 | 14 |
| 3,486 | 5 | 20 | 40 | 35 | 17 | 74 | 8 |
| 8,216 | 19 | 32 | 44 | 5 | 66 | 5 | 29 |
| 4,878 | 42 | 24 | 19 | 14 | 1 | 74 | 25 |
| 7,740 | 19 | 44 | 29 | 8 | 43 | 49 | 8 |
| 11,446 | 5 | 22 | 64 | 8 | 64 | 32 | 3 |
| 1,124 | 6 | 3 | 62 | 29 | 15 | 70 | 14 |

오전동과 내손1동 거처의 87%는 아파트다. 고천동 거처의 75%,
부곡동 거처의 60%, 청계동 거처의 53%도 아파트다. 반면 내손2동
에 있는 거처 중 49%는 다세대주택, 35%는 연립주택, 15%는 단독주
택, 1%는 비거주용 건물 내 주택으로 아파트는 없다. 부곡동 거처의
23%는 다세대주택이며, 청계동 거처의 17%와 내손1동 거처의 8%는
주택 이외의 거처다.

사람이 사는 곳을 기준으로 보면 의왕시 가구의 59%는 아파트에,
20%는 단독주택에, 12%는 다세대주택에, 7%는 연립주택에 산다.
비거주용 건물 내 주택에는 1%, 주택 이외의 거처에는 2%가 산다.

아파트가 많은 내손1동과 오전동은 가구의 80%와 78%가 아파트
에 산다. 고천동·부곡동 역시 절반 이상이, 청계동은 47%가 아파트
에 산다. 반면 내손2동은 41%가 단독주택에, 34%가 다세대주택에,

24%가 연립주택에 산다. 부곡동 가구의 21%는 다세대주택에, 청계동 가구의 16%와 내손1동 가구의 7%는 주택 이외의 거처에 산다.

의왕시 주택(주택 이외의 거처 제외)을 크기별로 보면 29평 이상의 주택은 11채, 19~29평은 44채, 14~19평은 28채이며, 14평 미만은 16채다. 고천동과 청계동에서 29평 이상 주택의 비중이 높고, 내손2동에서 14평 미만 소형 주택 비중이 높다.

2005년 기준으로 46채는 지은 지 10년(1995~2005년 사이 건축)이 안 된 새집이며, 14채는 지은 지 20년이 넘었다. 아파트가 대부분인 오손동과 내손1동 주택의 60% 이상이 10년 이내에 지은 새집이며, 내손1동과 내손2동 주택의 4분의 1 이상은 지은 지 20년이 넘었다.

1995년부터 2005년까지 10년 동안 의왕시 주택 수(주택 이외의 거처 제외)는 2만3천 채에서 3만7천 채로 62%, 1만4천 채가 늘었다. 이 기간 동안 아파트는 1만4천 채, 다세대주택은 2천 채가 늘어 각각 122%와 64%가 늘었다. 반면 단독주택은 5백채, 연립주택은 1천4백 채가 줄어 각각 15%와 33%가 감소했다. 이에 따라 전체 주택(주택 이외의 거처 제외)에서 차지하는 비중도 아파트는 51%에서 70%로 증가했고, 다세대주택이 14%를 유지한 반면, 단독주택은 15%에서 8%로, 연립주택은 19%에서 8%로 감소했다.


**의왕시에서 지하 방에 사는 사람 :**
**내손2동 17% (반)지하에 거주**

의왕시에 사는 4만4천 가구를 100가구로 친다면, 그 중 7가구는 식

표 3_3.143

## 경기도 의왕시 (반)지하 등 거주 가구

(단위 : 가구, %)

| 행정구역 | 전체 가구 | (반)지하 | | 옥탑방 | 판잣집·움막·비닐집 | 기타 |
|---|---|---|---|---|---|---|
| | | 가구 | 비중 | 가구 | 가구 | 가구 |
| 의왕시 | 43,668 | 2,219 | 5 | 57 | 278 | 12 |
| 고천동 | 4,049 | 97 | 2 | 7 | 11 | 6 |
| 내손1동 | 9,790 | 133 | 1 | 1 | – | – |
| 내손2동 | 7,117 | 1,212 | 17 | 28 | – | – |
| 부곡동 | 8,487 | 393 | 5 | 5 | 28 | 3 |
| 오전동 | 12,727 | 366 | 3 | 15 | 1 | 3 |
| 청계동 | 1,498 | 18 | 1 | 1 | 238 | – |

구에 비해 집이 너무 좁거나 시설이 제대로 갖춰지지 않아 인간다운 품위를 지키기 어려운 최저 주거 기준 미달 가구다.

또 100가구 가운데 95가구는 지상에 살지만, 5가구는 (반)지하에 살고 있다. (반)지하에 사는 가구 비중은 내손2동(17%)에서 가장 높고, 부곡동(5%), 오전동(3%), 고천동(2%), 내손1동·청계동(각 1%) 이 뒤를 잇는다. 이 밖에 의왕시 4만4천 가구 가운데 옥탑방에 57가구가, 판잣집·움막·비닐집에 278가구가, 업소의 잠만 자는 방 등에 12가구가 사는 것으로 나타났다. 특히 의왕시에서 판잣집·움막·비닐집에 사는 가구의 86%가 청계동에 살고 있다.

한편 2005년 현재 의왕시에 공급된 공공임대주택은 1,289채로 전체 가구 수 대비 3% 수준에 그친다. 공공임대주택은 모두 중앙정부 산하 주공이 공급한 국민임대주택으로, 경기도나 의왕시가 공급한 물량은 없다.

## 의왕시 유권자가 100명이라면

정당 지지도를 알 수 있는 최근 네 차례 선거(제3~4회 동시지방선거, 제
17~18대 총선)를 기준으로 의왕시 유권자는 대략 9만~11만 명이며,
평균 투표율은 53%였다.

의왕시 유권자가 100명이라면 2002년 지방선거에서는 55명이 한
나라당을, 33명이 새천년민주당을, 6명이 민주노동당을, 3명이 자민
련을 찍었다. 2004년 총선에서는 40명이 열린우리당을, 34명은 한나
라당을, 15명은 민주노동당을, 6명은 새천년민주당을, 2명은 자민련
을 지지했다.

2006년 지방선거에서는 58명이 한나라당을 찍었고, 23명은 열린
우리당을, 10명은 민주노동당을, 7명은 민주당을 찍었다. 2008년 총
선에서는 39명이 한나라당을, 26명이 통합민주당을, 12명이 친박연
대를, 6명이 창조한국당을, 5명이 자유선진당을, 다른 5명이 진보신
당을, 4명이 민주노동당을 지지했다.

동네별 투표율은 청계동과 내손1동에서 상대적으로 높았다. 반면
내손2동과 부곡동에서 상대적으로 낮았다.

한나라당 득표율은 청계동에서 가장 높고 부곡동과 내손2동에서
상대적으로 낮았다. 청계동과 부곡동의 득표율 격차는 0~14% 사이다.

민주(+열린우리)당 득표율은 내손2동과 내손1동에서 상대적으로
높았다. 반면 청계동과 고천동에서 상대적으로 낮았다. 내손2동과 청
계동의 득표율 격차는 2~11% 사이다.

민주노동당+진보신당 득표율은 부곡동과 내손1동에서 상대적으
로 높았다.

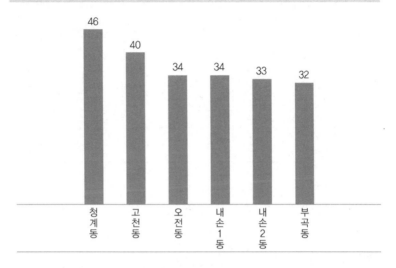

**그림 3_3.95**

# 경기도 의왕시 동네별 한나라당 득표율

2004년 총선(단위 : %)

46 청계동
40 고천동
34 오전동
34 내손1동
33 내손2동
32 부곡동

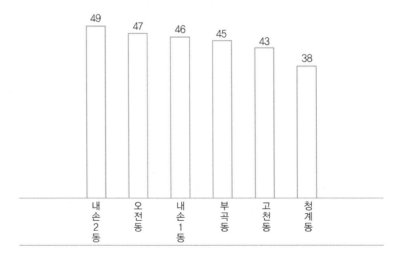

**그림 3_3.96**

# 경기도 의왕시 동네별 민주(＋열린우리)당 득표율

2004년 총선(단위 : %)

49 내손2동
47 오전동
46 내손1동
45 부곡동
43 고천동
38 청계동

표 3_3.144

# 경기도 의왕시 역대 선거 투표율과 정당 지지율

2002~2008년(단위 : 명, %)

| 행정구역 | 2002년 지방선거 | | | | | 2004년 총선 | | | | | |
|---|---|---|---|---|---|---|---|---|---|---|---|
| | 선거권자 | 투표율 | 한나라당 | 민주당 | 자민련 | 민주노동당 | 선거권자 | 투표율 | 한나라당 | 민주당 | 열린우리당 | 민주노동당 |
| 의왕시 | 86,014 | 49 | 55 | 33 | 3 | 6 | 101,900 | 65 | 34 | 6 | 40 | 15 |
| 고천동 | 10,478 | 52 | 62 | 28 | 3 | 4 | 10,752 | 65 | 40 | 6 | 37 | 12 |
| 내손1동 | 11,385 | 48 | 53 | 36 | 2 | 6 | 20,473 | 66 | 34 | 6 | 40 | 16 |
| 내손2동 | 16,606 | 44 | 53 | 36 | 3 | 5 | 16,504 | 61 | 33 | 7 | 42 | 14 |
| 부곡동 | 17,804 | 48 | 52 | 33 | 4 | 8 | 19,720 | 62 | 32 | 5 | 40 | 18 |
| 오전동 | 23,199 | 47 | 56 | 33 | 3 | 5 | 26,989 | 65 | 34 | 6 | 40 | 14 |
| 청계동 | 4,686 | 57 | 63 | 28 | 3 | 4 | 1,794 | 64 | 46 | 6 | 32 | 11 |

| 행정구역 | 2006년 지방선거 | | | | | | |
|---|---|---|---|---|---|---|---|
| | 선거인 수 | 투표율 | 열린우리당 | 한나라당 | 민주당 | 민주노동당 | 기타 정당 |
| 의왕시 | 105,917 | 51 | 23 | 58 | 7 | 10 | 2 |

| 행정구역 | 2008년 총선 | | | | | | | | |
|---|---|---|---|---|---|---|---|---|---|
| | 선거인 수 | 투표율 | 통합민주당 | 한나라당 | 자유선진당 | 민주노동당 | 창조한국당 | 친박연대 | 진보신당 | 기타 정당 |
| 의왕시 | 102,047 | 46 | 26 | 39 | 5 | 4 | 6 | 12 | 5 | 4 |
| 고천동 | 10,849 | 46 | 24 | 41 | 6 | 3 | 4 | 14 | 4 | 4 |
| 내손1동 | 16,096 | 45 | 26 | 38 | 5 | 3 | 6 | 12 | 6 | 3 |
| 내손2동 | 12,425 | 41 | 27 | 38 | 4 | 3 | 6 | 11 | 5 | 6 |
| 부곡동 | 20,972 | 44 | 26 | 39 | 5 | 4 | 5 | 11 | 5 | 6 |
| 오전동 | 31,873 | 46 | 26 | 38 | 6 | 4 | 6 | 12 | 4 | 3 |
| 청계동 | 7,660 | 50 | 25 | 39 | 6 | 2 | 5 | 13 | 5 | 4 |

## 숫자 100으로 본 경기도 의정부시 15개 동네

의정부시에는 2005년 현재 15개 동에 10만 개의 거처가 있고,

여기에 13만 가구 40만 명이 살고 있다.

경기도 의정부시가 100명이 사는 마을이라면 어떤 모습일까?

### 숫자 100으로 본 의정부시

의정부시에 사는 사람은 경기도 평균인에 비해 대학 이상 학력자와
종교 인구 비중이 낮다. 취업자 중 봉급생활자는 71% 수준인데, 직업
별로는 서비스직, 판매직, 기능직, 단순 노무직 종사자가 많으며 매일
1시간 이상 출퇴근하는 사람이 경기도에서 가장 많다.

41%가 무주택자이며 1인 가구는 평균을 밑도는데 아파트에 사는
사람이 상대적으로 많다. 가구의 3%는 (반)지하에 살고 7%는 최저
주거 기준 미달 가구인데 공공임대주택은 3% 수준으로 부족한 상황
이다.

최근 7년간 의정부에서 한나라당은 35~59%를, 민주(+열린우리

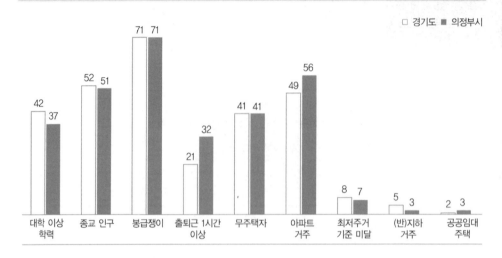

그림 3_3.97

## 경기도와 의정부시의 주요 지수 평균 비교

(단위 : %)

□ 경기도  ■ 의정부시

| 대학 이상 학력 | 종교 인구 | 봉급쟁이 | 출퇴근 1시간 이상 | 무주택자 | 아파트 거주 | 최저주거 기준 미달 | (반)지하 거주 | 공공임대 주택 |
|---|---|---|---|---|---|---|---|---|
| 42 37 | 52 51 | 71 71 | 21 32 | 41 41 | 49 56 | 8 7 | 5 3 | 2 3 |

당)은 30~47%를, 민주노동당＋진보신당은 7~13%를 각각 얻었다.
하지만 동네별로는 차이가 컸다.


**의정부시 인구가 100명이라면 :**
**대학 이상 학력자 37명, 종교 인구 51명**


경기도 의정부시에 사는 사람은 2005년 현재 39만8,870명으로, 의정
부시 인구가 100명이라면 남자 대 여자의 수는 50 대 50으로 균형을
이루고 있다. 27명은 어린이와 청소년(19세 미만)이고, 73명은 어른이
다. 어른 가운데 8명은 노인(65세 이상)이다.

지역적으로는, 의정부시에 사는 100명 중 13명은 신곡2동에, 11명은 신곡1동에 산다. 호원2동과 송산2동에 9명씩, 호원1동과 송산1동에 8명씩, 의정부2동과 자금동에 7명씩 산다. 또 가능1동에 6명, 장암동에 5명, 녹양동과 의정부1동에 4명씩, 가능2동에 3명, 가능3동에 2명이 각각 산다.

종교를 보면, 51명이 종교를 갖고 있다. 20명은 개신교, 19명은 불교, 11명은 천주교 신자다. 개신교는 장암동에서, 불교는 의정부1동에서, 천주교는 호원1동에서 각각 신자 비율이 높다.

학력은 어떨까. 10명은 초등학교에, 5명은 중학교에, 4명은 고등학교에 다니고 있으며, 29명은 대학에 재학 중이거나 대학 이상의 학력을 가지고 있다(6세 이상 인구 기준). 또 의정부에 사는 19세 이상 인구 가운데 37%가 대학 이상 학력자다. 송산2동과 호원1동이 각각 19세 이상 인구 중 44%가 대학 이상 학력자로 가장 비중이 높다.

28명은 미혼이며 72명은 결혼했다. 결혼한 사람 가운데 6명은 배우자와 사별했고, 4명은 이혼했다(15세 이상 인구 기준). 5명은 몸이 불편하거나 정신 장애로 정상적인 활동에 제약을 느끼고 있다.

거주 기간을 보면, 36명은 현재 살고 있는 집에 산 지 5년이 넘었으나, 64명은 5년 이내에 새로 이사 왔다(5세 이상 인구 기준). 이사 온 사람 중 34명은 의정부시의 다른 동에서, 9명은 경기도의 다른 시군에서, 21명은 경기도 밖에서 이사 왔다.

표 3_3.145

## 경기도 의정부시 성별·종교별·학력별 인구

(단위 : 명, %)

| 행정구역 | 남녀/외국인 | | | | 종교 인구 | | | | | | | 대학 이상 학력 인구 | | | | | | |
|---|---|---|---|---|---|---|---|---|---|---|---|---|---|---|---|---|---|---|
| | 총인구 | 남자 | 여자 | 외국인 | 인구 (내국인) | 계 | 종교 있음 | | | | 종교 없음 | 19세 이상 인구 | 계 | 4년제 미만 | | 4년제 이상 | | 대학원 이상 |
| | | | | | | | 불교 | 개신교 | 천주교 | 기타 | | | | 계 | 재학 | 계 | 재학 | |
| 의정부시 | 398,870 | 50 | 50 | 0 | 397,694 | 51 | 19 | 20 | 11 | 1 | 49 | 289,689 | 37 | 13 | 2 | 22 | 4 | 2 |
| 가능1동 | 23,252 | 50 | 50 | 0 | 23,183 | 48 | 20 | 19 | 8 | 1 | 52 | 17,552 | 26 | 12 | 3 | 13 | 4 | 1 |
| 가능2동 | 11,129 | 50 | 50 | 0 | 11,083 | 48 | 21 | 17 | 9 | 1 | 51 | 8,078 | 28 | 12 | 3 | 14 | 4 | 2 |
| 가능3동 | 9,842 | 50 | 50 | 1 | 9,784 | 51 | 23 | 18 | 10 | 1 | 48 | 7,602 | 24 | 12 | 3 | 11 | 3 | 1 |
| 녹양동 | 15,028 | 51 | 49 | 1 | 14,853 | 51 | 18 | 22 | 10 | 1 | 49 | 10,501 | 35 | 12 | 3 | 22 | 5 | 2 |
| 송산1동 | 31,591 | 50 | 50 | 1 | 31,406 | 53 | 19 | 23 | 11 | 0 | 47 | 22,213 | 33 | 13 | 3 | 19 | 3 | 2 |
| 송산2동 | 36,362 | 50 | 50 | 0 | 36,242 | 51 | 16 | 22 | 12 | 1 | 48 | 24,699 | 44 | 15 | 2 | 27 | 3 | 3 |
| 신곡1동 | 45,513 | 50 | 50 | 0 | 45,416 | 50 | 19 | 21 | 10 | 1 | 50 | 32,001 | 39 | 13 | 2 | 25 | 4 | 2 |
| 신곡2동 | 50,176 | 49 | 51 | 0 | 50,122 | 50 | 18 | 19 | 12 | 1 | 49 | 34,469 | 42 | 13 | 2 | 26 | 5 | 3 |
| 의정부1동 | 16,920 | 49 | 51 | 1 | 16,827 | 50 | 25 | 13 | 12 | 1 | 50 | 13,354 | 26 | 13 | 3 | 12 | 3 | 1 |
| 의정부2동 | 28,191 | 49 | 51 | 0 | 28,122 | 47 | 20 | 17 | 9 | 1 | 51 | 21,225 | 30 | 13 | 2 | 16 | 4 | 1 |
| 의정부3동 | 13,652 | 49 | 51 | 0 | 13,614 | 48 | 23 | 16 | 8 | 1 | 52 | 10,491 | 26 | 11 | 3 | 13 | 3 | 1 |
| 자금동 | 27,729 | 49 | 51 | 0 | 27,666 | 47 | 19 | 18 | 10 | 1 | 52 | 19,899 | 35 | 12 | 2 | 21 | 4 | 2 |
| 장암동 | 19,768 | 49 | 51 | 0 | 19,745 | 53 | 16 | 23 | 11 | 3 | 47 | 14,750 | 40 | 14 | 3 | 24 | 5 | 2 |
| 호원1동 | 32,766 | 50 | 50 | 0 | 32,729 | 55 | 21 | 20 | 13 | 1 | 45 | 25,491 | 44 | 13 | 3 | 28 | 6 | 3 |
| 호원2동 | 36,951 | 49 | 51 | 0 | 36,902 | 52 | 19 | 20 | 12 | 0 | 48 | 27,364 | 42 | 13 | 2 | 26 | 5 | 3 |

## 의정부시 취업자가 100명이라면 :
## 71명은 봉급쟁이

의정부시에 사는 15세 이상 인구 31만 명 가운데 취업해 직장에 다니
는 사람(취업자)은 51%, 16만 명이다. 의정부시 취업자가 100명이라
면 64명은 30~40대, 18명은 20대이며, 13명은 50대다. 65세 이상 노
인도 2명이 일하고 있다.

회사에서 봉급을 받고 일하는 직장인은 71명이다. 18명은 고용한 사람 없이 혼자서 일하는 자영업자이며, 7명은 누군가를 고용해 사업체를 경영하는 사업주다. 4명은 가족이 운영하는 사업체에서 보수 없이 일하고 있다.

직업별로는 사무직이 19명으로 가장 많고, 판매직은 15명, 기능직과 서비스직은 각 12명이다. 기술직이나 준전문가, 장치 기계 조작 및 조립직은 각 10명, 전문가는 9명, 단순 노무직은 8명이다. 또 3명은 고위 관리직으로, 1명은 농림 어업에 종사하고 있다.

직장으로 출근하는 데 30분 이상 걸리는 사람은 61명이며, 그 가운데 32명은 1시간 이상 걸린다. 의정부시는 취업자 중 통근 시간이 1시간 이상 걸리는 비중이 경기도 31개 시군 가운데 가장 높다. 16명은 걸어서 출근하고, 84명은 교통수단을 이용해 출근한다. 84명 가운데 40명은 자가용으로, 16명은 시내버스로, 15명은 전철로 출퇴근한다. 2명은 통근 버스를, 1명은 시외·고속버스를 이용하며, 5명은 버스와 전철 또는 승용차를 갈아타며 출근한다.

사무실이나 공장 등에서 일하는 사람은 80명이며, 야외나 거리 또는 운송 수단에서 일하는 사람은 15명이다. 2명은 자기 집에서, 다른 2명은 남의 집에서 일한다.


## 의정부시에 100가구가 산다면 :
## 44가구는 셋방살이

의정부시에는 12만8천 가구가 산다(일반 가구 기준). 의정부에 사는 가

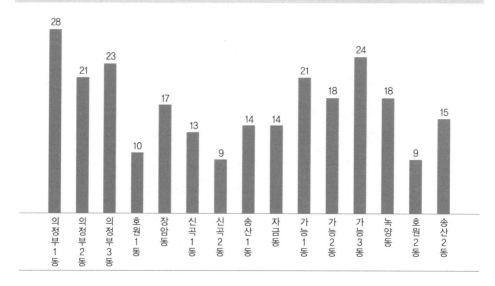

그림 3_3.98

## 경기도 의정부시 동네별 1인 가구

(단위 : %)

구를 100가구로 친다면, 37가구는 식구가 한 명 또는 두 명인 1, 2인 가구이며, 이 가운데 16가구는 나 홀로 사는 1인 가구다. 식구 4명은 31가구, 3명은 23가구, 5명 이상은 11가구다.

동별로는 의정부1동에서 28%로 1인 가구 비중이 가장 높고, 가능 3동 24%, 의정부3동 23%, 의정부동 21% 순이다. 반면 신곡2동과 호원2동은 10% 이내다.

54가구는 자신이 소유한 집에서 살고, 44가구는 셋방에 살며, 2가구는 직장의 사택이나 친척집 등에서 무상으로 살고 있다. 자기 집에 사는 가구 중 7가구는 현재 살고 있는 집 외에 최소 한 채에서 여러

표 3_3.146

## 경기도 의정부시의 다주택자

(단위 : 가구, 호)

| 구분 | | | 가구 수 | 주택 수 | 평균 주택 수 |
|---|---|---|---|---|---|
| 일반 가구 | | | 128,039 | - | - |
| 자가 가구 | | | 69,542 | - | - |
| 다주택 가구 | 통계청 | | 8,708 | - | - |
| | 행자부 | 계 | 5,498 | 12,535 | 2 |
| | | 2채 | 4,870 | 9,740 | 2 |
| | | 3채 | 373 | 1,119 | 3 |
| | | 4채 | 96 | 384 | 4 |
| | | 5채 | 50 | 250 | 5 |
| | | 6~10채 | 79 | 563 | 7 |
| | | 11채 이상 | 30 | 479 | 16 |

채를 소유한 다주택자들이다.

셋방 사는 가구 가운데 24가구는 전세에, 19가구는 보증금 있는 월세에, 1가구는 보증금 없는 월세에 살고 있다. 셋방 사는 가구 중 4가구는 어딘가에 자신 명의의 집을 소유하고 있으나 경제 사정이나 자녀 교육, 직장 등의 사정으로 셋방에 살고 있다.

66가구는 현재 사는 집으로 이사 온 지 5년이 안 되며, 이 가운데 33가구는 2년이 안 된다. 20가구는 5~10년이 됐고, 13가구는 10년이 넘었다.

63가구는 자동차를 소유하고 있고 이 가운데 49가구는 자기 집에 전용 주차장이 있다. 자동차 소유 가구 중 9가구는 차를 2대 이상 소유하고 있다.

표 3_3.147

## 경기도 의정부시 주택의 점유·소유 형태별 가구

(단위 : 가구, %)

| | 전체 가구 | 자기 집에 거주 | | | 셋방에 거주 | | | 무상으로 거주 | | 주택 소유 | 무주택 |
|---|---|---|---|---|---|---|---|---|---|---|---|
| | | 계 | 집 한 채 | 집 여러 채 | 계 | 집 없음 | 집 있음 | 집 없음 | 집 있음 | | |
| 의정부시 | 128,039 | 54 | 48 | 7 | 44 | 40 | 4 | 2 | 0 | 59 | 41 |
| 가능1동 | 7,994 | 34 | 30 | 4 | 64 | 60 | 4 | 2 | 0 | 38 | 62 |
| 가능2동 | 3,706 | 32 | 29 | 3 | 60 | 58 | 3 | 7 | 0 | 36 | 64 |
| 가능3동 | 3,507 | 35 | 31 | 4 | 62 | 59 | 3 | 3 | 0 | 38 | 62 |
| 녹양동 | 4,780 | 50 | 44 | 6 | 48 | 41 | 7 | 1 | 0 | 58 | 42 |
| 송산1동 | 9,879 | 49 | 43 | 6 | 48 | 44 | 5 | 2 | 0 | 54 | 46 |
| 송산2동 | 11,479 | 43 | 36 | 7 | 57 | 51 | 5 | 1 | 0 | 48 | 52 |
| 신곡1동 | 14,054 | 63 | 56 | 7 | 36 | 32 | 4 | 1 | 0 | 67 | 33 |
| 신곡2동 | 15,043 | 63 | 54 | 9 | 36 | 31 | 5 | 1 | 0 | 68 | 32 |
| 의정부1동 | 6,369 | 38 | 33 | 5 | 59 | 56 | 4 | 2 | 0 | 42 | 58 |
| 의정부2동 | 9,886 | 45 | 41 | 4 | 53 | 49 | 4 | 2 | 0 | 49 | 51 |
| 의정부3동 | 4,779 | 47 | 42 | 5 | 50 | 47 | 3 | 3 | 0 | 50 | 50 |
| 자금동 | 8,902 | 55 | 48 | 7 | 43 | 39 | 4 | 1 | 0 | 60 | 40 |
| 장암동 | 6,576 | 63 | 56 | 7 | 36 | 33 | 3 | 1 | 0 | 65 | 35 |
| 호원1동 | 9,917 | 74 | 64 | 10 | 25 | 21 | 4 | 1 | 0 | 78 | 22 |
| 호원2동 | 11,168 | 75 | 66 | 10 | 24 | 19 | 5 | 1 | 0 | 80 | 20 |

## 집 많은 사람, 집 없는 사람 :
## 호원2동 80% 주택 소유, 가능2동 64% 무주택

의정부에 사는 100가구 중 59가구는 주택 소유자이고 41가구는 무주택자다. 15개 동네 9곳은 주택 소유자가 더 많고 나머지는 무주택자가 더 많다. 호원2동에 사는 가구의 80%는 집을 소유하고 있고, 호원1동도 78%가 주택 소유자다. 이 밖에 신곡1동·신곡2동·장암동·자금동 등 모두 6개 동네에서 주택 소유자가 60% 이상을 기록했다.

반면 가능1동·2동·3동은 동네 가구의 60% 이상이 무주택자다.

　의정부에 사는 100가구 중 7가구는 다주택자다. 호원1동과 2동 가구 중 10%는 집을 두 채 이상 여러 채 소유한 다주택자다. 신곡2동 가구의 9%도 다주택자다.

　의정부 100가구 중 4가구는 유주택 전월세 가구다. 녹양동에서 셋방에 사는 가구의 7%는 어딘가에 자신 명의의 집이 있지만 현재 셋방에 살고 있다. 신곡2동·송산1동·호원2동·송산2동에서도 유주택 전월세 가구가 5% 수준이다. 주택 소유자 중 유주택 전월세를 제외한 54가구는 자신이 소유한 집에서 사는 자가 점유 가구인데 호원2동(75%), 호원1동(74%), 장암동·신곡1동·신곡2동(63%) 순으로 비중이 높다.

　40가구는 집이 없이 셋방에 살며, 유주택 전월세를 포함하면 44가구가 셋방살이를 떠돈다. 무주택 전월세 가구는 가능1동(60%), 가능3동(59%), 가능2동(58%) 순으로 많다.


## 의정부시에 있는 집이 100채라면 :
## 70채가 아파트

의정부시에는 집(주택과 주택 이외의 거처)이 10만2천 채가 있다. 의정부시에 있는 집이 100채라면 70채는 아파트이고 14채는 단독주택, 11채는 다세대주택, 2채는 연립주택이다. 또 상가 등 비거주용 건물 내 주택은 1채, 오피스텔 등 주택 이외의 거처는 1채다.

　송산2동과 장암동, 신곡2동에 있는 거처의 95%는 아파트다. 또 호

**표 3_3.148**

# 경기도 의정부시 거처의 종류별·연건평별·건축년도별 주택

**(단위 : 호, 가구, %)**

| 행정구역 | 거처의 종류별 거처와 가구 | | | | | | | | | | | | | | |
|---|---|---|---|---|---|---|---|---|---|---|---|---|---|---|---|
| | 계 | | 단독주택 | | 아파트 | | 연립주택 | | 다세대주택 | | 비거주용 건물 내 주택 | | 주택 이외의 거처 | |
| | 거처 | 가구 | 거처 | 가구 | 거처 | 가구 | 거처 | 가구 | 거처 | 가구 | 거처 | 가구 | 거처 | 가구 |
| 의정부시 | 102,550 | 128,088 | 14 | 31 | 70 | 56 | 2 | 2 | 11 | 9 | 1 | 1 | 1 | 1 |
| 가능1동 | 3,776 | 7,996 | 56 | 78 | 5 | 3 | 10 | 5 | 25 | 12 | 3 | 2 | 0 | 0 |
| 가능2동 | 1,871 | 3,706 | 47 | 72 | 20 | 10 | 11 | 5 | 18 | 9 | 3 | 3 | 1 | 1 |
| 가능3동 | 1,739 | 3,508 | 63 | 81 | 7 | 4 | 17 | 8 | 11 | 5 | 2 | 2 | 0 | 0 |
| 녹양동 | 3,376 | 4,789 | 19 | 42 | 63 | 44 | 3 | 2 | 10 | 7 | 1 | 1 | 4 | 3 |
| 송산1동 | 8,927 | 9,887 | 12 | 20 | 83 | 75 | 2 | 2 | 1 | 1 | 1 | 1 | 1 | 1 |
| 송산2동 | 9,880 | 11,481 | 5 | 18 | 95 | 82 | 0 | 0 | 0 | 0 | 0 | 0 | 0 | 0 |
| 신곡1동 | 11,658 | 14,056 | 11 | 26 | 79 | 65 | 2 | 2 | 8 | 7 | 1 | 1 | 0 | 0 |
| 신곡2동 | 14,403 | 15,045 | 2 | 6 | 95 | 91 | 0 | 0 | 3 | 3 | 0 | 0 | 0 | 0 |
| 의정부1동 | 3,586 | 6,371 | 49 | 68 | 5 | 3 | 5 | 3 | 25 | 14 | 9 | 7 | 7 | 4 |
| 의정부2동 | 6,884 | 9,891 | 20 | 42 | 6 | 4 | 2 | 1 | 66 | 46 | 2 | 2 | 4 | 4 |
| 의정부3동 | 2,941 | 4,779 | 46 | 65 | 17 | 10 | 7 | 4 | 25 | 15 | 4 | 4 | 2 | 1 |
| 자금동 | 7,377 | 8,906 | 16 | 30 | 73 | 61 | 6 | 5 | 5 | 4 | 0 | 0 | 0 | 0 |
| 장암동 | 6,418 | 6,577 | 3 | 5 | 95 | 93 | 0 | 0 | 1 | 1 | 0 | 0 | 0 | 0 |
| 호원1동 | 9,305 | 9,927 | 7 | 13 | 80 | 75 | 0 | 0 | 12 | 12 | 0 | 0 | 1 | 1 |
| 호원2동 | 10,409 | 11,169 | 4 | 10 | 88 | 83 | 0 | 0 | 7 | 7 | 0 | 0 | 0 | 0 |

원1동과 2동, 송산1동도 80% 이상이 아파트다. 신곡1동과 자금동은 70% 이상이, 녹양동은 60% 이상이 아파트로 9개 동네에서 아파트가 절반이 넘었다.

반면 단독주택이 절반이 넘는 곳은 가능3동(63%)과 가능1동 (56%) 두 곳이다. 한편 의정부2동 거처의 66%는 다세대주택이다. 의정부1동과 3동, 가능1동에서도 다세대주택이 25%를 기록했다. 또 연립주택은 가능3동에서 17%를, 비거주용 건물 내 주택과 주택 이외

| 총 주택 수 | 연건평별 주택 | | | | 건축년도별 주택 | | |
|---|---|---|---|---|---|---|---|
| | 14평 미만 | 14~19평 | 19~29평 | 29평 이상 | 1995~2005년 | 1985~1994년 | 1985년 이전 |
| 101,538 | 6 | 38 | 37 | 19 | 63 | 30 | 8 |
| 3,767 | 3 | 22 | 24 | 51 | 16 | 53 | 31 |
| 1,851 | 4 | 24 | 28 | 43 | 31 | 50 | 18 |
| 1,736 | 3 | 22 | 30 | 45 | 17 | 41 | 42 |
| 3,255 | 2 | 30 | 48 | 20 | 31 | 62 | 7 |
| 8,805 | 9 | 44 | 35 | 12 | 51 | 43 | 5 |
| 9,879 | 0 | 49 | 37 | 14 | 98 | 0 | 1 |
| 11,654 | 3 | 46 | 29 | 21 | 76 | 19 | 5 |
| 14,399 | 4 | 43 | 31 | 22 | 68 | 32 | 1 |
| 3,336 | 7 | 19 | 35 | 39 | 38 | 24 | 38 |
| 6,589 | 11 | 46 | 26 | 17 | 49 | 44 | 7 |
| 2,889 | 6 | 21 | 37 | 37 | 50 | 16 | 34 |
| 7,349 | 8 | 32 | 46 | 14 | 67 | 23 | 9 |
| 6,412 | 30 | 40 | 24 | 6 | 46 | 52 | 2 |
| 9,212 | 3 | 31 | 56 | 10 | 60 | 35 | 5 |
| 10,405 | 1 | 37 | 51 | 11 | 85 | 13 | 2 |

의 거처는 의정부1동에서 각각 9%와 7%를 차지했다.

사람이 사는 곳을 기준으로 보면 의정부시 가구의 56%는 아파트에, 31%는 단독주택에, 9%는 다세대주택에 산다. 연립주택에는 2%가 살고 비거주용 건물 내 주택과 주택 이외의 거처에는 각각 1%가 산다.

장암동과 신곡2동에 사는 가구의 90% 이상, 호원2동과 송산2동 가구의 80% 이상이 아파트에 사는 등 모두 8개 동네에서 절반 이상이 아파트에 산다. 반면 가능3동 가구의 81%, 가능1동과 2동 가구의 70% 이상을 비롯해 5개 동네에서 절반 이상이 단독주택에 산다. 다세대주택에 사는 가구는 의정부2동에서(46%), 연립주택 거주 가구는 가능3동(8%)에서, 비거주용 건물 내 주택 거주 가구는 의정부1동(7%)에서 각각 그 비중이 높다.

1995년부터 2005년까지 10년간 의정부시 주택 수(주택 이외의 거처 제외)는 4만9천 채에서 10만2천 채로 배 이상 늘었다. 늘어난 주택의 대부분은 아파트로 4만9천 채(213%)가 증가했으며, 다세대주택도 1만 채(723%)가 증가했다. 반면 연립주택은 5천 채(67%)가 줄었고, 단독주택도 1천 채(7%)가 줄었다. 이에 따라 전체 주택에서 차지하는 비중도 아파트는 47%에서 71%로, 다세대주택은 3%에서 12%로 증가한 데 비해, 단독주택은 32%에서 14%로, 연립주택은 15%에서 2%로 감소했다.

크기별로는 29평 이상이 19채, 19~29평 37채, 14~19평 38채이며, 14평 미만은 6채다. 이처럼 대다수 주택이 14~29평 사이다. 15개 동 가운데 한 곳에서 29평 이상 주택이 절반이 넘었고, 다른 한 곳에서는 10% 미만을 기록했다. 또 14평 미만 소형 주택이 장암동(30%)과 의정부2동(11%)을 제외하고는 모두 10% 미만이어서 저렴한 소형 주택이 부족한 것으로 나타났다.

건축년도별로는 63채가 지은 지 10년(1995~2005년 사이 건축)이 안 된 새집인 데 비해, 1985년 이전에 지은 집은 8채에 머물렀다. 다만 가능3동 42%를 비롯해 의정부1동·의정부3동·가능1동 등 4개 동네에서 전체 주택의 30% 이상이 1985년 이전에 지은 집인 것으로 나타났다.

표 3_3.149

## 경기도 의정부시 (반)지하 등 거주 가구

(단위 : 가구, %)

| 행정구역 | 전체 가구 | (반)지하 | | 옥탑방 | 판잣집·움막·비닐집 | 기타 |
|---|---|---|---|---|---|---|
| | | 가구 | 비중 | 가구 | 가구 | 가구 |
| 의정부시 | 128,039 | 4,381 | 3 | 415 | 51 | 57 |
| 가능1동 | 7,994 | 912 | 11 | 107 | 1 | 6 |
| 가능2동 | 3,706 | 289 | 8 | 32 | – | 3 |
| 가능3동 | 3,507 | 397 | 11 | 37 | – | 2 |
| 녹양동 | 4,780 | 192 | 4 | 16 | 6 | – |
| 송산1동 | 9,879 | 132 | 1 | 11 | 10 | 6 |
| 송산2동 | 11,479 | 338 | 3 | 3 | – | – |
| 신곡1동 | 14,054 | 481 | 3 | 30 | 3 | – |
| 신곡2동 | 15,043 | 74 | 0 | – | – | 4 |
| 의정부1동 | 6,369 | 512 | 8 | 64 | – | 6 |
| 의정부2동 | 9,886 | 257 | 3 | 53 | – | 6 |
| 의정부3동 | 4,779 | 306 | 6 | 32 | – | 1 |
| 자금동 | 8,902 | 316 | 4 | 21 | 11 | 2 |
| 장암동 | 6,576 | 8 | 0 | – | 5 | 1 |
| 호원1동 | 9,917 | 61 | 1 | 3 | 14 | 16 |
| 호원2동 | 11,168 | 106 | 1 | 6 | 1 | 4 |

## 의정부시에서 지하 방에 사는 사람 :
## 가능1동 가구의 11%가 (반)지하에 거주

의정부시에 사는 12만8천 가구를 100가구로 친다면, 그 중 7가구는 식구에 비해 집이 너무 좁거나 시설이 제대로 갖춰지지 않아 인간다운 품위를 지키기 어려운 최저 주거 기준 미달 가구다.

또 100가구 가운데 97가구는 지상에 살지만, 3가구는 (반)지하에, 1가구는 옥상에 살고 있다. (반)지하에 사는 가구 비중이 가장 높은

곳은 가능1동과 3동으로 동네 가구의 11%가 여기에 해당한다. 가능
2동과 의정부1동 가구의 8%, 의정부3동 가구의 6%도 (반)지하에 산
다. 이 밖에 의정부시 12만8천 가구 가운데 옥탑방에 415가구가, 판
잣집·움막·비닐집에 51가구가, 업소의 잠만 자는 방 등에 57가구가
사는 것으로 나타났다.

한편 2005년 현재 의정부시에 공급된 공공임대주택은 영구임대주
택 1,122채, 50년 임대주택 390채, 국민임대주택 2,235채 등 3,747
채가 전부로, 전체 가구 수 대비 3% 수준이다. 이조차도 모두 중앙정
부 산하 주공이 공급한 것으로 의정부시는 무주택 서민을 위한 공공
임대주택을 단 한 채도 공급하지 않았다.


## 의정부시 유권자가 100명이라면

정당 지지도를 알 수 있는 최근 네 차례 선거(제3~4회 동시지방선거, 제
17~18대 총선)를 기준으로 의정부시 유권자는 대략 26만~32만 명이
며, 평균 투표율은 47%였다.

의정부시 유권자가 100명이라면 2002년 지방선거에서는 54명이
한나라당을, 33명이 새천년민주당을, 7명이 민주노동당을, 3명이 자
민련을 찍었다. 2004년 총선에서는 42명이 열린우리당을, 35명은 한
나라당을, 13명은 민주노동당을, 5명은 새천년민주당을, 2명은 자민
련을 지지했다.

2006년 지방선거에서는 59명이 한나라당을 찍었고, 25명은 열린
우리당을, 11명은 민주노동당을, 5명은 민주당을 찍었다. 2008년 총

선에서는 41명이 한나라당을, 30명이 통합민주당을, 10명이 친박연대를, 5명이 민주노동당을, 4명이 자유선진당을, 다른 4명이 창조한국당을, 또 다른 4명이 진보신당을 지지했다.

동네별 투표율은 호원2동·호원1동·의정부3동·장암동에서 상대적으로 높았다. 반면 가능1동·의정부2동·가능2동·신곡1동에서 상대적으로 낮았다.

한나라당 득표율은 의정부1동·의정부3동에서 상대적으로 높았다. 반면 의정부2동·송산2동·자금동에서 상대적으로 낮았다. 의정부1동과 의정부2동의 득표율 격차는 6~10% 사이다.

민주(＋열린우리)당 득표율은 의정부2동·가능2동 등에서 상대적으로 높았다. 반면 의정부1동·녹양동 등에서 상대적으로 낮았다. 의정부2동과 의정부1동의 득표율 격차는 6~7% 사이다.

민주노동당＋진보신당 득표율은 송산2동·신곡2동·자금동에서 상대적으로 높았다.

그림 3_3.99

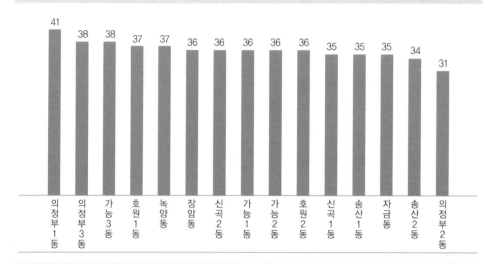

경기도 의정부시 동네별 한나라당 득표율

2004년 총선(단위 : %)

그림 3_3.100

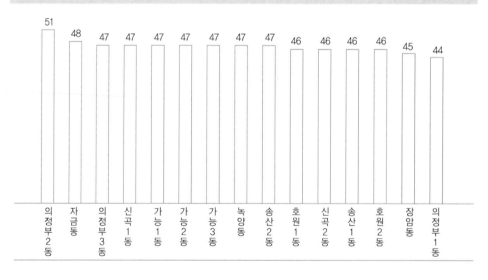

경기도 의정부시 동네별 민주(+열린우리)당 득표율

2004년 총선(단위 : %)

표 3_3.150

# 경기도 의정부시 역대 선거 투표율과 정당 지지율

2002~2008년(단위 : 명, %)

| 행정구역 | 2002년 지방선거 | | | | | | | 행정구역 | 2004년 총선 | | | | | | | |
|---|---|---|---|---|---|---|---|---|---|---|---|---|---|---|---|---|
| | 선거인 수 | 투표율 | 한나라당 | 새천년민주당 | 자민련 | 민주노동당 | 기타정당 | | 선거인 수 | 투표율 | 한나라당 | 새천년민주당 | 열린우리당 | 자민련 | 민주노동당 | 기타정당 |
| 의정부시 | 260,157 | 43 | 54 | 33 | 3 | 7 | 3 | 의정부시 | 284,634 | 58 | 35 | 5 | 42 | 2 | 13 | 2 |
| 의정부1동 | 15,317 | 45 | 57 | 30 | 4 | 6 | 3 | 의정부1동 | 14,512 | 54 | 41 | 4 | 39 | 2 | 11 | 2 |
| 의정부2동 | 21,042 | 36 | 50 | 37 | 4 | 7 | 3 | 의정부2동 | 21,075 | 52 | 31 | 5 | 45 | 2 | 14 | 2 |
| 의정부3동 | 11,004 | 46 | 52 | 34 | 4 | 7 | 3 | 의정부3동 | 10,994 | 55 | 38 | 6 | 41 | 2 | 11 | 2 |
| 호원동 | 43,699 | 43 | 55 | 34 | 3 | 6 | 2 | 호원1동 | 22,527 | 63 | 37 | 6 | 40 | 2 | 13 | 2 |
| 장암동 | 13,898 | 46 | 54 | 34 | 3 | 7 | 3 | 호원2동 | 26,834 | 64 | 36 | 6 | 40 | 2 | 14 | 2 |
| 신곡1동 | 31,310 | 39 | 54 | 34 | 3 | 7 | 3 | 장암동 | 13,333 | 62 | 36 | 5 | 40 | 2 | 15 | 2 |
| 신곡2동 | 20,929 | 42 | 55 | 33 | 3 | 6 | 3 | 신곡1동 | 30,378 | 59 | 35 | 5 | 41 | 2 | 15 | 2 |
| 송산동 | 34,414 | 41 | 55 | 32 | 3 | 7 | 2 | 신곡2동 | 31,059 | 61 | 36 | 5 | 41 | 2 | 14 | 2 |
| 자금동 | 15,106 | 43 | 54 | 31 | 5 | 8 | 3 | 송산1동 | 22,408 | 56 | 35 | 5 | 41 | 2 | 14 | 2 |
| 가능1동 | 19,946 | 36 | 54 | 33 | 3 | 7 | 3 | 송산2동 | 22,330 | 57 | 34 | 5 | 42 | 2 | 16 | 2 |
| 가능2동 | 8,338 | 40 | 52 | 35 | 3 | 7 | 3 | 자금동 | 17,770 | 57 | 35 | 6 | 42 | 2 | 13 | 3 |
| 가능3동 | 8,731 | 40 | 51 | 35 | 4 | 8 | 2 | 가능1동 | 18,454 | 51 | 36 | 5 | 42 | 2 | 12 | 3 |
| 녹양동 | 10,760 | 46 | 56 | 31 | 3 | 7 | 3 | 가능2동 | 8,128 | 53 | 36 | 5 | 42 | 1 | 13 | 3 |
| | | | | | | | | 가능3동 | 8,252 | 53 | 38 | 5 | 42 | 2 | 11 | 2 |
| | | | | | | | | 녹양동 | 10,218 | 58 | 37 | 5 | 41 | 2 | 12 | 3 |

| 행정구역 | 2006년 지방선거 | | | | | | |
| --- | --- | --- | --- | --- | --- | --- | --- |
| | 선거인 수 | 투표율 | 열린우리당 | 한나라당 | 민주당 | 민주노동당 | 기타 정당 |
| 의정부시 | 299,556 | 44 | 25 | 59 | 5 | 11 | 1 |

| 행정구역 | 2008년 총선 | | | | | | | | |
| --- | --- | --- | --- | --- | --- | --- | --- | --- | --- |
| | 선거인 수 | 투표율 | 통합민주당 | 한나라당 | 자유선진당 | 민주노동당 | 창조한국당 | 친박연대 | 진보신당 | 기타 정당 |
| 의정부시 | 318676 | 43 | 30 | 41 | 4 | 5 | 4 | 10 | 4 | 3 |
| 의정부1동 | 16,112 | 40 | 28 | 45 | 3 | 4 | 3 | 11 | 2 | 3 |
| 의정부2동 | 21,907 | 37 | 32 | 39 | 3 | 6 | 4 | 10 | 2 | 4 |
| 의정부3동 | 11,242 | 40 | 30 | 42 | 4 | 5 | 4 | 10 | 2 | 3 |
| 호원1동 | 25,754 | 48 | 30 | 42 | 4 | 4 | 4 | 10 | 3 | 3 |
| 호원2동 | 29,321 | 48 | 30 | 41 | 4 | 5 | 4 | 10 | 3 | 3 |
| 장암동 | 14,452 | 47 | 30 | 41 | 5 | 4 | 4 | 9 | 4 | 3 |
| 신곡1동 | 34,939 | 43 | 30 | 40 | 4 | 5 | 4 | 10 | 5 | 3 |
| 신곡2동 | 34,427 | 44 | 28 | 40 | 5 | 5 | 4 | 10 | 5 | 3 |
| 송산1동 | 25,943 | 41 | 31 | 40 | 4 | 4 | 3 | 9 | 3 | 4 |
| 송산2동 | 25,304 | 41 | 31 | 40 | 4 | 4 | 4 | 9 | 5 | 3 |
| 자금동 | 22,678 | 41 | 29 | 40 | 5 | 5 | 4 | 10 | 4 | 3 |
| 가능1동 | 20,362 | 38 | 29 | 43 | 3 | 5 | 3 | 10 | 2 | 4 |
| 가능2동 | 8,148 | 39 | 31 | 42 | 3 | 6 | 3 | 9 | 2 | 4 |
| 가능3동 | 8,558 | 40 | 31 | 43 | 3 | 5 | 3 | 9 | 2 | 4 |
| 녹양동 | 13,622 | 43 | 28 | 42 | 4 | 5 | 4 | 10 | 3 | 4 |

# 숫자 100으로 본 경기도 이천시 14개 동네

이천시에는 2005년 현재 14개 읍면동에 5만1천 개의 거처가 있고,

여기에 5만8천 가구 19만 명이 살고 있다.

경기도 이천시가 100명이 사는 마을이라면 어떤 모습일까?

## 숫자 100으로 본 이천시

경기도 이천시에 사는 사람은 경기도 평균인에 비해 대학 이상 학력자와 종교 인구 비중이 낮다. 자영업자 비중이 상대적으로 높으며 직업별로는 농림 어업 종사자, 기능직, 장치 기계 조작 및 조립직, 단순 노무직이 많다.

주택 소유자와 자동차 보유자, 단독주택 거주자가 상대적으로 많다. 가구의 1%는 (반)지하에 살고 11%가 최저 주거 기준 미달 가구이지만 공공임대주택의 비중은 1%로 매우 부족하다.

최근 7년간 이천시에서 한나라당은 34~62%를, 민주(＋열린우리)당은 16~48%를, 민주노동당＋진보신당은 6~12%를 각각 얻었다. 하

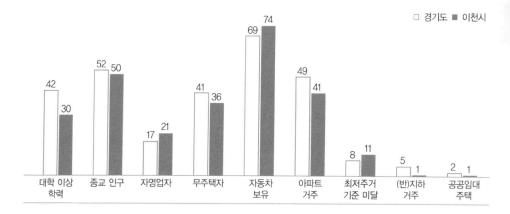

**그림 3_3.101**

## 경기도와 이천시의 주요 지수 평균 비교

(단위 : %)

□ 경기도　■ 이천시

지만 동네별로는 차이가 컸다.

**이천시 인구가 100명이라면 :**

**대학 이상 학력자 30명, 종교 인구 50명**

경기도 이천시에 사는 사람은 2005년 현재 18만8,556명으로, 이천시 인구가 100명이라면 남자 대 여자의 수는 50 대 50으로 균형을 이루고 있다. 동네별로는 부발읍에서 44 대 56으로 남녀 수 차이가 가장 크다. 100명 중 99명은 내국인이며 1명은 외국인이다. 국적별로는 중국 34%(재중 동포 = 조선족 15%), 필리핀 9%, 베트남과 몽골 8%, 인

도네시아 7% 순으로 많고, 동별로는 모가면에서 2%로 외국인 비중이 가장 높다. 29명은 어린이와 청소년(19세 미만)이고, 71명은 어른이다. 어른 가운데 9명은 노인(65세 이상)이다.

지역적으로는, 이천시에 사는 100명 중 19명은 부발읍에, 17명은 증포동에, 11명은 창전동에 사는 등 절반 가까이가 이들 세 동네에 산다. 또 정호원읍·대월면·중리동에 8명씩, 신둔면·백사면·관고동에 5명씩 살며, 마장면에 4명이 산다. 또 모가면과 설성면에 3명씩 살며 호법면과 율면에 2명씩 산다.

종교를 보면, 50명이 종교를 갖고 있다. 20명은 불교, 19명은 개신교, 10명은 천주교 신자다. 불교는 율면에서, 개신교는 백사면과 모가면에서, 천주교는 설성면에서 각각 신자 비율이 높다.

학력은 어떨까. 10명은 초등학교에, 5명은 중학교에, 다른 4명은 고등학교에 다니고 있으며, 24명은 대학에 재학 중이거나 대학 이상의 학력을 가지고 있다(6세 이상 인구 기준). 또 이천시에 사는 19세 이상 인구 가운데 30%가 대학 이상 학력자다. 중리동은 19세 이상 인구 중 42%가 대학 이상 학력자로 비중이 가장 높다.

28명은 미혼이며 72명은 결혼했다. 결혼한 사람 가운데 7명은 배우자와 사별했고, 2명은 이혼했다(15세 이상 인구 기준). 4명은 몸이 불편하거나 정신 장애로 정상적인 활동에 제약을 느끼고 있다.

## 경기도 이천시 성별·종교별·학력별 인구

(단위 : 명, %)

| 행정구역 | 남녀/외국인 | | | | 종교 인구 | | | | | | | 대학 이상 학력 인구 | | | | | | |
|---|---|---|---|---|---|---|---|---|---|---|---|---|---|---|---|---|---|---|
| | 총인구 | 남자 | 여자 | 외국인 | 인구<br>(내국인) | 종교 있음 | | | | | 종교<br>없음 | 19세 이상<br>인구 | 계 | 4년제 미만 | | 4년제 이상 | | 대학원<br>이상 |
| | | | | | | 계 | 불교 | 개신교 | 천주교 | 기타 | | | | 계 | 재학 | 계 | 재학 | |
| 이천시 | 188,556 | 50 | 50 | 1 | 187,514 | 50 | 20 | 19 | 10 | 1 | 49 | 133,939 | 30 | 13 | 3 | 15 | 3 | 2 |
| 부발읍 | 36,023 | 44 | 56 | 0 | 35,890 | 44 | 15 | 18 | 10 | 1 | 56 | 24,375 | 32 | 15 | 3 | 14 | 2 | 2 |
| 장호원읍 | 14,671 | 50 | 50 | 0 | 14,639 | 58 | 24 | 16 | 18 | 0 | 42 | 10,881 | 23 | 9 | 2 | 12 | 3 | 2 |
| 대월면 | 14,524 | 52 | 48 | 1 | 14,425 | 48 | 17 | 21 | 9 | 1 | 52 | 10,127 | 31 | 14 | 2 | 15 | 2 | 2 |
| 마장면 | 8,388 | 53 | 47 | 1 | 8,271 | 56 | 23 | 20 | 11 | 1 | 44 | 6,431 | 33 | 22 | 12 | 10 | 2 | 1 |
| 모가면 | 4,918 | 51 | 49 | 2 | 4,811 | 56 | 23 | 23 | 9 | 1 | 44 | 3,884 | 17 | 9 | 2 | 7 | 2 | 1 |
| 백사면 | 9,844 | 51 | 49 | 1 | 9,765 | 55 | 23 | 23 | 7 | 1 | 45 | 7,024 | 26 | 12 | 2 | 13 | 2 | 2 |
| 설성면 | 5,067 | 49 | 51 | 1 | 5,037 | 56 | 23 | 18 | 16 | 1 | 44 | 4,050 | 15 | 6 | 2 | 7 | 2 | 1 |
| 신둔면 | 10,051 | 50 | 50 | 1 | 9,967 | 51 | 23 | 20 | 8 | 1 | 49 | 7,141 | 30 | 15 | 8 | 13 | 2 | 2 |
| 율면 | 2,918 | 48 | 52 | 0 | 2,912 | 54 | 27 | 15 | 11 | 1 | 46 | 2,392 | 13 | 4 | 2 | 8 | 2 | 1 |
| 호법면 | 4,658 | 50 | 50 | 1 | 4,603 | 49 | 20 | 20 | 8 | 1 | 51 | 3,702 | 17 | 8 | 2 | 8 | 2 | 1 |
| 관고동 | 10,353 | 49 | 51 | 1 | 10,272 | 48 | 21 | 17 | 10 | 0 | 50 | 7,419 | 28 | 12 | 3 | 14 | 3 | 1 |
| 중리동 | 14,622 | 59 | 41 | 0 | 14,549 | 51 | 20 | 20 | 10 | 1 | 48 | 11,474 | 42 | 17 | 3 | 22 | 3 | 3 |
| 증포동 | 32,538 | 50 | 50 | 0 | 32,502 | 48 | 17 | 20 | 9 | 1 | 52 | 20,728 | 39 | 13 | 2 | 23 | 3 | 3 |
| 창전동 | 19,981 | 49 | 51 | 1 | 19,871 | 50 | 22 | 18 | 10 | 1 | 48 | 14,311 | 30 | 13 | 3 | 15 | 4 | 1 |

거주 기간을 보면, 49명은 현재 살고 있는 집에 산 지 5년이 넘었으나, 61명은 5년 이내에 새로 이사 왔다(5세 이상 인구 기준). 이사 온 사람 중 30명은 이천시의 다른 동에서, 8명은 경기도의 다른 시군에서, 다른 12명은 경기도 밖에서 이사 왔다.

## 이천시 취업자가 100명이라면 :
## 66명은 봉급쟁이, 21명은 자영업자

이천시에 사는 15세 이상 인구 14만4천 명 가운데 취업해 직장에 다니는 사람(취업자)은 61%, 8만9천 명이다. 이천시 취업자가 100명이라면 54명은 30~40대, 21명은 20대이며, 13명은 50대다. 65세 이상 노인도 6명이 일하고 있다.

회사에서 봉급을 받고 일하는 직장인은 66명이다. 21명은 고용한 사람 없이 혼자서 일하는 자영업자이며, 5명은 누군가를 고용해 사업체를 경영하는 사업주다. 8명은 가족이 운영하는 사업체에서 보수 없이 일하고 있다.

직업별로는 장치 기계 조작 및 조립직이 20명으로 가장 많고, 농림어업 15명, 사무직 13명, 기능직 11명순이다. 8명은 기술공 및 준전문가로, 다른 8명은 서비스직으로 일하고 있으며, 판매직과 단순 노무직으로 일하는 사람도 같은 8명씩이다. 또 7명은 전문가로, 2명은 고위 관리직으로 일하고 있다.

직장으로 출근하는 데 30분 이상 걸리는 사람은 19명이며, 그 가운데 5명은 1시간 이상 걸린다. 37명은 걸어서 출근하고 63명은 교통수단을 이용해 출근한다. 63명 가운데 42명은 자가용으로, 9명은 통근 버스로, 6명은 시내버스로 출퇴근한다. 또 1명은 자전거를, 다른 1명은 고속(시외)버스를 이용한다.

사무실이나 공장 등에서 일하는 사람은 73명이며, 야외나 거리 또는 운송 수단에서 일하는 사람은 22명이다. 4명은 자기 집에서, 1명은 남의 집에서 일한다.

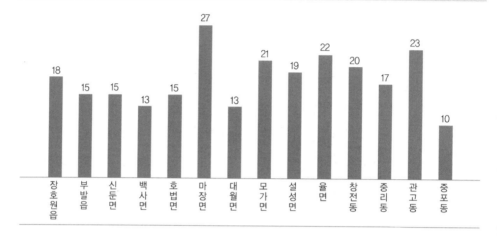

그림 3_3.102

## 경기도 이천시 동네별 1인 가구

(단위 : %)

장호원읍 18
부발읍 15
신둔면 15
백사면 13
호법면 15
마장면 27
대월면 13
모가면 21
설성면 19
율면 22
창전동 20
중리동 17
관고동 23
중포동 10

# 이천시에 100가구가 산다면 :
# 36가구는 셋방살이

이천시에는 5만8천 가구가 산다(일반 가구 기준). 이천시에 사는 가구를 100가구로 친다면, 39가구는 식구가 한 명 또는 두 명인 1, 2인 가구이며, 이 가운데 16가구는 나 홀로 사는 1인 가구다. 식구 4명은 28가구, 3명은 21가구, 5명 이상은 12가구다.

동네별 1인 가구 비중을 보면 마장면에서 27%로 가장 높고, 관고동 23%, 율면 22%, 모가면 21% 순이다. 반면 중포동은 10%에 머문다.

59가구는 자신이 소유한 집에서 살고, 36가구는 셋방에 살며, 5가

표 3_3.152

## 경기도 이천시의 다주택자

(단위 : 가구, 호)

| 구분 | | | 가구 수 | 주택 수 | 평균 주택 수 |
|---|---|---|---|---|---|
| 일반 가구 | | | 58,015 | – | – |
| 자가 가구 | | | 34,231 | – | – |
| 다주택 가구 | 통계청 | | 3,595 | – | – |
| | 행자부 | 계 | 1,465 | 3,317 | 2 |
| | | 2채 | 1,307 | 2,614 | 2 |
| | | 3채 | 94 | 282 | 3 |
| | | 4채 | 22 | 88 | 4 |
| | | 5채 | 11 | 55 | 5 |
| | | 6~10채 | 24 | 178 | 7 |
| | | 11채 이상 | 7 | 100 | 14 |

구는 직장의 사택이나 친척집 등에서 무상으로 살고 있다. 자기 집에 사는 가구 중 6가구는 현재 살고 있는 집 외에 최소 한 채에서 여러 채를 소유한 다주택자들이다.

셋방 사는 가구 가운데 19가구는 전세에, 14가구는 보증금 있는 월세에, 2가구는 보증금 없는 월세에, 1가구는 사글세에 산다. 셋방 사는 가구 중 4가구는 어딘가에 자신 명의의 집을 소유하고 있으나 경제 사정이나 자녀 교육, 직장 등의 사정으로 셋방에 살고 있다.

50가구는 현재 사는 집으로 이사 온 지 5년이 안 되며, 이 가운데 28가구는 2년이 안 된다. 20가구는 5~10년이 됐고, 29가구는 10년이 넘었다.

74가구는 자동차를 소유하고 있고 이 가운데 60가구는 자기 집에 전용 주차장이 있다. 자동차 소유 가구 중 17가구는 차를 2대 이상 소유하고 있다.


**집 많은 사람, 집 없는 사람 :**
**율면 88% 주택 소유, 창전동 47% 무주택**


이천시에 사는 100가구 중 64가구는 주택 소유자이고 36가구는 무주택자다. 14개 동네 전부에서 무주택자보다 주택 소유자가 더 많은 것으로 나타났다. 율면 88%를 비롯해 호법면·모가면 등 세 곳은 동네 가구의 80% 이상이 주택 소유자다. 설성면(79%)과 백사면(73%), 장호원읍(72%)은 70% 이상이, 증포동(68%) 등 네 곳은 60% 이상이 주택 소유자다. 또 중리동·관고동·부발읍·창전동은 절반 이상이 주택 소유자다.

이천시 100가구 중 6가구는 다주택자다. 모가면과 설성면, 백사면에 사는 가구의 8%는 현재 살고 있는 집 외에 어딘가 집을 한 채 이상 소유한 다주택자다. 마장면과 대월면, 증포동 가구의 7%도 다주택자다.

이천시 100가구 중 4가구는 유주택 전월세 가구다. 부발읍과 증포동에 사는 가구의 6%는 어딘가에 자신 명의의 집이 있지만 현재 셋방에 살고 있다. 주택 소유자 중 유주택 전월세를 제외한 59가구는 자신이 소유한 집에서 사는데 율면(86%), 모가면(77%), 설성면(76%) 순으로 비중이 높다.

36가구는 셋방에 사는데 이 가운데 31가구는 집이 없는 무주택 전월세 가구다. 창전동은 무주택 전월세 가구가 47%로 가장 높고 부발

표 3_3.153

## 경기도 이천시 주택의 점유·소유 형태별 가구

(단위 : 가구, %)

| 행정구역 | 전체 가구 | 자기 집에 거주 | | | 셋방에 거주 | | | 무상으로 거주 | | 주택 소유 | 무주택 |
|---|---|---|---|---|---|---|---|---|---|---|---|
| | | 계 | 집 한 채 | 여러 채 | 계 | 집 없음 | 집 있음 | 집 없음 | 집 있음 | | |
| 이천시 | 58,015 | 59 | 53 | 6 | 36 | 31 | 4 | 4 | 1 | 64 | 36 |
| 부발읍 | 9,922 | 50 | 44 | 5 | 46 | 41 | 6 | 3 | 1 | 56 | 44 |
| 장호원읍 | 4,929 | 68 | 62 | 6 | 23 | 20 | 2 | 8 | 2 | 72 | 28 |
| 대월면 | 4,513 | 61 | 54 | 7 | 34 | 29 | 5 | 4 | 1 | 67 | 33 |
| 마장면 | 2,755 | 59 | 52 | 7 | 34 | 32 | 2 | 6 | 1 | 62 | 38 |
| 모가면 | 1,622 | 77 | 71 | 6 | 17 | 15 | 2 | 5 | 1 | 80 | 20 |
| 백사면 | 3,096 | 68 | 60 | 8 | 28 | 23 | 5 | 4 | 1 | 73 | 27 |
| 설성면 | 1,755 | 76 | 68 | 8 | 10 | 9 | 1 | 12 | 2 | 79 | 21 |
| 신둔면 | 3,047 | 59 | 54 | 5 | 36 | 31 | 4 | 4 | 1 | 64 | 36 |
| 율면 | 1,124 | 86 | 78 | 8 | 7 | 6 | 1 | 6 | 1 | 88 | 12 |
| 호법면 | 1,426 | 78 | 73 | 5 | 16 | 14 | 2 | 5 | 1 | 81 | 19 |
| 관고동 | 3,524 | 51 | 45 | 6 | 46 | 42 | 4 | 3 | 0 | 56 | 44 |
| 중리동 | 3,839 | 53 | 48 | 5 | 38 | 34 | 3 | 7 | 2 | 59 | 41 |
| 증포동 | 9,756 | 61 | 54 | 7 | 36 | 30 | 6 | 2 | 1 | 68 | 32 |
| 창전동 | 6,707 | 47 | 41 | 6 | 49 | 44 | 5 | 3 | 0 | 53 | 47 |

읍과 관고동(각 44%), 중리동(41%)이 뒤를 잇고 있다. 한편 설성면에 사는 가구의 14%는 직장의 사택이나 친척집 등에서 무상으로 살고 있는데 이들 중 12%는 무주택자다.


**이천시에 있는 집이 100채라면 :**
**46채는 아파트, 39채는 단독주택**


2005년 기준으로 이천시에는 집(주택과 주택 이외의 거처)이 5만1,175

표 3_3.154

## 경기도 이천시 거처의 종류별·연건평별·건축년도별 주택

(단위 : 호, 가구, %)

| 행정구역 | 거처의 종류별 거처와 가구 | | | | | | | | | | | | | |
| | 계 | | 단독주택 | | 아파트 | | 연립주택 | | 다세대주택 | | 비거주용 건물 내 주택 | | 주택 이외의 거처 | |
| | 거처 | 가구 | 거처 | 가구 | 거처 | 가구 | 거처 | 가구 | 거처 | 가구 | 거처 | 가구 | 거처 | 가구 |
|---|---|---|---|---|---|---|---|---|---|---|---|---|---|---|
| 이천시 | 51,175 | 58,147 | 39 | 46 | 46 | 41 | 6 | 5 | 6 | 5 | 2 | 2 | 1 | 1 |
| 부발읍 | 9,267 | 9,948 | 22 | 27 | 65 | 61 | 6 | 6 | 5 | 4 | 1 | 1 | 1 | 1 |
| 장호원읍 | 4,473 | 4,938 | 58 | 61 | 28 | 25 | 4 | 4 | 6 | 5 | 4 | 4 | 1 | 1 |
| 대월면 | 4,323 | 4,524 | 30 | 33 | 55 | 53 | 9 | 9 | 4 | 4 | 1 | 1 | 1 | 1 |
| 마장면 | 2,219 | 2,767 | 76 | 80 | 10 | 8 | 2 | 1 | 8 | 6 | 3 | 2 | 2 | 2 |
| 모가면 | 1,518 | 1,636 | 90 | 90 | 0 | 0 | 4 | 4 | 0 | 0 | 3 | 3 | 3 | 3 |
| 백사면 | 2,896 | 3,101 | 53 | 56 | 34 | 32 | 7 | 7 | 3 | 3 | 3 | 2 | 0 | 0 |
| 설성면 | 1,675 | 1,760 | 93 | 93 | 3 | 3 | 0 | 0 | 1 | 1 | 1 | 1 | 2 | 2 |
| 신둔면 | 2,748 | 3,056 | 57 | 61 | 18 | 16 | 9 | 8 | 13 | 12 | 2 | 2 | 2 | 2 |
| 율면 | 1,089 | 1,126 | 93 | 93 | 0 | 0 | 3 | 3 | 0 | 0 | 2 | 2 | 2 | 2 |
| 호법면 | 1,317 | 1,430 | 90 | 91 | 0 | 0 | 8 | 7 | 0 | 0 | 0 | 0 | 2 | 1 |
| 관고동 | 2,678 | 3,533 | 31 | 47 | 41 | 31 | 5 | 4 | 18 | 13 | 1 | 1 | 4 | 3 |
| 중리동 | 2,919 | 3,851 | 48 | 60 | 28 | 21 | 9 | 7 | 10 | 8 | 3 | 3 | 1 | 1 |
| 증포동 | 9,460 | 9,764 | 7 | 10 | 90 | 87 | 1 | 1 | 1 | 1 | 0 | 0 | 0 | 0 |
| 창전동 | 4,593 | 6,713 | 30 | 51 | 37 | 25 | 12 | 8 | 15 | 10 | 5 | 4 | 2 | 1 |

채가 있다. 이천시에 있는 집이 100채라면 46채는 아파트이고, 39채는 단독주택이며, 6채는 연립주택, 다른 6채는 다세대주택이다. 또 2채는 상가 등 비거주용 건물 내 주택이고 1채는 주택 이외의 거처다.

증포동은 거처의 90%가 아파트다. 부발읍(65%)과 대월면(55%)도 아파트가 절반 이상이다. 반면 율면·설성면(93%)과 호법면·모가면(90%) 등 네 곳은 거처의 90% 이상이 단독주택이다. 장호원읍(58%)과 신둔면(57%), 백사면(53%)도 단독주택이 절반을 넘는다.

| 총 주택 수 | 연건평별 주택 | | | | 건축년도별 주택 | | |
| --- | --- | --- | --- | --- | --- | --- | --- |
| | 14평 미만 | 14~19평 | 19~29평 | 29평 이상 | 1995~2005년 | 1985~1994년 | 1985년 이전 |
| 50,540 | 6 | 32 | 41 | 21 | 53 | 31 | 16 |
| 9,172 | 4 | 43 | 40 | 13 | 65 | 27 | 8 |
| 4,444 | 5 | 34 | 40 | 21 | 36 | 34 | 31 |
| 4,298 | 2 | 42 | 40 | 16 | 47 | 41 | 12 |
| 2,166 | 8 | 10 | 36 | 45 | 54 | 24 | 22 |
| 1,474 | 4 | 12 | 47 | 38 | 37 | 27 | 36 |
| 2,888 | 4 | 27 | 42 | 27 | 65 | 18 | 17 |
| 1,641 | 7 | 12 | 46 | 35 | 35 | 26 | 39 |
| 2,693 | 8 | 12 | 50 | 31 | 60 | 25 | 15 |
| 1,067 | 4 | 14 | 54 | 29 | 39 | 29 | 32 |
| 1,297 | 3 | 13 | 46 | 37 | 41 | 26 | 33 |
| 2,574 | 8 | 27 | 47 | 17 | 35 | 48 | 16 |
| 2,877 | 4 | 21 | 45 | 30 | 29 | 47 | 24 |
| 9,438 | 8 | 47 | 36 | 9 | 89 | 7 | 3 |
| 4,511 | 8 | 27 | 36 | 28 | 11 | 74 | 15 |

다세대주택은 관고동(18%), 창전동(15%), 신둔면(13%)에서, 연립주택은 창전동(12%)에서 상대적으로 많다. 창전동 거처의 5%는 비거주용 건물 내 주택이며, 관고동 거처의 4%는 주택 이외의 거처다.

사람이 사는 곳을 기준으로 보면 이천시 가구의 46%는 단독주택에, 41%는 아파트에, 5%는 연립주택에, 다른 5%는 다세대주택에 산다. 또 비거주용 건물 내 주택에 2%가, 주택 이외의 거처에 1%가 산다.

아파트 동네인 증포동은 동네 가구의 87%가 아파트에 살고 단독주택에 10%, 연립주택과 다세대주택·비거주용 건물 내 주택에 각 1%가 산다. 부발읍과 대월면에서도 동네 가구의 절반 이상이 아파트에 산다. 반면 율면·설성면(93%)과 호법면(91%), 모가면(90%)은 동네 가구의 90% 이상이 단독주택에 산다. 또한 마장면 80%를 비롯해 장호원읍·신둔면·백사면·중리동에서도 절반 이상이 단독주택에 산다.

관고동·신둔면·창전동은 다세대주택 거주 가구가, 대월면·신둔면·창전동은 연립주택 거주 가구가 다른 곳에 비해 상대적으로 많다. 비거주용 건물 내 주택 거주 가구는 창전동과 장호원읍에서, 주택 이외의 거처 거주 가구는 모가면과 관고동에서 상대적으로 많았다.

이천시 주택(주택 이외의 거처 제외)을 크기별로 보면 29평 이상의 주택은 21채, 19~29평은 41채, 14~19평은 32채이며, 14평 미만은 6채다. 29평 이상 주택은 마장면과 모가면에서, 14평 미만 소형 주택은 신둔면 등에서 상대적으로 비중이 높다.

2005년 기준으로 53채는 지은 지 10년(1995~2005년 사이 건축)이 안 된 새집이며, 16채는 지은 지 20년이 넘었다. 증포동 주택의 89%가 10년 이내에 지은 새집인 반면, 설성면 주택의 39%, 모가면 주택의 36%는 지은 지 20년이 넘었다.


## 이천시 100가구 중 11가구가 최저 주거 기준에 미달

이천시에 사는 5만8천 가구를 100가구로 친다면, 그 중 11가구는 식구에 비해 집이 너무 좁거나 시설이 제대로 갖춰지지 않아 인간다운

표 3_3.155

# 경기도 이천시 (반)지하 등 거주 가구

(단위 : 가구, %)

| 행정구역 | 전체 가구 | (반)지하 | | 옥탑방 | 판잣집·움막·비닐집 | 기타 |
|---|---|---|---|---|---|---|
| | | 가구 | 비중 | 가구 | 가구 | 가구 |
| 이천시 | 58,015 | 567 | 1 | 118 | 209 | 134 |
| 부발읍 | 9,922 | 36 | 0 | 3 | 26 | 7 |
| 장호원읍 | 4,929 | 7 | 0 | 5 | 5 | 20 |
| 대월면 | 4,513 | 4 | 0 | 2 | 6 | 13 |
| 마장면 | 2,755 | 6 | 0 | 2 | 27 | 18 |
| 모가면 | 1,622 | 2 | 0 | – | 16 | 21 |
| 백사면 | 3,096 | 1 | 0 | 2 | 6 | – |
| 설성면 | 1,755 | 1 | 0 | 2 | 20 | 13 |
| 신둔면 | 3,047 | 42 | 1 | 5 | 36 | 11 |
| 율면 | 1,124 | – | – | – | 17 | 4 |
| 호법면 | 1,426 | 5 | 0 | – | 12 | 1 |
| 관고동 | 3,524 | 67 | 2 | 13 | 7 | 3 |
| 중리동 | 3,839 | 85 | 2 | 16 | 18 | 14 |
| 증포동 | 9,756 | 5 | 0 | 1 | 7 | 8 |
| 창전동 | 6,707 | 306 | 5 | 67 | 6 | 1 |

품위를 지키기 어려운 최저 주거 기준 미달 가구다.

또 100가구 가운데 99가구는 지상에 살지만, 1가구는 (반)지하에 살고 있다. (반)지하에 사는 가구 비중은 창전동(5%)에서 가장 높고, 중리동과 관고동(각 2%), 신둔면(1%) 순이다. 이처럼 이천시 5만8천 가구 가운데 567가구가 (반)지하에 사는 한편, 118가구는 옥탑방에, 209가구는 판잣집·움막·비닐집에, 134가구는 업소의 잠만 자는 방 등에 산다.

한편 2005년 현재 이천시에 공급된 공공임대주택은 525채로 전체 가구의 1% 수준에 불과하다. 이조차도 모두 중앙정부 산하 주공이 공급한 국민임대주택으로 지방자치단체가 공급한 것은 없는 실정이다.

## 이천시 유권자가 100명이라면

정당 지지도를 알 수 있는 최근 네 차례 선거(제3~4회 동시지방선거, 제17~18대 총선)를 기준으로 이천시 유권자는 대략 13만~15만 명이며, 평균 투표율은 49%였다.

이천시 유권자가 100명이라면 2002년 지방선거에서는 58명이 한나라당을, 29명이 새천년민주당을, 6명이 민주노동당을, 4명이 자민련을 찍었다. 2004년 총선에서는 41명이 열린우리당을, 34명은 한나라당을, 12명은 민주노동당을, 7명은 새천년민주당을, 2명은 자민련을 지지했다.

2006년 지방선거에서는 62명이 한나라당을 찍었고, 22명은 열린우리당을, 9명은 민주노동당을, 5명은 민주당을 찍었다. 2008년 총선에서는 42명이 한나라당을, 16명이 통합민주당을, 16명이 친박연대를, 7명이 자유선진당을, 5명이 민주노동당을, 4명이 창조한국당을, 2명이 진보신당을 지지했다.

동네별 투표율은 호법면·율면·모가면에서 상대적으로 높았다. 반면 부발읍·관고동에서 상대적으로 낮았다.

한나라당 득표율은 호법면·중리동·마장면에서 상대적으로 높았다. 반면 모가면·대월면·증포동에서 상대적으로 낮았다. 호법면과 대월면의 득표율 격차는 8~15% 사이다.

민주(＋열린우리)당 득표율은 부발읍·대월면·장호원읍에서 상대적으로 높았다. 반면 창전동·중리동·호법면에서 상대적으로 낮았다. 부발읍과 창전동의 득표율 격차는 2~9% 사이다.

　　민주노동당＋진보신당 득표율은 대월면과 부발읍에서 상대적으로 높았다.

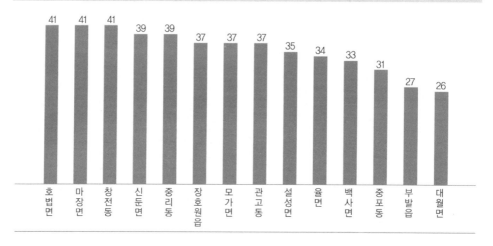

**그림 3_3.103**

## 경기도 이천시 동네별 한나라당 득표율

2004년 총선(단위 : %)

호법면 41 / 마장면 41 / 창전동 41 / 신둔면 39 / 중리동 39 / 장호원읍 37 / 모가면 37 / 관고동 37 / 설성면 35 / 율면 34 / 백사면 33 / 중포동 31 / 부발읍 27 / 대월면 26

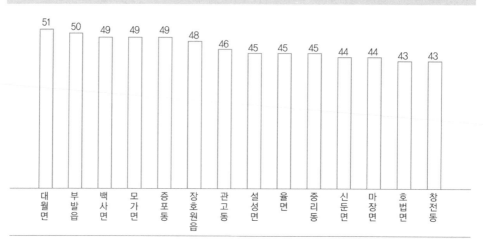

**그림 3_3.104**

## 경기도 이천시 동네별 민주(＋열린우리)당 득표율

2004년 총선(단위 : %)

대월면 51 / 부발읍 50 / 백사면 49 / 모가면 49 / 증포동 49 / 장호원읍 48 / 관고동 46 / 설성면 45 / 율면 45 / 중리동 45 / 신둔면 44 / 마장면 44 / 호법면 43 / 창전동 43

**표 3_3.156**

# 경기도 이천시 역대 선거 투표율과 정당 지지율

2002~2008년(단위 : 명, %)

| 행정구역 | 2002년 지방선거 | | | | | | | 2004년 총선 | | | | | | | |
|---|---|---|---|---|---|---|---|---|---|---|---|---|---|---|---|
| | 선거인 수 | 투표율 | 한나라당 | 새천년민주당 | 자민련 | 민주노동당 | 기타정당 | 선거인 수 | 투표율 | 한나라당 | 새천년민주당 | 열린우리당 | 자민련 | 민주노동당 | 기타정당 |
| 이천시 | 129,817 | 49 | 58 | 29 | 4 | 6 | 4 | 133,983 | 55 | 34 | 7 | 41 | 2 | 12 | 5 |
| 부발읍 | 21,769 | 39 | 56 | 31 | 4 | 7 | 3 | 22,987 | 51 | 27 | 6 | 45 | 1 | 15 | 7 |
| 장호원읍 | 12,312 | 54 | 57 | 27 | 6 | 5 | 4 | 11,884 | 54 | 37 | 8 | 40 | 2 | 10 | 3 |
| 대월면 | 10,057 | 48 | 54 | 29 | 4 | 9 | 4 | 10,547 | 55 | 26 | 6 | 45 | 1 | 14 | 7 |
| 마장면 | 5,801 | 65 | 60 | 27 | 4 | 4 | 4 | 5,924 | 54 | 41 | 7 | 37 | 2 | 9 | 4 |
| 모가면 | 3,991 | 66 | 52 | 30 | 6 | 6 | 6 | 4,075 | 54 | 37 | 10 | 39 | 2 | 8 | 4 |
| 백사면 | 7,060 | 55 | 58 | 29 | 4 | 6 | 3 | 7,195 | 54 | 33 | 8 | 41 | 1 | 13 | 4 |
| 설성면 | 4,585 | 66 | 57 | 25 | 6 | 7 | 6 | 4,401 | 56 | 35 | 8 | 38 | 3 | 11 | 7 |
| 신둔면 | 6,380 | 54 | 61 | 27 | 4 | 5 | 4 | 6,862 | 55 | 39 | 7 | 37 | 2 | 11 | 4 |
| 율면 | 2,790 | 65 | 54 | 29 | 6 | 8 | 4 | 2,723 | 61 | 34 | 9 | 36 | 2 | 14 | 5 |
| 호법면 | 3,780 | 72 | 62 | 26 | 4 | 4 | 4 | 3,814 | 62 | 41 | 8 | 35 | 2 | 9 | 5 |
| 관고동 | 7,489 | 48 | 62 | 27 | 4 | 5 | 3 | 7,441 | 51 | 37 | 8 | 38 | 2 | 11 | 4 |
| 중리동 | 9,442 | 44 | 63 | 25 | 4 | 5 | 3 | 9,333 | 51 | 39 | 9 | 36 | 1 | 10 | 5 |
| 중포동 | | | | | | | | 19,290 | 58 | 31 | 6 | 44 | 1 | 15 | 4 |
| 창전동 | 31,898 | 40 | 61 | 29 | 3 | 5 | 2 | 14,637 | 51 | 41 | 7 | 35 | 2 | 10 | 4 |

| 행정구역 | 2006년 지방선거 | | | | | | |
|---|---|---|---|---|---|---|---|
| | 선거인 수 | 투표율 | 열린우리당 | 한나라당 | 민주당 | 민주노동당 | 기타 정당 |
| 이천시 | 140,754 | 47 | 22 | 62 | 5 | 9 | 2 |

| 행정구역 | 2008년 총선 | | | | | | | | |
|---|---|---|---|---|---|---|---|---|---|
| | 선거인 수 | 투표율 | 통합민주당 | 한나라당 | 자유선진당 | 민주노동당 | 창조한국당 | 친박연대 | 진보신당 | 기타 정당 |
| 이천시 | 145,057 | 43 | 16 | 42 | 7 | 5 | 4 | 16 | 2 | 7 |
| 부발읍 | 23,927 | 35 | 17 | 40 | 6 | 6 | 4 | 16 | 2 | 7 |
| 장호원읍 | 11,963 | 48 | 27 | 42 | 5 | 4 | 3 | 14 | 1 | 4 |
| 대월면 | 10,386 | 41 | 18 | 40 | 7 | 7 | 4 | 15 | 3 | 7 |
| 마장면 | 6,389 | 44 | 13 | 50 | 6 | 4 | 3 | 19 | 1 | 6 |
| 모가면 | 4,133 | 50 | 12 | 46 | 7 | 4 | 3 | 16 | 1 | 11 |
| 백사면 | 7,686 | 43 | 13 | 43 | 10 | 5 | 3 | 17 | 2 | 7 |
| 설성면 | 4,553 | 47 | 16 | 43 | 7 | 5 | 3 | 19 | 1 | 7 |
| 신둔면 | 8,185 | 43 | 13 | 47 | 7 | 4 | 3 | 18 | 1 | 7 |
| 율면 | 2,565 | 53 | 16 | 42 | 7 | 8 | 3 | 17 | 1 | 8 |
| 호법면 | 3,908 | 51 | 11 | 55 | 7 | 4 | 2 | 15 | 1 | 5 |
| 관고동 | 7,757 | 40 | 13 | 40 | 9 | 5 | 4 | 18 | 2 | 8 |
| 중리동 | 11,957 | 36 | 13 | 45 | 8 | 3 | 4 | 16 | 2 | 8 |
| 증포동 | 23,441 | 44 | 19 | 38 | 7 | 6 | 5 | 16 | 3 | 6 |
| 창전동 | 15,176 | 40 | 13 | 43 | 9 | 4 | 3 | 19 | 1 | 9 |

# 숫자 **100**으로 본 경기도 파주시 13개 동네

파주시에는 2005년 현재 13개 읍면동에 6만9천 개의 거처가 있고,

여기에 7만6천 가구 24만 명이 살고 있다.

경기도 파주시가 100명이 사는 마을이라면 어떤 모습일까?

## 숫자 100으로 본 파주시

파주시에 사는 사람은 경기도 평균인에 비해 대학 이상 학력자와 종교 인구 비중이 낮다. 자영업자 비중이 상대적으로 높고 직업별로는 농림 어업 종사자, 기능직, 장치 기계 조작 및 조립직, 단순 노무직이 많다.

　주택 소유자, 아파트 거주자, 자동차 보유자가 상대적으로 많다. 가구의 1%는 (반)지하에 살고 8%는 최저 주거 기준 미달 가구인데 공공임대주택은 4% 수준이다.

　최근 7년간 파주시에서 한나라당은 46~65%를, 민주(＋열린우리)당은 22~43%를, 민주노동당＋진보신당은 5~11%를 각각 얻었다. 하

그림 3_3.105

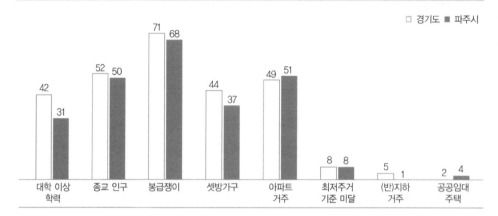

경기도와 파주시의 주요 지수 평균 비교

(단위 : %)

□ 경기도　■ 파주시

지만 동네별로는 차이가 크다.

## 파주시 인구가 100명이라면 :
## 대학 이상 학력자 31명, 종교 인구 50명

경기도 파주시에 사는 사람은 2005년 현재 24만2,241명으로, 파주시 인구가 100명이라면 남자 대 여자의 수는 51 대 49로 남자가 더 많다. 동네별로는 월롱면에서 57 대 43으로 남녀 차이가 가장 크다. 100명 중 99명은 내국인이며 1명은 외국인이다. 국적별로는 중국 23%(재중 동포＝조선족 8%), 태국 16%, 필리핀 13%, 베트남 12%, 몽

(2008년 기준)

골 7% 순으로 많고 동별로는 월롱면과 광탄면에서 4%로 외국인 비중이 가장 높다. 26명은 어린이와 청소년(19세 미만)이고, 74명은 어른이다. 어른 가운데 11명은 노인(65세 이상)이다.

지역적으로는, 파주시에 사는 100명 중 19명은 금촌2동에, 17명은 교하읍에, 14명은 금촌1동에, 12명은 조리읍에 사는 등 이들 네 곳에 62%가 산다. 또 문산읍에 10명이, 파주읍·법원읍·탄현면·광탄면에 5명씩, 월롱면·적성면에 3명씩 살고, 파평면에는 2명이 산다(군내면 인구가 차지하는 비율은 0.3%다).

종교를 보면, 50명이 종교를 갖고 있다. 20명은 불교, 19명은 개신교, 9명은 천주교 신자다. 불교는 광탄면에서, 개신교는 조리읍에서, 천주교는 교하읍에서 각각 신자 비율이 높다.

학력은 어떨까. 10명은 초등학교에, 4명은 중학교에, 다른 3명은 고등학교에 다니고 있으며, 25명은 대학에 재학 중이거나 대학 이상의 학력을 가지고 있다(6세 이상 인구 기준). 또 파주시에 사는 19세 이상 인구 가운데 31%가 대학 이상 학력자다. 교하읍은 19세 이상 인구 중 45%가 대학 이상 학력자로 비중이 가장 높다.

26명은 미혼이며 69명은 결혼했다. 결혼한 사람 가운데 8명은 배우자와 사별했고, 3명은 이혼했다(15세 이상 인구 기준). 5명은 몸이 불편하거나 정신 장애로 정상적인 활동에 제약을 느끼고 있다.

거주 기간을 보면, 36명은 현재 살고 있는 집에 산 지 5년이 넘었

표 3_3.157

# 경기도 파주시 성별·종교별·학력별 인구

(단위 : 명, %)

| 행정구역 | 남녀/외국인 | | | | 종교 인구 | | | | | | | 대학 이상 학력 인구 | | | | | | |
|---|---|---|---|---|---|---|---|---|---|---|---|---|---|---|---|---|---|---|
| | 총인구 | 남자 | 여자 | 외국인 | 인구 (내국인) | 종교 있음 | | | | | 종교 없음 | 19세 이상 인구 | 계 | 4년제 미만 | | 4년제 이상 | | 대학원 이상 |
| | | | | | | 계 | 불교 | 개신교 | 천주교 | 기타 | | | | 계 | 재학 | 계 | 재학 | |
| 파주시 | 242,241 | 51 | 49 | 1 | 239,823 | 50 | 20 | 19 | 9 | 1 | 49 | 177,006 | 31 | 11 | 2 | 18 | 3 | 2 |
| 교하읍 | 41,313 | 50 | 50 | 1 | 40,851 | 53 | 17 | 23 | 12 | 1 | 47 | 29,464 | 45 | 12 | 2 | 29 | 4 | 4 |
| 문산읍 | 24,266 | 50 | 50 | 0 | 24,198 | 48 | 24 | 15 | 8 | 1 | 49 | 18,038 | 22 | 9 | 2 | 11 | 3 | 1 |
| 법원읍 | 12,953 | 52 | 48 | 1 | 12,782 | 50 | 26 | 16 | 7 | 2 | 50 | 9,814 | 17 | 7 | 2 | 8 | 2 | 1 |
| 조리읍 | 29,148 | 50 | 50 | 1 | 28,814 | 54 | 18 | 25 | 10 | 1 | 45 | 20,977 | 36 | 10 | 2 | 23 | 4 | 3 |
| 파주읍 | 12,551 | 51 | 49 | 2 | 12,301 | 46 | 25 | 11 | 8 | 1 | 53 | 9,797 | 17 | 9 | 2 | 7 | 3 | 1 |
| 광탄면 | 11,765 | 52 | 48 | 4 | 11,325 | 54 | 29 | 15 | 9 | 1 | 45 | 8,822 | 19 | 7 | 2 | 10 | 3 | 1 |
| 군내면 | 670 | 51 | 49 | 0 | 669 | 53 | 27 | 18 | 6 | 2 | 47 | 544 | 24 | 12 | 2 | 11 | 3 | 1 |
| 월롱면 | 7,500 | 57 | 43 | 4 | 7,235 | 49 | 27 | 12 | 9 | 2 | 50 | 5,751 | 30 | 17 | 3 | 12 | 2 | 1 |
| 적성면 | 6,942 | 51 | 49 | 0 | 6,917 | 48 | 24 | 16 | 7 | 1 | 52 | 5,343 | 17 | 8 | 2 | 8 | 2 | 1 |
| 탄현면 | 11,672 | 53 | 47 | 2 | 11,496 | 46 | 19 | 19 | 8 | 1 | 54 | 8,881 | 34 | 14 | 5 | 17 | 2 | 2 |
| 파평면 | 4,902 | 49 | 51 | 1 | 4,860 | 43 | 22 | 14 | 6 | 1 | 57 | 3,910 | 14 | 6 | 1 | 7 | 2 | 1 |
| 금촌1동 | 33,554 | 52 | 48 | 0 | 33,445 | 51 | 19 | 21 | 10 | 1 | 49 | 23,893 | 34 | 12 | 2 | 19 | 4 | 2 |
| 금촌2동 | 45,005 | 50 | 50 | 0 | 44,930 | 48 | 18 | 20 | 9 | 1 | 52 | 31,772 | 34 | 12 | 1 | 20 | 3 | 2 |

으나, 64명은 5년 이내에 새로 이사 왔다(5세 이상 인구 기준). 이사 온 사람 중 27명은 파주시의 다른 동에서, 19명은 경기도의 다른 시군에서, 다른 19명은 경기도 밖에서 이사 왔다.

## 파주시 취업자가 100명이라면 :
## 68명은 봉급쟁이, 20명은 자영업자

파주시에 사는 15세 이상 인구 18만6천 명 가운데 취업해 직장에 다니는 사람(취업자)은 53%, 9만8천 명이다. 파주시 취업자가 100명이라면 59명은 30~40대, 17명은 20대이며, 13명은 50대다. 65세 이상 노인도 5명이 일하고 있다.

회사에서 봉급을 받고 일하는 직장인은 68명이다. 20명은 고용한 사람 없이 혼자서 일하는 자영업자이며, 7명은 누군가를 고용해 사업체를 경영하는 사업주다. 5명은 가족이 운영하는 사업체에서 보수 없이 일하고 있다.

직업별로는 사무직이 17명으로 가장 많고, 장치 기계 조작 및 조립직 13명, 기능직 11명, 서비스직과 판매직 각 10명순이다. 9명은 농림 어업에 종사하고 있고, 다른 9명은 단순 노무직으로, 또 다른 9명은 기술공 및 준전문가로 일하고 있다. 또 7명은 전문가로, 3명은 고위 관리직으로 일한다.

직장으로 출근하는 데 30분 이상 걸리는 사람은 39명이며, 그 가운데 16명은 1시간 이상 걸린다. 20명은 걸어서 출근하고 80명은 교통수단을 이용해 출근한다. 80명 가운데 52명은 자가용으로, 15명은 시내버스로, 4명은 통근 버스로 출퇴근한다. 또 1명은 전철을, 다른 1명은 기차를, 또 다른 한 명은 고속(시외)버스를 이용하며, 3명은 버스와 전철 또는 승용차를 갈아타며 출근한다.

사무실이나 공장 등에서 일하는 사람은 77명이며, 야외나 거리 또는 운송 수단에서 일하는 사람은 17명이다. 5명은 자기 집에서, 다른 2명은 남의 집에서 일한다.

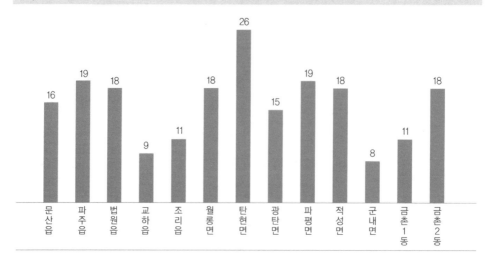

그림 3_3.106

경기도 파주시 동네별 1인 가구

(단위 : %)

문산읍 16 / 파주읍 19 / 법원읍 18 / 교하읍 9 / 조리읍 11 / 월롱면 18 / 탄현면 26 / 광탄면 15 / 파평면 19 / 적성면 18 / 군내면 8 / 금촌1동 11 / 금촌2동 18

## 파주시에 100가구가 산다면 :
## 36가구는 셋방살이

파주시에는 7만6천 가구가 산다(일반 가구 기준). 파주시에 사는 가구를 100가구로 친다면, 39가구는 식구가 한 명 또는 두 명인 1, 2인 가구이며, 이 가운데 15가구는 나 홀로 사는 1인 가구다. 식구 4명은 27가구, 3명은 22가구, 5명 이상은 13가구다.

동네별 1인 가구 비중을 보면 탄현면에서 26%로 가장 높고, 파주읍과 파평면(각 19%), 법원읍·월롱면·적성면·금촌2동(각 18%) 순이다. 반면 군내면(8%)과 교하읍(9%)은 10%에 못 미친다.

**표 3_3.158**

## 경기도 파주시의 다주택자

(단위 : 가구, 호)

| 구분 | | | 가구 수 | 주택 수 | 평균 주택 수 |
|---|---|---|---|---|---|
| 일반 가구 | | | 75,654 | – | – |
| 자가 가구 | | | 45,117 | – | – |
| 다주택 가구 | 통계청 | | 5,555 | – | – |
| | 행자부 | 계 | 3,441 | 7,780 | 2 |
| | | 2채 | 3,059 | 6,118 | 2 |
| | | 3채 | 242 | 726 | 3 |
| | | 4채 | 49 | 196 | 4 |
| | | 5채 | 30 | 150 | 5 |
| | | 6~10채 | 45 | 343 | 8 |
| | | 11채 이상 | 16 | 247 | 15 |

60가구는 자신이 소유한 집에서 살고, 36가구는 셋방에 살며, 4가구는 직장의 사택이나 친척집 등에서 무상으로 살고 있다. 자기 집에 사는 가구 중 7가구는 현재 살고 있는 집 외에 최소 한 채에서 여러 채를 소유한 다주택자들이다.

셋방 사는 가구 가운데 22가구는 전세에, 12가구는 보증금 있는 월세에, 2가구는 보증금 없는 월세에, 1가구는 사글세에 산다. 셋방 사는 가구 중 5가구는 어딘가에 자신 명의의 집을 소유하고 있으나 경제 사정이나 자녀 교육, 직장 등의 사정으로 셋방에 살고 있다.

63가구는 현재 사는 집으로 이사 온 지 5년이 안 되며, 이 가운데 36가구는 2년이 안 된다. 14가구는 5~10년이 됐고, 23가구는 10년이 넘었다.

72가구는 자동차를 소유하고 있고 이 가운데 64가구는 자기 집에

전용 주차장이 있다. 자동차 소유 가구 중 17가구는 차를 2대 이상 소유하고 있다.


## 집 많은 사람, 집 없는 사람 :
## 군내면 93% 주택 소유, 금촌2동 50% 무주택


파주시에 사는 100가구 중 65가구는 주택 소유자이고 35가구는 무주택자다. 13개 동네 중 주택 소유자와 무주택자가 절반씩 나뉜 금촌2동을 제외한 모든 곳에서 무주택자보다 주택 소유자가 더 많았다. 군내면에 사는 가구의 93%는 주택 소유자다. 군내면을 포함해 파평면(82%), 적성면 (75%) 등 6개 동네는 70% 이상이며, 파주읍과 법원읍(69%) 등 6개 동네는 60% 이상이다.

파주시 100가구 중 7가구는 다주택자다. 군내면 가구의 25%는 현재 살고 있는 집 외에 어딘가 집을 한 채 이상 소유한 다주택자다. 교하읍 가구의 10%, 월롱면과 탄현면 가구의 8%도 다주택자다.

파주시 100가구 중 5가구는 유주택 전월세 가구다. 교하읍·탄현면·금촌1동·금촌2동 가구의 6%는 어딘가에 자신 명의의 집이 있지만 현재 셋방에 살고 있다. 주택 소유자 중 유주택 전월세를 제외한 60가구는 자신이 소유한 집에서 사는데 군내면(92%), 파평면(80%), 적성면(72%) 순으로 자가 점유 가구 비율이 높다.

36가구는 셋방에 살고 이 중 32가구는 집 없이 셋방을 떠도는 무주택 전월세 가구다. 무주택 전월세 가구는 금촌2동(47%), 탄현읍(35%), 금촌1동(33%), 문산읍(33%)에서 상대적으로 많다. 한편 파

표 3_3.159

## 경기도 파주시 주택의 점유·소유 형태별 가구

(단위 : 가구, %)

| 행정구역 | 전체 가구 | 자기 집에 거주 | | | 셋방에 거주 | | | 무상으로 거주 | | 주택 소유 | 무주택 |
|---|---|---|---|---|---|---|---|---|---|---|---|
| | | 계 | 집 한 채 | 여러 채 | 계 | 집 없음 | 집 있음 | 집 없음 | 집 있음 | | |
| 파주시 | 75,654 | 60 | 52 | 7 | 36 | 32 | 5 | 3 | 1 | 65 | 35 |
| 교하읍 | 12,152 | 69 | 58 | 10 | 30 | 23 | 6 | 2 | 0 | 75 | 25 |
| 문산읍 | 7,902 | 59 | 52 | 7 | 38 | 33 | 5 | 3 | 0 | 64 | 36 |
| 법원읍 | 4,135 | 66 | 60 | 6 | 29 | 27 | 2 | 3 | 1 | 69 | 31 |
| 조리읍 | 8,652 | 65 | 58 | 7 | 32 | 27 | 5 | 2 | 0 | 70 | 30 |
| 파주읍 | 4,161 | 66 | 62 | 4 | 27 | 25 | 2 | 6 | 1 | 69 | 31 |
| 광탄면 | 3,385 | 67 | 60 | 7 | 28 | 25 | 2 | 5 | 1 | 70 | 30 |
| 군내면 | 210 | 92 | 67 | 25 | 5 | 3 | 1 | 3 | – | 93 | 7 |
| 월롱면 | 1,848 | 62 | 54 | 8 | 30 | 27 | 4 | 6 | 1 | 67 | 33 |
| 적성면 | 2,354 | 72 | 65 | 7 | 23 | 20 | 3 | 4 | 1 | 76 | 24 |
| 탄현면 | 3,994 | 53 | 45 | 8 | 40 | 35 | 6 | 6 | 1 | 60 | 40 |
| 파평면 | 1,586 | 80 | 73 | 7 | 14 | 13 | 2 | 5 | 1 | 82 | 18 |
| 금촌1동 | 10,171 | 56 | 49 | 7 | 38 | 33 | 6 | 5 | 1 | 63 | 37 |
| 금촌2동 | 15,104 | 44 | 38 | 6 | 53 | 47 | 6 | 2 | 0 | 50 | 50 |

주읍·월롱면·탄현면 가구의 7%는 직장의 사택이나 친척집 등에서 무상으로 살고 있는데 이들 중 6%는 무주택자다.

## 파주시에 있는 집이 100채라면 : 56채는 아파트, 34채는 단독주택

2005년 기준으로 파주시에는 집(주택과 주택 이외의 거처)이 6만9,171 채가 있다. 파주시에 있는 집이 100채라면 56채는 아파트이고 34채

**표 3_3.160**

## 경기도 파주시 거처의 종류별·연건평별·건축년도별 주택

(단위 : 호, 가구, %)

| 행정구역 | 계 | | 단독주택 | | 아파트 | | 연립주택 | | 다세대주택 | | 비거주용 건물 내 주택 | | 주택 이외의 거처 | |
|---|---|---|---|---|---|---|---|---|---|---|---|---|---|---|
| | 거처 | 가구 | 거처 | 가구 | 거처 | 가구 | 거처 | 가구 | 거처 | 가구 | 거처 | 가구 | 거처 | 가구 |
| 파주시 | 69,171 | 75,794 | 34 | 40 | 56 | 51 | 6 | 6 | 2 | 2 | 1 | 1 | 1 | 1 |
| 교하읍 | 11,667 | 12,158 | 20 | 23 | 74 | 71 | 4 | 3 | 1 | 1 | 0 | 1 | 0 | 0 |
| 문산읍 | 7,383 | 7,905 | 41 | 44 | 48 | 45 | 7 | 6 | 2 | 2 | 2 | 2 | 0 | 0 |
| 법원읍 | 3,727 | 4,143 | 68 | 70 | 15 | 13 | 5 | 5 | 8 | 7 | 3 | 3 | 2 | 2 |
| 조리읍 | 8,109 | 8,662 | 19 | 24 | 69 | 64 | 6 | 5 | 4 | 4 | 1 | 1 | 1 | 1 |
| 파주읍 | 3,732 | 4,166 | 82 | 83 | 4 | 4 | 9 | 8 | 3 | 3 | 1 | 1 | 1 | 1 |
| 광탄면 | 3,103 | 3,404 | 78 | 79 | 2 | 2 | 7 | 6 | 6 | 6 | 3 | 3 | 4 | 4 |
| 군내면 | 205 | 210 | 93 | 93 | 0 | 0 | 0 | 0 | 7 | 7 | 0 | 0 | 0 | 0 |
| 월롱면 | 1,487 | 1,859 | 79 | 83 | 0 | 0 | 14 | 11 | 0 | 0 | 2 | 2 | 5 | 5 |
| 적성면 | 2,182 | 2,356 | 82 | 83 | 6 | 6 | 9 | 8 | 0 | 0 | 1 | 1 | 3 | 3 |
| 탄현면 | 3,097 | 4,022 | 54 | 65 | 33 | 26 | 9 | 7 | 1 | 0 | 2 | 1 | 2 | 1 |
| 파평면 | 1,532 | 1,589 | 94 | 94 | 3 | 3 | 0 | 0 | 1 | 1 | 2 | 2 | 1 | 1 |
| 금촌1동 | 9,657 | 10,200 | 14 | 18 | 79 | 75 | 6 | 6 | 1 | 1 | 0 | 1 | 0 | 0 |
| 금촌2동 | 13,290 | 15,120 | 8 | 18 | 83 | 74 | 7 | 6 | 0 | 0 | 1 | 2 | 0 | 0 |

는 단독주택이며 6채는 연립주택, 2채는 다세대주택이다. 또 상가 등 비거주용 건물 내 주택과 주택 이외의 거처는 각 1채씩이다.

금촌2동 거처의 83%는 아파트다. 금촌1동과 교하읍은 70% 이상, 조리읍은 69%가 아파트다. 반면 파평면과 군내면은 90% 이상이 단독주택이다. 파주읍과 적성면은 80% 이상, 월롱면과 광탄면은 70% 이상, 법원읍은 68%, 탄현면은 54%가 단독주택이다. 연립주택은 월롱면(14%)에서, 다세대주택은 법원읍(8%)에서 상대적으로 비중이 높다. 또 월롱면은 거처의 5%가 주택 이외의 거처다.

| | 연건평별 주택 | | | | 건축년도별 주택 | | |
|---|---|---|---|---|---|---|---|
| 총 주택 수 | 14평 미만 | 14~19평 | 19~29평 | 29평 이상 | 1995~ 2005년 | 1985~ 1994년 | 1985년 이전 |
| 68,570 | 5 | 25 | 46 | 25 | 64 | 19 | 17 |
| 11,622 | 1 | 7 | 61 | 32 | 87 | 6 | 7 |
| 7,351 | 13 | 28 | 37 | 22 | 39 | 33 | 28 |
| 3,662 | 8 | 24 | 39 | 28 | 32 | 34 | 34 |
| 8,057 | 2 | 20 | 44 | 34 | 72 | 18 | 10 |
| 3,704 | 5 | 15 | 46 | 33 | 29 | 27 | 44 |
| 2,966 | 5 | 16 | 37 | 42 | 42 | 25 | 33 |
| 205 | 1 | 7 | 45 | 46 | 46 | 37 | 17 |
| 1,413 | 5 | 11 | 41 | 43 | 38 | 22 | 39 |
| 2,123 | 5 | 16 | 44 | 35 | 41 | 28 | 32 |
| 3,050 | 2 | 8 | 56 | 34 | 66 | 14 | 20 |
| 1,518 | 8 | 15 | 45 | 32 | 41 | 29 | 30 |
| 9,644 | 3 | 36 | 44 | 17 | 70 | 22 | 9 |
| 13,255 | 6 | 46 | 42 | 6 | 81 | 13 | 6 |

사람이 사는 곳을 기준으로 보면 파주시 가구의 51%는 아파트에, 40%는 단독주택에, 6%는 연립주택에, 2%는 다세대주택에 산다. 비거주용 건물 내 주택과 주택 이외의 거처에는 각각 1%가 산다.

아파트가 많은 금촌1동과 금촌2동, 교하읍은 가구의 70% 이상이 아파트에 살고 조리읍도 64%가 아파트에 산다. 반면 단독주택이 대부분인 파평면과 군내면은 90% 이상이, 파주읍·적성면·월롱면은 80% 이상, 광탄면과 법원읍은 70% 이상, 탄현면은 65%가 단독주택에 산다. 연립주택과 주택 이외의 주택 거주 가구는 월롱면(11%,

5%)에서, 다세대주택 거주 가구는 법원읍(7%)에서 상대적으로 비중이 높다.

파주시 주택(주택 이외의 거처 제외)을 크기별로 보면 29평 이상의 주택은 25채, 19~29평은 46채, 14~19평은 25채이며, 14평 미만은 5채다. 29평 이상 주택은 군내면과 월롱면에서, 14평 미만 소형 주택은 문산읍에서 상대적으로 비중이 높다.

2005년 기준으로 64채는 지은 지 10년(1995~2005년 사이 건축)이 안된 새집이며, 17채는 지은 지 20년이 넘었다. 교하읍과 금촌2동 주택의 80% 이상이 10년 이내에 지은 새집인 반면, 파주읍 주택의 44% 월롱면 주택의 39%는 지은 지 20년이 넘었다.


## 파주시에서 100가구 중 8가구는 최저 주거 기준에 미달

파주시에 사는 7만6천 가구를 100가구로 친다면, 그 중 8가구는 식구에 비해 집이 너무 좁거나 시설이 제대로 갖춰지지 않아 인간다운 품위를 지키기 어려운 최저 주거 기준 미달 가구다.

또 100가구 가운데 99가구는 지상에 살지만, 1가구는 (반)지하에 살고 있다. (반)지하에 사는 가구 비중은 탄현면(5%)에서 가장 높고, 금촌2동(2%), 법원읍·교하읍·조리읍·월롱면·광탄면·적성면(각 1%) 순이다. 이처럼 파주시 7만6천 가구 가운데 735가구가 (반)지하에 사는 한편, 49가구는 옥탑방에, 311가구는 판잣집·움막·비닐집에, 207가구는 업소의 잠만 자는 방 등에 산다. 특히 판잣집·움막·비닐집에 사는 가구의 36%가 광탄면(112가구)에 산다.

표 3_3.161

## 경기도 파주시 (반)지하 등 거주 가구

(단위 : 가구, %)

| 행정구역 | 전체 가구 | (반)지하 | | 옥탑방 | 판잣집·움막·비닐집 | 기타 |
|---|---|---|---|---|---|---|
| | | 가구 | 비중 | 가구 | 가구 | 가구 |
| 파주시 | 75,654 | 735 | 1 | 49 | 311 | 207 |
| 교하읍 | 12,152 | 66 | 1 | 1 | 22 | 19 |
| 문산읍 | 7,902 | 34 | 0 | 2 | 16 | 14 |
| 법원읍 | 4,135 | 22 | 1 | 2 | 17 | 40 |
| 조리읍 | 8,652 | 53 | 1 | 8 | 38 | 13 |
| 파주읍 | 4,161 | 18 | 0 | 8 | 15 | 6 |
| 광탄면 | 3,385 | 21 | 1 | – | 112 | 8 |
| 군내면 | 210 | – | – | – | – | – |
| 월롱면 | 1,848 | 14 | 1 | 1 | 32 | 41 |
| 적성면 | 2,354 | 12 | 1 | 3 | 28 | 30 |
| 탄현면 | 3,994 | 183 | 5 | 5 | 13 | 25 |
| 파평면 | 1,586 | 2 | 0 | – | 9 | 3 |
| 금촌1동 | 10,171 | 40 | 0 | 3 | 6 | 5 |
| 금촌2동 | 15,104 | 270 | 2 | 16 | 3 | 3 |

2005년 현재 파주시에 공급된 공공임대주택은 2,853채로 전체 가구의 4% 수준인데, 이조차도 중앙정부 산하 주공이 공급한 국민임대주택 2,286채, 50년 임대주택 567채가 전부로 지방자치단체가 공급한 것은 없는 실정이다.

## 파주시 유권자가 100명이라면

정당 지지도를 알 수 있는 최근 네 차례 선거(제3~4회 동시지방선거, 제17~18대 총선)를 기준으로 파주시 유권자는 대략 17만~23만 명이며,

평균 투표율은 50%였다.

파주시 유권자가 100명이라면 2002년 지방선거에서는 58명이 한나라당을, 29명이 새천년민주당을, 5명이 민주노동당을, 다른 5명이 자민련을 찍었다. 2004년 총선에서는 40명은 한나라당을, 39명은 열린우리당을, 11명은 민주노동당을, 4명은 새천년민주당을, 2명은 자민련을 지지했다.

2006년 지방선거에서는 65명이 한나라당을 찍었고, 21명은 열린우리당을, 8명은 민주노동당을, 4명은 민주당을 찍었다. 2008년 총선에서는 46명이 한나라당을, 22명이 통합민주당을, 11명이 친박연대를, 7명이 민주노동당을, 4명이 창조한국당을, 3명이 자유선진당을, 다른 3명이 진보신당을 지지했다.

동네별 투표율은 진동면·군내면·파평면에서 상대적으로 높았다. 반면 금촌1동·금촌2동·광탄면에서 상대적으로 낮았다.

한나라당 득표율은 진동면과 탄현면에서 상대적으로 높았다. 반면 금촌1동·금촌2동·법원읍에서 상대적으로 낮았다. 진동면과 금촌1동의 득표율 격차는 2~18% 사이다.

민주(+열린우리)당 득표율은 금촌1동과 교하읍에서 상대적으로 높았다. 반면 진동면·탄현면·법원읍에서 상대적으로 낮았다. 금촌1동과 진동면의 득표율 격차는 5~21% 사이다.

민주노동당+진보신당 득표율은 진동면·금촌1동·월롱면에서 상대적으로 높았다.

그림 3_3.107

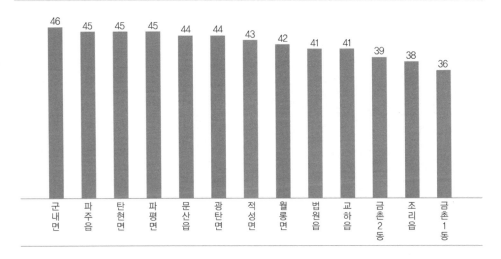

경기도 파주시 동네별 한나라당 득표율

2004년 총선(단위 : %)

그림 3_3.108

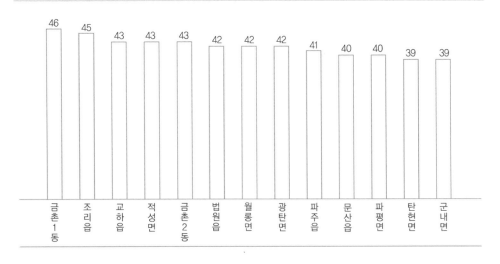

경기도 파주시 동네별 민주(＋열린우리)당 득표율

2004년 총선(단위 : %)

**표 3_3.162**

# 경기도 파주시 역대 선거 투표율과 정당 지지율

2002~2008년(단위 : 명, %)

| 행정구역 | 2002년 지방선거 | | | | | | | 2004년 총선 | | | | | | | |
| | 선거인 수 | 투표율 | 한나라당 | 새천년민주당 | 자민련 | 민주노동당 | 기타정당 | 선거인 수 | 투표율 | 한나라당 | 새천년민주당 | 열린우리당 | 자민련 | 민주노동당 | 기타정당 |
|---|---|---|---|---|---|---|---|---|---|---|---|---|---|---|---|
| 파주시 | 166,694 | 49 | 58 | 29 | 5 | 5 | 3 | 175,232 | 58 | 40 | 4 | 39 | 2 | 11 | 4 |
| 교하읍 | 27,088 | 44 | 61 | 28 | 3 | 5 | 3 | 29,915 | 61 | 41 | 5 | 38 | 2 | 12 | 3 |
| 문산읍 | 19,437 | 48 | 61 | 27 | 4 | 5 | 3 | 20,832 | 58 | 44 | 4 | 37 | 2 | 10 | 4 |
| 법원읍 | 11,602 | 57 | 54 | 31 | 6 | 5 | 4 | 11,413 | 55 | 41 | 4 | 38 | 2 | 10 | 5 |
| 조리읍 | 21,842 | 44 | 59 | 31 | 4 | 5 | 3 | 22,120 | 58 | 38 | 6 | 39 | 2 | 12 | 3 |
| 파주읍 | 11,400 | 55 | 58 | 27 | 6 | 5 | 4 | 11,395 | 57 | 45 | 5 | 36 | 2 | 9 | 4 |
| 광탄면 | 9,641 | 55 | 60 | 27 | 5 | 4 | 4 | 9,978 | 53 | 44 | 4 | 37 | 2 | 9 | 4 |
| 군내면 | 515 | 77 | 60 | 27 | 4 | 4 | 5 | 524 | 73 | 46 | 4 | 35 | 3 | 7 | 5 |
| 월롱면 | 5,272 | 59 | 59 | 24 | 6 | 6 | 4 | 5,320 | 57 | 42 | 4 | 37 | 2 | 10 | 4 |
| 적성면 | 6,291 | 60 | 56 | 26 | 7 | 6 | 4 | 6,249 | 56 | 43 | 4 | 39 | 3 | 7 | 5 |
| 진동면 | 66 | 79 | 58 | 26 | 4 | 8 | 4 | 110 | 81 | 64 | 2 | 22 | 3 | 9 | 0 |
| 탄현면 | 5,593 | 56 | 64 | 22 | 5 | 5 | 3 | 6,824 | 56 | 45 | 3 | 35 | 3 | 10 | 3 |
| 파평면 | 4,283 | 70 | 57 | 28 | 5 | 5 | 4 | 4,156 | 64 | 45 | 4 | 36 | 2 | 8 | 4 |
| 금촌1동 | 23,294 | 40 | 56 | 32 | 3 | 5 | 3 | 24,710 | 55 | 36 | 4 | 41 | 2 | 13 | 4 |
| 금촌2동 | 16,751 | 43 | 61 | 28 | 4 | 6 | 3 | 17,639 | 55 | 39 | 4 | 39 | 2 | 13 | 3 |

| 행정구역 | 2006년 지방선거 | | | | | | |
|---|---|---|---|---|---|---|---|
| | 선거인 수 | 투표율 | 열린우리당 | 한나라당 | 민주당 | 민주노동당 | 기타 정당 |
| 파주시 | 206,376 | 48 | 21 | 65 | 4 | 8 | 2 |

| 행정구역 | 2008년 총선 | | | | | | | | |
|---|---|---|---|---|---|---|---|---|---|
| | 선거인 수 | 투표율 | 통합민주당 | 한나라당 | 자유선진당 | 민주노동당 | 창조한국당 | 친박연대 | 진보신당 | 기타 정당 |
| 파주시 | 229,631 | 43 | 22 | 46 | 3 | 7 | 4 | 11 | 3 | 4 |
| 교하읍 | 52,557 | 42 | 26 | 43 | 4 | 5 | 5 | 11 | 4 | 3 |
| 문산읍 | 24,364 | 43 | 19 | 51 | 3 | 6 | 3 | 13 | 2 | 4 |
| 법원읍 | 11,085 | 44 | 16 | 55 | 4 | 7 | 3 | 11 | 1 | 4 |
| 조리읍 | 23,127 | 41 | 22 | 47 | 4 | 5 | 3 | 11 | 3 | 5 |
| 파주읍 | 10,863 | 44 | 18 | 53 | 3 | 6 | 2 | 11 | 2 | 5 |
| 광탄면 | 10,563 | 41 | 19 | 54 | 3 | 5 | 2 | 11 | 2 | 4 |
| 군내면 | 516 | 67 | 20 | 55 | 3 | 4 | 1 | 14 | 2 | 2 |
| 월롱면 | 8,507 | 49 | 21 | 45 | 3 | 15 | 3 | 7 | 1 | 4 |
| 적성면 | 6,088 | 47 | 17 | 53 | 3 | 5 | 2 | 15 | 1 | 5 |
| 진동면 | 135 | 73 | 19 | 60 | 4 | 2 | 2 | 9 | 2 | 1 |
| 탄현면 | 10,156 | 40 | 19 | 49 | 3 | 6 | 4 | 11 | 4 | 4 |
| 파평면 | 4,049 | 54 | 19 | 52 | 3 | 6 | 2 | 10 | 1 | 6 |
| 금촌1동 | 26,231 | 37 | 24 | 43 | 4 | 7 | 4 | 11 | 3 | 5 |
| 금촌2동 | 36,798 | 38 | 25 | 41 | 4 | 7 | 4 | 11 | 3 | 4 |

숫자 **100** 으로 본 **경기도 평택시** 22개 동네

평택시에는 2005년 현재 2개 읍, 7개 면, 13개 동 등 22개 읍면동에 10만6천 개의 거처가 있고, 여기에 12만 가구 38만 명이 살고 있다.
경기도 평택시가 100명이 사는 마을이라면 어떤 모습일까?

## 숫자 100으로 본 평택시

평택시에 사는 사람은 경기도 평균인에 비해 대학 이상 학력자와 종교 인구 비중이 낮다. 자영업자 비중이 상대적으로 높고 직업별로는 장치 기계 조작 및 조립직 종사자가 특히 많다.

주택 소유자, 단독주택 거주자, 자동차 소유자가 상대적으로 많다. 가구의 2%는 (반)지하에 살고 7%는 최저 주거 기준에 미달되지만 공공임대주택은 2%로 매우 부족하다.

최근 7년간 평택시에서 한나라당은 34~57%를, 민주(＋열린우리)당은 25~43%를, 민주노동당＋진보신당은 10~17%를 각각 얻었다. 하지만 동네별로는 차이가 컸다.

그림 3_3.109

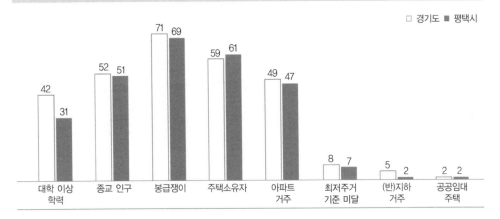

경기도와 평택시의 주요 지수 평균 비교

(단위 : %)

□ 경기도 ■ 평택시

| | 대학 이상 학력 | 종교 인구 | 봉급쟁이 | 주택소유자 | 아파트 거주 | 최저주거 기준 미달 | (반)지하 거주 | 공공임대 주택 |
|---|---|---|---|---|---|---|---|---|
| 경기도 | 42 | 52 | 71 | 59 | 49 | 8 | 5 | 2 |
| 평택시 | 31 | 51 | 69 | 61 | 47 | 7 | 2 | 2 |

**평택시 인구가 <u>100명</u>이라면 :**

**대학 이상 학력자 <u>31명</u>, 종교 인구 <u>51명</u>**

경기도 평택시에 사는 사람은 2005년 현재 37만8,438명으로, 평택시 인구가 100명이라면 남자 대 여자의 수는 51 대 49로 남자가 약간 많다. 동네별로는 송탄동(59 대 41)과 포승면(56 대 44)에서 여자에 비해 남자가 가장 많고 신장1동(48 대 52)과 청북면(49 대 51)에서만 여자가 더 많다. 100명 가운데 99명은 내국인이고 1명은 외국인이다. 외국인은 국적별로 미국(28%)이 가장 많고 중국 24%(재중 동포=조선족 8%), 인도네시아 9%, 필리핀 7% 순이다. 서탄면은 동네 사람의 9%가 외국인으로 외국인 비중이 가장 높다. 28명은 어린이와 청소년(19

세 미만)이고, 72명은 어른이다. 어른 가운데 9명은 노인(65세 이상)이다.

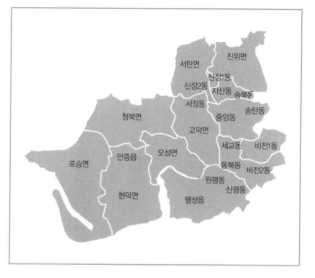

지역적으로는, 평택시에 사는 100명 중 중앙동과 비전2동에 각각 10명씩 살고, 안중읍과 서정동에 9명씩, 팽성읍과 세교동에 7명씩 산다. 송북동과 신평동에 6명씩, 포승면과 비전1동에 5명씩, 진위면과 고덕면, 원평동에 4명씩 산다. 지산동에 3명이 살고 오성면·청북면·현덕면·송탄동·신장1동에 2명씩 살며, 서탄면·신장1동·통복동에 1명씩 산다.

종교를 보면, 51명이 종교를 갖고 있다. 20명은 개신교, 18명은 불교, 13명은 천주교 신자다. 개신교는 오성면에서, 불교는 통복동에서, 천주교는 신장2동에서 각각 신자 비율이 높다.

학력은 어떨까. 10명은 초등학교에, 5명은 중학교에, 4명은 고등학교에 다니고 있으며, 24명은 대학에 재학 중이거나 대학 이상의 학력을 가지고 있다(6세 이상 인구 기준). 또 평택에 사는 19세 이상 인구 가운데 31%가 대학 이상 학력자다. 비전2동은 19세 이상 인구 중 44%가 대학 이상 학력자로 비중이 가장 높다.

28명은 미혼이며 72명은 결혼했다. 결혼한 사람 가운데 7명은 배우자와 사별했고, 3명은 이혼했다(15세 이상 인구 기준). 5명은 몸이 불편하거나 정신 장애로 정상적인 활동에 제약을 느끼고 있다.

거주 기간을 보면, 48명은 현재 살고 있는 집에 산 지 5년이 넘었

표 3_3.163

# 경기도 평택시 성별·종교별·학력별 인구

(단위 : 명, %)

| 행정구역 | 남녀/외국인 | | | | 종교 인구 | | | | | | | 대학 이상 학력 인구 | | | | | | |
|---|---|---|---|---|---|---|---|---|---|---|---|---|---|---|---|---|---|---|
| | 총인구 | 남자 | 여자 | 외국인 | 인구(내국인) | 종교 있음 | | | | | | 종교 없음 | 19세 이상 인구 | 계 | 4년제 미만 | | 4년제 이상 | | 대학원 이상 |
| | | | | | | 계 | 불교 | 개신교 | 천주교 | 기타 | | | | | 계 | 재학 | 계 | 재학 | |
| 평택시 | 378,438 | 51 | 49 | 1 | 374,262 | 51 | 18 | 20 | 13 | 1 | 49 | 268,011 | 31 | 12 | 2 | 17 | 4 | 2 |
| 안중읍 | 34,503 | 51 | 49 | 0 | 34,336 | 47 | 16 | 21 | 10 | 0 | 53 | 22,748 | 31 | 13 | 1 | 17 | 2 | 1 |
| 팽성읍 | 27,349 | 50 | 50 | 1 | 27,042 | 53 | 20 | 19 | 13 | 1 | 47 | 21,050 | 20 | 9 | 2 | 10 | 3 | 1 |
| 고덕면 | 13,803 | 51 | 49 | 2 | 13,594 | 52 | 19 | 17 | 14 | 0 | 48 | 9,554 | 25 | 12 | 2 | 12 | 3 | 1 |
| 서탄면 | 4,448 | 51 | 49 | 9 | 4,030 | 56 | 22 | 19 | 13 | 3 | 43 | 3,247 | 19 | 9 | 2 | 9 | 3 | 1 |
| 오성면 | 6,020 | 51 | 49 | 1 | 5,953 | 55 | 20 | 23 | 11 | 1 | 44 | 4,659 | 20 | 9 | 2 | 10 | 4 | 1 |
| 진위면 | 13,908 | 50 | 50 | 2 | 13,659 | 46 | 20 | 17 | 8 | 1 | 54 | 9,895 | 24 | 12 | 2 | 11 | 3 | 1 |
| 청북면 | 6,335 | 49 | 51 | 1 | 6,282 | 56 | 21 | 21 | 13 | 1 | 43 | 5,066 | 17 | 9 | 2 | 8 | 2 | 1 |
| 통복동 | 5,127 | 50 | 50 | 2 | 5,040 | 57 | 26 | 17 | 14 | 1 | 43 | 4,029 | 28 | 10 | 2 | 17 | 5 | 1 |
| 포승면 | 18,539 | 56 | 44 | 1 | 18,285 | 50 | 19 | 21 | 10 | 1 | 49 | 13,569 | 29 | 13 | 2 | 14 | 2 | 1 |
| 현덕면 | 6,330 | 52 | 48 | 0 | 6,320 | 56 | 24 | 21 | 9 | 1 | 44 | 5,122 | 19 | 9 | 2 | 9 | 2 | 1 |
| 비전1동 | 19,049 | 51 | 49 | 0 | 19,008 | 55 | 19 | 21 | 15 | 1 | 45 | 13,335 | 36 | 12 | 2 | 21 | 5 | 3 |
| 비전2동 | 38,442 | 50 | 50 | 0 | 38,254 | 54 | 18 | 22 | 14 | 0 | 46 | 26,020 | 44 | 11 | 2 | 30 | 7 | 3 |
| 서정동 | 34,300 | 50 | 50 | 0 | 34,161 | 49 | 16 | 21 | 11 | 1 | 51 | 24,382 | 25 | 12 | 2 | 12 | 3 | 1 |
| 세교동 | 25,977 | 51 | 49 | 1 | 25,704 | 49 | 17 | 19 | 12 | 1 | 51 | 16,993 | 37 | 12 | 2 | 22 | 4 | 2 |
| 송북동 | 20,967 | 50 | 50 | 4 | 20,214 | 49 | 17 | 18 | 14 | 0 | 51 | 14,243 | 33 | 13 | 2 | 19 | 4 | 2 |
| 송탄동 | 7,918 | 59 | 41 | 3 | 7,659 | 46 | 16 | 15 | 15 | 0 | 54 | 5,964 | 36 | 17 | 6 | 17 | 3 | 1 |
| 신장1동 | 5,377 | 48 | 52 | 4 | 5,154 | 56 | 23 | 16 | 16 | 1 | 44 | 4,162 | 23 | 11 | 2 | 10 | 3 | 1 |
| 신장2동 | 7,583 | 50 | 50 | 1 | 7,484 | 58 | 22 | 19 | 17 | 1 | 42 | 5,786 | 21 | 10 | 2 | 11 | 3 | 1 |
| 신평동 | 21,608 | 50 | 50 | 0 | 21,539 | 50 | 19 | 18 | 12 | 1 | 50 | 15,768 | 33 | 11 | 2 | 20 | 4 | 2 |
| 원평동 | 13,827 | 50 | 50 | 0 | 13,781 | 51 | 20 | 20 | 11 | 1 | 48 | 10,065 | 30 | 12 | 2 | 16 | 3 | 2 |
| 중앙동 | 36,193 | 50 | 50 | 1 | 36,010 | 53 | 15 | 22 | 15 | 1 | 47 | 24,545 | 37 | 14 | 2 | 21 | 4 | 3 |
| 지산동 | 10,835 | 51 | 49 | 1 | 10,753 | 51 | 17 | 20 | 13 | 0 | 49 | 7,809 | 35 | 15 | 2 | 19 | 4 | 2 |

으나, 52명은 5년 이내에 새로 이사 왔다(5세 이상 인구 기준). 이사 온 사람 중 32명은 평택시의 다른 동에서, 7명은 경기도의 다른 시군에서, 12명은 경기도 밖에서 이사 왔다.

## 평택시 취업자가 100명이라면 :
## 69명은 봉급쟁이, 19명은 자영업자

평택시에 사는 15세 이상 인구 28만7천여 명 가운데 취업해 직장에 다니는 사람(취업자)은 56%, 15만9천여 명이다. 평택시 취업자가 100명이라면 59명은 30~40대, 18명은 20대이며, 13명은 50대다. 65세 이상 노인도 5명이 일하고 있다.

회사에서 봉급을 받고 일하는 직장인은 69명이다. 19명은 고용한 사람 없이 혼자서 일하는 자영업자이며, 5명은 누군가를 고용해 사업체를 경영하는 사업주다. 6명은 가족이 운영하는 사업체에서 보수 없이 일하고 있다.

직업별로는 장치 기계 조작 및 조립직이 23명으로 가장 많고, 사무직이 16명, 서비스직, 기능직, 농림 어업이 각 9명순이다. 또 8명은 판매직, 다른 8명은 기술직이나 준전문가로 일하고, 7명은 단순 노무직으로 일한다. 6명은 전문가로, 3명은 고위 관리직이다.

직장으로 출근하는 데 30분 이상 걸리는 사람은 27명이며, 그 가운데 6명은 1시간 이상 걸린다. 24명은 걸어서 출근하고 76명은 교통수단을 이용해 출근한다. 76명 가운데 50명은 자가용으로, 11명은 통근 버스로, 7명은 시내버스로 출퇴근한다. 또 1명은 전철을, 다른 1명은 자전거를 이용하며, 또 다른 1명은 버스와 전철 또는 승용차를 갈아타며 출근한다.

사무실이나 공장 등에서 일하는 사람은 82명이며, 야외나 거리 또는 운송 수단에서 일하는 사람은 13명이다. 3명은 자기 집에서, 1명은 남의 집에서 일한다.

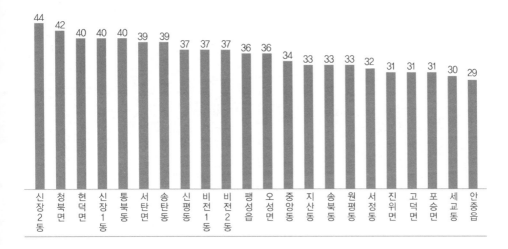

그림 3_3.110

## 경기도 평택시 동네별 1인 가구

(단위 : %)

| 신장2동 | 청북면 | 현덕면 | 신장1동 | 통복동 | 서탄면 | 송탄동 | 신평동 | 비전1동 | 비전2동 | 팽성읍 | 오성면 | 중앙동 | 지산동 | 송북동 | 원평동 | 서정동 | 진위면 | 고덕면 | 포승면 | 세교동 | 안중읍 |
|---|---|---|---|---|---|---|---|---|---|---|---|---|---|---|---|---|---|---|---|---|---|
| 44 | 42 | 40 | 40 | 40 | 39 | 39 | 37 | 37 | 37 | 36 | 36 | 34 | 33 | 33 | 33 | 32 | 31 | 31 | 31 | 30 | 29 |

## 평택시에 100가구가 산다면 :
## 39가구는 셋방살이

평택시에는 12만 가구가 산다(일반 가구 기준). 평택에 사는 가구를 100가구로 친다면, 38가구는 식구가 한 명 또는 두 명인 1, 2인 가구이며, 이 가운데 17가구는 나 홀로 사는 1인 가구다. 식구 4명은 31가구, 3명은 23가구, 5명 이상은 11가구다.

동네별로는 신장1동에서 32%로 1인 가구 비중이 가장 높고, 통복동, 29% 신평동 24%, 포승면과 지산동 각 23% 등 8곳에서 20% 이상이다. 반면 세교동은 10%로 가장 낮다.

표 3_3.164

## 경기도 평택시의 다주택자

(단위 : 가구, 호)

| 구분 | | | 가구 수 | 주택 수 | 평균 주택 수 |
|---|---|---|---|---|---|
| 일반 가구 | | | 120,658 | – | – |
| 자가 가구 | | | 67,436 | – | – |
| 다주택 가구 | 통계청 | | 8,518 | – | – |
| | 행자부 | 계 | 5,197 | 12,096 | 2 |
| | | 2채 | 4,578 | 9,156 | 2 |
| | | 3채 | 361 | 1,083 | 3 |
| | | 4채 | 98 | 392 | 4 |
| | | 5채 | 45 | 225 | 5 |
| | | 6~10채 | 80 | 592 | 7 |
| | | 11채 이상 | 35 | 648 | 19 |

56가구는 자신이 소유한 집에서 살고, 39가구는 셋방에 살며, 4가구는 직장의 사택이나 친척집 등에서 무상으로 살고 있다. 자기 집에 사는 가구 중 7가구는 현재 살고 있는 집 외에 최소 한 채에서 여러 채를 소유한 다주택자들이다.

셋방 사는 가구 가운데 21가구는 전세에, 15가구는 보증금 있는 월세에, 2가구는 보증금 없는 월세에, 1가구는 사글세에 살고 있다. 셋방 사는 가구 중 4가구는 어딘가에 자신 명의의 집을 소유하고 있으나 경제 사정이나 자녀 교육, 직장 등의 사정으로 셋방에 살고 있다.

53가구는 현재 사는 집으로 이사 온 지 5년이 안 되며, 이 가운데 32가구는 2년이 안 된다. 19가구는 5~10년이 됐고, 27가구는 10년이 넘었다.

72가구는 자동차를 소유하고 있고 이 가운데 57가구는 자기 집에

전용 주차장이 있다. 자동차 소유 가구 중 16가구는 차를 2대 이상 소유하고 있다.

## 집 많은 사람, 집 없는 사람 :
## 청북면 **83%** 주택 소유, 송탄동·신장1동 **54%** 무주택

평택시에 사는 100가구 중 61가구는 주택 소유자이고 39가구는 무주택자다. 22개 동네 중 19곳은 주택 소유자가 더 많고 나머지 3곳은 무주택자가 더 많다. 청북면에 사는 가구의 83%, 서탄면과 오선면 가구의 82%, 현덕면 가구의 80%는 집을 소유하고 있다. 또 고덕면 (77%), 비전2동(69%) 등 모두 12곳에서 동네 가구의 60% 이상이 주택 소유자다. 반면 신장1동·송탄동·포승면에 사는 가구 중에는 46~47%만 집을 소유하고 있고 53~54%는 무주택자다.

평택시 100가구 중 7가구는 다주택자다. 중앙동·송복동·비전2동에 사는 가구의 10%가 집을 두 채 이상 여러 채 소유한 다주택자다.

평택시 100가구 중 4가구는 유주택 전월세 가구다. 송탄동 가구의 7%, 포승면 가구의 6%는 어딘가에 자신 명의의 집이 있지만 현재 셋방에 살고 있다. 주택 소유자 중 유주택 전월세를 제외한 56가구는 자신이 소유한 집에서 살고 있다. 이 같은 자가 점유 가구는 청북면 (81%), 서탄면(80%), 현덕면(76%)에서 비중이 높다.

39가구는 셋방에 사는데 이 가운데 35가구는 집 없이 떠도는 무주택 전월세 가구다. 무주택 전월세 가구는 송탄동(50%), 서정동 (44%), 팽성읍(38%)에서 상대적으로 비중이 높다. 한편 포승면 전체

표 3_3.165

## 경기도 평택시 주택의 점유·소유 형태별 가구

(단위 : 가구, %)

| | 전체 가구 | 자기 집에 거주 | | | 셋방에 거주 | | | 무상으로 거주 | | 주택 소유 | 무주택 |
|---|---|---|---|---|---|---|---|---|---|---|---|
| | | 계 | 집 한 채 | 여러 채 | 계 | 집 없음 | 집 있음 | 집 없음 | 집 있음 | | |
| 평택시 | 120,658 | 56 | 49 | 7 | 39 | 35 | 4 | 4 | 1 | 61 | 39 |
| 안중읍 | 10,945 | 55 | 47 | 8 | 40 | 35 | 6 | 4 | 1 | 62 | 38 |
| 팽성읍 | 9,136 | 56 | 52 | 4 | 41 | 38 | 3 | 3 | 1 | 59 | 41 |
| 고덕면 | 3,950 | 72 | 66 | 7 | 19 | 16 | 3 | 7 | 2 | 77 | 23 |
| 서탄면 | 1,290 | 80 | 71 | 9 | 13 | 12 | 1 | 6 | 0 | 82 | 18 |
| 오성면 | 1,922 | 79 | 73 | 6 | 16 | 14 | 2 | 4 | 1 | 82 | 18 |
| 진위면 | 4,098 | 64 | 59 | 5 | 34 | 31 | 3 | 2 | 0 | 67 | 33 |
| 청북면 | 1,939 | 81 | 77 | 4 | 12 | 10 | 2 | 7 | 0 | 83 | 17 |
| 통복동 | 1,888 | 48 | 40 | 9 | 48 | 43 | 5 | 3 | 1 | 54 | 46 |
| 포승면 | 6,380 | 35 | 31 | 4 | 34 | 28 | 6 | 25 | 6 | 47 | 53 |
| 현덕면 | 2,107 | 76 | 69 | 8 | 18 | 16 | 3 | 5 | 1 | 80 | 20 |
| 비전1동 | 5,715 | 61 | 52 | 8 | 34 | 29 | 4 | 4 | 1 | 66 | 34 |
| 비전2동 | 11,717 | 63 | 53 | 10 | 34 | 29 | 5 | 2 | 0 | 69 | 31 |
| 서정동 | 11,499 | 50 | 45 | 5 | 47 | 44 | 3 | 2 | 0 | 54 | 46 |
| 세교동 | 7,571 | 49 | 43 | 6 | 49 | 43 | 5 | 2 | 0 | 55 | 45 |
| 송북동 | 6,642 | 63 | 54 | 10 | 34 | 31 | 4 | 2 | 0 | 67 | 33 |
| 송탄동 | 2,068 | 38 | 34 | 4 | 58 | 50 | 7 | 3 | 0 | 46 | 54 |
| 신장1동 | 2,044 | 42 | 37 | 6 | 53 | 50 | 3 | 4 | 1 | 46 | 54 |
| 신장2동 | 2,719 | 49 | 42 | 7 | 47 | 45 | 3 | 3 | 0 | 52 | 48 |
| 신평동 | 7,556 | 48 | 41 | 6 | 50 | 45 | 5 | 2 | 0 | 53 | 47 |
| 원평동 | 4,716 | 56 | 49 | 8 | 42 | 37 | 5 | 2 | 0 | 61 | 39 |
| 중앙동 | 11,040 | 56 | 46 | 10 | 41 | 36 | 5 | 2 | 1 | 62 | 38 |
| 지산동 | 3,716 | 53 | 48 | 6 | 44 | 41 | 3 | 2 | 0 | 57 | 43 |

가구의 31%가 직장의 사택이나 친척집 등에서 무상으로 살고 있는
데, 그 가운데 25%는 어딘가에 자신 명의의 집이 있다.

## 평택시에 있는 집이 100채라면 :
## 53채는 아파트, 30채는 단독주택

평택시에는 집(주택과 주택 이외의 거처)이 10만5,892채가 있다. 평택시에 있는 집이 100채라면 53채는 아파트이고 30채는 단독주택이며, 9채는 다세대주택이다. 또 5채는 연립주택이고, 2채는 상가 등 비거주용 건물 내 주택, 1채는 주택 이외의 거처다.

청북면 94%, 서탄면 85%, 오성면 79%, 현덕면 78% 등 9곳에서는 거처의 절반 이상이 단독주택이다. 반면 안중읍 78%, 비전2동 77%, 중앙동과 세교동 75% 등 다른 9곳에서는 절반 넘는 거처가 아파트다. 반면 서정동은 아파트가 27%, 단독주택은 18%에 머문 반면 다세대주택이 48%에 달한다. 신장1동도 거처의 27%가 다세대주택이다.

사람이 사는 곳을 기준으로 보면 평택시 가구의 47%는 아파트에, 38%는 단독주택에, 8%는 다세대주택에 산다. 연립주택에는 4%가 살고 비거주용 건물 내 주택과 주택 이외의 거처에는 각각 2%와 1%가 산다.

단독주택이 많은 청북·서탄·오성·현덕면과 신장1동·2동은 동네 가구의 최소 70%에서 최고 94%가 단독주택에 산다. 이들 동네를 포함해 11곳에서 절반 이상이 단독주택에 산다. 안중읍·중앙동·세교동 등 아파트가 많은 동네에서는 70% 이상이 아파트에 산다. 이들 동네를 포함해 7곳에서 절반 이상이 아파트에 산다. 다세대주택이 많은 서정동과 신장1동에서는 각각 동네 가구의 40%와 19%가 다세대주택에 산다.

평택시 주택(주택 이외의 거처 제외)을 크기별로 보면 29평 이상의 주

# 표 3_3.166

## 경기도 평택시 거처의 종류별·연건평별·건축년도별 주택

(단위 : 호, 가구, %)

| 행정구역 | 거처의 종류별 거처와 가구 | | | | | | | | | | | | | |
|---|---|---|---|---|---|---|---|---|---|---|---|---|---|
| | 계 | | 단독주택 | | 아파트 | | 연립주택 | | 다세대주택 | | 비거주용 건물 내 주택 | | 주택 이외의 거처 | |
| | 거처 | 가구 | 거처 | 가구 | 거처 | 가구 | 거처 | 가구 | 거처 | 가구 | 거처 | 가구 | 거처 | 가구 |
| 평택시 | 105,892 | 120,952 | 30 | 38 | 53 | 47 | 5 | 4 | 9 | 8 | 2 | 2 | 1 | 1 |
| 안중읍 | 10,520 | 10,960 | 17 | 19 | 78 | 74 | 3 | 3 | 2 | 2 | 1 | 1 | 0 | 0 |
| 팽성읍 | 8,167 | 9,146 | 54 | 59 | 30 | 27 | 14 | 13 | 1 | 1 | 0 | 0 | 0 | 0 |
| 고덕면 | 3,838 | 3,995 | 51 | 53 | 37 | 36 | 3 | 2 | 8 | 7 | 1 | 1 | 1 | 1 |
| 서탄면 | 1,256 | 1,300 | 85 | 86 | 0 | 0 | 0 | 0 | 10 | 10 | 3 | 3 | 2 | 2 |
| 오성면 | 1,805 | 1,926 | 79 | 80 | 3 | 3 | 1 | 1 | 14 | 13 | 1 | 2 | 1 | 1 |
| 진위면 | 3,950 | 4,115 | 37 | 40 | 49 | 47 | 5 | 5 | 7 | 6 | 1 | 1 | 1 | 1 |
| 청북면 | 1,844 | 1,952 | 94 | 94 | 0 | 0 | 3 | 3 | 1 | 1 | 1 | 1 | 1 | 1 |
| 포승면 | 5,194 | 6,403 | 46 | 56 | 48 | 39 | 1 | 1 | 3 | 2 | 1 | 1 | 0 | 0 |
| 현덕면 | 2,042 | 2,110 | 78 | 79 | 16 | 15 | 4 | 4 | 1 | 1 | 1 | 1 | 1 | 1 |
| 비전1동 | 4,687 | 5,719 | 33 | 44 | 60 | 49 | 4 | 3 | 1 | 1 | 2 | 2 | 0 | 0 |
| 비전2동 | 9,999 | 11,729 | 15 | 27 | 77 | 66 | 6 | 5 | 2 | 2 | 1 | 1 | 0 | 0 |
| 서정동 | 9,776 | 11,517 | 18 | 30 | 27 | 23 | 7 | 6 | 48 | 40 | 1 | 1 | 0 | 0 |
| 세교동 | 7,107 | 7,589 | 14 | 19 | 75 | 70 | 5 | 5 | 5 | 5 | 1 | 1 | 0 | 0 |
| 송북동 | 5,639 | 6,659 | 18 | 30 | 70 | 60 | 4 | 4 | 7 | 6 | 1 | 1 | 0 | 0 |
| 송탄동 | 1,764 | 2,093 | 50 | 56 | 42 | 35 | 1 | 1 | 2 | 2 | 2 | 4 | 3 | 2 |
| 신장1동 | 1,444 | 2,046 | 58 | 70 | 11 | 7 | 4 | 3 | 27 | 19 | 1 | 1 | 0 | 0 |
| 신장2동 | 1,942 | 2,720 | 65 | 73 | 11 | 8 | 11 | 8 | 6 | 4 | 6 | 6 | 0 | 1 |
| 신평동 | 6,069 | 7,569 | 19 | 33 | 62 | 50 | 9 | 7 | 3 | 3 | 5 | 5 | 1 | 2 |
| 원평동 | 4,056 | 4,722 | 26 | 37 | 60 | 52 | 2 | 2 | 10 | 9 | 1 | 1 | 0 | 0 |
| 중앙동 | 10,418 | 11,076 | 10 | 15 | 75 | 71 | 3 | 3 | 10 | 9 | 1 | 2 | 0 | 0 |
| 지산동 | 3,063 | 3,717 | 21 | 35 | 57 | 47 | 5 | 4 | 11 | 9 | 2 | 2 | 5 | 4 |
| 통복동 | 1,312 | 1,889 | 49 | 61 | 30 | 21 | 2 | 1 | 2 | 1 | 13 | 12 | 4 | 3 |

택은 19채, 19~29평은 42채, 14~19평 32채이며, 14평 미만은 7채다.

오성면·서탄면·청북면·신장1동 등 단독주택이 많은 동네에서 29평

이상이 많았다. 14평 미만 소형 주택은 대부분의 동네에서 10%를 밑

| 총 주택 수 | 연건평별 주택 | | | | 건축년도별 주택 | | |
| --- | --- | --- | --- | --- | --- | --- | --- |
| | 14평 미만 | 14~19평 | 19~29평 | 29평 이상 | 1995~2005년 | 1985~1994년 | 1985년 이전 |
| 105,301 | 7 | 32 | 42 | 19 | 46 | 38 | 16 |
| 10,487 | 7 | 39 | 44 | 10 | 82 | 11 | 7 |
| 8,153 | 5 | 18 | 50 | 28 | 36 | 35 | 29 |
| 3,809 | 2 | 36 | 40 | 22 | 40 | 37 | 22 |
| 1,237 | 6 | 18 | 44 | 33 | 39 | 22 | 40 |
| 1,787 | 4 | 12 | 46 | 38 | 42 | 46 | 12 |
| 3,927 | 8 | 20 | 53 | 19 | 44 | 41 | 16 |
| 1,818 | 4 | 13 | 48 | 35 | 34 | 27 | 40 |
| 5,178 | 3 | 23 | 46 | 28 | 58 | 23 | 19 |
| 2,024 | 3 | 13 | 55 | 30 | 39 | 34 | 27 |
| 4,682 | 3 | 32 | 43 | 22 | 44 | 31 | 25 |
| 9,991 | 8 | 35 | 39 | 18 | 30 | 59 | 11 |
| 9,774 | 4 | 32 | 48 | 17 | 36 | 55 | 8 |
| 7,085 | 2 | 50 | 37 | 10 | 80 | 11 | 9 |
| 5,631 | 7 | 46 | 26 | 21 | 17 | 72 | 11 |
| 1,718 | 4 | 38 | 34 | 23 | 65 | 15 | 21 |
| 1,441 | 4 | 29 | 35 | 32 | 14 | 39 | 46 |
| 1,936 | 5 | 19 | 40 | 36 | 12 | 34 | 54 |
| 5,986 | 26 | 28 | 25 | 22 | 31 | 55 | 13 |
| 4,052 | 12 | 47 | 29 | 12 | 60 | 28 | 13 |
| 10,407 | 6 | 31 | 53 | 10 | 59 | 33 | 8 |
| 2,925 | 5 | 46 | 35 | 14 | 20 | 65 | 15 |
| 1,253 | 7 | 33 | 32 | 28 | 25 | 32 | 43 |

돌았는데 신평동은 26%, 원평동은 12%로 상대적으로 비중이 높았다.

2005년 기준으로 46채는 지은 지 10년(1995~2005년 사이 건축)이 안 된 새집이며, 16채는 지은 지 20년이 넘었다. 새집은 안중읍·세교동·송탄동 순으로 많고 오래된 집은 신장2동·신장1동·통복동 순으로 많다.

1995년부터 2005년까지 10년 동안 평택시 주택 수(주택 이외의 거처 제외)는 7만4천 채에서 10만5천 채로 43%, 3만2천 채가 늘었다. 이 기간 동안 아파트는 3만 채 다세대주택은 8천 채가 늘어 각각 113%와 401%가 늘었다. 반면 단독주택은 1천4백 채, 연립주택은 2천7백 채가 줄어 각각 4%와 33%가 감소했다. 이에 따라 전체 주택(주택 이외의 거처 제외)에서 차지하는 비중도 아파트는 36%에서 54%로, 다세대주택은 3%에서 9%로 증가한 반면, 단독주택은 46%에서 30%로, 연립주택은 11%에서 5%로 감소했다.


## 평택시에서 지하 방에 사는 사람 :
## 평택2동·평택3동 22%가 (반)지하 거주

평택시에 사는 12만 가구를 100가구로 친다면, 그 중 7가구는 식구에 비해 집이 너무 좁거나 시설이 제대로 갖춰지지 않아 인간다운 품위를 지키기 어려운 최저 주거 기준 미달 가구다.

또 100가구 가운데 98가구는 지상에 살지만, 2가구는 (반)지하에, 1가구는 옥상에 살고 있다. (반)지하에 사는 가구 비중은 서정동(8%)에서 가장 높다. 이 밖에 평택시 12만 가구 가운데 옥탑방에 118가구가, 판잣집·움막·비닐집에 80가구가, 업소의 잠만 자는 방 등에 228가구가 사는 것으로 나타났다.

한편 2005년 현재 평택시에 공급된 공공임대주택은 2,430채로 전

표 3_3.167

## 경기도 평택시 (반)지하 등 거주 가구

(단위 : 가구, %)

| 행정구역 | (반)지하 | | 옥탑방 | 판잣집·움막·비닐집 | 기타 |
|---|---|---|---|---|---|
| | 가구 | 비중 | 가구 | 가구 | 가구 |
| 평택시 | 2,283 | 2 | 118 | 80 | 228 |
| 안중읍 | 39 | – | 4 | – | 16 |
| 팽성읍 | 125 | 1 | 5 | 2 | 6 |
| 고덕면 | 10 | – | 1 | 6 | 16 |
| 서탄면 | – | – | – | 4 | 12 |
| 오성면 | 10 | – | – | 5 | 10 |
| 진위면 | 46 | 1 | 2 | 6 | 3 |
| 청북면 | 3 | – | – | 9 | 7 |
| 통복동 | 42 | 2 | 10 | – | 1 |
| 포승면 | 8 | – | 2 | 1 | 7 |
| 현덕면 | 7 | – | – | 3 | 8 |
| 비전1동 | 91 | 2 | – | – | 5 |
| 비전2동 | 183 | 2 | 7 | – | – |
| 서정동 | 961 | 8 | 26 | 1 | 1 |
| 세교동 | 29 | – | 6 | 5 | 11 |
| 송북동 | 76 | 1 | 2 | 3 | 1 |
| 송탄동 | 17 | 1 | 4 | 18 | 8 |
| 신장1동 | 69 | 3 | 2 | – | – |
| 신장2동 | 74 | 3 | 4 | – | – |
| 신평동 | 97 | 1 | 16 | 13 | 103 |
| 원평동 | 31 | 1 | 9 | 2 | 2 |
| 중앙동 | 238 | 2 | 10 | 1 | 9 |
| 지산동 | 127 | 3 | 8 | 1 | 2 |

체 가구 수 대비 2% 수준에 그친다. 영구임대주택 480채와 국민임대주택 1,950채인데 모두 중앙정부 산하 주공이 공급한 것으로, 경기도나 평택시는 무주택 서민을 위한 공공임대주택을 단 한 채도 공급하지 않았다.

# 평택시 유권자가 100명이라면

정당 지지도를 알 수 있는 최근 네 차례 선거(제3~4회 동시지방선거, 제17~18대 총선)를 기준으로 평택시 유권자는 대략 25만~30만 명이며, 평균 투표율은 50%였다.

평택시 유권자가 100명이라면 2002년 지방선거에서는 54명이 한나라당을, 27명이 새천년민주당을, 12명이 민주노동당을, 5명이 자민련을 찍었다. 2004년 총선에서는 39명은 열린우리당을, 34명은 한나라당을, 17명은 민주노동당을, 4명은 새천년민주당을, 2명은 자민련을 지지했다.

2006년 지방선거에서는 57명이 한나라당을 찍었고, 21명은 열린우리당을, 16명은 민주노동당을, 4명은 민주당을 찍었다. 2008년 총선에서는 40명이 한나라당을, 26명이 통합민주당을, 11명이 친박연대를, 8명이 민주노동당을, 4명이 자유선진당을, 다른 4명이 창조한국당을, 2명이 진보신당을 지지했다.

동네별 투표율은 서탄면·현덕면·중앙동·오성면 등에서 상대적으로 높았다. 반면 서정동·신장1동·포승읍에서 상대적으로 낮았다.

한나라당 득표율은 신장2동·청북면·신장1동에서 상대적으로 높았다. 반면 안중읍(면)·세고동·고덕면에서 상대적으로 낮았다. 신장2동과 안중읍(면)의 득표율 격차는 7~15% 사이다.

민주(+열린우리)당 득표율은 서정동·진위면에서 상대적으로 높았다. 반면 비전1동·현덕면·신장2동에서 상대적으로 낮았다. 서정동과 비전1동의 득표율 격차는 6~7% 사이다. 민주노동당+진보신당 득표율은 포승면과 안중읍에서 상대적으로 높았다.

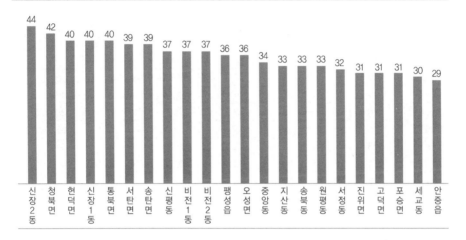

**그림 3_3.111**

## 경기도 평택시 동네별 한나라당 득표율

2004년 총선(단위 : %)

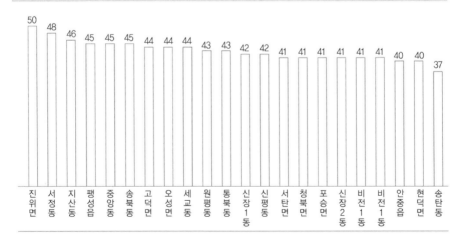

**그림 3_3.112**

## 경기도 평택시 동네별 민주(＋열린우리)당 득표율

2004년 총선(단위 : %)

표 3_3.168

# 경기도 평택시 역대 선거 투표율과 정당 지지율

2002~2008년(단위 : 명, %)

| 행정구역 | 2002년 지방선거 | | | | | | | 2004년 총선 | | | | | | | |
|---|---|---|---|---|---|---|---|---|---|---|---|---|---|---|---|
| | 선거인 수 | 투표율 | 한나라당 | 새천년민주당 | 자민련 | 민주노동당 | 기타정당 | 선거인 수 | 투표율 | 한나라당 | 새천년민주당 | 열린우리당 | 자민련 | 민주노동당 | 기타정당 |
| 평택시 | 250,606 | 48 | 54 | 27 | 5 | 12 | 3 | 261,021 | 57 | 34 | 4 | 39 | 2 | 17 | 3 |
| 팽성읍 | 19,565 | 49 | 55 | 26 | 7 | 8 | 3 | 20,370 | 53 | 36 | 4 | 40 | 2 | 13 | 4 |
| 고덕면 | 10,142 | 55 | 49 | 26 | 6 | 16 | 3 | 10,258 | 55 | 31 | 4 | 40 | 2 | 20 | 3 |
| 서탄면 | 3,602 | 69 | 58 | 25 | 6 | 8 | 4 | 3,597 | 61 | 39 | 5 | 36 | 2 | 14 | 4 |
| 안중면 | 13,677 | 45 | 50 | 26 | 4 | 17 | 3 | 16,506 | 54 | 29 | 4 | 36 | 2 | 27 | 2 |
| 오성면 | 4,837 | 66 | 56 | 25 | 6 | 9 | 4 | 4,967 | 56 | 36 | 4 | 40 | 3 | 14 | 3 |
| 진위면 | 10,254 | 48 | 56 | 28 | 5 | 8 | 3 | 10,314 | 55 | 31 | 4 | 46 | 2 | 13 | 4 |
| 청북면 | 5,335 | 51 | 62 | 25 | 4 | 6 | 3 | 5,335 | 57 | 42 | 4 | 37 | 2 | 12 | 4 |
| 포승면 | 10,477 | 54 | 51 | 23 | 5 | 17 | 3 | 10,917 | 55 | 31 | 4 | 37 | 2 | 23 | 3 |
| 현덕면 | 5,358 | 67 | 55 | 23 | 7 | 11 | 4 | 5,474 | 52 | 40 | 5 | 35 | 2 | 15 | 4 |
| 비전1동 | 12,184 | 47 | 57 | 23 | 5 | 12 | 2 | 12,385 | 58 | 37 | 3 | 37 | 2 | 17 | 3 |
| 비전2동 | 25,232 | 46 | 55 | 25 | 5 | 13 | 2 | 25,845 | 60 | 37 | 4 | 37 | 2 | 18 | 2 |
| 서정동 | 22,655 | 34 | 55 | 30 | 5 | 8 | 2 | 23,886 | 52 | 32 | 5 | 42 | 2 | 14 | 3 |
| 세교동 | 16,821 | 41 | 49 | 29 | 4 | 16 | 2 | 17,058 | 60 | 30 | 4 | 40 | 2 | 21 | 3 |
| 송북동 | 13,989 | 45 | 55 | 28 | 4 | 11 | 2 | 14,158 | 60 | 33 | 4 | 40 | 2 | 16 | 4 |
| 송탄동 | 3,180 | 47 | 55 | 25 | 6 | 12 | 3 | 4,373 | 58 | 39 | 4 | 33 | 1 | 19 | 4 |
| 신장1동 | 4,804 | 43 | 58 | 28 | 4 | 7 | 2 | 4,431 | 50 | 40 | 5 | 37 | 3 | 12 | 3 |
| 신장2동 | 6,843 | 50 | 60 | 27 | 4 | 6 | 2 | 6,487 | 57 | 44 | 5 | 36 | 3 | 10 | 3 |
| 신평동 | 14,842 | 47 | 53 | 24 | 6 | 14 | 3 | 15,932 | 55 | 37 | 4 | 38 | 2 | 16 | 3 |
| 원평동 | 10,213 | 50 | 50 | 25 | 5 | 16 | 3 | 10,223 | 56 | 33 | 4 | 40 | 2 | 19 | 3 |
| 중앙동 | 19,363 | 43 | 54 | 29 | 5 | 10 | 2 | 20,204 | 60 | 34 | 5 | 40 | 2 | 16 | 3 |
| 지산동 | 7,766 | 46 | 53 | 31 | 5 | 9 | 2 | 7,923 | 58 | 33 | 4 | 42 | 3 | 15 | 3 |
| 통복동 | 4,381 | 52 | 56 | 26 | 6 | 9 | 3 | 4,427 | 54 | 40 | 5 | 38 | 3 | 12 | 2 |

| 행정구역 | 2006년 지방선거 | | | | | | |
|---|---|---|---|---|---|---|---|
| | 선거인 수 | 투표율 | 열린우리당 | 한나라당 | 민주당 | 민주노동당 | 기타 정당 |
| 평택시 | 284,458 | 49 | 21 | 57 | 4 | 16 | 3 |

| 행정구역 | 2008년 총선 | | | | | | | | |
|---|---|---|---|---|---|---|---|---|---|
| | 선거인 수 | 투표율 | 통합민주당 | 한나라당 | 자유선진당 | 민주노동당 | 창조한국당 | 친박연대 | 진보신당 | 기타 정당 |
| 평택시 | 298,658 | 46 | 26 | 40 | 4 | 8 | 4 | 11 | 2 | 4 |
| 안중읍 | 26,072 | 41 | 25 | 33 | 3 | 17 | 4 | 10 | 4 | 4 |
| 팽성읍 | 23,235 | 43 | 24 | 45 | 4 | 6 | 3 | 12 | 2 | 4 |
| 포승읍 | 17,693 | 36 | 26 | 38 | 4 | 10 | 4 | 11 | 3 | 3 |
| 현덕면 | 5,425 | 47 | 24 | 46 | 4 | 7 | 2 | 12 | 2 | 4 |
| 고덕면 | 11,091 | 43 | 27 | 41 | 4 | 9 | 3 | 11 | 2 | 5 |
| 서탄면 | 3,568 | 54 | 23 | 48 | 4 | 5 | 2 | 12 | 2 | 4 |
| 오성면 | 5,167 | 49 | 26 | 46 | 4 | 6 | 2 | 10 | 1 | 5 |
| 진위면 | 10,557 | 44 | 33 | 39 | 3 | 5 | 3 | 11 | 2 | 4 |
| 청북면 | 5,659 | 47 | 25 | 44 | 3 | 6 | 2 | 12 | 1 | 6 |
| 비전1동 | 12,329 | 46 | 23 | 41 | 5 | 6 | 4 | 13 | 2 | 6 |
| 서정동 | 23,330 | 41 | 29 | 40 | 4 | 5 | 4 | 11 | 2 | 5 |
| 세교동 | 17,102 | 48 | 28 | 37 | 4 | 8 | 4 | 12 | 3 | 5 |
| 송북동 | 15,562 | 49 | 28 | 42 | 4 | 5 | 3 | 12 | 2 | 4 |
| 송탄동 | 6,976 | 46 | 22 | 42 | 3 | 8 | 4 | 11 | 4 | 5 |
| 신장1동 | 4,468 | 43 | 25 | 50 | 3 | 2 | 3 | 11 | 1 | 3 |
| 신장2동 | 6,410 | 47 | 22 | 50 | 5 | 3 | 3 | 12 | 1 | 4 |
| 신평동 | 17,172 | 42 | 24 | 42 | 5 | 7 | 3 | 12 | 2 | 5 |
| 원평동 | 10,393 | 43 | 28 | 38 | 5 | 8 | 3 | 11 | 2 | 5 |
| 중앙동 | 32,049 | 49 | 28 | 39 | 4 | 6 | 4 | 11 | 3 | 4 |
| 지산동 | 7,631 | 47 | 28 | 41 | 4 | 5 | 3 | 12 | 2 | 4 |
| 통복동 | 4,225 | 45 | 25 | 45 | 5 | 4 | 3 | 11 | 2 | 5 |

# 숫자 100으로 본 경기도 포천시 14개 동네

포천시에는 2005년 현재 14개 읍면동에 4만2천 개의 거처가 있고,

여기에 4만7천 가구 14만2천 명이 살고 있다.

경기도 포천시가 100명이 사는 마을이라면 어떤 모습일까?

## 숫자 100으로 본 포천시

포천시에 사는 사람은 경기도 평균인에 비해 대학 이상 학력자와 종교 인구 비중이 낮다. 자영업자 비중이 높은데 직업별로는 농림 어업 종사자, 서비스직, 기능직, 장치 기계 조작 및 조립직, 단순 노무직이 많다.

또한 주택 소유자, 자동차 보유자, 단독주택 거주자, 1인 가구가 상대적으로 많다. 가구의 1%는 (반)지하에 살고 15%는 최저 주거 기준 미달 가구다. 공공임대주택은 4% 수준이다.

최근 7년간 포천시에서 한나라당은 37~63%, 민주(＋열린우리)당은 19~47%, 민주노동당＋진보신당은 7~10%를 각각 얻었다. 하지만

그림 3_3.113

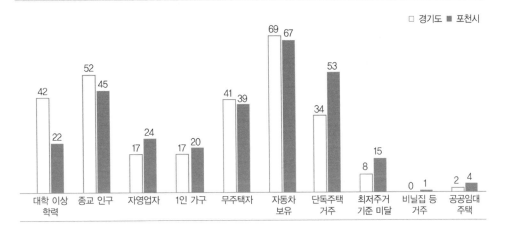

경기도와 포천시의 주요 지수 평균 비교

(단위 : %)

□ 경기도  ■ 포천시

동네별로는 차이가 나타났다.

**포천시 인구가 100명이라면 :**

**대학 이상 학력자 22명, 종교 인구 45명**

경기도 포천시에 사는 사람은 2005년 현재 14만2,189명으로, 포천시 인구가 100명이라면 남자 대 여자의 수는 52 대 48로 남자가 더 많다. 동네별로는 가산면(57 대 43)과 내촌면(54 대 46)에서 여자에 비해 남자가 가장 많은데, 가산면 인구의 9%와 내촌면 인구의 4%가 외국인이다. 포천시 전체 인구 중에는 2%가 외국인인데 국적별로는 필리핀(16%), 태국(15%), 인도네시아(11%), 중국(10%, 재중 동포＝조선족 4%) 순이다. 26명은 어린이와 청소년(19세 미만)이고, 74명은 어른이다. 어른 가운데 12명은 노인(65세 이상)이다.

지역적으로는, 포천시에 사는 100명 중 27명은 소흘읍에, 12명은 포천동에, 10명은 선단동에 사는 등 절반 가까이가 이 세 곳에 산다.

신북면에 9명이, 일동면과 영북면에 7명씩, 가산면에 6명이 산다. 또 군내면·영중면·이동면에 4명씩, 내촌면·관인면에 3명씩, 창수면·화현면에 2명씩 산다.

종교를 보면, 45명이 종교를 갖고 있다. 21명은 불교, 14명은 개신교, 9명은 천주교 신자이다. 불교는 화현면에서, 개신교는 이동면에서, 천주교는 영북면에서 각각 신자 비율이 높다.

학력은 어떨까. 10명은 초등학교에, 5명은 중학교에, 다른 4명은 고등학교에 다니고 있으며, 18명은 대학에 재학 중이거나 대학 이상의 학력을 가지고 있다(6세 이상 인구 기준). 또 포천시에 사는 19세 이상 인구 가운데 22%가 대학 이상 학력자이다. 포천동은 19세 이상 인구 중 28%가 대학 이상 학력자로 비중이 가장 높다.

26명은 미혼이며 74명은 결혼했다. 결혼한 사람 가운데 9명은 배우자와 사별했고, 3명은 이혼했다(15세 이상 인구 기준). 5명은 몸이 불편하거나 정신 장애로 정상적인 활동에 제약을 느끼고 있다.

**표 3_3.169**

## 경기도 포천시 성별·종교별·학력별 인구

(단위 : 명, %)

| 행정구역 | 남녀/외국인 | | | | 종교 인구 | | | | | | | 대학 이상 학력 인구 | | | | | | |
| --- | --- | --- | --- | --- | --- | --- | --- | --- | --- | --- | --- | --- | --- | --- | --- | --- | --- | --- |
| | 총인구 | 남자 | 여자 | 외국인 | 인구 (내국인) | 종교 있음 | | | | | 종교 없음 | 19세 이상 인구 | 계 | 4년제 미만 | | 4년제 이상 | | 대학원 이상 |
| | | | | | | 계 | 불교 | 개신교 | 천주교 | 기타 | | | | 계 | 재학 | 계 | 재학 | |
| 포천시 | 142,189 | 52 | 48 | 2 | 139,472 | 45 | 21 | 14 | 9 | 1 | 55 | 102,667 | 22 | 10 | 3 | 10 | 3 | 1 |
| 가산면 | 8,502 | 57 | 43 | 9 | 7,700 | 41 | 23 | 11 | 5 | 1 | 59 | 5,845 | 16 | 8 | 2 | 8 | 3 | 1 |
| 관인면 | 3,619 | 50 | 50 | 0 | 3,610 | 41 | 19 | 18 | 4 | 1 | 59 | 2,906 | 13 | 6 | 2 | 6 | 1 | 1 |
| 군내면 | 6,213 | 53 | 47 | 3 | 6,005 | 45 | 25 | 12 | 6 | 2 | 55 | 4,613 | 17 | 9 | 2 | 7 | 2 | 1 |
| 내촌면 | 4,665 | 54 | 46 | 4 | 4,492 | 46 | 26 | 13 | 7 | 1 | 54 | 3,503 | 15 | 8 | 2 | 6 | 2 | 1 |
| 선단동 | 14,074 | 53 | 47 | 3 | 13,665 | 41 | 19 | 12 | 8 | 2 | 59 | 9,888 | 26 | 9 | 2 | 15 | 9 | 1 |
| 소흘읍 | 38,345 | 51 | 49 | 1 | 37,847 | 44 | 20 | 14 | 9 | 1 | 56 | 26,758 | 24 | 12 | 3 | 11 | 3 | 1 |
| 신북면 | 13,255 | 51 | 49 | 2 | 13,055 | 44 | 19 | 16 | 8 | 1 | 55 | 9,589 | 25 | 14 | 6 | 10 | 2 | 1 |
| 영북면 | 9,349 | 51 | 49 | 0 | 9,304 | 51 | 23 | 2 | 25 | 0 | 48 | 7,192 | 19 | 9 | 3 | 9 | 2 | 1 |
| 영중면 | 5,555 | 53 | 47 | 4 | 5,335 | 45 | 25 | 14 | 6 | 1 | 55 | 4,205 | 15 | 7 | 2 | 7 | 2 | 1 |
| 이동면 | 5,889 | 51 | 49 | 0 | 5,869 | 53 | 26 | 20 | 7 | 1 | 47 | 4,582 | 22 | 9 | 2 | 11 | 2 | 3 |
| 일동면 | 9,625 | 50 | 50 | 0 | 9,613 | 49 | 23 | 16 | 9 | 1 | 51 | 7,282 | 20 | 9 | 2 | 9 | 2 | 2 |
| 창수면 | 2,553 | 53 | 47 | 1 | 2,533 | 38 | 19 | 12 | 6 | 1 | 62 | 2,066 | 15 | 8 | 3 | 6 | 1 | 1 |
| 포천동 | 17,592 | 50 | 50 | 0 | 17,520 | 45 | 21 | 15 | 9 | 0 | 55 | 11,998 | 28 | 13 | 3 | 14 | 3 | 1 |
| 화현면 | 2,953 | 49 | 51 | 1 | 2,924 | 50 | 28 | 14 | 8 | 1 | 50 | 2,240 | 27 | 12 | 2 | 12 | 2 | 2 |

거주 기간을 보면, 55명은 현재 살고 있는 집에 산 지 5년이 넘었으나, 45명은 5년 이내에 새로 이사 왔다(5세 이상 인구 기준). 이사 온 사람 중 24명은 포천시의 다른 동에서, 9명은 경기도의 다른 시군에서, 다른 12명은 경기도 밖에서 이사 왔다.

# 포천시 취업자가 100명이라면 :
## 61명은 봉급쟁이, 24명은 자영업자

포천시에 사는 15세 이상 인구 10만9천여 명 가운데 취업해 직장에 다니는 사람(취업자)은 53%, 5만8천 명이다. 포천시 취업자가 100명이라면 59명은 30~40대, 15명은 20대이며, 15명은 50대다. 65세 이상 노인도 6명이 일하고 있다.

회사에서 봉급을 받고 일하는 직장인은 61명이다. 24명은 고용한 사람 없이 혼자서 일하는 자영업자이며, 5명은 누군가를 고용해 사업체를 경영하는 사업주다. 10명은 가족이 운영하는 사업체에서 보수 없이 일하고 있다.

직업별로는 장치 기계 조작 및 조립직이 17명으로 가장 많고, 농림 어업 16명, 사무직 13명, 기능직 12명, 서비스직 11명순이다. 9명은 단순 노무직, 8명은 판매직, 5명은 전문가로 일한다. 또 4명은 기술공 및 준전문가, 3명은 고위 관리직으로 일한다.

직장으로 출근하는 데 30분 이상 걸리는 사람은 23명이며, 이 가운데 7명은 1시간 이상 걸린다. 32명은 걸어서 출근하고 68명은 교통수단을 이용해 출근한다. 68명 가운데 46명은 자가용으로, 10명은 시내버스로, 5명은 통근 버스로 출퇴근한다. 1명은 자전거로 출퇴근한다.

사무실이나 공장 등에서 일하는 사람은 72명이며, 야외나 거리 또는 운송 수단에서 일하는 사람은 19명이다. 6명은 자기 집에서, 2명은 남의 집에서 일한다.

그림 3_3.114

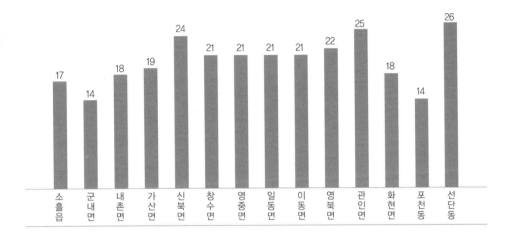

## 경기도 포천시 동네별 1인 가구

(단위 : %)

## 포천시에 100가구가 산다면 :
## 37가구는 셋방살이

포천시에는 4만7천 가구가 산다(일반 가구 기준). 포천시에 사는 가구를 100가구로 친다면, 46가구는 식구가 한 명 또는 두 명인 1, 2인 가구이며, 이 가운데 20가구는 나 홀로 사는 1인 가구다. 식구 4명은 24가구, 3명은 19가구, 5명 이상은 11가구다.

동네별 1인 가구 비중을 보면 선단동에서 26%로 가장 높고, 관인면 25%, 신북면 24%, 영북면 22% 순이다. 포천동과 군내면은 14%로 가장 낮다.

56가구는 자신이 소유한 집에서 살고, 37가구는 셋방에 살며, 7가

표 3_3.170

## 경기도 포천시의 다주택자

(단위 : 가구, 호)

| 구분 | | | 가구 수 | 주택 수 | 평균 주택 수 |
|---|---|---|---|---|---|
| 일반 가구 | | | 46,750 | – | – |
| 자가 가구 | | | 26,334 | – | – |
| 다주택 가구 | 통계청 | | 2,905 | – | – |
| | 행자부 | 계 | 1,110 | 2,687 | 2 |
| | | 2채 | 945 | 1,890 | 2 |
| | | 3채 | 97 | 291 | 3 |
| | | 4채 | 26 | 104 | 4 |
| | | 5채 | 11 | 55 | 5 |
| | | 6~10채 | 20 | 146 | 7 |
| | | 11채 이상 | 11 | 201 | 18 |

구는 직장의 사택이나 친척집 등에서 무상으로 살고 있다. 자기 집에 사는 가구 중 6가구는 현재 살고 있는 집 외에 최소 한 채에서 여러 채를 소유한 다주택자들이다.

셋방 사는 가구 가운데 15가구는 전세에, 18가구는 보증금 있는 월세에, 3가구는 보증금 없는 월세에 살고 있고, 1가구는 사글세에 산다. 셋방 사는 가구 중 3가구는 어딘가에 자신 명의의 집을 소유하고 있으나 경제 사정이나 자녀 교육, 직장 등의 사정으로 셋방에 살고 있다.

48가구는 현재 사는 집으로 이사 온 지 5년이 안 되며, 이 가운데 27가구는 2년이 안 된다. 22가구는 5~10년이 됐고, 30가구는 10년이 넘었다.

67가구는 자동차를 소유하고 있고 이 가운데 58가구는 자기 집에

전용 주차장이 있다. 자동차 소유 가구 중 14가구는 차를 2대 이상 소유하고 있다.


## 집 많은 사람, 집 없는 사람 :
## 관인면 84% 주택 소유, 선단동 54% 무주택


포천시에 사는 100가구 중 61가구는 주택 소유자이고 39가구는 무주택자다. 14개 동네 중 무주택자가 54%로 더 많은 선단동을 제외하고 13곳은 모두 주택 소유자가 더 많다. 관인면 가구의 84%, 창수면 가구의 83%는 주택 소유자다. 군내면·내촌면·영중면·화현면도 70% 이상이 주택 소유자다.

포천시 100가구 중 6가구는 집을 두 채 이상 여러 채 소유한 다주택자다. 화현면 가구의 9%, 포천동·영북면·군내면·내촌면·창수면 가구의 8%도 다주택자다.

포천시 100가구 중 3가구는 어딘가에 자신 명의의 집이 있지만 현재 셋방에 살고 있는 유주택 전월세 가구다. 소흘읍·가산면·신북면·포천동 가구의 4%가 유주택 전월세 가구다. 주택 소유자 중 유주택 전월세를 제외한 56%는 자신이 소유한 집에서 사는데 관인면(81%), 영중면(72%), 군내면(70%)에서 비중이 높다.

37가구는 셋방에 살고 이 가운데 34가구는 집 없이 셋방을 떠도는 무주택 전월세 가구인데 선단동(50%), 소흘읍(44%), 신북면(42%)에서 상대적으로 많다. 한편 화현면 가구의 26%는 직장의 사택이나 친척집 등에서 무상으로 살고 있는데 이들 중 각 20%는 무주택자다.

표 3_3.171

## 경기도 포천시 주택의 점유·소유 형태별 가구

(단위 : 가구, %)

| 행정구역 | 전체 가구 | 자기 집에 거주 | | | 셋방에 거주 | | | 무상으로 거주 | | 주택 소유 | 무주택 |
|---|---|---|---|---|---|---|---|---|---|---|---|
| | | 계 | 집 한 채 | 여러 채 | 계 | 집 없음 | 집 있음 | 집 없음 | 집 있음 | | |
| 포천시 | 46,750 | 56 | 50 | 6 | 37 | 34 | 3 | 6 | 1 | 61 | 39 |
| 가산면 | 2,355 | 59 | 52 | 6 | 30 | 26 | 4 | 10 | 2 | 64 | 36 |
| 관인면 | 1,379 | 81 | 74 | 7 | 11 | 9 | 2 | 7 | 1 | 84 | 16 |
| 군내면 | 1,917 | 70 | 62 | 8 | 22 | 19 | 3 | 6 | 1 | 74 | 26 |
| 내촌면 | 1,438 | 67 | 59 | 8 | 22 | 19 | 3 | 10 | 1 | 71 | 29 |
| 선단동 | 4,601 | 42 | 38 | 4 | 53 | 50 | 3 | 5 | 0 | 46 | 54 |
| 소흘읍 | 12,463 | 48 | 42 | 6 | 48 | 44 | 4 | 3 | 1 | 53 | 47 |
| 신북면 | 4,730 | 46 | 41 | 5 | 46 | 42 | 4 | 7 | 1 | 51 | 49 |
| 영북면 | 3,270 | 62 | 54 | 8 | 31 | 27 | 4 | 6 | 1 | 67 | 33 |
| 영중면 | 1,865 | 72 | 67 | 6 | 22 | 19 | 3 | 5 | 1 | 75 | 25 |
| 이동면 | 2,079 | 63 | 57 | 5 | 29 | 25 | 3 | 7 | 1 | 67 | 33 |
| 일동면 | 3,345 | 61 | 55 | 6 | 33 | 30 | 3 | 6 | 1 | 64 | 36 |
| 창수면 | 916 | 79 | 72 | 8 | 7 | 6 | 1 | 12 | 2 | 83 | 17 |
| 포천동 | 5,455 | 62 | 54 | 8 | 35 | 30 | 4 | 3 | 1 | 67 | 33 |
| 화현면 | 937 | 64 | 54 | 9 | 10 | 9 | 2 | 20 | 6 | 71 | 29 |

## 포천시에 있는 집이 100채라면 :
## 49채는 단독주택, 32채는 아파트

포천시에는 집(주택과 주택 이외의 거처)이 4만2,050채가 있다. 포천시에 있는 집이 100채라면 49채는 단독주택이고, 32채는 아파트다. 8채는 연립주택, 6채는 다세대주택이며, 비거주용 건물 내 주택은 4채, 주택 이외의 거처는 2채다.

창수면에 있는 거처의 91%는 단독주택이다. 영중면·군내면·관인면·이동면 거처의 80% 이상, 내촌면·가산면·화현면·영북면 거처의 70%, 일동면 주택의 66%도 단독주택이다. 반면 소흘읍 거처의 68%, 포천동 45%, 신북면 40%는 아파트다. 연립주택은 포천동(15%)에서, 다세대주택은 선단동(39%)에서, 비거주용 건물 내 주택은 가산면(11%)에서 상대적으로 비중이 높다.

사람이 사는 곳을 기준으로 보면 포천시 가구의 53%는 단독주택에, 29%는 아파트에 산다. 연립주택과 다세대주택에는 각각 7%와 5%가 살고, 비거주용 건물 내 주택과 주택 이외의 거처에는 각각 4%와 1%가 산다.

단독주택이 많은 창수면은 91%가 단독주택에 산다. 영중면·군내면·관인면·이동면은 80% 이상, 내촌면·가산면·화현면·영북면은 70%, 일동면은 69%가 단독주택에 산다. 반면 소흘읍 가구의 65%, 포천동 40%, 신북면 30%는 아파트에 산다. 선단동 가구의 31%는 다세대주택에 살고, 포천동 가구의 14%는 연립주택에 산다. 또 가산면 가구의 11%는 비거주용 건물 내 주택에 산다. 내촌면과 가산면 가구의 4%는 주택 이외의 거처에 산다.

포천시 주택(주택 이외의 거처 제외)을 크기별로 보면 29평 이상의 주택은 24채, 19~29평은 44채, 14~19평은 26채이며, 14평 미만은 7채다. 가산면에는 44%가 29평 이상이고, 관인면에서는 주택의 11%가 14평 미만이다.

2005년 기준으로 55채는 지은 지 10년(1995~2005년 사이 건축)이 안 된 새집이며, 27채는 1985년에서 1994년 사이에 지었고, 20년이 넘은 주택은 19채다. 10년이 안 된 새집은 소흘읍에서 73%로 가장 많고, 20년이 넘은 집은 영북면에서 43%로 가장 많다.

표 3_3.172

## 경기도 포천시 거처의 종류별·연건평별·건축년도별 주택

(단위 : 호, 가구, %)

| 행정구역 | 거처의 종류별 거처와 가구 | | | | | | | | | | | | | |
| --- | --- | --- | --- | --- | --- | --- | --- | --- | --- | --- | --- | --- | --- | --- |
| | 계 | | 단독주택 | | 아파트 | | 연립주택 | | 다세대주택 | | 비거주용 건물 내 주택 | | 주택 이외의 거처 | |
| | 거처 | 가구 | 거처 | 가구 | 거처 | 가구 | 거처 | 가구 | 거처 | 가구 | 거처 | 가구 | 거처 | 가구 |
| 포천시 | 42,050 | 46,850 | 49 | 53 | 32 | 29 | 8 | 7 | 6 | 5 | 4 | 4 | 2 | 1 |
| 소흘읍 | 11,909 | 12,466 | 20 | 24 | 68 | 65 | 7 | 7 | 1 | 1 | 2 | 2 | 1 | 1 |
| 군내면 | 1,743 | 1,922 | 84 | 85 | 0 | 0 | 3 | 3 | 7 | 6 | 4 | 4 | 2 | 2 |
| 가산면 | 1,981 | 2,370 | 75 | 77 | 0 | 0 | 7 | 6 | 3 | 3 | 11 | 11 | 4 | 4 |
| 관인면 | 1,351 | 1,384 | 84 | 84 | 3 | 3 | 1 | 1 | 8 | 7 | 3 | 3 | 1 | 1 |
| 내촌면 | 1,300 | 1,447 | 75 | 76 | 1 | 1 | 13 | 11 | 0 | 0 | 7 | 7 | 4 | 4 |
| 신북면 | 3,918 | 4,743 | 47 | 55 | 40 | 33 | 9 | 7 | 0 | 0 | 1 | 1 | 2 | 2 |
| 영북면 | 2,913 | 3,274 | 70 | 73 | 14 | 12 | 6 | 5 | 3 | 3 | 6 | 6 | 2 | 1 |
| 영중면 | 1,697 | 1,870 | 88 | 89 | 2 | 1 | 6 | 5 | 0 | 0 | 2 | 3 | 2 | 2 |
| 이동면 | 1,912 | 2,080 | 80 | 82 | 12 | 11 | 0 | 0 | 1 | 1 | 5 | 5 | 1 | 1 |
| 일동면 | 3,012 | 3,351 | 66 | 69 | 15 | 13 | 8 | 7 | 5 | 5 | 2 | 2 | 2 | 2 |
| 창수면 | 901 | 919 | 91 | 91 | 4 | 4 | 0 | 0 | 1 | 1 | 1 | 1 | 3 | 3 |
| 화현면 | 886 | 942 | 73 | 74 | 18 | 17 | 0 | 0 | 0 | 0 | 5 | 6 | 3 | 3 |
| 선단동 | 3,620 | 4,622 | 33 | 47 | 13 | 10 | 10 | 8 | 39 | 31 | 4 | 4 | 1 | 1 |
| 포천동 | 4,907 | 5,460 | 30 | 36 | 45 | 40 | 15 | 14 | 8 | 7 | 2 | 3 | 0 | 0 |

## 포천시 100가구 중 15가구는 최저 주거 기준에 미달

포천시에 사는 4만2천 가구를 100가구로 친다면, 그 중 15가구는 식구에 비해 집이 너무 좁거나 시설이 제대로 갖춰지지 않아 인간다운 품위를 지키기 어려운 최저 주거 기준 미달 가구다.

또 4만2천 가구 중 1%인 249가구는 판잣집·움막·비닐집에, 다른 1%인 301가구는 업소의 잠만 자는 방 등에 살고 있다. 또 117가구는

| 연건평별 주택 | | | | | 건축년도별 주택 | | |
|---|---|---|---|---|---|---|---|
| 총 주택 수 | 14평 미만 | 14~19평 | 19~29평 | 29평 이상 | 1995~ 2005년 | 1985~ 1994년 | 1985년 이전 |
| 41,418 | 7 | 26 | 44 | 24 | 55 | 27 | 19 |
| 11,795 | 3 | 37 | 42 | 18 | 73 | 22 | 5 |
| 1,702 | 7 | 12 | 42 | 38 | 48 | 28 | 24 |
| 1,902 | 6 | 10 | 40 | 44 | 46 | 34 | 20 |
| 1,332 | 11 | 14 | 49 | 26 | 39 | 31 | 30 |
| 1,247 | 6 | 18 | 34 | 42 | 40 | 30 | 30 |
| 3,864 | 6 | 22 | 50 | 22 | 65 | 20 | 15 |
| 2,869 | 8 | 24 | 41 | 27 | 26 | 30 | 43 |
| 1,661 | 9 | 16 | 42 | 34 | 41 | 25 | 34 |
| 1,888 | 8 | 19 | 44 | 30 | 31 | 37 | 32 |
| 2,937 | 7 | 21 | 45 | 27 | 39 | 30 | 31 |
| 874 | 7 | 16 | 39 | 38 | 37 | 27 | 35 |
| 858 | 5 | 11 | 49 | 35 | 52 | 21 | 27 |
| 3,589 | 10 | 28 | 47 | 15 | 68 | 20 | 12 |
| 4,900 | 10 | 30 | 45 | 15 | 53 | 35 | 13 |

(반)지하에, 24가구는 옥탑방에 산다. 이런 상황에서 2005년 현재 포천시에 공급된 공공임대주택은 전체 가구의 4%인 1,997채다. 모두 주공이 공급한 국민임대주택으로, 경기도나 포천시가 공급한 공공임대주택은 없다.

표 3_3.173

## 경기도 포천시 (반)지하 등 거주 가구

(단위 : 가구, %)

| 행정구역 | 전체 가구 | (반)지하 | 옥탑방 | 판잣집·움막·비닐집 | | 기타 | |
|---|---|---|---|---|---|---|---|
| | | 가구 | 가구 | 가구 | 비중 | 가구 | 비중 |
| 포천시 | 46,750 | 117 | 24 | 249 | 1 | 301 | 1 |
| 가산면 | 2,355 | 4 | – | 32 | 1 | 51 | 2 |
| 관인면 | 1,379 | – | – | 6 | – | 10 | 1 |
| 군내면 | 1,917 | 7 | 1 | 18 | 1 | 24 | 1 |
| 내촌면 | 1,438 | 8 | – | 14 | 1 | 10 | 1 |
| 선단동 | 4,601 | 4 | 6 | 8 | – | 15 | – |
| 소흘읍 | 12,463 | 39 | 2 | 34 | – | 84 | 1 |
| 신북면 | 4,730 | 12 | 1 | 22 | – | 20 | – |
| 영북면 | 3,270 | 2 | 8 | 38 | 1 | 2 | – |
| 영중면 | 1,865 | 8 | – | 7 | – | 19 | 1 |
| 이동면 | 2,079 | 1 | – | 5 | – | 16 | 1 |
| 일동면 | 3,345 | 4 | – | 38 | 1 | 25 | 1 |
| 창수면 | 916 | – | – | 13 | 1 | 8 | 1 |
| 포천동 | 5,455 | 27 | 6 | 3 | – | 2 | – |
| 화현면 | 937 | 1 | – | 11 | 1 | 15 | 2 |

## 포천시 유권자가 100명이라면

정당 지지도를 알 수 있는 최근 네 차례 선거(제3~4회 동시지방선거, 제 17~18대 총선)를 기준으로 포천시 유권자는 대략 9만~13만 명이며, 평균 투표율은 50%였다.

포천시 유권자가 100명이라면 2002년 지방선거에서는 48명이 한 나라당을, 25명이 새천년민주당을, 10명이 자민련을, 8명이 민주노 동당을 찍었다. 2004년 총선에서는 42명은 열린우리당을, 37명은 한나라당을, 10명은 민주노동당을, 5명은 새천년민주당을, 4명은 자민련을 지지했다.

2006년 지방선거에서는 63명이 한나라당을 찍었고, 23명은 열린우리당을, 7명은 민주노동당을, 4명은 민주당을 찍었다. 2008년 총선에서는 50명이 한나라당을, 19명이 통합민주당을, 12명이 친박연대를, 5명이 민주노동당을, 3명이 창조한국당을, 다른 3명이 자유선진당을, 2명이 진보신당을 지지했다.

동네별 투표율은 관인면·영북면·창수면에서 상대적으로 높았다. 반면 소흘읍·선단동·포천읍에서 상대적으로 낮았다.

한나라당 득표율은 내촌면·영북면·가산면에서 상대적으로 높았다. 반면 선단동·창수면·영북면에서 상대적으로 낮았다. 내촌면과 선단동의 득표율 격차는 10~12% 사이다.

민주(+열린우리)당 득표율은 선단동·소흘읍에서 상대적으로 높았다. 반면 내촌면·관인면에서 상대적으로 낮았다. 선단동과 내촌면의 득표율 격차는 8~12% 사이다.

민주노동+열린우리당 득표율은 영중면과 포천동에서 상대적으로 높았다.

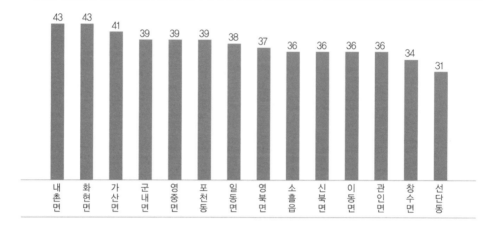

**그림 3_3.115**

# 경기도 포천시 동네별 한나라당 득표율

2004년 총선(단위 : %)

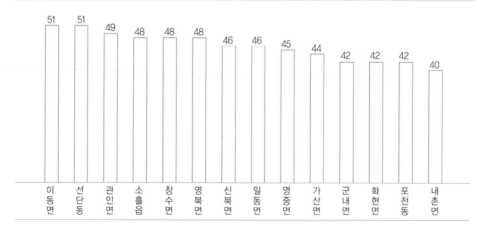

**그림 3_3.116**

# 경기도 포천시 동네별 민주(+열린우리)당 득표율

2004년 총선(단위 : %)

표 3_3.174

# 경기도 포천시 역대 선거 투표율과 정당 지지율

2002~2008년(단위 : 명, %)

| 행정구역 | 2002년 지방선거 | | | | | | | 2004년 총선 | | | | | | | |
|---|---|---|---|---|---|---|---|---|---|---|---|---|---|---|---|
| | 선거인 수 | 투표율 | 한나라당 | 새천년민주당 | 자민련 | 민주노동당 | 기타정당 | 선거인 수 | 투표율 | 한나라당 | 새천년민주당 | 열린우리당 | 자민련 | 민주노동당 | 기타정당 |
| 포천시 | 104,685 | 57 | 48 | 25 | 10 | 8 | 8 | 108,882 | 56 | 37 | 5 | 42 | 4 | 10 | 3 |
| 가산면 | 6,908 | 58 | 48 | 25 | 11 | 7 | 9 | 7,268 | 54 | 41 | 4 | 40 | 4 | 8 | 3 |
| 관인면 | 3,605 | 73 | 49 | 21 | 12 | 7 | 11 | 3,516 | 66 | 36 | 4 | 45 | 4 | 8 | 3 |
| 군매면 | 5,165 | 65 | 45 | 24 | 13 | 8 | 9 | 5,389 | 58 | 39 | 3 | 39 | 6 | 10 | 3 |
| 내촌면 | 3,928 | 57 | 49 | 24 | 10 | 8 | 9 | 4,186 | 57 | 43 | 5 | 35 | 4 | 8 | 5 |
| 선단동 | – | – | – | – | – | – | – | 10,428 | 47 | 31 | 5 | 47 | 3 | 11 | 3 |
| 소흘읍 | 20,058 | 48 | 49 | 28 | 7 | 8 | 7 | 21,554 | 53 | 36 | 5 | 43 | 3 | 11 | 2 |
| 신북면 | 8,732 | 53 | 44 | 24 | 16 | 7 | 9 | 9,433 | 53 | 36 | 5 | 41 | 4 | 9 | 4 |
| 영북면 | 8,363 | 64 | 54 | 23 | 9 | 8 | 6 | 8,252 | 57 | 37 | 5 | 43 | 3 | 9 | 4 |
| 영중면 | 4,747 | 71 | 47 | 23 | 11 | 10 | 10 | 4,790 | 58 | 39 | 5 | 40 | 4 | 9 | 3 |
| 이동면 | 5,337 | 63 | 49 | 25 | 11 | 8 | 7 | 5,239 | 60 | 36 | 5 | 46 | 4 | 6 | 3 |
| 일동면 | 8,215 | 58 | 48 | 23 | 11 | 10 | 8 | 8,270 | 56 | 38 | 5 | 41 | 4 | 9 | 3 |
| 창수면 | 2,389 | 71 | 43 | 24 | 18 | 7 | 8 | 2,507 | 61 | 34 | 4 | 44 | 5 | 9 | 3 |
| 포천읍 | 22,777 | 50 | 47 | 26 | 9 | 8 | 9 | 13,118 | 57 | 39 | 4 | 38 | 4 | 13 | 2 |
| 화현면 | 2,241 | 58 | 50 | 22 | 10 | 7 | 12 | 2,366 | 61 | 43 | 5 | 37 | 3 | 8 | 3 |

| 행정구역 | 2006년 지방선거 | | | | | | |
|---|---|---|---|---|---|---|---|
| | 선거인 수 | 투표율 | 열린우리당 | 한나라당 | 민주당 | 민주노동당 | 기타 정당 |
| 포천시 | 117,916 | 51 | 23 | 63 | 4 | 7 | 2 |

| 행정구역 | 2008년 총선 | | | | | | | | |
|---|---|---|---|---|---|---|---|---|---|
| | 선거인 수 | 투표율 | 통합민주당 | 한나라당 | 자유선진당 | 민주노동당 | 창조한국당 | 친박연대 | 진보신당 | 기타 정당 |
| 포천시 | 121,600 | 46 | 19 | 50 | 3 | 5 | 3 | 12 | 2 | 7 |
| 가산면 | 7,015 | 42 | 17 | 58 | 3 | 3 | 3 | 10 | 1 | 5 |
| 관인면 | 3,462 | 56 | 18 | 47 | 3 | 6 | 3 | 13 | 1 | 10 |
| 군내면 | 5,601 | 51 | 15 | 55 | 3 | 5 | 3 | 13 | 1 | 5 |
| 내촌면 | 4,334 | 47 | 15 | 55 | 3 | 3 | 3 | 13 | 1 | 7 |
| 선단동 | 10,189 | 37 | 23 | 48 | 3 | 3 | 3 | 12 | 2 | 5 |
| 소흘읍 | 33,221 | 39 | 23 | 47 | 3 | 4 | 4 | 11 | 2 | 5 |
| 신북면 | 10,432 | 42 | 16 | 52 | 3 | 4 | 3 | 12 | 2 | 8 |
| 영북면 | 7,958 | 56 | 17 | 45 | 3 | 6 | 3 | 13 | 1 | 11 |
| 영중면 | 4,775 | 50 | 16 | 51 | 3 | 5 | 2 | 13 | 2 | 7 |
| 이동면 | 5,032 | 51 | 21 | 48 | 3 | 4 | 2 | 12 | 1 | 8 |
| 일동면 | 8,528 | 49 | 19 | 47 | 3 | 4 | 3 | 13 | 1 | 9 |
| 창수면 | 2,450 | 55 | 18 | 51 | 4 | 5 | 2 | 12 | 1 | 6 |
| 포천동 | 13,295 | 48 | 17 | 54 | 3 | 5 | 3 | 12 | 2 | 4 |
| 화현면 | 2,420 | 53 | 18 | 53 | 3 | 4 | 3 | 13 | 1 | 6 |

# 숫자 100으로 본 경기도 하남시 10개 동네

하남시에는 2005년 현재 10개 동에 2만5천 개의 거처가 있고,

여기에 3만8천 가구 12만 명이 살고 있다.

경기도 하남시가 100명이 사는 마을이라면 어떤 모습일까?

## 숫 자  100으로  본  하 남 시

하남시에 사는 사람은 경기도 평균인에 비해 대학 이상 학력자와 종교 인구 비중이 낮다. 자영업자 비중이 상대적으로 높은데, 직업별로는 서비스직, 판매직, 기능직, 단순 노무직, 농림 어업 종사자가 많다. 출퇴근 시간은 짧은 편이다.

주택 소유자와 자동차 보유자는 상대적으로 적고 단독주택 거주자가 많으며 소형 주택은 드물다. 가구의 9%는 (반)지하에 살고 2%는 비닐집 등에 살고 있으며 13%는 최저 주거 기준 미달 가구다. 하지만 이들을 위한 공공임대주택은 공급된 적이 없다(2005년 기준).

최근 7년간 하남시에서 한나라당은 39~60%를, 민주(+열린우리)

그림 3_3.117

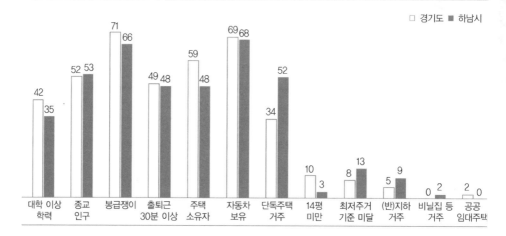

경기도와 하남시의 주요 지수 평균 비교

(단위 : %)

□ 경기도 ■ 하남시

당은 20~45%를, 민주노동당＋진보신당은 4~11%를 각각 얻었다. 하지만 동네별 정당 득표율은 차이가 있다.


**하남시 인구가 100명이라면 :**

**대학 이상 학력자 35명, 종교 인구 53명**


　경기도 하남시에 사는 사람은 2005년 현재 12만2,337명으로, 하남시 인구가 100명이라면 남자 대 여자의 수는 51 대 49로 남자가 더 많다. 동별로는 초이동과 풍산동에서 56 대 44와 54 대 46으로 남녀 차이가 가장 크다. 100명 중 99명은 내국인이며 1명은 외국인이다.

국적별로는 중국 27%(재중 동포 = 조선족 14%), 필리핀 15%, 몽골 12%, 베트남 8% 순으로 많고 동별로는 풍산동·감북동·초이동에서 각 2%로 가장 높다. 25명은 어린이와 청소년(19세 미만)이고, 75명은 어른이다. 어른 가운데 8명은 노인(65세 이상)이다.

지역적으로는, 하남시에 사는 100명 중 36명은 신장2동에, 15명은 덕풍2동에, 13명은 덕풍1동에 사는 등 세 곳에 63%가 산다. 덕풍3동에 8명, 천현동과 신장1동에 6명씩, 풍산동에 5명이 산다. 또 감북동과 초이동에 4명씩 살고 춘궁동에 3명이 산다.

종교를 보면, 53명이 종교를 갖고 있다. 23명은 개신교, 18명은 불교, 12명은 천주교 신자다. 개신교는 감북동에서, 불교는 춘궁동에서, 천주교는 신장2동에서 각각 신자 비율이 높다.

학력은 어떨까. 8명은 초등학교에, 4명은 중학교에, 다른 4명은 고등학교에 다니고 있으며, 28명은 대학에 재학 중이거나 대학 이상의 학력을 가지고 있다(6세 이상 인구 기준). 또 하남시에 사는 19세 이상 인구 가운데 35%가 대학 이상 학력자다. 신장2동은 19세 이상 인구 중 44%가 대학 이상 학력자로 비중이 가장 높다.

31명은 미혼이며 69명은 결혼했다. 결혼한 사람 가운데 6명은 배우자와 사별했고, 3명은 이혼했다(15세 이상 인구 기준). 5명은 몸이 불

**표 3_3.175**

## 경기도 하남시 성별·종교별·학력별 인구

(단위 : 명, %)

| 행정구역 | 남녀/외국인 | | | | 종교 인구 | | | | | | | 대학 이상 학력 인구 | | | | | | |
|---|---|---|---|---|---|---|---|---|---|---|---|---|---|---|---|---|---|---|
| | 총인구 | 남자 | 여자 | 외국인 | 인구 (내국인) | 종교 있음 | | | | | 종교 없음 | 19세 이상 인구 | 계 | 4년제 미만 | | 4년제 이상 | | 대학원 이상 |
| | | | | | | 계 | 불교 | 개신교 | 천주교 | 기타 | | | | 계 | 재학 | 계 | 재학 | |
| 하남시 | 122,337 | 51 | 49 | 1 | 121,646 | 53 | 18 | 23 | 12 | 1 | 46 | 91,313 | 35 | 13 | 3 | 21 | 5 | 2 |
| 감북동 | 5,255 | 53 | 47 | 2 | 5,163 | 60 | 21 | 27 | 10 | 1 | 40 | 4,076 | 32 | 13 | 3 | 17 | 4 | 3 |
| 덕풍1동 | 15,935 | 50 | 50 | 0 | 15,879 | 53 | 17 | 23 | 12 | 1 | 46 | 11,669 | 38 | 12 | 3 | 24 | 5 | 3 |
| 덕풍2동 | 18,031 | 50 | 50 | 0 | 17,965 | 52 | 18 | 24 | 10 | 1 | 47 | 13,409 | 28 | 12 | 3 | 15 | 4 | 1 |
| 덕풍3동 | 10,343 | 50 | 50 | 1 | 10,282 | 54 | 19 | 24 | 10 | 1 | 45 | 7,769 | 28 | 12 | 3 | 15 | 4 | 1 |
| 신장1동 | 7,178 | 51 | 49 | 1 | 7,130 | 47 | 18 | 21 | 8 | 1 | 52 | 5,397 | 29 | 13 | 3 | 15 | 4 | 1 |
| 신장2동 | 43,787 | 50 | 50 | 0 | 43,681 | 53 | 15 | 23 | 15 | 1 | 46 | 31,931 | 44 | 14 | 3 | 28 | 5 | 3 |
| 천현동 | 7,597 | 53 | 47 | 1 | 7,554 | 55 | 23 | 20 | 10 | 1 | 45 | 5,901 | 32 | 12 | 3 | 18 | 5 | 2 |
| 초이동 | 4,304 | 56 | 44 | 2 | 4,231 | 59 | 20 | 26 | 11 | 2 | 41 | 3,340 | 31 | 12 | 3 | 16 | 4 | 3 |
| 춘궁동 | 3,550 | 52 | 48 | 1 | 3,519 | 53 | 25 | 20 | 8 | 0 | 47 | 2,732 | 28 | 11 | 2 | 15 | 3 | 2 |
| 풍산동 | 6,357 | 54 | 46 | 2 | 6,242 | 51 | 17 | 25 | 9 | 1 | 48 | 5,089 | 24 | 10 | 2 | 12 | 4 | 2 |

편하거나 정신 장애로 정상적인 활동에 제약을 느끼고 있다.

거주 기간을 보면, 41명은 현재 살고 있는 집에 산 지 5년이 넘었으나, 59명은 5년 이내에 새로 이사 왔다(5세 이상 인구 기준). 이사 온 사람 중 32명은 하남시의 다른 동에서, 5명은 경기도의 다른 시군에서, 21명은 경기도 밖에서 이사 왔다.

## 하남시 취업자가 100명이라면 :
## 66명은 봉급쟁이, 19명은 자영업자

하남시에 사는 15세 이상 인구 9만8천 명 가운데 취업해 직장에 다니는 사람(취업자)은 53%, 5만2천 명이다. 하남시 취업자가 100명이라면 58명은 30~40대, 18명은 20대이며, 17명은 50대다. 65세 이상 노인도 3명이 일하고 있다.

회사에서 봉급을 받고 일하는 직장인은 66명이다. 19명은 고용한 사람 없이 혼자서 일하는 자영업자이며, 9명은 누군가를 고용해 사업체를 경영하는 사업주다. 6명은 가족이 운영하는 사업체에서 보수 없이 일하고 있다.

직업별로는 사무직이 18명으로 가장 많고, 판매직과 기능직 각 13명, 단순 노무직 12명, 서비스직 11명순이다. 9명은 장치 기계 조작 및 조립직으로, 7명은 전문가로, 다른 7명은 기술공 및 준전문가로 일하고 있다. 또 5명은 농림 어업에 종사하고 4명은 고위 관리직으로 일한다.

직장으로 출근하는 데 30분 이상 걸리는 사람은 48명이며, 그 가운데 21명은 1시간 이상 걸린다. 24명은 걸어서 출근하고 76명은 교통수단을 이용해 출근한다. 76명 가운데 38명은 자가용으로, 22명은 시내버스로, 2명은 통근 버스로 출퇴근한다. 또 1명은 자전거를 이용하며, 8명은 버스와 전철 또는 승용차를 갈아타며 출근한다.

사무실이나 공장 등에서 일하는 사람은 75명이며, 야외나 거리 또는 운송 수단에서 일하는 사람은 20명이다. 3명은 자기 집에서, 다른 2명은 남의 집에서 일한다.

그림 3_3.118

## 경기도 하남시 동네별 1인 가구

(단위 : %)

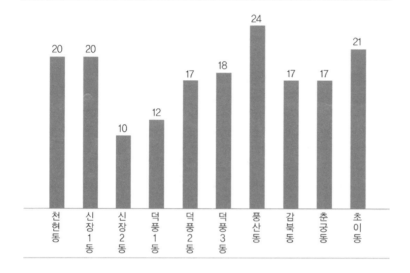

천현동 20
신장1동 20
신장2동 10
덕풍1동 12
덕풍2동 17
덕풍3동 18
풍산동 24
감북동 17
춘궁동 17
초이동 21

# 하남시에 100가구가 산다면 :
# 54가구는 셋방살이

하남시에는 3만8천 가구가 산다(일반 가구 기준). 하남시에 사는 가구를 100가구로 친다면, 34가구는 식구가 한 명 또는 두 명인 1, 2인 가구이며, 이 가운데 15가구는 나 홀로 사는 1인 가구다. 식구 4명은 31가구, 3명은 23가구, 5명 이상은 13가구다.

동네별 1인 가구 비중을 보면 풍산동에서 24%로 가장 높고, 초이동(21%) 천현동과 신장1동(20%)이 뒤를 잇고 있다. 반면 신장2동은 10%에 머문다.

표 3_3.176

## 경기도 하남시의 다주택자

(단위 : 가구, 호)

| 구분 | | | 가구 수 | 주택 수 | 평균 주택 수 |
|---|---|---|---|---|---|
| 일반 가구 | | | 38,160 | – | – |
| 자가 가구 | | | 16,152 | – | – |
| 다주택 가구 | 통계청 | | 1,897 | – | – |
| | 행자부 | 계 | 1,322 | 3,255 | 2 |
| | | 2채 | 1,131 | 2,262 | 2 |
| | | 3채 | 104 | 312 | 3 |
| | | 4채 | 21 | 84 | 4 |
| | | 5채 | 9 | 45 | 5 |
| | | 6~10채 | 42 | 300 | 7 |
| | | 11채 이상 | 15 | 252 | 17 |

42가구는 자신이 소유한 집에서 살고, 54가구는 셋방에 살며, 4가구는 직장의 사택이나 친척집 등에서 무상으로 살고 있다. 자기 집에 사는 가구 중 5가구는 현재 살고 있는 집 외에 최소 한 채에서 여러 채를 소유한 다주택자들이다.

셋방 사는 가구 가운데 34가구는 전세에, 17가구는 보증금 있는 월세에, 2가구는 보증금 없는 월세에, 1가구는 사글세에 살고 있고, 4가구는 사택이나 친척 집 등에서 무상으로 산다. 셋방 사는 가구 중 4가구는 어딘가에 자신 명의의 집을 소유하고 있으나 경제 사정이나 자녀 교육, 직장 등의 사정으로 셋방에 살고 있다.

60가구는 현재 사는 집으로 이사 온 지 5년이 안 되며, 이 가운데 34가구는 2년이 안 된다. 20가구는 5~10년이 됐고, 20가구는 10년이 넘었다.

표 3_3.177

## 경기도 하남시 주택의 점유·소유 형태별 가구

(단위 : 가구, %)

| 행정구역 | 전체 가구 | 자기 집에 거주 | | | 셋방에 거주 | | | 무상으로 거주 | | 주택 소유 | 무주택 |
|---|---|---|---|---|---|---|---|---|---|---|---|
| | | 계 | 집 한 채 | 여러 채 | 계 | 집 없음 | 집 있음 | 집 없음 | 집 있음 | | |
| 하남시 | 38,160 | 42 | 37 | 5 | 54 | 48 | 5 | 4 | 0 | 48 | 52 |
| 감북동 | 1,624 | 37 | 30 | 6 | 55 | 49 | 5 | 8 | 1 | 43 | 57 |
| 덕풍1동 | 4,876 | 47 | 41 | 6 | 52 | 46 | 6 | 1 | 0 | 53 | 47 |
| 덕풍2동 | 5,876 | 31 | 28 | 3 | 67 | 64 | 4 | 2 | 0 | 35 | 65 |
| 덕풍3동 | 3,377 | 30 | 27 | 3 | 67 | 60 | 7 | 2 | 0 | 38 | 62 |
| 신장1동 | 2,397 | 29 | 26 | 3 | 68 | 63 | 5 | 2 | 0 | 35 | 65 |
| 신장2동 | 12,997 | 58 | 52 | 6 | 41 | 35 | 6 | 1 | 0 | 64 | 36 |
| 천현동 | 2,459 | 32 | 28 | 4 | 61 | 57 | 4 | 6 | 2 | 38 | 62 |
| 초이동 | 1,345 | 25 | 21 | 4 | 50 | 46 | 3 | 21 | 5 | 33 | 67 |
| 춘궁동 | 1,088 | 44 | 38 | 7 | 46 | 42 | 4 | 9 | 0 | 49 | 51 |
| 풍산동 | 2,121 | 26 | 22 | 4 | 59 | 54 | 4 | 15 | 1 | 31 | 69 |

68가구는 자동차를 소유하고 있고 이 가운데 48가구는 자기 집에 전용 주차장이 있다. 자동차 소유 가구 중 13가구는 차를 2대 이상 소유하고 있다.

## 집 많은 사람, 집 없는 사람 :
### 신장2동 64% 주택 소유, 풍산동 69% 무주택

하남시에 사는 100가구 중 48가구는 주택 소유자이고 52가구는 무주택자다. 10개 동네 중 2곳은 주택 소유자가 더 많고 8곳은 무주택자가 더 많다. 신장2동 가구의 64%, 덕풍1동 가구의 53%는 주택 소유자다. 반면 풍산동 가구의 69%를 비롯해 초이동·신장1동·덕풍2동·천현동·덕풍3동 등 6개 동 가구의 60% 이상이 무주택자다. 감북동과 춘궁동에서도 무주택 가구가 절반이 넘는다.

하남시 100가구 중 5가구는 집을 두 채 이상 여러 채 소유한 다주택자다. 춘궁동 가구의 7%, 신장2동·덕풍1동·감북동 가구의 6%도 다주택자다.

하남시 100가구 중 5가구는 어딘가에 자신 명의의 집이 있지만 현재 셋방에 살고 있는 유주택 전월세 가구다. 또 덕풍3동 가구의 7%, 덕풍1동·신장2동 가구의 6%도 유주택 전월세 가구다. 주택 소유자 중 유주택 전월세를 제외한 42가구는 자신이 소유한 집에서 사는 자가 점유 가구인데 신장2동(58%), 덕풍1동(47%), 춘궁동(44%)에 상대적으로 많다.

하남시 100가구 중 54가구는 셋방에 사는데 이 중 48가구는 집이 아예 없이 셋방을 떠도는 무주택 전월세 가구다. 덕풍2동(64%), 신장1동(63%), 덕풍3동(60%)에서 무주택 전월세 가구 비율이 높다. 한편 초이동에 사는 가구 중 26%는 직장의 사택이나 친척집 등에서 무상으로 살고 있는데 이들 중 21%는 무주택자다. 풍산동 가구의 16%도 같은 처지인데 이 중 15%가 무주택자다.


**하남시에 있는 집이 100채라면 :**
**58채는 아파트, 27채는 단독주택**


하남시에는 집(주택과 주택 이외의 거처)이 2만4,961채가 있다. 하남시

표 3_3.178

# 경기도 하남시 거처의 종류별·연건평별·건축년도별 주택

(단위 : 호, 가구, %)

| 행정구역 | 거처의 종류별 거처와 가구 | | | | | | | | | | | | | |
|---|---|---|---|---|---|---|---|---|---|---|---|---|---|
| | 계 | | 단독주택 | | 아파트 | | 연립주택 | | 다세대주택 | | 비거주용 건물 내 주택 | | 주택 이외의 거처 | |
| | 거처 수 | 가구 | 거처 | 가구 | 거처 | 가구 | 거처 | 가구 | 거처 | 가구 | 거처 | 가구 | 거처 | 가구 |
| 하남시 | 24,961 | 38,189 | 27 | 52 | 58 | 38 | 3 | 2 | 3 | 2 | 1 | 1 | 7 | 5 |
| 감북동 | 839 | 1,632 | 85 | 91 | 0 | 0 | 1 | 1 | 0 | 0 | 3 | 3 | 10 | 6 |
| 덕풍1동 | 3,258 | 4,876 | 19 | 45 | 71 | 47 | 3 | 2 | 6 | 4 | 1 | 1 | 0 | 0 |
| 덕풍2동 | 2,666 | 5,881 | 43 | 73 | 39 | 18 | 8 | 4 | 8 | 4 | 2 | 1 | 1 | 0 |
| 덕풍3동 | 1,664 | 3,378 | 46 | 72 | 31 | 15 | 6 | 3 | 11 | 6 | 2 | 2 | 4 | 2 |
| 신장1동 | 1,208 | 2,397 | 41 | 69 | 36 | 18 | 10 | 5 | 6 | 3 | 5 | 4 | 3 | 1 |
| 신장2동 | 11,340 | 13,001 | 6 | 18 | 88 | 77 | 1 | 1 | 1 | 1 | 0 | 0 | 4 | 3 |
| 천현동 | 1,163 | 2,465 | 76 | 88 | 0 | 0 | 3 | 1 | 2 | 1 | 5 | 3 | 14 | 7 |
| 초이동 | 883 | 1,348 | 47 | 63 | 17 | 11 | 2 | 2 | 0 | 0 | 3 | 2 | 31 | 22 |
| 춘궁동 | 646 | 1,088 | 78 | 84 | 0 | 0 | 0 | 0 | 0 | 0 | 5 | 4 | 17 | 12 |
| 풍산동 | 1,294 | 2,123 | 50 | 66 | 0 | 0 | 0 | 0 | 0 | 0 | 3 | 2 | 48 | 32 |

에 있는 집이 100채라면 58채는 아파트이고 27채는 단독주택이며 3채는 다세대주택, 다른 3채는 연립주택이다. 또 1채는 상가 등 비거주용 건물 내 주택, 7채는 주택 이외의 거처다. 주택 이외의 거처 가운데 3채는 비닐집·움막·판잣집이며, 2채는 오피스텔, 2채는 쪽방 등 기타 종류다.

신장2동 거처의 88%는 아파트다. 덕풍1동도 71%가 아파트다. 반면 감북동 거처의 85%, 춘궁동 거처의 78%, 천현동 거처의 76%, 풍산동 거처의 50%는 단독주택이다. 풍산동 거처의 48%, 초이동 거처의 31%는 주택 이외의 거처다. 또 춘궁동·천현동·감북동 거처의 10% 이상이 주택 이외의 거처다.

| | 연건평별 주택 | | | | 건축년도별 주택 | | |
|---|---|---|---|---|---|---|---|
| 총 주택 수 | 14평<br>미만 | 14~19평 | 19~29평 | 29평<br>이상 | 1995~<br>2005년 | 1985~<br>1994년 | 1985년<br>이전 |
| 23,163 | 3 | 32 | 30 | 34 | 44 | 42 | 15 |
| 756 | 4 | 9 | 19 | 67 | 42 | 20 | 38 |
| 3,248 | 3 | 20 | 55 | 23 | 80 | 11 | 10 |
| 2,641 | 9 | 24 | 25 | 42 | 54 | 26 | 20 |
| 1,599 | 7 | 16 | 35 | 42 | 39 | 31 | 30 |
| 1,176 | 13 | 26 | 24 | 37 | 45 | 31 | 24 |
| 10,920 | 1 | 48 | 27 | 25 | 33 | 64 | 3 |
| 999 | 2 | 8 | 22 | 67 | 40 | 30 | 30 |
| 611 | 6 | 32 | 17 | 44 | 29 | 9 | 62 |
| 534 | 3 | 5 | 18 | 75 | 52 | 21 | 27 |
| 679 | 4 | 8 | 29 | 60 | 27 | 20 | 53 |

사람이 사는 곳을 기준으로 보면 하남시 가구의 52%는 단독주택에, 38%는 아파트에, 2%는 다세대주택에, 다른 2%는 연립주택에 산다. 비거주용 건물 내 주택에는 1% 주택 이외의 거처에는 5%가 산다.

아파트가 많은 신장2동에서는 77%가 아파트에 산다. 덕풍1동 가구의 47%도 아파트에 산다. 반면 감북동 가구의 91%, 천현동 가구의 88%, 춘궁동 가구의 84% 등 8개 동네에서 가구의 절반 이상이 단독주택에 산다. 한편 풍산동 가구의 32%, 초이동 가구의 22%, 춘궁동 가구의 12%는 주택 이외의 거처에 산다.

하남시 주택(주택 이외의 거처 제외)을 크기별로 보면 29평 이상의 주택은 34채, 19~29평은 30채, 14~19평은 32채이며, 14평 미만은 3채다. 춘궁동·감북동·천현동에서 29평 이상 주택의 비중이 가장 높고, 신장1동에서 14평 미만 소형 주택 비중이 상대적으로 높다.

2005년 기준으로 44채는 지은 지 10년(1995~2005년 사이 건축)이 안 된 새집이며, 15채는 지은 지 20년이 넘었다. 덕풍1동 주택의 80% 이상, 춘궁동 주택의 52%가 10년 이내에 지은 새집이며, 초이동 주택의 62%, 풍산동 주택의 53%는 지은 지 20년이 넘었다.

1995년부터 2005년까지 10년 동안 하남시 주택 수(주택 이외의 거처 제외)는 1만6천 채에서 2만3천 채로 43%, 17천 채가 늘었다. 이 기간 동안 아파트는 7천 채, 다세대주택은 5백 채가 늘어 각각 106%와 158%가 늘었다. 반면 단독주택은 8백 채, 연립주택은 46채가 줄어 각각 11%와 6%가 감소했다. 이에 따라 전체 주택(주택 이외의 거처 제외)에서 차지하는 비중도 아파트는 43%에서 62%로, 다세대주택은 2%에서 4%로 증가한 반면, 단독주택은 47%에서 30%로, 연립주택은 5%에서 3%로 감소했다.

## 하남시에서 지하 방에 사는 사람 : 풍산동·초이동 가구의 19% 비닐집 등에 거주

하남시에 사는 3만8천 가구를 100가구로 친다면, 그 중 13가구는 식구에 비해 집이 너무 좁거나 시설이 제대로 갖춰지지 않아 인간다운 품위를 지키기 어려운 최저 주거 기준 미달 가구다.

또 100가구 가운데 91가구는 지상에 살지만, 9가구는 (반)지하에 살고 있다. (반)지하에 사는 가구 비중은 덕풍2동(19%)에서 가장 높

표 3_3.179

# 경기도 하남시 (반)지하 등 거주 가구

(단위 : 가구, %)

| 행정구역 | 전체 가구 | (반)지하 | | 옥탑방 | 판잣집·움막·비닐집 | | 기타 |
| | | 가구 | 비중 | 가구 | 가구 | 비중 | 가구 |
|---|---|---|---|---|---|---|---|
| 하남시 | 38,160 | 3,443 | 9 | 220 | 936 | 2 | 546 |
| 감북동 | 1,624 | 194 | 12 | 31 | 65 | 4 | 27 |
| 덕풍1동 | 4,876 | 515 | 11 | 25 | 6 | – | 6 |
| 덕풍2동 | 5,876 | 1,128 | 19 | 47 | 3 | – | 21 |
| 덕풍3동 | 3,377 | 542 | 16 | 15 | 21 | 1 | 20 |
| 신장1동 | 2,397 | 230 | 10 | 30 | – | – | |
| 신장2동 | 12,997 | 378 | 3 | 17 | 2 | – | 31 |
| 천현동 | 2,459 | 233 | 9 | 28 | 103 | 4 | 72 |
| 초이동 | 1,345 | 44 | 3 | 8 | 256 | 19 | 40 |
| 춘궁동 | 1,088 | 67 | 6 | 9 | 77 | 7 | 49 |
| 풍산동 | 2,121 | 112 | 5 | 10 | 403 | 19 | 280 |

고, 덕풍3동(16%), 감북동(12%), 덕풍1동(11%), 신장1동(10%)이 뒤를 잇는다. 이 밖에 옥탑방에 1가구 판잣집·움막·비닐집에 2가구가, 업소의 잠만 자는 방 등에 1가구가 사는 것으로 나타났다. 특히 풍산동과 초이동에 사는 가구 중 19%는 판잣집·움막·비닐집에 살고 있으며 춘궁동(7%), 감북동과 천현동(4%), 덕풍3동(1%)이 뒤를 잇는다. 이처럼 하남시에 사는 가구 중 13%가 최저 주거 기준 미달 가구이거나 지하실이나 비닐집 등에서 사는데도 2005년 현재 하남시에 공급된 공공임대주택은 한 채도 없다.

# 하남시 유권자가 100명이라면

정당 지지도를 알 수 있는 최근 네 차례 선거(제3~4회 동시지방선거, 제17~18대 총선)를 기준으로 하남시 유권자는 대략 9만~11만 명이며, 평균 투표율은 51%였다.

하남시 유권자가 100명이라면 2002년 지방선거에서는 60명이 한나라당을, 30명이 새천년민주당을, 4명이 민주노동당을, 3명이 자민련을 찍었다. 2004년 총선에서는 39명이 한나라당을, 38명은 열린우리당을, 11명은 민주노동당을, 7명은 새천년민주당을, 2명은 자민련을 지지했다.

2006년 지방선거에서는 60명이 한나라당을 찍었고, 20명은 열린우리당을, 11명은 민주노동당을, 8명은 민주당을 찍었다. 2008년 총선에서는 39명이 한나라당을, 29명이 통합민주당을, 12명이 친박연대를, 5명이 자유선진당을, 4명이 창조한국당을, 다른 4명이 민주노동당을, 3명이 진보신당을 지지했다.

동네별 투표율은 춘궁동과 신장2동에서 상대적으로 높았다. 반면 덕풍2동·풍산동·신장1동에서 상대적으로 낮았다.

한나라당 득표율은 춘궁동과 감북동에서 상대적으로 높았다. 반면 덕풍2동과 덕풍3동에서 상대적으로 낮았다. 춘궁동과 덕풍2동의 득표율 격차는 11~16% 사이다.

민주(＋열린우리)당 득표율은 덕풍3동·덕풍2동·덕풍1동에서 상대적으로 높았다. 반면 춘궁동과 감북동에서 상대적으로 낮았다. 덕풍3동과 춘궁동의 득표율 격차는 6~15% 사이다.

민주노동당＋진보신당 득표율은 천현동·신장1동·신장2동에서 상대적으로 높았다.

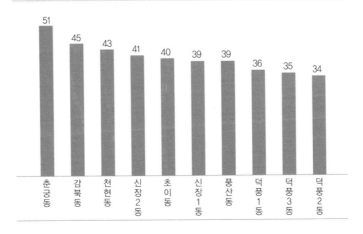

그림 3_3.119
경기도 하남시 동네별 한나라당 득표율

2004년 총선(단위 : %)

춘궁동 51
감북동 45
천현동 43
신장2동 41
초이동 40
신장1동 39
풍산동 39
덕풍1동 36
덕풍3동 35
덕풍2동 34

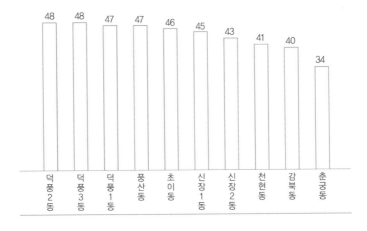

그림 3_3.120
경기도 하남시 동네별 민주(＋열린우리)당 득표율

2004년 총선(단위 : %)

덕풍2동 48
덕풍3동 48
덕풍1동 47
풍산동 47
초이동 46
신장1동 45
신장2동 43
천현동 41
감북동 40
춘궁동 34

**표 3_3.180**

# 경기도 하남시 역대 선거 투표율과 정당 지지율

2002~2008년(단위 : 명, %)

| 행정구역 | 2002년 지방선거 | | | | | | | 2004년 총선 | | | | | | | |
|---|---|---|---|---|---|---|---|---|---|---|---|---|---|---|---|
| | 선거인 수 | 투표율 | 한나라당 | 새천년민주당 | 자민련 | 민주노동당 | 기타정당 | 선거인 수 | 투표율 | 한나라당 | 새천년민주당 | 열린우리당 | 자민련 | 민주노동당 | 기타정당 |
| 하남시 | 90,732 | 49 | 60 | 30 | 3 | 4 | 3 | 96,080 | 59 | 39 | 7 | 38 | 2 | 11 | 3 |
| 감북동 | 4,994 | 49 | 62 | 29 | 4 | 3 | 2 | 5,118 | 56 | 45 | 6 | 34 | 2 | 9 | 4 |
| 덕풍1동 | 9,851 | 44 | 58 | 32 | 3 | 4 | 3 | 11,662 | 59 | 36 | 7 | 40 | 2 | 12 | 3 |
| 덕풍2동 | 13,613 | 42 | 56 | 33 | 3 | 4 | 3 | 13,986 | 54 | 34 | 7 | 41 | 2 | 12 | 4 |
| 덕풍3동 | 8,331 | 46 | 57 | 34 | 3 | 4 | 3 | 8,654 | 55 | 35 | 8 | 41 | 2 | 11 | 4 |
| 신장1동 | 4,907 | 51 | 62 | 27 | 4 | 4 | 3 | 5,773 | 56 | 39 | 7 | 38 | 2 | 12 | 3 |
| 신장2동 | 26,882 | 49 | 62 | 29 | 3 | 4 | 2 | 27,510 | 64 | 41 | 7 | 37 | 2 | 12 | 3 |
| 천현동 | 6,394 | 52 | 68 | 23 | 3 | 4 | 3 | 6,784 | 57 | 43 | 5 | 36 | 2 | 11 | 3 |
| 초이동 | 3,672 | 55 | 59 | 32 | 3 | 3 | 3 | 3,724 | 57 | 40 | 9 | 37 | 2 | 10 | 3 |
| 춘궁동 | 3,369 | 57 | 72 | 20 | 2 | 3 | 2 | 3,517 | 58 | 51 | 5 | 29 | 1 | 9 | 5 |
| 풍산동 | 6,506 | 55 | 57 | 33 | 4 | 4 | 3 | 6,795 | 54 | 39 | 7 | 40 | 1 | 9 | 4 |

| 행정구역 | 2006년 지방선거 | | | | | |
|---|---|---|---|---|---|---|
| | 선거인 수 | 투표율 | 열린우리당 | 한나라당 | 민주당 | 민주노동당 | 기타 정당 |
| 하남시 | 103,677 | 50 | 20 | 60 | 8 | 11 | 2 |

| 행정구역 | 2008년 총선 | | | | | | | | |
|---|---|---|---|---|---|---|---|---|---|
| | 선거인 수 | 투표율 | 통합민주당 | 한나라당 | 자유선진당 | 민주노동당 | 창조한국당 | 친박연대 | 진보신당 | 기타 정당 |
| 하남시 | 107,321 | 46 | 29 | 39 | 5 | 4 | 4 | 12 | 3 | 5 |
| 감북동 | 4,888 | 41 | 19 | 51 | 5 | 2 | 3 | 14 | 2 | 4 |
| 덕풍1동 | 14,735 | 42 | 31 | 37 | 5 | 4 | 4 | 12 | 3 | 5 |
| 덕풍2동 | 18,315 | 42 | 29 | 38 | 5 | 4 | 5 | 11 | 3 | 5 |
| 덕풍3동 | 6,855 | 41 | 28 | 40 | 5 | 4 | 3 | 12 | 3 | 6 |
| 신장1동 | 6,204 | 40 | 29 | 38 | 5 | 4 | 4 | 12 | 3 | 6 |
| 신장2동 | 34,500 | 49 | 30 | 36 | 6 | 4 | 4 | 12 | 3 | 4 |
| 천현동 | 6,738 | 45 | 27 | 41 | 6 | 3 | 4 | 12 | 2 | 5 |
| 초이동 | 3,601 | 45 | 24 | 44 | 5 | 4 | 4 | 12 | 2 | 6 |
| 춘궁동 | 3,326 | 45 | 22 | 51 | 5 | 3 | 3 | 11 | 2 | 4 |
| 풍산동 | 6,080 | 43 | 26 | 44 | 3 | 3 | 3 | 13 | 2 | 5 |

# 숫자 **100**으로 본 경기도 화성시 15개 동네

화성시에는 2005년 기준으로 15개 읍면동에 8만3천 개의 거처가 있고,

여기에 9만 가구 28만9천 명이 살고 있다.

경기도 화성시가 100명이 사는 마을이라면 어떤 모습일까?

## 숫 자 100으로 본 화 성 시

화성시에 사는 사람은 경기도 평균인에 비해 대학 이상 학력자 비중은 낮고 종교 인구 비중은 비슷하다. 자영업자 비중이 평균보다 높은데 직업별로는 농림 어업과 장치 기계 조작 및 조립직 종사자가 특히 많다. 출퇴근 시간은 짧고 거주 기간은 긴 편이다.

1인 가구, 아파트 거주자, 무주택자 비중은 경기도 평균과 비슷하거나 조금 낮다. 가구의 1%는 (반)지하에 살고 8%는 최저 주거 기준 미달 가구다. 공공임대주택은 3% 수준이다.

최근 7년간 화성시에서 한나라당은 35~61%를, 민주(＋열린우리)당은 23~45%를, 민주노동당＋진보신당은 8~14%를 각각 얻었다. 하

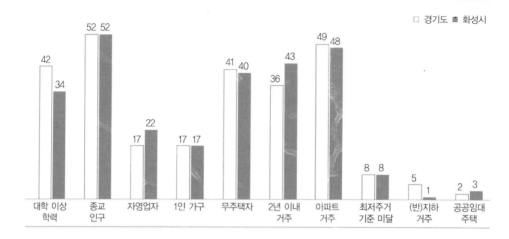

**그림 3_3.121**

## 경기도와 화성시의 주요 지수 평균 비교

(단위 : %)

□ 경기도　■ 화성시

| 항목 | 경기도 | 화성시 |
|---|---|---|
| 대학 이상 학력 | 42 | 34 |
| 종교 인구 | 52 | 52 |
| 자영업자 | 17 | 22 |
| 1인 가구 | 17 | 17 |
| 무주택자 | 41 | 40 |
| 2년 이내 거주 | 36 | 43 |
| 아파트 거주 | 49 | 48 |
| 최저주거 기준 미달 | 8 | 8 |
| (반)지하 거주 | 5 | 1 |
| 공공임대 주택 | 2 | 3 |

지만 동네별 정당 득표율은 차이가 컸다.


**화성시 인구가 100명이라면 :**

**대학 이상 학력자 34명, 종교 인구 52명**


경기도 화성시에 사는 사람은 2005년 현재 28만8,718명으로, 화성시 인구가 100명이라면 남자 대 여자의 수는 53대 47로 남자가 더 많다. 동별로는 팔탄면·양감면(59 대 41), 마도면·정남면(56 대 44)에서 훨씬 많은 것으로 나타났다. 이들 동네는 인구 중 외국인 비중이 가장 높은 곳들로 마도면(16%), 팔탄면(11%), 양감면(10%), 정남면(8%) 순

으로 높다. 화성시 전체 인구 중에는 2%가 외국인이다. 국적별로는 중국(21%, 재중 동포 = 조선족 8%), 태국(17%), 베트남(13%), 필리핀(11%) 순이다. 27명은 어린이와 청소년(19세 미만)이고, 73명은 어른이다. 어른 가운데 9명은 노인(65세 이상)이다.

지역적으로는, 화성시에 사는 100명 중 43명은 태안읍에 산다. 또 봉담읍에는 10명, 남양동에는 7명, 우정읍에는 6명, 향남면에는 5명이 산다. 장암면·정남면·동탄면에 4명씩, 매송면·송산면·팔탄면에 3명씩, 비봉면·마도면·서신면·양감면에 2명씩 산다.

종교를 보면, 52명이 종교를 갖고 있다. 21명은 개신교, 17명은 불교, 13명은 천주교 신자다. 개신교는 송산면에서, 불교는 동탄면에서, 천주교는 서신면에서 각각 신자 비율이 높다.

학력은 어떨까. 10명은 초등학교에, 4명은 중학교에, 다른 3명은 고등학교에 다니고 있으며, 27명은 대학에 재학 중이거나 대학 이상의 학력을 가지고 있다(6세 이상 인구 기준). 또 화성시에 사는 19세 이상 인구 가운데 27%가 대학 이상 학력자다. 태안읍은 19세 이상 인구 중 44%가 대학 이상 학력자로 비중이 가장 높다.

27명은 미혼이며 73명은 결혼했다. 결혼한 사람 가운데 7명은 배우자와 사별했고, 2명은 이혼했다(15세 이상 인구 기준). 5명은 몸이 불

**표 3_3.181**

## 경기도 화성시 성별·종교별·학력별 인구

(단위 : 명, %)

| 행정구역 | 남녀/외국인 | | | | 종교 인구 | | | | | | | 대학 이상 학력 인구 | | | | | | |
| --- | --- | --- | --- | --- | --- | --- | --- | --- | --- | --- | --- | --- | --- | --- | --- | --- | --- | --- |
| | 총인구 | 남자 | 여자 | 외국인 | 인구 (내국인) | 종교 있음 | | | | | 종교 없음 | 19세 이상 인구 | 계 | 4년제 미만 | | 4년제 이상 | | 대학원 이상 |
| | | | | | | 계 | 불교 | 개신교 | 천주교 | 기타 | | | | 계 | 재학 | 계 | 재학 | |
| 화성시 | 288,718 | 53 | 47 | 2 | 282,124 | 52 | 17 | 21 | 13 | 1 | 47 | 205,883 | 34 | 13 | 2 | 18 | 4 | 2 |
| 봉담읍 | 29,746 | 53 | 47 | 1 | 29,354 | 53 | 16 | 20 | 16 | 1 | 45 | 21,062 | 41 | 16 | 4 | 23 | 11 | 3 |
| 우정읍 | 18,341 | 55 | 45 | 1 | 18,246 | 53 | 19 | 19 | 14 | 2 | 47 | 13,858 | 17 | 9 | 2 | 8 | 2 | 1 |
| 태안읍 | 124,306 | 51 | 49 | 1 | 123,491 | 49 | 16 | 22 | 11 | 1 | 50 | 84,718 | 44 | 14 | 2 | 26 | 4 | 4 |
| 동탄면 | 10,258 | 54 | 46 | 4 | 9,874 | 55 | 24 | 15 | 9 | 6 | 44 | 7,730 | 27 | 13 | 2 | 12 | 3 | 2 |
| 마도면 | 4,865 | 56 | 44 | 16 | 4,102 | 65 | 15 | 29 | 20 | 2 | 35 | 3,346 | 15 | 7 | 2 | 7 | 2 | 1 |
| 매송면 | 7,659 | 51 | 49 | 0 | 7,629 | 56 | 20 | 26 | 7 | 2 | 43 | 5,625 | 25 | 11 | 2 | 12 | 4 | 1 |
| 비봉면 | 5,384 | 53 | 47 | 4 | 5,145 | 57 | 19 | 22 | 13 | 3 | 43 | 4,090 | 23 | 9 | 2 | 12 | 3 | 2 |
| 서신면 | 4,782 | 51 | 49 | 1 | 4,714 | 62 | 19 | 17 | 22 | 4 | 38 | 3,929 | 12 | 6 | 2 | 5 | 1 | 1 |
| 송산면 | 9,389 | 51 | 49 | 1 | 9,340 | 69 | 16 | 39 | 12 | 2 | 31 | 7,562 | 16 | 8 | 2 | 7 | 2 | 1 |
| 양감면 | 4,364 | 59 | 41 | 10 | 3,919 | 50 | 22 | 14 | 12 | 2 | 50 | 3,219 | 20 | 10 | 2 | 9 | 3 | 1 |
| 장안면 | 10,284 | 54 | 46 | 3 | 9,928 | 55 | 19 | 18 | 16 | 2 | 45 | 7,672 | 17 | 9 | 2 | 7 | 2 | 1 |
| 정남면 | 12,855 | 56 | 44 | 8 | 11,826 | 52 | 21 | 15 | 15 | 1 | 48 | 9,052 | 24 | 14 | 3 | 9 | 2 | 1 |
| 팔탄면 | 10,043 | 59 | 41 | 11 | 8,893 | 54 | 18 | 20 | 13 | 2 | 46 | 7,173 | 25 | 13 | 3 | 10 | 2 | 1 |
| 향남면 | 15,602 | 52 | 48 | 2 | 15,223 | 52 | 20 | 16 | 15 | 1 | 48 | 11,647 | 24 | 12 | 2 | 11 | 2 | 1 |
| 남양동 | 20,840 | 54 | 46 | 2 | 20,440 | 53 | 15 | 20 | 16 | 2 | 46 | 15,200 | 36 | 13 | 2 | 20 | 2 | 3 |

편하거나 정신 장애로 정상적인 활동에 제약을 느끼고 있다.

거주 기간을 보면, 35명은 현재 살고 있는 집에 산 지 5년이 넘었으나, 65명은 5년 이내에 새로 이사 왔다(5세 이상 인구 기준). 이사 온 사람 중 17명은 화성시의 다른 동에서, 32명은 경기도의 다른 시군에서, 다른 16명은 경기도 밖에서 이사 왔다.

## 화성시 취업자가 100명이라면 :
## 65명은 봉급쟁이, 22명은 자영업자

화성시에 사는 15세 이상 인구 21만7천여 명 가운데 취업해 직장에 다니는 사람(취업자)은 61%, 13만2천 명이다. 화성시 취업자가 100명 이라면 55명은 30~40대, 20명은 20대이며, 13명은 50대다. 65세 이상 노인도 7명이 일하고 있다. 화성시는 경기도 31개 시군 가운데 양평군(63%)에 이어 이천시와 함께 취업률이 가장 높다.

회사에서 봉급을 받고 일하는 직장인은 65명이다. 22명은 고용한 사람 없이 혼자서 일하는 자영업자이며, 5명은 누군가를 고용해 사업체를 경영하는 사업주다. 7명은 가족이 운영하는 사업체에서 보수 없이 일하고 있다.

직업별로는 장치 기계 조작 및 조립직이 21명으로 가장 많고, 사무직 16명, 농림 어업 15명, 기술직 및 준전문가 10명순으로 많다. 또 9명은 기능직으로, 7명은 서비스직으로, 다른 7명은 판매직으로 일하며, 6명은 단순 노무직으로, 다른 6명은 전문가로 일하며 3명은 고위 관리직으로 일하고 있다.

직장으로 출근하는 데 30분 이상 걸리는 사람은 33명이며, 그 가운데 11명은 1시간 이상 걸린다. 24명은 걸어서 출근하고 76명은 교통수단을 이용해 출근한다. 76명 가운데 51명은 자가용으로, 9명은 통근 버스로, 7명은 시내버스로 출퇴근한다. 2명은 전철로, 1명은 자전거로, 다른 1명은 버스와 전철 또는 승용차를 갈아타며 출근한다.

사무실이나 공장 등에서 일하는 사람은 76명이며, 야외나 거리 또는 운송 수단에서 일하는 사람은 20명이다. 2명은 자기 집에서, 1명

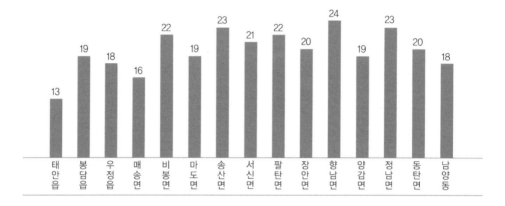

**그림 3_3.122**

## 경기도 화성시 동네별 1인 가구

(단위 : %)

태안읍 13
봉담읍 19
우정읍 18
매송면 16
비봉면 22
마도면 19
송산면 23
서신면 21
팔탄면 22
장안면 20
향남면 24
양감면 19
정남면 23
동탄면 20
남양동 18

은 남의 집에서 일한다.

## 화성시에 100가구가 산다면 :
## 41가구는 셋방살이

화성시에는 9만 가구가 산다(일반 가구 기준). 화성시에 사는 가구를 100가구로 친다면, 38가구는 식구가 한 명 또는 두 명인 1, 2인 가구이며, 이 가운데 17가구는 나 홀로 사는 1인 가구다. 식구 4명은 29가구, 3명은 21가구, 5명 이상은 12가구다.

동네별 1인 가구 비중을 보면 향남면에서 24%로 가장 높고, 정남면·송산면(23%), 비봉면·팔탄면(22%), 서신면(21%), 장안면·동탄

표 3_3.182

## 경기도 화성시의 다주택자

(단위 : 가구, 호)

| 구분 | | | 가구 수 | 주택 수 | 평균 주택 수 |
|---|---|---|---|---|---|
| 일반 가구 | | | 90,058 | – | – |
| 자가 가구 | | | 49,042 | – | – |
| 다주택 가구 | 통계청 | | 5,765 | – | – |
| | 행자부 | 계 | 2,976 | 7,100 | 2 |
| | | 2채 | 2,589 | 5,178 | 2 |
| | | 3채 | 230 | 690 | 3 |
| | | 4채 | 52 | 208 | 4 |
| | | 5채 | 21 | 105 | 5 |
| | | 6~10채 | 55 | 402 | 7 |
| | | 11채 이상 | 29 | 517 | 18 |

면(20%) 순으로 높다. 반면 태안읍은 13%로 가장 낮다.

54가구는 자신이 소유한 집에서 살고, 41가구는 셋방에 살며, 5가구는 직장의 사택이나 친척집 등에서 무상으로 살고 있다. 자기 집에 사는 가구 중 6가구는 현재 살고 있는 집 외에 최소 한 채에서 여러 채를 소유한 다주택자들이다.

셋방 사는 가구 가운데 20가구는 전세에, 19가구는 보증금 있는 월세에, 2가구는 보증금 없는 월세에 살고 있고, 1가구는 사글세에 산다. 셋방 사는 가구 중 5가구는 어딘가에 자신 명의의 집을 소유하고 있으나 경제 사정이나 자녀 교육, 직장 등의 사정으로 셋방에 살고 있다.

65가구는 현재 사는 집으로 이사 온 지 5년이 안 되며, 이 가운데 43가구는 2년이 안 된다. 13가구는 5~10년이 됐고, 22가구는 10년

이 넘었다.

76가구는 자동차를 소유하고 있고 이 가운데 67가구는 자기 집에 전용 주차장이 있다. 자동차 소유 가구 중 19가구는 차를 2대 이상 소유하고 있다.


**집 많은 사람, 집 없는 사람 :**
**서신면 84% 주택 소유, 향남면 50% 무주택**


화성시에 사는 100가구 중 60가구는 주택 소유자이고 40가구는 무주택자다. 15개 동네 중 14곳은 주택 소유자가 더 많고 향남면은 절반이 주택 소유자다. 서신면(84%), 송산면(81%), 마도면(80%)은 80% 이상이, 양감면(79%), 장안면(74%), 비봉면(73%)은 70% 이상이 주택 소유자다.

화성시 100가구 중 6가구는 집을 두 채 이상 소유한 다주택자다. 서신면에 사는 가구의 10%, 태안읍 가구의 8%, 송산면 가구의 7%는 다주택자다.

화성시 100가구 중 5가구는 어딘가에 자신 명의의 집이 있지만 현재 셋방에 사는 유주택 전월세 가구다. 남양동 가구의 10%, 태안읍·봉담읍·동탄면 가구의 5%도 유주택 전월세 가구다. 주택 소유자 중 유주택 전월세를 제외한 54가구는 자신이 소유한 집에서 사는 자가 점유 가구다. 서신면(79%), 송산면(78%), 마도면(77%), 양감면(74%)에서 자가 점유 가구 비율이 높다.

표 3_3.183

## 경기도 화성시 주택의 점유·소유 형태별 가구

(단위 : 가구, %)

| 행정구역 | 전체 가구 | 자기 집에 거주 | | | 셋방에 거주 | | | 무상으로 거주 | | 주택 소유 | 무주택 |
|---|---|---|---|---|---|---|---|---|---|---|---|
| | | 계 | 집 한 채 | 여러 채 | 계 | 집 없음 | 집 있음 | 집 없음 | 집 있음 | | |
| 화성시 | 90,058 | 54 | 48 | 6 | 41 | 36 | 5 | 4 | 1 | 60 | 40 |
| 봉담읍 | 9,055 | 48 | 43 | 5 | 47 | 42 | 5 | 4 | 1 | 54 | 46 |
| 우정읍 | 5,659 | 59 | 54 | 5 | 37 | 33 | 4 | 3 | 0 | 64 | 36 |
| 태안읍 | 37,994 | 51 | 43 | 8 | 47 | 42 | 5 | 1 | 0 | 57 | 43 |
| 동탄면 | 3,153 | 58 | 51 | 6 | 35 | 30 | 5 | 7 | 1 | 64 | 36 |
| 마도면 | 1,441 | 77 | 71 | 6 | 17 | 15 | 2 | 5 | 1 | 80 | 20 |
| 매송면 | 2,444 | 62 | 56 | 6 | 34 | 31 | 3 | 4 | 0 | 66 | 34 |
| 비봉면 | 1,769 | 67 | 59 | 9 | 23 | 19 | 4 | 8 | 2 | 73 | 27 |
| 서신면 | 1,748 | 79 | 69 | 10 | 16 | 12 | 4 | 4 | 1 | 84 | 16 |
| 송산면 | 3,235 | 78 | 71 | 7 | 17 | 14 | 2 | 4 | 1 | 81 | 19 |
| 양감면 | 1,271 | 74 | 68 | 6 | 15 | 12 | 3 | 9 | 2 | 79 | 21 |
| 장안면 | 3,334 | 70 | 65 | 5 | 23 | 20 | 3 | 6 | 1 | 74 | 26 |
| 정남면 | 3,991 | 55 | 50 | 4 | 39 | 35 | 4 | 5 | 1 | 59 | 41 |
| 팔탄면 | 2,918 | 55 | 49 | 5 | 34 | 30 | 4 | 9 | 2 | 60 | 40 |
| 향남면 | 5,320 | 46 | 43 | 4 | 48 | 44 | 4 | 5 | 0 | 50 | 50 |
| 남양동 | 6,726 | 43 | 37 | 6 | 49 | 38 | 10 | 8 | 1 | 54 | 46 |

화성시 100가구 중 41가구는 셋방에 사는데 이 중 36가구는 어디에도 집이 없이 셋방을 떠도는 무주택 전월세 가구다. 향남면(44%), 태안읍(42%), 봉담읍(42%)에서 무주택 전월세 가구 비율이 높다. 한편 팔탄면과 양감면에 사는 가구 중 11%는 직장의 사택이나 친척집 등에서 무상으로 살고 있는데 이들 중 9%는 무주택자다.

표 3_3.184

# 경기도 화성시 거처의 종류별·연건평별·건축년도별 주택

(단위 : 호, 가구, %)

| 행정구역 | 거처의 종류별 거처와 가구 | | | | | | | | | | | | | |
| | 계 | | 단독주택 | | 아파트 | | 연립주택 | | 다세대주택 | | 비거주용 건물 내 주택 | | 주택 이외의 거처 | |
| | 거처 | 가구 | 거처 | 가구 | 거처 | 가구 | 거처 | 가구 | 거처 | 가구 | 거처 | 가구 | 거처 | 가구 |
|---|---|---|---|---|---|---|---|---|---|---|---|---|---|---|
| 화성시 | 82,832 | 90,400 | 32 | 37 | 53 | 48 | 7 | 7 | 5 | 4 | 2 | 2 | 1 | 1 |
| 봉담읍 | 7,862 | 9,091 | 22 | 32 | 58 | 50 | 18 | 15 | 2 | 1 | 1 | 1 | 1 | 1 |
| 우정읍 | 5,207 | 5,673 | 57 | 60 | 19 | 18 | 3 | 3 | 16 | 14 | 3 | 3 | 1 | 1 |
| 태안읍 | 35,755 | 38,080 | 6 | 11 | 86 | 80 | 7 | 6 | 1 | 1 | 1 | 1 | 0 | 0 |
| 동탄면 | 2,605 | 3,188 | 63 | 69 | 21 | 17 | 5 | 4 | 4 | 3 | 3 | 3 | 5 | 4 |
| 마도면 | 1,351 | 1,445 | 81 | 81 | 0 | 0 | 3 | 2 | 11 | 10 | 5 | 5 | 1 | 1 |
| 매송면 | 2,264 | 2,448 | 42 | 45 | 11 | 10 | 4 | 4 | 42 | 39 | 2 | 2 | 0 | 0 |
| 비봉면 | 1,646 | 1,773 | 73 | 75 | 7 | 7 | 4 | 3 | 11 | 10 | 2 | 2 | 2 | 2 |
| 서신면 | 1,721 | 1,755 | 84 | 84 | 0 | 0 | 6 | 6 | 0 | 0 | 8 | 9 | 1 | 1 |
| 송산면 | 3,039 | 3,239 | 83 | 84 | 3 | 3 | 3 | 3 | 10 | 9 | 1 | 1 | 1 | 1 |
| 양감면 | 1,216 | 1,284 | 85 | 86 | 4 | 4 | 3 | 3 | 0 | 0 | 4 | 4 | 4 | 4 |
| 장안면 | 3,199 | 3,350 | 69 | 70 | 14 | 13 | 5 | 5 | 9 | 8 | 2 | 2 | 2 | 1 |
| 정남면 | 3,495 | 4,015 | 54 | 60 | 30 | 26 | 0 | 0 | 11 | 10 | 3 | 3 | 2 | 2 |
| 팔탄면 | 2,760 | 2,980 | 60 | 62 | 21 | 20 | 9 | 8 | 2 | 2 | 5 | 5 | 3 | 3 |
| 향남면 | 4,418 | 5,334 | 46 | 55 | 28 | 23 | 20 | 16 | 1 | 1 | 2 | 2 | 3 | 2 |
| 남양동 | 6,294 | 6,745 | 34 | 37 | 52 | 48 | 5 | 5 | 4 | 3 | 2 | 3 | 4 | 3 |

## 화성시에 있는 집이 100채라면 :
## 53채는 아파트, 32채는 단독주택

화성시에는 집(주택과 주택 이외의 거처)이 8만2,832채가 있다. 화성시에 있는 집이 100채라면 53채는 아파트이고 32채는 단독주택이다. 7채는 연립주택, 5채는 다세대주택이며, 2채는 비거주용 건물 내 주택, 1채는 주택 이외의 거처가 각 2채다.

| | 연건평별 주택 | | | | 건축년도별 주택 | | |
|---|---|---|---|---|---|---|---|
| 총 주택 수 | 14평 미만 | 14~19평 | 19~29평 | 29평 이상 | 1995~ 2005년 | 1985~ 1994년 | 1985년 이전 |
| 81,769 | 5 | 21 | 49 | 25 | 70 | 18 | 13 |
| 7,815 | 6 | 9 | 37 | 49 | 76 | 16 | 9 |
| 5,137 | 4 | 17 | 48 | 31 | 37 | 47 | 15 |
| 35,631 | 5 | 25 | 56 | 14 | 90 | 8 | 2 |
| 2,485 | 2 | 8 | 53 | 36 | 53 | 17 | 30 |
| 1,344 | 4 | 11 | 37 | 47 | 47 | 23 | 30 |
| 2,254 | 9 | 24 | 43 | 24 | 28 | 53 | 19 |
| 1,607 | 4 | 11 | 46 | 38 | 48 | 27 | 26 |
| 1,698 | 6 | 11 | 42 | 41 | 39 | 27 | 34 |
| 3,018 | 8 | 15 | 39 | 39 | 34 | 31 | 35 |
| 1,170 | 4 | 19 | 41 | 36 | 62 | 26 | 12 |
| 3,151 | 8 | 32 | 31 | 30 | 51 | 16 | 34 |
| 3,417 | 12 | 26 | 34 | 28 | 64 | 24 | 12 |
| 2,684 | 6 | 22 | 41 | 31 | 58 | 23 | 19 |
| 4,289 | 5 | 14 | 55 | 26 | 43 | 25 | 32 |
| 6,069 | 3 | 28 | 49 | 21 | 74 | 12 | 14 |

태안읍에 있는 거처의 86%가 아파트이며, 봉담읍과 남양동도 절반 이상이 아파트다. 반면 양감면(86%), 서신면(84%), 송산면(83%), 마도면(81%)은 거처의 80% 이상이 단독주택이다. 비봉면은 73%, 장안면(69%), 동탄면(63%), 팔탄면(60%)은 60% 이상, 우정읍(57%)과 정남면(54%)은 절반 이상이 단독주택이다. 연립주택은 향남면(20%)과 봉담읍(18%)에서, 다세대주택은 매송면(42%)과 우정읍(16%)에서 비중이 높다.

사람이 사는 곳을 기준으로 보면 화성시 가구의 48%는 아파트에, 37%는 단독주택에, 7%는 연립주택에 산다. 또 4%는 다세대주택에 살고 2%는 비거주용 건물 내 주택에, 1%는 주택 이외의 거처에 산다.

아파트가 많은 태안읍은 주민의 80%가 아파트에 살고 봉담읍도 절반이 아파트에 산다. 그러나 양감면·송산면·서신면·마도면은 80% 이상이 단독주택에 산다. 비봉면과 장안면은 70% 이상, 동탄면·팔탄면·우정읍·정남면은 60% 이상, 향남면은 절반 이상이 단독주택에 산다. 연립주택에는 향남면(16%)에서, 다세대주택에는 매송면(39%)에서 거주 가구 비율이 높다. 또 서신면 가구의 9%는 비거주용 건물 내 주택에 살고, 향감면과 동탄면 가구의 4%는 주택 이외의 거처에 산다.

화성시 주택(주택 이외의 거처 제외)을 크기별로 보면 29평 이상의 주택은 25채, 19~29평은 49채, 14~19평은 21채이며, 14평 미만은 5채다. 29평 이상 주택은 봉담읍(49%)에서, 14평 미만 주택은 정남면(12%)에 상대적으로 많다.

2005년 기준으로 70채는 지은 지 10년(1995~2005년 사이 건축)이 안 된 새집이며, 18채는 1985년에서 1994년 사이에 지었고, 20년이 넘은 주택은 13채다. 태안읍 주택의 90%는 새집이며, 송산면 주택의 35%는 지은 지 20년이 넘었다.

표 3_3.185

# 경기도 화성시 (반)지하 등 거주 가구

(단위 : 가구, %)

| 행정구역 | 전체 가구 | (반)지하 | | 옥탑방 | 판잣집·움막·비닐집 | 기타 |
|---|---|---|---|---|---|---|
| | | 가구 | 비중 | 가구 | 가구 | 가구 |
| 화성시 | 90,058 | 1,104 | 1 | 49 | 226 | 366 |
| 봉담읍 | 9,055 | 176 | 2 | 4 | 9 | 21 |
| 우정읍 | 5,659 | 81 | 1 | 3 | 37 | 19 |
| 태안읍 | 37,994 | 318 | 1 | 8 | 4 | 43 |
| 동탄면 | 3,153 | 10 | – | 3 | 68 | 35 |
| 마도면 | 1,441 | 5 | – | 1 | 2 | 3 |
| 매송면 | 2,444 | 138 | 6 | – | 4 | 5 |
| 비봉면 | 1,769 | 24 | 1 | – | 4 | 30 |
| 서신면 | 1,748 | 10 | 1 | 1 | 3 | 4 |
| 송산면 | 3,235 | 34 | 1 | 12 | 7 | 10 |
| 양감면 | 1,271 | 1 | – | – | 7 | 34 |
| 장안면 | 3,334 | 33 | 1 | 2 | 21 | 16 |
| 정남면 | 3,991 | 22 | 1 | 2 | 12 | 54 |
| 팔탄면 | 2,918 | 45 | 2 | 3 | 8 | 28 |
| 향남면 | 5,320 | 161 | 3 | 8 | 8 | 31 |
| 남양동 | 6,726 | 46 | 1 | 2 | 32 | 33 |

## 화성시 100가구 중 8가구는 최저 주거 기준에 미달

화성시에 사는 9만 가구를 100가구로 친다면, 그 중 8가구는 식구에 비해 집이 너무 좁거나 시설이 제대로 갖춰지지 않아 인간다운 품위를 지키기 어려운 최저 주거 기준 미달 가구다.

또 100가구 가운데 99가구는 지상에 살지만, 1가구는 (반)지하에 살고 있다. 또 쪽방으로 보이는 업소의 잠만 자는 방 등에도 1가구가 산다. (반)지하에 사는 가구 비중은 매송면(6%)과 향남면(3%)에서 높고, 봉담읍·팔탄면은 2%, 태안읍·우정읍·비봉면·송산면·서신면·장안면·정남면·남양동은 각 1%다. 이 밖에 화성시 9만 가구 가운데 옥탑방에 49가구가, 판잣집·움막·비닐집에 226가구가, 업소의 잠만 자는 방 등에 366가 사는 것으로 나타났다.

이런 상황에서 2005년 현재 화성시에 공급된 공공임대주택은 3천 4채로 전체 가구 대비 3%에 머물고 있다. 이조차도 모두 중앙정부 산하 주공이 공급한 국민임대주택으로 경기도와 화성시가 무주택 서민을 위해 공급한 공공임대주택은 단 한 채도 없다.


## 화성시 유권자가 100명이라면


정당 지지도를 알 수 있는 최근 네 차례 선거(제3~4회 동시지방선거, 제 17~18대 총선)를 기준으로 화성시 유권자는 대략 16만~28만 명이며, 평균 투표율은 47%였다.

화성시 유권자가 100명이라면 2002년 지방선거에서는 58명이 한나라당을, 27명이 새천년민주당을, 8명이 민주노동당을, 4명이 자민련을 찍었다. 2004년 총선에서는 40명이 열린우리당을, 35명은 한나라당을, 14명은 민주노동당을, 5명은 새천년민주당을, 2명은 자민련을 지지했다.

2006년 지방선거에서는 61명이 한나라당을 찍었고, 22명은 열린우리당을, 12명은 민주노동당을, 4명은 민주당을 찍었다. 2008년 총선에서는 40명이 한나라당을, 23명이 통합민주당을, 14명이 친박연대를, 7명이 민주노동당을, 5명이 창조한국당을, 4명이 자유선진당을, 다른 3명이 진보신당을 지지했다.

동네별 투표율은 양감면·비봉면·동탄2동에서 가장 높았다. 반면 동탄면과 진안동에서 가장 낮았다.

한나라당 득표율은 마도면·송산면·비봉면에서 가장 높았다. 반면 장안면·우정읍·봉담읍에서 가장 낮았다. 송산면과 봉담읍의 득표율 격차는 15~16% 사이다.

민주(＋열린우리)당 득표율은 매송면·봉담읍·동탄2동에서 가장 높았다. 반면 우정읍과 마도면에서 가장 낮았다. 매송면과 우정읍의 득표율 격차는 6~13% 사이다.

민주노동당＋진보신당 득표율은 우정읍과 장안면에서 상대적으로 높았다.

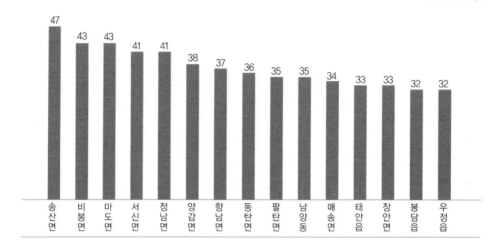

그림 3_3.123

경기도 화성시 동네별 한나라당 득표율

2004년 총선(단위 : %)

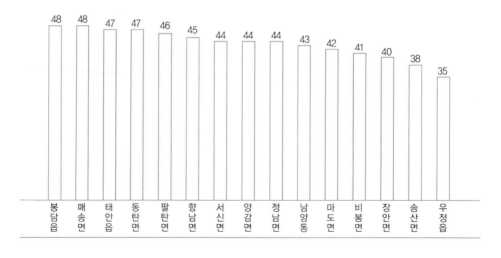

그림 3_3.124

경기도 화성시 동네별 민주(＋열린우리)당 득표율

2004년 총선(단위 : %)

표 3_3.186

# 경기도 화성시 역대 선거 투표율과 정당 지지율

2002~2008년(단위 : 명, %)

| | 2002년 지방선거 | | | | | | | | 2004년 총선 | | | | | | | |
| 행정구역 | 선거인 수 | 투표율 | 한나라당 | 새천년민주당 | 자민련 | 민주노동당 | 기타정당 | 행정구역 | 선거인 수 | 투표율 | 한나라당 | 새천년민주당 | 열린우리당 | 자민련 | 민주노동당 | 기타정당 |
|---|---|---|---|---|---|---|---|---|---|---|---|---|---|---|---|---|
| 화성시 | 160,115 | 50 | 58 | 27 | 4 | 8 | 3 | 화성시 | 176,242 | 55 | 35 | 5 | 40 | 2 | 14 | 3 |
| 봉담읍 | 17,006 | 41 | 59 | 28 | 4 | 6 | 3 | 봉담읍 | 19,966 | 54 | 32 | 5 | 43 | 4 | 13 | 3 |
| 태안읍 | 44,463 | 40 | 58 | 30 | 4 | 6 | 2 | 우정면 | 13,688 | 52 | 32 | 4 | 31 | 2 | 27 | 3 |
| 매송면 | 6,140 | 62 | 57 | 31 | 4 | 5 | 3 | 태안읍 | 51,311 | 56 | 33 | 5 | 43 | 2 | 15 | 3 |
| 비봉면 | 4,380 | 65 | 60 | 27 | 4 | 5 | 4 | 매송면 | 6,083 | 56 | 34 | 6 | 42 | 3 | 12 | 4 |
| 마도면 | 3,421 | 68 | 67 | 21 | 4 | 5 | 3 | 비봉면 | 4,458 | 58 | 43 | 4 | 37 | 2 | 10 | 4 |
| 송산면 | 7,556 | 55 | 64 | 24 | 4 | 5 | 4 | 마도면 | 3,586 | 55 | 43 | 3 | 39 | 2 | 9 | 3 |
| 서신면 | 4,735 | 63 | 59 | 25 | 6 | 6 | 5 | 송산면 | 7,785 | 55 | 47 | 5 | 33 | 2 | 8 | 5 |
| 팔탄면 | 6,302 | 54 | 59 | 27 | 5 | 5 | 4 | 서신면 | 4,882 | 52 | 41 | 6 | 38 | 3 | 9 | 4 |
| 장안면 | 8,263 | 62 | 52 | 24 | 6 | 15 | 4 | 팔탄면 | 7,009 | 55 | 35 | 4 | 41 | 2 | 13 | 4 |
| 우정면 | 13,186 | 55 | 53 | 20 | 4 | 19 | 3 | 장안면 | 8,365 | 55 | 33 | 4 | 36 | 3 | 19 | 4 |
| 향남면 | 10,427 | 52 | 58 | 27 | 5 | 7 | 4 | 향남면 | 11,509 | 51 | 37 | 4 | 40 | 2 | 13 | 3 |
| 양감면 | 3,254 | 75 | 58 | 23 | 7 | 7 | 5 | 양감면 | 3,397 | 56 | 38 | 5 | 38 | 4 | 12 | 3 |
| 정남면 | 9,006 | 51 | 60 | 26 | 5 | 5 | 4 | 정남면 | 9,455 | 52 | 41 | 4 | 40 | 2 | 10 | 3 |
| 동탄면 | 8,095 | 37 | 61 | 28 | 5 | 4 | 2 | 동탄면 | 8,331 | 50 | 36 | 5 | 43 | 3 | 12 | 3 |
| 남양동 | 11,007 | 40 | 56 | 30 | 3 | 10 | 2 | 남양동 | 13,039 | 54 | 35 | 4 | 39 | 2 | 17 | 3 |

| 행정구역 | 2006년 지방선거 | | | | | | |
|---|---|---|---|---|---|---|---|
| | 선거인 수 | 투표율 | 열린우리당 | 한나라당 | 민주당 | 민주노동당 | 기타 정당 |
| 화성시 | 223,162 | 45 | 22 | 61 | 4 | 12 | 1 |

| 행정구역 | 2008년 총선 | | | | | | | | |
|---|---|---|---|---|---|---|---|---|---|
| | 선거인 수 | 투표율 | 통합민주당 | 한나라당 | 자유선진당 | 민주노동당 | 창조한국당 | 친박연대 | 진보신당 | 기타 정당 |
| 화성시 | 284,683 | 39 | 23 | 40 | 4 | 7 | 5 | 14 | 3 | 4 |
| 봉담읍 | 32,611 | 35 | 26 | 36 | 4 | 6 | 5 | 16 | 3 | 4 |
| 우정읍 | 13,899 | 41 | 16 | 35 | 3 | 16 | 3 | 21 | 2 | 3 |
| 향남읍 | 15,930 | 37 | 20 | 39 | 4 | 7 | 3 | 20 | 2 | 4 |
| 동탄면 | 10,229 | 38 | 21 | 46 | 4 | 5 | 4 | 15 | 2 | 4 |
| 마도면 | 4,400 | 42 | 16 | 52 | 4 | 4 | 2 | 16 | 1 | 5 |
| 매송면 | 5,983 | 43 | 22 | 40 | 4 | 5 | 2 | 19 | 2 | 6 |
| 비봉면 | 5,225 | 45 | 17 | 52 | 3 | 3 | 3 | 17 | 1 | 3 |
| 서신면 | 5,331 | 42 | 18 | 51 | 3 | 3 | 2 | 16 | 1 | 6 |
| 송산면 | 8,633 | 43 | 15 | 52 | 3 | 3 | 2 | 15 | 1 | 9 |
| 양감면 | 3,676 | 46 | 17 | 42 | 4 | 4 | 3 | 25 | 1 | 5 |
| 장안면 | 9,121 | 43 | 20 | 37 | 4 | 9 | 3 | 22 | 2 | 4 |
| 정남면 | 10,467 | 35 | 19 | 43 | 4 | 4 | 4 | 19 | 2 | 5 |
| 팔탄면 | 8,230 | 37 | 19 | 46 | 4 | 4 | 3 | 18 | 1 | 5 |
| 기배동 | 10,169 | 38 | 25 | 37 | 6 | 6 | 5 | 12 | 3 | 6 |
| 남양동 | 16,745 | 37 | 19 | 44 | 4 | 7 | 4 | 14 | 3 | 5 |
| 동탄1동 | 18,979 | 39 | 29 | 36 | 5 | 7 | 7 | 9 | 5 | 3 |
| 동탄2동 | 12,478 | 47 | 30 | 37 | 5 | 7 | 6 | 9 | 4 | 2 |
| 반월동 | 12,801 | 41 | 24 | 39 | 4 | 5 | 7 | 12 | 4 | 4 |
| 병점1동 | 18,129 | 36 | 28 | 34 | 5 | 8 | 6 | 13 | 4 | 4 |
| 병점2동 | 16,973 | 38 | 27 | 33 | 4 | 9 | 6 | 11 | 5 | 5 |
| 진안동 | 23,363 | 34 | 26 | 37 | 4 | 7 | 6 | 12 | 4 | 5 |
| 화산동 | 17,015 | 33 | 26 | 42 | 4 | 6 | 5 | 10 | 3 | 5 |

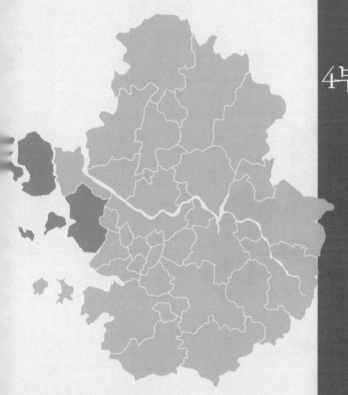

4부 | 인천시
140개
동네의
정치 사회
지도

# 1

# 인천은
# 어떤
# 곳인가

인천의 땅 넓이는 국토의 1%, 인구수는 전체의 5%, 인구밀도는 ㎢당 2,546명이다.
세 가지 모두 광역시도 중 여섯 번째다. 인천에 사는 사람들은 어떻게 먹고살까. '인
천시 취업자 100명' 중 73명은 봉급생활자로 울산(76%)에 이어 서울과 함께 두 번
째로 높다. 52명은 직장으로 출근하는 데 30분 이상 걸리며 그 가운데 20명은 1시간
이상 걸려 서울에 이어 두 번째로 오래 걸린다. 18명은 걸어서 출근하고 82명은 교
통수단을 이용해 출퇴근한다. 46명은 자가용을 타고 16명은 시내버스로, 8명은 전
철로, 5명은 통근 버스로, 3명은 전철과 버스 또는 승용차를 갈아타며 출근한다.

|
인천에는
어떤 사람이
살까
|

인천시의 땅 넓이는 국토의 1%에, 인구수는 전체 인구의 5%에 해당된다. 16개 시도 가운데 면적과 인구수는 여섯 번째로 넓고 많다. 인구밀도 또한 ㎢당 2,546명으로 여섯 번째로 높다(2005년 기준).

인천 시민 253만 명을 100명으로 친다면 남자 대 여자의 수는 50 대 50으로 균형을 이루고 있다. 99명은 한국인이고 1명은 외국인이다. 외국인 중 29%는 국적이 중국(재중 동포＝조선족 9%)이며, 베트남 10%, 인도네시아 9%, 필리핀과 대만 각 8% 순이다.

27명은 어린이와 청소년이고(19살 이하), 73명은 어른이다. 어른 가운데 7명은 노인(65세 이상)이다. 전국 평균에 비해 19세 미만 인구는 1% 높고 19세 이상 인구는 1%가 낮다. 평균연령은 34.2세로 전국 평균(35.6세)보다 낮다.

'인천시 인구 100명'은 10개 구와 군에 흩어져 사는데, 부평구(22명), 남구(16명), 남동구(15명), 서구(15명) 등 네 곳에 3분의 2가 산다. 또 계양구에 13명이, 연수구에 10명이 살고 중구와 동구에는 3명씩 살며, 강화군에 2명이 산다(옹진군 인구는 1% 미만이다).

인천에 사는 19세 이상 인구 가운데 35%가 대학 이상 학력자다(4년제 미만 대학 포함). 단, 정치 지도 분석 대상 139개 동네는 34%다. 이 가운데 2%는 대학원 이상 학력자다. 인천시의 대학 이상 학력자 비중은 전국 평균(40%)에 비해 5%가 낮고, 전국의 대학 이상 학력자의 5%, 석사과정 이상 학력자의 3%, 박사과정 이상 학력자의 2%가 인천에 살고 있다. 대학 이상 학력자 비중은 연수구(43%), 부평구(37%), 계양구(36%) 순으로 높다.

'인천시 인구 100명' 가운데 51명은 종교를 갖고 있고 22명은 개신교, 14명은 불교, 다른 14명은 천주교, 1명은 기타 종교를 믿는다. 그러나 49명은 종교가 없다. 전국 평균 종교별 인구가 불교(23%)-개신교(18%)-천주교(11%) 순서인 데 비해, 인천은 불교 신자 비중이 전국 평균에 비해 9%가 낮은 반면, 개신교 신자가 가장 많고 천주교 신자 비중도 전국 평균에 비해 3%가 높다.

인천시 10개 구와 군 가운데 종교를 가진 사람 비중은 강화군(61%), 옹진군(59%), 연수구·남동구(52%) 순으로 높다. 개신교와 불교는 강화군에서, 불교는 옹진군에서 각각 신자 비율이 높다.

'인천시 인구 100명' 중 30명은 미혼이며, 70명은 결혼했다. 결혼한 사람 가운데 6명은 남편이나 아내가 먼저 사망했고 4명은 이혼했다(15세 이상 기준). 인천의 미혼자 비율은 전국 평균과 같다. 미혼자 비율이 가장 높은 곳은 남구(34%)이다. 반면 옹진군은 85%가 결혼한 사람이다. 5명은 몸이 불편하거나 정신 장애로 정상적인 활동에 제약을 느끼고 있는데(5세 이상 인구 기준), 이는 전국 평균(6%)에 비해 1%가 낮다.

'인천시 인구 100명' 가운데 현재의 집에 5년 이상 살고 있는 사람은 44명이고, 56명은 이사 온 지 5년이 채 안 됐다(5세 이상 인구 기준). 거주 기간 5년 미만 비율은 전국 평균(53%)에 비해 3%가 높고 16개 시도 중 경기, 서울에 이어 대전과 함께 세 번째로 높다. 이사 온 사람 중 37명은 같은 구(區)와 군(郡)에 있는 다른 동과 면(面)에서, 6명은 인천시 안의 다른 구와 군에서, 12명은 인천시 밖에서 이사 왔다.

강화군과 옹진군은 5세 이상 인구 중 각각 71%와 69%가 현재 살고 있는 집에 산 지 5년이 넘었으나, 중구와 서구는 39%에 그쳤고 61%는 이사 왔다. 한편 계양구와 서구는 15%가 인천시 밖에서 이사 온 데 비해, 동구는 6%에 그쳤다.


|
# 인천 사람은
# 뭘 해서
# 먹고살까
|

2005년 기준으로 인천에 사는 15세 이상 인구 197만 명 중 50% 99만5천 명이 취업자인데 이 같은 취업률은 전국 평균(52%)을 밑도는 것이다. 인천시 취업자가 100명이라면 62명은 30~40대, 19명은 20대, 14명은 50대이며, 65세 이상 노인도 2명이 일하고 있다. 전국 평균과 비교해서는 30~40대 취업률이 4%가 높다. 10개 구와 군 가운데는 옹진군이 61%로 가장 높고, 동구와 남구가 48%로 취업률이 가장 낮다.

'인천시 취업자 100명' 중 회사에서 봉급을 받고 일하는 직장인, 즉 노동자는 73명이다. 17명은 고용한 사람 없이 혼자서 일하는 자영업자이며, 7명은 누군가를 고용해 사업체를 경영하는 사업주다. 4명은 가족이 운영하는 사업체에서 보수 없이 일하고 있다.

봉급을 받고 일하는 직장인 비중은 동구(77%)에서 가장 높고, 강화군(32%)에서 가장 낮다. 아무도 고용하지 않고 혼자서 일하는 자영업자는 강화군(46%)에서 가장 높고 부평구(14%)에서 가장 낮다. 고용원을 둔 사업주는 연수구(10%)에서 가장 높고, 강화군(3%)에서 가장 낮다.

인천시 취업자 중 직장인 비중(73%)은 전국 평균보다 8%가 높고, 울산(76%)에 이어 서울과 함께 두 번째로 높다. 고용원이 없는 자영업자 비중(17%)은 전국 평균(21%)보다 낮은 것은 물론 16개 시도 중 울산과 서울에 이어 경기·대전과 함께 세 번째로 낮다.

'인천시 취업자 100명'을 직업별로 보면 서비스직 18명, 장치 기계 조작 및 조립직 16명, 판매직과 기능직 각 12명순으로 많다. 또 서비스직과 기술공 및 준전문가는 각각 10명이며 전문가와 단순 노무직은 각각 8명이다. 4명은 고위 관리직으로 일하고 2명은 농림 어업에 종사한다. 사무직은 연수구(20%)에서, 장치 기계 조작 및 조립직은 서구(22%)에서, 판매직과 기능직은 각각 부평구(13%)와 서구(14%)에서 비중이 높다.

직업별 전국 평균치에 비해 장치 기계 조작 및 조립직은 5%, 사무직은 2%, 기술공 및 준전문가와 서비스직은 1%가 높다. 반면 농림 어업은 9%, 전문가는 2%가 낮다.

'인천시 취업자 100명' 중 52명은 직장으로 출근하는 데 30분 이상 걸리며 그 가운데 20명은 1시간 이상 걸린다. 전국 평균(30분 이상 41% 중에서 1시간 이상 14%)을 크게 웃돌고, 서울에 이어 두 번째로 길다. 부평구는 58%가, 계양구는 56%가 출근하는 데 30분 이상 걸려 가장 긴데, 두 곳에서 1시간 이상 걸리는 사람도 26%와 24%에 달한다. 반면 옹진군은 1시간 이상 1%를 포함해, 30분 이상이 7%로 가장 적다.

'인천시 취업자 100명' 중 18명은 걸어서, 82명은 교통수단을 이용해 출퇴근한다. 82명 가운데 46명은 승용차 또는 승합차(자가용)로, 16명은 시내버스로, 8명은 전철로 출근한다. 또 5명은 통근 버스로 출근하며 3명은 전철과 버스 또는 승용차를 갈아타며 출근한다. 걸어서 출근하는 사람은 옹진군(59%), 자가용은 서구(52%), 시내버스는 동구(23%), 전철은 계양구(9%), 통근 버스는 서구(6%), 전철과 버스 또는 승용차를 갈아타며 출근하는 사람은 부평구(5%)에서 비중이 높다. 전국 평균에 비해 자가용을 이용한 출근자 비중은 5%가 높고, 걸어서 출근하는 사람은 6%가 낮다.

'인천시 취업자 100명' 중 81명은 사무실이나 공장 등에서 일하는 반면 15명은 야외나 거리 또는 운송 수단에서 일한다. 2명은 남의 집에서, 또 다른 2명은 자기 집에서 일한다. 사무실이나 공장 등 사업장에서 일하는 사람은 연수구(86%), 야외나 거리 또는 운송 수단에서 일하는 사람은 강화군(55%)에서 각각 비중이 높다. 사업장에서 일하는 취업자 비중은 전국 평균치보다 6%가 높고 16개 시도 중에서도 대전과 함께 서울·울산·경기에 이어 네 번째로 높은 반면, 거리나 야외 작업 현장, 운송 수단 등에서 일하는 비중은 전국 평균에 비해 5%가 낮다.

인천에서
집 가진 사람과
집 없는 사람

인천에 사는 253만 명은 한 가족당 평
균 2.9명씩 82만3천 가구(일반 가구 기준)를 이뤄 살고 있다. 인천에 사
는 가구를 100가구로 친다면, 36가구는 식구가 한 명 또는 두 명인 1,
2인 가구이며, 이 가운데 17가구는 나 홀로 사는 1인 가구다. 식구 4
명은 31가구, 3명은 22가구, 5명 이상은 10가구다. 1인 가구는 옹진
군(28%)과 중구(25%)에서, 2인 가구는 강화군과 옹진군(37%)에서
비중이 높다. 인천의 1인 가구 비중은 전국 평균에 비해 3%가 낮다.

'인천시 100가구' 중 65가구는 자기 집을 소유하고 있고, 나머지
35가구는 집이 없는 무주택자다. 전국 평균과 비교해 주택 소유자는
5%가 많고 무주택자는 5%가 적다. 자기 집을 소유한 65가구 중 3가
구는 경제 사정이나 자녀 교육, 직장 등의 사정으로 셋방에 살고 있
다. 또 7가구는 집을 두 채 이상 여러 채 소유한 다주택자다.

무주택자 35가구 중 친척집이나 사택 등에서 무상으로 사는 2가구
를 제외한 33가구는 셋방에 산다. 이들과 '유주택 전월세'를 포함한
셋방에 사는 37가구 가운데 21가구는 전세에, 13가구는 보증금 있는
월세에, 2가구는 보증금 없는 월세에 산다.

주택 소유 가구 비중은 강화군(83%), 옹진군(79%), 계양구(69%)
순으로, 무주택 가구는 중구(39%), 남구(38%), 연수구·부평구(37%)
순으로 높다. 집을 두 채 이상 여러 채 소유한 가구는 옹진군(16%)

서구·중구·강화군(8%) 순으로, 유주택 전월세 가구는 중구(6%) 남동구(5%) 순으로 높다. 또 전세는 중구와 서구(23%)에서, 보증금 있는 월세는 동구·연수구·부평구(16%)에서, 보증금 없는 월세는 연수구와 옹진군(4%)에서 각각 비중이 높다.

'인천시 100가구' 중 59가구는 현재 사는 집으로 이사 온 지 5년이 안되며, 이 가운데 32가구는 2년이 안 된다. 20가구는 5~10년이 됐고, 20가구는 10년이 넘었다. 셋방에 사는 가구의 경우 10년 이상은 5%, 5년 이내는 83%, 이 가운데 2년 이내는 58%로 거주 기간이 더 짧다. 전국 평균치에 비해 5년 이내는 4%가, 2년 이내는 2%가 높다. 10년 이상 한 집에서 살고 있는 가구도 전국 평균에 비해 6%가 낮다. 서구는 2년이 안 된 37%를 포함해 가구의 64%가 현재 사는 집에 이사 온 지 5년이 안 돼 거주 기간이 가장 짧다. 또 5~10년 된 가구는 계양구(27%)에서, 10년 이상 된 가구는 옹진군(59%)에서 각각 비중이 가장 높다.

'인천시 100가구' 중 64가구는 자동차를 소유하고 있고, 이 가운데 47가구는 자기 집에 전용 주차장이 있다. 또 11가구는 차를 2대 이상 소유하고 있다. 자동차를 소유한 가구는 서구(70%)에서, 2대 이상 소유한 가구는 연수구(16%)에서, 자가 전용 주차장이 있는 가구는 계양구(58%)에서 각각 비중이 높다.

전국 평균에 비해서 자동차를 소유한 가구는 3%가 높고, 2대 이상 소유한 가구는 1%가 낮다. 또 자기 집에 주차장을 갖고 있는 가구도 전국 평균에 비해 1%가 높다. 한편 인천에서 자기 집에 사는 가구의 경우 73%가 자동차를 소유하고 있어 전국 자가 가구 평균에 비해 4%가 높고, 셋방에 사는 가구는 51%가 자동차를 소유하고 있어 전국 전월세 가구 평균과 같다.

## 인천의
## 집과 집값

인천에는 집(주택 이외 거처 포함)이 70만 채가 있다. 인천에 있는 집이 100채라면 54채는 아파트다. 또 25채는 다세대주택, 15채는 단독주택이다. 나머지 중 3채는 연립주택이고, 2채는 주택 이외의 거처, 1채는 비거주용 건물 내 주택이다.

전국 평균과 비교하면 아파트 비중은 2%, 다세대주택은 16%가 높다. 반면 단독주택은 16%, 연립주택과 비거주용 건물 내 주택은 1%가 낮다. 특히 인천의 다세대주택 비중은 16개 시도 중 가장 높고, 단독주택 비중은 가장 낮다. 아파트는 연수구(84%)와 계양구(64%)에서, 다세대주택은 남동구(35%)와 남구(32%)에서, 단독주택은 옹진군(89%)과 강화군(76%)에서 비중이 높다.

이처럼 아파트 비중이 54%에 달하지만 '인천 100가구' 중 아파트에는 46가구만 사는 반면 단독주택에는 27가구가, 다세대주택에는 21가구가 산다. 아파에는 보통 한 가구가 사는 데 비해, 단독주택에는 집주인과 셋방 사는 사람 등 여럿이 함께 살 수 있기 때문이다. 서울, 경기와 마찬가지로 인천에서도 단독주택에는 주로 세입자가 살고 있다. 단독주택에 사는 가구 중 59%는 세입자이고 집주인은 38%에 머물렀다. 단독주택 셋방 비중의 전국 평균이 51%인 것과 비교해보면 높은 편이다. 반면 아파트 가구 중 세입자는 24%로 전국 평균에 비해 10%가 적어 주로 집주인이 살고 있다. 다세대주택 거주 가구 중 집주인은 65%로 전국 평균과 비슷하다.

나머지 5가구는 연립주택과 주택 이외의 거처에 2가구씩 살고 비거주용 건물 내 주택에 1가구가 산다. 아파트 거주 가구는 연수구(68%)에서, 다세대주택 거주 가구는 남동구(30%)에서, 단독주택 거주 가구는 옹진군(89%)에서 가장 비율이 높다.

인천시의 다세대주택 거주 가구 비중은 16개 시도 중 가장 높고, 아파트 거주 가구 비중은 16개 시도 가운데 광주·울산·경기·대전에 이어 다섯 번째로 높다. 반면 단독주택 거주 가구 비중은 가장 낮다.

인천의 가구당 평균 인원수는 2.9명으로 전국 평균과 같고, 가구당 평균 사용 방 수는 3.5개로 전국 평균(3.6개)을 밑돈다. 또 가구당 주거 면적은 19.1평으로 전국 평균(20평)에 못 미칠 뿐 아니라 16개 시도 가운데 서울과 함께 가장 좁다.

2005년 기준으로 '인천의 집 100채' 중 41채는 지은 지 10년(1995~2005년 사이 건축)이 안 된 새집이며, 14채는 지은 지 20년이 넘은 낡은 집으로 곧 재개발·재건축될 수 있는 집이다. 10년이 안 된 새집은 중구(54%)에서, 20년 넘은 집은 옹진군(42%)에서 비중이 높다.

10년(1995~2005년) 사이에 인천에서 아파트와 다세대주택이 각각 60%와 240% 증가한 반면 단독주택은 11%, 연립주택은 67%, 비거주용 건물 내 주택은 45%가 각각 감소했다. 그 결과 전체 주택에서 차지하는 비중도 아파트와 다세대주택이 각각 6%와 14%가 증가한 반면, 단독주택은 13%, 연립주택은 10%, 영업용 건물 내 주택은 2%가 각각 감소했다.

2005년 연건평 기준으로 '인천의 집 100채' 중 29평 이상 중대형은 14채로 전국 평균에 비해 8%가 낮다. 그 중 99평 이상 초대형 주택 비중은 1채로 전국 평균과 같은데, 우리나라에 있는 99평 이상 초대형 주택 중 4%가 인천에 있다. 또 19~29평은 전국 평균에 비해 4% 낮은 34채, 14~19평은 6% 높은 34채다. 14평 미만은 18채로 전국 평균보다 6% 높다. 29평 이상 넓은 집은 강화군(32%)에서, 14평 미만 좁은 집은 남동구(27%)에서 가장 비중이 높다.

2008년 주택 공시가격 통계 기준으로 인천에 있는 집(주택 이외의 거처 제외)은 모두 75만 채로 전국 주택 수 1,351만 채의 약 6%를 차지한다. 또 인천시 집값 총액은 81조 원으로 전국 집값 총액 1,676조 원의 5%를 차지한다. 집 한 채당 가격은 1억7백만 원으로 전국 평균 1억2,400만 원에 못 미치지만, 16개 시도 가운데 서울과 경기도에 이어 가장 비싸다. 인천의 땅값은 비싼 편이다. 면적은 국토의 1%지만 땅값 총액은 120조 원으로 전체 국토 가격 2,349조 원의 5%를 차지한다(2006년 공시지가 기준).

이처럼 집값과 땅값이 비싼 이유는 인천의 부동산 가격이 빠르게 큰 폭으로 오르기 때문이다. 최근 5년간(2003년 9월~2008년 9월) 인천의 집값은 전국 평균 22%의 1.5배인 33%가 올라 16개 시도 가운데 서울과 경기도에 이어 세 번째로 높은 상승률을 기록했다.

한편 인천에서 전세 사는 가구의 가구당 평균 전세 보증금은 3,601만 원으로 전국 평균 5,109만 원에는 미치지 못하지만, 16개 시도 중 서울·경기·대전·대구·울산·부산에 이어 일곱 번째로 비싸다.

|
인천에서
땅 밑에
사는 사람
|

　　　　　　　　　'인천에 사는 100가구' 중 8가구는 식구에 비해 방 수가 너무 적거나 지나치게 좁고, 화장실이나 온수 목욕 시설이 갖춰지지 않은 집에서 사는 까닭에 인간다운 품위를 지키기 어려운 최저 주거 기준 미달 가구다. 최저 주거 기준에 미달되는 가구는 강화군(22%), 옹진군(20%), 동구(17%) 순으로 높다. 인천의 최저 주거 기준 미달 가구 비중은 전국 평균에 비해 5%가 낮다. 또 전체 최저 주거 기준 미달 가구의 66%가 시설 기준에 미달된 반면, 인천의 최저 주거 기준 미달 가구는 59%가 면적 기준 미달 가구인 특성이 있다.

　'인천에 사는 100가구' 가운데 95가구는 지상에 살지만, 5가구는 (반)지하에 산다. (반)지하 방에 사는 가구는 남동구(8%)와 서구(7%), 남구(6%)에서 비중이 높다. 인천에서 (반)지하·옥탑방·비닐집 등에 사는 가구는 전국 평균 4%보다 2%가 많고, 16개 시도 가운데 서울에 이어 경기도와 함께 두 번째로 비중이 높다. 또한 전국의 (반)지하 거주 가구의 8%, 옥탑방 거주 가구의 1%, 판잣집·움막·비닐집 거주 가구의 3%, 업소의 잠만 자는 방 등 거주 가구의 3% 등, 적절하지 못한 곳에 사는 가구의 7%가 인천에 산다.

　하지만 이들에게 꼭 필요한 공공임대주택은 일반 가구 대비 2채밖에 안 된다. 가구 수 대비 공공임대주택은 연수구(5%)에서 가장 높게 나타나지만 5%에 불과하고, 남동구와 부평구, 서구는 1~3%에 그친다. 또 중구·동구·남구·계양구·강화군·옹진군은 공공임대주택이 아예 존재하지 않는다(2005년 기준). 2005년 현재 열악한 주거 조건에 사는 사람들을 위한 공공임대주택은 전국적으로 35만9천 채가 공급돼 있는데 그 중 1만4,358채(4%)가 인천에 있다.

| 인천 사람들은
어느 정당에
투표했나
|

정당 지지도를 알 수 있는 최근 네 차례 선거(제3~4회 동시지방선거, 제17~18대 총선)를 기준으로 인천시 유권자 수는 평균 190만 명이며 평균 투표자 수는 87만 명, 평균 투표율은 46%였다. 전국 유권자 중 5.3%가 경기도에 사는데, 투표율은 전국 평균에 비해 6%가 낮아서 전국 투표자 중 경기도 투표자 비중은 4.7%다. 인천은 16개 시도 가운데 유권자 비중은 6번째, 투표자 비중은 8번째이며, 투표율은 가장 낮다.

인천 네 차례 선거에서 한나라당은 평균 46%를, 민주(+열린우리)당은 33%를 얻었으며, 민주노동당과 진보신당 평균 득표율의 합계는 12%다. 전국 평균 득표율과 견줘 보면 한나라당은 전국 평균에 비해 2%를 더 얻었다. 민주노동당과 진보신당 득표율도 전국 평균에 비해 1%가 높다. 반면 민주(+열린우리)당은 1%가 낮다.

네 차례 선거 때 서울에서 한나라당이 얻은 표는 평균 39만 표로 전국에서 얻은 818만 표의 5%에 해당하며, 16개 시도에서 얻은 표 중에서 일곱 번째로 많다. 민주(+열린우리)당이 얻은 617만 표 중 인천에서 얻은 표는 평균 28만 표로 5%를 차지하고 있다. 역시 16개 시도 중 일곱 번째로 많다. 민주노동당(+진보신당)이 경기도에서 얻는 표는 평균 9만9천 표로 전국에서 얻은 196만 표의 5%로 16개 시도 중 여섯 번째로 많다.

# 2

# 동네별
# 정치 지도
# 비교 분석

인천시 동네 가운데 주택 소유자가 많을수록, 집을 두 채 이상 소유한 다주택
자가 많을수록, 종교 인구가 많을수록 투표율이 높았다. 이런 동네일수록 한
나라당을 상대적으로 많이 찍었다. 반면 반대의 특성이 있는 동네에선 투표
율이 낮고 상대적으로 민주(+열린우리)당 득표율이 높았다. 이 점에서 인천의
정치 지도는 서울과 경기를 닮았다. 하지만 투표와 아파트 또는 단독주택 거
주 여부, 대학 이상 학력자 비중 정도의 상관관계는 양상이 조금 달랐다.

# 투표율로 본
# 인천
# 139개 동네

인천광역시는 2005년 기준으로 140개 읍면동으로 구성돼 있다. 이 글에서는 이 가운데 2004년 총선 자료가 수록돼 있지 않은 서구 검단3동을 제외한 139개 동네를 대상으로 분석하려 한다.

인천시 139개 동의 2004년 17대 총선 평균 투표율은 57%지만 동네별로는 43%(남구 문학동)에서 80%(강화군 서도면)까지 차이가 크다. 74곳은 평균 이상으로 투표한 반면, 65곳은 투표율이 평균에 못 미쳤다. 2006년 지방선거 역시 평균 투표율은 43%지만 가장 높은 옹진군 대청면은 83%가 투표한 반면 남구 문학동은 30%밖에 투표하지 않았다. 78개 동네는 평균 이상으로, 61개 동네는 평균 미만으로 투표했다.

그렇다면 투표를 많이 한 동네와 투표를 적게 한 동네는 각각 어떤 특징이 있을까. 먼저 두 차례 선거 평균 기준으로 투표를 가장 많이 한 10개 동네와 가장 적게 한 10개 동네의 특성을 비교해 보자.

투표율이 가장 높은 10곳을 추려 보면 옹진군이 7개 동네로 압도적으로 많고 나머지는 강화군 3곳이다. 동네별로는 최소 67%에서 79%까지 투표에 참여해 평균 71%가 투표했다. 반면 투표율이 가장 낮은 10곳은 부평구 4곳, 남구 3곳, 계양구·남동구·서구 각 1곳으로, 최소 36%에서 43%까지 평균 42%가 투표하는 데 그쳤다.

투표율이 높은 10곳과 낮은 10곳의 특징을 비교해 보자. 먼저 주택을 둘러싼 동네 사람들의 처지를 보면, 투표를 많이 한 10곳에 사는 가구 중 82%가 주택을 소유하고 있는 데 비해, 투표를 적게 한 10곳에 사는 가구 중 주택 소유자는 52%로 훨씬 낮았다. 또 집을 두 채 이상 소유한 가구도 투표를 많이 한 곳은 15%에 달하는 데 비해 투표를 적게 한 곳은 4%에 불과했다.

투표율이 높은 10개 동네 가구는 90% 이상이 단독주택에 살고 아파트 거주자는 3%에 그치며 나머지 7%는 연립·다세대주택 등에 산다. 투표율이 낮은 10개 동네는 39%가 단독주택에, 다른 39%는 다세대주택에 살고, 14%는 아파트에, 나머지 8%는 연립주택 등에 산다. 투표율이 높은 10곳은 1인 가구와 (반)지하 등 거주 가구가 각 27%와 1%인 데 비해, 투표율이 낮은 10곳은 25%와 12%로 특히 (반)지하 등에 사는 사람이 많다.

학력 수준과 종교 인구는 어떨까. 투표율이 높은 10개 동네에 사는 19세 이상 인구 중 대학 이상 학력자는 14%에 그친 반면, 투표율이 낮은 10개 동네는 29%로 더 높다. 그러나 인천시 평균(34%)에 미치지 못하기는 마찬가지다.

또 투표율이 높은 10곳에 사는 인구 중 종교 인구는 60%인 데 비해, 투표율이 낮은 10곳은 48%로 더 낮았다. 종교별로는 투표율이 높은 곳이 개신교(31%)-천주교(19%)-불교(9%) 순인 데 비해, 투표율이 낮은 곳은 개신교(21%)-불교(15%)-천주교(12%) 순이다.

이제 범위를 인천시 전역으로 넓혀 투표를 많이 한 동네와 적게 한 동네 간에 어떤 차이가 있는지 하나씩 살펴보자. 인천도 서울, 경기와 마찬가지로 모든 동네를 각 항목별로 '평균 이상'과 '평균 미만'으로 나누는 한편 항목별 5분위 분포도 살펴볼 것이다. 그러나 서울시와 경기도는 동네 수가 각각 5백 곳이 넘어 5분위의 1분위당 동네 수가 1백 곳이 넘는 데 비해, 인천시는 동네 수가 139곳으로 1분위당 30곳이 채 안 돼 5분위 분포를 살피기에는 지나치게 적다. 따라서 주로 '평균 이상'과 '평균 이하' 묶음을 중심으로 하고, 5분위 분포는 필요할 경우 살펴보는 방식으로 하는 게 적절하다고 여겨진다.

## 투표율과 주택 소유자

두 차례 인천 선거에서 투표에 평균 이상으로 참여한 동네 가구 중 주택 소유자는 71~72%에 달하는 데 비해, 투표율이 평균에 못 미치는 동네는 58~61%에 머물렀다. 투표를 많이 한 동네에는 적게 한 동네에 비해 주택 소유자가 많이 사는 반면, 투표를 적게 한 동네에는 상대적으로 무주택자가 많이 사는 것이다(이하 〈표 4_2.3〉~〈표 4_2.6〉 참조).

실제로 두 차례 선거에서 주택 소유자가 인천시 평균(65%) 이상으로 사는 75개 동네는 평균 미만 64개 동네에 비해 투표를 5~6% 더 했다. 다른 동네에 비해 집 없는 사람이 상대적으로 많이 사는 곳에 비해 자기 집을 소유한 사람이 많이 사는 동네에서 투표를 훨씬 많이 한 것이다.

인천시 읍면동 가운데 주택 소유자가 많을수록 투표를 많이 하고 무주택자가 상대적으로 많을수록 투표를 적게 했다. 그 결과 투표율이 높은 동네에는 주택 소유자가 많고, 낮은 동네에는 주택 소유자가 상대적으로 적다.

표 4_2.1

# 인천에서 투표율이 가장 높은 10개 동네의 특징

2004~2006년 선거 평균(단위 : %)

| | | 계 | 옹진군 대청면 | 옹진군 자월면 | 강화군 서도면 | 옹진군 덕적면 | 옹진군 연평면 | 옹진군 북도면 | 옹진군 백령면 | 강화군 양사면 | 강화군 내가면 | 옹진군 영흥면 |
|---|---|---|---|---|---|---|---|---|---|---|---|---|
| 평균 투표율 | | 71 | 79 | 79 | 77 | 74 | 73 | 72 | 72 | 69 | 67 | 67 |
| 주택 소유 | 주택 소유 | 82 | 82 | 92 | 97 | 81 | 71 | 79 | 77 | 94 | 89 | 76 |
| | 다주택 | 15 | 21 | 25 | 19 | 13 | 13 | 20 | 15 | 7 | 12 | 16 |
| | 무주택 | 18 | 18 | 8 | 3 | 19 | 29 | 21 | 23 | 6 | 11 | 24 |
| 거처 | 아파트 | 3 | 0 | 0 | 0 | 0 | 9 | 0 | 6 | 0 | 0 | 5 |
| | 단독주택 | 90 | 95 | 99 | 100 | 97 | 82 | 95 | 81 | 99 | 90 | 88 |
| | 기타 | 7 | 5 | 1 | 0 | 3 | 9 | 5 | 13 | 1 | 10 | 7 |
| 1인 가구 | | 27 | 31 | 33 | 30 | 41 | 28 | 32 | 24 | 23 | 23 | 21 |
| (반)지하 등 | | 1 | 0 | 1 | 0 | 1 | 0 | 1 | 0 | 1 | 1 | 1 |
| 대학 이상 학력 | 대학 이상 | 14 | 11 | 8 | 5 | 14 | 19 | 15 | 18 | 10 | 13 | 15 |
| | 석사과정 이상 | 2 | 2 | 2 | 1 | 3 | 4 | 2 | 2 | 1 | 1 | 1 |
| | 박사과정 이상 | 0 | 0 | 0 | 0 | 0 | 0 | 0 | 0 | 0 | 0 | 0 |
| 종교 인구 | 계 | 60 | 52 | 47 | 75 | 60 | 61 | 74 | 71 | 52 | 65 | 42 |
| | 불교 | 9 | 5 | 3 | 0 | 5 | 11 | 4 | 5 | 13 | 23 | 9 |
| | 개신교 | 31 | 19 | 16 | 71 | 42 | 10 | 56 | 34 | 29 | 31 | 19 |
| | 천주교 | 19 | 28 | 27 | 1 | 13 | 39 | 12 | 31 | 7 | 8 | 13 |
| 2004년 투표율 득표율 | 투표율 | 68 | 75 | 77 | 80 | 70 | 68 | 71 | 68 | 68 | 64 | 61 |
| | 한나라당 | 45 | 60 | 50 | 55 | 32 | 37 | 50 | 43 | 49 | 43 | 42 |
| | 민주(+열린우리)당 | 39 | 28 | 31 | 28 | 51 | 49 | 32 | 40 | 38 | 42 | 40 |
| | 민주노동당 | 8 | 5 | 9 | 8 | 7 | 7 | 6 | 8 | 7 | 9 | 9 |
| 2006년 투표율 득표율 | 투표율 | 75 | 83 | 81 | 74 | 78 | 78 | 73 | 76 | 69 | 71 | 73 |
| | 한나라당 | 63 | 68 | 69 | 68 | 56 | 58 | 68 | 60 | 68 | 61 | 62 |
| | 민주(+열린우리)당 | 28 | 26 | 26 | 19 | 32 | 33 | 24 | 30 | 21 | 29 | 29 |
| | 민주노동당 | 7 | 4 | 3 | 10 | 7 | 5 | 7 | 7 | 8 | 8 | 6 |

**표 4_2.2**

## 인천에서 투표율이 가장 낮은 10개 동네의 특징

2004~2006년 선거 평균(단위 : %)

| | | 계 | 계양구 계산1동 | 남구 주안1동 | 남동구 구월4동 | 부평구 부평2동 | 부평구 부평5동 | 부평구 청천1동 | 부평구 부평4동 | 남구 주안6동 | 서구 가정1동 | 남구 문학동 |
|---|---|---|---|---|---|---|---|---|---|---|---|---|
| 평균 투표율 | | 42 | 43 | 43 | 43 | 43 | 42 | 41 | 41 | 41 | 41 | 36 |
| 주택 소유 | 주택 소유 | 52 | 53 | 47 | 59 | 58 | 59 | 47 | 51 | 51 | 47 | 42 |
| | 다주택 | 4 | 4 | 5 | 5 | 5 | 4 | 5 | 5 | 4 | 4 | 4 |
| | 무주택 | 48 | 47 | 53 | 41 | 42 | 41 | 53 | 49 | 49 | 53 | 58 |
| 거처 | 아파트 | 14 | 25 | 18 | 7 | 4 | 24 | 9 | 18 | 20 | 10 | 3 |
| | 단독주택 | 39 | 37 | 30 | 23 | 36 | 30 | 60 | 44 | 31 | 45 | 48 |
| | 기타 | 47 | 38 | 52 | 70 | 60 | 46 | 34 | 38 | 49 | 45 | 49 |
| 1인 가구 | | 25 | 23 | 37 | 16 | 19 | 21 | 26 | 23 | 29 | 23 | 37 |
| (반)지하 등 | | 12 | 10 | 6 | 16 | 12 | 8 | 11 | 9 | 8 | 18 | 14 |
| 대학 이상 학력 | 대학 이상 | 29 | 35 | 39 | 23 | 32 | 30 | 22 | 28 | 34 | 22 | 31 |
| | 석사과정 이상 | 1 | 1 | 2 | 1 | 1 | 1 | 1 | 1 | 1 | 1 | 1 |
| | 박사과정 이상 | 0 | 0 | 0 | 0 | 0 | 0 | 0 | 0 | 0 | 0 | 0 |
| 종교 인구 | 계 | 48 | 48 | 51 | 47 | 51 | 50 | 46 | 50 | 49 | 46 | 43 |
| | 불교 | 15 | 14 | 14 | 14 | 13 | 16 | 17 | 17 | 13 | 14 | 14 |
| | 개신교 | 21 | 21 | 22 | 23 | 26 | 20 | 17 | 19 | 23 | 20 | 16 |
| | 천주교 | 12 | 11 | 15 | 10 | 11 | 12 | 11 | 13 | 12 | 10 | 12 |
| 2004년 투표율 득표율 | 투표율 | 49 | 50 | 50 | 50 | 51 | 50 | 47 | 49 | 48 | 47 | 43 |
| | 한나라당 | 32 | 32 | 38 | 30 | 29 | 31 | 28 | 33 | 36 | 31 | 31 |
| | 민주(+열린우리)당 | 48 | 48 | 44 | 50 | 49 | 47 | 50 | 47 | 44 | 49 | 48 |
| | 민주노동당 | 15 | 15 | 14 | 14 | 17 | 16 | 17 | 15 | 14 | 15 | 16 |
| 2006년 투표율 득표율 | 투표율 | 34 | 36 | 35 | 35 | 34 | 35 | 35 | 34 | 35 | 35 | 30 |
| | 한나라당 | 56 | 56 | 62 | 55 | 53 | 55 | 53 | 57 | 62 | 57 | 57 |
| | 민주(+열린우리)당 | 29 | 31 | 24 | 29 | 30 | 29 | 31 | 30 | 24 | 30 | 29 |
| | 민주노동당 | 14 | 13 | 13 | 16 | 16 | 15 | 15 | 12 | 13 | 12 | 13 |

## 투표율과 다주택자

두 차례 선거에서 투표를 평균 이상으로 많이 한 동네에 사는 가구 중 다주택자는 9%로, 투표를 평균 미만으로 한 동네에 비해 3%가 높다. 투표율이 높은 동네일수록 집을 여러 채 가진 사람이 많고, 투표율이 낮은 동네에는 다주택자가 적게 사는 것이다.

실제로 상대적으로 주택 소유자가 많이 사는 동네 안에서도 다주택자가 많이 사느냐 적게 사느냐에 따라 투표율에 변화가 나타났다. 주택 소유자가 인천시 평균(65%) 이상으로 사는 75개 동네 안에서도 다주택자가 평균(9%) 이상인 35곳은 평균 미만 40곳에 비해 4%(2006년)에서 5%(2004년)가 더 투표에 참여했다. 또 주택 소유자가 인천시 평균 미만인 동네, 다시 말하면 무주택자가 평균 이상인 64개 동네 안에서도 다주택자가 평균(5%) 이상인 28곳의 투표율은 평균 미만인 36곳에 비해 3~4%가 높았다.

집을 여러 채 소유한 사람이 많이 사는 동네일수록 투표를 더 많이 했고, 그 결과 투표율이 높은 곳에 다주택자도 많이 살고, 투표율이 낮은 곳에 다주택자도 적게 사는 것으로 나타나고 있는 것이다.


## 투표율과 아파트 거주자

동네별 투표율과 아파트 또는 단독주택 거주자 비율 간에도 연관이 있을까. 두 차례 선거에서 투표에 평균 이상으로 참여한 동네 가구 중 아파트 거주자는 59~66%로 평균 미만인 동네에 비해 높다. 다만

2006년 투표율 분포 중 투표율이 가장 높은 5분위에서 아파트 거주자가 30%로 낮게 나타나고 단독주택 거주자가 60%에 달하는 것으로 나타나고 있다.

실제로 동네 가구 중 아파트 거주자가 인천시 평균(46%) 이상인 50개 동네의 투표율은 단독주택 등이 평균보다 많은 89개 동네에 비해 투표율이 2004년에는 6%가, 2006년에는 3%가 각각 높았다. 다만 아파트 거주자가 가장 적은 1분위의 투표율이 상대적으로 높아, 역시 단독주택이 매우 밀집된 동네에서는 투표를 많이 한 것으로 나타났다.

대체로 아파트 거주자가 많은 곳일수록 투표율이 높지만, 단독주택이 밀집된 지역에서도 그에 뒤지지 않게 투표에 참여하는 것이다.


## 투표율과 1인 가구·(반)지하 등 거주 가구

동네별 투표율과 1인 가구 비율 간에도 연관성이 나타날까. 두 차례 선거에서 투표에 평균 이상으로 참여한 동네 가구 중 1인 가구는 13~15%로 평균 미만 동네의 19~21%에 비해 훨씬 낮다. 투표율이 높을수록 1인 가구가 적게 살고, 투표율이 낮은 동네일수록 많이 사는 것이다.

실제로 1인 가구가 많은 동네는 투표를 적게 했고, 적은 동네는 투표를 상대적으로 많이 했다. 두 차례 선거에서 인천시 평균(17%) 이상으로 살고 있는 77개 동네 가구의 투표율은 1인 가구가 평균 미만으로 거주하는 62개 동네에 비해 2~5%가 높다.

투표율은 동네 사람 중 (반)지하, 옥탑·비닐집·쪽방 등에 사는 가구가 많고 적은 것과도 관련이 있을까. 두 차례 선거에서 투표에 평균 이상으로 참여한 74~78개 동네 가구 중 (반)지하 등에 사는 가구는 3%다. 반면 투표율이 평균에 미치지 못해 투표 포기자가 평균 이상인 61~65개 동네에서는 8~9%가 (반)지하 등에 산다. 투표를 잘 안 하는 동네에 (반)지하 등에 사는 사람이 3배 가량 많은 것이다.

실제로 동네 사람 중 (반)지하 등에 사는 가구가 많은 동네에서는 투표를 포기한 사람이 많고, (반)지하 등에 사는 사람이 적은 동네에서는 투표에 적극 참여했다. 두 차례 선거에서 동네 가구 중 (반)지하 등에 사는 사람이 인천시 평균(6%) 이상인 60개 동네의 투표율은, (반)지하 등 거주자가 평균에 미치지 못하는 79개 동네에 비해 7%나 낮았다.

인천 139개 읍면동 가운데 동네 사람 중 1인 가구나 (반)지하 등에 사는 가구가 적은 동네일수록 투표에 적극 참여하고, 반대로 1인 가구나 (반)지하 등에 사는 가구가 많은 동네일수록 투표를 포기하는 사람이 많은 것이다.


## 투표율과 대학 이상 학력자

학력 수준과 투표율의 관계는 어떨까. 두 차례 선거에서 투표에 평균 이상으로 참여한 동네에 사는 19세 이상 인구 중 대학 이상 학력을 보유한 사람은 37~39%다. 반면 투표율이 평균에 미치지 못한 동네에 사는 19세 이상 인구 중 대학 이상 학력자는 30~32%로 훨씬 비중이 낮다. 투표율이 높은 동네일수록 학력 수준이 높고, 투표율이 낮은 동네일수록 학력 수준도 낮은 것이다. 다만, 2006년 선거의 5분위 별 투표율 분포를 보면 투표율이 가장 높은 5분위 동네에서 대학 이상 학력자가 26%로 매우 낮게 나타나는 점이 눈에 띈다.

한편 두 차례 선거에서 19세 이상 인구 중 대학 이상 학력자가 인천시 평균(34%) 이상인 46개 동네의 투표율은 평균 미만인 93개 동네에 비해 2~6%가 높았다. 다만, 학력 수준 분포별 투표율을 보면 중간 수준인 3분위 동네를 기준으로 1, 2분위와 4, 5분위 양쪽으로 갈수록 투표율이 높아지고 있다. 특히 대학 이상 학력자 비중이 가장 낮은 1분위 투표율이 매우 높다.

이처럼 투표율이 높은 동네일수록 학력 수준이 높지만, 대학 이상 학력자 비중이 가장 낮은 동네에서도 상대적으로 투표율이 높은 것이다.


## 투표율과 종교 인구

동네별 종교 인구 비중과 투표율의 관계는 어떨까. 두 차례 선거에서 투표에 평균 이상으로 참여한 동네에 사는 사람 중 종교가 있는 사람은 52~53%다. 반면 투표율이 평균에 미치지 못한 동네에 사는 사람 중 종교가 있는 사람은 49%다. 투표율이 높은 동네에는 종교를 가진 사람이 많고, 투표율이 낮은 동네에는 종교를 가진 사람이 적은 것이다. 또 투표율이 높은 동네의 종교별 신자 수는 개신교-천주교-불교 순서인 반면, 투표율이 낮은 동네는 개신교-불교-천주교 순이다.

실제로 종교 인구가 많은 동네에서는 투표를 많이 했고, 상대적으로 종교 없는 사람이 많은 동네에서는 투표를 포기하는 사람도 많았다. 두 차례 선거에서 종교 인구 비중이 인천시 평균(51%) 이상인 66개 동네의 투표율은 평균 미만인 73개 동네에 비해 4~5%가 높았다.

인천에서도 서울, 경기와 마찬가지로 종교 인구가 많은 동네에서는 투표에 더 적극적으로 참여하는 반면, 종교 없는 사람이 많은 동네에서는 투표를 포기하는 사람이 많은 것이다.


## 투표율과 득표율

투표율이 높고 낮은 동네에 따라 정당별 득표율도 차이가 있을까. 한나라당은 두 차례 선거에서 투표율 평균 미만인 동네에 비해 투표율이 평균 이상으로 높은 동네에서 2~3%를 더 얻었다. 반면 민주(+열린우리)당은 투표율 평균 이상인 동네에서 2~3% 낮게 얻었다. 민주노동당은 두 차례 선거 득표율이 엇갈렸다.

실제로 한나라당을 많이 찍은 동네에 선거권자들은 투표에 더 열심히 참여하고, 민주(+열린우리)당을 많이 찍은 동네 사람들 중에는 투표를 아예 포기하는 사람이 많았다. 두 차례 선거에서 한나라당 득표율이 인천시 평균 이상인 동네의 투표율은 평균 미만인 동네에 비해 4~5%가 높았다. 반면 민주(+열린우리)당은 평균 이상 득표율을 기록한 동네의 투표율이 오히려 4~5%가 낮았다. 민주노동당은 두 차례 선거 결과가 서로 엇갈렸다.

이처럼 인천에서도 한나라당 표가 쏟아지는 동네는 투표를 많이 하고, 민주(+열린우리)당을 많이 찍는 동네는 투표를 포기하는 사람이 많다. 또 민주노동당은 득표율과 투표율의 상관관계는 분명하지 않다.

표 4_2.3

# 투표율 분포별 인천시 동네의 특징

**2004년 총선(단위 : %)**

| | | 계 | 평균 미만 | 평균 이상 | 5분위 | | | | |
|---|---|---|---|---|---|---|---|---|---|
| | | 139개 동네 | 65개 동네 | 74개 동네 | 1분위 (하위 20%) | 2분위 | 3분위 | 4분위 | 5분위 (상위 20%) |
| 투표율 | | 57 | 53 | 61 | 50 | 54 | 57 | 60 | 65 |
| 주택 소유 | 주택 소유 | 65 | 58 | 72 | 56 | 59 | 66 | 70 | 80 |
| | 다주택 | 7 | 6 | 9 | 5 | 6 | 8 | 8 | 11 |
| | 무주택 | 35 | 42 | 28 | 44 | 41 | 34 | 30 | 20 |
| 거처 | 아파트 | 46 | 27 | 66 | 20 | 32 | 49 | 69 | 76 |
| | 단독주택 | 28 | 36 | 19 | 38 | 33 | 26 | 18 | 17 |
| | 기타 | 25 | 17 | 15 | 22 | 35 | 25 | 13 | 7 |
| 1인 가구 | | 17 | 21 | 13 | 22 | 20 | 16 | 14 | 11 |
| (반)지하 등 | | 6 | 9 | 3 | 10 | 7 | 6 | 2 | 1 |
| 대학 이상 학력 | 대학 이상 | 34 | 30 | 39 | 29 | 31 | 34 | 38 | 44 |
| | 석사과정 이상 | 2 | 1 | 2 | 1 | 1 | 2 | 2 | 3 |
| | 박사과정 이상 | 0 | 0 | 0 | 0 | 0 | 0 | 0 | 0 |
| 종교 인구 | 계 | 51 | 49 | 52 | 48 | 50 | 51 | 51 | 55 |
| | 불교 | 14 | 14 | 13 | 14 | 14 | 14 | 13 | 13 |
| | 개신교 | 22 | 22 | 23 | 21 | 22 | 22 | 23 | 24 |
| | 천주교 | 14 | 13 | 15 | 12 | 13 | 14 | 15 | 17 |
| 2004년 득표율 | 한나라당 | 35 | 34 | 36 | 33 | 34 | 35 | 36 | 39 |
| | 민주(+열린우리)당 | 44 | 46 | 43 | 46 | 45 | 45 | 44 | 41 |
| | 민주노동당 | 16 | 15 | 16 | 16 | 16 | 15 | 16 | 15 |
| 2006년 투표율 득표율 | 투표율 | 43 | 40 | 47 | 37 | 41 | 43 | 47 | 51 |
| | 한나라당 | 59 | 57 | 60 | 57 | 57 | 58 | 59 | 61 |
| | 민주(+열린우리)당 | 27 | 28 | 26 | 28 | 28 | 27 | 26 | 25 |
| | 민주노동당 | 14 | 14 | 14 | 14 | 14 | 14 | 14 | 13 |

표 4_2.4

## 투표율 분포별 인천시 동네의 특징

**2006년 지방선거(단위 : %)**

| | | 계 | 평균 미만 | 평균 이상 | 5분위 | | | | |
|---|---|---|---|---|---|---|---|---|---|
| | | 139개 동네 | 61개 동네 | 78개 동네 | 1분위 (하위 20%) | 2분위 | 3분위 | 4분위 | 5분위 (상위 20%) |
| 투표율 | | 43 | 39 | 48 | 37 | 42 | 44 | 48 | 62 |
| 주택 소유 | 주택 소유 | 65 | 61 | 71 | 56 | 65 | 66 | 74 | 79 |
| | 다주택 | 7 | 6 | 9 | 5 | 7 | 7 | 10 | 10 |
| | 무주택 | 35 | 39 | 29 | 44 | 35 | 34 | 26 | 21 |
| 거처 | 아파트 | 46 | 37 | 59 | 25 | 47 | 56 | 69 | 30 |
| | 단독주택 | 28 | 30 | 24 | 34 | 27 | 20 | 18 | 60 |
| | 기타 | 26 | 33 | 27 | 21 | 26 | 24 | 13 | 10 |
| 1인 가구 | | 17 | 19 | 15 | 22 | 17 | 15 | 13 | 18 |
| (반)지하 등 | | 6 | 8 | 3 | 10 | 6 | 5 | 2 | 1 |
| 대학 이상 학력 | 대학 이상 | 34 | 32 | 37 | 30 | 34 | 35 | 43 | 26 |
| | 석사과정 이상 | 2 | 1 | 2 | 1 | 1 | 2 | 3 | 2 |
| | 박사과정 이상 | 0 | 0 | 0 | 0 | 0 | 0 | 0 | 0 |
| 종교 인구 | 계 | 51 | 49 | 53 | 48 | 50 | 51 | 53 | 58 |
| | 불교 | 14 | 14 | 14 | 14 | 14 | 13 | 14 | 14 |
| | 개신교 | 22 | 22 | 23 | 21 | 22 | 23 | 23 | 25 |
| | 천주교 | 14 | 13 | 15 | 12 | 13 | 14 | 16 | 16 |
| 2004년 투표율 득표율 | 투표율 | 57 | 54 | 60 | 51 | 56 | 58 | 62 | 63 |
| | 한나라당 | 35 | 33 | 38 | 32 | 34 | 35 | 38 | 44 |
| | 민주(+열린우리)당 | 44 | 46 | 42 | 47 | 46 | 44 | 41 | 39 |
| | 민주노동당 | 16 | 16 | 15 | 16 | 15 | 16 | 16 | 11 |
| 2006년 득표율 | 한나라당 | 59 | 57 | 60 | 56 | 58 | 58 | 61 | 64 |
| | 민주(+열린우리)당 | 27 | 28 | 26 | 29 | 28 | 27 | 25 | 24 |
| | 민주노동당 | 14 | 14 | 13 | 14 | 14 | 14 | 14 | 10 |

**표 4_2.5**

## 인천시 동네 특성별 투표율

2004년 총선(단위 : 개, %)

| | 읍면동 수(개) | | | 투표율(%) | | 5분위별 투표율(%) | | | | |
|---|---|---|---|---|---|---|---|---|---|---|
| | 계 | 평균 미만 | 평균 이상 | 평균 미만 | 평균 이상 | 1분위 (하위20%) | 2분위 | 3분위 | 4분위 | 5분위 (상위20%) |
| 주택 소유 가구 | 139 | 64 | 75 | 54 | 59 | 53 | 54 | 56 | 59 | 63 |
| 다주택 가구(주택 소유 평균 이상 동네) | 75 | 40 | 35 | 57 | 62 | 56 | 58 | 58 | 61 | 66 |
| 다주택 가구(주택 소유 평균 미만 동네) | 64 | 36 | 28 | 52 | 56 | 51 | 52 | 54 | 55 | 57 |
| 아파트 거주 가구 | 139 | 89 | 50 | 54 | 60 | 55 | 53 | 53 | 57 | 62 |
| 1인 가구 | 139 | 62 | 77 | 59 | 54 | 61 | 57 | 55 | 54 | 53 |
| (반)지하 등 가구 | 139 | 79 | 60 | 60 | 53 | 64 | 59 | 58 | 54 | 52 |
| 대학 이상 학력자 | 139 | 93 | 46 | 54 | 60 | 57 | 54 | 53 | 56 | 62 |
| 종교 인구 | 139 | 73 | 66 | 55 | 59 | 53 | 56 | 56 | 57 | 63 |
| 한나라당 득표율 | 139 | 61 | 78 | 55 | 59 | 55 | 55 | 57 | 58 | 62 |
| 민주(+열린우리)당 득표율 | 139 | 87 | 52 | 59 | 55 | 62 | 58 | 58 | 55 | 54 |
| 민주노동당 득표율 | 139 | 83 | 56 | 56 | 57 | 61 | 56 | 54 | 57 | 57 |

**표 4_2.6**

## 인천시 동네 특성별 투표율

2006년 지방선거(단위 : 개, %)

| | 읍면동 수(개) | | | 투표율(%) | | 5분위별 투표율(%) | | | | |
|---|---|---|---|---|---|---|---|---|---|---|
| | 계 | 평균 미만 | 평균 이상 | 평균 미만 | 평균 이상 | 1분위 (하위20%) | 2분위 | 3분위 | 4분위 | 5분위 (상위20%) |
| 주택 소유 가구 | 139 | 64 | 75 | 40 | 46 | 39 | 41 | 42 | 45 | 51 |
| 다주택 가구(주택 소유 평균 이상 동네) | 75 | 40 | 35 | 44 | 48 | 44 | 44 | 45 | 47 | 53 |
| 다주택 가구(주택 소유 평균 미만 동네) | 64 | 36 | 28 | 39 | 42 | 38 | 38 | 40 | 41 | 44 |
| 아파트 거주 가구 | 139 | 89 | 50 | 42 | 45 | 48 | 41 | 40 | 44 | 46 |
| 1인 가구 | 139 | 62 | 77 | 44 | 42 | 45 | 43 | 42 | 42 | 41 |
| (반)지하 등 가구 | 139 | 79 | 60 | 47 | 40 | 52 | 46 | 44 | 41 | 38 |
| 대학 이상 학력자 | 139 | 93 | 46 | 42 | 44 | 53 | 42 | 40 | 42 | 46 |
| 종교 인구 | 139 | 73 | 66 | 41 | 46 | 39 | 42 | 42 | 44 | 51 |
| 한나라당 득표율 | 139 | 63 | 76 | 41 | 46 | 41 | 41 | 45 | 44 | 49 |
| 민주(+열린우리)당 득표율 | 139 | 75 | 64 | 46 | 41 | 48 | 44 | 43 | 42 | 40 |
| 민주노동당 득표율 | 139 | 76 | 63 | 45 | 42 | 56 | 43 | 42 | 41 | 43 |

|

인천에서
한나라당을 많이 찍은
동네의 특징

|

2004년과 2006년 두 차례 선거 때 한
나라당은 인천에서 각각 35%와 59%를 얻었다. 동네별 한나라당 득
표율을 보면 2004년 총선 때는 최저 27%에서 최고 60%까지, 2006
년 지방선거에서는 최저 51%에서 최고 73%까지 얻었다.

두 차례 선거에서 인천 139개 동네 가운데 한나라당에 평균 이상
의 지지를 보낸 동네 수는 각각 78곳과 76곳으로 비슷했는데, 두 차
례 선거에서 이들 동네의 지지율은 평균 39%와 63%로 한나라당 지
지율을 끌어올리는 데 큰 구실을 했다. 두 차례 선거에서 모두 한나
라당에 인천시 평균 지지율 이상의 지지를 보낸 동네는 69곳으로 각
선거에서 평균 이상 득표율을 기록한 동네의 89~91%에 해당된다.

그렇다면 한나라당 지지도가 상대적으로 높은 동네들은 어떤 특징
이 있을까. 먼저 두 차례 선거에서 한나라당을 득표율이 가장 높았던
10개 동네는 어디이며 어떤 특성이 있는지 보자. 두 차례 선거에서
한나라당 득표율이 가장 높은 10개 동네 중 4곳이 강화군에 있는 동
네이며, 옹진군 3곳, 연수구·중구·남구 각 1곳이다. 이들 동네에서
한나라당은 두 차례 선거 평균 59%의 득표율을 기록했다.

한나라당을 가장 많이 찍은 10곳은 어떤 특성이 있을까. 우선 동네
사람의 81%가 집을 소유하고 있고, 무주택자는 19%에 불과하다. 다
주택자도 13%로 매우 높다. 또 10개 동네에 사는 사람의 51%는 아

파트에, 45%는 단독주택에 산다. 그러나 동네별로는 100% 아파트 동네인 연수구 동춘3동과 56%가 아파트에 사는 남구 관교동을 제외한 8개 동네는 모두 80% 이상이 단독주택에 산다.

1인 가구는 14%, (반)지하 등에 사는 가구는 2%로 인천시 전체 평균에 모두 미치지 못한다. 대학 이상 학력자와 종교 인구 비중은 42%와 58%로 인천시 평균에 비해 높고, 종교별 인구수는 개신교(27%)-천주교(18%)-불교(13%) 순이다.

이제 인천시 139개 동네 전역으로 범위를 넓혀 한나라당을 평균 이상으로 찍은 동네에 어떤 특징이 있는지 살펴보자.


## 한나라당 득표율과 주택 소유자

한나라당을 많이 찍은 동네에는 주택 소유자가 많고, 적게 찍은 동네에는 무주택자가 많이 살까. 두 차례 선거에서 한나라당을 평균 이상으로 지지한 76~78개 동네에 사는 가구 중 67~69%가 주택을 소유하고 있고, 무주택자는 31~33%에 그친다(이하 〈표 4_2.8〉~〈표 4_2.11〉 참조). 반면 한나라당을 평균보다 적게 지지한 61~63개 동네에 사는 가구 중 주택 소유자는 62~63%에 그치고 대신 무주택자가 37~38%에 달한다. 실제로 두 차례 선거에서 주택 소유자가 인천시 평균(65%) 이상인 75개 동네는 무주택자가 평균 이상으로 많은 64개 동네에 비해 한나라당을 2~3% 더 찍었다. 한나라당 득표율이 높은 동네에는 주택 소유자가 상대적으로 많이 살고, 실제로 주택 소유자가 많이 사는 동네에서 한나라당을 많이 찍은 것이다.

표 4_2.7

# 인천에서 한나라당 득표율이 가장 높은 10개 동네의 특징

2004~2006년 선거 평균(단위 : %)

| | | 계 | 옹진군 대청면 | 강화군 서도면 | 연수구 동춘3동 | 강화군 송해면 | 강화군 길상면 | 옹진군 자월면 | 중구 용유동 | 옹진군 북도면 | 강화군 양사면 | 남구 관교동 |
|---|---|---|---|---|---|---|---|---|---|---|---|---|
| 평균 득표율 | | 59 | 64 | 62 | 62 | 61 | 60 | 59 | 59 | 59 | 59 | 57 |
| 주택 소유 | 주택 소유 | 81 | 82 | 97 | 94 | 96 | 80 | 92 | 78 | 79 | 94 | 65 |
| | 다주택 | 13 | 21 | 19 | 16 | 4 | 9 | 25 | 12 | 20 | 7 | 11 |
| | 무주택 | 19 | 18 | 3 | 6 | 4 | 20 | 8 | 22 | 21 | 6 | 35 |
| 거처 | 아파트 | 51 | 0 | 0 | 100 | 0 | 4 | 0 | 0 | 0 | 0 | 56 |
| | 단독주택 | 45 | 95 | 100 | 0 | 100 | 82 | 99 | 82 | 95 | 99 | 39 |
| | 기타 | 4 | 5 | 0 | 0 | 0 | 14 | 1 | 18 | 5 | 1 | 5 |
| 1인 가구 | | 14 | 31 | 30 | 2 | 19 | 18 | 33 | 25 | 32 | 23 | 14 |
| (반)지하 등 | | 2 | 0 | 0 | 0 | 0 | 2 | 1 | 6 | 1 | 1 | 5 |
| 대학 이상 학력 | 대학 이상 | 42 | 11 | 5 | 62 | 11 | 18 | 8 | 13 | 15 | 10 | 49 |
| | 석사과정 이상 | 4 | 2 | 1 | 6 | 1 | 1 | 2 | 1 | 2 | 1 | 3 |
| | 박사과정 이상 | 1 | 0 | 0 | 2 | 0 | 0 | 0 | 0 | 0 | 0 | 1 |
| 종교 인구 | 계 | 58 | 52 | 75 | 59 | 45 | 70 | 47 | 49 | 74 | 52 | 57 |
| | 불교 | 13 | 5 | 0 | 14 | 18 | 11 | 3 | 10 | 4 | 13 | 14 |
| | 개신교 | 27 | 19 | 71 | 23 | 17 | 44 | 16 | 26 | 56 | 29 | 25 |
| | 천주교 | 18 | 28 | 1 | 22 | 7 | 14 | 27 | 13 | 12 | 7 | 17 |
| 2004년 투표율 득표율 | 투표율 | 65 | 75 | 80 | 70 | 62 | 58 | 77 | 60 | 71 | 68 | 62 |
| | 한나라당 | 49 | 60 | 55 | 52 | 51 | 48 | 50 | 45 | 50 | 49 | 46 |
| | 민주(+열린우리)당 | 34 | 28 | 28 | 33 | 34 | 38 | 31 | 32 | 32 | 38 | 36 |
| | 민주노동당 | 11 | 5 | 8 | 12 | 9 | 8 | 9 | 9 | 6 | 7 | 13 |
| 2006년 투표율 득표율 | 투표율 | 58 | 83 | 74 | 55 | 68 | 63 | 81 | 62 | 73 | 69 | 48 |
| | 한나라당 | 70 | 68 | 68 | 72 | 70 | 72 | 69 | 73 | 68 | 68 | 69 |
| | 민주(+열린우리)당 | 20 | 26 | 19 | 19 | 21 | 18 | 26 | 20 | 24 | 21 | 21 |
| | 민주노동당 | 8 | 4 | 10 | 9 | 8 | 9 | 3 | 6 | 7 | 8 | 9 |

## 한나라당 득표율과 다주택자

한나라당을 많이 찍은 동네에는 다주택자가 많고, 적게 찍은 동네에는 적을까. 두 차례 선거에서 한나라당을 평균 이상으로 지지한 동네에 사는 가구 중 다주택자는 8%인 데 비해 평균 미만 지지 동네는 6~7%에 머무른다.

실제로 주택 소유자가 인천시 평균 이상으로 사는 75개 동네 중, 다주택자가 평균(9%) 이상으로 사는 35개 동네에서 한나라당 득표율은, 평균 미만 40개 동네에 비해 4~5%가 높다. 주택 소유자가 많은 동네 안에서도 다주택자가 많은 곳에서 한나라당을 더 많이 찍은 것이다. 다만 무주택자가 평균 이상으로 많은 64개 동네 안에서는, 다주택자가 평균(5%) 이상으로 많은 28개 동네에서 한나라당 득표율이, 평균 미만 36개 동네와 같거나 오히려 1%가 낮다.

이처럼 한나라당 득표율과 다주택자 비중 간의 상관관계는 주로 주택 소유자가 평균 이상으로 많은 동네에서 나타나고 있다.

## 한나라당 득표율과 아파트 거주자

아파트에 사는 사람이 많으냐 단독주택과 같은 비아파트에 사는 사람이 많으냐와 한나라당 득표율은 어떤 연관성이 나타날까.

두 차례 선거에서 한나라당을 평균 이상으로 지지한 동네는 평균 미만 지지 동네에 비해 아파트 거주자가 3~4%가 많다. 그렇다면 실제로 아파트 거주자가 좀 더 많은 곳에서 한나라당을 더 많이 찍었을까. 아파트 거주자가 인천시 평균(46%) 이상인 50개 동네와 평균 미만인 89개 동네에서 한나라당이 얻은 득표율은 2004년 선거에서는 똑같았고, 2006년 선거에서는 1% 차이에 그쳤다.

인천의 경우 아파트에 사느냐 비아파트에 사느냐 하는 것과 동네별 한나라당 득표율과는 뚜렷한 상관관계를 찾기 어려운 것이다.


## 한나라당 득표율과 1인 가구·(반)지하 등 거주 가구

동네별 한나라당 득표율은 1인 가구나 (반)지하 등 거주 가구가 많고 적음과도 연관돼 있을까. 두 차례 선거에서 한나라당을 평균 이상으로 지지한 동네와 평균 미만으로 지지한 동네의 1인 가구 비중은 같거나 불과 1% 차이에 그쳤다. 큰 연관성이 나타나지 않은 것이다. 실제로 1인 가구 비중이 인천시 평균(17%) 이상인 77개 동네와 평균 미만인 62개 동네의 한나라당 득표율은 평균 미만 동네에서 약간 높았지만 차이는 두 차례 선거에서 모두 1%에 그쳤다.

한편 두 차례 선거에서 한나라당을 평균 이상으로 지지한 동네 가구 중 (반)지하 등 거주 가구 비중은 평균 미만 지지 동네에 비해 2~3% 낮았다. 득표율이 높은 동네에서 (반)지하 등에 사는 가구가 드물고, 낮은 곳에 상대적으로 많은 것이다.

실제로 동네 가구 중 (반)지하 등에 사는 가구가 많을수록 한나라당 득표율이 낮았고, 적을수록 많이 나왔다. (반)지하 등에 사는 가구 비중이 인천시 평균(6%) 미만인 79개 동네에서 한나라당의 득표율은 평균 이상 60개 동네에 비해 3~4%가 높았다.

인천에서도 서울, 경기와 마찬가지로 한나라당 득표율이 높은 동네에는 (반)지하 등에 사는 가구가 드물고, (반)지하 가구가 많이 사는 동네에서는 한나라당 득표율이 상대적으로 작은 것이다.


## 한 나 라 당  득 표 율 과  대 학  이 상  학 력 자

인천에서 동네별 학력 수준과 한나라당 득표율의 연관성을 어느 정도일까. 두 차례 선거에서 한나라당을 평균 이상으로 지지한 동네에 사는 19세 이상 인구 중 대학 이상 학력 보유자는 37%로, 평균 미만 지지 동네에 비해 4%가 높았다. 그러나 2004년 선거 득표율 5분위별 학력을 보면 한나라당 득표율이 가장 높은 5분위 동네의 대학 이상 학력자가 34%로 득표율이 낮은 3, 4분위보다 낮게 나타나고 있다.

대학 이상 학력자 비중이 인천시 평균(34%) 이상인 46개 동네의 한나라당 득표율은 평균 미만인 93개 동네에 비해 1~2% 높은 데 머물렀다. 또 두 차례 선거 모두 대학 이상 학력자가 가장 적은 1분위 동네에서 한나라당 지지도가 가장 높았다. 다만 2, 3분위에 비해 4, 5분위의 득표율이 대체로 높다는 점도 같다.

이처럼 대체로 대학 이상 학력자 비중이 높은 동네에서 한나라당 득표율이 상대적으로 높지만, 학력 수준이 가장 낮은 동네에서는 한나라당 득표율이 오히려 높은 것이다.

## 한나라당 득표율과 종교 인구

종교 인구와 한나라당 득표율의 관계를 보자. 두 차례 선거에서 한나라당을 평균 이상으로 지지한 78개 동네에 사는 사람 중 종교를 가진 사람은 똑같이 53%를 기록했다. 반면 평균 미만 지지율을 기록한 61개 동네 사람 중 종교 인구는 49%로 4%가 낮았다. 한나라당을 많이 찍은 동네일수록 종교 인구가 많은 것이다.

실제로 종교를 가진 사람 비율이 인천시 평균(51%) 이상인 66개 동네의 한나라당 득표율은 평균 미만인 73개 동네에 비해 4~5%가 높다. 종교 인구가 많은 동네일수록 한나라당을 더 많이 찍은 것이다.

서울, 경기와 마찬가지로 인천에서도 동네별 한나라당 득표율과 종교 인구 비율 간에는 밀접한 상관관계가 나타나고 있다.


## 한나라당 득표율과 투표율

인천에서도 한나라당을 많이 찍은 동네일수록 투표에 적극 참여할까. 두 차례 선거에서 한나라당이 평균 이상으로 표를 얻은 동네는 평균 미만 득표율을 기록한 동네에 비해 4~5%가 투표를 더 했다. 한나라당을 많이 찍은 동네에서 상대적으로 투표를 많이 한 것이다.

실제로 투표율이 높은 동네에서 한나라당을 많이 찍었다. 두 차례 선거에서 한나라당은 투표율이 평균 미만인 61~65개 동네에 비해 투표율 평균 이상인 74~78개 동네에서 2~3%를 더 얻었다.

서울, 경기와 마찬가지로 한나라당을 많이 찍은 동네일수록 투표를 많이 하고, 투표를 많이 하는 동네일수록 한나라당 득표율이 높은 것이다.

표 4_2.8

# 한나라당 득표율 분포별 인천시 동네의 특징

**2004년 총선(단위 : %)**

| | | 계 | 평균 미만 | 평균 이상 | 5분위 | | | | |
|---|---|---|---|---|---|---|---|---|---|
| | | 139개<br>동네 | 61개<br>동네 | 78개<br>동네 | 1분위<br>(하위20%) | 2분위 | 3분위 | 4분위 | 5분위<br>(상위20%) |
| 주택<br>소유 | 주택 소유 | 65 | 62 | 69 | 63 | 60 | 63 | 69 | 77 |
| | 다주택 | 7 | 6 | 8 | 6 | 6 | 8 | 8 | 10 |
| | 무주택 | 35 | 38 | 31 | 37 | 40 | 37 | 31 | 23 |
| 거처 | 아파트 | 46 | 45 | 48 | 48 | 36 | 54 | 50 | 39 |
| | 단독주택 | 28 | 24 | 32 | 18 | 31 | 29 | 29 | 47 |
| | 기타 | 26 | 31 | 20 | 34 | 33 | 17 | 21 | 14 |
| 1인 가구 | | 17 | 17 | 17 | 16 | 19 | 18 | 17 | 17 |
| (반)지하 등 | | 6 | 7 | 4 | 7 | 8 | 5 | 4 | 3 |
| 대학<br>이상<br>학력 | 대학 이상 | 34 | 33 | 37 | 33 | 32 | 37 | 38 | 34 |
| | 석사과정 이상 | 2 | 1 | 2 | 1 | 1 | 2 | 2 | 2 |
| | 박사과정 이상 | 0 | 0 | 0 | 0 | 0 | 0 | 0 | 1 |
| 종교<br>인구 | 계 | 51 | 49 | 53 | 48 | 50 | 51 | 53 | 58 |
| | 불교 | 14 | 14 | 14 | 13 | 14 | 13 | 14 | 14 |
| | 개신교 | 22 | 22 | 23 | 22 | 22 | 22 | 22 | 25 |
| | 천주교 | 14 | 13 | 15 | 12 | 13 | 14 | 15 | 17 |
| 2004년<br>투표율<br>득표율 | 투표율 | 57 | 55 | 59 | 55 | 55 | 57 | 58 | 62 |
| | 한나라당 | 35 | 32 | 39 | 30 | 33 | 36 | 39 | 46 |
| | 민주(+열린우리)당 | 44 | 47 | 41 | 48 | 46 | 43 | 41 | 37 |
| | 민주노동당 | 16 | 16 | 15 | 17 | 16 | 16 | 15 | 12 |
| 2006년<br>투표율<br>득표율 | 투표율 | 43 | 40 | 47 | 40 | 41 | 44 | 45 | 56 |
| | 한나라당 | 59 | 55 | 62 | 54 | 56 | 60 | 62 | 66 |
| | 민주(+열린우리)당 | 27 | 29 | 25 | 29 | 29 | 25 | 24 | 23 |
| | 민주노동당 | 14 | 15 | 12 | 16 | 15 | 14 | 13 | 10 |

**표 4_2.9**

## 한나라당 득표율 분포별 인천시 동네의 특징

**2006년 지방선거(단위 : %)**

| | | 계 | 평균 미만 | 평균 이상 | 5분위 | | | | |
|---|---|---|---|---|---|---|---|---|---|
| | | 139개 동네 | 63개 동네 | 76개 동네 | 1분위 (하위20%) | 2분위 | 3분위 | 4분위 | 5분위 (상위20%) |
| 주택 소유 | 주택 소유 | 65 | 63 | 67 | 64 | 61 | 69 | 63 | 72 |
| | 다주택 | 7 | 7 | 8 | 6 | 7 | 9 | 7 | 9 |
| | 무주택 | 35 | 37 | 33 | 36 | 39 | 31 | 37 | 28 |
| 거처 | 아파트 | 46 | 44 | 48 | 48 | 38 | 60 | 39 | 47 |
| | 단독주택 | 28 | 23 | 33 | 20 | 27 | 24 | 39 | 36 |
| | 기타 | 26 | 33 | 19 | 32 | 35 | 16 | 22 | 17 |
| 1인 가구 | | 17 | 17 | 18 | 15 | 19 | 16 | 20 | 16 |
| (반)지하 등 | | 6 | 7 | 5 | 7 | 8 | 4 | 6 | 4 |
| 대학 이상 학력 | 대학 이상 | 34 | 33 | 37 | 32 | 33 | 37 | 35 | 37 |
| | 석사과정 이상 | 2 | 1 | 2 | 1 | 1 | 2 | 2 | 2 |
| | 박사과정 이상 | 0 | 0 | 0 | 0 | 0 | 0 | 0 | 0 |
| 종교 인구 | 계 | 51 | 49 | 53 | 49 | 49 | 52 | 51 | 55 |
| | 불교 | 14 | 14 | 14 | 14 | 14 | 14 | 14 | 15 |
| | 개신교 | 22 | 22 | 23 | 22 | 22 | 22 | 22 | 23 |
| | 천주교 | 14 | 13 | 15 | 13 | 12 | 15 | 14 | 16 |
| 2004년 투표율 득표율 | 투표율 | 57 | 55 | 58 | 55 | 55 | 59 | 56 | 60 |
| | 한나라당 | 35 | 32 | 39 | 30 | 33 | 36 | 38 | 43 |
| | 민주(+열린우리)당 | 44 | 47 | 41 | 48 | 46 | 43 | 42 | 38 |
| | 민주노동당 | 16 | 16 | 14 | 17 | 16 | 16 | 15 | 14 |
| 2006년 투표율 득표율 | 투표율 | 43 | 41 | 46 | 41 | 41 | 45 | 44 | 49 |
| | 한나라당 | 59 | 55 | 63 | 53 | 56 | 59 | 62 | 66 |
| | 민주(+열린우리)당 | 27 | 29 | 25 | 30 | 28 | 26 | 25 | 22 |
| | 민주노동당 | 14 | 15 | 12 | 16 | 15 | 14 | 12 | 11 |

**표 4_2.10**

# 인천시 동네 특성별 한나라당 득표율

2004년 총선(단위 : 개, %)

| | 읍면동 수(개) | | | 득표율(%) | | 5분위별 득표율(%) | | | | |
|---|---|---|---|---|---|---|---|---|---|---|
| | 계 | 평균<br>미만 | 평균<br>이상 | 평균<br>미만 | 평균<br>이상 | 1분위<br>(하위20%) | 2분위 | 3분위 | 4분위 | 5분위<br>(상위20%) |
| 주택 소유 가구 | 139 | 64 | 75 | 34 | 36 | 34 | 34 | 34 | 35 | 40 |
| 다주택<br>(주택 소유 평균 이상 동네) | 75 | 40 | 35 | 34 | 39 | 35 | 33 | 35 | 39 | 41 |
| 다주택<br>(주택 소유 평균 미만 동네) | 64 | 36 | 28 | 34 | 34 | 34 | 33 | 34 | 33 | 34 |
| 아파트 거주 가구 | 139 | 89 | 50 | 35 | 35 | 39 | 35 | 33 | 35 | 35 |
| 1인 가구 | 139 | 62 | 77 | 35 | 36 | 35 | 35 | 35 | 35 | 36 |
| (반)지하 등 거주 가구 | 139 | 79 | 60 | 37 | 33 | 39 | 36 | 36 | 34 | 32 |
| 대학 이상 학력자 | 139 | 93 | 46 | 34 | 36 | 39 | 34 | 33 | 35 | 37 |
| 종교 인구 | 139 | 73 | 66 | 33 | 38 | 31 | 33 | 35 | 36 | 42 |
| 투표율 | 139 | 65 | 74 | 34 | 36 | 33 | 34 | 35 | 36 | 39 |

**표 4_2.11**

# 인천시 동네 특성별 한나라당 득표율

2006년 지방선거(단위 : 개, %)

| | 읍면동 수(개) | | | 득표율(%) | | 5분위별 득표율(%) | | | | |
|---|---|---|---|---|---|---|---|---|---|---|
| | 계 | 평균<br>미만 | 평균<br>이상 | 평균<br>미만 | 평균<br>이상 | 1분위<br>(하위20%) | 2분위 | 3분위 | 4분위 | 5분위<br>(상위20%) |
| 주택 소유 가구 | 139 | 64 | 75 | 57 | 60 | 57 | 57 | 58 | 59 | 62 |
| 다주택<br>(주택 소유 평균 이상 동네) | 75 | 40 | 35 | 58 | 62 | 58 | 57 | 59 | 62 | 62 |
| 다주택<br>(주택 소유 평균 미만 동네) | 64 | 36 | 28 | 58 | 57 | 59 | 57 | 58 | 57 | 56 |
| 아파트 거주 가구 | 139 | 89 | 50 | 58 | 59 | 63 | 59 | 57 | 58 | 59 |
| 1인 가구 | 139 | 62 | 77 | 58 | 59 | 58 | 59 | 59 | 59 | 60 |
| (반)지하 등 거주 가구 | 139 | 79 | 60 | 60 | 57 | 61 | 59 | 59 | 58 | 56 |
| 대학 이상 학력자 | 139 | 93 | 46 | 58 | 59 | 62 | 57 | 57 | 59 | 60 |
| 종교 인구 | 139 | 73 | 66 | 57 | 61 | 56 | 56 | 58 | 60 | 63 |
| 투표율 | 139 | 61 | 78 | 57 | 60 | 56 | 58 | 58 | 61 | 64 |

| 인천에서
민주(+열린우리)당을 많이 찍은
동네의 특징
|

2004년과 2006년 두 차례 선거 때 민주(+열린우리)당은 인천에서 각각 44%와 27%를 얻었다. 동네별 득표율을 보면 2004년 총선 때는 최저 28%에서 최고 51%까지, 2006년 지방선거에서는 최저 10%에서 최고 33%까지 얻었다.

두 차례 선거에서 인천 139개 동네 가운데 민주(+열린우리)당에 평균 이상의 지지를 보낸 동네 수는 각각 52곳과 64곳이었는데, 두 차례 선거에서 이들 동네의 지지율은 평균 48%와 29%였다. 두 차례 선거에서 모두 민주(+열린우리)당에 인천시 평균 지지율 이상의 지지를 보낸 동네는 48곳으로 각 선거에서 평균 이상 득표율을 기록한 동네의 75~92%에 해당된다.

그렇다면 민주(+열린우리)당 지지도가 상대적으로 높은 동네들은 어떤 특징이 있을까. 먼저 두 차례 선거에서 두 당의 득표율이 가장 높았던 10개 동네는 어디이며 어떤 특성이 있는지 보자. 두 차례 선거에서 민주(+열린우리)당 득표율이 가장 높은 10개 동네 중 5곳이 계양구에 있는 동네이며, 옹진군 2곳, 부평구·서구·남동구 각 1곳이다. 이들 동네에서 민주(+열린우리)당은 두 차례 선거 평균 42%의 득표율을 기록했다.

민주(+열린우리)당을 가장 많이 찍은 10곳은 어떤 특성이 있을까. 우선 동네 사람의 67%가 집을 소유하고 있고 33%는 무주택자로

**표 4_2.12**

## 인천에서 민주(+열린우리)당 득표율이 가장 높은 10개 동네의 특징

| | | 계 | 계양구 계양2동 | 옹진군 덕적면 | 계양구 작전2동 | 옹진군 연평면 | 계양구 효성1동 | 부평구 청천1동 | 서구 가좌3동 | 남동구 만수1동 | 계양구 작전1동 | 계양구 작전서운동 |
|---|---|---|---|---|---|---|---|---|---|---|---|---|
| 평균 득표율 | | 42 | 42 | 42 | 41 | 41 | 41 | 40 | 40 | 40 | 40 | 40 |
| 주택 소유 | 주택 소유 | 67 | 62 | 81 | 64 | 71 | 74 | 47 | 72 | 57 | 77 | 72 |
| | 다주택 | 7 | 6 | 13 | 6 | 13 | 8 | 5 | 7 | 5 | 8 | 8 |
| | 무주택 | 33 | 38 | 19 | 36 | 29 | 26 | 53 | 28 | 43 | 23 | 28 |
| 거처 | 아파트 | 53 | 46 | 0 | 40 | 9 | 58 | 9 | 47 | 56 | 81 | 75 |
| | 단독주택 | 17 | 16 | 97 | 20 | 82 | 10 | 60 | 15 | 7 | 6 | 6 |
| | 기타 | 30 | 38 | 3 | 40 | 9 | 32 | 31 | 38 | 37 | 13 | 19 |
| 1인 가구 | | 16 | 17 | 41 | 17 | 28 | 12 | 26 | 12 | 17 | 10 | 14 |
| (반)지하 등 | | 6 | 8 | 1 | 9 | 0 | 3 | 11 | 9 | 7 | 3 | 2 |
| 대학 이상 학력 | 대학 이상 | 32 | 32 | 14 | 32 | 19 | 32 | 22 | 26 | 28 | 37 | 41 |
| | 석사과정 이상 | 1 | 1 | 3 | 1 | 4 | 1 | 1 | 1 | 1 | 1 | 2 |
| | 박사과정 이상 | 0 | 0 | 0 | 0 | 0 | 0 | 0 | 0 | 0 | 0 | 0 |
| 종교 인구 | 계 | 49 | 47 | 60 | 51 | 61 | 50 | 46 | 51 | 54 | 49 | 47 |
| | 불교 | 14 | 12 | 5 | 16 | 11 | 14 | 17 | 14 | 13 | 14 | 12 |
| | 개신교 | 23 | 21 | 42 | 25 | 10 | 24 | 17 | 27 | 27 | 22 | 23 |
| | 천주교 | 11 | 13 | 13 | 9 | 39 | 11 | 11 | 9 | 13 | 12 | 11 |
| 2004년 투표율 득표율 | 투표율 | 55 | 54 | 70 | 53 | 68 | 56 | 47 | 57 | 54 | 58 | 60 |
| | 한나라당 | 30 | 28 | 32 | 30 | 37 | 32 | 28 | 32 | 31 | 30 | 29 |
| | 민주(+열린우리)당 | 50 | 51 | 51 | 51 | 49 | 49 | 50 | 48 | 48 | 51 | 50 |
| | 민주노동당 | 15 | 16 | 7 | 13 | 7 | 14 | 17 | 15 | 15 | 14 | 16 |
| 2006년 투표율 득표율 | 투표율 | 41 | 36 | 78 | 39 | 78 | 45 | 35 | 46 | 40 | 40 | 42 |
| | 한나라당 | 54 | 52 | 56 | 54 | 58 | 54 | 53 | 53 | 54 | 56 | 54 |
| | 민주(+열린우리)당 | 31 | 32 | 32 | 31 | 33 | 33 | 31 | 33 | 32 | 30 | 30 |
| | 민주노동당 | 14 | 15 | 7 | 14 | 5 | 13 | 15 | 13 | 14 | 14 | 16 |

주택 소유자 비율이 인천시 평균(65%)을 조금 웃돈다. 옹진군 덕적면(81%) 등 6곳에서 동네 가구의 70% 이상이 주택을 소유하고 있다. 다주택자는 7%로 인천시 평균과 같다.

또 10개 동네에 사는 사람의 53%는 아파트에, 17%는 단독주택에, 30%는 연립·다세대주택 등에 산다. 아파트 거주자는 계양구 작전1동(81%)과 작전서운동(75%), 효성1동(58%), 남동구 만수1동(56%) 등 4곳에서 50%가 넘었다. 반면 옹진군 덕적면(97%)과 연평면(82%), 부평구 청천1동(60%)에서는 단독주택 거주자가 많았다.

1인 가구는 16%로 인천시 평균을 밑돌고, (반)지하 등에 사는 가구는 6%로 인천시 평균과 같다. 대학 이상 학력자와 종교 인구 비중은 32%와 49%로 인천시 평균에 미치지 못한다. 종교별 인구수는 개신교(23%)-불교(14%)-천주교(11%)순이다.

이제 인천시 139개 동네 전역으로 범위를 넓혀 민주(+열린우리)당을 평균 이상으로 찍은 동네에 어떤 특징이 있는지 살펴보자.


## 민주(+열린우리)당 득표율과 주택 소유자

인천에서도 민주(+열린우리)당을 많이 찍은 동네에는 무주택자가 많고, 적게 찍은 동네에는 주택 소유자가 많이 살까.

두 차례 선거에서 민주(+열린우리)당을 평균 이상으로 지지한, 52~64개 동네에 사는 가구 중 63~64%가 주택을 소유하고 있는 반면, 평균보다 적게 지지한 75~87개 동네에 사는 가구 중 주택 소유자는 66~67%다. 득표율이 높은 동네에서 주택 소유자가 2~4%가 적은 것이다. 다시 말하면 무주택자가 4% 더 많다(이하 〈표 4_2.13〉~〈표 4_2.16〉 참조).

　실제로 무주택자가 더 많은 동네에서 민주(+열린우리)당을 더 많이 찍었을까. 두 차례 선거에서 무주택자가 평균 이상으로 많은 64개 동네의 득표율은 주택 소유자가 인천시 평균 이상인 75개 동네에 비해 1% 더 얻는 데 그쳤다. 5분위 통계를 봐도 주택 소유자가 가장 많은 5분위에서 민주(+열린우리)당 득표율이 눈에 띄게 낮을 뿐 1~4분위 득표율 차이는 없거나 1%에 그치고 있다.

　이처럼 인천에서도 민주(+열린우리)당 득표율이 높을수록 무주택자가 많고, 무주택자가 많이 살수록 득표율이 높은 추세는 확인되지만 서울, 경기에 비해서는 상관관계가 미약하다.


## 민주(+열린우리)당 득표율과 다주택자

두 차례 선거에서 민주(+열린우리)당을 평균 이상으로 지지한 동네에 사는 가구 중 다주택자는 6~7%인 데 비해 평균 미만으로 지지한 동네는 8%다. 득표율이 높은 곳에 다주택자가 상대적으로 덜 사는 것이다.

　실제로 주택 소유자가 인천시 평균 이상으로 사는 75개 동네 안에서 다주택자가 평균(9%) 미만으로 사는 40개 동네에서 민주(+열린우리)당 득표율은 평균 이상인 35개 동네에 비해 2~3%가 높다. 주택 소유자가 많은 동네 안에서도 다주택자가 덜 사는 곳에서 민주(+열린우리)당을 많이 찍고, 많이 사는 곳에서 덜 찍은 것이다. 다만 무주택자가 평균 이상으로 많은 64개 동네 안에서는 다주택자가 평균 (5%) 이상으로 많은 28개 동네 득표율이 평균 미만 36개 동네와 같 거나 오히려 1% 높다.

이처럼 민주(+열린우리)당 득표율과 다주택자 비중 간의 상관관계는 주로 주택 소유자가 평균 이상으로 많은 동네에서 나타나고 있다.


## 민주(+열린우리)당 득표율과 아파트 거주자

아파트에 사는 사람이 많으냐 단독주택과 같은 비아파트에 사는 사람이 많느냐와 민주(+열린우리)당 득표율은 어떤 연관성이 나타날까. 두 차례 선거에서 민주(+열린우리)당을 평균 이상으로 지지한 동네는 평균 미만으로 지지한 동네에 비해 아파트 거주자가 4~6%가 적다. 다시 말하면 평균 미만으로 지지한 동네에 비해 아파트가 아닌 단독주택이나 연립·다세대주택에 사는 사람이 4~6% 더 많은 것이다.

그렇다면 실제로 비아파트 거주자가 좀 더 많은 곳에서 민주(+열린우리)당을 더 많이 찍었을까. 아파트 거주자가 인천시 평균(54%) 이상인 50개 동네에서 민주(+열린우리)당의 득표율은 평균 미만인 89개 동네에 비해 두 차례 선거에서 모두 낮았지만 그 차이는 1%에 그쳤다. 또 아파트 거주자가 가장 많은 5분위에서 민주(+열린우리)당 득표율이 낮고, 2~4분위로 아파트 거주자가 줄고 단독주택 거주자 등이 늘수록 득표율이 오르지만, 단독주택 등에 사는 거주자가 가장 많은 1분위에서는 득표율이 가장 낮다.

이처럼 민주(+열린우리)당 득표율이 높은 곳에 비아파트 거주자가 상대적으로 많고, 비아파트 거주자가 많은 곳에서 상대적으로 득표율도 높은 것은 확인된다. 그러나 비아파트 거주자가 가장 많은 동네에서 득표율이 낮게 나타나는 등 상관관계는 뚜렷하지 않다.


## 민주(+열린우리)당 득표율과
## 1인 가구·(반)지하 등 거주 가구


동네별 민주(+열린우리)당 득표율은 1인 가구나 (반)지하 등 거주 가구가 많고 적음과도 연관돼 있을까. 두 차례 선거에서 민주(+열린우리)당을 평균 이상으로 지지한 동네와 평균 미만으로 지지한 동네의 1인 가구 비중은 불과 1% 차이에 그쳤다. 큰 연관성이 나타나지 않은 것이다. 실제로 1인 가구 비중이 인천시 평균(17%) 이상인 77개 동네와 평균 미만인 62개 동네의 민주(+열린우리)당 득표율은 같거나 1% 차이에 그쳤다.

한편 두 차례 선거에서 민주(+열린우리)당을 평균 이상으로 지지한 동네 가구 중 (반)지하 등 거주 가구 비중은 평균 미만으로 지지한 동네에 비해 2~3% 높았다. 득표율이 높은 동네에서 (반)지하 등에 사는 가구가 많고, 낮은 곳에 상대적으로 적은 것이다.

실제로 동네 가구 중 (반)지하 등에 사는 가구가 많을수록 득표율이 높고, 적을수록 낮았다. (반)지하 등에 사는 가구 비중이 인천시 평균(6%) 이상 60개 동네에서 평균 미만인 79개 동네에 비해 2~3%가 높았다.

인천에서도 서울, 경기와 마찬가지로 민주(+열린우리)당 득표율이 높은 동네에는 (반)지하 등에 사는 가구가 많고, (반)지하 가구가 많이 사는 동네에서는 득표율이 상대적으로 높은 것이다.


## 민주(＋열린우리)당 득표율과 대학 이상 학력자

민주(＋열린우리)당 득표율과 학력 수준은 어느 정도 상관관계가 있을까.

두 차례 선거에서 민주(＋열린우리)당이 평균 이상으로 표를 얻은 52~64개 동네에 사는 19세 이상 인구 중 대학 이상 학력자는 32%다. 반면 득표율 평균 미만 75~87개 동네는 37%로 5%가 높다. 득표율이 높은 동네일수록 학력 수준이 낮은 것이다. 그러나 5분위별로는 득표율이 더 높은 3, 4, 5분위에 비해 낮은 2분위에서 학력 수준이 더 낮다.

또 대학 이상 학력자 비중이 인천시 평균(34%) 이상인 46개 동네의 민주(＋열린우리)당 득표율은 평균 미만인 93개 동네에 비해 2% 낮다. 그러나 학력 수준이 가장 높은 5분위에서 득표율도 가장 낮은 것은 확인되지만, 학력 수준이 가장 낮은 1분위 득표율이 2, 3분위에 비해 떨어지고 있어 상관관계는 분명하지 않다.

이처럼 대체로 민주(＋열린우리)당 득표율이 높은 곳일수록 학력 수준이 낮고 학력 수준이 높은 곳일수록 득표율도 낮지만 학력 수준이 가장 낮은 곳에서는 득표율이 떨어지는 등 상관관계는 분명하지 않다.

## 민주 ( + 열 린 우 리 ) 당 득 표 율 과 종 교 인 구

종교 인구와 민주(+열린우리)당 득표율의 관계를 보자. 두 차례 선거에서 민주(+열린우리)당을 평균 이상으로 지지한 52~64개 동네에 사는 사람 중 종교를 가진 사람은 똑같이 49%를 기록했다. 반면 평균 미만의 지지율을 기록한 75~87개 동네 사람 중 종교 인구는 53%로 4%가 높았다. 민주(+열린우리)당을 많이 찍은 동네일수록 종교 인구가 적은 것이다.

실제로 종교를 가진 사람 비율이 인천시 평균(51%) 이상으로 사는 66개 동네의 민주(+열린우리)당 득표율은 평균 미만으로 사는 73개 동네에 비해 3~4%가 낮다. 종교 인구가 적은 동네일수록 민주(+열린우리)당을 더 많이 찍은 것이다.

서울, 경기와 마찬가지로 인천에서도 동네별 민주(+열린우리)당 득표율과 종교 인구 비율 간에는 밀접한 상관관계가 나타나고 있다.


## 민주 ( + 열 린 우 리 ) 당 득 표 율 과 투 표 율

인천에서도 민주(+열린우리)당을 많이 찍은 동네일수록 투표를 포기한 사람이 많을까. 두 차례 선거에서 민주(+열린우리)당이 평균 이상으로 표를 얻은 동네는 평균 미만의 득표율을 기록한 동네에 비해 4~5%가 투표를 덜 했다. 민주(+열린우리)당을 많이 찍은 동네에서 상대적으로 투표를 적게 한 것이다.

실제로 투표율이 낮은 동네에서 민주(+열린우리)당을 많이 찍었다. 두 차례 선거에서 민주(＋열린우리)당은 투표율이 평균 이상인 74~78개 동네에 비해, 투표율이 평균 미만인 61~65개 동네에서 2~3%를 더 얻었다.

　서울, 경기와 마찬가지로 민주(＋열린우리)당을 많이 찍은 동네일수록 투표를 적게 하고, 투표를 적게 하는 동네일수록 민주(＋열린우리)당 득표율이 높은 것이다.

**표 4_2.13**

## 민주(＋열린우리)당 득표율 분포별 인천시 동네의 특징

| | | 계 | 평균 미만 | 평균 이상 | 5분위 | | | | |
|---|---|---|---|---|---|---|---|---|---|
| | | 139개 동네 | 87개 동네 | 52개 동네 | 1분위 (하위20%) | 2분위 | 3분위 | 4분위 | 5분위 (상위20%) |
| 주택 소유 | 주택 소유 | 65 | 67 | 63 | 77 | 67 | 61 | 64 | 63 |
| | 다주택 | 7 | 8 | 6 | 10 | 7 | 8 | 7 | 6 |
| | 무주택 | 35 | 33 | 37 | 23 | 33 | 39 | 36 | 37 |
| 거처 | 아파트 | 46 | 49 | 43 | 51 | 51 | 45 | 45 | 43 |
| | 단독주택 | 28 | 32 | 23 | 33 | 31 | 34 | 25 | 20 |
| | 기타 | 26 | 19 | 34 | 16 | 18 | 21 | 30 | 37 |
| 1인 가구 | | 17 | 18 | 17 | 15 | 17 | 20 | 16 | 17 |
| (반)지하 등 | | 6 | 4 | 7 | 3 | 4 | 6 | 7 | 8 |
| 대학 이상 학력 | 대학 이상 | 34 | 37 | 32 | 39 | 34 | 39 | 32 | 32 |
| | 석사과정 이상 | 2 | 2 | 1 | 3 | 2 | 2 | 1 | 1 |
| | 박사과정 이상 | 0 | 0 | 0 | 0 | 0 | 0 | 0 | 0 |
| 종교 인구 | 계 | 51 | 53 | 49 | 56 | 52 | 51 | 50 | 48 |
| | 불교 | 14 | 14 | 14 | 14 | 14 | 14 | 14 | 14 |
| | 개신교 | 22 | 23 | 22 | 24 | 22 | 23 | 22 | 22 |
| | 천주교 | 14 | 15 | 12 | 17 | 15 | 14 | 13 | 12 |
| 2004년 투표율 득표율 | 투표율 | 57 | 59 | 55 | 62 | 58 | 58 | 55 | 54 |
| | 한나라당 | 35 | 39 | 31 | 44 | 38 | 36 | 33 | 30 |
| | 민주(＋열린우리)당 | 44 | 41 | 48 | 38 | 41 | 43 | 46 | 49 |
| | 민주노동당 | 16 | 15 | 16 | 14 | 15 | 16 | 16 | 16 |
| 2006년 투표율 득표율 | 투표율 | 43 | 46 | 40 | 51 | 46 | 44 | 41 | 40 |
| | 한나라당 | 59 | 62 | 55 | 65 | 62 | 60 | 56 | 54 |
| | 민주(＋열린우리)당 | 27 | 24 | 29 | 23 | 25 | 26 | 28 | 30 |
| | 민주노동당 | 14 | 13 | 15 | 11 | 13 | 14 | 15 | 15 |

표 4_2.14

# 민주(＋열린우리)당 득표율 분포별 인천시 동네의 특징

| | | 계 | 평균 미만 | 평균 이상 | 5분위 | | | | |
|---|---|---|---|---|---|---|---|---|---|
| | | 139개 동네 | 72개 동네 | 64개 동네 | 1분위 (하위 20%) | 2분위 | 3분위 | 4분위 | 5분위 (상위 20%) |
| 주택 소유 | 주택 소유 | 65 | 66 | 64 | 76 | 61 | 63 | 64 | 63 |
| | 다주택 | 7 | 8 | 7 | 10 | 6 | 8 | 7 | 6 |
| | 무주택 | 35 | 34 | 36 | 24 | 39 | 37 | 36 | 37 |
| 거처 | 아파트 | 46 | 48 | 44 | 61 | 40 | 45 | 49 | 39 |
| | 단독주택 | 28 | 33 | 23 | 26 | 39 | 29 | 20 | 25 |
| | 기타 | 26 | 19 | 33 | 13 | 21 | 26 | 31 | 26 |
| 1인 가구 | | 17 | 18 | 17 | 13 | 21 | 19 | 16 | 17 |
| (반)지하 등 | | 6 | 5 | 7 | 3 | 5 | 6 | 6 | 8 |
| 대학 이상 학력 | 대학 이상 | 34 | 37 | 32 | 41 | 34 | 36 | 33 | 31 |
| | 석사과정 이상 | 2 | 2 | 1 | 2 | 2 | 2 | 1 | 1 |
| | 박사과정 이상 | 0 | 0 | 0 | 0 | 0 | 0 | 0 | 0 |
| 종교 인구 | 계 | 51 | 53 | 49 | 54 | 52 | 50 | 49 | 49 |
| | 불교 | 14 | 14 | 14 | 14 | 14 | 14 | 14 | 14 |
| | 개신교 | 22 | 23 | 22 | 24 | 22 | 22 | 22 | 22 |
| | 천주교 | 14 | 15 | 13 | 16 | 15 | 14 | 13 | 12 |
| 2004년 투표율 득표율 | 투표율 | 57 | 58 | 55 | 61 | 57 | 57 | 55 | 54 |
| | 한나라당 | 35 | 39 | 32 | 41 | 38 | 35 | 32 | 31 |
| | 민주(＋열린우리)당 | 44 | 41 | 47 | 39 | 42 | 44 | 46 | 48 |
| | 민주노동당 | 16 | 15 | 16 | 15 | 15 | 16 | 16 | 15 |
| 2006년 투표율 득표율 | 투표율 | 43 | 46 | 41 | 48 | 44 | 43 | 42 | 40 |
| | 한나라당 | 59 | 62 | 55 | 64 | 61 | 58 | 56 | 55 |
| | 민주(＋열린우리)당 | 27 | 24 | 29 | 22 | 25 | 27 | 29 | 31 |
| | 민주노동당 | 14 | 13 | 14 | 13 | 13 | 14 | 14 | 14 |

표 4_2.15

## 인천시 동네 특성별 민주(＋열린우리)당 득표율

**2004년 총선(단위 : 개, %)**

| | 읍면동 수(개) | | | 득표율(%) | | 5분위별 득표율(%) | | | | |
|---|---|---|---|---|---|---|---|---|---|---|
| | 계 | 평균 미만 | 평균 이상 | 평균 미만 | 평균 이상 | 1분위 (하위20%) | 2분위 | 3분위 | 4분위 | 5분위 (상위20%) |
| 주택 소유 가구 | 139 | 64 | 75 | 45 | 44 | 45 | 45 | 45 | 45 | 41 |
| 다주택 (주택 소유 평균 이상 동네) | 75 | 40 | 35 | 45 | 42 | 45 | 46 | 44 | 41 | 40 |
| 다주택 (주택 소유 평균 미만 동네) | 64 | 36 | 28 | 45 | 45 | 45 | 46 | 44 | 46 | 44 |
| 아파트 거주 가구 | 139 | 89 | 50 | 45 | 44 | 42 | 44 | 46 | 45 | 44 |
| 1인 가구 | 139 | 62 | 77 | 45 | 44 | 44 | 44 | 45 | 44 | 43 |
| (반)지하 등 거주 가구 | 139 | 79 | 60 | 43 | 46 | 42 | 44 | 44 | 45 | 46 |
| 대학 이상 학력자 | 139 | 93 | 46 | 45 | 43 | 43 | 45 | 46 | 45 | 42 |
| 종교 인구 | 139 | 73 | 66 | 46 | 42 | 47 | 46 | 44 | 43 | 39 |
| 투표율 | 139 | 65 | 74 | 46 | 43 | 46 | 45 | 45 | 44 | 41 |

표 4_2.16

## 인천시 동네 특성별 민주(＋열린우리)당 득표율

**2006년 지방선거(단위 : 개, %)**

| | 읍면동 수(개) | | | 득표율(%) | | 5분위별 득표율(%) | | | | |
|---|---|---|---|---|---|---|---|---|---|---|
| | 계 | 평균 미만 | 평균 이상 | 평균 미만 | 평균 이상 | 1분위 (하위20%) | 2분위 | 3분위 | 4분위 | 5분위 (상위20%) |
| 주택 소유 가구 | 139 | 64 | 75 | 27 | 26 | 28 | 28 | 27 | 27 | 24 |
| 다주택 (주택 소유 평균 이상 동네) | 75 | 40 | 35 | 27 | 25 | 28 | 28 | 26 | 25 | 24 |
| 다주택 (주택 소유 평균 미만 동네) | 64 | 36 | 28 | 27 | 28 | 27 | 27 | 28 | 28 | 27 |
| 아파트 거주 가구 | 139 | 89 | 50 | 27 | 26 | 25 | 28 | 28 | 27 | 26 |
| 1인 가구 | 139 | 62 | 77 | 27 | 27 | 27 | 27 | 27 | 27 | 27 |
| (반)지하 등 거주 가구 | 139 | 79 | 60 | 26 | 28 | 25 | 26 | 26 | 28 | 28 |
| 대학 이상 학력자 | 139 | 93 | 46 | 28 | 26 | 26 | 28 | 29 | 27 | 25 |
| 종교 인구 | 139 | 73 | 66 | 28 | 25 | 29 | 28 | 27 | 26 | 24 |
| 투표율 | 139 | 61 | 78 | 28 | 26 | 29 | 28 | 27 | 25 | 24 |

|
인천에서
민주노동당을 많이 찍은
동네의 특징
|

2004년과 2006년 두 차례 선거 때 민주노동당은 인천에서 각각 16%와 14%를 얻었다. 동네별 득표율을 보면 2004년 총선 때는 최저 5%에서 최고 21%까지, 2006년 지방선거에서는 최저 3%에서 최고 21%까지 얻었다.

두 차례 선거에서 인천 139개 동네 가운데 민주노동당에 평균 이상의 지지를 보낸 동네 수는 각각 56곳과 63곳이었는데, 두 차례 선거에서 이들 동네의 지지율은 평균 17%와 16%였다. 두 차례 선거에서 모두 민주노동당에 인천시 평균 이상의 지지를 보낸 동네는 49곳으로 각 선거에서 평균 이상 득표율을 기록한 동네의 76~86%에 해당된다.

그렇다면 민주노동당 지지도가 상대적으로 높은 동네들은 어떤 특징이 있을까. 먼저 두 차례 선거에서 득표율이 가장 높았던 10개 동네는 어디이며 어떤 특성이 있는지 보자. 두 차례 선거에서 민주노동당 득표율이 가장 높은 10개 동네 중 5곳이 부평구에 있는 동네이며, 동구 3곳, 서구·중구 각 1곳이다. 이들 동네에서 민주노동당은 두 차례 선거 평균 18%의 득표율을 기록했다.

민주노동당을 가장 많이 찍은 10곳은 어떤 특성이 있을까. 우선 동네 사람의 62%가 집을 소유하고 있고 38%는 무주택자로 주택 소유자 비율이 인천시 평균(65%)에 못 미친다. 부평구 청천2동 등 3곳은

표 4_2.17

# 인천에서 민주노동당 득표율이 가장 높은 10개 동네의 특징

**2004~2006년 선거 평균(단위 : %)**

| | | 계 | 부평구 삼산동 | 서구 가정2동 | 동구 송현1.2동 | 부평구 산곡1동 | 동구 만석동 | 부평구 갈산1동 | 동구 송현3동 | 부평구 부개3동 | 부평구 청천2동 | 중구 영종동 |
|---|---|---|---|---|---|---|---|---|---|---|---|---|
| 평균 득표율 | | 18 | 19 | 19 | 19 | 19 | 19 | 18 | 18 | 17 | 17 | 17 |
| 주택 소유 | 주택 소유 | 62 | 54 | 62 | 64 | 60 | 56 | 66 | 73 | 71 | 75 | 49 |
| | 다주택 | 7 | 7 | 5 | 10 | 6 | 5 | 7 | 8 | 7 | 9 | 7 |
| | 무주택 | 38 | 46 | 38 | 36 | 40 | 44 | 34 | 27 | 29 | 25 | 51 |
| 거처 | 아파트 | 67 | 86 | 68 | 79 | 39 | 54 | 31 | 84 | 89 | 64 | 43 |
| | 단독주택 | 14 | 3 | 12 | 17 | 43 | 21 | 19 | 14 | 6 | 9 | 22 |
| | 기타 | 19 | 11 | 20 | 4 | 18 | 25 | 50 | 2 | 5 | 27 | 35 |
| 1인 가구 | | 15 | 11 | 17 | 12 | 17 | 16 | 16 | 21 | 10 | 12 | 28 |
| (반)지하 등 | | 3 | 2 | 6 | 0 | 6 | 8 | 6 | 1 | 1 | 3 | 3 |
| 대학 이상 학력 | 대학 이상 | 37 | 39 | 26 | 34 | 27 | 27 | 31 | 23 | 42 | 40 | 48 |
| | 석사과정 이상 | 2 | 2 | 1 | 2 | 1 | 1 | 1 | 1 | 2 | 2 | 3 |
| | 박사과정 이상 | 0 | 0 | 0 | 0 | 0 | 0 | 0 | 0 | 0 | 0 | 0 |
| 종교 인구 | 계 | 49 | 49 | 45 | 51 | 50 | 49 | 47 | 49 | 51 | 48 | 47 |
| | 불교 | 13 | 11 | 13 | 12 | 17 | 11 | 14 | 14 | 13 | 13 | 12 |
| | 개신교 | 21 | 24 | 21 | 25 | 22 | 7 | 21 | 6 | 22 | 22 | 21 |
| | 천주교 | 14 | 13 | 11 | 13 | 11 | 30 | 11 | 29 | 16 | 12 | 13 |
| 2004년 투표율 득표율 | 투표율 | 58 | 59 | 53 | 62 | 55 | 57 | 54 | 59 | 63 | 59 | 56 |
| | 한나라당 | 30 | 27 | 27 | 35 | 31 | 30 | 28 | 34 | 31 | 31 | 31 |
| | 민주(+열린우리)당 | 46 | 49 | 47 | 42 | 45 | 45 | 49 | 42 | 46 | 47 | 43 |
| | 민주노동당 | 19 | 19 | 21 | 19 | 19 | 18 | 18 | 17 | 18 | 18 | 19 |
| 2006년 투표율 득표율 | 투표율 | 43 | 44 | 39 | 51 | 41 | 44 | 39 | 52 | 43 | 42 | 46 |
| | 한나라당 | 54 | 51 | 53 | 57 | 53 | 52 | 52 | 54 | 55 | 55 | 56 |
| | 민주(+열린우리)당 | 28 | 29 | 27 | 23 | 27 | 28 | 29 | 25 | 28 | 27 | 28 |
| | 민주노동당 | 18 | 20 | 18 | 19 | 19 | 19 | 18 | 19 | 17 | 17 | 15 |

주택 소유자가 70% 이상인 데 비해, 부평구 삼산동과 동구 만석동, 부평구 산곡1동은 무주택자가 40% 이상이다. 다주택자는 7%로 인천시 평균과 같다.

또 10개 동네에 사는 사람의 67%는 아파트에, 14%는 단독주택에, 19%는 연립·다세대주택 등에 산다. 아파트 거주자는 부평구 부개3동(89%)과 삼산동(86%), 동구 송현3동(84%) 등 7곳에서 50%가 넘었다.

1인 가구는 15%, (반)지하 등에 사는 가구는 3%로 인천시 평균에 못 미쳤다. 대학 이상 학력자 비중은 37%로 인천시 평균보다 높고, 종교 인구 비중은 49%로 인천시 평균을 밑돈다. 종교별 인구수는 개신교(23%)에 이어 천주교(14%), 불교(13%) 순이다.

이제 인천시 139개 동네 전역으로 범위를 넓혀 민주노동당을 평균 이상으로 찍은 동네에 어떤 특징이 있는지 살펴보자.


## 민주노동당 득표율과 주택 소유자

민주노동당을 많이 찍은 동네에는 무주택자가 많고, 적게 찍은 동네에는 주택 소유자가 많이 살까.

두 차례 선거에서 민주노동당을 평균 이상으로 지지한 56~63개 동네와, 평균보다 적게 지지한 76~83개 동네에 사는 가구 중 무주택자는 같거나 1% 차이에 그친다. 득표율 변화에 따라 무주택자 비율의 변화도 일정하지 않다(이하 〈표 4_2.18〉~〈표 4_2.21〉 참조)..

두 차례 선거에서 무주택자가 평균 미만인 동네에서 민주노동당 득표율이 1% 높았다. 5분위 통계에서도 주택 소유자가 가장 많고 무주택자가 가장 적은 4, 5분위에서 득표율이 낮은 공통점이 나타난다.

이처럼 동네별 민주노동당 득표율과 무주택자 비율 간에 연관성이 뚜렷하지 않은 가운데, 주택 소유자가 가장 많은 동네에서 득표율이 떨어지는 추세는 어느 정도 확인되고 있다.


## 민주노동당 득표율과 다주택자

두 차례 선거에서 민주노동당을 평균 이상으로 지지한 동네와 평균 미만으로 지지한 동네의 다주택자 비중은 같거나 1% 차이에 그치고 있다. 다만 득표율이 가장 낮은 1분위에서 다주택자가 가장 많이 사는 점은 확인된다.

한편 주택 소유자가 인천시 평균 이상으로 사는 75개 동네 안에서, 다주택자가 평균(9%) 미만으로 사는 40개 동네에서 민주노동당 득표율은 평균 이상인 35개 동네에 비해 1%가 높다. 주택 소유자가 많은 동네 안에서도 다주택자가 덜 사는 곳에서 민주노동당을 많이 찍고, 많이 사는 곳에서 덜 찍은 것이다. 다만 무주택자가 평균 이상으로 많은 64개 동네 안에서는 다주택자가 평균(5%) 이상으로 많은 28개 동네 득표율이, 평균 미만인 36개 동네와 같거나 오히려 1% 높다.

이처럼 민주노동당 득표율과 다주택자 비중 간의 상관관계도 뚜렷하지 않은 가운데, 주로 주택 소유자가 평균 이상으로 많은 동네 가운데 다주택자가 많은 곳에서 득표율이 떨어지는 현상이 확인되고 있다.

## 민주노동당 득표율과 아파트 거주자

아파트에 사는 사람이 많으냐, 단독주택과 같은 비아파트에 사는 사람이 많느냐와 민주노동당 득표율은 어떤 연관성이 나타날까.

두 차례 선거에서 민주노동당을 평균 이상으로 지지한 동네는 평균 미만으로 지지한 동네에 비해 아파트 거주자가 7~19%가 많다. 그러나 득표율 5분위별 아파트 거주 가구 분포는 엇갈리고 있고, 다만 득표율이 가장 높은 곳에서 아파트 거주자가 가장 많은 점은 확인할 수 있다.

반면 아파트 거주자가 인천시 평균(54%) 이상인 50개 동네에서 민주노동당의 득표율은 평균 미만인 89개 동네에 비해 두 차례 선거에서 모두 1% 높았다. 아파트 거주자 5분위별 득표율 분포에서 2, 3, 4분위별 득표율은 엇갈린다. 다만 아파트 거주자가 가장 적은 1분위에서 득표율이 가장 낮고, 아파트 거주자가 가장 많은 5분위에서 득표율이 가장 높은 추세는 확인된다.

이처럼 민주노동당 득표율과 아파트 거주 가구 비중의 연관성도 뚜렷하지 않지만, 아파트 밀집 지역에서 다소 높고 아파트가 가장 드문 곳에서 다소 낮은 추세는 확인된다.


## 민주노동당 득표율과 1인 가구·(반)지하 등 거주 가구

동네별 민주노동당 득표율은 1인 가구나 (반)지하 등 거주 가구가 많고 적음과도 연관돼 있을까. 두 차례 선거에서 민주노동당을 평균 이상으로 지지한 동네 가구 중 1인 가구는 16%인 데 비해, 평균 미만으로 지지한 동네는 18%다. 득표율이 높은 곳에서 1인 가구가 적게 사는 것이다.

실제로 1인 가구 비중이 인천시 평균(17%) 이상인 77개 동네의 민주노동당 득표율은 평균 미만인 62개 동네에 비해 1%가 낮다. 1인 가구가 적은 동네에서 득표율이 높은 것이다. 이처럼 민주노동당 득표율이 높은 곳에 1인 가구가 적게 살고, 1인 가구가 많이 사는 곳에서 득표율이 떨어지고 있는 것이다.

한편 2004년 총선에서 민주노동당을 평균 이상으로 지지한 동네 가구 중 (반)지하 등 거주 가구 비중은 평균 미만으로 지지한 동네에 비해 2%가 낮았다. 그러나 2006년에는 같았으며, 득표율 5분위 통계에서도 분포가 엇갈렸다.

실제로 (반)지하 등에 사는 가구 비중이 인천시 평균(6%) 이상인 60개 동네에서 평균 미만인 79개 동네의 민주노동당 득표율은 2004년에는 1% 차이였고, 2006년에는 같았다. 5분위 분포에서도 뚜렷한 연관성을 찾기 어렵다.


## 민주노동당 득표율과 대학 이상 학력자

민주노동당 득표율과 학력 수준은 어느 정도 상관관계가 있을까. 두 차례 선거에서 민주노동당이 평균 이상으로 표를 얻은 동네의 대학 이상 학력자 비중은 평균 미만인 동네에 비해 1~5% 높다. 득표율이 높은 동네일수록 학력 수준이 높은 셈인데, 득표율 5분위별 학력 수준 분포는 서로 엇갈려 연관성을 뚜렷이 확인하기는 어렵다.

또 두 차례 선거에서 대학 이상 학력자 비중이 인천시 평균(34%) 이상인 46개 동네의 민주노동당 득표율은 평균 미만인 93개 동네에 비해 1%가 높았다. 그러나 학력 수준이 가장 낮은 1분위에서 득표율도 가장 낮은 것은 확인되지만, 2~5분위에서 연관성을 찾기는 어렵다. 이처럼 대체로 학력 수준이 가장 낮은 곳에서 민주노동당 득표율이 가장 낮다는 점은 확인되지만, 전반적인 연관성은 분명하지 않다.


## 민주노동당 득표율과 종교 인구

종교 인구와 민주노동당 득표율의 관계를 보자. 두 차례 선거에서 민주노동당을 평균 이상으로 지지한 동네의 종교 인구 비율은 평균 미만인 동네에 비해 1~2%가 낮아 차이가 크지 않았다. 득표율 5분위별 종교 인구 분포에서도 득표율이 가장 낮은 1분위 동네에서 종교 인구 비중이 가장 높다는 점만 확인될 뿐이다.

실제로 두 차례 선거에서 종교를 가진 사람 비율이 인천시 평균 (51%) 이상으로 사는 66개 동네의 민주노동당 득표율은, 평균 미만으로 사는 64개 동네에 비해 1%가 낮다. 하지만 동네 사람 중 종교 인구가 가장 많은 5분위에서 민주노동당을 가장 적게 찍었다는 사실이 확인될 뿐 1~4분위의 득표율 분포는 엇갈린다. 이처럼 종교 인구가 가장 많은 동네에서 민주노동당 득표율이 가장 낮다는 점은 확인되지만 뚜렷한 상관관계를 확인하기는 여의치 않다.

## 민주노동당 득표율과 투표율

동네별 민주노동당 득표율과 투표율은 어떤 관계가 있을까. 2004년 총선에서 민주노동당이 평균 이상으로 표를 얻은 동네는 평균 미만의 득표율을 기록한 동네에 비해 투표율이 1% 높았다. 그러나 2006년 지방선거에서는 민주노동당을 적게 찍은 동네에서 3%가 높아 연관성을 찾기 어렵다.

실제로 2004년 총선에서 투표율이 평균 이상인 동네에서 민주노동당 득표율이 1% 높은 반면, 2006년 지방선거에서는 오히려 투표율이 평균 미만인 동네에서 1%가 더 높았다. 이처럼 인천에서 민주노동당 득표율과 투표율의 상관관계는 명확하지 않다.

**표 4_2.18**

## 민주노동당 득표율 분포별 인천시 동네의 특징

2004년 총선(단위 : %)

| | | 계 | 평균 미만 | 평균 이상 | 5분위 | | | | |
|---|---|---|---|---|---|---|---|---|---|
| | | 139개 동네 | 83개 동네 | 56개 동네 | 1분위 (하위20%) | 2분위 | 3분위 | 4분위 | 5분위 (상위20%) |
| 주택 소유 | 주택 소유 | 65 | 65 | 65 | 77 | 66 | 61 | 64 | 65 |
| | 다주택 | 7 | 7 | 7 | 10 | 8 | 6 | 7 | 7 |
| | 무주택 | 35 | 35 | 35 | 23 | 34 | 39 | 36 | 35 |
| 거처 | 아파트 | 46 | 36 | 55 | 20 | 46 | 30 | 49 | 61 |
| | 단독주택 | 28 | 34 | 21 | 62 | 29 | 32 | 26 | 17 |
| | 기타 | 25 | 30 | 24 | 18 | 25 | 38 | 25 | 22 |
| 1인 가구 | | 17 | 18 | 16 | 20 | 17 | 19 | 18 | 14 |
| (반)지하 등 | | 6 | 7 | 5 | 2 | 5 | 9 | 6 | 5 |
| 대학 이상 학력 | 대학 이상 | 34 | 32 | 37 | 26 | 24 | 31 | 38 | 36 |
| | 석사과정 이상 | 2 | 2 | 2 | 2 | 2 | 1 | 2 | 2 |
| | 박사과정 이상 | 0 | 0 | 0 | 0 | 0 | 0 | 0 | 0 |
| 종교 인구 | 계 | 51 | 51 | 50 | 57 | 51 | 50 | 51 | 49 |
| | 불교 | 14 | 14 | 13 | 15 | 14 | 14 | 14 | 13 |
| | 개신교 | 22 | 23 | 22 | 25 | 22 | 22 | 22 | 22 |
| | 천주교 | 14 | 13 | 14 | 16 | 13 | 13 | 14 | 14 |
| 2004년 투표율 득표율 | 투표율 | 57 | 56 | 57 | 61 | 56 | 54 | 57 | 57 |
| | 한나라당 | 35 | 37 | 33 | 46 | 36 | 35 | 35 | 32 |
| | 민주(+열린우리)당 | 44 | 44 | 45 | 38 | 44 | 45 | 44 | 45 |
| | 민주노동당 | 16 | 14 | 17 | 10 | 14 | 15 | 16 | 18 |
| 2006년 투표율 득표율 | 투표율 | 43 | 44 | 42 | 59 | 43 | 41 | 42 | 43 |
| | 한나라당 | 59 | 60 | 57 | 65 | 60 | 58 | 58 | 56 |
| | 민주(+열린우리)당 | 27 | 27 | 27 | 24 | 27 | 28 | 26 | 27 |
| | 민주노동당 | 14 | 12 | 15 | 9 | 12 | 13 | 15 | 16 |

**표 4_2.19**

## 민주노동당 득표율 분포별 인천시 동네의 특징

| | | 계 | 평균 미만 | 평균 이상 | 5분위 | | | | |
|---|---|---|---|---|---|---|---|---|---|
| | | 139개 동네 | 76개 동네 | 63개 동네 | 1분위 (하위20%) | 2분위 | 3분위 | 4분위 | 5분위 (상위20%) |
| 주택 소유 | 주택 소유 | 65 | 65 | 64 | 75 | 63 | 65 | 62 | 65 |
| | 다주택 | 7 | 8 | 7 | 10 | 7 | 7 | 6 | 8 |
| | 무주택 | 35 | 35 | 36 | 25 | 37 | 35 | 38 | 35 |
| 거처 | 아파트 | 46 | 42 | 49 | 32 | 37 | 50 | 43 | 56 |
| | 단독주택 | 28 | 34 | 22 | 51 | 36 | 25 | 23 | 21 |
| | 기타 | 27 | 44 | 29 | 17 | 27 | 25 | 34 | 23 |
| 1인 가구 | | 17 | 18 | 16 | 19 | 18 | 18 | 18 | 14 |
| (반)지하 등 | | 6 | 6 | 6 | 3 | 7 | 6 | 7 | 5 |
| 대학 이상 학력 | 대학 이상 | 34 | 34 | 35 | 30 | 33 | 37 | 34 | 35 |
| | 석사과정 이상 | 2 | 2 | 2 | 2 | 2 | 2 | 2 | 2 |
| | 박사과정 이상 | 0 | 0 | 0 | 0 | 0 | 0 | 0 | 0 |
| 종교 인구 | 계 | 51 | 52 | 50 | 57 | 51 | 51 | 49 | 50 |
| | 불교 | 14 | 14 | 14 | 15 | 15 | 14 | 14 | 13 |
| | 개신교 | 22 | 23 | 22 | 25 | 22 | 23 | 22 | 22 |
| | 천주교 | 14 | 14 | 13 | 16 | 13 | 14 | 14 | 14 |
| 2004년 투표율 득표율 | 투표율 | 57 | 57 | 57 | 60 | 55 | 56 | 56 | 58 |
| | 한나라당 | 35 | 38 | 33 | 45 | 37 | 35 | 33 | 32 |
| | 민주(+열린우리)당 | 44 | 43 | 46 | 38 | 43 | 44 | 46 | 46 |
| | 민주노동당 | 16 | 14 | 17 | 11 | 14 | 15 | 16 | 17 |
| 2006년 투표율 득표율 | 투표율 | 43 | 45 | 42 | 56 | 43 | 42 | 41 | 43 |
| | 한나라당 | 59 | 61 | 56 | 66 | 61 | 59 | 56 | 55 |
| | 민주(+열린우리)당 | 27 | 26 | 28 | 25 | 27 | 27 | 28 | 27 |
| | 민주노동당 | 14 | 12 | 16 | 9 | 12 | 13 | 15 | 17 |

**표 4_2.20**

## 인천시 동네 특성별 민주노동당 득표율

2004년 총선(단위 : 개, %)

| | 읍면동 수(개) | | | 득표율(%) | | 5분위별 득표율(%) | | | | |
|---|---|---|---|---|---|---|---|---|---|---|
| | 계 | 평균 미만 | 평균 이상 | 평균 미만 | 평균 이상 | 1분위 (하위20%) | 2분위 | 3분위 | 4분위 | 5분위 (상위20%) |
| 주택 소유 가구 | 139 | 64 | 75 | 16 | 15 | 16 | 16 | 16 | 15 | 14 |
| 다주택(주택 소유 평균 이상 동네) | 75 | 40 | 35 | 16 | 15 | 15 | 16 | 15 | 15 | 14 |
| 다주택(주택 소유 평균 미만 동네) | 64 | 36 | 28 | 16 | 16 | 15 | 16 | 16 | 15 | 17 |
| 아파트 거주 가구 | 139 | 89 | 50 | 15 | 16 | 12 | 15 | 16 | 15 | 17 |
| 1인 가구 | 139 | 62 | 77 | 16 | 15 | 16 | 16 | 15 | 15 | 15 |
| (반)지하 등 거주 가구 | 139 | 79 | 60 | 15 | 16 | 15 | 16 | 15 | 15 | 16 |
| 대학 이상 학력자 | 139 | 93 | 46 | 15 | 16 | 12 | 16 | 16 | 15 | 16 |
| 종교 인구 | 139 | 73 | 66 | 16 | 16 | 16 | 16 | 16 | 15 | 14 |
| 투표율 | 139 | 65 | 74 | 15 | 16 | 16 | 16 | 15 | 16 | 15 |

**표 4_2.21**

## 인천시 동네 특성별 민주노동당 득표율

2006년 지방선거(단위 : 개, %)

| | 읍면동 수(개) | | | 득표율(%) | | 5분위별 득표율(%) | | | | |
|---|---|---|---|---|---|---|---|---|---|---|
| | 계 | 평균 미만 | 평균 이상 | 평균 미만 | 평균 이상 | 1분위 (하위20%) | 2분위 | 3분위 | 4분위 | 5분위 (상위20%) |
| 주택 소유 가구 | 139 | 64 | 75 | 14 | 13 | 15 | 14 | 14 | 13 | 13 |
| 다주택(주택 소유 평균 이상 동네) | 75 | 40 | 35 | 14 | 13 | 13 | 14 | 14 | 12 | 12 |
| 다주택(주택 소유 평균 미만 동네) | 64 | 36 | 28 | 14 | 15 | 13 | 14 | 14 | 14 | 16 |
| 아파트 거주 가구 | 139 | 89 | 50 | 13 | 14 | 11 | 13 | 14 | 14 | 15 |
| 1인 가구 | 139 | 62 | 77 | 14 | 13 | 15 | 14 | 13 | 13 | 13 |
| (반)지하 등 거주 가구 | 139 | 79 | 60 | 14 | 14 | 13 | 14 | 14 | 13 | 14 |
| 대학 이상 학력자 | 139 | 93 | 46 | 13 | 14 | 11 | 14 | 14 | 14 | 14 |
| 종교 인구 | 139 | 73 | 66 | 14 | 13 | 14 | 15 | 14 | 13 | 12 |
| 투표율 | 139 | 61 | 78 | 14 | 13 | 14 | 14 | 14 | 14 | 10 |

# 3

# 동네별
# 사회 지도

섬을 포함해 140개 동네가 동심원을 이루고 있는 인천. 동네엔 어떤 사람이

어떤 집에서 어떻게 살고 있을까. 집을 한 채 또는 여러 채 소유한 사람은 얼

마나 되며, 셋방을 떠돌거나 (반)지하나 비닐집 등에 사는 사람은 얼마나 될

까. 대학을 나온 사람과 그렇지 않은 사람, 종교가 있는 사람과 없는 사람은

몇이나 될까. 선거 때 투표는 얼마나 하며 어떤 정당을 주로 찍을까.

# 인천시 강화군 13개 동네

숫자 **100**으로 본

강화군에는 2005년 현재 13개 읍면에 2만 개의 거처가 있고,
여기에 2만1천 가구 5만8천 명이 살고 있다.

인천시 강화군이 100명이 사는 마을이라면 어떤 모습일까?

## 숫자 100으로 본 강화군

강화군에 사는 사람은 인천시 평균인에 비해 대학 이상 학력자 비중
이 낮고 종교 인구 비중은 높다. 자영업자와 농림 어업 종사자 비중
이 압도적으로 높다.

주택 소유자와 1인 가구, 단독주택 거주자가 많다. 가구의 1%는
(반)지하에 살고 22%가 최저 주거 기준에 미달되지만 이들에게 필요
한 공공임대주택은 공급되지 못하고 있다(2005년 기준).

최근 7년간 강화군에 한나라당은 41~63%를, 민주(+열린우리)당
은 19~42%를, 민주노동당+진보신당은 4~12%를 얻었다. 하지만 동
네별로는 차이가 있다.

그림 4_3.1

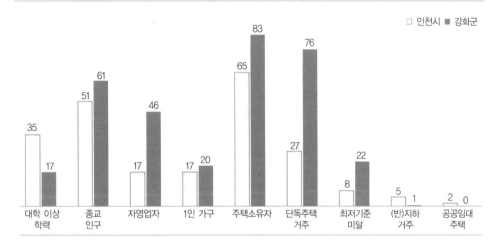

인천시와 강화군의 주요 지수 평균 비교

(단위 : %)

□ 인천시  ■ 강화군

| | 대학 이상 학력 | 종교 인구 | 자영업자 | 1인 가구 | 주택소유자 | 단독주택 거주 | 최저기준 미달 | (반)지하 거주 | 공공임대 주택 |
|---|---|---|---|---|---|---|---|---|---|
| 인천시 | 35 | 51 | 17 | 17 | 65 | 27 | 8 | 5 | 2 |
| 강화군 | 17 | 61 | 46 | 20 | 83 | 76 | 22 | 1 | 0 |

**강화군 인구가 100명이라면 :**

**대학 이상 학력자 17명, 종교 인구 61명**

인천시 강화군에 사는 사람은 2005년 현재 5만7,791명으로, 강화군 인구가 100명이라면 남자 대 여자는 49 대 51로 여자가 더 많다. 동네별로는 내가면·양사면·교동면·서도면에서 47 대 53으로 남자에 비해 여자가 가장 많다. 20명은 어린이와 청소년(19세 미만)이고, 80명은 어른이다. 어른 가운데 23명은 노인(65세 이상)이다.

지역적으로는, 강화군에 사는 100명 중 34명은 강화읍에, 11명은 선원면에, 9명은 길상면에 사는 등 절반 이상이 이들 세 곳에 산다.

불은면과 화도면, 양도면과 하점면에 각각 6명씩 산다. 또 내가면·송해면·교동면에는 5명씩 살고 양사면과 삼산면에는 3명씩 살며, 서도면에는 1명이 산다.

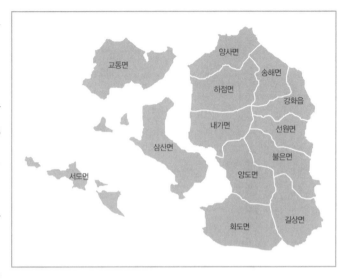

종교를 보면, 61명은 종교를 갖고 있다. 30명은 개신교, 17명은 불교, 12명은 천주교 신자다. 개신교는 서도면에서, 불교는 내가면에서, 천주교는 양도면에서 각각 신자 비율이 높다. 다른 종교를 가진 사람은 3명, 종교가 없는 사람은 39명이다.

학력은 어떨까. 7명은 초등학교에, 4명은 중학교에, 3명은 고등학교에 다니고 있으며, 14명은 대학에 재학 중이거나 대학 이상의 학력을 가지고 있다(6세 이상 인구 기준). 또 강화군에 사는 19세 이상 인구 가운데 17%가 대학 이상 학력자다. 선원면은 19세 이상 인구 중 24%가 대학 이상 학력자로 비중이 가장 높다.

19명은 미혼이며 81명은 결혼했다. 결혼한 사람 가운데 13명은 배우자와 사별했고, 2명은 이혼했다(15세 이상 인구 기준). 13명은 몸이 불편하거나 정신 장애로 정상적인 활동에 제약을 느끼고 있다.

거주 기간을 보면, 71명은 현재 살고 있는 집에 산 지 5년이 넘었으나, 29명은 5년 이내에 새로 이사 왔다(5세 이상 인구 기준). 이사 온 사람 중 20명은 강화군의 다른 동에서, 2명은 인천시의 다른 구와 군

표 4_3.1

# 인천시 강화군 성별·종교별·학력별 인구

(단위 : 명, %)

| 행정구역 | 남녀/외국인 | | | | 종교 인구 | | | | | | | 대학 이상 학력 인구 | | | | | | |
|---|---|---|---|---|---|---|---|---|---|---|---|---|---|---|---|---|---|---|
| | 총인구 | 남자 | 여자 | 외국인 | 인구(내국인) | 종교 있음 | | | | | 종교 없음 | 19세 이상 인구 | 계 | 4년제 미만 | | 4년제 이상 | | 대학원 이상 |
| | | | | | | 계 | 불교 | 개신교 | 천주교 | 기타 | | | | 계 | 재학 | 계 | 재학 | |
| 강화군 | 57,791 | 49 | 51 | 0 | 57,705 | 61 | 17 | 30 | 12 | 3 | 39 | 46,404 | 17 | 7 | 2 | 8 | 2 | 2 |
| 강화읍 | 19,920 | 49 | 51 | 0 | 19,899 | 61 | 21 | 26 | 11 | 3 | 38 | 14,991 | 20 | 8 | 2 | 11 | 3 | 1 |
| 교동면 | 2,947 | 47 | 53 | 0 | 2,942 | 48 | 15 | 22 | 6 | 5 | 52 | 2,537 | 7 | 3 | 1 | 3 | 1 | 1 |
| 길상면 | 5,253 | 49 | 51 | 0 | 5,248 | 70 | 11 | 44 | 14 | 0 | 30 | 4,164 | 18 | 6 | 2 | 10 | 4 | 2 |
| 내가면 | 2,701 | 47 | 53 | 0 | 2,692 | 65 | 23 | 31 | 8 | 3 | 35 | 2,309 | 13 | 6 | 1 | 6 | 1 | 2 |
| 불은면 | 3,534 | 49 | 51 | 0 | 3,526 | 62 | 14 | 37 | 11 | 1 | 38 | 3,025 | 16 | 7 | 2 | 8 | 3 | 1 |
| 삼산면 | 1,903 | 48 | 52 | 0 | 1,903 | 51 | 21 | 17 | 11 | 2 | 49 | 1,687 | 8 | 5 | 1 | 2 | 0 | 0 |
| 서도면 | 545 | 47 | 53 | 0 | 543 | 75 | 0 | 71 | 1 | 3 | 25 | 505 | 5 | 1 | 0 | 3 | – | 1 |
| 선원면 | 6,482 | 50 | 50 | 0 | 6,480 | 57 | 15 | 27 | 14 | 1 | 43 | 4,821 | 24 | 8 | 1 | 13 | 2 | 3 |
| 송해면 | 2,812 | 49 | 51 | 0 | 2,804 | 45 | 18 | 17 | 7 | 2 | 55 | 2,428 | 11 | 6 | 2 | 5 | 1 | 1 |
| 양도면 | 3,196 | 50 | 50 | 0 | 3,190 | 66 | 10 | 34 | 16 | 5 | 34 | 2,663 | 18 | 6 | 2 | 8 | 4 | 3 |
| 양사면 | 1,646 | 47 | 53 | 0 | 1,646 | 52 | 13 | 29 | 7 | 4 | 48 | 1,436 | 10 | 4 | 1 | 5 | 1 | 1 |
| 하점면 | 3,538 | 49 | 51 | 1 | 3,520 | 61 | 21 | 24 | 13 | 4 | 39 | 3,048 | 13 | 6 | 1 | 6 | 2 | 1 |
| 화도면 | 3,314 | 48 | 52 | 0 | 3,312 | 74 | 7 | 50 | 14 | 3 | 26 | 2,790 | 15 | 8 | 2 | 5 | 1 | 2 |

에서, 8명은 인천시 밖에서 이사 왔다.


## 강화군 취업자가 100명이라면 :
## 32명은 봉급쟁이, 46명은 자영업자


강화군에 사는 15세 이상 인구 4만9천여 명 가운데 취업해 직장에 다니는 사람(취업자)은 59%, 2만9천 명이다. 강화군 취업자가 100명이라면 40명은 30~40대, 22명은 50대, 8명은 20대다. 65세 이상 노인도 12명이 일하고 있다.

회사에서 봉급을 받고 일하는 직장인은 32명이다. 46명은 고용한 사람 없이 혼자서 일하는 자영업자이며, 3명은 누군가를 고용해 사업체를 경영하는 사업주다. 19명은 가족이 운영하는 사업체에서 보수 없이 일하고 있다.

직업별로는 농림 어업 종사자가 48명으로 가장 많다. 서비스직과 판매직은 각각 9명이며, 사무직과 장치 기계 조작 및 조립직은 각각 7명씩이다. 6명은 단순 노무직으로, 5명은 기능직으로 일하며, 4명은 전문가, 다른 4명은 기술공 및 준전문가로, 2명은 고위 관리직으로 일한다.

직장으로 출근하는 데 30분 이상 걸리는 사람은 17명이며, 그 가운데 5명은 1시간 이상 걸린다. 45명은 걸어서 출근하고 55명은 교통수단을 이용해 출근한다. 55명 가운데 28명은 자가용으로, 4명은 시내버스로, 3명은 자전거로, 2명은 통근버스로, 1명은 시외(고속)버스로 출퇴근한다. 16명은 그 밖의 교통수단을 이용한다.

50명은 야외 작업 현장에서 일하고 39명은 사업장에서 일한다. 5명은 자기 집에서, 3명은 거리에서, 2명은 운송 수단에서 일하며, 1명은 남의 집에서 일한다.


## 강화군에 100가구가 산다면 : 16가구는 셋방살이

강화군에는 2만1천 가구가 산다(일반 가구 기준). 강화군에 사는 가구

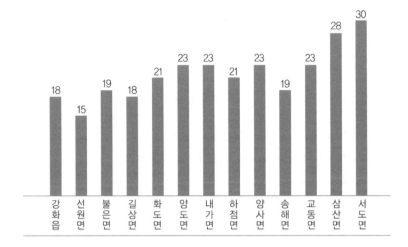

**그림 4_3.2**

## 인천시 강화군 동네별 1인 가구

(단위 : %)

강화읍 18 | 선원면 15 | 불은면 19 | 길상면 18 | 화도면 21 | 양도면 23 | 내가면 23 | 하점면 21 | 양사면 23 | 송해면 19 | 교동면 23 | 삼산면 28 | 서도면 30

를 100가구로 친다면, 57가구는 식구가 한 명 또는 두 명인 1, 2인 가구이며, 이 가운데 20가구는 나 홀로 사는 1인 가구다. 식구 3명은 15가구, 4명은 13가구, 5명 이상은 6가구다.

동네별 1인 가구 비중을 보면 서도면과 삼산면에서 30%와 28%로 가장 높고, 양도면·내가면·양사면·교동면이 각 23%로 뒤를 잇는다. 선원면은 15%로 가장 낮다.

80가구는 자신이 소유한 집에서 살고, 16가구는 셋방에 살며, 5가구는 직장의 사택이나 친척집 등에서 무상으로 살고 있다. 자기 집에 사는 가구 중 8가구는 현재 살고 있는 곳 외에 집을 한 채 이상 더 소유한 다주택자들이다.

셋방 사는 가구 가운데 10가구는 전세에, 4가구는 보증금 있는 월세에, 1가구는 보증금 없는 월세에 살고 있고, 1가구는 사글세에 산다. 셋방 사는 가구 중 3가구는 어딘가에 자신 명의의 집을 소유하고 있으나 경제 사정이나 자녀 교육, 직장 등의 사정으로 셋방에 살고 있다.

27가구는 현재 사는 집으로 이사 온 지 5년이 안 되며, 이 가운데 14가구는 2년이 안 된다. 14가구는 5~10년이 됐고, 58가구는 10년이 넘었다.

55가구는 자동차를 소유하고 있고 이 가운데 50가구는 자기 집에 전용 주차장이 있다. 자동차 소유 가구 중 13가구는 차를 2대 이상 소유하고 있다.

## 집 많은 사람, 집 없는 사람 : 서도면 97% 주택 소유, 19% 다주택

강화군에 사는 100가구 중 83가구는 주택 소유자이고 17가구는 무주택자다. 13개 동네 모두 무주택자보다 주택 소유자가 더 많다. 서도면 97%를 비롯해 9곳은 90% 이상, 2곳은 80% 이상, 다른 2곳은 70% 이상이 주택 소유자다. 강화군 100가구 중 8가구는 집을 두 채 이상 소유한 다주택자다. 서도면 가구의 19%, 교동면 가구의 14%는 집을 두 채 이상 소유한 다주택자다.

강화군 100가구 중 3가구는 어딘가에 자신 명의의 집이 있지만 셋방에 살고 있는 유주택 전월세 가구다. 선원면은 가구의 6%가 유주

**표 4_3.2**

## 인천시 강화군 주택의 점유·소유 형태별 가구

(단위 : 가구, %)

| 행정구역 | 전체 가구 | 자기 집에 거주 | | | 셋방에 거주 | | | 무상으로 거주 | | 주택 소유 | 무주택 |
|---|---|---|---|---|---|---|---|---|---|---|---|
| | | 계 | 집 한 채 | 여러 채 | 계 | 집 없음 | 집 있음 | 집 없음 | 집 있음 | | |
| 강화군 | 21,045 | 80 | 72 | 8 | 16 | 13 | 3 | 4 | 1 | 83 | 17 |
| 강화읍 | 6,792 | 70 | 63 | 7 | 26 | 23 | 3 | 3 | 1 | 74 | 26 |
| 교동면 | 1,270 | 89 | 74 | 14 | 5 | 4 | 1 | 5 | 2 | 91 | 9 |
| 길상면 | 1,733 | 78 | 69 | 9 | 16 | 14 | 2 | 6 | 1 | 80 | 20 |
| 내가면 | 1,120 | 84 | 72 | 12 | 10 | 7 | 3 | 4 | 2 | 89 | 11 |
| 불은면 | 1,244 | 90 | 84 | 6 | 6 | 4 | 2 | 3 | 1 | 93 | 7 |
| 삼산면 | 843 | 90 | 81 | 9 | 5 | 4 | 1 | 5 | 1 | 92 | 8 |
| 서도면 | 277 | 90 | 71 | 19 | 1 | – | 1 | 3 | 6 | 97 | 3 |
| 선원면 | 2,119 | 63 | 56 | 7 | 33 | 27 | 6 | 3 | 1 | 70 | 30 |
| 송해면 | 1,072 | 96 | 92 | 4 | 3 | 2 | 1 | 1 | 0 | 96 | 4 |
| 양도면 | 1,177 | 91 | 85 | 6 | 6 | 4 | 1 | 3 | 0 | 93 | 7 |
| 양사면 | 686 | 92 | 86 | 7 | 3 | 3 | 0 | 3 | 1 | 94 | 6 |
| 하점면 | 1,406 | 89 | 82 | 7 | 4 | 3 | 1 | 6 | 1 | 92 | 8 |
| 화도면 | 1,306 | 86 | 76 | 10 | 8 | 5 | 3 | 4 | 1 | 90 | 10 |

택 전월세 가구다. 주택 소유자 중 유주택 전월세를 제외한 80가구는 자신이 소유한 집에서 살고 있고 송해면(96%), 양사면(92%), 양도면(91%) 순으로 비중이 높다.

16가구는 셋방에 살고 있는데 이 가운데 13가구는 집이 없이 셋방을 떠도는 무주택 전월세 가구다. 무주택 전월세 가구는 선원면(27%)과 강화읍(23%)에서 상대적으로 비중이 높다. 한편 서도면 가구의 9%는 직장의 사택이나 친척집 등에서 무상으로 살고 있고, 이 가운데 6%는 무주택자다.

표 4_3.3

# 인천시 강화군 거처의 종류별·연건평별·건축년도별 주택

(단위 : 호, 가구, %)

| 행정구역 | 계 | | 거처의 종류별 거처와 가구 | | | | | | | | | | | | |
|---|---|---|---|---|---|---|---|---|---|---|---|---|---|---|---|
| | | | 단독주택 | | 아파트 | | 연립주택 | | 다세대주택 | | 비거주용 건물 내 주택 | | 주택 이외의 거처 | | |
| | 거처 | 가구 | 거처 | 가구 | 거처 | 가구 | 거처 | 가구 | 거처 | 가구 | 거처 | 가구 | 거처 | 가구 | |
| 강화군 | 20,302 | 21,089 | 76 | 76 | 9 | 9 | 3 | 3 | 9 | 9 | 2 | 2 | 1 | 1 | |
| 강화읍 | 6,258 | 6,798 | 49 | 52 | 12 | 11 | 10 | 9 | 27 | 25 | 2 | 2 | 1 | 1 | |
| 교동면 | 1,252 | 1,271 | 94 | 93 | 0 | 0 | 0 | 0 | 2 | 2 | 4 | 5 | 0 | 0 | |
| 길상면 | 1,677 | 1,742 | 82 | 82 | 5 | 4 | 1 | 1 | 5 | 5 | 5 | 5 | 2 | 2 | |
| 내가면 | 1,102 | 1,124 | 90 | 90 | 0 | 0 | 0 | 0 | 5 | 5 | 3 | 4 | 1 | 1 | |
| 불은면 | 1,224 | 1,253 | 99 | 99 | 0 | 0 | 0 | 0 | 0 | 0 | 0 | 0 | 1 | 1 | |
| 삼산면 | 839 | 844 | 98 | 98 | 0 | 0 | 0 | 0 | 0 | 0 | 0 | 0 | 1 | 1 | |
| 서도면 | 277 | 277 | 100 | 100 | 0 | 0 | 0 | 0 | 0 | 0 | 0 | 0 | 0 | 0 | |
| 선원면 | 2,086 | 2,122 | 49 | 48 | 47 | 46 | 3 | 3 | 0 | 0 | 1 | 2 | 1 | 1 | |
| 송해면 | 1,066 | 1,072 | 100 | 100 | 0 | 0 | 0 | 0 | 0 | 0 | 0 | 0 | 0 | 0 | |
| 양도면 | 1,174 | 1,180 | 99 | 99 | 0 | 0 | 0 | 0 | 0 | 0 | 0 | 0 | 1 | 1 | |
| 양사면 | 687 | 687 | 99 | 99 | 0 | 0 | 0 | 0 | 0 | 0 | 0 | 0 | 1 | 1 | |
| 하점면 | 1,406 | 1,411 | 96 | 96 | 2 | 2 | 0 | 0 | 2 | 2 | 0 | 0 | 0 | 0 | |
| 화도면 | 1,254 | 1,308 | 97 | 97 | 0 | 0 | 0 | 0 | 0 | 0 | 1 | 2 | 1 | 1 | |

## 강화군에 있는 집이 100채라면 :
## 76채는 단독주택

강화군에는 집(주택과 주택 이외의 거처)이 2만302채가 있다. 강화군에
있는 집이 100채라면 76채는 단독주택이고, 9채는 아파트이며, 다른
9채는 다세대주택이다. 연립주택은 3채, 비거주용 건물 내 주택은 2
채, 주택 이외의 거처는 1채다.

송해면과 서도면 주택의 100%가 단독주택인 것을 비롯해 10개 동

| 연건평별 주택 | | | | | 건축년도별 주택 | | |
|---|---|---|---|---|---|---|---|
| 총 주택 수 | 14평 미만 | 14~19평 | 19~29평 | 29평 이상 | 1995~ 2005년 | 1985~ 1994년 | 1985년 이전 |
| 20,146 | 6 | 15 | 46 | 32 | 40 | 26 | 34 |
| 6,226 | 7 | 23 | 48 | 22 | 32 | 35 | 33 |
| 1,247 | 8 | 14 | 52 | 26 | 33 | 40 | 28 |
| 1,642 | 5 | 10 | 38 | 46 | 43 | 26 | 31 |
| 1,089 | 11 | 11 | 36 | 42 | 39 | 16 | 45 |
| 1,214 | 3 | 12 | 41 | 44 | 41 | 22 | 37 |
| 830 | 7 | 21 | 40 | 33 | 32 | 13 | 54 |
| 277 | 4 | 42 | 50 | 4 | 9 | 12 | 79 |
| 2,074 | 3 | 5 | 64 | 27 | 66 | 13 | 21 |
| 1,063 | 5 | 14 | 50 | 32 | 48 | 25 | 27 |
| 1,164 | 6 | 11 | 44 | 40 | 34 | 18 | 48 |
| 681 | 5 | 11 | 52 | 32 | 34 | 17 | 49 |
| 1,399 | 5 | 15 | 39 | 41 | 40 | 20 | 40 |
| 1,240 | 4 | 10 | 34 | 53 | 58 | 24 | 17 |

네에서 90% 이상이 단독주택이다. 하지만 강화읍과 선원면은 49% 에 머물렀다. 아파트는 선원면(47%)과 강화읍(12%)에서, 다세대주택은 강화읍(27%)과 길상면·내가면(5%)에서, 연립주택은 강화읍(10%)에서 각각 비중이 높다. 또 비거주용 건물 내 주택과 주택 이외의 거처는 길상면에서 각각 5%와 2%를 차지했다.

사람이 사는 곳을 기준으로 보면 강화군 가구의 76%는 단독주택에, 9%는 아파트에, 다른 9%는 다세대주택에 산다. 연립주택에는 3%가 살고, 비거주용 건물 내 주택에는 2%, 주택 이외의 거처에는

1%가 산다.

동네별로도 송해면과 서도면 주택의 100%가 단독주택에 사는 것을 비롯해 10곳에서 90% 이상의 가구가 단독주택에 산다. 아파트에 사는 가구는 선원면(46%)에서, 다세대주택 거주 가구는 강화읍(25%)에서 상대적으로 비중이 높다.

강화군 주택(주택 이외의 거처 제외)을 크기별로 보면 29평 이상의 주택은 32채, 19~29평은 46채, 14~19평은 15채이며, 14평 미만은 6채다. 화도면에서는 절반 이상이 29평 이상이며, 내가면에서는 11%가 14평 미만 소형 주택이다.

2005년 기준으로 40채는 지은 지 10년(1995~2005년 사이 건축)이 안 된 새집이며, 26채는 1985년에서 1994년 사이에 지었고, 20년이 넘은 주택은 34채다. 10년이 안 된 새집은 화도면에서 58%로 가장 많고, 20년이 넘은 집은 서도면에서 79%로 가장 많다.

1995년부터 2005년까지 10년 동안 강화군 주택 수(주택 이외의 거처 제외)는 1만9,300채에서 2만3천 채로 19%, 3천7백 채가 늘었다. 다세대주택은 2천 채가 늘고 아파트는 1천4백 채 단독주택은 1천 채가 각각 늘었다. 그러나 연립주택과 비거주용 건물 내 주택은 6백 채와 2백 채가 각각 줄었다. 이에 따라 전체 주택(주택 이외의 거처 제외)에서 차지하는 비중은 단독주택이 85%에서 76%로, 연립주택이 8%에서 4%로 각각 감소한 반면, 아파트는 4%에서 9%로, 다세대주택은 1%에서 9%로 증가했다. 비거주용 건물 내 주택도 3%에서 2%로 감소했다.

표 4_3.4

## 인천시 강화군 (반)지하 등 거주 가구

(단위 : 가구, %)

| 행정구역 | 전체 가구 | (반)지하 | | 옥탑방 | 판잣집·움막·비닐집 | 기타 |
|---|---|---|---|---|---|---|
| | | 가구 | 비중 | 가구 | 가구 | 가구 |
| 강화군 | 21,045 | 169 | 1 | 5 | 38 | 68 |
| 강화읍 | 6,792 | 159 | 2 | 3 | 2 | 11 |
| 교동면 | 1,270 | – | – | – | 3 | 2 |
| 길상면 | 1,733 | 4 | 0 | 1 | 10 | 12 |
| 내가면 | 1,120 | – | – | – | 6 | 5 |
| 불은면 | 1,244 | – | – | – | 1 | 4 |
| 삼산면 | 843 | – | – | 5 | 4 | 5 |
| 서도면 | 277 | – | – | – | – | – |
| 선원면 | 2,119 | 6 | 0 | 8 | 3 | 5 |
| 송해면 | 1,072 | – | – | – | – | 3 |
| 양도면 | 1,177 | – | – | – | 1 | 6 |
| 양사면 | 686 | – | – | – | 2 | 3 |
| 하점면 | 1,406 | – | – | – | 4 | 2 |
| 화도면 | 1,306 | – | – | – | 2 | 10 |

## 강화군 100가구 중 22가구가 최저 주거 기준에 미달

강화군에 사는 2만1천 가구를 100가구로 친다면, 그 중 22가구는 식구에 비해 집이 너무 좁거나 시설이 제대로 갖춰지지 않아 인간다운 품위를 지키기 어려운 최저 주거 기준 미달 가구다. 이 가운데 대부분을 차지하는 96%의 가구는 수세식 화장실이나 온수 목욕 시설 등이 제대로 갖춰지지 않은 시설 기준 미달 가구다.

또 2만1천 가구 중 169가구는 (반)지하에, 5가구는 옥탑방에, 38가구는 판잣집·움막·비닐집에, 68가구는 업소의 잠만 자는 방이나 건설 현장의 임시 막사 등에 살고 있다. 이런 상황에서 2005년 현재 강화군에 공급된 공공임대주택은 단 한 채도 없다.


## 강화군 유권자가 100명이라면

정당 지지도를 알 수 있는 최근 네 차례 선거(제3~4회 동시지방선거, 제17~18대 총선)를 기준으로 강화군 평균 투표율은 61%다. 인천시 서구와 선거구가 겹치거나 행정구역이 개편된 제17~18대 국회의원 총선을 제외한 제3~4회 동시지방선거 기준 유권자 수는 5만2천~5만4천 명 사이다.

강화군 유권자가 100명이라면 2002년 지방선거에서는 58명이 한나라당을, 28명이 새천년민주당을, 4명이 민주노동당을, 3명이 자민련을 찍었다. 2004년 총선에서는 41명이 한나라당을, 38명이 열린우리당을, 12명이 민주노동당을, 4명이 새천년민주당을, 2명이 자민련을 지지했다.

2006년 지방선거에서는 64명이 한나라당을 찍었고, 20명은 열린우리당을, 10명은 민주노동당을, 4명은 민주당을 찍었다. 2008년 총선에서는 43명이 한나라당을, 19명이 통합민주당을, 14명이 친박연대를 찍었고, 4명은 민주노동당을, 다른 4명은 자유선진당을, 또 다른 4명은 창조한국당을, 3명은 진보신당을 지지했다.

동네별 투표율은 서도면에서 가장 높았고 내가면·교동면·양사면에서 상대적으로 높았다. 반면 검단3동·검단1동·길상면·강화읍에서 상대적으로 낮았다.

한나라당 득표율은 길상면·송해면·서도면에서 상대적으로 높았다. 반면 화도면·내가면·검단3동·검단4동에서 상대적으로 낮았다. 송해면과 화도면의 득표율 격차는 2~18% 사이다.

민주(＋열린우리)당 득표율은 화도면·길상면·내가면·검단4동에서 상대적으로 높았다. 반면 서도면·송해면·길상면에서 상대적으로 낮았다. 2002년 지방선거에서 득표율이 가장 높았던 길상면은 2008년 총선에서는 가장 낮았다. 화도면과 서도면의 득표율 격차는 4~15% 사이다.

민주노동당＋진보신당 득표율은 선원면·불은면·검당3동에서 상대적으로 높았다.

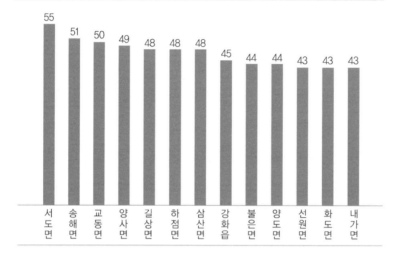

**그림 4_3.3**

## 인천시 강화군 동네별 한나라당 득표율

2004년 총선(단위 : %)

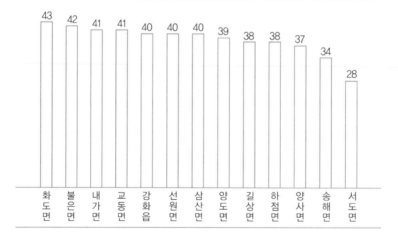

**그림 4_3.4**

## 인천시 강화군 동네별 민주(＋열린우리)당 득표율

2004년 총선(단위 : %)

표 4_3.5

# 인천시 강화군 역대 선거 투표율과 정당 지지율

2002~2008년(단위 : 명, %)

| 행정구역 | 2002년 지방선거 | | | | | | | 2004년 총선(서구·강화군을) | | | | | | | |
|---|---|---|---|---|---|---|---|---|---|---|---|---|---|---|
| | 선거인 수 | 투표율 | 한나라당 | 새천년민주당 | 자민련 | 민주노동당 | 기타정당 | 선거인 수 | 투표율 | 한나라당 | 새천년민주당 | 열린우리당 | 자민련 | 민주노동당 | 기타정당 |
| 강화군 | 51,913 | 67 | 58 | 28 | 3 | 4 | 5 | 91,690 | 61 | 41 | 4 | 38 | 2 | 12 | 3 |
| 강화읍 | 16,430 | 58 | 64 | 25 | 3 | 4 | 4 | 16,499 | 60 | 45 | 4 | 36 | 2 | 11 | 3 |
| 교동면 | 2,866 | 79 | 55 | 32 | 3 | 4 | 6 | 2,779 | 64 | 50 | 4 | 37 | 1 | 6 | 3 |
| 길상면 | 4,377 | 59 | 56 | 34 | 3 | 4 | 3 | 4,379 | 58 | 48 | 3 | 35 | 1 | 8 | 4 |
| 내가면 | 2,652 | 78 | 54 | 27 | 5 | 5 | 8 | 2,686 | 64 | 43 | 3 | 38 | 3 | 9 | 5 |
| 불은면 | 3,220 | 72 | 55 | 29 | 4 | 6 | 5 | 3,202 | 64 | 44 | 4 | 38 | 2 | 8 | 5 |
| 삼산면 | 1,918 | 79 | 53 | 33 | 3 | 6 | 5 | 1,901 | 66 | 48 | 5 | 35 | 3 | 6 | 4 |
| 서도면 | 602 | 92 | 58 | 26 | 3 | 4 | 8 | 573 | 80 | 55 | 3 | 25 | 2 | 8 | 7 |
| 선원면 | 4,152 | 65 | 59 | 28 | 3 | 5 | 5 | 4,245 | 62 | 43 | 4 | 36 | 1 | 12 | 3 |
| 송해면 | 2,981 | 70 | 70 | 18 | 3 | 4 | 5 | 2,884 | 62 | 51 | 3 | 31 | 1 | 9 | 4 |
| 양도면 | 3,011 | 61 | 54 | 31 | 5 | 6 | 5 | 2,949 | 62 | 44 | 3 | 36 | 2 | 11 | 4 |
| 양사면 | 1,717 | 75 | 61 | 24 | 4 | 4 | 7 | 1,741 | 68 | 49 | 4 | 33 | 2 | 7 | 5 |
| 하점면 | 3,634 | 65 | 60 | 28 | 3 | 3 | 6 | 3,551 | 63 | 48 | 3 | 35 | 2 | 8 | 4 |
| 화도면 | 3,110 | 76 | 52 | 33 | 3 | 5 | 7 | 3,099 | 62 | 43 | 4 | 39 | 2 | 7 | 4 |

| 행정구역 | 2006년 지방선거 | | | | | | | 행정구역 | 2008년 총선 | | | | | | | | | |
|---|---|---|---|---|---|---|---|---|---|---|---|---|---|---|---|---|---|---|
| | 선거인 | 수투표율 | 열린우리당 | 한나라당 | 민주당 | 민주노동당 | 기타정당 | | 선거인 | 수투표율 | 통합민주당 | 한나라당 | 자유선진당 | 민주노동당 | 창조한국당 | 친박연대 | 진보신당 | 기타정당 |
| 강화군 | 53,699 | 66 | 20 | 64 | 4 | 10 | 2 | 강화군 | 134,583 | 48 | 19 | 43 | 4 | 4 | 4 | 14 | 3 | 8 |
| 강화읍 | 16,793 | 62 | 21 | 64 | 4 | 10 | 2 | 강화읍 | 17,249 | 51 | 14 | 44 | 4 | 4 | 3 | 18 | 2 | 11 |
| 교동면 | 2,773 | 69 | 22 | 62 | 5 | 9 | 2 | 검단1동 | 27,100 | 40 | 23 | 41 | 4 | 4 | 5 | 14 | 3 | 7 |
| 길상면 | 4,640 | 63 | 14 | 72 | 4 | 9 | 2 | 검단2동 | 14,961 | 43 | 24 | 40 | 4 | 4 | 5 | 15 | 4 | 5 |
| 내가면 | 2,640 | 71 | 25 | 61 | 3 | 8 | 2 | 검단3동 | 13,119 | 42 | 24 | 37 | 4 | 5 | 7 | 13 | 6 | 5 |
| 불은면 | 3,279 | 69 | 20 | 661 | 5 | 11 | 4 | 검단4동 | 22,640 | 44 | 25 | 38 | 5 | 4 | 5 | 13 | 4 | 6 |
| 삼산면 | 1,918 | 69 | 18 | 65 | 6 | 7 | 4 | 교동면 | 2,746 | 57 | 17 | 49 | 2 | 6 | 2 | 12 | 1 | 12 |
| 서도면 | 596 | 74 | 16 | 68 | 3 | 10 | 2 | 길상면 | 5,020 | 51 | 11 | 55 | 4 | 3 | 2 | 15 | 2 | 8 |
| 선원면 | 5,078 | 61 | 19 | 63 | 3 | 12 | 4 | 내가면 | 2,670 | 62 | 16 | 47 | 3 | 4 | 3 | 14 | 1 | 13 |
| 송해면 | 2,827 | 68 | 16 | 70 | 5 | 8 | 2 | 불은면 | 3,511 | 56 | 15 | 46 | 4 | 4 | 3 | 13 | 2 | 12 |
| 양도면 | 3,002 | 67 | 20 | 63 | 4 | 11 | 3 | 삼산면 | 1,953 | 57 | 13 | 55 | 5 | 5 | 2 | 9 | 1 | 10 |
| 양사면 | 1,706 | 69 | 17 | 68 | 4 | 8 | 2 | 서도면 | 605 | 71 | 10 | 54 | 2 | 3 | 3 | 9 | 2 | 17 |
| 하점면 | 3,530 | 69 | 19 | 64 | 5 | 10 | 3 | 선원면 | 5,425 | 53 | 14 | 46 | 4 | 4 | 4 | 16 | 2 | 11 |
| 화도면 | 3,308 | 64 | 19 | 68 | 4 | 7 | 2 | 양도면 | 3,112 | 57 | 14 | 45 | 5 | 4 | 2 | 11 | 2 | 15 |
| | | | | | | | | 양사면 | 1,732 | 60 | 12 | 54 | 4 | 2 | 2 | 13 | 2 | 11 |
| | | | | | | | | 하점면 | 3,564 | 58 | 14 | 47 | 4 | 4 | 2 | 15 | 2 | 13 |
| | | | | | | | | 화도면 | 3,605 | 55 | 14 | 50 | 4 | 2 | 2 | 12 | 1 | 16 |

# 숫자 **100**으로 본 **인천시 계양구** 11개 동네

계양구에는 2005년 기준으로 11개 동에 9만3천 개의 거처가 있고,

여기에 10만2천 가구 32만6천 명이 살고 있다.

인천시 계양구가 100명이 사는 마을이라면 어떤 모습일까?

## 숫자 100으로 본 계양구

계양구에 사는 사람은 인천시 평균인에 비해 대학 이상 학력자 비중은 약간 높고 종교 인구 비중은 낮다. 기능직과 장치 기계 조작 및 조립직에 종사하는 사람이 상대적으로 많고 출퇴근 시간이 긴 편이다.

1인 가구는 적고 주택 소유자와 아파트 거주자가 많다. 가구의 5%는 (반)지하에 살고 6%는 최저 주거 기준에 미달된다. 공공임대주택은 거의 공급되지 않았다.

최근 7년간 계양구에서 한나라당은 31~57%를, 민주(＋열린우리)당은 31~50%를, 민주노동당＋진보신당은 5~15%를 각각 얻었다. 하지만 동네별 정당 득표율은 차이가 컸다.

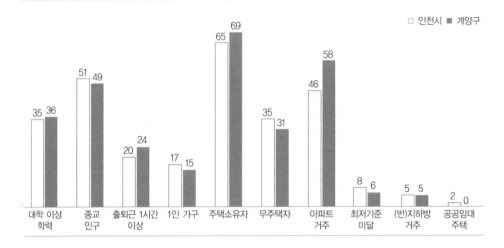

그림 4_3.5

**인천시와 계양구의 주요 지수 평균 비교**

(단위 : %)

□ 인천시 ■ 계양구

대학 이상 학력 35 36 / 종교 인구 51 49 / 출퇴근 1시간 이상 20 24 / 1인 가구 17 15 / 주택소유자 65 69 / 무주택자 35 31 / 아파트 거주 46 58 / 최저기준 미달 8 6 / (반)지하방 거주 5 5 / 공공임대 주택 2 0

## 계양구 인구가 100명이라면 :
## 대학 이상 학력자 36명, 종교 인구 49명

인천시 계양구에 사는 사람은 2005년 현재 32만6,485명으로, 계양구 인구가 100명이라면 남자 대 여자의 수는 50 대 50으로 균형을 이루고 있다. 100명 중 99명은 내국인이고 1명은 외국인이다. 외국인을 국적별로 보면 중국이 46%로 가장 많고(재중 동포 = 조선족 10%) 베트남 12%, 태국 6%, 필리핀과 대만 각 5% 순이다. 31명은 어린이와 청소년(19세 미만)이고, 69명은 어른이다. 어른 가운데 5명은 노인(65세 이상)이다.

지역적으로는, 계양구에 사는 100명 중 13명은 계양2동에, 11명은 효성1동에, 다른 11명은 효성2동에, 10명은 작전1동에 다른 10명은 작전서운동에 산다. 작전2동에는 9명이 살고, 계산1동과 계산3동에는 8명씩 산다. 또 7명은 계산4동에, 6명은 계산2동에, 5명은 계양1동에 산다.

종교를 보면, 49명이 종교를 갖고 있다. 23명은 개신교, 14명은 불교, 12명은 천주교 신자다. 개신교는 계양1동에서, 불교는 작전2동에서, 천주교는 계산3동에서 각각 신자 비율이 높다.

학력은 어떨까. 11명은 초등학교에, 6명은 중학교에, 5명은 고등학교에 다니고 있으며, 27명은 대학에 재학 중이거나 대학 이상의 학력을 가지고 있다(6세 이상 인구 기준). 또 계양구에 사는 19세 이상 인구 가운데 36%가 대학 이상 학력자다. 계산4동은 19세 이상 인구 중 53%가 대학 이상 학력자로 비중이 가장 높다.

30명은 미혼이며 70명은 결혼했다. 결혼한 사람 가운데 5명은 배우자와 사별했고, 3명은 이혼했다(15세 이상 인구 기준). 3명은 몸이 불편하거나 정신 장애로 정상적인 활동에 제약을 느끼고 있다.

거주 기간을 보면, 44명은 현재 살고 있는 집에 산 지 5년이 넘었으나, 56명은 5년 이내에 새로 이사 왔다(5세 이상 인구 기준). 이사 온 사람 중 35명은 계양구의 다른 동에서, 5명은 인천시의 다른 구와 군에서, 15명은 인천시 밖에서 이사 왔다.

표 4_3.6

# 인천시 계양구 성별·종교별·학력별 인구

(단위 : 명, %)

| 행정구역 | 남녀/외국인 | | | | 종교 인구 | | | | | | | 대학 이상 학력 인구 | | | | | | |
|---|---|---|---|---|---|---|---|---|---|---|---|---|---|---|---|---|---|---|
| | 총인구 | 남자 | 여자 | 외국인 | 인구 (내국인) | 종교 있음 | | | | | 종교 없음 | 19세 이상 인구 | 계 | 4년제 미만 | | 4년제 이상 | | 대학원 이상 |
| | | | | | | 계 | 불교 | 개신교 | 천주교 | 기타 | | | | 계 | 재학 | 계 | 재학 | |
| 계양구 | 326,485 | 50 | 50 | 0 | 325,626 | 49 | 14 | 23 | 12 | 1 | 51 | 225,642 | 36 | 14 | 3 | 20 | 5 | 2 |
| 계산1동 | 26,355 | 50 | 50 | 0 | 26,244 | 48 | 14 | 21 | 11 | 2 | 52 | 19,357 | 35 | 15 | 4 | 19 | 9 | 1 |
| 계산2동 | 20,870 | 50 | 50 | 0 | 20,828 | 50 | 14 | 23 | 13 | 1 | 50 | 14,993 | 31 | 14 | 3 | 16 | 4 | 1 |
| 계산3동 | 25,864 | 50 | 50 | 0 | 25,856 | 49 | 13 | 21 | 15 | 1 | 51 | 17,533 | 40 | 17 | 4 | 22 | 5 | 2 |
| 계산4동 | 23,550 | 49 | 51 | 0 | 23,517 | 51 | 15 | 21 | 14 | 1 | 49 | 15,435 | 53 | 13 | 2 | 37 | 7 | 4 |
| 계양1동 | 16,841 | 51 | 49 | 0 | 16,783 | 54 | 14 | 27 | 13 | 1 | 45 | 11,764 | 34 | 13 | 3 | 18 | 4 | 2 |
| 계양2동 | 42,409 | 50 | 50 | 0 | 42,314 | 47 | 12 | 21 | 13 | 1 | 53 | 28,886 | 32 | 13 | 3 | 17 | 3 | 1 |
| 작전1동 | 32,804 | 50 | 50 | 0 | 32,772 | 49 | 14 | 22 | 12 | 1 | 51 | 22,400 | 37 | 15 | 4 | 20 | 5 | 2 |
| 작전2동 | 30,625 | 50 | 50 | 0 | 30,585 | 51 | 16 | 25 | 9 | 1 | 49 | 22,308 | 32 | 15 | 4 | 16 | 4 | 1 |
| 작전서운동 | 33,869 | 50 | 50 | 1 | 33,692 | 47 | 12 | 23 | 11 | 0 | 53 | 22,163 | 41 | 16 | 2 | 24 | 4 | 2 |
| 효성1동 | 36,593 | 51 | 49 | 0 | 36,496 | 50 | 14 | 24 | 11 | 1 | 50 | 25,493 | 32 | 12 | 3 | 19 | 5 | 1 |
| 효성2동 | 36,705 | 50 | 50 | 0 | 36,539 | 47 | 14 | 21 | 11 | 1 | 53 | 25,310 | 34 | 14 | 3 | 18 | 4 | 1 |

# 계양구 취업자가 100명이라면 :
# 73명은 봉급쟁이

계양구에 사는 15세 이상 인구 24만6천여 명 가운데 취업해 직장에 다니는 사람(취업자)은 50%, 12만3천여 명이다. 계양구 취업자가 100명이라면 69명은 30~40대, 17명은 20대, 11명은 50대다. 65세 이상 노인도 1명이 일하고 있다.

회사에서 봉급을 받고 일하는 직장인은 73명이다. 17명은 고용한 사람 없이 혼자서 일하는 자영업자이며, 7명은 누군가를 고용해 사업체를 경영하는 사업주다. 3명은 가족이 운영하는 사업체에서 보수 없이 일하고 있다.

직업별로는 사무직과 장치 기계 조작 및 조립직이 18명과 17명으로 가장 많다. 14명은 기능직으로, 12명은 판매직으로, 10명은 서비스직으로, 다른 10명은 기술공 및 준전문가로 일한다. 또 전문가는 8명, 단순 노무직은 7명이며, 4명은 고위 관리직으로 일하고 1명은 농림 어업에 종사한다.

직장으로 출근하는 데 30분 이상 걸리는 사람은 56명이며, 그 가운데 24명은 1시간 이상 걸린다. 19명은 걸어서 출근하고 81명은 교통수단을 이용해 출퇴근한다. 81명 가운데 48명은 자가용으로, 12명은 시내버스로, 9명은 전철로 출근한다. 4명은 통근 버스로, 1명은 시외(고속)버스로, 다른 1명은 택시로, 또 다른 1명은 자전거로 출퇴근한다. 3명은 전철과 버스 또는 승용차를 갈아타며 출근한다.

84명은 공장이나 사무실 등 사업장에서 일하고 12명은 야외나 거리 또는 운송 수단에서 일한다. 또 1명은 자기 집에서, 2명은 남의 집에서 일한다.


## 계양구에 100가구가 산다면 : 34가구는 셋방살이

계양구에는 10만2천 가구가 산다(일반 가구 기준). 계양구에 사는 가구를 100가구로 친다면, 32가구는 식구가 한 명 또는 두 명인 1, 2인 가구이며, 이 가운데 15가구는 나 홀로 사는 1인 가구다. 식구 4명은 36가구, 3명은 22가구, 5명 이상은 11가구다.

그림 4_3.6

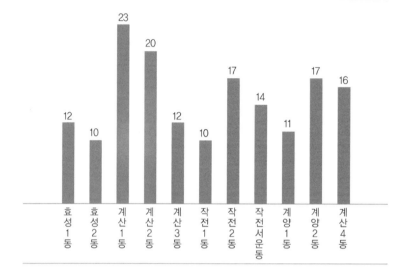

### 인천시 계양구 동네별 1인 가구

(단위 : %)

동네별 1인 가구 비중을 보면 계산1동에서 23%로 가장 높고, 계산 2동(20%), 작전2동과 계양2동이 17%로 뒤를 잇는다. 반면 효성2동 과 작전1동은 10%로 가장 낮다.

65가구는 자신이 소유한 집에서 살고, 34가구는 셋방에 살며, 1가 구는 직장의 사택이나 친척집 등에서 무상으로 살고 있다. 자기 집에 사는 가구 중 7가구는 현재 살고 있는 곳 외에 집을 한 채 이상 더 소 유한 다주택자들이다.

셋방 사는 가구 가운데 22가구는 전세에, 10가구는 보증금 있는 월세에, 1가구는 보증금 없는 월세에 산다. 셋방 사는 가구 중 4가구는 어딘가에 자신 명의의 집을 소유하고 있으나 경제 사정이나 자녀 교육, 직장 등의 사정으로 셋방에 살고 있다.

60가구는 현재 사는 집으로 이사 온 지 5년이 안 되며, 이 가운데 30가구는 2년이 안 된다. 27가구는 5~10년이 됐고, 14가구는 10년이 넘었다.

69가구는 자동차를 소유하고 있고 이 가운데 58가구는 자기 집에 전용 주차장이 있다. 자동차 소유 가구 중 11가구는 차를 2대 이상 소유하고 있다.

## 집 많은 사람, 집 없는 사람 :
### 효성2동 78% 주택 소유, 계산4동 14% 다주택

계양구에 사는 100가구 중 69가구는 주택 소유자이고 31가구는 무주택자다. 11개 동네는 모두 무주택자보다 주택 소유자가 더 많다. 작전1동 77%를 비롯해 7곳은 동네 가구의 70% 이상, 2곳은 60% 이상, 다른 2곳은 50% 이상이 주택 소유자다.

계양구 100가구 중 7가구는 집을 두 채 이상 소유한 다주택자다. 계산4동 가구의 14%, 효성2동 가구의 9%는 집을 두 채 이상 소유한 다주택자다.

계양구 100가구 중 4가구는 어딘가에 자신 명의의 집이 있지만 현재 셋방에 살고 있는 유주택 전월세 가구다. 계산4동과 작전서운동 가구의 5%는 유주택 전월세 가구다. 주택 소유자 중 유주택 전월세를 제외한 65가구는 자신이 소유한 집에서 사는데 작전1동(74%), 효

표 4_3.7

## 인천시 계양구 주택의 점유·소유 형태별 가구

(단위 : 가구, %)

| 행정구역 | 전체 가구 | 자기 집에 거주 | | | 셋방에 거주 | | | 무상으로 거주 | | 주택 소유 | 무주택 |
|---|---|---|---|---|---|---|---|---|---|---|---|
| | | 계 | 집 한 채 | 여러 채 | 계 | 집 없음 | 집 있음 | 집 없음 | 집 있음 | | |
| 계양구 | 102,176 | 65 | 57 | 7 | 34 | 30 | 4 | 1 | 0 | 69 | 31 |
| 계산1동 | 8,771 | 49 | 45 | 4 | 49 | 45 | 4 | 1 | 0 | 53 | 47 |
| 계산2동 | 6,996 | 53 | 48 | 5 | 45 | 41 | 4 | 1 | 0 | 57 | 43 |
| 계산3동 | 8,038 | 66 | 59 | 7 | 33 | 29 | 4 | 1 | 0 | 70 | 30 |
| 계산4동 | 7,099 | 70 | 56 | 14 | 29 | 24 | 5 | 1 | 0 | 75 | 25 |
| 계양1동 | 5,021 | 68 | 60 | 9 | 28 | 24 | 4 | 3 | 1 | 73 | 27 |
| 계양2동 | 13,963 | 58 | 52 | 6 | 41 | 37 | 4 | 1 | 0 | 62 | 38 |
| 작전1동 | 9,766 | 74 | 66 | 8 | 25 | 22 | 3 | 1 | 0 | 77 | 23 |
| 작전2동 | 10,039 | 60 | 54 | 6 | 38 | 34 | 3 | 2 | 0 | 64 | 36 |
| 작전서운동 | 10,535 | 66 | 59 | 8 | 33 | 27 | 5 | 1 | 0 | 72 | 28 |
| 효성1동 | 11,072 | 71 | 63 | 8 | 27 | 24 | 3 | 2 | 0 | 74 | 26 |
| 효성2동 | 10,876 | 75 | 66 | 9 | 22 | 20 | 2 | 2 | 0 | 78 | 22 |

성1동(71%), 계산4동(70%)에서 비중이 높다.

34가구는 셋방에 살고 이 중 30가구는 어디에도 집이 없이 셋방을 떠돈다. 무주택 전월세 가구는 계산1동(45%), 계산2동(41%), 작전2동(34%)에서 상대적으로 비중이 높다. 한편 계양1동 가구의 4%는 직장의 사택이나 친척집 등에서 무상으로 살고 있고 이 가운데 3%는 무주택자다.

## 계양구에 있는 집이 100채라면 :
## 64채는 아파트, 24채는 다세대주택

계양구에는 집(주택과 주택 이외의 거처)이 9만2,606채가 있다. 계양구에 있는 집이 100채라면 64채는 아파트고, 24채는 다세대주택, 5채는 단독주택이다. 또 4채는 연립주택이며, 2채는 주택 이외의 거처, 1채는 비거주용 건물 내 주택이다.

계산3동 89%, 작전1동 85%, 계산4동 83%를 비롯해 7개 동네에서 거처의 절반 이상이 아파트다. 또 계양2동 40%를 비롯해 6개 동네에서 거처의 20% 이상이 다세대주택이다. 단독주택은 계양1동(15%)에서, 연립주택은 효성1동(17%)에서 각각 비중이 높다.

사람이 사는 곳을 기준으로 보면 계양구 가구의 58%는 아파트에, 22%는 다세대주택에 산다. 단독주택에는 14%가 살고, 연립주택에 4%가 살며, 2%는 주택 이외의 거처에, 1%는 비거주용 건물 내 주택에 산다.

동네별로도 계산3동 89%를 비롯해 6개 동네에서 가구의 절반 이상이 아파트에 산다. 또 계양2동(35%) 등 6곳에서는 20% 이상이 다세대주택에 산다. 연립주택 거주 가구는 효성1동(16%)에서, 주택 이외의 거처 거주 가구는 계산4동(15%)에서, 비거주용 건물 내 주택 거주 가구는 계산1동(3%)에서 비중이 각각 높다.

계양구 주택(주택 이외의 거처 제외)을 크기별로 보면 29평 이상의 주택은 8채, 19~29평은 30채, 14~19평은 41채이며, 14평 미만은 21채다. 계산4동에서는 42%가 29평 이상이며, 계양2동에서는 30%가 14평 미만 소형 주택이다.

**표 4_3.8**

## 인천시 계양구 거처의 종류별·연건평별·건축년도별 주택

(단위 : 호, 가구, %)

| 행정구역 | 거처의 종류별 거처와 가구 | | | | | | | | | | | | | |
|---|---|---|---|---|---|---|---|---|---|---|---|---|---|---|
| | 계 | | 단독주택 | | 아파트 | | 연립주택 | | 다세대주택 | | 비거주용 건물 내 주택 | | 주택 이외의 거처 | |
| | 거처 | 가구 | 거처 | 가구 | 거처 | 가구 | 거처 | 가구 | 거처 | 가구 | 거처 | 가구 | 거처 | 가구 |
| 계양구 | 92,606 | 102,223 | 5 | 14 | 64 | 58 | 4 | 4 | 24 | 22 | 1 | 1 | 2 | 2 |
| 계산1동 | 6,413 | 8,789 | 14 | 37 | 34 | 25 | 7 | 5 | 39 | 29 | 2 | 2 | 4 | 3 |
| 계산2동 | 5,092 | 7,001 | 13 | 36 | 48 | 35 | 2 | 2 | 35 | 26 | 1 | 1 | 0 | 0 |
| 계산3동 | 8,020 | 8,038 | 0 | 0 | 89 | 89 | 1 | 1 | 10 | 10 | 0 | 0 | 0 | 0 |
| 계산4동 | 6,863 | 7,101 | 1 | 5 | 83 | 80 | 0 | 0 | 0 | 0 | 0 | 0 | 16 | 15 |
| 계양1동 | 4,876 | 5,024 | 15 | 17 | 44 | 43 | 12 | 12 | 27 | 26 | 1 | 1 | 1 | 1 |
| 계양2동 | 12,345 | 13,970 | 5 | 16 | 52 | 46 | 1 | 1 | 40 | 35 | 1 | 1 | 1 | 1 |
| 작전1동 | 9,326 | 9,766 | 1 | 6 | 85 | 81 | 2 | 2 | 11 | 11 | 1 | 1 | 0 | 0 |
| 작전2동 | 8,525 | 10,040 | 7 | 20 | 47 | 40 | 7 | 6 | 37 | 31 | 1 | 2 | 0 | 0 |
| 작전서운동 | 10,136 | 10,538 | 2 | 6 | 78 | 75 | 1 | 1 | 18 | 18 | 0 | 0 | 1 | 1 |
| 효성1동 | 10,576 | 11,075 | 6 | 10 | 61 | 58 | 17 | 16 | 16 | 15 | 1 | 1 | 1 | 1 |
| 효성2동 | 10,434 | 10,881 | 2 | 6 | 66 | 63 | 2 | 2 | 29 | 28 | 1 | 1 | 0 | 0 |

2005년 기준으로 45채는 지은 지 10년(1995~2005년 사이 건축)이 안 된 새집이며, 47채는 1985년에서 1994년 사이에 지었고, 20년이 넘은 주택은 8채다. 계산4동 주택의 100%가 10년이 안 된 새집인 반면, 작전2동 주택의 25%는 20년이 넘은 집이다.

1995년부터 2005년까지 10년 동안 계양구 주택 수(주택 이외의 거처 제외)는 5만8천 채에서 9만5천 채로 3만7천 채(63%)가 늘었다. 그러나 같은 기간 동안 아파트는 2만7천 채, 다세대주택은 2만 채가 늘어 각각 78%와 742%가 증가한 반면, 단독주택은 14%, 연립주택은 68%가 줄었다. 이에 따라 전체 주택(주택 이외의 거처 제외)에서 차지하

| | 연건평별 주택 | | | | 건축년도별 주택 | | |
|---|---|---|---|---|---|---|---|
| 총 주택 수 | 14평 미만 | 14~19평 | 19~29평 | 29평 이상 | 1995~ 2005년 | 1985~ 1994년 | 1985년 이전 |
| 91,052 | 21 | 41 | 30 | 8 | 45 | 47 | 8 |
| 6,160 | 14 | 35 | 38 | 13 | 36 | 53 | 11 |
| 5,088 | 14 | 46 | 28 | 13 | 18 | 69 | 13 |
| 8,020 | 29 | 41 | 28 | 2 | 7 | 93 | 1 |
| 5,795 | 7 | 3 | 48 | 42 | 100 | 0 | 0 |
| 4,841 | 14 | 38 | 37 | 11 | 60 | 31 | 9 |
| 12,241 | 30 | 56 | 9 | 5 | 55 | 43 | 2 |
| 9,326 | 27 | 32 | 38 | 3 | 37 | 58 | 5 |
| 8,524 | 22 | 44 | 29 | 4 | 19 | 57 | 24 |
| 10,071 | 28 | 46 | 23 | 4 | 69 | 30 | 1 |
| 10,573 | 17 | 42 | 34 | 7 | 35 | 50 | 16 |
| 10,413 | 13 | 46 | 36 | 4 | 57 | 35 | 8 |

는 비중은 아파트가 59%에서 65%로, 다세대주택이 5%에서 24%로 증가한 반면, 단독주택은 10%에서 5%로, 연립주택은 24%에서 5%로 감소했다.

## 계양구 100가구 중 6가구는 최저 주거 기준 미달

계양구에 사는 10만2천 가구를 100가구로 친다면, 그 중 6가구는 식구에 비해 집이 너무 좁거나 시설이 제대로 갖춰지지 않아 인간다운

표 4_3.9

## 인천시 계양구 (반)지하 등 거주 가구

(단위 : 가구, %)

| 행정구역 | 전체 가구 | (반)지하 | | 옥탑방 | 판잣집·움막·비닐집 | 기타 |
|---|---|---|---|---|---|---|
| | | 가구 | 비중 | 가구 | 가구 | 가구 |
| 계양구 | 102,176 | 5,148 | 5 | 95 | 50 | 10 |
| 계산1동 | 8,771 | 819 | 9 | 46 | 11 | 2 |
| 계산2동 | 6,996 | 834 | 12 | 6 | – | – |
| 계산3동 | 8,038 | 104 | 1 | – | – | – |
| 계산4동 | 7,099 | 14 | 0 | 9 | – | – |
| 계양1동 | 5,021 | 271 | 5 | 32 | 31 | 5 |
| 계양2동 | 13,963 | 1,039 | 7 | 10 | 6 | 1 |
| 작전1동 | 9,766 | 254 | 3 | 6 | – | – |
| 작전2동 | 10,039 | 866 | 9 | 9 | – | – |
| 작전서운동 | 10,535 | 187 | 2 | 51 | 2 | 1 |
| 효성1동 | 11,072 | 368 | 3 | 2 | – | 1 |
| 효성2동 | 10,876 | 392 | 4 | 3 | – | – |

품위를 지키기 어려운 최저 주거 기준 미달 가구다. 이 가운데 3분의 2에 해당하는 66%의 가구는 식구 수에 비해 주택의 면적이 너무 좁은 면적 기준 미달 가구다.

또 10만2천 가구의 5%에 달하는 5,148가구는 (반)지하에 산다. 이 밖에도 95가구는 옥탑방에, 50가구는 판잣집·움막·비닐집에, 10가구는 업소의 잠만 자는 방이나 건설 현장의 임시 막사 등에 살고 있다. (반)지하에 사는 가구 비중은 계산2동(12%)에서 가장 높고 계산1동·작전2동(9%), 계양2동(7%)으로 이어진다. 이런 상황에서 2005년 현재 계양구에 공급된 공공임대주택은 단 한 채도 없다.

# 계양구 유권자가 100명이라면

정당 지지도를 알 수 있는 최근 네 차례 선거(제3~4회 동시지방선거, 제17~18대 총선)를 기준으로 계양구 유권자는 대략 23만~25만 명이며, 평균 투표율은 44%다.

계양구 유권자가 100명이라면 2002년 지방선거에서는 53명이 한나라당을, 33명이 새천년민주당을, 5명이 민주노동당을, 3명이 자민련을 찍었다. 2004년 총선에서는 43명이 열린우리당을, 31명이 한나라당을, 15명이 민주노동당을, 7명이 새천년민주당을, 2명이 자민련을 지지했다.

2006년 지방선거에서는 55명이 한나라당을 찍었고, 24명은 열린우리당을, 14명은 민주노동당을, 7명은 민주당을 찍었다. 2008년 총선에서는 37명이 한나라당을, 30명이 통합민주당을, 9명이 친박연대를 찍었고, 7명은 민주노동당을, 6명은 자유선진당을, 4명은 창조한국당을, 3명은 진보신당을 지지했다.

동네별 투표율은 계산4동과 계양1동에서 상대적으로 높았다. 반면 계양2동과 계산1동에서 상대적으로 낮았다.

한나라당 득표율은 계산4동과 계양1동에서 상대적으로 높았다. 반면 계양2동과 작전서운동에서 상대적으로 낮았다. 계산4동과 계양2동의 득표율 격차는 4~10% 사이다.

민주(＋열린우리)당 득표율은 계양2동·작전1동·효성1동·효성2동에서 상대적으로 높았다. 반면 계양1동과 계산4동에서 상대적으로 낮았다. 계양2동과 계양1동의 득표율 격차는 4~7% 사이다.

민주노동당＋진보신당 득표율은 작전서운동·계산2동·계산3동에서 상대적으로 높았다.

그림 **4_3.7**

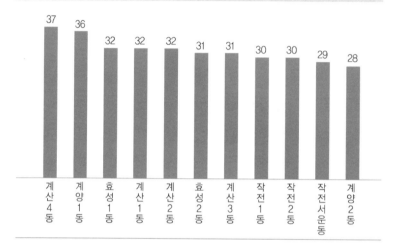

인천시 계양구 동네별 한나라당 득표율

2004년 총선(단위 : %)

그림 **4_3.8**

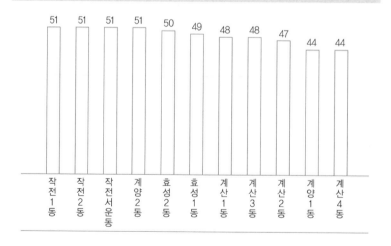

인천시 계양구 동네별 민주(＋열린우리)당 득표율

2004년 총선(단위 : %)

**표 4_3.10**

# 인천시 계양구 역대 선거 투표율과 정당 지지율

2002~2008년(단위 : 명, %)

| 행정구역 | 2002년 지방선거 | | | | | | | 2004년 총선 | | | | | | | |
|---|---|---|---|---|---|---|---|---|---|---|---|---|---|---|---|
| | 선거인 수 | 투표율 | 한나라당 | 새천년민주당 | 자민련 | 민주노동당 | 기타정당 | 선거인 수 | 투표율 | 한나라당 | 새천년민주당 | 열린우리당 | 자민련 | 민주노동당 | 기타 정당 |
| 계양구 | 226,315 | 35 | 53 | 33 | 3 | 5 | 6 | 231,137 | 57 | 31 | 7 | 43 | 2 | 15 | 3 |
| 계산1동 | 18,519 | 30 | 53 | 33 | 4 | 5 | 6 | 18,088 | 50 | 32 | 6 | 42 | 2 | 15 | 3 |
| 계산2동 | 15,184 | 33 | 52 | 33 | 3 | 5 | 6 | 15,177 | 53 | 32 | 6 | 41 | 2 | 16 | 3 |
| 계산3동 | 31,387 | 39 | 55 | 31 | 3 | 5 | 5 | 17,519 | 61 | 31 | 7 | 41 | 2 | 17 | 2 |
| 계산4동 | | | | | | | | 14,635 | 67 | 37 | 6 | 38 | 2 | 15 | 2 |
| 계양1동 | 12,031 | 40 | 55 | 31 | 4 | 5 | 5 | 11,886 | 58 | 36 | 4 | 40 | 2 | 14 | 3 |
| 계양2동 | 29,275 | 29 | 50 | 36 | 4 | 6 | 5 | 29,460 | 54 | 28 | 6 | 45 | 2 | 16 | 3 |
| 작전1동 | 20,782 | 33 | 54 | 34 | 3 | 5 | 4 | 22,237 | 58 | 30 | 7 | 44 | 3 | 14 | 3 |
| 작전2동 | 22,777 | 34 | 52 | 35 | 4 | 5 | 4 | 23,063 | 53 | 30 | 7 | 44 | 2 | 13 | 3 |
| 작전서운동 | 22,692 | 33 | 53 | 34 | 3 | 6 | 4 | 22,738 | 60 | 29 | 7 | 44 | 2 | 16 | 2 |
| 효성1동 | 25,996 | 37 | 53 | 32 | 4 | 5 | 6 | 26,129 | 56 | 32 | 7 | 42 | 3 | 14 | 3 |
| 효성2동 | 23,472 | 35 | 54 | 32 | 3 | 5 | 6 | 25,076 | 57 | 31 | 7 | 43 | 2 | 15 | 2 |

| 행정구역 | 2006년 지방선거 | | | | | | 2008년 총선 | | | | | | | | | |
|---|---|---|---|---|---|---|---|---|---|---|---|---|---|---|---|---|
| | 선거인 수 | 투표율 | 열린우리당 | 한나라당 | 민주당 | 민주노동당 | 기타정당 | 선거인 수 | 투표율 | 통합민주당 | 한나라당 | 자유선진당 | 민주노동당 | 창조한국당 | 친박연대 | 진보신당 | 기타정당 |
| 계양구 | 239,585 | 42 | 24 | 55 | 7 | 14 | 1 | 249,250 | 43 | 30 | 37 | 6 | 7 | 4 | 9 | 3 | 5 |
| 계산1동 | 19,328 | 36 | 22 | 56 | 9 | 13 | 1 | 19,511 | 35 | 31 | 38 | 6 | 7 | 4 | 8 | 3 | 5 |
| 계산2동 | 15,652 | 36 | 21 | 55 | 8 | 15 | 1 | 15,582 | 39 | 28 | 35 | 6 | 8 | 5 | 10 | 3 | 5 |
| 계산3동 | 17,742 | 41 | 23 | 54 | 8 | 15 | 1 | 18,012 | 43 | 31 | 34 | 5 | 7 | 4 | 9 | 4 | 5 |
| 계산4동 | 15,816 | 48 | 21 | 62 | 6 | 11 | 0 | 16,209 | 49 | 28 | 39 | 6 | 5 | 5 | 11 | 3 | 3 |
| 계양1동 | 14,070 | 46 | 25 | 58 | 5 | 12 | 1 | 19,759 | 45 | 27 | 40 | 5 | 6 | 5 | 9 | 3 | 5 |
| 계양2동 | 30,113 | 36 | 25 | 52 | 8 | 15 | 1 | 30,536 | 39 | 31 | 35 | 5 | 7 | 5 | 8 | 4 | 6 |
| 작전1동 | 22,871 | 40 | 22 | 56 | 7 | 14 | 1 | 24,420 | 42 | 30 | 37 | 6 | 6 | 4 | 9 | 3 | 5 |
| 작전2동 | 23,280 | 39 | 23 | 54 | 8 | 14 | 0 | 23,900 | 40 | 31 | 35 | 7 | 6 | 4 | 9 | 2 | 6 |
| 작전서운동 | 22,869 | 42 | 23 | 54 | 7 | 16 | 0 | 23,665 | 44 | 31 | 36 | 6 | 6 | 5 | 9 | 4 | 4 |
| 효성1동 | 26,467 | 45 | 24 | 54 | 9 | 13 | 1 | 26,219 | 44 | 30 | 37 | 7 | 6 | 4 | 9 | 2 | 5 |
| 효성2동 | 26,209 | 42 | 22 | 57 | 7 | 13 | 1 | 26,185 | 42 | 31 | 36 | 6 | 7 | 3 | 9 | 3 | 4 |

# 숫자 100으로 본 인천시 남구 24개 동네

남구에는 2005년 현재 24개 동에 11만1천 개의 거처가 있고,

여기에 14만2천 가구 41만4천 명이 살고 있다.

인천시 남구가 100명이 사는 마을이라면 어떤 모습일까?

## 숫자 100으로 본 남구

남구에 사는 사람은 인천시 평균인에 비해 대학 이상 학력자 비중은 낮고 종교 인구는 비슷하다. 봉급쟁이 비중이 높으며 직업별로는 서비스직과 단순 노무직 종사자가 상대적으로 많다.

무주택자와 1인 가구, 단독주택 거주자가 많다. 가구의 6%는 (반)지하에 살고, 9%는 최저 주거 기준 미달 가구이지만 공공임대주택은 공급되지 않았다(2005년 기준).

최근 7년간 남구에서 한나라당은 38~61%를, 민주(＋열린우리)당은 24~33%를, 민주노동당＋진보신당은 5~14%를 각각 얻었다. 하지만 동네별 정당 득표율은 차이가 컸다.

1348

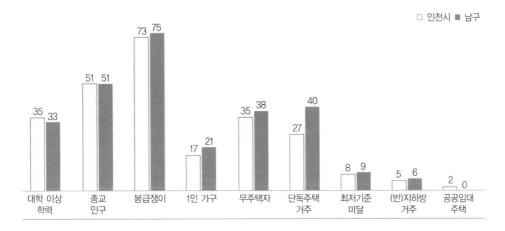

그림 4_3.9

## 인천시와 남구의 주요 지수 평균 비교

(단위 : %)

□ 인천시 ■ 남구

- 대학 이상 학력: 35 / 33
- 종교 인구: 51 / 51
- 봉급쟁이: 73 / 75
- 1인 가구: 17 / 21
- 무주택자: 35 / 38
- 단독주택 거주: 27 / 40
- 최저기준 미달: 8 / 9
- (반)지하방 거주: 5 / 6
- 공공임대 주택: 2 / 0

## 남구 인구가 100명이라면 :
## 대학 이상 학력자 33명, 종교 인구 51명

인천시 남구에 사는 사람은 2005년 현재 41만4,395명으로, 남구 인구가 100명이라면 남자 대 여자의 수는 50 대 50으로 균형을 이루고 있다. 동네별로는 용현4동에서 59 대 41로 여자에 비해 남자가 가장 많고, 용현1동과 도화3동이 53 대 47로 뒤를 잇는다. 23명은 어린이와 청소년(19세 미만)이고, 77명은 어른이다. 어른 가운데 8명은 노인(65세 이상)이다.

지역적으로는, 남구에 사는 100명 중 9명은 용현5동에, 7명은 학익1동에 산다. 학익2동·주안2동·주안4동·주안5동에는 6명씩, 도화

1동·주안8동·광교동에 5명씩, 숭의4동·용현1동·용현2동·도화2동·주안7동·문학동에 4명씩 산다. 또 숭의2동·주안1동·주안3동·주안6동에 3명씩, 용현3동·용현4동·도화3동에 2명씩 살며, 숭의1동·숭의3동에 1명씩 산다.

종교를 보면, 51명이 종교를 갖고 있다. 21명은 개신교, 15명은 불교, 14명은 천주교 신자다. 개신교는 관교동에서, 불교는 숭의3동과 용현2동에서, 천주교는 용현4동에서 각각 신자 비율이 높다.

학력은 어떨까. 8명은 초등학교에, 4명은 중학교에, 다른 4명은 고등학교에 다니고 있으며, 27명은 대학에 재학 중이거나 대학 이상의 학력을 가지고 있다(6세 이상 인구 기준). 또 남구에 사는 19세 이상 인구 가운데 33%가 대학 이상 학력자다. 용현4동은 19세 이상 인구 중 64%가 대학 이상 학력자로 비중이 가장 높은데, 35%가 4년제 이상 대학에 재학 중이다.

34명은 미혼이며 66명은 결혼했다. 결혼한 사람 가운데 7명은 배우자와 사별했고, 4명은 이혼했다(15세 이상 인구 기준). 5명은 몸이 불편하거나 정신 장애로 정상적인 활동에 제약을 느끼고 있다.

거주 기간을 보면, 46명은 현재 살고 있는 집에 산 지 5년이 넘었으나, 54명은 5년 이내에 새로 이사 왔다(5세 이상 인구 기준). 이사 온 사람 중 38명은 남구의 다른 동에서, 7명은 인천시의 다른 구와 군에서, 10명은 인천시 밖에서 이사 왔다.

표 4_3.11

# 인천시 남구 성별·종교별·학력별 인구

(단위 : 명, %)

| 행정구역 | 남녀/외국인 | | | | 종교 인구 | | | | | | | 대학 이상 학력 인구 | | | | | | |
|---|---|---|---|---|---|---|---|---|---|---|---|---|---|---|---|---|---|---|
| | 총인구 | 남자 | 여자 | 외국인 | 인구 (내국인) | 종교 있음 | | | | | 종교 없음 | 19세 이상 인구 | 계 | 4년제 미만 | | 4년제 이상 | | 대학원 이상 |
| | | | | | | 계 | 불교 | 개신교 | 천주교 | 기타 | | | | 계 | 재학 | 계 | 재학 | |
| 남구 | 414,395 | 50 | 50 | 0 | 412,816 | 51 | 15 | 21 | 14 | 1 | 48 | 316,650 | 33 | 13 | 3 | 19 | 6 | 2 |
| 관교동 | 18,797 | 49 | 51 | 0 | 18,770 | 57 | 14 | 25 | 17 | 1 | 42 | 13,842 | 49 | 13 | 3 | 31 | 8 | 4 |
| 도화1동 | 19,683 | 49 | 51 | 0 | 19,627 | 53 | 15 | 24 | 13 | 1 | 47 | 15,361 | 32 | 13 | 3 | 17 | 4 | 2 |
| 도화2동 | 17,650 | 51 | 49 | 1 | 17,529 | 51 | 14 | 22 | 14 | 1 | 48 | 13,567 | 32 | 13 | 4 | 17 | 7 | 1 |
| 도화3동 | 8,159 | 53 | 47 | 3 | 7,953 | 46 | 15 | 17 | 13 | 1 | 53 | 6,230 | 23 | 12 | 3 | 11 | 5 | 1 |
| 문학동 | 16,731 | 50 | 50 | 0 | 16,691 | 43 | 14 | 16 | 12 | 1 | 55 | 12,703 | 31 | 15 | 2 | 15 | 3 | 1 |
| 숭의1동 | 5,693 | 51 | 49 | 0 | 5,680 | 49 | 15 | 18 | 15 | 1 | 50 | 4,598 | 28 | 12 | 3 | 15 | 4 | 2 |
| 숭의2동 | 10,531 | 50 | 50 | 0 | 10,511 | 51 | 16 | 21 | 13 | 1 | 49 | 8,533 | 26 | 11 | 2 | 13 | 3 | 2 |
| 숭의3동 | 5,523 | 51 | 49 | 0 | 5,507 | 54 | 17 | 22 | 14 | 1 | 46 | 4,522 | 25 | 10 | 3 | 14 | 4 | 1 |
| 숭의4동 | 16,578 | 49 | 51 | 0 | 16,547 | 53 | 16 | 22 | 14 | 1 | 46 | 12,766 | 29 | 13 | 3 | 14 | 4 | 2 |
| 용현1동 | 16,499 | 53 | 47 | 0 | 16,447 | 48 | 15 | 18 | 14 | 1 | 51 | 13,182 | 34 | 11 | 4 | 21 | 12 | 2 |
| 용현2동 | 16,196 | 50 | 50 | 0 | 16,135 | 51 | 17 | 21 | 12 | 1 | 48 | 12,694 | 32 | 13 | 2 | 18 | 4 | 2 |
| 용현3동 | 10,268 | 52 | 48 | 0 | 10,257 | 47 | 15 | 18 | 13 | 1 | 50 | 8,153 | 24 | 11 | 3 | 12 | 5 | 1 |
| 용현4동 | 9,661 | 59 | 41 | 1 | 9,586 | 47 | 12 | 17 | 18 | 1 | 53 | 7,744 | 64 | 16 | 8 | 45 | 35 | 4 |
| 용현5동 | 37,772 | 50 | 50 | 0 | 37,704 | 51 | 15 | 20 | 15 | 1 | 49 | 27,302 | 37 | 14 | 3 | 22 | 5 | 2 |
| 주안1동 | 10,655 | 50 | 50 | 1 | 10,588 | 51 | 14 | 22 | 15 | 1 | 47 | 8,756 | 39 | 15 | 3 | 22 | 5 | 2 |
| 주안2동 | 25,613 | 50 | 50 | 0 | 25,591 | 50 | 15 | 20 | 14 | 1 | 50 | 20,086 | 28 | 13 | 3 | 14 | 4 | 1 |
| 주안3동 | 13,344 | 50 | 50 | 0 | 13,322 | 50 | 16 | 21 | 11 | 2 | 50 | 10,361 | 25 | 12 | 3 | 12 | 3 | 1 |
| 주안4동 | 25,044 | 50 | 50 | 0 | 24,987 | 52 | 15 | 23 | 14 | 1 | 47 | 19,463 | 29 | 13 | 3 | 15 | 4 | 1 |
| 주안5동 | 25,467 | 51 | 49 | 1 | 25,210 | 49 | 15 | 21 | 12 | 1 | 50 | 19,287 | 31 | 13 | 3 | 17 | 4 | 1 |
| 주안6동 | 11,685 | 50 | 50 | 0 | 11,640 | 49 | 13 | 23 | 12 | 1 | 49 | 9,263 | 34 | 14 | 3 | 18 | 5 | 2 |
| 주안7동 | 18,291 | 49 | 51 | 0 | 18,268 | 50 | 13 | 22 | 14 | 1 | 50 | 13,886 | 28 | 11 | 3 | 15 | 4 | 1 |
| 주안8동 | 21,510 | 49 | 51 | 0 | 21,478 | 52 | 13 | 24 | 14 | 1 | 48 | 15,730 | 32 | 13 | 3 | 17 | 5 | 1 |
| 학익1동 | 29,314 | 51 | 49 | 1 | 29,092 | 53 | 15 | 23 | 14 | 1 | 47 | 21,312 | 39 | 13 | 3 | 24 | 9 | 3 |
| 학익2동 | 23,731 | 50 | 50 | 0 | 23,696 | 55 | 13 | 23 | 17 | 1 | 45 | 17,309 | 40 | 13 | 3 | 24 | 6 | 3 |

# 남구 취업자가 100명이라면 :
## 75명은 봉급쟁이

남구에 사는 15세 이상 인구 33만7천여 명 가운데 취업해 직장에 다니는 사람(취업자)은 48%, 16만4천여 명이다. 남구 취업자가 100명이라면 57명은 30~40대, 22명은 20대, 15명은 50대다. 65세 이상 노인도 2명이 일하고 있다.

회사에서 봉급을 받고 일하는 직장인은 75명이다. 16명은 고용한 사람 없이 혼자서 일하는 자영업자이며, 6명은 누군가를 고용해 사업체를 경영하는 사업주다. 3명은 가족이 운영하는 사업체에서 보수 없이 일하고 있다.

직업별로는 사무직이 18명으로 가장 많고, 장치 기계 조작 및 조립직이 16명으로 뒤를 잇는다. 12명은 서비스직으로, 다른 12명은 판매직으로, 또 다른 12명은 기능직으로 일한다. 10명은 단순 노무직으로, 9명은 기술공 및 준전문가로 일한다. 또 8명은 전문가로, 3명은 고위 관리직으로 일한다.

직장으로 출근하는 데 30분 이상 걸리는 사람은 52명이며, 그 가운데 20명은 1시간 이상 걸린다. 17명은 걸어서 출근하고 83명은 교통수단을 이용해 출퇴근한다. 83명 가운데 42명은 자가용으로, 20명은 시내버스로, 8명은 전철로 출근한다. 5명은 통근 버스로, 1명은 시외(고속)버스로, 다른 1명은 택시로, 또 다른 1명은 자전거로 출퇴근한다. 3명은 전철과 버스 또는 승용차를 갈아타며 출근한다.

82명은 공장이나 사무실 등 사업장에서 일하고 13명은 야외나 거리 또는 운송 수단에서 일한다. 또 2명은 자기 집에서, 2명은 남의 집

그림 4_3.10

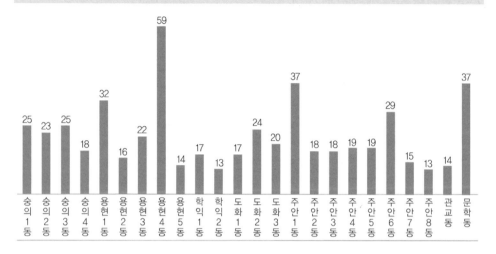

인천시 남구 동네별 1인 가구

(단위 : %)

에서 일한다.


## 남구에 100가구가 산다면 : 39가구는 셋방살이

남구에는 14만2천 가구가 산다(일반 가구 기준). 남구에 사는 가구를 100가구로 친다면, 42가구는 식구가 한 명 또는 두 명인 1, 2인 가구이며, 이 가운데 21가구는 나 홀로 사는 1인 가구다. 식구 4명은 26가구, 3명은 22가구, 5명 이상은 10가구다.

동네별 1인 가구 비중을 보면 용현4동에서 59%로 가장 높고, 주안 1동과 문학동(37%), 용현1동(32%)이 뒤를 잇는다. 반면 학익2동과 주안8동은 13%로 가장 낮다.

58가구는 자신이 소유한 집에서 살고, 39가구는 셋방에 살며, 2가 구는 직장의 사택이나 친척집 등에서 무상으로 살고 있다. 자기 집에 사는 가구 중 6가구는 현재 살고 있는 곳 외에 집을 한 채 이상 더 소 유한 다주택자들이다.

셋방 사는 가구 가운데 22가구는 전세에, 14가구는 보증금 있는 월세에, 3가구는 보증금 없는 월세에, 1가구는 사글세에 산다. 셋방 사는 가구 중 3가구는 어딘가에 자신 명의의 집을 소유하고 있으나 경제 사정이나 자녀 교육, 직장 등의 사정으로 셋방에 살고 있다.

59가구는 현재 사는 집으로 이사 온 지 5년이 안 되며, 이 가운데 33가구는 2년이 안 된다. 18가구는 5~10년이 됐고, 23가구는 10년 이 넘었다.

57가구는 자동차를 소유하고 있고 이 가운데 33가구는 자기 집에 전용 주차장이 있다. 자동차 소유 가구 중 9가구는 차를 2대 이상 소 유하고 있다.


**집 많은 사람, 집 없는 사람 :**
**학익2동 _77%_ 주택 소유, 용현4동 _73%_ 무주택**

남구에 사는 100가구 중 62가구는 주택 소유자이고 38가구는 무주 택자다. 24개 동네 중 21곳은 무주택자보다 주택 소유자가 더 많다.

표 4_3.12

# 인천시 남구 주택의 점유·소유 형태별 가구

(단위 : 가구, %)

| 행정구역 | 전체 가구 | 자기 집에 거주 | | | 셋방에 거주 | | | 무상으로 거주 | | 주택 소유 | 무주택 |
|---|---|---|---|---|---|---|---|---|---|---|---|
| | | 계 | 집 한 채 | 여러 채 | 계 | 집 없음 | 집 있음 | 집 없음 | 집 있음 | | |
| 남구 | 141,955 | 58 | 52 | 6 | 39 | 36 | 3 | 2 | 0 | 62 | 38 |
| 관교동 | 5,875 | 60 | 49 | 11 | 40 | 34 | 5 | 1 | 0 | 65 | 35 |
| 도화1동 | 6,560 | 62 | 56 | 6 | 35 | 32 | 3 | 3 | 0 | 65 | 35 |
| 도화2동 | 6,272 | 57 | 51 | 6 | 41 | 38 | 3 | 2 | 0 | 60 | 40 |
| 도화3동 | 2,709 | 56 | 52 | 4 | 42 | 40 | 3 | 2 | 0 | 59 | 41 |
| 문학동 | 6,751 | 38 | 34 | 4 | 60 | 56 | 4 | 2 | 0 | 42 | 58 |
| 숭의1동 | 2,087 | 53 | 46 | 7 | 44 | 41 | 3 | 3 | 0 | 56 | 44 |
| 숭의2동 | 3,785 | 57 | 51 | 6 | 39 | 36 | 4 | 3 | 0 | 61 | 39 |
| 숭의3동 | 2,010 | 55 | 49 | 6 | 43 | 40 | 3 | 2 | 0 | 58 | 42 |
| 숭의4동 | 5,549 | 60 | 55 | 5 | 37 | 34 | 3 | 2 | 0 | 63 | 37 |
| 용현1동 | 6,321 | 47 | 44 | 4 | 50 | 48 | 2 | 3 | 0 | 50 | 50 |
| 용현2동 | 5,301 | 66 | 57 | 9 | 32 | 28 | 4 | 2 | 0 | 70 | 30 |
| 용현3동 | 3,680 | 55 | 51 | 4 | 42 | 39 | 2 | 4 | 0 | 57 | 43 |
| 용현4동 | 4,906 | 25 | 23 | 3 | 72 | 71 | 1 | 2 | 0 | 27 | 73 |
| 용현5동 | 11,749 | 69 | 61 | 8 | 29 | 25 | 3 | 2 | 0 | 73 | 27 |
| 주안1동 | 4,393 | 42 | 37 | 5 | 55 | 51 | 5 | 3 | 0 | 47 | 53 |
| 주안2동 | 8,673 | 61 | 56 | 5 | 36 | 34 | 3 | 2 | 0 | 64 | 36 |
| 주안3동 | 4,472 | 58 | 52 | 6 | 39 | 36 | 3 | 3 | 0 | 62 | 38 |
| 주안4동 | 8,420 | 54 | 50 | 4 | 44 | 41 | 3 | 2 | 0 | 57 | 43 |
| 주안5동 | 8,545 | 61 | 54 | 7 | 36 | 31 | 4 | 3 | 1 | 66 | 34 |
| 주안6동 | 4,479 | 48 | 43 | 4 | 50 | 47 | 3 | 2 | 0 | 51 | 49 |
| 주안7동 | 5,959 | 63 | 58 | 5 | 35 | 31 | 3 | 2 | 0 | 66 | 34 |
| 주안8동 | 6,870 | 69 | 63 | 5 | 30 | 27 | 3 | 2 | 0 | 72 | 28 |
| 학익1동 | 9,097 | 68 | 59 | 9 | 30 | 26 | 4 | 2 | 1 | 73 | 27 |
| 학익2동 | 7,492 | 73 | 64 | 10 | 24 | 20 | 4 | 2 | 1 | 77 | 23 |

학익2동 77%를 비롯해 5곳은 동네 가구의 70% 이상, 9곳은 60% 이상, 7곳은 50% 이상이 주택 소유자다. 반면 용현4동은 73%가 무주택자이며, 문학동은 58%, 주안1동은 53%가 무주택자다.

남구 100가구 중 6가구는 집을 두 채 이상 소유한 다주택자다. 관교동 가구의 11%, 학익2동 가구의 10%는 집을 두 채 이상 소유한 다주택자다.

남구 100가구 중 3가구는 어딘가에 자신 명의의 집이 있지만 현재 셋방에 살고 있는 유주택 전월세 가구다. 주안1동과 관교동 가구의 5%는 유주택 전월세 가구다. 주택 소유자 중 유주택 전월세를 제외한 58가구는 자신이 소유한 집에서 살고 있는데 학익2동(73%), 용현5동(69%), 주안8동(69%), 학익1동(68%) 순으로 비중이 높다.

39가구는 셋방에 살고, 이 중 36가구는 집 없이 셋방을 떠도는 무주택 전월세 가구인데 용현4동(71%), 문학동(56%), 주안1동(51%) 순으로 많다. 한편 주안5동 가구의 4%는 직장의 사택이나 친척집 등에서 무상으로 살고 있고 이 가운데 3%는 무주택자다.


## 남구에 있는 집이 100채라면 :
## 36채는 아파트, 32채는 다세대주택, 25채는 단독주택

남구에는 집(주택과 주택 이외의 거처)이 11만 1,035채가 있다. 남구에 있는 집이 100채라면 36채는 아파트고, 32채는 다세대주택, 25채는 단독주택이다. 또 3채는 연립주택이며, 3채는 주택 이외의 거처, 1채는 비거주용 건물 내 주택이다.

관교동 거처의 81%가 아파트인 것을 비롯해 6개 동네에서 절반 이상이 아파트다. 또 문학동(73%) 등 4곳은 다세대주택이 거처의 절반 이상이다. 단독주택은 숭의3동(63%) 등 2곳에서 절반 이상이다. 또 연립주택은 도화3동(11%)에서, 주택 이외의 거처는 주안1동(21%)에서, 비거주용 건물 내 주택은 숭의1동(6%)에서 각각 비중이 높다.

사람이 사는 곳을 기준으로 보면 남구 가구의 40%는 단독주택에, 28%는 아파트에, 25%는 다세대주택에 산다. 2%는 연립주택에, 다른 2%는 주택 이외의 거처에, 또 다른 2%는 비거주용 건물 내 주택에 산다.

동네별로도 용현4동 가구의 81%가 단독주택에 사는 등 8개 동네에서 가구의 절반 이상이 단독주택에 산다. 학익2동 가구의 67%가 아파트에 사는 등 4개 동네에서 가구의 절반 이상이 아파트에 산다. 다세대주택은 문학동(43%)에서, 연립주택은 도화3동(8%)에서, 주택 이외의 거처는 주안1동(17%)에서, 비거주용 건물 내 주택은 숭의1동(8%)에서 각각 거주 가구 비중이 높다.

남구 주택(주택 이외의 거처 제외)을 크기별로 보면 29평 이상의 주택은 18채, 19~29평은 34채, 14~19평은 31채이며, 14평 미만은 16채다. 용현4동에서는 43%가 29평 이상이며, 용현3동에서는 29%가 14평 미만 소형 주택이다.

2005년 기준으로 35채는 지은 지 10년(1995~2005년 사이 건축)이 안 된 새집이며, 39채는 1985년에서 1994년 사이에 지었고, 20년이 넘은 주택은 25채다. 문학동 주택의 87%가 10년이 안 된 새집인 반면, 숭의1동 주택의 45%는 20년이 넘은 집이다.

1995년부터 2005년까지 10년 동안 남구 주택 수(주택 이외의 거처

표 4_3.13

# 인천시 남구 거처의 종류별·연건평별·건축년도별 주택

(단위 : 호, 가구, %)

| 행정구역 | 거처의 종류별 거처와 가구 | | | | | | | | | | | | | |
|---|---|---|---|---|---|---|---|---|---|---|---|---|---|---|
| | 계 | | 단독주택 | | 아파트 | | 연립주택 | | 다세대주택 | | 비거주용 건물 내 주택 | | 주택 이외의 거처 | |
| | 거처 | 가구 | 거처 | 가구 | 거처 | 가구 | 거처 | 가구 | 거처 | 가구 | 거처 | 가구 | 거처 | 가구 |
| 남구 | 111,035 | 142,028 | 25 | 40 | 36 | 28 | 3 | 2 | 32 | 25 | 1 | 2 | 3 | 2 |
| 관교동 | 4,069 | 5,876 | 13 | 39 | 81 | 56 | 1 | 1 | 4 | 3 | 1 | 1 | 1 | 0 |
| 도화1동 | 5,524 | 6,561 | 26 | 37 | 31 | 26 | 2 | 2 | 38 | 32 | 1 | 1 | 2 | 2 |
| 도화2동 | 5,040 | 6,275 | 24 | 38 | 24 | 19 | 5 | 4 | 43 | 34 | 1 | 2 | 2 | 2 |
| 도화3동 | 2,095 | 2,713 | 36 | 49 | 4 | 3 | 11 | 8 | 47 | 37 | 0 | 0 | 2 | 3 |
| 문학동 | 3,930 | 6,755 | 12 | 48 | 5 | 3 | 1 | 1 | 73 | 43 | 1 | 1 | 7 | 4 |
| 숭의1동 | 1,680 | 2,090 | 41 | 49 | 30 | 24 | 6 | 5 | 7 | 6 | 6 | 8 | 9 | 8 |
| 숭의2동 | 2,964 | 3,785 | 42 | 53 | 15 | 12 | 4 | 3 | 33 | 26 | 3 | 3 | 3 | 2 |
| 숭의3동 | 1,525 | 2,010 | 63 | 72 | 20 | 15 | 3 | 2 | 9 | 7 | 2 | 2 | 3 | 2 |
| 숭의4동 | 4,328 | 5,553 | 41 | 53 | 7 | 6 | 0 | 0 | 50 | 39 | 1 | 2 | 0 | 0 |
| 용현1동 | 4,071 | 6,325 | 46 | 65 | 7 | 4 | 3 | 2 | 38 | 25 | 1 | 1 | 4 | 3 |
| 용현2동 | 4,451 | 5,307 | 28 | 39 | 57 | 48 | 3 | 2 | 10 | 8 | 1 | 2 | 0 | 0 |
| 용현3동 | 2,895 | 3,680 | 45 | 57 | 2 | 2 | 3 | 2 | 49 | 38 | 1 | 1 | 0 | 0 |
| 용현4동 | 1,848 | 4,929 | 50 | 81 | 16 | 6 | 2 | 1 | 19 | 7 | 2 | 1 | 11 | 4 |
| 용현5동 | 9,984 | 11,750 | 11 | 24 | 75 | 64 | 2 | 2 | 9 | 8 | 1 | 1 | 1 | 1 |
| 주안1동 | 3,526 | 4,394 | 15 | 30 | 23 | 18 | 4 | 3 | 35 | 28 | 3 | 4 | 21 | 17 |
| 주안2동 | 6,881 | 8,674 | 36 | 48 | 8 | 6 | 4 | 3 | 52 | 41 | 1 | 1 | 0 | 0 |
| 주안3동 | 3,401 | 4,472 | 39 | 53 | 7 | 6 | 0 | 0 | 53 | 40 | 1 | 1 | 0 | 0 |
| 주안4동 | 5,858 | 8,422 | 47 | 62 | 4 | 3 | 5 | 3 | 42 | 29 | 2 | 2 | 1 | 1 |
| 주안5동 | 7,165 | 8,551 | 8 | 22 | 44 | 37 | 5 | 5 | 41 | 34 | 1 | 2 | 0 | 0 |
| 주안6동 | 3,632 | 4,480 | 16 | 31 | 25 | 20 | 12 | 9 | 29 | 24 | 2 | 3 | 16 | 13 |
| 주안7동 | 5,156 | 5,959 | 24 | 34 | 41 | 35 | 0 | 0 | 34 | 29 | 2 | 2 | 0 | 0 |
| 주안8동 | 5,995 | 6,870 | 12 | 23 | 56 | 49 | 0 | 0 | 29 | 26 | 1 | 1 | 1 | 1 |
| 학익1동 | 7,933 | 9,103 | 14 | 25 | 66 | 57 | 0 | 0 | 18 | 16 | 1 | 1 | 0 | 0 |
| 학익2동 | 7,084 | 7,494 | 8 | 12 | 71 | 67 | 3 | 3 | 18 | 17 | 1 | 1 | 0 | 0 |

| 총 주택 수 | 연건평별 주택 | | | | 건축년도별 주택 | | |
|---|---|---|---|---|---|---|---|
| | 14평 미만 | 14~19평 | 19~29평 | 29평 이상 | 1995~ 2005년 | 1985~ 1994년 | 1985년 이전 |
| 108,151 | 16 | 31 | 34 | 18 | 35 | 39 | 25 |
| 4,040 | 1 | 15 | 44 | 40 | 6 | 91 | 3 |
| 5,386 | 14 | 39 | 34 | 13 | 32 | 41 | 27 |
| 4,930 | 24 | 26 | 38 | 12 | 25 | 37 | 38 |
| 2,054 | 20 | 35 | 26 | 20 | 12 | 47 | 42 |
| 3,642 | 16 | 37 | 34 | 13 | 87 | 9 | 4 |
| 1,530 | 11 | 25 | 39 | 25 | 33 | 22 | 45 |
| 2,876 | 12 | 23 | 41 | 24 | 45 | 18 | 37 |
| 1,484 | 18 | 21 | 33 | 28 | 23 | 36 | 41 |
| 4,320 | 20 | 33 | 25 | 22 | 37 | 29 | 33 |
| 3,904 | 18 | 36 | 25 | 22 | 34 | 29 | 37 |
| 4,439 | 12 | 19 | 55 | 15 | 29 | 44 | 28 |
| 2,889 | 29 | 35 | 22 | 15 | 36 | 33 | 31 |
| 1,643 | 8 | 25 | 23 | 43 | 35 | 25 | 40 |
| 9,866 | 3 | 32 | 47 | 18 | 36 | 53 | 11 |
| 2,801 | 24 | 23 | 35 | 17 | 40 | 37 | 23 |
| 6,877 | 16 | 31 | 36 | 17 | 34 | 33 | 33 |
| 3,399 | 23 | 33 | 26 | 18 | 39 | 31 | 31 |
| 5,819 | 18 | 26 | 32 | 24 | 35 | 29 | 35 |
| 7,154 | 22 | 37 | 32 | 9 | 26 | 40 | 34 |
| 3,034 | 18 | 29 | 36 | 17 | 57 | 22 | 20 |
| 5,156 | 27 | 33 | 24 | 17 | 30 | 43 | 27 |
| 5,921 | 16 | 46 | 26 | 12 | 30 | 45 | 24 |
| 7,905 | 9 | 33 | 36 | 21 | 58 | 27 | 15 |
| 7,082 | 20 | 34 | 32 | 15 | 26 | 62 | 12 |

제외)는 8만9천 채에서 11만4천 채로 2만6천 채(29%)가 늘었다. 같은 기간 동안 다세대주택은 2만3천 채(158%)가, 아파트는 9천 채(27%)가 각각 늘었다. 반면 연립주택은 2천 채(38%)가 줄었고, 단독주택도 비슷한 규모인 2천 채(7%)가 줄었다. 이에 따라 전체 주택(주택 이외의 거처 제외)에서 차지하는 비중은 다세대주택이 17%에서 33%로 급증한 반면, 단독주택은 35%에서 25%로, 연립주택은 6%에서 3%로, 아파트는 38%에서 37%로 각각 감소했다.

## 남구 100가구 중 9가구는 최저 주거 기준에 미달

남구에 사는 14만2천 가구를 100가구로 친다면, 그 중 9가구는 식구에 비해 집이 너무 좁거나 시설이 제대로 갖춰지지 않아 인간다운 품위를 지키기 어려운 최저 주거 기준 미달 가구다. 이 가운데 62%는 면적 기준에, 45%는 시설 기준에 미달되며 10%는 면적과 시설 기준 모두 미달되는 가구다.

또 14만2천 가구의 6%에 달하는 8,015가구는 (반)지하에 산다. 이밖에도 159가구는 옥탑방에, 40가구는 판잣집·움막·비닐집에, 79가구는 업소의 잠만 자는 방이나 건설 현장의 임시 막사 등에 살고 있다. (반)지하에 사는 가구는 문학동(11%)에서 비중이 가장 높고 숭의4동·주안4동·도화3동(8%), 용현1동·용현3동·용현4동·도화1동·주안2동·주안3동(7%)이 뒤를 잇는다. 이런 상황에서 2005년 현재 남구에 공급된 공공임대주택은 단 한 채도 없다.

표 4_3.14

# 인천시 남구 (반)지하 등 거주 가구

(단위 : 가구, %)

| 행정구역 | 전체 가구 | (반)지하 | | 옥탑방 | 판잣집·움막·비닐집 | 기타 |
|---|---|---|---|---|---|---|
| | | 가구 | 비중 | 가구 | 가구 | 가구 |
| 남구 | 141,955 | 8,015 | 6 | 159 | 40 | 79 |
| 관교동 | 5,875 | 286 | 5 | 29 | – | – |
| 도화1동 | 6,560 | 458 | 7 | 5 | 6 | 4 |
| 도화2동 | 6,272 | 348 | 6 | 5 | 14 | 18 |
| 도화3동 | 2,709 | 207 | 8 | 43 | – | 5 |
| 문학동 | 6,751 | 768 | 1 | 193 | – | – |
| 숭의1동 | 2,087 | 33 | 2 | 3 | – | 6 |
| 숭의2동 | 3,785 | 94 | 2 | 10 | 1 | 3 |
| 숭의3동 | 2,010 | 66 | 3 | 3 | – | 1 |
| 숭의4동 | 5,549 | 438 | 8 | 5 | – | 6 |
| 용현1동 | 6,321 | 469 | 7 | 3 | 1 | 1 |
| 용현2동 | 5,301 | 86 | 2 | 4 | – | 1 |
| 용현3동 | 3,680 | 264 | 7 | 41 | – | 2 |
| 용현4동 | 4,906 | 323 | 7 | 38 | 5 | 1 |
| 용현5동 | 11,749 | 312 | 3 | 3 | – | 7 |
| 주안1동 | 4,393 | 230 | 5 | 7 | – | 11 |
| 주안2동 | 8,673 | 650 | 7 | 4 | – | 1 |
| 주안3동 | 4,472 | 308 | 7 | 26 | – | 2 |
| 주안4동 | 8,420 | 675 | 8 | 45 | 3 | 1 |
| 주안5동 | 8,545 | 530 | 6 | 9 | 2 | 2 |
| 주안6동 | 4,479 | 266 | 6 | 89 | – | – |
| 주안7동 | 5,959 | 283 | 5 | 26 | – | – |
| 주안8동 | 6,870 | 374 | 5 | 3 | 5 | 1 |
| 학익1동 | 9,097 | 285 | 3 | 4 | 3 | 4 |
| 학익2동 | 7,492 | 262 | 3 | 27 | – | 2 |

# 남구 유권자가 100명이라면

정당 지지도를 알 수 있는 최근 네 차례 선거(제3~4회 동시지방선거, 제17~18대 총선)를 기준으로 남구 유권자는 대략 32만~33만 명이며, 평균 투표율은 45%다.

남구 유권자가 100명이라면 2002년 지방선거에서는 58명이 한나라당을, 28명이 새천년민주당을, 5명이 민주노동당을, 4명이 자민련을 찍었다. 2004년 총선에서는 38명이 열린우리당을, 다른 38명이 한나라당을, 14명이 민주노동당을, 5명이 새천년민주당을, 2명이 자민련을 지지했다.

2006년 지방선거에서는 61명이 한나라당을 찍었고, 20명은 열린우리당을, 12명은 민주노동당을, 6명은 민주당을 찍었다. 2008년 총선에서는 42명이 한나라당을, 24명이 통합민주당을, 12명이 친박연대를 찍었고, 6명은 자유선진당을, 4명은 민주노동당을, 다른 4명은 창조한국당을, 3명은 진보신당을 지지했다.

동네별 투표율은 관교동·숭의1동·용현2동에서 상대적으로 높았다. 반면 문학동에서 가장 낮았고 주안6동에서 상대적으로 낮았다.

한나라당 득표율은 관교동과 숭의2동에서 상대적으로 높았다. 반면 문학동과 주안5동에서 상대적으로 낮았다. 관교동과 문학동의 득표율 격차는 4~15% 사이다.

민주(+열린우리)당 득표율은 주안5동·문학동에서 상대적으로 높았다. 반면 관교동과 숭의2동에서 상대적으로 낮았다. 주안5동과 관교동의 득표율 격차는 9~11% 사이다. 민주노동당+진보신당 득표율은 용현4동·도화2동·숭의3동에서 상대적으로 높았다.

그림 4_3.11

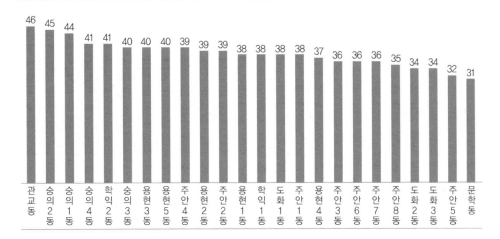

인천시 남구 동네별 한나라당 득표율

2004년 총선(단위 : %)

그림 4_3.12

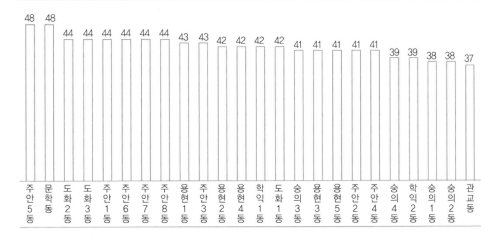

인천시 남구 동네별 민주(＋열린우리)당 득표율

2004년 총선(단위 : %)

**표 4_3.15**

# 인천시 남구 역대 선거 투표율과 정당 지지율

2002~2008년(단위 : 명, %)

| 행정구역 | 2002년 지방선거 | | | | | | | 2004년 총선 | | | | | | | |
|---|---|---|---|---|---|---|---|---|---|---|---|---|---|---|---|
| | 선거인 수 | 투표율 | 한나라당 | 새천년민주당 | 지민련 | 민주노동당 | 기타정당 | 선거인 수 | 투표율 | 한나라당 | 새천년민주당 | 열린우리당 | 지민련 | 민주노동당 | 기타정당 |
| 남구 | 317,337 | 39 | 58 | 28 | 4 | 5 | 6 | 327,911 | 55 | 38 | 5 | 38 | 2 | 14 | 3 |
| 관교동 | 13,929 | 42 | 65 | 24 | 3 | 4 | 5 | 14,065 | 62 | 46 | 4 | 33 | 2 | 13 | 3 |
| 도화1동 | 15,923 | 36 | 62 | 25 | 4 | 5 | 4 | 16,464 | 53 | 38 | 5 | 37 | 2 | 15 | 3 |
| 도화2동 | 13,686 | 39 | 57 | 28 | 4 | 6 | 5 | 13,937 | 55 | 34 | 5 | 39 | 2 | 16 | 3 |
| 도화3동 | 6,648 | 41 | 59 | 26 | 4 | 5 | 5 | 6,403 | 52 | 34 | 5 | 39 | 2 | 15 | 4 |
| 문학동 | 9,461 | 26 | 55 | 30 | 5 | 5 | 5 | 11,850 | 43 | 31 | 3 | 45 | 2 | 16 | 3 |
| 숭의1동 | 4,172 | 46 | 59 | 27 | 4 | 4 | 5 | 4,524 | 52 | 44 | 4 | 34 | 3 | 12 | 2 |
| 숭의2동 | 7,226 | 41 | 60 | 27 | 4 | 5 | 5 | 8,043 | 54 | 45 | 4 | 34 | 3 | 11 | 2 |
| 숭의3동 | 5,557 | 46 | 56 | 27 | 4 | 6 | 7 | 4,812 | 55 | 40 | 4 | 37 | 3 | 14 | 3 |
| 숭의4동 | 12,173 | 42 | 59 | 27 | 4 | 6 | 5 | 13,075 | 53 | 41 | 4 | 35 | 2 | 14 | 3 |
| 용현1동 | 12,471 | 38 | 56 | 29 | 4 | 5 | 5 | 12,712 | 53 | 38 | 4 | 39 | 2 | 13 | 3 |
| 용현2동 | 13,205 | 41 | 56 | 30 | 4 | 5 | 5 | 13,393 | 57 | 39 | 4 | 38 | 2 | 14 | 3 |
| 용현3동 | 8,706 | 38 | 58 | 29 | 5 | 4 | 5 | 8,441 | 51 | 40 | 4 | 37 | 4 | 13 | 3 |
| 용현4동 | 5,699 | 44 | 57 | 27 | 5 | 6 | 5 | 5,981 | 57 | 37 | 3 | 39 | 3 | 16 | 2 |
| 용현5동 | 25,530 | 37 | 58 | 29 | 3 | 5 | 5 | 25,852 | 56 | 40 | 4 | 37 | 2 | 14 | 3 |
| 주안1동 | 7,534 | 34 | 64 | 25 | 3 | 4 | 4 | 8,045 | 50 | 38 | 5 | 38 | 2 | 14 | 2 |
| 주안2동 | 18,982 | 37 | 63 | 24 | 4 | 4 | 5 | 20,478 | 52 | 39 | 5 | 36 | 3 | 14 | 3 |
| 주안3동 | 10,263 | 38 | 56 | 29 | 4 | 6 | 5 | 10,362 | 53 | 36 | 7 | 36 | 3 | 15 | 3 |
| 주안4동 | 18,947 | 38 | 61 | 25 | 4 | 5 | 5 | 20,027 | 54 | 40 | 5 | 36 | 3 | 14 | 3 |
| 주안5동 | 18,800 | 38 | 52 | 33 | 4 | 6 | 6 | 19,339 | 54 | 32 | 6 | 42 | 2 | 15 | 3 |
| 주안6동 | 11,204 | 33 | 61 | 26 | 4 | 5 | 5 | 11,689 | 48 | 36 | 5 | 39 | 3 | 14 | 3 |
| 주안7동 | 14,268 | 38 | 56 | 29 | 4 | 5 | 5 | 14,197 | 55 | 36 | 6 | 38 | 2 | 15 | 4 |
| 주안8동 | 17,478 | 36 | 57 | 28 | 4 | 5 | 6 | 17,642 | 56 | 35 | 5 | 39 | 2 | 16 | 3 |
| 학익1동 | 20,876 | 39 | 59 | 27 | 4 | 4 | 5 | 21,547 | 58 | 38 | 4 | 38 | 2 | 14 | 3 |
| 학익2동 | 17,784 | 40 | 62 | 25 | 4 | 5 | 5 | 17,499 | 59 | 41 | 4 | 35 | 2 | 15 | 3 |

| 2006년 지방선거 | | | | | | | 2008년 총선 | | | | | | | | | |
| 선거인 수 | 투표율 | 열린우리당 | 한나라당 | 민주당 | 민주노동당 | 기타정당 | 선거인 수 | 투표율 | 통합민주당 | 한나라당 | 자유선진당 | 민주노동당 | 창조한국당 | 친박연대 | 진보신당 | 기타정당 |
|---|---|---|---|---|---|---|---|---|---|---|---|---|---|---|---|---|
| 327,614 | 43 | 20 | 61 | 6 | 12 | 1 | 327,790 | 41 | 24 | 42 | 6 | 4 | 4 | 12 | 3 | 5 |
| 13,750 | 48 | 16 | 69 | 5 | 9 | 1 | 13,556 | 44 | 20 | 41 | 7 | 3 | 4 | 14 | 3 | 8 |
| 16,084 | 40 | 20 | 63 | 5 | 12 | 1 | 16,141 | 38 | 24 | 44 | 5 | 4 | 4 | 11 | 3 | 5 |
| 14,194 | 43 | 21 | 57 | 5 | 15 | 1 | 14,142 | 41 | 27 | 41 | 5 | 5 | 4 | 10 | 3 | 5 |
| 6,539 | 40 | 21 | 59 | 5 | 14 | 1 | 6,173 | 38 | 24 | 41 | 5 | 5 | 4 | 12 | 2 | 6 |
| 12,478 | 30 | 24 | 57 | 5 | 13 | 1 | 12,287 | 29 | 26 | 39 | 7 | 5 | 4 | 11 | 3 | 5 |
| 5,152 | 41 | 21 | 64 | 5 | 9 | 1 | 5,294 | 37 | 21 | 46 | 7 | 3 | 5 | 13 | 2 | 4 |
| 8,383 | 43 | 19 | 66 | 5 | 9 | 1 | 8,408 | 40 | 21 | 48 | 7 | 3 | 3 | 13 | 1 | 4 |
| 4,747 | 46 | 19 | 63 | 5 | 11 | 1 | 5,485 | 43 | 23 | 42 | 8 | 4 | 4 | 12 | 3 | 4 |
| 13,115 | 43 | 19 | 62 | 5 | 11 | 2 | 13,117 | 40 | 22 | 45 | 6 | 4 | 4 | 12 | 2 | 5 |
| 12,785 | 42 | 19 | 63 | 6 | 11 | 1 | 12,280 | 39 | 23 | 42 | 4 | 5 | 4 | 11 | 2 | 4 |
| 13,154 | 47 | 18 | 62 | 7 | 12 | 0 | 12,679 | 45 | 24 | 43 | 7 | 4 | 4 | 12 | 2 | 4 |
| 8,587 | 41 | 20 | 63 | 6 | 11 | 1 | 8,438 | 39 | 24 | 46 | 7 | 4 | 4 | 9 | 2 | 4 |
| 6,103 | 40 | 22 | 59 | 5 | 13 | 1 | 5,934 | 40 | 24 | 41 | 6 | 5 | 7 | 10 | 3 | 5 |
| 27,490 | 42 | 17 | 63 | 6 | 13 | 1 | 26,781 | 40 | 23 | 42 | 7 | 4 | 4 | 13 | 3 | 4 |
| 8,563 | 35 | 19 | 62 | 5 | 13 | 0 | 8,866 | 33 | 25 | 40 | 6 | 4 | 5 | 12 | 3 | 6 |
| 20,963 | 41 | 18 | 63 | 7 | 11 | 1 | 21,040 | 38 | 25 | 44 | 5 | 4 | 4 | 11 | 2 | 5 |
| 10,611 | 44 | 18 | 61 | 10 | 11 | 1 | 10,187 | 39 | 26 | 41 | 5 | 4 | 4 | 12 | 2 | 5 |
| 20,049 | 42 | 17 | 66 | 6 | 11 | 1 | 20,133 | 42 | 24 | 44 | 5 | 4 | 4 | 12 | 2 | 5 |
| 19,774 | 42 | 23 | 55 | 7 | 15 | 1 | 19,368 | 40 | 29 | 39 | 5 | 4 | 4 | 11 | 3 | 5 |
| 9,407 | 35 | 19 | 62 | 5 | 13 | 0 | 9,337 | 36 | 24 | 42 | 4 | 4 | 4 | 11 | 3 | 5 |
| 14,005 | 43 | 21 | 59 | 8 | 12 | 1 | 13,515 | 40 | 26 | 41 | 5 | 4 | 4 | 11 | 3 | 5 |
| 16,240 | 43 | 20 | 61 | 6 | 12 | 1 | 16,641 | 40 | 26 | 40 | 5 | 4 | 4 | 12 | 3 | 6 |
| 21,276 | 44 | 18 | 62 | 6 | 14 | 1 | 24,715 | 43 | 23 | 42 | 7 | 4 | 5 | 12 | 3 | 5 |
| 17,711 | 45 | 18 | 64 | 5 | 13 | 1 | 17,258 | 45 | 22 | 42 | 7 | 4 | 5 | 11 | 3 | 5 |

## 숫자 100으로 본 인천시 남동구 17개 동네

남동구에는 2005년 현재 기준으로 17개 동에 10만2천 개의 거처가 있고, 여기에 12만 가구 37만4천 명이 살고 있다.

인천시 남동구가 100명이 사는 마을이라면 어떤 모습일까?

## 숫자 100으로 본 남동구

남동구에 사는 사람은 인천시 평균인에 비해 대학 이상 학력자 비중은 약간 낮고 종교 인구 비중은 조금 높다. 봉급생활자와 기능직 비중이 높고 출퇴근 시간은 긴 편이다.

무주택자와 다세대주택 거주자가 많은 편이며 거주 기간이 짧아 이사가 잦다. 가구의 8%는 (반)지하에 살고 6%는 최저 주거 기준 미달 가구다. 하지만 공공임대주택은 3% 수준으로 부족한 실정이다.

최근 7년간 남동구에서 한나라당은 34~57%를, 민주(+열린우리)당은 21~46%를, 민주노동당+진보신당은 5~16%를 각각 얻었다. 하지만 동네별로는 차이가 컸다.

**그림 4_3.13**

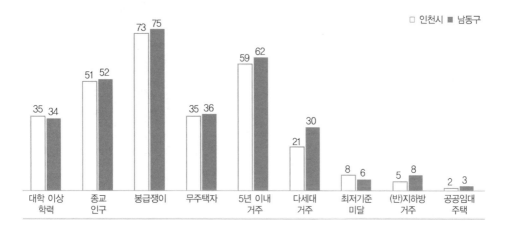

**인천시와 남동구의 주요 지수 평균 비교**

(단위 : %)

□ 인천시  ■ 남동구

**남동구 인구가 100명이라면 :**

**대학 이상 학력자 34명, 종교 인구 52명**

인천시 남동구에 사는 사람은 2005년 현재 37만3,720명으로, 남동구 인구가 100명이라면 남자 대 여자의 수는 50 대 50으로 균형을 이루고 있다. 다만 동네별로는 논현고잔동에서 58 대 42로 여자에 비해 남자가 훨씬 많이 산다. 100명 가운데 1명은 외국인인데, 역시 논현고잔동 인구의 14%가 외국인으로 나타났다. 27명은 어린이와 청소년(19세 미만)이고, 73명은 어른이다. 어른 가운데 6명은 노인(65세 이상)이다.

지역적으로는, 남동구에 사는 100명 중 9명은 간석3동에 산다. 구월1동·간석1동·만수6동에 8명씩 살고, 간석4동·만수4동에 7명씩, 구월4동·만수1동·만수2동·만수3동·만수5동·남촌도림동·논현고잔동에 6명씩 산다. 또 구월3동에 4명이 살고, 구월2동·간석2동·장수서창동에는 3명씩 산다.

종교를 보면, 52명이 종교를 갖고 있다. 24명은 개신교, 14명은 불교, 다른 14명은 천주교 신자다. 개신교는 구월2동에서, 불교는 구월3동 등 3곳에서, 천주교는 만수6동에서 각각 신자 비율이 높다.

학력은 어떨까. 10명은 초등학교에, 5명은 중학교에, 4명은 고등학교에 다니고 있으며, 26명은 대학에 재학 중이거나 대학 이상의 학력을 가지고 있다(6세 이상 인구 기준). 또 남동구에 사는 19세 이상 인구 가운데 34%가 대학 이상 학력자다. 만수6동은 19세 이상 인구 중 42%가 대학 이상 학력자로 비중이 가장 높다.

31명은 미혼이며 69명은 결혼했다. 결혼한 사람 가운데 6명은 배우자와 사별했고, 4명은 이혼했다(15세 이상 인구 기준). 5명은 몸이 불편하거나 정신 장애로 정상적인 활동에 제약을 느끼고 있다.

거주 기간을 보면, 41명은 현재 살고 있는 집에 산 지 5년이 넘었으나, 59명은 5년 이내에 새로 이사 왔다(5세 이상 인구 기준). 이사 온 사람 중 43명은 남동구의 다른 동에서, 6명은 인천시의 다른 구와 군에서, 10명은 인천시 밖에서 이사 왔다.

표 4_3.16

# 인천시 남동구 성별·종교별·학력별 인구

(단위 : 명, %)

| 행정구역 | 남녀/외국인 | | | | 종교 인구 | | | | | | | 대학 이상 학력 인구 | | | | | | |
| --- | --- | --- | --- | --- | --- | --- | --- | --- | --- | --- | --- | --- | --- | --- | --- | --- | --- | --- |
| | 총인구 | 남자 | 여자 | 외국인 | 인구 (내국인) | 종교 있음 | | | | | 종교 없음 | 19세 이상 인구 | 계 | 4년제 미만 | | 4년제 이상 | | 대학원 이상 |
| | | | | | | 계 | 불교 | 개신교 | 천주교 | 기타 | | | | 계 | 재학 | 계 | 재학 | |
| 남동구 | 373,720 | 50 | 50 | 1 | 369,288 | 52 | 14 | 24 | 14 | 1 | 48 | 269,483 | 34 | 13 | 3 | 19 | 5 | 2 |
| 간석1동 | 28,173 | 49 | 51 | 0 | 28,137 | 54 | 15 | 23 | 15 | 1 | 45 | 21,306 | 38 | 14 | 3 | 21 | 5 | 2 |
| 간석2동 | 9,505 | 50 | 50 | 0 | 9,495 | 53 | 13 | 24 | 16 | 1 | 46 | 7,232 | 35 | 13 | 3 | 20 | 6 | 2 |
| 간석3동 | 32,414 | 50 | 50 | 0 | 32,286 | 49 | 15 | 23 | 11 | 1 | 50 | 24,304 | 27 | 12 | 3 | 14 | 4 | 1 |
| 간석4동 | 27,184 | 50 | 50 | 0 | 27,121 | 51 | 14 | 23 | 14 | 1 | 48 | 20,258 | 38 | 13 | 3 | 22 | 6 | 2 |
| 구월1동 | 29,642 | 50 | 50 | 0 | 29,542 | 50 | 13 | 22 | 14 | 1 | 50 | 22,503 | 37 | 15 | 3 | 21 | 5 | 2 |
| 구월2동 | 12,406 | 51 | 49 | 0 | 12,363 | 55 | 13 | 28 | 13 | 1 | 44 | 9,032 | 31 | 14 | 3 | 16 | 4 | 1 |
| 구월3동 | 14,563 | 50 | 50 | 0 | 14,504 | 53 | 15 | 24 | 13 | 1 | 47 | 10,819 | 34 | 13 | 3 | 19 | 5 | 2 |
| 구월4동 | 22,287 | 50 | 50 | 0 | 22,242 | 47 | 14 | 23 | 10 | 1 | 53 | 16,043 | 23 | 12 | 2 | 10 | 3 | 1 |
| 남촌도림동 | 23,931 | 52 | 48 | 3 | 23,314 | 50 | 13 | 23 | 14 | 1 | 49 | 16,146 | 30 | 12 | 2 | 16 | 4 | 2 |
| 논현고잔동 | 22,634 | 58 | 42 | 14 | 19,526 | 49 | 12 | 22 | 15 | 1 | 50 | 13,821 | 36 | 15 | 2 | 19 | 4 | 2 |
| 만수1동 | 22,104 | 50 | 50 | 0 | 22,074 | 54 | 13 | 27 | 13 | 1 | 45 | 16,275 | 28 | 13 | 3 | 14 | 4 | 1 |
| 만수2동 | 20,919 | 50 | 50 | 0 | 20,899 | 53 | 14 | 26 | 12 | 1 | 47 | 15,212 | 33 | 13 | 3 | 18 | 5 | 2 |
| 만수3동 | 20,847 | 50 | 50 | 0 | 20,780 | 49 | 13 | 22 | 13 | 1 | 49 | 14,675 | 30 | 13 | 3 | 16 | 4 | 2 |
| 만수4동 | 25,025 | 50 | 50 | 0 | 25,007 | 54 | 12 | 25 | 16 | 0 | 45 | 17,330 | 43 | 13 | 2 | 27 | 6 | 3 |
| 만수5동 | 21,099 | 50 | 50 | 0 | 21,075 | 51 | 13 | 25 | 12 | 1 | 47 | 15,771 | 27 | 13 | 3 | 13 | 4 | 1 |
| 만수6동 | 31,517 | 49 | 51 | 0 | 31,473 | 55 | 13 | 23 | 17 | 1 | 45 | 21,890 | 42 | 14 | 3 | 26 | 6 | 3 |
| 장수서창동 | 9,470 | 50 | 50 | 0 | 9,450 | 58 | 14 | 26 | 13 | 5 | 42 | 6,866 | 41 | 14 | 3 | 23 | 5 | 4 |

## 남동구 취업자가 100명이라면 : 75명은 봉급쟁이

남동구에 사는 15세 이상 인구 29만 명 가운데 취업해 직장에 다니는 사람(취업자)은 51%, 15만 명이다. 남동구 취업자가 100명이라면 62명은 30~40대, 20명은 20대, 14명은 50대다. 65세 이상 노인도 1명이 일하고 있다.

회사에서 봉급을 받고 일하는 직장인은 75명이다. 15명은 고용한 사람 없이 혼자서 일하는 자영업자이며, 6명은 누군가를 고용해 사업체를 경영하는 사업주다. 3명은 가족이 운영하는 사업체에서 보수 없이 일하고 있다.

직업별로는 사무직이 18명으로 가장 많고, 장치 기계 조작 및 조립직이 16명으로 뒤를 잇는다. 13명은 기능직, 11명은 판매직, 10명은 서비스직으로 일하며, 다른 10명은 기술공 및 준전문가로 일한다. 또 8명은 단순 노무직, 다른 8명은 전문가로 일한다. 4명은 고위 관리직이며, 1명은 농림 어업에 종사한다.

직장으로 출근하는 데 30분 이상 걸리는 사람은 55명이며, 그 가운데 20명은 1시간 이상 걸린다. 17명은 걸어서 출근하고 83명은 교통수단을 이용해 출퇴근한다. 83명 가운데 44명은 자가용, 18명은 시내버스, 7명은 전철로 출근한다. 5명은 통근 버스, 1명은 시외(고속)버스, 다른 1명은 택시로, 4명은 전철과 버스 또는 승용차를 갈아타며 출근한다.

82명은 공장이나 사무실 등 사업장에서 일하고 14명은 야외나 거리 또는 운송 수단에서 일한다. 또 2명은 자기 집에서, 2명은 남의 집에서 일한다.

그림 4_3.14

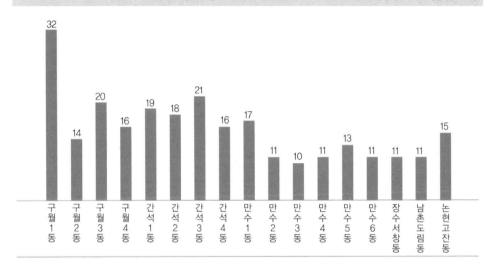

인천시 남동구 동네별 1인 가구

(단위 : %)

## 남동구에 100가구가 산다면 :
## 38가구는 셋방살이

남동구에는 12만 가구가 산다(일반 가구 기준). 남동구에 사는 가구를 100가구로 친다면, 35가구는 식구가 한 명 또는 두 명인 1, 2인 가구이며, 이 가운데 16가구는 나 홀로 사는 1인 가구다. 식구 4명은 31가구, 3명은 23가구, 5명 이상은 10가구다.

동네별 1인 가구 비중을 보면 구월1동에서 32%로 가장 높고, 간석3동 21% 구월3동 20%, 만수1동 17% 순이다. 반면 만수3동은 10%로 가장 낮다.

59가구는 자신이 소유한 집에서 살고, 38가구는 셋방에 살며, 2가구는 직장의 사택이나 친척집 등에서 무상으로 살고 있다. 자기 집에 사는 가구 중 7가구는 현재 살고 있는 곳 외에 집을 한 채 이상 더 소유한 다주택자들이다.

셋방 사는 가구 가운데 23가구는 전세에, 14가구는 보증금 있는 월세에, 1가구는 보증금 없는 월세에 산다. 셋방 사는 가구 중 5가구는 어딘가에 자신 명의의 집을 소유하고 있으나 경제 사정이나 자녀 교육, 직장 등의 사정으로 셋방에 살고 있다.

62가구는 현재 사는 집으로 이사 온 지 5년이 안 되며, 이 가운데 33가구는 2년이 안 된다. 20가구는 5~10년이 됐고, 18가구는 10년이 넘었다.

64가구는 자동차를 소유하고 있고 이 가운데 41가구는 자기 집에 전용 주차장이 있다. 자동차 소유 가구 중 10가구는 차를 2대 이상 소유하고 있다.


**집 많은 사람, 집 없는 사람 :**
**만수2동 75% 주택 소유, 구월3동 60% 무주택**

남동구에 사는 100가구 중 64가구는 주택 소유자이고 36가구는 무주택자다. 17개 동네 중 무주택자가 60%를 차지하는 구월3동을 제외한 16곳 모두 주택 소유자가 더 많다. 만수2동 75%를 비롯해 4곳은 동네 가구의 70% 이상, 9곳은 60% 이상, 3곳은 50% 이상이 주택 소유자다. 남동구 100가구 중 7가구는 집을 두 채 이상 소유한 다주

표 4_3.17

## 인천시 남동구 주택의 점유·소유 형태별 가구

(단위 : 가구, %)

| 행정구역 | 전체 가구 | 자기 집에 거주 | | | 셋방에 거주 | | | 무상으로 거주 | | 주택 소유 | 무주택 |
|---|---|---|---|---|---|---|---|---|---|---|---|
| | | 계 | 집 한 채 | 여러 채 | 계 | 집 없음 | 집 있음 | 집 없음 | 집 있음 | | |
| 남동구 | 120,028 | 59 | 52 | 7 | 38 | 34 | 5 | 2 | 0 | 64 | 36 |
| 간석1동 | 9,555 | 58 | 50 | 8 | 40 | 34 | 6 | 2 | 0 | 64 | 36 |
| 간석2동 | 3,232 | 61 | 52 | 9 | 37 | 31 | 5 | 2 | 0 | 67 | 33 |
| 간석3동 | 11,090 | 56 | 51 | 5 | 41 | 38 | 4 | 2 | 0 | 60 | 40 |
| 간석4동 | 8,870 | 61 | 52 | 9 | 38 | 32 | 6 | 2 | 0 | 67 | 33 |
| 구월1동 | 11,120 | 47 | 41 | 6 | 51 | 46 | 5 | 2 | 0 | 52 | 48 |
| 구월2동 | 3,867 | 62 | 54 | 8 | 36 | 30 | 6 | 2 | 0 | 69 | 31 |
| 구월3동 | 4,881 | 34 | 30 | 4 | 64 | 58 | 6 | 2 | 0 | 40 | 60 |
| 구월4동 | 7,259 | 55 | 50 | 5 | 42 | 39 | 3 | 2 | 0 | 59 | 41 |
| 남촌도림동 | 7,160 | 58 | 51 | 8 | 38 | 35 | 3 | 3 | 0 | 62 | 38 |
| 논현고잔동 | 6,074 | 67 | 59 | 8 | 28 | 23 | 4 | 5 | 1 | 72 | 28 |
| 만수1동 | 7,507 | 54 | 49 | 5 | 45 | 41 | 3 | 1 | 0 | 57 | 43 |
| 만수2동 | 6,427 | 71 | 63 | 8 | 27 | 23 | 4 | 1 | 0 | 75 | 25 |
| 만수3동 | 6,252 | 70 | 61 | 8 | 28 | 25 | 3 | 2 | 0 | 73 | 27 |
| 만수4동 | 7,659 | 57 | 49 | 8 | 35 | 29 | 7 | 6 | 2 | 65 | 35 |
| 만수5동 | 6,750 | 63 | 56 | 8 | 35 | 31 | 4 | 1 | 0 | 68 | 32 |
| 만수6동 | 9,506 | 70 | 59 | 11 | 29 | 25 | 4 | 1 | 0 | 74 | 26 |
| 장수서창동 | 2,819 | 63 | 53 | 10 | 34 | 32 | 2 | 3 | 0 | 65 | 35 |

택자다. 만수6동 가구의 11%, 장수서청동 가구의 10%는 다주택자다.

남동구 100가구 중 5가구는 어딘가에 자신 명의의 집이 있지만 현재 셋방에 살고 있는 유주택 전월세 가구다. 만수4동 가구의 7%, 구월2동·구월3동·간석1동·간석4동 가구의 6%는 유주택 전월세 가구다. 주택 소유자 중 유주택 전월세를 제외한 59가구는 자신이 소유한 집에서 사는데 만수2동(71%), 만수3동(70%), 만수6동(70%) 순으로 비중이 높다.

표 4_3.18

# 인천시 남동구 거처의 종류별·연건평별·건축년도별 주택

(단위 : 호, 가구, %)

| 행정구역 | 거처의 종류별 거처와 가구 | | | | | | | | | | | | | |
|---|---|---|---|---|---|---|---|---|---|---|---|---|---|---|
| | 계 | | 단독주택 | | 아파트 | | 연립주택 | | 다세대주택 | | 비거주용 건물 내 주택 | | 주택 이외의 거처 | |
| | 거처 | 가구 | 거처 | 가구 | 거처 | 가구 | 거처 | 가구 | 거처 | 가구 | 거처 | 가구 | 거처 | 가구 |
| 남동구 | 102,242 | 120,087 | 9 | 22 | 51 | 43 | 1 | 1 | 35 | 30 | 1 | 2 | 3 | 2 |
| 간석1동 | 7,634 | 9,556 | 13 | 30 | 48 | 38 | 2 | 2 | 35 | 28 | 1 | 1 | 2 | 1 |
| 간석2동 | 2,585 | 3,232 | 11 | 28 | 51 | 40 | 8 | 6 | 28 | 23 | 1 | 2 | 1 | 1 |
| 간석3동 | 9,202 | 11,091 | 13 | 27 | 20 | 17 | 2 | 1 | 60 | 50 | 2 | 3 | 2 | 2 |
| 간석4동 | 7,318 | 8,872 | 10 | 26 | 59 | 49 | 1 | 1 | 25 | 21 | 1 | 1 | 4 | 3 |
| 구월1동 | 8,739 | 11,126 | 7 | 27 | 24 | 19 | 0 | 0 | 48 | 37 | 1 | 2 | 20 | 16 |
| 구월2동 | 3,124 | 3,868 | 15 | 31 | 38 | 31 | 4 | 3 | 41 | 33 | 1 | 2 | 0 | 0 |
| 구월3동 | 2,172 | 4,881 | 55 | 80 | 0 | 0 | 0 | 0 | 37 | 16 | 6 | 3 | 2 | 1 |
| 구월4동 | 5,983 | 7,262 | 8 | 23 | 8 | 7 | 0 | 0 | 81 | 67 | 2 | 3 | 0 | 0 |
| 남촌도림동 | 6,652 | 7,168 | 6 | 12 | 46 | 42 | 0 | 0 | 46 | 43 | 1 | 2 | 1 | 1 |
| 논현고잔동 | 5,538 | 6,107 | 7 | 15 | 80 | 73 | 1 | 1 | 7 | 6 | 2 | 2 | 3 | 3 |
| 만수1동 | 7,184 | 7,508 | 3 | 7 | 59 | 56 | 0 | 0 | 36 | 35 | 2 | 2 | 0 | 0 |
| 만수2동 | 5,948 | 6,427 | 10 | 16 | 71 | 66 | 1 | 1 | 17 | 15 | 1 | 1 | 0 | 0 |
| 만수3동 | 5,711 | 6,252 | 10 | 17 | 44 | 40 | 1 | 1 | 44 | 40 | 0 | 1 | 1 | 1 |
| 만수4동 | 6,997 | 7,660 | 3 | 12 | 96 | 87 | 0 | 0 | 1 | 1 | 0 | 0 | 0 | 0 |
| 만수5동 | 5,753 | 6,751 | 10 | 23 | 24 | 20 | 0 | 0 | 64 | 55 | 2 | 2 | 0 | 0 |
| 만수6동 | 8,942 | 9,507 | 3 | 8 | 89 | 84 | 0 | 0 | 6 | 6 | 1 | 1 | 1 | 1 |
| 장수서창동 | 2,760 | 2,819 | 11 | 13 | 84 | 82 | 0 | 0 | 4 | 4 | 0 | 0 | 0 | 0 |

38가구는 셋방에 살고 이 중 34가구는 어디에도 집이 없이 셋방을 떠도는 무주택 전월세 가구다. 무주택 전월세 가구는 구월3동(58%), 구월1동(46%), 만수1동(41%)에서 상대적으로 비중이 높다. 한편 만수4동 가구의 8%는 직장의 사택이나 친척집 등에서 무상으로 살고 있고 이 가운데 6%는 무주택자다.

| 연건평별 주택 | | | | | 건축년도별 주택 | | |
| 총 주택 수 | 14평 미만 | 14~19평 | 19~29평 | 29평 이상 | 1995~ 2005년 | 1985~ 1994년 | 1985년 이전 |
|---|---|---|---|---|---|---|---|
| 99,352 | 27 | 32 | 29 | 12 | 35 | 57 | 8 |
| 7,516 | 22 | 32 | 26 | 20 | 33 | 48 | 19 |
| 2,553 | 11 | 25 | 43 | 21 | 47 | 30 | 23 |
| 8,981 | 37 | 32 | 21 | 10 | 50 | 41 | 8 |
| 7,037 | 12 | 33 | 39 | 16 | 29 | 57 | 14 |
| 7,003 | 31 | 22 | 35 | 13 | 21 | 75 | 5 |
| 3,120 | 14 | 37 | 36 | 13 | 20 | 31 | 48 |
| 2,122 | 14 | 13 | 16 | 57 | 21 | 69 | 10 |
| 5,971 | 41 | 33 | 16 | 10 | 43 | 55 | 2 |
| 6,593 | 34 | 34 | 25 | 8 | 56 | 42 | 2 |
| 5,361 | 7 | 51 | 30 | 12 | 90 | 6 | 4 |
| 7,184 | 59 | 28 | 10 | 3 | 10 | 89 | 1 |
| 5,945 | 26 | 38 | 31 | 5 | 26 | 61 | 13 |
| 5,659 | 20 | 35 | 39 | 5 | 73 | 24 | 3 |
| 6,996 | 19 | 31 | 46 | 3 | 0 | 99 | 0 |
| 5,749 | 43 | 24 | 23 | 10 | 19 | 74 | 7 |
| 8,810 | 23 | 30 | 29 | 18 | 10 | 89 | 0 |
| 2,752 | 12 | 38 | 36 | 14 | 89 | 6 | 5 |

## 남동구에 있는 집이 100채라면 :
## 51채는 아파트, 35채는 다세대주택

남동구에는 집(주택과 주택 이외의 거처)이 10만2,242채가 있다. 남동구에 있는 집이 100채라면 51채는 아파트고, 35채는 다세대주택,

9채는 단독주택이다. 또 3채는 주택 이외의 거처이며, 1채는 주택 이외의 거처, 다른 1채는 비거주용 건물 내 주택이다.

만수4동 거처의 96%가 아파트인 것을 비롯해 8개 동네에서 절반 이상이 아파트다. 구월4동(81%) 등 3곳은 다세대주택이 절반 이상이고, 구월3동(55%)은 유일하게 단독주택이 절반이 넘는 동네다. 또 구월1동은 20%가 주택 이외의 거처이며, 구월3동은 6%가 비거주용 건물 내 주택이다.

사람이 사는 곳을 기준으로 보면 남동구 가구의 43%는 아파트에, 30%는 다세대주택에, 22%는 단독주택에 산다. 2%는 주택 이외의 거처에, 다른 2%는 비거주용 건물 내 주택에, 1%는 연립주택에 산다. 동네별로도 만수4동(87%) 등 6곳에서 절반 이상의 가구가 아파트에 산다. 구월4동은 67%가 다세대주택에 살고, 구월3동은 80%가 단독주택에 산다. 또 구월1동 가구의 16%는 주택 이외의 거처에, 간석2동 가구의 8%는 연립주택에, 구월3동 가구의 6%는 비거주용 건물 내 주택에 산다.

남동구 주택(주택 이외의 거처 제외)을 크기별로 보면 29평 이상의 주택은 12채, 19~29평은 29채, 14~19평은 32채이며, 14평 미만은 27채다. 간석2동에서는 21%가 29평 이상이며, 만수5동에서는 43%가 14평 미만 소형 주택이다.

2005년 기준으로 35채는 지은 지 10년(1995~2005년 사이 건축)이 안 된 새집이며, 57채는 1985년에서 1994년 사이에 지었고, 20년이 넘은 주택은 8채다. 논현고잔동 주택의 90%가 10년이 안 된 새집인 반면, 구월2동 주택의 48%는 20년이 넘은 집이다.

1995년부터 2005년까지 10년 동안 남동구 주택 수(주택 이외의 거처 제외)는 8만7천 채에서 10만4천 채로 1만7천 채(19%)가 늘었다. 같은 기간 동안 다세대주택은 1만9천 채(99%)가, 아파트는 9천 채(20%)가 각각 늘었다. 반면 연립주택은 6천 채(85%)가 줄었고, 단독주택은 4천 채(16%)가 줄었다. 이에 따라 전체 주택(주택 이외의 거처 제외)에서 차지하는 비중은 다세대주택이 22%에서 36%로 증가한 반면, 단독주택은 16%에서 9%로, 연립주택은 8%에서 1%로 감소했고, 아파트는 52%를 유지했다.

## 남동구 100가구 중 6가구는 최저 주거 기준에 미달

남동구에 사는 12만 가구를 100가구로 친다면, 그 중 6가구는 식구에 비해 집이 너무 좁거나 시설이 제대로 갖춰지지 않아 인간다운 품위를 지키기 어려운 최저 주거 기준 미달 가구다. 이 가운데 80%는 면적 기준에 미달되는 가구다.

또 12만 가구의 8%에 달하는 9,912가구는 (반)지하에 산다. 이 밖에도 136가구는 옥탑방에, 50가구는 판잣집·움막·비닐집에, 169가구는 업소의 잠만 자는 방이나 건설 현장의 임시 막사 등에 살고 있다. (반)지하에 사는 가구는 구월3동(19%)에서 비중이 가장 높고 구월4동(15%), 만수5동(13%), 구월1동·간석3동(각 11%), 구월2동(10%) 순이다.

이런 상황에서 2005년 현재 남동구에 공급된 공공임대주택은 전체 가구의 3% 수준인 5,433채다. 공공임대주택은 국민임대 1,509채, 영구임대 1,466채, 50년 임대 630채로 모두 주공이 공급한 것이며,

표 4_3.19

## 인천시 남동구 (반)지하 등 거주 가구

(단위 : 가구, %)

| 행정구역 | 전체 가구 | (반)지하 | | 옥탑방 | 판잣집·움막·비닐집 | 기타 |
|---|---|---|---|---|---|---|
| | | 가구 | 비중 | 가구 | 가구 | 가구 |
| 남동구 | 120,028 | 9,912 | 8 | 136 | 50 | 169 |
| 간석1동 | 9,555 | 874 | 9 | 10 | – | 2 |
| 간석2동 | 3,232 | 255 | 8 | 5 | – | 1 |
| 간석3동 | 11,090 | 1,173 | 11 | 24 | – | 32 |
| 간석4동 | 8,870 | 583 | 7 | 8 | – | 2 |
| 구월1동 | 11,120 | 1,243 | 11 | 15 | 4 | 3 |
| 구월2동 | 3,867 | 385 | 10 | 18 | – | 4 |
| 구월3동 | 4,881 | 920 | 19 | 11 | – | 1 |
| 구월4동 | 7,259 | 1,113 | 15 | 10 | 8 | 1 |
| 남촌도림동 | 7,160 | 663 | 9 | 5 | 14 | – |
| 논현고잔동 | 6,074 | 108 | 2 | 6 | 2 | 114 |
| 만수1동 | 7,507 | 551 | 7 | 6 | – | – |
| 만수2동 | 6,427 | 232 | 4 | 36 | – | 2 |
| 만수3동 | 6,252 | 499 | 8 | 54 | 14 | 3 |
| 만수4동 | 7,659 | 288 | 4 | 11 | – | – |
| 만수5동 | 6,750 | 898 | 13 | 8 | – | 4 |
| 만수6동 | 9,506 | 105 | 1 | 7 | – | – |
| 장수서창동 | 2,819 | 22 | 1 | 1 | 8 | – |

인천시가 공급한 것은 한 채도 없다.


## 남동구 유권자가 100명이라면

정당 지지도를 알 수 있는 최근 네 차례 선거(제3~4회 동시지방선거, 제17~18대 총선)를 기준으로 남동구 유권자는 대략 28만~32만 명이며,

평균 투표율은 45%다.

남동구 유권자가 100명이라면 2002년 지방선거에서는 54명이 한나라당을, 30명이 새천년민주당을, 5명이 민주노동당을, 4명이 자민련을 찍었다. 2004년 총선에서는 41명이 열린우리당을, 34명이 한나라당을, 16명이 민주노동당을, 5명이 새천년민주당을, 2명이 자민련을 지지했다.

2006년 지방선거에서는 57명이 한나라당을 찍었고, 20명은 열린우리당을, 14명은 민주노동당을, 8명은 민주당을 찍었다. 2008년 총선에서는 38명이 한나라당을, 21명이 통합민주당을, 11명이 친박연대를 찍었고, 8명은 민주노동당을, 7명은 자유선진당을, 6명은 창조한국당을, 3명은 진보신당을 지지했다.

동네별 투표율은 장수서창동에서 가장 높았고, 간석2동에서 상대적으로 높았다. 반면 구월4동과 간석3동에서 상대적으로 낮았다.

한나라당 득표율은 구월3동·장수서창동·간석2동에서 상대적으로 높았다. 반면 구월4동과 만수3동에서 상대적으로 낮았다. 구월3동과 만수3동의 득표율 격차는 5~11% 사이다.

민주(+열린우리)당 득표율은 구월4동과 만수1동에서 상대적으로 높았다. 반면 만수6동과 장수서창동에서 상대적으로 낮았다. 구월4동과 만수6동의 득표율 격차는 2~9% 사이다.

민주노동당+진보신당 득표율은 만수3동·만수4동·구월4동에서 상대적으로 높았다.

그림 4_3.15

# 인천시 남동구 동네별 한나라당 득표율

2004년 총선(단위 : %)

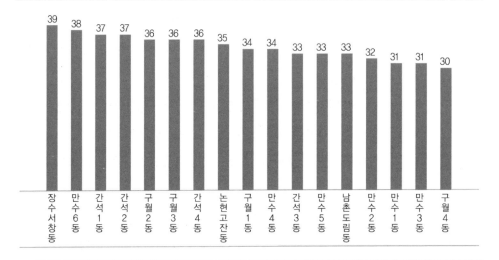

그림 4_3.16

# 인천시 남동구 동네별 민주(＋열린우리)당 득표율

2004년 총선(단위 : %)

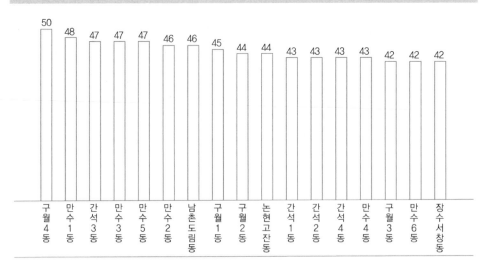

표 4_3.20

# 인천시 남동구 역대 선거 투표율과 정당 지지율

2002~2008년 선거(단위 : 명, %)

| 행정구역 | 2002년 지방선거 | | | | | | | 2004년 총선 | | | | | | | |
|---|---|---|---|---|---|---|---|---|---|---|---|---|---|---|---|
| | 선거인 수 | 투표율 | 한나라당 | 새천년민주당 | 자민련 | 민주노동당 | 기타정당 | 선거인 수 | 투표율 | 한나라당 | 새천년민주당 | 열린우리당 | 자민련 | 민주노동당 | 기타정당 |
| 남동구 | 286,397 | 37 | 54 | 30 | 4 | 5 | 7 | 280,449 | 58 | 34 | 5 | 41 | 2 | 16 | 3 |
| 간석1동 | 17,903 | 36 | 58 | 27 | 3 | 5 | 7 | 20,268 | 57 | 37 | 4 | 39 | 2 | 15 | 3 |
| 간석2동 | 10,271 | 35 | 59 | 26 | 3 | 5 | 7 | 9,289 | 59 | 37 | 5 | 38 | 2 | 15 | 3 |
| 간석3동 | 24,311 | 32 | 51 | 32 | 4 | 5 | 7 | 24,832 | 50 | 33 | 6 | 41 | 3 | 15 | 3 |
| 간석4동 | 18,718 | 38 | 56 | 29 | 3 | 5 | 7 | 18,034 | 57 | 36 | 4 | 39 | 2 | 16 | 3 |
| 구월1동 | 18,327 | 33 | 56 | 30 | 3 | 5 | 6 | 20,802 | 55 | 34 | 4 | 41 | 2 | 15 | 3 |
| 구월2동 | 19,500 | 33 | 56 | 29 | 4 | 5 | 6 | 9,393 | 55 | 36 | 4 | 40 | 2 | 15 | 3 |
| 구월3동 | 10,960 | 34 | 60 | 27 | 3 | 4 | 6 | 10,871 | 56 | 36 | 4 | 38 | 2 | 15 | 4 |
| 구월4동 | 16,353 | 28 | 51 | 33 | 5 | 5 | 6 | 16,483 | 50 | 30 | 5 | 45 | 2 | 14 | 3 |
| 남촌도림동 | 13,579 | 38 | 53 | 30 | 4 | 6 | 7 | 16,273 | 58 | 33 | 4 | 42 | 2 | 16 | 3 |
| 논현고잔동 | 17,507 | 39 | 53 | 28 | 4 | 5 | 9 | 14,736 | 58 | 35 | 4 | 40 | 2 | 16 | 3 |
| 만수1동 | 16,572 | 35 | 49 | 35 | 4 | 5 | 7 | 16,605 | 54 | 31 | 5 | 43 | 2 | 15 | 3 |
| 만수2동 | 19,090 | 37 | 51 | 31 | 4 | 5 | 8 | 18,512 | 57 | 32 | 6 | 40 | 3 | 17 | 3 |
| 만수3동 | 17,965 | 36 | 49 | 33 | 4 | 6 | 8 | 17,111 | 57 | 31 | 5 | 42 | 2 | 17 | 3 |
| 만수4동 | 16,970 | 41 | 57 | 28 | 3 | 5 | 7 | 16,766 | 65 | 34 | 4 | 39 | 2 | 18 | 2 |
| 만수5동 | 15,881 | 34 | 54 | 31 | 3 | 5 | 3 | 16,128 | 54 | 33 | 4 | 42 | 3 | 15 | 3 |
| 만수6동 | 21,758 | 39 | 59 | 28 | 3 | 5 | 6 | 22,036 | 62 | 38 | 5 | 37 | 2 | 16 | 2 |
| 장수서창동 | 4,523 | 56 | 59 | 27 | 4 | 4 | 6 | 5,636 | 66 | 39 | 5 | 37 | 2 | 14 | 2 |

| 행정구역 | 2006년 지방선거 | | | | | | | 2008년 총선 | | | | | | | | | |
|---|---|---|---|---|---|---|---|---|---|---|---|---|---|---|---|---|---|
| | 선거인 수 | 투표율 | 열린 우리당 | 한나 라당 | 민주 당 | 민주 노동당 | 기타 정당 | 선거인 수 | 투표율 | 통합 민주당 | 한나 라당 | 자유 선진당 | 민주 노동당 | 창조 한국당 | 친박 연대 | 진보 신당 | 기타 정당 |
| 남동구 | 284,121 | 43 | 20 | 57 | 8 | 14 | 1 | 324,749 | 42 | 21 | 38 | 7 | 8 | 6 | 11 | 3 | 6 |
| 간석1동 | 21,476 | 43 | 19 | 60 | 7 | 14 | 1 | 21,216 | 40 | 22 | 41 | 6 | 6 | 5 | 12 | 3 | 6 |
| 간석2동 | 9,418 | 49 | 18 | 61 | 8 | 12 | 1 | 11,270 | 46 | 21 | 42 | 5 | 6 | 5 | 11 | 3 | 6 |
| 간석3동 | 25,269 | 38 | 21 | 56 | 8 | 13 | 1 | 25,035 | 36 | 21 | 38 | 9 | 8 | 5 | 10 | 2 | 7 |
| 간석4동 | 20,743 | 43 | 18 | 60 | 8 | 14 | 0 | 23,297 | 39 | 23 | 39 | 6 | 6 | 5 | 12 | 3 | 6 |
| 구월1동 | 22,068 | 38 | 20 | 57 | 7 | 15 | 1 | 21,413 | 35 | 22 | 39 | 6 | 8 | 5 | 11 | 3 | 7 |
| 구월2동 | 9,302 | 42 | 17 | 59 | 9 | 14 | 1 | 29,261 | 44 | 22 | 38 | 6 | 7 | 5 | 12 | 4 | 6 |
| 구월3동 | 10,913 | 40 | 19 | 63 | 6 | 12 | 1 | 10,889 | 39 | 22 | 40 | 6 | 6 | 4 | 12 | 2 | 8 |
| 구월4동 | 16,556 | 35 | 21 | 55 | 8 | 16 | 1 | 16,036 | 34 | 23 | 39 | 6 | 7 | 4 | 11 | 2 | 8 |
| 남촌도림동 | 16,658 | 44 | 22 | 56 | 6 | 15 | 1 | 16,969 | 40 | 21 | 39 | 5 | 8 | 4 | 12 | 3 | 7 |
| 논현고잔동 | 14,674 | 44 | 17 | 58 | 8 | 16 | 1 | 31,329 | 40 | 23 | 39 | 6 | 7 | 6 | 12 | 4 | 4 |
| 만수1동 | 16,553 | 40 | 21 | 54 | 11 | 14 | 0 | 16,136 | 39 | 20 | 36 | 9 | 8 | 7 | 10 | 2 | 7 |
| 만수2동 | 15,743 | 43 | 19 | 55 | 10 | 16 | 1 | 15,195 | 43 | 21 | 35 | 9 | 8 | 6 | 11 | 3 | 7 |
| 만수3동 | 15,188 | 44 | 21 | 54 | 8 | 16 | 1 | 15,717 | 43 | 20 | 35 | 8 | 10 | 7 | 10 | 2 | 7 |
| 만수4동 | 17,387 | 48 | 20 | 57 | 8 | 15 | 0 | 17,032 | 48 | 21 | 35 | 8 | 8 | 7 | 11 | 3 | 6 |
| 만수5동 | 16,305 | 40 | 19 | 57 | 9 | 14 | 1 | 16,011 | 40 | 19 | 36 | 11 | 9 | 6 | 10 | 2 | 8 |
| 만수6동 | 22,348 | 48 | 18 | 60 | 8 | 14 | 0 | 22,019 | 45 | 20 | 37 | 8 | 7 | 6 | 11 | 3 | 7 |
| 장수서창동 | 7,232 | 49 | 20 | 60 | 7 | 12 | 0 | 9,179 | 51 | 19 | 40 | 6 | 6 | 7 | 12 | 4 | 6 |

# 숫자 100으로 본 인천시 동구 11개 동네

동구에는 2005년 기준으로 11개 동에 2만1천 개의 거처가 있고,

여기에 2만5천 가구 7만5천 명이 살고 있다.

인천시 동구가 100명이 사는 마을이라면 어떤 모습일까?

## 숫자 100으로 본 동구

동구에 사는 사람은 인천시 평균인에 비해 대학 이상 학력자와 종교 인구 비중이 낮다. 봉급생활자 비중이 높고 기능직, 장치 기계 조작 및 조립직, 단순 노무직이 많다. 무주택자, 단독주택 거주자, 1인 가구가 상대적으로 많다. 가구의 3%는 (반)지하에 살고 17%는 최저 주거 기준 미달 가구이지만, 공공임대주택은 공급되지 못하고 있다 (2005년 기준).

　최근 7년간 동구에서 한나라당은 35~57%를, 민주(＋열린우리)당 은 23~43%를, 민주노동당＋진보신당은 6~16%를 각각 얻었다. 하지 만 동네별로는 차이가 컸다.

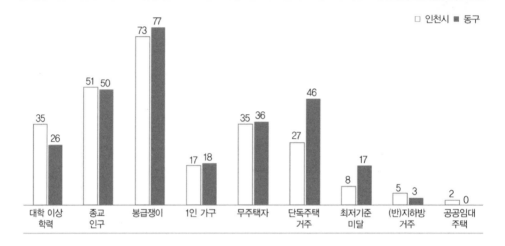

**그림 4_3.17**

## 인천시와 동구의 주요 지수 평균 비교

(단위 : %)

□ 인천시 ■ 동구

- 대학 이상 학력: 인천시 35, 동구 26
- 종교 인구: 인천시 51, 동구 50
- 봉급쟁이: 인천시 73, 동구 77
- 1인 가구: 인천시 17, 동구 18
- 무주택자: 인천시 35, 동구 36
- 단독주택 거주: 인천시 27, 동구 46
- 최저기준 미달: 인천시 8, 동구 17
- (반)지하방 거주: 인천시 5, 동구 3
- 공공임대 주택: 인천시 2, 동구 0

## 동구 인구가 100명이라면 :
## 대학 이상 학력자 26명, 종교 인구 50명

인천시 동구에 사는 사람은 2005년 현재 7만4,602명으로, 동구 인구가 100명이라면 남자 대 여자의 수는 50 대 50으로 균형을 이루고 있다. 다만 동네별로는 송림4동에서 53 대 47로 여자에 비해 남자가 가장 많다. 22명은 어린이와 청소년(19세 미만)이고, 78명은 어른이다. 어른 가운데 11명은 노인(65세 이상)이다.

　지역적으로는, 동구에 사는 100명 중에 18명은 송현1.2동에, 14명은 화수2동에, 12명은 만석동에 다른 12명은 송림3.5동에 사는 등 이들 네 곳에 절반 이상이 산다. 화수1.화평동에 11명이 살고 송현3동

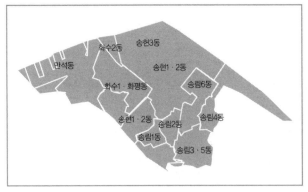

에 7명이 산다. 또 송림2동·송림6동·금찬동에 6명씩 살고, 송림1동과 송림4동에 4명씩 산다.

종교를 보면, 50명이 종교를 갖고 있다. 21명은 천주교, 15명은 개신교, 14명은 불교 신자다. 천주교는 송림1동에서, 개신교는 송현1.2동에서, 불교는 송림3.5동과 금창동에서 각각 신자 비율이 높다.

학력은 어떨까. 7명은 초등학교에, 4명은 중학교에, 3명은 고등학교에 다니고 있으며, 21명은 대학에 재학 중이거나 대학 이상의 학력을 가지고 있다(6세 이상 인구 기준). 또 동구에 사는 19세 이상 인구 가운데 26%가 대학 이상 학력자다. 송현1.2동은 19세 이상 인구 중 34%가 대학 이상 학력자로 비중이 가장 높다.

30명은 미혼이며 70명은 결혼했다. 결혼한 사람 가운데 9명은 배우자와 사별했고, 4명은 이혼했다(15세 이상 인구 기준). 8명은 몸이 불편하거나 정신 장애로 정상적인 활동에 제약을 느끼고 있다.

거주 기간을 보면, 47명은 현재 살고 있는 집에 산 지 5년이 넘었으나, 53명은 5년 이내에 새로 이사 왔다(5세 이상 인구 기준). 이사 온 사람 중 37명은 동구의 다른 동에서, 10명은 인천시의 다른 구와 군에서, 6명은 인천시 밖에서 이사 왔다.

표 4_3.21

## 인천시 동구 성별·종교별·학력별 인구

(단위 : 명, %)

| 행정구역 | 남녀/외국인 | | | | 종교 인구 | | | | | | | 대학 이상 학력 인구 | | | | | | |
|---|---|---|---|---|---|---|---|---|---|---|---|---|---|---|---|---|---|---|
| | 총인구 | 남자 | 여자 | 외국인 | 인구(내국인) | 종교 있음 | | | | | 종교 없음 | 19세 이상 인구 | 계 | 4년제 미만 | | 4년제 이상 | | 대학원 이상 |
| | | | | | | 계 | 불교 | 개신교 | 천주교 | 기타 | | | | 계 | 재학 | 계 | 재학 | |
| 동구 | 74,602 | 50 | 50 | 0 | 74,285 | 50 | 14 | 15 | 21 | 1 | 50 | 57,870 | 26 | 12 | 3 | 13 | 3 | 1 |
| 금창동 | 4,239 | 50 | 50 | 0 | 4,219 | 53 | 17 | 20 | 14 | 0 | 47 | 3,465 | 23 | 12 | 3 | 11 | 3 | 1 |
| 만석동 | 8,739 | 50 | 50 | 1 | 8,676 | 49 | 11 | 7 | 30 | 1 | 51 | 6,477 | 27 | 14 | 2 | 12 | 3 | 1 |
| 송림1동 | 3,348 | 49 | 51 | 0 | 3,340 | 57 | 15 | 4 | 37 | 1 | 42 | 2,753 | 27 | 11 | 3 | 14 | 5 | 1 |
| 송림2동 | 4,282 | 50 | 50 | 0 | 4,275 | 50 | 16 | 17 | 15 | 2 | 50 | 3,493 | 21 | 12 | 3 | 9 | 2 | 1 |
| 송림3.5동 | 9,042 | 50 | 50 | 0 | 9,029 | 51 | 17 | 18 | 15 | 1 | 49 | 7,261 | 22 | 11 | 3 | 10 | 3 | 1 |
| 송림4동 | 2,691 | 53 | 47 | 1 | 2,651 | 48 | 15 | 17 | 13 | 2 | 52 | 2,144 | 21 | 10 | 3 | 10 | 3 | 1 |
| 송림6동 | 4,413 | 50 | 50 | 1 | 4,355 | 50 | 16 | 22 | 11 | 2 | 49 | 3,413 | 18 | 10 | 4 | 8 | 3 | 1 |
| 송현1.2동 | 13,683 | 50 | 50 | 0 | 13,665 | 51 | 12 | 25 | 13 | 1 | 49 | 10,207 | 34 | 14 | 3 | 18 | 5 | 2 |
| 송현3동 | 5,438 | 50 | 50 | 0 | 5,428 | 49 | 14 | 6 | 29 | 1 | 51 | 4,237 | 23 | 12 | 3 | 11 | 3 | 1 |
| 화수1.화평동 | 8,149 | 50 | 50 | 0 | 8,129 | 49 | 14 | 15 | 19 | 1 | 51 | 6,239 | 26 | 13 | 3 | 12 | 3 | 1 |
| 화수2동 | 10,578 | 49 | 51 | 1 | 10,518 | 49 | 11 | 5 | 32 | 1 | 51 | 8,181 | 26 | 12 | 2 | 13 | 3 | 1 |

## 동구 취업자가 100명이라면 :
## 77명은 봉급쟁이

동구에 사는 15세 이상 인구 6만1천 명 가운데 취업해 직장에 다니는 사람(취업자)은 48%, 2만9천 명이다. 동구 취업자가 100명이라면 54명은 30~40대, 21명은 20대, 17명은 50대다. 65세 이상 노인도 5명이 일하고 있다.

회사에서 봉급을 받고 일하는 직장인은 77명이다. 16명은 고용한 사람 없이 혼자서 일하는 자영업자이며, 4명은 누군가를 고용해 사업체를 경영하는 사업주다. 3명은 가족이 운영하는 사업체에서 보수 없이 일하고 있다.

직업별로는 장치 기계 조작 및 조립직이 19명으로 가장 많고, 사무직이 18명으로 뒤를 잇는다. 13명은 기능직, 12명은 단순 노무직, 11명은 판매직으로 일한다. 9명은 서비스직에서, 다른 9명은 기술공 및 준전문가로, 6명은 전문가로 일한다. 1명은 고위 관리직이며, 다른 1명은 농림 어업에 종사한다.

직장으로 출근하는 데 30분 이상 걸리는 사람은 49명이며, 그 가운데 18명은 1시간 이상 걸린다. 20명은 걸어서 출근하고 80명은 교통수단을 이용해 출퇴근한다. 80명 가운데 38명은 자가용으로, 23명은 시내버스로, 7명은 전철로 출근한다. 5명은 통근 버스로, 2명은 자전거를 타고, 1명은 택시로 출퇴근한다. 3명은 전철과 버스 또는 승용차를 갈아타며 출근한다.

79명은 공장이나 사무실 등 사업장에서 일하고 14명은 야외나 거리 또는 운송 수단에서 일한다. 또 4명은 자기 집에서, 2명은 남의 집에서 일한다.


## 동구에 100가구가 산다면 :
## 37가구는 셋방살이

동구에는 2만5천 가구가 산다(일반 가구 기준). 동구에 사는 가구를 100가구로 친다면, 40가구는 식구가 한 명 또는 두 명인 1, 2인 가구이며, 이 가운데 18가구는 나 홀로 사는 1인 가구다. 식구 4명은 25가구, 3명은 24가구, 5명 이상은 11가구다.

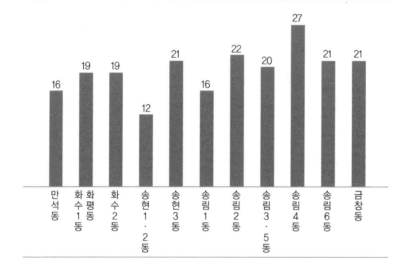

그림 4_3.18

**인천시 동구 동네별 1인 가구**

(단위 : %)

동네별 1인 가구 비중을 보면 송림4동에서 27%로 가장 높고, 송림 2동 22% 송현3동·송림6동·금창동 각 21%, 송림3.5동 20% 순이다. 반면 송현1.2동은 12%로 가장 낮다.

60가구는 자신이 소유한 집에서 살고, 37가구는 셋방에 살며, 2가 구는 직장의 사택이나 친척집 등에서 무상으로 살고 있다. 자기 집에 사는 가구 중 7가구는 현재 살고 있는 곳 외에 집을 한 채 이상 더 소 유한 다주택자들이다.

셋방 사는 가구 가운데 19가구는 전세에, 16가구는 보증금 있는 월세에, 2가구는 보증금 없는 월세에, 1가구는 사글세에 산다. 셋방 사는 가구 중 3가구는 어딘가에 자신 명의의 집을 소유하고 있으나 경제 사정이나 자녀 교육, 직장 등의 사정으로 셋방에 살고 있다.

54가구는 현재 사는 집으로 이사 온 지 5년이 안 되며, 이 가운데 23가구는 2년이 안 된다. 17가구는 5~10년이 됐고, 28가구는 10년이 넘었다.

54가구는 자동차를 소유하고 있고 이 가운데 34가구는 자기 집에 전용 주차장이 있다. 자동차 소유 가구 중 8가구는 차를 2대 이상 소유하고 있다.


## 집 많은 사람, 집 없는 사람 :
## 화수2동 78% 주택 소유,
## 송림2동·송림4동 46% 무주택

동구에 사는 100가구 중 64가구는 주택 소유자이고 36가구는 무주택자다. 11개 동네는 모두 무주택자보다 주택 소유자가 많다. 회수2동(78%)과 송현3동(73%)은 동네 가구의 70% 이상이 주택 소유자이며 이들을 제외하고도 60% 이상인 곳이 5곳이다. 무주택자는 송림2동에서 46%로 가장 많다.

동구 100가구 중 7가구는 집을 두 채 이상 소유한 다주택자다. 송현1.2동 가구의 10%, 송림1동 가구의 9%는 집을 두 채 이상 소유한 다주택자다.

동구 100가구 중 3가구는 어딘가에 자신 명의의 집이 있지만 현재 셋방에 살고 있는 유주택 전월세 가구다. 송현1.2동과 송림1동 가구의 4%는 유주택 전월세 가구다. 주택 소유자 중 유주택 전월세를 제

표 4_3.22

## 인천시 동구 주택의 점유·소유 형태별 가구

(단위 : 가구, %)

| 행정구역 | 전체 가구 | 자기 집에 거주 | | | 셋방에 거주 | | | 무상으로 거주 | | 주택 소유 | 무주택 |
|---|---|---|---|---|---|---|---|---|---|---|---|
| | | 계 | 집 한 채 | 여러 채 | 계 | 집 없음 | 집 있음 | 집 없음 | 집 있음 | | |
| 동구 | 24,990 | 60 | 53 | 7 | 37 | 34 | 3 | 2 | 0 | 64 | 36 |
| 금창동 | 1,455 | 60 | 55 | 5 | 36 | 33 | 3 | 4 | 0 | 64 | 36 |
| 만석동 | 2,882 | 53 | 48 | 5 | 44 | 42 | 2 | 2 | 0 | 56 | 44 |
| 송림1동 | 1,069 | 62 | 54 | 9 | 33 | 30 | 3 | 3 | 1 | 67 | 33 |
| 송림2동 | 1,529 | 50 | 43 | 6 | 46 | 42 | 4 | 4 | 0 | 54 | 46 |
| 송림3.5동 | 3,091 | 57 | 50 | 7 | 40 | 37 | 2 | 3 | 0 | 60 | 40 |
| 송림4동 | 962 | 52 | 48 | 4 | 45 | 43 | 2 | 3 | 0 | 54 | 46 |
| 송림6동 | 1,492 | 56 | 51 | 6 | 42 | 39 | 3 | 1 | 0 | 60 | 40 |
| 송현1.2동 | 4,275 | 59 | 49 | 10 | 39 | 35 | 4 | 1 | 0 | 64 | 36 |
| 송현3동 | 1,915 | 70 | 61 | 8 | 28 | 25 | 3 | 2 | 0 | 73 | 27 |
| 화수1.화평동 | 2,685 | 55 | 49 | 6 | 43 | 40 | 3 | 2 | 0 | 58 | 42 |
| 화수2동 | 3,635 | 76 | 69 | 7 | 22 | 19 | 2 | 2 | 0 | 78 | 22 |

외한 60가구는 자신이 소유한 집에서 살고 있는데 화수2동(76%), 송현3동(70%), 송림1동(62%), 금창동(60%) 순으로 비중이 높다.

37가구는 셋방에 살고 있고 이 중 34가구는 집이 없이 셋방을 떠돌고 있는데, 무주택 전월세 가구는 송림4동(43%), 송림2동(42%), 만석동(42%), 화수1.화평동(40%)에서 비중이 높다. 한편 송림2동과 금창동 가구의 4%는 직장의 사택이나 친척집 등에서 무상으로 살고 있는데 이들은 모두 무주택자다.

# 동구에 있는 집이 100채라면 :
## 48채는 아파트, 38채는 단독주택

동구에는 집(주택과 주택 이외의 거처)이 2만 1,481채가 있다. 동구에 있는 집이 100채라면 48채는 아파트고, 38채는 단독주택, 11채는 다세대주택이다. 비거주용 건물 내 주택은 2채, 연립주택과 주택 이외의 거처는 각 1채다.

송림2동 거처의 90%가 단독주택인 것을 비롯해 6개 동네에서 거처의 절반 이상이 단독주택이다. 송현3동 거처의 88%가 아파트인 것을 비롯해 4곳에서 아파트 비중이 절반을 넘었다. 반면 송림6동(26%)과 화수1·화평동(23%)은 거처의 20% 이상이 다세대주택이다.

사람이 사는 곳을 기준으로 보면 동구 가구의 46%는 단독주택에, 42%는 아파트에, 9%는 다세대주택에 산다. 동네별로는 송림2동 93%를 비롯해 7곳에서 가구의 절반 이상이 단독주택에 산다. 반면 송현3동(84%) 등 4곳은 절반 이상이 아파트에 산다. 다세대주택은 송림6동(20%)에서, 연립주택은 송현1·2동(5%)에서 거주 가구 비중이 높다. 또 비거주용 건물 내 주택에 거주하는 가구는 송림4동과 송림6동에서, 주택 이외의 거처는 화수1·화평동에서 비중이 상대적으로 높다.

동구 주택(주택 이외의 거처 제외)을 크기별로 보면 29평 이상의 주택은 11채, 19~29평은 30채, 14~19평은 38채이며, 14평 미만은 20채다. 송림1동에서는 34%가 29평 이상이며, 송현3동에서는 38%가 14평 미만의 소형 주택이다.

2005년을 기준으로 42채는 지은 지 10년(1995~2005년 사이 건축)이

표 4_3.23

# 인천시 동구 거처의 종류별·연건평별·건축년도별 주택

(단위 : 호, 가구, %)

| 행정구역 | 거처의 종류별 거처와 가구 | | | | | | | | | | | | | |
|---|---|---|---|---|---|---|---|---|---|---|---|---|---|---|
| | 계 | | 단독주택 | | 아파트 | | 연립주택 | | 다세대주택 | | 비거주용 건물 내 주택 | | 주택 이외의 거처 | |
| | 거처 | 가구 | 거처 | 가구 | 거처 | 가구 | 거처 | 가구 | 거처 | 가구 | 거처 | 가구 | 거처 | 가구 |
| 동구 | 21,481 | 24,999 | 38 | 46 | 48 | 42 | 1 | 1 | 11 | 9 | 2 | 2 | 1 | 1 |
| 금창동 | 1,126 | 1,455 | 80 | 84 | 0 | 0 | 0 | 0 | 17 | 14 | 2 | 2 | 0 | 1 |
| 만석동 | 2,712 | 2,883 | 17 | 21 | 58 | 54 | 0 | 0 | 19 | 18 | 0 | 1 | 5 | 6 |
| 송림1동 | 857 | 1,069 | 67 | 74 | 30 | 24 | 0 | 0 | 2 | 2 | 1 | 1 | 0 | 0 |
| 송림2동 | 1,007 | 1,529 | 90 | 93 | 0 | 0 | 0 | 0 | 7 | 5 | 2 | 2 | 0 | 0 |
| 송림3.5동 | 2,337 | 3,093 | 78 | 83 | 14 | 11 | 0 | 0 | 7 | 5 | 1 | 1 | 0 | 0 |
| 송림4동 | 645 | 962 | 82 | 87 | 5 | 3 | 2 | 1 | 6 | 4 | 5 | 4 | 0 | 0 |
| 송림6동 | 1,182 | 1,492 | 62 | 69 | 8 | 6 | 0 | 0 | 26 | 20 | 5 | 4 | 0 | 0 |
| 송현1.2동 | 4,104 | 4,278 | 14 | 17 | 83 | 79 | 0 | 0 | 0 | 0 | 3 | 3 | 0 | 0 |
| 송현3동 | 1,832 | 1,915 | 10 | 14 | 88 | 84 | 0 | 0 | 1 | 1 | 0 | 0 | 0 | 0 |
| 화수1.화평동 | 2,232 | 2,687 | 41 | 51 | 34 | 28 | 0 | 0 | 23 | 19 | 1 | 1 | 1 | 1 |
| 화수2동 | 3,447 | 3,636 | 14 | 18 | 68 | 64 | 5 | 5 | 13 | 12 | 0 | 0 | 0 | 0 |

안 된 새집이며, 27채는 1985년에서 1994년 사이에 지었고, 20년이 넘은 주택은 31채다. 송현1.2동 주택의 87%가 10년이 안 된 새집인 반면, 송림1동 주택의 64%는 20년이 넘은 집이다.

1995년부터 2005년까지 10년 동안 동구 주택 수(주택 이외의 거처 제외)는 2만1천 채에서 2만3천 채로 2천 채(11%)가 늘었다. 같은 기간 동안 아파트는 6천 채(116%), 다세대주택은 2천 채(302%)가 각각 늘었다. 반면 단독주택은 5천 채(35%), 연립주택은 120채(34%)가 줄었다. 이에 따라 전체 주택(주택 이외의 거처 제외)에서 차지하는 비중은 아파트가 24%에서 47%로, 다세대주택이 3%에서 11%로 각

| | 연건평별 주택 | | | | 건축년도별 주택 | | |
|---|---|---|---|---|---|---|---|
| 총 주택 수 | 14평 미만 | 14~19평 | 19~29평 | 29평 이상 | 1995~ 2005년 | 1985~ 1994년 | 1985년 이전 |
| 21,290 | 20 | 38 | 30 | 11 | 42 | 27 | 31 |
| 1,122 | 24 | 22 | 34 | 20 | 31 | 24 | 45 |
| 2,563 | 12 | 69 | 14 | 4 | 65 | 18 | 17 |
| 857 | 14 | 17 | 35 | 34 | 17 | 19 | 64 |
| 1,004 | 17 | 20 | 30 | 33 | 13 | 29 | 58 |
| 2,337 | 15 | 29 | 35 | 21 | 33 | 20 | 47 |
| 644 | 15 | 19 | 35 | 31 | 25 | 26 | 50 |
| 1,179 | 35 | 29 | 21 | 15 | 7 | 36 | 57 |
| 4,103 | 8 | 51 | 38 | 4 | 87 | 2 | 10 |
| 1,832 | 38 | 37 | 23 | 3 | 1 | 45 | 54 |
| 2,203 | 14 | 41 | 33 | 12 | 62 | 14 | 23 |
| 3,446 | 37 | 26 | 33 | 3 | 17 | 68 | 16 |

각 증가한 반면, 단독주택은 67%에서 40%로 급감했고 연립주택도 2%에서 1%로 감소했다.


## 동구 100가구 중 17가구는 최저 주거 기준에 미달

동구에 사는 2만5천 가구를 100가구로 친다면, 그 중 17가구는 식구에 비해 집이 너무 좁거나 시설이 제대로 갖춰지지 않아 인간다운 품위를 지키기 어려운 최저 주거 기준 미달 가구다. 이 가운데 74%는

표 4_3.24

## 인천시 동구 (반)지하 등 거주 가구

(단위 : 가구, %)

| 행정구역 | 전체 가구 | (반)지하 | | 옥탑방 | 판잣집·움막·비닐집 | 기타 |
|---|---|---|---|---|---|---|
| | | 가구 | 비중 | 가구 | 가구 | 가구 |
| 동구 | 24,990 | 462 | 2 | 32 | 160 | 15 |
| 금창동 | 1,455 | 45 | 3 | 7 | – | 5 |
| 만석동 | 2,882 | 54 | 2 | 22 | 159 | 1 |
| 송림1동 | 1,069 | 11 | 1 | 5 | – | – |
| 송림2동 | 1,529 | 63 | 4 | | – | 1 |
| 송림3.5동 | 3,091 | 68 | 2 | 5 | – | – |
| 송림4동 | 962 | 21 | 2 | 9 | 1 | – |
| 송림6동 | 1,492 | 56 | 4 | – | – | 3 |
| 송현1.2동 | 4,275 | 1 | 0 | 2 | – | 3 |
| 송현3동 | 1,915 | 6 | 0 | 8 | – | – |
| 화수1.화평동 | 2,685 | 92 | 3 | 56 | | 2 |
| 화수2동 | 3,635 | 45 | 1 | 7 | – | – |

수세식 화장실이나 온수 목욕 시설 등이 제대로 갖춰지지 않은 시설 기준 미달 가구다.

또 12만 가구의 2%인 462가구는 (반)지하에 산다. 이 밖에도 32가구는 옥탑방에, 160가구는 판잣집·움막·비닐집에, 15가구는 업소의 잠만 자는 방이나 건설 현장의 임시 막사 등에 살고 있다. (반)지하에 사는 가구는 송림2동과 송림6동에서 각각 4%로 비중이 가장 높다. 이런 상황에서 2005년 현재 동구에 공급된 공공임대주택은 단 한 채도 없다.

# 동구 유권자가 100명이라면

정당 지지도를 알 수 있는 최근 네 차례 선거(제3~4회 동시지방선거, 제17~18대 총선)를 기준으로 동구 유권자는 대략 5만7천~6만3천 명이며, 평균 투표율은 52%다.

동구 유권자가 100명이라면 2002년 지방선거에서는 56명이 한나라당을, 28명이 새천년민주당을, 6명이 민주노동당을, 4명이 자민련을 찍었다. 2004년 총선에서는 37명이 열린우리당을, 35명이 한나라당을, 16명이 민주노동당을, 6명이 새천년민주당을, 2명이 자민련을 지지했다.

2006년 지방선거에서는 57명이 한나라당을 찍었고, 19명은 열린우리당을, 16명은 민주노동당을, 6명은 민주당을 찍었다. 2008년 총선에서는 42명이 한나라당을, 23명이 통합민주당을, 11명이 친박연대를 찍었고, 5명은 진보신당을, 다른 5명은 민주노동당을, 또 다른 5명은 자유선진당을, 3명은 창조한국당을 지지했다.

동네별 투표율은 송현1.2동과 송림1동에서 상대적으로 높았다. 반면 만석동과 송림4동에서 상대적으로 낮았다.

한나라당 득표율은 금창동과 화수1.화평동에서 상대적으로 높았다. 반면 만석동과 송현1.2동에서 상대적으로 낮았다. 금창동과 만석동의 득표율 격차는 8~10% 사이다.

민주(＋열린우리)당 득표율은 만석동과 송림6동에서 상대적으로 높았다. 반면 송림1동과 송현1.2동에서 상대적으로 낮았다. 만석동과 송림1동의 득표율 격차는 2~6% 사이다.

민주노동당＋진보신당 득표율은 송현1.2동과 만석동에서 상대적으로 높았다.

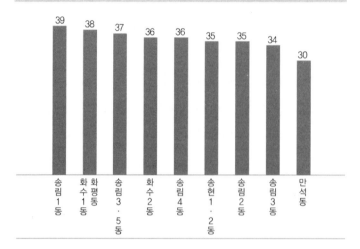

**그림 4_3.19**

# 인천시 동구 동네별 한나라당 득표율

2004년 총선(단위 : %)

| 39 | 38 | 37 | 36 | 36 | 35 | 35 | 34 | 30 |
|---|---|---|---|---|---|---|---|---|
| 송림1동 | 화수1동 | 화평동 | 송림3·5동 | 화수2동 | 송림4동 | 송현1·2동 | 송림2동 | 송림3동 | 만석동 |

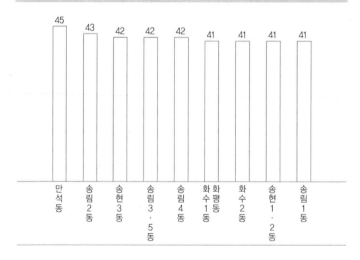

**그림 4_3.20**

# 인천시 동구 동네별 민주(＋열린우리)당 득표율

2004년 총선(단위 : %)

| 45 | 43 | 42 | 42 | 42 | 41 | 41 | 41 | 41 |
|---|---|---|---|---|---|---|---|---|
| 만석동 | 송림2동 | 송현3동 | 송림3·5동 | 송림4동 | 화수1동 | 화평동 | 화수2동 | 송현1·2동 | 송림1동 |

**표 4_3.25**

# 인천시 동구 역대 선거 투표율과 정당 지지율

2002~2008년(단위 : 명, %)

| 행정구역 | 2002년 지방선거 | | | | | | | 2004년 총선 | | | | | | | |
| --- | --- | --- | --- | --- | --- | --- | --- | --- | --- | --- | --- | --- | --- | --- | --- |
| | 선거인 수 | 투표율 | 한나라당 | 새천년민주당 | 자민련 | 민주노동당 | 기타정당 | 선거인 수 | 투표율 | 한나라당 | 새천년민주당 | 열린우리당 | 자민련 | 민주노동당 | 기타정당 |
| 동구 | 57,370 | 50 | 56 | 28 | 4 | 6 | 6 | 63,482 | 59 | 35 | 6 | 37 | 2 | 16 | 4 |
| 금창동 | 4,264 | 50 | 58 | 26 | 4 | 6 | 6 | 3,920 | 59 | 40 | 6 | 33 | 3 | 15 | 4 |
| 만석동 | 4,413 | 48 | 49 | 34 | 3 | 8 | 7 | 6,816 | 57 | 30 | 6 | 39 | 2 | 18 | 4 |
| 송림1동 | 3,278 | 51 | 57 | 29 | 4 | 5 | 5 | 2,838 | 60 | 39 | 6 | 35 | 2 | 13 | 5 |
| 송림2동 | 3,918 | 49 | 56 | 28 | 5 | 5 | 6 | 3,638 | 58 | 35 | 5 | 38 | 3 | 14 | 5 |
| 송림3.5동 | 8,084 | 48 | 59 | 26 | 4 | 6 | 5 | 7,777 | 57 | 37 | 5 | 37 | 3 | 15 | 3 |
| 송림4동 | 4,126 | 44 | 54 | 30 | 5 | 6 | 5 | 3,717 | 52 | 36 | 6 | 36 | 3 | 13 | 6 |
| 송림6동 | 5,148 | 46 | 53 | 31 | 4 | 6 | 5 | 4,654 | 56 | 34 | 7 | 38 | 4 | 13 | 4 |
| 송현1.2동 | 2,978 | 51 | 68 | 20 | 3 | 4 | 5 | 9,655 | 62 | 35 | 5 | 36 | 2 | 19 | 3 |
| 송현3동 | 4,550 | 50 | 53 | 29 | 4 | 8 | 7 | 4,357 | 59 | 34 | 5 | 37 | 3 | 17 | 3 |
| 화수1.화평동 | 6,748 | 49 | 60 | 27 | 3 | 6 | 5 | 6,437 | 58 | 38 | 6 | 35 | 2 | 15 | 4 |
| 화수2동 | 8,701 | 49 | 57 | 27 | 3 | 7 | 5 | 8,275 | 60 | 36 | 5 | 36 | 2 | 17 | 4 |

| 행정구역 | 2006년 지방선거 | | | | | | | 2008년 총선 | | | | | | | | | |
| --- | --- | --- | --- | --- | --- | --- | --- | --- | --- | --- | --- | --- | --- | --- | --- | --- | --- |
| | 선거인 수 | 투표율 | 열린우리당 | 한나라당 | 민주당 | 민주노동당 | 기타정당 | 선거인 수 | 투표율 | 통합민주당 | 한나라당 | 자유선진당 | 민주노동당 | 창조한국당 | 친박연대 | 진보신당 | 기타정당 |
| 동구 | 61,515 | 50 | 19 | 57 | 6 | 16 | 1 | 59,084 | 47 | 23 | 42 | 5 | 5 | 3 | 11 | 5 | 5 |
| 금창동 | 3,786 | 52 | 17 | 61 | 7 | 14 | 2 | 3,702 | 48 | 21 | 47 | 5 | 4 | 3 | 11 | 4 | 4 |
| 만석동 | 6,857 | 44 | 21 | 52 | 7 | 19 | 1 | 6,582 | 43 | 26 | 41 | 4 | 5 | 4 | 8 | 5 | 6 |
| 송림1동 | 2,805 | 54 | 19 | 59 | 7 | 13 | 1 | 2,733 | 50 | 20 | 44 | 5 | 4 | 3 | 12 | 7 | 4 |
| 송림2동 | 3,560 | 52 | 17 | 58 | 7 | 17 | 1 | 3,532 | 48 | 24 | 44 | 6 | 4 | 3 | 11 | 4 | 6 |
| 송림3.5동 | 7,526 | 46 | 18 | 58 | 6 | 16 | 1 | 6,149 | 44 | 24 | 44 | 5 | 4 | 3 | 12 | 3 | 5 |
| 송림4동 | 2,359 | 47 | 18 | 60 | 6 | 15 | 1 | 2,333 | 44 | 23 | 44 | 5 | 4 | 2 | 12 | 3 | 7 |
| 송림6동 | 3,873 | 47 | 19 | 59 | 7 | 14 | 1 | 3,624 | 44 | 24 | 44 | 5 | 4 | 2 | 12 | 3 | 6 |
| 송현1.2동 | 10,348 | 51 | 17 | 57 | 6 | 19 | 1 | 10,472 | 47 | 23 | 39 | 5 | 6 | 4 | 11 | 9 | 4 |
| 송현3동 | 4,318 | 52 | 19 | 54 | 6 | 19 | 2 | 4,211 | 46 | 23 | 42 | 5 | 5 | 2 | 10 | 6 | 6 |
| 화수1.화평동 | 6,443 | 49 | 17 | 62 | 6 | 15 | 1 | 6,516 | 45 | 24 | 43 | 5 | 4 | 3 | 12 | 5 | 6 |
| 화수2동 | 8,461 | 50 | 19 | 59 | 6 | 16 | 1 | 8,251 | 48 | 25 | 41 | 5 | 4 | 4 | 11 | 4 | 5 |

# 숫자 **100**으로 본 인천시 부평구 21개 동네

부평구에는 2005년 기준으로 21개 동에 15만 개의 거처가 있고,

여기에 18만 가구 55만 명이 살고 있다.

인천시 부평구가 100명이 사는 마을이라면 어떤 모습일까?

## 숫자 100으로 본 부평구

부평구에 사는 사람은 인천시 평균인에 비해 대학 이상 학력자 비중
은 높고 종교 인구 비중은 비슷하다. 봉급생활자가 많고 사무직, 판
매직에 종사하는 사람이 상대적으로 많으며 출퇴근 시간은 긴 편이다.

무주택자와 아파트 거주자가 많고 거주 기간이 짧아 이사가 잦다.
가구의 5%는 (반)지하에 살고 7%는 최저 주거 기준 미달 가구다. 공
공임대주택은 3% 수준으로 부족한 상황이다.

최근 7년간 부평구에서 한나라당은 33~55%를, 민주(+열린우리)
당은 27~45%를, 민주노동당+진보신당은 9~17%를 각각 얻었다. 하
지만 동네별로는 차이가 컸다.

그림 4.3.21

# 인천시와 부평구의 주요 지수 평균 비교

(단위 : %)

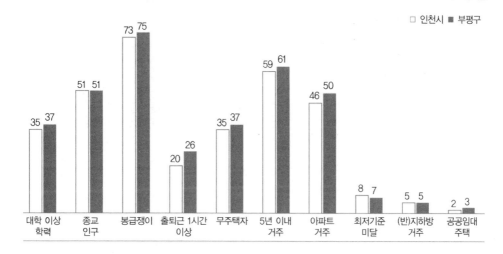

□ 인천시 ■ 부평구

대학 이상 학력 35 37 / 종교 인구 51 51 / 봉급쟁이 73 75 / 출퇴근 1시간 이상 20 26 / 무주택자 35 37 / 5년 이내 거주 59 61 / 아파트 거주 46 50 / 최저기준 미달 8 7 / (반)지하방 거주 5 5 / 공공임대 주택 2 3

## 부평구 인구가 100명이라면 :
## 대학 이상 학력자 37명, 종교 인구 51명

인천시 부평구에 사는 사람은 2005년 현재 54만8,068명으로, 부평구 인구가 100명이라면 남자 대 여자의 수는 50 대 50으로 균형을 이루고 있다. 다만 동네별로는 일신동에서 53 대 47로 여자에 비해 남자가 가장 많다. 27명은 어린이와 청소년(19세 미만)이고, 73명은 어른이다. 어른 가운데 7명은 노인(65세 이상)이다.

지역적으로는, 부평구에 사는 100명 중 11명은 삼산동에 살고, 청천2동·부개3동에 7명씩 산다. 부평1동·산곡2동·십정2동에 6명씩,

산곡3동·갈산2동에 5명씩 산다. 부
평2동·부평4동·부평5동·산곡1동·
산곡4동·갈산1동·부개1동·부개2
동·십정1동에 4명씩 산다. 또 부평
3동·부평6동·청천1동에 3명씩 살
고 일신동에 2명이 산다.

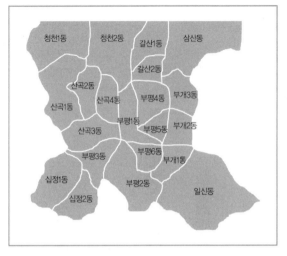

종교를 보면, 51명이 종교를 갖
고 있다. 22명은 개신교, 14명은 불
교, 다른 14명은 천주교 신자다. 개
신교는 부평2동과 산곡2동에서, 불교는 부평4동·산곡1동·청천1동
에서, 천주교는 산곡3동에서 각각 신자 비율이 높다.

학력은 어떨까. 10명은 초등학교에, 5명은 중학교에, 4명은 고등학
교에 다니고 있으며, 27명은 대학에 재학 중이거나 대학 이상의 학력
을 가지고 있다(6세 이상 인구 기준). 또 부평구에 사는 19세 이상 인구
가운데 37%가 대학 이상 학력자다. 산곡4동은 19세 이상 인구 중
52%가 대학 이상 학력자로 비중이 가장 높다.

31명은 미혼이며 69명은 결혼했다. 결혼한 사람 가운데 6명은 배
우자와 사별했고, 4명은 이혼했다(15세 이상 인구 기준). 5명은 몸이 불
편하거나 정신 장애로 정상적인 활동에 제약을 느끼고 있다.

거주 기간을 보면, 42명은 현재 살고 있는 집에 산 지 5년이 넘었
으나, 58명은 5년 이내에 새로 이사 왔다(5세 이상 인구 기준). 이사 온
사람 중 37명은 부평구의 다른 동에서, 7명은 인천시의 다른 구와 군
에서, 14명은 인천시 밖에서 이사 왔다.

**표 4_3.26**

# 인천시 부평구 성별·종교별·학력별 인구

(단위 : 명, %)

| 행정구역 | 남녀/외국인 | | | | 종교 인구 | | | | | | | 대학 이상 학력 인구 | | | | | | |
|---|---|---|---|---|---|---|---|---|---|---|---|---|---|---|---|---|---|---|
| | 총인구 | 남자 | 여자 | 외국인 | 인구 (내국인) | 종교 있음 | | | | | 종교 없음 | 19세 이상 인구 | 계 | 4년제 미만 | | 4년제 이상 | | 대학원 이상 |
| | | | | | | 계 | 불교 | 개신교 | 천주교 | 기타 | | | | 계 | 재학 | 계 | 재학 | |
| 부평구 | 548,068 | 50 | 50 | 0 | 546,321 | 51 | 14 | 22 | 14 | 1 | 49 | 397,962 | 37 | 14 | 3 | 22 | 5 | 2 |
| 갈산1동 | 19,381 | 51 | 49 | 0 | 19,310 | 47 | 14 | 21 | 11 | 1 | 53 | 13,948 | 31 | 14 | 3 | 16 | 4 | 1 |
| 갈산2동 | 25,332 | 49 | 51 | 0 | 25,300 | 50 | 12 | 25 | 12 | 0 | 50 | 18,380 | 41 | 15 | 3 | 24 | 6 | 2 |
| 부개1동 | 21,976 | 51 | 49 | 0 | 21,882 | 51 | 16 | 21 | 12 | 1 | 48 | 16,768 | 32 | 14 | 3 | 16 | 4 | 2 |
| 부개2동 | 22,350 | 50 | 50 | 0 | 22,323 | 49 | 14 | 20 | 15 | 1 | 51 | 16,446 | 35 | 14 | 3 | 19 | 5 | 2 |
| 부개3동 | 40,085 | 50 | 50 | 0 | 40,056 | 51 | 13 | 22 | 16 | 1 | 49 | 26,811 | 42 | 15 | 3 | 25 | 5 | 3 |
| 부평1동 | 34,519 | 49 | 51 | 0 | 34,481 | 55 | 14 | 24 | 17 | 1 | 44 | 25,442 | 51 | 13 | 2 | 34 | 7 | 4 |
| 부평2동 | 23,022 | 50 | 50 | 0 | 22,953 | 51 | 13 | 26 | 11 | 1 | 47 | 17,390 | 32 | 14 | 3 | 16 | 4 | 1 |
| 부평3동 | 15,871 | 49 | 51 | 0 | 15,817 | 51 | 16 | 19 | 14 | 1 | 49 | 12,309 | 31 | 13 | 3 | 16 | 3 | 2 |
| 부평4동 | 24,195 | 50 | 50 | 0 | 24,092 | 50 | 17 | 19 | 13 | 1 | 49 | 18,459 | 28 | 14 | 3 | 14 | 3 | 1 |
| 부평5동 | 23,032 | 49 | 51 | 0 | 22,959 | 50 | 16 | 20 | 12 | 1 | 50 | 17,518 | 30 | 13 | 3 | 15 | 4 | 1 |
| 부평6동 | 14,166 | 49 | 51 | 1 | 14,077 | 53 | 15 | 21 | 17 | 1 | 47 | 11,167 | 34 | 13 | 3 | 19 | 5 | 2 |
| 산곡1동 | 21,821 | 50 | 50 | 0 | 21,756 | 50 | 17 | 22 | 11 | 1 | 49 | 16,309 | 27 | 13 | 3 | 14 | 4 | 1 |
| 산곡2동 | 30,560 | 50 | 50 | 0 | 30,513 | 54 | 15 | 26 | 13 | 0 | 46 | 21,253 | 45 | 14 | 3 | 28 | 6 | 3 |
| 산곡3동 | 27,031 | 49 | 51 | 0 | 27,013 | 58 | 14 | 18 | 26 | 1 | 42 | 19,965 | 51 | 11 | 2 | 36 | 7 | 4 |
| 산곡4동 | 21,500 | 49 | 51 | 0 | 21,476 | 56 | 13 | 27 | 16 | 1 | 44 | 15,034 | 52 | 13 | 2 | 36 | 8 | 4 |
| 삼산동 | 59,269 | 50 | 50 | 0 | 59,214 | 49 | 11 | 24 | 13 | 1 | 50 | 40,007 | 39 | 15 | 3 | 22 | 4 | 2 |
| 십정1동 | 22,325 | 52 | 48 | 1 | 22,129 | 49 | 15 | 21 | 12 | 1 | 51 | 16,740 | 28 | 14 | 3 | 13 | 4 | 1 |
| 십정2동 | 30,777 | 50 | 50 | 0 | 30,624 | 49 | 15 | 20 | 13 | 1 | 51 | 23,145 | 33 | 13 | 3 | 18 | 5 | 2 |
| 일신동 | 13,365 | 53 | 47 | 1 | 13,298 | 54 | 16 | 24 | 13 | 1 | 46 | 9,648 | 42 | 17 | 6 | 22 | 5 | 3 |
| 청천1동 | 17,849 | 53 | 47 | 1 | 17,639 | 46 | 17 | 17 | 11 | 1 | 54 | 13,433 | 22 | 11 | 3 | 11 | 4 | 1 |
| 청천2동 | 39,642 | 50 | 50 | 1 | 39,409 | 48 | 13 | 22 | 12 | 1 | 52 | 27,790 | 40 | 14 | 3 | 24 | 4 | 2 |

# 부평구 취업자가 100명이라면 :
# 75명은 봉급쟁이

부평구에 사는 15세 이상 인구 42만8천 명 가운데 취업해 직장에 다니는 사람(취업자)은 50%, 21만3천 명이다. 부평구 취업자가 100명이라면 63명은 30~40대, 20명은 20대, 13명은 50대다. 65세 이상 노인도 1명이 일하고 있다.

회사에서 봉급을 받고 일하는 직장인은 75명이다. 14명은 고용한 사람 없이 혼자서 일하는 자영업자이며, 7명은 누군가를 고용해 사업체를 경영하는 사업주다. 4명은 가족이 운영하는 사업체에서 보수 없이 일하고 있다.

직업별로는 사무직이 19명으로 가장 많고, 장치 기계 조작 및 조립직이 15명으로 뒤를 잇는다. 13명은 판매직으로 12명은 기능직으로, 10명은 기술공 및 준전문가로 일한다. 또 9명은 전문가로 다른 9명은 서비스직으로, 8명은 단순 노무직으로 일한다. 4명은 고위 관리직으로 일하며 1명은 농림 어업에 종사한다.

직장으로 출근하는 데 30분 이상 걸리는 사람은 58명이며, 그 가운데 26명은 1시간 이상 걸린다. 17명은 걸어서 출근하고 83명은 교통수단을 이용해 출퇴근한다. 83명 가운데 42명은 자가용으로, 14명은 시내버스로, 다른 14명은 전철로 출근한다. 3명은 통근 버스로, 1명은 자전거를 타고, 다른 1명은 택시로, 또 다른 1명은 시외(고속)버스로 출퇴근한다. 5명은 전철과 버스 또는 승용차를 갈아타며 출근한다.

83명은 공장이나 사무실 등 사업장에서 일하고, 13명은 야외나 거리 또는 운송 수단에서 일한다. 또 2명은 자기 집에서, 다른 2명은 남

그림 4_3.22

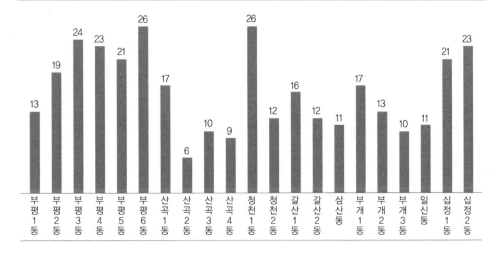

인천시 부평구 동네별 1인 가구

(단위 : %)

의 집에서 일한다.

## 부평구에 100가구가 산다면 : 39가구는 셋방살이

부평구에는 17만6천 가구가 산다(일반 가구 기준). 부평구에 사는 가구를 100가구로 친다면, 34가구는 식구가 한 명 또는 두 명인 1, 2인 가구이며, 이 가운데 15가구는 나 홀로 사는 1인 가구다. 식구 4명은 32가구, 3명은 23가구, 5명 이상은 10가구다.

동네별 1인 가구 비중을 보면 부평6동과 청천1동에서 26%로 가장 높고, 부평3동(24%), 부평4동과 십정2동(각 23%), 부평5동과 십정1동(각 21%) 순이다. 반면 산곡2동은 6%로 가장 낮다.

59가구는 자신이 소유한 집에서 살고, 39가구는 셋방에 살며, 2가구는 직장의 사택이나 친척집 등에서 무상으로 살고 있다. 자기 집에 사는 가구 중 7가구는 현재 살고 있는 곳 외에 집을 한 채 이상 더 소유한 다주택자들이다.

셋방 사는 가구 가운데 22가구는 전세에, 16가구는 보증금 있는 월세에, 1가구는 보증금 없는 월세에 산다. 셋방 사는 가구 중 4가구는 어딘가에 자신 명의의 집을 소유하고 있으나 경제 사정이나 자녀 교육, 직장 등의 사정으로 셋방에 살고 있다.

61가구는 현재 사는 집으로 이사 온 지 5년이 안 되며, 이 가운데 32가구는 2년이 안 된다. 21가구는 5~10년이 됐고, 18가구는 10년이 넘었다.

54가구는 자동차를 소유하고 있고 이 가운데 34가구는 자기 집에 전용 주차장이 있다. 자동차 소유 가구 중 8가구는 차를 2대 이상 소유하고 있다.


## 집 많은 사람, 집 없는 사람 :
## 산곡4동 87% 주택 소유, 부평6동 55% 무주택

부평구에 사는 100가구 중 63가구는 주택 소유자이고 37가구는 무주택자다. 21개 동네 중 17곳은 무주택자보다 주택 소유자가 많다.

표 4_3.27

# 인천시 부평구 주택의 점유·소유 형태별 가구

(단위 : 가구, %)

| 행정구역 | 전체 가구 | 자기 집에 거주 | | | 셋방에 거주 | | | 무상으로 거주 | | 주택 소유 | 무주택 |
|---|---|---|---|---|---|---|---|---|---|---|---|
| | | 계 | 집 한 채 | 여러 채 | 계 | 집 없음 | 집 있음 | 집 없음 | 집 있음 | | |
| 부평구 | 175,716 | 59 | 52 | 7 | 39 | 35 | 4 | 2 | 0 | 63 | 37 |
| 갈산1동 | 6,172 | 63 | 56 | 7 | 34 | 31 | 4 | 3 | 0 | 66 | 34 |
| 갈산2동 | 7,868 | 58 | 50 | 8 | 40 | 36 | 3 | 2 | 0 | 62 | 38 |
| 부개1동 | 7,104 | 56 | 50 | 6 | 39 | 35 | 4 | 4 | 0 | 60 | 40 |
| 부개2동 | 7,106 | 61 | 55 | 6 | 37 | 33 | 4 | 1 | 0 | 66 | 34 |
| 부개3동 | 11,956 | 65 | 58 | 7 | 34 | 29 | 5 | 1 | 0 | 71 | 29 |
| 부평1동 | 10,818 | 75 | 65 | 10 | 24 | 19 | 5 | 1 | 0 | 80 | 20 |
| 부평2동 | 7,946 | 54 | 49 | 5 | 44 | 41 | 4 | 2 | 0 | 58 | 42 |
| 부평3동 | 5,673 | 48 | 43 | 5 | 50 | 47 | 4 | 1 | 0 | 52 | 48 |
| 부평4동 | 8,630 | 48 | 43 | 5 | 50 | 47 | 3 | 2 | 0 | 51 | 49 |
| 부평5동 | 8,041 | 56 | 51 | 4 | 42 | 39 | 3 | 2 | 0 | 59 | 41 |
| 부평6동 | 5,244 | 41 | 37 | 4 | 55 | 52 | 3 | 3 | 1 | 45 | 55 |
| 산곡1동 | 7,194 | 57 | 51 | 6 | 41 | 38 | 3 | 2 | 0 | 60 | 40 |
| 산곡2동 | 8,598 | 82 | 69 | 13 | 17 | 12 | 5 | 1 | 0 | 86 | 14 |
| 산곡3동 | 8,178 | 75 | 63 | 12 | 23 | 20 | 3 | 2 | 0 | 79 | 21 |
| 산곡4동 | 6,334 | 83 | 70 | 13 | 16 | 12 | 4 | 1 | 0 | 87 | 13 |
| 삼산동 | 18,130 | 50 | 43 | 7 | 49 | 45 | 4 | 1 | 0 | 54 | 46 |
| 십정1동 | 7,502 | 48 | 44 | 4 | 51 | 48 | 3 | 1 | 0 | 50 | 50 |
| 십정2동 | 10,837 | 46 | 41 | 5 | 52 | 49 | 3 | 2 | 0 | 49 | 51 |
| 일신동 | 3,826 | 63 | 57 | 6 | 34 | 29 | 4 | 2 | 1 | 68 | 32 |
| 청천1동 | 6,343 | 44 | 40 | 5 | 54 | 52 | 2 | 1 | 0 | 47 | 53 |
| 청천2동 | 12,216 | 71 | 62 | 9 | 28 | 24 | 4 | 1 | 0 | 75 | 25 |

산곡4동 가구의 87%가 주택 소유자인 것을 비롯해 3곳은 주택 소유자가 80% 이상이며, 3곳은 70% 이상이다. 또 이들 6곳 외에 다른 6개 동네는 60% 이상이 주택 소유자다. 반면 부평6동은 55%가 무주택자이며 청천1동과 십정2동도 무주택자가 절반이 넘는다. 십정1동은 주택 소유자와 무주택자가 50 대 50으로 절반씩이다. 부평구 100가구 중 7가구는 집을 두 채 이상 소유한 다주택자다. 산곡2동과 산곡4동 가구의 13%, 산곡3동 가구의 12%는 다주택자다.

부평구 100가구 중 4가구는 어딘가에 자신 명의의 집이 있지만 현재 셋방에 사는 유주택 전월세 가구다. 부평1동과 부개3동 가구의 5%는 유주택 전월세 가구다. 주택 소유자 중 유주택 전월세를 제외한 59가구는 자신이 소유한 집에서 살고 있는데 산곡4동(83%), 산곡2동(82%), 부평1동(75%), 산곡3동(75%) 순으로 비중이 높다.

39가구는 셋방에 살고 이 중 35가구는 집이 없이 셋방을 떠돌고 있는데, 무주택 전월세 가구는 청천1동(52%), 부평6동(52%), 십정2동(49%), 십정1동(48%)에서 상대적으로 많다. 한편 송림2동과 부개1동 가구의 4%는 직장의 사택이나 친척집 등에서 무상으로 살고 있는데 이들은 모두 무주택자다.


## 부평구에 있는 집이 100채라면 :
## 60채는 아파트, 24채는 다세대주택

부평구에는 집(주택과 주택 이외의 거처)이 14만 7,750채가 있다. 부평구에 있는 집이 100채라면 60채는 아파트고, 24채는 다세대주택,

12채는 단독주택이다. 3채는 연립주택이며, 비거주용 건물 내 주택과 주택 이외의 거처는 각 1채다.

갈산2동 거처의 96%가 아파트인 것을 비롯해 9개 동네에서 거처의 절반 이상이 단독주택이다. 또 부평2동 거처의 73%가 다세대주택인 것을 비롯해 3개 동네에서 거처의 절반 이상이 다세대주택이다. 단독주택은 청천1동에서 34%로 가장 많고 모두 4곳에서 30% 이상을 차지했다.

사람이 사는 곳을 기준으로 보면 부평구 가구의 50%는 아파트에, 25%는 단독주택에, 20%는 다세대주택에 산다. 동네별로는 산곡4동(94%)을 비롯해 9곳에서 가구의 절반 이상이 아파트에 산다. 반면 청천1동(60%) 등 5곳은 절반 이상이 단독주택에 산다. 부평2동은 가구의 56%가 다세대주택에 살고 모두 5개 동네에서 가구의 30% 이상이 다세대주택에 산다. 연립주택 거주 가구는 부개1동(6%)에서, 비거주용 건물 내 주택과 주택 이외의 거처 거주 가구는 부평4동(각각 4%)에서 비중이 높다.

부평구 주택(주택 이외의 거처 제외)을 크기별로 보면 29평 이상의 주택은 15채, 19~29평은 33채, 14~19평은 36채이며, 14평 미만은 17채다. 십정2동에서는 27%가 29평 이상이며, 갈산2동에서는 29%가 14평 미만의 소형 주택이다.

2005년 기준으로 45채는 지은 지 10년(1995~2005년 사이 건축)이 안 된 새집이며, 44채는 1985년에서 1994년 사이에 지었고, 20년이 넘은 주택은 12채다. 일신동 주택의 76%가 10년이 안 된 새집인 반면, 산곡1동 주택의 32%는 20년이 넘은 집이다.

1995년부터 2005년까지 10년 동안 부평구 주택 수(주택 이외의 거

표 4_3.28

## 인천시 부평구 거처의 종류별·연건평별·건축년도별 주택

(단위 : 호, 가구, %)

| 행정구역 | 거처의 종류별 거처와 가구 | | | | | | | | | | | | | | |
|---|---|---|---|---|---|---|---|---|---|---|---|---|---|---|
| | 계 | | 단독주택 | | 아파트 | | 연립주택 | | 다세대주택 | | 비거주용 건물 내 주택 | | 주택 이외의 거처 | |
| | 거처 | 가구 | 거처 | 가구 | 거처 | 가구 | 거처 | 가구 | 거처 | 가구 | 거처 | 가구 | 거처 | 가구 |
| 부평구 | 147,750 | 175,759 | 12 | 25 | 60 | 50 | 3 | 2 | 24 | 20 | 1 | 1 | 1 | 1 |
| 갈산1동 | 5,351 | 6,172 | 7 | 19 | 35 | 31 | 4 | 3 | 52 | 45 | 1 | 2 | 0 | 0 |
| 갈산2동 | 6,964 | 7,869 | 4 | 15 | 96 | 85 | 0 | 0 | 0 | 0 | 0 | 0 | 0 | 0 |
| 부개1동 | 5,369 | 7,105 | 20 | 39 | 29 | 22 | 8 | 6 | 41 | 31 | 2 | 2 | 0 | 0 |
| 부개2동 | 5,950 | 7,107 | 13 | 27 | 47 | 40 | 3 | 2 | 35 | 29 | 1 | 1 | 1 | 1 |
| 부개3동 | 11,519 | 11,956 | 3 | 6 | 92 | 89 | 1 | 1 | 3 | 3 | 1 | 1 | 0 | 0 |
| 부평1동 | 10,444 | 10,825 | 5 | 8 | 81 | 78 | 4 | 4 | 5 | 5 | 1 | 1 | 3 | 3 |
| 부평2동 | 6,120 | 7,950 | 17 | 36 | 6 | 4 | 3 | 2 | 73 | 56 | 1 | 1 | 0 | 0 |
| 부평3동 | 3,993 | 5,676 | 31 | 51 | 11 | 8 | 5 | 3 | 51 | 36 | 1 | 1 | 1 | 1 |
| 부평4동 | 6,111 | 8,631 | 23 | 44 | 26 | 18 | 2 | 2 | 41 | 29 | 4 | 4 | 4 | 3 |
| 부평5동 | 6,521 | 8,042 | 14 | 30 | 30 | 24 | 3 | 2 | 48 | 39 | 2 | 2 | 2 | 2 |
| 부평6동 | 3,171 | 5,249 | 32 | 58 | 10 | 6 | 9 | 5 | 43 | 26 | 2 | 2 | 4 | 3 |
| 산곡1동 | 5,856 | 7,195 | 31 | 43 | 48 | 39 | 1 | 0 | 19 | 16 | 1 | 1 | 0 | 0 |
| 산곡2동 | 8,454 | 8,598 | 2 | 3 | 85 | 84 | 4 | 4 | 9 | 9 | 0 | 0 | 0 | 0 |
| 산곡3동 | 7,426 | 8,182 | 8 | 16 | 74 | 67 | 3 | 3 | 14 | 13 | 0 | 0 | 0 | 0 |
| 산곡4동 | 6,274 | 6,334 | 1 | 1 | 95 | 94 | 0 | 0 | 4 | 4 | 0 | 0 | 0 | 0 |
| 삼산동 | 17,795 | 18,131 | 1 | 3 | 87 | 86 | 0 | 0 | 11 | 11 | 0 | 0 | 0 | 0 |
| 십정1동 | 5,140 | 7,503 | 32 | 53 | 34 | 23 | 2 | 1 | 29 | 20 | 2 | 3 | 0 | 0 |
| 십정2동 | 6,818 | 10,842 | 22 | 50 | 29 | 19 | 0 | 0 | 42 | 26 | 2 | 2 | 5 | 3 |
| 일신동 | 3,288 | 3,829 | 15 | 26 | 61 | 52 | 6 | 5 | 16 | 14 | 1 | 1 | 0 | 0 |
| 청천1동 | 3,827 | 6,345 | 34 | 60 | 15 | 9 | 3 | 2 | 47 | 28 | 1 | 1 | 0 | 0 |
| 청천2동 | 11,359 | 12,218 | 3 | 9 | 69 | 64 | 6 | 5 | 21 | 20 | 1 | 1 | 0 | 0 |

| | 연건평별 주택 | | | | 건축년도별 주택 | | |
|---|---|---|---|---|---|---|---|
| 총 주택 수 | 14평 미만 | 14~19평 | 19~29평 | 29평 이상 | 1995~ 2005년 | 1985~ 1994년 | 1985년 이전 |
| 146,335 | 17 | 36 | 33 | 15 | 45 | 44 | 12 |
| 5,344 | 22 | 39 | 33 | 6 | 50 | 40 | 10 |
| 6,963 | 29 | 20 | 27 | 23 | 0 | 100 | 0 |
| 5,344 | 14 | 29 | 40 | 18 | 30 | 46 | 24 |
| 5,887 | 20 | 48 | 22 | 10 | 41 | 39 | 19 |
| 11,519 | 21 | 50 | 13 | 16 | 66 | 29 | 5 |
| 10,117 | 9 | 30 | 51 | 11 | 40 | 56 | 4 |
| 6,090 | 29 | 38 | 19 | 14 | 62 | 26 | 13 |
| 3,938 | 16 | 35 | 29 | 20 | 48 | 30 | 22 |
| 5,892 | 20 | 39 | 24 | 18 | 58 | 27 | 16 |
| 6,367 | 24 | 41 | 22 | 13 | 55 | 25 | 20 |
| 3,040 | 23 | 35 | 18 | 24 | 33 | 38 | 29 |
| 5,853 | 16 | 41 | 30 | 13 | 25 | 43 | 32 |
| 8,447 | 7 | 20 | 63 | 11 | 43 | 49 | 8 |
| 7,423 | 6 | 15 | 59 | 20 | 9 | 87 | 5 |
| 6,272 | 12 | 24 | 51 | 14 | 3 | 97 | 0 |
| 17,793 | 19 | 45 | 25 | 12 | 67 | 31 | 2 |
| 5,139 | 19 | 32 | 27 | 21 | 37 | 33 | 30 |
| 6,480 | 19 | 32 | 22 | 27 | 50 | 41 | 9 |
| 3,284 | 6 | 46 | 41 | 8 | 76 | 7 | 17 |
| 3,823 | 9 | 34 | 33 | 24 | 38 | 32 | 30 |
| 11,320 | 13 | 42 | 33 | 12 | 61 | 30 | 9 |

처 제외)는 2만1천 채에서 15만3천 채로 5만7천 채(59%)가 늘었다. 같은 기간 동안 아파트는 4만1천 채(83%), 다세대주택은 3만1천 채(442%)가 각각 늘었다. 반면 단독주택은 4천 채(18%), 연립주택은 1천 채(72%)가 줄었다. 이에 따라 전체 주택(주택 이외의 거처 제외)에서 차지하는 비중은 아파트가 52%에서 60%로, 다세대주택이 7%에서 25%로 각각 증가한 반면, 단독주택은 22%에서 12%로, 연립주택은 16%에서 3%로 감소했다.

## 부평구 100가구 중 7가구는 최저 주거 기준에 미달

부평구에 사는 17만6천 가구를 100가구로 친다면, 그 중 7가구는 식구에 비해 집이 너무 좁거나 시설이 제대로 갖춰지지 않아 인간다운 품위를 지키기 어려운 최저 주거 기준 미달 가구다. 이 가운데 63%는 면적 기준 미달이며, 45%는 시설 기준 미달 가구다. 면적과 시설이 모두 미달되는 가구는 10%다.

또 17만6천 가구의 5%인 9,323가구는 (반)지하에 산다. 이 밖에도 146가구는 옥탑방에, 45가구는 판잣집·움막·비닐집에, 18가구는 업소의 잠만 자는 방이나 건설 현장의 임시 막사 등에 살고 있다. (반)지하에 사는 가구는 부평2동과 부평6동에서 각각 12%로 비중이 가장 높고, 십정2동(11%), 청천1동·부개1동(10%) 순으로 높다.

이런 상황에서 2005년 현재 부평구에 공급된 공공임대주택은 전체 가구의 3% 수준인 5,433채다. 종류별로는 영구임대주택 2,934채, 국민임대주택 1,696채, 50년 임대주택 803채인데, 모두 중앙정부 산

표 4_3.29

## 인천시 부평구 (반)지하 등 거주 가구

(단위 : 가구, %)

| 행정구역 | 전체 가구 | (반)지하 | | 옥탑방 | 판잣집·움막·비닐집 | 기타 |
| --- | --- | --- | --- | --- | --- | --- |
| | | 가구 | 비중 | 가구 | 가구 | 가구 |
| 부평구 | 175,716 | 9,323 | 5 | 146 | 45 | 18 |
| 갈산1동 | 6,172 | 358 | 6 | 7 | 2 | – |
| 갈산2동 | 7,868 | 75 | 1 | 31 | – | – |
| 부개1동 | 7,104 | 728 | 10 | 16 | 4 | 9 |
| 부개2동 | 7,106 | 417 | 6 | 9 | 6 | – |
| 부개3동 | 11,956 | 114 | 1 | 8 | – | – |
| 부평1동 | 10,818 | 119 | 1 | 4 | – | 1 |
| 부평2동 | 7,946 | 942 | 12 | 26 | – | – |
| 부평3동 | 5,673 | 497 | 9 | 12 | – | – |
| 부평4동 | 8,630 | 763 | 9 | 10 | – | 1 |
| 부평5동 | 8,041 | 534 | 7 | 87 | – | – |
| 부평6동 | 5,244 | 650 | 12 | 4 | 4 | – |
| 산곡1동 | 7,194 | 350 | 5 | 68 | 2 | – |
| 산곡2동 | 8,598 | 124 | 1 | 9 | 20 | – |
| 산곡3동 | 8,178 | 397 | 5 | 59 | 1 | – |
| 산곡4동 | 6,334 | 27 | 0 | 6 | 2 | – |
| 삼산동 | 18,130 | 294 | 2 | 23 | – | 1 |
| 십정1동 | 7,502 | 692 | 9 | 3 | – | – |
| 십정2동 | 10,837 | 1,223 | 11 | 8 | 1 | 1 |
| 일신동 | 3,826 | 76 | 2 | 22 | – | 1 |
| 청천1동 | 6,343 | 642 | 10 | 45 | 3 | 2 |
| 청천2동 | 12,216 | 301 | 2 | 4 | – | 2 |

하 주공이 공급한 것으로 경기도가 공급한 공공임대주택은 한 채도 없다.

## 부평구 유권자가 100명이라면

정당 지지도를 알 수 있는 최근 네 차례 선거(제3~4회 동시지방선거, 제17~18대 총선)를 기준으로 부평구 유권자는 대략 39만~43만 명이며, 평균 투표율은 45%다.

부평구 유권자가 100명이라면 2002년 지방선거에서는 51명이 한나라당을, 31명이 새천년민주당을, 9명이 민주노동당을, 3명이 자민련을 찍었다. 2004년 총선에서는 39명이 열린우리당을, 33명이 한나라당을, 17명이 민주노동당을, 6명이 새천년민주당을, 2명이 자민련을 지지했다.

2006년 지방선거에서는 55명이 한나라당을 찍었고, 20명은 열린우리당을, 16명은 민주노동당을, 8명은 민주당을 찍었다. 2008년 총선에서는 37명이 한나라당을, 27명이 통합민주당을, 10명이 친박연대를 찍었고, 7명은 민주노동당을, 다른 7명은 자유선진당을, 4명은 창조한국당을, 3명은 진보신당을 지지했다.

동네별 투표율은 산곡3동·산곡4동·일신동에서 상대적으로 높았다. 반면 청천1동과 부평4동에서 상대적으로 낮았다.

한나라당 득표율은 산곡3동에서 가장 높았고, 산곡4동과 부평1동에서도 상대적으로 높았다. 반면 삼산동과 부개3동에서 상대적으로 낮았다. 산곡3동과 삼산동의 득표율 격차는 13~17% 사이다.

민주(+열린우리)당 득표율은 청천1동과 부평6동에서 상대적으로 높았다. 반면 산곡3동과 산곡4동에서 상대적으로 낮았다. 청천1동과 산곡3동의 득표율 격차는 9~13% 사이다. 민주노동당+진보신당 득표율은 산곡1동·삼산동·부평2동에서 상대적으로 높았다.

그림 4_3.23

# 인천시 부평구 동네별 한나라당 득표율

2004년 총선(단위 : %)

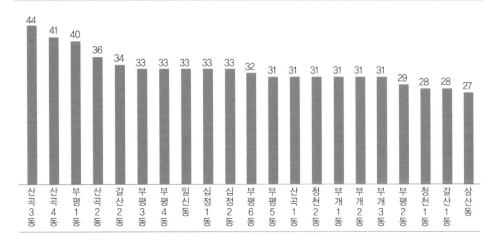

그림 4_3.24

# 인천시 부평구 동네별 민주(＋열린우리)당 득표율

2004년 총선(단위 : %)

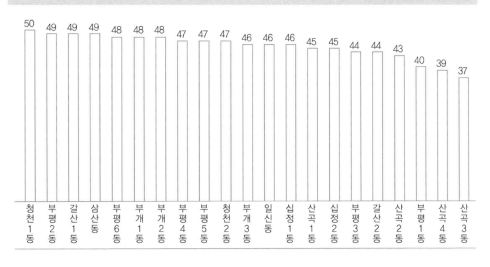

**표 4_3.30**

# 인천시 부평구 역대 선거 투표율과 정당 지지율

2002~2008(단위 : 명, %)

| 행정구역 | 2002년 지방선거 | | | | | | | 2004년 총선 | | | | | | | |
|---|---|---|---|---|---|---|---|---|---|---|---|---|---|---|---|
| | 선거인 수 | 투표율 | 한나라당 | 새천년민주당 | 자민련 | 민주노동당 | 기타정당 | 선거인 수 | 투표율 | 한나라당 | 새천년민주당 | 열린우리당 | 자민련 | 민주노동당 | 기타정당 |
| 부평구 | 391,526 | 38 | 51 | 31 | 3 | 9 | 6 | 398,333 | 58 | 33 | 6 | 39 | 2 | 17 | 3 |
| 갈산1동 | 14,224 | 33 | 49 | 30 | 4 | 12 | 5 | 14,676 | 54 | 28 | 7 | 42 | 2 | 18 | 3 |
| 갈산2동 | 18,574 | 37 | 52 | 30 | 3 | 9 | 6 | 18,475 | 60 | 34 | 6 | 38 | 2 | 18 | 3 |
| 부개1동 | 16,982 | 37 | 51 | 33 | 3 | 6 | 6 | 17,387 | 56 | 31 | 7 | 41 | 2 | 16 | 3 |
| 부개2동 | 16,681 | 36 | 49 | 35 | 3 | 8 | 5 | 16,751 | 58 | 31 | 7 | 41 | 2 | 17 | 3 |
| 부개3동 | 27,653 | 38 | 49 | 33 | 3 | 10 | 5 | 27,306 | 63 | 31 | 6 | 40 | 2 | 18 | 3 |
| 부평1동 | 24,102 | 44 | 59 | 27 | 2 | 7 | 5 | 25,363 | 63 | 40 | 5 | 35 | 2 | 16 | 2 |
| 부평2동 | 17,684 | 33 | 49 | 35 | 3 | 8 | 5 | 18,070 | 51 | 29 | 6 | 43 | 2 | 17 | 4 |
| 부평3동 | 12,657 | 34 | 53 | 30 | 4 | 8 | 5 | 12,951 | 54 | 33 | 6 | 38 | 2 | 18 | 3 |
| 부평4동 | 17,601 | 32 | 53 | 32 | 3 | 6 | 6 | 19,544 | 49 | 33 | 6 | 41 | 2 | 15 | 3 |
| 부평5동 | 15,801 | 30 | 51 | 34 | 4 | 7 | 4 | 17,879 | 50 | 31 | 6 | 41 | 2 | 16 | 3 |
| 부평6동 | 11,561 | 36 | 48 | 36 | 4 | 7 | 5 | 11,714 | 54 | 32 | 7 | 41 | 2 | 16 | 3 |
| 산곡1동 | 17,659 | 37 | 49 | 29 | 4 | 12 | 6 | 17,166 | 55 | 31 | 7 | 38 | 2 | 19 | 3 |
| 산곡2동 | 20,880 | 40 | 52 | 28 | 3 | 10 | 7 | 20,894 | 65 | 36 | 6 | 37 | 2 | 17 | 2 |
| 산곡3동 | 20,152 | 45 | 60 | 22 | 2 | 9 | 6 | 20,018 | 65 | 44 | 5 | 32 | 2 | 16 | 2 |
| 산곡4동 | 15,162 | 41 | 59 | 25 | 3 | 9 | 4 | 15,120 | 66 | 41 | 5 | 34 | 2 | 16 | 2 |
| 삼산동 | 25,244 | 34 | 45 | 34 | 4 | 12 | 5 | 24,401 | 59 | 27 | 7 | 42 | 2 | 19 | 3 |
| 십정1동 | 16,089 | 36 | 48 | 34 | 4 | 8 | 6 | 15,789 | 53 | 33 | 6 | 40 | 2 | 15 | 5 |
| 십정2동 | 22,693 | 33 | 53 | 30 | 4 | 8 | 5 | 23,266 | 52 | 33 | 5 | 40 | 2 | 17 | 3 |
| 일신동 | 9,103 | 48 | 49 | 35 | 4 | 8 | 4 | 9,308 | 62 | 33 | 7 | 39 | 2 | 16 | 2 |
| 청천1동 | 14,081 | 30 | 48 | 32 | 5 | 10 | 6 | 14,457 | 47 | 28 | 8 | 42 | 2 | 17 | 3 |
| 청천2동 | 28,717 | 36 | 51 | 32 | 3 | 10 | 5 | 28,535 | 59 | 31 | 7 | 40 | 2 | 18 | 2 |

| 2006년 지방선거 | | | | | | | 행정구역 | 2008년 총선 | | | | | | | | | |
|---|---|---|---|---|---|---|---|---|---|---|---|---|---|---|---|---|---|
| 선거인 수 | 투표율 | 열린우리당 | 한나라당 | 민주당 | 민주노동당 | 기타정당 | | 선거인 수 | 투표율 | 통합민주당 | 한나라당 | 자유선진당 | 민주노동당 | 창조한국당 | 친박연대 | 진보신당 | 기타정당 |
| 425,004 | 43 | 20 | 55 | 8 | 16 | 1 | 부평구 | 431,169 | 42 | 27 | 37 | 7 | 7 | 4 | 10 | 3 | 5 |
| 14,250 | 39 | 20 | 52 | 9 | 18 | 1 | 갈산1동 | 14,750 | 37 | 29 | 35 | 7 | 6 | 4 | 9 | 4 | 5 |
| 18,918 | 44 | 19 | 57 | 8 | 15 | 1 | 갈산2동 | 18,824 | 42 | 26 | 37 | 8 | 5 | 4 | 10 | 4 | 6 |
| 17,200 | 43 | 20 | 55 | 10 | 15 | 1 | 부개1동 | 16,678 | 41 | 28 | 39 | 5 | 8 | 4 | 10 | 2 | 4 |
| 16,931 | 40 | 20 | 54 | 10 | 15 | 1 | 부개2동 | 16,921 | 40 | 29 | 36 | 6 | 7 | 4 | 9 | 3 | 5 |
| 27,300 | 43 | 19 | 55 | 9 | 17 | 1 | 부개3동 | 27,350 | 42 | 28 | 33 | 7 | 5 | 5 | 11 | 4 | 5 |
| 26,740 | 46 | 18 | 60 | 6 | 15 | 1 | 부평1동 | 26,780 | 45 | 24 | 40 | 6 | 7 | 5 | 11 | 3 | 4 |
| 18,402 | 34 | 21 | 53 | 8 | 16 | 1 | 부평2동 | 18,459 | 37 | 28 | 38 | 6 | 9 | 4 | 8 | 3 | 5 |
| 13,003 | 40 | 19 | 55 | 9 | 16 | 1 | 부평3동 | 13,069 | 39 | 26 | 40 | 6 | 9 | 3 | 9 | 3 | 4 |
| 19,902 | 34 | 20 | 57 | 10 | 12 | 1 | 부평4동 | 20,449 | 34 | 28 | 40 | 6 | 6 | 4 | 10 | 2 | 5 |
| 18,455 | 35 | 19 | 55 | 10 | 15 | 1 | 부평5동 | 18,668 | 35 | 28 | 38 | 6 | 8 | 4 | 9 | 2 | 5 |
| 11,645 | 37 | 21 | 54 | 10 | 15 | 1 | 부평6동 | 11,462 | 40 | 28 | 37 | 5 | 9 | 4 | 9 | 3 | 4 |
| 17,056 | 41 | 18 | 53 | 8 | 19 | 1 | 산곡1동 | 17,157 | 38 | 26 | 37 | 7 | 7 | 4 | 11 | 3 | 5 |
| 21,878 | 48 | 16 | 58 | 8 | 17 | 1 | 산곡2동 | 23,681 | 45 | 26 | 39 | 7 | 6 | 4 | 12 | 4 | 4 |
| 20,418 | 49 | 15 | 64 | 7 | 13 | 1 | 산곡3동 | 20,722 | 47 | 22 | 43 | 6 | 7 | 4 | 11 | 3 | 4 |
| 15,378 | 47 | 15 | 63 | 5 | 16 | 0 | 산곡4동 | 15,220 | 45 | 23 | 40 | 8 | 5 | 5 | 11 | 4 | 5 |
| 44,879 | 44 | 21 | 51 | 8 | 20 | 1 | 삼산1동 | 26,584 | 40 | 30 | 33 | 8 | 6 | 5 | 9 | 4 | 6 |
| 17,824 | 42 | 20 | 53 | 10 | 16 | 1 | 삼산2동 | 20,695 | 45 | 29 | 34 | 7 | 4 | 5 | 11 | 5 | 5 |
| 23,533 | 38 | 18 | 56 | 8 | 16 | 1 | 십정1동 | 17,463 | 39 | 28 | 37 | 6 | 8 | 4 | 9 | 3 | 5 |
| 9,412 | 47 | 20 | 53 | 10 | 15 | 기타 | 십정2동 | 23,644 | 36 | 27 | 38 | 6 | 7 | 4 | 10 | 3 | 5 |
| 14,157 | 35 | 21 | 53 | 10 | 15 | 1 | 일신동 | 10,960 | 47 | 28 | 37 | 5 | 8 | 4 | 10 | 3 | 4 |
| 28,781 | 42 | 20 | 55 | 8 | 17 | 1 | 청천1동 | 14,121 | 33 | 32 | 36 | 7 | 6 | 3 | 10 | 2 | 5 |
| | | | | | | | 청천2동 | 28,953 | 40 | 28 | 34 | 8 | 7 | 4 | 11 | 4 | 5 |

## 숫자 100으로 본 인천시 서구 16개 동네

서구에는 2005년 현재 16개 동에 10만4천 개의 거처가 있고,
여기에 11만7천 가구 37만4천 명이 살고 있다.
인천시 서구가 100명이 사는 마을이라면 어떤 모습일까?

## 숫자 100으로 본 서구

서구에 사는 사람은 인천시 평균인에 비해 대학 이상 학력자와 종교 인구 비중이 낮다. 봉급생활자 비중이 높고, 직업별로는 기능직, 장치 기계 조작 및 조립직, 단순 노무직 종사자가 많다.

주택 소유자와 아파트 거주자가 상대적으로 많고 1인 가구 비중은 낮으며 거주 기간이 짧아 이사가 잦다. 가구의 7%는 (반)지하에 살고 6%는 최저 주거 기준 미달 가구이지만 공공임대주택은 1%에 머물고 있다.

최근 7년간 서구에서 한나라당은 31~56%를, 민주(＋열린우리)당 은 28~50%를, 민주노동당＋진보신당은 8~16%를 각각 얻었다. 하지

그림 4_3.25

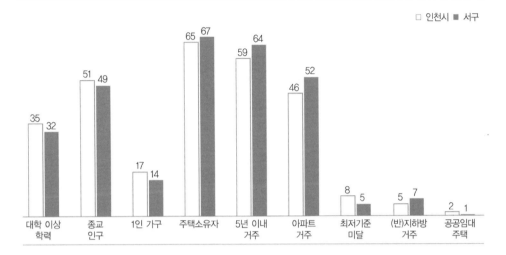

인천시와 서구의 주요 지수 평균 비교

(단위 : %)

☐ 인천시 ■ 서구

대학 이상 학력 / 종교 인구 / 1인 가구 / 주택소유자 / 5년 이내 거주 / 아파트 거주 / 최저기준 미달 / (반)지하방 거주 / 공공임대 주택

만 동네별로는 차이가 크다.

**서구 인구가 100명이라면 :**
**대학 이상 학력자 32명, 종교 인구 49명**

인천시 서구에 사는 사람은 2005년 현재 37만4,131명으로, 서구 인구가 100명이라면 남자 대 여자의 수는 51 대 49로 남자가 더 많다. 100명 중 99명은 내국인이고 1명은 외국인이다. 동네별로는 가좌1동에서 남녀 비율이 54 대 46으로 남자가 훨씬 많고, 동네 사람 중

4%가 외국인으로 비중이 가장 높다. 30명은 어린이와 청소년(19세 미만)이고, 70명은 어른이다. 어른 가운데 6명은 노인(65세 이상)이다.

지역적으로는, 서구에 사는 100명 중 15명은 검단1동에, 13명은 연희동에 산다. 또 가정1동과 신현원창동에 7명씩, 가정2동·석남1동·가좌3동에 6명씩, 검암경서동·석남3동·검단2동·검단3동에 5명씩 산다. 그리고 가정3동·석남2동·가좌1동·가좌2동·가좌4동에 4명씩 산다.

종교를 보면, 49명이 종교를 갖고 있다. 22명은 개신교, 14명은 불교, 12명은 개신교 신자다. 개신교는 가좌3동에서, 불교는 석남2동·검단2동에서, 천주교는 가좌2동에서 각각 신자 비율이 높다.

학력은 어떨까. 11명은 초등학교에, 5명은 중학교에, 4명은 고등학교에 다니고 있으며, 24명은 대학에 재학 중이거나 대학 이상의 학력을 가지고 있다(6세 이상 인구 기준). 또 서구에 사는 19세 이상 인구 가운데 32%가 대학 이상 학력자다. 검단3동은 19세 이상 인구 중 58%가 대학 이상 학력자로 비중이 가장 높다.

28명은 미혼이며 72명은 결혼했다. 결혼한 사람 가운데 6명은 배우자와 사별했고, 4명은 이혼했다(15세 이상 인구 기준). 3명은 몸이 불편하거나 정신 장애로 정상적인 활동에 제약을 느끼고 있다.

거주 기간을 보면, 39명은 현재 살고 있는 집에 산 지 5년이 넘었으나, 61명은 5년 이내에 새로 이사 왔다(5세 이상 인구 기준). 이사 온

표 4_3.31

# 인천시 서구 성별·종교별·학력별 인구

(단위 : 명, %)

| 행정구역 | 남녀/외국인 | | | | 종교 인구 | | | | | | | 대학 이상 학력 인구 | | | | | | |
|---|---|---|---|---|---|---|---|---|---|---|---|---|---|---|---|---|---|---|
| | 총인구 | 남자 | 여자 | 외국인 | 인구(내국인) | 계 | 종교 있음 | | | | 종교없음 | 19세 이상 인구 | 계 | 4년제 미만 | | 4년제 이상 | | 대학원 이상 |
| | | | | | | | 불교 | 개신교 | 천주교 | 기타 | | | | 계 | 재학 | 계 | 재학 | |
| 서구 | 374,131 | 51 | 49 | 1 | 371,204 | 49 | 14 | 22 | 12 | 1 | 51 | 259,407 | 32 | 13 | 3 | 17 | 4 | 1 |
| 가정1동 | 24,685 | 51 | 49 | 0 | 24,589 | 46 | 14 | 20 | 10 | 1 | 54 | 18,275 | 22 | 11 | 3 | 10 | 3 | 1 |
| 가정2동 | 22,018 | 50 | 50 | 0 | 21,981 | 45 | 13 | 21 | 11 | 1 | 55 | 15,079 | 26 | 13 | 3 | 12 | 3 | 1 |
| 가정3동 | 13,893 | 50 | 50 | 0 | 13,875 | 50 | 13 | 23 | 13 | 1 | 50 | 9,344 | 31 | 15 | 4 | 15 | 4 | 1 |
| 가좌1동 | 15,779 | 54 | 46 | 4 | 15,188 | 44 | 14 | 17 | 12 | 1 | 56 | 11,236 | 21 | 12 | 4 | 8 | 3 | 1 |
| 가좌2동 | 16,769 | 49 | 51 | 0 | 16,747 | 54 | 13 | 26 | 15 | 1 | 46 | 11,942 | 39 | 15 | 3 | 22 | 6 | 2 |
| 가좌3동 | 22,732 | 51 | 49 | 1 | 22,547 | 51 | 14 | 27 | 9 | 1 | 49 | 16,381 | 26 | 13 | 3 | 13 | 4 | 1 |
| 가좌4동 | 13,931 | 50 | 50 | 1 | 13,751 | 50 | 13 | 22 | 14 | 0 | 50 | 9,810 | 27 | 13 | 3 | 14 | 4 | 1 |
| 검단1동 | 57,527 | 51 | 49 | 1 | 56,985 | 50 | 14 | 22 | 13 | 1 | 49 | 38,306 | 38 | 14 | 2 | 21 | 3 | 2 |
| 검단2동 | 17,764 | 51 | 49 | 1 | 17,646 | 55 | 15 | 25 | 15 | 1 | 45 | 11,804 | 44 | 14 | 1 | 27 | 3 | 2 |
| 검단3동 | 19,370 | 50 | 50 | 0 | 19,287 | 50 | 12 | 25 | 13 | 1 | 50 | 12,948 | 58 | 15 | 1 | 39 | 3 | 4 |
| 검암경서동 | 19,264 | 51 | 49 | 2 | 18,940 | 50 | 13 | 23 | 14 | 0 | 50 | 12,496 | 43 | 15 | 2 | 26 | 4 | 3 |
| 석남1동 | 23,092 | 51 | 49 | 0 | 23,031 | 46 | 14 | 21 | 9 | 1 | 54 | 16,938 | 23 | 12 | 3 | 10 | 4 | 1 |
| 석남2동 | 13,627 | 52 | 48 | 3 | 13,211 | 47 | 15 | 17 | 14 | 1 | 53 | 10,117 | 23 | 11 | 3 | 11 | 4 | 1 |
| 석남3동 | 19,820 | 50 | 50 | 0 | 19,800 | 48 | 13 | 23 | 11 | 1 | 51 | 13,945 | 24 | 12 | 3 | 12 | 3 | 1 |
| 신현원창동 | 25,598 | 51 | 49 | 1 | 25,456 | 48 | 14 | 22 | 11 | 1 | 52 | 17,885 | 26 | 13 | 4 | 12 | 4 | 1 |
| 연희동 | 48,262 | 51 | 49 | 0 | 48,170 | 47 | 13 | 21 | 12 | 1 | 53 | 32,901 | 32 | 15 | 3 | 16 | 3 | 1 |

사람 중 39명은 서구의 다른 동에서, 7명은 인천시의 다른 구와 군에서, 15명은 인천시 밖에서 이사 왔다.

# 서구 취업자가 100명이라면 :
## 75명은 봉급쟁이

서구에 사는 15세 이상 인구 27만9천 명 가운데 취업해 직장에 다니는 사람(취업자)은 52%, 14만5천 명이다. 서구 취업자가 100명이라면 67명은 30~40대, 17명은 20대, 12명은 50대다. 65세 이상 노인 1명도 일하고 있다.

회사에서 봉급을 받고 일하는 직장인은 75명이다. 15명은 고용한 사람 없이 혼자서 일하는 자영업자이며, 6명은 누군가를 고용해 사업체를 경영하는 사업주다. 3명은 가족이 운영하는 사업체에서 보수 없이 일하고 있다.

직업별로는 장치 기계 조작 및 조립직이 22명으로 가장 많고, 사무직이 17명으로 뒤를 잇는다. 14명은 기능직으로, 11명은 판매직으로, 9명은 서비스직으로, 다른 9명은 단순 노무직으로, 또 다른 9명은 기술공 및 준전문가로 일한다. 6명은 전문가로, 3명은 고위 관리자로 일하며, 1명은 농림 어업에 종사한다.

직장으로 출근하는 데 30분 이상 걸리는 사람은 53명이며, 그 가운데 20명은 1시간 이상 걸린다. 16명은 걸어서 출근하고 84명은 교통수단을 이용해 출퇴근한다. 84명 가운데 52명은 자가용으로, 18명은 시내버스로, 6명은 통근 버스를 출퇴근한다. 2명은 전철, 1명은 시외(고속)버스, 다른 1명은 자전거로 출퇴근한다. 3명은 전철과 버스 또는 승용차를 갈아탄다.

81명은 공장이나 사무실 등 사업장에서 일하고 14명은 야외나 거리 또는 운송 수단에서 일한다. 또 2명은 자기 집에서, 다른 2명은 남

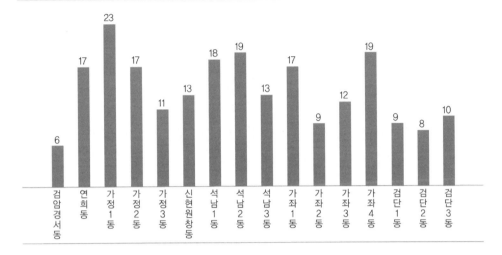

**그림 4_3.26**

## 인천시 서구 동네별 1인 가구

(단위 : %)

의 집에서 일한다.


## 서구에 100가구가 산다면 :
## 35가구는 셋방살이

서구에는 11만7천 가구가 산다(일반 가구 기준). 서구에 사는 가구를
100가구로 친다면, 32가구는 식구가 한 명 또는 두 명인 1, 2인 가구
이며, 이 가운데 14가구는 나 홀로 사는 1인 가구다. 식구 4명은 35가
구, 3명은 23가구, 5명 이상은 11가구다.

동네별 1인 가구 비중을 보면 가정1동에서 23%로 가장 높고, 석남 2동·가좌4동(19%) 석남1동(18%) 순으로 높다. 반면 검암경서동은 6%로 가장 낮다.

62가구는 자신이 소유한 집에서 살고, 35가구는 셋방에 살며, 2가구는 직장의 사택이나 친척집 등에서 무상으로 살고 있다. 자기 집에 사는 가구 중 8가구는 현재 살고 있는 곳 외에 집을 한 채 이상 더 소유한 다주택자들이다.

셋방 사는 가구 가운데 23가구는 전세에, 10가구는 보증금 있는 월세에, 1가구는 보증금 없는 월세에 산다. 셋방 사는 가구 중 4가구는 어딘가에 자신 명의의 집을 소유하고 있으나 경제 사정이나 자녀 교육, 직장 등의 사정으로 셋방에 살고 있다.

64가구는 현재 사는 집으로 이사 온 지 5년이 안 되며, 이 가운데 37가구는 2년이 안 된다. 21가구는 5~10년이 됐고, 16가구는 10년이 넘었다.

70가구는 자동차를 소유하고 있고 이 가운데 55가구는 자기 집에 전용 주차장이 있다. 자동차 소유 가구 중 12가구는 차를 2대 이상 소유하고 있다.

## 집 많은 사람, 집 없는 사람 : 가좌2동 84% 주택 소유, 가정1동 53% 무주택

서구에 사는 100가구 중 67가구는 주택 소유자이고 33가구는 무주택자다. 16개 동네 중 15곳은 무주택자보다 주택 소유자가 많다. 가

표 4_3.32

## 인천시 서구 주택의 점유·소유 형태별 가구

(단위 : 가구, %)

| 행정구역 | 전체 가구 | 자기 집에 거주 | | | 셋방에 거주 | | | 무상으로 거주 | | 주택 소유 | 무주택 |
|---|---|---|---|---|---|---|---|---|---|---|---|
| | | 계 | 집 한 채 | 여러 채 | 계 | 집 없음 | 집 있음 | 집 없음 | 집 있음 | | |
| 서구 | 116,758 | 62 | 54 | 8 | 35 | 30 | 4 | 2 | 1 | 67 | 33 |
| 가정1동 | 8,691 | 43 | 40 | 4 | 54 | 50 | 3 | 2 | 1 | 47 | 53 |
| 가정2동 | 7,220 | 58 | 54 | 5 | 40 | 36 | 3 | 2 | 0 | 62 | 38 |
| 가정3동 | 4,121 | 71 | 63 | 7 | 27 | 23 | 3 | 2 | 0 | 74 | 26 |
| 가좌1동 | 4,987 | 62 | 59 | 3 | 35 | 33 | 2 | 3 | 0 | 64 | 36 |
| 가좌2동 | 4,968 | 81 | 69 | 12 | 17 | 14 | 3 | 2 | 0 | 84 | 16 |
| 가좌3동 | 7,149 | 68 | 61 | 7 | 29 | 26 | 3 | 2 | 0 | 72 | 28 |
| 가좌4동 | 4,563 | 48 | 42 | 7 | 50 | 43 | 7 | 2 | 0 | 56 | 44 |
| 검단1동 | 16,986 | 68 | 56 | 12 | 30 | 25 | 5 | 2 | 0 | 73 | 27 |
| 검단2동 | 5,250 | 72 | 62 | 10 | 26 | 20 | 6 | 2 | 0 | 78 | 22 |
| 검단3동 | 6,024 | 61 | 48 | 13 | 29 | 21 | 8 | 8 | 2 | 71 | 29 |
| 검암경서동 | 5,419 | 75 | 58 | 17 | 24 | 17 | 7 | 1 | 0 | 83 | 17 |
| 석남1동 | 7,693 | 57 | 52 | 5 | 40 | 37 | 3 | 2 | 1 | 61 | 39 |
| 석남2동 | 4,410 | 53 | 48 | 4 | 44 | 43 | 2 | 3 | 0 | 55 | 45 |
| 석남3동 | 6,171 | 68 | 64 | 4 | 30 | 28 | 2 | 2 | 0 | 70 | 30 |
| 신현원창동 | 7,922 | 57 | 50 | 7 | 40 | 34 | 6 | 3 | 1 | 63 | 37 |
| 연희동 | 15,184 | 62 | 54 | 7 | 35 | 31 | 4 | 3 | 1 | 67 | 33 |

좌2동 가구의 84%가 주택 소유자인 것을 비롯해 2곳은 주택 소유자가 80% 이상이며, 6곳은 70% 이상이다. 또 이들 8곳 외에 다른 5개 동네는 60% 이상이 주택 소유자다. 반면 가정1동은 53%가 무주택자다.

서구 100가구 중 8가구는 집을 두 채 이상 소유한 다주택자다. 검암경서동 가구의 17%, 검단3동 가구의 13%는 다주택자다. 서구 100가구 중 4가구는 어딘가에 자신 명의의 집이 있지만 현재 셋방에 유주택 전월세 가구다. 검단3동 가구의 8%, 검암경서동과 가좌4동 가구의 7%는 유주택 전월세다. 주택 소유자 중 유주택 전월세를 제외

**표 4_3.33**

## 인천시 서구 거처의 종류별·연건평별·건축년도별 주택

(단위 : 호, 가구, %)

| 행정구역 | 거처의 종류별 거처와 가구 | | | | | | | | | | | | | |
|---|---|---|---|---|---|---|---|---|---|---|---|---|---|---|
| | 계 | | 단독주택 | | 아파트 | | 연립주택 | | 다세대주택 | | 비거주용 건물 내 주택 | | 주택 이외의 거처 | |
| | 거처 | 가구 | 거처 | 가구 | 거처 | 가구 | 거처 | 가구 | 거처 | 가구 | 거처 | 가구 | 거처 | 가구 |
| 서구 | 104,082 | 116,791 | 8 | 18 | 58 | 52 | 4 | 4 | 27 | 24 | 1 | 1 | 1 | 1 |
| 가정1동 | 5,938 | 8,691 | 21 | 45 | 15 | 10 | 4 | 3 | 58 | 40 | 1 | 1 | 0 | 0 |
| 가정2동 | 6,636 | 7,221 | 5 | 12 | 73 | 68 | 0 | 0 | 21 | 19 | 0 | 1 | 0 | 0 |
| 가정3동 | 4,114 | 4,121 | 0 | 0 | 35 | 35 | 22 | 22 | 42 | 42 | 0 | 1 | 0 | 0 |
| 가좌1동 | 4,363 | 4,987 | 12 | 22 | 23 | 20 | 9 | 8 | 55 | 48 | 1 | 2 | 0 | 0 |
| 가좌2동 | 4,830 | 4,968 | 1 | 3 | 82 | 80 | 0 | 0 | 16 | 16 | 1 | 2 | 0 | 0 |
| 가좌3동 | 6,471 | 7,150 | 7 | 15 | 52 | 47 | 7 | 7 | 33 | 30 | 1 | 2 | 0 | 0 |
| 가좌4동 | 3,472 | 4,569 | 13 | 33 | 48 | 36 | 23 | 17 | 15 | 11 | 2 | 2 | 0 | 0 |
| 검단1동 | 16,507 | 16,992 | 6 | 8 | 90 | 88 | 1 | 1 | 0 | 0 | 1 | 1 | 1 | 2 |
| 검단2동 | 5,198 | 5,250 | 7 | 8 | 92 | 91 | 0 | 0 | 0 | 0 | 1 | 1 | 0 | 0 |
| 검단3동 | 6,009 | 6,027 | 5 | 5 | 93 | 93 | 1 | 1 | 0 | 0 | 0 | 0 | 0 | 0 |
| 검암경서동 | 5,354 | 5,422 | 5 | 6 | 92 | 91 | 1 | 1 | 1 | 1 | 1 | 1 | 1 | 1 |
| 석남1동 | 6,065 | 7,694 | 17 | 34 | 32 | 25 | 7 | 6 | 42 | 33 | 2 | 2 | 0 | 0 |
| 석남2동 | 2,979 | 4,413 | 38 | 57 | 12 | 8 | 20 | 13 | 26 | 18 | 4 | 4 | 0 | 0 |
| 석남3동 | 5,721 | 6,173 | 8 | 15 | 37 | 34 | 1 | 1 | 53 | 50 | 0 | 1 | 0 | 0 |
| 신현원창동 | 6,675 | 7,923 | 12 | 26 | 42 | 36 | 2 | 1 | 43 | 36 | 1 | 1 | 0 | 0 |
| 연희동 | 13,750 | 15,190 | 2 | 11 | 44 | 39 | 2 | 2 | 49 | 45 | 1 | 2 | 2 | 2 |

한 75가구는 자신이 소유한 집에서 사는 자가 점유 가구로 검암경서 동(75%), 검단2동(72%), 가정3동(71%)에서 비중이 높다.

35가구는 셋방에 살고 이 중 30가구는 무주택 전월세 가구인데 가정1동(50%), 석남2동과 가좌4동(각 43%)에서 무주택 셋방 가구가 많다. 한편 검단3동 가구의 10%는 직장의 사택이나 친척집 등에서 무상으로 살고 있는데 이들 중 8%는 무주택자다.

| | 연건평별 주택 | | | | 건축년도별 주택 | | |
|---|---|---|---|---|---|---|---|
| 총 주택 수 | 14평 미만 | 14~19평 | 19~29평 | 29평 이상 | 1995~ 2005년 | 1985~ 1994년 | 1985년 이전 |
| 103,475 | 17 | 36 | 37 | 10 | 48 | 42 | 9 |
| 5,924 | 27 | 31 | 24 | 19 | 23 | 66 | 11 |
| 6,608 | 35 | 43 | 17 | 4 | 7 | 91 | 2 |
| 4,113 | 42 | 18 | 35 | 4 | 10 | 90 | 0 |
| 4,363 | 29 | 42 | 22 | 7 | 9 | 70 | 21 |
| 4,826 | 10 | 41 | 36 | 14 | 1 | 79 | 19 |
| 6,458 | 23 | 47 | 24 | 5 | 19 | 55 | 25 |
| 3,471 | 26 | 57 | 4 | 12 | 10 | 49 | 42 |
| 16,312 | 7 | 25 | 55 | 13 | 82 | 15 | 3 |
| 5,180 | 1 | 36 | 50 | 13 | 94 | 4 | 2 |
| 5,994 | 1 | 31 | 60 | 8 | 96 | 1 | 3 |
| 5,324 | 0 | 13 | 81 | 5 | 95 | 2 | 3 |
| 6,046 | 21 | 40 | 24 | 15 | 27 | 59 | 14 |
| 2,976 | 15 | 31 | 29 | 26 | 9 | 55 | 36 |
| 5,707 | 28 | 46 | 20 | 6 | 31 | 62 | 7 |
| 6,644 | 19 | 44 | 27 | 10 | 15 | 77 | 8 |
| 13,529 | 14 | 42 | 39 | 4 | 89 | 11 | 0 |

## 서구에 있는 집이 100채라면 :
## 58채는 아파트, 27채는 다세대주택

서구에는 집(주택과 주택 이외의 거처)이 10만4,082채가 있다. 서구에 있는 집이 100채라면 58채는 아파트고, 27채는 다세대주택, 8채는 단독주택이다. 4채는 연립주택이며, 비거주용 건물 내 주택과 주택 이외의 거처는 각 1채다.

검단3동 거처의 93%가 아파트인 것을 비롯해 7개 동네에서 거처의 절반 이상이 단독주택이다. 또 가정1동 거처의 58%가 다세대주택인 것을 비롯해 3개 동네에서 거처의 절반 이상이 다세대주택이다. 단독주택은 석남2동에서 38%로 가장 많고, 가정1동에서 21%를 기록하고 있지만 나머지 동네에서는 모두 그 미만이다.

사람이 사는 곳을 기준으로 보면 서구 가구의 52%는 아파트에, 24%는 다세대주택에, 18%는 단독주택에 산다. 동네별로는 검단3동(93%)을 비롯해 6곳에서 가구의 절반 이상이 아파트에 산다. 한편 석남3동은 가구의 절반이 다세대주택에 사는 등 모두 8개 동네에서 30% 이상이 다세대주택에 산다. 석남2동은 가구의 57%가 단독주택에 사는 등 4개 동네에서 30% 이상이 단독주택에 산다. 연립주택은 가정3동(22%)에서, 비거주용 건물 내 주택은 석남2동(4%)에서, 주택 이외의 거처는 연희동과 검단1동(2%)에서 상대적으로 비중이 높다.

서구 주택(주택 이외의 거처 제외)을 크기별로 보면 29평 이상의 주택은 10채, 19~29평은 37채, 14~19평은 36채이며, 14평 미만은 17채다. 석남2동에서는 26%가 29평 이상이며, 가정3동에서는 42%가 14평 미만 소형 주택이다.

2005년 기준으로 48채는 지은 지 10년(1995~2005년 사이 건축)이 안 된 새집이며, 42채는 1985년에서 1994년 사이에 지었고, 20년이 넘은 주택은 9채다. 검단3동 주택의 96%를 비롯해 5개 동네에서 주택의 80% 이상이 지은 지 10년(1995~2005년 사이 건축)이 안 된 새집인 반면, 가좌4동은 주택의 42%가 20년이 넘은 집이다.

1995년부터 2005년까지 10년 동안 서구 주택 수(주택 이외의 거처 제외)는 6만4천 채에서 10만8천 채로 4만4천 채(68%)가 늘었다. 같은 기간 동안 아파트는 3만5천 채(124%), 다세대주택은 2만2천 채(252%)가 각각 늘었다. 반면 연립주택은 1만1천 채(70%), 단독주택은 9백 채(9%)가 각각 줄었다. 이에 따라 전체 주택(주택 이외의 거처 제외)에서 차지하는 비중은 아파트가 44%에서 58%로, 다세대주택이 13%에서 28%로 각각 증가한 반면, 연립주택 25%에서 5%로, 단독주택은 15%에서 8%로 감소했다.


## 최저 주거 기준에 미달되는 가구 :
## 가정1동·석남1동·석남2동·신현원찬동
## <u>10%</u> 이상 (반)지하에 거주


서구에 사는 11만7천 가구를 100가구로 친다면, 그 중 6가구는 식구에 비해 집이 너무 좁거나 시설이 제대로 갖춰지지 않아 인간다운 품위를 지키기 어려운 최저 주거 기준 미달 가구다. 이 가운데 74%는 면적 기준 미달이다.

또 11만7천 가구의 7%인 7,643가구는 (반)지하에 산다. 이 밖에도 55가구는 옥탑방에, 98가구는 판잣집·움막·비닐집에, 234가구는 업소의 잠만 자는 방이나 건설 현장의 임시 막사 등에 살고 있다. (반)지하에 사는 가구는 가정1동에서 18%로 가장 높고, 석남1동 13%, 석남2동 11%, 신현원창동 10% 순으로 높다. 또 업소의 잠만 자는 방이나 건설 현장의 임시 막사 등에 사는 가구는 검단1동(152가구)에 가장 많다.

표 4_3.34

## 인천시 서구 (반)지하 등 거주 가구

(단위 : 가구, %)

| 행정구역 | 전체 가구 | (반)지하 | | 옥탑방 | 판잣집·움막·비닐집 | 기타 |
|---|---|---|---|---|---|---|
| | | 가구 | 비중 | 가구 | 가구 | 가구 |
| 서구 | 116,758 | 7,643 | 7 | 55 | 98 | 234 |
| 가정1동 | 8,691 | 1,570 | 18 | 9 | 11 | 3 |
| 가정2동 | 7,220 | 397 | 5 | 59 | 9 | 1 |
| 가정3동 | 4,121 | 316 | 8 | 1 | – | – |
| 가좌1동 | 4,987 | 442 | 9 | 2 | – | – |
| 가좌2동 | 4,968 | 202 | 4 | 27 | 1 | – |
| 가좌3동 | 7,149 | 533 | 7 | 98 | 2 | 1 |
| 가좌4동 | 4,563 | 353 | 8 | 3 | – | 1 |
| 검단1동 | 16,986 | 39 | 0 | 13 | 7 | 152 |
| 검단2동 | 5,250 | – | – | – | 10 | 5 |
| 검단3동 | 6,024 | 8 | 0 | 8 | 3 | 7 |
| 검암경서동 | 5,419 | 1 | 0 | 2 | 23 | 3 |
| 석남1동 | 7,693 | 967 | 13 | 11 | – | 3 |
| 석남2동 | 4,410 | 498 | 11 | 43 | – | – |
| 석남3동 | 6,171 | 463 | 8 | 163 | – | 6 |
| 신현원창동 | 7,922 | 759 | 10 | 7 | 5 | 5 |
| 연희동 | 15,184 | 1,095 | 7 | 2 | 27 | 47 |

이런 상황에서 2005년 현재 서구에 공급된 공공임대주택은 전체 가구의 1% 수준인 621채다. 이는 주공이 공급한 국민임대주택으로 경기도가 공급한 공공임대주택은 한 채도 없다.


## 서구 유권자가 100명이라면

정당 지지도를 알 수 있는 최근 네 차례 선거(제3~4회 동시지방선거, 제

17~18대 총선)를 기준으로 서구 유권자는 대략 20만~27만 명이며, 평균 투표율은 43%다.

서구 유권자가 100명이라면 2002년 지방선거에서는 52명이 한나라당을, 30명이 새천년민주당을, 8명이 민주노동당을, 4명이 자민련을 찍었다. 2004년 총선에서는 41명이 열린우리당을, 31명이 한나라당을, 16명이 민주노동당을, 7명이 새천년민주당을, 2명이 자민련을 지지했다.

2006년 지방선거에서는 56명이 한나라당을 찍었고, 22명은 열린우리당을, 14명은 민주노동당을, 8명은 민주당을 찍었다. 2008년 총선에서는 39명이 한나라당을, 28명이 통합민주당을, 10명이 친박연대를 찍었고, 5명은 민주노동당을, 다른 5명은 자유선진당을, 4명은 진보신당을, 다른 4명은 창조한국당을 지지했다.

동네별 투표율은 검암경서동과 가좌2동에서 상대적으로 높았다. 반면 가정1동과 연희동에서 상대적으로 낮았다.

한나라당 득표율은 가좌2동과 검단2동에서 상대적으로 높았다. 반면 가정2동과 가좌3동에서 상대적으로 낮았다. 가좌2동과 가정2동의 득표율 격차는 8~11% 사이다.

민주(+열린우리)당 득표율은 가정1동과 연희동에서 상대적으로 높았다. 반면 가좌2동과 검암경서동에서 상대적으로 낮았다. 가정1동과 가좌2동의 득표율 격차는 4~6% 사이다.

민주노동당+진보신당 득표율은 가정2동과 가정1동, 가좌1동에서 상대적으로 높았다.

그림 4_3.27

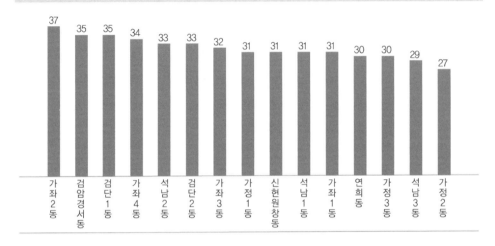

인천시 서구 동네별 한나라당 득표율

2004년 총선(단위 : %)

그림 4_3.28

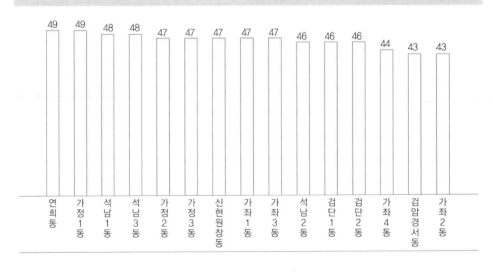

인천시 서구 동네별 민주(＋열린우리)당 득표율

2004년 총선(단위 : %)

표 4_3.35

# 인천시 서구 역대 선거 투표율과 정당 지지율

2002~2008년(단위 : 명, %)

| 행정구역 | 2002년 지방선거 | | | | | | | 2004년 총선 | | | | | | | |
|---|---|---|---|---|---|---|---|---|---|---|---|---|---|---|---|
| | 선거인 수 | 투표율 | 한나라당 | 새천년민주당 | 자민련 | 민주노동당 | 기타정당 | 선거인 수 | 투표율 | 한나라당 | 새천년민주당 | 열린우리당 | 자민련 | 민주노동당 | 기타정당 |
| 서구 | 237,302 | 36 | 52 | 30 | 4 | 8 | 6 | 200,170 | 54 | 31 | 7 | 41 | 2 | 16 | 3 |
| 가정1동 | 18,453 | 28 | 49 | 33 | 5 | 6 | 7 | 18,290 | 47 | 31 | 7 | 42 | 2 | 15 | 3 |
| 가정2동 | 15,583 | 33 | 48 | 31 | 4 | 9 | 7 | 15,447 | 53 | 27 | 6 | 41 | 2 | 21 | 3 |
| 가정3동 | 9,594 | 33 | 52 | 32 | 4 | 7 | 6 | 9,422 | 58 | 30 | 6 | 41 | 2 | 17 | 3 |
| 가좌1동 | 12,087 | 33 | 49 | 30 | 4 | 10 | 6 | 11,903 | 51 | 31 | 7 | 40 | 2 | 16 | 3 |
| 가좌2동 | 15,287 | 43 | 56 | 27 | 4 | 8 | 5 | 12,549 | 62 | 37 | 6 | 37 | 2 | 15 | 3 |
| 가좌3동 | 17,355 | 37 | 51 | 31 | 4 | 8 | 6 | 17,019 | 57 | 32 | 6 | 41 | 2 | 15 | 3 |
| 가좌4동 | 10,157 | 38 | 54 | 28 | 4 | 8 | 6 | 9,667 | 56 | 34 | 6 | 38 | 2 | 17 | 3 |
| 검단1동 | 26,475 | 39 | 57 | 30 | 3 | 4 | 5 | 26,672 | 57 | 35 | 6 | 41 | 2 | 14 | 3 |
| 검단2동 | 12,760 | 40 | 59 | 29 | 2 | 5 | 5 | 12,391 | 61 | 33 | 6 | 41 | 2 | 16 | 3 |
| 검암경서동 | 2,149 | 54 | 56 | 25 | 6 | 5 | 8 | 6,982 | 62 | 35 | 6 | 37 | 2 | 17 | 3 |
| 석남1동 | 18,303 | 34 | 51 | 29 | 6 | 9 | 4 | 17,267 | 51 | 31 | 7 | 41 | 3 | 15 | 3 |
| 석남2동 | 13,215 | 36 | 51 | 30 | 5 | 9 | 5 | 11,735 | 54 | 33 | 8 | 38 | 2 | 15 | 3 |
| 석남3동 | 13,674 | 31 | 49 | 31 | 5 | 9 | 5 | 14,152 | 51 | 29 | 7 | 41 | 2 | 17 | 4 |
| 신현원창동 | 18,133 | 37 | 52 | 29 | 5 | 8 | 5 | 18,616 | 52 | 31 | 7 | 40 | 2 | 17 | 3 |
| 연희동 | 29,454 | 30 | 52 | 30 | 4 | 7 | 7 | 32,425 | 51 | 30 | 6 | 43 | 2 | 17 | 3 |

**2006년 지방선거**

| 행정구역 | 선거인 수 | 투표율 | 열린우리당 | 한나라당 | 민주당 | 민주노동당 | 기타정당 |
|---|---|---|---|---|---|---|---|
| 서구 | 271,645 | 42 | 22 | 56 | 8 | 14 | 1 |
| 가정1동 | 19,313 | 35 | 20 | 57 | 10 | 12 | 1 |
| 가정2동 | 15,891 | 39 | 20 | 53 | 8 | 18 | 1 |
| 가정3동 | 9,540 | 43 | 21 | 54 | 10 | 15 | 1 |
| 가좌1동 | 11,813 | 38 | 20 | 56 | 9 | 15 | 1 |
| 가좌2동 | 12,351 | 49 | 19 | 60 | 7 | 14 | 0 |
| 가좌3동 | 16,966 | 46 | 25 | 53 | 8 | 13 | 1 |
| 가좌4동 | 10,115 | 43 | 19 | 57 | 8 | 15 | 1 |
| 검단1동 | 40,297 | 43 | 21 | 59 | 7 | 12 | 0 |
| 검단2동 | 11,938 | 44 | 24 | 60 | 5 | 11 | 0 |
| 검암경서동 | 13,222 | 49 | 20 | 57 | 7 | 15 | 1 |
| 석남1동 | 17,531 | 39 | 20 | 55 | 10 | 14 | 1 |
| 석남2동 | 10,712 | 44 | 20 | 55 | 10 | 14 | 1 |
| 석남3동 | 14,370 | 36 | 22 | 54 | 9 | 15 | 1 |
| 신현원창동 | 15,588 | 38 | 18 | 58 | 9 | 14 | 1 |
| 연희동 | 33,409 | 37 | 22 | 55 | 8 | 14 | 1 |

**2008년 총선**

| 행정구역 | 선거인 수 | 투표율 | 통합민주당 | 한나라당 | 자유선진당 | 민주노동당 | 창조한국당 | 친박연대 | 진보신당 | 기타정당 |
|---|---|---|---|---|---|---|---|---|---|---|
| 서구 | 212,272 | 40 | 28 | 39 | 5 | 5 | 4 | 10 | 4 | 5 |
| 가정1동 | 18,981 | 36 | 30 | 39 | 4 | 4 | 3 | 11 | 3 | 5 |
| 가정2동 | 16,068 | 37 | 29 | 34 | 4 | 7 | 4 | 11 | 5 | 6 |
| 가정3동 | 9,387 | 42 | 28 | 39 | 4 | 5 | 3 | 11 | 4 | 5 |
| 가좌1동 | 11,460 | 36 | 28 | 41 | 4 | 5 | 3 | 11 | 4 | 5 |
| 가좌2동 | 16,392 | 47 | 26 | 40 | 5 | 5 | 4 | 11 | 5 | 4 |
| 가좌3동 | 16,583 | 42 | 27 | 42 | 5 | 4 | 3 | 11 | 3 | 4 |
| 가좌4동 | 9,735 | 40 | 27 | 37 | 5 | 5 | 4 | 12 | 4 | 6 |
| 검암경서동 | 15,239 | 44 | 27 | 40 | 4 | 4 | 5 | 11 | 5 | 4 |
| 석남1동 | 19,117 | 39 | 28 | 40 | 6 | 5 | 3 | 10 | 4 | 5 |
| 석남2동 | 13,171 | 40 | 29 | 40 | 5 | 5 | 4 | 10 | 3 | 4 |
| 석남3동 | 13,792 | 36 | 30 | 39 | 5 | 5 | 4 | 10 | 3 | 6 |
| 신현원창동 | 14,109 | 36 | 27 | 41 | 5 | 5 | 4 | 10 | 4 | 5 |
| 연희동 | 33,748 | 35 | 28 | 38 | 4 | 5 | 4 | 11 | 4 | 5 |

# 숫자 100으로 본 인천시 연수구 10개 동네

연수구에는 2005년 현재 10개 동네에 6만8천 개의 거처가 있고,

여기에 8만5천 가구 26만4천 명이 살고 있다.

인천시 연수구가 100명이 사는 마을이라면 어떤 모습일까?

## 숫자 100으로 본 연수구

연수구에 사는 사람은 인천시 평균인에 비해 대학 이상 학력자와 종교 인구 비중이 높다. 봉급생활자나 자영업자에 비해 사업주 비중이 높고, 직업별로는 고위 관리직, 전문가, 기술공 및 준전문가, 사무직, 판매직, 장치 기계 조작 및 조립직이 상대적으로 많다.

무주택자와 1인 가구가 상대적으로 많고 아파트 거주자와 자동차 보유자도 많은 편이다. 가구의 4%는 (반)지하에 살고 5%는 최저 주거 기준 미달 가구이며, 공공임대주택은 5% 수준이다.

최근 7년간 연수구에서 한나라당은 38~63%를, 민주(+열린우리)당은 21~41%를, 민주노동당+진보신당은 5~16%를 각각 얻었다. 하

그림 4_3.29

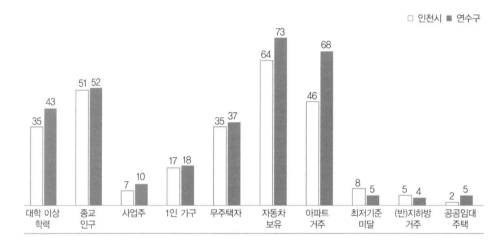

인천시와 연수구의 주요 지수 평균 비교

(단위 : %)

□ 인천시 ■ 연수구

지만 동네별로는 차이가 크다.

## 연수구 인구가 100명이라면 :
## 대학 이상 학력자 43명, 종교 인구 52명

인천시 연수구에 사는 사람은 2005년 현재 26만3,650명으로, 연수구 인구가 100명이라면 남자 대 여자의 수는 50 대 50으로 균형을 이루고 있다. 100명 중 99명은 내국인이고 1명은 외국인이다. 동네별로는 연수1동에서 남녀 비율이 53 대 47로 남자가 훨씬 많고, 동네 사

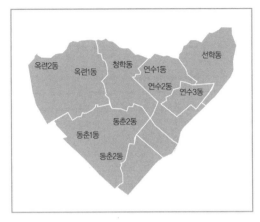

람 중 1%가 외국인으로 비중이 높다. 선학동과 연수2동 역시 외국인 비중이 1%다. 30명은 어린이와 청소년(19세 미만)이고, 70명은 어른이다. 어른 가운데 6명은 노인(65세 이상)이다.

지역적으로는, 연수구에 사는 100명 중 14명은 동춘동에, 13명은 청학동에, 12명은 연수1동에 살고, 연수2동과 옥련2동에 10명씩 산다. 또 옥련1동·선학동·연수동에 9명씩 살고, 동춘3동에 8명, 동춘1동에 7명이 산다.

종교를 보면, 52명이 종교를 갖고 있다. 23명은 개신교, 16명은 천주교, 13명은 불교 신자다. 개신교는 동춘1동에서, 천주교는 동춘3동에서, 불교는 옥련1동에서 각각 신자 비율이 높다.

학력은 어떨까. 10명은 초등학교에, 6명은 중학교에, 5명은 고등학교에 다니고 있으며, 32명은 대학에 재학 중이거나 대학 이상의 학력을 가지고 있다(6세 이상 인구 기준). 또 연수구에 사는 19세 이상 인구 가운데 43%가 대학 이상 학력자다. 동춘3동은 19세 이상 인구 중 62%가 대학 이상 학력자로 비중이 가장 높다.

31명은 미혼이며 69명은 결혼했다. 결혼한 사람 가운데 5명은 배우자와 사별했고, 3명은 이혼했다(15세 이상 인구 기준). 4명은 몸이 불편하거나 정신 장애로 정상적인 활동에 제약을 느끼고 있다.

거주 기간을 보면, 49명은 현재 살고 있는 집에 산 지 5년이 넘었으나, 51명은 5년 이내에 새로 이사 왔다(5세 이상 인구 기준). 이사 온 사람 중 35명은 연수구의 다른 동에서, 6명은 인천시의 다른 구와 군

표 4_3.36

# 인천시 연수구 성별·종교별·학력별 인구

(단위 : 명, %)

| 행정구역 | 남녀/외국인 | | | | 종교 인구 | | | | | | | 대학 이상 학력 인구 | | | | | | |
| --- | --- | --- | --- | --- | --- | --- | --- | --- | --- | --- | --- | --- | --- | --- | --- | --- | --- | --- |
| | 총인구 | 남자 | 여자 | 외국인 | 인구 (내국인) | 종교 있음 | | | | | | 종교 없음 | 19세 이상 인구 | 계 | 4년제 미만 | | 4년제 이상 | | 대학원 이상 |
| | | | | | | 계 | 불교 | 개신교 | 천주교 | 기타 | | | | | 계 | 재학 | 계 | 재학 | |
| 연수구 | 263,650 | 50 | 50 | 0 | 262,782 | 52 | 13 | 23 | 16 | 1 | 47 | 184,242 | 43 | 14 | 3 | 26 | 6 | 3 |
| 동춘1동 | 18,984 | 50 | 50 | 0 | 18,941 | 58 | 13 | 26 | 18 | 1 | 42 | 13,054 | 43 | 13 | 3 | 27 | 7 | 3 |
| 동춘2동 | 36,009 | 50 | 50 | 0 | 35,957 | 52 | 11 | 24 | 16 | 1 | 48 | 23,434 | 53 | 14 | 2 | 35 | 6 | 4 |
| 동춘3동 | 20,753 | 49 | 51 | 0 | 20,746 | 59 | 14 | 23 | 22 | 0 | 41 | 14,054 | 62 | 10 | 2 | 44 | 8 | 7 |
| 선학동 | 24,064 | 51 | 49 | 1 | 23,913 | 51 | 12 | 24 | 15 | 1 | 49 | 18,097 | 38 | 14 | 3 | 22 | 6 | 2 |
| 연수1동 | 30,952 | 53 | 47 | 1 | 30,753 | 48 | 13 | 22 | 13 | 1 | 52 | 22,727 | 36 | 15 | 3 | 20 | 5 | 2 |
| 연수2동 | 26,862 | 50 | 50 | 1 | 26,725 | 50 | 12 | 22 | 16 | 1 | 49 | 18,850 | 45 | 14 | 3 | 28 | 6 | 3 |
| 연수3동 | 22,922 | 49 | 51 | 0 | 22,875 | 50 | 11 | 23 | 16 | 0 | 49 | 16,003 | 40 | 14 | 3 | 24 | 6 | 2 |
| 옥련1동 | 24,482 | 50 | 50 | 0 | 24,441 | 53 | 15 | 22 | 15 | 0 | 47 | 16,847 | 38 | 13 | 3 | 23 | 5 | 2 |
| 옥련2동 | 25,575 | 50 | 50 | 0 | 25,544 | 53 | 14 | 23 | 15 | 1 | 47 | 17,630 | 42 | 14 | 2 | 25 | 5 | 3 |
| 청학동 | 33,047 | 51 | 49 | 0 | 32,887 | 51 | 13 | 23 | 14 | 1 | 48 | 23,546 | 34 | 13 | 3 | 19 | 4 | 2 |

에서, 10명은 인천시 밖에서 이사 왔다.

# 연수구 취업자가 100명이라면 : 72명은 봉급쟁이

연수구에 사는 15세 이상 인구 20만 명 가운데 취업해 직장에 다니는 사람(취업자)은 50%, 10만 명이다. 연수구 취업자가 100명이라면 67 명은 30~40대, 17명은 20대, 12명은 50대다. 65세 이상 노인 2명도 일하고 있다.

회사에서 봉급을 받고 일하는 직장인은 72명이다. 15명은 고용한 사람 없이 혼자서 일하는 자영업자이며, 10명은 누군가를 고용해 사업체를 경영하는 사업주다. 3명은 가족이 운영하는 사업체에서 보수 없이 일하고 있다.

직업별로는 사무직이 20명으로 가장 많고, 장치 기계 조작 및 조립직이 17명으로 뒤를 잇는다. 11명은 판매직, 다른 11명은 기술공 및 준전문가, 10명은 전문가로 일한다. 9명은 서비스직, 다른 9명은 기능직, 6명은 고위 관리직, 다른 6명은 단순 노무직으로 일한다.

직장으로 출근하는 데 30분 이상 걸리는 사람은 46명이며, 그 가운데 15명은 1시간 이상 걸린다. 12명은 걸어서 출근하고 88명은 교통수단을 이용해 출퇴근한다. 88명 가운데 59명은 자가용으로, 12명은 시내버스로, 6명은 전철로 출퇴근한다. 5명은 통근 버스, 1명은 시외(고속)버스, 다른 1명은 자전거, 또 다른 1명은 택시로 출퇴근한다. 2명은 전철과 버스 또는 승용차를 갈아타며 출근한다.

86명은 공장이나 사무실 등 사업장에서 일하고 10명은 야외나 거리 또는 운송 수단에서 일한다. 또 1명은 자기 집에서, 2명은 남의 집에서 일한다.


**연수구에 100가구가 산다면 :**
**39가구는 셋방살이**


연수구에는 8만5천 가구가 산다(일반 가구 기준). 연수구에 사는 가구를 100가구로 친다면, 34가구는 식구가 한 명 또는 두 명인 1, 2인 가

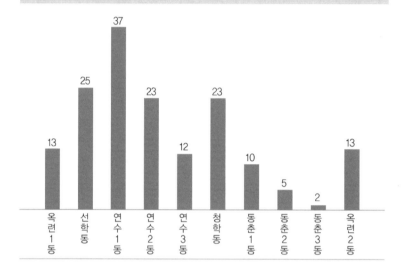

그림 4_3.30

# 인천시 연수구 동네별 1인 가구

(단위 : %)

- 옥련1동: 13
- 선학동: 25
- 연수1동: 37
- 연수2동: 23
- 연수3동: 12
- 청학동: 23
- 동춘1동: 10
- 동춘2동: 5
- 동춘3동: 2
- 옥련2동: 13

구이며, 이 가운데 18가구는 나 홀로 사는 1인 가구다. 식구 4명은 34가구, 3명은 21가구, 5명 이상은 10가구다.

동네별 1인 가구 비중을 보면 연수1동에서 37%로 가장 높고, 선학동 25%, 연수2동·청학동(23%) 순으로 높다. 반면 동춘3동은 2%로 가장 낮다.

59가구는 자신이 소유한 집에서 살고, 39가구는 셋방에 살며, 2가구는 직장의 사택이나 친척집 등에서 무상으로 살고 있다. 자기 집에 사는 가구 중 7가구는 현재 살고 있는 곳 외에 집을 한 채 이상 더 소유한 다주택자들이다.

셋방 사는 가구 가운데 19가구는 전세에, 16가구는 보증금 있는

월세에, 4가구는 보증금 없는 월세에 산다. 셋방 사는 가구 중 4가구는 어딘가에 자신 명의의 집을 소유하고 있으나 경제 사정이나 자녀 교육, 직장 등의 사정으로 셋방에 살고 있다.

57가구는 현재 사는 집으로 이사 온 지 5년이 안 되며, 이 가운데 32가구는 2년이 안 된다. 20가구는 5~10년이 됐고, 23가구는 10년이 넘었다.

73가구는 자동차를 소유하고 있고 이 가운데 60가구는 자기 집에 전용 주차장이 있다. 자동차 소유 가구 중 16가구는 차를 2대 이상 소유하고 있다.


## 집 많은 사람, 집 없는 사람 :
## 동춘3동 94% 주택 소유, 연수1동 66% 무주택


연수구에 사는 100가구 중 63가구는 주택 소유자이고 37가구는 무주택자다. 10개 동네 중 8곳은 무주택자보다 주택 소유자가 많다. 동춘3동은 가구의 94%가 주택 소유자인 것을 비롯해 5곳은 주택 소유자가 70% 이상이며, 1곳은 60% 이상, 2곳은 50% 이상이다. 반면 연수1동은 동네 가구의 66%가, 선학동은 51%가 무주택자다.

연수구 100가구 중 7가구는 집을 두채 이상 소유한 다주택자다. 동춘3동 가구의 16%, 동춘2동 가구의 11%, 옥련1동과 동춘1동 가구의 10%는 다주택자다.

연수구 100가구 중 4가구는 어딘가에 자신 명의의 집이 있지만 현재 셋방에 살고 있다. 동춘2동 가구의 6%는 이 같은 유주택 전월세

표 4_3.37

# 인천시 연수구 주택의 점유·소유 형태별 가구

(단위 : 가구, %)

| 행정구역 | 전체 가구 | 자기 집에 거주 | | | 셋방에 거주 | | | 무상으로 거주 | | 주택 소유 | 무주택 |
|---|---|---|---|---|---|---|---|---|---|---|---|
| | | 계 | 집 한 채 | 여러 채 | 계 | 집 없음 | 집 있음 | 집 없음 | 집 있음 | | |
| 연수구 | 84,744 | 59 | 52 | 7 | 39 | 35 | 4 | 2 | 0 | 63 | 37 |
| 동춘1동 | 5,167 | 81 | 71 | 10 | 17 | 13 | 4 | 1 | 0 | 85 | 15 |
| 동춘2동 | 10,214 | 77 | 67 | 11 | 22 | 16 | 6 | 1 | 0 | 83 | 17 |
| 동춘3동 | 5,544 | 89 | 73 | 16 | 10 | 6 | 4 | 1 | 0 | 94 | 6 |
| 선학동 | 8,493 | 46 | 40 | 6 | 53 | 50 | 3 | 1 | 0 | 49 | 51 |
| 연수1동 | 12,249 | 31 | 27 | 4 | 68 | 65 | 4 | 1 | 0 | 34 | 66 |
| 연수2동 | 9,184 | 53 | 48 | 5 | 45 | 41 | 4 | 1 | 0 | 58 | 42 |
| 연수3동 | 7,180 | 58 | 53 | 5 | 38 | 35 | 3 | 3 | 1 | 62 | 38 |
| 옥련1동 | 7,491 | 71 | 61 | 10 | 26 | 22 | 4 | 2 | 1 | 75 | 25 |
| 옥련2동 | 7,881 | 72 | 63 | 9 | 26 | 22 | 4 | 2 | 0 | 76 | 24 |
| 청학동 | 11,341 | 46 | 42 | 5 | 51 | 47 | 4 | 3 | 0 | 51 | 49 |

다. 유주택 전월세를 제외한 59가구는 자신이 소유한 집에서 사는데 동춘3동(89%), 동춘1동(81%), 동춘2동(77%) 순으로 많다.

39가구는 셋방에 살고 이 중 37가구는 집이 없이 셋방을 떠도는데, 이 같은 무주택 전월세 가구는 연수1동(65%), 선학동(50%), 청학동(47%)에서 상대적으로 많다. 한편 연수3동 가구의 4%는 직장의 사택이나 친척집 등에서 무상으로 살고 있는데, 이들 중 3%는 무주택자다.

## 연수구에 있는 집이 100채라면 :
## 84채는 아파트

연수구에는 집(주택과 주택 이외의 거처)이 6만8,231채가 있다. 연수구에 있는 집이 100채라면 84채는 아파트고, 7채는 다세대주택, 6채는 단독주택이다. 나머지 1채는 연립주택이며, 다른 1채는 주택 이외의 거처다.

　연수3동·동춘2동·동춘3동 거처의 100%가 아파트인 것을 비롯해 10곳 모두 아파트가 절반 이상이다. 다세대주택은 청학동(25%)에서, 단독주택은 연수1동(24%)에서 상대적으로 비중이 높다. 또 연수2동 거처의 7%는 주택 이외의 거처이고, 옥련1동과 청학동 거처의 4%는 연립주택이다.

　사람이 사는 곳을 기준으로 보면 연수구 가구의 68%는 아파트에, 24%는 단독주택에, 5%는 다세대주택에 산다. 연립주택과 비거주용 건물 내 주택, 주택 이외의 거처에는 1%가 산다.

　동네별로는 연수3동·동춘2동·동춘3동에서 동네 사람 100%가 아파트에 사는 것을 비롯해 8개 동네에서 절반 이상이 아파트에 산다. 반면 연수1동에서는 동네 사람의 71%가 단독주택에 살고 청학동과 선학동에서도 30% 이상이 단독주택에 산다. 또 옥련1동과 청학동에서는 17%가 다세대주택에 산다. 또 연립주택은 옥련1동·청학동(3%)에서, 주택 이외의 거처는 연수2동(6%)에서 거주 가구 비중이 상대적으로 높다.

　연수구 주택(주택 이외의 거처 제외)을 크기별로 보면 29평 이상의 주택은 19채, 19~29평은 41채, 14~19평은 27채이며, 14평 미만은 13

표 4_3.38

## 인천시 연수구 거처의 종류별·연건평별·건축년도별 주택

(단위 : 호, 가구, %)

| 행정구역 | 거처의 종류별 거처와 가구 | | | | | | | | | | | | | |
|---|---|---|---|---|---|---|---|---|---|---|---|---|---|---|
| | 계 | | 단독주택 | | 아파트 | | 연립주택 | | 다세대주택 | | 비거주용 건물 내 주택 | | 주택 이외의 거처 | |
| | 거처 | 가구 | 거처 | 가구 | 거처 | 가구 | 거처 | 가구 | 거처 | 가구 | 거처 | 가구 | 거처 | 가구 |
| 연수구 | 68,231 | 84,771 | 6 | 24 | 84 | 68 | 1 | 1 | 7 | 5 | 0 | 1 | 1 | 1 |
| 동춘1동 | 4,978 | 5,176 | 15 | 18 | 82 | 79 | 1 | 1 | 1 | 1 | 1 | 1 | 1 | 1 |
| 동춘2동 | 10,198 | 10,215 | 0 | 0 | 100 | 100 | 0 | 0 | 0 | 0 | 0 | 0 | 0 | 0 |
| 동춘3동 | 5,541 | 5,547 | 0 | 0 | 100 | 100 | 0 | 0 | 0 | 0 | 0 | 0 | 0 | 0 |
| 선학동 | 5,946 | 8,497 | 6 | 34 | 81 | 57 | 3 | 2 | 7 | 5 | 1 | 1 | 2 | 1 |
| 연수1동 | 4,675 | 12,252 | 24 | 71 | 75 | 29 | 0 | 0 | 0 | 0 | 0 | 0 | 1 | 0 |
| 연수2동 | 8,160 | 9,184 | 3 | 14 | 89 | 79 | 0 | 0 | 0 | 0 | 1 | 1 | 7 | 6 |
| 연수3동 | 7,181 | 7,184 | 0 | 0 | 100 | 100 | 0 | 0 | 0 | 0 | 0 | 0 | 0 | 0 |
| 옥련1동 | 6,649 | 7,492 | 8 | 18 | 68 | 60 | 4 | 3 | 19 | 17 | 1 | 1 | 0 | 0 |
| 옥련2동 | 7,301 | 7,881 | 5 | 12 | 81 | 75 | 0 | 0 | 13 | 12 | 0 | 0 | 1 | 1 |
| 청학동 | 7,602 | 11,343 | 13 | 41 | 56 | 38 | 4 | 3 | 25 | 17 | 1 | 1 | 0 | 0 |

채다. 연수1동에서는 29%가 29평 이상이며, 연수2동에서는 33%가 14평 미만 소형 주택이다.

2005년 기준으로 32채는 지은 지 10년(1995~2005년 사이 건축)이 안 된 새집이며, 64채는 1985년에서 1994년 사이에 지었고, 20년이 넘은 주택은 4채다. 옥련1동에서는 주택의 68%가 10년이 안 된 새집인 반면, 청학동은 주택의 13%가 20년이 넘은 집으로 오래된 집이 가장 많다.

1995년부터 2005년까지 10년 동안 연수구 주택 수(주택 이외의 거처 제외)는 5만3천 채에서 7만 채로 1만7천 채(33%)가 늘었다. 같은 기간 동안 아파트는 1만4천 채(31%), 다세대주택은 5천 채(1,434%),

1442

| | 연건평별 주택 | | | | 건축년도별 주택 | | |
|---|---|---|---|---|---|---|---|
| 총 주택 수 | 14평<br>미만 | 14~19평 | 19~29평 | 29평<br>이상 | 1995~<br>2005년 | 1985~<br>1994년 | 1985년<br>이전 |
| 67,339 | 13 | 27 | 41 | 19 | 32 | 64 | 4 |
| 4,942 | 6 | 31 | 37 | 26 | 8 | 82 | 10 |
| 10,198 | 0 | 24 | 67 | 9 | 45 | 55 | 0 |
| 5,541 | 0 | 0 | 25 | 75 | 0 | 100 | 0 |
| 5,852 | 24 | 8 | 53 | 15 | 24 | 75 | 1 |
| 4,619 | 4 | 18 | 48 | 29 | 18 | 81 | 0 |
| 7,574 | 33 | 35 | 13 | 18 | 28 | 72 | 0 |
| 7,180 | 26 | 32 | 36 | 6 | 9 | 91 | 0 |
| 6,620 | 8 | 45 | 37 | 9 | 68 | 25 | 7 |
| 7,218 | 8 | 33 | 50 | 9 | 57 | 38 | 6 |
| 7,595 | 15 | 35 | 33 | 17 | 39 | 48 | 13 |

단독주택은 1천 채(30%)가 각각 늘었다. 반면 연립주택은 2천 채(70%)가 줄었다. 10년 동안 전체 주택(주택 이외의 거처 제외)에서 차지하는 비중은 아파트가 87%에서 85%로, 단독주택이 7%에서 6%로 약간 감소하고, 연립주택은 6%에서 1%로 5%가 감소했다. 반면 다세대주택은 1%에서 7%로 증가했다.

## 최저 주거 기준에 미달되는 가구 :
## 연수1동 <u>11%</u> (반)지하에 거주

연수구에 사는 8만5천 가구를 100가구로 친다면, 그 중 5가구는 식구에 비해 집이 너무 좁거나 시설이 제대로 갖춰지지 않아 인간다운 품위를 지키기 어려운 최저 주거 기준 미달 가구다. 이 가운데 73%는 면적 기준 미달이다.

또 8만5천 가구의 4%인 3,157가구는 (반)지하에 산다. 이 밖에도 40가구는 옥탑방에, 33가구는 판잣집·움막·비닐집에, 14가구는 업소의 잠만 자는 방이나 건설 현장의 임시 막사 등에 살고 있다. (반)지하에 사는 가구는 연수1동에서 11%로 가장 높고, 청학동 7%, 선학동 6%, 옥련1동 5% 순으로 높다.

한편 2005년 현재 연수구에 공급된 공공임대주택은 전체 가구의 5% 수준인 3,954채다. 공공임대주택은 모두 영구임대주택인데, 1,654채는 주공이, 2천3백 채는 경기도가 각각 공급했다.


## 연수구 유권자가 <u>100명</u>이라면

정당 지지도를 알 수 있는 최근 네 차례 선거(제3~4회 동시지방선거, 제17~18대 총선)를 기준으로 연수구 유권자는 대략 17만~20만 명이며, 평균 투표율은 48%다.

연수구 유권자가 100명이라면 2002년 지방선거에서는 60명이 한나라당을, 26명이 새천년민주당을, 5명이 민주노동당을, 3명이 자민

표 4_3.39

## 인천시 연수구 (반)지하 등 거주 가구

(단위 : 가구, %)

| 행정구역 | 전체 가구 | (반)지하 | | 옥탑방 | 판잣집·움막·비닐집 | 기타 |
|---|---|---|---|---|---|---|
| | | 가구 | 비중 | 가구 | 가구 | 가구 |
| 연수구 | 84,744 | 3,157 | 4 | 40 | 33 | 14 |
| 동춘1동 | 5,167 | 51 | 1 | 51 | 23 | 8 |
| 동춘2동 | 10,214 | 1 | – | 2 | – | – |
| 동춘3동 | 5,544 | 2 | – | 7 | – | – |
| 선학동 | 8,493 | 477 | 6 | 3 | – | 2 |
| 연수1동 | 12,249 | 1,322 | 11 | 19 | – | – |
| 연수2동 | 9,184 | 37 | – | 11 | – | – |
| 연수3동 | 7,180 | – | – | – | – | – |
| 옥련1동 | 7,491 | 345 | 5 | 28 | 2 | – |
| 옥련2동 | 7,881 | 145 | 2 | – | 7 | 2 |
| 청학동 | 11,341 | 777 | 7 | 85 | 1 | 2 |

련을 찍었다. 2004년 총선에서는 38명이 한나라당을, 37명이 열린우리당을, 16명이 민주노동당을, 4명이 새천년민주당을, 2명이 자민련을 지지했다.

2006년 지방선거에서는 63명이 한나라당을 찍었고, 20명은 열린우리당을, 13명은 민주노동당을, 4명은 민주당을 찍었다. 2008년 총선에서는 41명이 한나라당을, 21명이 통합민주당을, 12명이 친박연대를 찍었고, 8명은 자유선진당을, 5명은 민주노동당을, 다른 5명은 창조한국당을, 4명은 진보신당을 지지했다.

동네별 투표율은 동춘3동과 청량동에서 상대적으로 높았다. 반면 연수1동에서 가장 낮았고 청학동에서도 상대적으로 낮았다.

한나라당 득표율은 동춘3동과 청량동에서 상대적으로 높았다. 반면 연수1동과 연수3동에서 상대적으로 낮았다. 동춘3동과 연수1동의 득표율 격차는 8~17% 사이다.

민주(+열린우리)당 득표율은 연수1동·연수2동·동춘2동에서 상대적으로 높았다. 반면 동춘3동과 청량동에서 상대적으로 낮았다. 연수1동과 동춘3동의 득표율 격차는 3~10% 사이다.

민주노동당+진보신당 득표율은 연수3동·옥련2동·동춘2동에서 상대적으로 높았다.

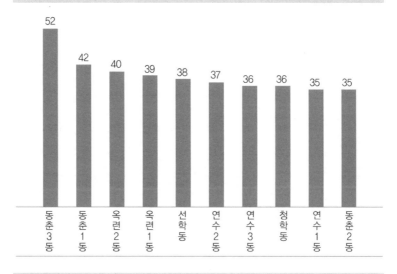

**그림 4_3.31**

# 인천시 연수구 동네별 한나라당 득표율

2004년 총선(단위 : %)

| 동춘3동 | 동춘1동 | 옥련2동 | 옥련1동 | 선학동 | 연수2동 | 연수3동 | 청학동 | 연수1동 | 동춘2동 |
|---|---|---|---|---|---|---|---|---|---|
| 52 | 42 | 40 | 39 | 38 | 37 | 36 | 36 | 35 | 35 |

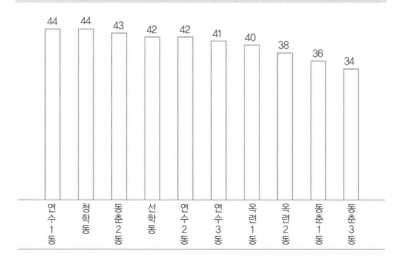

**그림 4_3.32**

# 인천시 연수구 동네별 민주(+열린우리)당 득표율

2004년 총선(단위 : %)

| 연수1동 | 청학동 | 동춘2동 | 선학동 | 연수2동 | 연수3동 | 옥련1동 | 옥련2동 | 동춘1동 | 동춘3동 |
|---|---|---|---|---|---|---|---|---|---|
| 44 | 44 | 43 | 42 | 42 | 41 | 40 | 38 | 36 | 34 |

**표 4_3.40**

# 인천시 연수구 역대 선거 투표율과 정당 지지율

2002~2008년(단위 : 명, %)

| 행정구역 | 2002년 지방선거 | | | | | | | 행정구역 | 2004년 총선 | | | | | | | |
|---|---|---|---|---|---|---|---|---|---|---|---|---|---|---|---|---|
| | 선거인 수 | 투표율 | 한나라당 | 새천년민주당 | 자민련 | 민주노동당 | 기타정당 | | 선거인 수 | 투표율 | 한나라당 | 새천년민주당 | 열린우리당 | 자민련 | 민주노동당 | 기타정당 |
| 연수구 | 174,043 | 39 | 60 | 26 | 3 | 5 | 5 | 연수구 | 175,945 | 61 | 38 | 4 | 37 | 2 | 16 | 3 |
| 동춘1동 | 12,788 | 44 | 62 | 25 | 2 | 6 | 5 | 동춘1동 | 12,805 | 64 | 42 | 4 | 32 | 2 | 17 | 3 |
| 동춘2동 | 15,272 | 41 | 58 | 28 | 3 | 6 | 5 | 동춘2동 | 15,194 | 66 | 35 | 4 | 39 | 2 | 18 | 2 |
| 선학동 | 17,200 | 38 | 61 | 27 | 3 | 4 | 5 | 동춘3동 | 14,114 | 70 | 52 | 4 | 30 | 2 | 12 | 2 |
| 연수1동 | 20,811 | 31 | 59 | 27 | 3 | 5 | 5 | 선학동 | 17,319 | 58 | 38 | 4 | 38 | 2 | 15 | 3 |
| 연수2동 | 18,207 | 38 | 58 | 28 | 3 | 6 | 5 | 연수1동 | 20,525 | 51 | 35 | 4 | 40 | 2 | 16 | 3 |
| 연수3동 | 16,060 | 39 | 57 | 28 | 3 | 7 | 6 | 연수2동 | 18,576 | 62 | 37 | 4 | 38 | 2 | 17 | 3 |
| 옥련동 | 32,441 | 38 | 61 | 24 | 3 | 6 | 6 | 연수3동 | 16,098 | 62 | 36 | 4 | 37 | 2 | 18 | 3 |
| 청량동 | 14,166 | 46 | 71 | 20 | 2 | 3 | 4 | 옥련1동 | 16,549 | 60 | 39 | 3 | 37 | 2 | 16 | 3 |
| 청학동 | 23,430 | 34 | 59 | 28 | 4 | 5 | 5 | 옥련2동 | 17,294 | 62 | 40 | 3 | 35 | 2 | 18 | 3 |
| | | | | | | | | 청학동 | 23,067 | 55 | 36 | 4 | 40 | 3 | 16 | 3 |

| 행정구역 | 2006년 지방선거 | | | | | | | 행정구역 | 2008년 총선 | | | | | | | | | | |
|---|---|---|---|---|---|---|---|---|---|---|---|---|---|---|---|---|---|---|---|
| | 선거인 수 | 투표율 | 열린우리당 | 한나라당 | 민주당 | 민주노동당 | 기타정당 | | 선거인 수 | 투표율 | 통합민주당 | 한나라당 | 자유선진당 | 민주노동당 | 창조한국당 | 친박연대 | 진보신당 | 기타정당 |
| 연수구 | 191,076 | 46 | 20 | 63 | 4 | 13 | 1 | 연수구 | 195,237 | 44 | 21 | 41 | 8 | 5 | 5 | 12 | 4 | 5 |
| 동춘1동 | 13,497 | 49 | 18 | 65 | 4 | 13 | 0 | 동춘1동 | 13,425 | 46 | 20 | 41 | 8 | 5 | 5 | 13 | 4 | 5 |
| 동춘2동 | 25,680 | 50 | 20 | 63 | 4 | 13 | 0 | 동춘2동 | 15,677 | 45 | 23 | 38 | 8 | 5 | 6 | 12 | 5 | 4 |
| 동춘3동 | 14,562 | 55 | 15 | 72 | 4 | 9 | 0 | 동춘3동 | 14,495 | 52 | 19 | 45 | 8 | 3 | 5 | 13 | 4 | 4 |
| 선학동 | 17,614 | 43 | 20 | 63 | 4 | 12 | 1 | 선학동 | 17,329 | 40 | 22 | 40 | 7 | 4 | 4 | 13 | 3 | 6 |
| 연수1동 | 21,248 | 36 | 20 | 62 | 5 | 13 | 1 | 송도동 | 15,632 | 52 | 20 | 44 | 6 | 3 | 5 | 12 | 5 | 5 |
| 연수2동 | 19,095 | 46 | 21 | 60 | 4 | 14 | 1 | 연수1동 | 20,981 | 33 | 22 | 37 | 9 | 5 | 5 | 12 | 3 | 6 |
| 연수3동 | 16,321 | 46 | 20 | 59 | 4 | 15 | 1 | 연수2동 | 19,019 | 43 | 22 | 39 | 9 | 5 | 5 | 12 | 4 | 5 |
| 옥련1동 | 16,951 | 44 | 18 | 65 | 4 | 13 | 0 | 연수3동 | 15,978 | 43 | 22 | 38 | 8 | 5 | 5 | 12 | 4 | 6 |
| 옥련2동 | 18,029 | 47 | 17 | 64 | 4 | 15 | 0 | 옥련1동 | 16,797 | 41 | 20 | 42 | 8 | 4 | 4 | 13 | 4 | 5 |
| 청학동 | 23,604 | 40 | 20 | 62 | 4 | 13 | 1 | 옥련2동 | 17,897 | 42 | 20 | 42 | 7 | 5 | 5 | 12 | 4 | 5 |
| | | | | | | | | 청학동 | 23,586 | 37 | 20 | 40 | 9 | 5 | 4 | 13 | 3 | 6 |

# 인천시 옹진군 7개 동네

숫자 100으로 본

옹진군에는 2005년 현재 7개 동네에 4천7백 개의 거처가 있고,

여기에 5천 가구 1만2천 명이 살고 있다.

인천시 옹진군이 100명이 사는 마을이라면 어떤 모습일까?

## 숫자 100으로 본 옹진군

옹진군에 사는 사람은 인천시 평균인에 비해 대학 이상 학력자 비중은 낮고 종교 인구 비중은 높다. 자영업자 비중이 압도적으로 높고 직업별로는 농림 어업 종사자와 단순 노무직이 상대적으로 많다.

주택 소유자와 1인 가구, 단독주택 거주자가 많고 자동차 보유자는 적은 편이다. 가구의 20%가 최저 주거 기준에 미달되는데, 공공임대주택은 전혀 공급되지 않았다(2005년 기준).

최근 7년간 옹진군에서 한나라당은 44~62%를, 민주(+열린우리)당은 23~39%를, 민주노동당+진보신당은 4~8%를 각각 얻었다. 하지만 동네별 정당득표율은 차이가 있었다.

그림 4_3.33

## 인천시와 옹진군의 주요 지수 평균 비교

(단위 : %)

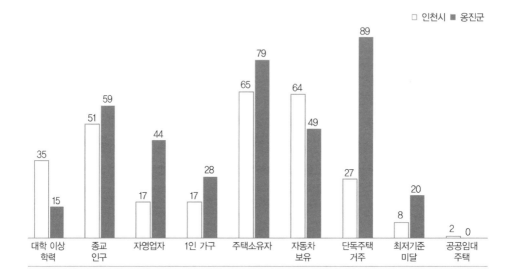

□ 인천시  ■ 옹진군

옹진군 인구가 <u>100명</u>이라면 :

대학 이상 학력자 <u>15명</u>, 종교 인구 <u>59명</u>

인천시 옹진군에 사는 사람은 2005년 현재 1만2,271명으로, 옹진군 인구가 100명이라면 남자 대 여자의 수는 51 대 49로 남자가 더 많다. 동네별로는 연평면에서 56 대 44로 남자가 훨씬 많다. 18명은 어린이와 청소년(19세 미만)이고, 82명은 어른이다. 어른 가운데 22명은 노인(65세 이상)이다.

지역적으로는, 옹진군에 사는 100명 중 30명은 백령면에, 23명은

영흥면에 사는 등 두 곳에 절반 넘게 산다. 북도면에 11명이 살고, 연평면·대청면·덕적면에 10명씩 살며, 자월면에 6명이 산다.

종교를 보면, 59명이 종교를 갖고 있다. 29명은 개신교, 23명은 천주교, 6명은 불교 신자다. 개신교는 북도면에서, 천주교와 불교는 연평면에서 각각 신자 비율이 높다.

학력은 어떨까. 7명은 초등학교에, 3명은 중학교에, 2명은 고등학교에 다니고 있으며, 13명은 대학에 재학 중이거나 대학 이상의 학력을 가지고 있다(6세 이상 인구 기준). 또 옹진군에 사는 19세 이상 인구 가운데 15%가 대학 이상 학력자다. 연평면은 19세 이상 인구 중 19%가 대학 이상 학력자로 비중이 가장 높다.

15명은 미혼이며 85명은 결혼했다. 결혼한 사람 가운데 13명은 배우자와 사별했고, 2명은 이혼했다(15세 이상 인구 기준). 14명은 몸이 불편하거나 정신 장애로 정상적인 활동에 제약을 느끼고 있다.

거주 기간을 보면, 69명은 현재 살고 있는 집에 산 지 5년이 넘었으나, 31명은 5년 이내에 새로 이사 왔다(5세 이상 인구 기준). 이사 온 사람 중 20명은 옹진군의 다른 동에서, 1명은 인천시의 다른 구와 군에서, 10명은 인천시 밖에서 이사 왔다.

표 4_3.41

# 인천시 옹진군 성별·종교별·학력별 인구

(단위 : 명, %)

| 행정구역 | 남녀/외국인 | | | | 종교 인구 | | | | | | | 대학 이상 학력 인구 | | | | | | |
|---|---|---|---|---|---|---|---|---|---|---|---|---|---|---|---|---|---|---|
| | 총인구 | 남자 | 여자 | 외국인 | 인구(내국인) | 종교 있음 | | | | | 종교없음 | 19세 이상 인구 | 계 | 4년제 미만 | | 4년제 이상 | | 대학원 이상 |
| | | | | | | 계 | 불교 | 개신교 | 천주교 | 기타 | | | | 계 | 재학 | 계 | 재학 | |
| 옹진군 | 12,271 | 51 | 49 | 0 | 12,261 | 59 | 6 | 29 | 23 | 1 | 41 | 10,083 | 15 | 6 | 1 | 7 | 1 | 2 |
| 대청면 | 1,212 | 52 | 48 | 0 | 1,212 | 52 | 5 | 19 | 28 | 0 | 47 | 1,013 | 11 | 4 | 1 | 5 | 1 | 2 |
| 덕적면 | 1,281 | 50 | 50 | 0 | 1,279 | 60 | 5 | 42 | 13 | 0 | 40 | 1,122 | 14 | 5 | 0 | 6 | 1 | 3 |
| 백령면 | 3,723 | 50 | 50 | 0 | 3,719 | 71 | 5 | 34 | 31 | 0 | 29 | 2,834 | 18 | 9 | 1 | 7 | 2 | 2 |
| 북도면 | 1,357 | 50 | 50 | 0 | 1,357 | 74 | 4 | 56 | 12 | 1 | 26 | 1,208 | 15 | 5 | 1 | 8 | 2 | 2 |
| 연평면 | 1,216 | 56 | 44 | 0 | 1,215 | 61 | 11 | 10 | 39 | 1 | 39 | 999 | 19 | 8 | 1 | 7 | 1 | 4 |
| 영흥면 | 2,781 | 51 | 49 | 0 | 2,778 | 42 | 9 | 19 | 13 | 1 | 58 | 2,272 | 15 | 6 | 1 | 8 | 1 | 1 |
| 자월면 | 701 | 49 | 51 | 0 | 701 | 47 | 3 | 16 | 27 | 0 | 53 | 635 | 8 | 2 | 0 | 3 | 1 | 2 |

## 옹진군 취업자가 100명이라면 :
## 44명은 자영업자, 38명은 봉급쟁이

옹진군에 사는 15세 이상 인구 1만 명 가운데 취업해 직장에 다니는 사람(취업자)은 60%, 6천 명이다. 옹진군 취업자가 100명이라면 42명은 30~40대, 21명은 50대, 20명은 65세 이상이며, 8명은 20대다.

고용한 사람 없이 혼자서 일하는 자영업자는 44명이며, 회사에서 봉급을 받고 일하는 직장인은 38명이다. 13명은 가족이 운영하는 사업체에서 보수 없이 일하고, 4명은 누군가를 고용해 사업체를 경영하는 사업주다.

직업별로는 농림 어업에 종사하는 사람이 50명으로 가장 많다. 10명은 단순 노무직이고, 7명은 서비스직, 다른 7명은 사무직으로 일한다. 5명은 기능직으로, 다른 5명은 장치 기계 조작 및 조립직으로 일하고, 4명은 전문가로 일한다. 3명은 기술공 및 준전문가로 2명은 고위 관리직으로 일한다.

직장으로 출근하는 데 30분 이상 걸리는 사람은 7명이며, 그 가운데 1명은 1시간 이상 걸린다. 취업자 100명 중 59명은 걸어서 출퇴근하고 41명은 교통수단을 이용한다. 41명 가운데 21명은 자가용으로, 1명은 통근 버스를 이용한다. 18명은 기타 수단을 이용한다.

35명은 야외 작업 현장에서, 43명은 사업장에서 일하고, 6명은 자기 집에서 일한다. 남의 집, 거리, 운송 수단에서도 각각 1명씩 일한다.


## 옹진군에 100가구가 산다면 :
## 11가구는 셋방살이


옹진군에는 5천 가구가 산다(일반 가구 기준). 옹진군에 사는 가구를 100가구로 친다면, 65가구는 식구가 한 명 또는 두 명인 1, 2인 가구이며, 이 가운데 28가구는 나 홀로 사는 1인 가구다. 식구 3명은 15가구, 4명은 13가구, 5명 이상은 6가구다.

동네별 1인 가구 비중을 보면 덕적면에서 41%로 가장 높고, 자월면, 33% 북도면 32%, 대청면 24% 순이다. 가장 낮은 영흥면도 21%에 달한다.

70가구는 자신이 소유한 집에서 살고, 11가구는 셋방에 살며, 19가구는 직장의 사택이나 친척집 등에서 무상으로 살고 있다. 자기 집에 사는 가구 중 16가구는 현재 살고 있는 곳 외에 집을 한 채 이상

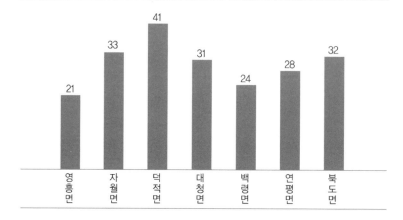

**그림 4_3.34**

## 인천시 옹진군 동네별 1인 가구

(단위 : %)

더 소유하고 있다.

셋방 사는 가구 가운데 3가구는 전세에, 3가구는 보증금 있는 월세에, 4가구는 보증금 없는 월세에, 1가구는 사글세에 산다. 셋방 사는 가구 중 2가구는 어딘가에 자신 명의의 집을 소유하고 있으나 직장이나 자녀 교육, 경제 사정 등의 사정으로 셋방에 살고 있다.

24가구는 현재 사는 집으로 이사 온 지 5년이 안 되며, 이 가운데 14가구는 2년이 안 된다. 16가구는 5~10년이 됐고, 59가구는 10년이 넘었다.

49가구는 자동차를 소유하고 있고 이 가운데 36가구는 자기 집에 전용 주차장이 있다. 자동차 소유 가구 중 10가구는 차를 2대 이상 소유하고 있다.

표 4_3.42

## 인천시 옹진군 주택의 점유·소유 형태별 가구

(단위 : 가구, %)

| 행정구역 | 전체 가구 | 자기 집에 거주 | | | 셋방에 거주 | | | 무상으로 거주 | | 주택 소유 | 무주택 |
|---|---|---|---|---|---|---|---|---|---|---|---|
| | | 계 | 집 한 채 | 여러 채 | 계 | 집 없음 | 집 있음 | 집 없음 | 집 있음 | | |
| 옹진군 | 5,052 | 70 | 53 | 16 | 11 | 9 | 2 | 12 | 7 | 79 | 21 |
| 대청면 | 537 | 71 | 50 | 21 | 11 | 9 | 2 | 9 | 9 | 82 | 18 |
| 덕적면 | 644 | 72 | 59 | 13 | 5 | 4 | 1 | 15 | 8 | 81 | 19 |
| 백령면 | 1,436 | 67 | 52 | 15 | 11 | 9 | 2 | 14 | 9 | 77 | 23 |
| 북도면 | 545 | 75 | 56 | 20 | 8 | 7 | 1 | 14 | 3 | 79 | 21 |
| 연평면 | 501 | 56 | 43 | 13 | 14 | 11 | 4 | 19 | 11 | 71 | 29 |
| 영흥면 | 1,050 | 71 | 55 | 16 | 18 | 16 | 2 | 7 | 4 | 76 | 24 |
| 자월면 | 339 | 85 | 60 | 25 | 2 | 1 | 1 | 7 | 6 | 92 | 8 |

## 집 많은 사람, 집 없는 사람 :
## 자월면 92% 주택 소유, 25% 다주택

옹진군에 사는 100가구 중 79가구는 주택 소유자이고 21가구는 무주택자다. 7개 동네 중 모두 무주택자보다 주택 소유자가 많다. 자월면 92%를 비롯해 3곳은 80% 이상, 나머지 4곳은 70% 이상이 주택 소유자다. 연평면은 무주택자 비율이 가장 높지만 29%에 머문다. 옹진군 100가구 중 16가구는 집을 두 채 이상 소유한 다주택자다. 자월면 가구의 25%, 대청면 가구의 21%, 북도면 가구의 20%는 다주택자다. 옹진군 100가구 중 2가구는 어딘가에 자신 명의의 집이 있지만 현재 셋방에 사는 유주택 전월세 가구인데 연평면 가구의 4%가 이렇게 살고 있다. 유주택 전월세를 제외한 70가구는 자신이 소유한 집에서 사는데 자월면(85%), 덕적면(72%), 북도면(75%), 영흥명(71%) 순으

표 4_3.43

## 인천시 옹진군 거처의 종류별·연건평별·건축년도별 주택

(단위 : 호, 가구, %)

| 행정구역 | 거처의 종류별 거처와 가구 | | | | | | | | | | | | | |
| --- | --- | --- | --- | --- | --- | --- | --- | --- | --- | --- | --- | --- | --- | --- |
| | 계 | | 단독주택 | | 아파트 | | 연립주택 | | 다세대주택 | | 비거주용 건물 내 주택 | | 주택 이외의 거처 | |
| | 거처 | 가구 | 거처 | 가구 | 거처 | 가구 | 거처 | 가구 | 거처 | 가구 | 거처 | 가구 | 거처 | 가구 |
| 옹진군 | 4,716 | 5,065 | 89 | 89 | 4 | 4 | 2 | 1 | 2 | 2 | 3 | 3 | 1 | 1 |
| 대청면 | 484 | 539 | 94 | 95 | 0 | 0 | 0 | 0 | 0 | 0 | 5 | 5 | 0 | 0 |
| 덕적면 | 565 | 644 | 97 | 97 | 0 | 0 | 0 | 0 | 0 | 0 | 2 | 2 | 1 | 1 |
| 백령면 | 1,346 | 1,438 | 82 | 81 | 6 | 6 | 2 | 2 | 7 | 6 | 3 | 2 | 1 | 2 |
| 북도면 | 535 | 548 | 96 | 95 | 0 | 0 | 0 | 0 | 0 | 0 | 3 | 4 | 2 | 2 |
| 연평면 | 480 | 503 | 82 | 82 | 9 | 9 | 8 | 8 | 0 | 0 | 0 | 1 | 0 | 0 |
| 영흥면 | 966 | 1,053 | 87 | 88 | 5 | 5 | 0 | 0 | 1 | 1 | 5 | 5 | 1 | 1 |
| 자월면 | 340 | 340 | 99 | 99 | 0 | 0 | 0 | 0 | 0 | 0 | 0 | 0 | 1 | 1 |

로 많다.

11가구는 셋방에 살고 이 중 9가구는 집이 없이 셋방을 떠도는 무주택 전월세 가구인데 영흥면(16%)과 연평면(11%)에서 비중이 높다. 한편 옹진군 100가구 중 19가구는 직장 사택이나 친척집 등에서 무상으로 살고 있는데, 이 중 12가구가 무주택자다. 특히 연평면 가구의 30%는 직장의 사택이나 친척집 등에서 무상으로 살고 있는데 이들 중 19%는 무주택자다.

| 연건평별 주택 | | | | | 건축년도별 주택 | | |
|---|---|---|---|---|---|---|---|
| 총 주택 수 | 14평 미만 | 14~19평 | 19~29평 | 29평 이상 | 1995~ 2005년 | 1985~ 1994년 | 1985년 이전 |
| 4,678 | 9 | 18 | 44 | 29 | 40 | 18 | 42 |
| 482 | 14 | 22 | 47 | 16 | 13 | 17 | 69 |
| 559 | 8 | 13 | 42 | 37 | 31 | 16 | 52 |
| 1,338 | 9 | 17 | 55 | 19 | 35 | 17 | 48 |
| 526 | 6 | 25 | 37 | 32 | 46 | 15 | 39 |
| 480 | 16 | 36 | 37 | 11 | 42 | 12 | 46 |
| 957 | 5 | 8 | 41 | 46 | 56 | 20 | 24 |
| 336 | 4 | 16 | 34 | 46 | 54 | 29 | 18 |

## 옹진군에 있는 집이 100채라면 : 89채는 단독주택

옹진군에는 집(주택과 주택 이외의 거처)이 4,716채가 있다. 옹진군에 있는 집이 100채라면 89채는 단독주택이고, 4채는 아파트, 3채는 비거주용 건물 내 주택이다. 나머지 2채는 연립주택, 다른 2채는 다세대주택, 1채는 주택 이외의 거처다.

사람이 사는 곳을 기준으로도 89%가 단독주택에 산다. 아파트에는 4%, 비거주용 건물에는 3%, 다세대주택에 2%가 살고, 연립주택과 주택 이외의 거처에 각 1%가 산다. 아파트와 연립주택 거주 가구는 연평면에서, 다세대주택은 백령면에서, 비거주용 건물 내 주택은 대청면에서, 주택 이외의 거처는 북도면에서 각각 상대적으로 거주 가구 비중이 높다.

옹진군 주택(주택 이외의 거처 제외)을 크기별로 보면 29평 이상의 주택은 29채, 19~29평은 44채, 14~19평은 18채이며, 14평 미만은 9채다. 29평 이상 넓은 주택은 자월면과 영흥면에서, 14평 미만 소형 주택은 연평면에서 상대적으로 많다.

2005년 기준으로 40채는 지은 지 10년(1995~2005년 사이 건축)이 안 된 새집이며, 18채는 1985년에서 1994년 사이에 지었고, 20년이 넘은 주택은 42채다. 영흥면에서는 56%가 10년이 안 된 새집인 반면, 대청면은 주택의 69%가 20년이 넘은 집으로 오래된 집이 가장 많다. 1995년부터 2005년까지 10년 동안 옹진군 주택 수(주택 이외의 거처 제외)는 4천7백 채에서 5천7백 채로 1천 채(21%)가 늘었다. 늘어난 주택 중 대부분인 6백 채는 단독주택이며, 아파트도 3백 채 가량 새로 지었다. 그 결과 10년 동안 전체 주택(주택 이외의 거처 제외)에서 차지하는 비중이 0이었던 아파트가 생김으로써 5%를 차지했으며, 단독주택은 93%에서 87%로 약간 감소했다.


## 옹진군 100가구 중 20가구는 최저 주거 기준에 미달

옹진군에 사는 5천 가구를 100가구로 친다면, 그 중 20가구는 식구에 비해 집이 너무 좁거나 시설이 제대로 갖춰지지 않아 인간다운 품위를 지키기 어려운 최저 주거 기준 미달 가구다. 이 가운데 84%는 시설 기준 미달이다. 또 5천 가구 가운데 5가구는 옥탑방에, 6가구는 판잣집·움막·비닐집에, 17가구는 업소의 잠만 자는 방이나 건설 현

표 4_3.44

## 인천시 옹진군 (반)지하 등 거주 가구

(단위 : 가구, %)

| 행정구역 | 전체 가구 | (반)지하 | | 옥탑방 | 판잣집·움막·비닐집 | 기타 |
|---|---|---|---|---|---|---|
| | | 가구 | 비중 | 가구 | 가구 | 가구 |
| 옹진군 | 5,052 | – | – | 5 | 6 | 17 |
| 대청면 | 537 | – | – | – | – | 2 |
| 덕적면 | 644 | – | – | – | – | 4 |
| 백령면 | 1,436 | – | – | – | – | – |
| 북도면 | 545 | – | – | – | 1 | 7 |
| 연평면 | 501 | – | – | – | – | – |
| 영흥면 | 1,050 | – | – | 5 | 2 | 4 |
| 자월면 | 339 | – | – | – | 3 | – |

장의 임시 막사 등에 살고 있다. 이런 상황에서 2005년 현재 옹진군에 공급된 공공임대주택은 단 한 채도 없다.

## 옹진군 유권자가 100명이라면

정당 지지도를 알 수 있는 최근 네 차례 선거(제3~4회 동시지방선거, 제17~18대 총선)를 기준으로 옹진군 유권자는 대략 1만1천~1만4천 명이며, 평균 투표율은 72%다.

옹진군 유권자가 100명이라면 2002년 지방선거에서는 58명이 한나라당을, 28명이 새천년민주당을, 4명이 민주노동당을, 다른 4명이 자민련을 찍었다. 2004년 총선에서는 44명이 한나라당을, 35명이 열린우리당을, 8명이 민주노동당을, 4명이 새천년민주당을, 1명이 자민련을 지지했다.

2006년 지방선거에서는 62명이 한나라당을 찍었고, 25명은 열린 우리당을, 6명은 민주노동당을, 4명은 민주당을 찍었다. 2008년 총선에서는 55명이 한나라당을, 23명이 통합민주당을, 7명이 친박연대를 찍었고, 3명은 자유선진당을, 다른 3명은 민주노동당을, 2명은 창조한국당을, 1명은 진보신당을 지지했다.

동네별 투표율은 대청면과 자월면에서 상대적으로 높았다. 반면 영흥면에서 가장 낮았고 백령면·연평면·북도면에서도 상대적으로 낮았다.

한나라당 득표율은 대청면에서 상대적으로 높고, 덕적면에서 상대적으로 낮은데, 득표율 격차는 2~28% 사이다.

민주(+열린우리)당 득표율은 2008년을 제외하고는 덕적면에서 상대적으로 높고 대청면에서 낮았는데, 득표율 격차는 6~24% 사이다.

민주노동당+진보신당 득표율은 연평면·자월면·북도면에서 상대적으로 높았다.

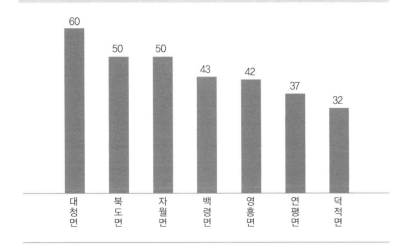

**그림 4_3.35**

# 인천시 옹진군 동네별 한나라당 득표율

2004년 총선(단위 : %)

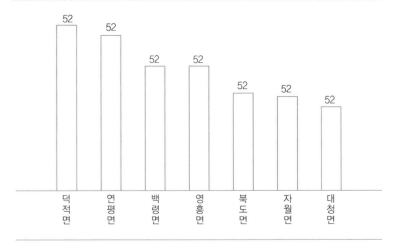

**그림 4_3.36**

# 인천시 옹진군 동네별 민주(＋열린우리)당 득표율

2004년 총선(단위 : %)

**표 4_3.45**

# 인천시 옹진군 역대 선거 투표율과 정당 지지율

2002~2008년(단위 : 명, %)

| 행정구역 | 2002년 지방선거 | | | | | | | 2004년 총선 | | | | | | | |
|---|---|---|---|---|---|---|---|---|---|---|---|---|---|---|---|
| | 선거인 수 | 투표율 | 한나라당 | 새천년민주당 | 자민련 | 민주노동당 | 기타정당 | 선거인 수 | 투표율 | 한나라당 | 새천년민주당 | 열린우리당 | 자민련 | 민주노동당 | 기타정당 |
| 옹진군 | 11,228 | 78 | 58 | 28 | 4 | 4 | 6 | 11,414 | 69 | 44 | 4 | 35 | 1 | 8 | 8 |
| 대청면 | 1,101 | 88 | 68 | 21 | 3 | 1 | 6 | 1,051 | 75 | 60 | 4 | 24 | 1 | 5 | 6 |
| 덕적면 | 1,188 | 81 | 48 | 35 | 4 | 5 | 7 | 1,182 | 70 | 32 | 4 | 48 | 2 | 7 | 7 |
| 백령면 | 3,110 | 79 | 60 | 23 | 6 | 5 | 7 | 3,053 | 68 | 43 | 4 | 36 | 2 | 8 | 7 |
| 북도면 | 1,364 | 82 | 58 | 30 | 2 | 4 | 6 | 1,382 | 71 | 50 | 5 | 27 | 2 | 6 | 10 |
| 연평면 | 1,017 | 80 | 48 | 34 | 6 | 6 | 6 | 983 | 68 | 37 | 4 | 45 | 1 | 7 | 7 |
| 영흥면 | 2,505 | 67 | 57 | 32 | 2 | 3 | 5 | 2,793 | 61 | 42 | 4 | 36 | 2 | 9 | 7 |
| 자월면 | 739 | 81 | 65 | 24 | 3 | 4 | 4 | 721 | 77 | 50 | 5 | 26 | 1 | 9 | 9 |

| 행정구역 | 2006년 지방선거 | | | | | | | 2008년 총선 | | | | | | | | | |
|---|---|---|---|---|---|---|---|---|---|---|---|---|---|---|---|---|---|
| | 선거인 수 | 투표율 | 열린우리당 | 한나라당 | 민주당 | 민주노동당 | 기타정당 | 선거인 수 | 투표율 | 통합민주당 | 한나라당 | 자유선진당 | 민주노동당 | 창조한국당 | 친박연대 | 진보신당 | 기타정당 |
| 옹진군 | 13,268 | 77 | 25 | 62 | 4 | 6 | 2 | 14,167 | 63 | 23 | 55 | 3 | 3 | 2 | 7 | 1 | 5 |
| 대청면 | 1,110 | 83 | 21 | 68 | 5 | 4 | 2 | 1,193 | 70 | 30 | 58 | 2 | 1 | 1 | 4 | 1 | 3 |
| 덕적면 | 1,400 | 78 | 27 | 56 | 5 | 7 | 4 | 1,449 | 66 | 27 | 56 | 3 | 2 | 2 | 5 | 1 | 4 |
| 백령면 | 3,478 | 76 | 27 | 60 | 4 | 7 | 2 | 3,662 | 62 | 22 | 56 | 3 | 4 | 2 | 7 | 1 | 4 |
| 북도면 | 1,614 | 73 | 21 | 68 | 3 | 7 | 1 | 1,678 | 69 | 16 | 60 | 4 | 4 | 1 | 7 | 1 | 7 |
| 연평면 | 1,137 | 78 | 25 | 58 | 8 | 5 | 3 | 1,217 | 61 | 29 | 49 | 2 | 4 | 2 | 11 | 2 | 2 |
| 영흥면 | 3,294 | 73 | 25 | 62 | 4 | 6 | 2 | 3,494 | 53 | 24 | 54 | 3 | 4 | 3 | 7 | 1 | 4 |
| 자월면 | 850 | 81 | 23 | 69 | 3 | 3 | 2 | 903 | 70 | 20 | 57 | 4 | 2 | 1 | 5 | 2 | 8 |

숫자
**100**
으로
본 **인천시 중구** 10개 동네

중구에는 2005년 현재 10개 동네에 2만8천 개의 거처가 있고,

여기에 3만1천 가구 8만6천 명이 살고 있다.

인천시 중구가 100명이 사는 마을이라면 어떤 모습일까?

### 숫자 100으로 본 중구

중구에 사는 사람은 인천시 평균인과 비교해 학력과 종교 인구 면에
서 평균 수준이다. 봉급생활자나 사업주보다 자영업자가 많은 편인
데, 직업별로는 서비스직, 판매직, 농림 어업, 단순 노무직 종사자가
평균을 웃돈다.

무주택자와 1인 가구, 단독주택에 사는 사람이 많은데 거주 기간
도 짧아 이사를 자주 다니는 편이다. 가구의 3%는 (반)지하에 살고
10%는 최저 주거 기준에 미달되지만 공공임대주택은 공급되지 못하
고 있다(2005년 기준).

최근 7년간 중구에서 한나라당은 38~61%를, 민주(＋열린우리)당

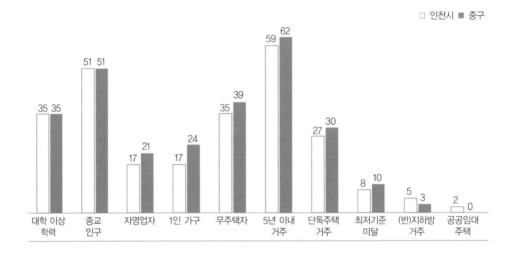

그림 4_3.37

**인천시와 중구의 주요 지수 평균 비교**

(단위 : %)

□ 인천시 ■ 중구

| 대학 이상 학력 | 종교 인구 | 자영업자 | 1인 가구 | 무주택자 | 5년 이내 거주 | 단독주택 거주 | 최저기준 미달 | (반)지하방 거주 | 공공임대 주택 |
|---|---|---|---|---|---|---|---|---|---|
| 35 35 | 51 51 | 17 21 | 17 24 | 35 39 | 59 62 | 27 30 | 8 10 | 5 3 | 2 0 |

은 23~42%를, 민주노동당+진보신당은 4~15%를 각각 얻었다. 하지
만 동네별 정당 득표율은 차이가 크다.


**중구 인구가 100명이라면 :**

**대학 이상 학력자 35명, 종교 인구 51명**


인천시 중구에 사는 사람은 2005년 현재 8만6,167명으로, 중구 인구
가 100명이라면 남자 대 여자의 수는 51 대 49로 남자가 더 많다.
100명 중 99명은 내국인이며 1명은 외국인이다. 북성동에서 54 대

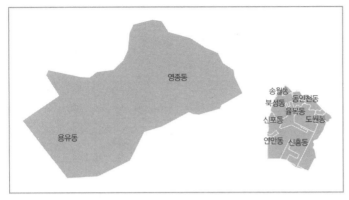

46명으로 남자가 훨씬 많고, 외국인 비중도 5%로 가장 높다. 신포동도 외국인이 3%에 달한다. 24명은 어린이와 청소년(19세 미만)이고, 76명은 어른이다.

어른 가운데 10명은 노인(65세 이상)이다.

지역적으로는, 중구에 사는 100명 중 28명은 영종동에, 19명은 신흥동에, 11명은 연안동에 사는 등 세 곳에 절반이 넘게 산다. 신포동·도원동·동인천동·송월동에 7명씩, 율목동·북성동에 6명씩 살고, 용유동에 3명이 산다.

종교를 보면, 51명이 종교를 갖고 있다. 21명은 개신교, 15명은 천주교, 14명은 불교 신자다. 개신교는 용유동에서, 천주교는 동인천동에서, 불교는 신포동 등에서 각각 신자 비율이 높다.

학력은 어떨까. 8명은 초등학교에, 4명은 중학교에, 3명은 고등학교에 다니고 있으며, 27명은 대학에 재학 중이거나 대학 이상의 학력을 가지고 있다(6세 이상 인구 기준). 또 중구에 사는 19세 이상 인구 가운데 35%가 대학 이상 학력자다. 영종동은 19세 이상 인구 중 48%가 대학 이상 학력자로 비중이 가장 높다.

29명은 미혼이며 71명은 결혼했다. 결혼한 사람 가운데 8명은 배우자와 사별했고, 4명은 이혼했다(15세 이상 인구 기준). 7명은 몸이 불편하거나 정신 장애로 정상적인 활동에 제약을 느끼고 있다.

거주 기간을 보면, 39명은 현재 살고 있는 집에 산 지 5년이 넘었

표 4_3.46

# 인천시 중구 성별·종교별·학력별 인구

(단위 : 명, %)

| 행정구역 | 남녀/외국인 | | | | 종교 인구 | | | | | | | 대학 이상 학력 인구 | | | | | | |
|---|---|---|---|---|---|---|---|---|---|---|---|---|---|---|---|---|---|---|
| | 총인구 | 남자 | 여자 | 외국인 | 인구 (내국인) | 종교 있음 | | | | | 종교 없음 | 19세 이상 인구 | 계 | 4년제 미만 | | 4년제 이상 | | 대학원 이상 |
| | | | | | | 계 | 불교 | 개신교 | 천주교 | 기타 | | | | 계 | 재학 | 계 | 재학 | |
| 중구 | 86,167 | 51 | 49 | 1 | 85,392 | 51 | 14 | 21 | 15 | 1 | 47 | 65,298 | 35 | 12 | 2 | 21 | 4 | 2 |
| 도원동 | 5,735 | 50 | 50 | 0 | 5,723 | 48 | 15 | 20 | 13 | 0 | 52 | 4,491 | 25 | 12 | 3 | 12 | 3 | 1 |
| 동인천동 | 6,332 | 49 | 51 | 1 | 6,276 | 56 | 16 | 21 | 19 | 1 | 44 | 5,091 | 32 | 12 | 3 | 17 | 4 | 2 |
| 북성동 | 4,787 | 54 | 46 | 5 | 4,532 | 51 | 14 | 21 | 14 | 2 | 47 | 3,369 | 26 | 12 | 3 | 13 | 4 | 1 |
| 송월동 | 6,089 | 49 | 51 | 1 | 6,026 | 53 | 11 | 24 | 16 | 2 | 47 | 4,676 | 21 | 10 | 2 | 10 | 3 | 1 |
| 신포동 | 6,130 | 49 | 51 | 3 | 5,959 | 57 | 16 | 25 | 16 | 1 | 42 | 4,793 | 37 | 11 | 2 | 23 | 5 | 3 |
| 신흥동 | 16,058 | 50 | 50 | 1 | 15,955 | 53 | 15 | 24 | 13 | 1 | 46 | 12,249 | 36 | 11 | 2 | 22 | 4 | 3 |
| 연안동 | 9,127 | 50 | 50 | 0 | 9,107 | 49 | 14 | 16 | 18 | 1 | 51 | 7,001 | 33 | 10 | 2 | 22 | 5 | 1 |
| 영종동 | 24,517 | 52 | 48 | 0 | 24,441 | 47 | 12 | 21 | 13 | 1 | 48 | 17,650 | 48 | 14 | 1 | 31 | 2 | 3 |
| 용유동 | 2,187 | 50 | 50 | 1 | 2,176 | 49 | 10 | 26 | 13 | 1 | 50 | 1,887 | 13 | 6 | 1 | 6 | 1 | 1 |
| 율목동 | 5,205 | 50 | 50 | 0 | 5,197 | 54 | 16 | 19 | 18 | 1 | 46 | 4,091 | 24 | 10 | 2 | 13 | 3 | 1 |

으나, 61명은 5년 이내에 새로 이사 왔다(5세 이상 인구 기준). 이사 온
사람 중 35명은 중구의 다른 동에서, 6명은 인천시의 다른 구와 군에
서, 19명은 인천시 밖에서 이사 왔다.

## 중구 취업자가 100명이라면 :
## 65명은 봉급쟁이, 21명은 자영업자

중구에 사는 15세 이상 인구 6만9천 명 가운데 취업해 직장에 다니는
사람(취업자)은 55%, 3만7천 명이다. 중구 취업자가 100명이라면 54

명은 30~40대, 20명은 20대, 16명은 50대이며, 65세 이상 인구도 3명이 일하고 있다.

회사에서 봉급을 받고 일하는 직장인은 65명이다. 21명은 고용한 사람 없이 혼자서 일하는 자영업자이며, 5명은 누군가를 고용해 사업체를 경영하는 사업주다. 8명은 가족이 운영하는 사업체에서 보수 없이 일하고 있다.

직업별로는 사무직과 서비스직이 각각 17명과 16명으로 가장 많고, 13명은 판매직으로 일한다. 10명은 단순 노무직이며, 다른 10명은 장치 기계 조작 및 조립직이다. 9명은 기술공 및 준전문가로 일하고, 8명은 기능직으로 일한다. 7명은 농림 어업에 종사하며, 6명은 전문가로, 2명은 고위 관리직으로 일한다.

직장으로 출근하는 데 30분 이상 걸리는 사람은 34명이며, 그 가운데 13명은 1시간 이상 걸린다. 26명은 걸어서 출근하고 74명은 교통수단을 이용해 출퇴근한다. 74명 가운데 40명은 자가용으로, 19명은 시내버스로, 6명은 전철로 출근한다. 3명은 통근 버스로, 1명은 자전거로 출퇴근한다. 2명은 전철과 버스 또는 승용차를 갈아타며 출근한다.

사무실이나 공장 등 사업장에서 일하는 사람은 71명이며, 야외나 거리 또는 운송 수단에서 일하는 사람은 19명이다. 또 8명은 자기 집에서, 1명은 남의 집에서 일한다.

그림 4_3.38

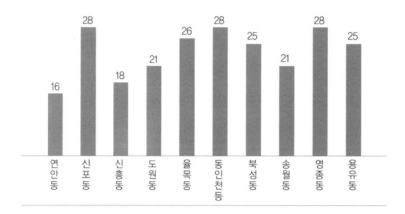

# 인천시 중구 동네별 1인 가구

(단위 : %)

연안동 16
신포동 28
신흥동 18
도원동 21
율목동 26
동인천동 28
북성동 25
송월동 21
영종동 28
용유동 25

## 중구에 100가구가 산다면 :
## 39가구는 셋방살이

중구에는 3만1천 가구가 산다(일반 가구 기준). 중구에 사는 가구를 100가구로 친다면, 47가구는 식구가 한 명 또는 두 명인 1, 2인 가구이며, 이 가운데 24가구는 나 홀로 사는 1인 가구다. 식구 4명은 24가구, 3명은 21가구, 5명 이상은 9가구다.

동네별 1인 가구 비중을 보면 신포동·동인천동·영종동에서 28%로 가장 높고, 율목동 26%, 북성동·용유동 25% 순이다. 가장 낮은 연안동은 16%다.

54가구는 자신이 소유한 집에서 살고, 39가구는 셋방에 살며, 7가

구는 직장의 사택이나 친척집 등에서 무상으로 살고 있다. 자기 집에 사는 가구 중 8가구는 현재 살고 있는 곳 외에 집을 한 채 이상 더 소유하고 있다.

셋방 사는 가구 가운데 23가구는 전세에, 13가구는 보증금 있는 월세에, 3가구는 보증금 없는 월세에, 1가구는 사글세에 산다. 셋방 사는 가구 중 6가구는 어딘가에 자신 명의의 집을 소유하고 있으나 직장이나 자녀 교육, 경제 사정 등의 이유로 셋방에 살고 있다.

62가구는 현재 사는 집으로 이사 온 지 5년이 안 되며, 이 가운데 34가구는 2년이 안 된다. 15가구는 5~10년이 됐고, 22가구는 10년이 넘었다.

59가구는 자동차를 소유하고 있고 이 가운데 39가구는 자기 집에 전용 주차장이 있다. 자동차 소유 가구 중 9가구는 차를 2대 이상 소유하고 있다.


## 집 많은 사람, 집 없는 사람 :
## 용유동 78% 주택 소유, 영종동 51% 무주택

중구에 사는 100가구 중 61가구는 주택 소유자이고 39가구는 무주택자다. 10개 동네 중 9곳은 무주택자보다 주택 소유자가 많다. 용유동 78%를 비롯해 3곳은 70% 이상, 4곳은 60% 이상, 나머지 2곳은 50% 이상이 주택 소유자다. 반면 영종동은 무주택자가 51%로 주택 소유자보다 많다. 중구 100가구 중 8가구는 집을 두 채 이상 여러 채 소유한 다주택자다. 용유동 가구의 12%, 신포동과 신흥동 가구의

**표 4_3.47**

## 인천시 중구 주택의 점유·소유 형태별 가구

(단위 : 가구, %)

| 행정구역 | 전체 가구 | 자기 집에 거주 | | | 셋방에 거주 | | | 무상으로 거주 | | 주택 소유 | 무주택 |
|---|---|---|---|---|---|---|---|---|---|---|---|
| | | 계 | 집 한 채 | 여러 채 | 계 | 집 없음 | 집 있음 | 집 없음 | 집 있음 | | |
| 중구 | 30,559 | 54 | 46 | 8 | 39 | 33 | 6 | 6 | 1 | 61 | 39 |
| 도원동 | 2,032 | 62 | 57 | 5 | 33 | 31 | 2 | 5 | 0 | 64 | 36 |
| 동인천동 | 2,374 | 49 | 42 | 8 | 46 | 41 | 5 | 4 | 1 | 55 | 45 |
| 북성동 | 1,505 | 58 | 53 | 6 | 37 | 33 | 3 | 4 | 0 | 62 | 38 |
| 송월동 | 2,082 | 65 | 58 | 7 | 32 | 30 | 3 | 3 | 0 | 68 | 32 |
| 신포동 | 2,205 | 56 | 46 | 10 | 39 | 33 | 6 | 5 | 1 | 62 | 38 |
| 신흥동 | 5,422 | 66 | 56 | 10 | 31 | 26 | 5 | 2 | 0 | 72 | 28 |
| 연안동 | 3,010 | 71 | 67 | 4 | 27 | 24 | 2 | 2 | 0 | 73 | 27 |
| 영종동 | 9,083 | 35 | 27 | 7 | 51 | 40 | 11 | 11 | 4 | 49 | 51 |
| 용유동 | 902 | 72 | 61 | 12 | 20 | 14 | 5 | 7 | 1 | 78 | 22 |
| 율목동 | 1,944 | 54 | 49 | 5 | 42 | 40 | 2 | 4 | 0 | 56 | 44 |

10%는 집을 두 채 이상 소유하고 있다.

중구 100가구 중 6가구는 어딘가에 자신 명의의 집이 있지만 현재 셋방에 사는 유주택 전월세 가구인데 영종동 가구의 11%, 신포동 가구의 6%가 여기에 해당한다. 주택 소유자 중 유주택 전월세를 제외한 54가구는 자신이 소유한 집에서 사는데 용유동(72%)과 연안동(71%), 신흥동(66%), 송월동(65%) 순으로 비중이 높다.

중구 100가구 중 39가구는 셋방에 살고 이 중 33가구는 집이 없이 셋방을 떠도는 무주택 전월세 가구인데 동인천동(41%), 율목동(40%), 영종동(40%)에서 비중이 높다. 중구 100가구 중 7가구는 직장의 사택이나 친척집 등에서 무상으로 살고 있는데 이 중 6가구는 무주택자다. 영종동은 가구의 15%가 무상으로 거주하는 가구인데 이들 중 11%는 무주택자다.


## 중구에 있는 집이 100채라면 :
## 41채는 아파트, 24채는 단독주택, 21채는 다세대주택


중구에는 2005년 기준으로 집(주택과 주택 이외의 거처)이 2만7,765
채가 있다. 중구에 있는 집이 100채라면 41채는 아파트고, 24채는 단
독주택, 21채는 다세대주택이다. 또 7채는 주택 이외의 거처, 5채는
연립주택이며, 1채는 비거주용 건물 내 주택이다.

  연안동 거처의 89%, 신흥동 거처의 68%는 아파트다. 반면 용유동
거처의 82%는 단독주택이다. 또 율목동(77%)과 도원동(63%)은 다
세대주택이 다수다. 주택 이외의 거처와 연립주택은 영종동에서 각
각 17%와 12%를 차지해 상대적으로 비중이 높다.

  사람이 사는 곳을 기준으로 보면 중구 가구의 37%는 아파트에,
30%는 단독주택에, 19%는 다세대주택에 산다. 나머지 7%는 주택
이외의 거처에, 4%는 연립주택에, 2%는 비거주용 건물 내 주택에 산다.

  동네별로도 용유동 82%를 비롯해, 네 곳에서 동네 가구의 절반 이
상이 단독주택에 산다. 반면 연안동 가구의 89%, 신흥동 가구의 64%
는 아파트에 산다. 또 율목동 가구의 69%, 도원동 가구의 53%는 다
세대주택에 산다. 또 영종동에서는 가구의 16%는 주택 이외의 거처
에 살고, 12%는 연립주택에 산다.

  중구 주택(주택 이외의 거처 제외)을 크기별로 보면 29평 이상의 주택
은 18채, 19~29평은 29채, 14~19평은 38채이며, 14평 미만은 15채

표 4_3.48

# 인천시 중구 거처의 종류별·연건평별·건축년도별 주택

(단위 : 호, 가구, %)

| 행정구역 | 거처의 종류별 거처와 가구 | | | | | | | | | | | | | |
| --- | --- | --- | --- | --- | --- | --- | --- | --- | --- | --- | --- | --- | --- | --- |
| | 계 | | 단독주택 | | 아파트 | | 연립주택 | | 다세대주택 | | 비거주용 건물 내 주택 | | 주택 이외의 거처 | |
| | 거처 | 가구 | 거처 | 가구 | 거처 | 가구 | 거처 | 가구 | 거처 | 가구 | 거처 | 가구 | 거처 | 가구 |
| 중구 | 27,765 | 30,580 | 24 | 30 | 41 | 37 | 5 | 4 | 21 | 19 | 2 | 2 | 7 | 7 |
| 도원동 | 1,707 | 2,032 | 26 | 37 | 9 | 8 | 0 | 0 | 63 | 53 | 2 | 2 | 0 | 0 |
| 동인천동 | 1,872 | 2,377 | 42 | 51 | 10 | 8 | 1 | 1 | 37 | 29 | 6 | 6 | 5 | 6 |
| 북성동 | 1,252 | 1,508 | 46 | 55 | 20 | 17 | 7 | 6 | 23 | 19 | 3 | 3 | 1 | 1 |
| 송월동 | 1,823 | 2,085 | 34 | 41 | 17 | 15 | 0 | 0 | 49 | 43 | 0 | 0 | 0 | 1 |
| 신포동 | 1,863 | 2,208 | 44 | 51 | 27 | 23 | 0 | 0 | 12 | 10 | 6 | 6 | 11 | 10 |
| 신흥동 | 5,078 | 5,424 | 17 | 22 | 68 | 64 | 0 | 0 | 11 | 10 | 1 | 1 | 3 | 3 |
| 연안동 | 3,010 | 3,010 | 1 | 1 | 89 | 89 | 3 | 3 | 0 | 0 | 4 | 4 | 2 | 2 |
| 영종동 | 8,598 | 9,089 | 18 | 22 | 46 | 43 | 12 | 12 | 7 | 7 | 0 | 1 | 17 | 16 |
| 용유동 | 819 | 902 | 82 | 82 | 0 | 0 | 0 | 0 | 0 | 0 | 11 | 11 | 6 | 7 |
| 율목동 | 1,743 | 1,945 | 21 | 29 | 0 | 0 | 1 | 1 | 77 | 69 | 1 | 1 | 0 | 0 |

다. 29평 이상 넓은 주택은 용유동에서, 14평 미만의 소형 주택은 율목동에서 상대적으로 많다.

2005년 기준으로 54채는 지은 지 10년(1995~2005년 사이 건축)이 안 된 새집이며, 17채는 1985년에서 1994년 사이에 지었고, 20년이 넘은 주택은 29채다. 영종동에서는 85%가 10년이 안 된 새집인 반면, 연안동은 주택의 71%가 20년이 넘은 집으로 오래된 집이 가장 많다.

1995년부터 2005년까지 10년 동안 중구 주택 수(주택 이외의 거처 제외)는 1만7천 채에서 2만8천 채로 1만1천 채(67%)가 늘었다. 늘어난 주택 중 6천8백 채는 아파트이며, 5천9백 채는 다세대주택이다. 반면 연립주택은 6백 채가 줄었다. 그 결과 10년 동안 전체 주택(주택

| | 연건평별 주택 | | | | 건축년도별 주택 | | |
|---|---|---|---|---|---|---|---|
| 총 주택 수 | 14평 미만 | 14~19평 | 19~29평 | 29평 이상 | 1995~ 2005년 | 1985~ 1994년 | 1985년 이전 |
| 25,734 | 15 | 38 | 29 | 18 | 54 | 17 | 29 |
| 1,706 | 26 | 43 | 18 | 12 | 63 | 25 | 12 |
| 1,785 | 19 | 24 | 26 | 31 | 42 | 28 | 30 |
| 1,236 | 25 | 39 | 21 | 15 | 30 | 25 | 44 |
| 1,817 | 26 | 41 | 25 | 8 | 35 | 27 | 38 |
| 1,659 | 20 | 22 | 29 | 29 | 43 | 18 | 39 |
| 4,907 | 9 | 37 | 40 | 14 | 57 | 13 | 30 |
| 2,940 | 14 | 32 | 34 | 20 | 4 | 25 | 71 |
| 7,176 | 5 | 48 | 29 | 18 | 85 | 4 | 10 |
| 767 | 6 | 11 | 42 | 41 | 36 | 17 | 47 |
| 1,741 | 42 | 41 | 9 | 8 | 58 | 31 | 11 |

이외의 거처 제외)에서 차지하는 비중은 아파트가 31%에서 43%로, 다세대주택이 3%에서 23%로 증가한 반면, 단독주택은 45%에서 27%로, 연립주택은 12%에서 5%로 감소했다.

## 중구 100가구 중 10가구는 최저 주거 기준에 미달

중구에 사는 3만1천 가구를 100가구로 친다면, 그 중 10가구는 식구에 비해 집이 너무 좁거나 시설이 제대로 갖춰지지 않아 인간다운 품위를 지키기 어려운 최저 주거 기준 미달 가구다. 이 가운데 70%는

표 4_3.49

## 인천시 중구 (반)지하 등 거주 가구

(단위 : 가구, %)

| 행정구역 | 전체 가구 | (반)지하 | | 옥탑방 | 판잣집·움막·비닐집 | 기타 |
|---|---|---|---|---|---|---|
| | | 가구 | 비중 | 가구 | 가구 | 가구 |
| 중구 | 30,559 | 878 | 3 | 28 | 93 | 158 |
| 도원동 | 2,032 | 151 | 7 | 3 | – | 1 |
| 동인천동 | 2,374 | 117 | 5 | 24 | 2 | 33 |
| 북성동 | 1,505 | 80 | 5 | 12 | – | 4 |
| 송월동 | 2,082 | 106 | 5 | 82 | 5 | 1 |
| 신포동 | 2,205 | 42 | 2 | 76 | 1 | 6 |
| 신흥동 | 5,422 | 102 | 2 | 7 | 1 | 9 |
| 연안동 | 3,010 | 6 | 0 | 8 | 1 | 6 |
| 영종동 | 9,083 | 104 | 1 | – | 49 | 88 |
| 용유동 | 902 | 3 | 0 | 7 | 34 | 10 |
| 율목동 | 1,944 | 167 | 9 | 4 | – | – |

수세식 화장실이나 온수 목욕 시설 등이 갖춰지지 않은 시설 기준 미달이다.

또 3만1천 가구 가운데 878가구(3%)는 (반)지하에 산다. 이 밖에 28가구는 옥탑방에, 93가구는 판잣집·움막·비닐집에, 158가구는 업소의 잠만 자는 방이나 건설 현장의 임시 막사 등에 살고 있다. (반)지하에 사는 가구는 율목동에서 9%로 가장 많고, 도원동(7%)과 동인천동·북성동·송월동(5%) 순으로 많다. 이런 상황에서 2005년 현재 중구에 공급된 공공임대주택은 단 한 채도 없다.

## 중구 유권자가 100명이라면

정당 지지도를 알 수 있는 최근 네 차례 선거(제3~4회 동시지방선거, 제17~18대 총선)를 기준으로 중구 유권자는 대략 5만6천~7만3천 명이며, 평균 투표율은 49%다.

중구 유권자가 100명이라면 2002년 지방선거에서는 57명이 한나라당을, 29명이 새천년민주당을, 4명이 민주노동당을, 3명이 자민련을 찍었다. 2004년 총선에서는 38명이 한나라당을, 37명이 열린우리당을, 15명이 민주노동당을, 5명이 새천년민주당을, 2명이 자민련을 지지했다.

2006년 지방선거에서는 61명이 한나라당을 찍었고, 20명은 열린우리당을, 11명은 민주노동당을, 8명은 민주당을 찍었다. 2008년 총선에서는 44명이 한나라당을, 23명이 통합민주당을, 11명이 친박연대를 찍었고, 5명은 자유선진당을, 4명은 진보신당을, 다른 4명은 민주노동당을, 또 다른 4명은 창조한국당을 지지했다.

동네별 투표율은 용유동에서 가장 높았고 북성동과 신포동에서도 상대적으로 높았다. 반면 율목동과 영종동에서 상대적으로 낮았다.

한나라당 득표율은 신포동과 용유동에서 상대적으로 높았다. 반면 영종동과 북성동에서 상대적으로 낮았다. 용유동과 영종동의 득표율 격차는 2~17% 사이다.

민주(＋열린우리)당 득표율은 송월동과 북성동에서 상대적으로 높았다. 반면 용유동과 신포동에서 상대적으로 낮았다. 송월동과 용유동의 득표율 격차는 7~13% 사이다.

민주노동당＋진보신당 득표율은 영종동에서 상대적으로 높았다.

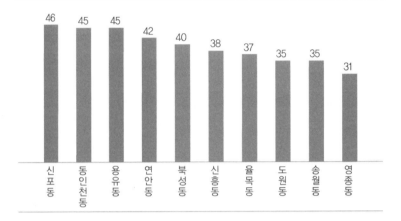

**그림 4_3.39**

## 인천시 중구 동네별 한나라당 득표율

2004년 총선(단위 : %)

- 신포동 46
- 동인천동 45
- 용유동 45
- 연안동 42
- 북성동 40
- 신흥동 38
- 율목동 37
- 도원동 35
- 송월동 35
- 영종동 31

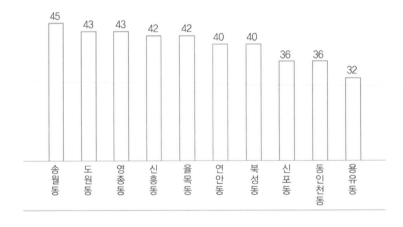

**그림 4_3.40**

## 인천시 중구 동네별 민주(＋열린우리)당 득표율

2004년 총선(단위 : %)

- 송월동 45
- 도원동 43
- 영종동 43
- 신흥동 42
- 율목동 42
- 연안동 40
- 북성동 40
- 신포동 36
- 동인천동 36
- 용유동 32

1476

표 4_3.50

# 인천시 중구 역대 선거 투표율과 정당 지지율

2002~2008년(단위 : 명, %)

| 행정구역 | 2002년 지방선거 | | | | | | | 2004년 총선 | | | | | | | |
|---|---|---|---|---|---|---|---|---|---|---|---|---|---|---|---|
| | 선거인 수 | 투표율 | 한나라당 | 새천년민주당 | 자민련 | 민주노동당 | 기타정당 | 선거인 수 | 투표율 | 한나라당 | 새천년민주당 | 열린우리당 | 자민련 | 민주노동당 | 기타정당 |
| 중구 | 56,476 | 48 | 57 | 29 | 3 | 4 | 7 | 66,515 | 56 | 38 | 5 | 37 | 2 | 15 | 4 |
| 도원동 | 4,770 | 49 | 52 | 28 | 5 | 6 | 9 | 4,696 | 52 | 35 | 4 | 39 | 2 | 15 | 4 |
| 동인천동 | 5,498 | 44 | 62 | 26 | 3 | 4 | 5 | 5,461 | 56 | 45 | 4 | 32 | 2 | 13 | 4 |
| 북성동 | 4,208 | 48 | 52 | 35 | 3 | 4 | 5 | 3,772 | 56 | 40 | 6 | 34 | 3 | 12 | 5 |
| 송월동 | 4,808 | 48 | 55 | 31 | 3 | 5 | 6 | 4,864 | 55 | 35 | 6 | 39 | 2 | 13 | 5 |
| 신포동 | 5,274 | 51 | 66 | 23 | 3 | 3 | 5 | 5,244 | 57 | 46 | 4 | 32 | 2 | 12 | 4 |
| 신흥동 | 8,194 | 43 | 54 | 29 | 4 | 4 | 10 | 11,713 | 55 | 38 | 5 | 37 | 2 | 14 | 3 |
| 연안동 | 7,366 | 43 | 58 | 29 | 3 | 4 | 6 | 7,092 | 54 | 42 | 6 | 34 | 2 | 13 | 3 |
| 영종동 | 8,273 | 52 | 58 | 28 | 3 | 4 | 6 | 15,293 | 56 | 31 | 4 | 39 | 2 | 19 | 5 |
| 용유동 | 2,610 | 68 | 60 | 24 | 3 | 2 | 10 | 2,809 | 60 | 45 | 3 | 29 | 2 | 9 | 11 |
| 율목동 | 4,419 | 39 | 55 | 28 | 4 | 6 | 7 | 4,246 | 51 | 37 | 5 | 37 | 2 | 15 | 4 |

| 행정구역 | 2006년 지방선거 | | | | | | 2008년 총선 | | | | | | | | |
|---|---|---|---|---|---|---|---|---|---|---|---|---|---|---|---|
| | 선거인 수 | 투표율 | 열린우리당 | 한나라당 | 민주당 | 민주노동당 | 기타정당 | 선거인 수 | 투표율 | 통합민주당 | 한나라당 | 자유선진당 | 민주노동당 | 창조한국당 | 친박연대 | 진보신당 | 기타정당 |
| 중구 | 72,876 | 48 | 20 | 61 | 8 | 11 | 1 | 70,398 | 42 | 23 | 44 | 5 | 4 | 4 | 11 | 4 | 5 |
| 도원동 | 4,638 | 44 | 18 | 56 | 14 | 12 | 0 | 4,450 | 40 | 21 | 44 | 7 | 5 | 4 | 12 | 3 | 5 |
| 동인천동 | 5,752 | 46 | 19 | 65 | 7 | 9 | 1 | 5,688 | 43 | 20 | 46 | 6 | 4 | 3 | 12 | 3 | 5 |
| 북성동 | 3,903 | 51 | 23 | 61 | 7 | 8 | 1 | 3,699 | 46 | 27 | 43 | 4 | 3 | 4 | 11 | 3 | 6 |
| 송월동 | 4,958 | 48 | 21 | 61 | 7 | 10 | 1 | 4,894 | 43 | 25 | 42 | 5 | 4 | 3 | 9 | 3 | 7 |
| 신포동 | 5,393 | 46 | 19 | 68 | 5 | 8 | 0 | 5,220 | 44 | 18 | 48 | 6 | 3 | 4 | 13 | 3 | 5 |
| 신흥동 | 13,192 | 46 | 19 | 62 | 9 | 10 | 0 | 12,854 | 39 | 23 | 42 | 5 | 4 | 5 | 13 | 3 | 5 |
| 연안동 | 7,170 | 48 | 19 | 63 | 9 | 8 | 1 | 6,972 | 42 | 25 | 47 | 3 | 3 | 12 | 2 | 3 |
| 영종동 | 19,405 | 46 | 22 | 56 | 6 | 15 | 1 | 17,885 | 37 | 26 | 40 | 4 | 4 | 5 | 10 | 7 | 4 |
| 용유동 | 3,062 | 62 | 13 | 73 | 8 | 6 | 1 | 3,672 | 51 | 14 | 54 | 4 | 3 | 2 | 13 | 2 | 7 |
| 율목동 | 4,145 | 43 | 18 | 62 | 8 | 10 | 1 | 3,993 | 39 | 25 | 41 | 4 | 4 | 4 | 13 | 3 | 5 |

5부 | 수도권의
정치 지도와
이 책의
선거 활용
방법

# 1

# 수도권
# 1,164개 동네의
# 정치 지도 총괄

이 책의 총괄에 해당하는 이 장에서는 서울과 경기, 인천을 가르는 담을 허물고 수도권 1,164개 동네를 뒤섞은 정치 지도를 그렸다. 그 결과 전국 선거권자의 절반을 차지하는 수도권 동네들은 부동산-학력-종교가 한 덩어리가 된 동네별 특성에 선거를 버무려 '법칙'을 만들어 냈다. 그런데 이 법칙은 이미 대한민국의 '절반'을 넘어선 것으로 보인다. 읍면동 가운데 동네의 특성이 수도권을 닮은 동(洞)을 중심으로 전국화됐을 가능성이 높은 것이다. 대한민국의 동네와 선거의 법칙이 될 가능성이 높은 수도권 동네의 정치 지도를 함께 따라 가 보자.

# 투표율로 본
## 수도권
## 1,164개 동네

이 글에서 분석 대상으로 삼고 있는 수도권 1,164개 읍면동의 2004년 총선 평균 투표율은 60%(수도권 1,186개 읍면동의 실제 투표율은 61%)이다.* 그러나 동네별로는 최소 32%에서 최대 80%까지 천차만별이다. 수도권에서 투표를 평균 이상으로 많이 한 동네와 그렇지 않은 동네에 사는 사람들 간에는 어떤 차이가 있을까.

이를 알아보기 위해 먼저 모든 동네를, 수도권 평균(60%) 이상으로 투표에 참여한 572개 동네와 평균보다 적게 참여한 592개 동네로 나눠 보았다. 평균 이상으로 투표에 참여한 572개 동네의 투표율은 64%, 평균 미만 투표율을 기록한 592개 동네는 55%로 9% 차이가 났다. 아울러 수도권 1,164개 동네를 투표율 순으로 나열해 다섯 개 묶음으로 나눠 보았다. 한 개 묶음이 232~233개 동네로 구성된 '투표율 5분위'인 셈인데, 투표율이 가장 낮은 묶음이 1분위(하위 20%)이고, 가장 높은 묶음이 5분위(상위 20%)다. 1분위는 평균 52%로 동네 선거권자의 절반 정도가 투표에 참여한 반면, 5분위는 68%로 3분의 2 이상이 참여했다. 2분위는 57%, 3분위는 60%, 4분위는 63%다(이 글에서는 투표율뿐 아니라 주택 소유 가구, 다주택 가구, 아파트 거주 가구, 1인 가구 등 각 분야별 5분위 통계를 같은 원리로 사용한다).

이제 나눈 묶음별을 중심으로 투표를 많이 한 동네와 적게 한 동네

* 행정구역 개편·재개발 등으로 2004년 총선과 2005년 인구주택총조사 자료가 일치하지 않는 서울(4), 경기(17), 인천(1) 22개 동네는 분석에서 제외했다. 제외된 동네는 이 책 앞부분의 각 지역 정치 지도 비교 분석을 참조.

간에 어떤 차이가 있는지 몇 가지 지표를 중심으로 살펴보자.

## 투표율 높은 동네에는 어떤 사람이 살까

### 투표율 높은 동네일수록 집 가진 사람이 많다

투표를 많이 한 동네와 적게 한 동네에 사는 사람들은 우선 집을 소유한 사람과 집이 없는 사람의 비율이 두드러지게 차이가 난다. 투표를 평균 이상으로 많이 한 572개 읍면동에 사는 가구 중에는 평균 62%가 자기 집을 소유하고 있으며, 무주택자는 38%에 그쳤다. 반면 투표를 적게 한 592개 동네에 사는 가구 중에는 50%만 집을 소유하고 있고, 다른 50%는 무주택자다(이하 〈표 5_1.1〉과 〈표 5_1.2〉 참조).

투표율 1분위의 주택 소유율이 48%인 것을 비롯해, 2분위와 3분위 각 52%, 4분위 59%, 5분위 69%로 투표율이 높은 동네일수록 집 가진 사람 비율이 높다. 뿐만 아니라 투표를 많이 한 동네 안에서도 투표율이 높을수록 주택 소유자가 더 많았다. 투표를 가장 많이 한 5분위 232개 동네(상위 20%) 가운데 투표율 상위 100개 동네의 주택 소유율은 74%이며, 그 중에서도 투표를 가장 많이 한 상위 50개 동네는 79%에 달한다.

그 역도 성립할까? 다시 말하면 집 가진 사람이 많이 사는 동네에

표 5_1.1

## 투표율 분포별 수도권 동네의 특징

**2004년 총선(단위 : %)**

| | | 평균 | | | 5분위 | | | | | | | |
|---|---|---|---|---|---|---|---|---|---|---|---|---|
| | | 계 | 평균 미만 | 평균 이상 | 1분위 | | | 2분위 | 3분위 | 4분위 | 5분위 | | |
| | | 1,164개 동네 | 592개 동네 | 572개 동네 | 하위50개 동네 | 하위100개 동네 | 하위20% | | | | 상위20% | 상위100개 동네 | 상위50개 동네 |
| 투표율 | | 60 | 55 | 64 | 48 | 50 | 52 | 57 | 60 | 63 | 68 | 70 | 71 |
| 주택 소유 | 주택 소유 | 56 | 50 | 62 | 39 | 45 | 48 | 52 | 52 | 59 | 69 | 74 | 79 |
| | 다주택 | 7 | 5 | 8 | 4 | 4 | 5 | 6 | 6 | 7 | 10 | 11 | 13 |
| | 무주택 | 44 | 50 | 38 | 61 | 55 | 52 | 48 | 48 | 41 | 31 | 26 | 21 |
| 거처 | 아파트 | 43 | 28 | 59 | 14 | 18 | 23 | 31 | 35 | 50 | 77 | 85 | 90 |
| | 단독주택 | 37 | 47 | 27 | 61 | 55 | 50 | 45 | 43 | 32 | 14 | 8 | 6 |
| | 기타 | 20 | 25 | 14 | 25 | 27 | 27 | 24 | 22 | 18 | 9 | 7 | 4 |
| 1인 가구 | | 19 | 21 | 16 | 29 | 26 | 23 | 20 | 19 | 17 | 13 | 10 | 8 |
| (반)지하 등 거주 가구 | | 9 | 11 | 6 | 11 | 11 | 11 | 11 | 11 | 7 | 3 | 2 | 1 |
| 대학 이상 학력 | 대학 이상 | 44 | 35 | 54 | 31 | 30 | 32 | 37 | 42 | 49 | 63 | 68 | 73 |
| | 석사과정 이상 | 3 | 2 | 5 | 1 | 1 | 1 | 2 | 3 | 4 | 6 | 8 | 9 |
| | 박사과정 이상 | 1 | 0 | 1 | 0 | 0 | 0 | | 1 | 1 | 2 | 2 | 3 |
| 종교 인구 | 계 | 53 | 51 | 55 | 46 | 48 | 49 | 51 | 53 | 54 | 57 | 58 | 59 |
| | 불교 | 17 | 17 | 16 | 16 | 17 | 17 | 17 | 17 | 16 | 15 | 14 | 14 |
| | 개신교 | 22 | 21 | 24 | 20 | 20 | 20 | 21 | 21 | 23 | 24 | 24 | 24 |
| | 천주교 | 13 | 12 | 15 | 10 | 10 | 11 | 12 | 13 | 14 | 17 | 18 | 20 |
| 정당별 득표율 | 한나라당 | 36 | 34 | 38 | 31 | 32 | 33 | 35 | 35 | 37 | 41 | 43 | 47 |
| | 민주(+열린우리)당 | 46 | 48 | 44 | 49 | 49 | 48 | 47 | 47 | 45 | 41 | 40 | 37 |
| | 민주노동당 | 13 | 13 | 13 | 14 | 14 | 14 | 13 | 13 | 14 | 13 | 13 | 12 |

서는 실제로 투표를 많이 했을까? 그렇다. 분석 대상 1,164개 읍면동에 사는 가구 중 집을 소유한 가구는 평균 56%, 평균 이상 동네는 617곳, 평균 미만 동네는 547곳이다. 집 가진 가구가 평균보다 많은 617곳에 사는 선거권자는 873만 명으로, 이 가운데 594만 명이 투표에 참가해 평균 투표율 62%를 기록했다. 반면 주택 소유자가 평균에

못 미치는 547곳에 사는 선거권자 768만 명 가운데는 58%인 442만 명이 투표에 참가했다.

수도권 1,164개 읍면동을 주택 소유 가구 비율 순으로 5등분한 주택 소유율 5분위를 보면 주택 소유자가 가장 적은 1분위(하위 20%)의 투표율이 56%로 가장 낮았다. 또 2분위 58%, 3분위 60%, 4분위 61%, 5분위 65%로 동네 사람 중 집을 가진 사람이 많은 곳일수록 투표를 더 많이 했다. 집 가진 사람 비율이 가장 높은 5분위(상위 20%) 안에서도 상위 100개 동네는 67%, 상위 50개 동네는 69%의 투표율을 기록했다. 이처럼 투표율이 높은 동네일수록 주택을 소유한 사람이 많고, 거꾸로 동네 사람 중 주택 소유자가 많을수록 투표에 더 열심히 참가하고 있는 것이다.


## 투표율 높은 곳에 다주택자가 많다

투표율이 높은 동네는 집 가진 사람이 많을 뿐 아니라 집을 여러 채 소유한 다주택자도 많다. 투표를 평균 이상으로 많이 한 572개 읍면동에 사는 가구 중에는 평균 8%가 다주택자인 반면, 투표를 적게 한 592개 동네에 사는 가구 중 다주택자는 5%에 그친다. 투표를 적게 한 1분위에서는 다주택자가 5%에 불과한 반면, 2분위와 3분위는 각 6%, 4분위는 7%이고 5분위는 1분위의 두 배인 10%에 달한다. 또 5분위 안에서도 투표율이 가장 높은 상위 100개 동네와 50개 동네는 각각 11%와 13%가 다주택자로 나타나, 투표율이 높은 곳일수록 집을 여러 채 가진 사람이 많이 살고 있다.

실제로 집 가진 사람이 많이 사는 동네 중에서도 다주택자가 많은 동네는 투표를 더 많이 했다. 수도권에서 주택 소유자가 평균(56%)보다 많은 617곳에 사는 가구 중에는 평균 9%가 집을 두 채 이상 여러 채 소유하고 있다. 그런데 다주택자가 평균보다 더 많이 사는 447개 동네에 사는 선거권자 656만 명 중 투표한 사람은 415만 명으로 평균 63%를 기록했다. 반면 다주택자가 평균 미만인 170개 동네 선거권자 217만 명 중에는 124만 명(57%)이 참가하는 데 그쳤다. 또 다주택자가 가장 적은 1분위의 투표율은 56%인 데 비해 2분위 59%, 3분위 62%, 4분위 64%, 5분위 67%로 다주택자가 많이 사는 곳일수록 투표를 더 열심히 했다. 5분위 안에서도 다주택자 비율이 15%에 달하는 상위 50개 동네의 투표율은 68%로 더 높다.


## 투 표 율  높 은  동 네 일 수 록  아 파 트 에  사 는  사 람 이  많 다


아파트에 사느냐 아니면 단독주택이나 다세대, 연립주택에 사느냐도 투표율과 뗄 수 없는 관계가 있다. 평균 이상으로 투표를 많이 한 572곳에 사는 354만 가구 중 59%는 아파트에 살고, 단독주택에는 27%, 다세대·연립주택 등에는 14%가 산다. 반면 평균보다 투표를 적게 한 592곳에 사는 378만 가구 중 아파트 거주 가구는 28%에 그치고, 대신 47%가 단독주택에, 25%가 다세대·연립주택 등에 산다.

투표율이 가장 낮은 1분위는 아파트 거주 가구가 23%인 데 비해, 2분위 31%, 3분위 35%, 4분위 50%, 5분위 77%로 투표율이 높을수록 아파트 사는 사람이 많다. 또 5분위 안에서도 투표율이 더 높은 상위 100곳은 85%, 상위 50곳은 90%가 각각 아파트에 살고 있다. 투표율이 높은 동네일수록 아파트에 사는 가구 비율이 높은 것이다.

그렇다면 실제로 아파트에 사는 사람이 많은 동네일수록 투표를 더 많이 했을까. 분석 대상 1,164개 읍면동에 사는 732만 가구(집단 가구 포함) 중 313만 가구, 평균 43%가 아파트에 살고 있다. 그런데 아파트에 사는 가구가 평균보다 많은 444개 동네에 사는 선거권자 764만 명 가운데는 482만 명이 투표해 평균 투표율 63%를 기록했다. 반면 아파트 거주 가구가 평균에 못 미치는 720개 동네에 사는 선거권자 877만 명 중에는 5백만 명(57%)이 투표에 참가하는 데 그쳤다.

또한 아파트에 사는 사람이 가장 적은 1분위와 2분위의 투표율은 56%인 데 비해, 3분위는 58%, 4분위는 61%, 5분위는 65%로 아파트 거주자가 많을수록 투표에 더 적극적으로 참여했다. 5분위 안에서도 상위 100개 동네는 67%, 상위 50개 동네는 68%로 나타나 아파트에 사는 사람이 많은 곳일수록 투표율이 더 높다.


## 투표율이 높은 곳일수록 1인·(반)지하 가구가 드물다

나 홀로 사는 1인 가구나 (반)지하 등에 사는 사람이 얼마나 되느냐도 투표율과 관련이 있을까. 평균 이상으로 투표를 많이 한 572개 동네에 사는 가구 중 1인 가구는 16%인 데 비해, 평균 미만 투표율을 기록한 592개 동네의 1인 가구 비중은 21%다. 투표율이 높은 동네에서 1인 가구 비중이 더 낮은 것이다.

또한 투표율 1분위에서 1인 가구 비중은 23%인 데 비해 2분위는

20%, 3분위는 19%, 4분위는 17%, 5분위는 13%로 투표율이 높을수록 1인 가구 비중은 낮다. 나아가 5분위 안에서도 투표율 상위 100곳은 10%, 상위 50곳은 8%로 더 낮다.

실제로 나 홀로 사는 사람이 적은 동네일수록 투표를 많이 했을까. 대체로 그렇다. 분석 대상 1,164개 읍면동에 사는 731만 가구(일반 가구 기준, 집단 가구 미포함) 중에서 나 홀로 가구는 136만 가구로 평균 19%다. 그런데 1인 가구 비중이 평균에 미치지 못하는 627곳의 투표율은 평균 61%로, 1인 가구가 상대적으로 많이 사는 537곳의 투표율 57%보다 높다. 또 1인 가구 비중이 가장 낮은 1분위의 투표율이 64%인 데 비해 2분위 60%, 3분위 59%, 4분위와 5분위 각 57%로 1인 가구 비중이 낮을수록 투표율이 높다.

한편 평균보다 투표를 많이 한 572개 동네에 사는 가구 중 (반)지하·옥탑방·비닐집·쪽방 등에 사는 가구는 6%인 데 비해, 평균 미만 투표율을 기록한 592개 동네는 11%로 두 배에 육박한다. 투표율이 높은 동네에서 (반)지하 등 거주 가구 비중이 더 낮은 것이다. 또 투표율 1분위와 2분위, 3분위에서는 (반)지하 가구 비율이 11%로 같지만, 4분위는 7%, 5분위는 3%로, 투표율이 높은 동네로 갈수록 감소한다. 5분위 안에서도 투표율이 가장 높은 상위 100개 동네와 50개 동네의 (반)지하 등 거주 가구는 각각 2%와 1%로 더 낮다.

실제로 (반)지하 등에 사는 가구가 드문 동네에서 투표율이 높을까. 분석 대상 1,164개 읍면동에 사는 가구 중 평균 9%가 (반)지하 등에 산다. (반)지하 등 거주 가구 비중이 평균 3%로 평균을 밑도는 666곳의 투표율은 61%다. 반면 (반)지하 등에 사는 가구가 16%에 달하는 498곳의 평균 투표율은 58%다. 또 (반)지하 가구 비중이 낮은 1분위의 투표율은 63%인 데 비해, 2분위 61%, 3분위와 4분위 각 59%, 5분위 57%로 (반)지하 비중이 낮은 동네일수록 투표를 많이 했다. 1분위 안에서도 (반)지하 등 가구가 더 적은 100곳과 50곳의 투표율은 각각 66%와 68%로 더 높다. (반)지하 등의 가구가 드문 동네에서 투표를 더 많이 한 것이다.

## 투표율 높을수록 대학 이상 학력자가 많다

투표에 적극 참가하는 동네일수록 대학 이상 학력자 비중이 높다. 투표를 평균보다 많이 한 572곳에 사는 19세 이상 813만 명 중 대학 이상(전문대 포함) 학력 인구는 54%, 437만 명이다. 이 중 5%는 석사과정 이상, 1%는 박사과정 이상의 학력이다. 반면 투표를 적게 한 592곳에 사는 19세 이상 834만 명 중 대학 이상 학력 인구는 35%, 295만 명에 그친다. 석사과정 이상은 2%, 박사과정 이상은 0%다.

또한 투표율이 낮은 1분위의 대학 이상 학력자 비율은 32%인 데 비해 2분위 37%, 3분위 42%, 4분위 49%, 5분위 63%다. 투표율이 높은 5분위 안에서도 상위 100곳은 68%, 상위 50곳은 73%로 투표율이 높을수록 학력도 높다.

실제로 학력이 높은 동네일수록 투표를 많이 했을까. 분석 대상 1,164개 읍면동에 사는 19세 이상 인구 중 평균 44%가 4년제 미만을 포함한 대학 이상 학력자다. 또 3%는 석사과정 이상, 1명은 박사과정 이상 학력자다. 그런데 학력이 평균 이상인 438개 읍면동에 사는 19세 이상 인구는 713만 명인데 이 가운데 416만 명(58%)이 대학 이상 학력자다. 또 선거권자는 704만 명인데 451만 명(64%)이 투표에 참여했다. 반면 학력이 평균 미만인 726개 동네에 사는 19세 이상 934만 명 중에는 315만 명(34%)이 대학 이상 학력자다. 이곳의 선거권자 937만 명 가운데 투표에 참여한 사람은 531만 명으로 57%에 머물렀다. 대학 이상 학력자가 많은 곳에서 투표율이 7%가 더 높은 것이다.

또한 대학 이상 학력이 낮은 1분위와 2분위의 투표율은 55%인 데 비해 3분위는 59%, 4분위는 62%, 5분위는 66%다. 또 5분위 안에서도 상위 100곳은 67%, 50곳은 68%로 학력이 높은 동네일수록 투표를 많이 했다.


## 투표율이 높을수록 종교 가진 사람이 많이 산다

투표율이 높은 곳일수록 종교 인구도 많은 것으로 나타났다. 투표를 평균 이상으로 많이 한 572개 동네에 사는 총인구 1,102만 명 가운데 종교를 가진 사람은 55%, 609만 명이다. 반면 평균보다 투표를 적게 한 592개 동네에 사는 1,111만 명 중 종교 인구는 51%, 562만 명에 그친다.

또한 투표율이 낮은 1분위의 종교 인구는 49%인 데 비해 2분위 51%, 3분위 53%, 4분위 54%, 5분위 57%로 투표율이 높은 곳일수록 종교 인구가 많다. 5분위 안에서도 투표율이 더 높은 상위 100곳은 58%, 상위 50곳은 59%로 투표율이 올라갈수록 종교 인구 비율도 올라간다. 종교 가운데는 천주교가 투표율과 가장 상관관계가 높아 투표율이 높은 동네일수록 천주교 인구가 많은 현상도 눈에 띈다.

실제로 종교 인구가 많은 동네일수록 투표를 많이 했다. 분석 대상 1,164개 읍면동에 사는 총인구 2,214만 명 중 종교를 가진 사람은 1,171만 명(53%)이다. 그런데 종교 인구가 평균 이상으로 많은 574개 동네(종교 인구 57%)에 사는 선거권자 786만 명 중에는 492만 명이 투표해 평균 투표율 63%를 기록했다. 반면 종교 인구가 평균에 못 미치는 590개 동네(종교 인구 50%)에 사는 선거권자 855만 명 중에는 490만 명(57%)이 투표에 참가하는 데 그쳤다. 종교 인구 많은 동네가 투표를 6% 더 한 것이다.

또한 종교 인구가 가장 적은 1분위 투표율이 55%인 데 비해 2분위 58%, 3분위 60%, 4분위 62%, 5분위 65%로 종교 인구가 많을수록 투표율이 높다. 종교 인구가 가장 많은 5분위 안에서도 상위 100곳은 66%, 상위 50곳은 67%로 종교 인구 비중이 올라가면 투표율도 따라간다.


## 투표율 높은 동네에서 한나라당 득표율이 높다

투표율이 평균 이상인 572개 읍면동에서 각 정당의 득표율은 한나라당 38%, 민주(＋열린우리)당 44%, 민주노동당 13%다. 그런데 투표를 평균보다 적게 한 592개 동네에서는 한나라당 34%, 민주(＋열린우리)당 48%, 민주노동당 13%다. 한나라당은 투표율 높은 곳에서, 민주(＋열린우리)당은 투표율 낮은 곳에서 표를 많이 얻은 것이다. 민주노동당은 투표율 변동과 득표율이 큰 관계가 없었다.

또한 한나라당은 투표율이 낮은 1분위에서 33%를 얻은 반면, 2분위와 3분위에서 각 35%, 4분위에서 37%를 얻고 투표율이 높은 5분위에서 41%를 얻어 투표율이 높은 동네일수록 더 많은 표를 얻었다. 5분위 안에서도 상위 100곳에서 43%, 상위 50곳에서 47%를 얻어 투표율이 높을수록 한나라당 지지율이 올라갔다. 투표율 평균 이상 동네의 득표율이 전체 평균 득표율을 뛰어넘는 곳도 한나라당밖에 없다. 반면 민주(+열린우리)당은 투표율이 낮은 1분위에서 48%, 2분위와 3분위에서 각 47%, 4분위에서 45%, 5분위에서 41%를 얻어 투표율이 올라갈수록 득표율이 떨어진다. 또 5분위 안에서도 투표율이 더 높은 상위 100곳에서 40%, 상위 50곳에서 37%를 얻어 투표율이 높은 동네에서 득표율이 더 떨어졌다. 민주노동당은 투표율 1분위와 4분위에서 14%를, 2분위와 3분위 그리고 5분위에서 13%를 얻어 투표율과 상관관계가 뚜렷하지 않다.

실제로 한나라당 지지자가 많은 동네에서 투표를 많이 했다. 분석 대상 1,164개 읍면동 유권자 982만 명 중 한나라당을 찍은 사람은 353만 명으로 평균 36%를 기록했다. 그런데 평균 이상으로 한나라당을 지지한 532개 동네의 투표율은 62%로, 한나라당 지지율이 평균에 미치지 못하는 632개 동네의 58%보다 높다.

또한 한나라당 득표율이 가장 낮은 1분위의 투표율은 56%에 그친 반면 2분위 59%, 3분위 60%, 4분위 61%로 득표율이 높은 동네로 갈수록 투표를 많이 했으며, 득표율이 가장 높은 5분위에서 투표율 64%로 가장 높았다. 5분위 안에서도 상위 100곳은 66%, 상위 50곳은 67%로 동네 사람 중 한나라당을 많이 찍은 곳일수록 투표를 더 많이 했다. 반면 민주(+열린우리)당의 득표율이 평균 이상인 604곳

표 5_1.2

## 수도권 동네 특성별 투표율

**2004년 총선(단위 : 개, %)**

| | 읍면동 수(개) | | | 투표율(%) | | 5분위별 투표율(%) | | | | |
|---|---|---|---|---|---|---|---|---|---|---|
| | 계 | 평균 미만 | 평균 이상 | 평균 미만 | 평균 이상 | 1분위 (하위20%) | 2분위 | 3분위 | 4분위 | 5분위 (상위20%) |
| 주택 소유 가구 | 1,164 | 547 | 617 | 58 | 62 | 56 | 58 | 60 | 61 | 65 |
| 다주택(주택 소유 평균 이상 동네) | 617 | 170 | 447 | 57 | 63 | 56 | 59 | 62 | 64 | 67 |
| 다주택(주택 소유 평균 미만 동네) | 547 | 296 | 251 | 56 | 59 | 55 | 56 | 57 | 59 | 61 |
| 아파트 거주 가구 | 1,164 | 720 | 444 | 57 | 63 | 56 | 56 | 58 | 61 | 65 |
| 1인 가구 | 1,164 | 627 | 537 | 61 | 57 | 64 | 60 | 59 | 57 | 57 |
| (반)지하 등 거주 가구 | 1,164 | 666 | 498 | 61 | 58 | 63 | 61 | 59 | 59 | 57 |
| 대학 이상 학력자 | 1,164 | 726 | 438 | 57 | 64 | 55 | 55 | 59 | 62 | 66 |
| 종교 인구 | 1,164 | 590 | 574 | 57 | 63 | 55 | 58 | 60 | 62 | 65 |
| 한나라당 득표율 | 1,164 | 632 | 532 | 58 | 62 | 56 | 59 | 60 | 61 | 64 |
| 민주(+열린우리)당 득표율 | 1,164 | 560 | 604 | 62 | 58 | 64 | 62 | 61 | 58 | 56 |
| 민주노동당 득표율 | 1,164 | 663 | 501 | 60 | 60 | 62 | 60 | 59 | 60 | 60 |

의 투표율은 58%로, 득표율 평균 미만 560개 동네의 62%보다 훨씬
낮고, 민주노동당은 득표율이 평균 이상인 동네와 미만인 동네의 투
표율이 60%로 똑같다.

## 투표율 낮은 동네일수록 무주택자가 많다

투표를 평균보다 적게 한 592개 동네에 사는 378만 가구 중 무주택자는 50%, 188만 가구다. 반면 평균 이상으로 투표를 한 572개 동네에 사는 353만 가구 중 무주택자는 217만 가구로 38%에 그친다. 또한 투표율이 가장 높은 5분위(상위 20%)와 4분위의 무주택자 비율이 각각 31%와 41%인 데 비해, 3분위와 2분위는 48%, 1분위는(하위 20%) 52%로 투표율이 낮은 동네일수록 무주택자가 많이 산다. 1분위 안에서도 하위 100곳은 55%, 하위 50곳은 61%로 투표율이 더 낮을수록 무주택자가 더 많이 산다.

실제로 무주택자가 많은 동네는 투표를 적게 했을까. 그렇다. 동네 가구 중 무주택자 비율이 평균(44%) 미만인 617개 동네 선거권자 873만 명 중 투표에 참여한 사람은 540만 명으로 62%에 달한다. 반면 무주택자가 평균 이상인 547개 읍면동에 사는 선거권자 768만 명 중 투표에 참가한 사람은 442만 명(58%)에 그친다. 또한 무주택자 비중이 낮은 5분위의 투표율이 65%인 것을 비롯해 4분위 61%, 3분위 60%, 2분위 58%, 1분위 56%로 무주택자 비율이 높은 동네로 갈수록 투표율이 눈에 띄게 떨어졌다. 수도권에서 투표에 잘 참여하지 않는 동네는 집 없이 셋방을 떠도는 사람이 많이 사는 곳이다.

## 투표율 낮을수록 다주택자 적다

투표율이 낮은 동네는 무주택자가 많을 뿐 아니라 집을 여러 채 소유한 다주택자도 적다. 분석 대상 1,164개 동네 가운데 투표율이 평균 이상인 572개 동네는 다주택자가 평균 8%인 반면, 평균보다 투표를 적게 한 592개 동네는 5%로 훨씬 낮다. 또 투표율이 높은 5분위 동네 가구 중 10%가 다주택자인 것을 비롯해 4분위 7%, 3분위와 2분위 각 6%인 데 비해 투표율이 가장 낮은 1분위는 5%에 그친다.

실제로 무주택자가 많이 사는 동네 안에서도 다주택자가 얼마나 사느냐에 따라 투표율이 다르다. 다주택자 비중이 투표율에 미치는 영향을 보기 위해, 수도권에서 무주택자가 평균 이상으로 많은 547개 동네만을 대상으로 살펴보면, 다주택자 비중이 평균(5%) 이상인 251개 동네의 투표율은 59%인 데 비해 평균 미만인 296개 동네의 투표율은 56%로 낮다. 또한 다주택자 비중이 높은 5분위의 투표율이 61%에 달하는 것을 비롯해 4분위 59%, 3분위 57%를 기록하고 있지만 2분위는 56%, 1분위는 55%다. 또 다주택자가 가장 적은 50개 동네의 투표율은 53%로 더 떨어졌다. 무주택자가 많은 동네라 하더라도 다주택자가 적게 사는 동네일수록 투표를 적게 한 것이다.


## 투표율 낮을수록 단독주택에 사는 사람이 많다

투표율이 평균 이상인 572개 동네 가구 중 59%가 아파트에 살고 27%는 단독주택에 14%는 연립·다세대주택 등에 산다. 반면 투표율이 평균에 못 미치는 592개 동네 가구는 28%가 아파트에 살고 47%는 단독주택에, 25%는 연립·다세대주택 등에 산다. 또 투표율이 가장 높은 5분위에서는 14%가 단독주택, 9%는 연립·다세대주택 등에 살고, 77%가 아파트에 산다. 그러나 투표율이 가장 낮은 1분위에서는 50%가 단독주택에, 27%가 연립·다세대주택 등에 사는 반면 아파트에는 23%만 산다. 4, 3, 2분위 역시 투표율이 낮은 순서대로 단독주택과 연립·다세대주택 등에 사는 가구가 많고, 투표율이 가장 낮은 하위 100곳은 82%, 하위 50곳은 86%가 단독주택과 연립·다세대주택 등에 산다. 투표율이 낮을수록 아파트에 사는 사람이 적고 반대로 단독주택을 비롯한 비아파트에 사는 사람이 많은 것이다.

실제로 단독주택 등 비아파트에 사는 사람이 평균 이상으로 많은 720개 동네의 평균 투표율은 57%로, 비아파트 거주 가구가 평균 미만인 440개 동네의 투표율 63%에 비해 6%가 낮았다. 또 아파트 거주 가구가 적은 다시 말하면 비아파트 거주 가구 비율이 가장 높은 1분위와 2분위의 평균 투표율이 56%로 3분위 58%, 4분위 61%, 5분위 65%에 비해서 낮았다. 또 1분위 안에서도 비아파트 가구 비율이 가장 높은 50개 동네의 투표율은 55%로 더 낮았다.

## 투표율 낮을수록 1인 가구·(반)지하 등 거주 가구가 많다

투표율이 낮은 동네에는 1인 가구가 상대적으로 많을까. 대체로 그렇다. 평균 투표율이 넘는 572개 동네 가구의 16%가 1인 가구인 데 비해, 평균 투표율 미만인 592개 동네의 1인 가구 비중은 21%로 훨씬 높다. 또 투표율이 낮은 1분위의 1인 가구 비중이 23%로 가장 높고 그 중에서도 투표율 하위 100곳은 26%, 하위 50곳은 29%로 더 높다. 투표율이 낮을수록 1인 가구 비중이 높은 것이다.

그렇다면 1인 가구가 많은 동네일수록 투표율이 낮을까? 대체로 그렇다. 1인 가구 비중이 평균 이상인 537곳의 투표율은 57%로, 평균 미만 627곳, 투표율 61%에 비해 낮다. 또 1분위 64%, 2분위 60%, 3분위 59% 등 1인 가구 비중이 높아지는 데 따라 투표율이 떨어져 4분위와 5분위에서는 57%로 가장 낮았다. 1인 가구가 가장 많은 상위 100곳은 56%, 상위 50곳은 55%로, 1인 가구 비중이 늘수록 투표율은 더 떨어졌다.

투표율이 낮은 동네는 (반)지하 등에 사는 가구가 상대적으로 많을까. 평균 투표율 이상인 572개 동네 가구의 6%가 (반)지하 등 가구인 데 비해, 평균 투표율 미만인 592개 동네의 (반)지하 등 거주 가구 비중은 11%로 훨씬 높다. 또 투표율이 높은 5분위와 4분위는 (반)지하 등 거주 가구가 각각 3%와 7%인 데 비해, 투표율이 낮은 1~3분위는 11%에 달했다.

실제로 (반)지하 등 거주 가구가 많으냐 적으냐에 따라 동네별 투표율이 차이가 났다. (반)지하 등 거주 가구 비중이 평균 미만인 498곳의 투표율은 58%로, 평균 이상인 666곳의 투표율 61%보다 낮다. 또 (반)지하 거주 가구 비중이 가장 낮은 1분위의 투표율은 63%로 가장 높고, 2분위 61%, 3분위와 4분위 59%로 (반)지하 비중이 높아질수록 투표를 적게 했으며, (반)지하에 사는 가구가 가장 많은 5분위의 투표율은 57%로 가장 낮았다.

# 투표율 낮을수록 대학 이상 학력자가 적다

투표율이 평균 이상인 572곳에 사는 19세 이상 인구 중 대학 이상 학력 인구는 54%인 데 비해, 평균보다 투표율이 낮은 592개 동네에서는 대학 이상 학력자가 35%에 그친다. 또 투표율이 가장 높은 5분위의 대학 이상 학력자가 63%인 것을 비롯해 4분위 49%, 3분위 42%, 2분위 37%로 투표율이 낮을수록 대학 이상 학력자 비중도 떨어졌고, 투표율이 가장 낮은 1분위는 32%로 가장 낮았다. 또 투표율 하위 100곳은 30%로 더 낮았다. 다만 하위 50곳은 31%로 하위 100곳보다 1%가 높다.

그렇다면 대학 이상 학력자가 적을수록 투표를 적게 한 것일까. 대학 이상 학력자 비중이 평균 이상인 438개 동네의 투표율이 64%인 데 비해, 평균 미만인 726개 동네의 투표율은 57%에 머물렀다. 또 대학 이상 학력자 비중이 가장 높은 5분위의 투표율이 66%인 것을 비롯해 4분위 62%, 3분위 59%, 2분위와 1분위 각 55%로 대학 이상 학력자 비중이 낮은 동네로 갈수록 투표율이 떨어졌다. 다만 대학 이상 학력자 비율이 가장 낮은 하위 100곳과 하위 50곳의 투표율은 각각 57%와 59%로 투표율이 상승해, 평균 투표율(60%)에 못 미치는 범위 안에서 대학 이상 학력자 비중이 낮은 100개 동네에서는 상대적으로 투표율이 올라가는 현상을 보이고 있다.

## 투표율 낮을수록 종교 없는 인구가 많다

투표를 적게 한 동네일수록 종교 없는 인구가 많다. 투표를 평균보다 많이 한 572개 동네의 종교 인구가 55%인 데 비해, 평균보다 투표를 적게 한 592개 동네는 51%에 머물고 있다. 또 투표율이 가장 높은 5분위의 종교 인구가 57%인 것을 비롯해 4분위 54%, 3분위 53%, 2분위 51%, 1분위 49%로 투표율이 낮은 동네로 갈수록 동네 사람 중 종교 인구 비중이 줄었다. 또 투표율이 가장 낮은 하위 100곳은 48%, 하위 50곳은 46%로, 종교 인구 비율은 더 떨어지고 종교 없는 인구 비중이 늘어났다.

실제로 종교 없는 인구가 많이 사는 동네일수록 투표를 적게 했다. 종교 인구가 평균보다 많은 574개 동네의 투표율이 63%인 데 비해, 종교 인구가 평균에 못 미치는 590개 동네는 57%에 그쳤다. 종교 인구가 가장 많은 5분위의 투표율은 65%인 반면, 4분위 62%, 3분위 60%, 2분위 58%, 1분위 55%로 종교 인구가 적을수록 다시 말하면 종교 없는 인구가 많은 동네일수록 투표를 적게 했다. 하위 100곳은 53%, 하위 50곳은 51%로 더 낮았다.


## 투표율이 낮은 곳일수록
## 민주(+열린우리)당 지지율이 높다

투표를 많이 한 동네일수록 한나라당 득표율이 높다는 점은 앞에서 살폈다. 반대로 투표를 적게 한 곳일수록 한나라당 득표율이 떨어지는 대신 민주(＋열린우리)당 득표율은 올라간다.

투표율이 평균 이상인 572개 동네의 민주(＋열린우리)당 득표율은 44%인 데 비해, 투표율이 평균 미만인 592개 동네의 득표율은 48%다. 또 투표율이 가장 높은 5분위에서 41%에 그친 반면, 4분위 45%, 3분위와 2분위 47%이고 투표율이 가장 낮은 1분위에서는 48%를 얻었다. 1분위 안에서도 투표율 하위 100곳과 50곳은 49%로 더 높았다. 투표율이 낮은 동네일수록 표를 많이 얻은 것이다. 민주노동당은 투표율 1분위와 4분위에서 14%를 얻고 2분위와 3분위, 5분위에서 13%를 얻었다. 반면 한나라당은 투표율이 평균 이상인 투표 동네에서 38%를 얻은 데 비해 평균 미만인 동네에서 34%를 얻었다. 또 투표율이 가장 높은 5분위에서 41%를 얻은 반면, 4분위 37%, 3분위와 2분위 35%, 1분위 33%로 투표율이 낮을수록 득표율도 떨어졌다.

그렇다면 실제로 민주(＋열린우리)당을 많이 찍은 동네는 투표를 적게 했을까. 그렇다. 득표율이 평균 이상인 604곳의 투표율은 58%로 득표율이 평균 미만인 560개 동네의 62%보다 훨씬 낮다. 또한 민주(＋열린우리)당이 표를 가장 적게 얻은 1분위에서 투표율이 64%로 가장 높고 2분위 62%, 3분위 61%, 4분위 58%로 득표율이 높은 동네로 갈수록 투표율이 올라가서 득표율이 가장 높은 5분위에서는 56%로 가장 낮았다. 5분위 안에서도 상위 100곳은 55%, 상위 50곳은 53%로 동네 사람 중 열린우리당과 민주당을 많이 찍은 곳일수록 투표를 적게 했다.

민주노동당은 득표율이 평균 이상인 501곳과 평균 미만인 663곳의 투표율이 60%로 같은 가운데, 표를 가장 적게 얻은 1분위에서 62%로 투표율이 가장 높았다. 또 2, 4, 5분위에서는 60%를 3분위에서는 59%를 얻었다. 한나라당은 앞서 살펴보았듯이 득표율이 높은 곳일수록 투표율이 올라간다. 이처럼 투표율이 낮은 동네일수록 민주(+열린우리)당을 찍은 사람이 더 많고, 민주(+열린우리)당을 찍은 사람이 많은 사는 동네일수록 투표를 하지 않은 사람이 많이 산다.

|
# 수도권에서
# 한나라당을 많이 찍은
# 동네의 특징
|

2004년 총선에서 분석 대상 수도권 1,164개 읍면동의 투표자 982만 명 가운데 353만 명이 한나라당을 찍어 평균 득표율 36%를 기록했다. 이 가운데 평균 이상으로 한나라당을 지지한 동네는 532곳으로 이곳에서 한나라당은 평균 42%를 얻었다. 반면 평균을 밑도는 곳은 632곳으로 평균 32% 지지에 머물렀다.

그렇다면 한나라당을 많이 찍은 동네와 그렇지 않은 동네는 어떤 차이가 있을까. 또 어떤 사람들이 주로 사는 곳에서 한나라당 지지가 높을까.


## 집 가진 사람이 많은 동네에서 한나라당을 많이 찍었다

한나라당을 평균 이상으로 지지한 532개 읍면동에 사는 273만 가구(일반 가구 기준) 가운데 61%, 165만 가구가 집을 소유하고 있다. 반면 한나라당 지지도가 약한 632개 읍면동에 사는 458만 가구 가운데 집을 소유한 가구는 242만 가구로 53%에 머물렀다. 한나라당을 많이 찍은 동네에서 주택 소유자가 평균 8%가 많은 것이다〈표 5_1.3〉과 〈표 5_1.4〉 참조).

또한 한나라당 득표율이 가장 낮은 1분위의 주택 소유 가구 비중

표 5_1.3

## 한나라당 득표율 분포별 수도권 동네의 특징

**2004년 총선(단위 : %)**

| | | 평균 | | | 5분위 | | | | | | | | |
|---|---|---|---|---|---|---|---|---|---|---|---|---|---|
| | | 계 | 평균 미만 | 평균 이상 | 1분위 | | | 2분위 | 3분위 | 4분위 | 5분위 | | |
| | | 1,164개 동네 | 632개 동네 | 532개 동네 | 하위50개 동네 | 하위100개 동네 | 하위20% | | | | 상위20% | 상위100개 동네 | 상위50개 동네 |
| 득표율 | | 36 | 32 | 42 | 26 | 28 | 29 | 33 | 36 | 39 | 48 | 54 | 57 |
| 주택 소유 | 주택 소유 | 56 | 53 | 61 | 39 | 44 | 49 | 53 | 58 | 58 | 65 | 69 | 72 |
| | 다주택 | 7 | 6 | 8 | 4 | 4 | 5 | 6 | 7 | 7 | 9 | 11 | 12 |
| | 무주택 | 44 | 47 | 39 | 61 | 56 | 51 | 47 | 42 | 42 | 35 | 31 | 28 |
| 거처 | 아파트 | 43 | 39 | 50 | 23 | 26 | 32 | 39 | 48 | 48 | 53 | 62 | 75 |
| | 단독주택 | 37 | 39 | 34 | 55 | 49 | 42 | 38 | 35 | 36 | 32 | 25 | 13 |
| | 기타 | 20 | 22 | 16 | 22 | 25 | 26 | 23 | 17 | 15 | 15 | 13 | 12 |
| 1인 가구 | | 19 | 19 | 18 | 27 | 24 | 21 | 18 | 17 | 18 | 18 | 17 | 15 |
| (반)지하 등 | | 9 | 10 | 6 | 14 | 13 | 11 | 10 | 8 | 7 | 5 | 4 | 3 |
| 대학 이상 학력 | 대학 이상 | 44 | 40 | 51 | 37 | 37 | 38 | 41 | 44 | 46 | 60 | 71 | 80 |
| | 석사과정 이상 | 3 | 2 | 5 | 2 | 2 | 2 | 3 | 3 | 4 | 7 | 10 | 12 |
| | 박사과정 이상 | 1 | 0 | 1 | 0 | 0 | 0 | 0 | 1 | 1 | 2 | 3 | 5 |
| 종교 인구 | 계 | 53 | 51 | 56 | 47 | 48 | 49 | 52 | 53 | 54 | 59 | 61 | 63 |
| | 불교 | 17 | 16 | 17 | 15 | 15 | 15 | 17 | 17 | 17 | 17 | 16 | 15 |
| | 개신교 | 22 | 22 | 23 | 21 | 21 | 22 | 22 | 22 | 23 | 23 | 24 | 24 |
| | 천주교 | 13 | 12 | 15 | 10 | 11 | 11 | 12 | 13 | 14 | 18 | 21 | 23 |
| 투표율 득표율 | 투표율 | 60 | 58 | 62 | 54 | 55 | 56 | 59 | 60 | 61 | 64 | 66 | 67 |
| | 한나라당 | 36 | 32 | 42 | 26 | 28 | 29 | 33 | 36 | 39 | 48 | 54 | 57 |
| | 민주(+열린우리)당 | 46 | 48 | 41 | 53 | 52 | 51 | 48 | 46 | 44 | 38 | 34 | 32 |
| | 민주노동당 | 13 | 14 | 12 | 16 | 16 | 15 | 14 | 14 | 13 | 10 | 9 | 8 |

이 49%이고, 2분위 53%, 3분위와 4분위는 각 58%인 데 비해 득표율
이 가장 높은 5분위는 65%다. 5분위 안에서도 상위 100개 동네는
69%, 상위 50개 동네는 72%로, 한나라당 득표율이 높은 동네로 갈
수록 집을 소유한 가구 비중이 월등하게 올라간다. 반대로 한나라당
을 가장 적게 찍은 하위 100곳과 50곳은 주택 소유 가구 비율이 44%

표 5_1.4

## 수도권 동네 특성별 한나라당 득표율

**2004년 총선(단위 : 개, %)**

| | 읍면동 수(개) | | | 득표율(%) | | 5분위별 득표율(%) | | | | |
|---|---|---|---|---|---|---|---|---|---|---|
| | 계 | 평균 미만 | 평균 이상 | 평균 미만 | 평균 이상 | 1분위 (하위20%) | 2분위 | 3분위 | 4분위 | 5분위 (상위20%) |
| 주택 소유 가구 | 1,164 | 547 | 617 | 34 | 38 | 33 | 35 | 35 | 37 | 41 |
| 다주택 (주택 소유 평균 이상 동네) | 617 | 170 | 447 | 34 | 39 | 34 | 35 | 36 | 38 | 45 |
| 다주택 (주택 소유 평균 미만 동네) | 547 | 296 | 251 | 33 | 36 | 31 | 33 | 34 | 34 | 37 |
| 아파트 거주 가구 | 1,164 | 720 | 444 | 35 | 38 | 35 | 34 | 35 | 36 | 39 |
| 1인 가구 | 1,164 | 627 | 537 | 37 | 35 | 38 | 36 | 36 | 35 | 35 |
| (반)지하 등 거주 가구 | 1,164 | 666 | 498 | 38 | 34 | 39 | 38 | 36 | 35 | 33 |
| 대학 이상 학력자 | 1,164 | 726 | 438 | 34 | 39 | 36 | 33 | 34 | 35 | 42 |
| 종교 인구 | 1,164 | 590 | 574 | 33 | 39 | 32 | 34 | 35 | 36 | 44 |
| 투표율 | 1,164 | 592 | 572 | 34 | 38 | 33 | 35 | 35 | 37 | 41 |

와 39%로 득표율이 낮은 동네일수록 집 가진 사람 비율도 눈에 띄게 떨어진다.

그렇다면 실제로 주택 소유자가 많은 동네는 한나라당을 많이 찍고, 무주택자가 많은 동네는 적게 찍었을까. 그렇다. 수도권에서 주택 소유자가 평균(56%) 이상으로 많은 617개 동네에서는 투표자 540만 명 가운데 38%, 203만 명이 한나라당을 지지했다. 반면 주택 소유자가 평균에 미치지 못하는 547개 동네 투표자 442만 명 중에서 한나라당을 찍은 사람은 150만 명으로 34%에 그쳤다.

또한 동네 사람 중 주택 소유 가구가 가장 적은 1분위의 한나라당 득표율은 33%이고, 2분위와 3분위 각 35%, 4분위 37%인 데 비해, 주택 소유자가 가장 많이 사는 5분위는 41%의 득표율을 보였다. 5분위 안에서도 상위 100곳은 44%, 상위 50곳은 49%로 더 오른 반면,

하위 100곳과 50곳의 득표율은 32%로 더 떨어졌다. 동네에 집 가진 사람이 많을수록 한나라당을 더 많이 찍고, 무주택자가 많을수록 적게 찍은 것이다.

## 집 여러 채 가진 사람이 많은 동네에서
## 한나라당을 많이 찍었다

한나라당을 많이 찍은 동네는 집 가진 사람이 많을 뿐 아니라, 집을 여러 채 소유한 다주택자도 더 많다. 한나라당을 평균 이상으로 지지한 532개 동네의 다주택자 비중은 8%로 평균 미만 지지 632개 동네의 6%보다 높다. 또 한나라당 득표율이 낮은 1분위의 다주택자 비율은 5%, 2분위는 6%, 3분위와 4분위는 7%인 데 비해 득표율이 가장 높은 5분위는 9%다. 5분위 안에서도 상위 100곳은 11%, 상위 50곳은 12%로 한나라당을 많이 찍은 동네일수록 집을 여러 채 소유한 사람이 많다. 반면 한나라당 득표율이 낮은 1분위 안에서도 하위 100곳과 50곳의 다주택자 비중은 4%로 더 낮아 한나라당 득표율이 떨어지는 동네로 갈수록 다주택자 비중이 낮아졌다.

실제로 주택 소유자가 많이 사는 동네 안에서도 다주택자 비중이 높은 동네일수록 한나라당을 더 많이 찍었다. 수도권에서 주택 소유자가 평균 이상으로 많은 617개 동네 가구 중에 평균 8.5%가 다주택자다. 그런데 이 가운데 다주택자가 평균(8.5%) 이상으로 많이 사는 447개 동네에서 한나라당 지지율은 39%로 다주택자가 평균 미만인 170개 동네 34%보다 5%가 높다. 또 동네 가구 중 다주택자가 가장 적은 1분위에서 한나라당 득표율은 34%, 2분위 35%, 3분위 36%, 4분위 38%, 5분위 45%로 다주택자가 많을수록 한나라당이 얻은 표는 눈에 띄게 증가한다. 또 5분위 안에서도 다주택자가 가장 많은 상위 50개 동네의 득표율은 48%로 더 높다.

주택 소유자가 평균 미만인 547개 동네에서도 다주택자가 많이 살수록 한나라당을 많이 찍는 현상은 같았다.

## 아파트에 사는 사람이 많은 동네에서
## 한나라당을 많이 찍었다

한나라당을 많이 찍은 동네에는 아파트에 사는 사람이 많다. 한나라당 지지율이 평균 미만인 632개 동네에서 아파트에 사는 가구는 39%에 그친 반면, 한나라당을 평균 이상으로 지지한 532개 동네에서는 50%가 아파트에 산다.

또한 한나라당 득표율이 낮은 1분위 동네 가구 중 아파트에 사는 사람은 32%, 2분위 39%, 3분위와 4분위 각 48%, 5분위 53%로 한나라당이 표를 많이 얻은 동네로 갈수록 아파트에 사는 사람이 많다. 5분위 안에서도 득표율이 더 높은 상위 100곳은 62%, 상위 50곳은 75%로 아파트에 사는 사람이 더 많다. 반면 한나라당 득표율이 낮은 1분위 안에서도 하위 100곳은 26%, 하위 50곳은 23%로, 한나라당을 적게 찍은 동네로 갈수록 아파트에 사는 사람이 적고, 대신 단독주택 등 비아파트 거주 가구 비중이 높다.

그렇다면 실제로 아파트에 사는 사람이 많은 동네에서 한나라당 득표율이 높았을까. 수도권 1,164개 동네 중 아파트에 사는 가구가 평균(43%) 이상으로 많은 444개 동네에서 한나라당은 38%를 득표했다. 아파트 거주 가구가 평균 미만인 720개 동네의 득표율 35%보다 3%를 더 얻은 것이다.

한편 아파트 거주 가구가 가장 적은 1분위의 득표율은 35%로 3분위와 같지만 2분위는 34%로 오히려 1% 높다. 또 1분위 안에서도 하위 100곳의 득표율이 37%를 기록해 아파트에 사는 가구가 가장 적은 동네에서도 득표율이 만만치 않음을 알 수 있다. 하지만 4분위 36%, 5분위 39%로 아파트 거주 가구가 많은 곳으로 갈수록 한나라당 득표율이 증가한다. 또 한나라당은 5분위 안에서도 상위 100곳에서는 40%를, 상위 50곳에서는 42%를 각각 얻어 아파트에 사는 사람이 많은 동네로 갈수록 득표율이 올라간다.


## 1인 가구·(반)지하에 사는 가구가 적은 동네에서 한나라당을 많이 찍었다

한나라당을 많이 찍은 동네일수록 1인 가구가 적다. 한나라당 지지율이 평균 미만인 632개 동네 가구 중 1인 가구는 19%인 반면, 한나라당을 평균 이상으로 지지한 532개 동네에서는 18%로 더 적다. 또 득표율이 낮은 1분위의 1인 가구 비중은 21%, 2분위 18%, 3분위 17%로 득표율이 오를수록 1인 가구는 줄었다. 반면 4분위와 5분위에서는 각각 18%로 3분위에 비해 1%가 증가했다. 5분위 안에서는 상위 100곳 17%, 상위 50곳 15%로 득표율이 오를수록 1인 가구 비중은 낮아졌다. 또 1분위 안에서도 득표율 하위 100곳 24%, 하위 50곳 27%로 한나라당을 적게 찍은 동네로 갈수록 1인 가구 비중이 높아졌다.

그렇다면 1인 가구가 많은 동네보다 적은 동네에서 한나라당을 더 많이 지지했을까. 수도권 1,164개 읍면동 가운데 1인 가구 비중이 평균(19%) 미만인 627개 동네의 한나라당 득표율은 37%로 평균 이상 537개 동네의 35%보다 높다. 또 1인 가구 비중이 가장 낮은 1분위의 한나라당 득표율은 38%인 데 비해, 2분위와 3분위는 36%, 4분위와 5분위는 35%로 1인 가구 비중이 높아질수록 한나라당 지지율이 떨어졌다. 다시 말하면 동네 사람 중 1인 가구가 적은 동네일수록 한나라당을 많이 찍은 것이다.

한나라당을 많이 찍은 동네일수록 (반)지하 등에 사는 가구도 더 적다. 한나라당 지지율이 평균 미만인 632개 동네 가구 중 (반)지하·옥탑방·비닐집·쪽방 등에 사는 가구는 10%인 반면, 한나라당을 평균 이상으로 지지한 532개 동네에서는 6%로 절반 수준이다. 한나라당 득표율이 낮은 1분위의 (반)지하 등 거주 가구 비중은 11%이고, 2분위 10%, 3분위 8%, 4분위 7%, 5분위 5%로 득표율이 올라갈수록 (반)지하 등에 사는 가구는 줄어든다. 5분위 안에서도 상위 100곳 4%, 상위 50곳 3%로 한나라당을 많이 찍은 동네로 갈수록 (반)지하 등 거주 가구는 눈에 띄게 줄었다. 반면 1분위 안에서도 한나라당 지지율 하위 100곳 13%, 하위 50곳 14%로 한나라당을 적게 찍은 동네로 갈수록 (반)지하 가구가 많아졌다.

실제로 (반)지하 등에 사는 가구가 많은 동네일수록 한나라당을 적게 찍었고, 적은 곳일수록 많이 찍었다. 수도권 1,164개 읍면동 가운데 (반)지하 가구 비중이 평균(9%) 미만인 666개 동네의 한나라당 득표율은 38%로, 평균 이상 498개 동네의 34%보다 높다. 또 (반)지하 등 거주 가구가 적은 1분위의 한나라당 지지율은 39%, 2분위 38%, 3분위 36%, 4분위 35%, 5분위 33%로 (반)지하 등 거주 가구가 늘수록 한나라당을 적게 지지했다. 5분위 안에서도 상위 100곳과 50곳은 32%로 득표율은 더 떨어졌다. 반면 (반)지하에 사는 사람이 적은 1분위 안에서도 100곳 40%, 하위 50곳 41%로 (반)지하에 사는 사람이 적을수록 한나라당을 더 많이 찍었다.

## 대학 이상 학력 보유자가 많은 동네에서
## 한나라당을 많이 찍었다

한나라당을 많이 찍은 동네일수록 대학 이상 학력자가 많이 산다. 평균 이상으로 한나라당을 지지한 532개 동네에 사는 19세 이상 인구 중 대학 이상 학력자 비중은 51%로, 평균 미만 지지 632개 동네 40%보다 11%가 높다. 또 한나라당 득표율이 낮은 1분위의 대학 이상 학력자 비중은 38%, 2분위 41%, 3분위 44%, 4분위 46%, 5분위 60%로 한나라당이 표를 많이 얻은 동네로 갈수록 학력이 높아진다. 5분위 안에서도 상위 100곳 71%, 상위 50곳 80%로 학력이 더 높다. 반면 1분위 안에서도 한나라 득표율 하위 100곳과 50곳의 지지율은 37%로 한나라당을 적게 찍은 동네일수록 대학 이상 학력자 비중도 낮아진다.

실제로 대학 이상 학력자가 많은 동네일수록 한나라당을 더 많이 지지했을까. 수도권 1,164개 동네 중 대학 이상 학력자 비중이 평균(44%) 이상인 438개 동네에서 한나라당 득표율은 39%로 평균 미만

726개 동네의 34%보다 5%가 높다.

또 한나라당은 대학 이상 학력자 비중이 낮은 2분위에서 33%를 얻고 3분위 34%, 4분위 35%에 이어 대학 이상 학력자 비중이 가장 높은 5분위에서는 42%로 높은 득표력을 보였다. 5분위 안에서도 상위 100곳 48%, 상위 50곳 53%로 한나라당 득표율이 더 증가했다.

그러나 대학 이상 학력자 비중이 가장 낮은 1분위에서 한나라당이 얻은 표는 36%로 2분위 33%보다 3%나 높다. 1분위 안에서도 하위 100곳 41%, 하위 50곳 43%로 득표율이 증가했다. 이처럼 학력이 높은 동네로 갈수록 한나라당을 높게 지지한 가운데, 대학 이상 학력자 비중이 가장 낮은 동네에서도 상대적으로 높은 지지를 보낸 것으로 나타난다.


## 종교 인구가 많은 동네에서 한나라당을 많이 찍었다

한나라당을 많이 찍은 동네일수록 종교를 가진 사람이 많다. 평균 이상으로 한나라당을 지지한 532개 동네 총인구 중 종교가 있는 사람은 56%로, 평균 미만 지지 632개 동네 51%보다 5%가 높다. 한나라당 득표율이 낮은 1분위의 종교 인구는 49%, 2분위 52%, 3분위 53%, 4분위 54%, 5분위 59%로 득표율이 높은 동네일수록 종교 인구가 많다. 득표율이 가장 높은 5분위 안에서도 상위 100곳은 61%, 상위 50곳은 63%로 동네 사람 중 종교 인구가 더 많다. 반면 득표율이 낮은 1분위 안에서도 하위 100곳은 48%, 하위 50곳은 47%로 한나라당을 적게 찍은 곳일수록 종교 인구도 상대적으로 적다. 종교 중에는 천주교가 한나라당 득표율과 가장 높은 상관관계를 나타냈다.

실제로 종교 인구가 많은 동네일수록 한나라당을 많이 찍었고, 종교 인구가 적을수록 적게 찍었다. 수도권 1,164개 동네 중 종교 인구 비중이 평균(53%) 이상인 574개 동네에서 한나라당 득표율은 39%로, 평균 미만인 590개 동네의 33%보다 6%가 높다. 종교 인구가 가장 적은 1분위의 한나라당 득표율은 32%, 2분위 34%, 3분위 35%, 4분위 36%, 5분위 44%로 종교 인구가 많은 동네로 갈수록 한나라당을 많이 찍었다. 종교 인구가 많은 5분위 안에서도 상위 100곳 50%, 상위 50곳 54%로 종교 인구가 많을수록 한나라당 지지율이 크게 올라간다. 반면 종교 인구가 가장 적은 1분위 안에서도 하위 100곳은 31%, 하위 50곳은 30%로 종교 인구가 감소할수록 한나라당 지지율도 내려간다.


## 투표율 높은 동네에서 한나라당 득표율도 높다


한나라당을 많이 찍은 동네일수록 투표에도 더 열심히 참가했다. 평균 이상으로 한나라당을 지지한 532개 동네의 투표율은 62%로 평균 미만 592개 동네 58%보다 높다.

또한 한나라당 득표율이 가장 높은 5분위의 투표율은 64%로, 56~61%에 머문 1~4분위에 비해 높다. 5분위 안에서도 상위 100곳 66%, 상위 50곳 67%로 동네 사람 중 한나라당을 많이 찍은 곳일수록 투표를 더 많이 했다. 반대로 한나라당 득표율이 가장 낮은 1분위의 투표율은 56%에 그쳤는데, 그 안에서도 하위 100곳은 55%, 하위

50곳은 54%로 한나라당을 적게 찍은 곳일수록 투표를 적게 했다.

실제로 투표율이 높은 동네일수록 한나라당을 많이 찍었다. 투표를 평균(60%) 이상으로 많이 한 572개 동네에서 한나라당은 38%를 얻어 평균 미만 592개 동네의 34%보다 4%를 더 득표했다.

또한 투표율이 가장 높은 5분위의 한나라당 득표율은 41%로 33~37% 득표에 그친 투표율 1~4분위에 비해 월등히 높다. 한나라당은 5분위 안에서도 상위 100곳에서는 43%를, 상위 50곳에서는 47%를 각각 얻어 투표율이 높은 곳일수록 더 많은 표를 얻었다. 반면 투표율이 낮은 1분위(평균 33% 투표) 안에서도 하위 100곳에서 32%, 하위 곳에서 31%를 각각 얻어 투표율이 떨어질수록 한나라당 득표율도 낮아졌다.

|
# 수도권에서
# 민주(＋열린우리)당을 많이 찍은
# 동네의 특징
|

2004년 총선에서 분석 대상 수도권 1,164개 읍면동의 투표자 982만 명 가운데 444만 명이 열린우리당과 민주당을 찍어 평균 득표율 46%를 기록했다. 이 가운데 평균 이상으로 민주(＋열린우리)당을 지지한 동네는 604개 동네로 이곳에서 두 당은 평균 49%를 얻었다. 반면 득표율이 평균을 밑도는 곳은 560개 동네로 평균 41% 지지에 머물렀다. 열린우리당과 민주당을 많이 지지한 동네와 적게 지지한 동네는 무엇이 다른 걸까. 또 어떤 특성이 있는 사람들이 많이 사는 동네에서 두 당의 득표율이 높은 걸까.


## 무주택자가 많은 동네에서
## 민주(＋열린우리)당을 많이 찍었다

2004년 총선에서 민주(＋열린우리)당을 평균 이상으로 지지한 604개 읍면동에 사는 426만 가구(일반 가구 기준) 가운데 49%, 207만 가구가 집이 없는 무주택자다. 반면 두 당 지지도가 약한 560개 읍면동에 사는 306만 가구 가운데 무주택자는 116만 가구로 38%에 머물렀다. 두 당을 평균 이상으로 지지한 동네에서 무주택자가 평균 11%가 많은 것이다(이하 〈표 5_1.5〉와 〈표 5_1.6〉 참조).

표 5_1.5

# 민주(+열린우리)당 득표율 분포별 수도권 동네의 특징

2004년 총선(단위 : %)

| | | 평균 | | | 5분위 | | | | | | | | |
| | | 계 | 평균 미만 | 평균 이상 | 1분위 | | | 2분위 | 3분위 | 4분위 | 5분위 | | |
| | | 1,164개 동네 | 560개 동네 | 604개 동네 | 하위50개 동네 | 하위100개 동네 | 하위20% | | | | 상위20% | 상위100개 동네 | 상위50개 동네 |
|---|---|---|---|---|---|---|---|---|---|---|---|---|---|
| 득표율 | | 46 | 41 | 49 | 31 | 34 | 38 | 43 | 46 | 48 | 51 | 53 | 54 |
| 주택 소유 | 주택 소유 | 56 | 62 | 51 | 73 | 69 | 67 | 61 | 57 | 53 | 47 | 44 | 38 |
| | 다주택 | 7 | 8 | 6 | 12 | 10 | 9 | 8 | 7 | 6 | 5 | 4 | 4 |
| | 무주택 | 44 | 38 | 49 | 27 | 31 | 33 | 39 | 43 | 47 | 53 | 56 | 62 |
| 거처 | 아파트 | 43 | 53 | 35 | 75 | 63 | 58 | 52 | 48 | 38 | 25 | 20 | 13 |
| | 단독주택 | 37 | 31 | 41 | 14 | 23 | 28 | 33 | 34 | 39 | 48 | 53 | 62 |
| | 기타 | 20 | 16 | 24 | 11 | 14 | 14 | 15 | 18 | 23 | 27 | 27 | 25 |
| 1인 가구 | | 19 | 17 | 19 | 14 | 16 | 17 | 17 | 18 | 19 | 21 | 23 | 25 |
| (반)지하 등 | | 9 | 5 | 11 | 2 | 4 | 4 | 6 | 8 | 10 | 14 | 14 | 15 |
| 대학 이상 학력 | 대학 이상 | 44 | 51 | 40 | 79 | 69 | 58 | 47 | 45 | 40 | 36 | 34 | 32 |
| | 석사과정 이상 | 3 | 5 | 2 | 12 | 9 | 7 | 4 | 3 | 3 | 2 | 2 | 1 |
| | 박사과정 이상 | 1 | 1 | 0 | 4 | 3 | 2 | 1 | 1 | 0 | 0 | 0 | 0 |
| 종교 인구 | 계 | 53 | 55 | 51 | 63 | 61 | 58 | 54 | 53 | 52 | 50 | 49 | 48 |
| | 불교 | 17 | 16 | 17 | 15 | 15 | 16 | 17 | 17 | 17 | 16 | 16 | 16 |
| | 개신교 | 22 | 23 | 22 | 24 | 24 | 24 | 22 | 23 | 22 | 22 | 21 | 21 |
| | 천주교 | 13 | 15 | 12 | 23 | 21 | 18 | 14 | 13 | 12 | 11 | 11 | 10 |
| 투표율 득표율 | 투표율 | 60 | 62 | 58 | 67 | 66 | 64 | 62 | 61 | 58 | 56 | 55 | 53 |
| | 한나라당 | 36 | 41 | 33 | 57 | 53 | 47 | 38 | 36 | 33 | 30 | 29 | 27 |
| | 민주(+열린우리)당 | 46 | 41 | 49 | 31 | 34 | 38 | 43 | 46 | 48 | 51 | 53 | 54 |
| | 민주노동당 | 13 | 13 | 14 | 8 | 10 | 12 | 14 | 14 | 14 | 14 | 14 | 14 |

또한 두 당을 가장 많이 찍은 5분위의 무주택 가구 비율은 53%로 33~47%에 그친 1~4분위에 비해 월등히 높다. 5분위 안에서도 상위 100곳은 56%, 상위 50곳은 62%로 두 당을 많이 찍은 동네로 갈수록 집 없는 사람이 많이 산다. 반면 두 당 지지도가 가장 낮은 1분위(무주

표 5_1.6

# 수도권 동네 특성별 민주(+열린우리)당 득표율

**2004년 총선(단위 : 개, %)**

| | 읍면동 수(개) | | | 투표율(%) | | 5분위별 투표율(%) | | | | |
|---|---|---|---|---|---|---|---|---|---|---|
| | 계 | 평균 미만 | 평균 이상 | 평균 미만 | 평균 이상 | 1분위 (하위20%) | 2분위 | 3분위 | 4분위 | 5분위 (상위20%) |
| 주택 소유 가구 | 1,164 | 547 | 617 | 48 | 44 | 49 | 47 | 46 | 45 | 42 |
| 다주택(주택 소유 평균 이상 동네) | 617 | 170 | 447 | 47 | 43 | 47 | 46 | 45 | 44 | 39 |
| 다주택(주택 소유 평균 미만 동네) | 547 | 296 | 251 | 49 | 46 | 50 | 49 | 48 | 47 | 45 |
| 아파트 거주 가구 | 1,164 | 720 | 444 | 47 | 44 | 48 | 48 | 47 | 45 | 43 |
| 1인 가구 | 1,164 | 627 | 537 | 45 | 47 | 44 | 46 | 46 | 47 | 47 |
| (반)지하 등 거주 가구 | 1,164 | 666 | 498 | 44 | 48 | 43 | 44 | 45 | 47 | 49 |
| 대학 이상 학력자 | 1,164 | 726 | 438 | 47 | 44 | 46 | 48 | 47 | 46 | 41 |
| 종교 인구 | 1,164 | 590 | 574 | 48 | 44 | 49 | 47 | 46 | 46 | 40 |
| 투표율 | 1,164 | 592 | 572 | 48 | 44 | 48 | 47 | 47 | 45 | 41 |

택자 평균 33%) 안에서도 무주택 가구 비율이 하위 100곳은 31%, 하위 50곳은 27%로 지지율이 낮은 동네로 갈수록 무주택자는 적고 집 가진 사람이 많이 산다.

그렇다면 실제로 무주택자가 많이 사는 동네일수록 열린우리당과 민주당을 많이 찍었을까. 수도권에서 무주택자가 평균(44%) 이상으로 많은 547개 동네에서는 투표자 442만 명 가운데 48%, 209만 명이 열린우리당과 민주당을 지지했다. 반면 무주택자가 평균에 미치지 못하는 617개 동네 투표자 540만 명 중에 두 당을 찍은 사람은 235만 명으로 44%에 그쳤다.

또한 무주택자가 가장 많이 사는 주택 소유 1분위에서 두 당은 가장 높은 49%를 얻었다. 반면 2분위 47%, 3분위 46%, 4분위 45%, 5분위 42%로 무주택자가 적게 살수록 득표율이 낮아졌다. 무주택자가 가장 적은 5분위 안에서 두 당 득표율도 상위 100곳은 39%, 50곳은 36%로 무주택자가 적을수록 두 당을 찍은 유권자도 적었다.


## 다주택자가 적은 동네에서
## 민주(+열린우리)당을 많이 찍었다


민주(+열린우리)당을 많이 찍은 동네는 주로 무주택자가 많은 곳인데, 그 중에서도 득표율이 높은 곳일수록 집을 여러 채 가진 사람이 적게 산다. 두 당을 평균 이상으로 지지한 604개 동네의 다주택자 비중은 6%로, 평균 미만으로 지지한 560개 동네의 8%보다 2%가 낮다.

또한 두 당이 표를 가장 많이 얻은 득표율 5분위의 다주택자 비중은 5%로 1~4분위의 6~9%에 비해 가장 낮다. 5분위 안에서도 표를 더 많이 얻은 상위 100곳과 50곳의 다주택자 비중은 4%로 더 낮다. 반면 4분위의 다주택자 비중은 6%, 3분위 7%, 2분위 8%, 1분위 9%로 두 당을 적게 찍은 동네일수록 집을 여러 채 가진 가구도 더 많이 산다. 두 당을 가장 적게 찍은 1분위 안에서도 덜 찍은 하위 100곳은 10%, 하위 50곳은 12%로 득표율이 떨어질수록 다주택자 비중이 높아졌다.

실제로 무주택자가 많이 사는 동네 안에서도 다주택자 비중이 낮은 동네일수록 두 당을 더 많이 찍었다. 수도권에서 무주택자가 평균 이상으로 많은 547개 동네 가구 중에 평균 5%가 다주택자다. 그런데 이 가운데 다주택자가 평균(5%) 미만인 296개 동네에서 민주(+열린우리)당 득표율은 49%로 다주택자가 평균 이상으로 사는 251개 동네의 46%보다 3%가 높다.

또한 다주택자가 가장 적은 1분위에서 두 당 득표율은 50%로 45~49%에 그친 2~5분위에 비해 높다. 2분위는 49%, 3분위는 48%, 4분위는 47%, 5분위는 45%로 무주택자가 상대적으로 많은 동네라 하더라도 다주택자가 좀 더 많이 살수록 두 당 지지율은 떨어진다. 다주택자가 가장 많은 5분위 안에서도 상위 50곳은 44%로 득표율이 더 떨어졌다.

무주택자가 평균 미만인 617개 동네에서도 다주택자가 적게 살수록 민주(＋열린우리)당 득표율이 높기는 마찬가지다.


## 단독주택에 사는 사람이 많은 동네에서
## 민주(＋열린우리)당을 많이 찍었다

열린우리당과 민주당을 많이 찍은 동네에는 아파트에 사는 사람은 적은 대신 단독주택이나 연립·다세대주택 등에 사는 사람이 많다. 두 당 지지율이 평균 미만인 560개 동네에서 아파트에 사는 가구는 53%인 반면, 지지율이 평균 이상인 604개 동네에서는 35%만 아파트에 살고 65%는 단독주택과 연립·다세대주택 등에 산다.

또한 두 당 득표율이 가장 높은 5분위에서 단독·연립·다세대주택 등에 사는 가구 비중은 75%로 42~62%에 그친 1~4분위에 비해 훨씬 높다. 5분위 안에서도 두 당 득표율이 높은 상위 100곳은 80%, 상위 50곳은 87%로 더 많은 사람이 단독·연립·다세대주택 등에 살고 있다. 반면 4분위는 62%, 3분위 52%, 2분위 48%, 1분위 42%로 두 당 득표율이 떨어지는 동네로 갈수록 단독·연립·다세대주택 등에 사는 사람도 줄고 대신 아파트에 사는 사람이 늘어난다. 두 당 득표율이 가장 낮은 1분위 안에서도 더 득표율이 낮은 하위 100곳은 37%, 하위 50곳은 25%로 단독주택 등에 사는 사람은 더 찾기 어렵다.

그렇다면 실제로 단독·연립·다세대주택 등에 사는 사람이 많은 동네에서 두 당을 많이 찍었을까. 수도권 1,164개 동네 중 단독주택 등 비아파트에 사는 가구가 평균(57%) 이상으로 많은 720개 동네에서 두 당은 47%를 얻었다. 비아파트 거주 가구가 평균 미만인 444개 동네의 득표율 44%보다 3%를 더 얻은 것이다.

또한 아파트가 적어 주로 단독·연립·다세대주택 등에 사는 가구가 가장 많은 아파트 거주 가구 1분위와 2분위에서 두 당은 48%를 얻었다. 반면 3분위 47%, 4분위 45%, 5분위 43%로 아파트에 사는 가구가 많은 동네로 갈수록 득표율이 떨어졌다. 5분위 안에서도 아파트에 사는 가구가 더 많은 상위 100곳에서는 42%를, 상위 50곳에서는 40%를 각각 얻어 득표율이 더 떨어졌다.


## 1인 가구·(반)지하 등에 거주하는 가구가 많은 동네에서 민주(+열린우리)당을 많이 찍었다

열린우리당과 민주당을 많이 찍은 동네일수록 1인 가구가 많다. 두 당 지지율이 평균 미만인 560개 동네 가구 중 1인 가구는 17%인 반면, 평균 이상으로 두 당을 지지한 604개 동네에서는 19%로 더 많다.

두 당의 득표율이 가장 높은 5분위에서 1인 가구 비중은 21%로, 17~19%에 그친 1~4분위에 비해 높다. 5분위 안에서도 득표율이 더 높은 상위 100곳과 50곳은 각각 23%와 25%로 1인 가구가 더 많다. 반면 4분위 19%, 3분위 18%, 2분위와 1분위 17%로 득표율이 떨어지는 동네로 갈수록 1인 가구 비중도 낮아진다. 1분위 안에서도 득표율이 더 낮은 하위 100곳은 16%, 하위 50곳은 14%로 1인 가구 비중은 더 떨어진다.

실제로 동네 가구 중에 1인 가구가 적은 곳보다 많은 곳에서 두 당을 더 많이 지지했을까. 수도권 1,164개 읍면동 가운데 1인 가구 비중이 평균(19%) 이상인 537개 동네의 지지율은 47%로 평균 미만인 627개 동네의 45%보다 높다. 1인 가구 비중이 가장 높은 5분위와 4분위에서 두 당 득표율은 47%로 가장 높은 반면 3분위와 2분위는 각 46%, 1분위는 44%에 그쳤다. 1분위 안에서도 1인 가구가 적은 하위 100곳은 42%로 열린우리당과 민주당을 더 안 찍었다.

두 당을 많이 찍은 동네일수록 (반)지하 등에 사는 가구도 더 많다. 두 당 지지율이 평균 미만인 560개 동네 가구 중 (반)지하 등에 사는 가구는 5%인 반면, 평균 이상으로 두 당을 지지한 604개 동네에서는 11%로 두 배가 넘었다.

두 당 지지율이 가장 높은 5분위에서 (반)지하 등에 사는 가구는 14%로, 4~10%에 그친 1~4분위에 비해 비중이 높다. 5분위 안에서도 두 당 득표율이 가장 높은 50개 동네는 1%가 많은 15%가 (반)지하 등에 살고 있다. 반면 4분위 10%, 3분위 8%, 2분위 6%, 1분위 4%로 득표율이 낮은 동네로 갈수록 (반)지하 등에 사는 가구 비중도 낮아진다. 1분위 안에서도 두 당을 가장 적게 찍은 하위 50곳은 2%만 (반)지하 등에 산다.

실제로 (반)지하 등에 사는 가구가 많은 동네일수록 열린우리당과 민주당을 많이 찍었고, 적은 곳일수록 덜 찍었다. 수도권 1,164개 읍면동 가운데 (반)지하 가구 비중이 평균(9%) 이상인 498개 동네의 두 당 득표율은 48%로 평균 미만 666개 동네의 44%보다 4%가 높다.

동네 사람 중 (반)지하 등에 사는 가구가 가장 많은 5분위에서 두 당은 49%를 얻어 43~47% 득표에 그친 1~4분위보다 높다. 5분위 안에서도 (반)지하 등에 사는 가구가 더 많은 상위 100곳과 50곳에서는 50%를 얻어 더 높다. 반면 4분위의 득표율은 47%, 3분위 45%, 2분위 44%, 1분위 43%로 (반)지하 등에 사는 가구가 적은 동네로 갈수록 열린우리당과 민주당 득표율도 떨어진다. 1분위 안에서도 (반)지하 등에 사는 사람이 더 적은 하위 100곳은 42%, 하위 50곳은 41%로 두 당을 더 안 찍었다.


## 대학 이상 학력 보유자가 적은 동네에서 민주(＋열린우리)당을 많이 찍었다

열린우리당과 민주당을 많이 찍은 동네일수록 대학 이상 학력자가 적다. 평균 이상으로 두 당을 지지한 604개 동네에 사는 19세 이상 인구 중, 대학 학력자 비중은 40%로, 평균 미만 지지 560개 동네 51%보다 11%가 낮다.

두 당 지지율이 가장 높은 5분위에서 대학 이상 학력자는 36%로, 40% 이상을 기록한 1~4분위에 비해 가장 낮다. 5분위 안에서도 두 당을 더 많이 찍은 상위 100곳은 34%, 상위 50곳은 32%로, 두 당 지지율이 높은 동네로 갈수록 대학 이상 학력자 비중이 낮다. 반면 4분위 40%, 3분위 45%, 2분위 47%, 1분위 58%로 두 당 지지율이 떨어질수록 대학 이상 학력자가 많다. 1분위 안에서도 지지율이 가장 낮은 하위 100곳은 69%, 하위 50곳은 79%로 두 당을 적게 찍은 동네일수록 대학 이상 학력자 비중이 높다.

실제로 대학 이상 학력자가 적은 동네일수록 두 당을 더 많이 지지했을까. 우선 수도권 1,164개 동네 중 대학 이상 학력자 비중이 평균(44%) 미만인 726개 동네에서 두 당 지지율은 47%로, 대학 이상 학력자 비중이 평균 이상인 438개 동네 지지율은 44%보다 높다.

또 대학 이상 학력자가 두 번째로 적은 2분위에서 두 당은 48%를 얻었다. 3분위에서 47%, 4분위에서 46%, 5분위에서 41%를 각각 얻었으니, 대학 이상 학력자가 많은 3~5분위에 비해 더 얻은 것이다. 그런데 대학 이상 학력자 비중이 가장 낮은 1분위에서는 2, 3분위보다 낮고, 4분위와 같은 46%를 얻었다. 또 1분위 안에서도 대학 이상 학력자가 더 적게 사는 하위 100곳에서 42%를, 하위 50곳에서는 41%를 얻어 득표율이 더 떨어진다.

이처럼 대학 이상 학력자 비중이 높은 곳보다는 낮은 동네에서 열린우리당과 민주당을 더 많이 찍었지만, 대학 이상 학력자 비중이 가장 낮은 동네에서는 상대적으로 덜 찍은 것이다. 이 점은 대학 이상 학력자 비중이 가장 낮은 동네에서 한나라당 득표력이 상대적으로 높은 것과 비교된다.

# 종교 인구가 적은 동네에서
# 민주(+열린우리)당을 많이 찍었다

열린우리당과 민주당을 많이 찍은 동네일수록 종교를 가진 사람이 적다. 평균 이상으로 두 당을 지지한 604개 동네에 사는 인구 중 종교 인구는 51%로, 평균 미만 지지 560개 동네의 55%보다 낮다.

두 당이 가장 표를 많이 얻은 5분위에 사는 사람 중 종교 인구는 50%에 그쳐 52% 이상을 기록한 1~4분위에 비해 가장 낮다. 5분위 안에서도 두 당을 가장 많이 찍은 상위 100곳은 49%, 상위 50곳은 48%로 종교 인구가 더 적다. 반면 4분위의 종교 인구는 52%, 3분위 53%, 2분위 54%, 1분위 58%로 두 당 득표율이 떨어지는 동네로 갈수록 종교 인구는 늘어난다. 1분위 안에서도 두 당을 가장 적게 찍은 하위 100곳은 61%, 하위 50곳은 63%로 종교 인구가 더 많다.

실제로 종교 인구가 적은 동네일수록 두 당을 많이 찍었고, 종교 인구가 많을수록 적게 찍었다. 수도권 1,164개 동네 중 종교 인구 비중이 평균(53%) 미만인 590개 동네에서 두 당 지지율은 48%로 평균 이상인 574개 동네의 44%보다 높다.

종교 인구가 가장 적은 1분위에서 두 당은 49%를 얻어, 47% 이하에 그친 2~5분위에 비해 많은 표를 얻었다. 1분위 안에서도 하위 100곳과 50곳의 득표율은 50%로 종교 인구가 줄수록 지지율이 올라간다. 반면 2분위는 47%, 3분위와 4분위는 46%, 5분위는 40%로 종교 인구가 많은 동네로 갈수록 열린우리당과 민주당을 덜 찍었다. 5분위 안에서도 종교 인구가 가장 많은 상위 100곳의 두 당 지지율은 36%, 상위 50곳은 33%로, 종교 인구가 늘수록 두 당 지지율은 떨어진다.

## 투표를 포기한 사람이 많은 동네에서
## 민주(+열린우리)당을 많이 찍었다

열린우리당과 민주당을 많이 찍은 동네일수록 투표를 적게 했다. 평균 이상으로 두 당을 지지한 604개 동네의 투표율은 58%로 지지율이 평균 미만인 560개 동네의 62%보다 낮다.

두 당이 표를 가장 많이 얻은 5분위의 투표율은 56%로 58% 이상을 기록한 1~4분위에 비해 낮다. 5분위 안에서도 두 당 지지율이 가장 높은 상위 100곳과 50곳의 투표율은 각각 55%와 53%로 더 낮다. 반면 4분위의 투표율은 58%, 3분위 61%, 2분위 62%, 1분위 64%로 두 당을 적게 찍은 동네로 갈수록 투표율이 높다. 1분위 안에서도 두 당 지지율이 가장 낮은 하위 100곳과 50곳의 투표율은 각각 66%와 67%로 더 높다.

실제로 투표율이 낮은 동네일수록 열린우리당과 민주당을 많이 찍었다. 투표율이 평균(60%) 미만인 592개 동네의 두 당 지지율은 48%로, 투표율이 평균 이상인 572개 동네에서 44%보다 4%를 더 얻었다.

투표를 가장 적게 한 1분위에서 두 당 지지율은 48%이며, 그 중에서도 투표를 더 적게 한 하위 100곳과 50곳은 49%로 투표율이 떨어질수록 지지율이 높다. 반면 2분위와 3분위 지지율은 각 47%, 4분위 45%, 5분위 41%로 투표를 많이 한 동네로 갈수록 두 당 득표율은 눈에 띄게 떨어진다. 5분위 안에서도 투표를 많이 한 상위 100곳은 40%, 상위 50곳은 37%에 그쳐 투표를 많이 한 동네로 갈수록 표를 더 적게 얻었다.

|
# 수도권에서
# 민주노동당을 많이 찍은
# 동네의 특징
|

2004년 총선에서 분석 대상인 수도권 1,164개 읍면동의 투표자 982만 명 가운데 131만 명이 민주노동당을 찍어 평균 득표율 13%를 기록했다. 이 가운데 평균 이상으로 민주노동당을 지지한 동네는 501개 동네로 이곳에서 평균 15%를 얻었다. 반면 득표율이 평균을 밑도는 곳은 663개 동네로 평균 11%에 머물렀다.

민주노동당을 상대적으로 많이 지지한 동네와 적게 지지한 동네는 무엇이 다른 걸까. 또 어떤 특성이 있는 사람들이 많이 사는 동네에서 민주노동당의 득표율이 높은 걸까.

## 민주노동당 득표율과 주택 소유자

민주노동당을 평균 이상으로 지지한 501개 읍면동에 사는 381만 가구(일반 가구 기준) 가운데 56%, 215만 가구가 주택 소유자다. 민주노동당 지지도가 평균에 미치지 못한 663개 읍면동에 사는 350만 가구 가운데 주택 소유자는 55%, 192만 가구다. 득표율이 높은 동네에서 주택 소유자가 1% 더 많지만 차이가 크지 않다(〈표 5_1.7〉, 〈표 5_1.8〉 참조).

표 5_1.7

## 민주노동당 득표율 분포별 수도권 동네의 특징

**2004년 총선(단위 : %)**

| | | 평균 | | | 5분위 | | | | | | | | |
|---|---|---|---|---|---|---|---|---|---|---|---|---|---|
| | | 계 | 평균 미만 | 평균 이상 | 1분위 | | | 2분위 | 3분위 | 4분위 | 5분위 | | |
| | | 1,164개 동네 | 663개 동네 | 501개 동네 | 하위50개 동네 | 하위100개 동네 | 하위 20% | | | | 상위 20% | 상위100개 동네 | 상위50개 동네 |
| 평균 득표율 | | 13 | 11 | 15 | 7 | 8 | 9 | 12 | 13 | 14 | 17 | 18 | 19 |
| 주택 소유 | 주택 소유 | 56 | 55 | 56 | 73 | 72 | 62 | 53 | 53 | 56 | 57 | 58 | 56 |
| | 다주택 | 7 | 7 | 7 | 11 | 11 | 8 | 6 | 6 | 7 | 7 | 7 | 6 |
| | 무주택 | 44 | 45 | 44 | 27 | 28 | 38 | 47 | 47 | 44 | 43 | 42 | 44 |
| 거처 | 아파트 | 43 | 36 | 49 | 57 | 46 | 40 | 36 | 36 | 46 | 53 | 56 | 59 |
| | 단독주택 | 37 | 43 | 32 | 34 | 42 | 43 | 44 | 41 | 34 | 29 | 28 | 29 |
| | 기타 | 20 | 21 | 19 | 19 | 12 | 17 | 20 | 23 | 20 | 18 | 16 | 12 |
| 1인 가구 | | 19 | 19 | 19 | 18 | 18 | 20 | 18 | 19 | 17 | 20 | 20 | 23 |
| (반)지하 등 | | 9 | 10 | 8 | 4 | 4 | 6 | 11 | 10 | 9 | 7 | 6 | 5 |
| 대학 이상 학력 | 대학 이상 | 44 | 45 | 44 | 66 | 57 | 52 | 44 | 42 | 43 | 45 | 47 | 50 |
| | 석사과정 이상 | 3 | 4 | 3 | 10 | 8 | 6 | 3 | 3 | 3 | 3 | 3 | 4 |
| | 박사과정 이상 | 1 | 1 | 1 | 4 | 3 | 2 | 1 | 1 | 1 | 1 | 1 | 1 |
| 종교 인구 | 계 | 53 | 54 | 52 | 62 | 60 | 57 | 54 | 53 | 52 | 51 | 51 | 51 |
| | 불교 | 17 | 18 | 16 | 16 | 17 | 18 | 18 | 17 | 16 | 15 | 15 | 15 |
| | 개신교 | 22 | 22 | 22 | 24 | 23 | 22 | 22 | 22 | 23 | 22 | 22 | 22 |
| | 천주교 | 13 | 14 | 13 | 21 | 18 | 16 | 13 | 13 | 13 | 13 | 13 | 14 |
| 투표율 득표율 | 투표율 | 60 | 60 | 60 | 65 | 64 | 62 | 60 | 59 | 60 | 60 | 61 | 62 |
| | 한나라당 | 36 | 39 | 33 | 57 | 53 | 47 | 38 | 35 | 34 | 33 | 32 | 31 |
| | 민주(+열린우리)당 | 46 | 44 | 47 | 33 | 35 | 39 | 46 | 47 | 47 | 46 | 46 | 45 |
| | 민주노동당 | 13 | 11 | 15 | 7 | 8 | 9 | 12 | 13 | 14 | 17 | 18 | 19 |

민주노동당 득표율 분포별 주택 소유자 비중을 보면 득표율이 가장 낮은 1분위에서 62%로 가장 높고 2, 3분위로 가면 53%로 낮아지다가 득표율이 높은 4, 5분위에서는 56%와 57%를 기록했다. 득표율이 아주 낮은 동네에서 집 가진 사람이 가장 많고, 득표율이 높은 곳

표 5_1.8

# 수도권 동네의 특성별 민주노동당 득표율

**2004년 총선(단위 : 개, %)**

| | 읍면동 수(개) | | | 득표율(%) | | 5분위별 득표율(%) | | | | |
|---|---|---|---|---|---|---|---|---|---|---|
| | 계 | 평균 미만 | 평균 이상 | 평균 미만 | 평균 이상 | 1분위 (하위 20%) | 2분위 | 3분위 | 4분위 | 5분위 (상위 20%) |
| 주택 소유 가구 | 1,164 | 547 | 617 | 14 | 13 | 13 | 13 | 14 | 14 | 13 |
| 다주택(주택 소유 평균 이상 동네) | 617 | 170 | 447 | 14 | 13 | 14 | 14 | 14 | 14 | 12 |
| 다주택(주택 소유 평균 미만 동네) | 547 | 296 | 251 | 13 | 14 | 14 | 13 | 13 | 14 | 13 |
| 아파트 거주 가구 | 1,164 | 720 | 444 | 13 | 14 | 13 | 13 | 13 | 14 | 14 |
| 1인 가구 | 1,164 | 627 | 537 | 14 | 13 | 14 | 13 | 13 | 13 | 14 |
| (반)지하 등 거주 가구 | 1,164 | 666 | 498 | 14 | 13 | 14 | 13 | 14 | 13 | 13 |
| 대학 이상 학력자 | 1,164 | 726 | 438 | 13 | 13 | 12 | 14 | 14 | 14 | 13 |
| 종교 인구 | 1,164 | 590 | 574 | 14 | 13 | 14 | 14 | 14 | 14 | 11 |
| 투표율 | 1,164 | 592 | 572 | 14 | 13 | 14 | 13 | 13 | 14 | 13 |

에서도 상대적으로 주택 소유자가 많은 것이다.

그렇다면 역으로 주택 소유자가 상대적으로 많은 동네와 그렇지 않은 동네에서 민주노동당 지지율은 어떤 차이를 보이고 있을까. 수도권에서 주택 소유자가 평균(56%) 이상으로 많은 617개 동네의 민주노동당 지지율은 13%, 평균 미만 547개 동네의 지지율은 14%로 1% 차이다.

주택 소유 가구 분포별 득표율을 보면, 주택 소유자가 적은 1분위와 2분위에서 13%를 얻은 반면, 이보다 주택 소유자가 많은 3분위와 4분위에서는 14%를 얻었다. 반면 주택 소유자가 가장 많은 5분위에서는 다시 13%로 떨어졌다. 또한 1분위 안에서도 주택 소유자가 더 적은 하위 100곳과 50곳은 14%로 득표율이 올라가고, 5분위 안에서도 주택 소유자가 더 많은 상위 100곳과 50곳은 각각 12%와 11%로 득표율이 떨어진다.

　이처럼 동네별 민주노동당의 득표율과 주택 소유 가구 비중 간에
는 다른 당에 비해 상관관계가 뚜렷하지 않다.


## 민주노동당 득표율과 다주택자

민주노동당 지지율이 평균 이상인 동네와 미만인 동네의 다주택자
비중은 7%로 같다. 지지도가 가장 낮은 1분위의 다주택자 비중은
8%로 가장 높은 반면, 2분위와 3분위는 6%, 4분위와 5분위는 7%를
기록하고 있어 뚜렷한 관련성을 찾기가 쉽지 않다. 다만 1분위 안에
서는 하위 100곳과 50곳은 11%로 다주택자가 더 많고, 5분위 안에
서 상위 50곳은 6%로 지지율이 가장 높은 곳에서 주택 소유자 비중
이 낮아진다.

　실제로 주택 소유자 비중이 평균 이상인 동네나 무주택자 비중이
평균 이상인 동네의 민주노동당 득표율은 1% 차이다. 다만 주택 소
유자 비중이 평균 이상인 617개 동네의 경우 1~4분위에서 민주노동
당이 똑같이 평균 14%를 얻은 반면, 다주택자가 가장 많이 사는 5분
위에서 12%를 얻는 데 그쳐 다주택자가 가장 많이 사는 동네에서 민
주노동당을 덜 찍은 것으로 나타났다. 한편 무주택자 비중이 평균 이
상인 547개 동네의 경우 민주노동당 득표율이 1분위와 4분위에서 각
14%, 2, 3, 5분위에서 각각 13%를 얻어 상관관계를 정확히 알기 어
렵다.

# 민주노동당 득표율과 아파트 거주자

민주노동당 지지율이 높은 동네는 상대적으로 아파트 거주자가 많다. 지지율이 평균 이상인 501개 동네에서 아파트에 사는 가구는 49%인 반면, 지지율이 평균 미만인 663개 동네는 36%에 그쳤다.

득표율이 가장 높은 5분위에서 아파트에 거주하는 가구는 53%로, 36~46%에 그친 1~4분위에 비해 높다. 5분위 안에서도 득표율이 더 높은 상위 100곳과 50곳은 각각 56%와 59%로 민주노동당을 많이 찍은 동네일수록 아파트에 사는 사람이 많다. 반면 4분위는 46%, 3분위와 2분위는 각 36%로 득표율이 떨어질수록 아파트 사는 사람이 줄었다. 다만 득표율이 가장 낮은 1분위에서 아파트 거주 가구는 40%로 증가했고, 하위 100곳과 50곳은 더 증가했다. 이처럼 대체로 민주노동당을 상대적으로 많이 찍은 동네일수록 아파트에 사는 사람이 더 많은 셈이지만, 예외도 상당히 많다.

실제로 아파트에 사는 사람이 많은 동네와 적은 동네에서 민주노동당 지지율은 어땠을까. 수도권 1,164개 동네 중 아파트 거주 가구가 평균(43%)보다 많은 444개 동네에서 민주노동당은 14%를 얻었다. 반면 아파트 가구 평균 미만인 720개 동네에서는 13%를 얻어 아파트 사는 사람이 많은 곳에서 지지율이 약간 높았다. 또한 아파트 거주 가구가 많은 5분위와 4분위에서 각각 투표자의 14%가 민주노동당을 찍은 반면, 아파트 거주 가구가 적은 1, 2, 3분위에서는 13%가 찍어 아파트에 사는 사람이 많은 동네에서 지지도가 조금 더 높았다.

## 민주노동당 득표율과 1인 가구·(반)지하 등 거주 가구

민주노동당을 평균 이상으로 지지한 501개 동네와 평균 지지율에 못 미치는 663개 동네의 1인 가구 비중은 19%로 같다. 득표율이 가장 높은 5분위의 1인 가구 비중은 20%로 득표율이 가장 낮은 1분위와 같다. 또 2분위는 18%, 3분위는 19%, 4분위는 17%로 연관성을 찾기가 쉽지 않다.

실제로 1인 가구 비중이 평균 이상인 537개 동네와 평균 미만인 627개 동네에서 민주노동당 지지율도 1% 차이다. 또 1인 가구 비중이 가장 낮은 1분위와 가장 높은 4분위, 5분위의 지지율이 14%로 같다.

민주노동당을 평균 이상으로 지지한 501개 동네의 (반)지하 가구 비중은 8%로, 평균 지지율에 못 미치는 663개 동네의 10%에 비해 2%가 낮다. 그러나 득표율이 가장 높은 5분위와 가장 낮은 1분위가 각각 7%와 6%로 비슷한 반면, 2~4분위에서 각각 11%와 10% 그리고 9%를 기록해 실제 상관관계를 찾기는 쉽지 않다.

실제로 (반)지하 등 거주 가구 비중이 평균 이상인 498개 동네와 평균 미만인 666개 동네 간에 민주노동당 지지율의 차이도 뚜렷이 나타나지 않는다. (반)지하 등 거주 가구가 가장 적은 1분위와 가장 많은 5분위의 지지율 격차도 1%로 크지 않다.


## 민주노동당 득표율과 대학 이상 학력자

민주노동당을 평균 이상으로 지지한 501개 동네와, 평균 지지율에 못 미치는 663개 동네에 사는 19세 이상 인구 중 대학 이상 학력자 비중은 각각 44%와 45%로 1% 차이다.

민주노동당이 표를 가장 많이 얻은 5분위 동네의 대학 이상 학력자 비중은 45%인 반면, 득표율이 가장 낮은 1분위에서는 52%로 7% 차이가 났다. 득표율이 높은 동네에서 대학 이상 학력자 비중이 낮게 나타난 것이다. 다만 2~4분위에서는 각각 44%와 42% 그리고 43%로 1분위에 비해선 낮지만 5분위에 비해서도 낮아 득표율과 학력 간 상관관계를 정교하게 엿보기는 쉽지 않다. 그리고 1분위 안에서도 하위 100개 동네는 57%, 50개 동네는 66%로 득표율이 낮은 곳일수록 대학 이상 학력자가 많은 것으로 나타지만, 5분위 안에서도 득표율이 더 높은 상위 100곳은 47%, 50곳은 50%로 대학 이상 학력자 비중이 높아지고 있다.

실제로 19세 이상 인구 중 대학 이상 학력자 비중이 평균 이상인 438개 동네와 평균 미만인 726개 동네의 민주노동당 지지율은 13%로 똑같다. 대학 이상 학력자 비중 가장 낮은 1분위와 가장 높은 5분위에서 민주노동당이 얻은 득표율은 12%와 13%로 1% 차이고, 2~4분위는 1분위나 5분위보다 높은 14%로 똑같다. 또 1분위 안에서 대학 이상 학력자가 가장 적은 하위 100곳은 11%, 하위 50곳은 9%로 학력이 낮은 동네일수록 지지율이 떨어진다. 5분위 안에서는 학력이 가장 높은 상위 100곳은 11%, 상위 50곳은 10%로 학력이 높은 동네일수록 지지율이 떨어진다. 이처럼 동네별 대학 이상 학력자 비중과 민주노동당 득표율 간에 상관관계를 찾기는 쉽지 않다.

## 민주노동당 득표율과 종교 인구

민주노동당을 평균 이상으로 지지한 501개 동네와, 평균 득표율에 못 미치는 663개 동네에 사는 인구 중 종교를 가진 사람의 비중은 각각 52%와 54%로 지지도가 높은 동네에서 종교 인구 비중이 2% 낮다.

득표율이 가장 높은 5분위의 종교 인구는 51%로, 52% 이상인 1~4분위에 비해 가장 낮다. 또 4분위는 52%, 3분위는 53%, 2분위는 54%, 1분위는 57%로 득표율이 낮은 동네로 갈수록 종교 인구가 많다. 1분위 안에서도 득표율이 가장 낮은 상위 100곳과 50곳은 60%와 62%로 더 낮다.

그렇다면 종교 인구가 많은 동네와 적은 동네의 민주노동당 득표율에는 차이가 나타날까. 수도권 1,164개 동네 중 종교 인구 비중이 평균(53%) 미만인 590개 동네에서 민주노동당 지지율은 14%로, 평균 이상인 574개 동네의 13%보다 약간 높다. 또한 종교 인구 1~4분위의 민주노동당 득표율은 평균 14%로 같지만, 종교 인구가 가장 많은 5분위에서는 11%로 3%가 낮다. 종교 인구가 적은 1분위 안에서는 하위 100곳과 50곳 모두 14% 득표율이 유지되지만, 종교 인구가 많은 5분위 안에서는 상위 100곳은 10%, 상위 50곳은 9%로 종교 인구가 더 많은 동네일수록 득표율은 낮다. 따라서 대다수 동네에서 종교 인구가 많고 적음에 따라 민주노동당 지지율은 큰 변동이 없지만, 종교 인구가 가장 많은 상위 20% 동네에서는 종교 인구가 많이 살수록 민주노동당 지지율이 눈에 띄게 떨어진 것이다.

## 민주노동당 득표율과 투표율

민주노동당을 평균 이상으로 지지한 501개 동네와 평균 지지율에 못미치는 663개 동네의 투표율은 60%로 같다. 득표율이 가장 낮은 1분위의 투표율은 62%로 가장 높지만 2분위는 60%, 3분위는 59%, 4분위와 5분위는 60%다. 또 1분위 안에서도 득표율이 더 낮은 하위 100곳은 64%, 하위 50곳은 65%로 투표율이 올라가지만, 5분위 안에서는 득표율이 높은 상위 100곳과 상위 50곳의 투표율이 각각 61%와 62%로 증가한다. 민주노동당 득표율과 투표율 변화에서 상관관계를 찾기가 쉽지 않은 것이다.

실제로 투표율이 평균 이상인 572개 동네와 평균 미만인 592개 동네의 민주노동당 득표율도 13%와 14%로 1% 차이다. 투표율이 가장 낮은 1분위와 상대적으로 높은 4분위의 득표율이 14%로 같고, 2분위와 3분위 그리고 5분위의 득표율이 13%로 같아서 연관성을 읽기 어렵다.

# 2

## 이 책을
## 선거에 활용하는 방법 :
## 강남구를 사례로

동네를 보면 선거가 보인다. 아니 선거를 제대로 보려면 동네를 봐야 한다. 선거구는
지방선거냐 총선이냐에 따라, 지방선거라도 기초냐 광역이냐에 따라 변화하고 그 때
마다 동네는 이리 저리 묶이고 갈린다. 하지만 동네별 특성은 그대로 살아서 선거구
의 특성이 된다. 실제로 서울시 강남구를 보면 '부자 동네''한나라당의 아성'이라는 선
입견과 달리, 동네와 선거구마다 차이가 뚜렷이 나타난다. 강남구 26개 동네라는 '동
심원'이 8개 기초의원 선거구, 4개 광역의원 선거구, 2개 국회의원 선거구로 갈리고
엮이면서 연출하는 변화무쌍한 장관을 실감해 보자.

선거를 분석하고 연구하거나 준비하는 데 이 책을 어떻게 활용할 수 있을까. 서울시 강남구를 예로 들어 설명해 보자.

먼저 살펴보려는 선거가 지방선거인지, 국회의원 선거인지, 대통령 선거인지를 정한다. 다음에는 해당 선거의 선거구와 구역을 확인한다. 대통령 선거야 전국이 한 개의 선거구이지만 〈표 5_2.1〉에서 보듯이 지방선거냐 국회의원 선거냐에 따라 선거구와 선거 구역은 차이가 난다. 강남구에서 국회의원 선거는 갑과 을, 두 개 선거구가 있다. 지방선거는 다시 광역단체장(서울시장)이냐, 광역시의원(서울시의원)이냐, 기초단체장(강남구청장)이냐, 기초의원(강남구의원)이냐에 따라 다르다. 광역단체장(서울시장)은 서울시 전체가 한 개 선거구이고, 기초단체장은 강남구 전체가 한 개 선거구다. 반면 광역시의원(서울시의원)은 4개 선거구, 기초의원(강남구의원)은 8개 선거구로 나뉘고 각각 속한 동도 다르다.

강남구 전체가 전체 선거 구역의 일부인 대선이나 서울시장 선거 또는 강남구청장 선거는 이 책에 실린 강남구 자료 전체를 선거구 또는 선거 구역의 특징과 현황 자료로 활용할 수 있다. 또 동네(읍면동)만의 현황도 별도의 작업이 필요 없이 이 책을 참조하면 된다. 반면 시의원 선거나 구의원 선거, 국회의원 선거는 선거구에 따라 해당 동네를 따로 모아 선거구별 동네의 특성과 역대 선거 결과를 살펴볼 필요가 있다.

선거구별 동네의 특성과 역대 선거 결과는 이 책에 실린 동별 자료를 기초로 국가통계포털(http://www.kosis.kr)과 통계청에서 만든 책자 『2005 인구주택총조사보고서 전수조사 결과(제4권 시·도편)』 중 "16-1. 서울특별시" 부분, 그리고 『2005 인구주택총조사 전수조사 결

표 5_2.1

# 서울시 강남구 선거별 선거 구역 현황

**(2009년 12월 기준)**

## 1. 국회의원 선거구

| 선거구명 | 선거 구역 |
|---|---|
| 강남구 갑선거구 | 신사동, 논현1동, 논현2동, 압구정1동, 압구정2동, 청담1동, 청담2동, 삼성1동, 삼성2동, 역삼1동, 역삼2동, 도곡1동, 도곡2동 |
| 강남구 을선거구 | 대치1동, 대치2동, 대치3동, 대치4동, 개포1동, 개포2동, 개포3동, 개포4동, 일원본동, 일원1동, 일원2동, 수서동, 세곡동 |

## 2. 구청장 선거구 : 1개 선거구

## 3. 시의원 선거구 : 4개 선거구

| 선거구명 | 선거 구역 |
|---|---|
| 강남구 제1선거구 | 신사동, 논현1동, 논현2동, 압구정1동, 압구정2동, 청담1동, 청담2동 |
| 강남구 제2선거구 | 삼성1동, 삼성2동, 역삼1동, 역삼2동, 도곡1동, 도곡2동 |
| 강남구 제3선거구 | 대치1동, 대치2동, 대치3동, 대치4동, 개포3동, 일원2동 |
| 강남구 제4선거구 | 개포1동, 개포2동, 개포4동, 일원본동, 일원1동, 수서동, 세곡동 |

## 4. 구의원 선거구 : 8개 선거구

| 선거구명 | 선거 구역 |
|---|---|
| 강남구 가선거구 | 신사동, 압구정1동, 압구정2동 |
| 강남구 나선거구 | 논현1동, 논현2동, 청담1동, 청담2동 |
| 강남구 다선거구 | 역삼1동, 삼성1동, 삼성2동 |
| 강남구 라선거구 | 역삼2동, 도곡1동, 도곡2동 |
| 강남구 마선거구 | 대치1동, 대치3동, 대치4동 |
| 강남구 바선거구 | 대치2동, 개포3동, 일원2동 |
| 강남구 사선거구 | 개포1동, 개포4동 |
| 강남구 아선거구 | 개포2동, 세곡동, 일원본동, 일원1동, 수서동 |

| 표 5_2.2 | 서울시 강남구 개포3동의 선거 결과 |

| | | | | | 2004년 총선(단위 : %) | | |
| --- | --- | --- | --- | --- | --- | --- | --- |
| 선거인 수 | 투표율 | 한나라당 | 새천년민주당 | 열린우리당 | 자민련 | 민주노동당 | 기타 정당 |
| 10,988명 | 71 | 44 | 8 | 31 | 1 | 13 | 2 |

**그림 5_2.1**
**서울시 강남구 개포3동 투표구별 정당 득표율**

2004년 총선(단위 : %)

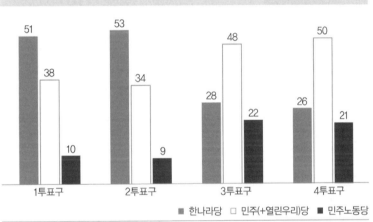

과』CD, 중앙선거관리위원회 홈페이지와 서울시 선거관리위원회에서 펴낸 『전국 동시지방선거 총람』을 참조해 만들 수 있다.

또한 이 책에서는 동별 선거 결과까지만 다루고 있지만, 각 선거관리위원회 홈페이지를 보면 동네마다 설치된 투표구별 자료를 별도로 볼 수 있다. 예를 들어 이 책에서 제시된 강남구 개포3동의 2004년 총선 투표율과 정당별 득표율은 〈표 5_2.2〉와 같다.

그런데 강남구 개포3동에는 4개의 투표구가 있고, 중앙선거관리위원회 홈페이지에는 투표구별 결과가 나와 있다. 이 책은 이것을 합쳐서 개포3동 통계로 제시한 것이다. 그런데 중앙선관위 홈페이지를 참조해 개포3동 투표구별 각 정당 득표율을 보면 〈그림 5_2.1〉과 같다.

　먼저 투표율을 보면 개포3동 평균 투표율은 71%지만 투표구별로는 차이가 있다. 1투표구와 2투표구는 똑같이 74%로 높다. 반면 3투표구는 67%, 4투표구는 64%로 낮다. 정당별 득표율을 보면 개포3동 전체로는 한나라당 44%, 민주(+열린우리)당 39%, 민주노동당 13%로 한나라당이 가장 많은 표를 얻었다.

　그러나 투표구별로는 다르다. 1투표구와 2투표구에서는 한나라당이 51%와 53%를 얻어 가장 높지만, 3투표구와 4투표구는 민주(+열린우리)당이 48%와 50%를 얻어 가장 높다. 또 개포3동 평균 13%인 민주노동당 득표율은 1투표구와 2투표구에서 10%와 9%에 그친 반면, 3투표구와 4투표구에서는 무려 22%와 21%를 얻었다. 그 결과 3투표구와 4투표구에서 한나라당의 득표율은 민주(+열린우리)당의 절반 수준에 불과하고 민주노동당 득표율과 별 차이가 없는 20%대의 득표율 밖에 기록하지 못하고 있다. 아울러 투표율이 높은 1, 2투표구에서 한나라당 득표율이 높고, 투표율이 낮은 3, 4투표구에서 민주(+열린우리)당과 민주노동당 득표율이 높다는 '법칙'이 동네 안에서도 재확인된다. 이처럼 동네 안에서도 투표구별 선거 결과를 들여다보면 동네와 선거를 더 풍부하게 이해할 수 있다.

　한 가지 더 주의할 게 있다. 이 책에서 사용한 선거 자료는 모두 광역의원(서울시의원) 정당 명부 비례대표 선거 결과다. 인물 변수를 제외한 정당 지지율을 날 것 그대로 알 수 있는 장점이 있지만 지역구 선거 결과와는 동네별로 조금씩 차이가 있다. 또 같은 비례대표 선거라도 기초의원은 다를 수 있다. 따라서 각 선거의 비례대표와 지역구 결과를 함께 찾아본다면 좀 더 도움이 될 것이다.

이제 지방선거와 국회의원 선거로 나눠 강남구의 선거 종류별 선거구의 특성과 역대 선거 결과를 살펴보자.

# 서울시 강남구
# 지방선거
# 선거구 분석

|

지방선거는 앞에서 살펴보았듯이 광역단체장(서울시장)이냐, 광역시의원(서울시의원)이냐, 기초단체장(강남구청장)이냐, 기초의원(강남구의원)이냐에 따라 선거구가 다르다. 광역단체장과 광역시의원 선거는 서울시와 강남구 전체가 각각 한 개의 선거구이므로 이 책의 강남구와 서울시 편을 보면 된다. 따라서 여기서는 광역시의원과 기초의원 선거의 선거구와 선거 구역별 특징과 역대 선거에서 나타나는 투표 성향을 분석해 본다.

## 서울시 강남구의원 선거구별 특징과 투표 성향 분석

서울시 강남구의 기초의원(강남구의원) 선거구는 가선거구에서 아선거구까지 모두 8개인데, 선거구별 동네의 특성과 역대 선거에서 나타난 투표성향을 들여다보자.

## 강남구 가선거구 :
## 신사동·압구정1동·압구정2동

가선거구에 사는 1만6,634가구 중 63%는 집을 소유하고 있고, 37%는 무주택자다. 주택 소유자 중 자신이 소유한 집에서 사는 가구는 52%, 셋방에 사는 가구는 11%, 다주택자는 10%다. 셋방 사는 가구는 46%로 이 가운데 35%가 무주택자다. 동네별로는 압구정1동과 2동에 사는 가구 중 73~74%가 주택 소유자인 반면, 신사동은 50%만 주택을 소유하고 있다. 다주택자도 압구정1동과 2동은 12~14%인 반면, 신사동은 7%에 머물렀다.

가선거구에 사는 가구 중 65%가 아파트에, 26%가 단독주택에 살고 있다. 동별로는 압구정2동은 88%, 압구정1동은 75%가 아파트에 사는 반면, 신사동은 아파트와 단독주택에 각각 46%가 살고 있다.

가선거구 가구 중 나 홀로 사는 1인 가구는 21%로, 동네별로는 신사동이 27%로 가장 높고, 압구정2동 19%, 압구정1동 14% 순이다. (반)지하 등에 사는 가구는 평균 5%이며, 압구정1동과 2동은 2~3%인 데 비해 신사동은 9%로 월등히 높다.

가선거구에 사는 19세 이상 인구 3만7,267명 가운데 84%가 대학 이상 학력을 보유하고 있다. 박사과정 이상 6%를 포함한 20%는 대학원 이상 학력을, 54%는 4년제 대학 이상 학력을, 10%는 4년제 미만 대학 이상 학력 보유자다. 동네별 대학 이상 학력자 비중은 압구정1동과 2동은 86~88%를, 신사동은 78%를 기록하고 있다.

가선거구에 사는 4만6,766명 가운데 65%는 종교를 갖고 있고 신자 수는 개신교(26%)-천주교(24%)-불교(15%) 순이다. 신사동의 천주교 신자 비중은 22%인 데 비해 압구정1동은 26%, 압구정2동은 25%로 더 높다.

가선거구에 있는 주택 1만2,909채 중 64%가 29평 이상 대형 주택이며, 14평 미만 소형 주택은 2%에 그쳤다. 또 15%는 2005년 기준으로 최근 10년 이내에 지은 새집인 반면, 72%는 지은 지 20년이 넘었다.

2002~2008년 사이 가선거구의 선거권자는 4만~4만2천 명 수준으로, 투표율은 43~62%다. 동별 선거권자 수는 신사동이 가장 많으나 투표율은 네 차례 선거에서 모두 가장 낮았다.

정당별 득표율은 네 차례 선거에서 모두 한나라당이 가장 높았다. 동네별로는 신사동보다는 압구정1동과 2동에서 한나라당 득표율이 6~11%가 높았다. 반면 민주(＋열린우리)당은 압구정1동과 2동에 비해 신사동에서 4~8%를 더 얻었다. 민주노동당＋진보신당 득표율 역시 신사동에서 좀 더 높았다.

가선거구는 강남구 7개 기초의원 선거구 가운데 주택 소유자 비중이 가장 높고, 셋방에 사는 가구 비중은 가장 낮다. 대학 이상 학력자 비중과 종교 인구 비중, 천주교 신자 비중은 가장 높다. 2002~2008년 선거에서 가선거구는 강남구 평균 이상의 투표율을 기록했으며, 선거 때마다 7개 기초의원 선거구 가운데 한나라당 득표율이 가장 높았다. 반면 민주(＋열린우리)당, 민주노동당＋진보신당 득표율은 가장 낮았다. 동네별로는 신사동에 비해 압구정1동과 2동은 주택 소유자 비율, 아파트 거주자 비율, 대학 이상 학력자 비율이 훨씬 높고, 셋방에 사는 가구나 (반)지하 등 거주자 비율은 낮다. 신사동은 압구정1동과 2동에 비해 투표율은 낮고, 한나라당 득표율은 낮으며, 민주(＋열린우리)당이나 진보 정당 득표율은 상대적으로 높다.

**표 5_2.3**

## 가선거구 주택의 점유·소유 형태별 가구

(단위 : 가구, %)

| | 전체 가구 | 자기 집에 거주 | | 셋방에 거주 | | 무상으로 거주 | | 주택 소유 | 주택 미소유 |
|---|---|---|---|---|---|---|---|---|---|
| | | 집 한 채 | 집 여러 채 | 집 없음 | 집 있음 | 집 없음 | 집 있음 | | |
| 강남구 | 184,228 | 30 | 8 | 50 | 11 | 1 | 0 | 49 | 51 |
| 가선거구 | 16,634 | 42 | 10 | 35 | 11 | 2 | 0 | 63 | 37 |
| 신사동 | 7,412 | 34 | 7 | 47 | 9 | 3 | 0 | 50 | 50 |
| 압구정1동 | 5,200 | 49 | 12 | 25 | 13 | 2 | 0 | 73 | 27 |
| 압구정2동 | 4,022 | 47 | 14 | 24 | 13 | 2 | 1 | 74 | 26 |

**표 5_2.4**

## 가선거구 거처의 종류별 가구

(단위 : 가구, %)

| | 총 가구 수 (집단 가구 포함) | 단독주택 | 아파트 | 연립주택 | 다세대주택 | 건물 내 주택 | 주택 이외 거처 |
|---|---|---|---|---|---|---|---|
| 강남구 | 184,377 | 29 | 54 | 3 | 8 | 2 | 4 |
| 가선거구 | 16,648 | 26 | 65 | 2 | 4 | 3 | 0 |
| 신사동 | 7,415 | 46 | 46 | 0 | 4 | 4 | 0 |
| 압구정1동 | 5,204 | 14 | 75 | 5 | 5 | 2 | 0 |
| 압구정2동 | 4,029 | 7 | 88 | 0 | 2 | 2 | 0 |

**표 5_2.5**

## 가선거구 1인 가구와 (반)지하 등 거주 가구

(단위 : 가구, %)

| 행정구역 | 1인 가구 | | (반)지하 등 거주 가구 | | | | |
|---|---|---|---|---|---|---|---|
| | 일반 가구 | 1인 가구 | 계 | 지하 | 옥탑 | 판잣집·움막·비닐집 | 기타 |
| 강남구 | 184,228 | 27 | 7 | 6 | 0 | 1 | 0 |
| 가선거구 | 16,634 | 21 | 5 | 5 | 0 | 0 | 0 |
| 신사동 | 7,412 | 27 | 9 | 9 | 0 | 0 | 0 |
| 압구정1동 | 5,200 | 14 | 3 | 3 | 0 | 0 | 0 |
| 압구정2동 | 4,022 | 19 | 2 | 2 | 0 | 0 | 0 |

## 가선거구 대학 이상 학력 인구

(단위 : 명, %)

| | 19세 이상 인구 | 계 | 4년제 미만 대학 | | 4년제 이상 대학교 | | 석사과정 이상 | 박사과정 이상 |
|---|---|---|---|---|---|---|---|---|
| | | | 계 | 재학 | 계 | 재학 | | |
| 강남구 | 392,400 | 74 | 11 | 2 | 50 | 9 | 9 | 3 |
| 가선거구 | 37,267 | 84 | 10 | 2 | 54 | 8 | 14 | 6 |
| 신사동 | 15,705 | 78 | 10 | 2 | 53 | 8 | 11 | 4 |
| 압구정1동 | 12,519 | 88 | 9 | 2 | 54 | 8 | 16 | 9 |
| 압구정2동 | 9,043 | 86 | 9 | 2 | 55 | 7 | 15 | 7 |

## 가선거구 종교 인구

(단위 : 명, %)

| | 총인구 (내국인) | 종교 있음 | | | | | 종교 없음 | 종교 미상 |
|---|---|---|---|---|---|---|---|---|
| | | 계 | 불교 | 개신교 | 천주교 | 기타 종교 | | |
| 강남구 | 502,637 | 60 | 15 | 24 | 21 | 1 | 38 | 2 |
| 가선거구 | 46,766 | 65 | 15 | 26 | 24 | 1 | 32 | 3 |
| 신사동 | 19,634 | 64 | 15 | 26 | 22 | 1 | 34 | 2 |
| 압구정1동 | 15,959 | 67 | 13 | 27 | 26 | 1 | 30 | 3 |
| 압구정2동 | 11,173 | 65 | 15 | 24 | 25 | 1 | 33 | 2 |

## 가선거구 연건평과 건축년도별 주택

(단위 : 호, %)

| | 총주택 수 | 연건평별 주택 | | | | 건축년도별 주택 | | |
|---|---|---|---|---|---|---|---|---|
| | | 14평 미만 | 14~19평 | 19~29평 | 29평 이상 | 1995~2005 | 1985~1994 | 1985년이전 |
| 강남구 | 131,383 | 19 | 16 | 27 | 37 | 31 | 31 | 37 |
| 가선거구 | 12,909 | 2 | 4 | 30 | 64 | 15 | 13 | 72 |
| 신사동 | 4,433 | 2 | 2 | 16 | 80 | 18 | 27 | 55 |
| 압구정1동 | 4,640 | 2 | 2 | 33 | 63 | 13 | 8 | 80 |
| 압구정2동 | 3,836 | 2 | 8 | 44 | 47 | 14 | 3 | 83 |

표 5_2.9

## 가선거구 2002년 지방선거 결과

(단위 : 명, %)

| | 선거인 수 | 투표율 | 한나라당 | 새천년민주당 | 자민련 | 민주노동당 | 기타 정당 |
|---|---|---|---|---|---|---|---|
| 강남구 | 405,494 | 46 | 62 | 28 | 2 | 5 | 3 |
| 가선거구 | 42,035 | 46 | 73 | 21 | 1 | 3 | 2 |
| 신사동 | 17,614 | 43 | 68 | 24 | 2 | 4 | 3 |
| 압구정1동 | 14,101 | 50 | 76 | 18 | 1 | 2 | 2 |
| 압구정2동 | 10,320 | 46 | 76 | 19 | 1 | 2 | 2 |

표 5_2.10

## 가선거구 2004년 총선 결과

(단위 : 명, %)

| | 선거인 수 | 투표율 | 한나라당 | 새천년민주당 | 열린우리당 | 자민련 | 민주노동당 | 기타 정당 |
|---|---|---|---|---|---|---|---|---|
| 강남구 | 400,374 | 62 | 52 | 6 | 29 | 2 | 9 | 2 |
| 가선거구 | 40,474 | 62 | 65 | 5 | 21 | 2 | 6 | 2 |
| 신사동 | 17,065 | 60 | 59 | 5 | 25 | 1 | 7 | 2 |
| 압구정1동 | 13,528 | 65 | 70 | 5 | 17 | 2 | 4 | 2 |
| 압구정2동 | 9,881 | 61 | 68 | 5 | 20 | 2 | 4 | 1 |

표 5_2.11

## 가선거구 2006년 지방선거 결과

(단위 : 명, %)

| | 선거인 수 | 투표율 | 열린우리당 | 한나라당 | 민주당 | 민주노동당 | 기타 정당 |
|---|---|---|---|---|---|---|---|
| 강남구 | 433,889 | 50 | 14 | 72 | 6 | 6 | 1 |
| 가선거구 | 40,373 | 52 | 9 | 82 | 5 | 4 | 0 |
| 신사동 | 16,968 | 49 | 11 | 78 | 6 | 5 | 0 |
| 압구정1동 | 13,546 | 57 | 8 | 85 | 4 | 3 | 0 |
| 압구정2동 | 9,859 | 53 | 8 | 84 | 4 | 3 | 0 |

표 5_2.12

# 가선거구 2008년 총선 결과

(단위 : 명, %)

| | 선거인 수 | 투표율 | 통합민주당 | 한나라당 | 자유선진당 | 민주노동당 | 창조한국당 | 친박연대 | 진보신당 | 기타 |
|---|---|---|---|---|---|---|---|---|---|---|
| 강남구 | 444,494 | 42 | 17 | 51 | 5 | 2 | 4 | 13 | 4 | 3 |
| 가선거구 | 39,595 | 43 | 11 | 62 | 5 | 1 | 3 | 14 | 2 | 2 |
| 신사동 | 16,564 | 40 | 14 | 58 | 5 | 1 | 3 | 13 | 3 | 3 |
| 압구정1동 | 13,320 | 46 | 10 | 64 | 5 | 1 | 2 | 14 | 2 | 2 |
| 압구정2동 | 9,711 | 43 | 10 | 64 | 5 | 1 | 2 | 14 | 2 | 2 |

# 강남구 나선거구 :
## 논현1동·논현2동·청담1동·청담2동

　나선거구에 사는 3만2,303가구 중 40%는 집을 소유하고 있고, 60%는 무주택자다. 주택 소유자 중 자신이 소유한 집에서 사는 가구는 32%, 셋방에 사는 가구는 7%, 다주택자는 6%다. 셋방 사는 가구는 66%로 이 가운데 59%는 무주택자다. 동네별로는 청담1동에 사는 가구 중 70%가 주택 소유자인 반면, 논현1동과 2동, 청담2동의 주택 소유 가구는 25~43%에 그친다. 다주택자도 청담1동은 11%인 반면, 논현2동과 청담2동은 7%, 논현1동은 3%에 불과하다.

　나선거구에 사는 가구 중 아파트에는 28%만 살고 54%가 단독주택에 산다. 나머지 가구는 다세대주택(9%), 연립주택(5%) 등에 흩어져 산다. 동네별로는 논현1동 가구의 76%, 논현2동 53%, 청담2동 48%가 단독주택에 사는 반면, 청담1동은 71%가 아파트에 산다.

　나선거구에 사는 가구 중 나 홀로 사는 1인 가구는 37%다. 동네별로는 청담1동 15%를 제외하고 나머지 동네는 모두 30% 이상이며 논현1동은 48%에 달한다. (반)지하 등에 사는 가구는 평균 10%다. 청담1동이 4%로 가장 낮고 다른 3곳은 10~13%에 달한다.

　나선거구에 사는 19세 이상 인구 6만5,489명 가운데 71%가 대학 이상 학력을 보유하고 있다. 박사과정 이상 2%를 포함한 10%는 대학원 이상 학력을, 46%는 4년제 대학 이상 학력을, 14%는 4년제 미만 대학 이상 학력 보유자다. 동네별 대학 이상 학력자 비중은 청담1동이 81%로 가장 높고 논현1동이 63%로 상대적으로 낮다.

　나선거구에 사는 7만8,739명 가운데 58%는 종교를 갖고 있고 신자 수는 개신교(22%)-천주교(19%)-불교(16%) 순이다. 논현1동과 2동의 천주교 신자 비중은 16~19%인 데 비해 청담1동과 2동은 23%로 더 높다.

나선거구에 있는 주택 1만6,942채 중 56%가 29평 이상 대형 주택이며, 14평 미만 소형 주택은 6%에 그쳤다. 또 55%는 2005년 기준으로 최근 10년 이내에 지은 새집인 반면, 22%는 지은 지 20년이 넘었다.

2002~2008년 사이 나선거구의 선거권자는 6만3천~6만9천 명 수준으로, 투표율은 34~54%다. 동별 선거권자 수는 논현1동-논현2동-청담1동-청담2동 순으로 많은데, 투표율은 네 차례 선거 모두 논현1동이 가장 낮고 청담1동이 가장 높았다. 두 동네의 투표율 격차는 최소 14%에서 19%까지 벌어졌다.

정당별 득표율은 네 차례 선거에서 모두 한나라당이 가장 높았다. 동네별 한나라당 득표율은 네 차례 선거 모두 청담1동에서 가장 높고 논현1동에서 가장 낮았는데, 두 동네 득표율 격차는 최소 9%에서 최대 17%까지 벌어졌다. 반면 민주(＋열린우리)당 득표율은 네 차례 선거 모두 논현1동에서 가장 높고 청담1동에서 가장 낮았다. 두 동네 득표율 격차는 7%에서 13%까지였다. 민주노동당＋진보신당 득표율 역시 네 차례 선거 모두 논현1동에서 가장 높고 청담1동에서 가장 낮았으며 득표율 격차는 1~4%였다.

**표 5_2.13**

# 나선거구 주택의 점유·소유 형태별 가구

(단위 : 가구, %)

| | 전체 가구 | 자기 집에 거주 | | 셋방에 거주 | | 무상으로 거주 | | 주택 소유 | 주택 미소유 |
|---|---|---|---|---|---|---|---|---|---|
| | | 집 한 채 | 집 여러 채 | 집 없음 | 집 있음 | 집 없음 | 집 있음 | | |
| 강남구 | 184,228 | 30 | 8 | 50 | 11 | 1 | 0 | 49 | 51 |
| 나선거구 | 32,303 | 26 | 6 | 59 | 7 | 1 | 0 | 40 | 60 |
| 논현1동 | 12,514 | 16 | 3 | 75 | 5 | 1 | 0 | 25 | 75 |
| 논현2동 | 9,296 | 24 | 7 | 60 | 7 | 1 | 0 | 39 | 61 |
| 청담1동 | 6,006 | 49 | 11 | 29 | 9 | 1 | 0 | 70 | 30 |
| 청담2동 | 4,487 | 28 | 7 | 55 | 9 | 1 | 0 | 43 | 57 |

**표 5_2.14**

# 나선거구 거처의 종류별 가구

(단위 : 가구, %)

| | 총 가구 수<br>(집단 가구 포함) | 단독주택 | 아파트 | 연립주택 | 다세대주택 | 건물 내 주택 | 주택 이외 거처 |
|---|---|---|---|---|---|---|---|
| 강남구 | 184,377 | 29 | 54 | 3 | 8 | 2 | 4 |
| 나선거구 | 32,333 | 54 | 28 | 5 | 9 | 3 | 1 |
| 논현1동 | 12,517 | 76 | 10 | 4 | 7 | 3 | 1 |
| 논현2동 | 9,315 | 53 | 24 | 3 | 16 | 4 | 1 |
| 청담1동 | 6,007 | 15 | 71 | 8 | 4 | 2 | 0 |
| 청담2동 | 4,494 | 48 | 30 | 6 | 11 | 3 | 3 |

표 5_2.15

## 나선거구 1인 가구와 (반)지하 등 거주 가구

(단위 : 가구, %)

| | 1인 가구 | | (반)지하 등 거주 가구 | | | | |
| | 일반 가구 | 1인 가구 | 계 | 지하 | 옥탑 | 판잣집·움막·비닐집 | 기타 |
|---|---|---|---|---|---|---|---|
| 강남구 | 184,228 | 27 | 7 | 6 | 0 | 1 | 0 |
| 나선거구 | 32,303 | 37 | 10 | 10 | 0 | 0 | 0 |
| 논현1동 | 12,514 | 48 | 13 | 13 | 0 | 0 | 0 |
| 논현2동 | 9,296 | 36 | 10 | 9 | 0 | 0 | 0 |
| 청담1동 | 6,006 | 15 | 4 | 3 | 0 | 0 | 0 |
| 청담2동 | 4,487 | 34 | 12 | 12 | 0 | 0 | 0 |

표 5_2.16

## 나선거구 대학 이상 학력 인구

(단위 : 명, %)

| | 19세 이상 인구 | 계 | 4년제 미만 대학 | | 4년제 이상 대학교 | | 석사과정 이상 | 박사과정 이상 |
| | | | 계 | 재학 | 계 | 재학 | | |
|---|---|---|---|---|---|---|---|---|
| 강남구 | 392,400 | 74 | 11 | 2 | 50 | 9 | 9 | 3 |
| 나선거구 | 65,489 | 71 | 14 | 2 | 46 | 8 | 8 | 2 |
| 논현1동 | 22,534 | 63 | 17 | 2 | 40 | 6 | 5 | 1 |
| 논현2동 | 19,187 | 72 | 14 | 2 | 47 | 7 | 8 | 2 |
| 청담1동 | 14,542 | 81 | 9 | 2 | 56 | 10 | 11 | 5 |
| 청담2동 | 9,226 | 71 | 14 | 2 | 46 | 8 | 8 | 2 |

**표 5_2.17**

# 나선거구 종교 인구

(단위 : 명, %)

| | 총인구<br>(내국인) | 종교 있음 | | | | | 종교 없음 | 종교 미상 |
|---|---|---|---|---|---|---|---|---|
| | | 계 | 불교 | 개신교 | 천주교 | 기타 종교 | | |
| 강남구 | 502,637 | 60 | 15 | 24 | 21 | 1 | 38 | 2 |
| 나선거구 | 78,739 | 58 | 16 | 22 | 19 | 1 | 41 | 1 |
| 논현1동 | 25,812 | 53 | 17 | 20 | 16 | 1 | 47 | 0 |
| 논현2동 | 22,859 | 59 | 17 | 23 | 19 | 1 | 41 | 1 |
| 청담1동 | 18,651 | 63 | 15 | 24 | 23 | 1 | 34 | 3 |
| 청담2동 | 11,417 | 59 | 13 | 22 | 23 | 1 | 40 | 1 |

**표 5_2.18**

# 나선거구 연건평과 건축년도별 주택

(단위 : 호, %)

| | 총주택 수 | 연건평별 주택 | | | | 건축년도별 주택 | | |
|---|---|---|---|---|---|---|---|---|
| | | 14평 미만 | 14~19평 | 19~29평 | 29평 이상 | 1995~2005 | 1985~1994 | 1985년 이전 |
| 강남구 | 131,383 | 19 | 16 | 27 | 37 | 31 | 31 | 37 |
| 나선거구 | 16,942 | 6 | 11 | 27 | 56 | 55 | 23 | 22 |
| 논현1동 | 4,065 | 5 | 18 | 14 | 64 | 62 | 27 | 11 |
| 논현2동 | 5,045 | 5 | 10 | 19 | 66 | 62 | 22 | 17 |
| 청담1동 | 5,304 | 7 | 5 | 41 | 47 | 38 | 19 | 43 |
| 청담2동 | 2,528 | 8 | 13 | 38 | 42 | 66 | 26 | 8 |

표 5_2.19

## 나선거구 2002년 지방선거 결과

(단위 : 명, %)

| | 선거인 수 | 투표율 | 한나라당 | 새천년민주당 | 자민련 | 민주노동당 | 기타 정당 |
|---|---|---|---|---|---|---|---|
| 강남구 | 405,494 | 46 | 62 | 28 | 2 | 5 | 3 |
| 나선거구 | 63,331 | 38 | 64 | 27 | 2 | 4 | 2 |
| 논현1동 | 21,252 | 31 | 59 | 32 | 2 | 5 | 2 |
| 논현2동 | 16,918 | 40 | 64 | 27 | 2 | 5 | 2 |
| 청담1동 | 15,335 | 45 | 70 | 23 | 1 | 3 | 2 |
| 청담2동 | 9,826 | 39 | 64 | 27 | 2 | 4 | 3 |

표 5_2.20

## 나선거구 2004년 총선 결과

(단위 : 명, %)

| | 선거인 수 | 투표율 | 한나라당 | 새천년민주당 | 열린우리당 | 자민련 | 민주노동당 | 기타 정당 |
|---|---|---|---|---|---|---|---|---|
| 강남구 | 400,374 | 62 | 52 | 6 | 29 | 2 | 9 | 2 |
| 나선거구 | 65,214 | 54 | 52 | 6 | 30 | 2 | 9 | 2 |
| 논현1동 | 22,064 | 46 | 44 | 6 | 36 | 2 | 11 | 2 |
| 논현2동 | 18,312 | 55 | 51 | 6 | 30 | 2 | 10 | 2 |
| 청담1동 | 14,936 | 63 | 61 | 5 | 24 | 2 | 7 | 2 |
| 청담2동 | 9,902 | 56 | 52 | 7 | 28 | 2 | 9 | 2 |

표 5_2.21

## 나선거구 2006년 지방선거 결과

(단위 : 명, %)

|  | 선거인 수 | 투표율 | 열린우리당 | 한나라당 | 민주당 | 민주노동당 | 기타 정당 |
|---|---|---|---|---|---|---|---|
| 강남구 | 433,889 | 50 | 14 | 72 | 6 | 6 | 1 |
| 나선거구 | 69,166 | 41 | 14 | 74 | 6 | 6 | 1 |
| 논현1동 | 23,667 | 33 | 18 | 67 | 7 | 8 | 1 |
| 논현2동 | 20,082 | 42 | 13 | 74 | 6 | 6 | 1 |
| 청담1동 | 15,527 | 52 | 11 | 80 | 5 | 4 | 0 |
| 청담2동 | 9,890 | 44 | 13 | 75 | 6 | 5 | 1 |

표 5_2.22

## 나선거구 2008년 총선 결과

(단위 : 명, %)

|  | 선거인 수 | 투표율 | 통합민주당 | 한나라당 | 자유선진당 | 민주노동당 | 창조한국당 | 친박연대 | 진보신당 | 기타 |
|---|---|---|---|---|---|---|---|---|---|---|
| 강남구 | 444,494 | 42 | 17 | 51 | 5 | 2 | 4 | 13 | 4 | 3 |
| 나선거구 | 67,868 | 34 | 17 | 53 | 5 | 2 | 4 | 14 | 3 | 3 |
| 논현1동 | 23,524 | 26 | 21 | 49 | 4 | 2 | 4 | 13 | 4 | 4 |
| 논현2동 | 20,037 | 34 | 17 | 52 | 5 | 2 | 4 | 14 | 4 | 3 |
| 청담1동 | 14,126 | 44 | 14 | 58 | 4 | 1 | 3 | 15 | 3 | 2 |
| 청담2동 | 10,181 | 38 | 17 | 52 | 5 | 1 | 4 | 14 | 3 | 4 |

# 강남구 다선거구 :
## 역삼1동·삼성1동·삼성2동

다선거구에 사는 3만457가구 중 32%는 집을 소유하고 있고, 68%는 무주택자다. 주택 소유자 중 자신이 소유한 집에서 사는 가구는 25%, 셋방에 사는 가구는 7%, 다주택자는 5%다. 셋방 사는 가구는 72%로 이 가운데 65%는 무주택자다. 동네별로는 삼성1동에 사는 가구 중 65%가 주택 소유자인 반면, 삼성2동은 41%, 역삼1동은 20%에 그친다. 반대로 무주택 가구는 삼성1동이 35%인 반면, 삼성2동은 59%, 역삼1동은 80%에 달한다.

다선거구에 사는 가구 중 아파트에는 23%만 살고 55%는 단독주택에, 11%는 다세대주택에, 4%는 연립주택에 산다. 동네별로는 역삼1동 가구의 74%가 단독주택에 사는 반면, 삼성1동은 55%가 아파트에 살고 21%만 단독주택에 산다.

다선거구에 사는 가구 중 나 홀로 사는 1인 가구는 45%다. 동네별로는 역삼1동에서 55%로 가장 높고 삼성1동에서 18%로 가장 낮으며 삼성2동은 36%다. (반)지하 등에 사는 가구는 평균 9%다. 역삼1동에서 10%로 가장 높고 삼성1동에서 6%로 가장 낮다.

다선거구에 사는 19세 이상 인구 5만6,662명 가운데 74%가 대학 이상 학력을 보유하고 있다. 박사과정 이상 2%를 포함한 10%는 대학원 이상 학력을, 50%는 4년제 대학 이상 학력을, 13%는 4년제 미만 대학 이상 학력 보유자다. 동네별로는 삼성1동과 2동은 78~79%인 반면, 역삼1동은 70%로 상대적으로 낮다.

다선거구에 사는 6만7,164명 가운데 55%는 종교를 갖고 있고 신자 수는 개신교(22%)-천주교(17%)-불교(15%) 순이다. 종교 인구 비중은 삼성1동(63%)에서 가장 높고 역삼1동(49%)에서 가장 낮다. 삼성1동은 천주교(22%)와 불교(19%) 신자 비중이 상대적으로 높다.

다선거구에 있는 주택 1만4,498채 중 44%가 29평 이상 대형 주택이며, 14평 미만 소형 주택은 12%다. 또 69%는 2005년 기준으로 최근 10년 이내에 지은 새집인 반면, 15%는 지은 지 20년이 넘었다.

2002~2008년 사이 다선거구의 선거권자는 5만3천~6만4천 명 수준으로, 투표율은 33~53%다. 동별 선거권자 수는 역삼1동-삼성1동-삼성2동 순으로 많은데, 투표율은 네 차례 선거 모두 역삼1동이 가장 낮고 삼성1동이 가장 높았다. 두 동네의 투표율 격차는 최소 11%에서 18%까지 벌어졌다.

정당별 득표율은 네 차례 선거에서 모두 한나라당이 가장 높았다. 동네별 한나라당 득표율은 네 차례 선거 모두 삼성1동에서 가장 높고 역삼1동에서 가장 낮았는데, 두 동네 득표율 격차는 최소 5%에서 최대 16%까지 벌어졌다. 반면 민주(+열린우리)당 득표율은 네 차례 선거 모두 역삼1동에서 가장 높고 삼성1동에서 가장 낮았다. 두 동네 득표율 격차는 7%에서 11%까지였다. 민주노동당+진보신당 득표율 역시 역삼1동이 삼성1동에 비해 2~6% 높았다.

표 5_2.23

## 다선거구 주택의 점유·소유 형태별 가구

(단위 : 가구, %)

| | 전체 가구 | 자기 집에 거주 | | 셋방에 거주 | | 무상으로 거주 | | 주택 소유 | 주택 미소유 |
| | | 집 한 채 | 집 여러 채 | 집 없음 | 집 있음 | 집 없음 | 집 있음 | | |
|---|---|---|---|---|---|---|---|---|---|
| 강남구 | 184,228 | 30 | 8 | 50 | 11 | 1 | 0 | 49 | 51 |
| 다선거구 | 30,457 | 20 | 5 | 65 | 7 | 3 | 0 | 32 | 68 |
| 삼성1동 | 4,291 | 41 | 11 | 33 | 13 | 2 | 1 | 65 | 35 |
| 삼성2동 | 8,478 | 25 | 6 | 58 | 10 | 1 | 0 | 41 | 59 |
| 역삼1동 | 17,688 | 12 | 3 | 77 | 5 | 4 | 0 | 20 | 80 |

표 5_2.24

## 다선거구 거처의 종류별 가구

(단위 : 가구, %)

| | 총 가구 수 (집단 가구 포함) | 단독주택 | 아파트 | 연립주택 | 다세대주택 | 건물 내 주택 | 주택 이외 거처 |
|---|---|---|---|---|---|---|---|
| 강남구 | 184,377 | 29 | 54 | 3 | 8 | 2 | 4 |
| 다선거구 | 30,486 | 55 | 23 | 4 | 11 | 2 | 5 |
| 삼성1동 | 4,294 | 21 | 55 | 11 | 9 | 3 | 2 |
| 삼성2동 | 8,484 | 32 | 40 | 1 | 24 | 2 | 1 |
| 역삼1동 | 17,708 | 74 | 6 | 4 | 6 | 2 | 8 |

표 5_2.25

## 다선거구 1인 가구와 (반)지하 등 거주 가구

(단위 : 가구, %)

| | 1인 가구 | | (반)지하 등 거주 가구 | | | | |
| | 일반 가구 | 1인 가구 | 계 | 지하 | 옥탑 | 판잣집·움막·비닐집 | 기타 |
|---|---|---|---|---|---|---|---|
| 강남구 | 184,228 | 27 | 7 | 6 | 0 | 1 | 0 |
| 다선거구 | 30,457 | 45 | 9 | 9 | 0 | 0 | 0 |
| 삼성1동 | 4,291 | 18 | 6 | 6 | 0 | 0 | 0 |
| 삼성2동 | 8,478 | 36 | 7 | 7 | 0 | 0 | 0 |
| 역삼1동 | 17,688 | 55 | 10 | 10 | 0 | 0 | 0 |

표 5_2.26

## 다선거구 대학 이상 학력 인구

(단위 : 명, %)

| | 19세 이상 인구 | 계 | 4년제 미만 대학 | | 4년제 이상 대학교 | | 석사과정 이상 | 박사과정 이상 |
|---|---|---|---|---|---|---|---|---|
| | | | 계 | 재학 | 계 | 재학 | | |
| 강남구 | 392,400 | 74 | 11 | 2 | 50 | 9 | 9 | 3 |
| 다선거구 | 56,662 | 74 | 13 | 2 | 50 | 8 | 8 | 2 |
| 삼성1동 | 10,287 | 79 | 10 | 2 | 53 | 10 | 11 | 5 |
| 삼성2동 | 16,543 | 78 | 13 | 2 | 53 | 8 | 10 | 2 |
| 역삼1동 | 29,832 | 70 | 15 | 2 | 48 | 7 | 7 | 1 |

표 5_2.27

## 다선거구 종교 인구

(단위 : 명, %)

| | 총인구 (내국인) | 종교 있음 | | | | | 종교 없음 | 종교 미상 |
|---|---|---|---|---|---|---|---|---|
| | | 계 | 불교 | 개신교 | 천주교 | 기타 종교 | | |
| 강남구 | 502,637 | 60 | 15 | 24 | 21 | 1 | 38 | 2 |
| 다선거구 | 67,164 | 55 | 15 | 22 | 17 | 1 | 40 | 5 |
| 삼성1동 | 13,061 | 63 | 19 | 22 | 22 | 1 | 34 | 3 |
| 삼성2동 | 20,619 | 58 | 15 | 23 | 19 | 1 | 40 | 2 |
| 역삼1동 | 33,484 | 49 | 14 | 21 | 14 | 1 | 43 | 8 |

표 5_2.28

## 다선거구 연건평과 건축년도별 주택

(단위 : 호, %)

| | 총주택 수 | 연건평별 주택 | | | | 건축년도별 주택 | | |
|---|---|---|---|---|---|---|---|---|
| | | 14평 미만 | 14~19평 | 19~29평 | 29평 이상 | 1995~2005 | 1985~1994 | 1985년 이전 |
| 강남구 | 131,383 | 19 | 16 | 27 | 37 | 31 | 31 | 37 |
| 다선거구 | 14,498 | 12 | 17 | 26 | 44 | 69 | 16 | 15 |
| 삼성1동 | 3,537 | 2 | 6 | 45 | 47 | 50 | 25 | 26 |
| 삼성2동 | 6,070 | 22 | 23 | 24 | 32 | 82 | 5 | 13 |
| 역삼1동 | 4,891 | 7 | 19 | 16 | 59 | 66 | 24 | 10 |

표 5_2.29

# 다선거구 2002년 지방선거 결과

(단위 : 명, %)

| | 선거인 수 | 투표율 | 한나라당 | 새천년민주당 | 자민련 | 민주노동당 | 기타 정당 |
|---|---|---|---|---|---|---|---|
| 강남구 | 405,494 | 46 | 62 | 28 | 2 | 5 | 3 |
| 다선거구 | 56,002 | 38 | 61 | 30 | 2 | 5 | 2 |
| 삼성1동 | 10,310 | 44 | 67 | 25 | 2 | 4 | 2 |
| 삼성2동 | 20,202 | 41 | 62 | 29 | 2 | 5 | 2 |
| 역삼1동 | 25,490 | 33 | 56 | 33 | 2 | 6 | 2 |

표 5_2.30

# 다선거구 2004년 총선 결과

(단위 : 명, %)

| | 선거인 수 | 투표율 | 한나라당 | 새천년민주당 | 열린우리당 | 자민련 | 민주노동당 | 기타 정당 |
|---|---|---|---|---|---|---|---|---|
| 강남구 | 400,374 | 62 | 52 | 6 | 29 | 2 | 9 | 2 |
| 다선거구 | 53,282 | 53 | 48 | 6 | 32 | 2 | 11 | 2 |
| 삼성1동 | 9,901 | 61 | 57 | 6 | 26 | 2 | 7 | 2 |
| 삼성2동 | 16,014 | 56 | 52 | 6 | 29 | 2 | 10 | 2 |
| 역삼1동 | 27,367 | 49 | 41 | 6 | 37 | 1 | 13 | 2 |

**표 5_2.31**

## 다선거구 2006년 지방선거 결과

(단위 : 명, %)

| | 선거인 수 | 투표율 | 열린우리당 | 한나라당 | 민주당 | 민주노동당 | 기타 정당 |
|---|---|---|---|---|---|---|---|
| 강남구 | 433,889 | 50 | 14 | 72 | 6 | 6 | 1 |
| 다선거구 | 59,592 | 39 | 15 | 70 | 6 | 7 | 1 |
| 삼성1동 | 11,397 | 51 | 10 | 79 | 6 | 4 | 1 |
| 삼성2동 | 17,860 | 44 | 14 | 72 | 6 | 7 | 0 |
| 역삼1동 | 30,335 | 33 | 20 | 64 | 7 | 9 | 1 |

**표 5_2.32**

## 다선거구 2008년 총선 결과

(단위 : 명, %)

| | 선거인 수 | 투표율 | 통합민주당 | 한나라당 | 자유선진당 | 민주노동당 | 창조한국당 | 친박연대 | 진보신당 | 기타 |
|---|---|---|---|---|---|---|---|---|---|---|
| 강남구 | 444,494 | 42 | 17 | 51 | 5 | 2 | 4 | 13 | 4 | 3 |
| 다선거구 | 63,798 | 33 | 19 | 49 | 5 | 2 | 5 | 14 | 4 | 3 |
| 삼성1동 | 12,123 | 40 | 15 | 54 | 4 | 1 | 3 | 17 | 3 | 2 |
| 삼성2동 | 20,433 | 38 | 17 | 50 | 5 | 2 | 4 | 15 | 4 | 2 |
| 역삼1동 | 31,242 | 28 | 22 | 45 | 5 | 3 | 5 | 12 | 4 | 4 |

## 강남구 라선거구 :
## 역삼2동·도곡1동·도곡2동

라선거구에 사는 2만2,322가구 중 62%는 집을 소유하고 있고, 38% 는 무주택자다. 주택 소유자 중 자신이 소유한 집에서 사는 가구는 48%, 셋방에 사는 가구는 14%, 다주택자는 11%다. 셋방 사는 가구 는 50%로, 이 가운데 36%는 무주택자다. 동네별로는 도곡2동은 78%, 도곡1동은 68%가 주택 소유자인 반면, 역삼2동은 44%만 주택 을 소유하고 있고, 56%는 무주택자다. 다주택자도 도곡2동은 17%, 도곡1동은 12%인 반면, 역삼2동은 6%다.

라선거구에 사는 가구 중 아파트에는 62%가 살고 19%는 단독주 택에, 나머지는 다세대주택(8%) 등에 산다. 동네별로는 도곡2동은 85%, 도곡1동은 71%가 아파트에 사는 반면, 역삼2동은 33%만 아파 트에 살고, 35%는 단독주택에, 17%는 다세대주택에 산다.

라선거구에 사는 가구 중 나 홀로 사는 1인 가구는 24%다. 동네별 로는 도곡1동과 2동이 각각 17%와 14%에 머문 데 비해, 역삼2동은 37%에 달한다. (반)지하 등에 사는 가구는 평균 5%다. 도곡2동은 1%, 도곡1동은 4%인 데 비해 역삼2동은 8%로 더 높다.

라선거구에 사는 19세 이상 인구 4만9,298명 가운데 82%가 대학 이상 학력을 보유하고 있다. 박사과정 이상 4%를 포함한 16%는 대 학원 이상 학력을, 54%는 4년제 대학 이상 학력을, 11%는 4년제 미 만 대학 이상 학력 보유자다. 동네별 대학 이상 학력자 비중은 도곡2 동 89%, 도곡1동 82%, 역삼2동 73% 순이다.

라선거구에 사는 6만2,859명 가운데 62%는 종교를 갖고 있고 신자 수는 개신교와 천주교가 23%로 비슷한 가운데 불교가 15%로 뒤를 잇는다. 도곡2동은 천주교(26%) 신자 수가 개신교(22%)와 불교(14%)를 제치고 가장 많다.

라선거구에 있는 주택 1만6,879채 중 51%가 29평 이상 대형 주택이며, 14평 미만 소형 주택은 6%에 그쳤다. 또 57%는 2005년 기준으로 최근 10년 이내에 지은 새집인 반면, 20%는 지은 지 20년이 넘었다.

2002~2008년 사이 라선거구의 선거권자는 4만8천~6만9천 명 수준으로, 투표율은 44~64%다. 2004년 이후 동별 선거권자 수는 도곡2동-역삼2동-도곡1동 순으로 많고, 투표율은 도곡2동이 가장 높고 역삼2동이 가장 낮다. 2004년 이후 두 곳의 투표율 격차는 4~12%다.

정당별 득표율은 네 차례 선거에서 모두 한나라당이 가장 높았다. 동네별 한나라당 득표율은 네 차례 선거 모두 도곡2동에서 가장 높고 역삼2동에서 가장 낮았는데, 두 동네 득표율 격차는 최소 7%에서 최대 15%까지 벌어졌다. 반면 민주(＋열린우리)당 득표율은 네 차례 선거 모두 역삼2동에서 가장 높고 도곡2동에서 가장 낮았다. 두 동네 득표율 격차는 5%에서 11%까지였다. 민주노동당＋진보신당 득표율 역시 도곡2동에 비해 역삼2동이 1~3% 높았다.

**표 5_2.33**

## 라선거구 주택의 점유·소유 형태별 가구

(단위 : 가구, %)

| | 전체 가구 | 자기 집에 거주 | | 셋방에 거주 | | 무상으로 거주 | | 주택 소유 | 주택 미소유 |
|---|---|---|---|---|---|---|---|---|---|
| | | 집 한 채 | 집 여러 채 | 집 없음 | 집 있음 | 집 없음 | 집 있음 | | |
| 강남구 | 184,228 | 30 | 8 | 50 | 11 | 1 | 0 | 49 | 51 |
| 라선거구 | 22,322 | 37 | 11 | 36 | 14 | 1 | 0 | 62 | 38 |
| 도곡1동 | 6,406 | 43 | 12 | 31 | 13 | 1 | 0 | 68 | 32 |
| 도곡2동 | 7,580 | 45 | 17 | 21 | 16 | 1 | 1 | 78 | 22 |
| 역삼2동 | 8,336 | 24 | 6 | 55 | 13 | 2 | 0 | 44 | 56 |

**표 5_2.34**

## 라선거구 거처의 종류별 가구

(단위 : 가구, %)

| | 총 가구 수 (집단 가구 포함) | 단독주택 | 아파트 | 연립주택 | 다세대주택 | 건물 내 주택 | 주택 이외 거처 |
|---|---|---|---|---|---|---|---|
| 강남구 | 184,377 | 29 | 54 | 3 | 8 | 2 | 4 |
| 라선거구 | 22,325 | 19 | 62 | 3 | 8 | 2 | 7 |
| 도곡1동 | 6,407 | 15 | 71 | 4 | 4 | 2 | 3 |
| 도곡2동 | 7,580 | 4 | 85 | 1 | 2 | 2 | 6 |
| 역삼2동 | 8,338 | 35 | 33 | 3 | 17 | 1 | 12 |

**표 5_2.35**

## 라선거구 1인 가구와 (반)지하 등 거주 가구

(단위 : 가구, %)

| | 1인 가구 | | (반)지하 등 거주 가구 | | | | |
|---|---|---|---|---|---|---|---|
| | 일반 가구 | 1인 가구 | 계 | 지하 | 옥탑 | 판잣집·움막·비닐집 | 기타 |
| 강남구 | 184,228 | 27 | 7 | 6 | 0 | 1 | 0 |
| 라선거구 | 22,322 | 24 | 5 | 4 | 0 | 0 | 0 |
| 도곡1동 | 6,406 | 17 | 4 | 3 | 0 | 0 | 1 |
| 도곡2동 | 7,580 | 14 | 1 | 1 | 0 | 0 | 0 |
| 역삼2동 | 8,336 | 37 | 8 | 8 | 0 | 0 | 0 |

표 5_2.36

# 라선거구 대학 이상 학력 인구

(단위 : 명, %)

| | 19세 이상 인구 | 계 | 4년제 미만 대학 | | 4년제 이상 대학교 | | 석사과정 이상 | 박사과정 이상 |
|---|---|---|---|---|---|---|---|---|
| | | | 계 | 재학 | 계 | 재학 | | |
| 강남구 | 392,400 | 74 | 11 | 2 | 50 | 9 | 9 | 3 |
| 라선거구 | 49,298 | 82 | 11 | 2 | 54 | 9 | 12 | 4 |
| 도곡1동 | 14,987 | 82 | 10 | 2 | 56 | 10 | 12 | 4 |
| 도곡2동 | 17,783 | 89 | 9 | 2 | 57 | 10 | 15 | 7 |
| 역삼2동 | 16,528 | 73 | 14 | 2 | 49 | 7 | 8 | 2 |

표 5_2.37

# 라선거구 종교 인구

(단위 : 명, %)

| | 총인구 (내국인) | 종교 있음 | | | | | 종교 없음 | 종교 미상 |
|---|---|---|---|---|---|---|---|---|
| | | 계 | 불교 | 개신교 | 천주교 | 기타 종교 | | |
| 강남구 | 502,637 | 60 | 15 | 24 | 21 | 1 | 38 | 2 |
| 라선거구 | 62,859 | 62 | 15 | 23 | 23 | 1 | 36 | 2 |
| 도곡1동 | 19,745 | 63 | 15 | 24 | 23 | 1 | 37 | 0 |
| 도곡2동 | 23,026 | 64 | 14 | 22 | 26 | 1 | 33 | 30 |
| 역삼2동 | 20,088 | 59 | 16 | 22 | 20 | 1 | 39 | 2 |

표 5_2.38

# 라선거구 연건평과 건축년도별 주택

(단위 : 호, %)

| | 총주택 수 | 연건평별 주택 | | | | 건축년도별 주택 | | |
|---|---|---|---|---|---|---|---|---|
| | | 14평 미만 | 14~19평 | 19~29평 | 29평 이상 | 1995~2005 | 1985~1994 | 1985년 이전 |
| 강남구 | 131,383 | 19 | 16 | 27 | 37 | 31 | 31 | 37 |
| 라선거구 | 16,879 | 6 | 10 | 33 | 51 | 57 | 23 | 20 |
| 도곡1동 | 5,299 | 3 | 8 | 46 | 43 | 44 | 37 | 19 |
| 도곡2동 | 6,779 | 2 | 12 | 21 | 65 | 69 | 24 | 7 |
| 역삼2동 | 4,801 | 14 | 9 | 36 | 41 | 53 | 8 | 39 |

표 5_2.39

## 라선거구 2002년 지방선거 결과

(단위 : 명, %)

| | 선거인 수 | 투표율 | 한나라당 | 새천년민주당 | 자민련 | 민주노동당 | 기타 정당 |
|---|---|---|---|---|---|---|---|
| 강남구 | 405,494 | 46 | 62 | 28 | 2 | 5 | 3 |
| 라선거구 | 50,745 | 45 | 64 | 27 | 2 | 5 | 2 |
| 도곡1동 | 15,696 | 49 | 64 | 27 | 1 | 5 | 2 |
| 도곡2동 | 12,258 | 45 | 69 | 24 | 2 | 4 | 2 |
| 역삼2동 | 22,791 | 42 | 62 | 29 | 2 | 5 | 2 |

표 5_2.40

## 라선거구 2004년 총선 결과

(단위 : 명, %)

| | 선거인 수 | 투표율 | 한나라당 | 새천년민주당 | 열린우리당 | 자민련 | 민주노동당 | 기타 정당 |
|---|---|---|---|---|---|---|---|---|
| 강남구 | 400,374 | 62 | 52 | 6 | 29 | 2 | 9 | 2 |
| 라선거구 | 47,697 | 64 | 58 | 6 | 25 | 1 | 8 | 2 |
| 도곡1동 | 14,912 | 67 | 54 | 6 | 27 | 1 | 9 | 2 |
| 도곡2동 | 16,455 | 67 | 67 | 5 | 20 | 2 | 6 | 1 |
| 역삼2동 | 16,330 | 58 | 52 | 6 | 30 | 2 | 9 | 2 |

표 5_2.41

## 라선거구 2006년 지방선거 결과

(단위 : 명, %)

| | 선거인 수 | 투표율 | 열린우리당 | 한나라당 | 민주당 | 민주노동당 | 기타 정당 |
|---|---|---|---|---|---|---|---|
| 강남구 | 433,889 | 50 | 14 | 72 | 6 | 6 | 1 |
| 라선거구 | 63,045 | 53 | 12 | 78 | 5 | 5 | 1 |
| 도곡1동 | 16,201 | 54 | 13 | 74 | 5 | 7 | 1 |
| 도곡2동 | 24,715 | 58 | 8 | 83 | 4 | 4 | 0 |
| 역삼2동 | 22,129 | 46 | 14 | 73 | 6 | 7 | 1 |

표 5_2.42

## 라선거구 2008년 총선 결과

(단위 : 명, %)

| | 선거인 수 | 투표율 | 통합민주당 | 한나라당 | 자유선진당 | 민주노동당 | 창조한국당 | 친박연대 | 진보신당 | 기타 |
|---|---|---|---|---|---|---|---|---|---|---|
| 강남구 | 444,494 | 42 | 17 | 51 | 5 | 2 | 4 | 13 | 4 | 3 |
| 라선거구 | 68,682 | 44 | 15 | 55 | 5 | 2 | 4 | 14 | 3 | 2 |
| 도곡1동 | 17,535 | 46 | 17 | 51 | 5 | 2 | 4 | 14 | 4 | 3 |
| 도곡2동 | 26,006 | 48 | 11 | 60 | 5 | 1 | 3 | 15 | 3 | 2 |
| 역삼2동 | 25,141 | 40 | 18 | 52 | 5 | 2 | 4 | 13 | 4 | 2 |

## 강남구 마선거구 :

## 대치 1 동 · 대치 3 동 · 대치 4 동


마선거구에 사는 2만431가구 중 53%는 집을 소유하고 있고, 47%는 무주택자다. 주택 소유자 중 자신이 소유한 집에서 사는 가구는 38%, 셋방에 사는 가구는 15%, 다주택자는 9%다. 셋방 사는 가구는 61%로 이 가운데 46%가 무주택자다. 동네별로는 대치1동에 사는 가구 중 88%가 주택 소유자인 반면, 대치4동은 26%만 주택을 소유하고 있고 74%는 무주택자다. 다주택자도 대치1동은 16%에 달하지만 대치4동은 3%에 불과하다.

마선거구에 사는 가구 중 49%는 아파트에 살고, 25%는 단독주택에, 17%는 다세대주택에 산다. 동네별로는 대치1동은 97%가 아파트에 사는 반면, 대치4동은 17%만 아파트에 살고, 42%는 단독주택에, 29%는 다세대주택에 산다.

마선거구에 사는 가구 중 나 홀로 사는 1인 가구는 26%다. 동네별로는 대치4동 가구의 45%가 1인 가구인 반면, 대치1동은 3%, 대치3동은 17%에 머문다. (반)지하 등에 사는 가구는 평균 7%인데, 대치1동에는 없는 반면 대치3동은 9%, 대치4동은 10%다.

마선거구에 사는 19세 이상 인구 4만4,199명 가운데 81%가 대학 이상 학력을 보유하고 있다. 박사과정 이상 4%를 포함한 15%는 대학원 이상 학력을, 56%는 4년제 대학 이상 학력을, 10%는 4년제 미만 대학 이상 학력 보유자다. 동네별로는 대치1동 92%, 대치3동 81%, 대치4동 73% 순이다.

마선거구에 사는 5만9,244명 가운데 61%는 종교를 갖고 있고, 신자 수는 천주교(23%)-개신교(22%)-불교(15%) 순이다. 대치1동과 3동의 종교 인구 비중은 65%인 데 비해 대치4동은 54%다. 또 대치1동은 천주교 신자가, 대치3동은 천주교와 개신교 신자가 공동으로 1위를 기록한 반면, 대치4동은 개신교 신자가 가장 많다.

마선거구에 있는 주택 1만5,034채 중 54%가 29평 이상 대형 주택이며, 14평 미만 소형 주택은 13%다. 또 51%는 2005년 기준으로 최근 10년 이내에 지은 새집인 반면, 36%는 지은 지 20년이 넘었다.

2002~2008년 사이 마선거구의 선거권자는 4만~4만9천 명 수준으로, 투표율은 43~64%다. 동별 투표율은 네 차례 선거 모두 대치1동에서 가장 높고 대치4동에서 가장 낮은데, 최소 17%에서 21%까지 벌어졌다.

정당별 득표율은 네 차례 선거에서 모두 한나라당이 가장 높았다. 동네별 한나라당 득표율은 네 차례 선거 모두 대치1동에서 가장 높고 대치4동에서 가장 낮았는데, 두 동네 득표율 격차는 최소 10%에서 최대 21%까지 벌어졌다. 반면 민주(+열린우리)당 득표율은 네 차례 선거 모두 대치4동에서 가장 높고 대치1동에서 가장 낮았다. 두 동네 득표율 격차는 5%에서 14%까지였다. 민주노동당+진보신당 득표율 역시 대치4동이 대치1동에 비해 3~6% 높았다.

**표 5_2.43**

## 마선거구 주택의 점유·소유 형태별 가구

(단위 : 가구, %)

| | 전체 가구 | 자기 집에 거주 | | 셋방에 거주 | | 무상으로 거주 | | 주택 소유 | 주택 미소유 |
|---|---|---|---|---|---|---|---|---|---|
| | | 집 한 채 | 집 여러 채 | 집 없음 | 집 있음 | 집 없음 | 집 있음 | | |
| 강남구 | 184,228 | 30 | 8 | 50 | 11 | 1 | 0 | 49 | 51 |
| 마선거구 | 20,431 | 29 | 9 | 46 | 15 | 1 | 0 | 53 | 47 |
| 대치1동 | 5,815 | 48 | 16 | 11 | 24 | 0 | 0 | 88 | 12 |
| 대치3동 | 5,241 | 35 | 11 | 36 | 16 | 2 | 0 | 62 | 38 |
| 대치4동 | 9,375 | 14 | 3 | 73 | 9 | 1 | 0 | 26 | 74 |

**표 5_2.44**

## 마선거구 거처의 종류별 가구

(단위 : 가구, %)

| | 총 가구 수 (집단 가구 포함) | 단독주택 | 아파트 | 연립주택 | 다세대주택 | 건물 내 주택 | 주택 이외 거처 |
|---|---|---|---|---|---|---|---|
| 강남구 | 184,377 | 29 | 54 | 3 | 8 | 2 | 4 |
| 마선거구 | 20,493 | 25 | 49 | 4 | 17 | 2 | 4 |
| 대치1동 | 5,816 | 1 | 97 | 1 | 1 | 0 | 0 |
| 대치3동 | 5,254 | 20 | 52 | 11 | 14 | 2 | 1 |
| 대치4동 | 9,423 | 42 | 17 | 1 | 29 | 3 | 8 |

**표 5_2.45**

## 마선거구 1인 가구와 (반)지하 등 거주 가구

(단위 : 가구, %)

| | 1인 가구 | | (반)지하 등 거주 가구 | | | | |
|---|---|---|---|---|---|---|---|
| | 일반 가구 | 1인 가구 | 계 | 지하 | 옥탑 | 판잣집·움막·비닐집 | 기타 |
| 강남구 | 184,228 | 27 | 7 | 6 | 0 | 1 | 0 |
| 마선거구 | 20,431 | 26 | 7 | 7 | 0 | 0 | 0 |
| 대치1동 | 5,815 | 3 | 0 | 0 | 0 | 0 | 0 |
| 대치3동 | 5,241 | 17 | 9 | 8 | 0 | 0 | 0 |
| 대치4동 | 9,375 | 45 | 10 | 10 | 0 | 0 | 0 |

**표 5_2.46**

# 마선거구 대학 이상 학력 인구

(단위 : 명, %)

| | 19세 이상 인구 | 계 | 4년제 미만 대학 | | 4년제 이상 대학교 | | 석사과정 이상 | 박사과정 이상 |
| | | | 계 | 재학 | 계 | 재학 | | |
|---|---|---|---|---|---|---|---|---|
| 강남구 | 392,400 | 74 | 11 | 2 | 50 | 9 | 9 | 3 |
| 마선거구 | 44,199 | 81 | 10 | 2 | 56 | 10 | 11 | 4 |
| 대치1동 | 14,638 | 92 | 6 | 1 | 62 | 12 | 16 | 8 |
| 대치3동 | 12,287 | 81 | 10 | 2 | 58 | 11 | 9 | 3 |
| 대치4동 | 17,274 | 73 | 14 | 2 | 50 | 7 | 7 | 1 |

**표 5_2.47**

# 마선거구 종교 인구

(단위 : 명, %)

| | 총인구 (내국인) | 종교 있음 | | | | | 종교 없음 | 종교 미상 |
| | | 계 | 불교 | 개신교 | 천주교 | 기타 종교 | | |
|---|---|---|---|---|---|---|---|---|
| 강남구 | 502,637 | 60 | 15 | 24 | 21 | 1 | 38 | 2 |
| 마선거구 | 59,244 | 61 | 15 | 22 | 23 | 1 | 38 | 1 |
| 대치1동 | 21,336 | 65 | 15 | 22 | 27 | 1 | 35 | 1 |
| 대치3동 | 16,545 | 65 | 16 | 24 | 24 | 1 | 34 | 1 |
| 대치4동 | 21,363 | 54 | 15 | 20 | 19 | 1 | 45 | 1 |

**표 5_2.48**

# 마선거구 연건평과 건축년도별 주택

(단위 : 호, %)

| | 총주택 수 | 연건평별 주택 | | | | 건축년도별 주택 | | |
| | | 14평 미만 | 14~19평 | 19~29평 | 29평 이상 | 1995~2005 | 1985~1994 | 1985년 이전 |
|---|---|---|---|---|---|---|---|---|
| 강남구 | 131,383 | 19 | 16 | 27 | 37 | 31 | 31 | 37 |
| 마선거구 | 15,034 | 13 | 14 | 19 | 54 | 51 | 13 | 36 |
| 대치1동 | 5,768 | 0 | 5 | 15 | 80 | 32 | 10 | 58 |
| 대치3동 | 4,172 | 6 | 18 | 28 | 48 | 31 | 23 | 45 |
| 대치4동 | 5,094 | 32 | 21 | 16 | 31 | 90 | 7 | 3 |

표 5_2.49

## 마선거구 2002년 지방선거 결과

(단위 : 명, %)

| | 선거인 수 | 투표율 | 한나라당 | 새천년민주당 | 자민련 | 민주노동당 | 기타 정당 |
|---|---|---|---|---|---|---|---|
| 강남구 | 405,494 | 46 | 62 | 28 | 2 | 5 | 3 |
| 마선거구 | 39,999 | 47 | 66 | 26 | 2 | 4 | 2 |
| 대치1동 | 15,395 | 53 | 71 | 22 | 1 | 3 | 2 |
| 대치3동 | 12,614 | 48 | 65 | 27 | 2 | 4 | 2 |
| 대치4동 | 11,990 | 36 | 57 | 33 | 2 | 6 | 2 |

표 5_2.50

## 마선거구 2004년 총선 결과

(단위 : 명, %)

| | 선거인 수 | 투표율 | 한나라당 | 새천년민주당 | 열린우리당 | 자민련 | 민주노동당 | 기타 정당 |
|---|---|---|---|---|---|---|---|---|
| 강남구 | 400,374 | 62 | 52 | 6 | 29 | 2 | 9 | 2 |
| 마선거구 | 39,977 | 64 | 55 | 7 | 27 | 2 | 8 | 2 |
| 대치1동 | 13,328 | 72 | 64 | 7 | 21 | 2 | 5 | 1 |
| 대치3동 | 12,488 | 66 | 56 | 7 | 25 | 2 | 8 | 2 |
| 대치4동 | 14,161 | 54 | 43 | 6 | 35 | 2 | 11 | 2 |

**표 5_2.51**

## 마선거구 2006년 지방선거 결과

(단위 : 명, %)

|  | 선거인 수 | 투표율 | 열린우리당 | 한나라당 | 민주당 | 민주노동당 | 기타 정당 |
|---|---|---|---|---|---|---|---|
| 강남구 | 433,889 | 50 | 14 | 72 | 6 | 6 | 1 |
| 마선거구 | 45,440 | 51 | 12 | 77 | 5 | 6 | 0 |
| 대치1동 | 15,397 | 61 | 9 | 82 | 5 | 4 | 0 |
| 대치3동 | 13,053 | 53 | 11 | 77 | 5 | 5 | 0 |
| 대치4동 | 16,990 | 40 | 17 | 68 | 6 | 8 | 1 |

**표 5_52**

## 마선거구 2008년 총선 결과

(단위 : 명, %)

|  | 선거인 수 | 투표율 | 통합민주당 | 한나라당 | 자유선진당 | 민주노동당 | 창조한국당 | 친박연대 | 진보신당 | 기타 |
|---|---|---|---|---|---|---|---|---|---|---|
| 강남구 | 444,494 | 42 | 17 | 51 | 5 | 2 | 4 | 13 | 4 | 3 |
| 마선거구 | 48,584 | 43 | 16 | 52 | 6 | 2 | 4 | 14 | 4 | 3 |
| 대치1동 | 17,650 | 51 | 14 | 56 | 6 | 1 | 3 | 15 | 4 | 2 |
| 대치3동 | 13,510 | 44 | 16 | 52 | 6 | 2 | 3 | 14 | 5 | 3 |
| 대치4동 | 17,424 | 33 | 19 | 46 | 6 | 3 | 5 | 13 | 5 | 4 |

# 강남구 바선거구 :
## 대치2동·개포3동·일원2동

바선거구에 사는 1만8,814가구 중 63%는 집을 소유하고 있고, 37%는 무주택자다. 주택 소유자 중 자신이 소유한 집에서 사는 가구는 45%, 셋방에 사는 가구는 18%, 다주택자는 10%다. 셋방 사는 가구는 55%로 이 가운데 37%는 무주택자다. 동네별로는 대치2동에 사는 가구 중 87%가 주택 소유자인 반면, 개포3동은 47%, 일원2동은 51%만 주택을 소유하고 있다. 다주택자도 대치2동은 15%에 달하지만 개포3동과 일원2동은 7%에 머무른다. 바선거구에 사는 가구는 오피스텔 등 주택 이외의 거처에 사는 2%를 제외하고는 모두 아파트에 산다.

바선거구에 사는 가구 중 나 홀로 사는 1인 가구는 11%다. 동네별 1인 가구는 대치2동이 3%이고 개포3동과 일원2동은 16%다. 또 모두 아파트에 사는 까닭에 (반)지하 등에 사는 가구는 없다.

바선거구에 사는 19세 이상 인구 4만3,934명 가운데 79%가 대학 이상 학력을 보유하고 있다. 박사과정 이상 3%를 포함한 13%는 대학원 이상 학력을, 58%는 4년제 대학 이상 학력을, 8%는 4년제 미만 대학 이상 학력 보유자다. 대치2동(89%)과 개포3동(83%)은 80% 이상이 대학 이상 학력자인 데 비해 일원2동은 64%다.

바선거구에 사는 6만1,371명 가운데 62%는 종교를 갖고 있고 신자 수는 개신교(24%)-천주교(22%)-불교(15%) 순인데, 대치2동은 천주교 신자가 가장 많다.

바선거구에 있는 주택 1만8,280채 중 11%는 29평 이상, 48%는 19~29평이며 14평 미만 소형 주택은 20%다. 특히 대치2동은 소형 주택이 아예 없는 반면 일원2동은 46%에 달한다. 또 2005년 기준으로 최근 10년 이내에 지은 새집은 1%에 그친 반면, 지은 지 20년이 넘은 집은 61%에 달한다. 특히 대치2동 주택의 98%가 20년이 넘었다.

2002~2008년 사이 바선거구의 선거권자는 4만5천~4만6천 명 수준으로, 투표율은 50~69%다. 동별 투표율은 대치2동과 개포3동이 일원2동에 비해 더 높은 양상이다.

정당별 득표율은 네 차례 선거에서 모두 한나라당이 가장 높았다. 동네별 한나라당 득표율은 네 차례 선거 모두 대치2동에서 가장 높았는데, 개포3동과 일원2동에 비해 최소 17%에서 21%까지 격차가 벌어졌다. 반면 민주(＋열린우리)당 득표율은 개포3동과 일원2동에서 상대적으로 높았고, 민주노동당＋진보신당 득표율은 개포3동에서 가장 높았다.

표 5_2.53

## 바선거구 주택의 점유·소유 형태별 가구

(단위 : 가구, %)

| | 전체 가구 | 자기 집에 거주 | | 셋방에 거주 | | 무상으로 거주 | | 주택 소유 | 주택 미소유 |
|---|---|---|---|---|---|---|---|---|---|
| | | 집 한 채 | 집 여러 채 | 집 없음 | 집 있음 | 집 없음 | 집 있음 | | |
| 강남구 | 184,228 | 30 | 8 | 50 | 11 | 1 | 0 | 49 | 51 |
| 바선거구 | 18,814 | 35 | 10 | 37 | 18 | 0 | 0 | 63 | 37 |
| 개포3동 | 5,356 | 23 | 7 | 53 | 16 | 0 | 0 | 47 | 53 |
| 대치2동 | 6,896 | 47 | 15 | 12 | 26 | 0 | 0 | 87 | 13 |
| 일원2동 | 6,562 | 32 | 7 | 49 | 12 | 0 | 0 | 51 | 49 |

표 5_2.54

## 바선거구 거처의 종류별 가구

(단위 : 가구, %)

| | 총 가구 수 (집단 가구 포함) | 단독주택 | 아파트 | 연립주택 | 다세대주택 | 건물 내 주택 | 주택 이외 거처 |
|---|---|---|---|---|---|---|---|
| 강남구 | 184,377 | 29 | 54 | 3 | 8 | 2 | 4 |
| 바선거구 | 18,815 | 0 | 98 | 0 | 0 | 0 | 2 |
| 개포3동 | 5,356 | 0 | 100 | 0 | 0 | 0 | 0 |
| 대치2동 | 6,897 | 0 | 100 | 0 | 0 | 0 | 0 |
| 일원2동 | 6,562 | 0 | 96 | 0 | 0 | 0 | 4 |

표 5_2.55

## 바선거구 1인 가구와 (반)지하 등 거주 가구

(단위 : 가구, %)

| | 1인 가구 | | (반)지하 등 거주 가구 | | | | |
|---|---|---|---|---|---|---|---|
| | 일반 가구 | 1인 가구 | 계 | 지하 | 옥탑 | 판잣집·움막·비닐집 | 기타 |
| 강남구 | 184,228 | 27 | 7 | 6 | 0 | 1 | 0 |
| 바선거구 | 18,814 | 11 | 0 | 0 | 0 | 0 | 0 |
| 개포3동 | 5,356 | 16 | 0 | 0 | 0 | 0 | 0 |
| 대치2동 | 6,896 | 3 | 0 | 0 | 0 | 0 | 0 |
| 일원2동 | 6,562 | 16 | 0 | 0 | 0 | 0 | 0 |

**표 5_2.56**

## 바선거구 대학 이상 학력 인구

(단위 : 명, %)

| | 19세 이상 인구 | 계 | 4년제 미만 대학 | | 4년제 이상 대학교 | | 석사과정 이상 | 박사과정 이상 |
| | | | 계 | 재학 | 계 | 재학 | | |
|---|---|---|---|---|---|---|---|---|
| 강남구 | 392,400 | 74 | 11 | 2 | 50 | 9 | 9 | 3 |
| 바선거구 | 43,934 | 79 | 8 | 2 | 58 | 10 | 10 | 3 |
| 개포3동 | 11,575 | 83 | 9 | 1 | 63 | 9 | 10 | 2 |
| 대치2동 | 17,574 | 89 | 6 | 1 | 66 | 13 | 13 | 5 |
| 일원2동 | 14,785 | 64 | 10 | 2 | 45 | 8 | 7 | 2 |


**표 5_2.57**

## 바선거구 종교 인구

(단위 : 명, %)

| | 총인구 (내국인) | 종교 있음 | | | | | 종교 없음 | 종교 미상 |
| | | 계 | 불교 | 개신교 | 천주교 | 기타 종교 | | |
|---|---|---|---|---|---|---|---|---|
| 강남구 | 502,637 | 60 | 15 | 24 | 21 | 1 | 38 | 2 |
| 바선거구 | 61,371 | 62 | 15 | 24 | 22 | 1 | 37 | 1 |
| 개포3동 | 16,841 | 57 | 15 | 21 | 20 | 1 | 42 | 0 |
| 대치2동 | 24,976 | 66 | 15 | 25 | 26 | 1 | 33 | 1 |
| 일원2동 | 19,554 | 61 | 15 | 26 | 19 | 1 | 38 | 1 |


**표 5_2.58**

## 바선거구 연건평과 건축년도별 주택

(단위 : 호, %)

| | 총주택 수 | 연건평별 주택 | | | | 건축년도별 주택 | | |
| | | 14평 미만 | 14~19평 | 19~29평 | 29평 이상 | 1995~2005 | 1985~1994 | 1985년 이전 |
|---|---|---|---|---|---|---|---|---|
| 강남구 | 131,383 | 19 | 16 | 27 | 37 | 31 | 31 | 37 |
| 바선거구 | 18,280 | 20 | 21 | 48 | 11 | 1 | 38 | 61 |
| 개포3동 | 5,116 | 14 | 48 | 38 | 0 | 0 | 32 | 68 |
| 대치2동 | 6,891 | 0 | 0 | 73 | 27 | 0 | 2 | 98 |
| 일원2동 | 6,273 | 46 | 22 | 29 | 3 | 3 | 82 | 15 |

표 5_2.59

## 바선거구 2002년 지방선거 결과

(단위 : 명, %)

| | 선거인 수 | 투표율 | 한나라당 | 새천년민주당 | 자민련 | 민주노동당 | 기타 정당 |
|---|---|---|---|---|---|---|---|
| 강남구 | 405,494 | 46 | 62 | 28 | 2 | 5 | 3 |
| 바선거구 | 45,518 | 53 | 63 | 28 | 2 | 5 | 3 |
| 개포3동 | 11,491 | 54 | 55 | 33 | 2 | 7 | 3 |
| 대치2동 | 19,234 | 56 | 72 | 22 | 2 | 3 | 2 |
| 일원2동 | 14,793 | 50 | 56 | 33 | 2 | 6 | 3 |

표 5_2.60

## 바선거구 2004년 총선 결과

(단위 : 명, %)

| | 선거인 수 | 투표율 | 한나라당 | 새천년민주당 | 열린우리당 | 자민련 | 민주노동당 | 기타 정당 |
|---|---|---|---|---|---|---|---|---|
| 강남구 | 400,374 | 62 | 52 | 6 | 29 | 2 | 9 | 2 |
| 바선거구 | 44,912 | 69 | 52 | 8 | 27 | 2 | 10 | 2 |
| 개포3동 | 10,988 | 71 | 44 | 8 | 31 | 1 | 13 | 2 |
| 대치2동 | 19,088 | 71 | 63 | 7 | 20 | 2 | 7 | 2 |
| 일원2동 | 14,836 | 65 | 42 | 8 | 34 | 2 | 12 | 3 |

표 5_2.61

## 바선거구 2006년 지방선거 결과

(단위 : 명, %)

| | 선거인 수 | 투표율 | 열린우리당 | 한나라당 | 민주당 | 민주노동당 | 기타 정당 |
|---|---|---|---|---|---|---|---|
| 강남구 | 433,889 | 50 | 14 | 72 | 6 | 6 | 1 |
| 바선거구 | 46,152 | 58 | 14 | 71 | 7 | 7 | 1 |
| 개포3동 | 11,456 | 58 | 18 | 63 | 8 | 11 | 1 |
| 대치2동 | 19,193 | 62 | 9 | 81 | 6 | 4 | 0 |
| 일원2동 | 15,503 | 54 | 19 | 63 | 8 | 9 | 1 |

표 5_2.62

## 바선거구 2008년 총선 결과

(단위 : 명, %)

| | 선거인 수 | 투표율 | 통합민주당 | 한나라당 | 자유선진당 | 민주노동당 | 창조한국당 | 친박연대 | 진보신당 | 기타 |
|---|---|---|---|---|---|---|---|---|---|---|
| 강남구 | 444,494 | 42 | 17 | 51 | 5 | 2 | 4 | 13 | 4 | 3 |
| 바선거구 | 46,491 | 50 | 20 | 47 | 6 | 3 | 4 | 13 | 5 | 2 |
| 개포3동 | 11,685 | 51 | 26 | 37 | 7 | 4 | 5 | 12 | 8 | 3 |
| 대치2동 | 19,487 | 49 | 13 | 57 | 6 | 1 | 3 | 14 | 4 | 2 |
| 일원2동 | 15,319 | 49 | 24 | 42 | 6 | 4 | 4 | 12 | 5 | 3 |

# 강남구 사선거구 :
## 개포1동·개포4동

사선거구에 사는 1만5,960가구 중 53%는 집을 소유하고 있고, 47%는 무주택자다. 주택 소유자 중 자신이 소유한 집에서 사는 가구는 40%, 셋방에 사는 가구는 12%, 다주택자는 6%다. 셋방 사는 가구는 58%로 이 가운데 46%는 무주택자다. 동네별로는 개포1동에 사는 가구 중 63%가 주택 소유자인 반면, 개포4동은 42%만 주택을 소유하고 있다. 다주택자는 개포1동이 8%, 개포4동이 5%다.

사선거구에 사는 가구 중 61%는 아파트에 살고 15%는 다세대주택에, 11%는 단독주택에 산다. 개포1동은 84%가 아파트에 사는 반면, 개포4동은 38%만 아파트에 살고, 29%는 다세대주택에, 21%는 단독주택에 산다.

사선거구에 사는 가구 중 나 홀로 사는 1인 가구는 22%로, 개포1동은 19%, 개포4동은 24%다. (반)지하 등에 사는 가구는 평균 14%다. 개포1동 가구 중 15%가 판잣집·움막·비닐집에 살고, 개포4동 가구 중 10%는 (반)지하에, 2%는 판잣집·움막·비닐집에 산다.

사선거구에 사는 19세 이상 인구 3만4,353명 가운데 66%가 대학 이상 학력을 보유하고 있다. 박사과정 이상 2%를 포함한 9%는 대학원 이상 학력을, 45%는 4년제 대학 이상 학력을, 12%는 4년제 미만 대학 이상 학력 보유자다. 개포1동은 68%, 개포4동은 64%가 대학 이상 학력자다.

사선거구에 사는 4만6,168명 가운데 59%는 종교를 갖고 있고 신자 수는 개신교(24%)-천주교(19%)-불교(16%) 순이다.

사선거구에 있는 주택 1만2,815채 중 21%가 29평 이상 대형 주택이며, 14평 미만 소형 주택은 31%다. 또 12%는 2005년 기준으로 최근 10년 이내에 지은 새집인 반면, 66%는 지은 지 20년이 넘었다. 특히 개포1동 주택의 96%가 지은 지 20년이 넘었다.

2002~2008년 사이 마선거구의 선거권자는 3만3천~3만5천 명 수준으로, 투표율은 43~63%다. 동별 투표율은 네 차례 선거 모두 개포4동에 비해 개포1동이 최소 9%에서 13%까지 더 높았다.

정당별 득표율은 네 차례 선거에서 모두 한나라당이 가장 높았다. 동네별로는 개포1동이 개포4동에 비해 5~8% 한나라당을 더 찍었다. 반면 민주(＋열린우리)당 득표율은 개포4동에서 상대적으로 4~6% 더 높게 나왔다. 민주노동당＋진보신당 득표율은 두 동이 같거나 개포4동에서 1~2% 높았다.

**표 5_2.63**

## 사선거구 주택의 점유·소유 형태별 가구

(단위 : 가구, %)

| | 전체 가구 | 자기 집에 거주 | | 셋방에 거주 | | 무상으로 거주 | | 주택 소유 | 주택 미소유 |
|---|---|---|---|---|---|---|---|---|---|
| | | 집 한 채 | 집 여러 채 | 집 없음 | 집 있음 | 집 없음 | 집 있음 | | |
| 강남구 | 184,228 | 30 | 8 | 50 | 11 | 1 | 0 | 49 | 51 |
| 사선거구 | 15,960 | 34 | 6 | 46 | 12 | 1 | 0 | 53 | 47 |
| 개포1동 | 7,883 | 40 | 8 | 35 | 15 | 2 | 0 | 63 | 37 |
| 개포4동 | 8,077 | 28 | 5 | 57 | 9 | 1 | 0 | 42 | 58 |

**표 5_2.64**

## 사선거구 거처의 종류별 가구

(단위 : 가구, %)

| | 총 가구 수 (집단 가구 포함) | 단독주택 | 아파트 | 연립주택 | 다세대주택 | 건물 내 주택 | 주택 이외 거처 |
|---|---|---|---|---|---|---|---|
| 강남구 | 184,377 | 29 | 54 | 3 | 8 | 2 | 4 |
| 사선거구 | 15,964 | 11 | 61 | 2 | 15 | 4 | 8 |
| 개포1동 | 7,883 | 1 | 84 | 0 | 0 | 0 | 15 |
| 개포4동 | 8,081 | 21 | 38 | 3 | 29 | 8 | 2 |

**표 5_2.65**

## 사선거구 1인 가구와 (반)지하 등 거주 가구

(단위 : 가구, %)

| | 1인 가구 | | (반)지하 등 거주 가구 | | | | |
|---|---|---|---|---|---|---|---|
| | 일반 가구 | 1인 가구 | 계 | 지하 | 옥탑 | 판잣집·움막·비닐집 | 기타 |
| 강남구 | 184,228 | 27 | 7 | 6 | 0 | 1 | 0 |
| 사선거구 | 15,960 | 22 | 14 | 5 | 0 | 8 | 0 |
| 개포1동 | 7,883 | 19 | 15 | 0 | 0 | 15 | 0 |
| 개포4동 | 8,077 | 24 | 12 | 10 | 0 | 2 | 0 |

## 표 5_2.66

# 사선거구 대학 이상 학력 인구

(단위 : 명, %)

| | 19세 이상 인구 | 계 | 4년제 미만 대학 | | 4년제 이상 대학교 | | 석사과정 이상 | 박사과정 이상 |
|---|---|---|---|---|---|---|---|---|
| | | | 계 | 재학 | 계 | 재학 | | |
| 강남구 | 392,400 | 74 | 11 | 2 | 50 | 9 | 9 | 3 |
| 사선거구 | 34,353 | 66 | 12 | 2 | 45 | 9 | 7 | 2 |
| 개포1동 | 17,532 | 68 | 11 | 2 | 48 | 10 | 7 | 2 |
| 개포4동 | 16,821 | 64 | 14 | 2 | 43 | 7 | 6 | 2 |

## 표 5_2.67

# 사선거구 종교 인구

(단위 : 명, %)

| | 총인구 (내국인) | 종교 있음 | | | | | 종교 없음 | 종교 미상 |
|---|---|---|---|---|---|---|---|---|
| | | 계 | 불교 | 개신교 | 천주교 | 기타 종교 | | |
| 강남구 | 502,637 | 60 | 15 | 24 | 21 | 1 | 38 | 2 |
| 사선거구 | 46,168 | 59 | 16 | 24 | 19 | 1 | 40 | 1 |
| 개포1동 | 23,529 | 61 | 15 | 24 | 21 | 1 | 38 | 1 |
| 개포4동 | 22,639 | 57 | 17 | 24 | 16 | 1 | 43 | 0 |

## 표 5_2.68

# 사선거구 연건평과 건축년도별 주택

(단위 : 호, %)

| | 총주택 수 | 연건평별 주택 | | | | 건축년도별 주택 | | |
|---|---|---|---|---|---|---|---|---|
| | | 14평 미만 | 14~19평 | 19~29평 | 29평 이상 | 1995~2005 | 1985~1994 | 1985년 이전 |
| 강남구 | 131,383 | 19 | 16 | 27 | 37 | 31 | 31 | 37 |
| 사선거구 | 12,815 | 31 | 35 | 13 | 21 | 12 | 22 | 66 |
| 개포1동 | 6,664 | 30 | 44 | 4 | 21 | 0 | 4 | 96 |
| 개포4동 | 6,151 | 33 | 26 | 22 | 20 | 26 | 42 | 32 |

**표 5_2.69**

## 사선거구 2002년 지방선거 결과

(단위 : 명, %)

| | 선거인 수 | 투표율 | 한나라당 | 새천년민주당 | 자민련 | 민주노동당 | 기타 정당 |
|---|---|---|---|---|---|---|---|
| 강남구 | 405,494 | 46 | 62 | 28 | 2 | 5 | 3 |
| 사선거구 | 33,064 | 45 | 61 | 29 | 2 | 5 | 3 |
| 개포1동 | 16,351 | 51 | 64 | 27 | 2 | 5 | 2 |
| 개포4동 | 16,713 | 38 | 59 | 32 | 2 | 5 | 3 |

**표 5_2.70**

## 사선거구 2004년 총선 결과

(단위 : 명, %)

| | 선거인 수 | 투표율 | 한나라당 | 새천년민주당 | 열린우리당 | 자민련 | 민주노동당 | 기타 정당 |
|---|---|---|---|---|---|---|---|---|
| 강남구 | 400,374 | 62 | 52 | 6 | 29 | 2 | 9 | 2 |
| 사선거구 | 33,621 | 63 | 47 | 7 | 32 | 2 | 11 | 2 |
| 개포1동 | 16,512 | 67 | 51 | 7 | 29 | 2 | 10 | 2 |
| 개포4동 | 17,109 | 58 | 43 | 6 | 36 | 2 | 11 | 2 |

**표 5_2.71**

## 사선거구 2006년 지방선거 결과

(단위 : 명, %)

| | 선거인 수 | 투표율 | 열린우리당 | 한나라당 | 민주당 | 민주노동당 | 기타 정당 |
|---|---|---|---|---|---|---|---|
| 강남구 | 433,889 | 50 | 14 | 72 | 6 | 6 | 1 |
| 사선거구 | 34,425 | 50 | 15 | 69 | 7 | 8 | 1 |
| 개포1동 | 16,530 | 56 | 13 | 73 | 7 | 7 | 1 |
| 개포4동 | 17,895 | 45 | 18 | 65 | 7 | 9 | 1 |

**표 5_2.72**

## 사선거구 2008년 총선 결과

(단위 : 명, %)

| | 선거인 수 | 투표율 | 통합민주당 | 한나라당 | 자유선진당 | 민주노동당 | 창조한국당 | 친박연대 | 진보신당 | 기타 |
|---|---|---|---|---|---|---|---|---|---|---|
| 강남구 | 444,494 | 42 | 17 | 51 | 5 | 2 | 4 | 13 | 4 | 3 |
| 사선거구 | 34,914 | 43 | 19 | 47 | 5 | 3 | 4 | 14 | 5 | 3 |
| 개포1동 | 16,635 | 47 | 17 | 50 | 6 | 3 | 4 | 14 | 4 | 3 |
| 개포4동 | 18,279 | 38 | 21 | 45 | 5 | 4 | 5 | 13 | 5 | 3 |

# 강남구 아선거구 :
## 개포2동·세곡동·일원본동·일원1동·수서동

아선거구에 사는 2만9,099가구 중 45%는 집을 소유하고 있고, 55%는 무주택자다. 주택 소유자 중 자신이 소유한 집에서 사는 가구는 34%, 셋방에 사는 가구는 11%, 다주택자는 6%다. 셋방 사는 가구는 65%로 이 가운데 54%는 무주택자다. 동네별로는 일원본동만 가구의 76%가 주택 소유자일 뿐, 나머지 4개 동네 모두 절반 이하다. 특히 일원1동과 수서동은 주택 소유자가 30% 미만으로 70% 이상이 무주택자다. 이는 두 동네에 공공임대주택이 밀집돼 있기 때문으로 보인다.

아선거구에 사는 가구 중 73%는 아파트에 살고, 16%는 단독주택에 산다. 일원본동과 수서동, 개포2동에 사는 사람들은 거의 다 아파트에 산다. 다만 수서동 가구의 8%는 주택 이외의 거처에 산다. 반면 세곡동에 사는 가구의 79%는 단독주택에 살고, 21%는 비닐집 등 주택 이외의 거처에 살며 아파트에 사는 사람은 없다. 일원1동 가구 중 46%는 아파트에 살지만 41%는 단독주택에, 10%는 다세대주택에 산다.

아선거구에 사는 가구 중 나 홀로 사는 1인 가구는 19%다. 개포2동과 수서동은 각각 24%, 세곡동과 일원1동은 각각 18%가 1인 가구인 반면, 일원본동은 9%에 그쳤다. (반)지하 등에 사는 가구는 평균 11%다. 특히 세곡동에 사는 가구의 58%는 (반)지하 등에 사는데, 35%는 (반)지하 방에 살고 21%는 비닐집 등에 산다. 일원1동 가구의 20%도 (반)지하 등에 산다.

아선거구에 사는 19세 이상 인구 6만5,676명 가운데 61%가 대학 이상 학력을 보유하고 있다. 박사과정 이상 2%를 포함한 8%는 대학원 이상 학력을, 42%는 4년제 대학 이상 학력을, 11%는 4년제 미만 대학 이상 학력 보유자다. 일원본동은 81%, 개포2동은 68%가 대학 이상 학력자인 반면, 세곡동과 수서동은 절반에 못 미친다.

아선거구에 사는 8만5,797명 중 61%가 종교를 갖고 있고, 신자 수는 개신교(26%)-천주교(19%)-불교(15%) 순이다. 일원본동은 천주교 신자가 가장 많고, 세곡동에서는 불교 신자가 가장 많은 특징이 있다.

아선거구에 있는 주택 2만4,026채 중 14%는 29평 이상 대형 주택이며, 14평 미만 소형 주택은 50%다. 특히 개포2동과 수서동 주택의 72%가 소형 주택이다. 또 5%는 2005년 기준으로 최근 10년 이내에 지은 새집인 반면, 23%는 지은 지 20년이 넘었다. 특히 개포2동 주택의 87%가 지은 지 20년이 넘었다.

2002~2008년 사이 아선거구의 선거권자는 6만5천~6만7천 명 수준으로, 투표율은 45~63%다. 동별 투표율은 2002년을 제외하고는 모두 일원본동에서 가장 높았다.

정당별 득표율을 보면 네 차례 선거에서 모두 한나라당이 가장 높았다. 동네별로는 일원본동이 세 차례에 걸쳐 한나라당 득표율이 가장 높았으며, 수서동은 네 차례 선거에서 모두 한나라당 득표율이 가장 낮았다. 두 동네 간 득표율 격차는 13~14%다. 반면 민주(＋열린우리)당 득표율은 네 차례 모두 수서동에서 가장 높았다.

**표 5_2.73**

## 아선거구 주택의 점유·소유 형태별 가구

(단위 : 가구, %)

| | 전체 가구 | 자기 집에 거주 | | 셋방에 거주 | | 무상으로 거주 | | 주택 소유 | 주택 미소유 |
|---|---|---|---|---|---|---|---|---|---|
| | | 집 한 채 | 집 여러 채 | 집 없음 | 집 있음 | 집 없음 | 집 있음 | | |
| 강남구 | 184,228 | 30 | 8 | 50 | 11 | 1 | 0 | 49 | 51 |
| 아선거구 | 29,099 | 28 | 6 | 54 | 11 | 1 | 0 | 45 | 55 |
| 개포2동 | 6,857 | 27 | 5 | 49 | 18 | 1 | 0 | 50 | 50 |
| 세곡동 | 1,792 | 33 | 6 | 53 | 5 | 3 | 1 | 44 | 56 |
| 일원본동 | 6,694 | 51 | 11 | 23 | 13 | 1 | 0 | 76 | 24 |
| 일원1동 | 6,406 | 14 | 4 | 74 | 8 | 1 | 0 | 26 | 74 |
| 수서동 | 7,350 | 18 | 4 | 72 | 6 | 0 | 0 | 28 | 72 |

**표 5_2.74**

## 아선거구 거처의 종류별 가구

(단위 : 가구, %)

| | 총 가구 수 (집단 가구 포함) | 단독주택 | 아파트 | 연립주택 | 다세대주택 | 건물 내 주택 | 주택 이외 거처 |
|---|---|---|---|---|---|---|---|
| 강남구 | 184,377 | 29 | 54 | 3 | 8 | 2 | 4 |
| 아선거구 | 29,106 | 16 | 73 | 1 | 3 | 1 | 5 |
| 개포2동 | 6,860 | 3 | 84 | 0 | 3 | 1 | 9 |
| 세곡동 | 1,793 | 79 | 0 | 0 | 0 | 0 | 21 |
| 일원본동 | 6,696 | 6 | 90 | 4 | 0 | 0 | 0 |
| 일원1동 | 6,407 | 41 | 46 | 0 | 10 | 2 | 1 |
| 수서동 | 7,350 | 2 | 90 | 0 | 0 | 0 | 8 |

표 5_2.75

# 아선거구 1인 가구와 (반)지하 등 거주 가구

(단위 : 가구, %)

| | 1인 가구 | | (반)지하 등 거주 가구 | | | | |
|---|---|---|---|---|---|---|---|
| | 일반 가구 | 1인 가구 | 계 | 지하 | 옥탑 | 판잣집·움막·비닐집 | 기타 |
| 강남구 | 184,228 | 27 | 7 | 6 | 0 | 1 | 0 |
| 아선거구 | 29,099 | 19 | 11 | 7 | 0 | 3 | 0 |
| 개포2동 | 6,857 | 24 | 11 | 2 | 0 | 9 | 0 |
| 세곡동 | 1,792 | 18 | 58 | 35 | 2 | 21 | 0 |
| 일원본동 | 6,694 | 9 | 1 | 1 | 0 | 0 | 0 |
| 일원1동 | 6,406 | 18 | 20 | 19 | 1 | 0 | 0 |
| 수서동 | 7,350 | 24 | 1 | 1 | 0 | 0 | 0 |

표 5_2.76

# 아선거구 대학 이상 학력 인구

(단위 : 명, %)

| | 19세 이상 인구 | 계 | 4년제 미만 대학 | | 4년제 이상 대학교 | | 석사과정 이상 | 박사과정 이상 |
|---|---|---|---|---|---|---|---|---|
| | | | 계 | 재학 | 계 | 재학 | | |
| 강남구 | 392,400 | 74 | 11 | 2 | 50 | 9 | 9 | 3 |
| 아선거구 | 65,676 | 61 | 11 | 2 | 42 | 9 | 6 | 2 |
| 개포2동 | 14,487 | 68 | 10 | 2 | 51 | 13 | 6 | 1 |
| 세곡동 | 4,478 | 46 | 11 | 2 | 29 | 6 | 4 | 1 |
| 수서동 | 15,956 | 48 | 13 | 3 | 30 | 6 | 5 | 1 |
| 일원본동 | 16,017 | 81 | 9 | 2 | 58 | 11 | 11 | 3 |
| 일원1동 | 14,738 | 51 | 13 | 3 | 34 | 8 | 4 | 0 |

표 5_2.77

# 아선거구 종교 인구

(단위 : 명, %)

| | 총인구 (내국인) | 종교 있음 | | | | | 종교 없음 | 종교 미상 |
|---|---|---|---|---|---|---|---|---|
| | | 계 | 불교 | 개신교 | 천주교 | 기타 종교 | | |
| 강남구 | 502,637 | 60 | 15 | 24 | 21 | 1 | 38 | 2 |
| 아선거구 | 85,797 | 61 | 15 | 26 | 19 | 1 | 38 | 1 |
| 개포2동 | 19,554 | 59 | 14 | 24 | 21 | 1 | 39 | 2 |
| 세곡동 | 5,471 | 64 | 23 | 19 | 21 | 1 | 36 | 0 |
| 일원본동 | 22,748 | 62 | 15 | 22 | 24 | 1 | 37 | 1 |
| 일원1동 | 19,062 | 62 | 16 | 31 | 15 | 1 | 38 | 1 |
| 수서동 | 18,962 | 59 | 12 | 31 | 15 | 1 | 40 | 0 |

표 5_2.78

# 아선거구 연건평과 건축년도별 주택

(단위 : 호, %)

| | 총주택 수 | 연건평별 주택 | | | | 건축년도별 주택 | | |
|---|---|---|---|---|---|---|---|---|
| | | 14평 미만 | 14~19평 | 19~29평 | 29평 이상 | 1995~2005 | 1985~1994 | 1985년 이전 |
| 강남구 | 131,383 | 19 | 16 | 27 | 37 | 31 | 31 | 37 |
| 아선거구 | 24,026 | 50 | 16 | 20 | 14 | 5 | 73 | 23 |
| 개포2동 | 6,034 | 72 | 7 | 17 | 4 | 1 | 11 | 87 |
| 세곡동 | 573 | 1 | 1 | 9 | 90 | 14 | 55 | 31 |
| 수서동 | 6,734 | 72 | 13 | 7 | 8 | 1 | 99 | 0 |
| 일원본동 | 6,402 | 16 | 19 | 44 | 21 | 11 | 89 | 0 |
| 일원1동 | 4,283 | 41 | 33 | 9 | 16 | 4 | 95 | 1 |

표 5_2.79

## 아선거구 2002년 지방선거 결과

(단위 : 명, %)

| | 선거인 수 | 투표율 | 한나라당 | 새천년민주당 | 자민련 | 민주노동당 | 기타 정당 |
|---|---|---|---|---|---|---|---|
| 강남구 | 405,494 | 46 | 62 | 28 | 2 | 5 | 3 |
| 아선거구 | 65,253 | 47 | 57 | 32 | 2 | 5 | 3 |
| 개포2동 | 13,713 | 45 | 57 | 32 | 2 | 6 | 3 |
| 세곡동 | 4,960 | 54 | 60 | 29 | 2 | 6 | 3 |
| 수서동 | 15,185 | 46 | 51 | 37 | 3 | 6 | 3 |
| 일원본동 | 15,953 | 52 | 64 | 27 | 2 | 5 | 3 |
| 일원1동 | 15,442 | 44 | 54 | 35 | 2 | 5 | 3 |

표 5_2.80

## 아선거구 2004년 총선 결과

(단위 : 명, %)

| | 선거인 수 | 투표율 | 한나라당 | 새천년민주당 | 열린우리당 | 자민련 | 민주노동당 | 기타 정당 |
|---|---|---|---|---|---|---|---|---|
| 강남구 | 400,374 | 62 | 52 | 6 | 29 | 2 | 9 | 2 |
| 아선거구 | 66,017 | 63 | 45 | 7 | 33 | 2 | 11 | 2 |
| 개포2동 | 13,978 | 63 | 46 | 7 | 31 | 2 | 12 | 2 |
| 세곡동 | 4,757 | 60 | 47 | 7 | 33 | 2 | 9 | 3 |
| 수서동 | 15,697 | 60 | 39 | 7 | 39 | 2 | 10 | 3 |
| 일원본동 | 16,289 | 70 | 52 | 7 | 28 | 1 | 10 | 2 |
| 일원1동 | 15,296 | 60 | 39 | 8 | 37 | 2 | 12 | 3 |

표 5_2.81

## 아선거구 2006년 지방선거 결과

(단위 : 명, %)

|  | 선거인 수 | 투표율 | 열린우리당 | 한나라당 | 민주당 | 민주노동당 | 기타 정당 |
|---|---|---|---|---|---|---|---|
| 강남구 | 433,889 | 50 | 14 | 72 | 6 | 6 | 1 |
| 아선거구 | 66,694 | 52 | 19 | 65 | 8 | 8 | 1 |
| 개포2동 | 14,410 | 50 | 16 | 69 | 7 | 8 | 1 |
| 세곡동 | 4,499 | 50 | 17 | 69 | 7 | 5 | 2 |
| 수서동 | 15,690 | 49 | 24 | 57 | 9 | 9 | 2 |
| 일원본동 | 16,789 | 59 | 14 | 71 | 7 | 8 | 1 |
| 일원1동 | 15,306 | 49 | 21 | 59 | 9 | 9 | 1 |

표 5_2.82

## 아선거구 2008년 총선 결과

(단위 : 명, %)

|  | 선거인 수 | 투표율 | 통합민주당 | 한나라당 | 자유선진당 | 민주노동당 | 창조한국당 | 친박연대 | 진보신당 | 기타 |
|---|---|---|---|---|---|---|---|---|---|---|
| 강남구 | 444,494 | 42 | 17 | 51 | 5 | 2 | 4 | 13 | 4 | 3 |
| 아선거구 | 66,794 | 45 | 21 | 44 | 6 | 3 | 4 | 12 | 4 | 4 |
| 개포2동 | 14,847 | 43 | 19 | 47 | 6 | 3 | 4 | 13 | 5 | 4 |
| 세곡동 | 4,287 | 47 | 19 | 51 | 4 | 2 | 4 | 13 | 3 | 4 |
| 수서동 | 15,198 | 45 | 25 | 42 | 6 | 4 | 4 | 10 | 4 | 5 |
| 일원본동 | 17,011 | 49 | 19 | 47 | 6 | 2 | 4 | 13 | 5 | 2 |
| 일원1동 | 15,451 | 44 | 23 | 39 | 7 | 5 | 5 | 11 | 4 | 6 |

서울시 강남구의 광역시 의원(서울시 의원) 선거구는 제1선거구에서 제4선거구까지 모두 4개인데, 선거구별 동네의 특성과 역대 선거에서 나타난 투표 성향을 들여다보자.

## 강남구 제1선거구 :
## 신사동·논현1동·논현2동·압구정1동·압구정2동·
## 청담1동·청담2동

제1선거구에 사는 4만8,937가구 중 48%는 주택을 소유하고 있고 52%는 무주택자다. 주택 소유자 중 38%는 자기 집에서 살고 8%는 남의 집에서 셋방에 살며 7%는 집을 두 채 이상 소유한 다주택자다. 59%는 셋방에 사는데 이 가운데 51%는 무주택자다. 압구정1동과 2동, 청담1동은 70% 이상이 주택 소유자인 반면 논현1동과 2동, 청담2동은 절반에도 미치지 못했다. 특히 논현1동은 75%가 무주택자다.

제1선거구에 사는 가구 중 45%는 단독주택에, 41%는 아파트에 산다. 역시 동네별로 차이가 큰데, 압구정1동·압구정2동·청담1동은 70% 이상이 아파트에 사는 반면, 논현1동은 76%, 논현2동은 53%가 단독주택에 산다.

제1선거구 가구 중 31%가 나 홀로 사는 1인 가구다. 논현1동 48%를 비롯해 논현2동 (36%), 청담2동(34%) 등 세 곳은 3분의 1 이상이 혼자 사는 가구다. 반면 압구정1동과 2동, 청담1동은 20% 미만이다. 제1선거구 가구 중 9%는 (반)지하 방에 산다. 논현1동과 2동, 청담2동은 10% 이상이 (반)지하에 사는 반면, 압구정1동과 2동, 청담1동은 2~4%에 그쳤다.

제1선거구에 사는 19세 이상 10만2,756명 가운데 75%가 대학 이상 학력을 보유하고 있다. 박사과정 이상 4%를 포함해 14%는 대학원 이상 학력을, 49%는 4년제 대학 이상 학력을, 13%는 4년제 미만 대학 이상 학력을 보유하고 있다. 압구정1동과 2동, 청담1동은 80% 이상이 대학 이상 학력자인 반면 논현1동은 63%, 논현2동은 72%, 청담2동은 71%다.

제1선거구에 사는 12만5,505명 중 61%가 종교를 갖고 있고 신자 수는 개신교(23%)-천주교(21%)-불교(15%) 순으로 많다. 압구정1동·압구정2동·청담1동·신사동은 60% 이상이 종교를 갖고 있으며, 논현1동·논현2동·청담2동은 60% 미만이다. 압구정1동·압구정2동·청담1동·청담2동은 상대적으로 천주교 비중이 높다.

제1선거구에 있는 주택 2만9,851채 가운데 59%는 29평 이상 대형 주택인 반면 14평 미만 소형 주택은 4%에 불과하다. 또 38%는 지은 지 10년(1995~2005년 사이 건축)이 안 된 새집이고, 44%는 지은 지 20년이 넘은 집이다.

2002~2008년 사이 제1선거구의 선거권자는 10만5천~11만 명 수준으로, 투표율은 37~57%다. 동별 투표율은 네 차례 선거 모두 압구

정1동에서 가장 높고 논현1동에서 가장 낮았으며, 두 동네의 투표율 격차는 최소 19%에서 최대 24%까지 벌어졌다. 또한 네 차례 선거 모두 압구정1동과 2동, 청담1동에서 투표율이 가장 높았고, 논현1동과 2동, 청담2동에서 가장 낮았다.

정당별 득표율을 보면 네 차례 선거에서 모두 한나라당이 가장 높았다. 네 차례 선거 모두 압구정1동에서 한나라당 득표율이 가장 높고, 논현1동에서 가장 낮았으며 두 동네의 득표율 격차는 최소 15%에서 최대 18%까지 벌어졌다. 반면 네 차례 선거 모두 논현1동에서 민주(＋열린우리)당 득표율이 가장 높고, 압구정1동에서 가장 낮았으며 두 동네의 득표율 격차는 최소 11%에서 최대 20%까지 벌어졌다. 민주노동당과 진보신당 득표율도 네 차례 선거 모두 논현1동에서 가장 높았다.

압구정1동과 2동, 청담1동은 네 차례 선거에서 모두 한나라당 득표율이 가장 높은 3개 동네였다. 반면 논현1동과 2동, 청담2동은 네 차례 선거에서 항상 민주(＋열린우리)당과 진보 정당 득표율이 가장 높은 3개 동네였다.

표 5_2.83

## 제1선거구 주택의 점유·소유 형태별 가구

(단위 : 가구, %)

| | 전체 가구 | 자기 집에 거주 | | 셋방에 거주 | | 무상으로 거주 | | 주택 소유 | 주택 미소유 |
|---|---|---|---|---|---|---|---|---|---|
| | | 집 한 채 | 집 여러 채 | 집 없음 | 집 있음 | 집 없음 | 집 있음 | | |
| 강남구 | 184,228 | 30 | 8 | 50 | 11 | 1 | 0 | 49 | 51 |
| 제1선거구 | 48,937 | 31 | 7 | 51 | 8 | 1 | 0 | 48 | 52 |
| 논현1동 | 12,514 | 16 | 3 | 75 | 5 | 1 | 0 | 25 | 75 |
| 논현2동 | 9,296 | 24 | 7 | 60 | 7 | 1 | 0 | 39 | 61 |
| 신사동 | 7,412 | 34 | 7 | 47 | 9 | 3 | 0 | 50 | 50 |
| 압구정1동 | 5,200 | 49 | 12 | 25 | 13 | 2 | 0 | 73 | 27 |
| 압구정2동 | 4,022 | 47 | 14 | 24 | 13 | 2 | 1 | 74 | 26 |
| 청담1동 | 6,006 | 49 | 11 | 29 | 9 | 1 | 0 | 70 | 30 |
| 청담2동 | 4,487 | 28 | 7 | 55 | 9 | 1 | 0 | 43 | 57 |

표 5_2.84

## 제1선거구 거처의 종류별 가구

(단위 : 가구, %)

| | 총 가구 수 (집단 가구 포함) | 단독주택 | 아파트 | 연립주택 | 다세대주택 | 건물 내 주택 | 주택 이외 |
|---|---|---|---|---|---|---|---|
| 강남구 | 184,377 | 29 | 54 | 3 | 8 | 2 | 4 |
| 제1선거구 | 48,981 | 45 | 41 | 4 | 8 | 3 | 1 |
| 논현1동 | 12,517 | 76 | 10 | 4 | 7 | 3 | 1 |
| 논현2동 | 9,315 | 53 | 24 | 3 | 16 | 4 | 1 |
| 신사동 | 7,415 | 46 | 46 | 0 | 4 | 4 | 0 |
| 압구정1동 | 5,204 | 14 | 75 | 5 | 5 | 2 | 0 |
| 압구정2동 | 4,029 | 7 | 88 | 0 | 2 | 2 | 0 |
| 청담1동 | 6,007 | 15 | 71 | 8 | 4 | 2 | 0 |
| 청담2동 | 4,494 | 48 | 30 | 6 | 11 | 3 | 3 |

표 5_2.85

## 제1선거구 1인 가구와 (반)지하 등 거주 가구

(단위 : 가구, %)

| | 1인 가구 | | (반)지하 등 거주 가구 | | | | |
| | 일반 가구 | 1인 가구 | 계 | 지하 | 옥탑 | 판잣집·움막·비닐집 | 기타 |
|---|---|---|---|---|---|---|---|
| 강남구 | 184,228 | 27 | 7 | 6 | 0 | 1 | 0 |
| 제1선거구 | 48,937 | 31 | 9 | 8 | 0 | 0 | 0 |
| 논현1동 | 12,514 | 48 | 13 | 13 | 0 | 0 | 0 |
| 논현2동 | 9,296 | 36 | 10 | 9 | 0 | 0 | 0 |
| 신사동 | 7,412 | 27 | 9 | 9 | 0 | 0 | 0 |
| 압구정1동 | 5,200 | 14 | 3 | 2 | 0 | 0 | 0 |
| 압구정2동 | 4,022 | 19 | 2 | 2 | 0 | 0 | 0 |
| 청담1동 | 6,006 | 15 | 4 | 3 | 0 | 0 | 0 |
| 청담2동 | 4,487 | 34 | 12 | 12 | 0 | 0 | 0 |

표 5_2.86

## 제1선거구 대학 이상 학력 인구

(단위 : 명, %)

| | 대학 이상 학력 인구 | | | | | | | |
| | 19세 이상 인구 | 계 | 4년제 미만 | | 4년제 이상 | | 석사 | 박사 |
| | | | 계 | 재학 | 계 | 재학 | | |
|---|---|---|---|---|---|---|---|---|
| 강남구 | 392,400 | 74 | 11 | 2 | 50 | 9 | 9 | 3 |
| 제1선거구 | 102,756 | 75 | 13 | 2 | 49 | 8 | 10 | 4 |
| 논현1동 | 22,534 | 63 | 17 | 2 | 40 | 6 | 5 | 1 |
| 논현2동 | 19,187 | 72 | 14 | 2 | 47 | 7 | 8 | 2 |
| 신사동 | 15,705 | 78 | 10 | 2 | 53 | 8 | 11 | 4 |
| 압구정1동 | 12,519 | 88 | 9 | 2 | 54 | 8 | 16 | 9 |
| 압구정2동 | 9,043 | 86 | 9 | 2 | 55 | 7 | 15 | 7 |
| 청담1동 | 14,542 | 81 | 9 | 2 | 56 | 10 | 11 | 5 |
| 청담2동 | 9,226 | 71 | 14 | 2 | 46 | 8 | 8 | 2 |

표 5_2.87

# 제1선거구 종교 인구

(단위 : 명, %)

| | 총인구<br>(내국인) | 종교 있음 | | | | | 종교 없음 | 종교 미상 |
| | | 계 | 불교 | 개신교 | 천주교 | 기타 종교 | | |
|---|---|---|---|---|---|---|---|---|
| 강남구 | 502,637 | 60 | 15 | 24 | 21 | 1 | 38 | 2 |
| 제1선거구 | 125,505 | 61 | 15 | 23 | 21 | 1 | 38 | 2 |
| 논현1동 | 25,812 | 53 | 17 | 20 | 16 | 1 | 47 | 0 |
| 논현2동 | 22,859 | 59 | 17 | 23 | 19 | 1 | 41 | 1 |
| 신사동 | 19,634 | 64 | 15 | 26 | 22 | 1 | 34 | 2 |
| 압구정1동 | 15,959 | 67 | 13 | 27 | 26 | 1 | 30 | 3 |
| 압구정2동 | 11,173 | 65 | 15 | 24 | 25 | 1 | 33 | 2 |
| 청담1동 | 18,651 | 63 | 15 | 24 | 23 | 1 | 34 | 3 |
| 청담2동 | 11,417 | 59 | 13 | 22 | 23 | 1 | 40 | 1 |

표 5_2.88

# 제1선거구 연건평 건축 연도별 주택

(단위 : 호, %)

| | 총 주택 수 | 연건평 | | | | 건축년도 | | |
| | | 14평 미만 | 14~19평 | 19~29평 | 29평 이상 | 1995~2005 | 1985~1994 | 1985년 이전 |
|---|---|---|---|---|---|---|---|---|
| 강남구 | 131,383 | 19 | 16 | 27 | 37 | 31 | 31 | 37 |
| 제1선거구 | 29,851 | 4 | 8 | 29 | 59 | 38 | 19 | 44 |
| 논현1동 | 4,065 | 5 | 18 | 14 | 64 | 62 | 27 | 11 |
| 논현2동 | 5,045 | 5 | 10 | 19 | 66 | 62 | 22 | 17 |
| 신사동 | 4,433 | 2 | 2 | 16 | 80 | 18 | 27 | 55 |
| 압구정1동 | 4,640 | 2 | 2 | 33 | 63 | 13 | 8 | 80 |
| 압구정2동 | 3,836 | 2 | 8 | 44 | 47 | 14 | 3 | 83 |
| 청담1동 | 5,304 | 7 | 5 | 41 | 47 | 38 | 19 | 43 |
| 청담2동 | 2,528 | 8 | 13 | 38 | 42 | 66 | 26 | 8 |

표 5_2.89

## 제1선거구 2002년 지방선거 결과

(단위 : 명, %)

| | 선거인 수 | 투표율 | 한나라당 | 새천년민주당 | 자민련 | 민주노동당 | 기타 정당 |
|---|---|---|---|---|---|---|---|
| 강남구 | 405,494 | 46 | 62 | 28 | 2 | 5 | 3 |
| 제1선거구 | 105,366 | 41 | 68 | 24 | 2 | 4 | 2 |
| 논현1동 | 21,252 | 31 | 59 | 32 | 2 | 5 | 2 |
| 논현2동 | 16,918 | 40 | 64 | 27 | 2 | 5 | 2 |
| 신사동 | 17,614 | 43 | 68 | 24 | 2 | 4 | 3 |
| 압구정1동 | 14,101 | 50 | 76 | 18 | 1 | 2 | 2 |
| 압구정2동 | 10,320 | 46 | 76 | 19 | 1 | 2 | 2 |
| 청담1동 | 15,335 | 45 | 70 | 23 | 1 | 3 | 2 |
| 청담2동 | 9,826 | 39 | 64 | 27 | 2 | 4 | 3 |

표 5_2.90

## 제1선거구 2004년 총선 결과

(단위 : 명, %)

| | 선거인 수 | 투표율 | 한나라당 | 새천년민주당 | 열린우리당 | 자민련 | 민주노동당 | 기타 정당 |
|---|---|---|---|---|---|---|---|---|
| 강남구 | 400,374 | 62 | 52 | 6 | 29 | 2 | 9 | 2 |
| 제1선거구 | 105,688 | 57 | 57 | 5 | 26 | 2 | 8 | 2 |
| 논현1동 | 22,064 | 46 | 44 | 6 | 36 | 2 | 11 | 2 |
| 논현2동 | 18,312 | 55 | 51 | 6 | 30 | 2 | 10 | 2 |
| 신사동 | 17,065 | 60 | 59 | 5 | 25 | 1 | 7 | 2 |
| 압구정1동 | 13,528 | 65 | 70 | 5 | 17 | 2 | 4 | 2 |
| 압구정2동 | 9,881 | 61 | 68 | 5 | 20 | 2 | 4 | 1 |
| 청담1동 | 14,936 | 63 | 61 | 5 | 24 | 2 | 7 | 2 |
| 청담2동 | 9,902 | 56 | 52 | 7 | 28 | 2 | 9 | 2 |

표 5_2.91

# 제1선거구 2006년 지방선거 결과

(단위 : 명, %)

|  | 선거인 수 | 투표율 | 열린우리당 | 한나라당 | 민주당 | 민주노동당 | 기타 정당 |
|---|---|---|---|---|---|---|---|
| 강남구 | 433,889 | 50 | 14 | 72 | 6 | 6 | 1 |
| 제1선거구 | 109,539 | 45 | 12 | 77 | 6 | 5 | 0 |
| 논현1동 | 23,667 | 33 | 18 | 67 | 7 | 8 | 1 |
| 논현2동 | 20,082 | 42 | 13 | 74 | 6 | 6 | 1 |
| 신사동 | 16,968 | 49 | 11 | 78 | 6 | 5 | 0 |
| 압구정1동 | 13,546 | 57 | 8 | 85 | 4 | 3 | 0 |
| 압구정2동 | 9,859 | 53 | 8 | 84 | 4 | 3 | 0 |
| 청담1동 | 15,527 | 52 | 11 | 80 | 5 | 4 | 0 |
| 청담2동 | 9,890 | 44 | 13 | 75 | 6 | 5 | 1 |

표 5_2.92

# 제1선거구 2008년 총선 결과

(단위 : 명, %)

|  | 선거인 수 | 투표율 | 통합민주당 | 한나라당 | 자유선진당 | 민주노동당 | 창조한국당 | 친박연대 | 진보신당 | 기타 |
|---|---|---|---|---|---|---|---|---|---|---|
| 강남구 | 444,494 | 42 | 17 | 51 | 5 | 2 | 4 | 13 | 4 | 3 |
| 제1선거구 | 107,463 | 37 | 15 | 56 | 5 | 1 | 3 | 14 | 3 | 3 |
| 논현1동 | 23,524 | 26 | 21 | 49 | 4 | 2 | 4 | 13 | 4 | 4 |
| 논현2동 | 20,037 | 34 | 17 | 52 | 5 | 2 | 4 | 14 | 4 | 3 |
| 신사동 | 16,564 | 40 | 14 | 58 | 5 | 1 | 3 | 13 | 3 | 3 |
| 압구정1동 | 13,320 | 46 | 10 | 64 | 5 | 1 | 2 | 14 | 2 | 2 |
| 압구정2동 | 9,711 | 43 | 10 | 64 | 5 | 1 | 2 | 14 | 2 | 2 |
| 청담1동 | 14,126 | 44 | 14 | 58 | 4 | 1 | 3 | 15 | 3 | 2 |
| 청담2동 | 10,181 | 38 | 17 | 52 | 5 | 1 | 4 | 14 | 3 | 4 |

## 강남구 제2선거구:

## 삼성1동·삼성2동·역삼1동·역삼2동·도곡1동·도곡2동

제2선거구에 사는 5만2,779가구 중 45%는 주택을 소유하고 있고 55%는 무주택자다. 주택 소유자 중 35%는 자기 집에서 살고, 10%는 남의 집 셋방에 살며, 8%는 집을 두 채 이상 소유한 다주택자다. 63% 는 셋방에 사는데 이 가운데 53%는 무주택자다. 도곡2동 가구의 78%, 도곡1동 가구의 68%, 삼성1동 가구의 65%가 주택 소유자다. 반면 역삼1동 가구의 80%, 삼성2동 가구의 59%, 역삼2동 가구의 56%는 무주택자다. 또한 도곡2동·도곡1동·삼성1동에 사는 가구 중 11~17%가 집을 두 채 이상 소유하고 있는 반면 역삼1동·역삼2동· 삼성2동은 3~6%에 그친다.

제2선거구에 사는 가구 중 40%는 단독주택에 39%는 아파트에, 10%는 다세대주택에 산다. 도곡1동·도곡2동·삼성1동에서는 아파트 거주 가구가 많은 반면, 역삼1동·역삼2동·삼성2동에서는 단독주택 과 다세대주택에 사는 가구가 많다.

제2선거구 가구 중 36%가 나 홀로 사는 1인 가구다. 도곡1동·도곡 2동·삼성1동은 20% 미만인 반면, 역삼1동·역삼2동·삼성2동은 36~55%가 1인 가구다. 제2선거구 가구 중 7%가 (반)지하에 산다. (반)지하에 사는 가구는 역삼1동-역삼2동-삼성2동 순으로 많고, 도곡 2동-도곡1동-삼성1동 순으로 적다.

제2선거구에 사는 19세 이상 10만5,960명 가운데 78%가 대학 이 상 학력을 보유하고 있다. 박사과정 이상 3%를 포함해 13%는 대학 원 이상 학력을, 52%는 4년제 대학 이상 학력을, 12%는 4년제 미만 대학 이상 학력을 보유하고 있다. 대학 이상 학력자 비중은 도곡2동-도곡1동-삼성1동 순으로 높고, 역삼1동-역삼2동-삼성2동 순으로 낮다.

제2선거구에 사는 13만23명 중 58%가 종교를 갖고 있고 신자 수는 개신교(22%)-천주교(20%)-불교(15%) 순으로 많다. 종교 인구 비중은 도곡2동-도곡1동-삼성1동 순으로 높고, 역삼1동-삼성2동-역삼2동 순으로 낮다. 천주교 신자 비중도 도곡2동-도곡1동-삼성1동 순으로 높고 역삼1동-삼성2동-역삼2동 순으로 낮다.

제2선거구에 있는 주택 3만1,377채 가운데 48%는 29평 이상 대형 주택인 반면, 14평 미만 소형 주택은 9%다. 또 62%는 지은 지 10년(1995~2005년 사이 건축)이 안 된 새집이고, 18%는 지은 지 20년이 넘은 집이다.

2002~2008년 사이 제2선거구의 선거권자는 11만~13만 명 수준이고, 투표율은 39~58%다. 동별 투표율을 보면 네 차례 선거 모두 도곡1동·도곡2동·삼성1동에서 가장 높았고 2004년 이후 세 차례 선거는 똑같이 도곡2동-도곡1동-삼성1동 순으로 높았다. 반면 네 차례 선거에서 모두 역삼1동-삼성2동-역삼2동 순으로 투표율이 낮았다. 한나라당 득표율은 항상 도곡2동에서 가장 높고 역삼1동에서 가장 낮았다. 도곡2동과 역삼1동의 한나라당 득표율은 최소 13%에서 최대 26%까지 벌어졌다.

민주(＋열린우리)당 득표율은 항상 역삼1동에서 가장 높고 역삼2동이 뒤를 이었다. 반면 항상 도곡2동에서 가장 낮고 삼성1동이 뒤를 이었다. 역삼1동과 도곡2동의 득표율 격차는 최소 4%에서 17%까지 벌어졌다. 민주노동당과 진보신당 득표율도 항상 역삼1동에서 가장 높고 도곡2동에서 가장 낮았다.

**표 5_2.93**

## 제2선거구 주택의 점유·소유 형태별 가구

(단위 : 가구, %)

| | 전체 가구 | 자기 집에 거주 | | 셋방에 거주 | | 무상으로 거주 | | 주택 소유 | 주택 미소유 |
|---|---|---|---|---|---|---|---|---|---|
| | | 집 한 채 | 집 여러 채 | 집 없음 | 집 있음 | 집 없음 | 집 있음 | | |
| 강남구 | 184,228 | 30 | 8 | 50 | 11 | 1 | 0 | 49 | 51 |
| 제2선거구 | 52,779 | 27 | 8 | 53 | 10 | 2 | 0 | 45 | 55 |
| 도곡1동 | 6,406 | 43 | 12 | 31 | 13 | 1 | 0 | 68 | 32 |
| 도곡2동 | 7,580 | 45 | 17 | 21 | 16 | 1 | 1 | 78 | 22 |
| 삼성1동 | 4,291 | 41 | 11 | 33 | 13 | 2 | 1 | 65 | 35 |
| 삼성2동 | 8,478 | 25 | 6 | 58 | 10 | 1 | 0 | 41 | 59 |
| 역삼1동 | 17,688 | 12 | 3 | 77 | 5 | 4 | 0 | 20 | 80 |
| 역삼2동 | 8,336 | 24 | 6 | 55 | 13 | 2 | 0 | 44 | 56 |

**표 5_2.94**

## 제2선거구 거처의 종류별 가구

(단위 : 가구, %)

| | 총 가구 수 (집단 가구 포함) | 단독주택 | 아파트 | 연립주택 | 다세대주택 | 건물내 주택 | 주택 이외 |
|---|---|---|---|---|---|---|---|
| 강남구 | 184,377 | 29 | 54 | 3 | 8 | 2 | 4 |
| 제2선거구 | 52,811 | 40 | 39 | 4 | 10 | 2 | 6 |
| 도곡1동 | 6,407 | 15 | 71 | 4 | 4 | 2 | 3 |
| 도곡2동 | 7,580 | 4 | 85 | 1 | 2 | 2 | 6 |
| 삼성1동 | 4,294 | 21 | 55 | 11 | 9 | 3 | 2 |
| 삼성2동 | 8,484 | 32 | 40 | 1 | 24 | 2 | 1 |
| 역삼1동 | 17,708 | 74 | 6 | 4 | 6 | 2 | 8 |
| 역삼2동 | 8,338 | 35 | 33 | 3 | 17 | 1 | 12 |

표 5_2.95

## 제2선거구 1인 가구와 (반)지하 등 거주 가구

(단위 : 가구, %)

| | 1인 가구 | | (반)지하 등 거주 가구 | | | | |
| --- | --- | --- | --- | --- | --- | --- | --- |
| | 일반 가구 | 1인 가구 | 계 | 지하 | 옥탑 | 판잣집·움막·비닐집 | 기타 |
| 강남구 | 184,228 | 27 | 7 | 6 | 0 | 1 | 0 |
| 제2선거구 | 52,779 | 36 | 7 | 7 | 0 | 0 | 0 |
| 도곡1동 | 6,406 | 17 | 4 | 3 | 0 | 0 | 1 |
| 도곡2동 | 7,580 | 14 | 1 | 1 | 0 | 0 | 0 |
| 삼성1동 | 4,291 | 18 | 6 | 6 | 0 | 0 | 0 |
| 삼성2동 | 8,478 | 36 | 7 | 7 | 0 | 0 | 0 |
| 역삼1동 | 17,688 | 55 | 10 | 10 | 0 | 0 | 0 |
| 역삼2동 | 8,336 | 37 | 8 | 8 | 0 | 0 | 0 |

표 5_2.96

## 제2선거구 대학 이상 학력 인구

(단위 : 명, %)

| | 대학 이상 학력 인구 | | | | | | | |
| --- | --- | --- | --- | --- | --- | --- | --- | --- |
| | 19세 이상 인구 | 계 | 4년제 미만 | | 4년제 이상 | | 석사 | 박사 |
| | | | 계 | 재학 | 계 | 재학 | | |
| 강남구 | 392,400 | 74 | 11 | 2 | 50 | 9 | 9 | 3 |
| 제2선거구 | 105,960 | 78 | 12 | 2 | 52 | 9 | 10 | 3 |
| 도곡1동 | 14,987 | 82 | 10 | 2 | 56 | 10 | 12 | 4 |
| 도곡2동 | 17,783 | 89 | 9 | 2 | 57 | 10 | 15 | 7 |
| 삼성1동 | 10,287 | 79 | 10 | 2 | 53 | 10 | 11 | 5 |
| 삼성2동 | 16,543 | 78 | 13 | 2 | 53 | 8 | 10 | 2 |
| 역삼1동 | 29,832 | 70 | 15 | 2 | 48 | 7 | 7 | 1 |
| 역삼2동 | 16,528 | 73 | 14 | 2 | 49 | 7 | 8 | 2 |

## 제2선거구 종교 인구

(단위 : 명, %)

| | 총인구<br>(내국인) | 종교 있음 | | | | | 종교 없음 | 종교 미상 |
|---|---|---|---|---|---|---|---|---|
| | | 계 | 불교 | 개신교 | 천주교 | 기타 종교 | | |
| 강남구 | 502,637 | 60 | 15 | 24 | 21 | 1 | 38 | 2 |
| 제2선거구 | 130,023 | 58 | 15 | 22 | 20 | 1 | 38 | 4 |
| 도곡1동 | 19,745 | 63 | 15 | 24 | 23 | 1 | 37 | 0 |
| 도곡2동 | 23,026 | 64 | 14 | 22 | 26 | 1 | 33 | 3 |
| 삼성1동 | 13,061 | 63 | 19 | 22 | 22 | 1 | 34 | 3 |
| 삼성2동 | 20,619 | 58 | 15 | 23 | 19 | 1 | 40 | 2 |
| 역삼1동 | 33,484 | 49 | 14 | 21 | 14 | 1 | 43 | 8 |
| 역삼2동 | 20,088 | 59 | 16 | 22 | 20 | 1 | 39 | 2 |

## 제2선거구 연건평 건축 연도별 주택

(단위 : 호, %)

| | 총 주택 수 | 연건평 | | | | 건축년도 | | |
|---|---|---|---|---|---|---|---|---|
| | | 14평 미만 | 14~19평 | 19~29평 | 29평 이상 | 1995~2005 | 1985~1994 | 1985년이전 |
| 강남구 | 131,383 | 19 | 16 | 27 | 37 | 31 | 31 | 37 |
| 제2선거구 | 31,377 | 9 | 13 | 30 | 48 | 62 | 20 | 18 |
| 도곡1동 | 5,299 | 3 | 8 | 46 | 43 | 44 | 37 | 19 |
| 도곡2동 | 6,779 | 2 | 12 | 21 | 65 | 69 | 24 | 7 |
| 삼성1동 | 3,537 | 2 | 6 | 45 | 47 | 50 | 25 | 26 |
| 삼성2동 | 6,070 | 22 | 23 | 24 | 32 | 82 | 5 | 13 |
| 역삼1동 | 4,891 | 7 | 19 | 16 | 59 | 66 | 24 | 10 |
| 역삼2동 | 4,801 | 14 | 9 | 36 | 41 | 53 | 8 | 39 |

표 5_2.99

## 제2선거구 2002년 지방선거 결과

(단위 : 명, %)

| | 선거인 수 | 투표율 | 한나라당 | 새천년민주당 | 자민련 | 민주노동당 | 기타 정당 |
|---|---|---|---|---|---|---|---|
| 강남구 | 405,494 | 46 | 62 | 28 | 2 | 5 | 3 |
| 제2선거구 | 106,747 | 41 | 63 | 28 | 2 | 5 | 2 |
| 도곡1동 | 15,696 | 49 | 64 | 27 | 1 | 5 | 2 |
| 도곡2동 | 12,258 | 45 | 69 | 24 | 2 | 4 | 2 |
| 삼성1동 | 10,310 | 44 | 67 | 25 | 2 | 4 | 2 |
| 삼성2동 | 20,202 | 41 | 62 | 29 | 2 | 5 | 2 |
| 역삼1동 | 25,490 | 33 | 56 | 33 | 2 | 6 | 2 |
| 역삼2동 | 22,791 | 42 | 62 | 29 | 2 | 5 | 2 |

표 5_2.100

## 제2선거구 2004년 총선 결과

(단위 : 명, %)

| | 선거인 수 | 투표율 | 한나라당 | 새천년민주당 | 열린우리당 | 자민련 | 민주노동당 | 기타 정당 |
|---|---|---|---|---|---|---|---|---|
| 강남구 | 400,374 | 62 | 52 | 6 | 29 | 2 | 9 | 2 |
| 제2선거구 | 100,979 | 58 | 53 | 6 | 29 | 2 | 9 | 2 |
| 도곡1동 | 14,912 | 67 | 54 | 6 | 27 | 1 | 9 | 2 |
| 도곡2동 | 16,455 | 67 | 67 | 5 | 20 | 2 | 6 | 1 |
| 삼성1동 | 9,901 | 61 | 57 | 6 | 26 | 2 | 7 | 2 |
| 삼성2동 | 16,014 | 56 | 52 | 6 | 29 | 2 | 10 | 2 |
| 역삼1동 | 27,367 | 49 | 41 | 6 | 37 | 1 | 13 | 2 |
| 역삼2동 | 16,330 | 58 | 52 | 6 | 30 | 2 | 9 | 2 |

표 5_2.101

## 제2선거구 2006년 지방선거 결과

(단위 : 명, %)

| | 선거인 수 | 투표율 | 열린우리당 | 한나라당 | 민주당 | 민주노동당 | 기타 정당 |
|---|---|---|---|---|---|---|---|
| 강남구 | 433,889 | 50 | 14 | 72 | 6 | 6 | 1 |
| 제2선거구 | 122,637 | 46 | 13 | 75 | 5 | 6 | 1 |
| 도곡1동 | 16,201 | 54 | 13 | 74 | 5 | 7 | 1 |
| 도곡2동 | 24,715 | 58 | 8 | 83 | 4 | 4 | 0 |
| 삼성1동 | 11,397 | 51 | 10 | 79 | 6 | 4 | 1 |
| 삼성2동 | 17,860 | 44 | 14 | 72 | 6 | 7 | 0 |
| 역삼1동 | 30,335 | 33 | 20 | 64 | 7 | 9 | 1 |
| 역삼2동 | 22,129 | 46 | 14 | 73 | 6 | 7 | 1 |

표 5_2.102

## 제2선거구 2008년 총선 결과

(단위 : 명, %)

| | 선거인 수 | 투표율 | 통합민주당 | 한나라당 | 자유선진당 | 민주노동당 | 창조한국당 | 친박연대 | 진보신당 | 기타 |
|---|---|---|---|---|---|---|---|---|---|---|
| 강남구 | 444,494 | 42 | 17 | 51 | 5 | 2 | 4 | 13 | 4 | 3 |
| 제2선거구 | 132,480 | 39 | 16 | 53 | 5 | 2 | 4 | 14 | 4 | 3 |
| 도곡1동 | 17,535 | 46 | 17 | 51 | 5 | 2 | 4 | 14 | 4 | 3 |
| 도곡2동 | 26,006 | 48 | 11 | 60 | 5 | 1 | 3 | 15 | 3 | 2 |
| 삼성1동 | 12,123 | 40 | 15 | 54 | 4 | 1 | 3 | 17 | 3 | 2 |
| 삼성2동 | 20,433 | 38 | 17 | 50 | 5 | 2 | 4 | 15 | 4 | 2 |
| 역삼1동 | 31,242 | 28 | 22 | 45 | 5 | 3 | 5 | 12 | 4 | 4 |
| 역삼2동 | 25,141 | 40 | 18 | 52 | 5 | 2 | 4 | 13 | 4 | 2 |

## 강남구 제3선거구 :
## 대치1동·대치2동·대치3동·대치4동·개포3동·일원2동

제3선거구에 사는 3만9,245가구 중 58%는 주택을 소유하고 있고 42%는 무주택자다. 주택 소유자 중 41%는 자기 집에서 살고, 17%는 남의 집에서 셋방에 살며, 9%는 집을 두 채 이상 소유한 다주택자다. 58%는 셋방에 사는데 이 가운데 41%가 무주택자다.

대치1동과 2동은 가구의 88%와 87%가 주택을 소유하고 있고, 대치3동도 62%가 주택 소유자다. 반면 대치4동은 74%가 무주택자이며 개포3동 가구의 53%, 일원2동 가구의 49%도 무주택자다. 다주택자 비중도 주택 소유자와 마찬가지로 대치1동-대치2동-대치3동 순으로 높고, 대치4동-개포3동-일원2동 순으로 낮다.

제3선거구에 사는 가구 중 73%는 아파트에, 13%는 단독주택에, 9%는 다세대주택에 산다. 대치2동과 개포3동에 사는 사람은 모두 아파트에 살고, 대치1동과 일원2동 역시 96~97%가 아파트 거주자다. 반면 대치4동은 71%가 단독주택과 다세대주택에 살고, 17%만 아파트에 산다.

제3선거구 가구 중 19%가 나 홀로 사는 1인 가구다. 대치1동과 2동은 3%에 불과한 반면, 대치4동의 45%가 1인 가구다. 제3선거구 가구 중 4%는 (반)지하 방에 사는데, 모두 대치4동(10%)과 대치3동(9%)에 집중돼 있다.

제3선거구에 사는 19세 이상 8만8,133명 가운데 80%가 대학 이상 학력을 보유하고 있다. 박사과정 이상 4%를 포함해 14%는 대학원 이상 학력을, 57%는 4년제 대학 이상 학력을, 9%는 4년제 미만 대학 이상 학력을 보유하고 있다. 대학 이상 학력자 비중은 대치1동-대치2동-개포3동 순으로 높고, 일원2동-대치4동-대치3동 순으로 낮다.

제3선거구에 사는 12만615명 중 62%가 종교를 갖고 있고, 신자 수는 개신교(23%)와 천주교(23%)가 비슷한 수준으로 많다. 종교 인구 비중은 대치2동-대치1동-대치3동 순으로 높고, 대치4동-개포3동-일원2동 순으로 낮다. 천주교 신자 비중은 대치1동-대치2동-대치3동 순으로 높다.

제3선거구에 있는 주택 3만3,314채 가운데 35%는 29평 이상 대형 주택인 반면, 16%는 14평 미만 소형 주택이다. 대치1동과 2동에는 소형 주택이 아예 없는 반면 일원2동 주택의 46%, 대치4동 주택의 32%가 소형 주택이다. 또 제3선거구 전체 주택의 24%는 지은 지 10년(1995~2005년 사이 건축)이 안 된 새집이고, 50%는 지은 지 20년이 넘은 집이다. 특히 대치2동 주택의 98%, 개포3동 주택의 68%, 대치1동 주택의 58%는 20년이 넘었다.

2002~2008년 사이 제1선거구의 선거권자는 8만5천~9만5천 명 수준으로, 투표율은 46~64%다. 네 차례 중 세 차례는 대치1동이, 한 차례는 대치2동이 가장 높은 투표율을 기록했다. 반면 대치4동은 항상 투표율이 가장 낮았다. 투표율이 가장 높은 동네와 낮은 동네의 격차는 최소 17%에서 22%까지 벌어졌다.

정당별 득표율을 보면 네 차례 선거에서 모두 한나라당이 가장 높았다. 대치1동과 2동이 두 차례씩 한나라당 득표율이 가장 높았고, 개포3동과 일원2동에서 가장 낮았다. 한나라당 득표율이 가장 높은 동네와 낮은 동네의 격차는 최소 20%에서 최대 22%까지 벌어졌다. 반면 민주(＋열린우리)당 득표율은 일원2동과 개포3동, 대치4동에서

항상 높았고, 대치1, 2, 3동에서 항상 가장 낮았는데, 득표율 격차는
최소 9%에서 22%까지 벌어졌다. 민주노동당과 진보신당 득표율은
항상 개포3동에서 가장 높고 대치1동에서 가장 낮았다.

표 5_2.103

## 제3선거구 주택의 점유·소유 형태별 가구

(단위 : 가구, %)

| | 전체 가구 | 자기 집에 거주 | | 셋방에 거주 | | 무상으로 거주 | | 주택 소유 | 주택 미소유 |
|---|---|---|---|---|---|---|---|---|---|
| | | 집 한 채 | 집 여러 채 | 집 없음 | 집 있음 | 집 없음 | 집 있음 | | |
| 강남구 | 184,228 | 30 | 8 | 50 | 11 | 1 | 0 | 49 | 51 |
| 제3선거구 | 39,245 | 32 | 9 | 41 | 17 | 1 | 0 | 58 | 42 |
| 개포3동 | 5,356 | 23 | 7 | 53 | 16 | 0 | 0 | 47 | 53 |
| 대치1동 | 5,815 | 48 | 16 | 11 | 24 | 0 | 0 | 88 | 12 |
| 대치3동 | 5,241 | 35 | 11 | 36 | 16 | 2 | 0 | 62 | 38 |
| 대치4동 | 9,375 | 14 | 3 | 73 | 9 | 1 | 0 | 26 | 74 |
| 대치2동 | 6,896 | 47 | 15 | 12 | 26 | 0 | 0 | 87 | 13 |
| 일원2동 | 6,562 | 32 | 7 | 49 | 12 | 0 | 0 | 51 | 49 |

표 5_2.104

## 제3선거구 거처의 종류별 가구

(단위 : 가구, %)

| | 총 가구 수 (집단 가구 포함) | 단독주택 | 아파트 | 연립주택 | 다세대주택 | 건물내 주택 | 주택 이외 |
|---|---|---|---|---|---|---|---|
| 강남구 | 184,377 | 29 | 54 | 3 | 8 | 2 | 4 |
| 제3선거구 | 39,308 | 13 | 73 | 2 | 9 | 1 | 3 |
| 개포3동 | 5,356 | 0 | 100 | 0 | 0 | 0 | 0 |
| 대치1동 | 5,816 | 1 | 97 | 1 | 1 | 0 | 0 |
| 대치3동 | 5,254 | 20 | 52 | 11 | 14 | 2 | 1 |
| 대치4동 | 9,423 | 42 | 17 | 1 | 29 | 3 | 8 |
| 대치2동 | 6,897 | 0 | 100 | 0 | 0 | 0 | 0 |
| 일원2동 | 6,562 | 0 | 96 | 0 | 0 | 0 | 4 |

표 5_2.105

## 제3선거구 1인 가구와 (반)지하 등 거주 가구

(단위 : 가구, %)

| | 1인 가구 | | (반)지하 등 거주 가구 | | | | |
|---|---|---|---|---|---|---|---|
| | 일반 가구 | 1인 가구 | 계 | 지하 | 옥탑 | 판잣집·움막·비닐집 | 기타 |
| 강남구 | 184,228 | 27 | 7 | 6 | 0 | 1 | 0 |
| 제3선거구 | 39,245 | 19 | 4 | 4 | 0 | 0 | 0 |
| 개포3동 | 5,356 | 16 | 0 | 0 | 0 | 0 | 0 |
| 대치1동 | 5,815 | 3 | 0 | 0 | 0 | 0 | 0 |
| 대치3동 | 5,241 | 17 | 9 | 8 | 0 | 0 | 0 |
| 대치4동 | 9,375 | 45 | 10 | 10 | 0 | 0 | 0 |
| 대치2동 | 6,896 | 3 | 0 | 0 | 0 | 0 | 0 |
| 일원2동 | 6,562 | 16 | 0 | 0 | 0 | 0 | 0 |

표 5_2.106

## 제3선거구 대학 이상 학력 인구

(단위 : 명, %)

| | 대학 이상 학력 인구 | | | | | | | |
|---|---|---|---|---|---|---|---|---|
| | 19세 이상 인구 | 계 | 4년제 미만 | | 4년제 이상 | | 석사 | 박사 |
| | | | 계 | 재학 | 계 | 재학 | | |
| 강남구 | 392,400 | 74 | 11 | 2 | 50 | 9 | 9 | 3 |
| 제3선거구 | 88,133 | 80 | 9 | 2 | 57 | 10 | 10 | 4 |
| 개포3동 | 11,575 | 83 | 9 | 1 | 63 | 9 | 10 | 2 |
| 대치1동 | 14,638 | 92 | 6 | 1 | 62 | 12 | 16 | 8 |
| 대치3동 | 12,287 | 81 | 10 | 2 | 58 | 11 | 9 | 3 |
| 대치4동 | 17,274 | 73 | 14 | 2 | 50 | 7 | 7 | 1 |
| 대치2동 | 17,574 | 89 | 6 | 1 | 66 | 13 | 13 | 5 |
| 일원2동 | 14,785 | 64 | 10 | 2 | 45 | 8 | 7 | 2 |

**표 5_2.107**

# 제3선거구 종교 인구

(단위 : 명, %)

| | 총인구 (내국인) | 종교 있음 | | | | | 종교 없음 | 종교 미상 |
|---|---|---|---|---|---|---|---|---|
| | | 계 | 불교 | 개신교 | 천주교 | 기타 종교 | | |
| 강남구 | 502,637 | 60 | 15 | 24 | 21 | 1 | 38 | 2 |
| 제3선거구 | 120,615 | 62 | 15 | 23 | 23 | 1 | 38 | 1 |
| 개포3동 | 16,841 | 57 | 15 | 21 | 20 | 1 | 42 | 0 |
| 대치1동 | 21,336 | 65 | 15 | 22 | 27 | 1 | 35 | 1 |
| 대치3동 | 16,545 | 65 | 16 | 24 | 24 | 1 | 34 | 1 |
| 대치4동 | 21,363 | 54 | 15 | 20 | 19 | 1 | 45 | 1 |
| 대치2동 | 24,976 | 66 | 15 | 25 | 26 | 1 | 33 | 1 |
| 일원2동 | 19,554 | 61 | 15 | 26 | 19 | 1 | 38 | 1 |

**표 5_2.108**

# 제3선거구 연건평 건축 연도별 주택

(단위 : 호, %)

| | 총 주택 수 | 연건평 | | | | 건축년도 | | |
|---|---|---|---|---|---|---|---|---|
| | | 14평 미만 | 14~19평 | 19~29평 | 29평 이상 | 1995~2005 | 1985~1994 | 1985년 이전 |
| 강남구 | 131,383 | 19 | 16 | 27 | 37 | 31 | 31 | 37 |
| 제3선거구 | 33,314 | 16 | 18 | 35 | 31 | 24 | 26 | 50 |
| 개포3동 | 5,116 | 14 | 48 | 38 | 0 | 0 | 32 | 68 |
| 대치1동 | 5,768 | 0 | 5 | 15 | 80 | 32 | 10 | 58 |
| 대치3동 | 4,172 | 6 | 18 | 28 | 48 | 31 | 23 | 45 |
| 대치4동 | 5,094 | 32 | 21 | 16 | 31 | 90 | 7 | 3 |
| 대치2동 | 6,891 | 0 | 0 | 73 | 27 | 0 | 2 | 98 |
| 일원2동 | 6,273 | 46 | 22 | 29 | 3 | 3 | 82 | 15 |

표 5_2.109

# 제3선거구 2002년 지방선거 결과

(단위 : 명, %)

| | 선거인 수 | 투표율 | 한나라당 | 새천년민주당 | 자민련 | 민주노동당 | 기타 정당 |
|---|---|---|---|---|---|---|---|
| 강남구 | 405,494 | 46 | 62 | 28 | 2 | 5 | 3 |
| 제3선거구 | 85,517 | 50 | 64 | 27 | 2 | 4 | 2 |
| 개포3동 | 11,491 | 54 | 55 | 33 | 2 | 7 | 3 |
| 대치1동 | 15,395 | 53 | 71 | 22 | 1 | 3 | 2 |
| 대치3동 | 12,614 | 48 | 65 | 27 | 2 | 4 | 2 |
| 대치4동 | 11,990 | 36 | 57 | 33 | 2 | 6 | 2 |
| 대치2동 | 19,234 | 56 | 72 | 22 | 2 | 3 | 2 |
| 일원2동 | 14,793 | 50 | 56 | 33 | 2 | 6 | 3 |

표 5_2.110

# 제3선거구 2004년 총선 결과

(단위 : 명, %)

| | 선거인 수 | 투표율 | 한나라당 | 새천년민주당 | 열린우리당 | 자민련 | 민주노동당 | 기타 정당 |
|---|---|---|---|---|---|---|---|---|
| 강남구 | 400,374 | 62 | 52 | 6 | 29 | 2 | 9 | 2 |
| 제3선거구 | 84,889 | 67 | 53 | 7 | 27 | 2 | 9 | 2 |
| 개포3동 | 10,988 | 71 | 44 | 8 | 31 | 1 | 13 | 2 |
| 대치1동 | 13,328 | 72 | 64 | 7 | 21 | 2 | 5 | 1 |
| 대치3동 | 12,488 | 66 | 56 | 7 | 25 | 2 | 8 | 2 |
| 대치4동 | 14,161 | 54 | 43 | 6 | 35 | 2 | 11 | 2 |
| 대치2동 | 19,088 | 71 | 63 | 7 | 20 | 2 | 7 | 2 |
| 일원2동 | 14,836 | 65 | 42 | 8 | 34 | 2 | 12 | 3 |

표 5_2.111

# 제3선거구 2006년 지방선거 결과

(단위 : 명, %)

| | 선거인 수 | 투표율 | 열린우리당 | 한나라당 | 민주당 | 민주노동당 | 기타 정당 |
|---|---|---|---|---|---|---|---|
| 강남구 | 433,889 | 50 | 14 | 72 | 6 | 6 | 1 |
| 제3선거구 | 91,592 | 55 | 13 | 74 | 6 | 6 | 1 |
| 개포3동 | 11,456 | 58 | 18 | 63 | 8 | 11 | 1 |
| 대치1동 | 15,397 | 61 | 9 | 82 | 5 | 4 | 0 |
| 대치3동 | 13,053 | 53 | 11 | 77 | 5 | 5 | 0 |
| 대치4동 | 16,990 | 40 | 17 | 68 | 6 | 8 | 1 |
| 대치2동 | 19,193 | 62 | 9 | 81 | 6 | 4 | 0 |
| 일원2동 | 15,503 | 54 | 19 | 63 | 8 | 9 | 1 |

표 5_2.112

# 제3선거구 2008년 총선 결과

(단위 : 명, %)

| | 선거인 수 | 투표율 | 통합민주당 | 한나라당 | 자유선진당 | 민주노동당 | 창조한국당 | 친박연대 | 진보신당 | 기타 |
|---|---|---|---|---|---|---|---|---|---|---|
| 강남구 | 444,494 | 42 | 17 | 51 | 5 | 2 | 4 | 13 | 4 | 3 |
| 제3선거구 | 95,075 | 46 | 18 | 49 | 6 | 2 | 4 | 13 | 5 | 3 |
| 개포3동 | 11,685 | 51 | 26 | 37 | 7 | 4 | 5 | 12 | 8 | 3 |
| 대치1동 | 17,650 | 51 | 14 | 56 | 6 | 1 | 3 | 15 | 4 | 2 |
| 대치3동 | 13,510 | 44 | 16 | 52 | 6 | 2 | 3 | 14 | 5 | 3 |
| 대치4동 | 17,424 | 33 | 19 | 46 | 6 | 3 | 5 | 13 | 5 | 4 |
| 대치2동 | 19,487 | 49 | 13 | 57 | 6 | 1 | 3 | 14 | 4 | 2 |
| 일원2동 | 15,319 | 49 | 24 | 42 | 6 | 4 | 4 | 12 | 5 | 3 |

## 강남구 제4선거구 :
## 개포1동·개포2동·개포4동·일원본동·일원1동·
## 수서동·세곡동

제4선거구에 사는 4만5,059가구 중 47%는 주택을 소유하고 있고 53%는 무주택자다. 주택 소유자 중 36%는 자기 집에서 살고, 11%는 남의 집에서 셋방에 살며, 6%는 집을 두 채 이상 소유한 다주택자다. 63%는 셋방에 사는데 이 가운데 52%는 무주택자다.

일원본동 가구의 76%, 개포1동 가구의 63%가 주택 소유자인 반면, 일원1동 가구의 74%, 수서동 가구의 72%는 무주택자다. 일원본동 가구의 11%, 개포1동 가구의 8%가 다주택자인 반면, 일원1동과 수서동은 가구의 4%만 다주택자다.

제4선거구에 사는 가구 중 69%는 아파트에 살고 14%는 단독주택에 산다. 일원본동·수서동·개포1동·개포2동은 84~90%가 아파트에 산다. 반면 세곡동은 79%가 단독주택에, 21%가 비닐집 등 주택 이외의 거처에 산다. 일원1동 가구의 51%, 개포4동 가구의 50%는 단독주택과 다세대주택에 산다.

제4선거구 가구 중 20%가 나 홀로 사는 1인 가구다. 일원본동은 9%에 그친 반면 개포2동과 4동, 수서동의 24%가 1인 가구다. 제4선거구 가구의 12%는 (반)지하 등에 산다. 일원본동과 수서동은 1%에 그친 반면, 세곡동 가구의 58% 일원1동 가구의 20%는 반지하나 비닐집 등에 산다.

제4선거구에 사는 19세 이상 10만29명 가운데 63%가 대학 이상 학력을 보유하고 있다. 박사과정 이상 2%를 포함해 8%는 대학원 이상 학력을, 43%는 4년제 대학 이상 학력을, 12%는 4년제 미만 대학 이상 학력을 보유하고 있다. 일원본동은 81%가 대학 이상 학력자인 반면 세곡동과 수서동은 50% 미만이다.

제4선거구에 사는 13만1,965명 중 60%가 종교를 갖고 있고, 신자 수는 개신교(25%)-천주교(19%)-불교(15%) 순으로 많다. 세곡동과 일원본동, 일원1동 순으로 종교 인구가 많고, 일원본동은 천주교 신자 비중이, 세곡동은 불교 신자 비중이 가장 높다.

제4선거구에 있는 주택 3만6,841채 가운데 16%는 29평 이상 대형 주택인 반면, 14평 미만 소형 주택은 43%에 이른다. 특히 개포2동과 수서동 주택의 72%, 일원1동 주택의 41%는 소형 주택이다. 또 7%는 지은 지 10년(1995~2005년 사이 건축)이 안 된 새집이고, 38%는 지은 지 20년이 넘은 집이다. 특히 개포1동 주택의 96%, 개포2동 주택의 87%, 개포4동 주택의 32%, 세곡동 주택의 31%는 지은 지 20년이 넘었다.

2002~2008년 사이 제4선거구의 선거권자는 9만8천~10만2천 명 수준으로, 투표율은 44~63%다. 일원본동은 네 차례 선거 중 세 차례에 걸쳐 투표율이 가장 높았고, 세곡동은 한 차례 가장 높았다. 반면 개포4동은 항상 투표율이 가장 낮았다. 개포4동과 투표율이 가장 높은 동네의 격차는 최소 11%에서 최대 16%였다.

정당별 득표율을 보면 네 차례 선거에서 모두 한나라당이 가장 높았다. 일원본동과 개포1동, 세곡동이 번갈아 가며 한나라당을 가장 많이 찍었다. 반면 일원1동과 수서동, 개포2동에서 한나라당 득표율이 가장 낮았다. 한나라당을 가장 많이 찍은 곳과 적게 찍은 동네의 득표율 격차는 최소 12%에서 최대 16%까지 벌어졌다.

민주(+열린우리)당 득표율은 수서동과 일원1동이 번갈아 가며 1,

2위를 달려왔다. 반면 개포1동과 일원본동에서는 득표율이 가장 낮았고, 득표율 격차는 최소 8%에서 12%였다. 민주노동당과 진보신당 득표율은 수서동·일원1동·개포2동·개포4동에서 상대적으로 높았다.

**표 5_2.113**

## 제4선거구 주택의 점유·소유 형태별 가구

(단위 : 가구, %)

| | 전체 가구 | 자기 집에 거주 | | 셋방에 거주 | | 무상으로 거주 | | 주택 소유 | 주택 미소유 |
|---|---|---|---|---|---|---|---|---|---|
| | | 집 한 채 | 집 여러 채 | 집 없음 | 집 있음 | 집 없음 | 집 있음 | | |
| 강남구 | 184,228 | 30 | 8 | 50 | 11 | 1 | 0 | 49 | 51 |
| 제4선거구 | 45,059 | 30 | 6 | 52 | 11 | 1 | 0 | 47 | 53 |
| 개포1동 | 7,883 | 40 | 8 | 35 | 15 | 2 | 0 | 63 | 37 |
| 개포2동 | 6,857 | 27 | 5 | 49 | 18 | 1 | 0 | 50 | 50 |
| 개포4동 | 8,077 | 28 | 5 | 57 | 9 | 1 | 0 | 42 | 58 |
| 세곡동 | 1,792 | 33 | 6 | 53 | 5 | 3 | 1 | 44 | 56 |
| 수서동 | 7,350 | 18 | 4 | 72 | 6 | 0 | 0 | 28 | 72 |
| 일원본동 | 6,694 | 51 | 11 | 23 | 13 | 1 | 0 | 76 | 24 |
| 일원1동 | 6,406 | 14 | 4 | 74 | 8 | 1 | 0 | 26 | 74 |

**표 5_2.114**

## 제4선거구 거처의 종류별 가구

(단위 : 가구, %)

| | 총 가구 수 (집단 가구 포함) | 단독주택 | 아파트 | 연립주택 | 다세대주택 | 건물내 주택 | 주택 이외 |
|---|---|---|---|---|---|---|---|
| 강남구 | 184,377 | 29 | 54 | 3 | 8 | 2 | 4 |
| 제4선거구 | 45,070 | 14 | 69 | 1 | 7 | 2 | 6 |
| 개포1동 | 7,883 | 1 | 84 | 0 | 0 | 0 | 15 |
| 개포2동 | 6,860 | 3 | 84 | 0 | 3 | 1 | 9 |
| 개포4동 | 8,081 | 21 | 38 | 3 | 29 | 8 | 2 |
| 세곡동 | 1,793 | 79 | 0 | 0 | 0 | 0 | 21 |
| 수서동 | 7,350 | 2 | 90 | 0 | 0 | 0 | 8 |
| 일원본동 | 6,696 | 6 | 90 | 4 | 0 | 0 | 0 |
| 일원1동 | 6,407 | 41 | 46 | 0 | 10 | 2 | 1 |

표 5_2.115

# 제4선거구 1인 가구와 (반)지하 등 거주 가구

(단위 : 가구, %)

| | 1인 가구 | | (반)지하 등 거주 가구 | | | | |
|---|---|---|---|---|---|---|---|
| | 일반 가구 | 1인 가구 | 계 | 지하 | 옥탑 | 판잣집·움막·비닐집 | 기타 |
| 강남구 | 184,228 | 27 | 7 | 6 | 0 | 1 | 0 |
| 제4선거구 | 45,059 | 20 | 12 | 7 | 0 | 5 | 0 |
| 개포1동 | 7,883 | 19 | 15 | 0 | 0 | 15 | 0 |
| 개포2동 | 6,857 | 24 | 11 | 2 | 0 | 9 | 0 |
| 개포4동 | 8,077 | 24 | 12 | 10 | 0 | 2 | 0 |
| 세곡동 | 1,792 | 18 | 58 | 35 | 2 | 21 | 0 |
| 수서동 | 7,350 | 24 | 1 | 1 | 0 | 0 | 0 |
| 일원본동 | 6,694 | 9 | 1 | 1 | 0 | 0 | 0 |
| 일원1동 | 6,406 | 18 | 20 | 19 | 1 | 0 | 0 |

표 5_2.116

# 제4선거구 대학 이상 학력 인구

(단위 : 명, %)

| | | 대학 이상 학력 인구 | | | | | | |
|---|---|---|---|---|---|---|---|---|
| | 19세 이상 인구 | 계 | 4년제 미만 | | 4년제 이상 | | 석사 | 박사 |
| | | | 계 | 재학 | 계 | 재학 | | |
| 강남구 | 392,400 | 74 | 11 | 2 | 50 | 9 | 9 | 3 |
| 제4선거구 | 100,029 | 63 | 12 | 2 | 43 | 9 | 6 | 2 |
| 개포1동 | 17,532 | 68 | 11 | 2 | 48 | 10 | 7 | 2 |
| 개포2동 | 14,487 | 68 | 10 | 2 | 51 | 13 | 6 | 1 |
| 개포4동 | 16,821 | 64 | 14 | 2 | 43 | 7 | 6 | 2 |
| 세곡동 | 4,478 | 46 | 11 | 2 | 29 | 6 | 4 | 1 |
| 수서동 | 15,956 | 48 | 13 | 3 | 30 | 6 | 5 | 1 |
| 일원본동 | 16,017 | 81 | 9 | 2 | 58 | 11 | 11 | 3 |
| 일원1동 | 14,738 | 51 | 13 | 3 | 34 | 8 | 4 | 0 |

표 5_2.117

# 제4선거구 종교 인구

(단위 : 명, %)

| | 총인구 (내국인) | 종교 있음 | | | | | 종교 없음 | 종교 미상 |
|---|---|---|---|---|---|---|---|---|
| | | 계 | 불교 | 개신교 | 천주교 | 기타 종교 | | |
| 강남구 | 502,637 | 60 | 15 | 24 | 21 | 1 | 38 | 2 |
| 제4선거구 | 131,965 | 60 | 15 | 25 | 19 | 1 | 39 | 1 |
| 개포1동 | 23,529 | 61 | 15 | 24 | 21 | 1 | 38 | 1 |
| 개포2동 | 19,554 | 59 | 14 | 24 | 21 | 1 | 39 | 2 |
| 개포4동 | 22,639 | 57 | 17 | 24 | 16 | 1 | 43 | 0 |
| 세곡동 | 5,471 | 64 | 23 | 19 | 21 | 1 | 36 | 0 |
| 수서동 | 18,962 | 59 | 12 | 31 | 15 | 1 | 40 | 0 |
| 일원본동 | 22,748 | 62 | 15 | 22 | 24 | 1 | 37 | 1 |
| 일원1동 | 19,062 | 62 | 16 | 31 | 15 | 1 | 38 | 1 |

표 5_2.118

# 제4선거구 연건평 건축 연도별 주택

(단위 : 호, %)

| | 총 주택 수 | 연건평 | | | | 건축년도 | | |
|---|---|---|---|---|---|---|---|---|
| | | 14평 미만 | 14~19평 | 19~29평 | 29평 이상 | 1995~2005 | 1985~1994 | 1985년 이전 |
| 강남구 | 131,383 | 19 | 16 | 27 | 37 | 31 | 31 | 37 |
| 제4선거구 | 36,841 | 43 | 23 | 17 | 16 | 7 | 55 | 38 |
| 개포1동 | 6,664 | 30 | 44 | 4 | 21 | 0 | 4 | 96 |
| 개포2동 | 6,034 | 72 | 7 | 17 | 4 | 1 | 11 | 87 |
| 개포4동 | 6,151 | 33 | 26 | 22 | 20 | 26 | 42 | 32 |
| 세곡동 | 573 | 1 | 1 | 9 | 90 | 14 | 55 | 31 |
| 수서동 | 6,734 | 72 | 13 | 7 | 8 | 1 | 99 | 0 |
| 일원본동 | 6,402 | 16 | 19 | 44 | 21 | 11 | 89 | 0 |
| 일원1동 | 4,283 | 41 | 33 | 9 | 16 | 4 | 95 | 1 |

표 5_2.119

## 제4선거구 2002년 지방선거 결과

(단위 : 명, %)

| | 선거인 수 | 투표율 | 한나라당 | 새천년민주당 | 자민련 | 민주노동당 | 기타 정당 |
|---|---|---|---|---|---|---|---|
| 강남구 | 405,494 | 46 | 62 | 28 | 2 | 5 | 3 |
| 제4선거구 | 98,317 | 46 | 59 | 31 | 2 | 5 | 3 |
| 개포1동 | 16,351 | 51 | 64 | 27 | 2 | 5 | 2 |
| 개포2동 | 13,713 | 45 | 57 | 32 | 2 | 6 | 3 |
| 개포4동 | 16,713 | 38 | 59 | 32 | 2 | 5 | 3 |
| 세곡동 | 4,960 | 54 | 60 | 29 | 2 | 6 | 3 |
| 수서동 | 15,185 | 46 | 51 | 37 | 3 | 6 | 3 |
| 일원본동 | 15,953 | 52 | 64 | 27 | 2 | 5 | 3 |
| 일원1동 | 15,442 | 44 | 54 | 35 | 2 | 5 | 3 |

표 5_2.120

## 제4선거구 2004년 총선 결과

(단위 : 명, %)

| | 선거인 수 | 투표율 | 한나라당 | 새천년민주당 | 열린우리당 | 자민련 | 민주노동당 | 기타 정당 |
|---|---|---|---|---|---|---|---|---|
| 강남구 | 400,374 | 62 | 52 | 6 | 29 | 2 | 9 | 2 |
| 제4선거구 | 99,638 | 63 | 45 | 7 | 33 | 2 | 11 | 2 |
| 개포1동 | 16,512 | 67 | 51 | 7 | 29 | 2 | 10 | 2 |
| 개포2동 | 13,978 | 63 | 46 | 7 | 31 | 2 | 12 | 2 |
| 개포4동 | 17,109 | 58 | 43 | 6 | 36 | 2 | 11 | 2 |
| 세곡동 | 4,757 | 60 | 47 | 7 | 33 | 2 | 9 | 3 |
| 수서동 | 15,697 | 60 | 39 | 7 | 39 | 2 | 10 | 3 |
| 일원본동 | 16,289 | 70 | 52 | 7 | 28 | 1 | 10 | 2 |
| 일원1동 | 15,296 | 60 | 39 | 8 | 37 | 2 | 12 | 3 |

표 5_2.121

# 제4선거구 2006년 지방선거 결과

(단위 : 명, %)

| | 선거인 수 | 투표율 | 열린우리당 | 한나라당 | 민주당 | 민주노동당 | 기타 정당 |
|---|---|---|---|---|---|---|---|
| 강남구 | 433,889 | 50 | 14 | 72 | 6 | 6 | 1 |
| 제4선거구 | 101,119 | 51 | 17 | 66 | 8 | 8 | 1 |
| 개포1동 | 16,530 | 56 | 13 | 73 | 7 | 7 | 1 |
| 개포2동 | 14,410 | 50 | 16 | 69 | 7 | 8 | 1 |
| 개포4동 | 17,895 | 45 | 18 | 65 | 7 | 9 | 1 |
| 세곡동 | 4,499 | 50 | 17 | 69 | 7 | 5 | 2 |
| 수서동 | 15,690 | 49 | 24 | 57 | 9 | 9 | 2 |
| 일원본동 | 16,789 | 59 | 14 | 71 | 7 | 8 | 1 |
| 일원1동 | 15,306 | 49 | 21 | 59 | 9 | 9 | 1 |

표 5_2.122

# 제4선거구 2008년 총선 결과

(단위 : 명, %)

| | 선거인 수 | 투표율 | 통합민주당 | 한나라당 | 자유선진당 | 민주노동당 | 창조한국당 | 친박연대 | 진보신당 | 기타 |
|---|---|---|---|---|---|---|---|---|---|---|
| 강남구 | 444,494 | 42 | 17 | 51 | 5 | 2 | 4 | 13 | 4 | 3 |
| 제4선거구 | 101,708 | 44 | 20 | 45 | 6 | 3 | 4 | 12 | 4 | 4 |
| 개포1동 | 16,635 | 47 | 17 | 50 | 6 | 3 | 4 | 14 | 4 | 3 |
| 개포2동 | 14,847 | 43 | 19 | 47 | 6 | 3 | 4 | 13 | 5 | 4 |
| 개포4동 | 18,279 | 38 | 21 | 45 | 5 | 4 | 5 | 13 | 5 | 3 |
| 세곡동 | 4,287 | 47 | 19 | 51 | 4 | 2 | 4 | 13 | 3 | 4 |
| 수서동 | 15,198 | 45 | 25 | 42 | 6 | 4 | 4 | 10 | 4 | 5 |
| 일원본동 | 17,011 | 49 | 19 | 47 | 6 | 2 | 4 | 13 | 5 | 2 |
| 일원1동 | 15,451 | 44 | 23 | 39 | 7 | 5 | 5 | 11 | 4 | 6 |

|
서울시 강남구
국회의원 선거
선거구 분석
|

　　　　　　　강남구에서 국회의원 선거구는 갑과
을, 두 개가 있고, 각각 13동씩 속해 있다. 갑과 을 선거구별 특성과
역대 선거의 투표 성향을 분석해 보자.


**강남구
갑선거구의 특징과
투표 성향 분석**


갑선거구에 사는 10만1,716가구 중 46%는 주택을 소유하고 있고,
54%는 무주택자다. 주택 소유자 중 36%는 자기 집에서 살고, 9%는
남의 집에서 셋방 살며, 7%는 집을 두 채 이상 소유한 다주택자다.
61%는 셋방에 사는데, 이 가운데 52%는 무주택자다.

　도곡2동·압구정2동·압구정1동·청담1동에 사는 가구의 70% 이상
이 주택 소유자인 반면, 역삼1동은 80%, 논현1동은 75%, 논현2동은
61%가 무주택자다. 또 집을 두 채 이상 소유한 가구가 도곡2동(17%)
을 비롯해 압구정1동·압구정2동·청담1동·삼성1동·도곡1동에서 10%

가 넘는다. 반면 논현1동과 역삼1동 각 3%를 비롯해 신사동·논현2동·청담2동·삼성2동·역삼2동은 10% 미만이다.

갑선거구에 사는 가구 중 42%는 단독주택, 40%는 아파트에, 9%는 다세대주택에 산다. 압구정2동(88%)과 도곡2동(85%)을 비롯해 압구정1동·청담1동·도곡1동은 70% 이상이 아파트에 산다. 반면 논현1동과 역삼1동은 70% 이상이 단독주택에 살고, 청담2동·삼성2동·역삼2동도 절반 이상이 단독주택과 다세대주택에 산다.

갑선거구 가구 중 34%가 나 홀로 사는 1인 가구다. 도곡1동·도곡2동·압구정1동·압구정2동·청담1동·삼성1동은 20% 미만이다. 반면에 역삼1동 55%를 비롯해 논현1동과 2동, 역삼2동·청담2동·삼성2동은 30% 이상이 나 홀로 가구다.

갑선거구 가구 중 8%는 (반)지하 등에 산다. 도곡1동·도곡2동·압구정1동·압구정2동·청담1동은 5% 미만이다. 반면에 논현1동·논현2동·청담2동·역삼1동은 10% 이상이 (반)지하 등에 산다.

갑선거구에 사는 19세 이상 20만8,716명 가운데 76%가 대학 이상 학력을 보유하고 있다. 박사과정 이상 3%를 포함해, 13%는 대학원 이상 학력을, 51%는 4년제 대학 이상 학력을, 12%는 4년제 미만 대학 이상 학력을 보유하고 있다. 도곡1동·도곡2동·압구정1동·압구정

2동·청담1동은 80% 이상이 대학 이상 학력자다. 반면 논현1동·논현 2동·청담2동·역삼1동·역삼2동은 70% 전후에 그친다.

갑선거구에 사는 25만5,528명 중 59%가 종교를 갖고 있고, 신자 수는 개신교(23%)-천주교(21%)-불교(15%) 순으로 많다. 동네 사람 중 종교 인구 비중은 압구정1동-압구정2동-도곡2동-신사동 순으로 높고, 역삼1동-논현1동-삼성2동 순으로 낮다. 또한 천주교 신자 비중은 도곡2동-압구정1동-압구정2동 순으로 높고, 불교 신자 수는 삼성1동-논현1동-논현2동 순으로 높다.

갑선거구에 있는 주택 6만1,228채 가운데 54%는 29평 이상 대형 주택인 반면, 14평 미만 소형 주택은 7%에 그친다. 또한 50%는 지은 지 10년(1995~2005년 사이 건축)이 안 된 새집이고, 30%는 지은 지 20년이 넘은 집이다. 특히 압구정1동과 2동 주택의 80% 이상은 지은 지 20년이 넘었다.

2002~2008년 사이 제4선거구의 선거권자는 20만7천~24만 명 수준이고, 투표율은 38~58%다. 네 차례 선거에서 투표율은 항상 도곡1동·도곡2동·압구정1동·압구정2동·청담1동에서 가장 높았다. 반면 논현1동·논현2동·역삼1동·역삼2동·삼성2동에서 항상 가장 낮았다. 도곡2동과 논현1동의 투표율은 최소 12%에서 최대 25%까지 벌어졌다.

정당별 득표율을 보면 네 차례 선거에서 모두 한나라당이 가장 높았다. 한나라당 득표율은 항상 압구정1동·압구정2동·도곡2동에서 가장 높았다. 반면 역삼1동·논현1동·삼성2동에서 항상 가장 낮았다. 네 차례 선거에서 압구정1동과 역삼1동의 한나라당 득표율 격차는 최소 19%에서 최대 29%까지 벌어졌다.

민주(＋열린우리)당 득표율은 항상 역삼1동·논현1동·역삼2동에

서 가장 높았다. 반면 압구정1동·압구정2동·도곡2동·청담1동에서
가장 낮았다. 역삼1동과 압구정1동의 득표율 격차는 최소 12%에서
최대 21%까지 벌어졌다. 민주노동당과 진보신당 득표율은 역삼1동
과 논현1동에서 상대적으로 높았다.

표 5_2.123

# 갑선거구 주택의 점유·소유 형태별 가구

(단위 : 가구, %)

| | 전체 가구 | 자기 집에 거주 | | 셋방에 거주 | | 무상으로 거주 | | 주택 소유 | 주택 미소유 |
|---|---|---|---|---|---|---|---|---|---|
| | | 집 한 채 | 집 여러 채 | 집 없음 | 집 있음 | 집 없음 | 집 있음 | | |
| 강남구 | 184,228 | 30 | 8 | 50 | 11 | 1 | 0 | 49 | 51 |
| 갑선거구 | 101,716 | 29 | 7 | 52 | 9 | 2 | 0 | 46 | 54 |
| 논현1동 | 12,514 | 16 | 3 | 75 | 5 | 1 | 0 | 25 | 75 |
| 논현2동 | 9,296 | 24 | 7 | 60 | 7 | 1 | 0 | 39 | 61 |
| 도곡1동 | 6,406 | 43 | 12 | 31 | 13 | 1 | 0 | 68 | 32 |
| 도곡2동 | 7,580 | 45 | 17 | 21 | 16 | 1 | 1 | 78 | 22 |
| 삼성1동 | 4,291 | 41 | 11 | 33 | 13 | 2 | 1 | 65 | 35 |
| 삼성2동 | 8,478 | 25 | 6 | 58 | 10 | 1 | 0 | 41 | 59 |
| 신사동 | 7,412 | 34 | 7 | 47 | 9 | 3 | 0 | 50 | 50 |
| 압구정1동 | 5,200 | 49 | 12 | 25 | 13 | 2 | 0 | 73 | 27 |
| 압구정2동 | 4,022 | 47 | 14 | 24 | 13 | 2 | 1 | 74 | 26 |
| 역삼1동 | 17,688 | 12 | 3 | 77 | 5 | 4 | 0 | 20 | 80 |
| 역삼2동 | 8,336 | 24 | 6 | 55 | 13 | 2 | 0 | 44 | 56 |
| 청담1동 | 6,006 | 49 | 11 | 29 | 9 | 1 | 0 | 70 | 30 |
| 청담2동 | 4,487 | 28 | 7 | 55 | 9 | 1 | 0 | 43 | 57 |

**표 5_2.124**

## 갑선거구 거처의 종류별 가구

(단위 : 가구, %)

| | 총 가구 수<br>(집단 가구 포함) | 단독주택 | 아파트 | 연립주택 | 다세대주택 | 건물 내 주택 | 주택 이외 |
|---|---|---|---|---|---|---|---|
| 강남구 | 184,377 | 29 | 54 | 3 | 8 | 2 | 4 |
| 갑선거구 | 101,792 | 42 | 40 | 4 | 9 | 2 | 3 |
| 논현1동 | 12,517 | 76 | 10 | 4 | 7 | 3 | 1 |
| 논현2동 | 9,315 | 53 | 24 | 3 | 16 | 4 | 1 |
| 도곡1동 | 6,407 | 15 | 71 | 4 | 4 | 2 | 3 |
| 도곡2동 | 7,580 | 4 | 85 | 1 | 2 | 2 | 6 |
| 삼성1동 | 4,294 | 21 | 55 | 11 | 9 | 3 | 2 |
| 삼성2동 | 8,484 | 32 | 40 | 1 | 24 | 2 | 1 |
| 신사동 | 7,415 | 46 | 46 | 0 | 4 | 4 | 0 |
| 압구정1동 | 5,204 | 14 | 75 | 5 | 5 | 2 | 0 |
| 압구정2동 | 4,029 | 7 | 88 | 0 | 2 | 2 | 0 |
| 역삼1동 | 17,708 | 74 | 6 | 4 | 6 | 2 | 8 |
| 역삼2동 | 8,338 | 35 | 33 | 3 | 17 | 1 | 12 |
| 청담1동 | 6,007 | 15 | 71 | 8 | 4 | 2 | 0 |
| 청담2동 | 4,494 | 48 | 30 | 6 | 11 | 3 | 3 |

표 5_2.125

# 갑선거구 1인 가구 (반)지하 등 거주 가구

(단위 : 가구, %)

| | 1인 가구 | | (반)지하 등 거주 가구 | | | | |
| --- | --- | --- | --- | --- | --- | --- | --- |
| | 일반 가구 | 1인 가구 | 계 | 지하방 | 옥탑방 | 판잣집·움막·비닐집 | 기타 |
| 강남구 | 184,228 | 27 | 7 | 6 | 0 | 1 | 0 |
| 갑선거구 | 101,716 | 34 | 8 | 8 | 0 | 0 | 0 |
| 논현1동 | 12,514 | 48 | 13 | 13 | 0 | 0 | 0 |
| 논현2동 | 9,296 | 36 | 10 | 9 | 0 | 0 | 0 |
| 도곡1동 | 6,406 | 17 | 4 | 3 | 0 | 0 | 1 |
| 도곡2동 | 7,580 | 14 | 1 | 1 | 0 | 0 | 0 |
| 삼성1동 | 4,291 | 18 | 6 | 6 | 0 | 0 | 0 |
| 삼성2동 | 8,478 | 36 | 7 | 7 | 0 | 0 | 0 |
| 신사동 | 7,412 | 27 | 9 | 9 | 0 | 0 | 0 |
| 압구정1동 | 5,200 | 14 | 3 | 2 | 0 | 0 | 0 |
| 압구정2동 | 4,022 | 19 | 2 | 2 | 0 | 0 | 0 |
| 역삼1동 | 17,688 | 55 | 10 | 10 | 0 | 0 | 0 |
| 역삼2동 | 8,336 | 37 | 8 | 8 | 0 | 0 | 0 |
| 청담1동 | 6,006 | 15 | 4 | 3 | 0 | 0 | 0 |
| 청담2동 | 4,487 | 34 | 12 | 12 | 0 | 0 | 0 |

**표 5_2.126**

# 갑선거구 대학 이상 학력 인구

(단위 : 명, %)

| | 19세 이상 인구 | 대학 이상 학력 인구 | | | | | | |
|---|---|---|---|---|---|---|---|---|
| | | 계 | 4년제 미만 | | 4년제 이상 | | 석사 | 박사 |
| | | | 계 | 재학 | 계 | 재학 | | |
| 강남구 | 392,400 | 74 | 11 | 2 | 50 | 9 | 9 | 3 |
| 갑선거구 | 208,716 | 76 | 12 | 2 | 51 | 8 | 10 | 3 |
| 논현1동 | 22,534 | 63 | 17 | 2 | 40 | 6 | 5 | 1 |
| 논현2동 | 19,187 | 72 | 14 | 2 | 47 | 7 | 8 | 2 |
| 도곡1동 | 14,987 | 82 | 10 | 2 | 56 | 10 | 12 | 4 |
| 도곡2동 | 17,783 | 89 | 9 | 2 | 57 | 10 | 15 | 7 |
| 삼성1동 | 10,287 | 79 | 10 | 2 | 53 | 10 | 11 | 5 |
| 삼성2동 | 16,543 | 78 | 13 | 2 | 53 | 8 | 10 | 2 |
| 신사동 | 15,705 | 78 | 10 | 2 | 53 | 8 | 11 | 4 |
| 압구정1동 | 12,519 | 88 | 9 | 2 | 54 | 8 | 16 | 9 |
| 압구정2동 | 9,043 | 86 | 9 | 2 | 55 | 7 | 15 | 7 |
| 역삼1동 | 29,832 | 70 | 15 | 2 | 48 | 7 | 7 | 1 |
| 역삼2동 | 16,528 | 73 | 14 | 2 | 49 | 7 | 8 | 2 |
| 청담1동 | 14,542 | 81 | 9 | 2 | 56 | 10 | 11 | 5 |
| 청담2동 | 9,226 | 71 | 14 | 2 | 46 | 8 | 8 | 2 |

표 5_2.127

# 갑선거구 종교 인구

(단위 : 명, %)

| | 총인구<br>(내국인) | 종교 인구 | | | | | 종교 없음 | 종교 미상 |
| --- | --- | --- | --- | --- | --- | --- | --- | --- |
| | | 종교 있음 | | | | | | |
| | | 계 | 불교 | 개신교 | 천주교 | 기타 종교 | | |
| 강남구 | 502,637 | 60 | 15 | 24 | 21 | 1 | 38 | 2 |
| 갑선거구 | 255,528 | 59 | 15 | 23 | 21 | 1 | 38 | 3 |
| 논현1동 | 25,812 | 53 | 17 | 20 | 16 | 1 | 47 | 0 |
| 논현2동 | 22,859 | 59 | 17 | 23 | 19 | 1 | 41 | 1 |
| 도곡1동 | 19,745 | 63 | 15 | 24 | 23 | 1 | 37 | 0 |
| 도곡2동 | 23,026 | 64 | 14 | 22 | 26 | 1 | 33 | 3 |
| 삼성1동 | 13,061 | 63 | 19 | 22 | 22 | 1 | 34 | 3 |
| 삼성2동 | 20,619 | 58 | 15 | 23 | 19 | 1 | 40 | 2 |
| 신사동 | 19,634 | 64 | 15 | 26 | 22 | 1 | 34 | 2 |
| 압구정1동 | 15,959 | 67 | 13 | 27 | 26 | 1 | 30 | 3 |
| 압구정2동 | 11,173 | 65 | 15 | 24 | 25 | 1 | 33 | 2 |
| 역삼1동 | 33,484 | 49 | 14 | 21 | 14 | 1 | 43 | 8 |
| 역삼2동 | 20,088 | 59 | 16 | 22 | 20 | 1 | 39 | 2 |
| 청담1동 | 18,651 | 63 | 15 | 24 | 23 | 1 | 34 | 3 |
| 청담2동 | 11,417 | 59 | 13 | 22 | 23 | 1 | 40 | 1 |

**표 5_2.128**

## 갑선거구 연건평 건축 연도별 주택

(단위 : 호, %)

| | 총 주택 수 | 연건평별 | | | | 건축년도별 | | |
|---|---|---|---|---|---|---|---|---|
| | | 14평 미만 | 14~19평 | 19~29평 | 29평 이상 | 1995~2005 | 1985~1994 | 1985년 이전 |
| 강남구 | 131,383 | 19 | 16 | 27 | 37 | 31 | 31 | 37 |
| 갑선거구 | 61,228 | 7 | 11 | 29 | 54 | 50 | 19 | 30 |
| 논현1동 | 4,065 | 5 | 18 | 14 | 64 | 62 | 27 | 11 |
| 논현2동 | 5,045 | 5 | 10 | 19 | 66 | 62 | 22 | 17 |
| 도곡1동 | 5,299 | 3 | 8 | 46 | 43 | 44 | 37 | 19 |
| 도곡2동 | 6,779 | 2 | 12 | 21 | 65 | 69 | 24 | 7 |
| 삼성1동 | 3,537 | 2 | 6 | 45 | 47 | 50 | 25 | 26 |
| 삼성2동 | 6,070 | 22 | 23 | 24 | 32 | 82 | 5 | 13 |
| 신사동 | 4,433 | 2 | 2 | 16 | 80 | 18 | 27 | 55 |
| 압구정1동 | 4,640 | 2 | 2 | 33 | 63 | 13 | 8 | 80 |
| 압구정2동 | 3,836 | 2 | 8 | 44 | 47 | 14 | 3 | 83 |
| 역삼1동 | 4,891 | 7 | 19 | 16 | 59 | 66 | 24 | 10 |
| 역삼2동 | 4,801 | 14 | 9 | 36 | 41 | 53 | 8 | 39 |
| 청담1동 | 5,304 | 7 | 5 | 41 | 47 | 38 | 19 | 43 |
| 청담2동 | 2,528 | 8 | 13 | 38 | 42 | 66 | 26 | 8 |

표 5_2.129

# 갑선거구 2002년 지방선거 결과

(단위 : 명, %)

|  | 선거인 수 | 투표율 | 한나라당 | 새천년민주당 | 자민련 | 민주노동당 | 기타 정당 |
|---|---|---|---|---|---|---|---|
| 강남구 | 405,494 | 46 | 62 | 28 | 2 | 5 | 3 |
| 갑선거구 | 212,113 | 41 | 65 | 26 | 2 | 4 | 2 |
| 논현1동 | 21,252 | 31 | 59 | 32 | 2 | 5 | 2 |
| 논현2동 | 16,918 | 40 | 64 | 27 | 2 | 5 | 2 |
| 도곡1동 | 15,696 | 49 | 64 | 27 | 1 | 5 | 2 |
| 도곡2동 | 12,258 | 45 | 69 | 24 | 2 | 4 | 2 |
| 삼성1동 | 10,310 | 44 | 67 | 25 | 2 | 4 | 2 |
| 삼성2동 | 20,202 | 41 | 62 | 29 | 2 | 5 | 2 |
| 신사동 | 17,614 | 43 | 68 | 24 | 2 | 4 | 3 |
| 압구정1동 | 14,101 | 50 | 76 | 18 | 1 | 2 | 2 |
| 압구정2동 | 10,320 | 46 | 76 | 19 | 1 | 2 | 2 |
| 역삼1동 | 25,490 | 33 | 56 | 33 | 2 | 6 | 2 |
| 역삼2동 | 22,791 | 42 | 62 | 29 | 2 | 5 | 2 |
| 청담1동 | 15,335 | 45 | 70 | 23 | 1 | 3 | 2 |
| 청담2동 | 9,826 | 39 | 64 | 27 | 2 | 4 | 3 |

표 5_2.130

# 갑선거구 2004년 총선 결과

(단위 : 명, %)

|  | 선거인 수 | 투표자 수 | 한나라당 | 새천년민주당 | 열린우리당 | 자민련 | 민주노동당 | 기타 정당 |
|---|---|---|---|---|---|---|---|---|
| 강남구 | 400,374 | 62 | 52 | 6 | 29 | 2 | 9 | 2 |
| 갑선거구 | 206,667 | 58 | 55 | 6 | 27 | 2 | 8 | 2 |
| 논현1동 | 22,064 | 46 | 44 | 6 | 36 | 2 | 11 | 2 |
| 논현2동 | 18,312 | 55 | 51 | 6 | 30 | 2 | 10 | 2 |
| 도곡1동 | 14,912 | 67 | 54 | 6 | 27 | 1 | 9 | 2 |
| 도곡2동 | 16,455 | 67 | 67 | 5 | 20 | 2 | 6 | 1 |
| 삼성1동 | 9,901 | 61 | 57 | 6 | 26 | 2 | 7 | 2 |
| 삼성2동 | 16,014 | 56 | 52 | 6 | 29 | 2 | 10 | 2 |
| 신사동 | 17,065 | 60 | 59 | 5 | 25 | 1 | 7 | 2 |
| 압구정1동 | 13,528 | 65 | 70 | 5 | 17 | 2 | 4 | 2 |
| 압구정2동 | 9,881 | 61 | 68 | 5 | 20 | 2 | 4 | 1 |
| 역삼1동 | 27,367 | 49 | 41 | 6 | 37 | 1 | 13 | 2 |
| 역삼2동 | 16,330 | 58 | 52 | 6 | 30 | 2 | 9 | 2 |
| 청담1동 | 14,936 | 63 | 61 | 5 | 24 | 2 | 7 | 2 |
| 청담2동 | 9,902 | 56 | 52 | 7 | 28 | 2 | 9 | 2 |

표 5_2.131

# 갑선거구 2006년 지방선거 결과

(단위 : 명, %)

|  | 선거인 수 | 투표율 | 열린우리당 | 한나라당 | 민주당 | 민주노동당 | 기타 정당 |
|---|---|---|---|---|---|---|---|
| 강남구 | 433,889 | 50 | 14 | 72 | 6 | 6 | 1 |
| 갑선거구 | 232,176 | 46 | 13 | 76 | 5 | 6 | 1 |
| 논현1동 | 23,667 | 33 | 18 | 67 | 7 | 8 | 1 |
| 논현2동 | 20,082 | 42 | 13 | 74 | 6 | 6 | 1 |
| 도곡1동 | 16,201 | 54 | 13 | 74 | 5 | 7 | 1 |
| 도곡2동 | 24,715 | 58 | 8 | 83 | 4 | 4 | 0 |
| 삼성1동 | 11,397 | 51 | 10 | 79 | 6 | 4 | 1 |
| 삼성2동 | 17,860 | 44 | 14 | 72 | 6 | 7 | 0 |
| 신사동 | 16,968 | 49 | 11 | 78 | 6 | 5 | 0 |
| 압구정1동 | 13,546 | 57 | 8 | 85 | 4 | 3 | 0 |
| 압구정2동 | 9,859 | 53 | 8 | 84 | 4 | 3 | 0 |
| 역삼1동 | 30,335 | 33 | 20 | 64 | 7 | 9 | 1 |
| 역삼2동 | 22,129 | 46 | 14 | 73 | 6 | 7 | 1 |
| 청담1동 | 15,527 | 52 | 11 | 80 | 5 | 4 | 0 |
| 청담2동 | 9,890 | 44 | 13 | 75 | 6 | 5 | 1 |

표 5_2.132

# 갑선거구 2008년 총선 결과

(단위 : 명, %)

| | 선거인 수 | 투표자 수 | 통합민주당 | 한나라당 | 자유선진당 | 민주노동당 | 창조한국당 | 친박연대 | 진보신당 | 기타 |
|---|---|---|---|---|---|---|---|---|---|---|
| 강남구 | 444,494 | 42 | 17 | 51 | 5 | 2 | 4 | 13 | 4 | 3 |
| 갑선거구 | 239,943 | 38 | 16 | 54 | 5 | 2 | 4 | 14 | 3 | 3 |
| 논현1동 | 23,524 | 26 | 21 | 49 | 4 | 2 | 4 | 13 | 4 | 4 |
| 논현2동 | 20,037 | 34 | 17 | 52 | 5 | 2 | 4 | 14 | 4 | 3 |
| 도곡1동 | 17,535 | 46 | 17 | 51 | 5 | 2 | 4 | 14 | 4 | 3 |
| 도곡2동 | 26,006 | 48 | 11 | 60 | 5 | 1 | 3 | 15 | 3 | 2 |
| 삼성1동 | 12,123 | 40 | 15 | 54 | 4 | 1 | 3 | 17 | 3 | 2 |
| 삼성2동 | 20,433 | 38 | 17 | 50 | 5 | 2 | 4 | 15 | 4 | 2 |
| 신사동 | 16,564 | 40 | 14 | 58 | 5 | 1 | 3 | 13 | 3 | 3 |
| 압구정1동 | 13,320 | 46 | 10 | 64 | 5 | 1 | 2 | 14 | 2 | 2 |
| 압구정2동 | 9,711 | 43 | 10 | 64 | 5 | 1 | 2 | 14 | 2 | 2 |
| 역삼1동 | 31,242 | 28 | 22 | 45 | 5 | 3 | 5 | 12 | 4 | 4 |
| 역삼2동 | 25,141 | 40 | 18 | 52 | 5 | 2 | 4 | 13 | 4 | 2 |
| 청담1동 | 14,126 | 44 | 14 | 58 | 4 | 1 | 3 | 15 | 3 | 2 |
| 청담2동 | 10,181 | 38 | 17 | 52 | 5 | 1 | 4 | 14 | 3 | 4 |

을선거구에 사는 8만4,304가구 중 52%는 주택을 소유하고 있고 48%는 무주택자다. 주택 소유자 중 39%는 자기 집에서 살고, 14%는 남의 집에서 셋방에 살며, 8%는 집을 두 채 이상 소유한 다주택자다. 61%는 셋방에 사는데 이 가운데 47%는 무주택자다. 대치1동 가구의 88%, 대치2동 가구의 87%, 일원본동 가구의 76%는 주택 소유자다. 반면 대치4동과 일원1동, 수서동 가구의 70% 이상이 무주택자다. 또 집을 두 채 이상 소유한 가구가 대치1동·대치2동·대치3동·일원본동은 10% 이상인 반면, 대치4동·일원1동·수서동·개포2동·개포4동은 5% 이하다.

을선거구에 사는 가구 중 71%는 아파트에 살고, 14%는 단독주택에, 8%는 다세대주택에 산다. 대치1동·대치2동·개포3동·일원2동·일원본동·수서동에 사는 가구는 대부분 아파트에 산다. 반면 세곡동 가구의 79%는 단독주택에, 대치4동 가구의 71%, 일원1동과 개포4동 가구의 절반 이상은 단독주택과 다세대주택에 산다.

을선거구 가구 중 19%가 나 홀로 사는 1인 가구다. 대치1동·대치2동·일원본동의 1인 가구 비중은 10% 미만이다. 반면 대치4동 45%를 비롯해 개포2동·개포4동·수서동은 20% 이상이다.

을선거구 가구 중 8%는 (반)지하나 비닐집 등에 산다. 대부분 아파

대치1동, 대치2동, 대치3동, 대치4동, 개포1동, 개포2동, 개포3동, 개포4동, 일원본동, 일원1동, 일원2동, 수서동, 세곡동

트에 사는 대치1동·대치2동·개포3동·일원2동은 (반)지하 등에 사는 가구가 아예 없다. 반면에 세곡동 58%를 비롯해 일원1동 가구의 20%, 개포1동 가구의 15%, 개포4동 가구의 12%, 개포2동 가구의 11%, 대치4동 가구의 10%는 (반)지하나 비닐집 등에 산다.

을선거구에 사는 19세 이상 18만8,162명 가운데 71%가 대학 이상 학력을 보유하고 있다. 박사과정 이상 3%를 포함해 11%는 대학원 이상 학력을, 50%는 4년제 대학 이상 학력을, 10%는 4년제 미만 대학 이상 학력을 보유하고 있다. 대치1동 92%를 비롯해 대치2동·개포3동·대치3동·일원본동은 80% 이상이 대학 이상 학력자다. 반면 세곡동·수서동·일원1동은 46~51%다.

을선거구에 사는 25만2,580명 가운데 61%가 종교를 갖고 있고 신자 수는 개신교(24%)-천주교(21%)-불교(15%) 순으로 많다. 종교 인구 비중은 대치2동-대치1동-대치3동 순으로 높고, 대치4동-개포3동-개포4동 순으로 낮다. 천주교 신자 비중은 대치1동-대치2동-대치3동-일원본동 순으로 높다.

을선거구에 있는 주택 7만155채 가운데 23%는 29평 이상 대형 주택인 반면 14평 미만 소형 주택은 31%다. 특히 소형 주택은 개포2동·수서동·일원2동·일원1동에 많다. 또 15%는 지은 지 10년

(1995~2005년 사이 건축)이 안 된 새집이고, 43%는 지은 지 20년이 넘은 집이다. 특히 대치2동 주택의 98%, 개포1동 주택의 96%, 개포2동 주택의 87%는 지은 지 20년이 넘었다.

2002~2008년 사이 제4선거구의 선거권자는 18만4천~19만7천 명 수준이고, 투표율은 45~65%다. 네 차례 선거에서 투표율은 항상 대치1동·대치2동·개포3동·일원본동에서 가장 높았다. 반면 대치4동·개포4동·일원1동·수서동에서 항상 낮았다. 대치1동과 대치4동의 투표율 격차는 최소 17%에서 최대 21%까지 벌어졌다.

정당별 득표율을 보면 네 차례 선거에서 모두 한나라당이 가장 높았다. 한나라당 득표율은 항상 대치1동·대치2동·대치3동에서 가장 높았다. 반면 수서동·일원1동·일원2동·개포3동에서 가장 낮았다. 대치1동과 수서동의 득표율 격차는 최소 14%에서 최대 20%까지 벌어졌다.

민주(+열린우리)당 득표율은 항상 수서동·일원1동·개포3동에서 높았다. 반면 대치2동·대치1동·대치3동에서 가장 낮았다. 수서동과 대치2동의 득표율 격차는 최소 8%에서 최대 15%까지 벌어졌다. 민주노동당과 진보신당 득표율은 개포3동과 일원2동에서 상대적으로 높았다.

표 5_2.133

## 을선거구 주택의 점유·소유 형태별 가구

(단위 : 가구, %)

| | 전체 가구 | 자기 집에 거주 | | 셋방에 거주 | | 무상으로 거주 | | 주택 소유 | 주택 미소유 |
|---|---|---|---|---|---|---|---|---|---|
| | | 집 한 채 | 집 여러 채 | 집 없음 | 집 있음 | 집 없음 | 집 있음 | | |
| 강남구 | 184,228 | 30 | 8 | 50 | 11 | 1 | 0 | 49 | 51 |
| 을선거구 | 84,304 | 31 | 8 | 47 | 14 | 1 | 0 | 52 | 48 |
| 개포1동 | 7,883 | 40 | 8 | 35 | 15 | 2 | 0 | 63 | 37 |
| 개포2동 | 6,857 | 27 | 5 | 49 | 18 | 1 | 0 | 50 | 50 |
| 개포3동 | 5,356 | 23 | 7 | 53 | 16 | 0 | 0 | 47 | 53 |
| 개포4동 | 8,077 | 28 | 5 | 57 | 9 | 1 | 0 | 42 | 58 |
| 대치1동 | 5,815 | 48 | 16 | 11 | 24 | 0 | 0 | 88 | 12 |
| 대치2동 | 6,896 | 47 | 15 | 12 | 26 | 0 | 0 | 87 | 13 |
| 대치3동 | 5,241 | 35 | 11 | 36 | 16 | 2 | 0 | 62 | 38 |
| 대치4동 | 9,375 | 14 | 3 | 73 | 9 | 1 | 0 | 26 | 74 |
| 세곡동 | 1,792 | 33 | 6 | 53 | 5 | 3 | 1 | 44 | 56 |
| 수서동 | 7,350 | 18 | 4 | 72 | 6 | 0 | 0 | 28 | 72 |
| 일원1동 | 6,406 | 14 | 4 | 74 | 8 | 1 | 0 | 26 | 74 |
| 일원2동 | 6,562 | 32 | 7 | 49 | 12 | 0 | 0 | 51 | 49 |
| 일원본동 | 6,694 | 51 | 11 | 23 | 13 | 1 | 0 | 76 | 24 |

표 5_2.134

# 을선거구 거처의 종류별 가구

(단위 : 가구, %)

| | 총 가구 수 (집단 가구 포함) | 단독주택 | 아파트 | 연립주택 | 다세대주택 | 건물 내 주택 | 주택 이외 |
|---|---|---|---|---|---|---|---|
| 강남구 | 184,377 | 29 | 54 | 3 | 8 | 2 | 4 |
| 을선거구 | 84,378 | 14 | 71 | 2 | 8 | 1 | 5 |
| 개포1동 | 7,883 | 1 | 84 | 0 | 0 | 0 | 15 |
| 개포2동 | 6,860 | 3 | 84 | 0 | 3 | 1 | 9 |
| 개포3동 | 5,356 | 0 | 100 | 0 | 0 | 0 | 0 |
| 개포4동 | 8,081 | 21 | 38 | 3 | 29 | 8 | 2 |
| 대치1동 | 5,816 | 1 | 97 | 1 | 1 | 0 | 0 |
| 대치2동 | 6,897 | 0 | 100 | 0 | 0 | 0 | 0 |
| 대치3동 | 5,254 | 20 | 52 | 11 | 14 | 2 | 1 |
| 대치4동 | 9,423 | 42 | 17 | 1 | 29 | 3 | 8 |
| 세곡동 | 1,793 | 79 | 0 | 0 | 0 | 0 | 21 |
| 수서동 | 7,350 | 2 | 90 | 0 | 0 | 0 | 8 |
| 일원1동 | 6,407 | 41 | 46 | 0 | 10 | 2 | 1 |
| 일원2동 | 6,562 | 0 | 96 | 0 | 0 | 0 | 4 |
| 일원본동 | 6,696 | 6 | 90 | 4 | 0 | 0 | 0 |

표 5_2.135

# 을선거구 1인 가구 (반)지하 등 거주 가구

(단위 : 가구, %)

| | 1인 가구 | | (반)지하 등 거주 가구 | | | | |
|---|---|---|---|---|---|---|---|
| | 일반 가구 | 1인 가구 | 계 | 지하방 | 옥탑방 | 판잣집·움막·비닐집 | 기타 |
| 강남구 | 184,228 | 27 | 7 | 6 | 0 | 1 | 0 |
| 을선거구 | 84,304 | 19 | 8 | 5 | 0 | 3 | 0 |
| 개포1동 | 7,883 | 19 | 15 | 0 | 0 | 15 | 0 |
| 개포2동 | 6,857 | 24 | 11 | 2 | 0 | 9 | 0 |
| 개포3동 | 5,356 | 16 | 0 | 0 | 0 | 0 | 0 |
| 개포4동 | 8,077 | 24 | 12 | 10 | 0 | 2 | 0 |
| 대치1동 | 5,815 | 3 | 0 | 0 | 0 | 0 | 0 |
| 대치2동 | 6,896 | 3 | 0 | 0 | 0 | 0 | 0 |
| 대치3동 | 5,241 | 17 | 9 | 8 | 0 | 0 | 0 |
| 대치4동 | 9,375 | 45 | 10 | 10 | 0 | 0 | 0 |
| 세곡동 | 1,792 | 18 | 58 | 35 | 2 | 21 | 0 |
| 수서동 | 7,350 | 24 | 1 | 1 | 0 | 0 | 0 |
| 일원1동 | 6,406 | 18 | 20 | 19 | 1 | 0 | 0 |
| 일원2동 | 6,562 | 16 | 0 | 0 | 0 | 0 | 0 |
| 일원본동 | 6,694 | 9 | 1 | 1 | 0 | 0 | 0 |

**표 5_2.136**

# 을선거구 대학 이상 학력 인구

(단위 : 명, %)

| | 19세 이상 인구 | 대학 이상 학력 인구 | | | | | | |
|---|---|---|---|---|---|---|---|---|
| | | 계 | 4년제 미만 | | 4년제 이상 | | 석사 | 박사 |
| | | | 계 | 재학 | 계 | 재학 | | |
| 강남구 | 392,400 | 74 | 11 | 2 | 50 | 9 | 9 | 3 |
| 을선거구 | 188,162 | 71 | 10 | 2 | 50 | 10 | 8 | 3 |
| 개포1동 | 17,532 | 68 | 11 | 2 | 48 | 10 | 7 | 2 |
| 개포2동 | 14,487 | 68 | 10 | 2 | 51 | 13 | 6 | 1 |
| 개포3동 | 11,575 | 83 | 9 | 1 | 63 | 9 | 10 | 2 |
| 개포4동 | 16,821 | 64 | 14 | 2 | 43 | 7 | 6 | 2 |
| 대치1동 | 14,638 | 92 | 6 | 1 | 62 | 12 | 16 | 8 |
| 대치2동 | 17,574 | 89 | 6 | 1 | 66 | 13 | 13 | 5 |
| 대치3동 | 12,287 | 81 | 10 | 2 | 58 | 11 | 9 | 3 |
| 대치4동 | 17,274 | 73 | 14 | 2 | 50 | 7 | 7 | 1 |
| 세곡동 | 4,478 | 46 | 11 | 2 | 29 | 6 | 4 | 1 |
| 수서동 | 15,956 | 48 | 13 | 3 | 30 | 6 | 5 | 1 |
| 일원1동 | 14,738 | 51 | 13 | 3 | 34 | 8 | 4 | 0 |
| 일원2동 | 14,785 | 64 | 10 | 2 | 45 | 8 | 7 | 2 |
| 일원본동 | 16,017 | 81 | 9 | 2 | 58 | 11 | 11 | 3 |

표 5_2.137

# 을선거구 종교 인구

(단위 : 명, %)

| | 총인구 (내국인) | 종교 인구 | | | | | | |
| | | 종교 있음 | | | | | 종교 없음 | 종교 미상 |
| | | 계 | 불교 | 개신교 | 천주교 | 기타 종교 | | |
|---|---|---|---|---|---|---|---|---|
| 강남구 | 502,637 | 60 | 15 | 24 | 21 | 1 | 38 | 2 |
| 을선거구 | 252,580 | 61 | 15 | 24 | 21 | 1 | 38 | 1 |
| 개포1동 | 23,529 | 61 | 15 | 24 | 21 | 1 | 38 | 1 |
| 개포2동 | 19,554 | 59 | 14 | 24 | 21 | 1 | 39 | 2 |
| 개포3동 | 16,841 | 57 | 15 | 21 | 20 | 1 | 42 | 0 |
| 개포4동 | 22,639 | 57 | 17 | 24 | 16 | 1 | 43 | 0 |
| 대치1동 | 21,336 | 65 | 15 | 22 | 27 | 1 | 35 | 1 |
| 대치2동 | 24,976 | 66 | 15 | 25 | 26 | 1 | 33 | 1 |
| 대치3동 | 16,545 | 65 | 16 | 24 | 24 | 1 | 34 | 1 |
| 대치4동 | 21,363 | 54 | 15 | 20 | 19 | 1 | 45 | 1 |
| 세곡동 | 5,471 | 64 | 23 | 19 | 21 | 1 | 36 | 0 |
| 수서동 | 18,962 | 59 | 12 | 31 | 15 | 1 | 40 | 0 |
| 일원1동 | 19,062 | 62 | 16 | 31 | 15 | 1 | 38 | 1 |
| 일원2동 | 19,554 | 61 | 15 | 26 | 19 | 1 | 38 | 1 |
| 일원본동 | 22,748 | 62 | 15 | 22 | 24 | 1 | 37 | 1 |

표 5_2.138

# 을선거구 연건평 건축 연도별 주택

(단위 : 호, %)

| | 총 주택 수 | 연건평별 | | | | 건축년도별 | | |
|---|---|---|---|---|---|---|---|---|
| | | 14평 미만 | 14~19평 | 19~29평 | 29평 이상 | 1995~2005 | 1985~1994 | 1985년 이전 |
| 강남구 | 131,383 | 19 | 16 | 27 | 37 | 31 | 31 | 37 |
| 을선거구 | 70,155 | 31 | 20 | 26 | 23 | 15 | 41 | 43 |
| 개포1동 | 6,664 | 30 | 44 | 4 | 21 | 0 | 4 | 96 |
| 개포2동 | 6,034 | 72 | 7 | 17 | 4 | 1 | 11 | 87 |
| 개포3동 | 5,116 | 14 | 48 | 38 | 0 | 0 | 32 | 68 |
| 개포4동 | 6,151 | 33 | 26 | 22 | 20 | 26 | 42 | 32 |
| 대치1동 | 5,768 | 0 | 5 | 15 | 80 | 32 | 10 | 58 |
| 대치2동 | 6,891 | 0 | 0 | 73 | 27 | 0 | 2 | 98 |
| 대치3동 | 4,172 | 6 | 18 | 28 | 48 | 31 | 23 | 45 |
| 대치4동 | 5,094 | 32 | 21 | 16 | 31 | 90 | 7 | 3 |
| 세곡동 | 573 | 1 | 1 | 9 | 90 | 14 | 55 | 31 |
| 수서동 | 6,734 | 72 | 13 | 7 | 8 | 1 | 99 | 0 |
| 일원1동 | 4,283 | 41 | 33 | 9 | 16 | 4 | 95 | 1 |
| 일원2동 | 6,273 | 46 | 22 | 29 | 3 | 3 | 82 | 15 |
| 일원본동 | 6,402 | 16 | 19 | 44 | 21 | 11 | 89 | 0 |

표 5_2.139

## 을선거구 2002년 지방선거 결과

(단위 : 명, %)

| | 선거인 수 | 투표율 | 한나라당 | 새천년민주당 | 자민련 | 민주노동당 | 기타 정당 |
|---|---|---|---|---|---|---|---|
| 강남구 | 405,494 | 46 | 62 | 28 | 2 | 5 | 3 |
| 을선거구 | 183,834 | 48 | 61 | 29 | 2 | 5 | 3 |
| 개포1동 | 16,351 | 51 | 64 | 27 | 2 | 5 | 2 |
| 개포2동 | 13,713 | 45 | 57 | 32 | 2 | 6 | 3 |
| 개포3동 | 11,491 | 54 | 55 | 33 | 2 | 7 | 3 |
| 개포4동 | 16,713 | 38 | 59 | 32 | 2 | 5 | 3 |
| 대치1동 | 15,395 | 53 | 71 | 22 | 1 | 3 | 2 |
| 대치2동 | 19,234 | 56 | 72 | 22 | 2 | 3 | 2 |
| 대치3동 | 12,614 | 48 | 65 | 27 | 2 | 4 | 2 |
| 대치4동 | 11,990 | 36 | 57 | 33 | 2 | 6 | 2 |
| 세곡동 | 4,960 | 54 | 60 | 29 | 2 | 6 | 3 |
| 수서동 | 15,185 | 46 | 51 | 37 | 3 | 6 | 3 |
| 일원1동 | 15,442 | 44 | 54 | 35 | 2 | 5 | 3 |
| 일원2동 | 14,793 | 50 | 56 | 33 | 2 | 6 | 3 |
| 일원본동 | 15,953 | 52 | 64 | 27 | 2 | 5 | 3 |

표 5_2.140

## 을선거구 2004년 총선 결과

(단위 : 명, %)

| | 선거인 수 | 투표자 수 | 한나라당 | 새천년민주당 | 열린우리당 | 자민련 | 민주노동당 | 기타 정당 |
|---|---|---|---|---|---|---|---|---|
| 강남구 | 400,374 | 62 | 52 | 6 | 29 | 2 | 9 | 2 |
| 을선거구 | 184,527 | 65 | 49 | 7 | 30 | 2 | 10 | 2 |
| 개포1동 | 16,512 | 67 | 51 | 7 | 29 | 2 | 10 | 2 |
| 개포2동 | 13,978 | 63 | 46 | 7 | 31 | 2 | 12 | 2 |
| 개포3동 | 10,988 | 71 | 44 | 8 | 31 | 1 | 13 | 2 |
| 개포4동 | 17,109 | 58 | 43 | 6 | 36 | 2 | 11 | 2 |
| 대치1동 | 13,328 | 72 | 64 | 7 | 21 | 2 | 5 | 1 |
| 대치2동 | 19,088 | 71 | 63 | 7 | 20 | 2 | 7 | 2 |
| 대치3동 | 12,488 | 66 | 56 | 7 | 25 | 2 | 8 | 2 |
| 대치4동 | 14,161 | 54 | 43 | 6 | 35 | 2 | 11 | 2 |
| 세곡동 | 4,757 | 60 | 47 | 7 | 33 | 2 | 9 | 3 |
| 수서동 | 15,697 | 60 | 39 | 7 | 39 | 2 | 10 | 3 |
| 일원1동 | 15,296 | 60 | 39 | 8 | 37 | 2 | 12 | 3 |
| 일원2동 | 14,836 | 65 | 42 | 8 | 34 | 2 | 12 | 3 |
| 일원본동 | 16,289 | 70 | 52 | 7 | 28 | 1 | 10 | 2 |

표 5_2.141

## 을선거구 2006년 지방선거 결과

(단위 : 명, %)

| | 선거인 수 | 투표율 | 열린우리당 | 한나라당 | 민주당 | 민주노동당 | 기타 정당 |
|---|---|---|---|---|---|---|---|
| 강남구 | 433,889 | 50 | 14 | 72 | 6 | 6 | 1 |
| 을선거구 | 192,711 | 53 | 15 | 70 | 7 | 7 | 1 |
| 개포1동 | 16,530 | 56 | 13 | 73 | 7 | 7 | 1 |
| 개포2동 | 14,410 | 50 | 16 | 69 | 7 | 8 | 1 |
| 개포3동 | 11,456 | 58 | 18 | 63 | 8 | 11 | 1 |
| 개포4동 | 17,895 | 45 | 18 | 65 | 7 | 9 | 1 |
| 대치1동 | 15,397 | 61 | 9 | 82 | 5 | 4 | 0 |
| 대치2동 | 19,193 | 62 | 9 | 81 | 6 | 4 | 0 |
| 대치3동 | 13,053 | 53 | 11 | 77 | 5 | 5 | 0 |
| 대치4동 | 16,990 | 40 | 17 | 68 | 6 | 8 | 1 |
| 세곡동 | 4,499 | 50 | 17 | 69 | 7 | 5 | 2 |
| 수서동 | 15,690 | 49 | 24 | 57 | 9 | 9 | 2 |
| 일원1동 | 15,306 | 49 | 21 | 59 | 9 | 9 | 1 |
| 일원2동 | 15,503 | 54 | 19 | 63 | 8 | 9 | 1 |
| 일원본동 | 16,789 | 59 | 14 | 71 | 7 | 8 | 1 |

표 5_2.142

# 을선거구 2008년 총선 결과

(단위 : 명, %)

| | 선거인 수 | 투표자 수 | 통합민주당 | 한나라당 | 자유선진당 | 민주노동당 | 창조한국당 | 친박연대 | 진보신당 | 기타 |
|---|---|---|---|---|---|---|---|---|---|---|
| 강남구 | 444,494 | 42 | 17 | 51 | 5 | 2 | 4 | 13 | 4 | 3 |
| 을선거구 | 196,783 | 45 | 19 | 47 | 6 | 3 | 4 | 13 | 5 | 3 |
| 개포1동 | 16,635 | 47 | 17 | 50 | 6 | 3 | 4 | 14 | 4 | 3 |
| 개포2동 | 14,847 | 43 | 19 | 47 | 6 | 3 | 4 | 13 | 5 | 4 |
| 개포3동 | 11,685 | 51 | 26 | 37 | 7 | 4 | 5 | 12 | 8 | 3 |
| 개포4동 | 18,279 | 38 | 21 | 45 | 5 | 4 | 5 | 13 | 5 | 3 |
| 대치1동 | 17,650 | 51 | 14 | 56 | 6 | 1 | 3 | 15 | 4 | 2 |
| 대치2동 | 19,487 | 49 | 13 | 57 | 6 | 1 | 3 | 14 | 4 | 2 |
| 대치3동 | 13,510 | 44 | 16 | 52 | 6 | 2 | 3 | 14 | 5 | 3 |
| 대치4동 | 17,424 | 33 | 19 | 46 | 6 | 3 | 5 | 13 | 5 | 4 |
| 세곡동 | 4,287 | 47 | 19 | 51 | 4 | 2 | 4 | 13 | 3 | 4 |
| 수서동 | 15,198 | 45 | 25 | 42 | 6 | 4 | 4 | 10 | 4 | 5 |
| 일원1동 | 15,451 | 44 | 23 | 39 | 7 | 5 | 5 | 11 | 4 | 6 |
| 일원2동 | 15,319 | 49 | 24 | 42 | 6 | 4 | 4 | 12 | 5 | 3 |
| 일원본동 | 17,011 | 49 | 19 | 47 | 6 | 2 | 4 | 13 | 5 | 2 |

# 표
## 차례

## 4부 | 인천시 140개 동네의 정치 사회 지도

## 5부 | 수도권의 정치 지도와 이 책의 선거 활용 방법

# 그림
차례

## 3부 | 경기도 524개 동네의 정치 사회 지도

## 4부 | 인천시 140개 동네의 정치 사회 지도

## 5부 │ 수도권의 정치 지도와 이 책의 선거 활용 방법